EVANGELISCHES STAATSLEXIKON

Evangelisches Staatslexikon

BEGRÜNDET VON

HERMANN KUNST
SIEGFRIED GRUNDMANN †

HERAUSGEGEBEN VON

ROMAN HERZOG
HERMANN KUNST
KLAUS SCHLAICH
WILHELM SCHNEEMELCHER

BAND II
N–Z

3., NEU BEARBEITETE AUFLAGE

KREUZ VERLAG

REDAKTION:

DIETER STEINHAUFF

Zitiervorschlag: EvStL

CIP-Kurztitelaufnahme der Deutschen Bibliothek
Evangelisches Staatslexikon / begr. von Hermann Kunst
u. Siegfried Grundmann. Hrsg. von Roman Herzog . . . –
Stuttgart: Kreuz-Verlag
ISBN 3-7831-0810-1

NE: Kunst, Hermann [Begr.]; Herzog, Roman [Hrsg.]
Bd. 2. N–Z. – 3., neubearb. u. erw. Aufl. in 2 Bd. – 1987.

3., neubearbeitete und erweiterte Auflage in zwei Bänden

Satz: Ernst Klett Druckerei, Stuttgart
Druck und buchbinderische Verarbeitung: Wilhelm Röck, Weinsberg
ISBN 3-7831-0810-1

N

Nation. **1.** Im Gegensatz zur N. ist →*Volk* etwas von Natur Gegebenes. Völker hat es im Gegensatz zu Nationen in der Antike wie im MA. wie in der sog. Neuzeit gegeben. Volk im ursprüngl. Sinne – so wie dieser Begriff noch heute in den romanischen und angelsächs. Staaten verwendet wird (peuple, popolo, people) setzt immer die reale Anwesenheit einer Anzahl von Menschen voraus, die irgendwie optisch, rhetorisch, akustisch oder sonstwie körperl. faßbar sein müssen. In diesem Sinne spricht man von Volk, wenn dieses zB auf einer Straße oder einem Platze sich zusammenfindet. Volk in diesem Sinne ist das anwesende, wirklich versammelte Volk, also das Volk, das seinen Willen in der Form von Akklamationen, plebiszitären Entscheidungen oder Wahlen kundgibt. Volk in diesem Sinne ist das Volk der plebiszitären oder unmittelbaren →Demokratie, das als Aktivbürgerschaft mit Hilfe des Wahl- und Stimmrechts sich äußert. Volk in diesem Sinne ist aber auch das Volk in der heute weitgehend zur politischen Wirklichkeit gewordenen parteienstaatl. Demokratie insofern, als diese – idealtypisch gesehen – eine rationalisierte Erscheinungsform der plebiszitären Demokratie ist. Volk in diesem Sinne kann, wenn man nicht den Gedanken der plebiszitären Demokratie verfälschen will, nicht repräsentiert werden (ROUSSEAU).

Daneben gibt es, jedenfalls innerhalb der dt. Sprachgrenzen, noch einen anderen Volksbegriff. Wenn man zB von der →Repräsentation des Volkes etwa durch ein Staatsoberhaupt oder einen Abgeordneten spricht, wird das Volk als politisch-ideelle Einheit vorgestellt, das durch den Repräsentanten noch einmal präsent gemacht wird. Hier erscheint das Volk als eine politische Ganzheit, die zugleich das Erbe vergangener Generationen wie im Keime das Leben zukünftiger Geschlechter umfaßt.

Volk hat also eine doppelte Bedeutung: es ist einmal das real präsente Volk der unmittelbaren Demokratie und ihrer Surrogate. Volk ist aber darüber hinaus auch das Volk, das durch einen Bestand von ideellen Werten in der politischen Wirklichkeit mit Hilfe des Prinzips der Repräsentation noch einmal in Erscheinung tritt.

2. Mit dem lat. natio (von nasci = geboren werden) wurde im Altertum die Bevölkerung einer Stadt, einer Landschaft, eines Territoriums, die durch Geburt, Abstammung und ein hierdurch begründetes Verwandtschaftsverhältnis zusammengehalten war, bezeichnet. Weder aber die gemeinsame Abstammung noch der gemeinsame Raum noch die so häufig für die Existenz einer N. als entscheidend betrachteten Kriterien, wie zB der in einem Volk durch Sprache, Literatur, Religion begründete kulturelle Zusammenhang, noch gemeinsame geschichtl. Erfahrungen vermögen für sich allein die N.werdung eines Volkes zu erklären. Was insbes. die gemeinsame Sprache anbelangt, so sei darauf verwiesen, daß Völker die gleiche Sprache (zB in England und den Vereinigten Staaten Englisch, in den mittel- und südamerik. Staaten Spanisch) sprechen, aber doch verschiedene N.en bilden können; andererseits kann ein mehrsprachiges Volk sich doch zu *einer* N. entwickelt haben (zB Schweiz).

3. In Wirklichkeit wird das natürl. Volk erst dadurch zur N., daß dieses sich seines politisch-kulturellen Eigenwertes bewußt wird und gefühlsmäßig seine Existenz als selbständige konkrete Ganzheit bejaht. Ein Volk erweitert sich somit zu einer N. durch einen Akt des Selbstbewußtseins und des Willens (so schon FICHTE). Daher hatte E. RENAN recht, wenn er 1882 in seiner bekannten Schrift „Qu'est ce qu'une Nation" sagte, „die N. ist ein sich täglich wiederholendes Plebiszit". Dieses erwachende Nationalgefühl hat innerhalb der dt. Sprachgrenzen zB schon bei HERDER und W. VON HUMBOLDT seinen Niederschlag gefunden. Wenn ein Volk sich als Subjekt der Gesch. oder „als Träger existenzieller Geschichtlichkeit" (STAVENHAGEN) bejaht, wenn es seine Eigenheit und Besonderheit gegenüber dem Fremden betont und geschichtsgeformt und geschichtsbestimmt eine konkrete Gestalt annimmt, ist man berechtigt, von einer N. zu sprechen.

Erst in einer Zeit, in der in Europa die Völker durch einen Akt des Bewußtseins sich allg. zu N.en erweitert haben und in der, wie zB in diesem Jh., in Asien und Afrika die Völker in zunehmendem Maße im Vollzuge der Entdekkung ihres Eigenwertes ihre geschichtl. Eigenständigkeit bejahen und sich damit bewußt von anderen Völkern absetzen, kann man Volk und N. miteinander identifizieren. Dieser Prozeß der N.werdung hat zB auch in der Präambel zum Bonner GG seinen Ausdruck gefunden, wenn es dort heißt, daß das in der Bundesrep. Dtschld. lebende dt. Volk „im Bewußtsein seiner Verantwortung vor Gott und den Menschen, von dem Willen beseelt, seine staatl. und nationale Einheit zu wahren", sich „eine neue Ordnung" gegeben hat.

4. Die N. ist hiernach im Gegensatz zum Volk nicht etwas von Natur aus Gegebenes, sondern etwas geschichtl. Gewordenes. Daher hat DISRAELI recht, wenn er die N. als „a work of art and time" bezeichnet hat. Dabei ist es nicht leicht, exakt jeweils den Zeitpunkt anzugeben, wann ein Volk zu einer N. geworden ist, oder anders ausgedrückt, von wann an man das Zeitalter des →Nationalstaates datieren kann. Scharfe zeitl. Zäsuren sind in diesem Zusammenhang nicht möglich.

Vielmehr wachsen Völker langsam zu N.en heran. Nicht selten dauert es Jh.e, bis das Volksbewußtsein in einem sich fast unbewußt vollziehenden Prozeß sich zum Nationalbewußtsein umgebildet hat und das Volk durch Bejahung seiner politischen Existenz zu einer N. geworden ist. „Erst allmählich ... bildet sich, zunächst halb unbewußt, ein Gefühl der näheren Zusammengehörigkeit, eine Vorstellung von der Einheit des Volkstums. Die höchste Steigerung desselben, die Idee der Nationalität, ist das feinste und komplizierteste Gebilde, welches dann die geschichtl. Entwicklung zu schaffen vermag. Sie setzt die tatsächl. bestehende Einheit in einen bewußten aktiven und schöpferischen Willen um ..." (EDUARD MEYER).

5. Heimat- und Vaterlandsliebe *(Patriotismus)* ist – weil nur in der persönlich subjektiven Sphäre verhaftet – nicht mit dem vom Volk als Ganzem getragenen Nationalgefühl oder Nationalbewußtsein identisch. Patriotismus kann sich auch auf einen Nationalstaat oder einen Teil einer N. beziehen. Auch die Tatsache, daß das alte Reich sich später den Namen „Heiliges Römisches Reich Deutscher N." beigelegt hat sowie daß man im MA. in bestimmten Zusammenhängen von einer N. gesprochen hat, darf nicht darüber hinwegtäuschen, daß hier unter N. etwas anderes verstanden worden ist. Das ergibt sich schon daraus, daß die Völker des MA. sich zugleich als Teil des umfassenden Corpus Christianum und innerhalb desselben als Teil der verschiedenen Sozialstände empfunden haben, die die zwischen den Völkern bestehenden nationalen Unterschiede relativiert hatten. Im MA. war das volkliche Selbstbewußtsein noch von dem allumfassenden religiösen Gemeinschaftsbewußtsein wie von dem Bewußtsein der einzelnen ständischen Gemeinschaften überlagert im Gegensatz zum Zeitalter des →Nationalstaates, in dem gerade die Bindung an die N. den Vorrang vor allen anderen sozialen Verhaltensweisen besitzt. Hiernach ist es kein Zufall, daß man zB auf dem Baseler Konzil (1431 – 1437) zu den Deutschen auch die Skandinavier, Polen und Ungarn gerechnet und in Italien ital. N.en einfach geographisch nach ihrem Heimatort unterschieden hat.

Die Einsicht, daß es sich bei dem Phänomen der N. um ein Produkt der Gesch. und nicht der Natur handelt, macht auch verständlich, warum – die Gesch. liefert hierfür viele Belege – abstammungsmäßig und kulturell zu einem bestimmten Volk gehörende Personen eine führende politische Rolle in einer anderen N. haben spielen können, der sie sich auf Grund ihrer freien persönlichen Willensentschließung zugehörig gefühlt haben. Vor allem aber macht diese Einsicht verständlich, warum sich die N. im Laufe der Gesch. mit den verschiedenen Ständen und Gruppen eines Volkes hat identifizieren können. Zu einer Zeit, in der ledigl. der Adel ein echtes Nationalbewußtsein zu entwickeln vermocht hatte, wurde die N. mit dem Adel gleichgesetzt. So adressierte zB LUTHER seine 1520 veröffentl. Schrift „An den christl. Adel deutscher N.". Bis ins 18. Jh. und z. T. noch später wurde weitgehend so der Adel mit der N. identifiziert. BURKE meinte zB in diesem Sinne, daß die Franz. Revolution die N. (den franz. Adel) nach Dtschld. vertrieben habe. Und DE MAISTRE beantwortete die Frage, was eine N. sei, geradezu mit dem Satz, daß die N. aus dem Herrscher und dem Adel bestehe. In Dtschld. waren es vor allem PÜTTER und HÄBERLIN, die die N. mit den Ständen identifizierten.

6. Im Gefolge der →Franz. Revolution, die so häufig als die Geburtsstunde des modernen Nationalstaates bezeichnet wird, waren es dann die bürgerlichen Schichten, die durch Bejahung des Eigenwertes der volkl. Existenz dem Nationalstaat des 19. Jh. in Europa sein entscheidendes bürgerl. Gepräge gegeben haben. Endlich hat im Laufe des letzten Jh. der radikale Egalisierungs- und Demokratisierungsprozeß, der zu einer Verbreiterung der Volksbildung und einer weitgehenden Beseitigung des Analphabetentums führte und zugleich in einem nicht vorhersehbaren Ausmaß das Kommunikationswesen verbesserte, die früheren sozialen Unterschichten in die Lage versetzt, in fortschreitendem Ausmaß an dem Prozeß der N.werdung des Volkes teilzunehmen. Eine N. kann so einen politisch wie soziologisch verschiedenen Charakter annehmen, je nachdem, ob der Adel, das Bürgertum, das Bauerntum, die Arbeiterschaft ihr ein aristokratisches, bürgerl., bäuerl. oder sozialistisches Gepräge vermitteln.

7. Wenn der Begriff der N. geschichtsbeladen und das Nationalbewußtsein ein Produkt geschichtl. Entwicklung und nichts „Natürliches" ist, so ist es nicht überraschend, daß das Geschichtsbild einer N. wandelbar ist und mit einem verschiedenen Inhalt gefüllt werden kann. Das Geschichtsbild der Franzosen von den Deutschen in der ersten Hälfte des 19. Jh. (geformt durch die Schriften von Mme. DE STAEL und BALZAC) war so zB ein grds. anderes als das der Franzosen in der ersten Hälfte des 20. Jh. Jedenfalls ergibt sich unter diesem Blickpunkt die Möglichkeit, auf die Bildung des Nationalcharakters eines Volkes Einfluß zu nehmen. Damit ist zugleich der Erziehungsarbeit auf nationaler Ebene eine Möglichkeit eröffnet, vorausgesetzt, daß diese sich bewußt bleibt, daß sie N.en nicht von ihrer Gesch. schlechthin lösen kann.

Das Zeitalter des Nationalstaates kann nach alledem nicht den Anspruch erheben, geschichtslos, d. h. in der Lage zu sein, unabhängig von der Gesch. das menschl. Zusammensein ein für allemal in der Zukunft ordnen zu können. Als Produkt der Gesch. wird dieses Zeitalter selbst einmal der Gesch. und damit der Vergangenheit angehören. N.en kommen und gehen. Das Zeitalter des Nationalstaates ist nicht in der Lage, sich von dem Fluche der Vergänglichkeit, die allem geschichtl. Gewordenen anhaftet, zu befreien.

8. Der Akt, durch den sich ein Volk seines eigenen Wertes bewußt wird, und der Wille, sich zur N. zu erweitern, kann verschiedene Formen annehmen: Es ist möglich, daß ein Volk bereits früh sich staatl. hat organisieren können und daß die Erweiterung des Volkes zur N. daher sich mehr oder weniger organisch mit Hilfe des Staates selbst vollzogen hat. Das war zB in Frankreich und England der Fall, wo so schon vor der N.werdung des Volkes ein im wesentlichen jeweils die gleiche Sprache sprechendes, die gleiche Kultur besitzendes und durch gemeinsame geschichtl. Erfahrung zusammengeschlossenes Volk sich als Staatsvolk im Staate hat organisieren können. In diesen Staaten war daher die Entwicklung zum Nationalstaat relativ früh abgeschlossen, während sich in Zentraleuropa, etwa in Dtschld. und Italien, der Wille der N. politisch erst im 19. Jh. durchsetzen konnte. Diese verspäteten N.en vollzogen ihre nationale Einigung unter schweren Geburtswehen, die mit der Sprengung früherer dynastischer Bildungen ein ganzes Jh. erschütterten.

Wenn das Nationalgefühl oder -bewußtsein sich mit einem säkular-religiösen Glauben verbindet, wie dies zB beim →Nationalsozialismus der Fall war, und auf Grund eines bes. Sendungsbewußtseins der Anspruch erhoben wird, der *Herr* anderer N.en zu sein, so verfälscht man das idealtypische Bild der N. Eine solche häretische Übersteigerung des nationalen Selbstbewußtseins führt zu einem nationalistischen →*Imperialismus* und damit letzthin zu zwischenstaatl. Anarchie und damit zum Kriege.

9. Ein als Träger existenzieller Geschichtlichkeit sich fühlendes und durch einen Bewußtseinsakt zur N. sich erweiterndes Volk sucht sich politisch im Staate zu organisieren und damit zugleich diesem seine inhaltl. Legitimität zu vermitteln. Anders ausgedrückt: Im Zeitalter des Nationalstaates tendieren Volk, N., Staat – idealtypisch gesehen – zueinander: sie tendieren dahin, sich wechselseitig zu durchdringen und politisch-organisatorisch eine Einheit zu bilden.

Diesem idealtypischen Bild hat allerdings die politische Wirklichkeit in der Vergangenheit nicht immer entsprochen. Die Geschichte liefert genug Beispiele, die zeigen, daß es einem zur N. erweiterten Volke verwehrt gewesen ist – man denke zB an das polnische Volk –, sich in einem selbständigen Staatsverband zu organisieren. Es ist auch möglich, wie etwa das Beispiel des heutigen Dtschld. zeigt, daß es nur Teilen einer N. gelungen ist, in einem eigenen Staatsverband in Freiheit zu leben, während andere Teile der gleichen N. als Staatsangehörige anderen Staaten oder einem in Unfreiheit lebenden Satellitenstaat einverleibt sind. Die N. kann, wie schon MANCINI vor mehr als hundert Jahren bemerkt hat, auch eine Gemeinschaft sein, die sich mit den Staatsgrenzen nicht deckt.

10. Daher hat man zwischen den sog. *StaatsN.en,* in denen ein zur N. erweitertes Volk zugleich im Staate seine politische Organisationsform gefunden hat, und den sog. *KulturN.en* (MEINECKE im Anschluß an F. J. NEUMANN und KIRCHHOFF) unterschieden, die vorzugsweise auf einem gemeinsam ererbten Kulturbesitz beruhen. Staats- und KulturN.en müssen jedenfalls nicht zusammenfallen, da die letzteren nicht notwendigerweise ihren Willen zur nationalen Selbstbehauptung in einer staatl. Organisation finden müssen.

11. Umgekehrt ist es aber auch möglich, daß allein das gemeinsame geschichtliche Leben im selben Staatsverband verschiedene Volksgruppen im Laufe der Zeit zu einer N. zusammenschließt. In diesen Fällen ist es dann der Staat selbst, der durch die ihn tragenden politischen ideellen Kräfte und sein geschichtliches Da- und Sosein nationsgründend wirkt und durch sein Regiment das Staatsvolk in die Lage versetzt, sich seines politisch-geschichtlichen Eigenwertes bewußt zu werden. Die sich aus Deutschen, Franzosen und Italienern zusammensetzende Schweiz hat sich zB zu einer echten politischen N. entwickelt. Ähnliches gilt von den →Vereinigten Staaten.

12. Ein nicht national homogener Staat erscheint hiernach als Anomalie. Umfaßt ein Staatsvolk Minderheitsgruppen, die infolge verschiedener Abstammung, verschiedener Kultur und eines getrennt-geschichtl. Schicksals bewußtseinsmäßig sich als zu anderen N.en gehörig fühlen, wie dies zB im BISMARCKschen Reich bei den Polen, Dänen, Elsässern der Fall war oder heute in Italien bei den Südtirolern der Fall ist, so ist die Verlegenheit groß, in der sich die Mehrheit des Staatsvolkes gegenüber der Minderheit unter nationalstaatl. Aspekten befindet.

In Europa hat man nach dem Ersten Weltkrieg, als diese Verlegenheit infolge der zahlenmäßigen Stärke der nationalen Minderheiten außerordentl. Maße annahm, mit Hilfe des nationalen *Minderheitenrechts* die Schärfe des nationalstaatl. Prinzips zu mildern gesucht. Man hat der Mehrheit des Staatsvolkes, die ihren unter dem Blickpunkt des Nationalstaates legitimen Herrschaftsanspruch den Minderheiten gegenüber anmeldete und diese nach Möglichkeit sich zu assimilieren suchte, bestimmte rechtl. Schranken auferlegt, um den sich zur Minderheit rechnenden Staatsbürgern ihre individuellen Rechte und Freiheiten zu sichern (→Minderheiten, Minderheitenschutz).

13. Aber selbst diese Hilfsmittel versagen im reinen *Nationalitätenstaat,* in dem die Existenz verschiedener, größerer nationaler Gruppen die Legitimität des Herrschaftsanspruchs einer Volksgruppe in Frage stellt. In einem solchen Staat könnte man die bestehenden Schwierigkeiten i. S. einer pragmatischen Gemeinschaft (STAVENHAGEN) dadurch überwinden, daß man alle Nationalitäten auf dem Fuße der Gleichberechtigung in einer bündischen Form (etwa in der Form eines polynationalen →Bundesstaates) an der Ausübung der staatl. Gewalt beteiligt.

Doch würde damit das Prinzip des Nationalstaates selbst zugleich in Frage gestellt werden. In der verfallenden Habsburger Doppelmonarchie in Österreich-Ungarn ist es nicht mehr zu einem solchen Nationalitätenstaat gekommen.

Im übrigen hat der Nationalsozialismus dadurch, daß er eingedenk des NIETZSCHE-Wortes „Das Volk zerbricht den Staat" die dt. Minderheiten außerhalb der dt. Staatsgrenzen als Sprengpulver für die national nicht homogen zusammengesetzten europ. Staaten verwandt hat, dem Versuch, den radikalen Konsequenzen des Nationalstaatsprinzips durch Entwicklung eines nationalen Minderheitenrechts zu begegnen, den Todesstoß versetzt. Diese Politik hat es diesen Staaten leicht gemacht, die von ihnen angestrebte nationale Homogenität durch brutale Liquidationen, d. h. Austreibung der Minderheiten, herbeizuführen.

14. Die zentrale Bedeutung, die im Zeitalter des Nationalstaates der Staat hat, findet ihren sichtbaren Ausdruck darin, daß derselbe, um die Existenz von Volk und N. zu sichern, →Macht, und zwar suprema potestas, ausübt. Tatsächlich gehören in diesem Zeitalter das zur N. erweiterte Volk, der Staat und die →Souveränität aufs engste zusammen: sie sind einander zugeordnet und wechselseitig aufeinander bezogen.

Das für das Zeitalter des Nationalstaates charakteristische, idealtypische Verhältnis von Volk, N. und Staat hat sich in dem preuß.-dt. politischen Denken der letzten 150 Jahre aus bes. Gründen nicht durchzusetzen vermocht. Dieses wurde vielmehr dadurch gekennzeichnet, daß es primär am Staat und nicht an dem Phänomen von Volk und N. orientiert gewesen ist. HEGELS Lehre vom Staat als der Inkarnation des objektiven Geistes hat über ein Jh. lang repräsentativ das dt. Staatsdenken bestimmt und zu der diesem eigenen Verabsolutierung des Staates geführt. In der politischen Wirklichkeit triumphierte dieses Denken zB 1848, als das den Staat verkörpernde, monarchisch-autoritäre Prinzip sich gegenüber den revolutionären, liberal-demokratischen Kräften durchsetzte und FRIEDRICH WILHELM IV. die ihm von der Frankfurter Nationalversammlung angebotene Kaiserkrone ablehnte. Auch BISMARCKS Reich, in dem das deutsche Sehnen nach einem Nationalstaat im 19. Jh. seine Erfüllung fand, brach nicht mit dieser Tradition. Denn es waren nicht die Begriffe von Volk und N., die entscheidend das politisch dt. Denken zur Zeit der Reichsgründung bestimmten. Dieses Reich war vielmehr zentral am Phänomen des Staates im traditionell preuß.-konservativen Sinne orientiert, und in der Reichsverf. von 1871 wurde innerhalb der nach der Gewichtigkeit abgestuften Reihenfolge der Organe des Reiches der Reichstag als die Repräsentation der N. erst zuletzt erwähnt.

15. Schon im Zeitalter des Humanismus, des Vernunft- und Naturrechts, der Aufklärung gab es bestimmte „ideologische" Bindungen, die sich dem nationalstaatl. Denken entgegenstellten. Der universale Glaube an *eine* Humanitas, der Glaube an *den* Menschen, der Glaube an *die* Vernunft und *die* Natur des Menschen, der Glaube an *den* Fortschritt kollidierte zutiefst mit dem neuen nationalstaatl. Denken. Zu diesen humanitären Bindungen kamen im 18. und 19. Jh. politische Querverbindungen konservativer, liberaler, sozialistischer Prägung, zu denen sich später kirchl. Querverbindungen gesellten.

Für das nationalstaatl. Denken ist charakteristisch, daß bei einem Zusammenprall zwischen den Forderungen, die sich aus der Zugehörigkeit zu Volk und N. ergeben, diese den Vorrang gegenüber diesen „ideologischen", politisch-religiösen Querverbindungen haben. Die Loyalität des Bürgers gegenüber seiner N. nimmt den Vorrang vor allen ideologischen Loyalitäten für sich in Anspruch. Die Bindungen, die sich aus der nationalen Zugehörigkeit des einzelnen ergeben, transzendieren alle internationalen und übernationalen Bindungen. Noch der *Genfer →Völkerbund* von 1920 (League of Nations) beruhte auf dem ungebrochenen Glauben an die schöpferische Kraft des nationalstaatlichen Prinzips.

16. Der Einbruch der revolutionären weltanschaul. Bewegungen des Kommunismus und Faschismus in ihren verschiedenen Schattierungen hat diese Situation grds. verändert. Entscheidend ist heute, daß bei einem Konflikt zwischen nationalstaatl. Denken und politisch-ideologischer Bindung die sich aus der Zugehörigkeit zu einer bestimmten N. ergebenden Pflichten nicht mehr, wie im Zeitalter des Nationalstaates, den selbstverständl. Primat vor den Bindungen haben, die sich aus dem Glauben an eine der revolutionären weltanschaul. Ideologien ergeben. Vielmehr ist diesen gemeinsam, daß sie die sich aus dem nationalstaatl. Denken ergebenden Forderungen transzendieren. Hat man zu der Zeit nationalstaatl. Denkens ideologische Zielsetzungen mißbraucht, um mit ihrer Hilfe einen nationalistischen Imperialismus zu tarnen, werden im 20. Jh. in Übereinstimmung mit dem Wandel der Grundlagen unseres Zeitalters Zielsetzungen, die sich aus dem nationalstaatl. Denken ergeben, verfolgt, um „ideologisch" eine Machtausweitung herbeizuführen. Während in der Vergangenheit das missionarische Sendungsbewußtsein – man denke etwa an die Ideen der Freiheit, Gleichheit und Brüderlichkeit i. S. der →Französischen Revolution – letzthin vor dem nationalstaatl. Denken kapitulierte, bedient man sich heute umgekehrt traditioneller nationalstaatl. Formeln und Kategorien, um die frühere politische Rang- und Wertordnung umzukehren und das nationalstaatl. Denken den bestimmenden gesellschaftl. ideologischen Kräften ein- und unterzuordnen. So hat der Appell an die nationalen Gefühle im letzten Krieg sowie die Tatsache, daß derselbe als ein primär nationalstaatl. Konflikt vom Westen her politisch beendet worden ist, nichts Entscheidendes daran ändern können, daß dieser im Grunde genommen ein primär ideologischer und nicht nationalstaatl. Konflikt war.

So erklärt sich auch, warum die Organisation der →Vereinten Nationen so weitgehend die ihr ursprüngl. zugedachten Funktionen nicht hat erfüllen können. Die Ursache ist nicht so sehr, daß die Großmächte durch das Verf.instrument in San Francisco sozusagen in ihrer Souveränität bestätigt worden sind. Vielmehr geht diese Schwäche darauf zurück, daß infolge der ideologisch aufgespaltenen Welt das Souveränitätsprinzip heute Funktionen ausübt, die ihm im Zeitalter des Nationalstaates nicht zukommen. In einem primär ideologischen Zeitalter wird nämlich das politische Prinzip der Souveränität in Wirklichkeit zu einem Vehikel, mit dessen Hilfe man sachfremde, nämlich ideologische und nicht nationalstaatl. Zielsetzungen verfolgt. Tatsächl. wird heute das Vetorecht weniger gebraucht, um die politische Unabhängigkeit der Großmächte zu verteidigen, als unter dem Deckmantel der nationalstaatl. Souveränität ideologische und durch diese Ideologie maßgebl. bestimmte machtmäßige Ziele zu erreichen. Dies ist auch der Grund, warum in den Vereinten Nationen Staaten als souverän bezeichnet worden sind bzw. noch heute bezeichnet werden, selbst wenn diese durch ihren Satellitenstatus ihre Souveränität verloren haben.

E. RENAN, Qu'est ce qu'une nation, 1882, Neudr. 1934 – C. J. HAYES, Essays on Nationalism, 1926 (dt. 1929) – F. MEINECKE, Weltbürgertum und Nationalstaat, 1928[7] – H. O. ZIEGLER, Die moderne N., 1931 – K. STAVENHAGEN, Das Wesen der N., 1934 (Dazu LEIBHOLZ, Göttingische Gelehrte Anzeigen der Akademie der Wissenschaften, 1955, 427 ff.) – Royal Institute of International Affairs, Nationalism, 1939 – M. KOHN, The Idea of Nationalism, 1944 (dt. Übers. 1950) – F. HERTZ, Nationality in History and Politics, 1944 – E. CARR, Nationalism and after 1945 – E. LEMBERG, Gesch. des Nationalismus in Europa, 1950 – L. SNYDER, The Meaning of Nationalism, 1954 – K. G. HUGELMANN, Nationalstaat und Nationalitätenrecht im dt. MA., I, 1955 – K. DEUTSCH, An Interdisciplinary Bibliography on Nationalism, 1935 – 1953, 1956 (Lit.) – W. SULZBACH, Imperialismus und Nationalbewußtsein, 1959 – G. LEIBHOLZ, Volk, N. und Staat im 20. Jh., 1967[3] und Schriftenreihe der F. NAUMANN-Stiftung zur Politik Nr. 3 (1961) 151 – 185 – H. SETON-WATSON, Nations and States, 1977 – H. EICHBERG, Nationale Identität, 1978 – N. und Selbstbestimmung in Politik und Recht, 1984.

Gerhard Leibholz †

Nationalismus. Während man unter Nation ursprünglich eine aus derselben Gegend stammende Volksgruppe, seit der Neuzeit das politisch bewußt gewordene, in Geschichte, Kultur und gemeinsamer Willensbekundung geeinte Volk versteht, sucht der moderne N. die Verwirklichung des Nationalstaates und seine autonome Politik gegenüber den Ansprüchen anderer Nationalstaaten ideell zu begründen.

Dabei reicht der Begriff des N. von der bloßen Bestätigung eines in sich gefestigten und allgemein anerkannten Gemeinwesens bis hin zur aggressiven Ideologie eines noch unerfüllten, expansiven „Irredentismus", der seine absolutgesetzten Forderungen auf Kosten widerstrebender Gruppen oder übernationaler Werte und gegen andere Staaten durchzusetzen sucht. Diese explosive Steigerung eines als „natürlich" postulierten Nationalbewußtseins zum Totalanspruch eines „integralen Nationalismus" hat von Anfang an so stark die Entwicklung des modernen N. bestimmt, daß er nächst dem Rassismus unter die gefährlichsten Kräfte gerechnet werden muß, die das friedl. Zusammenleben der Staaten und die Ausbildung internationaler Ordnungsstrukturen bedrohen.

Während der →Nationalstaat in England und Frankreich schon im 16. Jahrhundert verwirklicht war, ist der N. wesentlich ein Produkt der politisch-sozialen Emanzipationsbewegungen, die im 19. Jahrhundert zur Erfüllung drängten. Nun wurde das Nationalgefühl als eine aus der Natur menschlicher Gemeinschaftsbildung stammende Grundlage des modernen Staates glorifiziert und zum höchsten Wert politischer Existenz erhoben. In Deutschland, Italien und Osteuropa galt diese Vorstellung um so entschiedener, je weniger der Gleichsetzung von Sprache, Volk und Rasse mit Nation und Staat die Realität entsprach. Zumal die deutsche Geschichte ist bedrängt und verzerrt von den Anstrengungen und Entartungen, die ihr das krampfhafte Streben nach Identität von staatl. und nationaler Verfassung auferlegt hat. Die großdeutsche Mobilmachung unter HITLER war die letzte Konsequenz eines forcierenden und forcierten N., der übernationale Bindungen zerstörte und selbst alles andere als „natürlich" war.

Eine Frucht strategischer Theorien und imperialer Ideologien war auch das Streben nach „natürlichen Grenzen", das zunächst vor allem den französischen Nationalismus bewegte und das Instrument der Plebiszite und der Herrschaft mittels Kollaboration entwickelte; seine historischen und geopolitischen Ansprüche traten neben die linguistischen und völkisch-biologischen Argumente und haben eine höchste Steigerung in den Zwangsverpflanzungen und Massenvertreibungen des Zweiten Weltkrieges erreicht.

Nur eine kleine Minderheit von Nationalstaaten stimmt mit Sprachgrenzen überein; die Politik formt ebenso Spracheinheiten, wie diese politisch relevant sind, und von einer Identität Sprache – Nation kann heute allenfalls in Teilen Europas, aber weder in Lateinamerika noch in Afrika oder Asien die Rede sein. Aber Fiktionen und Ideologien sind eine höchst konkrete Realität der Politik. Die fortdauernde Bedeutung und Aktualität des nationalistischen Arguments beweist dies ebenso wie die Wirkungen, die es im Entstehen und Selbstbewußtsein der neuen Staaten Afrikas und Asiens entfaltet. Der fieberhafte N. in der „Dritten Welt" ist ein Instrument zur Schaffung und Integration von Staatsvölkern aus divergierenden Gruppen und Stämmen (nation building). Er trägt die Züge eines Anpassungs-

und Nachholprozesses gegenüber Europa, ist Träger der Europäisierung und Modernisierung der Welt. Der Übergang vom Kolonialismus zur „nationalen" Unabhängigkeit erweitert aber zugleich die internationalen Spannungsfelder, überträgt die inneren Probleme der ehemaligen Imperien in außenpolitische Konflikte, die nun im Zeichen des N. geführt werden.

Auf der anderen Seite gewinnt die Regenerierung des national differenzierten Selbstbewußtseins Bedeutung für eine Auflockerung der Blöcke und Fronten, die von der ideologischen Polarisierung der Welt wegstrebt. Die Vorstellung einer Normalisierung der Beziehungen zwischen West- und Osteuropa und einer „polyzentrischen" Modifikation der Vorherrschaft der zwei Supermächte, die DE GAULLE in die Formel vom „europäischen Europa" gefaßt hat, steht im Zeichen der Wiederbelebung nationaler Souveränitätsansprüche der kleineren Staaten. Ihre Grenzen demonstrieren freilich die Vorgänge im Ostblock, wo allein Jugoslawien einen neutralen nationalkommunistischen Kurs durchzusetzen vermochte, ähnliche Versuche in Polen und Ungarn (1956) wie in der Tschechoslowakei (1968) aber zunächst gescheitert, in Albanien und Rumänien nur begrenzt und im Schatten des sowjetisch-chinesischen Schismas möglich sind.

So ambivalent wie der Gaullismus, der seinerseits in Wahrheit nur unter dem Schirm der NATO seinen betont national-souveränen Kurs zu steuern vermochte, ist der moderne N. insgesamt zu beurteilen, seit er vor knapp zwei Jahrhunderten seinen Siegeszug gegen die universalen und partikularen Mächte der vorindustriellen Ära angetreten hat. Seine Erscheinungsformen sind bestimmt geblieben von dem problematischen Verhältnis, in dem sich der N. zur modernen Entwicklung von Staat und Gesellschaft befindet: als Träger der Politisierung aller Bevölkerungsschichten und des demokratischen Selbstbestimmungsgedankens innerhalb und zwischen den Staaten, aber auch als Ideologie zur populären Sanktionierung und Verhüllung autoritärer und imperialistischer Regime. Besonders eigenwillig tritt diese Ambivalenz von modernisierenden und reaktionären Kompetenzen in überstaatlichen Panbewegungen hervor: so in der Ideologie des „arabischen Nationalismus", unter deren Parolen sich monarchische und national-sozialistische Einparteiendiktaturen in erbitterter Konkurrenz die Zustimmung der Massen zu sichern, sie von sozialen und politischen Problemen auf den Kampf gegen Israel abzulenken suchen.

Auch die UNO (→Vereinte Nationen) ist trotz aller Bekenntnisse zur internationalen Ordnung durchaus nach dem Leitbild nationaler →Souveränität organisiert; jeder Staat beansprucht unbeschadet seiner Größe gleiche Mitglieds- und Stimmrechte, auch wenn die fünf ständigen Mitglieder des Sicherheitsrates eine gewisse Sonderstellung haben. So argwöhnisch und empfindsam die nationale Integrität als höchster Wert verteidigt wird, so deutlich hat freilich die gewaltige Ausdehnung und Vervielfachung der Nationalismen die Grundpostulate des N. relativiert, seine schon immer fragwürdige Selbstdefinition noch problematischer gemacht: Heute können für viele „Nationen" weder Sprache oder Abstammung noch gemeinsame Kultur als Kriterien gelten – was freilich nicht hindert, daß sie als Sprengstoff von Auseinandersetzungen kaum verminderte Bedeutung haben. Man denke an den Sprachenstreit in Belgien oder Indien und an die fortdauernden Minoritätenkonflikte in den meisten anderen Staaten.

Militärdiktaturen und Bürgerkriegssituationen in Afrika, Asien, Lateinamerika, Rassismus und Unterdrückung von Minderheiten sind Symptome der unverminderten Kraft, die der N. quer durch die internationalen „Systeme" und Ideologien auch heute zu entfalten vermag. Eine Steigerung des N. im gespaltenen Deutschland enthält noch die besonderen Gefahren eines Rückfalls in die Forderungen und Träume des nie vollendeten, schwer begrenzbaren deutschen Nationalstaats.

In Wahrheit setzen diejenigen, die allein die nationalen Einheiten für dauerhaft in der Geschichte halten, „das Siegel der Ewigkeit unter die Geschichtsphilosophie des 19. Jahrhunderts" (R. ARON). Ein N., der zum Kampf aller gegen alle tendiert und ohnehin stets seine realen Grenzen in der Herrschafts- und Expansionspolitik von Großmächten gefunden hat, bietet entgegen den Hoffnungen humanistischer und demokratischer Pioniere der Nationalidee nicht nur kein Modell für internationales Zusammenleben und friedl. Konfliktlösung, sondern ist mit der Betonung des Trennenden auch zutiefst anachronistisch unter den modernen Bedingungen einer wirtschaftl. und technischen Entwicklung, die zur globalen Interdependenz auch der sozialen und politischen Strukturen drängt. Nationalität ist nicht ein angeborenes, unveränderliches Charakteristikum, sondern das Ergebnis sozialer Lern- und Anpassungsprozesse: funktional als Mittel der Modernisierung, aber relativiert gegenüber dem Prozeß weltweiter Kommunikation und Demokratisierung, der Pluralität der politischen Bezüge und Abhängigkeiten und der Erfordernisse überstaatl. Planung und Kontrolle, von deren Verwirklichung Koexistenz und Überleben der Völker überhaupt abhängen. Die Erkenntnis, daß alle Merkmale des Nationalbegriffs – Sprache, Geographie, Geschichte, Kultur, Abstammung – nur begrenzte Gültigkeit besitzen, ist als Gegengewicht zur Gefühlspotenz des Nationalismus menschheitsbedeutend. Der Entwicklung einer supranationalen Europäischen Gemeinschaft seit 1956 kommt dafür exemplarische Bedeutung zu.

C. J. H. HAYES, The Historical Evolution of Modern Nationalism (1948). – H. KOHN, Die Idee des Nationalismus (1950). – K. W. DEUTSCH, Nationalism and Social Communication (1953). – E. KEDOURI, Nationalism (1961). – E. LEMBERG, Nationalismus (1964). – R. BENDIX, Nation-building and Citizenship (1964). – K. W. DEUTSCH, R. MERRITT, Nationalism and National Development (1970). – K. D. BRACHER, Das deutsche Dilemma (1971). – DERS., Europa in der Krise (1979). – CHR. GRAF KROCKOW, Nationalismus als deutsches Problem (1974). – H. A. WINKLER (Hg.), Nationalismus (1978).

Karl Dietrich Bracher

Nationalsozialismus. I. Lehre und geistige Wurzeln. A. Die Lehre des Nationalsozialismus. 1. Von einer Lehre des N. zu sprechen, ist, genau genommen, nicht mögl. Die nationalsozialistische „Weltanschauung" konnte sich zu keiner Zeit auf ein Lehrgebäude stützen, das etwa dem dialektischen Materialismus vergleichbar gewesen wäre. Es gab nur verhältnismäßig wenige Zentralpunkte, die in den 25 Jahren der nationalsozialistischen „Bewegung" mehr oder weniger gleichförmig vertreten wurden. Um diese wenigen Thesen herum gruppierten sich, von Epoche zu Epoche wechselnd oder doch mit verschiedener Intensität vertreten, zahlreiche andere Vorstellungen, von denen sich heute nicht einmal mehr genau feststellen lassen dürfte, wie weit sie den wechselnden Ideen der Führerschicht wirkl. entsprachen und wie weit sie nur zur Verbrämung und Vertuschung der wahren Ziele bzw. zur Anlockung Skeptischer mißbraucht wurden. Insgesamt wurde dem „Führer" das Recht eingeräumt, verbindl. zu deklarieren, was der N. allg. oder zu einzelnen Problemen zu sagen habe und welche Maßnahmen er in konkreten Situationen verlange. Aber auch hier machte man sich kaum die Mühe, einen ideologischen Grund für diese Dogmatisierungsbefugnis anzugeben. Der N. war vielmehr, insgesamt gesehen, mehr eine pragmatische als eine ideologisch fundierte Bewegung.

2. Die wenigen Schwerpunkte der nationalsozialistischen Lehre, die durchgängig beibehalten wurden, lassen sich in den Begriffen Rassenlehre und Führergedanke zusammenfassen. Sie bedürfen einer näheren Darlegung.

a) Die *Rassenlehre* des N. ging davon aus, daß es verschiedene Menschenrassen gebe, die untereinander nicht gleichwertig, sondern von unterschiedl. sittl. und kulturellem Wert seien. Als höchste →Rasse wurde die sog. nordische (auch „arische") Rasse betrachtet, während die jüdische „Rasse" als die niedrigste und als die Inkarnation des Bösen hingestellt wurde. Es wurde gelehrt, daß die nordische Rasse infolge jahrhundertelanger Rassenmischung nicht mehr rein vorhanden sei, daß sie aber in den germanischen Völkern, und hier vor allem im dt. (!) Volk, noch am reinsten verkörpert sei und aus diesem sogar rückgezüchtet werden könne. Schließl. wurde die Auffassung vertreten, daß zwischen den Rassen ein unaufhörl. Kampf um die Weltherrschaft tobe, von dem man annahm, daß er allein nach den Gesetzen des Darwinismus, also mit physischer Gewalt und bis zur Ausrottung, ausgefochten werden müsse.

b) Der *Führergedanke* ging von der Vorstellung eines autokratischen und keiner rechtl. oder ethischen Bindung unterworfenen Führers aus, dessen von der „Vorsehung" bestimmte „Sendung" es sei, den „Ratschluß" der rein materialistisch verstandenen „Geschichte" zu vollziehen, indem er, den N. Stück für Stück enthüllend bzw. entfaltend, die nordische Rasse im dt. Volke zur Weltherrschaft führte.

B. Die geistigen Wurzeln der Lehre. Alle diese Gedanken haben eine mehr oder minder lange Vorgesch. im europ. Geistesleben. Überwiegend bauen sie auf einer naiven, unreflektierten Vorstufe auf, die erst im 19. Jh. eine, wenn auch nicht wissenschaftl., so doch theoretische Fundierung erfahren hat, und haben dann, meist auf dem Umweg über eine wenig qualifizierte Sekundärliteratur, Zugang zur Ideenwelt der führenden Nationalsozialisten, hier aber zugleich auch ihre Verwirklichung in krassester Form gefunden.

1. Der Gedanke, dem Begriff der Rasse überhaupt politische und soziale Bedeutung beizumessen, ist so alt wie die Kenntnis der Rassen voneinander. Theoretisch formuliert wurde er aber erst im 19. Jh., insbes. von JOSEPH ARTHUR GRAF GOBINEAU (Essai sur l'inegalité des races humaines, 1853 – 1855), in Dtschld. zB von LUDWIG V. GUMPLOWICZ (Rasse und Staat, 1875; Der Rassenkampf, 1883), ähnl. auch von NIETZSCHE u. a. Der Umstand, daß der Begriff Rasse von allen biologischen Begriffen der unschärfste und als Ordnungskategorie ungeeignetste ist (→Rasse), blieb dabei unbeachtet.

2. Auch die Vorstellung, daß die weiße oder die nordische Rasse auf einer höheren Stufe stehe als alle anderen Rassen, ist uralt und hat ihre naive Vorstufe in der Überheblichkeit des Weißen seit der Konquistadorenzeit. Theoretisch wurde sie wiederum von GOBINEAU formuliert, der darüber hinaus sogar lehrte, daß innerhalb der weißen Rasse die „Arier" und unter diesen wieder die Germanen durch Adel der Rasse hervorträten. Andere, zB LUDWIG WOLTMANN (Politische Anthropologie, 1903) und JÖRG LANZ V. LIEBENFELS (ADOLF LANZ), der Hg. der von Rassenmystik triefenden Zeitschrift „Ostara", sprachen, noch weniger konkret, von einer „nordischen Rasse" als höchster Rasse. Aus dem unreflektierten →Nationalismus des 19. Jh., der in allen Völkern vorhanden, also keine dt. Eigenart war, stieß hierzu als typisch nationalsozialistische Zutat die Vorstellung, daß das nordische Blut gerade im dt. Volk noch am reinsten erhalten sei, und der Landwirt (!) HEINRICH HIMMLER zog aus dieser Auffassung die praktischen Konsequenzen, als er, wiederum im Anschluß an vor-nationalsozialistische Forderungen, begann, aus bes. „rassereinen" Teilen des dt. Volkes die „nordische Rasse" durch Rückzüchtung zu regenerieren („Lebensborn").

3. Die längste Vorgesch. von allen Lehrstükken des N. hat der Antisemitismus. Auch hier gibt es wieder eine gewissermaßen naive Vorstufe in der jahrhundertealten →Judenfeindschaft politischer, religiöser und sozialer Prägung, die im 19. und beginnenden 20. Jh. etwa von ADOLF STOECKER, HEINRICH V. TREITSCHKE, PAUL DE LAGARDE und dem Wiener Bürgermeister KARL LUEGER in seinen späteren Jahren vertreten wurde und die im Dt. Reich zB in der antisemitischen Dt.-sozialen Partei, in Österreich (vor allem Böhmen) in der Dt. Arbeiterpartei (später Deutsche Nationalsozialistische Arbeiterpartei) politischen Niederschlag fand. Zum N. gehört aber nicht dieser Antisemitismus schlechthin, sondern der rassisch fundierte Antisemitismus („Rassenantisemitismus"), der die Juden, die übrigens gar keine eigene Rasse darstellen, gerade wegen der Minderwertigkeit verfolgt, die ihnen angeblich *als Rasse* anhängt. Vater des Rassenantisemitismus ist wiederum der Franzose GOBINEAU, der in Dtschld. zB in WILHELM MARR (Der Sieg des Judentums über das Germanentum, 1873) und EUGEN DÜHRING (Die Judenfrage als Rassen-, Sitten- und Kulturfrage, 1881) Anhänger fand und dessen glänzendster Anhänger schließlich der Engländer und spätere Wahldeutsche HOUSTON STEWART CHAMBERLAIN (Die Grundlagen des 19. Jh., 1899) wurde. Von den zahllosen Verfechtern des Rassenantisemitismus in der Politik und im gesellschaftl. Leben seien genannt die alldt. Bewegung des Justizrats HEINRICH CLASS, der österr. Politiker GEORG RITTER VON SCHÖNERER, LANZ VON LIEBENFELS, ALFRED SCHULER und die von diesem beeinflußte Münchener Thulegesellschaft. Eine konsequente – und ungemein gefährliche – Folge des Rassenantisemitismus ist, daß der Jude, da das „Gesetz der Rasse" angeblich „ehern" ist, seiner Minderwertigkeit und Gefährlichkeit nicht entgehen kann (Taufe, Eheschließung mit „Ariern" usw.), sondern kraft Naturgesetzes „Schädling" bleibt. Damit liegt der – ebenfalls schon vor dem N. ausgesprochene – Gedanke seiner Austreibung, ja Ausrottung greifbar nahe. Allerdings ist dieser Gedanke selbst vom N. in unterschiedl. Intensität vertreten worden. So war er zB im Parteiprogramm von 1920 nicht enthalten, während er in „Mein Kampf" und auch schon in frühen Kampfliedern deutlich ausgesprochen wird. Die eigentl. Impulse zur „Endlösung der Judenfrage" in ihrer bekannten gräßl. Form dürften einmal in der zynischen Rassenbiologie HIMMLERS, daneben aber auch darin zu finden sein, daß HITLER, der von Haus aus fanatischer Judenhasser war und die Juden aus propagandistischen Gründen zu Alleinschuldigen aller denkbaren Mißstände und Mißerfolge stempelte, damit auf die Dauer sich selbst und seine Anhänger hinriß.

4. Seine bes. Aggressivität gewann der nationalsozialistische Rassenantisemitismus daraus, daß er sich mit der Lehre vom Kampf der Rassen um die Weltherrschaft, d. h. um Bestehen und Untergang, verband. Diese Lehre, die man als die ideologische Überhöhung des naiven →Imperialismus des 19. Jh. verstehen kann, beruht ihrerseits wieder auf einer Verbindung der Rassenlehre mit dem sog. Sozialdarwinismus, der die Darwinsche Theorie vom Kampf um das Dasein als dem Lebensprinzip der Natur auf das gesellschaftl. Leben zu übertragen suchte. Entscheidend war dabei, daß infolge der materialistischen Grundhaltung der Sozialdarwinisten von der Unbrauchbarkeit human-zivilisatorischer Maßnahmen ausgegangen wurde, so daß als Waffe im Kampf der Arten allein die blanke Gewalt anerkannt wurde (NIETZSCHE!). Die theoretische Verbindung der Rassenlehre mit dem Sozialdarwinismus erfolgte bei CHAMBERLAIN.

5. Weniger theoretische Grundlagen als die Rassenlehre des N. hat sein Führergedanke. Hier sind Vorbilder und Vorstufen eher in der autoritären Staatspraxis des Kaiserreiches, im italienischen Faschismus und der damals vertretenen Reichsmythologie zu suchen, die um so mehr zu Wunschbildern werden mußten, je kritischer die innere und äußere Lage des Weimarer Reiches wurde. Aus der Lit. sei hier etwa auf ARTHUR MOELLER VAN DEN BRUCK, Das Dritte Reich, 1923, hingewiesen.

II. Die Gründe für das Anschwellen der nationalsozialistischen Macht. Eine Darstellung und Untersuchung des N., die zugleich auch zu seiner sog. Bewältigung beitragen will, kann nicht darauf verzichten, wenigstens den wichtigsten Ursachen nachzugehen, die zu seinem sprunghaften Anwachsen (bis Juli 1930: 12 Reichstagsabgeordnete; seit Sept. 1930: 107 Abgeordnete; seit Juli 1932: 230 Abgeordnete; seit Nov. 1932: 196 Abgeordnete; seit März 1933: 288 Abgeordnete) geführt haben. Dabei ist einmal nach den Motiven der Parteimitglieder und Wähler, sodann aber auch nach deren überwiegender sozialer Herkunft zu fragen.

A. Vom Standpunkt der nationalsozialistischen „Weltanschauung" aus war die NSDAP wie jede Weltanschauungspartei ursprüngl. eine von einem kleinen Kader geführte Partei, in der dem Mitgliederstamm also eine verhältnismäßig kleine Gruppe ideologisch „gefestigter" und „durchdrungener" Führer gegenüberstand. Dieser eigentl. Kern der Partei rekrutierte sich anfänglich überwiegend aus enttäuschten und entwurzelten Kriegsheimkehrern (den vielberufenen „Landsknechtsnaturen"). Man wird mit der Annahme nicht fehlgehen, daß selbst bei diesen, erst recht aber bei den einfachen Mitgliedern, weniger die theoretisch „fundierte" Rassenlehre als vielmehr ein recht primitiver, vor allem sozialen Wurzeln entspringender Antisemitismus, ein übersteigerter Nationalismus und eine allg. Hinneigung zu autoritären Regierungsformen Triebfedern des Handelns waren. Dieser Zustand prägte sich um so stärker aus, je mehr die NSDAP im Lauf der Jahre zum Sammelbecken der autoritär-nationalistisch gesonnenen Kreise wurde, weil HITLER sich auf die Dauer als der „stärkste Trommler" erwies, erst recht selbstverständl. nach der Machtübernahme im Jahre 1933. Erst in den weiteren Jahren der NS-Herrschaft bildete sich in der SS mehr und mehr ein ideologisch geschulter und auch zuverlässiger Kader größeren Umfangs heraus; folgerichtig trat die Partei selbst gegenüber der SS immer mehr zurück und sank in mancher Hinsicht beinahe zum bloßen Kandidaten- und Mitläuferkorps herab, während die SS zum eigentl. Träger der „Bewegung" wurde.

Um den recht kleinen Kader gruppierte sich schon in der sog. Kampfzeit (bis 1933) ein immer größer werdender Mitglieder- und Wählerkreis, der sich mit der Weltanschauung und auch mit den in unterschiedl. Intensität angekündigten staats- und rassenpolitischen Zielen nur bedingt identifizierte. Man kann diesen Personenkreis als die von der Weimarer Republik nie Gewonnenen oder zumindest von ihr Enttäuschten bestimmen, muß sich dabei aber darüber klar sein, daß diese Enttäuschung weitgehend unberechtigt war, weil es die führenden Männer der Weimarer Republik bei allem Parteihader und aller auch vorhandenen Unfähigkeit vor allem mit unverschuldeten, unüberwindl. Schwierigkeiten zu tun hatten. Das gilt nicht nur für die durch die Niederlage von 1918 hervorgerufenen innerdt. Probleme und für die gerade im Augenblick der Konsolidierung auftretende Weltwirtschaftskrise, sondern vor allem auch für die Haltung der Siegermächte gegenüber dem Reich. Es ist heute allg. anerkannt, daß der ebenso törichte wie verantwortungslose, wenn auch psychologisch verständl. Versailler Friedensvertrag mit die Hauptschuld an der innenpolitischen Ruhelosigkeit und schließlich auch am Untergang der Weimarer Republik trug. So entstand, nicht zuletzt infolge einer systematischen Hetzpropaganda von rechts, bei weiten Schichten der Bevölkerung der Eindruck, daß die ersehnten Güter der sozialen Sicherheit und der nationalen Größe nicht von der Demokratie, sondern nur von einer autoritären Staatsführung erreicht werden könnten (Ruf nach dem „starken Mann"), eine Meinung, die übrigens durch die seit dem ersten Kabinett BRÜNING (1930; →Deutsches Reich) mehr und mehr entstehende Präsidialdiktatur (Kabinett PAPEN 1932!) nur bekräftigt werden konnte. Aus dem ungeheuren Zustrom, den die NSDAP seit dem Beginn der Weltwirtschaftskrise (1929) erfuhr, ergibt sich, daß sich die Wählermassen ihr vorwiegend aus sozialen Gründen zuwandten und daß es sich bei ihnen vor allem um die Leidtragenden der Weltwirtschaftskrise handelte. Da innerhalb dieses Personenkreises einerseits die Bauern überwiegend christl.-konservativ, andererseits die Arbeiter marxistisch orientiert waren und sich, von den jüngeren Jahrgängen abgesehen, sozusagen „in festen Händen befanden", nimmt es nicht wunder, daß der NSDAP die entscheidendsten Siege in Wahlkreisen mit hauptsächl. kleinbürgerl. Struktur gelangen. Die nationalsozialistische „Revolution" war sowohl nach ihren Häuptern als auch nach der Mehrzahl ihrer genuinen Anhänger eine kleinbürgerl. Revolution (vgl. denn auch die zahllosen Parallelen zur ROBESPIERRE-Herrschaft!). Großbürgertum (Bankiers, Industrielle) und Adel stießen folgerichtig auch erst zur NSDAP, als sich HITLER mehr und mehr als der allein wirksame Trommler des von ihnen aus anderen Gründen erstrebten autoritären Staatssystems erwies, und waren dann überwiegend gesellschaftl. und außenpolitische Schrittmacher sowie Geldgeber und Nutznießer. Eine nicht zu unterschätzende Triebfeder für erhebl. Teile des Volkes – und insoweit für Leute aus allen Schichten – dürfte schließl. die Furcht vor einer kommunistischen Machtergreifung gewesen sein. Es kann dahinstehen, ob die KPD in den Jahren vor 1933 jemals ernstl. an Umsturz dachte, und es ist auch unerhebl., daß sie selbst in ihren besten Zeiten kaum ein Sechstel der Wählerstimmen erreichte (16,8 % im November 1932; bei den beiden Reichspräsidentenwahlen im Frühjahr 1932 erreichte THÄLMANN 13,2 % bzw. 10,2 %); denn jedenfalls bestand selbst dann, wenn man ihren Kaderbestand nur auf 30 – 50 % ihrer Wähler veranschlagt, die reale Möglichkeit eines gewaltsamen Umsturzes oder doch zumindest eines blutigen Bürgerkriegs, den die Wählermassen unter dem Eindruck der Münchener Räterepublik und des Ruhraufstandes fürchteten. Es ist also zu einfach, wenn zur Entkräftung dieses Arguments immer wieder auf die geringen Wählerzahlen hingewiesen wird. Auch die von rechts begangenen Greuel (Freikorps, SA) vermochten die Furcht vor dem Kommunismus nach Lage der Dinge nicht auszugleichen.

B. Mag man auch den Massenzulauf der NSDAP mit der Verzweiflung der Ruinierten entschuldigen und den Umstand, daß sie damit der rechtsstaatl. Demokratie eine Absage erteilten, mit der mangelnden Verwurzelung dieser Idee im dt. Volke historisch erklären, so bleibt doch ein erheblicher Rest, der sich in der Frage zusammenfassen läßt, wie es so weit kommen konnte, daß ein großer Teil des Volkes ein System auf den Schild erhob, dessen Führer immer wieder „das Rollen von Köpfen", die „physische Vernichtung" politischer Gegner, die Austreibung und Ausrottung der Juden lautstark angekündigt hatten.

Man wird nicht fehlgehen, wenn man annimmt, daß sich diese Frage zu einem guten Teil mit der politischen Interesselosigkeit und Unkenntnis weiter Kreise erklären läßt. In der Tat sind die Stimmengewinne der NSDAP teilweise auch durch die Mobilisierung der Nichtwähler zustande gekommen, die infolge der großen Not und einer geschickten Propaganda mögl. wurde. Es ist sehr wahrscheinlich, daß diese „unpolitischen" Wählerkreise ihre Stimme einfach demjenigen gaben, der ihnen mit Überzeugungskraft eine Besserung der Lage versprach, daß sie aber von den Zielen und den sonstigen Programmpunkten der NSDAP nur wenig Ahnung hatten. Aber auch bei jenen Wählern der NSDAP, die das Programm und die Drohungen ihrer Führer in Umrissen kannten, wird man weithin den guten Glauben unterstellen dürfen, daß „schon nicht so heiß gegessen wie gekocht werden würde". Man darf nicht übersehen, daß gerade die antisemitischen Thesen der „Partei" seit Jahrzehnten gebräuchl., aber bisher noch nie in das Stadium der Verwirklichung getreten waren. Gerade der gutgläubige, zum Wunschdenken neigende Mensch konnte daraus leicht die Hoffnung schöpfen, es werde auch diesmal bei den rabiaten Reden bleiben. Dem kamen teilweise recht maßvolle Erklärungen aus der NSDAP entgegen, von denen sich heute kaum mehr feststellen läßt, ob sie zielbewußte Lügen waren oder dem ehrl. Willen gemäßigterer NS-Führer entsprachen. Ganz allg. ist zu berücksichtigen, daß sich die Wirklichkeit der Konzentrations- (KZ) und Vernichtungslager auch heute noch so unglaubl. anhört, daß ihre Vorhersehbarkeit – gerade bei der auch sonst notorischen Großmäuligkeit der führenden Nationalsozialisten – doch nur sehr bedingt bejaht werden kann. Der unbefriedigende Rest, der selbst bei Berücksichtigung dieser Umstände bleibt, ist jedoch immer noch erhebl. Auch bei einer unbefangenen und das heute weithin übl. Klischeedenken meidenden Art der Betrachtung läßt sich die Feststellung nicht umgehen, daß offensichtl. bedeutende Teile des dt. Volkes die Gefahr einer Realisierung der nationalsozialistischen Androhungen sehenden Auges in Kauf genommen haben, sei es in der vagen Hoffnung, daß sie „schon nicht so ernst gemeint seien", sei es in der Überbetonung eigenen Unglücks, das sie für die Belange der Bedrohten und für die Rechtsidee unempfindl. machte – sei es schließl. auch in ursprünglicher oder unter dem Einfluß der Propaganda zustandegekommener Übereinstimmung mit den proklamierten Zielen.

III. Die Totalisierung von Staat und Volk. Das beherrschende Phänomen in der Gesch. des N. seit 1933 ist, abgesehen von dem allmähl. Zurücktreten der NSDAP gegenüber der SS, die überraschend schnelle und fast vollständige Gleichschaltung des Staatsapparates, obwohl bei der Machtergreifung doch nur ein geringer Prozentsatz der Beamten der NSDAP angehörte, und des Volkes, das sich noch bei der Reichstagswahl vom 5. März 1933 in seiner Mehrheit gegen den N. aussprach. Bei der Untersuchung dieses Phänomens müssen drei Bereiche geschieden werden: der Bereich der obersten Staatsorgane, der sonstige staatl. Herrschaftsapparat und das Volk.

A. Die Gleichschaltung der obersten Staatsorgane ist im wesentl. identisch mit der Umbildung und endl. Vernichtung der WV. Wichtigste Stationen sind das ErmächtigungsG vom 24. März 1933, durch das der Reichstag ausgeschaltet wurde, das G. über den Neuaufbau des Reiches vom 30. Jan. 1934, das die Länder ihrer Staatlichkeit entkleidete, und das StaatsoberhauptG vom 1. Aug. 1934, durch das die Ämter des Reichspräsidenten und des Reichskanzlers vereinigt wurden. Wegen der Einzelheiten →Deutsches Reich VI. Spätestens mit dem Erlaß des zuletzt genannten Gesetzes war die Reichsregierung (und in ihr auf Grund der faktischen Machtverhältnisse der „Führer") absolute Spitze des gesamten Staatsapparates.

B. Die Gleichschaltung der Behördenorganisation. Schon auf Grund der soeben dargestellten Entwicklung war die Gleichschaltung der Bürokratie wegen der Gesetzes- und Weisungsgebundenheit der untergeordneten Stellen rechtl. sichergestellt. Um aber auch eine faktische Verhinderung, Verzögerung oder Abmilderung der nationalsozialistischen Politik durch „unzuverlässige" Amtsträger auszuschließen, war es notwendig, den Behördenapparat auf allen Stufen gleichzuschalten. Dies geschah zunächst dadurch, daß jüdische und politisch mißliebige Beamte zwangsweise in den Ruhestand versetzt wurden (vgl. insbes. das G. zur Wiederherstellung des Berufsbeamtentums vom 7. April 1933); allerdings wurden davon aufs Ganze gesehen nur verhältnismäßig wenig Beamte betroffen. Positiv erfolgte die Gleichschaltung vor allem durch die Herstellung von Personalunionen zwischen Staats- und Parteiämtern. So waren etwa die meisten Reichsstatthalter und Oberpräsidenten gleichzeitig Gauleiter und zahlreiche Polizeipräsidenten zugleich höhere SA- oder SS-Führer. In den örtl. Instanzen, insbes. bei den Landräten und Bürgermeistern, wurde dieses Prinzip nach ähnl. Anfängen zwar aufgegeben, aber nach der Dt. Gemeindeordnung und entsprechenden Regelungen für die sonstigen Körperschaften des öffentl. Rechts war sichergestellt, daß auch diese Funktionen nur mit „zuverlässigen" Leuten besetzt wurden; im übrigen hatte in den Gemeinden der sog. Beauftragte der NSDAP auf Grund verschiedenster Beratungs- und Mitentscheidungsrechte eine maßgebende Stellung, die vor allem auch in der Personalpolitik bis hinauf zum Bürgermeister, zu den Beigeordneten und zu den Gemeinderäten wirksam wurde. In späteren Jahren wurde das Übergewicht der Nationalsozialisten im Behördenaufbau noch dadurch gesteigert, daß ganze Aufgabenkreise von vornherein nicht den „klassischen" Staatsbehörden, sondern Partei- oder SS-Behörden übertragen wurden. Das galt nicht nur für die Verwaltung der Konzentrationslager und für die Staatssicherheitspolizei, sondern vor allem für die Verwaltung der besetzten Gebiete, soweit sie nicht bei der Wehrmacht lag, und schließl. auch für die Zivilverteidigung, in die die Gauleiter in erhebl. Maße eingeschaltet wurden. Alles in allem bot die Staatsorganisation gegen Ende der NS-Herrschaft das Bild einer verhältnismäßig geschlossenen, der NSDAP gleichgeschalteten Hierarchie.

Allerdings wäre diese Gleichschaltung ohne die nahezu ausnahmslose Mitarbeit des dt. Berufsbeamtenkorps nicht möglich gewesen. Zwar ist uneingeschränkt anzuerkennen, daß eine große Anzahl von Beamten aller Rangstufen sich mit dem Regime innerl. nie identifizierte und, vor allem in den ersten Jahren, auch einen durchaus zielbewußten hinhaltenden Widerstand (etwa in der Personalpolitik) leistete. Gleichwohl war die große Mehrzahl von Anfang an oder doch nach den ersten außen- und innenpolitischen Erfolgen des N. so gut wie rückhaltlos zur Zusammenarbeit mit dem Regime bereit. Daß dies möglich war, obwohl gerade die höheren Beamten ursprüngl. sicher nicht nationalsozialistisch gesonnen waren, ist eines der trübsten Kapitel in der jüngsten dt. Gesch. Es mag durchaus in Rechnung gestellt werden, daß im Jahre 1933 auch unter den Beamten die Verzweiflung über die Lage bis zu einem Punkt gediehen war, an dem sie glückl. waren, daß „überhaupt etwas geschah", es mag ihnen ferner zugute gehalten werden, daß sie überwiegend national orientiert und von dieser Seite her für den N. als „nationale Erneuerungsbewegung" durchaus anfällig waren, daß die Disziplin, die das dt. Beamtentum zu allen Zeiten auszeichnete, und der Rechtspositivismus, unter dem sie überwiegend herangebildet worden waren, im Verein mit der „Legalität" der nationalsozialistischen Machtergreifung den Gedanken an einen Widerstand in vielen zurückgedrängt haben mag, und es sei schließl. auch eingeräumt, daß der drohende Verlust der wirtschaftl., ja sogar der physischen Existenz für viele, insbes. für die Familienväter unter ihnen, einen solchen Gedanken relativ unmögl. machte. Aber bei alledem ist doch nicht zu übersehen, daß sehr oft auch menschl. Versagen den Ausschlag gab: der blinde, auf nichts Rücksicht nehmende Ehrgeiz, die Liebedienerei und ein gewisses „Musterschülertum", dessen alleiniger Ehrgeiz es ist, jede gestellte Aufgabe ohne Rücksicht auf ihre Art und ihre ethische Vertretbarkeit glänzend zu bewältigen. Es ist ein gerechtfertigter Vorwurf, wenn immer wieder behauptet wird, daß die nationalsozialistische Machtübernahme und die Totalisierung des Staatsapparates ohne dieses menschl. Versagen des Beamtenkorps nicht so reibungslos vor sich gegangen wäre, wie es tatsächl. der Fall war. Alle diese Überlegungen gelten auch für die Reichswehr, die zwar, auch in ihrer späteren Gestalt als Wehrmacht, nie in dem Umfang der Beamten- und Richterschaft gleichgeschaltet werden konnte, die aber weder der nationalsozialistischen Machtergreifung noch den Kriegsplänen der Führung ausreichenden Widerstand entgegensetzte, sondern sich durch den „nationalen Aufbruch" und wohl auch durch das scheinbare Anwachsen ihrer Bedeutung (Aufrüstung, vor allem allg. Wehrpflicht) blenden ließ.

C. Die Gleichschaltung des Volkes. Die Totalisierung des ganzen Staates setzte weiterhin auch die Gleichschaltung des Volkes oder doch seiner überwiegenden Teile voraus; nur wenn es gelang, den „letzten Volksgenossen" zu erfassen und zu mobilisieren, konnte der geplante totale Staat verwirklicht werden. Auch hier gilt es wieder, verständl. und unverständl. Motive sorgfältig zu unterscheiden. Die Motive decken sich im wesentl. mit dem oben (II A) Dargestellten. Es sollte auch heute nicht wundernehmen, daß viele Menschen im Jahre 1933 unter dem Eindruck der entsetzl. Not (Jan. 1933: 6,13 Mio. Arbeitslose) sich verpflichtet fühlten, mit der vom Reichspräsidenten eingesetzten Regierung auf eine soziale und wirtschaftl. Gesundung und Neuordnung hinzuarbeiten und ihr Bestes zur Erreichung dieses Zieles zu geben, und dies mußte um so mehr der Fall sein, je mehr die ersten Maßnahmen von Tatkraft zeugten und von Erfolg gekrönt waren. Auch darf nicht übersehen werden, daß gerade jene Schichten des Volkes, von denen noch am ehesten Widerstand zu erwarten gewesen wäre, durch die Zerschlagung von Gewerkschaften, KPD und SPD und durch die Inhaftierung ihrer Führer ohne Lenkung und daher der NS-Propaganda auf die Dauer nicht gewachsen waren, und daß schließl. auch die zwiespältige Haltung vieler Kirchenführer in den ersten Monaten dem Regime einen Kredit beim „kleinen Mann" verschaffte, der später selbst durch mutigste Widerrufe nicht mehr zu beseitigen war. Dazu kam, daß es die NS-Propaganda von Anfang an verstand, gerade auch die edelsten Regungen des Volkes (Nächsten- und Vaterlandsliebe, Opferwilligkeit, Treue usw.), deren Neubelebung nach dem Ersten Weltkrieg von den sog. Erneuerungsbewegungen („Jungdeutsche", „Jungkonservative", „Jungsozialisten", Jugendbewegung) unternommen worden war, zu mobilisieren und für die Zwecke des N. auszubeuten; diese Methode hatte bei vielen, und vor allem in der jungen Generation, bis in die letzten Tage der NS-Herrschaft Erfolg, um wieviel mehr mußte sie sich in den ersten Jahren, als das Ausmaß der Verbrechen noch nicht einmal im Plan feststand, bewähren. Schließl. hat auch der Terror des Systems seinen Platz unter den hier zu untersuchenden Motiven, wenn er auch eine für die breite Masse ins Gewicht fallende Bedeutung erst in den späteren Jahren, und zwar vor allem in der Form von brutalen Strafandrohungen für politische „Delikte", erlangt haben dürfte.

Alle diese Überlegungen vermögen die rasche und so gut wie vollständige Totalisierung des dt. Volkes aber nur halb zu erklären. Die andere Hälfte geht auf das Konto der Opportunisten und Wichtigtuer. Die nationalsozialistische „Bewegung" verstand es wie keine andere, diese beiden Menschenarten in ihren Dienst zu stellen. Wie kaum eine andere „Bewegung" hatte sie all das zu bieten, was dem halbgebildeten, unbefriedigten Kleinbürger oft als das Erstrebenswerteste erscheint: ein einfaches Weltbild, eine „Idee“, der man radikal („hundertprozentig“) anhängen kann, die Möglichkeit, zu gesellschaftl. Ansehen zu kommen, mit heldischen Schlagworten um sich zu werfen, Uniformen zu tragen, an „erhebenden Stunden“ teilzunehmen, Reden zu halten, zu kommandieren usw. Daß für Opportunisten im „Dritten Reich“ größte Chancen bestanden, bedarf kaum einer Begründung. Erwähnenswert ist aber, daß diese beiden Menschenarten fast im gleichen Maße unter älteren und jüngeren Parteimitgliedern zu finden waren, ja selbst unter den Nichtmitgliedern, sei es, daß sie aus irgendeinem Grunde die Mitgliedschaft nicht erwerben konnten oder sie (u. U. sogar aus Gründen der Rückversicherung) gar nicht anstrebten. Die seit 1945 übliche Gleichsetzung Parteigenosse (PG) = Nazi, noch mehr aber die Gleichsetzung Nicht-PG = aufrechter Demokrat, geht also am Kern der Dinge vielfach vorbei.

IV. Die „Bewältigung der Vergangenheit“. A. Allgemeines. Es bedarf keiner bes. Begründung, daß der N., seine Entstehung und Machtergreifung, seine Taten und der Anteil jedes einzelnen an ihnen nach einer Auseinandersetzung verlangen, der das dt. Volk, ja die gesamte Menschheit, nicht ausweichen darf. Allerdings will es scheinen, als ob die Öffentlichkeit – und zwar gerade auch jener Teil, der immer wieder lautstark eine „Bewältigung der Vergangenheit“ fordert – sich diese Aufgabe viel zu einfach macht. Einmal wird in der öffentl. Auseinandersetzung zu sehr mit den Mitteln der Schwarz-Weiß-Malerei gearbeitet (jeder PG ein Mit-Mörder von Millionen Menschen, jeder Nicht-PG ein aufrechter Widerstandskämpfer usw.), während die Gesch. des N. und des dt. Volkes mit ihm in Wirklichkeit ein sehr komplexer Vorgang mit einem unentwirrbaren Geflecht von naiver Rechtschaffenheit und mißbrauchter Ahnungslosigkeit, widerl. Überheblichkeit und diabolischer Gemeinheit ist. Zum andern steht die „Bewältigung der Vergangenheit“ auch heute noch weithin unter dem Leitmotiv der Anprangerung, Abrechnung und Rache. Selbstverständl. darf keiner der wirkl. Verbrecher seiner Strafe entgehen (dazu sogleich B 1). Aber man darf darüber andere, vielleicht noch wichtigere Aspekte des Problems nicht übersehen. Insbes. ist zu berücksichtigen, daß der größte Teil des heute lebenden Volkes beim Ende der NS-Herrschaft noch nicht geboren war oder zumindest im Kindesalter stand und daher unter keinem denkbaren Gesichtspunkt eine Vergangenheit in dem heute übl. Sinne zu „bewältigen“ hat. So muß die eigentl. Frage nicht nur „Bewältigung der Vergangenheit“, sondern vielmehr und vor allem auch „Bewältigung der Zukunft aus den Lehren der Vergangenheit“ lauten.

B. Die „Bewältigung der Vergangenheit“ im eigentl. Sinne. Die erste Unterscheidung, die es hier zu treffen gilt, ist die zwischen der strafrechtl. Aufarbeitung der unter dem N. begangenen kriminellen Verbrechen und der Haltung gegenüber anderen nachweisbar dem nationalsozialistischen System geleisteten Diensten.

1. Die strafrechtl. Aufarbeitung der unter dem N. begangenen Verbrechen leidet bis zum heutigen Tage an der Instinktlosigkeit und Inkonsequenz, die nach 1945 von alliierten und dt. Stellen in dieser Frage an den Tag gelegt wurden. Das dt. Volk, dessen Ansehen durch die entsetzl. Untaten beschmutzt worden war und das in den Bombennächten und in der Austreibung die fürchterl. Rache der Kriegsgegner zu erdulden hatte, hätte in seiner Mehrheit wohl das größte Interesse an der Aburteilung der wirkl. Verbrecher gehabt. Statt dessen wurde das Dogma von der Kollektivschuld verkündet, eine Siegerjustiz etabliert, in deren Mühlen auch Unschuldige gerieten, und schließl. in einer unsinnig gehandhabten Entnazifizierung eine „Bewältigung“ versucht, der fast jedermann unterworfen wurde und der es zu verdanken war, daß gerade der ursprüngl. irregeführte, aber längst in „innere Emigration“ gegangene Bürger mit jenen auf eine Bank gesetzt wurde, die er jahrelang gefürchtet, verabscheut, ja gehaßt hatte. Es ist unzweifelhaft, daß viele Verbrecher nur in dieser Atmosphäre untertauchen konnten. Schließl. mußte der „kleine Mann“ es noch erleben, daß die Entnazifizierung systematisch „die Kleinen hängte und die Großen laufen ließ“ und daß auch die Alliierten zahlreiche wegen eklatanter Verbrechen Verurteilte zu einer Zeit begnadigten, als er selbst noch jahrelang unter den Folgen einer bloßen Parteimitgliedschaft zu leiden hatte. Es ist also nicht zu verwundern, daß die strafrechtl. „Bewältigung der Vergangenheit“ sich später unter schwierigsten psychologischen Bedingungen vollzog.

Dennoch ist sie auch heute noch, soweit sie sich auf die Verbrechen gegen die Menschlichkeit (KZ-Greuel, Massenvernichtungen usw.) bezieht, eine unabdingbare Forderung der Gerechtigkeit und Humanität. Die Länge der seit ihrer Begehung verstrichenen Zeit ist auch heute (1985) noch kein durchschlagendes Gegenargument: Soweit sie sich auf Beweisschwierigkeiten bezieht, ist dem durch den Grundsatz in dubio pro reo abzuhelfen; soweit damit nur auf seitherige „gute Führung“ hingewiesen werden soll, ist dem entgegenzuhalten, daß die fast 40 Jahre Freiheit, die die Täter mittlerweile genossen haben, ein unverdientes Geschenk für sie waren. Auch die immer wieder ins Feld geführten Greuel der Kriegsgegner (Massenaustreibung, Atombombenabwürfe) können nicht als durchgreifendes Argument gewertet werden: es ist unmögl., den einen Verbrecher laufen zu lassen, nur weil der andere nicht auffindbar oder nicht greifbar ist; nach geltendem Strafrecht werden zahlreiche Delikte mit Strafe bedroht und auch tatsächl. verfolgt, obwohl bei ihnen die Dunkelziffer 50 % weit übersteigt. Im übrigen sollte kein Zweifel darüber gelassen werden, daß etwa auch polnische oder russ. KZ-Schergen in Dtschld. abgeurteilt werden müssen, sobald man ihrer habhaft wird. Richtig ist freilich, daß es grds. am Kern der Sache vorbeigeht, Vorgänge wie die Auschwitz-Verbrechen mit den Kategorien des „bürgerl." Mordes zu bewerten und danach abzuurteilen. In der Tat handelt es sich bei den Verbrechen gegen die Menschlichkeit um etwas grundlegend anderes als bei vereinzelten Gewaltverbrechen im Rahmen einer intakten Rechtsordnung. Aber diese Erkenntnis darf nicht verhindern, daß die Verbrecher wenigstens nach diesen Vorschriften ihrer Strafe zugeführt werden. Sie kann höchstens die Notwendigkeit einer erstmaligen, unmißverständl., mit exemplarischen Strafdrohungen ausgestatteten Kodifikation der Verbrechen gegen die Menschlichkeit einschließl. der sog. „Regimeverbrechen" dartun. Das dt. Volk, das wie kein anderes in solche Verbrechen verstrickt ist und unter ihnen auch unsagbar gelitten hat, ist durchaus dazu berufen, hier der übrigen Menschheit mit einem entschlossenen gesetzgeberischen und judikativen Beispiel vorauszugehen und den Boden für einen überzeugenden völkerrechtl. Schutz der primitivsten Menschenrechte vorzubereiten.

2. Schwieriger als die Aufarbeitung der strafrechtl. Rückstände des „Dritten Reiches" ist die Frage nach der Stellung zu Personen, die entweder führende Nationalsozialisten oder doch bedeutende Förderer des N. waren, ohne selbst kriminell geworden zu sein. Dieses Problem ist unserer Generation nicht als der ersten aufgegeben – es ist so alt wie die Gesch. des Bürgerkriegs. Es ist zu keiner Zeit bewältigt worden und wird auch im 20. Jh. nicht bewältigt werden, weil eine Unterscheidung zwischen bekehrten Irrenden und getarnten Unbelehrbaren objektiv unmögl. ist, weil die natürl. „Bewältigung der Vergangenheit" nach Bürgerkriegen und bürgerkriegsähnl. Situationen, nämlich die Toleranz und die gegenseitige Vergebung, im Falle des N. verheerende Spätfolgen haben könnte, und weil schließl., unabhängig von der Schuldfrage im Einzelfall, Überlegungen des Ansehens im Ausland eine Toleranz in vielen Fällen unmögl. machen. So scheint es in der Tat, als könne dieses Problem nicht gelöst werden, sondern nur erlöschen, nämlich mit dem Absterben der beteiligten Generation. Bis dahin werden die selbstgerechten Offenbarungs-Meineide der Uneinsichtigen ebenso zu tragen sein wie das oft unehrl. Wühlen in der Vergangenheit und die Verdammungsausbrüche auch derjenigen, die das Glück hatten, nie in Versuchung geführt – oder nie ertappt worden zu sein.

Daß gleichwohl die Bewertung des einzelnen und seines Verhaltens im „Dritten Reich" in vielen Fällen unumgängl. ist, liegt auf der Hand. Sie wird aber sehr oft bruchstückhaft bleiben müssen, weil eine letzte Erforschung der Motive praktisch unmögl. ist. Bei der Würdigung der äußeren Umstände (vor allem von Äußerungen, Veröffentlichungen usw.) muß bes. in Betracht gezogen werden, daß es neben fast unangefochtenen auch ausgesprochen „gefahrengeneigte" Gruppen gab, die sich ohne eine beträchtl. Gefährdung ihrer Existenz dem Anspruch des Regimes kaum entziehen konnten (Pädagogen, Juristen usw.); daß zahlreiche, heute kaum mehr verständl. Äußerungen im Schrifttum einer zwar nationalistischen, aber durchaus vor-nationalsozialistischen Phraseologie entstammten; daß es bei vergleichsweise unwichtigen Fragen zweckmäßig sein konnte, „dick aufzutragen", um eine Unnachgiebigkeit in wesentl. Punkten erträglicher erscheinen zu lassen; daß unverantwortl. Handeln in den ersten Jahren des „Dritten Reiches" durch eine klare Abwendung in späterer Zeit überholt sein kann. Trotz allem wird freilich, wie fast überall beim Problem des N., ein unbefriedigender Rest bleiben, der den Betroffenen ein Grund zur Zurückhaltung, der jungen, oft vorschnell urteilenden Generation aber Anlaß zu der Erkenntnis sein sollte, daß es fast unmögl. ist, nie erlebte extreme Situationen mit all ihren Versuchungen und Bedrängnissen verantwortungsbewußt zu bewerten.

C. Die Bewältigung der Zukunft aus den Lehren der Vergangenheit. Wie schon gesagt, liegt die wichtigste Aufgabe im Zusammenhang mit den Erfahrungen des N. heute darin, die richtigen Konsequenzen aus ihnen zu ziehen, um eine Wiederholung des Geschehenen in dieser oder ähnl. Form zu verhindern. Dabei muß von allem Anfang berücksichtigt werden, daß der N. als solcher wohl ein einmaliges Phänomen war und die Gefahr seines erneuten Auftretens viel geringer ist als die Gefahr anderer totalitärer Systeme mit ähnl. Auswirkungen.

Die wichtigste und erschütterndste Lehre aus der Gesch. des N. und anderer Erscheinungen dieses Jh. muß für alle kommenden Geschlechter die Erkenntnis sein, daß der Mensch schlechthin zu allem fähig ist, wenn er einem entschlossenen totalitären System in die Hände fällt, und daß solche Systeme infolgedessen *nie* als letzte Rettung, als kleineres Übel, als vorübergehende Erscheinung betrachtet werden dürfen, ohne daß von vornherein all das in Kauf genommen würde, was unter der NS-Herrschaft wirklich geschehen ist. Die Pflicht zu ständiger Wachsamkeit, das politische Interesse und die politische Verantwortung sind nunmehr endgültig zu einer moralischen, vom Gebot der Nächstenliebe diktierten Pflicht geworden. An jede politische Partei und an jeden einzelnen Politiker muß unentwegt die Anfrage gerichtet werden, ob sie in der Gefahr des Abgleitens zum Totalitarismus stehen. Gefährl. Ideologien müssen kompromißlos entlarvt und nötigenfalls radikal bekämpft werden; denn es geht nicht mehr um politische Theorien, sondern um das Leben von Millionen. Ähnl. Anfragen sind ständig an jede Außenpolitik gegenüber schwächeren Völkern zu richten (Versailles!).

Dieses Ziel ist nicht ohne eine ständige, intensive Erziehung des ganzen Volkes, vor allem der

Jugend, zu einem fest verankerten rechtsstaatl. Gewissen zu erreichen, und sei es auch nur, daß diejenigen, die einer gehobeneren Erkenntnis nicht fähig sind, mit Vorstellungen rechtsstaatl.-demokratischer Prägung „aufgefüllt" werden, wie das ja auch in den traditionell demokratischen Staaten geschieht. Vor allem aber gilt es, zielbewußt ein Beamten- und Richterkorps heranzuziehen, das neben Sachkenntnis und Schlagkraft über ein tiefeingewurzeltes rechtsstaatl. Gewissen verfügt, und dieses Beamten- und Richterkorps von Vertretern radikaler Richtungen freizuhalten. Nur wenn diese Ziele unablässig angestrebt werden, ist es auch aussichtsreich, durch eine überlegte Verfassungstechnik totalitäre Entwicklungen abzufangen; denn Verfassungen leben aus dem gesunden Geist der Völker, dem Ungeist fallen auch sie alsbald zum Opfer.

Daß schließl. eine fortschrittl. Wirtschafts- und Sozialpolitik zum Schutz gegen Radikalisierung und Totalisierung unerläßl. ist, bedarf nach den Erfahrungen der Jahre 1929 – 1933 keines Beweises mehr. Hier liegt auch die eminente staatspolitische Bedeutung der vielgeschmähten „Wohlstandspolitik". Aber wenn es nicht gelingt, den dadurch provozierten primitiven Materialismus aus dem Volk und vor allem aus den Vorstellungsbildern der Parteiführer (Gefälligkeitsdemokratie!) zu bannen, wird die größte Gefahr unverändert fortbestehen: daß das Volk beim Eintritt wirtschaftl. Schwierigkeiten erneut dem Totalitarismus - möglicherweise östl. Prägung - zum Opfer fällt. Gerade in diesem Punkt haben die Verantwortlichen aus der Vergangenheit bisher nur wenig für die Bewältigung der Gegenwart gelernt.

Selbstaussagen und Dokumente: A. HITLER, Mein Kampf, Ausg. 1934 - J. GOEBBELS, Wesen und Gestalt des N., Dokumente 1933 – 1945, Fischer-Bücherei 172 (1957) - H. RAUSCHNING, Gespräche mit Hitler, 1940 - A. ROSENBERG, Der Mythus des 20. Jh., 1933[7] - DERS., Das Wesensgefüge des N., 1934[10] - H. A. JACOBSON und W. JOCHMANN (Hg.), Ausgewählte Dokumente zur Gesch. des N.1933 – 1945, 1960 ff. - H. HEIBER, Das Tagebuch von Joseph Goebbels, 1925/26, Schriftenreihe der VierteljahresH.e für Zeitgesch., Bd. 1, o. J. - DENKSCHRIFT HIMMLERS über die Behandlung der Fremdvölkischen im Osten, 1940, VierteljahresH.e für Zeitgesch. 2 (1957) - DER GENERALPLAN OST, VierteljahresH.e für Zeitgesch. 3 (1958)

Lit.: H. B. GISEVIUS, Bis zum bitteren Ende, 1946 - K. O. PAETEL, Die SS, VierteljahresH.e für Zeitgesch. 1 (1954) - H. CONRAD-MARTIUS, Utopien der Menschenzüchtung, 1955 - H. BUCHHEIM, Die SS in der Verf. des Dritten Reiches, VierteljahresH.e für Zeitgesch. 2 (1955) - E. NEUSÜSS-HUNKEL, Die SS, 1956 - W. SCHÄFER, NSDAP, Entwicklung und Struktur der Staatspartei des Dritten Reiches, 1956 - J. NEUROHR, Der Mythos vom Dritten Reich, 1957 - K. D. BRACHER, Die Auflösung der Weimarer Republik, 1957[2] - W. HOFER, Der N., Dokumente 1933 – 1945, Fischer-Bücherei (1982) - A. KREBS, Tendenzen und Gestalten der NSDAP, 1959 - H. BUCHHEIM, Das Dritte Reich. Grundlagen und politische Entwicklung, 1959 - M. BROSZAT, Der N., Weltanschauung, Programm und Wirklichkeit, 1960 - K. D. BRACHER, W. SAUER, G. SCHULZ, Die nationalsozialistische Machtergreifung, 1960 - W. TORMIN, Die Jahre 1933 – 1934, Die Gleichschaltung. H.e zum Zeitgeschehen 5 (1960) - A. BULLOCK, Hitler, Eine Studie über Tyrannei, 1961 (auch Fischer-Bücherei 583/84) - K. SALLER, Die Rassenlehre des N. in Wissenschaft und Propaganda, 1961 - G. FRANZ-WILLING, Die Hitlerbewegung. Der Ursprung 1919 – 1922, 1962 - F. GLUM, Der N. Werden und Vergehen, 1962 - I. FETSCHER, Die industrielle Gesellschaft und die Ideologie der Nationalsozialisten, in: Gesellschaft, Staat und Erziehung 1 (1962) - J. C. FEST, Das Gesicht des Dritten Reiches; Profile einer totalitären Herrschaft, 1963 - F. LÜTGE, Parteigenosse - Nichtparteigenosse, Z. für Politik 10 (1963) 170 – 191 - H. GREBING, Der N. Ursprung und Wesen, o. J. - P. DIEHL-THIELE, Partei und Staat im Dritten Reich, 1969 - W. HORN, Führerideologie und Parteiorg. in der NSDAP, 1972 - W. MASER, Der Sturm auf die Republik, 1973 - H. O. MEISSNER, 30. Jan. 1933, 1976 - K. PÄTZOLD/M. WEISSBECKER, Gesch. der NSDAP, 1981 - V. RITTBERGER (Hg.), 1933, 1983 - K. D. BRACHER, Die nationalsoz. Machtergreifung, 1983 - M. H. KATER, The Nazi Party, 1983 - J. u. R. BECKER, Hitlers Machtergreifung 1933, 1983 - W. TREUE/J. SCHMÄDEKE (Hg.) Dtschld. 1933, 1984.

Roman Herzog

Nationalsozialismus V. theol. →Kirchenkampf

Nationalstaat. Die Gesch. der modernen N.en ist relativ jung. In Kontinentaleuropa war es →Frankreich, das sich am Ende des 18. Jh. zum N. ausbildete, Dtschld. war das letzte der größeren europ. Länder, das dieses Stadium erreichte. Auch der Begriff der →Nation als einer sprachl. verbundenen Siedlungsgemeinschaft mit der Vorstellung von der Einheitlichkeit und der Richtigkeit des Gesamtwillens ist jüngeren Datums. Noch bis zum Ausgang des 18. Jh. wurde unter diesem Begriff ledigl. der den Staatswillen bildende Teil der Bevölkerung eines Territoriums, der Souverän und die Stände, verstanden. Diese Meinung findet sich bes. deutl. bei DE MAISTRES, der schreibt: „Qu'est-ce qu'une nation? C'est le souverain et l'aristocratie." Erst die großen bürgerl. Revolutionen, angefangen mit der →Franz. Revolution von 1789, waren die Träger des modernen nationalen Gedankens. Zwar setzte gerade die Franz. Revolution, trotz ihrer Ideen von Menschheit und allg. Brüderlichkeit aller Völker, die franz. Nation als geschichtl. Größe voraus, dies aber nicht i. S. von „Staatsnation", sondern i. S. einer „Kulturnation" (MEINECKE), einer Nation also, der zwar das einigende Band der Sprache und des Territoriums gemeinsam sind, nicht aber der Gedanke der Selbstbestimmung und der →Souveränität. Dieser Wille zur „Staatsnation" war aber gerade eine der Triebkräfte der Revolution von 1789. Ziel dieser Bewegung und Beginn des modernen N. war die Ablösung des Primates des Staates als für die politische Entscheidung höchste Einheit durch die sich selbst als souverän betrachtende Nation. Diese Rangerhöhung der Nation über den Staat findet ihre geistigen Grundlagen bereits in der Theorie des Demokratismus. Es ist das Verdienst ROUSSEAUS, mit der Lehre von der volonté générale die zentrale Kategorie für das politische Wollen der modernen Nation geschaffen zu haben. Nicht mehr das Individuum selbst oder die Einzelentscheidungen der Individuen (volonté des tous) beinhalten das politische Vermögen, sondern ein einheitl. Kollektivphänomen, das über dem Willen des einzelnen und der Gesamtheit steht. Die volonté générale wird damit zum Spiegel der Existenz des Individuums, und erst damit wird dieses zur politischen Wirklichkeit erhoben. Die Ablösung der volonté générale von den Individuen bedingt aber gleichzeitig die Unumschränktheit der ersteren. Folgerichtig wird die Schrankenlosigkeit der an die Stelle des alten etatistischen (ZIEGLER) Staates getretene Nation auch von SIEYÈS vertreten: „Ihr (der Nation) Wille ist immer gesetzmäßig, sie ist selbst das →Gesetz. Einerlei auf welche Weise eine Nation will, es genügt, daß sie will; alle Formen sind gut und ihr Wille ist immer das höchste Gesetz." Die Nation wird dadurch zur geschlossenen, sogar schöpferischen Einheit deklariert, hinter der das Individuum verschwindet. Durch die Inanspruchnahme der gesamten Macht wiederum wird die Nation souverän. Die Objektivierung dieser Souveränität ist der pouvoir constituant. Damit ist die Nation zum obersten originären Gestaltungsprinzip geworden, welches allein in der Lage und berufen ist, alle Formen des politischen Lebens zu legitimieren.

Deutl. zeigt sich die Überlagerung des Staates durch die Nation in der Funktionswandlung der →Abgeordneten. Waren diese früher Vertreter von Ständen, also bestimmten Gruppen im Staate, so verstanden sie sich nunmehr als Repräsentanten (→Repräsentation) der Gesamtnation. Sie sind auch nicht mehr an bestimmte Aufträge gebunden, sondern ihnen obliegt nunmehr selbst die Entscheidung über die Zukunft der Nation. Hand in Hand damit geht die Wandlung von Vertretern bestimmter Volksteile zu Vertretern der gesamten Nation.

Die Entwicklung Dtschlds. zum N. vollzog sich im Gegensatz zu der franz. Entwicklung weitaus zögernder und von häufigen Rückschlägen unterbrochen. Die Ursachen hierzu sind im wesentl. darin zu sehen, daß es den Partikularmächten in Dtschld. im Laufe der Entwicklung gelungen war, zu souveränen Territorialstaaten aufzusteigen und die Zentralmacht bis auf unbedeutende Reste lahmzulegen. Diese Situation bewog HEGEL in der Einleitung zu seiner Schrift über die Verf. Dtschlds. zu der lapidaren Feststellung: „Dtschld. ist kein Staat mehr, daß eine Menge einen Staat bilde, dazu ist notwendig, daß sie eine gemeinsame Wehre und Staatsgewalt bilde." Hinzu kam, daß bis zum Ende des Reiches i. J. 1806 die Reichs- und Sprachgrenzen beinahe nirgends zur Deckung kamen. Trotz aller dieser Widrigkeiten bildete der Zeitpunkt der Auflösung des ersten →Deutschen Reiches gleichzeitig den Anfangspunkt der nationalstaatl. Entwicklung in Dtschld. Während in Frankreich der Träger dieses Prozesses im wesentl. die junge Bourgeoisie war, war es in Dtschld. in der Hauptsache der literarische Teil der Nation. Die franz. Entwicklung drängte daher mit vollem Bewußtsein und starker Absicht zur Vollendung der Idee des Nationalstaates, während in Dtschld. diese Entwicklung mehr unbewußt vor sich ging und das Ergebnis quasi ein Nebenprodukt der schöpferischen Tätigkeit vor allem seiner Dichter darstellte. Der →Nationalismus in Dtschld. ist damit ein typisches Bildungserlebnis. Hinzu kam dann noch die totale Niederwerfung →Preußens durch das Frankreich NAPOLEONS, die eine Reihe bedeutender Reformen in Preußen auslöste, die schließl. dazu führten, Preußen zum Zentrum des nationaldt. Widerstandes gegen NAPOLEON zu machen. Diese gewaltige Aufgabe, deren Träger so hervorragende Männer wie STEIN, SCHARNHORST, GNEISENAU, CLAUSEWITZ, HARDENBERG, um nur einige zu nennen, waren, konnte nur bewältigt werden, indem es gelang, die ständische Begrenzung Preußens zu sprengen. Der eine Kristallisationspunkt nationalstaatlicher Bewegung, die franz. Unterdrückung, wurde schließl. abgelöst durch die Unzufriedenheit mit den Ergebnissen der Befreiungskriege. Waren die Kämpfer für die staatl. Einheit und die verfassungspolitische Freiheit der Nation i. J. 1813 noch eine intellektuelle Minderheit gewesen, so breitete sich deren vaterländischer Geist in den folgenden Jahren immer mehr aus, um schließl. volkstüml. zu werden. Die METTERNICHsche Politik der Restauration wurde schließl. eine der Ursachen der Revolution von 1848. Die Hoffnungen, die die Nation in diese Erhebung gesetzt hatte, wurden bald enttäuscht. Abgesehen davon daß Deutschland keine Hauptstadt besaß, in der die Revolution entschieden werden konnte, waren die Deutschen „vor den Thronen stehengeblieben" (RIEHL). Die Hoffnungen, die in die Nationalversammlung gesetzt worden waren, vermochte diese wegen ihres Mangels an Exekutivgewalt nicht zu erfüllen. Das Beispiel Italiens brachte i. J. 1859 ein erneutes Aufflammen der dt. Nationalbewegung. Die Zeit der Sänger- und Turnerfeste war gleichzeitig die Geburtsstunde neuer politischer Organisationen. So entstanden der „Kleindt." Nationalverein und der „Großdt." Reformverein. Gleichzeitig richteten sich die Blicke der Nationalen nach den vergebl. Einigungsversuchen durch Österreich auf Preußen. BISMARCKS Verdienst war es nun, unter Einsatz der Hegemonialmacht Preußen, die als unhaltbar angesehenen Zustände in Dtschld. zu ändern. Der Sieg von Königgrätz zwang Österreich aus Dtschld. hinaus, der Sieg von Sedan und die Kaiserproklamation von Versailles bildeten den Abschluß der Entwicklung Dtschlds. zum N. (→Dt. Reich).

E. SIEYES, Was ist der dritte Stand?, 1927 (unv. Nachdr.) - H. O. ZIEGLER, Die moderne Nation, 1932 - K. BRAUNIAS, Nationalgedanke und Staatsgestaltung im 19. und 20. Jh., 1934 - K. VOSSLER, Der Nationalgedanke von Rousseau bis Ranke, 1936 - E. LEMBERG, Geschichte des Nationalismus in Europa, 1950, 144-152, 165-170 - DERS., Nationalismus I und II, 1964 - F. MEINECKE, Weltbürgertum und N. I, hg. und eingel. von W. HOFER i. A. des F. Meinecke Instituts der FU Berlin, 1957 - TH. SCHIEDER, Das dt. Reich als N., 1961 - W. CONZE, Die dt. Nation, 1963 - E. R. HUBER, Dt. Verf.gesch. seit 1789 I, 1967[2] - E. W. BÖCKENFÖRDE (Hg.), Moderne dt. Verf.gesch. (1815-1918), 1972 - E. FORSTHOFF, Dt. Verf.gesch. der Neuzeit, 1972[4], 64-76.

Ernst Forsthoff †

NATO →Nordatlantikpakt

Naturrecht. I. Allgemeines. Der *Problemkreis* des N. wird von ARISTOTELES in einer bestimmend gewordenen Definition so erfaßt: „Das politische Recht (dikaion) zerfällt in das natürliche (physikon) und das gesetzliche (nomikon). Das natürliche hat überall dieselbe Kraft, unabhängig von der Meinung der Menschen. Das gesetzliche hätte ursprünglich so oder anders sein können, wenn es aber einmal festgelegt ist, ist es verbindlich" (Eth. Nic., 1134 b). M. WEBER definiert N. als den „Inbegriff der unabhängig von allem positiven Recht und ihm gegenüber präeminent geltenden Normen" (Wirtschaft und Gesellschaft, 1922, 496). Seinen strikten Gegensatz findet N.denken im Rechtspositivismus (Macht als einzige Grundlage des Rechts, gemäß dem Wort TH. HOBBES: Auctoritas, non veritas facit legem), wobei freilich die Bestreitung eines N. keineswegs schon einen solchen impliziert; denn die Überzeugung von der Relativität des Rechts ist weder mit der Lehre von der Beliebigkeit desselben noch mit einer von der Omnipotenz des Gesetzgebers notwendig verbunden.

Der *Begriff* N. zielt also auf eine den Menschen i. S. einer inneren Notwendigkeit verbindl. bestimmende „Wesensnatur", die eine für alles positive Recht normierende Instanz darstellt. Gerade aus letzterem ergibt sich die alles N.denken durchziehende, dem N. zugeschriebene *Funktion,* eine Summe oberster Rechtsgrundsätze darzustellen, die als Leitsätze positiven →Rechts dienen können, um so durch den Rahmen einer ontologischen Rechtsbegründung einer Prinzipienlosigkeit des Rechts zu steuern: eine solche würde das Recht schutzlos der Möglichkeit der Ideologisierung und des Mißbrauchs aussetzen.

Die *Formen* von N.lehren entsprechen den verschiedenen Vorstellungen dieser „Wesensnatur": dieselbe kann zunächst (1) vorgestellt sein als *geistige Substanz* oder individuierte Wesensform im Rahmen eines kosmologischen Ordnungsgefüges der Welt (so die Antike, bes. PLATON, ARISTOTELES, die Stoa; modifiziert AUGUSTINUS und die Scholastik, s. u. II A). - Durch H. GROTIUS (den „Vater des Natur- und Völkerrechts"), die maßgeblichen Denker des 17. Jh. und der Aufklärungsphilosophie (TH. HOBBES, J. LOCKE) gewinnt dann (2) das N. seine speziell neuzeitl. Gestalt als (profanes) *Vernunftrecht.* Dieses dient zugleich zur theoretischen Begründung der „natürlich unabdingbaren Menschenrechte" (Declaration 1789 Art. 2), wie sie sich in der politischen und gesellschaftl. Entwicklung vornehmlich Westeuropas und Amerikas durchgesetzt hatten. Aus dieser Funktion einer konkreten Begründung und Herleitung von →Menschenwürde und →Grundrechten begreift sich die Gewichtigkeit n.licher Argumentation bis zur Stunde. Dem strengen Apriorismus I. KANTS gelingt dabei die gedankliche Durchführung der *Autonomie* des Menschen und die Herausarbeitung einer *Sollensstruktur* eigener Art in ihm („praktische Vernunft", die sich imperativisch an ein Wollen wendet) und mithin die Begründung einer vernunftrechtl. Metaphysik der Menschenwürde durch einen „kategorischen Imperativ": „Handle so, daß du die Menschheit, sowohl in deiner Person als in der Person eines jeden anderen, jederzeit zugleich als Zweck, niemals bloß als Mittel brauchst." - Schließlich kann (3) auch ein *wertfühlendes Zentrum* im Menschen angenommen werden, das als Orientierungspunkt n.licher Begründung dient (Ausrichtung eines N. an Werten; konkret zB in der Wertphilosophie etwa M. SCHELERS oder N. HARTMANNS).

In jedem Fall ist in solcher Wesensnatur ein →Sittengesetz, d. h. ein das sittl. Verhalten normierendes Moralgesetz impliziert, das sich im →Gewissen als apriorischem Wissen um die Norm äußert. Dem Gewissen wird dabei die Fähigkeit zugebilligt, den konkreten Einzelfall unter die allgemeine Norm zu stellen.

Die schwere *Problematik,* der sich jedes N.denken gegenübergestellt sieht, erhellt aus folgenden Punkten: (1) Die Weite des unter dem Begriff „Natur" Vorgestellten bedingt eine oft gegensätzliche Auslegung des N. Je nachdem, ob die menschl. „Wesensnatur" einer Weltvernunft entspringend (SENECA: Homo sacra res homini) oder in der Triebnatur des Raubtiers verwurzelt (HOBBES: Homo homini lupus) vorgestellt wird, wird das „N." ausfallen. (2) Der Absolutheitscharakter des N. impliziert dessen Transzendenz gegenüber allem empirischen Wissen und bedeutet damit im Grunde seine Unverfügbarkeit für dieses (auch das N. muß im Kopf seiner Erforscher erst positiv werden). Genau dementsprechend können die wissenschaftl. Kriterien der Verifizierbarkeit (oder Widerlegbarkeit) nicht angewandt werden, alles drängt hier auf die Annahme „unmittelbarer Evidenz" und mithin auf Behauptung (statt: Begründung) von N.; dem N.denken scheint also eine gewisse Wehrlosigkeit gegenüber dem Illusionismus von Beginn an einprogrammiert zu sein (was etwa lag als N. zugrunde, das man sich nicht selbst zugrunde gelegt hätte?). (3) Die dem N. zugeschriebene Funktion, einem positiven, ordnungsgemäß zustande gekommenen Gesetz als normative Rechtsidee zugrunde liegen zu können und mithin die Geltung der Gesetze in einer Allgemeingültigkeit zeitüberlegener Rechtsordnung fundiert sein zu lassen, wird damit nun ebenfalls problematisch: Wie ja auch die Mannigfaltigkeit der entwickelten N.lehren bezeugt, daß sich aus dieser Quelle das Gegensätzlichste herleiten läßt: die Fortschreibung traditionsbegründeter Praktiken im Dienste konservativsten Selbstbehauptungswillens ebenso wie willkürliche Rechtskonstruktionen und Gesetzgebung an Hand von neuer →Ideologie. In diesem Sinn eingeschränkt hat sicher M. WEBER mit der Behauptung recht: „Das N. ist daher die spezifische Legitimationsform der revolutionär geschaffenen Ordnungen" (aaO). Daß das N. ungestraft zur Fixierung der rechtspolitischen Wünsche seiner Ausleger dienen kann, ist seine größte Schwäche. Denn damit hebt sich die ihm zugeschriebene Funktion selbst aus den Angeln: Prinzipien universalen Rechts zu eruieren angesichts der Bedrohung des Rechts durch Ideologisierung. (4) Sprachanalyse wie Normenlogik vermögen schließlich einzuwenden, daß im Fall einer eigentl. *Natur*begründung des *Rechts* ein „naturalistischer Fehlschluß" (G. E. MOORE) vorliegt, bei Durchführung einer *Vernunft*begründung des N. es sich speziell also nur um axiomatische Konstrukte voluntativer Herkunft handeln kann.

Gerade das soeben unter (3) genannte Problem der Rechtsusurpation durch Ideologie wiegt freilich sehr schwer: So zeigt sich nach Zeiten mit der Devise „Macht geht vor Recht" meist der Wille zum n.lichen Neuansatz: Demgemäß kam es nach 1945 in Dtschld. zu einer „Renaissance des N.". Zwei ganz verschiedene Ansätze erscheinen hier gleichermaßen zukunftsweisend:

1. Die konsequente Orientierung der Normenfindung an der „Natur der Sache". Eine gewiß alte Tradition (→Rechtsphilosophie IIB) wird hier in konsequent realwissenschaftlicher, empirischer Orientierung aufgenommen. Es sind die „sachlogischen Strukturen", in denen die „materialen Bindungen des Gesetzgebers" stecken (H. WELZEL; G. STRATENWERTH) und die zu einem „konkreten N." (W. MAIHOFER) hinführen können.

2. Anders im Ansatz der von E. BLOCH 1961 („N. und Menschenwürde") unternommene Versuch, ein „kritisches N. mit dem Postulat realer Menschenwürde" (268) als „Quintessenz des Aufrechten" (206) im N. herauszuarbeiten und als ideologiefreies Recht der Zukunft, unseren Weg in diese normierend, so darzustellen, daß die Utopie von heute zur Konkretion von morgen werden kann. Denn intendiert sein kann „die öffentl. Ordnung einer norma agendi nur als die unverdingliche Ordnung einer öffentl. möglich gewordenen Freiheit der facultas agendi aller" (258).

Zum ganzen Problemkreis des N. →Recht; →Rechtsphilosophie.

II. In der ev. Theol. Auch hier wirkt sich der Schock des „Dritten Reichs" in einer gesteigerten Reflexion auf die N.problematik nach 1945 aus (vgl. →Recht IV,V). – Vom *systematisch-theol.* Gesichtspunkt her stellt das N. vor eine Reihe eigener Probleme:

A. Eine notwendige Modifikation der Lehre vom N. ist theol. durch den *Schöpfungsglauben gegeben.* Denn die Allgemeinheit der Vernunft läßt das N., wo es philosophisch gedacht wird, zunächst als ein allg., jenseits der Spannung Gott – Mensch (Welt) stehendes, also auch Gott übergeordnetes Universalprinzip erscheinen (entsprechend gilt das N., „etsi Deus non daretur"). So wird in der spätantiken *Stoa* die Lehre vom N. zur Lehre vom Götter und Menschen gleichermaßen verpflichtenden Gesetz, das als göttl. Kraft die Welt durchwaltet; Sittlichkeit wird zum „sequi naturam". Ebenso wird, wo das Sittengesetz als „Selbstgesetzgebung der Vernunft" konsequent durchdacht wird, der von KANT noch als ein „Postulat der praktischen Vernunft" beibehaltene Gottesgedanke zur „moralischen Weltordnung" (FICHTE). Soll eine (modifizierte) Lehre vom N. also mit dem christlichen Glauben an Gott den Schöpfer vereinbar sein, so muß der Spannung zwischen N. als *begründendem* Prinzip und begründeter Rechtsordnung eine neue Spannung hinzugefügt werden: Das N. muß *selbst* als in Gott *begründet* gedacht werden können, wie es in der christl. N.lehre geschehen ist. So kommt es bei AUGUSTINUS zu einer Neuorientierung der Lehre vom N. Wie er generell die platonischen Ideen als Schöpfungsideen Gottes interpretiert, so ist auch die der Welt eingeschaffene „lex naturaliter insita" nur die (mit dem Sündenfall abgeblaßte: relatives N.) „lex temporalis", das zeitl. Spiegelbild der in Gott vorhandenen lex aeterna, des ewigen Gesetzes. N. wird hier durch den christl. Schöpfungsglauben ein für allemal zur *„Schöpfungsordnung"* (im grundsätzlichen Sinn des Wortes). Ein universaler Ausbau christl. N.denkens erfolgt dann im MA. ziemlich unvermittelt – noch GRATIAN hatte positivistisch gelehrt „ius naturale est quod in Lege et Evangelio continetur" (Decr. D 1) – bei THOMAS VON AQUIN (s. a. III 2): Er gliedert den Gedanken des N. seinem Ordo-Schema (die Welt als ein hierarchisch aufgebauter Kosmos von Seins- und Wirkformen, die als Wertformen menschl. Handeln bestimmen, mit Gott als bewegender Ursache des Kosmos an der Spitze der Pyramide) ein, das auf Gott hin zweckgerichtet ist, und ordnet schließl. die Naturordnung als solche einer Gnadenordnung unter, welche ihrerseits beginnt, die Struktur des sittl. Bewußtseins und mithin der lex naturae neu zu formieren. Radikal ernst genommen wird der Schöpfungsgedanke freilich erst von JOHANNES DUNS SCOTUS: Zwar geht in Gott selbst der Verstand dem Willen voraus und normiert ihn; aber im Hinblick auf das Geschaffene geht der Wille voraus und bestimmt das endl. Sosein der Geschöpfe. Die Welt nimmt also in der Eigenart ihrer Kontingenz und Relativität an der in sich absoluten Welt Gottes teil, und dies, weil eine *voluntative* Instanz die vermittelnde Größe darstellt. Konstanz und Relativität naturrechtl. Prinzipien sind so zur Harmonie gebracht, die Teilnahme des endl. Seins an Gott kann weder zur Ausschaltung der weltschaffenden und -erhaltenden Souveränität Gottes noch zur Usurpation eines absoluten Rechts durch den Menschen führen.

B. Mit der *Reformation* (bes. M. LUTHER) wird aber nun ein zweiter Problemkreis normativ: die Sündenlehre. Bei der Erörterung des N. in der ev. Theol. steht die Frage im Mittelpunkt, inwieweit das „Wesensgesetz" menschl. Seins durch die Sünde verändert wurde. Im Zustand der durch die Sünde verdorbenen menschl. Natur (status naturae corruptae) ist offensichtl. dem Menschen die Ebenbildlichkeit Gottes (Gen 1,26) verlorengegangen. (Freilich bleibt immer Röm 2,14 ff. zu berücksichtigen.) Das führt zu drei Fragen:

1. Hinsichtl. der *Erkenntnis:* Besitzt natürl. Menschsein (im status naturae corruptae) überhaupt noch die Erkenntnismittel, um zu einer Erkenntnis der im unverdorbenen Wesensbild des Menschen gesetzten Normen zu gelangen? Unter diesem Gesichtspunkt gelangt H. THIELICKE zur Ablehnung aller christl. N.theorien: Eine „Transformationsformel" für Urstand und gefallene Welt ist „nicht in Eindeutigkeit erkennbar. Die Verhältnisse sind hüben und drüben ‚totaliter aliter'." Die ersehnte wahre →„Gerechtigkeit" ist nach ihm nur die Kontrastfolie der bestehenden Ungerechtigkeit; als N. ausgegebene Lehren legen nur die eigenen Illusionen bezügl. des Menschseins dar. Die Frage nach wirkl. Recht wird freilich in der N.lehre offengehalten; darin besteht für THIELICKE ihr eigentl. Verdienst.

2. Hinsichtl. der *Begründung* des Rechts: Spiegelt sich nicht in der Tatsache vernünftigen Begründenwollens, also des Wegs der „analogia entis", des Weges von unten nach oben, gerade das Wesen menschl. Sünde wider? Wird hier nicht „natürl. Theol." sichtbar als Versuch einer Heilsbegründung vom Menschen aus, einer Methode, Gott selbst in den Griff nehmen zu wollen? Ein Ernstnehmen der Sündenlehre führt vor allem K. BARTH u. a. ev. Theologen und Kirchenrechtler (J. ELLUL, H. DOMBOIS, ERIK WOLF, ERNST WOLF u. a.) zu einer „christologischen Rechtsbegründung": Der Bund Gottes mit den Menschen in Christus gibt die notwendige Erkenntnisgrundlage für Recht, vom Glauben her wird erst ein Äquivalent des N. ermittelt, oder besser: dieses selbst erst ins Recht gesetzt. N. bleibt „aber als Phänomen, nicht als Ideologie" (ERNST WOLF). Eine Stellung des prot. Rechtsdenkens „zwischen N. und Rechtspositivismus" (DERS.), ja vielleicht sogar „ein eingeklammertes Ja zum N." (H.-D. WENDLAND) tritt hier hervor.

3. Hinsichtlich der *Wiederherstellung* der Ebenbildlichkeit: Setzt diese zugleich neues Recht, so daß die alte lex naturae durch eine nova lex Christi abgelöst würde? Das Wort der Verkündigung müßte dann zugleich rechtsnormierende Bedeutung haben („Verkündigungstheokratie"), die →Königsherrschaft Christi auch für die Bereiche der Welt urbildhafte Stringenz besitzen („Christokratie"). An Stelle der „analogia entis" tritt dann der Weg der „analogia fidei", beherrscht von den Kategorien innerer Kreis (Christengemeinde) – äußerer Kreis (Bürgergemeinde) und Stellvertretung (der Christ nimmt das Rechtswesen des Weltlichen selbst schon wahr, auch da, wo dieses der Bürgergemeinde noch nicht offenbar geworden ist). Dadurch sollen der Bürgergemeinde keine neuen Gesetze aufoktroyiert werden; die nova lex besteht vielmehr in einem Weitergeben der in Christus offenbar gewordenen Liebe Gottes durch die Sorge um das Recht des Nächsten, das sich im neu verstandenen N. inhaltl. kundtut. Eben darin kündet sich die Königsherrschaft Christi an (K. BARTH und die obengenannten Theologen). In der Tat impliziert die Verkündigung von Christus schon im NT ein charismatisches, eschatologisches, durch Pneumatiker wahrgenommenes Recht (E. KÄSEMANN). Erst dort, wo die Christenheit in die Welt des Hellenismus hinauszutreten beginnt, melden sich im NT Einflüsse der stoischen natürl. Theol. und des N. an, immer in reduzierter (Apg 17) oder modifizierter Gestalt (Röm 2,14: Das ins Herz geschriebene Gesetz begründet die Verantwortlichkeit der Heiden vor Gott – und damit ihr Überantwortetsein an sein Gericht).

Die aufgeworfenen Fragen (1. – 3.) lösen sich jedoch erst durch eine Betrachtung des theol. Standpunkts von M. LUTHER. Eine gewisse Situationsbezogenheit erschwert freilich die Erhebung seiner eigentlichen Auffassung und hat in der Forsch. zu verschiedenen Ergebnissen geführt. Entscheidend ist LUTHERS Auffassung vom Wesen der Sünde: Der status naturae corruptae bezieht sich nach ihm auf das Personsein als Zentrum des Menschen („Personsünde"). Das bedeutet:

a) Auch die Heilsoffenbarung in Christo bezieht sich immer zunächst auf das Menschsein. Damit ist die im Evangelium gesetzte, neue, geistl. Freiheit „ausschließl. personhaft . . . und wird unmittelbar ‚im Herzen' in der Erwählung des Menschen durch Gott promulgiert" (ERNST WOLF). Eine „lex charitatis" kann infolgedessen nur einen jeweils konkret zu aktualisierenden, personhaften Sinn haben, nicht generell und abstrakt rechtsinformierende Gestalt besitzen. Demzufolge *erfüllt* die Liebe das Gesetz, aber stellt es nicht auf. Von hier aus zeigt sich die Notwendigkeit einer eigenen Ontologie (und Hermeneutik) des Personseins und ihrer Implikationen (P. TILLICH, G. EBELING).

b) Damit wird die positive Rechtsbildung primär zu einer Sache der menschl. Vernunft und des mit dem Schöpfungsein gesetzten Rationalbereichs. Für die Erkenntnis der die „iustitia civilis" normierenden sachl. und ethischen Verhalte ist allein das „Rathaus" bzw. die Vernunft zust. Zwei Mißverständnisse sind hier zu vermeiden: *Einmal* wird die Welt damit nicht in den Säkularismus entlassen. LUTHERS Auffassung von „äußerlich Ordnung" und „weltlich Ding" ist keinesfalls naturalistisch zu verstehen; das verhindert schon der Schöpfungsgedanke. *Zum andern* ist die „Christperson" für die „Weltperson" – nach LUTHER eine Spannung in ein und demselben Menschen – nicht ohne Belang. Das wäre eine Mißinterpretation der →Zwei-Reiche-Lehre. Nicht nur schafft der Glaube durch sich die Liebe, orientiert damit den Christen am Nächsten und bewirkt so eine notwendige innere Bindung des einzelnen an das Gemeinschaftsgefüge; auch die Sphäre des Gesetzes und der Welt überhaupt wird nun erst entideologisiert und dadurch versachlicht; ihr wird jeder Heilswert (als könnte sie ein heilsames Gottesverhältnis setzen) bestritten. Die ideologisch aufgeladene Lehre vom „Volksnomos" etwa wird durch die recht verstandene Lehre LUTHERS gerade in ihren pseudoreligiösen Ansprüchen entlarvt. So dimensioniert die Entkrampfung des sich in seiner Sünde vor Gott verschließenden Menschen durch das Evangelium die Lehre von der lex naturae als Ordnung für das Geschaffene innerhalb der Klammer des kreatürl. Zusammenlebens richtig und befreit dadurch den Menschen zur neuen Sachlichkeit überideologischer Vernunfterkenntnis.

c) Im Reich von „ius naturae seu ratio humana" (WA 20, 8,21) gilt nun freilich: „Das edle Kleinod, so natürl. Recht und Vernunft heißt, ist ein seltsam Ding unter Menschenkindern" (WA 51, 211, 36). Das bedeutet, daß das faktisch vorhandene, gesetzte Recht immer im Hinblick auf die lex naturae transzendiert werden muß: Es muß weiterbildender Rechtsformung immer um das Recht gehen, das „aus Kraft der Natur geschieht, das gehet frisch hindurch auch ohn alles Gesetz, reißt auch wohl durch alle Gesetze" (WA 51,214,14 f.). So ist lex naturae als verpflichtender Maßstab allen positiven Rechts erkannt. So gilt zwar, im Hinblick auf den Dekalog, zunächst, „daß die natürl. Gesetze nirgends so fein und ordentl. sind verfasset als in Mose" (WA 18,81,18) – aber nur, sofern sie eben im Gewissen binden, d. h. durch Vernunft und natürl. Verstand als dem „Brunnenquell, daraus alle Rechte kommen und fließen" (WATr VI, Nr. 5955), erkannt werden. Gerade der dynamische Schöpfungsbegriff LUTHERS (creatio continua), der lebendige Gott, der in allen Kreaturen wirkt und Neues schafft, verhindert dabei alle Statik des vormaligen N., dynamisiert vielmehr das Ordnungsgefüge und zwingt den Menschen zum ständigen Transzendieren auf das Gesetz Gottes hin, in welchem sein Wille für die Welt zum Ausdruck gebracht wird, die ja der Mensch als „Larve Gottes" mitzuformen berufen ist.

Der Horizont kontinentaler Theol. erweiterte sich durch Begegnung mit der →Ökumenischen Bewegung, wo der soziale Humanismus angelsächsischer Prägung und das rationalistische Erbe der Aufklärung fruchtbar und spannungsreich einwirkt. Hier wurde auf der Weltkirchenkonferenz von Amsterdam (1948) das sozialethische Konzept der „verantwortlichen Gesellschaft" kreiert und in Evanston (1954) als Maßstab christl. →Sozialethik überhaupt interpretiert. Unverkennbar wird in diesem Konzept – von ERNST WOLF in seinem Gewicht neben die Barmer Thesen gestellt (Ordnung u. Freiheit, 1962, 30) – mit n.lichen Prinzipien gearbeitet. Hier und i. d. folg. ökumenischen Konferenzen (bes. seit 1966 Genf) gewinnt N., vor allem auch in revolutionärer Interpretation (s. o. I) an Boden. Menschenrecht und -würde als der geheime Leitfaden neuzeitl. N.intention verbinden sich dabei mit christl. Ethos zum Versuch konkreter Aktion, vor allem angesichts der sozialen und ökonomischen Probleme der Dritten Welt.

E. BRUNNER, Gerechtigkeit, 1943 – H. H. SCHREY, Theol. Rundschau NF 19 (1951) 21–75, 154–186, 193–221; 41 (1976) 59–93 (Lit.) – DERS., ZEE 5 (1961) 339–358 – J. HECKEL, Lex charitatis, 1973^{2} (1953) – L. STRAUSS, N. u. Geschichte, 1956 – H. D. WENDLAND, Die Kirche i. d. modernen Gesellschaft, 1958^{2} – D. MARSCH, Ev. Theol. 20 (1960) 481–510 – ERNST WOLF, Die ev. Stellungnahme zum N.problem, in: StLV, 1960^{6}, 965–971 – DERS., Sozialethik, 1982^{2} – H. WELZEL, N. u. materiale Gerechtigkeit, 1962^{4} – W. DANTINE, ZEE 6 (1962) 321–340 – A. KAUFMANN (ed.), Die ontologische Begründung des Rechts, 1965 (Lit.) – ERIK WOLF, Das Problem der N.lehre, 1964^{3} – P. ALTHAUS, Die Ethik M. Luthers, 1965 – K. PESCHKE, N. i. d. Kontroverse, 1967 – H. D. SCHELAUSKE, N.diskussion i. Deutschland. Ein Überblick über zwei Jahrzehnte: 1945 bis 1965, 1968 (Lit.) – W. TRILLHAAS, Ethik, 1970^{3} – H. THIELICKE, Theol. Ethik, ^{I}1981^{5}, ^{II,2}1974^{3}, ^{III}1968^{2} – W. MAIHOFER (ed.), N. oder Rechtspositivismus?, 1972^{2} (Lit.) – TH. HERR, Zur Frage nach dem N. i. dt. Protestantismus der Gegenwart, 1972 (Lit.). – Handb. d. chr. Ethik (ed. A. HERZ u. a.) $^{I/II}$1979^{2}, ^{III}1982, Reg. ‚N.' – F. v. KUTSCHERA, Einführung in die Logik der Normen, Werte und Entscheidungen (1973) – H. LENK (ed.), Normenlogik (1974) – E. WOLF – R. BRANDT – R. SPRECHT – A. HÜGLI – R. RUŽIČKA – K. KÜHL, N., HWP ^{VI}Basel 1984, Sp. 560–623 (Lit.).

Eberhard Wölfel

III. Kath. A. Grundlagen und Entfaltung. 1. Die kath. N.tradition nimmt das *antike Erbe* interpretierend auf. Das ius naturale ist als Niederschlag permanenter und spontaner Betätigung sittl. Vernunft zugleich Inhalt alt- und neutestamentlicher Weisungen (s. I A). Eine lex naturalis ist dem →Gewissen eines jeden eingeprägt als „lex scripta in cordibus" (AUGUSTIN, Confess. II,4; vgl. Mt 7,12 u. Röm 2,14 in den ma. Komm.).

2. THOMAS VON AQUIN, der zum festen Bezugspunkt kath. N.tradition wird (DS 3139 f.), integriert seiner Lex-naturae-Lehre (vgl. bes.

Summa theol. I – II qq. 91. 94. 100 u. den Komm. von PESCH) jene ihm vorgegebenen Autoritäten. Als „Partizipation am ewigen Gesetz im vernunftbegabten Geschöpf" (q. 91,2) steht die lex naturae in einem verpflichtenden Analogieverhältnis zum Heilswillen Gottes und zugleich in einem Abhängigkeitsverhältnis zum wohlgeordneten Reich der durch Gottes Weisheit vorgegebenen Handlungsziele. Die ratio humana mußte so zu einem Brennpunkt der kath. N.lehre werden. Sie ermöglicht eine spannungsreiche Synthese römischen Rechtsdenkens und bibl. Tradition, aristotelischer und augustinisch-neuplatonischer Philosophie. In ihr begründet eine ihrerseits theol. begründete Metaphysik des Handelns die Möglichkeit einer (durch Sünde und Irrtum stets gefährdeten!) vernünftigen Sittlichkeit (→Sittengesetz) im Einzelfall.

3. Zu Beginn der *Neuzeit* wird das N. innerhalb positiv rechtlich immer differenzierter geregelter Bereiche zum Instrument kirchl. Seelenführung. Das neue Weltbild läßt (nach der Ratio) den Naturbegriff zum zweiten Brennpunkt der kath. N.lehre werden. Als Reaktion gegen voluntaristische Bedenken der Franziskaner (J. DUNS SCOTUS, W. v. OCKHAM) verlagert sich der Blick auf inhaltliche Aspekte der Einzelhandlung (schon F. DE VITORIA), und der Anwendungsbereich erstreckt sich bald weit über die für THOMAS allein evidenten Grundmerkmale hinaus. Die Handlungsfelder erscheinen dadurch in ihrer Eigenständigkeit (zB in der Wirtschaftsethik L. DE MOLINAS), aber auch der Handlungsspielraum des Individuums wird Gegenstand n.licher Reflexion (im Streit um die Moralsysteme). In der Frühzeit des Kolonialismus leisten kath. Theologen Vorarbeiten für die Formulierung der →Menschenrechte, des Staats- und →Völkerrechts (F. DE VITORIA, G. VÁZQUEZ, F. SUÁREZ) und bereiten so unser heutiges Verständnis von N. vor. Hypothetische Ausklammerungen des göttlichen Gesetzgebers deuten dabei schon voraus auf die Übernahme der Ansätze und Ergebnisse durch die Juristen und Philosophen.

4. Seit der *Aufklärung*. Die kath. N.auslegung trat ihr damals nicht mit einer theol. Interpretation sittlicher Selbstbegründung entgegen (zur Abwehr der KANT-Rezeption S. MUTSCHELLES durch B. STATTLER vgl. CH. KELLER, K. HILPERT). Sondern die antimodernistische Neoscholastik begründete (bei großen Differenzen v. a. in der Umfangsbestimmung) die Theonomie des N. (DS 3004 f.) über die Hirten- und Wächterfunktion des →Lehramts (C II) in der Glaubens- und Sittenlehre (DS 3074, vgl. CIC cc. 747 § 2, 749 § 1, dazu J. SCHUSTER). Die kath. Kirche stellt sich in den aufeinander aufbauenden Sozialenzykliken (1891: Rerum novarum; 1931: Quadragesimo anno, →Soziallehre, kath.), in ihren politischen Stellungnahmen (1937: Mit brennender Sorge) und in ihrer Morallehre (1930: Casti connubii) dar als „Mutter und Lehrerin der Völker" (1961: Mater et magistra), die in Wahrnehmung ihrer Liebespflicht von Fall zu Fall bevollmächtigt das N. in Anspruch nimmt als Brücke zu „allen Menschen guten Willens".

B. Im Vorfeld des 2. →Vatikanischen Konzils (1962 – 1965) erfaßte die *Krise des N.* (trotz der N.-„Renaissancen" nach beiden Weltkriegen) die kath. Moraltheologie besonders stark. Denn ihre normativen Naturbegriffe offenbarten ein Gefälle von einer „ratio ut natura" über eine Wesens- und Handlungsnatur des Menschen hin zu einer „natura biologica physiologica" (vgl. BÖCKLE 1966, 121 – 150). Reformversuchen (J. LECLERCQ, G. THILS, J. DAVID u. a.; in den Bahnen der Trad. J. MAUSBACH/G. ERMECKE) standen wert- und transzendentalphilosophische Neubegründungsversuche kath. N. gegenüber (D.v. HILDEBRAND, K. RAHNER). Im Ergebnis laufen die Konstruktionen eines sekundären, geschichtlichen oder existentiellen N. darauf hinaus, das Lehramt auf seine „authentische" Funktion: die Evangeliumsverkündigung festzulegen.

Das 2. Vatikanum formuliert einen offenen Kompromiß zwischen dem säkularen Verständnis des N. als Prinzip der Freiheits- und Menschenrechte (bes. in der Pastoralkonstitution und in der Erkl. über die →Religionsfreiheit), jenem gewandelten theol. Verständnis und seiner traditionellen Auslegungspraxis.

C. Nach dem Konzil leitet das Lehramt in Humanae vitae (1968) aus einer äußerst umstrittenen Interpretation der „Natur" des Zeugungsaktes seine Normen zur Empfängnisverhütung ab. Aus der sich anschließenden Grundlagendiskussion ergeben sich als moraltheologische Einsichten:

1. *N. begründet eine „autonome Moral"* (A. AUER, →Autonomie). Dies betrifft die Eigengesetzlichkeit der Handlungsfelder, die Sachkompetenz der Handelnden, die ethische Binnenstruktur (Werteinsicht-Normsetzung) und die ethische Konsensfindung. Als Intention des Lehramts ist stets vorauszusetzen, daß es in Wahrnehmung seiner „subsidiären" Auslegungsfunktion diese schöpfungsmäßig gesetzte „regionale Autonomie" des Sittlichen wahren will und normative Verbindlichkeit nicht gegen sie beansprucht.

2. *N. steht im Kontext einer „Fundamentalmoral"* (F. BÖCKLE). Es kann angemessen nur im Rahmen einer tranzendentalphilosophischen Reflexion erfaßt werden, die nach den Bedingungen der Möglichkeit von →Freiheit und →Schuld, Verantwortung und Vergebung, Personalität, Geschichte und Leiblichkeit fragt (H. KRINGS). Kath. KANT-Rezeption (vgl. CH. KELLER) und neuere Thomasforschung (vgl. K. W. MERKS u. PESCHS Komm.) reichen sich die Hand, denn:

3. *N.-Autonomie ist „theonome Autonomie"* (F. BÖCKLE u. a.). Sie erscheint bereits innerhalb eines christl. „Daseinsentwurfs" (H. WELZEL). So füllt sich der n.liche Rahmen mit Inhalt, und mit den Motiven und Intentionen muß auch

hier Jesus Christus sichtbar werden als Proprium christl. Ethik.

In ersten Konkretisierungen zeichnet sich entlang „naturaler" und „geschichtlicher Unbeliebigkeiten" (W. KORFF) ein Schwerpunkt kath. Engagements in der Menschenrechts- und Friedensfrage (→Frieden) ab (vgl. J. SCHWARTLÄNDER ed.). Damit entsteht allerdings stets neu die Plattform einer „Glaubensethik" (B. STOECKLE u. a.), die unter Hinweis auf die verpflichtende Konkretheit christlichen Engagements die autoritative Interpretation seiner Vorgaben fordert.

E. DENZINGER/A. SCHÖNMETZER, Enchiridion Symbolorum 1979[36] (= DS) – F. BÖCKLE (ed.), Das N. im Disput 1966 – DERS./E. W. BÖCKENFÖRDE (ed.), N. in der Kritik 1973 – DERS., Fundamentalmoral 1981[3] – J. MAUSBACH/G. ERMECKE, Kath. Moraltheologie [I]1959[9], [II]1960[11], [III]1961[10] – W. KORFF, Norm und Sittlichkeit 1973 – CH. KELLER, Das Theologische in der Moraltheologie 1976 – O. H. PESCH, Das Gesetz 1977 (= Deutsche Thomas-Ausgabe Bd. 13) – K. W. MERKS, Theol. Grundlegung der sittl. Autonomie 1978 – K. HILPERT, Ethik und Rationalität 1980 – J. SCHWARTLÄNDER (ed.), Modernes Freiheitsethos und christl. Glaube 1981 – H. SCHLÖGEL, Kirche u. sittl. Handeln 1981 – J. SCHUSTER, Ethos u. kirchl. Lehramt 1984 – A. AUER, Autonome Moral und christl. Glaube 1984[2].

Wolfgang Nethöfel

Neugliederung des Bundesgebiets

→Bundesgebiet

Neutralismus. 1. Inhalt des Begriffs. Unter N. ist eine in Friedenszeiten von bestimmten Staaten eingenommene Haltung politischer →Neutralität zu verstehen, die insbes. durch die Nichtbeteiligung an Militärbündnissen gekennzeichnet ist. Der N. ist insbes. eine Reaktion auf die nach dem Zweiten Weltkrieg entstandene, zeitweise sogar die Formen eines „kalten Krieges" annehmende, ideologische Teilung der Welt in Ost und West. Abgesehen von der ständigen Neutralität, einem durch bestimmte Rechte und Pflichten gekennzeichneten Rechtsinstitut, nimmt das →Völkerrecht von einem neutralen Verhalten in Friedenszeiten keine Kenntnis. Folglich hat der Begriff des N. nicht einen völkerrechtlichen, sondern einen *politischen* Inhalt. Es handelt sich dabei um eine rein faktische Neutralität, die keiner rechtl. Verpflichtung entspringt und lediglich Ausdruck eines selbstgewählten oder durch die Umstände gebotenen politischen Grundsatzes ist. Gegenüber dem außerrechtl. N., der jederzeit aufgegeben werden kann und deshalb nur selten zu stabilisierten Verhaltenserwartungen führt (Ausnahme: Schweden), zeichnet sich die ständige Neutralität durch ihre Berechenbarkeit und das Vertrauen aus, das die anderen Staaten in sie setzen können. Wenn ein Hauptziel der Politik des N. auch regelmäßig (aber nicht begriffsnotwendig) darin bestehen mag, nicht in einen Krieg verwickelt zu werden, so ist ihr entscheidendes Charakteristikum die Ablehnung einer institutionellen Zugehörigkeit zu einem der großen (Militär-)Blöcke. In kultureller, selbst in wirtschaftl. Hinsicht kann dagegen durchaus eine Anlehnung an die eine oder andere Seite erfolgen. Da kein rechtl. Rahmen vorgegeben ist, weist der N. eine erheblich größere Vielfalt als die ständige Neutralität auf. Einem neutralistischen Staat eröffnen sich bei politischen Problemen oder Konflikten mehrere typische Verhaltensmuster: a) prinzipielle Nichtabgabe einer Stellungnahme; b) freie, unabhängige Stellungnahme von Fall zu Fall (wobei die eigene Haltung nur vom eigenen Interesse oder Rechtsstandpunkt abhängig gemacht wird); c) schematische Gleichbehandlung der beiden an einem bestimmten Konflikt beteiligten Parteien (entweder wird zur Recht- oder Zweckmäßigkeit des Vorgehens anderer Staaten nicht Stellung genommen, oder Recht und Unrecht werden auf beide Seiten gleichmäßig verteilt); d) Anlehnung an eine bestimmte Staatengruppe, ohne jedoch engere Bindungen einzugehen.

2. Geschichte des Begriffs. In den fünfziger Jahren und teilweise auch noch danach wurden die Begriffe *Blockfreiheit* (auch „unabhängige Politik" oder „Nichtpaktgebundenheit" genannt) und *N.* weitgehend synonym verwendet (s. a. Ungebundene Staaten). Soweit dies nicht geschah, wurde entweder die Ansicht vertreten, daß N. zwar ebenso wie Blockfreiheit das Fernhalten von den Machtblöcken bedeute, darüber hinaus aber ein aktives Verhalten (in der Form des „positiven N.") bezeichne, oder es wurde umgekehrt dargelegt, N. stelle im Gegensatz zur Blockfreiheit eine Politik der bloßen *Äquidistanz* und der Zurückhaltung moralischer Urteile dar. Viele dieser Definitionsversuche waren Ausdruck vorhandener Unterschiede in der Politik einzelner Staaten; teilweise reflektierten sie aber auch nur das Meinungsbild ihrer Autoren, so zB wenn zwischen einer auf rationaler Einschätzung der Bedingungen für nationale Sicherheit und Stabilität beruhenden „Blockfreiheit" und einem stark von nicht-rationalen, ideologischen Vorurteilen geprägten „militanten N." unterschieden wurde (zur negativen Besetzung des N.begriffs vgl. auch die in den fünfziger und späten vierziger Jahren abgehaltenen Diskussionen um ein zwischen den Blöcken stehendes Europa oder Gesamtdeutschland; N. wurde damals mit pazifistischem Idealismus, Passivität oder Kapitulation vor dem Sozialismus gleichgesetzt). Inzwischen wird das außenpolitische Verhalten der an keine Militärblöcke gebundenen Staaten (hauptsächl. der Dritten Welt) allgemein unter dem Begriff der Blockfreiheit zusammengefaßt (näher s. Ungebundene Staaten); der Ausdruck N. ist nur noch selten zu finden.

R. L. BINDSCHEDLER, Die Neutralität im modernen Völkerrecht, Z. für ausländisches öffentl. Recht und Völkerrecht 17 (1956) 1–37 – H. J. MORGENTHAU, Neutrality and Neutralism, in: Dilemmas of Politics, 1958, 185–209 – G. SCHWARZENBERGER, The Scope for Neutralism, Year Book of World Affairs, 1961,

233–244 – G. LISKA, The „Third Party": The Rationale of Nonalignment, in: L. W. Martin (Hg.): Neutralism and Nonalignment, 1962, 80–92 – A. WOLFERS, Allies, Neutrals and Neutralists, in: Discord and Collaboration, 1962, 217–229 – P. LYONS, Neutralism, 1963 – D. FREI, Dimensionen neutraler Politik, Genf 1969 – INDIAN SOCIETY OF INTERNATIONAL LAW, Non-Aligned and Developing Countries, New Delhi 1970 – P. LUIF, Neutralität – Neutralismus – Blockfreiheit, Österr. Zeitschr. f. Politikwissenschaft 8 (1979), 269–285.

Joachim Bleicker

Neutralität. I. Völkerrechtlich. 1. Zum Begriff. Neutralität bezeichnet im Völkerrecht den Status eines Staates, der nicht an einem →Krieg teilnimmt. In bewaffneten Konflikten, die nicht Kriege im rechtl. Sinn sind, können die kriegführenden Parteien gegenüber Nichtbeteiligten keine besonderen Rechte geltend machen. Im Verhältnis zu Unbeteiligten gilt weiterhin ganz das Friedensvölkerrecht. Unbeteiligte Staaten können sich aber verpflichten, ihrerseits N. zu wahren.

Von der *aktuellen N.* im konkreten Fall eines bewaffneten Konflikts ist die *ständige* oder *dauernde N.* eines Staates zu unterscheiden. Das N.recht umfaßt die Rechtsnormen über die N., während unter N.politik die politische Haltung eines neutralen Staates verstanden wird, die bei Respektierung der Pflichten und Rechte aus dem N.recht die Aufrechterhaltung der N. sicherstellt.

2. Die aktuelle N. im Kriegsfall bestimmt völkerrechtlich das Verhältnis zwischen jeder einzelnen kriegführenden Partei und dem einzelnen Staat, der an einem Krieg nicht teilnimmt. Die Rechtsregeln sollen einen Kompromiß zwischen den Interessen der kriegführenden und der neutralen Parteien darstellen. Sie sind zum großen Teil im Völkergewohnheitsrecht entwickelt. Zum Teil ist das N.recht auch kodifiziert, so in der Pariser Seerechtsdeklaration von 1856 und in den Haager Abkommen vom 18. Oktober 1907, nämlich im V. Abkommen über die Rechte und Pflichten der neutralen Mächte und Personen im Falle eines Landkrieges und im XIII. Abkommen betreffend die Rechte und Pflichten der neutralen Mächte im Falle eines Seekrieges. Auch die →Genfer Rot-Kreuz-Konventionen von 1949 enthalten einzelne Regelungen des N.rechts.

Das Rechtsverhältnis der N. entsteht ipso iure mit dem Eintreten des Kriegszustandes. Eine N.erklärung ist nicht erforderlich; eine solche hat lediglich deklaratorische Bedeutung. Die N. mit der Gesamtheit der damit verbundenen Rechte und Pflichten dauert während des Krieges an, wenn und solange der neutrale Staat nicht in den Krieg eintritt. Eine N.verletzung durch ihn oder ihm gegenüber und auch die gewaltsame Abwehr einer N.verletzung beenden die N. nicht.

Als Grundregel gilt, daß der neutrale Staat die Respektierung seiner Unabhängigkeit und seiner territorialen Souveränität verlangen kann. Das N.recht verpflichtet ihn, nicht mit staatl. Mitteln zugunsten einer Kriegspartei in den Konflikt einzugreifen. Diese Pflicht ist selbst dann verletzt, wenn neutralitätswidrige Unterstützung gleichermaßen allen Konfliktsparteien gewährt wird. Allerdings verpflichtet N. auch zur formellen Gleichbehandlung. Eine „wohlwollende" oder „qualifizierte" N. führt regelmäßig zu N.verletzungen und damit zu einem völkerrechtl. Delikt gegenüber der benachteiligten Partei, die dadurch zu Repressalien berechtigt wird. Weiterhin hat der neutrale Staat verschiedene Handlungen der Kriegführenden zu unterbinden und andere hinzunehmen.

Die N. betrifft das militärische und das politische Verhalten. Wirtschaftlich darf ein neutraler Staat einer Kriegspartei keine finanzielle Unterstützung leisten und sie nicht staatlich mit Kriegsmaterial versorgen. Dem Neutralen steht im übrigen frei, mit allen kriegführenden Staaten Handel zu treiben. N. verpflichtet nicht zur Steuerung der Sympathie der Angehörigen des neutralen Staates.

Für den Bereich des *Landkrieges* gilt insbesondere, daß die Kriegführenden jegl. Kriegshandlungen auf neutralem Gebiet unterlassen müssen; die Durchfuhr von Truppen und von Nachschub sowie die Nutzung neutralen Gebietes als Operationsbasis und zu militärischen Funkdiensten sind verboten. Gleichermaßen dürfen auf neutralem Gebiet keine Rekrutierungsstellen eingerichtet werden. N.verletzungen durch eine Kriegspartei hat der neutrale Staat notfalls mit Gewalt zu verhindern.

Auf neutrales Gebiet übergetretene Soldaten sind bis Kriegsende zu internieren. Kranken und Verwundeten kann die Durchreise dagegen beschränkt und unter Beachtung der Gleichbehandlung gestattet werden. Kriegsgefangene, die neutrales Gebiet erreichen, werden frei.

Die N.pflichten gelten für das staatl. Verhalten. Der Neutrale ist nicht verpflichtet, seine Angehörigen daran zu hindern, in das Gebiet der kriegführenden Partei zu reisen und dort in den Kriegsdienst einzutreten. Diese Staatsangehörigen eines Neutralen verlieren, ebenso bei anderen feindl. Handlungen gegen einen Kriegführenden oder zugunsten eines anderen, die mit ihrer Staatsangehörigkeit verbundenen Vorteile. Der Neutrale ist auch nicht verpflichtet, die Unterstützung eines Kriegführenden durch Privatpersonen, zB durch die Lieferung von Kriegsmaterial oder die Benutzung von Nachrichtenmitteln, zu verhindern.

Auch im *Luftkrieg* gilt die Unverletzlichkeit des Hoheitsraums der Neutralen. Der Neutrale hat seinen Luftraum gegen Eindringlinge zu schützen. Militärflugzeuge der Kriegsparteien hat er zur Landung zu zwingen und zu internieren. Kommt der Neutrale diesen Pflichten nicht nach, verletzt er seine N.pflicht; die andere Kriegspartei kann Gegenmaßnahmen ergreifen, um die Nachteile der N.verletzung abzuwehren,

d. h. zB auch über neutrales Gebiet anfliegende feindl. Flugzeuge bekämpfen. Eine Pflichtverletzung liegt nicht vor, wenn der Neutrale zur Abwehr nicht in der Lage ist. Der benachteiligten Partei verbleiben dennoch die Abwehrrechte. Diese Regeln müßten auch für den Durchflug und das Abfangen von Raketen und Marschflugkörpern gelten. Hier sind die Rechtsregeln jedoch strittig; ganz sicher ist die Verletzung des Luftraumes eine N.verletzung und damit der Kriegspartei verboten. Der Neutrale dürfte aber nicht verpflichtet sein, eine unberechtigt seinen Luftraum durchquerende Nuklearrakete abzuschießen, auch wäre der Abschuß einer solchen Rakete über neutralem Gebiet durch den kriegführenden Zielstaat seinerseits eine N.verletzung.

Das N.recht verbietet dem Neutralen, mit seinen Luftstreitkräften in den Krieg einzugreifen oder Kriegsflugzeuge an eine Kriegspartei zu liefern. Der Neutrale ist jedoch nicht verpflichtet zu verhindern, daß Privatflugzeuge seiner Angehörigen Güter zu einer Kriegspartei transportieren. Die andere Kriegspartei kann den neutralen Privatflugzeugen gegenüber Maßnahmen ergreifen, die den Maßnahmen des Seekriegsrechts ähnlich sind.

Im *Seekrieg* gelten die Küstengewässer als neutrales Staatsgebiet. In ihnen dürfen keine Kriegshandlungen vorgenommen werden. Wird rechtswidrig ein Schiff als Prise genommen, so muß der Neutrale es befreien und die einer Kriegspartei angehörende Prisenbesatzung internieren. Die Durchfahrt von Kriegsschiffen und Prisen durch neutrales Küstengewässer ist allerdings nicht neutralitätsrechtswidrig. Regelmäßig dürfen sich Kriegsschiffe in neutralen Gewässern 24 Stunden lang aufhalten, darüber hinaus nur bei Unwetter oder bei Beschädigung. Versorgung und Reparaturen in neutralen Häfen sind nur beschränkt mit der N. zu vereinbaren. Zwischen dem Auslaufen von Kriegsschiffen feindl. Parteien aus einem neutralen Hafen muß eine Frist von mindestens 24 Stunden liegen. Ein Neutraler darf nicht gestatten, daß in seinen Gewässern ein Schiff ausgerüstet oder bewaffnet wird, von dem anzunehmen ist, daß es für Kriegshandlungen bestimmt ist; er hat das Auslaufen solcher Schiffe zu verhindern.

Die N.pflicht gebietet nicht, die neutralen Staatsangehörigen am Transport von Kriegskonterbande zu hindern. Der neutrale Staat muß aber die Wegnahme der Schiffe seiner Flagge als Prise und die Durchsuchung seiner Schiffe auf hoher See dulden. Seit dem Ersten Weltkrieg sind fast alle für Häfen des Gegners bestimmten Waren als für Kriegszwecke geeignet (Konterbande) erklärt worden. So ist die Regel, daß die neutrale Flagge auch feindl. Gut deckt oder daß neutrales Gut auf einem feindl. Schiff nicht weggenommen werden darf, heute ohne praktische Bedeutung. Kriegsschiffe der Kriegsparteien dürfen auch neutrale Schiffe auf hoher See anhalten und auf Konterbande untersuchen. Ein Schiff mit Konterbande oder ein feindl. Schiff kann aufgebracht werden; es soll regelmäßig in den Hafen des Nehmerstaates geleitet und dort dem Spruch eines Prisengerichts unterworfen werden, das die Einziehung des Schiffes für den Nehmerstaat anordnen kann. Da die Prisen nach moderner Seekriegsführung aber nur ausnahmsweise in einen Hafen des Nehmerstaates gebracht werden können, werden sie in der Praxis auf hoher See versenkt. Ein neutrales Schiff verfällt auch dann der Einziehung, wenn es eine erklärte und überwachte Blockade zu durchbrechen versucht oder wenn es neutralitätswidrige Unterstützung für eine Kriegspartei leistet. Ein neutrales Schiff, das sich einem feindl. Geleitzug anschließt, wird als solches angesehen, das sich einer Durchsuchung durch die andere Kriegspartei mit Gewalt widersetzt; es kann von dieser als Prise eingezogen werden – die Praxis geht dahin, daß es versenkt wird.

Bei allen Seekriegsmaßnahmen haben die Kriegsparteien die Schiffahrt neutraler Schiffe zwischen neutralen Häfen zu respektieren. Auch „Seekriegsoperationszonen" müssen sichere Wege für die neutrale Schiffahrt freilassen.

3. Dauernde N. bezeichnet einen völkerrechtl. Status bestimmter Staaten. Während allgemein der Status der N. für die Nichtkriegführenden erst mit Ausbruch eines Krieges entsteht, ist für dauernd neutrale Staaten die Teilnahme an einem Krieg prinzipiell ausgeschlossen. Der neutrale Staat darf keinen bewaffneten Konflikt beginnen, er muß im Kriegsfall neutral bleiben. Er ist gehalten, gegenüber allen Staaten eine *N.politik* zu führen; der Inhalt dieser Politik wird jedoch frei von ihm bestimmt. Die anderen Staaten sind verpflichtet, die N. des dauernd neutralen Staates für den und im Kriegsfall zu respektieren. Ein dauernd neutraler Staat darf nicht angegriffen, ihm darf nicht der Krieg erklärt werden. Von ihm darf kein Verhalten verlangt werden, das dem Status der dauernden N. widerspricht. Nach Völkerrecht sind dauernd neutrale Staaten gegenwärtig nur die Schweiz und Österreich. In beiden Fällen sind die Erklärungen der dauernden Neutralität von seiten dieser Staaten durch die anderen Staaten durch völkerrechtl. Akte oder durch Gewohnheitsrecht anerkannt. Auch die Lateranverträge legen die N. der Vatikanstadt fest, wenn es dazu auch keine besonderen Anerkennungsakte unbeteiligter Staaten gibt.

Die dauernd neutralen Staaten sind berechtigt und verpflichtet, sich gegen Angriffe zu verteidigen und sich darauf vorzubereiten.

4. Mit der **Neutralisation** werden durch völkerrechtl. Akt die Benutzung des neutralisierten Gebiets für Kriegshandlungen und die kriegerische Einwirkung auf dieses Gebiet ausgeschlossen. Es handelt sich um Entmilitarisierung und Befriedung. Neutralisiert werden Gebiete, Gebietsteile oder auch Bereiche der hohen See. Beispiele dafür sind die Ålandinseln und die Antarktis mit den dazugehörigen Seegebieten (nach dem Vertrag von 1959). Die vertragl. Neutralisierung des Suezkanals ist in beiden Weltkriegen nicht respektiert worden.

5. Art. 2 Nr. 5 und konkret die Bestimmungen des 7. Kapitels der **Charta der →Vereinten Nationen** verpflichten die Mitgliedstaaten, der Organisation bei Zwangsmaßnahmen zur Sicherung des Weltfriedens Beistand zu leisten. Diese Verpflichtung steht der N. im Fall einer Friedensbedrohung prinzipiell entgegen. Wegen des Vetorechts der Großmächte bei Entscheidungen des Sicherheitsrats sind (bisher) militärische Sanktionsbeschlüsse der UNO, die eine militärische Beistandspflicht auslösen, nicht zustande gekommen. Ein Konflikt der UNO mit einem Mitgliedstaat über dessen N. in einem Beistandsfall ist also bisher nicht eingetreten. Auch aus diesem Grund erwägt die Schweiz zur Zeit, den Vereinten Nationen beizutreten. Der andere dauernd neutrale Staat Österreich ist seit 1955 Mitglied der UNO. Österreich geht davon aus, daß die Organisation seine dauernde N. respektiert. Der Erklärung Österreichs gegenüber der UNO, daß es an die Embargobeschlüsse gegen Rhodesien und Südafrika nicht gebunden sei, ist nicht widersprochen worden.

J. L. KUNZ, Kriegsrecht und N.recht, 1935 – D. ROBERT, Etude sur la neutralité suisse, 1950 – R. L. BINDSCHEDLER, ZaöRV 17 (1956), 1–37 – DERS., Frieden, Krieg und N. im Völkerrecht der Gegenwart, in: Festschr. Wilhelm Wengler, 1973, 27–49 – DERS., Ständige N. und Neutralismus (Blockfreiheit), in: Festschr. Stephan Verosta, 1980, 313–322 – H. FIEDLER, Der sowj. N.begriff in Theorie und Praxis, 1959 – E. CASTRÉN, Sitzungsberichte der finnischen Akademie der Wissenschaften 1962, 77–94 – E. BONJOUR, Gesch. der schweizer. N. I u. II, 1965², III, 1967, IV, V u. VI, 1970 – ST. VEROSTA, Die dauernde N., 1967 – U. SCHEUNER, Die N. im heutigen Völkerrecht, 1969 – D. FREI, Dimensionen neutraler Politik, Genf 1969 – U. KEKKONEN, Neutrality: The Finnish Position, London 1970 – H. BLIX, Sovereignty, Aggression and Neutrality, Stockholm 1970 – K. WALDHEIM, Der österreichische Weg, Wien 1971 – P. HOFACHER, Die schweizer. N. zwischen Krieg und Frieden, Zürich 1972 – J. KÖPFER, Die N. im Wandel der Erscheinungsformen milit. Auseinandersetzungen, 1975 – I. SEIDL-HOHENVELDERN, Der Begriff der N. in den bewaffneten Konflikten der Gegenwart, in: Festschr. F. A. Frhr. v. d. Heydte, Vol. I, 1977, 593–613 – D. WOKER, Die skandinavischen Neutralen. Prinzip und Praxis der schwedischen und finnischen N., Zürich 1978 – A. VERDROSS, Die immerwährende N. Österreichs, 1978 – P. JANKOWITSCH, Österr. Zeitschr. f. Politikwissenschaft 8 (1979), 327–344 – E. KUSSBACH, Rev. de Droit Pénal Mil. et de Droit de la Guerre 17 (1979), 19–36 – DERS., Dt. Beilage zur Rev. Internat. de la Croix-Rouge 31 (1980), 33–43 u. 50–61 – D. SCHINDLER, Die Lehre von der Verwirkung der N., in: Festschr. Rudolf Bindschedler, Bern 1980, 563–582 – M. ROTTER, Die dauernde N., 1981.

Dietrich Rauschning

II. Innerstaatlich. Es ist wohl das erste Mal seit der Mitte des 18. Jh., daß ein Lexikon die innerstaatl. N. als eigenes Stichwort aufgreift (vgl. STEIGER). N. (neuter = keiner von beiden) ist heute – nach der anfängl. Verwendung speziell in Religionssachen – zur Beschreibung einer generellen Haltung der staatl. Gewalt im freiheitl.-pluralist. demokratischen Verfassungsstaat geworden (→Demokratie). Der neutrale Staat identifiziert sich nicht mit einer gesellschaftl. oder geistigen Kraft: Entweder grenzt er sensible Materien aus dem staatl. Einflußbereich aus oder er bewahrt eine „neutrale Offenheit" (M. HECKEL). In Kollisionsfällen geht es um einen der Sachlichkeit verpflichteten Ausgleich. N. des Staates unter dem Grundgesetz ist so nicht Gegensatz zum →Pluralismus, sondern Komplementärprinzip der Freiheitssicherung. N. wurde zu einem der Schlüsselbegriffe (HÄBERLE) des freiheitl. polit. Gemeinwesens; der Begriff taugt aber auch zum schillernden, leerformelhaft gebrauchten Schlagwort. N. kann Ausgrenzung, Nichteinmischung, Indifferenz, Enthaltsamkeit, Unparteilichkeit, ebenso aber auch Gewährenlassen, →Toleranz, Berücksichtigung, Sachlichkeit, Anerkennung und Förderung meinen. Eine einheitl. inhaltl. Definition gibt es nicht. Im →GG und in →Landesverf.en findet sich der Begriff nicht.

A. Geschichte. Die Geschichts*schreibung* (umfassend dazu STEIGER) zum Begriff der N. steht nach wie vor im Zeichen der Beobachtung CARL SCHMITTS (1932), die europ. Geschichte des Geistes und der Staaten verlaufe seit dem 17. Jh. in einer Reihe von fortschreitenden Neutralisierungsprozessen, in denen sich der Staat von einem Zentralgebiet nach dem anderen (Theol., Metaphysik, Ökonomie u. a.) Stufe um Stufe zurückgezogen habe, um schließlich zum stato neutrale ed agnostico zu werden, der seine Existenzberechtigung gerade in seiner N. sehen konnte. Die Entwicklung ist allerdings anders verlaufen: Der freiheitl. Staat im 20. Jh. verbindet Abstand (Nichtidentifikation) nicht generell mit Agnostizismus. N. ist nicht Selbstzweck. – Übrigens: Vor dem 20. Jh. wird das Wort N. im innenpolit. Bereich nur ganz vereinzelt gebraucht; viele Darstellungen vermitteln hier ein falsches Bild von der Quellenlage.

Nach einer innerkirchl. Verwendung bereits im MA. – N. im Schisma – wird das Wort im 16./17. Jh. geläufig für die außenpolit. N. (oben I). Gelegentlich wird auch eine friedenstiftende und darin souveräne Haltung des Fürsten im konf. Bürgerkrieg als n. bezeichnet (BODIN). So findet sich das Wort in Dtschld. sogleich in der →Reformationszeit für die (weithin erfolglosen) Versuche einzelner Stände, eine eindeutige Bekenntnisentscheidung zu vermeiden (konfessionsneutral), Distanz gegenüber den Konfessionsbünden zu wahren oder die Kooperation mit Ständen anderer Konfession bzw. den theol. Kompromiß zu suchen (LUTTENBERGER). Zukunft hatte in Dtschld. (→Reformation; →Dt. Reich) aber zunächst nicht eine solche polit. N. in Religionssachen (GEORG EDER, 1574: Es sei eine „Gottlose sicherheit und verfürerische persuasion ..., es künde ein jeder in seinem glauben selig werden"). Die Länder bleiben Konfessionsstaaten; das Reich findet im →Augsburger Religionsfrieden von 1555 und im →Westf. Frieden von 1648 – noch fern von einem „Religions-Staatsindifferentismus" (J. CHR. MAJER 1773) – zu der Haltung der konf. →Parität, der Gleichbehandlung beider Konfessionen. Immerhin: Parität war möglich geworden auf Grund eines Religionsfriedens, der „non est res spiritualis, sed politica et secularis" (Reichskammergericht) und der – in heutiger Terminologie – mit der „Abschichtung der polit.-rechtl. Existenz vom relig. Bereich ... eine Ebene polit. Neutralität" (M. HECKEL) bietet.

Eine andere Entwicklung setzt in der Zeit der →Aufklärung unter den Stichworten der →Toleranz (FRIEDRICH D. GR., 1752: „Je suis neutre entre Rome et Genève") und der →Glaubens- und Gewissensfreiheit bzw. →Religionsfreiheit (preuß. ALR v. 1792/94) ein. Der sich nun zunehmend innerweltl. legitimierende Staat findet im 19. Jh. zu einer überkonf. weltanschaul. N.: Individuell stellt er den Glauben zur freien Disposition des Bürgers, institutionell aber („christl. Staat") und in seinen Außenbeziehungen (Kirchen und Religionsgemeinschaften als Körpersch. des öff. Rechts) fördert und privilegiert er das Christentum und seine Konfessionen weiterhin. Der Begriff N. wird auch jetzt nur ganz selten benutzt (zB bei TROELTSCH, ANSCHÜTZ); Begriffe wie Unabhängigkeit, Unparteilichkeit, Indifferentismus, Freiheit, Parität und Trennung beherrschen das Feld. – Die Lehre vom Monarchen als „pouvoir neutre" (CONSTANT) wird diskutiert. Vereinzelt findet sich auch schon die Vorstellung, der Staat habe N. gegenüber dem Eigennutz der mächtigen Gesellschaftskörper, auch der Wirtschaft, zu wahren (HOLTZENDORFF, BLUNTSCHLI); das Beamtentum wird als neutrales Element im sozialen Klassenkampf bezeichnet (SCHMOLLER). In der Weimarer Zeit erreicht die N.-Diskussion eine erste wesentliche Vertiefung. C. SCHMITT sieht einerseits jenen schon erwähnten Zug zu Neutralisierung, Minimalisierung und Entpolitisierung des geistigen Gehalts des Staates. Andererseits fordert er gegenläufig dazu, um den labilen Parteienstaat von seiner Schwäche zu befreien, „neutrale Gegenkräfte" und eine „entscheidungsfähige Politik".

B. Neutralität als Rechtsbegriff im geltenden Recht. 1. Eine nähere **inhaltl. Bestimmung** der N. kann nur von *einzelnen Sachgebieten* bzw. -gruppen und den dort jeweils versch. Funktionen des N.-Arguments ausgehen. Staatl. Institutionen wird N. auferlegt (zB →Bundespräsident; Verwaltung; Bundesbank; Rechtsprechung). Hier geht es um N. als *Unparteilichkeit der Amtsführung in der Bindung* an die staatl. Einheit, an Gesetz und Recht bzw. an spezielle Sachaufträge. Wenn gesagt wird, der →Rundfunk habe unabhängig, sein Programm ausgewogen und neutral zu sein, wenn der Schule das Gebot der ideologischen N. zudiktiert wird, so sind diese Aussagen Teil der allseits bejahten *kulturstaatl. N.* des freiheitl. Gemeinwesens. Was das BVerfG für die Schule formuliert hat, gilt allgemein: „Der ‚ethische Standard' des GG ist die Offenheit gegenüber dem Pluralismus weltanschaul.-religiöser Überzeugungen ... In dieser Offenheit bewährt der freiheitl. Staat des GG seine religiöse und weltanschaul. N." (BVerfGE 41, 29 [50]). Diesem Verständnis folgt auch die ganz unstrittige und die N.-Diskussion prägende Formel von der *relig. und weltanschaul. N. des Staates.* Hier im →Staatskirchenrecht ist N. wie auf keinem anderen Felde zum Schlüsselbegriff aufgerückt und auch zum Rechtsbegriff geworden, aus dem Rechtsfolgen abgeleitet werden. Sieht man allerdings näher zu, so zeigt sich, daß in der Literatur unter dem Deckmantel der „N." ganz verschiedene Forderungen an das Verhalten des Staates gegenüber den Kirchen geltend gemacht werden: von der militanten Trennung von Staat und Kirchen über das bloße Verbot der Privilegierung bis zur Pflicht zur positiven Religionspflege. Einem *verbalen Konsens,* daß in oder gegenüber einem bestimmten Bereich N. gefordert sei, liegt nicht selten eine inhaltl. schillernde, bisweilen umkämpfte *Vieldeutigkeit des N.-Verständnisses* zugrunde. Man darf sich ohnedies nicht täuschen lassen: Auch der „neutrale", pluralistische Kulturstaat kann sich nicht mit der negativen Auskunft der Nichtintervention (kein staatl. Kultur- und Kunstrichteramt) begnügen, er muß handeln und sich entscheiden (Kulturförderung), ohne dabei allerdings eine „verbindliche materielle Kunst- und Kulturidee" (STEINER) zugrunde legen zu können oder zu dürfen. Eine Entpolitisierung leistet N. hier wie auch sonst nicht. Siehe u. a. Kirche und Staat; Pluralismus; Kulturpolitik; freie Träger; Gemeinschaftsschule. – Mit der kulturstaatl. und weltanschaul. N. ist schon die *staatl. N. gegenüber einem gesellsch. Bereich* angesprochen. Hier steht die These von der wirtschaftspolit. bzw. ordnungspolit. N. des GG (→Wirtschaftsverf.) im Vordergrund, die es dem Gesetzgeber und der Regierung erlaubt, jede sachgemäße Wirtschaftspolitik zu betreiben, sofern sie dabei das GG, insbes. die Grundrechte, beachten (BVerfGE 7, 337 [400]). Staatl. N. im →Arbeitskampf ist ein schwieriger Sonderfall; N. gebietet hier aktive Sozialgestaltung zur Herstellung der Parität der Sozialpartner, womit allerdings angesichts der unausweichl. Verschiedenheit der Sozialpartner das Problem nur angezeigt, nicht gelöst ist. – Gelegentlich finden sich Forderungen nach *N. innerhalb eines gesellschaftl. Bereichs,* so wenn von den →Gewerkschaften eine parteipolit. und konf. N. verlangt wird. Dies kann allenfalls ein polit. Prinzip, nicht eine Rechtsforderung sein. Wie die Gruppen und Verbände ihre Interessen abstecken und verfolgen und mit dem →Gemeinwohl verbinden, ist zunächst Sache ihrer freien Entschließung.

2. N. insgesamt erweist sich – wie viele verf.-rechtl. Schlüsselbegriffe – als **Relationsbegriff,**

bei dem alles auf den jeweiligen Gegenstand, Zusammenhang und Maßstab ankommt. In einzelnen Sachbereichen hat sich die Redeweise von der N. so verdichtet, daß sie dort als ein allerdings je verschieden konkretisiertes Rechtsprinzip angesehen werden kann *(Partikularität des jeweiligen N.-Arguments,* ZACHER); so zB die N. des Richters und die weltanschaul. N. des Staates. Auch dann erweist sich das N.-Argument z. T. aber als bloße begriffl. Bündelung einer ganzen Reihe von gesetzl. Einzelregelungen; anderswo zeigt sich, daß N. fast identisch mit anderen, u. U. gezielteren Begriffen (zB Unabhängigk., →Parität, Pluralität, →Toleranz) verwendet wird und diese Begriffe ablöst. Ein allg. *verf.-rechtl. oder gar verf.-rechtl. vorgegebenes Prinzip „N."* gibt es nicht. Generell kann man sagen: Der freiheitl. Staat bewährt und beweist seine N. darin, daß er eine optimale Verwirklichung einer *Vielfalt von Handlungs-, Lebens- und Entscheidungsmaßstäben* im Gemeinwesen ermöglicht und fördert. N. will die Hervorkehrung des vom jeweiligen Sachgebiet her gebotenen eigenen und „freien" Handlungs- und Entscheidungsmaßstabs und damit die polemische Abwehr des fremden Maßstabs. So leistet der Kampfbegriff (HÄBERLE) der „N." immerhin Hilfsdienste bei der Findung und Anwendung des geltenden Rechts (Interpretament [MIKAT], heuristische Funktion).

C. Neutralität als ein Konstitutivum des freiheitl.-demokr. Staates. Der freiheitl. Staat vermeidet Totalidentifikationen des Staates und verhindert Totalansprüche partikularer Gruppen; insofern ist mit dem *Prinzip der Nichtidentifikation* (H. KRÜGER) in der Tat ein „beherrschender Grundzug des modernen Verfassungsstaates" (HOLLERBACH) angesprochen. Der freiheitl. Demokratie fehlt es an der Verbindlichkeit einer bestimmten weltanschaul. Grundlage. Die *→Säkularisierung des Staates* ist um der Freiheitlichkeit im Gemeinwesen willen notwendig gewesen. Die Ablösung von metaphysischen, religiösen, christl. Grundlagen ist nicht als Legitimitätsverfall zu diskreditieren und nicht in Richtung auf ein erneutes Bedingungsverhältnis zwischen Demokratie und Christentum, auch nicht mit Hilfe einer Zivilreligion, zu revidieren. Der freiheitl. Staat geht um der Freiheit willen ein *Wagnis* ein: „Der freiheitliche, säkularisierte Staat lebt von Voraussetzungen, die er selbst nicht garantieren kann" (E. W. BÖCKENFÖRDE). Er *darf* sie auch nicht garantieren (wollen). Er lebt aber davon, daß die Bürger, Gruppen und Kräfte der Gesellschaft ihre Freiheiten nach ihren eigenen Maßstäben und Selbstverständnissen definieren und mit Leben erfüllen (→Pluralismus).

C. SCHMITT, Der Begriff des Politischen, 1932 (1979) – DERS., Der Hüter der Verfassung, 1931 (1969²) – H. KRÜGER, Allg. Staatslehre, 1966² – A. HOLLERBACH, Ideologie und Verfassung, in: Ideologie und Recht, W. Maihofer (ed.), 1969, 37–61 – K. SCHLAICH, N. als verfassungsrechtliches Prinzip, insbes. im Kulturverfassungs- und Staatskirchenrecht, 1972 – DERS., Konfessionalität – Säkularität – Offenheit. Der christliche Glaube und der freiheitl.-demokratische Verfassungsstaat, in: Charisma und Institution, T. Rendtorff (ed.), 1985, 175–198 – P. MIKAT, Staat, Kirchen und Religionsgemeinschaften, in: Handbuch des Verfassungsrechts, E. Benda u. a. (ed.), 1983, 1059–1087 – H. F. ZACHER, Der Staat 14 (1975) 443–448 – E. W. BÖCKENFÖRDE, Staat Gesellschaft Freiheit, 1976, 42–64 – P. HÄBERLE, Verfassung als öffentlicher Prozeß, 1978, 608–619 – H. STEIGER, Zur innenpolitischen N. des Staates, in: Festschr. f. H. Schelsky, F. Kaulbach und W. Krawietz (ed.), 1978, 659–679 – DERS., N., in: Geschichtliche Grundbegriffe, O. Brunner u. a. (ed.), IV, 1979, 315–370 (Lit.) – U. K. PREUSS, Politische Ordnungskonzepte für die Massengesellschaft, in: Stichworte zur „Geistigen Situation der Zeit", J. Habermas (ed.), I, 1979, 340–377 – K. G. MEYER-TESCHENDORF, Staat und Kirche im pluralistischen Gemeinwesen, 1979 – M. HECKEL, ZRG 97 Kan. Abt. (1980), 1–163 – DERS., Deutschland im konfessionellen Zeitalter, 1983 – P. LUTTENBERGER, Glaubenseinheit und Reichsfriede. Konzeptionen und Wege konfessionsneutraler Reichspolitik (1530–1552), 1982 – U. STEINER/D. GRIMM, Kulturauftrag im staatl. Gemeinwesen, VVDStRL 42 (1984) – Christentum und modernes Recht, G. Dilcher und I. Staff (ed.), 1984.

Klaus Schlaich

Nichteheliches Kind.

1. In der **Vergangenheit** hatten n. K.er sowohl in rechtl. Hinsicht wie auch hinsichtl. ihrer sozialen Reputation Benachteiligungen hinzunehmen. Die Gründe hierfür waren vielschichtig. So führte die ständische Gliederung der Gesellschaft fast zwangsläufig zu einer Minderstellung von Kindern, die außerhalb von standesgemäßen Ehen gezeugt waren (→Eherecht, →Ehe und Familie). Die im Röm. Reich, aber v. a. im MA. unternommenen Anstrengungen, die monogame Ehe als einzige legitime Form der Geschlechtsgemeinschaft durchzusetzen, hatten zur Folge, daß n. K.er eine Minderbewertung erfuhren. Einflußnahmen aus dem kirchl. Bereich haben die Vorstellung gefördert, daß die Nichtehelichkeit ein qualitativer Defekt sei, der insbes. die Eignung für bestimmte Ämter beeinträchtige. Im kan. Recht galt illegitime Geburt als ein – freilich dispensables – Hindernis für den Empfang der Priesterweihe (c. 984, 1 CIC 1917). Andererseits haben von der Kirche ausgehende Einwirkungen auf das Rechtsdenken dazu beigetragen, daß die Rechtsstellung n. K.er in sozialer Hinsicht, v. a. durch die Zuerkennung eines Unterhaltsanspruchs gegen den Vater, verbessert wurde. Ein deutl. Wandel in der Beurteilung und rechtl. Behandlung n. K.er trat ein, als die Rechtslehre unter den Einfluß des Naturrechts der →Aufklärung geraten war, weil jetzt den natürl. Beziehungen zwischen Eltern und Kindern größeres Gewicht beigemessen und die ursprüngl. Gleichwertigkeit aller Menschen neu empfunden wurde. Das BGB folgte hinsichtl. der rechtl. Behandlung n. K.er jedoch im wesentlichen der röm.-rechtl. Tradition. Es reduzierte die Rechtsbeziehungen des n. K.es zum Vater auf einen Unterhaltsanspruch, während eine verwandtschaftl. Beziehung und demzufolge auch ein Erbrecht verneint wurden.

2. Eine neue Situation ergab sich, nachdem das →*GG* durch Art. 6 V GG dem Gesetzgeber auferlegt hatte, „den unehel. Kindern ... die gleichen Bedingungen für ihre leibliche und seelische Entwicklung und für ihre Stellung in der Gesellschaft zu verschaffen wie den ehel. Kindern". Der fast gleichlautende Art. 121 der WV war ohne Wirkung für das Privatrecht geblieben. Zu einer Änderung der die n. K.er betreffenden Vorschriften des Familienrechts kam es jedoch erst durch die Verabschiedung des **Gesetzes über die rechtliche Stellung der nichtehelichen Kinder vom 19. August 1969** (BGBl I, S. 1243), dessen Vorschriften in das BGB eingearbeitet wurden. Die Gleichstellung ist nicht in der Weise erfolgt, daß dem Unterschied zwischen ehel. Kindern und n. K.ern jede rechtl. Bedeutung genommen wurde. Die Nichtehelichkeit hat ihre Bedeutung als bes. familienrechtl. Status nicht verloren und dient weiterhin als Anknüpfungspunkt für Sonderregelungen. Diese Zurückhaltung wird teilweise als Mangel an Konsequenz kritisiert. Der Umstand, daß die Eltern des n. K.es nicht miteinander verheiratet sind, behält Bedeutung für die elterl. Sorge, für die Art des Unterhalts und u. U. für die Art der erbrechtl. Beziehungen. Die elterl. Sorge steht allein der Mutter zu. Der Vater hat nur mit Zustimmung der Mutter ein Recht zum Umgang mit dem Kinde. Er hat den Unterhalt in der Form eines aufgrund einer Rechtsverordnung zu ermittelnden Regelbetrages zu leisten. Das n. K. wird Erbe des Vaters nur dann, wenn dieser keine ehel. Kinder hat; in diesem Fall entsteht nur ein Anspruch gegen die ehel. Kinder auf Zahlung eines Betrages in Höhe des fingierten Erbteils.

3. Der in Art. 6 V GG enthaltene **Verfassungsauftrag** ist mit der Änderung der einschlägigen Vorschriften des BGB noch nicht unbedingt gegenstandslos geworden. Er bleibt akut, soweit durch Gesetzgebung behebbare Benachteiligungen fortbestehen oder sich durch neue Entwicklungen ergeben sollten. Die verfassungsrechtl. Verpflichtung beschränkt sich nicht auf die *Beseitigung rechtl. Benachteiligung,* sondern richtet sich auf die Herstellung gleicher Bedingungen in tatsächl. Hinsicht. Unter diesem Aspekt besteht ein sachl. Zusammenhang zu der aus Art. 2 II GG abzuleitenden Verpflichtung des Staates, Abtreibungen entgegenzuwirken und sich, in erster Linie durch sozialpolitische und fürsorgerische Mittel, schützend und fördernd vor das ungeborene Leben zu stellen (so BVerfGE 39, 1, 42 ff.) (→Grundrechte).

Darüber hinaus wirkt Art. 6 V GG als objektivrechtl. Aussage mit derogatorischer Kraft gegenüber dem gegenwärtigen Recht. Der Gehalt dieser Aussage ist in erster Linie im Blick auf die Gleichwertigkeit aller Menschen und auf das Sozialstaatsprinzip zu bestimmen. Die natürl. *Beziehung des Vaters zum n. K.* ist nicht das unmittelbare Schutzobjekt des Art. 6 V GG; doch wird diese Beziehung, wenn sie sich zu einer verläßl. sozialen Beziehung entwickelt, u. U. von der Schutzwirkung des Art. 6 I GG erfaßt. Eine Antinomie zwischen Art. 6 I und Art. 6 V GG besteht nicht (BVerfGE 25, 167, 195 f.); eine Diskriminierung n. K.er kann nicht wegen einer etwaigen ehefördernden Wirkung, die aus ihr hervorgehen könnte, gerechtfertigt werden. Andererseits enthält Art. 6 V GG keine positive Bewertung der bewußt herbeigeführten Nichtehelichkeit von Kindern.

Wegen der objektivrechtl. Wirkungen des Art. 6 V GG können Einzelheiten der durch das Nichtehelichengesetz von 1969 geschaffenen Rechtslage verfassungswidrig sein. Das wird teilweise angenommen hinsichtl. der Regelungen, die die Möglichkeiten des Vaters zum Kontakt mit dem Kind und zur Einflußnahme auf das Kind behindern. Doch ist zu beachten, daß Art. 6 V GG nicht unmittelbar die Interessen des nichtehel. Vaters schützt. Die Zubilligung einer relativ starken Position der Mutter beruht auf der verfassungskonformen Erwägung, daß der Mutter wegen ihrer notwendigen, bleibenden und nicht von Willkür abhängigen Verantwortung für das Kind die Beurteilung darüber zusteht, welchen Einflüssen das Kind ausgesetzt sein soll. Sofern sie den Vater aus sachwidrigen Erwägungen fernhält, könnte ihr Verhalten durch das Vormundschaftsgericht korrigiert werden.

Art. 6 V GG gibt dem n. K. ein subjektives Recht zur Abwehr etwaiger Benachteiligungen von hoheitl. Seite, wobei sich in vielen Fällen die subjektivrechtl. Wirkung als Recht auf Gleichbehandlung darstellen wird.

4. Unbefriedigend bleibt die Ausgestaltung der *Rechtsstellung n. K.er, deren Vater nicht feststeht* und nicht zu ermitteln ist. Die materiellrechtl. Vorschriften des reformierten Familienrechts (→Ehe und Familie, →Eherecht) vermögen zur Gleichstellung dieser Kinder nichts beizutragen. Deshalb ergeben sich aus Art. 6 V GG auch Anforderungen an das →Sozialrecht, welches die vaterlosen n. K.er im Prinzip den Halbwaisen gleichstellen müßte.

5. Im Zivilrecht zahlreicher Staaten, so auch im Recht der →DDR, wird keine generelle Unterscheidung zwischen der Rechtsstellung ehel. und n. K.er gemacht. Das kirchl. Recht der Kath. Kirche (→Kirchenrecht) definiert zwar noch den Unterschied zwischen ehel. und n. K.ern (cc. 1137 sqq. CIC), knüpft an die Nichtehelichkeit jedoch keine Rechtsfolgen an (→Eherecht).

H. KRÜGER, in: Die Grundrechte, K. A. BETTERMANN, u. a. (ed.), IV,1 1960, 325–367 – H. STÖCKER, ZRP 1975, 32–38 – F. ODERSKY, Nichtehelichengesetz, 1978[4] – A. LEINEWEBER, Die rechtl. Beziehung des nichtehelichen Kindes zu seinem Erzeuger in der Gesch. des Privatrechts, 1978 – J. GERNHUBER, Lehrbuch des Familienrechts, 1980[3].

Dietrich Pirson

Nordatlantikpakt. I. Inhalt und Geltungsbereich. Mit der Unterzeichnung des N. (4. April 1949) begann der vertragl. Zusammenschluß der Anrainer des Nordatlantischen Beckens zwecks Abwehr des Zugriffs fremder Mächte; sie war zugleich ein Schritt auf dem Weg zur →Europ. Einigung; nach den Gründerstaaten Belgien, Dänemark, Frankreich, Großbritannien, Island, Italien, Kanada, Luxemburg, Niederlande, Norwegen, Portugal und USA traten 1952 Griechenland und die Türkei, 1955 die Bundesrepublik Deutschland und 1982 Spanien bei; Frankreich, Spanien und Island, das keine Truppen besitzt, nehmen jedoch nicht an der „integrierten Militärstruktur" teil. Der N. ist aber auch ein bedeutsamer Teil des weltweiten Bündnissystems der USA, mit dem diese in Verfolg der VANDENBERG-Resolution des amerik. Senats (11. Juni 1948) durch den Aufbau von Regionalallianzen das weitere Vordringen der Sowjetunion und ihrer Verbündeten abfangen konnten. Ziel des N. ist die gemeinsame Verteidigung, die Wahrung des gemeinsamen kulturellen Erbes der Mitgliedstaaten – Freiheit der Person, Rechtsstaatlichkeit, demokratische Regierungsform –, ihrer Sicherheit und Unabhängigkeit (Präambel). Dem dient zwar auch die Friedenspflicht der Mitgliedstaaten untereinander (Art. 1). Der Schwerpunkt des N. liegt aber auf der Abwehr von Angriffen und der Gewährleistung kollektiver Sicherheit mittels gegenseitigen Beistandes der Verbündeten. Diesen gegenseitigen Beistand erhebt der N. zur völkerrechtl. Pflicht der Vertragsstaaten, der diese durch Unterstützung angegriffener Mitglieder bis zur Wiederherstellung der „Freiheit des nordatlantischen Gebiets" (Art. 5), aber auch durch die Vorbereitung solcher Hilfeleistung im Rahmen der Organisation des N. genügen (Art. 3). Art und Umfang der Unterstützung, insbes. der Entschluß zum bewaffneten Eingreifen, bleiben zwar dem pflichtgemäßen Ermessen jedes Mitgliedes überlassen, das insoweit trotz Bindung an die Vertragsziele sowie an Treu und Glauben eine gewisse Entscheidungsfreiheit behält. Doch ist die Bedeutung der Klausel gering, solange die USA, deren verfassungsrechtl. Eigenart sie Rechnung tragen soll, mit ihren Streitkräften an der gemeinsamen militärischen Organisation teilnehmen und ihren Entschluß zur Abwehr jedes Angriffs fremder Mächte auf ihre europ. Verbündeten aufrechterhalten. Die Beistandspflicht ist territorial begrenzt; sie erstreckt sich zur Zeit auf das Gebiet der NATO-Mitglieder in Europa und Nordamerika, auf deren Besatzungsstreitkräfte in Europa – hieraus ergibt sich der Schutz →Berlins – sowie auf atlantische Inseln, Schiffe und Flugzeuge der Vertragsparteien im Gebiet nördlich des Wendekreises des Krebses (Art. 6), entgegen dem Wortlaut dieser Vorschrift jedoch nicht mehr auf Algerien. Der N. versteht sich als *Defensivbündnis* im Sinne des Art. 51, nicht als Regionalabkommen nach Art. 52 ff. der UN-Satzung, da er den Schutz der Mitglieder gegen Dritte, die interne Friedenssicherung unter den Mitgliedern aber nur im Hinblick auf die kollektive Sicherheit der Vertragsstaaten bezweckt, so daß Verteidigungsmaßnahmen der N.-Organisation nicht der vorherigen Zustimmung des Sicherheitsrates gem. Art. 53 I S. 2 der UN-Satzung bedürfen.

II. Struktur und Aufgaben der N.-Organisation (NATO). Innerhalb der NATO besteht sowohl eine zivile als auch eine militärische Struktur. *Zivile Organisation:* Der Nordatlantikrat stellt das höchste Gremium der NATO dar. Er ist das Forum für umfassende politische Konsultation und Koordination zwischen den Bündnispartnern. Militärpolitische Fragen werden im Ausschuß für Verteidigungsplanung (DPC) erörtert, der aus den Ständigen Vertretern derjenigen Staaten besteht, die sich am integrierten NATO-Verteidigungssystem beteiligen. Der Rat und der DPC, die zu ihrer Unterstützung zahlreiche Ausschüsse eingerichtet haben, kommen mindestens zweimal im Jahr auf Ministerebene zusammen, wenn die Mitgliedsländer ihre Außen- und Verteidigungsminister entsenden. Auf der Ebene der Ständigen Vertreter tagt der Rat bzw. der DPC mindestens einmal in der Woche. Der Generalsekretär der NATO ist der Vorsitzende des Rats und des DPC und leitet das NATO-Generalsekretariat, welches, wie der Generalsekretär selbst, von Weisungen der Mitglieder unabhängig ist. Eine besondere Bedeutung besitzt die dem Rat und dem DPC zur Seite stehende Nukleare Planungsgruppe, deren Aufgabe es ist, die Nuklearwaffenpolitik der NATO zu erarbeiten. Bei ihren Tagungen werden die Verteidigungsminister der Nichtkernwaffenstaaten von den USA über das globale nukleare Kräfteverhältnis unterrichtet.

Militärische Struktur: Die militärische Organisation der NATO stellt erstmalig in der Geschichte bereits im Frieden die organisatorischen Grundlagen für eine gemeinsame Koalitionsarmee unter einheitl. Oberbefehl für den Bündnisfall bereit. Bei den Streitkräften, die von den Mitgliedern des Bündnisses unterhalten werden, sind diejenigen, die bereits im Frieden der NATO unterstellt sind, von solchen zu unterscheiden, die erst im Verteidigungsfall dem einheitl. Kommando unterworfen werden – dies trifft auf die gesamte präsente Kampftruppe der Bundeswehr zu – oder überhaupt unter nationalem Oberbefehl verbleiben. Innerhalb dieser integrierten militärischen Struktur, an der nicht alle NATO-Mitglieder teilnehmen (s. o.), bildet der Militärausschuß, der aus den Stabschefs der an ihr beteiligten Staaten besteht und vom Rat beaufsichtigt wird, die höchste militärische Instanz der NATO. Er berät den Rat und den DPC in militärischen Fragen und erteilt den Obersten NATO-Befehlshabern Richtlinien; er überwacht außerdem mehrere militärische Behörden und Organisationen der NATO, wie zB die NATO-Verteidigungsakademie (Rom). Der

Militärausschuß tagt mindestens zweimal im Jahr auf der Ebene der Stabschefs und wöchentlich einmal auf der Ebene der von den Stabchefs ernannten Nationalen Militärischen Vertreter. Der Vorsitzende des Militärausschusses wird von den Stabschefs für eine Amtszeit von zwei oder drei Jahren gewählt. Die Durchführung der Politik und der Beschlüsse des Militärausschusses liegt in den Händen des Internationalen Militärstabs (IMS).

Das vom N. erfaßte Gebiet ist in militärisch-strategischer Hinsicht in drei Kommandobereiche, die Alliierten Befehlsbereiche, eingeteilt, die jeweils einem Obersten NATO-Befehlshaber unterstellt sind. Hierzu kommt die amerikanisch-kanadische Regionale Planungsgruppe, die ebenfalls dem Militärausschuß untersteht und deren Zuständigkeit sich auf das Gebiet der nordamerikanischen Bündnispartner erstreckt; ihre Aufgabe ist die Entwicklung gemeinsamer Pläne zur Verteidigung ihres Kompetenzbereiches. Chef des Alliierten Befehlsbereichs Europa ist der Supreme Allied Commander Europe (SACEUR) mit Sitz in Casteau bei Mons (Belgien), während der Alliierte Befehlsbereich Atlantik vom Supreme Allied Commander Atlantic (SACLANT) in Norfolk (USA) und der Alliierte Befehlsbereich Ärmelkanal vom Allied Commander in Chief Channel (CINCHAN) in Northwood (Großbritannien) kommandiert werden.

Nicht zur eigentl. Struktur des Bündnisses gehört die *Nordatlantische Versammlung,* die 1955 unter der Bezeichnung Parlamentarische NATO-Konferenz auf Initiative von Abgeordneten der nationalen Parlamente der NATO-Länder geschaffen wurde. Ihr gehören 172 Parlamentarier aus den Volksvertretungen der Mitgliedstaaten an, die weder Minister sein noch in sonstiger Funktion der Regierung angehören dürfen. Die Versammlung, der keine Rechtssetzungsbefugnisse zustehen, ist ein beratendes Organ, das dem Generalsekretär der NATO, der regelmäßig an den im Herbst stattfindenden Sitzungen der Versammlung teilnimmt, Empfehlungen zu Angelegenheiten des Bündnisses erteilt. Zu diesen Empfehlungen nimmt der Generalsekretär nach Beratung mit dem NATO-Rat Stellung; sie werden außerdem den Parlamenten und Regierungen der Mitgliedsstaaten zugeleitet. Die Versammlung versucht auf diese Weise, ihre selbstgesetzte Aufgabe wahrzunehmen, die sie in der Förderung der Zusammenarbeit innerhalb des Bündnisses und des Gefühls der atlantischen Solidarität sieht.

III. Einzelne Rechtsfragen. Nach verschiedenen Nebenabkommen zum N. besitzen die NATO sowie SACEUR und SACLANT Rechts- und Geschäftsfähigkeit im Landesrecht der Mitgliedstaaten, ferner Völkerrechtsfähigkeit (→Völkerrecht) zum Abschluß von Zusatzabkommen, ohne daß die Völkerrechtsfähigkeit der NATO selbst auf solche Vertragsschlüsse beschränkt wäre. Die Vorrechte und Befreiungen der NATO und der Angehörigen ihrer militärischen und nichtmilitärischen Organisation haben die gleiche Rechtsgrundlage. Die Rechtsstellung von Truppenkontingenten auf fremdem Hoheitsgebiet im Rahmen des N. hat eine vertragl. Regelung im Abkommen zwischen den Parteien des Nordatlantikvertrags über die Rechtsstellung ihrer Truppen (NATO-Truppenstatut) vom 19. 6. 1951 gefunden, das für die Bundesrepublik Deutschland durch ein Zusatzabkommen vom 3. 8. 1959 ergänzt wird.

IV. NATO-Krisen. Der militärische Aufstieg der Sowjetunion nach dem 2. Weltkrieg zur Atomgroßmacht und ihr Gleichziehen mit dem Militärpotential der USA führten zu einer Anerkennung der Sowjetunion als „Partner" des Westens und damit schrittweise zu einer Öffnung für Koexistenz, Verständigung und Entspannung. Zugleich setzte aber diese Entwicklung zentrifugale Kräfte im NATO-Bündnis frei. Dies äußert sich – von anderen Schwierigkeiten der Bündnispartner abgesehen (Streit um NATO-Schutz für West-Berlin, 1958; im Zypern-Konflikt stehen sich seit 1960 die NATO-Mitglieder Griechenland und Türkei gegenüber; Abzug britischer, kanadischer und amerikanischer Truppen aus Deutschland wegen finanzieller Schwierigkeiten, seit 1968; im „Fischereistreit" kam es zu Auseinandersetzungen zwischen den NATO-Partnern Großbritannien und Island, 1972/73; Schwierigkeiten bereitete in einigen europäischen NATO-Ländern die Durchführung des im Dezember 1979 von den Außen- und Verteidigungsministern der Bündnismitglieder gefaßten Beschlusses, Mittelstreckenraketen der USA in Europa aufzustellen, sofern sich dies nicht durch Abrüstungsverhandlungen der USA mit der UdSSR erübrigen würde [NATO-Doppelbeschluß], nachdem diese Verhandlungen 1983 gescheitert waren) – besonders nachhaltig, als der französische Staatspräsident DE GAULLE ein stärkeres Mitspracherecht für alle Grundsatzentscheidungen der NATO zu erreichen versuchte. Als seine Versuche dem Widerstand der USA begegneten, zog DE GAULLE für Frankreich Konsequenzen; der Aufbau einer eigenen nationalen Atomstreitmacht (force de frappe) begann; im März 1959 erklärte Paris, daß die französische Mittelmeerflotte im Kriegsfall nicht mehr der NATO unterstellt sei; im März 1966 forderte Frankreich den Abzug aller NATO-Hauptquartiere binnen Jahresfrist und entzog seine zwei in der Bundesrep. stationierten Divisionen dem NATO-Oberbefehl; im Oktober 1966 zog Frankreich sämtl. militärischen Vertreter aus allen NATO-Stäben zurück und beließ nur Verbindungsoffiziere mit Beobachterstatus; im Januar 1967 schließlich beendete Frankreich die Zahlungen für die meisten gemeinsamen Infrastruktur-Einrichtungen der NATO.

Dessen ungeachtet versicherte DE GAULLE, daß Frankreich in der NATO verbleiben wolle und entschlossen sei, „auf seiten seiner Verbündeten zu kämpfen, falls einer von ihnen das Opfer einer nichtprovozierten Aggression werden sollte“. Danach ergibt sich folgende Situation:

Frankreich ist nach wie vor Mitglied der NATO. Das bedeutet, daß Frankreich auch heute noch nach Art. 5 des NATO-Vertrages zur kollektiven Verteidigung verpflichtet ist, wenn der Verteidigungsfall eintritt.

Frankreich hat sich jedoch aus der integrierten Militärstruktur zurückgezogen. Damit hat die NATO auch im Verteidigungsfall keine Befehlsgewalt über die französischen Truppen. Dies war möglich, weil die Unterstellung freiwillig und jederzeit widerruflich war. Dem Beispiel Frankreichs folgte Griechenland, das sich 1974 aus der militärischen Integration löste, ihr 1980 jedoch wieder beitrat. Spanien hat schon kurz nach seinem Beitritt die militärische Integration eingestellt. Sein Verbleib in der NATO ist unsicher, da hierüber noch eine Volksabstimmung stattfinden soll, deren Termin jedoch noch nicht feststeht.

J. S. IGNARSKI, North Atlantic Treaty Organization, in: R. BERNHARDT (ed.), Encyclopedia of Public International Law, Instalment 6, 1983 (Lit.) – I. SEIDL-HOHENVELDERN, Das Recht der Internationalen Organisationen einschl. der Supranationalen Gemeinschaften, 1984[4] (Lit.), NATO-Informationsabteilung, NATO-Handbuch, 1984.

Hugo J. Hahn

Normenkontrolle →Verfassungsgerichtsbarkeit

Notparlament →Bundestag; →Notstandsrecht

Notrecht, kirchliches. 1. Das kirchl. N., wie es im →Kirchenkampf proklamiert wurde, ist das geistl. Recht der Gemeinden oder einzelner Glieder der Kirche, eine schrift- und bekenntnismäßige Ordnung der Kirche zu schaffen, wenn die an sich dafür berufene Kirchenleitung ihr Amt nicht mehr in Bindung an Schrift und Bekenntnis ausübt. Es ist nicht in Analogie zum staatl. →Notstandsrecht zu sehen, sondern muß als im →Bekenntnis begründetes „Recht der kirchl. Selbsthilfe“ (Pfr. FR. MÜLLER, Dahlem 1934) verstanden werden. Kirchl. N. ist ein Teil des gebotenen innerkirchl. Widerstandes gegen Irrlehre und Verfälschung des Evangeliums.

2. Als im Kirchenkampf 1933 – 1945 das vom NS-Staat geförderte Kirchenregiment der Deutschen Christen (DC) dazu überging, nicht nur willkürl. Unrechtsakte gegen einzelne Pfarrer zu verhängen, sondern die gesamte kirchl. Ordnung in der DEK und in einer großen Zahl von Landeskirchen, selbst die 1933 erst mühsam geschaffene Verf. der DEK zu zerstören, wurde die Bekennende Kirche (BK) zwangsläufig dazu gedrängt, sich nicht mit bloßen Protesten zu begnügen, sondern aktive Gegenmaßnahmen zu ergreifen. Der Bruch der Verf. der DEK durch den Reichsbischof LUDWIG MÜLLER begann, als er seit Ende 1933 ein Geistl. Ministerium nicht mehr zu bilden vermochte, seit Anfang 1934 leitende Juristen berief, die nicht das Amt des Präsidenten des Oberkirchenrats innehatten, und schließl. mit Hilfe des „Rechtswalters“ AUGUST JÄGER die „Eingliederung“ der verfassungsmäßig selbständigen Landeskirchen in die „Reichskirche“ und die Unterstellung der Landesbischöfe unter den Reichsbischof zu erzwingen suchte. Alle diese Maßnahmen waren nicht nur verfassungswidrig; sie verletzten die Bekenntnisstruktur der DEK. Schon die Behauptung des „Führerprinzips“ und die Ausschaltung der Synoden verstieß gegen bekenntnisbestimmte Grundsätze des ev. →Kirchenrechts.

3. Der →Widerstand der BK begann schon im Januar 1934 durch Ankündigungen des Pfarrernotbundes und Äußerungen landeskirchlicher →Synoden. Schließlich wurde auf der ersten Bekenntnissynode von Barmen (29. – 31. Mai 1934) zur Frage der kirchl. Ordnung im Zusammenhang mit dem →Bekenntnis Stellung genommen. Schon hier taucht die Behauptung auf: die BK ist die rechtmäßige Kirche! Doch wurden gegenüber dem Regime des Reichsbischofs noch keine Konsequenzen gezogen. Erst anläßl. des brutalen Vorgehens von JÄGER in Württemberg und Bayern zog die zweite Bekenntnissynode von Dahlem (19. – 20. Okt. 1934) die praktischen Folgerungen. Die BK sagte dem bekenntniswidrigen Kirchenregiment den Gehorsam auf und bestellte eigene Organe der Leitung, für die DEK den Reichsbruderrat, für die Landeskirchen die Landesbruderräte.

4. Die Problematik dieser Rechtsetzung innerhalb eines „übergesetzl. Notstandes“ war mannigfaltig. Nicht alle →Landeskirchen waren von den DC beherrscht; intakte Landeskirchen (Hannover, Bayern, Württemberg u. a.) behielten ihre Kirchenleitungen. In den meisten „zerstörten“ Landeskirchen folgte die Mehrzahl der Pfarrer und Gemeinden nicht der Kirchenleitung durch die Bruderräte. Die Leitungsorgane der BK wurden vom Staat nicht anerkannt und konnten sich daher nicht überall durchsetzen; es gelang ihnen nicht, die kirchl. Verwaltung in die Hand zu bekommen. Sie zogen sich daher immer mehr von ihrem Anspruch, *das* Kirchenregiment zu sein, auf die „geistl. Leitung“ zurück und überließen die „äußeren Angelegenheiten“ den fortbestehenden Verwaltungsbehörden, eine Teilung, die der eigenen Rechtstheorie widersprach. In der DEK wurde der Beschluß von Dahlem durch Einrichtung einer „Vorläufigen Kirchenleitung“ neben dem Reichsbruderrat (Ende 1934) kompliziert. Die Spaltung der BK in Oeynhausen 1936 (Bildung des Lutherrates) machte den Leitungsanspruch in der DEK nicht überzeugender. Pfarrbesetzung, theol. Prüfungen und Kollektenwesen wurden immer schwieriger. Im Laufe des Krieges wurde die Durchsetzung des kirchl. N. fast ganz unmögl. Übrig blieb fast nur die sorgfältige theol. Arbeit der altpreuß. Bekenntnissynoden von 1934 bis 1943.

5. Der Standpunkt der BK, daß alles →Kirchenrecht, also auch die legitime Leitung der Kirche, in einem engen Verhältnis zu ihrem Bekenntnis stehe, konnte sich erst nach 1945 durchsetzen und fand dann Eingang in die neueren →KVerf.en. Die Entwicklung des kirchl. N. nach 1934 wirft die Rechtsfrage nach der Autonomie der Kirche und nach der Durchsetzbarkeit des von ihr gesetzten Rechtes bei feindl. Verhalten des Staates auf (→Kirche und Staat). Diese Frage ist nicht generell und systematisch zu lösen. „In →statu confessionis" wird die wahre Kirche immer den Versuch machen müssen, der Tyrannei zu wehren und echte kirchl. Ordnung zu setzen (→Widerstandsrecht).

Lit. →Kirchenkampf. *Spezielle Lit.*: ERIK WOLF, Art. N., kirchl., RGG³ IV (1960) 1333–1335 – K. TILL, Der Einfluß des Kirchenkampfes auf die Grundlagenproblematik des dt. ev. Kirchenrechts, dargestellt am kirchl. N., Diss. jur. Marburg 1963 – CHR. LUTHER, Theorie und Praxis des N. (Arbeiten zur Gesch. d. Kirchenkampfes 21), 1969 (Lit.). – *Neuere Lit.* →status confessionis.

Heinz Brunotte †

Notstandsrecht. N. umfaßt die formellen und materiellen Rechtsnormen, die der Bewältigung des Staatsnotstandes dienen. Unter Staatsnotstand pflegt man einen Zustand zu verstehen, in welchem die „Existenz des →Staates" von innen oder außen, durch Krieg oder Bürgerkrieg bedroht ist. In beiden Fällen erscheint gesteigerte Aktivität und Konzentration aller Kräfte als notwendige Voraussetzung der Bewältigung der Notlage. Das gleiche gilt für den dritten, klassischen Notstandsfall, den sog. Katastrophenfall. Auch dann, wenn durch Naturereignisse das Leben und die Versorgung des Staatsvolkes oder wesentl. Teile desselben bedroht sind, ist gesteigerte Aktivität und Konzentration aller Kräfte als notwendige Voraussetzung der Bewältigung der Notlage zu qualifizieren.

1. Unproblematisch ist das N. in einem Staatstyp, in dem eine Instanz unbeschränkte Zuständigkeit besitzt. Ist doch der Träger unbeschränkter Zuständigkeit je in der Lage, das Notwendige zu tun und notfalls die nötige Aktivitätssteigerung und Konzentration aller Kräfte ins Werk zu setzen. Problematisch dagegen ist das N. überall da, wo die Rechtsordnung nicht im Zeichen unbeschränkter Ermächtigung steht und entsteht, wo sie sich vielmehr als machtbeschränkende Ordnung in Gestalt beschränkter, sich gegenseitig beschränkender Kompetenzen und in Gestalt von materiellen, von Gerechtigkeitsvorstellungen bestimmten, allgemeinverbindl., objektiven Normen darstellt. In all diesen Fällen zeigt sich das Problem des Verhältnisses zwischen Rechtsordnung als Normalordnung und N. als Ausnahmeordnung. Die Reduktion der Rechtsordnung dagegen auf die Norm, welche den unbeschränkt Zuständigen einsetzt, dessen Anordnungen begriffsnotwendig Rechtens sind, läßt den Gegensatz zwischen *Normalordnung* und *Ausnahmeordnung* als irrelevant erscheinen. Zu bedenken sind zunächst zwei im Grunde gegensätzl. Lösungsversuche:

a) Der Versuch, das N. als Ausnahmerecht weitgehend in die normale Rechtsordnung einzufügen.

b) Der Versuch, das N. als Machtrecht oder Recht der →Macht aus der Rechtsordnung völlig auszusondern.

Im Zeichen des ersten Versuches stehen alle Bemühungen, die denkbaren Notstandsfälle möglichst exakt zu bestimmen und auch für den Notstandsfall die Zuständigkeiten *sachl.* und *zeitl.* zu begrenzen und die Träger derselben unter Kontrolle zu halten. Wird auf diese Weise das Risiko des Mißbrauches der Notstandsbefugnisse weitgehend ausgeschaltet, so darf doch die mit solchen Regelungen verbundene Gefahr nicht übersehen werden, daß in ihrem Rahmen das Notwendige nur mangelhaft ins Werk gesetzt werden kann und daß die Regelungen im Notstand durch die Notwendigkeiten überspielt werden. Charakteristisch für die mit der beschriebenen Tendenz, das N. dem Normalrecht weitestgehend einzugliedern, verbundene Risikolage ist die Entwicklung vom Begriff des état de siège réel zum Begriff des état de siège fictif: Ging man davon aus, daß nur in der Situation der Belagerung ao. Zuständigkeiten erforderl. seien, so erwies es sich als notwendig, die Übertragung derselben aus den Bindungen an konkrete und exakte Voraussetzungen zu lösen.

Der zweite Versuch löst das N. aus jegl. rechtl. Bindung und erlaubt eine maximale Berücksichtigung des Effektivitätsprinzips. Mit ihm verbindet sich das Verbot präventiver Regelung. Das Gesetz des Handelns ergibt sich allein aus den konkreten Anforderungen der zu bewältigenden Notlage. Als zuständig erscheint nicht, wer durch die Rechtsordnung eingesetzt, sondern derjenige, welcher der Lage gewachsen ist. Wird dergestalt die Notstandslage zum einzigen Maßstab des N., so erscheint sie auch als Grenze des Rechtes. Da unter den gegebenen Prämissen die Notstandslage vom Recht aus nicht erfaßt werden kann, wird derjenige, welcher der Lage gewachsen ist, automatisch zum Herrn über das Recht. Er bestimmt die Grenze, innerhalb deren Recht machtbegrenzende Funktion erfüllt. Das Recht der Macht begrenzt die Macht des Rechts, der Machtstaat den →Rechtsstaat. Das ist die Konsequenz, die sich aus dem zweiten Lösungsversuch ergibt.

2. Alle Bemühungen, im *freiheitl. demokratischen Rechtsstaat* die Problematik des N. zu lösen, stehen im Spannungsfeld zwischen den geschilderten Lösungsversuchen. Die Problematik erweist sich im freiheitl. demokratischen Rechtsstaat als bes. dringl., weil die machtbegrenzende Funktion des Rechtes in dieser Erscheinungsform des Rechtsstaates bes. ausgeprägt ist. Der komplizierte demokratische Willensbildungsprozeß, das damit verbundene weitgespannte Öffentlichkeits- und Deliberationsprinzip, die Garantie der Freiheitsrechte (→Grundrechte) und entsprechende Rechtsschutzeinrichtungen (→Rechtsprechung) stehen in einem gewissen Gegensatz zu den mit einem Staatsnotstand gegebenen Notwendigkeiten. Dabei darf der Eindruck nicht entstehen, daß ein freiheitl.-demokratischer Rechtsstaat das Staatliche im Rechtlichen gleichsam erstickе und im Notstand gleichsam wiederum zum Leben erwecke. Solche Überlegungen führen unweigerl. in den Bannkreis des zweiten Lösungsversuches. Das gleiche gilt für all die Theorien, welche das N. aus dem Wesen des →Staates ableiten. Auch sie sind letztlich an der unglückl. Antithetik zwischen dem an sich ohnmächtigen Rechtsstaat und dem mit unbegrenzter Kompetenz ausgestatteten Machtstaat orientiert. Deshalb ist auch die gängige Redeweise von der mit dem Notstand gegebenen Existenzgefährdung des Staates mißverständl. Gefährdet ist nicht der Staat als Gebilde sui generis im Gegensatz zum freiheitl.-demokratischen Rechtsstaat, sondern eben der freiheitl.-demokratische Rechtsstaat. Im N. manifestiert sich seine „wehrhafte" Seite. Nicht allein die Not und das Notwendige erscheinen somit als Maßstab des N., sondern der freiheitl.-demokratische Rechtsstaat selbst (s. a. Demokratie).

3. Auf dieser Grundlage sind zwei Erfordernisse zu berücksichtigen: Einmal das Erfordernis, daß das N. einen weiten *Aktionsraum* erschließt, und zum andern das Erfordernis, daß Übertragung, Ausübung und Beendigung der Notstandskompetenz unter demokratischer *Kontrolle* stehen.

Eine Notstandsregelung, welche der demokratisch legitimierten Exekutive keine weitgespannten Kompetenzen überträgt, ist eine contradictio in adjecto. Aus diesem Grunde sind gegen die Übertragung eines Notverordnungsrechtes keine prinzipiellen Bedenken zu erheben.

Um so wichtiger ist das zweite Erfordernis: Mit der Übertragung der Kompetenz, N. zu schaffen, ist das Problem der Feststellung des Notstandes verbunden, mit dem Problem der Feststellung aber die Schwierigkeit, den Begriff des Notstandes festzulegen. Relativ unproblematisch ist der Katastrophenfall. Problematischer ist der Kriegs- oder Verteidigungsfall bzw. der Fall des äußeren Notstandes; am meisten Schwierigkeiten bereitet die Umschreibung des Bürgerkriegs bzw. des inneren Notstandes. Sowohl beim äußeren wie beim inneren Notstand bildet der Fall bewaffneter Auseinandersetzung den Extremfall. Dem Extremfall ist jedoch hier wie dort ein Gefahrenfeld vorgelagert, in dem der Notstand bereits als eingetreten gelten muß. Faßt man das vorgelagerte Gefahrenfeld zu weit, zeigt sich die Gefahr der voreiligen Ausübung der Notrechtskompetenz und damit die Gefahr der Perversion des freiheitl.-demokratischen Rechtsstaates in den autoritären Notrechtsstaat. Bes. groß ist diese Gefahr im Hinblick auf den inneren Notstand. Bedenkl. vor allem wäre es, die mit einem demokratisch-parlamentarischen System gegebenen Auseinandersetzungen und Zwistigkeiten, die zu Funktionsstörungen etwa im Bereiche des Parlamentes führen können (Gesetzgebungsnotstand), bereits dem Notstandsbegriff einzuordnen. Der Begriff der „Verfassungsstörung" darf mit dem Notstandsbegriff keinesfalls vermengt werden. Vorsicht ist auch im Umgang mit dem Begriff des wirtschaftl. Notstandes am Platz. Es ist davon auszugehen, daß wirtschaftl. Schwierigkeiten im Rahmen der normalen Zuständigkeiten zu bewältigen sind, daß sie als solche keinen Notstandsfall konstituieren. Das gleiche gilt für Schwierigkeiten, die mit der zulässigen Ausübung des Streik- und Ausschließungsrechts (→Arbeitskampf) eintreten können. Anders liegen dagegen die Dinge im Falle eines politischen Streiks, durch den die Versorgung großer Bevölkerungsteile gefährdet wird und die im Zusammenhang mit dem Versuch stehen, die verfassungsmäßige Ordnung umzustürzen.

Von erhebl. Bedeutung für die Eingrenzung des Notstandsbegriffes ist auch das Kriterium der zeitl. Dringlichkeit. Danach kann von einem Notstand nur dann die Rede sein, wenn eine Lage eingetreten ist, die aus zeitl. Gründen mit den Mitteln des freiheitl.-demokratischen Rechtsstaates nicht bewältigt werden kann.

4. Wie auch immer der Notstandsbegriff eingegrenzt wird, *Unwägbarkeiten* bleiben bestehen. Deshalb erscheint es als wünschenswert, daß die Übertragung der Notrechtskompetenz von einem Akt der *Volksvertretung,* möglicherweise von einem Akt, der von einer qualifizierten Mehrheit getragen ist, abhängig gemacht wird. Dabei wird man die Möglichkeit berücksichtigen müssen, daß das →Parlament aus *äußeren* Gründen nicht zusammentreten kann. Die Regelung von Ersatzkompetenzen erscheint deshalb als wünschbar. Zu denken ist etwa an ein Rumpf- oder Notparlament. Im äußersten Fall wird die Kompetenz der Exekutive zukommen. Kriterium des Übergangs von Kompetenzträger zu Kompetenzträger kann aber immer nur die äußere Unmöglichkeit der Kompetenzausübung sein. Würde der Exekutive das Recht zugesprochen, in „dringl. Fällen" unabhängig davon, ob dem Zusammentreten des Parlamentes oder Notparlamentes äußere Gründe entgegenstehen, zu entscheiden, so würde ihr praktisch eine Primärzuständigkeit eingeräumt. Unter allen Umständen aber muß es in der Kompetenz der Volksvertretung liegen, über die Beendigung des Notstandes zu verfügen. Gerade wenn der Exekutive das Recht eingeräumt ist, von sich aus den Notstand festzustellen und Notstandsmaßnahmen zu verhängen, muß dem Parlament das Recht der zeitl. Begrenzung zustehen. Denkbar ist es auch, daß die Notrechtskompetenz an sich zeitl. begrenzt und ihre Verlängerung von einem Akt des Parlamentes abhängig gemacht wird.

Eine solche Befugnis wirkt sich auch auf die parlamentarische Kontrolle aus, die während des Notstandes zur Geltung kommen muß und die ihrerseits eine Voraussetzung der Ausübung der genannten Befugnis darstellt. Als ein wirksames Kontrollinstrument erweist sich beispielshalber das Institut der Genehmigungsbedürftigkeit von Notverordnungen. Neben Parlament oder Notparlament kommen als Kontrollinstanzen auch die Gerichte, allenfalls Verwaltungs- und Verf.gerichte in Frage, denen vorab der Schutz der →Grundrechte obliegen dürfte. Als dogmatisch verfehlt erscheint es, wenn für die Zeit des Notstandes eine generelle Suspension der Grundrechte angenommen wird. Zulässig erscheinen dagegen über das Normalmaß hinausgehende Grundrechtsbeschränkungen. Einzelmaßnahmen, wie Notverordnungen, sind deshalb am Verhältnismäßigkeitsprinzip und am →Gleichheitssatz zu messen.

Die Frage danach, in welcher Form das N. zu regeln sei, entscheidet sich weitgehend nach Maßgabe der verschiedenen Verf.traditionen. Neben gewohnheitsrechtl. Regelungen sind Regelungen in der Verf.urkunde denkbar, welche entweder in Gestalt einer knappen Generalklausel oder in Gestalt von mehr kasuistischen Einzelvorschriften erscheinen können. Denkbar ist auch eine Kombination von verfassungsrechtl. Generalklausel und Einzelregelungen auf der Gesetzesstufe.

5. In der jüngsten dt. Entwicklung war das *17. Gesetz zur Änderung des GG vom 24. Juni 1968,* mit dem eine umfassende Notstandsregelung in die Verf. aufgenommen wurde, Anlaß für eine leidenschaftl. geführte Auseinandersetzung, in der im oben skizzierten Spannungsfeld der Argumente und Möglichkeiten die Substanz des GG einerseits und die Substanz der Staatlichkeit, d. h. des Staates als Ordnungs- und Sicherungsmacht andererseits in einer die Öffentlichkeit bewegenden und erfassenden Debatte diskutiert wurde. Einerseits hat der Träger der verf.ändernden Gewalt die Primärzuständigkeit des Parlaments auch für den *Verteidigungsfall* bekräftigt. Die Feststellung, daß das Bundesgebiet mit Waffengewalt angegriffen wird oder daß ein solcher Angriff unmittelbar droht, trifft der →Bundestag mit qualifizierter Mehrheit und mit Zustimmung des Bundesrats (Art. 115 a I GG). Nur im Dringlichkeitsfall, wenn unüberwindl. Hindernisse das rechtzeitige Zusammentreten des Bundestages verhindern oder wenn der Bundestag nicht beschlußfähig ist und dennoch die Ausnahmelage sofortiges Handeln unabweisbar erfordert, kann der *Gemeinsame Ausschuß,* der als ständig präsentes Notparlament konstruiert ist und zu zwei Dritteln aus Mitgliedern des Bundestages und zu einem Drittel aus Mitgliedern des Bundesrates besteht, diese Feststellung und zwar ebenfalls mit qualifizierter Mehrheit treffen (Art. 115 a II, 53 a GG). Der Bundespräsident verkündet diese Beschlüsse, je nach Lage der Dinge u. U. nicht durch Veröffentlichung im Bundesgesetzblatt, sondern in anderer geeigneter Weise. Die Grenze der parlamentarischen Kompetenz fällt zusammen mit der Grenze der Handlungsfähigkeit der parlamentarischen Organe. Ist der militärische Ernstfall eingetreten – und das kann entsprechend Art. 26 GG, der den Angriffskrieg ächtet, *nur* der Verteidigungsfall sein – und sind Bundestag, Bundesrat *und* Gemeinsamer Ausschuß außerstande, die Feststellung des Verteidigungsfalles zu treffen, dann gilt diese Feststellung als gleichzeitig mit dem Angriff getroffen und verkündet (Art. 115 a IV GG). Auch der dem Verteidigungsfall vorgelagerte *Spannungsfall* (Art. 80 a GG) fordert die verantwortl. Entscheidung des Parlaments, ist nicht „die Stunde der Exekutive“. Wenn in einem Stadium verstärkter internationaler Spannungen die übl. außenpolit. Aktivitäten nicht länger als eine ausreichende Reaktion gelten können, sondern eine erhöhte zivile und militärische Verteidigungsbereitschaft notwendig wird, stellt der Bundestag mit qualifizierter Mehrheit den Spannungsfall fest. Diese Feststellung hat die Wirkung, daß die sog. *einfachen Notstandsgesetze,* die der Verteidigung und dem Schutz der Zivilbevölkerung dienen, nach dieser Erklärung des Parlaments angewendet werden dürfen; d. h., das Parlament bestimmt auch den Zeitpunkt der ersten Anwendung dieser Gesetze. Eine Notkompetenz des Gemeinsamen Ausschusses ist nicht vorgesehen. Dagegen wird die Zuständigkeit des Parlaments im Spannungsfall durch die internationalen Bündnisverpflichtungen der Bundesrepublik eingeschränkt. Die einfachen Notstandsgesetze können auch angewandt werden, wenn ein internationales Organ der Bündnisorganisation einen dahingehenden Beschluß faßt, dem die Bundesregierung zustimmt. Immerhin verbleibt dem Parlament die Möglichkeit, mit qualifizierter Mehrheit die Aufhebung von Maßnahmen zu verlangen, die aufgrund eines Bündnisbeschlusses getroffen wurden (Art. 80 a III GG). Was für die erste entscheidende Zäsur, den Eintritt in die Ausnahmelage, gilt, ist konsequent auch für den zweiten wesentl. Zeitpunkt, den *Übergang zur Normallage,* statuiert. Der Bundestag *kann jederzeit* mit einfacher Mehrheit und mit Zustimmung des Bundesrats den Verteidigungsfall für beendet erklären und damit allen von der verf.rechtl. Normallage abweichenden Vorkehrungen für den Notfall die Legitimation für die Zukunft entziehen. Der Bundestag *muß unverzüglich* diesen Beschluß fassen, wenn die Voraussetzungen des Verteidigungsfalls nicht mehr vorliegen (Art. 115 l II GG). Die Verletzung dieser Pflicht kann vor dem BVerfG geltend gemacht werden.

Zugunsten der Rechtsverwirklichung auch in der Ausnahmelage wurde die verf.mäßige *Stellung des BVerfG* für unantastbar erklärt (Art. 115 g GG). Das Gesetz über die innere Organisation dieses Gerichts und über das Verfahren vor ihm kann durch Gesetzgebungsakt des Gemeinsamen Ausschusses als Notparlament nur insoweit geändert werden, als dies nach Auffassung der Mehrheit der Richter des BVerfG durch die Notlage geboten ist. Eine partielle und exakt umgrenzte Gewaltenkonzentration von Legislative und Judikative sichert somit die Funktionsfähigkeit des obersten richterl. Kontrollorgans. Es zeigt sich, daß die Verknüpfung der Staatsgewalten nicht nur im Zeichen einer umfassenden Konzentration aller Kompetenzen bei der Exekutive gesehen werden kann, sondern auch für „die Ermächtigung des Rechts" nutzbar wird. Außerdem wird deutlich, daß es bei den Vorkehrungen für die Krisensituation nur um die Erhaltung des Rechtsstaates gehen kann, der dieses Prädikat verdient, nicht um die Erhaltung eines Staatsmechanismus schlechthin. In die gleiche Richtung weist die Aufnahme des →*Widerstandsrechts* in die Verf. (Art. 20 IV GG). Es erscheint nicht von vornherein einleuchtend, das Recht des Staatsbürgers zum Widerstand gegen einen Angriff auf die freiheitl. demokrat. Grundordnung als Bestandteil einer Notstandsregelung zu begreifen, denn die mit dem Notstandsfall verbundene Konzentration staatl. Macht scheint mit dem im Widerstandsfall gegebenen Widerstand gegen staatl. Macht unvereinbar zu sein. Eine Vermittlung zwischen Notstands- und Widerstandsrecht erlaubt folgende Deutung: Je umfassender im Notstand rechtsstaatl. demokrat. Kontrollmechanismen stillgelegt werden, desto größer wird das Risiko des Machtmißbrauchs, und je größer dieses Risiko, desto umfassender wird die Verantwortung des einzelnen Bürgers, der Anspruch an seine Wachsamkeit und allenfalls an seine Widerstandsbereitschaft und Widerstandskraft.

Andererseits ist mit der notwendigen *Straffung und Zusammenfassung der Kompetenzen* das Aktionsfeld geschaffen worden, um der Krisensituation wirksam zu begegnen. Das Gesetzgebungsverfahren ist vereinfacht und beschleunigt. Bundestag und Bundesrat beraten im Verteidigungsfall die dringl. Gesetzgebungsvorlagen der Bundesregierung gemeinsam und in nur einer Lesung. Die Verkündung im Bundesgesetzblatt kann durch eine andere geeignete Form der Bekanntmachung ersetzt werden, wenn es die Lage erfordert (Art. 115 d GG). Ist der Bundestag handlungsunfähig, dann tritt der Gemeinsame Ausschuß an die Stelle von Bundestag *und* Bundesrat. Seine Kompetenz erstreckt sich allerdings nicht auf die Änderung der Verf. (Art. 115 e GG). Die Gesetzgebungskompetenz des Bundes ist erweitert auf die in der Normallage den Ländern vorbehaltenen Materien. Verwaltung und Finanzwesen können abweichend von der föderalen Normalstruktur der Verf. geregelt werden, wobei immerhin die Existenzfähigkeit von Ländern und Kommunen zu wahren ist. Eingriffe in Freiheit und Eigentum des einzelnen sind in weiterem Umfang mögl. (Art. 115 b GG); außerdem können Dienstverpflichtungen und das Verbot, den Arbeitsplatz zu wechseln, in erforderl. Umfang angeordnet werden (Art. 12 a GG), wobei sich derartige Maßnahmen nicht gezielt gegen (unpolit.) Arbeitskämpfe richten dürfen (Art. 9 III S. 3 GG). Die Bundesregierung ist befugt, den Bundesgrenzschutz im gesamten Bundesgebiet einzusetzen und durch Weisungen an die Landesregierungen und die Landesbehörden unmittelbar in die Landesverwaltung einzugreifen (Art. 115 f GG).

Im Fall des *inneren Notstands,* d. h. „zur Abwehr einer drohenden Gefahr für den Bestand oder die freiheitl. demokrat. Grundordnung des Bundes oder eines Landes" (Art. 87 a IV GG), kann die Bundesregierung, gestaffelt nach der Bedrohlichkeit der Situation, Polizeikräfte von den Landesregierungen anfordern, diese Polizeikräfte ihren Weisungen unterstellen und letztlich den Bundesgrenzschutz und auch die Streitkräfte zur Unterstützung der →Polizei einsetzen. Voraussetzung für ein Eingreifen der Bundesregierung ist stets, daß das betroffene Land – auch mit Hilfe anderer Länder und des Bundesgrenzschutzes – nicht fähig oder aber nicht gewillt ist, die Notstandslage zu meistern (Art. 87 a, 91 GG). Im *Katastrophenfall* sind die Kompetenzen der Bundesregierung gegenüber den Ländern in ähnl. Weise erweitert (Art. 35 GG).

Die *parlamentarische Kontrolle* beschränkt sich im Falle des inneren Notstands darauf, daß die Streitkräfte auf Verlangen des Bundestages zurückgezogen werden müssen (Art. 87 a IV S. 2 GG) und daß bestimmte Eingriffe in die Landesverwaltung auf Verlangen des Bundesrats aufzuheben sind (Art. 91 II S. 2 GG). Der Kritik (u. a. HESSE) gegen diese weitgehende Ausschaltung des Parlaments, dessen Handlungsfähigkeit durch die Krisensituation selbst u. U. nicht beeinträchtigt ist, wird man sich nicht verschließen können. Demgegenüber und gegenüber anderen Mängeln bleibt jedoch unbestreitbar, daß der Träger der verf.ändernden Gewalt eine Notstandsregelung geschaffen hat, die insgesamt als eine ausgewogene Vermittlung von Notwendigkeit und Freiheit anzusehen ist.

6. Werfen wir abschließend einen kurzen Blick auf einige wenige, aber charakteristische konkrete Notstandsregelungen im Bereiche des freiheitl.-demokratischen Rechtsstaates, insbes. auf die Entwicklung in Dtschld.

Für das *engl.* (→Großbritannien) und das *amerik.* (→Vereinigte Staaten) Recht ist eine gewisse „Regellosigkeit" charakteristisch, die aber nicht darüber hinwegtäuschen darf, daß in beiden Fällen das Bewußtsein für das Zulässige bzw. Unzulässige ausgeprägt ist. Die US-Verf. sagt nichts darüber, ob in Notstandszeiten Kompetenzerweiterungen und -verschiebungen zulässig seien. Umstritten ist es auch, ob als Träger der erweiterten Kompetenz der Präsident oder der Kongreß zu gelten habe. Schließlich wird auch die Auffassung vertreten, daß dem obersten Gerichtshof auch in der Notstandsfrage das letzte Wort zukomme. Nach engl. Recht gelten die Regierung und die ihr nachgeordneten Organe als befugt, die notwendigen Maßnahmen zur Verteidigung des Landes oder zur Sicherung und Wiederherstellung der öffentl. Ordnung zu treffen. Teils werden die entsprechenden Kompetenzen auf königl. Prärogative oder Common Law, teils auf parlamentarische Ermächtigung gestützt. Überschreitet die Regierung ihre Kompetenz, so ist sie auf ein Indemnitätsgesetz angewiesen. Neben der parl. Kontrolle spielt nach engl. Recht auch die gerichtl. Kontrolle eine erhebl. Rolle. In beiden Fällen – und darauf kommt es im gegebenen Zusammenhang entscheidend an – zeigt es sich, daß auch im Notstand ein Zusammenspiel der drei Gewalten stattfindet und von einer Ablösung der Rechtsordnung durch die Machtordnung keine Rede sein kann.

Auch in der *schweizerischen* Bundesverf. findet sich keine Regelung des N. Sowohl im Ersten wie im Zweiten Weltkrieg hat jedoch die Bundesversammlung dem Bundesrat weitgespannte Notrechtskompetenzen übertragen. So war der Bundesrat durch den Vollmachtenbeschluß vom 30. Aug. 1939 über Maßnahmen zum Schutze des Landes und zur Aufrechterhaltung der Neutralität ermächtigt, die zur Behauptung der Sicherheit, Unabhängigkeit und Neutralität der Schweiz, zur Wahrung des Kredites und der wirtschaftl. Interessen des Landes und zur Sicherung des Lebensunterhaltes notwendigen Maßnahmen zu treffen. Gestützt auf diesen Beschluß, konnte der Bundesrat auch durch sog. Vollmachtenverordnungen Verf.- und Gesetzesrecht suspendieren. Sowohl im Ersten wie im Zweiten Weltkrieg hat das Schweizerische Bundesgericht es abgelehnt, diese Vollmachtenverordnungen auf ihre Verf.mäßigkeit und ihre Übereinstimmung mit dem Vollmachtenbeschluß zu prüfen. Die Kontrolle über das Notrechtsregime oblag somit allein dem Parlament. Der Vollmachtenbeschluß von 1939 sah sowohl eine präventive wie auch eine nachträgl. Kontrolle vor. Im einen wie im andern Fall kamen den sog. Vollmachtenkommissionen, die für den Kriegsfall als Rumpfparlament vorgesehen waren, wichtige Funktionen zu. Sie hatten einerseits die Berichte des Bundesrates vorzubereiten, auf Grund deren das Parlament über den Weiterbestand der Anordnungen des Bundesrates entschied; andererseits aber stand ihnen die Befugnis zu, bes. wichtige Vollmachtenverordnungen vor ihrem Erlaß zu begutachten.

Auch die *finnische* Verf. – um ein zweites Beispiel für die Art und Weise zu geben, in denen in kontinentalen Kleinstaaten das N. geregelt wird – enthält keine einschlägigen Bestimmungen. Die erforderl. Kompetenzen, insbes. die Kompetenz zum Erlaß von NotVO.en, werden indessen bei äußerem und innerem Notstand durch Verf.gesetz, das im Dringlichkeitsfall durch eine Zweidrittelmehrheit verabschiedet werden muß, übertragen. Für die schweizerische und die finnische Lösung ist es charakteristisch, daß die Entscheidung über den Notstandsfall eindeutig in die Hand des Parlaments gelegt wird. Durch das im finnischen Gewohnheitsrecht eingebürgerte Erfordernis der Zweidrittelmehrheit wird zudem verhindert, daß das Notstandsregime gegen den Willen einer starken Minderheit konstituiert werden kann.

Die *franz.* Entwicklung (→Frankreich) vom 19. Jh. bis heute kann man abgekürzt als Entwicklung von einem an relativ eng begrenzte Voraussetzungen gebundenen zu einem im diskretionären Ermessen des Staatspräsidenten stehenden N. charakterisieren. Ausgangspunkt bildet die Regelung des sog. Belagerungszustandes, welche ihre klassische Form in den G.en von 1849 und 1878 fand. Danach gilt nicht der militärische, sondern der politische Belagerungszustand als der „normale“ Fall, in dem den Militärbehörden die Befugnis zukommt, über das normale Maß hinaus in Individualrechte einzugreifen, insbes. in die →Freiheit der Person, in →Presse- und →Versammlungsfreiheit, in das Recht auf den gesetzl. Richter (→Gerichtsverfassung), in die Unverletzlichkeit der →Wohnung. Die Kontrolle über die Verhängung und Ausübung des Rechtes des Belagerungszustandes stand der Nationalversammlung zu. Teilweise wurde auch eine gerichtl. Kontrolle bejaht. Erst mit dem G. vom 3. Apr. 1955 wurde das klassische Institut des Belagerungszustandes durch das Institut des état d'urgence ergänzt, durch welches die zivilen Exekutivbefugnisse insbes. zur Überwindung der mit dem Algerienkonflikt gegebenen Schwierigkeiten verstärkt wurden. Die gegenwärtige Rechtslage ist durch den Art. 16 der franz. Verf. vom 4. Okt. 1958 bestimmt, der in der franz. Gesch. kein Vorbild hat. Danach ergreift der Präsident der Republik die erforderl. Maßnahmen, wenn die Einrichtungen der Republik, die Unabhängigkeit der Nation, die Integrität ihres Staatsgebietes oder die Erfüllung ihrer internationalen Verpflichtungen schwer und unmittelbar bedroht sind und wenn das regelmäßige Funktionieren der öffentl. Gewalten unterbrochen ist. Diese Bestimmung macht den Staatspräsidenten weitgehend zum Herrn über die Ausnahmebefugnis. Die Pflicht, den Verf.rat zu konsultieren, schränkt seine Befugnisse nur unwesentl. ein. Zwar erscheint die Stellung der Nationalversammlung als unantastbar. Kontrollbefugnisse, die durch eine zeitl. Begrenzung der außerordentl. Vollmachten sanktioniert wären, stehen ihr aber nicht zu.

Wie die franz. und mit ihr die italienische, belgische und holländische Konzeption vom N. mit dem Institut des Belagerungszustandes eng verbunden ist, so kann auch die *dt.* Entwicklung ohne dieses Institut nicht begriffen werden. Nach Art. 68 der sog. Bismarckverf. (1867/71) war der Kaiser befugt, wenn die öffentl. Sicherheit im Bundesgebiet bedroht war, einen jeden Teil desselben in Kriegszustand zu erklären. Voraussetzung, Form der Verkündung und Wirkung einer solchen Erklärung regelte das Preuß. Gesetz über den Belagerungszustand vom 4. Juni 1851. Zum Gesamtbild der dt. Entwicklung im 19. Jh. gehört es, daß neben die erweiterten Befugnisse im Belagerungszustand nach den Länderverf.en ein NotVO.recht des Monarchen trat. Die Diskussion darüber, ob die Reichsverf. ein solches NotVO.recht enthalte, vollzog sich bezeichnenderweise im Spannungsfeld zwischen →Konstitutionalismus und →Absolutismus.

In Art. 48 II WV (→Deutsches Reich V) sind die erweiterten Polizeikompetenzen des Belagerungszustandes und das NotVO.recht zusammengeschlossen. Der Reichspräsident besitzt die umfassende Kompetenz, die nötigen Maßnahmen zu treffen und erforderlichenfalls mit Hilfe der bewaffneten Macht einzuschreiten, wenn im Dt. Reich die öffentl. Sicherheit und Ordnung erhebl. gefährdet wird. Damit war dem Reichspräsidenten die sog. Diktaturgewalt eingeräumt, die er zum erwähnten Zwecke auch ausüben konnte, wenn das Parlament versammelt war, und zwar ohne formelle Verkündung des Notstandes. Von den getroffenen Maßnahmen hatte er jedoch das Parlament unverzügl. zu unterrichten. Auf Verlangen des Parlamentes waren die Maßnahmen außer Kraft zu setzen. Die Diktaturgewalt des Reichspräsidenten, auf Grund deren auch gewisse Grundrechte ganz oder teilweise außer Kraft gesetzt werden konnten, stand somit an sich unter der Kontrolle des Parlamentes, dies im Gegensatz zu der Regelung des Art. 16 der franz. Verf. Als Träger der Diktaturgewalt erscheint der demokratisch legitimierte Reichspräsident und nicht, wie etwa nach der schweizerischen Auffassung, die Volksvertretung. Lehre und Praxis haben den Zuständigkeitsbereich des Diktators außerordentl. weit gespannt. Bedenken bereitet es vor allem, daß der Fall der „Verf.störung“, insbes. des Versagens des →parlamentarischen Regierungssystems, als Notstandsfall qualifiziert wurde. Trotz dieser Bedenken wird man der Meinung nicht beipflichten können, nach der Art. 48 II WV als Keim der Selbstzerstörung des freiheitl.-demokratischen Rechtsstaates gilt. In der Periode von 1920 bis 1923 diente der Diktaturartikel eindeutig der Konsolidierung der Republik und dem erfolgreichen Versuch, den Willen der Mehrheit des Reichstages gegen außerparlamentarische Hemmungen durchzusetzen. Erst in der Periode von 1930 bis 1933 vollzog sich eine Wandlung, welche mit dem Sturz des zweiten Kabinetts BRÜNING zum Sieg antiparlamentarischer, autoritärer Kräfte führte. Die Gesch. des Art. 48 II WV zeigt drastisch, in welchem Maße die Bedeutung von verfassungsrechtl. Vorschriften von dem Geist bestimmt ist, in dem sie angewendet werden. Die ausgeklügeltsten Notstandsbestimmungen führen zum Mißbrauch, wo es am Willen der Mehrheit zum freiheitl.-demokratischen Rechtsstaat fehlt. Damit soll das Eigengewicht der jeweiligen Fassung einer Notstandsvorschrift nicht verkannt werden.

K. D. BRACHER, Die Auflösung der Weim. Rep., 1971[5] – G. DÜRIG, in: MAUNZ-DÜRIG, GG, 1984[23], Komm. zu Art. 87 a – H. E. FOLZ, Staatsnotstand und N., 1962 – P. GLOTZ, (Hg.), Ziviler Ungehorsam im Rechtsstaat, 1983 – R. HERZOG, in: MAUNZ-DÜRIG, GG, 1984[23], Komm. zu Art. 53 a, 80 a, 115 a ff. – K. HESSE, Juristenzeitung (1960) 105 – 108 – DERS., Grundzüge des Verfassungsrechts, 1984[14] – F. KOJA, Der Staatsnotstand als Rechtsbegriff, 1979 – C. O. LENZ, Notstandsverfassung des GG, 1971 – P. SCHNEIDER, Rechtsstaat und Staatsnotrecht, in: Aussprachen und Referate, Deutsche Sektion der Internationalen Juristenkommission, 4. Tagung 1959, S. 10 ff. – T. M. SPEISER, Vom Notrecht in der Demokratie, Diss. Zürich 1953 – DERS., Das Staatsnotrecht in Belgien, Frankreich, Großbritannien, Italien, den Niederlanden, der Schweiz und den USA, in: Beiträge zum ausl. öffentl. Recht und Völkerrecht, 1955.

Peter Schneider

Notverordnung →Dt. Reich V; →Kirchenrechtsquellen I; →Weimarer Verfassung

Nürnberger Gesetze →Judenfeindschaft

Nürnberger Prozesse →Internationale Strafgerichtsbarkeit

Nulla poena sine lege →Strafrecht

O

Oder-Neiße-Linie →Ostgebiete, deutsche

OECD →Europ. Gemeinschaften; →Europ. Einigung

Öffentliche Meinung. Unter ö. M. werden heute i. d. R. Ansichten, Stellungnahmen und Forderungen größerer Bevölkerungsgruppen verstanden, die als gemeinsame oder doch vorherrschende M. in der insbes. durch Presse, Rundfunk und Fernsehen vermittelten Öffentlichkeit den Repräsentanten des politischen Systems mit dem Anspruch auf Gehör gegenübertreten. Die Vorgesch. des Begriffs reicht in die Antike zurück. *Fama popularis, vox populi, consensus gentium* sind Vorbegriffe; von den „Augen und Ohren" der persischen Könige und dem Inkognito HARUN AL RASCHIDS über die observateurs FOUCHÉS bis zu den Interviewern moderner Meinungsforschungsinstitute reichen die Veranstaltungen der jeweils Herrschenden, zu erfahren, „was in den Köpfen ihrer Untertanen vorgeht" (HENNIS). Reputation und Grad der Popularität stärken oder schwächen die Position und Handlungsfreiheit der Herrschenden; folgerichtig widmet auch MACHIAVELLI der *publica voce et fama* als Bedingung erfolgreichen politischen Handelns bes. Aufmerksamkeit.

Die weitere Entwicklung des Begriffs ist aufs engste mit der Entfaltung der bürgerl. →Gesellschaft verknüpft; aus einer Randbedingung des Verhältnisses von Herrschenden und Beherrschten wird ö. M. zu einer zentralen Kategorie für die Bestimmung der *Legitimität* einer Regierung und ihrer Aktionen. Bürgerl. Gruppen beginnen sich schon im merkantilistischen Staat als Gegenspieler der Obrigkeit zu begreifen und das Recht zu beanspruchen, zu öffentl. Fragen, die ihre Interessen tangieren, öffentl. Stellung zu nehmen (HABERMAS). Bürgerl. Öffentlichkeit – das sind dann in Frankreich die Pariser Salons, in denen Aristokraten mit ökonomisch einflußreichen Bürgerlichen, Literaten und Künstlern verkehren, in England die zahlreichen Kaffeehausgesellschaften, in denen auch die breiteren Schichten des Mittelstandes über ökonomische und politische Fragen disputieren. Die gelehrten Tischgesellschaften, in denen in Dtschld. vor allem akademisch Gebildete sich zusammenfinden, sind demgegenüber exklusiver und weitaus weniger wirksam. Immer wichtiger werden die teils aus Wirtschaftskorrespondenzen und Amtsblättern hervorgehenden, später in ständig wachsender Zahl neugegründeten periodischen Zeitungen und Zeitschriften; in ihnen reflektiert und konstituiert sich die bürgerl. ö. M. Je mehr im 18. Jh. eine spezifisch bürgerl. Öffentlichkeit sich herauskristallisiert und an Einfluß gewinnt, desto mehr setzt sich der Begriff ö. M. *(public opinion, opinion publique)* im allg. Sprachgebrauch durch, dem Stand der gesellschaftl. Entwicklung entsprechend zuerst in England und Frankreich, gegen Ende des Jh. auch in Dtschld. In ihr melden sich die Interessen sich ökonomisch emanzipierender bürgerl. Gruppen gegenüber den herrschenden Mächten des ancien régime zu Wort. Sie vermag sich um so eher Gehör zu verschaffen, je stärker die öffentl. Finanzen von der Wirtschaftskraft des neuen Bürgertums abhängig werden. Klar kommt dieser Zusammenhang zB in den Schriften NECKERS zum Ausdruck, der bei der Auflegung öffentl. Anleihen sehr bewußt die Erwartungen des finanzkräftigen Publikums in Rechnung stellte. Von ihm stammt auch das Wort, daß im vorrevolutionären Frankreich die Minister und Höflinge eher der königl. Familie zu mißfallen als eine Ablehnung in den leitenden Salons zu riskieren wagten.

Ö. M. ist von Anfang an ein *politischer* Begriff, Waffe zunächst im Kampf des ökonomisch erstarkenden Bürgertums um Vergrößerung seiner politischen Rechte, Waffe dann aber auch in der Abwehr von Ansprüchen nachdrängender nichtbürgerl. Schichten. Der *ideologische* Charakter des Begriffs ist in den staatsrechtl. und sozialphilosophischen Äußerungen über Wesen und Geltungsbereich der ö. M. evident. Er spiegelt sich in den immer wiederkehrenden Ausgangspunkten für literarische und wissenschaftl. Kontroversen: in welchem Maße und aus welchen Gründen eine Regierung der ö. M. *verpflichtet* sei; nach welchen Kriterien sich die *eigentl.* von der *uneigentl.* ö. M. unterscheiden lasse; wer die Träger der *wahren* ö. M. seien. Mit der Entwicklung der ö. M. zu einer unüberhörbaren Stimme bürgerl. Selbstbewußtseins korrespondiert die zunehmende Betonung ihres *kritischen, rationalen* Charakters. Ö. M. unterscheide sich vom bloßen Meinen und Raunen i. S. eines ungesicherten Fürwahrhaltens: sie sei Ergebnis des Nachdenkens und der öffentl. Diskussion urteilsfähiger Privatleute über öffentl. Angelegenheiten – das sichere ihren Wahrheitsgehalt, legitimiere ihren Anspruch auf Beachtung. Schon bei den Physiokraten (zB MERCIER) wird ö. M. als Ergebnis öffentl. Diskussion räsonierender Bürger verstanden, deren Einsicht der aufgeklärte Herrscher sich nicht verschließen wird. In ROUSSEAUS Konzeption einer durch Contrat social mit der natürl. Ordnung versöhnten Gesellschaft hat dieser rationalistische Begriff von ö. M. freilich keinen Platz; *opinion publique* ist bei ihm jener unverbildete, gesunde Menschenverstand, der unmittelbar das Gemeinwohl erfaßt (HABERMAS). Wo in den westeuropäischen Ländern die Prinzipien des parlamentarischen (→Parlament, Parlamentarismus)

→Rechtsstaates sich durchsetzen, rückt ö. M. zu einer Art von permanenter oberster Kontrollinstanz auf. Insbes. BENTHAM sieht in den durch die Presse artikulierten Urteilen einer bürgerl. Öffentlichkeit eine Garantie für die Aufgeklärtheit und Vernünftigkeit der Entscheidungen von Parlament und Regierung. Eine erleuchtete ö. M. „vereint alle Weisheit und alle Gerechtigkeit der Nation". In Dtschld. hat F. G. FORSTER zur Einbürgerung und Verbreitung des Begriffs ö. M. beigetragen. Auch C. M. WIELAND behandelt, im neunten seiner vielbeachteten „Gespräche unter vier Augen", den Gegenstand: nach der Revolution könne keine Regierung mehr ohne Respektierung der ö. M. bestehen; es sei nur zu wünschen, daß sie auch in Dtschld. bald „die Kraft eines Gesetzes" habe. Ähnl. argumentieren GARVE und FRIES und, der Sache nach, ohne den Terminus bereits zu kennen, KANT. Schon HEGEL dagegen hält die in öffentl. Diskussion durch „eigenes Urteilen, Meinen und Raten über die allg. Angelegenheiten" sich bildende ö. M. für suspekt: nicht länger gilt die vollentfaltete bürgerl. Öffentlichkeit als Verkörperung reiner Vernünftigkeit. So verdient denn, nach seiner berühmten Formulierung, die ö. M. „ebenso geachtet als verachtet zu werden", da sich in ihr Wahrheit und endloser Irrtum unmittelbar vereinigen.

Auch auf franz. und engl. Boden gewinnen skeptische Bewertungen der ö. M. Raum, je mehr die bürgerl. Öffentlichkeit an Exklusivität verliert und nicht-bürgerl. Schichten sich vordrängen, je klarer auch ersichtl. wird, daß die Interessen der verschiedenen bürgerl. Gruppen geteilt sind und die Idee eines einheitl., selbständig urteilenden, dem einen Gemeinwohl verpflichteten Bürgertums der Realität nicht entspricht. Das Schlagwort von der Diktatur der ö. M. kommt auf. TOQUEVILLE konstatiert, daß die ö. M. sich eher als Zwang zur Konformität denn als kritische Kraft entpuppe, und auch MILL beklagt, trotz positiver Bewertung des Prinzips der Öffentlichkeit, das „Joch der ö. M.", die „in der Gesamtheit wachsende Neigung, die Gewalt der Gesellschaft durch die Gewalt der ö. M. ins Ungehörige auszudehnen". Immer deutlicher zeichnet sich die Tendenz ab, nur jenen die Fähigkeit zur Bildung einer vernünftigen ö. M. zuzugestehen, die über die dafür erforderl. Kenntnisse, Einsichten und politische Prinzipien verfügen: der Elite des gebildeten und besitzenden Bürgertums. Immer wieder wird auf die bes. Bedeutung der Wissenschaft als „Erzieherin" der ö. M. (HOLTZENDORFF) verwiesen. Noch in TÖNNIES' Unterscheidung zwischen „ö. M. als äußere Gesamtheit widersprechender mannigfacher Meinungen, die öffentl. laut werden, und dagegen *die* ö. M. als einheitl. wirksame Kraft und Macht" klingt dieses Motiv an: *Die* ö. M. ist etwas von der Meinung des ganzen Volkes oder seiner Mehrheit Verschiedenes, nämlich „das gemeinsame Urteil des gebildeten, insbes. des politischen Publikums, das ich gleichsam kristallisiert vorstelle als die ‚Gelehrtenrepublik'". Aber auch TÖNNIES' sieht deutl., daß eine einheitl. ö. M. sich nur selten durchzusetzen vermag. Er zitiert zustimmend H. JORDAN: „In Wahrheit stellt die ö. M. (bes. wenn man den Begriff auf das rein Politische beschränkt) ... ein Spiel stetig und heftig miteinander ringender Gegensätze dar, die nur in den seltensten Augenblicken in der überflutenden Welle eines großen einheitl. Gefühls untergehen. Diese Gegensätze gilt es hervorzusuchen und sie in ihrem gegenseitigen Kräfte- und Spannungsverhältnis dazustellen."

Damit ist bereits das Interesse charakterisiert, das in der Folgezeit die wissenschaftl. Beschäftigung mit Phänomenen der ö. M. leitet und schon in TÖNNIES' Bemühungen um weitere Differenzierungen, etwa zwischen artikulierter und nicht-artikulierter ö. M. und deren verschiedenen Aggregatzuständen, anklingt: Sozialphilosophische und staatsrechtl. Begriffsspekulationen werden ersetzt durch *systematische empirische Forschung,* einmal der Medien, die an der Wiedergabe und Bildung ö. M. beteiligt sind (→Massenmedien; →Presse; Pressefreiheit), zum anderen der in einer Bevölkerung und bestimmten Bevölkerungsgruppen zu politischen, sozialen und wirtschaftl. Fragen verbreiteten Meinungen. Dabei wird der Begriff stark ausgeweitet und verändert: nicht mehr die Meinungen öffentl. auftretender Bürger, sondern die Meinungen aller Bürger, wie sie in prinzipiell *vertraul.* Befragungen statistisch repräsentativ ausgewählter Stichproben einzelner Personen zum Ausdruck kommen (→Empirische Sozialforschung), werden mit ö. M. gleichgesetzt, einschließlich der Dispositionen (Einstellungen, Motive), die dem verbalen und nichtverbalen Verhalten zugrunde liegen (SCHMIDTCHEN). Der Begriff erhält einen *egalitären* (jede Meinung gilt gleich viel) und einen – u. a. von HENNIS kritisierten – *plebiszitären* Akzent (in den Meinungsumfragen nimmt das Volk kontinuierl. zu öffentl. Angelegenheiten Stellung). Andere Autoren heben demgegenüber stärker die Gefahr hervor, daß als ö. M. deklarierte Meinungsverteilungen manipuliert werden, sei es durch Instanzen des polit.-administr. Systems (Öffentlichkeitsarbeit, symbolische Politik), sei es durch die Medien selbst, indem diese durch selektive Berichterstattung, Kommentierung und Inszenierung von Nachrichten Minderheitsmeinungen als Mehrheitsmeinungen erscheinen lassen (NOELLE-NEUMANN). Sozialwissenschaftl. Untersuchungen lassen aber auch immer wieder den Einfluß interpersoneller, insbes. informeller Interaktionsstrukturen (Gruppen, Netzwerke) erkennen, in denen selektiv Informationen und Ansichten ausgetauscht, soziale Realität konstituiert und Eindrücke über Mehr- und Minderheitsmeinungen gewonnen werden. – Insgesamt läßt sich in der Verwendung des Begriffs ö. M. weitgehende *Unsicherheit* feststellen. Weder bestehen einheitliche Vorstellungen über die Abgrenzungen noch über das Gewicht, das den jeweils als ö. M. bezeichneten Äußerungen bei politischen Entscheidungen zukommen soll.

F. Tönnies, Kritik der ö. M., 1922 - W. Bauer, Die ö. M. in der Weltgeschichte, 1930 – W. Hennis, Meinungsforschung und repräsentative Demokratie, 1957 – G. Schmidtchen, Die befragte Nation, 1959 – J. Habermas, Strukturwandel der Öffentlichkeit, 1962 – N. Luhmann, Ö. M., in: Ders., Politische Planung, 1971 – L. Hölscher, Öffentlichkeit, in: O. Brunner, W. Conze, R. Koselleck (ed.), Geschichtl. Grundbegriffe, Bd. 4, 1978 – E. Noelle-Neumann, Die Schweigespirale, 1980 – M. Janowitz, P. Hirsch (ed.), Reader in Public Opinion and Mass Communications, New York 1981 – M. Schenk, Soziale Netzwerke und Kommunikation, 1984.

Werner Mangold

Öffentlicher Dienst. I. Der ö. D. i. w. S. Mit ö. D. bezeichnet man den Dienst für den Staat oder eine andere jur. Person des öffentl. Rechts, insbes. Gemeinden, Gemeindeverbände, Körperschaften, Anstalten, Stiftungen (→Staatsorganisation).

A. Unter ö. D. wird eine Reihe von verschiedenartigen öffentl.- und privatrechtl. Rechtsverhältnissen zusammengefaßt. Regelmäßig werden drei Gruppen genannt: Beamte (→Beamtenrecht), Angestellte und Arbeiter im ö. D. Diese Aufzählung ist jedoch nicht vollständig; es gehören zweifellos hierzu die →Richter (die heute nicht mehr Beamte sind, sondern einen bes. Rechtsstatus besitzen), die Inhaber von verschiedenartigsten Ehrenämtern in der Verwaltung (zB gemeindl. Ehrenämter) und Rspr. (ehrenamtl. Richter), in gewisser Weise auch die Soldaten (→Bundeswehr).

B. Der ö. D. ist durch eine bes., über die im →Arbeitsrecht bestehende Treuepflicht hinausgehende Bindung gekennzeichnet, die durch die Aufgabenstellung der öffentl. Hand bedingt ist. Die zunächst streng geschiedenen Gruppen der Beamten und Arbeitnehmer im ö. D. sind zunehmend mehr zusammengewachsen. Einerseits zeigt das heutige Beamtenrecht Einflüsse des Arbeitsrechts (insbes. hinsichtlich der sozialen Fürsorge bei Urlaub, Arbeitszeit, Mutterschutz), andererseits nähert sich das Recht der Arbeitnehmer im ö. D. stark dem Beamtenrecht (vgl. II D). In gewissen Teilbereichen (zB beim Erstattungsrecht und →Personalvertretungsrecht) ist daher ein für alle Angehörigen des ö. D. geltendes Recht entstanden. Z. T. haben sich auch Zwischenformen zwischen Beamten- und Arbeitsrecht entwickelt (zB Dienstordnungsrecht der Sozialversicherungsträger). Gleichwohl kann nicht davon gesprochen werden, daß der ö. D. rechtlich eine Einheit bildet. Das Beamtenrecht gehört dem →öffentl. Recht an, während die Rechtsverhältnisse der Arbeitnehmer im ö. D. dem →Privatrecht unterstehen. Das zeigt sich insbes. in der unterschiedl. Regelungsbefugnis für die betr. Rechtsverhältnisse. Das Beamtenrecht wird einseitig vom Staat gesetzt, die Mitwirkung der Beamtenverbände, obwohl gesetzl. garantiert, trägt keinen anderen Charakter als die Einflußnahme von →Verbänden in anderen Bereichen. Insbes. sind im Beamtenrecht der individuellen Vereinbarung zwischen Dienstherrn und Beamten sehr enge Grenzen gesetzt. Es ist zB ausgeschlossen, daß der Beamte Zusicherungen erhält, die über die gesetzl. festgelegten Leistungen hinausgehen. Im Gegensatz hierzu werden die Normen des Rechts der Arbeitnehmer im ö. D. durch Tarifverträge festgelegt (→Tarifrecht). Auch steht einer übertarifl. Bezahlung rechtl. grds. nichts entgegen.

C. Wenn es heute auch unwahrscheinlich ist, daß die Forderung nach Vereinheitlichung des ö. D.-Rechts jemals realisiert wird, so läßt sich doch nicht verkennen, daß die soziologischen Unterschiede weitgehend verwischt sind, da der Staat und die anderen Verwaltungsträger in weitem Umfang Aufgaben der leistenden Verwaltung (anstelle der früher im Vordergrund stehenden Aufgaben der →Eingriffsverwaltung) erfüllen. Nicht nur die Arbeitnehmer des ö. D., die ursprüngl. damit betraut waren, sondern auch Beamte nehmen zunehmend mehr Leistungsaufgaben der Verwaltung (→Daseinsvorsorge) wahr. Unabhängig von dieser Aufgabenverschiebung hat auch der Wandel des Verhältnisses zum Bürger, der heute in erster Linie als „Kunde" der Verwaltung, nicht dagegen als Gewaltunterworfener angesehen wird, dem Beamten seine soziologisch exponierte Stellung genommen und ihn dem Typ des Arbeitnehmers angenähert, der nicht nur eine abstrakte Staatsidee repräsentiert, sondern auch für die Gesellschaft nützl. Aufgaben erfüllt.

II. Der öffentliche Dienst i. e. S. A. Im Gegensatz zum Begriff des ö. D. i. w. S. hat sich in jüngster Zeit das Recht der Angestellten als eigenständiges Rechtsgebiet, das ö. D.-Recht i. e. S., herausgebildet, das sich sowohl vom Beamten- als auch vom allg. →Arbeitsrecht abgrenzt. Grds. allerdings steht der Angestellte im ö. D., ebenso wie der Arbeiter im ö. D., in einem privatrechtl. Dienstverhältnis, für das die Vorschriften des Bürgerl. Rechts und des Arbeitsrechts ergänzend gelten.

B. An dieser Entwicklung sind die Gemeinden entscheidend beteiligt gewesen, da sich bei ihnen das in erster Linie auf den unmittelbaren Staatsdienst zugeschnittene →Beamtenrecht nur wenig entwickeln konnte. Die Gemeinden haben die im Zuge der Verstädterung des 19. und beginnenden 20. Jh. sich erhebl. vergrößernden Personalbestände ihrer Verwaltungen durch bes. Dienstordnungen rechtl. zu regeln gesucht. Ähnliches gilt von einem Teil der Sozialversicherungsträger. Auch im unmittelbaren Staatsdienst hat es stets neben den in einem öffentl.-rechtl. Dienstverhältnis stehenden Beamten für untergeordnete Funktionen, insbes. im Bürodienst, privatrechtl. angestellte Kräfte gegeben, für die zunächst keine vom allg. Arbeitsrecht abweichenden Sonderregelungen bestanden. Im Ersten Weltkrieg stieg die Bedeutung der Angestellten, weil sie in den nur vorübergehend eingerichteten Kriegsverwaltungen in großer Zahl beschäftigt wurden. Eine zusammenfassende Regelung erfolgte erstmals durch die weitgehend übereinstimmenden Tarifverträge, die Preußen (PAT) und das Reich (RAT) 1924 für die Masse ihrer Angestellten mit den Gewerkschaften abschlossen. In ihnen wurde das Recht des ö. D. dem Beamtenrecht stark angenähert, im übrigen aber sachgerecht unter Berücksichtigung der spezifischen Aufgabenstellung der Angestellten ausgestaltet. Insbes. wurde damals ein Eid des Angestellten auf die Verf. eingeführt. In der nationalsozialistischen Zeit wurde das Recht der Angestellten durch das G. zur Ordnung der Arbeit in öffentl. Verwaltungen und Betrieben von 1934 ebenfalls abweichend vom allg. Arbeitsrecht und Beamtenrecht ausgestaltet. Auch nach 1945 erhielt der G.geber die Sonderstellung der ö. D.-Nehmer aufrecht. Das GG erwähnt sie als bes. Gruppe an verschiedenen Stellen. Auf eine neue Rechtsgrundlage wurde das ö. D.-Recht durch den Bundesangestelltentarifvertrag (BAT) von 1961 gestellt, der für den Bund, die Länder, die Gemeinden und Gemeindeverbände unmittelbar gilt, aber auch von anderen öffentl. Arbeitgebern mit den erforderl. Modifikationen für deren Angestellte angewandt wird.

C. Da das GG die Ausübung der hoheitsrechtl. Befugnisse als ständige Aufgabe i. d. R. den Beamten vorbehält (Art. 33 IV), besteht für die Angestellten im ö. D. nur eine beschränkte Verwendungsmöglichkeit. Der Begriff „hoheitsrechtl." wird zumeist als identisch mit dem Begriff „öffentl.-rechtl." (→Öffentliches Recht) angesehen. Damit wären die Angestellten grds. auf die fiskalische Verwaltung (→Fiskus) beschränkt. Die Praxis entspricht derartigen Vorstellungen nicht. Die Angestellten sind zwar vor allem im inneren Dienst eingesetzt, d. h. insbes. bei Bürotätigkeiten wie Schreibdienst, Registraturdienst, Bedienung von Maschinen. In erhebl. Umfang kommen sie aber auch im höheren Dienst vor, soweit es sich nicht um die allg. Verwaltung handelt, sondern um Spezialfunktionen, die eine wissenschaftl. Ausbildung verlangen. Die Verwendung von Angestellten ist bei bestimmten nichtstaatl. Verwaltungsträgern wesentl. stärker als beim Staat. Das gilt vor allem für die Gemeinden, die oft nebeneinander Beamte und Angestellte für dieselben Aufgaben beschäftigen, ferner für bestimmte Arten von Sozialversicherungsträgern, die trotz hoheitl. Anordnungsgewalt (zB Beitragsfestsetzung) keine Beamten anstellen können. So ist die Zahl der Angestellten auch in den Kernbereichen der öffentl. Verwaltung keineswegs gering, sei es, daß es sich um Personen handelt, die nicht die erforderl. Vor- und Ausbildung durchlaufen haben und deshalb nicht die Laufbahnvorschriften des Beamtenrechts erfüllen, sei es, daß es sich um einen im Aufbau befindl. Verwaltungszweig handelt, bei dem wegen der Ungewißheit der künftigen Entwicklung zweifelhaft ist, ob die Bediensteten auf Dauer beschäftigt werden können. Jedenfalls ist der Angestellte im ö. D. keineswegs eine Randfigur im Bereich des Verwaltungsapparates, sondern eine Institution von fast ebenso zentraler Bedeutung wie der Beamte. Die Rechtsnormen über den ö. D. gehören daher zu den zentralen VerwaltungsG.en.

D. *1. Wichtigste Quelle des Rechts* des ö. D. ist der BAT, der für die Angestellten von Bund, Ländern und Kommunen ein einheitl. Recht geschaffen hat. Er wird bei den vertragschließenden ö. D.gebern nicht nur auf die Mitglieder der beteiligten Tarifpartner, sondern kraft des Gleichheitssatzes (→Gleichheit) auf alle Angestellten angewandt. Gleichwohl hat er keine Gesetzes-, sondern nur arbeitsrechtl. Tarifwirkung. Daher geht ihm zwingendes Recht (G.e, VO.en) mit einschlägigem Inhalt (insbes. Arbeitsrecht) vor.

2. Das Dienstverhältnis wird durch schriftl. Vertrag begründet. Es wird grds. auf unbestimmte Zeit geschlossen. Die ersten sechs Monate gelten regelmäßig als Probezeit. Von dem Gelöbnis, das der Dienstnehmer abzulegen hat, ist die Begründung des Rechtsverhältnisses nicht abhängig.

3. Die wichtigsten Pflichten sind: Dienstleistungspflicht, Gehorsamspflicht, Verschwiegenheitspflicht, Nichtannahme von Geschenken in bezug auf die dienstl. Tätigkeit. Der Angestellte im ö. D. steht hinsichtlich der Beschränkungen einer Nebentätigkeit und der Schadenshaftung dem Beamten gleich. Auch sonst trifft ihn die allg. Pflicht, sich so zu verhalten, wie es von Angehörigen des ö. D. erwartet wird. Durch sein ganzes Verhalten muß er sich – wie der Beamte – zur freiheitl. demokratischen Grundordnung i. S. des GG bekennen.

4. Unterschiede zum Beamtenrecht zeigen sich bei der Vergütung. Während das Beamtengehalt sich nach dem übertragenen „Amt" bemißt, d. h. nach einem abstrakten Rang, der regelmäßig nicht mit einem konkreten Aufgabenkreis verbunden ist, erhält der Angestellte im ö. D. eine Vergütung, deren Hauptbestandteil (Grundvergütung) von bestimmten Tätigkeitsmerkmalen abhängt. Die Vergütung ist damit primär Entlohnung für eine Leistung, nicht dagegen – wie bei den Beamten – primär standesgemäße Alimentation für lebenslange Zurverfügungstellung der Arbeitskraft. Dieser Unterschied zeigt sich auch in der Tatsache, daß sich die Vergütung nach dem Lebensalter bemißt, während die Beamtenbesoldung in erster Linie entsprechend dem Dienstalter ansteigt. Damit wird beim Beamten ein Anreiz geschaffen, früh in den Dienst einzutreten und möglichst im ö. D. zu verbleiben, während beim Angestellten dieser Anreiz weitgehend fehlt. Entsprechendes gilt für die Versorgung. Während der Beamte beim freiwilligen Ausscheiden aus dem Dienst vor Eintreten des Versorgungsfalles sämtl. Versorgungsansprüche verliert, behält der Angestellte seine Rechte aus der Angestelltenversicherung (→Sozialversicherung) und Zusatzversorgung.

5. Ein wesentl. Unterschied zum Beamten besteht auch darin, daß der Angestellte im ö. D. grds. kündbar ist. Dieses Kündigungsrecht kann nach einer Beschäftigungszeit von 15 Jahren nur aus einem in der Person oder dem Verhalten des Angestellten liegenden wichtigen Grund ausgeübt werden. Den Schutz, den der Beamte besitzt, indem sein Dienstverhältnis nur im Wege disziplinargerichtl. Entscheidung aufgelöst werden kann, besitzt der Angestellte im ö. D. nicht.

G. ARNDT, S. BAUMGÄRTEL, C. FIEBERG, Das Recht der Arbeiter und Angestellten im öffentlichen Dienst, in: W. FÜRST (Hg.), Gesamtkommentar öffentlicher Dienst, Loseblattausgabe – M. BENNDORF, Zur Bestimmung der „hoheitsrechtlichen Befugnisse" gemäß Art. 33 Abs. 4 GG, DVBl. 1981, 23 ff. – H. CLEMENS u. a., Kommentar zum Bundes-Angestelltentarifvertrag – BAT, Loseblattausgabe – H. BIERFELDER, Handbuch des öffentlichen Dienstes, 1976 – H. E. MEIXNER, Personalpolitik, 1982 – I. v. MÜNCH, Öffentlicher Dienst, in: DERS. (Hg.), Besonderes Verwaltungsrecht, 7. Aufl. 1985, S. 1 ff. – H. OTTO, Das Recht der Angestellten und Arbeiter im öffentlichen Dienst, 1973 – Studienkommission für die Reform des öffentlichen Dienstrechts, Bericht der Kommission, nebst 11 Anlagebänden mit umfangreichen Gutachten – C. L. STRÄTER, Was ist aus der Dienstrechtsreform geworden?, ZBR 1983, 197 ff.

Werner Thieme

Öffentlicher Dienst in der Bundesrepublik Deutschland. Stand: 1983
I. Gesamtzahlen

Dienstherr	Vollbeschäftigte				Insgesamt (einschl. Teilzeitbeschäftigte)
	Beamte und Richter	Angestellte	Arbeiter	zusammen	
Bund	114.944	90.668	109.968	315.580	331.797
Bundesbahn	181.045	7.119	131.563	319.727	323.657
Bundespost	292.006	35.931	109.306	437.243	526.386
Länder	963.000	463.000	159.000	1.585.000	1.888.000
Kommunalverwaltung	148.972	531.490	284.637	965.099	1.230.872
Zusammen	1.699.967	1.128.208	794.474	3.622.649	4.300.712

II. Aufgliederung nach Laufbahngruppen (in %). Stand 30. 6. 1981

Laufbahngruppe	Beamte	Angestellte	Arbeiter	zusammen
höherer Dienst	19,67	6,47	...	11,17
gehobener Dienst	64,06	19,33	...	21,13
mittlerer Dienst	15,95	68,02	...	37,47
einfacher Dienst	0,32	6,18	100	30,23

Öffentliches Recht (ius publicum). *1. Entstehung.* Ö. R. ist der Gegenbegriff zum →*Privatrecht* (ius privatum). Die Unterscheidung dieser Rechtszweige wurde in den kontinentaleurop. Rechtsordnungen bei fortgeschrittener Rechtskultur ausgebildet, ohne daß jedoch die Kriterien der Abgrenzung unstreitig festgelegt wären. Für die *Römer* war das ö. R. im wesentl. das Staatsrecht. Im dt. Recht bildete sich die Scheidung vom Privatrecht erst im 17. Jh. aus, erfaßte dann neben dem Staatsrecht Lehensrecht, →Kirchenrecht, →Strafrecht, →Völkerrecht. Hierfür waren die Entwicklung der landesherrl. Souveränität und naturrechtl. Strömungen, die Einzelperson und Staat einander entgegenstellten, ausschlaggebend. Der österr. CODEX THERESIANUS von 1766 beschränkte sich in Anerkennung der Zweiteilung bereits auf die Regelung des privaten Rechts, während das preuß. ALR von 1794 öffentl. und privates Recht vermischt enthielt. Für die spätere Vertiefung des Gegensatzes sorgte im Zuge des →Liberalismus vor allem die Trennung von Staat und Gesellschaft. Ö. R. war Recht der Herrschaft des Staates, Privatrecht Recht der Freiheit und der Autonomie Privater.

2. Ursache. Der Grund für diesen Rechtsdualismus ist neben hist. Ursachen letztlich nur soziologisch oder sozialpsychologisch zu erklären: Die Existenz von Herrschaftsgebilden mit Befehls- und Zwangsbefugnissen, wie →Staat, Gemeinde einerseits, und Rechtssubjekten ohne Hoheitsgewalt (öffentliche →Gewalt), wie Privatpersonen und ihre Vereinigungen andererseits, erzwingt auch für die auf sie bezogenen Rechtssätze Unterschiede in Widerspiegelung ihrer verschieden gearteten sozialen Struktur. In solcher Sicht ist die Trennung apriorischer Natur, wenngleich sie in manchen Rechtssystemen (etwa dem anglo-amerik. und vielen sozialistischen) ohne praktische Bedeutung ist. Das dt. Recht jedenfalls geht *positiv-rechtl.* von der Zweiteilung aus: Im GG ist mehrfach von ö. R. und vom Privatrecht oder bürgerlichen Recht die Rede. Noch stärker wird die duale Struktur des Rechts in einfachen Gesetzen betont, namentlich in den Prozeßordnungen mit ihren Rechtswegzuweisungen (s. u. 6). Auch bei Heranziehung der das positive G. ergänzenden Rechtsgrundsätze und bei den Auslegungsprinzipien spielt die Unterscheidung eine wesentl. Rolle, obwohl der Grundsatz der Einheit der Rechtsordnung manchen Brückenschlag erlaubt (zB bei öffentlichen →Sachen oder beim öffentl.-rechtl. →Vertrag oder den öffentl.-rechtl. Schuld- und Leistungsverhältnissen, für die mangels öffentl.-rechtl. Regelungen privatrechtl. Vorschriften herangezogen werden). Daraus darf jedoch noch nicht auf eine Negierung der Unterschiede geschlossen werden, wie es die Reine Rechtslehre (Wiener Schule) tut. Die h. M. in Deutschland hält jedenfalls an der Trennung fest, wenngleich immer wieder daran Kritik geübt wird.

3. Begriff. Ö. R. ist der Inbegriff derjenigen Rechtssätze, deren berechtigtes oder verpflichtetes Zuordnungssubjekt ein Träger hoheitlicher Gewalt (in der Regel jur. Personen des ö. R.) als solcher, d. h. in seiner Eigenschaft als Hoheitsträger, ist. Dies sind Rechtssubjekte, die entweder kraft Wesens hoheitl. Gewalt (originäre Herrschaftsgewalt) besitzen, wie der Staat (und nach mancher Ansicht auch →Kirchen und Gemeinden), oder denen sie durch bes. staatl. Organisationsakt (G., RechtsVO, Einzelakt) verliehen ist (derivative Herrschaftsmacht). Dieser im wesentl. von HANS J. WOLFF begründeten modifizierten *Subjektstheorie (Zuordnungstheorie)* steht die *Subjektions- oder Subordinationstheorie* gegenüber, nach der ö. R. dann vorliegt, wenn in den zwischen den Beteiligten anzuwendenden Rechtsnormen ein Über- und Unterordnungsverhältnis zum Ausdruck gebracht ist.

In der Praxis divergieren beide Theorien nicht entscheidend, wenngleich in Einzelfällen, zB beim öffentl.-rechtl. →Vertrag, die Subjektionstheorie versagt, da ein Über- und Unterordnungsverhältnis der Vertragspartner nicht gegeben ist. Wohl auch aus diesem Grunde bedient sich die Rechtsprechung, die früher ausschl. die Subjektionstheorie bevorzugte, heute zunehmend der modifizierten Subjektstheorie, die dogmatisch sauberer konstruiert, weil sie das ö. R. aus dem allg. Recht als „Amtsrecht" des Staates, seiner Organe und ein- bzw. angegliederten Rechtssubjekte aussondert, das deshalb bes. qualifiziert ist, weil nicht jedermann zur Verwirklichung seiner Tatbestände in Frage kommt wie beim Privatrecht, sondern allein spezifisch organisierte Rechtssubjekte. Alle anderen, in früherer Zeit sehr zahlreichen Abgrenzungstheorien haben heute allein kaum noch Bedeutung. Das gilt insbes. für die sog. *Interessentheorie,* nach der ö. R. dann vorliegt, wenn die Rechtssätze überwiegend dem öffentl. Interesse dienen. Sie geht zurück auf den röm. Juristen ULPIAN (um 170 n. Chr.), dessen Formel im Corpus Iuris wie folgt wiedergegeben ist: „Publicum ius est, quod ad statum rei Romanae spectat, privatum, quod ad singulorum utilitatem ..." O. BACHOF zieht sie noch ergänzend zur Zuordnungstheorie heran. Neuere Theorien, wie etwa die *Sachwaltertheorie* von N. ACHTERBERG, haben noch keine Resonanz gefunden.

4. Sinn und Legitimation. Verfassung und staatl. Organisation als eine spezifische Entscheidungs- und Wirkungseinheit einerseits, die persönlichen Lebensbereiche und die daraus fließenden privaten, wirtschaftlichen und gesellschaftlichen Aktivitäten andererseits können auch rechtlich nicht ununterschieden behandelt werden, will man ihre Eigenheiten und besonderen Werthaftigkeiten respektieren. Beide Bereiche erfordern je eigene, mit im wesentlichen verschiedenen Instrumentarien arbeitende Rechtsregime. Das ö. R. zeichnet sich in starkem Maße durch den zwingenden Charakter seiner Rechtssätze aus, während im Privatrecht der Verfügungsmacht des einzelnen ein weiterer Spielraum eingeräumt wird. Auch wenn insbes. die staatl. und kommunale Verwaltung auf privatrechtl. Handlungsformen ausweicht, bleibt die Eigenart des Staates als einer hoheitl. und verbindlich entscheidenden jur. Person des ö. R. mit Zwangsbefugnissen im Kern erhalten. Sie legitimiert die Existenz eines besonderen ö. R.

5. Inhalt und Umfang. In den Grenzen der Natur der Sache und der Verf. ist es dem G.geber freigestellt, ob und mit welchem Inhalt er öffentl.-rechtl. oder privatrechtl. Normen erläßt. Diese rechtspolitische Entscheidung wird vorwiegend von hist., sozialen, gesellschaftl. und staatspolitischen Vorstellungen und Bewertungen von Individual- und Gemeinwohl abhängen. Damit sind Inhalt und Umfang des ö. R. wandelbar. Ein „totaler" Staat neigt zu stärkerer öffentl.-rechtl. Regelung, so der nationalsozialistische Staat und die meisten sozialistischen Staaten, weil er die Initiative seiner Bürger einzuengen wünscht. Der moderne →Sozialstaat mußte, bedingt durch die Aufgaben der Nachkriegszeit und der sozialen Sicherung, häufiger zu öffentl.-rechtl. Rechtsgestaltungen greifen als der liberal-bürgerl. Rechtsstaat des 19. Jh., bes. auf dem Gebiet der Wirtschafts-, Sozial- und Arbeitsverwaltung. Diese „Veröffentlichung" weiter Rechtsmaterien bekundet das starke staatl. Interesse an früher rein gesellschaftl. Gegebenheiten. Staatl. Interventionen in den Marktautomatismus und in die Privatautonomie sind ebenfalls Gründe für die Zunahme des öffentl. Rechts. Mitunter wird sogar postuliert, alles öffentl. Relevante öffentl.-rechtl. zu regeln – eine Auffassung, die den Rechtswert des →Privatrechts verkennt. Andererseits ist aber auch sichtbar, daß der Staat und andere Hoheitsträger sich den strengen Vorschriften des ö. R. vielfältig zu entziehen und die größeren Freiheiten des Privatrechts zu nutzen suchen. Besonders im Bereich schlicht hoheitl. Verwaltung, namentlich bei der →*Daseinsvorsorge,* hat die h. M. dem Staat gestattet, zur Erfüllung seiner materiell öffentl. Zwecken dienenden Aufgaben auch mit den Mitteln und Formen des Privatrechts zu handeln (sog. *Verwaltungsprivatrecht*), jedoch mit der Konsequenz der Bindung an Grundrechte und sonstige öffentl.-rechtl. Schranken. Diese Freiheit in der Wahl der Rechts- u. Handlungsformen kann sich indessen nicht durchweg dem Vorwurf des „Formenmißbrauchs" entziehen. Davon zu trennen sind die sog. erwerbswirtschaftl. Tätigkeit des Staates und seine privatrechtl. Bedarfsdeckungsgeschäfte (sog. *fiskalische Tätigkeit,* →Fiskus), die in Form und Inhalt grundsätzlich nach privatrechtl. Regeln beurteilt werden. Herkömml. gehören zum ö. R. Völker-, Kirchen-, Verf.- und Verwaltungsrecht (in seinen vielfältigen Verästelungen wie Steuer-, Sozialversicherungs-, Polizei-, Beamten-, Gemeinde-, Bau-, Wege-, Gewerbe-, Wasser-, Sozialhilferecht usw.), ferner Straf- und Prozeßrecht als diejenigen Rechtssätze, in denen die spezifisch obrigkeitl. Stellung des Staates und anderer Hoheitsträger rechtl. geregelt ist. Bei verschiedenen, bes. jüngeren Rechtsdisziplinen läßt sich eine Trennung kaum mehr vornehmen, zB bei Wirtschafts-, →Arbeits- und Sozialrecht. Hier sind öffentl.-rechtl. und privatrechtl. Gestaltungsformen vermischt.

6. Gerichtsschutz. Die praktisch wichtigste Bedeutung der Scheidung zwischen ö. R. und Privatrecht zeigt sich in der Zuständigkeit verschiedener Gerichtsbarkeiten für privatrechtl. und öffentl.-rechtl. Streitigkeiten (vgl. § 13 GVG einerseits und § 40 VwGO andererseits). Für letztere ist, soweit sie nicht dem Verfassungsrecht angehören, die Zuständigkeit der allg. und bes. VG.e (Finanz-, Sozial-, Disziplinar- und Dienstgerichte) gegeben. Privatrechtl. Streitigkeiten werden vor den allg. und bes. Zivilgerichten (Arbeitsgerichten) ausgetragen. Für verf.-rechtl. Streitigkeiten bestehen das →BVerfG und die Landesverfassungsgerichte. Strafsachen gehören vor die Strafgerichte, die mit den Zivilgerichten die sog. ordentl. Gerichtsbarkeit bilden (s. a. Gerichtsverfassung).

E. Molitor, Über ö. R. und Privatrecht, 1949 (Lit.) – Hans J. Wolff, O. Bachof, Verwaltungsrecht I, 1974[9], § 22 – F. Gygi, Verwaltungsrecht und Privatrecht, 1956 – K. Stern, AöR 84 (1959) 312–325 (Lit.) – E. Wolf, in: Festschr. für E. Molitor, 1962, S. 1–16 – W. Rüfner, Formen öffentl. Verwaltung im Bereich der Wirtschaft, 1967 – M. Bullinger, Ö. R. und Privatrecht, 1968 – W. Brohm, Strukturen der Wirtschaftsverwaltung, 1969 – W. Martens, Öffentlich als Rechtsbegriff, 1969 – J. Burmeister, Vom staatsbegrenzenden Grundrechtsverständnis zum Grundrechtsschutz für Staatsfunktionen, 1971 – Ch. F. Menger, in: Fortschritte des Verwaltungsrechts, Festschr. für Hans J. Wolff, 1973, S. 149–166 – O. Bachof, in: Verwaltungsrecht zwischen Freiheit, Teilhabe und Bindung. Festgabe aus Anlaß des 25jährigen Bestehens des Bundesverwaltungsgerichts, 1978, S. 1–21 – H.-U. Erichsen, Jura 1982, S. 537–545 – N. Achterberg, Allg. Verwaltungsrecht, 1982, § 1 – Chr. Gusy, DÖV 1984, S. 872–875 – D. Ehlers, Verwaltung in Privatrechtsform, 1984 – A. Gern, ZRP 1985, S. 56–61 – M. Stolleis, Der Staat 24 (1985), S. 51–74.

Klaus Stern

Öffentlichkeitsanspruch der Kirche. Das Wirken der Kirche in der Öffentlichkeit und gegenüber der Öffentlichkeit ist zunächst ein theol. und innerkirchl. Problem, das vom Auftrag der Kirche her zu beurteilen ist. Es ist aber auch ein Problem der staatl. Rechtsordnung, weil das öffentl. Wirken der Kirche von den Möglichkeiten abhängt, die der kirchl. Betätigung durch das staatl. Recht belassen oder zur Verfügung gestellt werden. Beide Problembereiche sind angeschnitten, wenn die Stellung der Kirche in der Welt und gegenüber der Welt durch den Hinweis auf den Ö. der Kirche verdeutlicht wird.

I. Innerkirchliche Problematik. Die Feststellung, der Kirche komme ein Ö. zu, gehört zu den Aussagen, die notwendig sind, um das Selbstverständnis der Kirche zu erläutern. Der Ö. ergibt sich aus dem Verkündigungsauftrag Christi an die Kirche, kraft dessen diese ihre Aufgabe in der Welt darin zu sehen hat, die in Christus gegebene Heilsmöglichkeit allen Menschen anzubieten (Mt 28,20). Das Verkündigen der christlichen Heilsbotschaft ist aus einem zweifachen Grund zwangsläufig öffentlichkeitsbezogen:

1. Verkündigung, die sich als Angebot an die gesamte Welt zu richten hat, kann nicht in zulängl. Weise durch private Mitteilung an zufällig erreichbare Personen geschehen; sie muß jedermann vernehmbar gemacht werden. Sie geschieht nicht allein verbal, sondern auch durch öffentl. sichtbares Handeln, zB durch karitative und vermittelnde Tätigkeit (→Diakonie). In der Kirchengesch. hat sich zwar immer wieder die für die sektenhafte Frömmigkeit kennzeichnende Neigung zur Exklusivität des Kreises der Gläubigen gegenüber der breiten Öffentlichk. eingestellt. Diese Haltung beruht aber auf einer Überbewertung der biblischen Aussagen, die zur Distanz gegenüber der Welt mahnen, und damit auf einem verkürzten Verständnis der christl. Botschaft.

2. Die christl. Verkündigung bliebe auch inhaltl. unvollkommen, wenn sie davon absähe, zu den Verhältnissen und Vorgängen in der Welt Stellung zu beziehen. Unter welchem Aspekt dies zu geschehen hat, hängt von der Beurteilung des Verhältnisses von Gesetz und Evangelium (→Ethik) ab. Jedenfalls ist Verkündigung des Evangeliums nicht denkbar, ohne daß die Prinzipien und der tatsächl. Zustand der innerweltl. Ordnung mit in die Betrachtung einbezogen würden. Denn mit dem Hinweis auf das in Christus sich anbietende Heil wird gleichzeitig die Unzulänglichkeit aller Versuche dargetan, aus innerweltl. Relationen eine Heilsmöglichkeit abzuleiten. Obwohl die christl. Botschaft nicht auf die Gestaltung der innerweltl. Ordnung gerichtet ist, kann ihre Verkündigung in der jeweiligen Umwelt Abgrenzungen gegenüber bestimmten politischen Vorstellungen, Zielen oder Zuständen notwendig machen oder Einsichten und Anregungen im Hinblick auf soziale Auf-

gaben vermitteln. Christl. Verkündigung ist darum immer auf die das Leben in der Welt beherrschenden Denk- und Verhaltensweisen bezogen. Sie ergreift Dimensionen, die nicht allein einen oder mehrere einzelne, sondern immer auch die Allgemeinheit angehen. Die unter diesem Aspekt gebotene kirchl. Aktivität kann sowohl in positiver Form, zB in Gestalt von Ratschlägen, als auch in negativer Form, zB in Gestalt von Warnungen, in Erscheinung treten (→Denkschriften). Insofern als die Kirche in Ausübung ihres Verkündigungsauftrages in jener mittelbaren Weise Fragen des politischen Bereichs einer Beurteilung unterziehen muß, hält sie sich für befugt, ein *Wächteramt* hinsichtl. der öffentl. Ordnung auszuüben. Die Aufgabe, die sich der Kirche im Rahmen dieses Amtes stellt, liegt nicht darin, den göttl. Willen für die Gestaltung der innerweltl. Verhältnisse verbindlich kundzugeben (→Theokratie); vielmehr fühlt sich die Kirche von ihrer Einsicht in das Ziel der Welt her berufen, bestimmte Grenzen des staatl. Ermessens bei der Machtausübung aufzuzeigen.

Der Begriff Ö. zur Kennzeichnung der Haltung, die die Kirche gegenüber ihrer sozialen Umwelt einnimmt, ist im prot. Bereich im Zusammenhang mit der Konfrontation im Rahmen des →Kirchenkampfes aufgekommen, der zu einer Neubesinnung auf das gebotene Verhältnis zwischen Kirche und dem Bereich des Politischen Anlaß gegeben hat. In der kath. Theol. ist der Begriff weniger geläufig. Die Relevanz des kirchl. Wirkens für den Bereich des öffentl. Lebens und die Präsenz der Kirche in der Öffentlichkeit ist aber für die kath. Lehre und Praxis stets selbstverständl. gewesen. Doch hat die kath. Kirche den Schwerpunkt ihres öffentl. Wirkens vielfach darin gesehen, in bestimmten Bereichen materielle, meist aus dem →Naturrecht abgeleitete Anforderungen an die Gestaltung der öffentl. Ordnung zu stellen. Die spezifische Bedeutung des Ö. liegt jedoch gerade darin, daß die Kirche ihre Verkündigung auf die Angelegenheiten des öffentl. Lebens bezieht, ohne ein der christl. Verkündigung entsprechendes materielles Programm zu entwerfen. Das II. →Vatikanische Konzil hat in dem Konzilsdekret „Gaudium et Spes" die kath. Position der Gegenwart zu umschreiben versucht.

Der Ö. veranlaßt die Kirchen, „Öffentlichkeitsarbeit" zu betreiben. Hieraus erwachsen schwierige Probleme des innerkirchl. Verf.rechts (→Kirchenverf.). Es bedarf der Klärung, welche kirchl. Organe dazu berufen sind, für die Kirche zu öffentl. Angelegenheiten Stellung zu nehmen. Es bedarf ferner der Klärung, in welcher Hinsicht Äußerungen von kirchl. Organen oder Amtsträgern der Kirche zuzurechnen sind. Innerkirchl. Konflikte können entstehen, weil vielfach nicht alle Kirchenglieder den politischen Gehalt einer kirchl. Stellungnahme oder eine sonstige politisch relevante Aktivität eines kirchl. Organs zu billigen vermögen. Eine innerkirchl. Kompetenz zur Wahrnehmung des Ö. wird möglicherweise als eine Kompetenz zur Vertretung der Kirchenglieder in ihren politischen Ansichten mißverstanden.

Aktivitäten anderer Kirchenglieder könnten als unzulässig oder minderberechtigt empfunden werden.

Beim Bemühen um eine Integration des Ö. in das innerkirchl. Verf.recht müßten folgende Überlegungen leitend sein: Das Geltendmachen des Ö. ist ein notwendiger Bestandteil der Verkündigungsaufgabe, die zwar der Kirche in ihrer Gesamtheit übertragen ist, deren öffentl. Wahrnehmung aber im Rahmen einer durch ein kirchl. →Amt begründeten Verantwortlichkeit zu geschehen hat. Deshalb ist jeder Inhaber des Verkündigungsamts in seinem Amtsbereich am Öffentlichkeitsauftrag beteiligt, ebenso für den Bereich der Gesamtkirche die an der Verkündigungsaufgabe beteiligten kirchenleitenden Organe. Doch können natürl., namentl. auf der Ebene einer Partikularkirche oder auf der Ebene kirchl. Zusammenschlüsse, bes. Verantwortlichkeiten begründet werden. In dem Maße, in dem das einzelne Kirchenglied an der Aufgabe der Kirche beteiligt ist, näml. in seinem persönl. Umkreis, nimmt es auch am Öffentlichkeitsauftrag teil. Die Mitwirkung am Öffentlichkeitsauftrag erfordert von allen Amtsträgern und Kirchengliedern ein bestimmtes Maß an innerkirchl. Loyalität. Es muß die Gefahr einer verfehlten Identifizierung der Kirche mit den Auffassungen und Zielsetzungen einzelner vermieden werden; es muß darauf geachtet werden, daß die Autorität der Kirchen nicht partikularen politischen Zielsetzungen dienstbar gemacht wird. Wer mit Bezug auf seinen Glauben oder seine Kirchenzugehörigkeit politisches Engagement entfaltet, muß den Zusammenhang zwischen Glauben und politischer Folgerung verdeutl. und kritischen Einwendungen zugängl. machen. Soweit sich Äußerungen kirchl. Organe auf Sachprobleme des Soziallebens beziehen, ist die Einschaltung entsprechender Sachverständiger tunlich.

Ungeachtet dessen, daß die Wahrnehmung des Öffentlichkeitsauftrags, die integraler Bestandteil der Verkündigungsaufgabe ist, keinem Organ der Kirche ausschließl. überlassen werden kann, haben die Kirchen in jüngerer Zeit bes. Einrichtungen für die kirchl. Mitwirkung an der Behandlung von Fragen von öffentl. Interesse ins Leben gerufen, namentl. auf der Ebene der →EKD, zB die „Kammer für öffentl. Verantwortung". Das Handeln im Rahmen des Ö. erfolgt vornehml. durch Verlautbarungen kirchl. Organe an die inner- und außerkirchl. Öffentlichkeit (→Denkschriften der EKD). Eine dieser Verlautbarungen aus dem Jahr 1970 befaßt sich speziell mit Sinn und Methode kirchl. Äußerungen gegenüber der Öffentlichkeit. Eine umfassende Beurteilung des kirchl. Engagements in polit. Fragen erfolgt durch die in jüngster Zeit

(1985) verabschiedete Denkschrift „Ev. Kirche und Demokratie".

II. Staatskirchenrechtliche Problematik. 1. Der Ö. als Aussage des kirchl. Selbstverständnisses ist nicht eigentl. Anspruch in dem Sinne, daß die Kirche unter Berufung auf bestehendes Recht ein Verhalten von irgendeiner Seite fordert. Mit dem Hinweis auf den Ö. erklärt die Kirche ihr eigenes Verhalten: Sie sagt, daß sie es für sich in Anspruch nehme, um ihres Auftrags willen öffentl. zu reden und die öffentl. Belange zum Gegenstand ihrer Beurteilung zu machen. Indem sie einen Anspruch in diesem Sinne erhebt, spricht sie die Erwartung aus, daß ihr die Möglichkeit öffentl. Wirkens nicht beschnitten und insoweit ihr Selbstverständnis respektiert werde.

Jener Ö. der Kirche wird zu einer rechtl. relevanten Relation, wenn das, was die Kirche für sich in Anspruch nimmt, in der staatl. Rechtsordnung eine spezielle Berücksichtigung findet. Das ist ohne ausdrückl. gesetzgeberische Entscheidung von seiten des Staates nicht der Fall. Das heutige Verfassungsrecht setzt einen säkularen Staatsbegriff voraus (→Säkularisierung). Von einer vorverfassungsrechtl. Zuordnung von Staat und Kirche kann nicht mehr ausgegangen werden (→Kirche und Staat). Folglich kann der Ö. in dem Gehalt, den er für die Kirche hat, gar nicht in die staatl. Rechtsordnung einbezogen sein. Es bleibt aber die Möglichkeit, daß der Staat der auch für ihn erkennbaren Tatsache, daß die Kirche jenen Ö. erhebt, durch eine bewußte Entscheidung Rechnung trägt. Nicht der Ö. selbst, sondern die sich im Ö. abzeichnende gesellschaftl. Relevanz der Kirche kann in der staatl. Rechtsordnung zum Ausdruck kommen.

2. Die mit dem Ö. der Kirche zusammenhängende staatskirchenrechtl. Problematik läuft auf die Frage hinaus, ob das staatl. Recht den Kirchen die Realisierung des Ö. ermöglicht, wobei es natürl. einen Unterschied macht, ob die Realisierung ledigl. nicht behindert, oder auch gefördert wird.

Das Verf.recht in der Bundesrep. Dtschld. (→Grundgesetz) gewährleistet, daß die Kirchen in der Öffentlichkeit wirken und zu Fragen des öffentl. Lebens Stellung nehmen können. Das auf die Kirchen als Körperschaften anwendbare Grundrecht der →Glaubens- und Bekenntnisfreiheit einschließl. des Rechts auf freie Religionsausübung sowie das Grundrecht der →Meinungsfreiheit schützen die Kirchen davor, daß ihnen der Zugang zur Öffentlichkeit verstellt und die Äußerung zu öffentl. Belangen verwehrt wird. Freil. sind auch die Kirchen nicht von der Verpflichtung entbunden, verfassungsmäßige Begrenzungen jener Freiheitsrechte zu beachten.

Eine darüber hinausgehende Begünstigung im Sinne einer Respektierung des Ö. kann nicht aus der Eigenschaft der Kirchen als →Körperschaften des öffentl. Rechts (→Kirche und Staat) abgeleitet werden. Jene Eigenschaft begründet kein Rechtsverhältnis, das unter Hinweis auf den Ö. der Kirchen zu erklären wäre, wie teilweise angenommen wird; sie erleichtert allenfalls in mittelbarer Weise das Handeln gemäß dem Ö. Wenn die Kirchen angesichts der Zweiteilung der Rechtssubjekte in solche des →Privatrechts und solche des →öffentl. Rechts den letzteren zugeordnet werden, so werden ihnen dadurch nicht unmittelbar bestimmte Wirkungsmöglichkeiten garantiert. Für das Wirken der Kirchen in der Öffentlichkeit bedeutet die Zubilligung jener Rechtsform insofern eine Erleichterung, als diese nicht darauf angewiesen sind, sich der Rechtsform eines privatrechtl. Vereins zu bedienen. Die Verf.vorschrift, die den Kirchen die Rechtsform der Körperschaft des öffentl. Rechts gewährleistet, verhilft auch dazu, einen leitenden Gesichtspunkt für die Gesamtheit der staatskirchenrechtl. Verf.bestimmungen zu erkennen. Aus ihr ist im Zusammenhang mit den sonstigen Einzelgarantien (Besteuerungsrecht, kirchl. Vermögen, Anstalts- und Wehrmachtsseelsorge, kirchl. Feiertage) die Absicht des Verf.gebers zu entnehmen, die Kirchen vor einer Depossedierung hinsichtl. ihrer herkömml. öffentl. Wirkungsmöglichkeit zu bewahren. Daraus ergibt sich ein wesentl. Auslegungskriterium, nicht aber eine sachl. Erweiterung der Einzelgarantien über den Verf.text hinaus.

Die →Landesverfassungen von Baden-Württemberg (Art. 4 Abs. 2) und Rheinland-Pfalz (Art. 41 Abs. 1) heben die öffentl. Bedeutung der Kirchen ausdrückl. hervor, ohne daß sich aus den einschlägigen Formulierungen eine regelrechte Anerkennung des Ö. der Kirchen ableiten ließe.

3. Obwohl das Verf.recht keine Respektierung des Ö. der Kirchen gebietet, ist es dem Staat nicht verwehrt, die Kirchen als Faktoren des öffentl. Lebens in der Rechtsordnung in bes. Weise zu berücksichtigen und dadurch dem Ö. stärker entgegenzukommen. Der Staat verstößt nicht, wenn er den Kirchen gegenüber anderen Religionsgesellschaften insoweit eine Sonderstellung einräumt, gegen die verfassungsmäßige Pflicht zur Gleichbehandlung (→Gleichheitssatz, →Parität), sofern jeweils das bes. Gewicht der Kirchen als gesellschaftl. Faktoren für die bes. Berücksichtigung einen sachl. Gesichtspunkt abgibt. Ob, in welcher Hinsicht und in welchem Ausmaß der Staat der Bedeutung der Kirchen als Faktoren, die die Öffentlichkeit beeinflussen können, Rechnung tragen will, bleibt seiner politischen Verantwortung überlassen. Staatl. Maßnahmen, die das Wirken der Kirchen in der Öffentlichkeit erleichtern und daher teilweise als Anerkennung des kirchl. Ö. gewertet werden, zB die Berücksichtigung kirchl. Belange im Bauplanungsrecht, in der Rundfunkverf. und im Sozialhilferecht (→Subsidiaritätsprinzip), können nicht ohne weiteres und nicht in ihrer konkreten Form aus einer höherrangigen Verpflichtung des Staates abgeleitet werden, son-

dern beruhen auf einer zulässigen Erwägung des Gesetzgebers im Rahmen seines politischen Ermessens.

4. Die Erörterung der Frage, ob der Ö. der Kirche Relevanz für die staatl. Rechtsordnung besitzt, ist v. a. deshalb akut geworden, weil in den seit 1955 zwischen einzelnen Bundesländern und den ev. Kirchen geschlossenen *Kirchenverträgen* (→Vertragsstaatskirchenrecht) der „Öffentlichkeitsauftrag" der Kirchen ausdrückl. als Prämisse des Vertragsschlusses hingestellt wird. In sämtl. neueren Kirchenverträgen wurde die Formulierung der Präambel des niedersächs. Kirchenvertrags übernommen, in der es heißt, daß Staat und Kirchen den nachstehenden Vertrag, „in Übereinstimmung über den Öffentlichkeitsauftrag der Kirchen und ihre Eigenständigkeit beschlossen" haben. Aus der mit diesen Worten bekundeten Übereinstimmung wird vielfach entnommen, daß der Öffentlichkeitsauftrag der Kirchen nunmehr durch einen verbindl. Akt von staatl. Seite für das staatl. Recht als maßgebl. anerkannt sei und einen wesentl. Gesichtspunkt für die Deutung der staatskirchenrechtl. Gesamtsituation liefere. Teilweise wird sogar gefolgert, daß angesichts dieser Formulierung staatskirchenrechtl. Sätze des Verf.rechts i. S. einer Anerkennung des Ö. zu interpretieren seien. Dabei wird freil. in nicht begründbarer Weise der Unterschied zwischen der Ebene des Verf.rechts und der des Vertragskirchenrechts nivelliert und infolgedessen die Tragweite der erklärten Übereinstimmung überbewertet. Der Abschluß der Kirchenverträge unter den in den Präambeln beschriebenen Prämissen beruhte auf dem politischen bzw. kirchenpolitischen Ermessen der Partner, nicht auf der Absicht des Staates, das Verf.recht i. S. einer Anerkennung des Ö. weiterzubilden. Der Hinweis auf den Öffentlichkeitsauftrag der Kirchen ist gleichwohl sachgerecht, weil sich dieser Begriff in bes. Maße dazu eignet, die Voraussetzungen zu kennzeichnen, unter denen sich Staat und Kirche als gleichgeordnete Vertragspartner begegnen. Der Staat nimmt zur Kenntnis, daß die Kirche durch ihr Handeln, zu dem sie sich aufgrund ihres Öffentlichkeitsauftrags verpflichtet fühlt, ein Faktor von erhebl. öffentl. Bedeutung ist und darum in den Bereich hineinwirkt, auf den sich das staatl. Handeln bezieht. Der Staat hätte die Freiheit gehabt, die öffentl. Bedeutung der Kirche zu ignorieren und das beiderseitige Handeln in der Öffentlichkeit in einem beziehungslosen Verhältnis zu belassen. Es war aber seine politische Entscheidung, jener Öffentlichkeitsbedeutung durch die Initiative zum Vertragsschluß Rechnung zu tragen. Die im Zusammenhang mit dem Vertragsschluß erzielte Übereinstimmung über die Öffentlichkeitswirkung der Kirche bezieht sich nicht unmittelbar auf den kirchl. Auftrag, sondern auf die für den Staat wahrnehmbare Folge aus dem Auftrag der Kirche, näml. auf die Tatsache, daß die Kirche durch die Erfüllung ihres Auftrags zu einem wesentl. Faktor des gesellschaftl. Lebens geworden ist. Es ist also keine Übereinkunft darüber erzielt worden, daß nunmehr das mit dem Ö. verbundene kirchl. Selbstverständnis in eine Relation zur staatl. Rechtsordnung gebracht worden ist. Das Wächteramt der Kirche wird nicht zu einer Institution der staatl. Rechtsordnung. Die bekundete Übereinstimmung bedeutet nicht, daß Staat und Kirche die für ihre jeweilige Rechtsordnung verpflichtenden Leitbilder in Deckung gebracht hätten. Der Öffentlichkeitsauftrag der Kirchen wird vom Staat nicht als Auftrag im Rechtssinne gewertet, sondern als eine empirisch wahrnehmbare Tatsache. Wäre die Qualifikation als Auftrag beiderseits anerkannte Vertragsgrundlage, dann hätte der Staat die Befugnis erhalten, die Kirche ggf. zur richtigen Erfüllung ihres Auftrags anzuhalten. Weil der Staat durch die Bekundung jener Übereinstimmung kein irgendwie geartetes Rechtsverhältnis in die staatl. Rechtsordnung rezipiert, können allein aus jener Feststellung in der Präambel keine Veränderungen in den rechtl. Beziehungen zwischen Staat und Kirche hergeleitet werden. Es kann insbes. nicht gefolgert werden, daß von seiten des Staates der Kirche die Rechtspositionen zugebilligt wurden, die sie, von ihrem Standpunkt her gesehen, möglicherweise aus dem Ö. ableiten zu können glaubt. Trotzdem beschränkt sich die rechtl. Relevanz jener Formulierung der Präambel nicht ledigl. darauf, das Motiv für den Vertragsschluß anzuzeigen und damit ein Interpretationsmittel an die Hand zu geben. Der Staat hat eine bestimmte Auffassung hinsichtl. der auf Grund der Verf.bestimmungen nicht ganz eindeutig zu beantwortenden Frage nach dem Bestehen einer Staatskirchenhoheit dokumentiert: Indem er Eigenständigkeit und Öffentlichkeitsauftrag der Kirchen die maßgebl. zum Vertragsschluß veranlassenden Umstände nennt, tut er kund, daß durch einseitigen staatl. Hoheitsakt die erwünschte Anpassung des öffentl. Handelns der Kirchen an die Maßstäbe der staatl. Ordnung nicht zu bewerkstelligen ist. Die Bezugnahme auf den Ö. in den Vertragspräambeln macht somit eine wesensmäßige Schranke in der Hoheitsgewalt des Staates deutl., die diesen veranlassen kann, in einer bestimmten Hinsicht von einer Gleichordnung von Staat und Kirche auszugehen.

A. De Quervain, Der Ö. des Evangeliums, 1946[2] – S. v. Kortzfleisch, Verkündigung und „öffentl. Meinungsbildung", 1960 – W. Conrad, Der Öffentlichkeitsauftrag der Kirche, 1964 (Lit.) – W. Martens, Öffentlich als Rechtsbegriff, 1969 – W. Huber, Kirche und Öffentlichkeit, 1973 (Lit.) – K. Schlaich, in: HdbStKirchR, E. Friesenhahn und U. Scheuner (ed.), [II]1975, 231–272 (Lit.).

Dietrich Pirson

Ökumenische Bewegung. Unter diesem übergreifenden Stichwort werden die in der 2. Aufl. dieses Lexikons gesondert behandelten Themen „Ökumenische Bewegung", „Ökumenischer Rat der Kirchen“, „Kommission der Kirchen für Internationale Angelegenheiten“ und „Genfer Konsultation über Frieden und Abrüstung“ miteinander verbunden.

A. Ökumenische Bewegung. 1. Näherbestimmung. Die Kirchengeschichte des 20. Jh. ist wesentlich bestimmt durch das Aufkommen und Wirksamwerden der Ö.B. Mit ihr bezeichnen wir eine Erneuerungsbewegung unter den Christen und Kirchen, die von einzelnen Gruppen und führenden Persönlichkeiten ausging und zu einer weltweiten Bewegung der Kirchen geworden ist. „Ökumenisch“ wird dabei verstanden als Hinweis auf den weltweiten und „katholischen“ (d. h. alle Bereiche des Lebens und Auftrags der Kirchen einschließenden) Charakter dieser Bewegung, die auf die Sichtbarmachung der Einheit und Gemeinschaft der Christen und Kirchen ausgerichtet ist. „Bewegung“ deutet darauf hin, daß sich dieses Bemühen um die Einheit als ein geschichtlicher Prozeß vollzieht, der Wandlungen und Entwicklungen durchmacht, nicht einlinig verläuft, organisatorisch nicht voll einholbar ist und in einer unauflösbaren Wechselbeziehung zu säkularen Ereignissen und Entwicklungen steht.

2. Problem und Aufgabe. Ihre tiefsten Wurzeln hat die Ö.B. im neuen Ernstnehmen des bibl. Zeugnisses, wonach zum Wesen der Kirche Jesu Christi deren Einheit gehört. Es ist eine Einheit, die ihren Grund in dem einen Herrn der Kirche, im einen Glauben, in der einen Taufe, im einen Gott (Eph 4, 4 – 6) hat und die ein Abbild der Einheit von Vater, Sohn und Hl. Geist ist. Es ist eine Einheit, die immer geglaubt und im →Bekenntnis bekräftigt wurde, die aber durch die Spaltungen der Christenheit verdunkelt und unwirksam gemacht wurde. Der Aufbruch zur Überwindung dieses Widerspruchs zwischen Bekenntnis und gesch. Wirklichkeit geschah unter dem Eindruck der Katastrophen, Umbrüche, Probleme, Gefährdungen und Hoffnungen der Welt des beginnenden 20. Jh., die erstmalig als weltweit erfahren wurden. In diesem Kontext wurden die Spaltungen in der Christenheit, die ein geeintes missionarisches Zeugnis und eine gemeinsame Weltverantwortung verhinderten, schmerzlicher als je zuvor empfunden.

Die Ö.B. ist die Antwort auf diese Erfahrung im Gehorsam gegenüber dem bibl. Zeugnis. Sie findet ihren Ausdruck in vielfältigen Bemühungen, Arbeitsformen und Organisationen auf allen Ebenen kirchlichen Lebens. Sie wird von unterschiedlichen Konzeptionen getragen und ist nicht frei von Spannungen und Enttäuschungen. Sie hat noch nicht ihr Ziel erreicht, und ihre Vollendung wird sie nicht in dieser Geschichte, sondern in der eschatologischen Erfüllung aller Dinge finden. Aber sie hat christliche Gemeinschaft in Leben, Zeugnis und Dienst über alle konfessionellen, geographischen, politischen, kulturellen, rassischen und anderen Grenzen hinweg ermöglicht. Die Ö.B. hat sich darin als eine die Christenheit erneuernde und zusammenführende Bewegung erwiesen und auf diese Weise das Bewußtsein vieler Christen und die Beziehungen zwischen den Kirchen tiefgreifend verändert.

3. Vorläufer. Die Kirchengesch. ist, angesichts der Differenzen, Spaltungen und der ständigen Gefahr neuer Spaltungen, von Anfang an auch eine Gesch. der Einheitsbemühungen unter den Christen und Kirchen. Dies trat bereits in den ersten Christengemeinden, in den altkirchl. Konzilien, den spätma. Unionskonzilien (Ostkirche und lateinische Kirche), in →Reformation und →Humanismus und schließlich im →Pietismus in Erscheinung. Gerade vom Pietismus sind (neben der 1846 gegründeten „Ev. Allianz“) auch die unmittelbaren Vorläufer der modernen Ö.B. geprägt. Hinzu gehören: a) Die *Missionsbewegung,* in deren tragenden Kreisen im 19. Jh. die Erfahrung der in eine nicht-christl. Umwelt „exportierten“ Spaltungen zu ersten Bemühungen um Zusammenarbeit und Koordinierung führten. Erste regionale Missionskonferenzen fanden 1855 in Nordindien und 1900 in Südindien statt. In England und in den USA wurden interdenominationelle Missionsgesellschaften – 1855 in Dtschld. der Dt. Ev. Missions-Ausschuß – geschaffen und Missionskonferenzen abgehalten. Unter der Leitung von J. Mott, einem der bedeutendsten ökumenischen Pioniere, wurde 1910 die große, den Beginn der modernen Ö.B. markierende Weltmissionskonferenz in Edinburgh abgehalten. b) Die internationalen und interkonfessionellen *Jugendverbände* führten zu ersten Erfahrungen christl. Gemeinschaft über die konfessionellen, politischen und anderen Grenzen hinweg. Aus ihnen gingen viele der später in der Ö.B. führenden Männer und Frauen hervor. So wurden 1855 der „Weltbund Christlicher Vereine Junger Männer“ (CVJM) in Paris und 1894 der „Weltbund Christlicher Verbände Junger Frauen“ (CVJF) in London gegründet. Nationale Gruppen schlossen sich 1895 in Vadstena (Schweden) zum „Christlichen Studentenweltbund“ zusammen. c) Die Kirchen traten unter den Vorläufern der Ö.B. im 19. Jh. nur vereinzelt in Erscheinung. Sie begannen, abgesehen von Bemühungen um engere Beziehungen auf nationaler Ebene (zB USA), zunächst die weltweite Dimension der eigenen Konfessionsfamilie zu entdecken. Seit 1867 besitzt die Anglikanische Gemeinschaft in den regelmäßig stattfindenden „Lambethkonferenzen“ (zuletzt 1978) ihrer Bischöfe ein Organ gemeinsamer Beratung und Bewußtseinsbildung. 1875 wurde der →Reformierte Weltbund (RWB), 1889 die Utrechter Union der →Altkatholischen Kirchen, 1891 der Internationale Kongregationalistische Rat (1970 mit dem RWB vereinigt) geschaffen. Die anderen „Konfessionellen Weltbünde“ entstanden im 20. Jh. Doch schon 1886/1888 trat die Anglikanische Gemeinschaft mit dem „Lambeth-Quadrilateral“ (Hl. Schrift, altkirchliche Glaubensbekenntnisse, Taufe/Abendmahl und →Bischofsamt in apostolischer Sukzession) als erste

Konfessionsfamilie mit einem Einheitsprogramm hervor, das nach 1910 eine große Rolle spielen sollte.

4. Geschichte. Es war nicht nur das wachsende Bewußtsein für das ökumenische Problem und die ökumenische Aufgabe, das zu den verschiedenen Strukturen führte, in denen die Ö.B. im 20. Jh. Gestalt annahm. Auch die zeitgeschichtl. Umstände in den ersten Jahrzehnten dieses Jh. führten zu einer Erstarkung des ökumenischen Bewußtseins: Eine kleiner gewordene und zugleich von Weltkriegen, Nationalismus, neuen Ideologien und wirtschaftl. und sozialen Problemen zerrissene Welt erinnerte die Christenheit an ihr innerstes Wesen und ihren Auftrag. Die Friedensbemühungen kirchl. Persönlichkeiten und Gruppen in Europa, in denen Erzbischof N. Söderblom bereits eine führende Rolle spielte, führten 1914 zur Gründung des „Weltbundes für Freundschaftsarbeit der Kirchen". Nach Beendigung des 1. Weltkrieges setzte sich der Weltbund für die Repatriierung von →Kriegsgefangenen und die Schaffung eines Schiedsgerichts zur Lösung internationaler Streitigkeiten ein. Er beschäftigte sich u. a. mit der dt. Kriegsschuldfrage, dem Problem religiöser →Minderheiten, Fragen des →Völkerbundes und der Abrüstung. Da die Kirchen nicht offiziell Mitglieder waren und seine Zielsetzungen von anderen ökumenischen Organisationen in einem umfassenderen Rahmen aufgenommen wurden, rückte der Weltbund zunehmend an den Rand der Ö.B. und löste sich 1948 auf.

Der unermüdlichen Aktivität Söderbloms folgend, beschloß eine 1920 von ihm nach Genf einberufene Tagung, eine Weltkonferenz für *„Praktisches Christentum"* (Life and Work) abzuhalten. Damit war die Bewegung gleichen Namens geboren. Im gleichen Jahr hatte das Patriarchat von Konstantinopel in einem Rundschreiben die Kirchen zur Bildung eines „Bundes der Kirchen" aufgerufen. 1925 fand die 1. Weltkonferenz für Praktisches Christentum in Stockholm mit 500 Delegierten aus vielen Ländern und Kirchen statt. Wirtschaftliche, industrielle, soziale und sittliche Fragen sowie die internationalen Beziehungen der Völker, Probleme der christl. Erziehung und die Formen der praktischen und organisatorischen Zusammenarbeit der Kirchen standen auf dem Programm. Ein Fortsetzungsausschuß wurde gebildet, das Internationale Sozialwissenschaftliche Institut (Genf) gegründet und die 2. Weltkonferenz durch Studien und Tagungen vorbereitet. Diese fand ohne die Bekennende Kirche, der die Teilnahme untersagt war, 1937 in Oxford statt und spiegelte mit ihrem Hauptthema „Kirche, Volk und Staat" die Problematik vieler Kirchen in den dreißiger Jahren wider. Die Konferenz stimmte der Vereinigung mit der Bewegung für Glauben und Kirchenverfassung zum →ÖRK zu, die dann 1948 verwirklicht werden konnte.

Die Bewegung für *„Glauben und Kirchenverfassung"* (Faith and Order) begann bereits 1910, als die amerik. Episkopalkirche auf Anregung von Bischof Ch. Brent einen Ausschuß zur Vorbereitung einer Weltkonferenz für Glauben und Kirchenverfassung einsetzte. Nach einer vorbereitenden Konferenz 1920 in Genf ging dieser Plan einer Weltkonferenz 1927 in Lausanne in Erfüllung. Sie wurde von Brent geleitet und befaßte sich mit dem Wesen des Evangeliums und der Kirche, dem Glaubensbekenntnis, dem kirchl. Amt, den Sakramenten und der Einheit der Kirche. Wie nach Stockholm wurde die Arbeit von einem Fortsetzungsausschuß weitergeführt. Er setzte Studienkommissionen über die Lehre von der Gnade, Kirche und Wort Gottes, Amt und Sakramente und die vielfältigen Aspekte – auch die sog. „nichttheologischen" – der Einheit der Kirche ein. Die 2. Weltkonferenz, die 1937 unter der Leitung von Erzbischof W. Temple in Edinburgh stattfand, behandelte die Berichte der Studienkommissionen und formulierte dann ihre eigenen Berichte. Die Methode hat sich für die meisten größeren ökumenischen Konferenzen durchgesetzt. Die Weltkonferenz stimmte ebenfalls der Vereinigung mit der Bewegung für Praktisches Christentum zum ÖRK zu.

Der dritte große Strom der Ö.B., der seine organisatorische Ausdrucksform im *Internationalen Missionsrat* (IMR) fand, geht auf die Edinburgher Weltmissionskonferenz 1910 und den dort eingesetzten Fortsetzungsausschuß zurück. Besonders die Aktivität von J. Mott und J. H. Oldham führten 1921 zur Gründung des IMR in Lake Mohonk, USA. Im Unterschied zu den Bewegungen für Glauben und Kirchenverfassung und für Praktisches Christentum, die von den Kirchen getragen wurden, basierte der IMR auf der Mitgliedschaft von nationalen und regionalen Missionsräten und Christenräten. Die großen Stationen der Arbeit und Entwicklung des IMR bildeten seine Weltkonferenzen, auf denen Fragen der Zusammenarbeit und Grundfragen der Weltmission behandelt wurden: Jerusalem 1928, Tambaram (Madras) 1938, Whitby (Kanada) 1947, Willingen 1952 und Achimota (Ghana) 1958. Auf dieser letzten Konferenz wurde der Integration zwischen IMR und ÖRK zugestimmt, die 1961 in Neu-Delhi vollzogen wurde.

5. Ausdrucksformen der ökumenischen Bewegung. Die Ö.B. hat im 1948 gegründeten Ökumenischen Rat der Kirchen (ÖRK, vgl. unter B) ihr organisatorisches und geistiges Zentrum erhalten. Sie geht aber in ihren vielfältigen Ausdrucksformen weit über den ÖRK hinaus. Dies wurde besonders deutlich, als mit dem →Vatikanischen Konzil II die Röm.-kath. Kirche ein aktiver Partner in der Ö.B. wurde, aus ekklesiologischen und strukturellen Erwägungen heraus aber nicht dem ÖRK beitrat. Sie arbeitet mit ihm in vielen Bereichen zusammen, hat aber zugleich ein breites Spektrum eigener ökum. Aktivitäten entwickelt, die vor allem in bilateralen theol. Gesprächen mit anderen „weltweiten christl. Gemeinschaften" (früher: konfessionelle Weltbünde) ihren repräsentativen Ausdruck finden. Diese Gespräche, die zunehmend auch zwischen anderen weltweiten christl. Gemeinschaften geführt werden, haben zu bedeutsamen Übereinstimmungen und Konvergenzen geführt. Durch sie ist die ökum. Bedeutung dieser Gemeinschaften wesentlich verstärkt worden. Auch auf nationaler und regionaler Ebene nimmt die Zahl interkonfessioneller Gespräche ständig zu. Hier hat zB die „Leuenberger Konkordie" von 1973 zur Erklärung voller →Kirchengemeinschaft zwischen den meisten lutherischen, reformierten und unierten Kirchen Europas geführt.

Ökumenische Zusammenarbeit auf nationaler Ebene begann bereits zu Beginn dieses Jh. (zB 1905 Prot. Kirchenbund Frankreichs, 1908 „Federal Council of the Churches of Christ" in den USA). Seit den 50er Jahren wurden Christen- und Kirchenräte auch auf regionaler Ebene (Afrika, Asien, Konferenz Europäischer Kirchen, Lateinamerika, Pazifik, Karibik) und dann auch auf örtlicher Ebene geschaffen. Das Ringen um die Einheit der Kirche hat weiterhin zu einer Vielzahl von Unionsverhandlungen geführt, von denen einige zur Vereinigung konfessionsverschiedener Kirchen geführt haben (u. a. Vereinigte Kirche von Kanada 1925, Kirche von Südindien 1947, Vereinigte Ref. Kirche in England 1972, Kirche von Nordindien 1970). Schließlich findet die Ö.B. ihren Ausdruck in vielfältigen Formen ökum. Kontakte und Zusammenarbeit zwischen Gemeinden und Kirchen in verschiedenen kirchlichen Arbeitsbereichen (zB Jugend, Frauen, Akademien, theol. Fakultäten) und vor allem im gemeinsamen christl. Zeugnis und Handeln angesichts der Nöte und Herausforderungen unserer Zeit und Welt (Katastrophen, Unterentwicklung, Ungerechtigkeit, Friedensverantwortung, Umwelt, Sinnfrage). Alle diese Formen ökum. Bemühens machen die *eine* Ö.B. aus, die auf die Einheit der Christen und Kirchen im Glauben, in gottesdienstlich-sakramentaler Gemeinschaft und im gemeinsamen Zeugnis und Dienst in der Welt ausgerichtet ist.

B. Ökumenischer Rat der Kirchen. 1. Geschichte. Nachdem die beiden Weltbewegungen für Glauben und Kirchenverfassung und für Praktisches Christentum 1937 ihre Vereinigung zu einem ÖRK beschlossen hatten, kam der Ausschuß des „Ökumenischen Rates der Kirchen (im Aufbau begriffen)" erstmalig 1938 in Utrecht zusammen. Ein Verfassungsentwurf wurde ausgearbeitet und ein vorläufiges Generalsekretariat mit Dr. W. A. VISSER 'T HOOFT an der Spitze eingerichtet. Wegen des 2. Weltkrieges mußte die für 1941 geplante Gründungsversammlung verschoben werden. In den Kriegsjahren hielten die Büros in Genf, London und New York den Kontakt unter den Kirchen aufrecht, halfen Flüchtlingen und Kriegsgefangenen und planten den Wiederaufbau nach dem Kriege. Nach Kriegsende führte eine großangelegte ökumenische Not- und Wiederaufbauhilfe die Kirchen in ihrer ökumenischen Gemeinschaft noch stärker zusammen. Mit dem „Stuttgarter Schuldbekenntnis" des Rates der →EKD war der Weg frei geworden für den Wiedereintritt der dt. Kirchen in die ökumenische Gemeinschaft. Bereits 1946 wurde, zusammen mit dem IMR, die „Kommission der Kirchen für internationale Angelegenheiten" geschaffen. Auch das Ökumenische Institut in Bossey bei Genf wurde im gleichen Jahr eingerichtet.

Auf der *1. Vollversammlung* des ÖRK, die 1948 in *Amsterdam* stattfand und an der Delegierte aus 147 Kirchen teilnahmen, wurde der ÖRK offiziell gegründet, seine Verfassung und Satzungen angenommen, das Präsidium und der Zentralausschuß (Vorsitzender Bischof G. BELL) gewählt und Dr. VISSER 'T HOOFT im Amt des Generalsekretärs bestätigt. Die Arbeitsstruktur des ÖRK mit Studienprojekten, Konferenzen und zwischenkirchl. Hilfe wurde aufgebaut. 1952 hielt die Kommission für Glauben und Kirchenverfassung im ÖRK die *3. Weltkonferenz für Glauben und Kirchenverfassung in Lund* ab. 1954 fand die *2. Vollversammlung* des ÖRK in *Evanston* statt. Auf der *3. Vollversammlung* 1961 in *Neu-Delhi* wurden die Russ.-Orth. Kirche und andere große orth. Kirchen, erstmalig aber auch zwei Pfingstkirchen aufgenommen. Die Vereinigung mit dem IMR wurde vollzogen und dessen Arbeit durch die Kommssion für Weltmission und Evangelisation im ÖRK weitergeführt. 1963 fand die *4. Weltkonferenz für Glauben und Kirchenverfassung in Montreal* statt, erstmalig mit aktiver Beteiligung röm.-kath. Theologen. 1965 wurde die „Gemeinsame Arbeitsgruppe zwischen der Röm.-kath. Kirche und dem ÖRK" gebildet. Neben den verstärkten Beziehungen zu den →orth. Kirchen und zur Röm.-kath. Kirche gewannen die Kirchen aus der sog. „Dritten Welt" zunehmend an Bedeutung. Es waren nicht zuletzt die Probleme aus ihrem Bereich, die auf der *Weltkonferenz für Kirche und Gesellschaft* behandelt wurden, die 1966 in *Genf* stattfand. Ende 1966 übernahm Dr. E. C. BLAKE das Amt des Generalsekretärs. An der *4. Vollversammlung 1968 in Uppsala* nahmen 704 Delegierte aus nunmehr 235 Mitgliedskirchen teil. Die Teilnahme von über 750 Pressevertretern, neben vielen anderen Beratern und eingeladenen Gästen, weist auf das Maß an öffentl. Interesse hin, das der ÖRK und seine Tätigkeit finden. In Uppsala trat Dr. M. M. THOMAS als neuer Vorsitzender des Zentralausschusses an die Stelle von Dr. F. C. FRY. 1971 wurde eine neue Arbeitsstruktur für den Genfer Stab und die leitenden Kommissionen beschlossen und 1972 Dr. PH. POTTER zum neuen Generalsekretär gewählt. Im Dezember 1972/Januar 1973 fand in Bangkok die Weltkonferenz und Tagung der Kommission für Weltmission und Evangelisation über „Das Heil der Welt heute" statt.

Die 5. *Vollversammlung 1975 in Nairobi* stellte als Einheitskonzept die „konziliare Gemeinschaft" heraus und verabschiedete eine Verfassungsänderung im Blick auf die Funktionen des ÖRK. Erzbischof E. SCOTT wurde Moderator des Zentralausschusses. 1979 fand in Cambridge/Boston die *Weltkonferenz über „Glaube, Wissenschaft und die Zukunft"* statt. Dieser 2. Weltkonferenz des Arbeitsbereichs „Kirche und Gesellschaft" seit 1966 folgte 1980 in *Melbourne* wiederum eine *Weltmissionskonferenz* mit dem Thema „Dein Reich komme". Auf der *6. Vollversammlung 1983 in Vancouver* standen das gottesdienstliche Leben der Teilnehmer, die Sorge um Gerechtigkeit und Frieden sowie die starke Beachtung der 1982 von der Kommission für Glauben und Kirchenverfassung in Lima verabschiedeten Konvergenztexte über „Taufe, Eucharistie und Amt" im Mittelpunkt. Präsident Dr. H.-J. HELD wurde zum Moderator des Zentralausschusses gewählt, und Anfang 1985 trat Dr. EMILIO CASTRO die Nachfolge von Dr. POTTER als Generalsekretär an. Die 7. Vollversammlung ist für 1991 geplant. Ihr sollen eine Weltmissionskonferenz (1988), eine Weltkonferenz für Glauben und Kirchenverfassung (1989) und eine Weltkonferenz über Gerechtigkeit, Frieden und Integrität der Schöpfung vorausgehen.

2. Verfassung. Erster Art. der Verf. des ÖRK ist die sog. *Basis.* Sie lautet in der erweiterten Fassung von 1961: „Der ÖRK ist eine Gemeinschaft von Kirchen, die den Herrn Jesus Christus gemäß der Hl. Schrift als Gott und Heiland bekennen und darum gemeinsam zu erfüllen trachten, wozu sie berufen sind, zur Ehre Gottes, des Vaters, des Sohnes und des Hl. Geistes." Diese Formel war und ist nicht als Bekenntnis oder umfassende Darlegung des Glaubens gedacht. Sie will zum Ausdruck bringen, was die Kirchen im ÖRK zusammenhält und worin der Ausgangspunkt ihres Gesprächs und die Grundlage ihrer Zusammenarbeit besteht. Eine Kirche, die dem ÖRK beitreten möchte, muß der „Basis" zustimmen und bestimmte Voraussetzungen hinsichtlich ihrer Größe, Autonomie und Stabilität erfüllen. Über ihren Antrag entscheidet die Vollversammlung und, zwischen deren Tagungen, der Zentralausschuß.

Eine Neuformulierung der *Funktionen* des ÖRK wurde 1975 angenommen. An deren Spitze steht die Aufgabe, „die Kirchen aufzurufen zu dem Ziel der sichtbaren Einheit im einen Glauben und der einen eucharistischen Gemeinschaft, die ihren Ausdruck im Gottesdienst und im gemeinsamen Leben in Christus findet, und auf diese Einheit zuzugehen, damit die Welt glaube". Die anderen Aufgaben verweisen auf die Unterstützung und Förderung des gemeinsamen Zeugnisses und Dienstes der Kirchen und deren Erneuerung in Einheit, Gottesdienst, Mission und Dienst. Weitere Funktionsbestimmungen betreffen die Beziehungen zu nationalen und anderen ökumenischen Organisationen und zu konfessionellen Weltbünden und die Weiterführung der Arbeit der Bewegungen für Glauben und Kirchenverfassung und für Praktisches Christentum sowie des Internationalen Missionsrates und des Weltrates für Christliche Erziehung.

Die *Vollmachten* des ÖRK sind verfassungsmäßig sehr begrenzt: Er bietet die Möglichkeit zum gemeinsamen Vorgehen in Fragen gemeinsamen Interesses, er kann im Auftrage von Mitgliedskirchen in solchen Fragen handeln, die ihm eine oder mehrere Kirchen übertragen, er hat das Recht, regionale oder weltweite Konferenzen einzuberufen. Er besitzt keinerlei gesetzgebende Gewalt und handelt in keiner Weise im Namen der Kirchen (abgesehen von den genannten Fällen). Der ÖRK ist also ein föderatives Organ, bei dem das Recht der Mitgliedskirchen über dem Recht der Gemeinschaft steht. Lediglich in den Entscheidungen über die Aufnahme neuer Mitgliedskirchen, über seine Verf. und über die Richtlinien, Struktur und Programme seiner Arbeit und in der Wahl des Zentralausschusses, des Generalsekretärs und der leitenden Mitarbeiter ist der ÖRK den Mitgliedskirchen rechtl. vorgeordnet. Natürlich lassen sich Bedeutung, Wirkung und Einfluß einer Organisation nicht allein an deren Verf. ablesen. Sie hängen wesentl. auch davon ab, ob das, was im Rahmen des ÖRK beschlossen, gesagt und getan wird, genügend Überzeugungskraft und sachliches Gewicht besitzt, um von den Mitgliedskirchen und ihren Gliedern angenommen und von der breiteren Öffentlichkeit beachtet zu werden.

Oberstes entscheidendes Organ des ÖRK ist die *Vollversammlung,* die in Abständen von etwa 7 Jahren zusammentritt. Sie setzt sich aus den offiziellen Delegierten der Mitgliedskirchen zusammen. Die Sitze der Vollversammlung werden vom Zentralausschuß den Mitgliedskirchen unter Berücksichtigung der zahlenmäßigen Größe, konfessionellen Vertretung und geographischen Verteilung zugewiesen. Ein Drittel der Delegierten sollen Laien sein. Die Vollversammlung wählt die Präsidenten und den Zentralausschuß des ÖRK. Sie soll die Richtlinien der Arbeit des ÖRK bestimmen, dessen Programme überprüfen und bestimmte Aufgaben an den Zentralausschuß delegieren. Die Vollversammlungen haben sich bisher als die großen Wegemarken in der Gesch. des ÖRK erwiesen, an denen grundsätzliche Entscheidungen für die Struktur und Arbeit des ÖRK getroffen wurden und deren Debatten und Berichte die gegenwärtige Situation der Christenheit wie auch die Fortschritte und Schwierigkeiten im Ringen um die Einheit der Kirchen widerspiegelten.

Zwischen den Vollversammlungen ist der jährlich tagende *Zentralausschuß* oberstes Leitungsorgan des ÖRK. Seine 150 Mitglieder, von der Vollversammlung nach ähnlicher Sitzverteilung wie bei den Delegierten der Vollversammlung gewählt, sollen u. a. die einzelnen Arbeitsprogramme des ÖRK genehmigen, den Generalsekretär und die leitenden Mitarbeiter ernennen und die Vollversammlungen vorbereiten. Durch seinen jährlichen Tagungsrhythmus, seine (noch) überschaubare Zusammensetzung und die engeren Kontakte zum Genfer Stab bestimmen der Zentralausschuß und der ihm zuarbeitende *Exekutivausschuß* sehr viel direkter die Arbeit des ÖRK, als dies der Vollversammlung möglich ist.

3. Arbeitsstruktur. Nach 1948 hatte sich für das Genfer Büro eine Arbeitsstruktur herausgebildet, die neben dem Generalsekretariat und den ihm zugeordneten Finanz- und Informationsbüro drei Abteilungen, nämlich für Studien, ökumenische Aktivität und zwischenkirchl. Hilfe, vorsah. 1961 kam die Abteilung für Weltmission und Evangelisation hinzu. Den Vorschlägen eines Strukturausschusses folgend stimmte der Zentralausschuß 1971 in Addis Abeba einer neuen Struktur zu. Die bisherigen Abteilungen und Referate wurden in drei *„Programmeinheiten"* zusammengefaßt: *1. Glauben und Zeugnis* mit den Untereinheiten Glauben und Kirchenverfassung; Weltmission und Evangelisation; Dialog mit Menschen verschiedener Religionen und Ideologien; Kirche und Gesellschaft. *2. Gerechtigkeit und Dienst* mit den Untereinheiten Zwischenkirchliche Hilfe, Flüchtlings- und Weltdienst; Internationale Angelegenheiten; Programm zur Bekämpfung des Rassismus; Kirchl. Entwicklungsdienst; Christl. Gesundheitskommission. *3. Bildung und Erneuerung* mit den Untereinheiten Erneuerung und Gemeindeleben; Theol. Ausbildung; Frauen in Kirche und Gesellschaft; Jugend; Bildung. Jeder der Untereinheiten ist eine Kommission oder ein Arbeitsausschuß zugeordnet, von denen die Arbeit geplant und mit ausgeführt wird. Die Bibliothek des ÖRK, das Ökumenische Institut in Bossey bei Genf sowie die Kommunikations-, Finanz- und Personalabteilung sind dem Generalsekretariat direkt zugeordnet, das für die Koordinierung der Arbeit und die Beziehungen zu den Mitgliedskirchen, Leitungsgremien des ÖRK, weltweiten christl. Gemeinschaften (bes. Röm.-kath. Kirche) und nationalen und regionalen ökum. Organisationen verantwortlich ist.

4. Wirksamkeit. Dem ÖRK gehören heute (1985) 310 Kirchen an. Mit Ausnahme der Röm.-kath. Kirche sind alle Konfessionen vertreten. Zur Röm.-kath. Kirche bestehen aber vielfältige Kontakte und Arbeitsbeziehungen, die von der „Gemeinsamen Arbeitsgruppe" zwischen ÖRK und Röm.-kath. Kirche koordiniert und angeregt werden. Der Genfer Mitarbeiterstab (z. Z. über 250) ist für die Durchführung der Programme, Studien, Projekte und Kontakte verantwortlich. Wesentliche Studienprojekte gelten dem Bemühen um die sichtbare Einheit der Kirche (so bes. das Konvergenzdokument über „Taufe, Eucharistie und Amt" von 1982), dem gemeinsamen Zeugnis in Mission, Evangelisation und Dienst, der theologischen und christlichen Erziehung und der Erneuerung des kirchlichen Lebens, dem Dialog mit anderen Religionen und der Weltverantwortung der Christen. Angesichts von Katastrophen und Notsituationen leistet der ÖRK Not- und Wiederaufbauhilfe. Er trägt zur Wiederansiedlung von Flüchtlingen bei und beschäftigt sich mit den Problemen der Gastarbeiter. Er unterstützt zahlreiche Projekte, vor allem in der Dritten Welt, auf dem Gebiet der kirchl., sozialen, erzieherischen, medizinischen Arbeit und im Bereich der allgemeinen Entwicklungshilfe. Durch Seminare, Stipendien sowie Kurse im Ökum. Institut von Bossey und durch zahlreiche Konferenzen hat er viele Menschen zu ökum. Erfahrungen und Engagement verholfen. Der ÖRK beschäftigt sich intensiv mit Fragen der →Religionsfreiheit und →Menschenrechte, der wirtschaftlichen, sozialen und rassischen Gerechtigkeit, der Sicherung des Friedens und der Bewahrung der Schöpfung. In politischen Krisensituationen versucht er, vermittelnd einzugreifen. Für die Jahre bis zur Vollversammlung 1991 soll ein umfassendes Programm über „Gerechtigkeit, Frieden und die Integrität der Schöpfung" der Arbeit eine gemeinsame Orientierung geben. Der ÖRK ist auf Weltebene der christl. Partner der internationalen Organisationen geworden, und im Bewußtsein der Weltchristenheit wird er, trotz mancher Kritik an einzelnen Stellungnahmen und Programmen, als das umfassendste Instrument im Ringen um die Einheit der Kirche und für gegenseitige Beratung, Zusammenarbeit und öffentliche Wirksamkeit auf internationaler Ebene anerkannt.

5. Wesen. Angesichts der Tatsache, daß der ÖRK eine völlig neue Struktur ökumenischer Beratung und Zusammenarbeit auf Weltebene darstellt, aber auch aus der Sorge mancher Kirchen heraus, diese Organisation könnte die Selbständigkeit der Kirchen einschränken oder gar zu einer „Superkirche" werden, ist immer wieder die Frage nach dem Wesen des ÖRK gestellt worden. Sie wurde zunächst in der sog. „Toronto-Erklärung" des Zentralausschusses (1950) abgrenzend beantwortet: Der ÖRK ist und wird keine „Überkirche", er vertritt keine bestimmte Ekklesiologie (→Kirche) oder Einheitskonzeption, die Mitgliedskirchen müssen einander nicht als Kirchen im vollen Sinne anerkennen, etc. Versuche, gerade die ekklesiologische Bedeutung des ÖRK positiv zu umreißen, stießen auf Widerstand. Es ist aber keine Frage, daß die bedeutsamen und z. T. auch weitreichenden Ergebnisse und Erfahrungen, zu denen die Mitgliedskirchen durch den Dialog, die Beratung und die Zusammenarbeit im ÖRK gelangt sind, nicht mehr mit jenen Aussagen von 1950 erfaßt werden. Das Wesen des ÖRK ist also repräsentativ und instrumental, als ein Dienstorgan seiner Mitgliedskirchen, zu bestimmen. Indem er aber Gemeinschaft, geistl. Erfahrungen, das Bewußtsein universaler Zusammengehörigkeit und gemeinsamen Dienst und gemeinsames Zeugnis ermöglicht, ist er mehr als ein bloßer Zweckverband. Durch ihn und in ihm verwirklichen sich Elemente kirchl. Lebens und kirchl. Auftrags. Daher kommt ihm auch eine ekklesiologische Bedeutung zu, die allerdings mit unseren überkommenen Kategorien nur schwer zu erfassen und zu formulieren ist.

Günther Gaßmann

C. Kommission der Kirchen für Internationale Angelegenheiten (KKIA = K). Gemeinsames christl. Zeugnis und gemeinsames Handeln in der Welt sind eine der zentralen Aufgaben des ÖRK, die er als Instrument seiner Mitgliedskirchen zu erfüllen trachtet. Mehrere Arbeitsbereiche des ÖRK dienen der Wahrnehmung solcher Weltverantwortung. Unter diesen kommt der K. eine besondere Bedeutung zu.

1. Geschichte. Seit ihren Anfängen zu Beginn dieses Jahrhunderts ist die ökum. Bewegung ganz stark von internationalen politischen, sozialen und wirtschaftlichen Fragen bestimmt worden. Es war gerade die Erfahrung des weltweiten Charakters solcher Fragen, die ein wichtiger Anstoß dafür war, die Aufgaben und Möglichkeiten einer weltweiten Christenheit zu erkennen – einer Christenheit, die allerdings gespalten war und darum erst zu einer engeren Gemeinschaft zusammengeführt werden mußte, damit sie in die Lage versetzt werden konnte, einen Beitrag zur Lösung internationaler Probleme leisten zu können. So wurde bereits 1914 der „Weltbund für Freundschaftsarbeit der Kirchen" gegründet, in dem die Friedensarbeit der Kirchen einen internationalen Rahmen fand. Ein Höhepunkt in der Geschichte dieses Weltbundes war eine Friedenskonferenz 1928 in Prag mit über 500 Teilnehmern. 1948 löste sich der Weltbund auf, da seine Anliegen vom neugegründeten ÖRK und besonders dessen K. aufgenommen und weitergeführt wurden. In stärkerer Verbindung mit den Kirchen entstand nach dem 1. Weltkrieg eine Bewegung, die sich ebenfalls, aber in größerer Breite, der Förderung gemeinsamer christlicher Weltverantwortung im internationalen Kontext verpflichtet wußte, die Bewegung für „Praktisches Christentum" (Life and Work). Neben den Friedensbemühungen beschäftigte sie sich mit den damals aufbrechenden Fragen des Verhältnisses von Volk, Staat und Kirche, der Säkularisierung, des Aufkommens mächtiger Ideologien und der Konzipierung angemessener wirtschaftlicher und sozialer Ordnungen. Die beiden Weltkonferenzen dieser Bewegung in Stockholm 1925 und Oxford 1937 sind wesentliche Meilensteine in der Entwicklung einer ökumenischen →Sozialethik. 1948 vereinigte sich „Life and Work" mit der Bewegung für Glauben und Kirchenverfassung zum ÖRK. Ein Teil ihrer Zielsetzungen wurde von der K. weitergeführt.

Die K. wurde bereits zwei Jahre vor der Bildung des ÖRK gegründet. Dies geschah auf einer Tagung vom 4. bis 7. August 1946 in Cambridge/England, die von John Foster Dulles geleitet wurde. Die Empfehlung hierzu kam vom Vorläufigen Ausschuß des ÖRK. Die K. sollte als ständige Kommission dem ÖRK und IMR „Anregungen und Hinweise für die Beschäftigung mit internationalen Programmen geben". Am 1. Januar 1947 konstituierte sich die K. formell. In den Jahren danach wurden Büros in New York, London und Genf eingerichtet. Erster Präsident der K. war F. M. Baron van Asbeck (Niederlande), Vizepräsidenten waren: John Foster Dulles (USA), C. L. Hsia (China) und Eivind Berggrav (Norwegen). Bleibende Verdienste um die Prägung und Wirksamkeit der Arbeit der K. erwarben sich der langjährige Vorsitzende der K., Sir Kenneth Grubb (England), und deren Direktor bis 1968, der lutherische Theologieprofessor Frederick Nolde (USA). Noldes Nachfolger wurde Dr. Leopoldo J. Niilus (Brasilien), und seit 1981 ist Ninan Koshy (Indien) Direktor der K. Seit 1971 ist die K. Teil der Programmeinheit II des ÖRK „Gerechtigkeit und Dienst".

2. Aufgabe und Zielsetzung. Die *Satzung* der K. wurde von Zeit zu Zeit überarbeitet, um sie neuen Entwicklungen und Erfordernissen anzupassen. Im gegenwärtigen (1985) Wortlaut setzt die Aufgabenbeschreibung mit einer theol. Präambel ein. In ihr wird die Aufgabe der K. als Zeugnis für die Menschwerdung und Auferstehung Christi beschrieben, das zum Ausdruck kommt im Dienst an Menschen im Bereich internationaler Beziehungen und in der Förderung von Versöhnung und weltweiter Gemeinschaft. Diese Aufgabe erfordert Beschäftigung mit aktuellen und konkreten Problemen wie auch die Erarbeitung allgemeiner christl. Zielsetzungen. Allgemein soll dies geschehen, indem die K. dem ÖRK und seinen Gremien und Einrichtungen, den Mitgliedskirchen und den nationalen und regionalen ökum. Gremien mit Informationen und Vorschlägen im Blick auf internationale Probleme dient und für sie ein Instrument der Beratung und Entscheidung, der Formulierung christl. Auffassungen zu Fragen von weltweiter Relevanz und zur wirksamen Anwendung solcher Auffassungen ist. Sie soll weiterhin die Aufmerksamkeit der Kirchen und Räte von Kirchen auf solche Probleme richten, die eine besondere Herausforderung für das christl. Gewissen darstellen, und Vorschläge machen, wie Christen im Blick auf solche Probleme wirksam handeln können.

Die Satzung zählt dann eine ganze Reihe mehr spezifischer *Aufgaben und Funktionen* auf, so die Förderung a) von Frieden in Gerechtigkeit und Freiheit, b) der Entwicklung des internationalen →Rechts und wirksamer internationaler Institutionen (→Internationale Organisationen), c) der Achtung und Durchsetzung der Menschenrechte (→Grundrechte, →Menschenwürde) und Grundfreiheiten unter bes. Berücksichtigung des Problems der →Religionsfreiheit, d) der Abrüstungsbemühungen (→Abrüstung), e) von wirtschaftlicher und sozialer Gerechtigkeit durch internationale Zusammenarbeit, f) der Verpflichtung aller Nationen, sich für das Wohlergehen aller Völker und den Aufbau freier politischer Institutionen, die diesem Ziel dienen, einzusetzen, g) des Rechts auf Selbstbestimmung (→Selbstbestimmungsrecht) von Völkern unter fremder oder kolonialer Herrschaft, h) der internationalen Unterstützung von sozialen, kulturellen, erzieherischen und humanitären Bemühungen, i) der Anerkennung des Prinzips durch alle Nationen, daß Erde, Meere und Weltraum gemeinsames Erbe der Menschheit sind.

Um diese vielfältigen Aufgaben zu erfüllen, soll die K. a) bei der Formulierung von ÖRK-Richtlinien zu internationalen Angelegenheiten beratend mitwirken, b) auch die Kirchen und nationalen und regionalen Gremien in solchen Fragen unterstützen, c) nationale und internationale politische Entwicklungen verfolgen, analysieren und interpretieren, d) Studien zu Problemen der internationalen Gerechtigkeit, der Weltordnung und des Friedens veranlassen, e) für einen Austausch von Informationen, Erfahrungen, Studien und konkreten Schritten in internationalen Fragen unter den Kirchen sorgen, f) in Fragen, die den ÖRK oder seine Mitgliedskirchen betreffen, bei Regierungen vorstellig werden, g) Kontakte zu Kirchen und ökum. Organisationen außerhalb des ÖRK sowie zu internationalen Organisationen pflegen und den ÖRK und seine Mitgliedskirchen gegenüber diesen Organisationen vertreten.

3. Strukturen und Arbeitsweise. Für diese umfassende Aufgabenstellung steht nur ein kleiner *Mitarbeiterstab* in Genf und ein kleines Kontaktbüro zur UNO (→Vereinte Nationen) in New York zur Verfügung. Deren Arbeit wird unterstützt durch Kontaktpersonen in vielen Ländern, Stellen und Gremien mit entsprechender Aufgabenstellung in Kirchen, nationalen und regionalen Räten von Kirchen und anderen ökum. Organisationen und vor allem durch die Kommissionsmitglieder selbst. Die K. besteht aus 30 *Mitgliedern,* die vom Zentralausschuß des ÖRK ernannt werden. Sie kommt einmal im Jahr zusammen und ist in ihrer Arbeit dem Exekutiv- und Zentralausschuß gegenüber verantwortlich. Die K. kann Berater heranziehen und beratende Ausschüsse einsetzen (zB über Menschenrechte). Vorsitzender der Kommission ist seit 1984 Prof. Dr. TH. VAN BOVEN (Niederlande). Die K. hält eigene Konferenzen ab, führt Studien durch, veröffentlicht regelmäßig Hintergrundinformationen zu spezifischen Themen, gibt eigene Stellungnahmen heraus und leitet solche und andere Stellungnahmen internationalen Organisationen und Konferenzen zu. Die K. bereitet vor allem alle öffentlichen Erklärungen der ÖRK-Vollversammlungen und des Exekutiv- und Zentralausschusses vor. Ihr Eingreifen in Konfliktsituationen geschieht häufig durch persönliche Vermittlungsbemühungen, die selten einer breiteren Öffentlichkeit bekannt werden. Seit dem II. Vatikanischen Konzil haben sich enge Kontakte mit röm.-kath. Stellen (bes. „Justitia et Pax") entwickelt.

Von besonderer Bedeutung für die Arbeit der K. sind die Beziehungen zu den *Vereinten Nationen* (UN), ihren Unterorganisationen sowie zu anderen nichtstaatl. Organisationen (NGO). Die K. ist registriert bei der Abteilung für öffentl. Information der UN. Acht UN-Sonderorganisationen haben der K. einen Berater-Status eingeräumt. Sie gelangt dadurch in den Besitz von Dokumenten und Berichten über die von der UN und von den UN-Sonderorganisationen behandelten Fragen. Sie ist dadurch berechtigt, durch einen Beobachter in allen öffentl. Konferenzen der UN-Organe und der UN-Sonderorganisationen vertreten zu sein, und unterrichtet sie darüber, in welcher Weise von kirchl. Seite ggf. Stellung genommen worden ist. Solche Kontakte bestehen seit vielen Jahren zu folgenden UN-Sonderorganisationen und anderen internationalen Initiativen: Wirtschafts- und Sozialrat der UN (Economic and Social Council, ECOSOC), Ernährungs- und Landwirtschaftsorganisation (Food and Agriculture Organisation, FAO), Erziehungs-, Wissenschafts-, Forschungs- und Kulturorganisation (United Nations Educational Scientific and Cultural Organisation, UNESCO), Internationaler Kinderhilfsfonds der UN (United Nations Children's Fund, UNICEF), Internationale Arbeitsorganisation (International Labour Organisation, ILO), Büro des Hohen Kommissars der UN für Flüchtlingsfragen (United Nations High Commissioner for Refugees, UNHCR), Konferenz für Handel und Entwicklung (→Entwicklungshilfe) der UN (The United Nations Conference on Trade and Development, UNCTAD), Umweltschutzprogramm der UN (United Nations Environment Program, UNEP), Weltgesundheitsorganisation (World Health Organisation, WHO), Zusammenschluß der nichtstaatlichen Organisationen (Non-Governmental-Organisations, NGO), Zwischenstaatl. Ausschuß für Wanderungsfragen in Europa (Inter-Governmental Committee for European Migration, ICEM) und Gremien der →Europ. Gemeinschaft (EG).

Durch die Mitarbeit im Wirtschafts- und Sozialrat der UN ergab sich ein intensives Zusammenwirken mit der Kommission für Menschenrechte sowie mit der Kommission über die Stellung der Frau sowie mit dem Ausschuß für Technische Hilfe. Aufgrund ihres Kontaktes zur FAO war die K. beteiligt an der Vorbereitung der später weltweit beachteten „Freiheit von Hunger"-Kampagne („Freedom from Hunger-Compaign"). Die Verbindung mit der Arbeit der UNESCO richtete die Aufmerksamkeit des ÖRK insonderheit auf die Aufgabe der Erziehungsplanung in der Dritten Welt. In zunehmendem Maße bewähren sich in speziellen akuten Krisensituationen Kooperation und gemeinsame Planung mit den nichtstaatl. Organisationen (NGO). Im Blick auf die militärpolitische Entwicklung galt die besondere Aufmerksamkeit der K. den SALT-Gesprächen (Strategic Arms Limitation Talks) in Helsinki 1973 über eine Begrenzung der strategischen Rüstung und den in Wien ebenfalls 1973 aufgenommenen MBFR-Gesprächen (Mutual Balanced Force Reduction) über eine gegenseitige ausgewogene Rüstungsverminderung. Mit eigenen Initiativen auf verschiedenen Ebenen begleitete die K. die Waffenstillstandsverhandlungen für Vietnam, vor allem 1973 in Paris, und die in Genf Ende des gleichen Jahres abgehaltene Friedenskonferenz für den Nahen Osten. Mit eigenen Beiträgen unterstützte die K. ferner die UN-Konferenz für Umweltschutz in Stockholm 1972 sowie die Reihe der UNCTAD-Konferenzen. Kontakte bestehen schließlich zur Konferenz für Sicherheit und Zusammenarbeit in Europa (KSZE).

4. Schwerpunkte. In den zurückliegenden zwei Jahrzehnten hat die K. ein breites Raster konkreter Aktionsmöglichkeiten entwickelt. Außer den Beiträgen zur Bildung einer öffentl. Meinung und der rechtzeitigen und umfassenden Information der Kirchen über aktuelle Krisen und Spannungen gehören in zunehmendem Maße dazu: die Früherkennung von internationalen Konflikten und Vorgängen von übernationaler Bedeutung, die Untersuchung und Behandlung ihrer Ursachen, das Vermittlungsangebot zwischen Parteien in Konfliktsituationen, das Bemühen um Kontakte zwischen den Fronten durch Entsendung eigener Mitarbeiter, Sofortaktionen zur Sicherung elementarster Menschenrechte, eigene Beiträge bei internationalen Konferenzen und schließlich die Bekundung der Aufmerksamkeit und des Engagements der Kirchen grds. in allen das nationale und internationale Zusammenleben angehenden Fragen. Dabei spielen folgende *Problemkreise* eine vorrangige Rolle: Frieden und Sicherheit, die Durchsetzung der Menschenrechte und der Kampf gegen jede Form des Rassismus (→Rasse 3).

a) *Friede und Sicherheit.* Auf allen seinen Vollversammlungen, zuletzt in Vancouver 1983, bei seinen Zentralausschuß-Tagungen und anderer Gelegenheit hat der ÖRK ein eindeutiges Bekenntnis zum Frieden und zur Bereitschaft, sich für die Erhaltung des Friedens einzusetzen, abgelegt. Diese Aktivität der Ökumene reicht zurück in die Jahre des Zweiten Weltkrieges. Nach dem Kriege gab die I. Vollversammlung des ÖRK in Amsterdam 1948 den Kirchen, unter ihnen Kirchen aus ehemaligen Feindesländern, Gelegenheit, das Jahre zuvor in der Getrenntheit vergeblich Gesagte nunmehr gemeinsam zu sagen: „Der Krieg läuft dem Willen Gottes zuwider. Der Krieg als Mittel zur Lösung von Streitfragen ist unvereinbar mit der Lehre und dem Vorbild unseres Herrn Jesus Christus." Die folgenden Vollversammlungen des ÖRK sowie die Tagungen des Zentralausschusses und der K. haben die Forderung nach Frieden und Sicherheit in der Welt jeweils im Blick auf akute Fragestellungen und Vorgänge neu ausgelegt und konkretisiert. Es kam dabei zu folgenden Feststellungen: „Oberstes Anliegen muß stets die Verhinderung des Krieges an sich sein, denn das Übel des Krieges ist eine Versündigung am geistl. Wesen des Menschen" (1957). An die Kirchen erging der Appell, sie dürften sich nicht damit begnügen, nur „öffentl. zu verkündigen, daß der Krieg ein Übel ist". Es sei vielmehr unerläßlich, „die psychologischen und sozialen, die politischen und wirtschaftl. Ursachen des Krieges ausfindig zu machen, sie zu analysieren und bei ihrer Beseitigung zu helfen" (1954). In realistischer Einschätzung damaliger Vorgänge konstatierte die K. den im wesentl. unverändert gebliebenen Tatbestand, daß „jede Phase des internationalen Lebens in wachsendem Maße durch den Zusammenstoß von nationalen Interessen, sozialen Systemen und Ideologien beherrscht wird. Feindselige Propaganda, Grenzzwischenfälle und ein selbstmörderisches Wettrüsten in Waffen, die tödlicher sind als alles, was bisher verwendet wurde, kennzeichnen eine Situation, auf die das Wort Friede nicht zutrifft." Als einen Ausweg aus einer Vorstellung vom Frieden, der keiner ist, und aus einer Koexistenz, die das Gefühl des Bedrohtseins nicht schmälert, hat die K. schon Anfang der sechziger Jahre den Verantwortlichen die Forderung nahezubringen versucht: „Die Gefahren, die eine Koexistenz in sich birgt, können durch eine starke Betonung des friedl. Wettbewerbs und der wachsenden Zusammenarbeit vermindert werden! Friedl. Konkurrenz da, wo Unterschiede bestehen, und Zusammenarbeit da, wo keine grundlegenden Prinzipien aufs Spiel gesetzt werden: beides erfordert hartes Bemühen" (1960).

Gemeinsam mit verantwortungsbewußten Kräften in den Kirchen und der Weltöffentlichkeit vertritt die K. die Ansicht, daß eine auf eine Verständigung ausgerichtete Politik der Staaten und deutliche Schritte in der Abrüstung vorrangige Voraussetzungen im Streben um Frieden und Sicherheit sind. Dementsprechend begrüßt die K. grds. eine um Ausgleich bemühte Politik der Großmächte in Ost und West. Im gleichen Sinne ist von den Kirchen in der Ökumene eine auf Entspannung zielende Politik in Europa positiv aufgenommen und weithin aktiv unterstützt worden, darunter vor allem die Vertragspolitik der Bundesrep. Dtschld. mit der UdSSR, Polen, der DDR und anderen sozialistischen Ländern. In diesem Prozeß der Bemühungen um Annäherung und Verständigung (1971/1974) hält auch die K. erkennbare Maßnahmen zur Verminderung des Waffenpotentials auf allen Seiten für unerläßlich. Bereits 1955 stellte die K. fest: Im Streben nach Frieden und Sicherheit sind „sich gegenseitig ergänzende Verfahren zur Verminderung der Rüstung unter internationaler Überwachung und Kontrolle sowie zur Entwicklung von international akzeptierten Methoden für die friedl. Beilegung von Streitigkeiten oder die friedl. Beseitigung bestehender Ungerechtigkeiten" unbedingt erforderlich. Erst rund 15 Jahre später kam es zur Vorbereitung und

Durchführung speziell der Abrüstung und der Sicherheit dienender internationaler Konferenzen. Dazu sind in erster Linie zu rechnen die 1973 geführten SALT-Gespräche in Helsinki, die im gleichen Jahr begonnene Konferenz für ausgewogene gegenseitige Rüstungsbegrenzung (MBFR) in Wien sowie die Konferenz für Sicherheit und Zusammenarbeit in Europa (KSZE) zunächst in Helsinki, dann in Genf. Diese und andere Schritte einer kontrollierten Verminderung des Rüstungspotentials sind von der K. mit Nachdruck gutgeheißen worden. Dabei machte die Ökumene zugleich auf den „internationalen Skandal" der Waffenlieferung in andere Länder aufmerksam, die „die Kriegsgefahr in vielen spannungsgeladenen Gebieten" erhöhten (1968). Im Zusammenhang mit Frieden und Sicherheit hat die K. wiederholt auf die Gefahr atomarer (→ABC-Waffen) Zerstörungen hingewiesen. Einstimmig stellten die im ÖRK zusammengeschlossenen Kirchen in Uppsala 1968 fest, daß „von allen Arten des Krieges der Atomkrieg der schwerste Schlag gegen das menschl. Gewissen" sei. „Die Vermeidung eines Krieges mit atomaren, biologischen oder chemischen Mitteln ist zu einer Bedingung für menschl. Überleben geworden. Dieser Satz gilt nicht nur wegen des selbstmörderischen Charakters eines solchen Krieges, sondern wegen des bleibenden genetischen Schadens im Gegensatz zu einem ‚konventionellen Krieg'." Angesichts dieser Situation habe jede Regierung die Pflicht: „einen derartigen Krieg zu verhindern; das gegenwärtige Wettrüsten aufzugeben; sich bereit zu erklären, nie als erste Atomwaffen einzusetzen; Experimente mit und die Produktion von Waffen zur Massenvernichtung durch biologische und chemische Mittel einzustellen und vom Gleichgewicht des Schreckens weg die Abrüstung anzustreben". Ferner wird verlangt, daß ausnahmslos alle Nationen den Atomsperrvertrag unterzeichnen (auch Frankreich und die Volksrepublik China) und daß das seinerzeit nur für unterirdische Versuche unterzeichnete Atomtest-Stopp-Abkommen durch weitere Vereinbarungen auf Versuche in anderen Bereichen ausgedehnt wird.

Bereits vor der Vollversammlung von Uppsala 1968 leistete die K. einen besonderen Beitrag zur Förderung und Durchsetzung einer Strategie der Friedenssicherung und Abrüstung. Sie veranstaltete 1962 und 1964 zwei *Genfer Konsultationen über Frieden und Abrüstung,* an denen Sachverständige aus Ost und West teilnahmen. In einer verhältnismäßig frühen Phase der Bereitschaft zu internationalen Abrüstungsgesprächen haben diese Konsultationen den Mitgliedskirchen des ÖRK die Möglichkeit geboten, sich eingehend über die Gesprächslage in der Abrüstung und in der Frage der atomaren und konventionellen Bewaffnung zu informieren und gleichzeitig Beurteilungen, Befürchtungen und Empfehlungen der ökum. Gemeinschaft öffentlich zum Ausdruck zu bringen. Diese Initiative der K. wurde später von den nichtstaatl. Organisationen aufgenommen, die weitere ähnliche Konferenzen durch ihren besonderen Ausschuß für Abrüstung in Genf abgehalten haben (zuletzt 1982).

In den Jahren vor der Vollversammlung des ÖRK 1983 in Vancouver sind die zunehmenden Bedrohungen durch den atomaren Rüstungswettlauf noch stärker ins Zentrum der Arbeit der K. getreten. Sie hielt daher 1981 eine vielbeachtete Anhörung über Atomwaffen und Abrüstung in Amsterdam ab und bereitete mehrere öffentliche Erklärungen für den Zentralausschuß und die Vollversammlung vor. Gleichzeitig war man aber im ÖRK bemüht, angesichts der vielfältigen bewaffneten Konflikte in der Welt die Friedensfrage in größere Zusammenhänge hineinzustellen. So beteiligte sich die K. nach Nairobi 1975 am Programm für Abrüstung und gegen Militarismus und Wettrüsten und verwies zunehmend auf den Zusammenhang von Gerechtigkeit und Frieden hin – eine Perspektive, die auf der Vollversammlung in Vancouver besonders unterstrichen wurde und die, zusammen mit der Aufgabe der Bewahrung der Schöpfung, eine umfassende Orientierung vieler Arbeitsvorhaben des ÖRK bis zur nächsten Vollversammlung 1991 bilden soll. Bei der Vorbereitung der für 1990 geplanten Weltkonferenz über Gerechtigkeit, Frieden und die Integrität der Schöpfung wird der K. eine bes. Verantwortung zukommen.

b) *Menschenrechte und Religionsfreiheit.* Seit 1968 ist die Durchsetzung und Sicherung der Menschenrechte in wachsendem Maße vorrangiges Thema der K. und darüber hinaus engagierter Gruppen in allen Teilen der Welt. Hierzu stellte die IV. Vollversammlung in Uppsala fest: „Die Verwirklichung sozialer Gerechtigkeit in allen menschl. Beziehungen setzt voraus, daß die Menschenwürde anerkannt und geschützt und volle Gleichheit von Menschen aller Rassen und Nationen sowie die Achtung der Anhänger aller Religionen und Ideologien zum Gemeingut der Völkergemeinschaft werden." Der ÖRK appellierte an alle Regierungen, die Verträge der UN und anderer internationaler Organisationen zum Schutz der Menschenrechte und der Grundrechte sowie für die Gleichberechtigung der Frau und deren volle Teilnahme am Leben ihres Volkes anzunehmen und anzuwenden. Gleichzeitig bekannte sich der ÖRK zu der Ansicht, daß Menschenrechte nicht in einer Welt krasser Ungleichheiten und sozialer Konflikte gesichert werden könnten. Den Christen und christl. Kirchen wurde auferlegt, in ihren eigenen Beziehungen ein Beispiel für die Achtung der →Menschenwürde, der →Gleichheit und der freien Meinungsäußerung (→Meinungsfreiheit) in Wort und Schrift zu geben.

Zu den eindrucksvollen Dokumenten anläßlich des 25. Jahrestages der Allgemeinen Erklärung der Menschenrechte gehört eine gemeinsame Stellungnahme der Röm.-kath. Kirche und des ÖRK, unterzeichnet von dem Kardinalpräses der Päpstlichen Kommission Justitia et Pax, MAURICE ROY, und vom Generalsekretär des ÖRK, PHILIP POTTER. Mit Nachdruck werden darin alle Christen und alle Kirchen aufgefordert, sich ihrer persönlichen wie gemeinsamen Verantwortung für die Förderung und Verteidigung der Menschenrechte stärker bewußt zu werden. Die Erklärung der Menschenrechte fordere alle zu einem bedingungslosen „Kampf um die Schaffung einer wahrhaft menschlichen Welt" heraus. Die Christen dürfe der Tatbestand nicht ruhen lassen, daß „viele unter denen, die er (Christus) zu retten gekommen ist, noch immer rassischer, gesellschaftlicher, ökonomischer und ideologischer Diskriminierung ausgesetzt sind, daß viele unter ihnen rechtswidrig verhaftet und gefoltert und von Herrschenden unterdrückt werden, daß sie gezwungen sind, ins Ausland zu fliehen". Als ermutigendes Zeichen wird angesehen, daß inzwischen weitere Länder die Menschenrechtskonventionen, den internationalen Pakt über staatsbürgerliche und politische Rechte und den internationalen Pakt über wirtschaftl., soziale und kulturelle Rechte (1966) ratifiziert oder aber eine Unterzeichnung angekündigt haben (6. Dezember 1973).

Innerhalb der Auseinandersetzung um die Menschenrechte setzt sich der ÖRK für die uneingeschränkte Anwendung der →Religionsfreiheit ein. „Die volle Anwendung der Religionsfreiheit auf einzelne und Organisationen und das freie Recht für alle Menschen, gleich welchen Glaubens und welcher Weltanschauung, dem eigenen Gewissen zu folgen, ist von grundlegender Bedeutung für alle menschl. Freiheiten", stellte der ÖRK 1968 in Uppsala fest. Er äußerte die Erwartung, daß die UN dafür möglichst bald eine weitere internationale Konvention vorlegen werden.

Nach Ansicht der K. gelten angemessene verfassungsmäßige Garantien der Grundfreiheiten und der religiösen Rechte als wichtigste Sicherungsmaßnahme gegen deren Verletzung. Schon in den frühen 60er Jahren vertrat die K. den Standpunkt, daß bei der Entwicklung international anerkannter Normen folgende Gesichtspunkte unbedingt berücksichtigt werden müßten: a) das Recht auf Änderung bzw. Wechsel der Religion (in Art. 18 der Erklärung der Menschenrechte ausdrücklich zugesagt); b) bestimmte Grundsätze, die für die religiösen Rechte und für die Religionsausübung die Nicht-Diskriminierung sicherstellen; c) das Recht auf Bekundung und Ausübung der Religion. Damit schließe die Religionsfreiheit in ihrer vollen Bedeutung auch „das Recht für jedermann ein, die Folgerungen, die sich aus seinem Glauben zB für die Gesellschaft sowie für Innen- und Außenpolitik seiner Regierungen ergeben, öffentlich zu bekunden" (1961). Im Zusammenhang mit den Menschenrechten und der Religionsfreiheit hat die K. gleichzeitig den Schutz des →Kriegsdienstverweigerers und dessen gleichwertige Betreuung durch die Kirche gefordert. Der Schutz des Gewissens mache erforderlich, so erklärte die Vollversammlung des ÖRK 1968, „daß die Kirchen nicht nur die in den Streitkräften Dienenden seelsorgerlich betreuen und unterstützen, sondern auch jene, die vor allem aufgrund der Art moderner Kriegführung die Teilnahme an bestimmten Kriegen verweigern, die sie aus Gewissensgründen meinen ablehnen zu müssen, oder die sich aus Gewissensgründen nicht in der Lage sehen, Waffen zu tragen oder überhaupt Wehrdienst in ihrem Lande zu leisten".

Die vielen neuen Fälle von Menschenrechtsverletzungen in den 70er und 80er Jahren, vor allem in Lateinamerika, haben die K. veranlaßt, zu Fragen der Folter, des „Verschwindens" von Menschen und der außergerichtlichen Erschießungen Stellung zu nehmen, UN-Gremien auf bestimmte Situationen und Vorfälle hinzuweisen und die Aufmerksamkeit der Weltchristenheit auf eklatante Menschenrechtsverletzungen in bestimmten Ländern zu lenken. Aber auch die neuen Gefährdungen des Rechts auf Religionsfreiheit durch militante religiöse Bewegungen haben die K. zunehmend beschäftigt.

c) *Rassismus.* Grundlage für das ökumenische Vorgehen ist die in Uppsala einmütig bekundete Feststellung, daß „die Rassendiskriminierungen unserer Zeit alle Menschenrechte bedeutungslos werden lassen und eine unmittelbare Gefahr für den Weltfrieden darstellen". Zugleich sei „Rassendiskriminierung eine krasse Leugnung des christl. Glaubens", denn 1. „Sie leugnet die Wirksamkeit des Versöhnungswerkes Jesu Christi." 2. „Sie leugnet unser in der Schöpfung begründetes gemeinsames Menschsein." 3. „Sie unterstellt zu Unrecht, daß wir unsere Identität stärker in der Zugehörigkeit zu einer Rasse als in der Bindung an unseren Herrn Jesu Christus finden." Rassendiskriminierung sei gekoppelt mit wirtschaftl. und politischer Ausbeutung. Wer auf der Rassendiskriminierung bestehe, bediene sich zum Beweis betrügerischer Verallgemeinerungen und Verdrehungen und bewirke persönliche Verunglimpfung, Absonderung und andere Formen der Isolierung. Die Kirchen müßten alle Formen der Rassendiskriminierung aus ihrem eigenen Leben ausmerzen.

Ein *Anti-Rassismus-Programm* des ÖRK bemüht sich seit 1969 um konkrete Maßnahmen. Dazu gehören die Förderung von humanitären Projekten bei den Befreiungsbewegungen sowie der für den ÖRK realisierte und der für die Kirchen und die Öffentlichkeit empfohlene Investitionsstopp für Südafrika. Bei voller Unterstützung anderer Projekte des Anti-Rassismus-Programms haben sich die Kirchen in der Bundesrep. Dtschld. aus grds. Erwägungen bei der Förderung des Sonderfonds zur Hilfe für die Befreiungsbewegungen und bei der Propagierung des Investitionsstopps für Südafrika, wofür sie andere Maßnahmen zur Linderung und Beseitigung der Rassendiskriminierung vorschlugen, zurückgehalten.

Im weiteren Verlauf des Anti-Rassismus-Programms will die Ökumene verdeutlichen, daß neben dem „weißen Rassismus" alle anderen Formen des Rassismus in der Welt zu bekämpfen sind. Dem dienen u. a. Rassismus-Konferenzen in verschiedenen Erdteilen. So hat die Christian Conference of Asia (CCA) ein Studien- und Aktionsprogramm über Rassismus und ethnische Spannungen in Asien begonnen. Dabei sollen u. a. das Problem der Kasten, der Klassen und des Regionalismus in Asien untersucht werden. Ein von der All African Conference of Churches (AACC) initiiertes Programm befaßt sich mit Rassismus und Tribalismus in Afrika. Die zunehmende Verschärfung des Apartheidkonfliktes im südlichen Afrika Mitte der 80er Jahre hat die K. veranlaßt, mehrere öffentliche Stellungnahmen des ÖRK vorzubereiten.

d) *Minderheiten und Flüchtlinge.* Der ÖRK ist wiederholt aufgefordert worden, für die Rechte von Minderheiten und →Flüchtlingen einzutreten. Dazu die Vollversammlung in Uppsala (1968): „Die meisten Nationen schließen ethnische, kulturelle oder religiöse Minderheiten ein. Diese Minderheiten haben das Recht, für sich selber ihre eigene Lebensweise zu wählen, insoweit dies nicht anderen Gruppen die gleiche Wahl abstreitet." Die Kirchen wurden aufgefordert, bedrohte oder unterdrückte Minderheiten zu verteidigen. Andererseits wurde aber auch darauf hingewiesen, daß sich die Minderheiten in der Verfolgung ihrer Ziele zu beschränken haben.

Nach Flüchtlingsjahren in Europa beobachtet die K. bleibende, z. T. rapide zunehmende Flüchtlingsnot in Afrika, Asien und im Nahen Osten. Faktisch ist der ÖRK seit seiner ersten Vollversammlung in Amsterdam 1948 mit Flüchtlings- und Wanderungsproblemen befaßt. Die K. bekräftigte in den folgenden Jahren mehrfach ihre Verpflichtung, für die Bedürfnisse der Flüchtlinge einzutreten, solange es Flüchtlinge gibt. Die K. und besonders die Abteilung Zwischenkirchliche Hilfe, Flüchtlings- und Weltdienst des ÖRK fühlten sich zu diesem Dienst u. a. auch deshalb berufen, weil ein großer Prozentsatz der Flüchtlinge nach wie vor nicht unter die begrenzten Vollmachten der UN fällt. Heute gilt die Hauptsorge der Ökumene heimatlosen und vertriebenen Menschen in Asien und Afrika. Betreuung und Rehabilitierung geschehen im Gegensatz zur Flüchtlingslage nach dem Zweiten Weltkrieg in Europa in einer – nicht nur geographisch – oft völlig veränderten Situation, weil die meisten dieser Flüchtlinge keine Christen sind und teils zudem in Länder kommen, in denen ebenfalls christl. Grundsätze nicht vorherrschend sind. Kirchl. Experten in Wanderungsfragen vereinte auf internationaler kirchl. Ebene zu gemeinsamer Beratung und Planung erstmalig eine vom ÖRK im Juni 1961 einberufene Konferenz, der weitere folgten. Kernpunkt der Gesamtstrategie des ÖRK bleibt in der Flüchtlingsfrage das Ziel, „Verhältnisse zu bekämpfen, die Flüchtlinge schaffen".

e) *Wirtschaftliche Gerechtigkeit und politische Selbständigkeit.* In Uppsala 1968 stellte der ÖRK besorgt fest: „Wenn das relative wirtschaftl. Wachstum in den Entwicklungsländern sich nicht durch kräftige internationale Aktionen beschleunigt, scheinen Ausbrüche von Aufruhr in weltweitem Maßstab unvermeidlich." Es werde Christen geben, „die dann an der Beseitigung oder Verminderung wirtschaftl. Ungerechtigkeit mit friedlichen Mitteln verzweifeln und sich verpflichtet fühlen, die Zuflucht zur Gewalt als letzten Ausweg zu akzeptieren". In solchen Verhältnissen „kommen Gewalt und passives Nichthandeln gleichermaßen unter Gottes Gericht". Unleugbar, so wurde in Uppsala weiter festgestellt, verdankten viele der entwickelten Länder ihren wirtschaftl. Reichtum den Bodenschätzen und der Arbeitskraft der sich gegenwärtig entwickelnden Länder. Die Industrienationen trügen deshalb eine bes. Verantwortung dafür, daß den Entwicklungsländern ihr wirtschaftl. Durchbruch und ihre Unabhängigkeit ermöglicht werden.

In mehreren Erklärungen haben ÖRK und bes. die K. in den zurückliegenden Jahren die Verantwortung der Christen im Blick auf die Fragen der wirtschaftl. und sozialen *Entwicklung* unterstrichen und dabei einige grds. Forderungen ausgesprochen, von denen inzwischen einige bereits z. T. realisiert sind. Dazu gehören: a) Planung und Verwirklichung eines ausgewogenen Entwicklungsprogramms bei ungewöhnlicher Bevölkerungszunahme; b) bessere Abstimmung und Koordinierung aller Hilfsmaßnahmen im Interesse der nationalen Planung und der Unterstützung solcher Aktionen durch die Öffentlichkeit; c) Bereitstellung größerer Mittel für langfristige Zuschüsse und Kredite. Konkret wird empfohlen, 1 % des Einkommens der Welt für Gebiete mit niedrigem Pro-Kopf-Einkommen zur Verfügung zu stellen. Länder mit hohem Pro-Kopf-Einkommen müßten sich dazu bereitfinden, notfalls durch höhere Steuern o. ä. Maßnahmen zusätzliche Mittel aufzubringen; d) stärkere Berücksichtigung der internationalen Folgen der Handels-, Geld- und Währungspolitik für die finanzschwächeren Gebiete und Länder, d. h. praktisch in erster Linie eine Verbesserung der Handelschancen für Entwicklungsländer in Afrika, Asien und Lateinamerika; e) verstärkte private Auslandsinvestitionen in den Ländern, denen auf diese Weise Handelsmöglichkeiten erschlossen werden können; f) großzügige selbstlose Hilfe in akuter Notsituation.

Gleichzeitig hat sich die K. bemüht, mit darauf hinzuwirken, daß „von allen Nationen die Verpflichtung akzeptiert wird, ihr Äußerstes für das Wohl abhängiger Völker zu tun und ihnen den Aufstieg bis zu der Stufe, auf der sie sich selbst befinden, sowie die Schaffung und Entfaltung freier politischer Institutionen zu ermöglichen". Seit 1945 haben mehr als 900 Millionen

Menschen in ihren Ländern die Unabhängigkeit oder die Selbstverwaltung errungen. Die Erfahrung zeigt, daß sich die Selbständigwerdung in einem nur schwer zu durchbrechenden Spannungsfeld eines auflebenden →Nationalismus einerseits und einem sich seiner Möglichkeiten noch nicht umfassend bewußten Wirtschaftswesen vollzieht.

f) *Internationale Strukturen/Völkerrecht.* Für das Streben nach einer Weltgemeinschaft und einer Weltordnung sind nach Ansicht des ÖRK und der K. funktionsfähige und gestärkte Strukturen internationalen Ranges Vorbedingung. Dabei komme den Vereinten Nationen eine besondere Bedeutung zu. Sie spielten eine maßgebliche Rolle im Streben nach Gerechtigkeit und Frieden in dieser Welt und sollten in ihrer Autorität und ihrem Mandat weiterhin von den Kirchen voll unterstützt werden. Rat und Mitwirkung der K. gelten der weiteren Entwicklung des →Völkerrechts, entsprechenden Institutionen zu dessen Anwendung und Verteidigung sowie eines internationalen Ethos als dessen Grundlage.

g) *Besondere Krisensituationen.* Die K. war und ist praktisch mit allen größeren internationalen Konfliktsituationen befaßt. Nach Jahren, in denen die Ost-West-Spannungen der Großmächte in der Welt bes. in Europa (das Verhältnis von Bundesrep. Dschtld. und DDR und die Position von Berlin) eine wichtige Rolle gespielt haben, hat sich der Schwerpunkt der Beobachtung und des Engagements seit Mitte der 60er Jahre mehr und mehr auf Krisenvorgänge und Konfliktsituationen in Asien, Afrika, Lateinamerika und im Nahen Osten verlagert. Lange Zeit hat Einsatz und Bemühen um Frieden in Indochina Vorrang gehabt. Der Bericht der K. für die Jahre 1970 bis 1973 führt nicht weniger als zwölf Indochina-Initiativen in Form von Stellungnahmen, Botschaften, Briefen, Eingaben und Veröffentlichungen auf. Andere besondere Aktivitäten in Asien betreffen Vorgänge in Indien, Pakistan und Korea. In Afrika galt die bes. Aufmerksamkeit Krisen und Konflikten in Guinea, Nigeria, Rhodesien (Simbabwe), im südl. Afrika und in Uganda. Aufgrund ihrer Vermittlung war die K. maßgeblich am Zustandekommen von Friedensvereinbarungen im Sudan (1970/71) beteiligt. In Lateinamerika verfolgte die K. Entwicklungen bes. in Argentinien, Brasilien, Chile und Uruguay sowie in Mittelamerika. Im Nahen Osten wirkt sie durch eigene aufgabenbegrenzte Missionen bei den Bemühungen um einen dauerhaften Frieden zwischen Israel und den arabischen Ländern und eine Lösung der Libanonkrise mit.

5. Würdigung. Die Zitate aus dem Bericht der Vollversammlung von Uppsala 1968 deuten an, daß seit dieser Konferenz (und der vorausgehenden Weltkonferenz für Kirche und Gesellschaft in Genf 1966) die Aufgabe der Weltverantwortung der im ÖRK verbundenen Kirchen zunehmende Bedeutung erlangt hat. Damit ging eine Erweiterung der Arbeit der K. einher, die sich zudem stärker auf konkrete Krisensituationen konzentrierte, in Konflikten Stellung bezog und auch gemeinsames Handeln und Eingreifen förderte. Dies hatte allerdings auch Kritik einzelner Mitgliedskirchen und christlicher Gruppen und Bewegungen außerhalb des ÖRK zur Folge. Auch mußte die K. die Situation mancher Mitgliedskirchen des ÖRK berücksichtigen und sich in ihren Stellungnahmen entsprechend zurückhalten. Schließlich sind in letzter Zeit in vielen Kirchen sehr unterschiedliche Auffassungen zu bestimmten internationalen Fragen (zB Einzelaspekte der Abrüstung) aufgebrochen, durch die eine Formulierung gemeinsamer Positionen erschwert wird. Dennoch besteht eine weitgehende Übereinstimmung darin, daß die K. ein wichtiges und unentbehrliches Instrument für die ökumenische Gemeinschaft geworden ist, ohne das diese ihr Zeugnis und ihren Dienst in internationalen Angelegenheiten nicht angemessen verwirklichen könnte. Mit der bedrückenden Zunahme von internationalen Konflikten und von Krisensituationen in einzelnen Ländern und Regionen ist die Arbeit der K. wichtiger und notwendiger denn je zuvor.

R. Rouse und S. C. Neill (ed.), Gesch. der ökum. Bewegung 1517–1948, 1957/58 – L. Vischer (ed.), Die Einheit der Kirche. Material der ökum. Bewegung, 1965 – Appell an die Kirchen der Welt. Dokumente der Weltkonferenz für Kirche und Gesellschaft (Genf 1966), 1967 – H. Fey (ed.), Gesch. der ökum. Bewegung 1948–1968, 1974 – H. M. Moderow und M. Sens (ed.), Orientierung Ökumene. Ein Handbuch, 1979 – H. Krüger u. a. (ed.), ÖKL, 1983 – Berichte der ÖRK-Vollversammlungen in Amsterdam 1948, Evanston 1954, Neu-Delhi 1961, Uppsala 1968, Nairobi 1975 und Vancouver 1983 – Tätigkeitsberichte der KKIA.

Hans-Wolfgang Heßler/Günther Gaßmann

Ökumenische Konzile. 1. Begriff. Ö.K. sind nach orth. und röm.-kath. Synodaltheorie, die sich an altkirchlich gewachsenen Sprachgebrauch anschließt, konziliare (→Konzil) Bekundungen der Katholizität der →Kirche, deren Entscheidungen dementsprechend gesamtkirchl. Verbindlichkeit zukommt. Als bestimmend für ein ö.K. gilt dabei nicht nur, daß es als ideelle Repräsentation der Gesamtkirche gelten kann, sondern entscheidend auch seine gesamtkirchl. Rezeption, die es als solches anerkennt. Für die röm.-kath. Kirche, die die Institution des ö.K. weiterentwickelt und im Sinne dieser Entwicklung rechtl. definiert hat, ist wesentl. Moment solcher Rezeption eine päpstl. Bestätigung, wobei im Blick auf den hist. Befund die Einschränkung gemacht werden kann, daß diese in der Frühzeit nicht notwendig auch als formeller Akt erfolgt sein müsse. Insgesamt ist der Begriff so weniger eine phänomenologische Beschreibung als vielmehr eine in ein bestimmtes Kirchen- und Traditionsverständnis eingebundene, theol. wertende Definition einer Bezugsnorm. Doch ist er in seiner konkreten Verwendung auch in den allgemeinen Sprachgebrauch übergegangen, auf jeden Fall für die Synoden bis zum 8. Jh., über deren Anerkennung als ö.K. ein kirchl. Konsens zwischen Ost und West besteht, der allerdings nicht in vollem Umfang von den überdauernden frühen Sonderkirchenbildungen der Nestorianer und sog. Monophysiten (→orth. Kirchen II) geteilt wird.

2. Die altkirchl. ö.K. Im „Leben Konstantins" (III 6) des Euseb von Caesarea für das Konzil von Nicaea (325) gebraucht, ist der Begriff des ö.K. so alt wie die ursprünglich damit gemeinte Sache selbst. Dabei gewinnt das zunächst gewiß noch unpräzise gebrauchte Beiwort „ökumenisch", weltweit, auf die Dauer einen technischen Sinn. Auf dem Hintergrund des Universalitätsanspruchs des Röm. Reiches, der im kirchl. Universalitätsbewußtsein eine Entsprechung finden konnte, kennzeichnet es eine Synode als Reichskonzil, das als solches auch gesamtkirchl. Geltung beansprucht. Das erste ö.K. in diesem Sinn ist das von Nicaea. Es ist von Konstantin d. Gr. (306 – 337) zur Regelung kirchl. Streitfragen im Sinne seiner kirchenpolitischen Zielsetzung einberufen und unter seiner Leitung durchgeführt worden. Konstantin hat damit zwar der frühchristl. Großkirche eine bislang ungekannte Möglichkeit institutioneller Ausdrucksfindung ihrer Einheit gegeben, in erster Linie aber unter Aufnahme des vorgefundenen Instituts der Bischofssynode ein wirksames Instrument beanspruchter kaiserl. Kirchenhoheit zur Umsetzung kaiserl. Wollens in kirchl. Gestaltung geschaffen. Als Element dieser von der Kirche grds. bejahten kaiserlichen Kirchenhoheit hat dann das ö.K. bis ins 9. Jh. eine für die kirchengeschichtl. Entwicklung bedeutsame Rolle gespielt, und der es bestimmende kaiserl. Anspruch auf herrschaftl. Repräsentanz der Ökumene auch im kirchl. Sinn, für den Berufung durch den Kaiser als konstitutive Bedingung eines ö.K. gilt, lebt noch in der östlichen Synodaltheorie der spätbyzantinischen Zeit. Doch sind nicht alle als ö.K. in diesem Sinn durchgeführten Synoden auf die Dauer auch kirchl. als solche rezipiert worden, während andererseits eine Regionalsynode der östlichen Reichshälfte (Konstantinopel 381) in den Rang eines ö.K. hineinwachsen konnte. Über diesen Prozeß der Traditionsbildung, in dem auch die von der alten Kirche für die kaiserl. Kirchenhoheit gestellte kritische Bedingung der Rechtgläubigkeit des Kaisers wirksam ist, rückt der Begriff „ökumenisch" aus dem imperialen Bedeutungsfeld in dasjenige kirchl.-theol. begründeter Verbindlichkeit.

Es hat sich dadurch so etwas wie ein Kanon der *sieben alten ö.K.* herausgebildet: 1. Nicaea (325); 2. Konstantinopel I (381); 3. Ephesus (431); 4. Chalkedon (451); 5. Konstantinopel II (553); 6. Konstantinopel III (680 – 681), auch *„Trullanum"* nach dem Tagungsort, dem Kuppelsaal („Trullos") des Kaiserpalastes; 7. Nicaea II (787). Dabei umfaßt der Konsens für die Nestorianer nur die beiden ersten, für die „Monophysiten" nur die drei ersten Konzilien und schließt römischerseits einen chalkedonensischen Beschluß über eine grds. kirchl. Gleichstellung von Rom und Konstantinopel (c. 28) aus. Über diesen Kanon hinaus betrachtet die Ostkirche eine für das byzantinische Kirchenrecht bedeutsame, dabei z. T. westlichen kirchl. Brauch abweisende Synode in Konstantinopel (692 *„Trullanum II"*) als Ergänzung zum fünften und sechsten ö.K. (daher „Penthékte" = *„Quinisextum"*, d. h. „fünfsechstes" Konzil). Die Frage nach einer Teilhabe der Kirchen der Reformation an diesem Konsens wäre falsch gestellt, da ihnen die Vorstellung von einer kirchl. Entscheidung, die schon als solche verbindlich sei, abgeht (vgl. Bekenntnis I).

Diese ö.K. haben mannigfache Beschlüsse theol., kirchenrechtl. und kirchenpolitischer Art, z. T. von rein zeitgebundener Bedeutung, verabschiedet, wobei jedes von ihnen sein bes. Gepräge aus einem jeweils sehr komplexen geschichtl. Kontext erhält. Fortdauernde Bedeutung haben sie in erster Linie durch ihre dogmengeschichtl. wegweisenden Entscheidungen erlangt. Die ersten sechs ö.K. spiegeln den Entwicklungsgang der altkirchl. Christologie wider, die als formuliertes Denkmodell der Christusdeutung ein der heutigen ökumenischen Diskussion vorgegebenes Erbe ist: Behauptung wesenhafter Göttlichkeit des sich in Christus inkarnierenden, als transzendente, personhafte Größe gedachten Gotteswortes (Nicaea I, bestätigt in Konstantinopel I bei gleichzeitiger analoger Aussage über den Hl. Geist), Beharren auf dem Verständnis der Inkarnation als realer Menschwerdung dieses Gotteswortes (Ephesus), Abgrenzung dieses Verständnisses gegen die Vorstellung einer eines von beiden Elementen aufhebenden oder verkürzenden Vermengung von Göttlichem und Menschlichem in der Person Christi (Chalkedon) und Präzisierung des Inkarnationsgedankens im Bilde der „hypostatischen Union", die das göttl. Wort als personbildendes Element und Zurechnungssubjekt in Christus faßt (Konstantinopel II), ohne daß damit Jesu spezifisch menschl. Handlungsvermögen und Wollen in ein es überhöhendes gottmenschl. aufgelöst sei (Konstantinopel III, dabei Verurteilung des Papstes Honorius I. [625 – 638] als Begünstigers der monotheletischen Häresie [d. i. Lehre von nur einem gottmenschl. Willen in Christus]); insgesamt soll damit innerhalb eines vorgegebenen axiomatischen Bezugssystems begrifflich dargetan werden, daß im Menschen Jesus Gott wirklich und in voller mitmenschl. Solidarität zur Erneuerung des Menschen begegne. Auf der Grundlage dieses christologischen Denkmodells hat sich auf dem 7. ö.K. die östliche Kirche eines besonderen Elementes ihrer Frömmigkeit versichert durch Bestätigung des Bilderkultes; hier ist der Konsens im Westen anfänglich nur von Rom getragen worden, da die zeitgenössische karolingische Hoftheol. ablehnend reagierte.

3. Weiterentwicklung im Westen. Über den Kanon der sieben Synoden hinaus wird im Westen, jedenfalls seit dem hohen MA., noch das Konstantinopler Konzil von 869–870, im Osten demgegenüber gelegentlich das dieses revidierende von 879–880 als achtes ö.K. gewertet; beide stehen im Zusammenhang kirchenpolitischer Auseinandersetzungen um den Patriarchen von Konstantinopel PHOTIUS (858–867 u. 877–886). Diese Reihe wird dann nach röm.-kath. Sicht fortgesetzt durch eine Anzahl weiterer ö.K. seit dem 12. Jh. Sie zeigen allerdings ein wesentlich anderes Gepräge als die voraufgegangenen. Einmal sind sie nicht mehr von der Kirchenhoheit eines politischen Herrschaftsträgers, sondern von der Kirche unmittelbar getragen, und zwar näherhin mit zwei Ausnahmen vom Papsttum. Zum anderen wurzelt ihre Qualifikation als ökumenisch ganz im Selbstverständnis der röm.-kath. Kirche. Außerhalb seiner aber stellen sie sich dar als Generalkonzile einer, allerdings der größten, Partikularkirche der Ökumene, und zwar sowohl nach ihrem erlangten Geltungsbereich als auch hinsichtlich der durch sie gegebenen Repräsentation, hier allerdings mit Ausnahme des Konzils von FERRARA-FLORENZ (1438–1439), das mit beachtlicher ostkirchl. Beteiligung eine im Osten jedoch sich nicht durchsetzende Kirchenunion beschloß, und vielleicht noch des zweiten Konzils zu LYON (1274), auf dem eine byzantinische Abordnung an einem kurzlebigen Unionsbeschluß beteiligt war.

Für die hier einzuordnenden Konzilien vom Ende des Investiturstreites (→Kaisertum und Papsttum) bis zum Beginn der kath. Reform (Gegenreformation, →Reformation I) besteht seit Ausgang des 16. Jh. ein Konsens (Zählung im Anschluß an die acht ö.K.e alten Stiles): 9.–12. LATERAN I–IV (1123; 1139; 1179; 1215); 13. u. 14. LYON I. u. II (1245; 1274); 15. VIENNE (1311–1312); diese sieben Synoden sind bestimmt vom hochma. Papsttum und kennzeichnen dessen seit der gregorianischen Reform gewonnene Stellung (→Papst), ihre Beschlüsse sind v. a. kirchenrechtl. und politischer Art, doch hat gerade das bedeutendste von ihnen (LATERAN IV) auch ein Lehrbekenntnis verabschiedet. Es folgen die vom Konziliarismus, der Theorie einer verfassungsrechtl. Vorordnung der im ö.K. repräsentierten Gesamtkirche vor dem Papst, geprägten sog. *Reformkonzilien* des 15. Jh.: 16. KONSTANZ (1415–1418; Beseitigung des avignonesischen Schismas, Verurteilung von J. HUS); 17. Basel (1431–1449, zuletzt in Lausanne; konziliaristische Auseinandersetzung mit dem Papsttum), als päpstl. Konzil nach FERRARA verlegt (1437) und hier und in FLORENZ von der papstfreundlichen Konzilsminderheit weitergeführt (1438–1439; Union mit der Ostkirche). Die Überwindung des Konziliarismus dokumentiert: 18. das V. LATERANKONZIL (1512 bis 1517: Erklärung der päpstl. Konzilshoheit in der Bulle „Pastor aeternus“ v. 19. Dez. 1516). Das Gesicht des modernen röm. →Katholizismus seit der Reformation, für dessen Konzilstheorie das ö.K. ein neben dem Papst bestehendes, ihm jedoch unauflöslich verbundenes, eigenständiges Leitungsorgan der Gesamtkirche darstellt, ist wesentlich von seinen drei großen ö.K.en mitbestimmt: 19. TRIENT (1545–1563, in drei Sitzungsperioden); 20. →VATIKANISCHES K. I (1869–1870) und 21. →VATIKANISCHES K. II (1962–1965).

Conciliorum Oecumenicorum Decreta, edidit Istituto per le Scienze Religiose, Bologna 1973³ – H. JEDIN, Kleine Konziliengeschichte, 1962⁴ – K. STÜRMER, Konzilien und ökumenische Kirchenversammlungen, 1962 – P. MEINHOLD, Konzile der Kirche in ev. Sicht, 1962 – Concilium 1983, Nr. 8/9.

Knut Schäferdiek

Ökumenischer Rat der Kirchen

→Ökumenische Bewegung

Ökumenisches Zentrum für Kirche und Gesellschaft (Brüssel)

→Internationale Beziehungen der Kirchen

Ombudsman.

I. Begriff und verf.polit. Funktion. Der O. (schwed.: Bevollmächtigter, Beauftragter, Vertrauensmann des Parlaments) ist eine alte schwed. Verf.institution, die als ein mit weitgehender Selbständigkeit ausgestattetes und mit einer Person von anerkannter Autorität besetztes Hilfsorgan des Parlaments sowohl zum Schutz der →Grundrechte wie auch zur Verstärkung der parlamentar. Kontrolle die Organe der rechtspr. und der vollziehenden Gewalt einer Aufsicht unterzieht. Die Institution des O. hat – über die skandinav. Länder hinaus – seit Beginn der 50er Jahre eine *weltweite Rezeption* erfahren, die ihre verf.polit. Schubkraft aus den Implikationen des modernen Wohlfahrts- und Verwaltungsstaates bezieht. Die insbes. in den Industriestaaten zu verzeichnende verstärkte Intervention des Staates in den Bereich der Gesellschaft, charakterisiert durch eine fortschreitende Übernahme des allgemeinen Lebensrisikos durch den Staat (→Daseinsvorsorge) und die hierdurch bedingte Ausuferung der Staatsaufgaben, hat nicht nur die Stellung der Exekutive im System der →Gewaltenteilung erhebl. verstärkt, sondern auch zu einer wachsenden Staatsabhängigkeit des einzelnen und einer für diesen schwer durchschaubaren anonymen Massenbürokratie geführt. Die psychologische Situation des Bürgers ist deshalb weithin nicht von einer Identifikation mit seinem „Versorgungsstaat“, sondern von einem fast kafkaesken Gefühl der Ohnmacht und des Mißtrauens gegenüber einem anonymen Staatsapparat geprägt. Aufgrund der Doppelfunktion des O. als Kontroll- und Individualschutzorgan erscheint die Einführung dieser Institution geeignet, sowohl den verwaltungsstaatl. bedingten Machtzuwachs der Exekutive durch Verstärkung der parlamentar. Kontrollgewalt zu kompensieren, als auch dem Bürger eine personalisierte Notrufinstanz zur Verfügung zu stellen, die sich seiner Sorgen und Wünsche gegenüber Verwaltung und Parlament annimmt.

II. Das schwedische Leitbild. Das Amt des schwed. O. geht zurück auf die Regierungsform vom 6. Juni 1809 (heute: Kap. 12 § 6 Verf. 1975). Sie schuf in § 96 einen Justizbeauftragten der Reichsstände (*riksens ständers justitieombudsman* – J.O.), der als „Wächter über die Befolgung der Gesetze durch Richter und Beamte" wachen und „die allgemeinen und individuellen Rechte des Volkes wahrnehmen" sollte, „nicht nur für die Sicherheit des Volkes, sondern auch für die Überzeugung des Volkes von seiner Sicherheit unter dem Schutz der Gesetze" (Verf.ausschuß des schwed. Reichstages). Vorbild war das Amt des Justizkanzlers *(justitiekansler),* der als internes Kontrollorgan der Exekutive in seinen Anfängen bis in das 16. Jh. zurückreicht und erstmals in der Regierungsform von 1720 auftauchte (heute: Kap. 11 § 6 Verf. 1975). Der Justizkanzler war Beamter des Königs und stand in dessen Abhängigkeit. Nur kurzfristig (von 1769 – 1772) hatten es die Stände vermocht, das Ernennungsrecht zu usurpieren. Das Amt während dieser kurzen Epoche war Leitbild der Verf.reform von 1809.

Justizkanzler und J.O. arbeiteten – entspr. dem konstitutionellen Dualismus zwischen Monarch und Volksvertretung – als Kontrollinstanzen selbständig nebeneinander. Stand ursprüngl. die Aufgabe der Regierungskontrolle im Vordergrund, so gewann das Amt des J.O. beim Übergang zur monistisch strukturierten parlamentar. Monarchie eine verstärkte Bedeutung auf dem Gebiete der Rechtskontrolle über Gerichte und Verwaltungsbehörden und wandelte sich vom Kontrollorgan, das die Regierung in Schach halten sollte, zum *„modernen Volkstribunen,* bei dem der einzelne auf Hilfe und Unterstützung gegen willkürl. Beamtenherrschaft rechnen kann" (Gutachten über die allgemeine Amtsstellung des Justizkanzlers, des Justiz- und Wehrbeauftragten von 1939). Daß trotz des Fortfalls des konstitutionellen Dualismus der J.O. neben dem Justizkanzler beibehalten wurde, war nicht so sehr auf die verschiedene Akzentuierung der Kontrolltätigkeit (Individualrechtsschutz – Bewahrung des objektiven Rechts) als vielmehr auf das in Schweden frühzeitig registrierte Bedürfnis des Bürgers nach einer ihm zugängl. verwaltungsexternen Kontrollinstanz gegenüber einer sich ständig ausweitenden Bürokratie zurückzuführen. Die durch die Heeresreformen von 1901/1914 bewirkte Aufgabenerweiterung im Bereich der Heeresverwaltung machte eine organisator. Reform des J.O.-Amtes erforderlich. Da die Kontrolle des Militärwesens vom J.O. allein nicht mehr zu bewältigen war, wurde sie 1915 aus dessen Zuständigkeit ausgegliedert und dem neugeschaffenen Amt des Wehrbeauftragten des Reichstags *(Riksdagens militieombudsman)* übertragen, der sich vom J.O. nur dem Zuständigkeitsbereich nach unterscheidet. Der durch das ständige Anwachsen der Beschwerden seit Beginn der 50er Jahre erhebl. vermehrte Arbeitsanfall des J.O. hat dazu geführt, daß der Stellvertreter, der zunächst nur für den Fall der Verhinderung des J.O. gewählt worden war, in der Praxis als zweiter J.O. fungierte. 1968 wurden die Ämter des Wehrbeauftragten und des J.O. wieder zusammengeführt. Heute werden vier J.O. gewählt, die aber kein Kollegialorgan bilden, sondern nach Aufgabengebieten getrennt tätig werden; einer von ihnen fungiert als *administrativer Chef.*

Der O. soll eine für ihre Gesetzeskenntnis und hervorragende Rechtschaffenheit bekannte Person sein. Er wird von einem aus Abg.en beider Kammern des Reichstages paritätisch zusammengesetzten Wahlmännergremium für die Dauer der Wahlperiode gewählt und übt sein Amt hauptberufl. aus. Wiederwahl wie Abberufung ist mögl. Ansonsten ist er sowohl von der Regierung wie auch vom Parlament unabhängig und keinen Weisungen unterworfen. Er wird entweder aus eigener Initiative oder auf Bürgerbeschwerde (→Petitionsrecht) hin tätig. Seiner Kontrolle unterliegen sämtl. Organe der Verwaltung und Justiz, nicht aber die Mitglieder der Regierung, die ausschließl. der Kontrolle des Reichstages unterstehen. Dies beruht darauf, daß das schwed. Verf.recht die Weisungsunterworfenheit der Verwaltung unter die Befehlsgewalt des Ministers nicht kennt, sondern ausschließl. das Prinzip der →Gesetzmäßigkeit der Verwaltung und ein strenges Beamtenstrafrecht bei Gesetzesverstößen. Der O. wird bei seiner Tätigkeit unterstützt von einer mit zahlreichen Juristen besetzten Kanzlei.

Das Schwergewicht der Tätigkeit des O. liegt heute bei der Kontrolle der Verwaltungstätigkeit, insbes. im Bereich der Ermessensausübung, auf die er in Richtung auf eine richtige und einheitl. Anwendung einwirkt. Eine weitere wichtige Funktion des O. besteht darin, Mängel und Ungerechtigkeiten geltender Rechtsvorschriften festzustellen und dem Reichstag Verbesserungen vorzuschlagen. Neben diesen mehr präventiven Aufgaben hat der O. die Rechtmäßigkeit der Gesetzesanwendung zu überwachen. Die Befugnis, bei Rechts- und Pflichtverletzungen gegen die verantwortl. Beamten oder Richter ein Straf- bzw. Disziplinarverfahren einzuleiten, ist seit 1976 wesentl. eingeschränkt; die Hauptwaffe des J.O. ist die öffentl. Ermahnung oder Kritik, deren Gewicht wegen der Aufmerksamkeit, die die Tätigkeit des J.O. in der Öffentlichkeit genießt, nicht zu unterschätzen ist. Aufhebungs- oder Änderungsbefugnisse gegenüber Verwaltungs- oder Gerichtsentscheidungen stehen ihm nicht zu, wohl aber kann er in bes. Fällen die Einleitung eines Gnadenverfahrens oder Schadensersatz aus öffentl. Mitteln anregen. Als Kontrollbefugnisse stehen dem O. zu das Recht auf Aktenvorlage und Anwesenheit bei Verhandlungen, Beratungen und Entscheidungen aller Gerichte und Behörden, das Recht auf mündl. oder schriftl. Behördenauskunft sowie das Recht auf Zutritt und Inspektion in allen Einrichtungen, die der Verwahrung von Menschen dienen. Einmal im Jahr hat der O. dem Verfassungsausschuß des Reichstages, der auch seine Amtsführung kontrolliert und äußerstenfalls dem Reichstag die Abberufung empfehlen kann (was jedoch noch nie vorgekommen ist), schriftl. Bericht zu erstatten. Der Bericht wird veröffentl. und genießt in der Öffentlichkeit große Aufmerksamkeit.

III. Die Rezeption der Institution des O. A. Skandinavien. Finnland führte am 17. Juli 1919 (§ 49 RF) einen J.O. in enger Anlehnung an das schwed. Vorbild ein. In **Norwegen** schuf der Storting zunächst durch Beschluß vom 21. April 1952 einen Wehrbeauftragten *(Ombudsmann for Forsvaret),* der als Vorsitzender eines Bevollmächtigtenrates für die Wehrmacht *(Forsvarets Ombudsmannsmend)* die von den Wehrpflichtigen eingereichten Beschwerden behandelt. Durch Gesetz vom 22. Juni 1962 wurde schließl. ein O. für die Verwaltungskontrolle *(Stortingets Ombudsmann for Forvaltningen)* eingeführt. **Dänemark** nahm in die neue Verf. vom 5. Juni 1953 (§ 55) einen Gesetzgebungsauftrag zur Einführung eines O. *(Folketingets Ombudsmand)* zur Aufsicht über die zivile und militär. Verwaltung des Staates auf und führte ihn durch Gesetz vom 11. Juni 1954 aus. Der dän. O. weist die größte Selbständigkeit gegenüber dem schwed. Leitbild auf; im Gegensatz zum schwed. O. kontrolliert er nicht die Tätigkeit der Gerichte, wohl aber die der Minister.

B. Anglo-amerikan. Rechtskreis. 1. In den Ländern des anglo-amerikan. Rechtskreises hat die Idee des O. ebenfalls große Anziehungskraft bewiesen. **Neuseeland** führte – unter dem Eindruck eines 1959 im Rahmen eines Seminars der Vereinten Nationen auf Ceylon gehaltenen Vortrags des dän. O. Prof. HURWITZ – durch den *Parliamentary Commissioner* (Ombudsman) Act vom 7. Sept. 1962 einen O. in enger Anlehnung an das dän. Vorbild ein. Seit 1975 können neben dem *Chief O.* weitere Beauftragte ernannt werden. In der Öffentlichkeit hat sich für diese Institution der volkstüml. Ausdruck „Grievance Man" eingebürgert. Dem folgten die ehemaligen brit. Kolonien **Guyana** (Independence Order vom 26. Mai 1966) und **Mauritius** (Constitution Order vom 21. Dez. 1966), die seit ihrer Unabhängigkeit einen O. besitzen, der in Anlehnung an die neuseeld. Regelung konzipiert ist und dem dort insbes. die Aufgabe zukommt, Rassendiskriminierungen zu verhüten. Einen O. besitzen folgende weitere ehemalige brit. Kolonien: **Fidschi** (Verf. von 1970), **Papua Neu Guinea** (Verf. von 1975), **Trinidad und Tobago** (Verf. von 1976) und **Jamaica** (O. Act von 1978).

2. Am skandinavisch-neuseeld. Leitbild orientierte man sich auch in Kanada und Australien. 9 der 10 **kanadischen Provinzen** (mit Ausnahme von *Prince Edward Island*) richteten, angeführt 1967 von *Alberta* und *New Brunswick,* zuletzt gefolgt 1979 von *British Columbia,* das Amt eines O. ein; in *Quebec* führt er den Titel: *Public Protector/Protecteur du Citoyen,* in *Newfoundland* den Namen *Parliamentary Commissioner* (PC). Auf Bundesebene existieren seit Ende der sechziger Jahre PC.e für Spezialgebiete *(Federal C. for Official Languages, Federal Correctional Investigator, Canadian Privacy C., Federal Information C.).* In **Australien** führte 1971 *Western Australia* als erster der 6 Bundesstaaten einen PC als O. ein, 1978 folgte *Tasmania* als letzter. Der Bund (**Commonwealth of Australia**) institutionalisierte 1976 für seinen Verwaltungsbereich einen *Commenwealth O.*

3. In den **USA** ist das Interesse an der Institution des O. derart angewachsen, daß ROWAT scherzhaft von einer „Ombudsmania" sprach. Gesetz geworden ist die Idee zuerst im Bundesstaat *Hawai* (O. Act, 1967). Weitere Bundesstaaten folgten (*Nebraska:* Public Counsel Law, 1969; *Iowa:* Citizen's Aide Act, 1972; *Alaska:* O. Statute, 1975); ganz überwiegend aber sind in den USA verwaltungsinterne Beschwerdeinstanzen (executive Ombudsmen) auf staatl. und lokaler Ebene errichtet worden.

4. In →**Großbritannien** schließl. führte die Regierung WILSON einen *Parlamentary Commissioner for Administration* (PCA) durch den PC-Act vom 22. März 1967 ein. Der PCA wird auf Vorschlag des Premierministers von der Krone auf unbestimmte Zeit ernannt und muß abberufen werden, wenn es das Parlament verlangt. Einmal im Jahr erstattet er dem Parlament Bericht. In deutl. Abkehr vom skandinav. Leitbild ist der PCA institutionell eng an das Parlament angebunden. Er darf nur solche Fälle untersuchen, die ihm von Abg.en im Einverständnis mit dem Beschwerdeführer zugeleitet werden; eine Einschränkung, die – abgesehen von ihrer Filterwirkung – vor allem Rücksicht nimmt auf die traditionell enge Verbindung des brit. Abg. mit seinem Wahlkreis und die sowohl eine Abschirmung des Abg. von Informationen aus seinem Wahlkreis wie auch eine unerwünschte Konkurrenz bei der Wahlkreisarbeit verhindern soll. Der Kontrollbereich des PCA ist begrenzt. Ihm unterfällt die Zentralverwaltung mit Ausnahme des Auswärtigen Dienstes, des Personalwesens der Streitkräfte und des öffentl. Dienstes. Die gesamte Kommunalverwaltung, insbes. die Polizei, wie die verstaatl. Industrien und der National Health Service sind ihm nicht zugängl. Die Kontrollbefugnisse gleichen denen des skandinav. O. mit Ausnahme des Rechtes, Anklage- und Disziplinarverfahren einzuleiten. Der PCA schließt seine Arbeit mit einem Bericht an den Abg. und die Behörde ab, in dem er nur Verwaltungsfehler (maladministration) feststellen kann, ohne auf eine Abänderung der beanstandeten Entscheidung dringen zu können. In Konfliktsfällen mit der Behörde kann er Druck durch einen Sonderbericht an das Parlament ausüben. Wegen seiner eingeschränkten Befugnisse zunächst als „paper mouse" karikiert, hat sich der PCA recht schnell durch seine Arbeit Anerkennung erworben.

In der *Provinz Nordirland* wurde durch den PC-Act (Northern Ireland) von 1969 ebenfalls ein PCA etabliert. Im selben Jahr führte der *Commissioner for Complaints* Act (Northern Ireland) erstmals in Großbritannien einen O. für die örtl. Verwaltung ein. Beide Ämter werden in Personalunion verwaltet. Mitte der 70er Jahre kam ein Großteil der zunächst ausgesparten Verwaltungsbereiche unter O.kontrolle. Je ein *Health Service Commissioner* für England, Wales und Schottland beaufsichtigt die Gesundheitsverwaltung (National Health Service – Scotland – Act von 1972, National Health Service Reorganisation Act von 1973); alle drei Ämter werden in Personalunion mit dem des PCA geführt. Die Orts-, Polizei- und Wasserbehörden unterliegen seit dem Local Government Act von 1974 der Kontrolle durch *Local Comissioners* (LC), der in Schottland den Namen *Commissioner for Local Administration* führt (Local Government – Scotland – Act von 1975). In England und Wales bestehen je eine *Commission for Local Administration,* in der neben dem PCA in England drei LC, die ihre Aufgaben nach Einzugsgebieten aufgeteilt haben, und in Wales ein LC sitzt. Im Gegensatz zum PCA sind diese Spezial-O.er vom Bürger direkt anrufbar; der Petent muß allerdings zuvor der betroffenen Behörde die Möglichkeit der Abhilfe gegeben haben. Beschwerden sind grds. – wie auch beim PCA – nur binnen Jahresfrist zulässig. Die Beschwerde ist subsidiär gegenüber gerichtl. und gerichtsähnl. Rechtsbehelfen. Der anonymisierte Abschlußbericht geht an den Petenten und die betroffene Behörde, die ihn kostenfrei dem Publikum und der Presse zur Einsicht bereitzuhalten hat.

5. Die Republik **Irland** übernahm die Institution des O. durch O. Act von 1980. Der O. Act verwendet zur Beschreibung der Zuständigkeit des O. nicht den unscharfen und die Tätigkeit des brit. PCA behindernden Begriff *maladministration,* sondern gibt dem O. eine Liste von 7 untersuchungswürdigen Verwaltungsfehlern vor. Die Zuständigkeit des O. ist weiterhin beschränkt auf die Zentralverwaltung mit Ausnahme der Minister selbst und der Gesundheits- und Wohlfahrtsverwaltung. Im Gegensatz zum brit. PCA hat der irische O. ein Eigeninitiativrecht und kann direkt angerufen werden. Die Beschwerde ist subsidiär gegenüber anderen Rechtsbehelfen.

C. In **Israel** übte der Staatskontrolleur (St.) *(State Comptroller)* als oberste Finanzkontrollbehörde des Parlaments neben und mit den Mitteln der Rechnungskontrolle kraft tatsächl. Übung eine allgem. bürgerrechtsdienende Verwaltungskontrolle aus. Wurden ursprgl. Individualbeschwerden ledigl. als Hilfsmittel zur Auffindung kontrollbedürftiger Tatbestände in der Administration entgegengenommen, so verselbständigte sich im Laufe der Jahre diese Tätigkeit so, daß der St. – auf dt. Verhältnisse übertragen – zugleich Funktionen des Rechnungshofes und des Petitionsausschusses wahrnahm. Angesichts der erfolgreichen und mit großer auctoritas geführten Tätigkeit des St. verzichtete man deshalb auf die Einführung eines selbständigen O. und wies durch Amendment zum State Comptroller Law vom 9. April 1971 das neugeschaffene Amt des „*Beauftragten für Beschwerden aus dem Publikum*" dem St. in Realunion zu. Bemerkenswert ist, daß neben dem Bürger sich auch jeder Abg. mit einer Beschwerde an den St. wenden und – als Anwalt des einzelnen wie als parlamentar. Kontrollorgan – fehlerhaftes Verwaltungshandeln rügen kann. Die Sanktionsmöglichkeiten des St. sind beschränkt auf Mitteilung an die Beteiligten und Bericht an das Parlament, jedoch in ihrer Wirkung wegen der hohen Autorität des St. nicht zu unterschätzen. Der militär. Bereich wird abgedeckt durch den 1972 eingeführten *Soldier's Complaints Commissioner.*

D. Afrika. Eine eigenwillige Kontrollinstanz zum Schutze der Bürger haben – unter dem Einfluß der O.-Diskussion und in Europa fast unbemerkt – die Verf.geber von **Tanzania** geschaffen. In einem Staat, der von der Einheit von Partei und Staat ausgeht und seine junge traditionsarme Verwaltung mit der Aufgabe einer interventionistischen Staatswirtschaft nahezu überfordert, kommt der Garantie einer effektiven Verwaltungskontrolle ein bes. hoher verf.struktureller Stellenwert zu. Die Verf. vom 10. Juli 1965 sucht dem durch die Einrichtung einer *Permanent Commission of Enquiry (PCE)* als einer „safeguard against abuse of power" gerecht zu werden. Die PCE besteht aus 5 Mitgliedern, die vom Präsidenten eingesetzt werden und auf sein Geheiß oder auf eigene, oft durch Bürgerbeschwerden ausgelöste Initiative prakt. als ständiger →Untersuchungsausschuß tätig werden (PCE-Act vom 7. März 1966). Ausgedehnte Inspektionsreisen sind zur Erfüllung dieser Aufgabe in einem Volk, das noch weitgehend auf das Kommunikationsmittel der Sprache angewiesen ist, unerläßlich. In ihrer institutionellen Effektivität läßt sich allerdings die PCE wegen ihrer Abhängigkeit von der Exekutive mehr mit dem schwed. Justizkanzler vergleichen. Eine ähnl. Institution besitzt seit 1975 **Nigeria** in Form der *Public Complaints Commission.*

E. Kontinentaleuropa. 1. Unter den kontinentaleurop. Staaten eröffnete →**Frankreich** mit der Einführung des *Médiateurs* durch G. vom 3. Jan. 1973 die Welle der Rezeption der O.-Institution (zur Bundesrepublik s. u. V). Der M. stellt eine dem frz. Verf.recht angepaßte Mischung zwischen dem skandinav. O. und dem brit. PCA dar. Er hat einerseits die gleichen Kontrollbefugnisse wie der schwed. O., insbesond. auch die Befugnis, ein Disziplinarverfahren einzuleiten, kann aber andererseits – wie der brit. PCA – nur von Abg.en oder Senatoren übergebene Fälle aufgreifen. Seiner Kontrolle unterliegt die gesamte Verwaltung, einschließl. der mittelbaren Staatsverwaltung, nicht aber die Gerichte. Während in den anderen Ländern dem O. eine lückenfüllende Funktion im Rechtsschutzsystem zukommt, ist der M. in Frankreich wegen der dort umfassend ausgebildeten Verwaltungsgerichtsbarkeit von Anfang an auf ein zweigleisiges Rechtsschutzsystem angelegt. Er soll dem Bürger unbürokratisch, schnell und kostenlos zu seinem Recht verhelfen. Ist ein Gericht allerdings bereits mit einer Sache befaßt, darf der M. nicht tätig werden. Zudem muß der Petent zuvor den verwaltungsinternen Beschwerdeweg ausgeschöpft haben. Im Gegensatz zum gerichtl. Rechtsschutzverfahren wird ihm auch eine begrenzte Zweckmäßigkeitskontrolle zugestanden. Mit seinen Kontrollbefugnissen darf er sich allerdings nicht unmittelbar an den betroffenen Beamten wenden, sondern muß Akten über den zuständigen Minister anfordern und kann auch nur über diesen Beamten zur mündl. Vernehmung laden. Der M. ist verpflichtet, dem Präsidenten wie dem Parlament einen Jahresbericht vorzulegen. Als Sanktionen gegenüber beanstandeten Verwaltungsentscheidungen steht ihm neben der Anklagebefugnis ein Anregungs- und Empfehlungsrecht zu, das dadurch verstärkt ist, daß er der betroffenenen Behörde eine Frist zur Berichterstattung setzen und, wenn er mit ihrer Reaktion nicht zufrieden ist, einen Spezialbericht veröffentlichen kann. Der M. wird vom Präsidenten im Ministerrat ernannt. Diese sich im Ernennungsrecht manifestierende Abhängigkeit von der Exekutive wird dadurch gemildert, daß der M. auf 6 Jahre ernannt wird, während seiner Amtszeit keinen Weisungen unterliegt und weder eine Wiederwahl noch eine vorzeitige Abberufung zulässig ist. Der M. kann demnach nicht – im Unterschied zu anderen beschriebenen Inst. – als parlament. Hilfsorgan angesprochen werden. Er ist eine externe, dem Parlament zugängl. Kontrollinstanz, die in ihren Abhängigkeiten und Begrenzungen die das Verf.recht der V. Republik charakterisierende starke Stellung der Exekutive widerspiegelt.

2. **Österreich** errichtete 1977 eine *Volksanwaltschaft.* Sie war zunächst als Provisorium konzipiert (Befristung des G. über die V. vom 24. Feber 1977 bis zum 30. Juni 1983), wurde aber durch die Novelle vom 1. Juli 1981 dauerhaft als Verf.institution verankert (Art. 148 a bis j, 7. Hauptstück der österr. Verf.; weiterhin: G. über die V. vom 10. Aug. 1982 = V.G. 1982). Im Gegensatz zum nord. O. ist die V. auf die Kontrolle der Verwaltung beschränkt und weist eine – letztl. im österr. Proporzdenken gründende – Kollegialstruktur auf, die jedoch in der tägl. Arbeit aus Gründen der Effektivität und Personifizierung der Anrufstelle durch das Ressortprinzip abgemildert ist.

Die 3 Volksanwälte werden aufgrund eines Gesamtvorschlages, für den die 3 mandatsstärksten Parteien ein Vorschlagsmonopol besitzen, vom Nationalrat auf die Dauer von 6 Jahren gewählt, sind unabhängig und unabsetzbar. Ähnl. wie der frz. Médiateur tritt die V. neben ein vollausgebildetes System der Verf.- und Verwaltungsgerichtsbarkeit; sie hat insoweit eine subsidiäre, lückenfüllende, über die Rechtmäßigkeitskontrolle weit hinausführende und von Formalisierungen befreite Rechtsschutzfunktion. Gegenstand der V.kontrolle sind behauptete *Mißstände* in der Bundesverwaltung. Die V. wird auf Bürgerbeschwerde oder von Amts wegen tätig. In ihren Reaktionsmöglichkeiten ist sie auf Empfehlungen und Berichterstattung an das Parlament beschränkt. Das mit einer Empfehlung angegangene oberste Verwaltungsorgan hat binnen 8 Wochen zu berichten und bei Mißachtung der Empfehlung dies schriftl. zu begründen. Daneben hat die V. die Befugnis, beim VerfGH die Überprüfung der Gesetzmäßigkeit von BundesVOen zu beantragen. Die laufende Verwaltungskontrolle ist, nach Sachgebieten verteilt, den einzelnen Volksanwälten zur selbständigen Wahrnehmung übertragen; nur die grundsätzl. Angelegenheiten unterliegen der kollegialen Beschlußfassung (vgl. GeschO der V. vom 1. Juli 1977 sowie Geschäftsverteilung der V. vom 2. April 1980). Die Länder können durch Verf.G die V. des Bundes auch für ihren Verwaltungsbereich für zuständig erklären oder aber eigene LandesV.en nach dem Muster der BundesV. einrichten. Von der ersten Möglichkeit haben – mit Ausnahme von Tirol und Vorarlberg – sämtl. Bundesländer Gebrauch gemacht; *Vorarlberg* will einen eigenen V. bestellen.

3. **Portugal** besitzt seit 1975 (GesetzesVO No. 212/75, Art. 24 Verf. 1976 = Art. 23 Verf. 1982 sowie G. No. 81/77) einen O., den *Provedor de Justica.* Seine Rechtsstellung gleicht der des Volksverteidigers *(Defensor del Pueblo)* in **Spanien**, der als hoher Kommissar des Parlaments auf den Schutz der Grundrechte gegenüber der Verwaltung beschränkt ist (Art. 54 span. Verf. 1978; nähere Einzelheiten: OrganG vom 6. April 1981), zu diesem Zweck aber auch über Antragsbefugnisse im Normenkontroll- und Verf.beschwerdeverfahren verfügt. Ähnl. Einrichtungen sehen die Autonomiestatute für *Katalonien, Galicien* und das *Baskenland* vor.

4. Der in den **Niederlanden** durch das Wet *Nationale O.* vom 4. Febr. 1981 eingeführte O. führt als einziger neben dem irischen O. den skandinav. Namen als Amtstitel; eine weibl. Amtsinhaberin heißt *Nationale Ombudsvrouw.* Die Zuständigkeit beschränkt sich auf die Zentralverwaltung, kann aber durch VO auf Provinzen und Kommunen ausgedehnt werden. Wahl und Aufsicht liegt bei der 2. Kammer des Parlaments. Die Beschwerde an den Nationalen O. ist subsidiär gegenüber anderen Rechtsbehelfen. Das Amt hat Aufnahme in die Verf. 1983 (Art. 108) gefunden.

5. In der **Schweiz** werden seit 1960 institutionelle Verbesserungen der bürgerrechtsdienenden Verwaltungskontrolle erörtert. Ein 1962 von einer Studienkommission der Vereinigung für Rechtsstaat und Individualrechte unterbreiteter Vorschlag, nach skandinav. Vorbild zwei *„Eidgenössische Kommissionäre"* zur Kontrolle der Zivil- und Militärverwaltung einzusetzen, stieß auf weitgehende Ablehnung, wohl hauptsächl. wegen der durch den Amtstitel geweckten Ressentiments gegen ein verwaltungsintervenierendes parlamentar. Hilfsorgan. Seit der erfolgreichen Erprobung der Institution auf Gemeinde- und Kantonsebene *(Stadtzürcher. Beauftragter in Beschwerdesachen* seit 1971, *kantonalzürcher. O.* seit 1978) sind die Fronten wieder in Bewegung geraten. Eine Gesetzesinitiative zur Einführung *zweier eidgenöss. O.er* scheiterte 1979 aus Rücksicht auf die angespannte Finanzlage des Bundes.

6. In **Italien** hat die Diskussion zur Institutionalisierung von O.ern auf regionaler Ebene geführt. 7 der 15 Regionen, angeführt von Toscana 1975 und Liguria 1977, besitzen einen *Difensore Civico.* Auch das Europ. Parlament hält die Einsetzung eines O. für die →**Europ. Gemeinschaft** für wünschenswert (Entschließung vom 1. Juni 1979, BT-Drs. 8/2927).

IV. Parallele Entwicklungen in den kommunistischen Ländern. Keine Chance hat die Idee des O. in der →**Sowjetunion** und anderen kommunistischen Ländern, von denen darauf hingewiesen wird, daß ihr Rechtssystem bereits seit langem eine dem O. entspr. Institution zum Schutze der Bürgerrechte in Form der staatsanwaltschaftl. Gesetzlichkeitsaufsicht (russ.: *Prokuratura)* kenne und ein Rezeptionsbedürfnis daher nicht bestehe. Das Amt des Generalprokurators – 1722 von PETER DEM GROSSEN in starker Anlehnung an den schwed. Justizkanzler eingeführt – hat die Aufgabe, über die strikte Einhaltung der sozialist. Gesetzlichkeit zu wachen und den Bürger vor Gesetzesverletzungen zu schützen. Von einem unabhängigen Kontrollorgan i. S. westl. Demokratie kann indes nicht gesprochen werden. Die staatsanwaltschaftl. Aufsicht stellt sich in ihrer wesentl. Funktion vielmehr als ein obrigkeitl. motiviertes und sehr effektives Instrument zur Durchsetzung und Behauptung des Führungsanspruchs der Partei gegenüber staatl. Organen und Bürgern dar.

Neben dieser Beschwerdemöglichkeit an die Prokuratura besteht in der UdSSR – wie in den übrigen Ostblockstaaten – ein *Verwaltungsbeschwerdeverfahren,* das erstmals durch die BeschwerdeO vom 12. April 1968 formalisiert worden ist und rudimentäre Ansätze eines Verwaltungsrechtsschutzes aufweist, obwohl auch hier der prägende Akzent auf der Indienstnahme des Bürgers für eine obrigkeitl. motivierte Gesetzlichkeitsaufsicht liegt.

Auch die Verf. der →**DDR** 1968 hat, um einen verstärkten Rechtsschutz des Bürgers zu gewährleisten, das bisherige Eingabenverfahren in Richtung auf ein formalisiertes Beschwerdeverfahren fortentwickelt (vgl. Art. 105 Verf. DDR und Erlaß des Staatsrats vom 20. Nov. 1969 – GBl. I S. 239; nunmehr Art. 103 Verf. DDR 1974 und EingabenG vom 19. Juni 1975 – GBl. I S. 461). Diese mit großem propagandistischem Aufwand eingeführte Neuerung hat eine rege Beschwerdetätigkeit ausgelöst und zeigt deutl., daß der verf.polit. Druck des modernen Unbehagens des Individuums gegenüber dem Staat auch in der kommunistischen Welt verspürt wird.

V. Reformbestrebungen in der Bundesrepublik. A. Die Alternative: O. oder Petitionsausschuß. Nachdem bereits 1956 die Wehrverf.novelle mit der Institution des Wehrbeauftragten (→Bundeswehr II A 3 b) für den militär. Bereich den O.-Gedanken aufgegriffen hatte, wurde seit Beginn der 60er Jahre auch die Einführung eines Parlamentsbeauftragten (P.) für die Verwaltungskontrolle diskutiert. Mehrere, in den Landesparlamenten eingebrachte Gesetzesentwürfe für einen P. (*Berlin:* Drucks. IV/1714, 1715 vom 22. Jan. 1966, *Hambg.:* Drucks. VI/300 vom 3. Nov. 1966, *Nordrhein-Westf.:* Drucks. VI/700, 701 vom 1. April 1968, *Rh.-Pf.:* Drucks. VI/2100 vom 14. Juli 1970) scheiterten in den Ausschüssen. Die entscheidende Wende brachten insoweit die *Empfehlungen der Konferenz der Präsidenten der dt. Länderparlamente* zum Problem O. vom 9. Mai 1968, die nach einer Informationsreise durch Skandinavien statt der Einführung eines P. nach skandinav. Muster die Verbesserung des parlamentar. Petitionsverfahrens empfahl, vor allem durch Intensivierung der Informationsbefugnisse und verstärkte Auswertung der Petitionen und Berichtspflichten der Petitionsausschüsse gegenüber dem Plenum – eine Lösung, die sich weitaus besser in das dt. Rechtsschutz- und Kontrollsystem einpaßt als die Rezeption der skandinav. Institution, denn in den skandinav. Ländern kommt dem O. die Funktion zu, die Lücken im Rechtsschutz des Bürgers auszufüllen, die sich aus dem weitgehenden Fehlen der parlamentar. Verwaltungskontrolle, insbes. auch eines parlamentar. Petitionsverfahrens und aus einer nicht voll ausgebauten Verf.- und Verwaltungsgerichtsbarkeit ergeben. Einem dt. O. für die Verwaltungskontrolle könnten deshalb lükkenfüllende Rechtsschutzaufgaben im eigentl. nur im Bereich der Zweckmäßigkeitskontrolle und einer präventiven Disziplinierungsfunktion gegenüber der Verwaltung zuwachsen. Indes sind dies Funktionen, die bereits von den Petitionsausschüssen der dt. Parlamente, soweit dies ihre rechtl. und sächl. Mittel zulassen, wahrgenommen werden, und es wäre eine Illusion zu glauben, eine quantitative Häufung von Kontrollorganen würde notwendig die Effektivität der Kontrolle steigern. Zudem müßten wegen der föderativen Gliederung des Staatsaufbaus der Bundesrepublik sowohl auf Bundes- wie auf

Landesebene O.-Institutionen mit erhebl. bürokratischem Aufwand und der Gefahr von Zuständigkeitskonflikten errichtet werden. Dementsprechend reformierten fast alle Landtage ihr Petitionsverfahren. Auch die Enquete-Kommission „Verfassungsreform" (vgl. Zwischenbericht, BT-Drs. VI/3829, S. 28 ff.; Schlußbericht, BT-Drs. 7/5924, S. 64) verneinte die Notwendigkeit einer zusätzl. Kontrollinstanz und schlug ebenfalls den Weg der Petitionsverfahrensreform vor, die der Bundestag 1975 realisierte (→Petitionsrecht VIII).

B. Der Hess. Datenschutzbeauftragte. Diese von den dt. Parlamenten zunächst ausnahmslos eingehaltene Generallinie wurde durch die Verwirklichung der O.idee in Form des *Hess. Datenschutzbeauftragten* (§§ 7 ff. HessDSG vom 7. Okt. 1970 = §§ 20 ff. HessDSG vom 31. Jan. 1978; →Datenschutz) nicht in Frage gestellt, da es hier spezifischen Gefahren für die Freiheitssphäre des Bürgers durch bes. Formen der Verwaltungskontrolle entgegenzuwirken galt. Der D. – ganz offensichtlich nach dem Vorbild des Wehrbeauftragten konzipiert – hat als *Hilfsorgan des Landtags* sowohl im Individualinteresse die Einhaltung der Datenschutzvorschriften zu überwachen wie auch die Auswirkungen der automatisierten Datenverarbeitung daraufhin zu beobachten, ob sie zu einer Verschiebung in der Gewaltenteilung führen. Er wird auf die Dauer einer Legislaturperiode vom Landtag gewählt, ist unabhängig und kann von jedem, der sich durch die EDV-Verwaltung in seinen Rechten verletzt fühlt, angerufen werden. Für seine Aufgabe besitzt er ein umfassendes Auskunftsrecht gegenüber den mit der Datenverarbeitung befaßten Behörden. Eingriffsbefugnisse stehen ihm allerdings nicht zu. Er besitzt ledigl. ein Beanstandungsrecht, das die Verwaltung zur Stellungnahme verpflichtet. Über das Ergebnis seiner Tätigkeit hat der D. dem Landtag und dem Ministerpräsidenten einen Jahresbericht vorzulegen, zu dem der Ministerpräsident eine Stellungnahme der Landesregierung herbeiführen und diese dem Landtag vorlegen muß. Die hess. Lösung eines *„O. für den Datenschutz"* ist von Berlin, Bremen und Nordrh.-Westf. übernommen worden. Rheinld.-Pfalz hat sich für eine aus 3 Abg.en und 2 Richtern oder Beamten zusammengesetzte *Datenschutzkommission* entschieden; eines der nichtparlamentar. Mitglieder wird von der Landesregierung bestellt. Die Datenschutzbeauftragten im Bund und den übrigen Ländern verfügen zwar über vergleichbare Befugnisse und eine richterähnl. Unabhängigkeit, sind aber nicht als parlamentar. Hilfsorgane, sondern als verwaltungsexterne Aufsichtsbehörden mit Zugang zum Parlament konzipiert. In Bad.-Württ., Bayern und dem Saarld. ist die Ernennung des Beauftragten an die Zustimmung des Landtags gebunden.

C. Der Rh.-Pf. Bürgerbeauftragte. Den ersten – wenn auch zaghaften – Schritt in Richtung auf ein zweigleisiges parlamentar. Kontrollsystem hat der rh.-pf. Landtag mit dem G. über den Bürgerbeauftragten des Landes Rh.-Pf. vom 3. Mai 1974 (GVBl. S. 187) getan, und dies, nachdem erst im Jahre 1971 die Befugnisse des Petitionsausschusses durch Verf.änderung erheblich intensiviert worden waren. Der B. – ursprgl. als zweite, neben dem Petitionsausschuß selbständig arbeitende parlamentar. Kontrollinstanz konzipiert – stellt den bisher einzigartigen Versuch dar, die dt. Institution des Petitionsausschusses mit der des O. zu verbinden, indem dem B. die Funktion einer dem Petitionsausschuß vorgelagerten, unbürokratisch und schnell agierenden *Vermittlungsstelle zwischen Verwaltung und Bürger* zugewiesen wird. Der vom Landtag auf 8 Jahre gewählte B. hat die *Aufgabe,* im Rahmen des parlamentar. Kontrollrechts des Landtags *die Stellung des Bürgers im Verkehr mit den Behörden zu stärken.* Alle an den Landtag gerichteten Eingaben werden grds. von ihm entgegengenommen. Daneben kann er auch aus eigener Initiative tätig werden. Als *ständigem Beauftragten des Petitionsausschusses* stehen dem B. dieselben Kontrollmittel zu, wie sie dem Petitionsausschuß durch die Verf.reform 1971 eingeräumt worden sind. Während allerdings der Petitionsausschuß seine Informationsersuchen über die Landesregierung richten muß, braucht der B. den Dienstweg nicht einzuhalten, sondern kann sich direkt an die betroffene Behörde wenden. I. d. R. leitet der B. der sachl. zuständigen Stelle die Eingabe zu und gibt ihr Gelegenheit zur Regelung der Angelegenheit. Hierbei hat er auf eine *einvernehmliche Erledigung* der Angelegenheit zwischen Bürger und Behörde hinzuwirken. Zu diesem Zwecke kann er eine mit Gründen versehene Empfehlung geben, die auch dem zuständigen Minister zuzuleiten ist. Wird die Angelegenheit einvernehmlich geregelt, verbleibt es bei einer Unterrichtung des Petitionsausschusses, andernfalls entscheidet der Ausschuß abschließend.

Ist demnach der B. aufgrund seiner selbständigen Vermittlungsfunktion im Vorhof des parlamentar. Petitionsverfahrens mehr als nur „lediglich ein hochdotierter Sekretär des Petitionsausschusses" (so die Opposition), so bleibt doch fraglich, ob für die Wahrnehmung dieser Funktion wirklich die Einführung einer neuen Verf.institution erforderlich gewesen wäre. Dem hinter der O.-idee stehenden Anliegen, dem Bürger eine personifizierte Anlaufstelle im Parlamentsbereich zur Verfügung zu stellen, die sich seiner Angelegenheiten gegenüber der Verwaltung anzunehmen bereit ist, hätte ebenso Rechnung getragen werden können, wenn man sich zur Aufwertung der Stellung des Ausschußvorsitzenden und seiner verstärkten Herausstellung in der parlamentar. Öffentlichkeitsarbeit entschlossen hätte. Die übrigen Vorzüge des B., wie Einschreiten von Amts wegen und kurzgeschlossener Informations- und Interventionsweg, sind keine spezifischen Vorzüge der O.-Institution, sondern lassen sich ebenso effektiv in das bisherige Petitionsverfahren einbauen, nur waren sie den Petitionsausschüssen bisher fast ausnahmslos verweigert worden (→Petitionsrecht VIII A). – Nachfolger hat das rh.-pf. Modell bisher nicht gefunden. Vereinzelten oppositionellen Vorstößen in den Landtagen war kein Erfolg beschieden (*Hessen:* Drucks. 7/3409 vom 24. Mai 1973, *Schleswig-Holstein:* Drucks. 8/38, 39 vom 12. Aug. 1975, *Bayern:* Drucks. 9/5766 vom 1. Juli 1980).

VI. Intern. Beziehungen. Die O.er der Welt und verwandte Institutionen treffen sich seit 1976 auf *Intern. O.-Konferenzen* (1976: Edmonton, 1980: Jerusalem, 1984: Stockholm) zum Erfahrungs- und Gedankenaustausch. Die Organisation der Konferenzen und die Förderung der Zusammenarbeit zwischen den weltweiten Institutionen obliegt dem 1976 gegründeten *International O. Steering Committee,* ersetzt 1982 durch das *International O. Consultative Committee,* dem als Vertreter der europ. Region u. a. die Vorsitzende des Petitionsausschusses des Dt. Bundestages angehört. Zur Weiterentwicklung und Verbreitung der O.idee wurde 1978 das *International O. Institute* an der Universität von Alberta in Edmonton gegründet.

Allgem. Lit. mit weltweitem Überblick über die O.-Institution: CH. L. SMITH, O. Citizen's defender (Bibliogr.), San Francisco 1967 – The O. or Citizen's defender: a modern institution (Artikelserie), in: The Annals of the American Academy of Political and Social Science 377 (1968) 1 – 138 – D. C. ROWAT (Hg.), The O. Citizen's defender, London 1968[2] – W. GELLHORN, O. and Others: Citizen's Protectors in Nine Countries, Cambridge 1966 – G. SAWER, O., Melbourne 1968[2] – M. FRENKEL, Institutionen der Verwaltungskontrolle, Zürich 1969 – DT. BUNDESTAG, Wiss. Abteilung (Hg.), Verwaltungskontrolle durch Parlamentsbeauftragte im Ausland-O., Materialien Nr. 17, 1970 (Gesetzestexte und Lit.) – A. LEGRAND u. a., L'O., Paris 1971 – J. HANSEN, Die Institution des O., 1972 (Lit.) – M. A. HADI, L'extension d'l'O.: triomphe d'une ideé ou déformation d'une institution?, Revue Intern. des Sciences Administratives (1977) 334 – 344 – K. WEEKS, O. around the world, Berkeley 1978[2] – F. STACEY, O. compared, Oxford 1979 – G. CAIDEN (Hg.), Intern. Handbook of the O., 2 Bd.e, Westport 1983 (Lit.) – E. BUSCH, in: BonnerKomm., Zweitbearb. Art. 45 c (1984), S. 195 ff. (Lit.) – N. WIMMER, Die O.-Einrichtung im Verf.gefüge, (österr.) JBl. (1984) 281 – 286.

Skandinavien: G. HAHN, Der Wehrbeauftragte des schwed. Reichstags, AöR 84 (1959) 377 – 458 – DERS., Der J.O. des schwed. Reichstages, AöR 87 (1962) 389 – 467 – T. WOLD, Der Norweg. Parlamentskommissar für die Zivilverwaltung, Journal der Intern. Juristenkonferenz Bd. II (1959/60) 23 – 31 – S. HURWITZ, Der skandinav. Parlamentsbevollmächtigte, in: Staatsbürger und Staatsgewalt, Bd. I, 1963, 461 – 484 – W. HALLER, Der schwed. J.O., Zürich 1964 – H. BÖRRESEN, Der O. in Norwegen, DÖV 19 (1966) 705 – 707 – P. KASTARI, Die Institution des O. im skandinav. Recht, JöR 21 (1972) 219 – 230 – M. HIDÉN, The O. in Finland: The first fifty years, Berkeley 1973 – J. v. BOCKELBERG, Der Verbraucher-O. im schwed. und norweg. Recht. jur. Diss. Münster 1976 – I. AL-WAHAB, The swed. institution of O., an instrument of human rights, Stockholm 1979.

Anglo-amerikan. Rechtskreis: K. H. EBERT, Der O. in Großbritannien, 1968 – ST. V. ANDERSON, O. for american Government?, Englewood Cliffs, N. J. 1968 – D. E. PATERSON, The New Zealand O. as a protector of citizen's rights, in: Revue des droits de l'homme 2 (1969) 395 – 431 – K. A. FRIEDMANN, Kontrolle der Verwaltung in England, 1970 – F. STACEY, The British O., Oxford 1971 – A. LEHNERT, Der Parliamentary Commissioner for Administration, Die Verw. 6 (1973) 340 – 362 – D. FOULKES, The Local Government Act 1974, London 1974 – R. GREGORY, P. HUTCHESSON, The parliamentary O., London 1975 – A. J. WYNER, The Nebraska O., Berkeley 1974 – DERS., Executive O. in the U. S., Berkeley 1975[2] – J. LAVOIE, Le Protecteur du Citoyen du Québec, Paris 1976 – W. SCHMID, Der O. in Kanada, Zürich 1976 – H. UPPENDAHL, Der lokale O. – zur Genese einer „unbrit." Institution, ZfP (1979) 192 – 203 – D. G. MORGAN, The O. Act 1980, The Irish Jurist 17 (1982) 105 – 120 – W. ROSEN, Das System der O. – Ämter im Vereinigten Königreich von GB und Nordirld., Basel 1982 – M. BERNHARDT, Der PC in GB, in: Festschr. für W. v. Simson 1983, 33 – 39.

Israel und Afrika: L. BOIM, The O., Jerusalem 1965 – H. KLINGHOFER, Der O. in Israel, Festschr. für K. Loewenstein 1971, 261 – 278 – P. M. NORTON, The Tanzanian O., The Intern. and Comparative Law Quarterly 22 (1973) 603 – 631 – N. KERBER, L'O. Israélien, Paris 1975.

Westeuropa: W. HALLER, Der O. im Gefüge der Staatsfunktionen, in: Festschr. für K. Eichenberger 1982, 705 ff. – G. NAPIONE, L'O., Mailand 1969 – B. RASCHAUER, Ein O. für Frankreich, ZaöRV 33 (1973) 503 – 523 – C. MORTATI u. a., L'O. (Il difensore civico), Torino 1974 – F. SCHÖNHERR, V. (Komm.), Wien 1977 – H. SPANNER, Die V. in Österr., BayVBl. 24 (1978) 457 – 460 – B. KELLER, Der O. der Stadt Zürich, Zürich 1979 – B. MALIGNER, Les fonctions du médiateur, Paris 1979 – R. BENEDIKTER, Zwischenbilanz der V., ÖJZ (1980) 67 – 72 – A. GIL-ROBLES, El Control parlamentario de la Administración (El O.), Madrid 1981[2] – V. FAIRÉN GUILLEN, El defensor del pueblo: O., Madrid 1982 – H. KIRCHHEIMER, De eenheid en continuiteit van de Nationale O., NJBl. (Nederlands juristenblad) (1983) 247 – 250 – F. BRUINSMA, N. HULS, De Nationale O., NJBl. (1983) 821 – 830 – L. ADAMOVICH, B.-CHR. FUNK, Österr. Verf.recht, Wien 1984[2], 299 – 304 (Lit.) – K.-P. SOMMERMANN, Der Defensor del Pueblo: ein spanischer O., AöR 110 (1985) 267 – 287.

Sowjetunion und DDR: E. W. SCHORINA, N. G. SALISCHTSCHEWA. Die Verwaltungskontrolle und der Schutz der Rechte der Bürger in der UdSSR, in: Staatsbürger und Staatsgewalt, Bd. I, 1963, 441 ff. – M. FINCKE, Die Kontrolle der sowjet. Verwaltung, Jb. für Ostrecht Bd. VI/2 (1965) 165 – 200, VII/1 (1966) 129 – 169, VII/2 (1966) 185 – 220, VIII/1 (1967) 81 – 143 – G. BRUNNER, Die neue sowjet. Beschwerde-O., Berichte des Bundesinstituts für ostwiss. und internationale Studien Nr. 55/1968 – K. WESTEN, Verwaltungsrechtsschutz in der Retorte, Dtschld. Archiv (1969) 370 – 378 – Eingaben der Bürger – eine Form der Verwirklichung des Grundrechtes auf Mitbestimmung und Mitgestaltung. Materialien der 18. Sitzung des Staatsrates der DDR am 20. Nov. 1969, Schriftenreihe d. Staatsrates der DDR, Wahlperiode 3, H. 10, Berlin 1969 – R. DOLZER, Administrative Durchsetzbarkeit öffentl.-rechtl. Positionen. Verwaltungsinterne Rechtsschutzverfahren in der DDR, Die Verw. 18 (1985) 461 – 481.

Bundesrepublik: V. RITTBERGER, Der Parlamentskommissar, ZfP (1967) 365 ff. – K. REDEKER, Notwendigkeit und rechtl. Gestaltungsmöglichkeiten von Parlamentsbeauftragten in Dtschld., NJW (1967) 1297 ff. – H. THIERFELDER, Zum Problem eines O. in Dtschld., 1967 – DERS., Ein O. für Baden-Württemberg?, Bad.-Württ. VwBl. (1973) 133 – 137 – KONFERENZ DER PRÄSIDENTEN DER DT. LÄNDERPARLAMENTE, Bericht und Empfehlungen zum Problem O., 1968 – H. M. SEIBERT, Zivilbeauftragte in Dtschld., 1970 – E. WILD, Der O. in Dtschld., 1970 – W. THIEME (Hg.), Mängel im Verhältnis von Bürger und Staat, 1970 – J. HANSEN, Die Institution des O., 1972 (Lit.) – J. KÖHLER, O. für dt. Bundesländer, 1973[3] – U. KEMPF, Der Bürgerbeauftragte als Kontrollorgan, Aus Politik und Zeitgeschichte B 44/1973, 17 ff. – DERS., Bürgerbeauftragte, 1976 – H. MATTHES, Der Bürgerbeauftragte, 1981 – H. MONZ, Der Bürgerbeauftragte, 1982. Vgl. auch die Lit.-Hinweise bei Petitionsrecht und Datenschutz.

Rainer Pietzner

Opposition. 1. Begriff und Erscheinungsformen. O. im weitesten Sinne ist das Entgegensetzen abweichender Standpunkte, im polit. System das Einnehmen und Vertreten von Gegenpositionen zu denen der Herrschenden. Die Möglichkeit der O. scheint einem anthropologischen Grundbedürfnis zu entspringen und Herrschaft (→Macht I) überhaupt erst erträglich zu machen. Wo die Freiheit der O. verweigert wird, schlägt sie um in →Widerstand. Nach westl. Demokratieverständnis ist die Gewährleistung der O.freiheit eines der untrügl. Erkennungszeichen eines freiheitl.-demokrat. Staatswesens. Folgerichtig zählt auch das BVerfG *„das Recht auf verf.mäßige Bildung und Ausübung einer O."* zu den grundlegenden Prinzipien der freiheitl.-demokrat. Grundordnung unserer Verf. (BVerfGE 2, 1,12 f.; 5, 85,140 f., 199). Richtet sich O. gegen Staat und Verf. als solche, um sie durch ein anderes Herrschaftssystem zu ersetzen, spricht man von *systemkonträrer, systemfeindl. O.*, von *Radikal-, Fundamental-, Staats-* oder *Verf.O. Systemkonforme* bzw. *-immanente O.* ist dagegen *loyal* gegenüber Staat und Verf.; sie richtet sich gegen die amtierende Regierung, ist *RegierungsO.* Ihr Ziel ist nicht die →Revolution, sondern der Regierungswechsel.

Im →parlamentar. System ist das →Parlament als institutioneller Mittelpunkt des Verf.lebens notwendigerweise das Hauptaktionsfeld der O. Die im Parlament vertretenen Fraktionen (Gruppen) bilden, soweit sie nicht an der Regierung beteiligt sind oder diese zumindest tolerieren, die *parlamentar. O.* Sie stellt im parl. System den *eigentl. Gegenspieler der Regierung* dar, der an Kritik und Kontrolle interessiert ist und sie polit. zur Geltung bringt. Der konstitutionelle Gewaltenteilungsdualismus zwischen (Gesamt-)Parlament und Regierung ist in der parl. Demokratie obsolet. Sobald die Regierung Einsetzung und Fortbestand nicht mehr der monarch. Prärogative, sondern der parl. Mehrheit verdankt, wachsen systembedingt Regierung und die sie tragende Mehrheit im Parlament zu einer Aktionseinheit zusammen mit der Folge, daß die reale →Gewaltenteilung geprägt wird durch das polit. Spannungsverhältnis zwischen der Regierung und den sie tragenden Parlamentsfraktionen einerseits und der O. andererseits (vgl. BVerfGE 49, 70,85 f.). In der hieraus resultierenden Aufgabe, *Kontrolle, Kritik und Alternative* zur regierenden Mehrheit öffentl. deutl. zu machen, wurzelt die bes. verf.rechtl. und verf.polit. Bedeutung einer kraftvollen parl. O. in einer parl. Demokratie.

Neben dieser institutionalisierten Form polit. O. existieren auch in der parl. Demokratie zahlreiche Erscheinungsformen *vor- und außerparl. O.*, seien es polit. Parteien, die an den Prozentklauseln der WahlG.e gescheitert sind, oder sonstige Gruppen, die ihre Interessen oder Politikvorstellungen im Parlament nicht oder nicht hinreichend repräsentiert sehen. Zwischen parl. und außerparl. O. bestehen, sofern letztere nicht antiparl. FundamentalO. betreibt, regelmäßig vielfältige Formen gegenseitiger Beeinflussung und Osmose, die im Normalfall ein gewisses Maß an Berücksichtigung auch außerparl. O.positionen im polit. Willensbildungsprozeß gewährleisten. Unter Bedingungen, die parl. O. nicht wirksam werden lassen, kann es zur Usurpation des in der institutionellen O.rolle angelegten Legitimationspotentials durch die außerparl. O. kommen, wie es die sich APO nennende Protestbewegung unter der Großen Koalition 1966 – 1969 zeitweise eindrucksvoll vorgeführt hat. Neuartige Formen der Symbiose zwischen parl. und außerparl. O. prägen das Erscheinungsbild der *Grünen* und *Alternativen* in den bundesdt. Parlamenten.

2. Zur Geschichte parl. O. Das histor. Verdienst, loyale parl. O. als Verf.institution entwickelt zu haben, kommt zweifellos dem *engl. Regierungssystem* zu. Theoret. vorbereitet durch die Schriften LORD BOLINGBROKES in der ersten Hälfte des 18. Jh. und begünstigt durch die frühzeitige Parlamentarisierung der Regierungsgewalt, festigte sich im Laufe des 19. Jh. die Vorstellung, es sei Aufgabe und Pflicht der nicht an der Regierung beteiligten parl. Minderheit, die Regierung und die sie tragende Mehrheit ständig öffentl. Kontrolle und Kritik zu unterziehen sowie als personelle und programmat. Alternative für die Wachablösung der Regierung zur Verfügung zu stehen. 1826 gebrauchte JOHN CAM HOBHOUSE in einer Unterhausdebatte erstmals die Wendung *„His Majesty's O."* und gab damit dem engl. Verständnis parl. O. bleibenden Ausdruck: O. als Alternativregierung *(„His Majesty's alternative Government")* und Verf.einrichtung zur →Integration der bei der Regierungsbildung unterlegenen Minderheit des Wahlvolkes unter der einigenden Symbolkraft der Krone. Den formellen Abschluß dieses Konstitutionalisierungsprozesses bildete die verf.rechtl. Anerkennung der parl. O. als Staatseinrichtung durch die Gewährung von Staatsgehältern an den *„Leader of the O."* (verstanden als die stärkste nicht regierungstragende Fraktion) und den „*Chief O. Whip*", den Fraktionsgeschäftsführer der O., durch den *Ministers of the Crown Act von 1937*. Sinnfälligen Ausdruck findet der Charakter der parl. O. als Gegenregierung in Großbritannien in der im 20. Jh. zur ständigen Praxis gewordenen Bildung von „*Shadow Cabinets*", in denen die parl. O. führende Mitglieder ihrer Fraktion in ressortmäßiger Gliederung den Ministern der Regierung als ständige personelle Alternative gegenüberstellt.

Die klaren Konturen, die der O.begriff in der brit. Verf.entwicklung unter den Bedingungen eines durch Mehrheitswahl begünstigten Zwei-Parteien-Systems gefunden hat, verlieren unter anderen Systemstrukturen an Schärfe. Ein auf Verhältniswahl basierendes *Vielparteiensystem* zwingt zu Koalitionen auf der Regierungsseite und produziert häufig heterogene Strukturen auf der O.seite. Der Verlust an Homogenität in beiden Lagern bedeutet i. d. R. im gleichen Maße Verlust an Eindeutigkeit und Rolleneffektivität und begünstigt regierungsinterne O.bildungen. In Verf.systemen, in denen die Regierung in ihrer Existenz vom Parlament unabhängig ist, wie etwa im *US-amerikan. Präsidialsystem* oder in der konstitutionellen Monarchie des dt. Kaiserreichs, vermag sich systemat. parl. O. kaum zu entwickeln, sondern tritt vornehmlich als *situative O. gegenüber wechselnden parlamentar. Mehrheiten* in Erscheinung. Noch schwieriger ist O. in polit. Systemen auszumachen, in denen alle maßgebenden polit. Gruppierungen an der Regierung beteiligt sind, wie etwa in der *schweiz. Proporz- oder Konkordanzdemokratie*.

Die *Verf.entwicklung in Dtschld.* war der Ausbildung eines homogenen parl.-demokrat. O.verständnisses nicht eben günstig. Die dualist. Verf.strukturen der konstitutionellen Monarchie ließen systemat. parl. O. ebensowenig zur Entfaltung kommen wie die wesentl. von der HEGELschen Staatslehre beeinflußte Verf.ideologie des Kaiserreichs, der das Parlament als parteil. Interessenvertretung gegenüber dem im Staat und der mit ihm identifizierten monarch. Regierung repräsentierten Allgemeinwohl erschien. Die Weimarer Verf. bot zwar alle Voraussetzungen für die Entfaltung eines parl. Regierungssystems mit kraftvoller O.; sie kamen jedoch in der Verf.realität aufgrund vielfältiger Ursachen kaum zum Tragen. Parteienzersplitterung, mangelnde Bereitschaft vieler Politiker, in der ungeliebten Republik Regierungsverantwortung zu übernehmen, und v. a. der verheerende Eindruck obstruktiver Politik starker systemfeindl. O.flügel verhinderten, daß sich die parl. O. als unerläßl. Bestandteil parl. Demokratie im Bewußtsein der dt. Öffentlichkeit etablieren konnte. Bezeichnend für die nach wie vor vorhandenen Verständnisdefizite der öffentl. Meinung für die Aufgaben der O. ist, daß sich das BVerfG (E 62,1,43, s. a. Bundestag III B 2) noch 1983 zu dem Hinweis veranlaßt sah, auch der über das Mißtrauensvotum zum Bundeskanzler gewählte ehemalige O.führer besitze die volle demokrat. Legitimität und bedürfe keiner zusätzl. Legitimierung durch Bundestagsauflösung und Neuwahlen.

3. Die parl. O. im bundesdt. Verf.recht. In Reaktion auf die Weimarer Erfahrungen bekennt sich das GG zur wehrhaften Demokratie und stellt die rechtl. Mittel zur *Eliminierung verf.feindl. FundamentalO.* zur Verfügung (Art. 18, 21 II GG). Von ihnen ist 1952 und 1956 durch Verbot der SRP und der KPD (BVerfGE 2, 1 ff.; 5, 85 ff.) Gebrauch gemacht worden. Obwohl den Vätern des GG die hervorragende Rolle, die der O. im Gewaltenteilungssystem der parl. Demokratie zukommt, nicht entgangen sein dürfte, ist die parl. O. im GG mit keinem Wort erwähnt. Das Gleiche gilt für die GeschO des Bundestages. Unter den nachkonstitutionellen Landesverf.en enthielt zunächst nur die kurzfristig geltende *Bad. Verf.* vom 22. Mai 1947 (Bad. GVBl. S. 101) eine *O.klausel (Art. 120 III:* „Stehen sie – erg.: die Parteien – in O. zur Regierung, so obliegt es ihnen, die Tätigkeit der Regierung und der an der Regierung beteiligten Parteien zu verfolgen und nötigenfalls Kritik zu üben. Ihre Kritik muß sachl., fördernd und aufbauend sein. Sie müssen bereit sein, ggf. die Mitverantwortung in der Regierung zu übernehmen."), die freil. weder vollständig noch frei von überkommenen Vorurteilen gegenüber parl. Regierungskritik war. Das Amt des „*Führers der O.*" nach brit. Vorbild fand 1947 (noch unter brit. Besatzungshoheit) Eingang in das nichtkodifizierte GeschOrecht des *schlesw.-holstein. Landtags*. Die hiermit verbundene Zuerkennung einer erhöhten Aufwandsentschädigung ist durch die Betonung des demokrat.-egalitären Charakters derartiger Entschädigungen durch das Diäten-Urteil des BVerfG (E 40,296 ff.) entfallen. Dafür ist der „O.führer" (Vorsitzender der größten O.fraktion) in die neue GeschO vom 29. Mai 1979 (GVBl. S. 384) aufgenommen worden; sie räumt ihm in § 46 IV S. 1 die Befugnis ein, nach der Rede des Ministerpräsidenten das Wort zu ergreifen. 1971 schließl. fand die parl. O. wieder Eingang in eine Landesverf. *Art. 23 a Hambg. Verf.* lautet: „(1) Die O. ist ein wesentl. Bestandteil der parl. Demokratie. (2) Sie hat die ständige Aufgabe, die Kritik am Regierungsprogramm im Grundsatz und im Einzelfall öffentl. zu vertreten. Sie ist die polit. Alternative zur Regierungsmehrheit." Daß aus der *Funktionentrias „Kontrolle, Kritik und Alternative"* gerade die erste und wohl wichtigste fehlt, weist den Art. 23 a als unvollkommenes Ergebnis eines Kompromisses aus, der bisher nicht zur Nachahmung angereizt hat. Entspr. Vorstöße der O. im Brem. Landtag in der 9. und 10. WP (zuletzt Drs. 10/921 vom 19. Okt. 1982) blieben ohne Erfolg. Überhaupt erscheint es fragl., ob die Aufnahme derartiger programmat. Funktionsgarantien in die Verf. der Sache förderl. ist. Die Verf.garantie parl. O. ist ohnehin in der freiheitl. demokrat. Grundordnung festgeschrieben (vgl. o. 1) und in zahlreichen GG-Artikeln, etwa den Art. 21 und 67, implizit vorausgesetzt, so daß eine ausdrückl. Funktionsgarantie keinen zusätzl. verf.rechtl. Gewinn bringen, sondern allenfalls die Gefahr restriktiver Interpretationen der O.rolle heraufbeschwören könnte. Entscheidend für das verf.rechtl. Gewicht der O. ist vielmehr, daß ihr die rechtl. und finanziellen Mittel zu einer effektiven Funktionserfüllung zugestanden werden. Insoweit sehen zwar GG und GeschO eine beeindruckende Zahl parl. Fraktions- und Minderheitenrechte vor, die von der O. zu Kontrolle und Kritik genutzt werden können. Hierzu gehören auch die *verf.prozessualen Antragsbefugnisse* im Normenkontroll- und im Organstreitverfahren (→BVerfG), die ihre bes. Bedeutung durch den Hinweis des BVerfG (E 2, 143,170) gewinnen, es sei Pflicht der O., außer ihren polit. auch ihre verf.rechtl. Bedenken geltend zu machen. Insonderheit das Normenkontrollverfahren hat sich als hervorragendes Instrument der O. erwiesen, sich gegenüber der Öffentlichkeit als *Wächter der Verf. und der bürgerl. Freiheit* darzustellen. *Kompetentielle Defizite* der O. sind aber nach wie vor vorhanden im *Bereich der informativen Kontrolle,* deren Mittel – noch auf dem konstitutionellen Dualismus aufbauend – als Mehrheitsrechte ausgestaltet sind (→Bundestag II B 4). Selbst das einzige verf.rechtl. als Minderheitenrecht konstruierte parl. Untersuchungsrecht leidet in seiner Effektivität darunter, daß sich der rechtl. Einfluß der O. auf die Einsetzungsphase beschränkt und der Gang der Beweiserhebung wiederum der Mehrheit überantwortet ist (→Untersuchungsausschüsse II 3). Nach den Landesverf.en ist die Position der O. überwiegend günstiger; die *Hambg. Verf.* kennt in Art. 32 sogar ein (durch die Novelle 1971 eingefügtes) *parl. Aktenvorlagerecht,* das auch einer Einviertel-Minderheit zur Verfügung steht und nur durch gesetzl. Vorschriften oder das Staatswohl eingeschränkt ist (zur Auslegung vgl. Hambg. VerfG, DÖV 1973, 745 ff.; H. BOGS, Staat 1974, 209 ff.; H.-P. SCHNEIDER, AöR 1974, 628 ff.). Das geschriebene Parlamentsrecht des Bundestages gibt allerdings die Rechtsstellung der O. nicht erschöpfend wieder. Eine Reihe von Möglichkeiten wurzeln in interfraktionellen Vereinbarungen und im *parl. Gewohnheitsrecht,* wie zB die Befugnis der O., den *Vorsitz im Haushaltsausschuß,* einem für die Exekutivkontrolle bes. wichtigen Gremium (→Bundestag II C), zu führen. Bei der *Ausgestaltung der finanziellen Zuschüsse* an die Fraktionen zur Unterhaltung fraktionseigener Hilfsdienste wird den O.fraktionen seit 1977 ein Zuschlag von 25 % auf den Grundbetrag und von 7 % auf den Zuschlag je Abg. gewährt (→Bundestag IV A 2 b). Ob dieser Bonus die bes. Aufgaben der O. wie auch den Vorsprung der Mehrheitsfraktionen, denen zur Unterstützung ihrer Arbeit der Ministerialapparat der Regierung zur Verfügung steht und denen auch die intensive Öffentlichkeitsarbeit der Regierung mit Haushaltsmitteln polit. zugute kommt, ausreichend berücksichtigt, mag allerdings bezweifelt werden. Bei der Zuteilung von *Fraktionsredezeiten im Plenum* wurde früher allein auf die Fraktionsstärke abgestellt, ohne den aus dem verf.mäßigen Recht der Regierung, jederzeit und zeitl. unbegrenzt im Bundestag das Wort zu ergreifen (Art. 43 II S. 2), folgenden Vorteil für die Mehrheitsfraktionen bei der Berechnung der Redezeit der O. angemessen zu berücksichtigen; ein Standpunkt, der unverändert von dem konstitutionellen Dualismus zwischen Regierung und Gesamtparlament ausging, vom BVerfG(E10, 4,17 ff.) aber gebilligt worden war. Mit dieser Praxis wurde das erste Mal bei der 1. Beratung der Ostverträge 1972 gebrochen, indem den Koalitionsfraktionen einschließl. der ihnen nahestehenden Mitglieder der Bundesregierung und des Bundesrates nur wenig mehr als die Hälfte der gesamten Redezeit zugebilligt wurde. Seit der GeschO.-Reform 1980 kann die O. im Bundestag, wenn ein Regierungsvertreter länger als 20 Min. gesprochen hat, eine entspr. Redezeit verlangen (§ 35 II GeschO). Die weitergehende Forderung, dem O.führer ein *jederzeitiges Rederecht* im Parlament in Analogie zu Art. 43 II GG zuzubilligen, hat bisher nur der Nds. Landtag verwirklicht (§ 70 I S. 3 GeschO). Allerdings steht der O. mit dem ebenfalls in Art. 43 II GG normierten Redevorrecht für Bundesratsmitglieder ein geeignetes Instrument zur Verfügung, um den Wettbewerbsvorteil der Regierung auszugleichen, wovon seit der 8. WP gezielter Gebrauch gemacht worden ist. Überhaupt überlagert im →*Bundesrat* der Gegensatz zwischen Regierungs- und O.parteien häufig denjenigen zwischen Bundes- und Länderinteressen. Aufgrund der Zustimmungspflichtigkeit zahlreicher Bundesgesetze kann deshalb der Bundesrat bei entspr. Mehrheitsverhältnissen zugunsten der O. von dieser als wirkungsvolles Instrument zur Durchsetzung ihrer gesetzespolit. Vorstellungen eingesetzt werden, was inbes. 1973 bis 1982 deutl. wurde.

I. BODE, Ursprung u. Begriff der parl. O., 1962 – R. DAHL (Hg.), Polit. O.s in Western Democracies, 1966 – M. FRIEDRICH, O. ohne Alternative?, 1962² – N. GEHRIG, Parlament – Regierung – O., 1969 – DERS., Gewaltenteilung zwischen Regierung u. parl. O., DVBl. 86 (1971) 633 – 638 – M. HERETH, Die parl. O. in der Bundesrep. Dtschld., 1969 – W. JAEGER, Polit. Parteien u. parl. O. Eine Studie zum polit. Denken von Lord Bolingbroke u. David Hume, 1971 – K. KLUXEN, Art. O., StLexGG, Bd. 6, 1961⁶, Sp. 11 ff. – W. KRALEWSKI, KH. NEUNREITHER, Opposition. Verhalten im 1. Dt. Bundestag, 1963 – H. OBERREUTER (Hg.), Parl. O. Ein internationaler Vergleich, 1975 (Lit.) – R. M. PUNNETT, Front-Bench O. The Role of the Leader of the O., the Shadow Cabinet and Shadow Government in Brit. Politics, 1973 – R. SCHNABEL (Hg.), Die O. in der modernen Demokratie, 1972 – H.-P. SCHNEIDER, Die parl. O. im Verf.recht der Bundesrep. Dtschld., Bd. I, Grundlagen, 1974 – H.-G. SCHUMANN (Hg.), Die Rolle der O. in der Bundesrep. Dtschld., 1976 – W. STEFFANI, Art. O., in: K. SONTHEIMER, H. RÖHRING (Hg.), Hdb. des polit.

Systems der Bundesrep. Dtschld., 1977, S. 427 ff. – DERS., Warum die Bezeichnung „kleine Parlamentsreform 1969"?, ZParl. 12 (1981) 591–593 – K. STERN, Das Staatsrecht der Bundesrep. Dtschld., Bd. I, 1984², § 23 (Lit.) – H.-J. VEEN, O. im Bundestag, 1976.

Rainer Pietzner

Orden, kirchliche. I. Katholische. O. im umfassenden Sinn sind von der kirchl. Obrigkeit gutgeheißene Verbände, in denen die Mitglieder sich durch befristete oder lebenslängl. Gelübde oder Versprechen zu den ev. Räten der Keuschheit, Armut und des Gehorsams verpflichten. Dieser Initiationsakt ist als Selbsthingabe an Gott ein religiöser Akt, bewirkt zugleich aber auch die Eingliederung in den jeweiligen Verband, hat also auch Vertragscharakter. *Ziel* aller O. ist eine bes. Art der Nachfolge Christi, die nicht auf Gebot, sondern auf freiwilliger Verpflichtung beruht. O. können auf die Kontemplation ausgerichtet sein, widmen sich aber überwiegend den Aufgaben des Apostolats durch Seelsorge, Mission, Schule, Erziehung, soziales und karitatives Wirken. Wesentlich ist den O. das Leben ihrer Mitglieder *in Gemeinschaft.*

Man unterscheidet a) *O. i. e. S.,* d. h. Verbände, die seit dem Jahr 300 ihren Ausgang vom Zönobitentum der Ostkirche nahmen (PACHOMIUS, BASILIUS) und im Westen durch BENEDIKT (529) in den O.zweigen der Benediktiner, Zisterzienser, Trappisten Verbreitung fanden; seit dem MA. entstanden die Regulierten Chorherren (11. Jh.), die Ritterorden (12. Jh.), die Mendikantenorden (Dominikaner 1216, Franziskaner 1223), die Regularkleriker (zB Jesuiten 1540); konform den MännerO. entstanden die Nonnenklöster, denen das monastische Leben mit Chordienst und strenger Klausur gemeinsam ist. b) *Kongregationen* von Männern und Frauen, wie zB die Engl. Fräulein (1626/1703), Redemptoristen (1732/49), Salesianer DON BOSCOS (1857), Steyler Missionare (1875), die Vinzentinerinnen (Barmherzige Schwestern) und Frauenverbände für Schule, Mission und Caritas. c) *Säkularinstitute* (zB Opus Dei 1947, Schönstattschwestern 1948), die sich von den O. und Kongregationen darin unterscheiden, daß ihre Mitglieder kein gemeinschaftliches Leben führen, sondern einzeln in der Welt (in saeculo) tätig sind, aber sich wie die O. zu den ev. Räten verpflichten. d) Keine O. sind die *ordensähnl. Genossenschaften* des apostolischen Lebens, die in Gemeinschaft leben, deren Mitglieder sich aber nicht zu den ev. Räten verpflichten müssen (Oratorianer 1564/75, Pallottiner oder Gesellschaft vom kath. Apostolat 1835).

Die *rechtl. Normierung* für die O. findet sich in der lat. Kirche im →CIC cc. 573–746, in der unierten Ostkirche im MP PIUS' XII. „Postquam Apostolicis" vom 9. 2. 1952. Das hier gebotene, für alle O. geltende Rahmenrecht wird vom Sonderrecht der einzelnen Verbände (Regeln, Konstitutionen, Lebensordnung, Statuten, Gebräuchebücher, Direktorien, Typika) ausgefüllt. Im CIC finden sich die jahrhundertalten Bezeichnungen „O.", „Kongregation", „Religio" für den klösterlichen Verband nicht mehr; sie sind wenig glücklich vom Begriff „Institut" ersetzt worden; unterschieden wird nur mehr zwischen den „Instituta vitae consecratae", „Institute des geweihten Lebens" (hier Verpflichtung zu den ev. Räten) und den „societates vitae apostolicae", „Gesellschaften des apostolischen Lebens" (ohne diese Verpflichtung). Im Sonderrecht aber bleibt die herkömml. Terminologie beibehalten.

Die *Aufnahme* in einen O. erfolgt stufenweise durch die ein- oder zweijährige Probezeit des Noviziats; darauf folgt die erste Gelübdeablegung auf Zeit, die in Abschnitten als zeitl. Profeß insgesamt i. d. R. 6 Jahre währt; dann werden Gelübde auf Lebenszeit abgelegt. Über die Zulassung entscheidet der höhere O.obere unter Mitwirkung seines Beirats. Die O.gelübde werden vom O.oberen, seinem Beauftragten oder sonst einem kirchl. Amtsträger (zB Bischof) entgegengenommen. Grds. tendiert die einmal eingegangene Gelübdeverpflichtung auf die lebensl. Bindung, wenn auch der O.person wie dem Verband nach Ablauf der zunächst noch befristeten Gelübde die Lösung des Vertragsverhältnisses freisteht. Die Unterscheidung zwischen verschiedenen Klassen von O.leuten innerhalb des einzelnen Verbands (Priester – Laienbrüder, Chorfrauen – Laienschwestern) ist im geltenden O.recht aufgegeben worden; in der Mitbestimmung sind die Mitglieder, wenn sie lebenslängl. Gelübde abgelegt haben, gleichberechtigt bei Wahlen und in den Kapiteln.

Der *Verf.* nach unterscheiden sich die dezentralisierten von den zentralisierten O. Das *Mönchtum* (zB in der benediktinischen Form) kennt nur selbständige Klöster mit einem auf Lebenszeit gewählten Abt, Propst, Prior an der Spitze, gewählt von den Mönchen seines Klosters. Jeder Mönch oder Kanoniker gehört kraft seines Beständigkeitsgelübdes (stabilitas loci) seinem Kloster an. Mehrere Mönchsklöster sind in einer Kongregation oder Föderation zusammengeschlossen; der Präses derselben nimmt Aufsichtsrechte wahr, das einzelne Kloster aber bleibt selbständig, auch wenn die Kongregationen und Föderationen zusätzlich in einer Conföderation unter einem Abtprimas oder Generalabt zusammengefaßt sind. Ganz anders sind die *zentralisierten O.* verfaßt (zB Dominikaner, Franziskaner, Jesuiten, alle Kongregationen): an ihrer Spitze steht der vom Generalkapitel gewählte Generalobere, der über alle Provinzen, Klöster und Mitglieder gem. den Satzungen regiert. Oberstes Organ des O. ist das periodisch (etwa alle 6 Jahre) tagende Generalkapitel, an dem die Provinzoberen und die von den Mitgliedern gewählten Delegierten teilnehmen. Alle Oberen in Klöstern, Provinzen und Gesamtverband sind nur auf Zeit bestellt. Die Mitglieder in diesen Verbänden sind nicht an ihr Kloster gebunden, sondern innerhalb der Provinz und des GesamtO. verfügbar.

Vielen O. war durch die *Exemtion,* einem Vorrecht bes. der alten Orden, eine gewisse Unabhängigkeit eingeräumt. Das II. →Vatikan. Konzil hat in Stärkung der bischöfl. Autorität die Exemtion als Bevorrechtung nicht mehr beibehalten, dafür aber den O. insgesamt ein hohes Maß von *Autonomie* in ihrer inneren Organisation zur Wahrung ihres Erbgutes in Spiritualität und Tätigkeitsfeldern gewährt.

Rechtsfähigkeit nach kirchl. Recht kommt allen O., ihren Provinzen und Niederlassungen zu. Rechtsfähigkeit nach staatl. Recht erlangen die O. nach den für alle Gesellschaften geltenden Bestimmungen, meist als eingetragene Vereine, Stiftungen oder als Körperschaften des öffentl. Rechts.

Das Wirken der Orden und Klöster in Deutschland, hg. v. J. HASENKAMP und A. WIENAND, I1957, II1964 – M. HEIMBUCHER, Die Orden und Kongregationen der kath. Kirche, II1965³ (Nachdruck der Ausgabe von 1933) – H. MÜLLER, B. PRIMETSHOFER, R. WEIGAND, H. SOCHA, in: Hdb. des kath. Kirchenrechts, hg. v. J. LISTL, H. MÜLLER, H. SCHMITZ, 1983, 476–525 (Lit.) – Männerorden in der BRD, hg. v. L. HOLTZ, 1984 – R. HENSELER, Institute des geweihten Lebens ... (Ordensrecht), in: Münsterischer Kommentar zum CIC, hg. v. K. LÜDICKE, 1985 (Loseblatt-Sammlung), cc. 573–746.

Audomar Scheuermann

II. Evangelische →Bruderschaften und Kommunitäten

Orden und Ehrenzeichen. I. Begriff und Arten. A. O. und E. sind zum Tragen bestimmte, dekorative Abzeichen, die als Auszeichnung um geleisteter Verdienste willen verliehen werden. O. und E. unterscheiden sich ledigl. dem Grade nach; als O. werden höhere, als E. niedrigere Verdienstauszeichnungen bezeichnet (zB Medaille für Rettung aus Seenot). Die hist. bedingten Grenzen zwischen O. und E. sind fließend. Nahezu alle O. und E. besitzen Statuten, in denen der Zweck ihrer Stiftung, die Voraussetzungen ihrer Verleihung und ähnl. Einzelheiten geregelt sind.

B. Man kann die heutige Vielfalt von O. und E. in starker Vereinfachung und unter Vernachlässigung von Mischformen in nichtstaatl. sowie staatl. oder staatl. anerkannte gliedern. Stiftung und Verleihung ersterer erfolgt ohne Mitwirkung des Staates (zB Hof- oder HausO.); sie sollen bei den folgenden Erörterungen ausscheiden. Letztere dagegen werden vom Staat oder einer von ihm autorisierten Stelle gestiftet und verliehen. Anlaß der Verleihung können Verdienste ziviler (zB wissenschaftl., künstlerischer) oder militärischer Art (zB Tapferkeit) sein, auf die oft die sog. Ordensdevise (Wahlspruch) hinweist. Das Tragen eines staatl. O. kann mit der Mitgliedschaft in einer Vereinigung verbunden (zB Orden Pour le mérite für Wissenschaften und Künste) oder von einer solchen unabhängig sein (zB Bundesverdienstkreuz). Innerhalb vieler O. gibt es, nach dem Vorbilde des 1802 gestifteten O. der franz. Ehrenlegion, fünf verschiedene Stufen; das Bundesverdienstkreuz wird in acht Stufen verliehen.

II. Historisches. A. Nichtmilitärische O. und E. haben andere hist. Wurzeln als die militärischen Auszeichnungen. Ihr Ursprung findet sich in den kirchl. O.gemeinschaften, die den sich z. Z. der Kreuzzüge entwickelnden RitterO. als Vorbilder dienten. Die Mitglieder dieser O. trugen als äußeres Zeichen der Zusammengehörigkeit gleichartige Symbole, die mit dem Absinken der RitterO. zu weltl., unter der Leitung des Souveräns stehenden Vereinigungen der höheren Gesellschaftsschichten (HofO.) mehr und mehr die Gestalt eines Schmucks annahmen. Die bes. Form des O.kleinods wies seine Träger nicht mehr als Verfechter spezifischer Ziele, sondern nur noch als Angehörige der Vereinigung aus. Zu späterer Zeit nahm der jeweilige Landessouverän in den Kreis der O.ritter auch Personen auf, die sich bes. verdient gemacht hatten.

Der Aufnahme in einen O. mit dem Recht, das O.abzeichen zu tragen, folgte die bloße Verleihung eines O.kleinods als staatl. Auszeichnung.

B. Militärische Auszeichnungen gehen, obgleich schon im antiken Rom bekannt, in ihrer heutigen Form auf die militärischen VerdienstO. des 17. Jh. zurück. Diese wurden verdienten Offizieren in Form eines Kreuzes oder Sterns i. V. m. der Gewährung von Versorgungsansprüchen verliehen. Die Koppelung von O. und Rentenansprüchen machte spätestens in den napoleonischen Kriegen der Verleihung bloßer Tapferkeitsauszeichnungen (zB Eisernes Kreuz) Platz.

III. Heutige Rechtslage. A. Materielle Rechtslage. Die Vergabe von O. und E. für Verdienste um den Staat oder das Gemeinwohl bemißt sich in der Bundesrep. Dtschld. nach staatl. Recht.

1. Für den *Bund* maßgebend ist das „G. über Titel, O. und E." vom 26. Juli 1957 i. V. m. den auf seiner Grundlage ergangenen Stiftungserlassen und AVOen.

O. und E. des Bundes können nur vom →Bundespräsidenten oder mit seiner Genehmigung gestiftet oder verliehen werden; gestiftet und verliehen wurden bisher der „VerdienstO. der Bundesrep. Dtschld.", der „Orden Pour le mérite für Wissenschaften und Künste" sowie verschiedene E. Will ein Deutscher ausländische O. und E. annehmen, so bedarf er hierzu der Genehmigung des Bundespräsidenten. Die Verleihung eines O. bringt für den Beliehenen keine staatl. Vorrechte (in manchen Fällen jedoch Ehrensold oder freie Benutzung gewisser staatl. Einrichtungen), sondern nur eine Mehrung gesellschaftl. Ansehens mit sich.

Erweist sich ein Beliehener durch sein Verhalten, insbes. durch Begehen einer entehrenden Straftat, der verliehenen Auszeichnung unwürdig, so kann sie ihm vom Verleihungsberechtigten wieder entzogen werden. Dagegen verbleiben O. und E. auch nach dem Tode des Inhabers meist im Besitz der Hinterbliebenen.

Das Tragen eines O. und E. setzt voraus, daß der Beliehene eine Verleihungsurkunde innehat. Auch die vor 1933 verliehenen Auszeichnungen dürfen grds. getragen werden; das gleiche gilt für alle im G. vom 26. Juli 1957 aufgeführten O. und E. des sog. Dritten Reichs, sofern nationalsozialistische Embleme aus ihnen entfernt worden sind. Das unbefugte Tragen staatl. oder staatl. anerkannter Auszeichnungen wird bestraft.

2. Die Befugnis der *Länder* zur Verleihung eigener O. und E., die in Bayern und Rheinland-Pfalz sogar Eingang in die Landesverf. gefunden hat, wird durch das BundesG vom 26. Juli 1957 nicht berührt. Von der genannten Befugnis haben bisher Länder wie Baden-Württemberg, Bayern, Niedersachsen und Saarland Gebrauch gemacht; deren Länderorden entsprechen in ihrer Wertschätzung etwa dem Bundesverdienstkreuz 1. Klasse. E. verleihen fast alle Länder für Rettungstaten.

B. Formelle Rechtslage. In der Frage, welchen rechtl. Charakter die Verleihung staatl. O. und E. besitzt, gehen die Ansichten weit auseinander. Die h. M. sieht in der Verleihung einen reinen →Gnadenakt, der sich als außerrechtl. Gunsterweis jeder gerichtl. Kontrolle entzieht. Die Gegenmeinung qualifiziert O.verleihungen als Rechtsakte (Verfassungsakte, Verwaltungsakte, Amtshandlungen). Aber auch wenn man verwaltungsgerichtl. Klagen als zulässig ansieht, so hat der einzelne doch kein (materiell subjektives öffentl.) Recht auf Verleihung eines O. oder E., sondern nur ein (formell subjektives öffentl.) Recht auf fehlerfreie Ermessensausübung (→Ermessen).

Von der Verleihung eines O. oder deren Versagung zu trennen ist die Entziehung einer Auszeichnung. Das G. vom 26. Juli 1957 erklärt verwaltungsgerichtl. Klagen gegen eine Entziehung ausdrückl. für zulässig.

C. Verwaltungspraxis. Jeder kann sich mit der kostenfreien Anregung, einem Dritten einen O. zu verleihen, an die zuständigen Stellen wenden. Zweckmäßig ist es, den sorgfältig begründeten O.vorschlag beim Bundespräsidialamt (für O. des Bundes) oder der Staatskanzlei eines Landes (für O. des Bundes oder des jeweiligen Landes) einzureichen. Die vertraul. Prüfung des O.vorschlages erfolgt in Zusammenarbeit mit weiteren Behörden.

M. Gritzner, Hdb. der Ritter- und VerdienstO. aller Kulturstaaten der Welt, 1893 – G. Schmitt, Entwicklung und Bedeutung der O. und E., BayVerwBl. 1976, 324 ff. – H. U. Krantz/J. Ottinger, O. und E. in der Bundesrep. Dtschld., 1977[2] – H. K. Geeb/H. Kirchner/H. W. Thiemann, Deutsche O. und E., 1977[3].

Hendrik Rust

Ordentliche Gerichtsbarkeit
→Gerichtsverfassung

Organisationsgewalt
→Autonomie; →Staatsorganisation

Organstreitigkeiten
→Verfassungsgerichtsbarkeit

Organtransplantation (Organverpflanzung).

I. Medizinisch. 1. Definition und Grundlagen. Unter Transplantation (= T.) versteht man die Überpflanzung von biologischem Gewebe und von Organen. Spender und Empfänger können dasselbe Individuum sein. Bei der T. zwischen verschiedenen Individuen wird nach dem Grad der genetischen Disparität unterschieden: Die IsoT. (isogene T.) stellt eine Übertragung zwischen genetisch identischen Individuen (ingezüchtete Tiere, eineiige Zwillinge) dar. Die AlloT. (allogene T.) ist eine Gewebeübertragung zwischen Individuen einer Art und die XenoT. (xenogene T.) zwischen Individuen verschiedener Spezies (zB Verpflanzung eines Tierorgans auf den Menschen). Die Einpflanzung von Material, das nicht biologischen Ursprungs ist, wird als alloplastische Implantation (gelegentlich nicht zutreffend ebenfalls als „Transplantation") bezeichnet und hier nicht weiter besprochen.

Die T. von Knorpel, Knochen, Hornhaut, Gehörknöchelchen u. a. wird meist als GewebeT., die von Niere, Herz, Leber, Bauchspeicheldrüse u. a. als OrganT. (im engeren Sinn) bezeichnet; Haut und Knochenmarktransplantationen sind in diese nicht streng definierten Oberbegriffe nicht klar einzuordnen. Letztlich kann auch eine Bluttransfusion als OrganT. bezeichnet werden.

Klinisch bedeutsam sind sowohl die autogene T. (zB Haut von einer Stelle des Körpers auf eine andere, Nerven, KnochengewebsT.) als auch die allogene T. von einem verstorbenen oder auch lebenden – und in diesem Fall dann in der Regel verwandten – Spender. Die IsoT. ist eine Sonderform der T. zwischen eineiigen Geschwistern. Eine XenoT., etwa die von Niere, Herz, Leber von einem Primaten auf einen Menschen, wurde klinisch vereinzelt versucht, ohne einen längerfristigen Erfolg zu erreichen. Die nachfolgenden Ausführungen beziehen sich hauptsächlich auf die AlloT.

Die Akzeptanz eines Transplantats hängt von der genetischen Disparität zwischen Spender und Empfänger, der Immunogenität des Transplantats und der durch diese beiden Faktoren bestimmten, zusätzlich aber auch individuell bzw. situationsbedingt unterschiedlich ausgeprägten Immunreaktion des Empfängers ab. Die Immunreaktion, die gegen das fremde Transplantat gerichtet ist und letztlich seinen Funktionsverlust bzw. dessen Absterben bewirkt, wird als „Abstoßung" oder „Abstoßungsreaktion" bezeichnet. Ein Transplantat gilt als „abgestoßen", wenn es seine Funktion verloren hat bei gleichzeitig kompletter oder zumindest starker mor-

Übersicht über die wichtigsten Begriffe

Genetische Beziehung zwischen Spender und Empfänger	heute übliche Bezeichnung	frühere Bezeichnung	Charakteristika
gleiches Individuum	Autotransplantation (autogene Transplantation)	Autotransplantation (autologe Transplantation)	keine immunologischen Probleme
verschiedene Individuen, aber genetisch identisch	Isotransplantation (isogene oder syngene Transplantation)	Isotransplantation (isologe Transplantation)	keine immunologischen Probleme
genetisch verschiedene Individuen der gleichen Spezies (z. B. Mensch-Mensch oder Ratte-Ratte)	Allotransplantation (allogene Transplantation)	Homotransplantation (homologe Transplantation)	löst Immunreaktion aus, unbehandelt tritt immunologische Abstoßung auf
verschiedene Spezies (z. B. Tier-Mensch oder Maus-Ratte)	Xenotransplantation (xenogene Transplantation)	Heterotransplantation (heterologe Transplantation)	löst immunologische Abstoßung aus, noch nicht behandelbar

phologischer Zerstörung. Die Abstoßungsreaktion ist eine Funktion des immunologischen Systems des Empfängers. Hauptansatzpunkte zur Vermeidung einer Abstoßung sind das Auffinden einer bestmöglichen Kompatibilität zwischen Spender und Empfänger (ideal: Isotransplantat) sowie die Unterdrückung der Immunreaktion. Die Beeinflussung der Immunogenität gelingt – abgesehen von bestmöglicher Kompatibilität – derzeit klinisch kaum. Bei geringer Immunogenität (zB Gefäße, Knorpel) oder besonderen Implantationsorten, an denen ein Kontakt zu gefäßtragenden Strukturen fehlt (zB vordere Augenkammer), kann eine AlloT. auch bei starker Inkompatibilität und ohne Immunsuppression erfolgreich sein (zB Hornhaut, Gehörknöchelchentransplantation). Bei Übertragung von selbst immunologisch aktivem Gewebe kann neben der Wirt-gegen-Transplantatreaktion (host versus graft reaction) auch eine Transplantat-gegen-Wirt-Reaktion (graft versus host reaction) auftreten. Dies ist vor allem bei Knochenmarktransplantationen der Fall. Die Alloimmunreaktion wird ausgelöst durch Kontakt des lymphatischen Systems mit fremden Histokompatibilitätsantigenen (Transplantationsantigenen). Dies sind Zelloberflächenantigene, die von mehreren Genloci kodiert werden. Beim Menschen sind nach unserem heutigen Wissen vor allem Antigene von drei Subloci des Haupthistokompatibilitätssystems (MHC = Major Histocompatibility Complex) bedeutsam: HLA – A, HLA – B und HLA – DR-Antigene (HLA = human leucocyte antigens). Die ontogenetische Bedeutung dieser – erst zum Teil aufgeklärten – Antigene liegt wohl darin, daß das lymphatische System bei der Abwehr von viralen Infektionen des gleichzeitigen Kontakts mit dem Virus und den eigenen Histokompatibilitätsantigenen bedarf. Bestmögliche Histokompatibilität bei den Organtransplantationen im engeren Sinn wird vor allem durch nationalen und internationalen Organaustausch ermöglicht (zB über Eurotransplantzentrale in Leiden/Holland, bei der die entsprechenden Daten aller wartenden Empfänger registriert sind. Die Unterdrückung von Abstoßungsvorgängen (Immunsuppression) mindert stets die Abwehrkraft des Organismus gegen Infektionen (Infektanfälligkeit, erhöhte Gefahr bei Infektionen) und erhöht die Erkrankungsinzidenz an malignen Tumoren. Die Entwicklung auf dem Gebiet der Immunsuppression gerade in den letzten Jahren – wie insgesamt vorsichtige Dosierung, Vermeidung hoher Dosen von Steroiden, Einführung von Cyclosporin A und monoklonalen Antilymphozytenseren) – haben diese Gefahren laufend verringert. Infolge eines erst teilweise geklärten Adaptationsvorganges zwischen Wirt und Spenderorgan können die Höhe der Immunsuppression im längeren Verlauf nach T. und damit auch die Gefahren von Nebenwirkungen und Komplikationen deutlich gesenkt werden. Derzeit hauptsächlich verwendete Immunsuppressiva sind: Azathioprin (proliferationshemmend), Steroide, Cyclosporin A (nicht proliferationshemmend, selektiv immunsuppressiv), poly- und monoklonale Antilymphozytenantikörper. Bluttransfusionen vor einer T. haben auf noch nicht genau geklärte Weise einen günstigen Effekt auf das Transplantationsergebnis.

2. Stand der klinischen Organtransplantation. Ein Charakteristikum der OrganT. gegenüber dem künstlichen Organersatz ist die Übernahme weitgehend aller Funktionen und Regulationsmechanismen des ausgefallenen Organs durch das Transplantat; künstlicher Organersatz bezieht sich dagegen meist auf eine oder einige Hauptfunktionen. OrganT. ermöglicht somit einen wesentlich höheren Grad an Wiedergesundung als ein künstlicher Organersatz, der zudem bislang fast ausschließlich auf die Niere beschränkt ist – abgesehen von medikamentös-hormoneller Substitution zB von Insulin, Schilddrüsenhormonen etc.

Die NierenT. ist die bedeutendste und verbreitetste OrganT. Sie ist bereits als Standardbehandlung etabliert und stellt die Behandlungsmethode der Wahl für ein endgültiges Nierenversagen unterschiedlicher Ursache dar. Die Erfolgshöhe liegt bei der heutigen Immunsuppression etwa bei 70 – 90 % „Transplantatüberleben" über die ersten Jahre (je nach Patientengut und Risikofaktoren). Die Überlebenshöhe der Patienten ist heute meist deutlich über 90 %. Ihre Rehabilitation ist meist gut. Zweit- und Folgetransplantationen bei Versagen des Ersttransplantates sind möglich. Die Ergebnisse sind ungünstiger bei Risikogruppen (vorsensibilisierte Patienten – ggf. durch Bluttransfusionen, Schwangerschaft vor T.), Diabetikern und anderen Risikogruppen. Es besteht zur Zeit ein großer Bedarf an Nierentransplantationen (durchschnittliche Wartezeit der Patienten im Eurotransplantbereich über 2 Jahre).

Die LeberT. hat in den letzten Jahren zunehmende Bedeutung als Behandlungsmethode für Endstadien einer Leberzirrhose und für manche Lebertumoren erhalten. Da ein künstlicher Organersatz der Leber derzeit nicht möglich und auch nicht in Sicht ist, kommt der LeberT. besondere Bedeutung zur Lebensrettung zu. Hauptaufgabe ist die Findung des geeigneten Indikationszeitpunktes im Verlauf einer Leberzirrhose. Die LeberT. ist häufig technisch schwierig. In geeigneter Situation kann ein 60 – 80 %iges, beim Kind ein 80 – 90 %iges Überleben über die ersten Jahre erreicht werden; bei einer Notfallindikation sind die Ergebnisse deutlich ungünstiger (je nach Gegebenheit etwa 10 – 30 % Erfolgsaussicht). Die LeberT. erfordert auf vielen Gebieten noch intensive wissenschaftliche Bearbeitung. Die HerzT. ist bereits recht erfolgreich (ebenfalls 60 – 90 % Überleben für die ersten Jahre) und erfordert ähnlich wie die LeberT. noch eine weitere Präzisierung der Indikationsstellung. Der potentielle Bedarf dürfte sehr hoch sein. Beim Herzen könnte aber infolge seiner singulären Funktion (Pumparbeit) andererseits auch ein künstlicher Organersatz entwickelt werden; die derzeitigen Methoden erscheinen jedoch noch ungeeignet und zu belastend.

Die Lungen- (meist kombinierte Herz-Lungen-)T. ist noch in klinischer Entwicklung; die Zahl erfolgreicher Einzelverläufe nimmt derzeit zu. Die BauchspeicheldrüsenT. hat das Ziel des Ersatzes der Insulinproduktion in physiologischer Regulation. Damit könnten möglicherweise die Sekundärschäden der jugendlichen Zukkerkrankheit besser vermieden werden als bei der bisherigen Insulinzufuhr. Die Erfolgsquote der BauchspeicheldrüsenT. (in verschiedenen Formen) ist jedoch mit etwa 30 – 50 % noch sehr begrenzt; die notwendige Immunsuppression erlaubt die Durchführung der PankreasT. nicht in Frühstadien des Diabetes. Weitere Forschungsrichtungen zielen auf die Übertragung nur der Insulin sezernierenden Pankreasinseln, die möglicherweise Einflüssen zur Reduktion ihrer Immunogenität unterworfen werden könnten. Weitere Entwicklungsgebiete der T. dürften die DünndarmT. sowie die HautT., ggf. auch die T. von Gliedmaßen darstellen.

3. Rechtlich-Ethisches aus ärztlicher Sicht. Ein eigentliches Transplantationsgesetz gibt es in der Bundesrepublik Deutschland derzeit nicht. Für die besonders bedeutsame T. von Organen von Verstorbenen ergeben sich aus ärztlicher Sicht keine rechtlichen Probleme, wenn folgende Grundvoraussetzungen erfüllt sind: 1. die sichere Feststellung des eingetretenen Todes (Hirntodes), 2. die Einverständniserklärung zur Organentnahme in Form einer Willenserklärung des Verstorbenen oder durch die Angehörigen.

Ad 1: Die T. von Organen im engeren Sinn (Herz, Leber, Niere, Lunge) erfordert im wesentlichen die Entnahme dieser Organe bei noch funktionierendem bzw. aufrechterhaltenem Kreislauf des Spenders. Funktionieren des Kreislaufes bei schon eingetretenem völligen und irreversiblen Funktionsverlust des Gehirns kann unter der modernen Intensivbehandlung, insbesondere der künstlichen Beatmung nach schweren Hirnverletzungen, Hirnblutungen, Vergiftungen u. a. eintreten und künstlich – eben unter fortgesetzter Beatmung, ggf. Kreislaufmedikamenten etc. – über Stunden und Tage aufrechterhalten werden. Die heute bei uns und in den meisten Ländern übliche Auffassung, daß Hirntod mit dem Tod des Individuums gleichzusetzen ist, bedeutet, daß es sich bei einem solchen Hirntoten um einen Verstorbenen handelt. Hirntod, d. h. irreversibles Erloschensein aller Hirnfunktionen (Hirnrinde und Hirnstamm) ist medizinisch in geeigneter Situation sicher nachweisbar (neurologische Untersuchungen der Hirnnerven, der Funktion des Hirnstammes nach Ausschluß von Intoxikationen und Unterkühlung etc., ggf. zusätzliche Sicherung durch EEG u. a.). Dabei handelt es sich um die Feststellung des bereits eingetretenen Hirntodes, nicht um den genauen Zeitpunkt des Eintritts des Todes. Wenn Hirntod und konventioneller Kreislauftod zeitlich nahe beisammen liegen (etwa beim normalen Sterbevorgang ohne Intensivmaßnahmen), ist naturgemäß eine Phase des isolierten Hirntodes nicht feststellbar. Hirntod im Zusammenhang mit geplanter Organentnahme soll stets von zwei von der Organentnahme und der Transplantationsgruppe unabhängigen Ärzten festgestellt werden.

Ad 2: Derzeit erklären nur wenige Menschen ihren Wunsch zur Organspende nach dem eigenen Tode mit Hilfe etwa eines Organspendeausweises. In der Regel müssen deshalb die Angehörigen nach dem Tode um Einwilligung zur Organentnahme bei dem Verstorbenen gebeten werden. Sie wird derzeit in den meisten Fällen erteilt, wenngleich bei der Bitte um Entnahme mehrerer Organe für die Angehörigen größere psychologische Schwierigkeiten auftreten. Zu bedenken ist, daß diese Genehmigung zur Organentnahme durch die Angehörigen wohl meist weniger den Willen des Verstorbenen wiedergibt, als mit dem Gefühl der Angehörigen über Unverletztbleiben der Leiche des verstorbenen Verwandten einerseits und Verantwortungsgefühl für andere Menschen andererseits zusammenhängt. Auch kann das Gespräch über Organentnahme eine psychische Belastung darstellen. Diese Schwierigkeiten werden in anderen Ländern (zB Österreich) durch die sog. Widerspruchslösung umgangen.

Organentnahme unter dem Gesichtspunkt des rechtfertigenden Notstandes erscheint ebenfalls aus ärztlicher Sicht möglich. Da diese Situation heute aber praktisch stets gegeben ist, erscheint die Berufung hierauf problematisch. Eine Organentnahme gegen den Willen von Angehörigen des Verstorbenen würde auch über eine negative Darstellung in der Öffentlichkeit dem Transplantationsgebiet schaden.

Aus ärztlicher Sicht muß gegenüber dem rechtlichen Denken, das heute oft im Vordergrund der Diskussion steht, die ethische Verantwortung zur Organspende und OrganT. dargestellt werden. Durch die Möglichkeit, mit Hilfe einer OrganT. einem Patienten entscheidend helfen zu können, ergibt sich für den Arzt ein Behandlungsauftrag; dieser schließt die höchstmögliche Zusammenarbeit bei der Organspende mit ein. Weiter ergeben sich aus den Chancen der OrganT. heute für jeden einzelnen die Möglichkeiten einer Hilfeleistung nach dem eigenen Tode, womit die moralische Verpflichtung zu dieser Hilfeleistung bzw. die Auseinandersetzung mit dieser Möglichkeit eine allgemeine Aufgabe werden. Die rechtlichen Voraussetzungen bei einer OrganT. zwischen lebenden Verwandten beziehen sich vor allem auf eine fundierte Aufklärung. Die Möglichkeiten, eine T. zwischen nichtverwandten lebenden Personen auf freiwilliger Basis durchzuführen (etwa zwischen Ehepartnern), sind gegeben; dieses Gebiet wird jedoch sehr belastet von der Möglichkeit finanzieller Entgelte und der Schwierigkeit, ärztlicherseits den freien Willen zu einer solchen Organspende zu beurteilen. Transplantationen, bei denen kommerzieller Organhandel im Spiel sein kann, müssen ärztlicherseits besonders wegen der daraus sich ergebenden oder drohenden Konsequenzen (zB Organhandel von Entwicklungsländern in reiche Länder etc.) abgelehnt werden. Aus ärztlicher Sicht ist im Hinblick auf die derzeitigen Behandlungschancen mit Hilfe einer OrganT. sowie die sicher noch große Entwicklung dieses Gebietes eine umfassendere Bereitschaft zur Organspende nach dem Tode, im Sinne einer mehr selbstverständlichen Organweitergabe an andere Menschen, erforderlich.

Rudolf Pichlmayr

II. Juristisch. A. Begriff, Arten, Entwicklung. Die human-homologe OrganT. ist die Übertragung (Transplantation) von Organen, die einem Lebenden oder frisch verstorbenen Menschen (Spender) entnommen wurden (Explantate), auf einen anderen Menschen (Empfänger) zum Zwecke der Forschung oder zur Heilung einer Krankheit oder eines Körperschadens. Bei der OrganT. zu Heilzwecken wird ein nicht mehr funktionstüchtiges Organ durch ein gesundes ersetzt.

Die *Transplantation von Gewebe* (zB Hornhaut, Gehörknöchelchen, Haut) wird z. T. seit langem erfolgreich praktiziert; man schätzt, daß in der Bundesrep. Dtschld. jährlich ca. 4000 Hornhäute und ca. 5000 Gehörknöchelchen übertragen werden. Mit Ausnahme des Gehirns wurden inzwischen sämtl. menschl. Organe verpflanzt. Seit den ersten Nieren- (1954), Leber- (1963), Lungen- (1963), Bauchspeicheldrüsen- (1966) und Herztransplantationen (1967) hat sich die Zahl der OrganT. stetig aufwärts entwikkelt. So stieg zB die Zahl der Nierentransplantationen in der Bundesrep. Dtschld. von 107 (1974) auf 1274 (1984). Der Bedarf ist dennoch weit größer; er wird zB bei Nierentransplantationen auf annähernd 2000 pro Jahr geschätzt. Diesem Mangel an einer ausreichenden Zahl von Transplantaten wird durch die Einrichtung internationaler Organbanken (Eurotransplant, Leiden oder Scandiatransplant, Aarhus) entgegengewirkt; dort lassen sich gefriergetrocknete Organe mit den günstigsten immunologischen Beziehungen zwischen Spender und Empfänger abrufen.

B. Recht. Entgegen der Rechtslage in der DDR und im Ausland (zB Belgien, CSSR, Dänemark, Frankreich, Großbritannien, Italien, Norwegen, Österreich, Portugal, Schweden, Spanien, USA) fehlt es in der Bundesrep. Dtschld. bisher an einer speziellen gesetzlichen Regelung der OrganT. Ihre rechtl. Zulässigkeit wird von der Rspr. und Literatur auf der Grundlage verfassungs-, zivil- und strafrechtl. Vorschriften beurteilt. Die rechtspolitischen Bemühungen in Berlin und im Bund in den 70er Jahren um eine gesetzl. Regelung der OrganT. blieben erfolglos. Die Bundesregierung legte eine modifizierte *Widerspruchslösung* vor: Eine OrganT. sollte zulässig sein, wenn der Verstorbene einer Explantation nicht zu seinen Lebzeiten widersprochen hat, wobei der Widerspruch im Personalausweis eingetragen und der Bürger beim Antrag auf Neuausstellung oder Verlängerung des Personalausweises auf die Möglichkeit des Widerspruchs hingewiesen werden sollte (BT-Drs. 8/2681). Diese Konzeption stieß nicht nur auf politische Vorbehalte („Teilsozialisierung der Leiche"), sondern auch im Hinblick auf Art. 1 I GG, insbes. Art. 2 I GG auf verfassungsrechtl. Bedenken. Ihr stellte der Bundesrat die sog. *Einwilligungslösung* entgegen: Die Explantation sollte nur mit Einwilligung des Verstorbenen zu seinen Lebzeiten oder der Angehörigen nach seinem Tode zulässig sein (BT-Drs. 8/2681, S. 13 ff.). Eine sehr weitgehende sog. *Notstandslösung* wurde von der Berliner CDU-Fraktion vorgeschlagen (Abgh. Berlin Drs. 6/948). Die Bundesregierung sieht im Hinblick auf die gestiegene Bereitschaft insbes. von Angehörigen, ihre Einwilligung in eine OrganT. zu erteilen, für eine gesetzl. Regelung kein Bedürfnis mehr (BT-Drs. 10/3052, S. 7). Die med. Praxis scheint überwiegend an einer gesetzl. Regelung nicht mehr interessiert zu sein, weil sie nach den bisherigen parlamentarischen Erörterungen von einem etwaigen Gesetz für die Transplantationsmedizin im Vergleich zur derzeitigen „Grauzone" nur Einschränkungen befürchtet.

Bei der Beurteilung der rechtl. Zulässigkeit der OrganT. ist zwischen der Transplantatentnahme *(Explantation),* der Einpflanzung *(Implantation)* und danach zu unterscheiden, ob die Explantation bei einem Verstorbenen oder Lebenden vorgenommen wird; die Rechtslage ist insbes. zu Einzelfragen teilweise sehr str.

Aus *zivilrechtl. Sicht* ist eine eigenmächtige Explantation rechtswidrig, wobei dogmatisch str. ist, ob dadurch sachen-, persönlichkeits- oder familienrechtl. Interessen nach § 823 I BGB oder ein Gewohnheitsrecht, und weiterhin, ob damit nur ein Recht der Angehörigen oder des Verstorbenen verletzt wird. Explantationen sind gerechtfertigt, wenn der Verstorbene zu seinen Lebzeiten darin eingewilligt hat; in diesen Fällen ist der Wille der Angehörigen irrelevant. Die Einwilligung kann auch durch die Angehörigen erfolgen, allerdings nicht gegen den Willen des Verstorbenen. Die Explantation kann nach § 34 StGB, der auch im Zivilrecht gilt, gerechtfertigt sein. Voraussetzung dafür ist nach h. M., daß sie zum Zwecke der Lebensrettung oder zur Besserung eines schwerwiegenden Gesundheitsmangels oder Körperschadens eines bestimmten Menschen und nicht nur aus wissenschaftl. Zwecken oder für Organbanken vorgenommen wird und der Wille des Verstorbenen nicht entgegensteht; str. ist, ob sich der Arzt zuvor um das Einverständnis der Angehörigen bemühen muß. Eine rechtswidrige Explantation gibt den Hinterbliebenen keinen Schadenersatz-, allenfalls analog § 847 BGB einen Schmerzensgeldanspruch.

Die eigenmächtige Transplantatentnahme erfüllt *strafrechtl.* den Tatbestand des § 168 StGB; die dargestellten Rechtfertigungsgründe gelten allerdings auch hier. Eine Strafbarkeit ist mit der h. L. wegen fehlendem Gewahrsamsbruch abzulehnen, wenn das Transplantat in derselben Krankenanstalt entnommen und übertragen wird.

Die Explantation aus einer Leiche setzt voraus, daß der Spender tot ist. Eine gesetzl. Definition des *Todeszeitpunktes* gibt es nicht. Der Gesetzgeber wäre überfordert, dafür materiellrechtl. Voraussetzungen aufzustellen. Im Hinblick auf das bes. Interesse der die OrganT. durchführenden Ärzte an „frischen" Transplantaten sollte man im Transplantationsrecht jedoch aus rechtspol. Sicht zumindest die Todesfeststellung durch zwei unabhängige Ärzte verlangen.

Die Explantation lebenswichtiger Organe vom lebenden Menschen stellt ausnahmslos eine strafbare Tötung dar. Daher dürfen nur lebensunwichtige oder Teile eines paarigen Organs entnommen werden, und zwar unter der Voraussetzung, daß der Spender darin eingewilligt hat. Eigenmächtige Explantationen sind zivilrechtl. als unerlaubte Handlungen und strafrechtl. als Körperverletzung zu beurteilen, die sich auch nicht aus dem Gesichtspunkt des übergesetzl. Notstandes rechtfertigen lassen.

Implantationen sind grundsätzlich nur mit Einwilligung des Empfängers zulässig; andernfalls würde es sich zivilrechtl. um unerlaubte Handlungen und strafrechtl. um Körperverletzungen handeln. Sie dürfen allerdings ausnahmsweise auch ohne Einwilligung – jedoch nicht gegen den Willen – des Empfängers vorgenommen werden, wenn sie das einzige Mittel zur Lebensrettung oder zur wirksamen Behandlung schwerwiegender Krankheiten oder Körperschäden des Empfängers sind.

In allen Fällen der *Einwilligung* bedarf es zu deren Wirksamkeit einer ausführl. über das sonst bei Heileingriffen erforderl. Maß hinausgehenden ärztl. Aufklärung, die nicht nur Art, Folgen und Risiko des Eingriffs, sondern auch dessen Erfolgschancen umfassen muß. Eine wirksame Einwilligung setzt die erforderl. Einsichts- und Willensfähigkeit auf seiten des Spenders und Empfängers voraus. Fehlt diese, so darf sie beim Spender im Hinblick auf die gravierende Tragweite des Eingriffs in dessen körperl. Integrität und den höchstpersönl. Charakter dieses Rechts nicht durch die Einwilligung Dritter ersetzt werden. Eine Vertretung ist somit nur auf seiten des Transplantatempfängers durch die zur Personensorge Berechtigten zulässig.

T. Carstens, Das Recht der Organtransplantation, 1978 – H. Kübler, Verfassungsrechtl. Aspekte der Organentnahme zu Transplantationszwecken, 1977 – A. Laufs, Arztrecht, 1984[3] (Lit.), 72–81 – E. Dietrich (ed.), Organspende, Organtransplantationen, 1985.

Joachim Linck

III. Ethisch. A. 1. Zur Begriffsbestimmung. Auch zur ethischen Beurteilung der OrganT. sind Differenzierungen wichtig: *Autologe, autogene* OrganT. nennt man eine Übertragung dann, wenn Spender und Empfänger identisch sind; die *synogene* bzw. *isologe* OrganT. setzt Genidentität voraus; die *allogene, homogene* OrganT. ist die von einem Menschen auf einen anderen Menschen; *xenogene* oder *heterologe* OrganT. erfolgt zwischen verschiedenen Arten.

Die synogene (isologe) OrganT. ist neuerdings in der Diskussion aufgrund von Erwägungen, im frühen pränatalen Stadium durch Embryonensplitting Organe im Vorrat herzustellen (mit Hilfe von Tiefgefrierung). Die xenogene (heterologe) OrganT. ist durch die Übertragung eines Pavianherzens auf ein neugeborenes Mädchen am 26. 10. 1984 (Baby Fae) ins Gerede gekommen. Eine solche Übertragung war ethisch nicht zu vertreten, da das Neugeborene von Anfang an unter hohen Medikamentengaben stehen mußte u. keine Chancen hatte, dem unvermeidlichen Tod zu entgehen. Diese „Sensationschirurgie" hat auch die OrganT. ins Gerede gebracht. Ebenso hat die Verpflanzung von Kunstherzen die OrganT. erneut in die Diskussion gebracht, da der Einsatz eines Kunstherzens das Risiko von Schlaganfällen stark erhöht. Diese Sonderfälle – xenogene OrganT. und Kunstherz – sollen hier beiseite bleiben. Es geht v. a. um den Normalfall der Nierentransplantation, die in der Bundesrep. Dtschld. derzeit über 1000mal jährlich erfolgt.

2. Grundsätzliches. Die ethische Beurteilung der OrganT. von einem lebenden oder gerade erst verstorbenen Menschen (Spender) auf einen anderen Menschen (Empfänger) zum Zweck der Heilbehandlung stellt vor besondere ethische Probleme, die sich bei einer Autotransplantation nicht ergeben. Im Unterschied zu den anderen Heileingriffen ist die Arzt-Patienten-Beziehung nämlich erweitert zu einer Beziehung zwischen Arzt-Spender-Empfänger. Weiterhin ist zu differenzieren zwischen einer OrganT., die für den Spender nicht lebensnotwendige Organe betrifft, und einer Transplantation lebensnotwendiger Organe. Sodann ist nochmals zu differenzieren zwischen einer Übertragung lebensnotwendiger unpaariger Organe (zB Herz, Leber) und paariger Organe (zB Niere), da für letztere der Tod des Spenders nicht Vorbedingung ist. In den Anfangszeiten der Nierentransplantation wurden wegen der immunbiologischen Barriere nur Nieren von lebenden Verwandten verpflanzt. Seitdem für die Nierentransplantation die immunologischen Probleme weitgehend gelöst sind, ist man i. a. von der Lebendspende abgekommen, und zwar v. a. wegen des Risikos für den Spender und den aufgrund von Abhängigkeitsverhältnissen zwischen Spender und Empfänger möglichen Implikationen u. Folgen aufgrund der Einwilligung des Spenders. Obwohl ethische Argumentation (unter Verweis auf die Opferbereitschaft des Spenders) nicht völlig die Lebendspende ablehnt, ist die Organentnahme von Verstorbenen eindeutig vorzuziehen. Dabei stellen sich aufgrund des medizinischen Fortschritts eine Reihe von ethischen und juristischen Problemen, die so lange nicht bestanden haben, als die Definition des Todeszeitpunktes eindeutig festzustehen schien.

B. Einzelfragen. 1. Die Todeszeitbestimmung. Voraussetzung der Organentnahme ist der Tod des Spenders. Eine ethische Beurteilung setzt zunächst eine medizinische Definition des Todeszeitpunktes voraus. Die Deutsche Bundesärztekammer hat 1982 „Kriterien für den Hirntod" als Empfehlungen formuliert. Dabei ist heute unbestritten, daß die herkömmlichen Kriterien des klinischen Todes (Herz- und Atemstillstand) angesichts des Fortschritts der apparativen Medizin mit ihren Reanimationsmöglichkeiten hinfällig geworden sind. Als „Tod des Menschen" gilt daher der irreversible Funktionsausfall des Gesamthirns, der Hirntod, weil mit dem irreversiblen Ausfall des Gehirns die Integration der leib-seelischen Ganzheit des Organismus aufhört und also der Individualtod eintritt. Dabei ist man sich einig, daß als Hirntod nicht die Dekortikation (Tod des Großhirns, während der Gehirnstamm, welcher die vitalen Funktionen von Blutdruck, Atmung und Temperatur reguliert, noch funktioniert), sondern die Dezebrierung (auch der Hirnstamm ist tot) zu definieren ist. Eindeutig feststellbar ist allerdings nur der irreversible Funktionsausfall des Gesamthirns („intravitaler Hirntod"). Der Eintritt des Todes ist folglich kein schlagartiges Ereignis, sondern ein fortschreitender Prozeß der zunehmenden Desintegration und Devitalisierung. Eine möglichst frühzeitig anzusetzende und rasch durchführbare Todeszeitbestimmung ist wegen der Vitalität des für die OrganT. benötigten Transplantats notwendig, da der Sterbeprozeß die Organe irreversibel schädigt. Angesichts des Dilemmas, daß sich einerseits eine naturwissenschaftl. exakte Definition des Todeszeitpunktes im Einzelfall erst dann geben läßt, wenn der Sterbeprozeß bereits weit vorgeschritten ist, daß andererseits zu diesem Zeitpunkt die Transplantate für eine OrganT. unbrauchbar geworden sind, wird als Todeszeitpunkt der mit Hilfe der Serienangiographie der Hirngefäße feststellbare irreversible Funktionsausfall des Stammhirns heute allg. als Zeitpunkt des Todeseintritts anerkannt. Freilich sollte man invasive Diagnosen des Hirntodes möglichst ersetzen, um dem Einwand zu begegnen, diese erst bewirken endgültig den Tod. Eine ethische Beurteilung kann lediglich verlangen, *daß* die Todeszeitbestimmung diagnostisch beweisend ist und, um Interessenkollisionen zwischen einer möglichen Lebensverlängerung beim Spender und der lebensverlängernden Implantation beim Empfänger zu vermeiden, durch vom Transplantationsteam unabhängige Ärzte festgestellt wird. Die heute allg. anerkannten Kriterien der Todeszeitbestimmung genügen den ethischen Anforderungen, auch wenn die wissenschaftl. Forschung noch neue Methoden einer frühzeitigeren Feststellung des Todeseintritts in Zukunft entwickeln sollte.

2. Das Postulat der körperlichen Integrität. Gegen die ethische Zulässigkeit der OrganT. wurde in der Tradition gelegentlich die Unverletzlichkeit des →Körpers ins Feld geführt. So hat zB I. Kant (Metaphysik der Sitten) zu den Pflichten des Menschen gegenüber sich selbst das Gebot der Selbsterhaltung der leiblichen Natur und das

Verbot der Verstümmelung gezählt und daraus gefolgert, daß der Mensch keinen Teil seines Körpers, nicht einmal einen Zahn, verschenken oder verkaufen dürfe. Die christl. Sicht der Leiblichkeit des Menschen betrachtet zwar den Körper des Menschen als Gabe des Schöpfers (Röm 12,1 f.; 1 Kor 6, 19 f.), bewertet ihn aber nicht als Selbstzweck, sondern als Instrument des Dienstes und der Kommunikation mit anderen. Das Gebot der Nächstenliebe verpflichtet folglich den Christen, erforderlichenfalls Organe für eine OrganT. nach dem eigenen Ableben zur Verfügung zu stellen, um damit einem leidenden Mitmenschen zu helfen.

3. Die Pietät gegen den Verstorbenen. Im Zusammenhang mit den rechtl. noch ungeklärten Fragen der Einwilligung der Angehörigen (s. o. II) wird gelegentl. auf das ethische Gebot der Pietät verwiesen und daraus eine über den Tod hinaus wirksame →Menschenwürde abgeleitet, die es ausschließe, ohne ausdrückliche Willenserklärung des Verstorbenen zu Lebzeiten oder statt dessen ohne Einwilligung der Angehörigen Organe für eine OrganT. zu entnehmen. Die aus röm. Sitte in das abendländisch-christl. Wertempfinden übernommene Verpflichtung zur Pietät schützt in der Tat die Ruhe der Toten vor Störungen und Verunglimpfungen. Bei OrganT. ist es freilich ethisch geboten, das Lebensrecht des Empfängers gegen die Pietät, die man dem Toten schuldet, abzuwägen. Die Pietätspflicht gilt nach christl. Verständnis nicht unbedingt, vielmehr hat JESUS selbst (Mk 2,27; 3,35; Mt 8,22) andere Anforderungen ihr übergeordnet. Das schließt nicht aus, daß im „pietätvollen" Umgang mit dem Leichnam gleichwohl Ehrfurcht gegenüber dem Verstorbenen gewahrt wird. Die Berufung auf die Pietätspflicht ist aber kein Argument gegen die O. Allerdings sind Angehörige i. d. R. psychisch und menschl. überfordert, wenn sie ausdrücklich die Einwilligung zur Organentnahme für einen plötzlich Verstorbenen (zB Unfallopfer) bei Erhalt der Todesnachricht geben sollen. Daher ist eine gesetzl. Regelung anzustreben, wonach unter Beachtung des Willens des Verstorbenen die Organentnahme nicht von der Einwilligung der Angehörigen abhängig ist.

4. Soziale und finanzielle Aspekte. OrganT. von Herz, Leber, Lunge und Bauchspeicheldrüse stellen heute immer noch außerordentl. medizinische Maßnahmen dar, wohingegen die Nierenübertragung eine übliche Behandlungsmaßnahme ist. Dadurch stellen sich sozialethische Fragen, die über die individualethische Beurteilung der Lebensverlängerung, welche durch OrganT. dem einzelnen Empfänger zuteil wird, hinausreichen.

Angesichts der bislang immer noch beschränkten Anzahl der zur Verfügung stehenden Transplantate stellt sich das Problem, *wer* das Transplantat erhalten soll, wenn mehrere geeignete Empfänger vorhanden sind. Kriterien wie Lebensalter, Familienstand, Persönlichkeitsstruktur u. ä. m. sind dabei u. U. bei der Auswahl der Empfänger zu berücksichtigen.

OrganT.en erfordern weiterhin einen außerordentl. personellen und finanziellen Aufwand, so daß sich die Frage stellt, ob angesichts weltweiter medizinischer Notstände (→Entwicklungsländer) eine verhältnismäßig kurze, aber höchst aufwendige Lebensverlängerung eines einzelnen Individuums ethisch vertretbar ist und nicht Prioritäten abgewogen und Dringlichkeitsstufen gefunden werden müssen. Denn nicht nur die berechtigten Belange des einzelnen Individuums sind zu bedenken, sondern auch die der Gesamtgesellschaft (→Gemeinwohl).

Ferner ist zu überlegen, ob OrganT.en nicht primär noch dem Zwecke der Forschung dienen, auch wenn mit ihnen die Heilung des jeweiligen Empfängers beabsichtigt ist, und OrganT.en bislang, ethisch betrachtet, also *Experimente* und nur eingeschränkt Therapie sind. Auch wenn OrganT.en noch ein experimentelles Stadium der Medizin darstellen (v. a. wegen der ungelösten immunologischen Probleme), sind sie deshalb nicht ethisch verboten, sofern der Empfänger seine Einwilligung erteilt hat, Tierversuche erfolgreich verlaufen sind und die Regeln ärztl. Handelns beachtet werden. Der Arzt befindet sich nämlich als medizinischer Forscher dabei in einem Interessenkonflikt zwischen dem Patienten der Gegenwart und dem Kranken der Zukunft. Allerdings läßt die Fortentwicklung der Medizin die Gefahr entstehen, daß das unantastbare →Lebensrecht des Menschen pervertiert wird zu einer Manipulation des Menschen mit Hilfe einer persönlichkeitsverändernden OrganT. oder einer nicht mehr die →Menschenwürde wahrenden künstlichen Lebensverlängerung (→Sterbehilfe).

Da humane und soziale Gesichtspunkte, neben medizinischen, bei der OrganT. zu berücksichtigen sind, kann die Frage ihrer ethischen Zulässigkeit nicht allein von der Medizin beantwortet werden, sondern ist in einer Diskussion mit Juristen, Ethikern, Theologen und allen daran Interessierten, die ja selbst potentielle Spender oder Empfänger sind, zu klären. Der wissenschaftl. Fortschritt nötigt damit nicht nur zu interdisziplinärer Zusammenarbeit, sondern auch zur Entwicklung von ethischen Argumenten u. Normen, welche bei Berücksichtigung tradierter ethischer u. religiöser Wertvorstellungen den durch die OrganT. aufgeworfenen menschl. und gesellschaftl. Problemen gerecht werden. Die OrganT. bildet insofern ein Beispiel für die Notwendigkeit einer Besinnung auf die anthropologischen und gesellschaftl. Aspekte medizinischen Handelns.

Medizinische Ethik ist in diesem Fall mehr als nur ärztliche Standes- und Berufsethik.

K. VAUX (Hg.), Who Shall Live, medicine – technology – ethics, Philadelphia, 1970 – P. SPORKEN, Darf die Medizin, was sie kann? Probleme der medizinischen Ethik, 1971, S. 213 ff. – C. LYONS, Organ transplants: The moral issues, London, 1971 –

W. RUFF, OrganT. Ethische Probleme aus kath. Sicht, 1971 (Lit.) – M. HONECKER (Hg.), Aspekte und Probleme der OrganT., Grenzgespräche Bd. 4, 1973 (Lit.) – DERS., Theologisches Gutachten zu Fragen der Organtransplantation, epd Dokumentationen, 44 (1975) 19–35 – DERS., Ethische Überlegungen zur Dialyse und Transplantation, ZEE 19 (1975) 129–142 – U. EIBACH, Recht auf Leben – Recht auf Sterben, 1974 (Lit.) – DERS., Mein Herz gehört mir. Ist Organspende eine sittliche Pflicht? EK 18 (1985) 21–24 – DERS., Medizin und Menschenwürde. Ethische Probleme in der Medizin aus christlicher Sicht, 1981[2] – H. G. GRAHLMANN, Heilbehandlung und Heilversuch, 1977 – J. G. ZIEGLER, OrganT.: Medizinische, rechtliche und ethische Probleme, 1977 – R. KELLER, Probleme der Organtransplantation, ZEE 23 (1979) 144–154 – A. ELSÄSSER, Organspende – selbstverständliche Christenpflicht? ThPQ 128 (1980) 231–246 – J. v. TROSCHKE u. H. SCHMIDT (ed.), Ärztliche Entscheidungskonflikte, 1983 (Lit.).

Martin Honecker

Orthodoxe Kirchen. Während im gegenwärtigen dt. Sprachgebrauch i. a. nur diejenigen östl. Kirchen, die erst seit 1054 von der Kirche des Abendlandes getrennt sind, als orth. bezeichnet werden, sind es ihrem Selbstverständnis nach sämtl. bodenständigen Kirchen des Ostens. Neben den herkömmlich so genannten Kirchen erheben also auch die orientalischen sog. monophysitischen und die nestorianische Kirche z. T. auch in ihrer offiziellen Selbstbezeichnung den Anspruch, orth. zu sein.

I. Die Chalkedonensischen O. *1. Geschichte.* Die herkömmlich orth. genannten Kirchen gehen in ihrer jetzigen Gestalt aus der byzantinischen Reichskirche hervor, deren Sonderentwicklung sich, angekündigt durch ein erstes →Schisma zwischen Abendland und Morgenland (sog. Schisma des AKAKIOS 484–519), nach der Abspaltung der nestorianischen Kirchen (431) und monophysitischen (451) orientalischen Kirchen unter JUSTINIAN I. (527–565) deutlicher abzuzeichnen begann. Auf der trullanischen Synode (Quinisextum 692), die die O. dem 6. →Ökumenischen Konzil zurechnet, faßte die byzantinische Kirche in erstarktem Selbstbewußtsein Beschlüsse, die z. T. im Gegensatz zu westl. Bräuchen standen und, soweit dies der Fall war, vom röm. →Papst nicht anerkannt wurden. Dagegen wurden die Beschlüsse des 7. Ökumenischen Konzils zur Bilderverehrung von Rom zwar anerkannt, ohne daß die röm. Kirche durch sie jedoch ähnlich tief geprägt worden wäre wie die byzantinische. Im Schisma des PHOTIOS (867) wurden von östlicher Seite dann bereits alle die dogmatischen und liturgischen Fragen aufgeworfen, die bis heute als entscheidend für die 1054 vollzogene Trennung von morgen- und abendländischer Kirche gelten.

In Byzanz entwickelten sich auch Beziehungen zwischen →Kirche und Staat, die für den Bereich der O. auf Jh.e hinaus wirksam bleiben sollten. Während sich das röm. Papsttum die Unabhängigkeit vom Staat um den Preis seiner eigenen Verweltlichung sicherte, entwickelte sich für die O. das Prinzip der „Symphonia", das faktisch freilich häufig zu einer Unterordnung der Kirche unter den Staat führte. Ihre zunehmende Bevormundung durch den Staat in Rußland seit PETER D. GR. und im Griechenland des 19. Jh. (Tendenzen dazu in Rumänien konnten schnell überwunden werden) war in Byzanz indessen noch ohne Beispiel.

Die grds. Freigabe der Muttersprache im Gottesdienst verhalf dem Christentum byzantinischer Prägung seit der Wirksamkeit der Slawenapostel KONSTANTIN-KYRILL und METHOD (9. Jh.) zu seiner Ausbreitung auf dem Balkan und im ostslawischen Bereich. Die Kirchen und Völker dieser Länder standen zwar oft in harter polit. Auseinandersetzung mit Byzanz, bildeten aber geistlich-kulturell mit diesem eine so enge Einheit, daß zwischen Eigenem und von Byzanz her Übernommenem ihrem Selbstverständnis nach nicht unterschieden werden kann.

Seit dem Fall von Konstantinopel (1453) gingen bis zur Gegenwart die stärksten Impulse nicht mehr von der griechischen, sondern von der russ. Kirche aus. Hier fand auch die byzantinische Ikonenmalerei ihre kongeniale Fortsetzung und eine neue Blüte im 14./15. Jh. Hier führte die theol. Entwicklung vor allem im 18. und 19. Jh. zu beachtlichen Leistungen. Durch die Aufnahme kritischer Methoden einerseits sowie die Rückbesinnung auf das liturgische, spirituell-asketische und patristische Erbe andererseits gelangte die russ. Theologie damals zu höchstem Niveau. Die Erneuerung und Vertiefung der Theol. konnte sich vor allem in der Theologie der von russ. Emigranten gegründeten Hochschulen in Paris und später New York voll auswirken. Von dort aus haben sich freilich auch Vertreter eines patristischen renouveau in Griechenland und Rumänien prägen lassen. Dennoch wirkt es sich bis heute aus, daß die Kirchen Griechenlands und des Balkan vor allem durch die türkische Fremdherrschaft lange Zeit in ihrer theol. Entwicklung gelähmt waren. So stehen Jh.e lang den zahlreichen Anleihen beim kath. und prot. Westen nur vereinzelte Versuche, an das patristische und byzantinische Erbe anzuknüpfen, zur Seite.

2. Das Prinzip der Autokephalie. Waren dem Machtstreben des Patriarchats Konstantinopel allein schon durch die starke Bindung an das oström. Kaisertum Grenzen gesetzt, so auch durch das Vorhandensein der drei alten Patriarchate Alexandrien, Antiochien und Jerusalem im Verband und später noch immer im Einflußbereich des Byzantinischen Reiches. Auch der Titel „Ökumenischer Patriarch", den der Bischof von Konstantinopel seit dem 6. Jh. zunehmend selbstverständlich führte, bezeichnete stets mehr Anspruch als Wirklichkeit. Durch die Tatsache, daß nicht die kirchl. Führung von Byzanz, sondern das gläubige Volk den heftigsten Widerstand gegen die Versuche des röm. Papstes zur Errichtung einer →Union geleistet hatte, wurden Entwicklungen, die im Westen zum Universalprimat des Bischofs von Rom und dem Dogma von seiner Unfehlbarkeit geführt hatten, in Byzanz endgültig abgeschnitten.

So hat sich in den O. das Prinzip der Selbständigkeit sog. „autokephaler" größerer Territorialkirchen (→Territorialsystem) entwickelt, die auf dem Boden der gemeinsamen dogmatischen, kanonischen und liturgischen Überlieferung Unabhängigkeit bei Wahl und Einsetzung des Oberhaupts und der Diözesanbischöfe, darüber hinaus auch gewisse Rechte bei der Gestaltung der Gottesdienste im Rahmen des allg. Verbindlichen sowie bei der Lösung von Kalenderfragen bedeutet.

Die relative Selbständigkeit autonomer Kirchen besteht in einer nur bedingten Unabhängigkeit bei der Wahl und Einsetzung des Oberhauptes sowie völliger Unabhängigkeit bei der Einsetzung der Bischöfe. Dem Oberhaupt der Mutterkirche, das im Gottesdienst kommemoriert werden muß, kommt ein Appellationsrecht zu. Während das Patriarchat Konstantinopel aus seinem unbestrittenen Ehrenvorrang für sich das alleinige Recht zur Verleihung von Autokephalie und Autonomie ableitet, hält das Patriarchat Moskau dies für ein Recht der jeweiligen Mutterkirche.

3. Verbreitung und Bestand. Im Bereich der vier alten Patriarchate gehört den chalkedonensischen O. heute nur mehr eine Minderheit der Bevölkerung an. In seinem türkischen Kerngebiet sind dem seit dem Konzil von Chalkedon (can. 28) bzw. seit 1054 ranghöchsten Ökumenischen Patriarchat Konstantinopel nur noch knapp 10 000 Gläubige verbunden. Da ihm aber sämtliche Griechen im Ausland unterstehen, zählen sich ihm u. a. in Amerika fast 1 Mio. und in Dtschld. über 400 000 Gläubige sowie einige 100 000 Gläubige in Frankreich, England und Australien zu. Ihm sind überdies auch der hl. Berg Athos, der Dodekanes und das Exarchat Patmos unterstellt. In Kreta, das den Status der Halbautonomie, d. h. der Unabhängigkeit in der inneren Verwaltung hat, kommt Konstantinopel das Recht zur Einsetzung des Metropoliten von Iraklion zu. Ebenso stehen sämtliche nach 1881 von Griechenland neu erworbenen Gebiete unter Konstantinopler Jurisdiktion, werden aber von der griechischen Kirche mitverwaltet. Durch die Abwanderung von Griechen hat das Patriarchat Alexandrien, obwohl ihm eine blühende Mission in Uganda untersteht, einen Großteil seiner Gläubigen verloren. 1950 waren es noch 120 000 gewesen. Dem Patriarchat Antiochien unterstehen in Syrien und im Libanon etwa 300 000 Gläubige, dazu etwa 250 000 in Amerika, während dem Patriarchat Jerusalem rd. 50 000 Gläubige zugehören.

Neben den vier alten bestehen heute folgende Patriarchate: Moskau, Georgien, Serbien, Rumänien und Bulgarien. Allg. als autokephal anerkannt sind daneben noch die Kirche von Zypern, Griechenland, Polen und Albanien. Autonom ist ferner die finnische Kirche und das Erzbistum Sinai. Die von Moskau verliehene Autokephalie der tschechoslowakischen und der amerikanischen Metropolien sowie die Autonomie der japanischen orth. Kirche werden u. a. von Konstantinopel nicht anerkannt.

Die tatsächl. Bedeutung der einzelnen Kirchen entspricht nicht dem in der obigen Reihenfolge ausgedrückten Rang. Mit vielleicht weit über 50, zumindest aber 20 – 30 Mio. Gläubigen ist die Russ. Orth. Kirche noch immer die zahlenmäßig weitaus bedeutendste. Zudem sind die unter den sowjetischen Bedingungen nur vage erschlossenen Zugehörigkeitszahlen (→Kirchengliedschaft) nach den viel strengeren Kriterien der Freiwilligkeit bemessen, während die knapp 9 Mio. griechischen Staatsbürger fast automatisch (97 %) der O. angehören. Auf der anderen Seite übertrifft die griechische Kirche, vom Staat freundlicher behandelt, die russ. heute auf dem Gebiet der theol. Arbeit.

Die nächst der russ. zahlenmäßig bedeutendste ist die Rumänische Orth. Kirche mit etwa 15 Mio. Gläubigen. Durch ihr blühendes geistl. Leben und ihre rege, vor allem in den zahlreichen Zeitschriften geführte theol. Arbeit überragt ihre tatsächl. Bedeutung noch weit die in dieser Zahl zum Ausdruck kommende. Dagegen läßt die Zahl von etwa 6 Mio. Gliedern für die bulgarische Kirche nicht erkennen, daß sie mehr an Einfluß auf die Jugend eingebüßt hat als andere Kirchen.

Der Serbischen Orth. Kirche gehören etwa 7,5 Mio. Gläubige an, der georgischen etwa 2 Mio., der mit der Erklärung Albaniens zum „ersten atheistischen Staat der Welt" 1967 offiziell aufgelösten Albanischen Orth. Kirche rechneten sich etwa 210 000 Gläubige zu, der Kirche von Zypern rd. 420 000 Gläubige, der polnischen etwa 350 000, der tschechoslowakischen über 250 000 und der finnischen knapp 70 000. Eine der theol. führenden ist die aus der russ. Emigration erwachsene Orth. Kirche in Amerika mit rd. 800 000 Gläubigen. Der kanonische Status einiger Emigrantenkirchen, bes. der Russ. Orth. Auslandskirche, die früher ihr Zentrum in Karlowitz/Serbien hatte, mit ihren rd. 250 000 Gliedern ist vorläufig ungeklärt.

4. Die Lehre. Unter westl. Einfluß haben orth. Theologen auch geschlossene scholastische Lehrsysteme entwickelt. Diese haben aber selbst da, wo sie wie die Confessio des PETR MOGILA (1642/1667) oder des DOSITHEUS (vor 1672) zu überregionaler Bedeutung gelangt sind, keinen letztlich verpflichtenden Charakter und sind heute mehr denn je umstritten.

Unumstößliche Geltung als authentische Auslegung der Hl. Schrift haben dagegen allein die dogmatischen E. der 7 Ökumenischen Konzilien, Nikäa (325), Konstantinopel (381), Ephesus (431), Chalkedon (451), Konstantinopel (553 und 680) und Nikäa (787), denen einige nicht als ökumenisch anerkannte Lokalsynoden, bes. die Konstantinopler Synoden des 14. Jh., die die

Gegner des GREGOR PALAMAS verurteilten, kaum an Ansehen nachstehen.

Durch die E. der Ökumenischen Konzilien haben Trinitätslehre und Christologie und als deren Ausformung die auf dem 7. Konzil definierte Bilderverehrung im orth. Denken eine noch zentralere Stellung erhalten als im Westen. Mit der Annahme der palamitischen Lehre von der Unerkennbarkeit des Wesens Gottes hat sich die O. grds. gegen den Weg scholastischer Spekulation und für eine mystische Betrachtungsweise entschieden.

Eine große Autorität kommt den Lehraussagen der Kirchenväter zu. Kein orth. Theologe könnte es wagen, sich in seiner Lehre ihrem mehrheitlichen Zeugnis entgegenzusetzen. Fast noch zunehmend an Bedeutung für das dogmatische Denken hat daneben die gebetete Lehre gewonnen, wie sie sich in den gottesdienstlichen Büchern der O. niedergeschlagen hat.

Gerade weil die Einfügung des „filioque" in das nizäno-konstantinopolitanische Glaubenssymbol durch die Lokalsynode von Toledo (589) nicht nur die Lehre, sondern auch den eucharistischen Gottesdienst, in dem das Symbol im Osten seit dem 5./6. Jh. regelmäßig vorgetragen wurde, berührte, stieß sie in der O. auf so entschiedene Ablehnung. Der Streit um das „filioque" macht darüber hinaus deutlich, daß orth. trinitarisches Denken stärker von den Besonderheiten der göttl. Hypostasen als von ihrer Einheit auszugehen neigt. Die Einheit Gottes sieht die O. in der Einheit des Vaters als Ursprung und Quelle der Gottheit und nicht in einem abstrakten Wesen begründet.

Die orth. Christologie enthält dagegen kaum andere Aspekte als die der abendländischen Kirchen, läßt aber größeren Raum für die Entfaltung der Pneumatologie. Mit der Christologie aufs engste verbunden ist auch die Mariologie, der einerseits vor allem im Kultus größere Bedeutung zukommt als im Westen, die aber anders als dort keinen Niederschlag in eigenen dogmatischen Definitionen gefunden hat. Maria ist als „Gottesgebärerin" (theotokos) Symbol dessen, daß der unfaßbare Gott in Christus faßbar geworden ist, und damit zugleich Garantin der Menschheit und Menschlichkeit Christi. Das große Gewicht, das dem „fiat" der Muttergottes beigemessen wird, zeigt den engen Zusammenhang zu der spezifisch orth. Ausprägung des Synergismus und einer damit verbundenen optimistischen Anthropologie. Der durch den Synergismus hervorgerufene Eindruck einer Übereinstimmung von röm.-kath. und orth. Soteriologie wird indessen durch die entschiedene Ablehnung einer irgendwie gearteten Verdienstlichkeit guter Werke in der O. korrigiert. Die Erlösung zielt auf die Vergöttlichung des Menschen, die Ähnlichkeit mit Gott nach dem Urbild des Gottmenschen Christus durch die Wirkung des Hl. Geistes in den göttl. Gnadenenergien und die Mitwirkung des Menschen. Die reformatorische Rechtfertigungslehre wird demgegenüber weniger als Irrtum denn als Verengung angesehen.

Eine gewisse Scheu, über die Trinitätslehre und Christologie hinaus Dogmen zu definieren, hat die O. auch in der Sakramentenlehre bewiesen. Erst auf dem Unionskonzil von Lyon (1274) übernahm sie die Siebenzahl der „Mysterien", obgleich eine solche Begrenzung und Fixierung der Eigenart orth. Denkens wenig entspricht. Unter den Mysterien Taufe, Myronsalbung (der Firmung entsprechend, aber stets unmittelbar nach der Taufe gespendet), →Beichte, Eucharistie, Priesterweihe, Ehe und Krankenölung nimmt die Eucharistie eine eindeutige Mittelpunktstellung ein. Während die Transsubstantiationslehre umstritten ist, bekennt die O. die dauernde Veränderung der eucharistischen Gaben, über denen die Anaphora, mit vor allem den Einsetzungsworten und der Epiklese, gebetet worden ist. Die enge Beziehung von Eucharistie und Ekklesiologie wird bes. deutlich in der neuerlich wieder stärker betonten „eucharistischen Ekklesiologie". Danach besitzt jede vom Bischof geleitete Ortskirche in der Eucharistie ebenso wie die Gesamtheit aller Kirchen die Fülle der Kirche als Leib Christi, sofern sie mit den anderen Kirchen in Gemeinschaft steht. Dieses ursprünglich gemeinsame Grundverständnis ist neben den genannten hist. Faktoren mitentscheidend dafür, daß die O. den Jurisdiktionsprimat des röm. Papstes so entschieden ablehnt. Die Einsicht in den engen Bezug von Eucharistie und →Kirche führt die O. aber auch zu einer grds. Ablehnung der Interkommunion (Kirchengemeinschaft).

5. Gottesdienst und kirchl. Leben. Anders als im gegenwärtigen dt. Sprachgebrauch hat die Selbstbezeichnung „orth." für die Kirchen des Ostens nicht den Beigeschmack trockener Lehrhaftigkeit, sondern bedeutet die Fülle eines in der Doxologie mündenden Dogmas auf der Basis verbindlicher →Kirchenordnung. So ist der Lobpreis der O. in einer bei den einzelnen autokephalen Kirchen kaum abweichenden Form fester fixiert als die theol. Lehraussage. Von daher kommt dem Gottesdienst im Ganzen des kirchl. Lebens eine noch zentralere Stellung zu als in anderen christl. Konfessionen.

Der orth. Gottesdienst ist vor allem Theophanie, eschatologischer Einbruch des kommenden Reiches Gottes in die Welt. Damit werden die Grenzen von Raum und Zeit aufgehoben. Die Himmlische Kirche und die Heilsgeschichte werden im Abbild gegenwärtig. Die Form des Gotteshauses mit seinen Kuppeln oder Zwiebeln, den Darstellungen des Pantokrators, der Heiligen und der Heilsgeschichte im Bildprogramm oder auf der Bilderwand (Ikonostas), die Altarraum und Laienschiff voneinander trennt, entspricht diesem Abbildcharakter ebenso wie der dramatische Ablauf vor allem des eucharistischen Gottesdienstes, der sog. „Göttlichen Liturgie". Während die Entfaltung einzelner Aspekte und ihr oft geradezu physisches Nacherleben dem Stundengebet, bes. dem Morgen- und Abendgottesdienst vorbehalten bleibt, das von daher im Kirchenjahr nach komplizierten Regeln stark veränderlich ist, hat der eucharistische Gottesdienst der O. immer nur ein Thema: das ganze Heilswerk, das in Kreuz und Auferstehung Christi gipfelt. Er ist deshalb weitgehend unabhängig vom Wechsel im Kirchenjahr. Die O. benutzt zwar neben dem am häufigsten gebrauchten Formular der Chrysostomusliturgie noch das der Basiliusliturgie. Die Unterschiede, die im wesentl. die Stillgebete, vor allem das eucharistische Hochgebet, betreffen, stehen jedoch in keinem Zusammenhang zum Wechsel im Kirchenjahr. In der sog. Liturgie der Vorgeweihten Gaben werden an bestimmten Tagen der vorösterlichen Fastenzeit in einem früheren Gottesdienst konsekrierte Gaben ausgeteilt. Gepredigt wird heute in den meisten O. wieder häufig; doch hat die Predigt im allg. geringere Bedeutung als im Protestantismus.

An der Ausprägung der orth. Lehre hatte ebenso wie an der des Gottesdienstes das Mönchtum wesentlichen Anteil. Bis heute gilt es nach weitverbreitetem Verständnis als Grundform christl. Existenz in der Welt. Das Kiever Höhlenkloster und die Dreifaltigkeits-Sergij-Lavra in Rußland wurden wie das Rila-Kloster in Bulgarien zu Mittelpunkten des religiösen Lebens ihrer Länder. Bes. der hl. Berg Athos hat immer wieder Ausstrahlungs- und Anziehungskraft auf alle orth. Länder ausgeübt. Das russ. Starzentrum des 19. Jh., die rumänischen Moldauklöster und der Athos haben ihre Prägekraft bis in unsere Zeit hinein bewiesen. Der Hochschätzung des Mönchtums ist es schließlich zuzuschreiben, daß die Bischöfe in der O. grds. aus dem Mönchsstand gewählt werden, während die Priester in ihrer großen Mehrheit verheiratet sind.

6. Das Kirchenrecht. Das orth. Kirchenrecht baut auf den kanonischen Entscheidungen der 7 Ökumenischen Konzilien, der wichtigsten altkirchl. Lokalsynoden sowie der die Kirche betreffenden byzantinischen kaiserl. G.gebung auf, soweit sie Eingang in den Nomokanon, wie die bedeutendsten byzantinischen Kirchenrechtssammlungen heißen, fanden. Da eine dem röm. →Codex Iuris Canonici (CIC) entsprechende Rechtssammlung aus neuerer Zeit fehlt, versteht sich die kirchl. G.gebung heute als Auslegung der altkirchl. Rechtskanones. Die O. ist hierarchisch aufgebaut (→Hierarchie). Während die Weihestufen Diakon, Priester und Bischof (→Bischofsamt) als in der Hl. Schrift begründet gelten, sind die einzelnen Ämter (→Amt) in sich zudem noch mehrfach untergliedert.

An der Spitze der autokephalen Kirchen steht im allg. dem Oberhaupt eine Synode von Bischöfen zur Seite, die ihr Vorbild in der byzantinischen „synodos endemousa" hat. Die entsprechenden Einrichtungen der Gegenwart sind indessen stärker durch die Entwicklung in Rußland geprägt. Dort war 1721 der „Hl. Sinod" an die Stelle des Patriarchen getreten; auch nach der Wiederherstellung des Patriarchats im Jahre 1917 steht dem Patriarchen ein solcher Sinod zur Seite. Nach dem Statut der Russ. Orth. Kirche von 1945 sind Patriarch und Sinod, anders als in den anderen O., dem aus der Hierarchie sowie Klerus- und Laienvertretern zusammengesetzten Landeskonzil Rechenschaft schuldig. Da dieses jedoch bisher nur aus Anlaß von Patriarchenwahlen und nur mit staatl. Genehmigung zusammentreten konnte, ist dieser Grundsatz praktisch bedeutungslos.

7. Das Verhältnis zum Staat. Im kommunistischen Machtbereich, zu dem die Mehrzahl der O. gehört, ist die rechtliche Stellung der Kirche gegenüber früheren Zeiten radikal verändert worden. Dabei wurde die mit Dekret vom 23. 1. 1918 durchgeführte Trennung von →Kirche und Staat in der →Sowjetunion zum Modell für ein ähnliches, allg. aber weniger radikales Vorgehen in den anderen Ostblockländern. Während das im ganzen bis heute gültige Dekret noch →Glaubens- und Bekenntnisfreiheit, die Verf. der RFSSR vom 10. 7. 1918 und 11. 5. 1925 sogar noch „die Freiheit der religiösen und antireligiösen Propaganda" garantierten, stellte die Verf. der UdSSR von 1936 ebenso wie die derzeit gültige von 1977 der Freiheit zur antireligiösen Propaganda nurmehr die Freiheit zur Verrichtung religiöser Kulthandlungen zur Seite. Ein Recht auf →religiöse Kindererziehung ist in dieser Verf. gleichfalls nicht vorgesehen.

Mit der Trennung vom Staat hat die Kirche in der UdSSR die Rechte einer jur. →Person und damit grds. das Recht auf Eigentum eingebüßt. Eine Gruppe von mindestens 20 Gläubigen ist in der UdSSR nach der für das Verhältnis von Kirche und Staat grundlegenden VO „über religiöse Vereinigungen" von 1929 insofern bedingt rechtsfähig, als ihr kirchl. Gebäude und Kultgeräte zur unentgeltlichen Nutzung überlassen werden können. Eine VO vom 22. 8. 1945 hat indessen, ohne die früheren Bestimmungen formell außer Kraft zu setzen, „den kirchl. Organen des Patriarchats, den Diözesanverwaltungen und den Pfarr- und Klostergemeinden die jur. Rechte zum Erwerb von Transportmitteln, zur Herstellung von Kirchengerät und von Gegenständen für den religiösen Kult", zum Verkauf solcher Gegenstände, zur Miete und zum Erwerb von kirchl. Gebäuden gewährt. In dieser VO wird auch dem Patriarchat und den Diözesen eine gewisse Anerkennung zuteil, während die VO von 1929 sie völlig übergangen hatte. Einschneidend für die Lage der Russ. Orth. Kirche war die 1961 auf staatl. Druck hin vorgenommene Veränderung ihres staatl. genehmigten Statuts vom 31. 1. 1945. Nun wurde festgelegt, daß der Ortspfarrer dem Exekutivorgan seiner Gemeinde nicht einmal angehören darf. In Zeiten repressiver Handhabung hat sich diese Bestimmung wie die gesamte sowjetische Religionsgesetzgebung verhängnisvoll auf das Leben der Russ. Orth. Kirche ausgewirkt.

In den anderen Staaten des kommunistischen Machtbereichs ist die Religionsgesetzgebung insgesamt weniger rigoros. Das Prinzip der Glaubens- und Gewissensfreiheit ist ebenso wie das der Trennung von Kirche und Staat in den Verf. der Volksrepubliken Bulgarien (1947), Jugoslawien (1963) sowie im bulgarischen „G. über die Glaubensbekenntnisse" vom 26. 2. 1949 und im jugoslawischen „G. über die rechtliche Lage der Glaubensgemeinschaften" vom 27. 5. 1953 verankert. Das schließt Repressionen einerseits ebensowenig aus wie die geldliche Unterstützung der Kirchen in der ČSSR und Jugoslawien durch den Staat andererseits. In keinem dieser Länder bedeutet die Trennung von Kirche und Staat das Gebot politischer Zurückhaltung da, wo das Gegenteil in die Politik einer Regierung paßt. Einzig die rumänische Verf. von 1965 enthält keine Aussage über eine Trennung von Kirche und Staat. Die Kirche von Griechenland hat 1974 ihre Stellung als Staatskirche verloren, doch ihre traditionelle Führungsstellung rechtlich absichern lassen.

II. Die Altorientalischen Kirchen. A. Die Assyrische (nestorianische) Kirche. Den O., die die E. von Chalkedon angenommen haben, im Wesen erstaunlich ähnlich und mit ihnen in Trinitätslehre (Ablehnung des „filioque"), Ekklesiologie, Verf. und grds. Stellung der Liturgie einig sind die anderen, oft „altorientalisch" genannten O.

An der gegenwärtigen Bedeutungslosigkeit der Assyrischen oder Ostsyrischen Kirche, die 484 die nestorianische Christologie offiziell rezipierte, läßt sich deren hist. Gewicht nicht bemessen. Nestorianische Missionare wirkten von Persien aus unter hunnischen, türkischen und uigurischen Stämmen, in Tibet, Indien, China und Sumatra. Von nestorianischem Gedankengut beeinflußt wurde der →Islam. Erst die Raubzüge des islamischen Mongolenkhans TIMUR, aufkommende Xenophobie in China und die zunehmende Intoleranz des Islam haben diese einst mehrere Mio. Gläubige zählende Kirche auf einige Reste im Irak, Syrien und Iran, in Indien und den USA dezimiert. Das Oberhaupt, bisher seit dem 15. Jh. stets ein Verwandter des Vorgängers mit dem erblichen Beinamen Schimun, lebt seit dem 2. Weltkrieg in San Francisco (USA) im Exil. Die gegenwärtige Zahl der Gläubigen wird 50 000 kaum wesentlich übersteigen. Zahlenmäßig stärker geblieben ist dagegen der Teil der ehemals nestorianischen „Chaldäer", die in der →Union mit Rom in den Zeiten der Verfolgung Rückhalt gesucht haben.

B. Die „monophysitischen" orientalischen Kirchen. Während die O., die das Chalkedonense angenommen haben, trotz eines weit verbreiteten Nationalismus dem Prinzip nach Territorialkirchen sind, haben sich die sog. monophysitischen O. zu Nationalkirchen i. eig. S. entwickelt. Trotz schwerster Verfolgungen bis in die Gegenwart hinein haben sie sich ungleich besser halten können als die Nestorianer. Z. T. durch Jh.e hindurch voneinander isoliert, haben sie ihre Glaubenseinheit dennoch wahren und auf einer gemeinsamen Synode in Addis Abeba 1965 dokumentieren können. Die dogmatischen Unterschiede zu denjenigen O., die die Entscheidungen von Chalkedon angenommen haben, werden von führenden Theologen beider Seiten heute nicht mehr als trennend angesehen. Dagegen konnten kanonische Probleme ebenso wie das Problem der Verwerfung von altkirchl. Theologen, die in der je anderen Kirche als Väter und Heilige verehrt werden, noch nicht endgültig bereinigt werden.

1. Die Westsyrische (Jakobitische) Kirche. Nach dem Organisator des monophysitischen Christentums JAKOB BARADAI († 577) wird die Westsyrische, über Syrien, Irak, die Türkei, Libanon, Jordanien und USA verbreitete Kirche auch als jakobitisch bezeichnet. Nach ihrer Blütezeit im frühen MA., in dem sie in BARHEBRÄUS (†1286) einen der hervorragendsten scholastisch gebildeten Theologen des Monophysitismus hervorbrachte, haben Mongoleneinfälle und Unionsversuche auch dieser Kirche starke Einbußen verursacht. Dem jakobitischen Patriarchen von Antiochien (Sitz: Damaskus), der seit Jh.en stets den Beinamen des antiochenischen Märtyrers IGNATIUS führt, unterstehen insgesamt rd. 100 000 Gläubige. Seine Oberhoheit erkannten aber lange Zeit auch die rd. 1 Mio. Glieder der Syrisch-orth. Malabarkirche in Indien an; diese Kirche war im 17. Jh. nach den unheilvollen Erfahrungen aus einer Union mit Rom vom Nestorianismus zum Monophysitismus hinübergewechselt.

2. Die Armenisch-Apostolische Kirche. Eine Ausnahmestellung unter den orientalischen O. kommt der Armenisch-Apostolischen Kirche mit ihren etwa 4,5 Mio. Gläubigen, davon rd. 2,7 Mio. in der UdSSR, zu. Schon um das Jahr 300 war sie unter König TIRIDATES III. lange vor der Kirche im röm. Imperium Staatskirche geworden, nachdem GREGOR DER ERLEUCHTER (240 – 332), ihr eigentlicher Begründer, seine missionarischen Erfolge erzielt hatte. Die Zuwendung zum Monophysitismus ist mehr auf die zufällige Trennung von der Reichskirche um 451 als durch bewußte Abkehr von der chalkedonensischen Orthodoxie zu erklären.

Als neben den Nestorianern einzige orientalische O. gebraucht sie nicht das nizänische Glaubensbekenntnis im Gottesdienst und feiert sie kein Weihnachtsfest. In einem Maße wie in keiner anderen O. sind Laien an der Leitung der Kirche beteiligt. Unionen mit Rom von 1198 – 1357 und 1439 hatten zwar keinen Bestand, haben aber bestimmte liturgische Eigenheiten der armenischen Kirche bis heute geprägt. Im 19. Jh. bis 1917 versuchte die russ. Kirche die armenische Kirche zu lenken. Bes. die schweren türkischen Massaker zu Ende des 19. Jh. und 1914/15 haben den Prozeß der Zerstreuung von Armeniern über die ganze Welt fortgeführt. Der Katholikos, das Oberhaupt der armenischen Kirche, hatte seinen Sitz zunächst in Vagharschapat, später Dwin, seit dem 10. Jh. in Aghtthamar, seit 1441 im Kloster Edschmiatzin. Nach der Begründung des selbständigen Königreichs Klein-Armenien in Kilikien entstand ein zweites Katholikat in Sis. Auch die armenischen Patriarchate Konstantinopel und Jerusalem sind in einer gewissen Opposition zu den beiden bestehenden entstanden. Jedoch stehen alle Jurisdiktionsbereiche untereinander in liturgischer Gemeinschaft. Die Vorrangstellung von Edschmiatzin, dem Sitz des „Obersten Patriarch-Katholikos aller Armenier", wird uneingeschränkt anerkannt.

3. Die Koptische Kirche. Nach langen Kämpfen um innerkirchl. Reformen seit dem Patriarchat des koptischen Papstes von Alexandrien, KYRILL IV. (1854–1861), und einer religiösen Erneuerung, die in den 60er Jahren des 20. Jh. begann und bis heute anhält, ist die Koptische Orth. Kirche vielleicht die lebendigste Großkirche überhaupt. Mit ihren etwa 6 Mio. Gliedern stellt sie im heutigen Ägypten zudem noch immer einen Faktor dar, dem im Ausland meist zu geringe Bedeutung geschenkt wird. Ein in den Traditionen der Alten Kirche stehendes Mönchtum, eine reiche theol. Literatur und eine eifrige Predigttätigkeit sind Quelle und Ausdruck ihres blühenden geistlichen Lebens.

Die Ägyptische (= Koptische) Kirche hatte sich in den christologischen Streitigkeiten des 5. Jh. in ihrer überwältigenden Mehrheit dem Monophysitismus zugewandt. Erst nach der Eroberung Ägyptens durch die Araber konnten „monophysitische" koptische an die Stelle griechischer Patriarchen treten. Durch starke Benachteiligung unter den Arabern (Kopfsteuer) und schwere Verfolgungen unter den gleichfalls islamischen Mamluken sank der Anteil der christl. Kopten an der Bevölkerung Ägyptens auf den heutigen Satz von etwa 10 %.

4. Die Äthiopische Kirche. In enger Bindung an die koptische hat bis in die Gegenwart hinein die im 4. Jh. entstandene Äthiopische Kirche gestanden. Bis 1951 hatte die Koptische Kirche mit dem Abuna das Oberhaupt gestellt. Ihm standen Jh.e hindurch keine einheimischen Bischöfe zur Seite. 1957 wurde die Äthiopische Kirche, der rd. 15 Mio. Gläubige angehören, mit koptischer Zustimmung zum Patriarchat erhoben. Ihre Eigenart besteht neben einer bes. glühenden Marienverehrung in der spezifisch afrikanischen (Kulttänze) und zugleich stark judaisierenden Ausprägung ihres Kultes. Die Überzeugung, in der Kathedrale von Aksum werde das Original der Bundeslade aufbewahrt, und die Feier jedes eucharistischen Gottesdienstes auf einem Abbild dieser Lade ist ebenso wie u. a. der Brauch der Beschneidung charakteristisch für die Äthiopische Kirche seit der „salomonischen" Dynastie, die sich aus der Verbindung König SALOMOS mit der Königin von Saba herleitete. Nach der Revolution von 1974 aus der Position einer Staatskirche verdrängt und vom bald darauf eindeutig zum Kommunismus tendierenden Regime in ihren Möglichkeiten eingeschränkt, hat sich die O. bisher im Volk gut behaupten können.

III. Mit Rom unierte Kirchen. Zu allen Zeiten hat sich die Röm.-kath. Kirche um Unionen mit O. bemüht. Mit Ausnahme der aus der monotheletischen Bewegung entstandenen Maronitischen Kirche, der rd. 700 000 Gläubige, davon 400 000 im Libanon, angehören, haben sämtl. Unionen nur neue Spaltungen in die Kirchen hineingetragen. Die Unionen von Lyon (1274) und Florenz (1439/40) haben sich auf die Dauer als Fehlschlag erwiesen. Erfolgreicher waren die Unionen von Brest (1595), Užgorod (1646) und Alba Julia (1697). Nach dem 2. Weltkrieg wurden die meisten dieser Unionen ebenso unter Zwang aufgelöst, wie sie einst entstanden waren. Soweit sich chalkedonensische O. im Orient der Union anschlossen, wurden sie als Melkiten bezeichnet.

Auch in Armenien konnte sich im 18. und 19. Jh. erneut ein unierter Zweig herausbilden. Ebenfalls im 19. Jh. wurde eine Union mit Kopten und Äthiopiern geschlossen. Ehemals nestorianische Christen des Zweistromlands sind seit dem 19. Jh. sogar ebenso wie die einst nestorianischen Thomaschristen Indiens mehrheitlich uniert. Für die gegenwärtigen Beziehungen zwischen der Röm.-kath. Kirche und den O. erweisen sich die früher abgeschlossenen Unionen als schwere Belastung.

G. FLOROVSKIJ, Puti russkogo bogoslovija, 1937 – A. AMMANN, Abriß der ostslawischen Kirchengesch., 1950 – H.-G. BECK, Kirche u. theol. Literatur im byzant. Reich, 1959 – DERS., Gesch. der orthod. Kirche im byzant. Reich, 1980 – V. LOSSKY, Die mystische Theol. d. morgenländischen Kirche, 1961 – Symbolik des orth. und oriental. Christentums, E. HAMMERSCHMIDT (ed.), 1962 – N. A. NISSIOTIS, Die Theol. der Ostkirche im ökum. Dialog. Kirche und Welt in orth. Sicht, 1968 – Die orth. Kirche in griech. Sicht, P. BRATSIOTIS (ed.), I.II, 1970² – F. HEILER, Die Ostkirchen, 1971 (Lit.) – Χ. Γιανναρᾶς, Ὀρθοδοξία καὶ Δύση, 1972 – De la théologie Orthodoxe Roumaine des Origines à nos Jours, 1974 – Kl. Wörterb. des christl. Orients, J. ASSFALG, P. KRÜGER (ed.), 1975 – F. HEYER, Konfessionskunde, 1977 – J. MEYENDORFF, Byzantine Theology, 1979 – D. STANILOAE, Dieu est Amour, 1980 – DERS., Orth. Dogmatik, I ff., 1985 ff. – C. D. G. MÜLLER, Geschichte der oriental. Nationalkirchen, 1981 – J. ZIZIOULAS, L'Être Ecclésial, 1981 – P. KAWERAU, Ostkirchengesch. I–IV, 1982–1984 – K. CH. FELMY, Die Deutung der Göttl. Liturgie in der russ. Theol., 1984 – Handbuch der Ostkirchenkunde, W. NYSSEN (ed.) I f., 1984².

Vgl. die als Studienhefte (1961 ff.) u. als Beihefte zur „Ökum. Rundsch." (1970 ff.) erschienenen Dokumentationsbände über die Gespräche zwischen der EKD und den Patriarchaten Konstantinopel und Moskau u. der Rumänischen Orth. Kirche.

Karl Christian Felmy

Ostgebiete, deutsche. I. Allgemeine Übersicht.

1. I. a. versteht man unter den dt. O.n die Gebiete des Dt. Reiches, die im Osten durch die Reichsgrenze nach dem Stand vom 31. Dez. 1937

begrenzt werden, im Westen durch eine Linie, die nach dem Potsdamer Prot. vom 2. Aug. 1945, Art. IX b „von der Ostsee unmittelbar westl. von Swinemünde und von dort die Oder entlang bis zur Einmündung der westl. Neiße und dieser entlang bis zur tschechoslowakischen Grenze verläuft“. Diese Gebiete wurden nach dem Potsdamer Prot. unter poln. Verwaltung gestellt.

Schon am 5. Juni 1945 haben die Alliierten in Art. 2 d der „Erklärung über die dt. Niederlage“ Dtschld. nach den Grenzen vom 31. Dez. 1937 definiert. Dieser Auffassung hatte sich die Regierung der Bundesrep. Dtschld. seit ihrem Bestehen angeschlossen. Daher galten im offiziellen Sprachgebrauch das Memelgebiet (Art. 99 des Versailler Vertrages), das Gebiet der Freien Stadt Danzig (Art. 100 – 108 des Versailler Vertrages), der östl. Teil von Oberschlesien (§ 5 der Anlage zu Art. 88 des Versailler Vertrages sowie die interalliierte Note vom 20. Okt. 1921) und die sog. sudetendt. Gebiete (im Zusammenhang mit dem Münchener Abkommen der Notenwechsel vom 19. Sept. und 21. Nov. 1938 zwischen der Tschechoslowakei, Großbritannien, Frankreich, Italien und dem Dt. Reich) nicht als dt. O.

2. Die dt. O. umfassen fast ausschließl. ehem. preuß. Staatsgebiet, und zwar die gesamten Provinzen Ostpreußen, Oberschlesien und Grenzmark Posen-Westpreußen. Außerdem gehören dazu die östl. der Oder und Neiße gelegenen Teile der Provinzen Pommern, Brandenburg und Niederschlesien. Nur östl. von Görlitz gehören noch 142 qkm des Landes Sachsen zu diesen Gebieten. Die dt. O. hatten 1939 eine Bevölkerungszahl von 9 621 000 (= 84 pro qkm), die sich fast ausschließl. aus Deutschen zusammensetzte. Nur in einigen Provinzen und Regierungsbezirken gab es geringe nichtdt. Minderheiten.

Die Aufteilung der einzelnen Volksgruppen (in %):

Gebiet der Provinz Grenzmark Posen-Westpreußen

	1890	1900	1905	1910	1925	1933
dt.	92	92	91	90	97	97
polnisch	6	6	7	8	2	1

Regierungsbezirk Oppeln im Umfang von 1921 – 1939

	1890	1900	1905	1910	1925	1933
dt.	40	41	42	45	61	74
polnisch	55	52	53	48	11	6
dt. und polnisch	1,8	3,5	2,3	4,4	28	18

Regierungsbezirk Allenstein und Kreis Oletzko

	1890	1900	1905	1910	1925	1939
dt.	41	45	47	52	83	90
polnisch	37	26	10	12	3	3
masurisch	17	23	39	30	7	2
dt. und polnisch dt. und masurisch	3,6	4	1,4	3,5	7,3	5

Regierungsbezirk Marienwerder im Umfang von 1920 bis 1939

	1890	1900	1905	1910	1925	1933
dt.	83	85	85	84	95	97
polnisch	14	13	13	13	2,2	0,6
dt. und polnisch	2	1,5	0,8	0,9	2,2	1,4

Im Jahre 1939 bekannten sich im gesamten südl. Ostpreußen 90 % der Bevölkerung zur dt. Muttersprache, 5 % sprachen masurisch, polnisch oder dt., 3 % gaben das Polnische als Muttersprache an. Seit der Abtretung des Memelgebietes i. J. 1920 gab es im Regierungsbezirk Königsberg nur eine sehr geringe litauische Minderheit. Es gab nur noch 1 % litauisch sprechende Bewohner und 0,7 %, die Dt. *und* Litauisch als ihre Muttersprache bezeichneten. Pommern war fast ausschließl. dt.sprachig. Vor dem Ersten Weltkrieg lebten am Leba- und Gardeschen-See noch etwa 700 Kaschuben, die der ev. Kirche angehörten, und an der westpreuß. Grenze eine kleine kath. Minderheit, die einen polnischen Dialekt sprach. Der Regierungsbezirk Breslau zählte 1890 3 % und 1900 2 % Polen.

Die polnische Volkszählung vom Dez. 1950 ergab in den dt. O.n. folgende Zahlen:

Gesamtbevölkerung	5602118	100%
Einheimische	1104134	19,0%
Ansiedler aus polnischen Kerngebieten	2732799	48,9%
Ansiedler aus polnischen Ostgebieten	1553512	27,7%
Ansiedler aus dem Ausland	151758	2,7%
Bewohner ohne Herkunftsangabe	59912	1,0%

Im gleichen Gebiet ergab die polnische Volkszählung Ende 1960 folgende Zahlen:

Gesamtbevölkerung	7800000	100%
Dort geborene und aufgewachsene Kinder	2810000	36,0%
Einheimische Bevölkerung	900000	11,5%
Umsiedler aus den polnischen Ostgebieten	1710000	21,9%
Ansiedler aus dem Ausland	180000	2,3%
Ansiedler aus dem polnischen Kernland	2200000	28,2

3. Die Religionszugehörigkeit der ständigen Wohnbevölkerung der dt. O. im Jahre 1939:

	Ständige Bevölkerung	Angehörige ev. Landes- oder Freikirchen	Angehörige der röm.-kath. Kirche	Sonstige
Provinz Ostpreußen	2413447	1966370 81,5%	380671 15,8%	66406 2,7%
Provinz Pommern (östl. der Oder) und Provinz Grenzmark Posen-Westpreußen	1851893	1653411 89,3%	135459 7,3%	63023 3,4%

	Ständige Bevölkerung	Angehörige ev. Landes- oder Freikirchen	Angehörige der röm.-kath. Kirche	Sonstige
Provinz Mark Brandenburg (östl. Oder-Neiße)	627093	549537 87,6%	60912 9,7%	16644 2,7%
Land Sachsen (östl. der Neiße)	25009	19824 79,3%	3180 12,7%	2005 8%
Provinz Schlesien (östl. der Oder-Neiße-Linie	4491063	2088267 46,5%	2254197 50,2%	148599 3,3%
Deutsche Ostgebiete insgesamt	9408505	6277409 66,7%	2834419 30,1%	295577 3,2%

4. Industrieproduktion in den dt. O.n

	Erzeugung 1936 (in 1000 t)	Erzeugung 1958
Steinkohle	26108	25989
Rohstahl	450	1201
Zement	1477	1447
Papier	405	187
Wollgewebe	8,3	3,7
Zucker	379,2	391,0

5. Das Geistesleben war bes. reich entfaltet in Schlesien. Die Provinz war im Osten der Mittelpunkt der dt. Barockkultur (LOGAU, GRYPHIUS, OPITZ, LOHENSTEIN, HOFMANNSWALDAU und GÜNTHER). Schlesien wurde das Land der Mystik in der Barockzeit: J. SCHEFFLER, JAKOB BÖHME. Aus dem Ermland stammt der berühmte Astrologe NIKOLAUS KOPERNIKUS. Aus Ostdtschld. kommen die Philosophen KANT, HERDER, der Theologe SCHLEIERMACHER und die romantischen Dichter EICHENDORFF und E. T. A. HOFFMANN. Von den neueren Dichtern sind GERHART HAUPTMANN und ERNST WIECHERT zu erwähnen.

II. Geschichte. A. Allg. Entwicklung. Nach der Abwanderung der ostgermanischen Stämme aus dem Raum zwischen Oder und Weichsel besetzten im 6. Jh. westslawische Stämme dieses Gebiet. Im 10. Jh. bildeten sich dort die ersten staatl. Gebilde, unter ihnen vor allem das Herzogtum Polen mit dem Mittelpunkt Posen-Gnesen, das unter MIESZKO I. 966 das Christentum annahm und dem ottonischen Reich tributpflichtig wurde. MIESZKOs Nachfolger, BOLESLAW CHROBRY, erhob Polen nach längeren Auseinandersetzungen mit dem Kaiser 1025 zum Königreich. Auf kirchl. Gebiet war es schon vorher unter Mitwirkung Kaiser OTTOS III. i. J. 1000 durch die Errichtung des Erzbistums Gnesen selbständig geworden. Zu dem polnischen Erzbistum gehörten drei Suffragane: Breslau, Krakau und Kolberg. Nur zeitweilig konnte Polen im 11. und 12. Jh. von dt. Herrschern unter die Oberhoheit des Reiches gestellt werden. Von sich aus unternahm Polen Missionsaufgaben bei den Slawen zwischen Elbe und Oder und machte dort der dt. Mission den Rang streitig. Unter dt. Herrschaft kam ein Teil der Gebiete östl. der Oder und der Görlitzer Neiße erst im 12. u. 13. Jh. durch die Markgrafen von Brandenburg. Einen größeren dt. Bevölkerungsanteil erhielten die Gebiete im 13. Jh. im Zuge der dt. Ostsiedlung, die dieses Gebiet im 13. Jh. erreichte. Eine beträchtl. Anzahl slawischer Herrscher, die teilweise die Oberhoheit des Reiches anerkannten, riefen die dt. Siedler in ihre Länder. So geschah es in Mecklenburg, Pommern, Rügen, Pommerellen, Niederschlesien, Lebuser Land und Oppeln. Am Ende des 13. Jh. nahm mit dem dt. Ritterorden in →Preußen eine dt. Macht bes. Prägung an der dt. Ostsiedlung teil.

Schlesien (Niederschlesien) war zu Beginn des 13. Jh. infolge der staatl. Auflösung Polens durch seine Senioratsverf. in selbständige Herzogtümer zerfallen, ebenso das Herzogtum Oppeln (das spätere Oberschlesien). Bedeutend in dieser Zeit war der piastische Herzog HEINRICH I. von Breslau und Liegnitz. Seine Gemahlin HEDWIG stammte aus dem Geschlecht Andechs Meranien. Dadurch bekam sein Hof in Breslau ein dt. Gepräge. Aber als Herzog aus dem Stamm der Piasten fühlte er sich als Pole und versuchte, polnische Gebiete unter seine Herrschaft zu bringen. Bei seinem Tod (1238) gehörte zu seinem Gebiet das Land Lebus an der mittleren Oder, Kleinpolen und die Hälfte von Großpolen. Er hat zusammen mit seinem Sohn HEINRICH II., der 1241 bei Liegnitz gegen die Mongolen fiel, die dt. Siedlung in seinen Gebieten gefördert. Um die Jahrhundertmitte gab es entlang der waldreichen Sudeten einen breiten Gürtel von dt. Waldhufendörfern. Ähnl. Siedlungen entstanden um Sorau in der Niederlausitz und in der Saganer-Heide. Vor dem Waldgürtel der Sudeten wurden von den Herzögen in regelmäßigen Abständen neue Städte meist nach Magdeburger Recht angelegt. Aus dieser Zeit stammen die Orte Goldberg, Jauer, Striegau, Schweidnitz, Reichenbach, Löwenstein und Münsterberg. Eine zweite Reihe von dt.rechtl. Städten wurde an der Hohen Straße gegründet, die von Görlitz über Bunzlau, Liegnitz, Neumarkt, Breslau, Ohlau, Brieg bis Oppeln und Ratibor führte. Slawisch blieb im großen und ganzen das Gebiet östl. der Oder, wo es nur vereinzelt dt. Siedlungen gab.

Neben den schlesischen Teilherzögen errichteten auch die Bischöfe von Breslau im sog. Bistumsland um Neiße und Ziegenhals Dörfer und Städte nach dt. Recht. Auch im Gebiet der Herzöge von Oppeln und Ratibor, also im späteren Oberschlesien, setzte um diese Zeit die dt. Kolonisation ein. Die Stadt Zülz bildete sich als Rechtsvorort heraus. In der zweiten Hälfte des

13. Jh. griff die Kolonisation auch auf das rechte Oderufer über. Es enstanden die Städte Trebnitz, Hundsfeld, Glogau, Trachenberg, Beuthen, Oels, Konstadt und Bernstadt. Um 1300 war die Besiedlung Schlesiens im wesentl. abgeschlossen. In diese Zeit fallen die Umsetzungen slawischer Dörfer nach dt. Recht. Auch dort wurden meist Deutsche angesiedelt. Dadurch wurden die polnischen Orte sprachl. gemischt.

Nördl. von Schlesien griffen die Markgrafen von Brandenburg mit der Erwerbung des Landes Lebus über die Oder hinüber, und bis 1300 dehnten sie ihre Neumark bis an die Drage aus. Sie wurden in diesem Gebiet die Vollender der dt. Siedlung, die schon vor ihnen die Herzöge von Pommern eingeleitet hatten. Mit Hilfe von dt. Kolonisten wollten diese schon zu Beginn des 13. Jh. das Vordringen der Brandenburger und der Großpolen zum Meer verhindern. Schon um diese Zeit wurden als neue Kolonistenstädte Stettin, Stargard und Greifenhagen nach Magdeburger Recht gegründet. In der zweiten Hälfte des 13. Jh. drang die dt. Kolonisation zunächst bis zur Ihna und dann weiter nach Norden vor. Im pommerischen Gebiet östl. der Oder wurden vor allem Kolonisten aus dem Niedersächsischen angesiedelt. Um 1255 gründeten der Bischof von Cammin und der Herzog von Pommern gemeinsam die Stadt Kolberg, die zum Mittelpunkt der Siedlungen des später reichsunmittelbaren Camminer Bistumlandes wurde. Das Land um Daber besiedelte der Graf von Schwerin mit westmecklenburgischen Leuten. In dieser Zeit entstanden in Pommern die Städte Greifenberg, Köslin, Treptow a. d. Rega und Belgrad a. d. Persante. Bis zur Jahrhundertwende hatte die Siedlung der Herzöge die ostpommerische Grenze bereits erreicht. Der ostpommerische Herzog verschloß sich der dt. Siedlung. Nur Danzig und Dirschau bestanden in dieser Zeit als dt. Siedlungen in diesem Gebiet.

Eine Sonderstellung im Gebiet der dt. Ostsiedlung nahm das Land der heidnischen Prussen ein. Dorthin rief der polnische Herzog Konrad von Masowien den Dt. Orden, der um 1231 sein Siedlungswerk im polnischen Kulmerland aufnahm und planmäßig seine Siedlung nach Norden in das Gebiet der baltischen Prussen fortsetzte. Neben Kulm entstanden in dieser Zeit die Städte Thorn und Marienwerder. Die bäuerl. Besiedlung des Landes konnte der Orden erst nach Beendigung des Kampfes gegen die heidnischen Prussen in Angriff nehmen. In der zweiten Hälfte des 13. Jh. wurden Städte entlang dem Frischen Haff angelegt, wie Elbing, Frauenburg, Braunsberg und Königsberg. An der Grenze zu Kurland wurde die Hafenstadt Memel gegründet. Nach der Niederkämpfung des letzten großen Prussenaufstandes i. J. 1283 machten sich der Orden und die Bischöfe durch die Enteignung des einheimischen Adels zu Alleinbesitzern des Landes. Dadurch wurde das letzte und größte Kolonisationsunternehmen der Deutschen im MA. ermöglicht. Die Kolonisation wurde von der Weichsel und vom Haff aus betrieben, wo schon zahlreiche Städte und die Ordenskomtureien mit ihren Burgen lagen. In das Ordensland kamen nicht nur Bauern aus dem Westen des Reiches, sondern auch aus dem neubesiedelten Schlesien, das schon wieder Menschenüberschuß abgeben konnte. Die dt. Besiedlung des Ordenslandes wurde im 14. Jh. abgeschlossen. Bis zur Schlacht bei Tannenberg, die der dt. Siedlungstätigkeit ein Ende bereitete, erreichten die dt. Siedler die Linie Ortelsburg – Sensburg – Mauersee – Nordenburg – Gerdauen – Wehlau – Insterburg – Labiau. Aber der Orden errichtete nicht nur dt. Siedlungen. Als in der zweiten Hälfte des 14. Jh. sich immer mehr der Mangel an dt. Siedlern bemerkbar machte, legte der Orden auch prussische und litauische Siedlungen an. Es gab Gebiete wie nördl. von Königsberg, wo die Prussen sogar die Mehrheit hatten. Von einer systematischen Vernichtung der Prussen durch die Ordensritter, wie die poln. Geschichtsschreibung behauptet, kann also nicht gesprochen werden. Südl. der angegebenen Linie bis weit nach Masowien hinein erstreckte sich die „große Wildnis“, die erst i. J. 1422 durch Siedlungen des Ordens mit nichtdt. Bevölkerung beseitigt wurde.

Das Territorium von Ostpommern (Pommerellen) begann sich nach dem Aussterben der dortigen Dynastie der Samboriden (1294) für dt. Kolonisten zu öffnen. Das Land wurde bald danach geteilt. Einen kleinen Teil im Westen erhielt Brandenburg, während der Hauptteil des Landes an den Ordensstaat fiel. An den neuen Grenzen, die durch das Land gezogen wurden, legte man eine Anzahl neuer Siedlungen mit dt. Kolonisten an, aber für die Besiedlung im Innern des Landes fehlte es an Menschen. Deshalb blieb das Innere von Pommerellen fast städtelos und ausschließl. kaschubisch (Kaschuben, ein westslawisches Volk, das im 19. und 20. Jh. größtenteils polnisiert wurde).

Das 15. Jh. brachte einen Rückgang der dt. Siedlung, der durch Bevölkerungsrückgang bedingt war, vor allem durch die Hussitenkriege, die sich von Böhmen aus bis nach Brandenburg und Preußen erstreckten. Der Niedergang des Ordens nach dem zweiten Thorner Frieden 1466 brachte den Verfall der Deichbauten in Westpreußen mit sich. Ganze Landstriche, die teils von Meereseinbrüchen bedroht waren, teils von Seuchen heimgesucht wurden, wurden entvölkert. Durch diese Wüstungen wurde auch ein sprachl. Ausgleich ermöglicht. Sprachl. Minderheiten glichen sich der Mehrheit an. So verschwanden die slawischen Minderheiten im schlesischen Gebiet links der Oder beinahe vollständig. Auch in der Neumark und im mittleren Pommern gingen die slawischen Reste im Deutschtum auf. Im Gebiet der Herzöge von Oppeln dagegen wurden starke dt. Volkstumsinseln restlos polonisiert. Der gleiche Vorgang spielte sich in Ostpommern ab, wo kleinere dt. Gruppen in der kaschubischen Bevölkerung aufgingen. In der Lausitz hatte sich ein geschlossenes sorbisches Sprachgebiet (Wendei) erhalten, in dem auch dt. Siedlungsdörfer aufgingen.

Eine Volkstumsgrenze bes. Art entstand im Ordensland. Nach der endgültigen Niederringung des Ordens i. J. 1466 durch Polen verödeten zahlreiche Orte. Dort wurden vom Orden Masuren nach Culmer oder Magdeburger Recht angesiedelt und es entstanden wieder Mischzonen zwischen Masuren und Deutschen. Die endgültige Sprachgrenze zwischen Masuren und Deutschen, die von Liebemühl bis zum Mauersee reichte, bildete sich dort erst im 17. Jh. heraus. Die dazwischen liegenden prussischen Siedlungen gingen entweder in der masurischen oder dt. Bevölkerung auf. Eine letzte Zuwanderergruppe in Ostpreußen waren die Litauer, die im 15. und 16. Jh. ins Land kamen und das Gebiet bis Labiau-Gerdauen im Westen und bis nahe Goldap im Süden besiedelten. Durch die Reformation wurden freilich die Bande dieser Litauer und Masuren zu ihren Heimatländern, die kath. blieben, gelockert.

B. Die Entwicklung der ostdt. Territorien im einzelnen. 1. *Pommern.* Der Name rührt von dem slawischen Stamm der Pommerani her, der schon zur Zeit KARLS D. GR. bekannt war. Der Ostteil des Landes, der zu beiden Seiten der Oder liegt, wurde vorübergehend vom polnischen Herrscher BOLESLAW CHROBRY erobert. Aber die Polen konnten das Gebiet nicht halten. Als erster einheimischer Herzog ist im Lande um 1100 SWANTIBOR I. bezeugt. Nach seinem Tod zerfiel das Land in zwei Teile: Slawien (das Land zwischen Peene und Persante) mit der Hauptstadt Stettin und Pommerellen (das Gebiet zwischen Persante und Weichsel), dessen Hauptstadt Danzig war. Zu Beginn des 12. Jh. mußten die pommerischen Herzöge noch einmal die polnische Lehenshoheit anerkennen, von der sie sich aber 1138 endgültig lösen konnten. Zur Missionierung des Landes wurde das direkt Rom unterstellte Bistum Wollin, das später nach Cammin verlegt wurde, gegründet. 1181 unterstellten sich die Stettiner Herzöge direkt dem Reich. Auch Rügen war zeitweise ein selbständiges Herzogtum mit dem Küstengebiet um Stralsund, das Herzogtum Barth. Von Pommern-Stettin wurde schließl. noch Pommern-Wolgast um 1300 abgetrennt, das nach dem Aussterben der Stettiner 1464 das westl. Pommern wieder vereinigen konnte. Ostpommern wurde nach dem Aussterben seiner Fürsten (1294) geteilt.

In der Zeit zwischen 1522 – 1625 gab es wieder zwei Herzogtümer Pommern-Stettin und Pommern-Wolgast. 1637 starb das Herrschergeschlecht der Greifen aus. 1648 folgten nach vorübergehender schwedischer Herrschaft in Hinterpommern (Pommern östl. der Oder) die Hohenzollern der Mark Brandenburg. Vorderpommern blieb schwedischer Besitz, dessen letzter Rest nördl. der Peene mit der Insel Rügen erst 1815 an Preußen kam.

In der Neumark, dem Gebiet östl. von Frankfurt/Oder, herrschten die Markgrafen der Mark Brandenburg. Nach dem Aussterben der Askanier kam die Neumark zwischen 1402 – 1455 an den Dt. Orden.

2. *Schlesien* als hist. Landschaft gehört als Herrschaftsgebiet der Piasten zum polnischen Herzogtum. Die selbständige Entwicklung Schlesiens begann endgültig i. J. 1138, als in Polen die Senioratsverfassung eingeführt wurde. Das schles. Gebiet kam unter die Herrschaft WLADYSLAWS II., des ältesten Sohnes von BOLESLAW III. Im Streit um das Seniorat wurde er aus seinem Lande vertrieben. Auf Intervention Kaiser FRIEDRICHS I. wurden seine drei Söhne als Herzöge in Schlesien eingesetzt: BOLESLAW D. LANGE erhielt Breslau, MIESZKO Ratibor und Oppeln und KONRAD Glogau zugewiesen. Weitere Teilungen führten schließl. so weit, daß es im Gebiet von Oppeln neun und im Breslauer Gebiet acht selbständige Fürstentümer gab. Neben HEINRICH I. und HEINRICH II. ist insbes. HEINRICH IV. zu erwähnen, der weite Teile Schlesiens vereinigen konnte und sich als dt. Minnesänger einen Namen machte.

Am Ende des 13. Jh. und zu Beginn des 14. Jh. huldigten einzelne Fürsten an der Oder dem Böhmenkönig als Lehensherrn. Als erster schlesischer Piast nahm 1289 KASIMIR VON BEUTHEN sein Land von der Krone Böhmens zu Lehen. 1327 folgten die übrigen „oberschles." Fürstentümer (Teschen, Zator, Auschwitz, Ratibor, Beuthen, Troppau, Jägerndorf, Oppeln, Siewierz) und das Fürstentum Breslau. Zwei Jahre später schlossen sich die meisten niederschles. Fürsten der Krone Böhmens an (wie Brieg, Liegnitz, Oels). Die Glogauer Fürsten nahmen ihr Land 1331, die Münsterberger 1335, die Schweidnitzer 1368 durch Heirat von der Krone Böhmens zu Lehen. Auch der Bischof von Breslau betrachtete seit 1342 sein Land als ein Lehen der böhmischen Krone. Der polnische König KASIMIR III. mußte im Vertrag von Trentschin auf alle Rechte in Schlesien verzichten. Dieser Verzicht wurde 1339 wiederholt und 1352 auf Schweidnitz und Jauer ausgedehnt. Damit gab es keine herrschaftl. Bande Schlesiens an Polen mehr. Nur das Bistum Breslau gehörte bis zum Jahre 1821 zur polnischen Kirchenprovinz Posen-Gnesen. In einem feierl. Akt inkorporierte KARL IV. Schlesien i. J. 1348 als dt. König und 1355 als röm. Kaiser der Krone Böhmens; damit gehörte Schlesien auch zum Reich. Die schles. Fürsten hatten freilich nicht Sitz und Stimme auf den Reichstagen, sondern waren nur Lehensträger der Krone Böhmens. Die Gesch. Schlesiens war somit von nun an mit der böhmischen verbunden. Es wurde zum Hort der Rechtgläubigkeit gegenüber den böhmischen Hussiten, die das Land zwischen 1425 und 1438 wiederholt heimsuchten und sich in einigen Städten dauernd festsetzen konnten. Im Jahre 1420 hielt Kaiser SIGISMUND den ersten Reichstag östl. der Elbe ab. Das ist vielleicht ein Anzeichen für die Absicht, Schlesien aus dem Verband der böhmischen Krone zu lösen und direkt unter die Herrschaft des Reiches zu stellen. Unter dem Böhmenkönig GEORG PODĚBRAD wurde Schlesien stärker vom Tschechentum beeinflußt. Vorübergehend wurde Tschechisch sogar die Amtssprache des Landes, ohne sich aber zur Verkehrssprache zu entwickeln. Bes. hartnäckig widerstanden die Stadt Breslau und die niederschles. Fürsten mit polnischer Hilfe dem Regiment PODĚBRADS, während die oberschles. Herrschaften ihm huldigten.

Ansätze zu einer zentralen Landesverf. gab es nur vorübergehend, zB 1422 unter Kaiser SIGISMUND, als ein Landeshauptmann in Breslau residierte. Erst zur Zeit der Herrschaft des Ungarnkönigs MATHIAS CORVINUS verwaltete ein ständiger Vertreter des Königs Schlesien. Dieses Amt führte später den Namen Oberhauptmann und wurde meist vom Bischof von Breslau ausgeübt. Die schles. Fürstentage wurden nun zu einer ständigen Einrichtung. Die schles. Piasten verloren immer mehr von ihrer Selbständigkeit. Seit 1498 gab es mit dem *„Großen Landesprivileg"* in Schlesien ein oberstes Gericht, das durch König WLADISLAV JAGIELLO, dem das Land seit 1490 zusammen mit Ungarn zugefallen war, errichtet wurde. Dadurch war auch die Zugehörigkeit zu Böhmen wiederhergestellt.

Mit Böhmen und Ungarn kam Schlesien i. J. 1526 an die Habsburger Monarchie. Aber da schon im 17. Jh. Böhmen für die Habsburger ein Nebenland wurde, so wurde Schlesien ein kleiner Außenbezirk habsburgischer Macht. Vorher war FERDINAND I. angesichts der Türkengefahr gezwungen, im Lande ein lockeres Regiment zu führen. Die Einziehung der Steuern geschah erst nach der Zustimmung der Stände. Der König schritt auch gegen die rasche Ausbreitung der Reformation vorerst nicht ein. Allerdings war bis zum Jahre 1546 die königl. Macht in Schlesien so gefestigt, daß sie FRIEDRICH II. VON LIEGNITZ zwingen konnte, den Erbvertrag von 1537 mit Brandenburg zu widerrufen. Nach dem Zusammenbruch des Schmalkaldischen Bundes wirkten sich die Zentralisierungsmaßnahmen der Habsburger auch auf Schlesien aus. Mit dem Majestätsbrief des Jahres 1609 konnte sich der schles. Adel aber gegen die Zentralisation durchsetzen. Durch diesen Brief wurde Schlesien die Religionsfreiheit gewährt. In den Jahren 1611 – 1616 wurde eine bes. Kanzlei für Schlesien und die beiden Lausitzen geschaffen. Trotz des Zusammenbruchs der böhmischen Adelsrevolte, an der auch schles. Adelige beteiligt waren, konnte die ständische Verf. aufrechterhalten bleiben. Nach dem Prager Frieden von 1635 drang in Schlesien die Gegenreformation ein. 1638 gründeten die Jesuiten ein Gymnasium, das 1702 zu einer jesuitischen Universität ausgebaut wurde. Mit der fortschreitenden Rekatholisierung wanderten viele ev. Bewohner des Landes aus. Eine Erleichterung für die ev. Schlesier trat erst nach dem *Vertrag von Altranstätt* (1707) ein, wo KARL XII. VON SCHWEDEN zugunsten der Protestanten bei KAISER JOSEPH I. intervenierte. Den ev. Bewohnern wurde das Recht zum Bau mehrerer Kirchen zugestanden. Einen wirkl. Ausgleich zwischen den beiden Konfessionen gab es aber erst in der preuß. Zeit.

Schon während der Herrschaft der Habsburger wurde die Macht der Stände erhebl. geschwächt. Die letzten piastischen Fürstenlinien erloschen 1647 und 1675.

Mit dem Frieden von Breslau (1742) und endgültig mit dem Frieden von Hubertusburg (1763) wurde Schlesien dem preuß. Staatsverband einverleibt. Damit kam das Land in einen Wirtschaftsraum, der nicht mehr südöstl. orientiert, sondern mehr auf die Oder-Elbe-Linie ausgerichtet war. Ein Teil Schlesiens, die Fürstentümer Teschen, Troppau und Jägerndorf, blieben im österr. Staatsverband. Unter FRIEDRICH II. VON PREUßEN erhielt Schlesien noch einige Sonderrechte, um es reibungslos in den preuß. Staat einzugliedern.

In der Zeit der nationalen Erhebung Preußens gegen NAPOLEON i. J. 1813 war Schlesien das Kernland des preuß. Widerstandes. Nach dem Wiener Kongreß kam der östl. Teil der Oberlausitz zur Provinz Schlesien. Nun war Schlesien fester Bestandteil des preuß. Staates und hatte keine wesentl. Sonderentwicklung mehr.

3. *Preußen.* Als drittes größeres dt. Territorium entwickelte sich schon seit dem Jahre 1231 der *Ordensstaat* im Preußenland zu einem Sonderdasein. Schon i. J. 1237 erstreckte er sich bis ans Haff, 1255 wurde Königsberg gegründet. 1237 vollzog sich die Vereinigung mit dem livländischen Schwertbrüderorden (fratres militiae Christi). Obwohl Livland dem Orden von König PHILIPP VON SCHWABEN zu Lehen gegeben wurde, kam es dauernd zu Streitigkeiten um die Herrschaft zwischen der Stadt Riga, ihrem Bischof und dem Orden. Im 13. Jh. gelang es dem Orden nicht, durch die Eroberung Samogitiens Livland und Kurland mit Preußen zu verbinden.

Im Westen konnte der Orden hingegen durch Angliederung des größten Teiles von Pommerellen sein Gebiet wesentl. erweitern. Im Ordensstaat wurden die 1295 endgültig niedergeworfenen Preußen keineswegs ausgerottet, sondern nur mancherorts umgesiedelt, bei rechtzeitiger Unterwerfung wurde ihnen ihr Besitz bestätigt und sogar vergrößert. Die wirksamste Leistung vollbrachte der Orden neben der Siedlung in der Verwaltung des Landes.

Getreide- und Holzexport der Städte schufen die Grundlage für eine wirtschaftl. Blüte. Zunächst wurden die Städte vom Orden kräftig unterstützt. Aus dem gehobenen Selbstbewußtsein der Städte, die der Hanse beigetreten waren, und aus der Handelskonkurrenz des Ordens, der das Handelsmonopol über den Bernsteinhandel hatte, entwickelte sich aber ein immer tiefer werdender Gegensatz. Der Orden konnte indes auch weiterhin sein Gebiet vergrößern. Dänemark trat Estland ab, von den Brandenburgern wurde die Neumark gekauft und damit eine wichtige Landbrücke zum Reich geschaffen. Um 1400 erhielt der Orden ohne Schwertstreich Samogitien, die wichtige Landbrücke zwischen Preußen und Livland. Doch der vereinigten Kraft des Königreiches Polen und des Großfürstentums Litauen, die durch den preuß. Städtebund noch vergrößert wurde, war der Ordensstaat nicht gewachsen. In der Schlacht bei Tannenberg unterlag der Orden der polnisch-litauischen Heeresmacht. Im ersten Thorner Frieden (1411) behielt der Orden zwar im wesentl. sein Herrschaftsgebiet. Ein erneuter Konflikt mit Polen-Litauen brachte aber seine endgültige Niederlage. Im zweiten Thorner Frieden (1466) verlor er Westpreußen mit dem Ermland und mußte sein Land vom polnischen König zu Lehen nehmen.

Im Jahre 1525 trat der Hochmeister ALBRECHT VON BRANDENBURG der Reformation bei und wandelte den Ordensstaat in ein weltl. Herzogtum um. Der livländische Ordenszweig löste sich erst 1561 auf. Der letzte Landmeister GOTTHARD V. KETTLER nahm Kurland als weltl. Herzogtum von Polen zu Lehen.

C. Die kirchl. Verhältnisse bis zum 1. Weltkrieg. Am Vorabend der Reformation gehörten die dt. O. vier verschiedenen Kirchenprovinzen und drei exemten Diözesen an, die sich mit den Landesgrenzen zur Zeit ihrer Entstehung deckten, späteren polit. Veränderungen nicht folgten. Der Nordosten, das Gebiet des Ordensstaates vor 1466, gehörte zur Kirchenprovinz Riga. Hier bestanden folgende Suffraganbistümer: *1. Samland* (mit Memel, Tilsit und Königsberg) mit Bischofssitz Fischhausen. Sitz des Domkapitels war Königsberg. *2. Ermland* (neben Ermland gehörte dazu Masuren) mit dem Bischofssitz Braunsberg, dann Wormditt, später Heilsberg. Sitz des Domkapitels war Frauenburg. *3. Pomesanien* (umfaßte das Land östl. der unteren Weichsel mit Elbing, Marienburg und Marienwerder) mit dem Bischofssitz Riesenburg an der Liebe. Sitz des Domkapitels war Marienwerder.

Der Hauptteil des „königlichen Preußen" (Gebiet des Dt. Ordens, das 1466 an Polen kam) gehörte mit Danzig und Thorn zur Kirchenprovinz *Gnesen*. Es bestanden dort folgende Suffraganbistümer: *1. Kulm* (Kulmer und Löblauer Land) mit Bischofssitz zunächst in Kulm, dann in Löblau, Sitz des Domkapitels Kulmsee *2. Wloclawek* (Leslau) umfaßte den größten Teil des „königlichen Preußen" mit Danzig.

Der Südwesten des „kgl. Preußen" gehörte als Dekanat Kammin unmittelbar zum Erzbistum Gnesen. Das nach Westen sich anschließende Bistum *Cammin* mit Bischofssitz Wollin, später Kolberg, umfaßte ganz Pommern (ohne das westl. Vorpommern und Rügen) und die Neumark und unterstand direkt (exemt) dem Heiligen Stuhl. Das Domkapitel residierte in Kolberg und Cammin.

Zur Kirchenprovinz *Magdeburg* gehörte das Bistum *Lebus* (mit Frankfurt/Oder und Landsberg mit Bischofssitz zunächst in Lebus, dann in Göritz, später in Fürstenwalde, wo auch das Domkapitel residierte). Zur Kirchenprovinz Gnesen gehörte das Bistum *Breslau*, das aber seit 1354 so gut wie exemt war. Es erstreckte sich über ganz Schlesien mit Ausnahme von *Glatz*, Leobschütz und Katsch, die zur Prager Kirchenprovinz gehörten. Das oberschles. Beuthen und Pleß unterstanden dem Bischof von Krakau und damit der Gnesener Kirchenprovinz.

Drei Bistümer, Ermland, Breslau und Cammin, besaßen in einem Teil ihres Sprengels landesherrl. Gewalt.

Die Reformation fand zuerst ihren Eingang in den großen Städten wie Danzig und Breslau. Im dt. Ordensstaat bildete sich 1525 die erste ev. Landeskirche mit einem Landesbischof, 1587 entstanden an Stelle des Landesbischofs 2 vom Landesherrn bestellte Konsistorien in Königsberg und Saalfeld. Die preuß. *Landeskirche* mit der Universität Königsberg war der Hort des orthodoxen Luthertums auch unter den seit 1613 reformierten brandenburgischen Landesherren. Im „kgl. Preußen" konnten nur die großen Städte ihr luth. Bekenntnis gegenüber der kath. Gegenreformation bewahren, das 1660 im Frieden Oliva zwischen Polen und Schweden garantiert wurde.

Im überwiegend luth. gewordenen Ermland hatte die kath. Erneuerung unter STANISLAUS HOSIUS Erfolg. Pommern trat 1534 zur luth. Reformation über. Das Kirchenregiment übten die beiden Herzöge von Pommern aus, die Generalsuperintendenten ernannten (in Wolgast für Vorpommern, in Stettin für das Land rechts der Oder, in Kolberg für das Stiftsgebiet Cammin und in Stolp für das Gebiet östlich der Grabow). Gegen Ende des 16. Jh. traten an ihre Stelle drei Konsistorien mit Synoden.

Der letzte kath. Bischof von Cammin widersetzte sich der Reformation. Nach seinem Tode kam es zum Zwischenregiment von zwei Bischöfen, die gegenüber der Reformation eine schwankende Haltung einnahmen. Seit 1556 wurden nur ev. Mitglieder des Herzoghauses zu Bischöfen eingesetzt. Das Stiftsgebiet wurde zu einer Sekundogenitur des pommerschen Herzoghauses.

In den pommerischen Ämtern Lauenburg und Bütow, die zum Bistum Leslau gehörten, konnte sich das Luthertum nur im zähen Ringen mit dem Bischof durchsetzen.

In den östl. der Oder gelegenen Teilen der Mark Brandenburg wurde die Reformation unter Kurfürst JOACHIM II. (1539 – 1542) durchgeführt. Widerstand leisteten die Bischöfe von Lebus. Doch wurde 1555 durch die Wahl von Kurprinz JOACHIM FRIEDRICH zum Bischof die Reformation endgültig durchgesetzt, 1598 wurde das Bistum eingezogen.

In Schlesien, das seit 1526 unter habsburgischer Herrschaft stand, siegte die Reformation in Stadt und Fürstentum Breslau, sowie in den Fürstentümern Liegnitz, Brieg und Wohlau. Um 1530 wurde auch ein Großteil Oberschlesiens unter dem Hohenzollern Markgrafen GEORG VON JÄGERNDORF lutherisch. Durch die staatl. Zersplitterung Schlesiens waren zahlreiche Landeskirchen entstanden. Neben Lutheranern gab es auch Täufer, Anhänger SCHWENKFELDS und Calvinisten.

Mit Bischof MARTIN GERSTMANN von Breslau (1574–1585) setzte die Gegenreformation in Schlesien ein, die bis ins 18. Jh. andauerte und große Teile Schlesiens rekatholisierte, vor allem die oberschles. Fürstentümer, das Breslauer Bistumsland und die Grafschaft Glatz, aus denen die Protestanten auswandern mußten. Im Frieden von Osnabrück (1648) erhielten die Protestanten in der Stadt Breslau und in den unter ev. Landesherrn stehenden Fürstentümern Liegnitz, Brieg, Wohlau und Oels freie Religionsausübung zugesichert. Im übrigen Schlesien wurden den Protestanten nur 3 Friedenskirchen (Glogau, Jauer, Schweidnitz) zugesichert. Nach dem Aussterben des Fürstenhauses von Liegnitz, Brieg und Wohlau wurde die Schließung der ev. Kirchen in diesem Gebiet verfügt. Die Protestanten waren gezwungen, Zuflucht- und Grenzkirchen auf sächsischem, brandenburgischem und poln. Gebiet zu besuchen.

KARL XII. von Schweden erzwang 1707 in der *Altranstädter Konvention* die Rückgabe der ev. Kirchen im ehemaligen Fürstentum Liegnitz, Brieg und Wohlau sowie in Münsterberg. Außerdem mußte Kaiser JOSEPH I. den schles. Protestanten noch 6 „Gnadenkirchen" in Freystadt, Hirschberg, Landeshut, Militsch, Sagan und Teschen zugestehen, die Tausenden Platz bieten mußten.

Größere Religionsfreiheit herrschte nach dem Übergang des größten Teils von Schlesien an Preußen. Nicht nur die Lutheraner konnten jetzt zahlreiche Kirchen bauen, sondern auch reformierte Gemeinden wie zB Hussiten und die Herrenhuter-Brüderunität konnten frei ihren Glauben bekennen.

Unter preuß. Herrschaft entstand eine ev. luth. Landeskirche mit drei Oberkonsistorien (Glogau, Breslau, Oppeln – Brieg).

Der jahrhundertelange Konfessionsstreit führte in Schlesien zu einem Gleichgewicht der beiden Konfessionen. Der Regierungsbezirk Liegnitz war überwiegend protestantisch, Oberschlesien hingegen überwiegend kath., Mittelschlesien mit Breslau war konfessionell stark gemischt. Die religiöse Vielfalt in Schlesien bewirkte eine besonders strenge kirchl. Haltung, aber auch eine tolerante Einstellung gegenüber Andersgläubigen.

Die kath. Diözesaneinteilung wurde trotz der konfessionellen Veränderungen in den dt. O.n im 16. Jh. bis zum 19. Jh. kaum verändert. In manchen Gebieten wurde die Jurisdiktion von kath. gebliebenen Bistümern auf das Gebiet erloschener Bistümer ausgedehnt. So wurde zum Sprengel des Bistums Kulm Pomesanien und zum Bistum Ermland das Bistum Samland geschlagen. Ein Rückschlag für den Katholizismus bedeutete die Auflösung der weltl. Herrschaft des Bischofs von Ermland im Jahre 1772. Doch nicht nur der weltl. Besitz des Ermländer Bischofs kam unter staatl. Verwaltung, 1810 wurde auch Breslau gegen Entschädigung enteignet.

Im Jahre 1821 wurden durch die päpstl. Bulle *„De salute animarum"* die kirchl. Verhältnisse in den dt. O.n neu geordnet. Das Breslauer Bistum wurde de iure exemt und dehnte seine Jurisdiktion über die zu Krakau gehörenden Teile Oberschlesiens sowie über die Mark Brandenburg und Pommern aus. Für Berlin wurde eine fürstbischöfl. Delegatur errichtet. Die Dekanate Kempen und Schildberg wurden an das Erzbistum Gnesen-Posen abgegeben. Dieses umfaßte im wesentl. die Provinz Posen. Einziger Suffragan von Gnesen-Posen wurde das Bistum Kulm mit dem Bischofssitz in Pelplin, das im wesentl. sich mit der Provinz Westpreußen deckte und von Pommern die Kreise Lauenburg und Bütow und von Ostpreußen den Südwesten mit einbezog. Der Hauptteil Ostpreußens und der Nordosten Westpreußens mit Marienburg wurden dem exemten Bistum Ermland (mit Bischofssitz in Frauenberg) zugeteilt. Der kleine Zittauer Zipfel von den d. O. gehörte zur Lausitzer Präfektur. Die Erzbischöfe von Gnesen-Posen, die stets Polen waren, standen an der Spitze des Kulturkampfes, der im Osten auch eine nationalistische Note bekam. Es kam zur folgenschweren Gleichsetzung von deutsch und ev. sowie kath. und polnisch. Die Breslauer Bischöfe DIEPENBROCK und KOPP gehörten mehr zur vermittelnden Richtung im dt. Kulturkampf.

Innerhalb der ev. Kirche erreichte die Unterordnung unter den Staat im Jahre 1808 ihren Höhepunkt. Dort, wo es noch Generalsuperintendenturen gab, wurden sie aufgehoben und es gab keine eigenständige kirchl. Verwaltung. Die Neugestaltung ging 1815 vom Staat aus, der Provinzialkonsistorien in Königsberg, Danzig, Stettin, Posen, Berlin und Breslau errichtete (Danzig 1832 mit Königsberg vereinigt, 1886 neu errichtet). Zunächst stand an ihrer Spitze der Oberpräsident, aber 1829 wurde in jeder Provinz Preußens ein Generalsuperintendent eingesetzt. 1817 wurde vom preuß. König FRIEDRICH WILHELM III. eine kirchl. Union von Lutheranern und Reformierten mit einer kgl. Agende zur Gottesdienstordnung verfügt. Dies führte zur Entstehung einer eigenen *„Ev.-Luth. Kirche in Preußen"* mit einem Oberkirchenkollegium in Breslau. Die kgl. Agende 1821, die zu Protesten geführt hatte, wurde 1829 den Besonderheiten des kirchl. Lebens in den einzelnen Provinzen angepaßt. 1850 erhielten die ev. Provinzialkirchen auf Antrag der Generalsynode einen Ev. Oberkirchenrat in Berlin, so daß man erst wieder von einer Ev. Landeskirche sprechen konnte *(Ev. Kirche der altpreußischen Union),* der alle Protestanten (außer Altlutheranern und Freikirchen) in den dt. O.n angehörten.

Sowohl in der ev. als auch in der kath. Kirche in den d. O. waren ethnische Minderheiten (Polen, Masuren, Kaschuben, Tschechen) zu betreuen. Mit Ausnahme in Posen gingen diese nichtdeutschen Sprachgruppen zurück.

D. Die Geschichte der dt. O. im Königreich Preußen. Durch Erbverbrüderung gelangte das Herzogtum Preußen in den Besitz des Markgrafen von Brandenburg (1618) und wurde die Grundlage des zukunftsreichen Fürstenstaates. 1701 wurde der brandenburgische Markgraf König in →Preußen, wo er kurz vorher die polnische Lehenshoheit abgeschüttelt hatte. In den polnischen Teilungen von 1772, 1793 und 1795 kamen Westpreußen, Großpolen und ein Teil Masowiens zu Preußen, das inzwischen neben Österreich zur zweiten dt. Großmacht aufgestiegen war.

Die Gebiete aus der dritten Teilung Polens gingen zwar im Tilsiter Frieden (1807) verloren, doch erhielt Preußen auf dem Wiener Kongreß (1815) von den ehem. polnischen Gebieten das teilweise dt., teilweise kaschubisch besiedelte Westpreußen und das Großherzogtum Posen, welches überwiegend Polen bewohnten. Posen wurde der Statthalterschaft des Fürsten Anton Radziwill unterstellt, der als Mitglied des polnischen Hochadels und Verwandter des preuß. Königshauses das Land befrieden sollte. Die Behörden des Landes wurden zweisprachig organisiert.

Dennoch ergaben sich Schwierigkeiten mit dem nationalbewußten polnischen Adel und dem aufstrebenden polnischen Bürgertum, die den polnischen Aufstand (1830/31) im sog. Kongreßpolen unterstützten. Durch die Bauernbefreiung entstand in der Provinz Posen überdies noch ein nationalbewußtes polnisches Bauerntum. Der Gedanke einer preuß. Monarchie übernationaler Prägung setzte sich in Posen folglich nicht durch.

Nach der Gründung des Dt. Reiches trat Preußen der polnischen Nationalbewegung energisch entgegen. Im →Kulturkampf verbündete sich als Reaktion hierauf das Polentum mit der kath. Kirche. Daher begann man das Polentum durch gesetzl. Maßnahmen einzuschränken und durch dt. Ansiedlungen zu unterwandern.

Zunächst wurde in sämtl. Schulen Posens, Westpreußens und Schlesiens Deutsch als Unterrichtssprache eingeführt. Als man aber dazu überging, in der Provinz Posen die dt. Sprache auch im Religionsunterricht einzuführen, traten Tausende von Kindern in den Schulstreik. In dem berühmten Beamtenerlaß von 1898 wurden Lehrer und Beamte verpflichtet, das Deutschtum zu fördern. Ein VereinsG gebot polnischen Vereinen die dt. Versammlungssprache. Durch ein AnsiedlerG wollte man das Deutschtum im Lande zahlenmäßig stärken.

Diese Maßnahmen stießen auf ein nationalbewußtes Polentum, dessen beste Waffe die polnischen Abgeordneten im Reichstag und im preuß. Landtag und eine freie antidt. Presse waren.

E. Die Entwicklung seit 1918. Als am Ende des Ersten Weltkrieges der polnische Staat wieder erstand, mußte das Dt. Reich im Versailler Frieden den größten Teil der preuß. Provinzen Westpreußen und Posen abtreten. Ein Teil Oberschlesiens, das Hultschiner Ländchen, mußte an die Tschechoslowakei abgetreten werden. Dort wurde zwar die mährische Mundart des Tschechischen gesprochen, aber dennoch fühlte man sich wie in den Masuren zu Dtschld. gehörig. Das ostpreuß. Gebiet nördl. der Memel wurde zunächst einer internationalen Kontrolle unterstellt.

Für Südostpreußen (den größten Teil des Regierungsbezirkes Allenstein und des Kreises Oletzko), die westpreuß. Kreise rechts der Weichsel (Marienburg, Marienwerder, Rosenberg und Stuhm) und Oberschlesien wurden Volksabstimmungen vorgesehen.

Die Volksabstimmung in Ostpreußen fand am 11. Juli 1920 statt. Dabei stimmten im Abstimmungsgebiet Allenstein 97,8 % und in Marienwerder 92,4 % für den Verbleib bei Dtschld. In Oberschlesien gingen der Abstimmung drei polnische Aufstände voraus. Der erste (Aug. 1919) wurde durch reguläre Truppen niedergeschlagen. Bald darauf rückten alliierte Streitkräfte, bestehend aus Franzosen, Italienern und Engländern, in Oberschlesien ein. Im Aug. 1920 brachte ein zweiter polnischer Aufstand einige Kreise Oberschlesiens in polnische Hand. Dennoch wurden bei der Abstimmung am 20. März 1921 knapp 60 % der Stimmen für den Verbleib bei Dtschld. abgegeben. Der dritte polnische Aufstand wurde durch ein dt. Freikorps niedergeschlagen. Durch den alliierten Botschafterrat wurde am 22. Okt. 1921 die Teilung Oberschlesiens verfügt. Ein Drittel des Abstimmungsgebietes, der wertvollste Teil des Industriegebietes, mußte an Polen abgetreten werden.

Am 10. Jan. 1923 wurde das Memelgebiet von Litauen besetzt. I. J. 1924 erhielt dieses Land ein autonomes Statut mit einem eigenen Landtag, das freilich des öfteren verletzt wurde.

Die dt.-polnische Grenze blieb in der Zeit zwischen den beiden Weltkriegen ein Zankapfel. Von dt. Seite aus wurde Polen als ein *„Saisonstaat“* betrachtet. Die Polen dagegen bezeichneten die Versailler Grenzen als ungerecht gegenüber dem polnischen Staat. Bereits i. J. 1934 kündigten die Polen den durch den Versailler Frieden garantierten Minderheitenschutzvertrag. Diesen Vertrag ersetzte man durch die dt.-polnische Minderheitenerklärung i. J. 1937, durch die die polnische Minderheit im Reich und die dt. in Polen auf die gleiche Stufe gestellt wurden. Am 1. Sept. 1939 überfiel das nationalsozialistische Dtschld. Polen und versuchte nach der Niederlage der polnischen Armee, die dt. Ostgrenze weit in polnisches Gebiet vorzuschieben. Dabei wurden an der polnischen Zivilbevölkerung unzählige Greueltaten verübt und teilweise auch Vertreibungen und Enteignungen durchgeführt, für die später die unbeteiligte ostdt. Bevölkerung büßen mußte.

F. Kirchl. Veränderungen nach dem 1. Weltkrieg. Die Grenzverschiebung nach dem 1. Weltkrieg brachte auch eine Neuordnung der kirchl. Verhältnisse. In der ev. Kirche versuchte man den Zusammenhang zwischen den getrennten Teilen der Landeskirche zu wahren. 1922 entstand aber in Danzig eine eigene Landeskirche, die aber innerhalb der „altpreuß. Union" blieb. Das Memelgebiet konnte weiterhin den Zusammenhang mit der ostpreuß. Provinzialkirche wahren. Auch die Posener Kirche (Provinz Posen sowie an Polen abgetretene Teile West- und Ostpreußens) entschied sich für eine Mitgliedschaft in der „altpreuß. Union". Doch Polen widersetzte sich diesem Zusammenschluß. Deshalb wurde diese Provinzialkirche als „Unierte Ev. Kirche in Posen und Pomerellen" und als „Ev. Kirche Oberschlesien" selbständig. Die beim Reich verbliebenen westpreuß. Gemeinden schlossen sich der ostpreuß. Landeskirche an. In der Grenzmark Posen-Westpreußen wurden die ev. Gemeinden vom Konsistorium in Stettin mitverwaltet. 1924 wurde in Schneidemühl eine eigene Provinzialkirche errichtet.

Beim Ausbruch des 2. Weltkrieges gab es in den dt. O.n (mit Einschluß des Memelgebietes und Danzigs) 7 Provinzialkirchen der „altpreuß. Union", die „Ev.-Luth. Kirche in Preußen" und im Zittauer Zipfel die „Ev.-Luth. Landeskirche des Freistaates Sachsen".

Auch in der kath. Kirche wurden nach dem 1. Weltkrieg die Kirchengrenzen den Staatsgrenzen angepaßt. Entgegen den nationalen Forderungen der einzelnen Staaten versuchte der Vatikan auszugleichen. Das Gebiet der Freien Stadt Danzig wurde zunächst Apostolische Administratur, aber 1925 wurde ein eigenes Bistum Danzig errichtet mit der Bischofsresidenz Oliva. In der Grenzmark Posen-Westpreußen mit den Kreisen Lauenburg und Bütow wurde 1920 eine Apostolische Administratur in Tübs, später in Schneidemühl errichtet. Die bei Dtschld. verbliebenen Teile des Bistums Kulm wurden Ermland übertragen. Das Memelgebiet wurde 1926 eine Freie Prälatur und vom litauischen Bischof von Telsiai mitverwaltet. Für Ostoberschlesien wurde zunächst eine Freie Delegatur in Kattowitz, 1925 aber ein selbständiges Bistum errichtet. Mit dem preuß. Konkordat 1929 wurde Breslau zum Erzbistum erhoben, und die neue Kirchenprovinz umfaßte mit wenigen Ausnahmen die gesamten d. O. Berlin wurde Bistum, Schneidemühl Freie Prälatur: Beide wurden zusammen mit Ermland der Breslauer Kirchenprovinz unterstellt. Der Zittauer Zipfel gehörte seit 1921 zum Bistum Meißen.

In der ev. Kirche der dt. O. kam es nach der Zerstörung Polens 1939 zur Vereinigung der „Ev. Kirche Oberschlesien" mit der schlesischen Provinzialkirche. Im Jahre 1940 stellte die Danzig-Westpreuß. Kirche die früheren vor 1918 geltenden Verhältnisse wieder her. Auch die Gemeinden, die früher zur Posener und ostpreuß. Kirche gehörten, wurden zurückgegliedert. Auch die Gemeinden, die neu zum „Reichsgau Danzig-Westpreußen" kamen, wurden mit dieser erneuerten Provinzialkirche verbunden.

In der kath. Kirche führte die Auflösung des polnischen Staates zu keiner Veränderung in der ostdt. (Breslauer) Kirchenprovinz.

Die letzten Kriegsmonate (1945) brachten beiden christl. Konfessionen in den dt. O.n schwere Verluste: Gewalttaten der Roten Armee, Verschleppungen, Hungersnot, Zerstörung von Kirchen. Der dt. Protestantismus wurde in den dt. O.n weitgehend ausgelöscht. Dabei kam nur ein Teil der Gotteshäuser, kirchl. Gebäude und Anstalten in die Hände der polnischen Katholiken. Vieles wurde kirchl. Aufgaben entfremdet oder verwüstet.

III. Die Entwicklung seit dem Zweiten Weltkrieg. A. Die Grundlagen. Die polnische Exilregierung, die während des Krieges in London residierte, und der polnische Nationalrat, das Exilparlament, wiesen in einer Proklamation vom 2. Dez. 1942 darauf hin, daß der polnische Staat künftig einen breiten Zugang zur Ostsee und eine Grenze zu Dtschld. bekommen sollte, die hinreichend nach Westen verschoben und begradigt sein sollte. In einem Zusatz der Exilregierung zu der Proklamation erklärte SIKORSKI, Polen solle darüber hinaus alles dt. Land ostwärts der Oder und Lausitzer Neiße als Besatzungszone zugewiesen bekommen. Also muß die geforderte Westgrenze noch wesentl. östl. von Oder und Neiße gelegen haben. Auf der alliierten Konferenz von Teheran im Nov. 1943 wurde von ROOSEVELT, CHURCHILL und STALIN vereinbart, daß die Grenze zwischen Polen und der Sowjetunion die sog. Curzon-Linie sein sollte; dafür sollte aber Polen durch dt. Gebiet im Westen entschädigt werden. Noch am 15. Dez. 1944 sprach sich CHURCHILL im Unterhaus dafür aus, daß Polen für seine Ostgebiete durch dt. Gebiet entschädigt werden sollte, aus dem die Deutschen zu vertreiben seien. Auf der Konferenz von Jalta im Febr. 1945 forderte MOLOTOW die Oder-Neiße-Linie als polnische Westgrenze. Die neugebildete polnische Exilregierung unter ARCISZEWSKI sprach sich unmißverständlich dagegen aus: „Wir wünschen weder Breslau noch Stettin." In Jalta blieb die Frage nach der Festlegung der polnischen Westgrenze offen; sie wurde von der Bildung einer polnischen demokratischen Regierung abhängig gemacht. Schon im März 1945, noch während der Kampfhandlungen, übertrug aber die Sowjetunion die dt. Gebiete östl. der Oder und Neiße mit Ausnahme des nördl. Ostpreußens der kommunistisch geführten polnischen Regierung.

Auch auf der Potsdamer Konferenz vom 17. Juli bis 2. Aug. 1945 blieben die Grenzfragen noch offen. Selbst das von der Sowjetunion annektierte Nordostpreußen mit Königsberg wurde nur unter sowj. Verwaltung gestellt, und CHURCHILL und TRUMAN sagten ledigl. zu, „daß sie den Vorschlag der Konferenz bei der bevorstehenden Friedensregelung unterstützen" würden. Die endgültige Festlegung der polnischen Westgrenze wurde bis zum künftigen Friedensvertrag verschoben. Bis dahin sollte Ostdtschld. bis zur Oder-Neiße-Linie unter die Verwaltung des polnischen Staates gestellt werden. Ausweisungen wurden auf der Potsdamer Konferenz nur hinsichtl. der in Polen, in der Tschechoslowakei und in Ungarn befindl. Deutschen und auch dort nur unter der Voraussetzung gestattet, daß sie „human und ordnungsgemäß" vorgenommen werden sollten. Eine Ausweisung von Deutschen aus Ostdtschld. war demnach nicht statthaft.

B. Die polnische Verwaltung. Schon am 5. Febr. 1945 übernahm die polnische Regierung die Zivilverwaltung in Schlesien und Ostpreußen. Durch ein Dekret vom 30. März 1945 wurde das Gebiet der Freien Stadt Danzig dem polnischen Staat einverleibt. Aus fünf nördl. Landkreisen der Wojewodschaft Pommerellen mit dem Stadtkreis Gdingen wurde die Wojewodschaft Danzig (Gdansk) gebildet. Später kam noch der Regierungsbezirk Westpreußen und der ostpommerische Kreis Lauenburg hinzu. Aus den Kerngebieten der d. O. wurden die Wojewodschaften Schlesien, Pommern und Masuren gebildet. Grenzbezirke wurden an die Wojewodschaften Bialystok, Posen und Kattowitz angeschlossen. In einem Dekret vom 29. Mai 1945 wurden die drei polnischen Verwaltungsbezirke in die Wojewodschaften Breslau, Stettin und Allenstein umgewandelt, den Wojewodschaften Bialystok, Danzig, Posen und Kattowitz wurden die bisher von ihnen verwalteten dt. Gebietsteile angegliedert.

Im Sommer 1950 wurden die Verwaltungsbezirke neu eingeteilt, um die alten dt. Verwaltungsgrenzen noch mehr zu verwischen. Allenstein wurde dabei um den westpreuß. Kreis Neumark vergrößert. Pommern wurde in die Wojewodschaften Stettin und Köslin eingeteilt, welche die Grenzen Pommerns i. J. 1938 hatten. Aus den ostbrandenburgischen Kreisen sowie aus den Kreisen Grünberg, Friedeberg, Sorau, Freystadt, Glogau, Sprottau und Fraustadt wurde die Wojewodschaft Grünberg gebildet. Die Wojewodschaft Breslau verkleinerte man außerdem noch um die Kreise Brieg und Namslau, diese wurden der neugebildeten Wojewodschaft Oppeln zugeteilt, die außerdem das ganze landwirtschaftl. bestimmte Oberschlesien umfaßt. Das oberschles. Industriegebiet wurde ausschließl. der Wojewodschaft Kattowitz zugeteilt.

Die dt. O. sind demnach auf zehn Wojewodschaften aufgeteilt: Stettin, Köslin, Grünberg, Breslau, Oppeln, Allenstein, Bialystok, Danzig, Posen und Kattowitz.

C. Die Austreibung der Deutschen. Viel schwerer als die neue Verwaltungsgliederung wog die gewaltsame Vertreibung der Deutschen aus diesem Gebiet. Trotz Flucht, Mord und Verschleppungen lebten 1945 noch 5 Mio. Deutsche unter polnischer Herrschaft. Die Massenausweisungen setzten im Juni 1945 ein. In Bahntransporten und selbst auf Fußmärschen wurde die Bevölkerung in die SBZ gebracht. Das Vermögen aller dt. Staatsbürger wurde nach dem Regierungsdekret vom 2. März 1945 enteignet.

Die erste große Ausweisungswelle erfaßte im Juni/Juli 1945 vor allem Danzig und die westl., unmittelbar östl. von Oder und Neiße gelegenen Gebiete und dürfte etwa 250 000 Menschen betroffen haben. Die zweite Austreibungswelle ging vom Aug. bis Nov. 1945 und erfaßte etwa 400 000 ostdt. Menschen. Im Frühjahr 1946 folgte die dritte und größte Austreibungswelle, die bis zum Herbst des Jahres dauerte und zwei Mio. aus ihrer angestammten Heimat vertrieb. Von den drei großen Austreibungswellen wurden die 250 000 – 300 000 noch zurückgebliebenen Deutschen im sowjetisch verwalteten Nordostpreußen nicht betroffen; sie wurden zu den härtesten Arbeiten auf den Bauerngütern herangezogen. Das Land wurde als Oblast Kaliningrad (Königsberg) in die Russ. Föderative Sowjetunion eingegliedert. Erst im Sommer 1947 begann die Vertreibung der Deutschen aus Nordostpreußen, nachdem aber die Hälfte der Deutschen schon infolge Hungersnot und harter Arbeitsbedingungen gestorben war. Im polnisch verwalteten Gebiet setzte im Frühjahr 1947 die vierte Vertreibungswelle ein, die 500 000 Menschen erfaßte. Bei der letzten Austreibungswelle i. J. 1948/1949 mußten noch einmal 300 000 Menschen ihre Heimat verlassen. Durch die Kriegsereignisse des Jahres 1945 und die anschließende Vertreibung verlor allein die ostdt. Bevölkerung, die innerhalb der Grenzen des Dt. Reiches von 1937 wohnte, etwa zwei Mio. Menschen.

IV. Die Oder-Neiße-Linie. A. Politische Situation. Die polnische Regierung hat seit 1945 mehrere diplomatische Offensiven gestartet, um die Anerkennung der Oder-Neiße-Linie als polnische Westgrenze zu erreichen. Im Gebiet der sog. Volksdemokratien wurde die Oder-Neiße-Linie als Grenze vorbehaltlos anerkannt. Besiegelt wurde diese Anerkennung der Grenze im Ostblock durch ein Abkommen zwischen Polen und der DDR vom Jahre 1950 (sog. Warschauer Deklaration und Görlitzer Abkommen).

Auch in der öffentl. Meinung der westl. Welt gilt die Oder-Neiße-Linie weitgehend als die Westgrenze Polens. Unter den westl. Staatsmännern hat sich vor allem der franz. Staatspräsident DE GAULLE für die Anerkennung der derzeitigen Demarkationslinie als Grenze ausgesprochen. In Polen wird die Oder-Neiße-Linie nicht nur von der kommunistischen Staatspartei als endgültige Westgrenze betrachtet, sondern zB auch vom kath.-polnischen Episkopat. In der Bundesrep. Dtschld. wurde zunächst von der Bundesregierung die Oder-Neiße-Linie nicht anerkannt. Aber in der Presse und in den übrigen Kommunikationsmitteln wurden immer mehr

Stimmen laut, die eine Anerkennung der Oder-Neiße-Linie durch Dtschld. forderten, um den polnischen Nachbarn, der durch das nationalsozialistische Dtschld. so sehr gelitten hat, zu versöhnen. Von den Vertriebenenverbänden wurden derartige Bestrebungen zurückgewiesen.

Um zu einem Gespräch mit dem östl. Nachbarn zu gelangen, veröffentlichte die Kammer für öffentl. Verantwortung der EKD Ende 1965 eine Denkschrift „Über die Vertriebenen und die Beziehungen des dt. Volkes zu seinen östl. Nachbarn", die zu einer heftigen Diskussion in der Bundesrep. und darüber hinaus geführt hat. Mit dieser Denkschrift hat sich auch die Synode der EKD anläßl. ihrer Tagung in Berlin vom 13. – 18. März 1966 befaßt und sie mit nur einer Stimmenthaltung verabschiedet; alle übrigen Synodalen stimmten zu.

Dem gleichen Zweck diente auch das Einladungsschreiben der polnischen kath. Bischöfe an den dt. Episkopat vom 18. Nov. 1965 nach Tschenstochau, um mit dem polnischen Volk die Tausendjahrfeier seiner Taufe und seines nationalen und staatl. Bestehens zu begehen. Dabei wurde die Frage der Staatsgrenzen erörtert und die Oder-Neiße-Linie als Existenzfrage für den polnischen Staat angesehen. Doch versuchten die polnischen Bischöfe auch den dt. Standpunkt zu verstehen. Dies ist in der Antwort des dt. Episkopats, der die Einladung annahm, mit großem Dank anerkannt worden.

Aus diesem Briefwechsel des Episkopats entstand 1966 eine lebhafte Auseinandersetzung zwischen dem polnischen Episkopat und der polnischen Regierung. Vor allem wurde von der polnischen Regierung die Begründung abgelehnt, mit der die polnischen Bischöfe die Besitznahme der dt. O. rechtfertigten. Im Einladungsschreiben der polnischen Bischöfe hieß es, daß man Polen nicht in den engen Korridor des Generalgouvernements der Jahre 1939 – 1945 ohne die West-, aber auch ohne die östl. Gebiete hineinpressen könne, da aus den Ostgebieten Millionen von Polen in die Potsdamer Westgebiete umsiedeln mußten. Die polnische Regierung lehnte diese Begründung deswegen ab, weil sie die historischen, polit. und moral. Rechte Polens auf die West- und Nordgebiete ignoriere und außerdem einen sowjetfeindl. Klang habe. In derselben Zeit beantwortete die Volksrepublik Polen die sog. Friedensnote der Bundesregierung mit scharfen Formulierungen durchaus negativ. Im Zuge der Entspannungspolitik zwischen den beiden Supermächten bot die dt. Bundesregierung unter ERHARD am 25. März 1966 in einer Friedensnote einen förml. Gewaltverzicht für alle daran interessierten Staaten an.

Dieses Programm, von Bundeskanzler ERHARD und Bundesaußenminister SCHRÖDER formuliert, wurde von der am 1. Dez. 1966 gebildeten Großen Koalition übernommen und fortentwickelt. Für die Große Koalition unter Bundeskanzler KIESINGER (CDU/SPD) wurde bezügl. der Oder-Neiße-Grenze in der Regierungserklärung am 13. Dez. 1966 festgehalten, daß in weiten Schichten des dt. Volkes der lebhafte Wunsch nach einer Aussöhnung mit Polen bestehe; man verstehe auch, daß Polen in einem Staatsgebiet mit gesicherten Grenzen leben wolle. Aber die Grenzen eines wiedervereinigten Dtschlds. könnten nur in einer frei vereinbarten Regelung mit einer gesamtdt. Regierung festgelegt werden.

Durch den Einmarsch der Truppen des Warschauer Paktes in die ČSSR im Aug. 1968 erschienen der Bundesregierung weitere Verhandlungen über einen Gewaltverzicht als sinnlos.

In dieser Atmosphäre konnte auch die Formel des SPD-Vorsitzenden und Bundesaußenministers WILLY BRANDT auf dem Nürnberger Parteitag im März 1968 nicht als neue Verhandlungsgrundlage aufgegriffen werden, der sich für eine Anerkennung bzw. Respektierung der Oder-Neiße-Grenze bis zur friedensvertragl. Regelung und ein Verbot der Veränderung der bestehenden Grenzen in Europa durch Gewalt aus den Realitäten aussprach.

Diesen neuen Ansatzpunkt behandelte der 1. Sekretär der Kommunistischen Partei Polens WLADYSLAW GOMULKA in einer Wahlrede im Mai 1969, in der er der Bundesrep. anbot, einen Grenzvertrag nach dem Muster des Görlitzer Abkommens abzuschließen.

Hieraus entwickelte sich eine Diskussion über die Möglichkeiten einer Vertragsformulierung und über die Notwendigkeit eines solchen Vorgehens. Mit der Bildung der Regierung BRANDT/SCHEEL veränderte sich die Lage. In der Regierungserklärung vom 28. Okt. 1969 wurden neue Akzente gesetzt. Nach einem Verhandlungsangebot von Bundeskanzler BRANDT wurden die Verhandlungen über den Gewaltverzicht und damit über die Lage der d. O. in Moskau (8. Dez. 1969) und Warschau (4. Febr. 1970) wieder aufgenommen. Bei den Verhandlungen wurde es der dt. Verhandlungsführung klar, daß eine Übereinkunft mit Polen nur dann erzielt werden konnte, wenn die Verhandlungen mit Moskau Aussicht auf Erfolg hatten.

Am 13. Aug. 1970 wurde ein entsprechender Vertrag zwischen der Bundesrep. Dtschld. und der Sowjetunion in Moskau abgeschlossen (Moskauer Vertrag). Im Art. 3 dieses Vertrages wurde festgehalten, daß die Oder-Neiße-Linie die Westgrenze Polens bildet. Einschränkend wurde im Art. 4 nur festgestellt, daß dieser Vertrag andere frühere Verträge der Vertragspartner nicht berührt. Dadurch blieb das Potsdamer Abkommen zwischen den vier Kriegsalliierten und der Deutschlandvertrag der Bundesrep. mit den drei Westmächten weiterhin in Geltung, die beide eine Revision der Oder-Neiße-Grenze in einem Friedensvertrag mit Dtschld. noch offen ließen.

Der Abschluß des Moskauer Vertrages wirkte stimulierend auf die Verhandlungen mit Polen. Vom 2. bis 8. Nov. 70 traten die Verhandlungen zwischen der Bundesrep. Dtschld. unter der Führung von Außenminister SCHEEL und der Volksrepublik Polen unter Leitung des Außenministers JEDRYCHOWSKI in die Schlußphase. Am 8. Dez. 1970 kam es in Warschau zum Abschluß eines Vertrages zwischen der Bundesrep. Dtschld. und der Volksrepublik Polen über die Grundlagen der Normalisierung ihrer gegenseitigen Beziehungen (Warschauer Vertrag). Die Bundesrep. als solche bindet sich in der Grenzfrage unbefristet und anerkennt die Oder-Neiße-Linie als Westgrenze Polens, Art. I Abs. 1 des Vertrages legt fest, daß die Bundesrep. die Oder-Neiße-Grenze als Westgrenze Polens nicht in Frage stellt. Selbst als Teilnehmer an Friedensverhandlungen mit Dtschld. wird die Bundesrepublik diese polnische Westgrenze nicht mehr in Frage stellen. Ein Notenwechsel (19. Nov. 70) zwischen der Bundesrep. und den westl. drei Siegermächten des 2. Weltkrieges stellt klar, daß die mit den Potsdamer Beschlüssen zusammenhängenden Rechte und Verantwortlichkeiten der vier Mächte für Dtschld. als Ganzes unberührt bleiben. Die Verantwortlichkeit der vier Mächte, wie sie in den Potsdamer Beschlüssen und im Dtschld.-Vertrag (1955) ihren Niederschlag gefunden haben, werden durch die Verträge von Moskau und Warschau nicht berührt. Die Bundesrep. Dtschld. hat in den Verhandlungen in Moskau und Warschau klargestellt, daß sie nur im Namen der Bundesrep. handeln kann. Ein wiedervereinigtes Dtschld. kann also durch den Vertrag nicht gebunden werden. In den Erklärungen der Bundesregierung wird der formellen Aufrechterhaltung des Friedensvertragsvorbehalts in jedem Falle eine wesentl. auf die Wahrung der Belange Gesamtdeutschlands gerichtete Bedeutung beigemessen. Außerdem hat die Bundesregierung in den Verhandlungen mit Polen unterstrichen, daß durch den Abschluß des Vertrages mit Polen die Vertreibung der dt. Bevölkerung und die damit verbundenen Maßnahmen nicht als rechtmäßig anerkannt werden. Außerdem betonte sie, daß durch den Abschluß des Warschauer Vertrages niemandem Rechte verlorengehen, wie zB die Staatsangehörigkeit. Bezüglich der Reparationen hat die polnische Verhandlungsdelegation eindeutig die Gültigkeit der Erklärung der polnischen Regierung vom 24. August 1953 bestätigt, mit der Polen in einer auf ganz Dtschld. bezogenen Formulierung vom 1. Januar 1954 an auf weitere Reparationsleistungen verzichtet hat.

Am Vortag der Unterzeichnung des Warschauer Vertrages, am 7. Dez. 1970, unterrichtete die polnische Regierung die Bundesregierung über Maßnahmen zur Lösung humanitärer Fragen. Sie stellt dabei fest, daß Polen auf dem Weg der Familienzusammenführung bis zum Jahre 1959 eine Viertelmillion Menschen ausreisen ließ. In den Jahren 1960 bis 1969 ließ die polnische Regierung weitere 150 000 Personen aus humanitären Gründen aussiedeln.

Allerdings beharrte sie darauf, daß sie in der Frage der Familienzusammenführung eine Emigration zu Erwerbszwecken von Personen polnischer Nationalität ablehne. Immerhin gab Polen aber zu, daß bis heute aus verschiedenen Gründen, zB enge Bindung an den Geburtsort, eine gewisse Zahl von Personen mit unbestreitbarer dt. Volkszugehörigkeit sowie Personen dt. Volkszugehörigkeit in gemischten Familien in Polen zurückgeblieben sind. Diese Personen, die in einen der beiden dt. Staaten auszureisen wünschen, könnten dies unter Beachtung der in Polen geltenden Gesetze und Rechtsvorschriften tun.

Die zuständigen polnischen Behörden gaben aber zu verstehen, daß sie nicht einmal annähernd über solche Zahlen von Anträgen auf Ausreise verfügen, wie sie in der Bundesrep. vorhanden wären. Dennoch erklärte sich die polnische Regierung bereit, das Polnische Rote Kreuz zu ermächtigen, vom Roten Kreuz der Bundesrep. Dtschld. Listen über ausreisewillige Personen dt. Nationalität entgegenzunehmen, um sie mit ihren Listen zu vergleichen und sorgfältig zu prüfen. Über das Ergebnis der Prüfung sollte das Polnische Rote Kreuz die polnischen Behörden unterrichten.

Seit der Veröffentlichung der Vertragstexte des Moskauer und Warschauer Vertrages kam es zu einer heftigen Diskussion in der dt. Öffentlichkeit. Die Bundesregierung, vor allem die FDP, sah sich veranlaßt, das Ratifizierungsverfahren im Dt. Bundestag erst dann einzuleiten, wenn es zu einer befriedigenden Berlin-Lösung zwischen den vier ehemaligen Siegermächten gekommen sei. Die CDU/CSU-Opposition hingegen lehnte die Vereinbarungen des Moskauer und Warschauer Vertrages über die Oder-Neiße-Linie ab, weil sie ihrer Ansicht nach einem dt. Friedensvertrag vorgreifen.

Am 4. Sept. 1971 wurde eine Berlin-Vereinbarung der vier für Dtschld. verantwortl. Mächte unterzeichnet, die von der Bundesregierung als befriedigende Berlin-Regelung angesehen wurde. Daraufhin erklärte der sowjet. Außenminister GROMYKO am 26. April 1971, daß bei einer Nichtratifizierung des Moskauer und Warschauer Vertrages durch die Bundesrep. auch die Berlin-Vereinbarungen des 4-Mächte-Abkommens nicht in Kraft gesetzt werden.

Die Ratifizierung der Ostverträge begann am 9. Febr. 1972 mit Beratungen des Bundesrates und mit der ersten Lesung im Dt. Bundestag am 23. bis 25. Febr. 1972. Die CDU/CSU-Opposition lehnte die Verträge in der vorliegenden Form ab. Nachdem die Koalitionsparteien bei der Landtagswahl in Baden-Württemberg am 23. April 1972 keine Mehrheit erringen konnten, kam es am 24. April 1972 zu einem konstruktiven Mißtrauensantrag der CDU/CSU-Fraktion gegen BRANDT u. a. wegen der Ostverträge, doch gab es nicht die erforderl. Mehrheit für einen Regierungssturz. Nachdem die CDU/CSU-Fraktion die Ostverträge in der 2. Lesung noch einmal abgelehnt hatte, einigten sich alle Bundestagsfraktionen auf eine gemeinsame Entschließung zur Interpretation der Ostverträge. Bezüglich der Oder-Neiße-Grenze wurde in dieser Entschließung betont, daß die Verträge eine friedensvertragl. Regelung nicht vorwegnehmen. Mit relativer Mehrheit von 248 Stimmen stimmte der Bundestag am 17. Mai 1972 dem Moskauer und dem Warschauer Vertrag bei Stimmenthaltung der CDU/CSU zu. Auch der Bundesrat, in dem die CDU-regierten Länder die Mehrheit besaßen, erhob gegen die Ostverträge keinen Einspruch. Nachdem die Parlamente in Moskau und Warschau ebenfalls den Verträgen zustimmten, konnten die Verträge in Kraft gesetzt werden. Der polnische Außenminister OLSZOWSKI erklärte am 26. Mai 1972 die Grenzziehung an Oder und Neiße als endgültig und verwarf mit Zustimmung des polnischen Sejm die Entschließung des Dt. Bundestages zur Interpretation des Warschauer Vertrages. Am 3. Juni 1972 traten der Moskauer und der Warschauer Vertrag durch den Austausch der Ratifikationsurkunden in Kraft.

Nach der Ratifizierung des Warschauer Vertrages wurde von dt. Seite (Opposition und Publizistik) der polnischen Regierung vorgeworfen, daß sie die zugesagte Ausreisegenehmigung von Deutschen aus den dt. O.n und aus Polen verzögere. Die polnische Presse wies aber ihrerseits in diesem Zusammenhang darauf hin, daß von seiten der Bundesrep. zunächst einmal die versprochene finanzielle Hilfe für polnische Staatsangehörige geleistet werden müßte, die unter dem Terror des NS-Staates gelitten hätten.

Schon am 16. November 1972 wurde ein dt.-poln. Entschädigungsabkommen unterzeichnet, das die Zahlung von 100 Mio. Mark an Polen als Pauschale zur Entschädigung von poln. Staatsbürgern vorsah, die in nationalsozialistischen Konzentrationslagern als Opfer pseudomedizinischer Versuche mißbraucht worden waren. Es handelte sich damals noch um 6000 Personen, die finanziell abgefunden werden sollten. Entsprechende dt.-poln. Gespräche über Familienzusammenführung, die wieder aufgenommen wurden, verliefen ergebnislos. Offiziell wurde von poln. Seite erklärt, daß die Fälle für Familienzusammenführung schon abgewickelt seien. Bei erneuten Verhandlungen Anfang Dezember 1973 verlangte die poln. Seite weitere dt. Rentenzahlungen für poln. Zwangsarbeiter während des 2. Weltkrieges. Dazu kamen noch poln. Kreditwünsche in Milliardenhöhe. Die poln. Seite berief sich dabei auf die „vertraulichen Erläuterungen“ zum dt.-poln. Vertrag von 1970, in denen auch von poln. Ansprüchen auf Sozialleistungen von dt. Seite die Rede war. Dabei stellten die poln. Unterhändler für 1974 die Ausreise von dt. Staatsbürgern aus den dt. O.n bzw. Volksdeutschen aus Polen in Aussicht. Dafür verlangten sie beträchtl. Summen an Rentenzahlungen und Kredite. Nach langwierigen Verhandlungen einigten sich am Rande des KSZE-Gipfels Bundeskanzler HELMUT SCHMIDT und der poln. Parteichef GIEREK in Helsinki am 1. August 1975 auf eine von der Bundesrep. zu zahlende Summe von 1,3 Milliarden DM als Pauschale für die poln. Rentenansprüche sowie auf einen an Polen von der Bundesrep. zu gewährenden Kredit in Höhe von 1 Milliarde. Dafür versprachen die Polen 125 000 Anträgen auf „Familienzusammenführung“ zuzustimmen. Trotz der heftigen Kritik dieser Abmachung wurde von Außenminister GENSCHER am 10. Oktober 1975 in Warschau ein entsprechendes Abkommen unterzeichnet. Die Mehrheit der CDU/CSU-Opposition stimmte im dt. Bundestag gegen dieses Abkommen. Nach erneuten Verhandlungen mit Warschau, in denen einige unwesentliche Verbesserungen für die dt. Seite erzielt wurden, stimmte der mehrheitlich von CDU/CSU beschickte Bundesrat dem Abkommen einstimmig zu. Aus dem poln. Machtbereich durften im Jahre 1976 29 366 Personen in die Bundesrep. übersiedeln, die überwiegend aus den dt. O.n stammten oder Volksdeutsche aus Polen waren. In der Zeit von 1976 bis 1979, in dem Zeitraum, der im Vertrag vorgesehen war, durften 134 603 „Deutschstämmige“ die VR Polen verlassen. In den Jahren 1976 bis einschließlich 1985 konnten 301 230 Personen aus den dt. O.n bzw. aus Polen in die Bundesrep. übersiedeln. Die Zahl der Deutschen wird in den dt. O.n von der Bundesregierung auf derzeit (1986) 1 Mio. geschätzt.

Über die staatl. Zugehörigkeit der dt. O. stellte das Bundesverfassungsgericht in mehreren Fällen – so im Urteil vom 31. Juli 1973 bei der verfassungsrechtl. Prüfung des Gesetzes über die Grundlagen der Beziehungen zwischen der Bundesrep. Dtschld. und der DDR (Grundlagenvertrag) vom 6. Juni 1973, dann im Beschluß vom 7. Juli 1975 über Verfassungsbeschwerden gegen den Moskauer und Warschauer Vertrag und im Beschluß vom 8. Januar 1981 – fest, daß die dt. Gebiete östlich von Oder und Neiße weiterhin Staatsgebiet des fortbestehenden Dt. Reiches in den Grenzen von 1937 sind.

B. Die kirchl. Verhältnisse nach dem 2. Weltkrieg. Die ev. Kirche kann nach 1945 mit Ausnahme weniger kleiner Gruppen als ausgelöscht gelten. Im sowjet. besetzten Ostpreußen konnte der kirchl. Dienst durch verbliebene Pastoren und Laien bis zur Austreibung aufrecht erhalten werden. Die schlesische Kirche hielt sogar am 23. Juli 1946 eine Landessynode in Breslau ab. Bis zur Ausweisung von Präses HORNIG gab es in Schlesien noch eine Kirchenleitung, der dann später in Görlitz die schlesische Restkirche in der Oberlausitz leitete.

Nach der letzten großen Vertreibungswelle 1946 wurde die „Ev. Kirche der altpreuß. Union“ in den dt. O.n durch ein polnisches staatl. Dekret vom 19. Sept. 1946 aufgelöst und die 300 000 noch verbliebenen dt. Protestanten der „polnischen Ev.-Augsburgischen Kirche“ unterstellt. Die nach 1945 gebildeten Hilfskomitees für die Evangelischen (aus Danzig-Westpreußen, Ostpreußen, Pommern, der Posener Ev. Kirche, aus Schlesien, für die ostbrandenburgischen Kirchengemeinden) verwahren vielfach die einzig erhalten gebliebenen Personenstandsunterlagen aus ihrem Vertreibungsgebiet. Sie sind Treuhänder für untergegangenes kirchl. Gut, überlebende Gemeindeglieder und Institutionen der zerstreuten ev. Ostkirchen. Eine Anzahl von Restgemeinden verfügte in Pommern und Schlesien, vor allem im Waldenburger Bergland über wenige Kirchen, u. a. über die historisch bedeutsame Friedenskirche in Schweidnitz. Die masurischen Gemeinden im südl. Ostpreußen werden von polnisch-augsburgischen Pastoren versorgt. Nur einige wenige ev. Gemeinden entstanden aus eingewanderten polnischen Protestanten. Deutscher Gottesdienst und Konfirmationsunterricht wird noch in Hinterpommern und Niederschlesien abgehalten.

In den polnisch verwalteten dt. O.n wurde in die Organisation der ostdt. kath. Kirchenprovinz bereits 1945 eingegriffen. Nach dem Tode des Fürsterzbischofs Kardinal BERTRAM am 6. 7. 1945 auf Schloß Johannesberg bei Jauering unterzeichnete AUGUST KARDINAL HLOND, Erzbischof von Gnesen und Warschau, am 15. 8. 1945 ein Dekret zur Bildung von 5 Apostolischen Administraturen in Breslau, Oppeln, Allenstein, Landsberg und Danzig. Der gewählte Breslauer Kapitelsvikar PIONTEK wurde von HLOND dispensiert. Dabei ist es heute in der Kirchengeschichtsschreibung umstritten, ob HLOND einen schriftl. Auftrag des Papstes erhalten hatte. Als Kardinal mußte sich HLOND gegenüber dem Breslauer Kapitelsvikar nicht ausweisen. Am 1. Sept. 1945 traten die polnischen Administratoren ihr Amt an. Sie nahmen im Falle des ermländischen Bischofs KALLER staatl. Hilfe in Anspruch, um die Übergabe der Jurisdiktionsrechte zu erzwingen. Kirchenrechtl. galten aber die ostdt. Bistümer noch als dt. Diözesen, wie das *Annuario Pontificio* noch jährl. bezeugte.

Am 23. Okt. 1950 verlangte die polnische Regierung ultimativ vom Heiligen Stuhl die Errichtung selbständiger Bistümer in den dt. O.n Am 29. Jan. 1951 griff sie selbst ein und enthob die Apostolischen Administratoren ihrer Ämter und ließ Kapitelsvikare wählen, die Erzbischof-Primas WYSZYŃSKI unter Berufung auf bes. Vollmachten nachträgl. anerkannte.

Im Tauwetter 1956 war der Staat mit der Entfernung der Kapitelsvikare in den dt. O.n einverstanden. Der Primas selbst übernahm die Funktion eines Apost. Administrators für die dt. O. Es wurden dort 4 Titularbischöfe als Generalvikare eingesetzt. In Danzig wurde der Titularbischof EDMUND NOWICKI als *Coadjutor sedi datus* in sein Amt eingeführt.

Die Einsetzung der 5 Titularbischöfe hatte keine Änderung der kirchenrechtl. Situation zur Folge. Papst PAUL VI. ernannte am 4. 6. 1967 die polnischen Generalvikare für die 4 ostdt. Diözesen zu Apostolischen Administratoren *ad nutum Sanctae Sedis* (unmittelbar dem Heiligen Stuhl unterstellt und nicht mehr und wie bisher dem des poln. Primas). Die Apostolischen Administratoren erhielten die Amtsbefugnisse residierender Bischöfe, die sie aber nur im Namen des Papstes ausübten. Die Ernennungen erfolgten aus seelsorgerl. Gründen, die Frage der Diözesanstruktur blieb unberührt. Die bisherigen dt. Kapitelsvikare in der Bundesrep. und in Görlitz erhielten entgegen dem bisherigen Brauch bei der Ernennung von Apostolischen Administratoren das Recht der weiteren Amtsverwaltung (GERHARD SCHAFFRAN für Breslau, Görlitz, PAUL HOPPE für Ermland, Münster, WILHELM VOLKMANN für Schneidemühl, Münster). Zu einer Neuregelung kam es in Danzig. Die Administratur Danzig entsprach der ehemaligen Freien Stadt Danzig. Sie unterstand dem Administrator EDMUND NOVICKI. Da Danzig nicht dem Reichskonkordat von 1933 unterlag, sondern durch das Konkordat mit Polen erst 1925 gegründet wurde, nachdem es seit 1922 Apostolische Administratur war, konnte der Vatikan nach dem Tode des letzten Danziger Bischofs KARL MARIA SPLETT 1964 in Düsseldorf einen polnischen Bischof zum Ordinarius einsetzen, ohne seine grundsätzl. Haltung zu den politischen Grundlagen zu ändern. Nach der Ratifizierung des Warschauer Vertrages führte der Sekretär der polnischen Bischofskonferenz BOLESLAW DABROWSKI vom 5. bis 26. Juni 1972 Verhandlungen über die Neuregelung der Bistums- und Kirchenprovinzgrenzen. Am 28. Juni 1972 wurde durch die Apostolische Konstitution „Episcoporum Poloniae" folgende Neuregelung der Bistumsgrenzen in den dt. O.n bekanntgegeben: Betroffen waren alle dt. Bistümer in den dt. O.n sowie das Bistum Danzig. Im einzelnen wurde entschieden: 1. Der Apostolische Administrator in Breslau wird Erzbischof von Breslau. Die Apostolischen Administratoren in Oppeln, Allenstein und Landsberg werden residierende Bischöfe. 2. Der Jurisdiktionsbereich von Landsberg (die ehemalige Freie Prälatur Schneidemühl sowie die östl. der Oder gelegenen Teile des Bistums Berlin) wurde in drei neue Bistümer aufgeteilt: a) Diözese Landsberg (Gorzów) aus dem nördl. Teil des Erzbistums Breslau, einem Teil des Bistums Berlin und einem Teil der Freien Prälatur Schneidemühl; b) die Diözese Köslin/Kolberg (Koszalin/Kolobrzeg) aus Resten der Freien Prälatur Schneidemühl und einem weiteren Teil des Bistums Berlin; c) die Diözese Stettin/Cammin (Szczecin/Kamień) aus dem Rest des Bistums Berlin. 3. Die neue Kirchenprovinz Breslau (Wroclaw) besteht aus den Diözesen Breslau, Oppeln (Opole) und Landsberg; das Erzbistum Gnesen (Gniezno) aus den neuen Bistümern Stettin/Kammin, Köslin-Kolberg und dem Bistum Danzig (Gdansk). Die Diözese Allenstein (Olsztyn) wurde dem Erzbistum Warschau zugeteilt. 4. Das Bistum Berlin wurde direkt dem Heiligen Stuhl unterstellt. Der zur DDR gehörende Teil des Erzbistums Breslau mit dem Hauptort Görlitz wurde zur Apostolischen Administratur erhoben. 5. Für die in der

Bundesrepublik lebenden Flüchtlinge aus Ermland und Schneidemühl wurden die bisherigen Apostolischen Administratoren zu Apostolischen Visitatoren ernannt.

Eine Neuregelung der Diözesangrenzen, die durch die neue Grenzziehung zwischen der Volksrepublik Polen und der Sowjetunion aus ähnl. seelsorgerl. Gründen notwendig geworden wäre, unterblieb auf Wunsch des polnischen Episkopats. Ebenso unterblieb eine vollständige Regulierung der Diözesangrenzen mit der ČSSR. Nur im Fall der ehemaligen Grafschaft Glatz hob Papst PAUL VI. die 600jährige Verbindung mit der Erzdiözese Prag auf. Das Gebiet Glatz gehört jetzt zum Erzbistum Breslau.

Über diese Neuregelung der katholischen Kirchenorganisation hatte der Heilige Stuhl die Bundesregierung lediglich kurz vorher informiert. Nach Artikel 33 Absatz 2 des Reichskonkordats vom 20. Juli 1933 sollten Meinungsverschiedenheiten in bezug auf Auslegung des Konkordats in gemeinsamem Einvernehmen freundschaftlich gelöst werden. Nach Artikel 11 dieses Vertrages bleiben „Änderungen der Diözesanzirkumskription der Vereinbarung mit dem staatlichen Konkordatspartner" vorbehalten. Es hatten zwar am 20., 23. und 27. Juni 1972 Besprechungen zwischen dem Kurienkardinal CASAROLI und dem deutschen Geschäftsträger beim Heiligen Stuhl stattgefunden, doch es war keine Vereinbarung erzielt worden. Der Vatikan betrachtete den Warschauer Vertrag als ausreichende Grundlage völkerrechtlicher Art für die Errichtung polnischer Bistümer östlich von Oder und Neiße sowie die Trennung dieser Territorien von der deutschen katholischen Kirche. Die Verbalnote vom 10. Juli 1972 der Bundesregierung und der dt. Episkopat wiesen den Heiligen Stuhl eindringlich darauf hin, daß die im Warschauer Vertrag enthaltene Grenzfeststellung nach dem zu diesem Vertrag gehörenden Notenwechsel zwischen der Bundesregierung und den drei Mächten die endgültige Grenzfeststellung in einem Friedensvertrag nicht berührt. Der Vatikan sieht durch den Abschluß des Warschauer Vertrages das Reichskonkordat für die dt. O. suspendiert. Wenn aber der Fall eintritt, auf den sich der Grenzvorbehalt der Bundesregierung im Warschauer Vertrag bezieht, würde das Reichskonkordat dort wieder wirksam. Deswegen mußte der Vatikan auch gegenüber der getroffenen Neuregelung der Bistumsgrenzen in den dt. O.n einen vorsichtigen Vorbehalt der Nicht-Endgültigkeit beigeben.

Für die besonders in Oberschlesien zurückgebliebenen Deutschen war speziell das Verbot der deutschen Sprache im Gottesdienst äußerst schmerzlich. Solange Latein noch die offizielle Sprache in der Liturgie war, empfand man dieses Verbot nicht so drückend. Mit der Einführung der Volkssprache in der Liturgie in den dt. O.n und in Polen ab 26. März 1970 begann man auch in der Kirche zu polonisieren. Dadurch wurde vielen in der Heimat verbliebenen Deutschen auch die Kirche und ihr Gottesdienst zur Fremde. Beim Besuch der poln. Bischöfe beim dt. Episkopat im September 1978 wurde von der Achtung des Rechts auf Muttersprache im Gottesdienst gesprochen, damit der pastorale Dienst in würdiger und fruchtbarer Form versehen wird. Es ist nicht bekannt, ob und in welcher Weise die deutsch-polnische Bischofskommission, die seit 1980 ins Leben gerufen wurde, auch das Sprachproblem im kirchl. Bereich behandelt hat. Am 12. Februar richteten vertriebene, in der Bundesrep. lebende Oberschlesier an Papst JOHANNES PAUL II. ein Schreiben, in dem sie ihn baten, die deutsche Sprache für den gottesdienstlichen Gebrauch in Oberschlesien wieder zuzulassen. Sie beriefen sich dabei auf die unteilbaren Menschenrechte. Die Antwort auf diese Petition gab der Apostolische Nuntius in der Bundesrep. im Herbst 1979, in der er zum Ausdruck brachte, daß der Heilige Stuhl sich bemühe, diese Anliegen der Oberschlesier zu verwirklichen. Der Papst scheint auch in dieser Richtung tätig geworden zu sein. Denn im Spätsommer 1979 gab Kardinal WYSZYNSKI die Anweisung, in den Diözesen östlich von Oder und Neiße zu prüfen, wo Gottesdienst in dt. Sprache angebracht wäre. Doch diese Anweisung hatte keine praktische Auswirkung. Große Entrüstung löste daher die Predigt des neuen Primas Kardinal JOZEF GLEMP am 15. August 1984 in Czenstochau aus, in der er die Existenz einer deutschen Minderheit in den dt. O.n bestritt und daher einen deutschsprachigen Gottesdienst ablehnte. Diese scharfe Äußerung GLEMPS löste bei den dt. Bischöfen tiefe Betroffenheit aus. Die dt. Bischofskonferenz vom 24.–27. September 1984 in Fulda stellte dazu fest, daß „jeder Mensch ein Recht auf Seelsorge in seiner Muttersprache" habe. Auf gemeinsamen Vorschlag der dt. Bischöfe und GLEMPS sollte eine Ad hoc-Kommission die Frage weiter erörtern und die Möglichkeit einer Verwirklichung deutschsprachiger Gottesdienste in den d. O. prüfen.

H. RISTER, Schrifttumsverz. d. dt. O. (1945–1951), in: Zeitschr. f. Ostforschung 1 (1952) – M. K. CZERNY, Polnische Umbenennungen der Ortschaften jenseits von Oder-Neiße, 1952 – P. H. SERAPHIM, Die Wirtschaft Ostdtschlds. vor und nach dem Zweiten Weltkrieg (Die d. O., hg. v. H. Schlenger Bd. I), 1952 – DERS., Industriekombinat Oberschlesien (mit 25 Karten von Gerhard Fischer), Osteuropa und der dt. Osten, Reihe 3,1, 1953 – E. WERMKE, Bibliographie der Gesch. Ost- und Westpreußens, 1953 ff. – DERS., Schrifttum z. Gesch. Ost- u. Westpreußens, in: Zeitschr. f. Ostforschung 3 (1954) ff. – B. JÄHNIG, Auswahlbibliographie z. Gesch. Ost- u. Westpreußens, in: Zeitschr. f. Ostforschung 26 (1977) ff. – H. RISTER, Schlesische Bibliographie 1959 ff. – DERS., Schrifttum ü. Schlesien i. Auswahl, in: Zeitschr. f. Ostforschung 2 (1953) ff. – DERS., Pommersche Bibliographie, in: Zeitschr. f. Ostforschung 2 (1953) ff. – DERS., Schrifttum ü. Ostbrandenburg u. dessen Grenzgebiete 1964 ff., in: Zeitschrift f. Ostforschung 28 (1979) ff. – G. GEILKE, Die Lösung der Dt. Frage im Lichte polnischer Gesetze (als Manuskript vervielfältigt), Hamburg 1954 – J. KAPS, Die Kath. Kirchenverwaltung in den dt. Diözesen östl. der Oder-Neiße. Arch. für Schles. Kirchengeschichte XIII, 1955 – Amtl. Gemeinde- und Ortsnamenverzeichnis der dt. O. unter fremder Verwaltung, Bd. 1–3, 1955 – Ostdt. Bibliographie, Bd. 1–2, 1956 – W. KUHN, Die dt. Ostsiedlung in der Neuzeit, I–II, 1955 bis 1957 – R. NEUMANN, Ostpreußen unter polnischer und sowjetischer Verwaltung (Ostdtschld. unter fremder Verwaltung 1945 bis 1955, hg. vom J. G. Herder-Forschungsrat, Bd. 1), 1955 – B. GLEITZE, Ostdt. Wirtschaft. Industrielle Standorte und volkswirtschaftl. Kapazitäten des ungeteilten Deutschland, 1956 – I. RHODE, Zur Lage der ev. Deutschen jenseits Oder und Neiße. In: Der Remter 1956 – 10 Jahre nach der Vertreibung. Äußerungen des In- und Auslandes und eine Zeittafel. Hg. vom Bundesministerium für Vertriebene, Flüchtlinge und Kriegsgeschädigte, 1956 – E. BAHR, Ostpommern unter polnischer Verwaltung (Ostdtschld. unter fremder Verwaltung 1945–1955, hg. vom J. G. Herder-Forschungsrat, Bd. 3), 1957 – H. P. KOSACK, Versuch des Entwurfs einer Verwaltungskarte des nördl. Ostpreußens nach dem Stande v. 1. Jan. 1955. In: Berichte zur Dt. Landeskunde, hg. von der Bundesanstalt für Landeskunde, Remagen, Bd. 18, H. 1, 1957 – J. KOKOT, Logika Poczdamu (Die Logik von Potsdam), Kattowitz 1957 – Die Ostgebiete des Dt. Reiches. Im Auftrag des J. G. Herder-Forschungsrates hg. v. G. RHODE, 1957[4] – CH. WASSERMANN, Unter polnischer Verwaltung. Tagebuch 1957 mit 163 Originalaufnahmen des Verfassers, 1957 – H. J. v. KOERBER, Die Bevölkerung der d. O. unter polnischer Verwaltung. Eine Untersuchung der Bevölkerungsvorgänge und -probleme seit 1945 (Osteuropa-Institut an der Freien Universität Berlin, Wirtschaftswissenschaftl. Veröffentlichungen, hg. v. K. C. THALHEIM, Bd. 6), 1958 – K. LERCH, Dtschld. jenseits von Oder und Neiße. Bilder und Berichte aus Niederschlesien, Ostpreußen, Westpreußen, Danzig und Pommern, 1958 – K. RABL, Die gegenwärtige völkerrechtl. Lage der d. O., 1958 – H.-U. RASPE, Geschichtl. und landeskundl. Lit. Pommerns, 1958 ff. – B. WIEWIÓRA, Die polnisch-dt. Grenze im Lichte des internationalen Rechts (Granica polsko-niemiecka w swietle prawa miedzynarodowego, det.), Göttinger Arbeitskreis, 1958 – Die d. O. jenseits von Oder und Neiße im Spiegel der polnischen Presse. Hg. vom Göttinger Arbeitskreis, 1958 – Das östl. Deutschland, Göttinger Arbeitskreis (Hg.), 1959 – F. CZARNECKI, Bibliografia Ziem Zachodnich 1945–1958 (Bibliographie der westl. Länder 1945–1958), 1962 – G. BLUHM, Die Oder-Neiße-Linie in der dt. Außenpolitik, 1963 – H. JILEK, H. RISTER, H. WEISS, Bücherkunde Ostdtschlds. und des Deutschtums in Ostmitteleuropa, Köln 1963 – H. KRAUS, Der völkerrechtl. Status der d. O. innerhalb der Reichsgrenzen nach dem Stande vom 31. Dez. 1937, 1964 – G. LABUDA, Zemie zachodnie w granicach Macierzy (Die Westgebiete in den Grenzen der Mutterländer), 1966 – S. KRÜLLE, Die völkerrechtl. Aspekte des Oder-Neiße-Problems, 1970 – W. BRÖLL, W. HEISENBERG, W. SÜHLO, Der andere Teil Deutschlands, 1971 – O. ANSCHÜTZ, Briefe zur Frage der dt. O., 1973 – „... in einem fremden Land" (J. S. Los, Die Lebensbedingungen der polnischen Einwanderer in den Ostgebieten des Dt. Reiches nach 1945, Lublin 1947); erschienen als Nr. 26 der Wissenschaftl. Übers. des J. G. Herder-Instituts, Marburg/L. o. J. – M. DABROWA, J. MIKOLAJSKI, Z. WYCZESANY, Zur heutigen Lage der d. O. unter polnischer Verwaltung; erschienen als Nr. 32 der Wissenschaftl. Übers. des J. G. Herder-Instituts, Marburg/L., o. J. – Volkstumfragen in Ostdtschld. unter polnischer Verwaltung. Polnische Pressestimmen 1956/57; erschienen als Nr. 34 der Wissenschaftl. Übers. des J. G. Herder-Instituts, Marburg/L., o. J. – J. POLACZEK, Die Entwicklung der oberschles. Montanindustrie in den Jahren 1945–1955; erschienen als Nr. 35 der Reihe Wissenschaftl. Beiträge zur Gesch. und Landeskunde Ost-Mitteleuropas. Hg. v. Herder-Institut, Marburg/L., o. J. – ODBUDOWA ZIEM ODZYSKANYCH, 1945–1955 (Der Aufbau der wiedergewonnenen Gebiete). Gemeinschaftsarbeit unter d. Schriftltg. v. K. PIWARSKI u. ST. ZAICHOWSKA, Posen, West-Institut 1957 (Zyklus: Ziemie Staropolski – Altpolnische Lande, Bd. VI), (erschienen auch als Übers. d. J. G. Herder-Instituts.) o. J. – R. P. ROCHLIN, Die Wirtschaft Polens von 1945 bis 1952, o. J. – Rocznik Statystyczny (Statist. Jahrbuch 1947, 1948, 1949 und 1955, 1956–1986), hg. vom Statistischen Hauptamt d. Volksrepublik Polen – Z. SZÁSZ, Die deutsche Ostgrenze, 1960 – D. Dt. Ostgebiete i. d. Zeit d. Weimarer Republik, 1966 – E. VÖLKER, CH. TH. STOLL, Deutschlands Recht auf seine Ostgebiete, 1968 – R. MÜLLER-STERNBERG, Deutsche Ostsiedlung – Eine Bilanz, 1969 – S. KRÜLLE, D. völkerrechtl. Aspekte d. Oder-Neiße-Problems, 1970 – R. SUCHENWIRTH, D. dt. Osten. Aufstieg u. Tragödie, 1978 – J. GIETRYCH, In defence of my Country, 1981 – R. KOSIEK, Dt. Land i. fremder Hand, 1982 – D. Beitrag d. ostdt. Philosophen in d. abendländ. Philosophie. Hrg. v. F. B. Kaiser, 1983 – R. BESSEL, Political Violence and the Rise of Nazism: the Storm Troopers in Eastern Germany 1925–1934, 1984 – R. SCHUMACHER, Die preuß. Ostprov. u. d. Politik d. Deut. Reiches 1918–1919, 1985 – A. HILGRUBER, D. Zusammenbruch i. Osten 1944/45 als Problem d. dt. Nationalgeschichte u. d. europ. Geschichte, 1985.

Horst Glassl

Ostkirche →Orthodoxe Kirchen

Ostpolitik →Dt. Reich VII; →Ostgebiete IV A

P

Pädagogik. 1. Problemlage und Positionen. Mit P. oder, moderner, Erziehungswissenschaft verbindet sich in der Bundesrepublik Deutschland gegenwärtig kein einheitliches Selbstverständnis. Verschiedene Strömungen und Theoriemodelle konkurrieren miteinander, überlagern sich allerdings auch z. T., so daß sich die wissenschaftstheoretischen Unterscheidungen schon in der Wissenschaftspraxis und erst recht in der Erziehungs- und Unterrichtspraxis weitgehend verwischen. Manche Positionen finden gar keine praktische Resonanz. Theoretische P., so sieht man heute, ist faktisch weit weniger einflußreich im Vergleich zu den Routinen des Erziehungs- und Schulalltags sowie den Regulativen aus →Bildungspolitik und Schulverwaltung, als es die ältere, ideengeschichtliche pädagogische Gesch.schreibung nahelegte.

Die *geisteswissenschaftliche P.* im Gefolge F. SCHLEIERMACHERS und W. DILTHEYS, von 1920 bis ca. 1965 durch die Arbeiten von H. NOHL, TH. LITT, E. SPRANGER, W. FLITNER, E. WENIGER und O. F. BOLLNOW die h. L. (vgl. die Beiträge in H. RÖHRS), war zwar keine einheitliche Schulrichtung (H. THIERSCH und U. HERRMANN, in: D. LENZEN, K. MOLLENHAUER, S. 81 ff. bzw. 25 ff.; s. a. J. OELKERS, W. K. SCHULZ), definierte aber ein zusammenhängendes Aufgaben- und Problemfeld. Ihr zentrales Motiv war, kulturelle Tradition und individuelle Bildung im Zeichen der Förderung der Humanität miteinander zu vermitteln und gegenüber den kulturzerstörerischen Tendenzen der Moderne zu bewahren. Von vielen Pädagogen werden diese Leitgedanken festgehalten, so daß sie auch heute noch die identitätsstiftende Mitte der pädagogischen Fragestellung bilden können (s. u. 2.). Andere gehen diesen Weg nicht mehr mit. Das traditionelle Denken wurde Ende der 60er Jahre von zwei Seiten aus erschüttert, zunächst durch das Verständnis von Erziehungswissenschaft als *empirisch-analytische P.* im Sinne des kritisch-rationalen Erkenntnisprogramms K. POPPERS, sodann durch eine aus der materialistischen Gesellschafts- und Gesch.theorie von K. MARX abgeleitete radikale Kritik der bürgerlichen Erziehung i. S. einer *materialistischen P.* Die sich als Erben der geisteswiss. P. verstehenden jüngeren Vertreter der P. nahmen aus beiden Richtungen Fragestellungen auf. Man verband *Hermeneutik* und *Empirie* i. S. einer längst fälligen „realistischen Wendung" (H. ROTH) und integrierte die *Ideologiekritik* der Kritischen Theorie der Frankfurter Schule. Hierbei kam die Interessenlehre von J. HABERMAS, der praktische, technische und emanzipatorische erkenntnisleitende Interessen unterschieden, aber auch miteinander unter dem Primat der letzten verbunden hatte, dem doppelten Bedürfnis nach Erneuerung und Bewahrung entgegen. Die heute weithin h. M. in der P. hält alles drei für wichtig: Sinnverständigung über pädagogische Ziele, empirische Analyse der Realisierungsbedingungen und kritische Aufdeckung gesellschaftlicher Widersprüche, sofern sie das Bildungssystem belasten (zur Integration der Perspektiven i. S. einer *„kritisch-konstruktiven" P.* vgl. W. KLAFKI, in: E. KÖNIG, P. ZEDLER, S. 15 ff.).

Von anderen Pädagogen wird nicht nur die wissenschaftstheoretische Schlüssigkeit der genannten Integration bezweifelt; theoretisch bemerkenswert sind einige weitere Positionen auch darum, weil sie eine Problemlage aufzeigen, die die Spannung zwischen der sog. bürgerlichen P. (sei sie geisteswiss. oder empirisch-analytisch orientiert) und der hist.-materialistisch orientierten P. als bereits veraltet zu überholen scheint. Während nämlich einerseits in Rückbesinnung auf I. KANTS Vernunft- und Freiheitslehre der unverlierbare philosophisch-ethische Verantwortungshorizont jeder P. hervorgehoben wird (J.-E. PLEINES), um im Namen einer *transzendentalkritischen P.* (W. FISCHER, in: K. SCHALLER) auf der ethischen Begründung des Geltungsanspruchs pädagogischer Normen zu bestehen und die Unverfügbarkeit des Heranwachsenden als zu selbständiger sittlicher Freiheit aufgerufener →Person gegenüber erziehungstechnologischen Machbarkeits- und doktrinären Unterwerfungskonzepten jeder Herkunft zu behaupten (vgl. hierzu auch verschiedene Spielarten *personaler P.* auf metaphysisch-religiösem Hintergrund sowie die ontologisch-anthropologischen Fundierungsversuche in einer *phänomenologischen P.*, W. LOCH, in: D. LENZEN, K. MOLLENHAUER, S. 155 ff.), wird gleichzeitig gegenläufig dazu eine *systemtheoretische P.* vorgetragen, die die Orientierung am einzelnen Menschen als verantwortlichem Handlungssubjekt preisgibt (N. LUHMANN, K. E. SCHORR). Aus dieser Sicht erscheint die alteuropäisch-humanistische, subjektzentrierte Reflexion einer sich eigenständig dünkenden P. als eine an eine vergehende Stufe der sozialen Evolution sich bindende Reflexion. Statt dessen soll auf die „Lernfähigkeit" sozialer und personaler „Systeme" und die Erhöhung ihrer Anpassungskapazität reflektiert werden (m. Nachw. H. BRUNKHORST, in: D. LENZEN, K. MOLLENHAUER, S. 193 ff.).

Schließlich ist nach jahrelanger Vernachlässigung eine verstärkte Wendung zur *Gesch. der P.* bezeichnend, allerdings mit einem ähnlich zweideutig-offenen Ergebnis. Einerseits soll das europäisch-abendländische Erbe den dringend notwendigen Anhalt an Sinngehalten stiften. Sozialgesch. Forschung, bes. *hist. Sozialisationsforschung*, enthüllt jedoch anderseits, daß eine voluntaristische Vorstellung von Individuen als verantwortlichen Akteuren bildungspolitischer und pädagogischer Prozesse (zB Schulreformen) fragwürdig ist. Sie übersieht die langfristige, ungeplante Gesellschaftsentwicklung, in die jede beabsichtigte, geplante Weiterentwicklung eingebettet ist. Für den langfristigen „Prozeß der Zivilisation" aber scheint mit N. ELIAS im Übergang vom MA. zur Neuzeit ein weitgehend unbewußt prägender „gesellschaftlicher Zwang zum Selbstzwang" eine Rolle gespielt zu haben (zu den disziplinierenden Mechanismen im Fortgang der Gesch. vgl. M. FOUCAULT), der noch von einer anderen Seite her die pädagogisch viel berufene Freiheit des Subjekts, die sich in Selbstzucht, Selbstbildung und Selbstverantwortung zeigen soll, in einem ambivalenten Licht erscheinen läßt (m. Nachw. B. ZYMEK, in: D. LENZEN, K. MOLLENHAUER, S. 55 ff.).

Die Unsicherheit im Selbstverständnis der P. spiegelt nicht nur wissenschaftsimmanente Schwächen einer jungen Disziplin, die erst in diesem Jh. eigene Lehrstühle erhielt (vereinzelt zuvor seit E. CH. TRAPP, erster Lehrstuhl für P. 1779 an der Universität Halle), sondern auch die fraglich gewordene Selbstaufklärung des Menschen über sich und den gesch. Prozeß sittlicher Höherentwicklung zu mehr Humanität und Freiheit. Die menschenfeindlichen und selbstzerstörerischen Erfahrungen des 20. Jh. stellen die Gemeinsamkeit des Gesch.bildes aller drei oben aufgeführten Positionen in Frage: die kulturoptimistische Sicht der geisteswiss. P., das Prinzip Hoffnung der marxistischen P. und die Fortschrittsgewißheit empirisch-technologischer P.

2. Gegenstand und Fragestellungen. Als Gegenstand der P. können alle vergangenen, gegenwärtigen und zukünftig möglichen Formen *institutionalisierter und nichtinstitutionalisierter Erziehung und Bildung* angesehen werden einschließlich des Nachdenkens darüber auf verschiedenen Reflexionsstufen (Erziehungsweisheit, -lehren, -theorien). Die Breite des Gegenstandsfeldes in Raum und Zeit wird auch in der Ausdifferenzierung der P. deutlich (Hist. P., Vergleichende P., SchulP., SonderP., SozialP., SexualP., MedienP. u. a.). In der →Schule ist die Aufgliederung in Fachdidaktiken ein weiteres Zeichen dafür, daß Sachverhalte wie Lehren und Lernen alle Lebensbereiche durchziehen, wie umgekehrt überall außerpädagogische Sachverhalte mit pädagogischen verbunden bleiben. Gegenstandsabgrenzungen sind, so gesehen, *konventionell* bedingt und relativ.

Die „natürliche", gleichsam *übergesch.* Eigenstruktur des Pädagogischen scheint auf einem anthropologischen Grundphänomen zu beruhen, auf der Tatsache *altersmäßiger Ungleichheit* und *individueller Entwicklung,* die eine bes. „Einwirkung der älteren Generation auf die jüngere" (F. SCHLEIERMACHER) erforderlich macht, wenn sich das gesellschaftliche Leben fortsetzen soll. Wie es das soll, ob nur i. S. von Bewahrung oder auch Erneuerung (oder gar →Revolution), und ob sich nicht nur eine Aufgabe um der →Gesellschaft, sondern auch um des individuellen heranwachsenden Menschen willen stellt, ist dabei zunächst völlig offen. Genau an dieser Stelle aber entspringt die *pädagogische* Fragestellung in ihrer *gesch.,* neuzeitlichen Fassung im Unterschied zu den Fragestellungen empirischer →Sozialforschung.

Der Sozialisationsprozeß zwischen den Generationen kann an sich auch von einer Erziehungs*soziologie* bearbeitet werden (und wird es), der Entwicklungsprozeß des einzelnen von einer Entwicklungs- und Lern*psychologie. Sozial- und verhaltenswiss.* Fragestellungen nehmen bewußt von der weiteren Frage Abstand, wie das Generationenverhältnis verantwortet und die Entwicklung des einzelnen ausgerichtet werden soll. Für die empirisch-analytische P. (s. o.) sind normative (präskriptive) Aussagen nicht als wiss. zulässig. Pädagogische Zielsetzungen sind Sache der Entscheidung der für die Erziehung verantwortlichen politischen Instanzen. Wert- und Normenfragen sollen in Formen normativer P. („Philosophie der Erziehung", „weltanschauliche Pädagogiken") erörtert werden. P. als „Erziehungswissenschaft" (so programmatisch W. BREZINKA) wird demgegenüber als „Teilwissenschaft der →Soziologie bzw. als spez. Sozialwissenschaft" bestimmt (L. RÖSSNER, in: K. SCHALLER, S. 126), als *„partielle empirische Soziologie, deren zentrale Bestandteile effektivitätsorientierte* = technologische Informationen sind" (S. 121). Da das „erzieherische Verhalten als Teilmenge sozialer Handlungen" interpretiert wird (S. 126), ist eine eigenständige pädagogische Fragestellung nicht im Blick, und „die Frage nach der ‚Autonomie der P.'" wird im Rahmen einer so verstandenen sozial-(natur-)wiss. Einheitswissenschaft „erkenntnistheoretisch bedeutungslos" (V. KRUMM, in: D. LENZEN, K. MOLLENHAUER, S. 150).

Gegenüber dieser Sichtweise wird nach wie vor i. S. der traditionellen P. geltend gemacht, daß der Gegenstand der P. nicht nur die *gegebene* Erziehungswirklichkeit in objektivierbarer *Gegenständlichkeit* ist, sondern vor allem die der pädagogischen Verantwortung *aufgegebene* Erziehungs*praxis;* P. wäre andernfalls „gar nicht Wissenschaft von Erziehung als Praxis, sondern Wissenschaft von biologischem, psychischem und sozialem Geschehen in der Erziehungswirklichkeit" (D. BENNER, S. 118). P. ist als Wissenschaft von Praxis für Praxis praktische Wissenschaft. Sie ist „praxeologisch" (J. DERBOLAV, in: K. SCHALLER, S. 46 ff.) bzw. „hermeneutisch-pragmatisch" (W. FLITNER, in: H. RÖHRS, S. 90 f.) mit jenen Berufswissenschaften in einer Linie zu sehen, deren Theorien auf (öffentliche) Aufgaben bezogen sind (Theologie, Jurisprudenz, Medizin) und die in der Techne-Tradition gesellschaftsrelevanter Kunstlehren (Technai) ihre antiken, in den Prudentien (vgl. noch den Begriff der „Jurisprudenz") ihre ma. und frühneuzeitlichen Vorläufer haben. Der eigenständige pädagogische Ansatz ist danach in einem handelnden Bedenken und bedenkenden Handeln zu suchen, in einer réflexion engagé als *„Reflexion am Standort der Verantwortung"* (W. FLITNER 1963, S. 18), für die gesellschaftliche Werte, politische Normen und Erziehungsziele einerseits wie Erziehungsbedingungen, -mittel und -wege anderseits nicht auf →Politik und „Philosophie der Erziehung" dort sowie technologisch reduzierte P. hier verteilt werden können, sondern zusammengehören.

Die Rechtfertigung für die Zusammengehörigkeit von →Ethik, →Politik und P. liegt in der bis heute festgehaltenen Grundüberzeugung (s. o. 1.), daß alles drei, aufeinander verweisend, der *Bestimmung des Menschen* zu dienen habe, der →Menschenwürde jedes einzelnen und dem →Gemeinwohl aller Menschen am Maßstab der Menschenwürde (vgl. die Entwicklung der →Menschenrechte). Das pädagogische Handeln ist daher als *ethische* Aufgabe *unteilbar* und verlangt als *pädagogische* zugleich eine *eigenständige* Wahrnehmung der ethisch-politischen Gesamtaufgabe. SCHLEIERMACHERS P. von 1826 ist die Durchführung dieses doppelten Grundgedankens. Das normative Problem neuzeitlicher P. ist seit dieser Zeit in der Frage beschlossen, wie ohne eine allgemeingültige →Ethik als Grundlage trotzdem i. S. *gesch. Gültigkeit* ethisch verantwortlich pädagogisch gehandelt werden kann.

Das allgemeine Ethos konkretisiert sich hierbei als *pädagogisches Ethos* in vielfältiger Weise. Die Tatsache der Entwicklung und Bildsamkeit (s. o.) darf nicht zum Anlaß der Ausnutzung des hilflosen, unterschiedlich prägbaren Kindes genommen werden, sondern verpflichtet dazu, immer zugleich so zu erziehen, daß Selbständigkeit und Selbstverantwortung, d. h. *Mündigkeit,* zugesprochen, gefördert und dadurch ermöglicht (nicht direkt bewirkt) wird. Es verpflichtet ferner, so zu unterrichten, daß die zu vermittelnden Inhalte „so verwandt werden, daß sie zugleich kritische Vernunft entbinden, die sich, potentiell jedenfalls, auch gegen die Inhalte selbst muß richten können" (H. BLANKERTZ 1969, S. 41). In der Gesch. der deutschen P. steht für diese Dialektik der Begriff der *„Bildung"*. Nicht zuletzt gebietet das pädagogische Ethos ein pädagogisches Handeln, das den Heranwachsenden in jedem Augenblick seiner Entwicklung zur Lebenserfüllung zu verhelfen sucht und die *Gegenwart* nicht der Zukunft opfert (vgl. jur. das Recht des Kindes auf freie und menschenwürdige Entfaltung seiner Persönlichkeit).

Für die Balancen pädagogischen Handelns ist der *„pädagogische Bezug"* (H. NOHL), das vertrauensvolle, glaubwürdige persönliche Verhältnis zwischen Erzieher und Heranwachsendem, Lehrer und Schüler, ebenso unabdingbar wie eine *pädagogische (Schul)kultur* als allgemeiner pädagogischer Lebenszusammenhang. Sie aber ist wesentlich von der Kultur der Gesamtgesellschaft und ihrer Glaubwürdigkeit abhängig.

Zur Religionspädagogik: →Religionsunterricht; →Schule und Kirche.

H. RÖHRS (ed.), Erziehungswissenschaft und Erziehungswirklichkeit 1964 – W. FLITNER, Das Selbstverständnis der Erziehungswissenschaft in der Gegenwart 1967[4] – H. BLANKERTZ, Theorien und Modelle der Didaktik (1969), 1980[11] – DERS., Die Geschichte der Pädagogik. Von der Aufklärung bis zur Gegenwart 1982 – H. THIERSCH u. a. (ed.), Die Entwicklung der Erziehungswissenschaft 1978 – D. BENNER, Hauptströmungen der Erziehungswissenschaft 1978[2] – K. SCHALLER (ed.), Erziehungswissenschaft der Gegenwart 1979 – E. KÖNIG, P. ZEDLER (ed.), Erziehungswissenschaftliche Forschung: Positionen, Perspektiven, Probleme 1982 – D. LENZEN (ed.), Enzyklopädie Erziehungswissenschaft. Hdb. u. Lexikon d. Erziehung, 11 Bde., 1983 ff. (Lit.) – D. LENZEN, K. MOLLENHAUER, Theorien und Grundbegriffe der Erziehung und Bildung 1983 (Enzyklopädie Erziehungswissenschaft, Bd. 1) – J. OELKERS, W. K. SCHULZ, Pädagogisches Handeln und Kultur 1984 – J.-E. PLEINES (ed.), Kant und die Pädagogik 1985.

K. E. Nipkow

Papst. I. Historisch. P., der Bischof von Rom als hierarchische Spitze der röm.-kath. Kirche. – **A. Altkirchl. Grundlegung.** In Rom ist vor dem dortigen Wirken des Petrus und Paulus im Umkreis der hellenistischen Synagoge eine christl. Gemeinde erwachsen mit zunächst presbyterialer Ordnung. Erst um die Mitte des 2. Jh. setzt sich in ihr das *monarchische →Bischofsamt* durch; ihre um 180 entstehende Bischofsliste mit Petrus vorweg ist als solche fiktiv. Als Hauptstadtgemeinde und Martyriumsstätte des Petrus und Paulus hat sie früh (um 100 greifbar) Ansehen und Einfluß sowie entsprechendes kirchl. Selbstbewußtsein gewonnen. Um 195 versucht Bischof VIKTOR I. in einem Streit um die Osterpraxis erstmals röm. Übung gesamtkirchl. verbindlich zu machen. Das Argument, der röm. Bischof habe als Nachfolger des Petrus auch dessen bes. Vollmacht nach Mt 16,18 f., begegnet zuerst bei STEPHAN I. (254 – 257), um im Ketzertaufstreit der röm. Auffassung, übertretende Häretiker bedürften keiner erneuten Taufe, allgemeine Geltung zu verschaffen, während nach seinem Gegner CYPRIAN VON KARTHAGO (248/9 – 258) jeder Bischof an dieser Vollmacht teilhat. Die Umdeutung einer Petrusgedächtnisfeier (cathedra, d. i. „Stuhlfeier" Petri) zu seinem Inthronisationsgedenken im Rom des beginnenden 4. Jh. zeigt die Lebendigkeit der röm. Überzeugung. Das *Konzil von Nicaea* (325) setzt eine räumlich nicht näher umschriebene, aber sicher regional begrenzt gedachte Vorrangstellung des röm. Bischofs voraus (Anfang 5. Jh. von RUFIN von AQUILEJA auf Mittel- und Süditalien bezogen), und dasjenige von *Serdika* (342) bestimmt ihn zur Appellationsinstanz gegen synodale Absetzungsurteile. Die serdizensischen Kanones werden alsbald in Rom mit denen von Nicaea vereint und unter deren unanfechtbare Autorität gestellt, doch ihre Praktizierung findet noch Anfang des 5. Jh. in Afrika Widerstand. Für den aus der Petrusnachfolge begründeten Geltungsanspruch gilt seit DAMASUS I.

(366 – 384) das röm. Bistum als *apostolischer Stuhl* schlechthin. In der Folge versucht Rom, den beanspruchten Vorrang immer wieder durchzusetzen, und LEO D. GR. (440 bis 461) bringt ihn theoretisch zum Abschluß: Als *Statthalter Petri* hat der P. die Gesamtkirche zu leiten. Mit einem Reskript VALENTINIANS III. erwirkt er 445 die staatl. Anerkennung seines Jurisdiktionsanspruchs im Westen, und gesamtkirchl. erreicht er 451 auf dem →ökumenischen *Konzil zu Chalkedon* die Annahme seiner christologischen Position, was jedoch entgegen der Deutung im päpstl. Selbstverständnis nicht einer Anerkennung des röm. Lehrprimats durch den Osten gleichkommt. Die vom P.tum tatsächlich gewonnene altkirchl. Stellung bleibt die eines *Patriarchats des Westens,* und durch die folgende Entwicklung vollends in den Okzident gewiesen, entfaltet es sich hier zur kennzeichnenden Institution eines eigenständigen abendländischen und als solchen partikulären Kirchentums, über das hinaus es universale Geltung nicht hat und nur als Anspruch dogmatischer Theorie behaupten kann.

B. Abendländische Entfaltung. Zwar hat das P.tum im Westen seit dem 6. Jh. mit der Entstehung des sog. frühma. Landeskirchentums der germanischen Reiche Einflußmöglichkeiten verloren, doch legt GREGOR D. GR. (590 – 604), der die P.bezeichnung servus servorum dei (Knecht der Knechte Gottes) als Bescheidenheitsbekundung gegenüber dem antiröm. deutbaren Titel des Ökumenischen Patriarchen von Konstantinopel geprägt hat, mit der röm. Angelsachsenmission (seit 597) den Keim zur Entwicklung des neuen Einflußfeldes der *romorientierten Landeskirche* (in England seit 664, im Frankenreich seit 742). Der Weg zur abendländischen Sonderentwicklung des P.tums führt über seine Unterstellung unter fränkische Schutzherrschaft (754) mit Grundlegung des →Kirchenstaates, dessen Lösung aus dem byzantinischen Reich durch HADRIAN I. (772 – 795) und die Begründung eines westlichen Kaisertums (→Kaisertum und P.tum) mit der Krönung KARLS D. GR. (800) durch LEO III. (795 – 816). Bleibende geschichtl. Bedeutung gewinnt das ma. P.tum in der *gregorianischen Kirchenreform* mit dem Kampf um die „Freiheit der Kirche" gegenüber Herrschaftsansprüchen weltl. Gewalt, und d. h. um ihre Eigenständigkeit gegenüber der Eingliederung in ein unter dem Leitbild der Königs-→Theokratie stehendes politisches Herrschaftsgefüge. Das von GREGOR VII. (1073 – 1085) gewiesene Programm führt zu konsequenter Durchgestaltung der abendländischen Kirche als päpstl. Universalmonarchie unter Aushöhlung der Zwischeninstanzen (Metropolitanverband und dessen Organe). Zur Rechtsgrundlage werden die *pseudoisidorischen Dekretalen,* gegen Mitte des 9. Jh. im westfränkischen Reich entstandene Sammlungen gefälschter und verunechteter Rechtsquellen mit der Tendenz, die bischöfl. Freiheit gegen Eingriffe der Metropoliten und weltl. Gewalt durch Rückkoppelung auf Rom abzusichern. Zugleich wird, anknüpfend an die von GELASIUS I. (492 – 496) formulierte *Zwei-Gewalten-Lehre* (Verhältnisbestimmung von politischer Herrschaftsmacht und geistl. Amtsautorität mit sachlichem Übergewicht der zweiten), die kirchl. Freiheit als Suprematie der geistl. Gewalt mit zumindest mittelbarem Eingriffsrecht *(Potestas indirecta)* in den politischen Raum gedeutet. Die höchste Verwirklichung dieses Anspruchs erreicht INNOZENZ III. (1198 – 1216), der auch den Titel *Stellvertreter Christi* zwar nicht prägt, aber als gemäßen Ausdruck päpstl. Selbstverständnisses aufnimmt, und seine schärfste Formulierung findet BONIFAZ VIII. (1294 – 1303), der jedoch am territorialstaatl. Selbstbewußtsein des franz. Königtums scheitert, das das P.tum in eine Abhängigkeit bringt, die schließlich zu seiner Verdoppelung im *avignonesischen Schisma* (1378 – 1415) führt. Das hat mit seinen Konsequenzen auch für die Entartung des kurialen Fiskalismus wesentlich das mit Kritik am P.tum gepaarte kirchl. Reformverlangen des SpätMA. genährt, und die Bereinigung des Schismas gelingt dem *Konzil von Konstanz* (1415 – 1418) im Zeichen der Kirchenreform auf dem Boden des *Konziliarismus,* der Theorie einer Überordnung des die Gesamtkirche repräsentierenden →Konzils über den P., den jedoch das P.tum schon im 15. Jh. wieder überspielen kann, so daß es die Distanzierung von der →Reformation und die Aufnahme der kath. Reform („Gegenreformation") auf dem *Konzil von Trient* (1545 bis 1563) zugleich als kraftvolle Selbstbestätigung werten darf. Doch die Auseinandersetzung mit wieder oder neu auflebenden Formen des die Selbständigkeit des →Bischofsamtes dem P. gegenüber betonenden *Episkopalismus,* der auch staatskirchl. Tendenzen des Absolutismus förderlich sein kann, ist damit nicht beendet. Erst das *I. →Vatikanische Konzil* (1869 – 1870), das im übrigen die Entwicklung des P.tums mit der Definition der päpstl. Unfehlbarkeit zu einem sachlichen Abschluß bringt, scheidet ihn endgültig aus; doch sucht das *II. →Vatikanische Konzil* (1962 – 1965) mit der Wertung des Bischofskollegiums eine Einbeziehung seines Grundanliegens in das Papalsystem.

E. CASPAR, Gesch. des P.tums, 1930 – 1932 (bis ca. 750) – J. HALLER, Das P.tum, 1951 – 1953² (bis Anfang 14. Jh.) – J. SCHMIDLIN, P.geschichte der neuesten Zeit, 1933 – 1939 (ab 1800) – G. SCHWAIGER, Gesch. der Päpste im 20. Jh., 1968 – F. X. SEPPELT, Gesch. der Päpste I, II, 1954 – 1955²; III, 1956; IV, 1957²; V, 1959² (bis zur Franz. Revolution) – F. X. SEPPELT, G. SCHWAIGER, P.geschichte von den Anfängen bis zur Gegenwart, 1964⁶ (Sonderausgabe 1968) – A. FRANZEN, R. BÄUMER, P.geschichte. Das Petrusamt in seiner Idee und seiner geschichtl. Verwirklichung in der Kirche, 1974 – H. ZIMMERMANN, Das Papsttum im MA, 1981.

Knut Schäferdiek

II. Kath. Verständnis. A. Amts- und Ehrentitel. 1. Die Bezeichnung P., abgeleitet vom griech.

πάππας, lat. papa = Vater, im Osten seit Konstantin Titel für Bischöfe, Äbte und später vornehmlich für die Patriarchen, taucht im 4. Jh. (auf einem Grabstein: sub Liberio papa) im Westen auf, wird erstmals von P. Siricius (384 – 399) geführt und seit dem 5. Jh. mit Vorzug auf den Bischof von Rom angewandt, bis er seit Gregor VII. (1073 – 1085) diesem vorbehalten wird als *oberstem Hirten der Kirche*. 2. Der Titel *„Vicarius Christi"* ist seit dem hohen MA. vornehml. auf den P. beschränkt, um anzuzeigen, daß er in der Gesamtkirche, die auch eine sichtbare Gemeinschaft ist, das unsichtbare Haupt Jesus Christus sichtbar vertritt. Wie in patristischer Zeit wendet die theol. Sprechweise diese Bezeichnung aber auch auf die Bischöfe an, weil diese für ihre Teilkirche den unsichtbaren Herrn repräsentieren. 3. Der P. ist *Bischof von Rom*. Als Nachfolger des hl. Petrus ist er zugleich oberster Hirt der Kirche und Bischof von Rom. Die Streitfrage, ob wie seit je das Amt des P. mit dem röm. Bischofssitz verbunden sein muß, ist nicht entschieden. Auch das I. →Vatikanum hat die Frage offen gelassen. Die bestehende Verbindung könnte wohl nur entweder vom P. selbst oder vom Bischofskollegium mit dem P. gelöst werden. Dies würde aber nicht der traditionellen Überzeugung der Kirche gerecht. Aufgrund dieser und nach dem geltenden →Kirchenrecht ist das oberste Hirtenamt des P. das primäre; denn ein zum P. gewählter Bischof ist zugleich Bischof von Rom und nicht umgekehrt. Die Bischofskirche des P. ist San Giovanni in Laterano. Der P. bestellt für die Leitung seines röm. Bistums einen Kardinalvikar, der die rechtl. Stellung eines Generalvikars besitzt, dessen Amt jedoch nicht mit dem Tod des P. erlischt. 4. Aufgrund der altkirchl. Stellung, die durch ein Reskript Valentinians III. 445 staatlich anerkannt wurde, ist er *Patriarch des Abendlandes* und damit der lateinischen Kirche. 5. In Personalunion ist der P. *Primas von Italien*. 6. Als röm. Bischof ist der P. *Metropolit* der röm. Kirchenprovinz, zu der vornehml. die sieben suburbikarischen Bistümer und andere 37 italienische Bistümer gehören. 7. Die in Urkunden gebräuchliche Formel „servus servorum Dei" wurde durch Gregor I. (590 – 604) in die Titulatur für den P. durch die päpstl. Kanzlei eingeführt, um offenbar der Bezeichnung „οἰκουμενικὸς πατριάρχης" durch Konstantinopel zu begegnen, und will die dienende Funktion des päpstl. Amtes ausdrücken. 8. Entsprechend der staatl. Verfassung ist der P. *Souverän des Staates der Vatikanstadt* (→Kirchenstaat).

B. Petrusamt und päpstl. Primat. Nach kath. Glaubenslehre dauert im Amt des Bischofs von Rom das vom Herrn einzig dem Petrus als Erstem der Apostel übertragene Amt fort. Deshalb wird das Amt des P. auch als Petrusamt bezeichnet, um sowohl die Kontinuität auszudrücken als auch um das bleibend Gültige vom geschichtlich Wandelbaren bei ihm zu unterscheiden. Der P. ist in diesem Sinn Nachfolger des Petrus als oberster Hirt der Gesamtkirche. Er genießt nicht nur einen Ehrenvorrang (primatus honoris) vor allen Bischöfen, sondern hat die höchste, volle und universale Gewalt in der Kirche (primatus iurisdictionis), die auch das Bischofskollegium innehat, in dem das Apostelkollegium fortlebt und dessen Haupt der P. ist.

1. *Bibl. Grundlagen*. Jesus erwählte die Zwölf und bestellte sie als Apostel zu seinen Gesandten und Stellvertretern (Mk 3,13-19; Mt 10,1-42; Joh 20,21). In vielen wichtigen Texten und Überlieferungen des NT, die verschiedenen Räumen und Epochen angehören und ein unterschiedliches Alter haben, erscheint Petrus in einer herausgehobenen Stellung. Die Synoptiker berichten übereinstimmend, daß Petrus der von Jesus zuerst Berufene und Gesandte war (vgl. Mk 1,16-20 par.); er wird im Jüngerkatalog immer zuerst angeführt (vgl. Mk 3,16 par.). Er erscheint als Protagonist der Jünger bzw. von Jüngergruppen: der drei Vertrauten (Petrus, Jakobus, Johannes), der vier ersten des Zwölferkreises (Petrus, Jakobus, Johannes, Andreas) und der Zwölf. Petrus war offenbar schon zu Lebzeiten Jesu Repräsentant und Wortführer der übrigen Jünger. Mit seiner Berufung erhielt er, der ursprüngl. Simon hieß, von Jesus den Beinamen Kephas (griech.: Petros, deutsch: Fels). Kephas wird mehr und mehr Eigenname und verdrängt den Namen Simon. Dieser Beiname, der an sich eine Sachbezeichnung ist, drückte vielmehr das Wesen und die Wesensfunktion aus, die Petrus für die zu bauende Kirche haben sollte. Er erhielt vom Herrn die Aufgabe, der erste felsige Grund der Jünger und der Kirche zu sein. Er sollte seine Brüder stärken (vgl. Lk 22,32). Die in der wichtigsten nt. Petrusstelle (Mt 16,18 f.) gegebene Zusage, die viele Exegeten nicht dem irdischen Jesus selber zuschreiben, enthält dreierlei: Petrus selbst und nicht nur der von Petrus bezeugte Glaube ist das Fundament der zu bauenden Kirche. Die Ankündigung der Übergabe der Schlüssel des Himmelreiches bedeutet die Vollmacht zur Verwaltung des Hauses Gottes, das die Kirche ist. Die Binde- und Lösegewalt bedeutet die Vollmacht verbindlicher Lehrentscheidung zusammen mit der Disziplinargewalt zur Wahrung der Einheit der Kirche. Der Auftrag an Petrus erscheint vom Auferstandenen bestätigt. In den Osterberichten begegnet Petrus als der Erstzeuge der Auferstehung (vgl. 1 Kor 15,5; Lk 24,34). Nach dem Zeugnis der ersten zwölf Kapitel der Apg und auf dem sog. Apostelkonzil in Jerusalem (Apg 15,1-35) kommt dem Petrus die erste Autorität zu. Trotz seiner Auseinandersetzung mit Petrus hat Paulus dessen Autorität anerkannt (vgl. Gal 1,18; 2,7-9) und die Einheit mit ihm in der Lehre gesucht (vgl. Gal 2,2). Daß die Autorität des Petrus auch noch über seinen Tod hinaus galt, zeigen vor allem die dreimal bekräftigte Übertragung des Hirtenamtes auf Petrus durch den Auferstandenen (vgl. Joh 21,15-17) und die zwei Briefe, die unter dem

Namen des Petrus in das NT eingegangen sind. Petrus hatte nicht nur als Hauptzeuge des irdischen Wirkens Jesu und als Erstzeuge der Auferstehung Ansehen in den christl. Gemeinden. In den nt. Texten ist nicht ausdrücklich von einer Nachfolge in den Funktionen des Petrus, also von einem Petrusamt in der Kirche die Rede. Aber da sowohl Mt wie Joh und 1 sowie 2 Petr nach dem Tod des Petrus geschrieben sind, bilden sie einen Hinweis darauf, daß die Petrusfunktion auch noch über den Tod des hist. Petrus hinaus von aktueller Bedeutung war. Dazu kommt, daß die Verheißung, die Kirche auf Petrus zu bauen, und die damit verbundene Zusage der Unüberwindlichkeit der Kirche durch die Mächte des Todes über die Person des Petrus hinausweisen. Wie das Apostelamt im →„Bischofsamt" seine Fortsetzung und Ausgestaltung gefunden hat, so wird später auch das Petrusamt im „Papstamt" sichtbar und gewinnt immer deutlichere Konturen in einer geschichtl. Entwicklung, die Kraft und Verbindlichkeit beanspruchen darf. Wie das Bischofsamt sich erst nach geraumer Zeit verfestigte und erfaßt wurde, ist man sich auch des Sukzessionsgedankens erst später bewußt geworden entsprechend der Tatsache, daß die grundlegenden Geheimnisse des Christusverständnisses und des trinitarischen Gottesverständnisses sich erst im 4. Jh. geklärt haben. Auf diesem Hintergrund werden die hist. Ereignisse gedeutet.

2. *Geschichtliche Entfaltung.* Da Petrus wohl nach Rom gekommen ist und wahrscheinlich dort im Jahr 64 den Märtyrertod erlitten hat, kam der röm. Kirche schon sehr früh eine besondere Autorität zu. Dies bezeugen das Eingreifen des CLEMENS von Rom in kirchl. Auseinandersetzungen in Korinth (1. Clemensbrief), der Brief des IGNATIOS von Antiochien an die Römer und der P.katalog des IRENÄUS von Lyon, der zwar hist. Kriterien nicht standhält, aber die apostolische Nachfolge der röm. Kirche unterstreichen und diese mit der Person ihres Vorstehers verbinden will. Das röm. Taufsymbol (Symbolum Apostolorum) wird allg. maßgebend, und die in Rom vorfindliche älteste Zusammenstellung der kanonischen Bücher (Canon Muratori; 2. Jh.) wird richtungweisend. Rom wurde als Garant der Wahrheit und Einheit betrachtet. Im Streit um den Termin der Osterfeier entschied P. VIKTOR (189 – 198) gegen heftigen Widerstand aus Ost und West unter Berufung auf die Gräber der Apostel Petrus und Paulus in Rom. Literarisch erstmals nachweisbar berief sich P. STEPHAN I. (254 – 257) auf Mt 16,18 ff. und verlangte im Ketzertaufstreit unter Androhung der Exkommunikation die Annahme seiner Entscheidung. Er stieß bei einigen Bischöfen auf Widerspruch, besonders bei FIRMILIAN von Caesarea und CYPRIAN von Karthago, der trotzdem in der röm. Kirche die ecclesia principalis sieht.

Der hervorragende Rang des P. zeigt sich insbes. darin, daß er immer mehr aus Ost und West als höchster Richter angerufen worden ist oder selbst die Initiative ergriff. Die Synode von Serdika (342; c. 3), die zur Ehre des Gedächtnisses des Apostels Petrus Bischöfen, die von ihrer Provinzialsynode abgesetzt worden sind, das Recht der Appellation an den P. zugestanden hat, konnte zwar keine allg. Anerkennung erlangen, bezeugt aber eine in dieser Zeit weitgehend geltende Übung. Die P. traten verstärkt als Richter, auch außerhalb einer Synode, nicht nur im engeren Hoheitsbereich (Italien), sondern in der ganzen Kirche auf. Eine Betonung der besonderen Autorität des Bischofs von Rom erfolgte vor allem durch die P. SIRICIUS (384 – 398), INNOZENZ I. (402 – 417) und ZOSIMUS (417 – 418). Ausgeprägt ist die Primatslehre bei P. LEO I. (440 – 461). Gehalt und Gestalt der altkirchl. Primatslehre hatten ihren Schwerpunkt auch schon vor der Kirchentrennung von dem Osten in der lat. Kirche des Westens. Die Verbreitung des Primats im Westen besonders nach der großen Kirchenspaltung fand einen lehramtl. Ausdruck durch das II. Konzil von Lyon (1274). Das Konzil von Florenz (1439) verwarf die konziliare Idee, d. h. die Lehre von der Überordnung des allg. Konzils über den P., die z. Z. des großen abendländischen Schismas (1378 – 1417) verstärkt vertreten wurde, und mit ihr den sog. Episkopalismus, wonach die kirchl. Leitungsgewalt bei den Bischöfen liege und von diesen dem P. delegiert werde. PIUS VI. (1775 – 1799) verurteilte 1794 die Synode von Pistoia, die diese Lehren vertreten hatte, die im Gallikanismus und Febronianismus fortgelebt hatten.

Das Konzil von Trient (1545 – 1563) erörterte zwar das Verhältnis zwischen P. und Bischof, insbes. die Frage, ob der regierende Bischof seine oberhirtl. Gewalt unmittelbar von Gott oder vom P. erhalte, traf aber keine Entscheidung, leistete jedoch einen wesentl. Beitrag zur Aufwertung des Bischofsamts.

3. *Dogmatische Festlegung.* Die Definition des Jurisdiktionsprimates des P. und der Unfehlbarkeit des Lehramtes des röm. Bischofs erfolgte aufgrund verschiedenartiger Einflüsse durch das I. Vatikanische Konzil (1869/70), das zum ersteren lehrt: „Wer also sagt, der römische Bischof habe nur das Amt einer Aufsicht oder Leitung und nicht die volle und oberste Gewalt der Jurisdiktion über die ganze Kirche – und zwar nicht nur in Sachen des Glaubens und der Sitten, sondern auch in dem, was zur Ordnung und Regierung der über den ganzen Erdkreis verbreiteten Kirche gehört –; oder wer sagt, er habe nur einen größeren Anteil, nicht aber die ganze Fülle dieser höchsten Gewalt, oder diese seine Gewalt sei nicht ordentlich und unmittelbar, ebenso über die gesamten und die einzelnen Kirchen wie über die gesamten und einzelnen Hirten und Gläubigen, der sei ausgeschlossen" (DS 3064). Eng mit dem Jurisdiktionsprimat des P. hängt die Lehre von der Unfehlbarkeit seines Amtes zusammen. „Wenn der römische Bischof in höchster Lehrgewalt (ex cathedra) spricht, das heißt, wenn er seines Amtes als Hirt und Lehrer

aller Christen waltend, in höchster, apostolischer Autorität endgültig entscheidet, eine Lehre über Glaube oder Sitten sei von der ganzen Kirche festzuhalten, so besitzt er aufgrund des göttlichen Beistandes, der ihm im hl. Petrus verheißen ist, jene Unfehlbarkeit, mit der der göttliche Erlöser seine Kirche bei endgültigen Entscheidungen in Glaubens- und Sittenlehren ausgerüstet haben wollte. Diese endgültigen Entscheidungen des römischen Bischofs sind daher aus sich und nicht aufgrund der Zustimmung der Kirche unabänderlich" (DS 3074).

Das II. →Vatikanische Konzil hat beide Dogmen bestätigt, aber auch in den größeren Zusammenhang eingeordnet, in die Verantwortung und Unfehlbarkeit der gesamten →Kirche und besonders in den Zusammenhang des ganzen Kollegiums der Bischöfe (vgl. Const. De Ecclesia Nrn. 12; 18; 22 – 23; 25).

Diese Lehrentwicklung hat ihren rechtl. Niederschlag im CIC von 1983 gefunden, der sagt: „Der Bischof der Kirche von Rom ... verfügt kraft seines Amtes in der Kirche über höchste, volle, unmittelbare und universale Gewalt, die er immer frei ausüben kann" (c. 331).

a) *Höchstgewalt* (potestas suprema) bedeutet, daß sie höchste Gewalt im kirchl. Bereich und unabhängig von jeder menschl. Autorität ist. Das Amt des P. ist als höchstes Amt einer Errichtung durch die Kirche weder bedürftig noch fähig. Der P. erhält seine Gewalt nicht von Menschen, weder von der Gemeinschaft der Gläubigen oder Bischöfe noch von den Kardinälen, die den P. wählen und damit Werkzeug für das Handeln Gottes sind. Durch das Amt erhält der jeweilige P. seine Gewalt unmittelbar von Gott. Die päpstl. Gewalt ist Höchstgewalt nur innerhalb der Kirche. Der P. erhebt diesen Anspruch nicht im Bereich weltl. Angelegenheiten, aber er beansprucht für sich das Recht, Weisung und Schutz zu geben, wo die Würde des Menschen und geistige Werte betroffen sind.

Träger höchster Gewalt ist auch das *Kollegium der Bischöfe,* in dem das Apostelkollegium fortdauert und dessen Haupt der P. ist (CIC c. 336). Glieder des Kollegiums sind alle Bischöfe, die die sakramentale Weihe empfangen haben und in der hierarchischen Gemeinschaft mit dem Haupt und den Gliedern des Kollegiums stehen. Das Kollegium ist im rechtl. Sinn handlungsfähig nur zusammen mit seinem Haupt. Es übt seine Gewalt im Hinblick auf die Gesamtkirche in feierl. Weise aus im →Ökumenischen Konzil und auf andere Weise, sofern der P. eine vereinte Amtshandlung der auf dem Erdkreis verstreut weilenden Bischöfe in die Wege geleitet oder frei angenommen hat (CIC c. 337 §§ 1; 2). Ein kollegialer Akt kommt nur zustande, wenn der P. als Haupt zustimmt; der Konsens des P. ist konstitutives Element des kollegialen Aktes selbst. Der P. kann seine Höchstgewalt immer frei ausüben; er ist rechtl. nicht an ein Votum der Bischöfe gebunden. Es ist eine Streitfrage, ob zwei inadäquat verschiedene Organe der kirchl. Höchstgewalt (P. und Bischofskollegium) anzunehmen sind oder nur ein Träger der Höchstgewalt, nämlich das Bischofskollegium, wobei zwei Weisen der Gewaltausübung (durch das Haupt allein und durch das Kollegium) unterschieden werden.

Die *Bischofssynode* (Synodus Episcoporum), eingesetzt durch MP „Apostolica sollicitudo" PAULS VI. vom 15. Sept. 1965, ist eine Versammlung von Bischöfen, die die enge Verbundenheit zwischen P. und Bischöfen fördern soll und nur beratende Funktion hat, aber in bestimmten Fällen vom P. mit Entscheidungsgewalt ausgestattet werden kann (CIC cc. 342; 343). Die Bischofssynode kann einberufen werden als ordentl. oder außerordentl. Generalversammlung (coetus generalis ordinarius sive extraordinarius) oder als Spezialversammlung (coetus specialis) (CIC c. 345); dabei ist die Zusammensetzung jeweils eine andere.

b) *Vollgewalt* (potestas plena). Der P. besitzt die Gewalt, die Christus seiner Kirche anvertraut hat, in Fülle. Sie dient der Einheit der Kirche und hat zugleich die eigenberechtigte, ordentl. und unmittelbare Gewalt zu wahren, zu stärken und zu schützen, die die Bischöfe über die ihnen anvertrauten Teilkirchen innehaben und die in gleicher Weise göttlichen Rechts ist wie die Gewalt des P. Die päpstl. Gewalt erstreckt sich

α) *in gegenständlicher Hinsicht* (1) auf den *Dienst der Heiligung.* Der P. hat die oberste Anordnungsbefugnis, Aufsicht und Entscheidung in Angelegenheiten des Gottesdienstes und der →Sakramente.

(2) auf den *Dienst der Lehre,* der die Glaubens- und Sittenlehre umfaßt (→Lehramt). Der P. besitzt die oberste Lehrgewalt und ist, wenn er als oberster Lehrer (ex cathedra) in Glaubens- und Sittenfragen eine für alle Gläubigen verbindl. Entscheidung trifft, unfehlbar. Die Unfehlbarkeit des P. ist der Kristallisationspunkt der Unfehlbarkeit der gesamten Kirche; denn sie reicht so weit wie das depositum fidei und dient nicht der Mitteilung einer neuen Offenbarung. In einer definitiven Entscheidung des P. spricht die Kirche ihr vom Hl. Geist gewirktes Zeugnis von der Offenbarung aus. Der Spruch des P. ist aus sich (ex sese) verbindlich und bedarf nicht der Zustimmung der Bischöfe und anderen Gläubigen als eines konstitutiven Aktes.

(3) auf den *Dienst der Leitung und Disziplin,* d. h. auf das gesamte Gebiet der kirchl. Rechtsordnung. In diesem Bereich geht es vor allem darum, trotz der möglichen Vielfalt die notwendige Einheit zu wahren. In der einen Gesamtkirche gibt und kann es verschiedene Kirchen mit einer eigenständigen Rechtsordnung geben. Der P. hat die Gewalt, in alle Fragen einzugreifen, sei es gesetzgeberisch, richtend oder verwaltend, wenn es um der Einheit willen notwendig erscheint. Dies kann sich aus der Natur der Sache ergeben oder positiv-rechtl. begründet sein.

β) *in formaler Hinsicht* auf alle Funktionen der hoheitl. Leitungsgewalt. Der P. ist (1) *höchster Gesetzgeber* für die Gesamtkirche wie für die Teilkirchen und deren Verbände oder für eine bestimmte Gruppe von Gläubigen. Er ist allein gebunden an das göttl. Recht, das er nicht aufheben oder ändern und von dem er nicht befreien kann. Der P. steht zwar über den Kanones; er kann sie ändern, aufheben, ersetzen durch Sonder- und Ausnahmerecht und davon befreien, aber das Gemeinwohl gebietet, daß auch das Haupt die G.e achtet.

(2) *höchster Richter,* d. h. er hat keinen irdischen Richter über sich. „Prima Sedes a nemine iudicatur" (CIC c. 1404). Gegen ein Urteil oder ein Dekret des P. gibt es weder Berufung noch Beschwerde (CIC c. 333 § 3), weder an ein Ökumenisches Konzil oder das Bischofskollegium (CIC c. 1372) noch an eine weltl. Macht. Der P. hat das Recht, jede Angelegenheit an sich zu ziehen (ius evocandi; vgl. CIC c. 1405 § 1 n. 4). Auch steht es jedem Gläubigen frei, seine Streit- oder Strafsache in jeder Gerichtsinstanz und in jedem Prozeßabschnitt an den Hl. Stuhl zu bringen (ius reclamandi; vgl. CIC c. 1417 § 1). Der P. kann zwar persönl. oder durch einen von ihm delegierten Richter Recht sprechen, er läßt aber in der Regel durch seine Gerichtshöfe (Römische Rota und Apostolische Signatur) entscheiden (→Gerichtsbarkeit, kirchl. IV).

(3) *höchster Verwalter,* d. h. ihm obliegt in höchster Verantwortlichkeit die der kirchl. Verwaltung eignende Aufgabe, das kirchl. Gemeinwohl, sei es auf Bitte oder Antrag, sei es aus eigener Initiative, zu fördern. Dazu hat er die oberste Aufsicht über das ganze kirchl. Leben, die er durch Nuntien und Gesandte, durch Visitatoren und bei der pflichtmäßigen Berichterstattung der Oberhirten (CIC cc. 399; 400) wahrnimmt. Zur Erledigung der Verwaltung steht dem P. die Römische Kurie zur Verfügung, die in seinem Namen und in seiner Autorität ihre Aufgaben ausübt (CIC c. 360).

c) *Unmittelbare Gewalt* (potestas immediata). Die päpstl. Gewalt richtet sich unmittelbar auf jede Kirche wie auch auf jeden einzelnen Oberhirten, Hirten und Gläubigen, ohne hierzu einer Ermächtigung oder Erlaubnis einer örtl. oder personell zuständigen Autorität zu bedürfen. Der P. kann von seiner Weihe- und Leitungsgewalt überall in der Kirche Gebrauch machen. Unmittelbarkeit der päpstl. Gewalt bedeutet jedoch nicht, daß alle einzelnen Kirchen, deren Hirten und Gläubige dem P. unmittelbar, d. h. ohne Zwischeninstanzen, unterstellt seien; denn eine unmittelbare Unterstellung unter den P. hat Ausnahmecharakter und ist nicht unbeschränkt. Die Unmittelbarkeit findet ihre Grenze insbes. in der auf göttl. Recht beruhenden Eigenständigkeit des Diözesanbischofs, dem in der ihm anvertrauten Diözese jede ordentl., eigenberechtigte und unmittelbare Gewalt zukommt, die zur Ausübung seines Hirtenamtes erforderlich ist, wobei das Recht des P., sich selbst oder einer anderen Autorität Fälle vorzubehalten, unberührt bleibt (CIC c. 381 § 1). Das Verhältnis zwischen P. und Diözesanbischof kann nur so gesehen werden, daß der Diözesanbischof eine eigene Zuständigkeit besitzt, in die der P. nicht nach Belieben eingreifen darf. Sein Recht beruht nicht auf einer gleichartigen und in jeder Hinsicht mit der des Diözesanbischofs konkurrierenden Kompetenz, sondern auf einem höheren Recht, das nach dem Subsidiaritätsprinzip nur ausgeübt werden darf, wenn das in ordentl. Weise zuständige Organ versagt.

d) *Universalgewalt* (potestas universalis). Der P. ist der Universalbischof der Gesamtkirche, die in und aus Teilkirchen bestehend eine Communio Ecclesiarum ist, deren Vorsteher je ihre Teilkirche, alle zusammen aber mit dem P. die ganze Kirche repräsentieren. Der P. hat nicht mehr Weihegewalt als jeder andere Bischof, aber der Leitungsgewalt nach ist er der Bischof für alle Gläubigen.

C. Völkerrechtl. Stellung. Der P. ist als Oberhirt der kath. Kirche und als Souverän des Vatikanstaates Subjekt des →Völkerrechts, schließt in dieser Eigenschaft völkerrechtl. Verträge, schickt zu den jeweiligen Staatsregierungen ständige Gesandte, die nach völkerrechtl. Brauch, bestätigt durch das Wiener Rangreglement von 1815, die Doyens des Diplomatischen Korps sind, und übt das passive Gesandtschaftsrecht aus. Für die Unabhängigkeit des P. ist es notwendig, daß der P. über ein bestimmtes Gebiet weltl. Souveränität besitzt. Diese wurde durch die Lateranverträge vom 11. Febr. 1929 wiederhergestellt. Durch sie wurde der Stato della Città del Vaticano geschaffen. Das Staatsgebiet ist nur 44 ha groß und umfaßt den päpstl. Palast mit den Vatikanischen Gärten, die Peterskirche und den Petersplatz. Einige Gebäude und Grundstücke des Hl. Stuhles auf italienischem Boden genießen das Recht der Exterritorialität; dazu gehören die außerhalb der Vatikanstadt gelegenen Amtsgebäude der Röm. Kurie, der Lateranpalast und die Laterankirche, Sa. Maria Maggiore, St. Paul vor den Mauern sowie die in den Albaner Bergen gelegene Sommerresidenz des P., Castelgandolfo. Vatikanisches Bürgerrecht haben die in Rom wohnenden Kurienkardinäle, die aus dienstl. Gründen im Gebiet der Vatikanstadt wohnenden Personen mit ihren Familien und solche, denen der P. das Bürgerrecht verleiht. Die Verwaltung leiten eine aus sieben Kardinälen bestehende „Päpstl. Kommission für den Vatikanstaat" und ein vom P. ernannter Gouverneur. Die päpstl. Gendarmerie versieht den Polizeidienst; die Schweizer Garde bewacht die Zugänge zur Vatikanstadt und zu den päpstl. Gemächern. Der Vatikanstaat besitzt ein selbständiges Münz-, Post-, Telefon- und Telegraphenwesen.

D. Erledigung und Papstwahl. 1. *Erledigung des Amtes.* Das Amt des P. wird in ordentl. Weise vakant durch den Tod des P. Eine Absetzung des

P. ist nicht möglich. In ao. Weise wird das Amt erledigt: a) durch Verzicht des P., zu dessen Gültigkeit verlangt ist, daß er frei geschieht und hinreichend kundgemacht, nicht jedoch daß er von irgendwem angenommen wird (CIC c. 332 § 2), sowie nach allg. Lehre b) durch völligen Verlust der Handlungsfähigkeit, zB im Fall der Geisteskrankheit, und c) durch Abfall vom kath. Glauben, wenn dieser in rechtl. greifbarer Weise geschehen ist. Die Feststellung dieser Tatbestände ist rechtl. nicht geordnet; es kommen allein die wahlberechtigten Kardinäle in Betracht. Während der Erledigung des päpstl. Amtes ruht die päpstl. Primatialgewalt; dagegen geht die weltl. Gewalt des P. über den Vatikanstaat interimistisch auf das Kardinalskollegium über.

2. Die *P.wahl* richtet sich nach der Const. „Romano Pontifici eligendo" PAULS VI. vom 1. Okt. 1975 und dem CIC/1983. Wahlberechtigt sind ausschließl. die Kardinäle, deren Ernennung im Konsistorium vollzogen und bekanntgegeben worden ist und die zum Zeitpunkt des Eintritts in das Konklave das 80. Lebensjahr noch nicht vollendet haben. Gewählt werden kann grds. jedes männl., vernunftbegabte Glied der Kirche, also auch ein Laie, obwohl seit dem Ende des 14. Jh. immer nur ein Kardinal zum P. gewählt wurde. Die Wahlhandlung muß spätestens 20 Tage nach dem Tod des P. beginnen. Die Wähler beziehen dazu das Konklave, d. h. streng abgeschlossene Räume, gewöhnlich im Vatikan. Die Wähler dürfen unter Androhung schwerster Strafen vor der Wahl keinerlei Bindungen eingehen. Irgendwelche Abmachungen oder Wahlkapitulationen sind ungültig. Unter schwersten Strafen ist es ebenso verboten, seitens einer weltl. Macht den Auftrag, einen bestimmten Kandidaten nicht zu wählen (sog. Exklusive) oder ein Veto einzulegen, zu übernehmen und auszuführen. Gewählt ist, wer die Mehrheit von zwei Dritteln der in allg. und geheimer Wahl abgegebenen Stimmen und einer weiteren Stimme erhalten hat. Nach jedem Wahlgang werden die Stimmzettel sofort verbrannt, bei positivem Ausgang diese allein (weißer Rauch), bei negativem Ausgang zusammen mit Werg (dunkler Rauch). Durch die Annahme der rechtmäßigen Wahl besitzt der Gewählte, sofern er Bischof ist, sofort die gesamte Fülle der päpstl. Gewalt. Ist er dagegen nicht Bischof, muß er zuvor die Bischofsweihe empfangen (vgl. CIC c. 332 § 1) und erhält mit Annahme der Wahl und Bischofsweihe die höchste und volle Gewalt über die gesamte Kirche. Später erfolgt in einer liturgischen Feier die öffentl. Amtsübernahme durch den P., die ohne rechtl. Bedeutung ist.

E. EICHMANN, Weihe und Krönung des P. im MA., 1951 – F. X. SEPPELT, Gesch. der Päpste I, II, IV bis VI, 1954 ff.², III, 1956¹ – K. RAHNER, J. RATZINGER, Episkopat und Primat, 1961 – K. MÖRSDORF, Die Unmittelbarkeit der päpstl. Primatialgewalt im Lichte des kanonischen Rechts, in: Festschr. für G. Söhngen, hg. v. J. RATZINGER, H. FRIES, 1962, 464–478 – L. SCHEFFCZYK, Das Unwandelbare im Petrusamt, 1971 – R. PESCH, Simon – Petrus. Geschichte und geschichtl. Bedeutung des ersten Jüngers Jesu Christi, 1980 – Das Petrusamt. Geschichtl. Stationen seines Verständnisses und gegenwärtige Positionen, hg. v. K. LEHMANN, 1982 – R. METZ, Der Papst, in: Hdb. des kath. Kirchenrechts, hg. v. J. LISTL u. a., 1983, 252–266 – J. AUER, Die Kirche – Das allgemeine Heilssakrament, 1983 (Lit.).

Alfred E. Hierold

Parität. P. heißt ein Grundprinzip des dt. →Staatskirchenrechts, das in verschiedenen Modalitäten die dt. Verf.entwicklung von der Reformation bis zur Gegenwart entscheidend bestimmte. P. bedeutet: Gleichrang und Gleichbehandlung verschiedener Bekenntnisse und Bekenntnisgemeinschaften in einer politischen Verf.ordnung.

I. Die P. bis zum Ende des ersten Dt. Reiches. In der Verf.ordnung des ersten →Dt. Reiches ist P. das beherrschende Schlüsselprinzip. Es normiert die religiöse und politische Gleichberechtigung der ev. und kath. Konfession und Religionspartei im Reiche zur Beseitigung der im Gefolge der →Reformation entbrannten Verf.krisen und zur Verhinderung des Religionskrieges durch die Friedensordnung von 1555 und 1648.

A. Der Ursprung der P. liegt in der durch die Glaubensspaltung verursachten *inneren Spaltung des Reichsverf.rechtes* in eine kath. und eine ev. Religionspartei und Verf.konzeption. Sie äußert sich einerseits in den fruchtlosen Versuchen der kath. Reichsexekutionen und andererseits in dem ev. →Widerstandsrecht seit dem Wormser Edikt von 1521. Die „faktische" P. des tatsächl. Gleichgewichtes wandelt sich 1555 (1648 bestätigt) in ein Rechtsverhältnis der P. durch die gegenseitige vertragl. Garantie der politischen Existenz und des Kirchenwesens beider Religionsparteien (→Augsb. Religionsfriede; →Westf. Friede).

B. Die prinzipiellen Aporien der P. waren bis weit in das 17. Jh. hinein:

1. Die theokratische und sakral verstandene *Idee des Reichs,* das als geschichtstheol. Größe auf den wahren Glauben und die wahre Kirche verpflichtet war und dieser durch die kaiserl. Advokatie (bzw. die →cura religionis der Obrigkeit nach ev. Lehre) Schutz zu geben hatte.

2. Die theol. geprägte *Rechtsidee,* die alles – kirchl. wie weltl. – Recht in theol. Sinnerfüllung und in Abhängigkeit von den Glaubenslehren (ius divinum!) verstand und das glaubenswidrige Recht als ipso iure nichtig ansah.

3. Der theol. *Kirchenbegriff,* der von beiden Seiten i. S. der Absolutheit, Einzigkeit, Universalität, Ausschließlichkeit der Kirche und der Identität des eigenen Kirchenwesens mit ihr in Anspruch genommen wurde, auch soweit es um die äußere reichsrechtl. Ordnung von Kirchenwesen, Kirchenregiment und Kirchengut ging.

C. Ihrem **Wesen** nach führte diese P. zu einer dauernden *Ordnung politischer Koexistenz* der ev. und kath. Religionspartei im Reiche, ungeachtet ihrer fortbestehenden theol., kirchenrechtl. und (kirchen)politischen Gegensätze und Konflikte. Das P.system enthält in eigenartiger Dialektik politisch-säkulare und kirchl.-konfessionelle Momente; es verbindet eine *teilweise →Säkularisierung* mit einer *teilweisen Konfessionalisierung* der Reichsverf. Der theol. geprägte Reichs-, Rechts- und Kirchenbegriff in seiner gegenseitigen Verklammerung wird nicht (in einer „modernen" Trennung von Staat und Kirche, Glaube und Recht) geopfert, die Aporien der P. werden nicht gelöst, sondern „aufgehoben" und zu der inneren Spannung des Systems verwendet.

1. Als *politisch-säkularer* Begriff beruht die P. auf dem →Landfrieden als einer Ebene politischer Neutralität und Gleichheit, die den kath. und ev. Reichsständen gleichmäßig die politische Existenz, den Besitzstand und ihr Kirchenwesen, ungeachtet ihrer Religionsdifferenz, garantierte. Durch den politischen Frieden wurden das kath. Ketzerrecht wie die ev. Mission gehemmt, der Absolutheitsanspruch beider Konfessionen im Reichsrecht begrenzt und eine erste prinzipielle Emanzipation weltl. Verf.rechts vom kirchl. Rechtsdenken erzielt. Die drei Rechtskreise des kath., ev. und weltl.-politischen Rechts begannen sich zu sondern. Die Abschichtung des Politischen aus der ma. respublica christiana (→corpus christianum) und ebenso die Gleichheitsbasis der Konfessionen ist 1555 und vollends 1648 klar erkannt, der Vorrang der Friedensordnung vor rechtstheoretischen Zweifeln über deren Abschluß, Inhalt, kirchl. Bestätigung bzw. Ungültigkeit behauptet worden. – Als solchermaßen politisch-säkularer Begriff bedeutet P. mithin zunächst eine *Gleichheit* negativer *politischer Distanzierung und Abstrahierung* von den konfessionellen Fragen; sie vermittelt einen Status weltl. Gleichheit und Freiheit in der Lösung vom kirchl. Wesen: Sie gilt im *politischen Bereich* und im Rahmen der Reichsverf., fordert also Gleichheit im *weltl. Recht,* Gericht, Schutz (nicht eine Egalisierung der Religionsverhältnisse und KVerf.) für die weltl. Rechtsträger (nicht für die kirchl. Nivellierung der Konfessionen, von denen gerade abstrahiert wird) nach weltlich-politischem Maße („ohne Rücksicht auf die Religion"). – Von kath. Seite wird diese politische Gleichheit ursprüngl. zwar zur jur. Verteidigung benützt, zugleich aber prinzipiell bestritten, da die paritätische Religionsverf. nur als Not-, Ausnahme- und Übergangsordnung neben der de iure fortgeltenden, nur suspendierten ma. Reichsverf. den Häretikern (→Häresie) nur eine begrenzte Duldung ohne Gleichrang gewähre. – Neben dieser (teilweisen) Säkularisierung der Verf. und auf ihrer Grundlage behält die P.

2. ihre *konfessionellen* Züge: Sie umschließt für beide Religionsparteien die *Gleichheit der Teilhabe* an der Reichsorganisation und die Gleichheit *der positiven Berücksichtigung* ihrer konfessionell-kirchl. Prinzipien und Postulate in der Ordnung des Reichs. Das Ziel der vorsäkularen P.ordnung ist nicht die Trennung von Glaube und Recht, weltl. Verf. und Kirchenwesen, sondern die gleichzeitige und gleichberechtigte Existenz und Einflußnahme beider Konfessionen im Reiche, ungeachtet ihres kirchl. Absolutheitsanspruchs. Die theol. Wahrheitsfrage ist nicht grds. aus dem weltl. Recht ausgeschieden, sondern nur einstweilen ausgespart bis zur Beilegung des (vom Reiche als „innerkirchlich" gewürdigten) Lehrkonfliktes; die politische P.ordnung gilt als Stillhalteabkommen bis zur kirchl. Wiedervereinigung. Die P. hat deshalb *kirchl. Motive, Elemente und Grenzen:* Sie gilt in Ausschließlichkeit nur für die beiden großen Konfessionen, nicht für die Sekten; sie gilt für die Reichsstände als Anhänger und Sachwalter ihres Bekenntnisses (nur in dessen Reinheit, nicht für eine Mischkonfession). P. besteht in der gleichwertigen Anerkennung der beiden Bekenntnisse im Reichsrecht. Seine paritätische Ordnung hat die Glaubensspaltung nicht ignoriert (wie ein geschlossenes säkulares Verf.system), sondern in sich hereingenommen; es baut sich auf der Spaltung auf, bringt sie institutionalisiert „in Form". Die Verf.ordnung und -funktionen des Reichs (insbes. in G.gebung und Rspr.) werden dem paritätischen Vertragsschluß und der vertragsartigen Handhabung (itio in partes) der Religionsparteien überantwortet, sie sind „konfessionalisiert".

D. Die Rechtsform der P. Ihrer Rechtsform nach ist die P. durchgeführt in zwei Formen:

1. Als *FormalP.* in der Verwendung formalgleicher Rechtsformen: Für beide Partner gilt gleichermaßen der Landfriedensschutz, das →ius reformandi, die Auswanderungsfreiheit der Untertanen, die Besitzgarantie des Kirchengutes (→Kirchenvermögen) nach dem Entscheidsjahr usw. Diese formalparitätischen Rechtsfiguren wirken freilich kaum je gleichmäßig wegen der Ungleichheit der tatsächl. Verhältnisse und wegen der unterschiedl. Berücksichtigung der konfessionellen Prinzipien im Ansatz und Maßstab des Gleichheitsschlusses. Die FormalP. ist weithin ein Mittel zur verschleierten „gleichmäßigen" Erstreckung der eigenen konfessionellen Prinzipien auf den Gegner und zur Exekution formalgleicher Status-quo-Garantien oder Entfaltungsrechte, die nach den tatsächl. Auswirkungen einen Teil begünstigen.

2. Als *materielle P.* in der *Generalkompensation,* der gleichmäßigen Berücksichtigung der beiderseitigen konfessionellen Prinzipien und Postulate. Im Gesamtgefüge der Religionsverf. von 1555 und 1648 sind so die Ungleichheiten der formalparitätischen Teillösungen gegenseitig abgewogen. Materielle P. besteht in der Gleich*wertigkeit* der Rücksichtnahme auf die jeweils verschiedenen kirchl. und politischen Verhältnisse beider Religionsparteien. Die materielle P.

von 1555 hat sich 1648 stärker formalparitätisch ausgeformt in einer verfassungsrechtl. Nivellierung ursprüngl. verschiedener konfessioneller Strukturen.

E. Der Bereich der P. umfaßt das *gesamte politische* Verf.system des Reiches (nicht nur einen abgegrenzten Teilbereich des Staatskirchenrechts):

1. Den reichsrechtl. Schutz der *theol. Selbstbestimmung* beider Konfessionen hinsichtl. ihrer Glaubenslehren, Lehrfortbildung, ihres Kirchenwesens, des Kreises ihrer Anhänger, der Glaubens- und Bekenntnissachen (in kirchl. und politischer Beziehung). Die bloße „Suspension" der geistl. Jurisdiktion kath. Bischöfe über die Evangelischen steht dem nicht entgegen, da sie eine dissimulierende Bezeichnung für deren Beseitigung (Kassation) bildete und der Umfang der ev. Bekenntnissachen, auf die sich die Suspension der geistl. Jurisdiktion bezog, von den Evangelischen allein zu bestimmen war.

2. Die *doppelkonfessionelle,* paritätische Umgestaltung der verfassungs- und kirchenrechtl. *Zentralbegriffe* (Kirchengut, Ministerien, Bischofsamt, Konzil, Häresie, Obrigkeit, ius reformandi, Friede, Freiheit, Einigkeit usw.) i. S. einer doppelseitigen theol.-konfessionellen *Interpretierbarkeit.*

3. Die paritätische Ausgestaltung der *Reichsinstitutionen:* P. der kaiserl. Schutzpflicht (Advokatie für beide Konfessionen), die ZahlenP. in den Reichsdeputationen und Reichsämtern, die bikonfessionelle Natur von Reichsstandschaft und Session in den Reichskonventen.

4. Die Absicherung institutioneller P. durch die konfessionellen *Selbsthilfeorganisationen* (Schmalkaldischer Bund, Liga, Union) und Verf.parteien (Corpus Evangelicorum und Catholicorum), die dem Reichsverf.gefüge teilweise inkorporiert sind.

5. Die P. des Verfahrens durch den *Ausschluß* konfessioneller *Majorisierung.* Die konfessionell bedingte itio in partes sichert die Interpretation, Anwendung und Fortbildung der Religionsverf. in vertragsartigen paritätischen Formen in der G.gebung, Rspr. und Exekution des Reiches. Bes. hervorgehoben ist im →Westfälischen Frieden

6. die P. der *Lückenschließung:* Die aequalitas exacta mutuaque in Art. V § 1 IPO bezieht sich primär auf die Lücken des Religionsfriedens, schließt dort den konfessionellen Übergriff und insbes. die Unterwerfung der Evangelischen unter das kan. Recht aus. Diese berühmte „aequalitas" des Art. V § 1 IPO umfaßt mithin nur einen Teilbereich des P.problems; als ErgänzungsP. ist sie nicht – wie allg. angenommen – die Grundnorm des Friedensinhalts selbst, dessen einzelne Art. nicht unter Berufung auf sie angezweifelt werden können. Mittelbar aber widerlegt diese Sonderform der P. die verbreitete These kath. Kontroversjurisprudenz, daß die Religionsverf. von 1555 und 1648 den Evangelischen nicht die volle Gleichberechtigung (P.), sondern nur eine begrenzte Duldung (Toleranz) und beschränkte Ausnahmestellung vom kan. Recht und der (kath. interpretierten) Reichsverf. gewähre.

F. Konstruktionselemente der P. Als Konstruktionselemente verwendet die P. des alten Reiches: die Repräsentation der Konfession durch die Reichsstände im System der sog. Religionspartei (Corpus Evangelicorum und Catholicorum); sodann den konfessionellen Föderalismus, den Gedanken des Verf.vertrages und seine Verbindung des konfessionellen Dualismus mit dem Dualismus zwischen Kaiser und Reichsständen; die Verquickung von Kirchenwesen und politischer Verf. im Territorialstaat (mit seiner Politisierung des Konfessionellen); die Entstehung des modernen Flächenstaates und der konfessionellen Geschlossenheit im Territorium (die strukturell im Gegensatz steht zur konfessionellen Spaltung des Reiches); das System der territorialen und temporalen Fixierung von Kirchengut, Bekenntnisstand und Religionsexercitium nach einem „Normaljahr" (bzw. -tag).

G. Die innere **Gefährdung** dieser paritätischen Religionsverf. mit ihrer eigenartig gleichgewichtigen Kombination säkularer und konfessioneller, ev. und kath. Rechtsprinzipien lag:

1. In der →*Säkularisierung,* d. h. politischer Überfremdnung und Mißachtung der theol. Elemente von Bekenntnis, Bekenntnisstand und -bindung, Bekenntnisänderung, Lehrgewalt, Bekenntniszugehörigkeit und Religionssache. Sie führt zu einer theol. illegitimen Veräußerlichung und zum Mißbrauch des paritätischen Bekenntnisschutzrechtes (zB der Reichsinstitutionen und der itio in partes) für profane Ziele und bewirkt eine über den Religionszwiespalt hinausreichende Auflösung der Reichseinheit.

2. Im fremdkonfessionellen *Übergriff,* der aus rechtstheol. und kirchenpolitischen Gründen die P. entweder prinzipiell bestritt oder den Status der Gegenseite schein- und formalparitätisch zu verkürzen und nach fremdkonfessionellem Maßstab zu interpretieren suchte.

3. In der inneren *theol. Auflösung* des Bekenntnisbegriffs und der Bekenntnisbindung, die seit der Scheidung von Glaube und Recht in der Aufklärung eine bekenntnisbedingte Gliederung der politischen Reichsorganisation weithin sinnwidrig erscheinen ließ.

II. Die P. im 19. Jh. und im geltenden dt. Staatskirchenrecht (→Kirche und Staat). Im dt. Einzelstaat des 19. Jh. und im geltenden dt. Reichs- und Bundesrecht seit der WV ist P. zu einem – viel begrenzteren – Teilprinzip des Staatskirchenrechts geworden, das die gleichwertige Rechtsstellung der Kirchen zum Staat garantierte.

A. P. ist ein **Prinzip des staatl. Rechts** kraft hoheitl. staatl. Setzung, nicht des kirchl. (bzw. zwischenkirchl.) Rechts und nicht mehr eines vertragl. Ausgleichsverhältnisses zweier Religionsparteien. Anders als im alten Reich hat sich die paritätisch-konstitutionelle Bekenntnisbedingtheit des staatl. Rechts verloren. Dies ist begründet in der Säkularisierung des Staatsbegriffs und Staatszwecks, in der Lösung des Staatsrechts vom theol. Denken, die das →Staatskirchenrecht (→ius circa sacra) als Teil der irdischen Staatsgewalt versteht. P. ist nicht mehr die Rechtsfigur der inneren konfessionellen Spaltung des weltl. Rechts, sondern (vorwiegend) des Außenverhältnisses des religiös-neutralen Staates zu den Kirchen seines Gebiets. Sie fußt deshalb auf der zunehmenden Scheidung staatl. und kirchl. Rechts schon im 19. Jh., die in der äußeren Trennung von Staat und Kirche 1918 ihren Abschluß findet. Als Institut des staatl. Rechts hat P. eine *einheitl. Interpretation* vom Boden der weltl. Verf. aus zu finden und ist der einseitigen konfessionellen Deutung entrückt, wobei den Kirchen ihre rechtstheol. kritische Stellungnahme zur P.idee überhaupt für den Kreis ihres inneren Kirchenrechts unbenommen bleibt.

B. Subjekt der P. sind für den Staat die Kirchen *als „Religionsgesellschaften"*, nicht mehr die „Religionsparteien" des alten Reichs (die politisch-geistl. Organisationen bekenntnisgleicher Reichsstände zur Vertretung ihrer konfessionellen Belange waren). Die P. gründete sich auf die – im dt. Staatskirchenrecht vollzogene (Kirchenaustrittsrecht!) – Ablösung des theol. Begriffs der Kirche (ihrer Einzigkeit, Wahrheit, Universalität, Absolutheit, Katholizität) durch den korporationsrechtl.-jur. Begriff der Religionsgesellschaften (als Zusammenschluß bekenntnismäßig gleichgesinnter Individuen), die in Pluralität und Unterordnung unter die Staatsverf. gleichwertig nebeneinander stehen, ohne daß sich die theol. Wahrheitsfrage für den religiös-neutralen Staat stellt.

C. Der Kreis der P.subjekte wird seit dem 19. Jh. schwankend und verschieden bestimmt. Das folgt aus der Nivellierung und Säkularisierung des Gleichheitsbegriffs, die seit der Aufklärung das dt. Verf.recht in verschiedenem Umfang ergriff.

1. P. i. eng. S. besteht zwischen *den beiden großen* Konfessionskirchen, die im differenzierten System des Staatskirchenrechts ihre verfassungsrechtl. Vorrangstellung vor anderen Religionsgesellschaften (den „Freikirchen" und „Sekten") in zentralen Stücken des Staatskirchenrechts durch das 19. Jh. bis heute wahren (vgl. u. a. Staatsleistungen, Religionsunterricht, Fakultätenrecht, Kirchenverträge). Den großen tatsächl. Verschiedenheiten der Religionsgesellschaften entsprechend verbietet die P. dem G.geber nicht, die Sonderstellung der beiden großen Kirchen vor den kleinen Religionsgesellschaften in den freien Verf.räumen gesetzl. weiter auszubauen. P. gibt bei Wahrung der Gleichwertigkeit einer differenzierten Berücksichtigung konfessioneller und kirchl. Momente im Staatskirchenrecht Raum. Sie schließt eine Nivellierung der Gruppen der Religionsgesellschaften durch undifferenzierte Anwendung des allg. →Gleichheitssatzes (Art. 3 GG) im institutionellen Staatskirchenrecht aus.

2. I. w. S. bedeutet P. die Gleichheit jeweils zwischen den *Religionsgesellschaften* des öffentl. und des privaten Rechts und zwischen beiden Gruppen, dort wo die Verf. diesen allen gleiche Rechte einräumt.

3. Im weitesten S. wird P. als *„bürgerl.* P." mit der Garantie der allg. Gleichheit aller Individuen bzw. weltanschaul. Vereinigungen ohne Rücksicht auf das Bekenntnis gleichgesetzt. Privilegierungen bzw. Diskriminierungen von Individuen wie von Religionsgesellschaften nach religiösen Maßstäben bzw. aus religiösen Gründen sind danach dem weltl. Staat in zunehmendem Maße verwehrt worden (heute Art. 3 III GG).

D. Ihrem **Rechtscharakter** nach ist P. nicht nur eine Maxime staatl. Kirchenpolitik, sondern eine gewohnheitsrechtl. erhärtete Verf.norm von aktueller Geltung für G.gebung, Exekutive und Justiz, die u. a. einen Verf.auftrag zu einer adäquaten Gleichstellung der anderen Kirche durch G. oder Vertrag in sich schließt.

Ihre normative *Begründung* findet die P. nicht nur im grundrechtl. Individualstatus der Person (zB in Art. 3 I, III GG), sondern auch im institutionellen →Staatskirchenrecht (Art. 140 GG), das heute jede Benachteiligung einer der beiden Kirchen ausschließt.

E. Bereich und Grenzen der P. sind bestimmt durch die konfessionelle Emanzipation des individuellen Grundrechtsstatus, der eine Beeinträchtigung der säkularen →Religionsfreiheit und -gleichheit (Art. 3 und 4 GG) verwehrt, sowie durch das Trennungsprinzip (Art. 137 I, III WV/140 GG) und durch die konfessionelle Neutralität und Unabhängigkeit der staatl. Ämter und Funktionen (Art. 33 III GG). Die Unterwerfung der Staatsorganisation unter den Konfessionsproporz verletzt die Verf. Auch sind einer durchgehenden Konfessionalisierung der allg. Rechtsordnung des öffentl. und privaten Rechts dadurch Schranken gesetzt. Eine paritätische, institutionelle Verbindung gewisser staatl. und kirchl. Organe auf der Basis freiwilliger Kooperation beider Teile (Art. 137 III WV/140 GG) in Beiräten und im konfessionell gebundenen Staatsamt der Anstaltsseelsorge, theol. Fakultäten usw. ist systemgerecht.

P. erstreckt sich *vornehml.* auf den Sonderbereich des *Staatskirchenrechts,* das die kirchl. Organisationsformen und -funktionen betrifft und das staatl. Recht z. T. auf sie abstimmt.

F. Die P. (als begleitendes Rechtsprinzip) äußert sich in verschiedenen, teilweise ineinander gelagerten **Formen:** als P. der gesetzl. Norm, als P. des Vertrages, als P. der Trennung von Staat und Kirche, als P. kirchl. Freiheit und Eigenständigkeit, als P. der Zuordnung und gewisser institutioneller Verbindungen zwischen Kirche und Staat; als subordinationsrechtl. P. gleicher Unterordnung der Kirchen unter den Staat und als koordinationsrechtl. P. gleichwertiger Vertragsbeziehungen nach Inhalt, Abschluß, Wesen und Geltung von Konkordaten und Kirchenverträgen, bzw. gleichartiger Vertragsbereitschaft des Staates beiden Kirchen gegenüber (→Vertragsstaatskirchenrecht). In der Fülle dieser *kombinierten P.systeme* hat sich hist. in Dtschld. der Akzent von einer aufgeklärt territorialistisch verstandenen P. der formalgleichen Regelung und der staatskirchl. Verbundenheit im Laufe des 19. und 20. Jh. zunehmend zu einer P. der Autonomie, Ausgrenzung und differenzierten vertragl. Förderung der Kirchen verlagert.

G. Die Modalitäten der P. sind gleichfalls verschieden: Sie erschöpft sich nicht in *formaler, schematischer* P. durch formalgleiche Normen für den verschiedenen, z. T. singulären theol., rechtl. und kirchenpolitischen Status der Religionsgesellschaften. Als *materielle* P. gebietet sie die gleichwertige Behandlung der beiden Kirchen und erlaubt, ja fordert eine *Differenzierung* der Staatskirchengesetzgebung und Kirchenverträge, die der Garantie der kirchl. Freiheit und Eigenständigkeit (Art. 137 III WV/140 GG) ohne imparitätische Gleichschaltung entspricht. Deshalb kann auch der Inhalt eines Kirchenvertrages nicht einfach normativ auf die andere Konfession angewandt werden, da dies die differenzierende materielle P. schematisch mißdeuten, das Synallagma des Vertrages sprengen und die (Vertrags-)Freiheit der Partner mißachten würde.

H. In ihrem **Ansatz** und **Maßstab** erschöpft sich materielle P. deshalb auch nicht in einer laizistischen P. des *Abstrahierens,* der Ignorierung und Nivellierung aller religiösen Prinzipien und Unterschiede, mag sich auch der moderne säkulare Staat von seinem weltl. Verständnis der Freiheit und nationalen Einheit aus den Forderungen der Kirchen trotz ihrer großen staatl. Förderung teilweise verschließen (Ehe, Schule). P. verlangt also eine positive, wertende Stellungnahme des Staates zu den religiösen und kirchenrechtl. Grundsätzen der jeweils in Frage stehenden Kirche. Die konfessionelle (paritätische) →*Neutralität* des Staates ist dabei keineswegs mit einer kirchenfeindl. Ausschaltung kirchl. Gesichtspunkte gleichzusetzen, wie sie die radikale Trennungsidee u. a. mit der Degradierung der Kirchen ins Vereinsrecht – ohne Erfolg im dt. Verf.recht – erstrebte.

Materielle P. ist neben der – für den religiösneutralen, paritätischen Staat unumgängl. – P. der gleichmäßigen Distanzierung von gewissen kirchl. Prinzipien (und ihrer Absolutheit) vor allem eine P. ihrer gleichmäßigen *Berücksichtigung,* wo das dt. Staatskirchenrecht den Religionsgesellschaften Förderung, Schutz, Hilfe gewährt. Sie gibt dem Staatskirchenrecht einen mittleren Standort gleicher Nähe und gleicher Entfernung zwischen den Prinzipien der beiden Konfessionen auf, denen es im Ansatz und Maßstab des Gleichheitsschlusses sehr wohl Rechnung zu tragen hat, will es formalparitätisch verschleierte Imparität vermeiden. Weil der säkulare, religiös-neutrale Staat die dogmatische, rechtl., kirchenpolitische Bedeutung dieser kirchl. Prinzipien und ebenso die kirchl. Auswirkungen seiner Maßnahmen nur begrenzt beurteilen kann, ist ihm insoweit das geistl. Urteil der Kirchen und ihr geistl. Selbstverständnis von maßgebl. Bedeutung.

In dieser positiven Berücksichtigung konfessionell-kirchl. Momente liegt der Akzentunterschied der (seit dem Abklingen des →Kulturkampfes ganz überwiegend) kirchenfreundl. Gleichheitsidee der P., die das institutionelle Staatskirchenrecht bestimmt, von der unkonfessionellen Gleichheit des individuellen Grundrechtsstatus: Letztere schafft über alle Konfessionsgrenzen hinweg einen einheitl., bürgerl. und staatsbürgerl. Status und als dessen Konsequenz die nationale Rechtseinheit, sie sichert die säkulare Emanzipation des Individuums i. S. einer Glaubensfreiheit, die im Kreise des staatl. Rechts die religiösen Bindungen zur Disposition des Individuums stellt und eine (auch indirekte) Benachteiligung von Dissidenten und Atheisten verbietet.

J. Auch im geltenden Staatsrecht bedeutet P. – hinter allen formalbegriffl. Schemata – **Kompensation,** gleichwertige Berücksichtigung (und zugleich Begrenzung) der kirchl. Prinzipien, Belange und Forderungen beider Kirchen. Das Handeln des säkularen Staates der Gegenwart, der die konfessionelle Determination und Spaltung (i. S. des ersten Dt. Reiches) abgelegt hat, ist zwar durch eine Fülle säkularer Gesichtspunkte bestimmt, in deren Spannungsfeld die staatskirchenrechtl. Entscheidung eingezwängt ist. Hat er jedoch einer der beiden Kirchen finanzielle, institutionelle oder sonstige Förderung (Staatsleistungen, theol. Fakultäten, Öffentlichkeitsarbeit usw.) gewährt, so trifft ihn die Pflicht zum Ausgleich. Diese kompensatorische P. kann auch sukzessiv und in anderer Rechtsform (Vertrag – G.) erfüllt werden, läßt aber einen imparitätischen Dauerzustand verfassungswidrig werden, wenn die Ausgleichsbereitschaft fehlt.

M. HECKEL, P., ZRG Kan. Abt. 49 (1963) 261–420 (Lit.) – DERS., Die religionsrechtl. P., in: HdbStKirchR, E. FRIESENHAHN und U. SCHEUNER (ed.), [1]1974, 445–544 – DERS., Itio in partes, ZRG Kan. Abt. 64 (1978) 180–308.

Martin Heckel

Parlament, Parlamentarismus. 1. Geschichte. Das P. als Volksvertretung und Staatsorgan ist eine Erscheinung der Neuzeit und unterscheidet sich grds. von seinen ma. Vorläufern. Das „Parliamentum", der Staatsrat der engl. Könige im MA., die Etats Généraux des vorabsolutistischen Frankreich, der Reichstag des alten Reiches und die Landstände (Landtage) der Territorien waren keine Volksvertretungen, sondern Versammlungen derjenigen, die die Herrschaft im Lande innehatten, der geistl. und weltl. Herren und der Abgesandten der Städte. Sie entschieden mit dem Landesherrn gemeinsam über die Geschicke des Gemeinwesens, Krieg und Frieden, Recht, Steuern und erteilten ihm ihren Rat oder ihre Zustimmung in allen öffentl. Angelegenheiten. Mit der Ablösung der ma. ständischen Ordnung durch die →Souveränität des Landesherrn verloren diese Ständeversammlungen ihre Bedeutung. Nur in einigen Ländern, in denen sich die Stände gegen den →Absolutismus des Fürsten behaupten konnten, blieb auch der ständische Landtag bis zur Errichtung moderner P.e bestehen.

Nach dem demokratischen Prinzip, das sich, in den älteren Lehren vom Staatsvertrag vorbereitet, in der →Franz. Revolution Bahn brach und von dort nach Dtschld. übergriff, galt das Volk oder die →Nation als Träger der einheitl. Staatsgewalt, d. h. an die Stelle der „Stände" ebenso wie an die Stelle des absoluten Monarchen trat die Gesamtheit der ursprüngl. freien und gleichen Individuen. Das Volk bedurfte nun aber zur Ausübung seiner Befugnisse einer Vertretung oder „Nationalrepräsentation", auf die es seine Gewalt – nicht der Substanz nach, sondern nur zur Ausübung – übertrug und in der es als in seiner Einheit konkret gegenwärtig und handlungsfähig erschien (→Demokratie; →Repräsentation). Die Verf.gesch. des 19. Jh. in Dtschld. ist durch die Auseinandersetzung dieses demokratischen Prinzips mit dem „monarchischen Prinzip", das sich in der Restauration nach 1815 behauptete, bestimmt. Bis 1848 wurden vielfach die alten landständischen Versammlungen wiedererrichtet, doch nahmen auch sie bald mehr den Charakter von „Nationalrepräsentationen" an. Das demokratische Prinzip wurde dadurch gemildert, daß es der mächtigsten politischen Bewegung jener Zeit, dem →Liberalismus, mehr um die Wahrung der Rechte und Freiheiten ging als um die Verwirklichung der Volkssouveränität. So kam es zu einem Kompromiß zwischen monarchischem und demokratischem Prinzip unter Hinzufügung landständischer Elemente im konstitutionellen Staat (→Konstitutionalismus). In ihm galt die Gewalt als geteilt zwischen Krone (Monarch) und Volksvertretung (P.). Die G.gebung wurde von beiden gemeinsam ausgeübt. Dieser Verf.typ setzte sich in Dtschld. im 19. Jh. fast überall durch und bestimmte auch die Reichsverf. von 1871.

Als *P.arismus* kann diejenige politische Bewegung bezeichnet werden, die ein Übergewicht und schließlich die Alleinherrschaft des P. im Staat anstrebte und die die Verf.gesch. der europ. Staaten von der Franz. Revolution bis 1918 ständig begleitete. Seine Forderung ging dahin, daß eine Volksvertretung oder „Nationalrepräsentation" bestehen müsse, daß sie aus allg. und freien Wahlen hervorgegangen sein müsse, um die Stelle des Volkes in der Verf.ordnung einnehmen und es dort legitim vertreten zu können, und schließlich, daß die Regierung vom P. abhängig und ihm verantwortl. sein müsse *(→Parlamentarisches Regierungssystem).* Im konstitutionellen Staat wurden zunächst weder allg. Wahlen noch die parlamentarische Verantwortlichkeit der Regierung durchgesetzt. Selbst der Entwurf der Reichsverf. von 1849 kannte noch keine parlamentarische Verantwortlichkeit der Reichsminister, doch sah das WahlG von 1849 das allg. und gleiche Wahlrecht vor. Der P.arismus kam über einen Kompromiß mit dem monarchischen Prinzip nicht hinaus, so daß es zu einer P.herrschaft in Dtschld. im 19. Jh. nicht kam. Insbes. im preuß. Verf.konflikt 1862–1866, in dem es um die Frage ging, ob die Regierung ohne Etat, d. h. ohne grds. Zustimmung des P. geführt werden könne oder nicht, konnte sich das preuß. P. nicht durchsetzen. Hier trat ihm jedoch bereits ein anderer Gegner als die alte Monarchie von Gottes Gnaden entgegen, nämlich das allmähl. heranwachsende gouvernemental-bürokratische Element des modernen Staates, das heute der eigentl. Gegenspieler des P. ist.

2. Gegenwärtige Bedeutung. Die Stellung des P. ist heute in erster Linie durch das Vorhandensein der **politischen →Parteien** bestimmt. Sie hindern eine konsequente Verwirklichung des parlamentarischen Prinzips, nämlich die Ausübung der Gewalt durch eine unmittelbare Repräsentation des ganzen Volkes. Parteien im modernen Sinne bildeten sich in Dtschld. in der Mitte des 19. Jh., ausgehend von der Gruppenbildung in der Frankfurter Nationalversammlung 1848/1849. Nach der parlamentarisch-demokratischen Lehre vertrat jeder Abgeordnete das ganze Volk als Einheit, nicht etwa einzelne Gruppen oder Stände oder seine Wähler. Da aber das Volk in der politischen Realität keine Einheit war, fühlten sich die Abgeordneten zwangsläufig als Vertreter bestimmter Interessen, Klassen oder Ideen und fanden sich daher im P. zu Gruppen (Fraktionen) zusammen, die jeweils einen Teil der →öffentl. Meinung repräsentierten. Aus ihnen entstanden die Parteien als außerparlamentarische politische Organisationen des Volkes und zugleich als Gruppen der Abgeordneten des P. Das entsprach nicht der strengen demokratischen Theorie ROUSSEAUscher Prägung, war aber die Voraussetzung für eine reale Beteiligung des Volkes oder der Gesellschaft an der Ausübung der staatl. Gewalt. Das P. ist unter diesen Voraussetzungen heute der Ort, an dem die Parteirichtungen sich öffentl. auseinandersetzen und klären und wo durch Abstimmung nach Mehrheit ein einheitl. Staatswille gebildet wird.

Der zweite Faktor, der die Stellung des modernen P. bestimmt, ist das Bestehen einer sachverständigen, vielfach in unmittelbarem Kontakt mit den gesellschaftl. Kräften (Parteien und Verbänden) stehenden, staatl. →*Bürokratie* (Regierung und Verwaltung). Als Repräsentation des souveränen Volkes müßte das demokratische P. die Fülle der Staatsgewalt besitzen, doch gibt das liberale Prinzip der →Gewaltenteilung auch der Regierung einen selbständigen Anteil an der Gewalt. Im parlamentarischen System ist die Regierung dem P. verantwortl., d. h. sie wird vom P. eingesetzt und abberufen. Die Verlagerung der Staatstätigkeit von allg. G.gebung und gefahrabwehrender →Polizei im 19. Jh. zu aktiver Gestaltung oder wenigstens Lenkung und Beeinflussung der →Gesellschaft hat die Gewichte im gewaltenteilenden Staat zugunsten der Regierung verschoben. Das P. setzt sich aus Politikern und nicht aus sachkundigen Verwaltungsfachleuten zusammen; auch fehlt ihm häufig die unmittelbare Verbindung zu den Interessenten. Es wird versucht, dem ersten Mangel nach amerik. Vorbild durch einen parlamentarischen Beratungsdienst abzuhelfen, der, mit fachkundigen Beamten besetzt, die Abgeordneten bei der G.gebungsarbeit unterstützen und die fachl. Überlegenheit der Ministerialbürokratie ausgleichen soll. Doch wird das P. seinem Charakter nach immer mehr auf die allg. politischen und rechtl. Entscheidungen beschränkt bleiben. Es kommt hinzu, daß der Führer der stärksten Partei meistens zugleich Regierungschef ist, so daß zwischen P.mehrheit und Regierung keine Balance besteht, wie das Gewaltenteilungsprinzip klassischer Prägung sie verlangt, sondern politische Übereinstimmung. Deshalb kommt heute der Opposition im P. bes. Bedeutung zu. Aber auch zwischen dem ganzen P. und der Regierung wird aufgrund der sehr verschiedenen Struktur dieser beiden Organe stets ein gewisses Spannungsverhältnis bestehen bleiben.

3. Stellung und Aufgaben. Das P. der Bundesrepublik ist der →*Bundestag*; die P.e der Länder sind die *Landtage* (→Landesverfassungen). Sie sind Staatsorgane und politische Repräsentationen des Volkes. Da sie unmittelbar vom Volk gewählt werden (→Wahlrecht), kommt ihnen unter den Staatsorganen eine bes. Stellung zu; sie besitzen die stärkste demokratische Legitimität. Ihre Bedeutung wird dadurch noch erhöht, daß in der Verf. der Bundesrep. Dtschld. wegen der Erfahrungen der NS-Zeit mit einer unbedeutenden Ausnahme (Art. 29, 118 betr. Neugliederung des →Bundesgebietes) keine Institute der unmittelbaren →Demokratie, insbes. keine Plebiszite, vorgesehen sind. Außer bei den Wahlen wird das Volk bei der politischen Willensbildung stets von den parlamentarischen Körperschaften vertreten. Die Konzentration der politischen Gewalt, die dadurch bei den P.en einzutreten droht, wird durch das Prinzip der Gewaltenteilung ausgeglichen sowie durch den Grundsatz, daß auch andere Staatsorgane demokratische Legitimität besitzen. Außerdem ist im modernen Verf.staat auch das P. an die Verf. gebunden. Es besitzt also nicht die absolute politische Gestaltungsfreiheit des souveränen Volkes.

In der Staatsordnung der Bundesrepublik steht neben dem Bundestag der →*Bundesrat*. Er ist jedoch keine echte zweite Kammer des P. (→Zweikammersystem), weil er nicht aus gewählten Abgeordneten, sondern aus Mitgliedern der Landesregierungen zusammengesetzt ist und daher unmittelbar nicht das Volk, auch nicht das der Länder, sondern „die Länder" (Art. 50 GG) als Gliedstaaten des Bundes repräsentiert.

Nicht zu den P.en gehören auch die kommunalen Vertretungskörperschaften (→Kommunalrecht), weil ihre Mitglieder nicht Abgeordnete, sondern ehrenamtl. tätige Bürger sind und weil ihre Aufgaben und ihr Verhältnis zur kommunalen Verwaltung von anderer Art sind als Aufgaben und Stellung der P.e.

Zu den *Aufgaben* des P. gehört in erster Linie die *G.gebung* (→Gesetz, Gesetzgebung). Mit ihr besitzt es die oberste Leitung des Staates, weil Regierung, Verwaltung und Gerichte an die G.e gebunden sind (Art. 20 III GG). Im Wege der G.gebung beschließt das P. auch den Haushaltsplan, an den die Regierung bei allen Entscheidungen, die finanzielle Aufwendungen zur Folge haben, gebunden ist. Ebenso erteilt es die Zustimmung zu völkerrechtl. Verträgen, soweit sie erforderl. ist (Art. 59 II GG, →Auswärtige Gewalt). Die zweite wichtige Aufgabe des P. ist die *Bestellung der Staatsorgane*. Der Bundestag wählt, durch Vertreter der Landtage zur Bundesversammlung ergänzt, den Bundespräsidenten. Er wählt den Bundeskanzler, der jedoch seinerseits die Minister bestimmt. Eine schwierige Frage ist, ob das P. auch bei der Bestellung der obersten Richter mitwirken soll. Das GG sieht dies für die Richter des BVerfG (Art. 94) und der obersten Bundesgerichte (Art. 95, 96) vor. Auch einige Landesverf.en kennen die Richterwahl durch das P. Es ist jedoch zweifelhaft, ob die damit gewonnene unmittelbarere demokratische Legitimierung der höchsten Gerichte die Gefahr ihrer politischen Beeinflussung aufwiegt.

Die dritte Aufgabe des P. ist die *Kontrolle der Regierung*. Das P. kann der Regierung keine direkten bindenden Weisungen, weder allg. Art noch in Einzelfällen, erteilen. Es ist auf die allg. Mittel der G.gebung und der Haushaltsbewilligung beschränkt. Für die Kontrolle der Regierung stellt die Verf. dem P. verschiedene Mittel zur Verfügung. Es kann die Anwesenheit der Regierung, auch bestimmter einzelner Mitglieder, in der Sitzung verlangen (Art. 43 GG). Es kann der Regierung *Petitionen* der Bürger zur Berücksichtigung oder nur zur Kenntnisnahme überweisen (→Petitionsrecht). Es besitzt ferner herkömml. das *Interpellationsrecht*. Auf Grund dieses Rechts kann von mindestens 30 Abgeordneten in schriftl. Form eine Große Anfrage an die Regierung im Bundestag eingebracht werden, die von dem zust. Minister mündl. in der Plenarsitzung beantwortet wird. An die Antwort kann sich eine Debatte anschließen. Mindestens 15 Abgeordnete können eine schriftl. Kleine Anfrage an die Regierung richten. Sie wird schriftl. beantwortet, aber auch über diese Antwort kann eine Aussprache im Plenum stattfinden. Ferner werden regelmäßig Fragestunden abgehalten, in denen jeder einzelne Abgeordnete kurze Fragen stellen kann. Sie werden sofort von dem zuständigen Minister mündl. beantwortet und müssen darum drei Tage vorher auch schriftl. eingereicht werden. Eine Beratung über diese Antworten findet nicht statt. Dieses Interpellationsrecht ist nur in der →Geschäftsordnung des Bundestages geregelt. Ein förml. Recht des P. auf Beantwortung seiner Fragen und eine entsprechende Auskunftspflicht der Regierung kennt das GG nicht.

Ein weiteres Kontrollmittel des P. gegenüber der Regierung ist das Recht zur Einsetzung von *Untersuchungsausschüssen* (Enquete-Recht) auf Antrag einer Minderheit der Abgeordneten (nach Art. 44 GG ein Viertel der Mitglieder des Bundestages). Sie können wie Gerichte Beweise erheben und veröffentlichen das Ergebnis ihrer Untersuchung in einem Bericht. Urteile oder andere rechtswirksame Entscheidungen können sie nicht fällen (→Untersuchungsausschüsse).

Da heute eine politische Übereinstimmung zwischen der P.mehrheit und der Regierung besteht, haben die Kontrollmittel des P. einen Teil ihrer früheren Bedeutung verloren. Soweit sie jedoch, wie insbes. das Interpellationsrecht und das Enqueterecht, von einer Minderheit der Abgeordneten ausgeübt werden können, sind sie zu wirksamen Mitteln des politischen Kampfes der Opposition gegen die P.mehrheit geworden und haben damit eine neue und nicht geringere Bedeutung gewonnen.

Ein herkömml. Mittel zur Kontrolle der Regierung ist die *Ministeranklage.* Sie kann nur auf die vorsätzl. Verletzung der Verf. oder der G.e gestützt werden und findet vor einem StGH statt. Sie setzt einen Beschluß des P. mit qualifizierter Mehrheit (meist Zweidrittelmehrheit) voraus. Im Fall eines Schuldspruchs führt sie zum Amtsverlust des angeklagten Ministers, sie ist jedoch kein eigentl. Strafverfahren, sondern eher ein Verf.streitverfahren bes. Art. Dieses Rechtsinstitut hat seit seiner Entstehung im 19. Jh. niemals praktische Bedeutung erlangt und ist heute wegen der erwähnten politischen Homogenität zwischen P.mehrheit und Regierung vollends veraltet. Darum ist es im GG nicht mehr vorgesehen (vgl. jedoch Art. 61 GG, Anklage des Bundespräsidenten). Es findet sich aber noch in den Verf.en der meisten Länder und ist daher noch Bestandteil des geltenden dt. Staatsrechts.

Die →Finanzkontrolle des P. erschöpft sich nicht im Erlaß des HaushaltsG, umfaßt vielmehr auch die Pflicht des Finanzministers zu jährl. *Rechnungslegung* vor dem P. Die Rechnung wird durch den unabhängigen Bundesrechnungshof geprüft und darauf wieder dem Bundestag vorgelegt, der der Regierung Entlastung erteilt. Die *Entlastung* kann bis zur Behebung etwaiger Mängel verweigert werden (Art. 114 GG). Das Verhältnis zwischen P. und Regierung hat sich jedoch in bezug auf die Staatsfinanzen stark gewandelt. Während das Steuerbewilligungsrecht der ständischen und auch noch das der liberalen P.e seinen Sinn darin hatte, die Ausgaben des Monarchen niedrig zu halten, neigen die modernen sozialstaatl. P.e zu übermäßigen Ausgaben, teils um sich das Wohlwollen der Wähler zu erhalten, teils aber auch, weil sie die im liberalen Zeitalter wie unter dem Absolutismus dem Monarchen obliegende Verantwortung für die öffentl. Wohlfahrt übernommen haben, die hohe Ausgaben fordert. Daher gibt es heute ein umgekehrtes Kontrollrecht der Regierung gegenüber dem P.: P.beschlüsse, die gegenüber dem Haushaltsplan höhere Ausgaben zur Folge haben, bedürfen der Zustimmung der Regierung (Art. 113 GG). Das StWG von 1967 gibt der Regierung für die Konjunkturpolitik eine begrenzte Unabhängigkeit gegenüber dem Haushaltsplan des P.

Die meisten dieser Kontrollmittel des P. sind politische Mittel ohne unmittelbare Rechtsfolgen für die Regierung. Sie sind dennoch nicht bedeutungslos, weil sie bewirken können, daß die Stellung der Regierung unhaltbar wird und sie schließlich durch ein *Mißtrauensvotum* des P. gestürzt wird. Im GG und in mehreren Länderverf.en ist bestimmt worden, daß ein solches Mißtrauensvotum nur durch die Wahl eines neuen Bundeskanzlers bzw. einer neuen Regierung ausgesprochen werden kann (sog. konstruktives Mißtrauensvotum). Diese Bestimmung beruht auf der Erfahrung der Weimarer Zeit, daß sich häufig zwar eine Mehrheit zum Sturz der im Amt befindl. Regierung zusammenfand, aber in Ermangelung einer positiven Mehrheit keine neue Regierung eingesetzt werden konnte. Nur der Wille einer Mehrheit des P., eine bestimmte neue Regierung einzusetzen, soll zum Sturz der alten Regierung führen. Dieses Mißtrauensvotum ist der Kern des parlamentarischen Prinzips. Es macht die Regierung von dem dauernden Vertrauen der Volksvertretung abhängig und gibt dem P. seinen Vorrang unter den Staatsorganen. Heute ist es jedoch nicht mehr das einzige Mittel, um eine Meinungsverschiedenheit zwischen P. und Regierung zu entscheiden. Soweit verf.mäßige Rechte und Pflichten in Frage stehen, wie zB bei der Entlastung der Bundesregierung, kann über sie auch im Wege des *Organstreits* vor dem BVerfG entschieden werden (→Verf.gerichtsbarkeit). Ein Urteil des Verf.gerichts schließt jedoch einen nachfolgenden Sturz der Regierung nicht aus. Auch das Mißtrauensvotum hat heute wegen der erwähnten politischen Übereinstimmung zwischen P.mehrheit und Regierung eine veränderte und geringere praktische Bedeutung gegenüber den konstitutionellen Verf.en des 19. Jh. Es kommt am ehesten noch beim Zerfall einer →Koalition vor, zB im Bundestag 1982 (mit Erfolg), aber auch, wie 1972 (ohne Erfolg), bei Änderung der Mehrheit durch Parteiwechsel von Abgeordneten.

4. P.recht. Quellen des P.rechts sind die Verf. und die →*Geschäftsordnung* des P. Letztere wird vom P. selbst kraft seiner →*Autonomie,* d. h. kraft seines Rechts, seine Angelegenheiten im Rahmen der Verf. selbst zu ordnen, beschlossen und regelt Organisation und Verfahren des P., soweit sie nicht in der Verf. festgelegt sind. Im P.recht sind vor allem die Rechtsstellung des →Abgeordneten, seine *Immunität* und *Indemnität*, sein *Zeugnisverweigerungsrecht* und seine übrigen Rechte und Pflichten im P. bestimmt. Das P.recht ordnet ferner das *Präsidium* des P. und sein Büro sowie die Verwaltung des P. durch den Präsidenten und den *Ältestenrat*. Im P.recht, insbes. in der Geschäftsordnung, sind auch die *Ausschüsse* geregelt, ihre Bildung, ihr Verfahren und ihre Befugnisse. In den Ausschüssen, die je für bes. Sachgebiete gebildet werden, findet heute ein wesentl. Teil der P.arbeit statt. Sie setzen sich aus Abgeordneten aller Fraktionen im Verhältnis der Fraktionsstärken zusammen. In ihnen werden die G.e unter Mitwirkung von Vertretern des zust. Ministeriums sachgemäß beraten. Auch andere P.beschlüsse werden in den Ausschüssen von sachverständigen Abgeordneten vorbereitet. Die Arbeit eines modernen P. ist ohne die Ausschüsse nicht denkbar. Andererseits wird auf diese Weise ein großer Teil der Erörterungen des P. der Öffentlichkeit entzogen. Das kommt jedoch auch deren Sachlichkeit zugute. – Das P.recht enthält schließlich Bestimmungen über die *Fraktionen* (→Parteien, politische), insbes. über ihre Bildung und ihren Stellenanteil in den Ausschüssen.

Die *Sitzungen* des P. werden heute nur noch durch die P.ferien unterbrochen. Während die P.e früher nur in kurzen Tagungsabschnitten zusammenkamen (Sitzungsperioden), tagt das P. heute praktisch „permanent", d. h. während der ganzen Wahl- oder Legislaturperiode, um die Arbeitslast bewältigen zu können. Das herkömml. Recht des P., über Beginn und Ende seiner Sitzungen selbst zu entscheiden (*Selbstversammlungsrecht*, Art. 39 GG), hat daher nicht mehr die frühere Bedeutung. Mit dem Ablauf der Wahlperiode findet das P. sein Ende; das neue P. muß seine Organe und Ausschüsse neu wählen, seine Geschäftsordnung neu beschließen, Vorlagen und Anträge müssen neu eingebracht werden (Grundsatz der *Diskontinuität*).

Die *P.auflösung* war ehemals ein entscheidendes Mittel des Monarchen gegen die Volksvertretung. Im GG ist sie nur für den Fall vorgesehen, daß sich keine Mehrheit für die Regierungsbildung findet oder daß die Vertrauensfrage des Bundeskanzlers negativ beantwortet wird (Art. 63, 68). Nach mehreren Länderverf.en kann sie außerdem vom Landtag selbst nach freiem Ermessen vorgenommen oder durch Volksabstimmung erzwungen werden. Diese P.auflösung besitzt heute wegen der veränderten Verteilung der politischen Gewichte im modernen Staat nur noch geringe praktische Bedeutung. 1972 und 1982 wurde zum Zweck der Herbeiführung politisch notwendiger Neuwahlen die Auflösung des Bundestages ermöglicht, indem durch Stimmenthaltungen bei der Regierungskoalition absichtlich eine negative Entscheidung über die Vertrauensfrage herbeigeführt wurde. Angesichts der Gefahr, daß auf diese Weise die Mehrheitsparteien sich durch Bestimmung eines günstigen Wahltermins Vorteile verschaffen und daß entgegen Art. 63 und 68 GG die Möglichkeit der Selbstauflösung des Bundestages entstehen könnte, hat das BVerfG (E 62, 1) ein solches Verfahren für nur ausnahmsweise zulässig erklärt.

M. Weber, P. und Regierung im neugeordneten Dtschld., 1918 – E. Friesenhahn, K. J. Partsch, P. und Regierung im modernen Staat, VVDStRL H. 16 (1958) – Recht und Organisation der P.e (1958 ff., Loseblattausg., Textsammlung) – G. Leibholz, Das Wesen der Repräsentation, (1929) 1960² – C. Schmitt, Die geistesgeschichtl. Lage des heutigen P.arismus, (1923) 1961³ – Th. Ellwein, A. Görlitz, P. und Verwaltung I, 1967 – H. Trossmann, P.recht des Dt. Bundestages, 1977, Erg.bd. 1981 – K. Kluxen (Hg.), P.arismus, 1980⁵ (Lit.) – N. Achterberg, Parlamentsrecht, 1984 – K. Stern, Staatsrecht I, 1984², S. 939 ff.; II, 1980, S. 35 ff. (Lit.) – G. A. Ritter (Hg.), Regierung, Bürokratie u. P. i. Preußen u. Dtschld. v. 1848 bis z. Ggw., 1983 – (s. ferner die Lit. zu „Bundestag", „Volksvertretung", „Abgeordneter", „Geschäftsordnung", „Untersuchungsausschüsse").

Wilhelm Henke

Parlamentarischer Rat →Grundgesetz

Parlamentarischer Staatssekretär →Bundesregierung

Parlamentarisches Regierungssystem. I. Begriff und Wesen.

Als p.R. bezeichnet die Staatsrechtslehre jenes Verf.system, in welchem die →Regierung in ihrem Bestand und folgl. auch in ihrer Tätigkeit vom Vertrauen des →Parlaments abhängig ist. Dabei läßt die Art und Weise, in der die Regierung zustande kommt und in der ihr das Vertrauen bzw. das Mißtrauen des Parlaments ausgesprochen wird, eine Reihe von Spielarten zu.

A. Die Arten. *1. Vertrauen, Mißtrauen und Schweigen des Parlaments.* Ob die Regierung das Vertrauen des Parlaments genießt, ergibt sich aus den Willenskundgebungen des Parlaments ihr gegenüber, d. h. aus der Erklärung des Parlaments, die Regierung genieße sein Vertrauen (sog. Vertrauensvotum), bzw. sie genieße es nicht (sog. Mißtrauensvotum). Regelmäßig bedarf es im p.R. beim Amtsantritt einer neuen Regierung eines ausdrückl. Vertrauensbeschlusses. Wenn dieser aber vorliegt, wird stillschweigend davon ausgegangen, daß das in ihm zum Ausdruck gelangte Vertrauen des Parlaments bis zur ausdrückl. Erklärung des Mißtrauens fortbestehe, d. h. das parlamentarische Vertrauen wird bis zur Erklärung des Gegenteils *vermutet*. Sobald aber das Parlament das Mißtrauen einmal ausdrückl. ausgesprochen hat, geht die Regierung – je nach der Bestimmung des konkreten Verf.rechts – entweder automatisch ihres Amtes verlustig, oder sie ist jedenfalls zum Rücktritt verpflichtet. Dabei ist es gleichgültig, ob das Mißtrauensvotum aus der Mitte des Parlaments

(d. h. aus dem Mißtrauensantrag einer Fraktion u. ä.) entstanden ist oder ob es sich um eine Niederlage der Regierung bei der Abstimmung über ein von ihr beantragtes Vertrauensvotum (die sog. Vertrauensfrage) handelt. Eine denkbare, aber nirgends realisierte Abart des parlamentarischen Systems wäre es, wenn sich die Regierung auch ohne Neuwahl des Parlaments regelmäßig innerhalb bestimmter Zeiträume dem Votum des Parlaments stellen müßte. Noch strenger wäre das Prinzip durchgeführt, wenn jede auch noch so geringfügige Niederlage im Parlament, zB die Ablehnung eines von der Regierung unterstützten G.entwurfes, zum Sturz der Regierung führen würde (so zeitweilig →Großbritannien). Beide Spielarten würden aber zu einer zu großen Unstabilität der Regierungsverhältnisse führen und sind jedenfalls in der Gegenwart, in der sich die Hauptlast der Entscheidungen zusehends vom Parlament auf die Regierung verlagert, nicht tragbar.

2. Das Zustandekommen der Regierung. Der Idealfall des p.R. besteht darin, daß die Regierung bei ihrem Amtsantritt nicht nur das ausgesprochene Vertrauen des Parlaments besitzt, sondern von diesem überhaupt gewählt wird (wobei es gleichgültig ist, ob dazu noch eine – ledigl. formale – Ernennung durch einen Monarchen wie in England bzw. durch einen Staatspräsidenten wie in der Bundesrep.Dtschld. hinzutreten muß). In diesem Fall hat das Parlament die personelle Zusammensetzung des Kabinetts auch rechtl. in der Hand und nicht nur tatsächl. durch die Konsultation der maßgebenden Leute von seiten der Parteiführer bzw. durch die Androhung eines Mißtrauensvotums. Das gilt sowohl für den Fall, in dem die Regierungsmitglieder notwendigerweise auch Mitglieder des Parlaments sein müssen (England), als auch für den, in dem das nicht notwendig ist (zB Dtschld.). Zum p.R. im herkömml. Sinne zählt daneben aber auch der Fall, daß die personelle Zusammensetzung der Regierung rechtl. nicht Sache des Parlaments ist, sondern beim Staatsoberhaupt liegt, während das Parlament nur die Möglichkeit besitzt, ein ihm präsentiertes, aber nicht genehmes Kabinett durch Verweigerung des Vertrauensvotums bzw. durch ausdrückl. Mißtrauensvotum zu verhindern. Obwohl die Regierung hier *sowohl* vom Vertrauen des Parlaments *als auch* vom Vertrauen des Staatsoberhauptes abhängig ist, werden auch solche Regierungssysteme als parlamentarisch bezeichnet. Dieser Gruppe von parlamentarischen Systemen i. w. S. gehörte zB das im Okt. 1918 unter dem Reichskanzler PRINZ MAX V. BADEN im dt. Kaiserreich und das in der WV niedergelegte Regierungssystem (s. u. II) an.

B. Der Gegensatz: das Präsidialsystem. Nicht jeder Staat, der über ein Parlament verfügt, auch nicht jeder Staat, in dem das Parlament eine starke Stellung innehat, muß nach den Regeln des p.R. organisiert sein. Es gibt vielmehr auch Staaten mit einem Parlament, in denen die Exekutive in ihrem Bestand nicht vom Parlament abhängig ist. Hier spricht man sinnvollerweise nur von einer parlamentarischen Demokratie. Das gilt zunächst vom sog. konstitutionellen Staat (→Konstitutionalismus), in dem die Regierung nur dem Monarchen verantwortl. war und mit diesem dem Parlament als der Vertretung des Volkes polar gegenüberstand. Es gilt aber auch vom sog. Präsidialsystem, bei dem die Spitze der Exekutive zwar ebenfalls wie das Parlament durch demokratische Wahl, aber eben nicht durch Parlamentswahl bestimmt wird und vom Parlament auch nicht abgelöst werden kann (→Präsidialdemokratie). Dabei ist es wiederum gleichgültig, ob der unmittelbar oder mittelbar vom Volk gewählte Präsident selbst Regierungschef ist oder sogar allein „die Regierung ist" (wie der Präsident der →Vereinigten Staaten) oder ob es neben, genauer unter ihm noch einen Ministerpräsidenten bzw. Premierminister gibt (so die V. franz. Republik). Beide Arten des Präsidialsystems gehören nicht zu den p.R.en.

C. Demokratie und parlamentarisches Regierungssystem. Aus dem Vorstehenden ergibt sich, daß das p.R. kein unverzichtbarer Bestandteil des demokratischen Prinzips (→Demokratie) ist. Gerade das Beispiel der Präsidialdemokratie der USA zeigt, daß es auch demokratische Staaten ohne p.R. geben kann. Folgerichtig gehört das p.R. auch in der Bundesrep.Dtschld. nicht zu den in Art. 79 III GG aufgeführten unantastbaren Verf.grundsätzen, die selbst im Wege der Verf.änderung nicht beseitigt werden können.

D. Parlamentarische Verantwortlichkeit der Regierung, parlamentarische Kontrolle. Die parlamentarische Verantwortlichkeit der Regierung, d. h. die Unterwerfung der Regierung unter die parlamentarische Kontrolle, ist nicht begriffsnotwendig auf Staaten mit p.R. beschränkt und ist folgerichtig auch kein Begriffsmerkmal des p.R. Die parlamentarische Kontrolle bedeutet grds. nur, daß sich das Parlament mit der Tätigkeit der Regierung befassen und sie gegebenenfalls kritisieren darf. Mittel der parlamentarischen Kontrolle sind die *Zitierung,* d. h. Herbeirufung der Regierung bzw. einzelner Minister mit der Folge, daß diese auf Fragen der Parlamentsmehrheit Rede und Antwort stehen müssen (zB Art. 43 I GG), ferner das sog. *Interpellationsrecht,* d. h. das Recht kleinerer oder größerer Abgeordnetengruppen, der Regierung Fragen vorzulegen, ohne daß diese unbedingt antworten müßte (in Dtschld.: Große und Kleine sowie mündliche Anfragen), weiterhin das sog. *Enquete-Recht,* d. h. das Recht, zur Erforschung bestimmter Sachverhalte einen →Untersuchungsausschuß einzusetzen, schließl. das Recht, in öffentl. Sitzung über die Regierungspolitik zu debattieren, der Regierung in (unverbindl.) Entschließungen Lob oder Tadel auszusprechen oder sie zu bestimmten Verhaltensweisen aufzufordern. Alle diese Maßnahmen gibt es auch in demokratischen Staaten ohne p.R. Aber nur wenn die parlamentarische Verantwortlichkeit der Regierung bis zu dem Punkt getrieben ist, an dem das Parlament ihr als letzte Sanktion den Regierungssturz anfügen kann, liegt ein p.R. vor.

II. Geschichte des p.R. in Deutschland. Während sich in England sehr früh ein p.R. entwickelte, das schon gegen Ende des 18. Jh. die wichtigsten der noch heute bestimmenden Merkmale aufwies, konnte sich das p.R. in Dtschld. erst im 20. Jh. durchsetzen. Der →Konstitutionalismus des 19. Jh. stellte dem Parlament durchwegs eine nur vom Monarchen bzw. im BISMARCKschen Reich (→Dt. Reich IV) vom Bundesrat als der Versammlung der verbündeten Fürsten abhängige Regierung gegenüber; nur deshalb, weil das Parlament durch Obstruktion jederzeit die G.gebung blockieren konnte, ohne die keine Regierung zu arbeiten vermag, bedurfte es einer gewissen Rücksichtnahme der Regierung. Folgerichtig versuchten die Parlamente auch mit Erfolg, den Bereich, in dem ohne gesetzl. Ermächtigung nicht gehandelt werden durfte, ständig zu erweitern (Vorbehalt des G.; →Gesetzmäßigkeit der Verwaltung); das p.R. aber wurde praktisch nie erreicht. Zwar bestimmte die vom letzten Reichskanzler des Kaiserreiches, dem PRINZEN MAX V. BADEN, durchgesetzte Verf.novelle vom Okt. 1918, daß die Reichsregierung des Vertrauens des Reichstages bedürfe, aber diese Novelle ist wegen der Ereignisse des 8./9. Nov. 1918 nicht mehr wirksam geworden. Die →Weimarer Verf. führte also praktisch zum ersten Mal in Dtschld. das p.R. ein, als sie in Art. 54 anordnete, daß die nach Art. 53 vom Reichspräsidenten ausgewählte und ernannte Reichsregierung des Vertrauens des Reichstages bedürfe und daß jeder Reichsminister zurücktreten müsse, wenn ihm der Reichstag das Mißtrauen ausgesprochen habe. Allerdings zeigte die Verf.wirklichkeit schon lange vor der Machtübernahme der NSDAP andere Züge, da es seit dem ersten Kabinett BRÜNING (Frühjahr 1930) keine parlamentarischen Kabinette mehr gab. Die nunmehrige Praxis der Präsidialkabinette (BRÜNING, V. PAPEN, V. SCHLEICHER, HITLER) beruhte darauf, daß der Reichspräsident die Regierung berief, daß der Reichstag aber, teils in offener Lethargie, teils um noch schlimmere Entwicklungen zu vermeiden, kein offenes Mißtrauensvotum zustandebrachte; die G.gebung ging fast ganz auf die Notverordnungskompetenz des Reichspräsidenten über, und der Reichstag, der nach der Verf. jede Notverordnung sofort wieder beseitigen konnte, raffte sich auch zur Ausübung dieses Rechts nicht mehr auf.

Das GG hat sich unter dem Eindruck dieser Entwicklung der Weimarer Zeit für eine Modifikation des p.R. entschieden. Zwar wird zum erstenmal in der dt. Gesch. der Regierungschef (Bundeskanzler) vom Parlament gewählt (der Bundespräsident hat nur ein Vorschlagsrecht im ersten Wahlgang); aber erstens werden die übrigen Kabinettsmitglieder, die Bundesminister, nicht vom Bundestag, sondern vom Bundeskanzler bestimmt (Art. 64), zweitens kann die Regierung nicht durch jedes beliebige, sondern nur durch das konstruktive Mißtrauensvotum, d. h. nur durch die gleichzeitige Wahl eines neuen Bundeskanzlers, gestürzt werden (Art. 67), und drittens können nicht mehr einzelne Minister durch Mißtrauensvotum aus dem Kabinett „herausgeschossen" werden, so daß sich das Mißtrauen immer nur gegen den Kanzler richten kann, bei dessen Sturz dann allerdings auch alle Minister ihres Amtes verlustig gehen (Art. 67, 69 III).

III. Würdigung. Das p.R. steht, zumindest gegenwärtig, in einem eigentüml. Spannungszustand zwischen dem theoretisch Nötigen und dem politisch Möglichen, ja es ist kaum übertrieben, zu sagen, daß dieser Spannungszustand jedenfalls auf dem europ. Kontinent zu einer Überrundung des Verf.rechts und der Verf.theorie durch die Verf.wirklichkeit geführt hat. Einerseits setzt das p.R. nämlich ein gewisses politisches Spannungsverhältnis zwischen Parlament und Regierung voraus, da andernfalls sein Ziel, nämlich eine Bindung der Exekutive, nicht zu erreichen ist. Andererseits kann eine Regierung unter den Gegebenheiten des 20. Jh. nicht ohne eine mit ihr grds. sympathisierende G.gebungsmaschinerie arbeiten, woraus sich ergibt, daß sie sich zwangsläufig um die Bildung einer stabilen „Regierungskoalition" im Parlament bemühen muß. Damit ist das Spannungsverhältnis, das das p.R. voraussetzt, praktisch aber nicht mehr zwischen Regierung und Parlament, sondern nur noch zwischen Regierung und →Opposition gegeben, die Opposition aber wird wegen des im Parlament geltenden →Mehrheitsprinzips regelmäßig von der Regierungskoalition niedergestimmt und somit an der Ausübung der dem Parlament insgesamt gegenüber der Regierung zustehenden Rechte gehindert. Diese Entwicklung ist um so deutlicher, je straffer die im Parlament vertretenen →Parteien organisiert und geführt sind und je mehr sich die politische Wirklichkeit dem Zweiparteiensystem annähert. Im Zweiparteiensystem kann das p.R. fast mit begriffl. Notwendigkeit nur noch auf dem Papier stehen; denn hier verlaufen die Fronten, politisch gesehen, *naturgemäß* nicht zwischen Parlament und Regierung, sondern zwischen der Opposition einerseits und der Regierung sowie der ihr anhängenden Parlamentsmehrheit andererseits, ein echter Konflikt zwischen Parlament und Regierung setzt hier notwendig einen Konflikt innerhalb der Mehrheitspartei voraus. Daraus erhellt, daß das p.R. im Zeitalter der Parteiendemokratie nur noch theoretisch Bedeutung besitzt.

IV. Die Opposition im p.R. Aus den vorstehenden Ausführungen ergeben sich bedeutungsvolle Konsequenzen für Wesen und Funktion der parlamentarischen Opposition, d. h. der die Regierung nicht unterstützenden Gruppen im Parlament. Solange im 19. Jh. die monarchischen Regierungen mit wechselnden Parlamentsmehrheiten arbeiteten, war Opposition ledigl. die jeweils gegen die konkrete Absicht der Regierung eingestellte Abgeordnetengruppe, die versuchte, in der parlamentarischen Debatte möglichst viele Anhänger der Regierungsmeinung auf ihre Seite zu ziehen, um gegebenenfalls selbst zur Mehrheit zu werden und dann mit allen dem Parlament zustehenden Mitteln die Regierung an ihrem Vorhaben zu hindern. In dem Augenblick jedoch, in dem sich eine die Regierung *ständig* unterstützende Parlamentsmehrheit herausbildete, mußte auch die Opposition ihr Gesicht entscheidend wandeln: Sie wurde nunmehr zu einem Block von Parteien bzw. Abgeordneten, die die Regierungspolitik entweder stets oder doch grds. ablehnten. Solange im Parlament eine größere Anzahl von Parteien vertreten war, bestand noch die reelle Chance, die eine oder andere Koalitionspartei in konkreten Fragen aus dem Regierungsblock herauszulösen. Im Zweiparteiensystem, das sich in den meisten parlamentarischen Demokratien herauszubilden scheint, ist das aber nicht mehr möglich, und selbst in dem Fastzweiparteiensystem der augenblickl. westdt. Prägung, in dem sich zwei der Größe nach völlig verschiedene Koalitionspartner gegenüberstehen, ist das nur in Ausnahmefällen aussichtsreich. Die Opposition ist aus diesem Grund in den meisten modernen Parlamenten darauf angewiesen, von der parlamentarischen Redeschlacht auf andere Mittel der Oppositionspolitik überzugehen. Das wichtigste dieser Mittel ist der Appell an die öffentl. Meinung, der nicht zum geringsten Teil in den „zum Fenster hinaus" gehaltenen Reden im Plenum stattfindet. Diesem Appell an die Öffentlichkeit dient weiterhin der Einsatz der auch einer Minderheit zustehenden parlamentarischen Kontrollrechte, vor allem des →Untersuchungsausschusses, den zB im →Bundestag schon ein Viertel der Abgeordneten erzwingen kann, und der sog. Großen und Kleinen Anfragen. Zwar muß die Regierung solche Anfragen nicht beantworten, solange nicht die Parlamentsmehrheit hinter ihnen steht, und ebenso hat die Koalition in den Untersuchungsausschüssen, wenn sie einmal ins Leben gerufen sind, auf Grund ihrer überwiegenden Stimmenzahl beherrschenden Einfluß. Praktisch wird sie von diesen Möglichkeiten aber nur in beschränktem Maße Gebrauch machen können, da sie sich sonst der Gefahr aussetzt, daß in der öffentl. Meinung die von der Opposition vermuteten Mißstände als tatsächl. existent betrachtet werden. Eine zweite Waffe der Opposition besteht darin, Meinungsverschiedenheiten innerhalb der Koalition bzw. der Mehrheitspartei aufzudecken und auf diese Weise eine allzu einfache Handhabung der Fraktionsdisziplin zu verhindern; andernfalls besteht die Gefahr, daß eine verhältnismäßig kleine Gruppe von Abgeordneten im Parlament dadurch ihren Willen durchsetzt, daß sie in der Fraktion zunächst die Andersdenkenden überstimmt, sie mittels der Fraktionsdisziplin auf ihre Linie festlegt und sodann im Plenum die Opposition niederstimmt. Schließl. besitzt die Opposition, wenn sie mehr als ein Drittel der Abgeordneten auf sich vereinigt, auch insofern noch eine scharfe Waffe, als Verf.änderungen, die ja regelmäßig der Zweidrittelmehrheit bedürfen, ohne sie nicht bewerkstelligt werden können. Gerade bei der zunehmenden Bedeutung der →Verfassung als einer fundamentalen Aussage über den Charakter und die wesentl. Ziele eines Staates ist diese Möglichkeit der Opposition kaum zu überschätzen. Wegen der Möglichkeiten, die sich speziell in der Bundesrep. für die Opposition aus der Bundesstaatlichkeit ergeben, →Bundesstaat und →Bundesrat.

R. Thoma, Die rechtl. Ordnung des parlamentarischen Regierungssystems, HDStR II, 503–511 (Lit.) – G. Anschütz, Die Verf. des Dt. Reiches vom 11. Aug. 1919, 1933[14], 310 ff. (Lit.) – W. Jellinek, Hans Schneider, Kabinettsfrage und G.gebungsnotstand nach dem Bonner GG, VVDStRL, H. 8, 3–54 (Lit.) – Fritz Münch, Die Bundesregierung, 1954 (Lit.) – U. Scheuner, Das parlamentarische Regierungssystem in der Bundesrep. Dtschld., DÖV 1957, 633 ff. – G. Leibholz, Strukturprobleme der modernen Demokratie, 1958 – E. Friesenhahn, K. J. Partsch, Parlament und Regierung im modernen Staat, VVDStRL, H. 16, 9–109 (Lit.) – K. Loewenstein, Der brit. Parlamentarismus, 1964 – Ders., Verf.lehre, 1969[2], 81 ff., 467 ff. – F. Glum, Das parl. Regierungssystem in Dtschld., Großbrit. u. Frankreich, 1965[2] – K. Kluxen (Hg.), Parlamentarismus, 1967 – N. Gehrig, Parlament-Regierung-Opposition, 1969 – R. Herzog, Allg. Staatslehre, 1971, 264 ff. – K. v. Beyme, die p.R.e., 1973[2] – H. Steiger, Organisatorische Grundlagen des p.R., 1973 – Th. Oppermann, H. Meyer, Das p.R. des GG, VVDStRL, H. 33, 7 ff. – Chr. Brünner, Politische Planung im p.R., 1978 – H. Oberreuter, Parlament und Regierung, 1978. S.a. Bundestag, Opposition, Parlament, Untersuchungsausschüsse.

Roman Herzog

Parteien, politische. 1. Geschichtl. Entwicklung. *England,* das Ursprungsland des →Parlamentarismus, hat auch die frühesten Formen der modernen P.en hervorgebracht. Die ersten P.en im vollen Sinn und zugleich das erste Zweiparteiensystem entstanden zwischen 1660 und der Glorreichen Revolution (1688). Die Whigs bekämpften, die Tories unterstützten die königl. Prärogative der Stuarts. Beide Bezeichnungen, ursprüngl. Spottnamen, wurden seit 1680 offiziell üblich. Zwischen 1850 und 1860 wandelte sich die Unterscheidung von „Whigs" und „Tories" zu der nach „Liberalen" und „Konservativen". Das weiterhin herrschende Zweiparteiensystem wurde modifiziert durch das Auftreten verschiedener Gruppen in der Rolle der dritten Partei (P.) (Radikale, die irische Home-Rule-Party u. a.). Im 20. Jh. verdrängte die 1906 gegründete Labour-Party die Liberalen aus der Rolle der den Konservativen entgegengesetzten fortschrittlichen P.

Wenn es in England gelungen ist, die politische Verf. der gesellschaftl. Entwicklung im evolutionären Wandel von aristokratischen Herrschaftsformen zur modernen Demokratie anzupassen, so beruht dies weithin darauf, daß die P.en schon früh als Organe des „body politic" wirkten und (in der Theorie etwa von BOLINGBROKE und BURKE) anerkannt waren. Sie konnten diese Rolle um so eher spielen, als sie aus aristokratischen Gruppen entstanden waren, die auf eine lange Tradition politischer Tätigkeit zurückblickten, und als ihre Zielsetzungen weit mehr auf die praktische Politik als auf die Verwirklichung theoretischer Sätze gerichtet waren.

Ähnliches gilt für die *USA,* wo sich schon in der Gründungszeit der Union aus dem ursprüngl. Gegensatz der Federalists und ihrer von JEFFERSON geführten Gegner, die zunächst Republikaner, später Demokraten genannt wurden (1854 Gründung der heutigen Republikanischen P.), ein Zweiparteiensystem – freilich mit P.en von wesentl. lockererer Struktur als in England – herausbildete.

Dagegen setzt die Entwicklung der p. P.en auf dem *europ. Kontinent* nicht nur später ein – in Frankreich entstanden die ersten P.en nach den Vorformen der „Clubs" der Revolution um 1815, in Belgien vor der Revolution von 1830, in den Niederlanden erst seit der Mitte des 19. Jh. – ; sie ist auch durch andere Züge geprägt. Die kontinentalen P.ensysteme sind von vornherein Vielparteiensysteme von z. T. großer Labilität gewesen, wenngleich auch hier die großen Gruppen der Konservativen und Liberalen, später der Sozialisten vorherrschen. Unverkennbar ist ferner eine Tendenz zu stärkerer ideologischer Bindung. Die Einfügung der P.en in die politische Verf. und damit deren Angleichung an die gesellschaftl. Entwicklung haben sich hier ungleich schwieriger – teils durch Revolution, teils verspätet – vollzogen.

Dies gilt in bes. Maße für *Dtschld.* Hier hat, nach Anfängen in den Landtagen der Einzelstaaten, erst die bürgerl. Revolution des Jahres 1848 den Anstoß zur Bildung von P.en mit bleibender Bedeutung gegeben. Fast alle größeren dt. P.en haben ihren Ausgang von den parlamentarischen Versammlungen der Revolution, vor allem von der Frankfurter Paulskirche genommen: die Liberalen in ihren verschiedenen Richtungen, die Konservativen, das spätere Zentrum und in gewisser Weise auch die Sozialisten, die dem Revolutionsjahr zwar nicht ihre organisatorische Entstehung, aber doch eine ihrer großen Programmschriften, das Kommunistische Manifest, verdanken.

Diese Richtungen haben das Bild der dt. P.en bis 1933 bestimmt. Während bis zur Reichsgründung und in der ersten Zeit des Reiches die Liberalen (1867 Gründung der Nationalliberalen P.) im Vordergrund standen, stieg – namentlich seit dem Bruch BISMARCKS mit den Nationalliberalen (1878/79) – der Einfluß der Konservativen (1866/67 Gründung der Freikonservativen P., 1876 dt. konservative P.) und der kath. konfessionellen P. des 1870 gegründeten Zentrums; die (nach Anfängen in LASSALLES Allg. Dt. Arbeiterverein) 1869 gegründete Sozialistische ArbeiterP. – seit 1875 Sozialistische ArbeiterP. Dtschld.s, seit 1890 Sozialdemokratische P. Dtschld.s (SPD) – gewann, obwohl in der Zeit von 1878 – 1890 verboten (SozialistenG.e), zunehmend an Gewicht.

Zentrum und Sozialdemokratie (von der sich 1917 ein radikaler linker Flügel, die Unabhängige SPD [USPD], abgespalten hatte) bewahrten auch nach der Revolution von 1918 ihre Gestalt. Die Konservativen sammelten sich in der Dt.nationalen VolksP., die Liberalen in der Dt. Demokratischen P. und der Dt. VolksP. – die erste namentlich in der Weimarer Nationalversammlung von Bedeutung, die letztere unter der Führung von STRESEMANN in den späteren Jahren der Republik; beide wurden im Verlauf der Weltwirtschaftskrise der beginnenden 30er Jahre nahezu völlig zerrieben. Neben diese P.en hergebrachter Richtungen traten – nicht zuletzt infolge des durch die Reichsverf. normierten Verhältniswahlrechts – zahlreiche SplitterP.en. Neu war das Auftauchen totalitärer, verf.feindl. P.en – der KPD (1919 gegr.) und der NSDAP (1919 als „Dt. ArbeiterP." gegr., seit 1920 NSDAP, seit 1921 unter Führung von HITLER) – mit ihrer auf Obstruktion gerichteten parlamentarischen Taktik, deren Ziel nicht die Gewinnung der verf.mäßigen Regierungsmehrheit, sondern die Einparteienherrschaft und Revolutionierung des politischen Systems (→Nationalsozialismus) war. Ihr rasches Anwachsen seit 1930 hat dazu beigetragen, den Reichstag arbeitsunfähig zu machen. Nach der Machtergreifung durch die Nationalsozialisten wurde die KPD bereits im März, die SPD im Juni 1933 verboten; die bürgerl. P.en lösten sich mehr oder minder freiwillig auf. Nach dem G. über die Neubildung von P.en vom 14. Juli 1933 gab es in Dtschld. nur noch eine P., die NSDAP, die nach § 1 des G. über die Einheit von Partei und Staat vom 1. Dez. 1933 „Trägerin des dt. Staatsgedankens" war, deren Ziele also nicht mehr politische Ziele einer EinzelP., sondern Staatsziele waren, und deren Anschauungen mit dem Wohl des Staatsganzen identifiziert wurden. Nach der Kapitulation von 1945 ist die NSDAP alsbald verboten worden; ihre Organisationen wurden aufgelöst, das gesamte Vermögen beschlagnahmt; ihre Führer und Mitglieder hatten sich teils gerichtl., teils in politischen Säuberungsverfahren zu verantworten.

Gegenüber der geradlinigen Entwicklung der P.en in den alten Demokratien ist die *Eigenart der dt. P.en-Entwicklung* durch bes. Einflüsse und Schwierigkeiten gekennzeichnet, auf die weithin die Problematik der Lage und des Wirkens der politischen P.en bis in die Gegenwart zurückzuführen ist.

Eine Eigenart des älteren dt. P.wesens ist zunächst der *Zug zum Dogmatisch-Ideologischen,* in dem sich die Herkunft der dt. P.en aus philosophischen Richtungen und Schulen widerspiegelt. Die Orientierung an Weltanschauungen, die mit dem Anspruch auf Allgemeingültigkeit auftreten, ist ein durchgehender Zug des dt. P.lebens geworden, der auch mit dem durch die soziale und wirtschaftl. Entwicklung bedingten Wandel zu stärkerer Interessenbindung der P.en nicht verlorengegangen ist.

Demgegenüber zeigen sich gewisse Parallelen zur ausländischen Entwicklung in der Entwicklung der dt. P.en von der *HonoratiorenP.* älteren Stils zur *MassenP.* mit großer Mitgliederzahl und fester P.organisation. Die älteren dt. P.en waren lockere Zusammenschlüsse sozial anerkannter, ehrenamtl. tätiger Persönlichkeiten in den parlamentarischen Versammlungen; sie lebten und wirkten vornehmlich in den „Fraktionen“; ihre Ideen und Ziele richteten sich fast durchweg auf die nationale Einheit und die Wege ihrer Gewinnung. Dieser P.typus wurde seit dem Ende der 70er Jahre durch einen neuen abgelöst: Industrialisierung und in ihrer Folge die Verschiebung des Verhältnisses von ländl. und städtischer Bevölkerung, die soziale Frage, die Notwendigkeit zunehmender wirtschafts- und sozialpolitischer Aktivität des Staates lenkten, begünstigt durch die Einführung des allg. Wahlrechts für die Wahlen zum Reichstag (1867/71), die Erwartungen der Bevölkerung auf die politische Macht und den Mittelpunkt ihrer Ausübung, den Staat; sie führten nicht nur zu einer Verschiebung der Ziele der Politik von der Nationalstaats- zur Wirtschafts- und Sozialpolitik und damit zu einem stärkeren Gewicht wirtschaftl. und sozialer Gruppeninteressen in den Zielsetzungen der P.en, sondern auch zur Ausweitung und organisatorischen Verfestigung der P.en selbst, die nunmehr zu Sachwaltern dieser Interessen wurden. Der damit gegebene Charakter der P.en prägte sich in der Weimarer Republik bes. deutlich aus und spiegelte sich in den – im Vergleich zu heute – hohen Zahlen ihrer Mitglieder bzw. der Mitglieder der sie tragenden oder unterstützenden Organisationen.

Es erklärt zu einem wesentl. Teil die Belastungen und Fehlschläge der Gesch. der Demokratie in Dtschld., daß dieser Entwicklung der P.en zumindest bis 1918 keine angemessene *Einfügung in die politische Ordnung* entsprochen hat. Die Verf. des Kaiserreiches, die Regierungspraxis und die herrschenden Auffassungen – auch in der Staatsrechtslehre – haben ihnen nicht den politischen Einfluß und die Verantwortung zugewiesen, die sie zu tragenden Kräften des politischen Gemeinwesens hätten werden lassen und die ein kontinuierl. Hineinwachsen in die moderne Demokratie hätten ermöglichen können. Das P.wesen stand außerhalb der Verf. und weithin im Gegensatz zum Regierungssystem. Das Parlament spielte nach der Reichsverf. von 1871 keine entscheidende Rolle; weder war die Regierung von seinem Vertrauen abhängig (→Parlamentarisches Regierungssystem, Annäherungen seit 1908, Einführung erst 1918), noch bestanden sonstige Formen parlamentarischer Verantwortung; der Reichstag war auf die Mitwirkung bei der G.gebung und das Budgetrecht beschränkt. Die P.en waren an den Regierungsfunktionen nicht beteiligt; auf die Besetzung hoher Staatsämter hatten sie kaum Einfluß. Hinzu kam, daß die herrschende Anschauung, voran die der Reichsleitung selbst, in den P.en nur Faktoren der Zersplitterung und Einseitigkeit gegenüber der Einheit und Universalität des Staates erblickte, die in der monarchischen Gewalt, in Heer und Beamtentum verkörpert erschienen. Die hieraus resultierenden Gegensätze und Spannungen im politischen System des Reiches haben nicht nur die dt. Gesch. vor und während des Ersten Weltkrieges entscheidend bestimmt, sondern auch die Bewältigung der in der Weimarer Republik gestellten Aufgaben wesentl. erschwert, wenn nicht unmögl. gemacht. Die weltanschaul. Bindungen, die bisherige Beschränkung der P.en auf Kritik und ihre Ausschaltung aus der politischen Verantwortung mußten sich nachteilig auswirken, als es nunmehr auf die Fähigkeit zu politischem Handeln und zum Kompromiß, auf das Vermögen, politische Verantwortung zu erkennen und zu übernehmen, ankam. Zugleich wirkte die alte Anschauung nach, die im Parlament nur eine Stätte des P.haders sah; sie fand u. a. Ausdruck in der starken Stellung und im Nimbus des Reichspräsidenten als des „überparteil.“ Staatsoberhauptes und eines „pouvoir neutre“. Ohne die Abneigung gegen den Pluralismus der P.en wäre es dem Nationalsozialismus schwerlich gelungen, sich so rasch und nachhaltig durchzusetzen.

Von geringerer, wenn auch äußerst vielschichtiger Wirkung auf das dt. P.wesen sind schließlich *regionale Einflüsse* gewesen. Sie fanden – abgesehen von den Ausnahmen Bayerns (Bay. Volkspartei), Hannovers (Welfenpartei, Dt.hannoversche Partei) und nationaler Minderheiten (Elsässer, Polen, Dänen) – ihre Wurzel freilich weniger in nationaler oder landsmannschaftl. Eigenart und regionaler Besonderheit als in der Bildung territorialer Schwerpunkte politischer Richtungen; so war der ältere Konservativismus namentlich in den altpreuß. Provinzen verbreitet, während unter den liberalen Parteirichtungen dem südwestdt. Liberalismus wesentl. Bedeutung zukam.

2. Die P.en in der Gegenwart. Der für die westl. Welt weithin kennzeichnende P.pluralismus erscheint in *Großbritannien* und in den *USA* auch in der Gegenwart eher als P.dualismus; die Rolle der kommunistischen P.en ist unbedeutend. Demgegenüber ist für *Kontinentaleuropa* weiterhin überwiegend ein interessenpolitisch wie weltanschaul., z. T. auch regional gegliedertes Vielparteiensystem kennzeichnend (Belgien, Niederlande, die skandinavischen Staaten). In *Italien* ist die Bedeutung der Democrazia Cristiana in neuerer Zeit zurückgegangen, wodurch die Labilität der Parteienkonstellation zugenommen hat. In *Frankreich* zeigten sich in der IV. Republik Nachteile eines stark zersplitterten Vielparteiensystems. Die Einschränkungen des →parlamentarischen Systems, die Betonung plebiszitärer Elemente und die Verstärkung präsidialer Macht in der V. Republik haben die Akzente verschoben, ohne den Einfluß der P.en nachhaltig mindern zu können; das Problem der mangelnden polit. Organisation der Rechten und der Mitte ist weiterhin ungelöst. In *Österreich* haben die Sozialdemokratische P. Österreichs und die (bündisch strukturierte) Österr. VolksP. weitaus die Mehrheit; die Praxis Großer Koalitionen (mit der Folge weitgehender parteipolit. Durchdringung des öffentl. Lebens – Proporz) ist in jüngerer Zeit nicht mehr fortgesetzt worden. Im ganzen sind in Kontinentaleuropa seit 1945 im wesentl. überall die P.en der vorfaschistischen Zeit wiedererstanden. Wichtig ist die Rolle der kommunistischen P.en Frankreichs und Italiens nach dem Zweiten Weltkrieg.

In der *Bundesrepublik* ist der Bruch der Kontinuität in der Entwicklung des P.wesens durch das nationalsozialistische Regime ungleich tiefer gewesen als der durch die Revolution von 1918; so wurde es nach 1945 notwendig, die P.en völlig neu aufzubauen. Am leichtesten konnte hierbei die Sozialdemokratie an ihre Traditionen anknüpfen und auf die alten Organisationsformen zurückgreifen. Der dt. Liberalismus suchte sich vor allem in der FDP zu sammeln, während die konservative Rechte, die zum großen Teil vom Nationalsozialismus absorbiert worden war, kein neues Leben erlangt hat. Das entscheidend Neue im Bild der heutigen P.en ist die Entstehung einer großen christl. P., die beide Konfessionen umfaßt (CDU); in ihr ist der dem Zentrum eigene betont konfessionelle Charakter stark zurückgetreten. In den Anfangsjahren der Bundesrepublik sind rechts- und linksextremistische Parteien vom BVerfG verboten worden (Sozialistische Reichspartei 1952, KPD 1956). Splitterparteien, unter ihnen die DKP, sind, nicht zuletzt infolge der Sperrklauseln des →Wahlrechts, ohne Bedeutung. Die unter den Besonderheiten der Nachkriegslage entstandene Flüchtlingspartei (Block der Heimatvertriebenen und Entrechteten, BHE) hat sich ebensowenig halten können wie ein Teil der regionalen Parteibildungen (Deutsche Partei in Niedersachsen, Bayernpartei – ein charakteristischer Sonderfall ist die bayerische CSU, in der sich regionale Eigenart im Rahmen einer gesamtpolitischen Richtung verfestigt hat). Inwieweit neue Parteien sich behaupten werden, die in erster Linie aus dem Protest gegen bestehende Verhältnisse hervorgegangen sind und in den letzten Jahren im Bundestag und einem Teil der Länderparlamente Fuß fassen konnten (Grüne, Alternative), ist noch nicht abzusehen, dürfte aber weitgehend von der Fähigkeit der überkommenen Parteien abhängen, jenem Protest die Spitze zu nehmen.

Gegenüber der Weimarer Zeit ist die ideologische Orientierung der heutigen politischen Parteien schwächer geworden; ihr Einfluß ist dagegen gestiegen. Wenn die Personalunion zwischen führenden Parteistellungen und Regierungsämtern (bei den Regierungsparteien) die Regel ist und zwischen Partei und Fraktion enge Bindungen bestehen (→Abgeordneter), so liegt das in der Konsequenz des →Parlamentarischen Systems. Doch beschränken die Parteien ihre Aktivität nicht auf die Wahlen zum Parlament und die parlamentarische Arbeit; sie nehmen – neben den →Verbänden – auf alle Gebiete des öffentlichen Lebens maßgebl. Einfluß, dies namentlich durch Ämterpatronage, welche über den Bereich der politischen Willensbildung wesentlich hinausgeht und nicht nur die Verwaltung und die Besetzung hoher Richterstellen, sondern etwa auch das Personalwesen im Bereich der öffentl. Medien oder die Berufungspolitik an den Hochschulen erfaßt. Das führt ebenso wie der Umstand, daß die politischen Lösungsversuche der Parteien häufig nicht am Problem selbst, sondern am Kampf um die Macht orientiert sind, zu einem Verlust des Ansehens der Parteien und, besonders bei Teilen der jüngeren Generation, zu „Parteiverdrossenheit" und einer gewissen Abkehr von dem (tatsächlichen) politischen System.

Im Gegensatz zu den P.en in den westl. Demokratien bieten die P.en in den *totalitären Staaten* des Ostblocks ein völlig anderes Bild. Sie kennen – zumindest der Sache nach (so in der DDR, wo die SED neben den durch die „Nationale Front" gleichgeschalteten und bei Wahlen mit ihr zu einer Einheitsliste verbundenen P.en die allein entscheidende Rolle spielt) – nur eine (Staats-)P., in der nicht nur die gesamte politische Macht monopolisiert ist, sondern die auch auf Grund der von ihr mit der marxistischen Lehre erkannten objektiven Gesetzlichkeiten des Geschichtsprozesses die wahren Interessen des Volkes (die mit den tatsächl. Interessen der Angehörigen des Volkes nicht identisch zu sein brauchen) maßgebl. formuliert. Im Gegensatz zum Pluralismus der politischen Gruppierungen, Interessen und Ideen, wie sie für die Demokratien des Westens kennzeichnend sind, ist das P.wesen in totalitären Staaten durch den Monismus einer herrschenden Ideologie und damit durch den Ausschluß legitimer Opposition gekennzeichnet. Es ist angesichts seiner gänzlich andersartigen Voraussetzungen mit dem P.wesen der westl. Demokratien nicht vergleichbar.

3. Aufgaben und Bedeutung der P.en; P.systeme. Die *Aufgaben* der p. P.en ergeben sich aus der demokratischen Ordnung des politischen Gemeinwesens, die ohne die Aktionseinheiten der p. P.en nicht funktionsfähig wäre.

Die repräsentative →Demokratie beruht auf stets zu erneuernder freier Legitimierung der politischen Führung durch das Volk, auf dem Schutz der Minderheit und ihrer gleichen Chance, einmal zur Mehrheit zu werden, und auf freier und offener politischer Willensbildung. Im Rahmen dieser Funktionszusammenhänge ist es erste Aufgabe der P.en, →politische Programme aufzustellen, die politischen Führer auszulesen, heranzubilden, sie dem Volk zu präsentieren und um eine Mehrheit für sie zu werben. Sie haben als RegierungsP.en die unerläßl. Funktion eines Bindegliedes in der Legitimationskette zwischen Volk und politischer Führung. Als P.en der Opposition obliegt ihnen die Kritik, die Kontrolle und damit die Mäßigung der Macht der herrschenden Führungsgruppe sowie die Entwicklung von Alternativen zu der augenblickl. herrschenden politischen Gesamtrichtung, ohne die ein Wechsel sowohl der Richtung wie auch der regierenden Personen nicht möglich ist. Diese, ein Mehrparteiensystem mit gleichen Chancen voraussetzende, Möglichkeit von Alternativen ist Bedingung wirksamer Volksherrschaft: Wo das Volk nicht zwischen verschiedenen Möglichkeiten wählen kann, hat es in Wahrheit nichts zu entscheiden.

Weiter ist es Aufgabe der P.en, Träger und Mittler des die demokratische Ordnung kennzeichnenden Prozesses freier Willensbildung zu sein. Ohne diese Träger- und Mittlerschaft wäre es unter den Bedingungen der Gegenwart nicht mögl., die frei sich bildenden politischen Antriebe den institutionalisierten Organen der politischen Willensbildung (Parlament und Regierung) zuzuführen. Die sozialen und politischen Strukturwandlungen der jüngeren Vergangenheit haben bewirkt, daß jene Impulse nur noch in geringem Maße von Einzelpersonen ausgehen; politische und soziale Forderungen werden in erster Linie von organisierten Gruppen, den Verbänden, namentlich aber von den P.en selbst aufgestellt und vertreten. Den P.en obliegt hierbei die Sammlung, die Sichtung und der vermittelnde Ausgleich der verschiedenen Bestrebungen, ggf. auch die Abwehr solcher Ansprüche oder Meinungen, die durchzusetzen einen Schaden für das Ganze bedeuten würde. Sie allein sind es vor allem, welche die auf diese Weise formulierten Bestrebungen im Rahmen der institutionalisierten Willensbildung in Parlament und Regierung zur Geltung zu bringen haben – nicht als Vollstrecker eines Auftrags der Wähler oder einer Interessengruppe, sondern auf Grund eigener verantwortl. Entscheidung. Z. T. resultieren hieraus die heute zu beobachtenden Wandlungen der Parlamentsstruktur und des Parlamentsverfahrens (→Abgeordneter 2), der Struktur und Funktion der →Regierung, des Zusammenspiels von Parlament und Regierung und des bundesstaatl. Aufbaus (→Bundesstaat 3).

Eine Mitwirkung jenseits des Bereichs der i. e. S. politischen Gewalten, G.gebung und →Regierung, ist den P.en dagegen versagt. Es gehört nicht zu ihren Aufgaben, Einfluß auf die →Rspr. und die →Verwaltung (eine Ausnahme bildet das Wirken kommunaler Vertretungskörperschaften) zu nehmen, sei es auch nur mittelbar durch Ämterpatronage. Rspr. und Verwaltung weisen eine andere Eigenart auf und unterliegen anderen Gesetzlichkeiten als Regierung und G.gebung; die Erfüllung ihrer Aufgaben kann durch eine „Mitwirkung" der Parteien nicht gefördert werden. Zudem schafft gerade die politische Neutralität von Rspr. und Verwaltung dasjenige Moment der Kontinuität, das alternative politische Führung erst ermöglicht.

Inwieweit die P.en ihre Aufgaben in der repräsentativen Demokratie erfüllen können, ist weithin eine Frage des *P.systems,* dessen Eigenart namentlich von der Ausgestaltung des →Wahlrechts abhängt. Das Einparteiensystem ist mit dem Wesen der repräsentativen Demokratie unvereinbar. Innerhalb der Mehrparteiensysteme vermag ein Zweiparteiensystem die dargelegten Aufgaben besser als ein Viel- oder Allparteiensystem (in dem alle P.en an der Regierung beteiligt sind) zu bewältigen.

Das Zweiparteiensystem zwingt die P.en dazu, mehr als in einem Vielparteiensystem um ihre Legitimierung besorgt zu sein. Wenn es notwendig ist, die absolute Mehrheit aller Mandate zu gewinnen, muß die P. möglichst weite Bevölkerungsschichten zu gewinnen suchen; das verbietet einseitige Interessenverfolgung und führt zu der Notwendigkeit, unterschiedl. Interessen bereits innerhalb der P. auszugleichen, freilich auch zu der Folge stärkerer organisatorischer Verfestigung der P. und strenger Disziplin in der Fraktion. Ferner müssen in einem Zweiparteiensystem zwischen konkurrierenden P.en keine Verpflichtungen eingegangen werden, was in einem Vielparteiensytem regelmäßig der Fall ist. Es bestehen damit nicht nur zwischen den P.en, sondern auch gegenüber dem Wähler Klarheit und klare Verantwortung. Opposition und Volk können die Regierung effektiv verantwortl. machen, indem sie die RegierungsP. – ohne neue Koalitionsmöglichkeit – abwählen. Dem Volk ist somit die Möglichkeit einer wirkl. Wahl gegeben, während es bei einem Vielparteiensystem nicht zwischen klaren Alternativen wählen kann, um so weniger, als entscheidende Fragen erst nach der Wahl in Koalitionsvereinbarungen geregelt werden. Im Zweiparteiensystem sind daher die Verbindung des Wählers zu seiner P., sein wirkl. Einfluß und damit die politische Anteilnahme stärker als in einem Viel- und vollends in einem Allparteiensystem. In diesem gibt es keine vor den Wahlen bestimmbare politische Richtung und keine klare Verantwortlichkeit; es kommt mehr auf die Beziehungen der P.en untereinander als auf den Willen des Wählers an; eine Verschiebung der Mehrheitsverhältnisse führt i. d. R. nur zu einer Änderung der quotenmäßigen Beteiligung an der Regierung. Immerhin ist auch hier, im Gegensatz zum Einparteiensystem, zumindest die Möglichkeit einer Opposition erhalten, die sich meist in die Koalition hinein verlagert.

4. Verf.rechtl. Stellung der P.en in der Bundesrep. Dtschld. In bewußter Absetzung von der

→Weimarer Verf. und der Reichsverf. von 1871 hat das Grundgesetz Aufgaben und Stellung der P.en ausdrücklich geregelt. Die näheren Regelungen obliegen der Gesetzgebung; sie sind namentlich im ParteienG. vom 24. Juli 1967 (Bekanntmachung der Neufassung vom 15. Februar 1984), im BundeswahlG und im G. über das BVerfG enthalten.

Der verf.rechtl. Status der P.en ist in Art. 21 GG und den entspr. Bestimmungen des ParteienG festgelegt. Den vom GG vorausgesetzten *Begriff der P.* umschreibt § 2 I des ParteienG. Danach sind polit. P.en „Vereinbarungen von Bürgern, die dauernd oder für längere Zeit für den Bereich des Bundes oder eines Landes auf die politische Willensbildung Einfluß nehmen und an der Vertretung des Volkes im Deutschen Bundestag oder einem Landtag mitwirken wollen", sofern sie eine gewisse organisatorische Gewähr für die Ernsthaftigkeit ihrer Zielsetzungen bieten. P.en i. S. des GG sind deshalb nicht *Wählervereinigungen* (d. h. Gruppen, die nur vorübergehend zusammentreten, um für bestimmte Wahlen Kandidaten aufzustellen), weil diesen das Moment der Dauer fehlt, und, im Anschluß an die Rspr. des BVerfG, *KommunalP.en* (d. h. Gruppen, deren Ziele sich auf die Mitwirkung bei der Willensbildung in den Gemeinden und Gemeindeverbänden beschränken – *„RathausP.en")*, weil in den kommunalen Vertretungskörperschaften kein im engeren Sinne „polit." Wille gebildet wird.

Die *Aufgabe der P.en* (vgl. oben 3) umschreibt das GG in Art. 21 I mit den Worten: „Die P.en wirken bei der polit. Willensbildung des Volkes mit" (vgl. auch § 1 P.enG). Dies bedingt einen bestimmten rechtl. Status, der gekennzeichnet ist durch die →Freiheit und →Gleichheit der P.en, sowie durch ihren öffentl., jedoch nicht im engeren Sinne staatl. Charakter.

Die *Freiheit der P.en* umfaßt die äußere und innere P.freiheit. Die äußere P.freiheit schützt die P.en vor staatl. Eingriffen und Einflüssen. Die Gründung von P.en, der Beitritt und Austritt sind frei (Art. 21 I Satz 2 GG). Anders als sonstige Vereinigungen genießen die P.en einen erhöhten Schutz gegen Auflösung („P.enprivileg"): Eine P. darf nur durch Spruch des BVerfG verboten werden und nur dann, wenn sie den Bestand der Bundesrep. Dtschld. gefährdet oder die Grundlagen der politischen Ordnung, die „freiheitl. demokratische Ordnung" beeinträchtigen oder beseitigen will (Art. 21 II GG).Das BVerfG trifft die Entscheidung nur auf Antrag, der bei einer Bundespartei von dem Bundestag, dem Bundesrat oder von der Bundesregierung gestellt werden kann.

Dieses Privileg beschränkt sich nicht auf den Bestand der Parteiorganisation. Es umfaßt auch die mit allgemein erlaubten Mitteln arbeitende parteioffizielle Tätigkeit der Funktionäre und Anhänger einer Partei, ohne welche die Partei handlungsunfähig und ihre Privilegierung gegenstandslos wäre. Nach der Rechtsprechung des BVerfG gilt das allerdings nicht für Beamte. Deren politische Treuepflicht, die einen hergebrachten Grundsatz des Berufsbeamtentums enthält (Art. 33 Abs. 5 GG), fordert ein Eintreten für die verfassungsmäßige Ordnung; sie geht der durch Art. 21 Abs. 2 GG begründeten Freiheit des Bürgers vor, die verfassungsmäßige Ordnung abzulehnen und sie politisch zu bekämpfen, solange er das innerhalb einer nicht verbotenen Partei mit allgemein erlaubten Mitteln tut (BVerfGE 39, 334, 358 f.). Ferner dürfen die Parteien weder staatlichen Bindungen unterworfen noch in sonstiger Weise staatlich-institutionell verfestigt werden; sie wären sonst nicht mehr imstande, Träger eines freien Willensbildungsprozesses zu sein. – Sehr viel schwieriger ist es, die Freiheit der P.en gegenüber Einflüssen nichtstaatl. Art zu erhalten, obwohl diese Einflüsse bedenklicher sein können als staatliche. Hier versagen rechtl. Sicherungen; es kommt alles auf die eigene Widerstandskraft der P.en an.

Die innere P.freiheit gewährleistet Art. 21 I Satz 3 GG mit den Worten: „Ihre (der P.en) innere Ordnung muß demokrat. Grundsätzen entsprechen." Das Grundgesetz sucht damit die Freiheit des polit. Willensbildungsprozesses an seiner Quelle, bei den P.en, zu sichern; dem dienen im besonderen die ausgestaltenden Regelungen des P.enG und des BWahlG über die Stellung der P.mitglieder, ihre Mitwirkung bei der Kandidatenaufstellung und Besetzung der Führungsposten, sowie über die regelmäßig zu erneuernde demokrat. Legitimation der leitenden Organe.

In engem innerem Zusammenhang mit der Gewährleistung der Freiheit der P.en steht die ihrer Gleichheit; beide setzen sich gegenseitig voraus. Die *Gleichheit der P.en* ist grds. schematische Gleichheit; eine rechtl. Unterscheidung zwischen großen und kleinen, Regierungs- und OppositionsP.en ist unzulässig. In Ausnahmefällen wird freilich die Zulässigkeit von Differenzierungen anerkannt, namentlich bei der Gestaltung des →Wahlrechts, der Mitwirkung der P.en im Parlament (Fraktionsbildung, Zugang zu den Ausschüssen), der Wahlkampfkostenerstattung und bei der Werbung in Rundfunk und Fernsehen. – Angesichts der Ungleichmäßigkeit der Unterstützung der P.en durch Geldgeber, Verbände oder Presse vermag die rechtl. gleiche Chance nicht ohne weiteres die tatsächl. gleiche Chance der P.en zu sichern.

Ihrer *äußeren Rechtsform* nach sind die dt. P.en eingetragene oder nicht rechtsfähige Vereine. Trotzdem gleichen sie im Hinblick auf ihre Aufgaben und ihren verf.rechtl. Status nicht einer privaten Vereinigung (→Vereinigungsfreiheit). Soweit ihre verf.rechtl. Aufgaben in Frage stehen, ist ihre Rechtsstellung als eine singulär öffentl. zu qualifizieren, die ihren Ort freilich nicht im Bereich institutionalisierter Staatlichkeit, sondern in dem Bereich organisierten gesellschaftl. Zusammenwirkens findet, aus dem diese Staatlichkeit erst hervorgeht.

Um zu verhindern, daß anonyme Finanzkräfte Einfluß auf das Wirken der Parteien nehmen, schreibt Art. 21 Abs. 1 Satz 4 GG vor, daß die Parteien über die *Herkunft und Verwendung ihrer Mittel sowie ihr Vermögen öffentlich Rechenschaft geben* müssen. Das ParteienG, das diese Vorschrift konkretisiert, verzichtet grundsätzlich auf die namentliche Nennung der Geldgeber und läßt Angaben der quotenmäßigen Zusammensetzung (Einnahmen aus Mitgliedsbeiträgen, Vermögen, Spenden usw.) genügen; nur bei größeren Spenden (über 20 000 DM jährlich), bei denen eine maßgebl. Einflußnahme auf die Politik der Parteien naheliegt, ist namentl. Nennung vorgeschrieben. Die Rechenschaftsberichte müssen von einem Wirtschaftsprüfer oder einer Wirtschaftsprüfungsgesellschaft geprüft werden; sie sind dem Präsidenten des Deutschen Bundestages vorzulegen, der prüft, ob sie den gesetzl. Vorschriften entsprechen.

Die Frage einer unmittelbaren oder mittelbaren *Finanzierung der Parteien aus staatl. Haushaltsmitteln* ist im Grundgesetz nicht ausdrücklich geregelt. Sie ist verfassungsrechtlich im Hinblick auf die Notwendigkeit, die Parteien als freie, nichtstaatl. Gebilde zu erhalten (äußere Parteifreiheit), und das Gebot der Chancengleichheit (Gefahr der Zementierung politischer Besitzstände) problematisch. Das BVerfG hat am 19. Juli 1966 seine frühere Rechtsprechung in einem grundsätzl. Urteil dahin korrigiert, daß eine Finanzierung der allgemeinen Aufgaben der Parteien aus staatl. Haushaltsmitteln mit dem Grundgesetz nicht vereinbar sei, daß jedoch den Parteien die Kosten eines angemessenen Wahlkampfes ersetzt werden könnten (BVerfGE 20, 56). Auf dieser Grundlage hat das ParteienG die Wahlkampfkostenerstattung für die Wahlen zum Deutschen Bundestag geregelt (§§ 18 ff.). Danach werden die Wahlkampfkosten mit derzeit 5 DM für jeden Wahlberechtigten pauschaliert und grundsätzlich nach dem Verhältnis der im Wahlgebiet auf die Parteien entfallenden Zweitstimmen auf diejenigen Parteien verteilt, die nach dem endgültigen Wahlergebnis mindestens 0,5 v. H. der Zweitstimmen erhalten haben. Auf Antrag sind den Parteien im voraus Abschlagszahlungen zu gewähren. Entsprechende Regelungen sind für die Wahlen zum Europäischen Parlament und zu den Landtagen getroffen.

Zu einer mittelbaren staatl. Finanzierung führt die *steuerliche Abzugsfähigkeit von Spenden* an politische Parteien, die ebenfalls Probleme der Chancengleichheit entstehen läßt. Die bisherige strenge Begrenzung der Abzugsfähigkeit ist 1984 durch eine Neuregelung ersetzt worden, die einen erhöhten Abzug ermöglicht und Beeinträchtigungen der Chancengleichheit durch die Einrichtung eines Chancenausgleichs zu begegnen sucht.

M. OSTROGORSKY, La démocratie et l'organisation des partis politiques, 2 vols (Bde.), Paris 1901² – J. BRYCE, Modern Democracies, 2 vols, London 1921 – W. SULZBACH, Die Grundlagen der P.bildung, 1921 – H. TRIEPEL, Die Staatsverf. und die P.en, 1927 – G. RADBRUCH, in: HDStR, hg. v. G. ANSCHÜTZ, R. THOMA, I 1930, 285–294 – S. NEUMANN, Die dt. P.en, 1932 = Die P.n der Weimarer Republik, 1977⁴ – DERS. (Hg.), Modern Political Parties, Chicago 1967⁶ – G. LEIBHOLZ u. H. REIF, Verf.rechtl. Stellung und innere Ordnung der P.en, in: Verh. des 39. DJT C 1–43, 1951 – V. O. KEY jr., Politics, Parties, and Pressure Groups, 1969⁵ – K. BUCHHEIM, Gesch. der christl. P.en in Dtschld., 1953 – O. KIRCHHEIMER, AöR 79 (1953/54) 301–325 – FR. A. v. D. HEYDTE, in: NEUMANN, NIPPERDEY, SCHEUNER (Hg.), Die Grundrechte II, 1954, 457–506 – FR. A. v. D. HEYDTE u. K. SACHERL, Soziologie der dt. P.en, 1955 – W. HENNIS, Gesellschaft, Staat, Erziehung 5 (1956) 205–222 – SIR I. JENNINGS, Parliament, Cambridge 1957² – Encyclopaedia of the Social Sciences (ESS) XI, 1968, 428–453 – R. T. MCKENZIE, British political Parties, London 1964² – M. WEBER, in: Gesammelte politische Schr., 1980⁴, 294–431 – R. MICHELS, Soziologie des P.wesens in der modernen Demokratie (1925³), Neudr. 1970 – Rechtl. Ordnung des P.wesens. Bericht der vom Bundesminister des Innern eingesetzten P.rechtskommission, 1958² (Lit.) – M. DUVERGER, Die polit. P.en, 1959 (Orig. franz. Les Partis politiques, Paris 1967⁶) – L. BERGSTRÄSSER, Gesch. der P.en in Dtschld., 1965¹¹ – H. PLATE, Parteifinanzierung und Grundgesetz, 1966 – H.-CHR. JÜLICH, Chancengleichheit der P.en, 1967 – L. D. EPSTEIN, Political Parties in Western Democracies, 1967; K. LENK, F. NEUMANN, Theorie und Soziologie der polit. P.en, Neuausgabe 1974 – G. ZIEBURA (Hg.), Beiträge zur allgemeinen P.enlehre, 1969 – R. EBBIGHAUSEN, Die Krise der P.demokratie und die P.soziologie, 1969 – C. D. KERNIG (Hg.), Die kommunistischen P.en der Welt, 1969 – H. KAACK, Geschichte und Struktur des deutschen P.systems, 1971 – O. K. FLECHTHEIM, Dokumente zur p.politischen Entwicklung in Deutschland seit 1945, 9 Bde., 1971 – W. HENKE, Das Recht der pol. P.en, 1972³ (Lit.) – W. JÄGER (Hg.), P. und System. Eine kritische Einführung in die P.enforschung, 1973 – G. RITTER (Hg.), Deutsche P.en vor 1918, 1973 – U. SCHLETH, P. Finanzen, 1973 – H. FENSKE, Strukturprobleme der dt. P.engeschichte. Wahlrecht und P.ensystem vom Vormärz bis heute, 1974 – H. R. LIPPHARDT, Die Gleichheit der polit. P.en vor der öffentl. Gewalt, 1975 – TH. STAMMEN, P.en in Europa, 1978² – H. KAACK/R. ROTH (Hg.), Handbuch des dtsch.en P.ensystems, 1980 – R. v. WEIZSÄCKER, Krise und Chance unserer P.endemokratie, Aus Politik und Zeitgeschichte 1982 Nr. 42 (1982) 3–12 – K. v. BEYME, P.en in westlichen Demokratien, 1982 – D. GRIMM, in: Handbuch des Verfassungsrechts, hg. v. BENDA, MAIHOFER, VOGEL, 1983, 317–372 – Bericht zur Neuordnung der P.enfinanzierung, Vorschläge der vom Bundespräsidenten berufenen Sachverständigen-Kommission, 1983 – R. STÖSS (Hg.), P.enhandbuch. Die P.en in der Bundesrepublik Deutschland, 2 Bde., 1983/84 – K. STERN, Das Staatsrecht der Bundesrepublik Deutschland I², 1984, 429–469 (Lit.).

Konrad Hesse

Parteiprogramme →Politische Programme

Partizipation (Demokratisierung). I. Begriff. Unter P. wird im allg. die Beteiligung der Herrschaftsunterworfenen an Herrschaft verstanden.

Der P.begriff kann sich danach zwar auf die Teilnahme an gesellschaftl. Herrschaft beziehen und damit etwa auch die Mitbestimmung der Arbeitnehmer in der Privatwirtschaft umfassen; überwiegend ist mit P. inzwischen jedoch die Beteiligung an staatl. Herrschaft gemeint, wobei die Beteiligung an staatl. →Verwaltung im Vordergrund steht. Als Subjekte von P. kommen Individuen, Gruppen, aber auch das Gesamtvolk in Betracht. Die Beteiligung des Gesamtvolkes wird allerdings nur seltener und sinnvollerweise nur dann unter diesen Begriff gefaßt, wenn sie über die Parlamentswahlen hinausgeht.

Synonym mit P. wird vielfach der Begriff *Demokratisierung* gebraucht. Er spiegelt zutreffend die Dynamik des P.begriffs, der im allgemeinen, gespeist aus der Unzufriedenheit mit den als defizitär empfundenen Einflußmöglichkeiten über Wahlen, aber auch über →Parteien oder sonstige Vereinigungen sowie die Ausübung der →Versammlungs-, →Meinungs- und →Pressefreiheit, den Status quo überschreitend auf Intensivierung und Extensivierung von Herrschaftsbeteiligung ausgerichtet ist. In seiner Bezogenheit auf das demokratische Prinzip verkürzt er jedoch die Vielfalt mögl. und diskutierter P.funktionen auf eine zwar durchaus legitime, aber einseitige Komponente.

Die folgenden Bemerkungen beziehen sich, dem gegenwärtig vorherrschenden Sprachgebrauch entsprechend, auf P. im Sinne einer über Parlamentswahlen hinausgehenden Beteiligung der Herrschaftsunterworfenen an staatl. Herrschaft.

II. Erscheinungsformen. A. Volks-P. In den Verfassungen mehrerer Bundesländer sind *Volksentscheide* vorgesehen, die sich vor allem auf die Gesetzgebung beziehen (→Landesverfassungen). Das →Grundgesetz hat unter dem Eindruck der Erfahrungen der Weimarer Republik in betonter Entscheidung für das repräsentative Prinzip derartige Möglichkeiten der Volksbeteiligung kaum bereitgestellt. In der politischen und wissenschaftl. Diskussion stößt die Einführung unmittelbarer Volksbeteiligung an der Gesetzgebung und auch an weittragenden Verwaltungsentscheidungen in jüngster Zeit jedoch auf ein gewisses Interesse.

B. Gruppen-P. Zu den schon seit längerem geläufigen P.phänomenen gehört die Beteiligung gesellschaftl. →Gruppen an staatl. Herrschaft. Darunter fällt beispielsweise die Beteiligung der →Verbände an der *Vorbereitung von Gesetzen* nach § 24 Gemeinsame Geschäftsordnung der Bundesministerien, Besonderer Teil (GGO II). Auch die Präsenz von Verbandsvertretern in vielfältigen *Ausschüssen* und *Beiräten* ist in diesem Zusammenhang zu nennen. Hervorzuheben ist insbesondere die gänzl. oder teilweise Besetzung der *Organe* staatl. Sondervermögen, öffentlich-rechtl. Körperschaften und Anstalten mit Repräsentanten gesellschaftl. Gruppen. Beispiele bieten Bundesbahn und Bundespost, die Bundesanstalt für Arbeit, die Kreditanstalt für Wiederaufbau, die Bundesanstalt für landwirtschaftl. Marktordnung, die Bundesanstalt für den Güterfernverkehr und viele andere Organisationseinheiten.

C. Individual-P. Die Forderung nach P. und die Eröffnung von P. hat sich in den letzten Jahren primär auf die Beteiligung einzelner an der Tätigkeit der Verwaltung bezogen. Kommunalrechtl. P.möglichkeiten, die hierher zu rechnen sein dürften, reichen von *Bürgerversammlungen,* die primär Informationszwecken dienen, über den *Bürgerantrag* (Bürgerbegehren, Bürgerinitiative), durch den ein Gemeindeorgan verpflichtet wird, sich mit bestimmten Angelegenheiten zu befassen, bis zum *Bürgerentscheid,* in dem die Bürgerschaft an Stelle des an sich zur Entscheidung berufenen Gemeindeorgans entscheidet. Zur Individual-P. gehört besonders auch die Beteiligung beispielsweise an atomrechtl. und immissionsschutzrechtl. *Genehmigungsverfahren,* an straßenrechtl., wasserstraßenrechtl., verkehrsrechtl., abfallrechtl. und sonstigen *Planfeststellungsverfahren* sowie an der *Bauleitplanung.* Regelmäßig geht es dabei um die Bekanntmachung des jeweiligen Vorhabens und die Möglichkeit der Erhebung von Einwendungen dagegen. In das Bauplanungsrecht ist 1976 mit § 2 a Bundesbaugesetz eine sog. vorgezogene Bürgerbeteiligung aufgenommen worden, durch die vermieden werden soll, daß die Bürger erst durch einen „fertigen" Bauleitplan im förml. Auslegungsverfahren über die Planungsmaßnahmen der Gemeinde informiert werden.

III. Gesellschaftliche Bedeutung. A. Integrationstheoretischer Ansatz. Trotz aller Bedenken gegen eine solche Schematisierung dürfte die gesellschaftl. Ambivalenz von P. mit der wünschenswerten Deutlichkeit am ehesten dadurch zum Ausdruck gebracht werden können, daß zunächst deren Beitrag zur →Integration gesellschaftl. Systeme umrissen wird, um diesem sodann in konflikttheoretischer Sicht die emanzipatorische Bedeutung von P. gegenüberzustellen.

1. Integrationstheoretische Vorzüge von P. a) Rationalitätssteigerung. Vielfach wird P. als Mittel zur Verbesserung substantieller und technischer Rationalität bezeichnet. Insbesondere soll P. als „Frühwarnsystem" auf dysfunktionale stabilitätsstörende Momente eines gesellschaftl. Systems aufmerksam machen. Die angenommenen rationalitätshebenden Wirkungen kann P. aber nur dann entfalten, wenn wenigstens grds. alle Betroffenen partizipieren und es damit zu nicht nur einseitiger Informations- und Wertvermittlung durch P. kommt.

b) Konsensbeschaffung. P. kann Widerstände der durch Akte der Herrschaftsausübung Betroffenen abbauen und damit die Durchsetzung des jeweiligen Herrschaftsaktes erleichtern. Das kann geschehen, indem aufgrund der P. der Herrschaftsakt den Interessen der Betroffenen jedenfalls in Randbereichen angepaßt wird. Es kann aber schon genügen, daß durch P. den Betroffenen nur das Gefühl vermittelt wird, an der Herrschaft beteiligt zu sein, wobei insbesondere ausgebildetere P.verfahren durch Isolierung des einzelnen und „Zerkleinerung“ seiner Interessen im Sinne LUHMANNs legitimitätsbildende Wirkung entfalten können. Die durch P. gewonnene Unterstützung kann das politische System weiterhin dazu befähigen, systemstabilisierende Reformen gegen den Widerstand davon besonders betroffener Gruppen zu realisieren. Darüber hinaus kann P. generell zur Loyalitätsbildung beitragen und den Einsatz der Betroffenen im Sinne des jeweiligen Systems stärken.

2. Integrationstheoretische Nachteile von P. P. kann zu einer integrationsfeindl. Dauer-Aktualisierung politischen Konflikts und damit zu einer Reduzierung von Komplexität und einem Verlust an Rationalität führen. Wenn auch die obengenannten integrationstheoretischen Vorteile der P. weithin als Momente der Effizienzsteigerung angesehen werden können, kann P. doch durchaus auch effizienzmindernd wirken, wie schon ein Blick auf den häufig unvermeidlichen p.bedingten Mehraufwand deutlich macht.

B. Konflikttheoretischer Ansatz. P. wird andererseits von konflikttheoretischem Ansatz aus im Sinne einer Veränderung von Herrschaftsstrukturen verstanden.

1. Emanzipatorische Möglichkeiten von P. P. kann in Abkehr von einem reduzierten „realistischen“ Demokratieverständnis und in Anlehnung an das „klassische“ Demokratiekonzept auf Ablösung der Herrschaft und Interessendurchsetzung weniger durch die Herrschaft und Interessendurchsetzung tendenziell aller, damit aber letztlich und praktisch auf die Interessendurchsetzung bisher Unterprivilegierter zielen. Parallel, wenn auch nicht kongruent dazu, kann sie menschl. Selbstverwirklichung oder doch der von HABERMAS u. a. an Bürgerinitiativen exemplifizierten Möglichkeit der Identitätsbildung dienstbar sein. P.vermittelte Emanzipation setzt allerdings voraus, daß P. nicht nur formal eröffnet wird, sondern wirksame Hilfen mindestens zur Interessenartikulation gegeben werden. Darüber hinaus sind die Beschränkungen universeller P. durch die begrenzte Informationsaufnahme- und -verarbeitungskapazität des einzelnen Bürgers und die Konkurrenz des politischen Interesses mit anderen relevanten Individualinteressen zu beachten. Punktueller P. in einzelnen Sozialbereichen wiederum sind durch die aus den Verflechtungen des gesellschaftl. Systems resultierenden Restriktionen enge Grenzen gezogen. Immerhin können diese Grenzen durch partizipatorischen Druck möglicherweise erweitert werden. Soweit P. an ihnen scheitert, kann dies zu ihrer Reflexion und insofern zur Einleitung emanzipatorischer Prozesse beitragen.

2. Emanzipatorische Gefahren von P. P. kann, solange sie nicht zu maßgebl. Herrschaftsbeteiligung erstarkt, bestehende Herrschaftsverhältnisse kaschieren und damit stabilisieren. Eine P., die nur formal gleich verteilte Einflußchancen bereitstellt, tatsächlich jedoch vornehmlich von bestimmten Individuen oder →Gruppen genutzt wird, kann bereits bestehende Privilegien festigen oder neue begründen.

Häufig wird ein p.bedingter Freiheitsverlust daher befürchtet, daß P. an die Stelle eines an Sachgesetzlichkeiten orientierten Handelns tritt. Sowenig das Bestehen von Sachgesetzlichkeiten bestritten und deren Berücksichtigung geringgeschätzt werden darf, sosehr muß aber doch betont werden, daß ein reines Denken in Sachgesetzlichkeiten dahinter stehende und darein verwobene Herrschaft konstituierende Entscheidungskompetenzen verschleiert, die bereits heute an sich mögliche Freiheitsräume beschränken.

Insbesondere SCHELSKY sah durch P. weiterhin jenes pluralistisch strukturierte Beziehungssystem gefährdet, das es dem einzelnen noch erlaube, sich für verschiedene Lebensbereiche verschiedene Schutzpatrone zu suchen. Diese Kritik geht jedoch von der nicht belegten stillschweigenden Voraussetzung aus, daß P. allerorts von Angehörigen derselben Gruppe im gleichen Sinne ausgeübt werde. Ganz im Gegenteil mag KROCKOWS Auffassung zutreffen, daß P. erst die von SCHELSKY verfochtene – übrigens sozialwissenschaftl., nicht aber verfassungsrechtl. – →Gewaltenteilung wirksam werden lasse. Gravierender dürfte der Umstand einzuschätzen sein, daß P. neue Abhängigkeiten des einzelnen dadurch begründen kann, daß dieser sich unter die, wenn auch unterschiedlichen, Patronate jeweils zu Oligarchisierung und Bürokratisierung tendierender Gruppen stellen muß.

C. Aktuelle Gewichtung. Treibende Kraft bei der Schaffung von P.möglichkeiten dürfte bislang weitgehend das Interesse an Rationalitätssteigerung und Konsensbeschaffung gewesen sein. Tatsächlich ist der interventionistische →Sozialstaat auf Informationen und freiwillige Kooperation gesellschaftl. →Gruppen angewiesen. Diese erhält er vielfach nur um den Preis der Eröffnung von Einflußmöglichkeiten für die betreffenden Gruppen. Die Schaffung solcher Einflußmöglichkeiten kann durchaus dem Bedürfnis nach relativer →Autonomie von Teilbereichen einer hochkomplexen →Gesellschaft entsprechen. Die damit verbundenen Gefahren einseitiger Interessenprivilegierung, der Abhängigkeit einzelner von Verbandsoligarchien und der Vernachlässigung übergeordneter Gesichtspunkte erfordern freilich Vorkehrungen, die noch kaum in hinreichendem Maße getroffen sind.

Besonders bei der Individual-P. und erst recht bei der Volks-P. dürfte das Konsensbeschaffungsinteresse das Informationsinteresse überwiegen. Die demokratische →Legitimation durch Wahlen wird gerade in Fragen von existenzieller politischer Bedeutung und in Angelegenheiten, deren Wahrnehmung wegen ihrer

Komplexität weder durch den Gesetzgeber noch durch die Regierung voll gesteuert werden kann, nicht mehr durchweg als ausreichend empfunden. Ob die bislang praktizierten P.formen bestehende Legitimationsdefizite konsensbildend auszugleichen vermögen, wird freilich bezweifelt werden können. Zum Teil laufen P.möglichkeiten mangels hinreichenden Interesses der zur Beteiligung Aufgerufenen leer; soweit von ihnen tatsächlich Gebrauch gemacht wird, erweisen sich die realen Durchsetzungschancen oft als begrenzt. Die in den letzten Jahren vordringende Forderung nach inhaltlicher statt verfahrensmäßiger →Legitimität (Grenzen der Mehrheitsdemokratie) deutet auf die Grenzen der gleichwohl unerläßlichen Legitimation durch Verfahren hin. Eine nur auf Integration und nicht zugleich auf wirkliche Emanzipation gerichtete P. wird die Möglichkeiten verfahrensmäßiger Legitimation nicht auszuschöpfen vermögen.

IV. Spezifisch verfassungsrechtl. Gesichtspunkte. Wenngleich die Bedeutung von P. sich bei weitem nicht voll verfassungsrechtl. einfangen läßt, hat P. doch auch verfassungsrechtl. Relevanz, wie die staatsrechtl. Diskussion über P.fragen aufweist.

A. Demokratieprinzip. Verschiedentlich ist Betroffenen-P. als demokratische Kompensation der tatsächlich gelockerten parlamentarischen Bindung staatlicher Verwaltung zur Diskussion gestellt worden (BROHM). Die These von einer ersatzweisen oder auch nur zusätzl. demokratischen Legitimation staatl. Handelns durch P. ist jedoch auf heftigen Widerstand gestoßen, da sie an die Stelle der verfassungsrechtl. Legitimation durch das Gesamtvolk (Art. 20 II GG) die verfassungsrechtl. nicht anerkannte Legitimation durch ein jeweiliges „Verbandsvolk" setze (SCHMITT GLAESER). Darin äußert sich die verständl. Furcht vor einer Zerfaserung des →„Gemeinwohls" in pluralistische Einzelinteressen ebenso wie die nicht unbegründete Sorge vor einer Herrschaft einzelner Gruppen und ihrer Funktionäre. Doch wird das demokratische Prinzip des Grundgesetzes damit leicht vorschnell unter Aufopferung des ihm inhärenten Selbstbestimmungselements auf die Ausschließlichkeit des →Repräsentationsprinzips verkürzt. Die verfassungsrechtl. Aufgabe dürfte vielmehr in der Entwicklung von P.modellen liegen, die das Selbstbestimmungsmoment unter Abblokkung der genannten Integrations- wie Freiheitsgefährdungen realisieren. Das wird unter dem Aspekt des Demokratieprinzips in erster Linie dort geschehen können, wo die Wirklichkeit der Vorstellung einer demokratischen Kontroll- und Legitimationskette vom Bürger über Wahlen, →Parlament und →Regierung zur →Verwaltung am wenigsten entspricht.

B. Rechtsstaatsprinzip. Übereinstimmung ist in der staatsrechtl. Diskussion eher dahingehend festzustellen, daß P. in Form rechtzeitiger Beteiligung an Verwaltungsverfahren durch Informationsvermittlung die rechtsstaatl. gebotene „Sachgerechtigkeit" von Verwaltungsentscheidungen fördern und den rechtsstaatl. gebotenen Rechtsschutz effektivieren kann, den die Rechtsprechung gegenüber einer komplexen →Verwaltung nur begrenzt zu garantieren vermag. Die juristisch nicht seltene ausschließl. Orientierung von P. am →Rechtsstaatsprinzip birgt allerdings die Gefahr, daß P. unreflektiert auf die Wahrnehmung von Rechten anstatt Interessen und der für die P.problematik zentrale Betroffenenbegriff auf eine Betroffenheit in Rechten statt auch in Interessen verengt wird.

C. Sozialstaatsprinzip. Soweit P. die individualisierende Einflußnahme auf staatliche Leistungserbringung ermöglicht, wird sie verschiedentlich als Ausdruck des Sozialstaatsprinzips angesehen. Doch dürfte sie auch insofern eher dem Schutz von Selbstbestimmung zuzuordnen sein, den das Demokratieprinzip und, so weit sie reichen, die →Grundrechte zum Gegenstand haben.

D. Grundrechte. HÄBERLE postuliert im Rahmen eines institutionellen Grundrechtsverständnisses einen status activus processualis, ein Recht auf verfahrensmäßige P., zur Stärkung der materiellrechtl. Seite der →Grundrechte im Leistungsstaat. In diesem Sinne hat auch das →Bundesverfassungsgericht in seinem Mülheim-Kärlich-Beschluß v. 20. 12. 1979 (BVerfGE 53, 30 [65 f.]) bestimmte Vorschriften über die Beteiligung an atomrechtl. Genehmigungsverfahren als Normen bezeichnet, die der Staat in Erfüllung seiner Pflicht zum Schutz der in Art. 2 Abs. 2 GG genannten Rechtsgüter – gemeint waren →Leben und Gesundheit – erlassen hat.

Einem so betonten partizipatorischen Grundrechtsverständnis steht die vielfach geäußerte Sorge vor einer Ersetzung der →Grundrechte durch partizipatorische Surrogate gegenüber. Wenn dieser Besorgnis auch eine Berechtigung nicht abgesprochen werden kann, darf sie doch nicht zur Blindheit gegenüber dem ausufern, was in der interdependenten demokratisch wie sozialstaatl. verfaßten →Gesellschaft der Gegenwart an →Freiheit tatsächlich wie normativ möglich ist.

F. SCHARPF, Demokratietheorie zwischen Utopie und Anpassung, 1970 – G. ZIMPEL, Der beschäftigte Mensch, Beiträge zur sozialen und polit. Partizipation, 1970 – W. BROHM, Die Dogmatik des Verwaltungsrechts vor den Gegenwartsaufgaben der Verwaltung, VVDStRL 30 (1972) 245–312 (269 ff., 279 ff.) – P. HÄBERLE, Grundrechte im Leistungsstaat, VVDStRL 30 (1972) 43–141 (81 ff., 86 ff.) – F. NASCHOLD, Organisation und Demokratie, 1972³ – M. GREIFFENHAGEN (ed.), Demokratisierung in Staat und Gesellschaft, 1973 – H. SCHELSKY, Systemüberwindung, Demokratisierung und Gewaltenteilung, 1973, 47–82 – F. VILMAR, Strategien der Demokratisierung I, II 1973 – R. WALTER, W. SCHMITT GLAESER, Partizipation an Verwaltungsentscheidungen, VVDStRL 31 (1973) 147–312 – J. HABERMAS, Können komplexe Gesellschaften eine vernünftige Identität ausbilden?, in:

J. Habermas, D. Henrich, Zwei Reden, 1974, 23–75 – U. v. Alemann (ed.), Partizipation – Demokratisierung – Mitbestimmung, 1975 – U. Battis, Partizipation im Städtebaurecht, 1976 – Demokratisierung – Möglichkeiten und Grenzen. Ein Cappenberger Gespräch. Referate von H. Quaritsch und E. Denninger, 1976 – R. Hendler, Die bürgerschaftliche Mitwirkung an der städtebaulichen Planung, 1977 – F. Hollihn, Partizipation und Demokratie, 1978 – G. F. Schuppert, Einflußnahme auf die Verwaltung durch Bürgerbeteiligung und kollektive Interessenwahrnehmung, in: W. Hoffmann-Riem (ed.), Bürgernahe Verwaltung? 1979, 279–312 – H.-J. Menzel, Legitimation staatlicher Herrschaft durch Partizipation Privater? 1980 – Ch. Pestalozza, Der Popularvorbehalt, 1981 – W. Blümel (ed.), Frühzeitige Bürgerbeteiligung bei Planungen, 1982 – O. W. Gabriel (ed.), Bürgerbeteiligung und kommunale Demokratie, 1983 (Lit.)

Klaus Lange

Patronat. 1. Begriff und Inhalt. Das P. (früher meist: der P.) ist der Inbegriff bestimmter Rechte und Pflichten, die einer natürl. oder jur. Person an einer Kirche (i. S. der gesamten „kirchlichen Anstalt") oder einem kirchl. Amt aus einem bes., von ihrer Stellung in der kirchl. Rangordnung unabhängigen Rechtsgrund zustehen. Im älteren Kirchenrecht wird dies gewöhnl. als *ius patronatus*, häufig auch als *Kirchensatz, Kirchlehen* oder *Pfarrlehen* bezeichnet. Steht das P. mehreren Berechtigten zu, spricht man von *Komp.* Das P. ist ein kirchl. Privileg, kein Kirchenamt. Wichtigstes Recht ist das *Präsentationsrecht,* d. h. das Recht, bei der Besetzung eines Kirchenamts (Pfarrstelle) oder der Verleihung eines Benefiziums den zuständigen Kirchenbehörden binnen bestimmter Frist – andernfalls freie Besetzung durch die Kirchenbehörde – mit grundsätzl. bindender Wirkung eine geeignete Person vorzuschlagen. Weitere Rechte sind: Aufsichtsbefugnisse über die Verwaltung des kirchl. Stiftungsvermögens, gewisse Alimentationsansprüche bei unverschuldeter Armut, falls das Vermögen der Kirchenstiftung leistungsfähig und sonst kein Unterhaltspflichtiger vorhanden ist, schließl. das Recht auf einen Ehrenplatz in der Kirche (P.sitz, P.loge), auf Fürbitte im Kirchengebet und auf Kirchentrauer. Hauptsächl. Pflichten *(P.lasten)* sind die →*Baulast* oder früher auch die Dotationsergänzung. Es sind nicht notwendig alle Rechte und Lasten mit einem P. verbunden. Keines der Rechte ist begriffswesentl. So sind P.e ohne Präsentationsrecht möglich. Ebenso sind lastenfreie P.e denkbar.

2. Arten des P. Sowohl das Recht der kath. als auch der ev. Kirche kennen eine Ausgestaltung des P. als *persönl.* oder *dingl. P.* Im kath. Kirchenrecht gab es als Sonderform noch das *geistl.P.*, das einer geistl. Körperschaft (Kloster, Stift oder Domkapitel) in dieser ihrer Eigenschaft zukam (im Unterschied zum *LaienP.).* Das dingl. oder *RealP.* ist mit dem Eigentum an einem Grundstück *(P.gut)* verbunden und geht mit diesem auf den neuen Eigentümer über. Wegen seiner öffentl.-rechtl. Natur bedarf das RealP. keiner Eintragung in das Grundbuch. In Dtschld. bildete das RealP. den Regelfall, nach dem Preuß. →ALR sprach sogar eine gesetzl. Vermutung für die Dinglichkeit (§ 579 II 11). Das persönl. P., einer natürl. oder jur. Person unmittelbar zustehend, ist entweder höchstpersönl. oder allg. vererbbar (als reines *FamilienP.* oder – bei Vererbbarkeit auch in der Seitenlinie – als *Geschlechts-* oder *SippenP.).* Unter bestimmten Voraussetzungen kann es mit Zustimmung der Kirchenbehörde auch auf andere Personen übertragen werden. Die Unterscheidung von *lastenfreien* und *lastenpflichtigen P.en* geht darauf zurück, daß der Patron nach kan. und gemeinem Recht seit dem Tridentinum nur soweit für baupflichtig erklärt wurde, als er tatsächl. Einkünfte (zB den Zehnten) aus dem betr. kirchl. Institut bezog, an dem sein P. bestand *(patronus usufructuarius* im Gegensatz zum *patronus simplex* oder *mere talis).* Nur beim patronus usufructuarius war diese Verpflichtung direkt erzwingbar. Der patronus simplex unterlag zwar nicht dieser Verpflichtung, trotzdem konnte er, wenn er im Fall einer Insuffizienz des Kirchenstiftungsvermögens nicht zu entsprechenden Leistungen bereit war, seines P.rechts verlustig erklärt werden. Im Geltungsbereich des Preuß. ALR wurden mit dessen Inkrafttreten (1. 6. 1794) bzw. mit dessen Einführung in den später erworbenen Gebieten alle P.e, egal ob bisher lastenpflichtig oder lastenfrei, für baupflichtig erklärt. Nach einer von den strengen Regeln des kan. Rechts abweichenden Übung und vom Preuß. ALR dann auch gesetzl. anerkannt, bedurfte es nicht der Konfessionsidentität zwischen Patron und der betr. kirchl. Anstalt. Voraussetzung für die Ausübung des P. (auch bei Übergang eines dingl. P.) war jedoch, daß der Patron einer der anerkannten oder geduldeten Religionsgemeinschaften angehörte.

3. Entstehen und Erlöschen. In der Gegenwart werden keine neuen P.e mehr begründet (s. u. 4). Noch bestehende P.e können auf die verschiedensten Titel zurückgeführt werden: Ordentliche kirchenrechtl. *Erwerbstitel* waren *fundatio, aedificatio* und *dotatio,* d. h. die aus eigenen Mitteln vollzogene →Stiftung einer Kirche oder Pfarrstelle mit Hingabe des Grundstücks, Errichtung der kirchl. Gebäude und Ausstattung mit hinreichendem Vermögen zur Bestreitung der Gottesdienste, der Gebäudeunterhaltung und des Unterhalts des Geistlichen (z. T. war dabei streitig, ob alle drei Handlungen nötig waren oder ob bereits eine zum Erwerb des P. ausreichte). Weitere Erwerbstitel waren: päpstl. oder bischöfl. Privileg (z. T. durch das Tridentinum eingeschränkt), seit der Reformation auch landesherrl. Verleihung, ferner Ersitzung aufgrund gemeinrechtl. unvordenklicher Verjährung oder erwerbender Verjährung nach Preuß. ALR oder Observanz. Ein *Erlöschen* des P. kann sich aus Verzicht des Patrons ergeben (bei lastenpflichtigen P.en nur mit Zustimmung der Kirchenbehörde), aus Vertrag (Ablösung), aus der völligen Aufteilung eines P.gutes (Dismembration), bei persönl. P. durch Ableben (höchstpersönl. P.) oder Aussterben der berechtigten Personengemeinschaft (FamilienP. oder Geschlechts- bzw. SippenP.), durch Untergang der betr. kirchl. Anstalt, teilweise durch Nichterfüllung der P.pflichten und Verjährung, ferner im Wege der Aufhebung durch KirchenG. Ein seltener Fall war das Erlöschen des P. als Rechtsfolge von bestimmten strafrechtl. Vergehen des Patrons.

4. Entwicklungsgeschichte und heutige Bedeutung. Das P. als eigenes Rechtsinstitut ist in wechselseitiger Beeinflussung von kan. Wissenschaft und päpstl. Dekretalenrecht im 12. und 13. Jh. zur Überwindung des frühma. *Eigenkirchenrechts* entstanden und entwickelt worden (erste Prägung durch RUFIN, JOHANNES FAVENTINUS und die Dekretalen ALEXANDERS III., verstanden als *ius spirituali annexum* und damit der alleinigen kirchl. Rechtskompetenz unterliegend). Es trat an die Stelle des nun nicht mehr mögl. Eigentumsrechts von Laien an Kirchen und gewann sehr bald erhebl. Bedeutung in der kirchl. Praxis. Dies setzte sich in den reformator. Kirchen fort. Während der →Calvinismus das P. ablehnte, übernahm die luth. Kirche nicht nur bestehende P.e, sondern rezipierte das ganze Rechtsinstitut des P. Aufgrund luth. Verständnisses ergaben sich aber etliche Modifizierungen (Erweiterung der *cura beneficii* und dadurch Vermehrung der Lasten des Patrons). Auch führte das System des →*landesherrl. Kirchenregiments* dazu, daß das ev. P. stärker unter die Herrschaft des staatl. Rechts geriet (s. u. 5). Seit dem 19. Jh. (vgl. bereits SCHLEIERMACHERS Kirchenverfassungsentwurf) wurde das P. – als Beeinträchtigung des freien kirchl. Besetzungsrechts – zunehmend als nicht mehr zeitgemäß empfunden. Da zudem viele Patrone nicht mehr in der Lage sind, die mit dem P. verbundenen Lasten zu erfüllen, werden P.e heute meist einer Beendigung durch Aufhebung oder Ablösung (bei lastenpflichtigen P.en) zugeführt. Dies gilt sowohl für den kath. als auch ev. Bereich.

5. Landesherrl. P. Seit der →Reformation hat sich in den ev. Territorien als Sonderform des P. das *landesherrl. ius patronatus* entwickelt. Das Verständnis wird hier dadurch erschwert, daß der Begriff des landesherrl. P. erst im 19. Jh. aufkam und damit zunächst jener Machtanspruch gemeint war, durch den einzelne Landesherren seit Anfang des 19. Jh. gegenüber der kath. Kirche – im Ergebnis erfolglos – versuchten, sich bei der Vergabe von Pfarreien Präsentations- und Verleihungsrechte überall dort zu sichern, wo kein fremdes P. bestand. Dadurch sollten die Rechte des kath. Diözesanbischofs auf eine durch ein (landesherrl.) P. beschränkte Stellenbesetzung zurückgedrängt werden. Erst im nachhinein wurde der Begriff des landesherrl. P. auch auf das in den ev. Territorien seit der Reformation entstandene und durch die Ausprägung des →*Episkopalsystems*, des →*Territorialsystems* und des →*Kollegialismus* entwickelte ius patronatus des ev. Landesherrn angewendet. Letzteres hängt eng mit der →cura religionis und mit der Episkopalgewalt des ev. Landesherrn zusammen. Ausgehend meist von vorreformator. P.en der ev. Fürsten hatten sich deren kirchl. Befugnisse bis zur vollen Kirchenhoheit und Kirchengewalt gesteigert (→landesherrl. Kirchenregiment). Auf deren Grundlage gewann der ev. Landesherr das freie Besetzungsrecht aller Pfarrstellen innerhalb seiner Landeshoheit, soweit sie nicht einem anerkannten FremdP. unterstanden. Als Rechtstitel hierfür diente zunächst das mit dem kan. P. nur noch bedingt vergleichbare, mangels passenderer Bezeichnung aber so genannte *„ius patronatus“*. Daher wurde vom ius patronatus des Landesherrn auch dann gesprochen, wenn er sich im Einzelfall gar nicht auf ein echtes vorreformator. P. berufen konnte oder wenn er das P. eines auswärtigen kath. Inhabers unterdrückte. Erst später trat als weiterer Rechtstitel das *„ius episcopale“* hinzu und wurde zur herrschenden Bezeichnung für die gesamte landesherrl. Kirchengewalt. Die Entwicklung des landesherrl. Kirchenregiments führte dazu, daß das landesherrl. P. durch die Fülle der ihm zugewachsenen Kompetenzen regiminaler Art seinen Schwerpunkt aus der Sphäre des P.rechts hinaus in die Sphäre des mit staatl. Gewalt geführten Kirchenregiments verlegte. Im Gegensatz zu dem landesherrl. P. des 19. Jh. bedeutete das landesherrl. P. ev. Herkunft die völlige Freiheit des landesherrl. Besetzungsrechts von allen einschränkenden Präsentationsrechten Dritter. Mit diesem landesherrl. P. waren – wie bei anderen P.en – auch die entsprechenden Lasten, zB die →Baulast, verbunden, die letztl. ihren Rechtsgrund hier in der Einziehung von Kirchengut hatten. (Vgl. etwa die Übernahme der Baulast durch die Landesherrschaft in der Markgräfl. Brandenburg. Konsistorialordnung von 1594 überall dort, wo sie das „ius patronatus“ hatte.) Das landesherrl. P. ist mit dem Wegfall des Summepiskopats entfallen. Für die damit verbunden gewesenen Lasten gilt die Garantie des Art. 140 GG i.V.m. Art. 138 WV (→Staatsleistungen). Daneben gibt es noch StaatsP.e, die nicht auf landesherrl. P.en, sondern auf einem der o. g. Erwerbsgründe (o. 3.) beruhen. Hier handelt es sich um ein dem Staat wie jedem Dritten zustehendes PrivatP. *(fiskalisches P.)*. Diese wurden durch das Ende des landesherrl. Kirchenregiments nicht berührt. Jedoch haben die meisten Länder den Verzicht auf Ausübung der Präsentation erklärt bzw. üben diese nicht mehr aus. Häufig ist heute nicht mehr genau auszumachen, ob ein StaatsP. ursprüngl. auf ein fiskalisches P. oder landesherrl. P. zurückgeht.

6. Inkorporation. Mit dem P. eng verwandt ist die Inkorporation, die ebenfalls nach Überwindung des Eigenkirchenwesens etwa seit dem 13. Jh. vorkam und im kath. Bereich – bis zu den Beschränkungen im Tridentinum – ein weit verbreitetes Institut wurde. Auch sie bedeutete eine Einschränkung des bischöfl. Stellenbesetzungsrechts. Die Inkorporation war die Vereinigung einer Pfarr- oder sonstigen Kirche einschließl. deren Vermögen mit einem geistl. Institut (Kloster, Stift) oder Amt aufgrund päpstl. oder bischöfl. Privilegs. Sie kam in verschiedenen Formen vor, die von der bloßen Vermögensübernahme bis hin zur vollständigen Einverleibung unter Ausschaltung des letzten Rests eines bischöfl. Aufsichtsrechts reichen konnten. Damit einher ging die Verpflichtung des inkorporierenden Instituts, alle auf dem inkorporierten Pfarrvermögen ruhenden Lasten zu tragen. Ein auf der inkorporierten Kirche haftendes P. – häufig hatte das inkorporierende Institut vorher selbst das P. inne – wurde durch die Inkorporation suspendiert, lebte aber nach Aufhebung der Inkorporation wieder mit allen Rechten und Pflichten auf.

P. Hinschius, Das landesherrl. P.recht gegenüber der kath. Kirche, 1856 – Ders., System des kath. Kirchenrechts mit bes. Rücksicht auf Dtschld. III1883 – Richter – Dove – Kahl, Lehrb. des kath. und ev. Kirchenrechts II1884[8] – P. Schoen, Das ev. Kirchenrecht in Preußen II1910 – J. Heckel, ZRG Kan. Abt. 15 (1926) 200–325 – A. Albrecht, Patronatswesen, in: HdbStKirchR, E. Friesenhahn und U. Scheuner (ed.), II1975, 167–203 (Lit.) – P. Landau, JuS Patronatus, 1975 – A. Erler, Kirchenrecht, 1983[5] (Lit.) – G. May, in: HdbKathKR, J. Listl u. a. (ed.), 1983, 146–147.

Hartmut Böttcher

Pazifismus. 1. Begriff. Im französischen Sprachraum 1901 erstmals aufgekommen (E. Arnaud), ist der Begriff P. in die dt. u. a. Sprachen übernommen worden. Er hat sich als umfassende Bezeichnung für eine in sich keineswegs einheitliche Bewegung durchgesetzt. Die Gruppen, die als pazifistisch bezeichnet wurden und sich auch selbst so nannten, waren unterschiedlicher Herkunft (christl., humanistisch, idealistisch), versuchten aber alle, den Krieg aus der Welt endgültig zu verbannen. Dabei ist wohl das Hauptkennzeichen des P. die Verurteilung jeder Gewaltanwendung und die unbedingte Friedensbereitschaft. Von diesem grds. Verzicht auf Gewalt her verwirft der P. auch jede militärische Vorbereitung zur Selbstverteidigung. Man wird P. begrifflich und sachlich von anderen Friedensbewegungen i. w. S. unterscheiden müssen.

2. Zur Geschichte. Das Problem des →Friedens und des →Krieges hat die Menschheit seit frühen Zeiten bewegt. Aber weder in der Antike noch im frühen Christentum läßt sich die Ablehnung des Kriegsdienstes oder die Besinnung auf den Weltfrieden als P. im eigentl. Sinn bezeichnen. Gewiß hat es immer einzelne und auch kleine Gruppen gegeben, die die Bergpredigt als Gesetz verstanden und daher den Gewaltverzicht radikal vertraten (das Mönchtum in seinen Anfängen, z. T. auch die Bogomilen und die Waldenser). Im 16. Jh. entsteht nun durch die Mischung humanistischer, spiritualistischer und christl. Elemente eine Ideologie der Gewaltlosigkeit, die aber eigentl. nicht am Weltfrieden interessiert ist, daher auch nicht als P. i. e. S. bezeichnet werden kann, wohl aber den Boden für den späteren P. vorbereitet hat.

In humanistischen Kreisen hat man den Krieg verworfen und für eine Friedensordnung geworben, weil der Krieg unchristl. und unvernünftig sei. Es verbinden sich hier ein optimistisches Menschenbild, christl. Traditionen (Bergpredigt) und der Glaube an die humanitas. Diese Gedanken führen zB bei Erasmus (Querela pacis, 1517) zu der Forderung einer universalistisch-normativen Friedensordnung mit internationalem Schiedsgericht und zwischenstaatl. Garantieverträgen. In den folgenden Jh.en bis hin zu I. Kant begegnen immer wieder solche Friedensbemühungen. Die Namen Sully, Grotius, St. Pierre, Rousseau wären hier zu nennen. Kant selbst hat in seiner Schrift „Zum ewigen Frieden" (1795) das Problem einzig von der Vernunft her angepackt. Aber alle diese Versuche sind nicht als P. i. e. S. anzusehen, da sie zwar gegen den Krieg und für eine vernünftige Weltordnung eintreten, aber nicht eine Ideologie der Ächtung des Krieges und des Gewaltverzichtes vertreten. Wohl aber gehören diese Bestrebungen zur Vorgesch. des P. im 19. Jh.

Andererseits ist die Idee der Gewaltlosigkeit im 16. Jh. bei dem „linken Flügel" der Reformation, d. h. bei Spiritualisten und Täufern, vertreten und hat von da aus die folgenden Jh.e beeinflußt: Mennoniten und Quäker sind auf dieser Basis entstanden (→Friedenskirchen). Auch von diesen Gruppen gingen immer neue Anstöße und Versuche, eine Friedensordnung zu verwirklichen, aus. Dabei waren entweder die gesetzl. Interpretationen der Bergpredigt oder die Idee der Verwirklichung des Reiches Christi die entscheidenden Motive (vgl. zB W. Penn). P. im modernen Sinn wird man auch diese Friedensbestrebungen und diese Art der Ablehnung der Gewalt nicht nennen dürfen. Immerhin mündet das Streben der Quäker z. T. in die ersten Friedensgesellschaften des 19. Jh. (New York 1815, London 1816). Allerdings sind die pazifistischen Bestrebungen des 19. Jh. nicht nur aus einer Wurzel abzuleiten. Die für die erste Hälfte des 19. Jh. charakteristische Mischung (bzw. das Nebeneinander) von Rationalismus, Idealismus und Romantik hat auch den P. des 19. Jh. bestimmt. Aus dem kompromißlosen Gehorsam gegen das Gesetz Gottes und aus der Idee der Vernünftigkeit eines Weltfriedens wird die Ideologie des P., die nun vor allem humanitär-utilitaristisch begründet wird.

Den ersten, in Amerika und England gegründeten Friedensgesellschaften folgten im Laufe des 19. Jh. immer weitere Zusammenschlüsse von Vertretern des P. (Genf 1830; Ligue international de la Paix et de la Liberté, 1867 von Lemonnier, Victor Hugo und Garibaldi gegründet; holländischer Friedensverein 1870; Österreichische Friedensgesellschaft, 1891 von B. v. SUTTNER gegründet; Dt. Friedensgesellschaft, 1892 von A. H. FRIED gegründet). Seit der Mitte des 19. Jh. kommt es zu Friedenskongressen (London 1843, Brüssel 1848 usw.), die gegen Ende des Jh. sich zu Weltfriedenskongressen erweitern (Paris 1889, London 1890 usw.). Als Zentrale wurde 1891 das Internationale Friedensbüro in Bern gegründet, dem 1910 der Friedensnobelpreis verliehen wurde. Alle diese Bemühungen, die von sehr verschiedenen Kräften, zumeist humanistisch-idealistischer Prägung, getragen wurden, wirkten in vielfacher Hinsicht auf die öffentl. Meinung und auf die Politik ein. In den Parlamenten fand sich nach und nach eine ganze Anzahl von Vertretern des P. Die Gründung der Interparlamentarischen Union 1888 in Paris bedeutete den Anfang einer regen Tätigkeit von pazifistischen Parlamentariern (1. interparlamentarische Konferenz in Paris 1889). Dabei spielte das Problem der Möglichkeit, internationale Konflikte durch Schiedsgerichte beizulegen, eine bes. Rolle. Die Haager Konferenz 1899 bedeutete einen erhebl. Fortschritt der Friedensarbeit. Von ihr gingen auch auf die wissenschaftl. Arbeit (vgl. auch →Völkerrecht) erhebl. Anstöße aus. Auch die „Humanisierung" des Krieges ist sicher ein Erfolg jener vielschichtigen Friedensarbeit (Gründung des →Roten Kreuzes 1864; Haager Landkriegsordnung 1899 und 1907).

Man darf nun allerdings nicht übersehen, daß diese Erfolge in der internationalen Friedensarbeit von Gruppen sehr verschiedenen Gepräges erzielt wurden. Es ist beinahe unmögl., die Arbeit des P. i. e. S. von den durch politische Vernunft und aufgeklärten Fortschrittsglauben bestimmten Bemühungen um ein geordnetes friedl. Zusammenleben der Völker zu trennen. Das wird zB deutl. an den Resolutionen, die der Brüsseler Friedenskongreß 1848 verabschiedete. Die erste Resolution lautete: „Da die Inanspruchnahme von Waffen zwecks Entscheidung internationaler Streitigkeiten ein Gebrauch ist, den zugleich die Religion, die Vernunft, die Gerechtigkeit, die Humanität und das Interesse der Völker verdammen, so ist es für die zivilisierte Welt eine Pflicht und ein Heilmittel, jene Maßregeln aufzusuchen und anzunehmen, die geeignet sind, die völlige Abschaffung des Krieges herbeizuführen" (FRIED, Hdb. II, S. 63). Hier wird also aus humanitären und nicht näher beschriebenen religiösen Gründen die Ächtung des Krieges gefordert. In den folgenden drei Resolutionen werden eine internationale Schiedsgerichtsbarkeit, ein Völkerkongreß und eine gleichmäßige Abrüstung gefordert. Deutl. stehen verschiedene Ziele nebeneinander. Diese Komplexität ist wohl ein getreues Spiegelbild der pazifistischen Bewegung im 19. Jh. überhaupt.

Es ist auffallend, daß sich in den Anfängen der pazifistischen Bewegung i. e. S. nur wenige Schriftsteller und Künstler beteiligt haben (zB VICTOR HUGO; vgl. seine Ansprache von 1849 bei FRIED II, S. 65 f.). Eine ausgeprägte pazifistische Lit. ist eigentl. erst im und nach dem Ersten Weltkrieg entstanden (H. BARBUSSE, E. TOLLER, REMARQUE u. a.). Das mag mit einem Wandel in der ideologischen Grundlage des P. zusammenhängen, hat aber wohl auch andere, politische und gesellschaftl. Gründe. Der Wandel in dem Wesen des P. ist aber dabei bes. wichtig. Zum Verständnis dessen muß auf folgendes hingewiesen werden: 1. Die allg. Friedensideologie des 19. Jh., die ja nur z. T. als pazifistisch angesehen werden kann, schien einzelnen Männern und Frauen nicht ausreichend. Sowohl B. v. SUTTNER wie L. TOLSTOI haben von verschiedenen Voraussetzungen her mehr gefordert als das, was in den Friedensbewegungen vertreten wurde. 2. Der Zusammenschluß der erstarkenden sozialistischen Internationale ließ auch die antimilitaristischen Tendenzen in der Arbeiterschaft anwachsen. Allerdings hat das Gefühl für die Klassengemeinschaft über die Grenzen hinweg nicht dazu geführt, daß der gesamte Sozialismus radikal pazifistisch wurde (vgl. die Stellung der sozialistischen Parteien 1914). 3. Seit Beginn des 20. Jh. haben christl. Gruppen, die z. T. aus der christl.-sozialen Bewegung herkamen, ernsthaft sich um die Friedensarbeit gekümmert (F. SIEGMUND-SCHULTZE u. a.). Die Gründung der World Alliance für Promoting International Friendship through the Churches, unmittelbar bei Kriegsausbruch 1914, war äußerl. gesehen wirkungslos, war aber in Wahrheit der Beginn einer Friedensarbeit der Kirchen, die nicht von der Ideologie des P. bestimmt war, die aber zu einer sinnvollen Aufnahme der berechtigten Anliegen des P. durch die Kirchen beigetragen hat.

Der Ausbruch des Krieges 1914 schien alle Bemühungen des P. hinfällig gemacht zu haben, hat aber doch die pazifistischen Kräfte auch aktiviert. Einerseits trat nun das Problem der Kriegsdienstverweigerung in allen kriegführenden Ländern neu in den Blickpunkt. Andererseits haben zumindest die klassischen →Friedenskirchen ihren Auftrag zur Friedensarbeit neu erkannt und durchdacht. Die großen Konfessionen haben sich allerdings nur sehr zögernd während des Krieges und in der Nachkriegszeit solchen Gedanken geöffnet. Zumeist haben sie in traditioneller Weise den P. abgelehnt und den Krieg als „gerechten Krieg" verteidigt. Eine rühml. Ausnahme bildete das Buch von O. DIBELIUS, Friede auf Erden? (1930), in dem die Verpflichtung der Kirche, für die Kriegsdienstverweigerer einzutreten, klar herausgestellt wurde, ohne daß der Verfasser selbst den P. als →Ideologie akzeptierte. Wohl aber wird ein P. „höherer Art", ein P. „des Glaubens und der sittl. Kraft" gefordert. Auf dieser Linie sind viele kirchl. Stellungnahmen bis in die Gegenwart hinein verblieben. Das aber ist gegenüber dem 19. Jh. ein entscheidender Wandel, durch den der Friedensarbeit ein sehr viel solideres Fundament gegeben wurde, als es die Ideologie des P. je konnte.

Im kath. Bereich hat es in der Zeit nach dem Ersten Weltkrieg eine kleine pazifistische Bewegung gegeben. Der „Friedensbund dt. Katholiken“ (gegr. 1919) und seine Parallelorganisationen in anderen Ländern haben aber nicht die Bedeutung gehabt wie ev. oder ökumenische Friedensbewegungen. Immerhin haben diese Gruppen wertvolle Arbeit geleistet und sind wichtige Vorstufen der Pax-Christi-Bewegung. Die radikalen Pazifisten haben durch den Ausgang des Weltkrieges v. a. in Dtschld. erhebl. Auftrieb gewonnen. In verschiedenen Organisationen hat sich der utopisch-idealistische P. zusammengeschlossen (F. W. FOERSTER und seine Zeitschrift „Die Menschheit“; K. HILLER und die „Gruppe revolutionärer Pazifisten“; QUIDDE und H. v. GERLACH in der „Dt. Friedensgesellschaft“; SCHÖNAICH und F. KÜSTER und ihre Zeitschrift „Das andere Deutschland“). Der Zusammenschluß aller pazifistischen Gruppen im „Dt. Friedenskartell“ (1921) hat nur bis 1929 gehalten, da die Spannungen, die in der unterschiedl. ideologischen Basis begründet lagen, zu groß wurden. Vor allem zeigte sich je länger desto deutl., daß der kommunistische P. nur eine Farce und eine Propagandabehauptung war. Sowohl die Einsicht in den unpazifistischen Charakter des Kommunismus als auch die Enttäuschung über das Versagen des Völkerbundes haben viel zur Auflösung der pazifistischen Ideologie beigetragen. Der Nationalsozialismus hat jegl. P. schärfstens bekämpft.

Das Wirken GANDHIS wie auch das denkerische Werk A. SCHWEITZERS gehören nur mit Einschränkungen in die Gesch. des P. Gewiß hat GANDHI wie kaum ein anderer die Methode der Gewalt in der Politik in Frage gestellt. Er hat durch seine Aktionen der Gewaltlosigkeit ein Vorbild aufgerichtet, das trotz des Scheiterns in vielen Punkten auch über Indien hinaus großen Eindruck gemacht hat. A. SCHWEITZERS Leitmotiv „Ehrfurcht vor dem Leben“, eine kurze zusammenfassende Formel seiner theol.-philosophischen Erkenntnisse, hat sicher auch eine gewisse Affinität zu der Ideologie des P. Aber sowohl GANDHI wie SCHWEITZER stehen nicht in der Tradition des P. des 19. Jh. Beide haben aber versucht, neue Grundlagen für das Zusammenleben der Menschen und damit für den Frieden zu schaffen. Das hat sicher auch für den Wandel vom ideologischen P. zu einer realistischen Friedensarbeit seine erhebl. Bedeutung gehabt.

Auf die Gedanken GANDHIS hat die Bürgerrechtsbewegung in den USA und Südafrika zurückgegriffen. MARTIN LUTHER KING (1929 bis 1968) und ALBERT LUTHULI (1898–1967) proklamierten den gewaltlosen Widerstand, mußten aber beide die Radikalisierung eines Teiles ihrer Anhängerschaft und damit die Abwendung von der Gewaltlosigkeit erleben.

Die Entwicklung nach dem 2. Weltkrieg ist einerseits von einer wachsenden Einsicht in die Notwendigkeit der Friedensarbeit bestimmt (→Vereinte Nationen; Kommission der Kirchen für Internationale Angelegenheiten, →Ökumenische Bewegung), wobei die pazifistische Ideologie stark zurückgetreten ist. Andererseits hat es eine ganze Reihe kommunistisch inspirierter Aktivitäten für den Frieden gegeben, die allerdings kaum zu dem P. älterer Art zu rechnen sind. Auch die Prager Friedenskonferenz (→Christliche Friedenskonferenz) ist von unterschiedlichen Motiven bestimmt (Tradition der →Friedens-Kirchen; dialektische Theol. in ihrer politischen Ausformung). Seit den 60er Jahren hat sich in vielen Ländern eine →Friedensbewegung gebildet, die zwar z. T. in der Tradition des P. steht, in der aber auch andere Elemente wirksam sind. Der Begriff P. wird dabei kaum gebraucht.

3. Beurteilung. Der P. des 19. u. 20. Jh. in seinen verschiedenen Ausprägungen ist wohl als eine utopische Ideologie zu bezeichnen, die auf dem optimistischen Fortschrittsglauben beruht und überzeugt ist, daß der Mensch, wenn er nur guten Willens sei, den Krieg beseitigen kann. Die vielen kriegerischen Auseinandersetzungen der letzten Jahrzehnte, v. a. im südlichen Teil der Erde, zeigen, daß die Natur des Menschen offensichtlich nicht so beschaffen ist, wie der P. es sich vorstellte. Andererseits ist der Friede, der seit Jahrzehnten in Europa und anderen Teilen der Welt herrscht, vor allem das Ergebnis einer aktiven Friedenspolitik, die allerdings nicht darauf verzichtet, durch Rüstung das Risiko für einen Angreifer sehr hoch anzusetzen. Einseitige Gewaltverzichte werden den Frieden im nuklearen Zeitalter kaum sichern können.

Gewiß ist der P. als utopische Ideologie nicht nur negativ zu beurteilen. Er hat die Gewissen beunruhigt und das Bewußtsein dafür geweckt, daß der Friede und die Verhütung des Krieges eine lebenswichtige Aufgabe der Menschheit sei. Allerdings wird die utopische Ideologie des P. gerade angesichts des Wandels vom begrenzten zum totalen modernen Krieg nicht ausreichen. Nicht der Glaube an das von Menschen zu verwirklichende ewige Friedensreich, sondern nur die Verantwortung für die Schöpfung Gottes kann die Basis für eine „Theologie des Friedens“ (TRILLHAAS) sein, die mehr und mehr an die Stelle des alten P. treten muß.

RGG³ II, 1135-1142 – EKL I, 1390–1393 – World Peace Directory, London (Jb. mit Bibliographie) – B. VON SUTTNER, Die Waffen nieder, 1890 – A. H. FRIED, Hdb der Friedensbewegung, 1911 bis 1913² – F. W. FOERSTER, Weltpolitik und Weltgewissen, 1919 – M. SCHELER, Die Idee des Friedens und des P., 1931 – R. BARKELEY, Die dt. Friedensbewegung von 1870–1933, 1948 – K. VON RAUMER, Ewiger Friede, Friedensrufe und Friedenspläne seit der Renaissance (Orbis Academicus), 1953 – G. H. C. MACGREGOR, Friede auf Erden? Biblische Grundlegung der Arbeit am Frieden, 1955 (engl. 1936; 1952²) – D. A. MARTIN, Pacifism. A historical and sociological study, 1966 – F. VAN RAALTEN, P. und Ethik, ZEE 12 (1968) 22–36 – W. TRILLHAAS, Ethik, 1970[3], 494–507 (Lit.) – W. HUBER UND J. SCHWERDTFEGER (ed.), Kirche zwischen Krieg und Frieden, 1976 – K. HOLL, Art. P., in: Gesch. Grundbegr. IV, 1978, 767–787 (Lit.) – Weitere Lit.: →Frieden; →Friedensbewegung.

Wilhelm Schneemelcher

Persönlichkeitsentfaltung. I. Die Idee der P. Daß die freie Entfaltung der Persönlichkeit wesentl. Aufgabe der Gemeinschaft sei, ist eines der Grundthemen der abendländischen Sozialphilosophie. ARISTOTELES hat in seiner Nikomachischen Ethik den höchsten Zweck des Staates darin gesehen, die in jedem Menschen angelegte Entelechie zu geistiger und charakterl. Tüchtigkeit zur Entfaltung zu bringen, und hat in seiner „Politik" den Menschen als ein Wesen beschrieben, das seiner Natur nach auf die Gemeinschaft hin angelegt ist und nur in dieser zur vollen Entfaltung seiner Persönlichkeit gelangt. Dieser Gedanke fand den Weg in die kath. →Soziallehre. Noch in der Enc. Immortale Dei heißt es: „Es liegt in der Natur des Menschen, in der Gemeinschaft zu leben. In der Vereinzelung sind ihm weder die Kultivierung und die Annehmlichkeiten des Lebens noch die Ausbildung des Geistes und des Herzens erreichbar." Eine zentrale Bedeutung gewann das Ideal freier Entwicklung und Entfaltung der Persönlichkeit im →Liberalismus und im dt. Idealismus. Art. 4 der franz. Erklärung der Menschen- und Bürgerrechte vom 26. Aug. 1789 (→Grundrechte I; →Franz. Revolution) bestimmte: „Die Freiheit besteht darin, alles tun zu können, was einem anderen nicht schadet: Also hat die Ausübung der natürl. Rechte jedes Menschen keine Grenzen als jene, die den übrigen Gliedern der Gesellschaft den Genuß dieser natürl. Rechte sichern ..." In dem Vermögen zur Selbstbestimmung sah KANT den „unbedingten, unvergleichbaren Wert" der Menschenwürde gegründet (→Menschenwürde I). Bei FICHTE wurde die Selbstbestimmung zum Grundbegriff der Philosophie überhaupt. Als Leitgedanke des Rechts erschien ihm „das Beisammenstehen der Freiheit mehrerer", also die Vorstellung, „daß jedes freie Wesen es sich zum Gesetz mache, seine Freiheit durch den Begriff der Freiheit aller übrigen einzuschränken". Auch das →Eigentum bezog FICHTE in diese Ordnung der →Freiheit ein; es sichert der Freiheit ein bestimmtes Betätigungsfeld und findet seine Grenzen in dieser Zweckbestimmung. Eine persönl. Entfaltung, nämlich „die menschl. Kraftentwicklung, die sich als Selbstzweck gilt", die Lebensbetätigung des totalen Menschen, der nicht mehr auf einen ihm aufgedrängten engen Betätigungsbereich beschränkt ist (K. MARX), ist schließl. als Freiheitsideal in die Eschatologie des →Marxismus eingegangen (s. a. Freiheit I B 5). Gemeinsam ist all diesen Lehren die „Wechselbezüglichkeit" der Freiheit, z. T. sogar eine stark betonte Gemeinschaftsbedingtheit der persönl. Entfaltung. Die Vielgestaltigkeit der Konkretisierungen, die sich hinter dem Begriff der P. verbergen, zeigt, daß es sich hier, wenn nicht um eine Leerformel, so doch immerhin um einen Begriff mit reichl. unbestimmten Konturen handelt. Die Ansprüche auf Entfaltungsfreiheit stehen, einander bedrängend, gegenüber. Mit der Frage, wie sie des näheren abzugrenzen sind, stellt sich eine Fülle von Gerechtigkeitsproblemen, die durch jenen Begriff allein nicht schon gelöst sind. Viel Neues bringt auch die Formel des BVerfG nicht: „Das Menschenbild des GG ist nicht das eines isolierten souveränen Individuums; das GG hat vielmehr die Spannung Individuum-Gemeinschaft im Sinne der Gemeinschaftsbezogenheit und Gemeinschaftsgebundenheit der Person entschieden, ohne dabei deren Eigenwert anzutasten" (BVerfGE 4, 15 f.). Ebenso wie der Begriff der →Menschenwürde hat sich auch „die freie Entfaltung der Persönlichkeit" als eine Formel erwiesen, die teils mit Vorstellungen des herrschenden Sozialethos, teils auch mit solchen partikulärer Gruppen aufgefüllt wird, als ein Begriff, der eine verläßlichere Abgrenzung erst durch die Rechtsentwicklung empfängt.

II. Der Inhalt der im GG verbürgten Entfaltungsfreiheit. Nach Art. 2 I GG hat jeder das Recht auf freie Entfaltung seiner Persönlichkeit, soweit er nicht die Rechte anderer verletzt und nicht gegen die verfassungsmäßige Ordnung oder das Sittengesetz verstößt.

A. Die Entfaltungsfreiheit. Unter Entfaltung der Persönlichkeit ist, mangels stichhaltiger entgegenstehender Auslegungskriterien, der ganze Umfang persönl. Betätigung und nicht nur die Entfaltung bestimmter „Persönlichkeitsschichten" zu verstehen. Auch die Vertragsfreiheit, die Freiheit zu wirtschaftl. Betätigung und zB die Auswanderungsfreiheit werden durch Art. 2 I GG geschützt. Die entgegengesetzte Auffassung stünde vor der kaum lösbaren Frage einer genauen Abschichtung der geschützten von den ungeschützten Bereichen persönl. Betätigung, zumal auch schon die Entfaltung einer „sittl. Grundhaltung" zB in das ökonomische Gebiet hineinreichen kann. So verstanden, stellt sich das Grundrecht aus Art. 2 I GG als allgemeines Freiheitsrecht dar (über sein Verhältnis zu den speziellen Freiheitsgarantien →Grundrechte III C 1).

Die Grenzen der Entfaltungsfreiheit liegen in der in Art. 2 I GG genannten „Rechtsgütertrias".

B. Die verfassungsmäßige Ordnung. Die praktisch wichtigste Schranke findet die Entfaltungsfreiheit an der verfassungsmäßigen Ordnung. Dieser Begriff wurde verschieden weit ausgelegt, so zB als: „die elementaren Verf.grundsätze und Grundentscheidungen des Verf.gesetzgebers" (F. KLEIN); „Weiterverweisung auf alle, aber auch nur auf jene Gemeinwohlforderungen, deren Realisierung die Verf. (!) fordert" (DÜRIG).

Das BVerfG hat sich für eine sehr weite Auslegung entschieden und deutet den Begriff „verfassungsmäßig" als „formell und materiell der Verf. gemäß". „Verfassungsmäßige Ordnung i. S. des Art. 2 I GG ist die verfassungsmäßige Rechtsordnung, d. h. die Gesamtheit der Normen, die formell und materiell der Verf. gemäß sind" (BVerfGE 6, 37 f.). Hierin ein Bekenntnis zu einem „schneidigen", einseitigen Gesetzesvorbehalt zu sehen, wäre aber verfehlt:

Materiell verf.mäßig ist eine Norm nur dann, wenn sie der Verf.entscheidung für freie Persönlichkeitsentfaltung nicht grds. widerspricht. Auch bei Auslegung einer Norm, die das Grundrecht des Art. 2 I GG beschränkt, kommt eine Wechselbeziehung zwischen diesem und der beschränkenden Vorschrift zur Geltung. Das BVerfG hat diese methodische Richtlinie am Beispiel der Meinungsfreiheit entwickelt (BVerfGE 7, 207): Es finde eine Wechselwirkung statt, derart, daß Rechtsnormen „zwar dem Wortlaut nach dem Grundrecht Schranken setzen, ihrerseits aber aus der Erkenntnis der wertsetzenden Bedeutung dieses Grundrechts im freiheitl. demokratischen Staat ausgelegt und so in ihrer das Grundrecht begrenzenden Wirkung selbst wieder eingeschränkt werden müssen". Zum gleichen Ergebnis führen auch die Wesensgehaltsgarantie und die darin inbegriffenen Grundsätze der Verhältnismäßigkeit und des Übermaßverbotes (Art. 19 II GG, →Grundrechte V A 2 c). Ihnen zufolge darf die Entfaltungsfreiheit auch durch ein Gesetz nicht stärker beschränkt werden, als es mit Rücksicht auf ein vorrangiges Interesse unbedingt erforderlich ist. Unter mehreren möglichen, dem Gesetzeszweck genügenden Auslegungen ist also diejenige zu wählen, die die Entfaltungsfreiheit am wenigsten beeinträchtigt.

Vor allem aber darf die Entfaltung der Persönlichkeit nicht in menschenunwürdiger Weise eingeschränkt werden (→Grundrechte V A 2 c, 3).

C. Die Rechte anderer. Folgt man dem BVerfG in der Auslegung des Begriffs der „verfassungsmäßigen Ordnung", dann bedeutet es nur eine Akzentuierung, aber keine Erweiterung, wenn daneben die „Rechte anderer" eigens als Schranken der Freiheit genannt sind; denn subjektive Rechte bestehen nur insoweit, als die objektive Normenordnung sie gewährt.

D. Das Sittengesetz. Auch das →Sittengesetz zieht der Freiheit eine Grenze. Es entsteht zunächst die Frage, ob damit auf eine absolute sittl. Ordnung verwiesen sein soll und kann, oder nur auf den empirischen Tatbestand, daß zu einer bestimmten Zeit in einer bestimmten Gemeinschaft bestimmte sittl. Vorstellungen herrschen. Entscheidet man sich für die zweite Auffassung (→Rechtsphilosophie III G), so entsteht noch die Frage, Normen welchen Geltungsbereichs maßgebl. sind: nur diejenigen sittl. Vorstellungen, die „Allgemeingut aller Kulturvölker", oder auch diejenigen, „die Allgemeingut der abendländischen Kultur sind" (H. PETERS), oder darüber hinaus auch solche sittl. Anschauungen, die nur in unserer Rechtsgemeinschaft herrschen, auch wenn sie nicht Allgemeingut der abendländischen Kultur sind?

Die zuletzt genannte Auffassung führt das Sittengesetz „auf die ethische Normallinie" zurück, „die etwa in den altbewährten und praktikablen Rechtsbegriffen gute Sitten, Treu und Glauben verläuft" (DÜRIG; vgl. BVerfGE 7, 215; 49, 299). Dafür, auf diesen Begriff des Sittengesetzes abzustellen, spricht die Tatsache, daß ein geordnetes Gemeinschaftsleben nur dann mögl. ist, wenn dieses sich im großen und ganzen an die sozialethischen Normen hält, die vom überwiegenden Teil der Rechtsgemeinschaft anerkannt sind. Ein bes. wichtiger Anhalt für das in der Rechtsgemeinschaft herrschende Sozialethos sind die Grundrechtsnormen selbst (→ Grundrechte III A).

Neben den ethischen Vorstellungen, die in der ganzen Rechtsgemeinschaft herrschen, stehen solche, die nur in engeren Gemeinschaften gelten. In den einzelnen Ständen herrscht ein unterschiedl. Berufsethos. Was in dem einen Landstrich als Volksbrauch gilt, kann anderswo als rücksichtslose Ruhestörung auf Mißbilligung stoßen. Erheblichkeit i. S. des Art. 2 I GG wird man aus dem erwähnten Ordnungsgedanken heraus nicht nur denjenigen sozialethischen Auffassungen vorbehalten, die in der gesamten Rechtsgemeinschaft gelten. Mit Recht hält es DÜRIG für angebracht, daß auch „die allg. Anschauungen bestimmter größerer Bevölkerungskreise (zB der Ärzte, der Bewohner eines bestimmten Landesteils, der ländl. Kreise . . . usw.) herangezogen werden, um zu bestimmen, ob im konkreten Grundrechtsfall die Freiheitsbetätigung am Sittengesetz scheitert".

III. Das Recht auf freie Entfaltung. Art. 1 III GG und der Wortlaut des Art. 2 I GG („Recht") sprechen dafür, daß die freie Entfaltung der Persönlichkeit als echtes Grundrecht gewährleistet ist. Dem in dieser Freiheit Verletzten steht also der Rechtsweg offen (Art. 19 IV S. 1 GG), auch die Verf.beschwerde zum BVerfG (Art. 93 I Nr. 4a GG).

Jeder hat also ein Grundrecht darauf, zu tun und zu lassen, was ihm beliebt, solange er nicht die in Art. 2 I GG gezogenen Schranken überschreitet. Ist ein die Entfaltungsfreiheit beschränkendes Gesetz ungültig, so wird der einzelne durch dieses Gesetz (oder seinen Vollzug) in seinem Grundrecht aus Art. 2 I GG verletzt. Daher kann jeder „im Wege der Verfassungsbeschwerde geltend machen, eine seine Handlungsfreiheit beschränkende Rechtsnorm gehöre nicht zur verfassungsmäßigen Ordnung" (BVerfGE 6, 32 ff.). Art. 2 I ist allein schon darum kein „leerlaufendes" Grundrecht, weil es diese Möglichkeit, den Rechtsschutz des BVerfG in Anspruch zu nehmen, eröffnet.

Freiheit setzt voraus, daß man auch über die materiellen Bedingungen der Persönlichkeitsentfaltung verfügt (→Grundrechte II A). So wäre es immerhin denkbar, dem Art. 2 I GG nicht nur ein Abwehrrecht gegen Eingriffe in die Freiheit, sondern auch einen Anspruch auf positive Leistungen des Staates, nämlich auf Verschaffung gewisser materieller Bedingungen zur Persönlichkeitsentfaltung zu entnehmen, ihn also (auch) als *„soziales Grundrecht"* aufzufassen. Tatsächlich hat das BVerwG in einer frühen Entscheidung den Art. 1 I, 2 I und 20 I GG einen Anspruch auf Verschaffung des Existenzminimums entnommen, allerdings nur „soweit das Gesetz dem Träger der Fürsorge zugunsten des Bedürftigen Pflichten auferlegt" (BVerwGE 1, 159). Von diesem Fall abgesehen, haben das BVerfG (BVerfGE 1,97) und das BVerwG entschieden, daß Art. 2 I GG keine Grundlage positiver Staatsleistungen bilde: Es „wird zwar grundsätzlich jedem gewährleistet, sein Leben nach seinen Vorstellungen und Zielen einzurichten. Diese Vorschrift verpflichtet die öffentl. Gewalt jedoch nicht, dem einzelnen die Mittel für ein Leben nach seinen Vorstellungen und Zielen zur Verfügung zu stellen" (BVerwGE 11, 135). Für diese Auffassung spricht nicht nur der Wortlaut des Art. 2 I GG, der erkennbar die aktive Betätigung des einzelnen bezeichnet („. . . .soweit er nicht . . . verstößt"), sondern mehr noch die prinzipielle Unmöglichkeit, den sozialstaatl. Auftrag bis ins Detail in klagbare Ansprüche der Bürger auszumünzen (→Grundrechte II A).

H. Peters, Die freie Entfaltung der Persönlichkeit als Verfassungsziel, in: Festschr. f. R. Laun, 1953, 669 – 678 – H. Schulz-Schaeffer, Der Freiheitssatz des Art. 2 Abs. 1 GG, 1971 – Ch. Starck, Das „Sittengesetz" als Schranke der freien Entfaltung der Persönlichkeit, in: Festschr. f. W. Geiger, 1974, 259 – 276 – D. Rohlf, Der grundgesetzliche Schutz der Privatsphäre, 1983 – R. Scholz, Das Grundrecht der freien Entfaltung der Persönlichkeit in der Rechtsprechung des BVerfG, AöR 100 (1975), 80 – 130, 265 – 290. S. a. Grundrechte, Persönlichkeitsrecht.

Reinhold Zippelius

Persönlichkeitsrecht, allgemeines.

I. Einführung. In der modernen Informationsgesellschaft ist der einzelne nach Art und Intensität neuartigen Gefährdungen seiner Persönlichkeit ausgesetzt. Vor allem die Massenmedien geraten bei der Erfüllung ihrer ebenso wichtigen wie verantwortungsvollen Aufgaben der Information der Öffentlichkeit und der Meinungsbildung häufig in Konflikt mit den schutzwürdigen Interessen derjenigen, die oder deren persönl. Angelegenheiten sie zum Gegenstand öffentl. Erörterung machen. Dies gilt zumal dann, wenn die Darstellung – womöglich unter voller Namenspreisgabe und/oder Verwendung von Bildmaterial – unrichtig oder unvollständig und somit geeignet ist, das Persönlichkeitsbild des Betroffenen in der Öffentlichkeit zu verfälschen. Gefahren drohen ferner durch die Möglichkeit, mit Hilfe der modernen Datenverarbeitungstechnik beinahe unbegrenzt personenbezogene Daten zu sammeln und weiterzuverarbeiten, ohne daß der Betroffene davon Kenntnis hat und über Inhalt, Umfang und Verwendung der Daten bestimmen kann (vgl. BVerfGE 65, 1 [42 f.]). Eine Verf.ordnung wie die vom GG konstituierte, in deren Mittelpunkt der Mensch steht, kann sich nicht darauf beschränken, ihm gegen Verletzungen seiner körperl. Integrität oder seines Eigentums Schutz zu gewähren. Eine ihrer wesentl. Aufgaben ist die Gewährleistung des Schutzes der menschl. Persönlichkeit und ihrer freien Entfaltung. Das GG bekennt sich dazu, indem es unmittelbar im Anschluß an die Menschenwürdegarantie als oberste Konstitutionsnorm der Verf. in Art. 2 I GG die Entfaltungsfreiheit der Persönlichkeit schützt.

II. Normative Grundlagen des P.schutzes. A. Verf.rechtl. Die einzelnen Grundrechte, wie zB die Gewährleistungen der →Glaubens-, Gewissens- und Bekenntnisfreiheit, der →Meinungsfreiheit, des Brief-, →Post- und Fernmeldegeheimnisses und der Unverletzlichkeit der →Wohnung, dienen zwar ebenfalls dem Schutz konstituierender Elemente der Bildung und Entwicklung der Persönlichkeit; im Rahmen des verf.rechtl. P.schutzes handelt es sich dabei um bes. P.e. Entsprechend der Eigenart und Funktion der „traditionellen" Grundrechte sind es allerdings ledigl. punktuelle Gewährleistungen von Äußerungsformen der Persönlichkeitsentfaltung, die dem Verf.geber aufgrund historischer Erfahrung als bes. gefährdet und daher schützenswert erschienen.

B. Einfach-rechtl. Zahlreiche persönlichkeitsschützende Bestimmungen enthält darüber hinaus die Rechtsordnung unterhalb der Verf.ebene. Teilweise sind es bereichsspezifische gesetzl. Konkretisierungen des verf.rechtl. gebotenen Mindeststandards an P.schutz; teilweise gehen diese Regelungen darüber hinaus. Zivilrechtl. sind als bes. P.e geschützt die Rechtsgüter →Leben, →Körper, Gesundheit und →Freiheit (§ 823 I BGB), das Recht am Namen (§ 12 BGB), am eigenen Bild (§§ 22 – 24 KunstUrheberG) sowie das dem Schutz der geistigen und persönl. Beziehungen des Urhebers zu seinem Werk dienende Urheber-P. (§§ 12 – 14 UrheberrechtsG). Von den persönlichkeitsschützenden Bestimmungen des Strafrechts seien genannt die dem Schutz der →Ehre dienenden Beleidigungstatbestände der §§ 185 ff. StGB sowie die Straftatbestände, die den persönl. Lebens- und Geheimbereich betreffen (§§ 201 ff. StGB). Aus dem Bereich des öffentl. Rechts sei beispielhaft auf die Datenschutzgesetze des Bundes und der Länder hingewiesen, deren Aufgabe darin besteht, durch den Schutz personenbezogener Daten vor Mißbrauch bei ihrer Speicherung oder Übermittlung einer Beeinträchtigung schutzwürdiger Belange der Betroffenen entgegenzuwirken.

III. Die Anerkennung eines allg. P. beruht auf der Erkenntnis, daß die gesetzl. verankerten bes. P.e nicht ausreichen, um in umfassender und effektiver Weise den Schutz der Persönlichkeit zu gewährleisten. O. VON GIERKE hatte sich, ohne die Gefährdungen des Menschen in der modernen Informationsgesellschaft zu kennen, bereits im ausgehenden 19. Jh. für ein allg. P. ausgesprochen; er konnte sich mit seiner Auffassung indessen nicht durchsetzen. Der G.geber lehnte dessen Aufnahme in das BGB wegen der Unbestimmtheit des Anwendungsbereichs einer derartigen Generalklausel ab und beließ es bei der Normierung einzelner bes. P.e sowie dem über § 823 II BGB i. V. mit den strafrechtl. Schutzgesetzen bewirkten deliktsrechtl. P.schutz. Angesichts dieser Rechtslage sah sich das RG außerstande, über eine extensive Auslegung des geltenden Rechts hinaus ein allg. P. praeter legem anzuerkennen (vgl. RGZ 113, 413 [414 f.]). Erst als das GG als Reaktion auf die bitteren Erfahrungen mit der nat.soz. Gewaltherrschaft und ihrer Geringachtung des Individuums den Schutz der →Menschenwürde und der freien Entfaltung der Persönlichkeit zur vornehmsten Aufgabe aller staatl. Organe erklärt hatte und die Naturrechtsrenaissance sich auf dem Höhepunkt befand mit ihrer Berufung auf hohe und höchste Werte, deren Achtung nach dem Ende der nat.soz. Herrschaft Rspr. und Schrifttum sich nunmehr in bes. Weise angelegen sein ließen, leitete der BGH im Jahre 1954 im Wege richterl. Rechtsfortbildung aus Art. 1 I und Art. 2 I GG ein allg. P. ab (BGHZ 13, 334 [338]). Es soll als sonstiges Recht i. S. des § 823 I BGB zivilrechtl. P.schutz gewährleisten. Um dessen Effektivität zu erhöhen, billigt das Gericht seit dem Jahr 1958 (BGHZ 26, 349 [354 ff.]), ungeachtet des entgegenstehenden G.wortlauts, dem Verletzten eine Entschädigung auch für den Nichtvermögensschaden in Geld zu, sofern es sich um eine schwere, schuldhafte Verletzung des P. handelt und die erlittene Beeinträchtigung sich nicht auf andere Weise befriedigend ausgleichen läßt (BGH NJW 1982, 635 f.). Das BVerfG hat diese, seither in st. Rspr. vertretene und zu einem umfassenden P.schutz ausgebaute Auffassung gebilligt (BVerfGE 34, 269 [281 f.]). Verschiedene Anläufe des G.gebers, ein allg. P. gesetzl. zu verankern, zumindest die anerkannten Grundsätze der Rspr. zu fixieren, sind bislang – ähnl. der Entwicklung in England – vorwiegend am Widerstand der Presse gescheitert. Dies gilt insbes. für den im Jahre 1959 vorgelegten Entwurf eines G. zur Neuordnung des zivilrechtl. Persönlichkeits- und Ehrenschutzes (BT-Drs. 3/1237; vgl. VON BAR, Deliktsrecht, in: Gutachten und Vorschläge zur Überarbeitung des Schuldrechts II, 1981, 1681 [1752 ff.]; er erneuert de lege ferenda den Vorschlag, einen Deliktstatbestand in das BGB für die Fälle widerrechtl. Beeinträchtigung des P. einzufügen). Aus der skizzierten Entwicklung ist abzulesen, daß die Anerkennung eines allg. P. sowie die Herausarbeitung einzelner Fallgruppen – in auffälliger Parallele zu der Entwicklung im amerikanischen Rechtskreis – ausschließl. eine prätorische Leistung der Zivil- und Verf.Rspr. darstellen.

IV. Inhalt und Umfang des allg. P. A. Die Rspr. des BVerfG. Hiernach enthält Art. 2 I GG neben dem „aktiven" Element der freien Entfaltung der →Persönlichkeit ein Recht auf Respektierung der engeren persönl. Lebenssphäre und der Erhaltung ihrer Grundbedingungen. Die Aufgabe dieses über die bes. P.e in Gestalt der traditionellen konkreten Freiheitsrechte hinausreichenden allg. P. besteht darin, dem einzelnen einen Bereich privater Lebensgestaltung zu sichern, bei dem er selbst bestimmen kann, wer zu ihm Zugang hat, und ihm ferner das Bestimmungsrecht über die Darstellung der eigenen Person in der Öffentlichkeit zu gewährleisten (BVerfGE 35, 202 [220]; 54, 148 [153 ff.]). Die *Zivilgerichte* teilen diesen Ansatz (vgl. BGHZ 73, 120 [122]). Im übrigen hat die Rspr. Inhalt und Umfang des allg. P. nicht abschließend umschrieben, sondern unter Hinweis auf dessen Eigenart ausdrückl. von einer Festlegung seines Inhalts abgesehen (BVerfG aaO, 153 f.; BGHZ 24, 72 [78]) und anhand der jeweiligen Einzelfälle bestimmte Schutzgüter herausgearbeitet. Sie hat methodisch mithin den gleichen Weg eingeschlagen wie die Gerichte in den USA bei der Ausformung des right of privacy.

B. Schutzgüter des allg. P. Ungeachtet unvermeidl. Überschneidungen läßt sich die Rspr. zum P. folgenden Fallgruppen zuordnen:

1. Das Recht auf Wahrung einer Privatsphäre ist u. a. verletzt, wenn Behörden statistische Befragungen über Gegenstände durchführen, die ihrem Wesen nach Geheimnischarakter haben (BVerfGE 27, 1 [6]), wenn im Rahmen eines Disziplinarverfahrens gegen einen Beamten dessen höchstpersönl. Angaben enthaltende Ehescheidungsakten beigezogen werden (BVerfGE 27, 344 [350 ff.]), oder wenn ärztl. Karteikarten (BVerfGE 32, 373 [379]) oder heiml. gefertigte Tonbandaufnahmen (BVerfGE 34, 238 [245]) ohne Einwilligung des Betroffenen zu Strafverfolgungszwecken verwertet werden. Der BGH gewährt unter diesem Aspekt Schutz vor ungenehmigter Veröffentlichung vertraul. Tagebücher (BGHZ 15, 249 [257 f.]) und ärztl. Bescheinigungen (BGHZ 24, 72 [76 ff.]) sowie vor verzerrter und herabwürdigender Darstellung privater Lebensverhältnisse durch die Presse (BGHZ 39, 124 [127]).

2. Das Recht, über die Darstellung der eigenen Person in der Öffentlichkeit selbst zu bestimmen, bedeutet, daß es grds. der Entscheidung des einzelnen vorbehalten ist, ob, inwieweit und mit welchem Inhalt Dritte das Lebensbild im ganzen oder bestimmte Vorgänge aus dem Leben einer Person öffentl. darstellen dürfen. Der verf.rechtl. Schutz der Persönlichkeit läßt es unter diesem Aspekt zB nicht zu, daß sich das Fernsehen über die aktuelle Berichterstattung hinaus zeitl. unbeschränkt mit der Person eines Straftäters und seiner Privatsphäre befaßt (BVerfGE 35, 202 [220 ff.]). Zugleich bietet dieses Element des P. Schutz gegen die Verbreitung von Äußerungen, die die betr. Person entweder gar nicht oder nicht mit diesem Inhalt gemacht hat (BVerfGE 34, 269 [282 f.]; 54, 148 [155]), sowie gegen die vom Verfasser eines presserechtl. Berichtigungsverlangens nicht genehmigte Veröffentlichung in veränderter und dadurch ein falsches Persönlichkeitsbild vermittelnder Form (BGHZ 13, 334 [338 f.]); insbes. gilt dies bei Verwendung unrichtiger, verfälschend wirkender Zitate (BVerfGE 54, 208 [217 ff.]). Ferner wird unter diesem Aspekt das Recht am gesprochenen Wort als die Befugnis geschützt, selbst zu bestimmen, ob und welchem Kreis vertraul. Äußerungen einer Person zugängl. sein sollen (BGHZ 27, 284 [286]); 73, 120 [121 ff.]). – Vielfach wird bei diesen Fallgestaltungen zugleich eine Verletzung der Privatsphäre (oben 1.) vorliegen.

3. Das Recht auf Achtung der persönl. Ehre schützt mit ähnl. Zielrichtung den einzelnen vor Beeinträchtigungen seines sozialen Geltungsanspruchs in der Öffentlichkeit durch herabsetzende Äußerungen; es sichert also das seiner informationellen Selbstdarstellung entsprechende Persönlichkeitsbild vor Verfälschung (→Ehre; Ehrenschutz).

4. Das Recht auf informationelle Selbstbestimmung schützt die Befugnis, selbst über die Preisgabe und Verwendung personenbezogener Daten zu entscheiden (BVerfGE 65, 1 [41 ff.]).

5. Das Recht am eigenen Bild und Namen bietet u. a. Schutz gegen die nichtgenehmigte Herstellung eines Bildes zum Zwecke späterer Veröffentlichung (BGHZ 24, 200 [208 f.]) wie gegen die Verwendung des Bildes oder des Namens einer Person ohne deren Zustimmung zu Werbezwecken (BGHZ 26, 349 [354 ff.]; 30, 7 [10 ff.]).

Soweit über den skizzierten Schutzbereich hinaus die Anerkennung eines allg. P. auch für den Schutz der wirtschaftl. Betätigung der Person (wirtschaftl. P.) oder – nach schweizerischem Vorbild – die Erweiterung des Schutzbereichs des allg. P. um einen dahingehenden Schutz gefordert wird (vgl. W. FIKENTSCHER, Wirtschaftsrecht II 1983, 112, 131 ff.), kann dies nicht mehr sein als ein Vorschlag de lege ferenda für den Bereich des Privatrechts; verf.rechtl. wird ein derartiges Recht von Art. 2 I GG in seiner Bedeutung als allg. P. jedenfalls nicht umfaßt.

C. Das Selbstbestimmungsrecht als Schutzgut des allg. P. So unverzichtbar es bei dem Prozeß richterl. Rechtsfortbildung, nicht zuletzt im Blick auf das rechtsstaatl. Gebot der Berechenbarkeit des Rechts ist, anhand der jeweils zu entscheidenden Einzelfälle Teilelemente des P. herauszuarbeiten, vermag eine noch so ausgefeilte Kasuistik nicht die zentrale Frage zu ersetzen, was denn eigentl. vom P. geschützt werden soll.

Art. 2 I GG als verf.rechtl. Grundlage des allg. P. umfaßt zwei Elemente: Er schützt zum einen die in umfassendem Sinn verstandene allg. menschl. Handlungsfreiheit (BVerfGE 6, 32 [36 ff.]) und zum anderen das P. Soweit allerdings davon ausgegangen wird, dieses Grundrecht sichere bestimmte Sphären menschl. Freiheit gegen Eingriffe durch die öffentl. Gewalt oder Dritte (Intim-, Privat-, Geheimsphäre, letzter unantastbarer Bereich menschl. Freiheit, vgl. BVerfGE 34, 238 [245 f.]), dürfte das Bemühen, mit Hilfe solcher abstrakter, räuml.-gegenständl. Kategorien Inhalt und Umfang des P. zu bestimmen, bereits wegen der Relativität solcher Kategorien wenig erfolgversprechend sein: So ist „die Privatsphäre" von Person zu Person und von Lebensbereich zu Lebensbereich verschieden; werden doch Inhalt und Umfang des P. maßgebl. durch den jeweiligen Träger, dessen Selbstverständnis sowie den betr. Lebensbereich bestimmt. Auch ist die Persönlichkeit nicht etwas Vorgegebenes; sie bedarf vielmehr der Konstituierung. Dies geschieht in einem ständigen Prozeß des sozialen Kontakts mit der Umwelt durch Austausch von Informationen über das Individuum. Die Reaktion auf die informationelle Selbstdarstellung des einzelnen gewinnt wiederum als Erfahrung Einfluß auf sein künftiges Verhalten. Bei diesem funktionalen Verständnis der Persönlichkeit (vgl. N. LUHMANN, Grundrechte als Institution, 1974², 53 ff.; W. STEINMÜLLER, Grundfragen des Datenschutzes, 1971, BT-Drs. 6/3826, 34 [86 ff.]) erstreckt sich das Recht auf freie Entfaltung der Persönlichkeit auch auf die Folgen der Selbstdarstellung, also die die Person betr. Informationen. Zu den Grundbedingungen freier Entfaltung der Persönlichkeit gehört infolgedessen das Selbstbestimmungsrecht des einzelnen über die personenbezogenen Informationen. Das P. schützt somit die Befugnis, selbst darüber zu bestimmen, ob und ggf. welche personenbezogenen Informationen an wen, mit welchem Inhalt und zu welchem Zweck gelangen sollen. Dieses Element der Selbstbestimmung ist das Schutzgut des P.

V. Grenzen des P. Ebensowenig wie die anderen Grundrechte ermöglicht das P. eine schrankenlose Durchsetzung der eigenen Interessen. Seine Tragweite bestimmt sich im konkreten Fall unter Berücksichtigung rechtl. geschützter Interessen Dritter oder der Allgemeinheit. Dazu zählen zB die →Kunstfreiheit (BVerfGE 30, 173 [193 ff.]; 67, 213 [228]), aber auch das öffentl. Interesse an einer wirksamen (Straf-)Rechtspflege oder an der statistischen Erhebung personenbezogener Daten. Bes. Bedeutung kommt hierbei den in Art. 5 I GG gewährleisteten Grundrechten zu. Sowohl das P. wie das Recht der Meinungsfreiheit bilden wesentl. Bestandteile der Verf.ordnung. Keines dieser Rechtsgüter kann daher einen prinzipiellen Vorrang beanspruchen. In einem Konfliktfall müssen sie nach Möglichkeit zum Ausgleich gebracht werden. Gelingt dies nicht, geht es darum, unter Berücksichtigung der Umstände des Einzelfalls durch verhältnismäßige Zuordnung beider Freiheitsrechte zu einer Lösung zu gelangen, die einerseits der Persönlichkeit möglichst weitgehend Schutz gewährt, ohne andererseits die Wahrnehmung des für eine freiheitl., demokratische Ordnung unverzichtbaren Grundrechts der Meinungsfreiheit übermäßig einzuschränken. Für die Beantwortung der Frage, welches der Rechtsgüter im konkreten Fall Vorrang genießt, sind von der Rspr. verschiedene Grundsätze herausgearbeitet worden (BVerfGE 34, 269 [283 f.]; 35, 202 [225]; 61, 1 [11 ff.]), die vor allem für die Zuordnung von Meinungsfreiheit und P. in seiner Ausprägung als Recht der pers. Ehre Bedeutung gewinnen (→Ehre, Ehrenschutz I C 2). Diese verf.rechtl. Zuordnungskriterien finden entsprechende Anwendung im Rahmen des Zivilrechts bei der Frage, ob ein Eingriff in das ledigl. als Rahmenrecht mit offenem Tatbestand gewährleistete P. widerrechtl. ist (BGH, NJW 1981, 1089 ff.).

VI. Träger des P. ist jede natürl. Person; jedenfalls gilt dies bis zu ihrem Tode (Begründung und Umfang eines postmortalen P. sind umstritten). P.schutz, insbes. in Form des Ehrenschutzes, gewährt das Zivilrecht aber auch Personenvereinigungen (BGHZ 78, 24 [25 f.]) sowie jur. Personen (BGH NJW 1974, 1762; NJW 1975, 1882 f.), ja sogar solchen des öffentl. Rechts (BGH NJW 1983, 1183) gegenüber Eingriffen, durch die ihr Ruf in der Öffentlichkeit in unzulässiger Weise herabgesetzt wird (aus der Lit.: H. LESSMANN AcP 170, 266 – 294). Für den Umfang des *verf.rechtl.* P.schutzes gilt jedoch, daß das P. auf jur. Personen seinem Wesen nach grds. nicht anwendbar ist (Art. 19 III GG).

VII. Zivilrechtl. Rechtsfolgen der Verletzung des P. In der Praxis wird heute Persönlichkeitsschutz weitgehend mit Mitteln des Zivilrechts bewirkt. Diese sind leichter und schneller durchsetzbar; ferner sind sie infolge der Vielgestaltigkeit der Ansprüche den Bedürfnissen des Verletzten besser angepaßt. Im Falle widerrechtl. Verletzung des P. kann bei Vorliegen einer drohenden Begehungs- oder Wiederholungsgefahr mit Hilfe des Unterlassungsanspruchs vorbeugender Rechtsschutz gewährt werden. Ist die Beeinträchtigung des P. bereits erfolgt und dauert sie fort, besteht ein Anspruch auf Beseitigung der Störung. Mit ihm kann bei einer unwahren Tatsachenbehauptung (nicht dagegen bei einem Werturteil) Widerruf, Richtigstellung oder Ergänzung begehrt werden. Ist die Verletzung des P. darüber hinaus schuldhaft erfolgt, hat der Verletzte einen Anspruch auf Schadensersatz, der auf Wiederherstellung des früheren Zustands gerichtet ist (zB Vernichtung eines ohne Einwilligung angefertigten Bildes oder Löschung eines heiml. auf Tonband aufgenommenen Gesprächs). Ferner kann der Verletzte einen Anspruch auf billige Entschädigung in Geld auch wegen des Nichtvermögensschadens (Schmerzensgeld) geltend machen (dazu oben III).

VIII. Rechtsvergleichende Hinweise. In allen vergleichbaren Rechtsordnungen anderer Länder wird, wenn auch nach Art und Umfang unterschiedl., dem einzelnen Schutz gegen Verletzungen seines P. gewährt. Dies gilt insbes. bei Eingriffen in die Privatsphäre und bei Ehrverletzungen. So ist zB in der *Schweiz* ein allg. P. vom G.geber anerkannt (Art. 28 I ZGB, 49 OR). Zur Rechtslage in *Österreich* s. W. BERKA, Medienfreiheit und Persönlichkeitsschutz, 1982. In den *USA* ist mit dem richterrechtlich anerkannten right of privacy ein entsprechender Schutz gewährleistet (vgl. W. BRUGGER AöR 108 [1983] 25 – 67). Einen informativen Überblick geben K. ZWEIGERT u. H. KÖTZ, Einführung in die Rechtsvergleichung II 1984[2], 439 – 464 (Lit.); s. ferner das Gutachten des Max-Planck-Instituts für ausl. und internat. Privatrecht vom 15. 5. 1959, BT-Drs. 3/1237 Anl. 5.

G. ARZT, Der strafrechtl. Schutz der Intimsphäre, 1970 – H. E. BRANDNER, Das allg. P. in der Entwicklung durch die Rspr., JZ 1983, 689 – 696 – E. HELLE, Der Schutz der Persönlichkeit, der Ehre und des wirtschaftl. Rufes im Privatrecht, 1969[2] – H. HUBMANN, Das Persönlichkeitsrecht, 1967[2] – M. LÖFFLER, Presserecht I, 1983[3], 339 – 361 – A. PODLECH, in: Kommentar zum GG, R. WASSERMANN (ed.), I 1984, 319 – 345 – P. SCHWERDTNER, Das Persönlichkeitsrecht in der deutschen Zivilrechtsordnung, 1977 – DERS., Münchener Kommentar zum BGB I 1984[2], 203 – 278 (Lit.) – R. WELLBROCK, Persönlichkeitsschutz und Kommunikationsfreiheit, 1982.

Harald Klein

Person. I. Theologisch. A. Begriffsbildung. Der theol. Begriff der P. ist im Zusammenhang trinitarischer und christologischer Klärungen im 2. – 5. Jh. eingeführt worden; er dient also ursprüngl. zur Präzisierung des Redens von Gott. Als TERTULLIAN den dreieinigen Gott die eine Wesenheit (una substantia) nannte, die in sich drei P.en unterscheide, stützte er sich auf die umgangssprachliche Auffassung von P. als einem Wesen, das spricht und handelt. Die dem Theater zugehörige Bedeutung „Maske" oder auch „Rolle" kam gerade nicht in Betracht, weil Vater, Sohn und Geist keinesfalls als drei Erscheinungsformen einer hinter ihnen stehenden Gottheit vorgestellt werden dürfen. Vielmehr existiert Gott als Vater, Sohn und Geist, die eine und einzige Gottheit offenbart sich nicht anders denn als eine dieser P.en, die freilich jeweils gemeinsam mit den beiden anderen handelt. Das entsprach der bibl. Bezeichnung „Angesicht" für das In-Erscheinung-Treten und Reden; P. besagt demnach, daß Gott sein Wesen konstituiert in der Zuwendung von Vater, Sohn und Geist füreinander und zu ihrer gemeinsamen Schöpfung.

Grundlegend für diese Beziehungen ist das Verhältnis jeder göttlichen Person zur anderen, das sie nicht zu verwechseln erlaubt – und weiterhin das unumkehrbare Verhältnis Gottes zum Geschöpf. Davon wiederum unterschieden bleibt die Einheit der göttlichen und menschlichen Natur in Jesus Christus als „unio personalis"; damit ist gemeint, daß Gott uns in Jesus Christus als P. begegnet.

Die Übertragung dieses im engeren Sinne theo-logischen P.begriffs auf die menschliche Individualität ist immer wieder als problematisch empfunden worden. Denn der Mensch wurde als P. aufgefaßt, sofern er für sich selbst besteht, indem er sich zu sich selber verhält, um für sich einstehen zu können. Dieses reflexive Verhältnis hat BOETHIUS mit seiner später klassisch gewordenen Definition umschrieben, P. sei das einzelne Vernunftwesen („persona est naturae rationalis individua substantia"). In der Offenheit des Vernehmens und des Erwiderns ist die Verantwortung des einzelnen vor Gott und den Menschen begründet. Die Vernunft verbindet Personen miteinander, konstituiert also zwischenpersonale Beziehungen –, was durchaus von den innergöttlichen Relationen zu unterscheiden ist.

Durch solche Näherbestimmungen entwikkelte sich ein komplexer Sprachgebrauch, wie sich zB für LUTHER zeigen läßt. Er unterscheidet zum einen „Person" und „Amt" und damit zwei Weisen der Rechenschaft über das eigene Dasein und Tun; keiner kann sich hinter dem ihm aufgetragenen Handeln verstecken, aber er ist für die Sache seines Amtes (als „WeltP.") anders verantwortlich als für sein Christsein. Zum anderen betont LUTHER im Anschluß an bibl. Aussagen (etwa Röm 2,11), daß Gott nicht nach dem „Ansehen der P." urteilt, und folgert daraus, daß auch Menschen sich nicht nach diesem Ansehen richten dürfen. Damit ist nicht bloß die Reputation gemeint, welche aus der sozialen Stellung erwächst, sondern alles, wodurch ein Mensch anderen ansichtig wird. Gott nimmt sein Geschöpf anders, nämlich als unvertauschbar und unvertretbar wahr. Das „Innere" des Menschen, wo sich entscheidet, ob der Mensch vor Gott bestehen kann, ist also keine Innerlichkeit. Andererseits sind P. und Werk zu unterscheiden: Gutes tun kann nur, wer selber gut gemacht worden ist, und dafür sind nicht seine Leistungen maßgebend, sosehr er dafür zur Rechenschaft gezogen wird.

B. Neuere philosophische Einflüsse. In und nach der →Aufklärung ist der P.begriff teils in der Theorie der Subjektivität aufgegangen und wird nun gleichbedeutend mit der apriorischen Stellung des erkennenden Ich gegenüber der Welt (Selbstbewußtsein); teils wird P. als entwicklungsbedürftige und störungsanfällige Anlage aufgefaßt, welche in der *Persönlichkeit* zur vollen Entfaltung gelangt (→Persönlichkeitsentfaltung), die sich zugleich gegen andere abgrenzen muß und so ihr Profil erhält. Gegen beide Konzeptionen hat der *Personalismus* Stellung bezogen, eine u. a. durch L. FEUERBACH vorbereitete, später vornehmlich von jüdischen Denkern (F. EBNER, M. BUBER, F. ROSENZWEIG, E. LEVINAS) geprägte geistige Strömung, die sich als Kritik sowohl einer metaphysischen Einordnung der P. als auch der neuzeitlich-idealistischen Icheinsamkeit empfahl. Nach personalistischer Auffassung ist jedes Ich auf ein Du bezogen und wird in dieser dialogischen Grundbeziehung zum Du für das andere Ich; alle Dinge und Sachverhalte können nur in diesem nie endenden Geschehen in Erscheinung treten.

Der Personalismus hat theol. Vorbehalten gegen Metaphysik und Subjektivismus neue Nahrung gegeben und schien auch die religiöse Anthropologie zu stützen. Personalistische Umschreibungen wie „Anrede", „Zuspruch" und „Anspruch" für Gottes Offenbarung in seinem Wort oder „Ansprechbarkeit" für die Gottesbeziehung des Menschen (E. BRUNNER) stehen seit ca. 60 Jahren hoch im Kurs. Dabei blieb ungeklärt, wie sich Gottes Ich gegenüber dem menschlichen Du von der Ich-Du-Beziehung zwischen Menschen anders als dadurch unterscheidet, daß es sich dort um eine unbedingte, hier um eine bedingte dialogische Relation handelt (F. GOGARTEN). Vom „personalen Zeitalter" (D. v. OPPEN) versprach man sich die Überwindung von Sachzwängen und traditionellen Wertordnungen zugunsten humaner Selbstverwirklichung. Die aus dem berechtigten Protest gegen die Verdinglichung der Lebenswelt gewonnene →Ethik kennt allerdings keine Kontrollinstanz außer der von ihr miterzeugten sozialen Plausibilität. Damit hängt zusammen, daß der Beziehungsaspekt der Kommunikation – die durch Mitteilung erzeugte Wirklichkeit – den Vorrang erhält gegenüber einem Sachinhalt, dessen Wahrheitsgehalt geprüft werden muß, zwar nicht getrennt, aber doch unterschieden von seiner Bedeutsamkeit für die Dialogpartner.

C. Charakteristika des P.seins. Im P.sein Gottes und also in seinem Handeln als Schöpfer, Versöhner und Vollender ist das P.sein des Menschen begründet: Gott geht als P. aus sich heraus, er will ein Gegenüber, den von ihm Unterschiedenen und für ihn Freien, ohne sich dabei zu verlieren. So ist Gott als P. *unvertretbar*, also anders als in bloßer Selbständigkeit. Menschliches P.sein besteht nicht in einem unveräußerlichen Für-sich-Sein, sondern darin, daß ein Wesen geschaffen wird als von Gott gewollte Existenz, die er namentlich anruft in Leben und Sterben. P. ist und bleibt der Mensch, weil und indem er in Gottes Tun einbezogen ist, auch er in unvertretbarer Weise. Jede P. wird in eine Fülle von Beziehungen hineingestellt, auf die sie einzugehen vermag und die sie auf sich wirken lassen kann, ohne sich an sie preiszugeben und sich aus ihnen zu erklären. Der einzelne versteht sich als P., indem er sein eigenes So-und-nicht-anders-Sein annimmt, ebenso dankbar wie hoffnungsvoll.

Alles Weitere wurzelt in dieser Relation und darf nicht verselbständigt werden. Das gilt etwa für das in der Neuzeit zunehmend wichtiger gewordene, aber auch höchst umstrittene Postulat, die P. sei nicht zu hintergehen und *unverletzbar* (→Menschenwürde). Dementsprechend hat die Theorie der →Menschenrechte die P. von ihrer politischen Handlungsfreiheit und der auf sie angewiesenen Mitverantwortung her bestimmt. Soll jedoch die P. von diesen empirischen Möglichkeiten her definiert werden, so wird das P.sein zu einer kontingenten, gefährdeten Größe. Auch die aus Freiheit geborene *Verantwortlichkeit* kann die P. nur in bestimmtem Maße bewähren, ohne sich selber aus ihr zu begründen. Dies zeigt der Begriff des →Gewissens an: Im Grenzfall muß sich die P. verantworten können, ohne daß sie sich im letzten für andere Menschen verständlich zu machen vermag. Wird der einzelne derart auf sich zurückgeworfen, richtet er sich im Versuch der Selbstrechtfertigung zugrunde, wenn er sich nicht so verantwortet, daß er das Urteil über sich und sein Tun von Gott allein erwartet.

F. GOGARTEN, Ich glaube an den dreieinigen Gott, 1926 – K. LÖWITH, Das Individuum in der Rolle des Mitmenschen, (1928) 1962[2] (Sämtl. Schriften I, 1981, 9–197) – E. BRUNNER, Gott und Mensch, 1930 – DERS., Der Mensch im Widerspruch, (1937) 1985[5] – G. GLOEGE, Der theologische Personalismus als dogmatisches Problem, KuD 1 (1955) 23–41 – D. VON OPPEN, Das personale Zeitalter, (1960) 1967[5] – B. LANGEMEYER, Der dialogische Personalismus in der evang. und kathol. Theologie der Gegenwart, 1963 – M. THEUNISSEN, Der Andere. Studien zur Sozialontologie der Gegenwart, 1965 – H.-D. WENDLAND, P. und Gesellschaft in evang. Sicht, 1965 – B. CASPER, Das dialogische Denken. Eine Untersuchung der religionsphilos. Bedeutung F. Rosenzweigs, F. Ebners und M. Bubers, 1967 (Lit.) – W. JOEST, Ontologie der P. bei Luther, 1967 – A. GRILLMEIER, Jesus Christus im Glauben der Kirche, [1] 1982[2] – W. PANNENENBERG, Anthropologie in theolog. Perspektive, 1983 – E. LEVINAS, Die Zeit und der andere, 1984.

Gerhard Sauter

II. Rechtlich. A. Der Rechtsbegriff der P. 1. P.en im Rechtssinne sind diejenigen Rechtssubjekte, die fähig sind, Träger durch Rechtsnormen begründeter Rechte und Pflichten zu sein. Rechtsfähigkeit i. d. S. ist konstitutives Merkmal des Rechtsbegriffs der P.

2. Der moderne Rechtsbegriff der P. ist ein Produkt der im Zeitalter der →Aufklärung entstandenen polit. Forderungen des Bürgertums nach Freiheit und Gleichheit aller Menschen. Er ist Ausdruck des Bestrebens der Bürger, sich aus feudalen Ordnungen und ständischen Bindungen zu lösen und als selbständige Träger von Rechten und Pflichten verantwortl. handeln zu können. Ausgangspunkt war die Vorstellung, der Mensch als vernunftbegabtes, selbstbestimmtes und zu verantwortl. Handeln fähiges Wesen besitze auf Grund seines Menschseins unveräußerl. Rechte, die jedermann in der Gesellschaft und insbes. die Obrigkeit zu respektieren habe. Infolgedessen wurde die Eigenschaft einer P. jedem Menschen als Glied der Gesellschaft ohne Rücksicht auf Glauben, Geschlecht, Abstammung oder Herkunft zuerkannt. J. ALTHUSIUS brachte die vernunftrechtl. Lehre von der P. auf die klassische Formel: persona est homo iuris communionem habens. Sie fand Eingang in die dem Geist der Aufklärung verpflichteten Kodifikationen des ausgehenden 18. Jh. So begann das Allg. Landrecht für die preuß. Staaten (1794) mit der Definition der P. (§ 1): „Der Mensch wird, insofern er gewisse Rechte in der bürgerlichen Gesellschaft genießt, eine Person genannt.“ Ähnlich, jedoch die Fähigkeit des Menschen zur Verantwortung für sein Handeln hervorhebend, faßte I. KANT in seiner Einleitung in die Metaphysik der Sitten (1797) den P.begriff: „Person ist dasjenige Subjekt, dessen Handlungen einer Zurechnung fähig sind.“ Damit setzte eine Entwicklung ein, in deren Verlauf nicht mehr der Mensch, die P. im vernunftrechtl. Sinn, sondern dessen Funktion im Rechtssystem als eines Zuordnungsadressaten von Rechten und Pflichten in den Vordergrund jur.-dogmatischen Interesses rückte (VON SAVIGNY, THIBAUT). Der Rechtsbegriff der P., nunmehr rechtstechnischen Zwecken dienstbar gemacht und seines Inhalts entleert, wird seither weitgehend synonym mit den Begriffen Rechtssubjekt und Rechtsfähigkeit verwendet.

3. Diese allg. oder *Voll-Rechtsfähigkeit* ist regelmäßig gemeint, wenn in einem G. von einer P. oder der Rechtsfähigkeit die Rede ist. Der dogmatische Wert dieser Begriffsbestimmung ist freilich gering: Für die in der Rechtspraxis bedeutsame Frage der materiellen Zuordnung, also welche konkreten Rechte und Pflichten der G.geber dem betreffenden Rechtssubjekt zugewiesen hat, und in welchem Umfang dies der Fall ist, läßt sich aus dem an der allg. Rechtsfähigkeit orientierten, formalen P.enbegriff nichts herleiten.

B. Arten von P.en. Rechtsfähigkeit in diesem umfassenden Sinn erkennt die Rechtsordnung nur einem bestimmten Kreis von Rechtssubjekten zu. Der BGB-Gesetzgeber unterscheidet insoweit natürl. P.en (§§ 1 ff.) und jur. P.en (§§ 21 ff.).

1. *Natürl. P.en.* Die Rechtsfähigkeit steht jedem Menschen als natürl. P. kraft seines Menschseins und der ihm zukommenden Würde zu (Art. 1 I GG →Menschenwürde). Demgemäß wird in § 1 BGB die allg. Rechtsfähigkeit des Menschen vorausgesetzt und ledigl. der Zeitpunkt ihres Beginns (Vollendung der Geburt) geregelt. Es ist dem G.geber verwehrt, dem Menschen die allg. Rechtsfähigkeit im Hinblick auf bestimmte Merkmale abzuerkennen oder sie zu beschränken. Dies war in der NS-Zeit der Fall: Der egalitäre, aufgeklärt-bürgerl. Begriff der P. wurde ersetzt durch die Schaffung zweier Gruppen von Staatsangehörigen unterschiedl. Rechtsfähigkeit. „Reichsbürger“ war nur der Staatsangehörige deutschen und artverwandten Blutes,

der durch sein Verhalten bewies, daß er gewillt und geeignet war, in Treue dem Deutschen Volk und Reich zu dienen (§ 2 ReichsbürgerG). Demgemäß wurde in dem Entwurf des geplanten Volksgesetzbuches die Rechtsfähigkeit durch die „volksgenössische Rechtsstellung" ersetzt. Sie konnte durch die Strafgerichte aberkannt werden. Der für „ehrlos" erklärte Volksgenosse war nur beschränkt rechtsfähig.

2. *Jur. P.en.* a) Die Rechtsordnung räumt nicht nur dem Menschen, sondern auch bestimmten Vereinigungen von P.en sowie sonstigen Organisationen durch die Zuerkennung allg. Rechtsfähigkeit eine den natürl. P.en entsprechende Rechtsstellung ein (jur. P.en). Die Einbeziehung derartiger Organisationen in den Kreis der P.en entspricht dem im 19. Jh. entstandenen praktischen Bedürfnis, nicht nur den einzelnen Menschen, sondern auch verselbständigte P.en und/oder Sachgesamtheiten als Zuordnungs- und Zurechnungssubjekte, insbes. in vermögens- und haftungsrechtl. Hinsicht, zu behandeln. Rechtstechnisch wurde dies ermöglicht durch eine formale und instrumentale Verwendung des Rechtsbegriffs der P. Dogmatisch war das Recht der jur. P. im ausgehenden 19. Jh. beherrscht von den Kontroversen über das „Wesen" dieser jur. Erfindung. Während die Vertreter der Fiktionstheorie (VON SAVIGNY, PUCHTA, WINDSCHEID) sie als Fiktion behandelten, sahen die Anhänger der Theorie der realen Verbandspersönlichkeit (insbes. VON GIERKE) die jur. P. als echte, überindividuelle Persönlichkeit an. Bei diesem Streit ging es jedoch – und dieser Aspekt gerät allzuleicht in Vergessenheit – zugleich um ein eminent polit. Problem: Die Frage der Mitwirkung und Kontrolle des Staates bei der Entstehung von Vereinigungen, denen er mit Mißtrauen begegnete. Dem von ihm in Anspruch genommenen Mitwirkungs- und Kontrollrecht entzogen sich Gewerkschaften und polit. Parteien durch die Wahl der Organisationsform des nichtrechtsfähigen Vereins. Soweit noch heute Auseinandersetzungen um das „Wesen der jur. Persönlichkeit" geführt werden, wird diesem aus Zweckmäßigkeitserwägungen durch einen „rechtstechnischen Kunstgriff des Gesetzgebers" (IHERING) erzeugten Träger von Rechtsfähigkeit eine Bedeutung beigemessen, die dessen rein instrumentaler Funktion nicht gerecht wird.

b) Die Rechtsordnung kennt sowohl jur. P.en des öffentl. wie des privaten Rechts, je nach dem Bereich, denen die für ihre Entstehung maßgebl. Rechtsnormen angehören.

aa) Die *jur. P.en des öffentl. Rechts* werden durch oder auf Grund eines G. errichtet. Der Art nach haben sich drei Organisationstypen herausgebildet. Neben den – mitgliedschaftl. organisierten – Körperschaften (Bund, Länder und Gemeinden, aber auch Ärzte- oder Handwerkskammern), die zur dauerhaften Verfolgung eines bestimmten Verwaltungszwecks aus der Verwaltungsorganisation ausgegliederten Anstalten (zB. Bundesanstalt für Arbeit, kommunale Versorgungsanstalten) sowie die Stiftungen des öffentl. Rechts, die zur Erfüllung eines bestimmten Verwaltungszwecks über Vermögen verfügen (zB Stiftung Preußischer Kulturbesitz). Dabei erscheint fragl., ob die auf E. ALBRECHTS Rezension über MAURENBRECHERS Grundsätze des heutigen Staatsrechts (1837) zurückgehende, der zivilrechtl. Dogmatik entlehnte Qualifizierung des Staates als jur. P. sowohl jur.-konstruktiv wie auch von der Sache her zur Erfassung der Eigenart des Staates angemessen ist (krit. E.-W. BÖCKENFÖRDE, Festschr. H. J. Wolff [1973], 269 ff.: Staat als organisierte Handlungs- und Wirkeinheit mit anstaltlichem Charakter).

bb) Im Bereich des *Privatrechts* erlangt eine jur. P., wie etwa der eingetragene Verein, die AG oder die GmbH, Rechtsfähigkeit, wenn die jeweils geltenden normativen Voraussetzungen erfüllt sind und die Eintragung in ein öffentl. Register erfolgt ist (§ 21 BGB, § 1 AktG, § 13 GmbHG – System der Normativbestimmungen). Nur soweit es für eine Vereinigung wegen der bes. Umstände des Einzelfalles unzumutbar ist, sich in einer für rechtsfähige wirtschaftl. Zusammenschlüsse gesetzl. bereitgestellten Rechtsform zu organisieren, oder die Rechtsform des wirtschaftl. Vereins (§ 22 BGB) auf Grund bes. Regelungen vorgeschrieben ist (vgl. BVerwG NJW 1979, 2261), wird die Rechtsfähigkeit durch staatl. Verleihung erlangt (Konzessionssystem).

C. Teilrechtsfähigkeit. Neben der Zuerkennung allg. Rechtsfähigkeit natürl. und jur. P.en begründet die Rechtsordnung in einer Vielzahl von Fällen Rechte und Pflichten, die beschränkt sind auf ein bestimmtes Rechtsgebiet oder sogar auf bestimmte Angelegenheiten. Diese werden Rechtssubjekten zugeordnet, die dem Kreis der P.en im Rechtssinne nicht angehören. Entsprechend dem Umfang dieser Zuweisung sind diese Rechtssubjekte ebenfalls rechtsfähig (Teilrechtsfähigkeit). Dies ist der Fall bei P.enzusammenschlüssen des Handelsrechts, wie der OHG und der KG (§ 124, § 161 II HGB), bei Gewerkschaften (BGHZ 50, 325), polit. Parteien (§ 3 PartG) oder nichtrechtsfähigen Vereinen (§ 50 II ZPO). Von daher gesehen ist es zutreffend, von der *„Relativität der Rechtsfähigkeit"* zu sprechen, soweit damit zum Ausdruck gebracht wird, daß auch jenseits der Zuerkennung allg. Rechtsfähigkeit Rechtssubjekte insoweit rechtsfähig sind, als ihnen auf Grund bes. gesetzl. Zuweisung Rechte und Pflichten zugeordnet sind. Hingegen hat mit Teilrechtsfähigkeit nichts zu tun, daß zahlreiche Vorschriften ein bestimmtes Alter, ein bestimmtes Geschlecht, eine bestimmte familienrechtl. Stellung, die Staatsbürgerschaft oder sonstige bes. Merkmale voraussetzen. Sind infolgedessen natürl. und jur. P.en nicht Träger aller denkbaren Rechte, ist dies keine Relativierung der allg. Rechtsfähigkeit, sondern Folge des aus Sachgründen begrenzten Anwendungsbereichs der jeweiligen Rechtsnorm.

D. Von der Rechtsfähigkeit zu unterscheiden ist die **Handlungsfähigkeit**, d. h. die Fähigkeit, durch eigenes Tun Rechtswirkungen hervorzurufen (vgl. § 12 VwVfG). Dies kann darin bestehen, durch Rechtsgeschäft für sich oder andere Rechtsfolgen herbeizuführen (*Geschäftsfähigkeit,* §§ 104 ff. BGB) oder sich durch eigene Handlungen verantwortl. zu machen (*Deliktsfähigkeit,* §§ 827, 828 BGB). Bei natürl. P.en geht die Rechtsordnung grds. von ihrer Handlungsfähigkeit aus. Soweit bei ihnen jedoch die Fähigkeit, die Folgen des eigenen Handelns zu überblicken, infolge einer krankhaften Störung der Geistestätigkeit nicht oder – wie bei Kindern und Jugendlichen – noch nicht hinreichend entwickelt ist, sind sie nicht oder nur beschränkt rechtsgeschäftlich handlungsfähig (§§ 104 ff. BGB); für sie handelt ein gesetzl. Vertreter. Demgegenüber sind jur. P.en als solche nicht befähigt, durch eigenes Handeln Rechtsfolgen zu begründen. Rechtstechnisch wird ihnen dies dadurch ermöglicht, daß natürl. P.en als Organe für diese Rechtsgebilde handeln. Deren Verhalten wird der jur. P. als eigenes zugerechnet mit der Folge, daß sie durch rechtsgeschäftl. Erklärungen ihrer Organe berechtigt und verpflichtet wird sowie für deren deliktisches Handeln mit ihrem Vermögen haftet (organschaftl. Vertretung; § 12 I Nr. 3 VwVfG, §§ 26 II, 31, 89 I BGB).

E. Beteiligtenfähigkeit. Der Rechtsfähigkeit und ihrem Umfang entspricht im Bereich des Verfahrensrechts die Fähigkeit, Beteiligter eines Verwaltungs- oder Gerichtsverfahrens zu sein (§ 11 VwVfG, § 61 VwGO, § 50 I ZPO). Teilrechtsfähige Organisationen können entsprechend dem Umfang ihrer Rechtsfähigkeit Beteiligte an Verfahren sein, deren Gegenstand diejenigen Rechte oder Pflichten sind, für die die betr. Organisation nach materiellem Recht Zuordnungssubjekt ist.

F. Grundrechtsfähigkeit. Sowohl nach ihrer Geschichte wie nach ihrer heutigen Bedeutung sind die Grundrechte in erster Linie individuelle Rechte, die dem Schutz der Freiheit des Menschen dienen sollen; dieser ist daher Inhaber der Grundrechte. Dies bedeutet freilich ebensowenig wie bei der allg. Rechtsfähigkeit, daß sich jedermann auf alle Grundrechte gleichermaßen berufen kann: Bestimmte Grundrechte sind zB den Deutschen i. S. d. Art. 116 GG vorbehalten. Darüber hinaus können gemäß Art. 19 III GG Grundrechte auch einer jur. P. zustehen, soweit sie „ihrem Wesen nach" auf diese anwendbar sind. Eine jur. P. kann sich daher zB auf die Eigentumsgarantie, nicht hingegen auf die Glaubens- und Gewissensfreiheit berufen. Nehmen jedoch jur. P.en oder teilrechtsfähige P.envereinigungen des Privatrechts durch G. geregelte und ihnen zugewiesene Aufgaben öffentl. Verwaltung wahr, können sie sich ungeachtet ihrer privatrechtl. Rechtsform insoweit nicht auf Grundrechte berufen (BVerfGE 68, 193 [212 f.]; BGH JZ 1984, 951 f.). Auf jur. P.en des öffentl. Rechts sind die Grundrechte – mit Ausnahme der Verfahrensgrundrechte der Art. 101 I S. 2, Art. 103 I GG) – grds. nicht anwendbar. Dies gilt jedenfalls, soweit sie öffentl. Aufgaben erfüllen (BVerfG aaO, 206). Es wäre in der Tat eine „etatistische Ironie" (DÜRIG), wenn die zum Schutz des einzelnen Bürgers verf.rechtl. gewährleisteten subjektiven Rechte von Einrichtungen des Staates in Anspruch genommen werden könnten. Ausnahmen gelten ledigl., soweit eine jur. P. des öffentl. Rechts nach den ihr gesetzl. zugewiesenen Aufgaben einem durch bestimmte Grundrechte geschützten Lebensbereich unmittelbar zugeordnet ist (Universitäten – Art. 5 III S. 1, Rundfunkanstalten – Art. 5 I S. 2 GG) oder ihm – wie die Kirchen – kraft ihrer Eigenart von vornherein zugehören (BVerfG aaO, 207).

O. BACHOF, Teilrechtsfähige Verbände des öffentl. Rechts, AöR 83 (1958) 208–279 – H. BETHGE, Grundrechtsträgerschaft jur. Personen, AöR 104 (1979) 54–111, 265–298 – F. FABRICIUS, Relativität der Rechtsfähigkeit, 1963 – H. HATTENHAUER, Grundbegriffe des Bürgerlichen Rechts, 1982, 1–40 – D. REUTER, Münchener Kommentar zum BGB I, 1984², 287–297, 369–376 (Lit.) – W. WEBER, Die Körperschaften, Anstalten und Stiftungen des öffentl. Rechts, 1943² – H. J. WOLFF, Organschaft und jur. Person I: Jur. Person und Staatsperson, 1933.

Harald Klein

Personalvertretung. I. Grundlagen. Für den →öffentl. Dienst ist die →Betriebsverfassung in bes. Gesetzen geregelt, näml. im *Bundespersonalvertretungsgesetz (BPersVG) vom 15. März 1974* und den *Landespersonalvertretungsgesetzen.* Für diese Verselbständigung ist maßgebend, daß im öffentl. Dienst zum Personalkörper nicht nur Arbeitnehmer, sondern auch Beamte gehören. Während das Arbeitsrecht einschl. der Betriebsverfassung unter die konkurrierende Gesetzgebung fällt (Art. 74 Nr. 12 GG), der Bund also in diesem Bereich die Befugnis zur Gesetzgebung hat (Art. 72 GG), ist für die Gestaltung des öffentl. Dienstrechts die Gesetzgebungskompetenz des Bundes erheblich eingeschränkt: Nur für die „Rechtsverhältnisse der im Dienste des Bundes und der bundesunmittelbaren Körperschaften des öffentl. Rechtes stehenden Personen" hat er die ausschließl. Gesetzgebung (Art. 73 Nr. 8 GG); für die „Rechtsverhältnisse der im öffentl. Dienste der Länder, Gemeinden und anderen Körperschaften des öffentl. Rechts stehenden Personen" hat er dagegen im Prinzip ledigl. die Rahmengesetzgebungskompetenz (Art. 75 Nr. 1 GG). Wegen dieser Kompetenzregelung des Grundgesetzes, aber vor allem auch wegen der Besonderheiten des öffentl. Dienstes ist die Betriebsverfassung für den öffentl. Dienst nicht im BetrVG, sondern in den P.gesetzen geregelt.

Die Verwirklichung der →Mitbestimmung im öffentl. Dienst steht in einem *Spannungsverhältnis zur demokratischen Regierungsverantwortung.* Entscheidungen, die wegen ihrer Auswirkungen auf das Gemeinwesen wesentl. Bestandteil der Regierungsgewalt sind, dürfen nicht der parlamentarischen Verantwortlichkeit entzogen und auf von Regierung und Parlament unabhängige Stellen übertragen werden (vgl. § 104 Satz 3 BPersVG). Daraus ergeben sich Schranken für die Regelungsfreiheit des Gesetzgebers in der inhaltl. Ausgestaltung der Beteiligungsrechte vor allem in personellen und organisatorischen Angelegenheiten. Bei Beamten darf die Regierung nicht an personalpolitische Entscheidungen einer Einigungsstelle gebunden werden; es entspricht vielmehr den hergebrachten Grundsätzen des Berufsbeamtentums (Art. 33 Abs. 5 GG), daß über sie in der Regel allein die dem Beamten vorgesetzten Dienstbehörden entscheiden (vgl. BVerfGE 9, 268). Handelt es sich dagegen um Arbeitnehmer, so bestehen diese Bedenken nicht; denn hält der Staat sich an den Funktionsvorbehalt des Art. 33 Abs. 4 GG, nach dem die Ausübung hoheitl. Befugnisse – und zwar sowohl in der Eingriffs- als auch in der Leistungsverwaltung – als ständige Aufgabe in der Regel Personen zu übertragen ist, die in einem öffentl.-rechtl. Dienst- und Treueverhältnis stehen, so wird bei einem Letztentscheidungsrecht der Einigungsstelle in Personalangelegenheiten der Angestellten und Arbeiter die Entscheidungsfreiheit und Verantwortlichkeit der Regierung nicht so erhebl. beeinträchtigt, daß ein Verstoß gegen das Prinzip des demokratischen Rechtsstaates vorliegt.

Die Gestaltungsfreiheit der Landesgesetzgebung ist durch die Rahmenvorschriften der §§ 94 – 106 BPersVG beschränkt. Zu ihnen gehört, daß das Mandat des Personalrats als Repräsentationsmandat zu gestalten ist und daher kein imperatives Mandat festgelegt werden kann (vgl. BVerfGE 51, 77).

II. Abgrenzung zum BetriebsverfassungsG. Die Grenze zwischen dem Geltungsbereich des BetrVG und der Regelung des P.rechts für den öffentl. Dienst wird ausschließlich nach der *Rechtsform* des Inhabers bzw. des Trägers der Verwaltung oder des Betriebs gezogen. Ist der Inhaber eine Person oder ein Personenverband des Privatrechts, so unterfällt der Betrieb dem BetrVG. Auf den Zweck, der mit dem Betrieb verfolgt wird, kommt es nicht an. Deshalb gilt das BetrVG auch für *Versorgungsbetriebe,* die in der Form einer jur. Person des Privatrechts, als AG oder GmbH, betrieben werden, auch wenn sich alle Anteile in der Hand einer öffentl.-rechtl. Körperschaft befinden. Andererseits fällt der Betrieb bei gleicher Organisation nicht unter das BetrVG, wenn er von der öffentl.-rechtl. Körperschaft unmittelbar, also als Eigenbetrieb, geführt wird; hier gilt vielmehr das P.recht. Diese Unterscheidung spiegelt sich regelmäßig im tatsächl. Aufbau der Betriebe nicht wider. Da die gesetzl. Regelung der P. sich zudem vorwiegend an dem öffentl. Dienst in seinem sachbezogenen Bereich als Staatsverwaltung ausrichtet, ergeben sich Zerrbilder dort, wo Betriebe ausgesprochen wirtschaftl. Ziele verfolgen, aber wegen der rein formalen Abgrenzung unter das Recht der P. fallen. Wenig zweckmäßig ist auch die Regelung, daß für betriebsverf.rechtl. Streitigkeiten aus dem P.recht die Verwaltungsgerichte zuständig sind, während gleichgelagerte Fälle nach dem BetrVG von den Arbeitsgerichten entschieden werden.

III. Die Regelung nach dem BPersVG vom 15. März 1974. A. Vorgeschichte und Geltungsbereich. Vorläufer des BPersVG war das PersVG vom 5. Aug. 1955. Nach der Neuordnung der Betriebsverf. durch das BetrVG 1972 wurde das BPersVG geschaffen, um auch im Bereich des öffentl. Dienstes die Mitwirkung und Mitbestimmung auszubauen; es entspricht weitgehend den Vorschriften des BetrVG 1972. Wie das PersVG vom 5. Aug. 1955 regelt es nur die P. im Bundesdienst und gibt neben wenigen unmittelbar für die Länder geltenden Vorschriften (§§ 107 – 109) lediglich Rahmenvorschriften für die Landesgesetzgebung (§§ 94 – 106).

B. Organisation. In den Behörden und Betrieben der öffentl. Hand wird ein *Personalrat* gebildet, der die Mitwirkungs- und Mitbestimmungsrechte gegenüber der Dienststelle ausübt. Da die Verwaltung hierarchisch aufgebaut ist, werden für den Geschäftsbereich mehrstufiger Verwaltungen *Stufenvertretungen* bei der übergeordneten Dienststelle, bei der Mittelbehörde *(Bezirkspersonalrat)* und bei der obersten Dienstbehörde *(Hauptpersonalrat)* eingerichtet. Sie nehmen die Beteiligungsrechte wahr, wenn die vorgesetzte Dienststelle zur Entscheidung zuständig ist, was gerade in wichtigen Fragen häufig der Fall sein wird. Soweit Nebenstellen und Teile einer Dienststelle als selbständige Dienststellen gelten, wird neben den einzelnen Personalräten ein *Gesamtpersonalrat* gebildet, dem die Beteiligungsrechte zustehen, wenn die Entscheidung dem Leiter der Hauptdienststelle und nicht den Leitern der Nebendienststelle bzw. des Dienststellenteils vorbehalten ist.

Personalrat, Gesamtpersonalrat, Bezirks- und Hauptpersonalrat werden unter dem Oberbegriff der P. zusammengefaßt. Für sie gilt einheitlich, daß sie in *geheimer und unmittelbarer Wahl* und bei Vorliegen mehrerer Wahlvorschläge nach den Grundsätzen der Verhältniswahl gewählt werden. Die Stufenvertretungen werden also nicht wie in der →Betriebsverfassung der Gesamtbetriebsrat und der Konzernbetriebsrat durch Entsendung von Mitgliedern der Personalräte gebildet, sondern sie werden von den zum Geschäftsbereich der Behörde der Mittelstufe bzw. der obersten Dienstbehörde gehörenden Beschäftigten gewählt. Wahl und Geschäftsführung der P. sind in Anlehnung an das Betriebsverfassungsrecht geregelt, wobei hier der Gruppenschutz besonders ausgebaut ist, weil zu den von ihr repräsentierten Beschäftigten nicht nur die Arbeitnehmer, sondern auch die Beamten gehören, die von Verfassungs wegen eine Sonderstellung in der institutionellen Mitbestimmung haben. Bei der Wahrnehmung der Beteiligungsrechte sind in Angelegenheiten, die lediglich die Angehörigen einer Gruppe betreffen, nur die Vertreter dieser Gruppe zur Beschlußfassung im Personalrat berufen (§ 38 II und III).

Die Mitglieder des Personalrats führen ihr Amt *unentgeltl.* als *Ehrenamt.* Sie haben die gleiche Rechtsstellung wie die Betriebsratsmitglieder (§ 46). Wie im Rahmen der Betriebsverfassung besteht der gleiche *bes. Kündigungsschutz* für Arbeitnehmer (§ 47 I i. V. mit §§ 15, 16 KSchG). Im Gegensatz zu den Betriebsratsmitgliedern haben die Mitglieder der P. außerdem einen besonderen Versetzungsschutz und Abordnungsschutz (§ 47 II). Wie das Betriebsverfassungsrecht kennt auch das Recht der P. die *Personalversammlung,* der wie der Betriebsversammlung keine bes. Befugnisse zustehen, und die *Jugendvertretung,* die wie nach dem BetrVG kein eigenständiger Repräsentant der jugendl. Beschäftigten, sondern eine *zusätzl. Vertretung* ist, die dem Personalrat zugeordnet wird.

C. Mitwirkung und Mitbestimmung (vgl. auch Mitbestimmung). 1. Das BPersVG unterscheidet die Mitwirkung und Mitbestimmung in einem rechtstechnischen Sinn. Hat der Personalrat in einer Angelegenheit (§§ 75, 76) mitzubestimmen, so ist das in § 69 geregelte Verfahren zu wahren; wirkt er dagegen an einer Entscheidung ledigl. mit (§§ 78, 79), so gilt das in § 72 vorgesehene Verfahren. Der Unterschied besteht darin, daß im letzteren Fall nicht die Einigungsstelle mit der Angelegenheit befaßt werden kann, sondern die oberste Dienstbehörde endgültig entscheidet. Aber auch wenn der Personalrat nach dem Gesetzestext mitzubestimmen hat, bedeutet dies nicht notwendigerweise, daß die Einigungsstelle verbindlich entscheidet; sie hat vielmehr, soweit es um Beamte geht, nach § 69 IV 3 ledigl. das Recht, eine Empfehlung an die oberste Dienstbehörde zu beschließen, wenn sie sich nicht deren Auffassung anschließt. Soweit es sich um personelle Maßnahmen wie Einstellungen, Versetzungen, Höher- oder Rückgruppierungen handelt, kann der Personalrat seine Zustimmung nur aus bestimmten, im Gesetz genannten Gründen verweigern (§ 77 II). Schließl. besteht das Mitbestimmungsrecht in der Regel nur als Zustimmungsrecht; ledigl. in vergleichsweise wenigen Fällen hat der Personalrat ein als Mitbestimmungsrecht gestaltetes Initiativrecht (§ 70 I).

2. Das BPersVG gewährt Beteiligungsrechte in *sozialen* und *personellen Angelegenheiten* sowie in *organisatorischen Angelegenheiten,* bei letzteren aber nur als Mitwirkungsrecht. Das Gesetz enthält die Tatbestände, in denen der Personalrat mitzubestimmen hat, in zwei Bestimmungen, nämlich in §§ 75, 76, die sich überschneiden, weil § 76 ledigl. wegen der Verweisungstechnik in der Regelung über das Mitbestimmungsverfahren überwiegend für Beamte wiederholt, was bereits in § 75 enthalten ist, um dadurch klarzustellen, daß die Einigungsstelle für Beamte keine Kompetenz zur verbindl. Entscheidung hat.

Zu den sozialen Angelegenheiten, in denen der Personalrat nicht nur das Mitbestimmungsverfahren einzuhalten hat, sondern auch rechtsdogmatisch ein als Initiativ- und Zustimmungsrecht gestaltetes Mitbestimmungsrecht hat, gehören die Lage der Arbeitszeit, die Aufstellung des Urlaubsplanes und Fragen der Lohngestaltung innerhalb der Dienststelle sowie Errichtung, Verwaltung und Auflösung von Sozialeinrichtungen (§ 75 III). Eine immanente Begrenzung der Mitbestimmung ergibt sich daraus, daß der Spruch der Einigungsstelle das Haushaltsrecht einhalten muß (§ 71 III 4). Soziale Angelegenheiten, über die der Personalrat mitzubestimmen hat (§§ 75 III, 76 II), können zwischen dem Dienststellenleiter und dem Personalrat durch *Dienstvereinbarung,* die das Dienstverhältnis der Beamten und Arbeitnehmer mit unmittelbarer und unabdingbarer Wirkung beherrscht, geregelt werden. Die Dienstvereinbarung ist das Pendant zur Betriebsvereinbarung (→Mitbestimmung IV B 3); es besteht hier aber nicht wie in der Betriebsverfassung eine Betriebsvereinbarungsautonomie, sondern Dienstvereinbarungen sind nur zulässig, soweit das BPersVG sie ausdrücklich vorsieht (§ 73 I 1).

Die Beteiligung in personellen Angelegenheiten ist unterschiedl. gestaltet, je nachdem, ob es sich um Arbeitnehmer oder Beamte handelt. Der Gesetzestext bestimmt zwar in beiden Fällen, daß der Personalrat bei personellen Einzelmaßnahmen, wie Einstellung, Beförderung, Versetzung, nicht nur mitzuwirken, sondern mitzubestimmen hat (für Arbeitnehmer § 75 I, für Beamte § 76 I). Die Einigungsstelle entscheidet aber nur dann verbindlich, wenn die personelle Maßnahme sich auf einen Arbeitnehmer bezieht; handelt es sich um einen Beamten, so kann sie ledigl. eine Empfehlung an die oberste Dienstbehörde beschließen (§ 69 IV). Außerdem kann der Personalrat seine Zustimmung wie in der Betriebsverfassung nicht nach Belieben, sondern nur aus bestimmten Gründen verweigern, die im Katalog des § 77 II erschöpfend aufgezählt sind.

Der Personalrat ist weiterhin bei Kündigungen gegenüber Arbeitnehmern beteiligt; er hat bei der ordentlichen Kündigung durch den Arbeitgeber ein Mitwirkungsrecht, bei der außerordentl. Kündigung ein Anhörungsrecht (§ 79). Im Ergebnis handelt es sich aber um die gleiche Regelung wie nach dem BetrVG (→Mitbestimmung IV B 3).

K. Schelter, Personalvertretungsrecht, 1984 – A. Söllner/H. Reinert, Personalvertretungsrecht, 1985 – Komm.e zum BPersVG: Dietz/Richardi, 1978[2] – Fischer/Goeres, LBl. – Grabendorff/Windscheid/Ilbertz, 1981[4] – Lorenzen/Eckstein/Haas/Schmitt, LBl.

Reinhard Richardi

Personenkennzeichen →Datenschutz

Petitionsrecht. I. Begriff. Als P. bezeichnet man die Berechtigung, sich mit Bitten und Beschwerden an die öffentl. Organe zu wenden. Häufig wird es auch Beschwerde- oder Eingaberecht genannt. Der Beschwerdeführer wird allg. als *Petent,* seine Eingabe als *Petition* (d. i. Gesuch, Bitte) bezeichnet. Im GG ist es als →Grundrecht in Art. 17 verbürgt.

II. Geschichte. Das P. gehört mit zu den ältesten Rechten. Sein Ursprung liegt vor allem in den ständischen Beschwerderechten des MA. und der beginnenden Neuzeit. Damals hatte die Ständeversammlung das Recht, ihre „Gravamina" (Beschwernisse) dem Herrscher vorzutragen. Bes. in England (Bill of Rights 1689 →Großbritannien), später in den USA (→Vereinigte Staaten 6) und →Frankreich wurde das P. zu einem Recht des Bürgers geformt. In Dtschld. war es eine der Forderungen des →Liberalismus (II A), so daß man das P. zutreffend als „altliberales Gedankengut" bezeichnet. In den süddt. Verf.en des frühen 19. Jh. (→Konstitutionalismus) verband sich das P. noch eng mit der Verf.beschwerde (→Verfassungsgerichtsbarkeit C). Während sich diese immer mehr zu einem justizförmigen Rechtsbehelf entwickelte, blieb das P. in Dtschld. ein vom Prozeßrecht streng getrenntes Recht. Über Art. VII § 159 des Entwurfs einer Reichsverf. von 1849 und Art. 23 der Reichsverf. von 1871 reicht die Verankerung bis zu Art. 126 der WV und schließlich Art. 17 GG. Auch in den dt. Länderverf.en war und ist das P. häufig als Grundrecht gewährleistet.

III. Träger des P. A. Allg. Im Gegensatz zu seinen Vorgängern steht das P. des Art. 17 GG *jedermann, nicht nur Deutschen* zu. Ausdrückl. ist die gemeinsame Petition *(„Sammelpetition")* anerkannt (s. aber u. B 3). Solche „Masseneingaben" spielen eine große Rolle, oft verbunden mit den Aktionen von „Bürgerinitiativen". Volljährig (geschäftsfähig) braucht der Petent nicht zu sein, wohl aber muß ihm die Grundrechtsmündigkeit zukommen, d. h. die rechtliche Fähigkeit, die Grundrechte selbständig auszuüben. Sie bestimmt sich bei Fehlen einer besonderen Regelung nach der allgemeinen Einsichtsfähigkeit des Petenten, nicht nach § 107 BGB (anders DAGTOGLOU, Rdnr. 51; DÜRIG, Rdnr. 25). Jur. Personen dürfen das P. ebenfalls ausüben, wobei allerdings umstritten ist, ob und inwieweit es auch jur. Personen des öffentl. Rechts zusteht.

B. Beschränkungen des P. (vor allem im sog. bes. Gewaltverhältnis, →Grundrechte V C) müssen aber durch Gesetz oder aufgrund eines Gesetzes angeordnet sein.

1. *Beamte* (→Beamtenrecht) können das P. in privaten oder dienstl. Angelegenheiten einzeln oder gemeinschaftl. ausüben. Bei Petitionen, die dienstl. Fragen betreffen, wird man jedoch weitgehend die Einhaltung des Dienstweges fordern müssen (näher DÜRIG, Randnr. 31). Die Vorschriften des § 171 BBG bzw. der Landesbeamtengesetze sind insoweit eine zulässige Einschränkung des P.

2. Auch den *Straf- und Untersuchungsgefangenen* (→Strafvollzug) sowie den sonst zwangsweise (zB in Heil- und Pflegeanstalten) festgehaltenen Personen steht das P. zu. Die Befugnis zur Sammelpetition gibt aber nicht das Recht, mit anderen Inhaftierten oder der Außenwelt in Verbindung zu treten. Petitionen Inhaftierter sind verschlossen und ohne Kontrolle der Anstaltsleitung den Parlamenten zuzuleiten.

3. Eine Sonderstellung nehmen die Angehörigen der Streitkräfte *(Soldaten)* und des Ersatzdienstes ein. Sie haben zwar das P.; nach Art. 17 a Abs. 1 GG kann ihnen aber das Recht zu gemeinsamer Petition untersagt werden. Daß dennoch das P. der Soldaten nicht verkümmert, sichert vor allem die Institution des Wehrbeauftragten (zu alledem →Bundeswehr II A 3 c).

C. Petitionsberechtigung. Im Gegensatz zu sonstigen Rechtsbehelfen verlangt das P. keinerlei Geltendmachung eigener Rechte des Petenten. Inhalt der Petition können deshalb Fragen sein, die überhaupt nichts mit „Rechten" oder „Berechtigungen" zu tun haben, zB Sorgen eines anderen Bürgers als des Petenten oder allg. Zustände im Staat.

IV. Form der Petition. Nur *schriftl.* Beschwerden fallen unter Art. 17 GG. *Mündl.* Petitionen sind nicht verboten, aber von Art. 17 GG (im Gegensatz zu einigen Länderverf.en) vom Grundrechtsschutz ausgespart. Die Petition muß – um in den Schutzbereich des Art. 17 GG zu fallen – eigenhändig unterzeichnet sein; anonyme Schriften sind keine Petition. Das Wort „Petition" oder ähnl. Ausdrücke braucht die Schrift nicht zu enthalten. Nur muß erkennbar sein, daß der Absender eine Bitte oder Beschwerde hat. Bloße Mitteilungen, Feststellungen, Vorwürfe, Dank- oder Lobadressen u. ä. sind hingegen keine Petition – ihnen fehlt das Element des „Petitums", der Bitte.

V. Inhalt des P. A. Schutz des Petenten. Das P. garantiert, daß sich jedermann an staatl. Stellen wenden darf, ohne daran gehindert zu werden und ohne deshalb Nachteile zu erleiden. Allerdings gibt das P. nicht etwa die Befugnis, bei seiner Ausübung sonst untersagte (strafbare) Handlungen zu begehen. Deshalb ist die sog. *beleidigende Petition* strafbar (vgl. DÜRIG, Randnr. 43 ff.). Das P. schützt aber vor Nachteilen gerade wegen des Anrufens staatl. Stellen.

B. Erledigungspflicht der Behörden. Die Petition ist im ordnungsgemäßen Geschäftsgang zu bearbeiten. Weder darf sie überhaupt ungelesen „in den Papierkorb wandern" noch unbeantwortet bleiben. *Das Recht auf Bescheid gehört untrennbar zum P.*

1. Sofern die Behörde für die Bitte (Beschwerde usw.) *zuständig* ist, hat sie eine sachl. Prüfung vorzunehmen. Oft wird sie allerdings dem Petenten bei bestem Willen nicht helfen können, wenn ihr rechtl. oder tatsächl. Mittel fehlen. Der Petent hat aber auf jeden Fall einen Bescheid zu erhalten, der die sachl. Prüfung erkennen läßt. Eine Begründung muß nicht (anders DAGTOGLOU, Randnr. 99 f., TERBILLE, S. 144 f.), sollte aber dem Bescheid hinzugefügt werden, um dem Petenten die ernsthafte Prüfung seines Begehrens deutl. zu zeigen und ihm ein klares Bild über seine Angelegenheit zu vermitteln.

2. Die für den Beschwerdefall *unzuständige* Behörde wird nicht durch die an sie herangebrachte Petition zust. Sie hat vielmehr grundsätzlich die Pflicht, die Petition an die richtige Stelle von Amts wegen weiterzuleiten und den Petenten davon zu unterrichten (sog. *Abgabenachricht*) (vgl. EITEL, S. 186 ff., TERBILLE, S. 164 ff. mwN).

C. Gerichtsschutz. Das Recht auf Entgegennahme, sachl. Prüfung und ordnungsgemäße Bescheidung ist vor den Verwaltungsgerichten im Wege der allgemeinen Leistungsklage durchsetzbar. Nach Erschöpfung des Rechtsweges kann auch die Verf.beschwerde zum →Bundesverfassungsgericht erhoben werden (näher DAGTOGLOU, Randnr. 130 ff., VONDERBECK, S. 93 ff.).

VI. Adressaten des P. Nach Art. 17 GG kann man sich „an die zuständigen Stellen und an die Volksvertretung“ wenden.

A. „Zuständige Stellen“ sind alle Staatsbehörden. Auf die „Zuständigkeit“ für den Beschwerdefall kommt es nicht an; die unzust. Behörde hat die Petition an die zust. weiterzuleiten. (s. o. V B 2).

B. „Die Volksvertretung“ meint die Parlamente von Bund und Ländern. Bes. beim →Bundestag spielt das P. eine bedeutsame Rolle. So sind bei ihm in den ersten neun Wahlperioden (1949 – 1983) knapp 300 000 Petitionen (ohne Masseneingaben) eingegangen. Die →Geschäftsordnung des Bundestages regelt eingehend die Behandlung der Petitionen; ein bes. Ausschuß *(Petitionsausschuß)* ist für sie eingerichtet und durch Art. 45 c GG verfassungsrechtlich festgeschrieben (näher DÜRIG, Art. 45 c GG, TERBILLE, S. 167 ff.). Der Grundsatz der Diskontinuität (→Bundestag III B 3) gilt nicht für Petitionen. Dem P. entspringen parlamentarische Annexrechte (vgl. DÜRIG, Randnr. 70 ff., VITZTHUM, S. 56 ff.): Das Parlament kann die Petition („zur Kenntnisnahme“, „als Material“, „zur Erwägung“ oder „zur Berücksichtigung“) an die Regierung überweisen *(Petitionsüberweisungsrecht)*. Dies führt aber zu keiner rechtlichen Bindung der Exekutive. Vielmehr hat die Überweisung nur die Bedeutung einer Benachrichtigung oder politischen Empfehlung (vgl. BayVerfGH 30, 179, 186 f.). Das Parlament kann ferner von der Regierung Informationen über den Gegenstand der Petition verlangen *(Petitionsinformierungsrecht)*. Letzteres Recht ist im „Gesetz über die Befugnisse des Petitionsausschusses des Deutschen Bundestages“ vom 19. Juli 1975 (BGBl. I S. 1921) näher ausgestaltet.

VII. Bedeutung des P. Das P. gibt dem Bürger eine einfache Möglichkeit, sein Herz auszuschütten, sich für seinen Staat verantwortl. zu fühlen oder auf die Not anderer Bürger hinzuweisen. Fern aller jur. Begriffe (vgl. o. III C) kann dem Staat jedes menschl. Problem geklagt und um Abhilfe gebeten werden. Bes. für die Parlamente stellt das P. ein unschätzbares Mittel dar, die Sorgen und Nöte des Volkes zu erfahren. Diese Bedeutung darf trotz der modernen Methoden der Demoskopie nicht unterschätzt werden. Wenn auch die →Presse (s. a. öffentliche Meinung) und der „Lobbyismus“ (→Pluralismus IV A; →Verbände 6) frühere Funktionen des P. teilweise übernommen haben, so kommt dem P. auch heute noch eine zentrale Bedeutung zu, und zwar nicht nur, wenn es um die Nöte einzelner Bürger geht, die für die Presse unattraktiv sind und für die sich auch keine „Lobby“ berufen fühlt, sondern gerade auch für breitgestreute Anliegen, wie dies etwa auch bei Masseneingaben und „Bürgerinitiativen“ (s. o. III A) deutl. wird. (näher DAGTOGLOU, Randnr. 6 ff.)

Ekkehard Schumann

VIII. Reformbestrebungen. A. Petitionsausschuß. Die Effektivität des parlamentar. Petitionsverfahrens wurde wesentl. beeinträchtigt durch das Fehlen jegl. Untersuchungsbefugnisse (→Bundestag II B 2 a, c), das den Petitionsausschüssen (PA.en) eine eigene Sachaufklärung verwehrte und sie auf die Fremdinformation durch die Regierung verwies. Die Beseitigung dieser Kontrollschwäche war deshalb eines der vorrangigsten Anliegen der Ende der 60er Jahre einsetzenden und von der ENQUÊTE-KOMMISSION „VERFASSUNGSREFORM“ (vgl. Zwischenbericht vom 21. April 1972, BT-Drs. VI/3829, S. 28 ff.; Schlußbericht vom 9. Dez. 1976, BT-Drs. 7/5924, S. 63 f.) nachhaltig unterstützten P.reform, die nunmehr fast abgeschlossen ist (*Bund:* Art. 45 c GG und G. über die Befugnisse des PA. des Dt. Bundestages vom 19. Juli 1975 – *Bad.-Württ.:* Art. 35 a LVerf. und G. über den PA. des Landtags vom 20. Febr. 1979 – *Berlin:* Art. 32 IV LVerf. und PetitionsG. vom 25. Nov. 1969 – *Bremen:* PetitionsG. vom 13. Mai 1969 – *Hambg.:* Art. 25 a LVerf. i. d. F. vom 18. Febr. 1971 und G. über den PA. vom 18. April 1977 i. d. F. vom 5. Juni 1984 – *Nordrh.-Westf.:* Art. 41 a LVerf. i. d. F. vom 11. März 1969 – *Rh.-Pf.:* Art. 90 a LVerf. i. d. F. vom 24. Febr. 1971 – *Saarld.:* § 61 G. über den Landtag vom 20. Juni 1973 – *Schlesw.-Holst.:* Art. 15 a LVerf. i. d. F. vom 12. Dez. 1969). Das neue Verfahrensrecht räumt den PA.en in weitem Umfang Selbstinformationsrechte ein, die überwiegend unter Umgehung der parlamentar. verantwortl. Verwaltungsspitze in direktem Zugriff auf untergeordnete Verwaltungsbehörden ausgeübt werden dürfen. Neben Aktenvorlage-, Auskunfts- und Inspektionsbefugnissen besitzen fast alle PA.e heute das Recht zur Anhörung von Petenten, Zeugen und Sachverständigen, z. T. einschließl. der Vereidigungsbefugnis. Zur Effektuierung des Petitionsverfahrens darf der PA. i. d. R. seine Befugnisse im Einzelfall auf eines seiner Mitglieder übertragen. Ein Eigeninitiativ- oder *Selbstbefassungsrecht,* das häufig als einer der besonderen Vorzüge der Ombudsman-Institution (→Ombudsman V C) angesehen wird, wurde dem PA. jedoch nur in Berlin eingeräumt (Art. 32 IV S. 2 BerlVerf. und § 4 I PetitionsG.). Oppositionelle P.reforminitiativen in *Hessen* (Drs. 8/2407 vom 16. März 1976) und *Bayern* (zuletzt Drs. 10/7953, 7956 vom 4. Okt. 1985) scheiterten bisher an dem Einwand mangelnder Reformbedürftigkeit sowie verf.rechtl. Bedenken gegen die Zulässigkeit eines direkten Zugriffsrechts auf untergeordnete Verwaltungsbehörden.

Da angesichts der großen Zahl von Petitionen (s. o. VI B) und der anderweitigen Arbeitsüberlastung der Parlamente die Beratung jeder einzelnen Eingabe im Plenum heute nicht mehr möglich ist, haben die Landtage von Bayern, Berlin, Nordrh.-Westf., Rh.-Pf., Schlesw.-Holst. und dem Saarld. die Petitionsbehandlung den PA.en unter Rückrufvorbehalt im Einzelfall übertragen. In den anderen Parlamenten dagegen beschließt das Plenum pauschal über sog., von den PA.en vorgelegte Sammelübersichten, ein Verfahren, das die fakt. Verantwortung der Ausschüsse für die getroffenen Entscheidungen verschleiert und das ohnehin langwierige Petitionsverfahren ohne Not weiter verzögert.

Rainer Pietzner

B. Ombudsman. Dagegen ist die Einführung eines →Ombudsmanes zugunsten einer Verstärkung der Befugnisse der Petitionsausschüsse zurückgestellt worden. Der Ombudsman hätte nach skandinavischem Vorbild die doppelte Aufgabe, die parlamentarische Kontrolle über die Exekutive zu verstärken und die Petitionen der Bürger zu überprüfen. In der Bundesrep. Dtschld. wurde der Ombudsman-Gedanke durch die Einführung des Wehrbeauftragten (s. o. III B 3) aufgegriffen. Auch der in § 2 Abs. 2 ZDG vorgesehene Bundesbeauftragte für den Zivildienst und die Datenschutzbeauftragten in Bund und Ländern sowie die in Rheinland-Pfalz 1974 eingeführte Institution des Bürgerbeauftragten basieren auf diesem Gedanken (zu alledem →Ombudsman V). Darüber hinausgehende parlamentarische Initiativen scheiterten teils an verf.rechtl. Bedenken, teils an der Ansicht, wegen des lückenlosen Rechtsschutzes sei in der Bundesrep. Dtschld. die Institution des Ombudsmanes überflüssig (näher SEIDEL, 55 ff., TERBILLE, 174 f.).

Lit. zum P. in den Kommentierungen zu Art. 17 GG: P. DAGTOGLOU, in: Bonner Komm. zum GG, Loseblattsammlung, 1950 ff. (Zweitbearbeitung Stand: 1967) – G. DÜRIG, in: MAUNZ-DÜRIG-HERZOG u. a., GG, Loseblattsammlung, 1958 ff. (Artikelkommentierung Stand: 1960) – F. KLEIN, in: V. MANGOLDT-KLEIN, Das Bonner GG, Bd. I, 1966[2] – LEIBHOLZ-RINCK, GG, 1975[5] – H. LENZ, in: HAMANN-LENZ, Das GG, 1970[3] – B. SCHMIDT-BLEIBTREU, in: SCHMIDT-BLEIBTREU-KLEIN, Komm. zum GG, 1983[6] – Außerdem: N. ACHTERBERG, Parlamentsrecht, 1984, bes. S. 453 ff. (Lit.) – E. FRIESENHAHN, Zur neueren Entwicklung des P. in der Bundesrep. Dtschld. in: Festschr. für Hans Huber zum 80. Geburtstag, Bern 1981 – W. EITEL, Das Grundrecht der Petition, 1960 – K. KORINEK, Das P. im demokratischen Rechtsstaat, 1977 – K. KRIEGER, Das Recht des Bürgers auf behördl. Auskunft, 1972, bes. S. 97 ff. – K. H. MATTERN, Das P., in: Hdb. der Grundrechte, Bd. II, 1968[2], hg. v. F. L. NEUMANN u. a. – R. PIETZNER, Petitionsausschuß und Plenum, 1974 – M. SCHMITT-VOCKENHAUSEN, Verfassungsrechtliche Probleme der Behandlung von Petitionen durch den Bundestag nach Art. 17 GG, 1979 – H. SEIDEL, Das P., 1972 – R. TAYLOR-M. VON NORDHEIM, Petitions Committees and Grievance Resolution in the Federal Republic of Germany, Midwest Review of Public Administration (1973) 215 – 228 – M. TERBILLE, Das P. in der Bundesrepublik Deutschland, 1980 – H. J. VONDERBECK, Parlamentarische Informations- und Redebefugnisse, 1981, S. 80 ff., 93 ff. – W. GRAF VITZTHUM, P. und Volksvertretung, 1985 (Lit.) – H. HABLITZEL, Petitionsinformierungsrecht des Parlaments und Auskunftspflicht der Regierung, BayVBl. (1986) 97 – 105 – ZWISCHENBERICHT der Enquête-Kommission für Fragen der Verf.reform gemäß Beschluß des Dt. BTes, BT-Drs. VI/3829, 28 – 35.

Ekkehard Schumann

Pfarramt. I. Evangelisch. 1. Begriff. Das P. ist das zentrale Institut der ev. →Kirchenverfassung, weil in erster Linie dem Pfarrer die wichtigste Funktion in der ev. Kirche zukommt, die Verkündigung des Evangeliums und die Darreichung der →Sakramente (CA V) (→Amt [in der Kirche] I). Andere Elemente der Kirchenorganisation wie Kirchenvorstände, →Synoden und übergeordnete geistl. Ämter sind sekundär und Sache der Zweckmäßigkeit.

Außer in diesem Sinne der Trägerschaft der *Verkündigungsfunktion* verwendet man den Begriff P. noch in der folgenden zweifachen Weise: P. ist auch die dienstrechtl. Bezeichnung einer *Dienststellung* analog zu den Strukturen des staatl. →Beamtenrechts, mithin auch eines bestimmten Berufes. P. nennt man zweitens auch eine *kirchl. Behörde,* die für einen bestimmten örtl. Bereich bestimmte Zuständigkeiten hat. Wo mehrere Pfarrer in einer Gemeinde tätig sind, bilden sie zusammen das P. der Gemeinde.

2. Geschichte. Die beschriebene zentrale Stellung in der Ordnung der Kirche hatte das P. nicht von Anfang an. In der *alten Kirche* war das →Bischofsamt das wichtigere und hatte die ältere Tradition. Leiter der in den Städten entstehenden Gemeinden waren – nach den ersten Jahrzehnten einer unorganisierten und uneinheitl. Leitungsstruktur – die Bischöfe. Erst die Ausbreitung des Christentums auch auf dem flachen Lande führte zur Einsetzung weiterer Amtsträger, die vom Bischof abhängig waren. Das so entstehende P. war zunächst in Rechtsstellung und Amtsführung und auch einkommensmäßig ganz vom Bischof abhängig. Erst allmählich wurde seine Stellung selbständiger, dieses bes. unter dem Einfluß germanischer Verfassungsstrukturen (Eigenkirche). Zur Herausbildung eines selbst. P. trug wesentl. die Einrichtung eines flächendeckenden Netzes von Parochien bei, verbunden mit dem Pfarrzwang, also der ausschließl. Gewiesenheit der Einwohner eines bestimmten Gebietes an ihren Pfarrer.

Die →*Reformation* hat am P., vordergründig betrachtet, wenig verändert. Es blieben insbes. Parochialstruktur und Pfarrzwang. Es blieben die zentralen Aufgaben in Gottesdienst, Sakramentsverwaltung und Seelsorge. Die entscheidende Veränderung brachte aber die Absage der Reformatoren an die hierarch. Strukturen der alten Kirche. Der Pfarrer war in seinen Rechten und Funktionen nicht mehr abhängig vom Bischof, vielmehr war sein Amt das →Amt der Kirche schlechthin (CA V, VII u. XXVIII). Auch Bischöfe – solche konnte sich die luth. Reformation durchaus vorstellen –, Superintendenten usw. waren im Prinzip nichts als Pfarrer, die nur mit besond., nämlich Aufsichtsaufgaben betraut waren. Die Betonung von Predigt und Unterweisung in der Reformation bedingte eine entsprechende Akzentsetzung bei der Aufgabenstellung des P. und führte zwangsläufig zu Verbesserungen in der Pfarrervorbildung. Rolle und Ansehen des ev. Pfarrers in den folgenden Jh.en sind wesentl. dadurch bestimmt, daß der Pfarrer ein gebildeter Mann war.

In der *reformierten Kirche* waren die Verhältnisse nicht wesentl. verschieden (→Presbyterialverfassung). Doch war die Stellung des P. weniger zentral, einerseits weil das P. nur eines der drei oder vier Ämter war, zum anderen weil jedenfalls in der Theorie die Gemeinde gegenüber dem P. stärker war.

3. Aufgaben des P. Das P. im ekklesiolog. Sinne, auch Predigtamt, ministerium docendi evangelii et porrigendi sacramenta, hat in erster Linie die Aufgabe, das *Evangelium zu verkündigen* und die Sakramente zu reichen, was in den Gemeindegottesdiensten stattfindet, ferner aber auch bei den Amtshandlungen und anderen Sondergottesdiensten, in der Einzelseelsorge, im Unterricht, bes. demjenigen zur Vorbereitung auf die Konfirmation, in der Leitung und Betreuung von gemeindl. Kreisen und in der Verantwortung für kirchl. Werke und Einrichtungen. Die Rede von einer Leitung der Gemeinde durch das P. (→Gemeinde in der Kirche) meint diesen in weitem Sinne seelsorgerl. Dienst, nicht jedoch eine umfassende Bestimmung des Lebens der Gemeinde, was ev. Verständnis nicht entsprechen würde. Neben die seelsorgerl. treten *Verwaltungs- und Managementaufgaben,* zB bei der Betreuung des Gebäudebestandes. Verpflichtungen außerhalb der eigentl. Gemeindearbeit, wie Religionsunterricht an der →Schule, kommen in örtl. unterschiedl. Maße hinzu. Der Pfarrer kann auch selbst Schwerpunkte setzen; wo mehrere Pfarrer an einer Kirchengemeinde tätig sind, kann eine Aufgabenteilung vereinbart werden. Erst recht ergibt sich eine bes. Akzentuierung der Aufgaben bzw. eine Spezialisierung bei den übergemeindl. P.ern, wie AnstaltsP.ern, JugendP.ern usw. Die Tätigkeit des Gemeindepfarrers erhält ihre Gestalt nach wie vor wesentl. durch die *parochiale Struktur der Kirchengemeinden.* Früher war das Vorhandensein einer ausreichenden Pfründe, d. i. eine Vermögensmasse, die zur dauernden Erhaltung bestimmt war und aus deren Erträgen bzw. durch deren unmittelb. Nutzung der Pfarrer seinen Lebensunterhalt bestritt, rechtl. und tatsächl. Bedingung für Errichtung und Bestand einer Pfarrstelle. Erhalten geblieben ist der Grundsatz der Unversetzbarkeit des Inhabers einer Pfarrstelle. Es findet darin jetzt der Grundsatz der Unabhängigkeit des Pfarrers von der Gemeinde in seiner geistl. Amtsführung einen angemessenen Ausdruck.

Ein P. kann nur bekleiden, wer die vorgeschriebene *Ausbildung* durchlaufen hat, i. d. R. ein Studium an einer deutschsprachigen Hochschule und das Vikariat, und die beiden kirchl. Prüfungen abgelegt hat. Geringer Vorgebildeten und im ehrenamtl. Dienst erfahrenen Gemeindegliedern können zwar Aufgaben der Verkündigung übertragen werden. Das P. ist ihnen aber i. d. R. nicht zugänglich. Zusätzlich bedarf der Pfarrer der *Ordination.* In der Ordination bestätigt der zuständige leitende Geistliche in einer gottesdienstl. Handlung, daß der Kandidat zum P. geeignet ist, und überträgt ihm den p.lichen Auftrag auf Dauer, meist mit Bezug auf eine bestimmte Pfarrstelle. Im einzelnen ist das Wesen der Ordination vielfach umstritten. Bei der *Besetzung der Pfarrstellen* konkurrieren mehrere geschichtl. überkommene Verfahrensweisen: die Gemeindewahl, die Ernennung durch die Kirchenleitung und Einwirkungsrechte eines Patrons o. ä. Heute gibt es Landeskirchen mit reinem Gemeindewahlprinzip; i. d. R. aber besteht eine Kombination, etwa in Form des Alternats. Die →Patronate sind ganz in den Hintergrund getreten.

4. P. und Gemeinde. Es ist in der ev. Kirche ein alter Streit, welches Gewicht dem P. einerseits und der Gemeinde und ihrem gewählten Organ andererseits in der Kirche überhaupt und im Leben der Einzelgemeinde im besonderen zukommt (→Amt, →Gemeinde). Immer wieder ist versucht worden, das P. bloß als eine *Funktion der Gemeinde* aufzufassen, als eine angesichts des allg. Priestertums der Gläubigen (→Priestertum, allg.) rein durch Zweckmäßigkeitserwägungen bestimmte, mehr oder weniger weitgehende, stets widerrufliche Beauftragung eines Gemeindegliedes, und den Pfarrer folgl. als ganz abhängig von der Gemeinde auch in seiner geistl. Amtsführung zu denken, andererseits aber auch im Pfarramt das eigentl. *Konsti-*

tutivum der Kirche zu sehen und die Gemeinde mehr oder weniger nur als Objekt des p.lichen Handelns in Erscheinung treten zu lassen. Das Problem muß als bis heute ungelöst bezeichnet werden, zumal die Entwicklung auch in luth. Territorien unterschiedl. verlaufen ist und erst recht das ökumenische Gespräch mit anderen christl. Gemeinschaften gewohnte Denkmuster immer wieder in Frage stellt. Es ist nicht zu verkennen, daß in den letzten etwa 180 Jahren, also seit dem Einsetzen praxisnaher und in der Tendenz staatsunabhängiger Konzepte von →Kirchenverfassung (SCHLEIERMACHER), im Zuge des allg. erstarkenden demokrat. Bewußtseins eine allmähl. Gewichtsverlagerung zugunsten der Gemeinde stattgefunden hat.

Das Problem „Amt und Gemeinde“ ist deshalb nicht eindeutig zu lösen, weil man die Lösung nicht aus einem einzigen Prinzip herleiten kann. Vielmehr begegnen sich hier zwei verschiedene, aber gleichermaßen legitime *Kirchenverständnisse,* das anstaltl. stiftungsmäßige und das genossenschaftliche (→Kirche). Beim P. in der Gestalt, die es in der Reformation gewonnen hat, geht es um die sachgemäße *Wahrnehmung eines vorgegebenen Auftrages,* eines Auftrages, der Fachkenntnisse anspruchsvoller Art voraussetzt, vergleichbar dem Amt eines Richters oder Dozenten. Die Amtsführung solcher Amtsträger kann sinnvollerweise nicht ständig abhängig sein von einer demokr. Willensbildung. Auf der anderen Seite aber ist die Kirche an ihren Anfängen und dann wieder ganz stark bei den Reformatoren verstanden als eine *Gemeinschaft der Gläubigen,* die über Lehrfragen urteilen kann usw. Heute ist ein unkritisches Demokratiebewußtsein verbreitet, das sich einen Amtsträger nicht anders denken kann als abhängig von einem demokrat. Gremium. Das P. ist diejenige Institution der KirchenVerf., in der die stiftungsmäßige Bindung allen kirchl. Handelns zum Ausdruck kommt.

Schwierig ist es deshalb auch, die Rechtsstellung des P. zwischen *Verantwortlichkeit* gegenüber dem →Bischof bzw. der Gesamtkirche und gegenüber der Gemeinde und der *Unabhängigkeit* in der geistl. Amtsführung richtig zu erfassen. Die Schwierigkeit tritt in Einzelfragen hervor, zB bei der Versagung von Amtshandlungen und bei der Gestaltung von Sondergottesdiensten. Es gilt hier, die unterschiedl. Strukturprinzipien ev. KirchenVerf. in die richtige Gewichtung zueinander zu bringen. Die Sonderstellung des P. kommt kirchenverfassungsrechtl. zum Ausdruck in seinem notwendigen Vertretensein in Kirchenvorstand, Synode und Landeskirchenamt.

5. Pfarrerdienstrecht. Im einzelnen sind die Rechtsverhältnisse des Pfarrerstandes in Pfarrergesetzen geregelt, die unverkennbar parallel zu den staatl. Beamtengesetzen ausgestaltet sind. Beamtenrecht und Pfarrerdienstrecht haben einander in der Entwicklung vielfach beeinflußt (→landesherrl. Kirchenregiment). Das Pfarrerdienstverhältnis ist konzipiert als ein *öffentl.-rechtl. Dienst- und Treueverhältnis* i. d. R. zur Landeskirche (→Beamtenrecht II). Es wird nach Durchlaufen der Ausbildung und der Probezeit (Hilfsdienstzeit) auf Lebenszeit begründet. Die Pfarrergesetze regeln des näheren die oben beschriebenen Pflichten des Pfarrers und weitere wie diejenige zum Bewohnen der Dienstwohnung, zur Übernahme von Vakanzvertretungen und schließl. – neuerdings vielfach umstritten – die Pflicht zur Zurückhaltung bei polit. Betätigung und zur Führung eines amtsgemäßen Lebenswandels. Dem stehen bestimmte, auch einklagbare Rechte des Pfarrers gegenüber.

Der Pfarrer genießt einen starken Schutz sowohl in seiner dienstrechtl. Stellung als auch in der Innehabung seiner Pfarrstelle. Eine Versetzung ist, insbes. beim Gemeindepfarrer, nur schwer mögl., solange er sich nichts zuschulden kommen läßt. Bei gröblicher Verletzung seiner Amtspflichten kann der Pfarrer aus seinem Dienstverhältnis durch ein förmliches *Disziplinarverfahren,* z. T. Amtszuchtverfahren genannt (→Gerichtsbarkeit, kirchl.), und bei hartnäckigem Abweichen von der Lehre seiner Kirche durch das *Lehrzuchtverfahren* (→Lehrbeanstandungsverfahren) entfernt werden. Gegen dienstrechtl. Maßnahmen seiner Kirche kann der Pfarrer inzwischen fast überall ein unabhängiges, überwiegend mit staatl. Richtern besetztes Kirchengericht anrufen.

Staatlicherseits wird das P. nach Einführung der grundsätzl. Trennung von Staat und Kirche so gut wie gar nicht mehr reglementiert. Nach den Kirchenverträgen (→Vertragsstaatskirchenrecht) ist lediglich ein gewisser Standard der Vorbildung einzuhalten. Dies ist zu sehen als Voraussetzung für die Vertrauensstellung, die der Pfarrer genießt, zB als Beistand für Kriegsdienstverweigerer, und für seine Verwendbarkeit in staatl. Ämtern. In Ansehung seines seelsorgerl. Auftrags genießt der Pfarrer bestimmte *Standesprivilegien,* wie die – in der ev. Kirche allerdings umstrittene – Befreiung von der Wehrpflicht und die Sonderbehandlung bei den Aussagepflichten nach den Prozeßordnungen (→Beichtgeheimnis). Die Bezeichnung Pfarrer genießt den Schutz der Rechtsordnung.

Während die Gestalt des P. über viele Jh.e weitgehend gleich blieb, bahnen sich in neuester Zeit *Veränderungen* an. Die Zahl der übergemeindl. SonderP.er hat zugenommen. Die Frauenordination brachte neue Formen des Einsatzes mit sich und lockerte durch Teilbeschäftigungen, zeitweilige Beurlaubungen, Ausscheiden und Wiedereintreten mit Rücksicht auf die Familie das Prinzip der vollen, lebenslangen Hingabe an das Amt. Die zunehmende Berufstätigkeit der Pfarrfrauen beeinträchtigt das viel gerühmte Institut des ev. Pfarrhauses. Der neuerdings aufgetretene Theologenüberschuß führt zu weiteren Teilbeschäftigungen, job-sharing bes. für Ehepaare, befristeten Aufträgen usw. Mit dem theolog. Begriff des P. wird sich all dies vereinbaren lassen. Welche Auswirkungen es aber auf das Erscheinungsbild des P. in der ev. Kirche überhaupt in ihrer volkskirchl. und gesamtkulturellen Bedeutung haben wird, bleibt abzuwarten (→Volkskirche).

W. MAURER, Pfarrerrecht und Bekenntnis, 1957 – S. GRUNDMANN, in: Festschr. für J. Heckel, 1959, 144 – 163 – DERS., ZevKR 9 (1962/63) 1 – 31 – E. RUPPEL, ZevKR 9 (1962/63) 113 – 142 – H. BRUNOTTE, Das Amt der Verkündigung und das Priestertum aller Gläubigen, Luthertum 26, 1962 – A. STEIN, Ev. Kirchenrecht, 1980, 94 – 117 – W. STECK u. a., Theologia practica 20, 1985, Heft 1.

Peter von Tiling

II. Römisch-katholisch. 1. Begriff. Inhaber des P. ist ein vom zuständigen Bischof eingesetzter Priester, der einer Pfarrei als einem territorial (oder personal) umgrenzten Bereich einer Teilkirche (Diözese, Prälatur, Apostol. Administratur u. ä.) auf Dauer vorsteht (cc. 515 ff., 521 f. CIC). Er ist Hirt einer bestimmten, dauernd errichteten, mit Rechtspersönlichkeit ausgestatteten Gemeinschaft und für seine Aufgabe mit allen notwendigen Rechten ausgerüstet (cc. 530, 532, 535 § 3, 883, n. 3, 968 § 1, 1108 – 1111 u. a.). Eine *juristische Person* kann *nicht* (mehr) das P. (parochus habitualis) innehaben (cc. 510, 520 § 1), allerdings kann der Diözesanbischof einem klerikalen geistl. Verband ein P. mit der Maßgabe übertragen, daß *einer* ihrer *Priester* zum Pfarrer bzw. Leiter (moderator) der Pfarrei bestellt wird (cc. 520, 526 i. V. m. c. 517 § 1). Wenn nötig, kann der Ortsbischof die Seelsorge für eine oder *mehrere* Pfarreien mehreren Priestern *gemeinsam* (in solidum) anvertrauen, doch muß einer von ihnen rechtl. verantwortlich sein (c. 517 § 1). Das gilt auch für den Fall, daß ein Diakon oder andere Personen an der Seelsorge beteiligt werden: Stets hat ein Priester mit den Befugnissen und Vollmachten des Pfarrers die Pfarrei im Rechtssinne zu leiten (moderetur) (c. 517 § 2). Anders als die Seelsorger für Spezialaufgaben oder bestimmte Personengruppen, die heute oft den Titel *Pfarrer* tragen, ohne dieses →Amt im Rechtssinne innezuhaben (zB Studenten- oder Industriepfarrer u. dgl.), sind jene Seelsorger, die einer Gemeinde vorstehen, die noch nicht zur Pfarrei im Vollsinn erhoben ist (Quasipfarrei), den Pfarrern rechtl. gleichgestellt (c. 516). Im deutschen Sprachgebrauch werden sie auch *Pfarrkuraten* genannt.

2. Aufgaben. Der Pfarrer ist residenzpflichtig (c. 533 § 1) und hat das Wort Gottes zu verkünden, die Sakramente zu spenden (c. 530), den Gläubigen, vor allem den Kranken und jenen, die in bes. Schwierigkeiten leben, beizustehen. Auch die Eltern und Ehegatten soll er bei den ihnen obliegenden Pflichten unterstützen und „den eigenen Anteil der *Laien* an der Sendung der Kirche“ anerkennen und fördern (c. 529). Er ist verpflichtet, an allen Sonntagen und verordneten (Feier-)Tagen eine Messe für seine Gemeinde zu applizieren (c. 534). Ihm obliegt die sorgfältige Führung der Kirchenbücher (c. 535). Wenn auch in jeder Pfarrei ein *Vermögensverwaltungsrat* bestehen *muß* (c. 537), der das Pfarrvermögen verwaltet (gem. cc. 1280 – 1289), so kann – nach gesamtkirchl. Recht – allein der Pfarrer diese rechtl. vertreten (c. 532). (In der Bundesrep. Dtschld. sind Kirchenvermögens- und Stiftungsrecht in den einzelnen Bundesländern und Diözesen sehr unterschiedl. geregelt: →Kirchenvermögen.) Wenn es dem Diözesanbischof nach Anhörung des Presbyterrates zweckmäßig erscheint, ist in jeder Pfarrei ein beratender *Pastoralrat* zu bilden, dem der Pfarrer vorsteht (c. 536).

3. Übertragung (provisio). Sofern nicht jemand anderem ein Vorschlags- oder Wahlrecht zusteht, wird das P. vom zuständigen Bischof *frei* übertragen (c. 523). Um die notwendige menschlich-religiöse und theol.-fachliche Eignung feststellen zu können, kann der Verleiher sowohl ein bes. Examen vorsehen als auch geeignete Nachforschungen anstellen (c. 324 i. V. m. c. 521). Der *Diözesanadministrator* kann ein P. erst verleihen, wenn die Vakanz des bischöfl. Stuhles länger als ein Jahr andauert (c. 525). Der vom Bischof Berufene hat vom P. in der vom Partikularrecht vorgeschriebenen Weise Besitz zu ergreifen; er ist vom Bischof oder dessen Beauftragten in das Amt einzuführen (c. 527).

4. Verlust. Da das P. normalerweise nicht für eine bestimmte Zeit verliehen werden darf, endet seine Amtszeit in der Regel nicht durch Zeitablauf (c. 522); der Pfarrer soll bei Vollendung seines 75. Lebensjahres dem Bischof den Amtsverzicht erklären. Der Bischof kann einen Pfarrer jedoch auch unter best. Voraussetzungen seines P. entheben oder versetzen (c. 539). Ist ein Ordensmann Pfarrer, so kann ihn sowohl der Bischof als auch sein Ordensoberer frei abberufen (c. 682 § 2).

5. Mitarbeiter. Der Bischof kann dem Pfarrer einen oder mehrere Priester als *Pfarrvikare* beigeben, die unter seiner Autorität in der Seelsorge helfen. Ein Pfarrvikar kann vom Bischof frei abberufen werden (cc. 545 – 552). – *Laien* können zu jenen „Ämtern und Aufgaben“ herangezogen werden, welche sie rechtl. wahrzunehmen vermögen (c. 218). Werden sie entsprechend den Normen der jeweiligen Bischofskonferenz für bestimmte Dienste – einschl. der Spendung der Taufe, der Austeilung der hl. Kommunion und dem Dienst am Wort – herangezogen, so können sie bestimmten Pfarrern als Gehilfen beigegeben werden (cc. 230 – 231). *Männliche* Laien können auf Dauer zum Dienst des *Lektors* und *Akolythen* durch *besonderen liturgischen Ritus* bestellt werden. Für die deutschsprachigen Diözesen gelten partikularrechtl. Vorschriften (zB Rahmenstatut für Gemeindereferenten[innen] in den Bistümern der Bundesrep. Dtschld. von 1978, in AkathKR 147 [1978] 507 – 516). Die Bischöfe haben für diese Mitarbeiter und ihre

Familien in geziemender Weise zu sorgen und für Notfälle Vorsorge zu treffen (c. 231 § 2).

Lit.: J. NEUMANN, Grundriß des katholischen Kirchenrechts, 1981 (mit Ergänzungsheft 1984), 211 – 221. – H. HACK, Pfarrei, in: HdbKathKR, J. LISTL u. a. (ed.), 1983, 384 – 395; H. HEINEMANN, Pfarrer, in: ebenda 395 – 420. – H. SCHWENDENWEIN, Das neue Kirchenrecht, Gesamtdarstellung, 1984², 231 – 246. – K. WALF, Einführung in das neue katholische Kirchenrecht, 1984, 124 – 134.

Johannes Neumann

Pietismus. Der P. ist die bedeutendste Frömmigkeits- und Reformbewegung des Protestantismus seit der →Reformation. Entstanden im 17. Jh., gelangt er auf seinen Höhepunkt in der ersten Hälfte des 18. Jh. und reicht mit seinen Nachwirkungen und Renaissancen bis in die Gegenwart.

1. Begriff. Der Begriff „P." ist ca. 1675 aufgekommen im Umkreis der um PH. J. SPENER in Frankfurt a. M. sich bildenden Bewegung. Während der Auseinandersetzungen A. H. FRANCKES mit der luth. Orthodoxie wurde der Name Pietist 1689 durch ein Gedicht von J. FELLER volkstümlich. Lange Zeit auf Erscheinungen im dt. und außerdt. →Luthertum beschränkt, ist der Begriff P. später auf gleichartige, z. T. frühere Bewegungen im Bereich der ref. Kirche ausgedehnt worden, insbes. der Schweiz und der Niederlande *(Präzisismus, nadere reformatie),* teilweise auch auf Bewegungen in England (innerhalb des *Puritanismus; Methodismus).* Die hist. Forsch. schränkt den Begriff P. überwiegend auf die im 17. und 18. Jh. entstandenen religiösen Bewegungen ein. In einem weiteren Sinn gehören zum P. auch die *Erweckungsbewegung* des frühen 19. Jh., die im späten 19. Jh. sich bildende *Gemeinschaftsbewegung* und der *Neupietismus* des 20. Jh.

2. Wesen. Der P. ist eine innerprot. Erneuerungsbewegung, gewachsen auf dem Boden des reformatorischen Kirchentums und seiner Theol., mitangeregt durch Einflüsse, die nicht diesem Boden entstammen (zB ma. und romanische Mystik). Ziel des P. ist die Herausführung des Protestantismus aus den Sackgassen der Orthodoxie und des obrigkeitlich reglementierten Volkskirchentums, in die er im konfessionellen Zeitalter und durch den →Absolutismus geraten war, die Vollendung der Reformation und die Behauptung des christl. Glaubens gegenüber der Bedrohung durch Indifferentismus und →Atheismus. Um dieses Ziel zu erreichen, legt der P., anders als Reformation und Orthodoxie, den Akzent von der „Lehre" auf das „Leben", lenkt den Blick von Gottes Rechtfertigungshandeln auf das Sein des gerechtfertigten und wiedergeborenen Menschen. Wichtiger als die Rechtgläubigkeit wird die Frömmigkeit. Insofern bedeutet der P. eine neue Stufe prot. Religiosität, eine Angleichung an den allg. Emanzipations- und Individualisierungsprozeß im bürgerlichen Zeitalter. Vom Aufklärungschristentum unterscheidet sich der P. durch die Tiefe des Sündenbewußtseins und die Betonung der Übernatürlichkeit der Erlösung.

SPENERS *Pia Desideria* von 1675, das maßgebliche Reformprogramm des P., enthalten nahezu alle Wesensmerkmale des P. Hauptmittel kirchlicher Besserung soll sein, „das Wort Gottes reichlicher unter uns zu bringen" (Lektüre und Besprechung der Bibel in *Erbauungsversammlungen*). Neben diesen Vorschlag, der den P. zu einer Bibelbewegung macht, treten: Realisierung des *allg.* →*Priestertums* (Aktivierung der Laien in der Kirche), Schwerpunktverlagerung von der Theorie auf die Praxis des Christentums (im P. realisiert v. a. in den *Armen-* und *Waisenhäusern,* in der *äußeren* →*Mission*), Einschränkung der Polemik gegen Andersgläubige (Tendenz auf →*Toleranz* und →*Glaubensfreiheit*), Reform des Theologiestudiums i. S. der praxis pietatis (Abkehr vom Scholastizismus der altprot. Orthodoxie), Abzweckung der Predigt auf die Erbauung des „inneren Menschen" (*Individualisierung* und *Verinnerlichung* des Glaubenslebens). Während die Orthodoxie auf der ganzen Breite der →Volkskirche reformieren wollte, konzentriert sich der P. auf die Sammlung und Förderung der Frommen innerhalb der Volkskirche, auf die *ecclesiola in ecclesia* (im P. häufig realisiert in der Form der Konventikel). Die Resignation an der Besserung der Volkskirche wird aufgewogen durch SPENERS chiliastische „Hoffnung besserer Zeiten", die die Spannung zwischen den Frommen und der „Welt" erträglich macht und in den piet. Gruppenbildungen die Avantgarde für das kommende Gottesreich erblickt. *Sammlung der Frommen und chiliastische Zukunftshoffnung* sind spezielle Wesensmerkmale des P. Sie treten in den vielfältigen Formen des P. in verschieden starker Ausprägung hervor.

3. Geschichte. Die Anfänge des *luth. P.* liegen in der um das Jahr 1600 aufbrechenden *neuen Frömmigkeit,* deren Hauptrepräsentant JOHANN ARNDT (1555 – 1621) war. ARNDTS „Vier Bücher vom wahren Christentum" (1605/1610), im 17. und 18. Jh. das meistgelesene Erbauungsbuch im Luthertum, richten den Blick von der „bloßen Theorie" auf die „Praxis" und „Übung" des Christentums, überbieten den – durchaus bejahten – luth. Rechtfertigungsglauben durch eine die nähere Vereinigung der Seele mit Gott (Unio mystica) suchende Heiligungsfrömmigkeit. Durch Aufnahme mystischer Tradition (TAULER) beförderte ARNDT den Zug zur Verinnerlichung des Glaubens, freilich mit dem praktischen Ziel, „Christi Lehre ins Leben zu verwandeln". ARNDTS Impulse flossen in die Reformbestrebungen der Orthodoxie ein, die im Zusammenwirken mit dem landesherrlichen Kirchenregiment die Reform des Volkskirchentums erstrebte, dabei Anregungen aus dem Genfer Calvinismus aufnahm (Übung der Kirchenzucht bei J. V. ANDREÄ) sowie Einflüsse des engl. Puritanismus (strenge Sonntagsheiligung,

Übersetzung puritanischer Erbauungsbücher: L. BAYLY, D. DYKE, R. BAXTER u. a.).

Aus den Formen der Orthodoxie herausgeführt wurde die ARNDTsche Frömmigkeitsbewegung durch PHILIPP JAKOB SPENER (1635 – 1705), den eigentlichen Begründer des luth. P. Aufgewachsen mit den Schriften ARNDTS und mit puritanischen Erbauungsbüchern, richtete SPENER 1670 in Frankfurt a. M. neben dem volkskirchl. Gottesdienst ein *Collegium pietatis* ein, die Urzelle der piet. Konventikel. In seinen *Pia Desideria* von 1675, die Anstöße LABADIES aufnahmen, forderte SPENER, statt der Besserung der Unfrommen sich der Förderung der Frommen anzunehmen. SPENER wurde der allseits anerkannte Führer des P., der sich seit 1675 rasch ausbreitete, auch in das außerdt. Luthertum (Skandinavien, Livland) drang. Doch spaltete sich früh vom kirchl. P. SPENERS ein *separatistischer P.* ab (J. J. SCHÜTZ, J. W. PETERSEN, später G. ARNOLD, J. K. DIPPEL u. a.). Zahlenmäßig von geringer Bedeutung, gehen gerade vom radikalen P. starke Wirkungen auf Kirchen-, Theologie- und Geistesgeschichte aus.

Unter dem Protektorat des auf Union und Toleranz ausgerichteten brandenburgisch-preuß. Staates gelang es SPENER (seit 1691 Propst in Berlin), dem von der Orthodoxie hart bekämpften P. in Preußen Rückhalt zu gewähren. Den Sieg über die Orthodoxie errang, nach von SPENER jahrelang geführten literarischen Streitigkeiten, endgültig der *hallesche* P. AUGUST HERMANN FRANCKE (1663 – 1727), durch ein für den P. prototypisch werdendes *Bekehrungserlebnis* hindurchgegangen, errichtete das *Hallesche Waisenhaus,* das, aus kleinen Anfängen zu einer imposanten Schulstadt heranwachsend, richtungweisend wurde für die sozialreformerischen und pädagogischen Bestrebungen des P. FRANKKE ersetzte das herkömml. Gelehrtenideal durch eine Erziehung zu Frömmigkeit und Tüchtigkeit. Zusammen mit seinen Freunden prägte er die 1694 gegründete preuß. Reformuniversität Halle/S. für lange Zeit im Sinne des P. Die Theol. wurde vom Aristotelismus befreit, das Schwergewicht von der Systematik auf Exegese und praktische Theol. verlegt. Hallesche Theologen besetzten die Prediger- und Lehrerstellen in Preußen, gingen nach Rußland, nach Skandinavien, auf den Balkan, nach England und Nordamerika. Die *dänisch-hallesche Mission* wurde das erste Institut der äußeren Mission im dt. Protestantismus. In Halle entstand die erste Bibelanstalt, die durch Anwendung des Stereotypdruckes die Bibel billig unter das Volk brachte (*Cansteinsche Bibelanstalt* 1710). Letztes Ziel FRANCKES war, durch Aussendung von piet. erzogenen Kräften „eine reale Verbesserung in allen Ständen in und außerhalb Deutschlands, ja in Europa und in allen Teilen der Welt“ zustande zu bringen.

Andere Wege als der hallesche P. ging der P. in den übrigen dt. Ländern, wo er die Form des Konventikelwesens meist nicht sprengen konnte. In *Württemberg* wurde der P. bodenständig, wurden Erbauungsversammlungen als feste Einrichtungen in das kirchl. Leben integriert (staatl. Pietistenreskript 1743). Der württ. P. entwickelte keine bemerkenswerten reformerischen Aktivitäten, sondern lebte von der Hoffnung auf das Tausendjährige Reich und das zweite Kommen Christi, wofür JOHANN ALBRECHT BENGEL (1687 – 1752) aus der Johannesoffenbarung das Datum 1836 errechnete. Reich blühte das Gemeinschaftswesen (Pregizerianer, Hahnsche Gemeinschaft). Apokalyptisches Fieber trieb Anfang des 19. Jh. piet. Gruppen wiederholt zur Auswanderung (Rußland, Nordamerika).

Die einzige größere und dauerhafte Sonderkirchenbildung des P. wurde die *Herrnhuter Brüdergemeine.* Gegründet 1727 von NIKOLAUS LUDWIG GRAF VON ZINZENDORF (1700 – 1760) und mährischen Exulanten in Herrnhut/Oberlausitz, verfügte die Brüdergemeine bald über weitgestreute Tochtergründungen und über Anhängerkreise im Adel und Bürgertum. Die äußere Mission der Brüdergemeine übertraf die Missionserfolge Halles um ein Vielfaches. ZINZENDORF wandte sich von der Strenge des halleschen BekehrungsP. ab und führte die Brüdergemeine zu einer auf die Person des Heiland gerichteten *Herzensreligion,* die zeitweise bizarre Formen annahm, jedoch immer mehr zu LUTHER zurücklenkte. In der Brüdergemeine wurden neue Formen des Gottesdienstes, der Seelsorge, des Gemeinschaftslebens erprobt. Herrnhutische Frömmigkeit zog im 18. Jh. viele von der Aufklärung abgestoßene Geister an, berührte GOETHE, formte SCHLEIERMACHER und NOVALIS.

Unabhängig vom luth. P. hat sich der *ref. P.* in den Niederlanden und am Niederrhein gebildet. Einflüsse des engl. *Puritanismus* (W. AMESIUS u. a.) wirkten in den Niederlanden direkter als im dt. Luthertum, prägten die volkskirchl. Reformpartei zum *Präzisismus* (G. VOETIUS). Der von der kirchl. Reformpartei aus Genf nach Middelburg gerufene Exjesuit JEAN DE LABADIE (1610 – 1674) beschwor ca. 1670 eine Krise der Volkskirche herauf, die zur Entstehung des niederländischen P. führte. LABADIES Separation war von nachhaltiger Wirkung auch auf das Konventikelwesen am Niederrhein, wo bereits THEODOR UNDEREYCK (1635 – 1693) in Mülheim/Ruhr kirchl. Erbauungsversammlungen eingerichtet hatte. Der ref. kirchl. P. am Niederrhein und in Nordwestdeutschland wurde im 18. Jh. geprägt durch FRIEDRICH ADOLF LAMPE (1683 – 1729). GERHARD TERSTEEGEN (1697 bis 1769) wurde mit seiner quietistischen Mystik zum geistigen Führer der „Stillen im Lande“. Der Augenarzt und Schriftsteller HEINRICH JUNG-STILLING bildet das Bindeglied zwischen dem älteren ref. P. und der Erweckungsbewegung.

4. Staat und Gesellschaft. Der kirchl. P. hat die herrschende Staatsordnung mit ihren *drei Stän-*

den (Obrigkeitsstand, geistl. Stand, Laienstand) unangetastet gelassen. Auch das Schulsystem des Halleschen Waisenhauses war ständisch gegliedert. Die Mitarbeit der Christen am staatl. Leben hat der P. bejaht. Nur im radikalen P. finden sich Verweigerung von *Kriegsdienst* und *Eid* (V. CH. TUCHTFELD, E. CH. HOCHMANN VON HOCHENAU). Prinzipielle Kritik an der Ständeordnung äußerte J. K. DIPPEL (Christenstadt auf Erden ohne gewöhnlichen Lehr-, Wehr- und Nährstand, 1700). Der radikale P. negierte das konstantinische Bündnis zwischen Kirche und Staat und wertete es als Verfallsdatum der Kirchengeschichte (G. ARNOLD). Der kirchl. P. SPENERscher Prägung beklagte die „Cäsaropapie" der Landesherren und Magistrate, hielt aber am landesherrl. Kirchenregiment fest. Allerdings verzichtete SPENER in den *Pia Desideria* auf die Mitwirkung der Obrigkeit bei der Kirchenreform. Im Unterschied zu den vorhergehenden Reformbestrebungen seit LUTHERS Schrift *An den christlichen Adel* erwarten SPENERS *Pia Desideria* die kirchl. Besserung nicht von obrigkeitl. Maßnahmen, sondern allein von der Aktivität erweckter Prediger und Laien. Damit wurde ein Prozeß der Verselbständigung kirchl. Lebens eingeleitet und eine Gegenbewegung gegen die absolutistische Entwicklung zum Staatskirchentum vollzogen, die der P. jedoch nicht konsequent weiterverfolgt hat. SPENER und FRANCKE haben in den Kämpfen mit der Orthodoxie das Bündnis mit dem preuß. Absolutismus geknüpft. Dieses Bündnis hat den halleschen P. von seinen weltweiten Reformzielen abgeführt und ihn in den Dienst des preuß. Staates eingespannt. Indem er für den Staat tüchtige Prediger, Lehrer, Beamte und Offiziere heranzubilden hatte, wurde der hallesche P. zur preuß. „Staatsreligion" (C. HINRICHS). Anders die Entwicklung im württ. und niederrhein. P., wo das Konventikelwesen ein gegenüber dem Staat indifferentes Sonderleben begünstigte, das beträchtliche Aktivitäten im Wirtschaftsleben freisetzte (so v. a. am Niederrhein).

A. RITSCHL, Gesch. des P., I–III (1880–1886), 1966[2] – M. SCHMIDT, Art. „P". in RGG[3] V, 370–381 (Lit.) – DERS., P. 1983[3] – K. DEPPERMANN, Der hallesche P. und der preuß. Staat unter Friedrich III. (I.), 1961 – H. LEHMANN, P. und weltl. Ordnung in Württemberg, 1969 – J. WALLMANN, Ph. J. Spener und die Anfänge des P., 1986[2] – C. HINRICHS, Preußentum und P., 1971 – E. BEYREUTHER, Geschichte des P., 1978.

Johannes Wallmann

Planung. Plan ist ein Entwurf, in dem eine beabsichtigte Handlung bzw. eine Mehrheit von Handlungen sowie das damit verfolgte Ziel gedankl. vorweggenommen werden, um den gewünschten Erfolg möglichst sicher, leicht und rasch zu erreichen. P. ist demgemäß die Tätigkeit, durch die ein Plan in dem geschilderten Sinne ausgearbeitet wird.

I. Die P. als politisches, staatstheoretisches und verfassungsrechtl. Problem. A. Planung als Möglichkeit und Aufgabe des modernen Staates. P. gibt es in allen Bereichen menschl. Handelns. Unter politischen, staatstheoretischen und verfassungsrechtl. Gesichtspunkten interessiert aber naturgemäß nur die staatl. P., d. h. die gedankl. Vorwegnahme *staatl.* Verhaltensweisen und Ziele. Auch eine derartige staatl. P. hat es zu allen Zeiten gegeben, ja es wurde z. T. sogar ganz allg. die →Politik als „planende Gestaltung der Zukunft" definiert. Bes. Techniken staatl. P. wurden früh insbes. im Bereich des Finanzwesens (Haushaltsplan, →Staatshaushalt) und der Kriegführung (Strategie) entwickelt. In den letzten Jahren hat die P. aber zahlreiche Sachgebiete erfaßt, auf denen sie bisher nicht oder doch nur in unbedeutendem Maße mögl. war und die gerade zu den heute als zentral betrachteten Staatsaufgaben gehören, wie etwa Wirtschafts- und Gesellschaftspolitik. Diese Entwicklung hängt mit folgenden Tatsachen zusammen:

1. Die „Verwissenschaftlichung des Lebens". In den letzten Jahrzehnten haben die Sozialwissenschaften, an ihrer Spitze die Wirtschaftswissenschaften, in zunehmendem Umfang Gesetzlichkeiten in der gesellschaftl. Entwicklung ermittelt, die es einerseits erlauben, bei einer genauen Kenntnis der für die Gegenwart gültigen Daten gewisse Prognosen für die zukünftige Entwicklung zu formulieren, und die andererseits auch Rückschlüsse darauf zulassen, welche Anstrengungen unternommen und welche Fehlerquellen unterbunden werden müssen, wenn bestimmte Ziele in der Zukunft erreicht und bestimmte Fehlentwicklungen vermieden werden sollen. Während frühere Generationen eine aktive Gesellschafts- und Wirtschaftspolitik entweder überhaupt nicht machten, sondern sich auf ein laissez-faire zurückzogen (→Liberalismus) oder ihre Gesellschafts- und Wirtschaftspolitik vor allem ideologisch (→Ideologie) fundieren mußten, wird heute mehr und mehr eine Technik der Gesellschafts- und Wirtschaftspolitik möglich, d. h. eine Nutzanwendung unideologischer, insbes. durch empirische Forsch. ermittelter Entwicklungsregeln. Zwar darf – jedenfalls beim gegenwärtigen Stand der Dinge – die relative Ungesichertheit vieler derartiger Regeln und auch ihre gegenständl. Beschränkung nicht übersehen werden; aber die Tatsache, daß sie in zahlreichen Sachbereichen bereits hinlängl. gesichert sind, besteht und wirkt sich weithin, vor allem auf dem Gebiete der →Wirtschaftspolitik (s. a. Planwirtschaft), praktisch aus.

2. Der Einfluß der Großrechenmaschinen. Diese Entwicklung ist insbes. auch durch die Fortschritte in der Herstellung von Rechenmaschinen entscheidend gefördert worden. Dadurch, daß der Bau von Anlagen mögl. wurde, die ungezählte Rechenvorgänge in unglaubl. kurzen Zeiten zu bewältigen vermögen, wurde der Mensch erst in den Stand versetzt, auch in den Sozialwissenschaften Berechnungen von größerem Umfang und von relativer Zuverlässigkeit anzustellen: ähnl. wie man heute selbst größere kriegerische Konflikte „durchzurechnen“ vermag, kann man zB auch wirtschafts- und sozialpolitische Programme rechnerisch auf ihre Durchführbarkeit und ihre Erfolgschancen überprüfen (→Informationstechnologien). Selbst wenn man sich davor hütet, die Bedeutung dieser Möglichkeiten mit der heute weithin vorherrschenden Meinung zu überschätzen, bleibt jedenfalls die Tatsache bestehen, daß durch sie die Chancen gesellschaftspolitischer P. erhebl. erweitert worden sind und ständig noch erweitert werden.

3. Der Druck der modernen Lebensverhältnisse. Staatstheoretische und verfassungsrechtl. Relevanz erhalten die soeben geschilderten Tatsachen dadurch, daß die veränderten Lebensumstände des Menschen in der hochzivilisierten und radikal arbeitsteiligen Gesellschaft des 20. Jh. eine gesellschaftspolitische P. unausweichl. machen. Sowohl die Bedürfnisse des einzelnen als auch seine Unfähigkeit, für ihre Befriedigung selbst zu sorgen, sind in den letzten Jahrzehnten ins Unermeßliche gestiegen. „Heute verlangt jeder Mensch tägl. nicht nur sein Brot, das in seiner Einfachheit die Nahrung des Steinzeitmenschen symbolisiert, sondern auch seine Ration Eisen, Kupfer und Baumwolle – seine Ration Elektrizität, Erdöl und Radium – seine Ration Entdeckungen, Film und internationale Nachrichten. Ein einfaches Feld – und sei es noch so groß – genügt nicht mehr. Der ganzen Erde bedarf es, um unsereinen zu ernähren“ (P. TEILHARD DE CHARDIN). Die Befriedigung dieser Bedürfnisse und erst recht die Sicherstellung ihrer Befriedigung in der Zukunft kann mehr und mehr nicht der Initiative der unorganisierten Gesellschaft überlassen werden, sondern sie bedarf weithin einer einheitl. und organisierten, d. h. aber staatl. P. (s. a. Daseinsvorsorge, Leistungsverwaltung), dies auch schon deshalb, weil die natürl. Knappheit der Güter bei zunehmenden Bedürfnissen in steigendem Maße eine Koordinierung und damit auch eine Abwägung der Zwecke, für die sie eingesetzt werden sollen, verlangt. Es kommt deshalb nicht von ungefähr, daß – neben der vorwiegend ideologisch orientierten →Planwirtschaft – die Notwendigkeit einer P. zunächst für Grund und Boden erkannt und anerkannt wurde, weshalb zB mit dem Wort „P.recht“ heute noch ausschließl. das Recht der sog. RaumP. oder Raumordnung belegt wird (s. u. III). Das kann aber nichts an der Tatsache ändern, daß P. heute weit über den so umrissenen Bereich hinaus mögl. und nötig ist (sog. *GesamtP.* oder *zentrale P.*).

B. Sachverstand und politische Entscheidung in der P. Die Entwicklung, die zur Möglichkeit und Notwendigkeit umfassender P.en geführt hat, hat auch einen grundlegenden Strukturwandel der politischen Entscheidung zur Folge, als dessen wesentl. Merkmale zumeist der Verlust des politischen →Ermessens und damit das Übermächtigwerden des Sachverstandes und der Sachverständigen in der Politik („brain trusts“) gefeiert oder auch beklagt werden.

1. Der Sachverstand als Voraussetzung der P. Daß die P. den Sachverstand der Planenden voraussetzt und ihm freien Raum gewähren muß, bedarf keiner Begründung. Schon die Daten, deren jede P. bedarf, insbes. die statistischen Kenntnisse und ihre Deutung, können nicht durch ideologisch orientierte Festlegung, sondern nur durch die Anwendung wissenschaftl. Methoden gewonnen werden. Hier liegt einer der Gründe, die zu dem merkl. Übergewicht der →Verwaltung und der →Verbände im modernen Staatsgeschehen geführt haben. Nur diese beiden Machtsäulen verfügen i. d. R. über jene Informationen, die eine verantwortungsbewußte P. zur Voraussetzung hat. Ein weiterer Punkt, an dem der Sachverstand in breitem Umfang in die politische Entscheidung einfließt, ist die schon dargestellte Notwendigkeit der Kenntnis und Anwendung typischer Geschehensabläufe im Leben der Gesellschaft, durch die eine Vorherberechnung künftiger Bedürfnisse und Verhaltensweisen mögl. wird und ohne die eine realistische P. wiederum nicht denkbar ist. An diesem Punkt setzt insbes. die vielberufene „Herrschaft der Professoren und Computer“ an, die sich nicht zuletzt in der Bildung ungezählter beratender „Fachausschüsse“ bei den verschiedenen Ministerien und Parteiorganen und in der Einholung zahlloser Fachgutachten bei weiterreichenden politischen Entscheidungen zu äußern pflegt.

2. Der Ort des politischen →Ermessens in der P. Es liegt auf der Hand, daß die zunehmende Bedeutung des Sachverstandes in der Politik, insbes. – aber nicht nur – in der P., Art und Weise der politischen Entscheidung in erhebl. Maße geändert hat und noch weiter ändern wird. Zwar ist mit Recht darauf hingewiesen worden, daß der Sachverständige stets nur über die voraussichtl. Ergebnisse eines bestimmten Verhaltens oder umgekehrt über die Wege zur Erreichung eines bestimmten Zieles, nie aber über das Ziel selbst Aussagen machen könne; über das Ziel müsse immer noch von den Staatsmännern entschieden werden. An dieser These ist sicher manches richtig, aber es sind doch auch Einschränkungen zu machen. Einmal ist der Sachverstand heute weithin in der Lage, auch Aussagen über die Erreichbarkeit bestimmter Ziele zu machen, so daß er die politischen Organe auf diese Weise letzten Endes auf die bloße Auswahl zwischen mehreren, von ihm ausgewählten Zielen festzulegen vermag, und zum andern pflegt sich der Sachverstand durchaus nicht immer auf die Erörterung der Mittel zu beschränken. Zwar nicht seine Wissenschaft, wohl aber seine an der wissenschaftl. Beobachtung von Modellen oder hist. Ereignissen geschulte Erfahrung befähigt und veranlaßt gerade den Sozial- und Wirtschaftswissenschaftler häufig, auch zu der Frage Stellung zu nehmen, ob bestimmte Ziele überhaupt erstrebenswert sind. Auch hier ist also ein Wandel in der Struktur der politischen Entscheidung zu beobachten und noch mehr zu erwarten: Die ideologisch orientierte Intuition des Staatsmannes wird durch die wissenschaftl. fundierte Intuition des Sachverständigen weithin überlagert, wenn auch nicht vollends ersetzt.

3. Die Bindung künftiger Generationen. Die Zeiträume, über die sich eine realistische P. erstrecken kann, sind gegenwärtig noch Gegenstand der wissenschaftl. Diskussion. Man ist sich indes darüber einig, daß eine einigermaßen zuverlässige Wirtschafts- und HaushaltsP. heute nur über verhältnismäßig kurze Zeiten (etwa drei bis vier Jahre) mögl. ist; dafür sprechen nicht zuletzt auch die Erfahrungen mit der →Planwirtschaft, wenn diese auch durch bes., politisch begründete Fehlerquellen (zB politisch „gefärbte", d. h. unrealistische Einschätzung der Ausgangsbasis) beeinflußt sein mögen. Allerdings wird sich der „planungssichere" Zeitraum mit zunehmender Erfahrung i. a. noch merkl. verlängern. Zudem ist zB bei der sog. BildungsP. klar, daß sie sich angesichts der heutigen Ausbildungsdauer bei qualifiziertem Leitungspersonal über erhebl. weitere Zeiträume (ca. 30 Jahre) erstrecken muß, wenn sie nicht von vornherein wertlos sein soll. Die P. wird also in zunehmendem Maße auch zur Entscheidung über das Schicksal und die Lebensumstände künftiger Generationen führen, dies um so mehr, als i. d. R. ja wohl auch kurzfristige P.en einen bestimmten Trend der gesellschaftl. Entwicklung zu verursachen vermögen, mit dem sich spätere Politiker zumindest auseinandersetzen müssen.

Damit stellt sich die Frage nach der Berechtigung einer derartigen Präjudizierung künftiger Generationen, vor allem auch deshalb, weil davon ausgegangen werden muß, daß möglicherweise gerade die heute noch nicht errechenbaren Teile der gesellschaftl. Zukunft Ergebnisse zeitigen, die denen der bereits vorhersehbaren und damit der P. zugängl. Sachgebiete unvereinbar gegenüberstehen; die im Wesen der menschl. Gesch. angelegte Gefahr, daß eine Generation Fehler begeht, an denen noch die Söhne und Enkel zu tragen haben, potenziert sich also durch die P. Die Staatstheorie hat sich mit der Frage der Bindung künftiger Generationen schon verschiedentl. befassen müssen. Erstmals geschah dies bei der in den Anfängen der →Demokratie durchgeführten Erörterung, ob und weshalb jemand, der beim Erlaß eines bestimmten G. weder als Abgeordneter noch als Wähler beteiligt gewesen sei, ja noch nicht einmal gelebt habe, durch dieses G. gebunden sei. Während in dieser Fragestellung gerade einer der Gründe für den heute allg. anerkannten Satz lex posterior derogat legi priori liegt, kraft dessen jedes G. durch einen späteren G.geber abgeändert oder ganz aufgehoben werden kann, gilt dies bei dem zweiten Fall, in dem das Problem der Bindung künftiger Generationen aktuell geworden ist, schon nicht mehr: Bei den sog. unantastbaren Verf.normen (→Verfassung), die auch durch Zweidrittelmehrheit in den gesetzgebenden Organen nicht beseitigt werden können (zB Art. 79 III GG), ist eine spätere Revision ja gerade nicht vorgesehen. Immerhin vermögen derartige Unantastbarkeiten stets nur die zur gewöhnl. Verf.änderung berufenen Organe zu binden, nicht aber das Volk selbst, das sich jederzeit eine neue Verf. geben kann (→Revolution). Bei einer über die Generationen hinausgreifenden P. aber entfällt auch dieses Sicherheitsventil; denn durch sie werden in ungleich höherem Maße als durch die Rechtsetzung Fakten geschaffen, die nicht einfach durch einen neuen Rechtsetzungsakt aus der Welt geschafft werden können. Die Bindungswirkung ist hier also ein noch ernsteres Problem als in den genannten Fällen.

Abwegig wäre es, dieser Schwierigkeit durch die Unterbindung jegl. P. aus dem Wege gehen zu wollen; denn auch beim Fehlen einer P. würden Fakten entstehen, die künftige Generationen vor ernste Fragen stellen könnten – erinnert sei nur daran, daß die Unterlassung jegl. aktiven Wirtschafts- und Sozialpolitik im 19. Jh. (→Liberalismus) gerade zur →sozialen Frage (s. a. Arbeiterbewegung usw.) führte, die seither jede staatl. Politik befaßt. Eine Lösung des Bindungsproblems kann also folgerichtig nicht in der P.losigkeit, sondern nur in der Art und Weise der P. gefunden werden. Es wird alles darauf ankommen, daß die staatl. P.politik möglichst nur Sachgebiete erfaßt, auf denen die Gesellschaftswissenschaften hinreichend zuverlässige Prognosen zulassen, und daß weiterhin die großen Möglichkeiten der P. nur dort eingesetzt werden, wo ihr Einsatz durch einen hohen Grad der Notwendigkeit gedeckt wird. Die Grenzen der P. wird also weniger das Verf.recht als vielmehr der Sachverstand und das Verantwortungsbewußtsein des Planenden bestimmen müssen.

C. Die staatsrechtl. Problematik der P. Wie bereits festgestellt, ist die Frage nach den Schranken der P. wesentl. mehr politischer als verfassungsrechtl. Natur. Das schließt aber nicht aus, daß sie dennoch verfassungsrechtl. Folgen zeitigt; denn einmal muß bei jedem Strukturwandel in der Staatstätigkeit auch mit einem Wandel in der Staatsorganisation und im Verfahren der Staatswillensbildung gerechnet werden, und zum andern tritt auch die Frage auf, auf welche Weise die sachgemäßeste P. und zugleich ihre effektivste Kontrolle erreicht werden können.

1. Das Vordringen der Exekutive. Die wichtigste Folge der staatl. P.tätigkeit ist ohne Zweifel das deutl. Übergewicht, das die Exekutive (→Gewaltenteilung) im planenden Staat erlangt. Zwar ist es unrichtig, wenn gelegentl. behauptet wird, daß auf diese Weise die →Verwaltung das →Parlament entmachte und zur beherrschenden Gewalt im Staate werde. In Wirklichkeit ist die Entmachtung des Parlaments schon durch den Übergang zur Parteienstaatlichkeit (→Parteien, politische) erfolgt, die dazu geführt hat, daß die eigentl. politische Potenz heute i. d. R. bei einem Führungsteam liegt, das sich aus den meisten Mitgliedern der →Regierung und den wichtigsten Mitgliedern der Parlamentsfraktionen der Regierungspartei(en) zusammensetzt. Aber es ist eine Tatsache, daß die Bedeutung der Verwaltung auch gegenüber diesem eigentl. Träger der politischen Entscheidung ständig zunimmt. Zwar dürfte die letzte Entscheidung nach wie vor bei diesem liegen, aber je mehr – gerade bei der P. – der Sachverstand an praktischer Bedeutung gewinnt, desto mehr Einfluß gewinnt notwendigerweise die Verwaltung, die i. d. R. allein über die erforderl. Daten und auch über die Fachkenntnisse verfügt. Nicht selten wird die politische Entscheidung entweder in der Auswahl zwischen mehreren als denkbar vorgeschlagenen „Marschrouten" oder überhaupt nur noch in der Entscheidung zwischen vollständiger Annahme oder vollständiger Ablehnung eines vorgelegten Entwurfs bestehen; im letztgenannten Fall bleibt dem Parlament – anders gesprochen – nur mehr ein Ratifikationsrecht gegenüber den Vorschlägen der Verwaltung.

2. *Der Strukturwandel der Verwaltung.* Es liegt auf der Hand, daß ein solcher Wandel in den Funktionen einer Staatsgewalt – die Verwaltung ist heute weniger denn je bloß eine gesetzesvollziehende Gewalt – an ihr nicht ohne tiefgreifende Rückwirkungen auf ihre Organisationsstruktur vorübergehen kann. Insbes. wird die Verwaltung, da sie ihre neue Bedeutung aus ihrem Sachverstand schöpft, danach trachten, daß sie sich des Sachverstandes auch dort versichert, wo sie ihn nicht schon selbst besitzt. Infolgedessen gehört es heute zu den Gepflogenheiten der Verwaltungspraxis, vielfache Sachverständigengutachten einzuholen und Sachverständige der verschiedensten Richtungen in beratenden Ausschüssen zusammenzufassen; es gibt kaum mehr ein Bundes- oder Landesministerium, das nicht über mehrere solcher Ausschüsse verfügt. Auf diesem Wege wird insbes. auch der erhebl. Sachverstand der Funktionäre von →Verbänden fruchtbar gemacht (→Pluralismus).

Daß sich dieses Vordringen des Sachverständigen-Elementes nicht nur in beratenden Organen zu äußern braucht, zeigt das Organisationsrecht der →Europ. Gemeinschaften, in dem eines der beiden Entscheidungsgremien, nämlich die Kommission, aus Sachverständigen besteht. Es ist denkbar, daß, gerade mit einem weiteren Fortschreiten der P.tätigkeit, die innerstaatl. Regierungspraxis sich diesem Muster mehr und mehr angleicht (Delegation von Entscheidungen auf die sog. Staatssekretärsebene usw.).

D. Insbes.: Die Kontrolle der P.gewalt. *1. Kontrolle des Sachverstandes durch den Sachverstand.* Auch die Kontrolle der P.tätigkeit wird gewisse Wandlungen in der organisatorischen Struktur des Staates mit sich bringen. Da eine politische Kontrolle sich dem Sachverstand gegenüber schon in der Vergangenheit als kaum wirksam erwiesen hat, wird alles darauf ankommen, ob es gelingt, eine Kontrolle des Sachverstandes durch den Sachverstand sicherzustellen. In der Bundesrep. Dtschld. bietet sich hier, trotz gewisser Einschränkungen, insbes. der →Bundesrat an, in dem schon heute faktisch der vom Sachverstand der Bundesministerien beeinflußte Wille des Bundestages auf eine zweite Barriere des Sachverstandes, nämlich der Landesministerien, stößt. Auch auf den bereits erwähnten, freilich allzu leicht einseitig interessenorientierten Sachverstand der →Verbände mögen hier einige Hoffnungen zu setzen sein.

2. Parlamentarische Kontrolle der P. und P.-Gewaltenteilung. a) Eine der schwierigsten Fragen, die im Zusammenhang mit der P. auftreten, ist die nach dem Sinn und den Möglichkeiten einer parlamentarischen Kontrolle der P.tätigkeit. Die Schwierigkeiten bestehen hier einmal darin, daß die →Parlamente schon heute dem Sachverstand der →Verwaltung weithin hilflos ausgeliefert sind, zum andern darin, daß ihre Kontrolle nur dort einigermaßen effektiv ist, wo sie das Letztentscheidungsrecht besitzen, m. a. W.: wo der fragl. Staatsakt in G.form ergehen muß; nach gegenwärtigem Verf.recht ist dies aber keineswegs immer der Fall, und selbst wo ein G. erforderl. ist, hat die Exekutive häufig schon Fakten geschaffen, über die sich der G.geber nicht mehr ohne weiteres hinwegsetzen kann. Andererseits repräsentiert das Parlament auch heute noch, wenn vielleicht auch nicht den politischen Willen, so doch den „gesunden Menschenverstand" der breiten Volksmassen, so daß auf seine Mitwirkung keineswegs verzichtet werden sollte. Die Praxis der franz. *Planification* hat hier – nach verschiedensten Versuchen – beim sog. fünften Plan folgenden Verfahrensmodus entwickelt: Die Zustimmung der Nationalversammlung wurde in den beiden entscheidenden Phasen der P. eingeholt, nämlich sowohl bei der Festlegung der grundlegenden Planstruktur als auch bei der endgültigen Festlegung des Gesamtplanes. Der unbefangene Beobachter hat den Eindruck, als ob in diesem Verfahren, das praktisch einer Ratifikationsbedürftigkeit jeder P. gleichkommt, der Sachverstand der Exekutive, die politische Potenz des „Führungsteams" und der „gesunde Menschenverstand" der Volksvertretung in einer für das 20. Jh. optimalen Weise verbunden sei.

b) Auch in der *öffentl. Diskussion wie in der Verf.praxis der Bundesrepublik* zeichnet sich eine *Tendenzwende* ab. Lange Zeit war die Auffassung vorherrschend, P. sei eine Aufgabe der Regierung und dem Parlament obliege ledigl. die Kontrolle der planenden Exekutive, wobei man allerdings einräumte, daß die auf eine ex-post-Kontrolle zugeschnittenen Kontrollinstrumente einer Verbesserung bedürften, um eine Präjudizierung des Parlaments durch die P. der Exekutive zu verhüten. Nach diesem, das Parlament auf polit.-informelle Einflußnahme beschränkenden *Kontrollmodell* ist auch heute noch die P. auf Bundesebene und die RahmenP. bei den Gemeinschaftsaufgaben geordnet. In der Verf.praxis der LandesP. dagegen ist seit Beginn der 70er Jahre eine deutl. Tendenz zur Parlamentarisierung der P. festzustellen, die langfristig gesehen auf eine formelle, rechtl. erzwingbare und die polit. Grundentscheidungen und Optionen umfassende *Mitwirkung* der Parlamente im P.prozeß hinzielt. Die für die LandesentwicklungsP. entscheidenden Grds. und die Ziele werden als Landesraumordnungs- bzw. Landesentwicklungsprogramm zunehmend durch G. festgelegt (*Hessen:* § 2 LPlG – GVBl. 1970 S. 360; *Nieders.:* § 5 IV ROG – GVBl. 1982 S. 340; *Nordrh.-Westf.:* § 12 LPlG – GVBl. 1979 S. 878; *Rh.-Pf.:* § 11 I S. 2 LPlG – GVBl. 1977 S. 2; *Schlesw.-Holst.:* § 2 LPlG – GVBl. 1981 S. 117). Ledigl. die LandesP.G.e von *Bad.-Württ.* (§ 5 II – GBl. 1983 S. 621) und dem *Saarld.* (§ 17 – Amtsbl. 1978 S. 588) beschränken die Befugnisse der Landtage im Bereich der LandesentwicklungsP. auf die Gelegenheit zur vorherigen Stellungnahme. In *Bayern* werden die im Landesentwicklungsprogramm enthaltenen Ziele der Raumordnung und LandesP. von der Staatsregierung *mit Zustimmung des Landtags als Rechtsverordnung* beschlossen (Art. 14 III LPlG – GVBl. 1982, S. 2; BayVGHE 36, 70 ff. und BayVerfGH, BayVBl. 1984, 528 ff. sehen hierin eine verf.rechtl. zulässige und sachgerechte Ausgestaltung der von der LVerf. offengelassenen Plangewaltenteilung). Die Aufstellung der konkreten Vollzugspläne dagegen ist der Exekutive überlassen, wobei Ansätze einer mitlaufenden informativen Kontrolle der Landtage erkennbar werden (vgl. § 13 II S. 3 Nordrh.-Westf. LPlG: der Landesentwicklungsplan ist im Benehmen mit dem für die LandesP. zuständigen Ausschuß des Landtags zu erstellen; ähnl. § 11 I S. 4 Rh.-Pf.LPlG; S. 3 verpflichtet zudem, den Innenausschuß bei der Bearbeitung auf dem laufenden zu halten und ihm Gelegenheit zur Stellungnahme zu geben). Auch in der Staatsrechtslehre wie in der Diskussion um die Verf.reform hat sich die Erkenntnis durchgesetzt, daß P. als neuartiger Funktionsbereich der Staatsleitung verf.rechtl. Parlament und Regierung gleichsam *„zur gesamten Hand"* zusteht und einer sachgerechten Zuordnung und Verteilung zwischen diesen beiden Verf.organen bedarf, wobei dem Parlament neben einer frühzeitigen mitlaufenden Kontrolle ein echtes Mitwirkungs- und Beschlußrecht über P.en staatsleitenden Charakters einzuräumen sei (→Bundestag II A 2; →Regierung III C).

Die öffentl.rechtl. Abteilung des *50. Dt. Juristentages* hat am 26. Sept. 1974 in Hamburg folgende *verf.-polit. Leitlinien* für die noch weithin ausstehende gesetzl. Regelung der *Plangewaltenteilung* beschlossen:

„1. Die *Grundsätze einer parlamentar. P.mitwirkung und -kontrolle* sind in der Verf. zu regeln, weil damit die genuin verf.rechtl. Frage des prinzipiellen Verhältnisses zwischen Parlament und Regierung angesprochen ist.

2. Das Parlament muß so rechtzeitig – spätestens bei der Aufstellung der Zielkataloge und der Festsetzung der Aufgabenprioritäten – in den P.prozeß einbezogen werden, daß es in eigener Verantwortung die unterschiedl. Interessen und Zielkonflikte abwägen kann, ohne durch Vorentscheidungen oder Vorverfügungen der Regierung fakt. determiniert zu sein. Eine wie auch immer geartete *Ratifikationslage* des Parlaments ist unzureichend.

3. Um seiner Aufgabe im P.prozeß genügen zu können, ist das *Parlament* – aufgrund der Pflicht zur gegenseitigen Verf.organtreue – *rechtzeitig und ausreichend zu informieren.* Die Informationspflicht sollte auch die Auswirkungen der *P.alternativen* umfassen.

4. Durch *Informations- und Antragsrechte* einer qualifizierten Minderheit muß Vorsorge dafür getroffen werden, daß die *parlamentar. Opposition* ihre Aufgabe der Kontrolle und Alternative im P.verfahren erfüllen kann."

c) Der *verf.rechtl. Rahmen* für das zu entwickelnde System einer ausgewogenen Plangewaltenteilung zwischen Parlament und Regierung ist angesichts der grds. Offenheit des →parlamentar. Systems für Gewichtsverstärkungen zugunsten des Parlaments denkbar weit. Selbst die P.initiative stellt kein Regierungsmonopol dar. Das Parlament kann sowohl P.en initiieren wie auch der Regierung durch Gesetz P.aufträge erteilen. Deshalb kann auch die informative Kontrolle des Parlaments, die im P.bereich nur sinnvoll organisierbar ist als vorgängige und mitlaufende Kontrolle, ohne Verstoß gegen die Gewaltenteilung bereits auf P.absichten und -vorbereitungen der Regierung erstreckt werden. Ebenso können der Regierung durch Gesetz oder schlichten Parlamentsbeschluß laufende Berichtspflichten für bestimmte P.bereiche auferlegt werden.

d) Anders als die von der *Enquête-Kommission" Verf.reform"* in ihrem *Zwischenbericht* 1973 (BT-Drs. VI/3829) vorgeschlagenen X-Y-Z-Artikel für eine Verf.ergänzung, die das P.initiativrecht in vollem Umfang bei der Regierung beließ und diese lediglich verpflichteten, Bundestag und Bundesrat bei der Erstellung der integrierten AufgabenP. auf dem laufenden zu halten, ihnen Gelegenheit zur Stellungnahme zu geben sowie einem Bundestagsausschuß für P. auf Verlangen Auskünfte über P.unterlagen und über die Auswirkungen näher bezeichneter Alternativen zu erteilen, schöpften die in mehreren Landtagen von den Oppositionsfraktionen eingebrachten, aber bisher nirgendwo Gesetz gewordenen *Entwürfe für ein Planungskontrollgesetz (Nordrh.-Westf.:* Drs. 7/1518 vom 28. Febr. 1972, Drs. 8/1240 vom 6. Aug. 1976; *Rh.-Pf.:* Drs. 7/1542 vom 20. Febr. 1973; *Berlin:* Drs. 6/916 vom 18. Mai 1973, Drs. 7/635 vom 22. Okt. 1976; *Bad.-Württ.:* Drs. 6/6757 vom 15. Jan. 1975; Bayern: Drs. 8/5480 vom 24. Mai

1977) den verfassungsrechtlichen Rahmen für eine Parlamentarisierung der staatsleitenden P. nahezu aus. Über den abschließenden Planbeschluß des Landtags, der Verpflichtung zur Vorlage von Alternativplänen, zu laufender wie periodischer Berichterstattung an das Parlament hinaus sehen sie die Befugnis des Landtags vor, die Regierung aufzufordern, einen Plan für einen bestimmten Sachbereich zu erstellen sowie durch Beschluß allgemeine Ziele und Leitlinien für den jeweiligen Planbereich anzugeben.

Die *Realisierungschancen* dieser Vorschläge dürften allerdings eher längerfristig eingeschätzt werden, da sie sich mit dem angesichts der geringen P.praxis in der Bundesrep. z. Z. noch schwer ausräumbaren Argument mangelnder Gesetzgebungsreife des P.bereichs auseinanderzusetzen haben.

Wohl deshalb hat sich auch die *Enquête-Kommission „Verf.reform"* in ihrem *Schlußbericht* 1976 (BT-Drs. 7/5924) eine weitgehende Zurückhaltung auferlegt und in den vorgeschlagenen Art. 28 a für eine gemeinsame RahmenP. von Bund und Ländern ledigl. ein Verf.gebot der Beteiligung der Volksvertretungen des Bundes und der Länder aufgenommen und dessen nähere Ausgestaltung dem einfachen Gesetzgeber überantwortet.

Um so eindringlicher ist auf die bereits oben (→Bundestag II A 2) angesprochene *Verpflichtung der Regierung* hinzuweisen, während dieser Übergangszeit die P.praxis unabhängig von der noch ausstehenden gesetzl. Regelung durch prakt. geübte Kooperation mit dem Parlament dem Verf.ziel einer ausgewogenen Plangewaltenteilung anzunähern, soll nicht das Eigengewicht einer gesetzl. ungebunden sich entwickelnden Verf.wirklichkeit spätere legislative Maßnahmen unmöglich machen.

e) Ob die *Parlamente* allerdings *in der Lage* sein werden, den ihnen verf.rechtl. zustehenden Beteiligungsanspruch an der P. auszufüllen, wird wesentl. davon abhängen, ob es ihnen gelingt, einen ausreichenden Kreis planungsbewußter und hinreichend sachverständiger Abgeordneter auszubilden sowie ihre Plenarorgane durch Entlastung von unwesentl. Aufgaben zur Konzentration auf polit. Leitentscheidungen zu befähigen. Die *Delegation parlamentar. Mitwirkungsbefugnisse an einen P.ausschuß,* wie sie sich bereits in der Praxis mehrerer Landtage abzuzeichnen beginnt (vgl. o. b), wäre sowohl verf.rechtl. unzulässig (→Bundestag IV C 4 d) als auch verf.polit. gefährlich, weil eine derartige Ausschußlösung gerade das verhindert, was eigentl. mit der Einschaltung des Parlaments in den P.prozeß erreicht werden soll und was letztl. auch nur den parlamentar. Beteiligungsanspruch rechtfertigt, nämlich Transparenz, Kontrolle und Integration der exekutiven P. durch öffentl. Parlamentsdebatte. Nur das Plenum schafft das im exekutiven P.verfahren nicht verfügbare Forum, auf dem Regierung und Mehrheitsfraktionen ihre Absichten offenlegen und durch die Opposition in Frage stellen und mit Alternativen konfrontieren lassen müssen. Nur die öffentl. Plenardebatte kann die polit. Optionen, Konsequenzen und Alternativen der P. offenlegen und die von der Opposition vorgetragenen Anliegen der von Regierung und Mehrheitsfraktion nicht vertretenen Minderheiten im Volke in diesen Entscheidungsprozeß einführen. Der Mitwirkung parlamentar. Ausschüsse darf deshalb stets nur vorbereitender Charakter zukommen, will man nicht den Beteiligungsanspruch des Parlaments selbst ad absurdum führen.

N. Achterberg, Parlamentsrecht, 1984, S. 418 ff. – D. Aderhold, Kybernet. Regierungstechnik in der Demokratie, P. und Erfolgskontrolle, 1973 – E.-W. Böckenförde, P. zwischen Regierung und Parlament, Staat 11 (1972) 429 – 458 – Chr. Brünner, Polit. P. im parlamentar. Regierungssystem, 1978 – M. J. Buse, D. v. Dewitz, Bibliogr. zur polit. P., 1974 (Lit.) – B. Dobiey, Die polit. P. als verf.rechtl. Problem zwischen Bundesregierung und Bundestag, 1975 – Th. Ellwein, Politik und P., 1968 – J. Esser, F. Naschold, W. Väth (Hg.), GesellschaftsP. in kapitalist. und sozialist. Systemen, 1972 – D. Frank, Polit. P. im Spannungsverhältnis zwischen Regierung und Parlament, 1975 – W. Frotscher, Polit. P. zwischen Regierung und Parlament, Verw. 12 (1979) 370 – 379 – L. Gaa, P. als neue Funktion des Parlaments unter bes. Berücksichtigung der Staatspraxis in Bad.-Württ., 1983 – H. Harnischfeger, P. in der sozialstaatl. Demokratie, 1969 – R. Herzog, Regierungsprogramme und Regierungspläne im demokrat. und sozialen Rechtsstaat, in: Regierungsprogramme und Regierungspläne, Schriftenreihe der Hochschule Speyer Bd. 51 (1973) 37 – 58 – ders., Gesetzgeber und Verwaltung, VVDStRL 24 (1966) 183 ff. – ders./R. Pietzner, Möglichkeiten und Grenzen einer Beteiligung des Parlaments an der Ziel- und RessourcenP. der Bundesregierung, Gutachten für die Projektgruppe Regierungs- und Verwaltungsreform 1971, Speyerer Arbeitshefte 33, 1979 – H. Hoenisch, Planifikation, 1974 – G. Jahn, Verf.recht und Verf.wirklichkeit – Zum Spannungsverhältnis zwischen planender Demokratie und GG, 1971 – J. H. Kaiser (Hg.), P., Bd.e I bis VI, 1965 ff. – H. Klages, P.politik, 1971 – Chr. Lanz, Polit. P. und Parlament, 1977 – St. Leibfried, M. Quilisch, P. im Sozialstaat, Atomzeitalter (1967) 552 ff., 610 ff. – J. Linck, Anspruch und Wirklichkeit parlamentar. P.kontrolle, ZParl. 6 (1975) 154 – 164 – K. Lompe, Gesellschaftspolitik und P., 1971 – N. Luhmann, Polit. P., 1971 – S. Magiera, Parlament und Staatsleitung in der Verf.ordnung des GG, 1979 – R. Mayntz, F. Scharpf (Hg.), P.organisation, 1973 – F. Naschold, W. Väth (Hg.), Polit. P.systeme, 1973 – F. Ossenbühl, Welche normativen Anforderungen stellt der Verf.grundastz des demokrat. Rechtsstaates an die planende staatl. Tätigkeit, dargestellt am Beispiel der EntwicklungsP.?, Gutachten B zum 50. DJT, 1974 – F. v. Peter, Zur Beteiligung des Parlaments an der P. auf Bundesebene, DÖV 26 (1973) 336 – 342 – B. Schäfers (Hg.), Gesellschaftl. P., 1973 – F. Scharpf, P. als polit. Prozeß, 1973 – W. Schmitt Glaeser, P. und Grundrechte, DÖV 33 (1980) 1 – 6 – M. Schröder, P. auf staatl. Ebene, 1974 – K. Seemann, Polit. P. in der Opposition, 1974 – K. Stern, Staatsrecht II, 1980, § 40 – W. Graf Vitzthum, Parlament und P., 1978 – R. Voigt, Die Rechtsformen staatl. Pläne, 1979 – F. Wagener, System einer integrierten EntwicklungsP. in Bund, Ländern und in den Gemeinden, in: Politikverflechtung zwischen Bund,

Ländern und Gemeinden, Schriftenreihe der Hochschule Speyer Bd. 55 (1975) S. 129 ff. – R. WAHL, Notwendigkeit und Grenzen langfristiger AufgabenP., Staat 11 (1972) 459–482 – DERS., Rechtsfragen der LandesP. und Landesentwicklung, 2 Bd.e, 1978 – TH. WÜRTENBERGER, Staatsrechtl. Probleme polit. P., 1979.

Roman Herzog/Rainer Pietzner

II. Arten und Probleme der Planung. Die Anwendungsgebiete und Arten der P. sind so vielfältig und unüberschaubar wie die P.träger und die Grade der Verbindlichkeit. Besonders gängig sind folgende Unterscheidungen:

A. Indikative, lenkende und imperative Planung. In politischen Systemen, die sich gegen die →Planwirtschaft entschieden haben, sind P.en, die den Bürger unmittelbar berechtigen bzw. verpflichten (imperative P.en), die Ausnahme. In der Bundesrep. Dtschld. könnte man unter den Begriff der imperativen P. allenfalls die Bebauungspläne und die sog. Planfeststellungen (siehe III) subsumieren. Schon für den →Staatshaushaltsplan ist anerkannt, daß er keine Rechte oder Pflichten des Bürgers begründet. Wirkungen auf den Bürger sind allenfalls mittelbarer Art, sei es, daß er sich auf die in einem Plan niedergelegten Daten und die dort geäußerten politischen Absichten des Staates einstellt (indikative P.), sei es, daß er durch die Inaussichtstellung staatl. Leistungen dazu angereizt wird, sich „plankonform" zu verhalten (lenkende P.). Das ändert freilich nichts daran, daß die meisten P.akte jedenfalls für diejenigen staatl. und sonstigen Behörden verbindlich sind, die der Stelle, von der die P. ausgeht, zu Gehorsam verpflichtet sind. Aber auch hier gibt es Grenzen, v. a. im Verhältnis zwischen Bund und Ländern (→Bundesstaat), zwischen den verschiedenen Ressorts (→Regierung), zwischen Staat und Gemeinden (→Kommunalrecht), und außerdem hat es der einzelne P.träger natürlich selbst in der Hand, mit dem Grade der Verbindlichkeit, den er seinem P.werk beilegt, hinter dem zurückzubleiben, was er von Rechts wegen anordnen könnte. Die Verbindlichkeit der einzelnen P. ist demgemäß oft sehr gering. Mit der Verbindlichkeit eines Gesetzes, einer →Rechtsverordnung oder auch nur einer gewöhnl. →Verwaltungsvorschrift kann sie sich nur ausnahmsweise messen.

B. Ziel-, Maßnahmen- und Ressourcenplanung. Nach ihrer Funktion unterscheidet man ZielP., MaßnahmenP. und RessourcenP. Die Begriffe sprechen für sich selbst. Sie werden im folgenden daher v. a. durch Beispiele erläutert.

1. Eine reine ZielP., in der die politischen Ziele eines Gemeinwesens (seine „Gesamtpolitik") vollständig und systematisch festgelegt und dargestellt würden, gibt es in der Bundesrep. bis heute nicht. Versuche dazu, die es sowohl beim Bund als auch in einzelnen Ländern gab, sind praktisch gescheitert und jedenfalls wieder aufgegeben worden; es ist beim bisherigen „System" der Regierungsprogramme, Regierungserklärungen, Richtlinienentscheidungen usw. geblieben. Über Detailziele geben aber natürlich auch die meisten MaßnahmenP.en Auskunft und auch der Charakter des →Staatshaushalts als „in Zahlen gegossene Regierungspolitik" ist für den, der ein solches Zahlenwerk zu lesen vermag, ohne weiteres erkennbar.

2. Die MaßnahmenP. ist eine der beiden P.arten, mit denen heute überwiegend gearbeitet wird. Sie besteht i. a. in der systematischen Ordnung und Ankündigung von beabsichtigten Maßnahmen auf einem bestimmten Sachgebiet. Beispiele sind etwa die BildungsP., die VerkehrsP., die StraßenbauP., die KrankenhausP., die militärische Strategie, die KraftwerksP., die KindergartenP., die AbfallbeseitigungsP., die LandesentwicklungsP. usw. Dabei geht es stets darum, daß eine Vielzahl von Einzelmaßnahmen, insbes. Investitionen, unter grundsätzl. Benennung von Fern- und Nahzielen, von Aussagen über den angestrebten Endzustand eines öffentl. Leistungsnetzes u. dgl. räumlich und meist auch zeitlich miteinander koordiniert werden. Im Regelfall werden auch einzelne Schritte und Stufen angegeben, in denen das gesteckte Ziel erreicht werden soll.

3. Die RessourcenP. schließlich verplant, wie ihr Name schon sagt, die zur Erreichung staatl. Ziele und zur Bewältigung beabsichtigter Maßnahmen erforderl. Hilfsmittel (Ressourcen). Klassisches Beispiel dafür ist die FinanzP., die sich in den alljährl. →Staatshaushalten und der vier weitere Jahre einbeziehenden mittelfristigen FinanzP. manifestiert. In personalintensiven Gebieten gibt es daneben zumindest Ansätze zu einer PersonalP., die allerdings genau genommen (nur) eine Personal*stellen*P. ist. Schließlich kann man, wenn man will, auch die Raumordnung bis herunter zur einfachen BauleitP. (→Baurecht) als RessourcenP. interpretieren.

C. Allgemeine und sektorale Planung. Die gängigen Beispiele der P. können auch danach untergegliedert werden, ob sie sich auf ein verhältnismäßig enges Fachgebiet (zB Abfallbeseitigung, Kraftwerkbau, Schulentwicklung u. dgl.) beschränken oder ob sie durch das Zusammenspannen mehrerer verwandter Gebiete wenigstens auf ein koordiniertes Vorgehen in größeren Politikbereichen ausgehen. Damit ist zugleich die Frage nach dem P.träger gestellt; denn es versteht sich von selbst, daß zB ein einzelnes Landesressort oder eine einzelne kommunale Körperschaft enger planen muß als eine ganze Landesregierung oder ein Bund und Länder übergreifender P.ausschuß, hinter dessen Empfehlungen sich im Ergebnis sämtl. Regierungen des Bundes und der Länder stellen.

1. Auf staatl. Ebene handelt es sich bei den meisten P.en auch heute noch um reine *RessortP.en,* in die die Absichten der anderen Ressorts entweder überhaupt nicht oder doch nur nachrichtlich eingegangen sind. Das gilt insbes. für die meisten MaßnahmeP.en, die oben B 2 erwähnt worden sind. Daß die Ressortgrenzen nur selten überwunden werden, ist eine der schwächsten Stellen der P.politik.

2. Ressortübergreifende P.en stellen demgegenüber nach wie vor die Ausnahme dar. Alle Ressorts ein und derselben Regierung umfaßt v. a. der jährl. Haushaltsplan, der überdies auch noch die Zustimmung des jeweiligen →Parlaments erhält, und die mittelfristige FinanzP., die von den Parlamenten wenigstens noch zur Kenntnis genommen wird. Auch die Landesentwicklungspläne, die die meisten Länder erlassen haben, sind i. a. ressortübergreifend. Ähnliches gilt für das Bundesraumordnungsprogramm, das von der Raumminister-Konferenz bundeseinheitlich verabschiedet wird und daher sogar die Bund-Länder-Grenzen überspringt. Häufiger sind P.en, an denen wenigstens einige Ressorts beteiligt sind.

3. P.werke, die über die beabsichtigten Maßnahmen und ihre Verwirklichung wenigstens halbwegs konkrete Aussagen machen wollen, bedürfen jedenfalls der Zusammenarbeit zwischen dem Fach- und dem *Finanzressort,* da sie der Sache nach zwangsläufig eine Kombination von Maßnahmen- und RessourcenP. sein müssen. Gelingt es einem Fachressort nicht, das Finanzministerium in seine P. „einzubinden“, so ist ihm nur eine P. ohne zeitl. Perspektiven möglich, d. h. es kann zwar festlegen, welche Maßnahmen es in welcher Reihenfolge ergreifen will; es kann aber keine Auskunft darüber geben, wie rasch der P.vollzug ablaufen und wann das P.ziel erreicht sind wird. An diesem Problem kranken zB die Fortschreibungen des Bildungsgesamtplans (→Bildungspolitik), denen die Finanzministerkonferenz keinerlei Verwirklichungsgarantie gegeben hat.

4. Ein noch weitergehender P.rahmen ist erreicht, wenn es gelingt, in ein P.werk sowohl den Bund als auch die Länder (und vielleicht auch noch wichtige kommunale P.träger) einzubeziehen. In der Staatspraxis sind hier – neben dem Bundesraumordnungsprogramm (siehe 2) – v. a. die P.werke zu nennen, die im Zusammenhang mit den verschiedenen *Gemeinschaftsaufgaben* (→Finanzverfassung) entstanden sind, zB der Hochschulausbauplan und der soeben erwähnte Bildungsgesamtplan. Als weiteres Beispiel mag das Bundesraumordnungsprogramm genügen. Die *Steuerschätzungen,* die der Finanzplanungsrat mehrfach jährlich vornimmt und die der Finanzpolitik des Bundes, der Länder und der Kommunen zugrundegelegt werden, sind in diesem Zusammenhang ein besonders eingängl. Beispiel für eine rein indikative P. (siehe A 1).

5. Erwähnt sei hier noch, daß selbstverständlich auch die kommunalen Körperschaften P.werke der verschiedensten Art besitzen, zB die StraßenbauP.en der Gemeinden und v. a. der Kreise, die gemeindl. Sportstättenausbaupläne, die Verkehrspläne, Altenheimpläne, Bodenvorratspläne usw. der Städte und Kreise, die kommunalen Ausbaupläne für bestimmte Schularten usw.

6. Politisch besonders heikel ist meist die sog. *StandortP.,* die i. a. in ressorteigenen MaßnahmenP.en enthalten ist und, wenn überhaupt, nur in Landesentwicklungsplänen o. ä. zu einem größeren Geflecht zusammengefaßt wird. Durch sie wird, wie ihr Name schon sagt, das Netz der für Anlagen bestimmter Art vorgesehenen Standorte festgelegt, zB für Krankenhausbauten, bestimmte Bildungseinrichtungen (Hochschulen, Gymnasien), Kraftwerke, Sondermülldeponien usw.; auch Straßenausbaupläne, die sich bereits zu Trassierungsfragen äußern, gehören im Grunde hierher. Gerade für die StandortP. fordern die Repräsentanten der kommunalen →Selbstverwaltung, die sich durch sie mitunter mehr als durch andere P.en eingeschränkt fühlen, zunehmend eine verstärkte kommunale Mitsprache, die zu einer (fast) neuen Form der trägerübergreifenden P. (siehe 4) führen würde.

D. Planungsfortschreibung. Die geringe Verbindlichkeit der meisten P.en, v. a. aber auch der Umstand, daß sich die Durchführbarkeit geplanter Projekte stets auch erst im Vollzug endgültig erweist, weisen der ständigen P.kontrolle und im Zusammenhang damit der P.anpassung, d. h. der Fortschreibung auf Grund erzielter Erfolge und gemachter Erfahrungen, bei der P. eine noch größere Bedeutung zu als in der übrigen Politik, zB auch in der Gesetzgebung. Damit hängt der ungemein enge zeitl. Rahmen zusammen, der bei den funktionsfähigsten P.arten, nämlich der HaushaltsP. und der mittelfristigen FinanzP., gewahrt wird. P.akte, die sich auf einen größeren Zeitraum erstrecken oder auf einen Zeitrahmen gar von vornherein verzichten, bedürfen der regelmäßigen Fortschreibung, die sich nur nach dem Prinzip von trial and error (Versuch und Irrtum) vollziehen kann. Die Bedingtheit und Vorläufigkeit jeder →Politik wird hier greifbarer als auf jedem anderen Gebiet.

V. RONGE/G. SCHMIEG (Hg.), Politische P. in Theorie und Praxis, 1971 – F. WAGENER, Für ein neues Instrumentarium der öffentl. P., in: RaumP. und EntwicklungsP., Bd. 80 der Veröffentlichungen der Akademie für Raumforschung und LandesP., 1972 – R. MAYNTZ/F. SCHARPF (Hg.), P.organisation, 1973 – G. W. WITTKÄMPER, Integrierte P. im Bundesstaat, Schriften der Bundesakademie für öffentl. Verwaltung, 1973, S. 115 – F. WAGENER, System einer integrierten EntwicklungsP. im Bund, in den Ländern und in den Gemeinden, in: Politikverflechtungen zwischen Bund, Ländern und Gemeinden, Bd. 54 der Schriftenreihe der Hochschule Speyer, 1975 – C. BÖHRET, Grundriß der P.Praxis, 1975 – W. BRUDER/TH. ELLWEIN (Hg.), Raumordnung und staatl. Steuerungsfähigkeit, 1980.

Roman Herzog

III. P.recht. P.recht ist nach gegenwärtigem Verständnis die Gesamtheit der Vorschriften über die RaumP. und als solche ein Teil des →öffentl. Rechts. Die *RaumP.* (als wichtige Teilfunktion der *Raumordnung*) und damit auch das P.recht spielen in den dichtbesiedelten Ländern angesichts der zahlreichen konkurrierenden Ansprüche an den nicht vermehrbaren Grund und Boden eine immer größer werdende Rolle.

A. Der Begriff P.recht ist umstritten; über die darunter zusammenzufassenden Rechtsmaterien besteht keine einheitl. Meinung. Dies hängt nicht zuletzt damit zusammen, daß es in der Bundesrep. Dtschld. – trotz zahlreicher, aber nicht immer aufeinander abgestimmter bundes- und landesgesetzl. Neuregelungen der letzten Jahre – bislang kein umfassendes gesetzl. *P.- oder Plansystem* gibt. Vor allem fehlt noch eine übergreifende und abschließende, nur dem Bundesgesetzgeber mögl. Regelung des Verhältnisses aller P.en und Pläne verschiedener Ebenen, Stufen und verschiedenen Inhalts zueinander. Hinzu kommt die gerade das P.recht wie kaum ein anderes Rechtsgebiet kennzeichnende Unsicherheit über die Bedeutung wichtiger Begriffe (zB Raumordnung, RaumP., LandesP., RegionalP.).

B. Das P.recht insgesamt gehört entgegen einer verbreiteten Meinung nicht zum →Baurecht. Baurecht und P.recht decken sich nur zum Teil; sie sind mit zwei sich schneidenden Kreisen vergleichbar. Das P.recht umfaßt das **Recht der GesamtP.** und das **FachP.recht**. Sowohl bei der GesamtP. als auch bei der FachP. wird zwischen *örtl.* und *überörtl. P.,* ferner für beide – i. S. einer Rangfolge – zwischen OrtsP., LandesP. und BundesP. unterschieden. Die Träger der verschiedenen P.en werden als *P.träger* bezeichnet.

1. Zur (überfachl., gebietsbezogenen) *GesamtP.* zählen – entsprechend den vier P.ebenen (und P.räumen) – die den Gemeinden kraft ihrer P.hoheit (→Selbstverwaltung II) oder P.verbänden obliegende *BauleitP.* (OrtsP.) (→Baurecht II), die *RegionalP.,* die *LandesP.* und die *Bundesraumordnung* bzw. BundesP. (umstritten). Nach den zwischen Bund und Ländern verteilten G.gebungskompetenzen (Baugesetzgutachten des BVerfG vom 16. Juni 1954, BVerfGE 3, 407 ff., 427 f.) sind insoweit zu unterscheiden: das im *BBauG* vom 23. Juni 1960 (i. d. F. vom 6. Juli 1979) nebst BaunutzungsVO (i. d. F. vom 15. Sept. 1977), PlanzeichenVO (i. d. F. vom 30. Juli 1980), WertermittlungsVO (i. d. F. vom 15. Aug. 1972) und im *Städtebauförderungsgesetz* vom 27. Juli 1971 (i. d. F. vom 18. Aug. 1976/5. Nov. 1984) geregelte Recht der städtebaul. P. (*BauP.recht,* Städtebaurecht; Gesetz über das Baugesetzbuch 1986 in Vorb.; →Baurecht) sowie das im *RaumordnungsG* des Bundes vom 8. Apr. 1965 und in den LandesP.gesetzen geregelte Recht der überörtlichen GesamtP. (*Raumordnungsrecht* bzw. *LandesP.recht*). Abgesehen von den hier auszuscheidenden Stadtstaaten Berlin, Bremen (umstritten) und Hamburg, in denen ein Flächennutzungsplan die Raumordnungsprogramme und -pläne ersetzt, gelten in den Ländern folgende (inzwischen mehrfach geänd.) *LandesP.gesetze:* Bad.-Württ. vom 10. Okt. 1983, Bayern i. d. F. vom 4. Jan. 1982, Hessen i. d. F. vom 1. Juni 1970, Niedersachsen i. d. F. vom 10. Aug. 1982, Nordrh.-Westf. i. d. F. vom 28. Nov. 1979, Rheinld.-Pfalz i. d. F. vom 8. Febr. 1977, Saarland vom 17. Mai 1978, Schleswig-Holstein i. d. F. vom 24. Juni 1981 (nebst G. über Grundsätze zur Entwicklung des Landes i. d. F. vom 22. 9. 1981). Im einzelnen weichen die LandesP.gesetze nicht unerhebl. voneinander ab.

2. Neben den vorgenannten GesamtP.en, aber damit in engem Zusammenhang, stehen die raumrelevanten *FachP.en,* deren Rechtsgrundlagen in zahlreichen G.en des Bundes und der Länder verstreut sind (FachP.recht). Die wichtigsten, häufig novellierten *FachP.gesetze* sind: das BundesbahnG von 1951/81 und die EisenbahnG.e der Länder, das BundeswasserstraßenG von 1968/80, das BundesfernstraßenG i. d. F. von 1974/80 und die Straßen- und WegeG.e der Länder, das LuftverkehrsG i. d. F. von 1981, das PersonenbeförderungsG von 1961/83, das WasserhaushaltsG i. d. F. von 1976/86 und die LandeswasserG.e, das AbfallbeseitigungsG i. d. F. von 1977/85 und die AusführungsG.e (AbfallG.e) der Länder, das AtomG i. d. F. von 1976 nebst Atomrechtl. VerfahrensVO i. d. F. von 1982, das Bundes-ImmissionsschutzG von 1974/85 (→Umweltschutz), das BundeswaldG von 1975/84 und die LandesforstG.e (LandeswaldG.e), das BundesnaturschutzG von 1976/80 und die Naturschutz- und LandschaftspflegeG.e der Länder, das BundesbergG von 1980 (Zulassung des Betriebsplans), ferner das LandbeschaffungsG von 1957/76 und das SchutzbereichG von 1956/76 sowie das FlurbereinigungsG i. d. F. von 1976/82. An älteren G.en zu nennen sind zB das TelegraphenwegeG von 1899/1980 und das EnergiewirtschaftsG von 1935/77.

In einigen der neueren FachP.gesetze (zB in § 16, §§ 17 ff. BundesfernstraßenG) wird – ähnlich wie bei der BauleitP. (Flächennutzungsplan, Bebauungsplan; →Baurecht II) – zwischen der vorbereitenden P. (P. i. e. S.) und der durchführenden, d. h. rechtsverbindl. P. (Planfeststellung) unterschieden (P.stufen). Das für den einzelnen bedeutsame (objektive) *Planfeststellungsrecht,* insbes. das mit dem Planfeststellungsbeschluß, einem anfechtbaren →Verwaltungsakt (→Rechtsweggarantie; →Verwaltungsgerichtsbarkeit) abschließende *Planfeststellungsverfahren* ist in den neueren FachP.gesetzen ausführl. geregelt. Eine weithin übereinstimmende Ausgestaltung hat das Planfeststellungsverfahren außerdem in den seit 1977 (subsidiär) geltenden Verwaltungsverfahrensgesetzen des Bundes und der Länder (→Verwaltungsrecht IV) gefunden. Die immissionsschutzrechtl. und die atomrechtl. Genehmigungen werden hingegen in spezialgesetzl. geregelten *förml. Verwaltungsverfahren* erteilt. Dem Problem der *Masseneinwendungen* im Verwaltungsverfahren (→Partizipation; →rechtliches Gehör) suchte der BundesG.geber erstmals 1974 durch eine problematische Neuregelung des Genehmigungsverfahrens in § 10 BImSchG und des Planfeststellungsverfahrens in §§ 18, 18 a BundesfernstraßenG, sodann ab

1977 allgemein durch die (subsidiär geltenden) entsprechenden Vorschriften der Verwaltungsverfahrensgesetze Herr zu werden. Eine Verkürzung der Verwaltungsstreitverfahren erhofft sich der Bundesgesetzgeber durch die 1985 in Kraft getretene und problematische Neufassung des EntlastungsG.es, das (zunächst bis 1990) die erstinstanzliche Zuständigkeit der Oberverwaltungsgerichte bei techn. *Großvorhaben* begründet hat (→Verwaltungsgerichtsbarkeit II A).

Das mit dem Planfeststellungsrecht eng verknüpfte, z. T. veraltete und in zahlreichen EinzelG.en des Bundes und der Länder zersplitterte *Enteignungsrecht* (→Enteignung) wurde in den vergangenen Jahren modernisiert. Neue LandesenteignungsG.e, die sich weitgehend an die Enteignungsvorschriften des BBauG anlehnen, sind zunächst in den Stadtstaaten Hamburg (1963), Berlin (1964) und Bremen (1965/73), sodann in Hessen (1973), Niedersachsen (1973), Rheinld.-Pfalz (1966/74), Bayern (1975/77) und in Bad.-Württ. (1982) in Kraft getreten.

3. Noch nicht geklärt ist, wo – bei der GesamtP., bei der FachP. oder bei beiden – die wasserwirtschaftl. *RahmenP.* nach § 36 WasserhaushaltsG und den LandeswasserG.en, die Luftreinhaltepläne nach § 47 BImSchG, die Landschaftsrahmenpläne und Landschaftspläne (LandschaftsP.) nach dem BundesnaturschutzG und den Naturschutz- und LandschaftspflegeG.en der Länder sowie die forstl. RahmenP. nach dem BundeswaldG und den LandesforstG.en (s. o. III B 2) unterzubringen sind. Diese P.en werden gelegentlich als Annexe der GesamtP. und nicht als FachP.en qualifiziert.

4. Bei der P. steht dem P.träger ein *P.ermessen* zu, das nur einer beschränkten richterl. Kontrolle unterliegt (→Ermessen; →Verwaltungsgerichtsbarkeit II C). Eine Schranke des P.ermessens bildet vor allem das – zum Wesen einer rechtsstaatl. P. gehörende – *Abwägungsgebot,* wonach die von einer P. berührten öffentl. und privaten Belange gegeneinander und untereinander gerecht abgewogen werden müssen.

C. Koordinierung der P.en. Während im BBauG die Anpassung der Bauleitpläne an die Ziele der Raumordnung und LandesP. nur ganz allg. vorgeschrieben (§ 1 IV BBauG) und das komplizierte Verhältnis zwischen der BauleitP. und den z. T. vorrangigen FachP.en (zB *BundesfachP.en*) ledigl. in einigen wenigen Vorschriften geregelt oder klargestellt ist, enthält das RaumordnungsG des Bundes mehrere wichtige Vorschriften über die Koordinierung der verschiedenen P.en und Pläne. So sind die Behörden des Bundes und der Länder, die Gemeinden und Gemeindeverbände, die öffentl. P.träger sowie im Rahmen der ihnen obliegenden Aufgaben die bundesunmittelbaren und die der Aufsicht des Landes unterstehenden Körperschaften, Anstalten und Stiftungen des öffentl. Rechts verpflichtet, ihre raumbedeutsamen (raumbeanspruchenden und raumbeeinflussenden) P.en und Maßnahmen aufeinander abzustimmen. Ebenso haben die genannten Stellen insoweit die in den Programmen und Plänen enthaltenen *Ziele der Raumordnung und LandesP.*, unbeschadet der unmittelbaren Geltung der materiellen Grundsätze der Raumordnung, zu beachten. Planungsrechtl. bes. bedeutsam, aber verfassungsrechtl. nicht unproblematisch ist dabei die von Ländern und Gemeinden geforderte und vom Bundesgesetzgeber mit bestimmten Maßgaben normierte Bindung der P.träger des Bundes (BundesfachP.en) an die unter deren Beteiligung aufgestellten Ziele der Raumordnung und LandesP. in den Ländern *(Selbstbindung des Bundes).* Grds. Fragen der Raumordnung und LandesP. und Zweifelsfragen, zB bei der Abstimmung von raumbedeutsamen P.en und Maßnahmen sowie über die Berechtigung eines Widerspruchs einer Bundesbehörde oder eines bundesunmittelbaren P.trägers gegen Programme oder Pläne der Raumordnung und LandesP. in den Ländern sollen von der Bundesregierung und den Landesregierungen gemeinsam beraten werden. Neben dem RaumordnungsG schreiben auch *Raumordnungsklauseln* in zahlreichen Bundes- und LandesG.en die Beachtung der Ziele und Erfordernisse der Raumordnung und LandesP. vor.

D. RaumP. und EntwicklungsP. Die vor allem in den 70er Jahren zu beobachtende Tendenz von der raumbezogenen P. zur nach wie vor umstrittenen EntwicklungsP. mit Raum-, Zeit- und Finanzbezug (s. o. II) hat in Ansätzen ihren Niederschlag in den Vorschriften einiger LandesP.gesetze (s. o. III B 1) über die *LandesentwicklungsP.* (Landesentwicklungsprogramme und -pläne) und die *KreisentwicklungsP.* (Kreisentwicklungspläne in Schleswig-Holst.; in Bad.-Württ. wurden die Kreisentwicklungsprogramme inzwischen wieder abgeschafft) gefunden. Die nicht gesetzl. geregelte umfassende (integrierte) *gemeindl. EntwicklungsP.* (Gemeinde- bzw. StadtentwicklungsP.) wurde 1976 durch Einfügung der Koordinationsklausel in § 1 Abs. 5 BBauG mit der städtebaul. P. verknüpft. Diese Vorschrift soll jedoch durch das Gesetz über das Baugesetzbuch (s. o. III B 1) wieder gestrichen werden.

E. VerkehrsP. Nicht bes. gesetzl. geregelt sind die aus praktischen Bedürfnissen erwachsenen *Generalverkehrspläne (Gesamtverkehrspläne).* Neben die bereits seit längerem bekannten Generalverkehrspläne der Länder *(Landesverkehrspläne)* und Gemeinden (Städte) sind inzwischen die *Regionalverkehrspläne* getreten. Die Bundesregierung hat 1973 einen *Bundesverkehrswegeplan* (1. Stufe) vorgelegt. Maßgebend ist nunmehr der Bundesverkehrswegeplan ’85.

Die →Europäischen Gemeinschaften haben ein Abstimmungsverfahren für Infrastrukturmaßnahmen von gemeinschaftl. Interesse, das sich auf die Mitteilung und Anhörung in bezug auf die für die Gemeinschaft bedeutsamen Verkehrswegebaumaßnahmen konzentriert.

M. IMBODEN, K. OBERMAYER u. a., Der Plan als verwaltungsrechtl. Institut, VVDStRL 18 (1960) 113–215 – W. BLÜMEL, Die Bauplanfeststellung I, 1961 – DERS., RaumP., vollendete Tatsachen und Rechtsschutz, in: Festg. für E. Forsthoff, 1967, 133–161 – DERS., „Demokratisierung" der P. oder rechtsstaatliche P.?, in: Festschr. für E. Forsthoff, 1972, 9–36 – DERS., Masseneinwendungen im Verwaltungsverfahren, in: Festschr. für W. Weber, 1974, 539–565 – DERS. (ed.), Frühzeitige Bürgerbeteiligung bei P.en, 1982 – DERS. (ed.), Die Vereinheitlichung des Verwaltungsverfahrensrechts, 1984 – R. BREUER, Die hoheitl. raumgestaltende P., 1968 – E. FORSTHOFF, W. BLÜMEL, Raumordnungsrecht und FachP.recht, 1970 – H.-U. EVERS, Das Recht der Raumordnung, 1973 – F. OSSENBÜHL, Welche normativen Anforderungen stellt der Verfassungsgrundsatz des demokratischen Rechtsstaates an die planende staatl. Tätigkeit, dargestellt am Beispiel der EntwicklungsP.?, Verh. des 50. DJT I (Gutachten) Teil B, 1974 – H.-C. FICKERT, Planfeststellung für den Straßenbau, 1978 – R. WAHL, Rechtsfragen der LandesP. und Landesentwicklung, 2 Bde., 1978 – K. STERN, Das Staatsrecht der Bundesrep. Dtschld. [II]1980, § 40 (Die P.) – W. ERNST, W. HOPPE, Das öffentl. Bau- und Bodenrecht, RaumP.recht, 1981[2] – W. HOPPE, H. SCHLARMANN, Rechtsschutz bei der P. von Straßen und anderen Verkehrsanlagen, 1981[2] – M. RONELLENFITSCH, Art. Fachplanungen und Landwirtschaft, in: Handwörterbuch des Agrarrechts, [I]1981, Sp. 566–574 – DERS., Einführung in das Planungsrecht, 1986 (Lit.) – W. ERBGUTH, Raumordnungsrecht und Landesplanungsrecht, 1983 – K. GELZER, BauP.recht, 1984[4] – K. KODAL, H. KRÄMER, Straßenrecht, 1985[4] – Raumordnungsberichte der Bundesregierung seit 1963, zuletzt Raumordnungsbericht 1982 (BT-Drs. 10/210) – weitere Literatur: →Baurecht, →Planung II.

Willi Blümel

Planwirtschaft. 1. Begriff und Wesen. Der Begriff P. wird nicht eindeutig gebraucht. Die Schwierigkeit der Abgrenzung ist vor allem dadurch gegeben, daß – unabhängig von der →Wirtschaftsordnung – in jeder rational geführten Wirtschaft geplant werden muß; das gilt im Produktionsbereich für die Betriebe und Unternehmungen, im Konsumbereich für die Haushaltungen hinsichtl. der Einkommensverwendung. Je komplizierter die Wirtschaft geworden ist, desto unabweisbarer wird der Zwang zum vorausschauenden Planen. Die Unterschiede zwischen der P. im engeren Wortsinne und anderen Wirtschaftsordnungen liegen also nicht darin, daß überhaupt geplant wird. In der →Marktwirtschaft geschieht das dezentral, und die in eigener Verantwortung aufgestellten Pläne der Unternehmungen und Haushalte werden über den Markt mit Hilfe des Preismechanismus koordiniert. Als P. wird dagegen i. d. R. eine Wirtschaftsordnung bezeichnet, in der von einer oder mehreren Zentralstellen im voraus für eine bestimmte Periode der Ablauf der wirtschaftl. Prozesse festgelegt wird, wodurch bestimmte, ebenfalls vorher festgelegte Ziele erreicht werden sollen. Im extremen Grenzfall bedeutet das, daß nur eine Zentralstelle darüber entscheidet, „was und wo und wieviel und wie produziert wird und wie die Verteilung des Sozialprodukts stattfindet". W. EUCKEN, von dem diese Formulierung stammt, bezeichnet ein solches System als die Politik *zentraler Leitung des Wirtschaftsprozesses,* die sich der Ordnungsform der *„Zentralverwaltungswirtschaft"* als des dominierenden Elementes bedient. Eine so umfassende P. ist in den Anfängen der Entwicklung des sowjetischen Wirtschaftssystems versucht worden; sie hat sich jedoch bald als ein abstraktes Modell erwiesen, das in dieser extremen Form nicht zu realisieren ist. Die Abgrenzung des Entscheidungsspielraums zwischen den Zentralinstanzen und den Wirtschaftssubjekten wird damit zu einem Problem, dem sich keine wie auch immer geartete P. zu entziehen vermag.

Eine weitere Schwierigkeit der Begriffsbestimmung ergibt sich daraus, daß die völlig freie Wettbewerbswirtschaft, in der die Koordinierung der ausschließl. dezentral aufgestellten Wirtschaftspläne allein durch den Markt- und Preismechanismus erfolgt, ebenfalls ein abstraktes Modell ist, das allenfalls im 19. Jh. in der Zeit der Hochblüte des Wirtschaftsliberalismus verwirklicht war. Denn überall, auch in den Volkswirtschaften mit dominierender marktwirtschaftl. Ordnung, greift die staatl. →Wirtschaftspolitik in das wirtschaftl. Geschehen ein. Insbes. sind die Grenzen zwischen P. und dirigistischer Wirtschaft fließend, weil zum Wesen des Dirigismus (im Gegensatz zum bloßen Interventionismus) das Prinzip der Stetigkeit der Lenkung gehört. Schwierig wird diese Abgrenzung vor allem in den Fällen, in denen zentral aufgestellte Pläne den Charakter von Rahmenplänen haben, die für den öffentl. Sektor verbindl. sind, den privaten Wirtschaftssubjekten aber nur als Mittel der Information dienen sollen. Diese Ordnungsform wird manchmal auch als *Wirtschaftsplanung* bezeichnet und der P. als echter Befehls- und Kommandowirtschaft (Zwangswirtschaft) gegenübergestellt.

Nicht haltbar ist die lange Zeit übl. Gleichsetzung von P. und →Sozialismus. Zwar hat die P. in vielen sozialistischen Ideenrichtungen eine erhebl. Rolle gespielt, und die extremen Formen straff zentralistischer P. finden sich heute in den Ländern, in denen die Produktionsmittel ausschließl. oder fast ausschließl. in Kollektiveigentum stehen. Aber P. kann es grds. auch bei Individualeigentum an den Produktionsmitteln geben, wie zB die Planungsexperimente des Nationalsozialismus zeigen. Andererseits lehnen bestimmte Richtungen des freiheitl. Sozialismus im Westen die Vorstellung von einer zentral gesteuerten P. ab, und auch in Jugoslawien wird der Versuch gemacht, eine *„sozialistische Marktwirtschaft"* aufzubauen, dessen Ergebnisse bisher allerdings wenig überzeugend sind.

Zu unterscheiden ist zwischen einer die Gesamtwirtschaft umfassenden *totalen* P. und einer *partiellen* P. Letztere kann sich entweder auf bestimmte Arten der wirtschaftl. Tätigkeit, auf einzelne Wirtschaftszweige oder auf einzelne Regionen erstrecken. Eine partielle P. der ersteren Art liegt zB dann vor, wenn ledigl. die Investitionen, d. h. also das Wirtschaftswachstum und damit ein wichtiger Teil der Strukturveränderungen der Wirtschaft, einer zentralisierten Planung unterworfen werden, während über die laufenden Wirtschaftsprozesse durch dezentrale Planung der einzelnen Wirtschaftssubjekte entschieden wird.

Eine andere Form der partiellen P. ist die *Planung einzelner Wirtschaftszweige*,zB der Energie- oder der Verkehrswirtschaft. Große Bedeutung hat ferner in der Gegenwart die *Regionalplanung* (Landesplanung, Raumordnung) gewonnen, vor allem dann, wenn innerhalb einer Volkswirtschaft der Entwicklungsstand der Teilräume sehr unterschiedl. ist oder wenn sich in einzelnen Gebieten eine sozial unerwünschte Ballung von Arbeits- und Wohnstätten ergeben hat oder zu ergeben droht.

2. Geschichtliche Entwicklung der P. Ideengeschichtl. hängt die Forderung nach P. eng mit der sozialistischen Kritik am „Kapitalismus", d. h. der unternehmerischen Marktwirtschaft zusammen. Das gilt bes. für die von MARX ausgehenden sozialistischen Richtungen (→Marxismus), da MARX der Überzeugung war, daß die immanenten Kräfte der Marktwirtschaft nicht ausreichen, um ein dauerndes und gesichertes wirtschaftl. Gleichgewicht herzustellen. Die notwendige Konsequenz aus dieser Kritik ist die Forderung nach zentraler Planung, die im Marxismus mit der Forderung nach genereller „Vergesellschaftung" der Produktionsmittel eng verbunden ist. Der Sieg der bolschewistischen Revolution in Rußland 1917 schuf erstmals die Voraussetzungen für den Aufbau eines solchen zentral geplanten Wirtschaftssystems.

Planwirtschaftl. Ideen wurden in Dtschld. nach dem Ersten Weltkrieg von WALTHER RATHENAU und WICHARD VON MOELLENDORFF vertreten. Die große Weltwirtschaftskrise 1929 – 1934 führte zu einem starken Anwachsen planwirtschaftl. Ideen. Auch die nationalsozialistische Wirtschaftspolitik bediente sich der P. (der 1936 begonnene Vierjahresplan), um vor allem einen möglichst hohen Grad der Selbstversorgung bei lebenswichtigen Rohstoffen und Nahrungsgütern zu erreichen und die Rüstungswirtschaft auszubauen.

Nach dem Zweiten Weltkriege wurde das sowjetische Planungssystem auf die in politische Abhängigkeit von der Sowjetunion geratenen ostmitteleurop. und südosteurop. Länder übertragen und im wesentl. auch von den kommunistisch gewordenen Ländern Asiens übernommen. Eine zweite Gruppe von Ländern, in denen planwirtschaftl. Methoden angewendet werden, umfaßt zahlreiche →*Entwicklungsländer*. Eine dritte Gruppe bilden einige *westeurop. Länder,* die mit Hilfe einer mehr oder weniger lockeren indikativen Rahmenplanung ein bestimmtes Tempo und eine bestimmte Grundrichtung der wirtschaftl. Entwicklung sichern wollen.

Die Wirtschaftspolitik der *Bundesrepublik Deutschland* lehnt eine P. ab; auch die Wirtschaftspolitik der sozial-liberalen Koalition stand grds. auf dem Boden einer marktwirtschaftl. Ordnung, und erst recht gilt das seit 1983 von der Wirtschaftspolitik der Koalition zwischen CDU/CSU und F.D.P. Allerdings gibt es auch in der Bundesrepublik Deutschland Diskussionen über die Notwendigkeit oder Zweckmäßigkeit planwirtschaftlicher Eingriffe, bes. seit für den linken Flügel der Sozialdemokratie marxistische Ideen wieder stärkeres Gewicht gewonnen haben.

3. Formen der P. Bereits das bisher Gesagte läßt erkennen, daß die Bezeichnung P. für recht unterschiedl. Wirtschaftsordnungen angewendet wird. Zu unterscheiden ist bes. zwischen *imperativer* und *indikativer Planung*. Imperative Planung setzt den Wirtschaftssubjekten verbindl. Ziele; indikative will ihnen Anhaltspunkte für ihre eigenen Entscheidungen, für die Aufstellung ihrer dezentralen Pläne geben. Im letzteren Sinne können Elemente der Planung auch in eine im Grundsatz marktwirtschaftl. Ordnung einbezogen werden, während imperative Planung (soweit sie sich nicht nur auf den öffentl. Sektor bezieht) mit einer marktwirtschaftl. Ordnung unvereinbar ist. Eine Übergangsform zwischen indikativer und imperativer Planung liegt dann vor, wenn für den öffentl. oder den aus öffentl. Mitteln finanzierten Sektor der Wirtschaft verbindl. Pläne aufgestellt werden, während den privaten Wirtschaftssubjekten grds. die Entscheidungsfreiheit überlassen bleibt. Eine weitere Zwischenform ist dann gegeben, wenn, wie zB in der franz. Planification, mit wirtschaftspolitischen Mitteln, zB Steuer- oder Krediterleichterungen, die Unternehmerentscheidungen in der Richtung auf die Planziele beeinflußt werden. Bei einer noch weniger verbindlichen Form hat die Planung im wesentl. den Charakter einer Vorausschau, die der Wirtschaftspolitik Anhaltspunkte geben soll (zB mit dem Ziel der Sicherung der Vollbeschäftigung oder des Zahlungsbilanzgleichgewichts oder der Stabilhaltung des Geldwertes), bes. wenn die tatsächl. Entwicklung wesentl. von der angestrebten abweicht.

Diese Gegenüberstellungen zeigen, daß die Entscheidungsfreiheit der Wirtschaftssubjekte bei diesen verschiedenen Formen der Pl. in recht unterschiedl. Ausmaß eingeschränkt wird. Während diese bei der zentralen Planung sowjetischen Typs in ihrer ursprüngl. Form fast völlig verschwand, wird sie bei der indikativen Planung westeurop. Länder kaum eingeschränkt. Viele Mißverständnisse in der wirtschaftspolitischen Diskussion der Gegenwart sind offenbar darauf zurückzuführen, daß die Termini P. und Planung unterschiedslos auf diese sehr verschiedenen Tatbestände angewendet werden.

4. Argumente für und gegen die P. So verschieden wie die Formen der P. sind auch die Begründungen, die von ihren Anhängern für ihre Notwendigkeit oder Wünschbarkeit gegeben werden. Am weitesten gehen dabei diejenigen Nationalökonomen und Wirtschaftspolitiker, die, wie KARL MARX, die Neomarxisten und mit bes. Schärfe der Sowjetkommunismus, grds. nicht an die Möglichkeit glauben, daß eine Marktwirtschaft durch das Wirken immanenter Kräfte in Ordnung und im Gleichgewicht bleiben kann. Die im „Kapitalismus" periodisch wiederkehrenden Wirtschaftskrisen mit der sozial bes. schwerwiegenden Folge der Massenarbeitslosigkeit werden als bes. deutl. Beweis für diese behauptete „Anarchie der kapitalistischen Produktionsweise" angeführt. So bekennt sich auch noch das Programm der KPdSU von 1961 uneingeschränkt zur „zentralisierten planmäßigen Leitung" der Volkswirtschaft. Ebenso erklärt die Verf. der DDR von 1974: „Die Volkswirtschaft der Deutschen Demokratischen Republik ist sozialistische P."

Weniger extrem sind die Argumente derjenigen Anhänger einer (vorwiegend indikativen) P., die zwar den Markt- und Preismechanismus sowie die Existenz immanenter Gleichgewichtskräfte in der Marktwirtschaft grds. anerkennen, diese Kräfte jedoch für nicht ausreichend und die im marktwirtschaftl. Geschehen auftretenden Friktionen für so schwerwiegend halten, daß sie deren Ergänzung durch Wirtschaftsplanung für unabdingbar halten. Seit der großen Weltwirtschaftskrise Ende der zwanziger und Anfang der dreißiger Jahre spielt, bes. auch unter dem Einfluß der Lehren von J. M. KEYNES und seiner Nachfolger, der Gedanke der Krisenverhütung und der Sicherung der Vollbeschäftigung dabei eine große Rolle. In engem Zusammenhang damit steht das Argument, daß ausschl. private Entscheidungen über die Investitionen weder immer ein ausreichendes Investitionsvolumen noch die volkswirtschaftl. optimale Struktur der Investitionen gewährleisten. Gerade aber unzureichende oder fehlgeleitete Investitionen können bes. wichtige Ursachen wirtschaftl. Störungen, ja von Wirtschaftskrisen werden. Solche Fehler können nach dieser Argumentation vermieden werden, wenn eine zentrale Instanz, die über ausgezeichnete Informationsmöglichkeiten verfügt, in die Investitionsentscheidungen eingeschaltet wird. Die Konsequenz dieser Auffassung wäre eine vorwiegend auf die Regulierung des wirtschaftl. Wachstums gerichtete Planung.

Entwicklungspläne werden darüber hinaus als wichtiges Stimulans für die Beschleunigung und Intensivierung des Entwicklungsprozesses einer Volkswirtschaft und/oder als Mittel zur Erreichung einer bestimmten Struktur betrachtet. Beide Gesichtspunkte gelten bes. für die eigentl. Entwicklungsländer, die heute vielfach Mehrjahrespläne besitzen, in denen die angestrebten Ziele und die zu ihrer Erreichung vorgesehenen Mittel zusammengefaßt sind. Bes. wichtig ist dabei die Vorausschau auf die Quellen für die Finanzierung des Entwicklungsprozesses. In hochentwickelten Volkswirtschaften vertreten die Anhänger der P. häufig die Auffassung, daß nur durch eine solche eine bestimmte Wachstumsrate der Wirtschaft (verbunden mit einem mindestens langfristigen Gleichgewicht der Zahlungsbilanz) gesichert werden könne. Geteilt sind bei ihnen die Meinungen darüber, wieweit dabei auch eine Stabilität des inneren Geldwertes erreicht werden kann bzw. ob die Sicherung einer hohen Wachstumsrate oder der Vollbeschäftigung wichtiger ist als die Geldwertstabilität.

Am wenigsten umstritten ist die Begründung einer vorausschauenden Planung mit der Notwendigkeit, *Grundlagen für eine rationale, einheitl. und langfristige Wirtschaftspolitik* zu schaffen, die den Fehler einer richtungslosen Intervention von Fall zu Fall vermeidet. Immer stärker hat sich die Einsicht durchgesetzt, daß eine über die früher übl. Einjahresperiode hinausgehende *Planung der öffentl. Haushalte* (→Staatshaushalt) notwendig ist, zumal diese heute auch in vorwiegend marktwirtschaftl. organisierten Ländern über einen beträchtl. Teil des gesamten Volkseinkommens disponieren. Die Notwendigkeit solcher langfristiger Planung wird bes. für die Entwicklung der Infrastruktur (Verkehr, Umweltschutz, Bildungswesen, Gesundheitswesen) vielfach anerkannt; gerade dabei handelt es sich um Bereiche, in denen die notwendigen Investitionen großenteils aus öffentl. Mitteln finanziert werden, weil über sie nicht nach privatwirtschaftl. Rentabilitätserwägungen entschieden werden kann.

Die *Gegner der P.* richten ihre Kritik vor allem, wenn auch nicht ausschl., gegen die in der Sowjetunion entwickelte, durch imperativen Charakter und das Streben nach Totalität gekennzeichnete Form der P. Sie werfen ihr vor allem eine die Wirtschaft lähmende Einschränkung der persönl. Initiative sowie eine für die Vitalsituation des Menschen unerträgl. Beschränkung der individuellen Freiheitssphäre vor. Nach dieser Auffassung muß eine P. allein schon durch die Zentralisierung der Zielbestimmung für das Wirtschaften zu einer gefährl. Machtballung führen. Entschiedene Vertreter dieser Richtung, wie L. VON MISES und F. A. VON HAYEK, lehnen deshalb jede Form der P. ab, da damit „der Weg zur Knechtschaft" beschritten würde, der notwendig im Kollektivismus enden müsse.

Diese mehr weltanschaul. und politisch gefärbte Kritik an der P. wird durch rein ökonomische Argumente ergänzt und unterbaut. Es wird für unmöglich gehalten, die ungemein vielfältigen Tatbestände einer komplizierten modernen Wirtschaft ex ante verbindl. festzulegen. Bes. Nachdruck legen die Kritiker der P. auf das Preisproblem. Nach ihrer Auffassung können sich Preise, die die relative Knappheit der Güter und Dienste, aber auch der Produktionsfaktoren richtig widerspiegeln, nur auf einem freien, durch den Wettbewerb bestimmten Markt bilden; nur solche Preise aber könnten die Grundlage einer exakten Wirtschafts- und Wirtschaftlichkeitsrechnung bilden, deren Fehlen die Effizienz des Wirtschaftens notwendig herabsetzen müsse.

Die Argumente der Verfechter einer totalen P. sowjetischen Typs besitzen heute außerhalb der Sowjetunion und anderer kommunistisch regierter Länder kaum Anhänger. Andererseits ist auch die Zahl derjenigen Nationalökonomen und Wirtschaftspolitiker klein geworden, die jede Form der Planung ablehnen, auch der indikativen sowie der Planung für solche Teilbereiche, in denen die Marktkräfte zu gesamtwirtschaftl. unerwünschten Wirkungen führen. Jedoch können die Fragen, wieweit eine im Grundsatz marktwirtschaftl. Ordnung mit Elementen der Planung verbunden werden kann und welche spezifischen Probleme sich aus einem solchen Mischsystem ergeben, noch nicht als wissenschaftl. und praktisch gelöst bezeichnet werden.

5. Die Funktionsweise der P. Jede P., welche der mögl. Formen sie auch immer haben möge, setzt dreierlei voraus: a) die Ermittlung des im Planungszeitraum verfügbaren ökonomischen *Potentials,* b) die Setzung der *Ziele,* die durch die P. erreicht werden sollen, c) die Festlegung einer *Rangordnung* der Ziele unter Berücksichtigung des vorhandenen Potentials. Einige für das Gelingen der Planung wichtige Faktoren sind nicht oder nur begrenzt vorhersehbar, zB die Wetterbedingungen mit ihrem Einfluß auf die Ernteerträge, die Entwicklung der Preise und Absatzmöglichkeiten am Weltmarkt, der Einfluß des technischen Fortschritts, bei längerfristiger Planung auch die Entwicklung der Geburtenhäufigkeit u. a. m. Fast immer erweist sich deshalb, daß die tatsächl. Entwicklung in einer größeren oder kleineren Zahl von für die Planung wichtigen Größen anders verläuft, als die planenden Instanzen annahmen. Je starrer und zentralistischer ein Planungssystem ist, desto schwieriger wird die notwendige Anpassung der Planung an die sich verändernde Wirklichkeit.

Die Aufstellung und Bewertung der Ziele der Planung kann nach verschiedenen Gesichtspunkten erfolgen, wobei sowohl das politische System als auch außerökonomische (zB ökologische) Faktoren eine wichtige Rolle spielen. In totalitären, z. T. auch in autoritären Staaten sind die Entscheidungen der für die politische Willensbildung maßgebenden Gruppen oder Personen bestimmend. So war der Vierjahresplan im nationalsozialistischen Staat ganz entscheidend durch die Aufrüstung und die Kriegsvorbereitungen geprägt. In der Sowjetunion bestimmten die Auffassungen von der Notwendigkeit einer Maximierung des Wirtschaftswachstums unter vorrangiger Entwicklung der Schwerindustrie, die von STALIN, aber auch den kommunistischen Führungsgruppen nach seinem Tode vertreten wurden, maßgebl. die langfristigen Entwicklungspläne. Die Planung in Staaten dieses Typs hat hinsichtlich der Versorgung der Bevölkerung mit Gütern und Diensten einen ziemlich großen Entscheidungsspielraum, wie bes. die jahrzehntelange Niedrighaltung des Lebensstandards in der Sowjetunion beweist. Allerdings wird der individuelle Konsum um so bedeutsamer, je weniger ein totalitärer Staat sich des Terrors als Mittel der Machtsicherung bedient und je reifer Wirtschaft und Gesellschaft werden; denn mit wachsendem Reifegrad wächst auch die Bedeutung der Verhaltensweisen der Individuen als Staatsbürger und als Beteiligte am Wirtschaftsprozeß, die durch den Lebensstandard wesentl. mitbestimmt werden.

In einem demokratischen Staat und einer freiheitl. Gesellschaft kann die Planung nicht eine so hohe Investitionsquote auf Kosten des Lebensstandards der Bevölkerung erzwingen wie in totalitären Staaten. Bei der Planerstellung wird, da die Planung Voraussetzung einer rationalen Wirtschaftspolitik sein soll, der Gesichtspunkt der Optimierung in den Vordergrund treten. Auf der Grundlage der ökonometrischen Forsch. sind hierfür in westl. Ländern, vor allem nach dem Zweiten Weltkrieg, immer feinere und differenziertere Methoden, bes. solche mathematischer Natur, entwickelt worden (Input-Output-Methode, Linear Programming, Verwendung von „Schattenpreisen" u. a. m.). Auch von den kommunistisch regierten Ländern sind solche Methoden z. T. übernommen und weiterentwickelt worden.

Bei der *Durchführung der Pläne* zeigen sich die Unterschiede zwischen den verschiedenen Arten der P. noch deutlicher. Die *imperative Planung* ist *Befehlswirtschaft,* damit weitgehend auch Zentralverwaltungswirtschaft und Zwangswirtschaft. Die aus den Volkswirtschaftsplänen abgeleiteten Pläne für die einzelnen Betriebe, denen ja zu einem großen Teil deren Durchführung obliegt, bestehen aus einer Summe von Planaufgaben, d. h. von Befehlen, zB zur Herstellung einer bestimmten Menge eines bestimmten Erzeugnisses, zur Vornahme bestimmter Investitionen, zur Senkung der Selbstkosten in einer bestimmten Höhe, zur Einsparung von Energie und Rohstoffen usw. Da der Plan in sich konsistent sein muß und kraft der Interdependenz aller wirtschaftl. Vorgänge jede einzelne im Plan erfaßte Größe mit zahlreichen anderen in Beziehung steht, muß bei richtig aufgestelltem Plan jede Diskrepanz zwischen Plan und Erfüllung zu einer Störungsursache von größerer oder geringerer Bedeutung werden. Die imperative Planung muß deshalb bes. darauf achten, daß möglichst an keiner Stelle der Plan untererfüllt wird, was freilich häufig nicht erreicht wird. Die kontinuierl. *Kontrolle der Planerfüllung* ist also unentbehrl. Dieses Verhältnis der planenden und lenkenden Instanzen zu den Betrieben führt notwendig zu einem erhebl. Umfang der Administration und des Schriftwerks, bes. auch der statistischen und sonstigen Berichterstattung der Betriebe an die ihnen vorgesetzten Instanzen.

Dabei entsteht für jede P. dieses Typs das Problem der zweckmäßigen *Organisation des Planungsapparates und der Wirtschaftsverwaltung.* Es geht dabei einmal darum, ob Planung und Lenkung der Wirtschaft in der Hand der gleichen Institution vereinigt oder getrennt sein sollen (i. d. R. wird der letztere Weg gewählt), zweitens darum, ob der Behördenapparat *zentralisiert oder regional dezentralisiert* (s. a. Staatsorganisation, Verwaltung) sein soll. In der Sowjetunion war unter STALIN die Methode straffer Zentralisation gewählt worden; CHRUSCHTSCHOW versuchte 1957 eine regionale Dezentralisation durch die Aufgliederung der Sowjetunion in 104 Wirtschaftsbezirke, doch ist dieser Versuch gescheitert. Eine dritte organisatorische Möglichkeit besteht darin, daß zwischen planenden und lenkenden Zentralinstanzen und die Betriebe intermediäre Institutionen in Form von *Zusammenschlüssen der Betriebe* gestellt werden, die vorwiegend branchenmäßig gegliedert sind und denen bestimmte Dispositionsbefugnisse übertragen werden. Bei einer P. mit ausschließl. „sozialistischem" Eigentum an den Produktionsmitteln tragen sie den Charakter „sozialistischer Konzerne", so die „Produktionsvereinigungen" in der Sowjetunion und die Kombinate in der →DDR.

Ähnl. Institutionen können aber auch bei einer P. mit fortbestehendem Privateigentum an den Produktionsmitteln als Lenkungsinstrumente eingesetzt werden (so die „Ringe" für bestimmte Industrieprodukte in der nationalsozialistischen Kriegswirtschaft). Das wichtigste und für die Fortentwicklung auch der östl. Planwirtschaft gegenwärtig sehr brennende Problem liegt freilich in der Möglichkeit und den Grenzen der *Übertragung von Entscheidungsbefugnissen an die Betriebe und ihre Leiter* sowie der Schaffung der Voraussetzungen (zB in der Preisbildung), um deren Entscheidungen so effizient wie möglich zu gestalten.

Für die Funktionsweise der P. ist es ferner sehr wichtig, ob es sich um eine *naturale Zuteilungswirtschaft* oder um eine *Geldwirtschaft* handelt. Im theoretischen Modell ist eine naturale Zuteilungswirtschaft mögl.; in der ersten Phase der Sowjetwirtschaft, dem sog. „Kriegskommunismus", war sie weitgehend verwirklicht, und die Vorstellungen des Sowjetkommunismus von der „vollkommunistischen" Zukunft kommen auf der Grundlage des Verteilungsprinzips „Jedem nach seinen Bedürfnissen" ebenfalls auf eine weitgehend geldlose Verteilung hinaus. Tatsächl. besteht aber sowohl in der Sowjetunion als auch in allen anderen Ländern, deren Planungssystem dem sowjetischen angeglichen wurde, eine Geldwirtschaft. Das bedeutet einmal, daß die Planung auf den beiden Ebenen der *Mengenplanung* und der *Finanzplanung* erfolgen muß, die richtig miteinander koordiniert sein müssen. Da ferner die Bezieher eines Geldeinkommens damit auch die Chance der freien Konsumwahl erhalten, andererseits nach wie vor die zentrale Planung darüber entscheidet, welche Mengen an Konsumgütern überhaupt angeboten werden, müssen Wege gefunden werden, um beides in Übereinstimmung zu bringen. Das sowjetische System bedient sich dazu der Preisbildung im Konsumsektor im Zusammenhang mit der öffentl. →Finanzwirtschaft.

Geld und Kredit können als Lenkungsmittel für den Sektor der öffentl. finanzierten Investitionen in einer P. jegl. Typs eine wichtige Rolle spielen. Bei einer ausschließl. indikativen Planung können sowohl die öffentl. Finanzwirtschaft (steuerl. Differenzierung auf der Einnahmenseite, Subventionen und Kredite u. ä. auf der Ausgabenseite) als auch die Kreditpolitik der Zentralnotenbank oder staatl. Bankinstitute dazu eingesetzt werden, die Entscheidungen der privaten Wirtschaft in Übereinstimmung mit den Planzielen zu bringen, wie das bes. im Rahmen der französischen Planification versucht wurde.

Im Sinne politischer Zielsetzungen liegt eine bes. Stärke der P., bes. der imperativen Planung, in der vorrangigen Entwicklung von *Schwerpunktbereichen.* Die Notwendigkeit der Schwerpunktbildung zwang im Zweiten (z. T. schon im Ersten) Weltkrieg die meisten kriegführenden Länder zur Einführung partieller planwirtschaftl. Methoden. Ebenso sind die großen Wachstumserfolge der Sowjetwirtschaft in Teilbereichen einer solchen Schwerpunktpolitik zuzuschreiben. Es darf darüber jedoch nicht vergessen werden, daß eine solche Politik fast immer zur Vernachlässigung und zum Zurückbleiben anderer Teilbereiche führen muß.

6. Die P. im Kommunismus. Die Sowjetunion ist das Mutterland der zentralen P. Das dort in der STALIN-Ära entwickelte Wirtschaftssystem wird am besten als *„Zentralverwaltungswirtschaft sowjetischen Typs"* bezeichnet. LENIN und die übrigen Führer der bolschewistischen Revolution waren, ausgehend von der Wirtschaftstheorie des klassischen Marxismus, von der Überlegenheit der P. überzeugt. Bereits das Parteiprogramm der KP Rußlands aus dem Jahre 1919 bezeichnete als eine der Grundaufgaben „die größtmögl. Zusammenfassung aller Wirtschaftstätigkeit des Landes nach einem gesamtstaatl. Plane". 1921 wurde die *„Staatl. Plankommission (Gosplan)"* gegründet, die – wenn auch mit wechselnden Zuständigkeiten und unter Umbenennung in „Staatl. Plankomitee" – bis heute das Zentrum der sowjetischen Planung geblieben ist. Es hat jedoch nach der bolschewistischen Revolution noch über ein Jahrzehnt gedauert, bis der Aufbau der P. in vollem Umfang in Angriff genommen werden konnte. Die Zeit des „Kriegskommunismus" mit ihren sehr verworrenen Verhältnissen ließ den Aufbau eines umfassenden Planungssystems nicht zu; immerhin wurde i. J. 1920 mit der Realisierung eines Teilplanes, des „Planes der staatl. Elektrifizierung Rußlands" (*Goelro-Plan*) begonnen. Nachdem in der Periode der *„Neuen Ökonomischen*

Politik" (*NEP*) 1921 – 1928 weitgehend wieder marktwirtschaftl. Ordnungsprinzipien zum Zuge gekommen waren, begann i. J. 1928 im Zeichen der STALINschen Entscheidung für den „Aufbau des Sozialismus in einem Lande" mit dem ersten *Fünfjahrplan* (Pjatiletka) der eigentliche Aufbau der P. auf der Grundlage des bald verwirklichten, so gut wie ausschließl. „sozialistischen Eigentums" an den Produktionsmitteln. Dieser und die folgenden Fünfjahrpläne sind gekennzeichnet durch den imperativen Charakter, das Streben nach Totalität, bes. ihre Erstreckung über eine Struktur- und Wachstumsplanung hinaus auf die kontinuierl. Planung der Wirtschaftsabläufe, sowie durch die Zielsetzung des maximalen Wirtschaftswachstums unter vorrangiger Entwicklung der Schwerindustrie. Die *Perspektivpläne* sollen die Grundlinien der wirtschaftl. Entwicklung für einen längeren Zeitraum festlegen, die kurzfristigen *Operativpläne,* bes. die jährl. Volkswirtschaftspläne, das wirtschaftl. Geschehen in einer Teilperiode bestimmen; aus den letzteren werden die Pläne für die einzelnen Betriebe und die sonstigen an der Planverwirklichung beteiligten Instanzen abgeleitet. Zur Realisierung der Planziele ist der Aufbau eines *Netzes von Teilplänen* erforderl., die alle genau aufeinander abgestimmt sein müssen. Im Mittelpunkt steht der Produktionsplan; von den übrigen Teilplänen sind bes. wichtig die Pläne für die „materiell-technische Versorgung" (d. h. die Versorgung der Betriebe mit Roh- und Hilfsstoffen), die Investitionen, die Generalreparaturen, die Arbeitskräfte, der Absatzplan, die Einzelhandelsumsätze, die Einfuhr und Ausfuhr, die Geldeinkommen der Bevölkerung, der Staatshaushaltsplan und die Finanzpläne der einzelnen Betriebe. Sehr wichtig sind die *Materialbilanzen,* die für eine wechselnde Anzahl einzelner Produkte aufgestellt werden; in ihnen werden das Aufkommen und die Verwendung dieser Produkte für eine Planperiode einander gegenübergestellt.

In der Anfangszeit waren in der Sowjetunion die in Staatseigentum stehenden Betriebe unselbständige Teilglieder staatl. Konzerne, und das Bestreben ging dahin, alle wirtschaftl. Entscheidungen zentral zu treffen; den Betrieben und ihren Leitern verblieb damit nur die Aufgabe, die ihnen erteilten Planaufgaben technisch und organisatorisch bestmögl. zu realisieren. Die negativen Wirkungen des Fortfalls der Initiative der Betriebe und die Unmöglichkeit der zentralisierten Planung aller wirtschaftl. Vorgänge zeigten sich jedoch immer deutlicher, je mehr die Sowjetunion gerade durch die Forcierung des wirtschaftl. Wachstums einen höheren Entwicklungsstand erreichte und ihre Wirtschaftsstruktur komplizierter wurde. Bereits in der Endphase der STALIN-Ära wurden deshalb zwei Methoden entwickelt, die einer Auflockerung des in seiner ursprüngl. Gestalt viel zu starren und unelastischen Planungssystems dienen sollen: a) Das *Chosrastschot-System* (wörtl. übersetzt: *„Wirtschaftliche Rechnungsführung"*), das heißt die organisatorische und finanzielle Verselbständigung der einzelnen Staatsbetriebe, was notwendig auch mit einer Vergrößerung ihrer Verantwortlichkeiten und Entscheidungsbefugnisse verbunden war. b) Das *Vertragssystem.* Die Betriebe werden durch dieses verpflichtet, mit ihren Lieferanten und Abnehmern im Rahmen und zur Erfüllung der ihnen erteilten Planaufgaben Verträge abzuschließen mit dem Ziel, die Produktion besser an den tatsächl. Bedarf anzupassen. Infolgedessen können die Betriebsleiter in gewissem Umfang über die Detaillierung und Spezialisierung der ihnen erteilten Planaufgaben selbst entscheiden.

Auf die nach dem Zweiten Weltkrieg in den Machtbereich der Sowjetunion einbezogenen Länder Ostmitteleuropas und Südosteuropas wurde das in der Sowjetunion entwickelte Planungssystem in allen wesentl. Punkten übertragen; auch die kommunistisch gewordenen Ländern Asiens übernahmen es. Jedoch führte der Bruch zwischen STALIN und TITO i. J. 1948 dazu, daß *Jugoslawien* seit 1950/51 die zentrale Planung mehr und mehr lockerte, was schließl. einen deutl. Systemwandel im Vergleich zum Sowjetsystem bewirkte. Wie das staatl. Eigentum an den Unternehmungen durch ein „gesellschaftl." Eigentum in Form der „Arbeiterselbstverwaltung" ersetzt werden sollte, wurden auch in einer längeren Entwicklung die Betriebe mit größeren Entscheidungsbefugnissen ausgestattet, und die zentrale staatl. Planung wurde mehr und mehr zu einer Rahmenplanung, wenn auch zunächst mit einem nicht unbedeutenden Sektor zentralisierter, direkt aus öffentl. Mitteln finanzierter Investitionen.

So weitgehende Umgestaltungen des Wirtschaftssystems wurden in keinem anderen kommunistisch regierten Lande durchgeführt; der bes. Weg, den das kommunistische China mit der Entwicklung der *Volkskommunen* beschritt, ging in ganz andere Richtung. In den meisten *COMECON*-Ländern, vor allem in den industriell stärker entwickelten, wurden jedoch etwa seit 1956 intensive Diskussionen über Reformen des Planungs- und Lenkungssystems geführt und Versuche in dieser Richtung unternommen oder vorbereitet. Zuerst war darin Polen führend. In der *Sowjetunion* wurden derartige Diskussionen in engeren Fachkreisen bereits bald nach dem Ende der STALIN-Ära aufgenommen; in die weitere Öffentlichkeit wurden sie jedoch erst 1962 durch einen in der „Prawda" erschienenen Aufsatz des Charkower Nationalökonomen LIBERMAN getragen.

Diese Diskussion griff auch auf die meisten übrigen Ostblockstaaten über. Kernpunkte waren dabei vor allem: a) Die Verwendung von *„ökonomischen Hebeln"* anstelle administrativer Befehle. Bei diesen handelt es sich um Maßnahmen zur Gestaltung der Rahmenbedingungen, die die Betriebsleitungen sowie die Arbeiter und Angestellten zu einem bestimmten Handeln oder Unterlassen im Sinne der vorgegebenen Ziele veranlassen sollen. Eine wichtige Rolle spielt dabei der Betriebsgewinn, der nach den Vorschlägen vieler Reformer als „Hauptkennziffer“ für die Feststellung der Betriebsleistung an die Stelle der Erfüllung des Bruttoproduktionsplanes gesetzt werden sollte. b) Erteilung größerer *Dispositionsbefugnisse an die Betriebsleiter,* Beschränkung der zentralen Planung auf die wichtigsten Positionen. c) Verbesserung des *Preissystems,* Preisreform mit dem Ziel der Herstellung ökonomisch richtiger Preise (wobei jedoch auch von der Mehrzahl der Reformer am Prinzip der autoritären Preisbildung sowie am „gesellschaftl. notwendigen Arbeitsaufwand“ als Grundlage der Preisbildung festgehalten wird). d) Verbesserung der *Kostenrechnung* der Betriebe, bes. durch Einführung einer *„Produktionsfondsabgabe“,* d. h. einer Art Verzinsung für das in den Betrieben genutzte Kapital. e) *Finanzierung der Investitionen* vorwiegend aus Betriebsgewinnen („Eigenerwirtschaftung der Mittel für die erweiterte Reproduktion“) sowie aus verzinslichen Bankkrediten anstelle der traditionellen Investitionsfinanzierung durch Haushaltsmittel. f) Beschränkung der früheren völligen Abschottung des *Binnenmarktes* von den Außenmärkten, bes. durch Einbeziehung der im Export erzielten Preise in die Gewinn- und Verlustrechnung der Betriebe. g) Verstärkung der *„materiellen Interessiertheit“* der Belegschaften, bes. durch entsprechende Gestaltung der Prämien für bes. Leistungen sowie durch Ausbau des Leistungslohnsystems.

Die →DDR war das erste Land, in dem eine größere Reform in Gestalt des sog. *„Neuen Ökonomischen Systems der Planung und Leitung der Volkswirtschaft“* im Sommer 1963 begonnen wurde. Das Ziel war dabei, an die Stelle des „bloßen Administrierens“ (so ULBRICHT) ein „in sich geschlossenes System ökonomischer Hebel“ zu setzen. In der Sowjetunion wiesen die Reformen, die unter dem Ministerpräsidenten KOSSYGIN im Herbst 1965 begonnen wurden, damit große Ähnlichkeit auf. Sowohl in der Sowjetunion als auch in der DDR wurde jedoch durch diese Maßnahmen nur ein Teil der in den Reformdiskussionen gemachten Vorschläge verwirklicht. Am Grundsatz der zentralen Planung wurde dadurch ebensowenig gerüttelt wie an dem der administrativen Preisfestsetzung.

Wesentlich weiter gingen in den Jahren 1966–1968 die Reformabsichten in der *Tschechoslowakei;* hier sollte in erhebl. größerem Umfange als in den anderen *COMECON*-Ländern bei Beibehaltung des „sozialistischen Eigentums“ an den Produktionsmitteln der Marktmechanismus wieder in Aktion gesetzt und eine Kombination von Plan und Markt geschaffen werden.

So weitgehende Reformen, die tatsächlich einen Systemwandel bedeuten würden, stießen jedoch bei den Führungen der *COMECON*-Länder auf erhebl. Widerstand. Die militärische Intervention der Staaten des Warschauer Paktes in der Tschechoslowakei im August 1968 bedeutete das Ende dieses Versuchs der Herstellung einer *„Sozialistischen Marktwirtschaft“,* auch wenn die Beweggründe dieser Intervention nicht in erster Linie in der beabsichtigten Wirtschaftsreform lagen. Seither ist in den meisten *COMECON*-Ländern eher eine Tendenz der Rezentralisierung und der Rückkehr zu den traditionellen Planungs- und Lenkungsmethoden festzustellen, wenn auch keineswegs alle vorgenommenen Veränderungen rückgängig gemacht werden. Die Gegner einer systemverändernden Reform hoffen vielfach, die i. d. R. auch von ihnen anerkannten Schwächen durch eine Verbesserung der Planungstechniken, bes. durch die Anwendung mathematischer Methoden und der elektronischen Datenverarbeitung beseitigen zu können. Ob dies dadurch erreicht werden kann, ist jedoch sehr umstritten.

Im Rahmen des „Rates für gegenseitige Wirtschaftshilfe“ *(→COMECON)* wird seit langem die Koordinierung der einzelstaatl. aufgestellten Volkswirtschaftspläne der Mitgliedsländer versucht. Die (zuerst 1962 verkündeten) Pläne der Sowjetunion zielten darüber hinaus auf eine gemeinsame Planung für den gesamten *RGW*-Raum und die Schaffung eines mit entspr. Vollmachten ausgestatteten internationalen Planungsorgans, scheiterten jedoch vor allem an dem Widerstand Rumäniens. Neuen Auftrieb bekamen die Koordinierungsbestrebungen durch das 1971 von der 25. *RGW*-Tagung in Bukarest angenommene *„Komplexprogramm* für die weitere Vertiefung und Vervollkommnung der Zusammenarbeit und Entwicklung der sozialistischen ökonomischen Integration der Mitgliedsländer der RGW“. Ihre Verwirklichung setzt eine weitgehende Angleichung der Planungs- und Lenkungssysteme der beteiligten Länder voraus; tatsächlich ist jedoch im letzten Jahrzehnt in dieser Beziehung eher eine Auseinanderentwicklung festzustellen.

Die Effizienzschwächen der nach sowjetischem Vorbild gestalteten P. wurden in den siebziger und achtziger Jahren immer deutlicher und auch von der Mehrzahl der kommunistischen Führungen erkannt. Besonders gilt das für die Länder, in denen – wie am stärksten in der DDR – das extensive Wachstum, d. h. das Wachstum durch Mehreinsatz von Produktionsfaktoren, an die Grenzen des vorhandenen Potentials stieß. In der P. dieser Länder wurde deshalb die Umstellung auf *intensives Wachstum* (Steigerung der Arbeits- und Kapitalproduktivität sowie der Erträge der Landwirtschaft, Überwindung der „Innovationsträgheit“, Übergang zu hochentwickelten Techniken) ein Hauptziel. Mit den bisherigen Methoden der P. läßt sich dieses jedoch nicht erreichen. In allen *COMECON*-Ländern werden daher intensive Diskussionen über die Wege zur Verbesserung des Wirtschaftssystems geführt und vorsichtige Maßnahmen einer „Reform in kleinen Schritten" erprobt. Am weitesten geht in dieser Richtung bisher *Ungarn*, das seit 1968 einen „*neuen Wirtschaftsmechanismus*" – wenn auch mit Unterbrechungen und nicht ohne Widerstände – zu realisieren versucht. In diesem sind marktwirtschaftliche Elemente – zB hinsichtlich eines Teils der Preisbildung – sowie solche verstärkter Dezentralisation wirtschaftlicher Entscheidungsbefugnisse, jedoch unter grundsätzlicher Beibehaltung des sozialistischen Eigentums an den Produktionsmitteln enthalten. Ähnliche Bestrebungen in *Polen* seit 1980 sind inzwischen wieder zurückgenommen worden. In der *DDR* setzt man große Hoffnungen auf die Zusammenfassung der „volkseigenen" Betriebe in *Kombinaten*, deren Leitern größere Entscheidungskompetenzen als denen der früheren Einzelbetriebe übertragen werden; die vorsichtigen Reformschritte gehen jedoch weniger weit als das „Neue Ökonomische System" von 1963. Ob der neue führende Mann der KPdSU, GORBATSCHOW, sich zu tiefergreifenden Reformen des noch immer sehr starren sowjetischen Wirtschaftssystems entschließt und solche auch gegen den Widerstand der Bürokratie durchzusetzen vermag, war zu Beginn seiner Führung eine offene Frage.

Bemerkenswert weit gehen seit Ende der siebziger Jahre die Reformen in der *Volksrepublik China*. Die unter MAO-TSE-TUNG als spezifisch chinesische Form des Kommunismus entwickelten Volkskommunen sind aufgelöst worden, und der individuellen bzw. Gruppeninitiative wird besonders in der Landwirtschaft ein weites Betätigungsfeld gegeben. Für die Industrie beschloß das Zentralkomitee der Kommunistischen Partei Chinas im Oktober 1984 ebenfalls ein weitreichendes Reformprogramm. Kernpunkte sind dabei die Beschränkung der zentralen Planung auf die wichtigsten Güter, Einführung eines „rationalen Preissystems", Entlohnung nach der Leistung, verstärkte Öffnung der Volksrepublik China zum nichtsozialistischen Ausland sowie in beschränktem Umfang die Zulassung privater Wirtschaftstätigkeit.

7. Die P. in nichtkommunistischen Ländern. In Ländern mit einer im Grundsatz marktwirtschaftl. Ordnung und überwiegendem Privateigentum an den Produktionsmitteln läßt sich eine imperative Planung generell nicht realisieren, sofern man an dieser Ordnung festhalten will (s. a. Wirtschaftsverfassung). Allerdings hat der Staat durch die Verfügung über einen wesentl. größeren Teil des Volkseinkommens und das Vorhandensein eines in den meisten Ländern bedeutenden öffentl. Sektors der Wirtschaft heute wesentl. größere Möglichkeiten als in der Vergangenheit, die Ziele einer Planung durchzusetzen. Darüber hinaus muß er sich systemkonformer wirtschafts- und finanzpolitischer Mittel bedienen.

Das wichtigste Beispiel für eine solche (allerdings hart an die Grenzen einer marktwirtschaftl. Ordnung stoßende) Planung war die in *Frankreich* 1946 begonnene *Planification* (auch als „économie concertée" bezeichnet). In den verschiedenen Planperioden Frankreichs in der Nachkriegszeit unterlagen die Zielsetzungen der Planung, deren Umfang sowie die Methoden zur Realisierung der Pläne Veränderungen, ebenso auch die Intensität des Einflusses der Pläne auf den tatsächl. Wirtschaftsablauf. Hauptziel war die Sicherung einer relativ hohen Wachstumsrate der Wirtschaft bei möglichster Stabilität der Kaufkraft des Geldes. Grds. soll der Plan indikativ wirken, indem er den Unternehmern Anhaltspunkte für ihre Entscheidungen gibt, jedoch ermöglicht der bedeutende öffentl. Sektor der franz. Wirtschaft eine weitgehende direkte Einflußnahme. Darüber hinaus sind die wichtigsten Mittel zur Planrealisierung staatl. Finanzierungshilfen für Investitionen sowie Steuervergünstigungen. Die faktische Bedeutung der P. für die französische Wirtschaft ist jedoch stark zurückgegangen.

Die Entwicklungsprogramme der *außereurop. Entwicklungsländer* sind häufig durch einen hohen Anteil direkter staatl. Aktivität und der Investitionen im staatl. Sektor gekennzeichnet (zB die indischen Fünfjahrespläne). Die sozialistische Grundeinstellung vieler Regierungen solcher Länder wirkt dabei mit. Kernstück dieser Pläne bildet i. d. R. die Finanzierung der Investitionen, meist in Erwartung einer ins Gewicht fallenden Auslandshilfe, da die eigene Kapitalbildung in solchen Ländern fast immer viel zu gering ist.

L. v. MISES, Die Gemeinwirtschaft, 1932² – F. A. v. HAYEK (Hg.), Collectivist Economic Planning, 1947 – DERS., Der Weg zur Knechtschaft, 1952³ – C. LANDAUER, Theory of National Economic Planning, 1947² – TH. PÜTZ, Theorie der allg. Wirtschaftspolitik und Wirtschaftslenkung, 1948 – J. TINBERGEN, On the Theory of Economic Policy, 1955 – DERS., Economic Policy: Principles and Design, 1956 – DERS., Central Planning, 1964 – DERS., Modelle der Wirtschaftsplanung, 1967 – H. HIRSCH, Mengenplanung und Preisplanung in der Sowjetunion, 1957 – G. HEDTKAMP, Instrumente und Probleme westl. und sowjetischer Wirtschaftslenkung, 1958 – K. P. HENSEL, Einführung in die Theorie der Zentralverwaltungswirtschaft, 1959² – DERS., Grundformen der Wirtschaftsordnung. Marktwirtschaft – Zentralverwaltungswirtschaft, 1972 – W. EUCKEN, Grundsätze der Wirtschaftspolitik, 1960³ – F. SCHENK, Magie der Planwirtschaft, 1960 – G. JAHN, W. M. v. BISSING (Hg.), Die Wirtschaftssysteme der Staaten Osteuropas und der Volksrepublik China, I – II, 1961/62 – K. C. THALHEIM, Grundzüge des sowjetischen Wirtschaftssystems, 1962 – DERS., Die Wirtschaft der Sowjetzone in Krise und Umbau, 1964 – DERS., Wirtschaftsreformen in den Ostblockländern. Zwischen Stagnation und Wandel, 1985 – Langfristige Programmierung innerhalb der Marktwirtschaft (Konjunkturpolitik, Beiheft 10) (1963) – A. PLITZKO (Hg.), Planung ohne Planwirtschaft, 1964 – Planung in der Marktwirtschaft, 1964 – P. BAUCHET, Economic Planning. The French Experience, 1964 – H. GERFIN, Langfristige Wirtschaftsprognose, 1964 – G. THOLL, Die franz. Planification – ein Vorbild? Ordo 15/16 (1965) 197 – 274 – J. v. WATERSCHOOT, Fünf Jahre Wirtschaftsprogrammierung in Belgien, 1965 – K. KLEPS, Langfristige Wirtschaftspolitik in Westeuropa, 1966 – ERICH SCHNEIDER (Hg.), Rationale Wirtschaftspolitik und Planung in der Wirtschaft von heute, 1967 – A. ZAUBERMAN, Aspects of Planometrics, 1967 – O. ŠIK, Plan und Markt im Sozialismus, 1967 – P. KNIRSCH, Strukturen und Formen zentraler Wirtschaftsplanung, 1969 – H. STEEGER (Hg.), Planung der Volkswirtschaft in der DDR, 1970 – DERS. (Hg.), Lexikon der Wirtschaft. Volkswirtschaftsplanung, 1980 – K. G. ZINN, Sozialistische Planwirtschaftstheorie, 1971 – CHR. SEIDL, Theorie, Modelle und Methoden der zentralen P., 1971 – N. SPULBER, Socialist Management and Planning, 1971 – W. BRUS, Funktionsprobleme der sozialistischen Wirtschaft, 1971 – E. DÜRR (Hg.), Neue Wege der Wirtschaftspolitik, 1972 – H.-H. HÖHMANN, M. C. KASER, K. C. THALHEIM (Hg.), Die Wirtschaftsordnungen Osteuropas im Wandel, 2 Bde., 1972 – M. S. BOR, Volkswirtschaftsplanung, 1973 – K. J. MARZEWSKI, Crisis in Socialist Planning: Eastern Europe and the USSR, 1974 – J. KOSTA, Sozialistische P. Theorie und Praxis, 1974 – DERS., Wirtschaftssysteme des realen Sozialismus, 1984 – M. BORNSTEIN (Hg.), Economic Planning, East and West, 1975 – L. JOHANSEN, Lectures on Macroeconomic Planning, 1977/78 – J. ROESLER, Die Herausbildung der sozialistischen P., 1978 – A. NOVE, Das sowjetische Wirtschaftssystem, 1980 (Orig. engl. „The Soviet Economic System", 1977) – J. KORNAI, Economics of Shortage, 1980 – H. H. KINZE, K. MÜNCHEBERG, H. SANGE, Langfristige Planung, 1981 – H. HAMEL (Hg.), Bundesrep. Dtschld. – DDR. Die Wirtschaftssysteme, 1983[4] – H. H. KINZE, H. KNOP, E. SEIFERT (Hg.), Sozialistische Volkswirtschaft. Hochschullehrbuch, 1983 – G. GUTMANN (Hg.), Das Wirtschaftssystem der DDR. Wirtschaftspolitische Gestaltungsprobleme, 1983 – W. GUMPEL, Sozialistische Wirtschaftssysteme, 1983.

Karl C. Thalheim

Pluralismus, pluralistische Gesellschaft.

I. Allgemeines. Mit dem Begriff des P. wird jener Zustand einer Gesellschaft oder eines Staates bezeichnet, in dem weder das Idealbild des individualistischen →Liberalismus, nämlich die Konfrontation des →Staates mit einer unüberschaubaren Vielzahl von autonomen, in robinsonartiger Vereinzelung lebenden Individuen, noch der Idealtyp des totalen Staates bzw. der totalen Gesellschaft, nämlich die vollständige Absorption des Menschen durch Staat und Gesellschaft, verwirklicht ist, in dem vielmehr der Mensch in Gruppen auftritt und diese Gruppen im Ganzen des Staates und der Gesellschaft die eigentlich relevanten Größen darstellen. Eine *Gesellschaft* wird infolgedessen dann als pluralistisch bezeichnet, wenn sie sich in solche Gruppen gliedert – von einem pluralistischen *Staat* dagegen spricht man, wenn die von den Gruppen repräsentierten Ideen und Interessen entweder infolge nachdrückl. Einflußnahme auf den Staatsapparat von diesem in erhebl. Maße berücksichtigt werden oder wenn sie auf Grund staatl. Duldung von den Gruppen selbst verwirklicht werden.

Es bedarf wohl keiner bes. Begründung mehr, daß die Deutung des Staates und der Gesellschaft als pluralistischer Ordnungen allein mit den Grundgegebenheiten der menschl. Existenz vereinbar ist. Die liberalistische Vorstellung vom Menschen als einem robinsonähnl. Einzelgänger ist utopisch, das totalitäre Staats- und Gesellschaftsbild zumindest wegen seiner unmenschl. Konsequenzen unannehmbar (→Demokratie; →Rechtsstaat). Der Mensch ist notwendig in Gruppen (Familie, Berufsstand) hineingestellt und wird im öffentl. Bereich regelmäßig auch nur als Glied solcher Gruppen aktiv. Dieser Grundgegebenheit insbes. der modernen Massengesellschaft muß in der Lehre vom Staat und den sonstigen politischen Lebensformen Rechnung getragen werden. Fraglich ist aber – und das ist das zentrale Problem der Lehre vom P. –, in welchem Verhältnis die Gruppen und die sie repräsentierenden Verbände (Gewerkschaften, Bauernverbände, Kriegsopferverbände usw.) zum Staat bzw. zur Gesellschaft als den sie einschließenden Gesamtheiten stehen. Die kath. Gesellschaftslehre (→Soziallehre, kath.) versucht hier an Hand des →Solidaritätsprinzips und des →Subsidiaritätsprinzips zu einer Art natürl. Ordnung, vor allem auch Rangordnung der menschl. Gemeinschaften zu gelangen. Demgegenüber herrscht in der weltl. Staatslehre nicht selten der Grundton vor, daß es sich im Verhältnis zum Staat um ein anarchisches Ringen aller gegen alle, insbes. auch mit allen Mitteln, handle. Erst in jüngster Zeit mehren sich die Stimmen, die verlangen, daß man die Existenz der Gruppen anders als durch bloße Ablehnung bewerten müsse (J. H. KAISER, E. FRAENKEL, HERBERT KRÜGER, R. HERZOG).

II. Die „Ebenen des Pluralismus". Eine realistische Einschätzung des modernen P. setzt voraus, daß man zunächst einmal die Arten der von ihm angesprochenen Gruppen unterscheidet. Nur so lassen sich unzulässige Verallgemeinerungen vermeiden, gleichzeitig aber auch Ansatzpunkte zu einer vernünftigen Behandlung der Gruppen im demokratischen Staat aufspüren. Hier ist von grundlegender Bedeutung, daß die einzelnen Gruppen, die im pluralistischen Staat auftreten, keineswegs sämtlich auf dem gleichen Interessengebiet tätig sind. Man kann vielmehr eine Reihe von „Ebenen" unterscheiden, auf denen sich verschiedene Gruppen bewegen. Eine dieser Ebenen ist zB die religiös-weltanschaul., auf der es in Dtschld. jedenfalls seit der →Reformation einen P. gibt; man kann die gesamte Gesch. des Hl. Röm. Reiches Dt. Nation seit 1555 aus dem konfessionellen P. deuten. Auf dieser Ebene ist der P. heute bes. deshalb sehr kompliziert geworden, weil sich innerhalb der Konfessionen jeweils ein großer Block von Gleichgültigen gebildet hat, dessen Umfang kaum feststellbar ist und dessen Behandlung wegen des Nebeneinanders von formeller Kirchenmitgliedschaft und persönl. Desinteresse fast unlösbare Probleme stellt, während die Kirchen selbst nach einer Überwindung des konfessionellen Pluralismus streben (→Ökumenische Bewegung). Eine andere Ebene des P. ist die politische, deren Einzelgruppen die politischen →Parteien sind, wieder eine andere die sozialpolitische, auf der sich vor allem die Arbeitgeberverbände und die Gewerkschaften (→Sozialpartner) gegenüberstehen. Damit sind indes nur die wichtigsten „Ebenen" des P. genannt. Überdies muß man sich davor hüten, die einzelnen Ebenen als völlig voneinander getrennt zu betrachten (vgl. die sog. Weltanschauungsparteien, die kulturellen Bestrebungen der Gewerkschaften usw.). Für eine realistische Behandlung des P. ist die Schichtung nach Sachbereichen aber trotzdem wichtig und nützlich (vgl. unten IV C).

III. Pluralistische Gesellschaft und Staat. A. Interessenvertretung im demokratischen Staat. Die Gruppen der pluralistischen Gesellschaft sind häufig dem Vorwurf ausgesetzt, daß sie gegenüber dem Staat, der als Träger des →Gemeinwohls gesehen wird, in eigennütziger und daher verwerflicher Weise ausschließlich die Interessen ihrer Mitglieder, d. h. also *Partialinteressen,* vertreten und durchzusetzen suchen; damit seien sie die natürl. Feinde des Gemeinwohls. Diese Kritik hat einen richtigen Kern, beruht aber z. T. auch auf unrealistischen Vorstellungen vom Gemeinwohl. Gemeinwohl ist, gerade in einer auch weltanschaul. gespaltenen Gesellschaft, keine ein- für allemal feststehende und feststellbare Größe, vor allem auch keine von den Anschauungen der Gesellschaft losgelöste Größe. Der demokratische Staat, der ja „um des Menschen willen da ist", kann vielmehr immer nur auf die wohlverstandenen Interessen der Allgemeinheit, d. h. des Volkes, mit dem er identisch ist (→Demokratie), zurückgreifen, um das ihm aufgegebene Gemeinwohl zu erkennen. Daß damit sehr viel auch auf die Vorstellungen der einzelnen *Volksschichten* vom Gemeinwohl ankommt, liegt auf der Hand, wenn für die Regierenden auch die Verpflichtung besteht, diese Vorstellungen auf Grund ihrer größeren Einsicht in das wahre Interesse der Gesamtheit schärfer zu formulieren und gelegentl. auch zu modifizieren. Dabei ist es durchaus nicht so, als ob Partialinteressen immer nur auf wirtschaftl. Gebiet vertreten werden könnten (vgl. insbes. den Kampf um § 218 StGB); gerade die gebräuchl. Verengung des Interessenbegriffs auf wirtschaftl. Bereiche hat manches in dieser Härte nicht gerechtfertigte Urteil über den P. provoziert. Umgekehrt ist aber daran festzuhalten, daß in einem Staat, der die Herbeiführung gesunder wirtschaftl. Verhältnisse in allen Schichten des Volkes als sein Ziel proklamiert hat (→Sozialstaat), auch die Vertretung wirtschaftlicher Interessen durch die einzelnen Gruppen grds. gerechtfertigt ist. Es ist nicht einzusehen, inwiefern die Formulierung und sachkundige Vertretung solcher Interessen etwas Minderwertiges an sich haben sollte: nur klar formulierte Einzelinteressen ermöglichen klare Vorstellungen vom Gemeinwohl. Das eigentl. Problem des P. besteht infolgedessen nicht in der Tatsache, daß die Gruppen im pluralistischen Staat ihre speziellen Interessen verfolgen, sondern in der Notwendigkeit, diese Interessen der verschiedenen Gruppen zu einem einheitl. Gemeinwohl zusammenzuschmelzen (zu *integrieren*; →Integration), und in der Gefahr, daß sich einzelne Gruppen durch Ausübung von Druck oder durch Täuschung ungerechtfertigte Sondervorteile verschaffen.

B. Die Gefährdung des modernen Staates durch den Pluralismus. Diese Gefahr ist allerdings keineswegs bloß theoretischer Art. Es ist in der jüngeren Vergangenheit mehr als einmal vorgekommen, daß eine Gruppe, die aus irgendwelchen Gründen bes. Zugang zum staatl. Machtapparat hatte, ihre Interessen dem Gesamtinteresse bedenkenlos überordnete. Daneben wird es heute bereits für möglich gehalten, daß einzelne Gruppen auf Grund ihrer bes. Bedeutung für die Gemeinschaft eine Stellung völlig außerhalb des Staatsverbandes für sich beanspruchen, was auf Grund der spezifischen Haltung des GG zum Grundrecht der Glaubens- und Bekenntnisfreiheit zwar die Kirchen im geistl. Bereich für sich beanspruchen können (→Kirche und Staat), nicht aber anderen Gruppen zugebilligt werden kann. So droht dem Staat gerade in dem Augenblick, in dem die modernen Aufgaben der Daseinsbewältigung erhöhte Geschlossenheit verlangen, vom P. her eine unerträgl. Spaltung.

C. Der Pluralismus als Problem des 20. Jh. In dieser Form ist der P. zweifellos ein typisches Problem des 20. Jh. Zwar bestand im 16. – 18. Jh. im konfessionellen P. des Hl. Röm. Reiches Dt. Nation ebenfalls ein politisch bis zum äußersten spannungsgeladener P. (→Dt. Reich). Spätestens im 19. Jh. trat dieser P. jedoch zugunsten eines massiven Einheitsdenkens zurück. Das ist einerseits darauf zurückzuführen, daß es damals gelang, dem →Absolutismus noch einmal eine, wenn auch modernisierte, Existenzgrundlage zu schaffen, andererseits aber auch darauf, daß das als exklusive Gruppe zu bezeichnende Bürgertum eine kompakte, fast egalitäre Solidarität entwickelte, die eine wirklich relevante Gruppenbildung bei aller Blüte des Vereinswesens so gut wie ganz verhinderte. Das 19. Jh. ist infolgedessen weder von einem konfessionellen noch von einem ständisch-ökonomischen P. geprägt, sondern von dem Dualismus zwischen dem Monarchen bzw. der hinter ihm stehenden Ämterhierarchie (Militär, Beamtentum) und dem Bürgertum, das sich selbst mit dem Volk identifizierte und folgerichtig auch alle auf das demokratische Prinzip gestützten Forderungen nur auf sich, nicht aber auf die Masse der sich zum vierten Stand formierenden Arbeiter bezog. Diese Situation wurde durch die Idee der völkischen Einheit noch unterstrichen, die das Jh. beherrschte. Gruppen von pluralistischem Charakter bildeten sich in dieser Lage nur in Teilbereichen, etwa innerhalb des hoffnungslos in die Defensive gedrängten Katholizismus und in der gesellschaftl. wie wirtschaftl. diskriminierten Arbeiterschaft. Der Umstand, daß ihre Gegenspieler sich gerade nicht in pluralistischen Gruppen zu sammeln brauchten, sondern sich mit dem Staat identifizieren konnten, führte konsequent dazu, daß eine freie Integration der einander widerstrebenden Interessen unmögl. wurde und statt dessen eine fast bürgerkriegsähnliche Situation entstand, in der sich weite Kreise des Volkes als außerhalb des Staates stehend empfanden und die durch →Kulturkampf und SozialistenG.gebung nur noch verschärft wurde. Erst mit der Revolution von 1918 entfiel diese verkrampfte Situation, allerdings nur, um einem P. in seinen unglücklichsten Auswüchsen Platz zu machen.

D. Ansatzpunkte für eine Bewältigung des Pluralismus. Die Bewältigung der mit dem P. zweifellos verknüpften Gefahren kann nicht in einer Ausschaltung des P. bestehen. Die moderne Gesellschaft ist trotz aller egalitären Tendenzen zu vielgestaltig, die Problematik der Lebensgestaltung zu kompliziert, der Gesichtskreis des Individuums in dieser Umwelt zu begrenzt, als daß auf die ordnende Funktion der Gruppen verzichtet werden könnte. Dann hängt aber alles davon ab, ob es gelingt, die unverzichtbare Integration der Gruppen und Gruppeninteressen herbeizuführen. Das ist vorwiegend eine Sache der persönl. Mäßigung bei Führern und Gliedern der einzelnen widerstreitenden Gruppen. Es liegt hier auch eine Aufgabe der Kirchen, auf Grund ihres Öffentlichkeitsauftrages zum Ausgleich zu mahnen. Integrationsimpulse können heute – anders als früher – weder allein aus der Idee der →Nation noch aus außenpolitischen Bedrohungen erwartet werden. Um so mehr bedarf es nicht nur *staatl.* Anstrengungen, um die für eine pluralistische Gesellschaft unerläßl. Zentripetalkräfte zu schaffen und immer wieder zu erneuern, sondern des Einsatzes aller verantwortl. Kräfte. Die →Integration und damit die Erhaltung des Gemeinwesens ist heute eine Aufgabe *aller.*

IV. Staatswillensbildung und Pluralismus. Eine Möglichkeit, den Ausgleich herbeizuführen oder doch zu fördern, besteht in der Entwicklung von Organisationsformen und Verfahrensarten, die den Gegebenheiten des P. bei der staatl. Willensbildung in bes. Weise gerecht werden. Zwar ist hier, wie in allen Bereichen der Verf.lehre, vor der Hoffnung zu warnen, daß die Bewältigung vorhandener Probleme allein durch eine vernünftige rechtl. Regelung sichergestellt werden könne: wie überall ist auch hier die persönl. Bewährung jedes einzelnen unerläßl. Voraussetzung einer positiven Entwicklung. Die Rechtsordnung ist aber auch hier imstande, durch angemessene Regelungen gesunde Prozesse zu fördern und ungesunden zu steuern – und umgekehrt kann eine verfehlte Regelung Mißbrauchstendenzen in gefährl. Weise Vorschub leisten. Es ist daher unumgängl., einige Gedanken auf die zur Bewältigung des P. geeignetsten organisatorischen Maßnahmen zu verwenden.

A. Einflußnahme der Gruppen und ihrer Repräsentanten auf die Staatsorgane. Die einfachste Form pluralistischer Einflußnahme auf die staatl. Willensbildung ist zugleich auch die gefährlichste: sie besteht darin, daß die Gruppen ihre Wünsche und Interessen unmittelbar an die zur Bildung des Staatswillens berufenen Personen (Minister, Abgeordnete, Ministerialbeamte usw.) herantragen und auf diese Einfluß zu nehmen suchen. Wenn auch schon darauf hingewiesen wurde, daß Interessenvertretung für sich gesehen durchaus legitim ist, und wenn tatsächl. auch die Beratung der zuständigen Staatsorgane durch die →Verbände von Nutzen sein kann, so ist dieses Verfahren doch aus zwei Gründen Bedenken ausgesetzt. Einmal fehlt es ihm an jegl. Publizität; wo aber in der Öffentlichkeit, sei es zu Recht oder zu Unrecht, der Eindruck entsteht, daß die staatl. Entscheidungen nicht von den Staatsorganen selbst, sondern von irgendwelchen „dunklen Mächten im Hintergrund" getroffen werden, ist eine der wichtigsten Voraussetzungen für die →Integration des Staates und für die Entwicklung staatl. Autorität weggefallen. Zum andern besteht bei dem geschilderten Verfahren die Gefahr, daß es zu keinem echten Ausgleich der Gruppeninteressen kommt, sei es weil der beeinflußte Organwalter nach seinem Gutdünken eine Gruppe in ungerechtfertigter Weise bevorzugt, sei es weil diese ihn mehr unter Druck setzt als andere Gruppen. Die unerfreul. äußeren Umstände, mit denen dieser sog. *Lobbyismus* fast regelmäßig verbunden ist, sollten es auch rätlich erscheinen lassen, von einer stärkeren rechtl. Einbeziehung der Verbandsvertretung in die staatl. Willensbildung, wie sie immer wieder gefordert wird, Abstand zu nehmen.

B. Mögliche Integrationsquellen. Aus den soeben genannten Gründen ist es der allein Erfolg versprechende Weg, die Ansatzpunkte für eine realistische Reglementierung des P. dort zu suchen, wo psychologische Gegebenheiten einen Ausgleich der Interessen von vornherein wahrscheinlich machen. In der augenblickl. verfassungsrechtl. Situation, die auch durch Verf.änderungen schwerlich verbessert werden kann, gibt es hier vor allem drei ins Auge zu fassende Stufen.

1. Die wirksamste dieser drei Stufen ist, sofern sie wirkl. intakt ist, die des *Gesamtvolkes.* Bei seinen Wahl- und Abstimmungsentscheidungen kann schon der einzelne Wähler grds. nur einen Teil der ihn berührenden Interessen in den Vordergrund stellen, andere, ihm weniger wichtig erscheinende dagegen muß er unberücksichtigt lassen. Das führt schon bei ihm zu einem gewissen Interessenausgleich, da er sich, sofern er seine Entscheidung überhaupt nach rationalen Gesichtspunkten trifft, ein gewisses Bild über das Gewicht der verschiedenen Interessenebenen machen muß. Außerdem ist damit zu rech-

nen, daß nach dem Gesetz der großen Zahl die vom einzelnen Wähler als nicht ausschlaggebend gewerteten Interessen in entsprechendem Maße bei anderen Wählern überbewertet werden. Geht man für den Normalfall davon aus, daß das Interesse der Wählerschaft auf die verschiedenen Interessenebenen verstreut ist, ferner davon, daß auf jeder einzelnen Ebene Interesse und Gegeninteresse in gebührendem Umfang zu Worte kommen, so kann man das Staatsvolk in der Tat als den ersten und wichtigsten Integrationsherd bezeichnen, da seine Wahl- bzw. Abstimmungsentscheidung den Staatsorganen deutliche Hinweise für die Lösung vorhandener Interessenkonflikte gibt. Im Idealfall können auf diese Weise nicht nur Richtlinien für den Ausgleich zwischen den verschiedenen auf einer „Ebene" wirkenden Interessen, sondern auch eine hinlänglich genaue Auskunft über das Gewicht der verschiedenen Interessenebenen untereinander erwartet werden. Daß dieser *Idealfall* praktisch unerreichbar ist, sollte nicht daran hindern, eine möglichst große Annäherung an ihn anzustreben. Von hier aus ist es nicht mehr nur eine Frage der nationalen „Ästhetik", sondern eine Lebensfrage schlechthin, daß im Volk wieder das Gefühl für das Ganze im Gegensatz zum Gruppeninteresse geweckt wird: nur wenn der Wähler sich nicht mehr in erster Linie als Gruppenmitglied, sondern als Glied des Gesamtvolkes betrachtet, sind die Voraussetzungen dieser natürlichsten Interessenintegration gegeben. Daß im dt. Volk hierzu beim gegenwärtigen Stand der Dinge wesentl. Änderungen vonnöten sind, bedarf keiner bes. Darlegungen.

2. Die zweite Stufe, auf der eine Integration widerstreitender Interessen erwartet werden kann, ist die der unmittelbar vom Volk gewählten Staatsorgane. Die Integration braucht hier freilich nicht notwendig von jedem einzelnen Organ auszugehen. Erforderl. ist vielmehr, daß sich der Träger der Organbefugnisse auf Grund der Struktur des betr. Organs tatsächlich dem ganzen Volk – und nicht einer Interessenrichtung allein – verpflichtet fühlen muß. Hier ist zunächst von grundlegender Bedeutung, daß diese Voraussetzung heute bei den *Parlamenten* kaum mehr erfüllt ist, obwohl diese ursprüngl. gerade die Funktion des Interessenausgleichs übernehmen sollten. Zwar bestimmen auch die modernen Verf.en noch, daß die →Abgeordneten Vertreter des ganzen Volkes seien (zB Art. 38 I S. 2 GG). Die Tatsachen entsprechen dieser Forderung heute aber bestenfalls noch in Ausnahmefällen. I. d. R. weiß der einzelne Abgeordnete ganz genau, aus welchen Schichten des Volkes seine Wähler sich in der Mehrzahl rekrutieren und auch bei künftigen Wahlen rekrutieren werden. Von da aus ergibt es sich dann von selbst, daß der Abgeordnete mehr die Interessen der für ihn erreichbaren Wähler als die seiner sicheren Opponenten vertritt. Es wäre nun zwar immer noch daran zu denken, daß sich bei der großen Mitgliederzahl der heutigen Parlamente *zwischen* den Abgeordneten eine Integration der Interessen anbahnt, da es wahrscheinl. ist, daß die große Zahl auch hier zu einer verhältnismäßig gleichmäßigen Streuung führt. Dies würde aber voraussetzen, daß sich die Abgeordneten als einzelne oder doch in sehr kleinen, jeweils nur wenige Mitglieder umfassenden Gruppen gegenüberständen. Sobald dies nicht mehr der Fall ist, die Abgeordneten sich vielmehr zu möglichst großen Blöcken (Fraktionen) zusammenschließen, ja der Block (die Partei) sogar das Primäre ist, und der Abgeordnete von vornherein als dessen Repräsentant in das Parlament einzieht, besteht zumindest die Gefahr, daß die Partei selbst Repräsentantin bestimmter Interessen bzw. der dahinterstehenden Gruppen wird (sog. *Interessen-* oder *Gruppenpartei*). Da nun regelmäßig nicht alle Parteien in gleicher Weise an den Entscheidungen der Staatsorgane beteiligt sind, sondern die Mehrheitsparteien allein die Regierung bilden und auch im Parlament auf Grund des →Mehrheitsprinzips die Entscheidungsgewalt in Händen haben, droht die Integration der Interessen einer massiven Bevorzugung der von der Regierungsmehrheit vertretenen Interessen zum Opfer zu fallen; der Staatsapparat wird im wahrsten Sinne des Wortes zum Instrument der herrschenden Gruppe oder Gruppen.

Diese Gefahr besteht nur dann nicht, wenn die wichtigsten Parteien aufhören, Gruppenparteien zu sein, d. h. wenn sie beginnen, möglichst *alle* Bevölkerungskreise, das ganze Volk anzusprechen und um seine Stimmen zu werben, wie es in der Bundesrepublik seit dem Einbruch der CDU in die Arbeiterschaft (1953/57) und der dadurch erzwungenen Umformung der SPD mehr und mehr zu beobachten ist. Dann muß die Integration der Interessen nämlich schon *innerhalb* der Parteien erfolgen, wenn sie konkurrenzfähig bleiben wollen; der Wähler honoriert in diesem *Volksparteien*system letztlich nur noch die Aufstellung fähiger Parteiführer, allenfalls noch bestimmte Akzente innerhalb der verhältnismäßig uniformen Programme. Man braucht unter diesen Gesichtspunkten die fortschreitende Angleichung der Parteiprogramme also nicht notwendig als Verlust an politischer Substanz zu werten. Nur kommt sie nun nicht mehr so sehr im Kampf der Parteien untereinander als in den Spannungen zwischen den *Parteiflügeln* zum Ausdruck. Gerade innerhalb der Partei erzwingt die Parteisolidarität aber zumeist die Interessenintegration, da die andernfalls drohende Spaltung der Partei die politische Existenz *aller* Beteiligten gefährdet. Diese Beurteilung des gegenwärtigen dt. Parteiensystems, dessen Leistungen heute über einer vordergründigen und nur teilweise berechtigten Parteienkritik mitunter vergessen werden, macht übrigens auch deutlich, welche Risiken das Auftreten neuer Parteien – so verständlich es ist – mit sich bringen kann.

3. Integrationsquellen von bes. Wirksamkeit sind regelmäßig die vom ganzen Volk gewählten →*Staatsoberhäupter*, sofern sie über echte Entscheidungsbefugnisse verfügen. Abgesehen von den wenigen Fällen, in denen der Präsident Repräsentant einer einzigen Gruppe ist, sind hier nämlich die durch den Wahlmodus unterstrichene Verpflichtung gegenüber dem ganzen Volk und die Möglichkeit der Interessenabwägung innerhalb eines Individuums gekoppelt. So sieht man etwa in den USA den Präsidenten als *den* Integrationsherd aller Interessen an. Das dt. Verf.system, das auf den Traditionen des Parlamentarismus aufbaut und überdies einen ausgesprochen schwachen →Bundespräsidenten besitzt, hat dem im Führer der Regierungspartei und seiner „Mannschaft" nicht immer Vergleichbares zur Seite zu stellen.

C. Organe der Interessenvertretung. Die Erkenntnis, daß die Gruppen in der pluralistischen Gesellschaft durchaus eine legitime Stellung haben, hat schon frühzeitig zu Versuchen geführt, sie in *Repräsentationskörperschaften* zusammenzufassen und ihnen dort eine Plattform zur Vertretung und gleichzeitig zum Ausgleich ihrer Interessen zu geben. Wichtigste Versuche dieser Art waren bzw. sind der vorläufige Reichswirtschaftsrat der Weimarer Zeit und der →Senat nach der Bay. Verf. von 1946 (→Landesverfassungen) – auch in der Bundesrepublik war schon die Errichtung eines Bundeswirtschaftsrates im Gespräch. Ähnliche Struktur besitzen die Rundfunk- und Fernsehräte sämtlicher dt. Rundfunk- und Fernsehanstalten. Problematisch an allen diesen Versuchen ist, daß die Diskrepanz zwischen den verschiedenen „Ebenen" des P. bei ihrer Zusammensetzung übersehen ist. Das bisher durchgeführte System verleitet nämlich dazu, daß Gruppen, die an einem konkreten Gegenstand nicht interessiert sind (zB Mieterverbände an kulturpolitischen Fragen), ihre Stimmen „verkaufen", d. h. einer Gruppe geben, die ihnen dafür dort Beistand verspricht, wo die Interessen umgekehrt verteilt sind. Dieser die wahren Gewichtsverhältnisse verschleiernden Kompensationspraxis, die sich übrigens auch in den Parlamenten breitmacht, wenn dort kleine Interessenparteien (Bauern-, Flüchtlingsparteien u. ä.) auftreten, kann nur begegnet werden, indem man für jede der „Ebenen" eine eigene Vertretungskörperschaft bildet oder indem man jeder Gruppe nur dort ein Stimmrecht einräumt, wo auf ihrer Interessenebene verhandelt wird. Es ist aber zu bezweifeln, daß diese Aufgabe rechtstechnisch überhaupt befriedigend zu lösen ist. Die ungeheure Vielschichtigkeit der modernen Gesellschaft und die gegenseitige Verzahnung der Interessen und Interessenarten stellt den Verf.- bzw. G.geber hier praktisch vor unlösbare Aufgaben.

D. Autonome Interessenintegration. Eine Sonderform der Interessenintegration gibt es im Bereich des →Arbeitsrechts. Hier ist die Gestaltung der Arbeitsbedingungen fast vollständig den Trägern der gegenseitigen Interessen, nämlich den Arbeitgeberverbänden und den Gewerkschaften, überlassen, d. h. also einer Art sozialer →Autonomie, in die der Staat nicht hineinredet. Ein solches System setzt mindestens zweierlei voraus: einmal annähernde Gleichheit der Kräfte, da sonst statt einer Interessenintegration ein Interessendiktat zustandekommt, zum andern eine strikte Beschränkung der Partner auf die Verteilung der gegenseitigen Interessen. Sobald die Partner beginnen, ihre Interessen auf Kosten anderer, an ihrer Autonomie nicht beteiligter Gruppen (zB der Verbraucher durch Lohnerhöhung auf Kosten der Preise statt auf Kosten des Unternehmergewinns) zu befriedigen, wird der Interessenausgleich auch hier zum Interessendiktat und ist das System infolgedessen gefährdet. Unter diesem Gesichtspunkt dürften die immanenten Grenzen der Tarifautonomie gelegentlich schon erhebl. überschritten worden sein.

TH. ESCHENBURG, Herrschaft der Verbände? 1955 – J. H. KAISER, Die Repräsentation organisierter Interessen, 1956 – G. W. WITTKÄMPER, GG und Interessenverbände, 1963 (Lit.) – HERBERT KRÜGER, Allg. Staatslehre, 1966², 351 ff., 367 ff., 379 ff. – E. FRAENKEL, K. SONTHEIMER, Zur Theorie der plur. Gesellschaft, 1964 – E. FRAENKEL, Der P. als Strukturelement der freiheitl.-rechtsstaatl. Demokratie, Verh. d. 45. Dt. Juristentages, Bd. II/B, 1965 – K. LOEWENSTEIN, Verf.lehre, 1969², 367 ff. – R. HERZOG, Allg. Staatslehre, 1971, 67 ff. – H. H. v. ARNIM, Gemeinwohl und Gruppeninteressen, 1977 – P. HÄBERLE, Die Verf. des P., 1980 – H. OBERREUTER (Hg.), P., 1980 – E. TOPITSCH u. a., P., Legitimationsprobleme im Interessenwandel, 1983 – F. LEHNER, Ideologie und Wirklichkeit, Anm. zur P.diskussion in der Bundesrep., Staat 24 (1985), 91 – 100.

Roman Herzog

V. In der Kirche. A. Das Problem. Der im politisch-gesellschaftl. Bereich beheimatete Begriff P. (s. o. I) ist durch kirchensoziologische Untersuchungen (→Soziologie) in den theol. Sprachgebrauch eingeführt worden. Ausgangspunkte waren empirisch-statistische Erhebungen, mit deren Hilfe nachgewiesen werden sollte, daß die Dynamik und funktionale Differenziertheit der modernen →Gesellschaft auch im Bereich der Kirchen und ihrer Lehren charakteristische Entsprechungen hervorgebracht hätten. Das durch Industrialisierung und Arbeitsteilung (→Arbeit) ausgelöste Auseinanderbrechen der zuvor homogenen Gesellschaft in klassenspezifische Teilgesellschaften habe die Ausbildung in sich weithin selbständiger religiös-kirchlicher Sinnsysteme gefördert. Ein P. von Verhaltensweisen, Werten und Normen, vor allem in der praktizierten Frömmigkeit, im Glauben wie im religiös bestimmten Aberglauben, sei die unausweichliche Folge des gesellschaftlichen Umbruchs gewesen. Innerhalb ein und derselben Religion (→Kirche; →Volkskirche) finde sich ein breites Spektrum der Variabilität und Divergenz von Positionen, das bis zur Gegensätzlichkeit theol. Aussagen und prakt. Lebensanweisungen reiche. Den kirchl. Leitungsinstanzen wird vorgeworfen, sie beachteten diesen Tatbestand nicht hinreichend.

Der Begriff *P. in der Kirche* enthält ein Programm, das über eine bloß deskriptive Feststellung des Sachverhalts weit hinausreicht. Gefordert wird vielmehr eine theol. Interpretation des Phänomens: Es müsse von Theol. und Kirche der Versuch unternommen werden, den unaufhaltsamen Prozeß der Pluralisierung (vorbehaltlos) anzuerkennen und ihm bei allen Deutungsversuchen der gegenwärtigen gesamtgesellschaftlichen Situation Rechnung zu tragen (W. JETTER). Das Ernstnehmen der gesellschaftlichen Wirklichkeit bedeute für alle Kirchen und Konfessionen zugleich die Konfrontation mit dem P. in der Kirche; der Glaube zeige gerade darin seine Kraft, daß er angesichts jener neuen gesellschaftl. Wirklichkeit immer wieder zu einem umgestaltenden Erfassen der traditionellen Glaubensinhalte durchdringe (M. GRESCHAT).

Bei solchen programmatischen Versuchen einer theol. Bewältigung des P. in der Kirche tritt notwendigerweise die Frage in den Vordergrund, ob und wie unter dem Aspekt einer faktisch gegebenen und sachlich akzeptierten Vielfalt von Positionen, Meinungen und Interessen in der Kirche dennoch *Kooperation* und *Einheit* möglich seien. Exemplarisch läßt sich diese Frage an dem Zusammenhang von religiösem P. und Gesellschaftsstruktur in den USA verdeutlichen: Kann die dort vorgegebene, nahezu unübersehbare Vielzahl von Denominationen mit jeweils deutlicher Bindung an bestimmte soziale Schichten und Prestigegruppen dennoch zu „einer christl. geprägten amerik. ‚Kulturreligion'" zusammengefaßt werden (so bejahend J. MATTHES, EvStL^2, 2189)? In einem weiteren Horizont stellt sich die gleiche Frage im Blick auf die →Ökumenische Bewegung, in der selbständige Kirchen den Weg zueinander suchen, obwohl sie unter den Herausforderungen ihrer je eigenen sozio-kulturellen Umwelt zu pl. theol. Einsichten, Lehraussagen und kirchl. Lebensformen gekommen sind.

Es ist verschiedentl. vorgeschlagen worden, im Interesse terminologischer Sauberkeit zwischen P. und *Pluralität* zu unterscheiden. Der Begriff Pluralität soll den Tatbestand unterschiedlicher Wert- und Glaubensvorstellungen unter der Voraussetzung einer vorhandenen Einheit in der Sache feststellen, während unter P. eine Haltung zu verstehen wäre, die prinzipiell auf die Wahrheitsfrage verzichtet *(Relativismus)* und auch einander ausschließende Aussagen gleichberechtigt nebeneinander stehen läßt. Pluralität könnte demzufolge als „bewältigter P." interpretiert werden (H. LÖWE). Diese Unterscheidung hat sich jedoch nicht allgemein durchgesetzt. Eine sichere Grenzziehung zwischen P. und „bewältigtem P. = Pluralität" ist im Einzelfall kaum möglich; zudem setzte sie voraus, daß über die Wahrheitsfrage ein Konsens erreicht werden könnte; hier jedoch stößt man auf den zentralen Streitpunkt und die prinzipielle Aporie innerhalb der gegenwärtigen *programmatischen P.debatte.*

B. Grundsätzliche theol. Aspekte. Es ist ratsam, die von der Soziologie angebotene Unterscheidung zwischen einem innerkirchl. *Gruppen-P.* und einem innerkirchl. *Werte-P.* aufzugreifen. Beide Begriffe verweisen – auch unter den bes. Bedingungen heutiger gesamtgesellschaftl. Wirklichkeit – auf die klassischen theol. Fragen nach der Begründung der *Einheit der Kirche* (→Bekenntnis I A 3) und nach der *Verbindlichkeit kirchlicher Lehre* (→Lehramt I.; auch →Ethik I u. V). Der P. in der Kirche stellt an die Theol. heute keine grundsätzl. neuen Fragen; er stellt vielmehr *alte* Fragen in aktueller Konkretion *neu.* Eine theol. Bewältigung des derzeitigen P. in der Kirche muß sich demzufolge an den Fundamentalentscheidungen und -unterscheidungen der jeweiligen kirchl.-theol. Tradition orientieren bzw. diese zumindest in die eigenen theol. Argumentationsgänge integrieren. So ist mit sachlichem Recht innerhalb der neueren P.debatte wiederholt darauf hingewiesen worden, daß bereits das NT die P.problematik (in der doppelten Ausprägung als Gruppen-P. und als Werte-P.) kennt. Trotz der Vielstimmigkeit der Aussagen und Interpretationen des *einen* Heilsgeschehens ist im (durch den? vgl. W. SCHRAGE) Kanon der nt. Schriften die Einheit und Gemeinschaft der frühen Christenheit bewahrt worden. Offensichtlich haben die verschiedenen Ausprägungen urchristl. Frömmigkeit und Glaubenshaltung (Jerusalemer Gemeinde, Stephanuskreis, „Hellenisten" u. a.) ohne scharfe Trennung nebeneinander existiert und auch jede für sich Mission getrieben. Dieser – auch soziologisch begründete! – Gruppen-P., dem ein ethischer Werte-P. korrespondierte (vgl. E. SCHWEIZER), hat die Kontinuität zwischen der Urgemeinde und dem späteren Frühkatholizismus nicht unmöglich gemacht. Die gesamte nachfolgende Geschichte der Kirche ist von dem Phänomen pl. Gestaltungsformen und Verkündigungsinhalte geprägt.

Es ist offenkundig, daß die christl. Kirche ihrem Ursprung und Wesen nach nur in pluraler Gestalt leben kann, weil das Zeugnis des Evangeliums zu jeder Zeit und für jede Zeit neu gehört und interpretiert werden muß. Ebenso offenkundig ist aber auch, daß ihr die Frage nach der kirchentrennenden Wirkung von Lehrgegensätzen (→Häresie) immer aufgetragen bleibt. Der „Kanon im Kanon" bzw. der „Artikel, mit dem die Kirche steht und fällt", muß in assertorischen (verbindlichen) Sätzen exakt beschrieben werden können. Wo dies geschieht, werden im P. *jeder* Zeit auch Irrlehren bezeichnet und verworfen werden müssen; die Geschichte der Kirche belegt diese Notwendigkeit von MARCION (Mitte des 2. Jh.) bis zur *Barmer Theologischen Erklärung* (1934; →Kirchenkampf). Auch LUTHER lag eine prinzipielle Legitimation *jeglicher* theol. Aussageweise und damit der Verzicht auf inhaltliche Bestimmung der Häresie völlig fern (bes. aufschlußreich in der Auseinandersetzung mit ERASMUS V. ROTTERDAM). Ob unter den großen geschichtlichen Oberbegriffen des →Corpus Christianum oder der neuzeitlichen →Parität und →Toleranz – immer hat die Kirche einem *relativistischen P.* widerstehen müssen und ihm theol. begründete Grenzen gesetzt. Nichts Geringeres ist auch heute angesichts des zeitgenössischen P. in der Kirche zu prüfen und gegebenenfalls zu leisten.

C. Neuere Stellungnahmen. Die in der *Arnoldshainer Konferenz* zusammengeschlossenen Gliedkirchen der →Evangelischen Kirche in Deutschland haben in jüngster Zeit zwei theol. Voten zum P. in der Kirche herausgegeben: *P. in der Kirche. Chancen u. Grenzen* (1977) und *Was gilt in der Kirche? Die Verantwortung für Verkündigung und verbindliche Lehre in der Evangelischen Kirche* (1985). Hier heißt es: P. Erscheinungsformen in Verkündigung, Theol. und Frömmigkeit, oft nur als Last und Gefahr empfunden, erinnern die Kirche nachdrücklich an die wesensmäßige Vielfalt ihrer Existenz und bewahren sie vor Vereinseitigung und Enge. Solcher P. mache die Mannigfaltigkeit der vorhandenen Gaben in der Kirche deutlich; er befreie die Christenheit aus der Enge provinzieller Traditionen und der Beschränktheit kulturell bedingter Horizonte. Er befähige zur ökumenischen Weite und gebe auch den „jungen" Kirchen Raum zur eigenständigen Antwort auf die ihnen gestellten Probleme und lasse die ältere Christenheit auf den Versuch verzichten, für die ihr überkommene theol. Sicht und Zeugnisgestalt Alleingültigkeit zu beanspruchen. Der P. theol. Redens und kirchl. Bekennens bewahre die Kirche davor, das Evangelium mit geschichtl. gewordenen Formeln zu verwechseln und die – jede begriffliche Fassung durchbrechende – Fülle der Wahrheit zu vergessen. Offenheit für solchen P. verhindere zugleich vorschnelle Verwerfungsurteile u. Trennungen, ermögliche vielmehr Geduld und langen Atem gegenüber ungewohnten und bedenklich erscheinenden theol. Versuchen, deren Legitimität und Tragfähigkeit sich erst später erweisen mag.

Neben diese *Chancen* des P. werden seine *Grenzen* gestellt: Für die Kirche sei ein P. untragbar, der die Notwendigkeit einer Grenze prinzipiell verneine und im Namen ev. →Freiheit gleichberechtigte Geltung für alle Auffassungen fordere, die sich selbst als christl. verstünden. Solch ein totaler Relativismus sei mit dem Wahrheitsverständnis des NT nicht vereinbar. Auch ein P. im Sinne des prinzipiellen Individualismus stehe im Widerspruch zum Wesen des christl. Glaubens: Glaube entstehe nicht ohne Gemeinschaft und lebe auf Dauer nicht ohne →Institution.

Hinsichtlich der inhaltlichen Grenzen, die vom Evangelium her notwendig werden, verweisen die Studien auf „die unverzichtbare Mitte der Christusbotschaft", auf die „Kontinuität des einen Glaubens über die Jahrhunderte und die Kontinente hinweg" sowie – unter Hinweis auf *Barmen I u. II* – auf die →Königsherrschaft Christi. „Maßstab für die Grenzen des P. ist Jesus Christus, der Herr aller Bereiche (1 Kor 8,5 f.; 2 Kor 4,5), in dem uns Gottes bedingungslose Barmherzigkeit, aber auch sein Anspruch auf unser ganzes Leben trifft (Joh 14,6 ff.; Mt 7,21; 1 Kor 1,30) und dessen Wort uns wandelt zu einer neuen Existenz (Joh 15,1 ff.; 2 Kor 5,17). Diesem Herrn sich ganz anzuvertrauen (Joh 10,21 f.) in der Nachfolge Jesu den Mitmenschen zu dienen (Mk 10, 42 – 45) und auf seine Zukunft auch über Vergänglichkeit und Tod hinaus zu hoffen (1 Kor 15,19 f.) ist Inhalt der christl. Existenz." Grenzüberschreitungen, durch die dieser Glaube in seiner Substanz preisgegeben oder entstellt werde, dürfe die Kirche nicht schweigend hinnehmen. Bei Streitfragen nötige die „plurale Struktur des kirchl. Lehramtes" zu einem Prozeß der Konsensbildung, der den geordneten Weg „synodaler und kirchenleitender Entscheidungsfindung" einhalten müsse. Der P. in der Kirche ist zu jeder Zeit eine Herausforderung, den *„magnus consensus"* (die breite Zustimmung; vgl. BSELK 51 [CA I]) neu zu suchen, im geduldigen Dialog, im ständigen Hören auf die Schrift und die Bekenntnisse und im Vertrauen auf den Beistand des Heiligen Geistes (Joh 16,13).

F. H. LITTELL, From State Church to Pluralism, New York 1962 – W. JETTER, Der P. in der Kirche – Reaktion oder Konzeption?, ThP 1 (1966) 29 – 55 – K. HAENDLER, Schriftprinzip u. theol. P., EvTh 28 (1968) 404 – 429 – O. RODENBERG, Zur theol. Begründung des P., EvTh 29 (1969) 155 – 163 – G. W. LOCHER, Theokratie u. P., WPKG 62 (1973) 11 – 24 – E. SCHWEIZER, Ethischer P. im NT, EvTh 35 (1975) 397 – 401 – W. SCHRAGE, Die Frage nach der Mitte u. dem Kanon im Kanon des NT in der neueren Diskussion, in: Rechtfertigung. FS f. E. KÄSEMANN, J. FRIEDRICH u. a. (ed.), 1976, 415 – 442 – H. LÖWE, Über P. und Pluralität in der Kirche: Chancen u. Grenzen, KuD 24 (1978) 18 – 31 – M. GRESCHAT, Das Zeitalter der Industriellen Revolution. Das Christentum vor der Moderne, 1980 – H.-G. GEYER, Wahrheit u. P., EvTh 40 (1980) 76 – 86 – Was gilt in der Kirche? Votum d. Theol. Ausschusses d. Arnoldshainer Konferenz, 1985.

Joachim Mehlhausen

Politik. I. Wissenschaftstheoretische und ethische Grundlegung. A. Begriffliche Grundlagen. P. ist vom griech. Wort „politeia" abgeleitet und bedeutet zunächst „Lebensform einer Gemeinschaft". Eine spezifischere Bedeutung von politeia verstand darunter die Anteilnahme des einzelnen Bürgers an der polis sowie das Bürgerrecht, das man durch Abstammung besaß oder verliehen bekam. P. ist demnach in einem allg. Sinne das, was sich auf die polis, das Gemeinwesen, bezieht.

In der abendländischen Philosophie wurde die P. von ARISTOTELES bis CHRISTIAN WOLFF dem Bereich der praktischen Philosophie, d. h. der Moralphilosophie, zugeordnet. Die *praktische*

Philosophie umfaßte neben der P. die Ethik, d. h. die Lehre vom sittl. Verhalten des einzelnen, und die Ökonomik, d. h. die Lehre vom Hauswesen. Unter P. verstehen wir auch heute noch in Anknüpfung an die Antike die Lehre vom Eingeordnetsein des einzelnen in eine polis, eine res publica, schärfer zugespitzt, die Lehre von der Herrschaft über ein Gemeinwesen. Die Disziplinen der praktischen Philosophie zeigten, wie der Mensch leben solle und welche Bedingungen für das gute, d. h. am Gemeinwohl orientierte Leben erfüllt sein müßten. In der von ARISTOTELES begründeten Tradition hing die P. eng mit den allg. sittl. Grundsätzen des menschl. Lebens zusammen. Die Wissenschaft hatte zu fragen, wie ein tugendhaftes Leben gewährleistet werden könne. Bis zum 18. Jh. fand dieses Anliegen seinen Ausdruck in den Fürstenspiegeln, die der Obrigkeit, die im Regiment saß, Anweisungen für den richtigen Gebrauch der eigenen Macht an die Hand gaben. Auch im älteren Begriff der →*Polizei,* der im vorindustriellen Staat mit der Fürsorge für die Gesamtverf. des Gemeinwesens identisch war, spiegeln sich Relikte dieser traditionellen Auffassung von P. Seit dem 16. Jh. wurde die Einheit von P. und Ethik allmähl. aufgelöst. P. stellte sich nun auch als Lehre von der Macht und in einem anderen Bedeutungsgehalt als Lehre vom →Staat als Macht- und Herrschaftsapparat dar. Charakteristisch für die weitere Entwicklung war die scharfe Differenzierung, die sich zwischen der kontinental-europ. und der angelsächs. P. ergab. Die letztere hat bis zum heutigen Tage den älteren Zusammenhang von P. und Ethik ungebrochener bewahrt. Denn die an NICOLÒ MACHIAVELLI anschließende Lehre von der Staatsräson wurde in den angelsächs. Ländern kaum rezipiert. Hier blieb die Lehre vom *Government* dominierend, in dem die Common-Law-Tradition fortgesetzt wurde und die Einheit von Staat und →Gesellschaft im politischen Gemeinwesen erhalten blieb. Im angelsächs. Bereich verengte sich deshalb die P. auch nicht auf den Staat. Die kontinentale Linie erlebte ihre stärkste Entfaltung im dt. 19. Jh., wo parallel zur Entwicklung des nationalen Machtstaats dieser in Geschichtswissenschaft, Nationalökonomie und Jurisprudenz zum Kern aller politischen Reflexionen gemacht wurde (→Nationalstaat).

Eine eindeutige Begriffsbestimmung von P. ist heute weder von der wissenschaftl. Theorie noch von der Praxis des Handelns her zu geben. Das in der dt. politischen Tradition liegende Vorverständnis sieht den Begriff der P. vornehml. dem *Staat* zugeordnet. So ergibt sich eine gerade in der Alltagssprache häufig zu beobachtende Identifikation von Staat und P., was zu der eigenartigen Wortbildung des Staatspolitischen geführt hat, in dem, im Gegensatz zum Parteipolitischen, offenbar der höhere Wert gesehen wird. Diese staatsorientierte Vorstellung von P. ist bis zum heutigen Tage für die sog. allg. →Staatslehre grundlegend geblieben. Neuerdings suchen freilich →Politische Wissenschaft und politische Praxis sich von solchen Einengungen frei zu machen und P. wieder auf das Gemeinwesen zu beziehen. Dieses ist gerade dadurch charakterisiert, daß es Staat und Gesellschaft nicht trennt, sondern dem Staat einen instrumentalen Charakter zuweist (→Staat). Daneben bleibt aber im Begriff der P. immer impliziert, daß sie es mit der →Macht, ihrem Erwerb, ihrer Erhaltung, ihrer Verteilung und ihrem Verlust zu tun hat. *P. ist demnach Führung von Gemeinwesen auf der Basis von Machtbesitz.*

Jede P. hat institutionelle und personale Voraussetzungen. Die Kenntnis und Handhabung der politischen →Institutionen kann man unter dem Begriff der *politischen Technik* zusammenfassen. Ihr fügt sich an, was vielfach als Staatskunst bezeichnet wird und was sich von individueller Schöpferkraft und persönl. Autorität ableitet. P. als Leitung menschl. Gruppen ist institutionelle Herrschaft und persönl. Führung zugleich. Die Formen und Gehalte des politischen Kampfes sind nicht selten aus der Dialektik von Herrschaft und Führung zu begreifen. P. ist stets ein menschl. Handeln und kein abstrakter, determinierter, anonymer Prozeß. Das gilt auch für die P. im industriellen Zeitalter, bei der manchmal durch das Übergewicht des Kollektiven und der Apparate der personale Faktor ausgeklammert zu werden scheint. Unter den Bedingungen einer hochdifferenzierten industriellen Gesellschaft schließt P. die →Integration der industriellen Gesellschaft mit ein. Das politische Handeln will die staatl. Einheit angesichts des →Pluralismus der modernen Industriegesellschaft ermöglichen. Insofern ist P. auch heute die Ordnung des öffentl. Lebens mit den Mitteln, die der Besitz von Macht gewährt.

Die Begrifflichkeit MAX WEBERS hat das moderne P.verständnis stark geprägt. WEBER engte den Begriff des Politischen ein auf die Leitung eines politischen Verbandes, in erster Linie auf die Führung des Staates. Dabei ging WEBER davon aus, daß sich der Staat nicht definieren lasse am Inhalt dessen, was er tue, sondern bestimmt sei durch das für ihn spezifische Mittel der physischen Gewaltsamkeit (s. a. Gewalt, öffentl.). Der neuzeitl. Staat sei, ebenso wie die ihm vorausgegangenen andersartigen politischen Verbände, ein auf das Mittel der als legitim angesehenen Gewaltsamkeit gestütztes Herrschaftsverhältnis von Menschen über Menschen. An MAX WEBER hat auch CARL SCHMITT angeknüpft, der einen einflußreichen Begriff des Politischen entwickelte. Bei ihm wird P. verstanden als die äußerste Intensität des sozialen Verhältnisses, als die *Freund-Feind-Relation.* Diese Beziehung kann sich in jedem sozialen Verhalten ergeben; insofern ist der Bereich des Politischen prinzipiell unbegrenzt. Für SCHMITT gibt es keine eigene politische Sphäre neben anderen sozialen Sphären. Hier ist gedankl. der moderne Totalitarismus vorweggenommen, der in alle Bereiche des menschl. Lebens eindrang und sie politisierte.

Im Gegensatz zu diesen P. primär als Methode definierenden Versuchen hat in der politischen Theorie des Westens nach 1945 eine Verlagerung auf die *Zielvorstellungen* stattgefunden. Man wollte die P. wieder an die gute Ordnung des Gemeinwesens binden und eine Begriffsbestimmung des Politischen von seinem Inhalt her gewinnen. P. als Verfahren der Leitung und P. als Verwirklichung von Ordnungsvorstellungen ergeben zusammen ein spannungsvolles Mit- und Gegeneinander verschiedener Traditionen im gegenwärtigen Begriff des Politischen.

B. P. als Bewußtseinsinhalt. Jedem politischen Handeln ist, unbeschadet von Zeit und Ort, auch ein entsprechender Vorgang im menschl. Bewußtsein zugeordnet. Herrscher und Beherrschte stehen nicht nur in einer institutionellen Verbindung miteinander, sondern auch in einer psychischen. Ohne ein gewisses Maß an Loyalität der Geführten gegenüber ihren Führern ist keine Kontinuität politischer Herrschaft mögl. Ein soziales Zusammengehörigkeitsgefühl schafft erst die Voraussetzungen von Befehl und Gehorsam. Die wichtigste Ausprägung dieses Gefühls ist das Bewußtsein, eine →Nation zu sein. Dabei können sowohl objektive Faktoren wie →Rasse, Volkstum und Sprache als auch subjektive wie gemeinsame Erfahrungen zu konstituierenden Faktoren einer politischen Gemeinschaft werden.

Die Vorstellung, an einem sozialen Ganzen teilzuhaben, konfrontiert die individuellen Egoismen und vermag sie zu disziplinieren und zu integrieren. Die konkrete Entscheidung darüber, was den Inhalt des →Gemeinwohls in einer bestimmten hist. Situation ausmacht, wird von den Kräften formuliert, die die jeweilige →*öffentl. Meinung* mitgestalten. Diese ist der Schnittpunkt aller individuellen und partikularen Bewußtseinslagen. Die Teilhabe an der öffentl. Meinung schafft den Zusammenhang mit dem die soziale Einheit erfüllenden politischen Bewußtsein. Die Fähigkeit zum sozialen →Kompromiß hat als Voraussetzung eine entsprechend disponierte öffentl. Meinung, die ihrerseits entweder durch eine entsprechende Tradition oder durch politische Erziehung und Bildung geprägt wird. Sowohl faktische Kenntnisse wie die für die soziale Integration erforderl. sittl. Haltungen, insbes. der Wille zur Übernahme von sozialer Verantwortung, sind erforderl., wenn ein gemeinsames politisches Bewußtsein der Glieder eines Gemeinwesens entstehen oder erhalten bleiben soll.

Eine spezifische Ausformung des politischen Bewußtseins beruht auf der Vorstellung, eine bestimmte Herrschaft sei *legitim*. Der enge Zusammenhang von politischem Handeln und politischem Bewußtsein zeigt sich daran, daß jede Regierung, wo immer sie ihre Gewalt herleiten mag, von der Überzeugung ihrer Rechtmäßigkeit ausgeht oder zumindest ihr Handeln meint rechtfertigen zu müssen. Diese Rechtfertigung folgt aus der Übereinstimmung der politischen Zielvorstellungen der jeweils Herrschenden mit den Grundwerten des jeweiligen Gemeinwesens. Umgekehrt werden durch die Macht der Herrschenden dann auch die spezifische Daseinsordnung des Gemeinwesens und seine sittl. Prinzipien gefestigt oder garantiert. Revolutionäres politisches Handeln (→Revolution) entsteht dort, wo →Legalität und Legitimität einer Herrschaft auseinanderfallen. Unterscheidet sich die Rangordnung der in einem Gemeinwesen das politische Bewußtsein der einzelnen bestimmenden Maßstäbe von den Motivationen der Träger der Herrschaft, so kann dies zu einem Rekurs der Beherrschten auf ihr →Widerstandsrecht führen, wodurch sich ein politischer Umsturz vorbereiten und rechtfertigen läßt. Der Wille, eine legitime Herrschaft zu sein, zielt darauf, die natürl. Spannung von Sein und Sollen, Macht und Recht aufzuheben, indem das durch die Macht gesetzte positive Recht diese auch innerl. begründet.

Die Verbindung von politischem Handeln und politischem Bewußtsein, das seinerseits von den Prinzipien der allg. Daseinsorientierung bestimmt wird, befreit die P. aus jeder Verengung auf das bloße Funktionieren von Institutionen. Die Trennung von machtorientiertem Handeln einerseits und wertbezogenem Verhalten andererseits hat im Endeffekt auch dazu geführt, daß das politische Bewußtsein, verstanden als psychische Teilhabe am Gemeinwesen, verkümmert. Die totalitären Erfahrungen unseres Jh. haben hier vielfach eine Umkehr bewirkt. Die P. kann heute nicht mehr nur als autonomes Handeln des nationalen Machtstaates begriffen werden, das keiner Legitimierung durch überstaatl. Maximen bedürftig wäre. Für den modernen Staat ist deshalb das Problem der Legitimierung seiner Autorität angesichts des totalitären Leviathan bes. dringlich geworden.

Die Legitimität einer Herrschaft kann aus transzendenten oder immanenten *Normen* abgeleitet werden. In primitiven Gesellschaften wird die Legitimität häufig aus der Stammesreligion, in den Hochkulturen aus den ethisch fundierten Offenbarungsreligionen begründet. Ebenso kann die Legitimität folgen aus einem philosophisch-anthropologischen Verständnis der Sinnbestimmung des Menschen und seines Gemeinwesens oder aus einer den Geschichtsprozeß deutenden und die Stelle der Metaphysik einnehmenden Theorie der Gesellschaft. Die Lehre von der Volkssouveränität (→Demokratie I A) erkennt eine Herrschaft nur dann als legitim an, wenn sie ihren Ursprung im Willen der Mehrheit der Beherrschten findet und von dieser immer wieder bestätigt wird. Eine Herrschaft, die nicht dem Willen der Mehrheit entspricht, erscheint in dieser Betrachtungsweise als illegitim. Ein Widerstand gegen sie kann somit, auch wenn dieser mit Mitteln der Gewalt geführt wird, als Ausfluß der Volkssouveränität legitim sein (→Legalität, Legitimität).

C. Über politische Systeme. In der Praxis der P. wie in der wissenschaftl. Reflexion über sie hat die Frage nach der Art einer Herrschaft, ihren Bedingungen und ihrem Funktionieren, ihren Erfolgen und Mißerfolgen, ihrem Werden und Vergehen stets eine entscheidende Rolle gespielt. Die Gesch. der P. kennt eine verwirrende Fülle von Gemeinwesen, deren Techniken und Institutionen des Regierens zum unerläßl. Erfahrungsschatz gegenwärtiger P. zählen. Deshalb ist auch die Ordnung dieser hist. Vielfalt nach gewissen vernunftgemäßen Kriterien der Ähnlichkeit oder Unähnlichkeit mehr als die Befriedigung intellektueller Neugier. Eine sachentsprechende Klassifizierung der Regierungstypen ist um so notwendiger, je mehr der Anschein der Ähnlichkeit politischer Institutionen dazu dient, die fundamentalen Unterschiede in den Prinzipien zweier Herrschaftsordnungen zu verwischen. In der modernen Welt hat eine allg. Angleichung in den Formen politischer Institutionen stattgefunden. Deshalb kommt es für eine Unterscheidung der politischen Systeme heute auch weniger auf die Art der jeweils gewählten Techniken als vielmehr auf die Unterschiede im tatsächl. Verlauf des Regierungsprozesses an. Die Klassifizierungskriterien müssen daher der Art und Weise gerecht werden, in der in einem konkreten Gemeinwesen die politische Macht erlangt, ausgeübt und kontrolliert wird.

Von allen Versuchen einer systematischen Ordnung politischer Herrschaftsformen ist die Einteilung des ARISTOTELES die einflußreichste geblieben. HERODOT und PLATO folgend legte ARISTOTELES ein bis dahin an Fülle unerreichtes Vergleichsmaterial seiner berühmten Dreiteilung zugrunde. Auf das quantitative Kriterium der Anzahl der Machtträger abstellend, unterschied er *Monarchien, Aristokratien* und *Politien.* Unter letzteren sind die in moderner Ausdrucksweise konstitutionelle →Demokratien genannten Gemeinwesen zu verstehen. ARISTOTELES gab sich jedoch mit der rein quantitativen Einteilung nicht zufrieden. Er ergänzte sie, indem er den guten die verderbten Ausformungen der Idealtypen entgegenstellte: Wenn der oder die Herrschaftsträger ihre Macht anstatt zum allg. Wohle zu selbstsüchtigen Zwecken mißbrauchten, so stellte sich die Herrschaft als *Tyrannei, Oligarchie* oder *Ochlokratie* dar. Diese Systematisierung bildete die Grundlage der berühmten aristotelischen Theorie vom Kreislauf des Machtprozesses mit seiner unerbittl. Aufeinanderfolge der Regierungstypen.

Auf der Spur des ARISTOTELES sahen spätere Theoretiker der P. in der gemischten Verf. die beste Regierungsform. Mit POLYBIOS beginnt die eindrucksvolle Ahnenreihe dieser Theorie, die ihren Höhepunkt in der ma. Scholastik und in THOMAS VON AQUINO erreichte. Das Ideal der gemischten Verf. beeinflußte den frühen →Konstitutionalismus, den spezifischen Beitrag des puritanischen Englands zur politischen Theorie und Praxis. Vertreten von HARRINGTON, LOCKE, BOLINGBROKE, MONTESQUIEU und dem „FEDERALIST" wurde die Forderung nach Teilung der politischen Macht erhoben, um so ein Höchstmaß der Beteiligung aller sozialen Glieder am Regierungs- und Machtprozeß und jedenfalls ein Minimum individueller Freiheit zu gewährleisten.

Eine andere Traditionslinie leitet sich von MACHIAVELLI ab. Dieser hatte in seiner ital. Umgebung republikanische Stadtstaaten und absolutistische Monarchien nebeneinander existieren sehen. In der Monarchie, so erklärte er, liege die →Souveränität allein bei einem Machtträger, in einer Republik dagegen bei einer Vielzahl. Aristokratie und Demokratie faßte er zu einer einzigen Kategorie, nämlich die der Republik, zusammen. Die monarchistisch-republikanische Alternative fand bei Theoretikern wie HOBBES, ROUSSEAU und dem frühen Liberalismus des 19. Jh. ihre Weiterbildung.

Solch ältere Klassifizierungsschemata der Regierungstypen sind heute gänzlich unbrauchbar geworden. Mit der Einführung des allg. →Wahlrechts hat die Aristokratie als bes. Regierungsform aufgehört zu existieren. Die Monarchie, einst eingebettet in die Gottesgnadenmystik, ist heute zumindest in Europa vollständig rationalisiert und demokratisiert. Das wiederum hat zu einer völligen Sinnentleerung des Begriffs der Republik geführt. Die Skepsis gegenüber einer Klassifizierung, die auf der bloßen Unterscheidung von Institutionen beruht, gewann weiter an Gewicht, seitdem die politische Soziologie der MOSCA, PARETO, MICHELS und MAX WEBER überzeugend dargetan hat, daß es keine ursächl. Beziehung zwischen der Struktur des Regierungsmechanismus und dem tatsächl. Standort der Macht gibt. Die Leitung eines jeden Gemeinwesens, gleichgültig in welcher äußeren Regierungsform es in Erscheinung tritt, liegt in den Händen einer Minderheit, die die Hebel der Staatsmaschine beherrscht. Die Entdeckung dieser dirigierenden *Oligarchien* als Kern des Machtprozesses hat durch die Erfahrungen unseres Jh. eine verstärkte Bedeutung erhalten. Die politischen Verhältnisse, die sich heute immer weniger allein von ihren Institutionen her begreifen lassen und durch eine noch immer zunehmende Zahl von Machtträgern bestimmt sind, werden immer unüberschaubarer. Die *marxistische Denkweise* mit ihrem Schwarz-Weiß-Bild von Ausbeutern und Ausgebeuteten ist dieser Komplexität längst nicht mehr gewachsen. Andererseits ist die Theorie des →Pluralismus der politisch-gesellschaftl. Kräfte allzu schnell geneigt, sich auf den angebl. Ausgleich der konkurrierenden sozialen Interessen festzulegen und die Existenz einer dominierenden Herrschaftsklasse zu ignorieren. Auf keinen Fall aber kann die politische Analyse hinter die Einsicht von der Interdependenz der sozio-ökonomischen Struktur eines Gemeinwesens und seinem Regierungsapparat zurückgehen.

Legt man die tatsächl. *Regierungsprozesse* der Klassifizierung zugrunde, so ist die geteilte Ausübung und Kontrolle der politischen Macht von der konzentrierten Ausübung ohne Kontrolle zu unterscheiden; denn die politischen Systeme des Konstitutionalismus und der Autokratie stehen sich im prinzipiellen Gegensatz gegenüber. Dieses von KARL LOEWENSTEIN entwickelte Schema läßt alle Regierungstypen der Vergangenheit und der Gegenwart unter die eine oder andere seiner Kategorien einordnen. Das *konstitutionelle Gemeinwesen* beruht danach auf dem Grundsatz der geteilten Macht (→Gewaltenteilung). Diese liegt vor, wenn mehrere unabhängige Organe oder Personen an der Ausübung der politischen Macht und an der Bildung des Gemeinwillens beteiligt sind. Die ihnen zugewiesenen Funktionen unterliegen einer wechselseitigen Kontrolle. Weil sie geteilt ist, ist die Ausübung der politischen Macht auch notwendigerweise kontrolliert. Dabei unterscheiden sich die einzelnen Formen des konstitutionellen Systems nach dem Grad von Autonomie und gegenseitiger Abhängigkeit, den die verschiedenen Machtträger besitzen.

Im entgegengesetzten politischen System der *Autokratie* ist dagegen nur ein einziger Machtträger vorhanden. Dieser kann eine Einzelperson, eine Versammlung, ein Komitee, eine Junta oder eine Partei sein. Weil es keine weiteren von ihm unabhängigen Machtträger gibt, bestehen auch keine wirksamen Kontrollen. Dieses Machtmonopol unterliegt keinen verfassungsmäßigen Beschränkungen. Ein autokratisches System kann notwendigerweise nur funktionieren, wenn der Wettbewerb unter den politisch-gesellschaftl. Kräften ausgeschaltet ist.

Es bedarf keines Hinweises, daß sich zwischen diesen beiden Grundtypen politischer Systeme vielfältige *Zwischenformen* ausgebildet haben. Solche Mischungen ergeben sich häufig als Übergangsstadien, wenn sich etwa eine Autokratie zum Konstitutionalismus hin entwickelt, oder umgekehrt, wenn ein bisher konstitutionell regierter Staat autokratische Formen der Machtausübung annimmt. Mischformen können auch als Tarnungen der Wirklichkeit dienen, so etwa, wenn sich autokratische Regime durch Verwendung konstitutioneller Techniken demokratisch zu geben pflegen.

Die moderne politikwissenschaftl. Betrachtung hat so die ältere Klassifizierung von Regierungstypen durch eine Klassifizierung der politischen Systeme abgelöst. Diese sind durch die Verbindung von *Ideologien* und den ihnen entsprechenden Institutionen charakterisiert. Die Ideologie eines politischen Systems kann entweder machtpolitisch, sozioökonomisch, ethisch oder religiös motiviert sein. Die politischen Institutionen umfassen den Apparat, durch den die Macht ausgeübt wird. Die Ideologien vermitteln die Werte, die den Institutionen ihren Sinn geben und deren Telos ausmachen. Die Zahl der in diesem Sinne umschriebenen politischen Systeme ist verhältnismäßig gering. Die geschichtl. bedeutsamen sind: die →Theokratie, der monarchische →Absolutismus auf der Grundlage dynastischer Legitimation, der liberal egalitäre →Konstitutionalismus, der moderne Kollektivismus in seinen faschistischen oder kommunistischen Formen.

Die ältere konstitutionelle Theorie hatte ihren Schwerpunkt in der Lehre von der →*Gewaltenteilung*. Eine gesetzgebende Gewalt wurde von einer ausführenden und einer rechtsprechenden unterschieden. LOCKE und MONTESQUIEU sahen darin die institutionelle Garantie der individuellen Freiheit. Nur wenn mehrere institutionelle Machtträger voneinander unabhängig seien und sich gegenseitig in Schach hielten, könnten die Machtadressaten vor dem Mißbrauch der Macht geschützt werden. Die folgenreichste Anwendung fand diese Theorie in den amerik. Verf.en (zB →Vereinigte Staaten). Seither gehört der Grundsatz der Gewaltenteilung zur Standardausrüstung des konstitutionellen Gemeinwesens. Auch die neuen Verf.en nach dem Zweiten Weltkrieg haben an diesem Prinzip festgehalten, obwohl es in der Praxis des 20. Jh. wirklichkeitsfremd geworden ist. Schon ein oberflächl. Blick auf die heutigen Formen der westl. Demokratie überzeugt uns davon, daß Legislative und Exekutive weder personell noch funktionell getrennt sind (→Parlament, Parlamentarismus; →parlamentarisches Regierungssystem). Doch liegen die Gründe für das Fortwirken der Theorie der Gewaltenteilung nicht nur in der konservativen Haltung der neueren Verfassungen, sondern in den fast unüberwindl. terminologischen Schwierigkeiten, die sich einer neuartigen Formulierung des modernen Regierungsprozesses in einer Verf.urkunde entgegenstellen. Der Grundsatz der Aufteilung der Staatsfunktionen und ihre Zuordnung zu verschiedenen Institutionen ist heute für die tatsächl. Ausübung der Macht nicht mehr wesentl. Die Entdeckung der Lehre von der Teilung der Gewalten war durch Zeit und Umstände bedingt. Sie stellte den ideologischen Protest des politischen →Liberalismus gegen den monarchistischen →Absolutismus des 17. und 18. Jh. dar. Indem er den Leviathan in seine Bestandteile auseinanderbrach, zielte der liberale Rationalismus auf eine Zerstörung des Staatsmystizismus des Gottesgnadentums, durch die der individuellen Freiheit Bahn gebrochen werden sollte.

Immerhin hat der Gedanke der Gewaltenteilung den Gesichtspunkt der geteilten Macht allg. durchgesetzt. Unerläßl. Vorbedingung dafür war die Ausbildung einer Technik der →*Repräsentation*. Ohne diese wäre die politische Macht in der westl. Welt dauernd monolithisch geblieben. Die Menschen haben immer gewußt, daß eine →Regierung für ein organisiertes Gemeinwesen unentbehrlich ist. Aber erst die Technik der →Repräsentation machte die Einrichtung des →Parlaments als eines von der Regierung getrennten und unabhängigen Machtträgers möglich. Die Unabhängigkeit der Gerichte (→Richteramt) folgte dann als logische Vervollständigung eines politischen Systems, das voneinander unabhängige Machtträger umfaßte.

Der gewaltigen theoretischen Leistung des älteren Konstitutionalismus fehlten jedoch die tragischen Elemente nicht. Zu sehr setzte er auf das Gleichgewicht der Teile und sah schon darin die Gewähr für die Bändigung des menschlichen Machttriebs. Zu sehr hoffte man, daß der Gemeinwille gleichsam von selbst Wirklichkeit werde, während wir heute wissen, daß ihm erst durch eine energische politische Führung eine klare Richtung gegeben wird. Politische Führung aber ist nichts anderes als die zielbewußte Ausübung politischer Macht. Die politische Erfahrung seit dem 18. Jh. ergab, daß auch unverbundene Institutionen zu Instrumenten der einen politischen Führung dienen können. Gesetzgebung und Vollziehung der G.e sind keine voneinander getrennten politischen Vorgänge, sondern nichts weiter als verschiedene Techniken der politischen Führung. Die Klassifizierung politischer Führungssysteme, wie sie KARL LOEWENSTEIN entworfen hat, geht deswegen nicht mehr von der klassischen Gewaltenteilungslehre aus, sondern stellt eine neue Dreiteilung zur Debatte: die politische Gestaltung der Grundentscheidungen *(policy determination)*, die Aus- oder Durchführung der Grundentscheidungen *(policy execution)* und die politische Kontrolle *(policy control)*.

Wählt man den Gesichtspunkt geteilter oder konzentrierter Macht als Kriterium für die Art eines politischen Systems, so fragt sich, wer als *Machtträger* zu gelten habe. Diese unterscheiden sich danach, ob sie Macht auf Grund einer konstitutionellen Investitur innehaben und ausüben, also offizielle, legitime, nach außen hin sichtbare Machtträger sind, oder ob sie den Machtprozeß inoffiziell, unsichtbar, indirekt und häufig außerkonstitutionell beeinflussen und bestimmen. Die offiziellen Machtträger sind jene Organe und Behörden und deren Funktionäre, denen die Verfassung die Wahrnehmung bestimmter Funktionen im Interesse des Gemeinwesens zugewiesen hat. Die politische Macht, die sie ausüben, ist mit einem →Amt verbunden, und allein dadurch ist dem Inhaber die Herrschaft verliehen. Im konstitutionellen System ist die Macht entpersonalisiert und wohnt dem Amte inne, gleichgültig welche Person es jeweils ausübt. Im Laufe der geschichtl. Entwicklung haben sich vier derartige Machtträger herausgebildet: die →Regierung, die Versammlung (→Parlament), die Machtadressaten (organisierte Wählerschaft), die Gerichte (→Rechtsprechung, rechtsprechende Gewalt). In der modernen industriellen Massengesellschaft sind in Gestalt der organisierten Interessen neue Machtträger entstanden. Die Durchsetzung des gegenwärtigen Regierungsprozesses mit den Gruppen der pluralistischen Gesellschaft ist vielleicht die bedeutsamste Erscheinung der modernen P. Diese Gruppen verfügen über die Loyalität ihrer Anhänger und Förderer und können als die inoffiziellen Inhaber der Macht gelten. Zu ihnen treten noch diejenigen, die zugunsten der organisierten Interessen die Massenkommunikationsmittel beherrschen und kontrollieren und dadurch höchst wirksam die öffentl. Meinung beeinflussen und manipulieren (→Massenmedien).

Die politischen Systeme der Gegenwart lassen keine prinzipielle Scheidung von Innen- und AußenP. mehr zu. Denn auf der weltpolitischen Bühne agieren nicht mehr innerl. gleichartige Gemeinwesen, die sich auf der Basis gemeinsamer Grundwerte als Konzert der Mächte organisieren lassen. Vielmehr hat die Erfahrung des 20. Jh. die konkreten Gemeinwesen nach dem Maß geteilter oder konzentrierter Machtausübung in ihnen scharf von einander getrennt. Der Gegensatz von Konstitutionalismus und Autokratie, der die politische Geschichte der Menschen durchzieht, tritt in der Gegenwart als Dualismus von freiheitl.-demokratischer Grundordnung einerseits und totalitärer Diktatur andererseits in Erscheinung. Die Loyalität, die der einzelne heute politischen Ordnungen gegenüber empfindet, wird deshalb auch nicht mehr in erster Linie durch die nationale oder territoriale Einheit des Gemeinwesens bestimmt als vielmehr durch dessen Verhältnis zur Freiheit. Das gilt zumindest für den Teil der Welt, der, wie Mitteleuropa, in bes. Schärfe den Gegensatz von Freiheit und Unfreiheit als Inhalt des weltpolitischen Prozesses an sich leidvoll erfahren hat.

D. Politik und Ethik. Die Schärfe in der Konfrontation von P. und Ethik ist eine neuzeitl. Erfahrung. Zwar ist schon in der Antike klar gesehen worden, daß Machterwerb und Machterhaltung im nationalen wie im internationalen Rahmen oft zu Mitteln greifen ließ, die im bürgerl. Leben streng verurteilt wurden. In der Einheit der polis aber stellten sich im Grunde P. und Moral als zwei Seiten ein und derselben Sache dar. Das galt auch im ma. corpus christianum. Erst im Prozeß der →*Säkularisierung* seit der Rennaissance wurde man des dialektischen Verhältnisses von P. und Moral voll inne. Mit der Herausbildung von Sache und Begriff der *Staatsräson* trat das Postulat der Autonomie des politischen Handelns in den Vordergrund. Die Entstehung des neuzeitl. Staates hat vielfach dazu geführt, daß die Spannung zwischen staatl. Zielsetzungen und individueller Moral zugunsten vordergründiger Interessen bagatellisiert oder im Namen der angebl. höheren Sittlichkeit des Staats aufgehoben wurde. Auch die Ausbildung einer Völkerrechtsgemeinschaft (→Völkerrecht) hat den Egoismus der nationalen Machtstaaten nicht wirksam zu disziplinieren vermocht. Im Gegenteil, die Dämonie der →Macht blieb trotz aller Bestrebungen zur Humanisierung der Kriege und der politischen Beziehungen seit der Neutralisierung der konfessionellen Gegensätze im 17. Jh. unbezwungen. Das 20. Jh. schließlich brachte mit der Ideologisierung der P. und dem Auftreten der totalitären Systeme einen Höhepunkt im Dauerkonflikt von P. und Ethik. Kommunismus und Faschismus verkündeten nicht nur eine neue P., sondern auch eine neue Ethik, die ausschließl. als Magd der P. verstanden wurde. Andererseits hat die in den totalitären Systemen erfahrene völlige Enthumanisierung die Tendenzen verstärkt, die auf eine Rückkehr zum naturrechtl. Denken drängten, wobei nicht selten auch ma. Vorstellungen neu belebt wurden. Das Naturrecht (→Rechtsphilosophie) wird dabei verstanden als eine Grundordnung von Weisungen und Leitsätzen auch für die Welt des Politischen, überlegen und vorgeordnet allem bloß historisch-konkreten und gesetzten Recht. Ein dauernder Bestand unveränderlicher ethischer Grundsätze diene allem positiven Recht zur Richtschnur und stelle damit einen gültigen Wertmaßstab für das politische Verhalten dar.

Es ist freilich ein weitverbreitetes Mißverständnis, daß die neuzeitl. Trennung der älteren Einheit von P. und Ethik notwendig zu den Katastrophen des 20. Jh. habe führen müssen. In Wahrheit wohnt gerade einer säkularisierten P., die ihren eigenen Sachgesetzen folgt, ein hohes Maß von rationaler Disziplin inne. Die Orientierung an dieser entbehrt jedenfalls nicht eines ethischen Anspruchs. MAX WEBERS berühmte Unterscheidung von *Gesinnungs-* und *Verantwortungsethik* nimmt darauf Bezug, insofern er nachweist, daß gerade ein bloß gesinnungsethisches Verhalten, das nicht nach den Folgen der eigenen Entscheidung fragt, im politischen Bereich katastrophale Wirkungen haben könne. Der Politiker müsse verantwortungsethisch entscheiden, er müsse Nutzen und Nachteil seiner eigenen unbedingten Überzeugungen stets an der Wirklichkeit messen. Insofern ist die Lehre von der Staatsräson, wie FRIEDRICH MEINECKE nachgewiesen hat, zugleich ein disziplinierendes Element gegenüber allen Auswüchsen ideologischer oder eschatologischer Art gewesen. Die Bindung der P. an die Interessen des Gemeinwesens konnte sich inmitten der konfessionellen und feudalen Unordnung als ein sittl. Element bewähren. Der Umgang des Menschen mit der Macht wird ihn stets mit deren Naturseite konfrontieren. Das Entwicklungsgesetz von Staaten vermag zuweilen alle individuelle Moral zu zertrümmern, aber es kann andererseits auch als Dienst an der menschl. Gemeinschaft die individuelle Hybris bannen. In solcher Tradition der Lehre von der Staatsräson steht etwa die neuere *realpolitische Schule* des amerik. politischen Denkens (HANS MORGENTHAU und REINHOLD NIEBUHR). Sie hat nach den Erfahrungen des Fehlschlags aller moralisch motivierten amerik. Weltpolitik durch WILSON und ROOSEVELT die Konsequenz gezogen, daß die Sachlichkeit, d. h. der Bezug auf die nationalen Interessen, für den Politiker auch eine ethisch geforderte Sache sei.

Die *christl. Ethik* hat den Staat und die P. stets als Auftrag Gottes verstanden. Aus dem Gedanken der Haushalterschaft leitet sich die Forderung nach der Mitarbeit des Christen in der P. ab. Das Glied der christl. Gemeinde soll in der Arbeitswelt wie in den politischen Verhältnissen Mitverantwortung tragen. Für die christl. Theol. und Kirche ging es dabei immer um die Frage, ob sich die jeweiligen politischen Ziele und Mittel eines Gemeinwesens im Glauben an Jesus Christus bejahen lassen. P. wird von diesem her als der Versuch verstanden werden müssen, mit den Mitteln des Rechts, aber auch der Gewalt die von Gott verliehene Würde des Menschen zu schützen und zu erhalten.

Die bes. Problematik der politischen Ethik im Bereich der christl. Theologie erweist sich auch an LUTHERS Lehre von den zwei Reichen (→Zwei-Reiche-Lehre). Der im weltl. Regiment sitzende Inhaber politischer Gewalt dürfe in seinem Amt und Beruf gewiß sein, Gottes Auftrag zu vollstrecken, auch wenn er als Privatperson auf eine solche Vollstreckung verzichten würde. Nach den Erfahrungen der totalitären Diktaturen ist freilich heute umstritten, ob obrigkeitl. Verhalten und der Wille Gottes in einer so einfachen Beziehung zueinander stehen. Hier hat insbes. KARL BARTH kritisch angeknüpft, der die Quelle alles wahren Rechts und damit auch aller politischen Sittlichkeit in Gottes gnädigem Handeln in Jesus Christus sieht. Die Herrschaft Christi wird danach auch im Bereich der P. vollzogen durch die Verkündigung des Wortes von der gnädigen Rechtfertigung des Menschen durch Gott. Da wir Gottes Gnade nur im Evangelium erkennen, wird erst in seinem Lichte von Fall zu Fall deutlich, was wirklich der Erhaltung des Lebens in dieser Welt dient. Staatsräson und politisches Ermessen können für den Christen nicht die letzte Instanz einer politischen Ethik sein. Aber er wird sich auch den Forderungen vernünftiger P. nicht entziehen können. Auf keinen Fall aber ist er berechtigt, das Christentum ausschließl. mit einer bestimmten politischen Ordnung zu identifizieren.

Das Verhältnis von Christentum und P. als Sonderfall des Konflikts zwischen P. und Ethik ist im Nachkriegsdtschld. insbes. an der Problematik der christl. Parteien ausgetragen worden. Dabei ist der charakteristische Unterschied in den Beziehungen von Katholizismus und Protestantismus zur politisch-sozialen Welt klar hervorgetreten. Die Antworten der Christenheit auf die Herausforderungen der P. orientieren sich entweder an der Vorstellung einer inhaltl. bestimmten christl. P. oder sie postulieren die Verantwortung des einzelnen Christen in der P. Im einen Fall droht die christl. Überhöhung hist. Formen der P., im anderen Fall die Gefahr, von den politischen Perspektiven überwältigt zu werden. Sicher aber ist, daß die Bereitschaft, in Konflikten zu leben, auch das Grunderfordernis einer christl. Ethik des Politischen ist.

G. JELLINEK, Allg. Staatslehre, 1900, Nachdr. 1959 – H. KELSEN, Allg. Staatslehre, 1925, Nachdr. 1966 – C. SCHMITT, Der Begriff des Politischen, in: Arch. f. Sozialwissenschaft und Sozial-P., 58 (1927) – DERS., Legalität und Legitimität, 1932, 1980[3] – H. HELLER, Staatslehre, 1934, 1963 – C. J. FRIEDRICH, Der Verf.staat der Neuzeit, 1953 – P. v. OERTZEN, Die soziale Funktion des staatsrechtl. Positivismus, Phil.Diss. 1953 – R. SMEND, Staatsrechtl. Abhandlungen, 1955 – G. SCHWARZBERGER, Machtpolitik, 1955 – H. EULAU u. a. (ed.), Political Behavior, A Reader in Theory and Research, Glencoe 1956 – TH. ESCHENBURG, Staat und Gesellschaft in Dtschld., 1956 – W. GROTTIAN, Das sowjetische Regierungssystem, 1956, 1965[2] – R. NIEBUHR, Die Kinder des Lichts und der Finsternis. Eine Rechtfertigung der Demokratie, 1957 – H. FINER, Der moderne Staat. Theorie und Praxis, 3 Bde. 1957 - 1958 – J. FIJALKOWSKI, Die Wendung zum Führerstaat. Ideologische Komponenten in der politischen Philosophie Carl Schmitts, 1958 – O. K. FLECHTHEIM (ed.), Grundlegung der politischen Wissenschaft, 1958 – H. THIELICKE, Theol. Ethik. Ethik des Politischen, 2 Bde., 1958, 1974[3] – M. WEBER, Gesammelte politische Schriften, 1958, 1971[3] – K. LOEWENSTEIN, Verfassungslehre und Gesellschaft, 2 Bde., 1959, 1969[2] – W. KORNHAUSER, The Politics of Mass Society, 1959, 1968[3] – D. V. VERNEY, The Analysis of Political Systems, 1959 – J. MEYNAUD, Introduction à la Science Politique, 1959 – M. DUVERGER, Méthodes de la Science Politique, 1959 – E. VOEGELIN, Die neue Wissenschaft der P., 1959, 1965[2] – E. FRAENKEL, Das amerik. Regierungssystem, 1960 – R. NIEBUHR, Staaten und Großmächte, 1960 – F. MEINECKE, Die Idee der Staatsräson in der neueren Gesch., 1960[2] – A. BRECHT, Politische Theorie. Grundlagen des politischen Denkens im 20. Jh., 1961 – C. J. FRIEDRICH, Die Politische Wissenschaft, 1961 – R. M. LEPSIUS, Denkschr. zur Lage der Soziologie und der Politischen Wissenschaft, 1961 – A. BERGSTRAESSER, P. in Wissenschaft und Bildung, 1961 – H. MOMMSEN, Zum Verhältnis von Politischer Wissenschaft und Geschichtswissenschaft in Deutschland, in: Vierteljahreshefte für Zeitgeschichte 1962, 341 - 372 – D. OBERNDÖRFER (ed.), Wissenschaftl. Politik., 1962 – L. STRAUS/J. CORPSEY (ed.), History of Political Philosophy, 1963 – C. J. FRIEDRICH, Man and his Government. An Empirical Theory of Politics, 1963 – W. HENNIS, Politik und praktische Philosophie, 1963 – H. J. MORGENTHAU, Macht und Frieden, 1963 – G. BURDEAU, Einführung in die politische Wissenschaft, 1964 – O. H. v. D. GABLENTZ, Der Kampf um die rechte Ordnung. Beitr. zur politischen Wissenschaft, 1964 – M. WEBER, Wirtschaft und Gesellschaft, 2 Bde., 1964, 1972[5] – H. KRÜGER, Allg. Staatslehre, 1966[2] – H. MAIER, Die ältere deutsche Staats- und Verwaltungslehre, 1966, 1980[2] – P.-L. WEINACHT, Staat. Studien zur Bedeutungsgeschichte des Wortes von den Anfängen bis ins 19. Jahrhundert, 1968 – R. SCHNUR (ed.), Staatsräson. Studien zur Geschichte eines politischen Begriffs, 1975 – W. HENNIS, Max Webers Fragestellung, in: Zeitschr. f. Pol. 29 (1982), 241 - 281 – H. MÜNKLER, Machiavelli: Die Begründung des politischen Denkens der Neuzeit aus der Krise der Republik Florenz, 1982 – H. MAIER, Politische Wissenschaft in Deutschland, 1985.

Waldemar Besson †

II. Politische Wissenschaft. A. Begriff. Unter p.W. versteht man in der älteren Tradition die Lehre vom sittl. Handeln, soweit dieses auf den Bereich der Polis, des Gemeinwesens, bezogen ist; Politik in diesem Sinne bildet mit (Individual-)Ethik und Ökonomik einen Teil der praktischen Philosophie. Dieser ältere Sprachgebrauch herrscht noch heute in den angelsächsischen, z. T. auch romanischen Ländern vor: p.W. (political science, science politique) ist hier ein Teil der Moralwissenschaften (moral sciences, sciences morales) und steht in engem Zusammenhang mit der scholastisch-naturrechtl. Tradition. Im allgemeinsten Sinn kann unter p.W. jede Wissenschaft verstanden werden, die das menschl. Zusammenleben im Hinblick auf seine konstituierenden Zwecke (politische Theorie) und seine institutionellen Formen (government, comparative government) untersucht. Im einzelnen steht der Begriff zahlreichen unterschiedl. Auslegungen und Akzentuierungen offen: von einer reinen Wirklichkeitswissenschaft in enger Verbindung mit politischer →Soziologie bis zu einer systematischen Formenlehre des Politischen; vom pragmatischen Sammeln und Verfügbarmachen relevanter Daten für die praktische Politik bis zu einer philosophisch-normativen Ordnungslehre.

Von ihrer Fragestellung her berührt sich die p.W. mit zahlreichen anderen Wissenschaften, die sich mit den Problemen von Recht, Staat, Geschichte, Gesellschaft und politischer Ordnung befassen, so vor allem mit Philosophie, öffentl. Recht, Geschichtswissenschaft, Nationalökonomie, Soziologie, Psychologie, Ethnologie und Religionswissenschaft. Diese „p.W.en" i. w. S. stehen in den angelsächs. Ländern noch heute in einem engen geistigen, oft auch institutionellen Zusammenhang mit der p.W. (Political Science Departments), während sich in den kontinentalen Ländern diese Verbindung im 19. Jh. infolge der Spezialisierung der p.Einzelw.en und der zeitweiligen Auflösung der Politik als wissenschaftl. Zentraldisziplin gelockert hat. Doch sind auch hier seit dem Ersten Weltkrieg (und verstärkt seit der Wiederherstellung der p.W. als akademischer Disziplin in Dtschld., Frankreich und Italien nach 1945) Bestrebungen zu einer intensiveren Zusammenarbeit im Gang, teils im Rahmen politischer Hochschulen und Studienzentren (Paris, Bologna, Mailand, Berlin, München), teils im Weg der Kooperation spezieller Fächer innerhalb der Universitätsinstitute für p.W.

B. Geschichtl. Entwicklung. In der Gesch. der p.W. lassen sich drei Traditionsbestände unterscheiden, die in verschiedenen Wirkungsgraden bis heute gegenwärtig sind: 1. die klassisch-christl. Tradition, 2. die neuzeitl. Staatslehre, 3. die historisch-soziologische Richtung des 19. und 20. Jh.

1. Die älteste Tradition der Politik als Wissenschaft ist – nach Vorbereitungen in der griechischen Geschichtsschreibung und im Werk PLATONS – von ARISTOTELES begründet und von den Peripatetikern in schulmäßige Form gebracht worden. In ihr vereinigen sich Ethik und Politik – beide bereits in schärfer individuierter

Form – zu einer der praktischen Philosophie eingeordneten „Wissenschaft vom Menschen" (Eth. Nic. I, 5), die auch als „p.W." bezeichnet wird. Indem die aristotelische Ethik nach dem Glück (eudaimonia) als höchstem Gut des Menschen fragt und dieses Gut im Unterschied zur theol. Ethik PLATONS nicht als unmittelbare „Teilhabe des Guten", sondern als tätige Verwirklichung (praxis) menschlichen Lebens im Werk versteht, rückt die Politik in ein Ergänzungsverhältnis zum ethischen Streben des einzelnen nach Selbstzwecklichkeit und Selbstvollendung: nur in der Polis kann der Mensch – der als isolierter einzelner nicht zu seiner Menschlichkeit käme – als Mensch leben und sich verwirklichen (dies ist der Sinn des Satzes vom Menschen als „physei zoon politikon"). Da sich das Politische aber nur im je einzelnen, geschichtl. Besonderen verwirklicht, geht ARISTOTELES in seiner Politik nicht vom „besten Staat" aus, sondern knüpft in einer lebensvollen und differenzierten Typenlehre an die bestehenden Verf.en an. Nach der Überlieferung hat er 158 „Politeiai", von denen nur der „Staat der Athener" erhalten ist, von seinen Schülern sammeln lassen als Vergleichsmaterial für seine „Politik". Diese baut allenthalben, die idealistische Konstruktion des platonischen Staates vermeidend, auf Beobachtung, Vergleich, Untersuchung des Vorhandenen auf; von ihren Lehrsätzen haben die Staatsformenlehre und die ihr zugehörige Lehre von den „staseis" (Veränderungen) mit ihrer Unterscheidung von Monarchie, Aristokratie und Politie (= gemäßigter Demokratie) und den Entartungsformen Tyrannis, Oligarchie, (radikale) Demokratie sowie die Lehre vom Innehalten der richtigen Mitte beim Aufbau des Gemeinwesens (Vermeidung zu großen Reichtums und zu großer Armut, Schaffung eines starken Mittelstandes) in der Folgezeit die größte Wirkung geübt. „Die Folge ist gewesen, daß die Welt das Politische bis heute z. T. mit den Augen des ARISTOTELES sieht und in seinen Ausdrücken davon spricht" (J. BURCKHARDT).

In der frühchristl. Tradition wird dann der immanente Zusammenhang von Ethik und Politik, der das antike Denken auszeichnet, zunächst gelockert. Das Christentum nimmt die spätantike Erfahrung eines apolitischen, der puren Einzelexistenz zugängl. Glückszustands auf und steigert sie zum Gedanken religiöser Autarkie des Christenlebens inmitten einer bösen, unrettbar den Dämonen verfallenen Welt. Damit wird die ökonomische und politische Sphäre zu einem bloßen Durchgangsort ohne konstitutive Bedeutung für die strebende Bewegung der Seele, zu einem zufällig-geschichtl. Milieu der Tugendübung, an dem sich allenfalls die überwindende Kraft christl. Lebens in der Welt bewähren mag. In AUGUSTINS Lehre von den „beiden Bürgerschaften" (De civitate Dei), die gegen die sakrale Identifizierung von Kult und Politik im röm. Staat gerichtet ist, sind Kirche und politische Welt nur äußerl. in der vita socialis sanctorum, der irdischen Pilgerexistenz der Christen, verbunden; deren transitorischer Charakter schließt jedoch jede institutionelle Verfestigung und jede Verdichtung des politischen Denkens zu einer Theorie von Staat und politischer Ordnung aus. Dementsprechend geht die Ethik der Kirchenväterzeit und des frühen MA. in theoretischer Metaphysik und Theol. auf, ohne eine selbständige Moralphilosophie oder -theol. zu entwickeln; die politische Theorie kleidet sich in dieser Zeit fast durchweg in die Form der Fürstenspiegel, deren Genus über ISIDOR VON SEVILLA auf AUGUSTINS Porträt des gerechten Herrschers in De civitate Dei zurückgeht.

Erst im 13. Jh. setzt mit der Wiederentdekkung der aristotelischen Schriften ein neuer Aufschwung der ethischen Disziplinen ein, der auch der Politik zugute kommt. Mit ihrer Lehre von der suppositiven Bedeutung des ökonomisch-politischen Lebensbereichs für die christl. Existenz nähert sich die Scholastik erneut dem antiken politischen Denken. So ist für THOMAS VON AQUINO die aristotelische Erkenntnis der Sozialnatur des Menschen wie auch die Auffassung der Politik als höchster praktischer Wissenschaft verbindlich: das Leben in der Gesellschaft ist nötig „ad exercitium perfectionis"; der Staat hat die Aufgabe, durch geeignete Vorkehrungen dafür zu sorgen, daß die geistige und sittl. Vervollkommnung des Menschen erreicht werden kann, und besitzt hierin eine eigene, von der Kirche unabhängige Würde und Autorität. Da die Staatsgewalt im göttl. Gesetz begründet ist, ist der einzelne ihr zu Gehorsam verpflichtet; dieser erlischt nur, wenn die Macht des Herrschers auf Usurpation beruht oder wenn er Unrechtes gebietet (→Widerstandsrecht). Als Verf.theoretiker ist THOMAS ein Anhänger der gemischten Regierungsformen, da diese den Herrscher an die Mitwirkung von Rat und Volk binden. Hier klingt einerseits der Gedanke der Volkssouveränität an, wie er sich im späteren MA. bei MARSILIUS VON PADUA und in der konziliaren Theorie entfaltet, anderseits nähert sich THOMAS mit seiner Lehre vom positiven Recht, das durch allg. Vereinbarung begründet wird, der Idee des Gesellschaftsvertrags, die in der Spätscholastik (SUAREZ) erstmals formuliert wird und in der neuzeitl. Staatstheorie ihren Siegeszug antritt.

Mit der Rezeption der aristotelischen Schriften und der Übernahme des peripatetischen Wissenschaftssystems erhält die *Lehre der Politik* an den europ. Universitäten seit dem 13. Jh. ihre feste Form: sie wird den Studenten im Rahmen der allg. philosophischen Vorbildung in der Artistenfakultät an Hand der Schriften des ARISTOTELES, CICERO, AUGUSTIN und später der Scholastiker vermittelt. Seit dem 16. Jh. verselbständigt sich dann der ethisch-politische Unterricht durch Errichtung fester Lehrstühle *(professiones Ethices vel Politices),* die ergänzend neben die theoretisch-philosophischen Lehrstühle treten. Diese Lehrtradition bildet im Abendland bis zum Ausgang des 18. Jh. den festen Rahmen wissenschaftl. Umgangs mit der Politik. Noch die modernen Bewegungen des Natur- und Völkerrechts, die Souveränitätslehre BODINS und die ältere kameralistische Wirtschafts- und Verwaltungslehre ordnen sich ihm ein.

2. Die neuzeitl. Strömungen politischer Theorie und Praxis, die seit dem 16. Jh. der aristotelisch-scholastischen Politik die Alleinherrschaft streitig machen, entfalten sich vor allem in zwei Richtungen. Einmal in die einer – die ältere Einheit von Politik und Ethik auflösenden – Machtlehre des Politischen, wie sie klassisch bei MACHIAVELLI formuliert ist und als Element wertfreier „realistischer" Betrachtung die gesamte moderne Politik durchdringt. Sodann in die einer Lehre vom Staat in seiner modernen Gestalt als „Herrschaftsapparat" – unter Einengung, ja Preisgabe seines älteren Verständnisses als politisches Gemeinwesen (populus sive respublica). Zwischen diesen beiden Strömungen der auf praktisches Handeln beschränkten Politik im neueren Sinn (Staatsklugheitslehre) und der deskriptiven Staatslehre (Statistik) behauptet die traditionelle Politik noch lange ihren Platz als umfassende Disziplin von Mensch, Gesellschaft und politischer Ordnung. Sie wird jedoch vom 16. Jh. an immer stärker auf das Gebiet des Juristischen abgedrängt (Naturrechts- und Staatsvertragslehren), weil sich „gegenüber dem Absolutismus nur eine auf Naturrecht fußende Rechtswissenschaft einigermaßen halten kann" (C. J. FRIEDRICH).

In MACHIAVELLIS politischen Schriften, die nicht zufällig auf dem Boden des politisch zerrissenen spätma. Italien erwachsen sind, schrumpft Politik zum technischen Utensil der Machtbehauptung; das Ziel des Wirkens im Staat liegt nicht mehr in der Eudämonie des Bürgers oder in christl. Tugendübung, sondern im herrischen Selbstgenuß männl. „virtù". Neu ist vor allem die Isolierung der (auch in der älteren Politik gesehenen) Kampfseite des Politischen und die sich anbahnende Verbindung mit dem Nationalstaatsgedanken. Trotz der überwiegenden Ablehnung der Gedanken MACHIAVELLIS (in Dtschld. bis zu KANT) ist keine moderne Staatslehre von dieser Naturbetrachtung des Politischen unberührt geblieben. Am stärksten wirkt sie nach im neustoischen Humanismus (LIPSIUS, CLAPMARIUS), in der Lit. der Staatsräson und der Arcana Imperii vom 16. – 18. Jh.

Stärker an der konkreten Erscheinung des modernen →Staates haftend und weniger am Machtkampf als am Institutionellen (Verwaltung, Regierung) orientiert, hat die moderne, vom Gedanken der Souveränität ausgehende Staatslehre der europ. Staaten des 16. bis 18. Jh. eine vielleicht noch breitere Wirkung geübt als die Politik MACHIAVELLIS. Mit dem noch tief in ma. Denken wurzelnden JEAN BODIN vollzieht sie – die Summe ziehend aus dem ma. Kampf der Universalgewalten und dem Aufstieg der Nationalstaaten – bereits im 16. Jh. den Schritt zur Proklamierung einer höchsten, alle anderen (zumindest nach innen) ausschließenden Staatsgewalt (summa in cives subditosque legibus absoluta potestas). Bei dem Engländer HOBBES wird diese →Souveränität dann, unter dem Druck der durch Glaubensspaltung und Religionskämpfe verursachten Bürgerkriegssituation, zur schrankenlosen Ermächtigung des zum „Leviathan" gewordenen Staates, der als Zwangsschlichter der streitenden Bekenntnisse und Herr über die Gewissen zum obersten Ordner des atomistisch in seine Bausteine, die Individuen, zerlegten Gesellschaftslebens aufsteigt. In den so geschaffenen Rahmen eines von Gehorsamspflicht, Beamtenethos und sittl. Pflichtbindung des Herrschers bestimmten →Absolutismus fügen sich dann vom 17. Jh. an die modernen Regierungs- und Verwaltungslehren ein. In Spanien und Frankreich stärker nach der Seite des (jetzt verselbständigten und vom gemeinen Recht getrennten) öffentl. Rechts hinneigend, in den dt. Territorialstaaten mehr nach der Seite der Staatswirtschaftslehre (Kameralismus und Polizeiwissenschaft), begleiten diese Wissenschaften in immer reicherer Verzweigung die Entwicklung des modernen Staates von der ständestaatl. Pluralität zur monopolistisch geschlossenen Betriebsform des Absolutismus.

Die *ältere* p.W. ist mit diesen Strömungen teils Verbindungen eingegangen (vor allem in Dtschld. im Kameralismus und in der Gesamten Staatswissenschaft des 18. und 19. Jh.; →Staatswissenschaften), teils hat sie sich, besonders in den Niederlanden und in England, weiterentwikkelt zur naturrechtl. Vertragstheorie und zur Lehre vom Verf.staat. Vorbereitet ist diese Entwicklung in der spanischen und niederländischen Natur- und Völkerrechtslehre des 16. Jh., die im Zeitalter der Kolonisierung und Reformation nach einem gemeinsamen Rechtsboden zwischen Christen und Heiden und zwischen den verfeindeten Konfessionen suchte: sie bot dem überlieferten politischen Denken zahlreiche Ansatzpunkte, wie sich an den naturrechtl. Politiken von ALTHUSIUS und PUFENDORF und an der institutionellen Verbindung des Naturrechts mit den Lehrstühlen für Ethik und Politik erweist. Gegenüber dem zu immer strafferer Gewaltkonzentration fortschreitenden Staat bringt diese Lehre zwei gewichtige Elemente der Tradition ins Spiel: das →Widerstandsrecht und die Auffassung der Herrschaft als einer zweiseitigen Pflichtbindung von Herrscher und Untertanen. In England (und später den USA) hat die Lehre von der Vertragsnatur des Herrschaftsrechts mit JOHN LOCKE den älteren patriarchalisch-theokratischen Herrschaftsgedanken überwunden und der Idee des modernen, auf freier Zustimmung und Beteiligung beruhenden und die Gewissensfreiheit respektierenden „civil government" die Bahn gebrochen. In rationalisierter Form begegnet die gleiche Staatsauffassung in MONTESQUIEUS Esprit des Lois, der das absolute Königtum an eine aus der „Natur der Sache" fließende Ratio der G.e zurückbinden will, während ROUSSEAUS von abstraktem Freiheitspathos getragene Radikalisierung der Vertragslehre (Contrat social, 1762) para-absolutistische Züge trägt und KANTS Anpassung des Vertragsgedankens an die Tradition des dt. Beamtenstaates vom Staat nur geistige Autonomie des Individuums, nicht das Recht politischer Mitgestaltung fordert.

3. Mit der Verwirklichung des modernen Rechts- und Verf.staates im 18. und 19. Jh. ist die gestaltende Kraft der europ. p.W. zunächst erschöpft. Trotz einzelner bedeutender Gestalten (BURKE, TOCQUEVILLE, QUÉTELET, MILL) fällt sie in England und Frankreich im 19. Jh. zunehmendem Akademismus anheim. Eine Spätblüte bilden die auf dem Boden der p. SpezialW.en erwachsenen Politiken des dt. 19. Jh. (DAHLMANN, FROEBEL, SYBEL, ROSCHER, TREITSCHKE) trotz des Absterbens der ehtisch-politischen Professuren nach KANT: sie haben, zusammen mit der Organisationsform der p.W.en in den Rechts- und Staatswissenschaftl. Fakultäten, über BURGESS und FRANCIS LIEBER einen starken Einfluß auf die jüngere amerik. p.W. geübt. Im übrigen ist das 19. Jh. gekennzeichnet durch eine weitgehende Auffächerung der p.W. in die positiven Fächer der Rechts-, Staats- und Geschichtswissenschaften, ein Vorgang, dem auf der anderen Seite die allmähliche Auflösung der alten, in der Ethik zentrierten Politik entspricht. Sie erscheint bereits einem RANKE so problematisch „wie der Wert einer sog. philosophischen Grammatik". Das Politische als aufgegebene gute Ordnung des Zusammenlebens wird jetzt hist. und soziologisch relativiert. Als Studienobjekte für eine p.W. bleiben schließlich nur noch die formalen Techniken des politischen Handelns übrig. So kommt es zu einer eigentüml. Verlagerung des staatstheoretischen Denkens von der natürl. Mitte der politischen und Rechts-Wissenschaft in die Historie und Soziologie, ein Vorgang, der besonders für Dtschld. (MAX WEBER, MEINECKE) typisch ist. „Hier wird ... eine wirkliche positive Staatstheorie entwickelt – vom Staat als ‚Betrieb', dessen immanente Teleologie den einzelnen heteronom in sich hinein, unter die Dämonie seiner Mittel, in die unentrinnbare sittl. Verschuldung zwingt – vom Staat als Naturkraft und Schicksal, von der Lebensidee seiner ‚Staatsräson', die in die unauflösl. Antinomie von Kratos und Ethos hineinführt – beide Male in sich geschlossene, eigengesetzl. Schicksalmächte, denen der einzelne mehr oder weniger als Objekt und Opfer gegenübersteht" (RUDOLF SMEND). Die moderne, machtstaatlich orientierte Historie des 19. Jh. und die soziologische Auffassung der Politik als Kampf um Machterwerb und Machtbehauptung (M. WEBER), als Wissenschaft des „Who Gets What, When, How" (H. LASSWELL) sind die letzten Versuche einer eigenständigen „neuen Wissenschaft" der Politik gewesen; mit der Dynamik einzelwissenschaftlicher Spezialisierung und positivistischer Sachbezogenheit ausgestattet, wirken sie bis heute in der europ. und noch mehr in der amerik. p.W. nach.

C. Aktuelle Tendenzen. Die jüngste Entwicklung der p.W. ist durch das Vordringen der Systemtheorie und die Zunahme funktionaler Systemanalysen gekennzeichnet, wodurch ihre ontologische Fundierung verdrängt wird. Das Erkenntnisinteresse verengt sich auf die Beziehungen zwischen Umwelt und System und auf die Chance relativer Autonomie des polit. Systems gegenüber Umwelteinflüssen, die in der Komplexität seiner Innenstruktur begründet liegt. Die Forschung orientiert sich im wesentl. an zwei analytischen Modellen, die als Systemerhaltungsmodell und als Systemzielmodell bezeichnet werden können. Im ersten Fall werden Funktionsweise und Determinanten polit. Einheiten (wie Parteien, →Verbände, polit. Systeme) unter dem Gesichtspunkt ihrer Erhaltung untersucht (EASTON, ALMOND, DEUTSCH). Im zweiten, noch wenig verbreitet, gilt das Interesse der Optimierung eines bestimmten Systemzieles bei gleichzeitiger Erhaltung aller anderen Ziele. Als Beispiel sei hier die Diskussion um Widerstreit oder Vereinbarkeit von Effektivität und vermehrter Partizipation in solchen polit. Einheiten genannt. Über die Fruchtbarkeit der Systemanalyse in der p.W. besteht bisher kein Konsens. Die moderne Systemtheorie ist bis heute nicht in ausreichendem Maß kohärent, explizit und komplex. Sie verengt sich darüber hinaus einseitig auf einen empirisch-analytischen Theoriebegriff.

In der p.W. der Bundesrep. Dtschld. haben sich in den späten 60er Jahren daneben dialektisch-historische Ansätze kritischer oder marxistischer Theorie stark verbreitet. Sie operieren mit deterministischen Geschichtsbegriffen und postulieren die Einordnung gesellschaftl. und polit. Tatbestände in den Rahmen einer vorgefertigten gesellschaftl. Totalität.

Über die Erkenntnisziele bestehen tiefgehende Meinungsverschiedenheiten. P.W.-Untersuchungen in diesem Rahmen versuchen, Entwicklungsgesetze der „spätkapitalistischen" Gesellschaft herauszuarbeiten, und verfolgen neben polit-ökonomischen schwerpunktmäßig auch sozial-psychologische Fragestellungen, deren Ziel die Erhärtung der These von der bewußtseinsmäßigen Manipulation der Bevölkerung als neuem Steuerungsinstrument der „Herrschenden" ist. Mängel solcher Analysen liegen besonders im Auseinanderklaffen von Theorie und Empirie. Eine Erfahrungskontrolle des theoretischen Rahmens wird nicht selten verweigert; die Theorie gleitet oft in eine platte, von den Leerformeln Totalität und Dialektik gespeiste Entwicklungsmechanik ab. Theoretische Reflexion und wissenschaftl. Argumentation treten zugunsten direkter praxisorientierter Handlungsanweisungen zurück, die auf Realisierung des postulierten utopischen Gesellschaftsideals gerichtet sind.

D. Heutige Pflege, Einzelgebiete. P.W. ist heute – abgesehen von einzelnen selbständigen Instituten, die sich speziellen Forschungsaufgaben widmen – im wesentlichen ein an *Universitäten und Hochschulen* gelehrtes Fach. Seine Bedeutung ist am größten in den angelsächs. Ländern, bes. in den *USA,* wo die aus der ma. College- und Universitätstradition stammende Pflege der Politik nie unterbrochen wurde und bis heute für Forschung und Unterricht ein ausgebauter Rahmen reichgegliederter Political Science Departments mit zahlreichen spezialisierten Lehrstühlen zur Verfügung steht. Für den Zugang zu öffentl. Ämtern hat die p.W. hier eine ähnl. Bedeutung wie die kontinentale Rechtswissenschaft; ihre öffentl. Geltung entspricht derjenigen der Geschichtswissenschaften in Dtschld. In *Frankreich* ist die p.W. seit der jur. Studienreform von 1954 ein Teilgebiet der jur. Ausbildung; die Lehrstühle sind den Rechtsfakultäten eingeordnet. Daneben bestehen zahlreiche staatl. Instituts d'études politiques, die einen politischen Unterricht vorwiegend praktischen Charakters erteilen und zugleich als Zubringer zum concours für die École nationale d'Administration (ENA), die Schule für hohe Verwaltungsbeamte, fungieren. In *Dtschld.* ist die p.W. in der Weimarer Republik vorwiegend im Rahmen der Dt. Hochschule für Politik in Berlin gepflegt worden, die seit 1959 der Freien Universität als Otto-Suhr-Institut für p.W. eingegliedert wurde. Nach 1950 sind in Dtschld. zahlreiche neue Lehrstühle geschaffen worden, so daß das Fach heute an allen dt. Universitäten mit einem oder mehreren Lehrstühlen vertreten ist. Während die angelsächsische p.W. hauptsächl. empirisch-sozialwissenschaftlich, die französische vorwiegend juristisch orientiert ist, begann die deutsche p.W. nach dem Zweiten Weltkrieg im Gefolge der alliierten Umerziehungspolitik und zum Zweck der Stärkung der jungen Demokratie nach den nationalsozialistischen Erfahrungen mit einer politisch-pädagogischen Zielsetzung; sie wurde Grundfach für die Ausbildung der Sozial- und Gemeinschaftskundelehrer. Mit dieser Zielsetzung verknüpften sich traditionelle juristisch-institutionenkundl. Ansätze. Mit dem zunehmenden Ausbau des Faches und dem internationalen Wissenschaftsaustausch gewann dann die angelsächsische empirisch-sozialwissenschaftl. Ausrichtung auch in Deutschland an Bedeutung.

Die *Lehre der Politik* gliedert sich heute in den angelsächs. Ländern, in zunehmendem Maße auch in Dtschld., Frankreich und Italien (soweit nicht ältere jur. und staatswissenschaftl. Einteilungsprinzipien entgegenstehen) in drei Gebiete: a) Verf.- und Regierungslehre (government) mit den Untergruppen Vergleichende Verf.lehre (comparative government) und Verwaltungslehre (public administration); b) Internationale Beziehungen (International relations); c) Politische Theorie (political theory).

a) Verf.- und Regierungslehre (government) ist nach K. LOEWENSTEIN aa) Beschreibung, Erklärung und kritische Analyse der Wirklichkeit der Regierungsweise eines bestimmten Staates oder mehrerer Staaten; bb) Darstellung der Lage eines Volkes unter einer gegebenen Verf. Ausgehend von der Frage „Wie wird regiert?" behandelt sie Aufbau und innere Struktur des Gemeinwesens unter hist., soziologischen und rechtl. Gesichtspunkten. Entsprechend der Weite des angelsächs. government-Begriffs, der nicht nur den Bereich der Regierung i. S. der klassischen Gewaltenteilungslehre umfaßt, sondern auch G.gebung und richterl. Gewalt, ja die „Verfaßtheit" der Gesellschaft im weitesten Sinne einschließt, gehören zum *government* neben der Verf.- und Regierungslehre i. e. S. auch die Lehre vom G.gebungsprozeß und von Justiz und Rechtsordnung in ihren politischen Funktionen. Sie haben sich im Zug von Demokratisierung und Sozialstaatlichkeit zu eigenen großen Forschungsgebieten verselbständigt (Teilnahme von Parlament, Parteien, Verbänden, Öffentlichkeit am G.gebungsprozeß; Findung, Durchsetzung und Ausführungskontrolle politischer Aufgaben im Sozial- und Verwaltungsstaat; Fragen der Führungsauslese, der rechtl. Kontrolle der Politik durch Verwaltungs- und Verf.gerichtsbarkeit usw.). Der alten Disziplin der Vergleichenden Verf.lehre (comprative government) sind durch die Entstehung der modernen totalitären Regime, die Führungsprobleme der modernen Demokratie und den Eintritt der Entwicklungsländer in die Weltpolitik neue Aufgaben zugewachsen. Ebenso hat sich die Lehre von der öffentl. Verwaltung (public administration) in jüngster Zeit infolge der zunehmenden Differenzierung der Funktionen des modernen Staates und der Bedeutung der Bürokratie stark ausgeweitet; in Europa ist sie nach dem Zweiten Weltkrieg als Komplementärwissenschaft zum Verwaltungsrecht und als Vorschule der praktischen Verwaltung neu begründet worden (École nationale d'Administration in Paris; Verwaltungshochschule in Speyer).

b) Die Internationalen Beziehungen (international relations), früher als Teil des comparative government in der politischen Institutionenlehre mitbehandelt, haben seit dem Ersten Weltkrieg steigende Bedeutung und Selbständigkeit gewonnen (Gründung des Council on Foreign Relations in New York und des Royal Institute of International Affairs [Chatam House] in London). Sie sind heute eine Grunddisziplin der p.W. Im Unterschied zum Völkerrecht werden hier nicht nur die rechtl. Beziehungen behandelt, sondern „die Gesamtheit der dynamischen Kräfte . . ., welche an der Gestaltung der Verhältnisse zwischen Staaten mitwirken" (A. BERGSTRAESSER). Ursprüngl. an der klassischen Auffassung der Internationalen Politik als eines festumrissenen Systems von Machtbeziehungen zwischen souveränen Staaten orientiert, ist die Forschung heute bemüht, eine Theorie des weltpolitischen Gesamtzusammenhangs zu entwickeln, die über die partikularen Gesichtspunkte einzelner Nationen oder Nationengruppen hinausreicht; als spezifische Literaturgattung zur Erfassung heutiger Weltpolitik dienen seit dem Ersten Weltkrieg die *Jahrbücher für Internationale Politik* in England, Frankreich und USA (seit Ende des Zweiten Weltkrieges auch in Dtschld. und Italien). Neue Forschungsgebiete sind die weltpolitischen Blockbildungen im Zeichen des Ost-West-Gegensatzes und des Aufstiegs der Entwicklungsländer sowie die militär- und außenpolitischen Probleme der Atomrüstung und -strategie.

c) Die politische Theorie (political theory) hat die Aufgabe, in die Gesch. der politischen Ideen einzuführen und den Studenten mit den großen politischen Ordnungskonzeptionen vertraut zu machen – eine Aufgabe, der vor allem in den angelsächs. Ländern zahlreiche Textbücher und Leitfäden dienen. Darüber hinaus dient sie, als verbindende Klammer der einzelnen politischen Spezialdisziplinen, der methodischen Orientierung des gesamten Forschungsbereichs, indem sie einerseits spezielle Arbeitsgebiete theoretisch zu generalisieren versucht (Parteitheorie, Theorie der internationalen Organisationen usw.), anderseits nach dem Bezug der politischen Ordnung zum Daseinssinn des Menschen fragt und damit die p.W. in einer umfassenden Anthropologie fundiert.

A. HADDOW, Political Science in American Colleges and Universities 1636–1900, 1939 – CH. E. MERRIAM, Systematic Politics, 1945, 1962[5] – R. M. MAC IVER, The Web of Government, 1947, rev. ed. 1965 – H. D. LASSWELL/A. KAPLAN, Power and Society. A Framework for Political Inquiry, 1950, 1961[4] – A. GRABOWSKY, Politik im Grundriß, 1952, 1971[2] – O. K. FLECHTHEIM (ed.), Grundlegung der p.W., 1958 – B. CRICK, The American Science of Politics, 1959 – E. VOEGELIN, Die neue Wissenschaft der Politik, 1959, 1965[2] – O. STAMMER (ed.), Polit. Forschung, 1960 – A. BERGSTRAESSER, Politik in Wissenschaft und Bildung, 1961, 1966[2] – J. MEYNAUD, Introduction de la science politique, 1961 – D. OBERNDÖRFER (ed.), Wissenschaftl. Politik, 1962, 1966[2] – W. HENNIS, Politik und praktische Philosophie. Eine Studie zur Rekonstruktion der p.W., 1963, 1977[2] – K. SONTHEIMER, P.W. und Staatsrechtslehre, 1963 – H. D. LASSWELL, The Future of Political Science, 1963 – E. FRAENKEL u. K. D. BRACHER, Fischer Lexikon Staat und Politik, Neuausg., 1964 – G. BURDEAU, Einführung in die p.W., 1964 – W. WEIL, Philosophie der Politik, 1964 – J. FREUND, L'essence du politique, 1964 – A. BERGSTRAESSER, Weltpolitik als Wissenschaft, 1965 – G. LEHMBRUCH, Einführung in die Politikwissenschaft, 1967, 1971[4] – M. HÄTTICH, Lehrbuch der Politikwissenschaft, 3 Bde., 1967–1972 – H. SCHNEIDER (ed.), Aufgaben und Selbstverständnis der P.W., 1967 – R. H. SCHMIDT, Methoden der Politologie, 1967 – W. ABENDROTH/K. LENK, Einführung in die P.W., 1968, 1982[6] – H. MAIER/H. RAUSCH/H. DENZER (ed.), Klassiker des polit. Denkens, 2 Bde., 1968, 1974[4] – K. v. BEYME, Politische Ideengeschichte, 1969 – K. W. DEUTSCH, Polit. Kybernetik, 1969, 1970[2] – W.-D. NARR/F. NASCHOLD, Einführung in die moderne polit. Theorie, 3 Bde., 1969 ff. – G. KRESS/D. SENGHAAS (ed.), Politikwissenschaft, 1969, 1971[3] – F. NASCHOLD, P.W., 1970, 1972[3] – H. MAIER/K. RITTER/U. MATZ (ed.), Politik und Wissenschaft, 1971 – L. REINISCH (ed.), P.W. heute, 1971 – A. GÖRLITZ, Politikwissenschaftl. Propädeutik, 1972, 1983[2] – D. BERG-SCHLOSSER/HERB. MAIER/TH. STAMMEN (ed.), Einführung in die Politikwissenschaft, 1974, 1985[4] – F. I. GREENSTEIN/W. P. NELSON (ed.), Handbook of political science, 8 Bde., 1975 – G. K. KINDERMANN (ed.), Grundelemente der Weltpolitik, 1977, 1981[2] – N. HOERSTER, Klassische Texte der Staatsphilosophie, 1979[2] – A. GÖRLITZ, Politikwissenschaftl. Theorien, 1980 – W. W. MICKEL (ed.), Handlexikon zur Politikwissenschaft, 1983 – H. MAIER, Politische Wissenschaft in Deutschland, 1985.

Hans Maier

III. Politische Ethik in der Theologie. A. Geschichtliche Erfahrungen. Um das große Gewicht zu verstehen, das dem politischen Thema heute in der ev. Kirche und Theol. zukommt, muß man sich die Erfahrungen der NS-Zeit in Deutschld. von 1933–1945 vor Augen stellen. Der in dieser Zeit geführte →Kirchenkampf hatte seinen eigentl. Gegenstand in der Abwehr staatl. Eingriffe in Lehre, Leben und Ordnung der →Kirche. Erst allmählich setzte sich die Erkenntnis durch, daß dieser Kirchenkampf auch seine Auswirkungen auf die kirchl. Verkündigung gegenüber dem polit. und gesellsch. Leben haben mußte. Die Vernichtung des europäischen Judentums (→Judenfeindschaft) und des sog. lebensunwerten Lebens (→Euthanasie), die weltanschaul. Umerziehung eines ganzen Volkes, die Brutalität gegenüber polit. Gegnern, erst recht die verbrecherische Auslösung eines Weltkrieges und die gewalttätige Behandlung unterworfener Völker: alles das mußte zu einer neuen Besinnung über kirchl.theol. Mitverantwortung auf dem Felde von Politik, Staat und Gesellschaft führen, die aber erst nach dem Kriege zur vollen Entfaltung kommen konnte. Hinwendung der Kirche zur Welt, Wächteramt der Kirche, →Öffentlichkeitsanspruch des Evangeliums: das waren die großen Themen der Synoden in den ersten Jahrzehnten nach dem Zweiten Weltkrieg. Kaum eine der großen Sachfragen der Politik wurde auf der Tagesordnung kirchl. Organe und in kirchl. Verlautbarungen ausgelassen.

Es wäre verwunderlich gewesen, wenn die Leidenschaft, mit der um den polit. Auftrag der Kirche gerungen wurde, nicht auch zu heftig ausgetragenen Meinungsverschiedenheiten geführt hätte. Ist die Kirche nicht auf dem besten Wege, sich in eine polit. Anstalt zu verwandeln? – so die einen. Müßte nicht die Kirche angesichts der ungeheuren Gefahr einer Selbstvernichtung der Menschheit noch sehr viel radikaler die Menschen aus Schlaf und Resignation gegenüber der Weltentwicklung aufwecken? – so die anderen (→Frieden). Übertreibungen und Versäumnisse sind dabei nach beiden Seiten hin begangen worden. Darum ist ein theol. zu verantwortender und politisch wirksamer polit. Dienst der Kirche immer wieder neu zu überprüfen. Das Thema selbst ist für die Christenheit nicht neu, wie sich in einem Überblick über ihre Geschichte leicht nachweisen ließe. Das Evangelium von Jesus Christus kündigt das Kommen des Reiches Gottes und ein neues Weltzeitalter des göttlichen Heiles an. Diese neue Welt Gottes wird nicht mit weltl. Mitteln und auf menschl. Weise herbeigeführt. Das Versöhntsein der Menschen mit Gott in dem Heilswerk Jesu Christi schafft eine neue, dem Weltzeitalter der Auferstehung zugehörige Wirklichkeit, die von der irdischen Wirklichkeit unabhängig und daher auch streng zu unterscheiden ist. Aber die Heilstat Gottes schafft eine neue Gemeinschaft zwischen den Menschen, die nicht ohne Auswirkung auf ihr irdisches Zusammenleben bleibt. So stellt schon die frühe christl. Verkündigung das Verhältnis zwischen den Völkern, zwischen Regierenden und Regierten, zwischen Herren und Sklaven, zwischen Armen und Reichen, zwischen Mann und Frau auf eine neue Grundlage. Die Kirche hat daraus nie ein sozialrevolutionäres Programm entwickelt (→Revolution). Es ist aber unverkennbar, daß im Wege der Entwicklung von innen heraus die christl. Verkündigung auch in dem polit. Gemeinwesen einen tiefgreifenden Prozeß der Veränderung bewirkte (→Staat). Insofern wurde die Kirche auch zur polit. Erzieherin der Völker.

Die Szene der Weltpolitik unterliegt offenbar dieser Spannung zwischen der auf uns zukommenden Welt Gottes einerseits und dem gebotenen Dienst an der Verbesserung der vergehenden Welt andererseits. Die Christenheit erfährt diese Spannung zwischen Distanz und Hinwendung in ihrem Weltverhältnis als die entscheidende Grundbestimmung ihres Lebens. Sie hindert die Kirche und ihre Glieder daran, die unvollendet bleibende Gestalt dieser Welt schwärmerisch revolutionieren oder ihr resignierend in eine bloße Jenseitshoffnung entfliehen zu wollen. Der *gläubige Realismus* verbindet beides miteinander: Arbeit an einer aktiven Veränderung der Welt in Richtung auf Gott und seine Verheißung auf der einen, Hoffnung auf eine Vollendung der Welt durch Gottes Neuschöpfung auf der anderen Seite. Offenbar bleiben das Weltverhältnis der Kirche und damit auch ihr Dienst in Politik, →Staat und →Gesellschaft nur dann in guter biblischer Verfassung, wenn diese Spannung erhalten bleibt (Eschatologie). Hier liegt einer der wichtigen Maßstäbe für die theol. Prüfung eines Konzepts polit. Mitverantwortung der Kirche.

B. Der Ansatz politischer Ethik. 1. Grundsätzliches. Für eine theol. Ethik des Politischen bedeutet dieser Ansatz, daß sich Kirche nicht auf die Verkündigung eines *künftigen Reiches Gottes* und auf die Pflege des privaten Bereiches einer frommen *Innerlichkeit* beschränken darf. Aber ebensowenig darf sie einer fortschreitenden *Veränderung* der Welt im Sinne einer aufwärtsführenden Entwicklung auf ein bloß irdisches Ziel hin einen absoluten Vorrang einräumen. Jedoch kennt der christl. Glaube kein Lebensgebiet, das nicht in das Licht der göttl. Offenbarung in Jesus Christus zu stellen wäre. Der einzelne Christ darf deshalb keinen Bereich seines Lebens aus seiner Zugehörigkeit zu Christus ausschließen. Das Politische und das Gesellschaftliche sind ein Teil christl. Lebens und Gehorsams, auch dieser Bereich ist von dem Gebot der *Liebe* zu den Menschen erfaßt. Weder gibt es das bloße Evangelium im Urzustand, auf dessen Verkündigung sich die Kirche beschränken, noch gibt es den abstrakten Menschen, dem die Kirche unter Umgehung seiner polit. und gesellschaftl. Lebensbedingungen dienen könnte. Kirche und Theol. müssen in ihr Verhältnis zur Welt auch die polit. und gesellschaftl. Bedingungen des menschl. Lebens mit einbeziehen.

2. Konkretionen. Im einzelnen ergeben sich Struktur und Inhalt einer Mitwirkung der Kirche an polit. Aufgaben aus dem konkreten Konzept einer polit. Ethik. Aus der Arbeit an dieser Aufgabe entwickelte sich sehr bald nach dem Kriege ein Grundlagen- und Methodenstreit, in dem sich unterschiedl. theol. Traditionen und Schulen zu Wort meldeten. Woher gewinnt die Theol. ihre Wertvorstellungen und Inhalte für die polit. Ethik? Wie kommt es zu polit. Entscheidungen in Einzelfragen? Welchen Rang nimmt dabei die Situationsanalyse ein? Ist das Kalkül hinsichtl. der Auswirkungen einer Entscheidung eine ethische Instanz? Muß man nicht vermeiden, eine Einzelfrage aus dem ethischen und polit. Gesamtzusammenhang herauszureißen? Welcher Platz wird der Pluralität subjektiver Erkenntnisse und der →Toleranz gegenüber anderen Überzeugungen eingeräumt? Wie steht es mit dem Mehrheitsprinzip einer parlamentarisch-repräsentativen →Demokratie? Was bedeutet es für die christl. Gemeinde, wenn es in wichtigen polit. Fragen zu gegensätzl. Positionen kommt (→Pluralismus)?

a) Die *Antworten* sind höchst kontrovers. Die einen stellen das polit. Thema in die Mitte der *Glaubensentscheidung* (→Königsherrschaft Christi). Das geschieht überall da, wo vom Reich Gottes her, von einem bestimmten eth. Zentralprinzip her oder von einer fundamentalen Glaubensaussage her argumentiert wird. So erklärt sich ein breiter Strom polit. Theol., die ihren letzten Ausläufer in einer „Theologie der →Revolution" oder auch in einer „Theologie der Befreiung" hat. Sie versteht die revolutionäre Veränderung der Welt als Gottes Auftrag und als Zeichen seines Handelns. Ethische Entwürfe dieser Art verfügen über eine starke spekulative und konstruktive Kraft. Sie sind geeignet, Initiativen zur Veränderung der Welt auszulösen. Nicht selten haftet ihnen ein Element des *Prophetischen* an. Viele Jüngere sind von einer solchen Theologie fasziniert, weil mit ihr zwischen dem Kommen Gottes und dem revolutionären Aufbruch einer gerechten Weltordnung eine direkte Verbindung hergestellt wird und so die Christen zur Avantgarde des Fortschritts werden. Aber die mit dieser Struktur polit. Ethik verbundene Einebnung zwischen der von Gott verheißenen Vollendung einerseits und der auf Erden erreichbaren Vollkommenheit menschl. Lebens andererseits geschieht nicht ohne Verlust wesentl. Inhalte bibl. Verkündigung. Es gibt lebenswichtige Fragen der menschl. Existenz, die sich nicht geschichtl. beantworten oder polit. lösen lassen. Christl. Verkündigung gerät so auf die Ebene polit. Programmatik und trägt dazu bei, Fragen besserer Politik in *Wahrheits*fragen umzuwandeln; der politisch Andersdenkende wird christl. geächtet, die kirchl. Gemeinschaft wird aufs Spiel gesetzt, an die Stelle klarer Zielsetzungen für eine polit. Ordnung tritt der revolutionäre Umbruch als Selbstzweck. Auf der letzten Stufe dieser Entwicklung wird man unsicher in der Frage der Gewaltanwendung (→Gewalt) zur Verwirklichung gesellschaftsrevolutionärer Heilslehren.

b) Dieser prophetisch bestimmten und sich exklusiv verstehenden *Gehorsamsethik* steht ein sozialeth. Entwurf gegenüber, der sich von vorgegebenen *Strukturen* und *Grundbedingungen* menschl. Zusammenlebens herleitet. Das polit. Thema wird bewußt nicht dem Gnaden- und Erlösungshandeln Gottes zugerechnet, sondern von seinem *Schöpfungs- und Erhaltungshandeln* her verstanden. Damit wird die klassische Lehre der Reformation von den *beiden Reichen oder Regimenten Gottes* aufgenommen (→Zwei-Reiche-Lehre), nach der Gott die Welt auf zweifache Weise regiert: geistlich durch die Verkündigung seines Wortes in Gesetz und Evangelium, weltlich durch das unter seinem Willen zu gestaltende ordnende Handeln von Menschen. Das Evangelium von Jesus Christus bleibt in seinem Kern Heilsverkündigung, es wird nicht zu einem polit. Programm und nicht zu einer Anleitung für christl. Politik. Gäbe es eine solche, so verfiele sie dem gleichen Verdikt wie jeder andere polit. Entwurf, der sich als letzte Wahrheit versteht. Vielmehr behält die allgemeine menschl. Vernunft die ihr auch von theol. Überlegungen zugewiesene Entfaltungsmöglichkeit. Eine solche Ethik beläßt in polit. und gesellschaftl. Entscheidungen einen größeren Spielraum für unterschiedl. Auffassungen, ohne die christl. Gemeinschaft zu zerstören; sie fördert ohne voreilige Rechthaberei eine sachbezogene Argumentation und ermöglicht die Unterscheidung zwischen Wahrheits- und Ermessensfragen.

C. Aufgaben. Der *Grundlagen- und Methodenstreit* in der theolog. Ethik des Politischen hat seit dem Ende des Zweiten Weltkriegs den eth. Beitrag der ev. Kirche und Theol. zu pol. Sachfragen überlagert und in seiner Wirkung stark beeinträchtigt. Das am meisten in die Augen springende Merkmal dieser Kontroverse ist der in den theol. Schulen übliche Wahrheits- und Geltungsanspruch gegenüber dem Andersdenkenden. Dabei wird von den Beteiligten übersehen, daß eine kirchl.-theol. Mitwirkung in der Politik ohnehin nur als *Teilbeitrag* gelten kann und daß dieser Beitrag sich um so mehr auswirkt, je größer die hinter ihm stehende Übereinstimmung ist. Das theol. Bemühen um eine politische Ethik und ihre Anwendung gipfeln in einer auf den Menschen bezogenen Sachgemäßheit. Sie muß jedem Versuch widerstehen, Staat, Gesellschaft und Politik einer Weltanschauung zu unterwerfen. Das gilt auch und nicht zuletzt für die Frage einer christl. Weltanschauung. Deshalb müssen Kirche und Theol. in Fragen der polit. Ethik von der jeweiligen Sachgerechtigkeit her argumentieren und auf die vernünftige Überzeugungskraft ihrer Argumente vertrauen (→Denkschriften der EKD).

Die Kunst für Kirche und Theol. in der Wahrnehmung ihrer polit. Verantwortung besteht offenbar darin, möglichst *konkret* in bestimmte Entscheidungsfragen hineinzuwirken, ohne doch ihre *Grenzen* zu überschreiten und in ein *fremdes Amt* einzugreifen; die Gewissensanrede in die Entscheidungszimmer von Politik und Gesellschaft hineinzutragen, ohne andersdenkende Glieder der Kirche zu belasten; die Autorität der Kirche für das Notwendige ins Spiel zu bringen, ohne Sachautorität durch Amtsautorität zu ersetzen. Erst im einzelnen Fall wird sich zeigen, ob eine derartige polit. Mitwirkung genau die Mitte zwischen bloßen Allgemeinheiten und zu sehr ins einzelne gehenden Anweisungen getroffen hat.

H. Thielicke, Theol. Ethik des Politischen, 1974² – W. Huber, Kirche und Öffentlichkeit, 1973 – Ders., Folgen christl. Freiheit. Ethik u. Theorie der Kirche im Horizont d. Barmer Theol. Erkl., 1983 – M. Honekker, Konzept einer sozialeth. Theorie. Grundfragen ev. Sozialethik, 1971 – Ders., Theol. Kriterien u. polit. Urteilsbildung: ZThK 71, 1974, 456–490 – Ders., Sozialethik zwischen Tradition und Vernunft, 1977 – Zum polit. Auftrag der christl. Gemeinde (Barmen II). Votum des Theol. Ausschusses der EKU, 1974 – H. Gollwitzer, Forderungen der Umkehr, 1976 – Die Denkschriften der EKD, Bd. 1/1 u. 1/2: Frieden, Versöhnung u. Menschenrechte (Einf. von L. Raiser), 1978. Bd. 2: Soziale Ordnung (Einf. von Eb. Müller), 1978 – Niels Hasselmann (Hg.), Gottes Wirken in seiner Welt. Zur Diskussion um die Zwei-Reiche-Lehre, 2 Bde., 1980 (Lit.) – Theol. Ausschuß der Arnoldshainer Konf. Möglichkeiten und Grenzen eines polit. Zeugnisses der Kirche u. ihrer Mitarbeiter, 1982 – W. Künneth, Der Christ als Staatsbürger. Eine eth. Orientierung, 1984 – J. Moltmann, Polit. Theol. – polit. Ethik, 1984 – E. Jüngel, Mit Frieden Staat zu machen. Polit. Existenz nach Barmen V, 1985.

Erwin Wilkens

Politische Programme. 1. Das Wort „Programm", das aus dem Griechischen stammt, bezeichnet ursprüngl. einen öffentl. Anschlag, eine Ankündigung oder einen Plan.

Zu den p. P. i. w. S. des Wortes zählen u. a. die Proklamationen und Zielsetzungen von Regierungen und Staaten, Verf.dokumenten und überstaatl. Zusammenschlüssen, politischen Gruppen und Parteien. Am Beginn der modernen

Gesch. stehen die Programme der großen Revolutionen: JEFFERSONS Unabhängigkeitserklärung des Jahres 1776 nennt als unveräußerl. Rechte „Leben, Freiheit und das Streben nach Glück". Die Präambel der amerik. Bundesverf. zählt als die Ziele des neuen Gemeinwesens „eine vollkommene Union, Gerechtigkeit, Frieden im Inneren, gemeinsame Verteidigung, allg. Wohlfahrt und Freiheit" auf. Die →Franz. Revolution von 1789 proklamiert die Ideale der Freiheit, Gleichheit und Brüderlichkeit. Die Erklärungen der russ. Oktoberrevolution bekennen sich zur „Abschaffung jegl. Ausbeutung von Menschen durch Menschen, der völligen Auslöschung der Aufteilung der Gesellschaft in Klassen, der rücksichtslosen Unterdrückung der Ausbeuter, der Errichtung einer sozialistischen Gesellschaftsordnung und dem Sieg des Sozialismus in allen Ländern" (so die Präambel der ersten Verf. der Russ. Sozialistischen Föderativen Sowjetrepublik von 1918). Im Jan. 1941 verkündete ROOSEVELT als die vier wesentl. Freiheiten des Menschen in unserer Epoche die Freiheit von Furcht, die Freiheit von Not, die Freiheit des Glaubens und die Freiheit der Meinung und Rede. Die Satzung der →Vereinten Nationen bezieht sich auf die Würde und den Wert der menschl. Persönlichkeit, sozialen Fortschritt, Frieden und Sicherheit.

Unter einem p.P. i. e. S. verstehen wir vor allem ein Dokument, das über Charakter und Ziele einer politischen Gruppe, →Partei oder Bewegung Aufschluß geben soll. Da die politischen Gruppen, Bewegungen und Parteien eng miteinander zusammenhängen und da die Partei lange im Vordergrund der politischen Szene stand, behandeln wir im folgenden zunächst vor allem Parteiprogramme.

Obwohl gelegentl. bereits der Name einer Partei dazu dient, sie zu identifizieren und im System der Parteien zu lokalisieren, reicht dieses „Firmenschild" hierzu nicht immer aus. Allerdings wird sogar das Programm der Partei diese Funktion auch nicht immer erfüllen. Aus der Programmatik allein wird sich kaum die wahre Natur der Partei voll und ganz erschließen – dazu stehen p.P. i. d. R. zu sehr im Zeichen ideologischer Verhüllung. Bei den Parteien, die ausgesprochen ideologische Gebilde sind, verhält es sich hierbei nicht viel anders als bei einer Privatperson: Deren Aussage – etwa vor einem größeren Kreise – über sich selber, ihren Charakter und ihr Lebensziel könnte kaum je ein wirkl. korrektes Bild der Gesamtpersönlichkeit vermitteln. Selbst wenn auf unwahre Aussagen verzichtet würde, würde zumindest manches, was kompromittierend wirken könnte, unausgesprochen bleiben. Gewisse Seiten der Persönlichkeit, gewisse Triebkräfte und Ziele würde der Betreffende beim besten Willen gar nicht enthüllen können, da sie in der Tiefe des Unbewußtseins verborgen bleiben. Ähnl. wird auch das Programm einer Partei i. d. R. mehr oder weniger „frisiert" sein. Es wird wohl stets die Tugenden der eigenen Partei groß schreiben und dort, wo die eigene Partei mit anderen Parteien scharf konkurriert, meist auch deren Laster überbetonen.

Ein Programm wird nicht selten Kompromißcharakter haben: Insofern es etwa der inneren Einigung der Partei dienen soll, werden unterschiedl. oder sogar entgegengesetzte politische Strömungen innerhalb der Partei oder auch sehr verschiedenartige soziale oder wirtschaftl. Interessen von Mitglieder- und Wählerschichten miteinander zu versöhnen sein. Außerdem kann das Programm aber auch den anders gelagerten Sonderinteressen der Parteiführung und -organisation oder auch von mit der Partei verbundenen Organisationen oder einflußreichen Pressionsgruppen außerhalb der Partei Rechnung tragen: Als Beispiel sei nur das Verhältnis der CDU/CSU zu den großen Kirchen, besonders zur katholischen, oder das der SPD zu den Gewerkschaften erwähnt. Das Programm kann schließl. auch gewisse Traditionen der Vergangenheit der Partei mit neuen Ideologien oder Interessen auszugleichen versuchen.

Programme können gelegentl. recht konkrete Interpretationen und Forderungen enthalten; zugleich werden sie aber auch oft mit recht allg., z. T. sogar leeren Formeln gefüllt sein, die sich ähneln oder gar miteinander übereinstimmen. So wird man heute kaum eine Partei finden, die sich nicht zu Volk und Demokratie, zu Frieden und Freiheit, zu Gemeinwohl und Gerechtigkeit bekennt. Angesichts einer solchen Angleichung wird man um so mehr auf die jeweilige Nuancierung zu achten haben: Man kann dann zumindest zwischen den Zeilen lesen, daß zB die eine Partei im Interesse des Friedens doch auf andere Zielsetzungen zu verzichten bereit ist, während eine andere Partei zwar auch für den Frieden eintritt, jedoch gewillt ist, ein größeres Kriegsrisiko in Kauf zu nehmen – im Interesse der Sicherheit des Vaterlandes, der Aufrechterhaltung der bestehenden Gesellschaftsordnung usw. Es geht also nicht nur darum, welche Punkte ein Programm enthält, sondern auch welches Gewicht sie in ihm haben. Ja selbst der Umstand, daß gewisse Formulierungen in einem Programm nicht (oder nicht mehr!) enthalten sind, kann äußerst aufschlußreich sein.

Welche Bedeutung die Programmatik für eine Partei hat, hängt mit deren Charakter zusammen. Neben ausgesprochenen Programmparteien stehen Parteien, die eine programmatische Festlegung weitgehend vermeiden. Man denke etwa an die vorwiegend auf die Besetzung der Staatsämter mit Parteianhängern ausgerichteten Patronageparteien, wie sie für die USA nach dem Bürgerkrieg typisch waren. Aber auch innerhalb ein und derselben Partei kann sich ein Wandel vollziehen: So kann zB eine Patronage- zu einer Programmpartei werden. Häufiger ist freilich der umgekehrte Weg von einer ausgesprochenen Programmpartei zu einer Partei, bei der das Programmatische sekundär ist. Wie

S. NEUMANN im Anschluß an HUME und DUVERGER betont hat, ist in der Frühphase der Parteibildung oft die Programmatik bestimmend, während später die Organisation im Mittelpunkt steht.

Das erklärt sich u. a. daraus, daß sich die moderne politische Partei, soweit sie nicht auf die oligarchische Parlaments- und Honoratiorengruppe zurückgeht, aus religiösen, sozialen oder politischen Massenbewegungen herauskristallisiert hat. Diese Bewegungen, die Ausdruck einer weitverbreiteten Unzufriedenheit sind und in Oppositionen gegen den Status quo diesen verändern wollen, müssen im Interesse der Selbstverständigung wie der Agitation und Propaganda nach außen ihre Forderungen und Ideen zusehends programmatisch fixieren. Die Bewegungen des Bürgertums und der Bauern, die Arbeiterbewegung, die Frauenbewegung, die Friedensbewegung haben alle ihren Niederschlag in mehr oder weniger festen und umfassenden Programmen gefunden, ebenso die sich aus diesen Bewegungen herauskristallisierenden Parteien und Gruppen.

Nicht zufällig sind die liberalen Parteien (→Liberalismus), die ihren Ursprung in der die Emanzipation des Bürgertums fordernden Bewegung haben, die ersten Programmparteien. Dagegen spielt bei den aus den Parlaments- und Honoratiorencliquen hervorgehenden konservativen Parteiungen die Programmatik zunächst keine entscheidende Rolle. Da sie im Besitz der Macht sind und „nur" das Bestehende konservieren wollen, glauben sie zunächst auf weitreichende programmatische Rechtfertigungen oder gar Forderungen verzichten zu können. Erst in Reaktion auf den liberalen Vorstoß entsteht die konservative Programmatik. Andererseits tritt in dem Maße, in dem sich eine große soziale oder politische Bewegung „institutionalisiert", d. h. „saturiert", „domestiziert" und „bürokratisiert", das rein programmatische Moment hinter den sonstigen Interessen der Organisation und des Apparates zurück; das Programm mag nun sogar zur Verhüllung der wahren Ziele beitragen.

In einem Mehrparteiensystem hat das Programm i. d. R. auch der Abgrenzung von anderen Parteien zu dienen. Im Kampf der Parteien miteinander wird eine Partei mit ihrem Programm nicht nur die eigenen Anhänger, sondern auch die Nichtwähler, ja sogar die potentiellen Wähler der anderen Parteien ansprechen wollen. So ergibt sich die Unterscheidung zwischen *Wahlprogrammen,* die auf verschiedene Formen der Werbung abgestimmt sind, und *Grundsatzprogrammen,* die mit ihrem Bekenntnischarakter eher der Selbstverständigung der Parteien dienen. Aktions- und Plattform-Programme mögen wiederum stärker operativ auf den zukünftigen Kurs der Partei als Regierungspartei oder Koalitionspartner ausgerichtet sein. Schließl. kann man auch noch zwischen Totalprogrammen, die alle Bereiche erfassen sollen, und Spezial- oder Teilprogrammen, die einen begrenzten Sektor des öffentl. Lebens (Wirtschaft, Landwirtschaft, Kultur, Sozialpolitik, Außenpolitik usw.) abstekken, unterscheiden.

Eine Regierungspartei wird in ihrem Programm dazu neigen, einerseits die Politik der Regierung zu rechtfertigen, andererseits die Opposition in Grund und Boden zu verdammen. Oppositionsparteien werden umgekehrt das Versagen der Regierungspartei anprangern und versprechen, daß sie, sobald sie nur an die Regierung gekommen sind, alles viel besser machen werden. Die Realisierungsmöglichkeit aller p.P. ist jedoch nicht unbegrenzt. Politische Parteien agieren, operieren und funktionieren immer innerhalb vorgegebener geschichtl.-gesellschaftl. Situationen und Strukturen. Wollen sie die Gesellschaft oder Kultur tiefgehend verändern, so stoßen sie gegen die Wand vorgegebener Gewohnheiten und Überlieferungen, machtvoller Institutionen und herrschender Kräfte, die sich mit der Erhaltung der bestehenden Herrschafts- und Besitzordnung identifizieren. In Krisenzeiten kann eine bes. weitsichtige, tatkräftige und geschickte Partei sicher manches ändern, aber selbst dann sind der bewußten politischen Gestaltung und Veränderung Grenzen gesetzt. Die Entwicklung in Osteuropa seit 1917 und 1945 oder in China seit 1911 ist ein Beispiel für Möglichkeiten *und* Grenzen politischer Neuordnung.

In normaleren Zeiten werden nicht nur Reformparteien, sondern sogar radikale und revolutionäre Parteien kaum je mehr als einen Bruchteil ihrer programmatischen Forderungen verwirklichen können, verlaufen doch selbst in unserer ungeheuer dynamischen Epoche, in der sich sogar die soziokulturellen Grundstrukturen rasch zu ändern beginnen, wichtige Trends oft in einer den Vorstellungen und Zielen der radikalen und reformerischen Parteien entgegengesetzten Richtung. Allerdings konnten im 19. Jh. – wie auch etwa in England nach 1945 – wichtige Programmpunkte liberaler, radikaldemokratischer und sozialistischer Parteien, wie Parlamentarisierung, Demokratisierung des Wahlrechts, Achtstundentag, Sozialisierungen, realisiert werden. Für konservativere Parteien stellt sich dieses Problem kaum, da sie eher dazu neigen werden, die bestehenden Verhältnisse zu bewahren oder die Entwicklung ihrer Eigendynamik zu überlassen. Freilich werden sogar sie im Zeitalter des allg. Wahlrechts gelegentl. in ihren Programmen gewisse Reformen vertreten, sei es auch nur, um so die Gunst der Wählermassen zu gewinnen.

P.P. stehen also nie im luftleeren Raum – ihrer Funktion wird daher auch eine rein philologische oder dogmengeschichtl. Deutung nicht voll gerecht. Als Gedanken- und Sinngebilde haben die Programme zwar auch ihren Platz in der Geistes- und Ideengesch.; vor allem aber wirken sie als Momente der politischen Realität, als Ideologien in der geschichtl.-gesellschaftl. Entwicklung, als Vehikel oder Verschleierung der Interessen. Eine soziologisch-ideologiekritische Analyse ist daher durchaus am Platze. Natürl. setzt diese die Kenntnis der Grundideen und der großen geistigen Strömungen, aus denen die Programme kommen, voraus. Man wird auch die verschiedenen Entwürfe, Lesarten und Abänderungen der Programme zu analysieren haben. Schon dabei wird man aber die Entstehungsgesch. eines Programms auch soziologisch sehen müssen. Dies wird erst recht nötig sein, wenn man etwa die programmatischen Veränderungen einer Richtung oder Partei verstehen oder die Programme verschiedener Gruppen oder Parteien vergleichend in den Griff bekommen will. Schließl. muß man – so schwierig das sein mag – versuchen, den Zusammenhang zwischen der Programmatik einer Partei, ihrer organisatorischen und sozialen Struktur sowie ihrem gesamten Verhalten im politischen Alltag zu sehen, da diese drei Ebenen in steter Wechselwirkung stehen.

2. Als Wiege der modernen politischen Partei gilt England. Die engl. Parteien sind weder ausgesprochene Weltanschauungsparteien im klassischen dt. Sinne noch reine Wahlmaschinen. Sie waren zumeist tolerant, pragmatisch, relativistisch und doch politisch so profiliert, daß der Wähler i. d. R. nicht nur eine Personenwahl, sondern auch eine echte Sach- und Wertentscheidung treffen kann. Die Wahl zwischen einem noch so maßvollen, Reformen zur Not hinnehmenden Konservativismus einerseits und einem noch so konservativ getönten Sozialreformismus oder auch Sozialismus andererseits stellt auch heute noch eine echte Alternative dar. Gerade in Fragen der Wirtschaftsgestaltung und der Sozialordnung steht nach wie vor die Konservative Partei im traditionellen Sinne des Wortes rechts, die Labour Party links. Die engl. Parteien müssen auch schon deshalb aus neu auftauchenden Problemen „issues" machen, weil in England kaum 100 Posten politisch zu besetzen sind und so die Versuchung, zur Beute- und Patronagepartei zu werden, nicht allzu groß ist.

In den USA war die Bedeutung der Programmatik dagegen lange Zeit viel geringer. Max Weber konnten die amerik. Parteien noch als das Urbild der Patronagepartei erscheinen. Was ihren programmatischen Gehalt anlangt, so verglich sie vor dem Ersten Weltkrieg ein Amerikaner mit Flaschen, die zwar verschiedene Etiketten tragen, aber doch leer sind. Typischerweise nannte sich auch die Partei Jeffersons und Jacksons zunächst republikanisch und dann demokratisch, während die 1856 neugebildete Partei Lincolns nun wieder nur auf die Bezeichnung „republikanisch" verfiel. So erklärte man stets mit Recht, daß *alle* Amerikaner Republikaner *und* Demokraten seien! Freilich zeichnet sich eine bedeutsame Wandlung ab: Der Umfang der Patronage, der noch immer beträchtl. ist, nimmt ab. Zugleich können im Zeitalter des Wohlfahrtsstaates die Parteien immer weniger die großen wirtschafts- und sozialpolitischen Probleme einfach ignorieren. Sowohl die Republikaner wie die Demokraten erscheinen zwar auch heute noch beide weltanschaul. als „liberale" Mittelparteien. Dennoch hat sich bei jenen der Schwerpunkt nach „rechts vom Zentrum", bei diesen eher nach „links vom Zentrum" verlagert. Trotz aller Gemeinsamkeit betonen die Republikaner ihren Glauben an die „freie Wirtschaft", während die Demokraten in erster Linie als die Fürsprecher der sozialen Sicherheit erscheinen möchten. Voraussichtl. werden die beiden Großparteien auch weiterhin verschiedene Interessengruppierungen vertreten und sich insoweit in einer Reihe von Fragen auch programmatisch unterscheiden.

Im Gegensatz zu England und den USA kannte der europ. Kontinent von vornherein Vielparteiensysteme mit starken programmatischen Differenzen. Infolge der komplizierten Klassengliederung und der vielfältigen dynastischen, verfassungspolitischen und konfessionellen Spaltungen entwickelten sich nach 1815 in zahlreichen westeurop. Staaten programmatisch deutl. artikulierte Richtungen. In Anlehnung an den franz. Historiker Seignobos kann man um die Mitte des vorigen Jh. von rechts nach links die folgenden programmatisch fixierten Lager unterscheiden: Eine von Adel und Klerus getragene absolutistisch-konservative Partei trat für die absolute Monarchie und die Staatskirche ein; eine liberal-konservative Gruppierung, die sich auf Teile der Bürokratie, des Grundbesitzes und der Finanzbourgeoisie stützte, verteidigte die konstitutionelle Monarchie, eine parlamentarisch-liberale Strömung, hinter der das Gros des Bürgertums stand, setzte sich für die Suprematie eines auf Grund des Zensuswahlrechts zustandegekommenen Parlaments ein; schließl. forderten demokratisch-radikale Bewegungen, in denen sich Kleinbürger, Arbeiter und manche Bauernschichten sammelten, die demokratische Republik. Wo als Folge der Industrialisierung das Industrieproletariat erstarkte, spaltete sich dieses früher oder später in zwei Flügel – für den einen war eine kleinbürgerl.-demokratische Konzeption bezeichnend, für den anderen eine proletarisch-sozialistische. In der zweiten Hälfte des Jh. entstanden schließl. in Dtschld. und in anderen Ländern mit kath. Minderheiten klerikale Parteien, die die Interessen dieser Minderheiten ebenso wie die der kath. Kirche gegen prot. oder liberale Regierungen und gegen jedweden liberalen, demokratischen oder sozialistischen Säkularismus vertreten sollten.

Noch komplizierter wurde das Bild im 20. Jh. infolge des Auftauchens nationalistischer und faschistischer Massenparteien. Während im Laufe dieser Entwicklung die alten Rechtsparteien oft verschwanden oder an Bedeutung verloren, rückten die klassischen Linksparteien in dem Maße, wie sie ihre ursprüngl. Ziele verwirklichten, mehr und mehr nach der Mitte oder gar nach rechts. Ihrerseits mußten sie sich nun in steigendem Maße gegen die Opposition jüngerer Parteien der Linken mit noch radikaleren Programmen verteidigen. Seit der Spaltung der Linken im Verlauf des Ersten Weltkrieges und nach der Oktoberrevolution führte der Weg der äußersten Linken jedoch eher in eine Position, die die dauernde Einschränkung der persönlichen Freiheit impliziert.

Konnte man im 19. Jh. die Aufeinanderfolge der großen politischen Strömungen von rechts nach links mit einer Geraden vergleichen, so wurde diese nunmehr immer mehr zu einem Kreise – in dem Maße, in dem die beiden extremen Pole – der Kommunismus auf der äußersten Linken und der Faschismus auf der äußersten Rechten – zusammenzutreffen schienen. Mit der welthist. Niederlage des Faschismus und dem Abbau des Stalinismus kündigt sich heute zum erstenmal wieder eine Konstellation an, in der die Kommunisten im Westen auch programmatisch möglicherweise zu einer Synthese von Freiheit und Gleichheit zurückfinden werden.

Ähnl. wie Westeuropa stand auch Dtschld. im Zeichen einer Vielheit von programmatischen Richtungen, wenn auch hier die Parteibildung später als in Westeuropa einsetzte. Vor 1848 zeichnete sich zuerst ein liberales und erst später als Reaktion auf dieses ein konservatives Lager ab. Die Niederlage der Revolution von 1848 bedeutete auch die Niederlage der liberalen Programme. Der Ausgang des Verf.konflikts in Preußen hatte in den 60er Jahren die weitere Schwächung und Spaltung des Liberalismus zur Folge. Der geschwächte linke Flügel trat zwar als Fortschrittspartei weiter für ein größeres Mitspracherecht des Volkes ein, wurde aber mehr und mehr von dem rechten Flügel, den Nationalliberalen, verdrängt, die den Kompromiß des Großbürgertums mit dem BISMARCKschen „Konstitutionalismus" zum Programm erhoben. Das 1870 neugebildete kath. Zentrum, das von Fall zu Fall entweder mit der Rechten (Konservative und Nationalliberale) oder mit der Linken (Fortschritt und Sozialdemokratie) zusammenging, hatte ein kath. getöntes christl. Programm. Da sich auch im neuen Dt. Reich der Parlamentarismus nicht durchsetzen konnte und die Parteien von der Regierungsverantwortung ausgeschlossen blieben, verfestigte sich hier ein Parteitypus, der die Vertretung massiver Interessen von oft sehr gegensätzl., z. T. auch engbegrenzten Gruppen, Schichten oder Klassen mit dem Bekenntnis zu einer recht ausgeprägten Weltanschauung verband.

Bes. verhängnisvoll wirkte sich dies nach 1918 aus, als die Parteien über Nacht unter den schwierigsten Bedingungen die volle Regierungsverantwortung übernehmen mußten. Die angebl. Erbin der Konservativen, die Dt. nationale Volkspartei, vertrat nun in Wahrheit ausgesprochen reaktionäre, nationalistische und monarchistische Forderungen; immer wieder bekämpfte sie die Republik mit allen Mitteln. Auch die Dt. Volkspartei, die Nachfolgerin der Nationalliberalen, verlangte trotz der gemäßigten Politik STRESEMANNS die Abkehr von der „Massendemokratie" und die Rückwendung zur nationalen Monarchie. Das Zentrum, das seinen alten Namen beibehielt, stellte sich ohne allzu große Liebe für die Demokratie pragmatisch auf den Boden der Verf. Die Fortschrittspartei bekannte sich als Dt. Demokratische Partei mehr oder weniger entschieden zur Republik, verlor aber schon bald jeden Rückhalt im Bürgertum und Mittelstand. Die Sozialdemokratie verzichtete auf die Verwirklichung von typisch sozialistischen Forderungen wie der Vergesellschaftung der Produktionsmittel und wurde zur Verteidigerin einer zunehmend konservativer werdenden Republik im Kampf gegen die äußerste Rechte und Linke. Nach der Spaltung der Unabhängigen Sozialdemokratischen Partei Dtschld. i. J. 1920 konnte die kleine KPD viele enttäuschte Sozialisten gewinnen. Ihr Programm der proletarischen Diktatur nach russ. Vorbild blieb jedoch ohne große Anziehungskraft.

Das dt. Parteiensystem hatte auch über den Zusammenbruch von 1918 hinaus eine erstaunl. Kontinuität gewahrt. Die Parteien der Weimarer Republik waren mit den Parteien des Kaiserreichs weitgehend identisch geblieben. Im Nov. 1918 gaben sie sich – mit Ausnahme der SPD und des Zentrums – zwar neue Namen; ihre Stellungnahme zu den großen Problemen – der Emanzipation der Arbeiterklasse, der parlamentarischen Demokratie, dem Verhältnis Dtschld. zu den anderen Mächten – hatte sich jedoch wenig verändert.

Der wirkl. Bruch erfolgte erst 1933 und dann noch einmal 1945. Die faschistische NSDAP war eine radikal und total neue Partei, neu auch in ihrer Verachtung der Theorie und Praxis des Rechtsstaates. Ihre Zielsetzung war extrem totalitär und imperialistisch, gegenrevolutionär und nihilistisch. An die Stelle einer pluralistischen Ordnung suchte sie den extremsten Monismus und Zentralismus der Gewalt zu setzen. Nach ihrer Eliminierung entstand 1945 ein Mehrparteiensystem, das sich trotz aller immer noch feststellbaren teilweisen Kontinuität doch gerade im Laufe seiner weiteren Entwicklung von dem der Weimarer Republik und des Kaiserreichs zusehends entfernt hat.

3. Die Programme der 1945 neugegründeten Parteien schienen zunächst weitgehend miteinander übereinzustimmen. Die sog. „klassischen" Lizenzparteien – die KPD, die SPD, die CDU/CSU und die LDP/FDP – sprachen sich damals alle für eine neue, antifaschistisch-demokratische Ordnung aus, bei schärfster Ablehnung nicht nur des Dritten Reiches, sondern auch gewisser antidemokratisch-reaktionärer Tendenzen, die bereits vor 1933 den →Nationalsozialismus begünstigt hätten. Christentum und Demokratie, Sozialismus, Pazifismus und Internationalismus erschienen als die wahren Alternativen zum Nationalsozialismus, der nicht nur als undemokratisch und antichristl., sondern auch – trotz seiner Bezeichnung – als antisozialistisch und kapitalistisch, nationalistisch und imperialistisch angesehen wurde. Der Ablehnung der obrigkeitsstaatl.-kapitalistischen Vergangenheit entsprach das Bekenntnis zu einer weitreichenden Demokratisierung, ja sogar häufig zum →Sozialismus in der einen oder anderen Form. Allein die LDP/FDP lehnte schon damals eine sozialistische Neuordnung der Wirtschaft grds. ab und proklamierte von vornherein den freien Wettbewerb und die freie Wirtschaft; nur zur Überwindung von Notständen sei die →Planwirtschaft unentbehrl. Paradoxerweise vermied im Zeichen der Volksfront zunächst gerade die KPD ein klares Bekenntnis zum Sozialismus; allerdings zeigte schon bald ihre politische Praxis, daß sie nur allzu bereit war, tiefreichende Eingriffe in die privatkapitalistische Wirtschaftsordnung vorzunehmen. Die CDU sympathisierte weitgehend mit der Idee eines christl. Sozialismus – gelegentl. fand sich sogar bei ihr ein Bekenntnis zum wirtschaftl. Sozialismus. Das Ringen um eine neue, nichtkapitalistische, christl. Wirtschafts- und Gesellschaftsordnung ging hier bis etwa zum sog. Ahlener Programm von 1947 weiter. Für die SPD war damals Sozialismus erklärtermaßen „nicht mehr ein fernes Ziel“, sondern „die Aufgabe des Tages“.

Es waren die Kommunisten, die 1945/46 am schärfsten die Theorie vom bes. dt. Weg zum Sozialismus betonten. Ihr ideologischer Sprecher, Ackermann, erklärte, anders als 1917 in Rußland würde man in Dtschld. auf dem friedl. Wege der parlamentarischen Demokratie, ohne bewaffneten Aufstand, proletarische Diktatur und Räteherrschaft zum Sozialismus gelangen. Aber auch die Sozialdemokraten schienen damals ähnl. zu argumentieren: Dtschld. könne und müsse eine unabhängige und vermittelnde Stellung zwischen den großen Machtblöcken einnehmen. Nur so könne seine nationale Einheit bewahrt oder, besser gesagt, wiederhergestellt werden. Nicht nur geographisch, sondern auch politisch, wirtschaftl. und kulturell könnte es dann eine Brücke zwischen dem kommunistischen Osten und dem kapitalistischen Westen bilden. Das neue sozialistische Dtschld. müßte die positiven Seiten der Sowjetunion – zB Wirtschaftsplanung – mit den guten in den USA – zB politische Demokratie – verbinden.

So suchten 1945 die dt. Parteien nach einem neuen Weg – nach der Katastrophe des Nationalsozialismus schien der Faden zur Vergangenheit endgültig abgeschnitten. Die westl. Systeme wollte man nicht einfach nachahmen; erst recht war man nicht an einer Übertragung russ. Verhältnisse auf Dtschld. interessiert. Jenseits von „Kapitalismus“ und „Kommunismus“ schien sich eine neue Synthese zu bieten, die man mit den Begriffen „demokratischer Sozialismus“ (SPD) oder „christl. Sozialismus“ (CDU) zu umschreiben suchte.

Die Bereitschaft der Parteien zu solchen kühnen neuen Konzeptionen war um so größer, als sie gleichsam in einem politischen Vakuum operieren mußten. Die eigentl. Regierungsgewalt lag ja in den Händen der Besatzungsmächte. Die Haltung der Parteien entsprach zugleich zunächst noch der weltpolitischen Lage. Die Großmächte selber schienen sich ja in Potsdam auf ein neues, nichtkapitalistisches und nichtkommunistisches „demokratisch-antifaschistisches“ Dtschld. geeinigt zu haben. Fragl. wurde dieser Kompromiß jedoch, sobald sich die Mächte ihrer verschiedenen Interessen und unterschiedl. Auffassungen der „Demokratie“ bewußt wurden. In dem Maße, wie sich die Westmächte und die Sowjetunion entfremdeten, setzte auch in Dtschld. eine Polarisierung ein. Allzu bald trat in der SBZ an die Stelle einer sozialistischen Demokratie eine stalinisierte „Volksdemokratie“, während in den Westzonen die traditionellen bürgerl.-kapitalistischen Kräfte wieder zu erstarken begannen. Zwischen dem Anprall von östl. Antiimperialismus und westl. Antibolschewismus wurde der Spielraum für einen demokratischen wie auch für einen christl. Sozialismus immer schmaler.

Die programmatische Annäherung zwischen KPD und SPD konnte folg. nur von kurzer Dauer sein. Schon bald begann ein jeder der beiden daran zu zweifeln, ob es dem anderen denn tatsächl. mit dem neuen „Dritten Weg“ ernst sei: Schumacher war von vornherein davon überzeugt, daß der „bes. dt. Weg“ für die Kommunisten nur Taktik sei. Sobald sie sich stark genug fühlen würden, würden sie zum russ. Vorbild zurückkehren. Die Kommunisten hingegen hielten auf Grund ihrer hist. Erfahrungen mit der Sozialdemokratie diese für zu opportunistisch und verbürgerlicht, als daß sie den Sozialismus auch gegen den ernsthaften Widerstand des Bürgertums rücksichtslos durchsetzen würde. Daher drängte die KPD auf die Verschmelzung mit der SPD, die so unter ihre Kontrolle gebracht werden sollte. Einen entscheidenden Stoß erhielt damit die Theorie vom Dritten Weg in der SBZ bereits 1946 durch die Zwangsvereinigung der SPD mit der KPD. Endgültig und offiziell wurde sie dann durch die SED 1948/49 verdammt – im Zusammenhang mit der Stalinisierung der kommunistischen Parteien anläßl. des Bruches mit Tito. So wurde der Dritte Weg sowohl in der SBZ – hier von „links“ her – wie in den Westzonen – hier von „rechts“ her – versperrt.

Zwar verschwand im Westen die SPD nicht einfach als selbständige Partei; sie verlor aber die Schlüsselstellung, die sie zunächst 1945 erlangt hatte, an die CDU/CSU – und zwar an eine CDU, die – nicht zuletzt unter dem Einfluß ihres Führers Adenauer sowie des „bürgerl.“ Flügels – inzwischen die Zielvorstellung eines christl. Sozialismus weitgehend aufgegeben hatte. Die Auflösung der Allparteienkoalitionen in den Ländern mit der Ausschaltung der KPD und der Schwächung der SPD, die Währungsreform von 1948 und die Erhardsche Wirtschaftspolitik des Abbaus der Zwangswirtschaft mit der

Stärkung der Position der Unternehmer und Selbständigen, die Gründung der Bundesrep. Dtschld. mit den ersten Bundestagswahlen, die eine „bürgerl." Mehrheit ergaben, die Bildung der „bürgerl." Koalitionsregierung unter ADENAUER sind Etappen auf dem Wege der Isolierung der SPD und der Konsolidierung der konservativen Kräfte. Entscheidend war wohl, daß sich die größte Partei Westdtschld., die CDU/CSU, in Anknüpfung an die traditionalen Formen und Institutionen der dt. Gesellschaft für die ERHARDsche „soziale Marktwirtschaft" entschieden hatte. Ihre Koalitionspartner, die DP und die LDP/FDP, hatten ja die Idee eines bes. dt. Sozialismus stets abgelehnt, ähnl. wie die erst später größere Bedeutung gewinnenden kleineren Rechtsparteien.

Diese Entwicklung ist in den großen weltpolitischen Gegensatz eingebettet: die KPD identifiziert sich unbedingt mit der „Friedenspolitik" der Sowjetunion gegen die „imperialistisch-aggressiven" Westmächte, als deren Instrument sie nunmehr die Bundesrep. ansieht. Die CDU/CSU – und ähnl. auch die DP und die FDP – orientiert sich eindeutig nach dem kapitalistisch-demokratischen Westen: In enger Zusammenarbeit mit den Besatzungsmächten werden die alten Vorstellungen von nationalstaatl. Souveränität abgebaut. Mit der Aufwertung des völkerrechtl. Status der Bundesrep. gegenüber den Siegermächten geht die wirtschaftl., politische und militärische Integration in die verschiedenen westl. Systeme Hand in Hand. Von der Montanunion führt hier der Weg bis zur NATO und EWG.

Die außenpolitische Programmatik der SPD ist in diesen Jahren erhebl. komplizierter und vieldeutiger. Bis zum Tode SCHUMACHERS betont sie nicht nur den Vorrang der Wiedervereinigung vor der Integration in ein Klein-Europa. Als „nationale" Partei wirft sie ADENAUER vor, daß er nicht energisch genug um die volle Gleichberechtigung kämpfe. Dieser Kritik wird in dem Maße der Boden entzogen, wie die Gleichberechtigung realisiert wird. Die SPD unterstreicht nun in stärkerem Maße, daß Dtschld. trotz seiner ideologischen und politischen Zugehörigkeit zum Westen vor allem militärisch einen Sonderstatus haben müsse. Die einfache Neutralisierung oder Neutralität wird zwar abgelehnt; Dtschld. solle weder dem Bündnissystem des Ostens noch dem des Westens angehören. Es solle vielmehr seinen Platz in einem neuen System der *kollektiven Sicherheit* finden. Nur dann würde die Sowjetunion auf ihre Machtstellung in der SBZ verzichten und der Wiedervereinigung zustimmen. Noch ist hier die Hoffnung auf einen „Dritten Weg" zu spüren – aber der Glaube an die Möglichkeit seiner Verwirklichung schwindet dahin.

Hinter diesem außenpolitischen Gegensatz zwischen SPD und CDU/CSU traten manche Übereinstimmungen im sozialen Bereich, wo der Einfluß der Gewerkschaften und des linken CDU-Flügels größer war, zurück. Freilich kam es in der Frage der →Mitbestimmung der Arbeitnehmer zu einem Kompromiß zwischen der CDU/CSU und der SPD, der in Anknüpfung an Gedankengänge des Ahlener Programms den Arbeitnehmern und Gewerkschaften eine relativ starke Stellung in der Montanindustrie einräumt. Kein Wunder, daß die FDP das MitbestimmungsG Bergbau und Eisen ablehnte, da es die Position der Unternehmer zu sehr schwäche. Andererseits ergab sich in der Kulturprogrammatik wiederum eine größere Übereinstimmung zwischen FDP und SPD, da sich beide Parteien auf Grund ihrer weltl. bzw. liberalen Tradition gegen die Konfessionalisierung des öffentl. Lebens und insbes. der Schule wandten.

Gegen Ende der 40er und zu Beginn der 50er Jahre strebten also die Parteien in bezug auf ihre Programmatik eher auseinander. Will man das Parteiensystem jener Jahre mit einem Fächer vergleichen, so kann man sagen, daß dieser nun viel weiter geöffnet ist als etwa 1945 (oder auch in den 60er Jahren). Wo 1945 – jedenfalls nach außenhin – weitgehende Übereinstimmung geherrscht hatte, ist nun ein erhebl. Maß an Unterschiedlichkeit und Gegensätzlichkeit festzustellen. Bei den Kommunisten – KPD und SED – ist an die Stelle der taktischen Zusammenarbeit mit den anderen antifaschistisch-demokratischen Parteien der „Klassenkampf" gegen diese als Vorkämpfer eines „reaktionär-restaurativen", von den USA abhängigen Kapitalismus getreten. Nur die jetzt mehr oder weniger isolierte SPD versucht noch, ihre Konzeption von 1945 zu retten: Sie fühlt sich nach wie vor als Vorkämpferin eines demokratischen Sozialismus, der z. T. unter Berufung auf die marxistische Tradition, z. T. nun aber auch mit neuen ethischen oder religiösen Argumenten vertreten wird. Die bürgerl. Parteien (CDU/CSU, FDP, DP) sind nach „rechts" gerückt – im Zeichen der sozialen Marktwirtschaft wenden sie sich immer schärfer gegen jedweden Sozialismus, der jetzt schlechtweg mit dem Marxismus identifiziert und z. T. sogar als Bolschewismus verdammt wird. Kleinere Parteien, wie die Sozialistische Reichspartei oder die Dt. Reichspartei, weisen sich mit ihren Vorbehalten gegenüber dem GG und ihrer absoluten Feindschaft gegen den „Marxismus" der SPD als zur äußersten Rechten gehörend aus.

Schließl. wird das Bild noch farbenreicher durch das Auftauchen des Blocks der Heimatvertriebenen und Entrechteten (BHE), einer ganz neuartigen Partei, die in das traditionelle Schema „Rechts – Links" schlecht hineinpaßt. Während sie in sozialen und wirtschaftl. Fragen eher nach links tendiert, läßt ihre gesamtpolitisch-ideologische Konzeption sie in vielem der äußersten Rechten verwandt erscheinen.

In der Bundesrep. begann sich jedoch der Fächer alsbald wieder zu schließen. Auf der äußersten Linken bzw. Rechten verschwand die KPD bzw. die Sozialistische Reichspartei (SRP). Andere rechtsradikale Parteien und Gruppen verloren als selbständige Organisationen an Einfluß. Hierzu mag beigetragen haben, daß im Zeichen des „Wirtschaftswunders" viele frühere prominente Nationalsozialisten in der bundesrepublikanischen Gesellschaft, Wirtschaft und Politik wieder hochkamen. Hat man hierin eine Form der „Renazifizierung" sehen wollen, so ist es – anders als z. Z. der Weimarer Republik – doch nicht zur Konstituierung und Konsolidierung einer großen rechtsradikalen Partei gekommen.

Aber auch der Gegensatz zwischen den bürgerl. Parteien und der Sozialdemokratie begann sich in dem Maße abzuschwächen, wie nun auch die SPD dem Zuge zu einer „maßvollen" Rechtspolitik folgte. Bereits während der Legislaturperiode des ersten Bundestages machten sich nach dem Tode des Planwirtschaftlers Prof. NOELTING erste Anzeichen einer Modifizierung des Wirtschafts- und Gesellschaftsbildes der SPD bemerkbar. In der 1952er Fassung des Dortmunder Aktionsprogramms wurde zwar die „Neuordnung der Wirtschaft durch eine Verbindung von volkswirtschaftl. Planung und einzelwirtschaftl. Wettbewerb" gefordert, zugleich aber schon die Zwangswirtschaft abgelehnt und der echte Leistungswettbewerb bejaht. Angesichts der Erfolge von ERHARDS neoliberaler Marktpolitik einerseits, der Unpopularität der Zwangswirtschaft der ersten Nachkriegsjahre und im Sowjetblock andererseits wurde das Bekenntnis zur Planwirtschaft stets problematischer. In der 1954er Fassung desselben Programms findet sich die bedeutungsvolle Formulierung: „Wettbewerb so weit wie mögl., Planung so weit wie nötig." Gegenüber der altüberlieferten sozialistischen Vorstellung von der Überlegenheit der Planung und Kooperation ist hier also eine beachtl. Aufwertung des Prinzips der Konkurrenz festzustellen. Von der Idee der Gemeinwirtschaft ist im wesentl. nur die Forderung nach Überführung der Grundstoffwirtschaft in Gemeineigentum übriggeblieben. Im Wahlprogramm von 1957 ist auch davon nicht mehr die Rede, statt dessen wird in Annäherung an den Neoliberalismus die „Sicherung des freien Wettbewerbs" gegen den „Machtmißbrauch der Kartelle" verlangt. Im Godesberger Grundsatzprogramm von 1959 ist neoliberaler Einfluß noch mehr spürbar, wenn das Gemeineigentum nur noch als legitime Form der öffentl. Kontrolle dienen soll, im übrigen aber ein Bekenntnis zum freien Wettbewerb, zur freien Unternehmer-Initiative und zum Privateigentum auch an Produktionsmitteln (allerdings innerhalb bestimmter Schranken) abgelegt wird.

In der Grundfrage des Wirtschaftssystems war damit der Gegensatz zwischen der SPD und den bürgerl. Parteien eher zu einem graduellen Unterschied verblaßt. Stärker spürbar war dieser noch im Bereich der Sozial- und Finanzprogramme. All diese mehr oder weniger großen Differenzen traten aber immer wieder hinter den fundamentaleren Gegensätzen im Komplex Wiedervereinigung, der auch wehr- und außenpolitische Programmatik umfaßte, zurück. Hier prallten die Parteien besonders scharf aufeinander, ging es doch letztlich um die Frage nach der Position und Funktion der Bundesrep. selber. Geradlinig und eindeutig verfolgte die CDU/CSU ihre Politik der immer engeren Integrierung in die westeurop.-nordatlantischen Systeme (NATO, EWG usw.) weiter. Nur die so erreichbare maximale Stärkung der Bundesrep. könne später die Sowjetunion zur Freigabe der „SBZ" und zur Hinnahme der Wiedervereinigung in Freiheit und Frieden zwingen. Demgegenüber wuchsen bei der SPD die Vorbehalte gegen eine Politik der endgültigen Konsolidierung und Einordnung Westdtschld. in das westl. System, da so die Spaltung nie überwunden, sondern nur vertieft werden könne. Aber auch die FDP, die zunächst die ADENAUERsche außen- und wehrpolitische Konzeption gestützt hatte, wurde skeptischer. Nach ihrem Ausscheiden aus der Koalition 1956 argumentierte sie ähnl. wie die SPD: Da die Bundesrep. nun erstarkt sei und ihre Gleichberechtigung gegenüber dem Westen verwirklicht habe, sei es höchste Zeit, in Verhandlungen mit der Sowjetunion die Wiedervereinigung um den Preis von Rüstungsbeschränkungen, verdünnter Zone, „Disengagement", Sonderstatus des wiedervereinigten Dtschld. usw. zu erreichen. Diese Phase der Auseinandersetzung erreichte ihren dramatischen Höhepunkt in den großen Debatten im Bundestag um die Atomrüstung und Wiedervereinigung 1958; sie fand ihren Abschluß im Dtschld.plan der SPD von 1959.

4. Seitdem hat sich die SPD der CDU/CSU auch im Bereich der Außen- und Wehrpolitik wieder angenähert. Nach der Rede HERBERT WEHNERS im Sommer 1960 haben im Wahlkampf 1961 beide Oppositionsparteien gezögert, der Wehr- und Außenpolitik der Regierungspartei eine grundlegend andere, eigene Konzeption entgegenzustellen. Mit frischen Kräften will man miteinander, nicht gegeneinander, ein freies, geeintes, glückl. Deutschland in einer freien, friedl. Welt schaffen, sagte das Wahlprogramm von 1960. Im Schatten der Mauer stimmte 1962 die Sozialdemokratie einer Verlängerung der Dienstzeit als einer „Notlösung" zu; sie erneuerte ihr Bekenntnis zum Selbstbestimmungsrecht und zu Berlin.

Wie die Unionsparteien bekannte sich die SPD nun auch zur militärischen Westintegration der Bundesrepublik. Den gemeinsamen Ausgangspunkt nutzte sie jedoch dazu, eine eigenständige Ost- und Deutschlandpolitik zu entwikkeln. Die Konturen des ost- und deutschlandpolitischen Vertragswerks der frühen siebziger Jahre waren bereits in den programmatischen Erklärungen der sechziger Jahre vorgezeichnet, wie zB 1963 in EGON BAHRS Rede „Wandel durch Annäherung".

Erstmals 1968, als die „Sozialdemokratischen Perspektiven im Übergang zu den siebziger Jahren" beschlossen wurden, bemühte sich die SPD, das Godesberger Programm auf die Belange einer Regierungspartei zuzuspitzen. Diese Phase der Programmerneuerung fand 1975 ihren Abschluß, als auf dem Mannheimer Parteitag der „ökonomisch-politische Orientierungsrahmen für die Jahre 1975 – 1985" verabschiedet wurde. Die letzte Fassung des „Langzeitprogramms" sollte die Grundwerte des Godesberger Programms „präzisieren" und „konkretisieren" und dabei den gesellschaftlichen Wandel berücksichtigen. Anders als der technokratisch ausgerichtete erste Entwurf des Langzeitprogramms enthält der „Orientierungsrahmen '85" auch kapitalismuskritische Aussagen, die an frühere Konzepte des dritten Weges erinnern. Daß der linke Parteiflügel in den siebziger Jahren wieder zu einem politischen Faktor geworden war, wird auch an der Erschütterung der Wachstumsgläubigkeit deutlich. Aussagen über die Umweltkatastrophe, die Nord-Süd-Spannungen, den Hunger in der Dritten Welt und den Rüstungswettlauf zeigen, daß das Programm wichtige Zukunftsfragen einbeziehen sollte.

Wirklich handlungsanleitend war das Programm jedoch nicht, da es zum großen Teil aus Formelkompromissen besteht, die jedem Parteiflügel recht geben sollen. Letztlich leidet auch dieses Programm trotz manchen fortschrittl. Zügen unter dem Dilemma, daß die überlieferte Wirtschafts-, Gesellschafts- und Staatsordnung prinzipiell nicht in Frage gestellt wird, daß es aber doch zukunftsweisende Antworten auf die Herausforderungen von morgen erarbeiten soll.

Das Langzeitprogramm, das auf gesellschaftl. Reformen abzielte, wurde in der SPD bald zu einem vergessenen Dokument, da es durch die reformpolitische Zurückhaltung der sozialliberalen Regierung bereits zum Zeitpunkt seiner Verabschiedung „unzeitgemäß" war. Erst seit dem Bruch der Koalition durch die FDP belebt sich die Programmdiskussion in der SPD wieder. Sie hat zum Ziel, wesentl. Abschnitte des Godesberger Programms, und zwar vor allem die wirtschaftspolitischen, zu erneuern. Mit dem Programm für die Bundestagswahl 1983 wollte die SPD, nunmehr wieder in der Opposition, ihr verlorengegangenes reformpolitisches Profil wiederbeleben. Sie bot sich als „grundsätzliche Alternative zur Ellenbogengesellschaft" an und konzentrierte ihre Aussagen auf das Problem der Arbeitslosigkeit, auf die Erhaltung des Sozialstaates, den Ausbau der Freiheitsrechte, den Umweltschutz und auf den Frieden. Die Beurteilung der amerikanischen Mittelstreckenwaffen deutete bereits auf den Kurswechsel hin, den die Partei auf ihrem Sonderparteitag im November 1983 vollzog, als sie sich gegen die Aufstellung dieser Waffen in der Bundesrepublik wandte.

In der Verteidigung des Privateigentums an Produktionsmitteln und in dem Bekenntnis zur mehr oder weniger weitreichenden privaten Konkurrenzwirtschaft treffen sich die CDU/CSU und die FDP; insoweit kann man beide auch als bürgerl. Parteien klassifizieren. Das gilt nach wie vor, wenn auch wohl kaum eine Partei in den sechziger Jahren so weitgehende Veränderungen durchgemacht hat wie gerade die FDP.

Dieser Frontwechsel der FDP war auch aus den Programmen ablesbar. So gut wie gar nicht geändert hat sich freilich die positive Stellungnahme zur „Marktwirtschaft", die sogar 1967 ohne das schmückende Epitheton „soziale" als Voraussetzung „für eine gerechte und freiheitl. Ordnung der Gesellschaft und für ein Höchstmaß wirtschaftl. Fortschritts" gepriesen wird. Nur die Marktwirtschaft als „freiheitl. Wirtschaftsordnung" sichert zugleich den Unternehmern und den Verbrauchern einen möglichst großen Handlungsspielraum.

Indem sich die FDP in Anknüpfung an klassische liberale Postulate 1969 für Volksbegehren, direkte Wahl des Bundespräsidenten, öffentl. Anhörungen im Parlament und öffentl. Kandidatennominierungen, Revision der Notstandsgesetze, Meinungs- und Informationsfreiheit, Neuordnung der Bundesländer einsetzte, glaubte sie als die Partei vor den Wähler hintreten zu können, die ihm anbietet „eine Innenpolitik vernünftiger Reformen, eine Wirtschaftspolitik des Fortschritts und eine selbstbewußtere Außenpolitik". Die Große Koalition habe sich „als Ende eines alten Abschnitts der Politik erwiesen", das Konzept der FDP sei dagegen „eine Politik vernünftiger und entschlossener Veränderung". Die FDP „fordert alle Bürger auf, bei der Erneuerung der Bundesrepublik zu einem Staat der offenen Gesellschaft mitzuwirken".

Dieses Thema wird in den Freiburger Thesen philosophisch vertieft wie auch gesellschaftl. expliziert. Diesen neuen Ansatz wird man zwar kaum als eine echte Synthese von Liberalismus und Sozialismus kennzeichnen können. Aber auch der kritische Leser wird hier einen beachtl. Ansatz eines für Dtschld. neuen liberal-demokratischen Radikalismus, wie ihn Frankreich oder England schon lange gekannt haben, erkennen können.

Die Freiburger Thesen hatten aber auch die Funktion, das Bündnis der FDP und der SPD zu begründen. Sie verloren deshalb, ohne offiziell revidiert zu werden, in dem Maße an Gewicht, wie die FDP dieses Bündnis zu lockern begann. Deutlich wurde der Ablösungsprozeß bereits 1977, als in den Kieler Thesen wiederum das althergebrachte marktwirtschaftl. Konzept über die differenziertere Betrachtungsweise von Freiburg triumphierte. Mit dem „Liberalen Manifest", das 1985 verabschiedet wurde, bemühte sich die FDP darum, einer zu starken Identifikation mit dem neuen christdemokratischen Bündnis entgegenzuwirken.

Nach dem Verlust der absoluten Mehrheit bei den Bundestagswahlen von 1961 verstärkte sich das Bemühen der CDU um eine neue Interpretation des Charakters und der Aufgaben der Partei im Verhältnis zu den anderen Parteien und Kräften. Dieser Bestandsaufnahme diente vor allem der Parteitag in Dortmund 1962. Als die Partei der Zukunft und der Jugend werde die CDU 1965 wieder siegen. Die Parteireform bleibe eine ständige Aufgabe; man müsse den Mut zum Wagnis und zum Experiment haben. Immer überwog aber noch das Bewußtsein, die Lösung für die entscheidenden Probleme des Landes und der Zeit eigentlich schon gefunden zu haben. Am deutlichsten kam das vielleicht in der sogenannten Düsseldorfer Erklärung, dem Wahlprogramm der CDU zur Bundestagswahl von 1965, zum Ausdruck: „Die CDU hat in der Bundesrepublik die Klassen überwunden. Niemals ging es dem freien Teil unseres Volkes so gut wie heute: in einer modernen Gesellschaft, einer Gesellschaft des vernünftigen Miteinander, einer Gesellschaft des dynamischen Fortschritts. Dtschld. wäre ein glückliches Land, wäre es nicht geteilt."

Mit der 1975 verabschiedeten „Mannheimer Erklärung", die die „Neue soziale Frage" betonte, wollte die CDU ihrem Ruf als Unternehmerpartei entgegenwirken und ihr sozialpolitisches Profil verbessern. Sie stellte sich als Anwalt derjenigen sozial schwachen Gruppen dar, die in der Gesellschaft über keine wirksame Lobby verfügen.

Vom liberalen und sozialdemokratischen Gesellschaftsverständnis versuchte sich die CDU 1978 mit einem Grundsatzprogramm abzugrenzen. In der Präambel definiert sich die CDU als „Antwort auf die Zerrissenheit der Demokraten in der Weimarer Republik. Freiheit und Menschlichkeit sollen sich nicht wieder in verhängnisvoller Gegnerschaft zwischen sozialen, liberalen und konservativen politischen Strömungen verlieren. Konfessionelle Gegensätze sollen überwunden werden". In der Volkspartei soll aber auch ein „gemeinsames Handeln von Christen und Nichtchristen möglich" sein. Nach dem Vorbild der SPD leitet nun auch die CDU ihre Politik aus Grundwerten ab. Sie tritt ein „für die Grundwerte Freiheit, Solidarität und Gerechtigkeit". Letztlich verbleibt auch die jüngste CDU-Programmatik trotz der Absicht, auf gesellschaftliche Veränderungen zeitgemäße Antworten zu finden, stark in der Kontinuität der Ideologie seit 1949.

Erstaunlicherweise ist die Diktion des CSU-Programms von 1968 stellenweise recht modernistisch oder gar futurologisch. In der Tat hatte F.J. Strauss schon seine Rede auf der CSU-Landesversammlung von 1964 betitelt: „Der Weg in die Zukunft – An der Schwelle einer neuen Zeit." Bei genauerer Betrachtung entdeckt man in der Tat in dem CSU-Programm von 1968 durchaus technokratisch-neokonservative Ansätze – so wenn etwa ausgeführt wird: „Wissenschaft und Technik der Gegenwart, wie Kybernetik, Biochemie und Technologie leiten ein neues Zeitalter ein." Die CSU selber charakterisiert sich als „eine konservative Kraft und gerade deshalb entschlossen, die Lebendigkeit europäischer Tradition voll zu entfalten und die großen Reserven europäischen Geistes für die Zukunft zu erschließen". Besonderer Nachdruck wird gelegt auf die Schaffung eines machtvollen Europas. Nicht zufällig wird auch gewarnt, Dtschlds. und Europas Sicherheit seien nach wie vor bedroht. „Die gesamte Bevölkerung muß zur Verteidigung ihrer Freiheit bereit sein." Der „Verteidigungsauftrag" setzt natürlich den starken Staat voraus.

Im Grundsatzprogramm von 1976 bezieht die CSU die Forderung nach einem starken Staat gerade auch auf die Gesellschafts- und Wirtschaftspolitik. Betont werden auch die ideologischen Fundamente der CSU. Das Programm von 1976 zeugt zudem von einer strikten Gegnerschaft zu den Bonner Regierungsparteien.

Im gemeinsamen Wahlprogramm der CDU/CSU zu den Bundestagswahlen 1983 wird „das schlimme Erbe der SPD" beklagt. So habe die SPD die von der Union aufgebaute „beispielhafte Wirtschafts- und Sozialordnung", die „Soziale Marktwirtschaft" verwirtschaftet. In dem stark wirtschaftspolitisch orientierten Programm setzen die Unionsparteien „vor allem auf einen wirtschaftlichen Aufschwung". Dabei seien „Investitionen und Innovationen" der „Schlüssel zu neuen Arbeitsplätzen". In einem gesonderten Abschnitt empfehlen sich die CDU und CSU aber auch als Umweltschutzparteien.

Das Bundestagswahlergebnis 1983 zeigte jedoch, daß sich vor allen anderen Parteien „Die Grünen" als Umweltschutzpartei profiliert hatten. Neben ihrem „ökologischen" Schwerpunkt stellte die 1980 bundesweit gegründete Partei die Grundsätze „sozial", „basisdemokratisch" und „gewaltfrei" heraus. Aus dem „Bundesprogramm" von 1980, das sich besonders auch der „Wirtschafts- und Arbeitswelt", der „Außen- und Friedenspolitik" und der Demokratie in der Bundesrepublik widmet, geht hervor, daß sich die Grünen nicht als ökologische „Ein-Punkt-Partei", sondern als eine umfassende politische Alternative verstehen.

Die Grünen fühlen sich „verbunden mit all denen, die in der neuen demokratischen Bewegung mitarbeiten: den Lebens-, Natur- und Umweltschutzverbänden, den Bürgerinitiativen, der Arbeiterbewegung, christl. Initiativen, der Friedens- und Menschenrechts-, der Frauen- und Dritte-Welt-Bewegung". Als parlamentarischer Arm all dieser Bewegungen wollen die Grünen den „Bürger- und Basisinitiativen eine weitere Möglichkeit zur Durchsetzung ihrer Anliegen und Ideen eröffnen".

Dabei sind die Grünen keine einheitl. Partei. Ihre Flügel sind sich jedoch darin einig, daß sie die existentiellen Bedrohungen der Menschheit abwenden wollen. Mit dieser „von langfristigen Zukunftsaspekten geleiteten" Politik unterstreichen sie den Gegensatz zu den „etablierten" Parteien.

5. Bei einer Analyse der programmatischen Entwicklung in der SBZ und DDR ist davon auszugehen, daß die Grundkonzeption der SED, die im April 1946 – allerdings nur in der SBZ – ins Leben trat, zunächst weitgehend auf dem schon erwähnten Aufsatz von Ackermann im theoretischen Hauptorgan, der „Einheit", basierte: Ohne die Aufrichtung der ganzen Macht der Arbeiterklasse könne es keinen sozialistischen Aufbau geben; anders als in Rußland bestehe aber jetzt in Dtschld. eine Chance, daß die Arbeiterklasse auf friedl. und rein gesetzl. Wege zur Macht gelange – vorausgesetzt, daß sich KPD und SPD unverzügl. zu einer entscheidenden politischen Einfluß ausübenden Einheitspartei zusammenfänden. Diesem Gedankengang folgend erklärte die Grundsatzerklärung der neugegründeten SED, diese erstrebe über die Verwirklichung der demokratischen Gegenwartsforderungen hinaus die Errichtung der sozialistischen Gesellschaftsordnung. Die gegenwärtige bes. Lage Dtschlds. erschließe die Möglichkeit des demokratischen Weges zum Sozialismus. Die SED werde aber zu revolutionären Mitteln greifen, „wenn die kapitalistische Klasse den Boden der Demokratie verläßt". Dieser bes. demokratisch-friedl. „deutsche" Weg zum Sozialismus wurde aber schon 1948 von der SED preisgegeben: Nach dem Bruch Stalins mit Tito mußte sich auch die SED von allen sog. falschen Theorien über einen bes. dt. Weg zum Sozialismus lossagen. Ackermann selbst mußte nun den russ. Weg als den „einzig mögl. Weg zum Sozialismus" anerkennen: Es ist im Grunde der gleiche Weg für alle Völker, „wenn auch nicht genau der gleiche i. S. einer völligen Analogie ...".

1949 betonte die SED allerdings noch, die gegenwärtige Ordnung in der SBZ sei keine volksdemokratische, sondern „eine antifaschistisch-demokratische Ordnung, in der die Arbeiterklasse entscheidende Positionen innehat". Dennoch hoffte die SED auf eine baldige Wiederherstellung der Einheit Dtschlds., die allerdings die Beseitigung des Ruhrstatuts und des Besatzungsstatuts in den Westzonen, die Ausrottung des Militarismus und Nazismus und die Entmachtung des Monopolkapitals voraussetze. Weiter wurde die Bildung einer gesamtdt. Regierung aus den demokratischen Parteien und Organisationen, der Abschluß eines Friedensvertrages und der Abzug der Besatzungstruppen gefordert. Zugleich unterstrich man, die SED müsse sich zu einer Partei neuen Typus, d. h. in Wahrheit zu einer leninistisch-stalinistischen Partei, entwickeln: Eine solche – „bolschewistische" – Partei erkennt in erster Linie die führende Rolle der Sowjetunion und der KPdSU an. Fraktionen und Gruppierungen darf es in ihr nicht geben. Im nächsten Jahr wurde dann der Aufbau des Sozialismus in der DDR proklamiert, da die politischen und ökonomischen Bedingungen sowie das Bewußtsein der Arbeiterklasse hierfür reif seien.

Erst Anfang 1963 hat die SED ihr endgültiges Programm veröffentlicht. 1976 beschloß der IX. Parteitag der SED das noch heute gültige zweite Parteiprogramm, das in seiner recht unpathetischen Sprache und in seiner sozialpolitischen Ausrichtung offensichtlich an die breite Bevölkerung adressiert ist.

Die Partei wird hier als „freiwilliger Kampfbund gleichgesinnter Kommunisten" beschrieben. Zugleich versteht sie sich als „der bewußte und organisierte Vortrupp der Arbeiterklasse und des werktätigen Volkes der sozialistischen Deutschen Demokratischen Republik".

Während sich die SED im ersten Programm von 1963 noch zur „nationalen Einheit" bekannt und vorgegeben hatte, „um die Überwindung der Spaltung der deutschen Nation zu kämpfen", fehlt in dem neuen Programm jede gesamtdeutsche Attitüde. Die „Entwicklung der sozialistischen Nation" verdrängt „die Lösung der nationalen Frage". Besonders hervorgehoben wird nun die Bindung der DDR an die Sowjetunion und das sozialistische Lager.

Ebensowenig wie auf die Programmatik der kleineren Parteien in der Bundesrep. kann hier auf die Programmatik der anderen Ostparteien eingegangen werden; ihre Bedeutung ist heute auch sehr gering – von Interesse wären höchstens die Thesen des Christl. Realismus der Ost-CDU von 1951/52.

6. Schon Oswald Spengler hatte den Niedergang der großen politischen und sozialen Ideen und Programme für unsere Epoche prophezeit. Lange Zeit war dann die „Entideologisierung" der Politik und der Parteien in aller Munde. Diese sah freilich doch etwas anders aus, als man meist behauptete. Sie bedeutete vor allem Anpassung an die Ideale und Ideen, Gewohnheiten und Vorurteile der tonangebenden Schichten und der etablierten Institutionen, nicht an die Erwartungen und Hoffnungen, Forderungen und Möglichkeiten neuer, in die Zukunft weisender Strömungen. Der Ernüchterung, die man nach dem Bankrott der Begeisterung 1945 nur begrüßen kann, entsprachen zugleich – oft als Ausdruck eines recht unreflektierten Antikommunismus – eine Renaissance neuer – und z. T. gar nicht so neuer! – konservativer, restaurativer und reaktionärer Denkschablonen und Komplexe. Der Abbau von Affekten und Idiosynkrasien, Sentiments und Ressentiments war also nur die eine Seite dieses recht bescheidenen Versachlichungsprozesses.

In dem Maße, wie die Innen- und Außenpolitik der Bundesrepublik in den Schatten der Wehrpolitik zu geraten drohte und wie der zentralistische Militärstaat, vor dem die Bayernpartei 1958 gewarnt hatte und der nur die Kehrseite eines „autoritären Besitzverteidigungsstaates" (Schumacher) ist, Gestalt anzunehmen schien, paßten sich die großen Parteien – die anderen wurden immer mehr von der politischen Arena verdrängt! – trotz einigen sozialpolitischen Konzessionen als Patronage- und Wahlmaschinenparteien zusehends an die Ideologie *und* Realität des neuen sozial- *und* rüstungskapitalistischen geteilten Dtschlds. an. Nicht zufällig bekennen sie sich alle – die CDU wie die SPD und die FDP – nicht nur zur „Demokratie"; jede von ihnen gibt zudem heute vor, die wahre Synthese von „Christlich", „Sozial" und „Frei" schon in den eigenen Reihen zu realisieren.

Für konservative Parteien stellt die sogenannte Entideologisierung nur insofern ein Problem dar, als sie die ideologische Rechtfertigung des Status quo erschwert. Die Entwicklung zur pragmatischen Wirtschaftspartei schaffte freilich für die CDU-CSU insofern Schwierigkeiten, als ihr christl. Auftrag von manchen als Mandat zur Erneuerung und Umgestaltung verstanden wird. Für eine Reformpartei wie die SPD war die Entwicklung zur „unideologischen" Volkspartei dagegen ein echtes Problem. In dem Maße, wie sie einen in der Tat veralteten Pseudomarxismus als Ballast abwarf, ohne ihn durch ein zeitgemäßeres und umfassenderes Reformprogramm zu ersetzen, stellte sich für sie die Frage nach ihrem „politischen Profil", d. h. nach ihrer Existenzberechtigung und Funktion als Alternativpartei gegenüber den konservativen Parteien.

So sehr sich von hier aus auch immer wieder die Frage nach der Vertretung der Interessen der breiten Masse der Unterprivilegierten stellt, so sehr taucht auch immer wieder das Verlangen nach programmatischer Profilierung auf – dies um so mehr, als die sogenannten Sachzwänge weder heute noch morgen eine eindeutige Politik vorschreiben, hingegen die Größe der Herausforderungen der Zukunft eher nach umfassender programmatischer Klärung verlangt. Die Frage, die sich hier stellt, rührt allerdings an das Mark der überlieferten territorialen Staatsparteien. Zur Beantwortung der globalen Herausforderungen unserer Zeit brauchten wir eigentlich schon die überlieferte Staatsgrenzen überschreitenden Europa- oder gar Weltparteien, deren Programmatik planetarischen und futurologischen Charakter haben sollte. Man mag eine solche Feststellung als utopisch und idealistisch abtun – immerhin verdeutlicht sie zumindest das Dilemma unserer Epoche.

S. NEUMANN, Modern Political Parties, 1956 – O.K. FLECHTHEIM u. a., Grundlegung der Politischen Wissenschaft, 1958 – DERS. (Hg.), Dokumente zur parteipolitischen Entwicklung in Dtschld. seit 1945, II und III. 1963 – M. DUVERGER, Die politischen Parteien 1959 – W. TREUE, Dt. Parteiprogramme 1861–1954, 1961² – W. MOMMSEN, Dt. Parteiprogramme, 1964³ – L. BERGSTRAESSER, Gesch. der politischen Parteien in Dtschld., 1965¹¹ – H. KAACK, Geschichte und Struktur des dt. Parteiensystems, 1971 – O.K. FLECHTHEIM, Die Parteien der Bundesrep. Dtschld. 1973 – W.-D. NARR (Hg.), Auf dem Wege zum Einparteienstaat, 1977 – K.v. BEYME, Parteien in westlichen Demokratien, 1982 – R. STÖSS (Hg.), Parteien-Handbuch. Die Parteien der Bundesrepublik Deutschland 1945–1980, 2 Bde., 1983/1984 – A. MINTZEL, Die Volkspartei. Typus und Wirklichkeit. Ein Lehrbuch, 1984.

Ossip K. Flechtheim/Peter Müller

Politische Wissenschaft →Politik II

Polizei, Polizeirecht. I. Der Staat als Schutz- und Friedensgarant. Klassische Staatsaufgabe und Staatsrechtfertigung ist der Schutz des Staatsgebiets nach außen und die Garantie von Sicherheit, Ruhe und Ordnung einschließlich des Rechtsfriedens im Innern (vgl. Präambel der Reichsverfassung von 1871; Art. 2 der Schweiz. Bundesverfassung von 1874). Schon das Preußische Allgemeine →Landrecht von 1794 (ALR) hat die Pflicht des Staates statuiert, „sowohl die äußere als innere Ruhe und Sicherheit zu erhalten, und einen jeden bey dem Seinigen gegen Gewalt und Störungen zu schützen" (§ 2 II 13) sowie „für die Sicherheit seiner Unterthanen, in Ansehung ihrer Personen, ihrer Ehre, ihrer Rechte, und ihres Vermögens zu sorgen" (§ 1 II 17). Der Schutz nach außen und im Innern muß notfalls auch mit physischer Gewalt sichergestellt werden, weshalb sich der Staat der Neuzeit durch das „Gewaltmonopol" auszeichnet (→Gewalt; →Macht). Der Verteidigung im Falle eines äußeren, unter engen Voraussetzungen auch eines inneren Notstandes (→Notstandsrecht) dienen unter dem GG die Streitkräfte (vgl. Art. 87 a GG; →Bundeswehr). Die Aufrechterhaltung von Sicherheit und Ordnung im Innern obliegt grundsätzlich der Polizei.

II. Geschichtlicher Überblick. Der Begriff „policey" ist seit Anfang des 16. Jahrhunderts allgemein gebräuchlich. In Ableitung von „polis" und „politeia" bezeichnet er die Staatsgewalt oder die Verwaltung schlechthin. „Gute policey" meint den Zustand einer guten, keineswegs auf Gefahrenabwehr beschränkten Verwaltung, die nach mittelalterlicher wie nach absolutistischer Auffassung auch die Glückseligkeit der Untertanen fördern soll. Polizeigesetze (zB die Reichspolizeiordnung von 1530) treffen daher auch Anordnungen über Handel und Gewerbe und enthalten selbst Kleidervorschriften, weil standesgemäße Kleidung nach damaliger Auffassung zur öffentl. Ordnung gehört. Die Weite der Staatszwecke kennzeichnet den Verwaltungs- oder „Policey-Staat", der zur Gefahrenabwehr, aber auch zur Förderung der allgemeinen Wohlfahrt umfassend reglementiert. Die →Aufklärung wendet sich gegen diese absolutistische Staatsallmacht, die dann im aufgeklärten Absolutismus zurückgedrängt wird. KANT brandmarkt die patrimoniale Verwaltung als Despotismus, weil sie die Untertanen wie unmündige Kinder behandele. PÜTTER sieht die Aufgabe der Polizei in der Gefahrenabwehr, nicht in der Wohlfahrtsförderung („promovendae salutis cura non est proprie politiae"). Diese Einschränkung des Polizeibegriffs findet im Preußischen Allgemeinen Landrecht von 1794 einen Niederschlag. Die bis weit in das 20. Jahrhundert geltende „polizeiliche Generalklausel" des § 10 II 17 ALR bestimmt: „Die nöthigen Anstalten zur Erhaltung der öffentlichen Ruhe, Sicherheit und Ordnung und zur Abwendung der dem Publico oder einzelnen Mitgliedern desselben bevorstehenden Gefahr zu treffen, ist das Amt der Policey." Diese Klausel wird Keimzelle des modernen Polizeirechts, weil sie die noch als Staatszweck anerkannte Wohlfahrtspflege und Wohlfahrtsförderung (§ 3 II 13) aus der Polizeiverwaltung ausklammert. Auf diesen durch die Zeitläufte dann überdeckten Ursprung kommt das Preußische Oberverwaltungsgericht knapp hundert Jahre später in seinem Kreuzberg-Urteil (Bd. 9, S. 353 ff.) wieder zurück und ersetzt den wohlfahrtsstaatlichen Polizeibegriff endgültig durch einen rechtsstaatlichen: § 10 II 17 ALR legitimiere die Polizei nicht zu jeglichem Eingriff im Interesse des allgemeinen Wohls, auch nicht zur Verhütung von Verunstaltungen, sondern nur zur Gefahrenabwehr. Diese sich festigende Rechtsprechung wird letztlich im preußischen Polizeiverwaltungsgesetz von 1931 nur kodifiziert. Die polizeiliche Generalklausel des § 14 PVG lautet nunmehr: „Die Polizeibehörden haben im Rahmen der geltenden Gesetze die nach pflichtgemäßem Ermessen notwendigen Maßnahmen zu treffen, um von der Allgemeinheit oder dem einzelnen Gefahren abzuwehren, durch die die öffentliche Sicherheit oder Ordnung bedroht wird. Daneben haben die Polizeibehörden diejenigen Aufgaben zu erfüllen, die ihnen durch Gesetz besonders übertragen sind." § 14 PVG wird zum Prototyp der polizeilichen Generalklausel, wie sie sich heute in den Polizeigesetzen aller Bundesländer und auch in dem Musterentwurf eines einheitlichen Polizeigesetzes findet. Dieser Musterentwurf soll das zersplitterte Polizeirecht des Bundes und der Länder im Wege sog. föderalistischer Gesetzgebung vereinheitlichen, ist aber bisher nicht von allen Ländern in Landesrecht umgesetzt worden.

III. Formeller und materieller Polizeibegriff. Zwischen den *sachlichen* Aufgaben und Befugnissen der P. (materieller P.-Begriff) und ihrer *organisatorischen* Zuweisung an P.-Behörden (formeller P.-Begriff) besteht keine völlige Dekkung. (Materielle) P.-Aufgaben werden nicht nur von (formellen) P.-Behörden, sondern auch von anderen Behörden wahrgenommen. Umgekehrt beschränken sich die (formellen) P.-Behörden nicht auf die Erledigung (materieller) P.-Aufgaben, sondern haben daneben auch andere Kompetenzen. Infolgedessen ist zwischen dem *formellen* und dem *materiellen* P.-Begriff zu unterscheiden.

A. Formeller P.-Begriff. P. im formellen Sinne wird durch die Organisation bestimmt. P. im formellen Sinne umfaßt alle Funktionen, die in die Zuständigkeit der P.-Behörden fallen. Auf den (materiellen) Inhalt der Aufgaben kommt es hierbei nicht an. Daher umfaßt die P. im formellen Sinne sowohl materiell-polizeiliche als auch andere Aufgaben. Bloß formelle, nicht aber materielle Aufgabe der P. ist die Mitwirkung bei der Strafverfolgung.

B. Materieller P.-Begriff. Der materielle P.-Begriff wird durch die Funktion bestimmt. P. im materiellen Sinn ist die Aufgabe, von der Allgemeinheit oder dem einzelnen Gefahren abzuwehren, durch die die öffentl. Sicherheit oder Ordnung bedroht wird. Die Handlungsermächtigung hierfür findet sich in der Generalklausel oder in Spezialnormen. Für den materiellen P.-Begriff ist es unbeachtlich, ob die *materiell*-polizeilichen Aufgaben auch von einer *formell*-polizeilichen Behörde erledigt werden.

IV. Grundzüge des (materiellen) P.-Rechts. Entsprechend der Generalklausel ist Hauptaufgabe der Polizei die Abwehr von Gefahren für die öffentliche Sicherheit oder Ordnung. Zur öffentlichen *Sicherheit* gehören Leben, Gesundheit, Freiheit, Ehre und Vermögen des einzelnen sowie die Staats- und Rechtsordnung. Die öffentl. *Ordnung* umfaßt die geschriebenen, aber auch die auf allgemeiner Anschauung beruhenden Regeln über die unerläßlichen Voraussetzungen für ein geordnetes Zusammenleben. Eine *Gefahr* für die geschützten Rechtsgüter erfordert eine Sachlage, die erkennbar die objektive Möglichkeit eines Schadens enthält. Bloße Nachteile, Unbequemlichkeiten, Belästigungen (zB der Nichtraucher durch Tabakrauch) berechtigen die Polizei nicht zum Einschreiten. Die Gefahren müssen *drohen,* d. h. die Schädigung muß bei ungehindertem Geschehensablauf hinreichend wahrscheinlich sein. Da für die Beurteilung eine Prognoseentscheidung erforderlich ist, genügen hinreichende Anhaltspunkte für die Annahme einer Gefahr, selbst wenn objektiv der Situation die Schadenseignung fehlt (Anscheinsgefahr). Aufgabe der P. ist sowohl die *präventive* Verhinderung drohender wie die *repressive* Beseitigung eingetretener Schäden. Ob die Polizei zur Gefahrenabwehr tätig wird, steht grundsätzlich in ihrem pflichtgemäßen *Ermessen* (Opportunitätsprinzip). Daher ist die P. in Bagatellfällen nicht zum Einschreiten verpflichtet, wohl aber berechtigt. Bei Gefahren für wichtige Rechtsgüter kann sich das Ermessen der P. bis auf Null reduzieren, so daß sie im Ergebnis zum Tätigwerden verpflichtet wird. Hierbei sind wegen des Grundsatzes der Verfassungsmäßigkeit der Verwaltung auch die →Grundrechte zu beachten, die als Schutzpflichten dem Staat gebieten, sich schützend vor die Individualrechtsgüter zu stellen und sie vor rechtswidrigen Eingriffen seitens anderer zu bewahren (vgl. BVerfGE 39, 1, 42). Bei ihren Maßnahmen hat die P. den Grundsatz der *Verhältnismäßigkeit* zu beachten. Bei mehreren möglichen und gleich geeigneten Maßnahmen hat die Polizei die den einzelnen und die Allgemeinheit am wenigsten beeinträchtigende zu wählen (Grundsatz des mildesten Mittels). Darüber hinaus darf eine Maßnahme nicht zu einem Nachteil führen, der zu dem erstrebten Erfolg erkennbar außer Verhältnis steht (Übermaßverbot). Die Polizei darf grundsätzlich nur sog. *Störer* in Anspruch nehmen. *Verhaltensstörer* ist, wer durch eine Handlung oder Unterlassung eine Gefahr verursacht;

Zustandsstörer ist, wer als Inhaber der tatsächlichen Gewalt oder als Eigentümer für die von einer Sache (auch einem Tier) ausgehende Gefahr verantwortlich ist. Sind mehrere Personen polizeirechtlich verantwortlich, so entscheidet die Polizei nach pflichtgemäßem Ermessen (Auswahlermessen). Unbeteiligte Dritte kann die P. nur im Ausnahmefall des sog. *polizeilichen Notstandes* heranziehen, wenn sie die Gefahr weder durch Inanspruchnahme eines Störers noch mit eigenen Mitteln bekämpfen kann. Allerdings darf der *Nichtstörer* nicht selbst erheblicher Gefährdung ausgesetzt werden. Anders als dem Störer hat die P. dem Nichtstörer Ersatz für die Aufopferung zu leisten. Die entsprechenden landesgesetzlichen Regelungen gehen auf §§ 70, 71 des preußischen PVG von 1931 und letztlich auf §§ 74, 75 Einl. ALR zurück.

Zur Gefahrenabwehr kann die P. *P.-Verordnungen* erlassen, die inhaltlich →Rechtsverordnungen sind und deren Voraussetzungen bedürfen. P.-Verordnungen enthalten polizeiliche Gebote oder Verbote für eine unbestimmte Anzahl von Fällen und eine unbestimmte Anzahl von Personen. Sie dürfen nicht zur Erleichterung polizeilicher Aufsicht, sondern nur zur Verhütung eines hinreichend wahrscheinlichen Schadenseintritts erlassen werden, wobei eine Gefahr allerdings nur *abstrakt* (potentiell), d. h. typischerweise in den geregelten Fällen, nicht aber in jedem einzelnen Fall zu drohen braucht. Eine *konkrete,* d. h. im Einzelfall drohende Gefahr ist erforderlich, wenn die P. *P.-Verfügungen* erläßt. Hier handelt es sich um Anordnungen an einzelne Personen oder einen bestimmbaren Personenkreis (Allgemeinverfügungen) zur Regelung eines Einzelfalls. P.-Verfügungen sind daher →Verwaltungsakte. P.-Verfügungen können aufgrund der Generalklausel als *selbständige* oder aufgrund eines Spezialgesetzes oder einer Polizeiverordnung als *unselbständige* Verfügungen ergehen.

Neben den *Rechtsakten* erläßt die P. zahlreiche *Realakte,* die allerdings stillschweigend Rechtsakte (zB Duldungsverfügungen) umschließen können. Von überragender Bedeutung für den Schutz der Rechtsordnung sind die polizeilichen *Zwangsmittel.* Sie gliedern sich in: 1. Ausführung einer Handlung auf Kosten des Polizeipflichtigen *(Ersatzvornahme)*; 2. Festsetzung von *Zwangsgeld* (einschl. der Ersatzzwangshaft); 3. den *unmittelbaren Zwang.* Letzterer umfaßt wiederum 1. *einfache körperliche Gewalt* (zB Zurückdrängen einer Menschenmenge); 2. *Hilfsmittel der körperlichen Gewalt* (zB Wasserwerfer); 3. *Waffen* (zB Polizeistock; Schußwaffen). Bei Auswahl und innerhalb der Zwangsmittel ist jeweils das Verhältnismäßigkeitsprinzip (insbes. der Grundsatz des mildesten Mittels) strikt zu beachten. Im Interesse überragender Rechtsgüter ist auch ein *gezielt tödlicher Schuß* (Rettungsschuß) gegen den Rechtsbrecher zulässig, wenn die Gefahr anders nicht abgewehrt werden kann. Gesetzliche Regelungen nach dem Vorbild des § 41 II 2 des Musterentwurfs finden sich hierfür in Bayern, Niedersachsen und Rheinland-Pfalz (allerdings auf Lebensgefahr und Gefahr einer schwerwiegenden Körperverletzung begrenzt).

V. Polizeirecht im Bundesstaat. A. Gesetzgebungskompetenz. Da der Bund für die P. schlechthin keine Gesetzgebungskompetenz hat, fällt die P. nach Art. 30, 70 I GG grundsätzlich in die Zuständigkeit der Länder. Demzufolge ist das (allgemeine) P.-Recht in Ländergesetzen geregelt. So muß auch der Musterentwurf eines einheitlichen Polizeigesetzes von den einzelnen Ländern übernommen werden. Nur in Sonderbereichen hat der Bund ausdrückliche Gesetzgebungskompetenzen, zB für den Grenzschutz (Art. 73 Nr. 5 GG) sowie für die Zusammenarbeit des Bundes und der Länder in der Kriminalpolizei, beim Verfassungsschutz und zum Schutz gegen die Gefährdung auswärtiger Belange durch Anwendung von Gewalt sowie die internationale Verbrechensbekämpfung. Darüber hinaus berechtigen die jeweiligen Einzelkompetenzen auch zum Erlaß von Vorschriften über die Gefahrenabwehr im jeweiligen Bereich (Annexkompetenz). So kann der Bund zB wegen seiner Kompetenz für die Bundeseisenbahnen und den Luftverkehr (Art. 73 Nr. 6 GG) auch Fragen der Bahnpolizei und der Luftverkehrspolizei regeln.

B. Gesetzesausführung. Da die P.-Gesetzgebung grundsätzlich den Ländern zusteht, obliegt ihnen auch die P.-Verwaltung. In *bundeseigener Verwaltung* durfte der Bund gem. Art. 87 I 2 die Bundesgrenzschutzbehörden, das Bundeskriminalamt sowie das Bundesamt für Verfassungsschutz errichten. Sonderpolizeiaufgaben nehmen ferner die dem Bundesminister für Verkehr nachgeordneten Wasser- und Schiffahrtsdirektionen bzw. -ämter auf dem Gebiet der Strom- und Schiffahrtspolizei sowie die Bundesanstalt für Flugsicherung und das Luftfahrt-Bundesamt auf dem Gebiet der Luftpolizei wahr. Verkehrspolizeiliche Aufgaben obliegen dem Kraftfahrt-Bundesamt. Der Präsident des Deutschen Bundestages übt gem. Art. 40 II 1 die P.-Gewalt im Gebäude des Bundestages aus.

C. Organisation. Die traditionelle Zuweisung der materiellen polizeilichen Aufgaben an P.-Behörden ist nach 1945 unter ausländischem Einfluß vielfach beseitigt worden. Viele Bereiche der Gefahrenabwehr wurden „entpolizeilicht“, d. h. Sonderbehörden (Ordnungsbehörden) übertragen. Dieses Trennungssystem besteht in Bayern, Berlin, Hamburg, Hessen, Niedersachsen, Nordrhein-Westfalen und Schleswig-Holstein. Obwohl auch die Ordnungsbehörden materiell P.-Aufgaben wahrnehmen, fällt hier der formelle und der materielle P.-Begriff auseinander (vgl. oben III). Das Einheitssystem besteht in Baden-Württemberg, Bremen, Rheinland-Pfalz und im Saarland.

DREWS/WACKE/VOGEL/MARTENS, Gefahrenabwehr, 9. Aufl., 1986 – K. H. FRIAUF, Polizei- und Ordnungsrecht, in: v. MÜNCH, Besonderes Verwaltungsrecht, 7. Aufl., 1985 – V. GÖTZ, Allgemeines Polizei- und Ordnungsrecht, 8. Aufl., 1985 – G. HEISE, Musterentwurf eines einheitlichen Polizeigesetzes, 1976 – F.-L. KNEMEYER, Polizeibegriffe in Gesetzen des 15. bis 18. Jahrhunderts, in: AöR Bd. 92, S. 153 ff. – DERS., Polizei- und Ordnungsrecht, 2. Aufl., 1985 – D. MERTEN (Hg.), Aktuelle Probleme des Polizeirechts, 1977 – E. RASCH, Allgemeines Polizei- und Ordnungsrecht, 2. Aufl., 1982 – W. R. SCHENKE, Polizei- und Ordnungsrecht, in: ARNDT u. a., Besonderes Verwaltungsrecht, 1984 – H. SCHOLLER/S. BROSZ, Grundzüge des Polizei- und Ordnungsrechts in der Bundesrepublik Deutschland, 3. Aufl., 1982 – H. J. WOLFF/O. BACHOF, Verwaltungsrecht III, 4. Aufl., 1978.

Detlef Merten

Postgeheimnis. Das P. ist nach Art. 10 GG neben dem Brief- und Fernmeldegeheimnis als →Grundrecht unverletzlich. Damit wird die Geheimsphäre, die zum Wesen der Persönlichkeit des Menschen gehört, in bestimmtem Bereiche geschützt. Allerdings gilt das Grundrecht des P. usw. auch für inländische jur. Personen (Art. 19 III GG). Art. 8 Europ. Menschenrechtskonvention erwähnt nur das Briefgeheimnis. Die drei Grundrechte unterliegen für den, der sie im Kampf gegen die freiheitl.-demokratische Grundordnung mißbraucht, der Verwirkung (Art. 18 GG).

Das P. umfaßt alle postdienstl. Vorgänge, soweit sie zur Identifizierung von Sendungen dienen, von der Einlieferung bis zur Ausscheidung aus dem Postbereich. Insoweit deckt das P. das Briefgeheimnis. Das P. umfaßt nicht nur den Inhalt der Sendungen, sondern auch die Tatsachen, daß eine Postverbindung zwischen Empfänger und Absender überhaupt besteht, wie oft jemand Post empfängt u. ä.

Das *Briefgeheimnis,* soweit es sich nicht mit dem P. deckt, entfaltet seine eigenartige Wirkung außerhalb der postdienstl. Vorgänge, d. h. vor der Einlieferung zur Post und nach der Auslieferung. Brief ist dabei eine umschlossene (nicht notwendigerweise verschlossene), anstelle des mündl. Verkehrs von Personen erfolgende Mitteilung.

Das *Fernmeldegeheimnis* umfaßt alle näheren Umstände des Fernmeldeverkehrs, also auch, ob überhaupt ein Gespräch zwischen zwei bestimmten Personen, wie oft, zu welcher Zeit usw., stattgefunden hat.

Postrechtlich gibt das verfassungsmäßig verbürgte P. das Recht, von der Post und anderen Stellen der öffentlichen Gewalt ein Unterlassen von Eingriffen zu verlangen. Gemäß § 5 I PostG ist es den mit postdienstlichen Verrichtungen betrauten Personen grds. untersagt, verschlossene Postsendungen zu öffnen, sich über deren Inhalt Kenntnis zu verschaffen oder hierüber einem anderen Mitteilung zu machen.

Strafrechtlich (StGB gültig i. d. F. ab 1. Jan. 1975) wird das Briefgeheimnis gegen jedermann durch § 202 StGB, das P. und Fernmeldegeheimnis durch § 354 StGB gegen Postbedienstete und außerhalb der Post tätige Amtsträger, die befugt Eingriffe in diese Geheimnisse vornehmen, geschützt. Dieser Schutz wird vervollkommnet durch § 201 StGB, der allgem. das unbefugte und heiml. Abhören oder Mitschneiden des nicht öffentl. gesprochenen Wortes und dessen Gebrauch für Amtsträger und jedermann verbietet.

Da die Intimsphäre als Teil der →Menschenwürde (Art. 1 GG) erscheint und das Briefgeheimnis somit einen Grundwert der Rechtsordnung darstellt, entfaltet es auch gewisse Wirkungen im →Privatrecht, vor allem über §§ 138, 826 BGB, indirekt über die Anerkennung eines →Persönlichkeitsrechts in § 823 I BGB. Deshalb darf der Richter die von einer Partei oder einem Prozeßbeteiligten vorgelegten Briefe, die unter Verletzung des Briefgeheimnisses der anderen Partei oder des Angeklagten vorgelegt werden, nur mit deren Zustimmung verlesen oder anderweitig verwenden.

Beschränkungen der drei Geheimnisse sind nur auf Grund eines Gesetzes zulässig (Art. 10 II S. 1 GG). Dient die Beschränkung dem Staats- und →Verfassungsschutz, so kann das Gesetz bestimmen, daß sie dem Betroffenen nicht mitgeteilt wird und daß an die Stelle des Rechtsweges die Nachprüfung durch von der Volksvertretung bestellte Organe und Hilfsorgane tritt (Art. 10 II S. 2 GG). Die näheren Voraussetzungen und das Verfahren der politischen an Stelle der Justizkontrolle sind im „G. zur Beschränkung des Brief-, P.- und Fernmeldegeheimnisses" (G 10; BGBl. 1968 I 949) geregelt. §§ 1, 2 G 10 gestatten den Verfassungsschutzbehörden, dem Sicherheitsamt der Bundeswehr und dem Bundesnachrichtendienst, bei tatsächl. Anhaltspunkten bezüglich bestimmter Delikte gegen den Staat und die westalliierten Truppen in der Bundesrepublik oder West-Berlin schon bei der Planung – also schon im Vorfeld strafprozessualer Ermittlungen –, daneben aber auch bei und nach der Begehung dieser Delikte in das Grundrecht einzugreifen. Der Eingriff, der sich nur gegen den Verdächtigen oder dessen Mittelsmänner richten darf (§ 2 II G 10), kann eine Brief-, Post- und Fernmeldeüberwachung beinhalten und wird auf Antrag einer der genannten zuständigen Behörden durch einen vom Bundeskanzler beauftragten Bundesminister oder – bei Landessachen – durch einen Landesminister angeordnet (§ 5 I G 10). Der Betroffene ist über die Beschränkungsmaßnahmen zu unterrichten, wenn eine Gefährdung des Zwecks der Beschränkung ausgeschlossen werden kann (§ 5 V G 10). Nach der Mitteilung steht dem Betroffenen der Rechtsweg offen, im übrigen ist gegen jede Anordnung von Beschränkungsmaßnahmen und ihren Vollzug der Rechtsweg nicht zulässig (§ 9 VI G 10). An die Stelle einer gerichtl. Kontrolle tritt die Überwachung durch eine parlamentarisch bestellte Kommission (§ 9 II – IV G 10). Der Ausschluß des Rechtsweges findet seine verf.rechtl. Grundlage in Art. 10 II S. 2, 19 IV S. 3 GG, die durch das 17. G zur Ergänzung des GG (BGBl. 1968 I 709) eingefügt worden sind. Das BVerfG hält in seiner Entscheidung vom 15. Dez. 1970 die Versagung des Zugangs zu den Gerichten für verfassungsgemäß (BVerfGE 30, 1 ff.).

Die durch Überwachungsmaßnahmen erlangten Kenntnisse dürfen nur zur Erforschung der in § 2 G 10 genannten Straftaten benutzt werden, es sei denn, daß sich tatsächl. Anhaltspunkte dafür ergeben, daß eines der in § 138 StGB aufgezählten Verbrechen geplant ist oder begangen wird oder bereits begangen worden ist (§§ 7 III, 3 II G 10). Der Rechtsweg gegen die Beschränkungen ist ausgeschlossen (§ 9 VI G 10).

Weitere *Eingriffsbefugnisse* gewährt die StPO. In beschränktem Rahmen kann danach der Richter, bei Gefahr im Verzug auch der Staatsanwalt die von dem Beschuldigten herrührenden oder für ihn bestimmten Postsendungen beschlagnahmen (§ 99 StPO). Auf Grund der durch G 10 neu in die StPO eingefügten §§ 100 a, 100 b ist es darüber hinaus auf entsprechende Anordnung des Richters oder ggf. der Staatsanwaltschaft möglich, den Fernmeldeverkehr derjenigen abzuhören und aufzunehmen, die bestimmte polit. oder sonstige schwere Verbrechen begangen oder, sofern der Versuch strafbar ist, zu begehen versucht oder durch eine mit Strafe bedrohte Handlung vorbereitet haben.

Bes. Unterwerfungs- und →Gewaltverhältnisse vermögen das Briefgeheimnis insoweit einzuschränken, als der jeweilige Zweck des bes. Gewaltverhältnisses dies zwingend erfordert. Nachdem das BVerfG für das Strafgefangenenverhältnis beispielhaft darauf hingewiesen hatte, daß die Einschränkung der Grundrechte auch im bes. Gewaltverhältnis der Strafgefangenen einer gesetzl. Grundlage bedürfe (BVerfGE 33, 1 ff.), ist die Beschränkung des P. im Strafvollzug gesetzlich geregelt: § 29 des Strafvollzugsgesetzes sieht vor, daß der Schriftwechsel eines Strafgefangenen – von wenigen Ausnahmen abgesehen – aus Gründen der Behandlung oder der Sicherheit oder Ordnung der Anstalt überwacht werden darf.

Schließlich finden sich *Einschränkungen* des Grundrechts in § 413 AO, § 6 ZollG von 1961, § 5 PostG von 1969, §§ 2 ff. ÜberwachungsG vom 24. Mai 1961 (es handelt sich um die Einfuhr staatsgefährdender Schriften u. ä.), § 121 KO, § 4 VereinsG, der Interzonenüberwachungs-VO (BGBl. 1951 I 439) und, soweit es um den in der Vergangenheit liegenden Fernmeldeverkehr geht, in §§ 12 ff. FernmeldeanlagenG. Dagegen berechtigt die allg. Anzeigepflicht bei bestimmten drohenden Verbrechen nach § 138 StGB allein noch nicht zu einem Eingriff in eines der Geheimnisse. Allerdings ist der Postbeamte, der bei einer Leitungskontrolle zufällig von der Planung eines der in § 138 StGB genannten Verbrechen erfährt, verpflichtet, der zuständigen Behörde davon Mitteilung zu machen (jetzt Argument aus § 3 II G 10).

Das G 10 ermöglichte die Ablösung der sich aus Art. 5 II *Deutschlandvertrag* vom 23. Okt. 1954 (BGBl. 1955 II 308) ergebenden Vorbehaltsrechte der westl. Alliierten. Durch G 10 unberührt geblieben sind die Rechte der Alliierten in West-Berlin sowie ihre Rechte zum Schutz West-Berlins und ihrer dort stationierten Truppen, die sie in der Bundesrep. Dtschld. ausüben.

G. DÜRIG, H.U. EVERS, Zur verfassungsändernden Beschränkung des Post-, Telefon- und Fernmeldegeheimnisses, 1969 – D. OEHLER, P., in: Herders Staatslexikon X 1970[6] – WELP, Die strafprozessuale Überwachung des Post- und Fernmeldeverkehrs, 1974 – SCHATZSCHNEIDER, Fernmeldegeheimnis und Telefonbeschattung, NJW 1981, 268 f. – MAUNZ-DÜRIG, GG, Komm. 1983[6] – PAPPERMANN in: Grundgesetzkommentar (hg. v. Münch), 1985[3].

Dietrich Oehler

Potsdamer Abkommen →Besatzungsregime

Präsidialdemokratie. I. Begriff und Wesen. Die P. ist eine der beiden weltweit üblichen Ausformungen demokratischer Staatsorganisation (→Demokratie). Vom →parlamentarischen Regierungssystem unterscheidet sie sich dadurch, daß das →Staatsoberhaupt, das auch dort im allgemeinen als Präsident und nur im Ausnahmefall als Monarch ausgestaltet ist, in ihr auf Zeit gewählt wird und über erhebl. Befugnisse verfügt, also dem Typ des selbständigen →Staatsoberhauptes zuzurechnen ist. Mehr Begriffsmerkmale gibt der Begriff P. genau genommen nicht her. Von einer P. könnte also theoretisch selbst dann gesprochen werden, wenn der Präsident alle staatl. Macht auf sich vereinigte und nicht einmal einem →Parlament konfrontiert wäre. Allerdings wären am demokratischen Charakter einer solchen Verfassung aus anderen, außerhalb des unmittelbaren Demokratiebegriffs liegenden Gründen durchgreifende Zweifel angebracht, so daß dem Parlament in der P. doch genauere Aufmerksamkeit geschenkt werden muß.

A. Präsidialdemokratie und Parlament. Demokratisch im unmittelbaren Sinne des Wortes wäre ein Staat wie gesagt selbst dann, wenn neben einem volksgewählten Präsidenten kein volksgewähltes Parlament mehr bestünde. Insofern können sich manche so aufgebauten autoritären Staaten tatsächlich darauf berufen, dem *formalen* Begriff der Demokratie gerecht zu werden. Um eine freiheitl., rechtsstaatl. Demokratie handelt es sich bei einem solchen Staate aber nicht. Ihm fehlen mindestens zwei Voraussetzungen dafür: 1. die →Gewaltenteilung zwischen Exekutive und Legislative (= Parlament) und 2. die Möglichkeit einer (parlamentarischen) →Opposition; in der Tat sind die meisten formal demokratisch aufgebauten autoritären Staaten Einparteienstaaten mit mehr oder minder offener Unterdrückung jegl. Opposition, und angesichts dessen ist es fast nebensächlich, ob sich Repräsentanten der herrschenden Staats- oder Einheitspartei dann noch in einem Parlament zusammenfinden dürfen oder nicht.

B. Präsidialdemokratie, parlamentarische Demokratie, parlamentarisches Regierungssystem. Nach dem Vorstehenden ist davon auszugehen, daß es also auch in einer P., die die Bezeichnung als *Demokratie* wirklich verdient, ein Parlament geben muß. Dann stellt sich aber die Frage, wie eine solche „parlamentarische P." von einem parlamentarischen Regierungssystem zu unterscheiden ist. Die Antwort darauf ist, daß im parlamentarischen Regierungssystem die Regierung in ihrer Existenz vom Parlament *abhängt,* von diesem gewählt wird, zumindest aber jederzeit gestürzt werden kann, während in der P. die Regierung entweder ohnehin mit dem Staatsoberhaupt identisch oder jedenfalls (auch) von diesem abhängig ist. Terminologisch läßt sich das am klarsten ausdrücken, indem man zwischen dem parlamentarischen *Regierungssystem* und der parlamentarischen *Demokratie* unterscheidet. Eine parlamentarische Demokratie ist dann sowohl die P. als auch das parlamentarische Regierungssystem. Oder anders ausgedrückt: P. und parlamentarisches Regierungssystem sind die beiden Spielarten der parlamentarischen Demokratie.

II. Die Präsidialdemokratie amerikanischen Musters. Reinform einer P. ist das Regierungssystem der →Vereinigten Staaten. Dort haben die beiden Häuser des Kongresses keinerlei Einfluß auf die Wahl des Präsidenten und können diesen auch bei schwersten Konflikten nicht selbst stürzen. Der Präsident verfügt vielmehr aus seiner (zumindest faktischen) Wahl durch das amerikanische Volk über eine *eigenständige,* nicht vom Kongreß hergeleitete demokratische Legitimation. Beide obersten Staatsorgane haben grundsätzlich getrennte, nur im Ausnahmefall ineinander verschränkte Kompetenzen. Ihnen stehen starke, exakt voneinander abgeschottete Bürokratien zur Verfügung, und da es in den USA praktisch auch keine Bundesparteien gibt, die „ihren" Präsidenten und „ihre" Parlamentsfraktionen auf Linientreue einschwören könnten, wirkt dieses Regierungssystem im allgemeinen auch in der politischen Praxis so, wie es in der Verfassung vorgesehen ist.

Eine eigenständige *Regierung* gibt es neben dem Präsidenten nicht. Dieser ist vielmehr selbst „die Regierung". Er ernennt seine Minister („secretaries") nach eigenem Gutdünken. Zu ihrer Berufung braucht er zwar zunehmend das Placet des Kongresses, über ihre Entlassung entscheidet er aber nach wie vor völlig frei, so daß sie von ihm vollständig abhängig sind. Einen Ministerpräsidenten bzw. Regierungschef gibt es nicht; diese Funktion nimmt eben der Präsident selbst wahr. Vgl. im übrigen →Vereinigte Staaten. Sieht man von der demokratischen Legitimation des Präsidenten und seiner begrenzten Amtszeit ab, so gleicht seine Stellung ziemlich genau der Stellung des engl. Königs im Zeitpunkt der Gründung der USA (s. a. Konstitutionalismus).

III. Das Mischsystem der Weimarer Republik und der V. französischen Republik. In einem weiteren Sinne kann man zu den P.n auch die Regierungssysteme rechnen, die die →Weimarer Verfassung und die Verfassung der V. französischen Republik (→Frankreich) hervorgebracht haben. In beiden Systemen gibt es neben dem vom Volk gewählten und mit erhebl. Befugnissen ausgestatteten Präsidenten eine eigene Regierung, die unter der Führung eines Reichskanzlers bzw. Premierministers stand bzw. steht. Der Präsident ernennt und entläßt die Mitglieder der Regierung grundsätzlich nach eigenem Ermessen, so daß das Kabinett also im unmittelbarsten Sinne „seine Regierung" ist. Der Unterschied zum Regierungssystem der USA besteht aber nicht nur darin, daß es einen besonderen Regierungschef gibt, sondern v. a. darin, daß die Regierung neben dem Vertrauen des Präsidenten auch noch das Vertrauen des Parlaments benötigt und von diesem insbes. gestürzt werden kann.

Auf diese Weise entsteht ein Regierungssystem, das zwar in Frankreich bisher funktioniert hat, das sich in der Weimarer Republik aber als außerordentlich anfällig erwiesen hat. Von einem rein demokratischen Denken aus ist es natürlich eine faszinierende Idee, die Fülle der Staatsgewalt (von der Rechtsprechung einmal abgesehen) zwischen zwei Organen aufzuteilen, die sich beide auf eine unmittelbare Wahl durch das Staatsvolk berufen können, und zwischen diesen, gewissermaßen für das alltägl. Regierungsgeschäft, eine Regierung zu etablieren, die beiden verantwortlich ist. Voraussetzung für das Funktionieren dieses Systems ist aber, daß zwischen dem Staatsoberhaupt und der Parlamentsmehrheit ein großes Maß an Vertrauen und Übereinstimmung besteht. Ist dieses nicht vorhanden, so wird das Parlament versuchen, den Präsidenten auf die Dauer auszuschalten und im Wege des stillschweigenden Verfassungswandels ein rein parlamentarisches Regierungssystem einzuführen, wie es etwa während der III. französischen Republik (1871 – 1940) geschah, oder der Präsident wird versuchen, das Parlament auszuschalten, wie es unter dem Reichspräsidenten v. Hindenburg mit den Kabinetten Brüning, v. Papen, v. Schleicher und zuletzt Hitler beabsichtigt war.

Daß die V. französische Republik bisher gut gearbeitet hat, hängt bis zu einem gewissen Grade damit zusammen, daß die französische Regierung auf vielen politischen Feldern mit Verordnungen arbeiten kann und nicht ständig auf die Bereitschaft der Nationalversammlung angewiesen ist, die von ihr benötigten Gesetze zu erlassen. Ungleich wichtiger ist schon der Integrationszustand des französischen Volkes, der aus vielen Gründen ungleich besser ist als der des dt. Volkes zur Weimarer Zeit. V. a. aber erschwerte das in der Weimarer Republik praktizierte uneingeschränkte *Verhältniswahlrecht* die Entstehung stabiler parlamentarischer Verhältnisse entscheidend, während das bisher in Frankreich praktizierte *Mehrheitswahlsystem* die →Parteien mehr und mehr zum Zusammenschluß in großen Blöcken (Sozialisten-Kommunisten, Giscardisten-Gaullisten) und damit im Kern zu einem Zweiparteiensystem zwang. Daraus folgte in der Praxis, daß der Parteienblock, der den Präsidenten stellte, stets auch die Mehrheit in der Nationalversammlung besaß und der vom Präsidenten berufenen Regierung daher grundsätzlich freundlich gegenüberstand. Wieder einmal erweist sich also, welch großen verfassungsprägenden Charakter das Wahlsystem (→Wahlrecht) im allgemeinen hat. Ob sich durch die von MITTERAND konzedierte Einführung eines Verhältniswahlrechts in Frankreich daran Wesentliches ändern wird, bleibt abzuwarten.

Lit. →Frankreich; →Parlamentarisches Regierungssystem; →Vereinigte Staaten; →Wahlrecht; →Weimarer Verfassung.

Ferner: K. LOEWENSTEIN, Der Staatspräsident, AöR 75, 129 ff. – F. GLUM, Die amerikanische Demokratie, 1966 – K. v. BEYME, Das präsidentielle Regierungssystem der Vereinigten Staaten, 1967 – O. KIMMINICH/P. PERNTHALER, Das Staatsoberhaupt in der parlamentarischen Demokratie, VVDStRL 25 (1967), S. 3 ff., 95 ff. – R. HERZOG, Allg. Staatslehre, 1971, S. 274 ff. – E. FRAENKEL, Das amerik. Regierungssystem, 1981[4] – W. STEFFANI, Parl. und präsidentielle Demokratie, 1979.

Roman Herzog

Prager Friedenskonferenz →Christliche Friedenskonferenz; →Friedenskirchen; →Ökumenische Bewegung

Pragmatik/pragmatisch. I. Zum allgemeinen Sprachgebrauch. Von P. oder p. spricht man, um ein bestimmtes menschl. Handeln und seine Orientierung zu kennzeichnen. Eine präzise Bedeutung dieser aus der Praktischen Philosophie (ARISTOTELES, KANT) hervorgegangenen Begrifflichkeit läßt sich nur im Rahmen ausgeführter Theorien menschl. Handelns und Verhaltens feststellen. Neben der wissenschaftssprachl. Verwendung im Kontext der Praktischen Philosophie und der Sozialwissenschaften ist ein weitgesteckter Bedeutungsspielraum und Assoziationszusammenhang festzustellen. Verwiesen sei besonders auf den Zusammenhang mit den Begriffen „Planung", „Zweckrationalität", „Instrumentalität", „Operationalisierung", „Technik", „Naturbeherrschung", die ihrerseits eine je verschiedene Bedeutung in der Praktischen Philosophie und in den Sozialwissenschaften gewonnen haben. Aber nicht nur diese Bedeutungsvielfalt, sondern auch eine weithin „ideologiekritische" Einfärbung (die sich meistens pauschal gegen Werte und Normen richtet) ist für den Sprachgebrauch kennzeichnend. Ohne ideologische Scheuklappen soll die menschliche Lebenswelt wahrgenommen werden, sei sie nun als technische, als rationale oder auch als inhumane verstanden. Als p. wird eine realistische Einstellung angesehen, vor allem im Interesse an einem Handeln jenseits der Alternative von Gesinnungs- und Verantwortungsethik (→Ethik). Von P. oder p. ist regelmäßig dann die Rede, wenn der Vorrang dieser Lebenswelt vor der „Theorie" (seltener auch der „Praxis") behauptet wird. Wird dem „Pragmatischen" die Priorität zuerkannt, dann bedeutet dies den Verzicht auf die Realisierung weitgespannter Theorien (und überhaupt auf die Orientierung des Handelns an der Übereinstimmung von Theorie und Praxis); statt dessen soll auf mittlere Sicht der Ausgleich verschiedener Interessen und Zielsetzungen um eines Zusammenwirkens willen gesucht werden. Pragmatisches Handeln stellt sich darum auf soziale und politische Kräfteverhältnisse ein und bemüht sich um einen *Kompromiß.*

II. Zur philosophischen und wissenschaftssprachlichen Verwendung. A. Eine unterschiedl. präzise Bedeutung haben die Begriffe P. und p. vor allem in drei Bereichen gefunden: in der Praktischen Philosophie, in der Sprachphilosophie und in den Sozialwissenschaften. Darüber hinaus haben sie ihren Ort in der philosophischen Erkenntnis- und Wissenschaftstheorie. Dort ist es durch CHARLES S. PEIRCE (1839–1914) zu einer philosophischen Systembildung gekommen, deren verschiedene Wirkungen und Modifikationen heute unter dem Sammelnamen *„Pragmatismus"* zusammengefaßt werden.

B. Die aktuelle Bedeutung, die dem Begriff P. zukommt, ist vor allem in der *Theorie/Praxis-Diskussion* zu lokalisieren. Entscheidend ist hier das Interesse an der Vermittlung von Theorie und Praxis: Mit P. bezeichnet man genauer die Vermittlung der Theorie mit der überschaubaren Lebenswelt, die durch Kompromisse politischer und sozialer Zielsetzungen abgesteckt werden kann. Diese p. Orientierung ist abzugrenzen gegen eine Ausrichtung an der Praxis, bei der „Praxis" (häufig als Gegenbegriff zu P. gebraucht) nicht eine nach Maßgabe der Handlungs- und Planungskompetenz begrenzte Dimension meint, sondern auf eine theoretisch gesteuerte Veränderung dieser Grenzen zielt. In ähnlicher Weise werden oft auch P. und Ethik voneinander abgehoben. P. meint dann die Orientierung an einem Ist-Zustand, was dessen Erweiterung (nicht dessen Veränderung!) einschließen kann, „Ethik" richtet sich an einem Soll-Zustand aus, wie auch immer ein solcher gewonnen und zur Orientierung eingesetzt wird. Daraus ergibt sich wiederum eine Vermittlungsaufgabe, nämlich zwischen P. und Praxisorientierung bzw. zwischen P. und Ethik.

C. Wenn Theorie und Praxis p. miteinander vermittelt werden sollen, entsteht im Blick auf die Theorie das *Wahrheitsproblem.* Es muß nun ein p. Wahrheitsbegriff gebildet werden, der einschließt, daß „Wahrheit“ herbeigeführt werden kann – auch wenn dies nicht besagen muß, daß „Wahrheit“ nur je und je herzustellen sei. Darum ist es andererseits durchaus möglich, mit p. Denken ein transzendental-philosophisches zu verbinden, wie es zB bei dem Begründer des Pragmatismus, PEIRCE, geschehen ist. Ein anderes p. Wahrheitsverständnis hat F. NIETZSCHE formuliert, für den die Transzendentalphilosophie zur Aporie geworden war. Die in diesen Ansätzen enthaltenen Probleme haben sich – wie durch PEIRCE bereits vorgezeichnet – auf die neuere Wissenschaftstheorie und auf das dort beschriebene Verfahren wissenschaftl. Wahrheitsfindung ausgewirkt. Von daher hat man auch auf die Philosophie des Pragmatismus wieder zurückgegriffen (K.-O. APEL), allerdings meistens im Interesse an Letztbegründungen. Ein höchst komplexes, oft unübersichtliches Bild bietet der „amerik. Pragmatismus“ (L. MARCUSE), der seinerseits nicht mit der Diskussion über den Pragmatismus in Dtschld. (zB M. SCHELER) verwechselt werden darf.

D. Der erkenntnis- und wissenschaftstheoretische Pragmatismus hat auch die gegenwärtige *Sprachphilosophie* an einem wesentl. Punkt beeinflußt: sofern sie erkannt hat, daß die „Bedeutung“ von Wörtern oder Sätzen von deren „Gebrauch“ in einem bestimmten lebensweltlichen Kontext abhängt. Dementsprechend hat CH. MORRIS eine „semantische“ (auf das sprachlich Bezeichnete bezogene), eine „semiotische“ (auf das Sprachzeichen bezogene) und eine „p.“ (auf den Gebrauch bezogene) Dimension der Sprache unterschieden. Diese sprachphilosophische Einsicht hat eine empirische Reduktion von „Bedeutung“ auf Sinnesdaten abgewehrt.

Sprachphilosophie und Wissenschaftstheorie haben durch die Aufnahme der p. Philosophie die Möglichkeit einer praktischen, d. h. in Regeln faßbaren Wahrheitsfindung als einem schließlich auch „operationalisierbaren“ Verfahren entwickelt. Dementsprechend wird heute dieser Ansatz auch für die Logik fruchtbar gemacht (P. LORENZEN), nicht zuletzt um der Klärung ethischer Probleme willen.

CH. S. PEIRCE, Schriften I/II. Mit einer Einleitung v. K.-O. APEL, 1967/70 – M. SCHELER, Die Wissensformen und die Gesellschaft, Bern (1926) 1970² – CH. W. MORRIS, Foundations of the Theory of Signs (1938), Chicago 1966¹² – M. HORKHEIMER, Der neueste Angriff auf die Metaphysik (1937), in: DERS., Kritische Theorie II, 1968, 82–136 – E. BAUMGARTEN, Der Pragmatismus, 1938 – L. MARCUSE, Amerikanisches Philosophieren, 1959 – E. C. MOORE, American Pragmatism: Peirce, James and Dewey, New York 1961 – J. HABERMAS, Theorie und Praxis, 1963 – G. WARTENBERG, Logischer Sozialismus, 1971 (Lit.) – L. ELEY, P. und Praxis. Transzendentalphilosophische Voraussetzungen der sozialwissenschaftlichen Systemtheorie, in: Rehabilitierung der praktischen Philosophie, M. RIEDEL (ed.), 1972, 395–414 – B. WALDENFELS, Ethische und p. Dimension der Praxis, in: ebd. 375–393 – K.-D. OSSWALD, Kompromiß, in: HWP IV, 1976 (Lit.) – Hdb. der christl. Ethik I, 1979², 357–363 (G. WINTER), 488–505 (H. RINGELING).

Gerhard Sauter

Preis- und Wettbewerbstheorie. 1. Aufgabe und Problemstellung. In der →Marktwirtschaft werden knappe Güter gegen Geld getauscht. Die für eine Einheit des Gutes (Stück, kg usw.) aufzuwendende Geldmenge ist der *Preis*. Er kommt aufgrund freier, im Rahmen der Rechtsordnung (→Wirtschaftsordnung) zugelassener und/oder ethisch vertretbarer Vereinbarungen zustande. Preise bilden sich auf *Märkten*. Sie umfassen alle dem Warenverkehr dienenden Veranstaltungen. Die laufende Berichterstattung über Preise ausgesuchter Güter, die Preisstruktur (Preisgefüge) und die mit Hilfe von Indexziffern gemessene durchschnittl. Preisentwicklung (Preisniveau) obliegt der *Preisstatistik*. Psychologische Antriebe für Marktaktivitäten, die Einflüsse sozialer Faktoren auf Markthandlungen, Schichtungsmerkmale von Käufern und Verkäufern werden in der *Marktsoziologie* erfaßt. Die P. erklärt demgegenüber Zustandekommen und Abwicklung der Marktvorgänge und deren ökonomische Folgewirkungen.

Mit Marktproblemen beschäftigten sich bereits die Scholastiker. Gefordert wird der „gerechte Preis“, der sich an ethischen Normen orientiert. Die von →Liberalismus und →Naturrecht beeinflußten Klassiker versuchen erstmals eine kausale Erklärung der Preisbildung. Sie unterscheiden zwischen dem produktionskostenbestimmten natürlichen Preis und dem Marktpreis, der um den natürl. Preis schwankt und mit Gewinnen und Verlusten verbunden ist. Letztere steuern auch den Wettbewerb durch Eintritt in profitable und Austritt aus verlustbringenden Produktionen. Die spätere Grenznutzenschule rückt mit den Nutzenschätzungen der Käufer stärker die Nachfragekomponenten in den Vordergrund. In der modernen P. werden Kosten- und Nutzenaspekte berücksichtigt. Faktoreffizienz und Kostenstruktur wirken auf das Angebot, Präferenzen (Attraktivität der Güter) und Einkommen bestimmen hauptsächlich über die Nachfrage. Aus Angebot und Nachfrage geht der Preis hervor. Er ist Ausdruck für die *relative Seltenheit* eines Gutes, jedoch nicht unabhängig von der *Marktmacht*. Sie entscheidet darüber, ob der Preis als unbeeinflußbare Größe (Datum) hingenommen oder als strategische Variable benutzt wird. Die Unternehmungen sind durch ihre Beschaffungs- und Absatzmärkte, die Haushalte durch konsumtive Einkommensverwendung und Zurverfügungstellung von Faktorleistungen (Arbeit, Kapital) in ein Netz von Marktbeziehungen (Interdependenz) eingebettet. Wegen der Verflechtung der Märkte untereinander sind die Preise wichtigstes Steuerungsmittel einer Volkswirtschaft (→ Wirtschaftstheorie). Während die (neoklassische) Preistheorie vornehmlich Zustandsbeschreibungen einzelner Marktformen gibt und die Kriterien optimaler

Preissysteme (Gleichgewichte) beschreibt, stellt die sog. Wettbewerbstheorie stärker den Prozeßcharakter der Marktentwicklung heraus.

2. Märkte und Marktformen. Die freie Preisbildung auf den Konsumgütermärkten sorgt dafür, daß sich die Produktion an den Konsumwünschen ausrichtet (Konsumentensouveränität). Über die Einkommen aus Besitz (Boden, Kapital) und Arbeit entscheiden die Produktionsmittelmärkte (→Verteilungstheorie) und ihre Preise: Grundrente, Zins und Lohn. Vielfältig ist die äußere Form, in der Marktvorgänge abgewickelt werden. Bei den Börsen ist die Preisermittlung einer besonderen Institution (Makler) vorbehalten. Die nicht organisierten Märkte kennen verschiedene Absatzformen und -wege (Ladengeschäft, Versandhandel usw.). Ein nach Beschaffenheit und Aufmachung identisches Produkt bildet einen *Elementar- (Teil-)markt.* Teilmärkte verwandter Gütergruppen werden zum *Marktkomplex* einer Branche oder Industrie zusammengefaßt. Ein *lokaler (Punkt-)Markt* entsteht, wenn sich Kauf- und Verkaufsakte auf einen Ort konzentrieren, die Streuung der Standorte führt dagegen zu *regionalen (Gebiets-)Märkten,* die unter dem Einfluß des grenzüberschreitenden Warenverkehrs als *Weltmärkte* in Erscheinung treten.

Unter *Marktform* versteht man die strukturelle Ausprägung, in der Angebot und Nachfrage aufeinandertreffen. Die am meisten diskutierten Marktformen sind der reine (vollständige) Wettbewerb, das Oligopol und das Monopol. Im *vollständigen Wettbewerb* ist wegen geringen Marktanteils kein nennenswerter Einfluß eines einzelnen Verkäufers oder Käufers vorhanden, der Marktpreis ist lediglich Orientierungsgröße, an der die angebotenen oder nachgefragten Mengen ausgerichtet werden. Konkurrieren nur wenige Wettbewerber miteinander, so spricht man vom *Oligopol.* Hier kann Marktmacht ausgespielt werden. Wegen der Spürbarkeit der Aktionen sind Reaktionen der Konkurrenten wahrscheinlich. Fehlt auf der eigenen Marktseite die Konkurrenz, so liegt ein *Monopol* vor. Oligopol und Monopol können als Angebots- oder Nachfrageform auftreten, die Marktgegenseite unterliegt dann vollständiger Konkurrenz. Beiderseitige Vermachtung führt zum bilateralen Oligopol und bilateralen Monopol. Darüber hinaus lassen sich Mischformen nachweisen, bei denen teilweise oligopolistisch oder monopolistisch reagiert wird und eine Restgruppe von Wettbewerbern als Mitläufer versucht, sich anzupassen. Für die Analyse der Marktformen ist die Unterscheidung zwischen *homogenen* und *heterogenen* Gütern wichtig. Der homogene Wettbewerb ist Preiswettbewerb, im heterogenen Wettbewerb werden daneben andere Wettbewerbsfaktoren wie zB Produktqualität und Werbung eingesetzt. Standortvor- und -nachteile bestimmen über den *räumlichen Wettbewerb,* da mit der Länge der Beschaffungs- und Absatzwege unterschiedl. Transportkostenbelastungen verbunden sind. Auch der *Marktzugang* ist von Bedeutung. In offenen Märkten gibt es keine Eintrittsbeschränkungen, in geschlossenen Märkten existieren rechtl. oder sachl. Hemmnisse, die den Zutritt zum Markt erschweren oder unmöglich machen.

3. Wettbewerb unter vielen. Auf homogenen Konkurrenzmärkten wird mit steigendem Preis das Angebot ausgedehnt, die Nachfrage eingeschränkt. Die Käufer tendieren zum billigsten Angebot, die Anbieter wollen möglichst teuer verkaufen. Wegen der Homogenität der Güter kann jedoch nur ein Preis gelten. Existiert ein Angebotsüberschuß, wird durch Unterbieten der Preis gesenkt. Bei einem Nachfrageüberschuß wird der Preis durch Überbieten in die Höhe getrieben. Der Preis, bei dem Angebot und Nachfrage sich ausgleichen, ist der Gleichgewichtspreis, der den Markt räumt. Die Grenzanbieter decken zum Marktpreis gerade ihre Kosten. Die übrigen Produzenten erzielen Gewinne. Die Höhe derselben ist von der Kostendifferenzierung abhängig. Gewinne sind also Entlohnungen für besondere Marktleistungen. Sie verleiten zu Kapazitätsausweitungen und Investitionen in der eigenen oder in fremden Industrien. Hohe Verdienstspannen im Markt ziehen aber auch neue Produzenten an.

Bei freiem Zugang kommt es zu Größenangleichungen, bis ein langfristiges Gleichgewicht erreicht wird, das gerade für alle Betriebe Kostendeckung erlaubt. Nachfrageschwankungen, technische Fortschritte, Strukturwandlungen verhindern zumeist dieses langfristige Gleichgewicht und zwingen mit Datenänderungen zu immer neuen Anpassungen der Preise und Produkte.

Im heterogenen Wettbewerb unter vielen verläuft die Marktanpassung ähnlich, jedoch sind Preise und Produkte differenziert. Für sich allein ist kein Wettbewerber in der Lage, die Position der Konkurrenten zu erschüttern. Marktaktionen lösen keine direkten Gegenmaßnahmen aus. Der Absatz ist jedoch nicht nur von der gewählten Qualität und der Preishöhe abhängig, sondern ebenso von der Produktgestaltung und den Preisen der übrigen Konkurrenten. Im Wettbewerb werden Qualitätsvorteile, niedrige Produktionskosten oder Standortvorteile belohnt. Preise und Qualitäten werden so lange variiert, bis ein Marktgleichgewicht erreicht ist, das tendenziell wieder auf Kostendekkung ausgerichtet ist.

4. Wettbewerb unter wenigen. An manchen Märkten ist die Zahl der Wettbewerber beschränkt. Im homogenen Angebotsoligopol zB existiert zwar ein einheitl. Preis, aber er wird auf andere Weise als in der zuvor geschilderten polypolistischen Konkurrenz gefunden. Wird nur mit der Absatzmenge operiert (Mengenpolitik), so bestimmt die Gesamtangebotsmenge zusammen mit der Nachfrage den Preis. Aber jeder Anbieter weiß, daß sein Angebot marktbedeutsam ist, die Wettbewerber passen sich demnach durch Variation der von ihnen angebotenen

Teilmengen aneinander an. Häufiger wird der Preis als strategische Größe gewählt. Wegen der Homogenität der Ware setzt sich hierbei der preisgünstigste Anbieter am Markt durch, dem die übrigen Wettbewerber folgen müssen. Es entsteht *Preisführerschaft,* die in vielen Fällen zu ungleichen Marktanteilen und unterschiedl. Kapazitätsauslastungen führt. Im heterogenen Oligopol sind außerdem die Produkte verschieden. Die Preise sind von der Qualität, der Bindungsstärke der Nachfrager einem bestimmten Produkt oder Hersteller gegenüber sowie von den Aktionen und Reaktionen der Konkurrenten einschl. der Werbung abhängig. Neben dem Preis- herrscht also *Qualitäts- und Werbewettbewerb.* Über die Intensität, mit der diese Wettbewerbsfaktoren eingesetzt werden, läßt sich generell wenig sagen. Empirische Beobachtungen lassen den Schluß zu, daß der Preiswettbewerb zugunsten von Werbe- und Qualitätswettbewerb zurückgedrängt wird. I. d. R. gibt es einen mehr oder weniger weit gezogenen *Einigungsbereich,* den man tunlichst erst bei nachhaltigen Datenänderungen verläßt. Kleinere Änderungen in den Nachfragebedingungen oder Kosten werden daher mit Reizstumpfheit abgefangen, was die relative *Preisstarrheit* im Oligopol zu erklären vermag.

Ähnlich wie in den geschilderten Angebotsformen spielt sich der Marktvorgang beim Nachfrageoligopol ab. Massenproduktion, Konzernbildung und Unternehmenskonzentration begünstigen oligopolistische Marktformen. Bei den zweiseitigen Oligopolen und Monopolen werden die Preise meist durch Aushandeln gefunden. Für den *Verhandlungsprozeß* lassen sich keine bindenden Regeln angeben. Die Einigung ist von der Machtstellung der Verhandlungspartner, ihren Ausweichmöglichkeiten auf andere Produkte oder Marktpartner, der Geschicklichkeit der Verhandlungsführung, Drohung, Täuschung usw. abhängig. V. a. wenn kollektive Marktparteien wie zB auf dem Arbeitsmarkt (→Lohntheorie) den Preis verbindlich für die Mitglieder aushandeln, entstehen leicht Konfliktsituationen, die Verhandlungsabbruch und Kampfmaßnahmen heraufbeschwören. Auch in den übrigen Marktformen wird nicht allein von friedl. Marktanpassung Gebrauch gemacht. Das Durchsetzen dominanter Firmenpositionen und Kampfstrategien führt oftmals zu *ruinösem Wettbewerb* mit Verdrängung vom Markt. Nicht selten unterwerfen sich vorher die schwächeren Konkurrenten und beugen sich der Überlegenheit des Marktführers. Nicht nur zur Vermeidung von kämpferischem Verhalten, auch die Unsicherheit über Marktlage und Marktentwicklung oder die Absatzpolitik der Konkurrenten führt oft zu friedl. Verständigung über Marktparameter, d. h. zu *Kollusionen,* die den Wettbewerb beschränken. Soweit sie auf vertragl. Absprache zustande kommen, entstehen Kartelle, für die bes. Sektoren mit geringen Expansionschancen und Überkapazitäten prädestiniert sind. Zur Vermeidung wettbewerbsrechtlicher Sanktionen (→Kartellrecht) wird anstelle der Kartellgründung vielfach auf die stillschweigende Verhaltensabstimmung ausgewichen.

5. Marktentwicklung und Wettbewerbsprozeß. Im zeitl. Verlauf ändern sich die Marktbedingungen der Käufer und Verkäufer, im Zusammenhang mit Strukturwandlungen treten sogar Marktformenänderungen auf. Deshalb lehnen manche Ökonomen die Gleichgewichtsanalyse, die sich auf unv. Marktformen bezieht, ab. Der Wettbewerbsprozeß wird als „Entdeckungsverfahren" gedeutet, bei dem es darum geht, Marktchancen wahrzunehmen, auch wenn das Marktergebnis nicht oder jedenfalls nicht mit Bestimmtheit prognostiziert werden kann. Harmonische Wirtschaftsentwicklung verlangt ungestörte Marktentfaltung, deshalb wird nicht eine bestimmte Marktform, zB die vollständige Konkurrenz, zum Leitbild erhoben, sondern darauf abgestellt, die Funktionsfähigkeit des Wettbewerbs zu sichern. Dies ist nur möglich, wenn sperrende Eintrittsbarrieren beseitigt werden, wettbewerbsbeschränkendes Verhalten ausgeschaltet wird, kurz, die Freiheit des Wettbewerbs staatlicherseits garantiert wird. Im Wachstumsprozeß der Wirtschaft (→Wachstumstheorie) unterliegen einzelne Produkte oder ein Marktkomplex einem *Lebenszyklus* mit Aufblühen und Vergehen. Junge Märkte mit neuen Produkten sind in der Einführungsphase oligopolistisch oder monopolistisch strukturiert. Bei anfangs mäßiger Nachfrage und hohen Produktentwicklungskosten wachsen die Neuerer in Vorzugspositionen hinein. Diese rufen Nachahmer auf den Plan. Wachstum der Nachfrage und der Produktion geben Raum für industrielle Expansion bei Ausdehnung der Unternehmungsgrößen und steigender Konkurrentenzahl. In dieser Blütephase des Marktes herrscht intensiver Wettbewerb, selbst dann, wenn im breiten heterogenen Oligopol produziert wird. In der Stagnationsphase dagegen sind die Wachstumskräfte des Marktes erschöpft, angeglichene Kostenstrukturen und Betriebsgrößen bieten geringe Entfaltungsmöglichkeiten, von der Nachfrage und der Produktionstechnik gehen keine neuen Impulse aus. Verdrängungskämpfe, Kartellierungen und Konzentrationsprozesse sind charakteristisch für stagnierende Märkte, die durch expansionsträchtige neue Marktgruppen bedroht werden. Die einzelne Unternehmung will in diesem *Wechselspiel der Marktlagen* möglichst vorn liegen, durch Marktforschung die Entwicklungsmöglichkeiten richtig erfassen und durch Maßnahmen der Produktions- und Absatzpolitik den Markt selbst gestalten. Im Aufbau von Vorzugsstellungen und ihrer Zerstörung durch die Marktkräfte liegt ein wesentliches Element des *dynamischen* Wettbewerbes.

6. Staatliche Eingriffe. Sie richten sich auf Marktzeiten, Herstellungsvorschriften, Qualitätsnormen, auf rechtliche Eingriffsmöglichkeiten bei Wettbewerbsverstößen, aber auch auf direkte Marktintervention, Kalkulationsregeln und Preisüberwachungsmaßnahmen. Soweit Rahmenbedingungen für die Marktabwicklung gesetzt werden, die dem Schutz der Marktteilnehmer und der Transparenz der Märkte dienen, wird durch sie die Marktabwicklung gefördert. Interventionistische Eingriffe setzen dagegen den Marktmechanismus teilweise oder ganz außer Kraft. Bei Höchst-, Mindest- oder Festpreisen bilden sich sehr schnell Angebots- oder Nachfrageüberschüsse, die Ausgleich auf *schwarzen* Märkten suchen oder weitere verwaltungswirtschaftl. Maßnahmen nach sich ziehen. Auch verschiedene Formen der *Schattenwirtschaft* gehen aus Marktstörungen hervor. In der →Planwirtschaft wird das Preissystem behördl. festgesetzt, die Preisplanung aber durch andere Planungstechniken (Mengenplanung u. a.) ergänzt und beeinflußt. Zu den staatl. Eingriffen in die Marktwirtschaft zählen auch indirekte Mengenregulierung, die Schaffung von Marktordnungen, Marktstützungsmaßnahmen u. a. Formen der Subventionierung (→Wirtschaftspolitik). Um den Wettbewerb funktionsfähig zu halten, richtet sich die Wettbewerbspolitik gegen unlauteren Wettbewerb, monopolistische Praktiken und durch Marktmacht bedingte Wettbewerbsbeschränkungen (→Wettbewerbsrecht).

K. Brandt, Preistheorie, 1960 – W. Krelle, Preistheorie, II1976² – A. E. Ott, Grundzüge der Preistheorie, 1984³ – S. a. H. Gumpert, Preistheorie; U. Müller, Wettbewerbstheorie, in: Handwörterbuch der Volkswirtschaft, 1980² – A. E. Ott, Marktformen; H. Hesse, H. Schneider, N. Reetz, A. Woll, Preise; E. Heuss, Wettbewerb, in: Handwörterbuch der Wirtschaftswissenschaft, 1977 f. – M. Borchert, H. Grossekettler, Preis- und Wettbewerbstheorie, 1985.

Karl Brandt

Presbyterialverfassung. **1.** Dt. ev. Kirchenrechtslehre und -praxis versteht unter diesem, oft zum Schlagwort „Presbyterialismus" verkürzten Begriff *zwei ungleiche Tatsachen* der Gesch. des Kirchenrechts; sie sind zwar miteinander sachl. verwandt, aber nicht voneinander abhängig. Die *eine* ist das im ref. Kirchentum zwinglianischer Prägung zuerst begründete, später in seiner calvinischen Form bes. wirksam ausgestaltete *Ältestenamt* des 16. Jh.; rechtstheol. vom Bekenntnis gefordert, gilt es in der *ref.* KVerf. „iure divino". Die *andere* ist die im dt. Landeskirchentum des 19. Jh. erst voll zur Durchsetzung gekommene Einrichtung einer *Gemeindevertretung*; der politischen Idee der Volksvertretung nachgeformt, verstand sie sich als Repräsentation des „Kirchenvolks".

2. Aus einer vielfach unbewußt geschehenen Verquickung dieser staats- und kulturpolitischen Forderung mit einer säkularisierten Vorstellung vom allg. Priestertum entstand, theoretisch gefördert von der Kirchenlehre des theol. Liberalismus, ein neues *kirchenpolitisches Verf.modell*: das der neuprot. „P.". *Geschichtl.* stellt es sich in der „Rheinisch-Westfälischen Kirchenordnung" von 1835 maßgebl. dar. Jahrzehnte hindurch als eine Wiedererweckung des auf biblische Weisung begründeten Ältestenamts und seiner ref. Gestaltung fehlgedeutet, ist heute ihre polit. und soziologische Zeitbedingtheit und Zweckgebundenheit recht erkannt und wird richtig gewürdigt. →Kirchenverfassung.

3. *Anstoß zur Ausbildung* dieses neuen Kirchenverf.gedankens gab am stärksten das zeitgenössische Programm der *Idee der Gewaltenteilung*. Danach sollte die kirchl. G.gebung von der (weithin staatl. gebundenen) Kirchenverwaltung und Kirchenregierung gelöst und selbständig werden. Deshalb war ein von der „obrigkeitl." Kirchen„gewalt" unabhängiges Organ korporativer Selbstverwaltung erforderl.: für die Ortsgemeinden in Gestalt von „Presbyterien", für die Provinzial- und Landeskirchen in Gestalt von →„Synoden"; gemeinsam sollten sie das „Kirchenvolk" gegenüber der „Kirchenregierung" repräsentieren. – Dieser *„presbyterial-synodale" Verf.typus* wurde in Anlehnung an die polit. maßgebende *Idee des →Konstitutionalismus* verstanden als eine Sicherung der formalen „Rechte des Kirchenvolks" durch ein Grundgesetz, das *alle* Beteiligten gleichmäßig verpflichten und binden sollte. Dieser *rechtsstaatl.* aufgefaßten P.begründung entsprach ihre nach *parlamentarischen* Mustern der polit. Volksvertretungen ausgerichtete Durchführung mit Hilfe von kirchl. Parteien und Fraktionen. Doch wirkte dabei auch der ursprüngl. *kirchl.* Gedanke mit, daß in einer →„Volkskirche" *alle* ihre Glieder, insbes. die „Laienschaft", an der kirchl. G.gebung, Verwaltung und auch an der Gerichtsbarkeit tätigen Anteil nehmen sollten.

4. Trotzdem war die neue P. *nicht eigentl.* in den Dienst der *Kirche* gestellt. Es fehlte ihr die überzeugende rechtstheol. Grundlage in der bruderschaftl. Christokratie. Die großen zeitgenössischen Leistungen echter Diakonie im Geist christokratischer Bruderschaft hat sie weder bedingt noch gefördert. So war das Ergebnis dieser Entwicklung nur eine weitere *→Säkularisierung der Verf.gestalt* der ref. Gemeinden durch Angleichung an die polit. Kommunal-Verf. (Frost). Sie ließ auch die (am Vorbild der Rheinisch-Westf. Kirchenordnung ausgerichteten) P.en der Altpreuß. Kirche der Union (1846/50), Württembergs (1854), Sachsens (1868), der übrigen Landeskirchen nach 1871 über formale Strukturen und taktische Praktiken nicht hinausgelangen. Eine „Wiederentdeckung" (Weerda) der biblisch-reformatorischen Ansätze der P. vermochten sie nicht zu leisten.

5. Dies geschah erst durch die theol. Einsicht im *→Kirchenkampf:* Jede Kirchenordnung muß bekenntnismäßig begründet und bekennend erprobt sein. An die Bruderratsverf. der Bekennenden Kirche knüpfte deshalb nach 1945 eine *neue Entwicklung der P.* an; ältere Einrichtungen äußerl. beibehaltend, erfüllte sie die P. mit anderem Geist. Deshalb hat das heute selbstverständl. synodale Element jeder Kirchenordnung mit dem kirchenpolitisch gedachten Postulat einer „Kirchenvolksvertretung" nichts gemein. Vielmehr vollzieht sich die Erneuerung der P. im Anschluß an die *Ordnung der Ökumene*, die dem Laientum eine geistl.-rechtl. begründete Mitwirkung an der Ordnung und Leitung der Kirche der Reformation zuerkennt.

6. Von diesem Blickpunkt aus ist die *heutige Ordnung des Ältestenamts* im Raum der EKD zu würdigen. So erweist sich die Synode der EKD, zu fünf Sechsteln aus gewählten Ältesten bestehend, als ein Stück echter P. Ein gleiches gilt, unbeschadet bekenntnisbestimmter Verschiedenheiten, von den Presbyterien (Synoden) der Gliedkirchen. *Geistl.* Rechtsverständnis der P. gemäß geschieht die Berufung der Ältesten durch Wahl im Gottesdienst, ihm entsprechen *kirchl.* Voraussetzungen des aktiven und des passiven Wahlrechts. In ihrer Mitwirkung am Aufbau und an der Leitung der Gemeinden wie der Landeskirchen gibt sich ein „rechtstheol. zentrales Verf.element der ev. Kirche" (Wendt) zu erkennen.

7. Ein ökumenisch-presbyteriales Amtsverständnis (van Andel) sollte von daher gesucht werden.

J. Moffatt, The Presbyterian Churches, 1928 – H. D'Espine, Die Ältesten, Lehrer der Kirche, 1956 – H. Frost, Strukturprobleme ev. Kirchenverf., 1972, 77 f. – J. Weerda, EKL III, 1959, 304 – 309 (Lit.) – J. T. McNeill, Presbyterianismus, WKL 1960, 1174 – 1177 (Lit.) – G. Wendt, Das Ältestenamt i. Aufbau der ev. Kirchenverf., in: Festschr. f. Erik Wolf, 1962, 87 ff. – C. P. van Andel, in: Ref. KiZtg. 111 (1970) 144 ff. – R. Smend, ZevKR 10 (1963/64) 248 – 264 – Neuere Lit. →Kirchenverfassung.

Erik Wolf †

Presse, Pressefreiheit. I. Funktionen, Typen, Problematik. Ihre klassische Funktion sieht die Presse (P.) in der *Information.* Sie hat möglichst objektiv das aktuelle Geschehen in Nachrichten umzusetzen und dadurch dem Leser die eigene Urteilsbildung zu ermöglichen. Eine zweite Aufgabe ist in Wahrnehmung ihrer öffentl. Aufgabe die Mitwirkung an der →*öffentl. Meinungsbildung.* Durch die von ihr vertretene Meinung wirkt sie nicht nur auf das Publikum ein, sondern übt insbes. eine kritische Funktion gegenüber den staatl. Organen und gesellschaftl. Entwicklungen aus; damit ist ihr eine wesentl. Verantwortung für das Funktionieren der freiheitl. →Demokratie übertragen. Zunehmend befriedigt sie als dritte Aufgabe auch das Bedürfnis nach *Unterhaltung,* das sich allein schon angesichts der wachsenden Freizeit beim breiten Leserpublikum in den Vordergrund drängt. Daraus erwächst allerdings vielfach die Neigung, sachl. Informationen auf ihren menschl. Bezug zu reduzieren und durch sensationelle Darbietung zu verzerren.

Unter den *Typen* der P. behaupten die Tageszeitungen (gemeinsam mit den polit. Wochenzeitungen) trotz andersartiger Konkurrenz (etwa den elektronischen Medien) nach wie vor eine maßgebl. Position. Daneben haben die durch ihren Sensationscharakter gekennzeichneten Massenblätter, Magazine und Illustrierten meist als zusätzl. Lektüre weite Käuferkreise erschlossen. Unabhängig davon bietet sich ein weites Feld von Zeitschriften, die meistens fachl., institutionellen und weltanschaul. Zielen dienen. Näheres →Massenmedien.

Auch im *ev. Bereich* entwickelte sich ein breitgefächertes P.wesen, dessen Anfänge auf den Beginn des 19. Jh. zurückgehen. Der Schwerpunkt liegt heute bei den Kirchenblättern (Sonntags- und Gemeindeblättern), die sich bes. an die Gemeindeglieder wenden und jeweils für das Gebiet einer Landeskirche oder bestimmte Gemeindebereiche herausgegeben werden. Nur wenige Organe (wie Dt. Allg. Sonntagsblatt und Ev. Kommentare) erfahren eine erkennbare Resonanz in der Öffentlichkeit. Daneben existiert eine fast unübersehbare Zahl von Zeitschriften und Blättern, die für verschiedene Verbände und Werke, für kirchl. Aufgaben und theol. Fachfragen bestimmt sind. Im ganzen versteht sich diese P. als Funktion der Kirche, die deren Auftrag in der Welt von heute mit publizistischen Mitteln erfüllen soll. Der Großteil der ev. Zeitschriften hatte sich seit 1951 im *Gemeinschaftswerk der Ev. Presse* zusammengeschlossen, bis es 1973 in das neugegründete *Gemeinschaftswerk der Ev. Publizistik* als „Fachbereich Zeitschriften" eingegliedert wurde. Dieses Werk faßt sämtl. publizistischen Sparten (Presse, Hörfunk, Fernsehen, Film, Bild, Ton, Buch, Werbung und Public Relation) zusammen und will neben der Wahrnehmung und Förderung publizistischer Aufgaben die EKD in publizistischen Angelegenheiten und Grundsatzfragen der gesellschaftl. Kommunikation beraten. An frühere Traditionen anknüpfend, widmen sich die *ev. P.verbände* den verschiedensten Formen der kirchl. Öffentlichkeitsarbeit. Als erfolgreiche Einrichtung bewährte sich der *ev. Pressedienst* (epd), der durch ein vielfältiges Angebot die gesamte P. und die kirchl. Öffentlichkeit mit kirchl. Informationen bedient. Während sich früher das ev. P.wesen hauptsächlich auf das (allerdings schrumpfende) Potential kirchl. gebundener Leser stützte, kann es seine Aufgabe im öffentl. Bereich weithin nur noch mit Hilfe kirchl. Subventionen wahrnehmen.

Die *innere Problematik* des gesamten P.wesens beruht insbes. auf dem Umgang mit der P.freiheit (PF.). Diese Freiheit ist nicht nur vor ungesetzl. Eingriffen des Staates geschützt (Art. 5 GG), sondern sie hat sich auch gegenüber außerpublizistischen Pressionen zu bewähren. Eine wesentl. Gefährdung der publizistischen Unabhängigkeit liegt in wirtschaftl. Faktoren begründet. Die Existenz der P.erzeugnisse ist naturgemäß vom Verkaufserfolg abhängig, und so wird der Inhalt häufig stark von den Wünschen der Käufer und den Erwartungen des breiten Publikums bestimmt. Da zudem die Kalkulation dieser Erzeugnisse weitgehend auf den Inseratenerlös angewiesen ist und der Umfang des Inseratenteils mit der Höhe der Auflage zu korrespondieren pflegt, ist bes. bei großen Auflagen die Marktabhängigkeit augenfällig. Den offenkundigen Unzuträglichkeiten, die sich aus diesem Konflikt zwischen PF. und Marktwirtschaft ergeben, ist nach den gültigen Verfassungsprinzipien nicht durch zensurähnliche Maßnahmen des Staates, sondern in erster Linie durch eine kritische und besonnene Reaktion des Leserpublikums zu begegnen. Im Schnittpunkt dieses Konflikts steht das publizistische Verantwortungsbewußtsein der Verlage und der Redaktionen. Hier könnten Einrichtungen der P.selbstkontrolle ein bes. geeignetes Korrektiv bieten. Nachdem die Selbstkontrolle der Illustrierten (1957 bis 1964) nur zu vorübergehenden Erfolgen führte, konnte auch der Dt. P.rat (gegr. 1956) seine Autorität als presseinternes Standesorgan allerdings nur bedingt durchsetzen.

E. Dovifat, Zeitungslehre, 1955 – F. Lüpsen, Mittler zwischen Kirche und Welt, 1957 – G. Heidtmann u. E. Stammler (Hg.), Ev. P. heute, 1966 – M. Löffler (Hg.), Selbstkontrolle von P., Funk und Film, 1960 – K. A. Odin, Kirche – P. – Publikum, 1978 – Publizistischer Gesamtplan der EKD, 1979.

Eberhard Stammler

II. Rechtlich. A. Presse. *1. Rechtsbegriff.* Unter dem Rechtsbegriff „P." kann verstanden werden der Inbegriff aller für die inhaltl. und technische Herstellung sowie Verbreitung von *Druckwerken* eingesetzten personellen und sächl. Mittel. Ob und wann darüber hinaus auch die sonstige Erstellung von (öffentlichkeitsbezogenen) Texten als P. zu werten ist, ist umstr. und bes. für die Abgrenzung der Textübermittlung mit neuen Medientechniken *(Teletexte)* zum Funkbegriff (→Massenmedien) wichtig. Der weite Begriff der P. ist neutral in bezug auf den Inhalt der Druckwerke.

2. P.recht. Auch der Umfang des P.rechts ist weit zu ziehen. Das P.recht ist insbes. nicht mehr – wie ehedem – in den Bereich allein des Polizei- und Strafrechts verwiesen, sondern dient der rechtl. Strukturierung des sozialen Tatbestandes P. im ganzen. So hat das P.recht für Freiheit und Lauterkeit des P.wesens zu sorgen, die rechtl. Grundlagen der P.berufe zu klären, sicherzustellen, daß die P. in den Stand gesetzt wird, ihre bes. Aufgaben zu erfüllen, endlich die schutzwürdigen Gegeninteressen Dritter und der Allgemeinheit soweit möglich zu definieren und abzuschirmen. Nicht hierher rechnen dagegen zB urheberrechtl. Normen. In der Bundesrep. Dtschld. erstreckt sich die Rahmengesetzgebung des Bundes auf die „allgemeinen" Rechtsverhältnisse der P. (vgl. Art. 75 Nr. 2 GG), im übrigen sind die Länder zuständig. Das ReichsP.G vom 7. Mai 1874 wurde nach 1945 durch P.Ge abgelöst, welche die dt. Länder erließen. Zu durchgehender Einheitlichkeit ist man dabei nicht gelangt. Ein Bundes-P.rechts-RahmenG ist bisher nicht zustande gekommen. Hinter den Auslegungsfragen und begriffl. Abgrenzungen suchen sich sehr verschiedene Interessenstandpunkte Ausdruck zu verschaffen, die auch rechtspolitische Forderungen erheben. Insbesondere spiegeln sich hier die verschiedenen Grunddeutungen der PF.

B. Pressefreiheit. *1. Fragestellung.* Von den ersten kirchl. Anordnungen, die eine obligatorische Überprüfung von Druckwerken vorsahen, und der von Karl V. in den Reichsabschieden von Speyer 1529 und Augsburg 1530 durchgesetzten Einführung der Zensur, der späteren Errichtung weiterer Beschränkungen (zB bes. Zulassung der Buchdrucker, Index der kath. Kirche), dem landesfürstl. Ausbau der Zensurbestimmungen (in Preußen vgl. bes. das Edikt vom 11. Mai 1749) bewegt sich der Widerstreit zwischen Meinungsverbreitung und Machtsicherung über die frühzeitige Aufhebung der Zensur bes. in England und der Proklamierung der PF. bzw. Druckfreiheit in Frankreich und Nordamerika innerhalb der Menschenrechtskataloge, ersten Lockerungen in einzelnen dt. Staaten und den Unterdrückungen der PF. während der Restaurationszeit bis zu den Erfolgen von 1848, die erstmals nachhaltig die PF. in Dtschld. etablierten, späteren Rückschlägen und der grds. Verfestigung der PF. nach der Reichsgründung 1871 durch das ReichsP.G 1874. Die Zeit nach 1945 hat die Auseinandersetzung so verändert, daß es nunmehr weit stärker als früher nicht mehr nur um fortschreitende Befreiung, ja Privilegierung der P., sondern auch um die Frage geht, ob nicht die Sozialmacht der freigewordenen P. im demokratischen Staat ihrerseits bes. Schutzbedürfnisse Dritter und des Gemeinwesens selbst entstehen läßt. Die Diskussion um die nähere Bestimmung der PF. ist aber z. T. noch offen; dies sowohl im Hinblick auf deren sachl. und personellen Umfang als auch auf Inhalt und Funktion. Das kommt nicht von ungefähr. Unmittelbar erwachsen aus dem Kern der allg. Denk- und Geistesfreiheit (→Grundrechte) als eine um ihrer technischen Bedingungen willen gesonderte Form der →Meinungsfreiheit, lange Zeit fast identisch mit der Gesch. der Zensurbefreiung, ist die PF. notwendigerweise in die Auseinandersetzungen geraten, die um das allg. verfassungsrechtl. Verhältnis zwischen Bürger, Gesellschaft und Staat geführt wurden und werden. Überdies hat die PF. ihre eigenen Probleme aus der Tatsache, daß sie so verschiedenen Tätigkeitskomplexen angepaßt werden muß wie Informationssammlung, Nachrichtenredaktion, politische Kommentierung, Theaterkritik, Verlagsbuchhaltung, Druckereitechnik, Vertriebswirtschaft usw. Ein annehmbares Verständnis heutiger PF. wird daher geschichtl. Erfahrungen wie sachl. Bedingtheiten und allg. verfassungsrechtl. Fragestellungen verschmelzen müssen.

2. Grundlagen. So gesehen ist der Gegenstand der PF. zunächst zu unterscheiden von individueller Meinungsäußerung zwischen einzelnen

Personen (→Meinungsfreiheit): Die P. ist gekennzeichnet durch die Sozialadressierung der Meinungsäußerung; sie dient der „öffentl." Meinungsbildung. Gleichwohl läßt sich die P. nur mit Vorbehalt rechtl. als Organ der →öffentl. Meinung beschreiben; denn weder vermag die „öffentl. Meinung" mit Rechtskategorien vollständig erfaßt zu werden, noch kann ein auf die P. voll anwendbarer „Organ"-Begriff verwendet werden: Es liegt gerade im Wesen der öffentl. Meinung, daß sie rechtl. kaum organisierbar ist.

Ist die P. daher Quelle, aber auch Weg und Schauplatz der öffentl. Meinung, so ist sie dem politischen Gemeinwesen vielfältig zugeordnet, wenn auch kein Teil der Staatsgewalt. Für die freiheitl.-demokratische Grundordnung ist die PF. „schlechthin konstituierend" (BVerfG). Der moderne Verf.staat ist gleichzeitig ein Staat ununterbrochener politischer →Gewaltenteilungen. Die traditionelle Gegenübersetzung von →Staat als Herrschaftsapparat und →Gesellschaft sieht sich darin im doppelten Wortsinne aufgehoben. In diesem Bilde allseitiger politischer Gewaltenteilung gebührt gerade der P. ein hervorragender Platz als Mittel der Initiative, Kontrolle und Diskussion; dies auch insofern, als sie in sich selbst verschiedenste Machtzentren zur Sprache bringt, ausbildet und ausbalanciert. Daher gehören denn auch viele aus der PF. fließende Einzelrechte zum „status politicus" des Bürgers (→Grundrechte).

3. Schutzbereich. Der in Art. 5 I S. 2 GG prinzipiell geschützte Umfang der PF. ist mit dem Gesamtbereich der P. identisch; er läßt sich schwerlich von vornherein auf nur bestimmte publizistische Felder beschränken, insbes. nicht etwa auf das „rein politische" Feld – zumal gerade auch die soziale Wirksamkeit unpolitischer Publikationen ein Politikum darstellen kann. Gegenständl. erfaßt die PF. die „institutionelle Eigenständigkeit der P. von der Beschaffung der Information bis zur Verbreitung der Nachricht und der Meinung" einschl. des „Redaktionsgeheimnisses" und sogar des Anzeigenteils (BVerfG). Insbes. wird der Schutzbereich der PF. nicht schon vollständig gedeckt und aufgesogen durch die Grundrechte der →Meinungs(äußerungs)freiheit (Art. 5 I S. 1 GG) und der →Berufsfreiheit (Art. 12 I GG). Im P.bereich verfügt der G.geber nicht über jenen weiten Gestaltungsraum wie im allg. Wirtschafts- und Arbeitsrecht. Der sog. „Tendenzschutz", der sich betriebsverf.rechtl. und unternehmensverf.rechtl. auswirken muß, ist zumindest im Kerne verf.geschützt. Immerhin dürften solche staatl. (Organisations-)Normen unbedenklich sein und nur eine immanente Grenze (→Grundrechte) der PF. sichtbar machen, die lediglich gewisse technische Bedingungen schaffen, um das Funktionieren der P. zu sichern, ohne dabei eigentl. Eingriffswirkungen zu erzielen. Überdies folgen gewisse unerläßl. Einbußen an PF. auch aus besonderen Statusverhältnissen (zB Untersuchungshaft) (→Gewaltverhältnis, besonderes).

4. Staat und PF. im besonderen. a) Vielfach wird der Verf. eine →institutionelle Garantie der P. entnommen. Verfassungsgeborgenes Rechtsgut ist die *Freiheit* der P., nicht unmittelbar die P. selbst. Umstr. ist daher die Verpflichtung des Staates, eine ganz oder teilweise notleidende, nicht mehr „rentable" P. zu unterstützen, wenn sichergestellt ist, daß die freie Meinungsbildung auf anderen Wegen funktioniert. Der Konkurrenzkampf der verschiedenen Massenkommunikationsmittel (→Massenmedien) ist verfassungsrechtl. prinzipiell nicht unterbunden. Wohl aber ist der Staat gehalten, nicht seinerseits, direkt oder durch verlängerte Arme, die Existenz der P. zu erschüttern (u. U. problematisch zB für Zulassung von Werbefunk). Auch wäre die PF. beeinträchtigt, steigerte sich das „Mit"sprechen des Staats im Blätterwald (durch Regierungsbulletins, Staatszeitungen u. ä.) zu einer beherrschenden Rolle.

b) Eine andere stark umstrittene Frage ist es, ob die PF. selbst grds. *„institutionell"* zu sehen ist (→institutionelle Garantie) oder grds. *„individualrechtlich"*. Extreme Ansichten dürften nicht überzeugen. Das wird bes. wichtig bei den Fragenbereichen der sog. *„inneren"* PF. (worunter gegenwärtig vor allem das Verhältnis: Redakteur-Verleger verstanden wird) und der sog. *„äußeren"* PF. (womit vor allem die Fragen der sog. P.konzentration erfaßt werden). Wenig einsichtig ist es jedenfalls, angesichts der öffentl. Kommunikationsfunktion der P. dem Staate die Ermächtigung zuzusprechen, ein „optimales" P.bild (oder was er jeweils dafür hält) auch durch Zwangseingriffe zu erzeugen. Die PF. trägt und verträgt keinen staatl. Gütestempel, zumal dessen manipulativer Beigeschmack unverkennbar ist. Die Eigenart der PF. wäre denn auch mißachtet, wollte man eben jenes Resultat auf Umwegen zu konstruieren suchen, zB durch Rückgriff auf allg. Verf.gehalte wie →Demokratie, →Sozialstaat o. ä. (auch etwa „öffentl. Aufgabe" der P.), bestr. Richtig ist aber, daß derartige allg. Gehalte (und insbes. die Verbindung zur →Informationsfreiheit) für die zutreffende Auslegung der näheren Konturen der PF. relevant sein können. Diese Auslegung wird auch (in maßvoller Weise) „institutionell" orientiert sein müssen, so daß die subjektiven Rechte der Grundrechtsträger in das Institut PF. eingebunden gedacht werden müssen. Dieses Institut wiederum ist nicht zu denken ohne Anerkennung seiner in spezifischer Weise ausgeformten (und nicht nur geschichtlich legitimierten) privatwirtschaftl. (und das heißt auch unternehmerischen) Grundlage (bestr.). Freilich dürfte zB auch ein gewisses Mindestmaß an Eigenverantwortungsraum aller kreativ Schaffenden (unter den bes. Bedingungen der vielfältig gegliederten P.) für das Institut typisch sein.

c) Im einzelnen geht der Streit (der sich oft um Effizienzgesichtspunkte erstaunlich wenig kümmert und stark ideologisch beeinflußt scheint) im Bereich der „inneren“ PF. vor allem um die Fragen der sog. Grundsatz-, Richtlinien- und Detailkompetenz des Verlegers sowie um Mitwirkungsforderungen bei Personalentscheidungen (auch bei der Berufung des Chefredakteurs). Manche einvernehml. Lösungen (zB Redaktionsstatute) dürfen nicht darüber täuschen, daß die Fragen im Grunde noch offen sind. Im Felde der P.konzentrationsbegrenzung („äußere“ PF.) ist der Streit nach Einführung maßvoller Begrenzungen (P.-Fusionskontrolle) abgeebbt. Richtig dürfte sein, daß der Staat darauf zu achten hat, daß die existentiellen Grundbedingungen für die freiheitl. Bildung der öffentl. Meinung gewahrt bleiben; dies auch speziell im P.bereich, da sich die PF. in das Gesamtgebäude des Art. 5 I GG einfügt. Die Frage aber, wann angenommen werden kann, daß jene Grundbedingungen zu entfallen drohen („Meinungsmonopol“), ist nicht überzeugend zu beantworten ohne Einrechnung von Wirkung und Struktur der sonstigen relevanten Kommunikationsmedien (bestr.), insbes. des (öffentl.-rechtl. organisierten) Rundfunks („publizistische Gewaltenteilung“). Die Entwicklung neuer Medien(techniken) sowie die Tendenzen zur teilweisen Privatisierung im Rundfunkbereich eröffnen der P. sowohl Chancen (Teletexte sowie sonstige Mitwirkung im Rundfunk) als auch Gefahren (zB Einbrüche in Werbemärkte). Die hier zahlreich aufgetretenen Rechtsfragen (zB Beteiligungsverbote?) harren der Klärung.

5. *Schranken* können sich unmittelbar aus der Verf. selbst, primär aber aus den in Art. 5 II GG genannten Inhalten ergeben:

a) Zensur. Was schon frühere dt. Verf.en eroberten, sichert auch das GG (Art. 5 I S. 3): „Eine Zensur findet nicht statt.“ Damit ist der mühsam erkämpfte geschichtl. Kern der PF. negativ umschrieben. Das Zensurverbot bezieht sich freilich nicht nur auf die P., auf Film und Funk, sondern auf jede Art der Meinungsäußerung: Keine darf vor ihrer Abgabe be- oder verhindert werden (sog. Vorzensur). Das „kategorische“ (BVerfG) Zensurverbot bietet aber nicht etwa Schutz gegen die Verfolgung einer strafbedrohten Handlung, die durch Abfassung, Herstellung oder Verbreitung eines Geisteswerkes begangen worden ist. Keine Zensur bilden gesetzl. Verbote, die Tatsachenlage durch die P. zu verfälschen. Unbedenkl. sind wohl auch technisch begründete Vorlege- oder Anzeigepflichten als solche, soweit diese nicht in ihren faktischen Wirkungen einer staatl. Zensur gleichkommen. Diese Grenze besteht auch für Selbstkontrolleinrichtungen der P., deren Freiwilligkeit gesichert sein muß, wie endlich auch für mittelbare staatl. Hinderungen. Ein etwaiger kulturpolitisch lenkender Einfluß durch Steuervergünstigungen für Publikationen eines bes. Niveaus u. ä. ist gewiß nicht unproblematisch, dürfte diese Verbotsgrenze aber nicht ohne weiteres überschreiten: Der legitime staatl. Anreiz ist von der unzulässigen zensurgleichen mittelbaren Hinderung zu unterscheiden. Er ist freilich nur dann legitim, wenn nicht einseitig bestimmte Publikationen bevorzugt werden. Die gebotene Förderung von →Kunst und Wissenschaft (vgl. Art. 5 III GG) bildet in diesen Grenzen einen selbständigen Legitimationsgrund. (Spezielle Fragen s. auch Informationsfreiheit.)

b) „Allg. Gesetze“. Was jedermann verboten ist, das kann für die P. grds. nicht erlaubt sein. Daher bindet Art. 5 II GG u. a. auch die PF. an die „allg. Gesetze“. G.e dagegen, die sich gerade gegen bestimmte P.erscheinungen oder P.tätige als solche oder – bestr. – speziell gegen die P. als Ganzes auswirken, sind „spezielle“ G.e und können daher grds. nicht zulässig sein. Eine andere, von SMEND beeinflußte Auffassung setzt die Betonung nicht auf die Allgemeinheit der G.adressaten, sondern auf die Allgemeinheit des vom G. geschützten *Rechtsgutes:* Das wirklich „Allgemeingültige“ soll auch den Rechten des Art. 5 I GG vorgehen. Die Rspr. verbindet beide Standpunkte (näher →Meinungsfreiheit). Bes. umstritten aber ist, ob diese Grundsätze Ausnahmen erfahren müssen:

Nur scheinbare Ausnahmen liegen dann vor, wenn G.e, die für jedermann gelten, zugunsten der P. durch den G.geber abgewandelt werden, um ledigl. der Sonderlage der P. Rechnung zu tragen, in Wahrheit also nur Ungleiches entsprechend ungleich behandeln. Das gilt zB für die Anordnung kürzerer Verjährungsfristen von P.delikten oder für die Bindung der Beschlagnahme von P.erzeugnissen an die richterl. Hand. Die bes. Hervorhebung der PF. im GG erzwingt jedoch darüber hinaus wohl ein wirkl. „P.privileg“: Nicht jedes „allg.“ G. (das sich irgendwie auf die P. belastend auswirkt) ist wegen dieser seiner Allgemeinheit schon notwendigerweise zulässig. Es ist insoweit unzulässig, als damit die speziellen Aufgaben der P., um deretwillen sie verfassungsgeschützt ist, unmöglich gemacht oder wesentl. erschwert werden würden. (Bei Sensationsblättern u. ä. wird sich dieses Privileg freilich kaum auswirken.) So vor allem dürfte zB die gewaltige presserechtl. Ausbreitung des Rechtfertigungsgrundes der *„Wahrnehmung berechtigter Interessen“* weit über seinen Ursprung hinaus anzusehen sein. Hier überall wird dem formenden G.geber ein Beurteilungsspielraum für vernünftige Lösungen offenstehen. Er wird dabei die normative Gesamtwirkung der jeweiligen G.bestimmung, nicht aber jeden Einzelfall ins Auge fassen. Die Verf.rspr. fordert darüber hinaus, daß diejenigen „allg.“ Rechtsgüter, die durch das allg. G. geschützt werden sollen, im Verhältnis zur PF. jeweils „höherwertig“, zumindest gleichwertig sein müssen. Das nötigt zu einer *Güterabwägung* im ganz konkreten Einzelfall auf recht unsicherem Boden mit schwer voraussehbaren Folgen: Aus dem Vorbehalt der allg. G.e wird praktisch ein Urteilsvorbehalt für den Einzelfall, und auch von materieller Allgemein-Gültigkeit ist nicht viel übriggeblieben. Es ist daher zu hoffen, daß die Verf.rspr. diesen Weg zugunsten typisierender Möglichkeiten des G.gebers korrigiert. Der hier schwebende Streit ist zB für die schwierige Frage bedeutsam, wo die Grenzen für den *staatl. Geheimschutz* zu ziehen sind („SPIEGEL"-Fall) und wer sie recht eigentlich zu ziehen hat (G.geber? Richter? Gar die P. selbst?), sowie für viele weitere praktische Fragen, bes. strafprozessualer Art (zB Grenzziehung des Zeugnisverweigerungsrechts).

Eine zweite Ausnahmegruppe geht nicht zugunsten, sondern zu Lasten der P. Sie gründet darin, daß P.erscheinungen auch ihrerseits zu Machtfaktoren werden, die für den einzelnen bedrohl. Wirkungen äußern können. Der GG-Text hat dieser Tatsache nicht ausreichend Rechnung getragen. Schon nach bisherigem Recht korrespondiert aber den gesteigerten Zugriffsmöglichkeiten der P. auf den individuellen Bereich ein (allerdings erweiterungsbedürftiges) Recht zur *Gegenäußerung* und Richtigstellung.

c) Persönl. →Ehre. Neben die allg. G.e stellt das GG als bes. Schranke auch der PF. das „Recht der persönl. Ehre". Die gesonderte Nennung ist schon dadurch gerechtfertigt, daß dieser Bereich in der öffentl. Diskussion bes. empfindlich betroffen werden kann. Das bedeutet freilich nicht eine Abschirmung gegen jede die Persönlichkeit tangierende öffentl. Äußerung. Vielmehr muß die persönl. Ehre unter dem Gesichtspunkt gewertet werden, daß sie wesentl. Element der menschl. Persönlichkeit ist, die sich ihrerseits gerade erst in der direkten Berührung und Auseinandersetzung im tägl. sozialen Leben voll entfaltet. Darauf sind schon die Grenzen des überkommenen Rechts des Ehrenschutzes gegründet, die durch Art. 5 II GG gewiß nicht aufgegeben werden sollten. Ebenso folgt daraus aber auch, daß es keine schematische Grenze geben kann. Bei öffentl. Meinungskämpfen (zB *„P.fehden"*) sind u. U. „auch starke Formulierungen hinzunehmen" (BVerfG). (Ob dabei „öffentl. Belange" wesentl. gefördert werden oder nicht, dürfte aber – entgegen h. M. – insoweit gleichgültig sein, als der Richter Meinungen grds. nicht gewichten darf.) Im übrigen betont das BVerfG zu Recht stark den Schutz der *Privatsphäre* gegenüber der SensationsP. („SORAYA"-Fall). Von Persönlichkeiten des sog. öffentl. Lebens wird man aber eine „stärkere Haut" erwarten müssen, als dies etwa für Unfallopfer u. ä. gelten kann, die ins Scheinwerferlicht gezerrt werden.

d) →Jugendschutz. Bestimmte Publikationen können Freiheitsschutz deshalb nicht genießen, weil und soweit sie mit dem vorrangigen Rechtsgut des Jugendschutzes kollidieren (Art. 5 II GG). Dabei muß sich der G.geber auf das sachl. Gebotene beschränken und darf insbes. in das Recht der Erziehungsberechtigten (vgl. Art. 6 II GG), die Frage der sittl. Gefährdung im Einzelfalle selbst zu beurteilen, nicht mehr als notwendig eingreifen. Mithin wird den Erziehungsberechtigten eine erhebl. Verantwortung belassen (→Elternrecht).

e) Auch *unmittelbar aus der Verf.* können zusätzl. Grenzen folgen. So zB ist die *Verbreitung rechtswidrig erlangter Informationen* nur dann zulässig, wenn die Bedeutung der Information für die →öffentl. Meinung eindeutig die Nachteile überwiegt, welche der Rechtsbruch nach sich zieht („WALLRAFF"-Fall).

f) „Verwirkung". Das entschlossene Selbstverständnis der Demokratie reagiert auf die Gefahr, daß insbes. die PF. in aggressiver Weise gegen die bestehende freiheitl. Grundordnung ausgenutzt wird. Daher knüpft Art. 18 GG an diesen Tatbestand die (schlecht sog.) „Verwirkung", d. h. den Eintritt des Status, daß in einem bes. Verfahren (Ausspruch nur durch das BVerfG) dem Grundrechtsträger die Ausübung politisch bedeutsamer Rechte im zulässigen und erforderlichen (!) Ausmaß unmittelbar untersagt wird (vgl. auch § 39 BVerfGG) oder doch der Grundrechtsschutz als solcher in begrenztem Maße aberkannt wird, so daß die zuständigen Behörden auf gesetzl. Grundlage entsprechende Beschränkungen durchsetzen können (umstr.). Unter „Mißbrauch" i. S. des Art. 18 GG dürfte freilich nicht die allg. Mißbrauchsvorstellung (Unrecht im Gewande des Rechts) zu verstehen sein, sondern eine spezielle tatbestandl. Eingrenzung des Grundrechts mit spezifisch politischer Zielrichtung (umstr.). Auch ein Berufsverbot für P.tätige kann ggf. im Verfahren nach Art. 18 GG verhängt werden (so das BVerfG), obwohl Art. 12 GG in Art. 18 GG nicht genannt ist. Ein durch die Strafgerichte zu verhängendes Berufsverbot gegen P.angehörige widerspricht (nach dem BVerfG) jedenfalls dann nicht dem Art. 18 GG, wenn dieses Verbot mit der Verurteilung auf Grund solcher Strafbestimmungen verbunden ist, die dem Schutz des Staates vor verf.widrigen →Parteien (Parteiverbot nach Art. 21 II GG) dienen. Wohl aber sind Rechtsfolgen, die einen verwirkungsgleichen Effekt haben, wegen Umgehung des Art. 18 GG (und damit des Monopols des BVerfG) unzulässig. Unsere Grundordnung wird im übrigen durch die bisher klare Entscheidung der Wähler und Verbände gegen politische Extreme stabil gehalten und wohl nicht so sehr durch die Fülle gesetzl. Sanktionen.

K. ROTHENBÜCHER, R. SMEND, Das Recht der freien Meinungsäußerung, VVDStRL Heft 4, 1928 – H. RIDDER, Meinungsfreiheit, in: Neumann-Nipperdey-Scheuner, Die Grundrechte II, 1954 – U. SCHEUNER, R. SCHNUR, PF., VVDStRL Heft 22 (1963) – K. A. BETTERMANN, Die allg. G.e als Schranken der PF., JZ 1964, 601–611 – H. H. JESCHECK, PF. und militärisches Staatsgeheimnis, 1964 – H. SCHOLLER, Person und Öffentlichkeit, 1967 – J. HABERMAS, Strukturwandel der Öffentlichkeit, 1968[3] – Schlußbericht der Kommission zur Untersuchung der Gefährdung der wirtschaftl. Existenz von P.unternehmen und der Folgen der Konzentration für die Meinungsfreiheit in der Bundesrep. Dtschld., BT-Drs. V/3122, 1968 (Vorl. Bericht: BT-Drs. V/2403) – U. SCHEUNER, Privatwirtschaftl. Struktur und öffentl. Aufgabe der P.,

AfP 1968, 72 ff. – H. EHMKE, Verf.rechtl. Fragen einer Reform d. P.wesens in: Adolf-Arndt-Festschr., 1969 – E. FORSTHOFF, Der Verfassungsschutz d. ZeitungsP., 1969 – E. FRIESENHAHN, Die PF. im Grundrechtssystem d. GG. Ein Diskussionsbeitr., in: Kunze-Festg., 1969, 21 ff. – N. DITTRICH, P.konzentration und GG, 1971 – P. LERCHE, Verf.rechtl. Fragen zur P.konzentration, 1971 – DERS., Verf.rechtliche Aspekte der „inneren PF.“, 1974 – F. KÜBLER, W. MALLMANN, Empfiehlt es sich, zum Schutze der PF. gesetzl. Vorschriften über die innere Ordnung von P.unternehmen zu erlassen? in: Verh. d. 49. DJT, I 1972, Teil D, N – H. SCHELSKY, Systemüberwindung, Demokratisierung u. Gewaltenteilung, 1973, 83 – 108 – W. WEBER, Innere PF. als Verfassungsproblem, 1973 – O. ROEGELE, Medienpolitik und wie man sie macht, 1973 (Lit.) – B. RÜTHERS, Tarifmacht und Mitbestimmung in der P., 1975 – DERS., Persönlichkeitsrecht und Meinungskampf, in: M.-Löffler-Festschr., 1980, 303 – 317 – W. LEISNER, Die Pressegleichheit, 1976 – H. JARASS, Die Freiheit der Massenmedien, 1978 – E.-J. MESTMÄCKER, Medienkonzentration und Meinungsvielfalt, 1978 – R. SCHOLZ, PF. und Arbeitsverfassung, 1978 – O.-F. v. GAMM, Persönlichkeitsschutz und Massenmedien, NJW 1979, 513 – 518 – W. HOFFMANN-RIEM, Innere PF. als politische Aufgabe, 1979 – DERS., in: R. Wassermann (ed.), Kommentar zum GG für die Bundesrep. Dtschld., Bd. 1, Kommentierung des Art. 5 I, II, 1984 – K. WENZEL, Das Recht der Wort- und Bildberichterstattung, 1979[2] – H. KLEIN, Rundfunkmonopol oder Pressezensur, in: M.-Löffler-Festschr., 1980, 111 – 125 – E. KULL, Zur „öffentl. Aufgabe“ grundrechtsgeschützter P., in: M.-Löffler-Festschr., 1980, 187 – 194 – P. TETTINGER, Neue Medien und Verf.recht, 1980 – M. LÖFFLER, Der Staat als Mäzen der Medien, 1981 – DERS., Presserecht, I, 1983[3] – DERS., R. RICKER, Handb. des Presserechts, 1978 – R. GROSS, Presserecht, 1982 – R. HERZOG, in: Th. Maunz, G. Dürig (ed.), GG, Kommentierung zu Art. 5 I, II, 1982 – F. KÜBLER, Medienverflechtung, 1982 – H. BETHGE, Freiheit und Gebundenheit der Massenmedien, DVBl., 1983, 369 – 377 – M. BULLINGER, Elektronische Medien als Marktplatz der Meinungen, AöR 108 (1983), 161 – 215 – R. RICKER, Freiheit und Aufgabe der P., 1983 – W. SCHMITT GLAESER, Meinungsfreiheit und Ehrenschutz, JZ 1983, 95 – 100 – J. WILKE (ed.), PF. (Sammelband), 1984 – I. v. MÜNCH in: DERS. (ed.), GG-Kommentar, Bd. 1, 1985, 274 – 282, 329 – 330 (Lit.) – CHR. STARCK in: H. v. MANGOLDT, F. KLEIN, CHR. STARCK, Das Bonner GG, 1985, 512 – 528, 636 – 642 (Lit.) – W.-D. RING, Dt. P.- und Rundfunkrecht, 1977 ff. (G.-Sammlung) – AfP, fortlfde. Bibliographie.

Peter Lerche

Preußen. 1. Geschichte bis zur Reichsgründung (1871). P. bezeichnete zunächst das Gebiet zwischen unterer Weichsel und Memel, wo sich die Prussen (Pruzzen), ein zur baltischen Völkerfamilie gehörendes Volk, angesiedelt hatten. Der Dt. Orden hat die Prussen unterworfen und christianisiert (1230 – 1283). Nach der Schlacht von Tannenberg 1410 war die Kraft des dt. Ordensstaates gebrochen. Durch den Friedensvertrag von Thorn (1466) wurde das Ordensland geteilt: P. links der Weichsel sowie Danzig, Elbing und das Ermland fielen an Polen. P. rechts der Weichsel (das spätere Ostpreußen) ohne Ermland verblieb zwar dem Orden, geriet aber unter die Lehensabhängigkeit der polnischen Krone. Nach Einführung der Reformation wurde das Ordensland 1525 durch den Krakauer Vertrag in ein weltl. Lehensherzogtum der Krone Polens verwandelt und der damalige Hochmeister Markgraf ALBRECHT V. BRANDENBURG für sich und seine Nachkommen damit beliehen. Nachdem ALBRECHT, der also seit 1525 den Titel Herzog von P. führte, 1568 gestorben war, folgte ihm sein Sohn ALBRECHT FRIEDRICH als zweiter Herzog von P. Dieser verfiel 1573 in geistige Umnachtung. Zunächst wurde sein Bruder GEORG FRIEDRICH aus der fränkischen Linie der Hohenzollern zum Vormund bestellt. Als dieser starb (1603), wurde der Kurfürst von Brandenburg, JOACHIM FRIEDRICH, und nach dessen Tod (1608) dessen Sohn, Kurfürst JOHANN SIGISMUND, als Vormund und Landesregent eingesetzt. Dies wurde erleichtert durch den Umstand, daß er die Tochter ANNA des umnachteten zweiten Herzogs von P. geheiratet hatte. Nachdem der kranke Herzog ALBRECHT FRIEDRICH schließlich 1618 verstorben war, wurde sein bis dahin die Vormundschaft und Landesregentschaft führender Schwiegersohn Kurfürst JOHANN SIGISMUND von der Krone Polens mit dem Besitz beliehen: Die Brandenburger Kurfürsten haben also P. auf friedl. Weise erworben, und dieses Land ist danach ununterbrochen beim Kurhaus Brandenburg geblieben.

FRIEDRICH WILHELM, dem Großen Kurfürsten und dem eigentl. Staatsgründer Brandenburg-P., ist es gelungen, die polnische Oberlehenshoheit abzustreifen: Bei dem zwischen Polen und Schweden ausgebrochenen Krieg verband sich der Kurfürst mit der schwedischen Seite. Polen mußte im Frieden von Welau (1657) auf seine Lehensherrlichkeit verzichten und FRIEDRICH WILHELM als souveränen Herzog von P. anerkennen. Dessen Nachfolger, Kurfürst FRIEDRICH III. von Brandenburg, erreichte Ende 1700 dank verschiedener günstiger Umstände auf diplomatischem Wege und gegen das Versprechen, Österreich im beginnenden spanischen Erbfolgekrieg zu helfen, die Zustimmung des Kaisers LEOPOLD zur Annahme des Königstitels. Die Rangerhöhung war ein reiner Souveränakt, zu dem die Zustimmung des Kaisers politisch zweckmäßig, aber staatsrechtl. nicht notwendig war. Denn den Königstitel nahm der Kurfürst in seiner Eigenschaft als Herzog von P. an, also nur in bezug auf das außerhalb des Reichs gelegene souveräne Herzogtum P.

Kurfürst FRIEDRICH III. setzte sich am 18. Jan. 1701 im Audienzsaal des Schlosses in Königsberg die Königskrone auf; der zum Bischof ernannte ref. Hofprediger URSINUS salbte hernach den Monarchen und die Königin SOPHIE-CHARLOTTE. Der Kurfürst führte seitdem den Namen „FRIEDRICH I., König in P.“. Zur Erinnerung an die Krönung hatte der König am 17. Jan. 1701 den Orden vom Schwarzen Adler gestiftet (Devise: suum cuique). Papst CLEMENS XI. protestierte alsbald gegen die Annahme der Königswürde, weil es dem Hl. Stuhl allein zukomme, Könige zu ernennen, weil einem Nichtkatholiken die heilige Königswürde nicht gebühre und weil das Land, auf welches der „Usurpator" seinen Titel beziehe, dem (kath.) Deutschritterorden rechtmäßig zustehe. (Zum letzten Punkt ist zu bemerken, daß der Orden die Säkularisierung des Herzogtums nicht anerkannt hatte und der letzte Ordenshochmeister, der oben erwähnte ALBRECHT, wegen seiner Weigerung, P. dem Orden auszuliefern, mit Kirchenbann und Reichsacht belegt worden war.) Die Kurie hat konsequent bis 1787 die preuß. Königswürde ignoriert und die preuß. Herrscher bis dahin als „Markgrafen von Brandenburg" angesprochen. Doch ist das preuß. Königtum schon 1701 von England, Rußland, Holland, Dänemark, Sachsen, der Schweiz und allen Fürsten des Dt. Reichs anerkannt worden. Seit 1744 lautet der Titel nicht mehr „König in P.", sondern stets „König *von* P.". „Der Königstitel wurde das Moment der Einheit und der verbindenden Kraft, das die weit zerstreuten Länder, von Kleve-Mark und Minden-Ravensburg im Westen, über Magdeburg-Halberstadt zur Kur- und Neumark mit Pommern, den ostelbischen Kern und Mittelpunkt des Staates, bis hin nach OstP. unzertrennl. zusammenfaßte. Der Königl. Adler wurde das Hoheitszeichen des Gesamtstaates, die noch landschaftl. fühlenden Beamten wurden königl.-preuß. Beamte, die Armee eine königl.-preuß. Armee, und die Bewohner der einzelnen Länder, die dynastisches *Erbrecht* und Politik zusammengebracht hatten, fingen an, Preußen zu heißen" (HINRICHS; Friedrich Wilhelm I., S. 149). Als Königreich wurde die Gesamtheit aller von dem Monarchen beherrschten Gebiete verstanden, wie denn auch das (vom Deutschritterorden stammende und vom weltl. Herzogtum P. fortgeführte) Schwarz-Weiß zur Staatsfarbe der ganzen Monarchie geworden ist.

Zu den bedeutendsten preuß. Königen zählen FRIEDRICH WILHELM I. (1713 – 1740) und FRIEDRICH II. der Gr. (1740 – 1786). FRIEDRICH WILHELM I., im Geiste der Ref. Kirche erzogen, hat in energischer und pflichterfüllter, sparsamer Regierung dem jungen Königtum die Grundlage des preuß. Verwaltungs- und Militärstaates gelegt. Dieser als großer Soldatenkönig berühmt gewordene Monarch hat übrigens außenpolitische Risiken zu vermeiden verstanden; sein Geschick als Diplomat und Finanzpolitiker übertraf seine Leidenschaft für die „langen Kerls". Neben Reformen auf dem Gebiete des Lehensrechts hat FRIEDRICH WILHELM I. die Leibeigenschaft des Bauern auf sämtl. königl. Domänen abgeschafft (1719). Die beiden Zentralbehörden, das Generalkriegskommissariat und das Generalfinanzdirektorium, vereinigte er 1729 und gab dieser kollegial arbeitenden Behörde eine straffe Geschäftsordnung, die zugleich die Strenge seiner Auffassung von den Amtspflichten und die wohlwollende Fürsorge für seine Bediensteten und Landeskinder erkennen läßt. Sparsamkeit und Richtigkeit aller Staatsausgaben hatte die von ihm geschaffene Generalrechnungskammer zu überprüfen, eine Einrichtung, die das Vorbild der heutigen Rechnungshöfe geworden ist. Die allg. Schulpflicht wurde bereits 1717 eingeführt und damals allen Eltern unter Strafandrohung geboten, ihre Kinder vom 5. bis 12. Lebensjahr zum Schulbesuch anzuhalten. Die Schule galt seitdem in P. als Staatsanstalt. „Das wohlverbesserte Landrecht des Königsreichs P." von 1721 und eine Reihe von Anordnungen zur Verbesserung der Rechtspflege hat Staatsminister SAMUEL FREIHERR VON COCCEJI gestaltet.

FRIEDRICH-WILHELM I. gab in kurzen Randbemerkungen oder Noten (Kabinettsorders) seine bestimmten Weisungen, deren unbedingte Befolgung er erwartete. Berühmt geworden ist seine Notiz zu einer Eingabe der ostpreuß. Stände: „ich stabiliere die Souveränité wie einen rocher de bronze". FRIEDRICH WILHELM I. war fest von der Überzeugung durchdrungen, daß er in seinen Landen der Statthalter Gottes auf Erden sei. Während er keine irdischen Schranken anerkannte, fühlte er sich doch vor Gott verantwortl. Das Gefühl dieser Verantwortung und die Überzeugung, in den Dienst einer Aufgabe gestellt zu sein, hebt seine Regierung von der launenhaften und selbstgefälligen Herrschaft anderer Monarchen dieser Zeit wesentl. ab.

In die Regierungszeit FRIEDRICHS des Gr. fällt der Erwerb Schlesiens und WestP. und damit der Aufstieg P. zur europ. Großmacht. Gegenüber den diplomatischen und militärischen Erfolgen des Königs werden seine innerstaatl., vom Geist der Aufklärung getragenen Reformen oft übersehen. Bedeutendes hat FRIEDRICH d. Gr. insbes. als Rechts- und Justizreformer geleistet. Säkularisierung, Humanisierung und Rationalisierung sind die großen Gesichtspunkte gewesen, die den Sinn und Geist der preuß. Rechtsreformen bestimmt haben.

Eine dritte Epoche, in welcher der preuß. Staat Beispielgebendes geleistet hat, wird unter der Regierung FRIEDRICH-WILHELMS III. mit der *Stein-Hardenbergschen Reform* bezeichnet. Die Reformbewegung nach dem Zusammenbruch P. in den napoleonischen Kriegen war nicht eine Tat unterdruckter Massen, sondern fand ihre Träger im hohen Beamtentum und in der Generalität. Sie war das Werk einer gebildeten Elite. Das spezifisch Preußische liegt darin, daß die Reform sich nicht gegen den Staat richtete, sondern umgekehrt zum Ziele hatte, dessen Wirksamkeit zu steigern. Ihre Hauptpunkte lassen sich mit folgenden Hinweisen kennzeichnen: Beseitigung der bäuerl. Erbuntertänigkeit, Aufhebung der bis dahin bestehenden Gebundenheit des Grundstücksverkehrs, Eröffnung freier Berufswahl, Herstellung der Gewerbefreiheit, Judenemanzipation, Einführung der städtischen Selbstverwaltung (Beginn der kommunalen Selbstverwaltung), Einführung der allg. Wehrpflicht, Beseitigung von Vorrechten des Adels, Anerkennung des Leistungsprinzips für den Aufstieg in der Armee, Begründung von zentralen Fachministerien, Einsetzung einer beratenden Versammlung (des Staatsrats) zur Teilnahme an allen G.gebungsangelegenheiten. Zum Erlaß einer Verf. (→Konstitutionalismus) ist es in P. erst unter dem Druck der Revolution von 1848 gekommen.

Die erste preuß. Verfassung vom 5. Dez. 1848 hat FRIEDRICH-WILHELM IV. nach Auflösung der bereits gebildeten preuß. Nationalversammlung von sich aus, also aus königl. Machtvollkommenheit, erlassen (sog. *oktroyierte Verf.*). Sie wurde bald unter Mitwirkung des (auf ihrer Grundlage gebildeten) Parlaments geändert. Diese revidierte Verfassung vom 31. Jan. 1850 hat bis 1918 gegolten. Sie kopierte in mancher Hinsicht die belgische Verf. von 1831, wich aber von jener insofern entscheidend ab, als sie an dem Prinzip der monarchischen Souveränität festhielt (Königtum von Gottes Gnaden). Der König vereinigte die Gesamtheit der Staatsgewalt in seiner Hand, beteiligte jedoch die Kammern an der Ausübung gewisser Herrschaftsrechte, insbes. an der G.gebung (→Konstitutionalismus). Auch band die Verf. den Monarchen an eine ministerielle Mitwirkung bei allen Regierungsakten durch das Erfordernis einer schriftl. Gegenzeichnung. Durch die Gegenzeichnung übernahm der Minister die politische Verantwortung, freilich nicht mit der Folge, daß das Parlament den Minister deswegen hätte durch Mißtrauensvotum zum Rücktritt zwingen können. In Ausübung des militärischen Oberbefehls (Kommandogewalt des Königs) fand eine ministerielle Gegenzeichnung nicht statt. Der Landtag bestand aus zwei Kammern. Die erste Kammer (Herrenhaus) setzte sich aus geborenen und durch königl. Vertrauen berufenen Mitgliedern zusammen. Es handelte sich um eine aristokratische, jedenfalls überwiegend konservativ gesinnte Körperschaft. Die zweite Kammer (Abgeordnetenhaus) wurde in mittelbarer Wahl gebildet. Die Urwähler (Männer, die das 24. Lebensj. vollendet hatten) wählten unter öffentl. (!) Stimmabgabe die Wahlmänner ihres Wahlkreises, diese wiederum unter öffentl. Stimmabgabe (zu Protokoll) mit absoluter Mehrheit den Abgeordneten. Dabei galt ein Drei-Klassen-Wahlrecht, d. h., die Gesamtheit der Wahlberechtigten in einem Bezirk wurde nach der Höhe der von ihnen gezahlten direkten Staatssteuern in drei Gruppen geteilt, nämlich in die Klasse derjenigen Steuerzahler, die das erste Drittel des Steueraufkommens im Bezirk aufbrachten, in die zweite Klasse derjenigen Steuerzahler, die das zweite Drittel zum bezirkl. Steueraufkommen beitrugen, und schließlich in den Rest der wahlberechtigten Steuerzahler. Jede dieser drei Gruppen hatte die gleiche Anzahl Wahlmänner zu wählen, wodurch sich der Stimmwert der wenigen Wahlberechtigten Klasse 1 gegenüber den beiden anderen Klassen vervielfachte. Dieses die einkommenstarken Wähler begünstigende und deswegen plutokratische Wahlrecht wurde in P. auch beibehalten, nachdem mit der Reichsgründung das allg., unmittelbaren, geheime und gleiche Wahlrecht für den Reichstag eingeführt worden war. Erst 1917 setzte sich WILHELM II. für eine grundlegende Reform des preuß. Wahlrechts ein. Da sich die Mehrheit des preuß. Abgeordnetenhauses auch dann noch gegen die Einführung des allgemeinen, gleichen, unmittelbaren Wahlrechts sträubte, blieb es jedoch bis zum Ausbruch der Revolution beim Drei-Klassen-Wahlrecht.

2. P. als Gliedstaat des Dt. Reichs (1871 - 1933). Die Rolle P. im Rahmen des Dt. Bundes (1815 - 1866) (→Deutsches Reich IV) ist bekannt. Das Königreich P. gehörte ebenso wie Österreich dem Dt. Bund nur mit den vormals zum Dt. Reich zählenden Gebieten an; das ehemalige Herzogtum P. blieb deshalb außerhalb des Bundesgebiets. Auch die führende Rolle, die P. bei der Reichsgründung (→Deutsches Reich IV) gespielt hat, darf hier als bekannt vorausgesetzt werden. Im Rahmen des Dt. Reiches nahm P. nach der Verf. von 1871 eine tragende und hegemoniale Stellung ein: Der jeweilige König von P. führte das Bundespräsidium und damit den Titel Dt. Kaiser. P. besaß 17 von 58 Stimmen im Bundesrat. Änderungen der Reichsverf. galten als abgelehnt, wenn sie im Bundesrat 14 Stimmen gegen sich hatten, so daß gegen den Willen P. Änderungen nicht vorgenommen werden konnten. Der Vorsitz im Bundesrat und die Leitung der Geschäfte standen dem vom Kaiser zu ernennenden Reichskanzler zu. Bis auf wenige Jahre hat stets Personalunion zwischen dem Amt des preuß. Ministerpräsidenten und dem des Reichskanzlers bestanden. Die meisten ReichsG.e sind in preuß. Ministerien ausgearbeitet und von den preuß. Vertretern im Bundesrat eingebracht worden. Die Verkoppelung von preuß. und Reichspolitik ist von konservativen Preußen als ein Verzicht auf eine eigenständige preuß. Politik angesehen worden; umgekehrt haben andere Länder in der Reichspolitik den Ausdruck spezifisch preuß. Politik erblickt. Während WILHELM II. am Ende des Ersten Weltkrieges noch der Meinung war, er könne als Dt. Kaiser abdanken, aber König von P. bleiben (was verfassungsrechtl. und politisch eine erstaunl. Fehleinschätzung erkennen läßt), erstreckte sich der Sturz der Monarchie am 9. Nov. 1918 auch auf die preuß. Krone.

Wenige Tage danach übernahm eine „vom Vertrauen der Soldatenräte getragene vorläufige Regierung" die Leitung des preuß. Staatswesens. Eine gewählte Landesversammlung trat am 13. März 1919 zusammen, erließ zunächst das G. zur vorläufigen Ordnung der Staatsgewalt (20. März 1919) und verabschiedete nach lebhaften parlamentarischen Auseinandersetzungen am 30. Nov. 1920 die Verf. des Freistaates P. Die Verf. stand auf demokratischem Boden. Das Volk wurde als Inhaber der Staatsgewalt bezeichnet und durch den nach den Grundsätzen der Verhältniswahl gebildeten Landtag repräsentiert; auch Formen der unmittelbaren Demokratie (Volksbegehren und Volksentscheid) waren zugelassen. Ein Staatsrat, dessen Mitglieder von Provinziallandtagen gewählt wurden, wobei auf je 500 000 Einwohner einer Provinz ein Vertreter entfiel, sollte sich zu G.entwürfen gutachtl. äußern und konnte gegen die vom Landtag beschlossenen G.e Einspruch erheben mit der Wirkung, daß das G . nochmals im Landtag, und zwar dann mit mindestens Zweidrittelmehrheit, oder durch Volksentscheid bestätigt werden mußte. Auch bei Erlaß von Ausführungsvorschriften zu G.en war der Staatsrat zu hören. Letzter Präsident dieses demokratischen Staatsrats ist 1932 der damalige Oberbürgermeister von Köln, KONRAD ADENAUER, gewesen. Die Regierung des Freistaates P. lag in Händen einer kollegialen Behörde, des Staatsministeriums, bestehend aus dem Ministerpräsidenten und den Staatsministern. Der Ministerpräsident war vom Landtag zu wählen; das Nähere regelte nicht die Verf.urkunde, sondern die Geschäftsordnung des Landtags in der Weise, daß für die Wahl eine einfache (relative) Mehrheit der abgegebenen Stimmen genügen sollte.

Auch innerhalb des Dt. Reiches nach 1918 hat P., schon dank seiner Größe und Bevölkerungszahl, ein bes. Gewicht besessen. P. umfaßte auch nach dem Verlust von 16,1 % seines Gebietes durch den Versailler Vertrag (→Deutsches Reich V) (WestP., Posens und eines Teils von Oberschlesien) noch immer den weitaus größten Teil des dt. Staatsgebietes und stellte mit 38,2 Mio. (i. J. 1925) Einwohnern fast zwei Drittel der Reichsbevölkerung. Von Berlin und den Hohenzollerschen Landen abgesehen, gliederte sich P. als Freistaat (Republik) verw.mäßig in 415 Landkreise als untere staatl. Verwaltungsbezirke (mit dem Landrat, einem Staatsbeamten, an der Spitze), die in 35 Regierungsbezirken (mit Regierungspräsidenten an der Spitze) und weiter in 13 Provinzen (mit Oberpräsidenten) zusammengefaßt waren. Provinzen und Kreise waren zugleich Gebietskörperschaften mit dem Recht der Selbstverwaltung. Während bei den Kreisen der Landrat sowohl staatl. wie Selbstverwaltungsaufgaben wahrnahm, wurden in der Provinzialebene Staatsverwaltung (Oberpräsident) und Selbstverwaltung (Landeshauptmann) getrennt.

Der Gedanke, P. aufzulösen und in mehrere Länder zu zerlegen, ist in der Weimarer Nationalversammlung aus verschiedenen Gründen abgelehnt worden. Im Unterschied zur Reichsführung (1919 - 1932 = 20 Regierungsbildungen) erwies sich der Bestand der preuß. Regierung 1920 - 1932 als ziemlich stabil. Der sozialdemokratische Ministerpräsident OTTO BRAUN regierte mit kurzen Unterbrechungen während dieser Zeit, wobei Sozialdemokraten, Demokraten und die kath. Zentrumspartei die Regierungskoalition trugen. Im Frühjahr 1932 suchte die Regierung BRAUN die Bildung einer – nach der bevorstehenden Landtagswahl zu erwartenden – Rechtsregierung zu behindern und ließ deswegen die Geschäftsordnung für den preuß. Landtag dahin abändern, daß künftig die Wahl des Ministerpräsidenten in jedem Falle die absolute Mehrheit der abgegebenen Stimmen erforderl. machte. Die Befürchtung, daß die Neuwahl des Landtags am 14. April 1932 die bis dahin in der Regierung vertretenen Mehrheitsparteien erhebl. zurückdrängen und die NSDAP zur stärksten Partei machen werde, erfüllte sich. Die damals gewählten 423 Landtagsabgeordneten verteilten sich folgendermaßen auf die Parteien:

NSDAP	162
SPD	93
Zentrum	67
Kommunisten	57
Dt. Nationale	31
Dt. Volkspartei	7
Dt. Staatspartei	2
Christl. Sozialer Volksdienst	2
Dt. Hannoversche Partei	1
Sozialrepublikanische Partei	1

Wegen der noch von dem alten Landtag beschlossenen Änderung der parlamentarischen Geschäftsordnung bestand praktisch keine Möglichkeit, einen Ministerpräsidenten mit absoluter Mehrheit zu wählen. So blieb BRAUN mit seinen Ministern als geschäftsführende preuß. Regierung weiter im Amt. Dies verschärfte die ohnehin angespannten Beziehungen zur Reichsregierung, nachdem FRANZ V. PAPEN deren Führung am 1. Juni 1932 übernommen hatte, und führte zum Erlaß der NotVO des Reichspräsidenten vom 20. Juli 1932 „betr. die Wiederherstellung der Öffentl. Sicherheit und Ordnung im Gebiet des Landes P.". Reichskanzler V. PAPEN übernahm als Reichskommissar die Geschäfte der preuß. Regierung. Eine von der verdrängten Regierung BRAUN von der Zentrumsfraktion und der SPD-Fraktion im preuß. Landtag sowie von den Ländern Bayern und Baden dagegen gerichtete Klage vor dem Staatsgerichtshof für das Dt. Reich brachte nur einen Teilerfolg. Der Staatsgerichtshof bestätigte in seinem Urteil vom 25. Okt. 1932, daß der Reichspräsident unter den obwaltenden Verhältnissen kraft des Art. 48 der Reichsverf. die Einsetzung eines Reichskommissars vornehmen durfte, daß dagegen der Reichspräsident dem Staatsministerium nicht die Befugnis entziehen konnte, das Land P. im Verhältnis zum Reich, zu den anderen Ländern und gegenüber dem Landtag zu vertreten. Danach sollten also zwei Regierungen nebeneinander amtieren: die des Reichskommissars und die Regierung BRAUN, SEVERING, HIRTSIEFER, SCHREIBER, STEIGER, SCHMIDT, GRIMME und KLEPPER. Der durch das Urteil geschaffene Dualismus zwischen Kommissariatsregierung und sog. Hoheitsregierung (der geschäftsführenden Regierung BRAUN) war – wenn überhaupt praktikabel – jedenfalls damals nicht durchführbar, weswegen der Reichspräsident am 6. Febr. 1933 durch eine weitere NotVO die der

Regierung BRAUN noch verbliebenen Befugnisse auf den Reichskommissar übertrug.

Nach der nationalsozialistischen Machtergreifung im Reich wurde GÖRING zum preuß. Ministerpräsidenten ernannt (11. April 1933). Dessen Einsetzung stützte sich auf das kurz zuvor erlassene ReichsstatthalterG (Zweites G. zur Gleichschaltung der Länder mit dem Reich vom 7. April 1933). An die Stelle des entmachteten und später (14. Okt. 1933) aufgelösten Landtags und des ebenso beiseitigten (alten) Staatsrats sollte eine beratende Versammlung treten: der (neue) preuß. Staatsrat; diese Körperschaft (bestehend aus den vom Ministerpräsidenten ernannten Mitgliedern) trat zwar im Sommer 1933 zusammen, hat aber keine praktische Bedeutung erlangt. Die Gebäude des Landtags (ehem. Herrenhaus und Abgeordnetenhaus) wurden in eine „Stiftung Preußenhaus" eingebracht. Diese staatl. Bauwerke mit wertvollen Einrichtungen sind durch die Kriegsereignisse völlig zerstört worden.

3. Sein Ende. Als Staatswesen fand P. ebenso wie alle anderen Gliedstaaten des →Deutschen Reiches (VI) sein Ende durch das G. über den Neuaufbau des Reiches vom 30. Jan. 1934. Damals wurden alle Volksvertretungen der Länder aufgehoben, alle Landesregierungen der Reichsregierung unterstellt und sämtl. Hoheitsrechte der Länder auf das Reich übertragen. Nach diesem Zeitpunkt gab es zwar noch preuß. Behörden, aber sie übten nur vom Reich abgeleitete Befugnisse aus, waren nicht aus eigenem Recht, sondern im Auftrag und im Namen des Reichs tätig. Preuß. LandesG.e bedurften der Zustimmung der zust. Reichsminister. Die obersten Landesbehörden waren den Weisungen der zust. Reichsminister unterstellt.

Die preuß. Ministerien, mit Ausnahme des Finanzministeriums, wurden mit den Reichsministerien zusammengelegt (zB Reichs- und Preuß. Minister des Innern), das Kultusministerium zum Reichserziehungsministerium ausgeweitet. Eine eigenständige Landesgewalt hat es in P. (ebenso wie in allen anderen dt. Ländern) seit dem 30. Jan. 1934 nicht mehr gegeben. Der letzte preuß. Finanzminister JOHANNES POPITZ wurde am 2. Febr. 1945 hingerichtet. Preuß. Beamte und Offiziere aus bekannten preuß. Familien haben hervorragenden Anteil an der Widerstandsbewegung gegen HITLER.

Nach dem Ende des Zweiten Weltkriegs hat der Alliierte Kontrollrat in Dtschld. durch das G.Nr. 46 (Amtsblatt des Kontrollrats Nr. 14, S. 81) die Auflösung des Staates P. („der seit jeher Träger des Militarismus und der Reaktion in Dtschld. gewesen ist") verfügt. Aber als Staat hatte P. bereits 1934 sein Ende gefunden, die „Auflösung der Provinzen des ehem. Landes P. in der brit. Besatzungszone und ihre Neubildung als Länder" hat die Brit. Militärregierung schon zum 23. Aug. 1946 verfügt und längst vor dem KontrollratsG abgeschlossen.

Die ehem. preuß. Provinzen Schleswig-Holstein, Hannover, Westfalen, Rheinprovinz und Hessen-Nassau bilden den Kern der heutigen Bundesländer Schleswig-Holstein, Niedersachsen, Nordrhein-Westfalen und Hessen. Die Beteiligung des ehem. Landes P. an Wirtschaftsunternehmen ist auf die Bundesrep. Dtschld. übergegangen, die bedeutenden preuß. Kunstsammlungen sind durch BundesG vom 25. Juli 1957 in der öffentl.-rechtl. Stiftung „Preuß. Kulturbesitz" (mit dem Sitz in West-Berlin) zusammengefaßt.

Die in den Bereich der DDR geratenen preuß. Provinzen Brandenburg, Sachsen und Pommern (westl. der Oder) sowie der westl. der Oder-Neiße-Linie gelegene Rest von Niederschlesien (mit Görlitz) sind (ebenso wie die ehem. Länder Mecklenburg, Thüringen und der Freistaat Sachsen) in neue „Bezirke" aufgeteilt worden. Die ostwärts der Oder-Neiße-Linie gelegenen ehem. preuß. Reichsgebiete sind teils unter polnische Verwaltung gestellt, teils von der Sowjetunion (Königsberg und die nördl. Hälfte OstP.) annektiert worden (→Ostgebiete, deutsche). In den Verträgen der Bundesrep. Dtschld. mit der Sowjetunion (12. Aug. 1970) und mit der Volksrepublik Polen (7. Dez. 1970) sind die vertragsschließenden Staaten von der Voraussetzung ausgegangen, daß die gegenwärtigen Grenzen aller Staaten Europas „unverletzlich" seien; dabei ist die Oder-Neiße-Linie als die „westl. Staatsgrenze der Volksrepublik Polen" bezeichnet worden.

4. P. und die Kirchen. P. war ein prot. Staat. Die Kurfürsten von Brandenburg hatten sich schon frühzeitig zur luth. Konfession bekannt. JOHANN SIGISMUND schloß sich (1613) der ref. Kirche an, ohne indessen ein →ius reformandi, also das Recht, die Religionszugehörigkeit seiner Untertanen zu bestimmen, in Anspruch zu nehmen. So kam es dahin, daß seit dieser Zeit ein ref. Herrscherhaus über eine vorwiegend luth. gesinnte Bevölkerung regierte. Wiewohl Brandenburg-P. als prot. Macht anzusehen ist und sich durch Aufnahme von Glaubensflüchtlingen hervortat (Hugenotten-Edikt des Gr. Kurfürsten von 1685), darf darüber nicht vergessen werden, daß dieses Land schon frühzeitig kath. Bevölkerungsteile besaß. Schon beim Erwerb der klevischen Lande versprach der brandenburgische Kurfürst, „die kath., röm. wie auch andere christl. Religionen an einem jeden Ort im öffentl. Gebrauch und Übung zu continuieren, zu manutenieren und zuzulassen und darüber niemanden in seinem Gewissen noch exercitio zu perturbieren, zu molestieren, noch zu betrüben" (Juni 1609). Ebenso hatte JOHANN SIGISMUND, wenn auch nach einigem Sträuben, den Katholiken im Herzogtum P. freie Religionsübung, ungestörten Besitz ihrer Kapellen, freien Zuzug zu den Ämtern und Ehrenstellen versprochen (Vertrag mit dem polnischen König vom 16. Nov. 1611). Weiter gelobte der Kurfürst damals, auf eigene Kosten in Königsberg eine kath. Kirche zu errichten, die unter der Diözesangewalt des Bischofs von Ermland stehen und von jeder weltl. Gerichtsbarkeit befreit sein sollte. Auch beim Erwerb von Moers mit einer überwiegend ref. Bevölkerung ließ die preuß. Regierung zwei kath. Klöster bestehen, ohne jedoch den wenigen kath. Landesbewohnern das Recht öffentl. Religionsausübung zu gewähren.

Beim Erwerb von Schlesien sicherte FRIEDRICH der Große schon in dem Berliner Friedensvertrag von 1742 mit Österreich zu, daß die kath. Kirche in statu quo und damit ihren Anhängern das Recht der öffentl. Religionsübung erhalten bleibe. Die aufgeklärte und tolerante Haltung des Staates gegenüber den verschiedenen Konfessionen drückt sich auch im →ALR für die preuß. Staaten (1794) aus. Das Gesetzbuch handelt im II. Teil, Titel 17 „von den Rechten und Pflichten der Kirchen und geistl. Gesellschaften“ und regelt dabei die Verhältnisse der „Kirchengesellschaften“ einheitl. i. S. voller Parität (untereinander). Nach den Gebietsveränderungen von 1815 gehörten zwei Fünftel der preuß. Staaten der kath. Kirche an. Etwa die Hälfte davon gehörte zum polnischen Volkstum. HARDENBERG ist es gelungen, auf diplomatischem Wege mit der Kurie zu einem dauerhaften Arrangement zu gelangen. Es kam zwar nicht (wie in Bayern 1817) zum Abschluß eines förml. Konkordats. Vielmehr wurde die Übereinkunft in der Form einer päpstl. Bulle (de salute animarum) niedergelegt, der FRIEDRICH-WILHELM III. am 23. Aug. 1823 seine „Billigung und Sanktion“ gab, kraft deren die in der Bulle enthaltenen Verfügungen „als bindendes Statut der kath. Kirche des Staates von allen, die es angeht, zu beobachten“ waren. Diese (durch das Breve „Quod de fidelium“ ergänzte) Rechtslage überstand die verschiedenen Streitigkeiten zwischen der preuß. Regierung und der kath. Kirche während des 19. Jh. (insbes. den →Kulturkampf) und ist erst durch das preuß. Konkordat von 1929 abgelöst worden.

Der (ref.) König FRIEDRICH-WILHELM III. bemühte sich, wie schon sein Vorgänger, die konfessionelle Trennung der Protestanten (Reformierte und Lutheraner) zu überwinden durch eine bekenntnismäßige Union. 1817 richtete er an die Christen der beiden ev. Bekenntnisse den Aufruf, die 300-Jahr-Feier des Reformationsfestes gemeinsam zu begehen und dabei das Abendmahl gemeinsam nach den biblischen Einsetzungsworten einzunehmen, wobei sich die Lutheraner statt des Gebrauchs der Hostie der ref. Sitte des Brotbrechens fügen sollten. Der Aufruf fand Anklang, wenn sich auch gerade in luth.-orthodoxen Kreisen Widerspruch erhoben hat. Die aus dieser Einigungsbewegung hervorgegangene Ev. Kirche der altpreuß. Union (nämlich der ev. Kirche im Bereich des preuß. Staates vor 1866) besteht als →Evangelische Kirche der Union bis zur Gegenwart fort.

Zur Politik P. gegenüber den Kirchen bietet die von E. R. u. W. HUBER hg. Sammlung „Staat u. Kirche im 19. und 20. Jh.“ (3 Bde. 1973 – 83) reiches Dokumentenmaterial. Über die Konfessionsverteilung in P. gegen Ende der Weimarer Republik gibt die untenstehende Tabelle näheren Aufschluß.

5. Würdigung. Das auf WALLENSTEIN gemünzte Dichterzitat trifft auch auf den Staat P. zu: „Von der Parteien Gunst und Haß verwirrt, schwankt sein Charakterbild in der Geschichte.“ Sicher ist, daß die preuß. Gesch. neben großartigen und beispielgebenden Leistungen auch trübe Perioden und schlimme Niedergänge aufweist. Zu den Großzeiten P., in denen dieser Staat in seinen Leistungen wesentl. über die vergleichbaren Zustände in anderen Monarchien hinausragte, wird man rechnen dürfen: die Regierungszeit des eigentl. Staatsbegründers, des Großen Kurfürsten, das disziplinierte und verantwortungsbewußte absolute Königtum FRIEDRICH-WILHELMS I., die Zeit des aufgeklärten Absolutismus unter FRIEDRICH d. Gr. und die Reformzeit zu Beginn des 19. Jh. (STEIN, HARDENBERG und

Religionszugehörigkeit der Bevölkerung 1933 (Reichsgebiet Mitte 1939; ohne Memelland)
Quelle: Stat. Jb. für das Dt. Reich 1939/40

Länder und Landesteile	Christen			Glaubens-	Sonstige
	ev.	röm.-kath.	andere	juden	
Provinz Ostpreußen	1 941 589	364 053	1 412	8 838	17 409
Stadt Berlin	3 014 317	441 135	6 219	160 564	620 266
Provinz Mark Brandenburg	2 407 962	168 435	1 122	7 487	107 074
Provinz Pommern	2 081 934	146 494	816	9 097	29 743
Provinz Schlesien	2 320 520	2 307 653	2 423	34 536	99 974
Provinz Sachsen	3 001 454	251 159	598	7 146	140 291
Provinz Schleswig-Holstein	1 337 246	35 430	263	1 424	45 902
Provinz Hannover	2 665 968	465 460	654	12 233	64 957
Provinz Westfalen	2 357 837	2 517 994	1 289	18 819	144 024
Provinz Hessen-Nassau	1 776 895	709 701	1 283	46 923	50 026
Rheinprovinz	2 282 265	5 126 651	3 153	52 814	225 383
Hohenzollerische Lande	3 822	68 781	17	301	70
Preußen	25 191 809	12 602 946	19 249	360 182	1 545 119

Beginn des 19. Jh. (STEIN, HARDENBERG, W. v. HUMBOLDT). Aus diesen Glanzperioden P. sind manche Einrichtungen und Grundsätze überkommen, die bis zur Gegenwart der öffentl. Verwaltung Dtschld. in vielen Bereichen (nicht zuletzt im Bildungswesen) als Vorbild verpflichtend bleiben. „Die heute so beliebte Identifizierung preuß. Wesens mit Militarismus und Gamaschengehorsam ist eine billige Verfälschung und verdunkelt die Werte, die in der Gesch. des preuß. Rechts und der preuß. Verwaltung aus der Entwicklung staatl. Tugenden in Justiz und Beamtentum hervorgegangen und nicht zuletzt auch in den geistigen Leistungen sichtbar geworden sind, die seit den Tagen der Aufklärung gerade an preuß. Universitäten erbracht worden sind" (EBERHARDT SCHMIDT). Sicher ist auch, daß die Reichsgründung ein nationales Werk der preuß. Politik darstellt. P. war die Klammer, die dem Reich den Halt gegeben hat. Ebenso bildete P. eine wesentliche Stütze des Protestantismus.

Die Aufmerksamkeit, die P. immer wieder erregt, hat sich 1981 (200 Jahre nach der Krönung des ersten P.Königs) erwiesen, als in West-Berlin die Ausstellung „P. – Versuch einer Bilanz" veranstaltet wurde und kurz zuvor in Ost-Berlin eine Ausstellung über „die Geschichte des dt. Volkes", in der P. einen breiten Raum einnahm. Dieses Jahr der Erinnerung hat zu einer Flut von P.Literatur geführt.

Neben den älteren, auf Forschungen beruhenden Darstellungen der Geschichte P. von L. RANKE, J. G. DROYSEN, M. LEHMANN, AD. STÖLZEL und O. HINTZE sind aus der Fülle der neueren Lit. hervorzuheben: E. MASCHKE, Das Werden eines dt. Stammesnamens, in Jb. des Ostdt. Kulturrates[2] (1955) – G. RITTER, Staatskunst u. Kriegshandwerk I – IV (1959 – 1968) – H. J. SCHOEPS. P. Geschichte eines Staates (1966) – EB. SCHMIDT, Beiträge z. Geschichte des p. Rechtsstaates (1980) – G. HEINRICH, Geschichte P.s (1981) – R. v. THADDEN, Fragen an P. (1981) – O. BÜSCH, W. NEUGEBAUER (Hg.), Moderne p. Geschichte (eine Sammlung wichtiger früherer Abh.) 3 Bde (1981) – P. BAUMGART (Hg.), Ständetum u. Staatsbildung in Brandenburg-P. (1983) – M. SCHLENKE (Hg.), P.-Ploetz (1983) darin u. a. R. v. THADDEN, Die Kirchen im Staat der Hohenzollern – W. TREUE, Wirtschafts- u. Technik-Geschichte P.s (1984) – E. R. HUBER, Dt.Verfassungsgeschichte seit 1789, 7 Bde (1957 – 1985) –. Über die verschiedenartige Einschätzung P.s vgl. O. BÜSCH (Hg.), Das P.Bild in der Geschichte (1981).

Hans Schneider

Priestertum, allgemeines. →Amt; →Demokratie II; →Gemeinde; →Kirche; →Laizismus; →Luthertum; →Mitbestimmung V; →Presbyterialverfassung; →Reformation; →Synode; →Vatikanisches Konzil II.

I. Evang. A. Grundlegung. 1. Begriff. Ist der Priester ein durch Ausbildung, Weihen und Standessymbole von andern Menschen unterschiedener Träger hl. →Macht, der mit Opfer-, Kult- und Lehrfunktionen berufsmäßig eine Vermittlung zwischen Gott und Menschen ausübt, so bedeutet das Priestersein aller Mitglieder einer Glaubensgemeinschaft per definitionem seine Erledigung in ihr. So verstanden und organisierten sich die ersten Christengemeinden ohne Priester, weil jeder Priester war. Das a.P. war weder Idee noch Prinzip, sondern von Christus geschaffene und von den Christen gelebte Wirklichkeit; man kann es eine Grundstruktur der Kirche nennen. – Die in der Gesch. des a.P. hervorgetretenen Problemschwerpunkte betreffen die Verbindung theol. Lehre von der Kirche mit Aufgaben jur. und praktischer Kirchengestaltung.

2. Die Religionsgeschichte kennt vor der erst auf späterer Kulturstufe üblichen Trennung zwischen Klerus und Laien Vorformen eines a.P.: Ausübung des Ahnen- und Totenkults oder ritueller Handlungen durch den pater familias (China, Indien, Rom), Leitung von Opferfeiern durch soziale Mittelpunktspersonen (Griechenland), Beten des Hausvaters vor Mahlzeiten der Großfamilie und das Individualgebet (Israel). Der →Islam hat keine hauptamtl. Priester, die Festgottesdienste leitet ein jeweils von der Gemeinde zum Vorbeter bestimmter Imam. Die Stoa denkt an ein nicht beamtetes, sondern ethisch qualifiziertes P.: „Alles Schlechte soll aus den Gedanken entfernt werden; wer das tut, ist ein Priester und Diener der Götter" (MARC AUREL).

3. Das NT braucht die Begriffe Priester und P. nie für ein kirchl. Amt, wohl aber für das Heilswerk Christi (Hebr 4 – 10); er ist allein Priester, Opfer und Mittler. 1 Petr 2, 5 – 10 nennt auch die Christengemeinde „hl. und königliche Priesterschaft", da jeder Gläubige durch Christus in Gottes Gegenwart lebt und die priesterl. Funktionen „geistlicher Opfer" und des Verkündigens der Taten Gottes ausüben soll. Dabei werden at. Verheißungen (Ex 19,6; Jes 61,5 f.) auf die Kirche bezogen, um die Kontinuität des at. und nt. Gottesvolkes als Tun Gottes zu deuten. Auch Apk 1,6; 5,10; 20,6 heißt die Kirche: von Christus „gemacht zu Königen und Priestern vor Gott", d. h. zur Teilhaberin an seiner Heilsmacht. So charakterisiert das a.P. aller Gläubigen das Leben der Kirche: Sein Grund ist die jedem Getauften von Christus gewährte Gnade direkten, priesterlosen Zugangs zu Gott, seine Praxis der missionarische Dienst der „Haushalter der vielfältigen Gottesgnade" (1 Petr 4,10) als Zeugnis von Gott und als „Opfer" in Selbsthingabe und Gebet. Berufsmäßiges P. ist unnötig, kultische Opfer abgetan, die Scheidung zwischen Priestern und Laien überholt. Zu ebenso dienenden Gemeindeämtern besteht kein Widerspruch (1 Petr 5). Gleichmacherei ist durch die individuelle Vielfalt der Gaben und Dienste verhindert, Einheit durch ihre Herkunft von demselben Herrn gewährleistet. Weder Kult noch Amt konstituieren die Kirche, sondern Wort und Geist des Herrn; sie ist nicht Inhalt des Evangeliums, sondern sein Werkzeug. – Ohne die Formel „a.P." findet sich dieselbe Auffassung der Kirche in andern nt. Schriften, bes. bei Paulus (Röm 12; 1 Kor 12–14). Sie ist die Einheit der allen gewährten Charismen und der Charismatiker, in der Geist und Glaube das organisierende Prinzip sind zur Fortdauer des P. Christi. Erst die Pastoralbriefe kennen nicht mehr das Charisma aller Christen, sondern nur das den Amtsträgern durch Ordination verliehene.

B. Geschichtl. Entwicklung. 1. Alte und ma. Kirche. War das im 2. Jh. häufig erwähnte a.P. „ein Lieblingsgedanke der alten Kirche" (A. HAUCK), um die Vorzüge des Christentums auszudrücken, so doch zunehmend ein folgenloser. Nur TERTULLIAN wendet ihn anfangs des 3. Jh. kritisch gegen das immer stärker werdende besondere P. ordinierter Amtsträger (de exhort. cast. 7,3). Bei CYPRIAN († 258) und CHRYSOSTOMUS († 407) ist der Bischof schon Opferpriester, Heilsmittler und „Richter anstelle Christi". Die Preisgabe des a.P. erfolgte, als die Kirche im Kampf mit dem Enthusiasmus der Gnosis legitimierte Geistträger brauchte, durch Konzentration aller geistl. Vollmachten auf das Bischofsamt, das schon durch Ordination dem Apostolat verbunden galt, Züge des at. P. annahm und mit der Änderung der Abendmahlsauffassung zu einem Opfer für die Gläubigen auch Opfer-P. wurde.

Der Dualismus zwischen Klerus und Laien wuchs im MA. zur Feindschaft, wie GRATIANS „duo genera christianorum" und BONIFAZ' VIII. Bulle „Clerici laicos" 1296 belegen. Sie forderte ein oft radikalisiertes, soziales und religiöses Laienbewußtsein. Die scholastische Lehre, daß bischöfl. Weihe einen character sacramentalis unverlierbar übertrage, erhob den Priester zum Träger hl. Gewalten, wollte die Absonderung des höherwertigen homo spiritualis vom Kirchenvolk und festigte den Stand (ordo) eines kirchl. verpflichteten und privilegierten P. Wenn ma. Theologen wie THOMAS dennoch das a.P. lehrten, dann nur im harmonisierenden Sinne mit dem scharf behaupteten kirchl. Amts-P.; es meinte dann Darbringen geistl. Opfer, nicht Freiheit von priesterl. Heilsmittlern.

2. Reformation. Erst nach seiner Entdeckung des rechtfertigenden Glaubens kam LUTHER durch die ihn erregenden Texte vom a.P. (WABr 1 Nr. 231 v. 18. Dez. 1519) zur Erkenntnis, daß „der Glaube allein das rechte priesterl. Amt ist ... darum alle Christen Pfaffen und Pfäffinnen seien", aber „die kirchl. Priesterschaft von der Kirchenordnung herkommen ist und nicht in der Schrift gegründet"; folglich „sind wir alle ein Körper des Hauptes Christi, der nicht hat zweierlei Art Körper, einen weltl., den andern geistl."; „das nt. P. herrscht ganz ohne Ansehen der Personen gemeinsam in allen allein durch den Geist" (WA 6, 370, 12; 7, 631, 25; 6, 408, 32; 8, 416, 1). Für LUTHER ist das a.P. eine mit der Taufe verbundene (WA 6, 407) ekklesiologische Entfaltung des Rechtfertigungsgeschehens: Wer sich den Priesterdienst Christi gefallen läßt und als gerechtfertigter Sünder vor Gott lebt, der wird auch von Gott belehrt (theodidaktos), seinen Willen zu erfassen; er wird „geistlich" urteilsfähig. Die vielfach in der Lutherforschung aufgezählten *Elemente* des a.P. sind also nicht nur der ohne irdische Mittler nur auf Christus angewiesene unmittelbare Zugang zu Gott und den Gnadenmitteln und die Gleichheit des geistl. Standes aller Gotteskinder vor Gott, sondern auch das glaubende Verstehen und gehorsame Bejahen des Evangeliums, das zum Sterben des alten Adams, zu Fürbitte und Fürsorge für andere, zum Zeugnis von Gott und seinem Reich im persönlichen Umgang wie in Mitverantwortung für sein amtl. öffentl. Geschehen ruft. Das a.P. zum rein innerlichen Vorgang beschränken, hieße übersehen, daß gerade er die ganze Existenz mit allen sozialen Verhaltensweisen konkret von Gott her bestimmt.

Diesem, wie er meinte, kindlich einfachen Ansatz gab LUTHER – oft nur andeutend, oft in scharfer Polemik – weltwirksame *Entfaltungen.* Sofern sie im Bereich der Kirchenpolitik und Sozialreform auch von Männern wie HUTTEN mit anderen Gründen publiziert waren, hatten sie nun Legitimation und Verbindlichkeit des Glaubens. Vor allem riß das a.P. die „papierene Mauer" der weltl. Machtstellung des P. und der Hierarchie ein, den sie begründenden Dualismus von geistl. und weltl. →Recht, die soziale Spaltung der Christenheit in Stände von Priestern und Laien, dazu das oberste Schriftauslegungsrecht des →Papstes. Befreiung weltl. Gewalt und der Laien von Priesterherrschaft meinte aber nicht deren Lösung von Gott und vom Glaubensgehorsam, denn sie waren ja Priester, um geistl. zu leben. Die *Neubewertung des Laien* wird ethisch und kirchenreformerisch bezogen auf: Vollmacht zur Gesellschafts- und Kirchenreform, Urteilskompetenz über rechten Glauben, Beichtrecht vor dem christl. Bruder, christl. Kindererziehung, missionarisch-diakonische Dienste, Hilfe der Kenner weltl. Bereiche zu christl. Weltorientierung, Bewilligung und notfalls Berufung oder Abberufung des Pfarrers durch die Gemeinde. Die Begründung des von heilsmittlerischer Vollmacht wie vom Opfer-P. gereinigten ev. →Pfarramts auf die Taufe und eine kirchenrechtl. zu ordnende Berufung war unmittelbar durch das a.P. gefordert.

LUTHER hat das a.P. nicht nur gegen das kath. P. verteidigt, sondern auch gegen das Mißverständnis, es erledige das christl. *Predigtamt,* sei es humanistisch, zu einer nur weltl.-rationalen Ordnung, sei es schwärmerisch, zu nur auf Inspiration gegründeter Amtsanmaßung oder zu radikal ämterloser Laienkirche. Gegen diese zweite Front sind seine Hauptargumente, daß Gott zu stetiger und öffentlicher Predigt seines äußeren Wortes das →Amt wolle und daß es deshalb, weil jedes Gläubigen Recht dazu „ius commune" aller sei, nicht willkürlich usurpiert werden dürfe, sondern von der Gemeinde den durch geistl. Gaben, Ausbildung und Geschick Befähigten zu verleihen, ggf. auch zu entziehen sei, etwa analog dem Amt eines Bürgermeisters. Da der Verkündigungsdienst aller wahren Christen und des Predigers ebenso wie die Befähigung, ihn zu wählen oder als solcher gewählt zu werden, im geistl. Belehrtsein durch Gott gründen, ist eine störende Konkurrenz der Dienste nur aus fremdem, nicht-göttl. Geiste denkbar und als solche zu überwinden. Als Orientierungshilfen nannte LUTHER: Umfangsbegrenzung zwischen öffentl. und privatem Dienst, Ordination zur Unterscheidung haupt- und nebenberuflicher Dienste, notbischöfl. Berufung durch den getauften Landesherrn, Sonderrechte des a.P. in Notlagen. Die *Problematik* dieser Praxis des a.P., daß die Glaubensaneignung der Taufverheißung kein Automatismus und die Grenze zwischen Getauften und vere credentes nicht aufweisbar und rechtl. brauchbar war, hat LUTHER gekannt und für eine mit dem „Gerecht-und-Sündersein" der Christen gegebene Spannung gehalten, die die Kirche als ein Kreuz tragen müsse, wenn sie der Herrschaft Christi dienen und sie nicht usurpieren wolle.

Diese crux und Besorgnis vor Entscheidungen der ungeordneten Menge bewogen MELANCHTHON, nur selten und vorsichtig vom a.P. zu sprechen, so daß es bis heute zweideutig blieb, ob er in CA V das kirchl. Predigtamt oder das a.P. gemeint habe. Als die kath. Bischöfe sich weigerten, ev. Prediger zu berufen, übertrugen die Reformationskirchen die Wahrnehmung der verwaltungsmäßig wichtigsten Gemeinderechte den Magistraten oder Landesherren (bzw. den Konsistorien) als praecipuis membris ecclesiae. Nur in den ref. Kirchen kam es für kirchenleitende Funktionen zu Synoden. Zwar blieb LUTHERS Ruf zum a.P. bekannt, wurde von Theologen erörtert und wirkte auf das Berufsethos der ev. Pfarrer, aber seine umfassender entworfene Konzeption wurde nur wenig verwirklicht; allzu oft verschob man den abgeschafften Gegensatz zwischen Klerus und Laien auf den von LUTHER nie gewollten zwischen Amt und Gemeinde.

3. Im 19. und 20. Jh. Als SPENER 1675 mit dem a.P. die Mitwirkung der Laien in Kirchenverwaltung und Gemeindeleben, 1677 auch die privaten Erbauungsversammlungen begründete, war der Verdacht, es sei Einfallstor für Schwärmerei, noch unüberwindlich. SCHLEIERMACHER kannte die pietistische Gestalt des a.P. aus der Brüdergemeine und rehabilitierte sie 1799 in der 4. „Rede". Aber erst als in Volkserhebungen die Laienfrage und 1848 durch die Pläne zur Verf.reform der Wegfall des Summepiskopats drängend wurden, fragte die luth. Theol. neu nach dem a.P., d. h. unter latent oder offen „demokratischem" Vorzeichen. Nach HÖFLING entsprang das Kirchenrecht dem a.P., und das Amt galt als Übertragung (Delegation) des allen Christen geltenden Verkündigungsauftrags auf einzelne. Das hielten STAHL, KLIEFOTH, LÖHE und VILMAR für eine „kollegialistische Verflüchtigung"; das Amt sei vom Herrn gestiftete →Institution und LUTHERS a.P. eine unzureichende, nicht zu wiederholende Notlösung. Dabei verfehlte die Leitfrage nach der Vorherrschaft von Amt oder Gemeinde LUTHERS grds. Beseitigung des Herrschafts- durch den Dienstgedanken. Fern der von Christi Geist und Liebe regierten Kirche des a.P. blieb auch das Verständnis der jetzt eingerichteten Presbyterien und →Synoden als →„Repräsentation" der Gemeinden und Kontrollorgan der vom König berufenen Kirchen-„Regierung" als Legislative für die Exekutive; in den sozialen Kategorien „von unten" und „von oben" konnte das bei LUTHER theol. „von oben" gedachte a.P. nicht erfaßt werden. Erst 1862 wies TH. HARNACK mit ungleich soliderer Lutherkenntnis überordnende Verhältnisbestimmungen zwischen a.P. und Amt zurück: beide bedingen und dienen einander; das Amt ist der Kirche gleichursprünglich „göttlich eingestiftet". Doch man entging der Politisierung des a.P. nicht, indem man es als „ein religiöses, nicht ein Verf.prinzip" deutete (K. RIEKER, 1893) oder die Gegenthese elitär einschränkte: LUTHER „machte das nur dem wirklich Gläubigen zustehende a.P. zum Eckstein der Verf. der sichtbaren Kirche" (K. HOLL, 1915). Die Bekennende Kirche berief sich auf das an die Schrift gebundene a.P. zur Legitimation des Gemeinde-Notrechts, beim Versagen der Amtsträger selbst einzugreifen, und zur Abweisung der Diktatur säkularisierter →Hierarchie des „Führerprinzips" in der Kirche. Die ökumenische Erörterung des a.P. nach 1945 (Lit.) hat das a.P. als „gemeinsamen Ausgangspunkt" zwischen luth. und kath. Kirche (Das geistl. Amt Nr. 22, S. 19) anerkannt und in den Lima-Erklärungen (1982) deutlich bejaht (C. 1.6, S. 30).

C. Gegenwartsprobleme. 1. Rechtstheol. ist das a.P. →ius divinum und als solches nicht nur Quelle des Verkündigungsrechts, sondern allen christl. Dienstrechts. Die Meinung, daß seine „Bedeutung als positives rechtl. Aufbauprinzip für ein Kirchenwesen meist überschätzt" werde (J. HECKEL), da sich aus ihm „wohl ein regulierendes Prinzip, nicht aber ein Fundament der Kirchenverfassung machen läßt" (MAURER), ist vom NT und von LUTHER her anfechtbar und in der heutigen Diskussion noch offen (vgl. auch die IV. Barmer These).

2. Ethisch stellt das a.P. unbegrenzte Aufgaben, nicht nur für Laiendienste, sondern auch für ethische Urteils- und Lehrbildung, deren Erfüllung die Kirchen planmäßig fördern müssen.

3. Amtstheol. ist das a.P. heute nicht mehr „Palladium ev. Christentums" (SCHIAN), sondern Chance und Gegenstand ökumenischer Verständigung. Mißverstanden als Hilfsdienst für das Amt würde das a.P. seine geistl. Legitimität als Ausübung der Gliedschaft am Leibe Christi freilich ebenso wie der Amtsträger verraten, wenn nicht beide auf geistl. und partnerschaftl. Kooperation bedacht wären (FRÖR). Kompetenzstreit wird wegen der personell variablen Gestalt der

Dienste besser fallweise als durch Verf. geregelt. Sieht man a.P. und Amt „wie kommunizierende Röhren“ (H. SASSE), bewahrt die Einigkeit im Dienst vor Amtsanmaßung und -einebnung. Viele Funktionen des a.P. können und dürfen, wollte man die Übertragungstheorie billigen, nicht auf ein Amt übertragen werden. Führt andererseits die Aufgliederung von Amtsfunktionen zur Errichtung neuer Ämter auf Grund des a.P., so werden Stufungen nach Aspekten theol. und finanzieller Priorität kaum vermeidbar, aber tragbar im Wissen um die Einheit vielfältiger Ämter und Dienste.

4. Kirchenpolitisch sind fast alle Aspekte des a.P. geworden, seit sich die interkonfessionelle Forderung nach Demokratisierung der Kirche auf das a.P. beruft. Dabei werden im Pro leicht die im a.P. enthaltenen Grundrechte des Reiches Christi (Bruderliebe, Gleichheit, Freiheit) mit den gleichlautenden Idealen der →Franz. Revolution identifiziert, im Contra aber die christl. Implikate im modernen Demokratie-Begriff übersehen. Da sich das a.P. im NT und bei LUTHER als Dienst der Herrschaft Christi und keineswegs der Herrschaft des Volkes versteht, ist sein Wert für eine Demokratisierung der Kirche im einzelnen verschieden und z. T. fragwürdig. LUTHER zog zwar aus der im a.P. gegebenen Gleichheit aller Gläubigen keine direkten Folgerungen für die politisch-soziale Ordnung, wohl aber für die kirchl. Gestaltung; aber er verhinderte, daß sie Anspruch auf kirchenrechtl. Gleichstellung würde. Verbietet das a.P. als Auslegung der Taufe Stufungen der kirchl. Mitgliedschaft oder des kirchl. →Wahlrechts, so enthält es doch keine Gründe zur Bevorzugung eines bestimmten Wahlverfahrens. Indem die Gleichheit des a.P. auf Geistesgaben beruht, die von der Gemeinde zu prüfen sind, ist sie anderer Art als die des demokratischen →Gleichheitssatzes. Wenn die Kirche in Lehr- wie in Praxisfragen immer Mehrheitsentscheide durch Abstimmung herbeigeführt hat, so sind diese vom demokratischen →Mehrheitsprinzip doch dadurch unterschieden, daß sie als Bezeugungen des Glaubens verstanden werden, Einstimmigkeit intendieren, die unterlegene Minorität nicht zwingen dürfen und die Abstimmungsberechtigung nicht nur auf das a.P., sondern auch auf eine kirchl. Maßstäben unterworfene Sachkompetenz gründen. Dasselbe müßte von jeder Art Mitwirkung und →Mitbestimmung in der Kirche gelten. Demokratische Prinzipien und Verfahren sind weder aus dem a.P. ableitbar noch als solche auf das Leben der Kirche zugeschnitten; sie bedürfen kritischer Modifikation, wenn sie es fördern und nicht gefährden sollen.

Die Streitfrage Demokratie bzw. Christokratie in der Kirchenreformdebatte von 1965 bis ca. 1975 hat an Aktualität verloren. Für die akuten Fragen eines an den Charismen orientierten Gemeindeaufbaus im Sinne von Barmen III bleibt das a.P. Grundlage und Kriterium gegen →Klerikalismus und Laizismus für die Zeugnis- und Dienstgemeinschaft des Glaubens unter dem Evangelium.

H. ASMUSSEN, Vom P. aller Gläubigen, 1946 – H. FAGERBERG, Bekenntnis, Kirche u. Amt in der dt. konfessionellen Theol. des 19. Jh., Uppsala 1952 – H. VON CAMPENHAUSEN, Kirchl. Amt und geistl. Vollmacht in den ersten drei Jh.en, 1953 – H. STORCK, Das a.P. bei Luther, 1943 – W. MAURER, Pfarrerrecht und Bekenntnis, 1957 – KL. TUCHEL, Luthers Auffassung vom geistl. Amt, Luth. Jb. 25 (1958) 61–98 – W. BRUNOTTE, Das geistl. Amt bei Luther, 1959 – S. GRUNDMANN, Sacerdotium, Ministerium, Ecclesia particularis (1959), in: Abh. zum Kirchenrecht, R. ZIPPELIUS u. a. (ed.), 1969, 156–176 – DERS., Kirche, a.P. und kirchl. Amt (1962), ebd. 487–505 – E. KÄSEMANN, Amt und Gemeinde im NT, in: Exeget. Versuche u. Besinnungen I, (1960) 1970[6], 109–134 – R. PRENTER, Die göttl. Einsetzung des Predigtamtes und das a.P. bei Luther, in: ThLZ 86 (1961) 321–332 – H. LIEBERG, Amt und Ordination bei Luther und Melanchthon, 1962 – C. EASTWOOD, The Priesthood of All Believers, London 1962 – H. BRUNOTTE, Sacerdotium und Ministerium als Grundbegriffe im luth. Kirchenrecht, in: Staatsverf. und KO, K. HESSE u. a. (ed.), Festg. f. Rudolf Smend, 1962, 263–285 – W. GRUNDMANN, Sacerdotium und Ministerium, in: ZRG 80, Kan.Abt. 49 (1963) 236–260 – E. MÜLHAUPT, A. P. oder Klerikalismus?, 1963 – FR. BRAVO, El sacerdocio común de los creyentes en la teologia de Lutero, Vitoria 1963 – G. EBELING, Das P. in prot. Sicht, in: Wort Gottes und Tradition, 1964, 183–196 – J. HECKEL, Lex Charitatis, Eine jur. Untersuchung über das Recht in der Theol. M. Luthers, 1973[2] (M. HECKEL, ed.) – A. FARNER, Die Lehre von Kirche u. Staat bei Zwingli, (1930) 1973, 9–12 – K. FRÖR u. W. MAURER, Hirtenamt und mündige Gemeinde, 1966 (Lit.) – F. VIERING (ed.), Gemeinde, Amt, Ordination. Votum d. Ausschusses d. EKU, 1970 – E. WINKLER, Probleme des Strukturwandels von Amt und Gemeinde, in: Bericht von der Theol., G. KULICKE u. a. (ed.), 1971, 185–204 – G. MÜLLER, Das neuluth. Amtsverständnis in reformatorischer Sicht, in: KuD 17 (1971) 46–74 – J. AARTS, Die Lehre M. Luthers über das Amt in der Kirche, Helsinki 1972 (Lit.) – A. STEIN, Ev. Kirchenrecht, 1980. – Gemeins. röm.-kath., ev.-luth. Kommission (ed.), Das geistliche Amt in der Kirche, 1981. – Taufe, Eucharistie und Amt, 1982 – H. SCHRÖER/G. MÜLLER, Vom Amt des Laien in Kirche und Theologie, 1982.

Gerhard Krause† / Henning Schröer

II. Kath. 1. Grundlegung. Das allg. P., oder wie man katholischerseits zutreffender sagt: das *gemeinsame Priestertum (g.P.) aller Gläubigen* bzw. Getauften ist biblisch darin grundgelegt, daß das NT die Begriffe Priester und P. nie für die kirchlichen Amtsträger benützt, sondern nur für *Christus* (Hebr 5,6; 7,17.21; 10,21) und für *alle Christen* (1 Petr 2,5.9; Offb 1,6; 5,10; 20,6). Das g.P. aller Gläubigen ist Teilhabe am einen und einzigen P. Jesu Christi, durch welches sowohl das atl. und erst recht das allgemein-religionsgeschichtliche P. in überbietender Weise erfüllt und in diesem Sinn „aufgehoben“ worden ist. Das ntl. P. ist nicht äußerlich rituell-kultischer, sondern geistiger bzw. geistl. Art. Das heißt nicht, daß es nur ein uneigentliches oder nur metaphorisch so bezeichnetes P. wäre; als P. „im Geist“ ist es vielmehr in höchster Weise real, ja sogar das eigentliche und wahre P., welches die Person nicht nur in einzelnen kultischen Funktionen, sondern ganzheitlich in Anspruch nimmt. Daher wirkt es sich aus in einem Kult, der das ganze, auch das alltägliche Leben des Getauften umfaßt (Röm 12,1). Dazu gehören sowohl das Opfer des Lobes, das Verkündigen der großen Taten Gottes wie das Tun der Liebe (Hebr 13,15 f.; Phil 4,18; Jak 1,27).

Das g.P. schließt im NT nicht aus, daß es besondere Ämter (→Amt) gibt, denen ein eigenes Charisma zukommt (1 Kor 12,28; Eph 4,7.11; 1 Tim 4,14; 2 Tim 1,6), aufgrund dessen es ihnen aufgetragen ist, „die Heiligen (d. h. die Gläubigen) für die Erfüllung ihres Auftrags zu rüsten, für den Aufbau des Leibes Christi" (Eph 4,12). Diese Ämter werden im NT als Dienst am g.P. verstanden, jedoch nur andeutungsweise als priesterl. Dienst bezeichnet (vgl. Röm. 15,16). Da Priester und Opfer korrelative Begriffe sind, wird der besondere Dienst des Amtes in der Folge in dem Maße als priesterlicher Dienst bezeichnet, als die dem →Bischof bzw. Presbyter vorbehaltene Feier der Eucharistie als Opferhandlung verstanden wird. Das ist andeutungsweise bereits im Abendmahlsbericht bei Mk-Mt der Fall (Mk 14,24; Mt 26,28) und wird bei IGNATIUS, JUSTIN, in der Didache sowie im 1. Klemensbrief weiter entfaltet. Doch so wie die Eucharistie nur als Vergegenwärtigung des einen Opfers Jesu Christi als Opfer bezeichnet werden kann, wird auch der Dienst des Amtes nur als besondere Teilhabe am einen P. Jesu Christi als priesterl. Dienst verstanden (1 Clem 40,1 – 3.5; HIPPOLYT, Philos. prooem.; Apost. Trad., 9; CYPRIAN, ep. 59,5).

2. Geschichtliche Entfaltung. Die bibl. Vorstellung vom g.P. findet in der Väterzeit ein reiches Echo. Nach IRENÄUS von Lyon haben alle Gerechten priesterl. Rang (Adv. haer. IV, 8,3; vgl. AUGUSTINUS, De civ. 20,10). Das drückt sich darin aus, daß in der Liturgie die gesamte Gemeinde als plebs sancta und als priesterl. Fülle des Bischofs (CHRYSOSTOMOS, Ad Phil 3,4: PG 62,204) bezeichnet wird. Nach den Vätern und nach der Hochscholastik sind es die Gläubigen bzw. die ecclesia insgesamt, die durch den Dienst des Priesters darbringt, opfert, ja sogar konsekriert (so noch das Trienter Konzil: DS 1740 f.) (vgl. Y. CONGAR, Der Laie, 327 ff.). In Auslegung der Primatsstelle Mt 16,19 konnte AUGUSTINUS schreiben, die gesamte Kirche habe die Schlüssel des Himmelreiches, d. h. die Vollmacht, zu binden und zu lösen, erhalten (in ev. Joh. 124,5.7). Auch im sonstigen Leben der Kirche soll nichts geschehen ohne die Zustimmung des gesamten Volkes (CYPRIAN, ep. 14,1.4; 34,4). Die Rolle der Gemeinde und der Laien wird vor allem bei den Wahlen und bei der Besetzung kirchlicher Ämter deutlich (vgl. CONGAR, 387 ff.), aber auch bei der Rolle, welche Laien auf den Konzilien spielen (vgl. CONGAR, 393 ff.). Grundlage dafür war die Teilhabe aller am P. Christi aufgrund der Taufe und der damit verbundenen Salbung (vgl. CONGAR, 210 ff.) sowie die Lehre vom Glaubenssinn aller Gläubigen (vgl. CONGAR, 530 ff.). In seiner berühmten Abhandlung „On consulting the faithful on matters of faith" hat J. H. NEWMAN 1859 gezeigt, daß es im 4. Jahrhundert nicht die Bischöfe, sondern das Volk war, welches in der Auseinandersetzung mit dem Arianismus den wahren Glauben durchgetragen hat.

Der eigentliche priesterliche Dienst der Gläubigen geschieht im Kult des christlichen Lebens, in der Hinwendung zu Gott und zum Nächsten (AUGUSTINUS, De civ. 10,5.6; LEO, Sermo 4,1) (vgl. CONGAR, 193 f.; 204 f.). Dieses Selbstopfer kommt zur Vollendung im Opfer des Lebens, im Martyrium (vgl. CONGAR, 208 f.). Eine Zusammenfassung dieser Tradition findet sich bei THOMAS VON AQUIN. Er versteht den allen Gläubigen bei der Taufe und Firmung eingeprägten sakramentalen Charakter als Teilhabe am P. Christi und insofern als deputatio ad cultum Dei, den er als cultus secundum ritum christianae vitae versteht (Summa theol. III q.63 a I – 6.

Im Laufe der Kirchen- und Theologiegesch. wurde die Lehre vom g.P. freilich nicht nur entfaltet, sondern teilweise auch verkannt und vergessen. Mehrere geschichtliche Faktoren spielten dabei eine Rolle: die beamtenmäßige und privilegierte Stellung der Bischöfe seit der konstantinischen Wende und das Bildungsprivileg der Kleriker im frühen Mittelalter; dadurch wurde der Klerus soziologisch zu einem höheren Stand. Die gregorianische Reform im 11. Jahrh. (Investiturstreit) führte zu einer Scheidung des geistlichen Bereichs, der den Klerikern vorbehalten blieb, und des weltlichen Bereichs der Laien. Das führte zu der fatalen Aussage im Gratianischen Dekret von den zwei Arten von Christen (Friedberg I, 678). Hinzu kam die Abwehr von irrigen Verhältnisbestimmungen von gemeinsamem und besonderem P. des Amtes bei den Waldensern, Katharern, Fraticellen, bei WYCLIFF, HUS, MARSILIUS VON PADUA. So wurde die Ekklesiologie zur Hierarchologie.

Gegenüber der Lehre vom allg. P. (s. oben I) bei den Reformatoren lehrte das Trienter Konzil die Einsetzung eines sichtbaren und äußeren, durch sakramentale Weihe übertragenen P. (DS 1764; 1766; 1771; 1773). Obwohl das Konzil von Trient damit unmittelbar nur die These verurteilte, alle Christen seien in gleicher Weise Priester, alle seien mit derselben geistlichen Vollmacht ausgestattet (DS 1767) und die Zustimmung des Volkes sei in dem Sinn notwendig, daß ohne sie die Weihe ungültig wäre (DS 1769; 1777), entstand daraus in der nachreformatorischen Periode eine weitgehende Abwertung, ja Verkennung des g.P. aller Gläubigen. Das Kirchenvolk wurde in der passiven Rolle des Objekts der Seelsorge, aber nicht mehr in der des aktiven und des mitverantwortlichen Subjekts gesehen.

Zu einer Erneuerung der Lehre vom g.P. kam es nach Vorbereitung im 19. Jahrhundert (bes. J. A. MÖHLER und J. H. NEWMAN) im Zusammenhang der bibl., liturgischen, patristischen und pastoralen Neubesinnung in der 1. Hälfte unseres Jahrhunderts. Angesichts der Entfremdung zwischen Kirche und moderner Welt traten die innerkirchl. Unterscheidungen zurück und der eigentliche Unterschied zwischen Christen und Nichtchristen wieder in den Vordergrund. Entsprechend sprach man vom Apostolat und von einer besonderen Spiritualität der Laien. Diese Bestrebungen wurden bereits von PIUS XI. (Enz. „Ubi arcano", 1922) und PIUS XII. (Enz. „Mystici corporis", 1943; „Mediator Dei", 1947) aufgegriffen; sie kamen vor allem auf dem II. →Vatikanischen Konzil zum Tragen.

3. Vatikanum II und gegenwärtige Diskussion. Die Bedeutung des gemeinsamen, d. h. Laien und Kleriker umgreifenden P. aller Gläubigen kommt im II. Vatikanum schon dadurch zum Ausdruck, daß das Konzil in der Kirchenkonstitution „Lumen gentium" dem Kapitel über die hierarchische Verfassung der Kirche und dem darauffolgenden Kapitel über die Laien bewußt ein eigenes Kapitel über das Volk Gottes vorangestellt hat. Darin wird – ähnlich wie im Dekret über das Apostolat der Laien – die in Taufe und Firmung begründete Teilnahme aller Christen am P. Jesu Christi im Anschluß an die Drei-Ämter-Lehre als Teilhabe am priesterlichen, am prophetischen und am königlichen Amt Jesu Christi beschrieben (LG 10 – 12). Konkrete Folgen dieser Lehre vom g.P. sind u. a. die Lehre von der vollen, bewußten und tätigen Teilnahme aller an der Feier der Liturgie, besonders der Eucharistie (SC 11; 14; 48), die Lehre vom Glaubenssinn der Gläubigen (LG 12), von der Verpflichtung aller Christen zum Zeugnis des Glaubens (LG 35) und von der Mitverantwortung der Laien in der Kirche (LG 33; 36) sowie ihrer Rechte in der Kirche (LG 37). Dieser Lehre von den Christenrechten ist im →CIC von 1983 weithin Rechnung getragen worden (can. 208 – 231). Die Lehre vom g.P. wird im neuen Kirchenrecht freilich nur knapp erwähnt (can. 204; 836) und nicht voll zur Geltung gebracht.

Das Verhältnis von g.P. und P. des Dienstes bzw. hierarchischem P. wird vom Vatikanum II einerseits als gegenseitige Zuordnung bestimmt, weil beide auf je besondere Weise am einen P. Christi teilhaben; andererseits wird gesagt, daß sie sich „dem Wesen und nicht nur dem Grad nach" unterscheiden (LG 10). Diese Aussage muß unter genauer Beachtung des scholastischen Sprachgebrauchs verstanden werden. Sie meint der Sache nach, daß das amtliche P. nicht als graduelle Steigerung oder Intensivierung des gemeinsamen P. und d. h. des Christseins zu verstehen ist; die Amtsträger sind also nicht bessere Christen und die Laien nicht Christen zweiter Ordnung. Auf der Ebene des Christseins sind beide grundsätzlich gleich. Die Unterscheidung liegt auf der ganz anderen Ebene des Dienstes bzw. der Funktion. Aufgrund des so zu verstehenden Wesensunterschieds kann weder das amtliche P. aus dem g.P. noch das g.P. aus dem amtlichen abgeleitet werden; beide haben vielmehr auf je eigene und eigenständige Weise am P. Jesu Christi teil. Dabei kommt den Laien in besonderer Weise der Weltdienst zu (LG 31; 35), dem amtlichen P. der Dienst der Einheit in der Kirche, der durch die Verkündigung des Wortes, die Spendung der Sakramente und den Hirtendienst geschieht.

Die konziliare Wertschätzung des g.P. und die Verhältnisbestimmung von g.P. und amtlichem P. sind zur Grundlage der nachkonziliaren pastoralen Erneuerung in der kath. Kirche geworden. Sie haben vor allem zu einer erneuerten Gemeindepraxis und -theol. und zu einem verstärkten Engagement der Laien in der Kirche geführt. Dabei wurde die Volk-Gottes-Ekklesiologie des Vatikanums II manchmal auch mißverstanden bzw. einseitig im Sinn einer Demokratisierung der Kirche oder einer einseitigen Sicht der Kirche „von unten", von der „Basis" her ausgelegt. Auf der anderen Seite sind die konziliaren Ansätze amtlicherseits bisher nicht voll verwirklicht worden. Eine besondere Diskussion betrifft die Stellung der →Frau in der Kirche. Inzwischen beginnt sich die konziliare Sicht der Kirche als communio verschiedener Charismen, Dienste und Ämter durchzusetzen; der Begriff der communio wird damit zum Leitbegriff für das Verständnis von Wesen und Ordnung der Kirche.

In dieser grundsätzlichen Verhältnisbestimmung, wonach das Amt ganz in der Gemeinde steht, im Vollzug seiner Sendung dieser aber auch gegenübersteht, gibt es heute einen weitreichenden Konsens zwischen der katholischen und der evangelischen Theologie. Er kommt sowohl im „Malta-Papier" „Das Evangelium und die Kirche" (1971), in dem katholisch-lutherischen Dokument „Das geistliche Amt in der Kirche" (1981) wie in den Lima-Texten (1982) zum Ausdruck. Aufgrund dieses Konsenses dürfen die bisherigen Kontroversen, soweit sie das g.P. betreffen, heute als weithin überwunden gelten.

J. H. NEWMAN, Über das Zeugnis der Laien in Fragen der Glaubenslehre, in: DERS., Ausgew. Werke, Bd. 4, 1959, 255 – 292 – Y. CONGAR, Der Laie. Entwurf einer Theol. des Laientums, (Paris 1952) 1956 – DERS., Art. Laie, in: HthG II (1963) 7 – 25 – DERS., Ministère et communion ecclésiale, Paris 1971 – F. X. ARNOLD, Kirche und Laientum, in: DERS., Glaubensverkündigung und Glaubensgemeinschaft, 1955, 106 – 140 – K. RAHNER, Über das Laienapostolat, in: DERS., Schriften zur Theol., Bd. 2, 1956, 339 – 373 – A. AUER, Weltoffener Christ. Grundsätzliches und Geschichtliches zur Laienfrömmigkeit, 1960 – K. KERTELGE, Gemeinde und Amt im Neuen Testament, 1972 – F. KLOSTERMANN, Gemeinde – Kirche der Zukunft. Thesen, Dienste, Modelle. 2 Bde, 1975 – G. GRESHAKE, Priestersein. Zur Theol. und Spiritualität des priesterlichen Amtes, 1982 – M. KAISER, in: Handb. kath. Kirchenrechts. Hg. v. J. Listl, H. Müller, H. Schmitz, 1983, 171 – 189 – L. KARRER, Laie/Klerus, in: Neues HthG II (1984) 363 – 374.

Walter Kasper

Privatrecht. *1. Begriff und Abgrenzung.* P. steht im Gegensatz zum →öffentl. Recht (ö.R.) und umfaßt alle Rechtssätze, die keinen Hoheitsträger als Zuordnungsobjekt besonders ausweisen, sondern für jedermann gelten. Zum Privatrecht gehören also im wesentl. die Rechtssätze, die die Rechtsbeziehungen der Bürger und der von ihnen gebildeten Vereinigungen untereinander regeln. Daher verwendet man an Stelle des Begriffs Privatrecht auch die Bezeichnung *bürgerl. Recht* (ius civile). Jur. Personen des ö.R. unterliegen dem P., soweit sie nicht als solche, d. h. gerade in ihrer spezifischen Qualität als Inhaber öffentl. Gewalt berechtigt oder verpflichtet werden. Das ist insbesondere dann der Fall, wenn sie wie Privatpersonen auftreten, zB Kaufverträge usw. schließen (→Fiskus). Trotz dieser offenbar klaren Zuordnungskriterien lassen sich Zweifelsfälle nicht ausschließen. Die Praxis löst sie in der Regel programmatisch unter Zuhilfenahme von Gesichtspunkten des verwaltenden öffentlichen oder privaten Interesses. Gelegentlich nimmt man auch an, daß ein Rechtssatz in beiden Rechtsbereichen gilt (gemeinsames Recht).

2. Geschichte. Die hohe Rechtskultur des röm. P. gelangte über die im MA. in den oberital. Städten entstandenen Rechtsschulen der Glossatoren und Postglossatoren, die das Corpus iuris des JUSTINIAN kommentierten, auch nach Deutschl. Seit dem 16. Jahrh. entstand daraus der sog. usus modernus pandectarum, der röm., kanonisches und deutsches Recht verband. Dieses Recht war vorwiegend wissenschaftlich beeinflußtes →Gewohnheitsrecht, während positiviertes Reichsrecht im wesentlichen auf Staats- und →Strafrecht beschränkt blieb. Nur in einigen Städten und Landesteilen bildete sich ein positiviertes Stadt- und Landrecht. Erst die Naturrechtslehre (Rechtsphilosophie) und der aufgeklärte Absolutismus des 18. Jh. förderten den Gedanken einer zusammenfassenden gesetzgeberischen Ordnung der Rechtsbeziehungen der Bürger untereinander. So entstand in Österreich unter JOSEPH II. 1786 ein bürgerliches Gesetzbuch, in Preußen, angeregt durch FRIEDRICH II., 1794 das ALR, in Frankreich 1804 der Code *Napoléon.*

Obwohl gegen diese Kodifikationen eingestellt, ist es das Verdienst der *hist. Rechtsschule,* deren führender Kopf FRIEDRICH CARL V. SAVIGNY (1779 – 1861) war, eine bedeutsame P.wissenschaft ins Leben gerufen zu haben. In der Folgezeit ging die Diskussion vorwiegend um die Frage, ob die konsolidierten dt. Einzelstaaten und das werdende →Dt. Reich ihre P.kodifikationen mehr nach den Grundsätzen des röm. *(Pandektistik)* oder des germanischen *(Germanistik)* Rechts ordnen sollten. Mochte der 1. Entwurf des dt. bürgerl. Gesetzbuches (BGB) fast ausschließl. röm.-rechtl. beeinflußt sein, so kamen in der endgültigen Fassung des BGB unter dem Einfluß OTTO V. GIERKES (1841 bis 1921) auch dt.rechtl. Grundsätze zur Geltung. Dem BGB voraus gingen bes. P.kodifikationen auf dem Gebiete des Handels- und Wechselrechts. Trotz zweier Weltkriege und der Eingriffe des Nationalsozialismus blieb das P.system des 19. Jh. im wesentl. bis heute in Kraft.

3. Entwicklungen der Gegenwart. Der wiederholt unternommene Versuch, neben ö.R. und P. eine dritte Rechtskategorie, das *Sozialrecht,* namentl. unter Einbeziehung des →Arbeitsrechts zu bilden oder überhaupt zu einer Auflösung der Scheidung der beiden Rechtskategorien zu gelangen (Wiener Schule; BULLINGER; VAN DER VEN), ist mißlungen. Er blieb in Dtschld. Theorie, wenngleich über Funktion und Sinn der Trennung in jeder Epoche neu nachgedacht werden muß. Die „Wiederherstellung des P." (W. HALLSTEIN 1946) nahm nach der Periode des →Nationalsozialismus ihren Fortgang, auch wenn die Bewältigung der Kriegsfolgen und eine zunehmende Staatsintervention auf Grund des Bekenntnisses zur →Sozialstaatlichkeit unleugbar zu einer Vermehrung des ö.R. führte. Indessen darf nicht verkannt werden, daß in der Zukunft das P. und die ihm zugrundeliegenden Prinzipien freiheitl. Individualentscheidung (s. u. 4) stärker in Gefahr geraten können, sollte das Modell einer mehr zentral planenden und interventionistisch ausgestalteten „Gesellschaftspolitik" zunehmen, wie sie den sozialistischen Staaten eigen sind. Doch darf für die Bundesrep. Dtschld. registriert werden, daß prinzipiell an der Prägekraft des P., seinen Handlungsformen und Instrumenten sowie seiner Wertorientierung festgehalten wird.

4. Grundgedanken. Geht das ö.R. vom Gestaltungsprinzip übergeordneter Autorität der mit Zwangsbefugnissen ausgestatteten Hoheitsgewalt aus, so ist der Grundgedanke des P. die Selbstbestimmung (Autonomie) des einzelnen. Das P. lebt vom Ethos der freien Verantwortung, soweit nicht das Allgemeininteresse Schranken zieht. Wesentl. Ordnungsprinzipien sind daher Vertrags-, Eigentums- und Testierfreiheit; sie bilden einen fundamentalen Bestandteil der persönl., ökonomischen und politischen Freiheits-Prinzipien, die sich freilich der Lösung der „sozialen Aufgabe des Privatrechts" (O. VON GIERKE) stellen müssen. Diese Aufgabe wurde in mehreren Änderungsgesetzen des BGB gemeistert, zum Teil aber auch dem ö.R. überantwortet. Im Grundsatz wurde jedoch die Einheit des bürgerlichen Rechts gewahrt. Weder läßt sich ein Rückzug aus dem P. noch ein sozialistisches P. feststellen, sondern insgesamt ein P. des Sozialstaates und der sozialen Marktwirtschaft. Wesentlich die Gleichordnung der Rechtssubjekte und ihre auf die Grundrechte gestützte Privatautonomie charakterisieren das P., weswegen seine Handlungsformen und -maßstäbe andere sind als die des ö.R., wenn auch der Staat heute nicht mehr ausschließlich durch „Herrschen“ wirkt. Nicht nur im ö.Recht, sondern auch im P. schlagen sich heute Grundprinzipien des Verfassungsrechts nieder.

5. Umfang. Zum P. gehören, neben dem BGB und dem HGB, das Gesellschaftsrecht (Aktien-, GmbH- und GenossenschaftsG), das Wertpapierrecht, das Börsen- und Bankrecht, das Immaterialgüter- und Wettbewerbsrecht. Allerdings darf nicht unbeachtet bleiben, daß eine reine Trennung des Rechtsstoffes nicht durchführbar ist, sondern „Gemengelagen“ beider Rechtskategorien in ein und demselben Gesetz unvermeidlich sind.

6. Gerichtsschutz. S. öffentl. Recht 6.

G. Boehmer, Grundlagen der bürgerl. Rechtsordnung, 1950 (Lit.) – F. v. Hippel, Zum Aufbau und Sinnwandel unseres P., Recht und Staat 195/196 (1957) – L. Enneccerus, H. C. Nipperdey, Allg. Teil des Bürgerl. Rechts I, 1959[15] (Lit.) – F. Wieacker, Das bürgerl. Recht im Wandel der Gesellschaftsordnung, in: 100 Jahre Dt. Rechtsleben II, 1960, S. 1 ff. – Ders., Das Sozialmodell der klassischen Privatrechtsgesetzbücher und der modernen Gesellschaft, 1953 – M. Bullinger, Ö.R. und P., 1968 – L. Raiser, Die Zukunft des Privatrechts, 1971 – K. A. Bettermann, NJW 1977, 513–519 – H. Hattenhauer, Die geistesgeschichtl. Grundlagen des deutschen Rechts, 1980[2] – H. Hübner, Allg. Teil des Bürgerlichen Gesetzbuches, 1985 – J. J. M. van der Ven, in: Festschr. für R. Reinhardt, 1972, S. 167–178 – P. Krause, JZ 1985, 328 ff. – D. Schmidt, Die Unterscheidung von privatem und öffentlichem Recht, 1985.

Klaus Stern

Privatschule. I. Begriff. Die P. wird in den Schulgesetzen der meisten Bundesländer in negativer Abgrenzung zu den öffentl. Schulen (S.n) beschrieben als eine nichtöffentl. S., d. h. als eine S., die nicht staatl. ist oder nicht nach Landesrecht als öffentl. S. gilt (→Schule). Diese formale Begriffsbestimmung, die anknüpft an die von der Kultusministerkonferenz in § 1 der Vereinbarung über das Privatschulwesen von 1951 gebrauchte Definition, ist wenig aussagekräftig. Materiell kann die P. beschrieben werden als eine S., die durch private Initiative errichtet wurde und deren Träger den Unterrichtsbetrieb auf einer bestimmten religiösen, weltanschaul. oder pädagogischen Basis in bezug auf Erziehungsziel, Lehrmethode und Lehrstoff selbstverantwortl. gestaltet. Weil die Selbstbestimmung der P. im Gegensatz zur Fremdbestimmung in der öffentl. S. charakteristisch ist, wird die P. in der Lit. häufig als „freie Schule“ (→freie Träger) bezeichnet. Dieser Begriff hat sich in der Schulpraxis aber nicht durchgesetzt.

II. Geschichte. Die P. als Gegenbegriff zur öffentl. S. ist das Ergebnis der Entwicklung des Bildungswesens im absolutistischen Staat der Neuzeit. Solange Kirche und Staat sich als geistl.-rechtl. Einheit, als unum →corpus christianum, verstanden, ergab sich kein Konkurrenzproblem. Bis ins hohe MA. hinein lag das Schulwesen fast ausschließl. in kirchl. Hand. Erst in den aufblühenden Städten des späten MA. entstanden städtische Schreib- und RechenS.n für breitere Bevölkerungsschichten und auch Stadt- und Rats-(Latein-)S.n für die höhere Schulbildung (→Schule und Kirche I). Ende des 17. Jh. trat allmähl. ein Wandel ein. Der absolute Fürst beanspruchte Allmacht und Allfürsorge gegenüber seinen Untertanen, also auch das Unterrichtswesen als Staatsaufgabe und Staatsmonopol. In langer Entwicklung führte dieser Anspruch zu seiner klassischen Formulierung im Preuß. →ALR von 1794, in dem die S. als „Veranstaltung des Staates“ (§ 1 II, 12 ALR), das Schulwesen, das staatl. und das private, als unter der Aufsicht des Staates stehend (§§ 4, 9 ALR) statuiert wird. Damit ist einerseits der ältere Rechtszustand der grds. Unterrichtsfreiheit zugunsten eines „abgeschwächten staatlichen Schulmonopols“ (W. Landé) abgelöst und andererseits die P. als Gegenbegriff zur öffentl. S. geschaffen. In der politischen Realität blieb aber der Vorrang der öffentl. S. bis zum Ende der Weimarer Zeit erhalten, weil die Entwürfe der Dt. Reichsverf. von 1849 (Art. VI § 154) und der Preuß. Verf.-Urkunde von 1850 (Art. 22) mit der Gewährung der allg. Unterrichtsfreiheit unter der Aufsicht des Staates nicht geltendes Verf.recht wurden. Trotz des vom Staat beanspruchten Schulmonopols im 18. und 19. Jh. wurden viele, v. a. berufsbildende P.n errichtet. – Die WV garantierte in Art. 147 I die Errichtung privater Ersatzschulen (ErsS.) unter bestimmten Voraussetzungen ohne Prüfung der Bedürfnisfrage. Private VolksS.n wurden durch Art. 147 II nur bei Vorliegen weiterer Voraussetzungen zugelassen. Für private Ergänzungsschulen (ErgS.) sah Art. 147 IV eine landesrechtl. Ermessensgenehmigung mit Bedürfnisprüfung vor. In der NS-Zeit, in der Art. 147 WV formal fortgalt, wurde diese Verf.bestimmung den polit. Zielen des Staates unterworfen und für alle P.n, also auch für die bereits bestehenden, die Bedürfnisfrage aufgeworfen. Es durften nur solche P.n fortgeführt werden, die Ersatz für fehlende öffentl. S.n waren oder bes. Aufgaben erfüllten. Vgl. auch →Schule und Kirche I.

III. Die verfassungsrechtl. Garantien des Art. 7 IV, V GG für die P. legen Grundpositionen zur P. bundeseinheitl. fest und binden insoweit die Bundesländer, die für das Schulwesen die ausschließl. Gesetzgebungskompetenz haben (vgl. Art. 30, 70 GG). Die meisten →Landesverf.n, v. a. die vor dem →GG entstandenen, enthalten ebenfalls Grundsätze zur P. Sie bleiben in Kraft, soweit sie dem GG nicht widersprechen. – Das GG, obwohl unmittelbar an die WV anknüpfend, enthält zwei bemerkenswerte Abweichungen zur WV: (a) Art. 7 IV, 1 GG, der die Privatschulfreiheit und damit auch die Institution „P." garantiert. Aus diesem Satz haben alle natürl. Personen, wegen Art. 19 III GG auch die jur. Personen des Privatrechts, ein Grundrecht auf Errichtung einer P. (für jur. Personen des öffentl. Rechts mit Ausnahme der Kirchen und Religionsgemeinscshaften, soweit sie Körperschaften des öffentl. Rechts sind, verneint die h. M. dieses Recht). (b) Im GG fehlt die dem Art. 143 I WV entsprechende Bestimmung („Für die Bildung der Jugend ist durch öffentl. Anstalten zu sorgen."). Nach h. M. ist damit aber nicht der grds. Vorrang des öffentl. Schulwesens abgeschafft und die Gleichrangigkeit des P.wesens statuiert. Die öffentl. S. bleibt im verfassungsrechtl. System der Bundesrep. Dtschld. der Regelfall. Die Errichtungsfreiheit aus Art. 7 VI 1 GG ist nicht unbegrenzt. Das GG übernimmt aus der WV die (in der Schulpraxis oft unzulängl., zB für Waldorf-Schulen) Unterscheidung zwischen ErsS. und ErgS. mit Auswirkungen auf Errichtung und Status:

a) *Für die ErsS.* besteht nach allg. M. ein Rechtsanspruch auf Genehmigung, wenn die in Art. 7 IV 3 und 4 GG genannten Voraussetzungen (Gleichwertigkeit der Lehrziele, Lehreinrichtungen und der wiss. Ausbildung der Lehrer im Vergleich zu den entsprechenden öffentl. Schulen, Sonderung der Schüler nach Besitzverhältnissen der Eltern soll nicht gefördert werden, ausreichende wirtschaftl. und rechtl. Sicherung der Lehrer) erfüllt sind. Weitergehende Genehmigungsvoraussetzungen für die ErsS., zB eine Bedürfnisprüfung, können die Bundesländer nicht aufstellen. In der Rechtspraxis haben die Genehmigungsbehörden aber einen Beurteilungsspielraum dadurch, daß sie bei der Bewertung der tatsächl. Gegebenheiten für die Annahme der Gleichwertigkeit großzügig oder restriktiv verfahren können. Zusätzl. Einschränkungen stellt Art. 7 V GG für die Genehmigung privater VolksS.n auf. Diese werden nur zugelassen, wenn außer den in Art. 7 IV 3, 4 GG genannten Genehmigungsvoraussetzungen ein „besonderes pädagogisches Interesse" anerkannt oder ein Antrag von Erziehungsberechtigten auf Errichtung einer Gemeinschafts-, Bekenntnis- oder Weltanschauungsschule vorliegt und eine öffentl. S. dieser Art in der Gemeinde nicht besteht. Wie die WV will das GG, daß die VolksS.n grds. öffentl. Einrichtungen sein sollen, es sei denn, daß religiöse oder weltanschaul. Überzeugung eine private VolksS. fordert.

b) *Für die ErgS.* trifft das GG, anders als Art. 147 IV WV, keine bes. Regelung. Daraus schließt die h. M., daß eine Errichtungsgenehmigung für die ErgS. nicht vorgesehen werden kann. Die landesgesetzl. Bestimmungen für die ErgS. sehen heute allg. nur eine Anzeigepflicht bei Errichtung vor und regeln, daß der Schulbetrieb untersagt werden kann, wenn Interessen des Allgemeinwohls verletzt werden. Die Genehmigungsfreiheit für die ErgS. hatte nicht zur Folge, daß es bes. viele ErgS.n gibt.

IV. Die Subvention der P. durch den Staat als Ausfluß der verfassungsrechtl. verbürgten P.freiheit war lange umstr., weil das GG diese Frage nicht expressis verbis regelt. Liberale Wertung der verfassungsrechtl. Position hielt die Wahrnehmung der P.freiheit für unvereinbar mit staatl. Finanzierung (zB R. THOMA). In der Realität des Verteilungsstaates des GG sind die Voraussetzungen für eine privatkapitalistische Finanzierung von P.n aus Vermögen oder Zuschüssen Privater i. d. R. nicht mehr gegeben. Ohne öffentl. Zuschüsse können P.n einen freien Zugang der Schüler und eigenverantwortl. Erziehungsarbeit nicht leisten (→freie Träger). Die Kostendeckung aus entsprechend hohen Schulgeldern verbietet (für ErsS.n) Art. 7 IV GG. Im Hinblick auf die fehlende Regelung im GG wurde in der Lit. lange die Meinung vertreten, daß die P.n einen moralischen Anspruch auf staatl. Subventionen haben. Erst das BVerwG (E 23, 347 ff., 27, 360 ff.) hielt eine verfassungsrechtl. Verpflichtung zur Subventionierung der P.n für gegeben. Seine Argumentation: ErsS.n entlasten den Staat von seiner Bildungsaufgabe, ersparen ihm also Kosten; wenn ErsS.n aus Finanznot mit öffentl. S.n nicht mehr mithalten könnten, also nicht mehr gleichwertig seien und deshalb ihr Status als ErsS. gefährdet wäre, würde die Garantie aus Art. 7 IV 1 GG leerlaufen. Das BVerwG hat also aus dem Schutzrecht einen Leistungsanspruch (mit gewissen Einschränkungen) abgeleitet (a. M. für Art. 134 II BV BayVerfGH, BayVBl 85, S. 429 ff.). Das BVerfG hat in seiner Numerus-Clausus-Entscheidung (E 33, 303 ff.) auf das BVerwG Bezug genommen und ohne Distanzierung von den Ausführungen des BVerwG den neuen Rechtsgedanken eingeführt, daß neben der grundrechtl. Freiheitssicherung vor dem Staat die komplementäre Forderung nach grundrechtl. Verbürgung der Teilhabe an staatl. Leistungen gegeben sein könne (→Grundrechte). – Die Rspr. der beiden Gerichte hat bewirkt, daß alle Bundesländer durch Gesetz Leistungspflichten gegenüber P.n festgelegt haben. Der Umfang der Ansprüche ist in den einzelnen Bundesländern jedoch sehr unterschiedlich. ErgS.n erhalten i. d. R. nur Beihilfen auf Antrag, eine rechtl. bedenkl. Differenzierung.

V. Die Anerkennung von P.n ist sowohl für die ErsS. als auch für die ErgS. von großer Bedeutung. Durch sie erhält die P. das Recht, nach den allg., für öffentl. S.n geltenden Vorschriften Prüfungen abzuhalten und Zeugnisse zu erteilen (§ 5 II Ländervereinbarung). Die Anerkennung kann verliehen werden, wenn eine P. „die Gewähr dafür bietet, daß sie dauernd die an gleichartige oder verwandte öffentl. S.n gestellten Anforderungen erfüllt" (§ 5 I aaO). Die in der Lit. vertretene M., es bestehe wegen Art. 7 IV 1 GG bei Nachweis der Dauer ein Rechtsanspruch auf Anerkennung und diese sei für ErsS.n nichts anderes als die endgültige Genehmigung nach einer bestimmten Bewährungszeit, hat das BVerfG (E 27, 195, 203 ff.) zurückgewiesen und ausgeführt, daß die Anerkennung Ausdruck für die dem Staat vorbehaltene Ordnung im schulischen Berechtigungswesen sein müsse. Die nicht anerkannte ErsS. ist also gegenüber der anerkannten und der öffentl. S. im Wettbewerb benachteiligt.

VI. Die staatl. Aufsicht über das gesamte Schulwesen (Art. 7 I GG), d. i. die Befugnis des Staates zur zentralen Ordnung und Organisation des Schulwesens (BVerfGE 26, 228; 34, 165), erfaßt auch die P. Aus der vom GG gewährleisteten P.freiheit läßt sich keine Exemtion der P. von dieser Aufsicht ableiten. Die Reichweite der staatl. Aufsicht über die P. wird aber von der Garantie des Art. 7 IV 1 GG und auch von anderen Grundrechten (zB Art. 4 I, 6 II GG) mitbestimmt. Am geringsten ist sie bei der ErgS. Hier kann nur überprüft werden, ob Umstände vorliegen, die eine Untersagung der Fortführung rechtfertigen. Weitergehend ist die Aufsicht über die ErsS. Bei der genehmigten ErsS. kann die Einhaltung der Genehmigungsvoraussetzungen, bei der anerkannten ErsS. die Einhaltung der Anerkennungsvoraussetzungen überwacht werden.

VII. Das Rechtsverhältnis zwischen den P.trägern und den Schülereltern (bzw. dem volljährigen Schüler), der sog. Beschulungsvertrag, ist ein privatrechtl. Vertrag, in dem u. a. die Eltern einen Teil ihrer Erziehungsrechte auf die P. übertragen. Außerdem werden die Rechtsbeziehungen zwischen P. und Eltern (Schüler) durch die aus Art. 7 IV 1 GG sich ergebende Schul- und Ordnungsgewalt der P. sowie durch die hoheitl. Akte der Genehmigung der ErsS. und der Anerkennung einer genehmigten ErsS. bestimmt. In diesem Rahmen ergehen Rechtsakte der P. gegenüber dem Schüler, zB Ordnungsmaßnahmen bis hin zur Verweisung von der P., Zeugnisse, Versetzungsbeschl., Ablehnung des Schülers wegen nichtbestandener Aufnahmeprüfung. Die Qualifizierung dieser Rechtsakte als privat- oder öffentl.-rechtl. mit Konsequenzen u. a. für den Rechtsweg ist in Rspr. und Lit. noch immer umstr. (vgl. BGH, DÖV 61, 787 f. einerseits, – BVerwGE 17, 41 ff. andererseits). Eine sachgerechte Lösung des Problems ergibt sich, wenn die Zuordnung danach erfolgt, ob ein Rechtsakt der P. auf staatl. Verleihung beruht oder nicht. Hoheitl. handelt eine P. nur insoweit, als sie auf Grund staatl. Anerkennung durch Prüfungen und Zeugnisse gleiche Berechtigung wie öffentl. S.n erteilen kann. Das bedeutet, daß nur Rechtsakte anerkannter P.n im Bereich des Prüfungs- und Berechtigungswesens im Verw.rechtsweg, alle übrigen P.entscheidungen, insbes. alle Maßnahmen nur genehmigter P.n im ordentl. Rechtsweg angefochten werden können (bestr.).

VIII. Statistik. I. J. 1983 besuchten in der Bundesrep. Dtschld. von insges. 7 989 000 Schülern allg.bildender S.n 418 800 (= 5,24 %) P.n, davon ca. 64 % kath. P.n. und ca. 14 % ev. P.n. Bezogen auf die Gesamtzahl der Schüler in der einzelnen Schulart besuchten 1,17 % der Schüler private Grund- und HauptS.n, 13,65 % SonderS.n, 6,77 % RealS.n, 10,22 % Gymnasien, 16,96 % GesamtS.n und 17,71 % private AbendS.n und Kollegs. Von 2 718 400 Schülern berufl. S.n besuchten 185 446 (= 6,82 %) P.n, davon 2,39 % private Berufs- und BerufssonderS.n, 7,85 % BerufsaufbauS.n, 12,42 % BerufsfachS.n, 2,09 % FachoberS.n und 42,5 % FachS.n. Genaue Zahlen für den Anteil der Schüler in kirchl. P.n liegen für das Jahr 1983 nicht vor. Kirchl. P.n haben bei BerufssonderS.n, BerufsfachS.n und FachS.n einen Schwerpunkt.

IX. Kritische Würdigung. Art. 7 IV GG eröffnet gesellschaftl. Kräften einen Freiheitsraum, in dem diese in freier Initiative ihre religiösen, weltanschaul. oder pädagogisch bes. geprägten Bildungs- und Erziehungskonzepte realisieren können. Vor allem die kath. Kirche, die kath. Eltern verpflichtet, ihre Kinder kath. S.n anzuvertrauen (Declaratio de Educatione Christiana, vgl. a. BVerfGE 41, 88, 104), kann die Forderung nach einer bekenntnismäßig gebundenen Erziehung heute praktisch nur noch in P.n verwirklichen, weil wegen der Veränderung der sozialen Wirklichkeit staatl. BekenntnisS.n (→Gemeinschaftsschule) nicht mehr vorhanden sind. Die ev. Kirche hält eine religiöse Erziehung in der S. für wichtig, legt aber den Eltern keine Gewissenspflicht auf, ihre Kinder in eine BekenntnisS. zu schicken (→Schule und Kirchen).

Das Leitbild des GG für das Bildungswesen – keine Uniformität durch staatl. verordnete Bildungsziele, sondern ergänzende und bereichernde Einbeziehung auch anderer, in der Gesellschaft vertretener Bildungskonzepte durch P.n bei Aufrechterhaltung der Gesamtverantwortung des Staates (Art. 7 I GG) – ist in der Schulpraxis nur mit Abstrichen realisiert. Unübersehbar ist, daß die P. Zwängen unterliegt, die den verfassungsmäßig eröffneten Freiraum einengen. Die stärkste Begrenzung der P. resultiert wohl aus der Abhängigkeit von der staatl. Finanzierung. Weil diese Finanzierung in den meisten Bundesländern für anerkannte P.n am größten ist (anders in NRW, das alle genehmigten ErsS.n gleich fördert), sind die von gemeinnützigen Trägern unterhaltenen, also auch die kirchl. P.n i. d. R. genötigt, die staatl. Anerkennung anzustreben, zumal diese wegen des Zeugniserteilungsrechts auch ein Werbeargument für die Gewinnung neuer Schüler ist. Der Preis für die Anerkennung ist aber meist eine Annäherung an die Lehrpläne staatl. S.n und damit eine mehr oder weniger weitreichende *Aufgabe des Eigenprofils der P.n.* Eine zusätzl. Gefährdung des Profils tritt, v. a. bei kirchl. P.n dann ein, wenn qualifizierte Lehrer, die aus persönl. Überzeugung das bekenntnismäßig ausgerichtete Bildungskonzept des Trägers zu übernehmen bereit sind, nicht in ausreichender Zahl gewonnen werden können. Der unverwechselbare Charakter mancher kirchl. P. hat durch die zu geringe Lehrerzahl im letzten Jahrzehnt gelitten, was einerseits die Attraktivität dieser P., andererseits die Bereitschaft der kirchl. Träger zur uneingeschränkten Fortführung der Geldleistungen gemindert hat. Die Zukunft der P.n, nicht nur der kirchl., wird davon abhängen, wie es der einzelnen P. gelingt, sich trotz verstärkter Bemühungen der öffentl. S. um die immer weniger werdenden Schüler durch ein überzeugendes eigenes Konzept zu behaupten.

H. Heckel, Dt. Privatschulrecht, 1955 – ders., DÖV 1964, 595 – 601 – A. Frhr. v. Campenhausen, Erziehungsauftrag und staatl. Schulträgerschaft, 1967 – Th. Oppermann, Kulturverwaltungsrecht, 1969 – K. Schlaich, Neutralität als verfassungsrechtl. Prinzip, 1972 – Chr. Link, JZ 1973, 1 – 8 – Th. Maunz, Die staatl. Subventionierung freier Schulen, Essener Gespräche 9, 1975, 62 – 78 – ders., in: Maunz-Dürig u. a., Komm. z. GG, Art. 7 – Ch. Starck, Freiheitl. Staat und staatl. Schulhoheit, Essener Gespräche 9, 1975, 9 – 34. – Lit. zu →Freie Träger; →Schule und Kirche.

Gerhard Tröger

Protestantismus. I. →EKD

II. Wesen des Protestantismus (p = protestantisch).

1. Begriffsbildung und Problemstellung. Der *Name* P. geht auf die Protestation von 19 ev. Reichsständen (5 Fürsten, 14 Städten) auf dem 2. Reichstag zu Speyer 1529 zurück (s. G. Maron, RGG³ 5, 666 f.). In geläufiger Rechtsform „protestierte" eine Minderheit gegen die Entscheidung der Mehrheit, als diese den (die Durchführung der →Reformation dem Gewissen freistellenden) Speyrer Reichstagsbeschluß von 1526 aufhob: dies verstoße zugleich „wider Gott, sein heiligs Wort, unser aller Seelenheil und gut Gewissen". In einer Angelegenheit, in der „ein jeglicher für sich selbst vor Gott stehen und Rechenschaft geben muß", waren damit positiv die die Protestierenden verbindenden Instanzen „bezeugt". Religiöse Begründung, theol. Reflexionsform, öffentl.-rechtl. Geltendmachung durch Laienvertreter vereinigen sich in diesem geschichtl.-kontingenten Akt auf nahezu klassische Weise (Maurer). Es zeigt sich hierin nicht allein kirchl. Reformwille, sondern auch kulturelle und polit. Folgerichtigkeit. Doch signalisiert dieser Vorgang dem Zurückblickenden auch bereits die den P. kennzeichnenden Brüche: die (damals von der Gegenpartei heraufbeschworene) konfessionelle Trennung vom röm. →Katholizismus, ferner die (hier noch gerade überbrückte) innerp. Spaltung von →Luthertum (das sich anfangs die Bezeichnung „Protestanten" vorbehielt) und oberdt. bzw. ref. P. (→Calvinismus), sowie die (schon scharf vollzogene) Verfemung des linken, spiritualistischen Flügels der Reformation (→Schwärmertum, →Täufertum). Wenn dann zuerst im England des 16. und 17. Jh. „protestant" als Selbstbezeichnung aller nichtröm. Gemeinschaften und danach in der →Aufklärung das Abstraktum „P." in Übung kam, so zeichnen sich hierin weitere Divergenzen ab: einmal das Erstarken der ref.-calvinistischen Richtung, aber mehr noch der humanistischen bzw. spiritualistischen Nebenlinie der Reformation auf westeurop. und außerkontinentalem Boden, d. h. v. a. die folgenreiche Verzweigung von mitteleurop. (bzw. dt.) und angelsächsischem P.; sodann, damit verschränkt, die intensive und komplexe Beziehung des P. zur Neuzeit samt dem Kontrast eines (kirchl. gebundenen) Alt- und (kulturell sich emanzipierenden) Neu-P., wie ihn v. a. E. Troeltsch eingeschärft hat.

Entschieden neuzeitl. ist schließl. der (ursprüngl. durch Romantik und Idealismus beflügelte) Versuch, die geschichtl. Phänomene aus einem *„Wesen"* („Geist", „Idee", „Prinzip") des P. als ihrem einheitl. Grund hervorgehen zu sehen. Es spiegelt sich hierin sowohl eine (v. a., aber nicht nur kath.) Irritation angesichts der scheinbar nur antiröm. zusammengehaltenen „Histoire des variations des églises protestantes" (Bossuet 1688) wie auch eine (bes. von Protestanten empfundene) Evidenz des Gemeinsamen; von Vereinfachern wurde dieses gerne als Autonomie der Persönlichkeit gegenüber Kirche und Dogma, bzw. negativ als haltloser Subjektivismus bestimmt. Modernes hist.-kritisches und ideologiekritisches, gerade auch p. angeeignetes Bewußtsein wendet dagegen ein, daß derartige Wesensergründungen allzu rasch geschichtl. Gewordenes und Wandelbares ins Seinshaft-Urtümliche projizieren und dabei ihre eigene geschichtl. Ermöglichung und Relativität übersehen. (Vorsicht dürfte auch bei allzu direkten Herleitungen unterschiedl. sozialen Verhaltens aus konfessionsspezifischen Determinanten geboten sein.) Die Frage nach dem eigentl. Protestantischen ist jedoch nicht nur selbst ein geschichtl., sondern eben als solches ein typisch p. Phänomen zu nennen. Denn schon die Reformation (die nicht neue →Kirche sein wollte und sich doch von anderen Kirchengestalten unterschied) war zur Rechenschaft über ihre christl. Identität und Legitimität und somit auch zur Reflexion auf ihre geschichtl. Besonderheit und Bedingtheit genötigt. Entsprechend mußte der daraus entstehende P. sich immer wieder auf das Ereignis der Reformation zurückbeziehen, konnte er sich aber auch geschichtl. Herausforderungen öffnen (→Säkularisierung). Etwas vom „Wesen" des P. zeigt sich daher am ehesten in den Variationen seiner Geschichte.

2. Die reformatorische Grundlegung der Wesensfrage. Nur in Abwandlungen und Auswahl also konnte genuin Reformatorisches wirksam werden. Das gilt insbes. von Luthers religiösen und theol. Einsichten. Immerhin bildet seine Gestalt eine gemeinsame Bezugsgröße für verschiedene Formen des P. (wobei diese ohnehin unklare Funktion allerdings durch eine Usurpation für „dt.“ Wesensdeutungen gestört war). Stellt man dies in Rechnung, so läßt sich mit Kategorien der Theol. LUTHERS, aber die Intentionen der anderen Reformatoren miterfassend, folgende Grundkonstellation umreißen:

Kontrovers war, was den Christen zum Christen und die Kirche zur Kirche macht, m. a. W.: was gem. dem göttl. Wort die Gewissen mit absolutem Anspruch binden oder frei machen darf (die „Summa“, die „Substanz“ oder der „Hauptartikel“ des Glaubens). Als dieses Wesentliche galt den Reformatoren weder ein Arsenal von Glaubenssätzen noch ein Potential von Wirkkräften. Wohl ging es um einen dynamischen „Konstitutionsgrund“. Doch dieser wurde in der personalen Relation des gegenwärtigen göttl. Gegenübers zum Menschen gefunden, d. h. in dem alles Heil in Christus erkennenden und von Christus empfangenden Glauben an die göttl. Selbstzusage. Demgegenüber konnte es kein letztes Vertrauen auf vom Menschen zu Schaffendes wie auch auf von Gott nur Geschaffenes mehr geben (Rechtfertigung durch Gott allein). Dieses Bestehen auf dem unbedingt Begründenden und Verläßlichen fragt im Ansatz bereits nach dem „Wesen“ des Christentums (WAGENHAMMER).

Die Frage nach dem *Wesen des P.* war damit insofern vorstrukturiert, als das wahrhaft dem Evangelium Gemäße immer zugleich kritisch und polemisch gegen die vorgegebene Wirklichkeit des ma. Katholizismus identifiziert werden mußte. Der röm. Kirche wurde die Befugnis zu unfehlbar definierendem und perfektionierendem „Machen“ des Christlichen bzw. des Christseins abgesprochen und die Menge der überflüssigen „Zusätze“, „Menschensatzungen“ und „Gesetzeswerke“ als dem Gewissen und dem Heil verderblich vorgeworfen. Erfahrung, Wissen und Empfinden des einzelnen waren damit gleichermaßen angesprochen. Selbständige Nachforschung, Qualitäts- und Echtheitsprüfung, Unterscheidung und Entscheidung aufgrund des aus der hl. Schrift laut werdenden göttl. Gerichts- und Offenbarungswortes waren gefordert. Die intellektuelle und kognitive, auch skrupulöse Tönung p. Frömmigkeit und Ethik samt einer Disposition zu moderner wiss. Rationalität hat hierin – in exakter Bibelauslegung, Katechismuseinübung, Gewissenserforschung und theol. Räsonnement – ihre Wurzel. Aber die so praktizierte (auch selbstreflexive) Autoritäts-, Traditions-, Moral- und Religionskritik besaß ihre positive Entsprechung im Erlebnis von Befreiung und Beseligung durch die sich selbst erschließende, zu persönlicher Aneignung und Bewährung berufende göttl. Wahrheits- und Erlösungsmacht.

Was von diesem Bereich des Wesentl. als nicht heilsnotwendig und nicht gewissensbindend zu unterscheiden war, konnte der Regelung durch „Vernunft und christl. Liebe“ freigestellt und aufgegeben werden. Die Gestaltung der „äußeren“ (zwischenmenschl., kulturellen, ökonomischen, rechtl., polit.) Beziehungen, auch der gottesdienstl. Formen und kirchl. Organisation, war göttl. Gebot und göttl. Beruf, durfte aber, weil vom Anspruch der Heilsbeschaffung entlastet, vorläufig und „weltl.“ bleiben, also zB der „christl. Obrigkeit“ überlassen werden. Dieser wurde zugleich ihre Pflicht – u. a. zur Einrichtung allg. Schulen – vorgehalten.

Eine solche *Reduktion* des bloß Äußeren an der Religion bzw. dessen Zurückführung in die *Profanität* der irdischen (nicht mehr in Geistliche und Laien zerfallenden) Gemeinschaft, begr. in innerer und individueller Aneignung des letztl. Entscheidenden, führte auf jeden Fall zu gesteigerten Ansprüchen eben an diese *Innerlichkeit* und Eigenständigkeit. Es lag nahe, nun im subjektiv erfahrenen „Geist“ die heilsgewährende Definitions- und Perfektionsmacht zu erblicken, die in Gestalt der objektiven ma. Kirchenautorität hinfällig geworden war. Die Reformatoren kannten diese „enthusiastische“ (schwärmerische) Neigung sehr wohl an sich selbst. Um so entschiedener suchten sie sich wie gegen die hierarchische Geistunmittelbarkeit des →Papsttums zur einen, so gegen die individualistische der radikalen und auch der humanistischen Parteigänger zur anderen Seite abzugrenzen. Denn in beiden Gestalten einer Selbstvollendung aus innerem (wenngleich gnadenhaft eingestiftetem) Wesensbesitz erblickten sie anmaßende Willkür ebenso wie ängstl. Gesetzlichkeit. Dieser den menschl. Willen versklavende Widerspruch zur Gottes- und Kreaturbeziehung aber galt ihnen als die *Sünde* schlechthin. Dankbares Bewußtsein der Angewiesenheit auf die von Gott gegebenen „äußeren“ kreatürl. Mittel der Heilszueignung (Wort und Sakrament, gottesdienstl. und weltl. Christen- und Menschengemeinschaft) gehörte deshalb ebenso konstitutiv zur neu freigelegten Heilsrelation wie die innere und individuelle Aneignung und Vergewisserung. Insofern sahen die Reformatoren das wahrhaft *Evangeliumsgemäße* durch die Zwischenstellung zwischen hierarchischem und emanzipatorischem Perfektionismus definiert; hierfür beriefen sie sich auf die Autorität des bibl. bezeugten und kirchl. verkündigten Gotteswortes. Endgültig war damit dieses „Zwischen“ jedoch nicht fixiert. Von neuzeitl. Warte vollends erschien es nur als Verharren im MA. (TROELTSCH).

Der Weg dorthin führte über diverse Zwischenstationen. Eine frühe Weichenstellung erfolgte dort, wo die Eigenart eines Reformators wie ZWINGLI oder CALVIN, zusammen mit der von der Wittenberger Reformation verschiedenen sozialen und polit. Situation, andere Wirkmöglichkeiten und Erfolge bei der Menschenführung und Weltgestaltung eröffnete. So konnte der P. Züge zuerst eines mehr puritanischen, dann eines mehr utopisch-revolutionären Perfektionismus entwickeln – Züge, die ihm schon in seinen Anfängen keineswegs völlig fremd gewesen waren.

3. Neuzeitliche Veranlassungen der Wesensfrage. Den Vätern der Reformation war persönl. Verantwortung im Ergreifen der göttl. Heilswahrheit wie auch im Dienst an der irdischen Gemeinschaft und der geschaffenen Welt untrennbar eins gewesen. Neu am P. ist es nun, wenn diese beiden Momente sich in Form der Sorge um Selbstvervollkommnung und des Eifers für die Durchsetzung des Gotteswillens verselbständigen und teils getrennt, teils verbündet auftreten. Dahinter stehen neuartige Erfahrungen des *westl. P.* mit Staat und Gesellschaft.

Zunächst hatten die entstehenden ev. Kirchen aus den oben genannten Motiven sowie unter dem Zwang der Situation ihre äußeren Belange den sie schützenden und nützenden Territorialgewalten anvertrauen können (→Cura Religionis, →Kirche und Staat, →landesherrl. Kirchenregiment). Zwar herrschten in Mitteleuropa meist relativ harmlose kleinstaatl. Verhältnisse. Gegenreformation und 30jähriger Krieg wirkten aber für den dt. P. zusätzl. einengend. Immerhin fand sich hier (wie auch in der Schweiz) die konfessionelle (und bürgerl.-polit.) Alternative nahebei. Insgesamt prägte Staats- bzw. Landeskirchentum das Bild des dt., skandinavischen und schweizerischen P. bis heute – so sehr, daß es kath., aber auch ev. Beobachtern als Wesenszug p. Kirchentums galt, überhaupt nur in Symbiose mit staatl. Strukturen existieren zu können. Indes hatte CALVIN – weniger für Genf selbst als im Blick auf die bedrängten Reformierten Frankreichs – eine unabhängige Verfassung der Kirche vorgezeichnet. Aus den verfolgten Minderheitsgemeinden erwuchsen den Gastländern der Exulanten und, nach dem Ende des Ancien Régime, dem modernen *Frankreich* höchst rührige Bürger. – In den calvinistischen *Niederlanden* hatten sonst unterdrückte religiöse Minderheiten schon seit 1580 Duldung gefunden. In *England* konnten sich bei der Bildung der Established Church (nach 1534) v. a. Straßburger (BUCER), Zürcher (BULLINGER) und Genfer, nicht zuletzt auch humanistische Einflüsse erstmals in einem Nationalstaat von Großmachtrang auswirken. Ein sehr komplexer P. verschmolz hier mit traditioneller Kirchenverfassung und aufkommendem nationalem Selbstbewußtsein. Daneben entstand in Schottland (endgültig seit 1567) jedoch eine calvinistisch-presbyterianische Staatskirche. V. a. festigten sich in England seit 1688 die bisher (abgesehen von der puritanischen Revolution und der CROMWELLschen Ära) verbotenen freien Gemeinschaften (Kongregationalismus und Independentismus, →Freikirchen). Sowohl privater Heilseifer wie öffentl. Disziplinierungswille konnten sich hier betätigen; eine patriotische Grundstimmung verband mit der sonst angefeindeten Staatskirche. Puritanisches Heiligungsstreben und Sendungsbewußtsein wirkten über Auswanderung, Kolonisation und Unabhängigkeitskampf in die neue Welt der *USA* hinaus, wo staatsfreie, aber um so enger in die demokratisch verfaßte Gesellschaft eingefügte Denominationen entstanden. In →Pietismus, →Aufklärung und Erweckungsbewegung kamen solche Strömungen auch auf dem Ursprungsboden der Reformation zum Zuge. Dort hatten p. Denker – Philosophen und Theologen – eine fruchtbare Begegnung des christl. Glaubens mit neuzeitl. Wissenschaft und Kultur eingeleitet.

Dort wurde nun, nach dem Verschwinden des alten, einst die Christenheit repräsentierenden Reiches, die Frage nach dem *Wesen des P.* voll thematisiert. Für SCHLEIERMACHER waren Katholizismus und P. vergleichbare Individuationen des wesenhaft Christlichen. Die Vorstellung solcher organisch sich entfaltenden, überindividuellen Subjekte konnte jedoch nur von einer neuzeitlichen Subjektivität vollzogen werden, die selbst als einzelne die Bedingungen ihrer sittl. und religiösen Eigenständigkeit zu reflektieren verstand. Und letzten Endes vermochte nur eine p. Subjektivität eine derartige Selbstrelativierung und damit Selbstüberschreitung der konfessionellen Endlichkeit zu leisten. So ließ sich der P. mit HEGEL als die ihrer selbst bewußt werdende absolute (d. h. christl.) Religion der Freiheit deuten. Nicht SCHLEIERMACHER, für den die kirchl.-gemeinschaftl. Verfaßtheit des religiösen Bewußtseins unabdingbar war, wohl aber HEGEL zog daraus die Konsequenz, daß die Kirche im Staat (als dem Wirklichwerden des göttl. Geistes in der die Vereinzelung überwindenden sittl. Freiheit der Menschen) aufzugehen bestimmt sei. Auch ein Theologe wie R. ROTHE (1799 – 1867) konnte aus tief frommer Überzeugung mit spekulativen und pragmatischen Argumenten dem im P. auslaufenden Christentum den fälligen Eintritt in sein kirchenfreies, ethisch-universales Zeitalter ankündigen. Aber auch ohne diese äußerste Konsequenz eines Aufgehens der Kirche im idealen Staat sah sich der freie, wiss.-kritisch arbeitende P. am Ende des 19. Jh. über amtl. verfaßtes Kirchentum hinauswachsen zur Vollendung in einer religiös fundierten Kultur der Humanität und Persönlichkeit („Kulturprotestantismus"; →Kultur). Als Notbehelf nahm man ein „Minimum von Kirche" in Kauf (so TROELTSCH mit spiritualistischer Option).

Das andere Extrem bildete im dt. P. des 19. Jh. ein erstarkender kirchl.-theol. →Konfessionalismus. Insgesamt wuchs doch das Bewußtsein der alte landeskirchl. Grenzen und luth.-ref. Lehrgegensätze relativierenden Gemeinsamkeit (vgl. →Union, →Ev. Kirche in Deutschland). Jene Idee aber eines P., der seinem Wesen nach nicht länger Kirche bleiben könne, wurde zur selben Zeit gefaßt, als sich ein ganz anders sich begreifender →*Katholizismus* formierte. Dessen Wesensfrage war es (und ist noch), ob bzw. wieweit er überhaupt unterschieden von der (Staatskirchentum ebenso wie Trennung von Kirche und Staat ablehnenden) röm.-kath. Kirche definiert werden könne. Zu existieren begann er faktisch infolge des Konflikts der kirchengebundenen kath. Christen mit dem modernen Staat und deren „prinzipiellen Widerspruchs zur modernen Gesellschaft“ (O. KÖHLER, EvStL 1975², 1107, vgl. 1104). – Die →Demokratie als relativ beste Staatsform dieser pluralistisch werdenden Gesellschaft konnte ein solcher Katholizismus erst spät akzeptieren. Analoges gilt von fast allen Spielarten des dt. P., der sich zudem dem Katholizismus durch selbstverständlichen →Nationalismus überlegen fühlte (eine Ausnahme und Randerscheinung bildet der →Religiöse Sozialismus).

4. Der P. vor der Frage nach seiner Zukunft. Die beiden Weltkriege, der Zerfall der einst den P. tragenden Schichten und ihrer Wertsysteme, die wachsende Bedeutung der Kirchen in der 3. Welt sowie die abnehmende Zahl der Christen unter den Religionen in der expandierenden Weltbevölkerung lassen den NeuP. längst veraltet erscheinen. Kirchl. Institutionen erweisen sich als unerwartet resistent, aber der Idealisierung und Realisierung eines „Wesens“ des P. nach dem Modell der selbstverantwortl. Persönlichkeit fehlen die Voraussetzungen. Zumal der dt. P. hat soziale und polit. Proben eher schlecht bestanden. Die zum WeltP. zählenden Kirchen spielen in der →*Ökumenischen Bewegung* eine wichtige (anfangs z. T. führende, konfessionelle Gräben überbrückende) Rolle. Doch bisher konnten dort kaum die genuin reformatorischen Argumente eingebracht werden, mit denen ev. Theol. nach dem 1. Weltkrieg (nicht nur in Europa) einstige Fortschrittsgläubigkeit kritisiert hatte. Schärfer wohl als zuvor erfährt der P. in sich die Spannung eines „kritischen und gestaltenden Prinzips“: hier den „p. Protest“ gegen alle das Endliche absolutsetzenden Verwirklichungen des Profanen wie des Heiligen, dort die notwendige „priesterl.“ und „symbolische“ Vermittlung und Vergegenwärtigung des Unbedingten (P. TILLICH). Besteht P. letztlich nur als Korrektiv am Katholizismus? Braucht er nur ständig diesen als sein Korrektiv? Der Widerstreit von *freier p. Weltlichkeit* und *bewahrender ev. Kirchlichkeit* scheint sich auf eine modifizierte Alternative zuzuspitzen: Ist der Platz der ihrem Wesen nachstrebenden Christen in universellen Veränderungs- und Befreiungsprozessen? Oder ist der Platz der ihrem Wesen treu bleibenden Kirchen in der Ökumene einer amtl.-liturgisch-doktrinalen Einheits- und Heilsdarstellung? Nicht allein der (durchaus fortlebende) freie P. sieht hier „Rekatholisierung“ drohen. Aber der letztere dürfte so wenig wie ein evangelikaler Fundamentalismus jener Alternative gewachsen sein. Die reformatorische Grunderfahrung mit hierarchischer wie mit emanzipatorischer Selbstüberhebung bzw. Selbstabschließung und mitten darin mit der in der Gemeinschaft der Glaubenden zu bekennenden Sünde und der dort zu vernehmenden Befreiungsbotschaft könnte sich noch als aktueller erweisen. So wäre mit TILLICH ein Ende der „p. Ära“ und das Fortwirken des „p. Prinzips“ ins Auge zu fassen.

E. TROELTSCH, Die Bedeutung des P. für die Entstehung der modernen Welt (1906), Neudruck der 2. A. (Hist. Bibl.24, 1911), 1963 – DERS., Protestantisches Christentum und Kirche in der Neuzeit, in: Die Kultur der Gegenwart, P. Hinneberg (ed.), I/IV (1906), 1909², 431–755 – K. HOLL, Die Kulturbedeutung der Reformation, in: Ges. Aufs. zur Kirchengeschichte I1923²⁺³, 468–543 – P. TILLICH, Der P. als kritisches und gestaltendes Prinzip (1929), in: Der P. als Kritik und Gestaltung, GWVII 1962, 29–53 – DERS., Ende der p. Ära? I+II, ebd. 151–170 – DERS., Der P., Prinzip und Wirklichkeit, 1950 – K. LEESE, Die Religion des p. Menschen, 1938 – K. GUGGISBERG, Der freie P., 1952² – M. WERNER, Der p. Weg des Glaubens, I1955, II1963 – R. PRENTER, Der P. in unserer Zeit, 1959 – W. MAURER, Art. P., in: Handbuch theol. Grundbegriffe II, H. FRIES (ed.), 1963, 372–387 – E. HIRSCH, Das Wesen des reformatorischen Christentums, 1963 – H. SCHÜTTE, P. (Selbstverständnis, Ursprung, Kath. Besinnung), 1965 – H. J. BIRKNER, P. im Wandel, 1971 – H. WAGENHAMMER, Das Wesen des Christentums. Eine begriffsgeschichtliche. Untersuchung, 1973 – G. SCHMIDTCHEN, Protestanten und Katholiken. Soziologische Analyse konfessioneller Kultur, 1979² – G. EBELING, Der kontroverse Grund der Freiheit. Zum Gegensatz von Luther-Enthusiasmus und Luther-Fremdheit in der Neuzeit, in: Luther in der Neuzeit, B. MOELLER (ed.), 1983, 9–33.

Hans Friedrich Geißer

Prozeß, Prozeßarten.

I. Begriff. Im rechtl. Sinne bezeichnet P. das Verfahren bei der gerichtl. Durchsetzung und Geltendmachung von Rechten, dessen Ziel die gerichtl. Entscheidung (Urteil, Beschluß, Verfügung) ist. P. nennt man außerdem den konkreten (einzelnen) *Rechtsstreit* zwischen den Parteien (auch *Rechtsstreitigkeit, Streitsache, Verfahren* bezeichnet). Das Rechtsgebiet, das sich mit dem P. befaßt, ist das P.recht (auch Verfahrensrecht genannt oder formelles Recht als Gegensatz zum materiellen oder sachl. Recht). Das P.recht ist als Recht der öffentl. Gewaltträger und der Beziehung zwischen Bürger und Staat (Gericht) →öffentl. Recht.

II. Geschichte. Das heutige dt. P.recht hat verschiedene Wurzeln. Der ZivilP. geht v. a. auf kanonisches und germanisches Recht zurück; der StrafP. vereinigt alte dt. Überlieferungen mit dem Gedankengut von →Aufklärung und →Liberalismus und verwirklicht deshalb auch engl.-franz. Vorstellungen. Die übrigen P.arten lehnen sich z. T. sehr stark an den ZivilP. an oder, soweit sie strafrechtsähnl. Fragen zum Gegenstand haben, an den StrafP. In der →Verwaltungsgerichtsbarkeit sind ferner engl. und franz. Einflüsse zu spüren. Die Betonung des Rechtsschutzes im GG hat zu einer sehr starken Durchdringung des gesamten P.rechts vom Verf.recht geführt (s. a. unten IV).

III. P.grundsätze. Trotz der Vielfalt von Verfahren und Sonderregelungen lassen sich gemeinsame Grundsätze *(P.maximen)* herausstellen. Sie haben sich z. T. in harten politischen Kämpfen durchgesetzt, z. T. gehören sie als Grundrechte oder sonstige Normen des GG dem Verf.recht an oder sind Bestandteil der Europäischen Menschenrechtskonvention (→Menschenrechte III).

A. Öffentlichkeit. Als alte liberale Forderung fand der Öffentlichkeitsgrundsatz Eingang in die PaulskirchenVerf. und später in das GVG von 1877 (→Gerichtsverfassung III C 3). Die Öffentlichkeit des Verfahrens verhindert eine (schriftl.) Geheimjustiz. Die Europäische Menschenrechtskonvention garantiert die Öffentlichkeit in Art. 6 I. Von Wichtigkeit ist sie im StrafP., ohne daß sie in den anderen Verfahren etwa bedeutungslos wäre, in denen sie ebenfalls das Vertrauen des Volkes in die Rspr. und die Volkstümlichkeit der Rechtspflege fördern soll. In bestimmten Fällen ist die Öffentlichkeit ausgeschlossen, etwa bei Familien- und Kindschaftssachen oder in Strafverfahren gegen Jugendliche und u. U. gegen Heranwachsende. Der Schutz der Intimsphäre, des jungen Menschen, aber auch der Sittlichkeit oder des Staates (zB Staatsgeheimnis als Gegenstand des P.) gebieten hier eng begrenzte Ausnahmen.

B. Das Prinzip der Mündlichkeit besagt, daß der Verkehr zwischen Parteien und Gericht sich in freier Rede und Gegenrede abspielt und der Entscheidung nur der mündl. vorgetragene P.stoff zugrunde gelegt wird. Im StrafP. gilt es unumschränkt für die Hauptverhandlung; es hat aber auch in den anderen P.arten Geltung, wo es jedoch sehr häufig trotz „mündlicher“ Verhandlungen nicht praktiziert oder sogar durch schriftliche Verfahren verdrängt wird.

C. Der Grundsatz der Unmittelbarkeit hängt eng zusammen mit dem soeben genannten Prinzip. Er stellt sicher, daß die Verhandlung vor dem Gericht stattfindet, das die Entscheidung trifft. Im gesamten P.recht gilt ferner das Prinzip der *Unmittelbarkeit der Beweisaufnahme* (vgl. F. W. Bosch, S. 105 ff.). Grds. findet sie vor dem das Urteil fällenden Gericht statt, das dadurch selbst den Wert des erhobenen Beweises (etwa auf Grund des persönl. Eindrucks die Glaubwürdigkeit des Zeugen) feststellen kann. Bes. im StrafP. führt eine Verletzung der Unmittelbarkeit der Beweisaufnahme zur Aufhebung des Urteils.

D. Der Beschleunigungsgrundsatz zeigt das Anliegen des P.rechts, den Rechtsschutz schnell zu gewähren. Ein Rechtsschutz ist nur wirksam, wenn er schnell erfolgt, ebenso wie eine Bestrafung an Wirkung verblaßt, wenn sie nicht bald der Tat folgt. Die Überlastung der Gerichte führt jedoch vielfach zu jahrelanger P.dauer, so daß der P. gerade den Rechtsfrieden verhindert, wo er ihn doch herbeiführen soll. Reformen der letzten Zeit (zB die „Vereinfachungsnovelle“ von 1976 im ZivilP.) haben nicht viel geändert.

E. Richterl. Verantwortung für die Rechtsanwendung. Sehr bedeutsam für das Verständnis des dt. P.rechts ist ferner der Satz, daß die Rechtsanwendung Sache des Gerichts ist: „Das Gericht kennt das Recht“ (*„iura novit curia“*). Keine P.partei braucht die nach ihrer Meinung maßgebl. Rechtsnormen vorzutragen; es genügt die Behauptung von Tatsachen. Deshalb sind sämtl. Verfahren von der richterl. Verantwortung für die Rechtsanwendung geprägt. Am deutlichsten zeigt sich dies in der Pflicht jedes Richters, die von ihm angewandten Rechtssätze auf ihre Verf.mäßigkeit zu überprüfen (→*Richterliches Prüfungsrecht*). Auch soweit der Richter berufen ist, Hoheitsakte anderer Staatsgewalten (Verwaltung, G.gebung) zu prüfen, ist er bei seiner Rechtskontrolle nicht eingeschränkt; allerdings ist kennzeichnend, daß in diesen Fällen der Richter nicht andere als Rechtsfragen prüfen darf. Weder das Verwaltungs- noch das gesetzgeberische →*Ermessen* unterliegt richterl. Beurteilung.

F. Verhandlungs- und Untersuchungsgrundsatz. Hinsichtl. der richterl. Verantwortung bei der *Tatsachenfeststellung* unterscheidet das P.recht zwischen verschiedenen Prinzipien:

1. Vom Untersuchungs- oder *Ermittlungsgrundsatz* spricht man, wenn das Gericht von Amts wegen den ihm unterbreiteten Fall untersuchen und alle erforderl. Beweise erheben muß. Er gilt im StrafP. (unten VII B) und in den unten VII C genannten P.arten sowie in einigen Verfahrensarten des ZivilP. (s. u. VII A). Unter seiner Geltung ist das Gericht zB auch ohne Beweisanträge des Angeklagten oder der Staatsanwaltschaft zur Beweiserhebung verpflichtet. Auch ein Geständnis des Angeklagten entbindet das Gericht nicht von seiner Pflicht, die Wahrheit zu ergründen.

2. Vom *Verhandlungsgrundsatz* spricht man, wenn das Gericht dieser Aufgabe enthoben ist. Dann obliegt es den Parteien, den Tatsachenstoff dem Gericht vorzutragen, so daß es das Bestreben jeder Partei ist, die ihr günstigen Tatsachen und Beweismittel selbst herbeizuschaffen. Der Verhandlungsgrundsatz gilt grds. im ZivilP. und im Urteilsverfahren der Arbeitsgerichtsbarkeit. Unter seiner Geltung haben es die P.parteien auch weitgehend in der Hand, den Tatsachenstoff selbst zu gestalten. Vom Gegner ausdrückl. zugestandene (Geständnis) oder nicht bestrittene Tatsachen gelten als bewiesen; über sie darf das Gericht nicht Beweis erheben. Ebenso ist es im Versäumnisverfahren. Hier wird angenommen, daß der rechtzeitig geladene, aber zum Termin nicht erschienene Beklagte das Vorbringen des Klägers zugesteht.

G. Beweisverbote, Beweiswürdigung, Beweislast. *1.* Im Wege der *Beweiserhebung* wird das Gericht tätig, um sich die Überzeugung von der Wahrheit oder Unwahrheit einer Tatsachenbehauptung zu verschaffen. Der Beweis gilt als „Rückgrat des Prozesses“ (vgl. F. W. Bosch, S. 13); insbes. im StrafP. hat er eine überragende Bedeutung, ohne allerdings die Rolle zu spielen, die er im anglo-amerik. Recht hat.

2. Bei der Beweiserhebung ist das Gericht streng an das Recht gebunden. Bes. die *Beweisverbote* engen hierbei seine Tätigkeit ein, so etwa die Zeugnisverweigerungsrechte (→zB Beichtgeheimnis; →Abgeordneter 3) oder die Grundsätze des →Persönlichkeitsrechts (III C) sowie das Übermaßverbot (u. IV B). Auch ein *Geständniszwang* gegenüber dem Angeschuldigten ist untersagt (§ 136 a StPO). Vor allem darf die *Narkoanalyse,* d. h. die Verabreichung eines *„Wahrheitsserums“,* um ihn mitteilungsfreudig zu machen, nicht benutzt werden (→Menschenwürde 1). Verboten ist ferner eine Vernehmung mit dem *Lügendetektor,* der die Schwankungen von Blutdruck, die Herz- und Gehirnströme, die Hautfeuchtigkeit und andere Äußerungen des menschl. Körpers registriert.

3. Die zulässig erhobenen Beweise würdigt das Gericht nach seiner freien Überzeugung *(Grundsatz der freien Beweiswürdigung).* Hat es sich über eine Behauptung nicht die erforderl. Überzeugung bilden können, ist sie nicht bewiesen.

4. Die Folgen dieser Beweislosigkeit regeln dann die Vorschriften über die *Beweislast.* Diese Vorschriften sind notwendig, weil sich immer wieder der vergangene Sachverhalt nicht voll aufklären läßt oder wenigstens die Behauptungen einer P.partei unbewiesen bleiben. Im StrafP. führt jeder Zweifel über das Vorliegen einer Tatsache zur Entscheidung zugunsten des Angeklagten *(in dubio pro reo);* die Beweislast trägt sozusagen allein die Staatsanwaltschaft (s. auch u. VII B). In den anderen P.arten ist die Beweislastregelung komplizierter. I. d. R. trägt jede Partei die Beweislast für die ihr günstigen Tatsachen.

IV. Grundrechtl. Sicherungen. Da die Gerichte als Träger staatl. Hoheitsgewalt an das GG gebunden sind, ist auch im P. die Geltung der Grundrechte bedeutsam. Teilweise entfalten die allg. →Grundrechte im P. ihre Wirkung, teilweise gibt es eigene prozessuale Grundrechte. Vor allem der Judikatur des →BVerfG ist es zu verdanken, daß heute im P. den Grundrechten eine verstärkte Bedeutung zukommt (vgl. SCHUMANN, BVerfG, GG und ZivilP., 1983). Außerdem müssen die in der *Europäischen Menschenrechtskonvention* enthaltenen prozessualen Rechte beachtet werden.

A. Die Gleichheit vor dem Richter prägt das P.recht *(„Waffengleichheit“),* wobei es keine Rolle spielt, daß sich die Parteien außerhalb des Gerichtssaales in einem Unterordnungsverhältnis befinden, so daß auch der Bürger, der den Staat verklagt, im P. mit dem Staat auf gleicher Stufe steht.

B. Auch das **Willkür-** und das **Übermaßverbot** sind im P. von Bedeutung, das letztgenannte Verbot bes. bei gerichtl. Zwangsmaßnahmen, um zu verhindern, daß gegenüber den P.parteien Maßnahmen getroffen werden, die in keinem Verhältnis zum verfolgten Zweck stehen.

C. Das Grundrecht auf →rechtliches Gehör hat durch seine ausdrückl. Niederlegung in Art. 103 I GG eine große Aktualität erlangt.

D. Das Recht auf den gesetzl. Richter ist ebenfalls ein prozessuales Grundrecht (Art. 101 I S. 2 GG); es hängt eng mit dem Verbot der Ausnahmegerichte (→Gerichtsverfassung IV A) zusammen. Dieses Grundrecht sichert zu, daß der zur Entscheidung berufene Richter im voraus rechtssatzmäßig (meist auch durch einen Geschäftsverteilungsplan des betr. Gerichts) feststeht. Damit sollen Einflußnahmen auf die Besetzung der Richterbank eines konkreten Rechtsstreits (die „Richterentziehung“) verhindert werden. Über seinen Grundrechtscharakter hinaus garantiert dieses Recht ferner die Unabhängigkeit des →Richters (auch Rechtsprechung) und damit einen der wichtigsten rechtsstaatl. Werte (vgl. BETTERMANN, S. 542 ff.).

E. Das Verbot der Doppelbestrafung (*„ne bis in idem“,* →Liberalismus II A 4) ist in Art. 103 III GG und das **Verbot rückwirkender Bestrafung** („nulla poena sine lege“, →Strafrecht III 1, →Liberalismus II A 4) ist in Art. 103 II GG verankert.

F. Die →Rechtsweggarantie des Art. 19 IV GG hält schließlich jedem, der durch die öffentl. Gewalt in seinen Rechten verletzt ist, den Weg zu den Gerichten frei (→Grundrechte VI; →Verwaltungsgerichtsbarkeit II B 1).

V. Sonstiger Schutz von Individualinteressen. Das P.recht betont auch außerhalb der grundrechtl. Garantien die individuellen Interessen der P.parteien stark: Der *Dispositionsgrundsatz* anerkennt die Befugnis der P.parteien, selbst über den Beginn eines gerichtl. Verfahrens zu entscheiden oder durch Klage- oder Rechtsmittelzurücknahme, durch Verzicht, Anerkenntnis oder Vergleich sein Ende herbeizuführen. Nur in einzelnen Fällen (zB fehlende Verfügungsmacht über das Rechtsverhältnis beim Vergleich) ist dieser Grundsatz eingeschränkt. Auch die Befugnis der Parteien, statt vor dem staatl. Gericht vor einem Schiedsgericht Rechtsschutz zu suchen, gehört in diesen Zusammenhang (→Schiedsgerichtsbarkeit, weltliche). Die dt. Gerichte werden nur in verschwindend geringen Ausnahmen von sich aus (von Amts wegen) tätig, so daß im dt. Recht kein *Offizialgrundsatz* gilt (oft mit dem Untersuchungsgrundsatz, s. o. III F 1, verwechselt). Die Befugnis zur Klageerhebung steht im ZivilP. jedermann zu, während sie in den öffentl.-rechtl. Verfahren (s. u. VII C) nur demjenigen zuerkannt ist, der möglicherweise durch einen Hoheitsakt verletzt ist (sog. *„Selbstbetroffenheit“*). Damit soll ausgeschlossen werden, daß im öffentl.-rechtl. Bereich jedermann gegen den Staat klagt, auch wenn er gar nicht in seinen Rechten verletzt sein kann (Ausschluß der *Popularklage,* →Verwaltungsgerichtsbarkeit II D 2). Im StrafP. besteht das *Anklagemonopol* der Staatsanwaltschaft (→Gerichtsverfassung VI A 2), das nur im Privatklageverfahren durchbrochen ist (s. u. VII B). Das P.recht geht von der Freiheit aus, sich jederzeit durch einen *Rechtsanwalt* (→Gerichtsverfassung VI B) beraten und vertreten zu lassen (im StrafP. als *„Verteidiger"* bezeichnet); z. T. – bes. im ZivilP. und vor den meisten Obersten Gerichtshöfen des Bundes – herrscht sogar *Anwaltszwang*, und im StrafP. muß der Angeklagte bei schweren Taten einen Verteidiger haben, um sachkundig beraten zu sein. Ein umfangreiches Rechtsmittelsystem (*Berufung, Revision*, evtl. *Verf.beschwerde*) sichert ferner in den meisten Fällen eine nochmalige (oft sogar eine dritte oder vierte) Überprüfung des Rechtsstreites durch eine höhere Instanz (→Gerichtsverfassung III A). Soweit gegen ein Urteil die Revision zulässig ist, geht der P. von der Beschränkung der Revision auf die Rechtsfragen aus, so daß die im angefochtenen Urteil festgestellten *Tatsachen* grds. nicht mehr nachgeprüft werden können. Revisionsgerichte sind meist Oberste Gerichtshöfe des Bundes, im StrafP. auch die OLG.e.

VI. Soziales Prozeßrecht. Das dt. P.recht bemüht sich seit langem, die prozessuale Waffengleichheit (s. o. IV A) auch als „soziale Waffengleichheit" zu verstehen. Unter dem →Gleichheitssatz und dem Prinzip des →Sozialstaats hat diese Tendenz eine deutl. Verstärkung erfahren. Die Mittel hierbei sind verschieden. So herrscht zB für Verfahren der →Sozialhilfe und vor den Sozialgerichten *Kostenfreiheit*. Soweit die sozial schwache Partei einen rechtskundigen Vertreter benötigt, hilft ihr die *Prozeßkostenhilfe* oder die Stellung eines Pflichtverteidigers im StrafP. (s. u. VII B). Vor Prozeßbeginn steht solchen Personen die *Beratungshilfe* zur Verfügung. Die Streitwertherabsetzung in →Wettbewerbs- und Aktienrechtsverfahren mindert das Kostenrisiko, das i. ü. durch feste Gebührensätze kalkulierbar ist. Von bes. Bedeutung sind ferner der Ausschluß der →Schiedsgerichtsbarkeit in Streitigkeiten mit typischerweise sozial ungleichen Partnern (in Mietsachen und in der Arbeitsgerichtsbarkeit) und das 1974 eingeführte grds. Verbot von Gerichtsstandsvereinbarungen, nachdem sich gezeigt hatte, daß v. a. sozial schwächere Parteien durch solche Vereinbarungen beeinträchtigt wurden.

VII. Prozeßarten. Bereits eine oberflächl. Zählung der wichtigen dt. P.ordnungen führt zu einer Zahl von weit über einem Dutzend. Dementsprechend könnte man von einem Dutzend „P.arten" sprechen, ganz zu schweigen von den weit verstreuten, kaum noch zu überblickenden Einzelregelungen für bestimmte prozeßrechtl. Materien (→auch Justizreform VIII). Dennoch zeigt es sich immer wieder, daß unsere P.ordnungen auf gewissen Grundtypen aufbauen.

A. ZivilP. Die umfassendste gesetzl. Regelung besitzt der ZivilP (→Gerichtsverfasssung III C 2 b). Er gilt als „der" klassische P., an dem sich die anderen Verfahren mehr oder weniger orientieren. Dank einer jahrzehntelangen Judikatur zur ZPO und einer überreichen, z. T. weltberühmten wissenschaftl. Behandlung des ZivilP.rechts ist diese P.art von überragender Bedeutung für das P.recht. Der ZivilP. wird vom Verhandlungsgrundsatz (s. o. III F 2) beherrscht, nur bei Entmündigungen, Kindschafts- und Ehesachen sowie in einigen weiteren Fällen gilt der Untersuchungsgrundsatz. Der einzelne ZivilP. setzt eine Klage voraus, die je nach Zuständigkeit zum AG oder zum LG erhoben wird. Die AG.e behandeln Miet-, Kindschafts- und Familiensachen sowie die weniger bedeutenden Streitfälle. Ein Anwaltszwang (s. o. V) besteht vor ihnen nur bei einigen Familiensachen. Soweit der Rechtsstreit nicht durch Klagerücknahme, Erledigungserklärung oder Vergleich endet, erläßt das Gericht ein Urteil. Es kann meist mit der *Berufung*, die entweder zum LG oder (bei erstinstanzieller Zuständigkeit des LG sowie des AG, soweit es sich um Kindschafts- oder Familiensachen handelt) zum OLG führt, angefochten werden. Während amtsgerichtl. Streitfälle (ausgenommen die Kindschafts- und Familiensachen) nur der Berufung unterliegen, steht gegen gewisse Urteile des OLG ferner noch die Revision zum BGH offen (s. o. V und →Gerichtsverfassung II A 2). – Dem ZivilP. gleicht das Urteilsverfahren der *Arbeitsgerichtsbarkeit* (→Gerichtsverfassung III F).

B. StrafP. Eine andere, seit langem eingehend geregelte und in Wissenschaft und Praxis immer wieder durchdachte P.art ist der StrafP. Er unterscheidet sich in seiner Stellung im Staate vom ZivilP. v. a. durch das öffentl. Interesse, das er immer wieder findet. Wie kaum ein anderer P. ist der StrafP. mit der politischen Struktur eines Staates verbunden. Ob ein Staat ein Rechtsstaat ist, zeigt sich auch an seinem StrafP. Unser heutiges StrafP.recht geht von den bereits eingehend unter III erörterten P.grundsätzen aus, v. a. vom Grundsatz *„in dubio pro reo"*, der im Art. 6 II der Europäischen Menschenrechtskonvention ausdrückl. garantiert ist (s. o. III G 4). Der StrafP. wird regelmäßig begonnen durch die öffentl. Klage – Anklageschrift – der Staatsanwaltschaft (oft auch durch einen Strafbefehl, der den Charakter eines Urteils erhält, wenn gegen ihn kein Einspruch eingelegt wird). Nur bei weniger wichtigen Delikten (zB Beleidigungen) ist der Verletzte in Abweichung zum Anklagemonopol der Staatsanwaltschaft selbst der Ankläger *(Privatklage)*. Der StrafP. ist vom Untersuchungsgrundsatz (s. o. III F 1) beherrscht. Er endet mit einem Urteil, das auf Freispruch des Angeklagten, Einstellung des Verfahrens oder Verurteilung zu einer Geld- oder Freiheitsstrafe lautet. Das AG (Einzelrichter oder Schöffengericht) ist für Ordnungswidrigkeiten und die meisten Vergehen, das LG (große Strafkammer) vor allem für Verbrechen und das OLG (in Bayern das BayObLG) für →Staatsschutzdelikte zuständig. Berufungsinstanz über dem AG ist das LG,

Revisionsinstanz das OLG, während gegen erstinstanzielle Urteile des LG und des OLG nur die Revision zum BGH eingeräumt ist (s. auch Gerichtsverfassung III C und V). – Dem StrafP. verwandt sind die *Dienststraf-* und *EhrengerichtsP.e* (→Gerichtsverfassung III J).

C. VerwaltungsP. Zu den P.arten über öffentl.-rechtl. Fragen gehört der (allg.) *VerwaltungsP.* der →*Verwaltungsgerichtsbarkeit,* der *SteuerP.* (oder *FinanzP.*) und das *sozialgerichtl. Verfahren* (zu alledem →Gerichtsverfassung III D, E, G). Sie ermöglichen v. a. den Angriff des Bürgers gegen einen →Verwaltungsakt („Steuerbescheid", „Rentenbescheid"). Dem P. ist regelmäßig ein Vorverfahren innerhalb der Verwaltung *(Widerspruchsverfahren)* vorgeschaltet, das durchschritten sein muß, ehe die Klage erhoben werden kann. Kennzeichnend ist ferner, daß Fristen für die Einlegung des Widerspruchs und später für die Erhebung der Klage bestehen. Werden sie versäumt, wird der VA bestandskräftig (unanfechtbar). Zu den öffentl.-rechtl. P.arten gehört auch der *Verf.P.* (→Verfassungsgerichtsbarkeit; →Bundesverfassungsgericht; →Gerichtsverfassung III B). Den öffentl.-rechtl. Verfahren sehr verwandt, wenn auch durch vielfältige Unterschiede getrennt, ist das Verfahren der *freiwilligen Gerichtsbarkeit* (→Gerichtsverfassung III C 2 b) sowie das *arbeitsgerichtl. Beschlußverfahren,* in dem Streitigkeiten vor allem aus dem →Betriebsverfassungsrecht ausgetragen werden.

VIII. Die Bedeutung des P. hängt mit dem Zweck des P. zusammen: Der P. dient der Durchsetzung („Bewährung") des Rechts, dem Rechtsfrieden und der Rechtssicherheit. Ohne den P. würde Gewalt und Furcht vor Gewalt herrschen. Macht würde vor Recht, Ungewißheit vor Sicherheit gehen. Der P. schafft die Voraussetzungen für ein gedeihl. Zusammenleben unter den Menschen und vollendet die Rechtsgemeinschaft. In einem Staat, der sich als Rechtsstaat bezeichnet, gewinnt er notwendigerweise an Bedeutung, weil es eine Herrschaft des Rechts ohne Gerichte und ohne den P. nicht gibt. Wegen dieser Bedeutung des P. kommt auch der ständigen Überprüfung und Verbesserung des P.rechts (→Justizreform) ein großes Gewicht zu.

Allg.: F. W. BOSCH, Grundsatzfragen des Beweisrechts, 1963 – O. JAUERNIG, Verhandlungsmaxime, Inquisitionsmaxime und Streitgegenstand, 1967, 10 – 15 – H. ROGGEMANN/E. SCHUMANN, Rechtspflege, in: Bundesrep. Dtschld. - DDR, Systemvergleich 2: Recht (hg. vom Bundesministerium für innerdt. Beziehungen), 1972, Randnoten 564 – 682. Zum *ZivilP.:* A. BLOMEYER, ZivilP.recht – Erkenntnisverfahren, 1985[2] – F. STEIN/M. JONAS/R. POHLE/W. GRUNSKY/D. LEIPOLD/W. MÜNZBERG/P. SCHLOSSER/E. SCHUMANN, Komm. zur ZPO, 1964 ff.[19] und 1976 ff.[20] (Lit.) – W. DÜTZ, Rechtsstaatl. Gerichtsschutz im Privatrecht, 1970 – P. ARENS, Mündlichkeitsprinzip und P.beschleunigung im ZivilP., 1971 – L. ROSENBERG/H. SCHWAB, Lb. des dt. ZivilP.rechts, 1981[13] (Lit.) – E. SCHUMANN, BVerfG, GG und ZivilP., 1983 – O. JAUERNIG, ZivilP.recht, 1983[21].

Zum *StrafP.:* E. SCHMIDT, Lehrkomm. zur StPO, Bd. I – III, 1952 ff., 1964[2] – LÖWE/ROSENBERG, Komm. zur StPO, 1976 ff.[23] und 1984 ff.[24] – TH. KLEINKNECHT/K. H. MEYER, Komm. zur StPO, 1983[36] – C. ROXIN, Strafverfahrensrecht, 1983[18] (Lit.) – Zur *freiwilligen Gerichtsbarkeit:* F. BAUR, Lb. der freiwilligen Gerichtsbarkeit, 1955 – W. J. HABSCHEID, Freiwillige Gerichtsbarkeit, 1983[7].

Zum *VerwaltungsP.:* D. LORENZ, Der Rechtsschutz des Bürgers und die Rechtsweggarantie, 1973, sowie die Lit. zu →Verwaltungsgerichtsbarkeit und Die Grundrechte (hg. von K. A. BETTERMANN u. a. III/2), Rechtspflege und Grundrechtsschutz, 1959, mit den Beitr. von BETTERMANN, MENGER und SAX.

Siehe ferner Lit. bei Justizreform; Rechtsprechung; Richter; Verf.gerichtsbarkeit; BVerfG.

Ekkehard Schumann

Pseudoisidorische Dekretalen →Kirchenstaat

R

Rätesystem. 1. Begriff. Der Begriff des R. spiegelt eine festgefügte Vorstellung einer politischen Organisation vor, die der Vielfalt und der häufig amorphen Struktur der hist. Erscheinungsformen kaum entspricht. Vielfach wird man daher besser von einer Rätebewegung als von einem Rätesystem sprechen. Die Vorstellung des R. zielt auf eine organisatorische Ordnung im politischen oder wirtschaftl. Bereich, in der direkt-demokratische Vertretungsorgane, die Räte, die maßgebenden Entscheidungsträger sind. Diese allgemeine Definition des R. erfaßt sowohl die theoretischen Rätemodelle als auch die historischen Erscheinungsformen. Räte sind meist – theoretisch wie praktisch – in Ursprung und Ziel revolutionäre Vertretungsorgane, die sich als Gegenmodell zur gewaltenteilenden, repräsentativen, parlamentarischen Demokratie begreifen. Bei der Beschreibung des R. als Modell werden allgemein die folgenden, von der hist. Forschungsliteratur (TSCHUDI, v. OERTZEN) herausgearbeiteten, gemeinsamen Merkmale der verschiedenen Räteideen und historischen Erscheinungsformen zugrunde gelegt. Die Bürger organisieren sich in Basisgruppen (Betriebs-, Wohn- oder Verwaltungseinheiten). Die Versammlungen der Basisgruppen sind Urwahlkörper und politische Aktionseinheiten mit umfassender Kompetenz. Das Gewaltenteilungsprinzip wird abgelehnt. Grundsätzlich werden alle politischen und wirtschaftl. Machtpositionen durch Wahl besetzt. Alle gewählten Mandatsträger sind in ihren Entscheidungen ihrer Wählerschaft voll verantwortlich, an Wahlaufträge gebunden und jederzeit abrufbar. Die gewählten Vertreter sollen möglichst ehrenamtlich tätig sein oder jedenfalls nicht mehr als eine dem Durchschnittseinkommen der Urwählerschaft entsprechende Vergütung erhalten. Angestrebt wird außerdem, daß die jeweiligen Räte in ihrer personellen Zusammensetzung die soziale Struktur der Urwählerschaft widerspiegeln. Schließlich sollen in den Räten die Parteien keine Rolle spielen. Die vertikale Gliederung des R. beruht auf dem Gedanken, daß die Entscheidungen soweit wie möglich von den Basisgruppen und ihren Vertretern getroffen werden und nur darüber hinaus an übergeordnete Räte delegiert werden. Daraus ergibt sich ein stufenförmiger Aufbau der Räteorganisation mit jeweils indirekter Wahl von unten nach oben. Die unterste politische Ebene bilden Gemeinde- oder Stadträte, die von den Räten der Basisgruppen (meist Betriebsräten) aus deren Mitte gewählt werden. Je nach den Gegebenheiten finden sich darüber weitere Ebenen mit Kreis-, Provinz-, Departement- oder sonstigen Bezirksräten. An der Spitze des gesamten Systems steht schließlich der nationale Zentralrat, der aus seiner Mitte ein Exekutivkomitee bestellt, das ggf. seinerseits Fachkommissionen einsetzen kann.

2. Geschichte. *a) Rußland.* Erstmals als Räte bezeichnet haben sich die Sowjets (Räte) der Arbeiterdeputierten in der russischen Revolution von 1905. Diese Sowjets waren überbetriebl. Streikkomitees, die ökonomische und später allgemeinpolitische Forderungen erhoben. Von mindestens gleicher Bedeutung für die weitere Entwicklung war jedoch die Darstellung der Pariser Kommune von 1871 (weitere wichtige Vorläufer sind die Soldatenräte CROMWELLS und die Pariser Sektionen der Sansculotten von 1792/94) im „Bürgerkrieg in Frankreich" (1871) von K. MARX, in der das R. zur maßgebenden politischen Organisationsform des Übergangs vom Kapitalismus zum Sozialismus erhoben wurde. LENIN übernahm erst 1916/17 in der Schrift „Staat und Revolution" den Ansatz von MARX und ENGELS, wonach die Räte als konkrete Form der Diktatur des Proletariats zu betrachten sind. Die Sowjets sollten als taktische Instrumente im Kampf um die politische Macht eingesetzt werden, denn zwischen Februarrevolution und Oktoberrevolution 1917 hatten sich erneut Arbeiter- und Soldatenräte spontan gebildet, die eine revolutionäre Gegenmacht zu der Provisorischen Regierung darstellten und sich daher als Plattform einer weitergehenden Revolution anboten. Die Räte fanden in dem Allrussischen Kongreß der Arbeiter- und Soldatenräte eine zentrale gesamtstaatl. Vertretung, die jedoch den mit Hilfe des Revolutionären Militärkomitees des Petrograder Sowjets organisierten Sturz der Provisorischen Regierung durch die Bolschewiki und die Bildung der 1. Sowjetregierung unter LENIN nur nachträglich sanktionieren konnte. In der Verfassung der RSFSR von 1918 werden die Räte zwar formell institutionalisiert, aber bereits damals durch die Vorrangstellung der Partei und das Prinzip des demokratischen Zentralismus neutralisiert. Die ursprüngliche Forderung nach freien Sowjets flackerte dann nur noch ein letztes Mal im Kronstädter Aufstand von 1921 auf.

b) Deutschland. Unter dem Einfluß der russischen Sowjets bilden sich in Deutschland die ersten Arbeiterräte im Aprilstreik 1917, im Januarstreik 1918 und dann die Arbeiter- und Soldatenräte in der Novemberrevolution. Der 1. Allgemeine Kongreß der Arbeiter und Soldatenräte Deutschlands als zentrale Vertretung der Räte entschied sich jedoch am 18. 12. 1918 trotz seines revolutionären Selbstverständnisses für die Wahl der Nationalversammlung und damit letztlich für das repräsentative System. Der Exekutivausschuß des Kongresses, der Zentralrat, und sein Vorläufer, der Vollzugsrat, vermochten sich zudem gegenüber der Regierung EBERT, dem

Rat der Volksbeauftragten, in allen entscheidenden Fragen nicht durchzusetzen. Die im Frühjahr 1919 zunehmend proletarisch-klassenkämpferische Zielsetzung der Räte war mit einer Verlagerung auf die Betriebsräte und auf den Kampf um die Sozialisierung der Wirtschaft verbunden. Diese Bewegung mündete dann in die begrenzte, aber dauerhafte Institutionalisierung der Räte im Betriebsrätegesetz vom 4. 2. 1920, das den Betriebsräten nur geringfügige Kompetenzen einräumte. Nur von kurzer Dauer waren demgegenüber die selbständigen Räterepubliken in Bremen und München, die kaum lebensfähig waren und von Freikorps niedergeschlagen wurden.

c) Andere Länder. In Österreich gelang es der sozialdemokratischen Parteiführung 1918, frühzeitig bestimmenden Einfluß auf die Räte zu gewinnen, und nach der Einführung von Betriebsräten ging die Bedeutung der Räte auch hier zurück. In Ungarn wurde die Räterepublik Bela Kuns 1919 bereits nach vier Monaten gestürzt, 1956 lebten hier und in Polen die spontanen Räte in den revolutionären Ereignissen jedoch erneut auf. Neben den in der Verfassung institutionalisierten Räten erlangten in China während der Kulturrevolution kurzzeitig die Revolutionskomitees eine gewisse Bedeutung als improvisierte Aktionszentren im Rahmen der Partei zur Revolutionierung der Gesellschaft. Größere Dauerhaftigkeit im Rahmen einer gesamtstaatl. Verfassung hat das R. in der Form der Arbeiterselbstverwaltung in Jugoslawien gewonnen. Aber auch hier wird das R. durch die politische Vorherrschaft der hierarchisch strukturierten Partei, die parallel zum Selbstverwaltungssystem organisiert ist, neutralisiert.

3. Aktuelle Problematik. In der Bundesrepublik ist das Interesse am R. Ende der sechziger Jahre im Zuge der Parlamentarismuskritik der Neuen Linken neu erwacht, inzwischen aber weitgehend wieder eingeschlafen. Die dort angestellten modelltheoretischen Überlegungen setzen im allgemeinen für die Funktionsfähigkeit des R. eine sozialistische Wirtschaftsordnung voraus, unterstellen im übrigen aber die Praktikabilität und demokratische Qualität des R. Die Ziele der Überparteilichkeit, Entbürokratisierung und demokratischen Verantwortlichkeit der Delegierten (s. o. 1.) sind jedoch kaum erreichbar, und insofern ist das hist. Scheitern der Räte als Organe direkter Selbstregierung des Volkes strukturbedingt. In den modernen Industriegesellschaften und Flächenstaaten erliegt das R. entweder bürokratisch abgestützter Macht oder muß selbst eine umfangreiche Bürokratie aufbauen. Auch in den Räten bilden sich schnell Parteien und professionelle Arbeitsteilung aus, und das mehrstufige Delegationsverfahren löst die Verantwortlichkeit eher auf, als daß es sie sichert. Das R. bleibt daher eine revolutionäre Übergangserscheinung ohne die Möglichkeit dauerhafter Institutionalisierung politischer Macht in demokratischen Systemen.

L. Tschudi, Rätedemokratie und Marxismus, 1973[2] – O. Anweiler, Die Rätebewegung in Rußland 1905 – 1921, 1958 – E. Kolb, Die Arbeiterräte in der deutschen Innenpolitik 1918 – 1919, 1962 (TB 1978) – PVS, Sonderheft 2, Probleme der Demokratie heute, 1971 – U. Bermbach (ed.), Theorie und Praxis der direkten Demokratie, 1973 (Lit.) – P. v. Oertzen, Betriebsräte in der Novemberrevolution, 1976[2] (Lit.) – V. Arnold, Rätebewegung und Rätetheorien in der Novemberrevolution, 1985[2] (Lit.).

Werner Heun

Rasse. 1. Begriffliches. Das Wort R. hat sich als Begriff für die Klassifikation von Menschengruppen, die sich aufgrund – augenscheinlich vererbbarer – äußerer Merkmale, aber auch aufgrund sozio-kultureller Eigenheiten voneinander unterscheiden, gegen Ende des 17. Jahrhunderts durchgesetzt (ital. razza, franz./engl. race, sprachl. Ursprung umstritten). Allen Versuchen zum Trotz ist es in den vergangenen Jahrhunderten nicht gelungen, den Begriff der R. auf einen wissenschaftlich exakten, auf objektive Kriterien gestützten Inhalt festzulegen. Jedenfalls bestätigen die bisher gewonnenen biologisch-anthropologischen Erkenntnisse keine der im Laufe der Jahrhunderte entwickelten R.theorien. Darüber hinaus hat die sozialwissenschaftl. Forschung in jüngerer Zeit überzeugend nachgewiesen, daß für den Bereich der von R.fragen bestimmten gesellschaftl. Beziehungen die Frage, ob es objektive R.kriterien gibt oder nicht, von geringer Bedeutung ist, da zB das Phänomen der R.diskriminierung auf subjektiven Urteilsbildungen der diskriminierenden Gruppen und/oder Individuen beruht, für die objektive Kriterien allenfalls fragwürdige Bedeutung als „moralisch-ethische Legitimation" erlangen, nicht aber zu einer Verhaltenskorrektur führen. – Als relativ gesicherter und von der herrschenden Lehre der Anthropologie anerkannter Befund kann im *biologisch-anthropologischen* Sinne die Einteilung der Spezies Mensch in drei Hauptrassen angesehen werden: die gelbe, die schwarze und die weiße R. Weitere Untergliederungen in geographischen Räumen werden nicht immer einheitlich vorgenommen, jedoch ist festzuhalten, daß es in naturwissenschaftl. Sicht reine Rassen so gut wie nicht (mehr) gibt und die genetisch bestimmbaren Unterschiede zwischen den klassifizierten R.gruppen häufig weniger ausgeprägt sind als zwischen einzelnen Angehörigen einer rassischen Gruppe. Darüber hinaus hat die Anthropologie bisher keinerlei gesicherte Kenntnisse hinsichtlich einer kausalen Verbindung zwischen R. und kulturell-zivilisatorischer Leistung gewinnen können. Wohl aber wächst die Zahl der Hinweise, daß es solche kausalen Verbindungen zwischen R. und kulturell-zivilisatorischer Leistung *nicht* gibt. Erwähnenswert ist ferner, daß von Laien als wesentl. R.merkmale angesehene Erscheinungen, wie zB die Hautfarbe, nicht oder nur sehr bedingt zu den R.merkmalen in naturwissenschaftl. Sinne gehören. Dieser Befund verbietet es, dem naturwissenschaftl. Ordnungsbegriff für den gesellschaftl. Bereich – politisch und rechtlich – theoretische oder praktische Bedeutung beizumessen. Die für das Zusammenleben der Menschen wesentlichen, als rassenabhängig empfundenen Unterschiede zwischen den Rassen, Völkern und Volksgruppen sind vielmehr nach heutiger Erkenntnis umweltbedingt, auch wenn sie als spezifische Umweltanpassungen vererblich geworden sind. Aus der Erkenntnis, daß rassische Unterschiede trotz weitgehenden Fehlens objektivierbarer R.merkmale im Sozialleben eine große – überwiegend problematische – Rolle spielen, hat die *Sozialwissenschaft* einen R.begriff entwickelt, der nicht auf ohnehin kaum vorhandene, objektive Unterschiedsmerkmale abhebt, sondern auf die subjektive Wahrnehmung einer bestimmten Menschengruppe durch eine andere abstellt. Vorstellungen über die Andersartigkeit von Menschengruppen – auch wenn in naturwissenschaftl. Sinne nicht verifizierbar – sind in der Gesellschaft wirksam. Sie bestimmen das Individual- und Gruppenverhalten. Für sozialwissenschaftliche Zwecke wird dementsprechend R. als „eine Gruppe von Menschen (definiert), die im tatsächl. Leben als R. angesehen und so behandelt wird" (BLUMER). Diese Definition ist umfassend; sie schließt auch solche zwischenmenschl. Beziehungen, namentlich solche konflikthafter Art, ein, deren Basis objektiv bzw. biologisch gesehen nicht R.unterschiede sein können, da diese nicht vorhanden sind, die aber trotzdem nach der subjektiven Wahrnehmung der Beteiligten „rassisch" bedingt sind. Sie ist aber auch nicht so weit, daß religiös motivierte Gruppenkonflikte einbezogen werden, die ihren sozialen Auswirkungen nach den rassisch bedingten Konflikten stark ähneln, wie sich an den Auseinandersetzungen zwischen katholischen und protestantischen Bevölkerungsteilen Nordirlands zeigt, aber auch zu der von den Vereinten Nationen mehrheitlich vorgenommenen irrigen Gleichsetzung von Rassismus und Zionismus verleitet hat.

2. Politisch-soziale und rechtliche Aspekte. Obwohl – oder sogar weil – wissenschaftlich begründete Theorien über eine für das Zusammenleben der Menschen relevante Verschiedenartigkeit der R. nicht bestehen, hat die subjektiv wahrgenommene rassische Unterschiedlichkeit vor allem seit der Begegnung der weißen R. mit anderen im Zuge der westl. Kolonisation als Anknüpfungspunkt für eine soziale und nachfolgend auch rechtliche Sonderbehandlung fremder R.n eine große, oftmals verheerende Bedeutung gewonnen. Ein Blick auf die seit der Antike (ARISTOTELES) die Literatur füllenden Versuche der Erklärung rassischer Unterschiede zeigt, daß nur mit wenigen Ausnahmen der Nachweis der Höherwertigkeit oder Minderwertigkeit bestimmter R.n Ziel solcher Untersuchungen war. So ist die Aristotelische Lehre von dem naturgegebenen Sklavendasein inferiorer Menschengruppen, die für ARISTOTELES nicht notwendig R.n in der modernen Sicht zu sein brauchten, von großem Einfluß auf die wissenschaftl. und politische Diskussion des R.problems gewesen. Bis in die jüngste Zeit lassen sich bewußte oder unbewußte Vorurteile nachweisen, die sogar in die methodischen Ansätze wissenschaftl. Untersuchungen rassischer Unterschiede hineinreichen. Dieses gilt im besonderen Maße für alle jene, seit dem 17. Jahrhundert in großer Zahl verfaßten Untersuchungen, die sich mit den rassischen Unterschieden zwischen Weißen und Schwarzen befaßten. Auch soweit die Autoren dieser Arbeiten nicht unmittelbar politische und gesellschaftl. Ziele in Gestalt der Legitimation der Sklaverei verfolgten, sind die hier vermittelten „Beweise" rassischer Inferiorität der Schwarzen von unübersehbarem Einfluß auf die politische, gesellschaftl. und rechtl. Behandlung der Schwarzen gewesen. Es darf allerdings auch nicht übersehen werden, daß auch jenseits des R.konflikts zwischen Schwarzen und Weißen in nahezu allen multirassialen Gesellschaften die typischen Erscheinungen des R.konflikts – gesellschaftl. und rechtl. Diskriminierung bis hin zur physischen Bedrohung und Vernichtung der als minderwertig empfundenen R. – zu dieser oder jener Zeit nachweisbar sind.

Politische und gesellschaftliche Träger der R.ideologien und rassistischen Bewegungen im 20. Jahrhundert sind nicht nur politische und ökonomische Machteliten gewesen, denen die Ideologie rassischer Inferiorität einzelner Bevölkerungsgruppen als Rechtfertigung ihrer Unterdrückung und Ausbeutung dienten, sondern auch Angehörige solcher mittleren und unteren sozialen Schichten, die sich durch die als fremdrassig wahrgenommenen Bevölkerungsteile in ihrer ökonomischen und sozialen Existenz bewußt oder unbewußt bedroht fühlten – Gruppen also, die im 20. Jahrhundert insgesamt zu extremistisch-populistischen Antibewegungen tendiert haben. Als Beispiele sind hier zu nennen die vor allem der unteren Mittelschicht angehörenden Mitglieder der rassistischen Ku-Klux-Klan-Bewegung in den USA, die kleinbürgerl. Schichten als bedeutsame Träger des →Nationalsozialismus und →Faschismus, sowie in der Gegenwart die entsprechenden sozialen Schichten der weißen Bevölkerung Südafrikas als wesentl. Träger der Apartheid-Politik bzw. auch allgemeiner des Buren-Nationalismus (LIPSET, MYRDAL). Ein besonderes Merkmal solcher Bewegungen ist die von ihnen betonte mangelnde Assimilierbarkeit namentlich der schwarzen R., weswegen die Angst vor R.mischung oft ein treibendes Motiv ihrer R.politik ist, die sich häufig im Verbot von Mischehen artikuliert.

Neben den verschiedenen Formen gesellschaftl. Distanz, Diskriminierung und Nichtachtung seitens der sich als höherwertig empfindenden Bevölkerungsgruppen war und ist jedenfalls für breite rassistische Bewegungen die jeweilige Rechtsordnung das Instrument der Umsetzung der R.ideologie in die gesellschaftl. und staatl. Wirklichkeit. Beispiele hierfür waren bzw. sind in diesem Jahrhundert die in den USA bis 1954 geübte Rechtspraxis der „separate but equal"-Doktrin, die Nürnberger Rassegesetze von 1936 im nationalsozialistischen Deutschen Reich und die Apartheid-Politik (Politik der getrennten Entwicklung) in der Republik Südafrika. Während die Nürnberger R.gesetze offen auf einen völligen Ausschluß der jüdischen Mitbürger in Deutschland vom öffentl. Leben zielten, war bzw. ist das Ziel der rechtlich verfestigten Politik der getrennten Entwicklung oder getrennten, aber gleichen Entwicklung die Herbeiführung einer Koexistenz der R.n in je eigener Entwicklung, die sich allerdings – wie alle ernsthaften empirischen Studien ergeben haben – in einer vielfältigen Ungleichheit faktisch und vielfach auch rechtlich realisiert. Darüber hinaus hat aber der amerikanische Supreme Court zutreffend festgestellt, daß schon die Konzeption einer getrennten, wenn auch gleichen Behandlung rassischer Gruppen in sich eine Ungleichbehandlung darstellt, weil sie voraussetzt, daß in der jeweiligen Situation der andersrassige Bürger allein wegen dieses von ihm unbeeinflußbaren Merkmals einer besonderen Behandlung unterworfen wird. Die Folgen rassischer Diskriminierung für die hiervon betroffenen Bevölkerungsgruppen und Individuen sind gravierend. Abgesehen von den offenkundigen, häufig gewalttätigen Beeinträchtigungen, die die physische Existenz der diskriminierten und verfolgten Gruppen bedrohen, sind hier auch die mannigfachen individuellen und gruppenbezogenen sozialen und psychischen Deformierungen der diskriminierten Menschen zu nennen, die zum Verlust spezifischer Sozialbindungen und eines kulturellen und individuellen Identitätsbewußtseins führen können. Oft sind die von der sich rassisch höher einschätzenden Gruppe angeführten kulturellen und sozialen Defizite der diskriminierten Gruppen erst das Resultat langwährender Diskriminierung und sozialer Isolierung.

Den auf Diskriminierung zielenden R.ideologien und -bewegungen haben sich schon frühzeitig entgegengesetzte politische, philosophische und religiöse Bewegungen entgegengestellt, die von der grundsätzl. Gleichwertigkeit (→Gleichheit) aller Menschen ausgehen. Zu den politisch wirksamsten und bedeutsamsten Vorläufern der heutigen Anti-Rassismusbewegungen gehören die Abolitionisten, die seit dem Jahre 1774 und verstärkt mit der Gründung der Anti Slavery Society im Jahre 1831 in den Vereinigten Staaten gegen die Sklaverei als mit den amerikanischen Verfassungsidealen unvereinbar kämpften. Im 20. Jahrhundert ist der Kampf gegen die Rassendiskriminierung auf das engste mit der nach dem 2. Weltkrieg zu weltweitem Durchbruch gekommenen internationalen Menschenrechtsbewegung verknüpft.

Die Überwindung der R.diskriminierung, d. h. der ihr zugrundeliegenden rassistischen Vorurteile sowie der aus ihnen resultierenden rechtl. Benachteiligungen andersrassiger Menschen wird seit dem Ende des 2. Weltkrieges auf zwei Ebenen versucht: auf der nationalen durch den Erlaß entsprechender Gebots- und Verbotsnormen mit und ohne Verfassungsrang und auf der internationalen Ebene durch die Schaffung völkervertragsrechtl. Schutznormen, deren Adressaten die Staaten sind, die aber auch mittelbar und unmittelbar den einzelnen Menschen berechtigen und verpflichten. Das Verbot der Rassendiskriminierung wird aber heute überwiegend auch als Satz des Völkergewohnheitsrechts anerkannt. Inhaltlich lassen sich bei der Entwicklung völkerrechtl., gegen die R.diskriminierung gerichteter Normen allgemeine Regelungen über das Verbot jeglicher Diskriminierung, gleich aus welchen Gründen, und spezielle Regelungen unterscheiden, die sich ausdrücklich gegen die Rassendiskriminierung und noch spezieller gegen die Apartheid-Politik als Sonderform rassendiskriminatorischer Verhaltensmuster richten. Träger der gegen die R.diskriminierung gerichteten Menschenrechtsentwicklung sind vornehmlich die →Vereinten Nationen. Grundlagen der allgemeinen Staatenverpflichtung, die R.diskriminierung zu beseitigen, sind die entsprechenden Diskriminierungsverbotsnormen der Charta der Vereinten Nationen sowie die universellen und regionalen Menschenrechtspakte (Europäische Menschenrechtskonvention von 1950, Amerikanische Menschenrechtskonvention von 1969, Menschenrechtspakte der Vereinten Nationen von 1966). Hinzu kommen als spezielle Vertragsgrundlagen die Konvention der Vereinten Nationen über die Beseitigung jeder Form von R.diskriminierung von 1966, die von über 120 Staaten ratifiziert worden ist, und das von den Vereinten Nationen erarbeitete, aber noch nicht in Kraft getretene Übereinkommen über die Bekämpfung und Bestrafung des Verbrechens der Apartheid. Für die Durchsetzung der internationalen Menschenrechts- und Diskriminierungsverbotsvorschriften sind teils gerichtsförmige, teils schiedsverfahrensähnl. Schutzinstrumente vorgesehen.

Sowohl in den einschlägigen nationalen Rechtssetzungen als auch in den internationalen Kodifikationen liegt der Schwerpunkt der rechtspolitischen Zielsetzungen im Abbau diskriminatorischer Rechtsvorschriften sowie in der rechtlich gestützten Sicherung gleichen Zugangs der bisher diskriminierten Bevölkerungsgruppen zu gleicher Teilhabe am politischen, wirtschaftlichen, sozialen und kulturellen Leben der jeweiligen Gesamtgesellschaft. Besonderes Gewicht wird dabei auf die schrittweise Ermöglichung sozialer Kontakte zwischen den bisher getrennten rassischen Gruppen gelegt mit dem Ziel, durch gegenseitiges Kennen- und Verstehenlernen zum Abbau der für die Diskriminierung ursächl. Vorurteile beizutragen. Insgesamt läßt sich dieser Ansatz zur Überwindung der R.diskriminierung als Nutzung des Rechts als soziales Erziehungsinstrument kennzeichnen. Daneben werden nationale und internationale Versuche unternommen, durch strafrechtl. Normen der R.diskriminierung und R.hetze Herr zu werden, also eine individuelle Verantwortlichkeit für Akte der R.diskriminierung festzulegen, um auch auf diese Weise zu einer Bewußtseinsänderung beizutragen.

Der erzieherische Ansatz zur Überwindung der R.diskriminierung seitens des nationalen Gesetzgebers (zB Civil Rights Gesetzgebung der Vereinigten Staaten, Race Relations Act im Vereinigten Königreich von Großbritannien und Nordirland) zeigt, daß sich die Erkenntnis durchgesetzt hat, daß R.diskriminierung auf objektiv nicht begründeten, subjektiven Wahrnehmungsverzerrungen beruht, die bei einer Korrektur durch Aufklärung und Bewußtseinsveränderung jedenfalls so weit abbaubar sind, daß kurz- und mittelfristig grobe Menschenrechtsverletzungen zu Lasten rassischer Minderheiten vermieden werden und langfristig ein an der gleichen Würde aller Menschen orientiertes Sozialleben auch in multirassialen Gesellschaften ermöglicht werden kann.

In einer gewissen Spannung zu den Bemühungen um eine Gleichstellung aller R. im staatl. und gesellschaftl. Leben stehen die heute immer stärker hervortretenden nationalen und internationalen Bestrebungen, die kulturelle Identität der Völker, Rassen und Ethnien zu sichern und zu fördern. Sicherung und Förderung kultureller Identität bedeutet jedoch auch Abgrenzung und Schutz vor Assimilierung. R.integration bzw. R.gleichstellung kann also nur im Respekt vor der je eigenen Würde und kulturellen Besonderheit der rassischen Gruppen konzipiert werden, d. h., die Gleichstellung muß deutlich von Nivellierung unterschieden werden. So sicher eine solche Konzeption ein wertvoller Beitrag zu sich ergänzender kultureller und politischer Vielfalt bedeutet, so wenig dürfen die mit den Betonungen der Eigenarten der Rassen und Völker verbundenen Gefahren einer Perpetuierung traditioneller, vorurteilsbedingter Abgrenzungen übersehen werden.

E. v. EICKSTEDT, R.kunde und R.geschichte der Menschheit (1934), 1937–1943 – H. G. BLUMER, Reflections on Theory of Race Relations, in: A. W. LIND (Hg.), Race Relations in World Perspective, Honolulu 1955, 3 ff. – UNESCO, The Race Question in the Modern Science, Paris 1959 – E. SCHWELB, The International Convention on the Elimination of all Forms of Racial Discrimination, in: The Int'l and Comp. Law Quarterly 1966, 996 ff. – M. BANTON, Race Relations, London/Sidney/Toronto/Wellington 1967 – J. DELBRÜCK, Die R.frage als Problem des Völkerrechts und nationaler Rechtsordnungen, Frankfurt 1971 – K. BREITHING, Die nationalsozialistische R.lehre. Entstehung, Ausbreitung, Nutzen und Schaden einer polit. Ideologie, 1971 – A. MONTAGU, Statement on Race, 3. Aufl. Oxford/New York 1972 – UNESCO, Declaration on Race and Racial Prejudice, Paris. 27. November 1978, in: UNESCO's Standard Setting Instruments, Supplement 1, Paris 1982 – K. J. PARTSCH, Elimination of Racial Discrimination in the Enjoyment of Civil and Political Rights, in: Texas Int'l Law Journal 1979, 191 ff. – R. K. NUSSMANN, Vergleichende Biologie des Menschen, Stuttgart 1980 – N. LERNER, The U.N. Convention on the Elimination of all Forms of Racial Dicrimination, Alphen/Rodeville 1980 – ST. J. GOULD, The Mismeasure of Man, New York/London 1981.

Jost Delbrück

3. Theologisch. Der im Bereich der Anthropologie unterschiedlich verwendete und nur ungenau zu bestimmende Begriff der R. kommt in den Schriften der Bibel nicht vor. Nach der Vorstellung des AT haben die verschiedenen Völker (Gen 10) ihren Ursprung in einer gemeinsamen Abstammung (→Volk). So wie im Schöpfungsakt des ersten Menschen (Gen 1) Gott der Erschaffer aller Menschen ist, so werden die Völker in ihrer rass. Verschiedenheit als ein umfassendes Verwandtschaftssystem eines gemeinsamen Stammvaters verstanden. Voraussetzung und Grundlage für die sich daraus entwickelnden unterschiedlichen Ethnien ist der göttlich gestiftete noachitische Bund (Gen 9). An dieser ursprungsbezogenen Gesamtschau der Menschheit ändert auch der mosaische Bundesschluß mit seiner besonderen Erwählung →Israels nichts (Ex 19). Die Sonderstellung Israels liegt ausschließlich in dem ihm eigenen Gottesverhältnis und dem ihm zuteil gewordenen göttlichen Sendungsauftrag begründet. Biologisch bedingte rass. Qualifikationen spielen in diesem Zusammenhang keine Rolle. Unter dieser Voraussetzung ist es möglich, daß andere Völker Israel als Vorbild und Maßstab vor Augen gestellt werden. Erst die geschichtliche Endzeit wird den Nationen die universale Herrschaft Gottes enthüllen und sie zur gemeinsamen Anbetung führen. Das NT sieht diese Heilszeit in der Sendung Jesu Christi angebrochen. Der Neue Bund ist nicht mehr an den Stammesverband Israels gebunden. Er gilt den Heiden sowohl wie den Juden (Röm 9–11). Jesus selber durchbricht zeichenhaft die für die jüdische religiöse Identität maßgebenden Grenzen, indem er sich auch Angehörigen anderer Ethnien zuwendet (Mt 15,21 ff.). In der durch seinen Tod und seine Auferstehung gestifteten neuen sakramentalen Heilsgemeinschaft haben rass. Unterschiede sowenig wie die Verschiedenheit der Geschlechter Gültigkeit (Gal 3,28). Die →Kirche ist gerade darin von allen anderen menschlichen Gemeinschaften unterschieden, daß rass. und biologische Voraussetzungen ebenso wie ethnische und nationale Zugehörigkeiten und natürliche Verwandtschaftssysteme in der neuen Heilsgemeinschaft aufgehen. Ursprünglich biologische oder ethnisch und kulturell gefüllte Begriffe können zur Bezeichnung dieser veränderten Wirklichkeit mit neuem Sinngehalt eingesetzt werden: „Neues Geschlecht", „Volk Gottes", „Familie Christi", „himmlische Staatsangehörigkeit" u. a. m. Der neuzeitliche Begriff R. hat in diesen symbolischen Bezeichnungen der neuen Vergliederung in der Christusgemeinschaft *(Leib Christi)* seine implizite Aufhebung erfahren. Indem das NT die Aufhebung aller ethnisch-rass. Spannungen und Wertungen an die Teilhabe an der „neuen Schöpfung" des Menschen durch Christus bindet, unterscheidet es sich von jeder immanent philanthropischen Einheitsvorstellung, in der die schöpfungsbedingte rass. Vielfalt und der ethnische Reichtum der Völkerwelt ignoriert werden. Dennoch ist nicht zu übersehen, daß Ideen von der Einheit des Menschengeschlechtes, wie sie in der Geschichte des Abendlandes zur Überwindung rass. Vorurteile wirksam geworden sind, in diesem christl. Menschenbild vorgeprägt wurden.

In den verschiedenen Verlautbarungen des Ökumenischen Rates der Kirchen, zunehmend seit der Vollversammlung in Evanston (1954) zur R.frage wurde nicht immer deutlich, an welche Voraussetzungen christlicherseits die Überwindung der R.schranken gebunden ist. In der notwendigen Verurteilung rass. Vorurteile (Rassismus) beschränkte man sich oftmals auf eine Wiederholung der allg. →Menschenrechte, wie sie in der Charta der →Vereinten Nationen enthalten ist, oder übertrug das für die kirchl. Gemeinschaft Wesentliche voraussetzungslos auf die Menschheit als ganze. In dem 1969 in Canterbury vom ÖKR beschlossenen „Plan eines ökumenischen Programms zur Bekämpfung des Rassismus" dient der Begriff der R. im wesentlichen zur Beschreibung politischer und wirtschaftlicher Spannungsfelder in Ländern der Dritten Welt. Im Zusammenhang der in diesem Programm vorgesehenen kirchl. Unterstützung einzelner politischer „Befreiungsbewegungen" bezeichnet „Rassismus" fast ausschließlich politische oder wirtschaftliche Strukturen, in denen „weiße" Bevölkerungsteile dominant sind (so v. a. im südlichen Afrika). Er kann aber auch übertragen werden auf die im entwicklungspolitischen Nord-Süd-Gefälle liegenden Konflikte. Indem zwischen R.vorurteilen und sozio-politischen Interessenkonflikten nicht mehr unterschieden wird, verliert der Begriff der R. seine präzise Bedeutung und gerät in ein emotionales Spannungsfeld. „Der bewußte oder unbewußte Glaube an die inhärente Überlegenheit von Menschen europ. Abstammung" und „der Glaube an die angeborene Inferiorität aller farbigen Völker" gerät damit auf dieselbe Argumentationsebene wie die rass. irrelevanten Problemfelder politischer und wirtschaftlicher Natur. Indem der R.-Begriff ideologisiert und zu einer Kampfparole gemacht wird, unterliegt er demselben Mißbrauch, dem die zu bekämpfende Apartheidsideologie Vorschub leistet: Die sachliche Lösung spannungsvoller Konflikte und der von anderen Faktoren bestimmten sozio-ökonomischen Spannungsfelder wird verhindert, wenn sie, ins Biologische überhöht, zu einer Frage der Hautfarbe gemacht wird. Theol. besteht darum die Aufgabe zunächst darin, den Begriff der R. von den verschiedensten Überlagerungen und Deutungsmustern zu befreien und ihn durch eine genauere Erfassung ethnischer, sozioanthropologischer und kultureller Phänomene zu präzisieren. Hinter vielen Erscheinungen und Motiven, denen allzu leicht rass. Gründe zugeschrieben werden, stehen die verschiedensten Faktoren einer ethnischen Gruppierung. Besonders im Blick auf die Suche nach Identität unter den sehr unterschiedlichen Ethnien und Abstammungsgruppen (Stämme, Kasten u. a. m.) in den jungen Staaten Asiens und Afrikas und den daraus entstehenden Spannungen begegnen wir komplexen Phänomenen, die sich keinesfalls mit dem Begriff R. erklären lassen. Der Beitrag der →Kirche zur Lösung dieser die R.frage übersteigenden Konflikte besteht primär darin, sowohl in ihrer universalen, weltweiten Gemeinschaft als auch in ihrer regionalen Präsenz Zeichen der Überwindung dieser Schranken zu sein. Damit zielt die theol. Fragestellung im Zusammenhang der R.probleme primär nicht auf ihre auch anderweitig auszumachenden Folgeerscheinungen. Sie richtet sich an den von rass. Faktoren bestimmten Menschen und seine in Christus geschehene Erneuerung. Darum kann „an der Wurzel des Problems weder das Faktum R. an sich noch die R.unterschiede liegen", so daß die „wirkliche Spannung nicht zwischen der weißen und den farbigen R.n, noch zwischen herrschenden und beherrschten Gruppen besteht, sondern zwischen der Gemeinde der Getauften und jener der Ungetauften" (KITAGAWA). Die Überwindung ethnozentrischer, nationalistischer oder klassenspezifischer Eigeninteressen und die Freisetzung integrativer Kräfte zur größeren Gemeinschaftsfähigkeit ist für die Christen darum nicht zunächst ein programmatischer Appell an die Betroffenen oder der Aufruf zum Kampf gegen Wirtschaftsformen und politische Systeme. Ihr Einsatz und ihr Ringen gilt der deutlicheren Gestaltwerdung und weiteren Ausbreitung der in Christus gegründeten neuen Gemeinschaft, in der die R. und die ihr eigenen Selbstbehauptungen kein Problem mehr sind. „ ‚Die Gemeinde der Getauften' hat die Aufgabe der Buße und der Verkündigung von →Gesetz und Evangelium und den Dienst helfender Liebe an den widereinanderstehenden R.n" (W. HOLSTEN).

W. A. VISSER 'T HOOFT, The Ecumenical Movement and the Racial Problem (The Race Question and Modern Thought) (1954) – P. MASON, Christianity and Race (1956) – J. LAFARGA, The Catholic Viewpoint on Race Relations (1956) – K. HASELDEN, The Racial Problem in Christian Perspective (1959) – O. NIEDERBERGER, Kirche-Mission-Rasse, Neue Z. für Missionswiss. Suppl. IX (1959 – Lit.) – G. MENZEL, Die Kirchen und die Rassen (1960) – D. KITAGAWA, Rassenkonflikte und christl. Mission (1968) – K. M. BECKMANN (Hg.), Rasse, Kirche und Humanum (1969) – DERS. (Hg.), Rasse, Entwicklung und Revolution (1970[2]) – W. VON KRAUSE, Thesen zum ökumenischen Antirassismus-Programm, in: Ev. Mission, Jb. (1973) 21 – 34.

Horst Bürkle

4. Juristisch. S. Rechtsphilosophie.

Rassismus →Imperialismus; →Ökumenische Bewegung; →Rasse 3

Rationalismus →Aufklärung

Raumordnung →Baurecht; →Bodenpolitik; →Planung II, III

Recht. I. Geschichtl. Überblick. Eine kirchl. verordnete Rechtslehre ist ev. Denken fremd. Im Rahmen unterschiedlicher theol. Ansätze wurden und werden jedoch Konzeptionen entworfen, die sich im hist. Fortgang als einander fördernde Beiträge verstehen lassen.

A. Von der →Reformation bis zur Aufklärung. Bei der R.auffassung reformatorischer Theol. kommen einerseits die charakteristischen Verschiedenheiten zwischen LUTHER, MELANCHTHON, ZWINGLI und CALVIN zur Geltung, die teilweise dadurch bedingt sind, daß die Schweizer Reformatoren sich zu direkter Einflußnahme auf die politische Neugestaltung ihrer Territorien genötigt sahen. Andererseits ist ihnen allen ein „R.gehorsam" gemeinsam, der sie mit ihren Kirchen vom linken Flügel der reformatorischen Bewegung trennt und die Art ihrer politischen Mitverantwortung kennzeichnet. Ob LUTHER sich als R.denker verstand, ist – im Unterschied zu CALVIN und dessen weitaus intensiverer jur. Ausbildung – umstr., aber die bibl. Rede von R., →Gerechtigkeit, Rechtfertigung und die unvermeidl. Auseinandersetzung mit dem kanonischen R. (→Kirchenrecht II) und dem christl. →NaturR. des MA., mit seiner Rückführung aller irdischen Gerechtigkeit unmittelbar auf das göttl. Regiment, boten zwingenden Anlaß, sich sowohl mit der Problematik des →ius divinum (naturale und positivum) wie mit den Grundfragen weltl. R.lebens zu beschäftigen, vor allem auch mit den Fragen des →Kirchenrechts. Zum entscheidenden Problem wurde das Verhältnis von geistl. und weltl. R., ihre Unterscheidung wie ihre Zusammengehörigkeit.

In Verbindung mit humanistischen Tendenzen (bei MELANCHTHON, J. OLDENDORP, J. ALTHUSIUS) bemühte sich auch die Orthodoxie zunächst noch um die Einheit allen R., wobei die Unterscheidung von geistl. und weltl. R. eine doppelte Möglichkeit anbot, nämlich eine R.begründung aus der Bibel oder eine solche aus der Sozialität des Menschen, beide zugleich orientiert am Begriff des NaturR. So entfaltete noch VAL. ALBERTI mit seinem „Compendium Juris Naturae orthodoxae theologiae conformatum" (1678) abschließend eine bibl. Fundierung des NaturR. Aber er tat es in bereits aussichtsloser Verteidigung gegen CHR. THOMASIUS († 1728, „Fundamenta Juris Naturae et Gentium e sensu communi deducta"), den Vollender des säkularen R.denkens, und dessen mit dem Angriff auf das ius divinum verbundenes profanrationales NaturR. der Aufklärung, wie es im ref. Westen vor allem H. GROTIUS († 1645) und ungleich radikaler TH. HOBBES († 1679), lutherischerseits S. VON PUFENDORF († 1694) in schrittweiser Loslösung aus dem theol. Rahmen des R.denkens begründet hatten. Hierbei spielten die Auswirkungen der Konfessionskriege ebenso eine Rolle wie der Aufbau des konfessionell zunehmend indifferenten Absolutismus: Beide Entwicklungen zwangen zu fragen, in welchen Prinzipien universales und politisch einigendes R. begründet und wie es theoretisch begründbar sei. Für GROTIUS („De iure belli ac pacis") entsprang zwar das R. dem ordnenden Liebeswillen Gottes, aber das so begründete NaturR. entspricht zugleich der Vernünftigkeit eines sensus communis als der Basis eines auf vertragl. Übereinkunft ruhenden positiven R. HOBBES („Elements of Law Natural and Politic") ordnet Theol. und Kirche prinzipiell dem Staat unter und kommt so mit der Formel „auctoritas non veritas facit legem" i. V. m. einer rational-empirischen Anthropologie zu einem „naturrechtl. Positivismus". PUFENDORF hingegen („De iure naturae et gentium") begründete zwar sein rationales System des NaturR. auf der socialitas des Menschen, war aber bemüht, seine Übereinstimmung mit der Offenbarung zu betonen. Inhaltl. gründet das NaturR. in der Anthropologie, aber seine Verbindlichkeit resultiert zuletzt doch aus dem Gebot Gottes. So beteiligt sich seit dem 17. Jh. der Protestantismus am Aufbau einer autonomen R.wissenschaft, ohne immer auch für die Folgen einer Trennung des R. von Glaube und Sittlichkeit kritisch genug einzustehen. Zwar wird das Problem einer solchen Aufspaltung durchaus gesehen. Doch man versucht ihm in der Regel durch Vorstellungen vom Zusammenwirken verschiedener Bereiche und Kompetenzen zu begegnen, statt die Unterschiede der Denkweisen zu klären und die ihnen entsprechenden Handlungsweisen in ihrem Verhältnis zueinander zu bestimmen.

B. 19. Jh. Allmählich treten juristische und objektiv-politische Denkweise einerseits, rechte Gesinnung und Einstellung zu politischen Aufgaben andererseits immer mehr auseinander. In diesem Sinne wird etwa auch KANTS Unterscheidung von *Legalität* und *Moralität* mißverstanden, während KANT hervorheben wollte, daß „moralisch" nicht gleichbedeutend sein könne mit „rechtlich institutionell". Beide, Legalität und Moralität, richten sich jedoch gemeinsam gegen Vorstellungen von der einzig wahren Gerechtigkeitsordnung, die als Utopien zu entdekken sind, um sie dann als die einzig möglichen hinzustellen. Erst aus dieser Grundhaltung, nicht bereits infolge einer Verselbständigung der R.sphäre, entsteht eine R.fremdheit, die Ordnungen als Realisationen von Idealen zu entwerfen erlaubt: Gesellschaftsmodelle, die an dem sozial Vorgegebenen und dem Erfahrungsschatz des vernünftig Wirklichen vorbeigehen. Dagegen wendet sich insbesondere HEGEL, der mit seinem Versuch, Legalität und Moralität dialektisch zu vermitteln, Kirche und Theologie nicht daran hindern konnte, sich nur noch im Medium der Moral zu bewegen – sicherlich auch in bester Absicht, nur so der Vernachlässigung des Zusammenhangs von Recht, Sittlichkeit und Glauben wehren zu können. Aus dieser Lage muß die von R. SOHM aufgestellte, höchst wirkungsvolle These verstanden werden, das durch Zuordnung von Gesetz und Zwang bestimmte R. sei mit der durch Freiheit und Liebe im Hl. Geist bestimmten Kirche wesensmäßig unvereinbar. Diese These trifft allein für ein verselbständigtes, lediglich von seiner Zwangsnatur her verstandenes R. zu. Je mehr man sich auf ein solch verabsolutiertes R. einstellte, desto weniger wurde bedacht, daß R. mehr und andere Elemente enthält als seine Erzwingbarkeit, daß es vielmehr nur lebensfähig ist, wenn es auch von →Gerechtigkeit, Gnade und Liebe bestimmt wird.

Sofern man im Protestantismus eine Autonomie des R. nicht nur als gegeben hinnahm, sondern sie sogar für rechtens hielt, wurde das R. theologisch nur noch im Rahmen umfassender Geschichts- und Kulturtheorien bedacht, um wenigstens auf diese Weise noch einen Zusammenhang plausibel zu machen. In den theol. Ethiken trat das Problem des R. fast ganz zurück, mit Ausnahme der →Institutionen, der „Ordnungen" (Ehe, Staat, Kirche, Eigentum). Hier konnte man unter Hinweis auf die gottgewollte Zuständigkeit solcher Ordnungen für die Erhaltung der Welt nachträgl. auch die Entlassung der Sorge um das R. aus theol. Denken und kirchl. Handeln rechtfertigen und den Positivismus des modernen R.begriffs und seine ausschließl. Rückführung auf die politische Macht bis in das KirchenR. hinein als selbstverständl. hinnehmen.

Darin äußert sich auch die wachsende innere Unsicherheit der Kirche in ihrem Verhältnis zum →Staat, die ihr eine Beschränkung auf die christl. Privatheit und auf die Motivierung persönl. Verantwortung nahelegte. Verstärkt, ja besiegelt wurde dies im dt. →Luthertum durch die Trennung von christlicher Innerlichkeit und vernünftig zu regelnder Weltgestaltung (CHR. E. LUTHARDT, E. TROELTSCH), ein Dualismus, der zwar aus LUTHERS Unterscheidung von geistl. und weltl. Regiment (→Zwei-Reiche-Lehre) abgeleitet werden sollte, aber in Wirklichkeit LUTHERS komplexe Gedanken zum Verhältnis von Gott und Welt, Kirche und Staat, Glaube und Vernunft, Liebe und Zwangsgewalt umdeutete.

C. 1918 – 1933. Die veränderte Situation der Kirche im neu entstehenden demokratisch-bürgerl. R.staat verlangt eine Neubesinnung auf das Verhältnis der Theol. zum R., vor allem hinsichtlich einer öffentl.-rechtl. Konstitution der Kirche (→Kirche und Staat II C). Die Diskussion darüber schließt sich z. T. an die im Laufe des 19. Jh. zugespitzte Streitfrage „Volkskirche oder Bekenntnisgemeinschaft?" an, wie sie in der (parallel zur allg. Verf.debatte fortgeführten) Kirchenverfassungsdebatte weiter erörtert wird (→Kirchenordnung).

Ein weiteres dringl. Problem erwächst aus der Umbildung der sozialen Verhältnisse, verursacht durch die fortschreitende industrielle Revolution. Die Forderung nach Gleichberechtigung aller Bürger und nach sozialer Gerechtigkeit im Sinne von Gleichstellung (nicht mehr nur von Gleichbehandlung) tritt immer mehr in den Vordergrund. Sie wird in zahlreichen sozialethischen Bemühungen aufgenommen, zu denen auch die Anfänge des ökumenischen Gesprächs über die soziale Verantwortung der Kirche (seit Stockholm 1925) zu rechnen sind.

Eine theol. R.konzeption ist jedoch weniger im Zusammenhang solcher Neuordnungen entwickelt worden, sondern im Bestreben, durch den Rekurs auf „Ordnungen" die gesamte Welt des R. zu gliedern und einer theol. Letztbegründung zuzuführen. Während im 19. Jh. ein ethisches Interesse an gottgegebenen Ordnungen innerhalb der Sphäre säkularen R. vorgeherrscht hatte, sollen jetzt alle sozialen Gegebenheiten und Gestaltungen theol. umfassend reflektiert werden – nicht, um einzelne politische oder rechtl. Probleme in Angriff zu nehmen, sondern um sie in einen *Legitimationszusammenhang* zu bringen.

D. Anstöße und Auswirkungen des Kirchenkampfes. Der offenkundige R.verfall im Dritten Reich und das Versagen des kirchenrechtl. Positivismus im Ringen der Kirche um ihre kirchl. Existenz haben die Frage nach dem R. für die prot. Theol. neu gestellt. Sie setzt ein mit der Forderung eines bekennenden KirchenR. (ERIK WOLF) und erhält ihren entscheidenden Anstoß durch K. BARTHS Frage nach dem Verhältnis von *„Rechtfertigung und R."* (1938): „Gibt es eine Beziehung zwischen der Wirklichkeit der von Gott in Jesus Christus ein für allemal vollzogenen Rechtfertigung des Sünders allein durch den Glauben und dem Problem des menschl. R.: eine innere, eine notwendige, eine solche Beziehung, durch die mit der göttl. Rechtfertigung auch das menschl. R. in irgendeinem Sinne zum Gegenstand des christl. Glaubens und der christl. Verantwortung und damit auch des christl. Bekenntnisses wird?" Die Stärke dieser „christologischen Begründung" des R. besteht – geschichtlich gesehen – darin, in einer Zeit weitverbreiteter Staatsvergötzung und (oft als Kehrseite davon) politischer Resignation die Mitverantwortung der „Christengemeinde" für die „Bürgergemeinde" unter der sie beide umfassenden Herrschaft Jesu Christi verbindlich gemacht zu haben: nämlich als Akt der Freiheit des Glaubens. So kann zB das KirchenR. dem weltlichen R. vorbildlich werden, indem es zeigt, daß und wie R. sich nicht auf die Sanktionen verlassen kann, die es garantieren sollen, wenn es nicht durch ungezwungene Zustimmung getragen ist, ohne dabei einem plebiszitären Prozeß unterworfen zu werden. Kirche und Staat sind um der Freiheit der Verkündigung des Evangeliums willen aufeinander bezogen; darauf beruht das theologische Ja zum demokratischen R.staat, das für politische Ordnung, Frieden und Freiheit zu sorgen nötigt, im Wissen um dessen Vorläufigkeit, aber gerade deswegen in höchster Verpflichtung. Im Licht der in Jesus Christus offenbarten Gottesgerechtigkeit wird nach den Möglichkeiten menschl. R.handelns gefragt und werden geschichtl. R.setzungen beurteilt. – Als fragwürdig haben sich Versuche zur Ableitung von R.aufgaben aus der „Christuswirklichkeit“ erwiesen, sei es als „Gleichnisse“ (BARTH), oder „Entsprechungen“ (E. JÜNGEL). Zumeist wählen sie bestehende R.grundsätze aus, um sie nachträglich theologisch zu gewichten und zu legitimieren. Insofern fällt der Vorwurf, den BARTH und seine Freunde sowohl gegen eine konservativ-lutherische Ordnungstheologie (zB P. ALTHAUS) wie gegen mehr naturrechtlich orientierte Auslegungen (zB E. BRUNNER) erhoben haben, auf sie selbst zurück; die Unterschiede zeigen sich in politischen Optionen, kaum in der Methode der Begründung (s. u. II).

Die Besinnung auf das Miteinander von Rechtfertigung und R. erneuert auch reformatorische Ansätze. Die „Reformation der R.idee“ hat bei LUTHER ihre Mitte im Gedanken der *lex spiritualis,* wie J. HECKEL zeigt, von der aus auch übernommene naturrechtl. Formeln einen neuen Sinn erhalten. Die lex spiritualis oder das göttl. NaturR., die zum Reich Christi gehört, wird im Reich der Welt verkannt und vermenschlicht, weil die Voraussetzung für das Leben in ihr fehlt, das Einswerden mit dem R.willen Gottes in der Gottesliebe. Das göttl. NaturR. ist identisch mit Gottes R. schaffendem Willen und daher, im Unterschied zum ma. NaturR., nicht rational einzuholen. Es wirkt geistl. Leben und ist Geist. Es ist Ordnung der göttl. Liebe und der göttl. Freiheit, bedarf nicht des Zwanges und ist wesentl. personhaft und schlechthin universal. Es ist die Lebensordnung des geistl. Menschen auch in seinem irdischen Dasein. Göttl. und weltl. R. verhalten sich zueinander wie Status-R. des Christen zum Status-R. des natürl. Menschen. Ein gleichberechtigtes Nebeneinander zweier R.e (entsprechend der dualistischen Umdeutung der Zwei-Reiche-Lehre) ist dadurch ausgeschlossen; ihr Gegensatz enthüllt alle menschl. Gerechtigkeit als pervertierte göttl., soweit nicht diese sich gleichwohl im Gebrauch irdischen R. geltend macht. Geht es in jener um Erhaltung und Durchsetzung des je „eigenen“ R., so hier um das Wesen des R. als „R. des Nächsten“, der Liebe und der Freiheit. Eine Zusammenschau dieser Motive versucht die Weiterführung des BARTHschen Ansatzes durch ERNST WOLF. In der Nähe dieser Bemühungen steht auch der rechtstheol. Entwurf des Juristen ERIK WOLF zur Entfaltung des „R. des Nächsten“ von dem dem Menschen in Christus geschenkten „Urrecht“ der Personalität her und der damit verbundenen „Urverfassung“ der Solidarität. Es geht WOLF um das „DienstR. am Nächsten“ als „Ordnung der Bruderschaft“.

E. Nach 1945 ist auch im kirchl. Raum die Neigung zu beobachten, vorwiegend nach der *R.begründung* zu fragen und so die neuen R.setzungen kritisch zu begleiten, die nach dem Verfall positiven R. im totalitären staatl. Handeln notwendig geworden waren. Dabei bot sich der Rückgriff auf das NaturR. an, das auf ev. Seite zu einer „trinitarischen“, Schöpfung und Gesch. vermittelnden R.begründung ausgestaltet wurde – vor allem in der auf ein NaturR. hin tendierenden ökumenischen Diskussion. Hingegen konzentrierte sich die „christologische“ R.begründung auf die Beziehung von Rechtfertigung und R. Beiden war und ist das Grundproblem ev. R.auffassung gemeinsam, die Frage nach dem Verhältnis von göttl. und menschl. Gerechtigkeit im Licht der Rechtfertigungslehre und ihrer ethischen Konsequenzen.

Weitere Diskussionspunkte waren und sind seither geblieben: die Frage nach der Kirche als R.gemeinschaft und ihre Mitverantwortung für die Menschlichkeit menschl. Daseins und für die R.verwirklichung, auch und gerade im öffentl. Bereich. An die Stelle des für viele diskreditierten Ordnungsbegriffes trat das franz. Äquivalent „institution“ (J. ELLUL), das die Diskussion weiterzuführen und soziologische bzw. juristische Vorstellungen zu berücksichtigen erlaubte.

Das vom Rat der EKD 1949 veranstaltete *Göttinger Gespräch* über „die christl. Begründung des R.“ mit seinem Ergebnis (Kirche und R., 1950) ist als der wohl erste Versuch einer zumindest mittelbaren kirchenamtl. Beschäftigung mit den Grundlagen des R.problems in der Gesch. des dt. Protestantismus anzusehen. Die hier aufgestellten Thesen lauten:

„1. Es bestand Übereinstimmung darin, daß zur Begründung des R. keiner der drei Art. des Glaubensbekenntnisses isoliert herangezogen werden kann. Die vielfach übl. Begründung des R. ausschließl. aus dem ersten Art. (Lehre von den Schöpfungsordnungen) wurde ebenso abgelehnt wie die schwärmerische Begründung allein aus dem dritten Art. (Existenzialismus!). Die Ablehnung gilt damit auch den verschiedenen verweltlichten Formen dieser Begründungen in den philosophischen NaturR.lehren. Eine isolierte Begründung vom zweiten Art. her, wie sie da und dort unter der Losung einer christologischen R.begründung auftritt, wurde ebenfalls nicht für mögl. gehalten. Die Begründung des R. im Leben der Menschen wurde vielmehr gem. ev. Lehre mit der Bezeugung der Gerechtigkeit des dreieinigen Gottes folgendermaßen in Beziehung gebracht:

2. Das R. als Daseinsverfassung des Menschen wurzelt in der Tatsache, daß Gott sein

Schöpfer ist. Das bedeutet: Gott hat ein unbedingtes Anrecht auf den Menschen. Indem der Mensch dieses Anrecht Gottes verneint, zerstört er sein eigenes R. In der Fleischwerdung, Kreuzigung und Auferstehung Jesu Christi hat Gott sein R. als Schöpfer gegenüber dem Menschen dadurch wieder aufgerichtet, daß er den R.bruch dieses Menschen auf sich genommen hat. Damit ist dem Menschen aufs neue sein R. gegeben, d. h. in der Person Jesu Christi zugesprochen und zu eigen gemacht. Diesen neuen Stand des Menschen hat die irdische R.übung zu achten. Ihn verkündigt die Predigt der Kirche. Insofern sind Christusverkündigung und R. des Menschen untrennbar, und insofern ist die Christologie für das R. begründend.

3. Das Vorstehende darf nicht im Wege abstrakter Logik dahin gedeutet werden, daß das R. i. S. eines allg. Prinzips aus dem Evangelium folge (nova lex evangelii). Ebensowenig wie die grds. Reihenfolge Evangelium – Gesetz läßt sich für die Ableitung des R. die grds. Reihenfolge Gesetz – Evangelium vertreten. Beide Wege führen, wenn sie zum Prinzip erhoben werden, zur Selbstrechtfertigung des Menschen und haben damit die Auflösung des R. zur Folge.

4. Die Unterscheidung von iustitia Dei und iustitia civilis wurde i. S. der Erkenntnis aufgefaßt, daß keine menschl. R.setzung der Gerechtigkeit Gottes kongruent ist. Eine unmittelbare Verknüpfung der iustitia naturalis mit der iustitia aeterna und der iustitia Dei entspricht nicht der ev. Lehre. Damit soll nicht bestritten werden, daß die Theol. das natürl. R. als geschichtl. Phänomen zu beachten hat. Der Bereich der Erhaltungsordnung Gottes wurde als der Bereich der iustitia aliena Dei betrachtet und eine Äquivalenz mit der iustitia Dei propria abgelehnt. So gewiß die Erhaltungsordnung in der Geduld Gottes steht, so gewiß kann der Mensch diese Ordnung nur in der Erkenntnis seiner Sündhaftigkeit und in der Anerkennung seiner eschatologischen Begrenztheit legitim handhaben.

5. Aus der Tatsache der Schöpfung und Erlösung ergibt sich die Achtung vor dem Menschen als ein Grundelement rechtl. Ordnung. In dieser Achtung vor dem Menschen muß auch die richterl. Bestrafung des Menschen geschehen. Auch in der Übung des R. verwirklicht sich die uns durch Christus aufgetragene Liebe zum Nächsten.

6. Der Christ darf sich konkreten Entscheidungen zur Verwirklichung der Gerechtigkeit auf Erden nicht entziehen. Im Glauben weiß er um die Gerechtigkeit Gottes und das Lebensrecht des Menschen. Von da aus wird er in Dankbarkeit und Freiheit auch die R.grundsätze anerkennen und gebrauchen, die im R.bewußtsein der Menschen, in der R.gesch. der Völker und auch im naturrechtl. aufgenommenen Dekalog vorliegen. Von da aus ist er auch gesichert gegen die Überheblichkeit wie gegen die Hilflosigkeit aller naturrechtl. Programme und Ausflüchte.

7. Auch die Kirche ist kraft dieser Erkenntnisse und in deren Grenzen verpflichtet und berechtigt, für das R. einzutreten, wo es not tut."

Die Diskussion wurde 1950 im Rahmen der ökumenischen Bemühungen auf zwei Tagungen in Treysa und seit 1955 in einer Studienkommission der Ev. Forschungsakademie Christophorusstift (später Ev. Studiengemeinschaft) fortgesetzt und auf die →Institutionenfrage ausgedehnt (R. und Institution I, 1956; II, 1969, hg. v. H. Dombois).

II. Die bisherigen Erkenntnisse und Ergebnisse lassen sich um Antworten auf die Begründungsfrage gruppieren:

A. Die Tradition der R.metaphysik setzt sich in dem Rekurs auf sog. **Schöpfungsordnungen** fort, indem durch den Aufweis „ursprünglicher" Gestaltungen menschl. Zusammenlebens versucht wird, eine theol.-ontol. *Letztbegründung* der Welt des R. zu erreichen. Hinter ihr steht das Erbe idealistischer und romantischer R.- und Staatsphilosophie, so die Idee der Eigengesetzlichkeit der einzelnen Kulturgebiete und die neuluth. Umformung der Zwei-Reiche-Lehre. Die Theorie der Schöpfungsordnungen, innerhalb deren auch das Volkstum als Ordnung eine Rolle spielt (P. Althaus, E. Brunner, mit Abwandlungen W. Künneth, H. Thielicke u. a.), geht aus von der Vorstellung eines Bestandes von gottgestifteten Schöpfungs- oder gottverordneten Erhaltungs- oder noachitischen (Interims-)Ordnungen des gesellschaftl. Seins und von ihren geschichtl. wandelbaren Gestalten. Die nähere Bestimmung greift auf Material der stoisch-christl. NaturR.lehre oder auf eine (soziologisch verstandene) phänomenologische Beschreibung der Wirklichkeit mit Hilfe jur. Vorstellungen zurück. Der diesen Ordnungen zugesprochene normative Charakter führte gelegentl. dicht an ihre Wertung als zweite Offenbarungsquelle. Zugleich ist diese Theorie von der Versuchung gefährdet, das Ergebnis der Analyse vorfindl. Gesellschafts- und Wirtschaftsstrukturen als inhaltl. Näherbestimmung der Ordnungen zu überzeitl. Werten zu qualifizieren und so aus ihnen konkrete R.normen abzuleiten, die zugleich auf der Ebene ihrer Realisierung mit vorgefundenem positivem R. ausgeglichen werden können.

B. Die christologische Begründung stellt R. theol. als Verwirklichung des ChristusR., der Rechtfertigung des gottlosen Menschen, dar. Der *kritische,* nicht-dogmatische Charakter prot. R.denkens ist hier maßgebend: das Wissen darum, daß Gott für uns menschl. R., ein R. für uns und unter uns will, das wir als sündige Menschen halten und erfüllen können; die Einsicht, daß dieses R. stets ein vorläufiges ist, eine Vor-Ordnung gegenüber der →Gerechtigkeit Gottes als letzter Instanz; die Erkenntnis, daß dieses menschl. R. nicht ohne Gott ist, daß es aufs

Letzte hin gesehen geschieht, indem der Mensch unter Gottes Ordnung gestellt wird, die er von sich aus (als Sünder) nicht will und nicht wollen kann.

Der Mensch vor Gott ist der durch die Rechtfertigung in die Gemeinschaft mit Gott Gerufene, der wirkliche, vom Mißverstehen seiner selbst, von seinen illusionären Sehnsüchten befreite, der um die Weltlichkeit seines irdischen Daseins und die Verantwortung für die Mitmenschen wissende Mensch. Das meint die Formel „Rechtfertigung und R.“. Mit „Rechtfertigung“ ist die Aussage über den „wirklichen“ Menschen und über die ihm entsprechende Form des mitmenschl. Daseins bezeichnet. Das Widerfahrnis der Rechtfertigung „definiert“ das Sein des Menschen als ein durch die *eine* Entscheidung Gottes bestimmtes, in den vielen und vielerlei Entscheidungen des Menschen sich gestaltendes und manifestierendes Sein. Diese Grundentscheidung schließt zugleich die Voraussetzung und Bedingung in sich ein, die Einzelentscheidungen fordert und ermöglicht: das Gegenüber, das zwischenmenschl. Dasein begründet – gewiß ein Gegenüber in mannigfachen Unterschieden geschichtl. Lebens, aber auf dem Grunde der Gleichheit der Menschen als Menschen vor Gott. Zwei weitere Grundpfeiler christl. R.bewußtseins sind: das LebensR. jedes einzelnen, also die Unantastbarkeit der →Person und die Kritik jeder Kreaturvergötzung, gerade wenn R.ordnungen vergöttert werden, etwa indem der Staat oder die Staatsträger zu Letztberufungsinstanzen erhoben werden.

Die christologische Begründung ist die derzeit am weitesten und konsequentesten ausgeführte ev.-theol. Reflexion über die *Konstitution menschl. R.fähigkeit.* Freilich vermag eine Verbindung von Legitimation menschl. Rechtshandelns und Kritik ideologischer Bindungen in der Regel nur die bisher verabsolutierten Normvorstellungen aufzulockern, während bei Neuordnungen oft das Fehlen klar umrissener R.grundsätze spürbar wird und mitunter die Neigung überwiegt, die sich wandelnden moralischen Plausibilitäten im nachhinein mit freiem christl. Verhalten in Einklang zu bringen.

C. Als eine Variante der christolog. Begründungsform kann die Diskussion über die **Geschichtlichkeit des R.** gelten (in verschiedener Weise W. Dantine, H. Dombois, W. Pannenberg). Sie umreißt die *Stellung prot. R.denkens zwischen NaturR. und positivem Recht* und zielt insbes. auf eine geschichtstheol. Relativierung des R.positivismus. Sie zeigt, daß ev. R.auffassung auf der einen Seite sich auf R.güter und Grundwerte bezieht, auch wenn sie einen absoluten Ordo der Werte ablehnen muß, von der Verabsolutierung eines bestimmten positiven (oder idealen, „ausgedachten“) R. ganz zu schweigen. Auf der anderen Seite kann sich prot. R.denken auch nicht jenem Geltungsbegriff verschreiben, für den Geltung ledigl. Ergebnis des gesetzgeberischen Setzungsaktes ist. Hier droht die Gefahr einer Verabsolutierung des menschl. Gesetzgebers.

D. In jüngster Zeit werden auch **naturrechtliche** Gedanken wieder aufgegriffen, allerdings nicht i. S. einer urgeschichtl., sondern einer *eschatologischen R.begründung.* So werden zB Gerechtigkeit und →Gleichheit als Postulate für die Neugestaltung von R.verhältnissen interpretiert. Hier wirken sich v. a. auch ökumenische Problemstellungen aus, zumal die Verwicklung von Kirchengemeinschaften in politische Konflikte, in denen mit alten R.traditionen gebrochen wird und die nach umfassenden Richtlinien der R.gestaltung fragen lassen. Das NaturR. wird in solchen Situationen zur Mobilisierung der Kritik am bisherigen positiven R. beansprucht; die Berufung auf die Verheißung Gottes für die endzeitl. Neuordnung menschl. Zusammenlebens dient dann der Legitimation eines revolutionären Engagements, unterstützt durch die materiaI-utopische Funktion naturrechtl. Vorstellungen.

Naturrechtl. Motive, bes. die Menschenrechte, finden jedoch auch als *regulative Prinzipien* Verwendung (z. T. E. Jüngel, T. Rendtorff): um die Freiheit zu wahren, zu einer geschichtl. begrenzten Normenbildung beizutragen, ohne diese zu einer Wertordnung von unabsehbarer Reichweite zu erheben.

Die Diskussion um das NaturR. kann sich jedoch nicht mehr auf die Unterscheidung von Natur und →Kultur (unter Einschluß der Geschichte des R.) beschränken. Unter NaturR. werden heute viel eher Prinzipien zur Beurteilung des R.handelns und die Lebenssachverhalte verstanden, soweit sie „in Ordnung sind“ („was sich gehört“ – jenseits aller moralischen Konvention).

III. Zur gegenwärtigen Problemlage. A. Während in den letzten Jahrzehnten das Bemühen um eine theol. R.begründung im Vordergrund stand, wird jetzt die Funktion dieser Frage selbst geklärt werden müssen. Es reicht nicht mehr aus, ältere metaphysische Ordnungsvorstellungen einer fundamentalen Kritik zu unterziehen und sie für ideologieverdächtig zu halten. Vielmehr ist eine *theoretische Begründung* erforderlich, nachdem sich eine Epoche ihrem Ende zuneigt, in der moralische Verbindlichkeiten vorherrschend waren und zur Gewinnung von R.grundsätzen meistens für ausreichend gehalten wurden. An die Gewinnung von R.aussagen wird jetzt aber der strengere Maßstab eines **Begründungszusammenhanges** anzulegen sein, der zu erkennen gibt, wie einzelne R.normen gewonnen werden, welche Reichweite und welchen Geltungsbereich sie haben und wie sie einander zugeordnet sind. Dabei wird man zugestehen müssen, daß das im prot. Bereich mit guten Gründen problematisierte NaturR. theoretisch durchsichtiger und weniger kompliziert ist als etwa die christologische Begründung. Damit ist noch nichts über die tatsächliche theol. Aussagekraft beider entschieden, aber es stellt sich auch für prot. R.denken die Aufgabe, über die Funktionalität seiner Begründungen Rechenschaft zu geben – zumal dann, wenn es die Frage nach dem „Wesen" des R. der Prüfung nachordnet, ob R.ordnungen und R.gestaltungen für die Menschlichkeit menschl. Daseins und für menschl. Zusammenleben angemessen sind. Damit verbindet sich eine (meistens noch unausgesprochene) *Wendung von der →R.philosophie zur →R.soziologie,* die bisher kaum in ihrer Tragweite und auch in ihren Gefahren reflektiert wird.

B. Nun scheint prot. R.denken seit jeher eine →pragmatische Einstellung und insofern auch die Neigung zu funktionalem Verständnis eigentümlich zu sein. Darum wird oft eine „spezifische Affinität" des Protestantismus zum **Rechtspositivismus** (R.P.) behauptet. Mit dieser These spricht man in der Regel sowohl ein geistesgeschichtl. (Verhältnis zwischen Theol. und R.philosophie) wie auch ein kulturgeschichtl. Urteil für einen hist. Bereich praktischen R.lebens aus. Und wenn zugespitzt gesagt wurde (VEIT): „Der Positivist ist dem Prinzip nach ewiger Lutheraner. Ihm erscheint der moralische Anspruch des NaturR. als Anmaßung vor Gott", dann trifft das insofern zu, als der →Calvinismus deutlichere Zusammenhänge mit den Anfängen eines rationalen NaturR. und eines demokratischen Staatsideals aufweist. Andererseits gibt es unverkennbar Beziehungen zwischen rechtspositivistischer Einstellung und Gottesanschauung sowie Staatslehre des Luthertums, die insbes. bei der luth. →Zwei-Reiche-Lehre, dem luth. Obrigkeitsbegriff (Röm 13) und einer traditionellen Zurückhaltung gegenüber dem Widerstandsproblem (→Revolution; →Widerstandsrecht, Widerstandspflicht) zutage treten. Über der Neigung, Pflege der →Gerechtigkeit mit Gesetzestreue gleichzusetzen und jede kritische Stellungnahme als Anzeichen einer gottfeindlichen Revolution anzusehen, drohte das ursprüngl. theol. Motiv des luth. R.P. verlorenzugehen: seine kritische Anwendung gegen jeden selbstherrl. und selbstgerechten menschl. Moralismus der zeitgenössischen stoisch-christl. →Naturrechtslehre als Basis der Moraltheol. Dieser kritische R.P. weiß einerseits noch das Sein von R. in der Gerechtigkeit Gottes begründet, der allein die „rechtschaffende Macht" ist und den instrumental gedachten staatl. G.geber autorisiert, und er weiß andererseits darum, daß Gottes Gerechtigkeit sich ausschließl. in Christus offenbart und in der Rechtfertigung des Sünders ihr Wirken bezeugt, daß es also verwehrt ist, sich der Gerechtigkeit Gottes durch ein absolut gefaßtes NaturR. zu bemächtigen. Mit den Ansätzen zu einer Wiedergewinnung des Interesses an der Idee des ius divinum, an einem relativen NaturR. und an überpositivistischen R.grundsätzen einerseits wie einer kritischen Einstellung zur Idee des Machtstaates und einer uneingeschränkt autoritären Obrigkeit andererseits scheint sich in der Gegenwart eine Revision der traditionellen theol. Befürwortung des R.P. anzubahnen.

C. Freilich wird heute zu bedenken sein, ob die Auseinandersetzung mit positivistischen Anschauungen nicht größtenteils bereits ein Nachhutgefecht ist. Ist nicht inzwischen eine ganz andere Front entstanden, die an eine theol. R.begründung die Anfrage richtet, ob sie mehr einsetzt als nur Direktiven, die zu einer R.(um)gestaltung motivieren? Diese Legitimationsfrage stellt sich nunmehr bes. angesichts der Tendenz, das *R.empfinden* an öffentl. diskutierte *Plausibilitätskriterien* zu binden: Konventionen darüber, was als sozial verbindlich zu gelten hat, verändern sich rasch unter dem Einfluß politischer Gegensätze; solche Konventionen übernehmen die Rolle der Moralität und bestimmen – jedenfalls im Vordergrund – die Debatte um R.normen. Auf den ersten Blick scheint dies nur die im prot. R.denken lange Zeit ausschlaggebende Tendenz fortzuführen, theol. im Medium der Moralität Stellung zu beziehen und sittl. Maximen gegen „bloße" Legalität durchzusetzen (s. I B). Moralität erhält aber einen anderen Charakter, wenn sie sich nur noch als Momentangestalt öffentl. Meinungsformation zu erkennen gibt. Dadurch wird die früher verhängnisvolle Kluft zwischen Ethos und Recht nur zum Schein überbrückt; in Wirklichkeit werden Probleme folgenschwer vermischt, wenn anstehende R.reformen politischen Programmen unterworfen und dann bloß noch nachträglich ethisch legitimiert werden. Vordringlich ist es deshalb, *normative Alternativen* exakt zu beschreiben und in ihrer Funktion für das R.empfinden zu bestimmen; diese Aufgabe ist in jüngster Zeit häufig vernachlässigt worden, zB bei der Diskussion über die Reform einzelner →Strafrechtsbestimmungen (§ 218 StGB), in der auch seitens der Theol. die ethische Unverhältnismäßigkeit kontroverser Parolen (Schutz des Lebens als soziales R.gut contra Selbstbestimmung des einzelnen als Verfügungsrecht in Grenzsituationen seines persönl. Lebens) nicht hinreichend genug deutlich gemacht wurde.

D. Hinsichtlich der →**Institutionen** lassen sich in der gegenwärtigen ev. Theol. zwei entgegengesetzte Tendenzen verfolgen: Die eine reiht sich in die Bestrebungen ein, R.gedanken (v. a. →Gleichheit und →Gerechtigkeit) auf alle Lebensbereiche zu übertragen und sie dort als Postulate zur Geltung zu bringen. Dies kann zur Pervertierung von R.prinzipien führen, etwa zur Verkehrung von Gerechtigkeit und Gleichheit in Gleichverteilung. Zu fragen bleibt also, zu welchem Lebensbereich (oder Bereich einer politischen Ordnung) der jeweilige R.gedanke gehört. R.prinzipien denaturieren, wenn sie dort aufgezwungen werden, wo sie der Natur der Sache nach fremd sind. Diese Gefahr bedroht die Entwicklung des →R.staates zum sozialen R.staat, bei der bisherige R.strukturen in eine dynamisch zu gestaltende, auf ständige Diskussion angewiesene soziale Lebenswelt hinein aufgehoben werden. – Die andere Auffassung schätzt die – gewiß vorläufige, aber den geschichtl. Daseinsbedingungen zugehörende – Welt des R. als eine verheißungsvolle Möglichkeit ein, menschl. Lebensraum zu schaffen und ihn soweit als nötig von dem Bedürfnis zu entlasten, jede Einzelentscheidung neu zu begründen; insofern werden Institutionen als Mittelebene zwischen R. und →Ethik betrachtet, die die für das Zusammenleben unerläßlichen Regeln nicht einem unabsehbaren Meinungs- und Frontbildungsprozeß überantwortet.

E. Entgegen der These SOHMS, daß Kirche und R. sich nicht vertragen, muß die **Kirche als R.gemeinschaft** gesehen werden, u. zw. in verschiedener Hinsicht: als Institution, die selber Regeln aufstellt und durchsetzt (→Kirchenordnung; →Kirchenrecht); als Instanz zur R.gestaltung, wobei zu fragen ist, ob sie sich auf ein besonderes „LiebesR." im Unterschied zum staatl. ZwangsR. stützen kann; im Verhältnis zur Öffentlichkeit, der gegenüber und in der die Kirche Verantwortung auch in Fragen der R.gestaltung in Anspruch nimmt (→Öffentlichkeitsanspruch). Die dt. prot. Kirche hat sich in alledem bisher weitgehend im Dialog mit festen kodifizierten R.systemen bewegt, die der Tradition des röm. R. entstammen – im Unterschied etwa zu den Kirchengemeinschaften im angelsächsischen Bereich, wo die „lebendige" R.sprechung sich stärker an der Wechselbeziehung von Moralität und Legalität (common law) orientiert.

H. BARION, R. Sohm und die Grundlegung des KirchenR., 1931 – J. BOHATEC, Calvin und das R., 1934 – K. BARTH, Rechtfertigung und R., (1938) 1979[5] – DERS., Christengemeinde und Bürgergemeinde, (1946) 1979[3] – E. BRUNNER, Gerechtigkeit, (1943) 1981[3] – J. ELLUL, Die theol. Begründung des R., 1948 (Orig. franz. Le fondement théologique du droit, Neuchâtel 1946) – O. VEIT, Der geistesgeschichtl. Standort des NaturR., Merkur 1 (1947) 390–405 (jetzt auch in: W. MAIHOFER (ed.), NaturR. oder R.P.?, 1972[2], 33–51) – E. WOLF, NaturR. und Gerechtigkeit, Ev. Theol. 7 (1947/48) 233–253 (jetzt auch in: W. MAIHOFER (ed.), NaturR. oder R.P.?, 1972[2], 52–72) – DERS., GottesR. und MenschenR., 1954 – DERS., Die Königsherrschaft Christi und der Staat, ThExh 64 (1958) 20–61 – DERS., NaturR. oder ChristusR., in: unterwegs 11, 1960 – ERIK WOLF, R.gedanke und biblische Weisung, 1948 – DERS., Das R. des Nächsten. Ein rechtstheol. Entwurf, 1958 – W. ELERT, Das christl. Ethos, 1949, 141 ff. – Die Treysa-Konferenz 1950, hg. v. der Studienabt. des Ökumenischen Rates – J. HECKEL, Lex charitatis. Eine jur. Unters. über das R. in der Theol. M. Luthers (AMA phil.-hist. Klasse NF 36), 1953 – W. KÜNNETH, Politik zwischen Dämon und Gott, 1954 – DERS., Der Christ als Staatsbürger, 1984 – H. SIMON, Der R.gedanke in der gegenwärtigen dt. ev. Theol., jur. Diss. Bonn 1954 – H. H. WALZ u. H. H. SCHREY, Gerechtigkeit in biblischer Sicht. Eine ökumenische Studie zur R.theol., 1955 – J. IHMELS, Das NaturR. bei V. Alberti, theol. Diss. Leipzig 1956 – W. D. MARSCH, Ev. Theol. vor der Frage nach dem R., Ev. Theol. 20 (1960) 481–510 – DERS., Das Institutionengespräch in der ev. Kirche, in: H. SCHELSKY (ed.), Zur Theorie der Institution, 1970, 129–139 – H. DOMBOIS (ed.), R. und Institution. Eine Forts. des Göttinger R.gesprächs von 1949, 1956 – DERS., Das R. der Gnade I–III, 1961–1983 – DERS., Zur Geschichtlichkeit des R., ZEE 7 (1963) 316–320 – DERS., R. und Institution. Zweite Folge. Arbeitsbericht und Referate aus der Institutionenkommission der Ev. Studiengemeinschaft, 1969 – H. DOMBOIS u. E. WILKENS (ed.), Macht und R., Beitr. zur luth. Staatslehre der Gegenwart, 1956 – H. RABE, NaturR. und Kirche bei S. v. Pufendorf, 1958 – H. WELZEL, Die NaturR.lehre S. Pufendorfs, 1958 – B. SCHÜLLER, Die Herrschaft Christi und das weltl. R. Die christologische R.begründung in der neueren prot. Theol. (Analecta Gregoriana 128), Rom 1963 – R.-P. CALLIES, Dialogisches R., Ev. Theol. 25 (1965) 297–323 – A. KAUFMANN (ed.), Die ontologische Begründung des R., 1965 – T. RENDTORFF, Freiheit und R. des Menschen, LuthR 18 (1968) 215–227 – DERS., Menschenrechte und Rechtfertigung, LuthMH 11 (1972) 175–178 – W. STEINMÜLLER, Ev. R.theol. Zwei-Reiche-Lehre-Christokratie-GnadenR. (Forschungen zur kirchl. R.geschichte und zum KirchenR. 8), 1968 (Lit.) – G. JAHR u. W. MAIHOFER (ed.), R.theorie, Beitr. zur Grundlagendiskussion, 1972 – W. MAIHOFER (ed.), Begriff und Wesen des R., 1972 – DERS. (ed.), NaturR. oder R.P.?, 1972[2] – DERS. (ed.), Positivismus oder Realismus des R., 1973 – E. JÜNGEL, Freiheitsrechte und Gerechtigkeit, in: DERS., Unterwegs zur Sache, 1972, 246–256 – G. KÜCHENHOFF, NaturR. und LiebesR., 1972 – ERIK WOLF, Zur rechtstheol. Dialektik von R. und Liebe, in: Rechtstheol. Studien, Ausgew. Schriften II, A. HOLLERBACH (ed.), 1972, 115–138 – W. FIKENTSCHER, Methoden des R. in vergleichender Darstellung I–IV, 1975–1977 – W. PANNENBERG, Zur Theol. des R., in: DERS., Ethik und Ekklesiologie, 1977, 11–40 – DERS., Christl. Rechtsbegründung, in: Handbuch der christl. Ethik II, A. HERTZ u. a. (ed.), 1979[2], 323–338 – U. NEMBACH u. K. v. BONIN (ed.), Begründungen des Rechts I.II, 1979 – H.-G. JUNG u. a. (ed.), Autonomie der Kirche, 1979 – R. DREIER, Entwicklungen und Probleme der Rechtstheologie, ZevKR 25 (1980), 20–39 – DERS., Recht, Moral, Ideologie. Studien zur Rechtstheorie, 1981 – W. DANTINE, Recht aus Rechtfertigung, A. STEIN (ed.), Jus ecclesiasticum (Beiträge zum evangelischen Kirchenrecht und zum Staatskirchenrecht 27), 1982 – E. L. BEHRENDT (ed.), Rechtsstaat und Christentum, I.II, 1982 – K. SCHLAICH, Die Grundlagendiskussion zum ev. Kirchenrecht, Pastoraltheologie 72 (1983), 240–255 – M. ZENTGRAF, Die theol. Wahrnehmung von Institutionen. Eine Untersuchung zum Problem einer theol. Theorie der Institutionen unter Berücksichtigung soziol.-philos. und rechtswissenschaftl. Institutionentheorie, ev. theol. Diss. Bonn 1983 (Lit.).

Gerhard Sauter

Recht auf Heimat →Heimat, Recht auf

Rechtliches Gehör. Der Grundsatz des r.G. verlangt, daß die an einem gerichtl. oder außergerichtl. Verfahren beteiligten Personen das Recht haben, sich zu den dort auftretenden Fragen ausreichend zu äußern und mit ihrem Vorbringen auch ernst genommen zu werden. Allerdings genügt schriftl. „Anhörung"; ein Recht auf mündl. Verhandlung begründet der Grundsatz nicht. Davon abgesehen ist er eine der zentralsten Leitlinien eines rechtsstaatl. Verfahrensrechts. Ohne seine strikte Beachtung ist eine

Rechtsfindung, die diesen Namen verdient, nicht denkbar.

1. Rechtl. Gehör im gerichtl. Verfahren. Für das gerichtl. Verfahren ist der Grundsatz des r.G. seit langem in den Prozeßgesetzen verankert (ZPO, StPO, VwGO, ArbGG, SGG, FGO usw.). In Art. 103 I GG ist er zudem als *verfassungsmäßiges Recht* ausgestaltet, so daß seine Nichtbeachtung zugleich als Verfassungsverletzung mit der Verfassungsbeschwerde (→Verfassungsgerichtsbarkeit) angegriffen werden kann. Demgemäß ist die Rspr. des BVerfG heute grundlegend für seine Ausgestaltung im Einzelfall. Danach gilt u. a. folgendes:

a) *Negativ* bedeutet der Grundsatz des r.G., daß das Gericht seiner Entscheidung keine *Tatsachen* zugrundelegen darf, zu denen sich die Verfahrensbeteiligten nicht ausreichend äußern konnten (BVerfGE 6, 12, 14). Auf den Vortrag rechtl. Überlegungen bezieht er sich also nicht; das oft geforderte „Rechtsgespräch" vor Gericht mag zwar mitunter sinnvoll und produktiv sein, verfassungsrechtl. vorgeschrieben ist es aber nicht. Dasselbe gilt für die zahlreichen Aufklärungs- und Hinweispflichten, die die Prozeßgesetze, insoweit über das GG hinaus, begründen (zB § 139 ZPO). Das BVerfG toleriert es überdies auch, daß in *besonders* gelagerten Eilfällen das r.G. erst nachträglich gewährt wird (vorläufige Festnahmen, Beschlagnahme, Durchsuchungen).

b) *Positiv* verlangt das BVerfG, daß das entscheidende Gericht Tatsachenvorbringen der Beteiligten „zur Kenntnis nimmt und in Erwägung zieht" (BVerfGE 5, 22, 24; 11, 218, 220). Allerdings gibt es hier verhältnismäßig enge Grenzen für eine Überprüfung durch das BVerfG selbst: Die Einhaltung des Grundsatzes wird unterstellt, solange ein Verstoß gegen ihn nicht klar bewiesen ist (BVerfGE 25, 137, 140 f.), und es braucht auch nicht jedes Vorbringen einer Prozeßpartei in der verfahrensbeendenden Entscheidung ausdrückl. „verbeschieden" zu werden (BVerfGE 5, 22, 24 f.). V. a. aber dürfen die Gerichte Parteivorbringen „aus Gründen des formellen und materiellen Rechts" unberücksichtigt lassen. Hauptbeispiele sind die Nichtbeachtung eines Vorbringens, das das Gericht ohnehin als wahr unterstellt, und eines Vorbringens, auf das es nach Ansicht des Gerichts gar nicht ankommt, das also *nicht beweiserheblich* ist. Auch Vorbringen, das nach geltendem Prozeßrecht *verspätet* erfolgt und dessen nachträgl. Beachtung zu einer unangemessenen Verzögerung des Verfahrens führen würde, darf innerhalb enger Grenzen ausgeschlossen werden (dazu u. a. BVerfGE 54, 117, 123 f.; 59, 330, 334 f.; 60, 1, 6).

2. Rechtl. Gehör im Verwaltungsverfahren. Art. 103 I GG gilt nur für die Gerichte, nicht auch für die Verwaltungsbehörden (→Verwaltung, →Staatsorganisation). Für diese schreibt aber das einfache Gesetzesrecht in aller Regel die Anhörung der Beteiligten vor. Grundsatznorm ist § 28 VwVfG, nach dem →Verwaltungsakte, die in die Rechte eines Bürgers eingreifen, erst ergehen dürfen, wenn dieser Gelegenheit hatte, „sich zu den für die Entscheidung erhebl. Tatsachen zu äußern"; § 28 läßt aber Ausnahmen zu, v. a. beim Erlaß von Massenbescheiden und in Eilfällen. Für spezielle Verfahrensarten gelten auch spezielle – meist strengere, d. h. bürgerfreundlichere – Bestimmungen.

3. Heilung. Verstöße gegen den Grundsatz des r.G. müssen unverzüglich gerügt werden; sonst können sie später nicht mehr geltend gemacht werden. Außerdem können sie dadurch „geheilt" werden, daß das r.G. in einer höheren (Verwaltungs- oder Gerichts-)Instanz gewährt wird.

A. ARNDT, Das r.G., NJW 1959, 6 ff. – A. ZEUNER, Der Anspruch auf r.G., in: Festschr. f. Nipperdey, 1965, Bd. 1 – F. O. KOPP, Das r.G. in der Rspr. des BVerfG, AöR 106 (1981), 604 ff. – C. H. ULE, Verwaltungsprozeßrecht, 1983[8].

Roman Herzog

Rechtsanwendung. I. R. ist der verbindl. Ausspruch des in einem konkreten Falle rechtl. Gesollten durch den Richter oder andere zur R. zuständige Organe. Unter R. versteht man auch die Methode zur Ermittlung des rechtl. Gesollten schlechthin. Grundvorgang der R. ist die *Subsumtion:* Jede (vollständige) Rechtsnorm enthält einen abstrakten Tatbestand und eine dafür angeordnete Rechtsfolge, beides ist durch Rechtsbegriffe umschrieben. Es gilt, die für den Lebenssachverhalt maßgebl. Rechtsnorm aufzusuchen und die Rechtsfolge festzustellen; i. d. R. wird notwendig, die Rechtsbegriffe auszulegen, zu ergänzen und ggf. nachzubessern *(Interpretation),* s. u. II – IV.

A. Ermittlung des Lebenssachverhaltes. Zunächst müssen aus der Fülle des Geschehens die rechtl. relevanten Handlungen, Unterlassungen, Eigenschaften und sonstigen Befindlichkeiten der daran beteiligten Personen und die relevanten Merkmale der Sachen und Rechte ausgewählt werden. Welche Merkmale des Lebenssachverhaltes rechtl. relevant sind, ergibt sich aus dem Tatbestand der Rechtsnorm. Oft ist es erforderl., das tatsächl. Geschehen zu interpretieren, den Sinn eines tatsächl. Aktes zu ermitteln. Eine bes. Bedeutung hat diese Interpretation im →Privatrecht bei der Auslegung von Willenserklärungen. Ziel der Auslegung ist es, den wirkl. Willen der Beteiligten zu erforschen, wie er in der Erklärung zum Ausdruck gekommen ist (vgl. §§ 133, 157 BGB); dabei ist vom Standpunkt dessen auszugehen, für den die Erklärung bestimmt ist; der rein innerl. gebliebene Wille, der keinen Ausdruck gefunden hat, bleibt unbeachtl. Die Erklärung ist auch der Ergänzung und Berichtigung zugängl., aber nur zur Ausfüllung von Lücken, nicht zur Erweiterung oder Abänderung des Erklärungsinhaltes. Diese Ermittlung und Auslegung des Lebenssachverhaltes ist zu unterscheiden von der Beweiserhebung und der Auslegung der Rechtsnorm (s. u. II). Eine rechtstheoretische grds. Frage ist, in welchem Umfange bei der jur. Betrachtung von Lebenssachverhalten individuelle Merkmale berücksichtigt werden müssen. Der Tatbestand der Rechtsnorm enthält abstrakte und generelle Merkmale, der Lebenssachverhalt hingegen ist konkret und individuell. Für die R. ist es daher zwar unumgängl., die typischen Merkmale des Lebenssachverhaltes herauszuarbeiten und dieses verhältnismäßig merkmalsarme Substrat der Rechtsnorm zu subsumieren; um eine gerechte Entscheidung zu erzielen, kann jedoch an den individuellen Merkmalen nicht ganz vorübergegangen werden. Das Maß der Individualisierung bestimmt zunächst der G.geber. Er kann mit differenzierten Tatbeständen der Egalisierung entgegenwirken oder durch unbestimmte, ausfüllungsbedürftige Rechtsbegriffe und Generalklauseln Raum für die Berücksichtigung individueller Merkmale lassen. U. U. aber haben die individuellen Umstände so sehr das Übergewicht über die generellen Merkmale, daß der Fall aus der Reihe aller vergleichbaren, durch die Norm geregelten Fälle herausrückt und allein auf Grund der generellen Norm nicht mehr richtig entschieden werden kann (s. u. IV). In bestimmten Bereichen der R. ist der Sachverständige in die Rolle des Beraters des Gerichts hineingewachsen. Seine Funktion und Verantwortung bedürfen der normativen Ausformung.

B. Ermittlung der Rechtsnorm. Der auf seine rechtl. relevanten Merkmale verkürzte Lebenssachverhalt ist den Tatbestandsmerkmalen der Norm unterzuordnen. Nach den Regeln der Logik handelt es sich hierbei um einen – bei komplizierten Rechtsnormen mehrstufigen – Syllogismus, der sich als modus barbara oder modus ponens darstellen läßt. Die Norm ist Obersatz, die Merkmale des Lebenssachverhaltes Untersatz und das konkrete jur. Urteil die conclusio. Bevor dieser Schluß gezogen werden kann, sind die Richtigkeit des Textes und die Gültigkeit der Norm festzustellen. Die Rechtsnorm muß mit dem GG, Landesrecht auch mit der Landesverf. und dem Bundesrecht vereinbar (→Verfassungsgerichtsbarkeit; →Richterliches Prüfungsrecht) und darf nicht durch eine spätere Norm aufgehoben sein. Das ist auch der Fall, wenn ohne förml. Aufhebung der Norm für den gleichen Tatbestand später eine andere Rechtsfolge angeordnet wird. Zur Lösung derartiger G.konkurrenzen anerkannte Regeln, wie lex posterior derogat legi priori, lex superior derogat legi inferiori, lex specialis derogat legi generali, geben Fingerzeige, im einzelnen ist die Anwendbarkeit dieser Regeln aber Frage der Auslegung und Rechtsfindung (s. u. II). Oft muß die den Obersatz bildende Rechtsnorm aus einem Paragraphen, der mehrere Normen enthält, herausgeschält oder (und) durch Einbeziehung der sie ergänzenden (unvollständigen) Rechtssätze aufbereitet werden. Derartige erläuternde, einschränkende oder erweiternde Rechtssätze finden sich in dem Gesetz selbst, im BGB und im StGB, vor allem in den allg. Teilen, sind aber auch über das ganze Recht verstreut und von Rspr. und Wissenschaft entwickelt. Von bes. Bedeutung ist heute der Einfluß des GG, vor allem der →Grundrechte. Der zur Beurteilung des konkreten Falles erforderl. Obersatz ist daher nicht selten eine komplizierte Kombination aufeinander bezogener, aber im G. oder in einer Mehrzahl von G.en verstreuter Rechtssätze. Aufgabe der Rechtssystematik ist es, dieses Normengefüge transparent zu machen.

C. Feststellung der Rechtsfolge. Die Rechtsnorm ordnet die Rechtsfolge an, die eintreten soll, wenn der Tatbestand der Norm erfüllt ist. Die Rechtsfolge kann daher aus der Norm abgelesen werden, es sei denn, die Norm ermächtige den zur R. Berufenen, die Rechtsfolge innerhalb gewisser Grenzen selbst zu bestimmen, indem sie zB für die meisten Straftatbestände nur einen Strafrahmen festlegt oder der Verwaltung →Ermessen einräumt.

II. Auslegung. Aufgabe der Auslegung ist es, den verbindl. Sinn einer Norm und der in ihr enthaltenen Begriffe herauszuarbeiten, um die unvermeidl. Divergenz zwischen sprachl. Ausdruck und auszudrückendem Gedanken zu beseitigen. Sie kann zu einer ausdehnenden (extensiven) oder einschränkenden (restriktiven) Sinnesfeststellung führen. Da das Ergebnis der Auslegung über Rechte und Pflichten der Rechtsunterworfenen entscheidet, hat die in einem umfangreichen, wenig übersichtl. Schrifttum erörterte Frage nach der wissenschaftl. exakten Auslegungsmethode eminent praktische Bedeutung.

A. Was **Ziel der Auslegung** sein soll, ist umstritten. Die subjektiven Methoden suchen den Sinn, den der hist. *G.geber* mit dem Begriff verbunden hat, nach seinem wirkl. Willen, wie er in dem G. einen – wenn auch unvollkommenen – Ausdruck gefunden hat. Die objektiven Theorien dagegen suchen nach dem vom G.geber abgelösten Willen des *G. selbst.* Als Auslegungsziel wird entweder die vernünftige Gestaltung der sozialen Wirklichkeit oder die Gerechtigkeit oder die Freiheit angesehen. Für die objektive Methode wird angeführt, nur der dem G.immanente Gedanken- und Willensinhalt sei in verf.mäßiger Form in Erscheinung getreten und daher verbindl. Der Wille der am G.gebungsverfahren Beteiligten sei unbeachtlich, bei der Vielzahl der Beteiligten auch nicht mehr feststellbar; der Normunterworfene müsse dem G.wortlaut vertrauen dürfen und könne nicht auf ihm unzugängl. Materialien verwiesen werden; schließl. hindere die Bindung an den Willen des hist. G.gebers die Fortbildung und Ergänzung des Rechts. Der Theorienstreit verliert an Schärfe, da die modernen subjektiven Methoden jede psychologische Anknüpfung vermeiden und nach dem normativen Willensinhalt fragen, der im G.gebungsakt herrschend geworden ist und im G. einen – wenn auch unvollkommenen – Ausdruck gefunden hat, der aber nur als objektiver, in die Zukunft wirkender Inhalt vorgestellt werden kann, andererseits auch die modernen objektiven Methoden dem hist. Akt der Rechtswerdung – beschränkten – Erkenntniswert beimessen. Die Rspr. verbindet i. d. R. objektive und subjektive Methoden. Ungeachtet einer gewissen methodologischen Unsicherheit, die in den Urteilen selbst höchster Gerichte erkennbar wird, ist die Verbindung sachgemäß, da der Erlaß der Norm ein einmaliges, in bestimmter Absicht vorgenommenes Geschehen ist, dessen verbindl. Sinn sich aus der hist. Situation klären läßt, andererseits aber die Norm als etwas ideell Seiendes Bestandteil der sich wandelnden Rechtsordnung und in den Fluß des Lebens gestellt ist.

B. Für die Auslegung sind seit SAVIGNY folgende Kriterien maßgebl.: 1. Die Ermittlung des Wortverständnisses mit Hilfe grammatikalischer und etymologischer Mittel unter bes. Berücksichtigung des Sprachgebrauchs und der jur.-technischen Redeweise *(grammatische Interpretation).* Allerdings führt die Notwendigkeit der individualisierenden Begriffsbildung (s. u.) zu uneinheitl. Terminologie; ein Wort, selbst ein jur.-technischer Begriff kann in verschiedenen Rechtssätzen verschiedene Bedeutung haben. 2. Die *hist. Interpretation* zieht die Entstehungsgesch., insbes. die Materialien heran, die allerdings nur heuristischen Wert, keine unmittelbare Verbindlichkeit haben; sie untersucht, wie die Rechtslage durch Erlaß der Norm geändert worden ist, und befaßt sich mit den geistigen Hintergründen des G.gebungsaktes, um seine Tragweite zu ermitteln. 3. Die *systematische Interpretation* untersucht die Stellung der Vorschrift im G., ihr Verhältnis zu anderen Bestimmungen und ihren Platz im System der von der Rechtswissenschaft entfalteten jur. Allgemeinbegriffe. 4. Die *teleologische Interpretation* fragt nach dem Zweck der Norm, um von dort her ihren Sinn zu ermitteln.

Die genannten Kriterien sind nicht vier Arten der Auslegung, sondern „vier verschiedene Tätigkeiten, die vereinigt wirken müssen, wenn die Auslegung gelingen soll" (SAVIGNY). Da die einzelnen Auslegungsmittel zu widersprechenden Ergebnissen führen können, zB der Wortsinn in eine andere Richtung weisen kann als der systematische Zusammenhang oder die Entstehungsgesch., kommt der Frage nach der Rangordnung der verschiedenen Mittel größte Bedeutung zu. Sie wurde unterschiedl. beantwortet und ist auch heute noch nicht gelöst. Primitive Rechtskulturen bleiben bei der Wortinterpretation stehen, während heute der mögliche Wortlaut lediglich „die Grenze der Auslegungshypothese" ist (HECK). a) Im Nachklang der hist. Richtung der Jurisprudenz wurde bis in das 20. Jh. hinein die hist. Interpretation einseitig bevorzugt (Materialienkult), oft i. V. m. der Begriffsjurisprudenz des Rechtspositivismus (→Rechtsphilosophie I C, II D). Diese betonte das systematische Element, indem sie die zu interpretierende Norm in das wissenschaftl. System der jur. Allgemeinbegriffe einordnete und aus diesen Begriffen Folgerungen ableitete, die auch für die zu interpretierende Norm gelten sollten (Inversion), wobei unterstellt werden mußte, die Rechtsordnung sei ein systematisch geschlossenes und widerspruchsfreies Ganzes. Die Begriffsjurisprudenz gab sich mit ihrem Formalismus zwar den Anschein strenger Wissenschaftlichkeit, konnte aber aus dem Allgemeinbegriff nur solche Folgerungen ableiten, die der Interpret zuvor selbst hineingelegt hatte (Erschleichung). b) Dies dargelegt zu haben war das Verdienst der *Freirechtsschule,* der *Interessenjurisprudenz* und der ihr verwandten teleologischen Strömungen. Diese gehen von der Unterscheidung zwischen natur- und kulturwissenschaftl. Begriffsbildung (WINDELBAND, RICKERT) aus und sehen in den Rechtsbegriffen Individualbegriffe, deren systematische – generalisierende – Erfassung für die Auslegung unergiebig ist, da es allein darauf ankommt, die Rechtsnorm in ihrer Einmaligkeit und Besonderheit zu erkennen. Da die Rechtsordnung mit ihren einzelnen Normen jeweils bestimmte Zwecke verfolgt, ist der Zweck das Einmalige und Besondere der jeweiligen Norm; der Zweck ist daher leitendes Prinzip der Begriffsbildung. Auch die teleologische Methode erscheint in mannigfachen Spielformen. Für das →Strafrecht wird gefordert, da es dem Schutz von Rechtsgütern dient, das zu interpretierende Tatbestandsmerkmal zu dem mit der Norm geschützten Rechtsgut in Beziehung zu setzen (SCHWINGE). Die von HECK für das Privatrecht entwickelte Interessenjurisprudenz ging von ähnlichen Überlegungen aus: Das Recht schützt die materiellen und ideellen Interessen der Menschen, aber dies geschieht stets auf Kosten anderer Interessen. Die Entscheidung des Interessenkonfliktes ist nicht willkürl., sondern beruht auf Gründen, die aus der Abwägung und Bewertung der divergierenden Interessen folgen. Ihnen gilt es nachzuforschen, sie dem Willen des G.gebers gemäß zur Geltung zu bringen. Daher ist bei jeder Rechtsnorm der entscheidende Interessenkonflikt herauszuarbeiten und zu untersuchen, ob der konkret zu entscheidende Konflikt so gelagert ist wie der vom G.geber bei Schaffung des G. „angeschaute". MÜLLER-ERZBACH zeigte, daß neben den Interessen auch die Machtlage, die Herrschaft über die Gefahr, das Vertrauen und andere Lebensfaktoren auf die Entscheidung des G.gebers einwirken, daher für die Rechtsetzung kausal *(kausales Rechtsdenken)* sind und daher auch bei der R. in Betracht gezogen werden müssen. Interessen- oder Güterabwägung dient auch im Staats- und Verwaltungsrecht der R. c) Andere Richtungen messen dem Ergebnis, das bei der einen oder anderen Auslegung entsteht, bes. Bedeutung bei. Das Recht solle so ausgelegt werden, daß es den Anforderungen unseres Gesellschaftslebens und der Entwicklung der gesamten Kultur möglichst gerecht werde (NIPPERDEY); auch die Rspr. zieht oft unter den verschiedenen nebeneinander praktizierten Auslegungsgrundsätzen denjenigen heran, der ein Ergebnis sichert, das den Erfordernissen der Gerechtigkeit und Rechtssicherheit, den Grundsätzen und Leitideen des GG oder auch nur der Praktikabilität am besten entspricht, ohne jedoch stets die in Wahrheit für sie maßgebl. Vorzugsprinzipien aufzudecken. Mit dem Hinweis auf die Brauchbarkeit des Ergebnisses wird das Problem freilich nur weitergeschoben, denn es wäre nach dem materiellen Gehalt eines solchen obersten Rechtsprinzips und den Methoden seiner Erkenntnis zu fragen.

C. Mit dem Positivismus (→Rechtsphilosphie I C, II D) wurden auch die hier dargelegten Auslegungsmethoden in Frage gestellt. Zu weit gingen die extremen Vertreter der Freirechtsschule, sie bestritten die Möglichkeit rationaler Rechtserkenntnis überhaupt und wollten daher den Urteilsinhalt der Intuition des „königl." Richters überlassen (BENDIX, ISAY). Aber auch das institutionelle Rechtsdenken und das ihm verwandte konkrete Ordnungsdenken (HAURIOU, CARL SCHMITT, ERICH KAUFMANN) wandte sich gegen den normativ-deduktiven Ansatzpunkt des Rechtspositivismus und die darauf beruhende Technik der R. Es fordert die Besinnung auf die Institute i. S. von Einrichtungen, Gebilden des Rechts oder die konkreten Lebensordnungen, wie Ehe, Sippe, Gefolgschaft usw.; sie sind Wirklichkeit gewordene Ideen; es gilt, im jeweiligen Normenkomplex das Sinnganze des Instituts, seinen ethischen Gehalt zu erkennen; die typischen und charakteristischen Züge des Instituts, die Gesetzlichkeiten der objektiven Lebensverhältnisse haben nach dieser Ansicht Eigenwert, umschließen gewisse letzte Normen, aus ihnen können bestimmte Rechtsfolgen abgeleitet werden. Diese Lehre ist nur in den Ansätzen entwikkelt, ihre Diskussion in nationalsozialistischer Zeit hat sie mehr belastet als gefördert. In der Auseinandersetzung mit dem Naturrecht wurde sie von ELLUL, KÜNNETH, DOMBOIS aus ev. Sicht neu belebt (→Institution). Praktisch wurde sie für die R. bisher nur bei der Lösung von Einzelproblemen des Verf.- und Verwaltungsrechts (→institutionelle Garantie). Das Verdienst dieser Richtung bleibt, den Blick wieder auf größere Ordnungszusammenhänge gelenkt zu haben. Fragl. aber ist, ob die Bedeutung der Institution nicht überschätzt wird, da sie dem Interpreten als das je zufällig Geordnete gegenübertritt und es erst der Analyse bedarf, welche Ordnungsgesichtspunkte und Wertentscheidungen maßgebl. waren, von bleibendem Wert sind und für die R. fruchtbar gemacht werden sollen. Wenn eine solche Analyse gelingt, dann sicher nicht deswegen, weil sie an einer Institution oder einer konkreten Lebensordnung ansetzt, sondern, wie das Problemdenken (ESSER, REINHARDT) annimmt, weil und soweit im gesamten Recht Ordnungsgesichtspunkte sichtbar werden. Diese Grundsätze sind nicht einem geschlossenen Rechtssystem gleichzustellen, das Problemdenken ist vielmehr der Ansicht, daß ein lückenloses Begriffs- und Systemgebäude der Rechtswissenschaft denkgesetzl. nicht erreichbar ist, weil das Recht nicht vom Begriff, sondern vom konkreten Fall ausgeht. R. beruht danach nicht auf axiomatischen Wahrheiten, die durch Deduktion fruchtbar gemacht werden können, sondern auf der Verwirklichung praktischer Werteinsichten, die durch Problemerörterung, letztlich durch Invention i. S. der aristotelischen Topik (VIEHWEG) gefunden werden. Die Rechtsbegriffe der G.e, des →Gewohnheitsrechts und der Rechtswissenschaft und die allg. Rechtsprinzipien sind an das Problem, das ihnen zugrunde lag, gebunden; sie sind nur Behelfe für die Erörterung nicht „vorbehandelter" Probleme, ggf. müssen sie durch andere ersetzt werden. Um die Rechtsgedanken und ihre Tragweite zu erkennen, ist es erforderl., die Interessenkonflikte und ihre Lösung durch Rechtsnorm oder Präjudiz zu analysieren, d. h. das eigentl. Rechtsproblem aufzudecken, das dahintersteht. Ordnungsgesichtspunkte und Rechtsgrundsätze geben Ansatzpunkte für die Entscheidung der im G. nicht geregelten Fälle. Praktiziert wird das Problemdenken gegenwärtig vor allem in der Rspr. des BVerfG, das häufig Kollisionen zwischen Verf.prinzipien „unter Abwägung aller Umstände" und „von Fall zu Fall" entscheidet (vgl. zB BVerfGE 7, 209 ff.).

III. Lückenfüllung. Rechtslogisch gibt es keine Lücken im Recht; denn soweit die Rechtsordnung dem Individuum nicht die Pflicht zu einem bestimmten Verhalten auferlegt, erlaubt sie dieses Verhalten; für die Anordnung von Rechtsfolgen ist insoweit kein Raum (KELSEN). Der Angeklagte muß freigesprochen werden, wenn sein Verhalten nicht unter einen gesetzl. Tatbestand subsumiert werden kann; privatrechtl. Forderungen bestehen nur, soweit sie im G. eine Stütze finden. Die R. steht jedoch vor Lücken im Recht als praktischem Problem, denn der G.geber hält bewußt Probleme offen und überläßt ihre Lösung der Rspr. und Wissenschaft, weil er zur Lösung des Problems nicht in der Lage ist oder weil er die Anpassung der Entscheidung an die bes. Umstände des Einzelfalles oder die wechselnden Anschauungen der Rechtsunterworfenen bezweckt. In diesen Fällen wird der zur R. Berufene ermächtigt, selbst die Rechtsnorm zu entwickeln, auf Grund deren der Lebenssachverhalt entschieden werden soll. Neben diesen gewollten Lücken gibt es jedoch auch ungewollte; sie tauchen auf, wenn der G.geber eine Frage übersehen hat oder sie nicht sehen konnte, weil sich nach Erlaß des G. die Wertungen gewandelt, die Verhältnisse geändert haben, die Anwendung der mangels bes. Regelung einschlägigen generellen Norm aber Folgen herbeiführen würde, die der G.geber vernünftigerweise nicht so geordnet hätte, wenn sie von ihm erkannt worden wären. Es wird also eine Regelung vermißt, die der Besonderheit des Falles oder der

Fallgruppe Rechnung trägt. Frage der Auslegung ist, ob eine solche Lücke vorliegt oder ob der G.geber die Anwendung der generellen Norm gewollt hat, indem er den betr. Lebenssachverhalt keiner bes. Regelung unterwarf und daher eine Lückenfüllung ausgeschlossen ist (argumentum e contrario). Wiederum wird der Streit zwischen objektiver und subjektiver Methode akut (s. o. II A). Lückenfüllung und Auslegung ergänzen sich insofern; sie scharf zu trennen ist praktisch schwierig, weil die Möglichkeiten extensiver oder restriktiver Begriffsbildung Handhaben bieten, Lücken zu verdecken oder aufzuweisen und durch Lückenfüllung zu schließen, ohne daß der sachl. Gehalt der Entscheidung davon beeinflußt zu werden braucht. Wegen der Gefahr willkürl. Richtens ist im Strafrecht Lückenfüllung, die zur Schaffung neuer Straftatbestände führen würde, durch den Grundsatz nulla poena sine lege ausgeschlossen, Art. 103 III GG, § 2 StGB. Für andere Rechtsgebiete und zur Lösung anderer strafrechtl. Probleme wird sie als grds. zulässig angesehen, sei es als Gewohnheitsrecht, sei es aus der tiefergreifenden Besinnung auf die Aufgaben der R., die sich nicht in wertblindem Buchstabengehorsam gegenüber dem G. erschöpft, sondern auf Gerechtigkeit zielt. Formal-logisches Mittel der Lückenfüllung ist u. a. der *Analogieschluß,* der es ermöglicht, die für einen Fall geltende Regelung zur Lösung eines rechtsähnlichen nicht geregelten Falles nutzbar zu machen. Es wird eine einzelne Norm (Gesetzesanalogie) oder ein induktiv aus mehreren Rechtsnormen entwickeltes Prinzip (Rechtsanalogie) der Lösung des an sich unter diese Regelung nicht gehörenden Falles zugrunde gelegt. Die logische Vertretbarkeit des Analogieschlusses als eines Schlusses vom Besonderen auf das Besondere, für die beide ein allg. Gedanke gilt, besagt noch nichts darüber, in welchen Fällen seine Anwendung erlaubt ist, von dem vieldeutigen Begriff der Ähnlichkeit abgesehen. Entscheidend ist, ob die analog anzuwendende Norm einen „Sinnüberschuß" (BETTI) in sich birgt, der ihre Erstreckung auf weitere Fälle gebietet. Hier erweisen sich die teleologische Methode und das Problemdenken wiederum als fruchtbar. Weitere, im einzelnen nicht unproblematische Hilfen ergeben sich aus den „sachlogischen Strukturen", der „Natur der Sache" (→Rechtsphilosophie III B 3), den anerkannten rechtl. und außerrechtl. Wertungen. Auch die Rechtsvergleichung und das Naturrecht werden herangezogen, wenngleich diesen Erkenntnisquellen nur heuristische Bedeutung zukommen dürfte. Aus den obersten Grundgedanken des Rechts lassen sich nur selten unmittelbar praktische Entscheidungen ableiten, da der Zusammenhang des Falles mit den obersten Grundsätzen meist unsicher oder ganz verborgen bleibt. Die Rechtsfortbildung verlangt trotz dieser Hilfsmittel mehr noch als die Auslegung und Subsumtion eigenständige rechtl. Wertungen des zur R. Berufenen. Aber auch eine solche Entscheidung muß auf Allgemeingültigkeit zielen. Daher schreibt der § 1 Schweiz. Zivilgesetzbuch vor: „Das G findet auf alle Rechtsfragen Anwendung, für die es nach Auslegung oder Wortlaut eine Bestimmung enthält. Kann dem G keine Vorschrift entnommen werden, so soll der Richter nach Gewohnheitsrecht, und wo auch ein solches fehlt, nach der Regel entscheiden, die er als G.geber aufstellen würde."

IV. Rechtsverbesserung (Restriktion). Die Rechtsordnung ist nicht frei von Widersprüchen. Sie haben ihren Grund in der Spannung zwischen →Gerechtigkeit und Rechtssicherheit, aber auch in der hist. Entwicklung des Rechts, in dem einander widersprechende Grundsätze und Wertvorstellungen der aufeinanderfolgenden G.geber Niederschlag gefunden haben, und gelegentlich im schlichten Versagen des G.gebers, dem Redaktionsversehen unterlaufen, der bei Erlaß neuer Normen den Widerspruch zu bereits vorhandenen Normen des weitläufigen Rechtssystems nicht bemerkt, der die Natur der Sache oder die Tragweite der aufgestellten Prinzipien verkennt. Sachgemäße Auslegung und verfassungsrechtl. Prüfung (→Gleichheit; →Grundrechte; →Verf.gerichtsbarkeit) der Norm werden häufig scheinbare Widersprüche bereinigen oder in ihren Auswirkungen erträgl. eingrenzen können. Wäre es darüber hinaus zulässig, die Widersprüche durch Abweichen vom – ausgelegten – G. zu beseitigen, etwa unter Berufung auf den Grundsatz der Einheit und Widerspruchslosigkeit der Rechtsordnung, wäre in weiten Bereichen die Bindung an das G. praktisch aufgehoben und die Rechtssicherheit in hohem Maße gefährdet, da es von der subjektiven Einstellung des Interpreten abhinge, ob er derartige Widersprüche erkennt und wie er sie überwindet. Unbilligkeit und Unzweckmäßigkeit der Norm befreien nicht von der Pflicht zu ihrer Anwendung. Rechtsverbesserung ist nur in engen Grenzen zulässig, außer in Fällen des Redaktionsversehens (das häufig als Auslegungsproblem angesehen wird), vor allem bei Normwidersprüchen, durch die ein Verhalten zugleich als geboten und nicht geboten, als verboten und nicht verboten oder als geboten und verboten erscheint. Normwidersprüche zwischen neuem und altem Recht werden i. d. R. zugunsten des neuen Rechts aufgelöst (lex posterior derogat legi priori); fremder oder fremd gewordener Rechtsstoff wird, vor allem wenn er auf tatsächl. Verhältnissen, politischen, kulturellen und sittl. Anschauungen beruht, die sich grundlegend gewandelt haben, verarbeitet, umgestaltet und teilweise ausgeschieden, auch wenn keine ausdrückl. Ermächtigung hierzu besteht.

Prinzipien- und Wertungswidersprüche dagegen können grds. nicht durch Rechtsverbesserung beseitigt werden, zumal sie oft in der Struktur der Rechtsordnung als Kompromisse tief verwurzelt sind; doch sieht es das BVerfG als möglich an, daß Verf.normen selbst verfassungswidrig sein können, weil sie Prinzipien widersprechen, die zu den im GG getroffenen Grundentscheidungen gehören (BVerfGE 1, 14, 61; 3, 225, 231 ff.). Unwirksamkeit soll aber nur eintreten, wenn die fragl. Verf.norm in einem schlechthin nicht mehr erträgl. Maß von dem Grundsatz abweicht (→Verfassung). Zum Problem der Unvereinbarkeit der Rechtsnorm mit dem →Sittengesetz, dem →Naturrecht vgl. auch Verfassung, Widerstandsrecht.

Etwa in diesen Grenzen wurden nach Überwindung des Rechtspositivismus *kritische Methoden* in die R. einbezogen. Unter dem Einfluß soziologischer Denkansätze wird zunehmend hervorgehoben, daß der zur R. Berufene sich auch seine eigene Rolle und die politischen Elemente seines Wirkens bewußt machen solle.

Weit hierüber hinausgehend wird in Kreisen der Jungen Linken eine *emanzipatorische R.* postuliert. Auf ideologischen Grundlagen des →Marxismus mißbilligt sie in verschiedenen Variationen, wenn R. nicht auf „Fortschritt", auf „Änderung der Gesellschaft", auf „Abbau von Herrschaft", insbesondere der des Kapitals ziele, sondern das bestehende „Herrschaftssystem stabilisiere". Emanzipatorische R. will sich mit ihrer sozialreformerischen und revolutionären Zielsetzung von der Bindung an Gesetz und Recht (Art. 20 III GG) befreien; sie verläßt damit aber den Boden geltenden Rechts, den jede R. voraussetzt.

V. Schlußbemerkung. Die Rechtswissenschaft bietet eine Reihe von Methoden zur Bewältigung des Problems der R. an. Einseitig verstanden führen die normativ-deduktiven Methoden in die Starrheit dogmatischer Begrifflichkeit, die der Erkenntnis des spezifischen Rechtsproblems im Wege steht; das Problemdenken aber steht in der Gefahr, über den Einzelproblemen den Gesamtzusammenhang der Rechtsordnung aus dem Auge zu verlieren und im Betonen der Problemgebundenheit und Vorläufigkeit der gefundenen Lösung der Rechtssicherheit i. S. der Vorausberechenbarkeit der R. schweren Abbruch zu tun, oder aber, soweit es zu Grundsätzen und Ordnungsgesichtspunkten vordringt, diese voreilig zu dogmatisieren. Das institutionelle Denken verführt, die wahren Entscheidungsgründe durch den „Nebel des Institutionellen" zu verhüllen. Der zur R. Berufene schließlich neigt dazu, ohne die Besonderheiten „seines" Falles zu berücksichtigen, sich an Präjudizien und Leitsätzen zu orientieren, insbesondere an den Entscheidungen seines Obergerichts. Das ist für die Praxis auch in gewissen Grenzen erforderlich, um das einzelne Urteil in Einklang mit der allg. Entwicklung der Rspr. zu halten.

R. mit dem Ziel, eine gerechte Ordnung zu verwirklichen, wird nur gelingen, wenn sie formale und materielle Gesichtspunkte miteinander verknüpft und den vermeintl. Wettkampf zwischen normativ-deduktivem Denken und Problemdenken als einen „notwendigen und schubweisen Stoffwechsel zwischen den Neuerfahrungen der Fallpraxis und den Formkräften der Schule" (ESSER) begreift.

Die Vorstellung MONTESQUIEUS, der Richter sei lediglich „la bouche de la loi", hat sich längst als verfehlt erwiesen. Er steht mitten im Prozeß der Rechtserzeugung. Nur verfügt der Richter nicht über die Fülle der politischen Wertungsmöglichkeiten, unter denen der G.geber frei wählen kann. Jede Wertung des zur R. Berufenen, die in seiner weltanschaul., religiösen oder politischen Einstellung begründet ist, muß als unzulässig angesehen werden, da R. Nachvollzug und Nachschöpfung aus fremdem Geist ist. Wenn – und mit dieser Möglichkeit ist immer zu rechnen – der Rechtsordnung auch nach Erschöpfung aller Auslegungsmittel eindeutige Entscheidungskriterien nicht entnommen werden können, die Frage, woraus eigentlich Recht zu bilden ist, offenbleibt, soll er nicht sein subjektives Meinen dem Urteil zugrunde legen, sondern „aus der ungewissen Gewißheit des Gewissens" (WEISCHEDEL) für seine Rechtsgenossen, deren Repräsentant er ist, versuchen, einen Beitrag zur Rechtsfortbildung zu leisten.

F. K. v. SAVIGNY, System des heutigen röm. Rechts I, 1840 – G. RÜMELIN, Werturteile und Willensentscheidungen, 1891 – E. ZITELMANN, Lücken im Recht, 1903 – E. KAUFMANN, Kritik der neukantischen Rechtsphilosophie, 1921 – H. ISAY, Rechtsnorm und Entscheidung, 1929 – E. SCHWINGE, Teleologische Begriffsbildung im Strafrecht, 1930 – DERS., Irrationalismus und Ganzheitsbetrachtung in der dt. Rechtswissenschaft, 1938 – PH. HECK, Begriffsbildung und Interessenjurisprudenz, 1932 – C. SCHMITT, Über die drei Arten jur. Denkens, 1934 – DERS., Verf.lehre, 1954 (Neudr.) – TH. VIEHWEG, Topik und Jurisprudenz, 1969[4] – E. BETTI, Die Hermeneutik als allg. Methode der Geisteswissenschaften, 1962 – J. ESSER, Grundsatz und Norm in der richterl. Fortbildung des Privatrechts, 1956 (Lit.) – DERS., Vorverständnis u. Methodenwahl in der Rechtsfindung, 1970 – F. WIEACKER, G und Richterkunst, 1957 – R. REINHARDT, W. KÖNIG, Richter und Rechtsfindung, 1957 – G. STRATENWERTH, Das rechtstheoretische Problem der Natur der Sache, 1957 – U. KLUG, Jur. Logik, 1966[3] – K. ENGISCH, Einführung in das jur. Denken, 1983[8] (Lit.) – DERS., Logische Studien zur G.anwendung, 1963[3] – W. WEISCHEDEL, Recht und Ethik, 1959[2] – L. ENNECCERUS, H. C. NIPPERDEY, Allg. Teil des Bürgerl. Rechts I, 1959[15] (Lit. 311 – 315) – H. COING, Die jur. Auslegungsmethode und die Lehren der allg. Hermeneutik, 1959 – H. KELSEN, Reine Rechtslehre, 1960[2] – K. LARENZ, Methodenlehre der Rechtswissenschaft, 1983[5] – E. FORSTHOFF, Zur Problematik der Verfassungsauslegung, 1961 – H. BARTHOLOMEYCZIK, Die Kunst der G.auslegung, 1971[4] – R. ZIPPELIUS, Wertungsprobleme im System der Grundrechte, 1962 – DERS., Einführung in die jur. Methodenlehre, 1974[2] (Lit.) – M. KRIELE, Theorie der Rechtsgewinnung, 1967 – B. RÜTHERS, Die unbegrenzte Auslegung, 1968 – R. DUBISCHAR, Grundbegriffe des Rechts, 1968 – W. FIKENTSCHER, Methoden des Rechts I – V, 1975 – 1977 (Bd. V, Lit.) – F. BYDLINSKI, Juristische Methodenlehre und Rechtsbegriff, 1982 – H. PIEPER, L. BREUNUNG, G. STAHLMANN, Sachverständige im Zivilprozeß, 1982 (Lit.)

Hans-Ulrich Evers

Rechtshilfe →Amtshilfe

Rechtsphilosophie.

Gliederung:

I. Der Begriff des Rechts (Rechtstheorien).

A. Grundsätzliches zur Begriffsbildung. *1. Die Genealogie der Begriffe.* Die Rechtswissenschaft scheint in einem Dilemma zu stecken: Man kann nicht über das Recht sprechen, ohne einen Begriff von Recht zu haben; denn, wie es KARL BERGBOHM formuliert hat, ohne das „Zurückgehen auf den Rechtsbegriff ist die ganz allg. Diagnose: ‚Diese Frage ist eine Rechtsfrage', gar nicht mögl." Andererseits kann aber der Begriff des bestehenden Rechts gar nicht „ohne Ansehen der Sache", sondern erst aus Kenntnis des existierenden Rechts gewonnen werden. Zugespitzt könnte man also sagen: Man kommt nicht ohne den Rechtsbegriff in das Recht hinein, aber man kann diesen Begriff erst bilden, wenn man das Recht kennt.

In Wahrheit handelt es sich hier aber um ein Scheinproblem: Ich brauche gar nicht einen a priori schon feststehenden Begriff des Rechts, um in meiner Welt das Recht zu entdecken. Sondern diese differenziert sich erst mit der fortschreitenden Erkenntnis; in ihr heben sich in zunehmender Differenzierung Arten von Gegenständen, auch Arten von Verhaltensmustern und Verhaltensregeln gegeneinander ab, deren eine ich dann als Recht bezeichnen kann. Oder mit den Worten JULIUS BINDERS: „In Wahrheit vollzieht sich ... die Bildung von Allgemeinbegriffen so, daß ich aus der Gesamtheit der Gegenstände ... diejenigen aussondere, bei denen ich ein gemeinsames Merkmal wahrnehme, das sie von anderen Gegenständen unterscheidet, um sie mit einem gemeinsamen Namen ... zusammenzufassen."

Wir begreifen also auch die sozialen Verhaltensmuster typisierend und typisiert, heben Gemeinsamkeiten und Unterschiede heraus. Die fortschreitende vergleichende Sichtung von Untersuchungsobjekten (hier also der Verhaltensmuster, die man als „Recht" zu erfassen gedenkt) kann dazu führen, Begriffsmerkmale (Gemeinsamkeiten), die man zunächst für erheblich hält, später als unwesentlich aufzugeben und andere Merkmale als wesentlich in den Begriff hereinzunehmen. Im Fortgang der Erkenntnisse kann also ein zunächst erfaßter Typus nach einer Modifizierung verlangen und kann sich selbstverständl. auch in Sondertypen gliedern. Solche in der Entwicklung stehende Begriffe haben also „einen unbestimmten Horizont noch unbekannter typischer Merkmale" und wandeln sich „gemäß einer empirischen Idee, der Idee eines offenen und immerfort zu berichtigenden Begriffs" (E. HUSSERL).

Solange ein Begriff sich in der Entwicklung befindet, wird er also gleichsam als vorläufiger Entwurf eines Begriffs behandelt, der noch laufend auf seine Sachgemäßheit und Praktikabilität geprüft wird. Auch wissenschaftl. schon vorgeformte Begriffe kann man in solcher Weise als bloße Entwürfe behandeln, als Annäherungen an einen noch zu präzisierenden Begriff, die noch zu modifizieren sind, wenn Sachgemäßheit und Praktikabilität es erfordern. In dieser Weise läßt sich auch der Streit der Rechtstheorien verstehen als ein Prozeß langwieriger und mühseliger Suche nach einem oder auch mehreren Begriffen von „Recht", die den Erkenntnisinteressen der Rechtswissenschaft genügen (s. u. B – E).

2. Die Festlegung von Bedeutungsinhalten. Die Erkenntnis und die Verständigung kann aber bei einem sich entwickelnden Begriff, einem Begriff mit offenem Horizont, nicht stehenbleiben, sondern verlangt, wenn auch auf Grund der beschriebenen Begriffsgenealogie, schließlich nach einer Sinnfixierung, zB nach der Festlegung dessen, was man unter Recht, Staat usw. verstanden wissen will. Man legt also fest, Gegenstände welcher Merkmale man mit einem bestimmten Begriff meint. Damit wird ein bestimmter Sachbereich umgrenzt, ein Forschungsgebiet bezeichnet, die Grundlage für eine Verständigung mit anderen geschaffen.

Diese Festlegung von Art- und Gattungsbegriffen scheint eher der *Zweckmäßigkeit* als geistiger Notwendigkeit zu entspringen.

Welche Gemeinsamkeiten wir herausheben und als wesentlich festhalten, hängt weitgehend vom Erkenntnisinteresse ab. Interessiert man sich zB ganz allgemein für jene Regelungen, die menschl. Verhalten zu einer mehr oder minder organisierten Verhaltensordnung koordinieren, so wird man unter diesem weiten Aspekt etwa die Normen des staatl. garantierten Rechts, des Kirchenrechts und des Völkerrechts zusammenfassen. Interessiert man sich aber für die Unterschiede der Rechtsquellen, der Adressaten und der spezifischen Durchsetzbarkeit solcher Normen, so wird man das staatl. garantierte „Recht", das Kirchen„recht" und das Völker„recht" als je besondere Normenarten voneinander abheben.

Auch für das innerstaatl. „Recht" kann man unterschiedl. Begriffe aufstellen und mit ihnen unterschiedl. Bestände von Normen erfassen: Als Recht können zB alle Verhaltensnormen bezeichnet werden, die eine sichere Chance haben, durch organisierten obrigkeitl. Zwang durchgesetzt zu werden („garantiertes Recht"); man kann den Terminus „Recht" aber auch denjenigen zwangsbewehrten Normen vorbehalten, die den Rechtsüberzeugungen der überwiegenden Zahl der Rechtsgenossen nicht widersprechen; oder aber denjenigen Normen, die ihrem Sinn nach eine gerechte Regelung anstreben. Selbstverständl. erfassen aber der zweite und der dritte Begriff nicht alle Normen, die unter den ersten fallen. Sie lassen einen Teil der von den Staatsorganen als „Recht" bezeichneten und angewandten Normen außer acht, so daß dann innerhalb des staatl. garantierten „Rechts" zwischen „wahrem" Recht und bloßen Zwangsregeln unterschieden werden muß. Man mag den zweiten und den dritten Begriff als unfruchtbar und verwirrend verwerfen; aber das ist dann ein pragmatisch und nicht theoretisch begründetes Urteil.

Diejenigen Kombinationen gemeinsamer Merkmale, die wir als Artbegriffe festlegen (d. h. die Begriffe in der genauen Umgrenzung ihrer Merkmale), sind also nicht mit theoretischer Notwendigkeit „vorkonstituiert". Man macht also Jagd auf ein Phantom, wenn man das Wesen des Rechts (in seiner genauen Umgrenzung) als etwas Vorgegebenes mit theoretischer Notwendigkeit erfassen will.

Erst von einem bereits voraus„gesetzten" Begriff aus läßt sich sagen, daß eine Norm, die nicht die festgelegten Merkmale aufweist, notwendig von anderer Art ist. Wenn Edmund Husserl durch Vergleich beliebiger ähnl. Fälle die Invariante sichtbar machen will, „ohne die ein derartiges wie dieses Ding, als Exempel seiner Art, überhaupt undenkbar wäre", wenn er als „Wesen" einer Gegenstandsart das bezeichnet, „was einem Gegenstand notwendig zukommen muß, wenn er ein Gegenstand dieser Art soll sein können", so ist damit im Grunde nicht mehr gesagt, als daß wir Arten von Erkenntnisgegenständen bilden und daß dann jeder Art ganz bestimmte Merkmale notwendig zugeordnet sind. So läßt sich zB ohne das Merkmal der Staatsgewalt schlechthin kein Staat (i. S. des gebräuchl. Begriffs) denken. Gemeinschaften ohne solche Staatsgewalt sind anderer Art als der Staat (i. S. des durch den Gebrauch festgelegten Begriffs).

Durch präzise Festlegung des Gemeinten lösen sich manche Scheinprobleme der Rechtswissenschaft von selbst. Ist zB Kirchenrecht „Recht"? Gewiß kann man etwa im Anschluß an die ev.-luth. Auffassung eine im Glauben fundierte und von Liebe und freiwilligem Gehorsam getragene Ordnung als Kirchen„recht" definieren. Aber man bezeichnet damit einen völlig anderen Normentypus als den des „garantierten Rechts" im oben dargelegten Sinn. Das Kirchenrecht weist eine „wesenhafte, nicht nur durch die Besonderheit des zu ordnenden Sachbereichs bestimmte Andersartigkeit im Vergleich zum sonstigen Recht" auf (S. Grundmann). Es ist auch jedem unbenommen, als „Rechtsnormen" nur gerechte oder wenigstens Gerechtigkeit erstrebende Normen zu bezeichnen. Aber er definiert damit einen anderen Normentypus als derjenige, der – ebenso statthaft – als Rechtsnormen solche Verhaltensnormen bezeichnet, die die Chance organisierter obrigkeitl. Durchsetzung haben. Selbstverständl. darf man aber die Feststellung, daß ein Gesetz schon seiner Tendenz nach ungerecht und damit kein Recht im zuerst genannten Sinne ist, nicht kurzerhand dahin gehend ausdehnen, daß dieses Gesetz auch kein Recht i. S. der zweiten Definition sei. Die Nichtbeachtung dieser Trivialität ließ etliche unfruchtbare Diskussionen über die Gültigkeit ungerechter Gesetze zustande kommen.

B. Die Rechtstheorien der hist. Rechtsschule. Die hist. Rechtsschule hielt das Recht für eine Erscheinung des Volksgeistes. Savigny sah es in den lebendigen Institutionen selbst, Puchta stellte es sich als in ein System von Rechtssätzen und Rechtsbegriffen aufgelöst vor, bis dann diese ganze Lehre in einer Begriffsjurisprudenz verflachte.

1. Das Recht als Institution. Bei Savigny findet sich der Grundgedanke des institutionellen Rechtsdenkens: „Das Recht nämlich hat kein Dasein für sich, sein Wesen vielmehr ist das Leben der Menschen selbst, von einer bes. Seite angesehen." Die Verf. etwa und das bürgerl. Recht eines Volkes haben, ebenso wie dessen Sprache und Sitte, „kein abgesondertes Dasein, es sind nur einzelne Kräfte und Tätigkeiten des einen Volkes, in der Natur untrennbar verbunden, und nur unserer Betrachtung als bes. Eigenschaften erscheinend".

Das Recht, wie es sich in den lebendigen Institutionen ausprägt, ist eine Erscheinung des Volksgeistes. Sein eigentl. Sitz ist „das gemeinsame Bewußtsein des Volkes". Dieser „organische Zusammenhang des Rechts mit dem Wesen und Charakter des Volkes bewährt sich auch im Fortgang der Zeiten ... Das Recht wächst also mit dem Volke fort, bildet sich aus mit diesem und stirbt endl. ab, so wie das Volk seine Eigentümlichkeit verliert."

In jüngerer Zeit hat das institutionelle Rechtsdenken durch SANTI ROMANO, HAURIOU (s. u. I E 1) und CARL SCHMITT eine Neubelebung erfahren. Man könne, so lehrte SCHMITT, das Recht auffassen „entweder als eine Regel, oder als eine Entscheidung, oder als eine konkrete Ordnung und Gestaltung". „Für das konkrete Ordnungsdenken ist ‚Ordnung' auch juristisch nicht in erster Linie Regel oder eine Summe von Regeln, sondern, umgekehrt, die Regel nur ein Bestandteil und ein Mittel der Ordnung." „Die konkrete innere Ordnung, Disziplin und Ehre jeder Institution widersteht, solange die Institution andauert, jedem Versuch restloser Normierung und Regelung." Der Staat zB ist nicht ein bloßes Normensystem, sondern eine „Gestalt", eine „individuelle Totalität", „die Institution der Institutionen, in deren Ordnung zahlreiche andere, in sich selbständige Institutionen ihren Schutz und ihre Ordnung finden". Die Wiederherstellung des Begriffs der Institution solle den Normativismus und den Dezisionismus (s. u. I C 2) überwinden.

Die SAVIGNYsche Vorstellung, die Rechtsentwicklung sei nur eine Seite des stillen Wachstums des Volksgeistes, verdeckt aber eine wichtige Eigenart des modernen, positiven, staatl. Rechts: Dieses kann der Gesetzgeber von heute auf morgen wirksam ändern, aufheben, neu einführen; „Volksgeist" und herrschendes Sozialethos hingegen unterliegen nicht in gleicher Weise kurzfristiger und exakter Verfügung. Das Recht gerät in den komplizierten und rasch sich wandelnden Verhältnissen der modernen Industriegesellschaft unter einen Entscheidungsdruck, den der „Volksgeist" auch gar nicht aufnehmen und zu hinreichend differenzierten und präzisen Verhaltensregeln verarbeiten könnte.

2. Die Auflösung der Rechtsinstitute in ein System von Rechtssätzen. PUCHTA sieht, ebenso wie SAVIGNY, im Volksgeist die eigentl. Quelle des Rechts. „Der Wille des Volks, der Wille, den die Menschen als Glieder dieser Verbindung haben, ist die natürl. Quelle des Staats und seiner Verf.; der Volksgeist bringt den Staat wie das Recht hervor." Ein Rechtssatz ist menschl. Recht „dadurch, daß er in der gemeinsamen Überzeugung derer, für die er gilt, als solcher anerkannt ist".

Andererseits verflüchtigt PUCHTA die Rechtsinstitute SAVIGNYS zu einem Inbegriff einzelner Rechtssätze. Recht ist für ihn „eine Rechtsvorschrift, ein Rechtssatz oder ein Inbegriff von solchen ... So nennt man zB das Eigentum ein Rechtsinstitut, insofern wir dabei die Masse von Rechtssätzen denken, die es betreffen." Und unversehens tritt neben eine Genealogie des Rechts aus dem Volksgeist eine logische Genealogie aus einem obersten Prinzip. PUCHTA entwirft das Bild einer Begriffspyramide, aus der sich auf logischem Wege Rechtssätze ableiten lassen sollen. So wird er der Wegbereiter einer Begriffsjurisprudenz.

3. Die Begriffsjurisprudenz. a) Damit war der Weg frei für den begriffsjur. Positivismus, der geglaubt hat, man könne alle jur. Entscheidungen aus einem System von Rechtssätzen und Rechtsgrundsätzen mit rein logischen Mitteln und ohne eigene Wertung ableiten. RADBRUCH hat diese Theorie auf drei Grundsätze zurückgeführt: auf das Rechtsschöpfungsverbot (die Rechtsanwendung soll eine bloß erkennende Tätigkeit sein; die Richter seien nur, wie MONTESQUIEU sagt, „der Mund, der die Worte des Gesetzes ausspricht"), das Rechtsverweigerungsverbot (der Richter muß über jeden zulässigerweise vor ihn gebrachten Fall eine Sachentscheidung treffen) und den durch das Zusammentreffen dieser beiden Grundsätze logisch erforderten dritten Grundsatz der Lückenlosigkeit (oder Geschlossenheit) der Rechtsordnung. Den Weg zu dieser Geschlossenheit der Rechtsordnung hatte der Systemgedanke PUCHTAS gewiesen: Der Richter sollte die fehlende Norm aus der Begriffswelt des Rechts gewinnen, und zwar dadurch, daß er aus den vorhandenen Normen den ihnen zugrundeliegenden allg. Grundsatz oder Begriff feststellte und aus ihm dann eine neue Norm, nämlich die fehlende, ableitete.

b) In der Kritik an der Begriffsjurisprudenz verbanden sich die Freirechtslehre, die Interessenjurisprudenz (s. a. I C 4) und die Systemkritik (s. a. III A und →Rechtsanwendung II C).

Die Systemkritik stellte die begriffsjur. Methode, Rechtssätze durch Ableitung aus Prinzipien zu gewinnen, prinzipiell in Frage: Unsere Rechtsordnung ist weit davon entfernt, ein einheitl. logisches System zu bilden, in dem sich alle Rechtssätze aus wenigen Axiomen (deren Vollständigkeit, Verträglichkeit und Unabhängigkeit gesichert wäre) herleiten lassen müßten. Wollte man schon jeden einzelnen kurzen Ableitungszusammenhang, der im Recht auffindbar ist, als System bezeichnen, so hätte man eine unbestimmte Vielzahl von Systemen, aber kein einheitl. Rechtssystem vor sich. Die Jurisprudenz kann sich also nicht in deduktivem Denken erschöpfen. Im Recht gibt es nicht nur Deduktionen, sondern auch ursprüngl. Entdeckungen und Erfindungen (TH. VIEHWEG).

Die Kritik der Freirechtslehre und der Interessenjurisprudenz zielte vor allem gegen die Hypothese der Geschlossenheit der positiven Rechtsordnung. Sie zeigte die Lückenhaftigkeit des Begriffssystems auf. Man verwies auf die Unschärfe, auf die „schwimmenden Konturen", auf den „Begriffshof" (HECK) der Rechtsbegriffe. Ferner können verschiedene Auslegungskriterien (zB der hermeneutische Gehalt der Entstehungsgesch. der Norm und derjenige des logisch-systematischen Zusammenhanges der Normen) in einen Widerstreit treten, der sich nicht auf rein rationale Weise lösen läßt. Vor allem aber läßt sich in gesetzl. ungeregelten Fällen nicht rein logisch ermitteln, wann eine analoge Anwendung des G. und wann ein Umkehrschluß am Platze ist. Wenn aber demnach das positive Recht samt seinem Begriffssystem lükkenhaft ist, dann bleibt dem Richter nichts anderes übrig, als diese Lücken durch eine Wertentscheidung zu überbrücken. Eine solche Wertung durchbricht aber das System bloß rationaler Rechtserkenntnis. HECK fügte dieser Kritik noch den Vorwurf der Inversion bei. In Wahrheit entstünden Rechtsnormen nicht aus Begriffskunststücken, sondern aus zweckbestimmten Interessenabwägungen. Die allg. Rechtsbegriffe seien Ordnungsbegriffe, die die so entstandenen Rechtsnormen oder deren Elemente zum Zweck einer übersichtl. Darstellung zusammenfassen. Die Begriffsjurisprudenz stelle die Dinge auf den Kopf, wenn sie an die Stelle der Reihenfolge: teleologische Erwägung – Rechtsnorm – Ordnungsbegriff die Reihenfolge: Ordnungsbegriff – Rechtsnorm setze.

c) Die Entwicklung zur Begriffsjurisprudenz und zurück läßt sich hist. verstehen. Im Frühliberalismus und im Frühkonstitutionalismus vereinigte sich das Vertrauen in die von der Volksvertretung beschlossenen oder wenigstens mitbeschlossenen G.e mit einem gewissen Mißtrauen gegen den Richter, dessen Stellung als eines Fürstendieners noch in der Erinnerung haftete. Eine begriffl.-logische Methode sollte daher eine feste und jederzeit kontrollierbare Bindung des Richters an die Normen sichern.

Seither aber hat das Vertrauen in das G. manchen Stoß erlitten, während der inzwischen in seiner Unabhängigkeit gefestigte und verhältnismäßig weit außerhalb des Einflußbereichs politischer Parteien und Interessentengruppen stehende Richter an Vertrauen gewonnen hat, so daß die richterl. Wertung heute weniger suspekt ist als ehedem. Auch zeigte die Behendigkeit, mit der eine routinierte Begriffsjurisprudenz vielfach das gewünschte Ergebnis zu begründen wußte, daß man den rechtsstaatl. Wert einer stark begriffsgebundenen Jurisprudenz nicht überschätzen darf.

C. Die Rechtstheorien des philosophischen Positivismus. *1. Grundsätzliches zum philosophischen Positivismus.* Den philosophischen Positivismus hat als System AUGUSTE COMTE begründet, indem er die auf das faktisch Gegebene, auf das Positive beschränkte Betrachtungsweise zum Prinzip erhob. Der Weg des menschl. Geistes habe vom theologischen zum metaphysischen und von da zum positivistischen Zeitalter geführt. Aufgabe der Philosophie sei die Koordination der beobachtbaren Tatsachen. Sie habe davon auszugehen, daß alle Erscheinungen unabänderl. Naturgesetzen unterworfen sind. Ziel aller ihrer Anstrengungen sei die präzise Entdekkung dieser Gesetze und ihre Zurückführung auf eine geringstmögl. Zahl. Es gehe um „die Analyse der Erscheinungen, um deren wirksame Gesetze zu entdecken, d. h. die konstanten Beziehungen ihrer Aufeinanderfolge oder ihrer Ähnlichkeit".

Die auf COMTE folgende Entwicklung des Positivismus behielt das Programm bei, verflachte aber dabei immer mehr zu einem Naturalismus, der alles Seiende auf sinnl. wahrnehmbare Gegenstände und auf psychische Vorgänge zurückführte. So wurde auch das Recht als soziale Erscheinung zum Gegenstand einer kausalen Erklärung gemacht.

2. Die Rechtstheorien des philosophischen Positivismus. Die Rechtstheorien des philosophischen Positivismus dürfen nicht mit dem begriffsjur. Positivismus verwechselt werden. Sie stehen zu diesem sogar in einem Gegensatz und wollen das Recht selbst auf Seinstatsachen reduzieren. Wie ein Manifest einer positivistischen Rechtstheorie mutet der Satz ADOLF MERKELS an: „Das ‚Soll' ist nur eine Konsequenz des Urteils über das ‚Ist' und kann daher nicht den Gegenstand einer Disziplin bilden, welche der Wissenschaft des ‚Ist' selbständig gegenüberstünde."

Auf tatsächl. Willen und tatsächl. Entscheidung führt der Dezisionismus das Recht zurück. Ihm erscheint als höchste Quelle des Rechts eine Rechtssetzung oder wenigstens eine Rechtsduldung eines übergeordneten, herrschaftl. Willens, vor allem staatl. Willens. Für ihn ist die letzte Grundlage des Rechts nicht eine oberste Norm, „sondern die Autorität oder Souveränität einer letzten Entscheidung", in der es darum geht, „daß (nicht: wie) entschieden wird" (C. SCHMITT). Als bloßes Faktum wird hierbei freilich nur der Ursprung des Rechts gedacht, nicht auch die entstandene Norm, die als Imperativ durchaus in ihrem präskriptiven Sinn erfaßt wird.

Auf die psychischen Tatsachen des Wollens und der Anerkennung reduziert BIERLING das Recht. Normen sind „Ausdruck eines Wollens, das seine Vollziehung von anderen erwartet". Die Besonderheit der Rechtsnormen besteht darin, daß sie von den in einer Gemeinschaft lebenden Menschen wechselseitig anerkannt werden. Die Anerkennung wird psychologisch als das „habituelle, dauernde Respektieren gewisser Normen" verstanden.

An die Seite dieser psychologischen Rechtstheorie tritt, teilweise sich mit ihr überschneidend, eine soziologische. Soziologische Rechtstheorien im strengen Sinne sind nur solche Lehren, die das Wesen des Rechts selbst mit soziologischen Kategorien definieren. So hat EUGEN EHRLICH die Rechtswissenschaft als Teil der Soziologie angesehen: „Die eigentl. Rechtswissenschaft ist ein Teil der theoretischen Gesellschaftswissenschaft, der Soziologie." Bei ihm findet sich die zugespitzte Formulierung: „Unter allen Tatsachen des Rechts ist . . . die Übung die einzige ursprüngl." Nun ist aber die bloße Regelhaftigkeit eines Verhaltens nicht identisch mit der Normiertheit, also dem Gebotensein. Tatsächl. führt EHRLICH sein Programm auch nicht konsequent durch und hebt dann doch die Rechtsnormen von den soziologischen Tatsachen ab.

Eine Zurückführung des Rechts auf eine soziologische Grundlage findet sich auch im Marxismus. Für ihn ist das Recht ein bloßer Reflex der ökonomischen Struktur der Gesellschaft, ein bloßer „Überbau". Auch hier wird aber blinde Konsequenz vermieden. Man sieht das Recht selbst nicht als etwas Materielles an, sondern als etwas qualitativ anderes, das mit den anderen Momenten des Überbaus und mit der ökonomischen Basis in Wechselwirkung steht. Freilich bleibt hierbei unklar, wie es eine echte Wechselwirkung geben könne, wenn einer der Faktoren, nämlich die ökonomische Basis, der grundlegende und „in letzter Instanz" bestimmende (so die Formulierung von ENGELS) sein soll.

3. Die Rechtssoziologie. Den soziologischen Rechtstheorien stehen diejenigen Richtungen der →Rechtssoziologie gegenüber, die nicht das Wesen des Rechts selbst mit soziologischen Kategorien erfassen wollen, sondern die Rechtsnormen als qualitativ eigenständige Sinngehalte anerkennen und lediglich aufzeigen, wie sie in ihrer inhaltl. Ausgestaltung etwa durch Interessenlagen, durch natürl. und psychologische Tatsachen mitgeprägt sind oder wie die Wirksamkeit der Rechtsnormen, insbes. ihre Durchsetzbarkeit, durch soziologische Faktoren bedingt ist. In dieser Fragestellung ist die Rechtssoziologie nach wie vor von aktueller Bedeutung.

4. Die Interessenjurisprudenz. Inspiriert durch die JHERINGsche These, „daß der Zweck der Schöpfer des gesamten Rechts ist, daß es keinen Rechtssatz gibt, der nicht einem Zweck, d. i. einem praktischen Motiv, seinen Ursprung verdankt", behauptet die genetische Interessenjurisprudenz, daß die rechtl. Gebote durch Interessenwirkung entstünden. Die G.e seien „die Resultanten der in jeder Rechtsgemeinschaft einander gegenübertretenden und um Anerkennung ringenden Interessen materieller, nationaler, religiöser und ethischer Richtung" (HECK). Die Lehre vom kausalen Rechtsdenken zeigte, daß auch noch andere Faktoren, wie vor allem Macht und Vertrauen, an der Rechtsbildung beteiligt seien (MÜLLER-ERZBACH).

Die Interessenjurisprudenz konnte aber bei dieser genetischen Betrachtungsweise nicht stehenbleiben. Die Rechtsnormen sind nicht nur Interessenwirkungen, sondern sie entscheiden Interessenkonflikte. Die Interessen sind also Gegenstand der rechtl. Wertung und Entscheidung, sowohl für den G.geber wie dann auch für den Richter, der die Interessenwertungen des G.gebers nachzuvollziehen hat (→Rechtsanwendung II B). Mit diesem Prinzip der Interessenabwägung ist aber die eigentl. rechtssoziologische Betrachtungsweise verlassen. Vor dem Forum der Gerechtigkeit muß zur Analyse, welche Interessen im Spiele sind, immer eine Bewertung hinzutreten, die ihrerseits aber nicht mit soziologischen Kategorien gefunden werden kann. Die aus diesem Wechsel der Thematik sich ergebende Aufgabe hat die klassische Interessenjurisprudenz nicht bewältigt, da sie keine stichhaltige Theorie dafür lieferte, nach welchem Richtmaß die Interessen gegeneinander abzuwägen seien. Die Empfehlung, sich an den Interessenabwägungen des G.gebers zu orientieren, muß überall dort versagen, wo eine Interessenbewertung des G.gebers fehlt, an die sich die Wertentscheidung eindeutig anlehnen könnte. Die moderne Wertungsjurisprudenz versucht die Problematik weiterzuführen und jur. Wertungen, wie sie auch in den Interessenabwägungen liegen, methodisch zu erschließen.

D. Die Rechtstheorien des Neukantianismus. *1. Sollens- und Seinsaussagen.* In entschiedener Wendung gegen den philosophischen Positivismus hat die neukantianische Rechtsphilosophie die Unterscheidung von Aussagen über Sollen und Sein wieder aufgegriffen. Schon in der Antike trennte man theoretische und praktische Aussagen: Jene richten sich auf die Erkenntnis dessen, was ist, diese richten sich auf die Ordnung des Handelns und bestimmen, was getan werden soll. Schon eine Analyse des sprachl. Sinnes zeigt diesen Unterschied. Normen haben nicht den Sinn bloß beschreibender Aussagen. Sie unterscheiden sich etwa von der Feststellung, daß Menschen sich regelmäßig in bestimmter Weise verhalten (zB bei Regen den Schirm aufspannen). Das Recht enthält auch nicht bloße „Prophezeiungen dessen, was die Gerichte tun werden" (O. W. HOLMES). Sondern seine Normen geben an, daß etwas geschehen soll. Sie bezeichnen also die Richtigkeit, nicht die bloße Wahrscheinlichkeit eines Verhaltens. Der Neukantianismus hat vor allem auch die Erkenntnis erneuert, daß man aus dem, was faktisch existiert und geschieht, nicht erschließen kann, was geschehen soll (s. u. III E 1).

Darin, daß sich Sollenssätze nur durch andere Sollenssätze begründen lassen, daß Sollen und Sein durch eine unüberbrückbare Kluft geschieden sind, sind sich auch in der Rechtsphilosophie die Neukantianer aller Richtungen einig.

2. Die Rechtstheorie unter dem Einfluß der Marburger Schule. Nach Auffassung dieser philosophischen Schule sind Ordnung und Einheit in der Vorstellungswelt nicht der Erkenntnis vorgegeben, sondern werden erst durch das Denken erzeugt, sind das Ergebnis einer Synthesis. Das Denken selber entwirft erst die Gesetze und Zusammenhänge. Erkenntnis ist also nicht bloßes Erfassen, sondern ist Erzeugung der Einheit des Gegenstandes durch das Denken (H. COHEN).

In diesem Sinne stellte RUDOLF STAMMLER die theoretische Frage, was das Recht seinem Begriffe nach ist. Diese Frage zielt ab auf die Kategorie Recht, d. h. auf denjenigen Begriff, der allen rechtl. Vorstellungen bedingend zugrunde liegt, vermöge dessen wir also einen bestimmten Bereich unserer Erkenntnis überhaupt als rechtl. Erkenntnisse zusammenfassen und gegen andere Gegenstände der Erkenntnis (zB gegen Normen der Sitte) abgrenzen. Der Rechtsbegriff ist also die durch das Denken selbst geschaffene Bedingung, unter der wir alle bes. Erscheinungen des Rechts als etwas Zusammengehöriges, eben als Recht, begreifen. Soviel zur Funktion des Rechtsbegriffs. Seinem Inhalt nach bezeichne er das unverletzbare, selbstherrl., verbindende Wollen. D. h., er ist eine Zwecksetzung („Wollen"), die das Zusammenleben der Menschen ordnet („verbindend"), nicht von Fall zu Fall durchbrochen werden darf („unverletzbar") und die Rechtsunterworfenen bindet, auch wenn sie sich ihr nicht unterwerfen wollen („selbstherrlich"). Diese theoretische Frage nach dem Begriff des Rechts ist zu unterscheiden von der praktischen Frage nach dem richtigen Recht.

Dieser Lehre wird man darin zustimmen, daß das Bewußtsein an der Bildung der allg. Begriffe, nämlich an der Auswahl der darin zusammengefaßten Merkmale, konstitutiv mitwirkt. Andererseits bildet sich aber der Begriffsinhalt nicht durch bloßes Denken. Sachbegriffe, wie der des Rechts, sind keine reinen, apriorischen Begriffe, sondern heben nur gemeinsame Merkmale der Sachverhalte heraus.

3. Die Rechtstheorie unter dem Einfluß der Südwestdt. Schule. Die Südwestdt. Schule teilt die dem Neukantianismus eigene Auffassung, daß die Methode den Gegenstand bestimme. Die wertfreie generalisierende Betrachtungsweise liefert als Erkenntnisgegenstände die Naturgesetze, also die immer wiederkehrenden Zusammenhänge der Wirklichkeit. Die wertbeziehende und individualisierende, Sinn und Bedeutung heraushebende Betrachtungsweise liefert hist. und andere kulturwissenschaftliche Erkenntnisgegenstände (WINDELBRAND, RICKERT).

Im Sinne dieser Philosophie wurde in den Rechtsbegriff selbst ein wertbezogener Bedeutungsinhalt aufgenommen. So lehrt etwa GUSTAV RADBRUCH: „Recht ist Kulturerscheinung, d. h. wertbezogene Tatsache . . . Recht kann ungerecht sein . . ., aber es ist Recht nur, weil es den Sinn hat, gerecht zu sein." Eine Norm, die „Gerechtigkeit nicht einmal erstrebt", entbehrt daher „überhaupt der Rechtsnatur".

Nun gibt es aber unbestreitbar nicht nur gerechte, sondern auch ungerechte Normen, die die verläßl. Chance haben, durch obrigkeitl. garantierten Zwang durchgesetzt zu werden. Wollte man trotzdem den Gerechtigkeitsbezug in den Begriff des Rechts mit hereinnehmen, so würde das also nur zu der schon besprochenen (I A 2) Verdoppelung der Begriffe führen: Neben dem Begriff des „wahren" Rechts stünde dann der Begriff der von der Staatsgewalt als „Recht" bezeichneten und durchgesetzten Normen, die augenscheinl. auch dann realisiert werden können, wenn Gerechtigkeit nicht erstrebt wird.

4. Die Reine Rechtslehre. Auch die Reine Rechtslehre KELSENS nimmt ihren Ausgangspunkt in der Gedankenwelt des Neukantianismus: Sollen und Sein erscheinen als letzte, nicht weiter ableitbare Kategorien. Dieser kategoriale Unterschied zwischen Sollen und Sein bildet die Grundlage dieser Rechtstheorie. Die Rechtswissenschaft hat es mit Normen, also mit einem Sollen, nicht mit einem Sein zu tun. Wenn das Recht auf psychische oder soziologische Tatsachen zurückgeführt wird, so werden die durch eine unüberbrückbare Kluft geschiedenen Kategorien des Seins und des Sollens miteinander vermengt. Daß etwas sein soll, kann nur wiederum aus einem Sollen, also nur im Wege einer Normlogik, begründet werden.

Die Rechtsordnung hat deshalb die Struktur eines Stufenbaues von Normen, in welchem die niederen ihre Geltungsgrundlage in jeweils höheren Normen haben. Der Regreß auf eine jeweils höhere Norm kann aber nicht ins Endlose gehen. Er muß bei einer letzten, höchsten Norm enden, die ihrerseits aber nicht gesetzt, sondern nur vorausgesetzt sein kann; wenn man sagt, daß das positive Recht verbindl. sei (d. h., daß man es befolgen solle), so macht man hierbei notwendig die transzendental-logische Voraussetzung, daß man sich so verhalten solle, wie es die Verf. und das ihr gemäß erzeugte oder fortgeltende Recht vorschreiben. Diese als höchste vorausgesetzte Norm einer Rechtsordnung bezeichnet KELSEN als Grundnorm. Sie konstituiere auch die Einheit der Rechtsordnung. „Alle Normen, deren Geltung auf ein und dieselbe Grundnorm zurückgeführt werden kann, bilden ein System von Normen, eine normative Ordnung."

Allerdings kann KELSEN die rein normative Betrachtungsweise nicht konsequent durchhalten. ZB kann der rechtserhebl. Wandel von einer vorrevolutionären zur nachrevolutionären Rechts- und Verf.ordnung nicht rein normativ begriffen werden. Von einer geltenden Rechts- und Verf.ordnung kann nur gesprochen werden, wenn ihre „Normen im großen und ganzen angewendet und befolgt werden". Diese Wirksamkeit, also die Tatsache, daß eine Normenordnung im großen und ganzen die sichere Chance hat, befolgt und obrigkeitl. durchgesetzt zu werden, ist aber nichts Normatives, sondern ein soziologischer Tatbestand, der insbes. bedingt ist durch das Faktum einer zuverlässig funktionierenden obrigkeitl. Organisation. Das volle Phänomen einer geltenden Normenordnung kann also nicht rein normativ erfaßt werden, sondern es existiert in der Dialektik von Norm und Normvollzug.

Unangetastet bleibt aber die Erkenntnis, daß die Rechtfertigung solcher „wirksamer" Normen nicht in dieser Wirksamkeit selbst, sondern nur normlogisch gefunden werden kann. Soll aber wirkl. konsequent nach der „reinen" normlogischen Rechtfertigung durch eine transzendentallogische Norm geforscht werden, dann ist es wiederum angreifbar, daß KELSEN für jede einzelne Rechtsordnung eine eigene „transzendental-logische" Grundnorm voraussetzt. „Reiner" transzendental-logischer Geltungsgrund (eines Positivismus KELSENscher Prägung) kann nur sein: daß man der je wirksamen Rechts- und Verf.ordnung folgen solle. Er kann also nur eine allg. normlogische Legitimierung allen je wirksamen Rechts sein (die etwa im Gedanken des Rechtsfriedens und der Rechtssicherheit ihre Grundlage finden könnte).

E. Dialektische Rechtstheorien. *1. Die Rechtstheorie im Gefolge des objektiven Idealismus.* Die Rechtsphilosophie des Neuhegelianismus geht aus von der HEGELschen Philosophie des Geistes. Die Erkenntnis ist nichts anderes als die „Entwicklung des Bewußtseinsinhalts", ist die „Auseinanderlegung seiner Momente und (die) Zusammenfassung der entwickelten Momente in immer neuen Synthesen" (BINDER). Alle Unterscheidung, selbst die von Subjekt und Objekt, ist nur ein Schritt der Dialektik, in der sich der Geist in seine verschiedenen Momente, in seine verschiedenen Teilaspekte auseinanderlegt. Die Dialektik ist der Weg, um das Ganze in der spannungsreichen Vielfalt seiner einzelnen Momente zu erfassen. Alle Abstraktion ist nur ein Teil, ist nur eine Teilwahrheit, ist nur eine Seite des Ganzen. Die Wahrheit läßt sich nicht auf ein einzelnes abstraktes Moment zurückführen. „Das Wahre ist das Ganze" (HEGEL). Die Dialektik ist die lebendige Kraft des Widerspruchs, die über die verschiedenen Teilaspekte auf das Ganze hinführt, an dem dann die zuvor festgestellten Gegensätze nur als verschiedene unselbständige Momente des Ganzen erscheinen. Das Wahre ist das Konkrete, ist das Zusammenbestehen der Teilwahrheiten.

Damit ist ein Weg gefunden, die vom Neukantianismus aufgerissene Kluft zwischen Sein und Sollen zu schließen. Das Recht hat zwar – als Sollen – ein geistiges Sein. Aber das wirkl. Recht ist ein geistiges Sein, das wirksam ist. „Das Sein des Rechtes ... besteht in seiner Geltung", und diese Geltung wiederum existiert darin, daß es „als Recht gewußt, beobachtet und angewendet wird" (BINDER). Es ist also überhaupt nur vorhanden in der dialektischen Einheit von Norm und Normverwirklichung. Nur das auf den Fall angewandte G. ist wirkl. Recht. „Das Recht in seiner Objektivität, gelöst vom Praktiker und seiner Subjektivität, ist eine tote und hoffnungslose Abstraktion" (SCHÖNFELD). Das Recht ist „wirklich als die ‚allg. Handlungsweise'; es ist eine im Dasein verwirklichte, von den Menschen im Bewußtsein ihrer Verbindlichkeit ständig eingehaltene und dadurch sich erhaltende ‚Lebensordnung' – ein ‚Sein', das die Bedeutung eines ‚Gesollten' hat" (LARENZ).

Für HAURIOU, der sich ausdrückl. zum objektiven Idealismus bekennt, sind das Reale im Rechtsleben die Gruppeninstitutionen (Familien, Gesellschaften, Staaten usw.) und die Sachinstitutionen (Verträge und andere Beziehungsformen). In ihnen verwirklichen sich die Ideen des Rechts und die objektiven Rechtswerte. Ihrer bemächtigt sich das kollektive psychische Leben. So sind die Gruppeninstitutionen „ein Phänomen der Interpenetration individueller Bewußtseine, die von einer gemeinsamen Idee betroffen sind". Die Gruppe wird also durch gemeinschaftl. Teilhabe an objektiven Werten und Ideen konstituiert; gegen die damit verbundene Vorstellung einer „Interpenetration individueller Bewußtseine" bestehen aber Bedenken (→Sozial- und Staatsphilosophie II D).

Auf ähnl. Gedanken beruht auch die Rechts- und Staatstheorie der Integrationslehre, für welche die lebendige Rechts- und Verf.ordnung des Staates vorhanden ist in den einzelnen Lebensäußerungen, sofern sie Betätigungen eines geistigen Gesamtzusammenhanges sind; es geht also auch hier um eine dialektische Zusammenordnung von objektivem Sinngehalt und zeitlich realem Leben. „Jeder geistige Austausch führt unvermeidl. in die Bereiche des zeitlosen Sinns hinein, die er zugleich voraussetzt, und umgekehrt werden Sinn und Wert nur im geistigen Gemeinschaftsleben zur Sinn- und Wertwirklichkeit" (SMEND).

Der Versuchung, von der dialektischen Rechtsauffassung in die HEGELsche Vernunftmetaphysik abzugleiten, ist in bes. Maße BINDER erlegen. Die Anerkennung des Rechts durch die Rechtsgenossen sei nichts anderes als die „sich ihrer in der Subjektivität des menschlichen Denkens und Handelns" bewußt werdende Vernunft. Das Recht sei die „Wirklichkeit der Vernunft", und seine Geltung liege in eben dieser Vernünftigkeit. Deshalb könne nur vernünftiger, sittl., rechtl. Wille Recht schaffen. Immer müßten sich die Rechtsvorschriften „als Realisationen des Rechtsbegriffs durch den individuellen Volksgeist erweisen, um Recht zu sein". Diese Vernunftmetaphysik ist aber überzeugenden Einwänden begegnet (s. u. III C 2).

Die wesentl. und weiterführende Erkenntnis dieser Theorien liegt darin, daß das Recht nicht als abstrakte Normenordnung, sondern als dialektische Verbindung von Norm und Normverwirklichung zu begreifen ist. Ferner ist nicht zu leugnen, daß das Recht aufs große Ganze gesehen zu einem guten Teil davon lebt, daß es das Rechtsempfinden und den Ordnungssinn der Rechtsunterworfenen anspricht und darum als allg. Regel anerkannt und aktualisiert wird. Hingegen berücksichtigt dieser Rechtsbegriff den Umstand zu wenig, daß im einzelnen durchaus eine Differenz zwischen dem garantierten Recht und den in der Gemeinschaft herrschenden Gerechtigkeitsvorstellungen auftreten kann (s. auch II E 1 b, 3).

2. Das Recht als verwirklichte Normenordnung. Das Recht hat also zwei Komponenten: Es handelt sich um normative Sinngehalte, die als solche weder sinnlich wahrnehmbare noch psychische Fakten sind. Zugleich hat das Recht auch eine faktische Komponente: in seiner Aktualität, in der Tatsache, daß es wirklich befolgt und vollzogen wird.

Sinngehalte sind kein psychisches Geschehen. Die Unterscheidbarkeit psychischer Vorgänge von den darin erfaßten Sinngehalten zeigt sich sehr deutlich an Identitätsfeststellungen: Kein Akt des Denkens ist mit irgendeinem anderen Denkakt identisch. Wohl aber kann in mehreren aufeinanderfolgenden Denkprozessen ein und derselbe Sinngehalt (etwa der gleiche mathematische Lehrsatz oder das gleiche Handlungsgebot) erfaßt werden. Auch die Grundlage intersubjektiver Identitätsfeststellungen bilden nicht Erfahrungs- und Denkakte (verschiedene Menschen vollziehen nie dieselben Denkakte), sondern die darin erfaßbaren Erfahrungsinhalte und Sinngehalte.

Wir vermeinen, daß Sinngehalte (zB ein mathematischer Lehrsatz oder das Diebstahlsverbot) auch „an sich", d. h. unabhängig von ihrem aktuellen Erfaßtsein „vorhanden" sind, daß sie also auch dann fortgelten, wenn wir uns ihrer vorübergehend nicht bewußt sind, und daß sie auch für den gelten, dem sie noch nicht „zum Bewußtsein gekommen" sind. „Vorhanden" heißt hierbei: daß dieser Sinngehalt jederzeit zu unmittelbarer Erfassung zur Verfügung steht.

Lebendiges Recht ist aber nicht abstrakter normativer Sinngehalt, sondern es ist eine gegenwärtig verwirklichte und wirksame Normenordnung. Es ist also einerseits kein bloßer psychischer Tatbestand, sondern objektiver Sinngehalt, der gemeinsamer, identischer Bewußtseinsinhalt verschiedener Menschen sein kann. Aber es ist zugleich Sinngehalt, der zur Zeit in den Vorstellungen der Menschen aktuell ist und hierdurch das menschl. Verhalten in einer Gemeinschaft wirksam bestimmt.

Offen ist noch die Frage, in welcher spezifischen Weise sich die Rechtsnormen realisieren. Diese Frage der spezifischen Wirkungsmodalität der Rechtsnormen bildet den wesentl. Gegenstand des Geltungsproblems (II). Erst mit ihm findet also die Entwicklung des Rechtsbegriffs ihren Abschluß.

Diesem Problem der spezifischen Wirkungsmodalität des Rechts ist eine andere Frage vorgeordnet: Wie kann ein Sollen, als Sinngehalt, überhaupt reale Wirkungen hervorbringen? Dieser Umschlag eines Sollens in wirkl. Geschehen kann sich nur in einem vernünftigen Wesen vollziehen, das einerseits den Sinn einer Sollensnorm erfassen und sich von ihr motivieren lassen und andererseits durch sein Handeln reale Wirkungen hervorbringen kann. Darum kann auch nur menschl. Verhalten im Widerspruch zu Geboten stehen und in diesem Sinne rechtswidrig sein, während der an das Handeln anschließende Kausalablauf und der Eintritt eines Erfolges außerhalb des im strengen Sinn verbietbaren Vorganges liegen.

II. Das Problem der Geltung („Recht und Sittlichkeit"). A. Normlogische Geltung und Wirksamkeit. *1. Geltung als Rechtfertigung eines Sollens.* KELSEN bezeichnet mit dem Wort Geltung zunächst nur „die spezifische Existenz der Norm" als eines Sollens. „Wird die spezifische Existenz der Norm als ihre ‚Geltung' bezeichnet, so kommt damit die bes. Art zum Ausdruck, in der sie – im Unterschied von dem Sein natürl. Tatsachen – gegeben ist."

Mit der Rechtfertigung einer Norm ist etwas Weiteres bezeichnet: eine Begründung dafür, warum man eine Norm befolgen solle. Diese Berechtigung eines Sollens kann nur wieder aus einem Sollen hergeleitet werden. „Daraus, daß etwas *ist,* kann nicht folgen, daß etwas sein *soll* . . . Der Geltungsgrund einer Norm kann nur die Geltung einer anderen Norm sein" (KELSEN, s. auch I D 1).

Dieser Geltungsbegriff selber (zur „Wirksamkeit" s. I D 4) erfaßt also nicht die spezifische Art und Weise, in der sich Rechtsnormen realisieren. Die ihm zugeordnete Geltungstheorie beschreibt bloß die allg. Methode zur Legitimation eines Sollens. Sie trifft auf moralische, sozialethische und rechtl. Normen in gleicher Weise zu. Voneinander abgegrenzt können diese Normen nur nach einem anderen Geltungsbegriff werden. Der Unterschied dieser Normen liegt nicht in einem bes. Modus ihrer Legitimation, sondern in einem bes. Modus ihrer Wirksamkeit.

2. Geltung als Wirkungsmodalität eines Sollens. Hinter der Unterscheidung, ob ein Handeln höchstpersönl. moralisch, sozialethisch einwandfrei oder schließlich legal ist, steckt die unterschiedl. Geltungsweise von Normen: ihre moralische, sozialethische oder rechtl. „Geltung". Dieser Geltungsbegriff bezeichnet also nicht nur die spezifische Seinsweise der Norm als eines Sollens, sondern zugleich die spezifische Modalität ihrer Wirksamkeit: im Gewissen – in den in einer Gemeinschaft herrschenden Vorstellungen – oder in der Chance, daß die Normen in einem obrigkeitl. Verfahren angewandt und durchgesetzt werden, und in den je hieran orientierten Verhaltensweisen.

B. Die moralische Geltung. „Geltung" kann bedeuten: Geltung für das eigene Gewissen; d. h., daß die ins Bewußtsein getretene Norm als solche und nicht bloß die Rücksicht auf die Normsanktion als Triebfeder wirksam ist, kurz, daß man „aus Pflicht" handelt. Die Eigentümlichkeit dieser Geltungsmodalität liegt also darin, daß ein Gebot um seiner selbst willen im Gewissen bejaht und wirksam wird. Diesen Geltungsmodus eines Sollens hat KANT im Auge, wenn er sagt, daß für die Moralität der Handlung lediglich die innere Triebfeder, lediglich die Gesinnung von Bedeutung ist. Entscheidend ist also, ob gerade die Vorstellung der Pflicht als Triebfeder wirksam ist. Alles Handeln aus anderen Motiven kann allenfalls legal sein und ist es dann, wenn es ohne Rücksicht auf das Motiv mit dem Rechtsgesetz übereinstimmt.

Es ist eine Verflachung und Verzerrung dieser Unterscheidung zwischen Moralität und bloßer Legalität, wenn man alles innere Verhalten zur

Moralität und nur das äußere Verhalten zur Legalität rechnet. ZB muß der Entschluß, eine geplante kriminelle Handlung aufzugeben, nicht schon deshalb moralisch sein, weil der Entschluß etwas Subjektives ist; sondern es kann sich hier um einen bloß legalen Vorgang handeln, nämlich dann, wenn dieser Entschluß lediglich mit Rücksicht auf die Strafdrohung gefaßt wird. Moralisch ist er nur dann, wenn ein ganz spezifisches Motiv, nämlich die Sollensnorm um ihrer selbst willen (nicht um der mit ihr verbundenen Strafdrohung willen) das innere Verhalten bestimmt.

Den Pflichtinhalt kann die Moral aus vorgegebenen Normen, etwa aus Rechtsnormen oder aus Normen des herrschenden Sozialethos übernehmen. Rechtsnormen erlangen zB dadurch (zugleich auch) moralische Geltung, „daß, wenn die Triebfeder, welche die juridische G.gebung mit jener Pflicht verbindet, nämlich der äußere Zwang, auch weggelassen wird, die Idee der Pflicht allein schon zur Triebfeder hinreichend“ ist (Kant).

C. Die sozialethische Geltung. Eine andere Geltungsmodalität ist gemeint, wenn wir vom Zeitgeist, von der herrschenden Sozialmoral oder von den „Anschauungen aller billig und gerecht Denkenden“ sprechen. Es handelt sich hier um die Geltung als geistiges Milieu. Einerseits prägt dieses die Vorstellungswelt der einzelnen von Jugend an, andererseits hat es aber seine Geltung nur in der aktuellen Teilhabe der einzelnen an den objektiven Sinngehalten.

Hegel hat in diesem „objektiven Geist“ den eigentl. Träger und Mittler der Menschheitsgeschichte gesehen. Ohne solche in der Gemeinschaft lebendigen und tradierten Sinngehalte „wäre die Flucht der kurzlebigen Individuen ein geschichtsloses Kommen und Gehen, gleichförmig, ohne Richtung und Entwicklung“ (N. Hartmann).

1. Objektive und subjektive Komponenten. Hegel hat seine Theorie vom „objektiven Geist“ durch seine Vernunftmetaphysik belastet: In der Entwicklung der Ideen, die jedes Volk und jede Epoche beherrschen, enthülle und verwirkliche sich die Weltvernunft (s. u. III C 1). Dadurch verwies er die einzelnen in die Rolle bloßer Repräsentanten und Mittler eines sich nach seiner eigenen Gesetzmäßigkeit entfaltenden *objektiven Geistes.* Zwar wird das System der in einem Volk lebendigen, in ihm herrschenden Sittlichkeit durch die einzelnen getragen und kommt erst durch sie „zu seinem Gelten“. Aber in diesem dialektischen Verhältnis bleibt dem einzelnen, mag er tatsächl. auch anders handeln können, die alleinige Aufgabe, das „in seinen Bestimmungen zur wirkl. Vernünftigkeit aufgeschlossene Allgemeine“ zu ergreifen und zu aktualisieren, d. h. durch einen subjektiven Akt zu verwirklichen.

Für eine unbefangene Betrachtung hingegen, die sich von jener Hegelschen Hypothese frei macht, verleihen die einzelnen nicht nur einem sich nach seinen eigenen Gesetzen entfaltenden „objektiven Geist“ das Leben, sondern sie geben dem in ihrem Volke herrschenden Geist auch das Gepräge, sie nehmen Einfluß darauf, welchen Inhalts die intersubjektiv anerkannten Verhaltensnormen und sonstigen Sinngehalte sind. Auch die herrschenden Rechtsauffassungen erzeugen sich in jedem Volk durch fortgesetzte Wechselwirkungen der einzelnen. Die Verkehrssitte kann sich dadurch fortentwickeln, daß Geschäftsleute neue Gepflogenheiten im Rechtsverkehr erfinden und durchsetzen. Die herrschenden Vorstellungen darüber etwa, wie weit die Meinungsfreiheit sich legitimerweise ausbreiten darf und soll, werden durch den G.geber und durch die Entscheidungen der hohen Gerichte mitbeeinflußt. „Die Abstufung der Werte, die durch die kollektive Moral für typische Situationen (und allerdings nur für diese) vorgenommen worden ist, beruht auf Werturteilen, die in irgendeinem individuellen Bewußtsein vollzogen sein müssen. Denn die Gesellschaft urteilt nur in ihren Gliedern und durch sie ... Damit stimmt es überein, daß jede neue moralische Wertung einmal persönl. durchgekämpft sein muß: das Gewissen des einzelnen als Gesellschaftsgliedes ist der Schauplatz dieses Kampfes“, in welchem auch die bereits fertigen kollektiven Wertungen als Forderungen in das Bewußtsein mit eintreten. Auf diese Weise sind in den Werturteilen der kollektiven Moral „die sozialethische Erfahrung, die Willensmeinung und die Normerlebnisse vieler Generationen“ aufgespeichert (Spranger).

Andererseits darf aber der in einer Gemeinschaft herrschende Geist nicht als bloße Integration subjektiver Bewußtseinsprozesse verstanden werden, sondern er ist objektiver Geist, d. h., in ihm sind objektive Sinngehalte vorhanden, die „zum Bewußtsein kommen“, überliefert werden und intersubjektiv als identische erfaßt werden können (s. o. I E 2). Hier werden also objektive Sinngehalte „aktualisiert“, die identischer Besitz mehrerer sein können.

Daß Normen in diesem Geltungsmodus als objektiver Geist stehen, bedeutet also: Sie sind einerseits „objektiver“ Sinngehalt, der identischer Gegenstand verschiedener individueller Bewußtseine sein kann, und sie sind andererseits ein Sinngehalt, der z. Z. in den Menschen „aktuell“ (d. h. in subjektiven Akten lebendig) ist, ein Sinngehalt, der in der Gemeinschaft von so vielen anerkannt wird, daß er in dieser herrscht. Diese „allg.“ Anerkennung bedeutet übrigens nicht, daß die Normen aus höchstpersönl. Gewissensentscheidung anerkannt sein müssen; es kann sich ebensowohl um ein unreflektiertes Übernehmen vorgefundener Anschauungen handeln (s. u. III G 6).

2. Das Problem der Aktualität. Diese Aktualität objektiver Sinngehalte ist die faktische Komponente des objektiven Geistes. Sie ist ein Tatbestand, der prinzipiell durchaus erfahrbar ist, dessen Erfassung im Detail aber oft überaus schwierig ist. Er ist „etwas ganz Konkretes, Erfaßbares, Erlebbares..., was sich unmittelbar aufdrängt, wo und wie immer man damit in Berührung kommt. Jeder, der in ein fremdes Land kommt, ‚erfährt' den fremden Geist des fremden Volkes und unterscheidet ihn im Erfahren sehr bestimmt von dem eines anderen Volkes. Er ‚erlebt' ihn als etwas Reales und Lebendiges, als etwas, was es wirkl. gibt und womit er sich auseinandersetzen muß, wenn er im fremden Lande leben will... Kurz, er erfährt und erlebt ihn als eine Macht, von der er – ganz wie in anderem Erfahren und Erleben auch – betroffen ist, die ihn allseitig umgibt, belagert, Anforderungen an ihn stellt" (N. HARTMANN). Im Detail aber, zB in abgelegeneren sozialethischen Fragen, kann es sehr zweifelhaft sein, ob eine Norm in einer Gemeinschaft herrscht. In Zeiten eines Auffassungswandels kann es schwer oder überhaupt nicht feststellbar sein, ob noch die alte oder bereits die neu aufkommende Meinung herrscht. Dafür, wie weit die Ermittlung dieses Tatbestandes jeweils vordringen kann, läßt sich keine generelle begriffl. Regel aufstellen.

Um in einer Gemeinschaft zu herrschen, brauchen Normen und Wertvorstellungen nicht von ausnahmslos jedem Mitglied der Gemeinschaft geteilt zu werden. Es gibt überall Außenseiter, hinsichtlich der sozialethischen Normen nicht weniger als etwa in Fragen eines herrschenden Kunststils.

Man darf das Kriterium dafür, ob bestimmte Vorstellungen herrschen, auch nicht ohne weiteres in einer rechnerischen Majorität suchen, weil es in jeder Gemeinschaft Stimmen von größerer und von geringerer Autorität gibt; zB ist das Bekenntnis eines hohen Gerichts zu einer sozialethischen Norm von höherem Gewicht als das einiger Durchschnittsbürger. Man muß hier also die Stimmen wägen. Wenn man die „Auffassung der tonangebenden Schicht des Verbandes" für richtungweisend erklärt (ERNST BELING), so ist das nur eine andere Formulierung, aber keine Lösung des Problems; denn hier beginnt erst die entscheidende Frage, wer tonangebend sei: eben diejenigen, deren Auffassungen mit dafür maßgebend sind, welche Vorstellungen in einer Gemeinschaft herrschen. Es geht hier um einen variablen realen Sachverhalt, dessen Erforschung insbes. voraussetzt, daß man die soziologische Struktur der Gemeinschaft kennt, um die Gewichtigkeiten der in ihr lebendigen Meinungen beurteilen zu können.

In der Demokratie entscheidet die numerische Majorität immerhin darüber, welche Vorstellungen politische und rechtl. Relevanz gewinnen sollen – soweit diese Vorstellungen in Wahlen und Abstimmungen zum Ausdruck gebracht werden und eine Rolle spielen; dabei hat jede Stimme zum mindesten gleichen Zählwert. In dem Meinungsbildungsprozeß aber, der sich im „Vorfeld" solcher Wahlen und Abstimmungen vollzieht, machen sich auch hier Stimmen von sehr unterschiedl. Gewicht geltend.

3. Die Differenziertheit der Sozialmoral. In den verschiedenen Gemeinschaften stehen unterschiedliche Bestände objektiver Normen und Leitbilder in Geltung. Neben Normen, die wohl überall herrschen, zB daß man seine Mitmenschen nicht betrügen soll, gibt es andere, wie zB das Verbot der Polygamie, die im einen Kulturkreis herrschen, im anderen nicht. Selbst in ein und demselben Volk kann das, was im einen Landstrich geschätztes Brauchtum ist, anderswo als grober Unfug auf Mißbilligung stoßen. In den einzelnen Ständen herrscht ein unterschiedl. Standesethos, in den Schulklassen ein unterschiedl. Klassengeist, und in der einen Familie herrscht ein anderer Geist als in der anderen. Diese Differenziertheit der Sozialmoral hat darin ihren Grund, daß in den verschiedenen Gemeinschaften unterschiedl. Bestände objektiver Sinngehalte akzeptiert werden.

D. Die Geltung als Zwangsregel (garantiertes Recht). Neben der moralischen Geltung einer Norm (d. h. ihrer Wirksamkeit als moralische Triebfeder) und ihrer Geltung als objektiver Geist (d. h. ihrer Anerkennung in der herrschenden Auffassung und ihrem Wirksamwerden in dem hieran orientierten Verhalten) steht als dritte Geltungsmodalität die Chance ihrer obrigkeitl. Durchsetzung und ihr Wirksamwerden in dem hieran orientierten Verhalten.

Der Gedanke dieser Zwangsnatur des Rechts wurde vor allem in der von Religionsstreitigkeiten, Glaubens- und Bürgerkriegen zerrissenen Zeit des 16. und 17. Jh. lebendig. Das weltl. Recht erschien LUTHER als Zwangsrecht, „zu zwingen die Bösen und zu schützen die Frommen". Die Menschen sind „unter das Schwert geworfen, daß, ob sie gleich gerne wollten, sie doch nicht tun könnten ihre Bosheit und, wenn sie es tun, daß sie es doch nicht ohne Furcht, noch mit Friede und Glück tun können". Hundert Jahre später pries HOBBES, der in England den Bürgerkrieg kennengelernt hatte, die zwangsbewehrte Macht der staatl. Rechtsordnung, die Ordnung und Frieden unter den Menschen sichert und dadurch dem Staat seine Legitimation verleiht (s. u. IV A). „Mag etwas noch so sehr der natürl. Vernunft gemäß sein, so wird es doch erst durch die Macht des Souveräns zum G." PUFENDORF suchte die Eigenart des Rechts gegenüber anderen Normenordnungen herauszupräparieren. THOMASIUS führte diese Versuche fort und kam auf diesem Wege wiederum auf die Zwangsnatur des Rechts. Das Recht unterscheide sich von Sitte und Sittlichkeit dadurch, daß es äußerl. erzwingbare Pflichten auferlege: Die Eigenart der Rechtspflichten bestehe gerade darin, daß sie äußere Pflichten seien, die aus Furcht vor äußerem Zwang („metuens coactionem aliorum hominum") befolgt werden müßten. Zielten sie doch darauf ab, den äußeren Frieden zu erhalten oder den gestörten Frieden wiederherzustellen. Diese Kriterien sind allerdings noch nicht ganz sachgemäß. Das rechtl. Verbot des Inzests zB läßt sich schwerlich aus dem Prinzip des Friedens verstehen. Auch ist die Einteilung der Normen danach, ob hinter ihnen äußerer Zwang oder bloß innerer Antrieb stehe, nicht differenziert genug. Hinter den meisten Pflichten „bloßer" Schicklichkeit oder Ehrenhaftigkeit steht ein sehr massiver gesellschaftl. Zwang.

Daher ist die von THOMASIUS stammende Unterscheidung korrekturbedürftig. Die Eigenart der Geltung des garantierten Rechts liegt darin, daß hinter ihm nicht äußerer Zwang schlechthin steht, sondern die Chance, durch ein rechtl. organisiertes und normiertes Erzwingungsverfahren durchgesetzt zu werden. Ein wesentl. Merkmal liegt also in der Technik der Durchsetzung dieser Normen. In dem Maße, wie sich diese „Sozialtechnik" historisch entwickelte, hat sich das garantierte Recht als ein spezifisches (von anderen Sozialnormen unterschiedenes) System der Verhaltensregelung herausgebildet. Auch dieser spezifische Geltungsmodus der garantierten Normen kann nicht rein normativ begriffen werden. Die sichere Chance, daß Normen durch organisierten Zwang durchgesetzt werden, ist ein soziologischer Tatbestand, der insbes. bedingt ist durch das Faktum einer zuverlässig funktionierenden obrigkeitl. Organisation. Die Chance, menschl. Verhalten wirksam zu lenken, kann man als Macht bezeichnen. In diesem Sinne ist also das garantierte Recht seinem Begriffe nach mit Macht verbunden, und zwar mit spezifischer, nämlich organisierter Macht.

Diese spezifische Durchsetzbarkeit unterscheidet das garantierte Recht von allen anderen Normen. Hierüber darf nicht der Umstand hinwegtäuschen, daß das vieldeutige Wort „Recht" auch zur Bezeichnung von Normen verwendet wird, die nicht in dieser Weise garantiert sind, zB zur Bezeichnung kirchenrechtl., völkerrechtl. und auch mancher staatl. Normen, deren Durchsetzung nicht in jener Weise gewährleistet ist. Gewiß haben auch solche anderen „Rechtsnormen" ihre Realisierungsmöglichkeiten. Selbst „naturrechtl." Postulate können sich beispielsweise durch eine Revolution verwirklichen. Aber es handelt sich hier um andersartige Modalitäten der Wirksamkeit, bei denen die Realisierungschancen meist nicht annähernd so verläßl. und berechenbar sind wie die des garantierten Rechts. Das gemeinsame Wort „Recht" ändert nichts an der Sache: daß es sich bei dem garantierten Recht um eine durch einen spezifischen Geltungsmodus ausgezeichnete bes. Normenart handelt (I A 2).

E. Zusammentreffen und Divergenzen verschiedener Geltungsmodalitäten. *1. Das Problem einer notwendigen Konvergenz.* Es hat sich ergeben, daß Normen verschiedene Modalitäten der Wirksamkeit haben können, von denen hier nur ihre Geltung als Gewissenspflichten, als Normen des herrschenden Ethos und als garantierte Normen dargestellt wurde. Zweifellos können mehrere solcher Geltungsmodalitäten zusammentreffen. Selbstverständl. kann eine garantierte Norm mit den herrschenden Gerechtigkeitsvorstellungen übereinstimmen, und sie kann zugleich moralische Geltung gewinnen, dadurch, daß sie aus Gewissen, unmittelbar um ihrer selbst willen und ohne Rücksicht auf die Normsanktion befolgt wird. In solchen Fällen erscheinen die zusammentreffenden Wirkungsmodalitäten der Norm nur als verschiedene Schichten der Normgeltung. Fragl. ist aber, ob ein solches Zusammentreffen notwendig ist oder ob die verschiedenen Wirkungsmodalitäten eigenständig und voneinander unabhängig sind, ob es also zB garantiertes Recht geben kann, das sich in Widerspruch zum herrschenden Rechtsethos setzt.

a) Das Zusammentreffen von rechtl. Sollen und moralischer Geltung stand im Mittelpunkt der Rechtstheorie RUDOLF LAUNS. Nur wenn eine Rechtsnorm als autonome Triebfeder des Handelns wirksam sei, also aus Pflicht befolgt werde, wirke sie als Sollen. „Nur aus den autonomen Befehlen unseres eigenen Gewissens oder Rechtsgefühls ... können wir ein Sollen deduzieren." Wenn sich die Norm dagegen nur durch die Zwangsdrohung Gehör verschaffe, wirke sie nur als „bedingtes Müssen". Eine Rechtsnorm erhebt jedoch schon ihrem objektiven Sinn nach den Anspruch, es solle dieses oder jenes getan oder unterlassen werden. Dieser objektive Sinn, der ein bestimmtes Verhalten fordert, ist seinem Inhalt nach nicht davon abhängig, ob er als innere Triebfeder des Verhaltens wirksam wird.

b) Das Zusammentreffen von Rechtsnormen und herrschendem Rechtsethos ist das zentrale Problem derjenigen Rechtstheorien, die im Recht einen Zweig des objektiven Geistes sehen: Für sie besitzt das Recht seine Geltung als „Dasein im Bewußtsein als ‚objektiver Geist' ...; es gilt so nicht kraft äußerer Anordnung, sondern kraft der gemeinsamen Überzeugung seiner Richtigkeit" (LARENZ). Auch für die rechtsetzenden und die rechtsanwendenden Staatsorgane gilt der Grundsatz: „Quelle der Macht ist und bleibt der lebende objektive Geist, der Machthaber ist und bleibt getragen von ihm. Er kann sich nur in Einzelheiten von seiner Gesamttendenz entfernen, nicht im Ganzen und nicht auf die Dauer. Denn nur Bewußtsein, Initiative, Aktionsfähigkeit ist es, was das repräsentierende Individuum dem objektiven Geiste verleiht ... Die verliehene Macht zwingt es in ihren Dienst. Und dieser Zwang ... ist ein höchst realer und unentrinnbarer" (N. HARTMANN). BINDER meinte sogar: Immer müßten sich die gesetzl. „Vorschriften in das Ganze der geschichtl. bedingten vorhandenen Rechtsordnung einfügen und als Realisationen des Rechtsbegriffes durch den individuellen Volksgeist erweisen, um Recht zu sein". „Beurteilungsmaßstab für die Gültigkeit des G. kann also nur das sittl. oder, was dasselbe ist, das Rechtsbewußtsein des Volkes sein."

Die Erfahrung lehrt aber, daß auch Normen, die sich in Widerspruch zum lebendigen Rechtsethos stellen, durch obrigkeitl. Zwang durchgesetzt werden können und durchgesetzt werden. Dadurch, daß man es ablehnt, solche Normen als „wahres" Recht zu benennen, ändert man an der Sache selbst nichts (vgl. I A 2; III C 2). Eine sachl. Konvergenz liegt aber darin, daß jeder Zwiespalt zwischen dem garantierten Recht und dem herrschenden Rechtsethos eine Tendenz zur Angleichung entstehen läßt, sei es, daß mit der Zeit das lebendige Rechtsethos die Rechtsnorm zu Fall bringt, oder daß das Recht das Rechtsethos umerzieht (s. u. 3). Auch das hindert aber nicht, daß zunächst das garantierte Recht und das herrschende Rechtsethos voneinander abweichen können.

2. Rechtsimmanente Konfliktslösungen. Oft trifft das garantierte Recht selber Vorsorge, daß es mit dem herrschenden Rechtsethos oder mit Gewissenspflichten nicht in Konflikt gerät. Es hat selber offene Pforten für vorrechtl. Normen. Bei der Ausfüllung von G.lücken, ferner in dem Spielraum, den die jur. Hermeneutik der G.auslegung läßt (s. o. I B 3), besonders in den wertausfüllungsbedürftigen Tatbestandsmerkmalen und Generalklauseln („gute Sitten", „Treu und Glauben", „Verkehrssitte" usw.) findet das herrschende Ethos Eingang ins Recht. Wo die zunächst in Betracht zu ziehende Norm sich als ungerecht erweist, bleibt häufig der Rückgriff auf den Einwand des Rechtsmißbrauchs oder auf eine Härteklausel, die es dann wiederum gestatten, den herrschenden Wertvorstellungen Rechnung zu tragen. Selbst einem Widerstreit des Rechts mit Gewissenspflichten wird mitunter, etwa durch Vorschriften über Kriegsdienstverweigerung, vorgebeugt.

Konflikte zwischen dem gesetzten Recht und anderen Normen können aber auch für die Rechtsordnung im ganzen rechtl. gelöst werden. Das ist dann der Fall, wenn solche außerrechtl. Normen nicht nur in partikulären Rechtsnormen einzelne „Einbruchsstellen" ins positive Recht finden, sondern wenn die Rechtsgültigkeit der positiven G.e schlechthin von ihrer Vereinbarkeit mit solchen Normen (in Betracht kommen hier praktisch nur herrschende Gerechtigkeitsvorstellungen) abhängt. Eine solche rechtl. garantierte Bindung des positiven Rechts an herrschende Gerechtigkeitsvorstellungen finden wir aber nur dort, wo die Chance gesichert ist, daß die Staatsorgane dessen Vorrang wahren. So hat zB für unsere gegenwärtige Rechtsordnung das BVerfG seine Entschlossenheit erkennen lassen, wenigstens ein extrem ungerechtes G. für ungültig zu erklären. Wenn eine solche Lösung des Konflikts zwischen positiven G.en und der Rechtsmoral durch staatl. Institutionen gewährleistet ist, so handelt es sich um eine Konfliktslösung innerhalb des Verfassungsrechts, die nicht etwa „wesensnotwendig" mit allem Recht verbunden ist, sondern ihre Grundlage in der faktischen Chance hat, daß das hierfür maßgebl. Staatsorgan ein extrem ungerechtes G. für ungültig erklärt.

3. Konflikte ohne rechtsimmanente Lösung. Nicht alle Konflikte des positiven Rechts mit außerrechtl. Normen finden eine rechtsimmanente Lösung: Der RADBRUCHsche Grundsatz, das positive Gesetz habe der Gerechtigkeit zu weichen, wenn es in einem unerträgl. Widerspruch zu ihr stehe, hat in manchen Rechtsordnungen nicht die Chance, sich als garantierte Norm durchzusetzen, und spielt dann nur die bescheidene Rolle eines Postulates der Gerechtigkeit (s. auch IV A). Ferner bleiben auch dort, wo dieser Grundsatz auf Verwirklichung rechnen kann, doch diejenigen Konflikte bestehen, in denen das herrschende Ethos in einen immer noch erträgl. Widerspruch zum positiven Recht tritt. Und schließlich bleiben die Kollisionen des Rechts mit solchen ethischen Normen, die nur von partikulären Gruppen (zB von einer in der Minderheit befindl. Religionsgemeinschaft) anerkannt werden oder sich überhaupt nur als individuelle Gewissenspflichten geltend machen, ohne im Recht selbst Berücksichtigung zu finden.

Solche Konflikte des Rechts mit außerrechtl. Normen können keine rein begriffl.-normative, auf einem Rangverhältnis der Normen beruhende Lösung finden, wie das Naturrechtslehren behaupten, wenn sie naturrechtswidrige G.e für ungültig halten. Die Erfahrung zeigt, daß auch „naturrechtswidrige" Gebote die verläßl. Chance obrigkeitl. Durchsetzung haben können. Die Wirkungsweisen der Normen, also die Durchsetzungschancen, die Anerkennung durch die herrschende Auffassung usw., sind eben Realitäten, und solche lassen sich nicht auf begriffl. Wege aus der Welt schaffen. Die Lösung des Konflikts kann also nur in einem Wandel dieser Realitäten selbst liegen. Auch wenn von einer Staatsumwälzung ab juristisch so geurteilt wird, als ob bisher garantierte Rechtsnormen von Anfang an nicht gegolten hätten, ist das ein Urteil, das auf Grund einer inzwischen eingetretenen Umbildung des garantierten Rechts gefällt wird.

a) Die Durchsetzung außerrechtl. Normen *gegen das garantierte Recht* bedeutet also immer einen Wandel im garantierten Recht und keine begriffl.-normative Lösung. Wenn das garantierte Recht und die Gerechtigkeit in einen Widerstreit geraten, gilt es also zu handeln, um jenen Wandel des garantierten Rechts herbeizuführen. Die Gerechtigkeit verlangt persönl. Einsatz. Nicht aber läßt sich die Gerechtigkeit des garantierten Rechts durch ein naturrechtl. Begriffskunststück ertäuschen. Regelmäßig kann sich eine außerrechtl. Norm nur dann gegen das garantierte Recht durchsetzen, wenn sie von der in der Rechtsgemeinschaft herrschenden Meinung getragen ist oder wenigstens von der Meinung starker partikulärer Kräfte, deren Einfluß ihr die Durchsetzung gegen das garantierte Recht ermöglicht.

Der Druck solcher herrschenden oder von starken Einflußgruppen vertretenen Meinungen kann zB auf das Parlament Einfluß gewinnen und so eine G.änderung erreichen.

Häufig verwirklicht sich eine Umgestaltung des garantierten Rechts auch durch einen „stillen Wandel": durch Bildung von Gewohnheitsrecht, durch Derogation „unzeitgemäßer" Normen und durch den Sinnwandel des Rechts. Dabei zählt dieser schon zu den rechtsimmanenten Lösungen, soweit er sich dadurch vollzieht, daß die Rechtsanwendung im Rahmen eines Auslegungsspielraums oder durch Lückenergänzung zeitgemäße Wertmaßstäbe in das G. hineinlegt und andererseits überholte sozialethische Auffassungen, die vordem die Auslegung beeinflußt haben, unberücksichtigt läßt. Auch der stille Wandel des Rechts ist keine bloß begriffl.-normative Lösung, sondern ein Wandel im Bestand derjenigen Normen und Interpretationen, die die Chance staatl. Realisierung haben. Es wird sich vor allem in der Judikatur der hohen Gerichte dartun, wann bestimmte rechtsethische Normen die sichere Chance erlangt haben, sich durchzusetzen, sei es zB dadurch, daß sich ein bestimmtes, im positiven Recht nicht geregeltes Rechtsinstitut herausgebildet und gefestigt hat, oder dadurch, daß die Auslegung bestimmter Rechtsnormen in Einklang mit der Sozialmoral gebracht worden ist.

Die ultima ratio, den Konflikt zwischen dem garantierten Recht und außerrechtl. Normen zu lösen, ist die →Revolution. Der dt. Bauernkrieg, der nordamerik. Unabhängigkeitskrieg und die Franz. Revolution wurden alle im Namen des „Naturrechts" unternommen. Die Dynamik eines solchen Normenkonflikts, die Tatsache, daß er sich nicht auf begriffl.-normativem Wege löst, wird durch nichts besser veranschaulicht als durch den unterschiedl. Ausgang dieser Unternehmungen.

b) Die Spannung zwischen dem garantierten Recht und den von ihm abweichenden herrschenden Gerechtigkeitsvorstellungen kann sich auch *zugunsten des garantierten Rechts* lösen, und zwar durch einen Wandel und eine Umerziehung der herrschenden Meinung. Der Ordnungssinn und die Wertschätzung der Rechtssicherheit, die Macht der Gewohnheit und die „rechtfertigende Kraft des Erfolges" wirken dahin, die von der Staatsgewalt garantierte Ordnung, falls sie sich auf die Dauer zu behaupten vermag, mit der Zeit auch als gerechte Ordnung erscheinen zu lassen – was nicht schon heißt, daß sich die herrschende Meinung in solcher Weise alles beliebige aufoktroyieren lasse.

Das wird bestärkt durch die Beobachtungen GEORG JELLINEKS und MAX WEBERS, daß sogar eine bloß faktische (um so mehr also eine rechtl. garantierte) Gepflogenheit sittl. und rechtl. Überzeugungen entsprechenden Inhalts entstehen lassen (wenngleich nicht legitimieren) kann.

III. Die Gerechtigkeit. Neben die Fragen, was das Recht seinem Begriffe nach und welches seine Geltungsweise ist, tritt das Gerechtigkeitsproblem, welchen Inhalt das Recht haben solle. Das Richtmaß hierfür hat man zB gesehen: in der vernünftigen Weltordnung, in der Nützlichkeit für das individuelle oder für das allg. Wohl, in formalen Prinzipien, im Grundsatz der Gleichbehandlung und schließlich in Werteinsichten.

A. Der Gerechtigkeitsbezug des Rechts. Die allg. Rechtsgrundsätze, die Rechtsnormen und ihre Begriffe haben zumeist einen Gerechtigkeitsbezug, sollen dazu dienen, ein Problem der zwischenmenschlichen Verhaltensordnung gerecht zu lösen. Daneben gibt es allerdings auch Vorschriften, hinter denen keine Frage materieller Gerechtigkeit steht, sondern etwa ausschließlich die Absicht, eine praktikable Ordnung irgendwelcher Lebensvorgänge, etwa des Straßenverkehrs, zu schaffen.

Wo Gerechtigkeitsfragen zu lösen sind, erhalten auch die Begriffe der Rechtswissenschaft eine auf die Gerechtigkeit bezogene instrumentale Bedeutung. Sie dienen dazu, Gerechtigkeitsprobleme zu erschließen. So erkennen wir zB das Prinzip der Interessenabwägung als Topos, um einem Gerechtigkeitsproblem eine griffige Fassung zu geben. Auch die Gesichtspunkte der Billigkeit einerseits und der Rechtssicherheit andererseits können die im einzelnen Fall entscheidende Gerechtigkeitsfrage greifbar machen.

Die Jurisprudenz hat in der Vielfalt der Ereignisse diejenigen Merkmale aufzusuchen und begriffl. herauszuheben, auf die es unter dem Gesichtspunkt der Gerechtigkeit ankommt. Begriffe wie „Verschuldenshaftung" und „Gefährdungshaftung" heben zB bestimmte für das Problem des gerechten Schadensausgleichs erhebl. Gesichtspunkte heraus. Die Begriffe und Sätze der Jurisprudenz sind „die bindende Übersetzung eines Lebenskonflikts und seines ursprünglich durch Erfahrung gewonnen Wert- und Lösungsschlüssels in ein ‚technisches' Wissens- und Sprachgebiet" (ESSER).

Schon die einzelnen Rechtsbegriffe sind auf die Gerechtigkeitsfragen zugeschnitten, deren Lösung sie dienen sollen. Sie sind also funktionsgebunden. ZB soll der Begriff der Fahrlässigkeit im Strafrecht eine Voraussetzung bezeichnen, unter der es gerecht ist, jemanden zu bestrafen, im Zivilrecht dagegen eine Voraussetzung für eine Schadensersatzpflicht. Er dient also hier und dort der Erschließung ganz verschiedener Gerechtigkeitsfragen und kann diese unterschiedl. Funktionen nicht in genau ein und derselben Bedeutung erfüllen. Ders. Begriff kann also in verschiedenen gesetzl. Tatbeständen verschiedene Bedeutungen haben, je nach dem Gerechtigkeitsproblem, das die eine oder die andere Norm zu lösen hat.

B. Das Naturrecht. Der Begriff des Naturrechts wird in sehr unterschiedlichem Sinne gebraucht.

In einem weiteren Sinn versteht man darunter schlechthin die unabhängig vom positiven Recht gültigen Grundsätze einer gerechten Ordnung zwischenmenschl. Beziehungen. In einem engeren Sinn bezeichnet er solche Gerechtigkeitsprinzipien, die – angeblich – in der bestehenden Weltordnung überhaupt, in der Natur der Sachen oder in der Natur des Menschen selbst angelegt sind. Im folgenden soll der Naturrechtsbegriff in diesem engeren Sinn verstanden werden, weil er hier darauf zugeschnitten ist, dem Gerechtigkeitsproblem eine spezifische Fassung zu geben: ob man im Seienden einen Maßstab für das Gesollte finden könne. Eine solche Annahme ist nur möglich unter der metaphysischen Voraussetzung, daß die Wirklichkeit die Manifestation von Sinn und Werten sei. Ohne diese Voraussetzung kann die Wirklichkeit nur als Realgrund für das faktische Entstehen bestimmter Gerechtigkeitsvorstellungen begriffen werden, aber niemals als deren „Rechtsgrund", d. h. als Begründung für ihre Richtigkeit.

1. Die vernünftige Weltordnung. Der Gedanke einer alles durchwaltenden Weltvernunft erreicht eine erste Blüte in der Stoa und findet Eingang in das von dieser Philosophie tief beeinflußte röm. Staats- und Rechtsdenken. Es gibt, sagt CICERO, „ein wahres Gesetz, nämlich die rechte Vernunft, die mit der Natur übereinstimmt, in allen Menschen lebendig ist und unabänderl. und ewig gilt ... Dieses Gesetz duldet keine Beeinträchtigung, keine Einschränkung und keine Aufhebung. Weder Senat noch Volk können uns der Verpflichtung entheben, diesem Gesetz zu gehorchen." Und an anderer Stelle: „Lex est ratio summa insita in natura." Zweihundert Jahre später schreibt MARC AUREL: Der Kosmos hat „*eine* Natur und *eine* Seele"; „Recht sind alle die Worte und Handlungen, die der Natur entsprechen". Das Corpus Iuris JUSTINIANS bewahrt die Vorstellung einer von Natur aus gegebenen und verbindl. Ordnung: „Ius naturale est, quod natura omnia animalia docuit: Nam ius istud non humani generis proprium, sed omnium animalium ... commune est. Hinc descendit maris atque feminae coniunctio, quam nos matrimonium appellamus, hinc liberorum procreatio, hinc educatio" (D. I 1, 1, § 3). Allerdings wird die Quelle des Naturrechts nicht nur in der physischen Natur, also nicht nur in Sachstrukturen, sondern auch in der natürl. Vernunft gesucht: „Ius pluribus modis dicitur: uno modo, cum id quod semper aequum ac bonum est ius dicitur, ut est ius naturale" (D. I 1, 11). „Quod ... naturalis ratio inter omnes homines constituit, id apud omnes peraeque custoditur vocaturque ius gentium, quasi quo jure omnes gentes utuntur" (D. I 1, 9). Damit wird das Feld des Naturrechts i. e. S. bereits verlassen.

2. Die göttl. Weltordnung. Das Christentum gab jenem Gedanken einer alles durchwaltenden Vernunft eine theol. Fundierung. Der Geist Gottes ist es, der die Welt geordnet hat. So lehrt schon AUGUSTINUS. Stand aber im Mittelpunkt des AUGUSTINISCHEN Weltbildes der unerforschl. Ratschluß Gottes, so rückte 800 Jahre später THOMAS VON AQUIN den Gedanken in den Vordergrund, daß die Welt vernünftig geordnet sei und daß diese Ordnung sich auch dem Lichte der natürl. Vernunft erschließe.

„Wie die übrige sittl. Ordnung, hat auch die Rechtsordnung ihre Wurzel und Grundlage im weltordnenden Vernunftwillen Gottes" (CATHREIN); dieser thomistische Gedanke ist bis heute in der kath. Rechtsauffassung lebendig. Nach THOMAS VON AQUIN besteht der spezifische Gegenstand der Gerechtigkeit vornehmlich in einer Regelung äußerer Verhältnisse, nämlich darin, daß der einzelne oder eine Sache, deren Gebrauch zu regeln ist, sich in dem rechten Verhältnis zu anderen Menschen befinden. Diese Ordnung erschließt sich als Naturrecht aus der natürl. Ordnung der Dinge selbst; hierher zählen zB die auf eine Nachkommenschaft gerichteten Beziehungen zwischen Mann und Frau und die Pflicht des Vaters, seine Kinder zu ernähren. Zum anderen ist der Wille Gottes durch Offenbarung kundgegeben. Dieses →ius divinum deckt sich teils mit dem, was für die Menschen ohnehin natürlicherweise Recht ist, z. T. setzt es aber auch Recht unabhängig von der natürl. Ordnung. Von dem auf den göttl. Willen zurückführbaren Recht (also dem Naturrecht i. e. S. und dem offenbarten ius divinum) ist das menschl. positive Recht zu unterscheiden, das bloß durch menschl. Vereinbarung oder Satzung zustande kommt. Auch THOMAS bestreitet die Geltung naturrechtswidrigen positiven Rechts.

DUNS SCOTUS und WILHELM VON OCKHAM (OCCAM) hatten entscheidenden Anteil daran, die Vernunftgläubigkeit des THOMISTISCHEN Systems zu zerstören und an die Stelle jener Lehre einer sich schon im Licht der natürl. Vernunft erschließenden vernünftigen sittl. Weltordnung einen Moralpositivismus zu setzen. Bei DUNS bricht die PAULINISCHE und AUGUSTINISCHE Vorstellung von dem unerforschl. Ratschluß Gottes wieder durch. Es ist eine Anmaßung, das Handeln Gottes mit der menschl. Vernunft ergründen zu wollen. Es gibt nur einen einzigen Grund der göttl. Gerechtigkeit: den Willen Gottes. OCKHAM führt diesen ethischen Voluntarismus weiter. Diebstahl und Ehebruch zB sind nicht in einem absoluten Sinne schlecht. Daß man sie zu unterlassen hat, ist allein in Gottes Gebot begründet. Wenn diese Handlungen von Gott geboten wären, dann bräuchte man sie nicht zu unterlassen. „Das Naturrecht gebietet nichts anderes, als was Gott will, und verbietet nichts, als was Gott verhindern will." „Alles Naturrecht ist in der Hl. Schrift entweder explicite oder implicite enthalten." Damit hört aber das „Naturrecht" auf, Naturrecht zu sein (WELZEL).

3. Die Natur der Sache und die Natur des Menschen. Gleichsam Splitter solcher Metaphysiken, nach denen sich in der natürl. Weltordnung zugleich ein Richtmaß des Richtigen manifestiert, sind diejenigen Theorien, die die Grundlage und den Maßstab des Rechts aus einzelnen, dem Recht vorgegebenen Sachverhalten oder anthropologisch aus der menschl. Natur herleiten wollen. „Lex naturalis est, quae rationem sufficientem in ipsa hominis rerumque essentia atque natura agnoscit" (CHRISTIAN WOLFF).

a) Das Problem der Natur der Sache taucht in zwei verschiedenen Bedeutungen auf:

Eigentlich naturrechtl. Sinn gewinnt der Begriff der Natur der Sache nur, wenn man behauptet, in den Sachstrukturen selbst liege ein Richtmaß dafür, was richtigerweise geschehen solle. In diesem Sinn hat etwa die Scholastik gelehrt, daß die Sachverhalte selbst ein Maß des Richtigen in sich trügen. Diese Vorstellung von der normativen Bedeutung der Sachverhalte findet eine klassische Formulierung in dem Satz DERNBURGS: „Die Lebensverhältnisse tragen, wenn auch mehr oder weniger entwickelt, ihr Maß und ihre Ordnung in sich. Diese den Dingen innewohnende Ordnung nennt man Natur der Sache. Auf sie muß der denkende Jurist zurückgehen, wenn es an einer positiven Norm fehlt oder wenn dieselbe unvollständig oder unklar ist."

Hingegen macht man dann keinen naturrechtl. Gebrauch von der Natur der Sache, wenn man lediglich darauf hinweist, daß dem Recht bestimmte Sachverhalte vorgegeben sind, mit denen es sich abzufinden hat, auf die es hingeordnet ist, über die es sich aber nicht hinwegsetzen kann. So knüpft zB das Lebensmittelrecht daran an, was im physiologischen Sinn Lebensmittel für den Menschen sind. Das Familienrecht knüpft an biologische Sachverhalte an. Eine Bestimmung, die eine nach Tagen bemessene Frist vorschreibt, geht von der physikalischen Tatsache der Erdumdrehung aus. Rechtsnormen können nur Bestimmungsgrund für menschl. Entschlüsse sein, können aber nicht in sonstige, naturgesetzl. determinierte Geschehensabläufe einbrechen. Dies alles sind nur Relationen, wie sie N. HARTMANN in seiner Kategorienlehre aufgedeckt hat: Das Recht als geistiges Sein kann sich nicht über die Kategorien der niedrigeren Schichten, insbes. nicht über die Naturgesetze, hinwegsetzen, sondern muß sich ihnen anpassen. Diese beschränken also den Spielraum einer Überformung durch Rechtsnormen. Insoweit wird der „Natur der Sache" also nur etwas darüber entnommen, was faktisch möglich oder notwendig ist. Einen „naturrechtlichen" Gebrauch macht man von der „Natur" nur dann, wenn sie als Kriterium dafür dient, zwischen verschiedenen faktisch möglichen Regelungen die richtige Wahl zu treffen.

Um wieder etwas anderes handelt es sich dann, wenn man auf vorrechtliche Typen menschlichen Verhaltens zurückgreift, die dadurch zustande kommen, daß die Beteiligten ihr Verhalten übereinstimmend an einem bestimmten (idealen) Leitbild, etwa der Familie, orientieren und dieses Leitbild so zur (vorrechtl.) Norm ihres Verhaltens erheben. Werden solche Verhaltensschemata verrechtlicht, so greift man damit nicht auf Sachstrukturen, sondern auf (bereits vorrechtl. wirksame) Normen zurück.

b) Auf einer gleichen Metaphysik wie jene Lehren, die die Natur der Sache zum Richtmaß erheben, beruhen die anthropologischen Naturrechtstheorien, die in der Natur des Menschen nicht nur eine faktische Vorgegebenheit, sondern auch ein Richtmaß des Rechts sehen.

Der Gedanke, daß die Natur des Menschen das Maß des Rechts sei, findet sich bereits bei den Sophisten, so etwa, wenn man aus naturgegebenen Ungleichheiten ein Vorrecht des Stärkeren ableitete. In diesem Sinne lehrte zB KALLIKLES: Wer mehr Macht hat, hat das bessere Recht. Nicht auf Gleichheit, sondern auf einer natürl. Ungleichheit beruht das Recht. „Die Natur selbst beweist, daß es gerecht ist, wenn der Stärkere mehr besitze als der Schwächere und der Fähige mehr als der Unfähige. Unter vielen anderen Beweisen hierfür zeigt sie unter den Tieren überhaupt und unter den Menschen in ganzen Staaten und Geschlechtern, daß es anerkanntes Recht ist, daß der Stärkere über den Schwächeren herrsche und mehr habe als jener" (so die Darstellung bei PLATON). Die MACHIAVELLIsche Darstellung des Fürsten gehört nicht hierher, weil diese nur die empirischen Bedingungen der Herrschaft untersucht, aber keine Legitimation geben will. Wohl aber hat NIETZSCHE das Naturrecht des Mächtigen neu belebt, wenn er die Wertschätzungen und damit die Ethik letztlich auf den Willen zur Macht reduziert. Unsere Wertschätzungen „entsprechen unseren Trieben und deren Existenzbedingungen. Unsere Triebe sind reduzierbar auf den Willen zur Macht. Der Wille zur Macht ist das letzte Faktum, zu dem wir hinunterkönnen." „Alle Zwecke, Ziele, Sinne sind nur Ausdrucksweisen und Metamorphosen des einen Willens, der allem Geschehen inhäriert: des Willens zur Macht." Auch für die Gerechtigkeit ist „das Erste und Mächtigste ... der Wille und die Kraft zur Übermacht. Erst der Herrschende stellt nachher Gerechtigkeit fest, d. h., er mißt die Dinge nach seinem Maß."

Die Natur des Menschen als Quelle des Rechts war auch das Zentralthema des nachmittelalterl. Naturrechts. Hier wurde, vielfach im Anschluß an ARISTOTELES, nun aber in anthropologischer Zuspitzung, die wahre Natur des Menschen in seiner Sozialität gesehen. So hält GROTIUS neben der vernünftigen Natur des Menschen (die über das Naturrecht i. e. S. hinausweist) den appetitus societatis, also den Grundtrieb der menschl. Natur zur Gesellung, für die Quelle des Naturrechts. PUFENDORF lehrt eine natürl. Neigung des Menschen zur Gesellung, die ihn zusammen mit seiner natürl. imbecillitas, also seiner Angewiesenheit auf die anderen, zu einer rechtl. geordneten Gemeinschaft treibt.

4. Kritik. Gegen alle Theorien, die in Sachstrukturen oder in einer naturgegebenen Anlage des Menschen das Richtmaß für das sehen, was geschehen soll, läßt sich der KANTsche Einwand bringen, daß man aus dem, was ist, nicht erschließen kann, was sein soll (s. u. E 1). Wenn dennoch aus Seinsgegebenheiten ethische Maßstäbe abgeleitet werden, dann müssen sie also zuvor in das Bild von der „wahren Natur" des Menschen oder der Sache hineingelegt worden sein. „Die Natur der Naturrechtslehre kann (also) nicht Tatsache, sie kann nur Norm, Norm *in* der Natur sein, wenn sie die ihr von der Naturrechtslehre zugedachte Funktion leisten soll" (KELSEN). So hat die Ideologiekritik aufgewiesen, daß die Naturrechtslehren in ihr Bild der Natur notwendig schon die Wertvorstellungen hineinlegen müssen, die sie dann im Wege eines Zirkelschlusses wieder aus ihm als die wahre Natur der Sache oder des Menschen herausholen. Insbes. hat sich zeigen lassen, daß hinter dem, was man für zwingende Folgerungen aus der menschl. Natur hält, oft nur die überkommenen Gerechtigkeitsvorstellungen oder auch nur das eigene Rechtsgefühl des Autors steckt. Man gerät also „in jenen Zirkel, das, was man sich wünscht oder für gut hält, für das ‚Naturgemäße' zu erklären und dann hinterher das Gute aus diesem Naturgemäßen herauszuholen" (WELZEL). So läuft die (im strengen Sinne) naturrechtl. Argumentation, wie TOPITSCH dargelegt hat, regelmäßig auf Zirkelschlüsse hinaus, „welche die Begründung jeweils vorausgesetzter Normgehalte vortäuschen". Darum „konnten sich die verschiedensten sozialen Gruppen der naturrechtl. Denkformen zur scheinbaren Rechtfertigung je ihrer eigenen, einander oft diametral entgegengesetzten Ideale bedienen".

Man kann aber auch die Gegenprobe machen: Die Herleitung von Wertmaßstäben aus Sachstrukturen oder aus anthropologischen Gegebenheiten schlägt immer dann fehl, „wenn man keine vorgefaßten Wertungen mitbringt, welche man unbemerkt in die Prämissen hineinlegt und befriedigt aus den Konklusionen ablesen kann, sondern im Gegenteil erst vom ‚Naturrecht' erfahren will, was Recht ist und was man tun soll. Gerade in dieser Situation echter Ratlosigkeit, in welcher er ihre Hilfe am dringendsten benötigen würde, lassen jene leeren Formeln den Menschen völlig im Stich; denn die bekannten Zirkelschlüsse können jeweils nur zu der vorausgesetzten Verlegenheit zurückführen" (TOPITSCH).

Soweit sich die naturrechtl. Überlegungen nicht auf dieses Inhaltsproblem beschränken, sondern auch auf das Geltungsproblem übergreifen und die Ungültigkeit „naturrechtswidrigen" positiven Rechts behaupten, ist gegen sie ferner einzuwenden, daß sie sich hierbei unzureichend mit der Wirkungsmodalität der Normen auseinandersetzen (s. o. II E 3).

C. Die Vernünftigkeit. *1. Die Vernunftmetaphysik* HEGELS. Bei HEGEL wird noch einmal der stoische Gedanke einer alles durchwaltenden Vernunft lebendig, hier nun in einem System einer idealistischen Philosophie. HEGELS metaphysische Grundhypothese ist, daß die Vernunft das eigentl. Wirkliche sei, „daß die Vernunft die Welt beherrscht". „Was vernünftig ist, das ist wirkl.; und was wirkl. ist, das ist vernünftig." In seiner Geschichts- und Rechtsphilosophie erscheint ihm die Gesch. als die Selbstverwirklichung der Weltvernunft, als „das Bild und die Tat der Vernunft". Diese gewinnt in dem Geist jedes Volkes eine bes. Gestalt: „Die Weltgesch. ist die Darstellung des göttl., absoluten Prozesses des Geistes in seinen höchsten Gestalten, dieses Stufenganges, wodurch er seine Wahrheit, das Selbstbewußtsein über sich erlangt. Die Gestaltungen dieser Stufen sind die welthist. Volksgeister, die Bestimmtheiten ihres sittl. Lebens, ihrer Verfassung, ihrer Kunst, Religion und Wissenschaft. Diese Stufen zu realisieren ist der unendl. Trieb des Weltgeistes, sein unwiderstehl. Drang; denn diese Gliederung sowie ihre Verwirklichung ist sein Begriff." „Der Geist eines Volkes ist also zu betrachten als die Entwicklung eines Prinzips, das in der Form eines dunkeln Triebes eingehüllt ist, der sich herausarbeitet, sich objektiv zu machen strebt ... Er allein ist es, der in allen Taten und Richtungen des Volkes sich hervortreibt, der sich zu seiner Verwirklichung, zum Selbstgenusse und Selbsterfassen bringt." Tendenz und Wirksamkeit des Geistes eines Volkes ist es, „sich zu einer vorhandenen Welt zu machen, die auch im Raume besteht; seine Religion, Kultus, Sitten, Gebräuche, Kunst, Verf., politische G.e., der ganze Umfang seiner Einrichtungen, seine Begebenheiten und Taten, das ist sein Werk – das ist dies Volk".

Das Recht ist wahrhaftes Recht demnach nur dann, wenn es Verwirklichung jener sich im Volksgeist entfaltenden Vernunft ist. Das empirisch vorhandene Recht ist entweder Realisierung der Vernunft und damit „an sich Recht" oder sonstiges, bloß positives Recht, das Ausdruck des Zufälligen und des Eigenwillens ist; so wie auch die Staaten überhaupt entweder wahrhafte sind – oder aber schlechte, die bloß existieren wie ein kranker Körper, aber keine wahrhafte Realität besitzen. So ist alles Vorhandene entweder wahrhaft Wirkliches, in dem sich Vernunft realisiert, oder bloß „zufällige Existenz".

2. Kritik. Die metaphysische Grundhypothese HEGELS, daß nur das Vernünftige wahrhaft „wirkl." sei, hat wenig Sinn. Es fehlt schon an einem stets praktikablen Kriterium, nach dem man etwa „wahrhaftes" und bloß „zufälliges" Recht oder „wahrhafte" und bloß „zufällige" Staatsgebilde unterscheiden könnte. Aber selbst wenn sich stets nach einem präzisen und intersubjektiv verifizierbaren Kriterium das Vernünftige und damit „wahrhaft" Existierende vom bloß „zufällig" Existierenden abheben ließe, so wäre die HEGELsche Vernunftmetaphysik ein unzulängl. System; denn damit, daß sie das von ihr nicht Begriffene als faule Existenz und bloße Zufälligkeit beiseite schiebt, ist es nicht aus der Welt geschafft. So konnte man mit Blick auf das von HEGEL abgewürdigte zufällig Existierende feststellen: Die philosophische Absage ändert am Gegenstand nichts. Die spekulative Aburteilung, der philosophische Ostrazismus bleibt ohne jeglichen realen Einfluß auf die Natur und auf die Welt (ILJIN). Selbst die Herausbildung eines bestimmten Volksgeistes geschieht „in einem Gefüge heterogenster Einflüsse" und ist keineswegs als Selbstverwirklichung eines Vernunftprinzips durchschaubar (N. HARTMANN). Solche Einwände treffen HEGELS Vernunftmetaphysik im Kern. Denn deren Grundhypothese, daß das Vernünftige das eigentlich Wirkliche sei, hat keinen anderen Beweis als die vermeintl. Bewahrheitung durch das Gesamtsystem HEGELS. Die Einwände gegen dessen Zulänglichkeit stellen also zugleich HEGELS Grundhypothese in Frage.

D. Der Eudämonismus. *1. Grundgedanken.* Der Eudämonismus sieht das ethische Grundprinzip im Glück oder – in psychologischer Zuspitzung – in der Lust. Es leuchtet unmittelbar ein, daß jeder die Lust sucht und den Schmerz flieht. Da aber einerseits Lust oft Beschwernis und andererseits Unbequemes oft Annehmlichkeiten nach sich zieht, geht es darum, bei allen Handlungen abzuwägen, ob aus ihnen im Endergebnis eine größere Summe Lust oder eine größere Summe Schmerz unmittelbar oder mittelbar folgt. Auch das Recht dient nur dazu, das Wohlergehen zu sichern und insbes. Verletzungen durch andere zu verhüten. Eine von diesem Zweck losgelöste Gerechtigkeit „an sich" gibt es nicht. Diese Überlegungen EPIKURS bilden den Kern zahlreicher hedonistischer Lehren.

In der jüngeren Entwicklung der Rechtsphilosophie hat sich zunehmend eine soziale Wendung des Eudämonismus durchgesetzt, aus der Erkenntnis, daß die Selbstsucht des einen Menschen mit der des anderen in Konflikt gerät, so daß man das Glücksstreben der einzelnen, wenn nicht in Harmonie, so doch wenigstens in eine Ordnung bringen müsse. Sah doch HOBBES die eigentl. Rechtfertigung des Staates gerade darin, daß dieser Ordnung in dem Widerstreit der Egoismen schafft. HELVETIUS erklärte es für die Aufgabe eines verständigen Gesetzgebers, nicht die natürl., egoistische Veranlagung der Menschen zu unterdrücken und zu verdrängen, sondern das individuelle Interessenstreben so zu lenken, daß es mit dem allg. Wohl vereinbar sei und ihm diene. Das allg. Prinzip des sozialen Eudämonismus, daß das größte Glück der größten Zahl, das größtmögl. Quantum an Glück der Gemeinschaft die Richtschnur des richtigen Handelns sei, wurde schon von HUTCHESON entwickelt und dann vor allem durch BENTHAM verbreitet. Auch im modernen Recht findet sich dieses Prinzip als Richtmaß der Gerechtigkeit, so etwa in Bezugnahmen auf das „allg. Wohl" und in der Formel vom „kompossiblen Maximum der im Gemeinschaftsleben zu erzielenden Interessenbefriedigung" (MEZGER).

Häufig tritt der individualistische wie auch der soziale Eudämonismus in utilitaristischem Gewande auf; d. h., man erklärt die Nützlichkeit für das individuelle Glück oder für das allg. Wohl („gut ist, was dem Volke nützt") zur Richtschnur des Handelns.

2. Kritik. Die „Nützlichkeit" kann nie ein eigenständiges Richtmaß liefern, weil „der Nutzen seinem Wesen nach nichts Letztes, sondern immer nur ein Mittelwert ist". „Das Prinzip des Nutzens weist auf einen höheren Wert zurück, dem der Nutzen dient" (SPRANGER). Primär stellt sich also die Frage, wofür etwas nützl. ist.

Aber auch das Gut, auf das die Nützlichkeit sich bezieht: das Glück oder die Lust, ist noch kein endgültiges Kriterium des Richtigen. Denn es stellt sich sofort die Frage nach der Differenzierung des „Glücks". Augenscheinl. gibt es sehr verschiedene Arten der Lust und des Glückes, die man daher auch nicht als homogene Größen addieren kann, um auf solch einfache Weise das „größte Glück der größten Zahl" zu ermitteln. Schon HUME ist von seinem sensualistischen Standpunkt aus auf dieses Problem der Differenzierung gestoßen: „Eine Handlung, ein Gefühl oder ein Charakter ist tugendhaft oder lasterhaft. Warum? Weil seine Betrachtung eine bes. (!) Art von Lust oder Unlust erzeugt." Wir differenzieren unverwechselbar zwischen dem guten Geschmack des Weines, der Harmonie der Musik und der Tugend einer Person, die sehr unterschiedl. Arten von „Lust" erzeugen. Lust ist also nicht gleich Lust. Es geht nicht um Lust schlechthin, sondern immer um Lust an etwas ganz Bestimmtem. Hierin, in diesem Gegenstand der Lust, ist also vielleicht ein Kriterium für den Rang des „Glückes" zu finden.

Auf zusätzliche Fragen führt die Tatsache, daß das Recht das Glücksstreben der verschiedenen Menschen gerecht gegeneinander abzuwägen hat. Kann die Richtschnur hierfür kurzerhand das größte Glück der größten Zahl sein? Dann wären eine gleichmäßige und eine willkürlich ungleichmäßige Verteilung des Glücks völlig gleichwertig, solange nur die Summe des Glücks aller gleich bliebe; d. h., dann könnte das geringere Glück des einen durch das größere Glück des anderen aufgewogen werden. Mit diesem Ergebnis gibt sich aber das moralische Bewußtsein nicht zufrieden: Unter verschiedenen Zuständen mit gleicher „Lustsumme" ist einer, in dem das Glück willkürlich ungleichmäßig verteilt ist, offenbar ungerechter als ein Zustand, in dem es gleichmäßig verteilt ist. Damit stößt man aber auf ein Gerechtigkeitsprinzip, das nicht aus der bloßen Maximierung der Interessenbefriedigung ableitbar ist (s. u. III F).

E. Der Formalismus. *1. Die Lehre* KANTS. Die praktische Philosophie KANTS bringt eine wichtige Erkenntnis, die das Naturrecht und der Eudämonismus vernachlässigt hatten: Der Schluß vom realen Sein auf das Sollen ist unzulässig. Es besteht ein Dualismus zwischen dem, was tatsächl. geschieht, und der Beurteilung, ob es geschehen soll. Aus dem, was faktisch geschieht, kann man nicht erschließen, was geschehen soll: Handlungen, von denen die Welt vielleicht bisher noch gar kein Beispiel gegeben habe, könnten dennoch durch die Vernunft geboten sein, so daß „zB reine Redlichkeit in der Freundschaft um nichts weniger von jedem Menschen gefordert werden könne, wenn es gleich bis jetzt gar keinen redl. Freund gegeben haben möchte". „Man könnte auch der Sittlichkeit nicht übler raten, als wenn man sie von Beispielen entlehnen wollte. Denn jedes Beispiel, was mir davon vorgestellt wird, muß selbst zuvor nach Prinzipien der Moralität beurteilt werden, ob es würdig sei, zum ursprüngl. Beispiele, d. i. zum Muster zu dienen, keineswegs aber kann es den Begriff derselben zuoberst an die Hand geben."

Aus dieser richtigen Erkenntnis zieht KANT den raschen Schluß, daß alle sittl. Begriffe, weil nicht in faktischen Gegebenheiten, darum nur a priori in der Vernunft ihren Ursprung haben könnten (s. hierzu III G 1): Weil ein sittl. Gebot nicht durch die empirische Tatsache eines Begehrens bedingt sein könne, könne es nur ein unbedingtes Vernunftgebot sein. Damit verbindet er eine zweite These: daß „alle materialen praktischen Prinzipien ... unter das allg. Prinzip der Selbstliebe" gehören – eine problematische These, der eine Verengung des Blickfeldes zugrunde liegt: Als Materiales (Inhaltliches) werden nur die (faktischen) Objekte des „Begehrungsvermögens" erfaßt. Aus der Verbindung dieser beiden Thesen folgt dann notwendig, daß das sittl. Prinzip überhaupt keinen materialen Bestimmungsgrund des Willens enthalten kann. „So bleibt nichts als die Allgemeinheit eines Gesetzes überhaupt übrig."

Da die Richtigkeit jedes Sollens nur nach diesem formalen Maßstab der Verallgemeinerungsfähigkeit beurteilt werden kann, so läßt sich auch der Begriff des (richtigen) Rechts nur formal bestimmen. Da das Recht die Freiheitsbereiche der Menschen gegeneinander abzugrenzen hat, so ist es also „der Inbegriff der Bedingungen, unter denen die Willkür des einen mit der Willkür des anderen nach einem allg. Gesetze der Freiheit zusammen vereinigt werden kann" (→Freiheit, rechtl. III).

2. Kritik. Der Formalismus liefert kein praktikables Kriterium, das der ethischen Problematik in ihrer Differenziertheit gerecht würde. Die Sittenwidrigkeit von Tierquälereien läßt sich rein formal nicht überzeugend begründen; denn es läßt sich widerspruchslos denken, daß diese Handlungen allg. geübt werden dürfen; sie würden auch einer „Gemeinschaft frei wollender Menschen" nicht im Wege stehen. Oder wenn es etwa darum geht, wann eine weltanschaul. begründete Boykottaufforderung zulässig sei, wann also die Meinungsfreiheit des einen und wann der Ehrenschutz und die berufl. Entfaltungsfreiheit des anderen den Vorrang habe, dann sind viele der zur Wahl stehenden Abgrenzungen der Freiheitsbereiche als allg. denkbar; d. h., der Formalismus liefert hier kein eindeutiges Kriterium für die richtige Entscheidung. Tatsächl. scheinen denn auch in den Stellungnahmen KANTS zu konkreten ethischen Fragen ständig inhaltserfüllte Wertungen durch den dünnen Mantel des formalen Prinzips, Wertungen, die in ihrer Differenziertheit nicht aus diesem Prinzip hergeleitet werden können.

F. Die Gleichbehandlung. Der Gleichheitsgrundsatz steht in Beziehung zum formalen Rechtsprinzip KANTS: Das von KANT geforderte allg. Rechtsgesetz, das die Freiheiten der Menschen gegeneinander abgrenzt, sichert jedem unter gleichen Bedingungen eine gleiche Behandlung.

1. Das Prinzip der Gegenseitigkeit (Talion, Goldene Regel). a) Der strafrechtl. *Talion* liegt der Gedanke zugrunde, daß es gerecht sei, wenn jemand in gleicher Weise behandelt werde, wie er andere behandelt hat, daß er also „Leben um Leben lasse, Auge um Auge, Zahn um Zahn" usw. (Ex 21, 23 ff.). Dem Täter soll ein gleicher Schaden zugefügt werden, wie er ihn selber angerichtet hat. Eine solche einseitig am Erfolg orientierte Strafgerechtigkeit widerspricht aber dem Rechtsgefühl, das eine Differenzierung der Strafe nach der Schuld verlangt. Zudem erfaßt die im präzisen Sinn verstandene Talion („spiegelnde" Strafen, die ein andersartiges Übel zufügen, stehen hier nicht zur Diskussion) einen Teil des strafwürdigen Verhaltens überhaupt nicht (was sollte die Talion für Inzest oder Meineid sein?). Zum Teil trägt sie dem Sühnebedürfnis nur unvollkommen Rechnung (sollte dem Dieb nur soviel genommen werden, wie er selber gestohlen hat?).

b) Eine andere Fassung des Gegenseitigkeitsprinzips ist die Goldene Regel, daß ich mich anderen gegenüber in gleicher Weise verhalten soll, wie ich wünsche, daß sie sich mir gegenüber verhalten. In negativer Fassung bestimmt sie: „Was du nicht willst, das man dir tu', das füg' auch keinem andern zu." In positiver Fassung finden wir sie in dem Satz: „Alles nun, was ihr wollt, daß euch die Leute tun sollen, das tut ihr ihnen auch." Und um den umfassenden Charakter dieses Gerechtigkeitsprinzips hervorzuheben, ist hinzugefügt: „Das ist das Gesetz und die Propheten" (Mt 7,12). KELSEN und andere haben die Problematik dieses Prinzips offengelegt: Soll jemand andere, die dafür vielleicht dankbar sind, nicht auf ihre Fehler hinweisen dürfen, nur weil er es selber nicht wünscht, getadelt zu werden? Oder: Der eine liebt es, geschmeichelt zu werden, der andere nicht. Soll darum der eine ein Schmeichler sein dürfen, der andere nicht? Die Ethik kann schon deshalb nicht auf die subjektiven Wünsche abstellen, weil diese ganz verschieden sind. Maßstab für das Verhalten kann nicht die Behandlung sein, die man tatsächl. für sich wünscht, sondern nur eine Behandlung, die man wünschen soll. Aber damit taucht sofort die ethische Frage in ihrer ganzen Ungelöstheit wieder auf: Welches wäre der Inhalt dieser Sollensnormen?

c) In der Fassung nicht einer Handlungsmaxime, sondern einer Abgrenzung rechtl. Freiheit findet sich das Gegenseitigkeitsprinzip in dem berühmten Art. 4 S. 1 der franz. Erklärung der Menschen- und Bürgerrechte vom 26. Aug. 1789: „. . . die Ausübung der natürl. Rechte jedes Menschen hat ihre Grenzen nur darin, daß den anderen Mitgliedern der Gesellschaft der Genuß der gleichen Rechte gesichert sein muß." Hier zeigt sich die Konvergenz des Gegegenseitigkeitsprinzips mit dem Rechtsbegriff KANTS: Die Abgrenzung der Freiheitsbereiche nach einem allg. Gesetz bedeutet wegen dieser Allgemeinheit auch eine für alle gleiche Abgrenzung.

2. Aristoteles. Zum zentralen Problem der Gerechtigkeit i. e. S. hat ARISTOTELES das Gleichheitsprinzip erhoben. Er hat deutl. gemacht, daß die Gerechtigkeit vor zwei verschiedene Probleme der Gleichbehandlung gestellt sein kann: vor die Frage, gerecht auszugleichen, und vor die andere, Güter und Lasten angemessen zu verteilen; er übersieht dabei nicht, daß es auch Fragen der Gerechtigkeit gibt, die sich, wie zB die Wiedervergeltung, nicht in dieses Schema pressen lassen.

Im ersten Fall geht es um den gerechten Ausgleich im Rechtsverkehr, zB um den gerechten Güterausgleich bei Kauf, Zinsdarlehen oder Miete, aber auch um den gerechten Güterausgleich nach unerlaubten Handlungen. Das Prinzip dieses Ausgleichs ist die arithmetische Gleichheit: Auf keiner Seite darf Gewinn oder Verlust entstehen. Dieser Maßstab gilt ohne Ansehen der Person. Ein Instrument zur Verwirklichung der Austauschgerechtigkeit ist das Geld; es ist der Mittler, an dem sich alles messen läßt und der dadurch einen Vergleich des Wertes der auszutauschenden Güter ermöglicht.

Ganz anders liegt es bei der austeilenden Gerechtigkeit. Beispielsweise können die Ämter im Staat nicht nach arithmetischer Gleichheit verteilt werden, sondern nur nach der Angemessenheit. Hier gilt nicht der Grundsatz: Jedem genau das Gleiche, sondern: Jedem das ihm „Angemessene", jedem das Seine. Dieses Gleichheitsprinzip weist also, wie schon PLATON festgestellt hatte, „dem Bedeutenderen mehr, dem Unbedeutenderen weniger zu und teilt dem einen wie dem anderen das zu, was ihm nach seiner Natur angemessen ist". Hier gilt es also, zu vermeiden, daß „Gleiche Ungleiches und Ungleiche Gleiches erhalten" (ARISTOTELES).

3. Thomas von Aquin. THOMAS mißt dem Grundsatz „suum cuique" eine umfassende Bedeutung bei: Gegenstand der Gerechtigkeit ist es, die Menschen ins rechte Verhältnis zueinander zu setzen; das bedeutet aber nichts anderes, als „jedem das Seine" zu geben.

Im übrigen übernimmt THOMAS die ARISTOTELISCHE Lehre von den zwei Arten der Gerechtigkeit. Er koordiniert sie zwei sozialen Beziehungsrichtungen: Der einzelne verhält sich zum Gemeinwesen wie ein Teil zum Ganzen. Die Beziehungen zwischen den einzelnen, also zwischen einem Teil des Ganzen zu einem anderen Teil, ordne die iustitia commutativa. Das Verhältnis des Ganzen zu seinen Teilen hingegen regle die iustitia distributiva.

4. Kritik. Das Prinzip der ausgleichenden Gerechtigkeit leuchtet für seinen Anwendungsbereich (gleichwertiger Preis; gleichwertiger Lohn; gleichwertiger Schadensersatz) ohne weiteres ein, bietet aber keine vollständige Lösung; so kann die Frage, welche Güter einander gleichwertig sind, sehr schwierig zu beantworten sein (zB im Problem des gerechten Lohnes); sie ist nicht selbst wieder aus dem Gleichheitsgrundsatz lösbar. Gerade wegen der Unsicherheit vorgegebener Güterwerte konnte sich der Liberalismus veranlaßt sehen, jenes Problem auf neue Weise zu lösen und nicht den Preis nach einem vorgegebenen Wert der Güter, sondern deren Wert nach dem tatsächlich erzielten Marktpreis und damit nach der subjektiven Einschätzung der am Austausch Beteiligten zu bestimmen.

Das Prinzip der austeilenden Gerechtigkeit erhält zwar eine über jeden Relativismus erhabene „Richtlinie nach der negativen Seite" (HENKEL): Auf jeden Fall ist eine Ungleichbehandlung dann ungerecht, wenn sie überhaupt nicht an einem sachl. Unterschied orientiert ist. Welche Unterschiede aber eine ungleiche Behandlung rechtfertigen oder auch fordern, das läßt die Formel offen. „Darüber herrscht Einigkeit, daß sich die Verteilung (öffentl. Ämter) nach einer gewissen Würdigkeit richten müsse; bloß verstehen nicht alle unter der Würdigkeit dasselbe, sondern die Demokraten sprechen sie jedem freien Mann zu, die oligarchisch Gesinnten gründen sie auf Reichtum oder Geburtsadel und die Aristokraten auf die Tüchtigkeit" (ARISTOTELES). Zudem stellt sich das Problem des relevanten Unterschiedes, wie es in diesen Sätzen etwa für die Verteilung öffentl. Ämter zutage tritt, unter jedem rechtl. Gesichtspunkt neu; wenn es zB unter dem Gesichtspunkt der Wehrpflicht gerechtfertigt erscheint, Mann und Frau verschieden zu behandeln, so muß das nicht auch für das Wahlrecht gelten. Letztlich ist es eine Wertungsfrage, welche Unterschiede unter einem bestimmten rechtl. Gesichtspunkt zu einer unterschiedl. Behandlung führen dürfen oder müssen. So bildet diese Gleichheitsformel nur einen Ansatz für eine Wertentscheidung (s. a. Gleichheitssatz).

G. Das Rechtsgefühl. *1. Grundgedanken.* Es ist ein Kennzeichen der „offenen Gesellschaft", daß die heteronomen ethischen „Wahrheiten" fragwürdig geworden sind. So bleibt hier das Gewissen der einzelnen die letzte moralische Instanz, zu der das Bemühen um ethische Einsichten vordringen kann. An dieser Einsicht KANTS ist festzuhalten, auch wenn man die Richtschnur der Gewissensentscheidungen nicht nur in einem formalen Prinzip, sondern in inhaltlichen Werterfahrungen sieht, die in Gerechtigkeitsfragen im Rechtsgefühl zutage treten.

Unter diesen Umständen ist jeder eine dem anderen gleichzuachtende moralische Instanz. Auf dieser Grundlage kann man nur dann zu einer für viele geltenden gerechten Gemeinschaftsordnung gelangen, wenn es gelingt, in Gerechtigkeitsfragen die Subjektivität zu überwinden und zu einem allg. oder wenigstens überwiegenden Konsens in freier Auseinandersetzung der Meinungen zu kommen. In der Praxis zeigt sich, daß wir uns auch über inhaltl. Einsichten des Rechtsgefühls rational verständigen und in vielen Fällen zu einem breiteren Konsens gelangen können (s. u. 6, IV B 1).

2. Empirische Grundlagen. Was uns als (in spezifischer Weise) billigenswert erscheint, erfassen wir im Laufe des Lebens an konkreten Situationen unserer Erfahrungswelt: Daß Gleichbehandlung eine Richtschnur des Handelns sein sollte, erfassen Kinder zB, sobald es ans Verteilen geht. So hat SCHELER mit Recht betont, daß die Werterkenntnis eine empirische Grundlage hat: im „fühlenden, lebendigen Verkehr mit der Welt (sie sei psychisch oder physisch oder was sonst), im Vorziehen und Nachsetzen, im Lieben und Hassen selbst". Wertungen lassen sich nicht nur, gleichsam von außen her, als tatsächlich eingenommene und geäußerte Stellungnahmen Dritter betrachten (aus dieser Sicht wird zB eine Sittengeschichte geschrieben), sondern sie haben für den, der sie vollzieht, auch einen spezifischen Erfahrungsgehalt. So werden etwa bestimmte Handlungen als gerecht, moralisch achtenswert, taktvoll usw., d. h. als in je einem spezifischen Sinn billigens- und daher verwirklichenswert erfahren.

Solche Werterfahrung ist keine bloße Komponente der Sinneswahrnehmung: Daß etwas wertvoll sei, können wir nicht nur dann empfinden, wenn es wirklich geschieht, sondern auch dann, wenn es unterbleibt. So kann zB jemand den Wert gerechter Gleichbehandlung gerade auch durch das Erlebnis einer niederträchtigen Ungleichbehandlung erfassen. Werteinsichten sind also nur in dem Sinne „apriorisch", daß sie nicht von der Wertverwirklichung abhängen. Der ethische Dualismus (III E 1) hat also recht: Der Maßstab des Richtigen liegt nicht schon im faktischen Geschehen als solchem. Wenn wir Handlungen in gerechte und ungerechte einteilen, dann gehen wir schon mit einem Wertmaßstab an diese Realitäten heran.

Auch Erfahrungen des Rechtsgefühls stehen in der Weise „zur Verfügung", daß sie wiederholt als ein und dieselben „zum Bewußtsein kommen" können; hingegen sind die psychischen Vorgänge, in denen sie wiederholt „aktuell" werden, voneinander verschieden.

Wir meinen ferner, daß axiologische Erfahrungsinhalte auch intersubjektiv, d. h. von verschiedenen Menschen, als ein und dieselben erfaßbar sind, während auch hier verschiedene (höchstpersönl.) psychische Vorgänge vorliegen. Wir meinen also, je das gleiche zu erfassen, wenn wir uns zB über einen Grundsatz der Gerechtigkeit oder über die Gerechtigkeit oder die Ungerechtigkeit eines Gerichtsurteils unterhalten (s. auch o. I E 2).

3. Die Relativität der Werterfahrung. Elementare Werterfahrungen kehren mit gleichem Inhalt wieder. Freundestreue zB vermittelt immer wieder eine Werterfahrung gleichen spezifischen Inhalts. Im Hinblick auf diesen wiederkehrenden gleichen Erfahrungsinhalt können wir zB verschiedene Handlungen der Freundestreue einander gleichsetzen, während wir sie andererseits in ihrem spezifischen Wertsinn von Akten der Gerechtigkeit unterscheiden.

Über einige solcher elementaren Werteinsichten läßt sich intersubjektiv eine (weitgehende) Einigung erzielen, zB darüber, daß treues, redliches, hilfsbereites, mutiges Verhalten überhaupt billigenswert ist, daß also, je für sich allein genommen, treues Verhalten dem untreuen, redliches dem unredlichen usw. vorzuziehen ist.

Gleichwohl gibt es zahlreiche Meinungsverschiedenheiten in Wertungsfragen. Sie sind ausräumbar, soweit sie lediglich darin begründet sind, daß eine prinzipiell mögl. Einsicht nicht weit genug vorgedrungen ist. In diesen Bereich können zB fallen: die Aufklärung von Irrtümern über den Sachverhalt (Hexerei erscheint nicht mehr als strafwürdig, sobald erkannt ist, daß sie keine realen Wirkungen hervorbringen kann); die Aufdeckung bisher übersehener Zwecke, die bei der Entscheidung von Gewicht sein können; ferner die Klärung faktischer Wahrscheinlichkeiten, die für die Abwägung bedeutsam sind (zB des Grades der Lebensgefahr, in der sich eine Schwangere befindet, an der eine Abtreibung vorgenommen werden soll).

Nicht ausräumbar sind hingegen die Unterschiede in den Vorzugstendenzen. Die einzelnen haben unterschiedliche, anlage- oder umweltbedingte Wertungsdispositionen (Vorzugstendenzen), oder, wie SPRANGER es in einem Bild sagt, sie erfahren die Ordnung der Werte je nach der seel. Struktur in anderer Perspektive. So hat er – nach wichtigen Vorzugstendenzen – den theoretischen, den ästhetischen, den sozialen, den religiösen Menschen und den Machtmenschen unterschieden. Solche Vorzugstendenzen sind nicht nur anlagebedingt. Auch die äußeren Lebensbedingungen haben auf sie Einfluß. Stand und Beruf bestimmen die persönl. Wertungsdispositionen mit. Aber auch einzelne Erlebnisse können diese beeinflussen. So kann zB das Erlebnis einer entwürdigenden Beschränkung der geistigen Freiheit das Gefühl für deren Wert schärfen und die Vorzugstendenz ihr gegenüber verstärken. Die Verschiedenheit der Vorzugstendenzen spielt in den Wertabwägungen eine wichtige Rolle. Sie verhindert es, daß die individuellen Wertabwägungen durchwegs konstant bleiben, und verhindert es erst recht, daß über die Richtigkeit aller Wertabwägungen intersubjektives Einverständnis erzielt werden kann. Da aber die Wertauffassungen, an denen sich das Handeln orientiert, auf solchen Wertabwägungen beruhen, kann also auch nicht über die Richtigkeit aller wert-(zweck-)orientierten Verhaltensrichtlinien Einverständnis bestehen.

Hinter dem, was die Menschen einer bestimmten Gemeinschaft als wertvoll und berechtigt empfinden, ein unveränderliches, absolutes „Reich der Werte“ anzunehmen, ist eine völlig unbeweisbare Hypothese, die überdies ganz unpraktikabel ist; denn was sollte zum Maßstab der Irrungen dienen, an dem sich erkennen ließe, worin die perspektivische Verzerrung gerade unserer Wertauffassung liege?

4. Die herrschenden Wertvorstellungen als das Richtmaß rechtl. Wertentscheidungen. a) Da sich die Vorzugstendenzen jedes Menschen gegenüber Zwecken wandeln, vermittelt nicht einmal die individuelle Werterfahrung ein konstantes Gefüge von Wertvorstellungen. Da zudem verschiedene Menschen unterschiedl. Vorzugstendenzen besitzen, existiert erst recht kein konstantes System von Wertvorstellungen, das der übereinstimmenden Werterfahrung aller Menschen entspräche. Dennoch gibt es viele typische Wertvorstellungen, die der Niederschlag unserer empirischen Wertgewißheit für bestimmte typische Lebenssituationen sind. Solche festen Wertvorstellungen kristallisieren sich nicht nur im individuellen Bewußtsein heraus, sondern über zahlreiche solcher Wertvorstellungen entsteht ein weitgehendes Einverständnis in der Gemeinschaft.

b) Gründe praktischer Legitimität fordern, die vom Gesetz offengelassenen Wertentscheidungen nach feststellbar herrschenden Gerechtigkeitsvorstellungen auszurichten. Der Grundsatz der Gleichbehandlung verlangt, daß, wo immer mögl., in der gleichen Gemeinschaft an gleiche Fälle gleiche Bewertungsmaßstäbe angelegt werden, und nicht verschiedene, die je von den persönl. Auffassungen der Richter abhängen. Auch die Rechtssicherheit gebietet das; denn in Fragen, die das Recht nicht geregelt hat, sind die in der Gemeinschaft herrschenden Gerechtigkeitsvorstellungen der einzige praktikable und verläßl. Orientierungsmaßstab für das Handeln; im Interesse der Verläßlichkeit dieses Maßstabes hat sich der Richter an ihn zu halten. Zudem ergibt sich aus dem Prinzip demokratischer Repräsentation die Forderung, daß sich das für die Gemeinschaft handelnde Organ, auch der Gesetzgeber, nach solchen Gerechtigkeitsvorstellungen richtet, die von der Gemeinschaft akzeptiert werden (s. o. II E 1 b).

c) Zwar sind der Ermittlung, welche Vorstellungen in einer Gemeinschaft herrschen, Grenzen gesetzt (s. o. II C 2), doch bestehen gerade für die Feststellung der herrschenden Gerechtigkeitsauffassungen gewichtige Anhaltspunkte: in der Verf. und in der übrigen Rechtsordnung, in den durch Rspr. und Verwaltung entwickelten Rechtsgrundsätzen, in der Verkehrssitte und in den Institutionen des sozialen Lebens.

Der Indizwert der Rechtsnormen beruht auf zwei Erfahrungstatsachen: Der G.geber orientiert sich regelmäßig an den herrschenden Gerechtigkeitsvorstellungen, insbes. dadurch, daß er an die Verkehrssitte und an überkommene Grundsätze der Rspr. anknüpft; selbst dort aber, wo das nicht der Fall ist, fügt sich meist die Allgemeinheit in ihren rechtl. Wertvorstellungen dem geltenden Recht und schließt sich ihm an (vgl. II E 3 b; III G 5). Die Rechtsordnung in ihrer Gesamtheit bildet daher den wichtigsten Anhalt dafür, welche Gerechtigkeitsvorstellungen in einer Gemeinschaft herrschen.

Insbes. die Grundrechtsartikel der Staatsverf. „proklamieren ... ein bestimmtes Kultur-, ein Wertsystem, das der Sinn des von dieser Verf. konstituierten Staatslebens sein soll“ (Smend).

Aber auch die Gerechtigkeitsvorstellungen, die in der übrigen Rechtsordnung ihren Niederschlag finden, haben eine, allerdings der Verf. nachgeordnete, Vermutung für sich, Ausdruck der herrschenden rechtsethischen Vorstellungen zu sein. Eben darin liegt auch die Legitimation des Analogieschlusses im Recht, also die Rechtfertigung (s. o. b) dafür, daß man sich in Rechtsfragen, die das G. nicht unmittelbar entschieden hat, an den Wertvorstellungen orientiert, die der gesetzl. Entscheidung ähnl. Fragen zugrunde liegen.

Die von der Rspr. entwickelten Rechtsgrundsätze, etwa über die guten Sitten oder über die Pflichten eines ordentl. Kaufmanns, und allg. Verwaltungsgrundsätze werden in aller Regel ebenfalls ein Indiz für die in der Gemeinschaft herrschende Rechtsmoral sein.

Der rechtsvergleichende Blick „über die Grenze“ kann aufschlußreich dafür sein, welche Rechtsgrundsätze in einem größeren Kulturkreis allg. Anerkennung gefunden haben.

Die lebendig gewachsenen Institutionen des sozialen Lebens (zB ein Familientypus bestimmten Gepräges) bilden sich in der Weise, daß das Verhalten der Beteiligten sich nach bestimmten Leitbildern richtet. Diese werden so zum Inhalt (vorrechtl.) Verhaltensnormen. Auch diese Normen (und damit die Typen der Institutionen) werden, ebenso wie die Verkehrssitte überhaupt, in aller Regel Ausdruck herrschender Wertvorstellungen sein.

Allerdings erschließen diese und andere Indizien kein lückenloses und widerspruchsfreies System herrschender rechtsethischer Vorstellungen. Das ist schon aus dem Grund unmögl., weil das in einem Volke herrschende Ethos selbst lückenhaft ist; es ist auch von Widersprüchen keineswegs frei, weil die sozialen Prozesse, in denen sich bestimmte Wertvorstellungen durchsetzen (s. o. II C), sich nicht nach den Gesetzen der Logik vollziehen.

5. Die Relativität der herrschenden Wertvorstellungen. Die Relativität individueller Wertvorstellungen (s. o. 3) muß sich in den herrschenden Wertvorstellungen widerspiegeln. Denn diese beruhen auf individuellen Werterfahrungen; sie sind nichts anderes als Wertvorstellungen, über die beim überwiegenden Teil der Rechtsgemeinschaft Konsens besteht (s. o. II C).

Wie das individuelle Ethos, so kann sich auch das der Gemeinschaft dadurch wandeln, daß neue Werterfahrungen gemacht werden und andere aus dem Blickfeld verschwinden.

Ein relativierender Faktor sind in den herrschenden Wertvorstellungen, ebenso wie in den individuellen, vor allem die unterschiedl. Vorzugstendenzen, mit denen man bald diesen, bald jenen Zwecken größeres Gewicht beimißt. Anlagebedingte Vorzugstendenzen mögen dann eine Rolle spielen, wenn sie sich in einem Volke häufen, also den „Volkscharakter" bestimmen. Bes. wichtig sind aber für die herrschenden Vorstellungen umweltbedingte Vorzugstendenzen. „Der Fluß des Lebens schiebt wechselnd verschiedene Wertzusammenhänge in den Vordergrund unseres Erlebens und Tuns" (Spranger). Eine unterschiedl. Situation kann den selben Wertvorstellungen eine sehr unterschiedl. Macht über die Gemüter verleihen. So konnte etwa der Absolutismus die von ihm mißachteten Werte der individuellen Freiheit und der Gleichbehandlung wachrütteln, bis sie das allg. Bewußtsein fast übermächtig ergriffen und bis sich so die Gewichte in dem Zusammenspiel der herrschenden Wertvorstellungen verschoben.

Unbestreitbar gehört auch die ökonomische Situation zu diesen Umweltbedingungen, die die Vorzugstendenzen beeinflussen. Der Marxismus hat in unüberhörbarer Eindringlichkeit auf den Einfluß hingewiesen, den die wirtschaftl. Verhältnisse auch auf die herrschenden Wertvorstellungen haben. Nicht gefolgt werden kann ihm in der Einseitigkeit, die darin liegt, daß er alles auf diesen Faktor als den letztlich entscheidenden reduzieren will (s. o. I C 2).

Auch das Recht kann, wenn es nicht selber ohnehin schon den herrschenden Wertvorstellungen entspricht, auf das Rechtsethos einwirken. Herr ist, wer Ordnung schafft; das gilt nicht nur für die Macht im Staat, sondern in hohem Maße auch für die Rechtsmoral. Was rechtsethisch relevante Gesetze bestimmen oder die rechtsanwendenden Staatsorgane in fester Praxis für Rechtens erklären, wird weitgehend auch als Wertauffassung akzeptiert. Und selbst wo eine Differenz zwischen dem Recht und dem Rechtsethos auftritt, kann dieses „umerzogen" werden (s. o. II E 3 b).

6. Die Abklärung der herrschenden Gerechtigkeitsvorstellungen. Dem Gedanken der sittl. Autonomie der einzelnen und den damit zusammenhängenden Idealen der Demokratie und der offenen Gesellschaft entspricht es, das staatl. Recht darauf zu gründen, was die meisten für billig und gerecht halten. Diese Entscheidungsgrundlage ist aber nicht ohne weiteres greifbar. Die demokratische Mehrheitsentscheidung allein zwingt die Bürger nicht schon, nach ihrem Gewissen zu handeln, sondern gestattet ihnen, als Interessenten zu entscheiden. Auch besteht die Gefahr, daß die Mehrheitsmeinung eine vordergründige, von Interessenten manipulierte Mitläuferansicht ist. Um diesen Mängeln abzuhelfen, bedarf das demokratische Konsensprinzip einer Ergänzung durch rechtsstaatl. Einrichtungen und Grundsätze, die einer Abklärung der Konsensfähigkeit dienen.

Der Rationalität der Entscheidungen und einer Distanz gegenüber einem einseitigen Interessen-Engagement dient es, wenn staatl. Handeln sich nach dem Grundsatz der Gesetzmäßigkeit, also nach generellen Regeln vollzieht. Auf diese Weise verwirklicht sich in wichtigen Hinsichten auch der Grundsatz der Gleichbehandlung.

Einer rationalen Abklärung der Entscheidungsgrundlagen dient vor allem auch das Offenhalten der öffentlichen Meinungsbildung für Auseinandersetzung und Kritik. Ihr dient ferner das Gebot, daß staatl. Handeln sich weitgehend im Lichte der Öffentlichkeit abspiele; es gilt insbesondere für parlamentarische und gerichtl. Verhandlungen. Durch diese und andere Verfahrensregeln, so vor allem durch den Grundsatz des rechtl. Gehörs, wird auch für ein fair play gesorgt.

Der Rationalität und Kontrollierbarkeit der Entscheidungen dienen auch Begründungspflichten, insbesondere für Gesetze und Gerichtsentscheidungen. Hierbei sucht man die Konsensfähigkeit insbesondere dadurch abzuklären, daß man sich bemüht, die zu findende Entscheidung an vergleichbaren Vorentscheidungen auszurichten und sie in einen widerspruchsfreien Zusammenhang mit den Gerechtigkeitsvorstellungen des überkommenen Rechts und der Verkehrssitte zu bringen.

Vor allem verbessert auch das Repräsentativsystem die Rationalität und Kontrollierbarkeit der Entscheidungen und die Distanz gegenüber konkretem Interessen-Engagement. Die Schaffung von Repräsentativorganen ist geradezu die „technische" Voraussetzung dafür, ein System rechtsstaatlicher Gewaltenkontrolle einzurichten. Auch werden auf diese Weise Entscheidungsinstanzen ausgegliedert, deren rechtl. und soziale Rolle sie in eine größtmögliche Distanz zu den Interessenkonflikten setzt, über die sie entscheiden. Diese Distanzierung gelingt in hohem Maße für die Gerichtsbarkeit, etwas weniger wirksam für die Bürokratie und in nur begrenztem Maße für das Parlament.

Diese institutionellen und prozeduralen Vorkehrungen dienen einer Abklärung dessen, welche Auffassungen geeignet sind, einen überwiegenden Konsens zu finden. Auch die Repräsentativorgane müssen also legitimerweise Entscheidungen anstreben, die für die Mehrheit der Bürger konsensfähig und akzeptabel sind. Dabei stehen sie, dies gilt vor allem für die Parlamente, auch unter einem durchaus realen „Legitimationsdruck", zu Entscheidungen zu gelangen, die der Mehrheit als annehmbar erscheinen.

Auch diese institutionellen und prozeduralen Vorkehrungen des gewaltenteiligen Rechtsstaates können zwar nicht gewährleisten, daß in Gerechtigkeitsfragen der Konsens ausschließlich auf der Grundlage des Rechtsgewissens gesucht wird. Sie verbessern aber die Chancen, daß sich die Entscheidungen diesem Leitbild annähern.

H. Gewagte Entscheidungen. *1. Grenzen konsensfähiger Einsicht.* Die überwiegend konsensfähigen Gerechtigkeitsvorstellungen betreffen meist nur typische Lebensvorgänge. Sie fügen sich nicht zu einem geschlossenen System der Gerechtigkeit zusammen. Zu der Unvollkommenheit des individuellen Rechtsgefühls und den unterschiedlichen Präferenzen der verschiedenen Menschen kommt noch die Schwierigkeit, zu ermitteln, welche Gerechtigkeitsvorstellungen der gewissenhaften Überzeugung der meisten entsprechen. Diese Ermittlung wird dadurch noch erschwert, daß die Sozialmoral sich in einem fortlaufenden Wandel befindet. Wo auch die herrschende Sozialmoral als Entscheidungsgrundlage versagt, bleibt der Suche nach der gerechten Entscheidung nur der Regreß auf das persönliche Rechtsgefühl. Darüber hinaus sind auch Entscheidungen denkbar, die nicht einmal im persönl. Rechtsempfinden des Entscheidenden einen eindeutigen Rückhalt finden, also nur in einem rechtsethischen Wagnis getroffen werden können.

2. Das Wagnis der Entscheidung. Auch die Suche nach der gerechten Entscheidung kann also in Situationen führen, wie sie die Existenzphilosophie in den Mittelpunkt ihrer Betrachtung stellt: die Not höchstpersönlicher Entscheidung, in der die Probleme nur in radikaler Subjektivität gelöst werden können. Wohl ist es eine wesentliche Funktion des Rechts, Bestimmtheit und damit Rechtssicherheit zu bieten; daher sucht es, wo immer mögl., Orientierung am Objektiven, und sei es auch nur an der „Durchschnittlichkeit dessen, was sich gehört, was man gelten läßt und was nicht" (HEIDEGGER). Und dennoch treibt die Aufgabe, Gerechtigkeit zu schaffen, immer wieder die Notwendigkeit höchst eigenständiger Entscheidungen hervor, in Fragen, in denen die Erkenntnis kein sicheres Richtmaß für die gerechte Entscheidung liefert, wo die Gerechtigkeit zum Wagnis wird, wo der Jurist Künftiges neu entwirft und damit die Verantwortung für einen höchst eigenständigen Schritt in die Zukunft auf sich nimmt. Es kann Fälle geben, in denen der Jurist „wollen muß, weil er nicht weiß" (JASPERS), und auf diese Weise mitwirken kann an der künftigen Gestalt der herrschenden Rechtsvorstellungen (s. o. G 5). „Wenn es sich darum handelt, in einer bestimmten hist. Situation, zB eines Volkes, das ‚echte und gerechte Recht' zu finden, so wird dies selbst in ruhigen Zeiten nicht so harmonisch-kontinuierl. vor sich gehen, wie es die konservative Romantik annahm ... Vielmehr muß hier wirkl. etwas entschieden werden mit aller Schwere der Gewichte, die an dem Handeln in eine dunkle Zukunft hängen" (SPRANGER). Entscheidungen solcher Art machen es bes. augenfällig, daß in der Fortbildung des herrschenden Rechtsethos auch Entscheidungen inmitte liegen, die sich nicht in ein die Geschichte bewegendes Prinzip einfügen. In dem Zusammenspiel zwischen überkommener Gesetzlichkeit, konkreter Entscheidung und künftigem Rechtsethos vollzieht sich also eine „offene" Dialektik, die sich nicht einzwängen läßt in das Schema eines durchschaubaren, sich entfaltenden Prinzips HEGELscher (III C) oder anderer Provenienz.

IV. Die Rechtssicherheit. A. Grds. Bedeutung und Erscheinungsformen. *1. Grds. Bedeutung.* Für Rechtsfrieden, Ordnung, Verläßlichkeit, Konsequenz zu sorgen ist eine der Hauptaufgaben jeder Rechtsgemeinschaft. THOMAS HOBBES, der die Schattenseiten einer Verunsicherung des öffentl. Lebens während des engl. Bürgerkrieges erfahren mußte, hat in der ordnung- und friedenstiftenden Funktion die eigentl. Legitimation des Staates gesehen. JEREMIAS BENTHAM hat es für den wichtigsten Zweck der G.gebung erklärt, Sicherheit zu schaffen und zu gewähren. Diese sei geradezu das entscheidende Kennzeichen der Zivilisation: Die durch G.e begründete Sicherheit erst schafft dauerhaften Besitz, der den Namen eines Eigentums verdient. Die G.e sichern die Früchte der Arbeit und ermutigen so dazu, für die Zukunft zu arbeiten. Die durch sie erwirkte Sicherheit erlaubt es, Pläne zu machen, und sorgt für Kontinuität, die über das individuelle Leben hinaus zu der folgenden Generation reichen kann.

2. Orientierungssicherheit und Realisierungssicherheit. Die Rechtssicherheit hat als Komponenten die Orientierungssicherheit und die Realisierungssicherheit.

Das Interesse an Orientierungssicherheit bedeutet, daß man wissen muß, woran man sich zu halten hat. Es besteht hinsichtlich der generellen Verhaltensnormen, der obrigkeitl. Einzelentscheidungen, des rechtserhebl. Verhaltens der Mitbürger und hinsichtlich rechtserhebl. Sachverhalte.

Die Realisierungsgewißheit ist eine wesentl. Bedingung dafür, daß Normen und Einzelentscheidungen Orientierungsgewißheit schaffen. Die Normen und Entscheidungen gewähren nur dann Orientierungssicherheit, wenn die sichere Chance besteht, daß sie verwirklicht und durchgesetzt werden. Daher hat HOBBES gerade der Staatsgewalt die Kompetenz zugedacht, zu bestimmen, was Rechtens ist, daher ist auch aus heutiger Sicht die Wirksamkeit rechtlicher Normen Bedingung ihres Geltungsanspruchs.

Die rechtstechnischen Mittel zur Realisierung der Normen sind vor allem in den Prozeßordnungen zur Verfügung gestellt, die Mittel zur Durchsetzung der Einzelentscheidungen in den Vollstreckungsvorschriften.

3. Orientierungssicherheit durch Normen. Gerade weil es unmögl. ist, auf rein erkenntnismäßigem Wege ein lückenloses und für jedermann einsichtiges System der Normen richtigen Verhaltens zu gewinnen, bedarf es einer Entscheidung darüber, was Rechtens sein soll. „Vermag niemand festzustellen, was gerecht ist, so muß jemand festsetzen, was Rechtens sein soll" (RADBRUCH). Das ist die Wurzel und das Recht des Gesetzespositivismus.

Rechtssicherheit ist aber nur dann gewährleistet, wenn diese Entscheidung von einer Autorität ausgeht, die in der Lage ist, das, was sie als Verhaltensnorm festsetzt, auch durchzusetzen. Die Orientierungsgewißheit ist mit der Realisierungsgewißheit verknüpft. Hieraus erwächst gerade dem Staat die Dignität, die ungelösten Fragen der Gerechtigkeit zu „lösen". HOBBES hat das in aller Schärfe formuliert. In einer Welt, in der so oft die zwitterhaften Lehrsätze der Moralphilosophie zur Ursache des Streitens und Mordens werden, ist die verbindl. Entscheidung des Staates die einzige Lösung, die zu Ordnung und Frieden führt. Jeden Tag tauchen neue Meinungen darüber auf, was recht und falsch sei; daher muß die Staatsgewalt „diese Wolken zerteilen". Gerade weil also die Menschen in ihren Anschauungen über Recht und Unrecht, über Gut und Böse nicht übereinstimmen, weil sie sich immer wieder darüber in die Haare geraten, was gerecht ist, so muß einer da sein, der bestimmt, was zu geschehen hat. Die Auffassungen darüber, was richtig und falsch sei, bilden einen unentwirrbaren Knoten, den nur das Schwert lösen kann.

Allerdings beschränkt sich der Staat nicht immer darauf, die erkennbar in einer Gemeinschaft herrschenden rechtsethischen Normen lediglich zu sanktionieren und nur die ungelösten Fragen richtigen Verhaltens von sich aus zu entscheiden; er kann auch obrigkeitl. garantierte Normen erlassen, die in Widerspruch zu den herrschenden Gerechtigkeitsvorstellungen stehen. Hier handelt er dann zwar sub specie der materiellen Gerechtigkeit nicht legitim; die Geltung seiner Normen wird damit aber nicht ohne weiteres beseitigt. Selbst wenn man der Auffassung ist, daß das positive G. dann der Gerechtigkeit zu weichen habe, wenn es in unerträgl. Widerspruch zu ihr stehe (RADBRUCH), macht man damit nur eine rechtsethische Aussage darüber, wie die materielle Gerechtigkeit gegen die (im positiven G. zu achtende) Rechtssicherheit abzuwägen sei. Eine solche Wertabwägung kann nur feststellen, unter welchen Voraussetzungen das positive Recht nicht mehr gelten *sollte*. Doch kann nicht schon aus ihr allein entnommen werden, ob ein hiernach geltungsunwürdiges Recht auch die Wirksamkeit als garantierte Norm verloren hat, nämlich die Chance, obrigkeitl. durchgesetzt zu werden (s. o. II E).

Das G. erfüllt seinen Zweck, Orientierungsgewißheit zu schaffen, nur insoweit, als es eindeutig ist. Daher besteht die – immer nur annäherungsweise erfüllbare – Forderung, daß Rechtsnormen klar und eindeutig sein, insbesondere die ihnen unterfallenden Sachverhalte exakt umgrenzen sollten (Ideal der „Meßbarkeit und Berechenbarkeit" der Rechtsanwendung).

Die Rechtssicherheit erfordert, daß nicht nur die einzelnen Normen klar sind, sondern daß auch die Rechtsordnung insgesamt widerspruchsfrei, klar und übersichtlich ist. In dieser Hinsicht leidet die Rechtssicherheit insbesondere durch eine Gesetzesinflation.

4. Die Kontinuität der Rechtsordnung. Mit dem Interesse daran, daß überhaupt entschieden sei, welche Normen für das Verhalten maßgebl. sein sollen, verbindet sich das Interesse an einer Kontinuität des Rechts. Denn nur diese schafft eine Orientierungssicherheit für die Zukunft und damit die Grundlage für Planung und Disposition.

Hieraus leitet sich das Verbot rückwirkender StrafG.e her, ferner das Verbot rückwirkender Besteuerung und das Verbot sonstiger rückwirkender G.e, wenn sie rückwirkend solche Eingriffe vornehmen oder vorsehen, mit denen der Betroffene im Zeitpunkt seines Verhaltens bei verständiger Vorausschau nicht rechnen konnte und die er daher auch nicht zu berücksichtigen brauchte.

Darüber hinaus verlangt die Rechtssicherheit nach einer größtmögl. Stabilität der Normenordnung und nach einer Konsequenz der Rechtsentwicklung. Das Recht darf „nicht allzu leicht der Abänderung unterliegen, nicht einer Gelegenheitsgesetzgebung anheimfallen, die die Umprägung jedes Einfalls in Gesetzesform ohne Hemmung ermöglicht; die ‚checks and balances' der Gewaltenteilungslehre, die Schwerfälligkeit des parlamentarischen Apparates sind unter diesem Gesichtspunkt eine Garantie der Rechtssicherheit" (RADBRUCH).

Dieses Kontinuitätsinteresse daran, daß die von der Staatsgewalt einmal für anwendbar erklärten Normen hinfort maßgebl. Richtschnur bleiben, besteht nicht nur für die vom G.geber erlassenen Vorschriften, sondern auch für die von Gerichten oder von sonstigen Staatsorganen angewandten Rechtsgrundsätze. Aus der einmal gefällten Entscheidung erwächst eine gewisse Verbindlichkeit, auch in künftigen Fällen nach den gleichen Grundsätzen zu entscheiden. Diese Verbindlichkeit festigt sich mit der wiederholten Anwendung der gleichen Entscheidungsregel. Die Rechtssicherheit fordert, im Recht nicht ohne triftigen Grund (wie er in der Ungerechtigkeit der Vorentscheidung liegen kann) einen Weg zu verlassen, den die Staatsgewalt einmal gewählt hat. Auch mit dem Gleichheitsgrundsatz wäre es nicht vereinbar, gleichliegende Fälle einmal so und einmal anders zu entscheiden.

Gerade weil an den im Recht zu treffenden Entscheidungen neben allg. nachvollziehbaren Einsichten auch Wertungen Anteil haben, über die man geteilter Meinung sein kann, muß die Gleichmäßigkeit und Verläßlichkeit der Rechtsanwendung auch durch die Grundsätze der Gleichbehandlung und der Rechtssicherheit gewährleistet werden. Diese gebieten, eine Gerechtigkeitsfrage, die die Staatsgewalt einmal so oder anders entschieden hat, auch künftig in gleicher Weise zu entscheiden, wenn nicht überwiegende Gründe dagegensprechen.

5. Orientierungssicherheit durch Einzelentscheidungen. Auch obrigkeitl. Einzelentscheidungen kann also die Funktion zukommen, Rechtsgewißheit nicht nur zu offenbaren, sondern sie dort, wo sie nicht durch Erkenntnis zu gewinnen ist, zu schaffen. Die eindeutige Erkennbarkeit der Rechtslage ist ein Ideal, das sich oft nicht erfüllt. Die Vielgestaltigkeit des Lebens bringt immer wieder Fälle, die bloße Rechtserkenntnis nicht zweifelsfrei beantworten kann, in denen man also „das, was Rechtens ist, verläßl. erst dann weiß und wissen kann, nachdem der sibyllinische Mund des Gerichts sich zum Urteilsspruch geöffnet hat", wie man einmal polemisch gemeint und doch zutreffend formuliert hat.

Die Verläßlichkeit gerichtl. Entscheidungen wird vor allem durch die Rechtskraft erstrebt, und zwar in Gestalt der formellen Rechtskraft (Unanfechtbarkeit der Entscheidung durch die Prozeßbeteiligten) und der materiellen Rechtskraft (Ausschluß einer abweichenden Entscheidung über die gleiche Sache in einem anderen Prozeß). War die Entscheidung unrichtig, so geht also die Verläßlichkeit der Entscheidung dem Interesse an ihrer materiellen Richtigkeit vor. Ausnahmen gelten nur bei bestimmten sehr schweren Mängeln der Entscheidung, die dann entweder zu deren Nichtigkeit oder zu einer Wiederaufnahmemöglichkeit führen. Der Verläßlichkeit obrigkeitl. Entscheidung dient auch der Grundsatz, daß fehlerhafte VA.e grds. bis zu ihrer Aufhebung zu beachten sind und nur dann nichtig und damit von Anfang an rechtl. unbeachtl. sind, wenn sie an einem offenkundigen schweren Mangel leiden (Evidenztheorie).

6. Orientierungssicherheit über rechtserhebliche Sachverhalte. Im Interesse einer sicheren Orientierung über rechtserhebl. Sachverhalte schützt das Recht das Vertrauen auf wahrnehmbare Tatbestände, die typischerweise mit bestimmten Rechtslagen verknüpft sind. Dieser Vertrauensschutz gilt zB zugunsten dessen, der vom Besitzer gutgläubig eine Sache erwirbt, die diesem nicht gehört; ferner etwa zugunsten dessen, der sich auf die Richtigkeit einer Grundbucheintragung verläßt; wer einen Wechsel erwirbt, wird in seinem Vertrauen darauf geschützt, daß die Wechselverbindlichkeit von persönl. Einwendungen frei ist.

Auch das Vertrauen in Konsequenz und Stabilität wird geschützt, so zB durch das Verbot des venire contra factum proprium, durch das Estoppel-Prinzip im angloamerik. Recht und durch die Rechtsinstitute der Verwirkung und der Ersitzung.

B. Rechtsgefühl und generelle Normen. *1. Das Rechtsgefühl als Quelle genereller Normen.* Wesentl. Grundlage der Orientierungsgewißheit sind generelle Normen. Quelle der Gerechtigkeitserkenntnis ist aber letztlich das Rechtsgefühl. (s. o. G.). So entsteht die Frage, wie eine Generalisierung konkreter Gerechtigkeitserfahrung mögl. sei.

a) Daß sie mögl. ist, zeigt die Entstehung von Rechtsordnungen aus Fallrecht, eine Entstehungsweise, die den beiden bedeutendsten eigenständigen Rechtsordnungen, dem röm. und dem engl. Recht, gemeinsam ist. Anstoß zu den Rechtsbildungen der prätorischen Praxis wie zu den Rechtsgutachten der klassischen röm. Juristen gaben konkrete Rechtsfragen, und auch im engl. Case Law gehen Rechtsbildung und Rechtsfortbildung vom Einzelfall aus. Sie müssen hier, wie RADBRUCH sagt, „sofort die Probe und Verantwortung der praktischen Anwendung im Einzelfall bestehen", sind ein „stumbling forward in our empirical fashion, blundering into wisdom" (MATLAND). Wir finden also ein sich nie von der unmittelbaren Rechtserfahrung entfernendes Vorantasten von dem einen zum anderen Fall des gleichen rechtl. Typus. Ihre eigentl. Rechtsquelle haben solche fallrechtl. Ordnungen in dem immer wieder an Einzelfällen erprobten, gerechten Judiz, also im geschulten Gerechtigkeitsempfinden des Prätors, des Gutachters oder des Richters. Schon BÜLOW hat diese Entstehungsweise des Rechts treffend beschrieben: „Das Recht ist ein Ergebnis der Erfahrung. Es hat *herausexperimentiert* werden müssen: Es ist ein Erzeugnis bitterer Rechtsnot, die von Fall zu Fall dahin gedrängt hat, den Gut und Leben gefährdenden Widerstreit der menschl. Selbstsucht und Leidenschaft durch den unparteiischen Rechtsspruch der machtvollen Staatsgewalt schlichten zu lassen." Noch an kein G. gebunden, habe die richtende Gewalt einst mit ders. Freiheit gewaltet wie später die Legislative, durch das im Volke pulsierende Rechtsgefühl geleitet und durch die alles soziale Leben wohltätig beherrschende Macht der Gewohnheit allmähl. in beständige Bahnen gelenkt.

Die einzigartige Leistung der röm. Praxis lag aber darin, daß sie nicht beim konkreten Judiz stehenblieb, sondern von ihm ausgehend zum Typischen fortschritt. Ihre Größe lag darin, daß sie das am Einzelfall Erfaßte in allg. Begriffe und Regeln zu bringen vermochte, sie lag in ihrer Kraft, das rechtl. Typische herauszuheben. Eines der Instrumente, schon bewährte Rechtsprinzipien auf gleichzubewertende Fälle auszudehnen, war die Fiktion: Man gelangte zu einer Generalisierung, ohne den sicheren Grund des an der Rechtserfahrung Erprobten zu verlassen und sich in den Höhenflug unsicherer Spekulationen zu verlieren.

b) Die Überlegung, wie aus Entscheidungen des Rechtsgefühls allg. Normen entstehen, kann anknüpfen an die Untersuchung EDMUND HUSSERLS über die Genealogie von „Allgemeingegenständlichkeiten" aus der Erfahrung (s. o. I A 1). Seine von der Erfahrung individueller Gegenstände ausgehenden Beobachtungen lassen sich auch an Werterfahrungen machen:

Wenn zB der Betrüger den Betrogenen aus dem Vertrag verklagt, so wird das Rechtsgefühl es in aller Unmittelbarkeit als ungerecht empfinden, den Betrogenen am Vertrag festzuhalten. Zugleich kommt diese Werterfahrung jedem, der früher einen gleichartigen Betrugsfall erlebt oder sich auch nur in der Phantasie vergegenwärtigt hat, als typisch bekannt vor. Unsere Assoziation stellt eine Verbindung mit der früheren, gleichartigen Werterfahrung her. Die zwei Erlebnisse meines Rechtsgefühls, in denen es mir unmittelbar einsichtig geworden ist, daß man einen Betrogenen billigerweise nicht an seinem Vertrag festhalten kann, gleichen sich dadurch, daß ich in ihnen ein und dasselbe Gerechtigkeitsprinzip finde.

Auch die so gewonnenen Grundsätze haben „einen unbestimmten Horizont noch unbekannter typischer Merkmale". Der Grundsatz „pacta sunt servanda" zB kann durch nachfolgende Rechtserfahrung die einschränkende Ergänzung gewinnen: „sofern es sich nicht um arglistig erschlichene oder um unsittl. Verträge oder um Verträge Geschäftsunfähiger handelt" usw. So wandeln sich also nicht nur die Tatsachenbegriffe, sondern auch die empirisch gewonnenen Grundsätze der Gerechtigkeit „gemäß einer empirischen Idee, der Idee eines offenen und immerfort zu berichtigenden Begriffs".

2. Widersprüche zwischen genereller Norm und Billigkeit. In der allenthalben wirksamen Tendenz, die in concreto gewonnenen Rechtseinsichten zu verallgemeinern, machen sich die Forderungen nach Rechtssicherheit und Gleichbehandlung geltend. Durch diese Prinzipien erhalten solche generellen Regeln, anders als die Generalisierung von Naturerfahrungen, eine Eigenständigkeit. Sie gewinnen durch diese Prinzipien ein Eigengewicht und können sich daher im Einzelfall auch gegen das Rechtsgefühl durchsetzen.

Bes. kraß zeigt sich der Konflikt zwischen der (in der allg. Norm zu achtenden) Rechtssicherheit und der Billigkeit in noch unentwickelten Rechtsordnungen, in denen das Recht noch nicht differenziert und noch nicht mit Wertbegriffen und Generalklauseln durchsetzt ist, sondern in denen erst ein Grundbestand einfacher, auf den Normalfall abgestellter Regeln gilt, die den Ausnahmesituationen nicht gerecht werden. Völlig beseitigen läßt sich aber die Spannung in keiner Rechtsordnung. Eine Beschreibung der Antinomie zwischen den Prinzipien der Generalisierung und der Billigkeit findet sich schon bei ARISTOTELES: Eine allg. Regel kann nicht immer ausnahmslos allen Einzelfällen gerecht werden. Wo nun eine solche allg. Regel erforderl. wird, die nicht alles richtig erfassen kann, da orientiert sie sich an der Mehrzahl der Fälle, ohne zu übersehen, daß damit eine Fehlerquelle geschaffen ist. Diese liegt weder im G. noch im G.geber, sondern in der Natur der Sache: in der Vielgestaltigkeit des Lebens.

In solchen Konflikten will ARISTOTELES der Billigkeit grds. den Vorrang vor der allg. Norm geben. Das Billige sei gerecht und habe einen höheren Rang als jene. Wenn also das Recht eine allg. Bestimmung treffe und in deren Geltungsbereich ein Fall vorkomme, der durch sie nicht (gerecht) erfaßt werde, so sei es ganz in Ordnung, hier, wo der G.geber einen Fall außer acht gelassen habe und durch die Verallgemeinerung einen Fehler verursacht habe, das Versäumnis i.S. des G.gebers zu berichtigen: „So wie er selbst die Bestimmung treffen würde, wenn er den Fall vor sich hätte, und wie er diesen, wäre er ihm bewußt geworden, in seinem Gesetz geregelt hätte". Die Billigkeit habe also das G. da zu berichtigen, wo es durch seine allg. Fassung die rechte Lösung verfehle.

Dieser generellen Bevorzugung der Billigkeit wird man nicht zustimmen können, und zwar schon nicht unter dem Gesichtspunkt des richtigen Rechts. Zwar hat das Rechtsgefühl den Vorzug, den Einzelfall in aller Unmittelbarkeit der Wertung zu erfassen, und ist überhaupt die Grundlage materialer Gerechtigkeitserkenntnis (III G); aber die Stellung in der Genealogie der Erkenntnis kann über die Rangfrage nicht entscheiden. Die Unmittelbarkeit der Wertung mag gelegentlich wohl ein höheres Maß an materialer Gerechtigkeit verbürgen; aber sie wird sehr oft unter der Unsicherheit des Rechtsgefühls leiden. Andererseits dient die Entscheidung nach der generellen Norm der Rechtssicherheit. Übrigens muß das Bedürfnis nach verläßl. Dispositionsgrundlagen auch schon vom Rechtsgefühl selbst als ein wichtiger Zweck rechtl. Regelung mit in Rechnung gestellt werden.

Die Rechtssicherheit (die der Einzelfallgerechtigkeit widersprechen kann) hat in HUME einen ebenso beredten Anwalt gefunden wie die Billigkeit in ARISTOTELES: „Nähmen sich die Menschen die Freiheit, den Gesetzen der Gesellschaft gegenüber so zu handeln, wie sie es in jeder anderen Sache tun, so würden sie in den meisten Fällen nach Urteilen verfahren, die den bes. Umständen angepaßt sind, d. h., sie würden jedesmal den Charakter und die Verhältnisse der Personen ebensosehr wie die allg. Natur der betr. Frage in Betracht ziehen. Es liegt aber auf der Hand, daß dies eine unendl. Verwirrung in der menschl. Gesellschaft hervorrufen und daß die Begehrlichkeit und Parteilichkeit der Menschen schnell Unordnung in die Welt bringen würden, wenn die Menschen nicht durch allg. und unbeugsame G.e in Schranken gehalten wären." – Das ist das Gegenstück an Einseitigkeit. Wo das strenge G. in nicht nur periphere Konflikte mit dem Rechtsgefühl geriet, hat das ius aequum, hat die equity sich immer einen Weg in die Rechtsordnung zu bahnen gewußt – um sich dann ihrerseits zunehmend in generellen Regeln zu verfestigen. Darin zeigt sich die unauflösliche, ständig lebendige und wirksame

Spannung zwischen den Prinzipien der Einzelfallgerechtigkeit einerseits und der Rechtssicherheit und der mit ihr verbundenen Tendenz zur Generalisierung und zur Normenstrenge andererseits. Wie sie gelöst wird und wo immer G.gebung und Rechtsanwendung, „blundering into wisdom", die rechte Mitte zwischen Rechtssicherheit und individueller Gerechtigkeit finden, das ist eine der fundamentalen Wertentscheidungen, die den Geist der Rechtsordnung bestimmen.

I. KANT, Metaphysik der Sitten, (1797) 1798² – F. K. v. SAVIGNY, Vom Beruf unserer Zeit f. Gesetzgebung und Rechtswissenschaft, 1814 – G. W. F. HEGEL, Grundlinien der Philosophie des Rechts, 1821 – F. J. STAHL, Die Philosophie des Rechts, (1830/37) 1878⁵ – A. TRENDELENBURG, Naturrecht auf dem Grunde der Ethik, (1860) 1868² – G. RÜMELIN, Über das Rechtsgefühl, 1871 – R. v. JHERING, Der Zweck im Recht, I (1877) 1923⁸, II (1884) 1886² – A. LASSON, System der R., 1882 – O. BÜLOW, G. und Richteramt, 1885 – K. BERGBOHM, Jurisprudenz und R., 1892 – V. CATHREIN, Recht, Naturrecht und positives Recht, (1901) 1909² – M. E. MAYER, Rechtsnormen und Kulturnormen, 1903 – DERS., R., 1922 – E. LASK, R., in: Festschr. f. K. Fischer, (1905) 1907², 269 – 320 – R. BEROLZHEIMER, System der Rechts- und Wirtschaftsphilosophie I – V, 1904 bis 1907 – H. U. KANTOROWICZ, Der Kampf um die Rechtswissenschaft, 1906 – J. KOHLER, Lehrbuch der R., (1909) 1923³ – PH. HECK, Das Problem der Rechtsgewinnung, (1912) 1932² – DERS., Begriffsbildung und Interessenjurisprudenz, 1932 – A. REINACH, Die apriorischen Grundlagen des bürgerlichen Rechts, 1913 – E. EHRLICH, Rechtssoziologie, 1913 – DERS., Die jur. Logik, AcP 115 (1918) 125 – 439 – G. RADBRUCH, R., (1914) 1973⁸ – DERS., Vorschule der R., (1947) 1959² – DERS., Die Natur der Sache als jur. Denkform, in: Festschr. f. R. v. Laun, 1948, 157 – 176 – DERS., Der Mensch im Recht, (1957) 1969³ – O. SCHILLING, Naturrecht und Staat nach der Lehre der alten Kirche, 1914 – O. v. GIERKE, Recht und Sittlichkeit, Logos 6 (1916/17), 211 – 264 – N. SALOMON, Grundlegung der R., (1919) 1925² – R. STAMMLER, Lehrbuch der R., (1921) 1928³ – E. HUBER, Recht und Rechtsverwirklichung, (1920) 1925² – E. KAUFMANN, Kritik der neukantischen R., 1921 – E. RIEZLER, Das Rechtsgefühl, (1921) 1969³ – R. POUND, An Introduction to the Philosophy of Law, (1922) 1961³ – DERS., Jurisprudence, Volumes I – V, 1959 – MAX WEBER, Wirtschaft und Gesellschaft, (1922) 1976⁵ – F. KAUFMANN, Die Kriterien des Rechts, 1924 – R. v. LAUN, Recht und Sittlichkeit, (1924) 1935³ – M. RÜMELIN, Die Rechtssicherheit, 1924 – DERS., Rechtsgefühl und Rechtsbewußtsein, 1925 – J. BINDER, Philosophie des Rechts, (1925) 1937² – DERS., Grundlegung der R., 1935 – A. VIERKANDT, Der geistig-sittl. Gehalt des neueren Naturrechts, 1927 – E. WEIGELIN, Einführung in die Moral- und R., 1927 – E. BELING, Vom Positivismus zum Naturrecht und zurück, in: Festg. f. Ph. Heck u. a., 1931, 1 – 18 – K. LARENZ, R. und Staatsphilosophie der Gegenwart, (1931) 1935² – DERS., Methodenlehre der Rechtswissenschaft, (1960) 1983⁵ – DERS., Richtiges Recht. Grundzüge einer Rechtsethik, 1979 – W. SCHÖNFELD, Der Traum des positiven Rechts, AcP 135 (1931) 1 – 66 – DERS., Grundlegung der Rechtswissenschaft, 1951 – DERS., Über die Gerechtigkeit, 1952 – K. SCHILLING, Christl. R. und Sozialphilosophie, 1933 – H. KELSEN, Reine Rechtslehre, (1934) 1960² – DERS., Was ist Gerechtigkeit?, 1953 – DERS., Vom Geltungsgrund des Rechts, in: Festschr. f. A. Verdross, 1960, 157 – 165 – DERS., Allgemeine Theorie der Normen, 1979 – C. SCHMITT, Über die drei Arten des rechtswissenschaftl. Denkens, 1934 – H. ROMMEN, Die ewige Wiederkehr des Naturrechts, (1936) 1949³ – G. DEL VECCHIO, Lehrbuch der R., (1937) 1951² – DERS., Die Gerechtigkeit, (1940) 1950² – H. NEF, Recht und Moral, 1937 – DERS., Gleichheit und Gerechtigkeit, 1941 – A. GRAF ZU DOHNA, Kernprobleme der R., 1940 – H. NAWIASKY, Allg. Rechtslehre, (1940) 1948² – E. BRUNNER, Gerechtigkeit, 1943 – H. COING, Die obersten Grundsätze des Rechts, 1947 – DERS., Grundzüge der R., (1950) 1976³ – TH. GEIGER, Vorstudien zu einer Soziologie des Rechts, (1947) 1964² – H. THIEME, Das Naturrecht und die europ. Privatrechtsgeschichte, (1947) 1954² – J. ELLUL, Die theol. Begründung des Rechtes, 1948 – H. MITTEIS, Über das Naturrecht, 1948 – E. SPRANGER, Zur Frage der Erneuerung des Naturrechts, Universitas (1948) 405 – 420 – J. MESSNER, Das Naturrecht, (1950) 1966⁵ – H. WELZEL, Naturrecht und materiale Gerechtigkeit, (1951) 1962⁴ – DERS., Wahrheit und Grenze des Naturrechts, 1963 – DERS., An den Grenzen des Rechts, 1966 – K. ENGISCH, Die Idee der Konkretisierung, 1953 – DERS., Wahrheit und Richtigkeit im juristischen Denken, 1963 – DERS., Auf der Suche nach der Gerechtigkeit, 1971 – TH. VIEHWEG, Topik und Jurisprudenz, (1953) 1974⁵ – W. MAIHOFER, Recht und Sein, 1954 – DERS. (ed.), Naturrecht oder Rechtspositivismus? 1962 – DERS. (ed.), Begriff und Wesen des Rechts, 1972 – C. J. FRIEDRICH, Philosophie des Rechts in hist. Perspektive, 1955 – E. WOLF, Das Problem der Naturrechtslehre, (1955) 1964³ – DERS., Griechisches Rechtsdenken, 1968 ff. – E. FECHNER, R., (1956) 1962² – L. STRAUSS, Naturrecht und Gesch., 1956 – W. WEISCHEDEL, Recht und Ethik, (1956) 1959² – G. STRATENWERTH, Das rechtstheoretische Problem der „Natur der Sache", 1957 – A. VERDROSS, Abendländische R., (1958) 1963² – DERS., Statisches und dynamisches Naturrecht, 1971 – F. WIEACKER, Gesetz und Richterkunst, 1958 – W. SAUER, Die Gerechtigkeit, 1959 – C. A. EMGE, Philosophie der Rechtswissenschaft, 1961 – H. HENKEL, Einführung in die R., (1964) 1977² – H. SCHAMBECK, Der Begriff der „Natur der Sache", 1964 – A. KAUFMANN (ed.), Die ontologische Begründung des Rechts, 1965 – DERS., R. im Wandel, (1972) 1984² – DERS., Beiträge zur jur. Hermeneutik, 1984 – DERS., Theorie der Gerechtigkeit, 1984 – DERS. u. W. HASSEMER, Einführung in Rechtsphilosophie und Rechtstheorie der Gegenwart, (1971) 1985⁴ – L. LEGAZ Y LACAMBRA, R., 1965 – U. MATZ, Rechtsgefühl und objektive Werte, 1966 – A. LEINWEBER, Gibt es ein Naturrecht? (1965) 1972³ – CH. PERELMAN, Über die Gerechtigkeit, 1967 – DERS., Droit, Morale et Philosophie, 1976² – E. v. HIPPEL, Elemente des Naturrechts, 1969 – R. MARCIC, Rechtsphilosophie, 1969 – G. JAHR und W. MAIHOFER (ed.), Rechtstheorie, Beiträge zur Grundlagendiskussion, 1971 – H. RYFFEL, Grundprobleme der R. und Staatsphilosophie, 1969 – E. J. LAMPE, Rechtsanthropologie, Bd. 1, 1970 – I. TAMMELO, Rechtslogik und materiale Gerechtigkeit, 1971 – DERS., Theorie der Gerechtigkeit, 1977 – DERS., Zur Philosophie der Gerechtigkeit, 1982 – A. TROLLER, Die Begegnung von Philosophie, R. und Rechtswissenschaft, 1971 – R. ZIPPELIUS, Geschichte der Staatsideen, (1971) 1985⁵ – DERS., Rechtsphilosophie, 1982 – F. BÖCKLE und E. W. BÖKKENFÖRDE, Naturrecht in der Kritik, 1973 – H. L. A. HART, Der Begriff des Rechts, 1973 – G. KÜCHENHOFF, Rechtsbesinnung. Eine R., 1973 – W. FIKENTSCHER, Methoden des Rechts, Bd. I, 1975, Bd. II, 1975,

Bd. III, 1976, Bd. IV, 1977, Bd. V, 1977 – J. Rawls, Eine Theorie der Gerechtigkeit, 1975 – W. Ott, Der Rechtspositivismus, 1976, §§ 6 ff. – H. Hubmann, Wertung und Abwägung im Recht, 1977 – V. Kubeš, Grundfragen der Philosophie des Rechts, 1977 – M. Bihler, Rechtsgefühl, System und Wertung, 1979 – M. Kriele, Recht und praktische Vernunft, 1979 – O. Dann, Gleichheit und Gleichberechtigung, 1980 – S. Jørgensen, Ethik und Gerechtigkeit, 1980 – R. Dreier, Recht – Moral – Ideologie, 1981 – H. M. Pawlowski, Methodenlehre für Juristen, 1981 – J. M. van der Ven, Jus humanum, 1981 – F. Bydlinski, Juristische Methodenlehre und Rechtsbegriff, 1982 – M. Gruter/M. Rehbinder (ed.), Der Beitrag der Biologie zu Fragen von Recht und Ethik, 1983 – D. Herwig, Gleichbehandlung und Egalisierung als konkurrierende Modelle von Gerechtigkeit, 1984 – D. Mayer-Maly/P. M. Simons (ed.), Das Naturrechtsdenken heute und morgen. Gedächtnisschr. f. R. Marcic, 1983.

Reinhold Zippelius

Rechtspositivismus →Recht; →Rechtsphilosophie

Rechtsprechung, rechtsprechende Gewalt.

I. Wesen und Begriff der Rechtsprechung und ihre Stellung im System der Gewaltenteilung. Nach der Lehre von der →*Gewaltenteilung* wie nach positivem Verf.recht steht die Rechtsprechung (Rspr.) oder rechtsprechende Gewalt (rspr. Gewalt) als „dritte Gewalt" neben der Gesetzgebung und der vollziehenden Gewalt, die Judikative neben Legislative und Exekutive. Jede Äußerung der Staatsgewalt (→Gewalt, öffentliche), jede hoheitl. Staatstätigkeit, ist einer dieser drei Staatsfunktionen zuzurechnen; jedes Staatsorgan, jeder Träger öffentl. Gewalt, gehört einer dieser drei Staatsgewalten an, und jede Funktion ist bestimmten Organen zugeordnet oder vorbehalten. So obliegt die Gesetzgebung den gesetzgebenden Körperschaften, insbes. dem →Parlament – die vollziehende Gewalt der →Regierung und den zivilen oder militärischen Verwaltungsbehörden (→Verwaltung) – und die Rspr. den Gerichten und ihren →Richtern. Aber während die Gewaltentrennung zwischen Legislative und Exekutive nur die Regel bildet, die von vielfachen Ausnahmen durchbrochen wird – zB durch das →parlamentarische Regierungssystem, das Verordnungsrecht (→Rechtsverordnung) der Regierungen und Verwaltungsbehörden und durch die Satzungsgewalt der Selbstverwaltungsträger (→Selbstverwaltung) –, ist der Trennungsgrundsatz im Bereich der dritten Gewalt streng durchgeführt, indem Art. 92 GG die rspr. Gewalt den Richtern vorbehält und nach § 4 DRiG Richter nur in engbegrenzten Ausnahmefällen andere als rechtsprechende Funktionen ausüben dürfen. Die Verf. hat die Rspr. bei den Gerichten, und innerhalb der Gerichte bei den Richtern, monopolisiert.

Dieses Rspr.monopol der Richter oder Richtermonopol für die Rspr. nötigt dazu, die Rspr. im materiellen oder funktionellen Sinne möglichst exakt zu definieren, insbes. sie von den anderen Staatsfunktionen der Gesetzgebung und der vollziehenden Gewalt oder Verwaltung abzugrenzen.

A. Von der →Gesetzgebung, die eine rechtsetzende Gewalt ist, **unterscheidet sich die Rspr.** dadurch, daß sie, gleich der vollziehenden Gewalt, eine *rechtsanwendende Gewalt* ist. Die Unterscheidung zwischen Rechtsetzung und →Rechtsanwendung ist ebenso eindeutig wie einleuchtend. Die Aufstellung einer Regel ist etwas anderes als deren Anwendung im Einzelfall. Die Grundtypen staatl. Rechtsakte sind abstrakt-generelle und konkret-individuelle Regelungen oder Entscheidungen. Der Staat, der heute zwar nicht der einzige, aber der wichtigste Rechtserzeuger ist, regelt entweder eine unbestimmte Vielzahl von Fällen für eine unbestimmte Vielzahl von Personen, indem er eine Regel setzt, die alle gleichliegenden Fälle erfaßt und die für alle daran beteiligten Personen gleichermaßen verbindl. ist – oder er regelt den Einzelfall einer oder mehrerer individuell bestimmter Personen. Er bestimmt entweder, was im allgemeinen, oder was im Einzelfall Rechtens ist oder Rechtens sein soll. Beide Regelungsarten sind im →Rechtsstaat derart miteinander verknüpft, daß die Entscheidung oder Regelung des Einzelfalls an Hand der allg. Regel erfolgt, also durch Anwendung der Regel, der Norm, des Rechtssatzes, des Gesetzes, des objektiven Rechts, auf den Einzelfall, der unter die Norm subsumiert wird, um aus ihr die Rechtsfolge abzuleiten, die der Richter in seinem Urteil ausspricht – zB die gesetzl. vorgeschriebene →Strafe, wenn der Angeklagte den gesetzl. Straftatbestand des Deliktes verwirklicht hat, dessen er angeklagt ist.

1. a) Anwendung der Rechtsregeln setzt *Feststellung des Sachverhalts* voraus. Erst wenn der Richter weiß, was sich ereignet hat: wie der ihm unterbreitete Fall liegt, kann er ihn rechtl. beurteilen. Nur wenn der reale Sachverhalt sich mit dem hypothetischen des Gesetzes, dem gesetzl. Tatbestand, deckt, darf die gesetzl. Rechtsfolge gezogen werden. Um festzustellen, ob der gesetzl. Tatbestand verwirklicht ist, muß der Rechtsanwender den Sachverhalt aufklären. Den festgestellten (oder den von den Parteien vorgetragenen) Sachverhalt muß er unter das Gesetz – d. h. unter die einschlägigen Normen – subsumieren. Deckt sich der Sachverhalt mit dem gesetzl. Tatbestand, so darf und/oder muß die gesetzl. Rechtsfolge gezogen und ausgesprochen werden (→Rechtsanwendung I).

b) Doch erschöpft sich die Tätigkeit des Richters wie der übrigen Rechtsanwendungsorgane des Staates nicht in der Inquisition des Sachverhaltes, seiner Subsumtion unter das Gesetz und dessen Applikation auf den Sachverhalt. Da die für die Entscheidung des Falles einschlägigen Normen, wie alles Menschenwerk, unvollkommen und oft mehrdeutig oder dunkel sind, muß der Richter sie, bevor er sie anwendet, *auslegen,*

d. h. ihren Inhalt, ihren Sinn und ihre Grenzen ermitteln. Wenn ihr Wortlaut nicht mit ihrem Sinn und Zweck übereinstimmt, muß er den Wortlaut korrigieren; das kann zu extensiver oder zu restriktiver Interpretation führen. Ferner kann die analoge Anwendung des Gesetzes nötig sein: wenn der vom gesetzl. Tatbestand nicht erfaßte Sachverhalt dem gesetzl. geregelten Sachverhalt in solchem Maße gleich oder ähnlich ist, daß seine unterschiedl. Behandlung gegen das Verf.gebot des Art. 3 I GG verstoßen würde, Gleiches gleich und Ähnliches ähnlich zu behandeln, wenn also die Differenzierung willkürlich wäre (→Rechtsanwendung II).

c) Damit ergibt sich folgende *Funktionsreihe der Spruchrichtertätigkeit:* Ermittlung des Sachverhalts (Inquisition, Exploration) – Interpretation des Gesetzes – dessen Applikation auf den Sachverhalt = Subsumtion des Sachverhalts unter das Gesetz – Konklusion: Ziehung und Verlautbarung der gesetzl. Rechtsfolge = Ausspruch dessen, was in diesem Fall Rechtens ist.

d) Jeder vom Richter zu entscheidende Fall hat also eine tatsächl. und eine rechtl. Seite; jeder Prozeß wirft Rechtsfragen, die meisten Prozesse werfen auch Tatfragen auf. Die Rechtsfragen betreffen entweder die richtige Subsumtion oder die richtige Interpretation. Die Subsumtionsfrage stellt sich nur im Einzelfall, die Interpretationsfrage bei allen gleichliegenden Fällen.

2. Mit der Auslegung des Gesetzes rückt der Richter in die Nähe, wenn nicht an die Seite des Gesetzgebers, dessen Werk er vervollständigt, indem er die gesetzl. Regeln durch Auslegung verdeutlicht, differenziert und komplettiert. Noch stärker wirkt der Richter rechtschaffend oder „rechtsschöpferisch", wenn er Lücken des gesetzten Rechts schließt, neue Rechtsgedanken, Rechtsgrundsätze oder Rechtsinstitute entwikkelt oder deren außergerichtl. und außergesetzl. Bildung sanktioniert, kanalisiert oder korrigiert, aber auch wenn er gesetztes Recht außer Anwendung läßt, weil es überholt ist, oder wenn er es den veränderten Verhältnissen anpaßt (was er unter eng begrenzten Voraussetzungen darf oder sogar muß). Alle diese Erläuterungen, Verfeinerungen, Ergänzungen und Fortbildungen des geschriebenen Rechts könnte ja auch der Gesetzgeber oder sonstige staatl. Rechtsetzer vornehmen. Trotzdem *ist die richterl. Gesetzesauslegung einschließlich der Lückenergänzung und der Rechtsfortbildung noch keine Rechtsetzung.* Sie unterscheidet sich von der Gesetzgebung und von der Rechtsetzung der Exekutive (Verordnung, Satzung) durch ihr weit geringeres Maß an Verbindlichkeit, Förmlichkeit, Ausdrücklichkeit und Deutlichkeit. Der richterl. Auslegung, auch dem höchstrichterl. Leitsatz, fehlt in der Regel die Allgemeinverbindlichkeit, die den Rechtssatz charakterisiert. Zum anderen fehlt ihr das Willensmoment. Die Rechtsetzungsakte der Legislative und Exekutive sind primär Willensakte: *auctoritas, non veritas facit legem,* sind Akte polit. Gestaltung, weshalb sie den polit. Gewalten vorbehalten sind. Die richterl. Rechtsfindung und Rechtsbildung dagegen ist, wie der Richterspruch überhaupt, ein Erkenntnisakt: Der Richter „erkennt für Recht"; er spricht Recht, das er gefunden hat. Die Rechtsregeln, die er aus dem gesetzten oder geschriebenen Recht zu dessen Erläuterung, Verfeinerung, Ergänzung, Fortbildung oder – äußerstenfalls – Verbesserung entwickelt, gewinnt er in einem rationalen Erkenntnisprozeß, nicht in einem polit. Willensbildungsprozeß, kognitiv, nicht volitiv. Das Richterrecht oder Spruchrecht ist ratio scripta (BVerfGE 34, 287) – das gesetzte Recht kann, aber muß es nicht sein und ist es häufig nicht. Die richterl. Rechtsbildung durch Auslegung und Fortbildung des gesetzten Rechts, die bei den obersten Gerichten im Vordergrund steht, ist eine Teilfunktion des richterl. Amtes und rechnet daher im System der Gewaltenteilung zur Rspr., nicht zur Rechtsetzung (BVerfGE 18, 237 f.; BAGE 33, 159 f.).

3. Auch dort übt der Richter Rspr., nicht Rechtsetzung, wo er über die Gültigkeit von Rechtsätzen entscheidet. Das ist unzweifelhaft bei der incidenten *Normenkontrolle,* d. h. bei Ausübung des →richterl. Prüfungsrechts: Hier erwächst die Entscheidung über die Gültigkeit der Norm, weil diese nur Vorfrage ist, nicht einmal in Rechtskraft. Aber auch die abstrakte oder prinzipale Normenkontrolle (→Verf.gerichtsbarkeit II B) ist keine negative Gesetzgebung, auch wenn das Urteil die Norm für ungültig oder nichtig erklärt. Selbst wenn eine solche „Verwerfung" nicht deklaratorisch, sondern konstitutiv erfolgen würde, bliebe es ein Akt richterl. Rechtsanwendung und Rechtserkenntnis – nicht anders als die verwaltungsgerichtl. Aufhebung eines Verwaltungsaktes (VA) auf Anfechtungsklage des Verletzten. Wie der VA, so wird auch die Norm ausschließlich aus Rechtsgründen „verworfen": weil sie rechtswidrig ist. Die Rechtmäßigkeitskontrolle ist aber eine typische Richterfunktion. Die Normenkontrolle unterscheidet sich, ebenso wie die prinzipale oder abstrakte Normeninterpretation und die Normenqualifikation, von der übl. und überlieferten Tätigkeit der Gerichte nur dadurch, daß hier nicht über Einzelfälle, sondern über Normen entschieden wird und daher bei der Normenkontrolle nicht Sachverhalte, sondern Normen an Normen gemessen werden. Das ändert aber nichts an der Zuordnung der richterl. Normenkontrolle zur Rspr. Sie ist Normanwendung, nicht Normsetzung: weder schafft noch beseitigt sie Normen, sondern sie kontrolliert vorhandene Normen auf ihr normgemäßes Zustandekommen und ihre inhaltl. Vereinbarkeit mit höherrangigen Normen.

B. Schwieriger und umstritten ist die **Abgrenzung der Rechtsprechung von der →Verwaltung,** weil auch diese eine rechtsanwendende Gewalt ist, wie schon in ihrer Bezeichnung als „vollziehende Gewalt" zum Ausdruck kommt.

1. Freilich erschöpft sich die Funktion der Verwaltung nicht im Gesetzesvollzug, der vielmehr nur einen Teilbereich der Exekutive bezeichnet: Neben der gesetzesakzessorischen steht die autonome Verwaltung, die sich selbst die Aufgaben stellt und (oder) die Art und Weise ihrer Durchführung selbst bestimmt. In diesem zweiten Bereich sind Gesetz und Recht für die Verwaltung nur Schranke, nicht, wie beim Gesetzesvollzug, Grundlage oder Ermächtigung ihres Handelns. Für den Richter dagegen bilden Gesetz und Recht immer die Entscheidungsgrundlage; ohne Normen kann er nach kontinental-europäischer Auffassung nicht rechtsprechen, weil nach dieser Auffassung rechtsprechen heißt, durch Anwendung des objektiven Rechts, also von Rechtsnormen, entscheiden, was im Einzelfalle Rechtens ist.

2. Daß deshalb die Rechtsanwendung für den Richter Selbstzweck, für den Verwaltungsbeamten dagegen nur Mittel zum Zweck sei, ist jedoch nicht richtig. Auch für den Richter sind die Rechtsnormen Mittel zum Zweck der Findung und Fällung seines Spruches. Das Recht, das er im Urteil spricht, ist nicht identisch mit dem objektiven Recht, auf Grund dessen er urteilt. Das objektive Recht enthält die generell-abstrakten Regeln, das im Urteil gesprochene Recht dagegen betrifft nur den entschiedenen Einzelfall und die daran beteiligten Personen. Das Gesetz sagt, was in allen gleichliegenden Fällen für jedermann, das Urteil, was im Einzelfall für die Parteien Rechtens ist. Dieses konkret-individuelle oder subjektive Recht ermittelt der Richter, indem er das objektive Recht auf den konkreten Sachverhalt anwendet; durch Rechtsanwendung richtet er. Folglich sind das objektive Recht und dessen Anwendung Mittel, nicht Zweck der richterl. Tätigkeit. Insoweit besteht kein Unterschied zwischen Verwaltung und Respr.

3. Wohl aber hat das Recht für den Richter eine andere *Funktion* als für die Verwaltung – auch dort, wo die Verwaltung das Gesetz zu vollziehen hat, wo also das Gesetz das Handeln der Verwaltung nicht bloß limitiert, sondern auch legitimiert. *Das Recht ist für den Verwaltungsbeamten Verhaltensnorm, für den Richter dagegen Beurteilungsnorm.* Für die Verwaltung hat das Recht die gleiche Funktion wie für den Bürger, für die Obrigkeit die gleiche Bedeutung wie für den Untertan: Es sagt beiden, wie sie sich verhalten sollen oder dürfen. Für den Richter dagegen liefert es den Maßstab zur Beurteilung des Verhaltens der Parteien, denen er Recht spricht. Dieselbe Norm, die für die Partei ein Gebot (einschl. Verbot) oder eine Gewährung (einschließl. Ermächtigung und Erlaubnis) enthält, ist für den Richter das Erkenntnismittel zur rechtl. Beurteilung des Verhaltens und der Verhältnisse der Parteien.

Allerdings trifft dies uneingeschränkt nur für das materielle Recht zu. Das Prozeßrecht dagegen enthält zum großen Teil Verhaltensnormen auch für den Richter: darüber, wie er mit den Parteien und den sonstigen Prozeßbeteiligten zu verfahren hat. Insoweit unterscheidet sich seine Stellung zum Recht nicht von derjenigen der übrigen Staatsorgane. Dagegen ist der Richter das Staatsorgan, dem das – materielle – Recht Beurteilungs-, nicht Verhaltensmaßstab ist, Maßstab zur Beurteilung fremden Verhaltens, nicht zur Bestimmung eigenen Verhaltens. Weder für den Gesetzgeber noch für die Verwaltung ist das Recht Urteilsmaßstab: Die Verf., an die der Gesetzgeber, und das Gesetz, an das die Verwaltung gebunden ist (Art. 20 III GG), bestimmen, was Legislative und Exekutive tun und lassen und wie sie verfahren dürfen. Sie enthalten für die erste und zweite Gewalt ausschließl. Verhaltensnormen, die für den Richter zu Beurteilungsnormen werden, wenn er zu entscheiden hat, ob der Gesetzgeber sich verf.mäßig oder die Verwaltung sich gesetzmäßig verhalten hat.

4. Freilich regelt das →Verwaltungsrecht nicht nur, was die Behörde dem Bürger gegenüber, sondern auch, was dieser ihr gegenüber darf, kann, soll oder muß. Aber wenn die Behörde gegen den Bürger einschreitet, der seine verwaltungsrechtl. Pflichten verletzt, und damit das Gesetz gegen ihn anwendet oder ausführt, so urteilt sie nicht noch verurteilt sie ihn. Sie reagiert auf die Rechtsverletzung des Bürgers nicht wie der Richter, der dem Verletzten gegen den Verletzer Rechtsschutz (s. u. I C 2) gewährt, sondern wie und als der Verletzte. Denn die Verwaltung ist i. d. R. an dem Rechtsverhältnis beteiligt, das durch den Verwaltungsrechtssatz begründet oder geordnet ist, während der Richter dem Rechtsverhältnis der Parteien, denen er Recht spricht, als unbeteiligter Dritter gegenübersteht.

Damit stoßen wir auf den entscheidenden Unterschied zwischen Verwaltung und Rspr., zwischen der exekutiven und der judikativen Rechtsanwendung und zwischen →Verwaltungsakt und Richterspruch: *Im VA entscheidet die Behörde in eigener Sache, der Richter in seinem Spruch dagegen entscheidet eine fremde Angelegenheit;* näml. der Parteien oder der sonstigen Personen, die ihren Streit oder Fall dem Richter zur Beurteilung vorgelegt haben oder von denen der eine gegen den anderen Rechtsschutz erbittet. Wo der Staat rspr. Gewalt ausübt, ist er an dem Fall, den er im Richterspruch entscheidet, nicht beteiligt; er steht ihm deshalb neutral gegenüber und kann ihn daher unparteiisch entscheiden. Am Verwaltungsrechtsverhältnis dagegen ist der Staat materiell beteiligt. Der verwaltende Staat ist daher Partei gegenüber dem Bürger, dessen Einzelfall er durch VA regelt. Hier entscheidet der Staat in eigener Sache, als Richter dagegen in fremder Sache. Entscheidungsmaßstab ist in beiden Fällen das Gesetz. Aber für den Richter ist es Beurteilungsmaßstab, weil er fremdes Verhalten zu beurteilen und eine fremde Angelegenheit zu entscheiden hat. Für die Verwaltung dagegen ist es Verhaltensmaßstab, weil sie zugleich in eigener Sache und damit auch über ihre eigene Berechtigung oder Verpflichtung, nicht nur über die des Bürgers, entscheidet. Für die Verwaltung ist das Gesetz immer auch Weisung oder Ermächtigung. Die Verwaltung, und nur sie, vollzieht das Gesetz: Sie wendet es an, um es auszuführen. Sie allein verdient daher den Namen der Exekutive oder vollziehenden Gewalt. Die rspr. Gewalt vollzieht zwar mit ihrer Spruchtätigkeit auch einen gesetzl. Auftrag: zur Rechtsschutzgewährung, zur Streitentscheidung oder sonstigen Rechtspflege. Das Gesetz jedoch, dem der Richter seine Sachentscheidung entnimmt, wendet er zwar an, aber führt es nicht aus. Er ist dem Gesetz nicht unterworfen, um es zu befolgen, sondern um in ihm das Recht zu finden, das er anderen zu sprechen hat.

5. Aus der Neutralität des rechtsprechenden Staates und seiner Rspr.organe gegenüber den Prozeßbeteiligten und ihrem Fall ergeben sich wichtige Folgerungen: einmal die richterl. Unabhängigkeit als notwendiges Mittel zur Sicherung dieser Neutralität (darüber u. III D). Zum anderen *bedingt die Neutralität die Passivität des Richters:* Nur auf Antrag eines Beteiligten darf der Staat rechtsprechen: ne eat judex ex officio – wo kein Kläger, da kein Richter! Jedes Urteil setzt eine Klage voraus, jede gerichtl. Rechtsschutzgewährung ein entsprechendes Rechtsschutzgesuch. VA.e und sonstige Amtshandlungen der Verwaltung dagegen können antragsbedingt sein, müssen es aber nicht und sind es häufig nicht. Der Antragszwang ist für die Verwaltung nicht Regel, sondern Ausnahme, während das Verbot der Eigeninitiative für die Rspr. fast ausnahmslos gilt. Für die Verwaltung sind Initiative und Aktivität typisch, wie die Passivität für die Rspr. Diese Passivität ist das notwendige Korrelat zur Unparteilichkeit des Richters, die ihrerseits ein notwendiges Attribut der Rspr. ist. Unparteilichkeit setzt Uninteressiertheit voraus, und diese verbietet die ungebetene Einmischung in fremde Angelegenheiten oder Streitigkeiten. Mindestens erweckt solche Einmischung, die Entfaltung von Initiative, den Anschein des Interessiert- und Beteiligtseins und gefährdet damit das Vertrauen in die Unparteilichkeit des Intervenienten oder Initiators, der damit zum Richter untaugl. wird.

6. Die Rspr. und ihr Produkt, der Richterspruch, sind Erkenntnisakte und primär auf Feststellung gerichtet. VA.e sind primär Willensakte und meistens Gestaltungsakte: Sie enthalten i. d. R. Befehle, Erlaubnisse, Ermächtigungen oder Bewilligungen; gewöhnl. *setzt* die Verwaltung fest, nicht *stellt* sie fest. Feststellende VA.e kommen vor, bilden aber die Ausnahme und sind jedenfalls nicht typisch für die Exekutive. Ihr „Lebenselement ist das Handeln" (Walter Jellinek), nicht das Erkennen, das für die Rspr. charakteristisch ist. *Jeder Richterspruch, als Akt der rspr. Gewalt, hat (auch) feststellenden Inhalt und Feststellungswirkung, die man materielle Rechtskraft nennt:* nicht nur das reine Feststellungsurteil, zu dem auch das klageabweisende Urteil gehört, sondern auch das Leistungsurteil und das Gestaltungsurteil. In jeder Verurteilung zu einer „Leistung" oder zu sonstigem Tun oder Unterlassen steckt die Feststellung, daß der Beklagte das Verhalten, zu dem er verurteilt wird, dem Kläger schuldet. In jeder strafgerichtl. Verurteilung ist die Feststellung eingeschlossen, daß der Angeklagte der ihm in der Anklage zur Last gelegten Tat schuldig ist und die gegen ihn erkannte Strafe verwirkt oder verdient hat. Das Gestaltungsurteil enthält auch die Feststellung, daß der Kläger ein Recht gegen den Beklagten auf die beantragte und zuerkannte Gestaltung hat, daß der Beklagte diese Gestaltung dulden muß oder daß sie Rechtens ist. Das, worauf der Richter in seinem Urteil erkennt, stellt er als Rechtens fest. Er entscheidet nicht nur, *weil,* sondern auch, *daß* es so Rechtens ist, wie er entscheidet.

Gerade darin liegt der Unterschied zum normativ voll gebundenen VA: Dieser wird zwar auf keine andere Weise als der Richterspruch gewonnen: durch bloße Rechtsanwendung. Er ergeht mithin so, wie er ergeht, *weil* die Behörde es so für Rechtens hält. Aber *daß* die im VA getroffene Regelung der Verwaltungsbehörde: ihr Verbot oder Gebot, ihre Erlaubnis, Festsetzung, Bewilligung, Gewährung oder Entziehung Rechtens ist, *diese* Feststellung enthält der VA gerade nicht. Diese Feststellung ist vielmehr dem Gericht vorbehalten, wenn es auf Anfechtungsklage gegen den VA (→Verwaltungsgerichtsbarkeit) dessen Rechtmäßigkeit überprüft.

a) Zwar hat Otto Mayer, der Altmeister der dt. Verwaltungsrechtswissenschaft, gelehrt, die Obrigkeit bezeuge in ihren Hoheitsakten zugleich, daß die Voraussetzungen ihrer „Gültigkeit", d. h. Rechtmäßigkeit vorlägen. Bei dieser Theorie von der „Selbstbezeugung" hat ihm das gerichtl. Urteil ebenso als Vorbild gedient wie bei seiner Definition des VA als des „der Verwaltung angehörigen obrigkeitl. Ausspruchs, der dem Untertan im Einzelfall bestimmt, was für ihn Rechtens sein soll". Die moderne Lehre hat die Urteilselemente aus dem Begriff des VA entfernt und betont, entsprechend der gewandelten Verf.lage, dieUnterschiede zwischen diesen beiden Staatsakten, die Äußerungen grds. geschiedener Staatsfunktionen sind, wesentlich deutlicher. Man (an)erkennt dann, daß VA.e nicht in materielle Rechtskraft erwachsen, daß vielmehr diese Eigenschaft oder Wirkung staatl. Entscheidungen dem Richterspruch vorbehalten ist. Die materielle Rechtskraft (= Gerichtskraft) aber ist nichts anderes als die Rechtsverbindlichkeit des im Richterspruch für Recht Erkannten.

b) Freilich, auch VA.e sind, wie die meisten Hoheitsakte, als Äußerungen der Staatsgewalt für die ihr Unterworfenen verbindl. Aber diese Verbindlichkeit ist, wie diejenige des Gesetzes, eine andere als die Verbindlichkeit des Urteils. Die Verbindlichkeit des VA und des Gesetzes besteht vor allem in dem Gehorsam, der ihm geschuldet wird. Das darin Verbotene muß unterlassen, das Gebotene getan werden, das darin Erlaubte darf getan, das dort verliehene Recht ausgeübt werden. Wird dem Befehl des VA zuwider gehandelt, kommt es regelmäßig zur Vollstreckung oder Vollziehung des VA, so wie das übertretene Gesetz gegen den Übertreter zwangsweise durchgesetzt wird. Dem VA kommt also, wie der richterl. Verurteilung, Vollstreckbarkeit zu. Ebenso kann der VA, wie das Gestaltungsurteil, Gestaltungswirkung entfalten; die im VA vorgenommene Gestaltung ist von den Beteiligten oder Betroffenen nicht weniger zu respektieren als die richterl. Gestaltung. Aber was dem VA im Gegensatz zum Richterspruch fehlt, ist das, was dessen Würde und Eigenart ausmacht: die Unbestreitbarkeit dessen, was der Richter für Recht erkannt hat. Eben diese Art von Verbindlichkeit genießt der VA nicht, weil er eine solche Feststellung nicht trifft. Er kann sie auch nicht enthalten, weil das Für-Recht-Erkennen, also die Feststellung dessen, was im entschiedenen Falle Rechtens ist, als Rspr. nach Art. 92 GG dem Richter vorbehalten ist.

7. Diese Feststellungswirkung entfaltet der Richterspruch erst, nachdem er unanfechtbar geworden ist, d. h. mit ordentl. Rechtsmitteln (→Prozeß, Prozeßarten) – Einspruch, Widerspruch, Berufung, Revision oder Beschwerde, im Gegensatz zur Wiederaufnahmeklage und zur Verfassungsbeschwerde – nicht mehr angegriffen werden kann. Diese Unanfechtbarkeit nennt man formelle Rechtskraft, die Voraussetzung der materiellen Rechtskraft ist. Im Gegensatz zur materiellen Rechtskraft kommt die formelle Rechtskraft auch VA.en zu, da sie anfechtbar sind: Sie können von dem durch sie Beschwerten mittels Widerspruchs oder eines sonstigen Rechtsbehelfs im Verwaltungswege oder mittels Klage im Rechtswege – u. U. auch beides neben- oder hintereinander – mit dem Ziel ihrer Aufhebung (Kassation) oder Änderung (Reformation) angefochten werden (→Verwaltungsgerichtsbarkeit).

Die gerichtl. Anfechtung von VA.en und diejenige von Richtersprüchen unterscheiden sich in einer Weise, die den Gegensatz von Verwaltung und Rspr. widerspiegelt. Sie zeigt sich in der Verteilung der Parteirollen: Die Anfechtungsklage ist gegen die Behörde zu erheben, die den angefochtenen VA erlassen hat, dessen Aufhebung mit der Anfechtungsklage begehrt wird. Die Anfechtung eines Richterspruches dagegen ist nicht gegen dessen Urheber zu richten, sondern gegen den Gegner aus der Vorinstanz, die Berufung des mit seiner Klage abgewiesenen Klägers also gegen den Beklagten, nicht gegen den Richter erster Instanz. Daß dieser, im Gegensatz zur Verwaltungsbehörde bei der Anfechtung ihres VA, nicht die Rolle des Beklagten übernimmt, erklärt sich allein daraus, daß der Richter das angefochtene Urteil als unparteiischer Dritter erlassen hat, während die Verwaltungsbehörde mit ihrem VA in eigener Sache entschieden hat (s. o. II B 4). Weil sie im Verwaltungsverfahren Partei war, kann und muß sie auch im anschließenden Prozeß als Partei fungieren, um dort ihre Entscheidung gegen die Angriffe des durch sie beschwerten Klägers zu verteidigen. Der am Streitfall unbeteiligte Richter wird durch Anfechtung seines Spruches nicht zur Partei oder zum Drittbeteiligten; die Verteidigung seiner Entscheidung überläßt er dem durch sie Begünstigten, dem Sieger der Vorinstanz. Dieser hat im Rechtsmittelverfahren die Rolle des Anfechtungsbeklagten zu spielen; denn um seine Sache geht es ja, nicht um die des judex a quo, für den der Fall mit Erlaß seines Endurteils erledigt ist, vgl. BVerfGE 3, 225/29; 20, 252; 60, 291.

8. Eine verbindl. Rechtsfeststellung trifft der Richter nicht nur im Sachurteil, sondern auch im Prozeßurteil. Im Sachurteil entscheidet der Richter über die Begründetheit, im Prozeßurteil über die Zulässigkeit der Klage. Er muß sie als unzulässig abweisen, wenn eine Prozeßvoraussetzung fehlt, d. h. eine derjenigen Voraussetzungen, von deren Vorliegen das G. den Erlaß des Sachurteils abhängig macht. Im Sachurteil entscheidet der Richter, was zwischen den Parteien materiellrechtl., im Prozeßurteil, was prozessual Rechtens ist. Auch im Prozeßurteil erkennt der Richter also für Recht; auch diesem Richterspruch kommt daher die typische Urteilswirkung zu: die Verbindlichkeit der Rechtsfeststellung, die man materielle Rechtskraft nennt und die dem VA gerade abgeht.

9. Dieser Unterschied wird bedeutsam auch bei der Frage, *wie sich Rechtsverstöße auf die Gültigkeit eines Staatsaktes auswirken.* Für Akte der rechtsetzenden Staatsgewalt ist die Fehlerfolge i. d. R. die Nichtigkeit: Jeder Rechtssatz, der nach seiner Entstehung, seiner Form oder seinem Inhalt gegen höherrangiges Recht verstößt, ist ipso jure ungültig und damit unanwendbar. Für Richtersprüche gilt das Gegenteil: Auch das falsche, rechtswidrige oder unzulässige Urteil ist gültig – und es bleibt gültig, bis es auf Anfechtung hin aufgehoben wird. Es kann anfechtbar und damit vernichtbar sein, aber es ist keinesfalls nichtig. Das folgt aus seiner Eigenschaft als Rechtserkenntnis und aus seiner Funktion, Rechtsgewißheit zu schaffen. Die Verbindlichkeit einer Entscheidung darüber, was Rechtens ist, kann nicht davon abhängen, daß das für Recht Erkannte wirkl. dem (objektiven) Recht entspricht. Ließe man gegenüber einem rechtskräftigen Urteil den Einwand der Ungültigkeit und damit Unverbindlichkeit wegen Rechtswidrigkeit oder Unrichtigkeit zu, so würde das Urteil unfähig, seine Funktion als Mittel der Rechtsvergewisserung und des Rechtsfriedens zu erfüllen. Vielmehr kann die Unrichtigkeit oder Unzulässigkeit eines Richterspruchs nur zu dessen Anfechtbarkeit, nicht aber zur Nichtigkeit führen. Der VA ist dagegen kein Akt der Rechtserkenntnis und kein Mittel zur Schaffung von Rechtsgewißheit, weshalb ihm die materielle Rechtskraft fehlt. Folglich können Rechtsverstöße einen VA nichtig machen. Wenn dennoch gelehrt wird, ein „fehlerhafter" VA sei i. d. R. nur anfechtbar, nichtig dagegen nur bei bes. schweren oder (und) offenkundigen Mängeln (vgl. § 44 VwVfG), so beruht das einmal auf der falschen Fortführung einer überholten Tradition: daß die im VA sich manifestierende Staatsautorität nicht mißachtet und deshalb der VA nicht ignoriert werden dürfe – zum anderen auf berechtigten Erwägungen der Rechtssicherheit und des Vertrauensschutzes: daß einerseits der Bürger in seinem guten Glauben an die Rechtmäßigkeit und (oder) Gültigkeit des VA geschützt werden müsse, andererseits ihm zugemutet werden könne, durch Anfechtung die Aufhebung des VA zu betreiben, wenn er ihn für rechtswidrig halte. In der Tat ist die formelle Aufhebung der ipso jure eintretenden Ungültigkeit im Interesse der Rechtssicherheit vorzuziehen, weil sehr häufig zweifelhaft ist, ob der VA wirkl. rechtswidrig ist. Also aus rein praktischen und jedenfalls anderen Gründen ist beim fehlerhaften VA der Anfechtbarkeit der Vorzug vor der Nichtigkeit zu geben, während beim Richterspruch sich bereits aus dessen Wesen und Zweck die Nichtigkeit als Fehlerfolge verbietet und allein die Anfechtbarkeit sich als geeignetes Korrekturmittel erweist.

C. Falls eine **Definition** (nicht bloß eine Deskription) **der Rechtsprechung** als Staatsfunktion überhaupt möglich sein sollte, würde sie dahin lauten: *Der Staat übt rspr. Gewalt i. S. des Art. 92 GG, wenn er als neutrale Instanz an Hand von Normen potentiell verbindlich entscheidet, was Rechtens ist.*

1. Eine neuere Lehre definiert die Rspr. als **Entscheidung von Rechtsstreitigkeiten** durch einen unparteiischen Dritten oder als Rechtsanwendung zwecks Entscheidung eines Rechtsstreites.

Richtig ist daran, daß die verbindl. Rechtsstreitentscheidung immer Rspr. ist. Folglich darf sie als Staatsfunktion nach Art. 92 GG nur durch Richter und Gerichte, nicht durch Verwaltungsbehörden, Regierungen oder Parlamente ausgeübt werden (Ausnahme: Art. 84 IV 1 GG). Streitentscheidende Regierungs- und VA.e sind verfassungswidrig und ungültig, sofern es sich um einen Rechtsstreit handelt, an dem die Entscheidungsinstanz nicht beteiligt ist. Ist der Streit kein Rechtsstreit oder besteht er zwischen dem Bürger und der Verwaltung, so ist deren Streitentscheidung keine Rspr. und kollidiert daher nicht mit dem Rspr.monopol der Gerichte. Dagegen ist die rechtsstreitentscheidende Tätigkeit einer Verwaltungsbehörde nicht schon dann und deshalb mit Art. 92 GG vereinbar, wenn und weil gegen die Entscheidung der Richter angerufen werden kann; denn diese Möglichkeit garantiert schon Art. 19 IV GG (→Rechtsweggarantie). Das Richtermonopol des Art. 92 GG geht weiter: Es besagt nicht nur, daß der Richter das *letzte* Wort haben muß, sondern es garantiert ihm bereits das *erste* Wort: Rspr. darf von Anfang an nur durch die dritte Gewalt ausgeübt werden. *Sobald Rechtsstreitigkeiten vom Staat als Unparteiischem verbindl. entschieden werden sollen, gehören sie ausschließlich und sogleich vor den Richter.*

2. Die Rechtsstreitentscheidung erfaßt jedoch nicht den Gesamtbereich der Rspr. Denn es gibt Prozesse mit nur *einer* Partei: wo der Beklagte oder der Gegner fehlt, wie zB bei der Normenkontrollklage nach Art. 93 I Nr. 2 GG oder § 47 VwGO und bei der Verfassungsbeschwerde nach §§ 90 ff. BVerfGG (→Verf.gerichtsbarkeit). Ferner ist der dt. Strafprozeß nur unvollkommen als Parteiprozeß gestaltet und jedenfalls nicht primär als Streiterledigung gedacht. Selbst der grds. kontradiktorisch verfaßte Zivilprozeß setzt keinen Streit voraus und kann ohne Streit durch ein nicht „kontradiktorisches" Urteil entschieden werden: durch Anerkenntnis-, Verzichts- oder Versäumnisurteil (→Prozeß, Prozeßarten). Darüber hinaus ist der Rechtsstreit nur ein, aber nicht der einzige Anlaß und Gegenstand der Rspr. Häufiger wird der Richter nicht angerufen, weil die Parteien in Streit geraten sind und damit ihn der Richter entscheidet, sondern weil der Kläger sich durch den Beklagten in seinen Rechten verletzt fühlt und damit der Richter eine Sanktion gegen den Beklagten verhängt. Die meisten Klagen sind Rechtsschutzgesuche gegen und wegen Rechtsverletzung: Nicht nur bestrittene, sondern vor allem verletzte oder bedrohte Rechte bilden den Gegenstand der richterl. Entscheidung. In den meisten Zivilprozessen wird die Verurteilung des Beklagten zu einer Leistung an den Kläger beantragt, die jener dem Kläger nach dessen Behauptung rechtswidrig vorenthält. Die für die →Verwaltungsgerichtsbarkeit typischen Formen der Anfechtungs- und Verpflichtungsklage müssen auf die Behauptung gestützt werden, daß die beklagte Verwaltungsbehörde durch den Erlaß oder durch Ablehnung oder Unterlassung des (beantragten) VA den Kläger in seinen Rechten verletzt habe, § 42 VwGO. Der Staatsanwalt erhebt Anklage, weil der Angeklagte gegen ein StrafG. verstoßen hat und damit deswegen eine Strafsanktion und (oder) eine Maßregel der Sicherung oder Besserung (→Strafe; →Strafrecht) verhängt wird. Beim →Bundesverfassungsgericht kann sich nur beschweren, wer sich durch die öffentl. Gewalt in einem seiner →Grundrechte verletzt glaubt, Art. 93 I Nr. 4 a GG. Einen Steuerbescheid kann der Betroffene nur anfechten, wenn und weil er sich durch den Bescheid beschwert fühlt (§ 350 AO) oder in seinen Rechten verletzt zu sein behauptet (§ 40 II FGO). Diese gesetzl. Beispiele der wichtigsten Prozesse, die sich beliebig vermehren ließen, zeigen deutl., daß *die Funktion der rspr. Gewalt nicht nur die Entscheidung von Rechtsstreitigkeiten, sondern vor allem die* **Gewährung von Rechtsschutz** ist. Rspr. ist auch

Rechtsschutzgewährung, die rechtsprechende eine rechtschützende Gewalt.

a) Dabei sind Gegenstand des Schutzes i. d. R. sowohl das objektive Recht, d. h. die Rechtsordnung, als auch das subjektive Recht, d. h. die Berechtigungen der Parteien, nicht nur des Klägers, sondern auch des Beklagten. Auch dem Beklagten oder Angeklagten gewährt der Richter Rechtsschutz, indem er ihn vor ungerechtfertigten Angriffen des Klägers oder Staatsanwaltes schützt: durch Abweisung der Klage oder des Antrags im Zivil-, Verwaltungs- und Verf.prozeß, durch Freispruch oder Verfahrenseinstellung im Strafprozeß. Dadurch bewahrt er den Beklagten oder Angeklagten zugleich vor Vollstreckungsmaßnahmen; denn diese sind im Kriminalstrafrecht immer, im Zivilrecht regelmäßig erst dann zulässig, wenn eine richterl. Verurteilung vorliegt. Auch eine Reihe bes. eingreifender Verwaltungsmaßnahmen bedarf der richterl. Zulassung oder Anordnung: die →Freiheitsentziehung (Art. 104 GG), die Durchsuchung der →Wohnung (Art. 13 II GG), die meisten Eingriffe in das →Post- und Fernmeldegeheimnis (§§ 99 - 100 b StPO, § 12, 13 FernmeldeanlagenG), die Beschlagnahme von Beweismitteln und von Verbrechenswerkzeugen oder -erzeugnissen im Strafverfahren (§§ 94 ff, 111 b ff. StPO), die körperl. Zwangsuntersuchung (§§ 81 a, 81 c StPO, 372 a ZPO). Diese Vorschaltung des Gerichts vor den staatl. Eingriff in Freiheit oder Eigentum des Bürgers bezweckt, rechtswidrige Eingriffe zu verhüten: Erst müssen die gesetzl. Zulässigkeit, die Notwendigkeit und Angemessenheit der staatl. Zwangsanwendung geprüft und festgestellt sein, bevor der Zwang angewendet werden darf. Nur der rechtskräftig festgestellte Anspruch des privaten Gläubigers darf gegen den Schuldner, der staatl. Strafanspruch gegen den Täter erst nach dessen Verurteilung vollstreckt werden. Ist die Verurteilung noch nicht rechtskräftig, d. h. angefochten oder noch anfechtbar, so ist die Strafvollstrekkung unzulässig und die zivilprozessuale Vollstreckung nur vorläufig zugelassen, sog. vorläufige Vollstreckbarkeit. Lediglich die Verwaltungsbehörden haben i. d. R. die Befugnis, Zwang auch ohne vorausgegangenen Richterspruch anzuwenden: sie haben das „Recht des ersten Zugriffs“. Sie vollstrecken nicht aus richterl. Urteilen, auf deren Erlaß sie weder klagen können noch zu klagen brauchen, sondern aus den VA.en, die sie selbst erlassen. Der Bürger ist hier auf repressiven Rechtsschutz beschränkt, den er dadurch erreicht, daß er gegen den VA Anfechtungsklage beim VG erhebt und daß diese Klage i. d. R. aufschiebende Wirkung hat, d. h. die Vollstreckbarkeit des VA so lange suspendiert, bis über die Anfechtungsklage entschieden ist, vgl. § 80 VwGO, aber auch § 69 FGO, § 361 AO. Der Zivil- und der Strafprozeß dagegen gewähren dem Beklagten bzw. Angeklagten präventiven Rechtsschutz, während sie vom Standpunkt des Klägers bzw. des Anklägers (Staatsanwalt) aus dem repressiven Rechtsschutz dienen.

b) Rechtsschutz gewährt nicht nur die rechtsprechende, sondern auch die vollziehende Gewalt. Insbes. deren klassischer Zweig, die →Polizei, hat in weitem Umfange Rechtsverstöße zu verhüten und zu bekämpfen – nämlich solche, die zugleich die öffentl. Sicherheit oder Ordnung stören oder gefährden. Deshalb schreitet sie von Amts wegen ein, während der rechtsprechende Richter nur auf Antrag tätig wird (s. o. I B 5). Die Polizei schützt primär das objektive Recht, die Justiz auch und vor allem die subjektiven Rechte der Parteien und Beteiligten. Vor allem bewirkt die Verwaltung den Rechtsschutz mit anderen Mitteln als das Gericht: Die Verwaltung trifft die zum Schutz des verletzten oder bedrohten Rechts erforderl. Maßnahmen – das Gericht gewährt den Rechtsschutz dadurch, daß es verbindl. entscheidet, ob eine Rechtsverletzung vorliegt und welche gesetzl. Rechtsfolge oder Sanktion sich daran knüpft. Wenn es auf eine solche Sanktion erkennt, schafft es damit zugleich einen Vollstreckungstitel, d. h. die Ermächtigung zu Zwangsmaßnahmen gegen den Verletzer zwecks Beseitigung, Wiedergutmachung, Ausgleich, Sühne oder Ahndung seines Unrechts.

3. Mit der Rechtsschutzfunktion der rspr. Gewalt hängt eng zusammen ihre Berufung zur **Rechtskontrolle** – bes. dann, wenn man als Schutzgegenstand das objektive Recht in den Vordergrund rückt. Indem die Gerichte entscheiden, was zwischen den Parteien Rechtens ist, kontrollieren sie deren Verhalten auf ihre Rechtmäßigkeit. Dieser Kontrolle ist nicht nur der Bürger, sondern auch der Staat unterworfen. Das Verhalten des Bürgers wird im Zivil- und Strafprozeß, das Verhalten der öffentl. Gewalt im Verwaltungs- und Verf.prozeß rechtl. kontrolliert; speziell der Kontrolle der Gerichte, die auch nötig ist, dienen die Rechtsmittelgerichte, die Gerichte der höheren Instanz (→Gerichtsverfassung), zum Teil auch die Verf.gerichte. Das Kontrollergebnis schlägt sich im Sachurteil (s. o. I B 8) nieder. Die Entscheidung dessen, was im entschiedenen Falle Rechtens ist, schließt i. d. R. die Feststellung ein oder setzt sie voraus, ob und wer welches Unrecht tat.

4. Bestritten ist, ob der Begriff der Rspr. auch das Strafen und die rspr. Gewalt auch die **Strafgewalt** einschließt. Davon hängt ab, ob und inwieweit der Gesetzgeber Verwaltungsbehörden Strafbefugnisse verleihen darf. Solche Befugnisse besitzt die Exekutive im Bereich des Bagatellunrechts, des Nebenstrafrechts und des Verwaltungsunrechts seit alters her. Der BGH (St 13, 102) hielt sie für vereinbar mit Art. 92 GG, weil gegen den behördl. Strafbescheid der Rechtsweg beschritten werden könne. Aber soweit Strafen Rspr. ist, kommt es nur dem Richter zu (oben I C 1). Nach BVerfGE 22, 49 ist die Verhängung von Kriminalstrafen, wegen des mit ihnen „notwendig verbundenen Unwerturteils“, Rspr. und daher dem Richter vorbehalten. Doch soll der Gesetzgeber minder wichtige Delikte von Straftaten in „Ordnungswidrigkeiten" umwandeln können, die von den Verwaltungsbehörden mit Ordnungsstrafen, insbes. Geldbußen, geahndet werden. Auf diese Weise ist die Strafgewalt den Verwaltungsbehörden, soweit es sich um Geldstrafen handelt, gerettet worden. Von der Möglichkeit zur „Entkriminalisierung" des Verwaltungs- und Bagatellunrechts wird in großem Umfang Gebrauch gemacht, zB im Straßenverkehrsrecht (vgl. §§ 23 – 24 b StVG), im Wirtschaftsrecht, im Polizeirecht; der Anwendungsbereich des OrdnungswidrigkeitenG von 1952/68/75 wächst permanent. Durch Umwandlung in Ordnungswidrigkeiten haben auch die Finanzämter einen Teil ihrer Strafgewalt über Steuer- und Zolldelikte zurückgewonnen, die ihnen das BVerfG zunächst aus der Hand geschlagen hatte.

Die Lösung des BVerfG befriedigt nicht. So legitim es ist, wenn der Gesetzgeber Strafart und Strafmaß sowie Zuständigkeit und Verfahren der Strafverfolgung nach dem Unrechtsgehalt der Delikte differenziert, so wenig läßt sich natur- oder vernunftrechtl. a priori zwischen kriminellem und bloß administrativem Unrecht, zwischen Straftat und bloßer Ordnungswidrigkeit, sowie zwischen Kriminalstrafen und bloßen Ordnungsstrafen unterscheiden. Solche Unterscheidung kann nur der Gesetzgeber treffen. Aber dadurch kann er nichts am richterl. Strafmonopol ändern, wenn es in Art. 92 GG enthalten wäre; der Verf.begriff der Rspr. unterliegt nicht seiner Disposition. Das BVerfG aber überläßt bei „minder wichtigen strafrechtl. Tatbeständen" dem Gesetzgeber die Wahl zwischen gerichtl. und behördl. Bestrafung, zwischen judicativer und exekutiver Ahndung.

In Wahrheit begründet Art. 92 kein Strafmonopol der Justiz. Er sagt nicht, daß nur der Richter strafen darf. Da Art. 92 nur die Rspr. den Richtern vorbehält, besagt er hinsichtlich der staatl. Strafgewalt lediglich, daß das rechtsprechende Strafen den Richtern vorbehalten ist. Die rechtsprechende oder richterl. Strafentscheidung aber unterscheidet sich vom verwaltungsbehördl. Strafbescheid wie der Richterspruch vom VA. Der Strafbescheid der Verwaltungsbehörde, die den durch die Straftat verletzten Staat repräsentiert, ist ein VA, also Entscheidung in eigener Sache, dem zwar Vollstreckbarkeit, aber keine materielle Rechtskraft zukommt: sie schafft nicht Rechtsgewißheit und Unbestreitbarkeit. Durch den Verwaltungsstrafbescheid wird der Betroffene zwar bestraft, aber nicht verurteilt. Es ist kein „Wahrspruch" (ADOLF ARNDT) gegen ihn ergangen; es ist nicht rechtskräftig festgestellt, daß er die Tat oder das Unrecht begangen und die verhängte Strafe verdient oder verwirkt hat. Strafe verhängen und von Strafe absehen kann trotz Art. 92 GG auch die Exekutive – zu Strafe verurteilen, auf Strafe erkennen und schuldig- oder freisprechen kann nach Art. 92 GG nur der Richter.

Freilich ist die Strafgewalt der Exekutive durch eine andere Verf.bestimmung entscheidend eingeschränkt: durch Art. 104 GG, der die Verhängung von Freiheitsstrafen dem Richter vorbehält. Daraus und aus den übrigen Richtervorbehalten des GG (Art. 13 II, 18, 21 II, 61, 97 II, 98 II) ist aber der Umkehrschluß zu ziehen, daß die Verhängung anderer als Freiheitsstrafen von Verf. wegen nicht dem Richter vorbehalten ist, sondern daß insoweit der Gesetzgeber Freiheit in der Kompetenzverteilung zwischen Justiz und Verwaltung hat. Nur muß er beachten, daß er der Verwaltung keine rechtsprechende, sondern bloß exekutivische Strafgewalt verleihen kann und daß deren Ausübung nach Art. 19 IV GG der richterl. Kontrolle unterliegt. Tatsächl. eröffnet das geltende Verwaltungsstrafrecht überall gegen die „Bußgeld"- und Einziehungsbescheide der Verwaltungs- oder Ordnungsbehörden ausdrückl. den ordentl. Rechtsweg durch Einspruch, über den der Amtsrichter nach den Regeln des Strafprozesses entscheidet (§§ 67 ff. OWiG).

D. Von der Rspr. ist die **Rechtspflege** zu unterscheiden: Sie ist Oberbegriff über der Rspr., die nur eine, wenn auch die wichtigste Erscheinungsform der Rechtspflege darstellt. Definieren läßt sich die Rechtspflege nicht, sondern nur beschreiben. Sie umfaßt neben der Rspr. vor allem folgende Staatstätigkeiten:

1. Im Bereich des →Strafrechts die *Strafverfolgung,* die Strafvollstreckung und das Gnadenwesen (→Gnadenakte). Die Staatsanwaltschaft und ihre „Hilfsbeamten" von der „Kriminalpolizei" ermitteln strafbare Handlungen; der Staatsanwalt klagt den Täter beim Strafgericht an und betreibt die Vollstreck aus dem Strafurteil. Der Vollzug von Freiheitsstrafen (Strafvollzug i. e. S.) erfolgt durch die Strafvollzugsbehörden, die ebenfalls der Justiz angehören. Für die Begnadigung ist die Staatsspitze (Bundespräsident, Landesregierung oder Ministerpräsident) zuständig, die ihr Gnadenrecht weitgehend auf die Staatsanwaltschaften zu delegieren pflegt. Die Bundesanwaltschaft führt das zentrale Strafregister.

2. Die Vollstreckung aus zivil- und arbeitsgerichtl. Urteilen oder sonstigen Vollstreckungstiteln (vgl. § 794 ZPO) erfolgt durch die ordentl. Gerichte oder doch unter ihrer Leitung und Kontrolle: Dem Erkenntnisverfahren, in dem Recht gesprochen wird, folgt das Vollstreckungsverfahren, in dem das für Recht Erkannte realisiert, die Erfüllung des im Urteil zuerkannten oder im sonstigen Vollstreckungstitel anerkannten Anspruchs erzwungen wird. Neben dem „Prozeßgericht" steht das „Vollstreckungsgericht". Seine Funktionen werden nur zum geringeren Teil von Richtern ausgeübt, denen vornehmlich die Rechtskontrolle der übrigen Vollstreckungsorgane obliegt: der Rechtspfleger und der Gerichtsvollzieher.

Auch die Verf.gerichte und VG.e können als Vollstreckungsbehörden fungieren: vgl. § 35 BVerfGG, §§ 167, 172 VwGO, § 151 FGO, § 201 SGG, wenngleich das kaum praktisch wird.

3. Die Vollstreckung erfolgt regelmäßig wegen einzelner Ansprüche einzelner Gläubiger in einzelne Vermögensgegenstände des Schuldners. Diese Spezial- oder Singularexekution ist die Zwangsvollstreckung der ZPO und des ZwangsversteigerungsG. Daneben steht die Universalexekution oder Gesamtvollstreckung der Konkursordnung: Das *Konkursverfahren* bezweckt die gleichzeitige, gleichmäßige und anteilsmäßige Befriedigung aller Gläubiger eines zahlungsunfähigen Schuldners aus dessen Gesamtvermögen, der Konkursmasse, die unter Aufsicht des Konkursgerichts (AG) durch den Konkursverwalter, einen privaten Amtsträger, verwaltet, versilbert und an die Gläubiger ausgeschüttet wird. Der Abwendung des den Schuldner diskreditierenden und seine wirtschaftl. Existenz meist vernichtenden Konkurses dient das amtsgerichtl. *Vergleichsverfahren* nach der Vergleichsordnung: Es unterbindet, wie der Konkurs, Einzelvollstreckungen zugunsten einer gleichmäßigen Befriedigung aller Gläubiger, die mehrheitl. einem Vergleichsvorschlag des Schuldners zustimmen können, der dann noch gerichtl. bestätigt werden muß.

4. Der Sicherung gefährdeter künftiger Zwangsvollstreckung privatrechtl. Ansprüche dienen der *Arrest* (§§ 916 ff. ZPO) und die *einstweilige Verfügung* (§ 935 ZPO). Durch einstweilige Verfügung kann ferner ein streitiges Rechtsverhältnis vorläufig geregelt werden, § 940 ZPO. Sogar vorläufige Verurteilungen, vor allem zu Unterhaltsleistungen oder zu Unterlassungen, erfolgen. Arrest und einstweilige Verfügung werden durch das Zivil- oder Arbeitsgericht erlassen auf Grund einer summarischen Prüfung des Anspruchs und seiner Gefährdung, die nur glaubhaft gemacht, nicht bewiesen zu werden brauchen. Dieser summarische Arrestprozeß ist kein Erkenntnisverfahren; in ihm wird nicht Rspr., sondern Rechtspolizei oder vorbeugende Rechtspflege ausgeübt (str.).

Der einstweiligen Verfügung entspricht im Verwaltungs- und Verf.prozeß die *einstweilige Anordnung* des Verwaltungs- oder Verf.gerichts, vgl. § 123 VwGO, § 32 BVerfGG, § 130 Satz 2 SGG, § 114 FGO.

5. Rechtspflege, aber keine Rspr. enthält auch das *Mahnverfahren* der §§ 688 ff. ZPO: Auf Antrag des Gläubigers einer Geldforderung erläßt das AG durch den Rechtspfleger gegen den Schuldner einen „Mahnbescheid" (früher „Zahlungsbefehl") mit der Aufforderung, binnen zwei Wochen den Gläubiger zu befriedigen oder bei Gericht Widerspruch zu erheben. Letzterenfalls kommt es zum Prozeß; andernfalls wird der Mahnbescheid für vollstreckbar erklärt. Dieser sog. Vollstreckungsbescheid ist wie ein Versäumnisurteil anfechtbar, entfaltet aber keine Rechtskraftwirkung, auch wenn er unanfechtbar wird (str.). Dadurch unterscheidet er sich vom *Strafbefehl,* der mit dem Mahn- und Vollstreckungsbescheid gemeinsam hat, daß er ohne Anhörung des Betroffenen, des Schuldners bzw. des Beschuldigten, und ohne mündl. Verhandlung bzw. Hauptverhandlung ergeht. Der Strafbefehl hat, wenn gegen ihn nicht rechtzeitig Einspruch eingelegt wird, nach § 410 StPO die Wirkung eines rechtskräftigen Urteils, ist also ein Rechtsprechungsakt; deshalb ist sein Erlaß dem (Amts-) Richter vorbehalten, § 407 StPO.

6. Rechtspflege ohne Rspr. wird in den klassischen Zweigen der sog. **freiwilligen Gerichtsbarkeit** geübt:

a) Im Beurkundungswesen, für das seit dem BeurkundungsG von 1969 die Notare ein weitgehendes Monopol besitzen.

b) Im Registerwesen, das die Führung des Grundbuchs und des Handels-, Genossenschafts-, Vereins-, Güterrechts-, Schiffs- und Schiffsbau-, des Luftfahrzeug-Pfandrechts- und des Geschmacksmusterregisters umfaßt, während das Personenstandsregister vom Standesbeamten geführt wird, gegen dessen Amtshandlungen und Entscheidungen der Amtsrichter angerufen werden kann.

c) Im Vormundschaftswesen: Dazu gehören vor allem Bestellung, Abberufung und Überwachung von Vormündern und Pflegern – Überwachung und notfalls Regelung der Ausübung des elterl. Sorgerechts für Person und Vermögen der minderjährigen Kinder – Verteilung des Sorgerechts nach Auflösung der Ehe oder bei Getrenntleben der Eltern – Anordnung der Bestellung eines Erziehungsbeistands und der Fürsorgeerziehung – Mitwirkung bei der Adoption.

d) In Nachlaßsachen: zB Sicherung des Nachlasses, Anordnung der Nachlaßpflegschaft oder der Nachlaßverwaltung, Bestellung und Überwachung eines Testamentsvollstreckers, Ermittlung der Erben, Ausstellung von Erbscheinen, Entgegennahme der Erbausschlagung und der Testamentsanfechtung, Mitwirkung bei der Inventarisierung des Nachlasses, Verwahrung und Öffnung von Testamenten und Erbverträgen, Vermittlung der Nachlaßteilung unter den Miterben.

e) Im Aufgebotsverfahren zur Todeserklärung Verschollener nach dem VerschollenheitsG. Die Todeserklärung ist keine Rechtserkenntnis, sondern eine tatsächl. Feststellung, die nur eine Todesvermutung begründet. Das Aufgebotsverfahren zwecks Ausschließung von Rechten und zwecks Kraftloserklärung von Urkunden ist zwar in der ZPO (§§ 946 ff.), nicht im G. über die freiwillige Gerichtsbarkeit (FGG) geregelt, also der streitigen Gerichtsbarkeit zugewiesen, ist aber funktionell nicht Rspr., sondern bloße Rechtspflege.

f) Die Bestellung von Notorganen oder Liquidatoren für Vereine und Handelsgesellschaften.

7. Neben diesen rechtspflegerischen oder -fürsorgerischen Tätigkeiten übt der Richter der freiwilligen Gerichtsbarkeit auch rechtsprechende Funktionen aus, zB wenn er

a) über die Zulässigkeit einer Freiheitsentziehung entscheidet, wie bei der Einweisung von Geisteskranken, Süchtigen oder ansteckend Kranken in Heil- oder Krankenanstalten, von gefährdeten oder verwahrlosten Jugendlichen in Erziehungsheime;

b) wenn er – ausnahmsweise – Rechtsstreitigkeiten entscheidet;

c) wenn er zur Gewährung von Rechtsschutz gegen Rechtsverletzungen berufen ist;

d) insbes., wenn er gegen Maßnahmen oder Unterlassungen von Verwaltungsbehörden, wie zB der Justizbehörden (nach §§ 23 ff. EGGVG), der Landwirtschaftsbehörden nach dem GrundstücksverkehrsG und dem LandpachtG oder der Standesämter nach dem PersonenstandsG angerufen wird; dann übt er materielle Verwaltungsgerichtsbarkeit aus.

8. Auf der Grenze zwischen Rspr. und Rechtspflege stehen die sog. **Regelungsstreitigkeiten**, bei denen der Richter widerstreitende Interessen der Parteien auszugleichen hat: Er regelt auf Grund gesetzl. Ermächtigung durch seinen Spruch die Rechtsverhältnisse der Parteien, wo diese weder durch Gesetz noch durch Vertrag geregelt, aber regelungsbedürftig sind oder wo die vertragl. Regelung änderungsbedürftig ist. Er leistet dann „Vertragshilfe" durch Vertragsdiktat, wenn ihm die gütl. Einigung mißlingt. Beispiele: die Verteilung der Ehewohnung und des Hausrats vor, während u. nach der Scheidung durch das Familiengericht (§§ 1361 a u. b BGB, § 620 ZPO, 6.DVO EheG) – Verteilung des elterlichen Sorgerechts während und nach der Scheidung (§ 1671 BGB, § 620 ZPO) – Mitwirkung beim Zugewinnausgleich nach §§ 1382, 1383 und beim Versorgungsausgleich nach § 1587 d BGB – die Nachlaßauseinandersetzung nach §§ 86 ff. FGG, §§ 13 ff. GrundstücksverkehrsG und Art. VI 17 (brit.) MRVO 84 – die Änderung von Landpachtverträgen nach dem LandpachtG 1985 – die Schuldenregelung bei der landwirtschaftl. Entschuldung (G. vom 25. März 1952) – die Regelung der Rechte und Pflichten zwischen den Wohnungseigentümern eines Hauses und zwischen ihnen und dem gemeinschaftl. Verwalter (§ 43 WohnungseigentumsG). Es handelt sich um streitige Gerichtsbarkeit, die vom Richter der ordentl. Gerichtsbarkeit im Verfahren des FGG ausgeübt wird. Regelungsstreitigkeiten des →Betriebsverfassungsrechts werden im Beschlußverfahren der Arbeitsgerichtsbarkeit entschieden, § 2 a i. V. m. §§ 80 ff. ArbGG. Von der eigentl. Rspr. unterscheidet sich diese Tätigkeit des Richters dadurch, daß er nicht entscheidet, was Rechtens ist, sondern was künftig Rechtens sein soll, ohne daß der Gesetzgeber diese Regelung schon gesetzl. voll fixiert hat, sie vielmehr mehr oder weniger dem →Ermessen des Richters überläßt.

II. Staatliche und private, inländische und ausländische Gerichtsbarkeit. A. Rechtsprechung und rechtsprechende Gewalt sind *nicht identisch.* Nur wenn durch Rspr. öffentl. →Gewalt ausgeübt wird, nur wenn ein Träger öffentl. Gewalt Recht spricht, fallen Rspr. und rspr. Gewalt zusammen.

1. Rechtsprechen können aber auch natürl. und juristische Personen des Privatrechts (Zivilpersonen). Solche private Rspr. oder *Privatgerichtsbarkeit* bedarf der staatsgesetzl. Zulassung. Sie ist in §§ 1025 ff. ZPO für zivilrechtl. und in §§ 101 ff. ArbGG für arbeitsrechtl. Streitigkeiten erfolgt: als →**Schiedsgerichtsbarkeit**. Die Zuständigkeit beruht entweder auf einem Vertrag der Prozeßparteien (Schiedsvertrag) oder auf einer Kollektivvereinbarung (Tarifvertrag, Betriebsvereinbarung) oder Satzung (Verbandsschiedsgericht!), der die Parteien unterworfen sind. Das Schiedsgericht kann neben die oder an Stelle der staatl. Gerichtsbarkeit treten. Doch bleibt diese als Kontroll- und Vollstrekkungsinstanz zuständig (vgl. §§ 1041 ff. ZPO, §§ 109/10 ArbGG).

2. Von →**Betriebsjustiz und Verbandsjustiz** spricht man, wenn Betriebs- oder Verbandsorgane gegen Mitglieder Sanktionen verhängen wegen Verstoßes gegen ihre betriebl. oder verbandsrechtl. Pflichten. Hier handelt es sich nicht einmal dann um Schiedsgerichtsbarkeit, wenn über die Sanktion in einem mehr oder weniger gerichtsförml. Verfahren entschieden wird und (oder) wenn das Entscheidungsorgan mit dem Leitungsorgan nicht identisch ist. Denn auch die privaten Schiedsgerichte stehen unter dem Gebot strikter Neutralität. Bei einem Konflikt zwischen dem Verband und seinem Mitglied ist aber jedes Verbandsorgan Parteivertreter und daher zum Schiedsrichter untauglich. Verbandsorgane, gleichgültig wie sie sich bezeichnen, können als Schiedsgericht nur bei Streitigkeiten zwischen (anderen) Verbandsorganen, zwischen Mitgliedern untereinander, sowie zwischen Mitglied und Verbandsorgan fungieren, nicht bei Konflikten zwischen Mitglied und Verband oder zwischen Verband und Dritten. Solche Privatjustizorgane in Verbänden und Betrieben können daher, anders als die in der ZPO und im ArbGG zugelassenen Schiedsgerichte, die staatl. Gerichtsbarkeit nicht ersetzen. Ihre Sanktionen unterliegen im selben Umfange der staatsgerichtl. Kontrolle wie alle anderen Betriebs- oder Verbandsmaßnahmen. Art. 92 GG verbietet die Einrichtung und Ausübung solcher Betriebs- und Verbandsjustiz zwar nicht, gestattet aber nicht, daß sie die staatl. Justiz verdrängt oder einschränkt.

Ob das auch für die im ParteienG vorgeschriebenen Schiedsgerichte der politischen Parteien gilt oder ob sie Schiedsgerichte i. S. der ZPO sind, ist fraglich. Ihnen ist die schärfste Parteistrafe, der Ausschluß, vorbehalten; bei anderen „Ordnungsmaßnahmen" fungieren sie als Beschwerdeinstanz, vgl. § 10. Doch sind sie auf die

Parteidisziplinargerichtsbarkeit nicht beschränkt, vielmehr nach § 14 zuständig für „Streitigkeiten der Partei oder eines Gebietsverbands mit einzelnen Mitgliedern und Streitigkeiten über Auslegung und Anwendung der Satzung".

B. Nach Art. 92 GG ist die rspr. Gewalt den Gerichten des Bundes und der Länder (→Gerichtsverfassung) vorbehalten, ist also ein **Monopol des Staates** i. e. S.

1. Danach müssen die Gerichte *staatsunmittelbare Einrichtungen und Organe* sein. Das BVerfG (E 10, 200; 14, 56; 18, 253; 26, 194; 48, 315 f.) sieht dagegen die auch von ihm geforderte Staatlichkeit der Gerichte schon dann als erfüllt an, wenn das Gericht zwar von einer anderen juristischen Person des öffentl. Rechts, wie zB einer Gemeinde oder einer berufsständischen Kammer (→Selbstverwaltung, berufsständische), getragen wird, aber seine Organisation, seine Zuständigkeit und sein Verfahren durch Staatsgesetz geregelt sind und der Staat, also Bund oder Land, bei der Berufung der Richter bestimmend mitwirkt. Gemeindegerichte, die § 14 GVG zuläßt, gibt es derzeit nicht mehr; dagegen ist die **Berufsgerichtsbarkeit** als von öffentl.-rechtl. Standesorganisationen getragene oder besetzte Disziplinargerichtsbarkeit oder Ehrengerichtsbarkeit über die Standes- oder Berufsgenossen stark im Vordringen.

2. Die *kirchliche →Gerichtsbarkeit* ist keine „staatl." Gerichtsbarkeit und übt nicht rspr. Gewalt i. S. des Art. 92 GG aus; der Weg zu ihr ist kein Rechtsweg i. S. des Art. 19 IV GG. Ihre staatsrechtl. Legitimation findet sie in der Autonomiegarantie des Art. 137 III WV/140 GG (→Kirche und Staat).

C. *1.* Im Staatsgebiet der Bundesrepublik wird **ausländische hoheitl. Gerichtsbarkeit** ausgeübt durch die Gerichte der hier stationierten fremden Streitkräfte. Sie beschränkt sich nach dem NATO-Truppenstatut auf Straftaten und Disziplinarvergehen von Angehörigen jener Streitkräfte, die dagegen in Zivilsachen, die nicht aus der Ausübung ihres Dienstes herrühren, der dt. Gerichtsbarkeit unterliegen.

2. Der Gerichtshof der →Europäischen Gemeinschaften (Montanunion, EWG und Euratom) übt „supranationale", also **überstaatl. Gerichtsbarkeit** (→internationale Gerichtsbarkeit) aus, nämlich solche der in den Verträgen begründeten Staatengemeinschaft, die nicht nur die beteiligten Staaten, sondern auch deren Angehörige unmittelbar erfassen kann. Er übt fremde Rspr.gewalt auch im Inland und über Inländer. Die innerstaatl. Verf.grundlage dafür bietet Art. 24 GG, wonach der Bund durch Gesetz Hoheitsrechte auf zwischenstaatl. Einrichtungen übertragen kann.

D. *1.* Gibt es sonach ausländische Gerichtsbarkeit im Inland und für Inländer, so können andererseits Ausländer, u. U. auch Inländer, von der dt. Gerichtsbarkeit ausgenommen sein kraft **Exterritorialität,** die auf Gesetz (vgl. §§ 18 – 22 GVG), →Völkerrecht oder Staatsvertrag beruhen kann und ausschließlich in internationalen Notwendigkeiten, Rücksichten und Gewohnheiten motiviert ist.

2. Keine Exemtion von der Strafgerichtsbarkeit enthält die Unverantwortlichkeit und Unverfolgbarkeit von →Abgeordneten, die sie kraft ihrer verf.rechtl. Immunität und Indemnität genießen. Die Unverantwortlichkeit nach Art. 46 I GG ist ein persönlicher Strafausschließungsgrund, während die Notwendigkeit einer parlamentarischen Genehmigung nach Abs. II – III bloß ein temporäres Verfahrenshindernis bildet.

III. Die Träger der rechtsprechenden Gewalt. Nach Art. 20 II Satz 2 GG wird die rspr. Staatsgewalt „durch besondere Organe der Rechtsprechung" ausgeübt, d. h. durch Organe, die von denjenigen der „Gesetzgebung" und der „vollziehenden Gewalt" gesondert, also getrennt sind. Diese Organe sind nach Art. 92 GG die Richter, denen die rspr. Gewalt „anvertraut" ist, und die Gerichte des Bundes und der Länder, durch die sie „ausgeübt" wird.

A. Die danach notwendige **Definition von Gericht und →Richter** muß zweierlei berücksichtigen: daß das GG bei der rspr. Gewalt die Gewaltentrennung insoweit strikt durchgeführt hat, als nur Richter rechtsprechen dürfen, aber nicht umgekehrt verbietet, den Richtern und Gerichten andere als rechtsprechende Funktionen zu übertragen, was in erhebl. Umfange geschehen ist, wie die Beschreibung der Rechtspflege oben I D gezeigt hat.

1. **Gerichte** i. S. des GG sind diejenigen Staatsbehörden, die speziell dazu geschaffen sind, Aufgaben staatl. Rspr. zu erfüllen, die also speziell zur Rspr. bestimmt sind. Daß sie ausschließlich zu diesem Zweck geschaffen sind und ausschließlich diese Aufgabe wahrnehmen, ist nicht nötig. Andererseits ist nicht jede Behörde, die Recht spricht, schon ein Gericht – auch nicht schon dann, wenn ihre rechtsprechende Tätigkeit ihre anderen Funktionen überwiegt. Maßgebend ist ihre wesentl. oder eigentl. Aufgabe, um deretwillen sie geschaffen ist – was sich aus dem Gesetz ergibt, das ihre Verf. und ihr Verfahren regelt. Um Gericht zu sein, muß also eine Staatsbehörde eine Spezialbehörde für Rspr. sein.

2. **Richter** sind diejenigen Amtsträger eines Gerichts, die gerade deshalb dorthin berufen sind, weil sie dort rechtsprechen sollen oder speziell für diese Aufgaben vorgebildet sind: die speziell zur Rspr. berufen sind. Daß sie ausschließlich zu diesem Zweck berufen sind und ausschließlich diese Aufgaben wahrnehmen, ist nicht nötig. Andererseits ist nicht jeder Amtsträger, der Recht spricht, ein Richter. Es ist auch weder nötig noch ausreichend, daß seine rechtsprechende Tätigkeit seine sonstigen Funktionen im Gericht überwiegt. Auch der ausschließlich in Angelegenheiten der freiwilligen Gerichtsbarkeit, der Vollstreckung oder der Justizverwaltung beschäftigte Richter ist und bleibt Richter;

denn er kann jederzeit für Aufgaben der Rspr. eingesetzt werden, und gerade um dieser Fähigkeit willen wurde er an das Gericht berufen.

B. *1.* Damit die Gerichte Spezialbehörden für die Rspr. sein können, müssen sie von den →Parlamenten, →Regierungen und Verwaltungsbehörden organisatorisch getrennt sein. Das ist bes. für die Verf.- und Verwaltungsgerichte einschließlich der Finanz-, Sozial- und Disziplinargerichte wichtig, die bis 1945 meist den von ihnen kontrollierten Verwaltungsbehörden an- oder eingegliedert waren. Wo die volle **organisatorische Trennung** fehlt, wird in Wahrheit durch die Verwaltungsbehörde Recht gesprochen, mag dies auch durch einen bes. Ausschuß oder sonstigen Spruchkörper der betr. Behörde geschehen. Bei organisatorischer oder personeller Verflechtung mit der zu kontrollierenden Behörde ist außerdem die Neutralität der Rspr. gefährdet, die, wie oben I B 4 festgestellt, zu ihren Wesensmerkmalen gehört.

2. Die funktionsbedingte Neutralität des Richters beschränkt auch dessen Verwendung für andere als rechtsprechende Staatsfunktionen und die Betrauung von anderen Amtsträgern, die nicht Richter im Hauptamt sind, mit richterl. Funktionen. Da das GG die →Gewaltenteilung bei der Judikative am weitesten getrieben hat, bestehen für die Richter weitgehende **→Inkompatibilitäten**. Nach § 4 DRiG darf grds. ein Richter neben seiner rechtsprechenden Tätigkeit nicht zugleich Aufgaben der gesetzgebenden und der vollziehenden Gewalt wahrnehmen. Ausnahmen bilden die Gerichtsverwaltung, d. h. die Erledigung der Verwaltungsgeschäfte, die durch die Organisation der Gerichte selbst entstehen (sog. Intendanturverwaltung) – die Prüfungs-, Ausbildungs- und Unterrichtstätigkeit – und „andere Aufgaben, die“ durch Gesetz „Gerichten oder Richtern zugewiesen“ sind, wie vor allem die oben I D dargestellten Aufgaben der Rechtspflege. Diese strenge Beschränkung auf Rspr.funktionen gilt freilich nur für die Berufsrichter, nicht für die ehrenamtl. Richter, § 2 DRiG. Aber für diese bestehen andere Inkompatibilitäten, die ebenfalls die Gewaltentrennung und damit die Neutralität sichern. So können zB Regierungsmitglieder und bestimmte Gruppen von Beamten nicht zu Schöffen und Geschworenen bestellt werden und zum ehrenamtl. Verwaltungsrichter kein Parlamentarier, kein Minister, kein Beamter, kein Soldat und kein Angestellter des öffentl. Dienstes. Das Prinzip der Gewaltenteilung muß die Häufung von öffentl. Ämtern und Funktionen in einer Person soweit als mögl. zu vermeiden suchen. Die personelle Trennung muß die organisatorische ergänzen, um die funktionelle Gewaltentrennung effektiv zu machen.

3. Die personelle Trennung erfordert ferner ein Höchstmaß an **persönl. Unabhängigkeit** der Richter, d. h. Schutz vor Absetzung, Versetzung und sonstigen Eingriffen in die Richterstellung durch Parlament, Regierung oder Verwaltung. Dagegen verbietet das GG nicht die Beteiligung von Legislativ- und Exekutivorganen an der Berufung und Beförderung der Richter, für die vielmehr bei den Berufsrichtern traditionsgemäß die Regierung zuständig ist, soweit nicht über Richterwahlausschüsse das Parlament mitwirkt. Näheres →Richter.

4. Die funktionelle Trennung wird vor allem durch die sog. **sachliche Unabhängigkeit** der Richter und Gerichte gesichert. Wenn sie nach Art. 97 GG, § 1 GVG, § 25 DRiG nur dem Gesetz unterworfen sind, so bedeutet das die Unzulässigkeit und Unbeachtlichkeit jeder ihnen von nichtrichterl. Staatsorganen erteilten Weisung darüber, wie sie prozedieren und judizieren sollen. Solche Weisungen können verbindl. nur durch Gesetz im materiellen Sinne, also nur in Rechtssatzform ergehen – oder in der Form des Richterspruchs vermöge dessen Rechtskraft oder sonstiger Verbindlichkeit – also nur durch Legislative oder Judikative, nicht durch die Exekutive erteilt werden.

C. Die in der richterl. Unabhängigkeit garantierte Weisungs- und Entscheidungsfreiheit der Judikative wird zur Einmischungsfreiheit verstärkt durch die Verf.garantie des gesetzl. Richters: „Niemand darf seinem gesetzl. Richter entzogen werden“, Art. 101 I Satz 1 GG. Dieses Entziehungsverbot richtet sich primär an die nichtrichterl. Staatsorgane und verbietet ihnen, den gesetzl. Gang der Rechtspflege in irgendeiner Form zu behindern. Zugleich gebietet Art. 101, die Zuständigkeit der Gerichte „gesetzlich“, d. h. normativ zu regeln.

IV. Gerichtsbarkeit und Rechtsweg. A. Der Begriff der Gerichtsbarkeit ist mehrdeutig: *1. Gerichtsbarkeit im funktionellen Sinne* ist die Tätigkeit der Gerichte mit Ausnahme ihrer Eigenverwaltung. Die so verstandene Gerichtsbarkeit deckt sich mit der oben I D beschriebenen Rechtspflege. Die staatl. Gerichtsbarkeit umfaßt daher nicht nur die rspr. Gewalt, auch nicht nur die richterl. Gewalt, sondern den Gesamtbereich der gerichtl. Kompetenzen, auch soweit sie nicht von Richtern, sondern von anderen Amtsträgern, wie Staatsanwälten, Rechtspflegern, Notaren, Urkundsbeamten oder Gerichtsvollziehern, ausgeübt werden.

2. Der Begriff der *Gerichtsbarkeit im organisatorischen* Sinne ist eine Sammelbezeichnung für eine Mehrheit von Gerichten gleicher Funktion(en) und (oder) gleicher Organisation. Rein organisationsrechtl. orientiert ist der Begriff der „ordentl. Gerichtsbarkeit“ oder Justiz, welche die heterogensten Funktionen umfaßt: streitige und freiwillige Gerichtsbarkeit, Zivil- und Strafrechtspflege, Rspr. und (sonstige) Rechtspflege. Das einigende Band ist hier allein die organisatorische Zusammenfassung bei den gleichen Behörden, die sämtlich zum Justizminister ressortieren.

3. Im institutionellen Sinne bezeichnet Gerichtsbarkeit ein Gesamtgefüge von organisatorischen, personellen, funktionellen und prozessualen Regelungen zur Ausübung von Rechtspflege. Dieser institutionelle Begriff der Gerichtsbarkeit liegt zugrunde, wenn man von staatl. und kirchlicher →Gerichtsbarkeit, von →Schiedsgerichtsbarkeit, Vereins- oder Betriebsgerichtsbarkeit oder -justiz spricht – oder, wie Art. 95 GG, von „Verwaltungs-, Finanz-, Arbeits- und Sozialgerichtsbarkeit" – oder von Zivil-, Straf- und Disziplinargerichtsbarkeit, von Militär- oder Berufsgerichtsbarkeit, von Kartell- oder Patentgerichtsbarkeit und von Verf.gerichtsbarkeit (→Gerichtsverfassung).

B. Der Rechtsweg. Die staatl. Gerichtsbarkeit bildet in Dtschld. keine organisatorische Einheit, sondern ist in eine Mehrzahl selbständiger und unterschiedlich organisierter Gerichtsbarkeiten aufgeteilt. Diese horizontale, an den zu pflegenden Rechtsgebieten orientierte Teilung steht neben der vertikalen Gliederung nach Bundes- und Landesgerichtsbarkeit. Über die verschiedenen Arten der Gerichtsbarkeit →Gerichtsverfassung. Die Abgrenzung der Zuständigkeiten zwischen diesen mehreren fachl. gegliederten Gerichtsbarkeiten ist das Problem des Rechtswegs. *Rechtsweg* ist der Weg zum Gericht. Zulässigkeit des Rechtswegs bedeutet daher, daß eine Sache, ein Fall oder eine Streitigkeit in den Zuständigkeitsbereich eines Gerichts fällt, der Gerichtsbarkeit unterliegt – also nicht im Gesetzgebungs- oder Verwaltungswege zu erledigen oder zu entscheiden ist. Der Rechtsweg selbst differenziert sich je nach den verschiedenen Gerichtsbarkeiten in den ordentl. Rechtsweg, den Verf.-, Verwaltungs-, Finanz- und Sozialrechtsweg, den Arbeits- und Disziplinarrechtsweg usw. Soviel Gerichtsbarkeiten, soviel Rechtswege, Für jede Rechtsstreitigkeit und gegen jede Rechtsverletzung steht ein Rechtsweg offen – mit der einzigen Ausnahme des Art. 10 II S. 2 GG (→Rechtsweggarantie). Sonst wird der Gesamtbereich des innerstaatl. Rechts von der staatl. Gerichtsbarkeit erfaßt, die dieses Recht schützt und pflegt. Darin sehen wir den →*Rechtsstaat* verwirklicht, als welchen das GG die Bundesrep. Dtschld. verfaßt hat.

E. Bernatzik, Rspr. und materielle Rechtskraft, 1886 – W. Jellinek, G., G.anwendung und Zweckmäßigkeitserwägung, 1913 – E. Bötticher, ZZP 51 (1926), 201 ff. – Ders., Regelungsstreitigkeiten, Festschr. für F. Lent, 1957, 89 ff. – R. Thoma, Funktionen der Staatsgewalt: Grundbegriffe und Grundsätze, HDStR 2 (1932, 108 ff. – E. Kern, Rechtspflege: Grundsätzliches und Übersicht, HDStR 2 (1932), 475 ff. – Kern/Wolf, GerichtsverfR., 1975⁵, §§ 2, 3 – Kissel, GVG, 1981, Einl. Rd. Nr. 135 ff. – N. Achterberg, Rspr. als Staatsfunktion, DVBl. 1984, 1093 ff. – K. A. Bettermann, VA und Richterspruch, Ged.-Schrift für W. Jellinek, 1955, 361 ff. – Ders., Die Unabhängigkeit der Gerichte und der gesetzl. Richter, in: Die Grundrechte III, 1959, 523 – Ders., AöR 92 (1968) 496 ff. – O. Bachof, GG und Richtermacht, 1959 – K. Eichenberger, Die richterl. Unabhängigkeit als staatsrechtl. Problem, 1960 – C. Schmitt, Gesetz und Urteil, 1969² – W. Dütz, Rechtsstaatl. Gerichtsschutz im Privatrecht, 1970 – Wolff/Bachof, Verw.R. I⁹ 1974 §§ 19, 20 – D. Lorenz, Der Rechtsschutz des Bürgers und die Rechtsweggarantie, 1973 – Die Komm. zum GG, Art. 92 – Zur Vereinsstrafe: Flume, Allg. Teil d. bürgerl. R. Bd. 1 Teil 2 (1983) S. 332 ff; Steffen, in BGB-RGRK § 25 Rz. 12 ff.

Karl August Bettermann

Rechtssoziologie. I. Forschungsbereich. Untersuchungsgegenstand der R. ist die wechselseitige Abhängigkeit *(Interdependenz)* von Recht und Sozialleben. R. erforscht die Entstehung des Rechts aus dem Sozialleben und begreift damit das Recht als Ergebnis sozialer Prozesse *(genetische R.)*. R. erforscht ferner die Wirkung des Rechts im Sozialleben und begreift damit das Recht als Regulator gesellschaftl. Handelns *(operationale R.)*. Während bei den Begründern der R. wie Eugen Ehrlich (Grundlegung der Soziologie des Rechts, 1913) noch der genetische Aspekt im Vordergrund stand, hat sich jetzt zunehmend das Interesse auf den operationalen Aspekt verlagert (Rechtswissenschaft als Sozialtechnik). Beide Untersuchungsrichtungen gehören jedoch eng zusammen.

A. Forschungsgegenstand. Der spezielle Blickwinkel, das Recht als Ergebnis und als bestimmenden Faktor des Soziallebens zu sehen, macht die R. sowohl zum Spezialgebiet der Rechtswissenschaft als auch zum Spezialgebiet der →Soziologie (R. als Bindestrich-Wissenschaft). Als Rechtswissenschaft beschränkt sich R. auf die Untersuchung des Rechts unter dem Aspekt seiner Realität. Dieses Erkenntnisziel führt zur deutl. Trennung ihres Forschungsbereichs von demjenigen der →Rechtsphilosophie und der Rechtsdogmatik.

1. Rechtswissenschaft als Erfahrungswissenschaft. Die wissenschaftl. Beschäftigung mit dem Recht kann nämlich im Hinblick auf drei unterschiedl. Erkenntnisziele erfolgen. Man kann zum einen nach der *Gerechtigkeit* des Rechts fragen, sich also mit den Wertvorstellungen beschäftigen, die hinter bestimmten rechtl. Regelungen stehen, und deren Voraussetzungen überprüfen, d. h. in Frage stellen oder begründen. Untersuchungsgegenstand ist dann die *Idealität* des Rechts. Man kann zum andern (und das tut der Jurist im Regelfall) danach fragen, was in einer bestimmten Situation als Recht *gilt*. Dann beschäftigt man sich mit dem Sinngehalt bestimmter rechtl. Regelungen. Untersuchungsgegenstand ist hier die *Normativität* des Rechts. Man kann schließlich nach der Realität, d. h. nach der gesellschaftl. Wirklichkeit rechtl. Regelungen fragen, nach dem *Rechtsleben*. Gegenstand ist dann die *Faktizität* des Rechts. Demgemäß unterteilt man heute die Rechtswissenschaft in drei erkenntnistheoretisch getrennte Sphären: in Wertwissenschaft, in Normwissenschaft und in Erfahrungswissenschaft (Lehre von der *Dreidimensionalität des Rechts*). Das Nachdenken über das „richtige" (gerechte) Recht ist Sache der Rechtsphilosophie. Sie fragt nach dem Warum (Wertehierarchie als Begründungszusammenhang), und dem Wohin (rechtspolitische Zielsetzungen). Die Bestimmung des normativen Sinngehalts des Rechts (die Entscheidung über das „Sollen“ im Recht) ist Sache der Rechtsdogmatik. Sie fragt nach dem Wie (also nach dem Inhalt der Verhaltensvorschriften für Staatsapparat oder Rechtsunterworfene sowie nach den Methoden seiner Ermittlung). Die Erforschung der sozialen Wirklichkeit des Rechts (die Aussage über das „Sein“ des Rechts) ist Sache der R. Sie fragt nach dem Was (beschreibt und erklärt also das Rechtsleben).

2. Der soziologische Rechtsbegriff. Forschungsgegenstand der R. ist demnach nicht das Recht als Summe der geltenden Rechtsnormen *(law in books),* sondern das lebende Recht *(law in action).* Lebendes Recht sind nur diejenigen Rechtsnormen, die in der Rechtspraxis durchgesetzt werden können. Sollensordnung und Seinsordnung müssen identisch sein. Normativität und Faktizität des Rechts sind damit zwar erkenntnistheoretisch getrennte Sphären. Für eine Wirklichkeitswissenschaft vom Recht *(Rechtsrealismus)* gehören sie jedoch beide zum Rechtsbegriff: Lebendes Recht ist geltendes Recht, das wirksam ist. Denn Normativität ohne Faktizität ist totes Recht (d. h. normativ geltendes Recht, das nicht oder nicht mehr durchgesetzt wird: paper rule), und Faktizität im Gegensatz zur Normativität ist Unrecht.

Die Rechtspraxis, an der sich das lebende Recht ablesen läßt, ist das Verhalten derjenigen, die sich speziell mit der Aufstellung, Anwendung und Durchsetzung von Rechtsnormen beschäftigen, des „Rechtsstabs“ (MAX WEBER). Jede Untersuchung der Interdependenz von Recht und Sozialleben muß daher erst aus der Masse des in Kraft stehenden Rechts das Papierrecht vom lebenden Recht ausscheiden; denn nur das lebende Recht ist eine soziale Realität und kann sozial wirksam sein. Erst von der Basis des lebenden Rechts aus ist also eine rechtssoziolog. Fragestellung überhaupt sinnvoll; sei es, daß man fragt, warum die Rechtspraxis die Norm des geltenden Rechts verändert hat oder warum bestimmte neue Rechtsschöpfungen entstanden sind, sei es, daß man fragt, ob und welche Wirkungen die Rechtspraxis im Sozialleben hat und wie dies zu erklären ist.

Als Erfahrungswissenschaft untersucht die R. nicht nur das lebende Recht, wie es sich am Verhalten des *Rechtsstabs* ablesen läßt, sondern auch das Verhalten derjenigen, auf die das Recht Anwendung findet, der *Rechtsunterworfenen.* Denn das Recht ist ein Herrschaftsinstrument, das dazu bestimmt ist, das Sozialleben zu steuern und zu korrigieren. Ob es diese Aufgabe tatsächl. erfüllt, kann nur durch Beobachtung des Soziallebens festgestellt werden. Gelingt es nicht, die in den Rechtsnormen zum Ausdruck kommenden Verhaltenserwartungen im Sozialleben zu realisieren, hat das Recht seine Aufgabe verfehlt. Daher ist im Sozialleben oft ein Kampf zwischen Rechtsstab (law supporter) und Rechtsunterworfenen (law consumer) zu beobachten, von dessen Ausgang der Erfolg des Rechts abhängt (LLEWELLYN). Den Grad der Wirksamkeit des Rechts bei den Rechtsadressaten bezeichnet man als dessen *Effektivitätsquote* (TH. GEIGER). Handelt und entscheidet der Rechtsstab anders als die Mehrheit der Rechtsunterworfenen, so entscheidet über die Qualität einer Verhaltensnorm als lebendes Recht das Verhalten des Rechtsstabs (*soziologischer Rechtsbegriff,* der am Rechtsstab anknüpft). Man spricht also auch dann von lebendem Recht, wenn seine Effektivitätsquote nur gering ist. Da jedoch eine Aussage über den Wirkungsgrad zur Aussage über die Wirklichkeit des Rechts gehört, ist Gegenstand der R. das gesamte Interaktionsfeld von Rechtsstab und Rechtsunterworfenen oder – wie eingangs definiert – die Interdependenz von Recht und Sozialleben.

B. Erkenntnisinteresse. Mit der Erforschung des Zusammenhangs zwischen Recht und Sozialleben wird R. nicht nur zu einem von Rechtsphilosophie und Rechtsdogmatik deutlich abgegrenzten Spezialgebiet der Rechtswissenschaft, sondern zugleich zu einem Spezialgebiet der Soziologie, der Wissenschaft vom Zusammenleben der Menschen in Gesellschaft. Denn das Recht ist eines der vielen Ordnungsmuster, nach denen menschliches Verhalten in Gesellschaft abläuft. Es gehört zum sozialen Ordnungsgefüge, das den Einzelnen in die Gesellschaft integriert, und damit zum Sozialisationsprozeß, den die Soziologie mit dem Ausdruck „soziale Kontrolle“ kennzeichnet. Als Soziologie betrieben hat R. aber häufig ein anderes Erkenntnisziel als die R. des Rechtswissenschaftlers. Die Entdeckung sozialer Gesetzmäßigkeiten bei der Entstehung und Wirkung von Recht in Gesellschaft wird von Soziologen oft dazu benutzt, sie (vom Einzelnen her gesehen) zu einer Theorie sozialen Handelns oder (von der Gesellschaft her gesehen) zu einer Theorie sozialer Systeme zu verallgemeinern und diese allgemeine Theorie dann (in historischer Perspektive) mit einer *evolutionären Theorie der Gesellschaft* zu verbinden. Diesem gesellschaftstheoret. Erkenntnisinteresse, das in der R. in erster Linie eine *soziologische Theorie des Rechts* erarbeiten möchte (*reine R.* als Erklärungswissenschaft, zB MAX WEBER oder N. LUHMANN), steht das Erkenntnisinteresse des Rechtswissenschaftlers gegenüber, das die Erforschung des Zusammenhangs von Recht und Sozialleben für die Rechtspraxis nutzen möchte (*angewandte R.* als Handlungswissenschaft, zB ERNST E. HIRSCH oder F. K. BEUTEL). Erkenntnisziel ist hier eine *soziologische Rechtslehre* (sociological jurisprudence), die wissenschaftl. Erkenntnis in praktische Rechtsanwendung und Rechtsetzung umsetzt und damit Entscheidungshilfe bietet.

C. Forschungstechnik. Der Gegensatz von reiner (gesellschaftstheoretischer) und angewandter (praxisbezogener) R. fällt nicht mit dem Gegensatz von *empirischer* und *theoretischer R.* zusammen. Letzterem liegt die Unterscheidung der Forschungstechniken in Empirie und Theorie zugrunde. Theoretische Arbeit erfolgt im Wege der Verallgemeinerung durch Aufbau von Fakten, sozialen Gesetzmäßigkeiten und Forschungsannahmen (Hypothesen) zu einem Modell, von dem dann neue Hypothesen abgeleitet werden können (Bsp. einer solchen theoretischen R.: TH. GEIGER). Empirische Arbeit erfolgt demgegenüber im Wege systematischer, methodisch-kontrollierter Erhebungen von Tatsachen (soziologisch: Daten), durch die soziale Wirklichkeit beschrieben wird oder durch die bestimmte Hypothesen falsifiziert werden können (Bsp. einer solchen empirischen R.: R. BENDER/R. SCHUMACHER: Erfolgsbarrieren vor Gericht. Eine empirische Untersuchung zur Chancengleichheit im Zivilprozeß, 1980). Empirische R. wird daher auch im Gegensatz zur theoretischen R. als *Rechtstatsachenforschung* bezeichnet. Diese hat die Aufgabe zu überprüfen, ob bestimmte Feststellungen über die faktische Existenz sowie die Entstehung und Wirkung von Recht in der Gesellschaft der Wirklichkeit entsprechen oder nicht. Sie entscheidet über die wissenschaftl. Wahrheit rechtssoziologischer Aussagen.

II. Nutzen für die Rechtspraxis (→Rechtsanwendung). Rechtswissenschaft bedarf der Einbeziehung der Sozialwissenschaften; denn die Kenntnis der Rechtswirklichkeit ist für die Rechtspraxis unabdingbar. Die Umsetzung rechtssoziolog. Erkenntnisse in die Rechtspraxis erfolgt in der angewandten R. *(soziolog. Jurisprudenz),* nämlich der Lehre von der soziologisch orientierten Aufstellung, Anwendung und Durchsetzung der Rechtsnormen durch den Rechtsstab. Die Aufstellung von Rechtsnormen, d. h. die Rechtsetzung, ist wissenschaftl. eine Frage der *Rechtspolitik* (Gesetzgebungslehre, Planung). Die Anwendung und Durchsetzung von Rechtsnormen, d. h. *Rechtspflege,* ist wissenschaftl. eine Frage der Sachverhaltsermittlung und der Normfindung.

A. Rechtspflege. Rechtspflege bedeutet Rechtsverwirklichung seitens des Rechtsstabs durch Anwendung und Durchsetzung von Rechtsnormen im Einzelfall.

1. Sachverhaltsermittlung. Liegen die Probleme eines praktischen Falles bei der Sachverhaltsermittlung, so ist die Norm, die generell für alle gleichliegenden Fälle gilt, an sich bekannt. Fragl. ist nur, ob im konkreten Fall rein tatsächl. eine Situation gegeben ist, die zur Anwendung dieser Norm führen muß. So ist zB darüber zu entscheiden, ob ein Kind aus geschiedener Ehe besser beim Vater oder bei der Mutter aufgehoben ist. Sachverhaltsermittlungen betreffen also das Gebiet der Beweiserhebung und Beweiswürdigung. Hier geht es um *Einzeltatsachen,* die sich auf einen einzelnen Menschen oder einen einzelnen Gegenstand beziehen (zB die Trunksucht der Mutter, die sie den Haushalt vernachlässigen läßt), oder um *generelle Tatsachen,* d. h. um soziale Gesetzmäßigkeiten (zB im Rahmen einer Fallprognose die Erfahrungstatsache, daß der Beruf als Bardame eine Frau daran hindert, ihren Mutterpflichten ausreichend nachzukommen). Insbesondere die Beweiswürdigung muß häufig mit generellen Tatsachen arbeiten. So wenn man davon ausgeht, daß Zeugen unter bestimmten Voraussetzungen i. a. glaubwürdig oder unglaubwürdig sind oder daß gewisse Verletzungen typischerweise bestimmte Folgeschäden nach sich ziehen. Beweiserhebung und Beweiswürdigung können auch zu richterl. Fallrecht und damit zur Normfindung führen. Wenn zB im Regelfall bei jüngeren Kindern die Mutter für geeigneter gehalten wird, das elterl. Sorgerecht auszuüben, dann entsteht bald ein Richterrecht des Inhalts, daß jüngere Kinder der Mutter zuzusprechen sind, es sei denn, daß der Vater aus besonderen Gründen als geeigneter erscheint.

Noch fehlt es weitgehend an einem anerkannten Kanon der *Techniken der Beweiserhebung* und *Erfahrungssätze der Beweiswürdigung* (siehe aber R. BENDER u. a.: Tatsachenfeststellung vor Gericht. Bd. 1: Glaubwürdigkeits- und Beweislehre, Bd. 2: Vernehmungslehre, 1981). Die Praxis wird hier weitgehend von Alltagstheorien beherrscht, die der Überprüfung nicht immer standhalten. Die Hilfe des Sozialwissenschaftlers wäre daher öfter nötig, als in der Praxis angenommen wird. Anderes gilt nur auf Teilgebieten wie dem gewerbl. Rechtsschutz, wo die Verkehrsgeltung von Warenzeichen, Firmen- und Geschäftszeichen oder die Verwechslungsgefahr von Ausstattungen, Warenzeichen oder Werbeslogans heute schon häufig durch demoskopische Sachverständigengutachten ermittelt werden, die die Kenntnisse und Reaktionsweisen des Publikums untersuchen (E. NOELLE-NEUMANN/C. SCHRAMM: Umfrageforschung in der Rechtspraxis, 1961).

2. Normfindung. Liegen die Probleme eines prakt. Falles weniger bei der Sachverhaltsermittlung als bei der Normfindung, so bedeutet Rechtsverwirklichung durch soziolog. Orientierung die Einbeziehung sozialwissenschaftl. Erkenntnisse in das Normensystem des geltenden Rechts und damit in die *Rechtsdogmatik.* Dieses geschieht schwerpunktmäßig an drei Stellen: bei der Konkretisierung generalklauselartiger Verweisungsnormen und unbestimmter Rechtsbegriffe, bei der Rechtsschöpfung im Falle von Rechtslücken und bei der teleolog. Auslegung.

Eine Fülle von Rechtsnormen verweist den Rechtsanwender auf *außerrechtl. Verhaltensmuster* wie Treu und Glauben, Verkehrssitte, Handelsbräuche oder gute Sitten. Das Vorhandensein und die Geltung derartiger außerrechtl. Sozialordnungen werden von der Rechtsordnung vorausgesetzt, weil diese das Sozialleben nur teilweise regeln kann und im Interesse größerer Flexibilität des Rechts auch nur teilweise regeln will. Selbst wenn derartige Verweisungen nicht nur auf reine faktische Regelhaftigkeit des Verhaltens (zB Verkehrssitte), sondern auf wertende, normative Regelmäßigkeit erfolgen (zB die Grundsätze ordnungsmäßiger Buchführung), so muß der betreffende Maßstab zunächst empirisch ermittelt werden. Denn der Rechtsanwender hat hier als erstes von der Verkehrsanschauung auszugehen, die er als „herrschend" in der Gesellschaft vorfindet, und hat erst in einem nächsten Schritt die Möglichkeit, von dieser „herrschenden Auffassung" mit besonderer Begründung abzuweichen (J. Carbonnier: Recht der „Zensur", vergleichbar der Befugnis des Richters, sich gegenüber der Geltung fremden Rechts auf den ordre public zu berufen). Neben den Verweisungen finden wir als Mittel, Rechtsvorschriften möglichst elastisch zu halten, die Verwendung *unbestimmter Rechtsbegriffe*. Z. T. wollte man damit bewußt Freiräume für die Rechtsentwicklung schaffen, z. T. sah man sich auch außerstande, präzisere Entscheidungskriterien aufzustellen, und wollte Auseinandersetzungen darüber im Gesetzgebungsverfahren vermeiden. Viele der daraus resultierenden unbestimmten, aber bestimmbaren Begriffe lassen sich mit Hilfe der Sozialwissenschaften für eine wissenschaftl. Rechtsanwendung praktikabel machen, indem man Falltypen bildet, wobei die Typen deskriptiv aus der Wirklichkeit entwikkelt werden (Bsp.: die Regeln über das →Persönlichkeitsrecht). Auch die Bewertung dieser Typen, die durch die erforderl. Subsumtion unter die jeweiligen unbestimmten Rechtsbegriffe erfolgt, muß aufgrund der herrschenden Wertvorstellungen und damit im Wege empirischer Feststellungen erfolgen. Das bedeutet: Eine Inhaltsbestimmung von Verweisungsnormen oder unbestimmten Rechtsbegriffen hat durch demokratische Rechtsfindung „im Namen des Volkes" zu geschehen und nicht nach richterl. Gutdünken.

Auch bei *Lücken in der Rechtsordnung* darf der Richter nicht nach Willkür, sondern nur nach derjenigen Rechtsnorm entscheiden, die er als Gesetzgeber aufstellen würde (so Art. 1 II des Schweizerischen Zivilgesetzbuchs). Freie richterl. Rechtsfindung in diesem Sinne bedarf einer rechtssoziolog. Begründung. Sie erforscht eingehend den sozialen Sachverhalt, die Interessengegensätze und – soweit keine entsprechenden Wertungen der Rechtsordnung vorzufinden sind – die Wertvorstellungen der betreffenden Rechtsadressaten, wie sie durch ihre opinion leaders geäußert werden. Nur eine umfassende Würdigung aller dieser in Betracht kommenden Faktoren der richterl. Entscheidungsbildung sichert die sachl. Angemessenheit seiner „Gesetzgebung". Will er von den Wertvorstellungen der Rechtsadressaten abweichen, so bedarf dies einer eingehenden und plausiblen Begründung.

Zentrale Einbruchstelle rechtssoziolog. Erkenntnisse in die Rechtsdogmatik ist schließlich die heute herrschende der vier klassischen juristischen Auslegungsmethoden, nämlich die *teleologische Auslegung* (→Rechtsanwendung). Sie steht neben der grammatischen, der historischen und der systematischen Auslegung. Ihr Bestreben, die konkrete Rechtsanwendung am jeweiligen Normzweck auszurichten, macht sie zur soziolog. Auslegung. Denn nur die Kenntnis der Rechtswirklichkeit setzt den Auslegenden bei neuen Konfliktsituationen oder bei Veränderungen der sozialen Verhältnisse in die Lage, durch Veränderung der herkömmlichen Dogmatik diejenige Konkretisierung der abstrakten Norm zu wählen, die in ihren Auswirkungen den mit der Norm verfolgten Zielvorstellungen gerecht wird.

Will man jedoch Rechtspflege zu Preisen bieten, die für das rechtsuchende Publikum halbwegs akzeptabel sind, so kommt eine soziolog. Jurisprudenz im strengen Sinne nur für die oberen Gerichte und das BVerfG in Betracht. Denn eine Rechtstatsachenforschung im Einzelfall erfordert erhebl. Aufwand an Zeit und Kosten. Werden aber in Grundsatzprozessen, wie das zunehmend der Fall ist, eingehende sozialwissenschaftl. Untersuchungen durchgeführt und werden diese in der Literatur später ergänzt und kritisch verarbeitet, so daß ein Fundus an rechtssoziolog. Wissen entsteht, so wird dies zur Verwissenschaftlichung der Rechtspflege beitragen.

B. Rechtspolitik. Rechtspolitik fragt und entscheidet, welche sozialen Ziele mit welchen rechtl. Mitteln und auf welchen rechtl. Wegen erreicht werden sollen. Sie ist wie jede Politik die Kunst des Möglichen. Was aber im Recht und mit den Mitteln des Rechts praktisch möglich ist, das zu erkunden ist Aufgabe der R. Sie ist es, die dem Gesetzgeber die Daten bereitstellt, die es ihm erlauben, die Wirkungschancen der von ihm zu treffenden Anordnungen abzuschätzen. Erst bei voller Kenntnis der Rechtstatsachen ist dem Gesetzgeber die *politische Entscheidung* möglich, wie hohe Anforderungen er an den Rechtsstab und an die Bürger stellen kann und wie weit er sich um seiner eigenen Wirksamkeit willen dem sozialen Sachverhalt anpassen muß. Werden die in der Gesetzgebung dekretierten Verhaltenserwartungen von den Rechtsunterworfenen mit Umgehung und Boykott beantwortet, weil die faktischen Gegebenheiten oder die Wertvorstellungen der Rechtsadressaten in zu hohem Maße entgegenstehen, dann hat das Recht seine Steuerungsaufgabe verfehlt. Derartiges Recht birgt zudem die Gefahr, daß der Rechtsstab seine Autorität verliert. Diese ist aber notwendig, damit die Rechtsordnung normativ verbindlich bleibt. Soll also verhindert werden, daß ein Gesetz – wie heute noch häufig der Fall – ein Schuß ins Dunkle ist, dann muß Gesetzgebung auf wissenschaftl. Basis und damit rechtssoziolog. Effektivitätsforschung betrieben werden.

Ferner braucht der Rechtspolitiker rechtssoziolog. Erkenntnisse zu dem Zweck, seine Entscheidungen bei den Rechtsadressaten rational zu *legitimieren*. Denn trotz der verfassungsmäßigen Legitimierung des Rechts bei Einhaltung der Zuständigkeits- und Verfahrensvorschriften für die Rechtsetzung kann eine Norm i. a. nicht darauf verzichten, den Normadressaten als plausibel zu erscheinen. Andernfalls dürfte sie im Sozialleben kaum effektiv werden. Der Gesetzgeber trägt hier mithin im untechnischen Sinne die Beweislast. Kann er zB den staatlichen Strafanspruch für den Fall der Verbreitung von Pornographie nicht durch Beweis von sozialschädl. Folgen legitimieren und bleibt ihm als Begründung für sein Pornographieverbot nur der Rückzug auf Wertungen des Geschmacks, so wird eine aufgeklärte und pluralistische Gesellschaft diese Begründung nicht als ausreichend ansehen und die entsprechenden Strafvorschriften – wie in Deutschland geschehen – revidieren.

C. Grenzen einer soziologischen Jurisprudenz. Ebenso wie der Richter hat auch der Gesetzgeber gegenüber den Seins-Aussagen der R. ein „Recht auf Zensur". Die Einbeziehung der Sozialwissenschaften in die Rechtswissenschaft kann nicht bedeuten, daß Rechtsdogmatik und Rechtspolitik durch R. zu ersetzen seien. Als Erfahrungswissenschaft kann R. nur sagen, was ist, nicht aber, was sein soll. Wollte man die bloße Faktizität des Rechts und die Vorstellungen der Rechtsunterworfenen auch als erstrebenswert und richtig hinstellen, das ideale Recht zB mit einer schlechten Rechtspraxis oder mit den herrsch. Rechtsüberzeugungen der Bevölkerung gleichsetzen, würde man die ureigene Funktion des Rechts verkennen, das Sozialleben zu steuern und zu korrigieren. Es gibt nicht nur eine normative Kraft des Faktischen (G. Jellinek), sondern auch eine *faktische Kraft des Normativen*. Soziolog. Jurisprudenz bedeutet also nur eine Berücksichtigung der Rechtstatsachen bei der erforderl. jur. Wertung, nicht eine Ersetzung dieser Wertung. Wertungen sind stets politische Entscheidungen, für die die Sozialwissenschaften nur die erforderl. Unterlagen bereitstellen, die sie aber nicht mit wissenschaftl. Mitteln als richtige oder unrichtige Wertsetzungen vorschreiben können. Je genauer man aufgrund der Sozialwissenschaften die konkreten Entscheidungsmöglichkeiten und ihre Auswirkungen analysieren kann, desto kleiner wird zwar der Bereich echter Wertentscheidung. Aber stets bleibt ein solcher Bereich, in dem es kein Richtig oder Falsch, sondern nur ein mehr oder weniger Plausibel oder Vertretbar gibt. Allerdings: Ohne R., das heißt ohne die Kenntnis des lebenden Rechts, seiner Entwicklungsgesetze und der „Gesetze" seiner Wirksamkeit ist eine wissenschaftl. begründete Gesetzgebung und Rechtsfindung nicht möglich.

M. Rehbinder, Internationale Bibliographie der rechtssoziologischen Literatur, 1977[2] – F. K. Beutel, Die Experimentelle Rechtswissenschaft, 1971 – E. Blankenburg, Empirische R., 1975 – J. Carbonnier, R., 1974 – G. Dux, R., 1978 – E. Ehrlich, Grundlegung der Soziologie des Rechts, 1967[3] – ders., Recht und Leben, hg. v. M. Rehbinder, 1967 – L. M. Friedman, Das Rechtssystem im Blickfeld der Sozialwissenschaften, 1981 – Th. Geiger, Vorstudien zu einer Soziologie des Rechts, hg. v. Trappe, 1972[2] – E. E. Hirsch, Das Recht im sozialen Ordnungsgefüge, 1966 – ders., R. für Juristen, 1984 – L. Kissler, Recht und Gesellschaft, 1984 – K. N. Llewellyn, Recht, Rechtsleben und Gesellschaft, hg. v. Rehbinder, 1977 – N. Luhmann, R., 1983[2] – A. Nussbaum, Die Rechtstatsachenforschung, hg. v. Rehbinder, 1968 – Th. Raiser, Einführung in die R., 1984[3] – M. Rehbinder, R., 1977 – H. Rottleuthner, Rechtstheorie und R., 1981 – H. Ryffel, R., 1974 – J. Stone, Lehrbuch der R., 3 Bde. 1976 – M. Weber, R., hg. v. Winckelmann, 1973[3] – H. Wüstendörfer, Zur Methode soziologischer Rechtsfindung, hg. v. Rehbinder, 1971 – R. Zippelius, Gesellschaft und Recht, 1980.

Manfred Rehbinder

Rechtsstaat. I. Problemstellung der Geschichte. a) Sowenig wie andere zentrale Begriffe von Staatslehre und Politik (→Demokratie I 1) bezeichnet der R. eine apriorisch vorgegebene „Wesenheit". Es ist daher nach den politischen und sozioökonomischen Entstehungsbedingungen des R.begriffs und nach seiner konkreten polit. Funktion zu fragen, auch nach allfälligem Funktionswandel und Umständen, die diesen erklären. Vorweg ist festzuhalten, daß der R. eine Begriffsbildung der deutschen Staatslehre des 19. Jhs. ist. Dieser R. soll den Staat im Interesse der bürgerl. Gesellschaft unter obrigkeitsstaatl. Bedingungen beschränken. So unterscheidet sich der R. von vornherein von der britischen *Rule of Law,* die nicht nur als ein den Staat begrenzendes, diesen vielmehr auch konstituierendes (repräsentativstaatl. bzw. demokratisches) Prinzip gemeint ist. Übersetzungen wie Etat de Droit im Französischen oder Estado de Derecho im Spanischen sind von der deutschen Staatslehre (insbes. über G. Jellinek und C. Schmitt) inspiriert und verbinden sich z. T. (etwa in Italien, Spanien und Lateinamerika) mit der Forderung nach (vor allem ökonomischen) Rest-Freiheiten unter autoritären Regierungsformen. Wer nach der historischen Ortung des R. und seiner genaueren politischen Funktion fragt, wird gegenüber einer inflationären Verwendung des R.begriffs, die diesen auch etwa auf Platos Gesetzesstaat (und damit auf die vom modernen Staat zu unterscheidende Polis) oder auf die mittelalterliche Ordnung und deren Theorie (etwa Bractons Lehre von der Bindung des Monarchen an das Gesetz) anwendet, zur Skepsis raten. Die Aussage, im R. würden Staat und Recht „zusammengebracht", mag ansprechend klingen. Sie ist jedoch banal und wenig informativ, müßte man doch vorerst wissen, wie der jeweils vorausgesetzte Staat und das gemeinte Recht (positives Recht, Naturrecht, wenn ja, welches Naturrecht?) verstanden werden. Diese Kritik gilt auch der verbreiteten Gegenüberstellung von R. und (nationalsozialist.) „Unrechtsstaat", einer Begriffsbildung, die dazu verführen kann, die sozialwissenschaftlich-historische Analyse des NS-Regimes (seiner Entstehungsbedingungen und Wirkungsweise) durch bloßen moralischen Protest zu „ersetzen".

b) Wie gesagt, stellt der R. als Begriff und in der Sache eine Besonderheit des deutschen Staatsrechts dar. Das schließt es freilich nicht aus, daß sich auch anderswo politische Forderungen durchsetzen, die der deutschen R.idee teilweise entsprechen, wobei sie freilich in anderen Begründungszusammenhängen auftreten und mit anderen Namen (etwa *„limited government"* oder *„liberaler →Konstitutionalismus"*) vorgestellt werden. Die Unterschiede zwischen der deutschen R.theorie und den in anderen Staaten mit ihr vergleichbaren Konzepten sind daher weder zu übersehen noch zu übertreiben. Die Theorie des R. ist die spezifisch deutsche Variante innerhalb der bürgerl. Staatstheorie. Da sich die heutige R.theorie oft gerade auch auf außerdeutsche Traditionslinien beruft, ist es angezeigt, auch diese knapp vorzustellen. Sie finden sich in den verschiedenen Zweigen der seit dem 17. Jh. entwickelten Staatstheorie, die vom Primat der bürgerlichen (kapitalistischen) Erwerbsgesellschaft ausgeht und den Staat im wesentlichen darauf beschränkt, diese zu schützen und ihre Entwicklung zu fördern. Wichtig sind insbesondere (1.) ein Funktionswandel im Verständnis der →Gewaltenteilung, die – ursprünglich eine Kampfparole gegen die absolute Monarchie – mehr und mehr auch die Funktion übernehmen soll, gewählte repräsentative Versammlungen in Schach zu halten, um eine virtuelle systemtransformierende Gesetzgebung zu vereiteln, und (2.) die Entwicklung einer Doktrin, die dem positiven Recht ein bürgerl. Naturrecht vorordnet, das dem Gesetzgeber materiale Schranken setzen soll.

Zu 1.: Soweit es um den Schutz des Eigentums und der Eigentümerinteressen geht, soll der bürgerl. Staat durchaus stark sein. Hingegen ist er in dem Sinne in seiner Macht zu beschränken, daß ihm jede den Primat der bürgerl. Erwerbsgesellschaft in Frage stellende Wirksamkeit verwehrt bleibt. Darum bekennt sich die bürgerl. Theorie zum (zensitären) Repräsentativstaat (→Repräsentation), der einer virtuellen „Tyrannei der Mehrheit" (= Demokratie) von vornherein keine Chance läßt. Zentral ist insbesondere das Postulat der →Gewaltenteilung, die, im einzelnen unterschiedlich verstanden und ausgestaltet, innerhalb der liberalen Staatslehre stets als Institution zur Garantie der Beschränkung des Staates auf seine liberal-bürgerl. Funktion verstanden wird. In einer Übergangszeit von der feudalen zur bürgerl. Gesellschaft entwirft MONTESQUIEU seine Gewaltenteilungslehre als (zu seiner Zeit progressives) Konzept eines politischen Gleichgewichts zwischen König, Adel und aufsteigendem Bürgertum. Seine Postulate (auch das →Zweikammersystem und das Vetorecht der Exekutive gegenüber von der Legislative verabschiedeten Gesetzen) werden in den Verfassungen der britischen Kolonien in Nordamerika und dann vor allem auch in der USA-Verfassung übernommen. Innerhalb einer nun rein bürgerl. Ordnung gilt Gewaltenteilung jetzt als System von Gewichten und Gegengewichten (checks and balances), dem die Funktion zugeschrieben wird, das Gleichgewicht der bürgerl. Erwerbsgesellschaft aufrechtzuerhalten, unter Abwehr aller systemtranszendierenden Tendenzen. So soll – trotz des im Vergleich mit Europa „milden" (nach 1830 abgeschafften) Wahlzensus – die den Eigentümerinteressen abträgliche „Tyrannei der Mehrheit" ausgeschlossen bleiben. Als „Krönung" des gewaltenteiligen Systems der USA gilt als Kompetenz des Supreme Court, auch Unionsgesetze auf ihre Verfassungsmäßigkeit zu überprüfen (→Verfassungsgerichtsbarkeit). Bei allen Unterschieden im Ausbau der polit. Institutionen findet sich (trotz fehlender Verfassungsgerichtsbarkeit) ein vergleichbares Gleichgewichtsmodell auch im britischen Regierungssystem. Zwar spricht die brit. Theorie dem Parlament eine schrankenlose Souveränität zu, die jedoch in der Praxis dadurch erheblich relativiert wird, daß sie (nach der Formel „king in parliament") nur in einem Zusammenwirken von König, Oberhaus und Unterhaus ausgeübt werden kann, woraus sich wechselseitige Kontrollen ergeben. Dieses „mixed government" ist etwa nach THOMAS BURKE unerläßlich zum Schutz des Eigentums. Nach dem mit der vollen Entwicklung des Parlamentarismus (→parlamentarisches Regierungssystem) eingetretenen Machtzuwachs der Kammern und insbes. seit Beginn der etappenweisen Abkehr vom Wahlzensus entwickelt die bürgerl. Theorie neue Konzepte zur Eindämmung der gesetzgeberischen Kompetenz des Parlaments. JOHN STUART MILL, der einerseits eine Ausdehnung des Wahlrechts (wenngleich mit Pluralwahlrecht der Besitzenden) befürwortet, relativiert anderseits die Funktion des Parlaments als Gesetzgebungsorgan, indem er ihm (neben dem Initiativrecht) mehr nur die Funktionen der politischen Kontrolle und der Legitimitätsbeschaffung auf Grund öffentl. Diskussion zubilligt. In der →Französischen Revolution vertritt SIÉYÈS vorerst (unter Kritik aller Gleichgewichtstheorien) ein Modell der Gewaltenteilung mit Primat der Legislative als oberstem Organ. Die „Souveränität der Nation", die „tun kann, was sie will", hat jedoch – entgegen verbreiteten Fehldeutungen – nichts mit einem radikalen und nivellierenden „Demokratismus" zu tun. Als schrankenlos gilt vielmehr die *(mit der Nation identifizierte)* bürgerl. Erwerbsgesellschaft, die sich kompromißlos aus allen Fesseln der überlieferten Herrschafts- und Sozialordnung befreien soll. „Souveränität der Nation" bedeutet darum im Grunde nichts anderes als die „Souveränität", d. h. die unbedingte Maßgeblichkeit der besitzbürgerl. Gesellschaft und ihrer Systemlogik. SIÉYÈS' ursprüngliche Konzeption entspricht dem Siegesbewußtsein des Dritten Standes in der ersten Revolutionsphase. Nach der jakobinischen Herrschaft (deren 1793 verabschiedete Verfassung dem Primat einer – einzigen – gewählten Kammer, wie es SIÉYÈS ursprünglich forderte, entsprochen hätte), bekennt sich SIÉYÈS zum Zweikammersystem und gehört dann zu den Wegbereitern der napoleonischen Militärdiktatur, die sogar die Kontrollrechte der gewählten Kammer radikal beschneidet. Mit der bourbonischen Restauration und unter der Julimonarchie kommen wiederum gewaltenteilige Gleichgewichtskonzepte zum Zug, die den Bestand der bürgerl. Gesellschaft garantieren sollen, wobei den Gefahren, die von der Legislative ausgehen könnten, u. a. wieder durch einen strengen Wahlzensus begegnet wird.

Zu 2.: Die gewaltenteilige Argumentation wird in der bürgerlichen Theorie frühzeitig durch eine *naturrechtliche* ergänzt. Nach JOHN LOCKE bestehen die Rechtsinstitute der bürgerl. Gesellschaft (insbes. das Eigentum) schon kraft Naturrechts. Der Staat (als Instrument der bürgerl. Gesellschaft) hat sie bloß zu konkretisieren und zu schützen. Werden die naturrechtl. Individualinteressen gefährdet – zB durch einen „tyrannischen" Gesetzgeber –, greift nicht nur das bürgerliche →Widerstandsrecht Platz. Vielmehr hat auch die Exekutive kraft Notrechtskompetenz einzugreifen, um – auch ohne gesetzl. Grundlage und selbst gegen bestehende Gesetze! – die Eigentümerinteressen zu schützen. In Nordamerika wird diese Lehre – schon vor der Unionsgründung – unter der Bezeichnung des *„fundamental higher law"* aufgenommen. Dem positiven Recht, auch dem Verfassungsrecht, wird ein individualistisch-liberal verstandenes →Naturrecht vorgeordnet, wobei es dann Sache des Supreme Court als Verfassungsgericht ist, das positive Recht „im Licht" des fundamental higher law zu interpretieren und den Gesetzen, die diesem Maß nicht genügen, die Anwendung zu versagen. Damit wird das positive Recht relativiert, „verflüssigt" und virtuell im jeweiligen Interesse der Systemlogik der bürgerl. Erwerbsgesellschaft – dem Kern des fundamental higher law – funktionalisiert. In der Praxis des USA-Supreme Court – die hier jedoch nicht als Ganzes beurteilt wird! – läßt sich dies vor allem anhand des „substantive due process of law" nachweisen. Die „due process of law"-Klausel der USA-Verfassung garantiert Grundsätze des geordneten Verfahrens. Indem der Supreme Court die Klausel zum „substantive due process of law"-Prinzip erweitert, maßt er sich die Kompetenz an, die „Vernünftigkeit" gesetzgeberischer Eingriffe in die Freiheitsrechte (insbesondere die Eigentums-, Vertrags- und Wirtschaftsfreiheit) zu prüfen, womit – vor allem von etwa 1900 bis 1937 – selbst systemimmanente Reformen, bes. im Bereich des Wirtschafts- und Arbeitsrechts, blockiert werden. Auch die französische Theorie ordnet im 19. Jh. der Kompetenz des Gesetzgebers materiale Werte vor. BENJAMIN CONSTANT will die Volkssouveränität nur als beschränkte gelten lassen, die u. a. die Eigentums- und Unternehmerfreiheit unangetastet zu lassen hat. Sein Zeitgenosse ROYER COLLARD ersetzt den Begriff der Volkssouveränität durch den Begriff der „Souveränität der (sc. besitzbürgerlich verstandenen) Vernunft". Zur Zeit der franz. Julimonarchie will PELLEGRINO ROSSI den Gesetzgeber darauf beschränken, Gesetze zu „offenbaren", statt sie zu „erfinden", womit die Ordnung der besitzbürgerl. Erwerbsgesellschaft als alternativenlos gegeben vorausgesetzt wird. Der sozioökonomische Status quo bzw. die „bürgerliche Vernunft" nehmen hier eine dem Naturrecht analoge Funktion an. Doch läßt sich die Funktionalisierung des positiven Rechts und seiner Interpretation im Interesse der bürgerl. Erwerbsgesellschaft auch ohne Rekurs auf das Naturrecht verwirklichen, der im Verlaufe des 19. Jh. ohnehin zurückgeht, um soziologischen, v. a. sozialdarwinistischen und nicht selten auch (pseudo-)religiösen Begründungen der kapitalistischen Gesellschaft zu weichen. Jenseits aller naturrechtl. Begründungen entwickelt etwa A. V. DICEY gegen Ende des 19. Jhs. in England ein materiales Konzept der Rule of Law. Danach enthält dieses Prinzip nicht mehr nur (wie bis dahin) die Prinzipien der Legalität und der Rechtsgleichheit, sondern nun auch den Grundsatz, daß das Verfassungsrecht nicht Ursprung, sondern Folge der vorausbestehenden Individualrechte darstelle, eine These, die sozusagen einem Postulat der „Souveränität des Privatrechts" der kapitalistischen Gesellschaft gleichkommt.

c) Die Anfänge der deutschen R.theorie werden oft auf KANT zurückgeführt, der den Staat als „Vereinigung von Menschen unter Rechtsgesetzen" definiert. KANTS Begriff des allgemeinen Gesetzes ist auf dem Hintergrund einer individualistisch-liberalen Anthropologie und Rechtslehre zu sehen, die das Recht als Inbegriff der staatlich garantierten Verhaltensvorschriften innerhalb der bürgerl. Gesellschaft versteht. Seine Theorie der Gewaltenteilung vertritt den Vorrang der Legislative. Ihr gegenüber soll die Exekutive auf eine rein ausführende, die Judikative auf eine (die Exekutive) kontrollierende Funktion beschränkt sein. Doch kommt diesem (virtuell demokratischen) Konzept nach KANT selber kaum praktische Bedeutung zu, soll es doch dem Bürger verwehrt sein, in bezug auf die tatsächlich bestehende Gesetzgebungsgewalt „werktätig zu vernünfteln". Im Vormärz übernehmen einzelne Autoren im süddeutschen Raum liberal-repräsentativstaatl. Vorstellungen des französischen Konstitutionalismus, so etwa CARL TH. WELCKER, der den Rechtsstaat als „Staat der (sc. bürgerlichen) Vernunft" bezeichnet. Seine eigentl. Prägung erfährt der deutsche R.begriff jedoch mit dem Scheitern des deutschen politischen →Liberalismus als staatsgestaltende Kraft, der sich seit 1848 – auch aus Angst vor der beginnenden politischen Artikulation der Unterschichten – mit dem Obrigkeitsstaat arrangiert. Im Verfassungskompromiß des deutschen Bürgertums kommt der R.idee (anders als bei WELCKER) keine staatsbegründende Bedeutung mehr zu. Der Obrigkeitsstaat ruht in sich selber, legitimiert durch das „monarchische Prinzip“, wird also durch den R. bloß nachträglich begrenzt, und zwar im Interesse des Bürgertums, das zwar auf die politische Gestaltung des Staates, auf politische Hegemonie verzichtet bzw. verzichten muß, dem anderseits der Freiheitsraum zu seiner sozioökonomischen Entfaltung gewährleistet wird. Für die Grenzziehung zwischen Obrigkeitsstaat und bürgerl. Gesellschaft wird im Verfassungsrecht Preußens und des Deutschen Reiches der *Vorbehalt des Gesetzes* für Eingriffe in Freiheit und Eigentum maßgeblich, wobei den gewählten Kammern (Landtag bzw. Reichstag sind alles andere als Zentren polit. Macht) neben dem Monarchen und dem Herrenhaus bzw. dem Reichsrat im Gesetzgebungsverfahren wenigstens ein Mitberatungs- und Zustimmungsrecht zukommt. Als Konzept zur Beschränkung der Staatsgewalt verstanden, bekommt der deutsche R. des 19. Jhs. den Charakter einer *Defensivveranstaltung*. Dieser R. hat nach einer Formulierung O. KIRCHHEIMERS „etwas von einer Schlangenbeschwörung“. Die Gefahren, gegen die der R. schützen soll, können von zwei Seiten drohen: vom alten Obrigkeitsstaat her, zugleich aber von einer virtuellen künftigen Demokratie, in der den Unterschichten kraft des allgemeinen Wahlrechts ein maßgebl. Einfluß auf die Politik, auch gegen die Interessen des Bürgertums, zukommen könnte. In klarer Einsicht in die Entstehungsbedingungen der deutschen R.theorie lehnt der schweizerische freisinnige Politiker und Jurist SIMON KAISER 1859 die Übertragung des R.begriffs auf die Schweiz ab. „Bevor wir ihn aber allgemein verwerfen, müssen wir dessen Festhaltung im Interesse der Bürger für politisch ratsam halten, solange der gemeinsame Wille nicht durch alle Bürger gebildet, sondern von Oben oktroyiert wird; so in Deutschland ...“ KAISER ordnet also den R. dem Obrigkeitsstaat zu und hält ihn in der liberalen Demokratie für obsolet. Nach der gescheiterten Revolution wird die R.theorie vor allem durch FR. J. STAHL bestimmt. Nach ihm soll der Staat „die Bahnen und Grenzen seiner Wirksamkeit wie die freie Sphäre seiner Bürger in der Weise des Rechts genau bestimmen und unverbrüchlich sichern und soll die sittl. Ideen von Staats wegen, also nicht weiter verwirklichen (erzwingen), als es der Rechtssphäre angehört, d. i. nur bis zur notwendigsten Umzäunung. Dies ist der Begriff des Rechtsstaates ... er bedeutet überhaupt nicht Ziel und Inhalt des Staates, sondern nur Art und Charakter, dieselben zu verwirklichen.“ STAHLS R. formalisiert und domestiziert die staatl. Wirksamkeit und ist zugleich – trotz aller weltanschaulichen Kritik am Liberalismus – in eine Gesamtkonzeption eingefügt, die die (u. a. religiös legitimierte) bürgerl. Gesellschaftsordnung verteidigt, wogegen der Volksstaat etwa im Sinne ROUSSEAUS als „absolute Verwirrung“ bezeichnet wird. O. BÄHR verlangt ein Grundgesetz (→Verfassung), das die Rechte und Pflichten abzugrenzen habe, „mit denen das von den leitenden Organen vertretene Staatsganze den einzelnen Gliedern gegenübersteht“ und das die Normen festlegen solle, „nach welchen sich die Ordnung innerhalb des Staatsorganismus bewegt“. Im übrigen betont er v. a. das *Legalitätsprinzip* und fordert die Kontrolle von Regierung und Verwaltung durch die Zivilgerichte auf Grund detaillierter G.e. R. v. GNEIST postuliert Verwaltungsgerichte und verbindet die R.idee insbes. mit der „Selbstverwaltung“, worunter er die ehrenamtl. Mitwirkung des Besitzbürgertums versteht (dem er im Unterschied zu den Unterschichten die Fähigkeit zutraut, als Quelle des „Rechtsbewußtseins“ und des „Volksfriedens“ zu wirken).

O. MAYER definiert den R. als eine bes. „Art“, in der der Staat tätig wird, und vertritt das Prinzip des Vorrangs des G. insbes. gegenüber der Verwaltung (→Gesetzmäßigkeit der Verwaltung). „Der R. bedeutet tunlichste Justizförmigkeit der Verwaltung“ (auf Grund umfassender Gesetzgebung). Aber nicht völlige: außerhalb des Vorbehaltsbereiches des G. (Eingriffe in Freiheit und Eigentum) wirkt sie „aus eigener Kraft, nicht auf Grund des G.“. Die Betrachtungsweise MAYERS wird gegen Ende des Jhs. die herrschende. So bezeichnet etwa R. THOMA das Prinzip der Gesetzmäßigkeit der Verwaltung als „nicht das Ganze, aber das Fundament des Vorstellungskomplexes, den uns Heutigen das Wort R. auslöst“. Allen erwähnten Autoren ist es gemeinsam, daß sie den überlieferten Obrigkeitsstaat, der keine Parlamentarisierung des polit. Systems zuläßt (und u. a. auch als verläßl. Bollwerk gegen systemtranszendierende Tendenzen der Sozialdemokratie wirkt), bejahen und bloß rechtsstaatlich formalisieren wollen. Im übrigen soll der in diesem Sinne gemäßigte Staat durchaus die wirtschaftl. Entwicklung aktiv fördern – auch in Übersee –, was vor allem in den vom G. nicht erfaßten Formen der Kooperation von Staatsbürokratie und Interessengruppen (→Verbände) geschieht.

Zur Zeit der **Weimarer Republik** zeichnet sich ein Funktionswandel des R. ab. Nach dem Wegfall der Monarchie und der von ihr u. a. geleisteten Garantie des sozioökonomischen Status quo wendet sich die R.theorie nun vorab gegen die Demokratie, die (in nachwirkender deutscher Obödienzgesinnung und in tiefgreifendem Mißtrauen gegen die „Massendemokratie“) weitgehend mit der drohenden „Tyrannei von unten“ gleichgesetzt wird. Immerhin ist das Bild nicht einheitlich. In H. KELSENS „Reiner Rechtslehre“, die aus der (rein normativ verstandenen) Rechtswissenschaft alle sozialwissenschaftl., politischen und psychologischen Fragestellungen aussondern will, gilt der R. als „Staat, dessen sämtl. Akte auf Grund der Rechtsordnung gesetzt werden“. KELSEN identifiziert Staat und Recht und macht geltend, daß die Wirksamkeit des Staates nur auf Grund der Rechtsordnung als staatl. verstanden werden könne. Der

Staat wird „ein König Midas, dem alles, was er ergreift, zu Recht wird", womit jeder Staat zum R. wird. Der Begriff des R. ist m. a. W. mit dem des Staates gleichbedeutend. KELSENS „Reine Rechtslehre" will die Rechtswissenschaft dem Streit der Weltanschauungen entziehen. Bei aller methodischen Unzulänglichkeit der Reinen Rechtslehre, die die wechselseitige Bedingtheit und Bezogenheit von Recht und gesellschaftl. Wirklichkeit auszuklammern sucht, statt sie zu analysieren, ist nicht zu übersehen, daß sich KELSENS Rechtspositivismus mit dem Bekenntnis zum demokratischen Gesetzgebungsstaat mit weitgehender Gestaltungsfreiheit des Gesetzgebers verbindet. Gleiches gilt auch für den Rechtspositivismus GUSTAV RADBRUCHS, und beide, KELSEN und RADBRUCH, verteidigen die (in der Weimarer Republik von der politischen Rechten nicht nur wegen konkreter Mißstände kritisierte, sondern grundsätzlich diskreditierte) Parteiendemokratie. Eine einsame Sonderstellung in der R.theorie zur Zeit der Weimarer Republik nimmt HERMANN HELLER ein, der eine „materielle" Theorie des „sozialen Rechtsstaates" entwirft, die auch den sozialstaatl. Gehalt der WV zur Geltung zu bringen sucht. HELLER vertritt die Auffassung, daß der Untergang der Demokratie in der Diktatur nur dann aufgehalten werden könne, wenn der bürgerliche R. mit seinen ideellen, für die Demokratie unerläßlichen Grundrechten zum „sozialen" R. weiterentwickelt werde. Dazu fordert er die (freilich nicht im einzelnen ausdefinierte) „rechtsstaatl. Vergesetzlichung der Wirtschaft", die „nichts anderes als die Unterordnung der Lebensmittel unter die Lebenszwecke und damit die Voraussetzung bedeute für eine Erneuerung unserer Kultur". HELLERS R.verständnis geht von der Überlegung aus, daß die Rechtssicherheit des bürgerlichen R. im Sinne der Sicherheit des Eigentums und der Verträge noch keine existenzielle Sicherheit des Menschen gegenüber unkontrollierter wirtschaftl. Macht und dynamischen Prozessen wirtschaftl. Entwicklung verbürgt, weshalb diese dem Primat der demokratischen und sozialen Politik unterzuordnen sei. Die unter Kritik der „formalistischen R.theorie" des Positivismus zur Zeit der Weimarer Republik entwickelte „Materialisierung" der R.idee bewegt sich indessen in der bei weitem überwiegenden Tendenz in einer HELLER entgegengesetzten Richtung. Sie sucht dem in der WV dem Gesetzgeber verliehenen gesellschaftl. Veränderungspotential zu begegnen, den R. auf ein (wirtschafts-)liberales Verständnis festzuschreiben und der konsequenten Verwirklichung der sozialstaatl. Bestimmungen der WV die Legitimität und gar die Verfassungsmäßigkeit abzusprechen. Damit verbindet sich eine dezidiert antidemokratische Tendenz. CARL SCHMITT, der schon wegen seiner Wirkung hier an erster Stelle zu nennen ist, definiert den R. von einem grundlegenden Verteilungs- und einem Organisationsprinzip her: „Das Verteilungsprinzip – prinzipiell unbegrenzte Freiheit des Einzelnen, prinzipiell begrenzte Machtbefugnis des Staates – findet seinen Ausdruck in einer Reihe von sog. Grund- oder Freiheitsrechten; das Organisationsprinzip ist in der Lehre von der sog. Gewaltenteilung enthalten, d. h. der Unterscheidung von ... Legislative, Exekutive und Justiz." Während die ideellen Freiheitsrechte in SCHMITTS Lehre von der „identitären Demokratie" (→Demokratie) völlig relativiert werden, soll das Verteilungsprinzip die grundsätzl. Vorordnung der Wirtschaft gegenüber der demokratischen Politik gewährleisten. Die Gewaltenteilung richtet sich vorab gegen die Legislative, die darauf beschränkt werden soll, allgemeinabstrakte G.e. zu erlassen, womit sozialgestaltende Maßnahmegesetze ausgeschlossen werden. Nicht der demokratische Gesetzgeber, sondern die Exekutive, in letzter Instanz die Diktatur sollen in der Krise den Bestand der Gesellschaft und des kapitalistischen Wirtschaftssystems garantieren. Daß gerade letzteres durch den R. geschützt sein soll, ergibt sich auch aus SCHMITTS *Unterscheidung von Verfassung und Verfassungsgesetz,* mit der die positivrechtl. Verfassung zum bloßen „Verfassungsgesetz" herabgesetzt wird, dem die eigentl. Verfassung als einheitliche existentielle „Entscheidung" vorausgehe, die für die Weimarer Republik als „Entscheidung für den bisherigen Status quo, d. h. für die Beibehaltung der bürgerl. Gesellschaftsordnung" verstanden wird. Das führt, analog zur Funktion früherer Naturrechtsideologien, zu einer Relativierung des positiven Rechts. „Die Verfassung ist unantastbar, die Verfassungsgesetze dagegen können während des Ausnahmezustandes suspendiert und durch Maßnahmen des Ausnahmezustandes durchbrochen werden." Dieselbe Unterscheidung gestattet es auch, das formelle Verfassungsrecht einseitig im Sinne der postulierten Grundentscheidung auszulegen und widerspenstige Verfassungsnormen in ihrem Gehalt wegzuinterpretieren. Damit wird das pos. Recht aufgelöst, im Sinne der jeweiligen Anforderungen der „Systemrationalität" dynamisiert, wobei freilich darauf hinzuweisen ist, daß sich die Verdoppelung des Rechts in bloßes G. und diesem übergeordnete Entscheidungsgrundlagen (etwa in der Formel *„Recht und Gesetz"*) in der Weimarer Justiz schon vor SCHMITT vielfach durchgesetzt hat, auch von anderen Rechtslehrern unterstützt, von denen hier bloß noch ERICH KAUFMANN mit seinem „christlich"-institutionell verstandenen Naturrecht erwähnt sei, das in Ausübung des vom Reichsgericht angemaßten richterl. Prüfungsrechts gegenüber dem Reichs-Gesetzgeber zur Geltung gebracht werden soll. Nicht die (für den parlamentarischen Gesetzgebungsstaat eintretenden) Rechtspositivisten, sondern die Vertreter des „materiellen R." sind es gewesen, die – soweit Rechtsdogmatik überhaupt dazu beiträgt, Geschichte zu machen – der *Rechtsideologie des →Nationalsozialismus* den Weg bereitet haben. 1932 bekennt sich

O. KOELLREUTTER zum „nationalen R.“, 1933 SCHMITT zum „nationalsozialistischen R.“. HEINRICH LANGE postuliert 1934 unter dem Buchtitel „Vom Gesetzesstaat zum Rechtsstaat“ die Überordnung der nun im Sinne der NS-Ideologie vorausgesetzten „Rechtmäßigkeit“ über die „Gesetzesmäßigkeit“ staatl. Handelns. Auch wenn die Verwendung des R.begriffs in der Folge zurücktritt, bleibt die Kontinuität zu „materiellen“ R.theorien der Rechten bestehen: in der mehr und mehr radikalisierten Relativierung des pos. Rechts durch „das im Volk lebendige ungeschriebene Recht“, das in „unbegrenzter Auslegung“ aktualisiert wird. Freilich tritt nun an die Stelle der Gewaltenteilung die gewaltenmonistische Diktatur. Aber auch dieser Unterschied relativiert sich etwas, wenn man die *a-demokratische* bzw. antidemokratische und insbes. antisozialdemokratische Funktion der Gewaltenteilungslehre der deutschen Rechten mitbedenkt. 1945 veröffentlicht WERNER KÄGI unter dem Titel „Die Verfassung als rechtliche Grundordnung des Staates“ einen (nachher in zahlreichen Schriften modifizierten) Beitrag zur R.theorie, der dann auch die Diskussion in der Bundesrep. Dtschld. nachhaltig beeinflussen wird. Trotz aller Polemik gegen die „Dynamik des Rechts“ und insbes. gegen den Dezisionismus SCHMITTS teilt KÄGI wichtige Positionen mit diesem, so das für den R. grundlegende „Verteilungsprinzip“. „Die Logik der Verf.“ und die „Logik der Demokratie“ werden als antagonistisch verstanden, die „Selbstherrlichkeit des Normativen“, ewige „Ordnung Werte“, die „Herrschaft des Rechts“ dem „Voluntarismus“ gegenübergestellt, der v. a. als Folge des demokrat. Mehrheitsprinzips dinghaft gemacht wird. Durchweg fehlt eine hist. Analyse der behandelten Theorien, was zB dadurch zum Ausdruck kommt, daß ausgerechnet SIÉYÈS als Vertreter eines exzessiven „Demokratismus“ vorgestellt wird.

II. Der R. im GG. *1. Einleitung.* Der Begriff des R. wird im GG eher nur beiläufig verwendet. Art. 28 Abs. 1 hält fest, daß die Länderverfassungen „den Grundsätzen des republikanischen, demokratischen und sozialen R. im Sinne dieses GG entsprechen“ sollen, wobei dasselbe gewiß auch für die Bundesrepublik vorausgesetzt wird. Der Text selber schließt die Postulierung eines der Verf. vorausgehenden „Rechtsstaatsprinzips“ i. S. einer „Grundentscheidung“ oder einer übergeordneten „Wertordnung“ aus. Nach wie vor bleibt der Gehalt der Formel vom „demokratischen und sozialen R.“ umstritten. Der von HELLER entlehnte Begriff des „sozialen R.“ legt eine Interpretation nahe, nach der diese Formel „das Fernziel einer Umstrukturierung der gesamten Wirtschaftsgesellschaft in der Richtung“ einer demokratischen „Planwirtschaft im Interesse der Gesamtgesellschaft“ bezeichnet (W. ABENDROTH) bzw. eine solche Entwicklung mindestens nicht ausschließt, womit die Ausgestaltung der Wirtschaft jedenfalls offen bleibt. Diese Interpretation wird in der herrschenden Meinung und Praxis freilich nicht wegweisend. Das BVerfG bekennt sich schon in den Anfängen seiner Praxis zum „vorverfassungsmäßigen Gesamtbild“ des R., um sich dann explizit auf die „Tradition des liberalen bürgerl. R.“ zu berufen bzw. den R. als „Grundentscheidung“ oder „leitendes Prinzip“ zu bezeichnen, womit tendenziell die SCHMITTsche Unterscheidung von „Verf.“ und „VerfG“ und damit der Dualismus von „Recht und G.“ wiederaufgenommen wird. Ähnlich wirkt in der Folge die Beschwörung der „freiheitl. und demokratischen Grundordnung“, die, statt „die Verfassung als einen elementaren Basiskompromiß der Vernunft“ zu begreifen, „auf dessen Grundlage und in dessen institutionellem Rahmen auch tiefgreifende politische Auseinandersetzungen friedlich ausgetragen werden können“ (DENNINGER), die These einer dem positiven Verf.recht vorausgehenden materialen, in sich geschlossenen Überverf. nahelegt. 1953 stellt E. FORSTHOFF den normativen Gehalt der sozialen Komponente des R. in Frage, um kompromißlos für den „R.“ zu optieren, der im Sinne der Verf.lehre SCHMITTS verstanden wird. In der Zeit des Wirtschaftswachstums verliert der Streit über die →Sozialstaatlichkeit indessen an Schärfe. Nach einem überparteilichen Konsens besteht nun die Aufgabe der Politik vor allem in der Förderung des Wirtschaftswachstums, dessen Erträge einen raschen Ausbau staatl. Sozialleistungen auf den verschiedensten Gebieten zunächst problemlos gestatten.

2. Die einzelnen Elemente. a) Zum R. gehört die *→Gewaltenteilung,* die den staatl. Aufbau gliedert und ein System von politischen und rechtl. Kontrollen schafft.

b) R. heißt *→Gesetzmäßigkeit der Verwaltung,* die durch eine umfassende *→Verwaltungsgerichtsbarkeit* garantiert wird. So ist der R. wesentlich Gesetzesstaat, wobei der Bereich des G. nicht auf die Fälle zu beschränken ist, wo der Staat in Freiheit und Eigentum eingreift, vielmehr grundsätzlich auch (wenigstens in den Grundzügen) das Organisationsrecht und sozialstaatl. Leistungen erfaßt. Damit sind weder (rechtl. eingegrenzte) Verordnungskompetenzen noch Ermessensspielräume der Exekutive bestritten, wie es auch Bereiche staatl. Politik gibt, die sich höchstens sehr beschränkt durchnormieren lassen (zB die Außenpolitik).

c) Das G. ist seinerseits an die *→Verfassung* gebunden, die vor allem in den Grundrechten materiale Wertmaßstäbe aufstellt und diesen auch den G.geber unterwirft. Der Vorrang der Verf. gegenüber dem G. wird in der Bundesrep. Dtschld. durch eine weit ausgestaltete *→Verfassungsgerichtsbarkeit* garantiert, der es freilich verwehrt bleiben müßte, sich unter Berufung auf das „Recht“ über das „Gesetz“ hinwegzusetzen.

d) Zentrale Bedeutung kommt den *→Grundrechten* zu, die im „demokratischen und sozialen R.“ jedoch nicht einseitig negativ, als Abwehrrechte gegen den Staat, i. S. der Freiheit *vom* Staat, verstanden werden dürfen. Die *ideellen Freiheitsrechte* gehören vielmehr zu den unerläßl. Konstitutionsbedingungen der Demokratie. Ohne →*Pressefreiheit*, →*Meinungsäußerungs-*, →*Vereinigungs-* und →*Versammlungsfreiheit* gibt es keine demokratische Partizipation des Bürgers am Gemeinwesen, die durch die Verf. gerade auch als kritische Partizipation geschützt wird. Sodann gilt es, den ehemals einseitig liberal verstandenen R. zum sozialen R. weiterzuentwickeln. Das Grundproblem besteht darin, die gesellschaftl. Bedingungen dafür zu verbessern oder erst zu schaffen, daß die freiheitl. Existenz, die der R. – zumal in den Grundrechten – zu sichern beansprucht, für die große Zahl der Menschen als wirkl. Chance Bestand hat. Ohne damit den berechtigten *Teilgedanken* der grenzziehenden Funktion der Grundrechte preiszugeben, gilt es m. a. W. zu erkennen, daß die dem R. entsprechende gesellschaftlich-politische Wirklichkeit nicht einfach Gegebenheit, sondern vielmehr gesellschaftspolitische Aufgabe ist. Diese schließt eine systemwandelnde Transformation der Wirtschafts- und Eigentumsordnung nicht aus, auch nicht nach dem GG, das neben der (in ihrer Bedeutung für den R. zuweilen überbetonten) Eigentumsgarantie und dem Schutz des Erbrechtes eine (freilich weithin sozusagen in Vergessenheit geratene) weitreichende Ermächtigung zu Sozialisierungsmaßnahmen enthält.

3. Offene Fragen. Ausblick. Nach der vor gut hundert Jahren von SIMON KAISER vertretenen Auffassung wäre der Begriff des R. in der Demokratie obsolet. In der Tat gehören die Merkmale, die dem R. zugeschrieben werden (Gewaltenteilung, Legalitätsprinzip, Grundrechte), zu den Grundvoraussetzungen jeder Demokratie, die ihren Namen verdient. Die Verwendung und die Popularität von Begriffen entscheidet sich indessen nicht nur nach wissenschaftl., sondern weithin auch nach politischen Motiven. So ist der Begriff des R., wie Erfahrung lehrt, vor allem immer dann hervorgehoben und gegen die Demokratie ausgespielt worden, wenn es darum ging, die kapitalistische Eigentums- und Wirtschaftsordnung gegen „demokratische Exzesse" zu schützen. Das ist hinzunehmen und auch nicht weiter schädlich, solange dem positiven Verf.recht nicht ein „höheres Recht" oder in analoger Funktion verwendete Größen (etwa die „Natur der Sache" im Sinne der „Systemlogik" oder der „Sachgesetzlichkeiten" bzw. „-zwänge" der gegebenen Wirtschaftsordnung) vorgeordnet und zur eigentlich maßgebenden Deduktionsbasis erhoben werden. Zu schweren Bedenken gibt hingegen ein *Bedeutungswandel des R.begriffs* Anlaß, der etwa seit 1975 aufgekommen ist, freilich vorerst mehr in der politischen Auseinandersetzung und weniger in der wissenschaftl. Diskussion, ein Begriffswandel, der die R.idee nicht mehr, wie bis dahin, gegen den Staat, sondern nun gegen Private wendet, nicht nur gegen Terroristen, sondern auch etwa gegen Teilnehmer von Demonstrationen, an denen es zu Sachbeschädigungen kommt, sowie gegen an Geländebesetzungen Beteiligte. Von der These ausgehend, wer den R. zuverlässig schützen wolle, müsse bereit sein, „bis an die Grenze dessen zu gehen, was vom Rechtsstaat erlaubt wird" (HELMUT SCHMIDT), wird dann im Namen des R.(!) mehr und mehr eine Verstärkung des polizeilichen Repressions- und Überwachungsinstrumentariums gefordert. Damit wird der Begriff des R. in sein Gegenteil verkehrt: „nicht mehr Schutzschild des Einzelnen in seiner Rolle als Störer oder Rechtsbrecher gegen unbegrenzte staatliche Prävention und Repression, sondern Legitimierung extensiver Sicherheitsmaßnahmen" (F. ENDEMANN). Oder ist dieser Begriffswandel vielleicht doch nur konsequent? Er wäre es, wenn der eigentliche Kern des R. wirklich im Schutz des sozioökonomischen Status quo bestehen sollte. Der Begriff des R. bleibt jedenfalls im Meinungsstreit. Wissenschaft kann diesen nur beschränkt beeinflussen.

O. BAEHR, Der R., 1864 – FR. J. STAHL, Rechts- und Staatslehre auf der Grundlage christl. Weltanschauung, 1878 – O. MAYER, Dt. Verwaltungsrecht, 1924 – H. KELSEN, Allg. Staatslehre, 1925 – C. SCHMITT, Verf.lehre, 1928 – W. KAEGI, Die Verf. als rechtl. Grundordnung des Staates, 1945 – U. SCHEUNER, Begriff und Entwicklung des R., in: Macht und Recht, hg. v. H. DOMBOIS und E. WILKENS, 1956 – K. HESSE, Der R. im Verf.system des GG, in: Staatsverf. und KO, Festg. f. R. Smend, 1962 – E. FORSTHOFF (Hg.), Rechtsstaatlichkeit und Sozialstaatlichkeit, 1968 – D. MERTEN, R. und Gewaltmonopol, 1975 – I. MAUS, Bürgerl. Rechtstheorie u. Faschismus, 1976 – E. DENNIGER (Hg.), Freiheitl. demokrat. Grundordnung, 2 Bde., 1977 – R. WEBER-FAS, R. und Grundgesetz, Pfullingen 1977 – M. TOHIDIPUR, Der bürgerliche R., 2 Bde, 1978 – A. BARATTA, Zur Entw. des R.begriffs, in: Liber Amicorum, Festschr. f. C. H. Aubin, Kehl a. R./Straßburg 1979 – F. NEUMANN, Die Herrschaft des Gesetzes, 1980 – M. HIRSCH/D. MAJER/J. MENICK, Recht, Verwaltung u. Justiz im Nationalsozialismus, 1984.

Richard Bäumlin

Rechtstheologie Luthers. I. Die Anfänge. 1. Die R. LUTHERS ist in ihren Grundlagen *schon vor dem Thesenanschlag* von 1517 entstanden und in den frühen Vorlesungen (insbes. zu den Psalmen und dem Römerbrief) entwickelt worden. Die eigentl. Entfaltung der Lehren über die Kirche und das Recht fällt in die Zeit von 1517–1525. Was nach 1525 veröffentlicht wurde, dient im wesentl. dem Ausbau der bis dahin gewonnenen Positionen.

2. Die luth. Lehren über Kirche, Staat und Recht sind bestimmt von der *Theol. der Rechtfertigung* allein aus dem Glauben. Sie führt zu dem ev. Begriff der Kirche, des Gesetzes, der Freiheit, zum verschiedenen Verständnis des Rechts und des Status des Christen in Kirche und Welt, wie sie LUTHER in seiner Lehre von den zwei Reichen (→Zwei-Reiche-Lehre) entwickelt hat und wie sie nach dem Aufschwung

der hist. Lutherforschung seit KARL HOLL insbes. durch JOHANNES HECKEL im Zusammenhang neu herausgearbeitet worden sind. Indem LUTHER die überkommene Kirchenordnung als Pervertierung sowohl der Kirche Jesu Christi als auch der weltl. Gewalt ansah, geriet er rasch in einen wachsenden und prinzipiellen Konflikt mit der Hierarchie und mit der von ihr bestimmten Reichsgewalt.

3. Der Streit um den *Ablaßhandel* ist aus dem Ringen um den wahren Sinn des Bußsakraments erwachsen. Er hat die Frage nach der Kirchengewalt (→Kirchenverfassung I C 2 f), der Schlüsselgewalt und der äußeren Rechtsgewalt der Hierarchie aufgeworfen und die Frage nach dem Wesen der Kirche als des regnum Christi, der Gemeinschaft der wahren Gläubigen und nach ihrem Verhältnis zu dem äußeren Kirchenwesen in der ecclesia universalis (→Kirche I A) vertieft: Der kirchl. Organisation wurde die Rechtsmacht bestritten, *rechtsgestaltend* im regnum Christi zu handeln, Sündenstrafen mit Wirkung für das Jenseits zu erlassen und durch einen Jurisdiktionsakt des äußeren Kirchenwesens von der Mitgliedschaft der ecclesia abscondita (→Kirchengliedschaft I) auszuschließen. – LUTHERS Weigerung, zu widerrufen, brachte 1518 den *Ketzerprozeß* in Gang. Nach einer politisch bedingten Verzögerung verdammte die *Bannandrohungsbulle* vom 15. Juni 1520 41 Lehrsätze LUTHERS; nach ihrer Verbrennung vor dem Elstertor folgte die große *Exkommunikation* am 3. Jan. 1521 und auf dem Wormser Reichstag am 5./25. Mai 1521 die *Reichsacht*, deren Vollstreckung aus mannigfachen Ursachen scheiterte.

II. In seiner **Lehre von der Kirche und ihrer Ordnung** hat LUTHER deren *geistl. Wesen* in den Mittelpunkt gerückt:

1. Eine tiefe *Spiritualisierung des Kirchenbegriffs* erhebt sich gegen die Veräußerlichung des Kirchenbegriffs zur äußeren Kultgemeinschaft und hierarchisch geordneten Organisation. Sie führt jedoch nicht zu einer Verflüchtigung und Entweltlichung der Kirche in die Unsichtbarkeit und Unwirklichkeit einer „civitas Platonica". Damit tritt der reformatorische Kirchenbegriff in eine *Frontstellung* sowohl gegen das kanonische Recht als auch *gegen eine weltl. Verfügbarkeit* durch die Landesobrigkeit – wie sie später im prot. Landeskirchentum weithin Gestalt gewann. Zugleich ist die *schwärmerische Auflösung* der ecclesia in hoc mundo ebenso verwehrt wie der *religiöse Individualismus* der Aufklärung; desgleichen auch das spätere *kollegialistische* (→Kollegialismus) Verständnis der Kirche als menschl. Gemeinschaftsgründung und -einrichtung religiös gleichgesinnter Vereinsgenossen.

2. Die Ref. hat nicht zu einem „doppelten Kirchenbegriff" der Trennung und Entgegensetzung etwa einer „unsichtbaren" und „sichtbaren", einer „Rechts-" und „Geistkirche" geführt, wohl aber hat sie an der *einen* Kirche Christi *verschiedene Gestalten* bzw. „Schauseiten" unterschieden:

Als Gemeinschaft des Geistes, als *ecclesia spiritualis* ist die Kirche das „concilium iustorum sive spiritualis conventus fidelium", Gemeinde der wahren Gläubigen, das Reich Christi auf Erden, sein corpus Christi mysticum. Geistl. ist ihr Haupt Christus allein – es kann deshalb kein irdisches Haupt und keine Stellvertreter in ihr geben. Geistl. ist ihr Regiment, das in der geistl., lebenspendenden Gewalt der Evangeliumspredigt, Reichung der Sakramente, Vergebung der Sünden und Schlüsselgewalt besteht und keine weltl. Herrschaftsweise kennt. Die Kirche ist allein gegründet auf das Wort. Geistl. sind die Glieder dieses Reiches des Glaubens, die Gläubigen, die der Hl. Geist auf Erden beruft, sammelt, heiligt und erhält. Sie ist auf Erden *wirklich* und am Werk, aber sie ist *ecclesia abscondita*, da Gott allein weiß, wer ihr zugehört. Vermessen ist der Versuch der Sekten, zu urteilen, *wer* zu den wahren Gläubigen gehöre, und diese auf Erden als äußere Gemeinschaft abzugrenzen. Latent sancti; aber gewiß ist, *daß* Gläubige vorhanden sind, wo das Wort Gottes gepredigt wird.

Als *ecclesia universalis* ist die Kirche die Taufgemeinschaft, das „Ackerfeld", die „irdische Schauseite", die „leibl. Gestalt", in der die Glaubensgemeinschaft, die ecclesia spiritualis lebt und wirkt durch Wort und Sakrament. Sie ist – entgegen den Thesen des kanonischen Rechts – in ihrer Gesamtheit nicht organisierbar durch eine äußere Organisation und Rechtsgewalt. Wohl aber gliedert sie sich in die Kirchentümer der *ecclesiae particulares*.

3. Beide Gestalten der Kirche sind *untrennbar verbunden:* Die Verkündigung ist ihre Klammer. Nur über die sakramentale Mitgliedschaft in der allg. Kirche und durch deren Verkündigung kann der Christ zu der Glaubensgemeinschaft der wahren, der geistl. Kirche gelangen. Die äußere sichtbare Kirche der Taufgemeinschaft wird also nicht im schwärmerischen Individualismus entwertet (sie soll „Volkskirche" bleiben), aber einer Verselbständigung des äußeren Kirchenwesens gegenüber ihrem geistl. Grund und Wesen wird gewehrt.

4. Deshalb ist der rechte *Rang* dieser beiden Gestalten der Kirche für deren Ordnung entscheidend: Die Rechtsordnung der *ecclesia universalis* – und particularis – ist *von dem geistl. Charakter und Geschehen der ecclesia spiritualis bestimmt:* Sie muß deren Geist in ihren Prinzipien und Institutionen widerspiegeln; sie kann weder über die Botschaft noch über die Gliedschaft der wahren Kirche verfügen. Als Gemeinschaft der Gläubigen ist die Kirche in ihrer Ordnung ausgerichtet am Gläubigen und seinem Christenstand. Ihr Recht darf seine christl. Freiheit nicht verstricken in „Gesetzlichkeit", das geistl. Regiment nicht verkehren in weltl. Zwangsgewalt. Die Verkündigung – nicht eine äußere, von ihr verselbständigte Ordnung –

leitet, sammelt und bewahrt die Gläubigen und scheidet sie von den Ungläubigen.

5. Denn Christus *scheidet* durch das Evangelium die Schar der *Gläubigen,* die – Sünder und gerecht zugleich – im Glauben Vergebung und Erlösung empfangen, *von den Heuchelchristen,* den getauften Ungläubigen, die von dem Herrn abgefallen sind und seinem geistl. Regiment widerstreiten. Diese Scheidelinie geht durch die ecclesia universalis, durch die Taufgemeinschaft hindurch. LUTHER hat deshalb bes. in den Jugendschriften die doppelte Gestalt der Kirche unterschieden und damit eine Frage aufgeworfen, die die Confessio Augustana (Art. VIII) aufnimmt durch ihre Abgrenzung der *Kirche im „eigentl." Sinn* (ecclesia proprie dicta) von ihrer äußeren Erscheinungsform (ecclesia large dicta), der die Heuchler, die „mali admixti" beigemischt sind.

6. Die Kirche beruht also ganz und ausschließl. *auf der Verkündigung* des Evangeliums und auf dem *Glauben,* den die Verkündigung weckt und findet. *Das Wort schafft die Gemeinde.* Dies gilt auch gegenüber der mißverständl. These des Aufbaus der ev. Kirche „von unten nach oben". *„Nicht die Gemeinde konstituiert* nach reformatorischem Verständnis die Kirche, sondern das ‚von oben her' wirksam ausgerichtete Wort Gottes"; *Wort und Sakrament* sind allein die *notae ecclesiae* im begründenden und bezeugenden, konstitutiven und signifikativen Sinne (ERNST WOLF). Die äußere Kirchenverfassung fällt aus dem Bereich des Heilsnotwendigen heraus: Der Primat Petri und die hierarchisch-bischöfl. Organisation werden nicht als Bestandteil des →*ius divinum* erachtet, sondern dem ius humanum zugerechnet und einer prinzipiellen geistl. Kritik unterzogen. Zum ius divinum zählt allein das göttl. Recht der geistl. Kirche: der Auftrag zur Wortverkündigung in der Stiftung des ministerium verbi publicum, die Schlüsselgewalt und die Sakramente der Taufe und des Abendmahls. Ein anderes ius divinum gibt es in der Kirche nicht.

7. Im Sinn dieser auf das Wort gegründeten Gemeinschaft des Glaubens hat die Ref. die *Einheit* der Kirche verfochten und ebenso ihre *Einzigkeit, Universalität, Katholizität und Apostolizität* (→Kirche I A): Es gibt allein die Einheit der wahren Kirche der Evangeliumsverkündigung und des Glaubens, die keiner hierarchischen Organisation und keines päpstl. Primates bedarf, um ihre apostolische, kath. Universalität und Unität zu wahren. Aus diesem Grunde haben die Reformatoren entgegen dem kath. Dogma und kanonischen Recht (→Kirchenrecht II) die einheitswahrende Kraft der hierarchischen Kirchenverf., des Primats und der Amtssukzession bestritten. Sie haben aber auch eine theol. Separation und kirchl. Neugründung verworfen, das ev. Kirchenwesen nicht als „neuen Orden" verstanden und ein Nebeneinander kath., orth. und luth. Konfessionskirchen in ihrer Ekklesiologie nicht gelten lassen.

8. Dieser Kirchenbegriff nötigte zur *Kirchenreform* der veräußerlichten und verweltlichten Rechtskirche des kanonischen Rechts. Wenn sich die partikulare Kirchenorganisation von der wahren Verkündigung und der rechten Ordnung der Kirche Christi gelöst hat und zur Gegenkirche des Satans wurde, dann haben sich die Gläubigen von ihr *abzusondern,* die falschen Priester von Amt und Pfründe zu entfernen (→Widerstandsrecht). Sie treten damit nicht aus der Kirche aus, sondern wahren deren Einheit, Apostolizität und Katholizität. Durch das *Widerstandsrecht* führt die geistl. Kirche der Gläubigen das göttl. Recht des Evangeliums gegen den Abfall eines verselbständigten menschl. Partikularkirchenwesens zum Siege.

Die rechtl. Ordnung der Kirche ist darum für die luth. Reformation *„Ordnung vom Wort her* und auf die Verkündigung des Wortes hin" (H. BORNKAMM). Sie zerfällt dabei in *zwei,* ihrer Struktur nach verschiedene *Gruppen* menschl. Rechts:

9. Soweit es dem *unmittelbaren Vollzuge* der Evangeliumsverkündigung, Reichung der Sakramente und Handhabung der Schlüsselgewalt dient – also *Vollzugsrecht des ius divinum* der Kirche darstellt –, steht es in strenger Abhängigkeit von diesem und besitzt keine Freiheit zu eigener menschl. Gestaltung und Verfügung. Es ist rechtl. verbindl. nur insoweit, als es die Wahrheit des Evangeliums verkündet und vollzieht und mit dem Urteil Gottes übereinstimmt.

Dies gilt insbes. für die Ausübung der *Schlüsselgewalt,* also bei der Absolution und bei der Exkommunikation. Der priesterl. Spruch hat nur Gottes Urteil zu verkünden. Der irrende Bann und die irrende Absolution sind nichtig in der geistl. wie in der allg. Kirche, da diese von jener nicht getrennt und verselbständigt werden kann. Die Nachprüfung der geistl. Rechtmäßigkeit ist keinem Gläubigen verwehrt.

Die *Exkommunikation* wird als der „kleine Bann" von ihrer „weltl." Strafwirkung gereinigt und geistl. verstanden: als Form der Wortverkündigung durch richterl. Spruch. Sie ist deklaratorische Feststellung des ipso facto vollzogenen Ausschlusses aus der Gemeinschaft mit Gott und der geistl. Kirche. Damit ist die Exkommunikation aus dem Kreise der äußeren Strafmittel des kanonischen Rechts entrückt; ihre gewohnte massenweise Verhängung steht der hierarchischen Kirchengewalt nicht mehr zur Verfügung. Auch in einem ev. Kirchenwesen kommt sie nicht als äußere Kirchenzuchtmaßnahme der leibl. Kirche in Betracht, da diese nicht über die Gliedschaftsrechte der ecclesia spiritualis verfügen kann.

Entsprechend ist das rechtl. Verständnis von *Buße* und *Bußgewalt:* Alle Vergebung hängt auch hier vom Glauben ab; der Gläubige steht in unmittelbarer Rechtsbeziehung zu Gott, ist selbst minister sacramenti – im allg. Priestertum – und bedarf des Priesters nicht zu einer rechtsgestaltenden sakramentalen Absolution.

Die Absolution ist nur die Kundgabe des Urteils Gottes zu des Sünders Tröstung. Das kanonische Bußverfahren fällt in sich zusammen.

10. Soweit das *menschl. Kirchenrecht* nicht unmittelbar diesen göttl. Vollzug der Evangeliumsverkündigung, Sakramentsverwaltung und Schlüsselgewalt umfaßt, eignet ihm eine sehr große Freiheit: Die äußere Verfassung der Kirche, der Gemeinde, des Pfarramts und der Ämter, der Dienste, der Diakonie, des Vermögens- und Abgabewesens ist der freien Ordnung christlichen Bruderliebe anvertraut.

a) Der *Ursprung kirchl. Ordnung* und der Anlaß ihrer Entstehung liegt *im Gottesdienst.* Die Kirchenordnung ist „um des Lehrens willen" gefordert, hat eine dienende Funktion gegenüber dem geistl. Regiment Christi in der Verkündigung und im Vollzug der Nächstenliebe. Diese strenge Ausrichtung des Rechts auf seine missionierende, liturgische und diakonische Intention bringt in das ev. Kirchenrecht das Wechselspiel einer strengen Gebundenheit an das Wort und an den Dienst des Nächsten einerseits und einer großen, übermächtigen Freiheit in allen Fragen äußerer Ordnung, Zeremonien und Traditionen andererseits. Sie haben keinen Eigenwert und müssen weichen, soweit die freie Wirkung des Wortes und der Liebe es erfordert.

b) *Träger der Kirchengewalt* und berufen zur Rechtsetzung im Kirchenwesen sind die Glieder der geistl. Kirche, das Volk Gottes, *die Gläubigen:* im consensus fidelium, dem einträchtigen und freiwilligen Zusammenwirken der Christen in der Partikularkirche. Die Art des Rechtsetzungsverfahrens ist dabei der freien Wahl der →Kirchenverfassung in einer Partikularkirche überlassen.

Die Verbundenheit der geistl. Kirche, des Kirchenwesens und des Kirchenrechts *verbietet* aber die *Auslieferung* des äußeren Kirchenwesens und seiner Ordnung *an die weltl. Gewalt.* Der Landesherr hat keine weltl. Gewalt in der Kirche; die Kirchenleitung gehört keineswegs zum weltl. Regiment. Die Entstehung des →landesherrl. Kirchenregiments, das schon in der Ref. einsetzt und seine Blüte im Territorialismus (→Territorialsystem) und Absolutismus der nachreformatorischen Staatspraxis und -theorie findet, steht im scharfen Widerspruch zur Rechts- und Kirchenlehre der Reformatoren selbst; in ihm sind der ev. Begriff der Kirche und des weltl. Regiments, der Freiheit und des Gesetzes, des Geistlichen und Weltlichen verkannt, das Reich Gottes und das Reich der Welt vermischt und verdorben. Nur als ein christl. Bruder und ohne „weltl." Gewalt kann ein ev. Fürst im Notfalle und in Nothilfe mitwirkend Sorge tragen für die äußere Organisation des Kirchenwesens, die Bestellung und Besoldung der Prediger, Visitationen u. a. m. – Wegen des Zusammenhangs von Kirchenbegriff und →Kirchenrecht kann die Rechtsgewalt der Kirche *nicht* einem *ausgesonderten Kreise kirchl. Amtsträger* vorbehalten sein. Die Ref. hat deshalb die *Jurisdiktionsgewalt der Hierarchie* des kanonischen Rechts *bestritten,* in ihr eine „weltl." und tyrannische Verkehrung der geistl. Gewalt, der Verkündigung und des Predigtamts erblickt. Es ist ihr aber auch die Ableitung der äußeren Leitungsgewalt in der Kirche aus dem ministerium verbi für den Lehrstand oder für ein „ev. Bischofsamt" fremd, wie sie in manchen Ansätzen der Orthodoxie und des Neuluthertums gefolgert wird.

c) *Inhaltl.* soll die menschl. Ordnung im Kirchenwesen geprägt sein durch die drei großen Grundprinzipien *christl. Bruderliebe, Freiheit und Gleichheit:* Die communio sanctorum ist eine Gemeinschaft der Liebe, ihre Ordnung eine *Liebesordnung: „Respublica ecclesiastica unica lege charitatis instituta est."* Die Bekenntnisschriften haben diesen Satz LUTHERS aufgenommen: Die Ordnung in der christl. Versammlung ist „umb der Lieb und Friedes willen zu halten" (CA und Apol. Art. XV, XXVIII), doch ohne Beschwerung der Gewissen, ohne „Gesetzlichkeit" und ohne den Anspruch der Heilsnotwendigkeit eines kanonischen Gehorsams. Die Schlüsselstellung des Liebesgebots als Grundprinzip einer ev. Kirchenverfassung gründet sich auf die luth. R. vom göttl. Naturgesetz, das als Gebot vollkommener Gottes- und Nächstenliebe seine authentische Interpretation durch Christus fand, als lex fidei und lex charitatis spiritualis im Reiche der Gnade gilt und sich dem Glaubenden in der Verkündigung und Rechtfertigung erschließt (s. u. III 5, 6, 7, 8).

Dieses Zusammenleben der Christen und damit auch die äußere Kirchenverfassung haben ihre *Grundlage* mithin *in der lex charitatis,* im Liebesgebot: *nicht* aber in einem allg. soziologisch verstandenen und biblizistisch verbrämten *Ordnungsgedanken* („Heiligkeit der Ordnungen"); nicht in der Autorität der *weltl. Gewalt* und insbes. nicht in Röm 13; nicht im *geistl. Amt* und nicht in der *Schlüsselgewalt,* die von der äußeren Leitung sorgfältig geschieden wird; nicht in einem hierarchischen Hirtenamt und schließl. auch nicht im allg. *→Priestertum,* das sich zunächst auf das Verhältnis des Gläubigen zu Gott bezieht und die hierarchische priesterl. Verf. des kanonischen Rechts zum Einsturz bringt, aber nicht i. S. eines quasi-demokratischen Prinzips verstanden werden darf, wie es manche vulgärtheol. Thesen vom „Gemeindeprinzip" tun.

Ev. Kirchenordnung ist im Spiegel der reformatorischen Theol. ein Recht *christl. →Freiheit,* kennt keinen Zwang und keine Gesetzlichkeit. Auch dies folgt aus der Rechtfertigung des Sünders und aus dem Wesen der geistl. Kirche als communio iustorum: Der Fluch und der Zwang des Gesetzes, der lex irae et mortis, ist für den Glaubenden abgetan; solange er im Glauben bleibt, erlangt er Vergebung seiner Sünden und Freiheit von aller geistl. und weltl. „Gesetzlichkeit", da er im Glauben frei geworden ist zum freien Dienste Gottes und des Nächsten. In dem

Satze LUTHERS „Ein Christen mensch ist eyn freyer Herr über alle ding und niemandt unterthan" ist eine Rechtsaussage enthalten. Sie betrifft den *persönl. Rechtsstatus* des Glaubenden (der nicht habituell verstanden werden darf), seine Exemtion von den gesetzl. auferlegten Bindungen der Welt, deren er nicht bedarf, weil er Gottes Gebote in freier Liebe erfüllt und freiwillig in den Bindungen der brüderl. Liebesordnung steht. Er ist dadurch auch von der Gewissensbindung an kirchl. Gesetze, Zeremonien, Traditionen befreit. – Sodann ist die christl. Freiheit ein *Grundprinzip des kirchl. Rechts,* aus dem sich seine Eigenart fehlender hierarchischer und obrigkeitl. Autorität und Zwangsgewalt ergibt. Der kanonische Gehorsam gilt als geistl. Tyrannis, da er die in der Rechtfertigung zuteil gewordene Freiheit des Gläubigen verkürzt und damit die Grundlegung des Kirchenwesens und Kirchenrechts in der geistl. Kirche mißachtet. Durch die *Freiheit* der Gläubigen *in der Wahl der kirchl. Verf.formen* hat sich das ev. Kirchenrecht der kanonischen Bindung an die papale und episkopale Verf.struktur entledigt. So steht ihm die Fülle äußerer Verf.formen zur zweckmäßigen Auswahl offen. – Schließl. *verbietet die geistl. Freiheit* eine *Unterordnung der Kirche* als des Reiches Gottes unter das Gesetz des Reichs der Welt und *unter das weltl. Regiment* der Obrigkeit in diesem. Gerade an der Freiheitsfrage – diesem luth. Kernproblem – wird der Abstand kirchl. und weltl. Ordnung paradigmatisch deutlich: Die Ref. hat den Unterschied des *ius utrumque* als theol. Problem gesehen und vertieft.

Der Gedanke der →*Gleichheit* der Christen läßt alle geistl. Stufung und Unterscheidung in der Kirche hinfällig werden. Mit der fallenden Scheidung zwischen Klerus und Laien ist dem kanonischen Recht der Boden entzogen. Der Christenstand ist kraft göttl. Rechts der einzige Stand in der Kirche; er duldet weder die Herrschaft noch die Privilegien und Exemtionen des kanonischen Priesterstandes.

d) Die *Geltungsweise* der ev. Ordnung des gemeindl. Lebens darf sich keine geistl. Verbindlichkeit anmaßen. Die kirchl. Ordnung hat an die Verkündigung und an die gottesdienstl. Übung der Gemeinde anzuknüpfen; sie soll erst dann beschlossen werden, wenn die ev. Predigt und ein ev. Gemeindeleben in Brauch und Schwang gekommen sind. Kirchl. Gesetze gelten in der Weise eines Vorschlags, der Einladung zum freiwilligen brüderl. Dienst: *Sie gelten exemplarisch und nicht normativ.* Das Recht der Kirche bildet sich behutsam und spontan, „als horet man eine historien und keinen auffsatz oder gebot". Darum fallen die Sanktionen des kanonischen Rechts hinweg, kirchl. Ordnungen sind *keine „nöttigen Gesetz",* verstricken die Gewissen nicht und sind aus Freiheit auf den Vollzug in Freiheit hin geschaffen. Das Imperativische tritt zurück hinter dem Indikativ in der Ordnung kirchl. Lebens. Das kirchl. Recht vermeidet so seine formale bzw. positivistische Verhärtung; es verbindet die Glaubensfestigkeit mit der dienenden Elastizität im Normativen. Um der Bruderliebe willen soll sich der Christ nach der kirchl. Ordnung richten, sich nicht leichtfertig über sie hinwegsetzen, keine Zerrüttung und kein Ärgernis hervorrufen, um den Dienst an der Verkündigung und der Diakonie nicht zu gefährden. Die Einsicht in den geistl. Grund kirchl. Ordnung führt so den Christen in eine unvergleichl. höhere Bindung und freiere Erfüllung des kirchl. Rechts, als es die geistl. oder weltl. Gesetzesstrenge vermöchte. Von der Norm darf deshalb auch abgewichen werden, wo es die brüderl. Liebe gebietet, um das Heil des Nächsten zu fördern oder ein Ärgernis zu vermeiden. Das kirchl. Recht bleibt auf die geistl. Freiheit des Dienstes gegründet und kennt keine Unverbrüchlichkeit der Norm um ihrer selbst willen.

e) So verlagert sich das entscheidende Moment der kirchl. Verf. *vom Institutionellen,* Normativen, Statischen auf das *Personale, Aktuale,* Dynamische. Die Kirche wird aus dem transpersonalen Gefüge göttl. Institutionen und Ämter zu der personalen Gemeinschaft des Verkündigens, Glaubens, Bekennens. *Ihre Rechtsordnung lebt rechtens nur im geistl. Vollzug, im usus spiritualis legis.* Das gilt für das Recht der Sakramente, des „geistl. Standes", der Ehe (→Eherecht II; →Ehe und Familie I), des →Amtes (→Pfarramt), der Institutionen und Normen des menschl. Kirchenrechts insgesamt. Es „gilt keyne ordnung von yhr selbs etwas, wie bis her die Bepstliche ordnunge geachtet sind gewesen, sondern aller ordnunge leben, wirde, krafft und tugent ist der rechte brauch" (LUTHER, Deutsche Messe 1526). Die kirchl. Ordnung verliert nicht ihre Konturen, die Kirche wird nicht zur Geistkirche ohne Rechtsgestalt. Das Institutionelle (→Institution) wird nicht aufgelöst, aber personal und aktual geistl. erfüllt verstanden und vertieft. Erst *im usus spiritualis* kann sich die *ev. Freiheit bewähren* als Freiheit zum Dienste Gottes und des Nächsten.

f) Seiner Eigenart wegen ist das menschl. *Kirchenrecht* der Partikularkirche zutiefst *wesensverschieden vom weltl. Recht* der weltl. Obrigkeit im staatl. Bereich. Es kann als der große Abfall der ev. Kirchenrechtstheorie und -praxis der folgenden Jh.e bezeichnet werden, daß sie im entscheidenden Punkte den reformatorischen Ansatz der ev. Kirchenordnung im Kirchenbegriff, Rechtsbegriff und in der Rechtfertigung übergingen und die Setzung und Handhabung des Kirchenrechts der weltl. Gewalt überantwortet haben (vgl. oben II 10 b). – Eine →*Säkularisierung* des Kirchenrechts, die den Zusammenhang zwischen der geistl. Kirche und dem äußeren Kirchenwesen, der Rechtfertigung und dem Recht, zwischen dem geistl. Naturgesetz der lex charitatis spiritualis und der menschl. Ordnung der Bruderliebe, zwischen der Freiheit und Ordnung zerreißt, ist von der R. LUTHERS vermieden worden. Desgleichen aber auch eine illegitime *Sakralisierung* des menschl. Rechts in der Kirche: Es besitzt keine „Heiligkeit“ an sich, ist nicht von bes. „geistl.“ Qualität und Dignität, die seinen Normen und Institutionen – an sich und jenseits des geistl. usus durch den Gläubigen – zukäme. Der Anspruch des kanonischen Rechts, „geistl. Recht“ zu sein, wird deshalb bestritten. Heilig und geistl. – spirituales – sind nur die Gläubigen und nur solange sie im Glauben stehen. Das ev. Verständnis von Glaube, Rechtfertigung, Heiligung und Freiheit verbietet es, von einer gleichsam dingl., aus sich selbst wirkenden Heiligkeit bestimmter Sachen, Stätten, Kulthandlungen, rechtl. Charaktere, Qualitäten, Institutionen und Normen zu sprechen. Äußere Ordnung und Obödienz sind nicht Gegenstand und Artikel des Glaubens; sie sind für sich genommen „indifferent“ in den Fragen des Heils. Um dies zu charakterisieren, wird die äußere Kirchenordnung vielfach als „weltl.“ bezeichnet: Die Kirche lebt mit ihrer Ordnung „in der Welt“, doch nicht „von der Welt“. Die Rechtsetzung der äußeren Kirchenordnung ist deshalb kein Glaubensakt, sondern ein *Werk der menschl., vom Glauben erleuchteten Vernunft.* Sie geschieht „necessitate fratis“, nicht necessitate salutis.

11. Die Lehren LUTHERS über die Kirche und ihr Recht fußen auf der klärenden Unterscheidung der *Schlüsselgewalt,* die allein dem Vollzuge des ius divinum in der Kirche dient, von der *äußeren Leitungsgewalt* in der Kirche, welche von den Gläubigen als ius humanum im äußeren Kirchenwesen frei geordnet und gehandhabt wird. Dadurch zerfällt die potestas ecclesiastica des kanonischen Rechts in zwei Bereiche, deren herkömml. Vermischung diesem zu dem Vorwurf gereicht, das Göttliche an der Ordnung der Kirche vermenschlicht und das Menschliche vergöttlicht zu haben.

Die *potestas ecclesiastica* („der Bischoven Gewalt“, CA Art. XXVIII) wird in den luth. Bekenntnisschriften verstanden als die geistl. Gewalt der Evangeliumspredigt, Sakramentsverwaltung und der Schlüsselgewalt in der Handhabung von Bußgewalt und Bann. Auf diesen geistl. Bereich wird die potestas ordinis et iurisdictionis des kanonischen Rechts beschränkt (Apol. Art. XXVIII, 13). Dieses Bischofsamt, das insoweit mit dem Pfarramt identisch ist, regiert „sine vi humana, sed verbo“, und dieser seiner geistl. Gewalt wird iure divino Gehorsam geschuldet in der Kirche. Diese geistl. Kirchengewalt ist von dem weltl. Regiment der weltl. Obrigkeit wesensverschieden; sie kennt darum auch keine weltl. Zwangsgewalt wie letztere. – Die äußere Ordnung der Kirche wird nicht durch diese geistl. Gewalt der Schlüssel erlassen und kann nicht auf ihr beruhen, sondern findet ihren Rechtsgrund in der brüderl. Liebe, um Ärgernis im Frieden zu vermeiden. Im „Tractatus de potestate papae“ sind die Thesen der CA weiter entfaltet und gegen den päpstl. Primatanspruch abgegrenzt.

12. Im *Amtsrecht* fällt deshalb das kanonische Verf.system zusammen: Das öffentl. Predigtamt, das *ministerium publicum* verbi divini, ist das *einzige Amt göttl. Rechts* in der Kirche; es besteht im Auftrage der öffentl. Wortverkündigung in der Gemeinde. Alle anderen Ämter in der Kirche (äußere Kirchenleitung, Armenpflege, Unterricht, kirchl. Vermögensverwaltung) sind *menschl.* Rechts und ihm dienend zugeordnet. Auch die äußere Gestalt des Pfarramts in der Gemeinde, die Voraussetzungen und das Verfahren der Berufung und die zu Wortverkündigung und Sakramentsverwaltung hinzutretenden äußeren Kompetenzen und Funktionen des Pfarrers in der Gemeinde sind iure humano geordnet. In dem Vorgang der *Vokation* wird der Zusammenhang des ius divinum der Kirche und des ius humanum in ihrer äußeren Rechtsgestalt deutlich, welche wiederum von der lex charitatis spiritualis durchwaltet ist. Das Sakrament der Taufe bildet den sakramentalen Grund und Vorgang der Berufung zum Predigtamt: Wegen seiner Taufe „sol (man) einen iyglichen Christen heissen einen geborenen Priester“, wie die Formel vom allg. Priestertum besagt; die *Ordination* ist deshalb *kein Sakrament,* verleiht nicht einen bes. character indelebilis und scheidet die Kirche nicht in den Stand der Priester und in den der Laien. Um den öffentl. Vollzug des ministerium verbi in der guten Ordnung der Gemeinde zu gewährleisten, muß die öffentl. Ausübung des Predigtamts kraft christl. Bruderliebe einem befähigten Gliede der Gemeinde anvertraut werden. Das geschieht in der Vokation. Christus selbst als der Herr des göttl. Kirchenregiments beruft den Prediger; er handelt durch die Gläubigen. Geschieht die Vokation im rechten usus spiritualis, so ist bei der Vokation und Ordination die wahre Kirche – ihr Haupt und ihre Glieder – im Rahmen und in den Formen der partikularkirchl. Ordnung am Werk, wenn sie den Amtsträger auswählt, prüft, im Gottesdienst ordiniert, in den Kirchendienst aufnimmt, ein Pfarramt in einer Gemeinde zuweist und alle Formen und Voraussetzungen erfüllt, die eine zweckmäßige und brüderl. Ordnung des Pfarramts humani iuris verlangt. Ohne eine solche Berufung zum Predigtamt durch die in Gottes Wort lebende Gemeinde darf sich niemand in die öffentl. Verkündigung des ministerium verbi divini eindrängen und einschleichen; die Reformatoren haben das ministerium verbi divini nicht dem Chaos der Winkelpfaffen und Sektenprediger ausgeliefert.

Der Berufene übt als minister durch Wort und Sakrament die geistl. Kirchengewalt Christi im regnum Christi aus, die iure divino allem äußeren Kirchenwesen *vorgegeben* ist. Die geistl. Kirchengewalt, die erst durch die Verkündigung die leibl. Kirche konstituiert, ist deshalb nicht von der Gemeinde geschaffen, *nicht* deren *delegierte* Gewalt. Die neuprot. „Übertragungslehren“, die das ministerium verbi im Verhältnis zur Gemeinde i. S. einer von der Gemeinde übertragenen Vollmacht deuten, haben das reformatorische Verhältnis der geistl. Kirche und des Kirchenwesens, des Kirchenregiments Christi und der menschl. Ordnungsgewalt, der Verkündigung und des Rechts in der Kirche im entscheidenden Punkte kollegialistisch-vereinsmäßig und immanent mißdeutet und den Gedanken des allg. Priestertums in falscher Weise organisatorisch veräußerlicht.

13. Die ev. Lehre vom *Konzil* fügt sich in diesen Zusammenhang ein. LUTHER hat an das Konzil appelliert als an die oberste Instanz der Christenheit; er hat ihm das Recht zur Definition von Glaubensfragen und zur Entscheidung des Glaubensstreites zuerkannt, das er dem Papste als der Spitze der Hierarchie bestritt. Mit der These von der Repräsentation der gesamten ecclesia universalis im Konzil und von dessen Überordnung über den Papst stand er auf dem Boden der konziliaren Theorie (→Konziliarismus), führte aber zugleich über diese weit hinaus: Denn das Konzil ist eine Institution des *ius humanum* in der Kirche, das nur dann aus der Vollmacht des Geistes und nur dann für den Gläubigen im Glauben verbindl. spricht, wenn *in ihm die wahre, geistl. Kirche handelt* und es sich deshalb der Majestät und Wahrheit des Wortes Gottes beugt, sie verkündet und vollzieht. Auch das Konzil steht unter dem essentiellen Vorbehalt der Übereinstimmung mit der Wahrheit der Hl. Schrift, der alle Normen und Rechtsakte in der Kirche des Evangeliums bedingt und begrenzt. So kann es über die Wahrheit des Evangeliums nicht verfügen, sondern sie nur im consensus der Väter und Brüder *bezeugen*. Seine Ökumenizität und Katholizität, seine Rechtmäßigkeit und Verbindlichkeit ist geistl. und aus der ecclesia spiritualis zu verstehen. Sie hängt deshalb nicht an der äußeren Organisationsform (die auch hier nicht menschl. verselbständigt und verfügbar gemacht werden kann), insbes. nicht an den äußeren Merkmalen der ordentl. Berufung, Versammlung und Leitung durch eine hierarchische Gewalt. Auch durch ein Konzil wird die geistl. Kirche, die ecclesia abscondita, ihrer „Verborgenheit" nicht entkleidet, nicht in einer menschl. Versammlung und Rechtsform habhaft gemacht; das Wirken des Geistes und der Wahrheit kann nicht gebunden werden durch menschl. Verfahrensnormen und Majoritäten. Ihr Anspruch auf Unfehlbarkeit ist deshalb angemaßt; auch die Konzilien können *irren* und haben geirrt. Richter über die Ökumenizität des Konzils ist deshalb die geistl. Kirche und jeder wahrhaft Gläubige als deren Glied. Keine Kirchenverfassung kann ihm die geistl. Freiheit dieses geistl. Urteils durch menschl. Gesetzlichkeit beschneiden. Auch den Konzilien gegenüber besitzt er um der Wahrheit willen Pflicht und Recht zum Widerstand, zu der ihn die Bindung an den Herrn und an sein Wort verpflichtet und befreit. Die *Appellation an das Konzil* hat deshalb die Reformation nicht zu einer auf Zeit erstreckten Kapitulation unter die Zwangsgewalt des kanonischen Rechts zurückgeführt, wie dies von der Gegenseite im Kirchen- und Reichsrecht geltend gemacht worden ist.

III. Auch in seiner **Lehre vom göttlichen Gesetz** hat LUTHER das überkommene scholastische und kanonistische System aus der Tiefe gesprengt; die traditionellen Begriffe sind zwar weithin übernommen, aber in großer Freiheit und neuer Sinndeutung gebraucht.

1. LUTHER hat *keineswegs* die *ma. Naturrechtsidee* (→Naturrecht) mehr oder minder ungebrochen *fortgeführt* (so E. TROELTSCH): Die thomistische Lehre von der lex aeterna als dem göttl. Weltgesetz und der lex naturalis widersprach seiner Lehre von der Erbsünde: Da das Verhältnis des natürl. Menschen zu Gott pervertiert ist, kann ihn kein lumen naturae zur Erkenntnis des göttl. Rechtswillens führen. – Aber LUTHER hat die *Idee des göttl. Rechts und des Naturrechts,* des ius divinum und des ius naturale, *keineswegs verworfen*. Er hat ihm nicht den Rechtscharakter aberkannt und es nicht – „jur. unbrauchbar" – nur als sittl. Norm gelten lassen (K. HOLL, R. SOHM).

2. Seine Rechtslehre (→Recht) ist eine *theol.* Rechtslehre; sie steht im Zentrum seiner Theol. und ist systematisch durchdacht und entfaltet, so verstreut sie auch in vielen Gelegenheitsschriften geäußert worden ist. LUTHER ist *nicht der Ahnherr einer säkularen Rechtsphilosophie* und sein *Rechtsbegriff* ist *nicht „weltlich"* wie derjenige der modernen rechtsphilosophischen Systeme (→Rechtsphilosophie). Erst seit CHRISTIAN THOMASIUS hat sich der Begriff des *göttl. Rechts* in der Theol., Kirchen- und Rechtslehre des Luthertums verflüchtigt.

3. LUTHERS R. ist von dem *Rechtsbegriff der Rechtfertigungslehre* – diesem „Hauptartikel" der luth. Theol. – aus entwickelt worden und nur von daher zu verstehen. Von da aus ergibt sich für LUTHER sodann der Zusammenhang von *Rechtfertigung und menschl. Recht,* nach welchem neuerdings KARL BARTH wieder eindringl. gefragt hat. Seine Lehren von dem göttl. Gesetz, vom Dekalog, der Bergpredigt, der Rechtfertigung, dem Reiche Gottes und der Kirche und deren Ordnung in der Welt stehen in engster Beziehung zueinander und sind isoliert nicht zu begreifen. Dies gilt vornehmlich für das Verhältnis der Rechtslehre und seiner Lehre von den beiden Reichen, wie es insbes. von JOH. HECKEL wieder aufgezeigt worden ist.

4. LUTHERS R. geht aus von dem *göttl. Rechtswillen* oder – wie er auch bezeichnet wird – von der *lex Dei,* lex divina, lex Christi. Sie verläuft also von Gott her zum Menschen hin, gleichsam *von „oben"* nach „unten"; sie sucht zuerst die *göttl. Gerechtigkeit* und das göttl. Gesetz zu erfassen, um von daher die *irdische Gerechtigkeit* und das menschl. Recht zu ergründen. Die *Verkehrung jener theol. Grundrelation* wird der überkommenen ma. Tradition zum Vorwurf gemacht: Sie habe deshalb die lex Dei

in die menschl. Traditionen verkehrt und die menschl. Traditionen zum göttl. Gesetz erhoben.

5. Die *lex Dei* ist gekennzeichnet durch ihren *Voluntarismus* und *Spiritualismus:* Das göttl. Gebot wendet sich an den geistl. Menschen, den homo spiritualis, und bezieht sich auf seinen *inneren,* gottförmigen Willen und nicht nur auf ein äußeres Verhalten. *Abgelehnt* ist deshalb ein *äußerer Normativismus,* der das Gesetz Gottes als „litera" von der „viva vox" und der Person des lebendigen Gottes trennt und der die geistl. Gerechtigkeit des Glaubens und der Rechtfertigung in die *fleischl. Gerechtigkeit äußerer Werkheiligkeit* verdirbt. Der Geist aber redet nur *durch die Hl. Schrift.* Darum ist der luth. Spiritualismus des göttl. Gesetzes in dieser Schriftgebundenheit von dem Spiritualismus der Schwärmer zutiefst geschieden.

Diese lex divina ist ihrem *Inhalt* nach eine Ordnung *vollkommener Gottes- und Nächstenliebe.* Darin liegt die *Summe aller Gebote* über das Verhältnis des Menschen zu Gott *und* zu seinem Mitmenschen.

6. Diese lex divina wird erst in der *Offenbarung* Gottes in Christo, in der *lex Christi* offenbar. LUTHERS Rechtslehre ist eine streng *„christologische" Rechtslehre.* In ihrer Tiefe und ihrem eigentl. Sinn ist sie dem Reiche Christi zugeordnet. Zwar ist sie als das *universale* Gesetz von dem Herrn aller Dinge an die Menschheit im ganzen und für alle Zeiten gerichtet. Aber der sündigen und gottfernen Menschheit ist nach dem Sündenfall der geistl. Sinn des göttl. Naturgesetzes entfallen. Erst *durch Christus* ist der wahre Sinn des *göttlichen Gesetzes* der vollkommenen Gottes- und Nächstenliebe wieder aufgedeckt, *„authentisch", d. h. geistlich interpretiert.* „Christus perfecte et spiritualiter interpretatur legem." Die Rechtslehre ist am Verständnis des Evangeliums gewonnen und an der Auslegung der *Bergpredigt* entwickelt. Sie ist mit der *Rechtfertigung* des Sünders allein aus dem Glauben engstens verknüpft. Denn *im Glauben* erst kann der Gläubige Gottes Gesetz als das Gebot der Liebe zu Gott und dem Nächsten *erkennen.*

7. Und weiterhin: Im Glauben geschieht ihm die *Rechtfertigung,* sind ihm seine Sünden vergeben, wird er mit Christus vereint, nimmt er teil an Christi Gerechtigkeit und wird er befreit von Zwang und Fluch des Gesetzes, der lex irae et mortis, die den Sünder zum ewigen Verderben verdammt.

Zwar ist auch der Glaubende gerecht nur in den Anfängen; er kann den alten Menschen und die Erbsünde nicht überwinden, solange dieses irdische Leben währt. Aber seine Sünde wird ihm – propter Christum – nicht mehr zugerechnet. So hat auch das verdammende und anklagende Gesetz keine Macht mehr über ihn: Die *dominatio legis irae* ist für ihn *zu Ende.* Das Gesetz Moses hat für den Gläubigen zwar seine Bedeutung nicht verloren (wie LUTHER gegen die Antinomer betont), aber es ist ihm zu einem Bußspiegel geworden, der den Gerechtfertigten zu einer sein ganzes Leben währenden Buße ruft und führt. Der Glaubende ist aus dem Reich der Welt, über das sich Gottes Zorn und Gericht erstreckt, entnommen und *in das Reich Christi,* das Reich der Gnade und Freiheit, aufgenommen. Sein persönl. Rechtsstatus hat sich in der Rechtfertigung gewandelt durch seinen „Christenstand".

8. Der Zusammenhang mit der Rechtfertigungslehre macht einen Zug der luth. Rechtslehre deutlich, der sie von dem übl. säkularen Rechtsbegriff scheidet: Das Recht ist *nicht institutionell* und *normativ* verstanden, *sondern personhaft, aktual, im usus* legis existent und wirksam: Auch die *lex Christi* ist in ihrem eigentl. Sinn *nicht Norm,* sie ist auch nicht das Gesetz einer gesetzl. auferlegten Liebe, die eine gesetzl. Erfüllung ermöglicht und erheischt. Sie ist nicht Auferlegung einer neuen Art von Gesetzlichkeit, so wie etwa die Schwärmer die Bergpredigt als neues Gesetzgebungswerk gesetzl. verstehen. Sie ist vielmehr Gottes wirkender, Glauben, geistl. Leben und Liebe schaffender Geist, Gottes Gnadenhandeln am Menschen, Predigt und Tat der Liebe, welche im Hörenden, Glaubenden und Handelnden Liebe wirkt und befreit.

Sie ist die schöpferische *Realisierung des göttl. Rechtswillens* am Menschen *im Ereignis des Glaubens und der Rechtfertigung;* sie ist viva lex, im Gegensatz zu der lex mortua menschl. Rechts. Sie vollzieht sich in der Evangeliumspredigt. Darum kann der junge LUTHER geradezu sagen: „Lex spiritualis et Evangelium idem sunt" und „Lex autem spiritualiter intellecta est idem cum Evangelio". Christus ist nicht als ein neuer Gesetzgeber (als neuer Mose) gekommen, sondern als der Bringer des Heils, der Gnade, die im Glauben die geistl. Erkenntnis und die Kraft der Liebe wirkt. Und wenn LUTHER später in der Auseinandersetzung mit den Schwärmern und Antinomern (und bei der Abwehr ihres Mißverständnisses dieser lex spiritualis) am Begriff des Gesetzes stärker das anklagende Amt des Gesetzes hervorgehoben hat und in diesem Sinn den Unterschied von „Gesetz und Evangelium" betonte, so hat er stets daran festgehalten, daß „das Evangelium" in der Rechtfertigung und dem Geschenk der christl. Freiheit „vom Gesetz" auch „rechtl." Bedeutung besitzt und unter den Christen zu einer Ordnung des Geistes, der Freiheit und der Liebe führt, die im regnum Christi „gilt" und die Ordnung der Kirche Christi bestimmt. – Darum fallen das *Sollen und Sein* in Christo im Geschehen des göttl. Rechtswillens im Grunde zusammen: Wo Gott seinen Rechtswillen ins Herz der Gläubigen gesenkt hat, dient der Gläubige freiwillig in der Liebe, wie denn die Werke aus dem Glauben folgen. Gott fordert Liebe, die aus dem Glauben in der Freiheit der Heiligung *zuteil wird* durch Gottes Gnade.

9. Außerhalb des Reiches Gottes, seiner ecclesia spiritualis, also *gegenüber der Welt* des Abfalls und Unglaubens *wirkt* der göttl. Rechts-

wille, *die lex divina* nicht als die geistl. im Glauben wirkende, gnadenbringende, freiheitschaffende und liebespendende Kraft Gottes, sondern *als Herrschaft Gottes* gegen den Widerstand der satanischen Mächte des Verderbens, als Gesetz des Fluches und Gerichts über die Sünde. Dem Gottfernen, Gottes Willen Widerstrebenden wird die lex divina aus einer lex charitatis *zur lex irae et mortis.* Sie klagt den Sünder an, enthüllt ihm Gottes heilige Gebote und seine Forderung vollkommener Gottes- und Nächstenliebe in ihrer ganzen Schwere und Unerfüllbarkeit durch seine menschl., sündhafte und verderbte Kraft. Sie führt ihm seine geistl. Verdammung vor Augen und läßt seine Hoffnung zuschanden werden, Gott durch seine menschl. Anstrengung, durch seine Werke zu versöhnen. – Die dominatio legis irae bringt ihn zur verzweifelten *Erkenntnis der Sünde,* treibt ihn zur Reue und *Buße* und zu dem Verlangen nach Christi Gnadentat der Erlösung. Als ein mahnender „Bußspiegel“ hat das Gesetz auch für den Gläubigen, der seinem Fluch enthoben ist, Gewicht. (Bisweilen wird diese von der Straffunktion zu unterscheidende Erkenntnisfunktion des Gesetzes, die den Gläubigen zur Erkenntnis seiner Sünde und zur Buße bringt, als „tertius usus legis“ bezeichnet.) Das Gesetz hat darin ein geistl. Straf- und Bußamt, das LUTHER den *proprius sive theologicus usus legis,* „das führnehmste Ampt des Gesetzes“ nennt.

10. Ihm tritt der *usus politicus sive civilis legis* zur Seite: Gott erhält durch seine Gebote die äußere Ordnung in der gefallenen, ihm sündhaft widerstreitenden Welt. Gottes Rechtswille hat sich auch von ihr nicht abgewendet. Auch ihr gegenüber übt er eine Ordnung *der Liebe,* aber eine solche *schützender* und *strafender Art* zum Schutze der Guten und zur Abwehr und Strafe der Bösen in der Welt. Gottes Ordnung im Reiche der gefallenen und unerlösten Welt ist *Erhaltungsordnung* bis zum Tage des Gerichts. Es ist eine Ordnung der Strenge, des Zwangs, der Unterordnung und der Gesetzlichkeit gegenüber den Ungläubigen. Gott wahrt sie *durch die weltl. Obrigkeit,* die in der Schärfe ihres Amtes Gottes Amtmann ist. Ihre Amtsaufgabe ist die *Wahrung des Dekaloges,* insbes. seiner zweiten Tafel in der *custodia secundae tabulae.*

Dieses *Recht im Reiche der Welt* – dem die Ungläubigen zugehören und aus dem die Gläubigen „ausgezogen“ sind in das Reich Christi – ist *grundverschieden von der Ordnung des Reiches Christi,* in welchem die christl. Gottes- und Bruderliebe, die christl. Freiheit und die christl. Gleichheit der Gerechtfertigten und Glaubenden als lex fidei und lex charitatis „gilt“, d. h. ihre geistl. Realisierung findet. Der *Glaubende erfüllt ja freiwillig Gottes Gebote,* die die Obrigkeit zwangsweise mit der Strenge des weltl. Schwertes gegen die impii durchzusetzen hat.

11. LUTHERS *Theol. der Ordnungen* bleibt stets in vollem Sinne *Offenbarungstheol. in strenger christologischer Bezogenheit.* Ihre äußere Ordnung im *usus politicus* legis (und dessen Entfaltung und Vollstreckung der Gebote durch das menschl., staatl. Recht) ist dienende Ordnung zur äußeren Erhaltung der Welt *um der Verkündigung,* der Rechtfertigung der Sünder, des Heilsgeschehens Christi *willen.* Sie ist deshalb nicht der Schöpfung und Erhaltung als Selbstzweck gewidmet. Die *Ordnung der „Welt“* ist mithin *Dienst am Reiche Christi,* an seiner Herrschaft im verkündigten Wort und an der Gemeinschaft der Gläubigen. Sie ist darum eine Weise seiner Herrschaft. Und ebenso ist die *Ordnung des Reiches Christi Dienst an der Welt,* damit die Welt in der Erlösung ihren Fall und ihren Widerspruch überwinde.

Die äußere Ordnung der Welt darf und kann deshalb *nicht* eigenmächtig *von Gottes eigentl. Rechtswillen* – der Offenbarung der lex divina im Sinne der lex fidei et charitatis durch die lex Christi – *abgetrennt* und *„eigengesetzl.“* nach vorgebl. Gesetzen der Schöpfung geordnet werden. Sonst wird der usus politicus legis verfälscht, seiner dienenden Rolle entbunden und im Mißgriff über den usus theologicus gestellt; sonst wird die lex Christi und das regnum Christi im Grunde den Gesetzen der Welt und der weltl. Herrschaft untergeordnet. Dadurch wird die Einheit des göttl. Rechtswillens gespalten und in einem paradoxen Rangsturz seiner Teile verkehrt.

12. In sehr verblaßter Weise äußert sich diese *Fehldeutung* der lex divina in der These von der *doppelten Moral* des Luthertums (insbes. E. TROELTSCH): Die Bergpredigt (also die Auslegung der göttl. Gebote durch die lex Christi i. S. der lex fidei et charitatis) wird danach auf einen partiellen Bereich der isolierten *Individual- und Privatmoral* beschränkt und als sog. Gesinnungs- und Liebesethik sublimiert in eine Sphäre religiöser Innerlichkeit. Ihr tritt dann unvermittelt und heterogen eine ganz andere *Moral des öffentl. Amtes* gegenüber, die von der Bergpredigt säuberl. geschieden wird und letztl. dazu dient, deren Ernst und Schwere für Christen und Unchristen zu entschärfen und weithin außer Kraft zu setzen.

Ihr *entspricht* eine ähnl. verbreitete *Veräußerlichung der Regimenten- und Reichslehre,* die diese in einem äußerl. *Bereichs- und Funktionsdenken* auf verschiedene Bereiche des Lebens und seiner Ordnung aufzuteilen sucht, mit der Folge einer zunehmenden, theol. illegitimen Entbindung weltl. Eigengesetzlichkeiten.

13. Die Rechtslehre LUTHERS aber geht aus von dem *einen,* einheitl. *Rechtswillen* Gottes, der sein Gesetz vollkommener Gottes- und Nächstenliebe ungeteilt und *an den ganzen Menschen* richtet, sich aber dann den Gläubigen und den Ungläubigen gegenüber *verschieden auswirkt.*

Es ist also *die gleiche lex divina,* die Gottes *Schöpfung und Erlösung, das regnum Christi* und *das Reich der Welt umschließt,* die in der Offenbarung Christi kund geworden ist, die auf die ganze Menschheit hingeordnet ist und die ein

Eigenrecht als Selbstbehauptung der gottwidrigen „Welt“ und ihrer vorfindl. „natürl.“ Gesetzlichkeiten ausschließt. Wenn darum von einem *„Dualismus des Naturrechts“* in der Theol. LUTHERS gesprochen wird, der dem Dualismus seiner Lehre von den beiden Reichen entspricht, so ist damit nur *die verschiedene Wirkung* umrissen, die dieser gleiche göttl. Rechtswille *in dem Volke Gottes* – dem Reiche Christi – und dem Haufen des Satans – dem Reich der *gottfernen Welt* – entfaltet und die den Ansatz für die theol. und rechtl. Verschiedenheit der weltl. Ordnung des Staates und der geistl. Ordnung in der Kirche Christi bildet. Deshalb ist es auch *irreführend,* die Lehre von der *Herrschaft Christi* (als „reformiertes“ Theologumenon proklamiert) der „luth.“ *Lehre von den beiden Reichen entgegenzusetzen.*

14. So zerfällt das göttl. Gesetz nicht in zwei verschiedene Gesetze, die der Mensch zu seiner Selbst-Rechtfertigung gegen Gott ausspielen könnte, um sich der lex Christi im „weltl.“ Sozialbereich zu entziehen. Aber es wird von den Menschen in *verschiedener Weise erkannt* – ein Umstand, der ebenfalls aus der Rechtfertigung des Sünders im Glauben folgt. Denn nur *im Glauben* an Gottes Offenbarung in Christus wird dem Gläubigen der geistl. Sinn des göttl. Gesetzes als lex fidei et charitatis offenbar. „Neque enim potest intelligi lex et sapientia Dei nisi in Christo.“ *Der Ungläubige* aber vermag in seiner *geistl. „Blindheit“* Gott und seinen göttl. Rechtswillen weder zu erkennen noch Gott zu lieben. Er bäumt sich gegen ihn auf und will selbst sein wie Gott. Nach dem Fall hat der Mensch mit seinen natürl. Kräften kein liberum arbitrium, Gottes Willen von sich aus zu erfüllen. So wird ihm Gottes Gesetz nur in den Trübungen erkennbar. Da ihm das lumen gratiae fehlt, sieht sein *lumen naturae* in Gottes Gesetz statt des Geistes den *Buchstaben,* statt der Sache die *Figura,* den Schatten des göttl. Willens, der ihm in der Verborgenheit Gottes verhüllt ist. Der natürl. Mensch hat deshalb den spiritualis intellectus legis in einem *sensus carnalis* mißdeutet; er sucht sein irdisches Glück und Wohl statt der ewigen Seligkeit. Er hat die iustitia spiritualis, die geistl. Gerechtigkeit des Glaubens und der Liebe in die *äußere Gerechtigkeit des Fleisches und der Werke* korrumpiert, die doch nur der schwache Schatten, das verblaßte Zeichen der Gerechtigkeit des Geistes ist.

15. Doch auch in dieser Trübung hat das göttl. Gesetz seine *überragende Bedeutung* in der „Welt“: Das *„weltliche Naturrecht“* – als welches sich dieses verweltlichte, „leibl.“ Verständnis des göttl. Gesetzes darstellt – ist zwar nur der schwache Abglanz des göttl. Rechtswillens, das den Eigennutz und die Selbstliebe des natürl. Menschen als Maß und Ansatz seiner Ordnung gelten läßt. Aber auch in seiner Veräußerlichung hat es noch die Kraft, die *Grundlage,* Geltungsbedingung und *Schranke allen menschl., positiven Rechts* zu sein, das „heubtgesetz, regel und mas“ aller sonstigen Gesetze. Dieses „natürlich recht“ ist der „rechts Brunnen“, aus dem alle geschriebenen Rechte geflossen sind. Wo ihm ein Gesetz oder Gebot widerstreitet, „so höret es auff und soll kein gesatz mer sein“. LUTHER hat also *mitnichten den Gedanken des Naturrechts* als einer *überpositiven* Grenze des Rechts *geleugnet;* er ist durch eine Welt *geschieden von* allen Verfechtern eines schrankenlosen *Positivismus* und *Absolutismus,* wie denn auch die Souveränitätslehren der zeitgenössischen Jurisprudenz bis in die Aufklärung hinein an der naturrechtl. Begrenzung der staatl. Rechtsetzungsgewalt festgehalten haben. Dem Machtspruch des *Tyrannen* wird kein Gehorsam geschuldet (insonderheit beim Übergriff der Obrigkeit in das geistl. Regiment, wenn sie aus der zweiten in die erste Tafel des Dekaloges hinüberzuregieren trachtet) – eine Position, die auch für die Durchführung der Reformation, für den ev. Widerstand gegen die „rechtswidrigen“ Religionsmandate, Religionsprozesse und Religionskriege von entscheidender Bedeutung in der Verf.geschichte gewesen ist.

16. *Inhaltl.* ist diesem „weltl. Naturrecht“ der große Rechtsgrundsatz des *„Suum cuique“* zuzurechnen, die – „leiblich verstandene“ – *Goldene Regel* („Die natur und ihr gesetz spricht: was du wilt, das man dir thu, das thu du auch dem andern“). Aus ihr sollen die obersten Rechtsgrundsätze abgeleitet werden, zB die des rechtl. Gehörs, des unparteiischen Richters (Konzil!), der Notwehr (Schmalkaldischer Bund und Krieg!) u. a. m. Die *zweite Tafel des Dekaloges* enthält seine *exemplarische Fassung:* Sie ist der gefallenen Menschheit durch Mose in einem Gesetzgebungsakt Gottes als *lex scripta* noch eigens eröffnet worden, wiewohl „nu Mose gesetz und natur gesetz eyn ding sind“. Der Dekalog hat darum *universale Geltung* für die ganze Menschheit, auch für Heiden, Türken, Juden; er ist den Menschen von Anbeginn der Welt ins Herz gemeißelt. Während also die übrige sinaitische Gesetzgebung ledigl. jüdisches Nationalrecht (der „Juden Sachsenspiegel“) darstellt, dessen Übernahme durch die Schwärmer (etwa im Strafrecht, Recht der Ehescheidung, des Zehnten, des Asyls usw.) widersprochen wird, ist in der zweiten Tafel des Dekaloges universales weltl. Naturrecht enthalten, wie es auch in den sonstigen Sätzen des aus der Goldenen Regel abgeleiteten weltl. Naturrechts zu finden ist.

17. Darum darf auch *dem Dekalog* – für sich genommen – *nicht eine falsche geistl. Weihe* beigelegt werden: Er enthält nur das getrübte Bild von Gottes geistl. Rechtswillen, wie es sich dem Auge der gefallenen und gottfernen Welt jenseits der Erleuchtung durch Christi Offenbarung und durch seine Gnade enthüllt. Der *Dekalog* kann deshalb – für sich genommen – *nicht* der Ansatz zu einer Theol. der *verselbständigten (Erhaltungs-)Ordnung „des“ Naturrechts jenseits von Offenbarung und Erlösung* sein. Gott spricht im Dekalog *„durch eine Larve“*, durch

Moses, den sündigen Menschen, als Mittler der sündigen Menschheit. Darum wirkt das Gesetz Gottes hier *drückend und schwer,* es ist in Furcht und mit verhülltem Angesicht empfangen und schafft Zerknirschung und Zwang statt Gnade, Liebe, Freiheit. Erst *durch Christi geistl. Auslegung und Erlösungstat* wird dem Glaubenden der tiefe *geistl. Sinn des Dekaloges als „lex spiritualis latens"* kund, und zugleich wird der Glaubende in die göttl. Ordnung der Liebe aufgenommen, indem sich an ihm Gottes Heilswille als lex fidei et charitatis realisiert. Durch Christus erst ist Gottes Gesetz „erfüllt", ist ihm *seine geistl. Bedeutung* und Kraft, die im Gesetze Mosis verborgen war, *wiedergegeben* worden.

18. Das beleuchtet das *Verhältnis der leibl. zu der geistl. Gerechtigkeit: Die Herrschaft Christi gilt* auch in der Welt, sein *geistl. Gesetz* gilt *für* das ganze „weltl." *Leben* des Menschen, zumal das Sozialleben. Aber die gefallene und erlösungsbedürftige Welt in ihrem *Widerspruch zu Gott* und in ihrer *Selbstgerechtigkeit* wird ihm *nicht gerecht in ihren Werken,* weil sie nicht im Glaubensgehorsam zu der Erkenntnis des geistl. Wesens der lex Christi und zu der geistl. Gerechtigkeit der Liebe und Freiheit in Christo durchstößt. Der *usus politicus legis,* der den Dekalog in der „Welt" zwangsweise gegen die Widerstrebenden zum Vollzuge bringt, ist wohl Gottes Wille, um dem Chaos der satanischen Zerstörung in der Welt zu wehren. Aber in ihm äußert sich Gottes Rechtswille auch für die „Welt" *nicht in seiner Vollendung,* Ganzheit und Tiefe, wie das falsche neuluth. Bild eines geistl. und weltl. *Ordnungsdualismus* vorgibt. Gottes Rechtswille der Liebe äußert sich hier nur in *veräußerlichter* Form, nur in der *leibl.* Erhaltung der Welt, damit eben der Welt (und nicht nur den Gläubigen) die Botschaft von der lex Christi durch die geistl. Gewalt des Predigtamts verkündet und in der Rechtfertigung die geistl., die Glaubensgerechtigkeit gewirkt werde.

Daraus erklärt sich der *scheinbare Widerspruch* in der *Wertung der weltl. Ordnung, Gerechtigkeit* und Obrigkeit: LUTHER hat sie – gegen die Schwärmer und Bauern – mit Macht verteidigt und gepriesen als köstl. Kleinod, das Gottes gütiges Erbarmen der Menschheit zugewendet hat, als „heiligen Orden von Gott eingesetzt" und „ynn Gotts wort und gebot gefasset", als „Göttliche, nützliche ordnunge", die den Frieden und in ihm „ein halb Himmelreich" vermittelt, die das *Abbild (signum)* und die *figura der geistl. Gerechtigkeit* im regnum Christi sei. Und doch hat LUTHER sie ein Bettelwerk gescholten und den übergroßen Abstand hervorgehoben, der das „weltl. Naturrecht" und die leibl. Gerechtigkeit von der lex Christi und der geistl. Gerechtigkeit des Glaubens trennt. Das weltl. Naturrecht, die iustitia civilis und ihre Entfaltung im obrigkeitl., weltl., positiven Recht schafft nur den äußeren, zeitl. Frieden, nicht den ewigen Frieden in Gott, nur das irdische Wohl, nicht das ewige Heil, nicht den Zugang zum Himmelreich, nicht die Befreiung von Gottes Zorn. Die äußere Wahrung des Dekalogs in der gefallenen Welt entspricht Gottes Willen und *ist „gerecht".* Aber Gott begnügt sich nicht mit dieser „leibl." Gerechtigkeit, und gerade ihre eifrigste und gewissenhafteste Erfüllung führt in die Gefahr der Selbstgerechtigkeit vor Gott, der Werkheiligkeit, die Gottes eigentl. Rechtswillen veräußerlicht verkennt. Deshalb kann LUTHER bei allem Lobpreis weltl. Gerechtigkeit doch sagen: „. . . iustitia carnalis damnatur et iudicatur per legem spiritualem, quod coram Deo sit impura, immunda, hypocrisis et mendacium." Die leibl. Gerechtigkeit wirkt und ist – im geistl. und d. h. im eigentl. Sinne – *keine Gerechtigkeit vor Gott:* Weil sie das geistl. Gesetz der in Christo offenbarten lex fidei et charitatis nicht erfüllt, obgleich es an alle Welt gerichtet ist und aller Welt aufgegeben ist, die geistl. Gerechtigkeit des regnum Christi im Glauben zu ergreifen.

19. Die *Spannung* zwischen dem *Recht des Reiches Christi und der Ordnung der Welt,* zwischen der geistl. und der weltl. Gerechtigkeit bleibt bis zum Tage des Gerichts und der Erlösung, solange diese Welt und die Spannung zwischen Glaube und Unglaube besteht. Sie kann *nicht durch die „weltl." Werke des Gesetzes überwunden* werden, sondern allein durch den Glauben. Die geistl. Rechtsprinzipien und Rechtsformen des Reiches Christi können darum nicht ohne weiteres in die weltl. Ordnung übernommen, insbes. nicht kopiert werden durch einen weltl. Gesetzgebungsakt. Die (notwendigerweise äußerl.) *Übertragung der Ordnung des Reiches Christi auf die Welt* erschien LUTHER ein *Fehlgriff,* der seinerseits zur Verweltlichung seiner geistl. Strukturen führen muß, wie ihm der Versuch der Schwärmer und der kath. Kirche gleicherweise bewies. Darum hat sich LUTHER auch gehütet, die – gewiß auch für die Welt exemplarische – Ordnung der „Christengemeinde" (um mit KARL BARTH zu sprechen) so geradewegs als das maßgebl. „Analogon der Bürgermeinde" in einer „politischen Entsprechung" zu entfalten. Er hat vielmehr in der Abwehr der Schwärmer wie der kath. Rechts- und Kirchenlehre und ihres kanonischen Rechts den *Unterschied* des Reiches Gottes und der Ordnung der Welt, der geistl. und der leibl. Gerechtigkeit hervorgehoben: damit die *falsche „Verweltlichung"* und Veräußerlichung der christl. Botschaft, der Kirche, des geistl. Regiments, der geistl. Gerechtigkeit und Freiheit der Gläubigen in eine „leibl." Werkheiligkeit und Gesetzlichkeit und Herrschaft ebenso verhindert werde wie ihr Spiegelbild: die *falsche* geistl. Erhebung der „Welt", ihre *Vergöttlichung* und vorgebl. *„Verchristlichung"* der weltl. Gerechtigkeit, der weltl. Werke und Dinge, Riten und Normen, die vor Gott nicht gerecht machen.

20. Aus der Zusammenfassung wird die *Abgrenzung der R. Luthers* von den anderen rechtstheol. Lehren seiner Zeit deutl.: Für LUTHER ist

– wie gesagt – die Lehre vom Gesetz ein Stück seiner *Christologie.* Sie ist nur aus Christi Erlösungstat der *Rechtfertigung* des Sünders zu begreifen. Sie hängt mit dem reformatorischen „sola fide“ und „sola gratia“ engstens zusammen. Sie hat die *Bergpredigt in den Mittelpunkt* seiner Rechtslehre gerückt: Erst in ihrem Licht wird der verborgene, tiefe geistl. Sinn des Dekalogs erhellt. Aus der Tiefe dieser Lehre vom göttl. Gesetz wird das alte Problem der abendländischen Theol., wie sich die *Bergpredigt* als Ordnung der Liebe und die *Ordnung der Welt* im Vollzug des Dekalogs nach *Röm 13* miteinander reimen, einer Lösung zugeführt: Die Bergpredigt und die Ordnung der Welt im Dekalog werden nicht auseinandergerissen und nicht gegeneinander ausgespielt, sondern in ihrer Tiefe zusammengeschaut. „Lex vetus non intelligitur nisi prius nova habeatur.“

Darin liegt der weltweite *Abstand* der reformatorischen R. von der großen Gegenfront des röm. Katholizismus und der Schwärmer (die auch hier über alle Gegensätze hinweg in eine innere Nähe rücken): Die Weisungen der Bergpredigt werden nicht verflüchtigt zu den sog. *„evangelischen Räten“* eines *mönchischen* Vollkommenheitsstrebens. Die Bergpredigt wird auch nicht, wie bei *„den Schwärmern“,* in chiliastischer Verkehrung aller irdischen Ordnung von Eigentum, Obrigkeit, Ehe, Beruf in einer falschen, äußerl. „Gesetzlichkeit“ erzwungen, um im Vorgriff das regnum Christi in dieser gefallenen Welt durchzusetzen und es dabei doch in eine „weltl.“ Zwangsordnung zu verkehren. – Das hat LUTHER auch den *Bauern* entgegnet, die zu dem Schwert greifen und „aus dem geystlichen reich Christs eyn welltlich, eusserlich reich machen, wilchs unmüglich ist“. – So hat LUTHER einem – mönchischen wie schwärmerischen – „gesetzl.“ Verständnis der Bergpredigt gewehrt (das in seiner „Vergesetzlichung“ des Evangeliums und in seinem „fleischl.“ Verständnis der lex Christi das regnum Christi, das geistl. Regiment und die geistl. Gerechtigkeit der Rechtfertigung aus dem Glauben verkehrt). Aber ebenso entschieden hat er den extrem entgegengesetzten Versuch der *Antinomer* (unter AGRICOLAS Führung) bekämpft, die Predigt des Gesetzes ganz aus der Verkündigung der Gemeinde zu streichen und ihm seine Bedeutung als Mittel der Erkenntnis der Sünde und als Spiegel der Buße zu bestreiten. Die Bergpredigt ist auch *nicht* (humanistisch oder aufgeklärt) moralisierend als *neue Ethik* höherer Humanität zu verstehen, die – von der Soteriologie gelöst – den Zusammenhang mit Christi Erlösungshandeln und der Rechtfertigung im Glauben verloren hat und deshalb auch den *Zusammenhang* ihres christl. *Ethos* mit der Ordnung des *Rechts* in Kirche und Welt nicht mehr erkennt.

LUTHERS Rechtslehre spiegelt die Stellung des Christen zur „Welt“: seine Aussonderung aus der Welt und seine Sendung in die Welt. Sie ist fern der mönchischen Weltabkehr, der schwärmerischen „gesetzl.“ Weltverbesserung und fern aller säkularen Weltgläubigkeit. Seine Weltbejahung nimmt die Geschöpflichkeit der Welt ernst in ihrer Erlösung, sie ignoriert weder ihre Verderbtheit und Unvollkommenheit, noch wendet sie sich von ihr ab, noch versucht sie durch Menschenwerk, Menschenrecht und Menschenzwang eine Verchristlichung der Welt, die nicht über den Glauben geht und darum nur zu einer Verweltlichung der Kirche und ihres geistl. Regiments und Rechts führen muß.

IV. Die Zwei-Reiche-Lehre Luthers. Die Eigenart der luth. Rechts-, Kirchen-, Staats- und Sozialehre hat man – LUTHERS Terminologie folgend – unter dem Stichwort der *Lehre von den beiden Reichen* (→Zwei-Reiche-Lehre) zusammengefaßt.

1. Sie steht noch heute inmitten der Diskussion der Lutherforschung und hat manche älteren Fragestellungen, zB nach LUTHERS Staatsidee, seinem Verständnis des corpus christianum, der Kirche, ihres Verhältnisses zum Staat u. a. abgelöst bzw. in sich aufgenommen. Ihre simplifizierte und popularisierte Verbreitung ist der Versuchung nicht entgangen, die Zwei-Reiche-Lehre als vorgegebenes ontologisches und ethisches Fundamentalschema einer dualistischen Sozialstruktur und →Sozialethik zu verselbständigen, darüber den theol. Sinngehalt der luth. Lehren über Kirche und Welt, Gesetz, Gerechtigkeit und Regiment zu verkürzen und ihre innere Einheit in eine Reihe „fataler Antithesen“ (ERNST WOLF) aufzulösen.

2. In einer paradoxen *Umkehr des Anliegens Luthers* ist diese Lehre zu der Mißdeutung verwendet worden, die „Welt“ letztl. von der Herrschaft Gottes und der Geltung seines Gesetzes zu entbinden, in ihrer *säkularen Autonomie* und Eigengesetzlichkeit „der Kulturgebiete“ zu bestärken und dieser überdies das äußere Leben und die Ordnung der Kirche als Bestandteil und Schöpfung „weltl.“ Rechts zuzurechnen bzw. zu unterwerfen. (So TROELTSCH, NAUMANN und WÜNSCH zur „doppelten Moral“ der luth. Sozialethik.) – Eine andere, insbes. im →Kirchenkampf verhängnisvolle Fehldeutung hat die Zwei-Reiche-Lehre mit einer Trennung der „Erlösungsordnung“ von der *„Schöpfungsordnung“* verquickt und so ebenfalls zu einer (religiös verklärten) Autonomie der weltl. Ordnung geführt. – Die Zwei-Reiche-Lehre LUTHERS darf darum auch *nicht reduziert* werden auf ein unproblematisches, dualistisches *Nebeneinander* eines *„geistl.“ und eines „weltl.“ Lebensbereiches* jedes Menschen, die sich jeweils nach verschiedenen, gegenständl. abgrenzbaren „geistl.“ bzw. „weltl.“ Strukturgesetzen richten (so LUTHARDT). Sie *reduziert* sich ferner *nicht* auf das *Nebeneinander* und die Abgrenzungsprobleme des *geistl. und weltl. Regiments* (so TÖRNVALL). Die Scheidung der Regimente ist nur ein *Teilproblem* der Zwei-Reiche-Lehre, das nicht in

funktionaler Verselbständigung gelöst werden kann von der personhaften Struktur der beiden Reiche, die in der Wirkung des Wortes, des Glaubens bzw. Unglaubens begründet ist. – Auch ist das Verhältnis der beiden Reiche *nicht gleichbedeutend* mit dem Verhältnis von *Gesetz und Evangelium* (so R. SEEBERG und W. ELERT), das beide Reiche überschattet und in beiden wiederkehrt.

3. Die *Fragestellung* LUTHERS weist in andere Richtung: Er hat sie nicht transpersonal i. S. verschiedener Bereiche, Funktionen, Institutionen verstanden. Es ging ihm primär um ein personales Problem des Glaubens, der Glaubensgerechtigkeit und der Nachfolge Christi: um die Stellung des Christen im irdischen Leben, um den Glaubensgehorsam gegenüber der Bergpredigt und um seine Vereinbarkeit mit der weltl. Ordnung, der Führung und Inanspruchnahme des weltl. Regiments und seines schützenden und strafenden Schwertamts durch den Christen. Mit der Zwei-Reiche-Lehre wird ferner der Unterschied der Ordnung der Christen unter sich von der Ordnung der Welt umrissen.

4. Über den vielfältigen Unterscheidungen hat LUTHER aber stets in seiner Zwei-Reiche-Lehre die beide Ordnungen *umfassende Einheit des göttl. Liebes- und Rechtswillens* betont. Er hat *in ihr die innere Beziehung* der beiden Reiche und Regimente, der Erlösung und leibl. Erhaltung der Welt, der geistl. und weltl. Gerechtigkeit gesehen, die die innere Einheit auch in dem verschiedenen Handeln des Christen deutl. werden läßt: der für sich selbst als „Christperson" das Schwert nicht nimmt und seiner nicht bedarf, weil er aus dem Glauben und der Liebe dem Nächsten freiwillig dient, Unrecht vergibt und leidet, und der doch aus derselben Liebe Gottes und des Nächsten und aus dem gleichen Gehorsam gegen Gottes Gebot dem Nächsten zu dessen Schutz und Nutzen beisteht, für ihn dem Unrecht wehrt und so als „Weltperson" das göttl. Gesetz durch das weltl. Regiment und die weltl. Gerechtigkeit gegen den Widerstand des Satans in der Welt wahren hilft. So ist es *nicht ein verschiedenes Gesetz Gottes* und *nicht eine „andere Liebe"*, die im Reiche Gottes und im Reich der Welt wirkt, sondern die *gleiche Liebe* und ihr *gleiches göttl. Gesetz,* die zu der Menschen Erlösung *und* Erhaltung dient. Aber *die Menschen nehmen Gottes Wort verschieden auf* – im Glauben bzw. im Unglauben und in dessen Widersetzlichkeit oder Selbstgerechtigkeit. Und deshalb kommt es gerade durch die Wirkung und Verkündigung des gleichen göttl. Gesetzes und des gleichen Evangeliums an die ganze Menschheit zu einer scharfen personalen *Scheidung der Menschheit,* zu einer Verschiedenheit *ihres* personalen *„Rechtsstatus"* und zu der Verschiedenheit der „rechtl." *Ordnung* in den beiden Reichen: weil das gleiche göttl. Gesetz um der Menschen Unglauben willen im Reich der Welt *zu anderen rechtl. Auswirkungen* des Zwanges, der Unterordnung und der geistl. Verdammnis führt, als im Reiche Christi, dem Reiche der Gnade, des Glaubens, der Rechtfertigung, christlicher Freiheit und geistl. Gerechtigkeit. So trifft denn *beides* zu: die *Einheit des göttl. Gesetzes* und die – in der Rechtfertigung begründete – *Verschiedenheit der Rechtsordnung, der Regimente,* der *Rechtsprinzipien* der beiden Reiche und des *„Bürgerrechts"* seiner Glieder, ohne daß darüber die *Einheit der lex divina* in einen Dualismus zweier (voneinander abweichender und sich widersprechender) göttl. Gesetze zerfiele.

5. In seiner Reichslehre hat LUTHER den Begriff „regnum" in dreifachem Sinne verwendet (JOH. HECKEL): als die *Herrschaft* und Herrscherwürde des Hauptes, als die verschiedene *Herrscherweise* seiner Regimente und als das beherrschte *Volk* dieses Reiches. Nur zusammengenommen machen sie seine Zwei-Reiche-Lehre aus, weil sich die Herrschaftsweise des Regiments und die Ordnung der Reiche jeweils auf eines der Herrschaftsvölker bezieht.

6. LUTHER hat darum *das Reich Gottes personal* von dem Reich der Welt abgehoben: „Hie müssen wyr Adams kinder und alle menschen teylen ynn zwey teyll, die ersten zum reych Gottis, die andern zum reych der welt. Die zum reych Gottis gehören, das sind alle recht glewbigen ynn Christo unnd unter Christo, Denn Christus ist der könig unnd Herr ym reych Gottis, ... das er das reych Gottis anfienge und ynn der wellt auffrichtet." In diesem Reiche *regiert* Gott *geistl.* durch sein Wort, durch „das geystliche regiment", „wilchs Christen unnd frum leutt macht durch den heyligen geyst unter Christo". Christus hat „keyn schwerd gefurt, hat auch ynn seynem reych keynes eyngesetzt. Denn er ist eyn könig uber Christen und regirt on gesetz, alleyn durch seinen heyligen geyst. Und wie wol er das schwerd bestettigt, hatt ers doch nicht braucht. Denn es dienet nicht zu seym reych, da eyttel frume ynnen sind ... darumb, das Christus on zwang und drang, on gesetz und schwerd eyn frey willig volck haben sollt." Darum kann es im Reiche Christi *weder eine weltl. noch eine geistl. Obrigkeit* geben: „Es ist unter Christen key uberster, denn nur Christus selber und alleyn." Die weltl. Gewalt hat im Reiche Gottes nichts zu schaffen. Und auch das geistl. Regiment der Priester und Bischöfe, durch deren Amt Gott sein Regiment in seinem Reiche führt, „ist nicht eyn uberkeytt odder gewallt, sondern ein Dienst und ampt". Sie sollen darum „keyn gesetz noch gepott uber andere legenn, on derselben will und verlawb, sondernn yr regirn ist nichts anders, denn Gottis wort treyben".

Das geistl. Haupt (Christus), sein geistl. Regiment und das geistl. Volk des Reiches Gottes (die Gläubigen) bestimmen die *„Rechtsordnung" des Geistes,* des Glaubens, der Liebe und der Freiheit, die unter den Gläubigen in diesem Reiche gilt und die sie *von dem Recht des Reichs der Welt scharf scheidet.* „Ist zu mercken, das die zwey teyl Adams kinder, der eyns ynn Gottis reych unter Christo, das ander ynn der wellt reych unter der uberkeyt ist (wie droben gesagt) zweyerley gesetz haben." Der Rechtsbegriff des Reiches Gottes entspricht dem Begriff des geistl. Regiments, beide sind im Reiche Gottes personal bezogen auf den „populus Christi", d. h. die ecclesia vera der wahren Gläubigen, die durch Christus und in Christus vereint das corpus Christi mysticum bilden.

7. Auch das *Reich der Welt* ist personal verstanden: Es umfaßt *die Ungläubigen,* auch die ungläubigen Schein- und Namenschristen, die „impii", die LUTHER auch als das „corpus diaboli Babylonicum", das „regnum Diaboli", das Teufelsvolk, das vom Teufel beherrscht wird, bezeichnet.

Aber Gott hat dem Satan die Herrschaft über die abgefallene Welt nicht überlassen; er wehrt ihr durch das weltl. Regiment, die weltl. Obrigkeit und ihre weltl. Gesetze, weil sein geistl. Regiment durch das Wort von der „Welt" nicht aufgenommen wird. Gottes Herrschaft erstreckt sich so auch auf das Reich der Welt. Von daher hat LUTHER das regnum mundi zugleich als Regiment und *„Reich Gottes mit der linken Hand"* bezeichnet – im Unterschied zum Reiche Gottes zur Rechten, dem regnum gratiae und regnum fidei, das sein „rechts Reich ist, ubi ipse regnat, da er nicht parentes, magistratus, lictores darff hinsetzen, sed ipse ists selber".

So erscheint das Reich der Welt in *doppeltem Aspekt* und Sinn: als Teufelsreich des Abfalls und der Sünde und als Reich Gottes mit der Linken, d. h. als Reich und Regiment Gottes über die gefallene Welt, als Gottes Ordnung in ihr. Das weltl. Regiment Gottes ist deshalb auf das Reich der Welt, d. h. auf seine unterworfenen Glieder bezogen: „Zum reych der wellt oder unter dz gesetz gehören alle, die nicht Christen sind. Denn syntemal wenig glewben und das weniger teyl sich hellt nach Christlicher art, das es nicht widerstrebe dem ubel, Ja das es nicht selb ubel thue, hat Gott den selben, ausser dem Christlichen stand unnd Gottis reych, eyn ander regiment verschafft unnd sie unter das schwerd geworffen, das, ob sie gleych gerne wollten, doch nicht thun kunden yhr boßheyt."

8. Diese personale Struktur der beiden Reiche und Regimente ist der Grund, der es nicht zuläßt, die Scheidung der Menschheit einzuebnen und statt dessen die zwei Reiche auf eine Scheidung der Lebensbereiche des Christen zu transponieren bzw. auf zwei Regimente zu verkürzen, die sich über alle Menschen in gleicher Weise erstrecken sollen. Dieser personalen Bestimmung der beiden Reiche steht auch der Umstand nicht entgegen, daß auch der Glaubende „gerecht und Sünder" zugleich ist (*simul iustus et peccator*) (s. o. III 7). Denn der Gerechtfertigte hat eine andere Stellung zum göttl. Gesetz als der Ungläubige; das Gesetz hat seine Macht als lex irae über ihn verloren, ist ihm – dem in der Gnade Freien – zum Bußspiegel geworden (s. o. III 9), der ihn zum Glauben und zum freien Dienst der Bruderliebe leitet, ohne ihn hinfort „unter das Gesetz" zu versklaven.

9. Die *Stellung des Christen im irdischen Rechtsleben:* Der Christ ist nicht „von" der Welt, aber „in" der Welt und „für" die Welt; er ist aus der Welt ausgesondert zum Dienst an der Welt. Gott hat die Ordnung des weltl. Regiments nicht durch das Evangelium der Bergpredigt aufgehoben, wie die Schwärmer meinen, sondern läßt sie für die „Welt" bestehen. Aber *„er zieht die Seinen heraus",* denn als Glied des Reiches Gottes sind die Gläubigen der Ordnung der Welt enthoben, „exemt" von ihr, wie denn das kanonische privilegium fori nicht den Klerus als äußeren Berufsstand äußerl. privilegiert, sondern in tiefer theol. Neubesinnung gleichsam für alle wahren Gläubigen gilt, von denen es heißt: omnia iudicant, et a nemine iudicantur (1 Kor 2, 15). Als Freier – und aus dieser christl. Freiheit der Nächstenliebe und des Nächstendienstes, nicht infolge der Unterworfenheit unter das weltl. Reich, Recht und Regiment – „gibt er sich auffs aller willigst unter des schwerds regiment, gibt schos (Steuern), ehret die uberkeyt, dienet, hilfft und thut alles was er kan, ... auff das sie ym schwang und bey ehren und furcht erhalten werde, wie wol er des fur sich keynes darff, noch yhm nott ist". Der Christ lebt *in den Ordnungen des weltl. Rechts* als ein freier *Fremdling und Pilgrim,* aber er sorgt durch das Beispiel seines freien Dienstes dafür, daß diese für die Welt und für den christl. Bruder so nötige weltl. Ordnung geachtet, befolgt und nicht erschüttert wird, obgleich „die Christen unternander und bey sich und fur sich selbs" das weltl. Regiment und Recht nicht brauchen, nicht gebrauchen und ihm nicht unterworfen sind.

10. Diese innere Distanz, Freiheit und Exemtion führt den Christen weder zum schwärmerischen Aufruhr gegen das weltl. Regiment noch zur mönchischen Weltabkehr. Gerade als Christ – als Bürger des Reiches Gottes und Fremdling im Reich der Welt – *führt er das weltl. Regiment und Schwert* über die gefallene Welt, aus deren Verstrickung und aus deren „Gesetzlichkeit" ihn Gott ins regnum gratiae herausgezogen hat. Weil es Gottes Ordnung für die Welt ist und weil die Welt des weltl. Rechts und Schwerts nicht entraten kann, ist der Christ bereit zu seinem Dienst. – So hat LUTHER *im weltl. Handeln des Christen* das Evangelium der Liebe, des Leidens und der Gewaltlosigkeit aus der *Bergpredigt* und die Bestätigung des weltl. Regiments durch *Röm 13* zusammengesehen: als die verschiedene Weise der geistl. bzw. leibl.-weltl. Realisierung *des gleichen göttl. Gesetzes,* die dem Christen einerseits im Reiche Gottes und andererseits bei seinem Dienst an der Welt in Gottes Regiment obliegt und die aus der *gleichen Gottes- und Nächstenliebe* und ohne Spaltung seines Ethos in eine doppelte Moral geschieht. Gerade *dieselbe christl. Freiheit und Bruderliebe* der lex charitatis, die sein Bürgerrecht – seinen „Christenstand" – im Reiche Gottes auszeichnet und

ihn der weltl. Ordnung enthebt, führt den Christen zur *Mitverantwortung* für die Welt, in der er Gottes Wort zu verkündigen, Gottes Gebot der Liebe aus dem Glauben vorzuleben und Gottes weltl. Regiment zu führen hat. Das *Reich Gottes* lebt und wirkt nicht auf dem Berge der Verklärung, sondern *inmitten der Welt* und *für sie,* obgleich seine Glieder *nicht der Ordnung dieser Welt* (und insbes. nicht einer gottwidrigen Eigengesetzlichkeit) *verhaftet* sind.

11. Angesichts dieser Aussonderung des Christen aus dem Reich der Welt einerseits und seines Dienstes am weltl. Regiment andererseits, wie sie beide in der Freiheit der Kinder Gottes zum Dienste Gottes und des Nächsten begründet sind, hat man „letztlich eine Definitionsfrage" (H. BORNKAMM) darin erblicken können, ob der Christ nun *„Bürger beider Reiche"* (zB F. LAU und P. ALTHAUS) ist oder nicht (J. HECKEL, E. WOLF). Er hat – wie dargetan – sein Bürgerrecht im Reiche Gottes, ist nicht Glied, Rechtsgenosse des Reichs der Welt und Unterworfener des weltl. Regiments, das nur über dieses gesetzt ist (nos peregrini et advenae mundi; non ... cives). Aber weil der Christ als Gast und Fremdling im weltl. Reiche Gottes zur Linken und in seinem weltl. Regiment aus freier Liebe dient, hat ihn LUTHER doch auch gelegentl. selbst als cives huius mundi bezeichnet, um auszudrükken, daß ihn seine Verantwortung für die Welt nicht aus dem Dienst an ihr entläßt.

12. Die *Abgrenzung* zwischen dem Reiche Gottes und dem Reich der Welt ist nach LUTHERS Deutung mithin gerade anders als in einer verbreiteten neuluth. Sicht: Sie verläuft *nach den Personen* (weil sich die Geister scheiden am Worte Gottes), *nicht* aber nach gegenständl. *abgegrenzten Sachbereichen.* Denn die Glieder des Reiches Gottes leben und wirken gerade im äußeren Bereich der Welt und zwischen den Weltkindern; und sie leben und wirken gerade auch dort in ihren „weltl." Geschäften nach dem geistl. Gesetz ihres Reiches und ihres christl. „Standes", das sich nicht auf einen geistl. Bereich der religiösen Innerlichkeit, der Erlösung beschränkt, sondern in der Welt bewährt, wenn nicht ihr Glaube tot und ihre Liebe ohne Werke leer geworden ist. Darum führt diese personale geistl. Exemtion des Christen von der Ordnung der Welt nicht aus der Welt heraus in das Chaos des schwärmerischen Enthusiasmus, nicht in ein Konventikelchristentum weltfremder abgesonderter „Kerngemeinden" und nicht in die veräußerlichten, transpersonal institutionalisierten Exemtionen, Privilegien und Immunitäten des kanonischen Weltrechts der kath. Weltkirche, die der weltl. Obrigkeit ihr weltl. Regiment vereiteln will (s. o. III 11, 12; IV 2).

13. LUTHER hat mithin über der *Scheidung* der beiden Reiche und Regimente stets ihre *Zuordnung* betont; er hat darin auch den Dualismus und die Trennung in der Reichslehre AUGUSTINS überwunden. „Darumb muß man dise beyde regiment mit vleyß scheyden und beydes bleyben lassen. Eyns das frum macht. Das ander das eußerlich frid schaffe und bösen wercken weret, keyns ist on das ander gnug ynn der wellt." Denn durch das weltl. Regiment wird niemand fromm und gerecht vor Gott, und wo das geistl. allein regiert, „da wirtt der boßheyt der zaum loß unnd raum geben aller büberey. Denn die gemeyne wellt kans nicht an nehmen noch verstehen."

14. LUTHER hat deshalb bei aller Zuordnung der Regimente eine *Verwechslung* der beiden Reiche und ihrer Ordnungen und ihre *Vermischung* als satanischen Betrug bekämpft:

Die *Schwärmer und Bauern* wollen die Ordnung der christl. Freiheit und Gleichheit des Reiches Gottes auf das Reich der Welt übertragen, nehmen dazu das weltl. Schwert (statt des geistl. Regiments), zetteln weltl. Aufruhr an und enden um so mehr in geistl. Gesetzlichkeit.

Die *kath.* Kirchenverf. hat in LUTHERS Augen aus dem Reich der Welt die obrigkeitl. Herrschaftsordnung in die Kirche übertragen und in ihr die christl. Freiheit, Bruderliebe und Gleichheit des Reiches Gottes in die kanonische Obödienz, geistl. Stufung, Gesetzlichkeit und Werkgerechtigkeit verkehrt. Sie hat das geistl. Regiment des Predigtamts in eine hierarchische potestas iurisdictionis verwandelt, in den Bereich der weltl. Zwangsgewalt erstreckt und förmlich zur Weltherrschaft des Papstes gesteigert. Indem das regnum Christi verweltlicht wird, wird das weltl. Regiment unter das angemaßte dominium mundi des Papstes gebeugt, zum „weltl. Arm der Kirche" degradiert und überdies durch den Vorrang und die Privilegien des kanonischen Weltrechts erschüttert und durchlöchert.

15. Die prinzipielle Vermengung der beiden Reiche hat LUTHER gehindert, die ma. Idee der „respublica christiana", des →*Corpus Christianum* (RIEKER, SOHM, MEINECKE u. a.) eines einheitl. geistl.-weltl. Gemeinwesens als übergreifender Einheit der Christenheit (MATTHES, LAU) fortzuführen. Wo LUTHER – wie in der Schrift an den christl. Adel – von dem „christl. Körper" sprach, hat er damit nicht einen geistl.-weltl. Universalverband gemeint, sondern die „Kirche in der Welt", das corpus der wahren Christen des Reiches Gottes, das innerhalb der Taufgemeinschaft, der ecclesia universalis, lebt und wirkt.

Der Kampf um die rechte Unterscheidung der beiden Reiche hat damit erstmals die Problematik des Verhältnisses von *Staat und Kirche,* staatl. und kirchl. Recht umrissen; sie hat sich seitdem mit der fortschreitenden Ausbildung und Säkularisierung des Staates in veränderter Weise gestellt und ist aus einem theol. Problem innerhalb einer theol. Rechts- und Soziallehre immer mehr zu einer Frage des äußeren Gegensatzes und der korporativen Gegenüberstellung der Kirchen und des säkularen Staates geworden.

16. Auch der *weltl. Obrigkeit* hat LUTHER die Vermischung der beiden Reiche und Regimente

verwehrt: Sie darf ihre weltl. Gewalt *nicht* in das Reich Gottes und *in das geistl. Regiment erstrekken,* darf nicht in geistl. Anmaßung über die Seelen regieren wollen, nicht gebieten, was man predigen und glauben soll. Der Glaube kann mit weltl. Gewalt nicht erzwungen werden. Ketzerei muß überwunden werden durch das Wort. Insonderheit ein *Verbot der wahren Lehre* und des rechten ministerium verbi divini oder der Befehl zur Auslieferung ev. Schriften ist nichtig und fordert das geistl. →Widerstandsrecht heraus. Will die weltl. Gewalt einen Untertanen „dringen widder die gebot gottis . . ., da gaht der gehorsam aus, unnd ist die pflicht schon auff gehabenn". Den Christen bindet kein Gesetz, das nicht dem Glauben und der Liebe, der lex fidei et charitatis, dient. „Gott der Allmechtig unßere fursten toll gemacht hatt, ... sich vermessen auch ynn Gottis stuel zu setzen und die gewissen und glawben zu meystern, und nach yhrem tollen gehyrn den heyligen geyst zur schulen furen." Ein *Religionskrieg* und eine *Reichsexekution* gegen die wahre ev. Lehre widerstreiten „widder alle Göttliche und weltliche recht"; der Kaiser handelt dabei also auch „widder seine eigene Keiserliche recht, eyde, pflicht, siegel und brieve".

Ebenso hat LUTHER die Übertragung der Strukturen des Reichs Gottes auf das weltl. Reich und Regiment bekämpft: Er hat die Obrigkeit ernst genommen gerade in ihrer „Weltlichkeit", deshalb ihr Eigenrecht gegenüber der kirchl. Suprematie bekräftigt und einer *Sakralisierung und „Verchristlichung" des weltl. Amts* widersprochen. Der Idee des *„christl. Staates"* hat er keineswegs gehuldigt; das weltl. Regiment behält seinen weltl. Charakter und seinen Standort im Reiche der Welt, auch wenn ein Christ es führt im obrigkeitl. Amt: weil gerade er auf seine Grenzen achtet, sich mit dem Vollzug der weltl. Gerechtigkeit in diesem seinem Amt begnügt und sich nicht anmaßt, die geistl. Gerechtigkeit des Reichs Gottes in weltl. „Gesetzlichkeit" und Zwangsgewalt durchsetzen zu wollen.

So gibt es zwar keinen „christl." Staat, aber eine christl. Staatslehre, d. h. ein christl. Verständnis des weltl. Regiments und seiner weltl. Funktionen und Herrschaftsbereiche, weil nur der Christ ihren göttl. Sinn und Grund begreift. Er hat deshalb die tausendjährige Idee eines *Sacrum Imperium,* eines bes., das weltl. Regiment heidnischer Herrscher überhöhenden Heiligkeitsstatus „christl." Herrschaft verworfen und das (ehedem über den Investiturstreit gerettete) Sakralmoment aus dem Amt auch des christl. Herrschers ausgeschieden. Die personale Struktur der Rechtfertigung verbietet auch hier eine Sakralisierung des Institutionellen i. S. eines transpersonalen Heiligkeitsbegriffs von Institutionen und Normen. Darum gilt entgegen der Goldenen Bulle von 1356 („temporale caput populo christiano"): „Der keiser ist nicht das heubt der Christenheit, noch beschirmer des Evangelion odder des glaubens." So wird von daher die *sakrale* kaiserl. advocatia ecclesiae, die kaiserl. *Schirmherrschaft* über die Kirche abgelehnt und in die ev. Lehre von der →cura religionis der weltl. Obrigkeit umgedeutet, ein Vorgang von der größten unmittelbaren Rechtswirkung für die Verf.entwicklung der Ref.zeit.

Als unzulässige Übertragung der weltl. Herrschaftsstrukturen auf das Reich Christi muß auch das →*„Landesherrl. Kirchenregiment"* der ev. Partikularkirche gelten, das sich schon in den nächsten nachreformatorischen Zeiten unter der maßgebl. Mithilfe der Juristen (→Episkopalsystem; →Territorialsystem) das Feld erobert hat, sich aber keinesfalls auf LUTHER berufen kann.

17. Im Rahmen dieser Rechts- und Reichslehre hat die luth. Ref. die *Stellung des Fürsten zur Kirche* bestimmt: Sie äußert sich 1. in seiner Frontstellung gegen das kanonische Recht und 2. in seinen Schutz- und Hilfsfunktionen für die ev. Partikularkirche. Die weltl. Gewalt wird aus den Fesseln der kanonischen Dienstbarkeit befreit. Zugleich erweitert sich ihr Bereich um die bisher von der Hierarchie usurpierten „weltl." Angelegenheiten und Funktionen. – Aber LUTHER ist keineswegs der Urheber der bald einsetzenden →Säkularisierung des Staates und seiner Rechtsordnung gewesen. Seine Lehre von der „weltl." Gewalt und insbes. seine Abgrenzung der „temporalia" von den „spiritualia" – der archimedische Punkt des Staatskirchenrechts – ist eine *theol.* Lehre, die aus seiner Theol. der Rechtfertigung, der Kirche, des Gesetzes, des regnum Christi und seiner Stellung zur Welt determiniert und definiert ist und die keineswegs eine Freigabe staatl. All- und Eigenmacht und „weltl." Eigengesetzlichkeiten der gefallenen Welt umschließt. Sie unterscheidet sich erhebl. von den späteren staatskirchenrechtl. Abgrenzungen zwischen Staat und Kirche. Bei der Bestimmung der „weltl." Aufgaben und der „weltl." Herrschaftsweise der „weltl." Obrigkeit hat LUTHER einen *theol. bestimmten und begrenzten Begriff von „Weltlichkeit"* zugrunde gelegt, der dem Staat als göttl. Stiftung die Wahrung des Dekalogs durch die weltl. Gerechtigkeit überträgt (custodia utriusque tabulae) und ihn zur Entfaltung der weltl. Ordnung nach den Geboten Gottes (also nach der christl. Lehre über das „weltl." Recht) verpflichtet, ohne ihm das geistl. Regiment und die geistl. Ordnung des Reiches Christi im äußeren Kirchenwesen auszuliefern.

LUTHER und MELANCHTHON haben darum in ihrer Lehre von der *„cura religionis"* die Stellung des Fürsten als „weltl." Obrigkeit von seiner helfenden, brüderl. Betätigung als „membrum praecipuum ecclesiae" innerhalb der Partikularkirche unterschieden:

Zur *„weltl.",* obrigkeitl. Aufgabe zählt u. a. die Abwehr der Übergriffe der falschen, verweltlichten Kirchengewalt in das weltl. Regiment (zB Versagung der Annaten, Schutz vor der

„weltl." kurialen Finanzausbeutung), die Unterdrückung auch des religiös veranlaßten Aufruhrs und der öffentl. Blasphemie (als „weltl." Delikt, deshalb ohne „weltl.", zwangsweise Bekehrung stiller Häretiker), der äußere Schutz des Gottesdienstes, der Kirchendiener und kirchl. Einrichtungen der wahren Lehre.

In seinen *kirchl.* Funktionen aber – bei den Visitationen, der Hilfe bei der Vokation und der Beilegung von Lehrstreitigkeiten u. a. m. – handelt der Fürst ohne weltl. und geistl. Regiment und Befehlsgewalt als Christ und Bruder „nach der Liebe Ampt", wenn die kirchl. Amtsträger versagen.

18. Ihre *überragende Bedeutung* und Aktualität besitzt die Zwei-Reiche-Lehre LUTHERS *für die Begründung eines ev. Kirchenrechts,* wie der Überblick über LUTHERS Lehre von der Kirche und ihrer Ordnung zeigte. Die Zwei-Reiche-Lehre ermöglicht und erheischt die Entfaltung eines ev. Kirchenrechts nach den Ordnungsprinzipien der lex fidei et charitatis, das dem Christenstand der Glieder des Reiches Gottes (des corpus Christi mysticum, der ecclesia vera et spiritualis) entspricht, das auf die Macht des Wortes – auf das geistl. Regiment ihres Herrn – vertraut und baut und das im geistl. usus der lex spiritualis erlassen und vollzogen wird. – Sie *verbietet* die schlichte *Einfügung* der äußeren Kirchenverf. *in* den Bereich und in das System des *weltl. Rechts,* wozu sich heute nicht einmal der säkularisierte Staat hergibt und wovon auch die prot. „Theologie der Ordnungen" endlich Abschied nehmen sollte. – Sie verbietet auch eine sonstige innere *Säkularisierung* des menschl. Kirchenrechts, die dem Zusammenhang der Rechtfertigung, des Kirchenbegriffs, des Rechtsbegriffs und der Regimenten- und Reichslehre der Reformation nicht gerecht wird. – Sie läßt die *Einheit* im ev. Begriff *der Kirche* deutl. werden; sie nimmt das geistl. Wesen und Wirken der Kirche auch in ihrer irdischen Existenz ernst und vermeidet die Trennung und Verdoppelung des Kirchenbegriffs in den Spiritualismus einer Geistkirche einerseits und in die Säkularisierung einer Rechtskirche „weltl." Verfaßtheit und Unterworfenheit andererseits.

Lit: →Reformation.

Martin Heckel

Rechtsverordnung. I. Dem **Begriff** der R. ist jede VO (→Verwaltungsrecht IV D 1) zuzuordnen, die für Rechtsträger verbindl. Regelungen enthält. Abzugrenzen sind die R.en von den Verw.VO.en (→Verwaltungsvorschrift), die rein interne Organisationsnormen enthalten.

II. Die **Geschichte** der R. als eines gegenüber dem förml. G. eigenständigen Rechtssetzungsaktes beginnt in der Zeit der konstitutionellen Monarchie (→Konstitutionalismus). Nachdem die Eingriffe in Freiheit und Eigentum von der parlamentarischen Regelungsbefugnis ergriffen waren, tauchte die Frage auf, inwieweit neben der formellen Gesetzgebung noch ein eigenständiges VO.recht der Krone bzw. der Exekutive bestehen könne. In der konstitutionellen Staatsrechtslehre und Staatspraxis gingen die Ansichten hierüber z. T. erhebl. auseinander. Im demokratischen →Rechtsstaat ist für eine von der Legislative unabhängige Rechtsetzungsgewalt der Verw. (die Rechtsträger und nicht nur nachgeordnete Organe betrifft) kein Raum mehr.

III. Eine **Einteilung** der R.en ist anhand verschiedener Kriterien möglich.

A. Nach dem *Inhalt* der Regelung sind die materiellen R.en den formellen gegenüberzustellen. *Materielle R.en* (wie zB die Straßenverkehrsordnung) konkretisieren das in förml. G.en verankerte materielle Recht; *formelle R.en* regeln (oft unter der Bezeichnung „Ausführungs-" oder „VollzugsVO") Zuständigkeit und Verfahren der Verw.behörden. Zu den formellen R.en zählen auch die DelegationsVO.en, mit denen Verw.behörden eine ihnen zustehende Rechtsetzungs- oder Vollzugskompetenz auf nachgeordnete Behörden übertragen.

B. Unter dem Gesichtspunkt des *Betroffenenkreises* sind die RechtsnormVO.en von den EinzelaktVO.en zu trennen.

1. RechtsnormVO.en sind R.en, die Rechtsnormen zum Inhalt haben. Sie stellen den Regelfall dar.

2. R.en sind (ausnahmsweise) insoweit *EinzelaktVO.en,* als sie (wie zB die R.en über die Status-, Bestands- und Gebietsänderungen kommunaler Gebietskörperschaften) für bestimmte Rechtsträger unmittelbar rechtserhebl. sind.

C. Im Hinblick auf den *erlassenden Hoheitsträger* sind den R.en staatl. Verw.organe solche anderer Hoheitsträger (zB Gemeinde-, Kreis- oder BezirksVO.en) gegenüberzustellen. Die von Selbstverw.körperschaften (→Selbstverwaltung; →Staatsorganisation) zur Regelung ihrer Angelegenheiten (im eigenen Wirkungskreis, ausnahmsweise – kraft bes. gesetzl. Anordnung – auch im übertragenen Wirkungskreis) erlassenen R.en werden als Satzungen bezeichnet.

IV. Die **Rechtmäßigkeit** einer R. hängt davon ab, daß sie inhaltlich dem geltenden (höherrangigen) Recht entspricht, auf einer bes. gesetzl. Ermächtigung beruht (→Gesetzmäßigkeit der Verwaltung) und formell ordnungsgemäß zustande gekommen (insbes. in geeigneter Form verkündet worden) ist. Die Ermächtigung muß in einem förml. G. enthalten sein oder auf ein solches zurückgehen, die Zuständigkeit eines bestimmten Organs festlegen und im Sinne des Art. 80 I S. 2 GG (wonach Inhalt, Zweck und Ausmaß der Ermächtigung im G. bestimmt sein müssen) den mögl. Inhalt der VO rahmenmäßig begrenzen. Die Tragweite des verf.rechtl. Begrenzungsgebotes ist umstritten. Es sollte dahingehend verstanden werden, daß (überhaupt) eine (exakte) Ermächtigungsbegrenzung erforderlich ist, gleichgültig ob sie einen weiten oder einen engen gegenständl. Bereich erfaßt. Eine sachl. Begrenzung jeder Ermächtigung ist dann der Verf. selbst – insbes. dem demokratischen Prinzip und den eine Delegation von Rechtsetzungsbefugnissen ausschließenden GG-Normen (zB Art. 12 I und Art. 19 I GG) zu entnehmen. Das demokratische Prinzip verlangt, daß die das Schicksal der Rechtsgemeinschaft lenkenden normativen Grundentscheidungen (etwa hinsichtlich der Organisation des Staates oder der Aktualisierung der Grundrechte) vom Gesetzgeber selbst getroffen werden (sog. „Wesentlichkeitstheorie"). So können dem Verordnungsgeber keine Regelungen überlassen werden, die die Kompetenzverteilung zwischen Bund und Ländern, die Voraussetzungen des aktiven und passiven Wahlrechts, die Einteilung der Wahlkreise, das Gesetzgebungsverfahren, die Tätigkeit der Gerichte, die grundsätzliche Ordnung der Eigentumsverhältnisse und der Wirtschaftsstruktur sowie des Erziehungs- und Bildungswesens und die Strafbarkeit sowie die Strafverfolgung betreffen.

V. Die **Überprüfung der Rechtmäßigkeit** einer R. durch die Verw. kommt immer dann in Betracht, wenn die R. nicht der ausschließl. Verwerfungskompetenz eines Verf.gerichts (→Verfassungsgerichtsbarkeit) unterliegt. Nach dem Grundsatz der →Gesetzmäßigkeit der Verwaltung hat jeder für den Gesetzesvollzug verantwortl. Amtsträger regelmäßig das Recht und die Pflicht, eine R. vor ihrer Anwendung auf ihre Rechtmäßigkeit zu prüfen und sie nicht anzuwenden, wenn er von der Nichtigkeit der R. überzeugt ist. Dies gilt auch dann, wenn die R. in einem (verw.-)gerichtl. Normenkontrollverfahren allgemeinverbindl. für ungültig erklärt werden kann. Unterliegt jedoch die Ungültigkeitserklärung der Kompetenz eines Verf.-gerichts (wie zB in den Fällen der Art. 65, 92 Bay.Verf.), so ist den Verw.organen eine Inzidentprüfung und -entscheidung versagt, es sei denn, daß die Ungültigkeit der anzuwendenden R. offenkundig ist (etwa weil eine verf.gerichtl. Parallelentscheidung vorliegt, die eine R. gleichen Inhalts eines anderen Landes wegen eines Verstoßes gegen das GG für verf.widrig erklärt hat). Wenn die Voraussetzungen für eine inzidente Normenprüfung nicht vorliegen, müssen die Verw.behörden von der Gültigkeit der umstrittenen R. ausgehen, bis diese vom zuständigen Verf.gericht für nichtig erklärt worden ist. Wenn mögl., sollten sie allerdings die verf.gerichtl. Entscheidung abwarten, ehe sie die ihnen obliegende Verw.entscheidung treffen. Zur Gewährleistung einer einheitl. Rechtspraxis sollte im übrigen immer dann ein verw.gerichtl. oder verf.gerichtl. Normenkontrollverfahren eingeleitet werden, wenn das mit der Sache befaßte Verw.organ von der Nichtigkeit einer R. überzeugt ist.

VI. Die richterl. **Nachprüfung** einer R. ist im verw.gerichtl. Normenkontrollverfahren nach § 47 VwGO i. V. m. den entsprechenden landesrechtl. Vorschriften mögl. Soweit gegen unmittelbar verpflichtende R.en ein verw.gerichtl. Normenkontrollverfahren (→Verwaltungsgerichtsbarkeit) gesetzl. nicht vorgesehen ist, muß ein solches (nach allerdings nicht unbestrittener Ansicht) wegen der Rechtsschutzgarantie des Art. 19 IV GG dennoch mögl. sein. In bestimmten Fällen kann gegen R.en auch ein verf.gerichtl. Normenkontrollverfahren in Betracht kommen (vgl. Art. 93 I Nr. 2 und 4 a GG, Art. 92, 65 Bay.Verf.).

H. J. Wolff – O. Bachof, Verwaltungsrecht I, 1974[9], 128 – 138 (Lit.) – K. Stern, Staatsrecht I, 1984[2], 815 – 824 (Lit.).

Klaus Obermayer

Rechtsweggarantie (**Art. 19 IV GG**). **I. Begriff und Bedeutung.** „Wird jemand durch die öffentl. Gewalt in seinen Rechten verletzt, so steht ihm der Rechtsweg offen." So umschreibt Art. 19 IV 1 GG die R.: Sie eröffnet, um der „Selbstherrlichkeit der Exekutive" entgegenzuwirken, den Weg zu einem staatl. Gericht, das mit unabhängigen →Richtern besetzt sein muß. Anfangs als „königlicher Artikel" und „Krönung des →Rechtsstaates" gefeiert, ist inzwischen der Glanz einer gewissen Skepsis gewichen. Insbes. der R. und ihren Auswirkungen ist es zuzuschreiben, daß unser Rechtsstaat als Rspr.-, Rechtswege-, Rechtsmittel-, Justiz-, →Richterstaat o. ä. bezeichnet wird. Mancher sieht aus der „Krönung des Rechtsstaates" seine Krise oder Gefährdung erwachsen und fürchtet, daß die Fülle der Rechtswege und Instanzenzüge, der Perfektionismus, der sich dabei austobt, und die damit verbundene oft unerträgl. Verfahrensdauer den verf.rechtlich geforderten Rechtsschutz eher mindert als wirksam macht. Man wendet sich gegen die „Verabsolutierung der Rechtsschutzgarantie des Art. 19 IV", sieht zumindest in Teilbereichen die Funktionsfähigkeit der →Verwaltung gefährdet und die Balance zwischen den drei Staatsgewalten zu Lasten der Exekutive gestört, fürchtet deren Subalternisierung durch die Gerichte und steigert sich gelegentlich in die kaum realistische Vorstellung, einzige Möglichkeit einer wirkl. Abhilfe gegen die ausufernde Gerichtskontrolle sei eine reduzierende Änderung des Art. 19 IV GG. Jedenfalls dürfte die „Hypertrophie der Grundrechte" auch an der R. nicht spurlos vorübergegangen sein. Jene Gefahren sind aber nicht der R. selbst anzulasten, sondern ihren Übertreibungen. Art. 19 IV GG als das formelle Hauptgrundrecht auf Gerichtsschutz gegen die öffentl. Gewalt ist wesentl. Bestandteil des vom GG geprägten Rechtsstaats und als solcher unverzichtbar.

II. Inhalt. A. Jemand. Die R. gewährt Rechtsschutz jedem, der durch die öffentl. Gewalt in seinen Rechten verletzt zu sein behauptet; ob eine Rechtsverletzung wirklich vorliegt, soll ein →Gericht überprüfen. Der „jemand" ist grds. jedermann, also auch der Ausländer, der Staatenlose, eine jur. Person. Hingegen eröffnet die R. den Rechtsweg nicht für solche jur. Personen des öffentl. Rechts, die lediglich als Träger öffentl. Gewalt ausgestaltet, also nicht ausnahmsweise Träger eigener subjektiver Rechte meist in Gestalt von Grundrechten sind (zB Rundfunkanstalten). Die R. als „Bastion des Bürgerschutzes" führt insoweit zur Eingrenzung des Begriffs des „jemand" durch ein spezifisch personales, individuelles Element.

B. Rechte. Ähnliches gilt für den Begriff des Rechts. Auch er setzt entsprechend der Konzeption des Art. 19 IV GG als Instrument des individuellen Rechtsschutzes ein personales Element voraus, wie es insbes. die Grundrechte kennzeichnet. Die Grundrechte bedürfen allerdings auch hier häufig der konkretisierenden Vermittlung durch einfaches Recht. Art. 19 IV GG selbst begründet Rechte hingegen nicht, sondern setzt sie als seinen Schutzgegenstand voraus. Der einfache G.geber ist im Rahmen der v. a. durch die Grundrechte vorgegebenen Wertung grundsätzlich frei, ob er bestimmte, zB wirtschaftliche, politische oder kulturelle Interessen als rechtlich geschützte Interessen, d. h. als subjektive Rechte ausgestalten und damit dem Schutz der R. unterstellen will. Die Verletzung bloßer Interessen genügt also nicht, ebensowenig die Verletzung von Rechtssätzen, in denen der einzelne nur aus Gründen des Interesses der Allgemeinheit begünstigt wird, die also dem Bürger nur als Rechtsreflexe zugute kommen. Ob der G.geber eine Schutznorm geschaffen hat, ergibt sich aus einer Auslegung des einfachen Rechts, kann also nicht ohne weiteres unterstellt oder vermutet werden; freilich gewährt der →Sozialstaat der Gegenwart häufig subjektive Rechte, wo früher nur ein Reflex objektiven Rechts angenommen wurde (zB im heutigen Sozialhilfe-, dem früheren Fürsorgerecht). So hat das BVerfG schon frühzeitig ausgesprochen, im Zweifel verdiene eine Interpretation den Vorzug, die dem Bürger einen Rechtsanspruch einräume, diese Formulierung neuerdings allerdings nicht mehr aufgegriffen; als allg. Auslegungsregelung ist sie in der Tat zu undifferenziert. Das zeigt sich insbes. in Bereichen, in denen der *Schutznormtheorie* erhebl. praktische Bedeutung zukommt, so v. a. im Bau-, Planungs- und immissionsschutzrechtl. Nachbarrecht, also in Rechtsgebieten, die durch mehrpolige Rechtsverhältnisse gekennzeichnet sind: In ihnen stehen sich nicht nur Bürger und Staat als zwei Pole gegenüber; vielmehr sind Dritte als Nachbarn, auch als Konkurrenten oder Mitbewerber (so etwa im Wirtschaftsrecht) einbezogen.

Die R. schließt also nicht aus, daß der G.geber eine Norm nur objektivrechtlich anlegt und damit dem Bürger ein subjektives Recht als rechtlich geschützte Position nicht einräumt. Ebensowenig ist der G.geber gehindert, gleichsam nur den Kern eines subjektiven Rechts zuzubilligen, also ein Recht, das nur in begrenztem Umfang gerichtlich überprüfbar ist. Das ist etwa der Fall, wenn die Gewährung einer Vergünstigung in das behördl. Ermessen gestellt ist oder der Verwaltung Beurteilungsspielräume oder Gestaltungsfreiheit eingeräumt sind (so im Prüfungs- oder im Planungsrecht). Ein insoweit eingeschränktes gerichtlich überprüfbares *Recht auf fehlerfreien Ermessensgebrauch* ist nur gewährt, wenn die Norm in ihrem reduzierten Umfang zumindest auch den einzelnen zu schützen bestimmt ist; das läßt sich bezweifeln zB bei den Vorschriften über die Ermesseneinbürgerung eines Ausländers; die st. Rspr. bejaht freilich ein Recht des die Einbürgerung begehrenden Ausländers auf Ausübung fehlerfreien Ermessens.

Das von der R. vorausgesetzte personale Element fehlt grds. bei Rechtsträgern des öffentl. Rechts und ihren Behörden sowie bei nicht rechtsfähigen öffentl.-rechtl. Vereinigungen, Organen und Organteilen; sie sind von Rechtsnormen i. d. R. nur als Organe usw. angesprochen und sind damit nur Inhaber von Kompetenzen. „Für einen Behördenkrieg eröffnet Art. 19 IV GG keinen Kampfplatz" (BETTERMANN). Die Zulässigkeit von „*Insichprozessen*" zwischen verschiedenen Rechtsträgern des öffentl. Rechts oder Behörden ist daher durch die R. nicht gewährleistet. Ähnliches gilt auch für die sog. kommunalverf.rechtlichen Streitigkeiten zwischen verschiedenen Organen kommunaler Rechtsträger (str.), die allerdings auf Grund der Auslegung einfachen Rechts in staunenswert weitem Umfang für zulässig gehalten werden.

Lange Zeit war str., ob und inwieweit dem Bürger innerhalb eines *bes. →Gewaltverhältnisses* subjektive Rechte zustehen, ob also die R. zB für Beamte, Soldaten, Schüler, Strafgefangene gilt. Die Auffassung, die R. beziehe sich nur auf das Grundverhältnis, also beim Beamten auf das eigentl. Beamtenverhältnis, nicht hingegen auf das Betriebsverhältnis, zB auf die Umsetzung eines Beamten oder eine Weisung (vgl. ULE in der Voraufl.), wird überwiegend nicht mehr geteilt. Auch hier hat sich die Tendenz zu einer ständigen Ausweitung der Klagebefugnis durchgesetzt; es wird darauf abgestellt, ob der Betroffene in seiner individuellen Rechtssphäre verletzt sein kann, wofür freilich die Unterscheidung zwischen Grund- und Betriebsverhältnis durchaus Anhaltspunkte gibt.

Gerichtsfreie Hoheitsakte, die, insbes. in Gestalt von Regierungsakten, den Rechtsweg ausschließen, gibt es als verf.rechtliche Kategorie nicht. Freilich werden gerade Regierungsakte selten Individualrechte verletzen. Wo dies ausnahmsweise der Fall ist, läßt sich der Rechtsweg aber nicht ausschließen – so bei →Gnadenakten, die auch die individuelle Rechtssphäre berühren können, wenn etwa unter Verstoß gegen Art. 3 GG, insbes. in blanker Willkür eine Begnadigung abgelehnt wird (str., das BVerfG verneint den Rechtsweg für eine begehrte Begnadigung, bejaht ihn aber für deren Widerruf). Freilich wird i. a. die Intensität der Nachprüfung auch da, wo der Rechtsweg eröffnet ist, gegenüber Regierungsakten nur gering sein, da insoweit der Exekutive meist weiträumige Beurteilungsermächtigungen zur Verfügung stehen oder scharfe Kontrollmaßstäbe für das Gericht fehlen werden.

Der Rechtsweg ist nur garantiert, wenn jemand geltend machen kann, in *seinen* Rechten verletzt zu sein. Das schließt es aus, daß sich jemand unter Berufung auf die R. zum selbsternannten Sachwalter seiner Mitmenschen macht und ihnen gegenüber begangene Rechtsverletzungen abwehrt (Popularklage); deswegen ist auch die altruistische, im Interesse Dritter erhobene Verbandsklage unzulässig. Der G.geber darf freilich über die R. hinausgehen und Verbänden oder einzelnen Amtswaltern die Befugnis zur Erhebung von Klagen gegen die Verletzung objektiven Rechts einräumen und Insichprozesse, zB zur gerichtl. Kontrolle der Entscheidung weisungsfreier Ausschüsse, zulassen.

C. Öffentliche Gewalt. Gemeint ist die dt. (nicht außerdt. oder zwischenstaatl.) öffentl. Gewalt. Es ist die auf Grund →öffentl. Rechts ausgeübte Tätigkeit von Bund, Ländern und Gemeinden und sonstigen Rechtsträgern öffentl. Rechts, aber auch von privaten Rechtsträgern, wenn ihnen auf Grund Rechtsvorschrift öffentl. Gewalt übertragen ist (beliehene Unternehmer); die Erfüllung öffentl. Aufgaben mit Mitteln des Privatrechts (Verwaltungsprivatrecht) gehört ebenfalls dazu, nicht hingegen die rein fiskalische und erwerbswirtschaftl. Tätigkeit der öffentl. Hand. Schutzgegenstand ist also v. a. die exekutivische Tätigkeit von Verwaltungsbehörden, kann aber auch ein parlamentarischer Akt außerhalb der G.gebung sein. Die →G.gebung selbst rechnet das BVerfG nicht zur öffentl. Gewalt, sieht sich dabei allerdings auf Grund der in der neueren Zeit eingetretenen normstrukturellen Verschiebungen und der zunehmenden Relativierung des Gegensatzes von Rechtsnorm und Einzelakt wachsender Kritik ausgesetzt; praktisch ist diese Meinungsverschiedenheit kaum bedeutsam, weil mit der Verf.beschwerde gegen G.e Rechtsschutz zur Verfügung steht.

D. Umfang des Rechtsschutzes. Die R. sichert einen wirksamen, gebietet aber keinen bestmöglichen Rechtsschutz. Sie soll irreparable Maßnahmen durch Sofortvollzug und vollendete Tatsachen möglichst ausschließen, erfordert also auch einen vorläufigen Rechtsschutz (→Verwaltungsgerichtsbarkeit III F 5).

Rechtsschutz wird im Rahmen der Prozeßordnungen gewährt, darf also von der Einhaltung bestimmter Fristen, der Durchführung eines Vorverfahrens in der Verwaltung, der Einzahlung eines Kostenvorschusses (mit Möglichkeit einer Prozeßkostenhilfe für weniger Bemittelte) u. ä. abhängig gemacht werden. Solche Voraussetzungen müssen jedoch zumutbar sein und dürfen den Weg zum Gericht nicht durch unangemessen hohe verfahrensrechtl. Hindernisse erschweren. I. a. gehen die Prozeßordnungen über das durch die R. Gebotene hinaus; diese verlangt nämlich keinen Instanzenzug. Die Überfülle der Instanzen zumal in der →Verwaltungsgerichtsbarkeit bewirkt nicht selten eine überlange Verfahrensdauer, die die Aufgabe eines wirksamen Rechtsschutzes, diesen in angemessener Zeit zu gewähren, verfehlt und bereits zu einer Rüge des komplizierten deutschen Rechtsschutzsystems durch den Europäischen Menschenrechtsgerichtshof geführt hat.

Die R. soll die vollständige Nachprüfung des Verwaltungshandelns in rechtl. und tatsächl. Hinsicht ermöglichen, dies aber nur im Umfang des dem Bürger eingeräumten Rechts. Die R. schließt also normativ eröffnete Gestaltungs-, Ermessens- und Beurteilungsspielräume nicht aus, denen gegenüber die Kontrolldichte der Gerichte reduziert ist. Das wird von den VG.en nicht selten verkannt und führt dazu, daß die →Verwaltung in der verantwortl. Wahrnehmung ihrer Aufgaben unangemessen behindert und der ihr zukommenden Verantwortung beraubt wird, obwohl insoweit ihr und nicht den Gerichten die Letztverbindlichkeit der Entscheidung zukommt. Mit Recht hat deswegen das BVerfG jüngst in einer freilich nicht ganz gradlinigen Rspr. daran erinnert, daß die Gerichte Feststellungen und Bewertungen der Behörden nur auf ihre Rechtmäßigkeit zu überprüfen, nicht aber ihre eigenen Bewertungen an deren Stelle zu setzen haben, daß das gerichtl. Verfahren kein zweites Genehmigungsverfahren ist und daß es nur der Kontrolle des Verwaltungshandelns dient.

E. Rechtsweg. Die R. schreibt keinen bestimmten Rechtsweg vor, auch nicht den Verwaltungsrechtsweg. Soweit eine andere Zuständigkeit nicht begründet ist, ist aber nach Art. 19 IV 2 GG der Weg zu den Gerichten der ordentl. Gerichtsbarkeit gegeben. Diese subsidiäre Zuständigkeit ist praktisch bedeutungslos: Für öffentl.-rechtl. Streitigkeiten steht grds. der Verwaltungsrechtsweg offen, soweit nicht die Finanzgerichte oder die Sozialgerichte auf ihren Fachgebieten zuständig sind; der Weg zu den ordentlichen Gerichten ist insbes. für Streitigkeiten über Schadensersatz wegen Amtspflichtverletzungen (Art. 34 GG) und über Entschädigungen bei Enteignungen u. ä. (Art. 14 III 4 GG) gegeben.

F. Klein, Tragweite der Generalklausel im Art. 19 IV GG, in: VVDStRL H. 8 (1950) 67–125 – D. Lorenz, Der Rechtsschutz des Bürgers und die R., 1973 – W.-E. Schenke, Zweitbearbeitung Art. 19 IV, 1982, in: Bonner Komm. zum GG – R. Wassermann, in: Alternativkomm. zum GG, 1984, Art. 19 IV – E. Schmidt-Assmann, Zweitbearbeitung Art. 19 IV, 1985, in: Maunz-Dürig, Komm. zum GG.

Horst Sendler

Reformation. I. Kirchengeschichtlich. A. Vorbemerkung. Frühere Generationen ließen die R. mit dem Thesenanschlag LUTHERS beginnen. Tatsächl. kam damit, was man pragmatisch „R." nennen möchte, in Gang. Aber eine solche Betrachtungsweise ist ungerecht gegenüber den durch ZWINGLI und CALVIN ausgelösten Bewegungen, sie übersieht die Gruppen zwischen beiden und sie läßt völlig den radikalen Flügel der R. außer acht, die sog. „Schwärmer" und „Wiedertäufer". Sie alle zusammen erst ergeben ein Bild der R. – soweit Dtschld. und Mitteleuropa in Betracht kommen. Aber die R. geht in ihren Wirkungen darüber hinaus, in England und Skandinavien zB hat sie eine von der in Mitteleuropa unterschiedene Gestalt angenommen. Außerdem bleibt die R. bei einem solchen Verfahren auch unerklärbar und unverständl.: Daß das Handeln eines einzigen Mannes, der mit seinen 95 Thesen den Mißstand des Ablaßwesens in einer akademischen Disputation erörtern wollte, derartige Folgen haben konnte, zeigt, daß „die Zeit erfüllt war". Die R. bringt die Antwort auf Fragen, die seit Generationen unbeantwortet geblieben waren, die Befreiung aus jahrhundertealten Nöten, nur so ist sie zu erklären.

B. Vom Mittelalter zur R. *1. Das Papsttum.* Im HochMA beherrschte das Papsttum die Welt. Papst INNOCENZ III. (1198 – 1216) verfügte unumschränkt über die Kirche wie über die Staaten Europas, als Schiedsrichter bestimmte er über ihre Throne (die Könige OTTO IV. in Dtschld., JOHANN OHNE LAND in England, PETER VON ARAGON, SANCHO VON PORTUGAL verdanken ihm ihre Kronen bzw. den Fortbestand ihrer Herrschaft). Aber das Erstarken des nationalen Gedankens und das Entstehen von in sich gefestigten Nationalstaaten verändert die Voraussetzungen des politischen und geistigen Lebens in Europa. Ein Papsttum, das die alten Ansprüche unverändert festhalten will, muß im Konflikt mit ihnen unterliegen. Weniger als 100 Jahre nach INNOCENZ kommt es unter BONIFAZ VIII. (1294 – 1303) beim Zusammenstoß mit dem von PHILIPP IV. DEM SCHÖNEN (1285 bis 1314) rücksichtslos geführten Frankreich zur weithin sichtbaren Katastrophe des Papsttums. Alle seine weltl. und geistl. Machtmittel versagen alle Forderungen des franz. Königs werden bewilligt, bis die Kurie schließl. unter CLEMENS V. (1305 – 1314, vorher Erzbischof von Bordeaux) nach Avignon übersiedelt, einer päpstl. Enklave auf franz. Gebiet, so aller Welt ihre Ohnmacht offen eingestehend. Von 1309 – 1377 dauert diese „babylonische Gefangenschaft". Kaum ist sie vorbei und die Kurie wieder nach Rom zurückgekehrt, kommt es 1378 zu einer Doppelwahl. Sie führt zu einem Krieg zwischen den beiden Päpsten URBAN VI. und CLEMENS VII. und endet mit der Spaltung der Kirche. Jetzt residieren Päpste in Rom und in Avignon, sie verdammen sich gegenseitig als Antichrist und verhängen über die Christen in den dem Konkurrenten unterstehenden Gebieten den Bann. Die anderen Länder Europas gehören wenigstens geschlossen zur selben Obedienz, durch das dt. Reich geht der Riß jedoch mitten hindurch, manchmal sogar durch eine Diözese, so daß zwei Bischöfe sich um sie streiten. Daß die Abhängigkeit der beiden Päpste von den weltl. Gewalten größer ist denn je, versteht sich, für die Mißwirtschaft, vor allem auf finanziellem Gebiet, gilt dasselbe. Immer erneute Reformversuche bleiben ohne Ergebnis. Schließl. tun sich Kardinäle beider Seiten zusammen, auf dem Konzil von Pisa werden 1409 beide Päpste abgesetzt und ein neuer gewählt. Das Resultat ist, daß nunmehr drei Päpste statt zweier regieren und das Elend größer ist denn je zuvor. Erst dem Konzil von Konstanz gelingt es 1415, das Schisma zu beenden. Das wieder geeinte Papsttum hat sich zwar als Zentralgewalt durchsetzen können, aber seine Träger waren alles andere als pastores pastorum: Sie waren der Welt und ihren Freuden zugewandt, aufs tiefste in die inneritaI. Auseinandersetzungen verstrickt, nicht selten im Laster versunken, und trieben dabei Machtpolitik mit allen Mitteln. ALEXANDER VI. BORGIA, zu dessen Name kein Kommentar nötig ist (1492 – 1503), sowie der Kriegsmann JULIUS II. (1503 – 1513), nach dessen Tode die Satire erschien: Julius exclusus e coelis, und der völlig der Welt zugewandte LEO X. (1513 – 1521) waren Haupt der kath. Kirche bis zum Ausbruch der R.

2. Innerkirchl. und außerkirchl. Gegenbewegungen. Ein Papsttum wie das vorstehend beschriebene mußte als solches wie durch seine einzelnen Handlungen heftigste Kritik herausfordern, zumal die politischen Gegner der Päpste sich bereits fortgeschrittener publizistischer und propagandistischer Mittel bedienten und die erlauchtesten Federn für sie stritten (DANTE, MARSILIUS VON PADUA, OCKHAM u. a. m.). In England macht sich JOHN WYCLIF (ca. 1320 – 1384) zum Wortführer der Ansprüche des Staates auf Selbständigkeit gegenüber finanziellen Forderungen des Papsttums, das im Krieg gegen Frankreich auf dessen Seite steht. Er fordert die Emanzipation des Königtums und die Rückführung der Kirche zur apostolischen Armut, von da aus zu immer schärferen theol. und kirchl. Angriffen fortschreitend, bis er es schließlich selbst unternimmt, die Kirche zu reformieren. Der kirchl. Gegenangriff vernichtet die Bewegung, deren Gedanken dann durch JOHANN HUSS (1369/70 – 1415) in Böhmen, jetzt mit national-tschechischem und antideutschem Vorzeichen, neues Leben gewinnen. Als das Konstanzer Konzil HUSS am 6. Juli 1415 verbrennen läßt, steht bald ganz Böhmen im Aufruhr. Erst 1434 gelingt es, die durch innere Spaltung geschwächten Hussiten zu unterwerfen. Die durch WYCLIF, HUSS wie ihre Freunde und Anhänger an der verweltlichten Kirche und deren Repräsentanten geübte Kritik hat allerorts ihre Parallelen und findet den stärksten Widerhall. Der asketische Gedanke, der die Kirche so lange getragen und ihren Sieg über die weltl. Mächte bestimmt hat, wendet sich jetzt gegen sie, wie das Beispiel der Franziskanerspiritualen, aber auch das der Waldenser und Katharer zeigt. All diese Bewegungen werden aus der Kirche hinausgedrängt und z. T. blutig verfolgt. Das Beispiel GIROLAMO SAVONAROLAS (am 23. Mai 1498 verbrannt) zeigt, wie auch die radikale Bußpredigt zum Zusammenstoß mit der Kirche führt. Gewiß mischen sich in diese Reformbewegungen oft schwärmerische, insbes. apokalyptische, gelegentl. auch sozialrevolutionäre Gedanken. Aber die Kritik, welche ihre bloße Existenz an der Kirche des ausgehenden MA. übt, ist nicht nur unübersehbar, sondern auch berechtigt. Das gilt auch von der Mystik, die die Flucht in die Innerlichkeit antritt. Trotz aller Katastrophen, die einzelne Vertreter der Mystik erleben (naturgemäß sind die radikalen Brüder und Schwestern des freien Geistes in bes. Maße Gegenstand des kirchl. Angriffs), wirkt die Mystik von allen Bewegungen noch am meisten in die offizielle Kirche hinein, getragen von den Kreisen der „Stillen im Lande" (insbes. die Frauenklöster sind hier wichtig, aber auch die Brüder und Schwestern des gemeinsamen Lebens). Sie ist ebenso eindrucksvoll wie meist auch wirkungsvoll repräsentiert von großen Einzelgestalten, die, wie zB KATHARINA VON SIENA, in das kirchl. Geschehen eingreifen. Selbstverständl. hat die Kirche selbst dem in ihr um sich greifenden Schaden nicht tatenlos zugesehen, sondern zahlreiche Fromme in allen Amtsstufen (als Beispiel für viele NIKOLAUS VON CUES, zuletzt Kardinal) versuchten ihm entgegenzuwirken. Den Reformkonzilien des 15. Jh. (Pisa 1409, Konstanz 1414–1418, Basel/Florenz 1431 bis 1449) kommt hier eine besondere Bedeutung zu. Aber ihr Erfolg war nur eingeschränkt und vorübergehend, die auf ihnen vorgetragenen „Gravamina der dt. Nation" zB wurden niemals richtig erledigt, in LUTHERS Schrift von 1520 „An den christlichen Adel deutscher Nation" werden sie – mit gewaltiger Wirkung – noch einmal neu vorgetragen.

3. Die politische und geistige Lage beim Beginn der R. Die großen Entdeckungen des 15. Jh., in der (Wieder-)Entdeckung Amerikas durch KOLUMBUS gipfelnd, haben zunächst nicht das heute vielfach vorausgesetzte Echo gehabt, sondern sich erst im weiteren Verlauf des 16. Jh., vor allem finanziell, ausgewirkt. Europa, dem Orient seit den Kreuzzügen zugewandt, ruht bis auf weiteres noch in sich selbst. Die alte Einheit des MA. ist jetzt aufgelöst in nationale Großstaaten. Von ihnen erreicht als erster Frankreich ein vorläufiges Endstadium. Sein in immer erneuten Kriegen ausgetragener Konflikt mit dem zur Weltmacht emporwachsenden Spanien hindert KARL V. entscheidend am gewaltsamen Vorgehen gegen die R. Auch das türkische Reich, das 1453 Konstantinopel zu Fall gebracht hat und mehrfach zum Vorstoß nach Ost- und Zentraleuropa ansetzt, zwingt zu ständiger Rücksichtnahme bei der Politik des Reiches, in welchem die Territorialgewalten ihren Einfluß ständig auszuweiten bemüht sind. Eine wirtschaftl. und soziale Umschichtung bahnt sich an, jedoch ist die Zeit darauf nicht vorbereitet. Die Erfindung des Buchdrucks hat eine geistige Umwälzung zur Folge und bahnt der Emanzipation der Laien den Weg. Noch sind Wissenschaft und Bildung streng kirchl. gebunden, aber die Naturphilosophie schickt sich an, die Fesseln kirchl. Bevormundung abzuwerfen. Daß Renaissance und Humanismus in Italien sich nicht selten frei von allen religiösen und sittl. Bindungen zeigen, darf jedoch nicht überbewertet werden, ebenso wie die Rückkehr beider zum Altertum schon in der Scholastik angelegt ist. Die Humanisten bleiben, mögen sie auch eine freiere Frömmigkeit fordern und vertreten, im Rahmen des Katholizismus. Von fortwirkender Bedeutung ist jedoch ihre Kritik an den Auswüchsen der Frömmigkeit und der Kirche ihrer Zeit, die den Boden für die R. vorbereiten hilft. Zwar profitiert die R. vom Rückgang des Humanismus auf die altkirchl. Quellen, in einzelnen Fällen (MELANCHTHON, ZWINGLI) geht der Weg zur R. sogar durch den Humanismus hindurch. Eine ganze Reihe von Humanisten vollzieht auch den Anschluß an die R., die Mehrzahl von ihnen bezieht jedoch eine Mittelstellung zwischen altem und neuem Glauben. LUTHERS reformatorischer Durchbruch erfolgt ohne direkte Einwirkungen des Humanismus. AUGUSTIN, die Mystik und PAULUS (in dieser Reihenfolge) sind die seine Entwicklung bestimmenden Faktoren, die sich in einer Tiefenschicht vollzieht, die dem Humanismus i. a. unzugängl. bleibt, welcher für die Volksfrömmigkeit ohnehin sehr viel weniger bedeutet, als man meinen möchte.

4. Die Frömmigkeit an der Schwelle der R. Die Polemik der Konfessionen neigte früher dazu, die Zeit entweder mit zu hellen oder zu dunklen Farben zu malen. Es kann jedoch kein Zweifel daran bestehen, daß die R., die ihren Anfang aus einer exegetischen Erkenntnis nahm, nicht in ein Vakuum vorgestoßen ist. Nur wenn die Fragen, die LUTHER bewegten, bei vielen gestellt waren und diese die von ihm gegebene Antwort als gültig anerkannten, läßt sich ihr reißender Erfolg verstehen. Alle anderen Erklärungsversuche, etwa die der kath. Polemik alten Stils, erfassen bestenfalls Teilaspekte. Alle zu beobachtenden Indizien weisen in dieselbe Richtung: das rapide Anwachsen der Andachtsliteratur, die Rolle, welche der Heiligenkult spielt (insbes. die Verehrung der MARIA, aber auch der HL. ANNA und der 14 Nothelfer), die Stellung der Bruderschaften (der „Gewerkschaften der Frömmigkeit"), die Bedeutung der Wallfahrten und des Reliquienkults, die Ausdehnung und der Erfolg des Ablasses u. a. m. Die Aussage der Kunst, wobei die Graphik als „Kunst für das Volk" noch wichtiger ist als die großen Tafelwerke, bestätigt die Intensität des religiösen Verlangens jener Zeit, das sich um Gewißheit in der Unsicherheit des Lebens bemüht, das schreckhaft nach Halt und Trost sucht, auf seine Weise um den „gnädigen Gott" ringend, um das Heil der Seele, und das dann befreit die Antwort LUTHERS aufnimmt. Daß bei der raschen Ausbreitung der R. dann auch nichttheol. Faktoren eine Rolle spielen, versteht sich. Die aufgestaute Unzufriedenheit mit der Praxis der kath. Kirche, der Anstoß, den ihre Erscheinung tägl. bot, angefangen bei ihrem Haupt bis herab zum unwissenden und sein Amt mechanisch ausübenden und nicht selten zur Kritik an seiner Lebenshaltung herausfordernden Priester am Ort, ist ebenso von Bedeutung gewesen wie wahrscheinlich auch die Voraussetzungen der Politik – nicht wenige werden der Entscheidung der „Obrigkeit" für den neuen Glauben nachgefolgt sein, ohne viel darüber nachzudenken. Daß den nichttheol. Faktoren aber sekundäre Bedeutung zukommt, zeigt eine nähere Betrachtung immer wieder (vgl. zB die R. der Städte). Die R. ist eine Volksbewegung, die sich von unten her durchsetzt, von Bürgern und Bauern getragen und von einzelnen Geistlichen geführt, die der neuen Botschaft zugefallen sind.

C. Martin Luther. *1. Werdegang bis zum Beginn der R.* LUTHER wird am 10. Nov. 1483 in Eisleben als Sohn des Bergmanns HANS LUTHER geboren, der sich als nichterbberechtigter Bauernsohn im damaligen „Ruhrgebiet" Mansfeld (Kupfer- und Silberbergbau) in harter Arbeit eine Existenz aufbaut und es bis zum kleineren Unternehmer bringt. Die Nachrichten über LUTHERS Jugend sind spärl. und zufällig. Wenn aus ihnen eine bes. strenge Erziehung durch die Eltern herausgelesen wird, so ist das übertrieben, vielmehr zeigt sich deutl. das Bemühen des Vaters, dem Sohn eine Ausbildung zu geben, die diesem den Aufstieg in die Oberschicht erlaubt. Dieser Plan wird durch den Eintritt LUTHERS ins Erfurter Augustiner-Eremitenkloster am 17. Juli 1505 durchkreuzt, sehr zum Kummer seines Vaters. Er hat, ursprüngl. für das Jurastudium bestimmt, die Artistenfakultät bereits absolviert und wird vom Orden zum Theol.studium delegiert, während er gleichzeitig als Lehrer in der Artistenfakultät wirkt: zunächst in Erfurt, dann 1508 – 1509 in Wittenberg, anschließend wieder in Erfurt. Die 1512 erfolgende Versetzung nach Wittenberg ist endgültig, er hat die Stadt nur noch anläßlich gelegentl. Reisen (zB 1518 nach Augsburg zur Begegnung mit CAJETAN, 1519 zur Leipziger Disputation, 1521 zum Wormser Reichstag usw.) verlassen. Am 19. Okt. 1512 zum Doktor der Theol. promoviert (sein hier geschworener Eid ist ihm zeit seines Lebens Verpflichtung zum Kampf für das Evangelium und Trost bei Anfechtungen gewesen), übernimmt er die bisher von JOHANN VON STAUPITZ ausgeübte Lectura in Biblia. Seine Vorlesungen beschränken sich dementsprechend auf die Auslegung biblischer Bücher: 1513 bis 1515 liest er über die Psalmen, 1515/16 über den Römerbrief, 1516/17 über den Galaterbrief, 1517/18 über den Hebräerbrief (diese vier erst in diesem Jh. wiedergefunden und bes. wichtig, weil Dokumente für seine Entwicklung zum Reformator) usw. Neben der Wirksamkeit an der Universität steht eine regelmäßige Predigttätigkeit (im Hause und als Aushilfe an der Wittenberger Stadtkirche) – in diesem äußeren Rahmen verläuft LUTHERS Leben bis zu seinem Tode.

Seine Entwicklung zum Reformator ist in letzter Zeit viel diskutiert. LUTHER selbst stellt sie (Praefatio von 1545) folgendermaßen dar: Obwohl nach der Ordensregel als Mönch untadelig lebend, habe er sich doch stets vor Gott gefürchtet. Trotz größter Anstrengungen (LUTHERS Übermaß in der Kasteiung seiner selbst und in der Anwendung aller kirchl. Mittel wird immer wieder berichtet) habe er jedoch nicht zu hoffen gewagt, daß er Gott versöhnen könne, der, wie er meinte, seine eigene Gerechtigkeit zum Maßstab und zur Forderung auch für die Menschen mache. Nach langem ebenso glühenden wie verzweifelten Bemühen habe sich Gott seiner erbarmt und ihm die Erkenntnis der Kernstelle Röm 1,17 geschenkt: Die Gerechtigkeit Gottes ist die, durch die der Gerechte als durch Gottes Gabe lebt, näml. aus dem Glauben. D. h., die iustitia Dei ist nicht als activa, sondern als passiva zu verstehen: Der barmherzige Gott rechtfertigt den Menschen durch den Glauben, den er selbst ihm beilegt. LUTHER verlegt diese Erkenntnis offensichtl. ins Jahr 1518, während die prot. Forsch. bisher meinte, sie sei in seinen Vorlesungen schon früher zu finden, und die kath. Polemik behauptete, sie sei überhaupt nichts Neues, sondern allg. verbreitete Anschauung jener Zeit. Das ist sicher nicht richtig – keiner der Zeitgenossen LUTHERS hat einen solchen Einwand erhoben, ihnen ist LUTHERS Erkenntnis ebenso neu gewesen wie ihm selbst. Sicher ist, daß sie sich allmähl. heranbildete, aber sie wurde von den herkömml. Lehrelementen immer wieder überdeckt, bis sie ihm mit ihren Konsequenzen auf einmal voll zum Bewußtsein kam (so heute eine zunehmende Zahl von Gelehrten, welche für die sog. „Spätdatierung" eintreten).

2. Von den 95 Thesen bis zum Wormser Reichstag. Für LUTHER hat die R. jedenfalls mit dem Ablaßstreit begonnen, wie er immer wieder hervorhebt. Ohne sein Wissen und Wollen sei es zu ihr gekommen. Die Abmachungen zwischen der Kurie, ALBRECHT VON MAINZ und dem Bankhaus FUGGER sind charakteristisch für die Mißstände jener Zeit: Zulassung des Ablasses in die (ihm bis dahin aus finanziellen Gründen verschlossenen) Länder der Hohenzollern, Teilung der dort aufkommenden Gelder zwischen der Kurie und ALBRECHT, der mit seinem Anteil die Schulden abtragen sollte, die er bei FUGGER hatte machen müssen, um die von der Kurie für die Übertragung der Erzbischofswürde verlangten Gebühren zu zahlen. Die maßlose Agitation TETZELS ruft LUTHER auf den Plan, der in seiner Gemeinde als Seelsorger auf ihre zerstörenden

Wirkungen trifft. In seinen 95 Thesen (am 31. Okt. 1517 an die Tür der Wittenberger Schloß- und Universitätskirche angeschlagen, was trotz moderner Polemik dagegen nicht zu bestreiten ist) ruft er zu einer wissenschaftl. Diskussion des bisher kirchl. nicht abschließend definierten Ablasses auf. Die Öffentlichkeit nimmt die Thesen begeistert auf, die amtl. Kirche reagiert mit scharfer Ablehnung, beides für LUTHER vollkommen überraschend, der naiv meinte, in voller Übereinstimmung wenigstens mit dem besser unterrichteten Teil der Kirche zu stehen. Der „Dialogus" des PRIERIAS, des amtl. Sachverständigen der Kurie für Glaubenssachen mit seinem extrem papalistischen Standpunkt (Papst und Kardinäle sind die Kirche) wie die Verhandlung mit Kardinal CAJETAN in Augsburg im Okt. 1518 über LUTHERS Resolutionen zu These 7 (nicht das Sakrament, sondern der Glaube rechtfertigt) und These 58 (der Schatz der Kirche ist nicht identisch mit den Verdiensten Christi und der Heiligen) zeigen LUTHER die wahre Situation. Die sich anschließende Auseinandersetzung mit ECK, die in der Leipziger Disputation (Juni/Juli 1519) gipfelt, führt LUTHER zur Bestreitung des röm. Primats und zur Erkenntnis, daß der Papst nicht nach göttl. Recht das Haupt der Kirche sei. Von hier aus geht der Weg dann weiter zu den großen Schriften von 1520, die von einer Fülle anderer vorbereitet und begleitet sind (von 1518 ab beginnt LUTHERS gewaltiges schriftstellerisches Werk, das oft mehrere Druckpressen gleichzeitig voll beschäftigt) und alle ein gewaltiges Echo finden. Die Schrift „An den christlichen Adel deutscher Nation von des christlichen Standes Besserung" stürzt die „drei Mauern", mit denen Rom seine Stellung befestigt hat, und proklamiert Recht und Pflicht des allg. →Priestertums, kraft dessen jeder an der Besserung des beklagenswerten Zustandes der Kirche mitzuwirken hat, den LUTHER aufs eindrücklichste im Zusammenhang mit der seit Generationen lebendigen Kritik beschreibt. „De captivitate Babylonica ecclesiae praeludium" schildert die babylonische Gefangenschaft, in welche die Kirche durch die Zerstörung des Sakraments geraten ist. Die Verheißung, die im Glauben ergriffen wird, macht das Eigentliche im Sakrament aus, das von Christus durch ein sichtbares Zeichen beglaubigt wird. Nur Taufe und Abendmahl bleiben als Sakrament, alle anderen sind Erdichtungen der röm. Kirche und der Schrift entgegen, deren Sinn sie nicht nur gröblich verkehren, sondern oft auch ihren Wortlaut. Von hier aus ist es nicht mehr weit zur Anklage des Papsttums (nicht des einzelnen Papstes, dem LUTHER freundl. begegnen kann) als Antichrist, weil es zum Verderber der Seelen geworden ist.

Die von der Kurie sofort gegen LUTHER ergriffenen Maßnahmen hätten wahrscheinl. zu dessen schnellem Verderben geführt, wenn nicht die Politik (Tod Kaiser MAXIMILIANS und der Versuch der Kurie, KARLS V. Nachfolge zu verhindern) zur Rücksichtnahme auf LUTHERS Landesherrn, Kurfürst FRIEDRICH DEN WEISEN, genötigt hätte. Als am 15. Juni 1520 schließl. die Bannandrohungsbulle „Exsurge Domine" ausgegeben wird, kommt sie zu spät, sie verfehlt ihre Wirkung auch, weil sie theol. völlig ungenügend fundiert ist. Sie wird von LUTHER am 10. Dez. 1520 vor dem Wittenberger Elstertor verbrannt, zusammen mit scholastischen Schriften und den Büchern des kanonischen Rechts, deren Verbrennung dem Vorgehen LUTHERS die eigentl. Tragweite bis in den Bezirk revolutionären Handelns hinein gibt, gehören sie doch zu den Grundlagen auch der weltl. Rechtsprechung. LUTHERS Verhör auf dem Reichstag zu Worms mit der Ablehnung des Widerrufs am 18. Apr. 1521 führt zum Wormser Edikt mit der Verhängung der Reichsacht, die aber ohne Wirkung bleibt, weil LUTHER durch FRIEDRICH DEN WEISEN auf der Wartburg in Sicherheit gebracht wird und das Edikt entgegen seiner Behauptung keineswegs „nach der Stände einhelligem Rat" erlassen ist.

3. Kirchl. Anfänge. Gegen die unwilligen Stände richtet das Drängen der Päpste (1522 – 1523 HADRIAN VI., erster Reformpapst, aber ohne Erfolg) und der strengen Katholiken unter den Fürsten wenig aus, zumal der Nachfolger HADRIANS, CLEMENS VII. (1523 – 34), im wesentlichen politisch interessiert ist. Seine gegen den Kaiser gerichtete Politik fördert indirekt das Fortschreiten der R. in Dtschld. Der Kaiser ist durch den 1522 ausbrechenden Krieg gegen Frankreich gebunden (1525 Sieg bei Pavia mit Gefangennahme FRANZ I.), er weilt bis 1529 außerhalb Dtschlds. Die drei Nürnberger Reichstage (zweimal 1522, 1524) bleiben so ohne Resultat, auch der Regensburger Bund mehrerer süddt. kath. Fürsten vermag das Vordringen der R. nicht aufzuhalten, als deren Zentren Sachsen und Thüringen (neben Wittenberg bes. wichtig Zwickau mit EGRANUS und MÜNTZER, Erfurt mit LANG und JONAS) und daneben die süddt. Städte anzusehen sind (Nürnberg mit LINCK und OSIANDER, Augsburg mit ÖKOLAMPAD und RHEGIUS, Schwäbisch Hall mit BRENZ, Straßburg mit CAPITO, BUTZER, HEDIO u. a. m.). Aber auch in Schlesien (Breslau mit HESS), Preußen (BRIESSMANN, SPERATUS), Hessen, Schleswig-Holstein, Hamburg, Bremen, ja selbst in den spanischen Niederlanden faßt die R. Fuß. Sie geht jetzt daran, die ersten eigenen kirchl. Formen auszubilden, wobei vordringl. die Frage nach dem Fortbestand der Klöster, der bisherigen kirchl. Organisationsformen wie der Umbildung des Gottesdienstes zu beantworten war. LUTHERS Abwesenheit führt zum Übergewicht der radikalen Kräfte selbst in Wittenberg (KARLSTADT, ZWILLING, Zwickauer Propheten) und zu tumultuarischen Vorgängen (Bildersturm). Seine Rückkehr von der Wartburg gegen den Willen des Kurfürsten schafft Ordnung, ergibt aber auch eine Wiederaufnahme von konservativen Formen, die erst allmähl. abgebaut werden. Bis

1525 (Dt. Messe) wird der Gottesdienst schrittweise zu der dann gültig bleibenden Gestalt umgebaut, dem ev. Vollgottesdienst mit Predigt und Abendmahl (sub utraque specie) als den beiden Mittelpunkten. Daneben steht eine Reihe von reinen Predigtgottesdiensten; Taufe und Trauung erhielten früh eine ev. Form. Dem Verlassen der Klöster und der Aufgabe des Zölibats hat LUTHER noch von der Wartburg aus (De votis monasticis, 1521) die theol. Rechtfertigung gegeben, durch die Einrichtung eines „gemeinen Kastens" versuchte er die Verwendung des freigewordenen altkirchl. Besitzes für Kirche, Schule und Armenpflege sicherzustellen. Durch seine Schriften zur Aufgabe der weltl. Obrigkeit („Von weltl. Obrigkeit", De instituendis ministris, „Daß eine christl. ... Gemeinde Recht und Macht habe, alle Lehre zu beurteilen und Lehrer zu berufen, ein- und abzusetzen ...", alle 1523) bemüht er sich, die Abgrenzung der „beiden Regimente" und einen geordneten Aufbau der Gemeinden zu sichern. Seine Postillen (auf der Wartburg begonnen, 1522 Advents- und Weihnachtspostille, 1525 Fastenpostille) sollen den für ihre Aufgabe oft unzureichend zugerüsteten neuen Predigern des Evangeliums eine Anleitung geben. Am wichtigsten wird jedoch seine auf der Wartburg durchgeführte Übersetzung des NT (1522 „Septemberbibel"), die reißenden Absatz findet und mit dem ev. Lied zusammen der R. immer neue Anhänger gewinnt, wozu LUTHERS und seiner Freunde zahlreiche Schriften ebenso wie eine Lawine von Flugschriften das Ihre tun.

4. Innere Krisen und Auseinandersetzungen. Das Wachstum der R. wird in den Jahren 1524/25 durch innere und äußere Krisen wesentl. gehemmt: den Bauernkrieg (der von kath. Seite der R. zur Last gelegt wird und der LUTHER im Volk und selbst bei den Evangelischen viele Sympathien kostet, weil man seine Stellungnahme nicht versteht), die Auseinandersetzung mit dem Spiritualismus, den beginnenden Abendmahlsstreit und schließl. die Abgrenzung gegen den Humanismus in LUTHERS Antwort auf den Angriff des ERASMUS. Die Schrift des ERASMUS von 1524 über den freien Willen (De libero arbitrio Diatribe) stellt den ethischen Endzweck der Religion heraus, die theol. Fragen sollten im Kreis Eingeweihter und nicht vor der Öffentlichkeit verhandelt werden, die ihnen nicht gewachsen sei, im Zweifelsfall wie bei den praktischen Fragen sei es besser, sich dem Urteil und der Entscheidung der Kirche anzuvertrauen. Sie mußte den leidenschaftl. Widerspruch LUTHERS hervorrufen (De servo arbitrio, 1525). Die entstandene Kluft war unüberbrückbar, das Beispiel des ERASMUS führte viele Humanisten ins altkirchl. Lager zurück, denen der Verfall der Universitäten und des Bildungswesens als Auswirkung der ersten Epoche der R. (infolge der Zerstörung der ma.-kirchl. Voraussetzungen dafür, aber auch infolge der bildungsfeindl. Einstellung des radikalen Flügels der R.) ein schwerer Anstoß war. Die Auseinandersetzung LUTHERS mit dem radikalen Flügel der R. (vgl. dazu Abschnitt H) vermag dem nicht entgegenzuwirken. Sie geht bis in die Tage der Wittenberger Unruhen zurück und verdichtet sich 1525 zu der gegen KARLSTADT, den einstigen Kollegen an der Wittenberger Fakultät, gerichteten Schrift: „Wider die himmlischen Propheten, von den Bildern und Sakrament". LUTHER stellt sich hier mit Schärfe den zwei Erkenntnisquellen des radikalen Flügels entgegen, der mystischen Eingebung und einer wörtl. Übernahme des at. Gesetzes. Das at. Gesetz als solches ist mit PAULUS für den Christen tot (es ist „der Juden Sachsenspiegel"), der Dekalog hat seine Gültigkeit als Zusammenfassung des natürl. Sittengesetzes. Mit dem zweiten Teil der Schrift, gegen KARLSTADTS sinnbildl. Auffassung des Abendmahls gerichtet (Christus habe bei den Einsetzungsworten: „Dies ist mein Leib" usw. auf sich selbst gezeigt), beginnt eine Auseinandersetzung, die über ein Jahrzehnt dauern sollte und den Gegensatz zur R. unter ZWINGLIS (vgl. E) Führung verschärfen sollte. Auch ZWINGLI war inzwischen von einem, LUTHERS Auffassung verwandten, realistischen Verständnis des Abendmahls zu einem mehr sinnbildl. gelangt. Der Christ ist des Heils im Glauben bereits gewiß, die Realpräsenz Christi im Abendmahl ist nicht nur gegen die Vernunft (der auferstandene Christus sitzt zur Rechten Gottes und kann deshalb nicht hier sein), sondern auch unnötig. Das Abendmahl bedeutet als Danksagung eine Bekenntnis- und Verpflichtungshandlung des Christen. Die Hilfskonstruktion LUTHERS von der Ubiquität (Allgegenwart) Christi wie die Auffassung von der manducatio oralis mit ihren Folgerungen seien zu verwerfen. Die Debatte wird zunächst von den beiderseitigen Anhängern, dann aber von ZWINGLI und LUTHER selbst mit zunehmender Heftigkeit geführt. Der Versuch einer Aussöhnung der streitenden Parteien durch das Religionsgespräch zu Marburg (1. – 4. Okt. 1529) führt zu einem besseren gegenseitigen Verständnis und zu einer Vereinbarung, die in 14 Art. die Übereinstimmung in der Lehre zum Ausdruck bringt, im 15. jedoch feststellt, daß man über die leibl. Gegenwart Christi zu keiner Einigung habe kommen können, wenn man auch über die geistl. Nießung einer Meinung sei. Bes. in Südtschld. und Straßburg (BUTZER) neigte man einem vergeistigten Verständnis zu, nach längeren Verhandlungen stimmt die Mittelpartei jedoch einer Auffassung bei, die zu einer wenigstens formalen Einigung führt (1534 in Württemberg, 1536 Wittenberger Konkordie), bis durch MELANCHTHONS innere Fortentwicklung (vgl. Abschnitt D) und CALVINS Wirksamkeit (vgl. Abschnitt F) eine neue Etappe des Abendmahlsverständnisses erreicht wird. Diese Konflikte haben eine weitreichende Bedeutung, während die Auseinandersetzung mit den aufständischen Bauern des Jahres 1525 im Zusammenhang der R.geschichte nur den Charakter einer

Episode besitzt. Die Bauernaufstände sind eine europ. Erscheinung, die schon im 14. Jh. einsetzt. Zum dt. Bauernkrieg wäre es auch ohne LUTHER gekommen, ebenso wie die Bauern ihn auch ohne LUTHERS Eingreifen verloren hätten. R. und Bauernkrieg spielen sich auf verschiedenen Ebenen ab. Dennoch sind LUTHER aus seinem Verhalten damals wie heute die stärksten Vorwürfe erwachsen, in manchen Kreisen ist seine Beurteilung vorwiegend von daher bestimmt (ENGELS/MEHRING/KAUTSKY: LUTHER als „Tellerlecker der absoluten Monarchie", Fürstenknecht usw., vgl. auch die modernen Bauernkriegsdramen, zB DIETER FORTE usw.). Diese Beschuldigungen erklären sich aus einer unzureichenden Kenntnis des Tatbestandes wie aus manchen unglückl. zeitbedingten Voraussetzungen: LUTHER stellt sich mit allen seinen Schriften gegen die jeweils übermächtige Partei. Als sie dann nach der langen Druckdauer der Zeit in die Hände der Leser kommen, hat sich das Blatt gewendet, und es scheint so, als ob LUTHER sich gegen die jeweils Unterlegenen kehre. Seine schärfste Schrift „Wider die mörderischen und räuberischen Rotten der („anderen" heißt es im Original!) Bauern" ist keine selbständige Publikation (dazu hat sie erst buchhändlerische Spekulation gemacht), sondern sie stellt den Zusatz zu einer Neuausgabe seiner „Ermahnung zum Frieden auf die 12 Artikel der Bauernschaft in Schwaben" dar. Daß LUTHER gegen Krieg und Aufstand wie gegen eine gewaltsame Lösung der sozialen Probleme war, ist eine andere Sache, seine heftigen Worte gegen die Fürsten zu Beginn wie nach Niederschlagung des Aufstands werden von denen übersehen, die ihn um seiner Worte gegen die Bauern willen angreifen.

5. Evangelische Landeskirchen. Mit dem Jahr 1526 setzt eine neue Etappe der R. ein. Zwar entsteht unter dem Eindruck des Bauernkrieges im Juli 1525 als Gegenstück zum Regensburger Bund das sog. Dessauer Bündnis norddt. kath. Fürsten, aber auch die Protestanten finden sich jetzt im Febr. 1526 zum Torgauer Bündnis zusammen, teils als Ausdruck ihres gestiegenen Selbstvertrauens, teils unter dem Eindruck des kaiserl. Sieges über Frankreich. Die drückenden Bedingungen des Friedens von Madrid vom Jan. 1526 veranlassen Frankreich jedoch zum Friedensbruch (Papst CLEMENS VII. spricht FRANZ I. von seinem Eid frei), schon im Mai 1526 ist die „Heilige Liga" von Cognac gegen KARL V. gebildet. Außerdem erringen die Türken im Aug. 1526 den Sieg von Mohacz über Ungarn. So findet der erste Reichstag zu Speyer 1526 die Evangelischen nicht nur in einer ganz anderen Position, als bei der Einberufung zu erwarten war, er gibt auch – nachdem die Annahme eines Reformplanes durch den Reichstag nur an der durch FERDINAND vorgelegten Geheiminstruktion des Kaisers gescheitert war – den ev. Ständen die kirchl. Reform frei, wenn auch mit der Einschränkung: bis zum nächsten Konzil und soweit es jeder vor Gott und dem Kaiser zu verantworten sich getraue. Bes. Bedeutung kommt naturgemäß den Vorgängen in Kursachsen zu. Hier hatte man, als mit Kurfürst JOHANN die zweite Generation der R. zur Herrschaft gekommen war, probeweise mit einer Visitation der Kirchengemeinden begonnen, die dann – z. T. unter LUTHERS, vorwiegend unter MELANCHTHONS Beteiligung – bis 1530 im ganzen Land durchgeführt wurde, um Pfarren und Schulen ebenso wie das Kirchenvermögen und die kirchl. Organisation neu zu ordnen. Jetzt wird als Ersatz für das kath. Bischofsamt das des „Superattendenten" eingerichtet, die ev. Kirche bekommt ihre Prägung als Staats- und Pastorenkirche (der Landesherr als „Notbischof", Zusammenwirken von Juristen und Theologen – von der Wittenberger Fakultät gestellt – bei der Leitung der Kirche). MELANCHTHONS „Unterricht der Visitatoren an die Pfarrherrn im Kurfürstentum zu Sachsen" von 1528 und LUTHERS Kleiner und Großer Katechismus von 1529 sind die unmittelbaren Auswirkungen der Visitation, deren Resultate oft alles andere als erfreul. waren. Überall entstehen Kirchenordnungen und festigt sich das Landeskirchenwesen, die Grundlage dafür gibt MELANCHTHONS Auffassung, daß dem Landesherrn die custodia utriusque tabulae, d. h. auch die Fürsorge für Kirche und Gottesdienst zustehe (so wie schon LUTHER 1520 in seiner Schrift an den christl. Adel den Ständen die bes. Verantwortung für die Glaubensfragen zugeschrieben hat). Der zweite Reichstag zu Speyer 1529 bemüht sich, diese Entwicklung aufzuhalten, in der Protestation von Speyer am 19. Apr. 1529 weisen Kursachsen, Hessen, Brandenburg-Ansbach, Braunschweig-Lüneburg und 14 oberdt. Städte diesen Versuch jedoch ab. Auf dem Augsburger Reichstag wird am 25. Juni 1530 die Confessio Augustana als Bekenntnis von Kursachsen, Hessen, Braunschweig-Lüneburg, Anhalt, Mansfeld, Nürnberg und Reutlingen vorgelegt, denen sich nachher noch die oberdt. Städte anschließen. Sie wird durch die Confutatio im Auftrag des Kaisers „widerlegt", der auch MELANCHTHONS Apologie zurückweist und im Reichstagsabschied die volle Beobachtung des Wormser Edikts fordert, so daß der Bruch vollkommen scheint. Die ev. Stände schlossen sich daraufhin im Dez. 1530 zum Schmalkaldischen Bund zusammen, und LUTHER ruft in seiner „Warnung an seine lieben Deutschen" von 1531 zum Widerstand auf, und zwar mit den schärfsten Tönen, die er jemals in diesem Zusammenhang gefunden hat. Aber schon im Juli 1532 muß der sog. Nürnberger Anstand der R. offizielle Duldung (bis zu einem Konzil, das erst 1545, bzw. einem Reichstag, der erst 1541 zusammentritt), d. h. praktische Anerkennung aussprechen, wobei sogar Niederschlagung bzw. Suspension der bis dahin beim Reichskammergericht anhängig gemachten Prozesse durch kaiserl. Mandat zugesagt wird. Scheinbar unaufhaltsam breitet sich die R. aus: Schon 1525 war der Ordensstaat →Preußen säkularisiert und der R. geöffnet worden, jetzt hält die R. in Württemberg, Anhalt-Dessau, Pommern und Mecklenburg ebenso wie in zahlreichen norddt. Städten Einzug. 1539 fallen sogar die beiden Bollwerke des Katholizismus in Mitteldtschld.: Herzog GEORG stirbt ohne Erben, sein Land fällt an seinen Bruder HEINRICH, der seine Gebiete schon vor Jahren der R. erschlossen hat und der Sachsen sogleich der R. öffnet: in Leipzig hält LUTHER selbst die erste ev. Predigt. Mit dem Tode JOACHIMS I. 1535, der wie GEORG ein engagierter Gegner LUTHERS und der R. war, fällt auch Brandenburg für den Katholizismus. Auch in den geistl. Territorien dringt die R. immer weiter vor, ein Bistum nach dem anderen wird entweder ev. oder setzt doch der ev. Predigt kaum Widerstand entgegen. Selbst geistl. Kurfürsten, wie HERMANN VON WIED in Köln, zeigen Hinneigung zur R. Und statt nun energisch dagegen vorzugehen, scheint die kath. Seite den Ausgleich zu suchen. Im Auftrag des Kaisers wird mit dem Schmalkaldischen Bund verhandelt. Der Frankfurter Anstand von 1539 bringt Fortschritte in Richtung auf einen Ausgleich, auf verschiedenen Ebenen finden Religionsgespräche statt (1539 in Leipzig, 1540 erst in Hagenau, dann in Worms), schließl. 1541 sogar auf dem Reichstag zu Regensburg. Der Kaiser garantiert auf diesem Reichstag den Protestanten ihren Besitzstand und läßt eine „christl. R. von Kirchen und Klöstern" zu. Jetzt wird die Pfalz ev., eine Reichsstadt nach der anderen folgt, soweit sie die R. nicht schon eingeführt haben. Ja die Protestanten können es wagen, Braunschweig-Wolfenbüttel mit Gewalt der R. anzuschließen, ohne daß sie auf den Widerstand des Kaisers oder der kath. Stände stoßen.

Alles scheint auf einen friedl. Ausgleich des jetzt über 20 Jahre andauernden Konflikts und auf einen endgültigen Sieg der R. in Dtschld. hinzudeuten, werden doch die maßgebenden Regierungskanzleien von Männern des Ausgleichs beherrscht, die dem Reformprogramm des ERASMUS anhängen. Ein von Papst PAUL III. nach Mantua einberufenes Konzil scheint Aussicht auf Verhandlungen zu bieten (dafür sind LUTHERS Schmalkaldische Artikel geschrieben), kommt aber erst 1545 in Trient zustande. LUTHER ist in all diesen Jahren unermüdl. lehrend (die letzte große Vorlesung über die Genesis von 1535 – 1545), predigend, schreibend tätig, die neu ausgebauten Disputationen an der Universität zur Diskussion von einzelnen Lehrfragen benutzend. Denn es zeigen sich jetzt neben dem fortdauernden Gegensatz zum ref. Zweig der R. in den antinomistischen Streitigkeiten die ersten Risse im Lehrgebäude der R., die nach LUTHERS Tod zu tiefgreifenden Spaltungen führen sollten. AGRICOLA muß 1540 aus Wittenberg weichen; daß MELANCHTHONS theol. Entwicklung ihn von LUTHER entfernt, hat nur wegen dessen Eintreten für ihn damals noch nicht zu ernsthaften Konsequenzen geführt. LUTHERS Tonart wird im Alter keineswegs milder, eine seiner letzten Schriften ist die „Wider das Papsttum zu Rom, vom Teufel gestiftet" (1545), deren Titel schon die Fortdauer seiner unversöhnl. Gegnerschaft anzeigt. In den letzten Jahren seines Lebens hat er sich mehrfach gegen die Juden gewandt, es geht jedoch nicht an – wie im „Dritten Reich" versucht –, ihn für den modernen Antisemitismus in Anspruch zu nehmen: LUTHERS Angriff geht gegen den jüdischen *Glauben*, der Christ gewordene Jude ist ihm der liebe Bruder. 1534 war die Bibelübersetzung vollendet, bis zu seinem Tode (Ausgabe letzter Hand 1545/46) hat er an ihr gebessert. Am 18. Febr. 1546 stirbt er, wahrscheinl. an Angina pectoris, in Eisleben, nachdem er eine Friedensmission in seiner Heimat unter den zerstrittenen Mansfelder Grafen gerade erfolgreich zu Ende gebracht hat. Wenige Monate später bricht der Schmalkaldische Krieg aus, der sein Werk in größte Gefahr bringt.

D. Reformatoren neben Luther. Es ist verständl., wenn angesichts der Riesengestalt LUTHERS die Männer neben ihm im allg. Bewußtsein zurücktreten. Aber das ist ebenso ungerecht, wie es das geschichtl. Werden der R. verdunkelt. Die R. ist getragen von unzähligen unbekannten Prädikanten, die – durch die Lektüre von Schriften LUTHERS oder durch das Studium der Bibel gewonnen – ihr kath. Pfarramt aufgeben oder ihren Orden verlassen und den Gemeinden das Evangelium predigen. Oft gehen sie nachträgl. noch zum Studium nach Wittenberg, bald führt ihr normaler Weg ausschließl. durch die Wittenberger (von 1527 ab auch durch die Marburger usw.) theol. Fakultät. Jeder von ihnen zieht andere nach sich, so bilden sich bald Zentren der R. in den verschiedenen Provinzen Dtschlds. Hier wirken Männer, denen neben LUTHER selbständige Bedeutung zukommt, mögen sie auch vielfach von ihm abhängig sein. Einige von ihnen sind oben (C 3) genannt, neben ihnen müssen andere kurz charakterisiert werden, soll das Bild der R. LUTHERS nicht verkürzt erscheinen. Viele stehen zu LUTHER in enger persönl. Beziehung: JOHANN LANG (ca. 1487 – 1548, Reformator Erfurts, Berater seines Landesherrn im Schwarzburgischen Gebiet) und WENZESLAUS LINCK (1483 – 1547, Reformator Altenburgs, nachher in Nürnberg, an den Religionsgesprächen in Hagenau und Worms beteiligt) sind LUTHERS Klostergenossen in Erfurt und Wittenberg gewesen. GEORG SPALATIN (1484 – 1545), der Hofprediger FRIEDRICHS DES WEISEN, hat in den Anfängen der R. sogar eine Schlüsselstellung besessen. Er ist LUTHERS Mittelsmann zum Kurfürsten (den LUTHER nie persönl. gesprochen hat) und vertritt die Anliegen der R. am Hof. Auch den Nachfolgern FRIEDRICHS dient er, damals Superintendent in Altenburg, als Berater, außerdem vielfach an Visitationen und diplomatischen Verhandlungen in Religionssachen teilnehmend. Von den Kollegen der Wittenberger Universität haben JUSTUS JONAS (1493 – 1555, Reformator Halles, auf allen wichtigen Reichstagen anwesend, umfangreiche Mitwirkung an den sächs. Kirchenangelegenheiten, Verfasser verschiedener KO.en, Übersetzer zahlreicher Schriften LUTHERS und MELANCHTHONS) und NIKOLAUS VON AMSDORF (1483 – 1565) die R. in Wittenberg durchsetzen helfen. AMSDORF ist enger Vertrauter LUTHERS, er ist auf der Leipziger Disputation wie in Worms bei ihm. In Magdeburg, Goslar, Einbeck und an anderen Orten hat er die Einführung der R. geleitet, stets auf ihrem rechten Flügel stehend; nach LUTHERS Tod ist er einer der Wortführer des radikalen Luthertums. JOHANNES BUGENHAGEN (1485 – 1558) kommt erst 1521 als Student nach Wittenberg. Als Professor an der Fakultät und dann als Stadtpfarrer steht er LUTHER nahe, der ihn in diesem Amt vertritt, wenn er, wie so oft, zum Ausbau und der Festigung der R. auswärts weilt. Braunschweig, Hamburg, Lübeck, Pommern, Dänemark, Holstein, Hildesheim erhalten durch ihn ihre KO.en. NIKOLAUS HAUSMANN (1478/79 – 1538, Reformator Zwickaus und Dessaus) hat zu LUTHER die engsten Beziehungen, die „Dt. Messe", die Visitationen und die Katechismen LUTHERS verdanken seiner Aufforderung wenigstens teilweise ihre Entstehung. Von den Tischgenossen LUTHERS seien CONRAD CORDATUS (1480 – 1546, bes. Verdienste um die Nachschriften der Tischreden) und VEIT DIETRICH (1506 – 1549, Prediger in Nürnberg, Sammler von Tischreden- und Predigtnachschriften LUTHERS, Herausgeber der Hauspostille, Verfasser wichtiger praktisch-theol. Werke) genannt. Die Namen der Wittenberger Studenten JOHANN HESS (1490 – 1547, Reformator Breslaus und Schlesiens) und JOHANNES BRIESSMANN (1488 – 1549, Reformator Rigas und des Samlands), JOHANNES MATHESIUS (1504 – 1565, Pfarrer in Joachimsthal in Böhmen und erster Lutherbiograph) mögen verdeutlichen, wie weit die Wirkung der Wittenberger Fakultät im dt. Sprachbereich geht; die R. etwa in Ungarn, aber auch in Schottland und Skandinavien hat ebenfalls Wittenberger Studenten unter ihren Führern.

Schon die Heidelberger Disputation von 1518 hat LUTHER im süddt. Raum Anhänger und Gesinnungsgenossen gewonnen, unter ihnen ERHARD SCHNEPF (1495 – 1558, einer der Reformatoren Württembergs, Teilnehmer an den Religionsgesprächen von Hagenau, Worms und Regensburg), JOHANNES BRENZ (1499 – 1570, ihm verdankt Württemberg seine „zweite R.", die KO von 1559) und MARTIN BUTZER (1491 – 1551). BRENZ gehört zu den Repräsentanten des Luthertums in Süddtschld., BUTZER zu denen einer Position zwischen dem Luthertum und dem oberdt., stärker von ZWINGLI beeinflußten, Protestantismus. Ihm, dem LUTHER oft mit Mißtrauen gegenüberstand, ist wesentl. das Zustandekommen der Wittenberger Konkordie von 1536 zu verdanken. BUTZER, mit WOLFGANG CAPITO (1478 – 1541) und KASPAR HEDIO (1494 – 1552) Wortführer der Straßburger Kirche, hat an allen wesentl. theol. Verhandlungen und Religionsgesprächen der R.zeit Anteil. Nach dem Interim geht er nach England ins Exil, wo er in Cambridge bald Einfluß gewinnt. BUTZER gehört zu den führenden Köpfen der R. Dennoch ist PHILIPP MELANCHTHON, der Praeceptor Germaniae, an Einfluß und Bedeutung weit vor ihn zu stellen; für die dt. R. galt MELANCHTHON als zweiter Mann nach LUTHER, nach dessen Tod als sein Erbe. Als MELANCHTHON (am 16. Febr. 1497 in Bretten geboren) als neuberufener Professor für die griech. Sprache im Aug. 1518 in Wittenberg seine Antrittsvorlesung De corrigendis adolescentiae studiis hielt, bricht für die Universität eine neue Epoche an. Die enge Zusammenarbeit mit LUTHER führt MELANCHTHON bald zur R. Er wendet sich schon 1519 von ARISTOTELES ab, beginnt mit seiner Vorlesung über den Römerbrief, erwirbt den Grad eines Baccalaureus der Theol. und tritt nach der Leipziger Disputation als energischer Verteidiger LUTHERS und der R. auf. 1521 liegen seine Loci communes rerum theologicarum vor. Diese „theol. Hauptbegriffe", von LUTHER stets aufs höchste gerühmt, stellen die erste systematische Darstellung des neuen Glaubensgutes dar. Hier liegt MELANCHTHONS Stärke: Die Confessio Augustana und deren Apologie, beide dem Augsburger Reichstag von 1530 vorgelegt, sind die zentralen →Bekenntnisschriften der R.zeit und zeigen die Schärfe und Klarheit seines theol. Denkens. LUTHER hat zum Augsburger Bekenntnis gesagt, daß er so „sanft und leise nicht treten" könnte – er hätte auch die Präzision der Formulierung nicht aufgebracht. Daß damit eine Schwäche der persönl. Haltung verbunden ist, zeigt sich schon in Augsburg und bes. nach LUTHERS Tod und hat MELANCHTHON viele Angriffe eingebracht. Obwohl er nach den Wittenberger Unruhen von 1522, in denen er sich der bei LUTHERS Abwesenheit auf ihm liegenden Verantwortung nicht gewachsen zeigte, innerl. unsicher scheint und seine theol. Vorlesungen zugunsten der allgemeinwissenschaftl. sichtbar einschränkt, hat MELANCHTHON doch an allen kirchl. Problemen, LUTHER dabei aufs entscheidendste ergänzend, maßgebl. Anteil genommen. Daneben steht, von gleicher Wichtigkeit, der Aufbau und Ausbau des Schul- und Bildungswesens der R. Von MELANCHTHON stammen die Lehrbücher, die Schule und Universität in Latein und Griechisch, Geschichte, Ethik, Rhetorik, Dialektik usw. beherrschen. Er legt den Grund zu einer Neuorganisation der Gelehrtenschulen in Dtschld., alle wichtigen Pädagogen des ev. Dtschld. sind seine Schüler oder Freunde.

Nach dem Tode LUTHERS ist MELANCHTHON jedoch alsbald nicht mehr Führer der R., sondern Schulhaupt, von den entschiedenen Lutheranern mit wachsender Leidenschaft angegriffen. Die Entwicklung dahin beginnt in den 30er Jahren. Humanistische Einflüsse und naturrechtl. Gedanken ebenso wie Einwirkungen des Aristotelismus und CALVINS führen MELANCHTHON zu einer stärkeren Betonung der Tradition, zu einer Unterstreichung der Notwendigkeit der Werke wie zu einer Vergeistigung der Abendmahlsauffassung, die 1540 in der Confessio Augustana variata den Artikel 10 über das Abendmahl nicht mehr von wahrhafter Gegenwärtigkeit des Leibes und Blutes Christi sprechen läßt, sondern nur davon, daß hier *mit* dem Brot und Wein Leib und Blut Christi dargereicht werden. Wenn MELANCHTHON und seinen Anhängern nach LUTHERS Tod von den radikalen Lutheranern „Kryptokalvinismus" vorgeworfen wird, so trifft das zwar nicht MELANCHTHONS Absicht, aber doch die Sache. MELANCHTHON ist nicht der Mann des Kampfes und schon gar nicht des schonungslosen Einsatzes, so ist sein Lebensausgang († 19. April 1560) verdüstert von den rücksichtslosen und erbitterten Angriffen der – man kann es nicht anders sagen – eigentl. Erben LUTHERS. Dennoch ist der Anteil MELANCHTHONS an der R. auch für diese seine Gegner von nicht zu überschätzender Bedeutung.

E. Die R. Huldrych Zwinglis. Die R. ZWINGLIS ist ohne die Voraussetzungen des →Humanismus wie der Schweizer Verhältnisse nicht voll zu verstehen und zu würdigen. ZWINGLI hat stets auf seine Unabhängigkeit Wert gelegt, z. T. aus taktischen Gründen, z. T. aus theol. Überzeugung, ist er doch schon vor seiner Bekanntschaft mit LUTHERS Schriften zu einem neuen Verständnis der Bibel gelangt; er spürt auch deutl., daß seine Frömmigkeit einen von der LUTHERS verschiedenen Charakter besitzt. ZWINGLI (am 1. Jan. 1484 in Wildhaus/Grafschaft Toggenburg als Sohn eines relativ wohlhabenden Gemeindeammanns geboren) steht schon in der Schulzeit unter dem Einfluß des Humanismus, der sich auf der Universität (Wien und Basel) noch verstärkt. Schon 1506 wird ZWINGLI Pfarrer, obwohl er gerade erst Magister artium geworden ist und noch nicht eigentl. Theol. studiert hat. In seinem Pfarramt zu Glarus (bis 1516) versenkt er sich in das Studium der humanistischen Ausgaben der klassischen Schriftsteller und der Kirchenväter sowie des NT (1513 lernt er dafür Griechisch), ERASMUS ist ihm der geistige Führer der Zeit. Sein Lehrgedicht „Der Labyrinth" (1516) zeigt Christus als göttl. Leiter des Menschen, der den Weg aus den Schwierigkeiten des Lebens (Labyrinth) mit dem Ariadnefaden der Vernunft findet. Von diesen Voraussetzungen aus erhält das Denken ZWINGLIS und seine R. die Klarheit und Folgerichtigkeit, welche sie charakterisiert. Von der Kritik an den kirchl. Mißständen führt sie über das Studium der Schrift, die die Richtschnur abgibt, zu logisch und konsequent durchgeführten Reformen und zum radikalen Bruch mit dem Alten. Die Schriftlesung („Lesene"), die das irrtumslose Gottesgesetz eröffnet, ist das Mittel, mit dem die R. ZWINGLIS sich in den Gemeinden durchsetzt. Die politische Struktur und die damalige Situation der Schweiz geben ZWINGLIS Wirken ein zusätzliches bes. Vorzeichen. Die Schweiz stellt die Landsknechte für die Heere der Zeit („Reislaufen") und wird deshalb von der Kurie wie von Frankreich umworben. ZWINGLI stellt sich nachdrückl. auf die Seite des Papstes und zieht zweimal als päpstl. Feldprediger nach Italien. Deswegen angefeindet, geht er 1516 als Pfarrer an den Wallfahrts-Ort Mariä-Einsiedeln. Die Auswüchse der Heiligenverehrung und die „judaisierenden Zeremonien" bekämpfte er im Geiste des Humanismus energisch; 1518 ans Großmünster Zürich berufen, setzt er diese seine Predigten fort und beginnt nun mit kursorischer Auslegung der Bibel. Von jetzt ab wirkt LUTHER, dessen Schriften ZWINGLI systematisch verbreitet, auf ihn ein, mit dem Resultat allg. Vertiefung des Ansatzes, für den AUGUSTIN maßgebl. Bedeutung besitzt. ZWINGLI hat jedoch nicht LUTHERS jahrelanges verzweifeltes Ringen um Heiligung durchgemacht; dessen simul iustus et peccator bleibt ihm fremd, vielmehr ist ihm die Heiligkeit ein mit Hilfe des im Menschen wirkenden Gottesgeistes erreichbares Ziel. Hier wie auch in der Gotteslehre wirken humanistische Elemente nach. ZWINGLI war auch nie so radikal kath. wie LUTHER, so fällt ihm die Trennung vom Alten, die bei LUTHER immer nur stückweise vor sich ging, leichter. In den Dienst des Heiligkeitsideals wird auch die Obrigkeit gestellt, welche den in dem heiligen Gesetz der Bibel festgelegten Willen Gottes zu vollstrekken hat und als gottfeindl. zu bekämpfen ist, wenn sie sich dem entzieht.

1520 beginnt ZWINGLI mit dem Kampf gegen das Reislaufen. Sein erstes reformatorisches Handeln geht gegen die Fastengebote. Eine Predigt ZWINGLIS führt in der Fastenzeit 1522 zu einem Wurstessen Zürcher Bürger in ZWINGLIS Beisein. Seine Schrift „Von Erkiesen und Freiheit der Speisen", mit einer Erörterung des Wertes der Zeremonien, hat als Resultat die zusammen mit zehn Geistlichen eingereichte Supplicatio um Freigabe der Predigt und der Priesterehe, im „Archeteles" wird die Schrift zur alleinigen Autorität erklärt. Die Tagsatzung ist nicht zu gewinnen, die Erste Zürcher Disputation vom 29. Jan. 1523, für welche ZWINGLI die „67 Schlußreden" (Thesen) schreibt, seine bedeutendste reformatorische Schrift, führt zum Sieg in Zürich. Die Zweite Zürcher Disputation, 26. – 28. Okt. 1523, über die Bilder und die Messe, nimmt die Vorschläge ZWINGLIS für eine geordnete Durchführung der Reformen an, die nun Schlag auf Schlag erfolgen, bis Ostern 1525 das Abendmahl in beiderlei Gestalt gefeiert wird. 1525 wird das Chor- und Ehegericht berufen, 1528 die Synode eingesetzt. Inzwischen war die R. durch die Disputation zu Bern Jan. 1528 im Kanton Bern (hier bes. BERCHTHOLD HALLER) zum Siege gelangt. Febr. 1529 setzt sie sich in Basel durch (ÖKOLAMPAD). In St. Gallen wirken VADIAN und JOH. KESSLER, überall werden LUTHERS und ZWINGLIS Schriften verbreitet. Die Bibellesung, um die sich das Bürgertum schart, ist der Sturmbock der R.; Adel, Regierungen und die durch das Bauerntum bestimmten Urkantone bleiben beim Katholizismus. ZWINGLI gewinnt in den oberdt. Städten Bundesgenossen, die Austragung des Gegensatzes mit den Waffen wird durch den Ersten Landfrieden zu Kappel Juni 1529 noch einmal verhindert. ZWINGLIS politische Pläne zu einer antihabsburgischen (d. h. antikath.) Weltliga werden immer weiter gespannt (in diesen Zusammenhang gehört das Religionsgespräch zu Marburg). Zum Augsburger Reichstag sendet ZWINGLI die Fidei Ratio als Sonderbekenntnis, das aber unbeachtet bleibt. Seine weitgespannten Pläne zerschlagen sich, so versucht ZWINGLI durch Sperrung der Lebensmittelzufuhr für die kath. Kantone eine Entscheidung herbeizuführen. Aber in der Feldschlacht bei Kappel am 11. Okt. 1531 siegen die kath. Kantone, da Bern Zürich im Stich läßt. ZWINGLI findet (als Kämpfer mit der Waffe) hier den Tod, mit ihm 21 Prädikanten. Der Leichnam ZWINGLIS wird vom Henker gevierteilt und verbrannt. HEINRICH BULLINGER (1504 - 1575) übernimmt die Leitung der verwaisten Zürcher Kirche, von LEO JUD (1482 - 1542) und anderen dabei unterstützt. Die Erste Helvetische Konfession von 1536 formuliert die Lehre, der geistl. Charakter der R. ZWINGLIS steht im Vordergrund. Die oberdt. Städte orientieren sich jetzt mehr zum dt. Luthertum hin, bis unter CALVIN eine Wende für die R. in der Schweiz eintritt.

F. Die R. Jean Calvins. JEAN CAUVIN (lat. CALVINUS) ist am 10. Juli 1509 als Sohn eines bischöfl. Beamten geboren, der seinem Sohn schon als Zwölfjährigem eine Pfründe an der Domkirche von Noyon verschafft. Der Vater stirbt jedoch 1531 im kleinen Kirchenbann, ein Bruder CALVINS wird bald danach exkommuniziert; so hat man die ersten Ansätze für CALVINS spätere Entwicklung schon im Elternhaus gesucht. Auf der Universität Orléans, wo CALVIN 1533 zum Doktor der Rechte promoviert, kommt er schon vor 1529 mit Schriften LUTHERS in Berührung, er gehört zu einem Kreis, der sich um den dt. Lutheraner MELCHIOR VOLMAR sammelt. Wann CALVIN die plötzl. Bekehrung (subita conversio) erlebt hat, von der er später spricht, ist umstritten (1528 oder 1533), auch hier ist die „Spätdatierung" vorzuziehen. Am 1. Nov. 1533 hält der Rektor der Pariser Universität, NICOLAS COP, jedenfalls eine Rede, die um ihrer ev. Haltung willen großen Anstoß erregt, so daß COP ebenso wie CALVIN, ihr Verfasser, fliehen muß. Im Mai 1534 verzichtet CALVIN dann auf seine Pfründen. Er wirkt an verschiedenen Orten, offensichtl. auch bereits als Verkündiger des Evangeliums in den verborgenen Zirkeln der franz. Protestanten, bis er 1534/35 über Straßburg nach Basel geht. Hier beendet er die 1536 erscheinende Christianae religionis Institutio, FRANZ I. von Frankreich gewidmet (wie es schon ZWINGLI mit seinem Commentarius de vera ac falsa religione getan hatte). Die Institutio folgt dem Aufbau des Katechismus LUTHERS und will zur wahren Frömmigkeit anleiten, erst in den späteren Ausgaben (1539 2. Ausgabe in Straßburg, letzte Ausgabe in vier Büchern und 80 Kap. 1559) ist sie zur „ev. Summa", der bedeutendsten Darstellung ev. Glaubens in der R.zeit, geworden. 1536 hält CALVIN sich noch einmal kurz in Frankreich auf, in dem bereits die Scheiterhaufen für die Evangelischen brennen, um es dann für immer zu verlassen. Er will nach Straßburg, wo er (1535?) bereits kurze Zeit geweilt hat, sein Weg dorthin führt über Genf. Hier hat sich von 1535 ab unter der Führung von GUILLAUME FAREL (1489 - 1565), der hier seit 1532, unterstützt von PIERRE VIRET (1511 - 1571) und ANTOINE FROMENT (1509 - 1581) wirkt, die R. zwar offiziell durchgesetzt, aber sie hat noch mit vielen Schwierigkeiten zu kämpfen. Mit prophetischen Worten gelingt es FAREL, CALVIN zum Bleiben zu bewegen (Sommer 1536) und sich der Kirche Genfs zur Verfügung zu stellen. CALVIN ist zunächst „Lektor der Hl. Schrift", seine erste wichtige Arbeit sind die Articuli de regimine ecclesiae (1537), welche jedem Einwohner einen Eid auf das Glaubensbekenntnis (in der Instruction et Confession de Foy enthalten) abverlangten und die Zulassung zum Abendmahl vom sittl. Wandel abhängig machten, über den für jeweils einen Bezirk verantwortl. Älteste die Aufsicht führen sollen. Im Gottesdienst wird der Psalmengesang durch die Gemeinde eingeführt. Die Durchsetzung der Zuchtordnung stößt jedoch auf Schwierigkeiten. Als die Prediger erklären, nur diejenigen zum Abendmahl zulassen zu wollen, die den Glaubenseid abgelegt haben, kommt es zum Konflikt mit dem Rat, welcher das nicht gestatten und außerdem das Abendmahl nach Berner Vorbild mit Oblaten gefeiert haben will. CALVIN und FAREL weigern sich Ostern 1538, das Abendmahl auszuteilen, sie erhalten am 23. Apr. den Befehl, Genf innerhalb von drei Tagen zu verlassen.

CALVIN geht über Basel nach Straßburg, wohin ihn BUTZER ruft, der in diesen Jahren einen maßgebl. Einfluß auf CALVIN gewinnt. Die spätere Genfer Gottesdienstordnung ist vielfach von der Straßburger abhängig, auch sonst zeigt sich im praktischen (aber auch im systematischen) Bereich später bei CALVIN BUTZERS Einfluß (der Genfer Katechismus von 1541 zB stellt wie bei BUTZER die Behandlung des Glaubensbekenntnisses vor die der Gebote, im Gegensatz zu LUTHER, dem CALVIN darin früher folgte). CALVIN ist als Pfarrer und Professor tätig. 1539 beendet er den in dieser Wirksamkeit entstandenen Kommentar zum Römerbrief, dem später (in der parallelen Tätigkeit an der Genfer Akademie) Erklärungen aller biblischen Bücher (mit Ausnahme des Hohenliedes und der Offenbarung) folgen. Der Brief an SADOLET (1539) gibt im Namen der Genfer Gemeinde eine eindrucksvolle Antwort an den Kardinal, der sie aufgefordert hatte, zur kath. Kirche zurückzukehren. Die Institutio erfährt ihre erste durchgreifende Umarbeitung, im Petit Traité de la

Sainte Cène (1541) legt CALVIN seine Abendmahlsauffassung dar, näher bei LUTHER als bei ZWINGLI stehend, dennoch aber zwischen beiden vermittelnd: Ablehnung der kath. Transsubstantiationslehre, der Verwandlung der Elemente, aber auch der luth. Konsubstantiationsanschauung, nach welcher in Brot und Wein Leib und Blut Christi wesenhaft neben den Elementen vorhanden sind; nach CALVIN handelt es sich um die Substanz des Leibes und Blutes, aber in geistl. Gegenwart. Wichtig wird die Teilnahme CALVINS an den Religionsgesprächen von Hagenau, Worms und Regensburg, wo er auch zu MELANCHTHON persönl. Kontakt erhält (CALVIN übersetzt zB die Loci communes ins Französische).

In Genf hatte sich inzwischen die politische wie die kirchl. Lage verändert. Als CALVIN am 13. Sept. 1541 zurückkehrt, ist die Bedingung dafür die Annahme der Ordonnances ecclésiastiques durch den Rat. Das kirchl. Amt wird vierfach gegliedert: Pfarrer, Lehrer, Älteste, Diakone (→Kirchenverfassung ID). Einmal in der Woche kommen die Pfarrer zum Bibelstudium und zur gegenseitigen Ermahnung zusammen (unter dem Vorsitz von CALVIN). Durch den Hinzutritt von 12 Ältesten (welche über die 12 Stadtbezirke die Sittenaufsicht führen, der – notfalls mit Hilfe von bezahlten Spionen – nichts verborgen blieb) erweitert sich die Compagnie des Pasteurs zum Consistoire, welches um der Ehre Gottes (Zentralbegriff der Theol. CALVINS) willen kirchl. und bürgerl. Strafen verhängt, bis hin zur Ahndung der kleinsten Abweichung. Am wenigsten entwickelt bleibt zunächst das Amt der Docteurs; den Diakonen ist die Sorge für die Armen und Kranken aufgetragen. Die KO findet vor allem in den Altgenfer Familien Widerstand, insbes. um AMI PERRIN (1547 wegen eines verbotenen Tanzes angeklagt) und PHILIBERT BERTHELIER (1553 exkommuniziert, vom Rat zum Abendmahl zugelassen, das zu nehmen er dann angesichts der drohenden Predigt CALVINS nicht wagt) kommt es zu heftigen Konflikten mit dem Rat. Eine Reihe von Lehrprozessen läuft nebenher und erregt viel Aufsehen, auch außerhalb Genfs: SEBASTIAN CASTELLIO (1515–1563), Leiter des Gymnasiums, erklärt 1543 bei der Prüfung für das Predigtamt das Hohelied zum weltl. Liebeslied und äußert Zweifel an Christi Höllenfahrt. Er muß Genf verlassen. JÉRÔME BOLSEC bestreitet, unter Berufung auf die Schrift, CALVINS schroff, noch weit über ZWINGLI hinaus entwickelte Prädestinationslehre. Er wird erst ins Gefängnis geworfen und 1551 aus der Stadt verbannt (später wieder kath. geworden, veröffentlicht er 1577 eine Biographie CALVINS, welche, ähnl. der des COCHLAEUS über LUTHER, zur bis auf die Gegenwart fließenden Quelle der Verleumdung geworden ist). Am 27. Okt. 1553 schließl. wird MICHAEL SERVET verbrannt, weil er in seiner Christianismi Restitutio die Trinität geleugnet hat. Gewiß wäre SERVET entsprechend den Maßstäben der Zeit auch anderswo den Ketzertod gestorben, aber CALVIN hat persönl. die Verhaftung des durch Genf Durchreisenden (und dort den Gottesdienst CALVINS Besuchenden!) veranlaßt, im Prozeß gegen ihn mit Schärfe polemisiert und eine Schrift zur Rechtfertigung der Hinrichtung geschrieben. Im Verfahren gegen BOLSEC hat CALVIN den (zu erhebl. Teilen andersdenkenden) Rat zur Anerkennung seiner Prädestinationslehre gebracht, mit dem Prozeß gegen SERVET setzt er sich gegen den Rat endgültig durch. Denn angesichts der Rechtslage und der auswärtigen Gutachten (mit einer Ausnahme alle für CALVINS Stellungnahme eintretend) können auch die CALVIN feindl. Ratsmitglieder nicht gegen ihn stimmen. Die Wahlen von 1555 bringen mit Hilfe der zahlreichen franz. Glaubensflüchtlinge eine endgültige Mehrheit für CALVIN, vier der fünf Bürgermeister entstammen jetzt dem Kreis seiner Freunde. Genf ist zur Stadt CALVINS geworden, in der nicht nur das kirchl., sondern auch das bürgerl. Leben (dessen sich CALVIN bis hin zum Aufbau einer Industrie, des Feuerlöschwesens usw. annahm – der wirtschaftl. Aufschwung Genfs beginnt noch zu seinen Lebzeiten) ganz von seinem Geiste und seiner Strenge geprägt ist. Die Stadt wird zum Mittelpunkt des schweiz. Protestantismus: im Consensus Tigurinus, welcher 1549 eine Einigung über das Abendmahl erreicht, wird die Verschmelzung der R. ZWINGLIS mit der CALVINS eingeleitet. Die Begründung der Genfer Akademie am 5. Juni 1559 (mit THEODOR VON BEZA, 1519–1605, CALVINS späterem Nachfolger) macht die Stadt darüber hinaus zum internationalen Mittelpunkt des sich alsbald weit ausbreitenden Calvinismus, dessen Lehrer hier ausgebildet werden und dessen Geschlossenheit und kämpferischer Geist den Einfluß der R. LUTHERS in vielen Gebieten zurückdrängen (vgl. Abschnitt G). CALVIN selbst hat mit nimmermüder Wirksamkeit (insbes. mit einer Fülle von Briefen) dieses Werk gesteuert, bis er seine Kräfte schwinden fühlte. Am 28. Apr. nimmt er mit einem Rückblick auf sein Leben von der Pfarrerschaft Abschied, am 27. Mai 1564 stirbt er im Alter von 55 Jahren.

G. Die R. außerhalb Deutschlands und der Schweiz. Daß die R. – mindestens – zwei Zentren gehabt hat (für die „dritte Kraft" vgl. Abschnitt H), ist nach dem Bisherigen wohl deutl., der beliebte Satz von „Dtschld., dem Mutterland der R." bedeutet eben nur eine Teilwahrheit. Daß die R. nicht eine dt. – oder eine schweiz. – Größe ist, wird ganz einleuchtend bei einer Betrachtung der R. außerhalb der Grenzen beider Länder. Dabei faßt die R. LUTHERS auf die Dauer im Norden, in Skandinavien, Fuß, während sie in den romanischen Ländern nur geringen Erfolg hat, ebenso wie im Osten Europas. Dort wird sie alsbald von der R. CALVINS überholt, ebenso wie in Schottland und England, das als solches eine ganz eigene R.geschichte hat. Den franz.-sprachigen Raum beherrscht die R. CALVINS alsbald vollständig. Die Ursachen für diesen Tatbestand können nicht in einer bes. Disposition der Völker, des „Volksgeistes" oder gar der „Rassen" für eine spezielle Form der R. gesucht werden, sie sind anderer Art. Z. T. gelingt es dem Terror des Staates, Ansätze der R. entweder ganz zu unterdrücken oder klein zu halten. Das ist in *Spanien* der Fall, wo sich in Valladolid und in Sevilla kleine luth. Gruppen sammeln, bis die Inquisition sie ab 1559 ausrottet oder zerstreut. In *Italien* hat die R. einen Rückhalt am Hof von Ferrara. Sie besitzt Zentren in Venedig und Neapel, hat aber von vornherein gegenüber einer sich dem Papsttum aus nationalen Gründen nahe fühlenden Bevölkerung einen schweren Stand (immerhin ist es mögl., daß der päpstl. Legat für Dtschld. und Bischof von Capo d'Istria, VERGERIO, zur R. übertritt). Hier wie in Spanien und Frankreich ist auch eine humanistische Geistigkeit, die sich der R. nahe fühlt, ohne sich jedoch eindeutig für sie zu entscheiden, ein wesentl. Hindernis für die Ausbreitung der R. gewesen, weil ihr mit Hilfe symbolischer Umdeutung des Katholizismus ein Umweg um die sonst zwangsläufigen ernsten Konflikte mögl. schien (nicht umsonst wettert CALVIN bes. gegen die „Nikodemiten"). So entwickelt sich die R. hier langsam – nach LUTHERS Tod ist dann die Ausstrahlung, die von Wittenberg ausgeht, entscheidend reduziert. MELANCHTHON wird als Schulhaupt angegriffen, die dt. Lutheraner befehden sich untereinander, obwohl das dt. Luthertum im Kampf um seine Existenz steht. Das ist die Zeit des Sieges CALVINS in Genf, der die Genfer Akademie zum Lehrmittelpunkt der R. macht. Hierhin und nicht nach Wittenberg wendet sich der Nachwuchs der R. außerhalb Dtschlds. Und wer in Genf ausgebildet war, wurde zwangsläufig von der Härte und Energie CALVINS und seiner R. geprägt. Er nahm sie in seine Heimat mit und sicherte ihr dadurch automatisch einen Vorsprung gegenüber dem Luthertum. In *Frankreich* und im heutigen *Belgien* gab die Sprachgleichheit der R. CALVINS ohnehin einen Vorsprung: CALVIN hat auch alle Kraft auf die Ausbreitung der R. in seiner Heimat gewandt. Daß die Waldenser in Italien sich der schweiz. R. erschließen, erklärt sich aus der räuml. Nähe zu Genf.

In den nordischen Ländern (deren seit 1397 bestehende Einheit im Zerfall begriffen ist) faßt die R. am frühesten in *Dänemark* Fuß. Bereits 1520/21 sind Sendboten Wittenbergs im Land, 1524 erscheint das NT in der Volkssprache, von 1526 ab begünstigt FRIEDRICH I. offen die R., 1530 legen 21 luth. Prädikanten die Confessio Hafnica als Glaubensbekenntnis vor, 1536 beschließt der Reichstag die Einführung des Luthertums als Staatsreligion. BUGENHAGEN hilft als Sendbote Wittenbergs beim inneren und äußeren Aufbau der Kirche. In *Schweden* ist der Wittenberger Student OLAF PETERSSON (OLAUS PETRI) der Wortführer der R. (auch der dänische Reformator HANS TAUSEN hat in Wittenberg studiert). Der Sieg der R., welche der 1523 zum König gewählte GUSTAV WASA begünstigt, ist verknüpft mit dem Kampf um die Selbständigkeit Schwedens, dementsprechend eng wird die Verbindung von Kirche und Staat. Die Entscheidung fällt auf dem Reichstag von Västerås 1527, jedoch dauert die endgültige Durchsetzung der R. noch längere Zeit: 1528 kirchl. Neugliederung, 1536 Abschaffung des Zölibats, 1539 der Deutsche GEORG NORMANN in die Oberleitung der Kirche berufen, 1544 auf dem Reichstag zu Västerås Verpflichtung, an der R. für alle Zeiten festzuhalten. Das mit Schweden verbundene *Finnland* macht dieselbe Entwicklung durch. Auch hier sind Wittenberger Studenten maßgebl. beteiligt (MICHAEL AGRICOLA). In *Norwegen* ist die R. durch Dänemark von oben her eingeführt worden und nicht von unten her gewachsen. 1539 nehmen Notabelnversammlungen die dänisch-norwegische KO an.

Die R. in *England* nimmt, bedingt durch die Person und das Handeln HEINRICHS VIII., einen eigenen, wechselvollen Verlauf, von den Leidenschaften und Stimmungen des Königs gelenkt. Dabei bestehen durchaus Beziehungen zu Wittenberg (1535 engl. Gesandtschaft dort, TYNDALE übersetzt hier 1524/25 das NT ins Englische, das zusammen mit Schriften LUTHERS verbreitet wird), aber sehr viel mehr als ein Staatskirchenregiment des Königs (Suprematsakte von 1534) unter Loslösung von Rom ergibt sich nicht. Unter EDUARD VI. (1547 – 1553) erst macht die R. wirkl. Fortschritte. 1548 wird die Short Instruction erlassen, 1549 das Book of Common Prayer, 1552 erfolgt seine Revision unter dem Einfluß der ev. Flüchtlinge vom Kontinent (BUTZER, PETRUS MARTYR u. a.), das Glaubensbekenntnis der 42 Art. von 1552 zeigt einen immer stärkeren Ausbau der R. unter calvinistischem Einfluß. Der Versuch einer Rekatholisierung unter MARY TUDOR (1553 – 1558) scheitert, unter ELISABETH I. (1558 – 1603) konsolidiert sich die anglikanische Kirche endgültig, neben der jedoch schon überall puritanische Gemeinden stehen, die für eine radikale Durchführung der R. eintreten. In *Schottland* beginnt die R. mit luth. Gedanken (1528 PATRICK HAMILTON, 1527 Student in Wittenberg, in St. Andrews verbrannt), bekommt dann aber unter dem Einfluß von JOHN KNOX (1505 – 1572), des wohl berühmtesten Absolventen der Genfer Akademie, das presbyterianische Vorzeichen. 1560 nimmt das Parlament die Confessio Scotica an.

In *Ungarn* wie in *Siebenbürgen* und *Polen* hat die luth. R. ihren festen Rückhalt an den dt. Städten und Siedlungsgebieten. Aber auch der einheimische Adel schickt seine Söhne nach Wittenberg. In Ungarn sind 1560 alle Adeligen mit Ausnahme von drei Magnatenfamilien für die R. gewonnen, in Siebenbürgen wird 1554 volle Religionsfreiheit erklärt. Überall findet von den 50er Jahren ab jedoch der Calvinismus Eingang, dem sich die Melanchthonschüler anschließen. So kommt es zu mancherlei Spaltungen (insbes. in Polen, in dem die der R. anhängenden Gruppen beinahe hoffnungslos gespalten sind), alles in allem ist jedoch die R. CALVINS in siegreichem Vordringen, soweit sich ihr nicht (wie zB in Polen) der erstarkende Katholizismus erfolgreich entgegenstellt.

In *Frankreich* findet die R. CALVINS Rückhalt bes. an MARGARETHE VON NAVARRA und ihrer Tochter JEANNE d'ALBRET, aber auch in den höchsten Adelskreisen. Obwohl die Chambre ardente seit 1547 Hunderte von Todesurteilen verhängt, breitet sich die R. immer weiter aus. 1555 beginnt in Paris die Gemeindebildung, 1559 werden 72 Gemeinden gezählt, deren Prediger fast alle in Genf ausgebildet sind. Auf der Liste, welche der Führer der Hugenotten, Admiral GASPARD DE COLIGNY, 1561 KATHARINA VON MEDICI vorlegt, werden bereits 2150 aufgezählt. 1559 findet die erste Nationalsynode statt, welche die Confessio Gallicana beschließt. In den *Niederlanden* wird die R. durch Flüchtlinge aus Frankreich, aber auch von Genf aus ausgebreitet, nachdem die Anfänge durch blutige Verfolgung niedergehalten wurden (HEINRICH VOS und JOHANN VAN DEN ESCHEN aus dem Augustinerkloster zu Antwerpen werden 1523 in Brüssel verbrannt, JAKOB PROPST und HEINRICH VON ZÜTPHEN, beide Wittenberger Studenten, können entfliehen). 1561 wird das 1566 als Confessio Belgica von einer Antwerpener Synode angenommene Bekenntnis von dem in Genf ausgebildeten GUY DE BRAY verfaßt, es wird zum Einheitsband der Gemeinden, die – weil zu den spanischen Erblanden gehörig – bes. schwerer Verfolgung ausgesetzt bleiben, bis sie schließl. mit ihrem Land zusammen die Freiheit erringen.

H. Täufer und Spiritualisten (→Schwärmertum; →Täufertum). Von Anfang an ist in der R. das täuferische wie das spiritualistische Element lebendig und wirksam, und zwar in Dtschld. wie in der Schweiz, eine Behandlung der R. ohne ein Eingehen darauf wäre unvollständig. Allerdings ist nirgendwo in der R.zeit das Bild komplexer; es ist beinahe unmögl., die vielerlei uneinheitl. und einander oft entgegengesetzten Strömungen zu einem Gesamtbild zusammenzufassen. Die Wurzeln der Bewegung gehen hinter die R. ins SpätMA. mit seinen spiritualistischen, apokalyptischen und sozialrevolutionären Stimmungen zurück, gemeinsam ist allen ihren Zweigen das radikale Ernstmachen mit ihrer Überzeugung und die Meinung, die R. sei auf halbem Wege stehengeblieben, zu früh müde geworden und verbürgerlicht. So ist sie das Gewissen der R. geworden; die Stimme der Bewegung, welche die „Gemeinden der Heiligen" sammeln will, ist als Kontrollinstanz stets zu hören, wenn man auch nirgendwann den Forderungen, die sie erhebt, und den Lösungen, die sie vorschlägt, ganz wird folgen können. Bestimmte Züge lassen sich hervorheben: am deutlichsten erkennbar – und am verbreitetsten – ist der Widerspruch gegen die Säuglingstaufe. Ebenso klar ist die sozialrevolutionäre Komponente; nach den Katastrophen des Bauernkrieges, an dem viele Glieder der Bewegung beteiligt waren, und des Täuferreichs zu Münster wird sie abgebaut (sie braucht auch nicht so auszusehen wie hier; das Beispiel JAKOB HUTERS mit seinen Brüderhöfen in Mähren und der dort verwirklichten christl.- „kommunistischen" Gemeinschaft aller Güter liefert den Beweis dafür). Auch die mystisch-spiritualistische Linie ist deutlich: Neben der Schrift ist die mystische Versenkung Offenbarungsquelle, das innere Licht gibt der Schrift Klarheit und führt sogar über sie hinaus. Der apokalyptische Einschlag ist nicht überall vorhanden, erfährt aber durch die Verfolgungen immer erneute Verstärkung. Als typischer Repräsentant mag MELCHIOR HOFMANN dienen: nach mehrjährigen Wanderfahrten mit heftigen Konflikten kommt er 1529 nach Straßburg, wo er den „Schlüssel Davids" zur Auslegung der geheimen Offenbarung Gottes in der Bibel findet. Als Apostel der letzten Tage kündigt er das Ende für 1533 an. Aus Straßburg ausgewiesen, erfüllt er ganz Dtschld. mit leidenschaftl.-apokalyptischer Predigt. Im Frühjahr 1533 kehrt er, sich für einen der in Apk 11 geweissagten Zeugen der Endzeit haltend, nach Straßburg zurück, wo man ihn bis zu seinem Tode (1543) gefangenhält, ohne daß er seine Überzeugung aufgibt.

Die R. LUTHERS begegnet der Bewegung bereits 1521, als die Zwickauer Propheten auf die Vorgänge in Wittenberg in LUTHERS Abwesenheit Einfluß zu nehmen versuchen. 1525 setzt sich LUTHER mit ihr in der Person KARLSTADTS scharf auseinander, auch mit THOMAS MÜNTZER und von diesen beeinflußten Kreisen stößt er zusammen. Mit der Taufbewegung hat er dagegen keine ernsthaften Konflikte: 1525 nimmt LUTHER zum ersten Mal (in der Fastenpostille) zur Frage der Kindertaufe ausführlicher Stellung, noch 1528 (Von der Wiedertaufe an zwei Pfarrherrn) kann er erklären, die Argumente der Täufer nicht aus eigener Erfahrung zu kennen. Anders ist es mit ZWINGLI. Schon 1523/24 wird in St. Gallen und Zürich die Kindertaufe bestritten bzw. unterlassen, ein Mandat des Zürcher Rates vom Jan. 1525, daß binnen acht Tagen die unterlassenen Taufen nachzuholen seien, führt zum Umstoßen von Taufsteinen (im März 1526 wird auf die sog. Wiedertaufe die Strafe des Ertränkens gesetzt). BLAUROCK, GREBEL in der Schweiz, BALTHASAR HUBMAIER in Waldshut (später in Nikolsburg in Mähren bei einer Gemeinde von 12 000 Gläubigen), JOHANN DENCK in Nürnberg und LUDWIG HAETZER in Augsburg sind die ersten Verkünder der Forderung der Erwachsenentaufe, da die Kindertaufe, das „endchristl. Wasserbad", schriftwidrig sei. Neben der Schweiz und Nikolsburg in Mähren hat die Bewegung ihre Zentren bis 1528 in Augsburg (hier 1527 unter dem Vorsitz DENCKS die „Märtyrersynode"), dann bis 1533 in Straßburg (hier 1532 das Religionsgespräch BUTZERS mit

PILGRAM MARBECK) und schließl. wieder in Augsburg (infolge der Wirksamkeit PILGRAM MARBECKS). Aber auch in Mittel- und Norddtschld. (Münster) wie am Niederrhein bilden sich Gemeinden, überall sonst finden sich herumreisende Verkünder der neuen Lehre, gegen welche die Obrigkeit aller Bekenntnisse mit gleicher Grausamkeit vorgeht, nachdem 1528 zunächst vom Kaiser, dann aber auch auf den Reichstagen von Speyer 1529 und Augsburg 1530 das Ketzerrecht gegen sie proklamiert worden ist. Die Ereignisse von Münster scheinen dem recht zu geben. Hier steht am Anfang die Wirksamkeit BERND ROTHMANNS. Als JAN MATHEYS aus Haarlem und JAN BEUCKELSON aus Leiden 1534 dazustoßen, gewinnt die Bewegung unter Zuzug aus Holland, Friesland und vom Niederrhein die Herrschaft über die Stadt und beginnt, hier das „Gottesreich" aufzurichten. Es endet in Willkür, Blutvergießen und triebhafter Hemmungslosigkeit; als die Stadt im Juni 1535 nach langem Widerstand fällt, nehmen die Belagerer grausame Rache. Jedoch darf das Täufertum nicht nur von hier aus gesehen werden. Es kennt ebenso die Forderung der Wehrlosigkeit, wie sie zB die Kreise um MENNO SIMONS demonstrieren, der 1536 in Groningen mit der Sammlung der Taufgesinnten nach der Münsterer Katastrophe beginnt und seine Wirksamkeit nach Norddtschld., an den Niederrhein und bis nach Westpreußen ausdehnt. Hier sammelt sich unter Befreiung von den Schatten der Vergangenheit die Freiwilligkeitsgemeinde der Täufer, die – kompromißlos von den Resten des Katholizismus gereinigt – ganz nach der Schrift leben will und neben das Glaubenszeugnis die Forderung nach dessen sichtbarer Frucht stellt. Auch anderswo findet eine Säuberung statt: die dt. und schweiz. Täufer kehren zu den 1527 auf dem Täuferkonzil zu Schlatt gefaßten Beschlüssen zurück, wobei in der Folgezeit ihre Gemeinschaften allerdings meist zurückgehen oder ganz zu den Landeskirchen zurückkehren. Die reinen Spiritualisten, zB SEBASTIAN FRANCK (1499 – 1542) und KASPAR VON SCHWENCKFELD (1489 – 1561), hatten sich schon vorher vom Täufertum, trotz aller von dort empfangenen Anregungen, gelöst und die vierte, die Geistkirche, zu bauen begonnen, die neben den drei Konfessionen (in welche die Täufer eingeschlossen werden) als nur Gott bekannte unsichtbare Gemeinschaft steht und allein zur seligmachenden Gemeinschaft mit Christus führt. Um 1550 existierten drei Hauptgruppen der Täufer: im oberdt. Raum die Schweizer Brüder und die Hutterer (diese auch in Mähren, s. o.), in Norddtschld. und den Niederlanden die Mennoniten. Die Täufergruppe in Polen bildete sich erst später und ging dann im Sozinianismus auf, die anderen Gruppen bestehen bis heute (bis hin nach Rußland und Nordamerika).

J. Die Ausbildung der Konfessionskirchen. Der dt. Protestantismus, eben noch seiner Sache und seiner Zukunft ganz sicher, sieht sich unmittelbar nach LUTHERS Tod im Kampf auf Leben und Tod. Eigene Schuld (Doppelehe PHILIPPS VON HESSEN), Eigensüchtigkeit (Gegensatz zwischen den beiden Sachsen) und Kurzsichtigkeit (das Entgegenkommen des Kaisers wird für echt gehalten, es wird nicht gesehen, daß damit nur Zeit und Kraft für den Endkampf gegen die R. gewonnen werden soll) führen zur Katastrophe im Schmalkaldischen Krieg 1546 – 1547, in dem niemand Opfer bringen will und nach dem jedermann deshalb ein Vielfaches von dem ursprünglich Notwendigen an Opfern bringen muß. Daß KARL V. auf dem „geharnischten Reichstag" von Augsburg 1547/48 die religiöse Situation (er meint, von der Haltung der schwachen und eigensüchtigen Stände auf die der Pastoren und der Gemeinden schließen zu können) und außerdem die politische Lage völlig falsch einschätzt (er meint, jetzt sei die Gelegenheit gekommen, die Territorialgewalten der Zentralgewalt unterwerfen zu können), führt dazu, daß er weder sein religiöses noch sein politisches Ziel erreicht. Das „Interim", welches die Rückführung der Evangelischen zum Katholizismus einleiten soll, findet den leidenschaftl. Widerstand der Gemeinden wie der Pastoren. So deutl., wie es seit den Anfangszeiten der R. nicht mehr der Fall war, wird die „Stimme des Volkes" hörbar. Das Interim erweist sich als undurchführbar, die ev. Fürsten, vom zur Einsicht in seine Situation gekommenen MORITZ VON SACHSEN geführt, finden sich zum Aufstand gegen den Kaiser zusammen, der sich schon Anfang 1552 auf der Flucht vor dem heranrückenden Heer der Evangelischen befindet. Der →Augsburger Religionsfriede von 1555, als Provisorium aufgefaßt und definiert, bringt die endgültige Anerkennung des Protestantismus als im Reich neben dem Katholizismus gültiger Religionsform. Dabei wird nur von „Verwandten der Augsburger Konfession" gesprochen, die Frage der ref. Kirchen ist also offengelassen, die Täufer usw. sind ganz ausgeschlossen. Außerdem steht das (später so formulierte) Prinzip „cuius regio, eius religio" im direkten Gegensatz zu allen Forderungen und Erkenntnissen der R. Aber die weitere Entwicklung ist unaufhaltsam. In der Konkordienformel von 1580 schafft sich das Luthertum den Schutzwall, der die „reine Lehre" vor allen wirkl. (und scheinbaren) Verfälschungen sichern soll, und erreicht damit doch nur die Erstarrung seiner damaligen Lehrform. Es ist bezeichnend, daß die Kirchen der R., die bisher jede Selbstbezeichnung vermieden („Lutherani" war bislang ein Schimpfwort, von ECK und seinesgleichen gebraucht), jetzt als ecclesiae Lutheranae und ecclesiae reformatae auseinandertreten. Gewiß sind die reformierten Kirchen jener Zeit vielfach ein Resultat der Entscheidung der Fürsten (zB. in der Pfalz) und der Theologen (die von den Melanchthonianern beherrschten Kirchen enden im Normalfall im reformierten Lager), und unverkennbar ist auch (zB in Braunschweig), daß das Fernhalten von der Konkordienformel oft sehr menschl. Ursachen hat, aber aus den Flüchtlingsgemeinden am Niederrhein (der „Kirche unter dem Kreuz") und anderswo entstehen lebendige reformierte Kirchen, von denen bleibende Wirkungen ausgehen. So besteht keine Aussicht auf eine Auflösung des Gegensatzes in der R. in Dtschld. Vielmehr verstärken die Angriffe der kath. Gegenreformation und der Dreißigjährige Krieg die Neigung, beim Bestehenden zu verharren. Die „reine Lehre", die so viele Opfer gekostet hat, muß um jeden Preis erhalten bleiben, die Spaltung der R. in Dtschld. und in Europa hält an. Bis die ersten Versuche zu einer Wiederannäherung der Getrennten gemacht werden, dauert es sehr lange. Noch länger dauert es, bis sich die Erkenntnis von der ecclesia semper reformanda durchzusetzen beginnt.

K. Die Gegenreformation (= G.). *1. Der Augsburger Religionsfriede.* Der →Augsburger Religionsfriede von 1555 war als ein „beständiger, beharrl., unbedingter Friede" zwischen dem Kaiser und den Ständen geschlossen worden. Er erkannte den Besitzstand der Evangelischen an und stellte den Ständen die Wahl des Bekenntnisses (für sich, aber gleichzeitig auch für ihre Untertanen mit) frei. Damit schien der konfessionelle Ausgleich erreicht, tatsächl. waren aber nur die Voraussetzungen für ein Ringen durch ein Jh. hin geschaffen, das im Blutbad des 30jährigen Krieges seinen Höhepunkt finden sollte. Die Ursachen dafür sind verschiedener Art: Der Friedensschluß hatte die entscheidenden Fragen im unklaren gelassen, auf eine sogar eine doppelte Antwort gegeben: den Katholiken war in der Urkunde der sog. geistl. Vorbehalt zugestanden worden (→reservatum ecclesiasticum: Der Übertritt eines geistl. Fürsten zum Protestantismus bleibt ohne Folgen für sein Land, ein kath. Nachfolger tritt für ihn ein), den Evangelischen die Garantie für den Fortbestand der ev. Gebiete in den geistl. Fürstentümern (Declaratio Ferdinandea). Von der Proklamation wirkl. Toleranz kann nicht die Rede sein, nur für die Reichsstädte wurde friedl. Nebeneinander der Konfessionen und ihre paritätische (→Parität) Behandlung zugesichert (aber auch hier nur, sofern beide schon 1552 nebeneinander bestanden hatten). Nur unter der Voraussetzung großer konfessionell geschlossener Gebiete hätte der Friedensschluß wirklich von Dauer sein können. Je mehr eine Landschaft territorial (und dementsprechend konfessionell) gegliedert war, um so größer der Zündstoff, zumal in einer Epoche erstarkenden Territorialfürstentums. Außerdem hatte der Katholizismus sich noch wenige Jahre vor Augsburg kurz vor dem Ziel, wenn nicht der Ausrottung, doch aber mindestens der endgültigen Entmachtung des Protestantismus gesehen. Wenn das Gefühl des errungenen Sieges jäh durch die Furcht vor der drohenden Katastrophe abgelöst worden war, lag nichts näher als der Versuch, die Wiederkehr der Gefahr zu verhindern.

2. Der Jesuitenorden und die Entwicklung in den romanischen Ländern. Ignatius v. Loyola (1491 bis 1556) schafft für die Kirche das Werkzeug des Jesuitenordens (1534 gegründet, 1540 durch die Bulle Regimini militantis ecclesiae konstituiert), der den direkten und bedenkenlosen Kampf gegen die Ketzerei auf seine Fahne schreibt, für das Vordringen der G. dadurch aber mindestens ebenso wichtig wird wie durch seine Wirksamkeit im Schulwesen und in der speziellen Seelsorge. Für den spanischen Einfluß im Zeitalter der G. ist neben Ignatius symbolisch die Gestalt Philipps II. (1556 - 1598). Ihm gelingt, was seinem Vater Karl V. verwehrt blieb, der Anschluß (und Einschluß) der Kirche an die spanische Interessensphäre, nachdem er 1559 (Friede von Câteau-Cambrésis) das jahrzehntelange Ringen mit Frankreich siegreich abgeschlossen hatte. Das Bündnis zwischen Kaiser und Papst, das für diesen wegen der echten, wenn auch stark bigotte Züge tragenden Frömmigkeit des Kaisers nicht so drückend war, wie es hätte sein können, zerbrach die letzten Dämme, die der Ausbreitung der G. noch im Wege standen. Die habsburgischen Erblande waren vom Augsburger Religionsfrieden ausdrückl. ausgeschlossen worden, hier setzt die G. zuerst und am entschiedensten an: 1559 findet in Spanien das erste Autodafé statt, gegen den Abfall der Niederlande werden alle Mittel des Terrors aufgeboten. Auch in Frankreich verschärfen sich die Gegensätze immer mehr. Die in drei Kriegen (1562 - 1570) versuchte Ausrottung der Hugenotten wird 1570 im Frieden von St.-Germain-en-Laye abgebrochen, mit den Morden der Bartholomäusnacht (24. Aug. 1572) aber mit neuer Leidenschaft begonnen. Der vierte (1572 - 1573) und fünfte (1574 - 1576) Bürgerkrieg führt zum Sieg der Hugenotten, bei denen die politische Komponente (die von Anfang an vorhanden ist) allmähl. die religiöse überdeckt. Das Edikt von Nantes 1598 wird vom erstarkenden Königtum 1629 in den Gnadenakt von Nîmes verwandelt und schließl. unter dem Einfluß der jesuitischen Ratgeber Ludwigs XIV. 1685 offiziell aufgehoben, nachdem Frankreich schon vorher der mit allen Mitteln geführten G. geöffnet worden war.

3. Die Entwicklung im deutschsprachigen Gebiet. Die Ereignisse in Frankreich und den Niederlanden wirken sich auch auf das dt. Sprachgebiet aus, wo zunächst selbst in den österr. Erblanden Duldsamkeit geübt worden war. Mit dem Regierungsantritt Kaiser Rudolfs II. (1576 - 1612) schlägt der Kurs um. Zum Kernland der G. in Dtschld. war schon unter Albrecht V. (1550 - 1579) Bayern geworden, dessen Herrscher ebenso wie Rudolf II. unter dem Einfluß der Jesuiten stehen und die ganz der Linie ihrer persönl. Frömmigkeit entsprechende G. zur Mehrung ihrer Macht nach innen und außen benutzen. Die politische Kurzsichtigkeit und Uneinigkeit der prot. Stände vermag die Bedrängung und Vertreibung der Evangelischen in kath. Gebieten, insbes. die oft gewaltsame Rekatholisierung der weithin prot. gewordenen geistl. Fürstentümer, nicht zu verhindern. Der Kölner Krieg (1582 – 1584), in dem es praktisch um die Mehrheit im Kurfürstenkollegium geht, offenbart die politische Schwäche der Evangelischen endgültig und beschleunigt dementsprechend die Aktionen der kath. Stände. Gebhard Truchsess von Waldburg tut 1582 seine Absicht zu heiraten kund, aber seine Würde beizubehalten und beide Bekenntnisse gleichzustellen. Trotz der ihm von den Evangelischen gemachten Zusagen bleibt er praktisch ohne Waffenhilfe und unterliegt; Herzog Ernst von Bayern wird Kurfürst von Köln und als solcher selbst vom ev. Kurfürsten von Sachsen anerkannt. Als Maximilian I. von Bayern 1608 schließl. die Reichsstadt Donauwörth annektiert und rekatholisiert, ist die Entwicklung zum 30jährigen Krieg hin nicht mehr aufzuhalten.

Schon 1610 droht im Zusammenhang der Erbauseinandersetzung um Jülich und Kleve der Ausbruch des Krieges – die Parteien haben sich inzwischen zur (ev.) Union und zur (kath.) Liga zusammengeschlossen –, als die Ermordung Heinrichs IV. von Frankreich durch Ravaillac die bereits ausgebrochenen Kämpfe beendet. Die Spannungen zwischen Kaiser Rudolf II. und seinen Brüdern bringen für die Evangelischen in den österr. Territorien vorübergehende Erleichterungen, selbst Rudolf II. sieht sich 1609 zur Unterzeichnung des Majestätsbriefes genötigt, der Böhmen Religionsfreiheit zusichert. Nachdem Kaiser Matthias (1612 – 1619) die Herrschaft übernommen hat und für Erzherzog Ferdinand gegen den Widerstand der prot. Stände die Nachfolge in Ungarn, Böhmen und im Reich gesichert ist, verschärft sich der konfessionelle Kurs. In Böhmen wird die für die Evangelischen gewonnene Freiheit durch Übergriffe immer mehr eingeschränkt. Alle Proteste dagegen bleiben vergeblich, dementsprechend steigert sich die Erregung im Lande. Der vom Kaiser verbotene Protestantentag vom Mai 1618 endet mit der Entsendung einer Delegation auf die Prager Burg, am 23. Mai werden von ihr nach erregter Diskussion die für die kaiserl. Religionspolitik verantwortlich gemachten Räte aus dem Fenster gestürzt (Prager Fenstersturz).

4. Der Dreißigjährige Krieg. Die zunächst innerösterr. Auseinandersetzung wird durch die infolge des Todes von Matthias am 20. März 1619 notwendige Wahl eines Nachfolgers für Böhmen ausgeweitet: Nachdem Johann Georg von Sachsen abgelehnt hat, wählt der Generallandtag fast einstimmig Friedrich V. von der Pfalz zum böhmischen König. Der Aufstand dehnt sich aus und erfaßt Teile Österreichs, im Juni 1619 stehen die Böhmen vor Wien. Es gelingt Ferdinand, Maximilian von Bayern, den Anführer der kath. Liga, und sogar den prot. sächsischen Kurfürsten zum Bundesgenossen zu gewinnen – das konservativ-luth. Sachsen spielt von da ab eine höchst unglückliche Rolle. Sie ist bestimmt vom innerprot. Gegensatz gegen die ref. Pfalz (populär zugespitzt in dem Schlagwort: Lieber Papist als Calvinist), von einem falsch verstandenen Legalitätsprinzip (der Kaiser als Ordnungsmacht, die Böhmen als Aufständische) – und vom Besitzstreben (Sachsen wird die Lausitz als Belohnung bzw. Kostenersatz in Aussicht gestellt). Die prot. Union handelt kurzsichtig und ungeschickt; so gelingt dem kaiserl. Heer die Niederwerfung der Opposition in Ober- und Niederösterreich und in der Schlacht am Weißen Berge am 8. November 1620 ein vollständiger Sieg über das schlecht ausgerüstete und geführte Heer der Böhmen. Sachsen erobert gleichzeitig die Lausitz und Schlesien. Der erste Teil des Krieges, der böhmische Krieg (1618 – 1620), ist zu Ende. Während in Böhmen ein grausames Strafgericht über die Protestanten ergeht, immer weiter sich ausdehnende Beschlagnahmungen des Adelsbesitzes und Vertreibungen das Land verwüsten, dehnt sich der Krieg in die Pfalz aus (pfälzischer Krieg 1621 – 1625): Maximilian war die Kurwürde versprochen, außerdem schien es angesichts der Machtverhältnisse naheliegend, ihn nicht (wie ursprüngl. in Aussicht genommen) mit österr., sondern mit pfälzischem Gebiet zu entschädigen. Die prot. Union verspricht Friedrich zunächst Beistand, löst sich aber schon im Mai 1621 auf, als die Truppen der Liga und Spaniens weiter vorrücken. Die Pfalz wird bayrisch, die sofortige Rekatholisierung des Gebietes beginnt, als Siegestrophäe erhält der Papst die kostbare Heidelberger Bibliothek (die Handschriften heute in der Vatikanbibliothek als Bibliotheca Palatina). Der Sieg der Liga wie des Kaisers scheint endgültig, eine weitere Ausdehnung der Macht nach Norddtschld. (mit Aneignung der zahlreichen dort von Protestanten verwalteten Bistümer) ohne größere Schwierigkeiten möglich. Immer mehr kommen jedoch jetzt die internationalen Kräfte ins Spiel: England (Jacob I. ist Schwiegervater Friedrichs V. von der Pfalz), Dänemark, Holland fühlen sich von den vollzogenen und vor allem den sich ankündigenden Besitz- und Kräfteverschiebungen bedroht. Ende 1625 schließen sie ein Bündnis, Christian IV. von Dänemark (vom niedersächs. Kreis zum Feldhauptmann gewählt), stellt mit finanzieller Unterstützung Englands und Hollands ein Heer auf, der niedersächs.-dänische Krieg (1625 – 1630) beginnt. Er wird durch Wallensteins Feldherrntalent (Tilly tritt jetzt allmählich in den Hintergrund) wie durch seine Rücksichtslosigkeit zugunsten der Liga und des Kaisers entschieden. Im Frieden zu Lübeck gelingt es Dänemark, sich ohne wesentliche Gebietsverluste aus dem Kriege zurückzuziehen, seine Rolle in Dtschld. ist jedoch ausgespielt. Das *Restitutionsedikt* vom 6. März 1629 demonstriert den errungenen Sieg der kath. Partei: Der Augsburger Religionsfriede soll nur für die Anhänger der Confessio Augustana invariata gelten, d. h. nur für die Lutheraner und nicht für die Reformierten, alle seit 1552 eingezogenen

Besitztümer der kath. Kirche müssen zurückgegeben werden („restituiert", daher der Name des Edikts). Die Declaratio Ferdinandea wird für ungültig erklärt, d. h., die kath. Landesherren sind jetzt berechtigt, alle Evangelischen aus ihren Gebieten zu vertreiben. Zur Durchführung des Edikts sollen sog. Restitutionskommissionen die betroffenen Gebiete durchziehen und mit Truppenunterstützung für seine Durchführung sorgen.

Die Rückführung sämtl. seit dem Augsburger Religionsfrieden prot. gewordener bzw. in prot. Verwaltung genommener Gebiete ebenso wie der ref. Territorien zum Katholizismus hätte das praktische Ende des dt. Protestantismus bedeutet. Zwar hatte man zunächst nur mit der Wiederbesetzung von 2 Erzbistümern und 12 Bistümern begonnen (Sachsen, Brandenburg und Pommern ließ man ausgespart), zwar blieben die rein luth. Territorien bestehen – aber doch nur als Inseln in einem Meer des Katholizismus. Vor allem aber schien das nur einen Anfang zu bedeuten, dessen Fortsetzung sicher und dessen Konsequenzen unabsehbar waren. Kaiser Ferdinand II. und der Katholizismus standen auf einer Höhe der Macht, wie sie nicht einmal Karl V. nach seinem Sieg im Schmalkaldischen Krieg erreicht hatte. Der Kaiser fühlt sich so sicher, daß er dem Verlangen der Stände (denen der Herzog von Friedland und Mecklenburg zu mächtig geworden ist) auf Entlassung Wallensteins zustimmt. Das Eingreifen Gustav Adolfs (1630 – 1632) bringt einen schlagartigen Wandel der Lage. Am 6. Juli 1630 landet Gustav Adolf mit 12 500 Mann in Pommern, am 17. September 1631 werden in der Schlacht bei Breitenfeld die Truppen der Liga entscheidend geschlagen, nur Reste des Heeres entkommen. Das schon ein Jahr zuvor vom Kaiser abgefallene Sachsen entsendet seine Truppen nach Osten, in die Lausitz und nach Böhmen: Prag muß kapitulieren. Gustav Adolf wendet sich nach Süden, von der prot. Bevölkerung begeistert begrüßt. Beim Kampf um den Lechübergang wird Tilly tödlich verwundet, im Mai/Juni 1632 ziehen die Schweden in Augsburg und München ein, nur Ingolstadt und Regensburg leisten noch Widerstand. Die Liga zeigt Auflösungserscheinungen, durch Vermittlung Frankreichs hofft man auf einen Friedensschluß mit den Schweden.

Über die Motive Gustav Adolfs ist viel gerätselt worden. Daß politische und wirtschaftl. Gesichtspunkte hier eine Rolle spielen, steht außer Zweifel: seit der Kaiser (durch die Übertragung Mecklenburgs an Wallenstein) an der Ostsee Fuß gefaßt hatte, war die schwedische Vorherrschaft dort, Grundbedingung für den schwedischen Handel, gefährdet. So zieht Schweden aus denselben Gründen gegen den Kaiser in den Krieg, wie vorher schon gegen Polen, und setzt konsequent den Krieg fort, als Gustav Adolf im Kampf gefallen ist. Wäre der König aber ausschließlich von machtpolitischen Gesichtspunkten bestimmt gewesen, hätte er den niedersächs.-dänischen Krieg zum Vorgehen gegen den Konkurrenten Dänemark benutzt, statt dessen bietet er diesem mehrfach seine Unterstützung an. Das Eingreifen Gustav Adolfs – wie der Kampf der Schweden nach ihm – steht eben auch unter konfessionellem Vorzeichen: noch unter Johann III. (1568 – 1592) hatte Schweden eine Rekatholisierungswelle erlebt. Gustav Adolfs Vater hatte mit Waffengewalt erst 1599 den kath.-polnischen Eroberungsversuch zunichte gemacht. Hätte der Katholizismus in Dtschld. gesiegt, wäre das nicht ohne entsprechende Folgen für Schweden geblieben. Darüber hinaus kann ein persönliches Engagement des Königs für den prot. Glauben als sicher angenommen werden.

Mit seinem Tode in der Schlacht bei Lützen am 16. Nov. 1632 beginnt ein neuer Abschnitt des Krieges, der nun nicht mehr unter ein einheitliches Vorzeichen gestellt werden kann, es sei denn das des endgültigen Zurücktretens religiöser Motive und des völligen Überwiegens politischer Gesichtspunkte. Immer mehr schalten sich Spanien (auf der Seite des Kaisers) und Frankreich (auf der Seite Schwedens) in die wechselvoll hin- und hergehenden Kämpfe ein, in denen es immer eindeutiger um die Vorherrschaft in Europa geht und bei denen nicht das zunehmende Friedensbedürfnis der Länder, in denen die erbitterten Kämpfe ausgetragen werden, eine Rolle spielt, sondern ausschließlich machtpolitische Gesichtspunkte.

5. Der → Westfälische Friede. Daß in den sich schließlich anbahnenden und sich über Jahre hinstreckenden Friedensverhandlungen auch die kirchl. Forderungen der Protestanten vorgetragen werden, ist schwedisches Verdienst. Mit den Schweden wird in Osnabrück, mit den Franzosen in Münster verhandelt, wo am 24. Oktober 1648 die Friedensurkunde unterzeichnet wird. Die territorialen Veränderungen (die hier nicht behandelt werden können) werden in Norddtschld. weithin aus Säkularisationen ursprünglich kirchl. Gebiets bestritten, womit die kath. Ansprüche auf die norddt. Bistümer endgültig erledigt sind. Nach heftigem Ringen um die Festsetzung eines „Normaljahres" für den kirchl. Besitzstand (die kath. Seite fordert 1630, die Schweden 1618) kommt als Kompromiß das Jahr 1624 heraus, d. h., in Dtschld. bleibt es im wesentlichen beim Besitzstand der Konfessionen wie vor dem 30jährigen Kriege. Allerdings werden die österr. Erblande (mit Ausnahme von Ungarn, das bereits 1645 im Frieden von Linz volle Religionsfreiheit erlangt hatte) von dieser Regelung ausgenommen. So wird die Ausrottung des Protestantismus in Österreich legalisiert und endgültig. Für Schlesien beginnt jetzt sogar die Gegenreformation erst eigentlich. Nur einige Fürstentümer (Brieg, Liegnitz, Münsterberg, Wohlau, Oels sowie die Stadt Breslau) werden ausgenommen, in den übrigen Gebieten bleiben nur die „Friedenskirchen“ vor den Mauern von Jauer, Schweidnitz und Glogau.

Für das Verhältnis der Konfessionen in Deutschland zueinander werden der Passauer Vertrag von 1552 und der Augsburger Religionsfriede, diesmal unter ausdrücklichem Einschluß der Reformierten, nochmals als gültig festgestellt (jedoch: Praeter religiones super nominatas nulla alia in sacra imperio Romano recipiatur vel toleratur). Zwischen den Konfessionen gilt das Prinzip der Gleichberechtigung. Über Religionsfragen kann künftig nicht mehr durch Mehrheitsbeschluß der Reichsstände entschieden werden. Hier gehen sie in ein Corpus Catholicorum und ein Corpus Evangelicorum zu getrennten Beratungen auseinander, eine Entscheidung erfolgt im gegenseitigen Ausgleich. Das →ius reformandi des Landesherrn beim Übertritt zum Katholizismus bzw. zum Protestantismus gilt weiterhin, aber er kann auch darauf verzichten und beide Konfessionen nebeneinander bestehen bleiben lassen. Mindestens müssen die Rechte der Minderheiten gewahrt bleiben, die schon vor 1624 bestanden, und zwar real, nicht nur nominell. Wird Auswanderung gefordert, darf sie nicht mit Gütereinziehung verbunden sein. Für das Verhältnis zwischen Lutheranern und Reformierten wird 1648 als Normaljahr festgesetzt, beim Übertritt eines Landesherrn, bzw. beim Dazutreten eines neuen Gebietes, bleibt der Bekenntnisstand der Bevölkerung unverändert.

Daß Papst INNOCENZ X. sofort nach Abschluß des Westfälischen Friedens am 26. Nov. 1648 in der Bulle *Zelo domus Dei* Protest dagegen einlegte und ihn nicht anerkannte (wie das schon beim Augsburger Religionsfrieden geschehen war), verwundert nicht, ebensowenig, daß er für den strengen Katholizismus nur als notwendiges Übel galt, das man so lange dulden müsse, bis sich die Möglichkeit zu seiner Beseitigung ergebe. Die Gesch. ist darüber hinweggegangen, um des Glaubens willen sind in Europa Kriege nicht mehr geführt worden.

L. Das innere Erstarken des Katholizismus, das Tridentinum. Das Phänomen der Gegenreformation (ein Ausdruck, der in der modernen kath. Gesch.schreibung gern durch den der „kath. Reform“ o. ä. ersetzt wird) bleibt unerklärt und unerklärbar ohne die Voraussetzung einer inneren Erstarkung des Katholizismus, mag man die Bedeutung der äußeren Faktoren auch noch so hoch ansetzen. Gewiß wäre das Vordringen der Gegenreformation ohne die (durch den Augsburger Religionsfrieden übrigens mindestens zum Teil legalisierte) Anwendung von Gewalt nicht möglich gewesen. Aber selbst sie hat bei den Ständen, die sie gebrauchen, ein neues Kraftbewußtsein – und zwar nicht nur auf politischem Gebiet – zur Voraussetzung. Nun bedeutet die Reformation für die kath. Kirche gewiß nicht den „großen Abzugskanal, durch den das seit langem angehäufte Verderben abgeleitet wurde“ (DENIFLE). Aber sicher ist – daher ja das große Echo der Reformation, als sie die Forderung nach einer Reform der Kirche „an Haupt und Gliedern“ erhob –, daß sich seit vielen Generationen, und zwar gerade bei frommen Katholiken, das Bedürfnis nach einer Reinigung der Kirche von den zahllosen ihr anhaftenden Mißständen angestaut hatte. Ob eine solche Reform zum Zuge kam, hing – nach dem Scheitern der Reformkonzile des 15. Jahrhunderts und des Konziliarismus überhaupt – entscheidend davon ab, ob und wieweit die Kurie sich mit diesen Reformbestrebungen identifizierte. Bereits Papst HADRIAN VI. (1522–1523) hatte Ansätze dazu gemacht, war damit aber gescheitert. Nur mit großem Zögern ist die Kurie an die Einberufung eines Konzils herangegangen. Nachdem es, auf Drängen Kaiser KARLS V., schließlich zum 23. Mai 1537 nach Mantua einberufen worden war, hat Papst PAUL III. (1534–1549) den Eröffnungstermin mehrmals verschoben, den Verhandlungsort gewechselt (Vicenza) und 1539 das Konzil ohne neuen Termin suspendiert. Schließlich wurde es zum 1. November 1542 nach Trient berufen, dann aber erneut suspendiert, bis es schließlich endgültig zum 15. März 1545 einberufen wurde. In vier Sitzungsperioden: 13. 12. 1545–11. 3. 1547, 21. 4. 1547–3. 2. 1548 in Bologna (eine Minderheit bleibt in Trient), 1. 5. 1551–28. 4. 1552, 18. 1. 1562–4. 12. 1563 hat dieses Konzil getagt und die Grundlagen für den Katholizismus der Neuzeit gelegt, in seiner Bedeutung nur dem →II. Vaticanum zu vergleichen. Dabei steht hinter dem Zustandekommen jeder Sitzungsperiode schwerer kaiserl. Druck und fortwährendes Unbehagen der Kurie. Entgegen den Wünschen des Kaisers, daß zunächst die Reform der Kirche und dann erst die dogmatische Aussage behandelt werden sollte, hat das Konzil beschlossen, beides nebeneinander zu beraten, und in seinen dogmatischen Feststellungen über die Quellen der Offenbarung (die Tradition als zweite, gleichwertige Quelle neben der Schrift), über die Erbsünde, die Rechtfertigung (Mitwirkung des menschl. Willens, Ablehnung der Gnadengewißheit des Glaubenden), die Sakramente (Festhalten an der Siebenzahl und der Wirkung ex opere operato) usw. schroff antireformatorische Feststellungen getroffen. Damit war selbst den darum bemühten Protestanten (die beiden ersten Konzilsepochen gehören in die Zeit der Gefährdung des Protestantismus nach dem Schmalkaldischen Krieg, vgl. J) der Weg zu einer Wiedervereinigung verschlossen, ihn zu bahnen wäre nach dem Wunsch KARLS V. die entscheidende Aufgabe des Konzils gewesen. Dennoch hat das Konzil, insbesondere in seiner 3. Sitzungsperiode, wichtige Reformdekrete verabschiedet: in bezug auf die bessere kirchl. Versorgung der Laien (regelmäßige Predigt, häufiger Gottesdienstbesuch und Beichte), bessere Ausbildung und Beaufsichtigung der Geistlichen (Einrichtung von Priesterseminaren, regelmäßige Visitationen), Stärkung der Stellung des Bischofs usw.

Besonders wichtig sind auch der im Auftrag des und im Anschluß an das Konzil erarbeitete Index der verbotenen Bücher (1564), der Catechismus Romanus (1566), das Breviarium Romanum (1568) usw., schließlich 1614 das Rituale. Schon vorher war 1590 eine amtliche Ausgabe des Bibeltextes erschienen (Editio Sixtina); zwar wurde sie (wegen zu vieler Fehler) schon 1592 durch die Editio Clementina ersetzt – aber all das sind Beispiele dafür, wie der Katholizismus sich neue feste Normen zu geben bemüht ist. Das Papsttum hat, und das war entscheidend, sämtliche Dekrete des Konzils am 26. 1. 1564 sogleich bestätigt und eine besondere Kardinalskongregation für ihre Interpretation eingesetzt.

M. Der Ausgang. Diese von Mißständen gereinigte, von einer festen Lehraussage begrenzte (mag diese auch hochscholastisch bestimmt sein; damals erhielt THOMAS VON AQUIN die maßgebliche Stellung in der Kirche, die er bis in unsere Zeit eingenommen hat) und von einer lebendigen Frömmigkeit (insbes. dem Einfluß spanischer Elemente, dem Jesuitenorden kommt hier ein entscheidendes Verdienst zu) getragene kath. Kirche hat eine außerordentl. Attraktivität besessen, wie die (freiwilligen!) Übertritte zu ihr aus allen Ständen zeigen. Der spektakulärste war der der Königin CHRISTINE von Schweden (1654 heimlich in Brüssel, 1655 offiziell in Innsbruck). 1656 tritt der Herzog CHRISTIAN AUGUST VON PFALZ-SULZBACH zur kath. Kirche über, ebenso Herzog JOHANN FRIEDRICH VON BRAUNSCHWEIG, und zwar zusammen mit seinem Hofprediger BLUME (1651). Durch alle Stände geht diese Konversionswelle, über Professoren (1635 tritt nicht nur der Jurist CHRISTIAN BESOLD in Tübingen zum Katholizismus über, sondern auch sein Kollege ULRICH HUNNIUS in Gießen, Sohn des berühmten luth. Streittheologen ÄGIDIUS HUNNIUS), bis hin zu JOHANNES SCHEFFLER in Breslau (1653), besser bekannt als ANGELUS SILESIUS, der jetzt zum fanatischen Kämpfer gegen den Protestantismus wird.

In all diesen Fällen spielt wahrscheinlich eine mystisch-gestimmte Frömmigkeit eine wesentliche Rolle, die damals (vgl. TERESA DE JESUS, 1515–1582, und JOHANN VOM KREUZ, 1542–1591) nur im Katholizismus eine Heimstatt zu besitzen schien, erst mit dem →Pietismus wandelt sich die Situation. Gewiß ist eine Be- und Verurteilung der luth. (und ref.) Orthodoxie dieser Zeit als dogmatische Rechthaberei (und Artikulation vor allem in der Streittheol.) sehr verkürzt und dementsprechend falsch, wie schon ein Blick in das Kirchenlied der Zeit (PAUL GERHARDT!) zeigt. Aber dennoch gilt, daß die lebendige persönliche Frömmigkeit im Protestantismus erst wieder durch den Pietismus (PHILIPP JACOB SPENER wird 1635 geboren, 1675 erscheinen seine „Pia desideria") entscheidend in den Vordergrund gerückt wird.

Die R. bedeutet ohne Zweifel eine „kopernikanische Wende" im Glaubens- und Geistesleben der Neuzeit. MARTIN LUTHER hat nicht nur die künftige Entwicklung der dt. Sprache bis auf unsere Tage entscheidend bestimmt (was ihm selbst von seinen erbittertsten Gegnern bestätigt wird), aber hier handelt es sich lediglich um eine Begleiterscheinung. Selbst die Neubewertung LUTHERS in der kath. Kirche der Gegenwart (die heute Lieder von ihm im Gesangbuch hat, wenn auch für gewöhnlich ohne seinen Namen) stellt nur einen Teilaspekt dar, obwohl diese Entdeckung LUTHERS in der kath. Theol. nicht nur für deren sog. progressiven Flügel gilt, denn die Diskussion auf und nach dem II. Vatikanischen Konzil nimmt viele Positionen LUTHERS auf. MARTIN LUTHER hat die Weichen für die Entwicklung der gesamten dt. – und auch europ. – Kultur gestellt, und zwar bis auf den heutigen Tag und selbst für die, welche ihn und seinen Glauben mit Leidenschaft bekämpfen. Wer heute für „Geistesfreiheit" streitet (gleich welcher Richtung), steht im Erbe LUTHERS, um von allen anderen zu schweigen, insbesondere von der wachsenden Zahl derer, „die mit Ernst Christen sein wollen" (MARTIN LUTHER im Vorwort zur „Deutschen Messe" 1526, WA 19, 75) und denen von MARTIN LUTHER über die Jh.e hinweg der Weg dorthin eröffnet worden ist.

Zu A und B: Bibliographien: K. SCHOTTENLOHER, Bibliographie zur dt. Gesch. im Zeitalter der Glaubensspaltung 1517 bis 1585, 6 Bde., 1956/58^{2} (Nachdr., Lit. bis ca. 1938); Bd. 7: Das Schrifttum von 1938–60 (nach Stichworten gegliedert; mit Nachträgen zu Bd. 1–6), 1966, hg. v. U. THÜRAUF – Bibliographie de la Réforme 1450–1648. Ouvrages parus de 1940 à 1955. Nach Ländern (und alphabetisch nach Verfassern) gegliedert, 1958 ff.

Fortlfd. bibliographische Berichterstattung im LJB sowie in den Fachzeitschriften.

H. HERMELINK, W. MAURER, R. und GegenR., 1931^{2} – A. FLICHE, E. JARRY, Histoire de l'Église, Bd. 16–19, Paris 1948–55 – J. LORTZ, Die R. in Dtschld., I–II, 1982^{6} – P. JOACHIMSEN, Die R. als Epoche der dt. Gesch., 1970^{2} – F. HARTUNG, Dt. Gesch. im Zeitalter der R., der GegenR. und des Dreißigjährigen Krieges, (Sammlung Göschen) 1971^{3} – H. J. GRIMM, The Reformation Era 1500–1650, New York 1965 – B. GEBHARDT, H. GRUNDMANN, Hdb. der dt. Gesch., II: Von der R. bis zum Ende des Absolutismus, 1970 (Neubearb.) – Historia Mundi, VI: Hohes und spätes MA., Bern 1958; VII: Übergang zur Moderne, 1957 – The New Cambridge Modern History, I: The Renaissance, Cambridge 1957; II: The Reformation, 1958 – G. RITTER, Die Weltwirkung der R., 1959^{2} – K. BRANDI, Dt. Gesch. im Zeitalter der R. und GegenR., 1960^{3} – H. HOLBORN, Dt. Gesch. in der Neuzeit, I, 1970 – E. HASSINGER, Das Werden des neuzeitl. Europa, 1976^{2} – E. ISERLOH, Geschichte und Theologie der Reformation im Grundriß, 1982^{2} – S. SKALWEIT, Reich und R., 1967.

Zu C: Schriften: WA, in 4 Abt., ca. 100 Bde., kurz vor dem Abschluß, Revisionsnachträge und vergriffene Bde. im Nachdr. im Erscheinen, 1883 ff., Ergänzungsreihe: Archiv zur WA der Werke Martin Luthers, 1981 ff. – Studienausg. von O. CLEMEN u. a., 8 Bde., 1962 ff.$^{3-6}$ – Allgemeinverständl. Ausg.: Münchener Ausg., 6 Bde., 7 Erg.Bde., 1948 ff.^{3} – Luther-Deutsch, hg. v. K. ALAND, 10 Bde., 3 Erg.Bde., 1981 ff.$^{3-4}$.

Hilfsmittel: K. Aland, Hilfsbuch zum Lutherstudium, 1970^{3} – A. Götze, Frühneuhochdt. Glossar, 1971^{7} – Ph. Dietz, Wörterbuch zu Dr. M. Luthers dt. Schriften, I: bis „Hals", 1870, Nachdr. 1961 – B. Lohse, Martin Luther. Eine Einführung in sein Leben und sein Werk, 1982^{3} (Lit.).

Biographien: J. Köstlin, G. Kawerau, M. Luther, I – II, 1903^{5} (grundlegend, wenn auch teilweise veraltet) – G. Ritter, Luther, Gestalt und Tat, 1983; als Taschenbuch, 1962 – R. H. Bainton, M. Luther, 1980^{7} – F. Lau, Luther, (Sammlung Göschen) 1966^{2} – H. Fausel, M. Luther, 1983^{4}, mit Textabdruck – H. Bornkamm, Martin Luther in der Mitte seines Lebens, 1979 – M. Brecht, Martin Luther. Sein Weg zur Reformation 1483 – 1521, 1983^{2} – M. Brendler, Martin Luther, Theologie und Revolution, 1983 – W. v. Loewenich, Martin Luther. Der Mann und das Werk, 1982 – H. Mayer, Martin Luther, Leben und Glaube, 1982 – H. A. Oberman, Luther, Mensch zwischen Gott und Teufel, 1983^{2} – Leben und Werk Martin Luthers von 1526 bis 1546, 2 Bde. (Hg. H. Junghans), 1983.

Bildbände (sämtlich 1983): Martin Luther und die Reformation in Deutschland (Hg. Germanisches Nationalmuseum) – Martin Luther, Dokumente seines Lebens und Wirkens (Hg. Staatliche Archivverwaltung der DDR) – S. Badstübner/P. Findersen, Martin Luther, Städte. Stätten. Stationen – G. Bott/G. Ebeling/B. Möller, Luther, Sein Leben in Bildern und Texten – H. Diwald, Lebensbilder Martin Luthers (1982) – P. Manns, Martin Luther (1983^{2}) – J. Rogge, Martin Luther. Sein Leben, seine Zeit, seine Wirkungen (1982).

Theologie: P. Althaus, Die Theol. M. Luthers, 1983^{6} – Ders., Die Ethik M. Luthers, 1965 – H. J. Iwand, Luthers Theologie (Nachgelassene Werke 5), 1983^{2} – M. Lienhard, Martin Luthers christologisches Zeugnis, 1980.

Nachwirkung: E. W. Zeeden, M. Luther und die R. im Urteil des dt. Luthertums, I – II, 1950/52 – H. Stephan, Luther in den Wandlungen seiner Kirche, 1951^{2} – H. Bornkamm, Luther im Spiegel der dt. Geistesgesch., 1970^{2} – W. v. Loewenich, Luther und der Neuprotestantismus, 1963 – K. Aland, Martin Luther in der modernen Literatur, 1973 – Luther und die Folgen für die Kunst (Hg. W. Hofmann), 1983.

Forschungsberichte: Die Berichte der Internationalen Lutherkongresse, zuletzt 1980^{5} – Luther in der Neuzeit (Hg. B. Moeller), 1983 – Luther und die politische Welt (Hg. E. Iserloh/G. Müller), 1984 – R. Wohlfeil, Das wissenschaftliche Lutherbild der Gegenwart (o. J.).

Die Anfänge: O. Scheel, M. Luther, I – II, 1921/30$^{3-4}$ (grundlegend) – H. Boehmer, Der junge Luther, 1971^{6} – W. Link, Das Ringen Luthers um die Freiheit der Theol. von der Philosophie, 1955^{2} – H. J. Iwand, Glaubensgerechtigkeit nach Luthers Lehre, 1964^{4} – E. Bizer, Fides ex auditu. Eine Unters. über die Entdeckung der Gerechtigkeit Gottes durch M. Luther, 1966^{3} – H. Bornkamm, Zur Frage der Justitia Dei beim jungen Luther, ArchRefG 52 (1961) 16 – 29 – K. Aland, Der Weg zur R. Zeitpunkt und Charakter des reformatorischen Erlebnisses M. Luthers, 1965 – H. Volz, M. Luthers Thesenanschlag und dessen Vorgesch., 1959 – E. Iserloh, Luthers Thesenanschlag. Tatsache oder Legende?, 1962 – K. Aland, Die 95 Thesen Martin Luthers und die Anfänge der Reformation, 1983 (Lit.) – H. Junghans, Der junge Luther und die Humanisten, 1985.

Zu D: Werke Melanchthons im Corpus Reformatorum, 1834 ff., 28 Bde., dazu verschiedene Nachtragsreihen und -bde., Studienausg. von R. Stupperich u. a., 8 Bde., 1959 ff. – Melanchthons Briefwechsel, hg. v. H. Scheible (Regesten), 1977 ff. – K. Hartfelder, Melanchthon als praeceptor Germaniae, 1889 – G. Ellinger, Philipp Melanchthon, 1902 – H. Engelland, Melanchthon, Glauben und Handeln, 1931 – A. Sperl, Melanchthon zwischen Humanismus und R., 1959 – P. Meinhold, Melanchthon, 1960 – R. Stupperich, Melanchthon, (Sammlung Göschen) 1960 – Ders., Der unbekannte Melanchthon, 1961 – W. Elliger (Hg.), Melanchthon, 1961 – W. Maurer, Der junge Melanchthon, 2 Bde., 1967/69 – G. Seebass, Bibliographia Osiandrica, 1971 – Köpfe der Lutherzeit (Hg. W. Hofmann, Bildband), 1983.

Zu E: Werke: im Corpus Reformatorum, Bde. 88 ff., 1905 ff., Auswahlausg.: F. Blanke u. a., Huldrych Zwingli, Hauptschriften, 11 Bde., 1940 ff. – H. Zwingli, Auswahl seiner Schriften (Hg. E. Künzli), 1962.

W. Köhler, Zwingli und Luther. Ihr Streit über das Abendmahl nach seinen politischen und religiösen Beziehungen, I – II, 1924/53 – Ders., Zürcher Ehegericht und Genfer Konsistorium, I – II, 1932/42 – K. Guggisberg, Das Zwinglibild des Protestantismus im Wandel der Zeiten, 1934 – O. Farner, Huldrych Zwingli, 4 Bde., Zürich 1943 ff. – A. Rich, Die Anfänge der Theol. Huldrych Zwinglis, Zürich 1949 – W. Köhler, Huldrych Zwingli, 1984^{3} – G. W. Locher, Die Theol. Huldrych Zwinglis im Lichte seiner Christologie. I: Die Gotteslehre, Zürich 1952 – Ders., Die Zwinglische Reformation im Rahmen der europäischen Kirchengeschichte, 1979 – M. Haas, Huldrych Zwingli und seine Zeit, 1982^{3} – U. Gäbler, Huldrych Zwingli, 1983 (Lit.).

Zu F: Werke: im Corpus Reformatorum, 59 Bde. 1869 ff., Studienausg. von P. Barth u. a., 5 Bde., 1926 ff., Dt. Übers. der Institutio von O. Weber, 1984^{3} – R. Schwarz, Calvins Lebenswerk in seinen Briefen, 3 Bde., 1961^{2} – W. Niesel, Calvin-Bibliographie 1901 – 1959, 1961 – Ders., Die Theol. Calvins, 1957^{2} – E. Doumergue, Jean Calvin, 7 Bde., Neuilly 1899 – 1927 – P. Imbart de la Tour, Les origines de la Réforme, IV, Paris 1935 – P. Jacobs, Prädestination und Verantwortlichkeit bei Calvin, 1937 – W. A. Hauck, Vorsehung und Freiheit nach Calvin, 1947 – J. D. Benoit, Jean Calvin, Paris 1948^{2} – F. Wendel, Calvin, Paris 1950 – F. Büsser, Calvins Urteil über sich selbst, Zürich 1950 – T. F. Torrance, Calvins Lehre vom Menschen, Zollikon 1951 – J. T. McNeill, The History and Character of Calvinism, New York 1954 – E. Pfisterer, Gegen die Calvinlegenden, 1957^{2} – J. Cadier, Calvin, Zollikon 1959 – R. H. Bainton, Michael Servet, 1960 – D. Kempff, A Bibliography of Calviniana 1959 – 1974, 1975.

Zu G: A. Autin, L'échec de la Réforme en France au 16e siècle, Paris 1918 – L. Arbusow, Die Einführung der R. in Livland, Estland und Kurland, 1964 – K. Völker, Kirchengesch. Polens, 1930 – K. G. Brown, Italy and the Reformation, Oxford 1933 – I. O. Andersen, Der Reformkatholizismus und die dänische R., 1934 – H. Pleijel, Svensk Lutherdom, Lund 1944 – J. G. Hoffmann, La réforme en Suède 1523 – 72 et la succession apostolique, Neuchâtel/Paris 1945 – J. Chambon, Der franz. Protestantismus, 1948^{6} – Ders., Der Puritanismus, 1944 – G. Rupp, Studies in the Making of the English Protestant Tradition, Cambridge 1947 – Ders., Six Makers of English Religion, 1957 – H. M. Smith, Henry VIII and the Reformation, London 1948 – E. H. Dunkley, The Reformation in Denmark, London 1948 – J. Andersson, Schwedische Gesch., 1950 – T. M. Parker, The English Reformation, Oxford 1950 – P. Meissner, England im Zeitalter von Renaissance, Humanismus und R., 1952 – F. VALJAVEC, Gesch. der dt. Kulturbeziehungen zu Südosteuropa. II: R. und GegenR., 1955 – K. REINERTH, Die R. der siebenbürgisch-sächs. Kirche, 1956 – R. WITTRAM, Baltische Kirchengesch., 1956 – M. BUSSAY, Gesch. des Protestantismus in Ungarn, 1959 – G. SCHWAIGER, Die R. in den nordischen Ländern, 1962 – P. G. LINDTHART, Skandinavische Kirchengeschichte seit dem 16. Jahrhundert, 1982.

Zu H: Qu. zur Gesch. der Wiedertäufer (Täufer), nach Territorien geordnet, 1930 ff., in den Qu. und Forsch. zur R.geschichte – L. v. MURALT, W. SCHMID, Qu. zur Gesch. der Täufer in der Schweiz, 1952 ff. – H. HILLERBRAND, Bibliographie des Täufertums 1525–1630, 1962 – Corpus Schwenckfeldianorum, 19 Bde., 1907/61 – L. MÜLLER, Der Kommunismus der mährischen Wiedertäufer, 1927 – W. WISWEDEL, Bilder und Führergestalten aus dem Täufertum, 3 Bde., 1928/30/52 – L. v. MURALT, Glaube und Lehre der Schweiz. Wiedertäufer in der R.zeit, Zürich 1938 – F. HEYER, Der Kirchenbegriff der Schwärmer, 1939 – D. CANTIMORI, Ital. Häretiker der Spätrenaissance, 1949 – K. ECKE, Schwenckfeld, Luther und der Gedanke einer apostolischen R., 1952² – J. KIEWIT, Pilgram Marbeck, 1957 – F. BLANKE, Brüder in Christo. Die Gesch. der ältesten Täufergemeinde in Zollikon, Zürich 1955 – G. BARING, W. FELLMANN (Hg.), H. Denck, Schriften, 1955/60 – J. F. G. GOETERS, Ludwig Hätzer, 1957 – R. STUPPERICH, Das Münsterische Täufertum, 1958 – H. NEUMANN, Masse und Führer in der Wiedertäuferherrschaft in Münster, Diss. Freiburg 1959 – T. BERGSTEN, B. Hubmaier, seine Stellung zu R. und Täufertum, 1961 – G. MARON, Individualismus und Gemeinschaft bei C. v. Schwenckfeldt, 1961 – H. FAST, Der linke Flügel der R., 1962 – W. ELLIGER, Thomas Müntzer, 1976³ – K. DEPPERMANN, Melchior Hoffmann, 1979.

Zu J: O. RITSCHL, Dogmengesch. des Protestantismus, 4 Bde., 1908/27 – H. E. WEBER, R., Orthodoxie und Rationalismus, 3 Bde., 1937/51 – M. SIMON, Der Augsburger Religionsfriede, 1955 – W. ELERT, Morphologie des Luthertums, I–II, 1958² – K. BRANDI, Karl V., 2 Bde., I, 1964⁷, II, 1941.

Zu K: F. HARTUNG, Dt. Gesch. im Zeitalter der R., der Gegenreformation und des 30jährigen Krieges (Samml. Göschen 1105), 1951 – K. BRANDI, Dt. Gesch. im Zeitalter der R. und Gegenreformation, 1960³.

Zu L: H. JEDIN, Gesch. des Konzils von Trient, 4 Bde., 1976 ff.¹⁻³ (hier Qu. u. Lit.), die Dekrete in zahlreichen zweisprachigen Ausgaben, das Wichtigste in C. MIRBT/K. ALAND, Qu. zur Gesch. des Papsttums und des röm. Katholizismus und des Papsttums I⁶, 1967, 591–648 bzw. 648–693 und Conciliorum Oecumenicorum Decreta, 1967, 636–775.

Zu M: K. ALAND, Über den Glaubenswechsel in der Gesch. des Christentums, 1961 – E. O. REICHERT, Johannes Scheffler als Streittheologe, 1967.

Kurt Aland

II. Rechtsgeschichtlich. A. Die Reformation als Rechtsproblem. *1.* Die Rechtsgesch. der R.zeit gehört der *vorsäkularen Epoche* des Rechts an. Methodisch beruht sie auf der prinzipiellen, aus dem MA. überkommenen *Verbindung von Glaube und Recht,* Kirche und Reich bzw. Obrigkeit. Auch dort, wo auf ev. Seite die Theol. den weltl. Charakter von Obrigkeit, Ehe, weltl. Regiment u. a. m. hervorkehrt, handelt es sich um einen *theol. definierten,* d. h. erfüllten und begrenzten *Begriff von „Weltlichkeit",* der nicht i. S. „moderner" →Säkularisierung, Autonomie und Eigengesetzlichkeit irdischer Sozialordnung und ihrer Grundbegriffe zu verstehen ist. So wird dem „Recht" von beiden Religionsparteien im 16. Jh. im Grunde keine theol. irrelevante, insbes. keine theol. illegitime Eigenbedeutung eingeräumt; es hat sich vor dem Forum des Glaubens, des Bekenntnisses zu beweisen und zu bewähren, fordert andernfalls die Rechtspflicht zu seiner Beseitigung, zu Reform und Widerstand heraus. Wie in der Kanonistik gilt der Satz, daß das *glaubenswidrige* Recht ipso iure nichtig ist und daß sein falscher Geltungsanspruch überwunden werden muß. Die Institutionen sind glaubensoffen und theol. determiniert.

2. Das *neue Verständnis des Evangeliums* durch die reformatorische Theol. führt deshalb zu einem *neuen Verständnis des kirchl. wie des weltl. Rechts* nach Sinn, Gehalt und Grenzen. Es läßt das geltende Rechtssystem in Kirche und Reich zum guten Teile hinfällig werden. Wegen der Glaubensverbundenheit des Rechtes steht die theol. Interpretation im Mittelpunkt der Interpretation des Rechts. Die *verfassungsrechtl. Zentralfrage* der Zeit in der Kirche und im Reiche handelt vom *rechten Sinn des Rechts im rechten Glauben.* Die rechtl. Fronten und Formen klären sich im 16. Jh. erst allmähl. mit der Klärung der theol. Positionen.

3. Die theol. Zweifel und Unsicherheiten führen darum zur *Rechtsunsicherheit* in Kirche, Reich und Territorialstaat. Die *Glaubensspaltung* führt sodann zu einer tiefgreifenden *Spaltung auch der Rechtsordnung* zwischen den Konfessionen. Die starken theol. Bewegungen des 16. Jh. bringen einen Zug des Ungewissen, Vorläufigen, Bedingten, nicht voll und nicht letztl. Verbindlichen in das Recht, das von der Entwicklung der Glaubenslehren abhängig bleibt. Die Geltung des Rechts ist bestimmt von der – ihrerseits kontroversen – Geltung der Verkündigung, des Bekenntnisses bzw. der Dogmen.

4. Die R. hat sich – *theol., kirchenpolitisch und jur. – nicht als Revolution* verstanden, sondern als die Reinigung, Behauptung und Fortführung der alten, eigentl., wahren Kirche Christi. Die *R.* betrachtet sich nicht als religiös motivierten Aufstand des Glaubens gegen das Recht der Kirche wie das Recht des Reiches, sondern als den legalen, rechtl. gebotenen Widerstand gegen den Rechtsbruch des →ius divinum et humanum durch die kath. Reichs- und Kirchenorgane – ein Umstand, der in der übl. Darstellung der kirchen- und verfassungsrechtl. Entwicklung gemeinhin als „revolutionär" verzeichnet zu werden pflegt.

Ebenso hat sich die R. *nicht als Abspaltung* und Neugründung einer *neuen Kirche* verstanden, sondern als die allein legitime Fortführung der *einen* „kath." *Kirche,* deren *Identität, Absolutheit, Einzigkeit, Universalität* in der gereinigten ev. Form behauptet werden soll. Darum werden auch die rechtl. Grundbegriffe der kath.

KVerf. nicht beseitigt – erst die Aufklärung hat die „papistischen" Begriffe bewußt bekämpft –, sondern im ev. Sinn gereinigt und beibehalten, mag es sich nun um Priestertum und Amt, Bischofsamt und Konzil, Jurisdiktion und Ordo, Schlüsselgewalt und Exkommunikation, Kirchengut und Pfründe handeln. Beide Konfessionen sprechen die *gleiche Rechtssprache* mit *verschiedener theol. Bedeutung.* Sie verbinden mit dem gleichen Rechtsakt – etwa der Appellation an das Konzil – einen verschiedenen theol. und rechtl. Sinn mit verschiedenen verfassungsrechtl. Auswirkungen und Zielen.

5. In einer Rechtsordnung, die sich bei beiden Konfessionen prinzipiell *auf die Wahrheit gründet,* statt auf die Mehrheit, und die der menschl. Verfügung über die göttl. Grundlagen der Verkündigung und Kirche prinzipiell widerstreitet, kommt die wahre Verf.lage in Kirche und Reich *in den einzelnen Rechtsakten,* Normen und Verträgen oft *nur undeutl. und verzerrt* zum Ausdruck. Bei den Evangelischen sind die *Bekenntnisschriften* als geistgewirktes Zeugnis der Väter und Brüder von der Wahrheit des Evangeliums verstanden, das als Gottes Wort Vorrang vor aller menschl. Handlung und Erklärung hat. Die →Bekenntnisse „gelten" nicht in theol. oder jur. „Gesetzlichkeit" kraft menschl. Gesetzgebungsaktes kirchl. oder weltl. Obrigkeiten (wie sie bald im Territorialismus mißdeutet werden). Sie sind Zeugnis auch des göttl. Rechts und des Rechtsgeistes in der Kirche, das aus der Wirksamkeit des Hl. Geistes lebt. Infolgedessen verschwimmt die in der modernen Rechtskultur gebräuchl. Grenze zwischen Rechts*erkenntnis* und Rechts*setzung* (bzw. -änderung), theol. Interpretation und Reform, Rechtsgeltung und Rechtspolitik.

6. Aus diesem Grunde wollen auch die Reichsabschiede, Religionsverträge, Reichshandlungen und ebenso die kirchl. Reformakte vorsichtiger und *differenzierter als gemeinhin* gelesen sein. *Hinter den* Zufälligkeiten dieser politischen *Kompromißlösungen* ist die *eigentl. Verf.* Dtschld. in der R.epoche bestimmt durch die *bleibenden theol. Positionen* beider Religionsparteien. Das *geistige* Auseinandertreten der Religionsparteien *in zwei konträre Verf.konzeptionen* ist gleichsam der rote Faden, der sich durch alle Verf.wirren und -probleme der R.zeit und des konfessionellen Zeitalters in Dtschld. hindurchzieht. Das ist mit dem Speyerer Protest von 1529 erstmals klar formuliert, in den vertragl. Friedständen seit 1532, 1539, 1552 verfestigt, durch den Religionsfrieden von 1555 erhärtet und im Westf. Frieden nach leidvollen Erfahrungen von eineinhalb Jh.en in feste paritätische Rechtsformen gebracht.

7. Die *konfessionelle Bedingtheit* des Reichsrechts und seine *Spaltung* wird auch später in der Reichsverf. nicht ignoriert und nicht gelöst, sondern in Form gebracht und *institutionell verfestigt:* Aus dem konfessionellen Konflikt und den tastenden Versuchen seiner Überwindung erwächst die *politische Verf. der Parität* des Reichs. Bis sich diese festen Formen der Religionsverf. im Reiche herausgebildet haben und die Hoffnung auf die religiöse Wiedervereinigung schwindet, tragen alle Friedstände, Garantien und Konzessionen des 16. Jh. *interimistischen Charakter.* Sie sind von beiden Konfessionen geschlossen unter dem *Vorbehalt der Wahrheit* des eigenen Bekenntnisses und seines *höheren Rechts,* dem die eigentl. und absolute Geltung gebührt, auf dessen Ansprüche nur der Durchsetzung, nicht der Substanz nach verzichtet werden kann.

B. Die →Rechtstheologie Luthers. Zu einer Rechtsgesch. der R. in Dtschld. gehört primär auch die Darstellung der reformatorischen Rechtstheol., insbes. LUTHERS, die in diesem Sammelwerk unter bes. Stichwort erscheint, jedoch als *Teil dieses Artikels* R. zu betrachten ist. Es gehört zu den großen Fortschritten der neueren kirchenrechtshist. Forsch., die beständige *Wechselwirkung und den unlösbaren Zusammenhang der rechtstheol. Lehren und der äußeren Rechtsgestalt* in der Ordnung der Kirche und des weltl. Regimentes weiter aufgehellt zu haben, der in der reformationsgeschichtl. Forschung Theologen, Historiker und Juristen verbindet.

C. Die Reformation in den deutschen Territorien und die Entstehung des ev. **Landeskirchentums.**

1. Der rechtl. Verlauf und die Rechtsgestalt der R. in den dt. Territorien und Städten ist von der Theol. LUTHERS maßgebl. verursacht und geprägt worden. In diesem Sinne ist unter R. – auch rechtshist. gesehen – die innere *Entwicklung, Ausbreitung und Durchsetzung der Theol.* LUTHERS und der anderen Mitarbeiter an der ev. Kirchenreform zu verstehen. Die reformatorische Bewegung ist jedoch rasch *darüber hinaus* gewachsen und zu einer vielseitig differenzierten und wogenden *hist. Gesamterscheinung* geworden, in der sich neben den „reformatorischen" theol., gottesdienstl. und kirchenrechtl. Neuerungen zahlreiche *andere* Strömungen und *Reformbewegungen* sonstiger religiöser, geistiger, politischer, sozialer und wirtschaftl. Art finden und verbinden, die mit dem Glaubensanliegen der Reformatoren z. T. nur äußerl. zusammenfallen, z. T. im Gegensatz zu diesem stehen und die Reinheit der reformatorischen Ziele trüben und zu überwältigen drohen. Der theologie- und kirchengeschichtl. Begriff der R. weitet und verliert sich deshalb in eine allg.geschichtl. Bezeichnung, deren rechtl. Parolen und Strukturen (zB in der Formel „cuius regio – eius religio") alles andere als reformatorisch begründet sind. „R." umfaßt auch rechtshist. mithin einen spannungsvollen und gegensatzgeladenen *Doppelbegriff,* der falsche Identifikationen verbietet und der zugleich die Frage nach dem (theol. bzw. nationalen, verfassungsrechtl., sozialpolitischen) Wertmaßstab des hist. Urteils über die rechtl. Ereignisse und Gestaltungen „der R." aufwirft (zB in der Wertung der Haltung LUTHERS im Bauernkrieg, des Landeskirchentums u. a. m.)

2. Die R. steht rechtl. an *drei* – teilweise ineinander übergehenden – *Fronten:* im Kampf *gegen das kanonische Recht* der kath. Kirche und Kirchengewalt; im Kampf *gegen die* religiösen und sozialrevolutionären *Auswüchse* der Bauern, Spiritualisten, Wiedertäufer; in Auseinandersetzung mit dem *Reichsrecht* und den Reichsorganen.

Die R. beginnt als eine freie, spontan sich ausbreitende Welle theol. und kirchl. Erneuerung; sie wird ursprüngl. beflügelt und getragen von dem Geist der Zeit und dem aufgestauten Reformverlangen in allen Lebensbereichen. Diese Verquickung wird ihr in den Schwärmerunruhen und insbes. im Bauernkriege zur inneren und äußeren Gefahr. Sie findet daraufhin nur langsam zu eigenen rechtl. Konturen. Sie bleibt äußerl. stecken auf einem Teilgebiet des Reichs. Sie mündet aus in eine Vielzahl obrigkeitl. geleiteter Landes- und Behördenkirchen, die zwar mit gewissen Modifikationen das gleiche Bekenntnis teilen, die aber des Zusammenhalts in einer übergreifenden kirchl. Ordnung entbehren, nur politisch und reichsrechtl. durch eine Schutzorganisation ihrer Obrigkeiten verklammert sind und so ledigl. durch die politische und kirchenpolitische Solidarität im Reichsverband verbunden bleiben.

3. Im Ergebnis – so wird man sagen müssen – hat die R. als theol. Bewegung *nicht die äußere Rechtsgestalt gefunden,* die der Freiheit und geistl. Tiefe ihres Ursprungs und *ihres theol. Ansatzes zur KO entsprach.*

a) Die reformatorischen Lehren über die Kirche und das Recht sind nur *in sehr gebrochener, verkürzter und verdunkelter Weise realisiert* worden: Dies ist das Grundmotiv der rechtsgeschichtl. Entwicklung des ganzen 16. Jh. Die reformatorischen Lehren werden überlagert und verschüttet einerseits von dem *paritätisch-bikonfessionellen Reichskirchenrecht,* das nach langen Mühen und Kämpfen im →Augsburger Religionsfrieden 1555 Gestalt gewinnt und 1648 durch den →Westfälischen Frieden modifiziert bestätigt wird (vgl. unten D), und andererseits *von dem absoluten Territorialstaatsrecht* des konfessionell geschlossenen Territorialstaates. So ist weder in der Praxis des →landesherrl. Kirchenregiments noch in den Kirchenrechtstheorien des →Episkopal-, →Territorial- und Kollegialsystems (→Kollegialismus) der Anschluß an das Richtmaß reformatorischer Kirchen- und Rechtslehre in den ev. Kirchen der folgenden Jh.e gefunden worden. Das zeigt sich vor allem an folgenden zwei Fragen:

b) Entgegen dem Streben LUTHERS und aller anderen Reformatoren führt die R. hist. *nicht* zu einer Erneuerung und *neuen Einheit* der Gesamtkirche aus dem Glauben: Die Einheit der christl. Kirche, Kirchenlehre und KVerf. ist vielmehr zerbrochen. Die *Spaltung verfestigt* sich dogmatisch. Nach Tridentinum und GegenR. hat sich die röm.-kath. Gegenkirche in Dogma und Kirchenrecht gegen die ev. Verkündigung abgeschlossen. Die beiderseits festgehaltene *These von der Einheit,* Universalität und Absolutheit der Kirche *wirkt* hist. und rechtl. zwischen beiden Konfessionen *gerade trennend* in den Fronten der Kontroverstheol. Das Konzil von *Trient* bildet einen Markstein auch auf dem Wege der ev. *Kirchenordnungsversuche:* Sie beanspruchen *vor* dem Fehlschlag der Hoffnung auf die Beilegung des Glaubenszwiespalts im wesentl. nur eine *vorläufige Geltung* bis zum Konzil; sie sind als Akte eines *innerkirchl.* →*Widerstandsrechts* gerade aus der Idee der *Einheit,* der *rechtl. Gemeinsamkeit* auch des äußeren Kirchenwesens der einen kath. und universalen Kirche Christi erlassen.

Nach dem Tridentinum aber werden die →Kirchenordnungen zum *rechtl. Ausdruck der Kirchenspaltung,* der Scheidung von der Papstkirche und des abgesonderten Aufbaus einer PartikularKO. In der Praxis und Theorie des ev. Kirchenrechts führt dies – dem Grundanliegen der R. seltsam zuwiderlaufend – zu einer *Verselbständigung* des Partikularkirchenwesens und zu seiner Ablösung *vom* Begriff der *ecclesia universalis,* zum Vorwalten des Organisatorischen und Institutionellen und zur Vernachlässigung der geistl. Grundlagen, weil die Verbundenheit von Partikularkirche, ecclesia universalis und spiritualis im Kirchenbegriff (→Kirche I A 5) als Rechtsproblem entschwindet. Es kommt zu der *territorialen Aufsplitterung* des ev. Partikularkirchenrechts in eine Vielzahl enger Landeskirchentümer, die erst im 19. und 20. Jh. zu einer losen kirchenrechtl. Verbindung finden. Hand in Hand damit geht die unreformatorische und theol. illegitime Zersplitterung in *Konfessionskirchen.* Im jeweils eigenen „Bekenntnisstand" von Territorialstaat und Landeskirche fällt das Bekenntnis einer *territorialen Radizierung* zum Opfer, die das Wesen ev. Glaubens und Bekennens verkannte und die Konfessionsfrage politisierte.

c) Im Widerspruch insbes. zu der Lehre LUTHERS steht die *Auslieferung der Kirche,* ihres Bekenntnisses und ihres Rechtsaufbaus *an die weltl. Gewalt,* wie sie gegen Ende des 16. Jh. die Praxis und die jur. Theorie des absoluten Territorialstaats widerspiegelt: Danach umreißt die Formel *„cuius regio – eius religio"* ein *formales Recht der weltl. Bekennnis- und Kirchenherrschaft* und der politischen Wahlfreiheit der Reichsstände zwischen den reichsrechtl. in *paritätischer Alternative* zugelassenen Konfessionen, also unter prinzipieller *Ausschaltung* der theol. *Wahrheits*frage aus dem Recht. Entsprechend sind die Kirche und ihre Ordnung rechtl. in die weltl. Staatsverf. *eingegliedert* („ecclesia est in republica, non respublica in ecclesia") bzw. ganz mit ihr *verschmolzen* (pars reipublicae). Die regiminale Kirchenleitung ist Teilstück der *weltl. Souveränität* (ius maiestatis ecclesiasticum, höchstes Regal); die *reformatio* religionis wird folgerichtig als *sequela superioritatis* bezeichnet. Das Bekenntis wird aus einem freien geistl.

Zeugnis der Brüder und Väter von der Wahrheit der ev. Botschaft zu einer obrigkeitl. verfügten und fixierten, territorial als Staatsgesetz geltenden öffentl. *Staatsdoktrin.*

Der *Begriff der Kirche* ist jur. veräußerlicht, partikular verengt und hoheitl. verbogen zur *Staatsanstalt,* das geistl. Amt ist verfaßt als religiöse Staatsfunktion und Staatsorganisation, die Geistlichen erscheinen als Staatsdiener für den Staatskultus, die kirchl. Behörden als Staatsbehörden, das Kirchengut als Vermögen der öffentl. Hand. Das Kirchenrecht ist als Staatsrecht erlassen und vollzogen, und seine geistl. Eigenart und Eigenständigkeit verkümmert mit der christl. Freiheit und dem Recht der hoheitl. geleiteten Gemeinden. Dieser *territorialistische Zuschnitt* hat das ev. Kirchenwesen seit dem Ausklang der R.epoche maßgebl. bestimmt und sich (in der Erstarrung der Normaljahrsgarantie des Westfälischen Friedens und ohne tiefere Auswirkung der Kollegialtheorie auf die Praxis) *drei Jh.e* hindurch erhalten bis zu der allmähl. institutionellen Sonderung von →Kirche und Staat und der inneren Auflockerung der ev. Kirche im Presbyterial- und Synodalwesen des 19. Jh. – Den Anfängen haben *die Reformatoren* (wohl nicht nachdrückl. genug) *zu wehren gesucht.* LUTHER hat dem obrigkeitl. Erlaß von KO.en widersprochen und deshalb dem Landgrafen PHILIPP VON HESSEN i. J. 1527 abgeraten von der Einführung der reformatio ecclesiarum Hassiae der Homberger Synode. Er hat in der bekannten Vorrede von 1528 zu den kursächs. Visitationsartikeln die Mißdeutung der Visitationen als obrigkeitl. Veranstaltung des Landesherrn korrigiert, dessen Kirchenregiment auszuschließen und auf einen brüderl. Liebesdienst als Notbischof zu beschränken versucht. Er hat 1543 die Verbindung der ev. →Kirchenzucht mit weltl. Zwangsmitteln und Strafen im albertinischen Sachsen mit Entschiedenheit verurteilt („Satan pergit esse Satan. Sub papa miscuit ecclesiam politae, sub nostro tempore vult miscere politiam ecclesiae. Sed nos resistemus Deo favente ...“). MELANCHTHON hat in scharfer theoretischer Grenzziehung die dienende Bruderpflicht des Fürsten als membrum praecipuum ecclesiae im Rahmen der Kirche und ihrer Reformen von seinem weltl. Amt als custos utriusque tabulae abgehoben. In den KO.en BUGENHAGENS (zB Stadt Braunschweig 1528) und des URBANUS RHEGIUS (Hannover 1536) ist die luth. Sicht der beiden Reiche, des Kirchenrechts als einer Ordnung christl. Bruderliebe und Freiheit und der Abgrenzung gegenüber dem weltl. Recht und Regiment in schlichter Treue gewahrt. BUGENHAGEN wie BUCER haben eine gewisse Eigenständigkeit der Kirchengemeinden und ihre lebhaftere Beteiligung am geistl. Leben durch eigene Ämter zu ordnen versucht. Aber auch die *schweiz. und oberdt.* R., die dem Gedanken ZWINGLIS von der Verwobenheit des Kirchlichen und Politischen und von der Einheit der Bürgergemeinde und Christengemeinde in einer respublica christiana unter einer christl. Obrigkeit nachhing, ist in der theokratischen Bindung ihres staatskirchl. Systems an die ev. Wahrheit von dem jur. Territorialismus zutiefst geschieden.

4. Ihrem geistl. Ursprung entsprechend vollzieht sich die R. in Dtschld. in drei charakteristischen Stadien: Sie beginnt als *PredigtR.,* erweitert sich bald zu einer *GottesdienstR.* und führt erst dann zu einer *Verf.R.,* in der die fluktuierende reformatorische Bewegung ihre festere organisatorische Gestalt gewinnt.

5. Die R. ist ursprüngl. ganz *R. aus dem Wort:* Aus der spontan aufbrechenden Woge der ev. Verkündigung erwächst sie zu einer gewaltigen Bewegung des Glaubens und Bekennens in Stadt und Land.

a) Im Unterschied zu vielen späteren und außerdt. R.en ist sie nicht durch einen Hoheitsakt kirchl. oder weltl. Gewalt *ausgelöst.* Deshalb ist es auch rechtshist. eine Verzeichnung, wenn der rechtl. Beginn der R. auf einen Rechtsakt fixiert wird, sei es nun auf den Reichsabschied von 1526 oder den Beginn der kurfürstl. Visitationen oder die Speyerer Protestation von 1529 oder die Übergabe des ev. Bekenntnisses als Staatsschrift an Kaiser und Reich i. J. 1530. Darum wird auch die *Rolle des spätma. Landeskirchentums* (seine Aufsichts- und Besetzungsrechte, sein Einfluß auf die Bischofswahlen, desgleichen die städtische Verwaltung und Aufsicht der kirchl. Stiftungen, Meßpfründen usw. durch den Rat und seine städtischen Organe) *als Wegbereitung* der R. und Vorläufer des landesherrl. Kirchenregiments leicht *überschätzt.* Die Eigenart der luth. R. liegt darin begründet, daß sie *von innen nach außen* führt und erst als Folge der Predigt- und GlaubensR. die rechtl. Gestaltung berührt.

b) In diesem ihrem geistl. Wesenszug und Gefälle *unterscheidet sich* die R. – auch rechtsgeschichtl. gewürdigt – wesentl. *von den Reformbewegungen der Reformkonzilien* (Pisa 1409, Konstanz 1414–1418, Basel 1431–1449) und der parallellaufenden *nationalkirchl.* Reformtendenzen, deren zahlreiche Reformbegehren die Äußerlichkeiten und den Verfall der kirchl. Ämter- und Finanzverf., des Ordenswesens usw. durch verfassungsrechtl. Programme zu bessern suchen. Noch ferner steht sie der *politischen Reformbewegung* der ständischen Reichsreform seit MAXIMILIAN I. (BERTHOLD VON HENNEBERG), die in ihrer zweiten Welle zeitl. mit der R. zusammenfällt, so daß schließl. Reichsreform und R. in einem *verfassungsrechtl. Kompromiß* enden und sich in der Reichsverf. seit 1555 der *ständische* Dualismus zwischen Kaiser und Reichsständen und der *konfessionelle Dualismus* der (politisierten!) prot. und kath. Religionspartei in eigenartiger Überlagerung und Verklammerung gegenseitig stützen und verzahnen. – Stärker ist die R. innerl. bestimmt durch die *spätma. Frömmigkeitsbewegung,* die Mystik und die Theol. des *Ockhamis-*

mus. So ist sie an einer dt. Universität *als Theologen- und Predigerbewegung* entstanden, und ihre Häupter haben dies auch später persönl. wahr gemacht: Sie bleiben Hörende und Lehrer des göttl. Wortes, Professoren und Prediger, die das Werk der R. durch das Wort getrieben haben, nicht nach äußeren Positionen der Kirchenleitung und des Fürstendienstes strebten, so eng verbunden sie sich dem Geschick der öffentl. Dinge in Kirche und Welt durch ihre beständigen beratenden und begutachtenden Äußerungen, Entwürfe, Briefe, Missionen gezeigt haben. Als Predigtbewegung der Universitätstheol. steht die R. von Anbeginn *in Spannung* zu der herrschenden *Volksfrömmigkeit* (dem Ablaßwesen, Seelenmeßlesen, Reliquien- und Heiligenkult, dem schlichten Aberglauben), ihrer Apokalyptik und ihren *chiliastischen Erwartungen* von der Durchsetzung des *„göttl. Rechts“* in Kirche und Welt (Bauern, Schwärmer). Der Gegensatz zwischen der Verkündigung des reinen Evangeliums und der Versuchung des die Verkündigung Ergreifenden, sie zu verfälschen und das Seine zu suchen, ist in dieser R. vom Wort her ursprüngl. angelegt; die These, daß sich LUTHERS Gedanken zur →Sozialethik und Kirchenreform mit dem Ausgang der Bauernkriege in der Tiefe gewandelt haben, bedarf der Korrektur.

c) Von 1520–1525 dringt die luth. Predigt in *volkstüml. Verbreitung* in alle Schichten: Es wird allenthalben ev. gepredigt, vor allem in den Städten; die Mönche verlassen die Klöster, heiraten und verstärken die Schar ev. Prediger, die sich aus der Zahl der städtischen Prädikanten auf den Predigtpfründen, den Predigtorden und dem Wittenberger studentischen Nachwuchs rekrutiert. Durch die Flugschriftenliteratur (vorab aus LUTHERS Feder), die Holzschnitte, das ev. Lied breitet sich die ev. Verkündigung wie ein Lauffeuer aus, über Dtschld. hinaus in die Schweiz, wo sie auf die Zürcher R. ZWINGLIS und die PrädikantenR. in anderen Kantonen trifft, nach Frankreich, England, Skandinavien, Ungarn. Es ist die Zeit des *„Wildwuchses“* der R. (FR. LAU); Altkirchliches und Reformatorisches liegen in buntem Gemenge ohne territoriale Sonderung. Schwärmerischer und revolutionärer Spiritualismus ist der R.bewegung beigemischt. Die ev. Verkündigung der Prediger ist in diesen Jahren noch vielgestaltig unabgeklärt, wenn auch seit 1521 die luth. R. ihr erstes Lehrkompendium in MELANCHTHONS Loci communes gefunden hat.

d) Diesen Anfang der R. kennzeichnet eine *bewußte Geringschätzung der äußeren rechtl. Form.* Die Erneuerung der Christenheit soll aus dem Glauben und der Liebe geschehen, so daß sich aus ihr die Werke der äußeren Besserung auch in der rechtl. Verf. ergeben. Vor dem Schreckbild des kanonischen Rechts hat LUTHER in allen Ordnungsfragen die *Gefahr der Gesetzlichkeit empfunden, die entweder die christl.* →*Freiheit* des Glaubens, der Verkündigung und des Gottesdienstes *knechtet* und so dem Wachsen einer brüderl. Ordnung entgegensteht oder aber den kirchl. Normen eine *falsche Vergöttlichung,* Heilsbedeutung und *Werkgerechtigkeit* ihres Vollzuges verschafft. Hinter der Wortverkündigung verlieren alle anderen Fragen ihr Gewicht. Die äußere Verf., auch die Gottesdienstgestaltung, gehört zu den *Adiaphora,* die in dienender Freiheit der Botschaft zugeordnet sind und die erhalten bleiben können, soweit sie ihr nicht widersprechen und im Wege stehen. Um die Schwachen nicht zu kränken und zu verwirren und um die R. vor dem Abgleiten in die Äußerlichkeiten zu bewahren, hat man die *überkommenen Einrichtungen, Riten und Formen bestehen* lassen und ihren weiteren Gebrauch freigegeben. Die Duldung der alten Kultformen und Verf.einrichtungen, aus der man LUTHERS Gleichgültigkeit in den Fragen des kirchl. Rechts und der kirchl. Verf.organisation ablesen will, hat ihre tiefen rechtstheol. Gründe. So verbindet sich die *Entschiedenheit des geistl. Kampfes um die reine Verkündigung* mit einer erstaunl. Langmut und *Geduld gegenüber den tradierten Formen* der Papstkirche. In einer den Rechtshistoriker irritierenden Weise ergänzen sich die *innere Gebundenheit an das Wort und die Freiheit in der äußeren Gestalt:* in der Fortgeltung, Angleichung, Entwertung, Aushöhlung und neuen Sinnerfüllung der bestehenden kanonischen Institutionen und Normen durch den neuen freien Geist, den neuen Wein in den alten Schläuchen. Deshalb hat LUTHER (durch die Wittenberger Unruhen im März 1522 von der Wartburg zurückgerufen) die gewaltsamen Neuerungen der Gottesdienstordnung seitens der ev. Kreise um KARLSTADT und des Rates der Stadt durch seine Invokavitpredigten rückgängig gemacht, auch die Privatmessen ohne Teilnahme der Gemeinde und die lat. Gottesdienstformen wieder freigegeben und nur den Opfergedanken in der Messe (den sog. canon missae) beseitigt wissen wollen. Es war ihm zunächst genug, daß ev. verkündigt wurde, daß die Gemeinde das Recht habe, Lehre zu urteilen und notfalls selbst die Prediger des wahren Evangeliums zu berufen.

Aber bei aller schonenden Zurückhaltung in der äußeren Rechtsetzung ist *die Rechtsbedeutung dieser PredigtR.* kaum zu überschätzen: Sie hat – geistl. und frei, durch das verkündigte Wort – die reichsrechtl. Verbote des Wormser Edikts und die entgegenstehenden Normen des kanonischen Rechts hinweggespült bzw. ihren unevangelischen Sinngehalt beseitigt. Sie vollzieht sich vornehml. *durch die Interpretation,* weil die neue Auslegung der Hl. Schrift die schriftgemäße Auslegung und Handhabung des „geltenden“ Rechts nach sich zieht und *über alles Schriftwidrige, Nichtige hinwegschreitet.* Die *PredigtR.* ist rechtshist. der *Hebelpunkt* der *gesamten R.* gewesen und geblieben. So *fällt* schon durch die R. aus dem Wort die hierarchische Gewalt des Papstes und der Bischöfe in ihrer gewissenverstrickenden, seelenbindenden

Macht, die Heilsnotwendigkeit der kanonischen Obedienz, die Erstreckung der hierarchischen Jurisdiktion ins „Weltliche", der göttl.-rechtl. Charakter der kirchl. Verf.organisation (die man humani iuris zunächst fortgelten lassen will), die Erhebung des Papstes und der Bischöfe über den Dienst des ministerium verbi divini, die Stufung in Laien und Klerus und dessen usurpierte Exemtionen, der Zölibat, die mönchischen Gelübde, die rechtl. Absonderung der Orden vom weltl. Beruf und Recht, vor allem aber das *kanonische Sakramentsrecht,* wodurch das sakramentale Fundament der kanonischen KVerf. zusammenbricht. Als Sakramente bleiben Taufe, Buße, Abendmahl, und sie in einem neuen Sinn, der die Wirkung ex opere operato ausschließt und das Sakrament im Glauben wirksam werden läßt. Mit der Beseitigung des Meßopfers verliert die unübersehbare Masse der Meßstiftungen, Meßstipendien und Meßpriester ihre geistl. Funktionen ebenso wie das Klostergut. Das Meßopfer erscheint als Lästerung des Opfers Christi; das Abendmahl wird in den Gemeindegottesdienst hereingenommen; die „stillen Messen" (Winkelmessen) des Priesters ohne die feiernde Gemeinde und namentl. ihre Lesung gegen Entgelt sind als ein Mißbrauch abzutun.

6. Die *GottesdienstR.* ist deshalb die rasche Folge der Glaubens- und PredigtR. geworden. Sie beginnt in Wittenberg in schonender Zurückhaltung und Geduld und sie ist *ausschließl. die Konsequenz der neuen Verkündigung* gewesen. Seit 1522 entstehen in den Städten Gottesdienstordnungen (insbes. Straßburg 1524 durch Bucer, Nürnberg 1524). Die Messe wird auf deutsch gelesen, der canon missae (Opfercharakter) wird gestrichen und durch die Einsetzungsworte ersetzt, das Abendmahl wird mit dem Kelch und mit der Gemeinde gefeiert. Der Gottesdienst wird allenthalben *Gemeindegottesdienst.* Bei allen Kultusreformen steht der Wortgottesdienst im Mittelpunkt, sosehr man sich in der äußeren Form der Gewänder und Riten an die früheren liturgischen Formen anzulehnen sucht. Nach dem Vorgang anderer hat Luther selbst den Gemeinden Vorschläge zur Gottesdienstreform unterbreitet, die er ohne Bruch und Zwang und Gleichschaltung den Gemeinden zur freien Einigung anbot, als die Umdeutung der alten Formen dem liturgischen Bedürfnis nicht mehr genügen wollte (Taufbüchlein 1523, Dt. Messe 1526).

7. Die ersten *Verf.reformen* schließl. folgen der R. der Verkündigung und des Gottesdienstes nach und sind um sie als deren Dienst und Hilfe gruppiert: In den *Territorien* sind sie erfordert worden durch die Wirren der Bauernkriege, durch den inneren und äußeren Verfall des kirchl. Lebens und der kirchl. Organisation und durch die Gefahr der enthusiastischen Verkehrung des Evangeliums. Sie werden *von den Theologen veranlaßt* und maßgebl. begutachtet und mit der Hilfe der ev. Landesherrn durchgeführt, nachdem sich die Gemeinden in den Wirren der Zeit zu durchgehenden Reformen nicht im Stande gezeigt hatten. Mit dieser *Schwenkung von den Gemeinden auf den Landesherrn als dienenden Träger* der Reformen verbindet sich kein innerer Bruch der reformatorischen Verf.konzeption: Die *Vorordnung der Verkündigung* vor der äußeren Ordnung und die Verwerfung von Gesetzlichkeit und Glaubenszwang bleiben weiter gewahrt. Sie ist von einem kollegialistisch-demokratisch etc. verstandenen „Gemeindeprinzip" so weit entfernt wie von der religiösen Verfügungsmacht des absoluten Territorialismus der späteren Epochen. Die *Visitationen,* die seit 1525 zuerst aus Luthers Umgebung verlangt wurden und bald in Kursachsen, Hessen, Preußen, Südbrandenburg in Gang kamen, sollten nach Luthers wiederholter Forderung *keinen Gewissensdruck* ausüben, sie sollten nur in brüderl. *Verständigung mit den Gemeinden* erfolgen, die *Freiwilligkeit des Anschlusses* an die reformatorische Bewegung sichern, nicht gewaltsam aufgenötigt werden. Sie sollten das kirchl. Leben dort ordnen, wo die ev. *Predigt bereits Fuß gefaßt* hatte und die Gemeinden nach ev. Predigern riefen. Der spätere Zwangsgebrauch eines landesherrl. →ius reformandi ist diesen *theol. Anfängen* der Verf.R. fremd. Nicht innerer Zusammenbruch und die Enttäuschung nach dem Bauernkrieg haben Luther den brüderl. Notdienst des ev. Landesherrn in Anspruch nehmen lassen, sondern das bereits erfolgte freie und spontane Wachstum der ev. Bewegung, das den Wunsch nach *überörtl. brüderl. Ordnung und Hilfe* für die reine Verkündigung im ganzen Lande nach sich zog (K. Holl). Die Visitationen stehen darum auch nicht eigentl. in innerem Widerspruch zu der Tatsache, daß Luther bis 1525 den Landesherrn möglichst wenig für die Verf.R. bemüht wissen wollte und daß er zuerst seine ganze Hoffnung auf die R. in der Gemeinde durch die geläuterte Predigt und Pflege des Gottesdienstes gesetzt hatte.

Die Visitationen verfolgten allenthalben die gleiche Aufgabe: a) Die *Reform des Pfarr- und Schulamts.* Sie geschieht durch die Hilfe bei der *Bestellung von Predigern* des reinen Wortes – sie soll nach Luthers Meinung ohne Befehlsgewalt und mit Zustimmung der Gemeinde erfolgen –, die Überprüfung von Lehre und Wandel der Geistlichen, die Ausscheidung der Untauglichen und Unwilligen zum geistl. Amt. Die Visitationen mühen sich um die Klärung der Verkündigung als Hilfe für die Wahrheit der Lehre (Melanchthons Unterricht der Visitatoren, 1528; Luthers Katechismus, 1529), um die christl. Unterweisung der Kinder in den Schulen. b) *Die Neuordnung des Gottesdienstes und des Gemeindelebens:* Die Sakramente sollten nach dem göttl. Wort gehalten, die Messe abgetan werden, der dt. Gemeindegesang aufblühen, die Zeremonien vor verwirrender Zersplitterung bewahrt werden, wobei man tunl. an die alten Gottesdienstformen anzuknüpfen suchte. c) *Die*

Reorganisation des Kirchenguts, sein Schutz vor Raub und Säkularisation durch den Adel, die Reform des Pfründewesens und Klosterbesitzes, die notwendig aus der Reduzierung des geistl. Amts auf das Predigtamt folgte, die Inventarisierung, Rückforderung des Verlorenen, Dotierung notleidender Pfarreien, Umwidmung des Freigewordenen auf Pfarren, Schulen und Armenfürsorge.

Diese Visitationen *knüpfen an die alten bischöfl.* Visitationspflichten an, und sie sind auch von den luth. Reformatoren *als vorübergehende notbischöfl. Dienste* betrachtet worden, die von den Visitatoren in stellvertretender Bischofsfunktion wahrgenommen wurden. Doch tritt dies schon frühzeitig in *Gegensatz* zu der Charakterisierung der Visitationen als eines Reformwerkes des Landesherrn kraft seiner *weltl.-obrigkeitl.* Befehlsgewalt (Sächs. kurfürstl. Instruktion von 1527) und ihrer entsprechenden rechtl. Gestaltung im Rahmen der Territorialverwaltung, die auch vor Gewaltsamkeiten nicht zurückschreckte. Ihr *rechtl. Wesen* als kirchl. oder als obrigkeitl. Veranstaltung war deshalb von Anbeginn umfochten, hing weithin von der praktischen Durchführung ab und ist angesichts der (unlutherischen) Verschmelzung von kirchl. und weltl. Gewalt im Territorialstaatskirchentum ex post nicht eindeutig zu fixieren. – *Durchgeführt* wurden sie von den aus Theologen und Juristen *gemischten Visitationskommissionen;* diese wurden *ad hoc* gebildet und mußten wegen der trostlos verwilderten ortskirchlichen Verhältnisse *periodisch wiederholt* werden. Behördencharakter oder eine sonstwie verfestigte organisatorische Dauergestalt besaßen sie nicht. Auch auf dem kirchl. Sektor hat sich die Institutionalisierung erst langsam durchgesetzt und ist – wie im Weltlichen – den gewohnten Weg der Behördenbildung aus dem Amt und den Funktionen der Kommissare geschritten.

So zeigt die Verf.R. in den dt. Territorien eine äußerst *lockere rechtl. Form,* die der dienenden Zuordnung zum Werk der Verkündigung, des Glaubens, der gemeindl. Liebestätigkeit und christl. Erziehung entsprach. Zu einer *korporativen Gemeindeverf.* (wie sie das späte Kollegialsystem auf dem Hintergrund des Korporationsgedankens der Aufklärung erstrebt hat) kommt es einstweilen nicht – so wenig wie zu einer durchgebildeten Regiminalverf. Die Visitationen haben bewußt die *volkskirchl.* Struktur der ev. Verkündigung und Partikularkirche bejaht; man hat diese *nicht* in einen falschen *Gegensatz* zu dem Gedanken der *„Freiwilligkeitskirche"* geraten lassen. Von dem Versuch, inmitten der großen Gemeinden der Getauften *Kerngemeinden der Bekehrten* zu sondern und zu sammeln, wie ihn die Hess. Synode von Homberg 1528 vorsah und wie ihn Bucer später in Straßburg wiederaufgriff, hat Luther *abgeraten,* wenn er auch diesem Gedanken gelegentl. zuneigte und im übrigen eine *Kirchenzucht* in der Gemeinde *bejahte.* Mit den Visitationen geht die Periode des „Wildwuchses" der R. ihrem Ende zu. Kirchenwesen und ev. Obrigkeiten treten in immer nähere Verbindung. Aber die R. hat damit nicht aufgehört, eine *spontane Volksbewegung* zu bleiben (Lau), sosehr sie allmähl. in die härter werdenden obrigkeitl. Formen übergeleitet wird und damit der Ansatz der KO von der Gemeinde her weiter verkümmert.

8. Die kirchl. Verf.reformen in den *freien Reichsstädten* gehen denen der Territorien z. T. voraus; sie waren „die ersten Gemeinwesen, die offiziell ev. wurden" (B. Moeller). Aber auch hier wurde fast überall die R. *nicht von oben als „RatsR."* eingeführt, sondern ganz i. d. R. *vom Volk* den widerstrebenden Räten abgetrotzt. Das ist um so bemerkenswerter, als die spätma. Stadt sich in weitgehender *Verschmelzung kirchl. und weltl. Wesens* als „sakrale Gemeinschaft" verstand und der Rat die Aufsicht und Verwaltung des Ortskirchenwesens, die Pfründenbesetzung, Klösterreform, kirchl. Armenpflege, Sittenzucht und städtische Gerichtsbarkeit über die Stadtgeistlichkeit in seine Hand gebracht hatte. Der *Ursprung der R. ist nicht in diesem Ratskirchenregiment* zu suchen, sosehr dieses später ihre zeitige organisatorische Festigung befördert hat. Die R. als *Predigtbewegung* verbündet sich zuerst (kurzfristig) mit den Humanisten, dann mit den *sozialen* und *wirtschaftl.* Reformtendenzen des gemeinen Volkes gegen Reichtum, alte Kirche, kath. Patrizierherrschaft. Sie vollzieht sich in den Formen der städtischen Verf.: vielfach durch Abstimmung in den Zünften und Gemeindeversammlungen, durch Berufung ev. Prediger, Wahrung der religiösen Einheit durch Rat und Bürgerschaft aus der geistl.-weltl. Verantwortung für Seelenheil, Friede und Einigkeit in der städtischen Genossenschaft, die sich als religiöser Verband versteht und deshalb, bald dem Drängen der Bürgerschaft folgend, die kath. Bräuche und Institutionen amtl. beseitigt. Die *Stärkung der Gemeinde* und die *Befreiung der weltl. Gewalt* aus der kanonischen Abhängigkeit durch die *luth.* Lehren sowie ihre Erweiterung in viele ehedem kirchl. okkupierte Bereiche (Ehe, Armenpflege u. a. m.) kam den städtischen Verhältnissen weit entgegen. Sie hat in ihrer gemeinschaftsbezogenen Ablehnung der hierarchischen Strukturen den Einzug der luth. R. in die Städte erleichtert. Aber der luth. Kirchenbegriff und die scharfe *Unterscheidung des geistl. und weltl.* Reichs und Regiments hat zugleich die *sakrale Einheit* der Stadtgenossenschaften, ihre Verschmelzung von Kirchengemeinde und politischer Stadtgemeinde von innen *gesprengt.* Es mag dies mit ein Grund dafür gewesen sein, daß die oberdt. Städte lange Zeit *stärker der R.* Zwinglis und der vermittelnden Richtung Bucers zuneigten, welche die Einheit kirchl. und staatl. Lebens im christl. Gemeinwesen als Kern ihrer theol. Soziallehren verfochten.

9. Das Vakuum, das die hingesunkene kath. Kirchenorganisation hinterließ, wurde seit den 30er Jahren allmähl. durch *die neuen Institutio-*

nen des ev. *Landeskirchentums* ausgefüllt, insbes. durch die Superintendenten und Konsistorien.

Im Zentrum jedenfalls der frühen ev. KO.en stehen freil. *nicht der äußere Aufbau* der übergemeindl. Landeskirchenverf., sondern die Fragen des Glaubens und der *rechten Verkündigung* (Bekenntnisbindung, Katechismus), des Gottesdienstes (Pflicht zu Predigtbesuch, zur Teilnahme am Sakrament, bes. der Taufe), des Sakramentsrechts, der liturgischen und rechtl. Regelung von Konfirmation, Trauung, Begräbnis; das Recht der Beichte, der öffentl. Buße, der Exkommunikation; die Ordnung des Predigtamts in der Theologenvorbildung, Examination, Vokation, Ordination, der Entfernung vom Amt; die Regelung christl. Unterweisung, der Schul- und Kirchenbediensteten, das Eherecht, das Recht der Diakonie, des Kirchenguts. Dieser *Vorrang* des geistl. Lebens und *der Ordnung in der Ortsgemeinde verliert* sich später mit der Ausbildung des *obrigkeitl. Kirchenregiments.* Das Gewicht rückt auf die Zentralinstanzen, und diese gelten nun mehr als landesherrl. denn als kirchl. Organisationen.

Die äußere *Rechtsform der Gemeinden* verbleibt weitgehend in der überkommenen Gestalt: Die *ma. Parochialstruktur* gilt fort und wird nun von den ev. Geistlichen fortgeführt. Geistlichkeit und geistl. Amt sind ganz auf *Predigt und Seelsorge* konzentriert unter Fortfall der zahlreichen Meßpriester, Altaristen, Kapläne. Die Leitung der Parochie liegt beim *Pfarrer.* Die luth. Lehren über die Verantwortung der Gemeinden, falsche Lehre und Lehrer zu verwerfen und mitzuwirken bei der Berufung der Pfarrer, der Handhabung kirchl. Zucht in der Gemeinde und der Verwaltung des örtl. Kirchenvermögens, sind *nur gelegentl. zu einer Gemeindeorganisation* mit eigenen Gemeindeorganen *(Ältestenamt)* rechtl. ausgeformt worden: So in den Reichsstädten Hall, Reutlingen, Ulm und insbes. in Straßburg, wo BUCERS frühe Gottesdienstordnung von 1524 als Vorbild der Genfer Ordnung CALVINS „zu einem Muster für die gesamte ref. Welt" (H. BORNKAMM) geworden ist und wo die KO von 1534 in einem (unvollkommenen) Ansatz BUCERS Idee einer Gemeindeverf. mit den urchristl. Ämtern der Prediger, Ältesten, Diakone und Lehrer durchführte, welche dann die ref. KVerf. CALVINS wegweisend beeinflußte. BUCERS Gedanke der Beteiligung der Gemeinde an der →*Kirchenzucht* durch gewählte Älteste ist dann in der Ordnung der Hess. Kirche von 1539 realisiert worden; sie hat die warme Billigung LUTHERS und der sächs. Geistlichkeit gefunden. Im ganzen aber blieb die Selbständigkeit der Gemeinden und der Einfluß der Gemeindeorgane im luth. Bereich spärl. genug – ein Hauptunterschied zur *ref.* KVerf., der freilich nicht so sehr durch theol. als durch (kirchen)politische Gründe bedingt ist. Bei der *Pfarrbesetzung* sollte die *Gemeinde ein votum negativum* besitzen. In der örtl. Vermögensverwaltung war die Gemeinde vielfach stärker beteiligt durch *Kirchenväter, Kastenvorsteher* u. a. m. (Vorbild der Leisniger Kastenordnung von 1523, von LUTHER mit erarbeitet); doch bediente man sich hierfür vielfach der bürgerl. (städtischen) Gemeindeorganisation und ihrer überkommenen Aufsichtsrechte in Kirchensachen. Der Einfluß der städtischen und territorialen Obrigkeiten in der Gemeinde stieg insbes. durch die Inanspruchnahme des *Patronatsrechts:* Es hat sich im ev. Bereich aus dem kanonischen Vorschlagsrecht in ein obrigkeitl., *kirchenregiminales Stellen- und Pfründenbesetzungsrecht* umgebildet und ist somit gleichsam den langen Weg zurückgeschritten, den die hochma. Kanonistik von der Eigenkirchenherrschaft zum bloßen Präsentationsrecht der welt. Gewalten gegangen war.

10. Die *Superintendenten* sind das *erste ständige Amt* der ev. KVerf. geworden, das sich neben und aus den Visitationen entwickelt hat: *zur geistl. Aufsicht* über Lehre, Wandel und Amtsführung der Pfarrer, zu ihrer Examinierung und Einführung, zur Aufsicht über die christl. Schulen, zur Lokalvisitation der Gemeinden, auch zur Mitwirkung an der Ehegerichtsbarkeit (vor der Entstehung der Konsistorien). – Sie vor allem üben die *Funktionen ev. Bischöfe:* Sie sind Theologen und Lehrer der Kirche, die die *Einheit und Wahrheit des Bekenntnisses wahren* sollen; sie sind nicht Herr über die anderen, ihnen anvertrauten Geistlichen, sondern ihnen gleich, ihre *Diener* und Mitknechte, ihre *Seelsorger,* die darauf achten, „daß die Lehre Christi bei uns rein bleibe und Unreinigkeiten und Ungehorsam nicht erweckt werde durch ungeschickte Predigten" (BUGENHAGEN, Braunschweiger KO). Eine selbständige Straf- oder Gerichtsgewalt besitzen sie nicht. In den größeren Territorien gliedert sich das Amt in General- und Spezialsuperintendenten. Sie halten die *Synoden* (General- bzw. Partikularsynoden) zum Zwecke der Visitation mit den Superintendenten bzw. den Pfarrern ihres Gebietes. Nach Errichtung der Konsistorien werden sie diesen rechtl. untergeordnet bzw. partiell in die kirchl. Zentralbehörden eingegliedert.

11. Die *Konsistorien* in den reformatorischen Landeskirchen haben sich aus verschiedenen Wurzeln gebildet. Sie waren von Anbeginn hart *umfochten* in einer charakteristischen Auseinandersetzung der Reformatoren und weltl. Räte über ihr Wesen, ihre Funktionen, Kompetenzen und ihre Rechtsgewalt, die alle Nöte des KVerf.aufbaus widerspiegelt und die dann zeitweise zu einer bunten *Verschiedenheit landeskirchl. Formen* geführt hat. Ihr Verhältnis zu den Superintendenten, den Visitationen und den weltl. Behörden war unterschiedl. geregelt und manchem zeitl. Wechsel unterworfen. Erst spät und nach mancherlei Widerstand hat sich das Konsistorium als die *typische Behörde des landesherrl. Kirchenregiments* herausgeschält. Das geschieht vornehml. durch die Verschmelzung des älteren *kursächs.* Verf.typs des Konsistoriums als Ehe- und Zuchtgericht mit dem *württembergischen* Typ der kirchl. Zentralverwaltungsbehörde.

Das Bedürfnis nach ihrer Errichtung ist keineswegs nur die Frucht menschl. Kleinglaubens und illegitimer Verrechtlichung und Vergesetzlichung der freien reformatorischen Bewegung des Glaubens (R. SOHM); es meldete sich mit der Konsolidierung des reformatorischen Kirchenwesens immer dringender, da die geistl. Leitung und Aufsicht durch die Superintendenten und die sporadischen Visitationskommissionen den vielfältigen äußeren Ordnungsaufgaben kirchl. Lebens und geistl. Zucht nicht genügen konnten. Nach dem Fortfall der bischöfl. Behörden klaffte eine Lücke vor allem auf dem Felde der *Ehegerichtsbarkeit*. Das kanonische →Eherecht war durch die reformatorische Theol. z. T. zusammengebrochen. Die Ehe als „weltlich Ding" gehörte zwar vor die weltl. Gerichte; dort aber kam wegen des Einschlags der geistl. Fragen und der mangelnden Vorbildung die nötige Einheit der Rechtspraxis sowenig zustande wie durch die seelsorgerl. Behandlung der Eherechtsfragen seitens der Superintendenten im Einzelfall.

Als *Ehe- und Zuchtgericht* ist deshalb in *Kursachsen* das *erste Konsistorium* 1539 *in Wittenberg* errichtet worden. Es hat aus der Fülle der – Rspr. und Verwaltung umfassenden – kanonischen Jurisdiktion nur einen Teilbereich übernommen. Vor allem LUTHER wandte sich scharf gegen die Errichtung der Konsistorien als einer umfassenden, landesherrl. kirchenregimentl. Aufsichtsbehörde. Er verwarf deren Überordnung über die geistl. Visitatoren, die Vermischung weltl. und geistl. Strafen (großer Bann!), den äußeren Kirchenzwang und die Begründung aus der Befehlsgewalt des weltl. Landesherrn, so wie es das Wittenberger Bedenken von 1538 unter der Führung von JUSTUS JONAS vorgeschlagen hatte (ohne die Billigung des Kurfürsten zu finden). Im *albertinischen* Sachsen wollte die Theologenkonferenz Lätare 1544 – ebenfalls erfolglos – den geistl. Charakter des Konsistoriums als Organ der Kirche statt des Landesherrn herausarbeiten, seine Aufgaben in die allg. kirchl. Aufsicht erweitern und den Unterschied geistl. und weltl. Gewalt betonen, wobei das Vorbild des Zürcher Ehegerichts von 1526 sich mit den Formen der luth. R. verbinden sollte. Auch in den *mittel- und norddt.* Territorien waren die neu errichteten Konsistorien zunächst *Gerichtshöfe* neben den periodischen Visitationen, wurden aber zunehmend mit kirchl. Verwaltungs- und Aufsichtsaufgaben (Prüfung und Ordination der Geistlichen, Kirchengutsverwaltung u. a. m.) betraut und bildeten als die typischen landesherrl. Behörden das Symbol der geistl.-welt. Verflochtenheit des Staatskirchentums.

In *Württemberg* entwickelte sich seit 1547, 1553, 1559 erstmals eine kirchl. *Zentralverwaltungsbehörde* (der *Kirchenrat*) eigens für die Administrativaufgaben. Sie ist charakterisiert durch einen straffen Verwaltungszentralismus, durch die bahnbrechende und zukunftsweisende organisatorische Verklammerung der Zentralbehörde mit den Visitationen in einem ebenso komplizierten wie differenzierten Visitationsapparat, durch den Einbau der Superintendentenverf. in die äußere Kirchenverwaltung, den Vorsitz des Landhofmeisters und die enge Verbundenheit der weltl. und der kirchl. Verwaltungsorganisation. Der württembergische Typus der Kirchenorganisation knüpft nicht an die bischöfl. Gerichtsbarkeit als Vorläufer an, sondern einerseits wohl an die weltl., seit Kaiser MAXIMILIAN I. in Süddtschld. eingeführten Verwaltungsformen burgundischer Herkunft, vor allem aber an das System der kirchl. Visitationen, das sich in dem Württemberg Herzog CHRISTOPHS unter der tatkräftigen Leitung von JOH. BRENZ entwickelt und organisatorisch gefestigt hat.

Der Kirchenrat unter dem weltl. Landhofmeister und dem Stuttgarter Propst gliederte sich in *zwei Abteilungen:* in eine *geistl.* für die res ecclesiasticae et scholasticae, also insbes. für die theol. und die Personalangelegenheiten der Geistlichen, ihre Examinierung, Vokation, Aufsicht und Disziplinargewalt, und in eine *weltl.* Abteilung, der die politischen, d. h. Kirchenguts-, Finanz-, Bausachen oblagen; auch die landesherrl. Vogtei- und Patronatssachen entschied der Kirchenrat, übte jedoch keine Ehegerichtsbarkeit. Die *Spezialsuperintendenten* visitierten die Geistlichen, Gemeinden und Schulen ihres Sprengels; sie wurden ihrerseits von den vier *Generalsuperintendenten* visitiert. Die Generalsuperintendenten aber bildeten mit dem Kirchenrat zusammen den „Geheimen Konvent" (später *Synodus* bezeichnet), in dem die Visitationsberichte und -maßnahmen beraten, beschlossen bzw. dem Landesherrn vorgeschlagen wurden. Die Erfahrungen der Visitationen wurden so in die Zentralbehörde eingebracht, und zugleich wurde ein geschlossenes *System kirchl. Aufsicht* geschaffen, das die unständigen, ao. Visitationen erübrigte, das Superintendentenamt in seiner Selbständigkeit und tragenden Bedeutung minderte, zugleich den Einfluß der weltl. Instanzen in der Leitung und in der äußeren KVerf. verankerte, so daß es später die Bresche für die Entfaltung des territorialistischen Kirchenregiments bilden konnte.

Das bewegl. Element als Erbgut der Visitationen und die stabile Struktur der Zentralbehörde wurden so vorteilhaft kombiniert, daß die *württembergische* Form rasch zum *Vorbild* auch der nord- und mitteldt. KO.en wurde (Baden-Durlach, Pfalz 1564, Braunschweig-Wolfenbüttel 1569, Lippe 1571, Henneberg, Kursachsen in der großen KO von 1580) und sogar 1610 die hess. Synodalverf. abgelöst hat, alles freilich um den Preis, daß die Eigenständigkeit der Gemeinden im landeskirchl. Apparat verkümmern mußte.

Das Konsistorium ist danach in der *gemeindt. Praxis* eine *Einrichtung des Landesherrn:* Er hat die Organisationsgewalt, kann alle Sachen an sich ziehen und durch Einzelweisungen in den Gang der Konsistorialgeschäfte eingreifen, sosehr die kirchenrechtl. Theorie auch später die Selbständigkeit und Kompetenz der Konsistorien zu verteidigen suchte. Der Natur ihrer Sache gemäß haben die Konsistorien freilich meist eine selbständigere Stellung genossen als die weltl. Behörden.

Die *Organisationsform* der Konsistorien, variiert: Sie sind teilweise – in den größeren Territorien – *formierte Konsistorien,* also institutionell verselbständigte, mit Geistlichen und jur. Räten besetzte Behörden; teilweise aber *nichtformierte* Konsistorien, d. h. weltl. Behörden, die sich für die Konsistorialfunktionen mit theol. Beisitzern ergänzen. Der Verfahrensgang ist durch das *Kollegialprinzip* (nicht bürokratisch) bestimmt, bisweilen unter unmittelbarem Vorsitz des Landesherrn, bzw. mit dem Recht des Immediatvortrags. Teils sind sie ständige, teils nichtständige Behörden.

Ein *zentrales* Konsistorium (bzw. Oberkonsistorium) für die einheitl. Verwaltung und Gerichtsbarkeit in der gesamten Landeskirche kommt nicht überall zustande. Das Nebeneinander verschiedener selbständiger Konsistorien (wie in Kursachsen bis 1580) belastet die kirchl. Ordnung vielfach durch mangelnde Rechtseinheit und Zuständigkeitsstreitigkeiten.

Die *Kompetenzen* der Konsistorien erstrecken sich i. d. R. später auf das *Gesamtgebiet kirchl. Verwaltung und Rspr.,* insbes. auf die Ehegerichtsbarkeit, die kirchl. Zucht-, Straf- und Disziplinarfragen, die kirchl. Personal-, Organisations-, Vermögens-, Patronatsangelegenheiten. Die rechtl. Abgrenzung zu den weltl. Behörden schwankt und ist vielfach durch Übergriffe und Ressortstreitigkeiten gestört; in manchen TerritorialKO.en schält sich eine zeitgebundene Gliederung in *geistl., weltl.* und *gemischte* Angelegenheiten heraus – ein grobes und die nächsten Jh.e ständig neudefiniertes Schema, das zunächst an die Kategorien des kanonischen Rechts und der Territorialpraxis anknüpft und die Prinzipien der reformatorischen Rechtstheol. über das Verhältnis von Kirche und Welt, temporalia und spiritualia nur schwach durchschimmern läßt.

Zu einer *Synodalverf.* mit Beteiligung der Laien nach dem Muster der außerdt. ref. Kirchen kommt es im luth. Dtschld. und in den dt. ref. Gebieten des Oberrheins *nicht.* Die zahlreichen Synoden des 16. Jh. sind hier reine Geistlichkeitssynoden (General-, Spezial-, Lokalsynoden) zum Zwecke der kirchl. Visitation.

D. Reichsrecht und Reformation. *1.* Die R. hat für das Reich und die Reichsverf. einen gewaltigen *Umsturz* und eine Fülle von Verf.krisen heraufbeschworen, mit welchen sich kaum ein anderes Ereignis der dt. Verf.geschichte an Tiefe und Tragweite messen kann. Sie wird in der Verf.geschichtsschreibung nur zu leicht unterschätzt, weil man die Institutionen und Probleme der Reichsverf. in der Epoche der R. mit der Brille eines säkularen, erst in der Aufklärung entstandenen Rechts- und Verf.begriffes zu sehen versucht ist, ihre umfassende theol. Bedingtheit verkennt und die moderne Verselbständigung und Trennung von Glaube und Recht, Kirchenrecht und Staatsverf. zugrunde zu legen neigt.

2. Die R. trifft auf das *Reich* als eine *theol. verstandene,* auf Schutz und Förderung der Kirche und des christl. Glaubens gewidmete *Größe,* die ihre sakralen Züge über den Investiturstreit und die Erschütterungen der konziliaren Periode zum guten Teil behalten hat. Die *Reichsidee* gründet sich bis in die Aufklärung hinein auf die Geschichtstheol. der vier Universalmonarchien nach dem Propheten Daniel. Das Reich erscheint als die Verkörperung der *göttl. Einheit,* als Schauseite des Gottesreichs auf Erden. Die *Universalität und Heiligkeit* des Reichs beruht auf der heiligen Universalität der ecclesia. Dem Kaiseramt obliegt die *Vogtei und Schirmherrschaft* der Hl. Christl. Kirche und des wahren Glaubens. Die *Reichsorganisation* ist seit Otto d. Gr. engstens *abgestützt auf die hierarchische Gewalt* durch die institutionelle Verbindung von Kirchenamt und politischem Herrschaftsrecht in den geistl. Fürstentümern. Die kath. Dogmen gelten als Gesetz, und der Kirchenbann zieht seit der Ketzergesetzgebung Friedrichs II. die Verhängung der Reichsacht nach sich. Die Rechtsordnung im Reiche ist durch das *ius utrumque* des kanonischen und weltl. Rechts gebildet, das im ius divinum et naturale seinen Grund und seine Grenze findet. Ecclesia universalis und politia finden ihre rechtl. Einheit durch die Zuordnung beider Gewalten in der *respublica christiana.* Alle irdische Herrschaft ist auf die Zugehörigkeit ihres Trägers zur sakramentalen Gemeinschaft der Kirche gegründet, auf deren geistl. Frieden aller Friede und alle Freiheit im politischen Bereich beruhen sollen.

3. Diese vorreformatorisch überkommene Verbindung der Reichsidee und *Reichsverf.* mit der kath. Kirche aber *bezieht sich* – in einem übergreifenden Consensus der ganzen Epoche – *auf die wahre Kirche Christi* und auf *ihre wahre Katholizität:* Die Reichsverf. hat insoweit transzendenten Charakter (und darf auch ex post nicht immanent und säkular-„juristisch" mißdeutet werden). Wahrheit, Glaube, Recht erscheinen dem Denken über Reich und Kirche noch untrennbar, da es rechtl. legitim nur *ein* wahres Reich und *eine* wahre Kirche geben kann und ihre geistl. Verfehlung, ihr Abfall nur die Pflicht zum Widerstande (passiv oder in Grenzen auch aktiv) und zur Reform (bzw. der geistigen Überwindung des abfallenden Teils) auslösen muß. Alles Einschreiten der kath. Reichsorgane gegen die reformatorische Bewegung geschieht deshalb unter der Voraussetzung und Bedingung, daß es für den wahren Glauben und die wahre Kirche geschieht – und ist in dieser Weise von der ev. Gegenseite auch ernst genommen, d. h. mit den entsprechenden theol. und rechtl. Konsequenzen gewürdigt worden.

Ihr Gehorsam gegen die kirchl. und politische Gewalt im Reiche ist bestimmt durch ihr ev. Verständnis vom Wesen der Kirche und Obrigkeit und der göttl. Grenze ihrer Macht. Die *theol. Wahrheitsfrage* steht deshalb aus innerer Notwendigkeit und aus der Struktur des (theol. „offenen" und determinierten) Verf.systems *im Zentrum aller verfassungsrechtl. Krisen und Kämpfe* um Recht und Freiheit (des rechten Glaubens), Gehorsam und Widerstand.

4. Aus diesem Grunde rührt die *konfessionelle Spaltung* an den Nerv der Reichsverf.; sie bringt in alle Verf.fragen des Reichs die Schärfe der *theol. Existenzfrage,* wo es um die (Reichs-)Kirchenorganisation und das (Reichs-)Kirchengut, um Frieden und Freiheit (im theol. und „politischen" Sinn), um die dogmatischen Lehrgrundlagen und die Häresie, ihre Anerkennung, Duldung, Beseitigung geht.

Darum ist die *konfessionelle Wiedervereinigung die Hauptaufgabe der Reichsverf.* geworden, die über Jahrzehnte hinweg in den verschiedensten Spielarten des Ausgleichs oder einer (vorläufigen) Ausgrenzung versucht wird (Verbot und Unterdrückung, Generalkonzil, Nationalkonzil, Nationalversammlung, vorläufige politische Friedstände, Reichsexekution und Widerstand, kaiserl.-reichsrechtl. Diktat einer Zwangs- und Vermittlungsreligion, politischer Religionsfriede). Sie hat die anderen großen Verf.fragen der kaiserl.-monarchischen oder aristokratisch-reichsständischen Staatsform, der universalen oder nationalen, der feudalen oder modern-staatl. politischen Form überschattet. Bis zu der – auch reichsrechtl. erstrebten und gebotenen – konfessionellen Wiedervereinigung ist das Reich gezwungen, sich auf eine *vorläufige Form der politischen Koexistenz* der widerstreitenden theol. Richtungen und Verf.konzeptionen einzuüben, die schließl. nach mancherlei fruchtlosen gütl. und gewaltsamen konfessionellen Lösungsversuchen zu einer politischen Dauerordnung (1555 und 1648) erstarrt, deren *durchgehende konfessionelle Bedingtheit* trotz der und gerade durch die gleichzeitige (teilweise) Säkularisierung der Reichsverf. gewahrt bleibt.

5. Daß die theol. Wahrheitsfrage das Kernproblem und die Grundvoraussetzung der Religionsverf. und Religionshandlungen des Reiches darstellt, kommt freilich in den Artikeln der Reichsabschiede und Verträge des 16. Jh. *nur teilweise* und verhalten *zum Ausdruck:* Gerade der tiefe Dissens im Glauben zwingt beide Religionsparteien zu der Kunst des *Kompromisses* und zu der *Technik des Dissimulierens* der theol. Differenzen im Recht. Über alle Vorteile des Taktierens, das die Verhandlungen erleichtert, ja erst ermöglicht, und für die Zukunft die günstigen Ausgangspositionen der konfessionellen Interpretation der gemeinsam geschaffenen Artikel (mit dem scheinbar gemeinsamen Sinn) sichert, ist dieser vielgebrauchte *Typ des dissimulierenden Reichsrechts* eine bittere Notwendigkeit: Er allein vermag die äußere Einheit des Reichsverbandes zu wahren. Er zwingt zu bes. Peinlichkeit in der Beachtung der äußerl. Formen und Spielregeln, behilft sich mit *mehrdeutigen Begriffen,* sucht die Gegensätze gering zu halten und den Grundstock der verbleibenden theol. und rechtl. Gemeinsamkeiten zu erhalten, weil beide Teile auf die innere Mächtigkeit ihres Glaubens und die endl. Überzeugung der Gegenseite hoffen. Die Reichsabschiede und Abreden tragen weithin den Stempel des *Notrechts,* das sich um der Verhütung des äußeren Bruchs und Chaos willen mit begrenzten und vorläufigen, minder legitimen Gestaltungen begnügt, um die eigentl., legitime (und wegen des Vorrangs des konfessionell geprägten ius divinum et naturale im Grunde weitergeltende und unverzichtbare) wahre Verf. in der Kirche und im politischen Gemeinwesen zu retten bzw. zur Reform und Realisierung zu bringen. Sie sind nach dem *Satze von dem geringeren Übel* abgerungen; beide Teile sind darum stets versucht, über sie hinwegzuschreiten und sie für unverbindl. zu erachten, sobald sie die Zwangslage schwinden fühlen.

6. Die Rechtsentwicklung der R. verläuft deshalb auf *mehreren rechtl. Ebenen,* die nur z. T. verklammert sind und aufeinander Bezug nehmen. Beide Konfessionen trachten danach, ihrem *konfessionell geprägten Rechtssystem* in Kirche und Reichsrecht zum Siege zu verhelfen, d. h. es zu erhalten bzw. durchzusetzen. Beide ordnen ihre heimische Rechtssphäre in dieser Weise theol.-konfessionell. Da aber die Herstellung der Religionseinheit im Reiche so oder so mißlingt – die Unterdrückung der ev. Bewegung erweist sich als unmögl., aber auch ihre Ausbreitung im Reiche bleibt stecken –, vollzieht sich die Auseinandersetzung der beiden Religionsparteien im Reiche auf einem notvoll zu schaffenden und schwankenden *Boden konfessioneller Neutralität* (bzw. ihres Versuchs) und *Doppeldeutigkeit,* politischer *Suspensions- und Interimsregelungen,* provisorischer Ausgrenzungsversuche des konfessionellen Konflikts, die einander im Wechsel der politischen Lage rasch ablösen und deren Brüchigkeit beiden Teilen bewußt bleibt. Beide Teile bedienen sich dieser *zwischenkonfessionellen Ordnungsversuche* einseitig zum eigenen Vorteil. Auch dort, wo die weitgespannte jur. Argumentation scheinbar neutral das Instrumentarium der politischen Ausgleichsordnung gebraucht, geschieht dies in einer *kryptotheol. Interpretationspraxis,* die ihr Ziel und ihre Überzeugungskraft aus dem Kreise ihrer eigenen rechtstheol. Vorstellungen ableitet. Der rechtl. Auseinandersetzung beider Teile in der Religionsverf. des Reichs eignet deshalb ein Zug der *Doppelbödigkeit* und Ungreifbarkeit, die später nur gelegentl. das Visier fallen läßt zu der offenen Exekution des eigenen konfessionellen Rechts bzw. zu einem Akt des konfessionellen Widerstandsrechts.

7. Die Reichsverf. und ihre Entwicklung im 16. Jh. erscheint deshalb *vielschichtig* und vielgestaltig und läßt sich nicht durch generalisierende Pauschalurteile skizzieren: *In den wechselnden Abschieden* des 16. Jh. ist *nicht umfassend* und in jur.-weltl. Abgeschlossenheit (wie durch ein modernes Staatsgrundgesetz) „die Reichsverf." niedergelegt, da diese in ihren Normen und Institutionen auf den wahren Glauben und die wahre Kirche Bezug nimmt und im Glaubensstreit vor der Entscheidung der Wahrheitsfrage durch Konzil und Wiedervereinigung letztl. *nur vorläufige und äußerl.* Regelungen trifft. – „Die Reichsverf." ist auch *nicht* bis 1555 (oder 1648) schlechthin und *im Ganzen röm.-kath.* geblieben, da die Katholizität des Reichs auf die theol. Wahrheit als glaubensmäßige Voraussetzung verweist und diese der röm.-kath. Hierarchie und Lehre von dem Großteil ev. Reichsstände und Untertanen bestritten wird. Die Wahrheitsverpflichtung des Reichs (wie allen Rechts und aller Obrigkeit im ev. Verstande) gibt den Evangelischen – die Rechtgläubigkeit ihrer Lehre vorausgesetzt – auch von Reichs wegen das Recht zur Freiheit ihres Glaubens und zur Reform. Die *ev. Bewegung* hat sich denn auch *nicht* ledigl. als eine religiöse Rebellion und *Revolution gegen „das Recht"* „des Reichs" und „der Kirche" verstanden, sondern (i. S. ihres ev. Begriffs von Glaube und Recht, Obrigkeit, Kirche und Reich) zum rechtl. Einschreiten gegen die rechtswidrige Verkehrung geistl. und weltl. Wesens durch ihre röm. Gegner berechtigt gefühlt.

Daß die Glaubensspaltung nicht überwunden werden konnte, führt zu einer tiefen und bleibenden *Spaltung des Verständnisses der Reichsverf.,* die sich seit den Anfängen der R. mit wachsender Schärfe in jeder Einzelfrage meldet (zB Kaiseramt, Kompetenz des Reichstags, Konzilsbegriff, geistl. Fürstentümer, Bischofsamt, Kapitel, geistl. Jurisdiktion, Widmung des Reichskirchenguts, Kirchengutsreformationen und Säkularisationen als Spoliation?, Bindung an Dogma und Bekenntnis, Begriff der Häresie, ius reformandi und Advokatie, Glaubensfreiheit der Untertanen, Ordnung der Ehe und ihre Anerkennung, Erbfolge, Kompetenz der Reichsgerichte u. a. m.). Diese Spaltung des Verf.verständnisses und damit die *innere Spaltung* der Reichsverf. selbst wird auch in der endl. Form der Religionsverf. nicht aufgehoben, sondern verfestigt und in der politischen Friedensordnung neutralisiert zum gleichen Schutz und gleichen Einflußrecht beider Konfessionsblöcke, so daß sie *in die paritätische Konfessionalisierung* der Reichsorganisation und des Reichsverfahrens (itio in partes) *ausmünden* kann.

8. Die eigenartige Entwicklung und Rechtsgestalt, die die Bewegung von R. und Reich in Dtschld. nahm, ist bedingt durch das Zusammentreffen mit einigen *großen hist. Parallelbewegungen und Prinzipienkämpfen.*

Die R. wird hineingezogen in die Auseinandersetzung der *Reichsreformbewegung,* also in die Machtprobe zwischen der *Idee des Kaisertums,* durch KARL V. bedeutsam erneuert und gehoben, und dem *ständischen Gedanken,* der im Reiche nach Sicherung des Einflusses der Reichsstände und nach ihrer Beteiligung an der Führung der Reichsgeschäfte verlangte. Durch die *Wahlkapitulation* von 1519 als einer richtungweisenden Verf.urkunde wurden die Privilegien der Reichsstände garantiert, ihre Stellung im Territorium ausgebaut und gesichert gegen Aufruhr und Bündnisse der Untertanen, die Bindung der kaiserl. Regierung an die ReichsG.e und an die Zustimmung der Reichsstände bedungen, die Benutzung der Hausmacht zur Unterdrückung der reichsständischen Libertät verboten und ein ständisches Reichsregiment vorgesehen. Das Kaisertum KARLS V. hat die Hoffnungen der R. enttäuscht und sie wiederholt in eine harte Existenzbedrohung gebracht.

Die R. sah sich deshalb auf das *Bündnis mit den Territorialherrn* angewiesen, die ihr im Reiche Schutz und Rückhalt boten. Sie ist der Gefahr politischer Unterordnung und Überfremdung nicht entgangen. Andererseits hat sie die Entstehung der *modernen Staatlichkeit* enorm *begünstigt,* da dem Territorialfürstentum die →*cura religionis* als die vornehmste Staatsaufgabe neben einer Fülle vormals kirchl. Angelegenheiten zuwuchs, die Staatsgewalt dadurch im ev. Dtschld. eine bis dahin undenkbare Steigerung ihrer religiösen Autorität, Untertanengläubigkeit und Eigenbedeutung ihres Staatsethos erhielt. Die religiösen Energien wurden dadurch von dem in den ma.-feudalen Formen erstarrenden Reich *dem Territorium* zugeleitet. Zugleich wurden die Landesherren von der konkurrierenden Macht der kath. Kirche befreit, durch früheres Kirchengut wesentl. bereichert und zu der vollen *Unterwerfung der intermediären Gewalten* des Adels und der Städte instand gesetzt, die man unter das landesherrl. Kirchenregiment und die ihm dienende weltl. Herrschaft beugte. Die Entstehung des Flächenstaates und der Abbau der feudalen Zwischenstufung im Territorium ist u. a. eine Nebenfolge der R.

Im Reiche aber hat sie den *Föderalismus* entscheidend gefördert, die bündischen Formen in und außerhalb der Institutionen der Reichsverf. benützt und verstärkt. Der dt. Föderalismus hat so seine wesentl. *religionsgeschichtl. Wurzel;* die Föderalisierung des Staatskirchenrechts und die der Reichsverf. gingen Hand in Hand. Die *Schutz*wehr der Territorien *vor* der gewaltsamen *Rekatholisierung* und vor einem *kaiserl. Absolutismus* ist seit den 20er Jahren des 16. Jh. ineinander verschränkt worden und hat durch die *konfessionellen Selbsthilfebünde* und *Schutzorganisationen* (Schmalkaldischer Bund, Union, später das Corpus Evangelicorum) mächtige Unterstützung erfahren. So ist es in Dtschld. auch unter dem Einfluß der R. nicht zu der Bildung eines nationalen Einheitsstaates mit einer NationalKVerf. und dem monarchischen Absolutismus als Staatsform gekommen.

Das Bündnis von R. und territorialer Obrigkeit hat ferner den *Verf.gedanken im Reiche* entscheidend gefördert, während es in den Territorien im ganzen dem Absolutismus des Landesherrn Vorschub geleistet hat. Das Bedürfnis nach Sicherung des Religionsexerzitiums, der R.berechtigung und ihrer Grenzen, der verbleibenden altkirchl. Institutionen, dann die Verteilung des Kirchenguts, der kirchl. Einkünfte, der geistl.-welt. Herrschaftspositionen in den geistl. Fürstentümern, die Regelung der Reichskompetenzen in Religionssachen, die Gerichtsverf. u. a. m. zwingen zu der Aufrichtung einer dauernden, unverbrüchl. und allem sonstigen Recht übergeordneten *Verf.ordnung.* Sie kommt nach langen Mühen und Erschütterungen 1555 zustande und wird 1648 bekräftigt und ergänzt. Sie besteht in den *leges fundamentales* des Reichs. Sie werden gleichzeitig als *reichsständische* und *konfessionelle* Staatsgrundverträge und -gesetze zwischen Kaiser und Reichsstädten und zwischen den beiden Religionsparteien, also auf doppelte, ineinander verschränkte Weise *vertragl. ausgehandelt* und beschworen. Sie müssen auch danach *vertragsartig vollzogen und ergänzt* werden: Das ergibt sich später u. a. durch die *itio in partes.* Letzere ist nicht erst durch den Westf. Frieden geschaffen worden, sondern sie ist als ungeschriebener Bestandteil der Verf. schon dem →Augsburger Religionsfrieden von 1555 immanent; sie erwuchs aus der konfessionellen Spaltung des Reichs und aus der Vertragsnatur der Verf.vereinbarungen, die auch die vertragsartige Interpretation und Fortbildung der Religionsverf. in der Freiheit beider Teile einschließt; die itio in partes ist ledigl. die *äußere jur. Formulierung,* die den rechtl. Vorgang des *Auseinandergehens der beiden Konfessionen* in der Reichsverf. seit dem Beginn der R. umreißt. – Neben den schmalen Teilregelungen der Goldenen Bulle über die Königswahl und der ma. Reichslandfriedensgesetze und Konkordate hat somit die dt. *Religionsverf.* einen *breiten Bereich materieller und institutioneller dt. Verf.ordnung* hervorgebracht. – Im Gefolge der R. hat sich die *Würdigung* der Religionsverf. des Reichs im Zeitempfinden gewandelt: Aus einer *schwach legitimierten* und durch das konfessionelle Recht beider Teile in Frage gestellten *Notordnung* erwächst sie *mehr und mehr* zu der rechtl. *Grundordnung* allen kirchl. und weltl. Rechts im Reiche, deren fundamentale Geltung nach 1648 unbestritten bleibt.

9. Die R. trifft ferner hist. zusammen mit der Auseinandersetzung der ma. *universalen* und mit den *nationalen* Ideen: Die Religionsverf. des Reichs beschränkt sich auf das dt. Gebiet und hat sich *aus der Universalität* der Rechtsordnung der *kath.* Kirche *teilweise gelöst,* indem es der reformatorischen Bewegung politischen Schutz auch gegen die geistl. Gewalt der Hierarchie versprach. Sie hat andererseits *nicht* zu einem *Nationalkirchenwesen* der westl. oder skandinavischen Prägung geführt. Durch die Verflechtung mit dem universalen kath. Kaisertum KARLS V. und durch die habsburgisch-dynastischen Verbindungen mit Spanien ist *Dtschld.* das *Nebenland* einer Universalmonarchie geworden. Während die R. dadurch bedrohl. gefährdet ist, kann sie sich andererseits im Windschatten der universalen politischen Verwicklung des Kaisers ungestört entfalten. Ihr Wachstum ist – profanhist. gesehen – wesentl. ermöglicht worden durch dessen *Lebenskampf* mit dem habsburgisch eingekreisten *Frankreich,* der die Jahrzehnte nach KARLS Regierungsantritt bestimmt. Sodann durch die *ital. Kriege,* in denen der Kaiser den franz. Vorstoß nach Mailand, Genua und Neapel zurückzuschlagen und die Herrschaft über Italien als Schlüsselstellung der universalen Kaisergewalt aufzurichten suchte, durch den *Kampf mit dem Papst* (Sacco di Roma 1527) und schließl. durch den Abwehrkampf gegen den Vorstoß der *Türken* ins Abendland. Das Streben nach der äußeren militärischen und politischen Verteidigung der universalen kath. Reichsidee hat somit die innere Auflösung des Reichs durch den konfessionellen Gegensatz begünstigt.

10. Der äußere Verlauf der Reichsverf.-entwicklung ist seit den 20er Jahren des 16. Jh. gekennzeichnet durch schwere Verf.krisen und jähen Wechsel.

Durch das *Wormser Edikt* vom 8./26. Mai 1521 hatte KARL V. im Vollzuge der kaiserl. Kirchenvogtei und der Ketzergesetze des Reichs der päpstl. Bannbulle die *Reichsacht* gegen LUTHER und ein Verbot seiner Schriften folgen lassen. Ein erstes Wetterleuchten der kommenden Konflikte ist darin zu sehen, daß die kaiserl. Acht auf Verlangen des Reichstags erst nach einem förml. Verhör LUTHERS vor Kaiser und Reich über seine Bereitschaft zum Widerruf erfolgen konnte, weil die Wahlkapitulation eine Ächtung ohne Verhör verbot und man dem päpstl. Bann im Reich mißtraute. Für die Kurie erschien dies als ein Übergriff der weltl. Gewalt in das kanonische Recht und als eine tiefe Störung der Zuordnung der beiden Gewalten in der respublica christiana.

Zur Vollstreckung des Edikts aber kam es in der folgenden neunjährigen Abwesenheit des Kaisers nicht. Das *Nürnberger Reichsregiment,* das den Kaiser 1521 – 30 als reichsständisches Organ vertrat, behalf sich mit Kompromissen, überließ den Reichsständen 1524 die Durchführung des Edikts „so viel ihnen mögl." und gab ihnen damit die Handhabe zu ihrer eigenen Deutung der Verf.lage bis zu dem vom Reichstage geforderten Generalkonzil. Der *Speyerer Reichsabschied von 1526* sah von der beantragten förml. Aufhebung des Wormser Edikts ab, stellte den Reichsständen jedoch anheim, es mit diesem so „zu halten, wie ein jeder solchs gegen Gott und Kaiserl. Majestät hoffet und vertrauet zu verantworten", verwies auf das General- oder Nationalkonzil und schärfte bis dahin die Landfriedenswahrung ein. Diese „einmütige Vergleichung und Vereinigung" der Stände ließ erkennen, daß man auf eine sachl. Einigung einstweilen verzichtete und beiden Teilen ihr konfessionelles Verständnis des Reichs und seines Rechts einräumte. Der Speyerer Reichsabschied 1526 enthält zwar *keineswegs die gesetzl. Verleihung* eines formalen *ius reformandi* an die Reichsstände, wurde aber immerhin von den Evangelischen *als reichsrechtl. Grundlage für ihre R. interpretiert* und in Anspruch genommen. – Um diesen „Mißverstand" auszuräumen, hat die kath. Mehrheit in dem zweiten *Speyerer Reichsabschied von 1529* die *Durchführung des Edikts* bei den altgläubigen Ständen befohlen und bei den anderen jede *Neuerung* bis zum Konzil *verboten,* die Zensur und Landfriedenswahrung bekräftigt und eine dt. Nationalversammlung zur Beilegung des Religionszwistes vorgesehen, sofern ein Generalkonzil nicht zustande käme. Diese Aufhebung des Speyerer Reichsabschieds von 1526 veranlaßte die Evangelischen zu der berühmten *Speyerer Protestation* (1529), in der man die „Geburtsstunde des Protestantismus" (H. BORNKAMM) hat sehen wollen: Den *Mehrheitsbeschlüssen* des Reichstags wurde in Glaubensdingen der *Gehorsam versagt,* soweit sie sich an Gottes Ehre und Gebot und an der Seelen Seligkeit vergingen. Die *innere Spaltung* der Reichsverf. als Folge der Glaubensspaltung wurde damit auch äußerl. in einer Rechtsurkunde *offenbar.* Die Protestierenden sagten sich damit nicht in revolutionärer Weise „vom Gehorsam gegen die Reichstagsbeschlüsse in aller Form los" (F. HARTUNG), sondern zogen durch diesen *Akt des Widerstandsrechts* die *Folgerungen aus dem glaubensoffenen Charakter des Rechts im Reich,* der dem Reichstag (wie aller Obrigkeit) die Befugnis zu einem glaubenswidrigen (und daher rechtswidrigen) Machtspruch versagte, wie ihn das Verbot der wahren Lehre, Predigt, Gottesdienstübung und R. für die Evangelischen in sich schloß. Die Evangelischen haben darum der Protestation ihre *Appellation an ein freies Konzil* folgen lassen, das auch nach der Reichsverf. zum Richter in der Glaubensfrage berufen war. – Der *Augsburger Reichstag* im folgenden Jahre *1530* sieht den Konflikt verschärft: Die Abhängigkeit der Verf.frage des Reichs von der Wahrheit der theol. Lehrposition ist in voller Deutlichkeit in den Mittelpunkt gerückt. In der *Augsburgischen Konfession* aus der Feder MELANCHTHONS wird das luth. Bekenntnis (und neben ihm die oberdt. Tetrapolitana und ZWINGLIS Fidei ratio) *als Staatsschrift* dem Reichstag vorgelegt, um die theol. und verfassungsrechtl. Berechtigung der R. vor dem Forum des Reichs zu erweisen, die die kath. Gegenseite ebenda durch ihre *Konfutation* zu widerlegen unternimmt. Der Reichstag wird von den Evangelischen verlassen. Der *Reichsabschied* von 1530 macht sich die theol. Position der verbliebenen *kath.* Partei zu eigen: Der untrennbare Zusammenhang des politischen und kirchl. Friedens und der politischen und kirchl. Einigkeit ist stark beteuert und in der *pax catholica* des *„alten, wahren Christl. Glaubens"* statuiert, die der Kaiser als oberster Vogt der Christenheit durch den Vollzug des Wormser Edikts zu wahren schuldig sei. Die kath. Kerndogmen sind im Abschied aufgeführt, *alle Neuerungen* dagegen und gegen die kath. KVerf. *verboten und kassiert,* die Rückgabe der vorenthaltenen Kirchengüter und Pfründen wird auferlegt, die Wahrung des kath. Besitzstandes und Landfriedens garantiert, alles entgegenstehende Recht aufgehoben, dem Kammergericht die Vollziehung des Abschieds anbefohlen.

Die kath. Bedrohung veranlaßte einen neuen ev. Protest und führte zu der Gründung des *Schmalkaldischen Bundes* (1530) zur Abwehr der kath. Kammergerichtsprozesse und zur Verteidigung des ev. Glaubens gegen die kath. Acht, unter dessen Schutz sich freilich die luth. Bewegung über den defensiven Zweck hinaus machtvoll ausbreiten konnte (in Norddtschld. und in den Reichsstädten, insbes. in Pommern und Anhalt 1534, in Brandenburg und im albertinischen Sachsen 1539). In der Not des Türkenansturms (seit 1532) und des erneuerten Krieges in Italien (1536 – 38) sah sich der Kaiser auf die Unterstützung der Protestanten angewiesen und zum Waffenstillstand in der Konfessionsfrage gezwungen: Im *Nürnberger Vergleich von 1532* zwischen dem Kaiser und verschiedenen Protestanten und dem *Frankfurter Anstand von 1539* kam es zu den *ersten förml. Friedständen* im Reich, die in einer vorläufigen, befristeten Weise (1532 bis zum Konzil, 1539 auf 15 Monate) einen politischen Frieden für Anhänger beider Konfessionen verbürgten, sich somit in einem ersten schüchternen Schritte von dem kath. Friedens-, Rechts- und Häresiebegriff lösten und zu diesem Zwecke die Kammergerichtsprozesse suspendierten.

Damit beginnt im Reichsrecht die *Ära der Suspensionen:* Die Rechtsfigur der Suspension steht seit den ersten Jahrzehnten der R. im Mittelpunkt der Reichsverf.: als Suspension der Kammergerichtsprozesse, der kath. Advokatie zur Vollstreckung von Acht und Bann, des Ketzerrechts, der geistl. Jurisdiktion der Bischöfe, der katholisierenden Reichsabschiede von 1529 und 1530. Die Suspension bildet die *erste schmale Brücke rechtl. Gemeinsamkeit* zwischen den Verf.konzeptionen beider Konfessionen, die sich im Begriff des ius divinum und des ius humanum, des Reichs, der Kirche scheiden. Der Rechtsbegriff der Suspension ist als ein typischer *dissimulierender,* einen Tiefengegensatz verschleiernder *Begriff* gebraucht, der in seiner mehrdeutigen Offenheit beiden Teilen die Freiheit ihrer Deutung wahrt: Er erlaubt den *Katholiken,* in all diesen Suspensionen ledigl. den *faktischen Verzicht auf* die prozessualen *Vollstrekkungsmöglichkeiten* des kath. Rechts zu erblikken und daraus indirekt den (de iure unverzichtbaren) *materiellen Fortbestand* der Reichsverf. und KVerf. im kath. Sinn zu folgern. In der

Sicht der *Evangelischen* aber bedeuten diese Suspensionen gerade umgekehrt den schonenden *prozessualen Ausdruck für die materiellrechtliche Nichtigkeit* der kath. Übergriffe, der Prozesse, der Acht, der usurpierten geistl. Jurisdiktion in der Reichsverf. Die Kammergerichtsprozesse, die bischöfl. und päpstl. Jurisdiktion, das Ketzerrecht sind in ihren Augen angemaßt und nichtig, weil und *soweit sie im Widerspruch zum Worte Gottes stehen,* die ev. Freiheit beschneiden, Geistliches und Weltliches durcheinanderwerfen und die göttl. Verf. der Christl. Kirche verderben. Aus der Nichtigkeit dieser Maßnahmen haben die Evangelischen die Konsequenz des *Widerstands* gezogen, der dem *Christen (als Untertan)* gestattet und gebietet, in seinem (wenig treffend so bezeichneten) „passiven" Widerstand die kath. Unterdrückungsmaßnahmen der wahren Lehre und Kirche als unverbindl. zu ignorieren, und der den *ev. Obrigkeiten* kraft ihrer Mitverantwortung an der aristokratischen Verf.form des Reichs in ihrem „weltl." Amt den Schutz ihrer Untertanen vor Raub, Rechtsbruch und Vergewaltigung durch die Gegenseite gebot. Die Evangelischen haben deshalb die zeitl. Begrenzung der Suspensionen (wie auch das Verbot der Aufnahme weiterer Mitglieder in den Schmalkaldischen Bund) im Frankfurter Anstand wenig ernst genommen. Den *Rechtsgrund* ihres Handelns sahen sie *im Grunde nicht* in den – natürl. gerne benützten und vorgeschobenen – *suspendierenden Vergleichen* und Reichsabschieden, sondern in ihrem *theol. Verständnis des Rechts* und seiner Grenzen, das sie durch jene Suspensionen bestätigt sahen. Bei ihrer *Rekusation des Kammergerichts* in den Glaubenssachen und den „daraus fließenden Sachen" *vom Jahre 1534* haben die Evangelischen diese ineinander gestaffelte Bezugnahme auf das suspendierende Reichsrecht, die anhängige Appellation an das Konzil und ihre Glaubenswahrheiten klar formuliert und die kath. Jurisdiktion „für ein pur lauter Nichtigkeit" erachtet, „dargegen auch alle zimliche Hilf und Mittel des Rechtens und der Billigkeit" statthaben sollten.

Unter dem außenpolitischen Druck der Türkennot, des Unternehmens gegen die algerischen Seeräuber (1541), des vierten ital. Krieges (1542–44) hat der Kaiser die *Linie des Einlenkens* weiter verfolgt, zuletzt freilich in trügerischer Absicht. Eine kaiserl. Deklaration vom Jan. 1541 und der *Regensburger Reichsabschied von 1541* haben den Nürnberger Religionsfrieden von 1532 bis zum Generalkonzil oder der Nationalversammlung verlängert, die Acht und Prozesse weiter suspendiert, die Bemühung um Beilegung des Religionszwiespalts durch Konzil und Religionsgespräche beteuert. Eine *geheime Deklaration* des Kaisers vom *Juli 1541* hat den prot. Obrigkeiten darüber hinaus erstmals das Recht zur *„Christl. R."* (unter Verbot der Säkularisation) ihrer Klöster und Kirchen zugestanden und den Schutz der Geistlichkeit in ihren Gütern und Einkommen auf die ev. Geistlichen erstreckt. Hierin meldet sich eine *erste paritätisch formulierte Anerkennung* ev. Kirchenwesens und der gemeinchristl. Widmung des Kirchenguts im Reiche im doppelkonfessionellen Sinn. – Der *Speyerer Reichsabschied von 1544* hat sodann – „weil die Artikel der Religion, Friedens und Rechtens aneinander hangen" – eine Gewaltlösung abermals verworfen und die Überwindung des „Zwyspalt der Religion anders nicht, dann durch *Christl. und freundl. Vergleichung* eines *gemeinen Freien Christl. Concilii,* National-Versammlung oder Reichstag" vorgeschrieben. *Suspendiert* werden die Kammergerichtsprozesse und darüber hinaus der Augsburgische Reichsabschied (1530) und die anderen Reichsabschiede, sowie das gemeine Recht (d. h. in seiner kath. Interpretation), soweit sie sich gegen die Reichsstände der Augsburgischen Konfession in der Frage der Religion und „dieses Friedstands" richten. Neben den erneuerten Landfriedensgeboten und dem Versprechen *überkonfessioneller* Besetzung und Judikatur des *Kammergerichts* enthält der Reichsabschied eine erste detaillierte *Regelung des Kirchenguts und der kirchl. Einkünfte,* die sich in einem Ansatz zur Parität auf beide Konfessionen („ungeachtet welchs Theils Religion") bezog und die nachmals weitgehend in den Augsburger Religionsfrieden von 1555 rezipiert werden konnte. Diese religionsrechtl. Normen wurden aus kaiserl. Machtvollkommenheit in den Abschied gesetzt.

Den (neben diesen vorläufigen politischen Ausgleichsbemühungen einhergehenden) Anstrengungen zur theol. Übereinkunft blieb der Erfolg versagt: Die *Konzilspolitik* des Kaisers scheiterte jahrelang vor allem am Widerstand des Papsttums, das sich vor einem Reformkonzil scheute. Auf dem *Bundestag von Schmalkalden 1537* lehnten die Evangelischen den Besuch des päpstl. *Konzils ab,* da es den ev. Forderungen nach Freiheit, Christlichkeit, Unparteilichkeit und Unterordnung unter die Autorität der Schrift nicht entsprach; ihr Standpunkt wurde in MELANCHTHONS Tractatus de potestate papae formuliert und durch LUTHERS Schmalkaldische Artikel, eine private Arbeit, ergänzt. Nach seiner Eröffnung (1545) hat das *Tridentinische Konzil* einen bewußt *innerkath., päpstl.* bestimmten Verlauf genommen und wurde im Reich nicht als das freie Unionskonzil, wie es die Reichsabschiede forderten, verstanden. Auch die Ära der *Religionsgespräche* verlief ergebnislos (1540 Hagenau und Worms, 1541 Regensburg).

Nach der *Niederwerfung des Schmalkaldischen Bundes* im Schmalkaldischen Kriege (1547) versuchte der Kaiser die religiöse Befriedung Dtschld. durch das *kaiserl. Diktat einer Misch- und Zwischenreligion, das Interim.* Ursprüngl. für beide Konfessionen geplant, wurde es von den Katholiken abgelehnt und darum als religiöse Sonder- und Ausnahmeregelung für die Evangelischen erlassen. Es wurde auf dem Augsburger Reichstag am 15. Mai 1548 verordnet und dann dem Reichsabschied vom 30. Juni 1548 eingefügt. Es enthält eine religiöse Vergleichsformel, die sich äußerl. an die Augsburgische Konfession anlehnt und den Evangelischen durch Vermittlungsformulierungen und manche Konzessionen (Laienkelch, Priesterehe) die Rückkehr zur kath. Kirche erleichtern sollte. War das Ziel die Wiederherstellung der ma. Glaubens- und Rechtseinheit im Reiche, so stellte doch dieser Weg einen eigenartigen, selbst das überkommene kath. System verkehrenden *Übergriff* des Kaisers und des Reichs *in die geistl. Gewalt* dar und stieß auch in Rom zunächst auf Widerstand. Im ev. Teile Dtschld. aber ließ sich das Interim nur teilweise und mit Abschwächungen durchsetzen.

Nach dem *Fürstenaufstand von 1552* brach dieser letzte Versuch, die Glaubenseinheit im Reiche herzustellen, zusammen. Die Erhaltung der kath. Universalität im weltl. und kirchl. Bereiche als Ziel der *Religionspolitik* KARLS V. war endgültig *gescheitert,* nachdem der Kaiser durch Jahrzehnte alle politischen und rechtl. Möglichkeiten zu ihrer Durchführung versucht hatte. Die Glaubensspaltung ließ sich nicht mehr beheben. Das Reich sah sich auf die *politische Lösung* zurückgeworfen, die sich schon seit zwei Jahrzehnten mit zunehmender Deutlichkeit abzeichnete und die nun *auf Dauer* und in *unbedingter* Geltung ausbedungen wurde. Das geschieht im *Passauer Vertrag von 1552* und im →*Augsburger Religionsfrieden* des Jahres 1555, der gerade nicht den religiösen Frieden bringen konnte.

II. Das Reich hat fortan den Religionskonflikt als einen unausgetragenen, bloß *innerkirchl. Lehrstreit* ausgegeben und fixiert, der auf die Dauer *offen bleiben* sollte. Das Reich schuf eine *politisch-säkulare Ordnung der Koexistenz* der beiden, sich prinzipiell widerstreitenden, sich selbst für absolut setzenden Religionsparteien: Dadurch erst wurde es ermöglicht, über alle innere Spaltung im Glauben und Recht hinweg die *äußere Einheit* des Reiches zu *erhalten.*

Das führte notwendig zu einer ersten dauernden *Teilemanzipation* des weltl. Verf.rechts vom theol. Rechtsdenken und Absolutheitsanspruch. Das Reich wurde ein *doppelkonfessionelles* Reich. Das zog die *teilweise* →*Säkularisierung und Relativierung* des Friedens- und Freiheitsbegriffs und aller anderen verfassungsrechtl. *Schlüsselbegriffe* nach sich. So beginnt nun das Auseinandertreten der drei Rechtskreise des kath., des ev. und des staatl.-weltl. Rechts. Neben und über den konfessionell entschiedenen Sinn eines Begriffs und einer Institution im kath. oder ev. Sinne, wie er auch hinfort im ev. und kath. Recht verschieden weitergilt, schiebt sich eine *paritätisch-neutrale,* reichsrechtl. *relativierte* Bedeutung: Aus der pax catholica wird der *paritätische Friede* relativiert, den auch die Häretiker genießen. Aus der Freiheit allein zum wahren Bekenntnis wird die *Freiheit zum Abfall und Übertritt* ohne Rücksicht auf die theol. *Wahrheitsfrage,* welche im ius reformandi ebenso paritätisch *ausgeklammert* wird wie im ius emigrandi, dem ersten eingeschränkten Grundrecht staatl. Religionsfreiheit im Gewande der Freizügigkeit. So gibt es nun einen ev., einen kath. und einen paritätisch-relativierten Begriff von Konzil, Religionsvergleich, Häresie und Einigkeit, Bischofsamt und Kapitel, Kirchengut und Schulen, R. und Spoliation, Ministerien und Pfarren. Schon im 16. Jh. beginnt die ständig fortschreitende theol. Entleerung, jur. Verselbständigung, Veräußerlichung und Säkularisierung des dt. Staatskirchenrechts und seiner Zentralbegriffe in der Neuzeit.

Sie zeigt sich zB im Verständnis des →*Bekenntnisses,* der Bekenntnisbindung, des Bekenntnisstandes, der Bekenntniszugehörigkeit, der Bekenntnissache im Reichsrecht: Aus dem Zeugnis der Brüder und Väter von der Wahrheit des Evangeliums – so wie sich die Augsburgische Konfession auch in ihrer Eigenschaft als Staatsschrift selbst verstand als ein Zeugnis, das über sich hinausweist auf jene Wahrheit des Evangeliums hin – hat sich das Bekenntnis menschl. *verselbständigt,* erlangt seine Geltung durch einen Gesetzgebungsakt statt durch das geistl. Regiment der Predigt, wird *juridifiziert* und *normativiert* zu einer hoheitl. geltenden Staatsdoktrin, und zwar kraft menschl. Verfügungsgewalt, – so daß man sich vor dem Forum der Reichsorgane streiten kann, ob 1555 die Variata oder Invariata durch die Reichsgewalt in Geltung gebracht worden sei. Die Wahl zwischen diesen *reichsrechtl. alternativ* fixierten Bekenntnissen wird dem Reichsstand zur freien landesherrl. Entschließung überlassen, und diese *säkulare Bestimmung* und territoriale Ratifizierung des Bekenntnisstandes wird in der Formel cuius regio eius religio zur rechtl. Devise der Zeit.

Der Prozeß innerer Säkularisierung prägt auch das →*ius reformandi:* Ursprüngl. aus dem Dienst der christl. Obrigkeit an der R. der Kirche in Bekenntnis und Ordnung erwachsen und zur Durchsetzung der Wahrheit des Evangeliums und seines göttl. Rechts bestimmt, entwickelt es sich schon seit dem Religionsfrieden von 1555 im Staatsverf.recht zum formalen, säkularen Recht der souveränen Staatsgewalt, Art und Ausmaß der Zulassung verschiedener Bekenntnisse und Religionsgesellschaften im Staate zu regeln.

Diese Säkularisierung des Reichskirchenrechts ist noch *nicht als Selbstzweck* erstrebt, sondern dient nur zur Garantie der gleichzeitigen Existenz der beiden Konfessionen im Reiche.

Man hat deshalb den *konfessionellen Gegensatz nicht übergangen* und aus dem staatl. Recht ausgegrenzt – wie dies die moderne Trennung von Theol. und Recht, Kirche und Staat seit der Aufklärung versucht. Man hat vielmehr die Spaltung der Konfessionen im Recht zugegeben, sie *institutionell in Form gebracht* und gegen den Übergriff abgesichert. Das geschieht zB durch die peinl. gewahrte paritätische Bestellung der Reichsorgane und insbes. durch die itio in partes, den Ausschluß der Majorisierung durch die gütl.-paritätische amicabilis compositio von Religionsstreitigkeiten.

Dadurch ist in eigenartiger Weise die *teilweise Säkularisierung* des Verf.rechts mit seiner teilweisen *Konfessionalisierung* kombiniert: Das Fundament bildet die äußere Landfriedensebene mit ihrem äußeren Friedensschutz, Gewaltverbot, ihren Status-quo-Garantien im Kirchengut und Bekenntnisstand, ihrem Verbot der Mission und der konfessionellen Schutzherrschaft, dem Verbot des Religionskrieges und der religiösen Intervention im fremden Territorium. – Auf ihr baut sich eine konfessionell bedingte Ordnung der Reichsinstitutionen und des Reichsverfahrens (der itio in partes) auf, die die Gesetzgebung, Verwaltung, das Militärwesen und die Justiz spaltet. Sie gibt beiden Konfessionen die Teilhabe an der politischen Organisation und die Freiheit ihrer Entfaltung in der eigenen Reichshälfte. Trotz und in seiner teilweisen Säkularisierung bleibt das institutionelle Reichsrecht glaubensverbunden und deshalb glaubensgespalten.

Außer der nach I. genannten Lit. (in Auswahl): KARL MÜLLER, Kirche, Gemeinde und Obrigkeit nach Luther, 1910 – DERS., Kirchengesch. II, 2, 1923[3] – DERS., Aus der akademischen Arbeit, Vorträge und Aufsätze, 1930 – H. v. SCHUBERT, Reich und R., Akademische Rede, 1910 – E. SEHLING, Gesch. der prot. KVerf., Grundriß der Geschichtswissenschaft, hg. v. A. MEISTER, Reihe II Abt. 8, 1914[2] – R. SOHM, Kirchenrecht I, Neudr. 1923 – J. HECKEL, Cura religionis Ius in sacra Ius circa sacra, KRA H. 117/118 (Festschr. für U. Stutz), 1938, 224 – 298 – DERS., Das blinde, undeutl. Wort „Kirche", Gesammelte Aufsätze, hg. v. S. GRUNDMANN, 1964 – DERS., Lex charitatis, hg. v. M. HECKEL, 1973[2] – K. BRANDI, Die dt. R., 1927 – A. FARNER, Die Lehre von Kirche und Staat bei Zwingli, 1930 – K. HOLL, Gesammelte Aufsätze, I: Luther, 1932[6] – J. BOHATEC, Calvins Lehre von Staat und Kirche mit bes. Berücksichtigung des Organismusgedankens, 1937 – HARALD DIEM, Luthers Lehre von den zwei Reichen, Beiheft 5 zur „Ev. Theol.", 1938 – G. TÖRNVALL, Geistl. und weltl. Regiment bei Luther, Forsch. zur Gesch. und Lehre des Protestantismus, hg. v. E. WOLF, 10. Reihe Bd. II, 1947 – G. RITTER, Die Neugestaltung Europas im 16. Jh., 1950 – P. JOACHIMSEN, Die R. als Epoche der dt. Gesch., 1951[2] – H. JEDIN, Gesch. des Konzils von Trient I: Der Kampf um das Konzil, 1951[2] – DERS., R. und Kirchenverständnis, in: H. Jedin, B. Moeller, S. Skalweit, Probleme der Kirchenspaltung im 16. Jh., 1970, 59 – 82 – F. LAU, Luthers Lehre von den beiden Reichen, 1952 – DERS., Art. R. I und II, EKL III, 1959, 487 – 500 – DERS., R.geschichte bis 1532, in: Die Kirche in ihrer Gesch. Ein Hdb., hg. v. K. D. Schmidt und E. Wolf, Bd. 3 Lfg. K, 1964, 1 – 65 – R. BRING, Der Glaube und das Recht nach Luther, in: Beitr. zur hist. und systematischen Theol., Ged. Schr. für W. Elert, hg. v. F. Hübner, 1955, 140 – 162 – W. P. FUCHS, Das Zeitalter der R., in: Hdb. der Dt. Gesch. II, 1955[8], 1 – 104 – G. HILLERDAL, Gehorsam gegen Gott und Menschen, 1955 – W. O. MÜNTER, Begriff und Wirklichkeit des geistl. Amts, Beitr. zur ev. Theol., hg. v. E. Wolf, 1955 – K. G. STECK, Luther und die Schwärmer, Theol. Studien, hg. v. K. Barth, H. 44, 1955 – M. HECKEL, Staat und Kirche nach den Lehren der ev. Juristen Dtschlds. in der ersten Hälfte des 17. Jh., ZRG Kan. Abt. XLII (1956) 117 – 247; ZRG Kan. Abt. XLIII (1957) 202 bis 308 – DERS., Autonomia und Pacis Compositio, ZRG Kan. Abt. XLV (1959) 141 – 248 – DERS., Das Konfessionelle Zeitalter, 1983 – DERS., Parität, ZRG Kan. Abt. XLIX (1963) 261 – 420 – P. ALTHAUS, Luthers Lehre von den beiden Reichen im Feuer der Kritik, in: LJB 1957, – Jg. 24, 40 – 68 – H. BORNKAMM, Luthers Lehre von den zwei Reichen im Zusammenhang seiner Theol., 1958 – DERS., Das Jh. der R., 1961 – DERS., M. Luther in d. Mitte seines Lebens, 1979 – S. GRUNDMANN, Art. KVerf., VI. Gesch. der ev. KVerf., RGG III (1959[3]) 1570 – 1584 – M. SCHMIDT, Die R. Luthers und die Ordnung der Kirche, in: Im Lichte der R., Jb. des Ev. Bundes II, 1959, 5 – 31 – ERNST WOLF, Die „luth. Lehre" von den zwei Reichen in der gegenwärtigen Forsch., ZevKR 6 (1959) 255 – 273 – DERS., Sinn und Grenze der Anwendung der Zwei-Reiche-Lehre auf das Kirchenrecht, in: Staatsverf. und KO, Festg. für R. Smend, 1962, 443 – 461 – DERS., Peregrinatio I, 1962[2], II, 1965 – E. FABIAN, Urkunden und Akten der R.prozesse, Schriften zur Kirchen- und Rechtsgesch., H. 16/17, 1961 – DERS., Die Entstehung des Schmalkaldischen Bundes und seiner Verf. 1524/29 – 1531/35; 2. Aufl.: Schriften zur Kirchen- und Rechtsgesch. H. 1, 1962 – W. MAURER, Art. R., RGG V[3], 858 – 873 – DERS., Melanchthon-Studien, Schriften des Vereins für R.geschichte, 181, Jg. 70, 1964 – M. SCHLOEMANN, Natürl. und gepredigtes Gesetz bei Luther, 1961 – E. BIZER, R.geschichte 1532 – 1555, in: Die Kirche in ihrer Gesch., hg. v. K. D. Schmidt und E. Wolf, Bd. 3, 1964 – F. DICKMANN, Das Problem der Gleichberechtigung der Konfessionen im Reich im 16. und 17. Jh., HZ 201 (1965) 265 – 305 – B. MOELLER, Reichsstadt und R., 1962 – DERS., Gesch. des Christentums, 1965 – DERS., Zwinglis Disputationen, ZRG Kan. Abt. LVI (1970) 275 – 324; LX (1974) 213 – 364 – DERS. (Hg.), Stadt u. Kirche im 16. Jh., 1978 – E. W. ZEEDEN, Die Entstehung der Konfessionen, 1965 – M. BRECHT, Kirchenordnung und Kirchenrecht in der württembergischen Kirche vom 16. – 18. Jh., 1966 – DERS., Anfänge reformatorischer KO und Sittenzucht bei Johannes Brenz, ZRG Kan. Abt. LV (1969) 322 – 347 – DERS., Die gemeinsame Politik der Reichsstädte u. d. Reformation: ZRG Kan. Abt. LXIII (1977) 180 – 263 – G. EBELING, Die Notwendigkeit der Lehre von den zwei Reichen, in: Wort und Glaube, 1967[3], 407 – 428 – DERS., Leitsätze zur Zweireichelehre, ZThK 69 (1972) 331 – 349 – G. KISCH, Melanchthons Rechts- und Soziallehre, 1967 – H.-W. KRUMWIEDE, Zur Entstehung des landesherrl. Kirchenregimentes in Kursachsen und Braunschweig-Wolfenbüttel, 1967 – J. LORTZ, Zum Kirchendenken des jungen Luther, in: Wahrheit und Verkündigung, M. Schmaus zum 70. Geburtstag, Bd. II, 1967, 947 – 986 – S. SKALWEIT, Reich und R., 1967 – DERS., Reichsverf. und R., in: H. Jedin, B. Moeller, S. Skalweit, Probleme der Kirchenspaltung im 16. Jh., 1970, 33 – 58 – R. HERMANN, Naturrecht und Gesetz bei Luther, hg. v. H. Beintker, ThLZ 93 (1968) 401 – 408 – F. W. KANTZENBACH, Strukturen in der Ekklesiologie des älteren Luther, LJB XXXV (1968) 48 – 77 – H.-H. SCHREY (Hg.), Reich Gottes und Welt. Die Lehre Luthers von den zwei Reichen, 1969 – K. BLASCHKE, Sachsen im Zeitalter der R., 1970 – U. DUCHROW, Christenheit und Weltverantwortung, 1970 – A. HAKAMIES, „Eigengesetzlichkeit" der natürl. Ordnungen als Grundproblem der neueren Lutherdeutung, 1971 – H. OLSSON, Schöpfung, Vernunft und Gesetz in Luthers Theol., Uppsala 1971 – H. RABE, Reichsbund und Interim, 1971 – J. AARTS, Die Lehre M. Luthers über das Amt in der Kirche, Helsinki 1972 – G. WOLF (Hg.), Luther und die Obrigkeit, 1972 – K. SCHLAICH, Maioritas-protestatio, ZRG Kan. Abt. LXIII (1977) 264 – 299; LXIV (1978), 139 – 179 – DERS., Martin Luther u. das Recht, in: M. L. im Spiegel heutiger Wissenschaft, hrsg. von K. SCHÄFERDIEK, 1985 – W. GÜNTER, M. Luthers Vorstellung v. d. Reichsverf., 1976 – E. ISERLOH (Hg.), Confessio Augustana u. Confutatio, 1980 – M. BRECHT u. R. SCHWARZ (Hg.), Bekenntnis u. Einheit der Kirche. Studien zum Konkordienbuch, 1980 – H. MEYER u. H. SCHÜTTE (Hg.), Confessio Augustana. Gem. Untersuchung luth. u. kath. Theologen, 1980 – B. LOHSE u. O. H. PESCH (Hg.), Augsburger Bekenntnis von 1530 damals u. heute, 1980 – H. SCHILLING, Konfessionskonflikt und Staatsbildung, 1981 – B. MOELLER (Hg.), Luther in der Neuzeit, 1983 – E. ISERLOH u. G. MÜLLER (Hg.), Luther u. d. polit. Welt, 1983 – H. ANGERMEIER, Reichsreform und Reformation, 1983 – H. LUTZ, Das Ringen um dt. Einheit u. kirchl. Erneuerung, 1983.

Martin Heckel

III. Theologiegeschichtlich A. Betrachtet man das *Phänomen der R.,* so ist nicht zu bezweifeln, daß es sich bei ihm um einen historischen Ereigniszusammenhang handelt, der für die deutsche wie europäische Geschichte von größter Bedeutung gewesen ist. Gelangte doch in der R.zeit die deutsche Geschichte auf die Höhe der europäischen. Sosehr in der R.zeit die mittelalterliche Einheit →Europas sich immer mehr auflöste in miteinander konkurrierende National- und Territorialstaaten, sosehr steht doch in ihrem Zentrum eine von verschiedenen Reformbewegungen des ausgehenden Mittelalters (Konziliarismus, Devotio moderna, →Humanismus, Hussitismus, Gravamina der deutschen Nation, Bauernunruhen, Reichsreform u. ä.) bereits geforderte Reform der Kirche an Haupt und Gliedern. Scholastische Verkrustung der Theol., Relativierung kirchl. Autorität durch das Papstschisma von 1378 – 1415, Verweltlichung der Renaissancepäpste wie moralische Mißstände in den Bistümern machten die R. notwendig und forderten Reformen. Doch diese Reformen schlugen erst durch, als M. LUTHER die von der spätmittelalterlichen Kirche und Theol. nicht mehr überzeugend beantwortete Frage nach der Gewißheit des Heils radikal stellte und sie auf dem Boden der alleinigen Autorität der Hl. Schrift neu beantwortete. Die Reformerwartungen kulminierten nun zeitweilig im Werk LUTHERS, gingen dann aber wieder eigene Wege. Hinzu kommen Reformatoren neben LUTHER, die einerseits z. T. seine Impulse aufgreifen, andererseits aber eigenständig die R. der Kirche an Haupt und Gliedern gestalten, abgesehen davon, daß sowohl die auf territoriale Souveränität dringenden Fürsten wie die auf ihre Freiheit bedachten Reichsstädte die Ausbreitung der R. politisch begünstigen. Wie aber ist das Phänomen der R. *einzuordnen* und zu *beurteilen?* Hat es sein Ziel einer Reform der Kirche an Haupt und Gliedern nicht verfehlt, wenn es faktisch zur Konfessionalisierung und Spaltung der einen Kirche führte? Hat die r. Theol. trotz ihrer historischen Notwendigkeit nicht doch nur Mißstände in der Kirche beseitigt und nur einen nicht bibelnahen, semipelagianischen Katholizismus niedergerungen, der sich im Spätmittelalter nicht auf der Höhe des Katholischen befand (J. LORTZ, E. ISERLOH)? Und hat nicht das Tridentinum die Herausforderung der reformatorischen Theol. angenommen und bewältigt? Ist ferner die R. nicht ein weithin noch mittelalterlichen Fragestellungen verhaftetes Übergangsphänomen zur Neuzeit, das der Transformation seiner religiösen Innovationen in allgemeine Vernunftwahrheiten durch die →Aufklärung bzw. den Neuprotestantismus bedurfte, um wirksam zu bleiben (TROELTSCH)? Oder kommt gerade der R. bleibende Bedeutung für das Selbstverständnis der Neuzeit und namentlich der Theol. in der Neuzeit zu (Lutherrenaissance des 20. Jh., dialektische Theol.)? Ist sie geistesgesch. wirklich ein Fortschritt im Bewußtsein der →Freiheit (HEGEL), oder ist sie noch ein spätmittelalterliches Phänomen, das durch die einseitige Betonung der Freiheit und Absolutheit Gottes die Autonomie der menschlichen Vernunft unterdrückte und deren theologiekritische Emanzipation in der Aufklärung geradezu herausforderte (BLUMENBERG)? Kommt ihr dagegen entscheidende Bedeutung für die Freiheitgeschichte in der Neuzeit zu, bleibt sie dann nicht in einer Verinnerlichung der Freiheit im bürgerlichen Bewußtsein haften, das folgenlos bleibt für die Befreiung aus äußerem Elend (MARCUSE)?

B. Für die Begründung und Initiation der *Theologie der Reformatoren* kommt zweifellos **M. Luther** eine zentrale Funktion zu. Als Augustinereremitenmönch ging er den elitären Weg spätmittelalterlicher Frömmigkeit und stellte existentiell radikale Fragen nach den Gründen der sein →Gewissen befreienden Heilswahrheit. Weder monastische Spiritualität noch die Sakramentspraxis der spätmittelalterlichen Kirche mochten seine Anfechtungen im Kloster zu überwinden. LUTHER stellte seine Fragen zugleich als Wittenberger Professor für bibl. Exegese und entdeckte anhand von Röm 1,17 ein Verständnis von Heil, nach dem die göttliche Gerechtigkeit nicht die philosophisch zu verstehende, strafende Gerechtigkeit meint, sondern Gottes Barmherzigkeit bzw. Gottes den Sünder allein im Glauben beschenkende und rechtfertigende Gerechtigkeit. Als solche wird sie allein in Jesus Christus der Radikalität der Sünde Herr und ist als den Sünder rechtfertigende nicht mehr abhängig von dessen Unvermögen. Wann LUTHER dieses Verständnis von Gerechtigkeit Gottes im Anschluß an Röm 1,17 entdeckte, ist in der neueren Forschung umstritten. Hatte man seine *r. Wende* in der älteren Forschung (VOGELSANG, BORNKAMM, PRENTER u. a.) zu eindeutig bereits am Ende der ersten Psalmenvorlesung (1513 – 1515) und vor allem in der Römerbriefvorlesung (1515 – 1516) aufgewiesen und dabei übersehen, wie sich das Neue hier noch sehr im Gewand spätmittelalterlicher Mönchs- und Schultheol. zeigte, so neigt die neuere Forschung teilweise (BIZER, ALAND, BAYER) dazu, erst 1518 die Entdeckung des Reformatorischen bei LUTHER anzunehmen. Doch gilt es zu bedenken, daß eine neue, namentlich exegetisch erschlossene Erkenntnis nicht schlagartig alle theol. Fragen und Antworten verändert, sondern sich erst schrittweise ihrer Tragweite für das Verständnis von Theol. und Kirche bewußt wird. So ist nicht zu übersehen, daß LUTHER in der Römerbriefvorlesung ein neues Verständnis von Sünde und Gnade im Anschluß an Paulus entwickelt, das zugleich zu einer radikalen Kritik der scholastischen Theol. mit Hilfe des antipelagianischen AUGUSTIN führt, eine Kritik, die LUTHER in verschiedenen Disputationen in seiner Frühzeit weiterführt (LOHSE, GRANE, EBELING, OBERMAN). Namentlich greift er die Konditionierung der in uns wirksamen Gerechtigkeit Gottes durch eine aristotelisch verstandene Aktionsstruktur des Menschen an, wonach die Gerechtigkeit Gottes in uns in tugendhaften Akten der gnadenhaft eingegossenen Liebe effektiv realisiert werden muß. LUTHER bindet demgegenüber den Empfang der Gerechtigkeit allein an den Glauben. Dieser ist dabei nicht eine Bedingung für das Geschenk der fremden Gerechtigkeit Christi, sondern Ausdruck von deren Verwirklichung in uns. Dieses Verständnis der Gerechtigkeit Gottes führte LUTHER 1517 zur Kritik einer Bußpraxis, die die dem rechtfertigenden Glauben entspringende tägliche Reue und Buße zu einer Ware im *Ablaßgeschäft* veräußerlichte. Wird die Gerechtigkeit Gottes allein dem Glauben gewährt und ist der wahre Schatz der Kirche das hochheilige Evangelium der Ehre und Gnade Gottes (Th 62), so kann die Kirche die Vergebung der Schuld und die Nachlassung ewiger wie zeitlicher Sündenstrafen nur noch verkündigen, nicht aber mehr jurisdiktionell verwalten. Diese Kritik führte LUTHER weiter zur kritischen Behandlung der päpstl. Jurisdiktion und zur Neubegründung der Sakramente auf die die Gerechtigkeit Christi gewährende Verheißung Gottes. Hat das Neuverständnis der Sakramente aber seinen Grund in der Hl. Schrift, und offenbart diese allein das in Wort und Sakrament repräsentierte Heil, so darf weder die kirchl. Tradition noch das päpstl. Lehramt der sich selbst auslegenden Schrift übergeordnet werden. Mit dieser Entwicklung der Theol. des jungen LUTHER rückt die *Rechtfertigung* in das Zentrum seiner Theol. Dabei handelt es sich nicht um eine Verengung seiner Theol., sondern um eine theol. Fundamentalbestimmung, von der her alle Gegenstände theol. Denkens neu durchdacht werden. Entsprechend ist für LUTHER die die Theol. fundamental bestimmende Sache (subiectum theologiae) die Beziehung von rechtfertigendem Gott und sündigem Menschen. Gott rechtfertigt den Sünder durch die von außen kommende Gerechtigkeit Christi, die allein im Glauben in uns wirksam wird. Vom Menschen vor Gott gilt deshalb die Relationsbestimmung „simul iustus et peccator", d. h. der Mensch ist vor Gott gerecht außerhalb seiner selbst in Christus, im Blick auf sich selbst aber bleibt er Sünder, d. h. begnadigter Sünder, der in täglicher Reue und Buße der Sünde abstirbt und immer mehr in die Gerechtigkeit Christi hineinwächst, die er als ganze schon im Glauben ergriffen hat. Deshalb gibt es auch Heilsgewißheit, weil das Heil nicht mehr relativiert wird durch unsere Unzulänglichkeit, sondern Sache Gottes selbst ist. Als uns von außen zugesprochene Gerechtigkeit ist sie eine forensische, d. h. eine im freisprechenden und freimachenden Urteil Gottes geschehende Gerechtigkeit. Wächst der Mensch täglich innerlich und äußerlich in diese Gerechtigkeit hinein, so konkretisiert sich die Rechtfertigung in der Heiligung. Diese ist ein lebendiger Ausdruck jener, nicht eine Ergänzung derselben. An dieser Stelle unterscheidet sich LUTHER nicht nur von seiner semipelagianischen Schultheol. (zB G. BIEL), nach der der Mensch aus natürlichen Kräften, wenn er tut, was in ihm ist (facit quod in se est), die heiligmachende Gnade verdienen kann, sondern auch von THOMAS, nach dem die heiligmachende Gnade Gottes dem bußfertigen Menschen zwar ohne dessen Verdienst geschenkt wird, in der Heiligung aber zu einer effektiven Gerechtigkeit im Menschen führen muß, um ihn vor Gott gerecht zu machen. Entsprechend sind die Werke bzw. die Tugenden des Menschen eine bleibende Bedingung der Rechtfertigung und nicht nur deren lebendige Frucht bzw. Folge. Im Unterschied zur mittelalterlichen Theol. ist der *Glaube* in diesem Zusammenhang für LUTHER nicht nur eine rein intellektuelle Tugend, die erst durch die ihn formende Liebe zur ganzen Hingabe an Gott und zur inneren Gerechtigkeit des Menschen vor Gott wird, sondern von seinem Wesen her rechtfertigender Glaube. Als solcher ist er ein verstehender, existentieller Akt des Vertrauens auf Gottes Barmherzigkeit und entspringt dem Hören auf das Wort Gottes. Denn Gott handelt mit dem Menschen durch sein *Wort*, und der Mensch handelt mit Gott nicht durch seine Werke, sondern durch den Glauben. Das durch die Relation von Wort und Glaube bestimmte Gottesverhältnis des Menschen bestimmt auch LUTHERS *Kirchenverständnis* (→Kirche). Christus, das alleinige Haupt der Kirche, handelt und herrscht in der Kirche als seinem Leib durch das gepredigte Wort Gottes, durch die viva vox evangelii. Die Kirche ist creatura verbi divini und wird als communio sanctorum Ereignis im Glauben. Entsprechend ist die communio sanctorum für LUTHER communio fidelium. Das →*Papstamt* will LUTHER deshalb nur noch iure humano, nicht mehr iure divino gelten lassen. Wenn man es überhaupt noch beibehalten wird, hat es nur noch eine Funktion für die äußere Sammlung der Kirche, geistlich regiert allein Christus als

Haupt die Kirche durch Wort und Sakrament. Wird das Wort Gottes allein in der Hl. Schrift bezeugt, die in den Dingen des Heils klar und hell ist und sich selbst auslegt (sui ipsius interpres), so bedarf diese zur Klarheit ihres Sinnes nicht der von außen ihr zugeordneten Autorität des päpstlichen Lehramtes. Das *sola scriptura* ist zugleich ein autoritatives und ein hermeneutisches Prinzip: Die Schrift bzw. das in ihr bezeugte Wort Gottes ist die alleinige Autorität der Kirche und Theol. und entscheidet selbst über ihre Auslegung. Das in der Hl. Schrift bezeugte Wort Gottes konstituiert für LUTHER auch das →*Sakrament*. LUTHER gibt dieses nicht zugunsten des Wortes einfach auf, sondern interpretiert es als ein durch das Wort Gottes eingesetztes und mit ihm verbundenes Geschehen. Entsprechend bestimmen göttliche Verheißung und das ihr in der Hl. Schrift zugeordnete Zeichen das Sakrament. Von den traditionellen sieben Sakramenten genügen diesem Kriterium strenggenommen nur noch Taufe und Abendmahl. Die *Taufe* wird dabei für LUTHER zum Grundsakrament christlichen Lebens, weil der Christ in ihr ein für allemal in Tod und Auferstehung Christi hineingenommen ist und in ihr seine Gerechtigkeit auf die fremde Gerechtigkeit Christi gründet. Im *Abendmahl* nährt sich der Glaube in der Gemeinde von derselben Verheißung, und in der *Buße* kehrt der Glaubende ständig unter diese Taufverheißung zurück (reditus ad baptismum). Sosehr die göttliche Verheißung so das Sakrament konstituiert, sosehr bewahrt das ihr sichtbar zugeordnete sakramentale Zeichen diese vor Spiritualisierung. Es ist vielmehr Ausdruck der Externität des Wortes Gottes. Von diesem Sakramentsverständnis her kritisiert LUTHER die Lehre von der Transsubstantiation, das Verständnis der Messe als Opfer und als eines sich ex opere operato vollziehenden Geschehens. Das Sakrament wirkt zwar von sich aus, aber nicht anders als im Glauben. Gegen die →Täufer muß LUTHER diesen Sachverhalt dahingehend verdeutlichen, daß er feststellt: Der Glaube macht nicht das Sakrament zum Sakrament, sondern empfängt das Sakrament. Die so auf Wort und Sakrament gegründete Kirche ruft LUTHER zu ihrer wahren geistlichen Funktion zurück und weg von allen theokratischen Tendenzen, auch über die äußere Welt zu herrschen. Es ist vielmehr Sache des von der Kirche zu unterscheidenden *Staates* als einer Anordnung Gottes, mit Gewalt für Recht und Frieden äußerlich in der Welt zu sorgen. LUTHERS →*Zwei-Reiche-Lehre* unterscheidet deshalb geistl. und weltl. Regiment Gottes, nicht aber um beide voneinander zu trennen, sondern sie in ihren von Gott legitimierten, sich gegenseitig fördernden Funktionen sichtbar zu machen. Dabei entwickelt LUTHER nicht eine ausgeführte Staatstheorie, sondern gibt eine theol. Anweisung für die Bestimmung des Verhältnisses von →Kirche und Staat bzw. von christlicher Existenz und Politik. Gegenüber dem Mittelalter vollzieht LUTHER dadurch zugleich eine Entklerikalisierung der Welt, die jedoch um ihrer Weltlichkeit willen auf die geistliche Realität der Kirche bezogen bleibt.

Neben LUTHER wirkt in Wittenberg **Melanchthon** und ist bemüht, die neue r. Theol. lehrmäßig zu formulieren und aufzuzeigen, wie auf dem Boden der Hl. Schrift die Reform der Kirche an Haupt und Gliedern aussehen kann. So wenig wie LUTHER intendiert er eine Konfessionalisierung bzw. Spaltung der einen Kirche Jesu Christi. Das klassische Beispiel für MELANCHTHONS Reformwillen ist die – auch unter Verwendung von Luthertexten geschriebene – Confessio Augustana von 1530, die in ihrem heute zu Recht wieder erkannten ökumenischen Charakter die Reform der einen universalen Kirche im Auge hatte. 1530 klammert MELANCHTHON noch die Kritik des Papsttums aus, holt diese aber 1537 in seinem Tractatus de potestate et primatu papae nach. Im einzelnen vollzieht sich bei MELANCHTHON unter LUTHERS Einfluß eine *Wende* von einer durch REUCHLIN und ERASMUS beeinflußten humanistischen Reformtheol. zu einem reformatorischen →Humanismus, der nun seinerseits die Eigenart der melanchthonischen Theol. bestimmt. Das zeigt sich zB in den Loci communes von 1521 in der rein soteriologischen Betrachtung der Christologie, wenn MELANCHTHON feststellt, daß Christus erkennen heiße, seine Wohltaten zu erkennen und nicht seine Naturen, eine Alternative, die so für LUTHER von vornherein nicht bestand, die aber dem antispekulativen Interesse des ERASMUS noch nahesteht. Wenn MELANCHTHON seinen Loci von 1535 und 1559 dann eine ausführliche Trinitätslehre und Christologie einfügt, folgt er der theol. Arbeit LUTHERS. Humanistisches Erbe wird bei MELANCHTHON auch sichtbar in seinem größeren Interesse an der *Ethik*. Stehen bei LUTHER Glaube und Werke unter einem Indikativ (die Werke folgen spontan dem Glauben), so bei MELANCHTHON unter einem Imperativ (die Werke sollen dem Glauben folgen). Das Gesetz behält seine Notwendigkeit auch für die Wiedergeborenen (tertius usus legis). Entsprechend unterscheidet MELANCHTHON stärker zwischen *Rechtfertigung und Heiligung*. Versteht er jene forensisch als Zuspruch der Gerechtigkeit Christi bzw. der Vergebung der Sünden, so sieht er in dieser die paränetisch zu fordernden Früchte der Rechtfertigung im Handeln, sosehr dadurch niemals die Vollständigkeit der Gerechtsprechung ergänzt oder infragegestellt wird. Humanistisch ist auch das besondere Interesse MELANCHTHONS an der *Tradition*, die für ihn ein Garant der Kontinuität in der Kirche ist. Zwar treten die Väter nicht neben die Schrift, doch dient der mit der Schrift übereinstimmende Väterbeweis der Stärkung der Frommen (confirmatio piorum). Entsprechend rückt auch MELANCHTHON wieder näher an AUGUSTIN heran, wenn er in der CA variata von 1540 im Interesse eines Ausgleichs mit den Schweizern und Oberdeutschen in der

Abendmahlsfrage von einer Realpräsenz Christi nicht in den Abendmahlselementen selbst, sondern bei deren Genuß spricht. Indem MELANCHTHON ferner stärker als LUTHER auf ein geschichtlich überliefertes Naturgesetz zurückgreift, lehrt er ein allgemeines Handeln Gottes im regimen corporale des *Staates* im Unterschied zu seinem geistlichen Handeln im regimen spirituale der *Kirche*. Stärker als LUTHER vertritt MELANCHTHON dabei noch eine Einheit von →Kirche und Staat im Sinne des mittelalterlichen Corpus christianum und schreibt dem Staat stärker die Rolle eines advocatus ecclesiae zu. Damit wird er zum Förderer des →landesherrlichen Kirchenregiments, das LUTHER eher als einen Notbehelf angesehen hatte. Dem korrespondiert bei MELANCHTHON ein großes Interesse an der allgemeinen Bildung in Schule und Universität, dem er durch zahlreiche Lehrbücher Rechnung trägt und wofür er auch den Titel eines Praeceptor Germaniae erhält.

Eine anders geartete Wende von einer humanistischen Reformtheol. zu einem r. Humanismus finden wir bei dem Schweizer Reformator **H. Zwingli**. Durch intensives Studium der Hl. Schrift ringt sich ZWINGLI zu einer eigenständigen r. Position durch. Zwar kennt er schon 1519 wichtige LUTHER-Schriften und begrüßt vor allem LUTHERS Papstkritik auf der Leipziger Disputation, doch liest er den Wittenberger Reformator noch erasmianisch. Eine Pesterkrankung Ende 1519 zeigt ihm existentiell die Grenzen der humanistischen Reformtheol. 1520/21 ringt er sich durch weiteres Schrift- und Augustinstudium zur r. Theol. durch, deren klare Töne sich in seiner Schrift „Vom Erkiesen und Freiheit der Speisen" (April 1522) erst deutlich zeigen (LOCHER). Nun versteht er auch LUTHERS r. Anliegen. Wie dieser lehrt er die Rechtfertigung allein aus Glauben. Christus hat ein für alle Mal am Kreuz das Heil für uns erworben; dieses ist nicht mehr durch Werkgerechtigkeit zu erreichen noch zu ergänzen. Das einmalige Kreuzesopfer ist auch nicht im Meßopfer erneut darzubringen. ZWINGLI vollzieht deshalb eine radikale Abkehr von der Messe. Im *Nachtmahl* erinnert sich die Gemeinde an das einmalige Kreuzesopfer Christi auf Golgatha und das in ihm beschlossene Heil. Dieses bedarf keiner sakramentalen Vergegenwärtigung. Gottes Heilswirken vermittelt sich nicht durch materiale Zeichen, sondern vollzieht sich als geistiges unmittelbar am Geist. Gern übernimmt ZWINGLI 1524 auch von dem Holländer HOEN dessen signifikative Deutung des „est" in den Abendmahlsworten, deutet ferner mit OEKOLAMPAD, dem Reformator von Basel, die Abendmahlsworte tropologisch und sieht durch Joh 6,63 bestätigt, daß das Fleisch im Abendmahl nichts nütze sei. Die Präsenz Christi im Abendmahl ist deshalb nicht eine sakramentale, sondern eine anamnetische bzw. geistliche im Glaubenden. Da ZWINGLI in einer nestorianisch gefärbten Christologie die beiden Naturen Christi streng voneinander unterscheidet, lehrt er, daß die menschliche Natur und also der Leib des erhöhten Christus nicht an der göttlichen Omnipräsenz teilhat, sondern sich an einem bestimmten Ort zur Rechten Gottes im Himmel befindet. Er kann deshalb auch nicht im Abendmahl präsent sein. Präsent ist Christus allein durch den im Glaubenden in der Gemeinde wirksamen Geist. Dieses spiritualisierende und sich an AUGUSTIN anlehnende Abendmahlsverständnis läßt es trotz der antikatholischen Kirchenkritik und der Übereinstimmung in der Rechtfertigungslehre nicht zu einem völligen Konsens mit den Wittenbergern kommen, die an der sakramentalen Realpräsenz Christi festhalten, weil sie inkarnatorisch die hypostatische Einheit der beiden Naturen in der Person Christi stärker betonen und die Wirksamkeit des göttlichen Geistes an das äußere gepredigte Wort und an die die Abendmahlselemente umgreifende Verheißung Gottes binden. Für ZWINGLI verweist das *Wort* auf den *Geist* und bestätigt ihn, vermittelt ihn aber nicht. ZWINGLI kennt wohl eine Geistwirkung vor der Wortwirkung, aber nicht eine Wortwirkung vor der Geistwirkung. Außer in der Abendmahlslehre geht ZWINGLI auch in der *Ethik* einen eigenen Weg, insofern die R. der *Kirche* von selbst auch zu einer Erneuerung des *Staates* bzw. des Lebens in der Zürcher Stadtrepublik führen muß. „Eine christliche Stadt ist nichts anderes als ein christliche Gemeinde", und die Magistrate müssen wissen, daß ihnen das äußere Wohl der Christen und der Kirche anvertraut ist. Zugleich denkt auch ZWINGLI das Verhältnis von Kirche und Staat noch stärker von der mittelalterlichen Einheit des Corpus Christianum her.

Sosehr ZWINGLI die R. in der Schweiz, in Oberdeutschland und in den Niederlanden beeinflußte, sosehr wurde sie in ihrer reformierten Ausprägung erst durch **J. Calvin** umfassend wirksam. CALVIN stammt aus dem französischen Bibelhumanismus und ist ein ausgezeichneter Kenner der Väter, besonders AUGUSTINS, KYRILLS von Alexandrien und JOHANNES CHRYSOSTOMUS. Bevor er eigenen Neigungen entsprechend ausschließlich Theol. studierte, hatte er auf Wunsch seines Vaters 1533 zunächst ein Jurastudium abgeschlossen, was sich auf die Klarheit seiner Gedankenführung wie auf sein Interesse für Institutionen und deren rechtliche Legitimation auswirkt. Unter Einfluß r. Gedanken LUTHERS gelangt er namentlich in Pariser Humanistenkreisen zu seiner *r. Wende,* die sich nach anfänglichem Zögern dann spontan als ein geistiger Klärungsprozeß (subita conversione ad docilitatem) 1534 vollzog. Als Ergebnis dieses Geschehens verfaßt CALVIN 1536 in Basel in Orientierung an LUTHERS Kl. Katechismus von 1529 die 1. Auflage seines Hauptwerkes, der Institutio christianae religionis, und wird bald zum allerseits, namentlich auch von den französischen Protestanten geschätzten Lehrer. „Ein Vergleich der verschiedenen Ausgaben der *Institutio* zeigt, daß die kirchlichen und politischen

Zeitumstände, sein eigenes Studium der Kirchenväter . . ., das Gespräch mit anderen Theologen und die Bekämpfung von Häresien in der Entwicklung dieses Werkes ihren Niederschlag gefunden haben" (NIJENHUIS TRE 7,579). Neben dem eminent systematisch-theol. Interesse des Genfer Reformators, Gottes Handeln in Schöpfung und Erlösung als Ausdruck seiner Selbstverherrlichung zu begreifen, ist es vor allem ein pastorales Anliegen, das die Erfahrungen und Konflikte der eigenen R. im Lichte der Autorität der Hl. Schrift zu verarbeiten sucht. Humanistisch sieht er den Ort der theol. Erkenntnis bzw. der Wahrheit der Religion in der Korrelation von *Gottes- und Selbsterkenntnis*. Die Menschen haben schöpfungsmäßig ein semen religionis bzw. einen sensus divinitatis. Doch ist diese Anlage durch die Sünde verdunkelt und unbrauchbar geworden. Die in ihr mögliche Gottes- und Selbsterkenntnis wird erst durch die in der Hl. Schrift bezeugte Offenbarung und Heilstat Gottes in Christus neu aktualisiert. In seiner antirömischen Kirchenkritik und der diese begründenden Rechtfertigungslehre sola fide folgt CALVIN LUTHER. Die *Rechtfertigung* versteht er forensisch als Vergebung der Sünden und Zurechnung der Gerechtigkeit Christi. Befreit vom Gesetz als Mittel der Selbstrechtfertigung wird der Mensch durch den Hl. Geist bereit, das Gesetz Gottes zu erfüllen. Die sich darin ausdrückende *Heiligung* des Menschen rückt CALVIN wie MELANCHTHON und ZWINGLI unter den paränetischen Imperativ des Gesetzes (tertius usus legis). Die Gewißheit der Rechtfertigung steigert sich bei CALVIN zu einer allein im Glauben möglichen *Erwählungsgewißheit*. Wie die jeweiligen Auflagen der Institutio zeigen, ringt CALVIN durch eine verschiedene Zuordnung des Lehrstückes von der praedestinatio unter Zurückdrängung der mit der providentia dei gegebenen spekulativen Elemente um ein soteriologisches Verständnis jener. In der Auflage von 1559 rückt CALVIN die Behandlung der providentia dei, die er seit 1539 zusammen mit der praedestinatio nach der Rechtfertigung erörtert hatte, in die Gotteslehre, wodurch praedestinatio und iustificatio noch enger zusammenrücken. Dennoch bleibt das soteriologische Verständnis der praedestinatio in einem systematischen Spannungsverhältnis zu der Feststellung, daß sie Ausdruck eines ewigen Dekretes Gottes ist und daß sie als doppelte Prädestination logisch ihr negatives Korrelat in der Bestimmung der Verworfenen zum ewigen Tod hat. Die →*Kirche* versteht CALVIN als populus electorum bzw. als communio electorum, die jedoch als ecclesia invisibilis in der Zeit unter der ecclesia visibilis verborgen ist und als solche nur geglaubt werden kann. Die sichtbare Kirche handelt durch Wort und Sakrament. Im Unterschied zu ZWINGLI versteht CALVIN das *Sakrament* nicht als bloßes Zeichen, sondern als Gnadenzeichen, durch das Gott die Verheißung seiner Gnade am Gewissen versiegelt und den immer noch schwachen Glauben stärkt und ernährt. CALVIN lehrt im Unterschied zu ZWINGLI eine Realpräsenz Christi im Abendmahl, versteht diese aber als eine, die beim Abendmahlsgenuß allein durch den Hl. Geist gewährt wird, weil Christi erhöhter Leib sich auch nach CALVIN im Himmel zur Rechten Gottes befindet. Wie mit dem Sakrament so wirkt der Geist auch mit dem in der Schrift bezeugten und in der Predigt verkündigten Wort Gottes zusammen. Der *Geist* macht das *Wort* im Hörer innerlich lebendig, umgekehrt bleibt die Glaubenserkenntnis des Hörers an das von dem selben Geist inspirierte äußere Wort gebunden. CALVIN löst die Spannung von Wort und Geist nicht wie einst AUGUSTIN und dann auch ZWINGLI zugunsten des Geistes auf. Mit dem die Kirche begründenden Wort Gottes ist auch das →*Amt der Pastoren* und im weiteren Sinne der *Lehrer* gegeben. Doch kennt CALVIN neben diesen beiden Ämtern auch das durch das NT legitimierte *Amt der Ältesten* und der *Diakone*. Damit bezieht er das Priestertum aller Gläubigen und die christlichen Laien stärker in die Institution der Kirche mit ein als LUTHER. Pastorat und Presbyterat dienen einer vom *Staat* unabhängigen Leitung der *Kirche*, sieht man einmal von den besonderen Verhältnissen in Genf ab, wo der Magistrat weithin auch die Ältesten stellte. Dennoch gehören theol. Kirche und Staat wie die Brennpunkte einer Ellipse zusammen. Der Staat hat als Anordnung der göttlichen Vorhersehung die Aufgabe, die wahre und d. h. die reformierte Religion zu schützen, und umgekehrt hat die Kirche die Funktion, neben der Verkündigung des Evangeliums über einer dem Gebot Gottes entsprechenden sittlichen Ordnung des Staates zu wachen. Gegenüber einem seinen göttlichen Auftrag verfehlenden Staat kennt CALVIN ein aktives *Widerstandsrecht*, das er aber nicht als Recht des einzelnen Staatsbürgers, sondern als Recht der magistratus populares, d. h. der Stände bzw. der abgestuften Obrigkeiten versteht. Diese Unterscheidung CALVINS wurde jedoch zB in den Hugenottenkriegen (1562 – 1593) nicht strikt eingehalten. Das presbyteriale Element im CALVINischen Kirchenbegriff ist antihierarchisch konzipiert und bildet ein nicht unwichtiges Vorbild bei der späteren Etablierung westlicher Demokratien.

C. Die *Rezeption der Theologie der Reformatoren* vollzieht sich im protestantischen Bereich im 16. Jh. nicht ohne Konflikte. So ist hier an den *antinomistischen* Streit zwischen LUTHER und MELANCHTHON auf der einen und AGRICOLA auf der anderen Seite zu erinnern. 1527 ff. hat AGRICOLA gegen MELANCHTHON und 1537 ff. gegen LUTHER die These vertreten, die Buße entspringe nicht der Predigt des Gesetzes, sondern der des Evangeliums. Das Gesetz sei abgetan und gehöre auf das Rathaus. Dem gegenüber hielten MELANCHTHON und LUTHER am usus theologicus des Gesetzes fest, d. h. daß die Predigt des Gesetzes zur Erkenntnis der Sünde und zur Reue führt und bereitmacht zum Empfang der rechtfertigenden Gnade, die nun ihrerseits die Buße – so jedenfalls LUTHER – zur wahrhaft evangelischen werden läßt. Einen anderen Akzent erhielt der antinomistische Streit, als die luth. Theologen A. POACH, A. OTTO, M. NEANDER und A. MUSCULUS die Äußerung einer luth. Synode zu Eisenach 1556 bekämpften, daß gute Werke zum Heil notwendig seien. In Wahrheit stritten sie gegen den tertitus usus legis bei MELANCHTHON und vertraten die These, daß das durch das Evangelium verkündete und zugeeignete eschatologische Heil auf einer höheren Ebene liege als die ethische Erfüllung des Gesetzes, zu der im übrigen der Glaube spontan und nicht durch einen paränetischen Imperativ instandsetze. Neue Fronten taten sich auf im *Osiandrischen* Streit 1550 ff. OSIANDER wandte sich in Königsberg gegen das forensische Verständnis der Rechtfertigung bei MELANCHTHON und verstand diese mehr als eine Gerechtmachung des Menschen, die aus der Einwohnung der Gerechtigkeit Christi (iustitia essentialis) in uns mystisch-seinshaft resultiere. Dabei drohte aber der eschatologische Charakter der Gerechtigkeit Christi verkürzt zu werden, was sowohl die Philippisten als auch die um LUTHERS Erbe bemühten Gnesiolutheraner OSIANDER vorwarfen. 1548 ff. kam es infolge des Sieges KARLS V. über den Schmalkaldischen Bund zum *adiaphoristischen* oder *interimistischen* Streit zwischen MELANCHTHON und BUGENHAGEN auf der einen und AMSDORF und FLACIUS auf der anderen Seite. MELANCHTHON und BUGENHAGEN hatten im Dez. 1548 das von KARL V. erlassene Augsburger Interim in Gestalt des Leipziger Interim modifiziert angenommen und der Wiedereinführung von sog. die Substanz der prot. Rechtfertigungslehre nicht gefährdenden Mitteldingen (Adiaphora) zugestimmt: wie Wiedereinführung der sieben Sakramente, katholischer Kirchenbräuche und der Jurisdiktion der Bischöfe, wenn diese ihr Amt zur Erbauung und nicht zur Zerstörung gebrauchten. Darin sahen AMSDORF und FLACIUS ein die Laien irritierendes Nachgeben und die Überschreitung der Mitteldinge in den Bereich des →Gewissens und des →Bekenntnisses. Dieser Konflikt hatte im *majoristischen* Streit 1551 ff. ein Nachspiel. In dem von dem Wittenberger G. MAJOR vertretenen Satz, daß gute Werke zur Seligkeit notwendig seien, sahen AMSDORF und FLACIUS eine katholisierende Tendenz. In der Tat unterschied MAJOR nicht genügend zwischen einer soteriologischen Notwendigkeit der guten Werke, die im Blick auf die Rechtfertigung abzulehnen ist, und einer ethischen als Zeichen lebendigen Glaubens. Hatte der spätere MELANCHTHON neben dem Wort Gottes und dem Hl. Geist den menschlichen Willen psychologisch als dritte Ursache der Heilszueignung bezeichnet in dem Sinne, daß der durch das Wort Gottes angeredete und durch den Hl. Geist befreite Wille der rechtfertigenden Gnade zustimmen müsse, so dehnte im *synergistischen* Streit 1555 ff. der Philippist J. PFEFFINGER diese Zustimmung auch auf die natürlichen Möglichkeiten des Willens aus. AMSDORF und FLACIUS sahen aber darin eine neue Form des Synergismus und behaupteten die gänzliche Unfähigkeit des natürlichen Willens zur Zustimmung auf Gottes Gnadenangebot. Als FLACIUS sich gegen V. STRIGEL schließlich zu der These verstieg, daß die Erbsünde geradezu die Substanz des Menschen sei, geriet er selbst in das Feuer der Kritik. Der Streit zeigte, daß die die r. Theol. rezipierende Generation nicht hinreichende Kategorien hatte, um das in dieser entdeckte Verständnis von Gnade und Sünde mit anderen als den Mitteln der traditionellen Psychologie und Substanzontologie angemessen zu erfassen. Ging es in den bisherigen Konflikten mehr um den Streit zwischen Philippisten und Gnesiolutheranern um das authentische Erbe LUTHERS, so in dem folgenden *Abendmahls-* und *Prädestinationsstreit* um die Auseinandersetzung zwischen Luthertum und Calvinismus. So überzog der Lutheraner WESTPHAL gegenüber CALVIN in der Abendmahlsfrage die Materialität der Realpräsenz, weshalb dieser gereizt und polemisch reagierte. Der in Straßburg zwischen dem Lutheraner J. MARBACH und H. ZANCHI 1553 ausgebrochene Konflikt um die Frage, ob die Erwählungsgewißheit a priori aus dem ewigen Dekret Gottes oder a posteriori nur aus dem Offenbarungswillen Gottes abzuleiten sei, endete mit einer Vergleichsformel von 1563, die den Lutheraner MARBACH begünstigte.

D. Die so umstrittene Rezeption von Grundpositionen der Theologie der Reformatoren fand einen Abschluß in der Sammlung der *r. Bekenntnisschriften* (→Bekenntnis). Im Bereich des →*Luthertums* formulierte die Formula Concordiae von 1577 das lutherische Erbe so, daß auch die Philippisten mit gewissen Abstrichen zustimmen konnten, und schaffte damit die Voraussetzung für die Sammlung der Bekenntnisschriften im Konkordienbuch von 1580, die neben den drei altkirchlichen Hauptsymbolen die Confessio Augustana (invariata) und deren Apologie, den Kl. und Gr. Katechismus LUTHERS, die Schmalkaldischen Artikel LUTHERS, den Tractatus de potestate et primatu papae MELANCHTHONS und die Formula Concordiae umfaßt. Von diesen Bekenntnissen ist namentlich die Confessio Augustana kirchenpolitisch im Blick auf die reichsrechtl. Anerkennung der Augsburger Konfessionsverwandten wirksam geworden und heute wegen ihrer ökumenischen Intention in den Mittelpunkt des kontroverstheol. Interesses geraten. Im *reformierten* Bereich kam es ebenfalls zu verschiedenen Bekenntnissen, ohne daß diese in einem verbindlichen corpus doctrinae gesammelt wurden. Das hing mit der Ausbreitung des Calvinismus in den verschiedenen Staaten Westeuropas und mit seinem stärkeren Biblizismus zusammen. Hervorzuheben sind die Confessio Helvetica prior (1536), der Consensus Tigurinus (1549), der zur Einigung zwischen BULLINGER und CALVIN in der Abendmahlsfrage und damit zur Einigung zwischen Zwinglianismus und Calvinismus führte, die Confessio Gallicana (1559), das Grundbekenntnis der französischen Hugenotten, die Confessio Helvetica posterior (1561), der Heidelberger Katechismus (1563), der das deutsche Reformiertentum sammelte, die Beschlüsse der Synode von Dordrecht (1619), die gegen den Arminianismus die Strenge der Calvinischen Prädestinationslehre wahrten, und die Confessio fidei puritanae (1643 - 1652), das Grundbekenntnis der schottischen Presbyterianer, das auch in England wirksam wurde.

E. Gegen die Herausforderung durch die r. Theol. sammelte sich im 16. Jh. eine *katholische Reformtheologie* und *Gegenreformation*, die ihr Zentrum in den Beschlüssen des Tridentinum (1545 - 1563) hatten. Trug die Gegenreformation auch politisch-militante Züge, so darf man diesen Aspekt angesichts der sich entwickelnden katholischen Reformtheol. nicht vereinseitigen. Reagierte man zunächst auf die r. Herausforderung in Gestalt des Ketzergerichtes, so sah man sich schon bald vor die Aufgabe gestellt, biblisch und theologisch-argumentativ auf die neue Theol. einzugehen. Schon die auf dem Augsburger Reichstag von 1530 der Confessio Augustana entgegengestellte Confutatio ist bei aller Ablehnung der r. Position bemüht, auch die Gemeinsamkeit in den strittigen Fragen herauszustellen. Dann entsteht eine katholische Reformtheol., die sich unscholastisch an der Bibel und an AUGUSTIN orientiert und zB bei J. GROPPER und G. CONTARINI die bleibende Sündhaftigkeit des Christen ernst nimmt und die Gerechtigkeit Christi als eine auch die Unvollkommenheit der Gnadenwerke bedeckende versteht. Diese Linie führt in den Verhandlungen über die *Rechtfertigung* auf dem Tridentinum u. a. zur These der doppelten Gerechtigkeit des Augustiners SERIPANDO, die sich aber wegen ihrer dogmatischen Unausgeglichenheit nicht durchsetzen bzw. nicht eindeutig für die iustitia Christi als alleinigen Grund der Rechtfertigung aussprechen konnte. Das Tridentinum greift auf THOMAS zurück und stellt der imputativ verstandenen Gerechtigkeit Gottes bei den Reformatoren die durch die Sakramente gewirkte effektive innere Gerechtigkeit gegenüber, in der die Gnade und ein durch diese befreiter Wille zur Gerechtigkeit vor Gott zusammenwirken. Konsequenterweise wird mit dem imputativen Verständnis der Gerechtigkeit Christi auch das sola fide wie die Möglichkeit der Heilsgewißheit abgewiesen. Diese r. Positionen waren in ihren eigenen Begründungszusammenhängen dem Konzil nicht hinreichend bekannt. Im Dekret über *Schrift und Tradition* wurde die mündliche Überlieferung des Evangelium Christi und apostolischer Traditionen, die in der Kirche bewahrt wurden, als 2. Glaubensquelle neben der Hl. Schrift und als pari affectu pietatis zu verehrende angenommen. In der Lehre von den *Sakramenten* bestätigte das Tridentinum deren Siebenzahl und erneuerte die Lehre von der Wirksamkeit derselben ex opere operato. Sosehr das Konzil in der Gnadenlehre den Semipelagianismus der spätmittelalterlichen Theol. ablehnte, sosehr blieb es mit seinem Rückgriff auf THOMAS doch der mittelalterlichen Gnadenlehre verhaftet.

F. Im Blick auf die *Einordnung* und *Gegenwartsbedeutung* der R. ist festzustellen, daß sie nicht nur als Reaktion auf eine veräußerlichte spätmittelalterliche Kirche und als ein Niederringen eines nicht bibelnahen semipelagianischen Katholizismus, der sich nicht auf der Höhe des Katholischen befand, zu beurteilen ist, sondern daß sie Grundlagen bibl. Theol. freilegte, die auch zur Kritik der hochscholastischen Theol. und ihrer Gnadenlehre führten und die bis heute zum ökumenischen Dialog über die Heilswahrheit der einen universalen Kirche Jesu Christi herausfordern. Geistesgeschichtl. ist die R. durchaus noch durch Fragestellungen des Spätmittelalters bestimmt, dennoch ist ihre Affinität zur Neuzeit so groß, daß man in der deutschen Aufklärung LUTHER als einen wahren Schutzengel für die Rechte der Vernunft, der Menschheit und der christlichen Gewissensfreiheit (→Gewissen) (zB F. G. LÜDKE 1774) feierte und HEGEL die R. als Fortschritt im Bewußtsein der Freiheit pries. So ist die R. mehr als ein bloßes Übergangsphänomen zwischen Mittelalter und Neuzeit. Sie ist vielmehr ursprünglich an der Entstehung der Neuzeit beteiligt und bildet deren theol. Komponente, ohne die neuzeitliches Denken zum Spielball einer bloß instrumentalen Vernunft (HORKHEIMER) zu werden droht. Man kann deshalb auch die R. nicht einfach auf der Seite eines spätmittelalterlichen, theol. Absolutismus verrechnen, der die theologiekritische Emanzipation der neuzeitlichen Vernunft geradezu provozierte, sondern wird erkennen müssen, daß sie in einem ursprünglichen Zusammenhang mit der Neuzeit steht. Ganz abgesehen davon, daß die Bibelübersetzung LUTHERS wesentlichen Einfluß auf die Entstehung einer einheitlichen deutschen Nationalsprache hatte, die wiederum eine wichtige Voraussetzung für die Dichtung und Philosophie in der Neuzeit bildete. Geht es in der R. um einen entscheidenden Schritt in der neuzeitlichen Freiheitsgeschichte und um eine bleibende theol. Voraussetzung derselben, so wird man diese Freiheit auch nicht einfach apolitisch auf die Innerlichkeit einschränken dürfen, sondern sehen müssen, daß gerade die Freiheit aus Glauben dazu motivierte, befreiende Liebe zum andern im Alltag und Beruf als Ort christlicher Existenz in der Welt zu bewähren. Daß die R. diese Freiheit noch in einer ständisch-feudal geordneten spätmittelalterlichen Welt zur Geltung brachte, gehört zu ihrer geschichtlichen Bedingtheit.

Lit. s. I u. II – V. PFNÜR, Einig in der Rechtfertigungslehre?, 1970 – E. W. ZEEDEN (Hg.) Gegenreformation (WF 311), 1973 – E. ISERLOH, Luther und die R., 1974 – L. GRANE, Modus loquendi theologicus.

Luthers Kampf um die Erneuerung der Theologie (1515–1518), 1975 – K. D. SCHMIDT, Die katholische Reform und Gegenreformation (KiG III), 1975 – W. MAURER, Hist. Kommentar zur Confessio Augustana, 2 Bde 1976 – H. A. OBERMAN, Werden und Wertung der R., 1977 – DERS., Luther, 1982 – B. MOELLER, Deutschland im Zeitalter der R., 1977 – DERS. (Hg.), Luther in der Neuzeit, 1983 – H. BORNKAMM, M. Luther in der Mitte seines Lebens, 1979 – H. JEDIN (Hg.), R., Katholische Reform und Gegenreformation (HKG IV), ²1979 – G. W. LOCHER, Die Zwinglische R. im Rahmen der europäischen Kirchengeschichte, 1979 – C. ANDRESEN (Hg.), Handbuch der Dogmen- und Theologiegeschichte, Bd. 2 1980 – R. STUPPERICH, Die R. in Deutschland, ²1980 – M. BRECHT, M. Luther. Sein Weg zur R. 1483–1521, 1981 – W. NIEJENHUIS, Calvin, TRE 7, 568–592 – U. GÄBLER, Huldrych Zwingli, 1983 – H. JUNGHANS (Hg.), Leben und Werk Martin Luthers von 1526–1546, 2 Bde 1983 – K.-H. ZUR MÜHLEN, Zur Dogmengeschichte der R.zeit, VF 29, 1984, 59–91 (Lit.).

Karl-Heinz zur Mühlen

Reformierte Kirchen →Calvinismus; →Kirche I B; →Kirchenverfassung I D; →Reformierter Weltbund; →Staat, 2. Teil I B

Reformierter Bund. Im August 1884 gegr., nachdem es schon seit 1850 erste Anläufe gab, angesichts der damaligen Unionsbildungen und der Erstarkung luth. Bewußtseins zu einer Sammlung ref. Gemeinden und Kirchen zu gelangen. Die ersten Statuten formulierten als Zielsetzung: Wahrung und Pflege der Güter der ref. Kirche in Dtschld. in Leben, Gottesdienst und Verfassung. Von Anfang an hat der RB Verbindung gehalten mit den presbyterianischen Kirchen in USA und vor allem mit dem →RWB, dem er seit 1892 angehört. Schwerpunkt der Bemühungen war in den ersten Jahrzehnten die Förderung der Theol. und der theol. Ausbildung. Studentenkonvikte konnten in Halle, Erlangen u. Göttingen errichtet werden; 1904 das Elberfelder Kandidatenstift, das 1928 als Predigerseminar der Ev. Kirche der altpreuß. Union anerkannt wurde. Der Erfolg der Theol. Wochen, seit 1925 meist in Elberfeld gehalten, führte 1928 zur Gründung der Theol. Schule des RB in Elberfeld. Bei ihr fand die Kirchliche Hochschule Elberfeld der Bekennenden Kirche, die sofort verboten wurde, Zuflucht und konnte, so getarnt, ihre Arbeit aufnehmen. In den Jahren nach dem 1. Weltkrieg, als die dt. →Landeskirchen sich in ungeklärter verfassungsrechtlicher Lage befanden, gab es im RB Bestrebungen, zu einem festeren Zusammenschluß i. S. eines Kirchenbundes zu gelangen; sie führten aber ins Leere. Dank dem in den Jahren vor 1933 schnell ansteigenden Beitritt von Gemeinden gewann der RB immer mehr Bedeutung als kirchl. Zusammenschluß. Während des →Kirchenkampfes gelangte der RB nach anfänglichem Schwanken vor allem durch die erste Freie Ref. →Synode vom 4./5. 1. 1934 zu einer entschiedenen Ablehnung des Dt.-christl. Kirchenregiments, indem er die von KARL BARTH (seit 1934 Mitglied des Moderamens) verfaßte und von dieser Synode verabschiedete „Erklärung über das rechte Verständnis des reformatorischen Bekenntnisses in der Dt. Ev. Kirche der Gegenwart" übernahm. Die Hauptversammlung 1934 forderte die Mitglieder des RB auf, sich von der Zusammenarbeit mit dem Dt.-christl. Kirchenregiment zurückzuziehen. 1972 schieden die ref. Gemeinden in der DDR als Mitglieder aus, sie bilden jetzt den Ref. Generalkonvent in der →DDR. In der Ordnung des RB (von 1970) heißt es: „Der RB ist ein freier Zusammenschluß von Kirchengemeinden, Gemeindeverbänden, Synodalverbänden, Kirchen und Einzelpersonen, die dem ref. →Bekenntnis folgen oder den Dienst des Bundes fördern wollen." Er weiß sich dazu verpflichtet, sich um eine gemeinsame Ausrichtung der in ref. Herkunft und Verantwortung stehenden Gemeinden und Kirchen zu bemühen, Verbindung mit den ref. Kirchen des Auslands zu suchen und sich an der Ökumene zu beteiligen, Gemeinschaft mit den ev. Kirchen zu pflegen und an ihren gemeinsamen Aufgaben und Einrichtungen mitzuarbeiten. Daß der RB, der als *gliedkirchl. Zusammenschluß innerhalb der EKD* gilt, heute noch die Rechtsform eines e. V. besitzt, ergibt sich daraus, daß er die Kirchenunion bejaht, ohne jedoch dabei von seinem eigenen Beitrag absehen zu wollen.

Oberstes Organ ist die Hauptversammlung, die alle 2 Jahre tagt. Das *Moderamen* besteht aus 24 Mitgliedern, von denen 9 als Vertreter der Mitgliedskirchen und der mit ihm verbundenen Kirchen entsandt sind. Z. Z. gehören ihm 5 Kirchen (Ev.-ref. in NWD, Lipp. Landeskirche, Bund Ev.-ref. Kirchen in der Bundesrep. Dtschld., Ev.-ref. Kirche in Bayern, Ev.-altref. Kirche in Niedersachsen), 411 Gemeinden und Synoden sowie 565 Einzelmitglieder an. 1960 wurde das Amt des Generalsekretärs eingerichtet. Organ des RB ist die *Ref. Kirchenzeitung,* die seit 1851, mit Unterbrechung infolge mehrfachen Verbotes in den dreißiger Jahren, erscheint. Besonders hervorgetreten ist der RB 1982 mit der Erklärung „Das Bekenntnis zu Jesus Christus und die Friedensverantwortung der Kirche", nach der sich die Friedensfrage als eine Bekenntnisfrage (→status confessionis) darstellt und die als Aufruf und Einladung zur Konkretisierung des Gehorsams und der Gemeinschaft des Glaubens verstanden sein will.

Thesen des Ref. Moderamens zur Bedeutung des ref. Bekenntnisses für die Struktur der EKD und ihrer Gliedkirchen, in: EKD Struktur- u. Verfassungsreform, epd Dokumentation 6, H.-W. HESSLER (ed.), 1972 – Das Bekenntnis zu Jesus Christus und die Friedensverantwortung der Kirche. Eine Erklärung des Moderamens des RB, (1982) 1983² – H. H. NORDHOLT, Apartheid und ref. Kirche, Dokumentation eines Konflikts, 1983 – K. HALASKI (ed.), Reformiertes Kirchenbuch, Gebete und Ordnungen für die unter dem Wort versammelte Gemeinde, 1983³ – J. GUHRT (ed.), 100 Jahre Reformierter Bund, Beiträge zur Geschichte und Gegenwart, 1984.

Joachim Guhrt

Reformierter Weltbund (RWB). 1. Geschichte. Die *Gründung* des RWB wurde 1875 in London von Vertretern aus 21 Kirchen, vorwiegend aus den USA und Großbritannien, aber auch aus Frankreich, der Schweiz, Italien (Waldenser), Deutschland (Ostfriesland) und Spanien beschlossen und auf der 1. Generalversammlung in Edinburgh 1877 von 49 Mitgliedskirchen vollzogen. Der RWB ist der erste konfessionelle Weltbund und die erste internationale Organisation von Kirchen überhaupt. Sein engl. Name lautete bis 1970 „The Alliance of the Reformed Churches throughout the World holding the Presbyterian System". Die folgenden Generalversammlungen wurden alle 3 bis 4 Jahre abwechselnd in Großbritannien, USA und Kanada gehalten. Von den Kirchen des europäischen Festlands waren meist nur wenige Delegierte anwesend. Die Leitung des RWB übernahm eine aus 50 Mitgliedern bestehende Exekutivkommission, die in 2 Sektionen, eine europäische und eine amerikanische, geteilt war. Präsident war im Wechsel einer der beiden Sektionsvorsitzenden. 1888 wurde ein Generalsekretär mit Sitz in London berufen. Der Zusammenschluß der Kirchen sollte, wie hervorgehoben wurde, nicht auf Kosten der umfassenderen und überkonfessionellen Belange gehen. Angestrebt wurde, die aus der Missionstätigkeit entstandenen Kirchen baldmöglichst in die Unabhängigkeit zu entlassen, die Vereinigung gleichartiger Kirchen zu fördern. Bereits Ende des 19. Jhs. standen soziale Fragen auf der Tagesordnung: Teilung des Profits zwischen Arbeit und Kapital, Erneuerung der Gesellschaft durch Überwindung der Auswüchse des Kapitalismus wurden gefordert. Der RWB war, wenn auch zunächst stark von den angelsächsischen Kirchen bestimmt, von Anfang an auf ökumenische Offenheit ausgerichtet. Er nahm Anteil an den kontinentaleuropäischen Minderheitskirchen. Finanzielle Hilfe erhielten die Waldenserkirche und die ref. Kirche von Böhmen und Mähren. Er intervenierte für verfolgte nichtreformierte Glaubensgemeinschaften, für die Juden im zaristischen Rußland, für die Armenier und später für die Mennoniten in der UdSSR. Um engeren Kontakt mit den Kirchen des europäischen Festlandes zu finden, veranstaltete der RWB Konferenzen in Prag (1906 und 1911), in Budapest (1911), Lausanne (1920), Kopenhagen (1922), Zürich (1923), eine Gruppenkonferenz in Elberfeld 1933.

Nach dem 2. Weltkrieg setzte eine *neue Entwicklung* ein: Die kontinentaleuropäischen Kirchen kamen stärker zur Geltung, Kirchen der Dritten Welt schlossen sich in großer Zahl an, der RWB vereinigte sich 1970 mit dem Internationalen Kongregationalistischen Rat. Im August 1948 kam zum ersten Mal die Generalversammlung in Genf auf dem europäischen Festland zusammen. Das Generalsekretariat wurde im folgenden Jahr aus dem abgelegenen Edinburgh nach Genf verlegt. Die neue Dienststelle wurde im Gebäude des ÖRK eingerichtet, wo sich bereits der Stab des →LWB befand. Auf der Generalversammlung 1964 in Frankfurt a. M. wurde ein Kontinentaleuropäer, PROF. WILHELM NIESEL, zum Präsidenten gewählt. Die rege Reisetätigkeit des Generalsekretärs verbesserte die Kontakte mit den Kirchen der Welt und führte dazu, daß sich die Mitgliederzahl verdoppelte, mit einem Übergewicht der Kirchen der Dritten Welt. Dieser Entwicklung Rechnung tragend, kam der RWB zur Generalversammlung 1959 in Sao Paulo, 1970 in Nairobi zusammen. Dort kam es zur ersten Verschmelzung zweier Kirchenfamilien, des RWB und des Internationalen Kongregationalistischen Rates (gegr. 1891) zur *World Alliance of Reformed Churches (Presbyterian and Congregational).* In Ottawa 1982 wurde der farbige Südafrikaner Dr. ALLAN BOESAK zum Präsidenten gewählt mit dem ausdrücklichen Hinweis, daß ein Vertreter der Dritten Welt dieses Amt übernehmen solle, um ein Zeichen gegenüber der Apartheid zu setzen. Die Generalversammlung von Ottawa erklärte, nachdem schon 1964 die Apartheid als eine Verdunklung des Evangeliums verurteilt worden war, daß mit der Rassentrennung in Südafrika der →status confessionis gegeben sei. Die zwei südafrikanischen Mitgliedskirchen wurden von den „Privilegien der vollen Mitgliedschaft (d. h. Entsendung von Delegierten zu Vollversammlungen und Mitgliedschaft in Abt., Ausschüssen und Kommissionen)" suspendiert, bis der Exekutivausschuß festgestellt hat, daß die beiden Kirchen in Wort und Tat einen Sinneswandel bewiesen haben.

2. Verfassung, Mitgliedschaft, Struktur. Grundlage der Verf. 1970 ist nicht die Bindung an bestimmte Bekenntnisschriften, sondern eine konfessionsübergreifende Definition von →Kirche: „Die Kirche ist einzig u. allein auf Jesus Christus gegr., ihrem Herrn, in dem Gottes Wort Fleisch wurde und von dem die Heilige Schrift Zeugnis gibt; und die Kirche auf Erden, obwohl aus vielen Gliedern bestehend, stellt in der Gemeinschaft des Heiligen Geistes einen Leib dar, dessen Haupt der eine Herr Jesus Christus ist." Art. II legt fest, daß jede Kirche als Mitglied zugelassen wird, „deren Haltung in Fragen des Glaubens und der Evangelisation in allg. Übereinstimmung mit den hist. ref. Bekenntnisschriften steht und die anerkennt, daß die ref. Tradition ein bibl., ev. und doktrinäres Ethos ist und keine enge, ausschließliche Definition von Glauben und Kirchenverf.". Unierte Kirchen können ebenfalls aufgenommen werden. Mitgliedschaft im RWB schließt Zugehörigkeit zu anderen zwischenkirchlichen Organisationen nicht aus. Der RWB will also, wenn er sich auch dem ref. Erbe verpflichtet weiß, nicht mit anderen ökumenischen Institutionen konkurrieren oder ökumenische Zusammenarbeit blockieren. Er hat darum auch kein eigenes kirchliches Hilfswerk eingerichtet. Als eine Familie von Kirchen will er die Gemeinschaft untereinander durch Information,

Austausch und gegenseitige Unterstützung fördern und seine Mitgliedskirchen dazu befähigen, mit ihrem ref. Erbe an der →ökum. Bewegung teilzunehmen. Gegenwärtig zählt der RWB 158 Mitgliedskirchen, von ihnen 37 aus Afrika, 19 aus Lateinamerika, 11 aus Nordamerika, 48 aus Asien, 6 aus Australien und dem pazifischen Raum, 37 aus Europa. Insges. gehören diesen Kirchen etwa 60 – 70 Mio. Christen an. Aus der Bundesrep. Deutschland gehören ihm der Reformierte Bund seit 1892, die Ev.-ref. Kirche in Nordwestdeutschland seit 1892, die Lippische Landeskirche seit 1975 und die Ev.-ref. Kirche in Bayern seit 1983 an. Die deutschen Unionskirchen entsenden ökum. Delegierte zu seinen *Generalversammlungen,* die in der Regel alle 5 – 7 Jahre zusammenkommen. Der *Exekutivausschuß,* der zwischen den Generalversammlungen den RWB repräsentiert und seine Arbeit leitet, ist durch die Verfassungsergänzung von 1982 auf 25 Personen (früher 15) erweitert worden. Dem Präsidenten stehen in der Leitung drei Vizepräsidenten und die Moderatoren der Abteilungen zur Seite. Diese sind die *Theol. Abteilung,* die *Abteilung für Zusammenarbeit und Zeugnis,* der die Sektion für religiöse und bürgerliche Freiheit und die Sektion für Frauenfragen zugeordnet sind, und die *Finanzabteilung.* Außer dem Generalsekretär, der verantwortlich ist für die Ausrichtung und Koordinierung der Arbeit des RWB, sind hauptamtlich je ein Sekretär für die Theol. Abt. und die Abt. für Zusammenarbeit und Zeugnis tätig. Der Generalschatzmeister leistet seine Arbeit ehrenamtlich. Um die engere Gemeinschaft und Zusammenarbeit von Mitgliedskirchen einer Weltregion herzustellen, können mit Zustimmung der Generalversammlung sog. Gebiete gebildet werden, z. Z. sind dies das Europäische Gebiet und das Karibisch-nordamerikanische Gebiet.

3. Gegenwärtige Schwerpunkte der Arbeit. Das Studiendokument von 1983 *„Ihr werdet meine Zeugen sein" (Called to Witness to the Gospel Today)* ruft die Kirchen des RWB zur Selbstbesinnung auf, um im gemeinsamen Bemühen u. im Geist des ref. Erbes Antwort zu geben auf die großen Herausforderungen der Gegenwart wie Rassismus, Gemeinschaft von Frauen und Männern, Mission und Evangelisation im Kontext verschiedener Kulturen, Frieden, Recht und Macht des Menschen, Menschenrechte, politisches Zeugnis. Die *status-confessionis-Erklärung der Generalversammlung 1982* zum Rassismus in Südafrika veranlaßte den Exekutivausschuß, die Kirchen dazu aufzurufen, auch in anderen Fragen situationsbezogenes Zeugnis abzulegen und darüber der Gemeinschaft ref. Kirchen Rechenschaft zu geben. Schwerpunkt ist also z. Z. die *Aktualisierung der ref. Überlieferung und die Erneuerung und Vertiefung der Gemeinschaft der Kirchen.* – In Weiterführung früherer Ansätze ist der RWB bemüht, die *Vereinigung von Kirchen,* die ihm angehören, voranzubringen. Da aber die innerref. Einheit nicht das letzte Ziel sein kann, ermutigt er seine Mitgliedskirchen, umfassendere konfessionsübergreifende Vereinigungen einzugehen.

4. Verhältnis zum ÖRK und zu anderen kirchl. Gemeinschaften. Der RWB hat, obwohl er selbständig existiert, von Anfang an die →ökumenische Bewegung gefördert und unterstützt. Bereits 1954 hat der RWB sich für die offene Kommunion ausgesprochen: „Das Sakrament darf keinem Getauften, der Jesus Christus als Herrn und Erlöser bekennt, verweigert werden." Der RWB sieht seinen Auftrag darin, einen Beitrag zum gemeinsamen christl. Zeugnis und zur Gestaltung der Kirche der Zukunft zu leisten. Für viele Kirchen, die dem ÖRK, entweder weil sie ihm ablehnend gegenüberstehen oder weil sie zu klein sind, nicht angehören, ist der RWB der einzige Zugang zur ökum. Bewegung. Weil erkannt wurde, daß die Sonderexistenz von Konfessionsgruppen der Einheit der Christen im Wege stehen kann, nahm der RWB die Initiative zur Kontaktnahme der Generalsekretäre der konfessionellen Weltbünde, die seit 1957 ständig stattfindet. Diese Begegnungen haben wesentlich beigetragen zu dem guten Verhältnis mit dem LWB, mit dem Baptistischen Weltbund u. mit der Anglikanischen Weltgemeinschaft. Nachdem 1975 ein gem. luth.-ref. Ausschuß zu ersten Ergebnissen kam, ist nun ein Ausschuß damit beauftragt worden, auf der Grundlage der Leuenberger Konkordie die gemeinsamen reformatorischen Einsichten als Beitrag zur umfassenderen ökum. Diskussion zu klären u. an aktuellen theol. Fragen zu arbeiten. Der Dialog mit dem Baptistischen Weltbund (1973 – 83) ist zu einem positiven Abschluß gekommen. Als Ergebnis der Lehrgespräche mit der anglikanischen Weltgemeinschaft erschien 1984 der Bericht „God's Reign and our Unity". Von 1971 – 77 führten der RWB und der LWB zusammen mit dem Einheitssekretariat der röm.-kath. Kirche Gespräche, deren Ergebnis die Veröffentlichung „Theologie und Probleme der Mischehen" war. Der seit 1970 geführte Dialog des RWB mit dem Sekretariat der Einheit der Christen der röm.-kath. Kirche schloß in der ersten Phase ab mit der Veröffentlichung „Die Gegenwart Christi in Kirche und Welt". Die zweite Phase dieses Dialogs wurde im Jan. 1984 mit der ersten Sitzung einer gemeinsamen Kommission eröffnet. Das Gespräch mit dem Ökumenischen Patriarchat in Konstantinopel wurde 1979 eröffnet. Es war das erste Mal, daß seit der Reformationszeit diese beiden Kirchen theol. Austausch hatten.

M. Pradervand, A Century of Service, A History of the World Alliance of Reformed Churches 1875 – 1975, 1975 Edinburgh – K. Halaski (ed.), Die Reformierten Kirchen (Die Kirchen der Welt 17), 1977 (Lit.) – Minutes and Proceedings (der Generalversammlungen seit 1877) – H. W. Hessler (ed.), Nairobi, Vereinigende Generalversammlung des RWB und des Internationalen Kongregationalistischen Rates, 1971 – Generalversammlung Ottawa 82: Dokumente und Berichte, o. J. – Ihr werdet meine Zeugen sein. Ein Aufruf zur Selbstbesinnung an die Kirchen des RWB (Texte aus dem RWB), 1983 – ZEITSCHRIFTEN: The Reformed World, viertelj. seit 1971 – Refomierte Perspektiven, Reformierter Pressedienst u. theol. Bulletin, monatlich (auch in französischer u. spanischer Ausgabe) – Reformed Press Service, monatlich nur als englische Ausgabe.

Joachim Guhrt

Regierung. I. Die ursprüngl. umfassende Bedeutung des Ausdrucks „R." (von lat. regere) als Ausübung von Herrschaft, wie sie das engl. Wort „government" behalten hat, ist in der modernen Rechtssprache nicht festgehalten. Im Zusammenhang mit der Ablösung der feudalen und ständischen Gesellschafts- und Herrschaftsordnung durch die bürgerl. Gesellschaft und ihre demokratisch legitimierte und rechtsstaatl. begrenzte Staatsgewalt, vor allem durch die verf.rechtl. Verwirklichung der →Gewaltenteilung, hat das Wort „R." einen seinen Anwendungsbereich einengenden Bedeutungswandel erfahren. Im heutigen staatsrechtl. Sprachgebrauch bezeichnet der Ausdruck „R." entweder das die Spitze der Exekutive bildende kollegiale *Verf.organ R.* (BundesR., LandesR.) oder einen *Teil der Staatsgewalt,* nämlich die vollziehende Gewalt, insofern als sie auf grundlegende Fragen des Staatslebens gerichtet ist (R.gewalt). Diesen beiden Bedeutungsbereichen des Ausdrucks „R." entsprechend wird ein Begriff der R. im *institutionellen* (formellen, organisatorischen, subjektiven) Sinn und ein Begriff der R. im *funktionellen* (materiellen, inhaltlichen, objektiven) Sinn unterschieden, je nachdem, ob das Organ R. oder die Aufgabe R. gemeint ist.

II. R. im institutionellen Sinn. A. Stellung und Aufgabenkreis der R. des heutigen Staatsrechts sind durch das **parlamentarische R.system** bestimmt. Vorläufer sind die Ministerien der *konstitutionellen Monarchie* und das *Kabinettssystem* („Kabinett": fürstl. Arbeitszimmer) des →Absolutismus. Noch früher ist der Monarch von Räten der Magnaten und Inhabern feudaler Hofämter umgeben. Im Absolutismus gewinnen neben den Ministerkollegien (Geheimer Rat, o. ä.) die Kabinettsräte des „aus dem Kabinett" regierenden Monarchen beherrschenden Einfluß auf die R.geschäfte (Kabinettsordres, -justiz, -kriege). In Preußen treten die Schwächen des Kabinettssystems im Gegeneinander der Kabinettsräte und der Ressorts (Generaldirektorium mit teils für einzelne Materien, teils für einzelne Provinzen zuständigen Ministern, Kabinettsministerium für die auswärt. Angelegenheiten, Justizdepartement für Justiz und Kultus) unter FRIEDRICH WILHELM III. kraß hervor. Geleitet bes. durch die Reformbestrebungen STEINS (Denkschrift vom April 1806, Nassauer Denkschrift vom Juli 1807) wird die Kabinettsregierung durch das *Staatsministerium,* bestehend aus den Ressorts für Inneres, Äußeres, Finanzen, Justiz und Krieg, abgelöst (Edikt vom 24. Nov. 1808); 1810 – 1822 trat HARDENBERG als Staatskanzler an die Spitze des Ministeriums.

Der wesentl. Unterschied, der das konstitutionelle Ministerium von der gegenwärtigen R. trennt, ist durch die Verwirklichung des →parlamentarischen Systems bedingt, wie es vor allem im engl. Cabinet Council vorgebildet wurde, das seit dem Anfang des 18. Jh. in zunehmende Abhängigkeit vom Unterhaus geriet. Im parlamentar. R.system ist die R. vom *Vertrauen* des →Parlaments abhängig und ihm gegenüber *verantwortlich;* die *R.bildung* liegt in der Hand des Parlaments, d. h. praktisch i. d. R. der →Partei oder der Parteien, deren Fraktion bzw. Fraktionen (R.koalition) im Parlament die Mehrheit besitzen. Auch im R.system der parlamentar. →Demokratie ist die R. nicht ein „Ausschuß des Parlaments", sondern ein durch die Verfassung mit selbständiger Rechtsstellung ausgestattetes Staatsorgan, dessen personeller Bestand dem maßgeblichen Einfluß des Parlaments unterliegt und dessen Geschäftsführung parlamentarisch kontrolliert ist.

B. Die R. ist ein Kollegialorgan, dessen Mitglieder der *R.chef* (Bundeskanzler, Ministerpräsident, Premierminister, Vorsitzender des Ministerrats) und eine Anzahl *Minister* sind. Ein Kollegialorgan im strengen Sinn ist die R. nur dort, wo der R.chef als primus inter pares nur dieselbe Stimme hat wie die Minister. In der →Bundesregierung bestimmt der *Bundeskanzler,* dem dt. Kanzlerprinzip entsprechend, die Richtlinien der Politik selbständig. Die Mitglieder der Bundesregierung sind nicht Beamte; sie stehen zum Bund in einem *„öffentlich-rechtlichen Amtsverhältnis"* (G. ü. d. Rechtsverhältnisse der Mitglieder der Bundesregierung, Bundesministergesetz, i. d. F. vom 27. Juli 1971) und sind nicht beamtenrechtl. (disziplinarisch), sondern politisch verantwortlich.

Die *Minister* haben eine Doppelstellung. Sie sind einerseits Mitglieder des Kollegialorgans Bundesregierung und üben als solche im Kabinett R.funktion aus. Andererseits sind sie Chefs der Ministerien (Ressorts), also oberster Bundesbehörden, und üben als solche leitende Verwaltungsfunktionen aus. Neben den Ressortministern sind nicht selten Minister *ohne Geschäftsbereich* („ohne Portefeuille") vorhanden, die vom R.chef mit spezifischen oder auch wechselnden Aufgaben betraut werden.

Die *Zahl der Minister* hängt in erster Linie von der Zahl der Ressorts ab. Das außerordentl. Anwachsen der Staatstätigkeit seit Beginn des Jh. und die zunehmende Differenzierung der Staatsaufgaben haben zu einer starken Vermehrung der Ressorts, weit über die fünf klassischen Ministerien (oben II A) hinaus, geführt. Die neuen Ressorts (zB Wirtschaft, Industrie, Energie, Arbeit, Raumordnung) sind vorwiegend durch Abspaltung aus dem Innenministerium hervorgegangen. Zahl und Bezeichnung der Ressorts sowie die bei umfangreichen Kollegien eintretende Binnenstruktur der R. weichen in den einzelnen Staaten vielfach voneinander ab; beispielsweise gliedert sich der sowjet. Ministerrat seit 1953 in das Präsidium, umfassend den Vorsitzenden des Ministerrats und dessen Erste Stellvertreter, und das Plenum. Soweit nicht die Verf. die Zahl der Minister festlegt, was selten ist, gehört deren Bestimmung einschließlich der Aufgabenverteilung je nach der R.form zur Organisationsgewalt des Staatsoberhauptes oder des R.chefs, wenn sie nicht der Entscheidung oder Bestätigung des Parlaments bei der R.bildung unterliegt. Nach dem GG befindet der Bundeskanzler darüber, welche Ressorts bestehen und welchen Geschäftsbereich sie haben; die Bundesminister werden auf Vorschlag des Bundeskanzlers vom →Bundespräsidenten ernannt und entlassen.

Der *Staatssekretär* ist nach dt. Staatsrecht nicht R.mitglied, sondern als Beamter unter dem Minister Leiter des Behördenapparats des Ministeriums oder, bei mehreren Staatssekretären, eines Teiles der Ministerialbürokratie. Eine Ausnahme macht Bayern, nach dessen Verf. (Art. 43 II, 50 II, 51 II) die Staatssekretäre Mitglieder des Ministerrates sind („parlamentarischer Staatssekretär"). Die seit einigen Jahren auch im Bund amtierenden Parlamentarischen Staatssekretäre hinwiederum, die Abgeordnete sein müssen und dem Bundeskanzler oder den Bundesministern zu deren Unterstützung beigegeben werden können, sind nicht Mitglieder der Bundesregierung (G vom 24. Juli 1974).

III. R. im funktionellen Sinn, R.gewalt. A. Die Gewaltenteilungslehre mußte eine Erfassung der dennoch wirksamen *Einheit der Staatsgewalt* erschweren, der rechtsstaatl. G.begriff (→Gesetz, Gesetzgebung) die Auffassung begünstigen, daß die vollziehende Gewalt keine selbständige und aus originärem Impuls handelnde Größe, sondern eben nur „Vollziehung" dessen sei, was die G.e anordnen. Beides schließlich mußte die Vorstellung vermitteln, als ob es im liberalen Verf.staat gelungen sei, die Macht der Herrschaft durch die Herrschaft des Rechts zu ersetzen, aristotelisch gesagt, G.e und nicht Männer herrschen zu lassen.

Aus der Einsicht, daß jegl. organisierte Gesellschaft in irgendeiner Weise das Vorhandensein von Herrschaft voraussetzt, die zwar durch das Recht, genauer: durch eine Verf., gebunden, nicht aber durch das Recht vollständig bestimmt zu werden vermag, daß also eine organisierte Gesellschaft ohne einheitsstiftende, koordinierende und kontrollierende politische Gestaltung nicht als organisierte zu bestehen vermag, entspringt der Begriff der R. Dieser Begriff kann somit ohne sozialtheoretische Vergewisserung über die Eigenart des Politischen und über die Funktion von Recht und Herrschaft in der organisierten Gesellschaft nicht gebildet werden. Die für das liberale Staatsverständnis charakteristische Reduzierung der Herrschaft auf ein Rechtsphänomen, die positivistische Verkürzung der sozialen auf eine rechtl. Wirklichkeit erzeugt den ideologischen Schein der totalen Verrechtlichung der Herrschaft und hindert mit dem Verständnis des Politischen auch die Ausarbeitung des Begriffs der R. Seine Besonderheit, „von der Rechtsordnung aus gesehen eine Grenzerscheinung" zu sein (FRANZ MAYER), verweist ihn in jeder rechtspositivistischen Verf.theorie an die Peripherie, in einer soziologisch denkenden Verf.lehre jedoch in das Zentrum der Betrachtung.

B. Auch in der Blütezeit des Rechtspositivismus (→Rechtsphilosophie) konnte zwar die sich aufdrängende Beobachtung, daß die vollziehende Gewalt sich nicht in der unselbständigen Exekution von Rechtssätzen erschöpft, nicht ganz beiseite gelassen werden. Doch wurde das lediglich in der Weise zum Begriff gebracht, daß man die R. als den Teil der vollziehenden Gewalt verstand, der im Gegensatz zur bloß ausführenden und technischen, „gebundenen" →Verwaltung eine auf Eigeninitiative beruhende und die Oberleitung wahrnehmende, „freie" Tätigkeit beinhalte (GEORG JELLINEK). Diese ganz formale und den Zusammenhang zwischen Herrschaft und R. unterdrückende Deutung begriff also die politische Gestaltungsfreiheit der R. als einen Sonderfall des verwaltungsrechtl. →Ermessens.

Ein sachgemäßes Verständnis der R. gelang erst, als in der Verf.theorie die rechtspositivistische durch eine soziologische Methode verdrängt wurde. Auf dieser Grundlage war es RUDOLF SMEND, der den Umschwung bewirkte und den Begriff der R. bildete, der in der heutigen staatsrechtl. Denkweise allg. Anerkennung gefunden hat. SMEND bestimmte die R. als den Teil der vollziehenden Gewalt, „der in den Kreis der Politik fällt, d. h. in dem der Staat sich und sein Wesen bestimmt und durchsetzt". In der heutigen Staatsrechtslehre wird die R. als die spezifisch *„politische"* Ausübung von Staatsgewalt verstanden, die leitende, schöpferische, das Ganze und die Einheit von Staat und Gesellschaft betr., die Staatsziele setzende Staatstätigkeit, kurz: „der Bereich oberster staatl. Selbstbestimmung und Leitung" (SCHEUNER). Bes. charakteristische Erscheinungsformen der R. sind: (1) die wesentl. Akte der →auswärtigen Gewalt, so die Entscheidung über Krieg und Frieden, die Anerkennung fremder Staaten und der Abschluß völkerrechtl. Verträge, die „die politischen Beziehungen des Bundes regeln" (Art. 59 II GG); (2) die grundlegenden und richtungsbestimmenden Akte der inneren Staatsführung, so die Festlegung der „Richtlinien der Politik" (Art. 65 S. 1 GG; →Bundesregierung), die Verabschiedung des Haushalts (→Staatshaushalt), die Finanzplanung (→Finanzpolitik), konjunkturpolitische Maßnahmen (→Konjunkturpolitik) und Entscheidungen über die Währungsparität (→Geld- und Währungspolitik), die Organisationsgewalt und der Antrag auf Parteiverbot (Art. 21 II GG; →Parteien, politische); (3) die wesentl. Einwirkungen von R. und Parlament aufeinander, so der Sturz der R. durch Mißtrauensvotum, die Auflösung des Parlaments und die Ausübung der G.initiative.

Ein erst in neuerer Zeit mit größerer Aufmerksamkeit bedachter Bestandteil der R. ist die *politische →Planung* (Aufgabenplanung). Diese ist weder eine „vierte Gewalt" neben den klassischen drei Gewalten noch entweder ein Bestandteil der gesetzgebenden oder ein solcher der vollziehenden Gewalt, sondern die staatsleitende Funktion, insofern als sie sich auf die programmatisch und mittel- oder langfristig geordnete Antizipation der Erledigung der Staatsaufgaben in Gesetzgebung, Vollziehung und Haushaltswirtschaft richtet.

C. Die R. als *staatsleitende Funktion* wird nur zu einem Teil von dem „R." genannten *Staatsorgan* wahrgenommen. Die in der R.gewalt zusammengefaßten Aufgaben und Befugnisse sind nach den Grundsätzen des parlamentarischen R.systems und des Gesetzesvorbehalts (→Gesetz, Gesetzgebung) Parlament und R. zugewiesen. Dem liegt die *„Parlamentarisierung"* der R. durch →Konstitutionalismus und →Demokratie zugrunde. Das verf.politische Ziel der konstitutionellen Bewegung gegen die absolutistische Herrschaftsordnung ging über die Beschränkung der monarchischen Exekutive durch Grundrechte und Gewaltenteilung noch hinaus: Das Parlament beanspruchte einzelne Zuständigkeiten der bisher ungeteilt in der Hand des absolutistischen Souveräns liegenden R.gewalt, zuerst und vor allem das Budgetrecht (Staatshaushalt). Mit der Verwirklichung dieses Zieles im bürgerl. Verf.staat und dem Übergang des Zentrums der Herrschaft auf das Parlament verteilte sich die ursprüngl. einheitl. R.gewalt auf mehrere Träger, wird R. im funktionellen Sinn nicht mehr nur von der vollziehenden Gewalt ausgeübt. Beim Staatsoberhaupt, dem im wesentl. nur repräsentative Aufgaben verblieben sind, findet sich R.gewalt nur in einem praktisch zu vernachlässigenden Maße, die Richter sind dem Wesen rechtsprechender Tätigkeit nach nicht zu politischer Gestaltung befähigt. Also sind es Exekutive und Legislative, R. und Parlament, die sich in die Ausübung von R. teilen, wenn auch das Schwergewicht bei der R. als der Spitze der Exekutive liegt und der Einfluß des Parlaments, abgesehen von grundlegenden Legislativakten und →Maßnahmengesetzen, in den Formen des parlamentarischen R.systems erfolgt. Soweit R. Sache der Exekutive ist, stellt sich das speziellere Problem der Abgrenzung von R. und Verwaltung. Die bedeutsamsten R.funktionen des Parlaments sind die Verabschiedung des Haushalts (Budgetrecht) und die Mitwirkung oder Zustimmung der gesetzgebenden Körperschaften beim Abschluß völkerrechtl. Verträge, die die politischen Beziehungen des Bundes regeln (Art. 59 II GG).

Im *parteienstaatl. parlamentarischen R.system*, in dem R. und Parlament Einheiten eines nur im Zusammenhang wirksamen und verstehbaren Leitungssystems sind, entbehrt die Kompetenzaufteilung zwischen beiden des substanziellen Antagonismus, der die Anfangszeit des Parlamentarismus prägte. Die relative Verselbständigung der R. gegenüber dem Parlament ist eine Bedingung dafür, daß das Parlament zu einer befriedigenden Bewältigung seiner wohlfahrtsstaatl. Arbeitslast fähig ist. Das Ausmaß der Teilhabe des Parlaments an der R.funktion ist für die *politische Planung* zu einer neuen Fragestellung geworden. Die politische Planung ist nicht entweder gouvernemental oder parlamentarisch und auch nicht nur eine parlamentarisch kontrollierte gouvernementale Planung. Die hier notwendige Weiterentwicklung des parlamentarischen R.systems ist erst ansatzweise sichtbar, so in den Arbeiten der Enquête-Kommission Verfassungsreform. *„Staatsleitung"* ist eine von der Verfassung vorausgesetzte politische Aufgabe, die von Exekutive und Parlament teils je für sich, teils im Zusammenwirken wahrgenommen wird; insofern kann sie als eine im Gewaltenteilungssystem nicht angemessen erfaßbare „Funktion" begriffen werden. Die Wirksamkeit der Regierungsgewalt ist nicht substanzhaft, sondern erscheint als ein insbes. auf bestimmten organisatorischen Voraussetzungen beruhendes *Entscheidungsverfahren,* in dem Regierung und Parlament als sich ergänzende Verfassungsorgane je nach ihrer Eigenart, Leistungsfähigkeit und Legitimation zusammenwirken (S. MAGIERA). Dieser praktische und prozedurale Blickwinkel führt auch für die politische Planung zu einer differenzierten Ausgestaltung der Planungsaufgaben und der Planungsschritte (W. GRAF VITZTHUM, TH. WÜRTENBERGER).

D. Die Tätigkeiten, die in Ausübung von R. durch die Exekutive wahrgenommen werden, werden als *R.akte* von den →Verwaltungsakten unterschieden. Bei ihnen tritt die Eigenart der R.gewalt bes. dann zutage, wenn sie unmittelbar (sofern sie eine individuelle Rechtsstellung berühren) oder mittelbar (in Verf.streitigkeiten) Gegenstand gerichtl. Entscheidungen werden (→Verfassungsgerichtsbarkeit; →Verwaltungsgerichtsbarkeit). Würden sie nämlich uneingeschränkt der richterl. Kognition unterworfen, bedeutete das, daß das Gericht R. ausüben würde und sich an die Stelle des nach der Verf. hierzu berufenen Organs, der Exekutive, setzen könnte. Eine derartige R. durch Richterspruch, ein „gouvernement des juges", widerspricht nicht nur der verf.rechtl. Zuständigkeitsordnung, sondern auch der richterl. Tätigkeit (→Rechtsprechung, rechtsprechende Gewalt). Denn deren Feld ist die Auslegung und Anwendung des geltenden Rechts, nicht aber die zwar rechtl. gebundene, jedoch in ihrem Kern nichtnormative politische Gestaltung, die gerade das Wesen der R. ausmacht. Wo und insoweit also Ausübung von Staatsgewalt nicht durch Rechtssätze determiniert ist, kann gerichtl. Erkenntnis, die stets einen Rechtssatz voraussetzt, an dem sie privates oder staatl. Handeln mißt, nicht stattfinden. Das gilt überdies nicht nur für die R.akte der Exekutive, sondern auch für die G.e des Parlaments, die und soweit sie Ausübung von R. sind. Das →richterl. Prüfungsrecht und die abstrakte Normenkontrolle (→Verfassungsgerichtsbarkeit) können sich somit auf die politische Gestaltung durch das Parlament nicht erstrecken.

In der dt. Rechtssprache werden die R.akte, insoweit als sie richterl. Kognition entzogen sind, als *„justizfreie"* oder *„gerichtsfreie Hoheitsakte"* bezeichnet (Frankreich: „actes de gouvernement"; England: „acts of state"; USA: „political questions"). Nach dem Inkrafttreten des GG, das in Art. 19 IV gegen alle Rechtsverletzungen durch die öffentl. Gewalt gerichtl. Rechtsschutz garantiert, ist von einigen Autoren die Auffassung vertreten worden, daß damit die Existenz „gerichtsfreier" R.akte unvereinbar sei. Diese Annahme hat jedoch überwiegend keine Anerkennung gefunden. In der Tat besteht kein Anhaltspunkt dafür, daß das GG das Wesen richterl. Rechtsfindung in so weitreichender Weise verändern wollte. Zu Recht wird jedoch angenommen, daß die Eigenschaft einer hoheitl. Maßnahme als R.akt, sofern eine individuelle Rechtsposition dadurch betroffen sein kann, nicht bereits die *Zulässigkeit* eines dagegen erhobenen Rechtsbehelfs ausschließt; die „Gerichtsfreiheit" eines R.aktes beschränkt nur den *Umfang der richterlichen Nachprüfbarkeit*. Die praktische Bedeutung dieses Problems ist allerdings gering, da R.akte wegen ihrer Eigenart selten individuelle Rechtsstellungen berühren werden.

Aus der Anerkennung des Grundsatzes, daß R.akte an Gesetz und Verfassung gebunden sind und daß diese Bindung auch der gerichtl. Beurteilung unterliegt, folgt, daß bei einem Streitfall, bei dem es beispielsw. auf die Rechtmäßigkeit von Handlungen der auswärtigen Gewalt ankommt, Erklärungen oder Rechtsauffassungen des Auswärtigen Amtes, der Bundesregierung oder des Bundestages nicht verbindlich sind (BGH, NJW 1984, 2048 – Fall Tabatabai).

Der demokratische Verfassungsstaat hat zur Kontrolle der R.gewalt nicht den aus guten Gründen politisch nicht verantwortl. Richter, sondern das Parlament eingesetzt. Kontrolle und Sanktion der R. ausübenden Exekutive sind nicht *justiziell*, sondern, dem Wesen der R. als einem politischen Gestaltungsbereich entsprechend, *politisch* eingerichtet, nämlich nach den Grundsätzen des parlamentarischen R.systems.

R. Smend, Die politische Gewalt im Verf.staat und das Problem der Staatsform, in: Festg. für Wilhelm Kahl, III, 1923, 1 – 25 – Ders., Verf. und Verf.recht, 1928 – F. Mayer, Der Begriff der R. im Rechtsstaat, 1948 – H. Schneider, Gerichtsfreie Hoheitsakte, 1951 (Lit.) – U. Scheuner, Der Bereich der R., in: Festg. für Rudolf Smend, 1952, 253 – 301 (Lit.) – Ders., Verantwortung und Kontrolle in der demokrat. Verf.ordnung, in: Festschr. für Gebhard Müller, 1970, 379 – 402 – Ders., Zur Entwicklung der politischen Planung in der Bundesrepublik Deutschland, in: FS für Werner Weber, 1974, S. 369 – 389 – E.-W. Böckenförde, Die Organisationsgewalt im Bereich der Regierung, 1964 – Ders., Planung zwischen R. und Parlament, Staat 11 (1972) 429 – 458 – O. Hintze, Das preuß. Staatsministerium im 19. Jh., in: Ders., R. und Verwaltung, 1967, 530 – E. R. Huber, Dt. Verf.gesch. seit 1789, Bd. I, 1967[2] – W. Leisner, R. als Macht kombinierten Ermessens, JZ 1968, 727 – 731 – K. von Beyme, Die Entstehung des Ministerpräsidentenamtes in den parlamentar. Systemen Europas, PVS 10 (1969) 249 – 268 – F.-L. Knemeyer, R.- und Verwaltungsreformen in Dtschld. zu Beginn des 19. Jh., 1970 – W. Seuffert, Über gerichtsfreie Akte und die Grenzen des Rechts, in: Festschr. für Gebhard Müller, 1970, 491 – 502 – P. Badura, Parlamentarismus und parteienstaatl. Demokratie, in: Festschr. für Karl Michaelis, 1972, 9 – E. Forsthoff, Lehrbuch des Verwaltungsrechts, 1973[10], § 1, 2 – W. A. Kewenig, Zur Revision des Grundgesetzes: Planung im Spannungsverhältnis von R. und Parlament, DÖV 1973, 23 – 32 – E. Schmidt-Jortzig, Die Pflicht zur Geschlossenheit der kollegialen R. (R.zwang), 1973 – R.programme und R.pläne, Schriftenreihe der Hochschule Speyer, Bd. 51, 1973 – W. Frotscher, Regierung als Rechtsbegriff, 1975 – W. Graf Vitzthum, Parlament und Planung, 1978 – S. Magiera, Parlament und Staatsleitung in der Verfassungsordnung des Grundgesetzes, 1979 – Th. Würtenberger, Staatsrechtliche Probleme politischer Planung, 1979 – R. Groß, Zur geschäftsführenden Regierung, DÖV (1982) 1008 – 1019 – R. Herzog, Art. 62 (1983), in: Maunz-Dürig-Herzog-Scholz, Grundgesetz, Loseblattausgabe – M. Oldiges, Die Bundesregierung als Kollegium, 1983 – W. Mössle, Regierungsfunktionen des Parlaments, 1985.

Peter Badura

Religiöse Kindererziehung. 1. Träger der r. K. Da die Pflege und Erziehung der Kinder das natürl. Recht der Eltern und die zuvörderst ihnen obliegende Pflicht ist (Art. 6 II S. 1 GG), ist auch die religiöse Erziehung in erster Linie den *Eltern* aufgegeben (→Elternrecht). Die erste Entscheidung über die religiöse Erziehung treffen die Eltern, wenn sie sich einigen, ob bzw. von welcher Religionsgemeinschaft das Kind getauft wird. Das Grundrecht der →Glaubens- und Gewissensfreiheit des Kindes (Art. 4 I GG) steht dem religiösen Erziehungsrecht der Eltern nicht entgegen; denn das Grundrecht der Minderjährigen wird grds. von den Eltern ausgeübt. Eine rechtl. Verpflichtung der Eltern, ihre Kinder religiös zu erziehen, besteht nicht; denn es gehört zum Wesen der Glaubens- und Gewissensfreiheit (Art. 4 I GG), daß jeder seinen Glauben und seine Weltanschauung frei wählen und bekennen darf. Eine solche elterl. Verpflichtung kann sich jedoch aus kirchl. Recht ergeben (kath. Kirche: cc. 793 ff. CIC; ev. Kirchen: Kirchl. Lebensordnungen). Solche kirchenrechtl. Verpflichtungen sind verf.rechtl. unbedenkl., da es dem Grundrecht der Glaubens- und Bekenntnisfreiheit immanent ist, daß die Angehörigen eines Bekenntnisses von diesem Bekenntnis her verpflichtet werden können.

Auch die *Kirchen* sind ihrem Wesen nach Träger der r.K. Ihr Erziehungsrecht ist sekundär; denn die Kirche kann es nur an ihren Gliedern ausüben, und die Bestimmung, ob ein Kind Glied einer Kirche wird, obliegt den Eltern. Der Umfang und der Inhalt der kirchl. Erziehungstätigkeit wird nicht von Eltern oder Staat festgelegt, sondern ergibt sich aus dem Selbstverständnis der Kirchen von ihrer Erziehungsaufgabe. Wenn die Eltern mit der kirchl. Erziehungstätigkeit nicht einverstanden sind, bleibt ihnen letztl. nur der Weg, das Kind durch Erklärung des Kirchenaustritts der kirchl. Erziehungstätigkeit zu entziehen (→Kirchengliedschaft). Diese Rechtsstellung der Kirchen ergibt sich aus ihrer Autonomie (Art. 140 GG mit Art. 136 ff. WV) und aus den Verf.bestimmungen der Länder (→Kirche und Staat).

Der →Staat beteiligt sich ebenfalls an der r.K. Der →Religionsunterricht (→Schule, Schulrecht) ist in den öffentl. Schulen mit Ausnahme der bekenntnisfreien Schulen ordentl. Lehrfach (Art. 7 III S. 1 GG). Die religiöse Bildung aller Schüler gehört zum Bildungsziel der Schule. Der Religionsunterricht ist bekenntnisgebundener Unterricht, in welchem die Glaubenssätze mit absolutem Geltungsanspruch vorgetragen werden. Auch der Wille der Eltern könnte dem Religionsunterricht keinen anderen Inhalt geben. Es besteht aber kein Zwang zur Teilnahme am Religionsunterricht, sondern die Eltern haben die Möglichkeit, darüber zu verfügen, ob das Kind am Religionsunterricht teilnehmen soll oder nicht (Art. 7 II GG). Das Landesrecht kann allerdings fordern, daß nicht die Anmeldung, sondern ledigl. die Abmeldung vom Religionsunterricht durch die Eltern erklärt werden muß.

2. Das Gesetz über die r.K. Von grundlegender Bedeutung für die r.K. ist das „Gesetz über die religiöse Kindererziehung" vom 15. Juli 1921 (RGBl. S. 939). Nach § 1 bestimmt über die r.K. die freie Einigung der Eltern, soweit ihnen das Recht und die Pflicht zusteht, für die Person des Kindes zu sorgen. Diese Einigung ist jedoch jederzeit widerrufl. und wird durch den Tod eines Ehegatten gelöst. Besteht eine Einigung nicht oder nicht mehr, so gelten auch für die r.K. die Vorschriften des BGB über das Recht und die Pflicht, für die Person des Kindes zu sorgen (§ 2 I RKEG). Diese Regelung hatte früher zur Folge, daß der Vater die erste Entscheidung über die Religion des Kindes treffen konnte. Da der Stichentscheid des Vaters (§ 1628 BGB) vom BVerfG für nichtig erklärt wurde, müssen sich die Eltern heute in jedem Fall über die r.K. einigen. Kommt eine Einigung nicht zustande, soll nach einer im Schrifttum verbreiteten Meinung das Vormundschaftsgericht entscheiden. Dagegen bestehen erhebl. Bedenken. Der konfessionell neutrale Staat kann im Hinblick auf Art. 4 I, II GG nicht in den Bereich der Bestimmung der Konfession des Kindes einbrechen. Es gibt kein überzeugendes Kriterium, welche Entscheidung bei konfessionell gemischter Ehe „richtig" ist. Es kann weder darauf abgestellt werden, ob ein Elternteil in religiösen Fragen eine schwankende Haltung eingenommen hat, noch darauf, welcher Elternteil zuerst den Antrag beim Vormundschaftsgericht stellt. Wenn die Entscheidung nicht vom Gericht getroffen werden kann, folgt, daß das Kind zunächst ohne ordnungsgemäß bestimmte religiöse Erziehung aufwachsen muß. Das Kind wird dadurch jedoch kaum dem Unglauben ausgeliefert; denn die Macht des Faktischen ist auch hier stärker, so daß sich der glaubensstärkere Ehegatte durchsetzen wird. Dieses Ergebnis ist immer noch besser, als wenn der Streit über die r.K. vor Gericht ausgetragen wird und ein Ehegatte mit Hilfe des Gerichts seine Auffassung dem anderen Ehegatten aufzwingt. Während bestehender Ehe kann von keinem Elternteil ohne die Zustimmung des anderen bestimmt werden, daß das Kind in einem anderen als dem zur Zeit der Eheschließung gemeinsamen →Bekenntnis oder in einem anderen Bekenntnis als bisher erzogen oder daß das Kind vom Religionsunterricht abgemeldet werden soll (§ 2 II RKEG). Wird die Zustimmung nicht erteilt, kann die Vermittlung oder Entscheidung des Vormundschaftsgerichts beantragt werden. Für die Entscheidung sind die Zwecke der Erziehung maßgebend (§ 2 III RKEG). Gegen dieses Tätigwerden des Gerichts bestehen keine Bedenken, weil es hier um Änderungsentscheidungen geht und bestimmte Kriterien vorliegen müssen, wenn eine Änderung der Konfession vorgenommen werden soll.

Steht die Sorge für die Person eines Kindes einem Vormund oder Pfleger zu, so hat dieser über die r.K. zu bestimmen. Er bedarf jedoch der Genehmigung des Vormundschaftsgerichts (§ 3 II RKEG).

Nach § 4 RKEG sind Verträge über die r.K., also insbes. Abmachungen, die von Eltern vor der Eheschließung getroffen werden, „ohne bürgerl. Wirkung", also nichtig. Gegen die Bestimmung bestehen erhebl. verf.rechtl. Bedenken. Sie verfolgte den Zweck, die Entscheidungsgewalt des Vaters nicht durch vorehel. Abmachungen zu gefährden. Den Eltern muß heute das Recht eingeräumt sein, auf der Basis der Gleichberechtigung (Art. 3 II GG) eine vertragl. Abmachung über die r.K. zu schließen. Die Eltern werden in der Ausübung der Freiheit des Art. 4 I GG beeinträchtigt und an der freien Geltendmachung ihres Erziehungsrechtes (Art. 6 II GG) behindert, wenn sie nicht wirksam und verbindl. die ihnen zukommende Vereinbarung über die religiöse Erziehung des Kindes treffen können, sondern „ohne Not und ohne rechtl. Grundlage gegenüber dem Elternrecht der Staat mit dem Vormundschaftsgericht und dessen Vorurteilen als Erzieher an die Stelle der Eltern tritt" (H. PETERS). Wenn § 4 RKEG entfällt, was der 38. DJT schon 1950 für richtig gehalten hat, werden die Fälle, in denen eine erste Entscheidung über die Konfession des Kindes nicht getroffen werden kann, zu ganz seltenen Ausnahmen werden.

Nach § 5 RKEG steht dem Kind nach Vollendung des 14. Lebensjahres die Entscheidung darüber zu, zu welchem religiösen Bekenntnis es sich halten will. Hat das Kind das 12. Lebensjahr vollendet, so kann es nicht gegen seinen Willen in einem anderen Bekenntnis als bisher erzogen werden. Gegen die Festlegung des 14. Lebensjahres als Datum der unbeschränkten Religionsmündigkeit bestehen erhebl. Bedenken. Sie ergeben sich aus den jugendpsychologischen Gegebenheiten (Phase der Pubertät mit dem Erscheinungsbild des Aufstandes gegen alle Autorität, Streben nach Unabhängigkeit und Neigung zum Radikalismus) und aus dem Phänomen der Akzeleration (Verlangsamung der Entwicklung der seelisch-geistigen Verstehenskräfte im Verhältnis zur schnelleren körperl. und intellektuellen Entwicklung). Die Religionsmündigkeit des Kindes hat jedoch nicht zur Folge, daß das religiöse Erziehungsrecht der Eltern überhaupt endet; denn den verantwortungsbewußten Eltern muß das Recht bleiben und sogar die Verpflichtung auferlegt werden, über die religiöse Einstellung ihrer Kinder zu wachen und sie ggf. im wohlverstandenen Interesse ihrer Kinder zu beeinflussen. Das in Art. 4 GG begr. Recht, andere für einen Glaubenswechsel zu werben, findet daher gegenüber einem der elterl. Erziehung unterliegenden Kind auch nach Vollendung des 14. Lebensjahres dort seine Grenze, wo ein solcher Glaubenswechsel auf einen in glaubensmäßiger Überzeugung begr. Widerstand der Eltern stößt und deshalb geeignet ist, das harmonische Verhältnis zwischen Eltern und Kindern, das unter dem Schutz der staatl. Ordnung steht (Art. 6 I GG), ernstl. zu stören.

Umstritten ist die Auswirkung des § 5 RKEG auf die Frage der Teilnahme am Religionsunterricht. Es wird die Auffassung vertreten, daß wegen Art. 7 II GG („Die Erziehungsberechtigten haben das Recht, über die Teilnahme am Religionsunterricht zu bestimmen") nicht das Kind, sondern nur die Erziehungsberechtigten die Entscheidung zu treffen haben, ob das Kind am Religionsunterricht teilnimmt oder nicht. Soweit das Kind allerdings selbst bestimmen kann, zu welcher Konfession es sich halten will, beschränkt sich die Entscheidung der Eltern darauf, ob das Kind den Religionsunterricht zu besuchen hat oder nicht. Die Eltern können also nicht bestimmen, daß ein Kind, das rechtmäßig die Konfession gewechselt hat, den Religionsunterricht der bisherigen Konfession besucht. Andererseits kann es nicht Sache des Kindes sein, zu entscheiden, ob es den Religionsunterricht seines Bekenntnisses besucht oder nicht. Dies wäre mit Art. 7 III GG nicht vereinbar. Wenn der Religionsunterricht ordentl. Lehrfach ist, kann es nicht der Laune des Schülers überlassen bleiben, ob er teilnimmt oder nicht. Bei einer mißbräuchl. Ausübung des elterl. Entscheidungsrechts (etwa wenn die Eltern den Besuch des Religionsunterrichtes verhindern wollen, weil das Kind konvertiert ist) hilft § 1666 BGB.

Nach einer anderen Auffassung umschließt das Recht des Kindes, nach dem 14. Lebensjahr über seine Konfession zu bestimmen, auch das mindere Recht, über die Teilnahme am Religionsunterricht zu entscheiden. Es ist aber fragl., ob es sich hier um das „mindere Recht" handelt, statt um ein anderes Recht. Auch der Hinweis, daß das Entscheidungsrecht über die Konfession eine viel schwerere Verantwortung mit sich bringe als die Entscheidung über die Teilnahme am Religionsunterricht, reicht als Begründung nicht aus; denn es gibt keinen allg. Rechtssatz mit dem Inhalt, daß derjenige die leichteren Entscheidungen zu treffen habe, dem auch die schwierigeren Entscheidungen obliegen.

In den Verf.en von Bayern, Rheinland-Pfalz und Saarland ist bestimmt, daß die Teilnahme am Religionsunterricht erst ab dem 18. Lebensjahr der Willenserklärung der Schüler überlassen ist. Nach einer Meinung sind die Länderverf.en insoweit durch Art. 7 II GG außer Kraft gesetzt und durch die vom GG gemeinte Altersgrenze von 14 Jahren ersetzt worden. Nach anderer Auffassung soll das RKEG insoweit durch die Länderverf.en partiell abgeändert worden sein. Das Problem läßt sich aber auch lösen, wenn man lediglich die Einschränkungen „ab dem 18. Lebensjahr der Willenserklärung der Schüler" als dem GG widersprechend beurteilt mit der Folge, daß ohne altersmäßige Begrenzung die Bestimmung über die Teilnahme eines Kindes am Religionsunterricht den Eltern obliegt.

Zur Anwendung des § 5 RKEG ist noch der Hinweis von Bedeutung, daß das Kind die Wahl hat, sich zu einem bestimmten Glauben zu bekennen oder aus einer Religions- oder Weltanschauungsgemeinschaft auszutreten (die in der 2. Aufl. noch vertretene Auffassung, das Kind könne nur sein Bekenntnis wechseln, nicht jedoch aus der Kirche ledigl. austreten, läßt sich nicht aufrechterhalten; vgl. dazu H. W. Strätz, FamRZ 1977, 214).

R. Schmoeckel, Der Religionsunterricht, 1964 – W. Hofmann, FamRZ 1965, 61 – E. Stein, in: HdbStKirchR, E. Friesenhahn und U. Scheuner (ed.), [II]1975, S. 473 f. – Komm. zum BGB, vor allem Staudinger-Donau – Komm. zum GG, vor allem v. Mangold-Klein.

Werner Hofmann

Religiöser Liberalismus →Liberalismus III

Religiöser Sozialismus. 1. Unter R. S. verstehen wir die Summe von politisch und philosophisch-theol. sehr unterschiedl. geprägten Einzelpersönlichkeiten, Freundeskreisen und Bünden, die als Teil des dt. Protestantismus in der Zeit der Weimarer Republik versucht haben, *religiöses Selbstverständnis und sozialistisches Wollen* zur Vermittlung zu bringen. Entsprechend waren Christentum und →Marxismus,

→Kirche und Proletariat, Religion und →Kultur, Ethik und Politik, Individuum und Masse, Freiheit und Gerechtigkeit, Geschichte und Reich Gottes die großen Themenkreise der r. Sozialisten.

2. Aber nicht nur theoretische Arbeit an einer religiös-sozialistischen Welt- und Existenzdeutung sowie an der Entwicklung einer Sinnesperspektive für die Zukunft einer sozialistischen Menschengemeinschaft bestimmte ihre *Praxis*. Sie haben auch mit unterschiedl. Intensität an den politischen und gesellschaftl. Konflikten ihrer Zeit teilgenommen. Im ökonomischen Klassenkampf wie im politischen Parteienkampf haben sie in der Regel auf der Seite der sozialistischen →Arbeiterbewegung gestanden. In unzähligen Resolutionen haben sie sich mit den tagespolitischen Nahzielen und den programmatischen Fernzielen einer Überwindung der kapitalistischen Klassengesellschaft solidarisiert. Im engsten Zusammenhang mit dem antikapitalistischen Kampf stand für sie der Kampf gegen →Nationalismus, →Imperialismus und Militarismus für eine internationale Friedensordnung und Abrüstung. Dieses politische Grundwollen war bei aller Unterschiedlichkeit in der theoretischen Reflexion die Einheitsklammer in der Bewegung des R. S. Besonders deutlich zeigte sich das in der Spätphase der Republik in dem gemeinsamen Kampf gegen den nationalsozialistischen Faschismus. In einer Erklärung aus dem Jahre 1930 (!) heißt es: „Die religiösen Sozialisten fühlen sich verpflichtet, darauf hinzuweisen, daß durch die faschistisch-nationalsozialistische Progapanda der vorchristl. heidnische Machtstaat, die Vorherrschaft der Gewalttätigen und Selbstherrlichen, wieder aufgerichtet werden soll."

3. Der R. S. ist in seinem Wollen, in seinem Gelingen und Scheitern nur aus seiner Gesch. heraus zu verstehen. So bedeutsam für seine Profilierung in den zwanziger Jahren die Vorläufer vor 1914 gewesen sind, so ist er doch in erster Linie ein Antwortversuch auf die radikalen Krisenerscheinungen der bürgerl. →Gesellschaft, wie sie sich im 1. Weltkrieg und in den Revolutionen von 1917 und 1918 gezeigt haben. Der Zusammenbruch des dt. Obrigkeitsstaates mit seiner Liaison von Thron und Altar, die Selbstzerfleischung der christl. Nationen in einem imperialistischen Krieg, die geistige Katastrophe des liberalindividualistischen Kulturoptimismus und einer ihm korrespondierenden Theol. wie die Erfahrung des Ungenügens einer positivistisch-materialistischen Geistigkeit hatten eine radikal neue Fragesituation geschaffen. Der R. S. steht im Zusammenhang dieser umfassenden Seins- und Bewußtseinskrise. Die Rezeption der Reich-Gottes-Botschaft eines Christoph Blumhardt oder eines Hermann Kutter oder eines Leonhard Ragaz geschah bewußt im Medium der dt. Katastrophe, die zugleich eine europ. war. Nach dem Zeitalter des bürgerl. Atomismus, des besitzindividualistischen Mammonismus, des religiösen Individualismus und des kirchl. Immobilismus, nach einer Phase der klassenstrukturierten Gesellschaft mit einer entsprechend klassengebundenen Kirche schienen für die r. Sozialisten die Elemente einer gegenläufigen Kultur auf dem Boden einer Gemeinschaftlichkeit aller Menschen zum Durchbruch kommen zu wollen. Der politische Träger dieser radikal verstandenen Revolution war für sie die Bewegung des →Sozialismus. In ihm hatte sich für sie die geschichtl. Anwesenheit des Willens zu einer Gesellschaft von Freien und Gleichen in sozialer Brüderlichkeit inkarniert. Und in diesem Sozialismus lag für sie die substantielle Affinität zur Liebesethik Jesu und zu den Gestaltungskriterien des Reiches Gottes: Freiheit, Gerechtigkeit und Brüderlichkeit, wie es von Jesus verkündigt und in ihm selbst und seiner Gemeinde angebrochen war. Diese religiöse Deutung des sozialistischen Wollens bildet eine der wesentl. Intentionen des R. S.

4. Der erste Versuch einer theoretischen Abklärung unter den verschiedenen Geistern religiös-sozialistischer Prägung stellte die *Tambacher Tagung* 1919 dar. Etwa 100 Teilnehmer diskutierten leidenschaftlich und kontrovers das Referat des Schweizer Pfarrers Karl Barth mit dem Titel „Der Christ in der Gesellschaft". Der folgende Bruch zwischen den Anhängern einer die radikale Unterschiedlichkeit von Gott und Welt konstatierenden dialektischen Theol. und den Vertretern einer Reich-Gottes- und Geschichtstheol. im religiös-sozialistischen Verständnis war konsequent. Eine andere Scheidung der Geister geschah 1920 auf der Jahrestagung des Ev. sozialen Kongresses. Einige seiner jüngeren Mitglieder (Carl Mennicke und Paul Tillich) optierten entgegen der alten sozialliberalen Mehrheit für ein klares Engagement auf seiten des Sozialismus. Ein ähnlicher Bruch verlief auch durch die Freunde der „Christlichen Welt" um Martin Rade. Der R. S. brachte die Spaltung des alten sozialen Protestantismus in eine mehr reformerisch-sozialpolitisch und eine mehr klassenkämpferisch-sozialistisch orientierte Gruppierung. Die erste religiös-sozialistische Organisation ist der im November 1918 gegründete Badische Volkskirchenbund, der durch aktive Kirchenpolitik auf der Basis einer demokratisierten Gemeinde- und →Kirchenverfassung eine Änderung des Verhältnisses von Kirche und Proletariat erreichen wollte. Trotz gelegentlicher Erfolge bei Kirchenwahlen gelang es ihm nicht, stärkere Einbrüche in das Kirchenregiment und in die traditionelle antisozialistische Haltung der Kirche zu erzielen. – 1919 gründete der Pfarrer Günther Dehn einen „Bund sozialistischer Kirchenfreunde". Ähnlich arbeiteten Gruppen um den Pfarrer Paul Piechowski und Karl Aner. Diese Berliner Gruppen schlossen sich zum „Bund religiöser Sozialisten" zusammen, bald erweitert durch weitere Ortsgruppen in Norddtschld. Auch in Süddtschld. war es zu Beginn der zwanziger Jahre zu ähnlichen Vereinigungen gekommen. Auf der ersten Meersburger Tagung 1924 gründete man eine Arbeitsgemeinschaft aller religiös-sozialistischen Gruppen. Man baute die Wochenzeitung „Sonntagsblatt des arbeitenden Volkes" zum gemeinsamen Organ aus. Seit 1926 wurde es von dem Pfarrer Erwin Eckert redigiert. Auf der zweiten Meersburger Tagung 1926 kam es zur endgültigen Konsolidierung des „Bundes der religiösen Sozialisten Deutschlands".

Die Arbeit des Bundes, die von dem nationalkonservativen Protestantismus scharf bekämpft wurde, litt zudem noch unter den ständigen Spannungen innerhalb des Bundes. Besonders die jahrelangen Auseinandersetzungen um die Position Eckerts zeigten deutlich, daß der R. S. ein vielschichtiges Konglomerat divergierender Tendenzen war. Nach der kirchl. Amtsenthebung Eckerts 1931, seinem Ausschluß aus der SPD und seinem Eintritt in die KPD wurde er auch seiner Ämter im Bund enthoben. An der Frage der politischen Taktik in der Spätphase der Weimarer Republik zerbrach die politische Einheit des Bundes endgültig. Die meisten Mitglieder, die in der Regel in der SPD mitarbeiteten, unterstützten die Tolerierungspolitik ihrer Partei und sprachen sich gegen ein antifaschistisches Aktionsbündnis von SPD und KPD aus. Eine grds. Deutung des Faschismus durch den R. S. enthält der von Ragaz und anderen herausgegebene Band „Reich Gottes, Marxismus, Nationalsozialismus" (1931). Das mehr wissenschaftl. Organ des Bundes war die 1929–1933 von Georg Wünsch herausgegebene „Zeitschrift für Religion und Sozialismus". – Eine eigenständige Entwicklung nahm der sog. Schlüchterner Kreis, später Neuwerk genannt. In der Siedlungsgenossenschaft auf dem Habertshof versuchte man, religiös-sozialistische Lebensformen zu entfalten. In einer Heimvolkshochschule betrieb man eine umfassende Bildungstätigkeit. Organ dieses Kreises war die Zeitschrift „Neuwerk" (Eberhard Arnold, Emil Blum, Hermann Schafft).

5. Innerhalb des Gesamtphänomens R. S. nahm der Kreis um Paul Tillich, Carl Mennicke, Eduard Heimann u. a. eine bes. Stellung ein. Er hat sich an der praktischen Politik der r. Sozialisten kaum beteiligt. Er sah seine spezielle Aufgabe in der theoretischen Aufarbeitung des Verhältnisses von Christentum und Marxismus, von Religion und Kultur, von Theonomie und Profanität. In immer neuen Anläufen haben die Mitglieder dieses Kreises versucht, Religion und Sozialismus jeweils zu ihrer eigenen Tiefe zu treiben und ihre letzte konkrete Einheit aufzuweisen, um den Weg zur praktischen Gestaltung in der Wirklichkeit denkerisch frei zu machen. Ihr System aufzuzeigen hieße insonderheit, die Theol. Tillichs bis 1933 darzustellen. Kulminationspunkt seiner Bemühungen um die Erkenntnis des Sozialismus ist seine 1932 geschriebene Abhandlung „Die sozialistische Entscheidung". Sie enthält alle Elemente einer philosophisch-theol. Deutung des Sozialismus und Marxismus, wie sie der R. S. in der Weimarer Zeit hervorgebracht hat. Weiteren Einblick in die Einzelheiten dieser dialogisch orientierten Auseinandersetzung geben die beiden wissenschaftl. Zeitschriften dieses Kreises „Blätter für den religiösen Sozialismus" (1920–1927, hg. v. Mennicke) und „Neue Blätter für den Sozialismus" (1930–1933, hg. v. Heimann, Rathmann und Tillich).

6. Die *hist. Bedeutsamkeit* des R. S. liegt in seinem Versuch, die traditionellen Gegensätze von Religion und Sozialismus, von Kirche und Proletariat zu überwinden. Daß er in seiner Zeit aufs Ganze gesehen gescheitert ist, liegt vor allem an der Weigerung des durchschnittl. Protestantismus, die ideologischen Schützengräben der Vorkriegszeit zu verlassen. Es bedurfte des Purgatoriums der faschistischen Herrschaft, um eine größere Offenheit auch kirchl. Kreise für die Intention des Sozialismus zu erreichen. Aber auch der R. S. selbst ist durch einseitige Parteilichkeit und theoretische Unausgewogenheit vieler seiner Vertreter ein Phänomen am Rande des Protestantismus geblieben. Versuche, ihn nach 1945 wieder zu beleben, können als mißlungen betrachtet werden. Aber auf unzähligen Wegen, über einzelne Personen und Gruppen, sind denkerische und praktische Elemente seines Engagements in zeitgenössische Formen kirchl. und theol. Aktivitäten eingegangen. Die Konzepte einer politischen und gesellschaftl. Diakonie der Kirche und ihrer Christen wie die Versuche eines Dialoges von Christentum und Marxismus sind ohne seine Vorarbeiten nicht zu verstehen.

H. Dietrich, Wie es zum Bunde der Rel. Sozialisten kam, 1927 – Rathmann (Hg.), Sozialismus aus dem Glauben, 1929 – E. Fuchs, Mein Leben, 1957/59 – A. Lindt, L. Ragaz, 1957 – M. Mattmüller, L. Ragaz und der rel. Soz., 1957 – G. Dehn, Die alte Zeit, die vorigen Jahre, 1962 – K. W. Dahm, Pfarrer und Politik, 1965 – P. Tillich, Für und wider den Soz., 1967 – H. D. Wolfinger, Der unvollendete Soz., 1970 – Th. Ulrich, Ontologie, Theol., gesellschaftl. Praxis, 1971 – R. Breipohl, R. S. und bürgerl. Geschichtsbewußtsein zur Zeit der Weimarer Republik, 1971 – Dies., Dokumente zum rel. Soz., 1972 – W. Deresch, Predigt und Agitation der rel. Sozialisten, 1971 – Ders., Der Glaube der rel. Soz., 1972 – F. W. Marquardt, Theol. und Sozialismus, 1972 – F. M. Balzer, Klassengegensätze in der Kirche. Erwin Eckert im Bund der Rel. Sozialisten, 1973 – A. Pfeifer, Rel. Sozialisten, 1973 – St. Wehowsky, Religiöse Interpretation polit. Erfahrung. Eberhard Arnold und die Neuwerkbewegung als Exponenten des rel. Soz. z. Z. der Weimarer Republik, 1980.

Günter Brakelmann

Religionsfreiheit. I. Theologisch. →Freiheit; →Gewissen; →Toleranz I.

II. Rechtlich. →Glaubens-, Bekenntnis- und Gewissensfreiheit; →Toleranz II.

III. Menschenrechtlich/ökumenisch. Im März 1986 hat die Menschenrechtskommission der →*Vereinten Nationen (UN)* in Genf gegen heftigen Widerstand islamischer und osteurop. Staaten die Einsetzung eines Sonderberichterstatters über die R. beschlossen. Dieser Beschluß resultiert aus der Feststellung der Kommission, daß in vielen Teilen der Welt noch Diskriminierungen auf Grund des Glaubens oder der Zugehörigkeit zu einer Religionsgemeinschaft bestehen. Im Widerstand der islamischen und osteurop. Staaten drücken sich Differenzen im Verständnis der R. aus, die durch die internationalen Vereinbarungen zum Schutz der R. nicht behoben sind.

Die „Allgemeine Erklärung der Menschenrechte" der Vereinten Nationen (1948), die „Europäische Konvention zum Schutz der Menschenrechte" (1950) und der „Internationale Pakt über bürgerliche und politische Rechte" der Vereinten Nationen (1966) sind *grundlegende Dokumente* zum Schutz der R. (→Menschenrechte). R. erscheint hier als eine Spezifikation der allg. *Gedanken- und Gewissensfreiheit.* Dies gilt auch für die Schlußakte der →Konferenz über Sicherheit und Zusammenarbeit in Europa (KSZE) von 1975 sowie für die Erklärung der Vereinten Nationen „über die Beseitigung aller Formen von Intoleranz und Diskriminierung auf Grund der Religion oder der Weltanschauung" von 1981. Das Europäische Parlament in Straßburg hat 1984 eine Entschließung über die sog. →Jugendreligionen angenommen, die einer mißbräuchl. Inanspruchnahme der R. wehren soll. Diese Entschließung hat erhebliche Kritik erfahren, weil die dreizehn Kriterien, die sie entwickelt, z. T. in erheblicher Spannung zu allg. Freiheitsrechten stehen, zB zum →Datenschutz und zum informationellen Selbstbestimmungsrecht.

Der allg. Erklärung der Menschenrechte voraus ging die „Erklärung über die religiöse Freiheit" der Gründungsversammlung des *Ökumenischen Rates der Kirchen* 1948 in Amsterdam (→Ökumenische Bewegung). In ihr wird das Recht jedes Menschen postuliert, seinen eigenen Glauben und sein Glaubensbekenntnis selbst zu bestimmen, seinen religiösen Überzeugungen im Gottesdienst, im Unterricht und im praktischen Leben Ausdruck zu geben und die sozialen und polit. Folgerungen daraus öffentl. zu bekunden sowie religiöse Zusammenschlüsse zu organisieren. Jede religiöse Organisation soll das Recht haben, über ihre Grundsätze, Ziele und Praxis selbst zu bestimmen. Die dritte Vollversammlung des Ökumenischen Rates der Kirchen gibt 1961 in Neu Delhi in ihrer Erklärung zur „Religionsfreiheit der Kirchen" eine theol. Begründung: „Christen betrachten die R. als Folge von Gottes Schöpfung, seiner Erlösung der Menschheit in Christus und seiner Berufung von Menschen zu seinem Dienst. Gottes erlösendes Handeln an der Menschheit übt keinen Zwang aus. Dementsprechend sind menschl. Versuche, durch gesetzl. Bestimmungen oder durch Druck der gesellschaftl. Gewohnheiten den Glauben zu erzwingen oder zu verbieten, Verstöße gegen die Wege Gottes mit der Menschheit. Die Freiheit, welche Gott in Christus gegeben hat, beschließt in sich eine freie Antwort auf die Liebe Gottes sowie die Verantwortung, den Mitmenschen am Punkt der tiefsten Not zu dienen." Auch in dieser Erklärung wird auf das Recht Nachdruck gelegt, sowohl religiöse Handlungen als auch gesellschaftl., wirtschaftl. und polit. Folgerungen aus den religiösen Überzeugungen öffentl. zu vollziehen. Damit wird der Reduktion der R. auf den privaten Bereich gewehrt. Dieser Gedanke wird durch die fünfte Vollversammlung des Ökumenischen Rates der Kirchen in Nairobi 1975 noch präzisiert, indem der R. auch als ein Menschenrecht subsumiert wird, die herrschenden Mächte im Einklang mit der religiösen Überzeugung zu kritisieren.

Auch die „Erklärung über Religionsfreiheit" des *II. →Vatikanischen Konzils* (1965) postuliert auf Grund der Würde der menschl. Person R. als ein allen Menschen zukommendes Recht: „Das Vatikanische Konzil erklärt, daß die menschl. Person das Recht auf R. hat. Die Freiheit besteht darin, daß alle Menschen frei sein müssen von jedem Zwang, sowohl von seiten einzelner wie von gesellschaftl. Gruppen, wie von jeglicher menschl. Gewalt, so daß in religiösen Dingen niemand gezwungen wird, gegen sein Gewissen zu handeln, noch daran gehindert wird, privat und öffentl. als einzelner oder in Verbindung mit anderen – innerhalb der gebührenden Grenzen – nach seinem Gewissen zu handeln. Ferner erklärt das Konzil, das Recht der R. sei in Wahrheit auf die Würde der menschl. Person (→Menschenwürde) selbst gegründet, so wie sie durch das geoffenbarte Wort Gottes und durch die Vernunft selbst erkannt wird. Dieses Recht der menschl. Person auf R. muß in der rechtl. Ordnung der Gesellschaft so anerkannt werden, daß es zum bürgerl. Recht wird." Die Freiheit der Kirche und ihr Recht auf Selbstbestimmung wird auch vom II. Vaticanum als Teil der R. gesehen.

Der **Begriff der Religionsfreiheit als Menschenrecht** ist in mehrfacher Hinsicht unscharf. Angesichts der Vielfalt von Religionen und religiösen Normen kann gefragt werden, wo die Grenzen einer allg. R. und der Freiheit zu bestimmten religiösen Praktiken verlaufen. Diese Frage betrifft etwa die Entschließung des Europäischen Parlaments über die sog. →Jugendreligionen oder das Recht auf religiöse Eheschließung (→Eherecht). Es stellt sich auch die Frage, ob die Inanspruchnahme der R. für die organisatorisch-institutionelle Selbstbestimmung und das gesellschaftlich-politische Wirken dem Menschenrechtsgehalt zugerechnet werden kann. Daß *Kirchenfreiheit* (→Kirche und Staat) als notwendiges Korrelat der R. gesehen werden muß, wie es christl. Überzeugung entspricht, läßt sich nicht ohne weiteres aus einem allg. Religionsbegriff ableiten. Unbestritten ist, daß der R. durch andere →Grundrechte und Grundfreiheiten Schranken gesetzt sind.

R. als Menschenrecht setzt prinzipiell voraus, daß zwischen *Staat* und *Religion* unterschieden werden kann. Dies ist im →Islam nicht ohne weiteres möglich, worauf der Widerstand der islamischen Staaten sowohl gegen den Beschluß der UN-Menschenrechtskommission zur Bestellung eines Sonderberichterstatters über die R. von 1986 als auch gegen die Erklärung der Vereinten Nationen über die Beseitigung aller Formen von Intoleranz und Diskriminierung auf Grund der Religion oder der Weltanschauung von 1981 zurückzuführen ist. Auch im westl. Kulturkreis ist erst durch die Auseinandersetzungen im Gefolge der →Reformation und die →Aufklärung die Unterscheidung von Staat und Religion in der Weise erfolgt, wie sie das Menschenrechtsdenken heute international bestimmt.

In den *sozialistischen Staaten* nimmt die R. – überwiegend unter der Bezeichnung „Gewissensfreiheit" – eine Sonderstellung unter den Menschenrechten ein (→Marxismus). Die übrigen sozialistischen →Grundrechte sind nämlich unter den Vorbehalt einer Übereinstimmung mit den „Zielen des kommunistischen Aufbaus" oder den „Interessen des Volkes und zur Festigung und Entwicklung der sozialistischen Ordnung" gestellt (Verf. der →Sowjetunion von 1977). Dieser Vorbehalt entfällt bei der Gewissensfreiheit, die in Artikel 52 der Verf. der Sowjetunion als Recht beschrieben wird, sich zu irgendeiner oder keiner Religion zu bekennen, die religiösen Kulthandlungen auszuüben oder atheistische Propaganda zu betreiben (→Atheismus). In der Freigabe des religiösen Bekenntnisses liegt ein kleiner Fortschritt gegenüber der Formulierung der Stalinschen Verf., die lediglich die Freiheit gewährte, den Kult auszuüben. Allerdings verbietet etwa die Sowjetverf., „Haß und Feindschaft im Zusammenhang mit religiösen Glaubensvorstellungen zu schüren", oder die jugoslawische den Mißbrauch der Religion und religiöser Tätigkeit zu polit. Zwecken. Solche Einschränkungen bieten zwar einen Spielraum für Repression, lassen aber prinzipiell einen Raum religiös-weltanschaul. Selbstbestimmung unangetastet. Lediglich die albanische Verf. verbietet jede religiöse Organisation und Propaganda.

Die rechtl. und faktische Lage der Religionsgemeinschaften stellt sich in den sozialistischen Staaten sehr verschieden dar. Die Vorstellungen vom Inhalt und den Grenzen erlaubter Religionsausübung in der Sowjetunion sind am Religionsverständnis der Russisch-Orthodoxen Kirche (→Kirche III) orientiert, das wesentlich kultisch und spirituell bestimmt ist. Sie hatte eine gewisse Modellfunktion für die sozialistischen Staaten, jedoch haben verschiedene dieser Staaten eigene Wege beschritten, insbes. die DDR und Polen. Die Kirchen in der DDR (→DDR VIII) definieren sich als „Kirche im Sozialismus", und es wird ihnen auch ein erheblicher Spielraum öffentl. Wirksamkeit eingeräumt. In Polen wird die kath. Kirche als ein Garant innenpolit. Stabilität und nationalen Ausgleichs respektiert. Während die UdSSR, die ČSSR und Rumänien faktisch eine repressive staatl. Religionshoheit wahrnehmen, sind die DDR, Polen und Jugoslawien eher von einer Trennung von Staat und Kirche bestimmt.

Der *Ökumenische Rat der Kirchen* hat sich seit seiner Gründung besonders durch die Kommission der Kirchen für Internationale Angelegenheiten (CCIA) intensiv mit den Menschenrechten beschäftigt. Dies geschah zunächst mit starker Betonung der Fragen der R. Das Zentralkomitee richtete auf seiner Tagung in Nyborg 1958 ein Sekretariat für Religionsfreiheit ein, das von der 4. Vollversammlung in Uppsala 1968 mit der Begründung, die Vorrangstellung der Religionsfreiheit sei in den letzten Jahren einer umfassenderen Hinwendung zu den Menschenrechten gewichen, wieder aufgelöst wurde. Der Akzent wurde nun auf den umfassenden und unteilbaren Charakter der Menschenrechte gelegt. Auf der 5. Vollversammlung des Ökumenischen Rates der Kirchen in Nairobi 1975 bot jedoch der weltweit wachsende Druck auf Christen, insbes. im Ostblock, in der islamischen Welt, aber auch in Ländern des Fernen Ostens wie China, Korea, Kampuchea den Anstoß zu einer erneuten intensiven Zuwendung zu den Fragen der R. im Rahmen der Menschenrechte: „Die R. ist und bleibt ein Hauptanliegen der Mitgliedskirchen des ÖRK. Dieses Recht sollte jedoch nicht als ausschließliches Recht der Kirche angesehen werden. Die Ausübung der R. hat nicht immer die ganze Vielfalt der Überzeugungen widergespiegelt, die auf der Welt besteht. Dieses Recht ist von anderen grundlegenden Freiheitsrechten der Menschen nicht zu trennen. Keine Religionsgemeinschaft darf für sich R. beanspruchen, ohne selbst die Glaubensüberzeugungen und die grundlegenden Menschenrechte der anderen zu respektieren und zu wahren. R. sollte niemals den Anspruch auf Privilegien rechtfertigen. Für die Kirche ist die R. wesentlich für die Erfüllung ihrer Aufgaben, die ihr der christl. Glaube auferlegt. Im Mittelpunkt dieser Verpflichtungen steht der Dienst an der ganzen Gemeinschaft."

In Nairobi hatte der russische Priester Gleb Jakunin mit einem schriftl. Beitrag die Aufmerksamkeit der Vollversammlung auf die Beschränkung der R. in der Sowjetunion zu lenken versucht. Die Delegierten aus den kommunistischen Ländern widersetzten sich diesem Versuch. Es wurde jedoch der Beschluß gefaßt, die Fragen der R. zum „Gegenstand gründlicher Beratungen mit den Mitgliedskirchen der Signatarstaaten des Helsinki-Abkommens" zu machen. Infolge dieses Beschlusses wurde nach mehreren vorbereitenden Konferenzen 1979 in Trägerschaft der →Konferenz Europäischer Kirchen, des Kanadischen Rates der Kirchen und des Nationalen Rates der Kirchen Christi in den USA ein *„Menschenrechtsprogramm der Kirchen zur Verwirklichung der Schlußakte von Helsinki"* ins Leben gerufen. Der Exekutivausschuß beauftragte 1979 die Kommission der Kirchen für Internationale Angelegenheiten (CCIA), einen Bericht über die Veränderungen und Tendenzen im Bereich der R. zu erarbeiten, der dem Zentralausschuß im August 1980 vorgelegt wurde (→Internationale Beziehungen der Kirchen).

Dieses Arbeitspapier spiegelt die Schwierigkeiten des ökumenischen Engagements für die R. gegenüber den Ländern Osteuropas wider, das dem Verdacht unterliegt, als antikommunistisches Propagandainstrument mißbraucht zu werden: „Der zunehmende staatl. Rückgriff auf die R. als Propagandawaffe gegen andere Staaten hat zu einer zunehmenden Politisierung des Begriffs und der Debatte über dieses Thema geführt. Auch Teile der Bevölkerung benutzen ihre R. für Ziele, die zu einer Beschneidung der polit. Rechte anderer Teile der Bevölkerung führen können." Demgegenüber wird hervorgehoben, daß religiöse Rechte untrennbar an religiöse Pflichten gebunden werden müssen: „Die Freiheit, die einer Kirche oder Religionsgemeinschaft gewährt wird, muß für den Dienst an der ganzen Gesellschaft eingesetzt werden." In diesen Dienst wird ausdrücklich die diakonische und prophetische Aufgabe eingeschlossen.

Auch im Menschenrechtsprogramm der Kirchen zur Erfüllung der Schlußakte von Helsinki, das aus der Debatte über R. erwachsen war, blieb diese nicht der Schwerpunkt. Dazu heißt es im Schlußbericht (Sept. 1985): „Wäre die R. Hauptanliegen geblieben, hätte der Eindruck entstehen können, die Kirchen strebten einzig und allein nach einer Wiedererlangung früheren Einflusses ... Nach unserer Meinung muß die Suche nach R. Teil des Strebens nach allen Menschenrechten sein."

Gerade an den Schwierigkeiten des Eintretens für R. in der ökumenischen Gemeinschaft wird deutlich, daß sich R. vom Prinzip her nicht mit geschlossenen ideologisch-politischen Systemen verträgt, aber auch nicht gegenüber dem *allg. Freiheitsstandard einer Gesellschaft* isoliert werden kann. So läßt sie sich auch nicht auf Minimalkriterien reduzieren, sondern muß stets im Kontext allgemeiner auf Erweiterung der Freiheiten gerichteter polit. Prozesse im jeweiligen System gesehen werden.

Texte in: epd-Dokumentation 53/80 – Die Menschenrechte im ökumenischen Gespräch. Beiträge der KAMMER DER EKD FÜR ÖFFENTLICHE VERANTWORTUNG, hg. von der Kirchenkanzlei der EKD, 1979. – K. SCHLAICH, EvKomm. 1978, 138–141 – M. HONEKKER, Der Staat 23 (1984) 481–499 – R. ECKERTZ, Der Staat 25 (1986) 251–268. – Lit. zu Menschenrechte und Ökumenische Bewegung.

Rüdiger Schloz

Religionsgesellschaften. 1. Begriff. R. ist ein Begriff des dt. →Staatskirchenrechts (→Kirche und Staat). Entstanden in der Zeit der →Aufklärung (ALR von 1794) ist er (allerdings ohne die Unterteilung des ALR in „Kirchengesellschaften" und „geistl. Gesellschaften") in das Reichsstaatskirchenrecht des 19. (Reichsverf. von 1849) und 20. Jh. (WV, GG, Verf. der DDR) sowie in das Landesstaatskirchenrecht aufgenommen worden. Die neuen →Landesverf.en verwenden statt dessen in ihrer Mehrheit den Begriff „*Religionsgemeinschaften*"; sie bezeichnen mit ihm kleinere religiöse Gruppen, die sich zur universellen Erfüllung der durch ihr Bekenntnis gestellten Aufgaben frei zusammengeschlossen haben, und heben diese damit einerseits gegenüber den als →Volkskirchen auf dem Territorialprinzip beruhenden Großkirchen (röm.kath. Kirche, ev. Landeskirchen), andererseits gegenüber den religiösen Vereinen (deren Zweck auf einen religiösen *Teil*bereich beschränkt ist) ab. Der Begriff R. umfaßt demgegenüber nivellierend sowohl die großen Territorialkirchen als auch die kleineren Religionsgemeinschaften von der →altkath. und russisch orth. Kirche über die (weithin der Ökumene angehörenden) reformatorischen →Freikirchen (Altlutheraner, Ev. Brüder-Unität, Methodisten, Mennoniten, Quäker, Baptisten u. a. m.) bis hin zu zahlreichen →Sekten (zB Mormonen, Neuapostolische Gemeinde, Christian Science, Zeugen Jehovas), wobei die schwer zu bestimmenden und str. Unterschiede zwischen Freikirchen und Sekten staatskirchenrechtl. ohne Bedeutung sind.

2. Geschichte. Für das ältere Einheitsdenken, das nur das Unum →Corpus Christianum kennt (→Kirche und Staat III A und B), ist die Duldung neben der einen Kirche stehender religiöser Gemeinschaften ausgeschlossen; die Angehörigen solcher Gemeinschaften werden als Häretiker auf der Grundlage des Ketzerrechts verfolgt (Inquisition). Auch die Zeit nach der →Reformation hält an dem Gedanken der einen Kirche fest; deren Einheit erscheint zwar (vorübergehend) durch den Abfall des anderen Teils von der wahren Lehre in „Religionsparteien" (Katholiken, Anhänger der Augsburgischen Konfession, seit dem →Westfälischen Frieden von 1648 auch Reformierte) aufgespalten, doch bleibt – durch die Bestimmungen des Westfälischen Friedens modifiziert (→Kirche und Staat II C 1) – die konfessionelle Geschlossenheit der Territorien prinzipiell erhalten. Mit der Entstehung konfessionell gemischter Staaten werden dann seit dem 18. Jh. unter dem Einfluß kollegialistischen Denkens (→Kollegialismus), fortschreitender →Toleranz und Annäherung an die konfessionelle Neutralität des Staates (→Kirche und Staat II C 2 und 3; →Neutralität II) über die nach dem Westfälischen Frieden zu duldenden Minderheiten der drei Hauptkonfessionen hinaus auch andere religiöse Zusammenschlüsse geduldet oder anerkannt, wobei für das Maß der Duldung oder Anerkennung Gründe der Einheitlichkeit des Glaubens mehr und mehr hinter politischen und polizeil. Gründen zurücktreten. Auf diese Weise bildet sich – mit Abweichungen im einzelnen – in den größeren dt. Territorien ein mehrstufiges System des Staatskirchenrechts heraus. Es umfaßt a) die „ausdrückl. aufgenommenen Kirchengesellschaften" (so § 17 II 11 Preuß. ALR) mit den Rechten privilegierter Korporationen und dem Recht öffentl. Religionsausübung (insbes. Bezeichnung der Kirchengebäude als „Kirche", Recht auf Türme und Glocken, Recht der Geistlichen auf die Bezeichnung „Pfarrer", Recht auf religiöse Feierlichkeiten auch außerhalb der Kirchengebäude), b) die anerkannten (konzessionierten) R., denen jene Rechte durch staatl. Akt. z. T. verliehen werden können, c) die geduldeten R. mit dem Recht privater Religionsausübung, d) die verbotenen R. Besonderheiten gelten für die Juden. An die Zugehörigkeit zu der einen oder anderen Gruppe knüpfen sich Stufungen der politischen und bürgerl. Rechte (zB des Zugangs zu öffentl. Ämtern; der Fähigkeit zum Grunderwerb; des Rechts, ein Gewerbe zu betreiben). Im Verlauf des 19. und im beginnenden 20. Jh. werden dann diese Differenzierungen weitgehend abgebaut. Die Beschränkungen der freien Bildung von R. werden beseitigt; die Unterschiede zwischen öffentl. und privater Religionsausübung entfallen ebenso wie die an das religiöse Bekenntnis geknüpften Differenzierungen politischer und bürgerl. Rechte.

3. Rechtsstellung der R. in der Gegenwart. Ungeachtet dieses Fortfalls traditioneller Differenzierungen kennt auch das Staatskirchenrecht des religiös neutralen Staates der Gegenwart (→Kirche und Staat III A und IV B 2) verschiedene Formen der Rechtsstellung von R. (Art. 140 GG i. V. m. Art. 137 WV). Da der Zusammenschluß zu R. und die Religionsausübung frei sind und den R. die freie Ordnung und Verwaltung ihrer Angelegenheiten in den „Schranken des für alle geltenden G." gewährleistet ist, betreffen diese Unterschiede freilich nur mehr die äußere Rechtsstellung. R. können nach den allg. Vorschriften des bürgerl. Rechts Rechtsfähigkeit erwerben. Auf ihren Antrag sind ihnen, sofern sie nach ihrer Größe und Verf. die Gewähr der Dauer bieten, die Rechte einer Körperschaft des öffentl. Rechts und damit das Besteuerungsrecht (→Kirchensteuer) zu gewähren. Das geltende →Staatskirchenrecht behält damit die Unterscheidung zwischen öffentl. und privaten R. bei. Den R. werden die Weltanschauungsgemeinschaften gleichgestellt. Umstritten ist, ob die sachl. Unterschiede zwischen den großen Kirchen und anderen Religionsgemeinschaften mit den Rechten einer Körperschaft des öffentl. Rechts auch einen rechtl. Unterschied begründen, in dem sich der ältere Stufenbau des dt. Staatskirchenrechts (oben 2) fortsetzt. Für einen solchen Unterschied wird namentl. angeführt, daß die weit überwiegende Mehrheit der Bevölkerung der Bundesrepublik einer der großen Kirchen angehört, daß nur die Rechtsbeziehungen zwischen Staat und Kirchen durch Verträge geregelt sind (→Kirche und Staat IV B 1) und daß die darin zum Ausdruck kommende tatsächl. Bedeutung der großen Kirchen auch rechtl. nicht bedeutungslos sein könne. Die Gegenansicht beruft sich auf die verf.rechtl. geforderte und gewährleistete prinzipielle religiöse →Neutralität des Staates und auf die einheitl. Terminologie des GG; sie schließt daraus auf die Unzulässigkeit einer qualitativen Wertung und Differenzierung durch den Staat. – Die weitreichende Freiheit, welche das GG allen R. in gleicher Weise gewährleistet, könnte problematisch werden, wenn sie – abgesehen von der israelitischen R. – in Zukunft vermehrt von nichtchristl. Glaubensgemeinschaften in Anspruch genommen werden sollte; dies gilt namentl. für manche der neuen „Jugendsekten". Allerdings setzt die verfassungsrechtl. gewährleistete Freiheit der R. voraus, daß es sich um organisatorisch selbständige Zusammenschlüsse auf dem Territorium der Bundesrepublik handelt. Soweit es daran fehlt, sind die Anhänger eines religiösen Bekenntnisses keine R. im Sinne des GG; sie können sich nur auf das (Individual-)Grundrecht der →Religionsfreiheit berufen.

J. HECKEL, in: Um Recht und Gerechtigkeit, Festg. für E. Kaufmann, hg. v. H. JAHREISS u. a., 1950, 83 ff. – DERS., in: Rechtsprobleme in Staat und Kirche, Festg. für R. Smend, hg. v. E. KAUFMANN, U. SCHEUNER, W. WEBER, 1952, 103 ff. – K. MÜLLER, ZevKR 2 (1952/53) 1–29 – R. SMEND, ZevKR 2 (1952/53) 374–381 – U. J. CAVELTI, Die öffentl.-rechtl. R. im schweizerischen Staatskirchenrecht, Freiburg (Schweiz) 1954 – E. MELICHAR, Jur. Blätter 76, Wien (1954), 241–244 – H. PETERS, in: VVDStRL, H. 11 (1954) 177–211 – W. WEBER, in: VVDStRL H. 11 (1954) 153–176; 255 – DERS., in: Forsch.en und Berichte aus dem öffentl. Recht, Ged.Schr. für W. Jellinek, hg. v. O. BACHOF u. a., 1955, 101–112 – DERS., in: RGG V1961³, Sp. 113 ff. – DERS., in: RGG V1961³, Sp. 994–995 – U. SCHEUNER, ZevKR 6 (1957/58) 1–37 – DERS., ZevKR 7 (1959/60) 225–273, beide auch in: Schriften zum Staatskirchenrecht, 1973, 301 ff., 121 ff. – J. LEHMANN, Die kleinen R. des öffentl. Rechts im heutigen Staatskirchenrecht, 1959 – P. MIKAT, in: Die Grundrechte IV/1, hg. v. K. A. BETTERMANN, H. C. NIPPERDEY, U. SCHEUNER, 1960, 11–243 – H. QUARITSCH, Der Staat 1 (1962) 175–197; 289–320 – M. HECKEL, ZRG Kan. Abt. 80 (1963) 261–420 – H. WEBER, Die Religionsgemeinschaften als Körperschaften des öffentl. Rechts im System des GG, 1966 – G. HELD, Die kleinen öffentl.-rechtl. Religionsgemeinschaften im Staatskirchenrecht der Bundesrepublik, 1974 – E.-L. SOLTE, in: HdbStKirchR, E. FRIESENHAHN und U. SCHEUNER (ed.), I, 1974, 341–357 – M. HECKEL, ebd. 445–544 – E. FRIESENHAHN, ebd. 545–585 – J. JURINA, ebd. 587–605 – A. v. CAMPENHAUSEN, ZevKR 25 (1980) 135–172 – DERS., Staatskirchenrecht, 1983² – R. HUMMEL, Essener Gespräche zum Thema Staat und Kirche 19 (1985) 64–82 – J. MÜLLER-VOLBEHR, ebd. 111–136. S. auch Lit. zu „Kirche und Staat".

Konrad Hesse

Religionssoziologie. Die sozialwiss. Teildisziplin R. beschäftigt sich einerseits mit der sozialen Bedingtheit religiöser Phänomene, andererseits mit dem Einfluß von Religion auf soziales Handeln, auf gesellschaftliche Strukturen und den sozialen Wandel (→Soziologie). Die Abgrenzung gegenüber anderen Disziplinen, die sich mit Äußerungsformen rel. Lebens beschäftigen, ist nicht immer strikt durchzuhalten. *Religionssoziologie* und *Religionspsychologie* haben ineinander übergehende Problemstellungen. Je stärker sich die allgemeine *Religionswissenschaft* und die *Religionsgeschichte* sozialgeschichtlichen Perspektiven öffnen, desto näher sind sie der *Religionssoziologie.* Am ehesten sind Abgrenzungen gegenüber der *Religionsphilosophie* und einer *theol.* Betrachtung von Rel. möglich: Die R. bemüht sich im allgemeinen um einen „wertneutralen" Zugang, sie will nicht über die Wahrheit von Rel. entscheiden, sondern rel. Phänomene beschreiben, verstehen oder sie aus dem Zusammenhang gesellschaftlichen Lebens erklären. Mit diesen ersten Umschreibungsversuchen sind allerdings einige, die Disziplin von Anfang an begleitende Grundprobleme angesprochen: der wertneutrale Zugang gilt nicht uneingeschränkt angesichts des Anspruchs einer Sozialwissenschaft, die sich selbst kritisch versteht, d. h. durch Kritik an bestehenden Ordnungen einen Beitrag zur Entwicklung humanerer Sozialverfassungen leisten möchte. Die in der zunächst vorgenommenen Aufgabenbeschreibung der Disziplin angenommene wechselseitige Interdependenz zwischen sozialem Leben und rel. Phänomenen ist dann in Frage gestellt, wenn eine einseitige Abhängigkeit der Rel. von gesellschaftlichen Entwicklungen oder gesellschaftlicher Entwicklungen von rel. Weltbildern behauptet wird. Schließlich wurde vorausgesetzt daß rel. Phänomene Gegenstand der R. sind. Dies wird problematisiert, wenn die Annahme gilt, daß möglicherweise rel. Phänomene auch dort beobachtet werden müssen, wo diese in der subjektiven Einschätzung von einzelnen gerade als nicht-rel. erlebt werden. Die geschichtliche Entwicklung der R. wie ihre gegenwärtigen theoretischen Problemstellungen spiegeln diese Diskussionspunkte wider.

1. Geschichte. Die R. ist ihrem Ursprung nach, auch wenn sie als wiss. Disziplin erst sehr viel später Gestalt gewonnen hat, ein Kind der →Aufklärung. Dabei ist unter Aufklärung jene geistige Bewegung verstanden, in der die Selbstverständlichkeiten überkommener kultureller Ordnung hinterfragt werden, die verantwortete Gestaltungsbedürftigkeit eben dieser Ordnung gesehen ist. Relevant für die Entstehung der R. ist zunächst die Einführung eines allgemeinen Religionsbegriffs seit dem frühen 18. Jahrhundert. Dieser bewirkt, daß das Christentum als Teilphänomen innerhalb des Religiösen begriffen und somit auch relativiert wird. Von daher ergibt sich überhaupt erst die Möglichkeit der kritischen Auseinandersetzung mit der überkommenen Rel. Dabei ist im ausgehenden 18. Jahrhundert die Gegenüberstellung von Vernunftrel. und Offenbarungsrel. konstitutives Element jener religionskritischen Phase. In Frankreich kam es schon im 18. Jahrhundert zu wesentlich radikaleren Optionen als in Deutschland: Dort wird die Vernunft der christl. Überlieferung radikal entgegengesetzt, diese zum Inbegriff geradezu einer neuen Rel. Eine ausgeprägt kritische Auseinandersetzung mit der Rel. ist in Deutschland seit dem 19. Jh. zu beobachten. LUDWIG FEUERBACH (1804 – 1872) sieht in der rel. Symbolik die Projektion menschlicher Wünsche und Hoffnungen, er weist ihnen die Funktion zu, enttäuschende Lebenserfahrungen in Gestalt von Hoffnungen zu kompensieren. KARL MARX (1818 – 1883) reicht dieser Ansatz nicht weit genug, er fragt nach den Bedingungen, die derartige Kompensationen nötig machen, und sieht sie in den wirtschaftlichen Gegebenheiten einer Gesellschaft, in der Menschen von Menschen unterdrückt werden. Die rel. →Institutionen gelten als Bestandteile des Herrschaftsmechanismus. FEUERBACH wie MARX markieren insofern den Beginn rel. soziol. Analyse, als sie nach den funktionalen Bedingungen für das Vorhandensein von Rel. fragen, Rel. also gesellschaftlich von bestimmten zu erfüllenden Funktionen ableiten. Dabei wählt MARX einen genuinen *soziologischen* Ansatz, er fragt nach den *gesellschaftlichen* Konstellationen, die Rel. erforderlich machen. FEUERBACHS Religionskritik bildet eher diese Basis für einen individualpsychologischen Ansatz, wie er später von SIGMUND FREUD entfaltet wird. Das funktionale Religionsverständnis bleibt innerhalb der R. bis in die Gegenwart hinein beherrschend.

Während die erste Phase der Entstehung der R. als religionskrit. Phase beschrieben werden muß, setzt eine zweite Phase in der zweiten Hälfte des 19. Jahrhunderts ein. In ihr konstituiert sich R. als analytische Wissenschaft, dabei werden Impulse aus der Ethnologie aufgenommen. Von weitreichendem Einfluß sind in diesem Zusammenhang die Arbeiten von EMILE DURKHEIM (1858 – 1917). Für ihn ist Rel. Ausdruck des Kollektivbewußtseins, sie wirkt in der Gesellschaft integrativ, indem sie ein letztes fundierendes Symbolsystem zur Verfügung stellt. DURKHEIM ist über den Bereich der R. hinaus für die Entwicklung der Soziologie als Wissenschaft von nicht zu unterschätzendem Einfluß.

Auch in Deutschland ist einer der Väter der Soziologie zugleich wesentlich Religionssoziologe, nämlich MAX WEBER (1864 – 1920). Zusammen mit ERNST TROELTSCH (1865 – 1923) leitet er eine Betrachtungsweise ein, die in der Rel. nicht nur eine abhängige Größe sieht, sondern einen gesellschaftsgestaltenden Faktor. WEBERS Interesse gilt der Entstehung der modernen Welt und in diesem Zusammenhang gerade auch der Frage der Entstehung ihrer Ökonomie. Der moderne Kapitalismus ist seiner Meinung nach durch den →Calvinismus wesentlich mitbestimmt, darüber hinaus ist der die moderne Welt prägende Rationalisierungsprozeß nicht ohne rel. Einfluß (Entzauberung der Welt) denkbar.

Die empirische R. war seit dem 19. Jahrhundert wesentlich von praktischen Interessen der Theologen mitbestimmt. So hat beispielsweise der lutherische Theologe ALEXANDER VON OETTINGEN damals übliche Verfahren der Moralstatistik übernommen, um seine →Sozialethik auf eine empirische Grundlage zu stellen. Die Kirchenkunde PAUL DREWS (erschienen seit 1902) beschreibt das kirchl. Leben in einzelnen deutschen Landeskirchen und wertet dabei auch statistische Materialien aus. In den zwanziger Jahren entstehen Studien zur Situation der Arbeiter und ihres Verhältnisses zur Kirche.

Ein besonderes Problem der empirischen Forschungen ist, daß sie sich weitgehend auf explizite rel. Phänomene beziehen und damit speziell sogar auf kirchl. Verhaltensweisen im engeren Sinne. Diese Engführung zur Kirchensoziologie hat die R. in Deutschland insbesondere in ihrer Phase nach 1945 bestimmt. In der Zeit des →Nationalsozialismus war sie sowieso zum Erliegen gekommen. Die kirchensoziologische Akzentuierung war durch Forschungen in Holland (J. P. KRUIJT) und Frankreich (G. LE BRAS) mitbeeinflußt. Dort hatte schon seit 1930 sich ein besonderes Forschungsinteresse für die explizit vollzogene Kirchlichkeit oder Nichtkirchlichkeit ergeben. G. LE BRAS und F. BOULARD hatten nach dem Zweiten Weltkrieg sogar eine rel. Kartographie Frankreichs entwickelt. In Deutschland konzentrierte sich das Interesse zunächst besonders stark auf das Leben der Kirchen bzw. Pfarrgemeinden. Das Interesse an dieser Arbeit hatte im Rahmen der kath. Kirche zur Einrichtung von speziellen Forschungsinstituten geführt. Dies war im Protestantismus nicht in gleichem Maße der Fall, erst um 1970 setzte dort, nicht zuletzt in Folge der Kirchenaustrittsbewegung, ein deutlicheres Interesse an kirchen- bzw. religionssoziol. Fragestellungen ein. Seitdem gibt es eine Reihe von Forschungsvorhaben, die sich mit der Situation der Kirchen, ihrer Mitgliedschaft, mit der Frage der kirchlichen Berufsrollen, der religiösen Sozialisation u. a. intensiv beschäftigen. Typisch für diese Projekte ist, daß sie im allgemeinen nicht allein einen religionssoziol. Bezugsrahmen haben, sondern von anderen soziol. Teildisziplinen in ihren Fragestellungen bestimmt sind (Organisationssoziologie, Sozialisationstheorie u. a.). Dies hängt im wesentlichen damit zusammen, daß kirchliche Auftraggeber die Praxisrelevanz dieser Forschungsansätze einklagen.

In der Bundesrep. Dtschld. kam es zu Beginn der sechziger Jahre zu einer Rückbesinnung auf über die Kirchensoziologie hinausreichende religionssoziol. Forschungsansätze. Einflußreich in diesem Zusammenhang waren die Religionstheorie von THOMAS LUCKMANN (1963) und die Thesen von JOACHIM MATTHES (1964), wobei letzterer auch auf Arbeiten des Theologen TRUTZ RENDTORFF zurückgreifen konnte. MATTHES und RENDTORFF plädierten für eine religionssoziol. Arbeit, die die Vielfalt der nach wie vor in der modernen Gesellschaft wirksamen Traditionen des Christentums zu erfassen vermag. LUCKMANN vertrat einen noch viel weiterreichenden Ansatz, er forderte eine R., die bereits in Konstitutionsbedingungen des Menschen, in seiner Fähigkeit, Wirklichkeit sprachlich zu begreifen und damit zu schaffen, in der Möglichkeit, sich selbst zu transzendieren, Rel. gegeben sieht. Der Gegenstand der R. im LUCKMANNschen Sinne ist also nicht allein die kirchl. institutionalisierte Rel., nicht allein Rel. in ihrer christl. Gestalt oder in der Gestalt vergleichbarer Religionsausprägungen, sondern Rel. ist überall schon dort, wo der Mensch als Mensch symbolisch Welt errichtet. Von daher wird es notwendig, jenen Erscheinungsformen von Rel. nachzuspüren, die in der gegenwärtigen Gesellschaft präsent sind, ohne daß sie sich selbst explizit als rel. verstehen.

Die Forderung nach einer über die Kirchensoziologie hinausreichenden R. hat auch im Rahmen der kirchensoziol. Arbeit zu deren stärkerer theoretischer Fundierung geführt. Besonders wichtig war in diesem Zusammenhang der Strukturfunktionalismus des amerikanischen Soziologen TALCOTT PARSONS (1902 – 1979), der seinerseits auf den Arbeiten von DURKHEIM, WEBER, aber auch FREUD, basiert. In der neueren deutschen Diskussion hat NIKLAS LUHMANN, von einem systemtheoretischen Ansatz ausgehend, eine Rel.theorie entwickelt, die es erlaubt, religionssoziol. und kirchensoziol. Fragestellungen innerhalb eines gemeinsamen Bezugsrahmens anzusiedeln. LUHMANN weist der Rel. auf der gesamtgesellschaftlichen Handlungsebene insbesondere die Funktion der Kontingenzbewältigung zu.

2. Theoretische Probleme. Die gegenwärtige Theoriediskussion, vornehmlich in der deutschen R., ist wesentlich geprägt von der älteren wie jüngeren geschichtl. Entwicklung innerhalb der Disziplin wie der Soziologie im ganzen. Es ist auffällig, wie deutlich sich gerade soziol. Grundpositionen im Feld der R. verdichten. Dabei steht in der Regel auch ein jeweiliges Gesamtverständnis der Gesellschaft zur Diskussion. Aufschlußreich ist in diesem Zusammenhang die Deutung des Prozesses der →*Säkularisierung,* die den Wertewandel der entstehenden, sich ausbauenden und zu ihrer breiten Entfaltung kommenden Industriegesellschaft seit den letzten zwei Jh. begleitet. Werden die kirchl. Teilnahmenormen zugrunde gelegt, kann von einem Prozeß der *Entkirchlichung* gesprochen werden. Dieser Prozeß wurde dadurch verstärkt, daß die Kirche als Institution gesellschaftliche Funktionen, die im älteren, weniger differenzierten System mitverwaltet wurden, abgegeben hat. Für eine soziol. Perspektive, die institutionalisierte Rel. und Rel. ganz allgemein gleichsetzt, wird der Prozeß der Entkirchlichung zum Hinweis auf eine umfassende Säkularisierung im Sinne von Religionsverlust. Die Gegenthesen gehen davon aus, daß von einem Religionsverständnis ausgegangen werden muß, das auch die nichtinstitutionalisierbaren Äußerungsformen mit umschließt. Dies führt zu einer Gegenwartsinterpretation, die die christl. Tradition in vielfacher Weise gesellschaftlich wirksam sieht. Von einer säkularisierten Gesellschaft wird innerhalb dieses Konzeptes nur sehr behutsam gesprochen, dies gilt erst recht, wenn Rel. zu den konstitutiven Bedingungen menschlichen Lebens gezählt wird. Von dieser Auffassung her gesehen kann die gegenwärtige Gesellschaft keineswegs als religionslose begriffen werden. Aufgabe ist vielmehr, die neuen Äußerungsformen des Religiösen jenseits der überkommenen Tradition und ihrer institutionellen Ausformung zu entdecken.

Für die Anfangsphase der R. hatte sich das Bemühen um das Verständnis der Funktion der Rel. innerhalb der Gesellschaft zum Teil intensiv mit *evolutionstheoretischen* Vorstellungen verbunden: Die religionslose Gesellschaft galt als die neue Gesellschaft, als die Gesellschaft des Fortschritts. Jüngste geschichtliche Erfahrungen haben derartige Theorien unmöglich gemacht. Die Frage nach der gesellschaftlichen Evolution und der Funktion der Rel. konnte vor diesem Hintergrund neu gestellt werden. Arbeiten von BELLAH, HABERMAS, DUX, aber auch LUHMANN müssen in diesem Zusammenhang genannt werden.

Daß es der R. wesentlich auch um das Verstehen gegenwärtiger gesellschaftlicher Prozesse und Strukturen geht, und zwar gerade im Zusammenhang ihrer geschichtl. Genese, wird nicht in allen theoretischen Entwürfen gleich klar erkennbar. Im allgemeinen bleiben Entwürfe aus dem Umfeld der *phänomenologischen* R. besonders deutlich an den auch dem Alltagsbewußtsein offenen Erfahrungen, wenngleich natürlich dort, wo die religionsvergleichende Perspektive aufgegriffen wird, der Religionssoziologe im Interesse der Begriffs- und Kategorienbildung zu hochabstrakten Aussagen gelangt. Die strukturfunktionalistische und systemtheoretische Beschäftigung mit der Rel. vermeidet, zumindest auf der Ebene der Basistheorie, überhaupt einen substantiell gefüllten Religionsbegriff. Sie beschreibt Rel. von ihren Funktionen her, und zwar für den einzelnen (etwa im Sinne der Bereitstellung von Symbolen für die Identitätsbildung), gesellschaftliche Gruppen oder eine Gesamtgesellschaft (Kontingenzbewältigung, Integration u. a.). Auch in derartigen Entwürfen sind freilich Deutungsinteressen mitwirksam, die sich gerade auf gegenwärtige Erfahrungen beziehen.

3. Forschungsfelder der Religionssoziologie im deutschen Sprachraum. Die Abkehr von einer R., die sich in Kirchensoziologie erschöpft, war u. a. auch damit begründet worden, daß kirchensoziol. Projekte ungenügend theoretisch fundiert seien. Im Gegenzug wurde vielfach religionssoziol. Forschung als theoretische Arbeit begriffen, hier liegt sicherlich ein deutlicher Schwerpunkt heutiger Forschung. Neben systematischen Neuentwürfen (LUCKMANN, LUHMANN) steht die Beschäftigung mit der R. MAX WEBERS. In der kritischen Interpretation des WEBERschen Ansatzes wird zugleich nach den theoretischen Bedingungen gegenwärtiger R. gefragt.

Auffallend ist, daß in den achtziger Jahren das Interesse an einer *historischen* R. neu entstehen konnte. Dazu haben nicht zuletzt auch Beiträge von sozialgesch. interessierten Exegeten Anregungen gegeben (THEISSEN).

Die empirisch arbeitende R. beschäftigt sich begreiflicherweise in der Bundesrep. Dtschld. vorrangig mit institutionalisierten Formen der R. In diesem Zusammenhang sind etwa die Studien von F. X. KAUFMANN und seinen Schülern zur *Soziologie des Katholizismus* zu nennen.

Die empirische Erforschung der Kirche als Institution und des christl. Verhaltens der Bevölkerung widmete sich nach dem Zweiten Weltkrieg außer den Organisationsformen der Kirchengemeinde bzw. der Pfarrei auch den Problemen der Pfarrer. Auf der Grundlage der Rollentheorie wurde ihre Situation zu erfassen versucht. Seit den siebziger Jahren gibt es Untersuchungen zum Sozialisationsprozeß der Theologen. Berufsfeldanalysen anderer kirchlicher Mitarbeiter (Sozialarbeiter, Diakone) traten hinzu. Durch die Anwendung der Methoden der empirischen Sozialforschung, insbesondere der Technik des standardisierten Interviews, kam es zur Schwerpunktsetzung bei der Einstellungs- und Verhaltensforschung. Neben den von den beiden großen christlichen Kirchen in Auftrag gegebenen Umfragen entstanden eine ganze Reihe von kleineren Studien, die über das rel. Leben in der Bundesrep. Dtschld. Auskunft geben. Religionssoziol. gesehen zumindest ebenso wichtig sind Ansätze zur Erforschung der rel. Rituale und der rel. Sprache, also insgesamt der rel. Kommunikation und ihrer Institutionen. Eine theoretisch fundierte Zusammenfassung der bislang vorliegenden Forschungsergebnisse steht hier noch aus. Ein ausgesprochen geringes Interesse finden im Bereich der religionssoziol. Forschung in der Bundesrep. Dtschld. die →Freikirchen und die rel. Sondergemeinschaften (→Sekten). Im Blick auf letztere liefern kirchliche Beauftragte durchaus Material, das aber der weiteren Analyse und Interpretation bedarf. Im Gegensatz zu den USA und auch zu England hat sich die deutsche R. nur spärlich mit den neuen Religionsbildungen der Gegenwart beschäftigt, erst neuerdings liegen einzelne Arbeiten vor.

Das Übergangsfeld zwischen kirchlicher R. und außerkirchl. Religionsmanifestationen findet in den letzten Jahren durch Forschungen im Bereich der *religiösen Volkskunde* und zum Thema der *„civil religion“* Interesse. Einzelanalysen über *religiöse „Äquivalente“*, also Phänomene, die Funktionen von Rel. wie Kompensation, Tröstung, Kontingenzbewältigung, überhaupt Sinnstiftung, übernehmen können, ohne explizit Rel. zu sein, liegen z. T. vor und werden ansatzweise versucht, für weitere religionssoziol. Perspektiven sind sie jedoch noch nicht hinreichend fruchtbar gemacht. Die Soziologie *nicht-*

christl. Religionen ist in der Bundesrepublik kein vorrangiges Forschungsgebiet. Wo entsprechende Fragestellungen aufgegriffen werden, geschieht dies in der Regel durch Religionswissenschaftler.

Die Forschungslage in der DDR ist unübersichtlich. Kirchl. Amtsstellen sind zum Teil an religionssoziol. Fragestellungen interessiert, einzelne theol. Dissertationen beschäftigen sich mit religions- und kirchensoziol. Problemstellungen. Ergebnisse von empirischen Untersuchungen dürfen im allgemeinen nicht veröffentlicht werden, Universitätsinstitute der Atheismusforschung beschäftigen sich offensichtlich mit dem Problem der Rel., Arbeitsergebnisse werden jedoch nicht publiziert.

International gesehen hat die empirische Religionsforschung ein Zentrum in den USA. Dort entstehen eine Vielzahl von Detailforschungen, darüber hinaus auch immer wieder impulsgebende theoretische Beiträge. In Europa wird an Themen der R. schwerpunktmäßig in Holland, England, Frankreich, Italien, aber auch in Schweden und Finnland gearbeitet.

P. Drews, Evangelische Kirchenkunde, [VII]1902 ff. – E. Troeltsch, Die Soziallehren der christlichen Kirchen und Gruppen, 1912 – M. Weber, Gesammelte Aufsätze zur Religionssoziologie, [III]1920 – Ders., Wirtschaft und Gesellschaft, Studienausgabe, hg. v. J. Winckelmann, 1964 – J. Wach, Religionssoziologie, 1951 – K. Marx, Thesen über Feuerbach (1845), in: Karl Marx/Friedrich Engels, Werke, Berlin (Ost) 1956 ff., III, 5–7 – L. Feuerbach, Vorlesungen über das Wesen der Religion, in: Ludwig Feuerbach, Sämtliche Werke, neu hg. v. W. Bolin u. F. Jodl, Neudruck, Bd. VIII, 1960 – Th. Luckmann, Das Problem der Religion in der modernen Gesellschaft, 1963 – J. Matthes, Die Emigration der Kirche aus der Gesellschaft, 1964 – Ders., Religion und Gesellschaft – Einführung in die Religionssoziologie, I 1967; II 1968 – A. v. Oettingen, Die Moralstatistik, 1868 – J. M. Yinger, The Scientific Study of Religion, London, 1970 – P. L. Berger/Th. Luckmann, Die gesellschaftliche Konstruktion der Wirklichkeit, 1972[3] – G. Schmidtchen, Zwischen Kirche und Gesellschaft, 1972 – Ders., Gottesdienst in einer rationalen Welt, 1973 – J. Wössner (ed.), Religion im Umbruch, 1972 – P. L. Berger, Zur Dialektik von Religion und Gesellschaft, 1973 – R. Robertson, Einführung in die Religionssoziologie, 1973 – H. Hild (ed.), Wie stabil ist die Kirche?, 1974 – K.-W. Dahm/V. Drehsen/G. Kehrer, Das Jenseits der Gesellschaft – Religion im Prozeß sozialwissenschaftlicher Kritik, 1975 – N. Luhmann, Funktionen der Religion, 1977 – D. Martin, A General Theory of Secularisation, Oxford, 1978 – I. Mörth, Die gesellschaftliche Wirklichkeit von Religion, 1978 – E. Durkheim, Die elementaren Formen des religiösen Lebens, 1981 – B. Wilson, Religion in Sociological Perspective, Oxford University Press 1982 – K.-F. Daiber/Th. Luckmann (ed.), Religion in den Gegenwartsströmungen der deutschen Soziologie (Lit.), 1983 – J. Hanselmann/H. Hild/E. Lohse (ed.), Was wird aus der Kirche?, 1984.

Karl-Fritz Daiber

Religionsunterricht. I. Rechtl. Regelung. A. Normprogramme. Zentrale Bestimmung für den R. ist Art. 7 III S. 1, 2 GG: „Der R. ist in den öffentl. Schulen mit Ausnahme der bekenntnisfreien Schulen ordentl. Lehrfach. Unbeschadet des staatl. Aufsichtsrechtes wird der R. in Übereinstimmung mit den Grundsätzen der Religionsgemeinschaften erteilt." Während S. 1 eine organisationsrechtl. Regelung (→Staatsorganisation) ist, stellt S. 2 ein →Grundrecht jedenfalls der →Religionsgesellschaften dar. Diese Vorschrift stimmt fast wörtl. mit der Regelung der WV überein; deren Art. 149 I ist hist. eine Reaktion auf die laizistischen Strömungen um die Jahrhundertwende (→Laizismus). Der Staat des GG ist gleichzeitig auch der Freiheit des Glaubens, des Gewissens und des religiösen und weltanschaulichen Bekenntnisses verpflichtet (Art. 4 GG; →Glaubens-, Bekenntnis- und Gewissensfreiheit; →Religionsfreiheit; →Neutralität II). Konkretisierungen dieses Grundsatzes sowie des Diskriminierungsverbots aus religiösen Gründen (Art. 3 III, 33 III GG) sind für den Bereich des R.: Art. 7 II GG („Die Erziehungsberechtigten haben das Recht, über die Teilnahme des Kindes am R. zu bestimmen.") und Art. 7 III S. 3 GG („Kein Lehrer darf gegen seinen Willen verpflichtet werden, R. zu erteilen."). Art. 7 III S. 1 findet gem. Art. 141 GG „keine Anwendung in einem Lande, in dem am 1. Jan. 1949 eine andere landesrechtl. Regelung bestand". Dies trifft zu für: 1. *Bremen*; gem. Art. 32 I Brem. Verf. vom 21. Okt. 1947 wird in allgemeinbildenden öffentl. Schulen ein „bekenntnismäßig nicht gebundener Unterricht in Bibl. Geschichte auf allgemein christl. Grundlage" erteilt – 2. *Berlin*; gem. §§ 13–15 des Schulgesetzes vom 26. Juni 1948 ist der R. grds. „Sache der Kirchen, Religions- und Weltanschauungsgemeinschaften"; jedoch kommt ihnen der Staat organisatorisch und finanziell so weit entgegen, daß die Praxis nicht anders ist als unter der Geltung des Art. 7 III S. 1 GG. Sechs *Landesverf.* enthalten Normierungen über den R., die grds. gem. Art. 142 GG in Kraft bleiben: Art. 18 bad.-württ. Verf., Art. 136, 137 bay. Verf., Art. 57, 58 hess. Verf., Art. 14 nordrh.-westf. Verf., Art. 34, 35 rh.-pf. Verf., Art. 29 saarld. Verf. Diese wiederholen größtenteils Art. 7 II, III GG; teilweise enthalten sie darüber hinaus nähere Bestimmungen über: 1. die Bevollmächtigung der Religionslehrer durch die Religionsgemeinschaft (kath.: missio canonica, ev.: vocatio); 2. die Bestimmung der Lehrpläne und Lehrbücher im Einvernehmen mit der Religionsgemeinschaft; 3. die Einsichtnahme in den R. bzw. seine Beaufsichtigung durch die Religionsgemeinschaft (visitatio); 4. einen Alternativ-Unterricht für die Schüler, die sich vom R. abgemeldet haben (vgl. BVerwG, VRspr. 25, S. 415); 5. die Festlegung des 18. Lebensjahres als Beginn der Abmeldebefugnis der Schüler. Teilweise enthalten auch die Schulgesetze samt Verwaltungsvorschriften der Länder diese und weitere nähere Regelungen über den R. (→Schule, Schulrecht). Deren Gültigkeit ist im einzelnen am Maßstab des Rechts der →Verfassung zu bestimmen; einschlägig sind außer Art. 7 GG: Art. 4 GG, die weiteren staatskirchenrechtl. Normierungen des GG (→Kirche und Staat; →Staatskirchenrecht), Art. 31 GG sowie Art. 123 ff. GG (→Vertragsstaatskirchenrecht). Der R. ist ferner in verschiedenen Konkordaten und Kirchenverträgen geregelt (insbes. in Art. 21, 22 des Reichskonkordats); diese enthalten keine weitergehenden Rechte der Religionsgemeinschaften als nach den →Landesverf.en bestehen, so daß sich die Frage ihrer Gültigkeit hier nicht stellt.

B. „Ordentl. Lehrfach in den öffentl. Schulen.“ Ausgenommen sind die „bekenntnisfreien Schulen“, d. h. weltl. oder Weltanschauungsschulen. „Öffentl. Schulen“ stehen einmal im Gegensatz zu →Privatschulen; insofern fallen alle Schulen darunter, die vom Staat bzw. den Gemeinden (→Kommunalrecht) getragen werden. Im übrigen sind öffentl. die allgemeinbildenden Schulen und diejenigen Schulen, durch deren Besuch der Schulpflicht genügt wird, also: Volksschule (Grund- und Hauptschule), Realschule, Gymnasium, Sonderschule, Berufsschule, Berufsoberschule; nicht dagegen: Fachschulen und →Hochschulen. Durch Landesrecht ist teilweise – verf.mäßigerweise – der R. auch auf →Privatschulen als Ersatzschulen (Art. 7 IV GG) sowie auf solche Fachschulen erstreckt worden, zu deren Fachausbildung der R. gehört. „Ordentl.“ Lehrfach bedeutet, daß der R. grds. *Pflichtfach* – nicht Wahlfach – ist (unbeschadet der aus Art. 7 II, III S. 3 folgenden Besonderheiten). Er ist danach anderen Fächern grds. gleichberechtigt. Welchen Fächern gegenüber er jeweils gleichberechtigt ist, bleibt allerdings verf.rechtl. offen (zB Nebenfach – Hauptfach; zweistündig – dreistündig; versetzungserheblich – nicht versetzungserheblich, vgl. BVerwGE 42, 346 ff.); dieser Spielraum steht den Ländern zur eigenverantwortl. Gestaltung offen. Im traditionellen dt. schulorganisatorischen System der Jahrgangsklassen heißt Pflichtfach, daß der R. jedes Jahr im Fächerkanon vertreten ist. In der neugestalteten gymnasialen Oberstufe zählt der R. zum „Pflichtbereich“; den neuen curricularen und didaktischen Prinzipien entsprechend kann der R. in diesem Rahmen zB auf bestimmte Jahrgangsstufen konzentriert werden. Aus dem Charakter als ordentliches Lehrfach folgt auch, daß die Landesgesetzgebung gewisse Mindestschülerzahlen für die Erteilung des R. festsetzen darf.

C. „Übereinstimmung mit den Grundsätzen der Religionsgemeinschaften.“ Grds. untersteht auch der R. der staatl. Schulaufsicht, d. i. das Organisations- und Gestaltungsrecht über die Schule. R. ist „staatl. Aufgabe“; eine Delegation an die Religionsgemeinschaften ist unter der Geltung des Art. 7 III nicht möglich. Der Staat hat die erforderlichen sachl. und personellen Voraussetzungen des R. zu schaffen. Auf die inhaltl. Gestaltung des R. haben die Religionsgemeinschaften demgegenüber maßgebenden Einfluß. Religionsgemeinschaften sind nicht nur diejenigen, die die Rechte einer Körperschaft des →öff. Rechts erworben haben; es genügt die Erlangung einer bürgerl.-rechtl. Rechtsfähigkeit (Art. 140 GG i. V. m. Art. 137 IV WV). Unter dieser Voraussetzung kann zB auch islamischer R. (→Islam) erteilt werden. Früher wurde allgemein angenommen, der R. sei „in konfessioneller Positivität und Gebundenheit“ zu erteilen. Eine staatl. Festlegung der „Grundsätze der Religionsgemeinschaften“ kann es jedoch nicht geben; deren Kommunikationsform ist von ihrem Inhalt nicht abstrahierbar; Inhalt und Aufgabe des R. können daher von den Religionsgemeinschaften – ggf. auch neu – bestimmt werden. Danach ist sowohl ein R. möglich, der nicht mehr „Glaubenssätze als bestehende Wahrheiten verkündigt“, als auch ein „konfessionell-kooperativer“, „bikonfessioneller“, „multikonfessioneller“ oder „konfessionell geöffneter“ R. (str.). Es ist den Religionsgemeinschaften überlassen, in welchem Umfang sie konfessionsfremde Schüler an ihrem R. teilnehmen lassen (BVerwGE 68, 16 ff.). Im übrigen folgt aus Art. 7 III S. 2 GG, daß die landesrechtl. und kirchenvertragl. Regelungen über die missio canonica bzw. vocatio, die Herstellung des Einvernehmens bezügl. der Lehrpläne und Lehrbücher sowie die visitatio sich grds. im Rahmen der Verf. halten (str.). Wegen der inhaltl. Bestimmungsbefugnis der Religionsgemeinschaften ist auch die staatl. Dienstaufsicht über die Religionslehrer eingeschränkt.

D. Freiwilligkeit des R. Nach Art. 7 II GG haben die Erziehungsberechtigten das Recht, das Kind vom R. abzumelden; daneben stehen auch Jugendlichen die Rechte des Art. 4 GG zu (Problem der Grundrechtsmündigkeit, →Grundrechte). Verf.konforme Vermittlung wird hier durch das Reichsgesetz über die religiöse Kindererziehung vom 15. Juli 1921 (RKEG) geleistet (→Religiöse Kindererziehung). Danach steht bis zum 12. Lebensjahr des Kindes den Eltern allein die Entscheidung zu; vom 12. Lebensjahr an bedarf die Entscheidung der Eltern der Zustimmung des Kindes; nach dem 14. Lebensjahr steht dem Kind die Entscheidung allein zu (§ 5 S. 2 RKEG). Die hiervon abweichenden Regelungen des Art. 137 I bay. Verf., Art. 35 I rh.-pf. Verf., Art. 29 II S. 3 saarld. Verf. (Entscheidungsrecht des Kindes ab 18. Lebensjahr) sind mit Inkrafttreten des GG ungültig geworden (str.). Auch die Lehrer können sich weigern, R. zu erteilen (Art. 7 III S. 3 GG); daraus dürfen ihnen keine Nachteile entstehen; allerdings darf ein Lehrer nach allg. beamtenrechtl. Grds. dorthin versetzt werden, wo seine Lehrbefähigung benötigt wird.

E. Verfassungswandel. Die einhellig konstatierte kritische Situation des R. (Forderungen nach Abschaffung des R., erhebl. Quote der Abmeldungen vom R., Umbruch in der [religions-]pädagogischen Theorie) läßt die Frage nach der normativen Bestandskraft des R. stellen.

Art. 7 III S. 1 GG wäre nur durch eine förml. Verf.änderung abzuschaffen (Art. 79 I, II GG). Da Verf.durchbrechungen unter dem GG nicht möglich sind, bliebe die Möglichkeit eines Verf.wandels; der hat aber ganz grundsätzl. Veränderungen der sozialen Grundlage verf.rechtl. Normierungen zur Voraussetzung. ZB könnte Art. 7 III S. 2 GG obsolet werden, wenn die Religionsgemeinschaften jedes Interesse am R. in öffentl. Schulen verlören. Ein derartiger Verf.wandel ist nicht in Sicht.

II. Pädagogische Gestaltung des R. A. Entwicklung der ev. Religionspädagogik im 20. Jh. (→Schule und Kirche; →Pädagogik). Der zu Beginn des Jh. herrschenden Auffassung, der R. habe zum Erziehungsziel der allgemein religiös-sittl. Persönlichkeit beizutragen, wurden in den 20er und 30er Jahren neuere theol. Begründungen einer Zuordnung von Verkündigung und Schule entgegengesetzt (G. BOHNE, M. RANG, O. HAMMELSBECK). Die Akzente lagen durchaus unterschiedlich: Teils wurde eine Eingliederung des Unterrichts in die Kirche angestrebt, teils wurden Differenzierungen des Verkündigungsbegriffs für den Unterricht herausgearbeitet. Nach dem Zweiten Weltkrieg wurde das Programm der *Kirche in der Schule* wieder aufgenommen: „Ev. Unterweisung, so heißt die uns gestellte Aufgabe – nie wieder R.!" (H. KITTEL). Der Religionslehrer war dementsprechend Bekenner, Verkündiger, Zeuge, Missionar. Ende der 50er Jahre setzte sich jedoch eine tiefgreifende Neuorientierung durch (wegweisend: M. STALLMANN, G. OTTO): Der R. sei immer auch pädagogisch zu begründen; er sei Verwirklichung eines Bildungsauftrags, nicht eines Verkündigungsauftrags; schlagwortartig zusammengefaßt: Information statt Verkündigung, Belehrung statt Bekehrung. In diesem Zusammenhang wurde auch die Forderung nach *Abschaffung des konfessionellen R.* erhoben: Der komplexe Sach- und Problemzusammenhang von Religion und Gesellschaft sei weder individuell noch kollektiv in der Begrenzung eines konfessionellen R. zu erfassen. Der R. hatte darüber hinaus teil an den neueren Entwicklungen der Didaktik (problemorientierter Unterricht) und der Curriculum-Theorie; dabei wurde auch eine weitgehende Differenzierung nach Schultypen und Altersstufen vorgenommen. Der rein pädagogischen Begr. wurde in der Folge entgegengehalten, daß die christl. Glaubenstradition ihren Platz im R. behalten müsse. Auch wurde dem R. die Aufgabe zuerkannt, persönl. Konfliktsituationen bewußt zu machen und aufzuarbeiten (therapeutischer R.). In letzter Zeit bemüht man sich um eine Synthese dieser verschiedenen Aspekte. – Die →EKD hat sich in einer Stellungnahme ihres Rates vom 7. 7. 1971 zu verf.-rechtl. Fragen des R. und in der Entschließung der 4. →Synode vom 12. 11. 1971 zur inhaltl. Gestaltung des R. geäußert.

B. Zur Situation der kath. Religionspädagogik. Hier hat man länger an der Verkündigungskonzeption festgehalten: „Unterricht kann erst einsetzen, wenn die Frohbotschaft als Ganzes schon verkündigt und angenommen wurde. Das Kerygma ist das erste; Lehre ist das zweite" (G. WEBER). In den 70er Jahren wurde auch hier die Forderung nach Entkonfessionalisierung des R. erhoben (H. HALBFAS). Der Beschl. der Gemeinsamen Synode der Bistümer in der Bundesrep. Dtschld. von 1975 (→Konzil) vertritt eine vermittelnde Position, indem er den R. pädagogisch und theol. begr.: Der R. soll sowohl informieren als auch den Verkündungsauftrag der Kirche in seinen Lernzielen und -inhalten berücksichtigen.

E. C. HELMREICH, R. in Dtschld., 1966 – E. FEIFEL u. a. (ed.), Handbuch der Religionspädagogik, I – III, (1973 – 1975) 1977/78² – R. VANDRÉ, Schule, Lehrer und Unterricht im 19. Jh., 1973 – F. MÜLLER, B. PIEROTH, R. als ordentl. Lehrfach, 1974 – TH. MAUNZ, Der R. in verfassungsrechtl. und vertragskirchenrechtl. Sicht, 1974 – C. LINK, in: HdbStKirchR, E. FRIESENHAHN und U. SCHEUNER (ed.), II1975, 503 – 546 – D. EHLERS, Entkonfessionalisierung des R., 1975 – K. E. NIPKOW, Grundfragen der Religionspädagogik, I – III, 1975 – 1982 – A. LÄPPLE, Der R. 1945 – 1975, 1975 – A. v. CAMPENHAUSEN, DVBl. 1976, 609 – 615 – W. LEISNER, Das staatl. Aufsichtsrecht über den R. unter bes. Berücksichtigung der Lehrpläne und Lehrmittel, 1976 – H. J. DÖRGER, J. LOTT, G. OTTO, Einführung in die Religionspädagogik, 1977 – G. BOCKWOLDT, Religionspädagogik, 1977 – F.-G. v. BUSSE, Gemeinsame Angelegenheiten von Staat und Kirche, 1978 – E. BOCHINGER, E. PAUL, Einführung in die Religionspädagogik, 1979 – F. WEIDMANN (ed.), Didaktik des R., (1979) 1983³ – D. STOODT, Einführung in das Studium der Ev. Religionspädagogik, 1980 – G. EISELT, DÖV 1981, 205 – 211 – K. WEGENAST, Religionspädagogik, I – II, 1981/1983 – J. WINTER, Bad.-Württ. VBl. 1982, 287 – 291 – J. LISTL (ed.), Der R. als bekenntnisgebundenes Lehrfach, 1983 – W. BARTHOLOMÄUS, Einführung in die Religionspädagogik, 1983 – G. ADAM, R. LACHMANN (ed.), Religionspädagogisches Kompendium, 1984.

Bodo Pieroth

Rentenversicherung →Sozialversicherung

Repräsentation. Der Begriff der R. spielt eine bes. Rolle im religiösen Bereich wie in der →Soziologie, →Politik und Rechtswissenschaft. Insbes. hat man sich in den letzten Jahrzehnten in steigendem Maße in der Politischen Wissenschaft, der Verf.theorie und dem Verf.recht mit dem spezifischen Wesen dieses Phänomens näher befaßt.

1. Zum *Wesen* der R. gehört, daß etwas, was nicht präsent ist, gegenwärtig gemacht wird. Ihre spezifisch dialektische Funktion besteht darin, daß etwas zugleich als abwesend und doch gegenwärtig vorgestellt wird. Soweit es sich um eine Person oder eine irgendwie personifizierte Einheit handelt, die durch den Repräsentanten noch einmal gegenwärtig gemacht wird, kann man sagen, daß der R. die Duplizität der personellen Existenz wesensmäßig eigen ist. Daher ist der Begriff der R. von dem der *Identität,* die auf dem Gedanken der Einheit und nicht der Zweiheit beruht, grds. zu unterscheiden.

Die R. setzt eine höhere Art Sein voraus, das durch die R. in der Person des Repräsentanten noch einmal präsent gemacht wird. Sie ist in einer spezifisch ideellen Wertsphäre verhaftet und unterscheidet sich schon hierdurch grds. von dem der Rechtswissenschaft geläufigen Begriff der *Vertretung*. Transzendente Ordnungsmächte und Ideen, Gemeinschaften, wie zB die →Kirche, das →Volk, die →Nation, der →Staat, die durch bestimmte ideelle Werte zusammengehalten werden, können repräsentiert werden. Von Vertretung spricht man dagegen, wenn jemand zB seine privaten Interessen durch eine andere, von seinem Willen abhängige Person wahrnehmen läßt. Richtigerweise sollte man auch nicht von R., sondern von Vertretung bestimmter wirtschaftl. und sozialer Interessen sprechen, wenn es sich darum handelt, daß diese sach- und fachkundig durch bestimmte wirtschaftl. →Verbände, Gruppen, Organisationen wahrgenommen werden sollen (s. a. Pluralismus). So wenig wie die einzelnen berufl., wirtschaftl. und sozialen Interessen repräsentiert werden, ist das Zusammenspiel dieser Interessen, das mit Hilfe eines sozialen Interessenpluralismus zustandekommen mag, der R. fähig.

2. Vom *Symbol* unterscheidet sich die R. dadurch, daß das Symbol seiner ursprüngl. Intention nach ein Zeichen ist, das an einen außerhalb seiner selbst liegenden Bezug erinnert. Erfährt das Symbol eine Bedeutungssteigerung in dem Sinne, daß es – wie zB bei dem Kreuz des Christentums, der Krone oder der Fahne – bestimmte Werte verkörpert, so unterscheidet sich die R. vom Symbol dadurch, daß dieses durch einen Gegenstand, die R. aber durch eine Person, den Repräsentanten, den Bezug zu den gegenwärtig gemachten Werten herstellt.

3. Mit jeder R. ist ein bestimmter Zweck verbunden. Dieser besteht häufig darin, daß der Repräsentant den Repräsentierten gegenüber einem Dritten, dem sog. Adressaten der R., repräsentiert. So zB repräsentierte in der konstitutionellen Monarchie des 19. Jh. das →Parlament das Volk gegenüber dem Monarchen und der von diesem abhängigen →Regierung. So repräsentieren Diplomaten die von ihnen repräsentierten Länder gegenüber den zur Entgegennahme legitimierten Verf.organen des Gastlandes. Doch gehört die Existenz eines Adressaten nicht notwendig zum Begriff der R. Im modernen parlamentarisch-demokratischen Verfassungsstaat zB gibt es dem Parlament gegenüber, selbst wenn man diesem noch einen repräsentativen Charakter zuschreibt, einen Adressaten nicht mehr, den man als gleichberechtigten Gegenspieler dem Parlament gegenüberstellen könnte, da die Mehrheit des Parlaments – jedenfalls beim →parlamentarischen Regierungssystem – der Regierung nahesteht und selbst einen gouvernementalen Charakter annimmt.

4. Gehört es zum Tatbestand der R., daß der Repräsentierte noch einmal durch den Repräsentanten präsent gemacht wird, so muß sein Verhalten den durch ihn Repräsentierten (zB Volk, Nation, Staat) politisch wie rechtlich zugerechnet werden können. Diese Notwendigkeit erklärt die große verfassungsrechtl. Bedeutung des repräsentativen Prinzips für den repräsentativen modernen Staat. Sie besteht darin, daß mit seiner Hilfe repräsentative Instanzen, gleichgültig, wie diese im einzelnen formiert sein mögen, die vielspältige Menge von Individualwillen zu einem individualisierten Gemeinschaftswillen zusammenschließen. Die Bildung des Gemeinwillens (volonté générale) eines Volkes wird weitgehend erst mit Hilfe des politischen Prinzips der R. ermöglicht. Verfassungstheoretisch wie verfassungsrechtl. gehört somit das R.prinzip zu den wichtigsten Konstitutionsprinzipien des modernen repräsentativen Staates. Vor allem in der repräsentativen →Demokratie wird erst mit seiner Hilfe die Herrschaft des Volkes als Einheit über das Volk als Vielheit sichergestellt.

Im einzelnen kann man verschiedene Formen unterscheiden, die zu einer Gemeinwillensbildung in einem repräsentativen staatl. Gemeinwesen führen. Dort, wo der Repräsentant, wie in der absoluten Monarchie, mit dem Souveränitätssubjekt identisch ist („L'état c'est moi"), kann man zB von einer souveränen (oder wenn man will cäsaristischen) R. sprechen und diese der magistratischen R. gegenüberstellen (HELLER), in der der Souverän (wie zB in der repräsentativen Demokratie das Volk) durch die Repräsentanten noch einmal präsent gemacht wird. Für die parlamentarisch-repräsentative Demokratie ist dabei charakteristisch, daß in ihr die politische Entscheidungsgewalt, um einen etwaigen Machtmißbrauch zu verhindern, einer Mehrheit von sich wechselseitig kontrollierenden repräsentativen Instanzen (Präsident, Regierung, Parlament) anvertraut wird (s. a. Gewaltenteilung).

5. Die Bedeutung des repräsentativen Prinzips erschöpft sich nicht darin, daß mit seiner Hilfe die politische Willensbildung im modernen Staate ermöglicht wird. Da jede R. im Bereich der politischen Willensbildung die Ausübung von Macht voraussetzt, erfüllt die R. – ihrem idealtypischen Ansatzpunkt nach – zugleich auch bestimmte, die politische Elitebildung fördernde Funktionen im Staate. Repräsentanten suchen sich als Führer vor den von ihnen Geführten und Repräsentierten zu bewähren. Sie haben einen bes. Status, der nicht selten zu ihrer Privilegierung führt. Diese Privilegien werden zB bei den Diplomaten unter dem Begriff der Exterritorialität zusammengefaßt. Insofern enthält die R. zugleich ein aristokratisches Element und ist nicht zufällig die parlamentarische repräsentative Demokratie geradezu als eine aristokratisch veredelte Demokratie bezeichnet worden, die zugleich Funktionen im Dienste der Erziehung und politischen Bildung des Volkes zu erfüllen hat.

6. Schließlich ist es auch eine Funktion der R., die Werte, die eine Gemeinschaft zu einer konkreten Werttotalität zusammenschließen, der Nation sichtbar zu machen. Diese Funktion der R. tritt insbes. dann in Erscheinung, wenn die Nation und Staat repräsentierenden Personen nicht in den Prozeß der politischen Willensbildung eingeschaltet sind. Im Gegensatz zu dieser mehr im Dynamischen verhafteten R. kann man bei jener von einer mehr statischen R. sprechen, deren Aufgabe es ist, den Repräsentierten in seinem „ruhenden" Zustand präsent zu machen. Der repräsentative Status der Staatsoberhäupter in Monarchien wie Republiken erschöpft sich zB heute im wesentlichen darin, Volk, Nation und Staat in ihrem „Da- und Sosein" präsent zu machen. Gleiches gilt dem Prinzip nach auch von den ordnungsmäßig akkreditierten Diplomaten eines Landes, die aufgerufen sind, in dem Gastland die von ihnen repräsentierte Nation noch einmal durch ihre Person gegenwärtig zu machen. Ihr besonderer repräsentativer Status vermittelt ihnen eine besondere Würde und Autorität.

7. R. ist in ihrer Wirkungsträchtigkeit nicht an ein bestimmtes politisches Formprinzip gebunden. R. hat es gegeben, lange bevor die Staaten sich in demokratischen Formen organisiert haben. Man denke nur an die absolute und konstitutionelle Monarchie. Auch innerhalb der klassischen Demokratie kann man verschiedene Formen der R. unterscheiden, je nachdem diese einen mehr präsidentiell-autoritären Charakter annehmen (USA auf der einen Seite, Frankreich der V. Republik auf der anderen Seite) oder die Demokratien sich mehr oder weniger zum traditionell parlamentarischen Repräsentativsystem bekennen. Dieses System, das zunächst in England und seit der Franz. Revolution auch auf dem europ. Kontinent sich entwickelt hat und sodann von außereurop. Ländern übernommen worden ist, setzt ein auf Volkswahlen beruhendes Parlament voraus, das aufgerufen ist, das Volksganze zu repräsentieren und an der politischen Willensbildung des Volkes entweder teilzunehmen (so in der konstitutionellen Monarchie) oder, wie in der modernen Demokratie, die maßgeblichen politischen Entscheidungen (G.gebung, Etatbewilligung, Ratifizierung von Staatsverträgen) selber zu treffen. Nach den dem parlamentarischen Repräsentativsystem zugrunde liegenden ideellen Vorstellungen wird in diesem das Volk oder die Nation als Ganzes, d. h. als politisch ideelle Einheit und nicht als die Summe der vereinzelt gedachten Individuen repräsentiert. Deshalb gehört es zum Wesen des parlamentarischen Repräsentativsystems im Gegensatz zu den früheren ständischen Versammlungen wie auch dem System einer berufsständisch-syndikalistisch-korporativen Vertretung (sog. *vocational or functional representation*), daß in jenem nicht partikulare Interessen und bes. Rechte bestimmter Bevölkerungsgruppen und Berufsschichten vertreten werden, sondern das, was man gemeinhin unter dem „Allgemeinwohl" oder dem „Gesamtinteresse" des Volkes versteht, durch das Parlament wahrgenommen wird.

8. Gehört der Bezug zum Volksganzen zum Wesen des parlamentarisch repräsentativen Systems, so ist verständl., warum in allen geschriebenen Verf.en, die sich zum parlamentarischen Repräsentativsystem bekennen (zB auch Art. 38 I S. 2 GG), ausdrückl. festgelegt ist, daß die →Abgeordneten nicht an Aufträge und Weisungen gebunden sind. Wäre der einzelne Abgeordnete in seinen Entschließungen von dem Willen eines Auftraggebers (zB der Wähler, der →Parteien, der →Verbände) abhängig, so würde er damit letzten Endes eine capitis diminutio erleiden und zu einem Sendboten degradiert werden. Eine Fraktionsdisziplin, die sich in einer blinden Loyalität gegenüber den Fraktionsbeschlüssen äußert, ist daher grundsätzlich mit dem parlamentarischen Repräsentativsystem nicht vereinbar. Erst recht würde dieses von einem etwaigen imperativen Mandat oder sog. Fraktionszwang gelten. Auch der Versuch, den Abgeordneten für sein Verhalten im Parlament gegenüber Fraktion und Partei verantwortl. zu machen, ist mit den Grundlagen des parlamentarischen Repräsentativsystems nicht vereinbar, da dieses von der Annahme ausgeht, daß eine solche Verantwortungspflicht die verfassungsmäßig verbürgte Entschließungsfreiheit des Abgeordneten und damit seinen repräsentativen Status gefährdet. Als der einzige Maßstab vielmehr, an dem der Abgeordnete seine Entscheidungen messen darf, fungiert das →Gewissen, das allein die Legitimität der von den Repräsentanten zu fällenden Entscheidungen zu gewährleisten vermag. Damit ist zugleich im parlamentarischen Repräsentativsystem der Einführung des Recall in seinen verschiedenen Erscheinungsformen die Grundlage entzogen.

9. Gehört zum Wesen der R. (im Gegensatz zur Vertretung), daß der Repräsentant in der Lage sein muß, seine Entscheidungen in Freiheit zu treffen, so folgt hieraus, daß im repräsentativen Verf.staat bes. jene Verf.organe zur R. des Volksganzen aufgerufen sind, die nach der verfassungsrechtl. Kompetenzordnung selbständig politische Entscheidungen zu fällen haben. Dies gilt vor allem für die Regierung, und zwar auch im Bereich des parlamentarischen Regierungssystems, da auch bei diesem die zur Regierung Berufenen eine eigene Initiative zu entfalten und im Rahmen der Verf. selbständig zu handeln haben. Umgekehrt können zB Beamte, Agenten, Funktionäre, soweit sie lediglich von anderen gefällte Entscheidungen auszuführen haben, nicht als Repräsentanten angesprochen werden, weil sie zu eigenschöpferischem, leitendem Handeln nicht fähig sind.

10. Im Bereich des →*Föderalismus* (→Bundesstaat) kann man von R. dann sprechen, wenn die föderalistischen Organe so zusammengesetzt sind, daß – wie dies zB im Senat in den →Vereinigten Staaten der Fall ist – die Mitglieder der Staatenkammer bei ihren Entschließungen unabhängig sind (Staatenhaussystem). Dort aber, wo die Mitglieder des föderalistischen Organs von den Regierungen der Gliedstaaten instruiert werden und zurückberufen werden können, wenn sie den ihnen erteilten Anweisungen nicht folgen (Bundesratssystem), werden die Gliedstaaten vertreten, aber nicht repräsentiert (s. a. Bundesrat).

11. Die Repräsentanten können grds. ihre Funktionen nur erfüllen, wenn ihr gesamtes Wirken sich im Lichte der Öffentlichkeit vollzieht. Insofern ist der R. eine grds. Tendenz zur Publizität eigen. Erst durch die Öffentlichkeit werden Repräsentanten und Repräsentierte zu einer inneren Einheit und einem Ganzen verbunden. Nicht zufällig ist daher im Zusammenhang mit dem parlamentarischen Repräsentativsystem die Öffentlichkeit als zu ihren geistesgeschichtl. Grundlagen gehörend bezeichnet worden, was nicht ausschließt, daß ausnahmsweise die zur R. Berufenen auch unter Ausschluß der Öffentlichkeit tätig sein können (Geheimdiplomatie).

12. Das klassisch parlamentarisch-repräsentative System wie darüber hinaus auch das „system of representative government" befindet sich seit langem in einer Krise. Im Gefolge der fortschreitenden radikal-egalitären Demokratisierung unseres gesamten politischen und gesellschaft. Lebens ist die alte parlamentarisch repräsentative Honoratiorendemokratie unterminiert worden. An ihre Stelle ist in der politischen Wirklichkeit die parteienstaatl. Demokratie getreten, die in einzelnen Verf.en, wie zB dem GG (Art. 21 I S. 1 GG) verfassungsrechtlich sanktioniert worden ist (→Parteien). In der parteienstaatl. Demokratie fungieren die Parteien als das Sprachrohr, dessen sich das mündig gewordene Volk bedient, um sich im politischen Raum artikuliert äußern zu können. Sie unterscheidet sich bei Lichte besehen nicht nur im technischen Detail, sondern in ihrer grds. Struktur entscheidend von der traditionell-liberalen, parlamentarisch-repräsentativen Demokratie. Dieser moderne Parteienstaat ist in Wirklichkeit seinem Wesen wie seiner Form nach eine rationalisierte Erscheinungsform der plebiszitären Demokratie. Hier wird der Gemeinwille nicht mit Hilfe des politischen Prinzips der R., sondern des Identitätsprinzips (ohne Beimischung repräsentativer Strukturelemente), und zwar dadurch gebildet, daß der Wille der jeweiligen Parteienmehrheit in Regierung und Parlament mit dem Volks- und Staatswillen identifiziert wird. So erklärt sich zB, warum heute im Parlament die öffentl. Diskussion einen zusätzl. plebiszitären Einschlag erhalten hat, warum die Wahlen in steigendem Maße zu plebiszitären Entscheidungen der Aktivbürgerschaft geworden sind und im Grunde genommen heute die Aktivbürgerschaft in den sog. Wahlen primär für die Partei und nicht mehr die einzelne Kandidatenpersönlichkeit ihre Stimme abgibt.

13. Jede R. bedarf der *Legitimierung.* Dies gilt in bes. Maße für die Repräsentanten, die – zur politischen Führung der Nation berufen – Herrschaft ausüben, wenn diese nicht zur Tyrannis entarten und aufhören soll, auctoritas für sich beanspruchen zu können. Zur Legitimierung der R. gehört einmal, daß der Repräsentant den Anspruch erhebt, zur Ausübung repräsentativer Führungs- und Herrschaftsbefugnisse legitimiert zu sein, und sodann, daß die Repräsentierten den vom Repräsentanten geltend gemachten Anspruch von sich aus als zu Recht bestehend anerkennen. Der Anspruch des Repräsentanten, bestimmte repräsentative Führungs- und Herrschaftsbefugnisse ausüben zu können, kann entweder unter Berufung auf Gott, d. h. transzendent, oder unter Hinweis zB auf den Volkswillen, d. h. immanent begründet werden. Der Glaube der Repräsentierten an die legitimen Grundlagen der von den Repräsentanten in Anspruch genommenen Herrschaft kann im Einzelfall charismatisch, traditionell oder rational unterbaut sein. Je nachdem kann man verschiedene Idealtypen repräsentativer Herrschaft unterscheiden. Dabei können sich die idealtypischen Elemente in der politischen Wirklichkeit in verschiedenen Formen miteinander verbinden (Max Weber).

Grds. gesehen führt die Entwicklung von einer transzendent begründeten, charismatisch-traditional unterbauten R. im Lauf der Jh.e zu einer immanenten, d. h. auf den Willen der zu repräsentierenden Gemeinschaft gegründeten R., die mehr und mehr rational gerechtfertigt wird. Vor allem ist es die Funktion des in den verschiedensten Formen abgewandelten Gesellschaftsvertrages gewesen, die ursprüngl. transzendent begründete, charismatisch unterbaute repräsentative Stellung des Monarchen vor dem Volke zu rechtfertigen und zugleich auf dessen Willen zurückzuführen. Soweit in diesem Zusammenhang die R. rational durch den Glauben der durch den Repräsentanten gegenwärtig gemachten Gemeinschaft gerechtfertigt wird, kann ein „Modus", der zu einer bestimmten Zeit eine legitimationsbegründende Kraft besessen hat, diese Kraft mit der Zeit verlieren. So zB kann eine Rechtsnorm (geschriebene oder ungeschriebene) für die R. konstitutive Bedeutung besitzen; man denke etwa an den im England des 18. Jh. geläufigen Begriff der *„virtual representation"* oder etwa an die Verf.vorschriften, die im 19. Jh. auf dem europ. Kontinent die Oberhäuser den Volkskammern verfassungsrechtl. gleichgestellt haben. Diese Verf.vorschriften können aber ihren repräsentationsbegründenden, rationalen Charakter verlieren, wenn das zu repräsentierende Volk diesen Verf.vorschriften nicht mehr eine solche repräsentationsbegründende Bedeutung zuerkennt. Schon in der Mitte des 19. Jh. hat man gefordert, daß eine parlamentarische Körperschaft, um vom Vertrauen des Volkes getragen zu sein, dieses „in Natur und Wahrheit, mithin unabhängig von positiver Festsetzung oder Dichtung" (Rotteck) darstellen müsse. Seitdem werden Volkswahlen als zum Wesen des parlamentarischen Repräsentativsystems gehörig bezeichnet. Soweit Parlamente heute noch beanspruchen können, repräsentative Funktionen auszuüben, muß den Parlamenten ihre repräsentative Legitimität durch Wahlen vermittelt werden.

14. Dieser Zusammenhang zwischen Wahlen und R. bedeutet aber nicht, daß das Organ, das den Repräsentanten kreiert, mit dem Repräsentierten identisch sein muß. Die Regel beweist eher das Gegenteil. Der Papst zB repräsentiert nicht das ihn wählende Kardinalskollegium, sondern die in der Kirche organisierte, gesamte kath. Christenheit. Und der amerik. Präsident repräsentiert nicht die Mehrheit der ihn wählenden Aktivbürgerschaft (bzw. Wahlmänner), sondern die gesamte amerik. Nation.

M. Weber, Wirtschaft und Gesellschaft, I – II, 1922. Studienausgabe (Hg. J. Winckelmann) I, 3. Kapitel, 1964 – H. J. Wolff, Organschaft und jur. Person, Bd. 2, 1934 – G. Burdeau, Traité de science politique, vol. 4, 1952 – Kaiser, Die R. organisierter Interessen, 1956, und in: Festschr. für C. Schmitt, 1959, 72 ff. – G. Sartori, La Rappresentanza politica, Estratto da „Studi Politici", vol. 4 (1957) 527 – 613 – G. Leibholz, Das Wesen der R. und der Gestaltwandel der Demokratie im 20. Jh., 1966³ (Lit.) – J. St. Mill, Considerations on Representative Government, London 1961 – U. Scheuner, Das repräsentative Prinzip in der modernen Demokratie, in: Festschr. für Hans Huber, 1961, 224 – 246 – M. Sobolewski, Reprezentacja Wustroju Współczesnych Demokracji Burzuazyjnych (Das Prinzip der R. im modernen Staat der bürgerl. Demokratie). English summary, 1962 – C. J. Friedrich, Man and his government, 1963 – S. Landshut, Der politische Begriff der R., in: Hamburg. Jb. für Wirtschafts- und Gesellschaftspolitik IX (1964) 175 – 186 – H. Kurz, Volkssouveränität und VolksR., 1965 – H. Pollmann, R. und Organschaft, 1969 – K. Zwyssig, R., 1971 – D. Sternberger, Nicht alle Gewalt geht vom Volke aus. Studien über R., Vorschlag und Wahl, 1971 – E. Schmitt, R. und Revolution, 1969 – K. Helberg, Identität und R., 1972 – Hasso Hofmann, R., 1974 – K. Schlaich, Ev. Komm., 1983, 481 – 483 – E.-W. Böckenförde, Demokratie und R., 1983.

Gerhard Leibholz †

Reservatum ecclesiasticum →Augsburger Religionsfriede

Revolution. I. Zur Terminologie und Begriffsbildung. A. Wir gebrauchen den terminus R. in allen Lebensbereichen. Wir sprechen von R.en in der Natur – ursprüngl. bezeichnete das Wort revolutio den Umlauf des Mondes –, von R.en in der Technik, der Kunst, der Wissenschaft, in der Mode und in den Konsumgebräuchen, insbes. aber von politischen R.en. Wenn Augustin den Ausdruck, der einen Naturvorgang bezeichnete, auf den geschichtl.-gesellschaftl. Bereich übertrug, indem er ihn für die Benennung des Gedankens von der Wiederverkörperung und Wiederkehr der Zeiten verwandte (De Civitate Dei XXII, c. 12), einen Gedanken, den er bekanntl. als Ausdruck heidnisch-antiker Anschauung scharf verurteilte, so kommt in diesem Sprachgebrauch ein Charakteristikum des uns gewohnten Sprachgebrauchs gerade *nicht* zur Geltung. Erscheint im Gedanken der Wiederkehr der Zeiten das Moment der Kontinuität in einer spezifischen Weise, so steht für uns, in welchem Lebensbereich er auch vorkommt, der Begriff der R. im Gegensatz zu Begriffen, welche das Phänomen der Kontinuität charakterisieren. Vor allem pflegen wir R.en und Evolutionen scharf zu unterscheiden. Der uns gewohnte und vertraute R.begriff bezeichnet Vorgänge, die eine plötzl. Veränderung der Verhältnisse mit sich bringen, durch die stetiges, langsames Wachstum, durch die Traditionen abgebrochen oder zumindest unterbrochen, durch die überraschend, ja bestürzend Neues, vom Bisherigen völlig Verschiedenes ins Bewußtsein gebracht werden. Der Topos vom *Ausbruch der R.* oder die Wortverbindung „R. und Umsturz" zeigt das Gemeinte in bes. anschaul. Weise.

B. *1.* Wird dergestalt eine R. als eruptiver Vorgang gefaßt, so liegt es nahe, in erster Linie *politische* R.en – und von ihnen wird im folgenden die Rede sein – und das Moment der *Gewaltsamkeit* zusammen zu sehen. Der Sturm auf die Bastille, Barrikadenkämpfe, Druck und Gegendruck, Schlag und Gegenschlag, revolutionärer Terror, blutige Aufstände, blutige Revolten, Meutereien aller Art sind Vorgänge und Phänomene, die wir im Umkreis des R.begriffes zu lokalisieren pflegen. Gewiß ist auch im nichtpolitischen Bereich das Moment der Gewaltsamkeit dem Begriff der R. vielfach verbunden. Freilich handelt es sich dabei nicht um den Einsatz von physischer Gewalt, Waffengewalt. Der *industriellen R.* eignet Gewaltsamkeit nur in dem Sinne, daß die Betroffenen durch den Vorgang „überwältigt" werden, daß er die Möglichkeiten der Anpassung, der geplanten Reaktion bestürzend vernichtet. Allein da, wo wir es mit politischen R.en zu tun haben, stellt sich die Frage, ob als Begriffsmerkmal das Moment der Gewaltsamkeit i. S. des Einsatzes *physischer* Gewalt zu gelten habe. Der Sprachgebrauch ist nicht exakt festgelegt. Zwar ist die Neigung zu verzeichnen, unter R.en kämpferische Vorgänge zu verstehen. Der Revolutionär kämpft nach weitverbreiteter Vorstellung mit allen Waffen und scheut vor der Gewaltaktion im Gegensatz zum Mann der „Mitte und des Maßes" nicht zurück. Andererseits hat sich auch der Begriff der *legalen* R. einzubürgern vermocht, einer Veränderung der Verhältnisse, die im Rahmen des geltenden Rechtes vollzogen wird. Desgleichen spricht man von unblutigen R.en, die durchgeführt wurden, ohne daß es zur Gewaltanwendung kam. Allerdings wird man nicht verkennen können, daß die sog. unblutige R., bei der es zur Gewaltanwendung nicht kommt, durchaus keine legale R. zu sein braucht und unter Bruch der →Legalität durchgeführt werden kann und daß es in solchen Fällen zu Gewaltanwendung vielfach nur deshalb nicht kommt, weil die Träger der revolutionären Gewalt den Trägern der legalen Gewalt überwältigend überlegen sind, Gegenwehr von vornherein als ausgeschlossen erscheint. Die unblutige R., bei der es zu Gewaltanwendung nicht kommt, erweist sich dann als Sonderfall der gewaltsamen R. Anders aber liegen die Dinge bei der legalen R. Wie ist es zu rechtfertigen, einen Vorgang, der sich in den Formen der Legalität abspielt, als R. zu bezeichnen? Müßte dann nicht jede G.änderung, jede Neuwahl, jeder Regierungswechsel als R. bezeichnet werden? Die Frage zeigt, daß in dem Augenblick, in welchem das Moment der physischen Gewalt aus dem Begriff der R. ausgeschieden wird, ein anderes Moment, nämlich dasjenige der Veränderung der Verhältnisse, an Bedeutung gewinnt. Jeder legale Regierungswechsel, jede G.änderung bringt gewisse Veränderungen mit sich. Dennoch wird man nicht von revolutionären Vorgängen sprechen. Von einem revolutionären Vorgang im Rahmen der Legalität kann nur dann gesprochen werden, wenn die dadurch herbeigeführten Veränderungen die Prinzipien dieser Legalität selbst erfassen, wenn durch freie Wahlen etwa eine totalitäre Partei zur Macht gelangt oder wenn durch ein ErmächtigungsG das →Parlament gegenüber der Exekutive kapituliert und in der Folge das freiheitl.-demokratische System in ein totalitäres verwandelt wird. Revolutionär ist der legale Akt somit dann, wenn er zur Zerstörung der bestehenden Legalität führt. Nicht revolutionärer Art sind dagegen alle diejenigen legalen Akte, welche die Verhältnisse zwar verändern, die die bestehende Legalität konstituierenden Prinzipien dagegen unberührt lassen. Es zeigt sich somit folgende Situation: Entweder wird der Begriff der R. vom Moment der physischen Gewalt oder vom Moment der grundlegenden Änderung der Verhältnisse aus gebildet. Im ersten Fall wird man als R.en alle politisch orientierten Gewaltaktionen zu verstehen haben, selbst dann, wenn sie das bestehende politische System nicht in Frage stellen. Im zweiten Fall sind als R.en nur solche Vorgänge zu verstehen, die eine *grundlegende Veränderung* herbeiführen oder herbeiführen sollen, die auf Beseitigung des bestehenden politischen Systems hinzielen, gleichgültig ob sie gewaltlos im Rahmen der bestehenden Legalität oder gewaltsam erfolgen.

2. Wir sind auch gewohnt, als R.en gewaltsame oder gewaltlose grundlegende politische Veränderungen anzusehen, welche von den Regierten, dem *Volke,* im Gegensatz zu den Regierenden getragen werden. Diese „demokratische" Fassung des R.begriffes ist unter dem Gesichtspunkt der bisherigen Ausführungen sachl. nicht zwingend. Ob die grundlegende Veränderung von „oben" oder von „unten" ins Werk gesetzt wird, ist an sich irrelevant. Freilich ist es mögl., eine R. von oben nicht als R., sondern als Staatsstreich zu deklarieren.

3. Schließl. neigen wir auch dazu, R. und *Fortschritt* gleichzusetzen, im Revolutionär einen Kämpfer für das Neue und Bessere zu sehen. Wenn man als entscheidendes Merkmal des R.begriffs das Moment der grundlegenden Veränderung fixiert, so steht indessen nichts dagegen, von *konservativer R.* zu sprechen. Als konservativ revolutionär kann somit zB eine Bewegung bezeichnet werden, die sich mit legalen Mitteln oder Mitteln der Gewalt gegen den Bestand einer freiheitl. demokratischen Verf.ordnung wendet und etwa für eine monarchische Ordnung eintritt, in der alte Privilegien restauriert werden. Selbstverständl. ist es mögl., für einen solchen Fall statt des terminus R. den terminus *Restauration* einzusetzen. Man muß sich indessen klar sein: Wenn man den R.begriff vom Moment der grundlegenden Veränderung in Hinblick auf die bestehenden Verhältnisse aus bestimmt, so ist die Formel von der konservativen oder gar der restaurativen R. eben dann nicht zu beanstanden, wenn sie für eine Bewegung in Anspruch genommen wird, welche an Stelle der bestehenden Verhältnisse solche setzen will, die früher einmal bestanden haben.

II. R. und Recht. A. „Eine *mißglückte R.* ist ein Verbrechen, eine geglückte eine Großtat und die Grundlage einer neuen Rechtsordnung." Diese bekannte Formel scheint das Verhältnis zwischen →Recht und R. erschöpfend zu fassen. Es handelt sich um eine Formel des sog. Positivismus (→Rechtsphilosophie). Danach ist unter einer Rechtsordnung die durch staatl. →Macht gesetzte und durchgesetzte Ordnung von Normen zu verstehen. Staatl. Macht aber bedeutet höchste Macht innerhalb eines bestimmten Gebietes und eines bestimmten Volkes. Wem es gelingt, die höchste Macht zu erringen, der ist nach positivistischer Auffassung der Träger staatl. Macht, die zugleich Rechtsmacht ist. Erfolgreich ist eine revolutionäre Bewegung infolgedessen dann, wenn es ihr gelungen ist, die bisherigen Träger staatl. Macht zu „entthronen" und sich an ihre Stelle zu setzen. Gescheitert ist sie, wenn es den Trägern der staatl. Macht gelungen ist, den Angriff auf die bestehenden Machtverhältnisse abzuwehren.

Nach dieser Konzeption ist es gleichgültig, ob eine üble Gangsterbande oder eine von hohen Idealen erfüllte Gruppe die höchste Macht an sich reißt. Der Unterschied zwischen Räuberbande und Staat entfällt. Rechtfertigung findet diese Konzeption teils in erkenntnistheoretischen Erwägungen: Es sei nicht mögl., nach Maßstäben der Wissenschaft Recht und Unrecht ohne Bezugnahme auf die Entscheidung einer höchsten Instanz zu unterscheiden. Rechtfertigung findet diese Konzeption andernteils aufgrund einer Güterabwägung. Die mit dem Kampf ums Recht i. S. des Kampfes um die →Gerechtigkeit verbundenen Übel – man denke etwa an die Greuel des spanischen Bürgerkrieges – gelten als schwerwiegender als diejenigen, welche mit der Herrschaft einer Gangsterbande verbunden sind. Gerade die Furcht vor R. und revolutionären Wirren führt somit zur Rechtfertigung der erfolgreichen R. und zur Verwandlung des Verbrechers in den Träger der Legalität und umgekehrt.

B. Der positivistischen Konzeption steht eine solche gegenüber, aufgrund deren ein *ius revolutionis* geltend gemacht werden kann. Die Problematik des ius revolutionis und die des →Widerstandsrechtes stehen in engster Verbindung. Unter bestimmten Voraussetzungen reicht das Widerstandsrecht indessen weiter als das ius revolutionis, konstituiert letzteres ledigl. *eine* Fallgruppe im Rahmen des Widerstandsrechtes. Zu diesen Voraussetzungen gehört einmal, daß unter R.en grundlegende Veränderungen, und zum andern, daß das Widerstandsrecht vorab im Zeichen des Personwertes begriffen wird. Wird das Widerstandsrecht vorab im Zeichen des Personwertes begriffen, so erscheint es als paradox, ein solches nur dann anzunehmen, wenn die in Frage stehende Widerstandshandlung auf eine grundlegende Veränderung, auf den Sturz eines Regimes abzielt, in dem die einzelne →Person ledigl. als Mittel zum Zweck überindividueller Ziele, wie Staatsräson, Herrschaft der „arischen“ Rasse oder der Klasse der Arbeiter und Bauern, gilt. Unter der genannten Wertprämisse ist es vielmehr unerläßl., auch diejenigen Widerstandshandlungen zu rechtfertigen, welche der Erhaltung von höchst persönl. Werten, Eigentum, Leben usw. dienen und keineswegs auf eine grundlegende Änderung der Gesamtsituation tendieren. Das ius revolutionis deckt dagegen vor allem Gruppenaktionen, welche den „Umsturz“ anstreben. Es ist deshalb bedauerlich, daß der BGH (NJW 1962, 195 f.) im Rahmen einer am Personwert orientierten Wertordnung in seiner Praxis zum Widerstandsrecht den politischen Aspekt der „Wendung zum Besseren“, auf welche eine Widerstandshandlung tendieren müsse, gegenüber dem individual rechtl. Aspekt viel zu stark betont.

Abgesehen davon kann ein ius revolutionis als bes. Erscheinungsform eines Widerstandsrechtes nur dann angenommen werden, wenn man die Möglichkeit einräumt, überpositive Rechte, d. h. Rechte, welche unabhängig von der Staatsmacht Geltung beanspruchen, zu erkennen, rational einzusehen. Die Entfaltung und Lösung der Problematik der Erkenntnis überpositiver Rechte und Rechtsgrundsätze ist im gegebenen Zusammenhang weder mögl. noch erforderl. (→Rechtsphilosophie). Andererseits aber kann ein ius revolutionis nur aufgrund von Güterabwägungen angenommen werden. Vor allem gilt es, den in der Faktizität einer etablierten Macht gesicherten Ordnungswert gegen den Gerechtigkeitswert abzuwägen, der sowohl Individual- wie auch Gemeinwohlwerte, Freiheits- und Gemeinschaftswerte umgreift. Die Erfahrung zeigt nur allzu deutl., daß es keinesfalls mögl. ist, a priori dem Ordnungswert größeres Gewicht zuzumessen. Wo Auschwitz in Kauf genommen wird, weil Ruhe und Ordnung über alles zu schätzen seien, befindet man sich auf dem Irrweg.

C. *1.* Ein traditionelles Mittel zur Bekämpfung von revolutionären Bewegungen bildet das sog. *politische Strafrecht,* die Vorschriften zum Schutze der Staatssicherheit. Dazu ist im gegebenen Zusammenhang nur soviel zu bemerken: a) Insbes. unter dem Gesichtspunkt der Prävention sind nicht nur die mit den einschlägigen Straftatbeständen verknüpften Eingriffe in die →Freiheit, sondern auch die mit der Verurteilung verbundene Diskriminierung zu berücksichtigen. Daß der Revolutionär nicht nur als Gegner, der unschädl. gemacht werden muß, sondern als Verbrecher gilt, stärkt die psychologische Position der Träger der Staatsgewalt.

b) Eine Differenzierung und Verfeinerung der Vorschriften zum Schutze der Staatssicherheit wurden erforderl., als eine Verfeinerung der revolutionären Techniken sichtbar wurde und an die Stelle des gewaltsam vorgehenden Revolutionärs der vor allem mit geistigen Mitteln arbeitende, die Deckung der Legalität suchende Umstürzler trat. Mit der Verfeinerung und Ausweitung des politischen Strafrechts tritt im freiheitl.-demokratischen →Rechtsstaat aber auch die Gefahr in Erscheinung, die Grenzen zwischen dem Staatsfeind, dem Revolutionär und dem Gegner der jeweiligen Regierung, der Opposition, zu verwischen. Wo Kritik zum Hochverrat wird, sind die Grenzen der Rechtsstaatlichkeit gesprengt (s. a. Staatsschutzdelikte).

2. Ähnl. Gefahren zeigen sich bei anderen Mitteln zur Abwehr von revolutionären Bewegungen. Zu erwähnen ist das Institut der *Verwirkung von →Grundrechten* einerseits und das Institut des *→Notstandsrechtes* andererseits. In beiden Fällen kann ohne bes. Kautelen das Mittel zur Abwehr der Gefahr der R. und zur Bewältigung revolutionärer Umtriebe oder der Bürgerkriegssituation zur Gefahr für den zu erhaltenden und zu sichernden Rechtsstaat werden. Nicht nur die Gefahr der R. und des Umsturzes, sondern auch die unkontrollierte Furcht vor der Gefahr ist gefährl.

III. Zur Theorie der Revolution. A. Es mag zu allen Zeiten Unruhen, Aufruhr, Aufstände, R.en von „unten“ und von „oben“, Umwälzungen im politischen, wirtschaftl., religiösen Bereich, in Theorie und Praxis gegeben haben, und man wird diese Vorgänge und die damit verbundenen Leiden als Preis aufzufassen haben, die der Mensch für seine Freiheit und Geschichtlichkeit und dafür zu bezahlen hat, daß er nicht in die Notwendigkeit von starren Gesetzmäßigkeiten eingeschlossen ist. Dennoch besteht eine ungemein große Distanz zwischen einer *statisch-sakralen Lebenshaltung* und Lebensanschauung und der Theorie CAMUS' vom *homme révolté,* nach der sich das Wesen des Menschen im Protest gegen das Bestehende zeigt. Gewiß sind uns altchinesische Texte überliefert, in denen vom Aufruhr gegen den Tyrannen die Rede ist, zu dem der „Himmel“ aufruft; eine Theorie der politischen R. in unserem Sinne wurde in der antiken Welt indes nicht entfaltet.

„Das Wort ‚R.' ist in seiner politischen Anwendung ein Erzeugnis der Neuzeit" (K. GRIEWANK). Aber auch dem christl. MA. ist der uns vertraute R.begriff fremd. „Das von AUGUSTIN und THOMAS vorgezeichnete Denken in festen Ordnungen konnte von Aufständen und politischen Veränderungen nur Störungen oder bestenfalls die Zurechtrückung von Abirrungen erwarten" (aaO). Die „Idee einer Gesamtordnung", in welche alle denkbaren Ereignisse von vornherein einbezogen sind, verbietet den mit dem modernen R.begriff verbundenen Gedanken der grundlegenden Veränderung, das Verständnis für den Durchbruch und Umbruch geschichtl. Kräfte und Verhältnisse und für den Wert des Neuen und der Erneuerung. Freilich wird man sich vor allzu einfachen Kontrastbildern zu hüten haben. Immerhin ist daran zu erinnern, daß AUGUSTIN im antiken Kreislauf- und Wiederkehrgedanken die Dämonie des Heidnischen inkarniert sieht, daß er den Kreis der Weltimmanenz sprengt und den Blick auf das schlechterdings Neue der civitas Dei richtet, auf welche hier die Pilgerfahrt der Kinder Abels führt. Wer, wie AUGUSTIN, die Christengemeinde als Pilgergemeinde begreift, ist nicht Exponent einer absolut statisch-sakralen Lebenshaltung und -anschauung. Auf der anderen Seite wird man auch nicht verkennen dürfen, daß in der →Französischen R. der Gedanke, daß es gelte, die alten, teils vergessenen Rechte wieder in Erinnerung zu rufen und für alle Zeiten festzulegen, von größter Bedeutung war; ein Gedanke, der mit der Idee einer Gesamtordnung durchaus vereinbar ist und von dem aus das Ziel der R. sich als „Zurechtrückung von Abirrungen" darstellt. Dennoch besteht der eingangs erwähnte Kontrast zwischen antik-ma. und neuzeitl. Verständnis der sozialen-politischen Veränderungen, insofern eben diese selbst größeres Gewicht und Eigenart erhalten.

B. So zeigt sich im Schrifttum, das den Bauernkrieg begleitet – erinnert sei etwa an den Schwarzwälder Artikelbrief vom Mai 1525 –, und in der Wiedertäuferbewegung ein chiliastisches R.bewußtsein, das sich radikal gegen die bestehende Sozialordnung richtet. THOMAS MÜNZER, den man als den politischen Antipoden LUTHERS bezeichnen kann, sieht im „arm dürftig Volk" die Auserwählten, durch die der Umschwung und die Reinigung der Welt zu erfolgen hat.

Fehlte der Lehre von der Staatenveränderung, welche MACHIAVELLI entfaltete, der chiliastische Bezug, so trug seine nüchterne Analyse der Technik der Verschwörung und des Umsturzes genauso wie seine Lehre von der Technik des Machterwerbs und der Machterhaltung zur Zerstörung der Idee der Gesamtordnung und dazu bei, den Sinn für die konkreten politischen Veränderungen und ihr Eigengewicht zu schärfen.

Mit der Konzentration auf die „Realitäten" erwuchs auch die Einsicht in die Veränderlichkeit aller politisch-sozialen Verhältnisse und die Brüchigkeit menschl. Ordnungen überhaupt, zugleich aber das Bedürfnis nach einer absoluten, wenigstens den Frieden sichernden Instanz in einem Meer von Relativitäten. Als Repräsentanten einer skeptisch-konservativen, absolutistischen und damit revolutionsfeindl. Haltung sind insbes. MICHEL MONTAIGNE und BLAISE PASCAL zu nennen. Wie THOMAS HOBBES weisen sie die Frage nach ewigen Ordnungsprinzipien zurück, darum bemüht, die Voraussetzungen einer wirkl. funktionierenden, Bürgerkrieg verhindernden Staatsordnung sichtbar zu machen. Die eigentl. Antithese zu diesem skeptisch-konservativen Empirismus oder Realismus bilden alle diejenigen Versuche, welche das soziale Leben auf ewige Prinzipien der Vernunft und der Natur gründen. Prinzipien, die auch der Träger der Staatsgewalt nicht ungestraft mißachten darf. Freilich ging es, um nur ein Beispiel zu nennen, ROUSSEAU, der R.en als Mittel des zivilisatorischen Fortschrittes faßte, nicht allein um die ewigen Prinzipien, sondern um die Verbindung zwischen ihnen und den realen Lebensbedürfnissen, um die Verbindung zwischen Zweckmäßigkeit und Gerechtigkeit. Mag man im Werk des Citoyen de Genève noch so viele konservative und skeptische Züge nachweisen, unverkennbar ist das Freiheits- und Gleichheitspathos, das, auf Vernunftprinzipien gegründet, das Pathos der großen R. ist. Dieses revolutionäre Pathos bewegt die Sprache des Contrat social wie des kommunistischen Manifestes, und es zeigt sich in den Theorien, welche den Aufstand der Kolonialvölker rechtfertigen. Das damit verbundene chiliastische Moment ist nicht zu überhören.

Wie so mancher Gemeinspruch, so ist auch der von der antirevolutionären Haltung der dt. Theoretiker des 18. und 19. Jh. ungenau und irreführend. KANT war zwar antirevolutionär in dem Sinne, daß er die zerstörerischen Wirkungen der Gewalt fürchtete; aber er dachte evolutionär und war von der sittl. Notwendigkeit der grundlegenden Wendung vom Despotismus zum Rechtsstaat überzeugt. HEGEL vertrat im Endergebnis eine konservative Staatstheorie; als Geschichtsphilosoph entfaltete er jedoch die Lehre von der vernunftnotwendigen Abfolge großer Umwälzungen und R.en mit größter Eindringlichkeit. KARL MARX schließl. formulierte diejenige R.theorie, welche bis heute die Welt bewegt und erschüttert.

MARX und ENGELS entwickeln diese Revolutionstheorie in pedantisch vehementer Abwehr gegen alle anarchistisch-utopistischen Revolutionsvorstellungen und -motivationen. Die exakt diagnostizierte entwicklungsgesetzl. Notwendigkeit, die von der polit. (bürgerl.) R. zur sozialen (proletarischen) R. führt, ist unvereinbar mit utopischen Entwürfen einer besseren Welt und mit dem individuellen – willkürl. – Entschluß, die bessere Welt durch R. zu verwirklichen. Derartige aus „sentimentaler Liebesduselei“ geborene „Konspirationsgelüste“ werden mit dem schärfsten Verdammungsurteil belegt – sie sind „reaktionär“. Worauf es ankommt ist, die objektiven Bedingungen der Möglichkeit der R. wissenschaftl. zu fundieren und gleichzeitig das Proletariat zu organisieren, damit es als die konkrete Negation der bürgerl. Gesellschaft Gestalt gewinnen kann. Als Grundbedingungen der sozialen R. werden konstatiert: ein revolutionäres Subjekt mit hinreichend eindeutig artikulierten Interessen, für deren Verwirklichung gerade die R. als das geeignete Mittel erscheint; der internationale Charakter der R.; die „Absolvierung“ der vorausgehenden Stufe der geschichtl. Entwicklung, also eine erfolgreiche polit. (bürgerl.) R., die den Prozeß der Konzentration des Kapitals und der Verelendung des Proletariats erst in die krisenhafte Zuspitzung treibt; eine weltweite Wirtschaftskrise und schließlich ein hoher industrieller Entwicklungsstand. Sind die Voraussetzungen gegeben, dann ist die R. die weltgeschichtl. unvermeidl. Folge. Ob die Voraussetzungen gegeben sind, ist nur mit der wissenschaftl., historisch-ökonomischen Analyse auszumitteln; anarchistische Auflehnung erscheint demgegenüber als ein Kampf gegen Windmühlenflügel. Die Abwandlungen der Revolutionstheorie bei den Schülern sind Variationen zu diesem Thema. Ob die Spontaneität des revolutionären Subjekts vor bürokratisch schulmeisterhaften Tendenzen zu schützen ist (Rosa Luxemburg), oder ob es mit einer straff organisierten Partei gelingt, den Kapitalismus schon vor seiner ausgeprägtesten Entwicklung zu beseitigen (Lenin), ob eine permanente R. die Entwicklungsstufen der bürgerl. und der proletarischen R. in einem Zuge durchlaufen kann, um in einem ökonomisch rückständigen Land das Proletariat eher an die Macht gelangen zu lassen (Trotzki), oder ob der Sozialismus „in einem Lande“ verwirklicht werden kann (Stalin), ob schließlich das revolutionäre Subjekt um die Bauernschaft zu erweitern ist (Mao): Keine dieser Modifizierungen hindert ihre Protagonisten, die Legitimität bei den „Vätern“ zu suchen und zu finden. Herbert Marcuse erwägt die ethische Rechtfertigung der R. im Hinblick auf die Möglichkeit des Fortschritts. Er fordert einen „historischen Kalkül“ (den er nachdrückl. als unmenschl. bezeichnet), in den einzusetzen sind die Opfer an Freiheit und Glück, die das bestehende Regime erzwingt, die Opfer an Freiheit und Glück, die die R. erfordert, und schließlich die Chance, mit der die R. rechnen kann, Opfer zu mindern, Freiheit und Glück zu mehren. Das Willkürverbot und der Verhältnismäßigkeitsgrundsatz erschließen Marcuse eine Gegenposition zu der These, daß in der revolutionären Ausnahmesituation das Band zwischen Vernunft und Gewalt reiße und daß deshalb R. sittlich im Verhältnis zur Normallage überhaupt nicht zu rechtfertigen sei. Die Möglichkeit der mangelnden Stringenz des historischen Kalküls und damit die Möglichkeit des Gegenkalküls zwingen dazu, die Frage nach der Kompetenz zu stellen. Solange die Erziehungsdiktatur derer, die sich der Rationalität ihrer Abwägung vor Risiken und Chancen gewiß sind, eine mögl. Antwort auf diese Frage bleibt, bleibt auch die Gefahr evident, daß die rationale Argumentation in irrationale Erwartung umschlägt, daß das Band zwischen Vernunft und Gewalt wieder reißt.

C. Eine pointierte Gegenposition zur These vom entwicklungsgesetzl. Konnex zwischen der bürgerl.-polit. und der proletarisch-sozialen R. findet sich bei Hannah Arendt. Die soziale R. ist nicht die historische Vollendung der polit., sondern ihr pathologischer Zustand. Die Vorstellung von historischer Notwendigkeit ist eine tödl. Gefahr für die R. Von R. kann im eigentl. Sinne nur gesprochen werden, wenn sie als eine Funktion der „Gebürtlichkeit“ des Menschen, seiner Fähigkeit zum totalen Neubeginn begriffen wird und wenn es gelingt, das Handeln im Bewußtsein des Neubeginns mit der Idee der Freiheit zu verknüpfen mit dem Ziel, „den Raum der Freiheit“ zu gründen, also polit. Institutionen zu schaffen, deren Stabilität auf dem Vertrauen in die Kraft wechselseitiger Verpflichtungen unter Gleichen beruht und die es jedem Interessierten erlauben, Anteil an der öffentlichen Macht, am öffentlichen Glück zu nehmen.

D. Zur empirischen Erforschung des Phänomens R. sei in aller Kürze auf folgendes hingewiesen: Chalmers Johnson wählt einen umfassenden Ansatz, indem er davon ausgeht, daß das Studium des sozialen Wandels in gewisser Hinsicht identisch ist mit dem Studium der Determinanten sozialer Ordnung. Aufgabe der Forschung ist es, mit dem Modell des sozialen Systems ein „begriffl. Paradigma der funktionalen Gesellschaft“ zu entwickeln, das die Wechselbeziehungen zwischen Wert, ökonomischer Notwendigkeit, akzeptablen Persönlichkeits-Konfigurationen, sozialer Kontrolle und historischem Handeln sichtbar macht. Innerhalb dieses Paradigmas können dann die multivarianten Drucklagen, die strukturellen Charakteristika und die Ereignisse isoliert werden, die zusammenwirkend das revolutionäre soziale System hervorbringen. Die Pressionen auf das soziale System, die „Quellen des Wandelns“ – exogene bzw. endogene wert-verändernde Quellen und exogene bzw. endogene umwelt-verändernde Quellen – führen nicht immer zur Dissynchronisation, zum dysfunktionalen sozialen System. Homöostatische Prozesse, d. h. routinisierte und institutionalisierte Verfahren zur Kontrolle desintegrierender Prozesse und zur Aufrechterhaltung der Stabilität des Systems können den Druck kompensieren, also zB das abweichende Verhalten einzelner, die damit auf den Druck reagieren, unter Kontrolle bringen und dadurch das Gleichgewicht und die strukturelle Identität des Systems bewahren. Nur wenn der Druck auf das System die Kapazität homöostatischer Regelungsprozesse überfordert, tritt Dissynchronisation ein und die Strukturen des Systems müssen verändert werden, wenn es – gewandelt – überleben soll. Der Strukturwandel kann als „konservativer Wandel" vollzogen werden, und zwar dann, wenn sich die Einsicht in die Notwendigkeit struktureller Veränderungen mit dem Ziel verbindet, Gewalt zu vermeiden (vgl. etwa die New-Deal-Politik ROOSEVELTS). Die Merkmale des instabilen sozialen Systems, nämlich Machtdeflation (→Integration ist nur noch mit Gewalt möglich), Autoritätsverlust (die zwangsweise Integration wird nicht mehr als legitim angesehen) und „Auslöser" (zB Meutereien des Militärs), sind also nur zusammen mit den mögl. Reaktionen der polit. Führung – vom „konservativen Wandel" bis hin zur „Elite-Intransigenz" – signifikant für die Entstehung der R. Messungen von Ungleichgewicht sind mögl. (Verhältnis der bewaffneten Kräfte zur Bevölkerungszahl in Friedenszeiten einerseits, Verbreitung ideologischer Zeitschriften, Verbrechensstatistik, Selbstmordstatistik andererseits) und verbesserungsfähig. Sie müssen verbessert werden, damit zuverlässige Aussagen zu den Gleichgewichtsstörungen gemacht werden können, die potentiell u. a. von der Automation (grundstürzende Veränderungen der Arbeitsteilung einerseits mit der Folge einer Unterminierung des Wertsystems, der Leistungsethik andererseits) und von der Verbreitung von Kernwaffen (Unfähigkeit des sozialen Systems „Nationalstaat", die Sicherheit seiner Bürger zu garantieren) ausgehen. JAMES C. DAVIES untersucht die ökonomischen Ursachen der R. mit dem Ergebnis, daß R.en eine Periode relativer Prosperität vorangehen muß, die gekennzeichnet ist durch die habitualisierte aber dynamische Erwartung, die grundlegenden Bedürfnisse immer besser befriedigen zu können. Revolutionsgefahr besteht, wenn darauf eine Periode der Enttäuschung folgt, in der befürchtet wird, daß das mühsam und langwierig Erworbene schnell verloren gehen könnte. RAYMOND TANTER und MANUS MIDLARSKY entwickeln in ihrer quantitativen Analyse der R. eine Klassifikation in vier Typen – R. mit Massenbasis, revolutionäre Machtergreifung, Reform Coup, Palastrevolution – an den Kriterien der Massenbeteiligung, der Dauer, der innerstaatl. Gewaltsamkeit und der Ziele der Rebellen (Intensität der angestrebten Veränderungen) und analysieren die Korrelationen zwischen Zuwachsrate und folgendem Abfall der Pro-Kopf-Produktion vor der R. bzw. Ausbildungsniveau vor der R. einerseits und der Dauer sowie der Intensität der Gewaltsamkeit der R. andererseits. MANCUR OLSON stellt fest, daß rapides Wirtschaftswachstum als Destabilisierungsfaktor in Frage kommt, weil beschleunigtes Wachstum zugleich Wandel bedeutet und die Instabilität anderer Teilbereiche des sozialen und politischen Systems nach sich ziehen kann. TED. R. GURR analysiert die Motivationen kollektiver Gewaltanwendung.

E. Zum *Stand* der theoretischen Auseinandersetzung ist abschließend folgendes zu bemerken:

1. Für den rechtsstaatl. Standpunkt ist zunächst einmal die Vorstellung maßgebl., daß die Institutionen des freiheitl. Rechtsstaates elastisch genug seien, um den erforderl. Veränderungen Rechnung zu tragen, daß das →Ermessen des demokratisch legitimierten G.gebers ausreiche, um die Rechtsordnung den „Erfordernissen der Zeit" anzupassen, und daß die Freiheitsrechte Raum für grundlegende wirtschaftl., wissenschaftl. und künstlerische Veränderungen bieten. Die Einsicht, daß wir in einer sich stets wandelnden, in „permanenter R." befindl. Welt leben, verbindet sich dergestalt mit dem Sinn für die Notwendigkeit der Stabilität der Institution des freiheitl.-demokratischen Rechtsstaates. Das ist das eine. Das andere aber ist in der Absage an chiliastische Zielsetzungen religiöser oder weltl. Art zu sehen. In dem Buch CAMUS', in welchem das Wesen des Menschen mit der Revolte zusammen gesehen wird, heißt es: „Was immer wir tun, die Maßlosigkeit wird stets ihren Platz im Herzen des Menschen bewahren. ... Doch unsere Aufgabe ist es nicht, sie in der Welt zu entfesseln, sondern sie in uns und in den andern zu bekämpfen."

2. Demgegenüber hält die dem Marxismus in der einen oder anderen Variante verpflichtete Anschauung bei allen Differenzen auf alle Fälle in der Theorie am chiliastischen Ziel der klassenlosen Gesellschaft fest, welches auf dem Wege der Weltrevolution mit Notwendigkeit erreicht wird (→Marxismus). Als Träger der Weltrevolution erscheinen nicht nur die von kapitalistischen Ausbeutungssystemen bedrückten Volksmassen, sondern die sozialistischen Staaten in ihrem Kampf gegen die imperialistischen Mächte. Als revolutionär gilt nicht nur die kämpferische Bewegung von unten, sondern auch diejenige von oben.

H. ARENDT, On R., 1963 – C. BRINKMANN, Soziologische Theorie der R., 1948 – C. C. BRINTON, The anatomy of R., 1956[3] – J. C. DAVIES, Toward a Theory of R., American Sociological Review (1962) 1 ff. – K. GRIEWANK, Der neuzeitliche R.begriff, 1969[2] – T. R. GURR, Why Men rebel, 1970 – A. GURWITSCH, Das R.problem in der dt. staatswissenschaftl. Lit., 1935 – CH. JOHNSON, Revolutionary Change, 1966 – K. LENK, Theorien der R., 1973 – M. OLSON, in: When Men revolt and why, J. C. DAVIES (Hg.), 1971, 215 ff. – P. SCHNEIDER, Ethik u. R., zur Gesellschaftsphilosophie Herbert Marcuses, Areopag 1968, 74 ff. – R. TANTER, M. MIDLARSKY, in: Journal of Conflict Resolution (1967) 264 ff.

Peter Schneider

IV. Theologisch. A. Anlaß einer „Theol. der R.". R. war nach der „Weltkonferenz für Kirche und Gesellschaft" 1966 in Genf ein zentrales Thema der ökumenischen Diskussion. Die revolutionäre Situation in Entwicklungsländern, vor allem in Lateinamerika, hat die Frage nach einer christl. Beurteilung von R.en dringend gemacht. Soziale Konflikte sind in der 2. Hälfte des 20. Jh.

ein wichtiges Problem der Sozialethik. Weiterhin stehen Christen und Kirchen vor der Aufgabe, ihr Verhältnis zu den großen erfolgreichen R.en von 1789 in Frankreich und 1917 in Rußland wie zu mißglückten R.en (zB 1848) zu klären. Vor allem der Dialog mit dem →*Marxismus* hat vielfach zu einer Übernahme der marxistischen R.theorie und Gesellschaftskritik geführt (→Wirtschaftstheorie). Endlich sind die *Kirchen* selbst in ihrer Struktur wie in ihrem Selbstverständnis betroffen vom gesellschaftl. Wandel, der als „revolutionärer" Umbruch erfahren wird (Glaubens-, Autoritäts-, Strukturkrisen der Kirche). Eine „Theol. der R." sollte zu einer Deutung und einem Verständnis der gesellschaftl., wirtschaftl., staatl. und geistigen Veränderungsprozesse führen und eine Orientierung im gesellschaftl. Wandel vermitteln.

B. Begriff. Der in der Diskussion um die „Theol. der R." (vgl. FEIL/WETH) benutzte R.begriff ist keineswegs einheitlich und klar.

1. Bereits die *Abgrenzung* zu verwandten Begriffen wie Reform, Evolution, aber auch GegenR., Staatsstreich, Aufruhr, Revolte, Putsch ist unsicher. Als wesentl. Merkmale einer politisch-gesellschaftlichen R. werden i. a. angeführt: Der politische Umbruch der Rechts- und Staatsverhältnisse, ein die Gruppen- oder Massenbewegung erfüllendes soziales Ziel und die Gewaltsamkeit der Veränderung; allerdings wird auch von „permanenten" R.en gesprochen, die sich dann radikalen Reformmaßnahmen und gesellschaftl.-politischer Evolution annähern, sogar mit ihnen identisch werden können. Ebenso wird von „friedlichen", „gewaltlosen" R.en gesprochen. Neben der Plötzlichkeit und der Gewaltsamkeit der Veränderung wird als weiteres Merkmal einer „echten" R. häufig genannt, daß sie einen *Fortschritt, Emanzipation* der Gesellschaft bringen müsse. Im Anschluß an ROBESPIERRES Unterscheidung zwischen einem Terror der Freiheit und einem Terror des Despotismus wird dann Toleranz nur für die fortschrittlich-emanzipatorischen Kräfte anerkannt, während die Konservativen der Repression verfallen (zB H. MARCUSE). Mit der Einführung eines Kriteriums der Fortschrittlichkeit oder der Emanzipation wird eine programmatische Zielsetzung für die R. verlangt.

2. In der *Diskussion* der theol. Ethik wird ein enger und ein weiter R.begriff gebraucht, aber nicht immer klar unterschieden. Der engere Begriff bezieht sich nur auf die politische R., mit Umwälzung des Rechtssystems und des Staatsapparats. Dagegen umfaßt der weitere Begriff sowohl die soziale R., die sich in gesellschaftl. Umschichtungen, u. U. ohne manifeste Gewalt vollzieht, als auch die wissenschaftl.-technische R., welche tiefgreifende Wandlungen der Lebensverhältnisse der Gesellschaft wie des allgemeinen und individuellen Bewußtseins bewirkt – H. D. WENDLAND nennt sie daher eine „totale" R. Theol. Kritik grenzt diese drei Arten von R. (politische, soziale, wissenschaftl.-technische) ab von der „absoluten" R.theorie des Marxismus, für welchen die *WeltR.*, in →Säkularisierung eschatologischer Endzeithoffnung, den Endzustand der klassenlosen, staatsfreien, nichtentfremdeten Gesellschaft heraufführt. Dieses weitere Verständnis von R. überführt eine „Theol. der R." in eine →Ethik des Wandels, die im Unterschied zu einer Ethik der Ordnungen nicht ein Ethos des Bewahrens, sondern ein Ethos der Veränderung vertritt.

C. Geschichte. Das R.verständnis einer „Theol. der R." nimmt theol. Motive aus der christl. Überlieferung auf, insbes. von Bewegungen, die von der Großkirche als häretisch abgelehnt wurden. Diese Bewegungen beginnen im späten MA. mit der Losung einer renovatio, reformatio von Gesellschaft und Kirche, der chiliastischen Erwartung einer nahe bevorstehenden Endzeit der Gesch., eines paradiesischen Zustandes auf Erden (J. VON FIORE) und mit einer kritisch die bestehende gesellschaftl., wirtschaftl. und politische Ordnung infragestellenden Soziallehre (WICLIF, HUSSITEN; revolutionäres →Naturrecht). Die *Reformation* hat diese apokalyptischen und chiliastischen Erwartungen der Errichtung eines Reiches Gottes auf Erden radikal abgelehnt und mit Hilfe der →Zwei-Reiche-Lehre scharf zwischen einer Erneuerung (Reformation) der Kirche durch das Wort Gottes und der R. der Gesellschaft, wie sie im Bauernkrieg 1524/25 von THOMAS MÜNZER und vom radikalen →Täufertum vertreten wurde, unterschieden. Die spiritualistisch-apokalyptische Anschauung von einer R. im Namen Christi wurde von radikalen Kreisen im *Puritanismus* (Levellers, Quintomonarchisten u. a.) in der Engl. R. des 17. Jh. zur Zeit CROMWELLS vertreten. Die zunächst von dt. Philosophen (KANT, FICHTE, HEGEL) lebhaft begrüßte Franz. R. (1789) wurde wegen ihres Terrorismus und ihrer Kirchenfeindschaft von Kirchen und Theologen heftig bekämpft. Im 19. Jh. erfolgte sowohl in der kath. Theol. (J. DE MAISTRE, DE BONALD, J. DONOSO CORTES) wie in der ev. (FR. J. STAHL, A. F. C. VILMAR) eine eindeutige antirevolutionäre Festlegung von Theol. und Kirche. Nach STAHL ist die R. die „Ur-Umwälzung", „Unglaube", „Sünde", Manifestation des Bösen schlechthin. Mit der R. verfallen auch das rationale Naturrecht, Demokratie, liberale Gleichheits- und Freiheitsforderungen (→Grundrechte) dem Verdikt. Theol. und Kirche werden auf ein personales Obrigkeitsverständnis, unbedingte Achtung der Staatsautorität und Wahrung der gesellschaftl. Ordnung festgelegt. Der christl. Glaube sieht in der R. „vielleicht die letzte Stufe in der Entwicklung des Kampfes zwischen den Geistern des Lichts und den Geistern der Finsternis". Dagegen bewertet KARL MARX eine R. des ökonomisch-sozialen Systems als Emanzipation (→Freiheit) des Menschen, „positive Aufhebung aller Entfremdung, die Rückkehr des Menschen in sein menschl., d. h. gesellschaftl. Dasein"; sie geschieht vornehmlich durch die Abschaffung des Privateigentums an Produktionsmitteln. Die Globaltheorien einer negativ auf die R. fixierten Theologie und eines die revolutionäre Dynamik vertretenden marxistischen Geschichtsdeterminismus führte zu einer Antithese von Christentum und R., von Kirche und Unglaube (→Atheismus), die nur von Außenseitern, wie den Religiös-Sozialen (CHRISTOPH BLUMHARDT, P. TILLICH, H. KUTTER, L. RAGAZ) bestritten wurde. Die „Theol. der R." will ernst nehmen, daß der Mensch Subjekt der geschichtl. Welt ist und daß die Kirche Verantwortung in der Öffentlichkeit trägt.

Das Programm einer „Theol. der R." ist daher Anzeichen einer Neubesinnung der Theol. insgesamt, nicht nur der theol. Ethik, wiewohl es eine Reihe bislang theol. unzureichend bedachter und gelöster Probleme enthält.

D. Theol. Probleme. Aus der Fülle der durch die „Theol. der R." aufgeworfenen Probleme seien lediglich folgende genannt:

1. Die Frage nach der Zulässigkeit einer R. und der Beteiligung von Christen an revolutionären Aktionen wird im allgemeinen diskutiert als Frage nach der Zulässigkeit von *Gewaltanwendung* und des →*Widerstandsrechts.*

R. meint Umwälzung des Systems, Widerstand, Eintreten für das Recht innerhalb des Systems. Die Auseinandersetzung mit grundlegenden gesellschaftl. und sozialen Veränderungen seit der Französischen Revolution (Demokratie, Menschenrechte, Industrialisierung), aber auch die Bewältigungen der →„Sozialen Frage" wurden durch die antirevolutionäre Festlegung der evangelischen Kirche belastet und erschwert.

Während der →Pazifismus generell Gewaltanwendung ablehnt, schließt die ethische Tradition der Großkirchen ein individuelles Recht der Notwehr und Nothilfe auch mit gewaltsamen Mitteln nicht aus, wobei vor allem in der kath. Ethik dieses Recht bezogen ist auf das Gemeinwohl. Obwohl die ethische Tradition der Großkirchen ein Notwehrrecht kennt, ist die ethische Legitimation revolutionärer Gewaltanwendung schwieriger, da hier sowohl eine Gefährdung der Versorgung der Bevölkerung infolge der modernen Waffensysteme erfolgt als auch die Frage des Gewaltmonopols des Staates berührt wird, das freilich vorbehaltlos nur ein →Rechtsstaat beanspruchen kann, der friedliche Wandlungen zuläßt und selbst bewirkt.

2. Die „Theol. der R." wirft die Frage der *Geschichtsdeutung* auf, wenn sie behauptet, nur in der revolutionären Dynamik der Gesch. sei Gott als der Wirkende erkennbar, und von den Christen deswegen „Präsenz und Beteiligung an denjenigen Stellen in der Welt, in denen Gott am dynamischsten wirksam ist" (R. SHAULL) fordert. Die Behauptung einer relativen Koinzidenz von revolutionärem Kampf und Gottes humanisierendem Tun in der Welt greift eine von der ev. Theol. des Wortes Gottes abgelehnte These auf, wonach sich Gott unmittelbar in der Gesch. (und nicht nur indirekt im Kreuz Christi) offenbart (→Kirchenkampf), und stellt vor das grds. Problem des Zusammenhangs von Geschichtsinterpretation und ethischer Entscheidung. Kann man in der Geschichte Gottes Willen erkennen?

3. Die „Theol. der R." will die *eschatologische, prophetische und messianische Überlieferung der Bibel* aktualisieren (zB wurde Jesu Verhältnis zum Zelotismus diskutiert unter der Frage: „War Jesus revolutionär?" – was exegetisch eindeutig zu verneinen ist) und interpretieren als Anleitung zu einer gesellschaftl. Existenz der Christen. Sie gilt als praktische Verwirklichung einer „Theol. der Hoffnung" (J. MOLTMANN), indem eschatologische Existenz als „revolutionäre Existenz" gelebt werden will. Umstritten ist, inwieweit und wie biblische Eschatologie, Prophetismus und Messianismus direkt auf eine von →Aufklärung und →Säkularisierung geprägte Gesellschaft übertragen werden kann und ob R.geschichte zur Heilsgeschichte erklärt werden darf, ob eine Konvergenz zwischen dem revolutionären Charakter der Gegenwart und biblischer Eschatologie behauptet werden kann.

Eine Deutung der Geschichte mit Hilfe eines *„Messianismus"*, einer an künftiger Welterneuerung orientierten Gesamtsicht der Wirklichkeit vermag zwischen christl. Geschichtstheorie und säkularer Geschichtsdeutung (v. a. des →Marxismus) zu vermitteln.

4. Eine „Theol. der R." stellt vor die Frage nach dem Verhältnis von prophetischer Gesellschaftskritik und rationaler Analyse politischer und sozialer Realität, im weiteren vor die Frage nach dem Verhältnis von *Glaube* und *Vernunft* (→Zwei-Reiche-Lehre) im Blick auf die Interpretation gegenwärtiger Gesellschaft. Während von den einen die Christen zu einem „politischen Gottesdienst" als prophetischem Bekenntnis zur →Königsherrschaft Christi, im Grenzfall auch in Form revolutionärer Aktionen, aufgerufen werden, betonen andere den profanen, also rationalen Charakter alles „weltlichen" Handelns der Christen. Strittig ist dabei, ob der christl. Glaube in ein bestimmtes, eindeutiges gesellschaftl. Engagement und politisches Verhalten umzusetzen ist und darum davon abweichende Verhaltensweisen als „Häresie" zu brandmarken sind, ferner ob gesellschaftl. Wirklichkeit eindeutig zu erfassen ist und inwieweit Gesellschaftsprophetie und eine „Theol. der R." dem Maßstab kritischer Rationalität standhalten können.

5. Nicht zuletzt manifestiert sich in der „Theol. der R." ein (neuzeitlicher) Wille des Menschen zur *Emanzipation* (→Freiheit), zur aktiven Gestaltung der Gesellschaft („Weltverantwortung") und zur Beseitigung inhumaner, „repressiver" Strukturen. Dieser Wille nimmt den biblischen Auftrag an den Menschen zur Weltgestaltung und zum Mitwirken in Gottes Schöpfungswerk auf, versucht ihn unter den Bedingungen neuzeitlicher Gesellschaftsprozesse neu zu formulieren, ohne freilich die in der christl. Überlieferung stets gewahrte Dialektik von Freiheit und Unfreiheit (Sünde) im menschl. Handeln immer zureichend zu bedenken und zu beachten. Insgesamt ist die „Theol. der R.“ problematisch, insofern sie eine globale sinnhafte Deutung von Gegenwart und Zukunft zu geben sucht, in ihrer Fragestellung aber berechtigt, soweit sie die Reflexion auf und die Umsetzung ethischer Verantwortung in heutige gesellschaftl. Wirklichkeit von der Theol. fordert. In ihrer Fragestellung berührt sie sich mit der neueren, umstrittenen, aber differenzierteren *„politischen Theologie“*, steht aber wie diese in der Gefahr, sich in eine theol. Programmatik zu verlieren, kritische Analysen zu vernachlässigen, die Schwierigkeit der Realisierbarkeit des Programms zu unterschätzen und damit die von ihr (mit Recht!) intendierte Wendung zum Konkreten, zum Menschen in der heutigen Gesellschaft zu verfehlen.

Die „Theol. d. R.“ war eine der ersten *„kontextuellen“* Theologien. In ihr werden Erfahrungen der Dritten Welt, v. a. die Erfahrung von wirtschaftl. Abhängigkeit u. der Armut verarbeitet. Eine Erklärung der Armut soll die *dependencia*-Theorie geben, welche die Verarmung der Entwicklungsländer verursacht sieht durch die Ausbeutung seitens der Industrienationen (R. LUXEMBURG, LENIN). Inzwischen wurde diese Theologie als „Theologie des Volkes“, „schwarze Theologie“ (black theology) oder auch als „Theologie“ bzw. „Kirche der Armen“ weiterentfaltet. Vornehmlich die *„Theologie der Befreiung“* hat seit Ende der 70er Jahre die „Theol. d. R.“ abgelöst u. deren Motive aufgenommen. Kirchen- u. Gesellschaftskritik verbinden sich in den Befreiungstheologien auf unterschiedl. Weise mit der Spiritualität. Papst u. Kurie üben an der „Theologie der Befreiung“ scharfe Kritik, v. a. ist das Verhältnis von →Kirche und Politik strittig; aber auch die Frage, wer als Kirche handelt, das Volk („Basisgemeinde“) oder die Hierarchie (→Amt der kath. Kirche) u. wieweit die kath. →Soziallehre noch gültig u. verbindlich ist.

ERNST WOLF, Widerstandsrecht, RGG VI³, 1681 ff. – W. KÜNNETH, Politik zwischen Dämon und Gott, 1954 – K. GRIEWANK, Der neuzeitl. R.begriff, 1955/1964² – E. KLÜGEL, Prinzipielles Recht zum Aufruhr?, in: H. DOMBOIS und E. WILKENS (Hg.), Macht und Recht, 1956, 44–75 – H. MAIER, R. und Kirche. Studien zur Frühgeschichte der christlichen Demokratie (1799–1801), 1965 – H. THIELICKE, Theol. Ethik, II/2, 1966² – H. GOLLWITZER, Forderungen der Freiheit, 1962 – F. HEER, Europa – Mutter der R.en, (1965) 1967 – H. MAIER, R. und Kirche, Studien zur Frühgesch. der christl. Demokratie, 1973³ – APPELL AN DIE KIRCHEN DER WELT. Dokumente der Weltkonferenz für Kirche und Gesellschaft, hg. vom ÖRK, 1967 – H.-D. WENDLAND, Die Kirche in der revolutionären Gesellschaft, 1967 – T. RENDTORFF/H. E. TÖDT, Theol. der R., (1968) 1970 – T. RENDTORFF/K. G. STECK, Protestantismus und R., ThExhNF 161, 1969 – E. FEIL/R. WETH, Diskussion zur „Theol. der R.“, 1971² (Lit.) – M. HENGEL, War Jesus Revolutionär? 1970 – W. D. MARSCH, Theol. Legitimierung revolutionärer Praxis?, in: Ev. Kommentare 2 (1969) 317–323 – H. THIELICKE/H. H. SCHREY, Christl. Daseinsgestaltung, NF, 1971, 372–387 – R. SHAULL, Befreiung durch Veränderung, 1970 – A. TH. V. LEEUWEN, R. als Hoffnung, Strategien des sozialen Wandels, 1970 – K. HOFFMANN, Das Kreuz und die R. Gottes, 1971 – M. HONECKER, R. in der Sicht theol. Sozialethik, Theol. Quartalsschrift 153 (1973) 25–43 – TH. STROHM, R. und politischer Wandel, in: Handbuch der christlichen Ethik, Bd. II. ed. A. HERTZ u. a., 1979², 281–299 – M. OPOCENSKY, Widerstand und R. Herausforderung an die Christen, 1982.

Martin Honecker

RGW (Rat für gegenseitige Wirtschaftshilfe) →COMECON

Richter, Richteramt. I. Begriff. Als R. werden diejenigen unabhängigen und unparteiischen Personen bezeichnet, die →Rechtsprechung ausüben.

II. Geschichte (vgl. WAGNER, S. 28 ff.). Die geschichtl. Entwicklung des R. beginnt mit dem Ende des Selbsthilferechts. Nunmehr ist es nicht der Verletzte selbst, der sein vermeintl. Recht durchsetzt oder das ihm oder seiner Sippe zugefügte Unrecht rächt (zB Blutrache), sondern es ist der unparteiische R., der den Rechtsstreit entscheidet und versucht, den Rechtsfrieden wiederherzustellen. Die Gesch. zeigt eine zunehmende Verselbständigung des R.amtes. Während in der Urzeit das R.amt eine unter vielen Funktionen der familiären, politischen oder religiösen Führung war und damit zugleich pädagogische, polizeil. oder priesterl.-sakrale Aufgaben wahrnahm, beschränkte es sich im Laufe der Zeit immer mehr auf die bloße Beurteilung von Rechtsstreitigkeiten und von Verstößen gegen das Recht. Das R.amt sonderte sich auch personell immer deutlicher von anderen Staatsorganen sowie von Familie und Kirche ab. Das Volk, das noch in germanischer Zeit Recht sprach (Thing), die Laienrichter des MA. (Schöffen) und die königl. (kaiserl.) Gerichtsbarkeit dieser Zeit wurden durch einen eigenen „gelehrten“ R.stand abgelöst, der sich aus jur. Berufsbeamten zusammensetzte. Die Rezeption des röm. Rechts im Ausgang des MA. begünstigte diese Entwicklung, weil sie den im röm. Recht und in der Rechtsanwendung gründl. geschulten Juristen erforderte. Auch der Aufschwung von Handel und Wirtschaft, die damit einhergehende Komplizierung des Rechts und das unabweisbare Bedürfnis nach rationaler Berechenbarkeit und Vorhersehbarkeit des Rechts drängten den ungeschulten Laien aus der Rechtspflege. Die Betrauung von Berufsbeamten mit der Rspr. und die Ausbildung eines bes. R.standes legten andererseits den Grundstein für die richterl. Unabhängigkeit (vgl. unten V C). So wurde in Dtschld. schon im 16. Jh. mit größerem Erfolg versucht, die Unabhängigkeit der R. durchzusetzen. In späteren Jahrhunderten wurde sie weiter gestärkt. Die Strafgerichtsbarkeit mußte hingegen noch bis in das 19. Jh. hinein beständige Eingriffe von fürstl. Seite hinnehmen. Hier führte erst der Frühkonstitutionalismus, z. T. erst die Zeit nach 1848, zu einer umfassenden Anerkennung der richterl. Unabhängigkeit. Gleichzeitig schirmten die Prozeßgrundsätze der Unmittelbarkeit, Mündlichkeit und Öffentlichkeit den →Prozeß (III A – C) vor unzulässigen Einflußnahmen ab, ebenso stärkten die Trennung der Justiz von der →Verwaltung und überhaupt die Lehre von der →Gewaltenteilung die Unabhängigkeit des R. Trotzdem war der R. im vorigen Jh. und noch zu Beginn des 20. Jh. gegenüber den anderen beamteten Juristen gesellschaftl. und in Beförderung und Besoldung stark zurückgesetzt. Erst allmähl. vollzog sich eine Gleichstellung, in neuester Zeit sogar eine deutl. höhere Bewertung des R.amtes vor anderen (jur.) Staatsämtern. Dies hängt mit dem starken Machtzuwachs des R. und der Auffassung zusammen, nach Möglichkeit hierfür besonders qualifizierte Persönlichkeiten zu gewinnen. Bereits im 19. Jh. wurde die Zuständigkeit des R. neben der herkömml. Beurteilung zivil- und strafgerichtl. Fragen auch auf einzelne verwaltungsgerichtl. Streitfälle ausgedehnt und damit das Verhältnis Staat – Bürger z. T. einer richterl. Entscheidung unterstellt. Die Entwicklung, bes. nach dem Zweiten Weltkrieg, vermehrte die Machtstellung des dt. R. bedeutend. Nunmehr ist durch die →Rechtsweggarantie des Art. 19 IV GG das gesamte Verhältnis des Bürgers zum Staat einer richterl. Kontrolle zugänglich (s. a. Prozeß IV F). Mit der →Verfassungsgerichtsbarkeit ist der R. in den politischen Bereich vorgedrungen (→Bundesverfassungsgericht VII). Daneben weiteten der vom R. geforderte Interessenausgleich sozialer und wirtschaftl. Spannungen, das Vordringen des R.rechtes und die zunehmende Bedeutung von Generalklauseln die R.macht aus (näher SCHUMANN, Verfassungsbeschwerde, S. 19 ff.; DIEDERICHSEN; s. a. Staat, 1. Teil, III B 3).

III. Arten. A. BerufsR. Die weitaus meisten dt. R. sind BerufsR. Sie sind in der überwiegenden Zahl R. *auf Lebenszeit.* Vor der Ernennung hierzu sind sie mindestens drei Jahre R. auf Probe. Nach fünfjähriger Tätigkeit müssen sie zum R. auf Lebenszeit oder zum Staatsanwalt (→Gerichtsverfassung VI A) ernannt werden. Bes. in der →Verfassungsgerichtsbarkeit gibt es R. auf Zeit (→Bundesverfassungsgericht VI D), die für einen festen Zeitraum gewählt werden, der bei den verschiedenen Verfassungsgerichten (ebenso wie die Zulässigkeit der Wiederwahl) unterschiedl. geregelt ist; durch die zeitl. Beschränkung des Amtes der Verf.R. will man einen gewissen (politischen) Einfluß der wählenden Gremien auf die Zusammensetzung der Verf.gerichte sichern. Sämtl. BerufsR. müssen die *Befähigung zum R.amt* (s. u. V A) besitzen. Die Dienstbezeichnung für die BerufsR. ist vereinheitlicht worden und richtet sich nach Funktion („Richter", „Vorsitzender Richter", „Präsident") und Gericht (zB „Richter am Amtsgericht").

B. Ehrenamtl. R. Im Gegensatz zu den BerufsR. brauchen die ehrenamtl. R. (LaienR.) keine jur. Kenntnisse zu besitzen. Sie sollen die Verbindung der Rechtspflege mit dem Volke garantieren und einer allg. verständl. Rspr. den Weg bereiten. Sie spielen bes. in der Straf-, Arbeits- und Verwaltungsgerichtsbarkeit eine Rolle. Die Bezeichnung lautet jetzt einheitl. „ehrenamtl. R.", in der Strafgerichtsbarkeit „Schöffe". Ehrenamtl. R. sind in den höheren Instanzen seltener tätig (→Gerichtsverfassung IV C, V). Ihre Berufung in das R.amt ist oft von Verfahrensordnung zu Verfahrensordnung verschieden (näher ROGGEMANN-SCHUMANN Nr. 626).

C. Bundes- und LandesR. Gemäß der föderalen Trennung der Hoheitsgewalt zwischen Bund und Ländern (→Bundesstaat) und der daraus entspringenden Verteilung der rechtsprechenden Gewalt zwischen Bund und Ländern gibt es *„R. im Bundesdienst"* und *„R. im Landesdienst"*, je nach ihrer Tätigkeit an Bundesgerichten oder an Landesgerichten (→Gerichtsverfassung II).

D. Staatl. und nichtstaatl. R. Berufs- und ehrenamtl. R. sind staatl. R.; sie üben die rechtsprechende Gewalt der Bundesrep. Dtschld. aus (Art. 92 GG). Ihnen stehen die *nichtstaatl. R.* gegenüber. Dies sind einmal die R. der kirchl. →Gerichtsbarkeit, zum anderen die R. der privaten (weltlichen) →Schiedsgerichtsbarkeit *(SchiedsR.).* Im Einzelfall kann ein solcher SchiedsR. von Beruf auch ein staatl. R. sein; jedoch übt er dann sein privates R.amt nicht in seiner Eigenschaft als staatl. R. aus. Daneben nimmt an Bedeutung immer mehr die Gruppe inter(supra)nationaler R. zu, für die das Völkervertragsrecht (→Völkerrecht) meist eingehende Vorschriften enthält (→Internationale Gerichtsbarkeit).

IV. Gesetzl. Grundlagen. Die Stellung der staatl. R. (oben III) wird vom GG in den Art. 92 ff. umschrieben; die →Landesverfassungen enthalten ebenfalls für die R. im Landesdienst Bestimmungen. Für die BerufsR. (s. o. III A) regelt das Dt. RichterG (DRiG) vom 8. Sept. 1961 (BGBl. I S. 1665) i. d. F. der Bekanntmachung vom 19. April 1972 (BGBl. I S. 713, III 301 – 1, zahlreiche Änderungen seither) die Einzelheiten. Es normiert für die R. an den Bundesgerichten (→Gerichtsverfassung II A) eingehend ihr R.verhältnis. Für die (überwiegende Zahl der) R. im Landesdienst enthält das DRiG Rahmenvorschriften (→Bundesgesetzgebung); der Landesgesetzgebung ist die nähere Regelung überlassen. Alle Bundesländer besitzen inzwischen R.gesetze. Soweit die R.gesetze im Einzelfall keine Bestimmung enthalten, ist auf die beamtenrechtl. G.gebung zurückzugreifen, wobei aber der grds. Unterschied zwischen Beamten und R. zu beachten ist (s. unten V C). Das R.amt der ehrenamtl. R. ist nur z. T. in den R.gesetzen geregelt; ihre Stellung ist meist in der betr. Verfahrensordnung niedergelegt, in der sie tätig werden. Die Aufgaben und Befugnisse sämtl. staatl. R. werden ferner von den gerichtsverfassungsrechtl. und prozessualen Vorschriften geprägt, auf deren Grundlagen sie Recht sprechen (hierzu näher Gerichtsverfassung III C 3, D bis J und Prozeß VII).

V. Das Richterverhältnis des BerufsR. A. Befähigung zum Richteramt. Der R. muß die Befähigung zum R.amt besitzen. Sie wird erworben durch das Bestehen zweier jur. Staatsprüfungen, ein ihnen vorausgehendes mindestens dreieinhalbjähriges rechtswissenschaftl. Studium und den zwischen ihnen liegenden praxisbezogenen Vorbereitungsdienst von zweieinhalb Jahren *(Referendariat).* Die Befähigung zum R.amt besitzt ferner jeder ordentl. Professor der Rechte an einer dt. Universität.

B. Berufung in das Richteramt. Über die Berufung in das R.amt bestehen unterschiedl. Vorschriften. Für die R. am →Bundesverfassungsgericht (VI C) gibt es ein bes. *Wahlverfahren;* ebenso wirkt bei der Berufung zu R.n der Obersten Gerichtshöfe des Bundes (→Gerichtsverfassung II A 2) ein *R.wahlausschuß* gemäß Art. 95 II GG und dem R.wahlG vom 25. Aug. 1950 (BGBl. I 368) i. d. F. vom 30. Juli 1968 (BGBl. I 873) mit. In einigen Bundesländern ist die Rechtslage ähnl.; in anderen beruft die Justizverwaltung (→Gerichtsverfassung VI E) die R. in ihr Amt, wobei jedoch eine Vertretung der R. (Präsidialrat) vor der Ernennung zu hören ist.

C. Unabhängigkeit des Richters. Der R. ist bei seiner rechtsprechenden Tätigkeit unabhängig und nur dem G. unterworfen (Art. 97 I und 20 III GG, § 25 DRiG, § 1 GVG); Weisungen dürfen ihm weder allg. noch für den Einzelfall erteilt werden. Die Verantwortung für Rechtsanwendung und Tatsachenfeststellung trägt er selbst (→Prozeß III E, F). Seine Bindung an das G. ist durch das →richterliche Prüfungsrecht gelockert. Gegen seinen Willen kann der R. in ein anderes Amt nur durch gerichtl. Urteil und nur in den wenigen gesetzl. vorgesehenen Fällen versetzt werden; dasselbe gilt für seine *Absetzung* (Amtsenthebung, Entlassung, vorzeitige Pensionierung; →Bundesverfassungsgericht III A zur *Richteranklage* und →Gerichtsverfassung II A 4 b und III J). Für die R. bestehen eigene Dienstgerichte, die Disziplinarsachen und sonstige öffentl.-rechtl. Streitfälle aus dem R.verhältnis entscheiden, zB ein bes. →Senat des BGH (→Gerichtsverfassung II A 2) als Dienstgericht der R. im Bundesdienst. Der sich in diesen Bestimmungen *ausdrückende Grundsatz der richterl. Unabhängigkeit, Unversetzbarkeit und Unabsetzbarkeit* ist einer der tragenden Pfeiler des modernen →Rechtsstaates. Dieser Grundsatz soll dem R. ein unparteil. Rechtsprechen ermöglichen, indem er ihn vor jedweden Einflüssen vor oder bei der Urteilsfindung und vor Repressalien und Nachteilen nach Urteilserlaß bewahrt. Für den Rechtsuchenden liegt darin die Garantie, daß er Recht erhält und durch den R. vor Willkür und staatl. Machtmißbrauch geschützt ist. Von anderen Staatsdienern ist der R. durch diese freie, unabhängige Stellung deutl. unterschieden, so daß man das R.amt nicht als Beamtenverhältnis (→Beamtenrecht) ansehen darf. Nur sehr vorsichtig dürfen daher beamtenrechtl. Vorschriften auf das R.amt angewendet werden, wenn die speziellen Vorschriften über den R. schweigen (s. o. IV).

D. Gesetzlichkeit des Richters. Der Unabhängigkeit des R. entspricht der grundgesetzl. verankerte Anspruch jeder Prozeßpartei auf den *gesetzl. R.* und das Verbot von Ausnahmegerichten (→Gerichtsverfassung IV A). Der R. darf demgemäß nicht von Fall zu Fall bestimmt werden, sondern muß abstrakt-generell (zB auf Grund des Anfangsbuchstabens des Namens des Beklagten, nach dem Klagegrund oder dem Wohnort des Täters) im voraus bestimmbar sein, damit fremde Einflüsse hinsichtlich der personellen Zusammensetzung des Gerichts von vornherein ausgeschlossen sind. Soweit ein Gericht über mehrere R. verfügt, müssen *Geschäftsverteilungspläne* aufgestellt sein, die unter den Spruchkörpern (R.n, Kammern, →Senaten) die Streitsachen im voraus verteilen. Die Aufstellung dieser Pläne ist Sache richterl. Selbstverwaltung, um zu verhindern, daß die Justizverwaltungen (→Gerichtsverfassung VI E) oder sonstige nichtrichterl. Instanzen Einfluß auf die Verteilung der Geschäfte nehmen. Verstöße gegen den Grundsatz des gesetzl. R. können außer mit den übl. Rechtsmitteln mit der Verfassungsbeschwerde zum →Bundesverfassungsgericht (III D) geltend gemacht werden.

E. Dienstaufsicht über den Richter. Auch der R. unterliegt einer Dienstaufsicht; sie ist aber durch den Grundsatz der Unabhängigkeit stark eingeschränkt (vgl. näher Wagner, S. 151 ff. und die Komm. zu § 26 DRiG).

F. Personalvertretung.. Ähnl. dem →Personalvertretungsrecht gibt es Vorschriften über die *R.vertretungen* (R.räte, Präsidialräte). Diese Vertretungen sind mit gewissen Beteiligungsrechten an den allg. und sozialen Angelegenheiten der R. und bei Ernennungen ausgestattet (näher die Komm. zu §§ 49, 73, 75 DRiG).

VI. Macht und Bedeutung des Richters. Das Amt des R. ist seit Jh.en eines der mächtigsten Ämter im Staat. Am deutlichsten wird dies beim StrafR. als Herrn über Freiheit und Unfreiheit (früher sogar über Leben und Tod) und beim VerfR. als letzter Instanz in Grundfragen des gesamten Staates. Aber auch sonst – selbst in scheinbar unwichtigen, für die Beteiligten aber stets bedeutsamen Rechtsstreitigkeiten – übt der R. große Macht aus. Unter dem GG ist diese Macht stark ausgedehnt worden (s. o. I), so daß man die Bundesrep. Dtschld. als „Rechtsprechungs- oder Rechtswegestaat“ (Jahrreiss, S. 213) oder als →R.staat (Marcic, Werner) bezeichnet hat und sogar die These aufstellte, die

Macht in der Bundesrep. Dtschld. gehe nicht nur vom Volke, sondern zugleich auch von den Gerichten aus (MARCIC, S. 215, s. a. Staat III B 3). Sosehr sich gegen diese „Vergerichtlichung" des Staatswesens (→Justizstaat) immer wieder Einwände erhoben haben, sowenig sind sie nach den bitteren Erfahrungen unter den totalitären Regimen der Vergangenheit und Gegenwart berechtigt. Denn die totalitäre Herrschaft beruht entscheidend auf dem völligen Abbau einer unabhängigen Rechtspflege und deren Ersatz durch ein der politischen Macht willfähriges R.tum. Der unabhängige R. ist somit eines der untrügl. Zeichen für einen echten →Rechtsstaat (s. auch o. V C). Indem der R. bestrittenes Recht feststellt, zwischen divergierenden Interessen den rechtl. Ausgleich sucht und unklare Normen in ihrer Bedeutung klärt, dient er gleichermaßen dem Rechtsfrieden wie der Gerechtigkeit. Er hilft dadurch in hohem Maße, die im Staate stets aufkommenden Ungewißheiten, Gegensätze und Spannungen zu beseitigen oder wenigstens zu mildern, und trägt damit zu einem friedl. Zusammenleben der Menschen in Freiheit und ohne Furcht vor Gewalt und Willkür bei (s. a. Prozeß VIII).

H. JAHRREISS, in: Recht – Staat – Wirtschaft II, 1950, 203 bis 219 – MAX WEBER, Wirtschaft und Gesellschaft, 2. Hbd., 1956[4], 387–513 (Rechtssoziologie) – A. ARNDT, Das Bild des R., 1957 – R. MARCIC, Vom G.staat zum R.staat, Wien 1957 – TH. HECKEL (Hg.), Das R.amt, 1958 – F. WIEACKER, G. und R.kunst, 1958 – K. A. BETTERMANN, Die Unabhängigkeit der Gerichte und der gesetzl. R., in: Hdb. der Grundrechte (Hg. BETTERMANN u. a.) III, 2. Hbd., 1959, 523–642 – DERS., Der R. als Staatsdiener, 1967 – DERS., Das Gerichtsverfassungsrecht in der Rspr. des BVerfG, AöR 92 (1968) 496–541 – O. BACHOF, GG und R.macht, 1959 – A. WAGNER, Der R., 1959 – F. WERNER, Das Problem des R.staates, 1960 – K. EICHENBERGER, Die richterl. Unabhängigkeit als staatsrechtl. Problem, 1960 – K. ZWEIGERT, Zum richterlichen Charisma in einer ethisierten Rechtsordnung, Festg. für Carlo Schmid, 1962, 299–311 – F. BAUR, R.macht und Formalismus im Verfahrensrecht, in: „Summum ius summa iniuria" (hg. v. der Tübinger Juristenfakultät), 1963, 97–116 – E. SCHUMANN, Verf.- und Menschenrechtsbeschwerde gegen richterliche Entscheidungen, 1963 – DERS., Die Gerichte als Hüter des Rechts, Regensburger Universitätszeitung 7 (1968) 8–13 – C.-F. MENGER, Moderner Staat und Rspr., 1968 – W. PÖTTER, H. H. DINSLAGE, K. A. BETTERMANN, in: Die Unabhängigkeit des R., Ein Cappenberger Gespräch, 1969 – G. LANZENSTIEL, (Hg.), Rechtsstaat oder R.Staat, 1970 – H. ROGGEMANN/E. SCHUMANN, R.Pflege, in: Bundesrep. Dtschld. – DDR, Systemvergleich 2: Recht, hg. vom Bundesministerium für innerdt. Beziehungen, 1972 = BT-Drs. VI/3080, Rn. 564–577, 582, 585–587, 611–638 – ARTHUR KAUFMANN, R.persönlichkeit und richterl. Unabhängigkeit, Festschr. für Karl Peters, 1974, 295–309 – U. DIEDERICHSEN, Die Flucht des G.gebers aus der polit. Verantwortung im Zivilrecht, 1974 – F. BAUR, Justizaufsicht und richterl. Unabhängigkeit, in: Festschr. für Rammos, 1979, Bd. 1, 57–70 – J. RIEDEL, Das Postulat der Unparteilichkeit des R., 1980 – W. SCHEUERLE, Vierzehn Tugenden für vorsitzende Richter, 1983 – G. PFEIFFER, Zum Spannungsverhältnis richterl. Unabhängigkeit – Dienstaufsicht – Justizgewährungspflicht, in: Festschr. f. Karl Bengl, 1984, 85–97 – E. TEUBNER, Die Bestellung zum BerufsR. in Bund und Ländern, 1984, sowie die Komm. zum DRiG von WIEDOW, 1961, GERNER-DECKER-KAUFMANN, 1963, SCHMIDT-RÄNTSCH, 1983[3], Ferner die Lit. zu BVerfG; Gerichtsverfassung; Prozeß; Rechtsprechung.

Ekkehard Schumann

Richterliches Prüfungsrecht. I. Begriff. Unter dem richterl. P. versteht man die Befugnis und die Pflicht eines →Richters, einen Rechtssatz (→Gesetz, Verordnung, Satzung) auf seine Vereinbarkeit mit höherrangigem Recht (meist mit der Verf.) zu überprüfen. Nach neuerem Sprachgebrauch unterscheidet man zwei Seiten des richterl. P., die *Prüfungskompetenz* und die *Verwerfungskompetenz* (BVerfGE 4, 331 [339]; vgl. BACHOF, S. 1 ff.). Der erstgenannte Begriff bezieht sich auf die Befugnis (die Pflicht, vgl. MORSTEIN MARX, S. 3 f.) des Richters, den Rechtssatz auf seine Verf.mäßigkeit zu prüfen. Verwerfungskompetenz betrifft die nächste Stufe: die Befugnis des Richters, dem als verfassungswidrig erkannten Rechtssatz die Gefolgschaft zu versagen. Während allen Richtern die Prüfungskompetenz zusteht, ist vielfach ihre Verwerfungskompetenz eingeschränkt und auf bes. Gerichtshöfe übertragen, die dann das sog. *Verwerfungsmonopol* besitzen und vom Richter angerufen werden müssen.

II. Geschichte, Ausland. Das richterl. P. war lange Zeit hindurch ein jur. wie politisch sehr umstrittener Begriff, der im 19. Jh. sogar zu „dramatischen Konflikten" führte (E. R. HUBER, III, S. 1057). Umfassende Anerkennung konnte es erst erhalten, als man auch den G.geber einer (der richterl. Beurteilung unterliegenden) Verf.bindung unterwarf. Die berühmte Entscheidung des RG vom 4. Nov. 1925 (RGZ Bd. 111, S. 320 ff.) markiert die umfassende Anerkennung durch die Rspr. (vgl. E. R. HUBER, VI, S. 564 ff.). In der Wissenschaft war schon viel früher die Forderung erhoben worden, das richterl. P. nicht nur gegenüber VO.en, sondern auch gegen G.e anzuerkennen. Vorbild waren hierbei die USA (→Vereinigte Staaten), die das richterl. P. gegenüber G.en schon 1803 anerkannten (vgl. SPANNER, S. 7). Im Dtschld. des 19. Jh. und unter der BISMARCKschen Verf. lehnte dies jedoch die Rspr. völlig, die Wissenschaft überwiegend ab (vgl. E. R. HUBER, III, S. 1057 ff.). Allerdings wurden andere Rechtsnormen als das G. sehr wohl der Verf.bindung unterworfen, so daß man das richterl. P. bejahte, soweit es sich auf Reichs- oder LandesVO.en bzw. LandesG.e bezog. Erst die genannte Entscheidung des RG führte zum richterl. P. auch gegenüber ReichsG.en. Unter dem →Nationalsozialismus wurde es den Gerichten wieder abgesprochen.

In den meisten Verfassungsstaaten besteht ein richterl. P. innerhalb anhängiger Verfahren (Inzidentkontrolle) gegenüber VO.en. Gegenüber G.en existiert es u. a. in den *USA* (s. o.), in *Argentinien, Dänemark, Japan, Kanada, Kolumbien* und *Norwegen.* In →*Frankreich* findet nur eine präventive Kontrolle der von der Volksvertretung beschlossenen G.e vor dem Conseil constitutionnel statt, die von bestimmten obersten Staatsorganen eingeleitet werden kann, solange das G. noch nicht in Kraft getreten ist. Traditionell steht den Gerichten keinerlei Prüfungsbefugnis gegenüber Akten des Gesetzgebers zu. Dies folgt aus der französischen Sicht der Gewaltenteilung. In →*Großbritannien* kommt ein ausdrückliches richterl. P. schon wegen des Fehlens einer geschriebenen Verf. nicht in Betracht. In *Italien* ist eine ähnliche Vorlagepflicht an das Verf.gericht wie in der Bundesrep. Dtschld. normiert. *Österreich* kennt ein allgemeines richterl. P. nur hinsichtlich der „gehörigen Kundmachung von Gesetzen"; zur Vorlage von G.en wegen Verf.widrigkeit an den Verfassungsgerichtshof sind in konkreten Normenkontrollverfahren nur die obersten Gerichte berechtigt. Eingeschränkt ist das richterl. P. in der *Schweiz* wegen der Bedeutung der Referendumsdemokratie. Nur Rechtsverordnungen unterliegen voll der „vorfrageweisen richterl. Verfassungskontrolle", kantonale G.e sind beschränkt überprüfbar, für BundesG.e gilt das Verbot der Gesetzesüberprüfung nach der Bundesverf.

III. Die Problematik des richterl. P. liegt in der Macht der rechtsprechenden Gewalt, sich insbes. über den Willen des demokratischen G.gebers (Parlaments) hinwegzusetzen. Die Bejahung des richterl. P. gegenüber G.en ist ein Sieg der Idee des →Rechtsstaates über den Gedanken der →Demokratie und eine Durchbrechung einer starren →Gewaltenteilung (→Verfassungsgerichtsbarkeit), zugleich aber auch der Ausdruck einer gewissen Skepsis gegenüber den parlamentarischen Instanzen.

IV. Die Prüfungskompetenz steht jedem dt. Richter in jedem Verfahren gegenüber jeder Norm zu. Ein richterl. P. gegenüber der Verf. scheidet aber aus, es sei denn, im Einzelfall greift →Naturrecht ein oder die Rechtsfigur der „verfassungswidrigen Verf.norm" (→Verfassung). Auch ein richterl. P. gegenüber dem sog. primären Gemeinschaftsrecht der →Europäischen Gemeinschaften gibt es nicht (vgl. E. SCHUMANN, S. 121 ff.).

V. Die Verwerfungskompetenz bietet heute den eigentl. Gegenstand von Unklarheiten und unterschiedl. Meinungen über das richterl. P. Soweit sie bei Verf.gerichten konzentriert ist, nennt man das für die Prüfung der Norm vorgesehene Verfahren *„konkrete Normenkontrolle"*, bisweilen *Richtervorlage* und ungenau *Richterklage* (→Verfassungsgerichtsbarkeit; →Bundesverfassungsgericht), das Verfahren vor dem Europ. Gerichtshof (s. u. V E) heißt *Vorabentscheidungsverfahren.*

A. Die bes. Gerichtshöfe mit Verwerfungsmonopol sind das →*Bundesverfassungsgericht,* die *Landesverfassungsgerichtshöfe* (→*Verfassungsgerichtsbarkeit*) und der *Gerichtshof der* →*Europäischen Gemeinschaften,* die entsprechend ihrer Zuständigkeit die Rechtsnormen am Maßstab des GG, an der jeweiligen Landesverf. bzw. an den Europaverträgen prüfen.

B. Leitende Gesichtspunkte. Für ein Verwerfungsmonopol waren vor allem zwei Gesichtspunkte maßgebend, ein rechtsstaatl. und ein demokratischer Aspekt: Einmal dient es der Rechtssicherheit und Rechtsgewißheit, wenn über die Gültigkeit bestimmter Rechtssätze nur einige wenige Gerichtshöfe befinden dürfen. Wie sich auch sonst unter Gerichten verschiedene Meinungen bilden, hätten sich über die Gültigkeitsfrage von Rechtssätzen unterschiedl. Ansichten entwickelt, ohne daß in den meisten Fällen eine Koordination durch eine höhere Instanz hätte erreicht werden können. Unerträgl. Unklarheit und Unsicherheit wären die Folgen gewesen. – Zum anderen liegt dem Monopol der Respekt vor dem demokratischen G.geber zugrunde. Wenn ein Richter ein G. für ungültig hält, setzt er sich über den Willen des Parlaments hinweg. Im Interesse der unabdingbaren Geltung der Verf. kann man zwar nach heutiger dt. Auffassung auf eine solche Kontrolle nicht verzichten, aber der endgültige Ausspruch über die Ungültigkeit des G. soll doch solchen Gerichtshöfen vorbehalten sein, die in verfassungsrechtlichen Fragen bes. erfahren sind. In kritischer Staatssituation sichert auch eine Monopolisierung bei einem höchsten Gericht die Beachtung der politischen Wirklichkeit (vgl. H. KRÜGER, S. 706).

C. Das Verwerfungsmonopol des BVerfG ist im Art. 100 I GG geregelt; es erstreckt sich nur auf die sog. *„nachkonstitutionellen" formellen* G.e, d. h. alle nach dem Inkrafttreten des GG (24. Mai 1949) erlassenen Normen des Bundes oder der Länder, die als G. im formellen Sinne (→Gesetz, Gesetzgebung II B) anzusehen sind (BVerfGE 1, 184 [197 ff., 201], 2, 124 [128]). Die übrigen Bundesrechtssätze („vorkonstitutionelle" BundesG.e, sämtl. BundesrechtsVO.en) können vom einzelnen Richter in eigener Verantwortung (allerdings nur mit Wirkung für den einzelnen Fall) für ungültig gehalten werden, weil sich bei ihnen der Richter nicht über einen dem GG verpflichteten parlamentarischen G.geber hinwegsetzt und außerdem keine allzugroße Rechtsungewißheit zu befürchten ist (vgl. o. B).

D. Das Verwerfungsmonopol der Landesverfassungsgerichte bezieht sich, da sie nur die Landesverf. als Maßstab kennen, nur auf die landesrechtl. Normen und bestimmt sich nach Art. 100 I GG in Verbindung mit der Landesverf. Gegenüber der Regelung im Bunde bestehen z. T. erhebl. Unterschiede (vgl. STEIN-JONAS § 148 Rdnr. 121).

E. Das Verwerfungsmonopol des Europäischen Gerichtshofs richtet sich nach Art. 41 Montan-, 177 EWG- und 150 Euratom-Vertrag und erstreckt sich auf alle von den Gemeinschaftsorganen erlassenen Normen, ausgenommen die Bestimmungen der Verträge selbst (s. o. IV).

F. Verfahren. Das Verwerfungsmonopol der genannten Gerichtshöfe wird durch folgendes Verfahren garantiert: Hat der Richter auf Grund seiner Prüfungskompetenz einen (entscheidungserhebl.) Rechtssatz überprüft und ist er von dessen Verf.widrigkeit überzeugt, so hat er das Verfahren *auszusetzen* und die Gültigkeitsfrage dem zust. Gerichtshof *vorzulegen*. Zu beachten ist, daß die betr. Gerichtshöfe ihre Verwerfungskompetenz gegenüber einer Norm ausschöpfen können, auch wenn sie mit einem anderen Verfahren befaßt sind, das nicht eigens die Gültigkeit einer Norm zum Gegenstand hat (sog. „nobile officium" der Inzidentkontrolle der Verf.gerichtsbarkeit bzw. „Einrede der Rechtswidrigkeit" vor dem Gerichtshof der Europ. Gemeinschaften, Art. 184 EWG-, 156 Euratom-, 36 III Montan-Vertrag).

G. Die Sonderstellung →Berlins mit eingeschränkter Zuständigkeit des →Bundesverfassungsgerichts und ohne Verf.gericht führt zur Verwerfungskompetenz der Berliner Gerichte gegenüber Berliner Landesrecht. Die Obersten Gerichtshöfe des Bundes, die über eine Revision in einer „Berliner Sache" zu entscheiden haben, müssen ebenfalls nicht an das BVerfG vorlegen und haben deshalb eine eigene Verwerfungskompetenz, wenn Berliner Landesrecht gegen das GG oder gegen BundesR verstößt. In Berlin geltende Bundesgesetze unterliegen jedoch dem Verwerfungsmonopol des BVerfG.

VI. Die Entwicklung des richterl. P. in den letzten Jahrzehnten hat zur Frage geführt, ob der **→Verwaltung** eine Art „richterl." P. zusteht. Die Diskussion dieses Problems ist immer noch nicht abgeschlossen. Sie betrifft die grds. Stellung der →Verwaltung zur →Verfassung und zum →Gesetz (vgl. BACHOF und HOFFMANN). Sicher ist, daß die Exekutive keine Verwerfungskompetenz hinsichtlich formeller Gesetze hat. Weiter dürfte feststehen, daß dagegen eine Prüfungskompetenz den Exekutivspitzen (Bundesregierung, Landesregierung) zukommt (vgl. Art. 93 I Nr. 2 GG). Dem einzelnen Verwaltungsbeamten gibt sein Prüfungsrecht nur die Möglichkeit (und Pflicht), bei seiner vorgesetzten Dienststelle zu *remonstrieren*. Im Unterschied zum richterl. P. besteht aber bis zu einer verf.richterl. Entscheidung die *Weisungsgebundenheit* innerhalb der Exekutive weiter, so daß die Nichtanwendungsentscheidung des einzelnen Beamten von der übergeordneten Instanz überwindbar ist. Erst die Exekutivspitze darf den Weg zur Verfassungsgerichtsbarkeit beschreiten.

Zu I–II: F. MORSTEIN MARX, Variationen über die richterl. Zuständigkeit zur Prüfung der Rechtmäßigkeit des G., 1927 – E. v. HIPPEL, Das richterl. P., in: G. ANSCHÜTZ u. a. (Hg.), Hdb. des Dt. Staatsrechts II, 1932, 546 ff. – O. BACHOF, AöR 87 (1962) 1 – 48 – E. R. HUBER, Dt. Verf.gesch. seit 1789, III, 1963, 1055 ff. und VI, 1981, 564 ff. – H. MAURER, DÖV 16 (1963) 683 – 686 – K. A. BETTERMANN, Reichsgericht und richterl. P., in: Festschr. für J. BROERMANN (1982), 491 ff. – D. ENGELHARDT, Das richterl. P. im mod. Verf.staat, JöR n. F. Bd. 8 (1959) 101 – 138 – R. BERNHARDT, Normenkontrolle, in: Verfassungsgerichtsbarkeit in der Gegenwart, 1962, 727 – 737 – CAPPELLETTI-RITTERSPACH, Die gerichtl. Kontrolle der Verf.mäßigkeit der G.e in rechtsvergl. Betrachtung, JöR n. F. Bd. 20 (1971) 65 – 109.

Zu III–V: H. SPANNER, Die richterl. Prüfung von G.en und VO.en, 1951 – G. PFEIFFER, Die Verf.beschwerde in der Praxis, 1959, 298 ff. – K. A. BETTERMANN im Hdb. der Grundrechte III, 2. Hbd., 1959, 898 ff. – H. KRÜGER, Allg. Staatslehre, 1966^2, 706 ff. – K. STERN, Das BVerfG und die sog. konkrete Normenkontrolle nach Art. 100 I GG, AöR 91 (1966) 223 – 253 – H. BRINCKMANN, Das entscheidungserhebl. Gesetz. Eine Untersuchung zur Normenkontrolle gemäß Art. 100 I GG, 1970 – D. SCHEFOLD, Zweifel des erkennenden Gerichts, 1971 – K. A. BETTERMANN, Die konkrete Normenkontrolle und sonstige Gerichtsvorlagen, in: BVerfG und GG. Festg. aus Anlaß des 25jährigen Bestehens des BVerfG, Bd. 1, 1976, 323 – 373 – H. SCHOLLER, S. BROSS, Zum Problem der Entscheidungserheblichkeit im Sinne des Art. 100 Abs. 1 Satz 1 GG, AöR 103 (1978) 148 – 163 – G. ULSAMER, Zulässigkeitsvoraussetzungen des konkreten Normenkontrollverfahrens in der Rechtsprechung des BVerfG, BayVBl. 26 (1980), 519 – 522 – STEIN-JONAS-SCHUMANN, ZPO^{20} (1984) § 148 Rdnr. 51 – 125 (Lit.) sowie die Lit. zu Bundesverfassungsgericht und Verfassungsgerichtsbarkeit.

Zu V D: O. GROSCHUPF, Richtervorlagen zu den Landesverfassungsgerichten, in: Landesverfassungsgerichtsbarkeit, Teilbd. 2, 1983, 85 – 103.

Zu V G: MAUNZ, in: MAUNZ/DÜRIG (u. a.), GG, Art. 100 Rdnr. 27 – P. LERCHE, „Berliner Sachen" als verfassungsprozessualer Begriff, Festschr. f. Leibholz (1967), Bd. II, 465 – 481 – K. STERN, Bonner Kommentar zum GG, Zweitbearbeitung, Art. 100, Rdnr. 53 – 55 – P. HAUCK, Das richterl. P. in Berlin, 1969 – P. LERCHE, Die Rechtsprechung des BVerfG in Berliner Fragen, in: BVerfG und GG. Festg. aus Anlaß des 25jährigen Bestehens des BVerfG, Bd. 1, 1976, 715 – 747 – G. R. APELL, Das BVerfG und Berlin (1984) 36 – 53 – STEIN-JONAS-SCHUMANN (s. o.) § 148 Rdnr. 117.

Zu IV und V E: E. SCHUMANN, ZZP 78 (1965) 77 – 129 – CHR. TOMUSCHAT, Die gerichtl. Vorabentscheidung nach den Verträgen über die europäischen Gemeinschaften, 1964 – H. BASSE, Das Verhältnis zwischen der Gerichtsbarkeit des Gerichtshofes der Europ. Gemeinschaften und der dt. Zivilgerichtsbarkeit, 1967 – E. W. FUSS, Die Verantwortung der nationalen Gerichte für die Wahrung des europäischen Gemeinschaftsrechts, in: Ged.Schr. für Sasse, 1981, Bd. 1, 171 – 196 – J. STREIL, Das Vorabentscheidungsverfahren als Bindeglied zwischen europäischer und nationaler Rechtsprechung, in: Der Europäische Gerichtshof als Verfassungsgericht und Rechtsschutzinstanz, 1983, 69 – 88 – STEIN-JONAS-SCHUMANN (s. o.) § 148 Rdnr. 187 – 235.

Zu VI: G. HOFFMANN, JZ 16 (1961) 193 – 205 – O. BACHOF, AöR 87 (1962) 1 – 48 – K.-H. HALL, DÖV 18 (1965) 253 – 264 – DERS., aaO 21 (1968) 641 – 644

– D. KABISCH, Prüfung formeller Gesetze im Bereich der Exekutive, 1967 – F. OSSENBÜHL, Normenkontrolle durch die Verwaltung, in: Die Verwaltung 2 (1969) 393–410. – J. PIETZCKER, Zur Inzidentverwerfung untergesetzl. Rechtsnormen durch die vollziehende Gewalt, AöR 101 (1976) 374.

Ekkehard Schumann

Richterstaat. 1. Begriff. Der Begriff des R. deutet wie ähnliche Schlagworte (→Rechtsweggarantie I) eine spezifische Denaturierung unseres →Rechtsstaats an: Er weist hin auf Störungen der Balance zwischen G.gebung, Exekutive und R. sowie auf eine Gewichtsverlagerung zu den Gerichten. Er ist Ausdruck der Sorge, daß die →Richter zu stark das politische Geschehen beeinflussen könnten, Funktionen der ersten und zweiten Gewalt usurpieren, als apokryphe G.geber auftreten und aus den verfassungsrechtlich vorgegebenen G.vorbehalten Richtervorbehalte werden lassen. Das Wort vom R. kennzeichnet damit Übertreibungen und Gefahren, die dem Rechtsstaat materiell drohen. Demgegenüber wurde der Begriff des Justizstaats noch in der Voraufl. von ULE rein formal gedeutet: Justizstaat sei ein Staat, in dem der Schutz der Bürger vor staatl. Übergriffen in ihre rechtlich geschützte Sphäre durch die ordentl. Gerichte gewährleistet werde, nicht aber ein Staat, in dem dafür – wie bei uns – von der sog. ordentl. Justiz getrennte VG.e bereitstehen. Das Problem des R. ist vielmehr unabhängig davon, zu welcher Gerichtsbarkeit der Rechtsweg führt; es tritt bes. auffällig in den öffentl.-rechtl. Gerichtsbarkeiten, also beim BVerfG und bei den VG.en, aber ähnlich deutlich bei den Arbeitsgerichten in Erscheinung, stellt sich jedoch auch bei den anderen Gerichtszweigen.

2. Ursachen in der Krise des Gesetzesstaats. Die erwähnten Symptome sind v. a. Ausdruck der Krise des G.staats. Das Vertrauen in die Gerechtigkeit des G. ist der Erkenntnis gewichen, daß auch der G.geber Unrecht tun kann; seine Autorität ist damit fragwürdig geworden. Die damit entstandene Lücke haben zumindest partiell die Gerichte ausgefüllt und nach dem Ersten Weltkrieg – auch aus Mißtrauen gegenüber dem demokratischen G.geber – das materielle Prüfungsrecht beansprucht, also das Recht zur Prüfung des G.rechts an höherrangigem Recht, sowie die Befugnis, „ungenügendes" G.recht nicht zu befolgen. Das GG hat dies „kanalisiert": Jeder Richter hat das materielle Prüfungsrecht, muß jedoch, wenn er ein G. für verf.widrig hält, gem. Art. 100 I GG das BVerfG anrufen, das allein über die Verwerfungskompetenz gegenüber förmlichen G.en verfügt. Faktisch wird diese theoretisch klare Kompetenzabgrenzung nicht unerheblich unterlaufen, weil jeder Richter in der Lage ist, den sachl. Geltungsbereich eines G.es mit Hilfe der verf.konformen Auslegung einzuengen. So steht der Richter, obwohl an das G. gebunden, als dessen Kontrolleur doch über dem G.; denn was Inhalt der Verfassung als Maßstab für die Kontrolle der G.e ist, bestimmen weitgehend die Richter und nicht der G.geber.

Ähnliches gilt für das einfache G. Die Krise des G.staats zeigt sich nämlich auch darin, daß der G.geber häufig nicht in der Lage oder willens ist, selbst für genügende Rechtsklarheit und damit Rechtssicherheit zu sorgen mit der Folge, daß der Richter als Nothelfer einspringen muß. So sind – etwa im Bereich des Umweltrechts – die Probleme so vielschichtig und komplex, daß sie der G.geber auch bei gutem Willen nicht recht fassen kann. Kasuistik stellt sich bald als lückenhaft heraus; sie bietet der Lückenfüllung durch den Richter Raum. Bei Zuflucht zu Generalklauseln – zB Gemeinwohl, öffentl. Interesse, gute Sitten – oder zu unbestimmten Rechtsbegriffen – zB Stand der Technik – ist deren Ausfüllung – zumindest zu nicht unwesentl. Teilen – ebenfalls dem Richter anheimgegeben; bei dem von Generalklauseln abgedeckten Bereich fehlt heute der Grundkonsens, so daß ihre Konkretisierung durch den Richter kaum noch als herkömml. Auslegung des G. angesehen werden kann. In anderen Bereichen – so im Arbeitskampfrecht – erweisen sich die Interessengegensätze der verschiedenen gesellschaftl. Gruppen als so groß, daß der G.geber sich offenbar außerstande sieht, sie selbst auszugleichen. Hier muß der Richter nolens volens im Streitfall Entscheidungen treffen und als ErsatzG.geber einspringen. Aber auch da, wo der G.geber mit einer Fülle von Normen, die als „Normenflut" zahlreiche Widersprüche birgt, scheinbar regelnd tätig wird, schiebt er nicht selten durch Unklarheiten, Formelkompromisse, verschleiernde Formulierungen und den exzessiven Gebrauch von Generalklauseln und unbestimmten Rechtsbegriffen die eigentl. Regelung dem streitentscheidenden Richter zu. Der Richter, dem der G.geber damit weit mehr als früher eigene Wertungen aufdrängt, vollzieht dann nicht mehr vom G.geber getroffene Wertungen nach, kann sich also nicht auf Erkenntnisakte beschränken, sondern muß selbst werten und rechtsschöpferisch auf Grund von eigenen Willensakten tätig werden. Diese Entwicklung wäre nur durch eine kaum zu erwartende Renaissance der G.gebungskunst umzukehren; immerhin würde mehr Mut zur Entscheidung beim Normgeber einige Abhilfe bringen können.

3. Ursachen beim Richter. Auch die Richter selbst geben Anlaß zur Klage über den R. Die Verführung, die in der ihnen zugewachsenen, u. a. durch die →Rechtsweggarantie bestätigten Macht liegt, ist an ihnen nicht spurlos vorübergegangen. Eine sich immer mehr verfeinernde und differenzierende Rspr. hat die der Verwaltung zustehenden Ermessensräume zunehmend eingeengt; bei der Auslegung unbestimmter G.begriffe lehnen die VG.e – von geringen Ausnahmen, zB im Prüfungs-, Beamten- und Planungsrecht abgesehen – die Einräumung von Beurteilungsermächtigungen zugunsten der

Verw. zu Unrecht weitgehend ab und beanspruchen die Letztverbindlichkeit der Entscheidung für sich (→Verwaltungsgerichtsbarkeit III E). Das wird nicht selten als Besserwisserei empfunden, läßt die Verwaltung zumindest partiell resignieren und nimmt ihr den Mut zur Verantwortung, die alsdann gerade in politisch heiklen Bereichen gern den Gerichten zugeschoben wird. Dies hat fragen lassen, ob bei uns das Verwaltungsgericht regiert oder jedenfalls das Regieren unangemessen behindert und ob inzwischen die Politik justitiabel sei.

Ein wahrer Kern dürfte auch in der Klage stecken, es werde immer schwieriger, G.e „justizfest" zu formulieren, weil die Gerichte dazu tendierten, ihre Rspr. als verfassungsgeboten „gesetzesfest" zu machen und entgegenstehende Normen im Wege verf.konformer Auslegung in das Korsett der Rspr. zu zwängen. Hinter dieser Tendenz steht bewußt oder unbewußt nicht selten das Bedürfnis, als „politischer Richter" Motor des Fortschritts („Sozialingenieur") oder auch Bremse zu sein und eigene politische Vorstellungen mit den Mitteln der Rspr. durchzusetzen.

Gegenüber solchen Übersteigerungen der Richtermacht ist Abhilfe nötig und möglich. Nötig ist sie im Interesse eines ausgewogenen Verhältnisses der Staatsgewalten, aber auch der Richterschaft selbst, deren Unabhängigkeit nur durch die Bindung an das G. legitimiert ist und in Gefahr gerät, wenn sich der Richter von der G.bindung löst. Möglich ist Abhilfe wohl nur, wenn ein Bewußtseinswandel in der Richterschaft einsetzt, sich der Richter vor politischem Ehrgeiz, Überheblichkeit und Besserwisserei hütet, vielmehr die Tugend der Selbstbescheidung, Zurückhaltung und Selbstdisziplin übt.

R. Marcic, Vom G.esstaat zum R., 1957 – F. Werner, Gerichte in unserer Zeit, 1971 (insbes. S. 176 ff.: Das Problem des R.es) – G.-K. Kaltenbrunner (ed.), Auf dem Weg zum R., 1979 – H.-J. Papier, Die Stellung der Verwaltungsgerichtsbarkeit im demokratischen Rechtsstaat, 1979 – O. R. Kissel, Grenzen der rechtsprechenden Gewalt, in: NJW 1982, 1777 – 1785 – H. Sendler, Zur Unabhängigkeit des Verwaltungsrichters, in: NJW 1983, 1449 – 1458 – W. Dubach, Regiert bei uns das VG? in: Mélanges André Grisel, 1983, Neuchâtel, 653 – 668.

Horst Sendler

Rotes Kreuz. I. Begriff. Der Name „Rotes Kreuz" beschreibt ein Gesamtgefüge verschiedener historisch gewachsener und gemeinsamen humanitären Grundsätzen verpflichteter Institutionen. Eng mit ihm verbunden ist ein Komplex völkerrechtl. Normen, der dem Schutz der Opfer bewaffneter Konflikte gewidmet ist (→Genfer Konventionen). Das auf weißem Feld befindliche rote Kreuz (an dessen Stelle in islamischen Ländern ein roter Halbmond tritt) ist zu Ehren der Schweiz, von deren Boden die R.K.-Bewegung ihren Ausgang nahm, unter Umkehrung der Farben dem Wappen der Eidgenossenschaft nachempfunden. Das Emblem dient als Erkennungs- und in den Anwendungsfällen der Konventionen als Schutzzeichen.

II. Entwicklung. Das →Völkerrecht hielt lange Zeit keine umfassenden und allgemeinen Regeln zum Schutz von Verwundeten und Kranken, gleich welcher Partei, bereit. Der aufopferungsvolle Einsatz von Einzelpersonen wie zB Florence Nightingale konnte nicht darüber hinwegtäuschen, daß die Sanitätsdienste der Heere rückständig und vernachlässigt waren. Als 1862 Henry Dunants Schrift „Un souvenir de Solferino" erschien, die von den entsetzl. Zuständen auf den Schlachtfeldern berichtete, war die Zeit reif für das Eingreifen einer großangelegten humanitären Initiative. Unter dem Eindruck des Buches und der darin gemachten Anregungen bildete sich ein „Internationales Komitee zur Unterstützung der Verwundeten", das neben Dunant aus vier weiteren Genfer Bürgern bestand und zwei Ziele anstrebte: die *Gründung freiwilliger Hilfsorganisationen* und die *Kodifikation des humanitären →Kriegsrechts.* Dieses Komitee, das 1880 den Namen *„Internationales Komitee vom Roten Kreuz"* (IKRK) annahm, lud bereits 1863 einen internationalen Kongreß nach Genf ein, der die Grundlagen für die weltweite Tätigkeit der R.K.-Bewegung schuf. Als nach der Gründung der ersten nationalen R.K.-Gesellschaften unter diesen ein Bedürfnis nach verstärkten Kontakten entstand, wurde 1867 die erste *Internationale Konferenz des R.K.* einberufen. Zusätzlich entstand 1919 auf amerikanische Initiative die *Liga der R.K.-Gesellschaften,* wodurch die Aufgabenerfüllung des R.K. in Friedenszeiten erleichtert werden sollte. 1929 schlossen die Liga und das IKRK ein Abkommen, das die Zusammenarbeit der beiden Institutionen regelte und die Grundlage der im gleichen Jahr von der XIII. Internationalen R.K.-Konferenz verabschiedeten Statuten des *Internationalen R.K.* bildete.

Die Anregungen zur Kodifikation des humanitären Kriegsrechts fanden frühzeitig Gehör. Bereits ein Jahr nach Abhaltung des Kongresses von 1863 berief der Schweizerische Bundesrat auf Ersuchen des Komitees eine diplomatische Konferenz ein, an der 16 Staaten teilnahmen und die ihre Arbeit am 22. 08. 1864 mit der Unterzeichnung der „Genfer Konvention betreffend die Linderung des Loses der im Felddienste verwundeten Militärpersonen" abschloß. Eine erste Revision dieser Konvention, an die sich auch bedeutende Staaten schon bald gebunden hatten, erfolgte 1906, eine weitere 1929. Ebenfalls 1929 wurden die Haager Abkommen von 1899 bzw. 1907, soweit sie Regelungen über die Behandlung von Kriegsgefangenen enthalten und die Schutzbestimmungen des Abkommens von 1864 auf den Seekrieg ausgedehnt hatten, durch zwei weitere Abkommen neu bestätigt und weiterentwickelt. Die Bemühungen des IKRK und der gesamten R.K.-Bewegung zum Ausbau des humanitären Kriegsrechts führten

1949 zur Annahme der vier derzeit geltenden →Genfer Konventionen, welche u. a. die im Zweiten Weltkrieg gemachten Erfahrungen berücksichtigen und seit 1977 durch zwei Zusatzprotokolle ergänzt werden.

III. Grundsätze. Im Vordergrund der Tätigkeit des R.K. steht das zutiefst humanitäre Bemühen, auf nationaler wie auch auf internationaler Ebene menschliches Leiden unterschiedslos zu verhüten und zu lindern, und zwar überall und zu jeder Zeit. Dabei läßt es sich von den folgenden Grundsätzen leiten: Menschlichkeit, Unparteilichkeit, Neutralität, Unabhängigkeit, Freiwilligkeit, Einheit (in jedem Staat nur eine einzige R.K.-Gesellschaft), Universalität.

IV. Gesamtorganisation des R.K. A. Das **IKRK** ist ein Verein gemäß Art. 60 ff. des Schweizerischen Zivilgesetzbuchs, der seinen Sitz in Genf hat und aus höchstens 25 Mitgliedern besteht, die Schweizer sein müssen und durch Kooptation vom Komitee selber gewählt werden. Oberstes Organ ist die Vollversammlung, die Geschäfte werden von dem aus 7 Personen bestehenden Exekutivrat geführt. Das IKRK beschäftigt eine Vielzahl von hauptamtl. Mitarbeitern, darunter auch viele zu Feldeinsätzen entsandte sog. Delegierte. Seine Rechts- und Organisationsform sowie sein schweizerischer Charakter gewährleisten eine größtmögliche Unabhängigkeit, Unparteilichkeit und Neutralität. Zu den vorrangigen Tätigkeiten des Komitees gehören: die ihm durch die Genfer Konventionen übertragenen Aufgaben durchzuführen sowie für eine genaue Beachtung der Konventionen zu sorgen und entsprechende Klagen entgegenzunehmen, in Konflikten als neutrale Institution darüber zu wachen, daß die Opfer Schutz und Hilfe erhalten, mit anderen Instanzen für die Ausbildung von Pflegepersonal und die Bereitstellung von Sanitätsmaterial zu sorgen, Initiativen zur Fortbildung des humanitären Völkerrechts zu ergreifen, neu gegründete nationale R.K.-Gesellschaften anzuerkennen und insgesamt die R.K.-Grundsätze zu verwirklichen. Die Statuten des Komitees berechtigen es, jede humanitäre Initiative zu ergreifen, die seiner Rolle als neutraler und unabhängiger Institution gerecht wird; dieses *Initiativrecht* ist auch in den Genfer Konventionen anerkannt und hat zum Inhalt, den von Konflikten betroffenen Staaten Maßnahmen zur Linderung des Leides geschützter Personen vorschlagen zu dürfen. Neben dem Initiativrecht sind in den Konventionen aber auch weitergehende *Aktionsrechte* enthalten, die das IKRK zu Maßnahmen berechtigen, die von den betroffenen Staaten zu dulden sind (so zB die Kontrolle der Verteilung von Hilfssendungen oder der Besuch von Kriegsgefangenenlagern). Allerdings steht dem Komitee keine Sanktionsgewalt zu: Auch dort, wo es als Rechtsträger auftritt, ist es hauptsächlich auf die Wirkungskraft des R.K.-Gedankens und darauf angewiesen, den Staaten einsichtig machen zu können, daß sein Wirken letzten Endes auch deren Interessen dient. Außerhalb der Genfer Konventionen entwickelte das IKRK in den letzten Jahrzehnten eine umfangreiche Tätigkeit zugunsten politischer Gefangener (u. a. in El Salvador, Afghanistan, Polen). Lange Zeit hatte die Tätigkeit des Komitees keine Basis im Völkerrecht. Da es inzwischen jedoch in zahlreichen Bestimmungen der Genfer Konventionen erwähnt wird und insoweit mit völkerrechtl. Aufgaben betraut ist, genießt es partielle Völkerrechtssubjektivität.

B. Die nationalen Gesellschaften des R.K. und des Roten Halbmonds (R.H.) arbeiten in Friedenszeiten vor allem im Hilfsbereich, im Gesundheitsdienst und in der Sozialfürsorge (Erste-Hilfe-Kurse, Ausbildung von Sanitätspersonal, Blutspende, Jugendprogramme, Katastrophenhilfe), in Kriegszeiten unterstützen sie die Sanitätstruppen der Armee. Sie sind nach nationalem Recht organisiert und müssen sowohl von ihrem Staat als auch vom IKRK anerkannt sein (gegenwärtig beträgt ihre Zahl annähernd 140). Ihr Tätigkeitsschwerpunkt liegt im nationalen Rahmen, doch leisten sie sich gegenseitig Hilfe und tragen zur Finanzierung der internationalen R.K.-Institutionen bei.

C. Die Liga der R.K.- und R.H.-Gesellschaften ist eine nichtstaatliche internationale Organisation, die als Dachverband die Aufgabe hat, zur Entwicklung der nationalen Gesellschaften beizutragen und deren Hilfsaktionen für Opfer von Naturkatastrophen oder für außerhalb der Konfliktzonen befindliche Flüchtlinge zu koordinieren. Ihre Organe sind neben dem Sekretariat der *Gouverneursrat,* dem je ein Vertreter einer nationalen R.K.- oder R.H.-Gesellschaft angehört, und das aus dessen Mitte gewählte *Exekutivkomitee,* das zwischen den Tagungen des Rates dessen Befugnisse ausübt.

D. Das Internationale Rote Kreuz *(I.R.K.)* umfaßt alle nationalen R.K.- und R.H.-Gesellschaften, das IKRK und die Liga der R.K.- und R.H.-Gesellschaften. Seine Statuten, die 1952 in Toronto ihre gegenwärtige Fassung erhielten, gehen davon aus, daß die einzelnen R.K.-Institutionen auf Grund ihrer jeweiligen Struktur einen unterschiedl. Charakter und damit auch besondere Aufgabenbereiche haben (vgl. die in den Statuten und dem 1969 zwischen IKRK und Liga abgeschlossenen Abkommen enthaltenen Kompetenzabgrenzungen). So ist bei bewaffneten Konflikten die Leitung von Hilfsaktionen dem IKRK anvertraut (das sich ansonsten vornehmlich der Weiterentwicklung des humanitären Kriegsvölkerrechts und der Interpretation der Genfer Konventionen widmet), während in Friedenszeiten, zB bei Naturkatastrophen, die Durchführung von Hilfsaktionen in den Aufgabenbereich der Liga fällt. Daneben gibt es aber auch gemeinsame Hilfsaktionen der beiden Institutionen. Da das IRK einerseits keine Verbindung zu einer innerstaatl. Rechtsordnung aufweist und da seine einzelnen Glieder andererseits privatrechtl. Zusammenschlüsse sind, die keine zwischenstaatl. →internationale Organisation bilden können, stellt es eine am Rande des Völkerrechts stehende Organisation *sui generis* dar. Seine Hauptaufgabe besteht darin, den einzelnen Gliedern der R.K.-Bewegung als Diskussionsforum zu dienen; Einheit und gegenseitige Zusammenarbeit sollen gefördert werden. Höchstes beratendes Organ ist die *Internationale R.K.-Konferenz,* die aus Vertretern des IKRK, der Liga, der anerkannten nationalen Gesellschaften und der durch die Genfer Konventionen gebundenen Staaten zusammengesetzt ist und in der Regel alle vier Jahre zusammentritt. Sie kann Wünsche und Empfehlungen aussprechen, aber auch Beschlüsse fassen (bezüglich der Erteilung von Aufträgen an das IKRK und die Liga, der Revision und Auslegung der Statuten – allerdings ohne die Statuten des IKRK oder die der Liga abändern zu können – und der Entscheidung von Streitigkeiten zwischen IKRK und Liga). Während der Konferenz – gelegentlich auch in der Zwischenzeit – tagt der *Rat der Delegierten,* in dem es keine Staatenvertreter gibt; er legt vor allem die Tagesordnung der Konferenz fest. In dem Zeitraum zwischen den Konferenzen wird die *Ständige Kommission* tätig, die aus 5 von der jeweils vorhergegangenen Konferenz gewählten Mitgliedern sowie je zwei vom IKRK und von der Liga entsandten Mitgliedern besteht. Aufgabe dieses Organs ist es, für eine kontinuierliche Koordination der R.K.-Arbeit zu sorgen und bestimmte Streitigkeiten vorläufig zu entscheiden.

Rapports sur l'activité du Comité International de la Croix-Rouge (jährl.) – Rapport du Comité International de la Croix-Rouge sur son activité pendant la seconde guerre mondiale, Genève 1948 – Manuel de la Croix-Rouge internationale, Genève 1983[12] – Revue internationale de la Croix-Rouge, hg. vom IKRK, erscheint alle zwei Monate in drei Hauptausgaben (frz., engl., span.) und einer Nebenausgabe (dtsch.) – M. HUBER, Das internationale R.K., Idee und Wirklichkeit, Zürich 1951 – P. BOISSIER, Histoire du Comité International de la Croix-Rouge, I, Genève 1963 – H. G. KNITEL, Le rôle de la Croix-Rouge dans la protection internationale des droits de l'homme, ÖZÖR 19 (1969) 1 – 36 – M. REIMANN, Quasi-konsularische und schutzmachtähnl. Funktionen des IKRK außerhalb bewaffneter Konflikte, Genève u. Frick 1971 – J. MOREILLON, Le Comité international de la Croix-Rouge et la protection des détenus politiques, Genève 1973 – J. FREYMOND, Guerres, révolutions, Croix-Rouge, Genève 1976 – H. AEBI/H. HAUG, Das R.K. und die Anforderungen unserer Zeit, Bern 1978 – L. BÜRKLER-GIUSSANI, Die rechtl. Stellung der Rotkreuzformationen nach schweiz. Recht und nach Völkerrecht, Zürich 1978 – R. PERRUCHOUD, Les résolutions de la Conférence internationale de la Croix-Rouge, 1979 – DERS., International Responsibilities of National Red Cross and Red Crescent Societies, 1982 – J. PICTET, Les principes fondamenteaux de la Croix-Rouge, 1979 – Y. SANDOZ, Le droit d'initiative du Comité international de la Croix-Rouge, German Yearbook of Int. Law 22 (1979), 352 – 373 – G. WILLEMIN/R. HEACOCK, The International Committee of the Red Cross, Boston-The Hague-Doordrecht-Lancaster 1984.

Joachim Bleicker

Rundfunk →Massenmedien

S

Sache, öffentliche. *1. Rechtl. Entwicklung.* Die ö. S. (res publica) ist ein von der Wissenschaft ausgebildeter Mantelbegriff für einen teils natürl. vorgefundenen, teils künstl. geschaffenen, unterschiedl. weit erstreckten Kreis von Gegenständen, die von alters her eine für das Gemeinwesen und die Gesamtheit der Bürger bedeutsame Funktion besitzen und darum im dt. ebenso wie im röm. Rechtskreis eine von den übrigen Sachen abgehobene Rechtsstellung erhielten. Ursache dieser Sonderstellung waren neben der natürl. Beschaffenheit bestimmter Objekte (zB Meeresstrand, Gewässer) religiöse, militärische, polizeil. Motive, kurz Erfordernisse des →Gemeinwohls. Deutsch-rechtl. wurde diese Besonderheit in der Regalität, röm.-rechtl. in der Privatrechtsunfähigkeit eingefangen. Die Wege- und WasserG.e des 19. Jh. schufen jedoch auch an den ö. S.n Privateigentum, erkannten indes an, daß dieses durch den von der →Verwaltung gehüteten „öffentl. Zweck", dem die Sache diente, beschränkt ist. Die ö. S. wurde Zwittergebilde privaten und →öffentl. Rechts (dualistische Theorie). An ö. S.n bestand Privateigentum und öffentliche Verwaltung (modifiziertes Privateigentum). Eine vereinzelt vertretene rein öffentlich-rechtl. Konstruktion in Form des öffentl. Eigentums (anknüpfend an den domaine public des franz. Rechts) konnte sich nicht durchsetzen (s. aber jetzt zB WegeG von Hamburg von 1961,§ 4, und Bad.-Württ.WegeG von 1960, § 4 I).

2. Begriff. In einem weitesten (tatsächl.) Sinne könnten ö. S. alle Sachen genannt werden, die der Öffentlichkeit (Hoheitsträger oder Bürger) dienen. Ein solcher Rechtsbegriff wäre jedoch unbrauchbar, da er auch im wesentl. dem →Privatrecht unterstehende Sachen (zB Privatmuseum, Privatkrankenhaus) erfaßt, ohne die rechtl. Besonderheit der ö. S. zu verdeutlichen. Ö. S.n im Rechtssinne sind nur solche Sachen, die nach ihrer naturgegebenen oder verliehenen Zweckbestimmung entweder dem Gebrauch öffentl.-rechtl. (einschließl. kirchl.) Organe oder der Öffentlichkeit (quivis ex populo, jedermann) zu dienen bestimmt sind und deswegen bes. öffentl.-rechtl. Rechtsvorschriften unterliegen. Es ist jedoch nicht ausgeschlossen, daß auch Privatsachen im gleichen öffentl. Gebrauch stehen wie öffentl.-rechtl. Sachen, allerdings lediglich auf Grund privatrechtl. Zulassung.

3. Arten. Man unterscheidet a) Sachen im Verwaltungsgebrauch (sog. Verwaltungsvermögen), die, zum Verwaltungsapparat gehörig, primär der öffentl. Verwaltung zur Erfüllung ihrer Aufgaben dienen und allenfalls sekundär auf Grund bes. Zulassung auch durch die Öffentlichkeit benutzt werden; dazu gehören zB Militärgut, Verwaltungsgebäude und Inventar. b) Sachen im Gemeingebrauch, die bestimmungsgemäß und ohne bes. Zulassung der unbeschränkten Öffentlichkeit zu gemeinverträgl. Benutzung zur Verfügung stehen; dazu gehören zB öffentl. Straßen, Wege, Plätze, Anlagen, öffentl. Gewässer, freier Meeresstrand, Luftraum. c) Sog. res sacrae (→Kirchenvermögen), die unmittelbar dem gottesdienstl. Gebrauch zu dienen bestimmt sind und dem →Kirchenrecht unterliegen, zB Kirchengebäude, Kultgegenstände. Ob die in Form von nutzbaren Anstalten zusammengefaßten Sachkomplexe, wie etwa Bibliotheken, Schwimmbäder, Krankenanstalten, als ö. S. oder als eigenständige Einrichtungen zu betrachten sind, ist noch umstr., aber eher zu verneinen, da sie mehr umfassen als Sachen. Gemeinsam ist ihnen jedoch die Widmung. Unstreitig nicht mehr zu den ö. S.n im Rechtssinne rechnet man das sog. Finanz- oder Betriebsvermögen (Fiskalgut) der jur. Personen des öffentl. Rechts, das durch Vermögenswert, Erträgnisse oder wirtschaftl. Verwendung der öffentl. Verwaltung dient; dazu gehören zB Domänen, Forsten, Wertpapiere, kaufmännisch geführte Unternehmen.

4. Entstehung. Ö. S.n entstehen durch einen Organisationsakt (→Gesetz, →Rechtsverordnung, Satzung, →Gewohnheitsrecht, →Verwaltungsakt) des öffentl.-rechtl. Sachherrn, der herkömml. Widmung genannt wird. Er setzt die privatrechtl. Verfügungsmacht voraus. Die Widmung bestimmt den öffentl. Status und die Nutzungsart der Sache.

5. Nutzung. Produktion und Darreichung ö. S.n für den Bürger ist seit alters Aufgabe öffentl. Gemeinwesen. Die ö. S. ist ihrer Funktion nach Bestandteil der modernen Leistungsverwaltung. Sie ist vielfachen Interessen dienstbar: solchen des Verkehrs u. der Kommunikation (Straße), Wirtschaft (Marktplatz), des Staates (Verwaltungsgebäude). Ihre Nutzung bedarf daher rechtl. Ordnung. Man unterscheidet Exklusivgebrauch der Staatsorgane, (All-)Gemein- und Sondergebrauch der Bürger. Gemeingebrauch ist dabei die jedermann ohne bes. Zulassung offenstehende Nutzung nach Maßgabe der durch die Widmung festgelegten Gemeinverträglichkeit; dazu gehört bei Straßen zB das Gehen, Parken (es kann landesrechtl. nicht dem Gemeingebrauch entzogen werden; BVerfG, NJW 1985, 375), oder Fahren in den Grenzen der Verkehrsordnung, bei Gewässern das Baden, Waschen, Kahnfahren. Eine bes. Form des Gemeingebrauchs ist der Anliegergebrauch, der den Bedürfnissen der Anlieger ö. S.n dient. Gemeingebrauch und Anliegergebrauch sind verfassungsrechtl. geschützt (Art. 2 und 14 GG). Sondergebrauch ist eine über den Gemeingebrauch hinausgehende, durch bes. Zulassungsakte eingeräumte Nutzung ö. S.n. Dazu gehören zB das Aufstellen von Verkaufsbuden oder Werbeanlagen, das Verlegen von Leitungen über oder unter der Erde, die Errichtung von Stauanlagen. Die Zulassung wird entweder durch Verwaltungsakt oder öffentl.-rechtl. →Vertrag ausgesprochen. I. d. R. bedarf sie auch der Gestattung des Eigentümers (str.). Je nach der Intensität der Inanspruchnahme der ö. S. trennt man zwischen (widerrufl.) sog. Gebrauchserlaubnis und (unwiderrufl.) rechtsverleihender (echter) Sondernutzung (im Wasserrecht Bewilligung genannt). Die Zulassung von Sondernutzungen liegt im Ermessen des Sachherrn (str.). Sie ist gebührenpflichtig. Bisweilen bedarf es auch einer Erlaubnis nach der StVO.

6. Rechtl. Ordnung. Sie beruht teils auf allg. Rechtsgrundsätzen, teils auf positivem Recht, das jüngst, namentl. im Wasser- und Wegerecht, zugenommen hat: BundesfernstraßenG von 1953, WasserhaushaltsG des Bundes von 1957, BundeswasserstraßenG von 1968, LuftverkehrsG und andere Bundesgesetze sowie die in allen dt. Ländern im wesentl. übereinstimmend geltenden Landeswasser- und -straßen- oder -wegeG.e. Neben dem oben 1. erwähnten Dualismus zwischen öffentl.-rechtl. Sachherrschaft und privatem Eigentumsrecht, der durchgängig die rechtl. Ordnung der ö. S. beherrscht, lassen sich folgende Grundsätze festhalten:

a) Der Sachbegriff stimmt nicht mit dem des BGB überein; so gelten zB Sachgesamtheiten, wie eine Bibliothek, als eine ö. S.; zur Straße gehören auch der Luftraum über ihr, Verkehrszeichen und anderes Zubehör.

b) Privatrechtl. Verfügungsfreiheit (Veräußerung, Belastung) sind öffentl.-rechtl. Grenzen gesetzt.

c) Ö. S.n, bes. Straßen, Gewässer, müssen unterhalten und gesichert werden. Diese Pflichten sind in der öffentl.-rechtl. Straßenbaulast und Unterhaltungspflicht bzw. der privatrechtlichen Verkehrssicherungspflicht zusammengefaßt. Letztere bezieht sich auf die Sicherheit und Leichtigkeit des Verkehrs und beinhaltet zB Streu- und Beleuchtungspflicht.

d) Der Schutz der ö. S.n erfolgt teils nach Polizei-, teils nach Eigentums- und Besitzrecht des BGB.

e) Rechtsstreitigkeiten bezüglich ö. S.n werden je nach dem Vorwalten öffentl.-rechtl. bzw. privatrechtl. Elemente vor den (allg.) Verwaltungsgerichten bzw. Zivilgerichten ausgetragen.

f) Neben dem Straßen- und Wegerecht ist für bestimmte ö. S.n noch das Straßenverkehrsrecht maßgeblich. Dieses gehört nach Art. 74 Nr. 22 GG zum Bundesrecht und ist vor allem in der StVO geregelt. Im allg. knüpft das Straßenverkehrsrecht an die wegerechtl. Widmung an und ordnet die Sicherheit und Leichtigkeit des wegerechtlich zugelassenen Verkehrs (BVerwGE 62, 376 ff.; BVerfG, NJW 1985, 371 ff.).

O. MAYER, Dt. Verwaltungsrecht II, 1914[2] – TH. MAUNZ, Hauptprobleme des öffentl. Sachenrechts, 1933 – A. KÖTTGEN, Öffentl. Sachenrecht, in: FRANK, Dt. Verwaltungsrecht, 1937 – K. STERN, AöR 84 (1959) 158–175 – E. FORSTHOFF, Lehrbuch des Verwaltungsrechts I, 1973[10] – HANS J. WOLFF, O. BACHOF, Verwaltungsrecht I, 1974[9] – W. WEBER, K. STERN, Die öffentl. Sache, VVDStRL 21 (1964) 145–269 – R. BARTELSPERGER, Verkehrssicherungspflicht und öffentliche Sache, 1970 – DERS., in: Bonner Kommentar, Zweitbearbeitung Art. 90 – DERS. u. W. BLÜMEL, H. W. SCHROETER (Hg.), Ein Vierteljahrhundert Straßenrechtsgesetzgebung, 1980 – N. NIEHUES, in: Fortschritte des Verwaltungsrechts, Festschrift für Hans-J. Wolff, 1973, S. 247 ff. – E. PAPPERMANN, R. P. LÖHR, JuS 1981, S. 117 ff., 269 ff., – J. SALZWEDEL, in: Allg. Verwaltungsrecht (ed. H.-U. ERICHSEN, W. MARTENS), 1983[6] §§ 43–49 – H.-J. PAPIER, Recht der ö. S., 1984[2] (Lit.) – U. STEINER, JuS 1984, 1 ff. – F.-J. PEINE, JZ 1984, 869 ff.

Klaus Stern

Säkularisation. Zur *Begriffsgeschichte* von S. und Säkularisierung jetzt →Säkularisierung I (Red.).

1. Begrifflich. Unter S. versteht man eine Sonderform der →Säkularisierung, nämlich die Form der Verweltlichung, die sich auf das Kirchenvermögen, insbes. den kirchl. Grundbesitz (→Kirchenvermögen), als das materielle Substrat der Kirchen (und – seit dem 19. Jh. – das Vermögen der sonstigen Religionsgesellschaften sowie – seit der WV – der Weltanschauungsvereinigungen) bezieht. Praktisch spielt für eine etwaige S. auch heute noch nur das Vermögen der Kirchen eine Rolle, das damit seinem geistl.-kirchl. Zweck, der ein öffentl. ist, entfremdet wird. Die S. ist also nicht gleichbedeutend mit einer →Enteignung, obwohl zwischen den beiden Begriffen ein Sachzusammenhang besteht (s. u. 3.).

2. Rechtsgeschichtlich. Man kann seit Abschluß der Völkerwanderung (säkularisationsähnl. Vorgänge im Röm. Weltreich bleiben außer Betracht) *drei große S.epochen* unterscheiden (→Dt. Reich). Sie haben alle drei keineswegs nur vermögensrechtl. Bedeutung gehabt, sondern haben sich stark auch auf die Gesellschaftsstruktur des betr. Zeitalters sowie auf das Verhältnis von →Kirche und Staat, aber auch auf das geistl. Gepräge der Kirche ausgewirkt. Umgekehrt waren es weithin gesellschaftl., polit., staatskirchenrechtl. und geistesgeschichtl. Kräfte, die den Anstoß zu den S.en gegeben haben.

a) Fränkische Zeit. Die S. im Frankenreich hatte letztl. einen militärischen Anlaß. KARL MARTELL, der 715–742 das Frankenreich beherrschte, stellte im Zuge einer zeitentsprechenden Heeresreform ein Heer von Panzerreitern auf, um das Frankenreich mit modernen Waffen zu sichern. Daraus entwickelte sich der Ritterstand, der mit Grund und Boden ausgestattet werden mußte, um eine Daseinsgrundlage zu haben. Dazu benutzte KARL MARTELL vor allem das Kirchenvermögen, das z. T. ehem. Königsgut war. So kam es zur ersten großen S. der dt.

Gesch., die ihrerseits mittelbar zur Entstehung des Lehenswesens beitrug; das säkularisierte Kirchengut wurde unter Anerkennung des kirchl. Eigentumsrechts zu lebenslängl. Leihe vergeben. Zwischen der S. und dem Verf.system des Frankenreichs besteht also ein enger innerer Zusammenhang. Die S. führte auch zu einer Form des Abgabewesens, das sich in Resten bis ins 19. Jh. erhalten hat. Die Kirche wurde für den erlittenen Vermögensverlust dadurch entschädigt, daß die Empfänger des Kirchenguts den Zehnten (Zehnt) an die Kirche zu entrichten hatten, eine Pflicht, die später auf *alle* Grundbesitzer im Frankenreich ausgedehnt wurde.

b) Reformationszeit und Aufklärungszeitalter. In der Reformationszeit (→Reformation) treten bereits deutl. die beiden Gestalten der S. hervor, die oft nicht klar unterschieden werden: der Entzug von weltl. Herrschafts- und Hoheitsrechten auf der einen und die Einziehung von Kirchenvermögen auf der anderen Seite. Zur ersten Form gehört etwa die Umwandlung des Gebiets des Dt. Ritterordens in das weltl. Herzogtum Preußen (1525), zur zweiten Form die Einziehung von Klöstern samt ihrem Klostergut. Diese zweite Form war im Grunde die harmlosere. Sie traf nicht wie die erste einen Eckstein der Reichsverf., der in der für das alte Reich kennzeichnenden Verbindung von weltl. Gebietshoheit und kirchl. Jurisdiktion in der Hand geistl. Würdenträger bestand, eine Verbindung, die sich oft genug als eine der zuverlässigsten Stützen des Kaisers erwiesen hatte (→Kaisertum und Papsttum).

Ihre eigentl. geistige Fundierung bekam die S.bewegung durch die Staatsphilosophie der →Aufklärung (Chr. Thomasius, F. K. v. Moser), die auf der Grundlage des aufgeklärten Naturrechts einerseits die geistl. Territorialhoheit als einen Widerspruch in sich empfand und andererseits die Anhäufung von Vermögen in kirchl. Hand nur dulden wollte, soweit sie staatl. Zwecken, die wiederum i. S. der aufgeklärten Staatslehre begriffen wurden (Unterricht, Krankenpflege, Armenwesen, moralische Volkserziehung usw.), dienl. war. Verwirklicht wurden diese Vorstellungen bes. folgerichtig durch Joseph II. (→Josephinismus).

c) Zusammenbruch des alten Reiches. Die umfassendste S. der dt. Gesch. ist die des Reichsdeputationshauptschlusses (RDHS) vom 25. Febr./24. März/28. April 1803 (→Dt. Reich II), die durch die Abtretung des von Frankreich eroberten linken Rheinufers, das damit aus dem Reichsverband ausschied (1801), notwendig wurde. Das hierdurch stark mitbetroffene Österreich verlangte für die linksrhein. weltl. Reichsstände Entschädigung auf rechtsrhein. Gebiet, die nur durch einen Zugriff auf die kleineren weltl. Herrschaften (Mediatisierung) und vor allem auf kirchl. Gut mögl. war. Für diese Eingriffe stellte der RDHS einen bis ins einzelne gehenden Plan auf, der indes nur die Bistümer und Reichsstifte unmittelbar betraf (§§ 1–24 RDHS), während die S. der landsässigen Stifte und Klöster „der freien und vollen Disposition der respectiven Landesherrn" (§ 35 RDHS) anheimgegeben wurde, eine Ermächtigung, von der diese großzügigst Gebrauch machten. Die S. der Bistümer betraf nicht nur deren eigenes Vermögen, sondern auch „alle Güter der Domkapitel und ihrer Dignitarien", die den „Domänen der Bischöfe einverleibt" wurden und „mit den Bistümern auf die Fürsten" übergingen (§ 34 RDHS). Für die landsässigen Stifte und Klöster galt Entsprechendes wie für die reichsunmittelbaren (vgl. § 64 RDHS). Eine gemäßigtere Form der S. erfolgte für „fromme und milde Stiftungen", die „zu conserviren" waren, aber „der landesherrl. Aufsicht und Leitung" unterstanden (§ 65 RDHS).

Steht bei einer oberflächl. Betrachtung die vermögensrechtl. S. im RDHS im Vordergrund, so ist doch das noch wichtigere Ergebnis der S., daß die umfangreichen und tiefwirkenden vermögensrechtl. Eingriffe (von der S. wurde das Vermögen von vier Erzbistümern, 18 Bistümern und 300 Abteien, Stiften und Klöstern mit einer Fläche von über 70 000 qkm und ihrem Ertrag betroffen) letztl. nur die Folge der Beseitigung beinahe jegl. geistl. Territorialhoheit (Ausnahmen bis 1809/10: Bistum Regensburg und der rechtsrhein. Rest des Bistums Mainz für den Bischof von Mainz als „Reichserzkanzler" und „Primas von Teutschland" – § 25 RDHS – sowie die Besitzungen des Dt. Ritterordens und des Malteserordens – § 26 RDHS –) und damit einer Kerninstitution der Reichsverf. waren. Mit der Territorialhoheit der geistl. Fürsten gingen auch vermögensrechtl. ihre Territorien samt der Ausstattung der Bischofsstühle auf die neuen Herren über. Diesen operativen Eingriff in den Organismus der Reichsverf. konnte das Reich nicht überstehen. Ihm wäre es auch ohne den Todesstoß, den ihm die Gründung des Rheinbundes versetzte, allmähl. erlegen. So wurde mit der S. des RDHS die Todesstunde des alten Reiches eingeläutet.

3. Rechtlich. Der Eingriff in das Kirchenvermögen durch die S. war so einschneidend, daß eine neuerl. Minderung des verbliebenen Kirchenguts, das im wesentl. auf das Pfarrkirchenvermögen reduziert war, verhindert werden mußte, wenn die Kirchen ihre Funktionen noch sollten erfüllen können. Darum bestimmte § 63 RDHS, der „die bisherige Religionsausübung eines jeden Landes" garantierte, im Anschluß an Art. V §§ 14, 15 des Instrumentum Pacis Osnabrugensis (IPO) (→Westf. Friede), daß „jeder Religion der Besitz und ungestörte Genuß ihres eigenthüml. Kirchenguts, auch Schulfonds ... ungestört verbleiben" sollte. An dieser Bestimmung wird das Wesen der S. und ihr Unterschied zur →Enteignung deutl. Die Enteignung ist ein von der Rechtsordnung vorgesehener Eingriff in das private Vermögen als solches, die S. richtet sich gegen das kirchl. Vermögen als materielles Substrat, dessen die Kirche zur Erfüllung ihrer Aufgaben bedarf, und damit gegen die Kirche als öffentl. Institution. Entsprechend schützt die Eigentumsgarantie das Vermögen unmittelbar. In diesem Schutz besteht ihr eigentl. Zweck. Das S.verbot hingegen schützt das Kirchenvermögen, zu dem auch das kirchl. Anstalts-, Stiftungs- und Vereinsvermögen (→Werke, kirchl.) zählt, um seiner Funktionsbezogenheit auf die kirchl. Aufgaben willen, also nur mittelbar.

§ 63 RDHS hat den Zusammenbruch des alten Reiches überdauert, ist im Laufe des 19. Jh. in eine Reihe von →Landesverf.en und auf diesem Umweg schließl. als Art. 138 II auch in die WV aufgenommen worden (→Kirchenvermögen). Diese Vorschrift ist wiederum durch Art. 140 GG in das GG rezipiert worden, gilt also mit Verf.qualität weiter. Sie lautet: „Das Eigentum und andere Rechte der Religionsgesellschaften und religiösen Vereine an ihren für Kultus-, Unterrichts- und Wohltätigkeitszwecke bestimmten Anstalten, Stiftungen und sonstigen Vermögen werden gewährleistet." Dabei wurde § 63 RDHS sprachl. modernisiert, sein Sinngehalt aber gleichzeitig verdunkelt. Dieser erschließt sich also – das gilt für das gesamte →Staatskirchenrecht – nur bei einer rechtsgeschichtl. Betrachtungsweise. Wenn § 63 RDHS von „Besitz und ungestörtem Genuß", Art. 138 II WV dagegen von „Eigentum und anderen Rechten" spricht, so liegt darin kein sachl. Unterschied. Die Modernisierung der Formulierung, die Verständnis für die rechtsgeschichtl. Zusammenhänge und Ursprünge vermissen läßt, hat indes dem Irrtum Vorschub geleistet, Art. 138 II WV bedeute nur eine Spezialisierung und Modifizierung der allg. Eigentumsgarantie (→Eigentum) für das Vermögen der Religionsgesellschaften. Diese Auslegung war schon unter der Geltung der WV falsch. Heute ist sie schlechthin unhaltbar. Vielmehr handelt es sich bei Art. 138 II WV um ein verfassungsrechtl. S.verbot zugunsten des Kirchenvermögens, das um seiner geschilderten Funktionsbezogenheit willen (und *nur* aus diesem Grunde!) zu Lasten der gesamten weltl. Gewalt (Staat, Gemeinden usw.) erlassen worden ist, ein Verbot, das auch in unserer Zeit seine praktische Bedeutung hat, obwohl die Gegenwart eine S. vom Ausmaß der im rechtsgeschichtl. Überblick genannten S.en nicht kennt (vgl. dazu den im Schrifttumsnachweis aufgeführten Aufsatz von K. HESSE).

Der Konnex, der zwischen dem Kirchenvermögen und seiner Funktion besteht, hat für die Auslegung des Art. 138 II WV eine Reihe von rechtl. Folgen. *Einmal* ist das S.verbot im Unterschied zur allg. Eigentumsgarantie des Art. 14 GG (→Eigentum), die nach dem Maßstab des Gleichheitsgrundsatzes für *jede* Art und *jeden* Bestandteil von Privatvermögen in *gleicher* Weise gilt, nach dem Intensitätsgrad der Funktionsbezogenheit abgestuft. Art. 138 II WV, der anders als Art. 14 GG eine Eingriffsmöglichkeit in das Schutzgut nicht kennt, gilt mit ganzer Strenge für die res sacrae. Hierher rechnen insbes. die Kirchengebäude samt ihrer Ausstattung. Soweit und solange sie ihre Funktion als Mittel für gottesdienstl. Zwecke zu erfüllen vermögen, sind sie unantastbar. Das gilt auch für den staatl. G.geber. Eine Ausnahme kann hinsichtl. der res sacrae nur dann gelten, wenn ein Beharren der Kirche auf dem im S.verbot gewährten Rechtsschutz ein offenkundiger Rechtsmißbrauch wäre.

Etwas nachgiebiger ist der Schutz des Verwaltungsvermögens. Im Unterschied zum Kultusvermögen ist es vertretbar, d. h. durch eine Sache gleicher Art ersetzbar. Das gilt insbes. für kirchl. Verwaltungsgebäude, deren kirchl. Funktion i. d. R. durch andere Verwaltungsgebäude gleicher Größe, Zweckmäßigkeit und Güte ebensogut wahrgenommen werden kann, an deren Stelle auch *voller* Wertersatz (ein *angemessener* würde im Unterschied zu Art. 14 III GG nicht genügen!) treten kann. Oberster Grundsatz ist auch insoweit die Erhaltung der Funktionstauglichkeit.

Etwas anders steht es mit dem sonstigen Kirchenvermögen. Hier ist zu differenzieren zwischen Vermögen, dessen Ertrag unmittelbar speziellen kirchl. Zwecken dient (insbes. Pfründe- und Kirchenstiftungen), und reinem Privatvermögen (Finanzvermögen) der Kirchen, mag sein Ertrag auch ganz allg., vor allem wirtschaftl., kirchl. Zwecken zugute kommen. Beide Arten müssen wegen ihrer differenzierten Funktionsbezogenheit im Falle eines – an sich statthaften – Eingriffs hinsichtl. der Entschädigungsbemessung verschieden behandelt werden. Die „Angemessenheit" der Entschädigung ist in beiden Fällen verschieden zu beurteilen (→Finanzwesen, kirchl.; →Stiftung).

Zum anderen ergreift der Schutz des Art. 138 II WV, wiederum im Unterschied zu Art. 14 GG, nicht *jede* Art von Kirchenvermögen, sondern nur das „für *Kultus-, Unterrichts- und Wohltätigkeitszwecke*" bestimmte Kirchenvermögen (a. A. J. HECKEL). Die im RDHS im Geiste der Aufklärung vorgenommene differenzierte rechtl. Bewertung der verschiedenen Gattungen von Kirchenvermögen wirkt insoweit nach. Freilich ist insoweit die Bestimmung extensiv auszulegen. Für die genannten Zwecke bestimmt ist auch das ihrer Erfüllung dienende Verwaltungsvermögen, weil sonst durch eine S. der erforderl. Verwaltungseinrichtungen das Ziel der Vorschrift vereitelt oder doch erhebl. erschwert werden könnte. Ähnl. steht es mit dem Finanzvermögen. Ein mit dem Ziel der Behinderung oder gar Unterbindung der in Art. 138 II WV genannten Zwecke vorgenommener Eingriff in das Finanzvermögen würde unter das S.verbot fallen.

Endl. wirkt sich der unterschiedl. Sinn von Eigentumsgarantie (Art. 14 GG) und S.verbot (Art. 140 GG i. V. m. Art. 138 II WV) auch darin aus, daß eine bloße Enteignung im Unterschied zur S. am Funktionsschutz, den das Kirchenvermögen grds. genießt, nichts zu ändern vermag.

Nach den das dt. öffentl. Sachenrecht (→Sache, öffentl.) beherrschenden Grundsätzen läßt ein Eigentumswechsel einer öffentl. Sache deren Widmung, d. h. ihre öffentl. Zweckbestimmung unberührt. Das gilt auch für das Kirchenvermögen als einen Sonderfall der öffentl. Sachen.

Zusammenfassend ist festzustellen, daß die Bedeutung des verfassungsrechtl. gesicherten S.verbots weniger im Schutz des materiellen Wertes des Kirchenvermögens als in der Gewährleistung der kirchl. Funktionsfreiheit zu erblicken ist, der das Kirchenvermögen dient.

Qu: K. ZEUMER, Qu.sammlung zur Gesch. der dt. Reichsverf. in MA. und Neuzeit, 1913². *Schrifttum:* E.R. HUBER, Die Garantie der kirchl. Vermögensrechte in der WV, 1927 (Lit.) – DERS., Dt. Verf.gesch. seit 1789 I 1957, 51–61 – G. HOLSTEIN, Enteignungsrecht an Friedhöfen? VerwA 35 (1930) 105–116 – E. FORSTHOFF, Res sacrae, AöR 31 (1940) 209–254 – J. HECKEL, Kirchengut und Staatsgewalt, in: Festg. für Rudolf Smend zum 70. Geburtstag, 1952, 103–143 (jetzt: Das blinde, undeutl. Wort „Kirche", hg. v. S. GRUNDMANN, 1964, 328–370) – K. HESSE, Das neue Bauplanungsrecht und die Kirchen, ZevKR 5 (1956) 62–77 – S. REICKE, S., RGG V (1961³), Sp. 1280–1288 – Neuere Lit. →Säkularisierung.

Siegfried Grundmann †

Säkularisierung. I. Begriffs- und Wortgeschichte. A. Das von ‚saeculum' und ‚saecularis' abgeleitete *Wort ‚saecularisatio'* findet sich seit dem 16. Jh., ‚saecularis' hingegen tritt schon im Cod. Just. 1,3,54 um 533 auf und bezeichnet seitdem das Leben in der Welt im Unterschied zum mönchischen oder klerikalen Leben. Doch kann man auch das mönchische Leben nach der Regel (‚regularis') so exklusiv hervorheben, daß Geistliche, die nicht mönchisch leben, als ‚saeculares', als Weltgeistliche gelten – im kanonischen Recht bis heute. Diese kirchenrechtliche Bedeutung ist für den *kanonistischen* Gebrauch des Substantivs ‚saecularisatio' auch im 16. Jh. maßgebend und weiterhin noch verbreitet, wird aber durch die *rechtlich-politische* Bedeutung des Begriffs überlagert.

Seitdem der französische Gesandte bei den Friedensverhandlungen am 8. 5. 1646 den Evangelischen erklärt hatte, die katholischen Mächte könnten hinsichtlich geistlicher Güter, die der katholischen Kirche entzogen – ‚secularisiret' – würden, ohne Zustimmung des Papstes keinen „ewigen" Vergleich abschließen, wird ‚secularisiren' breit in die deutsche juristische und politische Sprache übernommen. Seitdem sind →Säkularisationen rechtsförmige Überführungen von kirchlichem Vermögen und Gut in weltliche Oberhoheit. Die große Säkularisation von 1802/03 wurde entsprechend dem allgemeinen Klima in der Zeit der späten Aufklärung meist ohne großen Protest hingenommen. Seit Jahrzehnten diskutierte man die Ausklammerung der weltlichen Gewalt aus den geistlichen Fürstentümern. Sie erfolgte mittels des zum Reichsgesetz erhobenen Reichsdeputationshauptschlusses vom 25. 2. 1803. Von nun an bezeichnete Säkularisation nicht nur die Überführung von *Gütern,* sondern auch von *Regentenfunktionen* in weltliche Hände. Beides traf vor allem die katholischen Stände und Bistümer. Die Verfassungsänderung von 1802/03 bedeutete zugleich die Säkularisation des Heiligen Römischen Reiches selbst, das 1806 endete.

Diese Vorgänge konnten als Unrecht gegen die kath. Seite und als Verlust von traditionsreichem Kulturgut betrachtet werden, weswegen dem Begriff von nun an oft auch eine negative Bedeutungskomponente beigemengt wurde, sofern man nicht vorwiegend freiheitlich-fortschrittlich dachte. Neben dem politisch-rechtlichen Begriff der Säkularisation blieb der im kanonischen Recht geltende erhalten, besonders für das Rechtsinstitut der Verwandlung eines Ordens- in einen Weltgeistlichen.

B. Seit dem Anfang des 19. Jh. verbreitete sich ‚Säkularisierung' bzw. ‚Verweltlichung' als geistes- und kirchengeschichtlicher Begriff, teils in Verbindung mit den Konnotationen von ‚Säkularisation', teils in eigenständiger Bedeutung. EICHENDORFF beklagt 1818 in „Über die Folgen von der Aufhebung der Landeshoheit der Bischöfe und der Klöster in Deutschland" die „Säkularisation der Staaten und Güter der Geistlichkeit" als ein Unglück für Deutschland und thematisiert dabei das Verhältnis der Moderne zur ehedem christlich dominierten Tradition. Hier bekommen die negativ wertenden Begriffe ‚Verweltlichung', ‚S.' eine umfassende kultur- und geistesgeschichtliche Bedeutung.

Bei TZSCHIRNER, HEGEL, MICHELET und ROTHE u. a. wird eine entgegengesetzte *prot.* Sicht entfaltet: In der S. werde ‚das Prinzip des Christentums zum Prinzip der Welt', in ihr werde die christliche Substanz umfassend realisiert. Sogar die rüden Säkularisationen um 1802/03 konnten hier noch als Konsequenz reformatorischer Auffassungen vom Wesen der →Kirche und ihrem Verhältnis zu der vor Gott eigenständigen weltlichen Obrigkeit begriffen werden. Weltlichkeit bedeutete dann gerade nicht Profanität, sondern wurde theologisch bestimmt als glaubensgemäße Weltlichkeit. So ist es konsequent, zwischen schlechter S., Verweltlichung und S. als gelungener Gestaltwerdung des Christlichen in weltlichen Sphären zu unterscheiden. Wo es zu pervertierter Gestaltwerdung kommt, zB bei Übertragung des Christusglaubens in einen ideologischen Messianismus, spricht man am besten mit F. GOGARTEN von Säkularismus, wo das Christliche ganz verschwindet, mit W. KAMLAH von Profanierung, zB bei der Auffassung von MARX hinsichtlich des Überganges von einer endgültig erledigten Kritik der Religion zur nun fälligen Kritik des Rechtes und der Politik. MAX WEBER hielt die „Entzauberung der Welt", nämlich die Zunahme der Rationalität, die er ambivalent bewertete, für irreversibel. Der Fortschrittsglaube beurteilte bisher die Profanierung der Wirklichkeit eindeutig positiv. Immer aber handelt es sich bei S. um eine geschichtsphilosophische bzw. theologische Deutungskategorie. Sie ist zwar vieldeutig, läßt sich aber doch in ihrem jeweiligen Kontext näher bestimmen.

C. Von S.-Prozessen in der griechischen Antike, zB dokumentiert in philosophischer Religionskritik, sowie von S.-Phänomenen bei Naturvölkern und in außereuropäischen Hochkulturen zu sprechen, ist nicht empfehlenswert. Hier sollte man sich anderer Termini bedienen. Das gilt auch, wenn man die Entmythisierung und Entsakralisierung vorher religiös durchwirkter Lebensbereiche kraft des Gottesglaubens im Alten Israel darstellt oder Phänomene des Abbaus falscher religiöser Bindungen im Wirkungsfeld Jesu, des NT und der Alten Kirche. Nur in Verbindung mit der Entfaltung der Neuzeit behält S. terminologische Prägnanz.

D. Eine – freilich auf Deutschland beschränkte – zusammenfassende Begriffsgeschichte von Säkularisation und S. bietet erstmals das Hist. Lexikon „Gesch. Grundbegriffe" Bd. 5, verfaßt von H.-W. STRÄTZ und H. ZABEL. Hinsichtlich der Sachgeschichte der S. geht das große italienisch – französisch – deutsche Werk „Christianesimo, Secolarizzazione e diritto moderno" (deutsch 1981) darüber hinaus, freilich ohne zureichende begriffsgeschichtliche und terminologische Abstimmung der Beiträge untereinander. Im Folgenden werden nicht die *Verständnisweisen* der rechtlichen →Säkularisation, sondern die der S. *in jüngster Zeit* behandelt.

II. Säkularisierung als Problem heutiger Forschung und Diskussion. A. *Tendenzen.* In christl. Zeit- und Kulturkritik wird S. oft sehr allg. als schuldhafte Abwendung der Neuzeit von Gott und als Ursache für ihre Katastrophen und angebliche Selbstzersetzung verstanden. Die Forschung dagegen bewegt sich vorwiegend auf zwei Ebenen: einmal untersucht sie markante S.-Prozesse mit hist. oder religionssoziologischen Mitteln; zum anderen macht sie die S.-Kategorie selbst zum Gegenstand der Diskussion, da sich in deren Verbreitung ideen- und kulturpolitische Interessen und in der heutigen Gesellschaft verwurzelte Perspektiven manifestieren. Manche erstreben, wie H. LÜBBE, einen rein wissenschaftsimmanenten Gebrauch der Kategorie. Nach H. BLUMENBERG ist S. eine ideologische, theol. bedingte Kategorie, deren wissenschaftl. Untauglichkeit aufgewiesen werden sollte. Überwiegend bleibt jedoch das Interesse, mit Hilfe der S.-Kategorie die hist. und gegenwärtigen Zusammenhänge von Christentum und Neuzeit zu begreifen und zu begründeter Orientierung in der modernen Welt zu kommen.

B. *Anwendungsfelder und Bedeutungen der Kategorie S.*

1. Nachdem W. DILTHEY, M. WEBER und E. TROELTSCH die Kategorie S. gelegentlich bei der Darstellung der Entstehung der Neuzeit verwendet hatten, vertrat E. HIRSCH in den *zwanziger Jahren* die These, „daß das ganze neuere Geistesleben eine Säkularisierung des im Christentum beschlossenen geistigen Gehaltes darstellt" (1926, S. 87). Diese Auffassung knüpft an die Auffassung von Weltlichkeit im 19. Jh. an. S. wird weitgehend als befruchtende Wirkung der christl. Substanz in der Welt begriffen, ganz im Gegensatz zu dem 1928 auf der Weltmissionskonferenz in Jerusalem herrschenden Verständnis, bei dem ‚Säkularismus' als weltweite Zersetzung religiös begründeter Kulturen zugunsten bloßer Diesseitigkeit, Profanität begriffen wurde. Hier wirkte sich der Begriff „Secularism" mit der aggressiv-freidenkerischen Bedeutung aus, die er in der Londoner ‚Secular Society' um 1846 gewonnen hatte. H. SCHREINER und F. GOGARTEN warfen der Weimarer Republik ihren kulturprotestantischen Säkularismus vor; als Hintergrund dieser Fehlentwicklung galten in deutscher Sicht die westliche →Aufklärung, der Subjektivismus, die →Franz. Revolution, der →Liberalismus, parlamentarische →Demokratie und individualistische →Menschenrechte, da in ihnen die Absolutsetzung des Menschen gegen die schöpfungsmäßige Verantwortung vor Gott zum Zuge komme.

2. *Nach 1945* knüpften viele an diese Tendenzen an. Politiker, wie E. GERSTENMAIER, verstanden die Ablehnung der Säkularisation als ein entscheidendes Abgrenzungsmerkmal der christl. Parteien gegenüber →Sozialismus und →Liberalismus. Um so bedeutungsvoller war es, daß GOGARTEN in der Spätphase seiner Theol. die rechtverstandene S. als Konsequenz des Evangeliums interpretierte und damit starkes Echo fand. Der christl. Glaube setze den Menschen frei von den Mächten und Gesetzen, die ihn in einer mythischen, sakralen oder ideologischen Welt umschließen, und rufe ihn in die mündige Sohnschaft, die von Christus vermittelt werde und selbständige Mitverantwortung für die Welt einschließe. Glaube sei freilich nicht Kraft oder Prinzip der Weltgestaltung, sondern müsse bei allen Werken „im Rückhalt" bleiben; er bewahre so vor dem Irrtum von Heilslehren und säkularistischen →Ideologien, Menschen könnten das Ganze der Welt in den Griff bekommen. Damit würden sie sich an die Stelle des Schöpfers setzen, für den allein die Welt ein Ganzes sei. Das aus dem Glauben kommende Handeln hingegen halte die Endlichkeit aus, bleibe im Nichtwissen um die Totalität weltlich, nehme in diesen Grenzen die sohnhafte Mündigkeit wahr und vollziehe so die ihm gebotene S. der Welt. Säkularismus als pervertierte S. hingegen nähre sich von Heilslehren und Ideologien, welche solches wagendes Nichtwissen um das Ganze des Weltgeschickes nicht auszuhalten vermöchten. GOGARTEN hat diese theol. Unterscheidungen nicht an hist. Material bewährt. Voraussetzungen seines Konzeptes von 1953 finden sich in D. BONHOEFFERS theologischer Forderung, die Welt in ihrer Mündigkeit anzusprechen, und in E. TROELTSCHS Untersuchungen über die Bedeutung des Protestantismus für die Entstehung der modernen Welt.

3. Differenzierte Analysen von S.-Prozessen wurden von *Literaturwissenschaftlern* vorgelegt. G. KAISER wies nach, wie Leitbilder des Patriotismus und →Nationalismus im vornapoleonischen literarischen Dtschld. durch Vorstellungen des →Pietismus geprägt und religiös überhöht wurden. An der Dichtung von Pfarrerssöhnen – A. GRYPHIUS bis G. BENN – interpretierte A. SCHÖNE die S. als formbildenden Ausstrahlungsprozeß des religiösen Sprachbereichs auf das weltl. Kunstwerk. W. ELERTS Losung von 1932, „Deutschtum als säkularisiertes Luthertum", ist nicht haltbar, da sie die reformierten und kath. Anteile unberücksichtigt läßt.

4. K. LÖWITHS „Weltgeschichte und Heilsgeschehen" hat der Kategorie S. breite Aufmerksamkeit verschafft. *Geschichtsphilosophie* und hist. Empfinden der Neuzeit seien in ihren Anfängen durch den Glauben an eine nahe Erfüllung strukturiert und so Säkularisate der vorangehenden Geschichtstheologien. Die Überführung jüdisch-christl. Eschatologie in geschichtl.-welthafte Dimensionen habe diese freilich ihrer überweltlichen Herkunft entfremdet und außerdem zur maßlosen Überschätzung der Gesch. geführt. Nach dem Zusammenbruch des Fortschrittsglaubens sei die Rückkehr zu einem theol. unbelasteten, natürlichen Weltbegriff nötig. Mit der Kategorie S. deckt LÖWITH zugleich den Verfall des Christlichen bei seiner Umsetzung in weltl. Gesch.denken und negative Implikationen des durch S. entstandenen Fortschrittsdenkens auf.

5. *Neuzeitl. Wissenschaft und →Technik* verdanken nach dem Urteil C. F. V. WEIZSÄCKERS ihre Entstehung dem Christentum. „Der Begriff strenger und allgemeingültiger Naturgesetze hätte kaum ohne den christl. Schöpfungsbegriff aufkommen können." Der Fortschrittsglaube, der als Triebkraft in den großen europ. →Revolutionen wirkte, sei entscheidend durch christl. Chiliasmus geprägt. Dieser erlaube es, die Erwartung des Heils und einer radikalen Weltenwende aus einer jenseitig-künftigen Dimension in die Gesch. zu verlegen. Die Charakterisierung der modernen Welt als Ergebnis der S. enthält eine tiefe Ambivalenz. Diese ergibt sich aus dem Verhältnis zwischen den ursprünglichen christl. Strukturen und ihrem unchristl. modernen Gebrauch.

6. Die gleiche Ambivalenz zeigte sich, wenn man C. SCHMITTS These von 1922 Vertrauen schenken würde: „Alle prägnanten Begriffe der modernen Staatslehre sind säkularisierte theol. Begriffe." Dies Urteil solle nicht bloß für ihre Herkunft, sondern auch für ihre systematische Struktur gelten. Jedenfalls sei die politische Ordnungsform →*„Staat"* aus einem im Investiturstreit beginnenden S.-Prozeß – immer schärfere Trennung von geistl. und welt. Autoritäten – hervorgegangen. Wurde dabei zunächst die weltl. Gewalt nur aus dem Bereich des Sakralen entlassen bzw. verdrängt, die religiöse Fundierung des Politischen aber noch nicht in Frage gestellt, so folgte später die weltl. Legitimierung des Staates. SCHMITTS eigenes Staatsverständnis bewahrt kaum etwas von den theol. Ursprungsbegriffen. An ihre Stelle tritt eine „existentielle Substanz", in der sich letztlich nackte Gewalt manifestiert (I. STAFF, 1984, 204).

7. M. HECKEL konstatiert 1984: „Das geltende *deutsche Staatskirchenrecht* ist von einem besonderen spezifisch normativen S.begriff geprägt, wie sich aus der besonderen Herkunft, Zielsetzung und Funktion der staatskirchenrechtl. Normen ergibt. Es unterscheidet sich zutiefst von dem allg. außerrechtl. S.begriff der Geisteswissenschaften. Diese Unterscheidung ist grundlegend und unverzichtbar für den verantwortlichen Gebrauch der S.kategorie in rechtswissenschaftl. Argumentationen: Die rechtl. Seite der S. kann weder als der Abklatsch noch als der Prototyp der allg., außerrechtl. S.vorgänge und -vorstellungen angesehen werden, die kulturpolitisch bei den (welchen?) Weltanschauungen und Parteiungen, Religionen und Religionsgemeinschaften anzutreffen sind, und die sich wiss. abstrahiert und kultiviert in den verschiedenen S.konzeptionen der Geistesgeschichte, der Soziologie, der Politologie und auch der Theologie wiederfinden." Solche aggressive Abwertung anderer S.konzepte, insbes. aber des schlagwortartigen Redens vom ‚säkularisierten' Staat, Menschen, neuzeitlichen Prozeß usw. stützt sich auf die These: „S. des Rechts ist Rahmensäkularisierung, in der das Religiöse wie das Säkulare geistig und geistlich mächtig werden kann." Solche rechtl. Rahmen-S. geht also nicht vom Verschwinden der religiösen Substanz aus, sondern schützt sie bei gleichzeitiger „säkularer Abwehr kirchl. Superioritätsansprüche und Sinnbemächtigung" und „unter Freigabe der religiösen Gehalte in ‚Ausfüllungsbedürftigkeit' und Neutralität an die jeweils betroffenen Religionsgemeinschaften bzw. Individuen".

8. Viele andere Untersuchungen bekräftigen die hist. Fruchtbarkeit der Kategorie S. Aber darf man von Teilprozessen auf „das Ganze" der Neuzeit schließen? Kann man den höchst vielschichtigen Übergangsprozeß von einer Epoche zur anderen mit *einer* Kategorie – und nun gar mit einer geistesgeschichtl. wie S. – zusammenfassend charakterisieren? (R. WITTRAM). Erliegt man bei solcher Pauschalisierung nicht vielleicht dem Wunschdenken von Theologen, wie GOGARTEN, daß die Profanisierung der Welt nicht gar so unchristl. sei? (W. KAMLAH). Die grds. Frage bleibt, ob sich autonome Vernunft mit christl. Überlieferung verträgt.

9. H. BLUMENBERG hat 1966 – teilweise mit H. LÜBBE übereinstimmend – behauptet, die S.kategorie sei in Abhängigkeit vom rechtlich-politischen Begriff der Säkularisation aufgekommen und durch das Merkmal der *unrechtmäßigen* Enteignung kirchlichen Eigentums geprägt. Sie unterstelle der Neuzeit eine *Kulturschuld* sowie Illegitimität und sei ein „letztes", von der Vernunft als noch-nicht-neuzeitlich zu tilgendes

Theologumenon. Die historisch irrigen Annahmen dieses Konzeptes hat 1968 H. Zabel aufgedeckt. Nicht berücksichtigt ist bei Blumenberg das prot. Verständnis von Weltlichkeit und S. (vgl. o. I).

10. Die neuere *Kirchen- und Religionssoziologie* will den Begriff S. so fassen, daß er für empirische Untersuchungen relevant wird. S. wird als Teil der Differenzierungsprozesse moderner Gesellschaften begriffen. Hatte früher christl. Religion auch die Funktion der sozialen Kontrolle im Gemeinwesen – einschließlich seiner politischen Dimensionen –, so gibt sie diese nach der Ausdifferenzierung von Staat und →Kirche als selbständige Subsysteme ab. Außerdem treten Kirchen, Religionsgemeinschaften und →Ideologien in eine pluralistische Wettbewerbssituation ein, so daß von den Kirchen nicht mehr die gesamtgesellschaftl. Integration erwartet werden kann. Das bedeutet für sie Funktionsverlagerung. Entlastet von Aufgaben sozialer Kontrolle sind sie frei, sich dem spezifischen Auftrag christl. Heilsverkündigung, Sinngebung und Lebensorientierung zu widmen. Verweist bürgerliches Denken diese vorwiegend ins Private, in den Bereich der Subjektivität, so bildet neuzeitl. Christentum, jenseits von kirchl. und staatl. Institutionalität, eine Sphäre gemeinchristl. Öffentlichkeit aus. Sofern diese in die Gesellschaft einwirkt – ohne sie zu verchristlichen –, kann man von S.-Prozessen sprechen. T. Rendtorff – in seinem S.-Konzept von R. Rothe und E. Hirsch angeregt – schlägt die Fortführung von Kirchen- und Religionssoziologie zur Christentumssoziologie vor, wobei er eine latente Christlichkeit der heutigen Gesellschaft voraussetzt. Im Blick auf moderne Differenzierungsprozesse verwendet, steht die Kategorie S. nicht mehr im Dienste globaler Deutungen, sei es der Prägung einer Epoche im ganzen durch Weiterwirkung verwandelter christlicher „Substanz“, sei es der Profanisierung durch Auslöschung derselben.

III. Theol. Beurteilung. A. Das Urteil, Dtschld. sei zur Reformationszeit ein „christliches“ Land und so Ausgangspunkt späterer S.-Prozesse gewesen, ist *hist.* nicht gut zu bestreiten. Ein *theol.* Urteil wird zurückhaltender sein. Luther klagte, in seiner Zeit sei ein Christ ein seltener Vogel und es seien seine Mitchristen zum größeren Teil Nichtchristen. Trotz oder wegen ihrer hohen funktionalen Bedeutung für das öffentl. Leben wären demnach Kirche und Christenheit verweltlicht gewesen und also ungeeignet, Ausgangspunkt von S.-Prozessen zu sein, in denen christl. „Substanz“ in weltl. Zusammenhänge überführt und dadurch bewahrt wird. Das Beispiel zeigt, daß geistl.-unmittelbare und hist. Urteile nicht leicht komparabel sind. Erstere sollten sich weiterhin des Begriffs *Verweltlichung* bedienen, der schon im 17. Jh. als Begriff protest. Kirchengeschichtsschreibung und Kirchenkritik geläufig war.

B. Entkirchlichung und Entchristlichung wird heute in den christl. Gemeinden als mächtiger Trend moderner Industriegesellschaften, sowohl kapitalistischer wie sozialistischer, erlebt. Man beklagt den Funktionsverlust von Gottesdienst und kirchl. Handlungen, die Geltungsschwäche christl. Frömmigkeit, ihrer Sprache und Verhaltensmuster und die Schwierigkeiten, die christl. Botschaft zu Gehör zu bringen. Diese Erfahrungen schlagen sich im anklagenden Gebrauch des Wortes S. nieder. Soweit solche Urteile dadurch bedingt sind, daß man traditionelle öffentliche Funktionen der Kirche – Einfluß durch Konfessionsschulen, durch Verbindungen mit dem Staat u. ä. – zum Maßstab für den Geltungsrückgang nimmt, sind sie irreführend. Es müßte zB im Gegenzuge berücksichtigt werden, wie bei der Ausdifferenzierung der Gesellschaften Christliches nunmehr in institutionell weniger gebundenen Formen und Bereichen des Lebens präsent wird, wie also neuartige Funktionsverlagerungen stattfinden.

C. Bei Urteilen über S. steht das Verhältnis des christl. *Glaubens* zu *geformter Religion* in Frage, ein Thema, das seit der dialektischen Theol. in der theol. Religionskritik behandelt wird. Sofern der selbst nicht objektivierbare Glaube den ganzen Menschen bewegt, bringt er charakteristische Gedanken, Empfindungen, Einstellungen und Verhaltensweisen hervor und entäußert sich in sie hinein, ohne mit ihnen identifiziert werden zu können. Diese religiösen Hervorbringungen sind der erkennbare Ausgangspunkt hist. S.-Prozesse, während der Anteil des Glaubens an ihnen kaum objektiv bestimmt werden kann. Christl. Glaube läßt sich insofern *nicht* säkularisieren, als er, von seiner Quelle abgelöst und in andere Zusammenhänge überführt, nicht aktuell geschenkt, auf Gott bezogen und also kein Glaube wäre. Freilich wirkt Glaube in dieser Welt, nicht im Jenseits, und *wirkend* entäußert er sich. Dabei hält er sich in einer Verborgenheit, die derjenigen bei der Menschwerdung Gottes in der konkreten Welt entspricht.

D. Die Kategorie S. wird theol. erst sinnvoll, wenn man den traditionellen Dualismus zwischen einem Wirklichkeitsraum des Christlichen (Übernatürlichen) und einem Raum des Weltlichen hinter sich läßt und das geschichtlich-prozeßhafte Zusammensein beider in der einen Wirklichkeit Gottes ins Auge faßt. Diese Sicht beruft sich auf das Geschehen der Inkarnation und die Annahme der Welt im versöhnenden Christusgeschehen. So gewiß sündige Welt durch Feindschaft gegen Gott charakterisiert wird, so wenig darf Welt exklusiv unter dieser Perspektive gesehen und damit dualistisch dem Versöhnungsgeschehen gegenüber verselbständigt werden. Auch die Kirche ist nicht ein Raum gegenüber der Welt, sondern impliziert selbst geistlich echte und pervertierte Weltlichkeit. Wo das Christliche der Welt gegenüber ins Spiel gebracht wird, geht es nicht um deren pauschale Negation, sondern um Versöhnung und um Freisetzung jener besseren Weltlichkeit, auf welche der Schöpfungs- und Vollendungsglaube die christliche Erwartung lenkt. S., die als Emanzipation von christl.-sakralen und christl.-religiösen Formen solche Weltlichkeit freisetzt, ist daher mit GOGARTEN als theol. legitim zu beurteilen. Hier sind die reformatorischen Ansätze zu einer Theol. des Weltlichen im Blick auf die heutige Erkenntnis der Geschichtlichkeit von Welt weiterzuführen. In der lutherischen Tradition fallen seit 1933 die Entscheidungen über das Verständnis von S. weitgehend in der jeweiligen Fassung der →Zwei-Reiche-Lehre.

E. HIRSCH, Die idealistische Philosophie und das Christentum. Ges. Aufs., 1926 – H. SCHREINER, Die S. als Grundproblem dt. Kultur, 1930 – W. ELERT, Morphologie des Luthertums II, 1932 – C. SCHMITT, Politische Theol., Vier Kapitel zur Lehre von der Souveränität, 1934² – F. GOGARTEN, Verhängnis und Hoffnung der Neuzeit, 1953 – K. LÖWITH, Weltgeschichte und Heilsgeschehen, 1953 – E. GERSTENMAIER, Reden und Aufsätze II, 1962, 181 ff. – C. F. v. WEIZSÄCKER, Die Tragweite der Wissenschaft I, 1964 – H. LÜBBE, S., Gesch. eines ideenpolitischen Begriffs, 1965 – H. BLUMENBERG, Die Legitimität der Neuzeit, 1966 – R. WITTRAM, Zukunft in der Gesch., Zu Grenzfragen der Geschichtswissenschaft und Theol., 1966 – J. MATTHES (Hg.), Internationales Jb. für Religionssoziologie II, 1966, 51 ff., 73 ff., III, 1967, 51 ff. – A. SCHÖNE, Säkularisation als sprachbildende Kraft. Studien zur Dichtung dt. Pfarrersöhne, 1968² – H. ZABEL, Verweltlichung / S. Zur Gesch. einer Interpretationskategorie, ms. Diss. Münster 1968 – W. KAMLAH, Utopie, Eschatologie, Geschichtstheol. Kritische Untersuchungen zum Ursprung und zum futurischen Denken der Neuzeit, 1969 – T. RENDTORFF, Theorie des Christentums, Hist.-theol. Studien zu seiner neuzeitl. Verf., 1972, 116 – 139 – G. KAISER, Pietismus und Patriotismus im Literarischen Dtschld. Ein Beitrag zum Problem der Säkularisation, 1973² – M. HECKEL, Das Säkularisierungsproblem in der Entwicklung des deutschen Staatskirchenrechts, in: Christentum und modernes Recht. Beiträge zum Problem der Säkularisierung, G. DILCHER, I. STAFF (ed.), 1984, 34 – 95 = Teilveröffentlichung aus „Christentum, Säkularisation und modernes Recht“, L. LOMBARDI VALLAURI, G. DILCHER (ed.), 1981 (Christianesimo, Secolarizzazione e diritto moderno, ed. dies., Milano 1981) – Art. Säkularisation, Säkularisierung, von H.-W. STRÄTZ und H. ZABEL, in: GGB V1984, 789 – 829.

Heinz Eduard Tödt

Sakramente. 1. Wort und Begriff. Im vorchristl. Latein bezeichnet ‚sacramentum‘ ein an einem Ort (locus sacer) zu hinterlegendes *Prozeß-Pfandgeld,* das bei Verlust den Göttern, bzw. dem Kultus zufiel, dann auch *Eid* und insbes. *Fahneneid.* TERTULLIAN (160 – nach 220) übernahm das Wort in den christl. Sprachgebrauch und bezeichnete damit Taufe, Abendmahl, Firmung und Ehe, wobei er folgenschwer das griech. Wort ‚mysterion‘ mit ‚sacramentum‘ wiedergab. Es kam dadurch ein neues rechtl. Moment der Selbstverpflichtung hinzu, das dem Zusammenhang von S. und Ethik in seiner Art Rechnung trug, aber gewisse spirituelle Inhalte ausblendete.

Im NT gibt es keine zusammenfassende Bezeichnung für Taufe und Abendmahl, wenn auch ein Zusammenhang bei PAULUS besteht (1 Kor 10,3), weil beide Handlungen Anteil an Christi Tod und Auferstehung und also Gemeinschaft mit dem Leibe Christi zueignen. ‚Mysterion‘ wird im NT aber nicht auf Taufe und Abendmahl angewendet, sondern kennzeichnet den unergründlichen Heilsratschluß Gottes, der in Christus geschichtl. offenbar wird. LUTHER betont, daß ‚mysterion‘ „nicht das äußere Zeichen einer hl. Sache, sondern die hl., geheime und verborgene Sache selbst sei“ (WA 6, 551). Die Reformatoren erkennen die Schwierigkeiten eines generellen theologischen S.-Begriffs, bieten aber doch Definitionen, wie zB MELANCHTHON: „Wenn wir die Riten S. nennen, die ein Mandat Gottes haben und denen eine Gnadenverheißung angefügt ist, ist es leicht zu beurteilen, was S. eigentlich sind“ (Apol 13,3), oder der Heidelberger Katechismus: S. *„sind sichtbare heilige Wahrzeichen und Siegel,* von Gott dazu eingesetzt, daß er uns durch den Gebrauch derselben die Verheißung des Evangeliums desto besser zu verstehen gebe und versiegele: nämlich daß er uns wegen des einzigen Opfers Christi, am Kreuz vollbracht, Vergebung der Sünden und ewiges Leben aus Gnade schenke“ (Frage 66).

Neuere ev. Theol. nimmt ZWINGLIS Kritik am S.-Begriff überhaupt auf (O. WEBER, K. BARTH, E. JÜNGEL). WEBER schlägt „Verkündigungshandlungen“ (II, 656) vor, JÜNGEL möchte von „den zwei Feiern des einen S. Jesus Christus“ sprechen.

Orthodoxe und *katholische* Kirche lehren die Siebenzahl der S. (Taufe, Firmung, Herrenmahl, Buße [Beichte], Krankensalbung [früher: Letzte Ölung], Priesterweihe, Ehe). Die protest. Kirchen erkennen nur Taufe und Abendmahl als S. an. Die kath. Kirche kennt auch *S.alien* (Weihungen, Segnungen und Exorzismen, vgl. Vat. II Liturgiekonstitution n. 60), d. h. von Fürbitte begleitete Handlungen ex opere operantis Ecclesiae im Unterschied zu den S., die als opus operatum in sich als Zeichen unwiderrufliche eschatologische Gültigkeit haben. Die *Quäker* lehnen die S. ab. Die Gemeinden der *no-church-Bewegung* in Japan folgen trotz gründlichem Bibelstudium dieser Praxis.

2. Geschichte. Da die christl. Gemeinden, soweit wir wissen, von Anfang an Taufe und Mahl des Herrn feierten, gibt es eine mit der Geschichte von Kirche gleichursprüngliche Geschichte der S.-*Praxis* und des sakramentalen Lebens. Aus ihr entwickelten sich wesentliche Elemente v. a. des →Bekenntnisses, des →Kirchenrechts, der →Kirchenzucht, des Charakters von →Kirche überhaupt, sowie der Beziehungen von Kirche und →Kultur. So sind orthodoxe und kath. Kirche vorwiegend von sakramentalem Leben geprägte Kirchen, während die protestant. Kirchen als Kirche des Wortes ihr Verhältnis von *Wort und S.* immer wieder zu klären hatten und damit auch die alte Frage nach dem Verhältnis von *S. und Glaube* erneuerten. Zur Unterweisung und Abgrenzung, aber auch zur Selbstklärung wurde geschichtl. S.-*Lehre* notwendig, im wesentl. hervorgerufen durch Streitfragen über *Gültigkeit, Wirksamkeit, Anzahl, Notwendigkeit* und *Rangordnung* der S.

Für die S.-Lehre bestimmend wurde AUGUSTIN. Für sein S.-Verständnis ist seine Auffassung von Zeichen (signum) und Sache (res) maßgeblich. Auch die Wörter sind Zeichen. Alle sichtbaren oder hörbaren Zeichen haben den Anreiz für den Menschen, zu der unsichtbaren Wirklichkeit, damit auch letztlich zu Gott, vorzustoßen. Das S. nennt er „hl. Zeichen" oder genauer „Zeichen einer hl. Sache". An sich ist zB Wasser nur Wasser, aber verbunden mit einem auf eine unsichtbare Bedeutung hinweisenden Wort, wie zB der Taufformel, wird es zum S., wiederholt damit aber im Grunde (nur) das Verhältnis von Wort und Zeichen überhaupt, und kann deshalb auch verbum visibile (sichtbares Wort) genannt werden. „Das Wort tritt zum Element hinzu und wird S." Dies geschieht aber nicht einfach dadurch, daß es gesagt wird, also rituell magisch, sondern „weil es geglaubt wird" (in Joh. Ev. Tract. 80,3). Damit wurde über *Gültigkeit* und *Wirksamkeit* der S. einerseits festgelegt, daß das Zeichen auch im Fall des Unglaubens Zeichen blieb, andererseits, daß der Glaube für die Wirksamkeit des S. zum Heil grundlegend war. Damit konnte die damalige kirchenbedrohende Kontroverse mit den *Donatisten,* die S. vom Glauben abgefallener Spender oder Empfänger als ungültig bezeichneten, so entschieden werden: Die S. sind gültig, aber ihre Wirkung zum Heil hängt vom Glauben ab, wobei dieser Glaube v. a. Glaube an die Autorität der Wahrheit der Kirche war. AUGUSTINS präzise, aber spannungsvolle S.-Lehre wurde in der Folgezeit sowohl symbol.-kognitiv wie auch realistisch-kausativ, objektiv-kirchl. oder subjektiv auf Glauben bezogen gedeutet; erst THOMAS VON AQUIN erarbeitete wieder eine ähnl. kunstvolle concordia discordantium.

Während AUGUSTIN noch keine Festlegung für die Zahl der S. traf, geschah dies in der Zeit der Hochscholastik, womit das sakramentale Leben der Kirche mit seiner hohen Bedeutung für den Zusammenhalt eine für damals schlüssige wissenschaftl. Theorie erhielt. Andererseits begann mit der Zuordnung von Natur und Gnade auch die Möglichkeit, Menschliches und Göttliches schärfer zu differenzieren, was zB dazu führte, daß im 12. Jh. der Eid nicht mehr als ‚sacramentum' bezeichnet wurde, sondern als ‚iuramentum'. Sacerdotium und imperium begannen sich auf ihre unterschiedliche Begründung zu besinnen. Das maßgebliche dogmatische Lehrbuch bis zur Reformation, die *Sentenzenbücher* des PETRUS LOMBARDUS (†1260), legte sowohl die Siebenzahl der S. fest, wie es die Definition des S. von AUGUSTIN als „Zeichen einer hl. Sache" (IV, 1.2) übernahm. THOMAS nahm diese Tradition auf, sah sich aber genötigt, die gerade neu entdeckte wissenschaftl. Ontologie des ARISTOTELES mit den Kategorien ‚forma' und ‚materia' in die S.-Lehre einzubauen. Nun wurde bei allen 7 S. eine sichtbare ‚Materie' als Zeichen gefaßt, die durch ein Einsetzungs- oder Spendewort auf die ‚res' des S., die Gnade, hin überformt wurde. Da zugleich die verschiedenen Gnadenwirkungen der einzelnen S. lehrmäßig bestimmt wurden und die Eucharistie im Meßopfer der Kirche zentrale Bedeutung erhielt, wurde der S.-Begriff besonders im Blick auf die *Transsubstantiationslehre* hin entwickelt. Zugleich mit der Aussage, daß die S. „nicht nur die Gnade bezeichnen, sondern auch bewirken", wurde die Heilswirkung der Gnade an den Glauben gebunden, was allerdings in der Folgezeit nicht mehr so betont wurde, weshalb LUTHER hier mit seiner Kritik ansetzen konnte, der freilich auch das, was Glauben eigentlich bedeutet, bibl. neu verstand. Die Unterschiede der S.-Lehre im franziskanisch-skotistischen Flügel der Hochscholastik sind zwar aufschlußreich, stellten aber das Verhältnis zur Kirche mit den S. als Gnadenmitteln nicht in Frage. Dies wurde mit LUTHER anders.

So ist es bezeichnend, daß LUTHER seine Kritik der kath. S.-Lehre und -Praxis in einer Schrift mit dem Titel „Von der babylonischen Gefangenschaft der Kirche" (1520) vorträgt. Er erkannte, daß der S.-Begriff nicht dem Sprachgebrauch der Bibel entspricht, entwickelte aber trotzdem einen den biblischen Intentionen folgenden S.-Begriff, der die Kommunion in beiderlei Gestalt, die Beschränkung auf Taufe und Abendmahl und die Absage an das Opferverständnis der Messe in sich schloß. Er unterschied zwischen S. als Zeichen und dem ‚Testament' als dazugehörigem Verheißungswort, auf das sich der Glaube richtet. Gerne zitierte er (zB WA 6,502) AUGUSTINS Satz: „Glaube, so hast du gegessen" (Tr. in ev. Joh 25,12: CChrL 35,254). Beachtenswert ist, daß er eine noch stärkere bibl. Fassung des S. andeutet: „Freilich, wenn ich nach dem Sprachgebrauch der Schrift reden wollte, so hätte ich nur ein einziges S. und drei sakramentl. Zeichen . . " (WA 6,501). Gemeint sind Christus als S. und als Zeichen: Taufe, Abendmahl und Buße, doch ist die Buße für ihn „Weg und Rückkehr zur Taufe", weswegen sich letztlich eine Zweizahl ergibt. Die S. geben keine andere Gabe als die Predigt (vgl. Apol 13,5). Sie sind Wort Gottes in der ihnen eigenen Gestalt, „damit die Verheißung desto treuer behalten und um so kräftiger uns erinnern möchte" (518). Die Realpräsenz ist also vom Wort, nicht von der Dinglichkeit her gedacht.

Während ZWINGLI Taufe und Abendmahl als „Pflichtzeichen" beibehielt, aber den Begriff S. ablehnte, hat CALVIN daran festgehalten: „S. heißt ein mit einem äußeren Zeichen bekräftigtes Zeugnis der göttlichen Gnade gegen uns, bei dem zugleich auf der anderen Seite eine Bezeugung unserer Frömmigkeit Gott gegenüber stattfindet" (Inst. IV, 14,1). Doch betonte LUTHER den Zusammenhang von Wort und Zeichen gemäß Christi Einsetzung mehr als CALVIN, der das S. mehr als Siegel des Wortes verstand. Daraus wurde, zumal die Reformierten die Notwendigkeit der S. (zB Ablehnung der Nottaufe) bestritten, doch eine kirchentrennende Differenz zwischen kognitiver und effektiver Auffassung der S. Das wichtigste Ereignis danach war die Festlegung der kath. S.-Lehre im *Tridentinum* (Sessio VII). Doch nutzte das Vat. II. den Interpretationsspielraum und gab in der Kirchenkonstitution eine neue Basis der S.-Lehre an: „Die Kirche ist ja in Christus gleichsam das S., d. h. Zeichen und Werkzeug für die innigste Vereinigung mit Gott wie für die Einheit der ganzen Menschheit" (Lumen gentium 1). Mit dem Verständnis der Kirche als *Ur-S.* wird S. „der Ausdruck, der 7 bestimmte liturgisch-heilswirksame Lebensvollzüge der Kirche begrifflich umfaßt" (HThTl VI 1973, 296). Die Grenze zum Symbol als religiöser Lebensform wird fließend, was andererseits große Möglichkeiten einer auch kritischen Theorie der Kultur bietet (W. SCHUPP). Auf protestantischer Seite ist die historische Differenz zwischen luth. und reform. Abendmahlslehre für nicht mehr kirchentrennend erklärt worden (Leuenberger Konkordie 1972). In der Lehre ist im Anschluß an P. TILLICH eine breite Aufnahme des Symbolbegriffs festzustellen und andererseits der Versuch K. BARTHS, den S.-Begriff exklusiv auf Christus anzuwenden (K. D. IV, 4,112). JÜNGEL hat diesen Ansatz mit Anschluß an LUTHER aufgenommen. Einen trinitarischen S.-Begriff hat J. MOLTMANN mit der Formel „Sendung des Geistes als S. des Reiches" (224) entwickelt. Die →orthodoxe Kirche hat auf ausdrückliche dogmatische Definition der S. verzichtet, da ihr Dogma die gelebte Liturgie der Mysterien darstellt. Doch wird von ihr in der ökumenischen Diskussion die Anrufung des Heiligen Geistes (Epiklese) als konstitutives Element der S. nachdrücklich eingebracht, was zur besseren Klärung des Verhältnisses von Pneumatologie und S.-Lehre nötigt und die Zusammenhänge von Inkarnation und S. wie auch von Gebet und Reflexion stärker wahrzunehmen auffordert. In den *Lima-Erklärungen* wird auf eine Klärung des Terminus S. verzichtet und ein wenig präziser allgemeiner Zeichenbegriff oft in Anspruch genommen (Konvergenzerklärung zu Taufe, Eucharistie und Amt, 1982).

3. Bedeutung der S. für Kirche und Gesellschaft.

a) *S. als Lebensformen des Evangeliums.* Auch wenn die Kirche, als Ursakrament zu verstehen, Probleme aufwirft, da das Verhältnis von Christus und Kirche sowie von Geist und Wort dabei noch strittig verstanden wird, so sind doch Taufe und Abendmahl als S. zusammen mit der mündlichen Mitteilung des Evangeliums (vgl. CA VII) Lebensbedingungen und -form kirchl. Existenz. Eine präzise Unterscheidung von S. und Symbol ist vordringlich.

b) *S. als Zeichen für die Welt.* Schon MELANCHTHON hat die Bedeutung der S. als „Zeichen des Bekenntnisses zwischen Menschen" und als „Bindeglieder der öffentlichen Versammlung" (nervi publicae congregationis), d. h. der Gemeinde, herausgestellt (vgl. ALTHAUS, 541). Dieser Gesichtspunkt legt die Frage nahe, wieweit jede Gesellschaft in polit. Symbolik ihre säkularen oder quasireligiösen S. hat und braucht. Es ist aufschlußreich, wie zB die Theologie der Befreiung bei L. BOFF mit einer eindrückl. S.-Lehre verknüpft ist, die Glauben und Weltverantwortung synchronisiert. Auch hier erweist sich eine profunde Verhältnisbestimmung von S. und Symbol als notwendig.

c) *S. und Ethik.* H. v. SODEN sah schon 1931 die Besonderheit theol. Ethik darin, daß sie, PAULUS folgend, das Verständnis der S. in die Ethik einbezieht, so daß Dogmatik und Ethik, Kultus und Ethos nicht einander neutralisieren. Das ist bisher zu wenig aufgenommen worden.

d) *S. und Kirchenrecht.* Ähnliches gilt für das →Kirchenrecht, das nicht nur S. als Gegenstand zu behandeln hat, sondern sich, wie W. MAURER v. a. gezeigt hat, wesentlich (auch) dem sakramentalen Leben der Kirche verdankt.

e) *S. in Unterweisung, Seelsorge und Diakonie.* Ev. Theologie und Gemeindepraxis kann es nur gut tun, wenn gerade in scharfer Front gegen Sakramentalismus und Magie die Glaubens- und Lebensbedeutung der S. als Erfahrung der ganzheitl. Lebensverheißung des Evangeliums katechetisch (bes. im Konfirmandenunterricht) und in Seelsorge und →Diakonie bewußt wahrgenommen und bejaht wird.

f) *Grds. Bedeutung.* In S.-Praxis und -Lehre geht es um die tatkräftige Bewährung der Unterscheidung und Verbindung von Gottes- und menschl. Handeln im Kontext gleichnisfähiger Schöpfung, damit der Glaube an das konkrete Evangelium geweckt, gestärkt, gesammelt und gesendet werde.

HANS VON SODEN, S. und Ethik bei Paulus, in: DERS., Urchristentum und Geschichte I, 1951, 239–275 – W. MAURER, Bekenntnis und S. I., 1939 – H. ASMUSSEN, Das S., 1948 – DERS., WKL, 1960 – G. VAN DER LEEUW, Sacramentstheologie (1949) dt.: Sakramentales Denken, 1959 – PAUL ALTHAUS, Die christliche Wahrheit § 55, 1952³ – E. BIZER, Die Entdeckung des S. durch Luther, Ev. Th. 17 (1957), 64–90 – K. RAHNER, Kirche und S., 1960. – E. KINDER, RGG^V, 1961, 1321–1326 – DERS., Zur S.-Lehre, NZSTh 3 (1961), 141–174 – O. WEBER, Grundlagen der Dogmatik II, 1962, 647–656 – E. JÜNGEL, Das S. – was ist das? Ev. Th. 26 (1966), 320–336 – DERS./K. RAHNER, Was ist ein S.? 1971 – F. HEILER, Die Ostkirchen, 1971, 151–188 – A. SKOWRONEK, S. in der ev. Theol. der Gegenwart, 1971 – F. SCHUPP, Glaube – Kultur – Symbol. Versuch einer krit. Theorie sakramentaler Praxis, 1974 – J. MOLTMANN, Kirche in der Kraft des Geistes, 1975 – Kirchl. Außenamt der EKD (ed.), Die Anrufung des Heil. Geistes im Abendmahl, Beih. ÖR 31, 1977 – R. SCHAEFFLER/P. HÜHNERMANN, Ankunft Gottes und Handeln des Menschen, 1977 – G. EBELING, Dogmatik des christl. Glaubens III, 1979, 296–330 – B. KLEINHEYER, Heilserfahrungen in Zeichen, 1980 – Taufe, Eucharistie und Amt, 1982 – U. KÜHN, TRT[V], 1984[4], 7–12 (Lit.) – H. SCHRÖER, Abendmahl und Taufe, PTh 72 (1983), 132–143 – E. SCHLINK, Ökumenische Dogmatik, 1984, 514–518 – L. BOFF, Kleine S.-Lehre, 1984[7] – U. KÜHN, S., HdSyTk 11, 1985.

Henning Schröer

Sammlungswesen, kirchliches. 1. Geschichtliches. Bereits in den frühchristl. Gemeinden bildete das S. die wesentl. materielle Grundlage des kirchl. Dienstes. Mit der fortschreitenden Christianisierung deckte sich der Kreis der Gemeindeglieder zunehmend mit dem des Volkes im politischen Sinn, so daß kirchl. Sammlungen zugleich den Charakter öffentl. Sammlungen annahmen. Infolge anderer Finanzierungsarten für die kirchl. Bedürfnisse i. e. S. diente in der Folgezeit das S. weitgehend der Erfüllung caritativer Aufgaben. Der absolutist. Wohlfahrtsstaat unterwarf es dann einer weitgehenden – nicht zuletzt fiskalisch motivierten – Reglementierung. Wachsende Bedeutung erhielt das k. S. durch das Vordringen der Geldwirtschaft und die mit der Industrialisierung verbundenen sozialen Umschichtungen. Während sich im 19. Jh. der Staat unter dem Einfluß liberaler Vorstellungen i. w. auf eine polizeiliche Mißbrauchskontrolle beschränkte, führte im 1. Weltkrieg ein kriegswirtschaftl. bedingtes materielles Lenkungsinteresse des Spendenwesens zu einer wiederum stärker restriktiven reichseinheitl. Regelung. Eine BundesratsVO von 1917, die ihr die endgültige Form gab, überdauerte die Weimarer Republik. An ihre Stelle trat 1934 das ReichssammlungsG, das bald zur scharfen Waffe gegen die von den Kirchen getragene Wohlfahrtspflege wurde. Es enthielt ein grundsätzl. Verbot mit Erlaubnisvorbehalt für alle nicht von Organisationen der NSDAP getragenen Sammlungen. Eine rigorose Handhabung begründete im Kriege praktisch ein Sammlungsmonopol für NSV und Winterhilfswerk. Die ursprüngl. Ausnahme für gottesdienstl. Kollekten wurde im →Kirchenkampf 1937 beseitigt. Dies traf namentl. die Bekennende Kirche empfindlich und führte in zahlreichen Fällen auch zu strafrechtl. Verfolgung.

In modifizierter Form galt das ReichssammlungsG trotz verfassungsrechtl. Bedenken auch nach 1945 zunächst (als Landesrecht) weiter, allerdings teilweise durch liberales Kirchenvertragsrecht (→Vertragsstaatskirchenrecht) überlagert. Erst 1966 wurde es vom BVerfG (E 20, 150 ff.) für grundgesetzwidrig erklärt. Nachdem bereits vorher Nordrhein-Westfalen und Bayern freiheitlichere SammlungsG.e erlassen hatten, folgten nun die anderen Bundesländer nach. Dadurch ist ein bundesweit nahezu einheitl. Rechtszustand entstanden, der das S. an die grundrechtl. Wertordnung des →GG adaptiert hat.

2. Geltendes Recht. Soweit nicht Sammlungen öffentl.-rechtl. korporierter →Religionsgemeinschaften generell von den sammlungsrechtl. Beschränkungen ausgenommen sind (Hessen), unterliegen nur noch Haus- und Straßensammlungen (letztere, soweit sie nicht auf Kirchengrundstücken oder im Zusammenhang mit religiösen Veranstaltungen stattfinden; erstere, soweit sie über den Kreis der jeweiligen Mitglieder hinausgreifen) einer Erlaubnispflicht. Sie ist auf sicherheitsrechtl. Aspekte der Mißbrauchsverhütung bezogen und soll zugleich eine zeitl. Entflechtung der verschiedenen Sammlungen sicherstellen (sog. Sammlungskalender). Der gefahrenabwehrenden Intention entspricht eine Kontrollbefugnis hinsichtl. Sammlungsergebnis und Mittelverwendung – namentl. im Hinblick auf solche Einnahmen, die den vom Sammlungszweck begrenzten Bedarf übersteigen. Unterschiedlich wird unter jugendschutzrechtl. Gesichtspunkten (→Jugendschutz) die Sammlungstätigkeit von Kindern und Jugendlichen zugelassen. Verstöße gegen die SammlungsG.e sind durchweg entkriminalisiert, sie stellen nur noch mit Bußgeld zu ahndende Ordnungswidrigkeiten dar (→Strafrecht). Mit dieser weitgehenden Freistellung des k. S. von staatl. Beschränkungen tragen die SammlungsG.e der Länder den grundrechtl. Anforderungen an ein freiheitl. Sammlungsrecht Rechnung. Das BVerfG hat in seiner „Rumpelkammerentscheidung“ (E 24, 249) klargestellt, daß das k. S. – auch dort, wo es nicht von Institutionen der verfaßten →Kirche getragen wird – Teil der verfassungsrechtl. gewährleisteten Religionsausübung (Art. 4 Abs. 2 GG) ist (→Glaubensfreiheit). Der weltanschaul. neutrale Staat (→Neutralität) respektiert in seiner Rechtsordnung das kirchl. Selbstverständnis von Inhalt und Betätigung des Glaubens und eröffnet einen freien Raum zur Entfaltung und Wirksamkeit in der Welt (→Kirche und Staat). Dies auch dort, wo diese Glaubensbetätigung in Erfüllung diakonischer Aufgaben über den engeren Bereich von Kirche und Gottesdienst hinausgreift (→Diakonie). Die Grenzen liegen freilich in der auch dem grundrechtssichernden Verfassungsstaat aufgegebenen Gemeinwohlverantwortung. „Polizeiliche“ Aufsichtsrechte und Erlaubnisvorbehalte (→Polizeirecht) schränken daher diese Gewährleistung dort nicht unzulässig ein, wo sie dem Schutz ebenfalls verfassungsverbürgter Rechtsgüter dienen.

Für die Kirchen selbst ist das S. integraler Bestandteil ihres Auftrags zu tätiger Nächstenliebe. Dementspr. findet es in zahlreichen kirchl. Regelungen seine rechtl. Ausformung (→Kirchenrecht). Auf kath. Seite verpflichtet das kan. Recht bes. den →Bischof zur Sorge für den „spiritus caritatis“ in seiner Diözese. Dies schließt seine Verantwortung für das k. S. ein. Ihr korrespondiert eine Spendenpflicht auf seiten der Gläubigen (cc. 1260 f. CIC). Aber auch in den ev. Kirchen steht hinter den kirchl. Normierungen das biblisch bezeugte Gebot, den Glauben auch in Werken tätiger Nächstenliebe zu bewähren. In ihm findet das k. S. sein letztl. tragendes Fundament.

K.-H. KNIEVEL, Das Verhältnis von Kirche und Staat auf dem Gebiete des S., Diss. jur. Münster 1967 – D. EHRLICH, Die rechtliche Stellung der freien Wohlfahrtsverbände unt. bes. Berücks. sammlungsrechtlicher Vorschriften, Diss. jur. Würzburg 1970 – J. LISTL, Das Grundrecht d. Religionsfreiheit i. d. Rechtsprechung der Gerichte d. Bundesrep. Dtschld., 1971 – M. STOLLEIS, k. S., in: HdbStKirchR., E. FRIESENHAHN u. U. SCHEURER (ed.), II1975, 437 ff. – *Zum evang. Kirchenrecht d. k. S.:* A. STEIN, Evang. Kirchenrecht, 1985²; *zum neueren kath. Kirchenrecht:* R. POTZ und A. HOLLERBACH, in: HdbKathKR, J. LISTL u. a. (ed.), 1983, 881 ff., 889 ff.

Christoph Link

Satzung →Autonomie; →Geschäftsordnung

Schiedsgerichtsbarkeit. I. Weltliche. A. Begriff. Die S. unterscheidet sich von der staatl. Gerichtsbarkeit durch die Freiwilligkeit, auf die sich ihre Zuständigkeit gründet. Als Schiedsgerichte werden deshalb diejenigen (privaten) Gerichte bezeichnet, die zur Entscheidung von Rechtsstreitigkeiten dadurch berufen sind, daß ihnen die Parteien des Rechtsstreites diese Entscheidungsbefugnis freiwillig (grds. durch sog. *Schiedsvertrag*) übertragen haben. Sie stehen im Gegensatz zu den staatl. Gerichten, denen der Bürger auch gegen seinen Willen unterworfen ist.

Genauso wie man die weltliche Gerichtsbarkeit (→Rechtsprechung; →Gerichtsverfassung; →Prozeß) von der kirchl. Gerichtsbarkeit (→Gerichtsbarkeit, kirchl.) trennt, so unterscheidet man zwischen kirchl. S. und der in dem vorliegenden Stichwort behandelten weltl. S. Diese gliedert sich in zwei Hauptgruppen: die nationale (innerstaatl.) und die internationale S.

B. Bei der nationalen S. wird an Stelle eines an sich zust. nationalen (innerstaatl.) Gerichts ein Schiedsgericht tätig. Inwieweit dieser Ersatz der staatl. Gerichtsbarkeit zulässig ist, bestimmt sich nach derjenigen Verfahrensordnung, die auf den Rechtsstreit anzuwenden wäre, wenn keine Zuständigkeit eines Schiedsgerichts in Frage käme. Deshalb ist je nach der einzelnen Verfahrensordnung die Zulässigkeit der S. verschieden.

1. Zivilrechtl. S. Die meisten nationalen schiedsrichterl. Verfahren betreffen Fälle aus dem *Zivilprozeß;* maßgeblich sind hierfür die §§ 1025 - 1048 ZPO, die vor allem die Wirksamkeit und Form des *Schiedsvertrages* und die Möglichkeit regeln, das schiedsrichterl. Urteil (den *Schiedsspruch*) vor den staatl. Gerichten anzufechten.

a) Nur der der Parteidisposition unterliegende Rechtsbereich ist der S. zugänglich (zB keine S. *in Ehe- und Kindschaftssachen*). Auch ist für einzelne Rechtsgebiete (zB *Mietstreitigkeiten,* § 1025 a ZPO) die S. teils ausgeschlossen, teils muß der Schiedsvertrag neben der Anrufung des Schiedsgerichts auch alternativ die des staatlichen Gerichts erlauben (zB →Kartellrecht, § 91 I GWB).

b) Eine große Bedeutung hat die S. als *Vereins- und Verbandsgerichtsbarkeit.* Sie beruht fast durchweg nicht auf einem Schiedsvertrag, sondern auf der jeweiligen *Satzung* (vgl. § 1048 ZPO). Insbes. über Vereinsstrafen (s. a. Betriebsjustiz V) und über den Ausschluß aus dem Verein (→Verbände) entscheidet häufig eine eigene S. des Vereins (Verbands). Soweit es sich hierbei um ein wirkl. unabhängiges Schiedsgericht handelt, kann die staatl. Gerichtsbarkeit nur die übliche (§ 1041 ZPO), soweit es sich um eine Maßnahme eines Vereinsorgans handelt, kann sie nach herrschender, aber neuerdings zunehmend bestrittener Meinung mit Rücksicht auf die →Autonomie des Vereins nur eine sehr eingeengte Nachprüfung vornehmen. Durch die Verbindung mit arbeitsrechtl. Fragen zeigt diese Art der S. nicht selten eine Nähe zur →Betriebsjustiz.

2. In den **übrigen Prozeßordnungen** ist die S. teils ausgeschlossen, teils nur in bestimmten Fällen zulässig, vgl. zB § 101 ArbGG.

C. Unter Internationaler S. werden zwei verschiedene Arten der S. zusammengefaßt. Einerseits die für Streitfälle zwischen Völkerrechtssubjekten (Staaten) vorgesehenen – *völkerrechtl.* – S.en (dazu auch Internationale Gerichtsbarkeit). Andererseits die internationale *privatrechtl.* S. für Streitfälle zwischen Privaten. Sie spielt eine überragende Rolle im internationalen Geschäftsverkehr. Zahlreiche zwischenstaatl. Abkommen regeln diese S., um die Anerkennung und Vollstreckung der Schiedssprüche ausländischer oder internationaler Schiedsgerichte zu garantieren.

D. Schiedsgutachten. Mit der S. wird oft das Schiedsgutachten verwechselt. Bei ihm handelt es sich jedoch um die verbindl. Klärung (einzelner) tatsächl. Fragen durch einen Sachverständigen, während die S. immer die Entscheidung eines Rechtsstreits zum Ziel hat.

E. Schieds- und Schlichtungsstellen gehören ebenfalls nicht zur S. Bei ihnen handelt es sich vielmehr um abhängige *(nichtrichterl.)* Stellen, die vornehmlich von Industrie und Handel eingesetzt sind, um bei Streitigkeiten mit den Verbrauchern zu vermitteln und gerichtl. Auseinandersetzungen zu vermeiden; die moderne Justizpolitik versucht, die Arbeit solcher Stellen zu unterstützen.

F. Schiedsmann. Auch die Tätigkeit des Schiedsmannes rechnet nicht zur S. (näher Gerichtsverfassung IV F).

G. Bedeutung. Aus dem modernen Wirtschaftsleben ist die S. nicht mehr hinwegzudenken. Sowohl im nationalen wie im internationalen (privatrechtl.) Bereich ermöglicht sie eine schnelle Klärung str. Fragen und ist dadurch der meist langsamen staatl. Gerichtsbarkeit überlegen. Die internationale privatrechtl. S. schränkt zudem die mannigfachen Schwierigkeiten ein, die einer Rechtsverfolgung im Ausland entgegenstehen. Daneben können bei schwierigen Spezialfragen die Parteien durch die Auswahl von Fachleuten eine sachkundige Besetzung der Richterbank erreichen. – Die Gefahr einer jeden S. liegt in der Parteilichkeit der →Richter und in der Ausnutzung einer wirtschaftl. Machtstellung durch eine der Parteien. Durch gerechte Abfassung des Schiedsvertrages und Auswahl geeigneter Persönlichkeiten als Schiedsrichter können solche Gefahren gebannt werden. Die Zuständigkeit der staatl. Gerichte, widerrechtl. Schiedssprüche aufzuheben, soll ferner ein faires Verfahren vor den Schiedsgerichten garantieren.

II. Kirchliche →Gerichtsbarkeit, kirchl. I E.

Zu *I A, B und D:* H. KRAUSE, Die geschichtl. Entwicklung des Schiedsgerichtswesens in Dtschld., 1930 – K. H. SCHWAB, S., 1979[3] – H. J. MAIER, Hdb. der S., 1979 – J. KESSLER, Schiedsgerichtsvertrag und Schiedsverfahren, 1970 – STEIN-JONAS-SCHLOSSER, ZPO, 1980[20], §§ 1025 ff. – ROSENBERG-SCHWAB, Zivilprozeßrecht, 1981[13] – SCHÜTZE-TSCHERNING-WAIS, Hdb. des Schiedsverfahrens, 1985 sowie die übr. Komm. und Lehrbücher zur ZPO, s. a. Prozeß.

Zu *I B 1 b:* P. SCHLOSSER, Vereins- und Verbandsgerichtsbarkeit, 1972 – H. P. WESTERMANN, Die Vereinsstrafgewalt und das Allgemeine Recht – zugleich ein Beitrag zur jur. Bewältigung des „Bundesliga-Skandals“, 1972 – REICHERT-DANNECKER-KÜHR, Hdb. des Vereins- und Verbandsrechts, 1984[3], S. 559 ff., sowie →Betriebsjustiz.

Zu *I C:* P. SCHLOSSER, Das Recht der internationalen privaten S., 1975 – DERS., Entwicklungstendenzen in Recht und Praxis der internationalen privaten S., 1976 – H. v. MANGOLDT, Die S. als Mittel internationaler Streitschlichtung, 1974 (zur völkerrechtlichen S.) – B. v. HOFFMANN, Internationale HandelsS., 1970 – H. W. FASCHING, Schiedsgericht und Schiedsverfahren im österr. und internationalen Recht, Wien 1973 – Arbitration Law in Europe, Paris 1981 (Hg. International Chamber of Commerce) – L. KOS-RABCEWICZ-ZUBKOWSKI, East European Rules on the Validity of International Commercial Arbitration Agreements, Manchester 1970.

Zu *I E:* H. MORASCH (Hg.), Schieds- und Schlichtungsstellen in der Bundesrep., 1984 (Beilage BAnz 66/84).

Ekkehard Schumann

Schisma (σχίσμα) = Spaltung, Zerreißung, Trennung, wird im NT sehr unterschiedlich gebraucht (vgl. Mt 9,16; Lk 5,36 = zerreißen; Jo 7,43; 9,16; 10,19 = Auseinandergehen von Meinungen; 1 Kor 1,10; 11,18; 12,25 = Unterschiedl. Parteigänger i. e. Gemeinde, vgl. auch 1 Clem 2,6; 46,5.9; 49,5; 54,2). In der Väterzeit ist S. Bezeichnung für Streit unter Glaubensbrüdern, der die Einheit der Kirche zerstört (vgl. Didache 4,3; Pastor Hermae, sim. 8, 7.4). TERTULLIAN wendet S. an für die Trennung von der rechtmäßigen Obrigkeit (De Bapt. 17). Wahrscheinlich erstmals bei CYPRIAN ist S. Trennung vom Bischof, dem Haupt der Gemeinde (Epist. 66,5; De cath. eccl. unitate, 3). S. trennt von der Kirche (HIERONYMUS, Epist. ad Titum, cap. 3). Durch S. wird nicht der Glaube berührt, „sed communionis desrupta societas“ (AUGUSTINUS, hom. II sup. Mt). S. ist Trennung von der Einheit der kirchl. Gemeinschaft. Die großen Trennungen im Verlauf der Kirchengeschichte werden als S. (Morgenländ. S. im 11. Jahrh., Abendländ. S. auf Grund der Wahl von Gegenpäpsten im 14. Jahrh.) bezeichnet. Die unter staatl. Einfluß vorgenommenen Trennungen (England, Rußland, China) hat man S. genannt. In gleicher Weise bedeutet die Trennung der Altkatholiken im Anschluß an das I. →Vat. Konzil S. Dies gilt nicht für die Trennung in der →Reformation, da hier nicht nur die Verweigerung einer Unterordnung unter das sichtbare Haupt der Kirche anstand, sondern auch und vor allem Glaubensfragen, womit die Einheit im Glauben verlorenging.

Kirchenrechtl. bedeutet S. Verweigerung der Unterordnung unter den →Papst oder der Gemeinschaft mit den diesem untergebenen Gliedern der Kirche (c. 751 CIC). Letzteres wird in der kanonistischen Lehre interpretiert als Verweigerung der Gemeinschaft mit den Bischöfen oder mit dem →Bischof (vgl. K. MÖRSDORF, H. HEINEMANN, W. AYMANS), wofür die Vätertexte Hinweise geben. Ob der nach staatl. Gesetzgebung mögliche Kirchenaustritt unter S. einzuordnen ist, bleibt umstritten (→Kirchengliedschaft). In der Kanonistik ist die Frage ungeklärt, ob es seit den Dogmen, die im 19. Jahrh. für die kath. Kirche verkündet, jedoch von den Ostkirchen nicht anerkannt wurden, noch ein S., das nicht zugleich Trennung im Glauben ist, geben kann. Wer sich zum S. bekennt, gilt als Schismatiker. Die Aussagen des II. →Vat. Konzils vermeiden bewußt das Wort Schismatiker in Anwendung auf die Glieder der Ostkirchen oder anderer getrennter Kirchen; stattdessen wird immer von den getrennten Brüdern (fratres seiuncti) gesprochen; der Begriff schismaticus kann daher zu Recht nur für solche kath. Christen gelten, die sich persönlich von der Gemeinschaft trennen; insofern erfahren auch die strafrechtlichen Aussagen des CIC eine andere Deutung, als dies auf Grund des CIC/1917 angenommen wurde. Strafrechtl. ist S. bedroht mit der von selbst eintretenden Exkommunikation (c. 1364 § 1 CIC). Kleriker werden von Rechts wegen ihres Amtes enthoben (c. 194 § 1 n. 2 CIC), außerdem können sie mit weiteren Strafen belegt werden (c. 1336 § 1 n. 1 – 3 CIC). Für einen Schismatiker besteht ein Hindernis zum Empfang der Weihen (c. 1041 n. 2 CIC); er verliert das Recht auf ein kirchl. Begräbnis (c. 1184 § 1 n. 1 CIC) (→Kirchenstrafen).

Lehrbücher d. Kirchenrechts, zB K. MÖRSDORF, Lehrbuch, 1964[11], I, 403 – CH. MAURER, in: Theol. Wörterbuch zum NT, VII, 959 – 965 – CH. DUMONT, in: Sacr. Mundi, IV, Sp. 373 – 376 – H. HEINEMANN, Die rechtl. Stellung der nichtkath. Christen und ihre Wiederversöhnung mit der Kirche, 1964 – W. AYMANS, Begriff, Aufgabe und Träger d. Lehramtes, in: HbdKathKR, 1983, 533 – 537 – R. STRIGL, Die einzelnen Straftaten, ebd., 941 f.

Heribert Heinemann

Schuld. I. Theologisch. A. Allgemein. Als an etwas schuld bezeichnen wir uns in der Umgangssprache, wenn wir etwas Unerwünschtes bewirkt oder nicht verhindert haben; nicht schuld fühlen wir uns an dem, für das wir nichts können; die S. an etwas geben wir dem, den wir für einen Schaden haftbar machen. S. verfehlt demnach Gefordertes und macht für Folgen verantwortlich. *Philosophische* Erkenntnis erblickt in S. als der Erfahrung des Versagens vor dem nach eigener Einsicht Gebotenen eine Grundbefindlichkeit des Menschen. Gottheiten der *Naturreligionen* drohen dem Übertreter ihrer Forderungen mit →Strafen; ihr Zorn will mit Opferriten besänftigt werden. In ethischen *Hochreligionen* bildet sich aus der Erfahrung sittl. S. das →Gewissen. Sein Schulderleben kann zu tiefem Sündenbewußtsein reifen und nach Wiederversöhnung mit Gott verlangen. Schuldgefühle können aber auch betäubt, verdrängt oder auf Ersatzobjekte abgelenkt werden.

S. FREUD und die auf ihm aufbauende *Psychoanalyse* verstehen das Schuldgefühl als neurotische Störung; es soll in der Angst des „Ich" vor dem „Über-Ich" wurzeln, die durch frühkindl. Belastungen erzeugt wird. Der →*Marxismus* bekämpft die religiösen Vorstellungen von Sünde und S. als ideologischen, die kapitalistische Gesellschaftsstruktur stabilisierenden „Überbau"; durch sie werde der Wille zur Veränderung der gesellschaftl. Verhältnisse gelähmt, welche die wahren Ursachen der Selbstentfremdung des Menschen seien. Beide Angriffe treffen nur, soweit die →Kirche als vermeintl. Hüterin schichtenspezifischer Moralvorstellungen diese angsterzeugend durchzusetzen sucht.

B. Biblische Lehre. Das **AT** bezeugt Israels Gott *Jahwe* als Stifter des *Bundes* mit seinem Volk. Er hat es aus Knechtschaft in die Freiheit geführt und ruft es aus immer neu aufbrechender S. zu seinem Bund zurück. Wer in schuldhafter Abwendung davon Gott die Treue bricht, verdirbt selbst die ihm anvertraute Gabe. Das veranschaulicht die *Paradieserzählung* an der prototypischen S. des ersten Menschenpaares. Die *Zehn Gebote* fassen den Kern des Gottesrechts zusammen; der Übertreter schließt sich aus dem von ihm verachteten Gottesbund und seiner Heilshoffnung aus. Aber →Volk wie einzelner können nach Gottes Barmherzigkeit Vergebung ihrer S. finden, wenn sie diese bekennen und sich der Treue des Bundesgottes erneut zuwenden. Das besingen die *Psalmen;* das bringt der Kultus am Heiligtum, bes. der jährl. Versöhnungstag zum Ausdruck. Auch Spruch und Zeichenhandeln der *Propheten* rufen das schuldig gewordene Volk zurück in seinen Auftrag, durch Gottes Gerichte hindurch zum Licht der Völkerwelt zu werden. Die rätselvolle Gestalt des Gottesknechtes (Jes 53) nimmt stellvertretend für das Volk sein Sühneleiden auf sich.

Im **NT** verschärft *Jesus* das Gebot seines himmlischen Vaters radikal in der Naherwartung des Endgerichts. Er sieht die S. schon im feindseligen Herzensgedanken, aber auch in der Herzenshärte, die den auf Hilfe angewiesenen Mitmenschen übersieht. Als Gottes Schuldner vom Gericht bedroht, kann sich der Mensch mit keiner frommen Leistung loskaufen; Rettung bringt nur, daß Gott die S. erlassen will. Jesus ruft als schuldig Ausgestoßener mit in die Mahl- und Lebensgemeinschaft des anbrechenden Gottesreichs. Daß Gott vergibt und Gemeinschaft stiftet, soll auch die Jünger immer wieder zum Vergeben von S. befähigen (Mt 18,21 ff.). Die *Urgemeinde* verknüpfte die Botschaft Jesu mit ihrem Glaubenszeugnis von der Bedeutung seines Kreuzes als der gottgewollten Tilgung der S.; sie begeht Taufe und Herrenmahl als in dieses Heilsgeschehen eingliedernde Tatzeichen. PAULUS lehrt, daß die Vergebung der S. dem Glauben gewährt und im Glauben ergriffen wird.

C. Geschichte der Kirche. In Ausgestaltung der Sakramentenlehre gewinnt die →Beichte Bedeutung als Weg zur Vergebung der S. Ma. Theol., insbes. THOMAS V. AQUIN, entwickelt eine kunstvolle Typologie von Sünde, S. und Verantwortung. Die →*Reformation* führt zum Neudurchbruch der bibl. Erkenntnis von Rechtfertigung und Heiligung. LUTHER sieht den durch seine S. vor Gott gänzlich verlorenen, allein durch Gnade um Christi willen gerechtgesprochenen Christen als *„gerecht und Sünder zugleich"*. Das Paradox dieser „forensisch" zugesprochenen Rechtfertigung kann er mit dem Bild vom Kranken veranschaulichen, der trotz seines Leidens durch das Hinzutreten des Arztes an sein Bett schon ein Geretteter ist. Die bleibende Sünde des Gerechtfertigten vergleicht er mit einem gefesselten Räuber, dessen böser Wille entmächtigt ist. Heute arbeitet man in beiden Konfessionen an einem gemeinsamen bibl. Verständnis von S. und Rechtfertigung.

D. Theologische Lehre. Die *Sünde* des Menschen liegt im Mißbrauch seiner →Freiheit, durch den er sich von Gott abwendet, seine Bestimmung zum Bundesgenossen des von ihm beleidigten Herrn verfehlt. Der so zum Schuldigen gewordene Mensch verwirkt selbst den Sinn seines Lebens und setzt sich der Vernichtung aus. Sünde ist nicht erst die hinter Gottes Forderung zurückbleibende Tat, sondern schon und im Kern die innere *Abkehr des Menschen von Gott.* Deshalb liegt ihr Wesen auch nicht in äußeren Folgen, sondern in „des Menschen Hochmut, Trägheit und Lüge" (K. BARTH). Im Kampf mit der Sünde erlebt der Mensch die bis in sein Wesen hinein unentrinnbare S.-Verfallenheit (Ur- oder *Erbsünde*): Dennoch weiß er sich von Gott für sie behaftet als der Täter dieser seiner Tat *(Willensfreiheit).* Aber erst in der nachträglichen Aufhellung der durch seine *Rechtfertigung* schon entmächtigten Sünde erkennt er das Gewicht seiner S. Als Geretteter kann er sich selbst annehmen, so wie Gott ihn wieder angenommen hat. In der Buße gibt er Gott recht, kehrt um zum Zuspruch seiner Taufe und versucht neu die *Nachfolge* im Lebensgehorsam. Zwar bleibt ihm das Ungenügen seines „guten Willens" bewußt, der vor Gottes unbestechlichem Urteil nicht bestehen kann. Aber das entmutigt ihn nicht bei dem Versuch, in der *Heiligung* seines Lebens nun Zeichen neuen Gehorsams zu setzen, auch im Bemühen um Ausgleich der Folgen seiner S. bei den Mitmenschen.

E. Christliches Leben. *Gebet* und Umgang mit der Bibel sind Wege, um das Miteinander von Schulderkenntnis und Vergebungszuspruch durchzuarbeiten, aber auch das →Gewissen zu mitmenschlicher Verantwortung zu schärfen. *Seelsorge* versucht diese Botschaft von Mensch zu Mensch zuzusprechen und wagt im helfenden Gespräch Folgerungen. An der Wiederbelebung einer *ev.* →*Beichte* wird gearbeitet. Der belastete Ausdruck →*Kirchenzucht* meint die geordnete Form des der Gemeinde befohlenen Einander-Nachgehens, die aus den ihre Glaubwürdigkeit belastenden Schuldverstrickungen herauszuhelfen versucht. Weil der Christ auch für jeden anderen die selbst erfahrene Schuldvergebung hofft, kann er auch mit einem Nächsten solidarisch bleiben, dessen S. er unbeschönigt erkennt. So wird der Christ kraft der →*Diakonie* Christi zu diakonischer Arbeit auch an „hoffnungslosen Fällen" ermutigt. In der Wahrnehmung ihres →*Öffentlichkeitsanspruches* kann die →Kirche auch ihre S. selbstkritisch zugeben. Das geschah zB in dem damals vielumstrittenen *Stuttgarter Schuldbekenntnis* vom 19. Oktober 1945, als der Rat der EKD vor den Vertretern der →Ökumenischen Bewegung kirchliches Versagen in den Jahren der Hitlerherrschaft bekannte und so den Weg zu neuem Vertrauen frei machte. Nichts anderes geschieht in jedem *Gottesdienst,* wenn sich Gemeinde und Liturg in gemeinsamem Schuldbekenntnis auf Wortverkündigung und Sakramentsfeier vorbereiten. So wird alle Sünde als schon in Christus entmächtigt, alle S. als unter Gottes Vergebungsangebot stehend proklamiert.

Allg.: RGG[3] VI, 1962, 476 ff. (Lit.); 505 ff.; 507 ff.; 1719 – ESL, 1969[6], 1060 f. – LThK[2] IX, 1964, 501 ff.; 1169 ff. – P. SCHOONENBERG, Sünde u. S., Herders Theol. Taschenlexikon VII, 1973, 174 ff. (sämtl. Lit.).

Zu A.: W. TRILLHAAS, Die innere Welt, Religionspsychologie, 1953[2] – W. GRUEHN, Frömmigkeit der Gegenwart, 1960[2], 342 ff., 473 ff. – G. WIDENGREN, Religionsphänomenologie, 1969 – CL. E. BENDA, Gewissen u. S., 1970 – E. STADTER, Psychoanalyse u. Gewissen, 1970 – H. GOLLWITZER, Die marxistische Religionskritik u. der christl. Glaube, 1981[7].

Zu B: H. BRAUN, Jesus, 1972[3] – I. JEREMIAS, Nt. Theol. I, Verkündigung Jesu, 1979[3], 96 ff. – H. GRAF REVENTLOW, Rechtfertigung im Horizont des AT, 1971.

Zu C.: R. HERMANN, Ges.Studien zur Theol. Luthers u. d. Reformation, 1960 – DERS., Luthers These „Gerecht u. Sünder zugleich", 1960[2] – H. J. IWAND, Luthers Theol., hg. v. J. HAAR, 1974, 64 ff. – E. SCHLINK, Ökumen. Dogmatik, 1983.

Zu D.: K. BARTH, Kirchl. Dogmatik IV, 1 (1953), 395 ff.; IV, 3, 1. Hälfte (1959), 288 ff., 388 ff. – H. KÜNG, Rechtfertigung, 1957[4] – W. DANTINE, Gerechtmachung des Gottlosen, 1959 – W. KRECK, Grundfragen der Dogmatik, 1977[2].

Zu E.: E. THURNEYSEN, Lehre von der Seelsorge, 1980[5] – M. FISCHER, Überlegungen zu Wort u. Weg d. Kirche, 1963, 439 ff. – D. BONHOEFFER, Ethik, hg. v. E. BETHGE, 1981[9] – W. BÖHME, Zeichen der Versöhnung, Beichtlehre für ev. Christen, 1969[2] – D. STOLLBERG, Seelsorge praktisch, 1970[2] – H. LUDWIG, Zur Gesch. des Stuttgarter Schuldbekenntnisses, in: Zur Gesch. des Kirchenkampfes, Gesammelte Aufsätze II, 1971, 265 ff. – M. GRESCHAT (Hg.), Die Schuld der Kirche, zur Stuttgarter Schulderklärung, 1982.

Albert Stein

II. Im Strafrecht. A. Die Frage, ob oder inwieweit staatl. Reaktionen auf rechtsbrecherisches Verhalten an eine S. des Täters gebunden sind, ist ein Zentralproblem des →Strafrechts. Die hist. Entwicklung zeigt eine allmähl. Ablösung der „Erfolgshaftung", die eine Zurechnung in erster Linie an die Erfolgsherbeiführung knüpfte und die innere Einstellung des Handelnden mehr oder weniger unberücksichtigt ließ, durch das *„S.prinzip",* kraft dessen die Sanktionen gegen den Rechtsbrecher sorgfältig nach Vorsatz und Fahrlässigkeit abgestuft werden und beim Fehlen beider eine „S." und damit jede strafrechtl. Verantwortung entfällt. Im geltenden dt. Strafrecht ist die Erfolgshaftung bis auf geringfügige Reste beseitigt.

B. Daneben spielt in der Wissenschaft der Gegenwart eine größere Rolle die Frage, ob man, auch wenn die Tat vorsätzl. oder fahrlässig begangen worden ist, von menschl. „S." überhaupt sprechen darf.

1. Während eine bis vor kurzem vorherrschende Meinung annimmt, daß die Möglichkeit, schuldig zu werden, ein Wesensmerkmal des Menschen sei, daß die S. vom Richter festgestellt werden könne und daß sie allein den Staat berechtige, jemanden für seine Tat verantwortl. zu machen, vertritt eine andere, heute namentl. im westl. Ausland verbreitete Lehre die Auffassung, daß ein metaphysisches Phänomen wie die S. entweder nicht existiere oder doch wenigstens wissenschaftl. Erkenntnis nicht zugängl. sei, daß folgl. das Strafrecht auf sie nicht gegründet werden könne und daß nur der rationale Zweck einer Sicherung der Gesellschaft *(„soziale Verteidigung")* staatl. Maßnahmen gegen den Rechtsbrecher legitimieren könne.

Der Unterschied beider Konzeptionen hat für die praktische Ausgestaltung des Strafrechts fundamentale Bedeutung. Ein konsequent durchgeführtes *S.strafrecht* muß den primären Zweck der Strafe im gerechten S.ausgleich, in der sühnenden Vergeltung erblicken und sozialutilitaristische Ziele, wie Besserung und Sicherung, zurücktreten lassen. Es wird daher eine möglichst präzise gesetzl. Umschreibung des verbotenen Verhaltens *(„nullum crimen sine lege"),* feste Strafgrößen und eine Begrenzung der Strafsanktionen durch das in der Einzeltat ausgeprägte Maß an S. verlangen *(„Tatstrafrecht").* Ein reines *Sicherungsstrafrecht* dagegen muß die Funktion der Strafe in der Resozialisierung des Täters und im Schutz der Rechtsgemeinschaft erblikken. Es verzichtet deshalb auf jede „Vergeltung" und erstrebt eine Ersetzung des „Straf"rechts durch ein System sozialtherapeutischer Maßnahmen. Daraus folgt, daß die staatl. Reaktionen nicht an der S., sondern an der Behandlungsbedürftigkeit des Delinquenten orientiert sein müssen, daß der Richter möglichst große Freiheit in der Bestimmung der Rechtsfolgen haben muß und daß die gesetzl. Strafbestimmungen nicht als Beschränkung der Strafgewalt, sondern nur als Symptom für die Sozialgefährlichkeit des Rechtsbrechers erscheinen *(„Täterstrafrecht")*.

Die Auseinandersetzung über den S.begriff wird mit strafrechtsphilosophischen und rechtspolitischen Argumenten geführt:

2. Vom philosophischen Standpunkt aus (→Rechtsphilosophie) berufen sich die Befürworter der Sicherungsstrafe meist auf den Determinismus und auf die Unerkennbarkeit objektiv gültiger Werte (→Freiheit). Die Vertreter der S.strafe dagegen halten überwiegend an der Annahme einer wenn auch durch Anlage und Umwelt eingeschränkten menschl. Willensfreiheit fest (relativer Indeterminismus). Dabei werden die Erschütterung der unbeschränkten Gültigkeit des Kausalgesetzes durch die mikrophysikalische Forsch. und die modernen anthropologischen Erkenntnisse über die Sonderstellung des Menschen im Reich des Lebendigen bes. häufig als Beweisgründe geltend gemacht. Doch finden sich auch Versuche, Determinismus und S.strafe zu vereinigen, indem man annimmt, daß jeder für seinen Charakter als Ausprägung seines Wesens selbst dann einstehen müsse, wenn er ihn nicht ändern könne. Eine Mittelstellung nehmen ferner diejenigen ein, die zwar eine Wahlfreiheit zur Zeit der Tat verneinen, den Delinquenten aber für den in seinem Tun sich manifestierenden Persönlichkeitsverfall glauben verantwortl. machen zu können (Lehre von der *LebensführungsS.)*. – Die Existenz verpflichtender Werte als zweite Voraussetzung menschl. S. wird meist auf naturrechtl. oder idealistische Grundlagen gestützt; aber auch die materiale Wertethik (M. SCHELER, N. HARTMANN) hat in der Nachkriegszeit einigen Einfluß gewonnen (→Rechtsphilosophie).

3. Außerdem machen beide Parteien rechtspolitische und kriminologische Gesichtspunkte geltend. Gegen eine schuldvergeltende Strafe wird eingewandt, daß sie zur Verbrechensbekämpfung ungeeignet sei. Der Gefangene könne einer Strafe als „Übelszufügung" keinen Sinn abgewinnen; sie mache ihn nur noch gesellschaftsuntauglicher, so daß die Gefängnisse zu „Verbrecherschulen" würden, anstatt ihre Insassen auf den Weg des Rechts zurückzuführen (s. a. Strafvollzug). Gegen ein reines Sicherungs- und Besserungsstrafrecht wird vorgebracht, es könne mit dem Problem des nicht rückfallgefährdeten Schwerkriminellen nicht fertig werden. Gerade die schwersten Verbrechen (zB der Totschlag) würden oft auf Grund unwiederholbarer Konfliktsituationen begangen, aber deshalb dürfe in diesen Fällen der einer Resozialisierung unbedürftige Täter nicht straflos bleiben. Auch die Kriegs- und KZ-Verbrecher lebten heute meist als sozial voll integrierte Bürger und dürften doch der Strafe nicht entgehen.

Ein Maßnahmenstrafrecht sei ferner rechtsstaatl. bedenkl.: Es müsse dazu führen, daß ein immer wieder rückfälliger, unverbesserl. Leichtkrimineller auf unabsehbare Zeit eingesperrt werde, obwohl der S.gehalt seiner geringfügigen Taten einen so einschneidenden Eingriff in die persönl. Freiheit nicht rechtfertige.

4. Wegen der Schwierigkeiten und Nachteile, die sowohl ein reines Schuldvergeltungs- wie ein einseitiges Maßnahmenrecht mit sich bringt, gewinnt neuerdings eine vermittelnde Auffassung an Boden. Danach wird das S.prinzip nur noch als eine vom Bestehen realer Willensfreiheit unabhängige rechtl. Regelungshypothese zur Begrenzung der staatl. Eingriffsgewalt verwendet, während der staatl. Eingriff selbst nicht mehr durch den Gedanken der S.vergeltung, sondern ausschließlich durch Notwendigkeiten des Gesellschaftsschutzes und der Resozialisierung (bzw. Sozialisation) legitimiert wird.

C. Auch das ab 1. Jan. 1975 geltende, in weiten Teilen erneuerte StGB beruht auf einem Kompromiß beider Grundanschauungen (→Strafrecht).

1. Danach ist auch weiterhin „die Schuld des Täters Grundlage für die Zumessung der Strafe" (§ 46 I), für die in § 46 II ein Katalog von Zumessungsrichtlinien aufgestellt wird. Neben den Strafen kennt das StGB aber auch eine Reihe von „Maßregeln der Besserung und Sicherung" (§§ 61 – 72), die von der S. des Täters unabhängig sind und rein spezial- oder generalpräventive Zwecke verfolgen. Es sind dies die Unterbringung in einer psychiatrischen Krankenanstalt, in einer Entziehungsanstalt, einer sozialtherapeutischen Anstalt oder in der Sicherungsverwahrung, ferner die Führungsaufsicht, die Entziehung der Fahrerlaubnis und das Berufsverbot.

Strafen und Maßnahmen schließen einander nicht aus. Daher kann ein Autofahrer, der einen Unfall verursacht hat, nicht nur zu einer schuldentsprechenden Strafe verurteilt werden; es wird ihm außerdem, wenn er sich durch die Tat als ungeeignet zum Führen von Kraftfahrzeugen erwiesen hat, aus Sicherungsgründen die Fahrerlaubnis entzogen. Dieses Nebeneinander von schulabhängigen Strafen und präventiven Maßnahmen bezeichnet man als System der *„Zweispurigkeit"*.

2. Aber auch die Strafe selbst wird, was ihren Zweck, ihr Maß und ihren Vollzug betrifft, nach Gesetz und Rspr. nicht allein durch den Gedanken der S.vergeltung bestimmt (→Strafe).

a) Zwar muß man nach der neuen Gesetzesformel von der S. als „Grundlage" der Strafzumessung davon ausgehen, daß der Gesetzgeber der Strafe auch künftig die Funktion des Schuldausgleichs zuweisen will. Da aber § 46 I S. 2 StGB ausdrücklich hinzufügt: „Die Wirkungen, die von der Strafe für das künftige Leben des Täters in der Gesellschaft zu erwarten sind, sind zu berücksichtigen", sind spezialpräventive Gesichtspunkte mindestens auch zu beachten; da ferner die Notwendigkeit einer „Verteidigung der Rechtsordnung" wiederholt als relevanter Faktor bei der Strafverhängung hervorgehoben wird (§§ 47 I, 56 III, 59 I Nr. 3), generalpräventive Erfordernisse also ebenfalls von Bedeutung sind, kann man von einer dem Gesetz zugrundeliegenden *Vereinigungstheorie* sprechen, die S.ausgleich, Spezial- und Generalprävention miteinander verbindet.

b) In ähnl. Weise geht die Praxis bei der Strafzumessung vor. Nach der Rspr. des BGH muß zwar die Strafe der Größe der S. entsprechen. Da jedoch die schuldangemessene Strafe nicht genau bestimmt werden könne, bestehe für den Richter ein Spielraum, der nach unten durch die schon schuldangemessene Strafe und nach oben durch die noch schuldangemessene Strafe begrenzt werde. Zwischen den auf diese Weise entstehenden verschiedenen schuldangemessenen Strafen könne der Richter unter Berücksichtigung der übrigen Strafzwecke wählen, indem er zB aus Gründen der Abschreckung die schwerste noch schuldangemessene Strafe verhänge (sog. *„Spielraumtheorie"*, BGHSt 7, 32). Diese Lehre ist freilich umstritten. Eine in der Wissenschaft vordringende Ansicht hält jede Strafschärfung mit Rücksicht auf die Abschreckung der Allgemeinheit für unzulässig. – Auch eine andere These des BGH, wonach unverschuldete Folgen, die aus einer vom Täter verschuldeten Gefahrenlage erwachsen, strafschärfend verwertet werden dürfen (BGHSt 10, 259), ist in der Wissenschaft überwiegend auf Ablehnung gestoßen.

D. Die S. als dogmatischer Begriff wird in der dt. Wissenschaft meist i. S. individueller *Vorwerfbarkeit* der Einzeltat verstanden (sog. *„normativer" S.begriff* im Gegensatz zum früher herrschenden *„psychologischen" S.begriff*, der das Wesen der S. allein in der psychischen Beziehung des Handelnden zur Tat erblickte). Die Vorwerfbarkeit wird begründet durch die beiden *S.formen Vorsatz* und *Fahrlässigkeit;* sie kann aber im Einzelfall, auch wenn der Täter vorsätzl. oder fahrlässig gehandelt hat, durch einen Entschuldigungsgrund ausgeschlossen werden.

1. Eine Handlung ist *vorsätzl.* begangen, wenn der Täter alle Umstände, die das strafrechtl. Unrecht bestimmen, mit Wissen und Wollen verwirklicht hat. Der Vorsatz entfällt demnach sowohl, wenn der Handelnde nicht erkannt hat, daß er ein strafrechtl. geschütztes Rechtsgut verletzen werde (der Schuß des Jägers trifft versehentl. einen Menschen), als auch dann, wenn der Täter irrig Umstände annimmt, die eine Rechtsgüterbeeinträchtigung rechtfertigen würden (jemand schlägt etwa einen anderen zu Boden, weil er sich für angegriffen hält und die Voraussetzungen der Notwehr annimmt). Der zweite Fall ist allerdings umstritten; nach der sog. strengen S.theorie, die sich in der Praxis nicht hat durchsetzen können, läßt die Annahme von Rechtfertigungsvoraussetzungen den Vorsatz unberührt. Dagegen ist es nach § 17 des neuen StGB ohne Einfluß auf den Vorsatz, wenn der Täter sich ledigl. über die Rechtswidrigkeit seines Verhaltens irrt, wenn er also etwa glaubt, der Kreditwucher (§ 302 a StGB) oder die Unfallflucht (§ 142 StGB) seien nicht verboten (anders die früher in der Wissenschaft vielfach vertretene sog. Vorsatztheorie, derzufolge das Bewußtsein der Rechtswidrigkeit unerläßl. Bestandteil des Vorsatzes ist).

Der Vorsatz tritt in den Formen der *Absicht,* des *direkten* und des *bedingten Vorsatzes* auf. Absicht liegt vor, wenn der Täter den Eintritt des Erfolges bezweckt hat; fehlt es daran, hat der Handelnde aber den Eintritt des Erfolges als unvermeidl. vorausgesehen, so spricht man von direktem Vorsatz; wer den Erfolg nicht erstrebt und seinen Eintritt auch nicht für sicher, aber doch für mögl. hält und ihn notfalls *in Kauf nimmt,* handelt mit bedingtem Vorsatz (dolus eventualis). Im geltenden Recht werden alle drei Vorsatzarten i. a. gleich behandelt; doch finden sich auch Fälle, bei denen die Absicht strafverschärfend wirkt oder der bedingte Vorsatz nicht unter Strafe steht.

2. *Fahrlässig* handelt, wer die Sorgfalt, zu der er nach den Umständen und nach seinen persönl. Fähigkeiten und Kenntnissen verpflichtet und imstande ist, außer acht läßt und deshalb nicht voraussieht, daß er einen rechtl. mißbilligten Erfolg herbeiführen werde (unbewußte Fahrlässigkeit), oder wer, obwohl er die Möglichkeit des Verletzungserfolges erkennt, pflichtwidrig darauf vertraut, daß er nicht eintreten werde (bewußte Fahrlässigkeit). Die Fahrlässigkeit ist gegenüber dem Vorsatz die mindere S.form. Sie steht nur bei wenigen Delikten (wie Tötung, Körperverletzung, Brandstiftung) unter Strafe. Ob man bei der unbewußten Fahrlässigkeit überhaupt noch von echter S. sprechen kann, ist str.; die bewußte Fahrlässigkeit dagegen grenzt unmittelbar an den bedingten Vorsatz an und ist von ihm im Einzelfall schwer zu trennen.

3. Als *S.ausschließungsgründe* kommen in erster Linie die *S.unfähigkeit, der entschuldigende Notstand* und der *Verbotsirrtum* in Betracht.

a) Schuldunfähig sind Kinder bis zum vollendeten 14. Lebensjahr (§ 1 III JGG, 19 StGB); dasselbe gilt für Unzurechnungsfähige, die z. Z. der Tat wegen einer krankhaften seel. Störung, wegen einer tiefgreifenden Bewußtseinsstörung oder wegen Schwachsinns oder einer schweren anderen seel. Abartigkeit unfähig sind, das Unrecht der Tat einzusehen oder nach dieser Einsicht zu handeln (§ 20 StGB). Bei Jugendlichen von 14 – 18 Jahren hängt die S.fähigkeit davon ab, ob sie im konkreten Fall nach ihrer sittl. und geistigen Entwicklung reif genug sind, das Unrecht ihrer Tat einzusehen und nach dieser Einsicht zu handeln (§ 3 JGG). Bei erhebl. verminderter Zurechnungsfähigkeit kann die Strafe wegen der geringeren S. des Handelnden gemildert werden (§ 21 StGB).

b) Die S. ist ferner ausgeschlossen, wenn der Täter eine mit Strafe bedrohte Handlung in einem unverschuldeten, auf andere Weise nicht zu beseitigenden Notstand zur Rettung aus einer gegenwärtigen Gefahr für Leben, Leib oder Freiheit seiner selbst oder einer nahestehenden Person begangen hat (entschuldigender Notstand, § 35 StGB); ebenso, wenn der Täter bei der Notwehr in Verwirrung, Furcht oder Schrecken über die Grenzen der Verteidigung hinausgegangen ist (§ 33 StGB).

c) Ein Verbotsirrtum liegt vor, wenn der Täter die Tat in ihren sachl. Voraussetzungen mit Wissen und Wollen begangen hat, sie aber irrig für erlaubt hielt. Diese Art des Irrtums läßt nach § 17 StGB den Vorsatz unberührt (s. o. D 1 mit Beispiel); er schließt aber, wenn er für den Täter nach seinen Kenntnissen und Fähigkeiten unvermeidbar war, die S. aus und führt dann zur Straflosigkeit. War er vermeidbar, so kann die Strafe nach dem Maße der Entschuldbarkeit in entsprechender Anwendung des § 49 I StGB gemildert werden.

E. Wolf, Strafrechtl. S.lehre I, 1928 – F. Kaufmann, Die philosophischen Grundprobleme der Lehre von der StrafrechtsS., 1929 – F. Nowakowski, Freiheit, S., Vergeltung, Festschr. für Th. Rittler, 1957, 55 – 88 – P. Bockelmann, S. und Sühne, 1958[2] – B. Freudenfeld (ed.), S. und Sühne, Dreizehn Vorträge über den dt. Strafprozeß, 1960 – Art. Kaufmann, Das S.prinzip, 1961, 1976[2] (Lit.) – F. Bauer, Die S. im Strafrecht, Club Voltaire I, 1963, 114 – 138 – G. A. Mangakis, Über das Verhältnis von StrafrechtsS. und Willensfreiheit, ZStW 75 (1963) 499 – 540 – G. Nass, Wandlungen des S.begriffs im Laufe des Rechtsdenkens, 1963 – E. R. Frey (ed.), S., Verantwortung, Strafe, 1964 – K. Engisch, Die Lehre von der Willensfreiheit in der strafrechtsphilosophischen Doktrin der Gegenwart, 1965 – M. Danner, Gibt es einen freien Willen?, 1969[2] – H. J. Rudolphi, Unrechtsbewußtsein, Verbotsirrtum und Vermeidbarkeit des Verbotsirrtums, 1969 (Lit.) – C. Roxin, Kriminalpolitische Überlegungen zum S.prinzip, Mschr.Krim 1973, 316 – 325 – Ders., „S." und „Verantwortlichkeit" als strafrechtl. Systemkategorien, Festschr. f. H. Henkel, 1974, 171 – 197 – Ders., Zur jüngsten Diskussion über S., Prävention und Verantwortung im Strafrecht, Festschr. für Bockelmann, 1979, 279 – 310 – Ders., Zur Problematik des S.-Strafrechts, ZStW 96 (1984) 641 – 660 – Th. Lenckner, Strafe, S. und S.fähigkeit, in: Hdb. der forensischen Psychiatrie I, Göppinger/Wittger (ed), 1972, 3 – 286 – S. Haddenbrok, Strafrechtl. Handlungsfähigkeit und „S.fähigkeit"..., Hdb. aaO., II, 863 – 946 – H. Achenbach, Historische und dogmatische Grundlagen der strafrechts-systematischen S.lehre, 1974 – Ders., Individuelle Zurechnung, Verantwortlichkeit, S., in: B. Schünemann (ed), Grundfragen des modernen Strafrechtssystems (1984) 135 – 151 – G. Jakobs, S. und Prävention, 1976 – B. Schünemann, Die Funktion des S.-Prinzips im Präventionsstrafrecht, in: Ders. (ed.), Grundfragen des modernen Strafrechtssystems (1984) 153 – 195 – S. a. Strafe; Strafrecht.

Claus Roxin

Schule, Schulrecht. I. Schule im Rechtsstaat.

1. Schulbegriff. Schulen sind nicht nur für vorübergehende Zeit bestimmte, vom Wechsel der Schüler und Lehrer unabhängige organisatorische Einheiten. Sie dienen der Erziehung und Bildung der Schüler durch gemeinschaftl., planmäßigen Unterricht und andere schulische Veranstaltungen. Erziehungs- und Bildungsauftrag und -ziele sowie die einzelnen Schularten sind durch die Landesgesetze festgelegt. Schulen ermöglichen den Erwerb weiterführender Berechtigungen (Hauptschulabschluß, Realschulreife, Fachschulreife, Fachhochschulreife, fachgebundene und allg. Hochschulreife). Schulen sind auch die Abendgymnasien und Kollegs (sog. „Zweiter Bildungsweg"). Schulen sind ferner auch die Privatschulen. Keine Schulen sind Unterrichtskurse zur Erlangung bestimmter Fertigkeiten (zB Tanzschulen, Fahrschulen), Einrichtungen der Weiterbildung (zB Volkshochschulen), Fernkurse ohne Kontaktveranstaltungen, Privatunterricht. Keine Schulen sind weiter die dem tertiären Bildungsbereich zugehörenden Fachhochschulen, Berufsakademien (Ba.-Wü.), Hochschulen. Auch die vorschulische Erziehung (Elementarbereich mit Kindergarten) gehören nicht zum Schulwesen.

2. Geschichtliches. Die Geschichte des deutschen Schulwesens ist durch eine fortschreitende Verweltlichung und Verstaatlichung gekennzeichnet. Das Preuß. Allgemeine Landrecht von 1794 erklärte die bis dahin vorwiegend von Kirchen, Stiftungen und Städten getragenen Schulen zu Veranstaltungen des Staates, nachdem bereits 1717 in Preußen die allg. Schulpflicht eingeführt worden war. Die Paulskirchenverfassung von 1848 erklärte die Schulen „der Aufsicht durch die Geistlichkeit enthoben". Die Weimarer Reichsverfassung formulierte in Art. 126: „Das gesamte Schulwesen steht unter Aufsicht des Staates", und diese Formulierung wurde wörtlich in Art. 7 Abs. 1 GG übernommen. Die Schulverwaltung wurde jedoch im 19. Jh. nur allmählich aus der Kirchenverwaltung herausgelöst. Das Schulrecht hat zunächst den Anschluß an die klassischen Verwaltungszweige nicht gefunden und die allg. Rechtsentwicklung über →Liberalismus, Demokratisierung, Umgestaltung des absoluten Staates zum Rechtsstaat nur zögernd und verspätet vollzogen. Es blieb bis in die Weimarer Zeit eine langsam abbröckelnde Insel des →Absolutismus und wurde auch vom GG zunächst nur überrollt und nicht durchdrungen. Erst die siebziger Jahre dieses Jahrhunderts waren geprägt durch den Prozeß der Eingliederung des Schulverhältnisses in das rechtsstaatl. Normengefüge (Gesetzgebungswelle in den Ländern) und der inhaltl. Neugestaltung zur Verwirklichung demokratischer Ziel- und Wertvorstellungen (Demokratisierung des Schulwesens durch Partizipation – Mitwirkung der am Schulleben beteiligten Lehrer, Eltern, Schüler) sowie gesetzl. Festlegung und schulpraktische Umsetzung der Erziehungs- und Bildungsziele.

3. Schulverhältnis als Rechtsverhältnis. Das Schulverhältnis zwischen der Schule einerseits und dem Schüler und seinen Erziehungsberechtigten andererseits ist ein öffentlich-rechtl. Rechtsverhältnis, für das die allg. demokratisch-rechtsstaatl. Grundsätze gelten. Die frühere Auffassung, die Schule sei in ein *besonderes* →*Gewaltverhältnis* eingegliedert, das sich infolge einer eigenen historischen Tradition unterscheide von der allg. Rechtsunterworfenheit des Staatsbürgers, wurde damit aufgegeben. Nach dem heute für alle Bereiche staatl. Wirkens durchgesetzten Prinzip vom *„Vorbehalt des Gesetzes"* bedürfen alle Eingriffe in die grundrechtlich geschützte Individualsphäre und alle Fragen von gesamtgesellschaftl. Bedeutung der Regelung durch ein Gesetz. Damit muß der Gesetzgeber auch alle wesentl. Fragen des Schulwesens selbst regeln und darf sie nicht der alleinverantwortl. Gestaltung durch die Exekutive überlassen. Lediglich die Einzelheiten können durch →Rechtsverordnung der Exekutive geregelt werden, die den rechtsstaatl. Erfordernissen des Art. 80 GG genügen muß. Kennzeichnend für die Eingliederung des Schulwesens in das rechtsstaatl. Normengefüge ist ferner der Ausbau des gerichtl. Individualrechtsschutzes: Wo immer ein Eingriff in die Rechtsstellung des Schülers bzw. der Eltern möglich erscheint, ist heute entsprechend der →Rechtsweggarantie des Art. 19 Abs. 4 GG auch eine Anrufung der Gerichte möglich (zB Nichtversetzung, Schulstrafe, Nichtaufnahme eines Schülers, Schließung einer Schule, Abbruch eines Schulversuchs). Die Verwaltungsgerichte sind allerdings auf die Rechtmäßigkeitskontrolle beschränkt und greifen nicht in die pädagogischen Wertungen ein. Wo ein pädagogisches Beurteilungsermessen besteht (wie zB in der Notengebung), beschränkt sich die gerichtl. Nachprüfung auf Verstöße gegen Denk- und Erfahrungsgrundsätze, sachfremde Erwägungen, unrichtige Tatsachenermittlung.

4. Schule im Bundesstaat. Die Regelung des Schulwesens unterliegt weitgehend der Zuständigkeit der Länder *(Kulturhoheit der Länder).* Jedoch legt das GG wichtige Rechtspositionen für den Schulbereich bundeseinheitlich fest: Staatsaufsicht über das Schulwesen, Grundsätze des Religionsunterrichts, Privatschulgarantie (Art. 7 GG), Beachtung des Elternrechts auch im schulischen Bereich (Art. 6 GG) sowie das Wertesystem der Verfassung, geprägt durch Rechtsstaats-, Demokratie- und Sozialstaatsprinzip und die einzelnen Grundrechte. Bestimmend für die Rechtsstellung des Schülers und des Lehrers sind vor allem die grundrechtl. Gewährleistungen für die →Menschenwürde und →Freiheit der Person, für das Recht auf freie →Persönlichkeitsentfaltung, auf körperl. Unversehrtheit, Gleichbehandlung, Meinungsfreiheit, Glaubens- und Gewissensfreiheit, freie Wahl der Ausbildungsstätte, ferner auch Pressefreiheit, Versammlungs- und Demonstrationsfreiheit, Vereinigungsfreiheit. – Innerhalb dieses bundesrechtlich vorgegebenen Rahmens haben die Länder durch ihre Schulgesetze das Schulwesen geregelt. Eine Rahmenkompetenz wie im Hochschulbereich gibt es für das Schulwesen nicht. Daran hat auch die Grundgesetzänderung von 1969, welche die Bildungsplanung als Gemeinschaftsaufgabe von Bund und Ländern verankert hat (Art. 91 b GG), nichts geändert. Ein allzu starkes Auseinanderlaufen des Schulwesens wird durch Selbstkoordination der Länder (zB „Hamburger Abkommen" der Ministerpräsidenten von 1964) sowie durch Beschlüsse und Empfehlungen der *Ständigen Konferenz der Kultusminister* vermieden. Für die Bildungsplanung der Länder waren der von der Bund-Länder-Kommission für Bildungsplanung 1973 verabschiedete Bildungsgesamtplan sowie die Empfehlungen des Deutschen Bildungsrates von Bedeutung. Ein wichtiger Beitrag für Bestandsaufnahme und mögliche Entwicklung des Schulrechts wurde vom 51. Dt. Juristentag 1976 und dem „Entwurf für ein Landesschulgesetz" der Kommission Schulrecht (1981) geleistet. – In den letzten Jahren zeichnet sich eine Verlagerung des Schwerpunkts von Bildungsplanung/Organisation zur inhaltl. Seite des Schulwesens ab. Versuche zu erneuter Betonung des Pädagogischen, Betonung der ganzheitl. Entwicklung der Kindespersönlichkeit, Fragen nach Wertwandel und Wertvermittlung sind stärker in den Vordergrund getreten.

II. Öffentliche Schule. 1. Nichtrechtsfähige Anstalt – Schulträger. Die einzelne öffentliche Schule ist eine nichtrechtsfähige öffentl. Anstalt, d. h. sie besitzt keine eigene Rechtspersönlichkeit. Rechtsträger sind in der Regel die Gemeinden oder andere kommunale Körperschaften, zum Teil auch die Länder. Überwiegende Regelform in der Bundesrepublik sind die *staats-kommunalen Schulen,* bei denen der kommunale Schulträger für den Sachaufwand (Gebäude, Sachausstattung), der staatl. Schulträger für das lehrende Personal (Lehrer sind Staatsbedienstete), die Schulorganisation und die Schulinhalte verantwortlich ist. Vielfach sind die kommunalen Schulträger bei der Auswahl der Lehrer und Schulleiter beteiligt. In allen Ländern besteht die rechtl. Möglichkeit für Schulen in *staatl. Alleinträgerschaft* (zB Schulen von besonderer pädagogischer oder überregionaler Bedeutung, Schulversuche). In den Stadtstaaten Berlin und Hamburg sind alle öffentl. Schulen staatliche Schulen. In Bayern und Rheinland-Pfalz gibt es auch *kommunale Schulen* (Lehrer sind Kommunalbeamte). Im Lande Bremen sind die Städte Bremen und Bremerhaven alleinige Schulträger.

2. Schulleiter – Lehrerkonferenzen. Die Schule wird geleitet und repräsentiert von der Schulleitung (im Regelfall Schulleiter als Einzelperson) – in Ausnahmefällen von einem Leitungskollegium. Der Schulleiter ist *Vorgesetzter* aller Lehrer und trägt die *Gesamtverantwortung* für die Schule. Diese Aufgabenbewältigung erfordert zeitgemäßen Führungsstil, partnerschaftl. Zusammenarbeit und Delegation von Verantwortung. Die Schule ist im hierarchischen Verwaltungsaufbau unterste weisungsgebundene Verwaltungseinheit, in der pädagogischen Arbeit besitzt sie jedoch einen *pädagogischen Freiraum*, der zunächst vom einzelnen Lehrer selbst, dann auch von den Lehrerkonferenzen (ihre Kompetenzen sind in der Regel durch Rechtsvorschriften festgelegt) im Rahmen von GG, Landesverfassung, Schulgesetz, Lehrplan und Richtlinien wahrgenommen wird.

3. Lehrer. Die Lehrer an den öffentl. Schulen sind in der Regel Beamte. Für sie gilt das allg. Beamtenrecht, das aufgrund des Beamtenrechtsrahmengesetzes in allen Ländern im wesentlichen das gleiche ist. Der Lehrer ist zwar Vollzeitbeamter, Arbeitsmarktprobleme erzwingen aber immer mehr die Öffnung für abgestufte Teilzeitlösungen. Die Lehrerausbildung ist in den Ländern unterschiedlich gestaltet entweder entsprechend den Schulformen (zB Hauptschule, Realschule, Gymnasium) oder den Schulstufen (Stufenlehrer). Neben die Rechte und Pflichten des allg. Beamtenrechts tritt beim Lehrer die besondere unmittelbare *pädagogische Verantwortung* für die Unterrichtung und Erziehung der Schüler. Pädagogische Verantwortung setzt pädagogische Freiheit voraus. Die pädagogische Freiheit ist aber eingebunden in die durch GG, Landesverfassung, Schulgesetz, Lehr- und Bildungspläne vorgegebenen Erziehungsziele. In diesem Rahmen ermöglicht sie es dem Lehrer, in eigener Verantwortung zu unterrichten, zu erziehen und Leistungen zu beurteilen. *Pädagogische Freiheit* hat die bestmögl. Erziehung der dem Lehrer anvertrauten Schüler zum Ziel und ist dem Lehrer allein der Schüler wegen gegeben; sie ist nicht Lehrfreiheit im Sinne von Art. 5 Abs. 3 GG.

4. Schüler. Jeder junge Mensch hat ohne Rücksicht auf Herkunft und wirtschaftl. Lage Anspruch auf eine seinen Anlagen und Fähigkeiten entsprechende schulische Bildung und Ausbildung. Dieses Recht findet vor allem Ausdruck in der Öffentlichkeit des Schulwesens und der Zugangsgleichheit zu den den Anlagen und Fähigkeiten entsprechenden schulischen Einrichtungen. Dem →*Sozialstaatsgebot* entspricht die Schule durch Schulgeld- und Lernmittelfreiheit, Fahrtkostenersatz und Gewährung von individuellen Ausbildungs- und Förderbeihilfen, Förderunterricht und Haus- bzw. Krankenhausunterricht bei längerer Erkrankung. – Der junge Mensch ist auch als Schüler im vollen Besitze seiner Grundrechte. Die *Grundrechtsmündigkeit*, d. h. die Fähigkeit, die Grundrechte ohne oder sogar gegen den Willen der Eltern selbst auszuüben, tritt bei den verschiedenen Grundrechten zu einem jeweils unterschiedl. Zeitpunkt, spätestens aber mit der Volljährigkeit ein. Maßgeblich ist die geistige Reife des Minderjährigen, nicht ein bestimmtes Alter. Der Schüler wächst in die Grundrechtsmündigkeit hinein, was auch von der Schule beachtet werden muß. Das Bildungsziel, Hinführung des Schülers zum mündigen Staatsbürger und verantwortl. Glied unserer Gemeinschaft umfaßt auch die Hinführung des Schülers zur richtigen Grundrechtsausübung und macht die Beteiligung der Schüler an der Gestaltung des Schullebens erforderlich. Die *Schülermitwirkung* (Schülermitverantwortung, Schülermitverwaltung – SMV –) ist in den Ländern unterschiedlich geregelt. In der Regel sind die Schüler in den Entscheidungsgremien der Schule (Konferenzen) vertreten und haben hier Mitwirkungsbefugnisse. Keine Mitwirkungsrechte gibt es bei der Leistungsbeurteilung.

5. Eltern. Die Rechtsstellung der Eltern im Verhältnis zur Schule ist durch das Spannungsverhältnis bestimmt, das in Art. 6 Abs. 2 GG (Elternrecht) und Art. 7 Abs. 1 GG (staatliche Schulhoheit) seinen Ausdruck findet. Dem Staat fällt dabei vorrangig die Aufgabe der Schulplanung, Organisation und Ausgestaltung des Schulwesens zu; den Eltern die Familienerziehung und Entscheidungen in den prinzipiellen Fragen der Gesamterziehung des Kindes. Da es in den beiden Bereichen um die Bildung der einen Persönlichkeit des Kindes geht, die sich nicht in einen häuslichen und schulischen Bereich zerlegen läßt, haben Eltern und Schule nach der Rechtsprechung des Bundesverfassungsgerichts einen gemeinsamen unteilbaren Erziehungsauftrag und die Pflicht zu kontinuierlicher, beständiger und vertrauensvoller Zusammenarbeit. Das Gebot der vertrauensvollen Zusammenarbeit von Eltern und Schule erfordert die *Mitwirkung der Eltern* bei schulischen Erziehungsprozessen. Elternmitwirkung (Elternvertretungen) ist in allen Länder gegeben. Die Mitwirkungsrechte der Eltern reichen von Anhörungs-, Informations-, Vorschlagsrechten bis hin zur Mitwirkung in schulischen Gremien (Konferenzen) und Beteiligung des Landeselternbeirats an Entscheidungen des Ministeriums. Ferner umfaßt das Elternrecht mit seiner individuellen Komponente vor allem das Recht auf Wahl des Bildungswegs, auf Erziehung in Glaubensfragen, insbesondere Entscheidung über Teilnahme am →Religionsunterricht, auf Information (Unterrichtsinhalte, Schülerleistungen), auf Abwehr von Indoktrination jeglicher Art sowie von ungerechtfertigten Eingriffen des Staates und der Lehrer in grundlegende Einzelfragen der Erziehung.

III. Privatschulen. Da schulische Bildung eine staatl. Aufgabe ist, beruht das Schulwesen in der Bundesrepublik auf der öffentlichen Schule als Regelschule. Als Ausnahme – jedoch unter besonderem Schutz der Verfassung – ist die →Privatschule (Schule in freier Trägerschaft) vorgesehen. Sie trägt dazu bei, Pluralismus und freie Entfaltung der Persönlichkeit zu sichern. Nach Art. 7 Abs. 4 GG steht jeder natürl. und juristischen Person das Recht zu, eine private Schule zu errichten und zu betreiben (institutionelle Garantie der privaten Schulen). Ihre wichtigsten Träger sind die Kirchen und Religionsgemeinschaften, Stiftungen, eingetragene Vereine; solche „Schulvereine" sind zB Träger der anthroposophischen „Freien Waldorfschule" und zahlreicher deutscher Auslandsschulen. Auch Einzelpersonen können Schulen in freier Trägerschaft errichten. Dies ist zB bei zahlreichen Schulen für nichtärztl. medizinische Berufe (Krankengymnasten, Krankenpfleger, medizinisch-technische Assistenten, Logopäden, Masseure u. a.) der Fall. Soweit solche an öffentl. Krankenanstalten und Universitätskliniken eingerichtet sind, handelt es sich allerdings je nach Landesrecht um öffentl. Schulen. Schulen in freier Trägerschaft, die in ihrer Struktur, in ihren Zielen und wesentl. Lehrgegenständen den öffentl. Schulen entsprechen, sind *Ersatzschulen*. Eine Ersatzschule bedarf der staatl. Genehmigung. Es besteht ein Anspruch auf Genehmigung, wenn die Schule in ihren Lehrzielen und Einrichtungen sowie in der wissenschaftl. Ausbildung der Lehrer nicht hinter den öffentl. Schulen zurücksteht (Grundsatz der Gleichwertigkeit) und eine Sonderung der Schüler nach den Besitzverhältnissen der Eltern nicht gefördert wird. Die Genehmigung ist zu versagen, wenn die wirtschaftl. und rechtl. Stellung der Lehrer nicht gesichert ist (Art. 7 Abs. 4 GG). In einer Ersatzschule kann die Schulpflicht erfüllt werden. Eine bewährte Ersatzschule kann die staatl. Anerkennung erhalten und dann staatl. Bildungsabschlüsse vergeben.

Private *Volksschulen* (Grund- und Hauptschulen) sind nur zugelassen, wenn ein besonderes pädagogisches Interesse anzuerkennen ist oder wenn sie als *Gemeinschafts-, Bekenntnis-* oder *Weltanschauungsschulen* (vgl. VI) errichtet werden und eine öffentl. Schule dieser Art in der Gemeinde fehlt (Art. 7 Abs. 5 GG). *Ergänzungsschulen* fehlt eine Entsprechung im öffentl. Schulwesen. Es ist keine Genehmigung, sondern lediglich eine Anzeige über die Eröffnung vor Aufnahme des Schulbetriebs erforderlich. Wird einer bewährten Ergänzungsschule die staatl. Anerkennung verliehen, so hat sie das Recht, staatlich anerkannte Bildungsabschlüsse zu vergeben.

Alle Privatschulen unterstehen der staatl. Schulaufsicht. Sie erhalten nach Maßgabe des Landesrechts *staatliche finanzielle Förderung*, Ersatzschulen haben einen Rechtsanspruch darauf. Privatschulen schließen mit ihren *Schülern* privatrechtl. Verträge (Schulvertrag) ab. Für die *Lehrer* gilt der (private) Arbeitsvertrag, bei Kirchen als Schulträger auch das kirchl. Beamtenrecht.

IV. Schulaufsicht. Dem Staat obliegt die Verantwortung und die Aufsicht für das gesamte (öffentl. und private) Schulwesen (Art. 7 Abs. 1 GG). Gemeinsam mit den kommunalen Schulträgern realisiert er seine Verantwortung durch Bereitstellung der schulischen Einrichtungen entsprechend den öffentl. Bedürfnissen durch ein horizontal und vertikal gegliedertes Schulwesen, in einzelnen Ländern auch durch integrierte Gesamtschulen. Die staatl. Schulverwaltung und Schulaufsicht ist dreistufig (Schulrat, Regierungspräsident/Oberschulamt, Kultusminister), in den Stadtstaaten zweistufig (Schulrat, Schulsenator) organisiert. Sie ist überwiegend in die allg. Verwaltung eingegliedert; schulische Sonderbehörden bilden die Ausnahme. Nur Baden-Württemberg verfügt über einen vollständigen Instanzenzug besonderer Schulbehörden (Schulamt, Oberschulamt, Ministerium).

Die staatl. Schulaufsicht umfaßt Normsetzung, Planung, Leitung, Ordnung und Förderung des Schulwesens, das Bestimmungsrecht über die Unterrichts- und Erziehungsinhalte (Lehr- und Bildungspläne), Festlegung zentraler Vorgaben für Leistungsbewertung, Versetzung und Prüfung, die Zulassung der Lehr- und Lernmittel, insbesondere Schulbücher. Die Verwirklichung dieser Aufgaben untersteht dem Parlamentsvorbehalt, d. h. die Parlamente müssen durch Gesetz die wesentl. Vorgaben festlegen, die dann im Rahmen der Ermächtigung vom Ministerium ausgefüllt werden. Staatl. Schulaufsicht im engeren Sinne sind Fach- und Dienstaufsicht sowie die Aufsicht über die dem Schulträger obliegenden Schulangelegenheiten. *Fachaufsicht* besteht über die Unterrichts- und Erziehungsarbeit der Lehrer. Sie ist umfassend und nicht auf bloße Rechtsmäßigkeitskontrolle beschränkt. Im einzelnen gehören dazu auch Beratung in pädagogischen Fragen, Unterrichtsbesuche, Entscheidung pädagogischer Fragen, die über den Bereich der einzelnen Schule hinausgehen. *Dienstaufsicht* über die persönl. Pflichterfüllung besteht über alle Lehrer und sonstige im Landesdienst stehende Schulbedienstete. Die Aufsicht wird von den staatl. Schulaufsichtsbehörden wahrgenommen; in einzelnen Ländern können auch kommunale Beamte mit Aufgaben der Fachaufsicht betraut werden.

V. Religionsunterricht. Der →Religionsunterricht ist nach Art. 7 Abs. 3 GG und den Verfassungen der meisten Länder ordentl. Lehrfach an den öffentl. Schulen. Eine Ausnahme machen Berlin und Bremen, wo seine Erteilung den Kirchen und den Religionsgemeinschaften überlassen ist (Bremer Klausel, Art. 141 GG). Auch der Religionsunterricht untersteht der staatl. Schulaufsicht. Er ist jedoch in Übereinstimmung mit den Grundsätzen der Religionsgemeinschaften zu erteilen. Sie haben auch das Recht zur Festlegung der Lehrinhalte. Ferner haben sie ein Mitwirkungsrecht bei der Auswahl und Bestellung der Religionslehrer (ev. vocatio, kath. missio canonica) sowie Rechte der Einsichtnahme in den Unterricht. Kein Lehrer darf gegen seinen Willen verpflichtet werden, Religionsunterricht zu erteilen. Über die Teilnahme ihrer Kinder bestimmen die Eltern (Art. 7 Abs. 2 GG); eigene Bestimmungsrechte des Kindes und Jugendlichen ergeben sich aus dem Gesetz über die religiöse Kindererziehung vom 15. 7. 1921 (in Bayern, Rheinland-Pfalz und Saarland durch Landesverfassung abgeändert). Zum Teil haben die Länder einen *Ersatzunterricht* (Ethik) für Schüler eingerichtet, die keiner Religionsgemeinschaft angehören oder die sich vom Religionsunterricht abgemeldet haben.

VI. Konfessionelle Probleme. Die früheren konfessionellen Probleme im Schulbereich sind heute weitgehend gelöst: Die öffentl. Schule ist heute weitestgehend gemischt-konfessionell (Gemeinschaftsschule oder christliche Gemeinschaftsschule). Bekenntnisschulen gibt es, von wenigen Ausnahmen im öffentl. Bereich (Nordrh.-West., Niedersachsen) abgesehen, im privaten Sektor in der Regel als Schulen in kirchl. Trägerschaft.

v. CAMPENHAUSEN, Erziehungsauftrag und staatliche Schulträgerschaft, 1967 – EVERS, Befugnis des Staates zur Festlegung von Erziehungszielen, 1979 – HEKKEL/SEIPP/AVENARIUS, Schulrechtskunde, 1985 – HENNECKE, Staat und Unterricht, 1972 (Lit.) – Kommission Schulrecht des Deutschen Juristentags (DJT), Schule im Rechtsstaat (1981) Bd. I, II – MAUNZ/DÜRIG/HERZOG/SCHOLZ, Kommentar zum Grundgesetz, zu Art. 6 u. 7 GG – MÜLLER, Recht der Freien Schule nach dem Grundgesetz, Staatsrechtliche Abhandlungen (1980) Bd. 12 – NIEHUES, Schul- und Prüfungsrecht, 1983 – OPPERMANN Kulturverwaltungsrecht, 1969 – DERS., Rechtliche Grundsätze des Schulwesens, Gutachten zum 51. DJT 1976 – SCHMIDT/KEMMLER, Elternrecht und schulischer Erziehungsauftrag nach dem Grundgesetz, Schriften zum öffentlichen Recht (1983) Bd. 450 – STEIN, Das Recht des Kindes auf Selbstentfaltung in der Schule, 1967 – Bund-Länder-Kommission für Bildungsplanung, Bildungsgesamtplan 1973.

Wilhelm Holfelder/Wolfgang Bosse

Schule und Kirche. I. Geschichte (→Privatschule). **A.** Im **MA.** war die K. nahezu alleinige Trägerin des S.wesens. Die Kloster-, Dom-, Stifts- und PfarrS. dienten in erster Linie der Vorbildung des Klerus und der Unterrichtung von Knaben, die für eine Stellung im öffentl. Leben vorgesehen waren. Im HochMA. gegründete städt. S. blieben kirchl. in Geist und Lehrgehalt und unterstanden dem „Scholastikus" des Bistums.

B. Im 16. Jh. brachte die →**Reformation** für das S.wesen zunächst einen Rückschlag, da zahlreiche Kloster- und DomS. aufgelöst wurden. LUTHER strebte dann die Gründung neuer S., die Sicherstellung eines stärkeren S.besuchs sowie die Hebung von Bildung und Ansehen des Lehrerstandes an. Er wollte allen Kindern eine elementare Bildung vermitteln, damit „der Katechismus unter das Volk" gebracht werde. Indem er von der weltl. Obrigkeit die Erfüllung dieser Aufgabe verlangte, gab er den Anstoß zur Emanzipation der S. von der K. Die ersten S.ordnungen waren Bestandteile der von den Landesherren erlassenen ev. →Kirchenordnungen.

C. Die mit dem →**Absolutismus** einhergehende Unterordnung der K.politik unter die Staatspolitik sowie die der →Aufklärung entstammende Idee der allg. Volksbildung setzten einen Prozeß der Verstaatlichung des S.wesens in Gang. Hatte der →Westfälische Friede die S. noch als „annexum religionis" eingestuft, so betrachtete das ALR von 1794 S. und Universitäten als „Veranstaltungen des Staates" (§ 1 II 12). Pädagogische Vorstellungen der K. fanden außerhalb des öffentl. S.wesens ihre Verwirklichung: auf ev. Seite in den S.gründungen AUG. HERM. FRANCKES in Halle und in der Herrnhuter Brüdergemeine; auf kath. Seite in der Tätigkeit des Jesuitenordens, dessen Aufhebung durch Papst CLEMENS XIV. im Jahre 1773 das kath. S.wesen empfindlich traf.

D. Im **19. Jh.** wurden die Beziehungen zwischen S. und K. vom Streit der polit. Strömungen erfaßt. Während der Staat der Restaurationszeit (1819 – 1848) in der K. eine Stütze der bestehenden Ordnung erblickte und die kirchl. Mitwirkung in der S. forderte, kämpfte der →Liberalismus für die Abschaffung der geistl. S.aufsicht. Die →KulturkampfG.e übertrugen die Aufsicht über alle S. dem Staat, der nun auch darüber zu bestimmen hatte, wer zur Erteilung des →Religionsunterrichts (R.) befugt war. Die SPD forderte im Gothaer (1875) und im Erfurter (1891) Programm die radikale Trennung von S. und K., indem sie die Religion zur Privatsache erklärte.

E. Die **WV** beseitigte endgültig die geistl. S.aufsicht (Art. 144), die mit dem Ende der Monarchie (1918) und des →landesherrl. Kirchenregiments jegl. Legitimität verloren hatte. Sie verankerte in ihrem Art. 149 den R. als ordentl. Lehrfach an allen S. mit Ausnahme der bekenntnisfreien. Der S.kompromiß des Art. 146, der die SimultanS. als RegelS. vorsah, blieb ohne praktische Folgen, da das nach Art. 146 II S. 3 erforderl. AusführungsG niemals erlassen wurde.

F. Der **NS-Staat** (1933 – 1945) (→Nationalsozialismus) versuchte (unter Verletzung seiner im Konkordat vom 20. Juli 1933 übernommenen Verpflichtungen) im Zuge der Entkonfessionalisierung des öffentl. Lebens alle S. zu „dt. GemeinschaftsS." i. S. von „völkischen WeltanschauungsS." umzugestalten.

Die Behinderung des PrivatS.wesens und der religiösen Erziehung in der S. führte zur Verdrängung der K. aus dem gesamten S.bereich.

G. Nach 1945 nahm die Entwicklung des Verhältnisses von S. und K. in den zwei dt. Staaten einen unterschiedl. Verlauf.

1. In der →*DDR* war die Verbindung von S. und K. einem fortschreitenden Auflösungsprozeß unterworfen. Zwar sprach Art. 44 der DDR-Verf. vom 7. Okt. 1949 den K. noch das Recht zu, in den S.räumen R. zu erteilen. Dieses Recht wurde jedoch durch das marxist. Verf.verständnis (nach dem ein Verf.text nur so lange rechtl. bedeutsam ist, als er mit den vom Staat gesetzten gesellschaftl. Grundzielen übereinstimmt) ausgehöhlt. Im übrigen wurde die Abhaltung des R. durch Verwaltungsanordnungen erschwert oder verhindert. Der „Aufbau des Sozialismus“ als ein alle Lebensbereiche beherrschendes Strukturprinzip führte zur Etablierung eines sozialist. Erziehungswesens und damit einer sozialist. S. (vgl. die G.e über die sozialist. Entwicklung des S.wesens in der DDR vom 2. Dez. 1959 und über das einheitl. sozialist. Bildungssystem vom 25. Febr. 1965, die jede kirchl. Mitwirkung im S.wesen ausschlossen). Die angesprochene Entwicklung wurde beendet durch die neue Verf. der DDR vom 6. April 1968, die zwar in ihren Art. 20 I und 39 formal weiterhin die →Glaubensfreiheit gewährleistet, jedoch keine Bestimmung mehr über das Recht der K. auf Erteilung des R. in Schulräumen enthält. Heute bestehen in der DDR zwischen S. und K. keinerlei Beziehungen mehr.

2. In der *Bundesrep. Dtschld.* war die Neuordnung des Verhältnisses von S. und K. maßgebl. durch die in der NS-Zeit gemachten Erfahrungen beeinflußt. Die Erinnerung an die nach 1933 vollzogene „weltanschaul.“ Ideologisierung der S. förderte die Bereitschaft, unter Gewährleistung der bestimmenden Stellung des Staates eine kirchl. Mitwirkung im Bereich des Erziehungswesens anzuerkennen. Die Mehrheitsverhältnisse im Parlamentarischen Rat drängten zu einer Kompromißlösung, die in einer Übernahme der einschlägigen Bestimmungen der WV ihren Ausdruck fand. So wurde die S.aufsicht dem Staat zuerkannt und der R. als „ordentl. Lehrfach“ in den öffentl. S. mit Ausnahme der bekenntnisfreien gesichert (Art. 7 I und III GG). Das Problem der RegelS.art blieb ungelöst. Die Ausgestaltung des S.wesens innerhalb der durch Art. 7 GG abgesteckten Grenzen war den Ländern überlassen. Diese haben zunächst, je nach Tradition und konfessioneller Struktur, der Bekenntnisschule oder bestimmten Ausformungen der GemeinschaftsS. den Vorrang eingeräumt bzw. beide S.arten gleichberechtigt nebeneinander zugelassen (→Gemeinschaftsschule). Die polit. Meinungsverschiedenheiten um die Verf.mäßigkeit der öffentl. BekenntnisS. einerseits und der bekenntnisfreien GemeinschaftsS. andererseits wurden durch die Einführung der christl. GemeinschaftsS. als RegelS. (durch die S.reformG.e der Jahre 1965 bis 1970) weitgehend bereinigt.

II. S. und kath. K. A. Theol. Grundlagen. Der Standpunkt der kath. K. zum Verhältnis von S. und K. ist in der Enzyklika PIUS XI. Enzyklika „Divini Illius Magistri“ vom 31. Dez. 1929 (einer Äußerung des ordentl. Lehramts) verankert, die als „Magna Charta“ der kath. Bildungspolitik gilt. Das Rundschreiben definiert seinen Zentralbegriff „Christl. Erziehung“ nicht näher; dafür widmet es sich intensiv dem Bildungsideal und den Voraussetzungen kath. Erziehung (Erz.). Da der Mensch „von Gott nach seinem Bilde und Gleichnis geschaffen und für ihn ... bestimmt“ sei, liege das Ziel jeder Erz. in der „Bildung des wahren Christen“, der zugleich stets auch der „beste und tüchtigste Staatsangehörige“ sei. Christl. Erz. müsse alle Lebensbereiche umfassen. Der Erz.anspruch der K. wird aus der unfehlbaren höchsten Lehrgewalt und der übernatürl. Mutterschaft der K. hergeleitet. Im Verhältnis zu den anderen primären (natürl.) Erz.trägern (Familie und Staat) soll dem kirchl. Erz.anspruch ein besonderer Rang zukommen. Nach kath. Selbstverständnis ist dieser Rang in dem göttl. Auftrag an die K. begründet, die Menschen „zur Fülle eines christl. Lebens“ zu führen (can. 794 § 1 CIC). Die kath. Eltern sind verpflichtet, diejenigen S. und Einrichtungen zu wählen, in denen unter Berücksichtigung der örtlichen Verhältnisse die kath. Erz. ihrer Kinder am besten gewährleistet ist.

B. Schulpolitische Konsequenzen. Die kath. Eltern sollen ihre Kinder jenen S. anvertrauen, in denen für die kath. Erz. gesorgt wird. Wenn das nicht möglich ist, sind sie verpflichtet, die kath. Erz. ihrer Kinder außerhalb der S. sicherzustellen (can. 798 CIC). Die kath. S. ist durch die inhaltl. Katholizität aller Fächer und Erz.maßnahmen bestimmt, die durch kirchl. Leitung und kirchl. Genehmigung von S.ordnungen und -büchern gesichert wird. Die beanspruchte S.aufsicht ist jedoch nicht identisch mit der geistl. S.aufsicht alter Prägung: Staatl. und kirchl. S.aufsicht sollen nebeneinander bestehen. Die kath. K. beansprucht aber das Recht, S. jedweden Wissenszweiges, jedweder Art und Stufe zu gründen und zu leiten (can. 800 § 1 CIC).

C. Die schulpolitische Praxis der kath. K. in der Bundesrep. Dtschld. war zunächst auf eine Verwirklichung der vorgenannten Grundsätze ausgerichtet. Als letzten Erfolg konnte die K. den Abschluß des niedersächsischen Konkordates buchen, der ihr günstige Bedingungen für Errichtung und Ausbau kath. KonfessionsS. einbrachte. Bei den in der Folgezeit mit den zuständigen Landesbehörden geführten Verhandlungen lieferte die K. nur noch „Rückzugsgefechte“ (K. ERLINGHAGEN), indem sie sich mit der Einführung der christl. →GemeinschaftsS. abfand. Die offizielle S.politik der kath. K. wurde in zunehmendem Maß stärker durch eine rege innerkath. Diskussion außerhalb der Amtskirche begleitet, die sich um sinnvolle neue Lösungen bemühte. Unter Führung von K. ERLINGHAGEN beanspruchten nahmhafte kath. Pädagogen das Recht zu zeitgemäßer Auslegung der Enzyklika „Divini Illius Magistri“, ohne deren Autorität im übrigen anzutasten. So wurde auf die Gefahren hingewiesen, die sich aus dem Prinzip der Ganzheit und der Geschlossenheit der kath. S. ergeben könnten, wenn die in ihr erzogenen Kinder sich in der Wirklichkeit der Welt von heute zu behaupten hätten. Anstelle der „absoluten“ Geschlossenheit wurde eine „relative“ gefordert, die mit dem „Prinzip der wachsenden Offenheit“ der S. für nichtkath. Lehrer und Schüler zu verbinden sei. Ihren Niederschlag fanden diese Postulate in dem – von kath. Seite z. T. heftig kritisierten – Gutachten des Dt. Ausschusses für das Erziehungs- und Bildungswesen „Zur religiösen Bildung und Erz. an den Schulen“ vom 16. Nov. 1962.

Nachdem der kath. Elternschaft der Umfang der dt. „Bildungskatastrophe“ und damit die Notwendigkeit einer umfassenden S.reform bewußt geworden war, votierte ihre Mehrheit in Abstimmungen und Volksbegehren gegen die von der offiziellen kath. S.politik geforderte Beibehaltung der KonfessionsS. als RegelS.

Die amtl. kath. Stellen in der Bundesrep. Dtschld. reagierten auf die veränderte schulpolit. Situation und auf das neue schulpolit. Klima in der kath. Öffentlichkeit mit den „Grundsätzen und Empfehlungen des kath. Bildungsrates bei der Bischöflichen Hauptstelle für Bildung und Erz. und des Kulturbeirates des Zentralkomitees der dt. Katholiken“ über „Bildung und Erz. in kath. Sicht“ des Jahres 1969. Mit diesem Programm ist die kath. S.politik in der Bundesrep. Dtschld. auf eine neue Grundlage gestellt worden. Das Erz.recht der K. wird auf den „getauften und gläubigen Menschen“ beschränkt; aus einem „gewandelten Selbstverständnis heraus“ wird das Verhältnis zur S. neu bestimmt. Die K. bietet „ihre Dienstbereitschaft der pluralistischen Welt an“ und tritt, „indem sie für sich selbst die Freiheit der Religionsausübung in öffentl. Einrichtungen wahrnimmt“, dafür ein, „daß auch allen anderen gesellschaftl. Gruppen gleiche Rechte und gleiche Chancen garantiert werden“.

III. S. und ev. K. A. Theol. Grundlagen. Dem kath. Bildungssystem haben die ev. K. kein eigenes, gleichermaßen ausgeformtes entgegenzusetzen, ja sie sind „aus der Konkurrenz dieser Systeme in aller Form ausgeschieden“ (H. Kittel). Zwar hat der Stuttgarter K.tag von 1921 noch strikt die ev. BekenntnisS. gefordert. In den 20er Jahren einsetzende Neubesinnungen haben jedoch zu einer Revision dieses Standpunktes geführt. Maßgeblich hierfür war die theol. Einsicht in die Geschichtlichkeit des Menschen und damit in die Weltlichkeit und Eigengesetzlichkeit seiner Lebensbedingungen (s. a. Säkularisierung). Wenn der Mensch in der wirkl. und nicht in einer durch christl. Wunschbilder verstellten Welt leben muß, so sei es Aufgabe der S., die Kinder in die reale und nicht in eine verchristlichte Welt einzuführen. Insbes. dürfe das „biblische Menschenbild nicht als ein normatives Ideal, aus dem man so etwas wie ein pädagogisches Leitbild ableiten könnte“ (K. Frör), begriffen werden. Die kath. Auffassung, daß dem Evangelium ein pädagogisches Modell oder ein Bildungsideal zu entnehmen sei, wird entschieden abgelehnt. Das Evangelium weise das Bild auf, das Gott vom Menschen habe. Es sei aber kein dem Menschen verfügbares Gesetz, so daß es nicht pädagogisiert werden könne und dürfe. Erz. zum Glauben sei darum unmögl.; es könne nur im Glauben erzogen werden, wenn sich der Erzieher mit dem Kind unter den Anspruch des Glaubens stelle. Andererseits dürfe die →Pädagogik (Päd.) nicht theologisiert werden. Theol. und Päd. sollten sich als eigenständige Wissenschaften nicht im Verhältnis der Über-Unterordnung, sondern gleichgeordnet – „dialogisch“ (W. Flitner) – begegnen. Es gibt daher keine spezielle ev. Päd. Nach ev. Auffassung müssen alle S. und K. betr. Probleme im Gespräch zwischen Päd. und Theol. gelöst werden.

B. Schulpolitische Konsequenzen. Wenn Erz. im Glauben und durch den von ihm ergriffenen Erzieher geschieht, kann religiöse Erz. und Bildung nicht durch institutionelle Maßnahmen gesichert werden. So gibt es keine theol. Begründung für die Forderung nach einer bestimmten S.form (oder zum Verzicht auf eine solche). Die ev. K. bejaht daher den grds. staatl. Charakter des S.wesens und wünscht die Freiheit zur Errichtung ev. →PrivatS. nur um der Möglichkeit zur Entwicklung beispielhafter pädagogischer Initiative willen. Wegen der Ablehnung allen pädagogischen Ziel- und Bilddenkens fordert die ev. K. für die S. eine umfassende Freiheit. Sie wendet sich gegen ideologischen Zwang und weltanschaul., insbes. auch kirchl. Bevormundung über S. und Lehrer. Damit verzichtet die ev. K. nicht darauf, gem. ihrem Verkündigungsauftrag das Evangelium auch in der S. zur Geltung zu bringen. Durch die Freiheit der S. sieht sie den Raum eröffnet für eine ev. Unterweisung und für die Möglichkeit, daß Lehrer und Schüler auch in der S. als Christen leben können. Vom Staat erwartet die ev. K., daß er sich als Sachwalter der Freiheit versteht und die erzieherische Wirkung der ev. Unterweisung im Schulleben zur Geltung kommen läßt.

Die Synode der EKD hat diese Erkenntnisse in zwei bedeutenden Stellungnahmen bestätigt. Das „Wort zur Schulfrage“ vom 30. April 1958, ein „kirchengeschichtl. Ereignis“ (O. Hammelsbeck), begreift die K. nicht als eine um Positionen ringende Bildungsmacht, sondern als Wächterin über die Unverletzlichkeit der →Menschenwürde und damit der Freiheit in der S. In den Entschließungen der 4. Synode vom 12. Nov. 1971 über „Die ev. K. und die Bildungsplanung“ bekräftigt die EKD ihre „Mitverantwortung“ für das Erziehungs- und Bildungswesen im „Elementarbereich“, der sie sich als „Partner in der demokratischen Gesellschaft“ nicht entziehen dürfe. Die Botschaft und die Tat Jesu Christi veranlaßten sie, „für den Menschen, für seine Würde und Rechte, für die Entfaltung seiner Kräfte zu einem sinnerfüllten Leben, für Erz. und Bildung aller, insbes. auch der Benachteiligten, einzutreten“. „An diesen Grundsätzen hielt die Synode der EKD in einer

Kundgebung vom 9. Nov. 1978 fest, nachdem Stimmen innerhalb der Kirche laut geworden waren, die sich angesichts finanzieller Restriktionen und mancher Fehlentwicklungen für eine Aufgabe der Bildungsverantwortung der Kirche aussprachen."

IV. Gegenwärtige Situation. A. Im **Verhältnis der K. untereinander** sind hinsichtl. der S.politik Ansätze einer Kooperation erkennbar. Zunächst hat bereits die Diskussion der pädagogischen Forschungsergebnisse die K. einander nähergebracht. Darüber hinaus haben die schulpolit. Tatsachen, die sich aus der Anerkennung der christl. →GemeinschaftsS. als RegelS. ergeben, die K. der verschiedenen Konfessionen zur gemeinsamen Erörterung christl. Erz.probleme und gelegentl. auch zur Entwicklung gemeinsamer Erz.modelle veranlaßt. So haben beispielsweise der Erzbischof von München und Freising und der Landesbischof der Ev.-Luth. K. in Bayern gemeinsame „Leitsätze für die christl. Erz." der Kinder in öffentl. VolksS. erarbeitet.

B. Im **Verhältnis der K. zum Staat** (→Kirche und Staat) harren noch mehrere Probleme einer endgültigen, verf.konformen Lösung. Eine solche muß davon ausgehen, daß sich der bekenntnisneutrale Staat (→Neutralität II.) mit keiner bestimmten Religion bzw. religiösen Gruppe identifizieren kann (→Glaubensfreiheit). Sie hat jedoch ebenso die aus dem grundrechtl. Schutz der →Menschenwürde nach Art. 1 GG resultierende zentrale Aufgabe des Staates zu berücksichtigen, die Frage nach dem Sinn des Lebens als eine alle konfessionellen Standpunkte überhöhende religiös-weltanschaul. Grundfrage in den Mittelpunkt staatl. Kultur- und S.politik zu stellen. Die sich hieraus ergebenden Konsequenzen sind nicht ausnahmslos griffigen Formeln zugänglich. Doch läßt sich immerhin feststellen, daß 1. christl. GemeinschaftsS. als RegelS. verf.rechtl. bedenkl. sind, wenn der gesamte in ihnen zu erteilende Unterricht an christl. Dogmen gebunden ist (vgl. BVerfGE 41,29,65 und 38), 2. der Staat mangels Kompetenz und Sachkunde keine Verantwortung für eine bestimmte konfessionelle Ausrichtung von Lehrern oder eine entsprechende Unterrichtung von Schülern – sei es im R. oder im allgemeinen Unterricht – übernehmen kann, 3. Schulgebete als offizielle Veranstaltungen des allg. Lehrbetriebes ausscheiden (a. A. BVerfGE 52,223) und 4. Leistungen im →Religionsunterricht für staatl. Prüfungen oder für die Zulassung zu staatl. Hochschulen nicht relevant sein dürfen (a. A. Praxis und Rspr., vgl. BVerwGE 42,346). Im übrigen hat jedoch der Staat die religiöse Problematik schlechthin als ein fundamentales geistiges Anliegen der gesamten Rechtsgemeinschaft zu begreifen und ihr – bei aller →Toleranz gegenüber den verschiedenen religiösen bzw. weltanschaul. Strömungen der pluralistischen Gesellschaft – im S.unterricht die gebührende Aufmerksamkeit zukommen zu lassen.

Zu II: K. ERLINGHAGEN, Grundfragen kath. Erz. 1963 – DERS., Die Säkularisierung der dt. S., 1972 – H. KITTEL, Kath. S.politik, 1965. HdbKathKR, J. LISTL u. a. (ed.), 1983.

Zu III: O. HAMMELSBECK, Ev. Lehre von der Erz., 1958² – M. STALLMANN, Christentum und S., 1958 – A. FLITNER, Die K. vor den Aufgaben der Erz., 1959 – W. DIRKS, TH. FILTHAUT (ed.), Glaube und S., 1967 – H.-B. KAUFMANN (ed.), Streit um die Christlichkeit der Schule, 1970 – KIRCHENKANZLEI DER EKD (ed.), Die ev. K. und die Bildungsplanung, 1972 – C. RÖGER, in: H. W. HESSLER (ed.), Kirche in der Gesellschaft, Der ev. Beitrag, 1978, 89–102.

Klaus Obermayer

Schwärmertum. 1. Begriff. Als Bezeichnung für eine religiöse bzw. geistige Haltung ist der Begriff Schwärmer von LUTHER geprägt worden. LUTHER benutzt das Bild von den aufgeregt schwärmend umherziehenden Bienen (so nach GRIMM, Dt. Wörterbuch), um eine kollektive Verwirrung der Gedanken und Gewissen zu beschreiben; in den neuen Begriff strömen bei LUTHER von Anfang an auch die Bedeutungsnuancen der geläufigen Worte Enthusiast und Phantast mit ein, die er häufig als Synonyme für S. verwendet. Die sog. ZWICKAUER PROPHETEN, ANDREAS KARLSTADT und THOMAS MÜNTZER sind die ersten, die LUTHER als Schwärmer bezeichnet hat (vgl.: „Wider die himmlischen Propheten", 1525, WA 18, 62 ff.; s. a. Reformation I C 3 und 4); aber auch seine Gegner im Abendmahlsstreit nannte er „Schwärmer, die mir Christum, meinen Herrn erwürgen, dazu meine Mutter, die Christenheit, samt meinen Brüdern" (vgl.: „Daß diese Worte ... noch fest stehen wider die Schwarmgeister", 1527, WA 23, 83). Später hat LUTHER die Front gegen das S. über die ZWINGLIANER und ERASMIANER hinaus bis zum Papst ausgezogen, ja er konnte gelegentlich sogar den →Islam zum S. zählen.

2. Deutung. Zur Selbstbezeichnung irgendwelcher Personen oder Gruppen als Schwärmer ist es nie gekommen. Der bereits bei LUTHER in jedem Fall als negatives theol. Werturteil verstandene Begriff wurde schon von der zeitgenössischen Polemik auf breiter Ebene übernommen und in zumeist affektgeladenem Ton auf verschiedene Nebenströmungen am Rande der „offiziellen" Reformationsbewegung angewendet. So konnte mit dem Schimpfwort S. nahezu jede kirchl.-theol. Gruppierung abwertend bezeichnet werden, die außerhalb der staatskirchenrechtl. legalisierten Landes- und Konfessionskirchen stand. Diese allgemeine, polemische Fixierung des Begriffs läßt ihn als wissenschaftl. Sammelbezeichnung für den gesamten *„linken Flügel der Reformation"* ungeeignet erscheinen. E. TROELTSCH unterschied zwischen dem friedfertigen →Täufertum, dem revolutionären THOMAS MÜNTZER (→Revolution I B) und dem religiösen Spiritualismus. Dabei kennzeichnete er die religiösen Spiritualisten religionssoziologisch als einen dritten Typus neben Kirche und Sekte, der das Phänomen des geistigen Individualismus der mystischen Frömmigkeit repräsentiert.

Die neueste Kirchengeschichtsschreibung ist bemüht, über TROELTSCH hinausgehend noch genauer zu differenzieren. Nach G. H. WILLIAMS sollte innerhalb der „radikalen Reformation" zwischen Täufern, Spiritualisten und evangelischen Rationalisten unterschieden werden; nach H. FAST zwischen Täufern, Spiritualisten, Schwärmern und Antitrinitariern. Diese Klassifizierungen zeigen an, daß der Begriff S. nunmehr überhaupt nicht mehr als Oberbegriff angesehen wird, sondern zur Bezeichnung einer zahlenmäßig recht kleinen Personengruppe im Reformationsjh. dient. Als Schwärmer gelten lediglich die Vertreter einer revolutionären Glaubenshaltung, die den weltverändernden Inhalt des Evangeliums mit aktivem Sendungsbewußtsein durch die Tat sichtbar machen und verwirklichen wollen. THOMAS MÜNTZER und seine Verwicklung in die Katastrophe des Bauernkrieges sowie MELCHIOR HOFFMANN und sein Anteil am religiös-politischen Umsturz im Wiedertäuferreich in Münster sind nach dieser Deutung des Begriffs die exemplarischen Vertreter des S. im 16. Jh. gewesen; als dritte, wenn auch weniger politisch geprägte Gruppe wären nur noch die Enthusiasten von Appenzell zu nennen. Eine einheitliche Theol. kann für diese Bewegungen nicht rekonstruiert werden; gemeinsam ist ihnen lediglich die Behauptung einer neben und über der Bibel stehenden persönlichen Sonderoffenbarung, die den Empfänger aus der bloßen Innerlichkeit einer rein spirituellen Religiosität herausdrängt und ihn zum Aufstand gegen bestehende, für widergöttl. gehaltene Ordnungen zwingt. Der Spiritualist hingegen hält das Äußerliche für unwichtig; er begnügt sich mit der verinnerlichten, gelegentlich mystisch genannten Beschäftigung mit der Sonderoffenbarung des Geistes, der den äußerlichen, toten Buchstaben der Schrift überhaupt erst zum Leben bringt.

3. Das theol. Problem. Die skizzierte definitorische Neuabgrenzung des Begriffs S. ist für die Kirchengeschichtsschreibung – zumal im Hinblick auf das immer umfangreicher werdende publizierte Quellenmaterial – von Nutzen. LUTHERS ursprüngliche theol. Intention im Kampf gegen das von ihm als S. bezeichnete Phänomen ist damit aber nicht einfach überholt. Denn LUTHER ging es bei dieser Auseinandersetzung weder um die Abwehr einer begrenzten Irrlehre noch um die Zurückweisung einzelner Auswüchse, sondern um nichts Geringeres als um das Wesen seiner reformatorischen Erkenntnis. Die revolutionäre Gesinnung KARLSTADTS im Bereich der Gottesdienstordnung und die Politisierung des Evangeliums durch MÜNTZER waren, als isolierte Phänomene betrachtet, für LUTHER nur der äußere Anlaß zu seiner heftigen Reaktion. Er sah in ihnen den Ausdruck einer tiefer liegenden, allgemeineren und grundsätzlicheren Mißdeutung der Evangeliumsverkündigung. S. ist für LUTHER Preisgabe der Rechtfertigungslehre und umgekehrt. Diese Engführung der Sicht LUTHERS machte es möglich, daß er den Begriff S. vermeintlich so undifferenziert und allgemein einsetzen konnte; sie gibt andererseits dem Begriff überhaupt erst seine theol. Bedeutung. So liegt der Ansatz der Polemik LUTHERS gegen das S. in der Entfaltung der Frage nach der rechten Unterscheidung von *Gesetz und Evangelium.* Das S. strebe bei seiner Suche nach einer möglichst konkreten („präzisen") →Ethik am Evangelium vorbei, es neige in seiner kirchl. und politischen Aktivität zum Legalismus und mache sich nicht nur einen „eigenen Mose", sondern auch einen „eigenen Christus": Ein aus dem Handeln Jesu abgeleiteter Katalog ethischer Forderungen werde dem rechtfertigenden, freisprechenden Wort (der *promissio*) vorgeordnet und hebe es damit auf. Im S. finde sich statt der Rechtfertigungsgewißheit die Forderung nach der Bewährung der Versöhnung mit Gott; die Neuorientierung des menschl. Handelns werde anstelle der Rechtfertigung des Gottlosen (der *iustificatio impii*) zum zentralen Heilsereignis.

LUTHERS Polemik gegen das S. verweist weiterhin auf die Begriffspaare *„Geist und Wort"* sowie *„Geist und Fleisch".* LUTHER hat in allen Phasen seiner Auseinandersetzung mit seinen Gegnern das mündliche, äußere Wort scharf gegen jede Gestalt des sog. inneren Wortes abgegrenzt (vgl.: Schmalk. Artikel III, 8 BSLK 453 ff.); die ereignishaft-gegenwärtige Verkündigung der Evangeliumspredigt, die *viva vox evangelii,* dürfe durch keinen individuellen, subjektiv-verfügbaren Offenbarungsempfang ergänzt, geschweige denn ersetzt werden. Die mystischen Methoden der Kontemplation, der Selbstentblößung und Selbstentleerung, die der Schwärmer anwende, um die innere Stimme des Geistes zu empfangen, bezeichnet LUTHER als einen ebenso subtilen wie groben Versuch, den Anspruch des Ich auf Selbstbehauptung gegen die Freiheit des Evangeliums durchzusetzen. Auch die Entwertung des Äußerlich-Leiblichen gegenüber dem Innerlich-Geistigen, die in dem Sakramentsverständnis des S. eine wichtige Rolle spielt, ist von LUTHER als Ausdruck derselben Haltung verurteilt worden. Im Bereich der →Sozialethik führt LUTHERS Kritik am S. weiter zur →Zwei-Reiche-Lehre, die er in der Auseinandersetzung mit den von ihm als Schwärmer bezeichneten Gegnern wenn auch nicht entworfen, so doch weiter ausgebildet hat.

4. Folgen. Im Bereich der Historiographie sollte der Begriff S. nicht mehr benutzt und durch genauer differenzierende Bezeichnungen ersetzt werden. Die Zeit für eine Gesamtdarstellung und einheitliche Typologisierung der *„radikalen Reformation"* ist allerdings noch nicht reif (H.-J. GOERTZ). – Im Blick auf die immer von neuem notwendige Selbstverständigung über das

Wesen reformatorischer Theol. behält der von LUTHER geprägte Begriff aber eine wichtige heuristische Funktion: Er will die beunruhigende Frage auslösen, ob in den Kirchen der Reformation die Fundamentalunterscheidung zwischen einer Theol. des rechtfertigenden Wortes und einer Theol. der selbstrechtfertigenden Tat zureichend wahrgenommen wird.

K. G. STECK, Luther und die Schwärmer, 1955 – G. H. WILLIAMS, Radical Reformation, Philadelphia 1962 – H. FAST (ed.), Der linke Flügel der Reformation, 1962 – H.-J. GOERTZ (ed.), Radikale Reformatoren, 1978 (Lit.) – G.-A. BENRATH, in: Hdb. d. Dogmen- u. Theologiegesch., B. LOHSE u. a. (ed.), Bd. II 1980, 560–664 (Lit.).

Joachim Mehlhausen

Schwangerschaftsabbruch. I. Allgemeine Problematik. Die Frage der Zulässigkeit des S. bzw. seiner Bestrafung als Abtreibung gehört zu den in der Gegenwart besonders umstrittenen und in der Bundesrep. Dtschld. gerade in den beiden letzten Jahrzehnten wieder mit großer Leidenschaft diskutierten Problemen von Recht und Ethik. Aber auch in der Geschichte hat die Beurteilung des S. außerordentlich geschwankt. In Rom war der S. zunächst straflos, da der Embryo als „portio mulieris" galt; erst seit dem 3. Jh. wurde er als Delikt gegen den Mann (Vereitelung berechtigter Nachwuchshoffnungen!) bestraft. Auch im frühdt. Recht wurde der nasciturus selbst nicht als zu schützendes Rechtsgut angesehen, vielmehr wurde die Abtreibung als ein Fall der schädl. Zauberei bestraft. Dies änderte sich erst im späten Mittelalter mit der – vom kanonischen Recht her beeinflußten – Gleichstellung von Abtreibung und Kindstötung (wobei freilich je nach dem Stadium der Schwangerschaft – die Grenze lag bei dem 40. Schwangerschaftstag – zwischen der Tötung einer belebten und unbelebten Frucht unterschieden wurde). Damit war jedenfalls in der Sache die eigenständige Schutzwürdigkeit auch des embryonalen Lebens anerkannt. Dieser Gesichtspunkt blieb auch für die weitere Entwicklung maßgebend, wenngleich die ursprüngl. Gleichsetzung von Abtreibung und Tötung später allmählich aufgegeben wurde (mildere Bestrafung der ersteren), was auf eine unterschiedl. Bewertung von geborenem und werdendem Leben hindeutete. Daneben spielten bei der Begründung des Abtreibungsverbotes zeitweise bevölkerungspolit. Aspekte eine mehr oder minder bedeutsame Rolle (in Dtschld. namentlich während des Nationalsozialismus); besonders in der Gegenwart kam dazu schließlich noch das weitere Argument, daß der S. zugleich Leben und Gesundheit der Frau gefährde. Demgemäß stellen heute nahezu alle Kulturländer die Abtreibung *(„illegaler S.")* unter Strafe und lassen Ausnahmen nur unter bestimmten, unterschiedlich weit gespannten Voraussetzungen zu. Forderungen nach einer völligen oder zumindest weitgehenden Freigabe des S. gewannen im wesentl. erst in diesem Jahrhundert an Bedeutung (in Dtschld. mit einem ersten Höhepunkt des „Kampfes gegen § 218" während der Weimarer Republik).

Das embryonale Leben, das durch den S. vernichtet wird, ist unzweifelhaft Leben im biologischen Sinn, und es weist insofern auch schon spezifisch menschl. Potenz auf, als sich in ihm ein neuer Wesens- und Persönlichkeitskern entfaltet, in dem keimhaft bereits alles angelegt ist, was einmal gerade diesen Menschen in seiner einmaligen Individualität bestimmt. Jedenfalls in den westl. Ländern ist deshalb heute im wesentl. auch unbestritten, daß das ungeborene Leben – ebenso wie das geborene – um seiner selbst willen und nicht erst aus bevölkerungspolit. Gründen Schutz verdient. Andererseits werden gerade in der Gegenwart Berechtigung und Sinn eines generellen gesetzl. Verbots des S. zunehmend in Frage gestellt, z. T. unter Hinweis auf besondere Konfliktsfälle, in denen eine Austragung der Schwangerschaft für die Frau nicht mehr zumutbar sei und deshalb vom Strafrecht nicht erzwungen werden dürfe, z. T. aber auch unter Berufung auf ein vorrangiges Selbstbestimmungsrecht der Schwangeren. Bezweifelt wird auch, ob das werdende Leben gerade mit den Mitteln des Strafrechts wirksam geschützt werden kann. Hier deutet in der Tat vieles darauf hin, daß ein rigoroses Abtreibungsverbot im Ergebnis mehr schadet als nützt. Nach allen bisherigen Erfahrungen werden dadurch in großer Zahl begangene illegale S.e gerade nicht verhindert, von denen jedoch nur ein verschwindend geringer Bruchteil aufgeklärt wird (in der Bundesrep. vor den Reformen in den 70er Jahren zwischen 75 000 und 300 000 illegale S.e pro Jahr; tatsächliche Verurteilungen: ca. 300). Es liegt auf der Hand, daß ein Gesetz, das im wesentl. auf dem Papier steht, dem Geltungsanspruch der Rechtsordnung in hohem Maße abträglich ist und daß eine Bestrafung in den wenigen Fällen, die entdeckt werden, den Charakter des Zufälligen hat und daher als ungerecht empfunden wird. Hinzu kommen weitere negative Begleiterscheinungen des Abtreibungsverbots: Es führt dazu, daß Frauen, die einen S. erwägen, in die Isolation gedrängt und davon abgehalten werden, bei staatl. oder sonstigen Stellen Hilfe zu suchen (wodurch im Einzelfall werdendes Leben erhalten werden könnte); vor allem hat seine Existenz auch die Wirkung, daß Frauen Schaden an Leib und Leben nehmen, weil sie zur Selbstabtreibung oder zur unsachgemäßen Abtreibung durch Kurpfuscher getrieben werden (and. bei Frauen aus privilegierten Schichten, denen es eher gelingt, einen Arzt zu finden; „Reichenprivileg", Vorwurf des „Klassenstrafrechts"). Für den Gesetzgeber ergibt sich daraus ein echtes Dilemma, dessen Lösung, wie immer sie auch aussehen mag, letztlich unbefriedigend bleibt. Heute sind es im wesentl. zwei Regelungsmodelle, die diskutiert und im internationalen Vergleich den gesetzl. Regelungen zugrunde gelegt werden:

A. Das Indikationsmodell. Dieses hält an dem grundsätzl. und strafrechtl. sanktionierten Abtreibungsverbot fest und läßt Ausnahmen nur aus besonderen Gründen („Indikationen") zu, wobei der Katalog der legalen Unterbrechungsgründe im einzelnen jedoch unterschiedlich groß sein kann. Herkömmlicherweise werden folgende „Indikationen" unterschieden: 1. *medizinische I.,* d. h. Vorliegen einer ernsten Gefahr für Leben oder Gesundheit der Frau, die nur durch einen S. beseitigt werden kann. In der Bundesrep. war nach früherem Recht nur die medizinische I. anerkannt (teils gesetzl., teils gewohnheitsrechtl. als Fall des „übergesetzlichen" rechtfertigenden Notstands); auch nach Auffassung der kath. Kirche ist ein Verzicht auf Bestrafung – nicht jedoch eine ethische Rechtfertigung – nur in diesem Fall vertretbar (u. a. Enzyklika „Casti connubii", 1930). 2. *eugenische* bzw. *kindl. I.,* die gegeben ist, wenn infolge einer Erbanlage oder schädl. Einflüsse vor der Geburt (Contergan-Affäre!) die hohe Wahrscheinlichkeit eines schweren Gesundheitsschadens für das Kind besteht. In Dtschld. war sie erstmals in der Zeit von 1933 – 1945 in gewissem Umfang gesetzlich anerkannt, stand damals aber im Schatten der NS-Ideologie. 3. *kriminologische („ethische") I.,* die vorliegt, wenn eine durch ein Sexualdelikt aufgezwungene Schwangerschaft beseitigt werden soll. 4. *soziale I.,* die angenommen wird, wenn die Sorge für das zu erwartende Kind den Eltern aus sozialen, insbes. wirtschaftl. Gründen nicht zugemutet werden kann. Die soziale I. wurde bes. nach 1918 vielfach zum polit. Programmpunkt erhoben. – Zugunsten einer Indikationslösung spricht zwar ihr Ausgangspunkt, wonach ein S. unter rechtsethischen Gesichtspunkten nur in bestimmten, eine sachbezogene Abwägung voraussetzenden Konfliktslagen hingenommen werden kann. Problematisch kann sie andererseits aber deshalb sein, weil sich die in Betracht kommenden Indikationstatbestände nicht immer so eindeutig umgrenzen lassen, daß eine unterschiedl. oder gar willkürl. Handhabung in der Praxis ausgeschlossen werden kann (vgl. für die Bundesrep. Dtschld. zB § 218 a II Nr. 3 StGB). Hinzu kommt, daß Mißbräuche durch Berufung auf eine angebl. vorliegende Indikation letztl. nur durch ein mehr oder weniger förml. Indikationsfeststellungsverfahren ausgeschlossen werden könnten. Eben damit würden sich jedoch neue Probleme ergeben, weil zu befürchten ist, daß sich zahlreiche Frauen diesem Verfahren aus naheliegenden Gründen (Furcht vor einem sie dann bindenden negativen Entscheid, Zwang zur Offenbarung persönl. Verhältnisse usw.) nicht unterziehen werden und statt dessen lieber den Weg eines illegalen S. gehen.

B. Die Fristenlösung. Auch diese hält zwar an dem grundsätzl. Abtreibungsverbot fest, macht Ausnahmen aber in wesentlich größerem Umfang, indem sie den S. innerhalb eines bestimmten Zeitraumes unter gewissen Voraussetzungen generell straflos läßt. In der Bundesrep. wurde das Fristenmodell erstmals von der Mehrheit der Verfasser des Alternativ-Entwurfs eines StGB (AE) als gesetzl. Regelung vorgeschlagen (1970). Danach sollte ein S. im ersten Schwangerschaftsmonat generell straflos bleiben, im zweiten und dritten Monat dann, wenn der S. durch einen Arzt erfolgt und die Frau zuvor eine Beratungsstelle aufgesucht hat. Ausgangspunkt war dabei die Überlegung, daß das werdende Leben letztlich nicht durch das Strafrecht, sondern nur durch positive sozialfürsorgerische Maßnahmen wirksam geschützt werden kann und daß deshalb die Gesellschaft die Pflicht hat, die Frau mit Rat und Tat bei der Lösung ihrer finanziellen, sozialen, familiären und sonstigen Probleme zu unterstützen, um so die Gründe auszuräumen, die sie zu einer Schwangerschaftsunterbrechung drängen. Diese Aufgabe einer möglichst großzügigen Hilfe für die Frau sollten die vorgesehenen Beratungsstellen übernehmen, wobei dann aber, um der Frau ein risikoloses Aufsuchen dieser Stellen zu ermöglichen, die Straflosigkeit auch für den Fall in Aussicht gestellt werden mußte, daß die Frau die ihr angebotene Hilfe ablehnt und an ihrer Absicht eines S. festhält. Diesem Modell des AE nachgebildet – allerdings nicht bezügl. der dort den Beratungsstellen zugedachten Schlüsselposition – war dann auch das 5. StrafrechtsreformG vom 18. 6. 1974 (BGBl. I S. 1297), das jedoch durch das BVerfG-Urteil vom 25. 2. 1975 in seinem Kern für verfassungswidrig erklärt wurde, weil es nach Auffassung des BVerfG dem Verfassungsauftrag zum Schutz des werdenden Lebens nicht in dem gebotenen Umfang Rechnung getragen habe (BVerfGE 39, 1).

II. Das geltende Recht der Bundesrep. Dtschld.

A. Verfassungsrecht. Nach BVerfGE 39, 1 (vgl. oben I B) hat der Staat von Verfassungs wegen als selbständiges Rechtsgut auch das werdende →Leben zu schützen, das grundsätzlich für die gesamte Dauer der Schwangerschaft Vorrang vor dem Selbstbestimmungsrecht der Schwangeren habe (Absage an Fristenlösung). Nach dem BVerfG hat dies folgende Konsequenzen: 1. Der Gesetzgeber ist grundsätzl. verpflichtet, die Mißbilligung des S. klar zum Ausdruck zu bringen; reichen andere Maßnahmen zum Schutz des werdenden Lebens nicht aus, so muß er als ultima ratio auch das Mittel der Strafdrohung einsetzen. 2. Ausnahmen sind nur unter dem Gesichtspunkt der Unzumutbarkeit der Fortsetzung der Schwangerschaft möglich, wenn sich die Schwangere in einer besonderen Konfliktslage befindet, nämlich bei Vorliegen einer medizinischen Indikation und bei anderen außergewöhnl. und ähnlich schwerwiegenden Belastungen.

B. Strafrecht. Grundlage des geltenden Rechts ist nach Verwerfung des Fristenmodells durch das BVerfG (vgl. oben I B) eine durch das 15. StrafrechtsänderungsG vom 18. 5. 1976 (BGBl. I 1213) eingeführte Indikationslösung, die den nach der verfassungsgerichtl. Entscheidung gebliebenen Spielraum soweit wie möglich auszuschöpfen sucht. Danach ist der sowohl die „Selbst"- als auch die „Fremdabtreibung" umfassende S. – mit einer Differenzierung zwischen beiden in der Strafhöhe – grundsätzl. strafbar (§ 218 StGB), wobei tatbestandsmäßig aber nur solche Handlungen sind, deren Wirkung nach Abschluß der Nidation eintritt (§ 219 d; straflos daher zB der Gebrauch der morning-after-Pille). Dieser Grundsatz wird jedoch durch eine Reihe von Ausnahmen durchbrochen. Solche finden sich zunächst in § 218 a: Danach ist der S. nicht nach § 218 strafbar – dazu, daß er dies nach anderen Vorschriften sein kann, vgl. unten –, wenn er durch einen Arzt erfolgt, die Schwangere einwilligt und eine der in § 218 a genannten Indikationen vorliegt. Sind diese Voraussetzungen erfüllt, so ist der S. als solcher nach wohl h. M. gerechtfertigt (str.; z. T. Annahme eines bloßen [Straf-]Unrechts-, Schuld- oder Strafausschließungsgrundes). Im einzelnen sind in § 218 a folgende Indikationen anerkannt: 1. *medizinisch-soziale I.,* d. h. Bestehen einer Gefahr für das Leben oder einer schwerwiegenden Beeinträchtigung des körperl. oder seel. Gesundheitszustandes, wobei diese über die streng medizinische I. insofern hinausgeht, als hier nicht nur bestimmte physische oder psychische Krankheiten erfaßt sind, sondern auch solche Zustände, die zwar keinem medizinisch fest umschriebenen Krankheitsbild entsprechen, die aber unter Berücksichtigung der gegenwärtigen und künftigen Lebensverhältnisse eine gravierende Verschlechterung der körperl. oder seel. Verfassung der Schwangeren befürchten lassen (zB psychische Dauerüberlastung durch Summierung wirtschaftl. und familiärer Probleme); 2. *eugenische* bzw. *kindl. I.,* die vorliegt, wenn eine dringend zu befürchtende, nicht behebbare Schädigung des Gesundheitszustandes des Kindes so schwer wiegt, daß von der Frau die Fortsetzung der Schwangerschaft nicht verlangt werden kann (zeitl. Begrenzung für den S.: 22 Wochen seit Empfängnis); 3. *kriminologische I.,* das heißt, wenn dringende Gründe dafür sprechen, daß die Schwangerschaft auf einem an der Frau begangenen Sexualdelikt gemäß §§ 176 – 179 StGB (Vergewaltigung usw.) beruht (Fristbegrenzung: 12 Wochen); 4. *allgemeine Notlagen-I.,* das heißt bei Gefahr einer sonstigen, auf andere zumutbare Weise nicht abwendbaren Notlage, die so schwer wiegt, daß von der Schwangeren die Fortsetzung der Schwangerschaft nicht verlangt werden kann (Fristbegrenzung: 12 Wochen). Die an sich als Ausnahmeregel für bes. Notfälle gedachte, in der Praxis aber recht unterschiedl. gehandhabte allgem. Notlagen-I. macht gegenwärtig ca. 80 % aller legalen S.e aus (1984: 86 298 registrierte S.e, zusätzl. mindestens 20 000 nicht gemeldete Fälle); sie ist rechtspolit. bes. umstritten, auch wird vielfach bezweifelt, ob sie den in BVerfGE 39, 1 (vgl. oben A) formulierten Mindestbedingungen gerecht wird. Zusätzl. zu § 218 a, der den S. für alle daran Beteiligten straflos läßt, sieht § 218 noch weitere Privilegierungen speziell für die Schwangere vor: Anerkennung eines persönlichen Strafausschließungsgrundes im Falle des sonst strafbaren Versuchs (Abs. 4 S. 2) und – verfassungsrechtl. bedenkl. – bei einem innerhalb von 22 Wochen seit der Empfängnis erfolgenden S., sofern dieser von einem Arzt durchgeführt wird und sich die Schwangere zuvor einer Beratung nach § 218 b (vgl. unten) unterzogen hat (Abs. 3 S. 2); Möglichkeit des Absehens von Strafe, wenn sich die Frau z. Z. des Eingriffs in einer bes. Bedrängnis befunden hat (Abs. 3 S. 3). – Ergänzt wird der – durch die genannten Ausnahmen durchbrochene – Strafschutz des werdenden Lebens durch ein gleichfalls strafrechtl. sanktioniertes *Beratungs- und Feststellungssystem,* dessen Effektivität allerdings zweifelhaft ist. Dabei liegt dem Beratungssystem des § 218 b der Gedanke zugrunde, daß eine Beratung der Schwangeren und Hilfsangebote den S. möglichst vermeiden sollen. Vorgesehen ist hier eine zweifache Beratung: 1. eine Sozial- oder Konfliktsberatung, die der Aufklärung über öffentl. und private Hilfen für Schwangere, Mütter und Kinder dient und die nur von bestimmten Beratungsstellen oder bes. dafür ausgewiesenen Ärzten durchgeführt werden darf (überflüssig nur bei einer auf rein med.-somatischen Gründen beruhenden I.); 2. eine ärztl. Beratung, die der Aufklärung über alle aus ärztl. Sicht für das Austragen oder Abbrechen der Schwangerschaft bedeutsamen Gesichtspunkte dient und die durch jeden Arzt – auch durch den, der den Eingriff selbst vornimmt – erfolgen kann. Der zutreffenden Beurteilung der sachl. Voraussetzung des S. dient das – z. T. allerdings wenig sachgerechte – Indikationsfeststellungssystem des § 219, wo sichergestellt werden soll, daß der abbrechende Arzt erst tätig wird, wenn ihm das – ihn allerdings nicht bindende – I.-Gutachten eines (beliebigen!) anderen Arztes vorliegt. Ein unter Verletzung der Beratungs- oder Feststellungspflicht begangener S. ist nach § 218 b bzw. § 219 strafbar, dies allerdings nur, wenn er nicht schon nach § 218 mit Strafe bedroht ist, weshalb die §§ 218 b, 219 nur bei einem nach § 218 a gerechtfertigten S. und, weil die Schwangere selbst straflos bleibt, nur für den Arzt praktische Bedeutung haben.

Nach den bisherigen Erfahrungen hat die Reform zwar bewirkt, daß S.e heute – anders als früher – unter gynäkologisch einwandfreien Bedingungen und damit für die Schwangere weitgehend risikolos durchgeführt werden. Zu einer spürbaren Verringerung der Zahl der S.e hat sie jedoch nicht geführt, sondern nur zu einem Wechsel vom illegalen zum legalen Abbruch. Auch eine Beruhigung der nach wie vor durch schroffe Gegensätze gekennzeichneten öffentl. Auseinandersetzung um § 218 ist bisher nicht eingetreten. Verlangt wird – wenn auch mit ganz unterschiedl. Zielsetzung – eine „Reform der Reform“, eine Forderung, der sich der Gesetzgeber bis jetzt jedoch aus guten Gründen versagt hat.

C. Sozialversicherungsrecht. Im Bereich der Sozialversicherung besteht nach § 200 f RVO bei einem nicht rechtswidrigen S. durch einen Arzt ein gesetzl. Leistungsanspruch (Übernahme der Kosten für ärztl. Beratung, Indikationsfeststellung, den Eingriff selbst usw. einschl. anfallender Krankenhauspflege; Anspruch auf Krankengeld bei Arbeitsunfähigkeit). Nach h. M. gilt dies für alle in § 218 a genannten Indikationsfälle, also auch für die allgem. Notlagenindikation. Die Vorschrift ist deshalb außerordentlich umstritten („Abtreibung auf Krankenschein“); auch wird ihre Verfassungsmäßigkeit z. T. angezweifelt.

D. Zivilrecht. Ein nach § 218 a indizierter S. kann Gegenstand eines wirksamen ärztl. Behandlungsvertrags sein. Mißlingt der Eingriff durch Verschulden des Arztes, so kann dieser nach der Rspr. nicht nur zur Bezahlung von Schmerzensgeld, sondern, wenn das Kind ungewollt zur Welt kommt, auch zum Ersatz des Schadens verpflichtet sein, der den Eltern bzw. der Mutter durch den Unterhaltsaufwand für das Kind entsteht, letzteres allerdings nur, wenn sich damit die Gefahr verwirklicht, der durch den S. gerade vorgebeugt werden sollte (so regelmäßig bei der allgem. Notlagenindikation, nicht dagegen im Fall der medizinischen Indikation); Entsprechendes gilt, wenn der nach § 218 a indizierte S. infolge falscher ärztl. Beratung unterbleibt.

III. Ausländisches Recht. Parallel zur Entwicklung in der Bundesrep. hat in den letzten Jahrzehnten auch in zahlreichen Staaten des Auslands eine mehr oder weniger weitgehende Liberalisierung der strafrechtl. Behandlung des S. stattgefunden. Dabei reicht die Spanne der gesetzl. Regelungen von verhältnismäßig eng begrenzten Indikationskatalogen (zB Belgien, Irland, Spanien) über weit gefaßte, in der praktischen Handhabung dem Fristenmodell mehr oder weniger nahekommende Indikationsregelungen (zB England, Frankreich, Italien, Niederlande, Schweiz) bis hin zur reinen, zwischen drei und sechs Monaten liegenden Fristenlösung (zB Dänemark, DDR, Österreich, Schweden, UdSSR, USA); auch bleibt in einigen Ländern die Schwangere selbst in jedem Falle straflos (skandinavische und osteuropäische Länder). Im Unterschied zur Bundesrep. wird der Konflikt zwischen dem ungeborenen Leben und dem Selbstbestimmungsrecht der Frau von ausländischen Rechten z. T. eindeutig zugunsten des letzteren entschieden (zB USA); in sozialistischen Ländern ist Schutzgut überhaupt nur die Gesundheit der Frau (zB UdSSR). Offen oder versteckt werden mit der Regelung des S. z. T. auch bevölkerungspolit. Ziele verfolgt, was gelegentlich sogar dazu führte, daß nach einer Phase weitgehender Liberalisierung die Möglichkeiten eines legalen S. wieder rigoros eingeschränkt wurden (Rumänien).

H. Heiss, Die künstl. Schwangerschaftsunterbrechung und der kriminelle Abort, 1967 – J. Baumann u. a., Alternativ-Entwurf eines StGB, Bes. Teil, Straftaten gegen die Person, 1. Halbbd. 1970 – Ders. (ed.), Das Abtreibungsverbot des § 218, 1972 – J. Gründel (ed.), Abtreibung pro und contra, 1970 – H. Ehmke, Die Fristenregelung und das Grundgesetz, 1975 – W. Beulke, FamRZ 1976, 596 - 605 – K. Lackner, NJW 1976, 1233 - 1244 – H. Laufhütte/P. Wilkitzki, JZ 1976, 329 - 338 – A. Eser/Hirsch (ed.), Sterilisation und Schwangerschaftsabbruch, 1980 – H. Pallen, § 218, Zwischenbilanz einer Reform, 1980 – P. Wilkitzki/C. Lauritzen, Schwangerschaftsabbruch in der Bundesrepublik Deutschland, 1981 – F. Böckle (ed.), Schwangerschaftsabbruch als individuelles und gesellschaftliches Problem, 1981 – H. Lau (ed.), Indikationen zum Schwangerschaftsabbruch, 1982 – E. Neubauer, Schwangerschaftsabbruch als soziales und personales Problem, 1982 – H. Jung/H. Müller-Dietz (ed.), § 218 StGB – Dimensionen einer Reform, 1982 – W. Esser, MedR 1983, 75 - 60 – W. Böhme (ed.), Abtreibung und Lebensgeschichte, Konfliktsfeld § 218, 1984 – E.-W. Hannack, in: R. Hauser, J. Rehberg, G. Stratenwerth (ed.), Gedächtnisschrift für Peter Noll, 1984, 197 - 207 – H. Reis, Das Lebensrecht des ungeborenen Kindes als Verfassungsproblem, 1984 – H.-G. Koch, ZStW 97 (1985), 1043 - 1073 – U. Kopcke, ZRP 1985, 161 - 164 – J. Isensee, NJW 1986, 1645 - 1651.

Theodor Lenckner

IV. Theol. Würdigung. Der artifizielle S. stellt in jedem Fall ein schwerwiegendes sittl. Problem dar, ob er nun auf Grund eines strafrechtl. fixierten Rechtfertigungs- oder Strafausschließungsgrundes, mithin also straffrei, oder ob er illegal bzw. kriminell, also unter Strafsanktion, erfolgt. Zu den sittl. und rechtl. Aspekten des S. treten anthropologische, biologische, soziologische, sozialpolitische, medizinische und ärztl.-standes-eth. Zusammenhänge, die vielfältig miteinander verknüpft sind. Zudem stellen sich die wichtigen Fragen der Rechtsethik nach dem Verhältnis von sittl. und rechtl. Ebene, nach Sinn und Reichweite der Strafgewalt, nach der Erzwingbarkeit sittl. Entscheidungen. In allem haben wir es zugleich mit der Problematik unterschiedl. Wertbewußtseins und des Wandels im Wertbewußtsein einer weltanschaul. und sittl. pluralen Gesellschaft zu tun.

Diesem so komplexen Charakter der Problematik des S. gegenüber erwies sich die Auseinandersetzung, die im Zusammenhang mit der →Strafrechtsreform in der Bundesrep. Dtschld. in den sechziger und siebziger Jahren geführt wurde, als nicht angemessen. Vielmehr war sie durch eine weltanschaul. bestimmte vereinfachende Polarisierung gekennzeichnet, zu der liberal-progressiv argumentierende Kreise ebenso beitrugen wie Vertreter eines mehr zeitlos verstandenen, von der Rechtsgemeinschaft zu sichernden →Sittengesetzes. Auch der Gesetzgeber hat die Arbeit an der anstehenden Neufassung des alten § 218 StGB nicht von einer Überfremdung durch eine weltanschaul. motivierte Reformbewegung freihalten können, die die Frage des S. zum Gegenstand eines politisch und parteipolitisch geführten Wettstreites machte. Der S. ist Ausdruck eines fundamentalen Konfliktes im Leben des einzelnen wie der Gesellschaft, seine rechtl. Regelung hätte das Ergebnis einer äußersten Bemühung um den größtmögl. Konsens zwischen allen beteiligten Gruppen der Gesellschaft sein müssen.

Soweit die Notwendigkeit einer umfassenden Reform der rechtl. Regelungen zum S. mit Versagen des bisherigen Strafrechts begründet wird (Dunkelziffer, Kurpfuschertum, unsoziale Auswirkungen), wird sie auch im theol.-eth. Bereich akzeptiert. In der Tat bedarf es eines verfeinerten Instrumentariums, um die Lebenswirklichkeit von heute mit ihren besonderen Konfliktsituationen für die Frau zu erfassen. Die bloße Strafandrohung muß hinter ein umfassendes System von Hilfen zurücktreten, um generell und im Einzelfall die Ursachen für den S. zu überwinden. Ziel aller Bemühungen muß es sein, der Gesellschaft die Kontrolle über den S. zurückzugewinnen, den S. einzudämmen und in allem dem Schutz des Lebens gerecht zu werden. Für die Anwendung dieser Überlegungen auf die Rechtsebene sind folgende Gesichtspunkte zu berücksichtigen:

A. Der Schutz des ungeborenen Lebens ist Teil des allen Menschen in gleicher Weise geltenden allgemeinen sittl. Gebotes und nicht nur ein christl. Sondergut. So war es auch in der ernstzunehmenden Debatte der siebziger Jahre unbestritten, daß vom Augenblick der Befruchtung der weiblichen Eizelle an ein artspezifisches unverwechselbar menschl. →Leben vorhanden ist. Danach gibt es biologisch keine Stufenfolge von Lebensqualitäten unterschiedl. Art, kein vormenschl. Stadium, also kein werdendes, sondern nur ungeborenes Leben im Sinne des Programms eines neuen Menschen. Zumindest ist mit der Individuation des Keimes von der geschichtl. Existenz eines einzigen, unteilbaren Menschen zu sprechen. Dem ungeborenen Leben kommt der gleiche Wert zu wie dem geborenen, es hat Anspruch auf die gleiche Anwendung humaner →Ethik. Hier von Wertewandel oder von unterschiedl. Wertvorstellungen zu sprechen, führt zu verhängnisvollen Konsequenzen für die menschl. Gesellschaft. Eine freie Verfügung über die Leibesfrucht als Auswirkung des Lebensrechtes der Frau ist sittl. und rechtl. auszuschließen.

B. Eine strikte Durchführung dieses Grundsatzes kann in Gewissenskonflikte und Pflichtenkollisionen führen, wenn das Austragen des ungeborenen Lebens das Leben und die Gesundheit der Mutter ernstl. in Frage stellt. Dies ist überh. die klassische Situation für die Erwägung eines S. Dieser darf nur als ein letztes Mittel gesehen werden, um im Konkurrenzfall anderen, wichtiger erscheinenden Gütern den Vorrang zu geben. Sowohl in der sittl. wie rechtl. Bewertung darf ein S. im Einzelfall nur das Ergebnis einer Güterabwägung sein. Sofern dies anerkannt und gesichert ist, ist er nicht mit Mord oder Totschlag auf die gleiche Stufe zu stellen. Das ändert aber nichts daran, daß es sich beim S. auf jeden Fall um Tötung menschl. Lebens vor der Geburt handelt und er deshalb auch strafrechtl. zu den Tötungsdelikten gehört.

C. In der ev. Ethik und erst recht zwischen ihr und der kath. Moraltheologie ist es umstritten, in welchem Umfang das staatl. Recht auf diesem Konfliktfeld den S. zulassen kann. Die Unterschiede beruhen vornehmlich auf einer unterschiedlichen Wertung der sittl. und rechtl. Ordnung. Diese haben im Leben der Gemeinschaft eine je verschiedene Funktion, so sehr sie auch aufeinander bezogen bleiben müssen. Nicht jedes sittl. gebotene Verhalten läßt sich mit Hilfe der Rechtsordnung erzwingen. Umgekehrt ist ein Verhalten nicht schon dadurch sittl. legitimiert, daß es durch das staatl. Gesetz nicht verboten ist oder bestraft wird. Diese Unterscheidung gibt der Frage nach der Wirksamkeit einer rechtl. Ordnung Raum und der materiellen Rechtsetzung Spielraum für eine angemessene Gestaltung. Die Verschiedenartigkeit und die Zusammengehörigkeit dieser beiden Funktionen sichern der Frage des S. den Charakter einer Gewissensentscheidung. Daß dies auch für den in Anspruch genommenen Arzt gilt, darf nicht übersehen werden.

D. Die Diskussion über den Komplex des S. wird verengt und muß verkümmern, wenn sie vorwiegend unter dem Gesichtspunkt der Strafwürdigkeit und der Rechtfertigungsgründe für Straffreiheit geführt wird. →Strafe und Abbruch sind in gleicher Weise ultima ratio. So unentbehrlich eine strafrechtl. Sicherung der Unverfügbarkeit menschl. Lebens erscheint, so unvermeidbar der Abbruch einer Schwangerschaft in schweren Konfliktsfällen sein mag, so wenig genügen sie als Kernpunkte einer Reform zum S. Vielmehr bedarf es umfangreicher Anstrengungen des Gesetzgebers und der hierzu berufenen gesellschaftl. Kräfte, wirksame Hilfen menschl. und sozialpolitischer Art für bedrängte Frauen und ihre Familien zur Erhaltung menschl. Lebens zu schaffen.

J. Baumann u. a., Alternativ-Entwurf eines Strafgesetzbuches, Bes. Tl., Erster Halbbd., 1970 – Das Gesetz des Staates die sittl. Ordnung, hg. von Julius Kard. Döpfner u. Landesb. Hermann Dietzfelbinger, 1970 – Reform des § 218. Aus der öfft. Anhörung des Sonderaussch. des Dt. BT 1972. „Zur Sache" 6/72 – Urteil des BVerfG vom 25. Febr. 1975. BVerfGE 39, Nr. 1 – C. Arndt u. a. (Hg.), Der § 218 StGB vor dem BVerfG, 1979 (Dokumentation) – K. Lackner, Die Neuregelung des S. Das 15. StRÄG, NJW 29, 1976, 1233 – M. Koschorke, J. F. Sandberger (Hg.), Schwangerschaftskonfliktberatung, 1978 (Handbuch) (Lit.) – H. Jung, H. Müller-Dietz

(Hg.), § 218 StGB. Dimensionen einer Reform, 1983 – P. WILKITZKI u. CHR. LAURITZEN, Schwangerschaftsabbruch in der Bundesrep. Dtschld., 1981 (jur. u. med. Übersicht) – Ehe, Familie, Sexualität, Jugend. Bd. 3 der Denkschriften der EKD. Gütersloh 1981 (mit EKD-Dokumenten) – Das Leben bejahen. Aufgaben des Lebensschutzes im Zeichen der Notlagenindikation. Eine seelsorgerl. Orientierungshilfe. Hg. v. H. REL-LER, 1980 (Ausarbeitg. der VELKD) – K. PANZER (Hg.), Schwangerschaftsabbruch. § 218 StBG, 1972 (ausf. Dok. aus d. Kirchen) – B. ERHARD, Klarheit erforderlich. KNA Im Gespräch Nr. 24 u. 22. März 1984 (Stat. Untersuchg.).

Erwin Wilkens

Sekten. I. Theologisch. 1. Zum Begriff. In unserem Sprachraum ist „Sekte“ kein definitorischer Begriff für eine klar umrissene Größe. Zwar versuchen neben den Theologen auch Religions- und Humanwissenschaftler immer wieder, einen solchen S.begriff zu prägen: Abspaltung von einer größeren Religionsgemeinschaft oder sich aus der Gesellschaft absondernde Gruppe; Protestbewegung gegen die jeweilige Mutterkirche; religiöse Kleingruppe, Freiwilligkeitskirche; rechtlich nicht legitimierte bzw. gesellschaftlich nicht anerkannte Neubildung usw. Daß bisher keiner der neueren Begriffe sich durchsetzen konnte, liegt einmal daran, daß die jeweiligen Definitionen dem höchst komplexen Phänomen nicht gerecht werden. Zum anderen ist das Wort *sprachgeschichtlich* festgelegt: Das lat. „secta“ (von sequi, nachfolgen), das dem griech. „hairesis“ entspricht (von haireomai, für sich wählen), bedeutet Gefolgschaft, Schule, Partei, ursprünglich noch ohne wertenden Akzent. Beide Worte gewannen ihre spezifische Bedeutung und Wirksamkeit als *Begriffe der christl. Kirche für ihre Abweichungen:* während →Häresie die Glaubensabweichung (Irrlehre) bezeichnet, zielt Sekte auf die von der →Kirche abgespaltene häretische Gemeinschaft. „Kirche“ als gottgewirkte Heilsgemeinde und „Sekte“ als Menschengebilde sind begriffliche Gegensätze. Geschichtlich gesehen ist S. also ein *abwertender, verächtlicher Begriff der herrschenden Kirche (und Gesellschaft) für bestimmte in ihrer Mitte auftretende Sondergruppen;* ein Begriff der Auseinandersetzung also. Als solcher blieb er bei uns bis heute wirksam (er hat neuerdings sogar eine Verschärfung erfahren, s. u.), obwohl sich mittlerweile die kirchl. und gesellschaftl. Verhältnisse wesentlich verändert haben. Daher empfinden die als S. bezeichneten Gruppen den heutigen Gebrauch dieses Wortes als völlig unangebracht, als Mittel der Unterdrückung. Und da in der Tat die Gesch. des Christentums furchtbare *Ketzerverfolgungen* aufweist, zwingt uns der „Schatten der Vergangenheit“ (K. HUTTEN), mit dem Begriff „Sekte“ sehr kritisch umzugehen. Zuweilen versucht man, ihn durch den neutralen Begriff *„Sondergemeinschaft“* (= abgesonderte Gemeinschaft mit Sonderlehren) zu ersetzen. Jedenfalls stehen wir heute vor der Aufgabe, das nach wie vor gegebene *Phänomen* S. im Kontext der heutigen *Gesellschaft* zu erfassen, während der tradierte *Begriff* S. eine Sicht der Vergangenheit festschreibt, die auf die damalige *Kirche* bezogen war. Im folgenden soll die Erscheinung „Sekte/Sondergemeinschaft“ (=S.) in unserem Kulturraum unter Einbeziehung der neueren Forschung phänomenologisch neu bestimmt werden. (Parallelerscheinungen in anderen Hochreligionen sind nicht berücksichtigt.)

2. Das Phänomen. 1. Es geht um eine Gemeinschaft, deren Existenz von *religiöser Art* ist, auch wenn soziolog., psycholog. und kulturgeschichtl. Faktoren eine Rolle spielen. Sie ist also →Religionsgesellschaft, hat, im Unterschied zur →Weltanschauungsgemeinschaft, einen auf Gott gerichteten Glaubenskonsens (→Bekenntnis), der in entsprechenden religiösen Einrichtungen und Zeremonien (Gottesdienst) auch sichtbar werden muß. 2. Dabei handelt es sich um eine *Sekundärbildung* mit einem mehr oder minder engen, oft spannungsgeladenen korrelativen Bezug zu der sie ursprünglich umschließenden Gemeinschaft und Tradition bzw. zu ihrer rel. Umgebung. Sie kann unmittelbare Abspaltung von einer Mutterkirche sein, besonders wenn diese die Vorherrschaft im Lande hat (kath.-apostolische Gemeinden, Christengemeinschaft), oder aber sie ist eine (häufig synkretistische) Weiterbildung, wie sie v. a. im modernen religiös-weltanschaulich neutralen Staat möglich ist (Beispiel: USA; hier etwa Mormonen, Christian Science, Pfingstler). Der Mutterreligion gegenüber fremdartige Bildungen etwa gnostischer, okkult-magischer, spiritistisch-spiritualistischer, fremdrel. oder auch pseudorel. Art gehören nicht zu den „S.“ im strengen Sinn, sondern müssen als *Neubildungen* angesehen werden (zB Gralsbewegung, Rosenkreuzer, Vereinigungskirche). 3. Im Unterschied zu einem sich verselbständigenden Zweig der Kirche (Kirchenspaltung, →Schisma) ist die S. *Minorität* mit einem der Majorität gegenüber stark entwickelten Identitätsbewußtsein, das auf persönlicher Bindung und enger Gemeinschaft der Mitglieder beruht. 4. Im Unterschied zur „Gruppe“ und bloßen „Gefolgschaft“ (engl. „cult“) wie auch zu den vielfältigen freien rel. Dienstleistungsunternehmen (etwa Missions- und Evangelisationswerke, Schriften- und Rundfunkmissionen, Glaubenshäuser, Schulungs- oder Heilungsstätten usw.) weist die S. eine gewisse *Organisation, Stabilität und Ausbreitung* auf. Der Begriff S. deckt also keineswegs das weite Feld des rel. →Pluralismus ab, das im Zeitalter der →Religionsfreiheit und der totalen Kommunikation entstanden ist! – Zu diesen formalen Merkmalen kommen zwei weitere, die für das Verhalten der S. typisch sind: 5. Die S. lebt in *separatistischer Vereinzelung;* sie hat sich nicht nur aus der kirchl., sondern auch aus der bürgerl. Gemeinschaft innerlich herausgelöst. *Selbstbezogenheit* und (zuweilen exklusiver) *Geltungsanspruch* sind kennzeichnend, die oft ein „innerliches Winkeldasein“ (HUTTEN) begründen. In der Isolation entstehen auch leicht innere *Abhängigkeiten:* vom Gründer und charismatischen Führer („The leader is the sect", J. WACH), von der Gemeinschaft insgesamt (Gruppenzwang), von der unanfechtbaren Doktrin. 6. Auch ist die S. in ihren Anschauungen und ihrem Anliegen *einseitig, bruchstückhaft:* Einzelne Punkte und Aspekte werden zentral betont, häufig übertrieben, und bestimmen als das Proprium der S. Glauben und Leben ihrer Mitglieder. Oft sind dies genuin rel. Elemente, die in der vorgegebenen Kirche verdrängt oder formalistisch erstarrt waren, nun aber (in zuweilen erschütternden Erlebnissen) aufbrechen können: Offenbarungen, Gottes- und Geisteserfahrungen, Heilungen, kultischer Dienst. Auch spielen archetypische Figuren eine Rolle: der lebende Gottesrepräsentant, der unantastbare göttliche Text, die Heilsgemeinde. – Da die letztgenannten Merkmale (mit negativem Akzent) auch auf innerkirchl. und andere Gruppierungen zutreffen können, empfiehlt es sich, anstatt konkrete Gruppen mit dem Etikett „S." abzustempeln, von einer *„sektiererischen Haltung oder Gesinnung"* (VAN DER LEEUW) zu sprechen. Auf diese bezöge sich dann das Werturteil, nicht schon auf die Tatsache der Abspaltung oder der Lehrabweichung. Auch gibt es *Entwicklungen:* S. können schrumpfen (zB kath.-apost. Gem., Menschenfreunde) oder aber sich international verbreiten (in jüngster Zeit bes. Neuapost. Kirche), sich etablieren, ihren Horizont erweitern und sich damit zur *anerkannten Denomination* wandeln (zB Baptisten, Adventisten, Pfingstler; →Freikirche). – Fazit: Auf dem sich heute höchst vielfältig darbietenden religiösen Feld mit freier und vielfach spontaner Sozialisation treten in unserem Raum vier Arten von stabilen Religionsgemeinschaften auf: die beiden Volks- und Territorialkirchen, die Freikirchen mit ökumenisch-offener Haltung, die Sekten/Sondergemeinschaften als einseitig geprägte Separationsgemeinschaften, und neuartige synkretistische bzw. fremdreligiöse Bildungen.

3. Geschichte. Christlicher Glaube, obwohl seinem Wesen nach persönlicher Glaube, war doch stets kirchl. eingebunden (→Amt, Hl. Schrift, Dogma, →Lehramt). Dies bedeutet eine Spannung, die von Anfang an zur S.bildung führte. Schon das NT kennt sektiererische Erscheinungen: Spaltungen (1 Kor 1), Irrlehren (1 Joh 2), Glaubensrückfall (2 Petr 2), Rigorismus (1 Tim 4). Aus der Kirchengesch. sind neben häretischen Strömungen nur die bedeutenderen S. überliefert. Als typisch seien genannt: Montanisten und Marcioniten vor Entstehung der röm. Reichskirche; dann tausend Jahre später Bogomilen, Katharer (Albigenser), Waldenser u. a., die alle auch Volks- und Armutsbewegungen gegen Macht und Reichtum der Priesterkirche waren. In Rußland entstand das S.tum v. a. im Widerspruch gegen die kultischen Reformen des 17. Jh. Im Strom der *Reformation* bildeten sich die Gemeinschaften der →Täufer (von denen eine ungebrochene Linie zum Freikirchentum führt, bes. im Rahmen des reformierten Christentums), es traten spiritualistische Strömungen hervor, im 17. Jh. die Quäker, auch die Antitrinitarier (Sozinianer). Als sich für rel. Abweichler die „Neue Welt" auftat, wurden die Vereinigten Staaten zu einem Eldorado für selbständige christl. und rel. Gemeinschaftsbildungen. Seit dem 19. Jh. schlägt diese Welle nach Europa zurück. Alle bedeutenderen S. (mit Ausnahme der Christengemeinschaft und der Johannischen Kirche) kamen zu uns aus den USA (Mormonen, Adventisten, Jehovas Zeugen, Pfingstler, Christian Science) oder aus England (Apostol. Gem., Brüderbewegung/Darbysten). Insgesamt kann für die Bundesrep. Dtschld. die Zahl der S.-Zugehörigen auf 1 Mio. geschätzt werden. Besonders durch die Entwicklung neuer Medien ist der Einflußbereich der S. stark erweitert. – Eine auf die besondere Zeitsituation bezogene, neuartige und als bedrohlich empfundene Erscheinung trat in den 70er Jahren mit den sog. →Jugendreligionen auf. Die hier gemachten z. T. erschütternden Erfahrungen haben den S.begriff erneut belastet.

4. Typologie. Die Gegebenheiten und Ereignisse, Vorstellungen und Motive, die die S. entstehen lassen und sie prägen, sind so unterschiedlich, daß eine Systematisierung nicht möglich ist. Doch lassen sich immer wiederkehrende Grundformen erkennen. Sie treten freilich nie rein auf – die Regel ist die Mischform –, aber sie können doch helfen, das „Sektentum" differenzierter zu sehen. *Sechs phänomenologische* Grundtypen seien genannt: 1. *Der Erfahrungstyp.* Der Gottesbezug wird hier als Gott-Ergriffenheit erlebt. Mystische, übernatürliche, spirituell-charismatische oder enthusiastische Erscheinungen prägen die Gruppen (u. a. pfingstlerische S.). 2. *Der Offenbarungstyp.* Die Gemeinschaft entsteht durch das Erscheinen eines Propheten oder Gottesrepräsentanten (zB JOS. WEISSENBERG: Johannische Kirche), oder sie wird durch fortwährende Botschaften aus dem Jenseits geleitet (Heimholungswerk Jesu Christi). 3. *Der Ordnungstyp.* Hier geht es um die bibl. Gottesordnung, die erfüllt werden muß: im Leben des einzelnen (asketische, puritanische, perfektionistische Gruppen) oder in der Glaubensgemeinschaft (Heiligungsgemeinden wie Gem. Gottes, Gem. Christi; kultisch-priesterliche Gemeinschaften wie kath.-traditionalistische Gruppen); und es geht auch um die wahre bibl. Lehre (doktrinäre, fundamentalist. S. wie Ernste Bibelforscher/Zeugen Jeh.). 4. Gruppen des *apokalyptischen Typs* stehen unter dem Eindruck des unmittelbar bevorstehenden Weltendes (zB Adventisten). 5. *Der Erkenntnistyp* ist auf die verborgene Wahrheit von Diesseits und Jenseits ausgerichtet und bietet eine esoterische Weltsicht und einen Stufenweg der fortschreitenden Erlösung (zB Neuoffenbarungs-S., Christengemeinschaft). 6. Wo der Drang zu eigenständiger Gruppenbildung vorherrscht (oft unter dem

Druck eines eigenwilligen Führers), während andere Besonderheiten zurücktreten, bzw. wo die Entstehung der S. eher äußere Gründe hatte, muß in einem mehr allgemeinen Sinn von einem *separatistischen Typ* gesprochen werden (zB bei missionarisch-erwecklichen Gruppen).

5. Die Reaktion der Kirche hängt von der jeweiligen Gestalt und Situation der Kirche ab: Zur Zeit des Neubeginns (Urchristentum, auch Reformationszeit) ist die Kirche von Sonderbildungen ernsthaft bedroht; daher reagiert sie (im Widerspruch zur Bergpredigt) schroff ablehnend: gegen die häretische Abweichung wird das „Anathema" ausgerufen (Gal 1,9; Luther: „S. des Teufels"), den Sektierer trifft die Ächtung (2 Thess 3,6). Als machtvolle Institution verfolgte die Kirche die Sektierer, weil diese die Kirche verachten (kath. Argumentation) oder weil sie neben Christus menschliche Autoritäten, neben Gottes Wort (Bibel) Menschenwort stellen (prot. Kritik). Wo die Kirche →Staatskirche im klassischen Sinn war bzw. unter →landesherrlichem Kirchenregiment stand, bedeutete die Glaubensabweichung ein ordnungs- und rechtswidriges Verhalten, das strafrechtlich geahndet wurde (Ketzergesetze im röm.-byzant. Reich und im MA; Inquisition). Ist die Kirche *eine* Religionsgruppe neben anderen, wie in den USA oder auf dem Missionsfeld, wo es viele S.bildungen gibt, bes. in Afrika, ist das Motiv der S.abwehr nicht die Beschuldigung der Sektierer, sondern die Bewahrung der eigenen Glieder vor Irrglauben und Abfall. Als mit der modernen Staatsidee der Gedanke der →Toleranz zum Tragen kam, begann die Kirche zu lernen, sich auch mit dem religiösen Außenseitertum *apologetisch* auseinanderzusetzen. Dies impliziert die ernsthafte Beschäftigung mit den S. und ihrer Religiosität, die Konfrontation in unmittelbarer Begegnung („Partner des Glaubens"), Selbstkritik (die „Versäumnisse der Kirche"), aber auch die wertende „Unterscheidung der Geister" und kritische Warnung vor Wahrheitsverlust und Verletzung der Menschlichkeit. Solches darf nicht als Intoleranz abqualifiziert werden; das verfassungsmäßige Recht auf freie Glaubensäußerung schließt auch die Kritik am Andersglaubenden ein. In jüngster Zeit wird das „S.problem" – im Sinne von irregeleiteter und irreführender religiöser Praxis – als gesamtgesellschaftliches Problem empfunden. Jetzt reagierte nicht mehr, wie früher, primär Staat und (offizielle) Kirche auf den „S.einbruch"; vielmehr bildeten sich Selbsthilfe-Initiativen gegen „rel. Extremismus", gegen „destruktive Kulte" und „Psychokultgefahren", die von den öffentlichen Organen eine schärfere Kontrolle verlangen. Der Kirche fällt, bei aller kritischen Distanz zu den S., nun die neue Aufgabe zu, rel. Minderheiten gegen ein repressives Verhalten der herrschenden Gesellschaft zu schützen. So hatte die EKD einige Zeit lang einen eigenen „Beauftragten für religiöse Minderheiten".

RGG^{V} 1961[3], Sp. 1657 ff. – W. Köhler, Wesen u. Recht der S. im rel. Leben Deutschlands, 1930 – B. Wilson, Religiöse Sekten, 1970 (Orig. engl. Religious Sects) – K. Hutten, Seher, Grübler, Enthusiasten 1982[12] (Lit.) – O. Eggenberger, Die Kirchen, Sondergruppen u. rel. Vereinigungen (Hdb.) 1983[3] – H. Obst, Apostel u. Propheten der Neuzeit, Berlin/DDR 1983[2] – H. Reller, Hg., Handbuch Religiöse Gemeinschaften 1985[3] – H.-D. Reimer/O. Eggenberger, ... neben den Kirchen, 1986[6].

Hans-Diether Reimer

II. Juristisch. Im jur. Sinne gibt es keine S. Das heutige →Staatskirchenrecht verwendet diesen Begriff nicht (→Kirche und Staat). Die von der kirchl. Konfessionskunde als S. bezeichneten Gruppen werden in der staatl. Gesetzgebung als →*Religionsgesellschaften* (oder synonym: Religionsgemeinschaften) oder als →Weltanschauungsgemeinschaften bezeichnet. Je nach ihrer Rechtsstellung lassen sie sich in private und öffentl.-rechtl. Religionsgesellschaften oder Weltanschauungsgemeinschaften unterteilen. Die privaten – meist kleinen – Religionsgesellschaften und Weltanschauungsgemeinschaften haben im allgem. die Rechtsform eingetragener oder nicht eingetragener Vereine. Die öffentl.-rechtl. Religionsgesellschaften und Weltanschauungsgemeinschaften sind Körperschaften des öffentl. Rechts.

Früher – in der Zeit des →landesherrl. Kirchenregiments – war das Wort S. auch ein Rechtsbegriff. Er deckte sich aber nur teilweise mit dem von der heutigen kirchl. Konfessionskunde verwendeten Begriff S. Man bezeichnete als S. jede christl. Religionsgesellschaft, die sich von den großen Kirchen (kath., ev., ref.) getrennt hielt, während die nicht-christl. Religionsgesellschaften meist als „sonstige Religionsparteien" bezeichnet wurden. Zu den S. zählten demnach auch die heute von der kirchl. Konfessionskunde als →Freikirchen bezeichneten Gemeinschaften. Der Staat erkannte die S. als Rechtssubjekte nicht an und gewährte ihnen auch keinen Rechtsschutz. Im →*Westfälischen Frieden* von 1648 war ausdrückl. bestimmt worden, daß neben der kath., ev. und ref. Kirche keine anderen Religionen oder S. geduldet werden durften (Art. VI § 2: ... sed praeter religiones supra nominatas nulla alia religio vel secta toleretur). Im Laufe des 18. Jh. wurde das S.verbot allmähl. gelockert, indem der Staat – insb. Preußen – einige S. stillschweigend tolerierte. Diese →Toleranz bestand zunächst nur darin, daß den S. gottesdienstl. Zusammenkünfte gestattet wurden, sie bedeutete nicht etwa, daß sich die Mitgl. der betr. S. auch rechtl. organisieren oder Kirchen bauen durften. Später bekannte sich der Staat auch ausdrückl. zu dieser →Toleranz. Es heißt zB im Preuß. Edikt vom 8. Juli 1788: „Es soll die den Preuß. Staaten von jeher eigentüml. gewesene Toleranz der übrigen S. und Religionsparteien ferner aufrechterhalten und niemandem der innerste Gewissenszwang zu keiner Zeit angetan werden, so lange ein jeder ruhig als ein guter Bürger seine Pflichten erfüllet ... Die in unseren Staaten bisher geduldeten S. sind, außer der jüdischen Nation, die Herrnhuter, Mennoniten und die Böhmische Brüdergemeine, welche unter landesherrl. Schutz ihre gottesdienstl. Zusammenkünfte halten sollen." – Erst im Laufe des 19. Jh. wurde den S. allmähl. eine etwas größere Entfaltungsfreiheit eingeräumt (→Freikirchen).

Nach geltendem Staatskirchenrecht können die S., wie jede andere Religions- oder Weltanschauungsgemeinschaft auch, gem. Art. 140 GG i. V. m. Art. 137 WV die Rechtsfähigkeit nach den allg. Vorschriften des bürgerl. Rechts erwerben. Bieten sie auf Grund ihrer Verf. und der Zahl ihrer Mitglieder die Gewähr der Dauer, so sind ihnen auf Antrag die Rechte von Körperschaften des öffentl. Rechts zu verleihen. Auf Grund der Körperschaftsrechte erlangen Religions- und Weltanschauungsgemeinschaften gegenüber privat-rechtl. organisierten Gruppierungen eine Reihe von Privilegien, insb. steuerl. Art (→Kirchensteuer). Gemeinschaften, die in der kirchl. Konfessionskunde als S. betrachtet werden und die Körperschaftsrechte erlangt haben, sind zB die Gemeinschaft der Siebenten-Tags-Adventisten oder die Kirche der Heiligen der letzten Tage (Mormonen).

Lit. →Freikirchen.

Jürgen Lehmann

Selbständige Evangelisch-Lutherische Kirche (SELK). 1. Geschichte. Die SELK konstituierte sich am 25. 6. 1972. Sie ging aus *der Arbeitsgemeinschaft freier ev.-luth. Kirchen in Dtschld.* hervor. Die SELK ist der Zusammenschluß der ehemaligen *Ev.-luth. (altluth.) Kirche,* der *Ev.-luth. Freikirche,* einer Vereinigung der aus der Nassauischen Landeskirche ausgeschiedenen Gemeinde Steeden unter Pfr. BRUNN mit den 1871 aus der sächs. luth. Landeskirche ausgetretenen „Lutheranervereinen", der alten *Selbständigen Ev.-luth. Kirche,* einer vereinigten Gruppe von kleinen luth. →Freikirchen in Hannover, Hessen und Baden und der *Ev.-luth. Bekenntniskirche.* Die SELK ist die Nachfolgerin der Gemeinden ev.-luth. Bekenntnisses, die sich im 19. Jh. aus dem Landeskirchentum lösten und sich zu ev.-luth. Freikirchen zusammenschlossen. Die Glieder dieser Kirchen wurden als **Altlutheraner** bezeichnet. Sie unterschieden sich von den ev.-luth. →Landeskirchen nicht durch ihre Bekenntnisgrundlagen, sondern durch ihre Organisation als Freikirchen und (teilweise damit zusammenhängend) durch die ausschließliche Geltung der luth. →Bekenntnisse als Maßstab kirchlichen Handelns. Die größte der zur SELK zusammengeschlossenen ev.-luth. Freikirchen war die ehem. *Ev.-luth. (altluth.) Kirche.* Ihre Bildung wurde veranlaßt durch die Einführung der Union in Preußen unter König FRIEDRICH WILHELM III., die die Kirchen- und Abendmahlsgemeinschaft zwischen Lutheranern und Reformierten zur Folge hatte. Zusammen mit dem Juristen HUSCHKE, dem Naturphilosophen STEFFENS, dem Theol.-Professor SCHEIBEL u. a. m. sonderten sich in Breslau etwa 2500 Lutheraner aus der Ev. Landeskirche aus. Austritte von Gemeinden und Pastoren in ganz Preußen folgten. Da der König seine prot. Einheitskirche gefährdet sah, fühlte er sich veranlaßt, gegen diese Bewegung einzuschreiten, und verweigerte die rechtl. Anerkennung (Gottesdienstverbot, Suspendierung, Inhaftierung der altluth. Pastoren, Nichtanerkennung kirchl. Amtshandlungen). Nach dem Regierungsantritt FRIEDRICH WILHELMS IV. wurden die **Altlutheraner** 1845 durch den Staat in der „Generalkonzession für die von der Gemeinschaft der ev. Landeskirche sich getrennt haltenden Lutheraner" anerkannt. Durch den Zusammenschluß zur SELK bekräftigten die ehem. ev.-luth. Freikirchen ihre Einheit im Glauben und in der Lehre, wie sie sich in der Vergangenheit unter ihnen erwiesen hat. In der *„Grundordnung der SELK"* vom 9. 3. 1971 wurde die Voraussetzung für ein einheitliches kirchl. Handeln geschaffen.

2. Gliederung. Die SELK besteht aus drei *Sprengeln,* an deren Spitze je ein Propst steht. Jeder *Sprengel* gliedert sich in drei *Kirchenbezirke,* die jeweils von einem Superintendenten und einem Beirat geleitet werden. Der *Kirchenbezirk* besteht aus *Pfarrbezirken* mit Gemeinden. Jede Gemeinde versteht sich als Kirche Jesu Christi an ihrem Ort. Alle Gemeinden zusammen bilden die SELK. Der Bischof, die drei Pröpste und Kirchenräte, deren einer seine Tätigkeit hauptamtlich ausübt, bilden die *Kirchenleitung.* Ein zweites gesamtkirchliches Organ ist das *Kollegium der Superintendenten,* welches aus allen Superintendenten, den Pröpsten und dem Bischof besteht. Der Bischof hat hier wie in der *Kirchenleitung* den Vorsitz. Der erste Bischof der SELK wurde auf ihrer ersten Synode (23. – 27. Mai 1973 in Radevormwald) gewählt. In der *„Grundordnung der SELK"* wird das →Bischofsamt u. a. folgendermaßen gekennzeichnet: „Der Bischof ist ein Pastor der Kirche, der zu ihrer hauptamtlichen Leitung berufen ist. Der Bischof dient der ganzen Kirche. Er achtet darauf, daß das Wort Gottes schrift- und bekenntnisgemäß verkündigt und gelehrt wird und die Sakramente recht verwaltet werden." (Art. 19,1 u. 2.) Die SELK hat 130 Pastoren mit rund 40 000 Kirchengliedern. Finanziell ist sie unabhängig in der Weise, daß sie sich mit aus Selbstverpflichtung entrichteten Gaben ihrer Kirchenglieder erhält. Kirchensteuerabzug durch das Finanzamt gibt es nicht (→Kirchensteuer).

3. Einrichtungen. Die kircheneigene Mission der SELK ist die *Mission Evangelisch-Lutherischer Freikirchen* (Bleckmarer Mission) mit dem Missionsseminar in Bleckmar. Diese Mission ist im südlichen Afrika und in Südamerika tätig. Die diakonischen Einrichtungen der SELK sind: *das Hilfswerk der SELK in Hannover; das Altersheim Gertrudenstift in Baunatal;* das *Ev. Luth.*

Altersheim Hesel; das *Ev. Luth. Kinderheim Sperlingshof in Wilferdingen.* Sitz der *Kirchenleitung* und des Bischofs ist *Hannover.* Eine eigene kirchliche Ausbildungsstätte unterhält die SELK in der *Luth. Theol. Hochschule in Oberursel/Ts.* Die Pastoren der SELK absolvieren ein Hochschulstudium in der üblichen Länge z. T. an der Hochschule, z. T. an den Universitäten.

4. Bekenntnisstand. Im 1. Artikel ihrer Grundordnung bindet sich die SELK an die →Bekenntnisse der Ev.-luth. Kirche. „Sie (die SELK) ist gebunden an die heilige Schrift Alten und Neuen Testaments als an das unfehlbare Wort Gottes, nach dem alle Lehren und Lehrer der Kirche beurteilt werden sollen. Sie bindet sich daher an die Bekenntnisschriften der ev.-luth. Kirche ...“ (Art. 1,2.) Art. 2 äußert sich zu den Beziehungen bekenntnisgleicher Kirchen. „Die SELK pflegt Kirchengemeinschaft mit allen Kirchen, die Lehre und Handeln in gleicher Weise an die heilige Schrift und an das luth. Bekenntnis binden.“ (Art. 2,1.) Ihre geschichtlich gewachsene Bekenntnishaltung und zugleich ihre kirchl. Abgrenzung in der Gegenwart ist in Art. 2,2 der Grundordnung niedergelegt. „Sie (die SELK) verwirft die der heiligen Schrift und den luth. Bekenntnissen widersprechenden Lehren und ihre Duldung sowie jede Union, die gegen Schrift und Bekenntnis verstößt.“

M. Kiunke, RGG IV, 1960³, Sp. 544–546 – J. Junker, Ordnungen für die Selbständige Evangelisch-Lutherische Kirche, 1977–1984 – Die Selbständige Evangelisch-Lutherische Kirche (SELK), 1978 – H. Hauschild, W. Küttner, Auf festem Glaubensgrund. Fast alles über die SELK, 1984.

Horst Krüger

Selbstbestimmungsrecht. I. Völkerrechtlich.

1. Abgrenzungen. Im völkerrechtl. Bereich geht es ausschließl. um das „S. der Völker“. Der im älteren Schrifttum gelegentlich verwendete Ausdruck „S. der Staaten“ betraf einen anderen Sachverhalt, nämlich die Rechtsstellung der souveränen Staaten, die heute, um Verwechslungen mit dem S. der Völker auszuschließen, anders umschrieben wird. Im innerstaatl. Bereich ist in jüngster Zeit das sog. informationelle S. des einzelnen aktuell geworden. Es hat nichts mit der Problematik des S. der Völker zu tun, auch wenn es hinsichtl. seiner geistesgeschichtl. Wurzeln gewisse Berührungspunkte mit diesem aufweist.

2. Geistesgeschichtliche Wurzeln. Der Selbstbestimmungsgedanke bezog sich ursprüngl. nicht auf Völker und Volksgruppen, sondern auf die individuelle Freiheit, insbes. die Religionsfreiheit. „Selbstbestimmung ist – von ihrem Ausgang her gesehen – zunächst auf den Einzelmenschen bezogen. Die Selbstbestimmung des einzelnen ist im Laufe der rechtsgeschichtl. Entwicklung als Recht des Einzelmenschen i. S. eines Rechtsanspruchs empfunden und entwickelt worden; sie steht über dem positiven Recht“ (Leitsätze einer Expertenkommission, AWR-Bulletin 1967, S. 4). Andere sehen die Vorgeschichte des S. der Völker sowohl in der Entwicklung des Nationalbewußtseins als auch „in dem Gedanken, daß unter bestimmten Voraussetzungen nötig und geboten sein kann, vorhandenen Staatsgewalten Widerstand zu leisten“ (Rabl). Das S. der Völker hat daher sowohl eine individualrechtl. als auch eine kollektivrechtl. Wurzel.

An der individualrechtl. Wurzel des Selbstbestimmungsgedankens liegt das Ringen um die religiöse Selbstbestimmung. Vor allem die calvinistische und anglo-puritanische Richtung der Reformation begründeten die individuelle Freiheit der religiösen Selbstbestimmung. Auch Luther sprach von der „Selbstverantwortung des Christenmenschen“. In dem Kampf um die geistige Unabhängigkeit von dem Träger der staatl. Verf.gewalt, also um die Behauptung gegen die andersgläubige Obrigkeit, trat das Selbstbestimmungsprinzip relativ früh in die politische Wirklichkeit, und zwar überall dort, wo sich Gemeinwesen aus der absoluten Monarchie herauslösen oder heraushalten konnten. Neben der Schweiz sind es zunächst die Neuenglandstaaten in Amerika, die sich in ihren G.en zu jenen Grundprinzipien bekannten (zB keine Besteuerung ohne Zustimmung der Steuerzahler). Auch im völkerrechtswissenschaftl. Bereich war die politische Komponente des Selbstbestimmungsgedankens schon früh in Erscheinung getreten. Hugo Grotius hatte bei der Erörterung der Frage des Gebietserwerbs durch den souveränen Fürsten darauf hingewiesen, daß kein Teil des Staatskörpers von diesem gegen seinen Willen abgetrennt werden dürfe (De iure belli ac pacis, Liber II, Caput VI). Auch Pufendorf hob hervor, daß ein König nicht das Recht habe, ein Gebiet ohne Zustimmung des →Volkes abzutreten (De iure naturae et gentium libri octo, Liber VIII, Caput V, § 9). Da aber der Begriff „Volk“ im 17. Jh. noch keine politische Bedeutung hatte, konnten solche Überlegungen keinen Eingang in die Staatenpraxis und das Völkerrecht finden.

3. Vorläufer. Im Dekret der Französischen Nationalversammlung vom 12. 11. 1789, betreffend die Frage des Anschlusses von Avignon und Umgebung (Venaissin) an Frankreich, fand sich zum ersten Mal die klare Aussage, „daß die Völker, Provinzen und Städte nicht ausgetauscht, abgetreten oder verkauft werden können ohne ihre Zustimmung“. Auch bei der Angliederung des Herzogtums Savoyen im September 1792 wurde zunächst ein Plebiszit abgehalten. Obwohl das Plebiszit sich unmittelbar aus dem Prinzip der Volkssouveränität ableitet, sind jene frühen Anwendungsfälle des Plebiszits als „Ursprung des modernen Begriffs der nationalen Selbstbestimmung“ angesehen worden (Delbrück). Die erste Erwähnung des S. in einer Verf. findet sich in derjenigen des Kantons Bern vom 4. 6. 1893: „Das Volk gibt sich kraft seines S. folgende Verf.“

Als sich im 19. Jh. der politische Volksbegriff herausbildete, verlief jedoch die Entwicklung nicht geradlinig zum S., sondern zunächst zum sog. Nationalitätsprinzip: „Jede Nation ein Staat. Jeder Staat ein nationales Wesen“ (JOH. K. BLUNTSCHLI). Der daraus entstandene Nationalstaatsgedanke beflügelte die italienische Einigung und den Kampf gegen die Vielvölkerstaaten. In Italien versuchte P. S. MANCINI ein Recht der Völker auf ihre eigenen Staaten zu konstruieren.

4. Anfänge der Theorie. Die erste theoretische Durchdringung des S. erfolgte im innerstaatl. Rahmen von Vielvölkerstaaten, insbes. der österreichisch-ungarischen Monarchie, die in Art. 19 des Staatsgrundgesetzes vom 21. 12. 1867 jedem Volksstamm das „unverletzliche Recht auf Wahrung und Pflege von Nationalität und Sprache“ garantiert hatte. Die österreichische Sozialdemokratie stand damals vor der Frage, ob sie sich auf der Ebene des Gesamtstaates oder derjenigen der Nationalitäten organisieren sollte. Die Schriften ihrer Theoretiker K. RENNER und O. BAUER gelten als die ersten wissenschaftl. Behandlungen des S. Mit ihnen setzten sich STALIN (Marxismus und nationale Frage, 1913) u. andere Theoretiker der russischen Sozialdemokratie (später Bolschewiki) auseinander. Am Ende des Ersten Weltkriegs, der insbes. die Zerreißung des Vielvölkerstaats Österreich-Ungarn mit sich brachte, standen sich die Vertreter zweier Richtungen des S. der Völker gegenüber. Die einen wollten unter Berufung auf das S. den →Nationalstaat errichten; die anderen sahen das S. als Mittel zur freien Eigenbestimmung des politischen Schicksals eines Volkes oder einer Volksgruppe ohne Festlegung auf eine nationalstaatl. Organisation. Die Siegermächte des Ersten Weltkriegs entschieden sich für die erste Richtung.

5. Vordringen auf die internationale Ebene. Durch die Bemühungen des amerikanischen Präsidenten WILSON wurde der Selbstbestimmungsgedanke auf die Ebene der internationalen Politik gehoben. In seiner Friedensbotschaft vom 22. 1. 1917 verwendete er zwar den Ausdruck S. noch nicht, erinnerte aber an das →Widerstandsrecht und die demokratische Legitimierung der Staatsgewalt, aus der folge, daß niemand das Recht habe, Völker von einer Staatsherrschaft zur anderen zu verschieben, als seien sie tote Gegenstände. Auch in den am 8. 1. 1918 verkündeten 14 Punkten wurde das S. nicht ausdrücklich genannt, aber eine Reihe von Forderungen (zB Punkt 9: „Die italienischen Grenzen sind entsprechend klar erkennbarer Volkstumslinien zu berichtigen“, Punkt 10: „Den Völkern Österreich-Ungarns, deren Platz im Kreise der Nationen wir gefestigt und gesichert sehen wollen, ist die Möglichkeit zu unbehindert autonomer Entwicklung einzuräumen“, Punkt 13: „Ein unabhängiger Staat ist zu errichten, der die von unstreitig polnischer Bevölkerung bewohnten Gebiete umfaßt“) sind als Grundlinien des Selbstbestimmungsprinzips herausgelesen worden. Spätere Botschaften (vor allem vom 11. 2. 1918 u. vom 4. 7. 1918, Mount-Vernon-Rede) erläuterten die Absichten WILSONS u. gaben dem S. erste Konturen. Kritiker (darunter der amerikanische Außenminister LANSING) warnten allerdings vor der Sprengkraft des S.

Nach der Auffassung der Siegermächte des Ersten Weltkriegs hatte sich die Selbstbestimmungsfrage mit der Gründung der Nachfolgestaaten Österreich-Ungarns u. der Grenzziehung durch die Friedensverträge erledigt. Den Beschl. der Nationalversammlung für Deutschösterreich vom 6. September 1919, in dem ausdrückl. gegen die Verletzung des S. der Südtiroler u. der Sudetendeutschen protestiert wurde, nahmen sie nicht zur Kenntnis. Nur bezüglich einiger Gebietsteile enthielten die Friedensverträge Bestimmungen über die Ermittlung des Wunsches der dort lebenden Bevölkerung (Versailler Vertrag: Kap. 3 der Anlage zu Teil III Abschnitt 4 für das Saargebiet; Art. 88 für Oberschlesien; Art. 94 – 98 für Teile von Ost- u. Westpreußen; Art. 109 – 114 für Schleswig; Vertrag von St. Germain: Art. 49 – 50 für Kärnten).

6. Rechtsentwicklung. Unmittelbar nach dem Ende des Ersten Weltkriegs wurde das S. einer Prüfung durch eine vom Völkerbundrat eingesetzte internationale Juristenkommission unterzogen, und zwar aus Anlaß des Streits um die Aland-Inseln, die zum zaristischen Rußland gehört hatten, aber 1917 dem finnischen Staat einverleibt worden waren, obwohl sie von einer schwedisch-sprachigen Bevölkerung bewohnt werden. Schweden beanspruchte sie für sich und berief sich auf das S. In ihrem dem Völkerbundrat am 20. 9. 1920 vorgelegten Gutachten kam die internationale Juristenkommission zu dem Ergebnis, das Prinzip der Selbstbestimmung der Völker habe zwar bereits Eingang in die internationale Politik gefunden, könne aber mangels einer ausdrückl. Erwähnung in der Völkerbundsatzung noch nicht als Recht im subjektiven Sinn bezeichnet werden. Daraufhin blieben die Aland-Inseln bei Finnland, erhielten aber ein Minderheitenstatut (→Minderheitenrecht).

Diese Rechtslage blieb in der gesamten Zeit zwischen den beiden Weltkriegen unverändert. Erst mit Inkrafttreten der Satzung der →Vereinten Nationen (23. 6. 1945) ging die Rechtsentwicklung weiter. Die Satzung erwähnt das S. in zwei Artikeln (1 u. 55). Allerdings findet sich an beiden Stellen im engl. Text nur der Ausdruck „principle of self-determination“, während der franz. Text eindeutig vom *Recht* der Selbstbestimmung der Völker (droit des peuples à disposer d'eux-mêmes) spricht. Der Streit darüber, ob auf der Grundlage der Satzung der Vereinten Nationen das S. nur als Prinzip oder bereits als echte Völkerrechtsnorm gilt, ist beigelegt. Nach einem Zwischenstadium, in dem das S. als eine „werdende Rechtsnorm“ bezeichnet wurde, hat sich die Meinung durchgesetzt, daß es zweifelsfrei ein echtes Recht ist. Dementsprechend stellen die beiden Menschenrechtspakte vom

19. 12. 1966 jeweils in ihrem Art. 1 übereinstimmend fest: „Alle Völker haben das Recht auf Selbstbestimmung." In der Völkerrechtswissenschaft wird der Rechtsnormcharakter des S. der Völker nicht mehr bezweifelt. Fast einhellig wird ferner das S. als ius cogens, d. h. als unabdingbares Völkerrecht, anerkannt.

Als Träger des S. gelten Völker u. Volksgruppen (→Volk). Die Unterscheidung ist von geringer praktischer Bedeutung, weil für die Volksgruppe dieselben Definitionsmerkmale gelten wie für das Volk. Die völkerrechtswissenschaftl. Literatur hebt jedoch die Volksgruppen als Träger des S. hervor, um zu verhindern, daß das S. nur den Völkern zugestanden wird, die bereits über einen eigenen Staat verfügen. Andererseits besteht die Angst vor der Explosivkraft des S. nach wie vor. Es ist gefragt worden, ob die Völkerrechtsordnung eine Rechtsnorm enthalten dürfe, die sich gegen die Existenz ihrer Subjekte, nämlich der souveränen Staaten, richte. In der sog. Prinzipienerklärung der Generalversammlung der Vereinten Nationen vom 24. 10. 1970 wird festgestellt, daß das S. die territoriale Unversehrtheit u. die politische Einheit souveräner Staaten nicht antasten darf, solange diese Staaten „sich dem Grundsatz der Gleichberechtigung u. Selbstbestimmung der Völker entsprechend verhalten u. dementsprechend über eine Regierung verfügen, die das gesamte zum Gebiet gehörige Volk ohne Unterschied der Rasse, des Glaubens oder der Hautfarbe vertritt". In der Literatur ist begrüßt worden, daß damit die Generalversammlung – nachdem sie in zahlreichen Resolutionen zur Entkolonisierungsfrage den Anschein erweckt hatte, als könne das S. das allg. Gewaltverbot des geltenden Völkerrechts beiseite schieben – „wieder auf die alte Rangordnung – Gewaltverbot, Nicht-Intervention, Selbstbestimmung – besonnen" hat (RUMPF). In der Resolution 3314 (XXIX) vom 14. 12. 1974, in der die völkerrechtswidrige Aggression definiert worden ist, wird eine Ausnahme für das S. statuiert. Gemäß Art. 7 der Resolution bleibt das Recht der Völker, für das S. zu kämpfen, unberührt. Jedoch gilt dies nur, soweit der Kampf im Einklang mit der Satzung der Vereinten Nationen u. der Prinzipienerklärung vom 24. 10. 1970 steht. Die Satzung enthält in ihrem Art. 2 Ziff. 4 das allg. Gewaltverbot. Die Prinzipienerklärung schränkt das Recht zur gewaltsamen Durchsetzung des S. auf Situationen ein, in denen der Einsatz gewaltsamer Mittel als Reaktion auf einen vorhergehenden Völkerrechtsbruch (hier: Verletzung des S. durch den Träger der Gebietshoheit) nach den allg. Regeln des Völkerrechts gerechtfertigt ist (Notwehrsituation). Trotzdem wird auch die Meinung vertreten, „das S. dürfe mit allen Mitteln, einschließl. des bewaffneten Kampfes, durchgesetzt werden" (E. KLEIN).

Das S. der Völker durchbricht insofern die Systematik des geltenden Völkerrechts, als es Rechtsträgern zusteht, die nicht Völkerrechtssubjekte sind (→Völkerrecht). Grundsätzlich steht die Völkerrechtssubjektivität nur souveränen Staaten und bestimmten internationalen Organisationen zu. Völker und Volksgruppen sind nicht Völkerrechtssubjekte. (Eine davon abweichende sowjetische Doktrin, wonach Völker für die Zwecke des nationalen Befreiungskampfes als Völkerrechtssubjekte anzusehen seien, hat sich nicht allgemein durchgesetzt.) Doch sind sie unstreitig Träger eines Rechts, das zum Bestandteil der völkerrechtl. Normenordnung gehört, nämlich des S. Die Bedeutung dieses Rechts wird nicht dadurch geschmälert, daß es nur in bestimmten Situationen zur Anwendung kommen darf. Es ist selbstverständl., daß die souveränen Staaten vom Völkerrecht nicht der ständigen Bedrohung durch Selbstbestimmungsansprüche von innerhalb ihrer Grenzen lebenden Völkern u. Volksgruppen ausgesetzt werden dürfen. Aber andererseits würde das S. der Völker zur Farce, wenn es niemals zur Veränderung des Status quo eingesetzt werden dürfte oder durch eine einmalige Ausübung als für alle Zeiten verbraucht angesehen würde. Es bleibt daher eine Aufgabe der Völkerrechtstheorie u. Völkerrechtspraxis, möglichst exakt die Situationen zu kennzeichnen, in denen das S. zur Anwendung gelangen darf.

K. RENNER, Das S. der Nationen in bes. Anwendung auf Österreich, Wien 1902, 1918[2] – O. BAUER, Die Nationalitätenfrage u. die Sozialdemokratie, Wien 1907, 1924[2] – J. STALIN, Marxismus u. nationale Frage, 1913 – W. BURCKHARDT, Das S., Bern 1919 – G. DECKER, Das S. der Nationen, 1955 – B. MEISSNER, Sowjetunion u. S., 1962 – W. FREIHERR VON BLITTERSDORFF, Das internationale Plebiszit, 1965 – H. RASCHHOFER, S. u. Völkerbund, 1969 – H. KLOSS, (ed.), Beiträge zu einem System des S., (2 Bde.) Wien 1970 – R. EMERSON, American Journal of International Law 65 (1971) 459 – 475 – H. CHOU-YOUNG, Das S. als eine Vorbedingung des völligen Genusses aller Menschenrechte, Zürich 1972 – O. UMOZURIKE, Self-Determination in International Law, Hamden, Conn. 1972 – S. CALOGEROPOULOS-STRATIS, Le droit des peuples à disposer d'eux mêmes, Brüssel 1973 – W. HEIDELMEYER, Das S. der Völker, 1973 – K. RABL, Das S. der Völker, 1973[2] – K. DOEHRING, Das S. der Völker als Grundsatz des Völkerrechts, 1974 – TH. M. FRANCK, P. HOFFMANN, Journal of International Law and Politics 8 (1976) 331 – 386 – D. THÜRER, Das S. der Völker, Bern 1976 – DERS., AVR 22 (1984) 113 – 137 – TH. VEITER, in: Festschrift für Friedrich August von der Heydte, 1977, 675 – 702 – DERS., in: Festschrift für Hans R. Klecatsky, Wien 1980, 967 – 991 – J. DELBRÜCK, VN 25 (1977) 6 – 10 – D. RONEN, The Quest for Self-Determination, New Haven and London 1979 – H. GROS ESPIELL, The Right to Self-Determination. Implementation of United Nations Resolutions, E/CN.4/Sub.2/405/Rev. 1, New York 1980 u. 1981 – DERS., VN 30 (1982) 54 – 58 – A. CRISTESCU, The Right to Self-Determination. Historical and Current Development on the Basis of the United Nations Instruments, E/CN.4/Sub.2/404/ Rev. 1, New York 1981 – R. C. A. WHITE, Netherlands International Law Review 28 (1981) 147 – 170 – H. RUMPF, in: Festschrift für Hans-Jürgen Schlochauer, 1981, 577 – 602 – F. ERMACORA, in: Festgabe für Theodor Veiter, Wien 1982, 31 – 37 – E. GAYIM, Nordisk Tidsskrift for International Ret 51 (1982) 53–69 – M. POMERANCE, Self-Determination in Law and Practice, Den Haag 1982 – E. KLEIN, Politische Studien 272 (1983) 635–647 – D. BLUMENWITZ, B. MEISSNER (ed.), Das S. der Völker und die deutsche Frage, 1984.

Otto Kimminich

II. Theologisch. (S. = Selbstbestimmung; Sr. = Selbstbestimmungsrecht).

A. Grundlegende kirchliche Erklärungen. Das Sr. der Völker (→Volk) wird zu den fundamentalen sozialen bzw. kollektiven →*Menschenrechten* gezählt, für deren Realisierung sich der ÖRK seit seiner Gründungsversammlung in Amsterdam 1948 eingesetzt hat (→Ökumenische Bewegung). Sein Konzept der „verantwortlichen Gesellschaft" schloß die →Freiheit der Menschen ein, „ihre Regierungen zu kontrollieren, zu kritisieren und zu wechseln". Die Genfer Weltkonferenz für Kirche und Gesellschaft 1966 thematisierte dann gezielt das Problem der S. und eigenverantwortlichen Entwicklung in den Ländern der Dritten Welt. Im Oktober 1974 unternahm eine Konsultation der „Kommission der Kirchen für internationale Angelegenheiten" (CCIA) des ÖRK in St. Pölten einen ersten Versuch, elementare menschenrechtliche Standards zu formulieren, die allen Differenzierungen in individuelle und soziale Menschenrechte vorgeordnet sein sollten. Darin heißt es: „Es gibt ein Recht, sich kultureller Identität zu erfreuen und diese zu erhalten – das schließt Fragen wie nationale S., Rechte von Minderheiten und so fort ein." Im selben Monat fand die röm. Bischofskonferenz mit einer „Botschaft über Menschenrechte und Versöhnung" ihren Abschluß; der 4. Gesichtspunkt der Botschaft behandelt „die politischen und kulturellen Rechte" der Völker. Der Katalog menschenrechtlicher Elementarstandards, den die Konsultation in St. Pölten aufgestellt hatte, wurde 1975 von der Vollversammlung des ÖRK in Nairobi aufgenommen. Unter der Überschrift „Die Rechte auf S., auf kulturelle Identität und die Rechte von Minderheiten" heißt es u. a.: „Die Kirchen sollten solche Eingriffe verurteilen und sich aktiv daran beteiligen, die staatliche Souveränität und die S. von Völkern zu stärken, denen diese Rechte vorenthalten werden." Die Vollversammlung in Vancouver 1983 bekräftigte diese Forderung und konkretisierte die S. der Völker u. a. im Blick auf „Fragen ihrer eigenen Sicherheit und ihres Überlebens". Die Kammer für öffentl. Verantwortung der →EKD beteiligte sich 1975 mit einer in Nairobi vorgelegten Thesenreihe über „Die Menschenrechte im ökumenischen Gespräch" u. a. ebenfalls an der ethischen Bekräftigung eines Sr. der Völker, das sie in „rechtsstaatlich verfaßte[n] →Demokratie[n]" am ehesten gewährleistet sieht (Die Denkschriften der EKD, Bd. 1/2, 1978, 87 ff., bes. 94).

B. Theologische Konzepte zur Rechtfertigung des Sr. der Völker. Die in den kirchl. Erklärungen enthaltenen moralisch-politisch-sozialen Postulate verweisen meist auf keinen *theol. Referenzrahmen,* denn der Konsensbildung auf der Ebene eines allg. humanen Ethos korrespondiert durchaus kein einheitliches theol. Grundmodell für seine theol. Begründung. HUBER/TÖDT (1977, 64 ff.). unterscheiden vielmehr sehr verschiedene Konzepte: 1. Deduktion von Menschenrechten aus theol. Basissätzen. J. MOLTMANN, ein hervorragender Vertreter dieser theol. Denkweise, formuliert: „Die Völker der ‚Dritten Welt' verlangen das Recht auf *ökonomische, soziale und politische S.* ... Der Mensch ... hat als Ebenbild Gottes ein Recht auf S. und Verantwortung seiner Zukunft" (1984, 166; 173). In diesen argumentativen Rahmen gehören auch die politischen Theol.n der Dritten Welt (Theol. der Befreiung, Schwarze Theol.), die „Befreiungsbewegungen des Volkes" ebenfalls aus theol. Basissätzen legitimieren wollen. 2. Ein anderes Konzept geht davon aus, Menschenrechte seien der Ausdruck eines universalen, „natürlichen" Ethos und bedürften keiner spezifisch theol. Legitimation (vgl. M. HONECKER, 1977). 3. T. RENDTORFF (1976) suchte zu zeigen, daß es strukturelle Gemeinsamkeiten zwischen Menschenrechten und theol. Denkformen, insbesondere der Rechtfertigungslehre gibt, insofern, als beide dem „gleichen historischen Entfaltungsraum des Freiheitsbewußtseins" angehören. 4. Schließlich setzt ein weiteres Konzept bei dem Gedanken ein, daß eine Entsprechung besteht zwischen der →Gerechtigkeit, die Gott schafft, und der Rechtsstellung, welche die Menschen einander zuerkennen (vgl. E. JÜNGEL, 1972). Nur das erste theol. Grundmodell findet überhaupt explizite Anwendung auf das ethische Postulat des Sr. der Völker. Darüber hinaus fällt auf, daß in neueren theol. Ethiken außerhalb des Topos „Menschenrechte" von „Selbstimmung" meist nur im Zusammenhang der politischen Verantwortung eines Individuums im Dienst am Gemeinwesen die Rede ist (vgl. zB T. RENDTORFF, 1981, II, 43 ff.). Zu einer Reflexion des Sr. der Völker etwa im Problemfeld von staatlicher Souveränität und ethnischer Identität, von Volkstum und Geschöpflichkeit, ist es im Kontext einer theol. Ethik des Politischen seit Mitte der 60er Jahre nicht mehr gekommen (→Politik III).

C. Historisch-theologische Reminiszenzen. Der Gedanke, daß eine Gemeinschaft das Recht habe, über ihr eigenes Schicksal zu entscheiden, entspringt einer alten europäisch-abendländischen *Tradition.* Schon in der Geschichte der Antike finden sich Beispiele für den Kampf um die S. eines Volkes gegen Eingliederungsansprüche durch Weltreiche. Auch das Christentum brachte im Lauf seiner Geschichte Gedanken hervor, die das Recht auf S. beförderten. So vertrat MARSILIUS V. PADUA (1280–1342) in seiner Schrift „Defensor pacis" (1324) die verfassungsmäßige S. jedes Volkes, auch des kleinstaatlichen, unabhängig von dem behaupteten Primat der Kirche. Schließlich ist nicht zu übersehen, daß durch die reformatorische Bewegung des 16. Jahrhunderts eine politische Aktivierung des Nationalbewußtseins eintrat, das seine entscheidende Prägung in der eng verbundenen Forderung nach religiöser *und* politischer S. besaß (Hussitenkriege, Aufstand der calvinistischen Niederlande gegen das kath. Spanien; irischer Aufstand gegen CROMWELL). Geistig vorbereitet von J. CALVIN (vgl. Institutio IV, 20,8; 31) entwickelten die Monarchomachen eine Herrschaftsvertragstheorie; sie gilt als Grundlage aller reformierten Lehren über das →Widerstandsrecht, auf das sich auch spätere S.bewegungen, die von dieser Tradition herkamen, stets beriefen. So wenig es zweifelhaft sein kann, daß die Idee des Sr. der Völker und Nationen in ihrer modernen Ausprägung in der →Französischen Revolution wurzelt, muß doch an die Verschmelzung dieses großen geistigen Impulses mit dem Volkstums- und Vaterlandsgedanken (ARNDT, JAHN, HERDER, FICHTE u. a.) in der idealistischen Philosophie erinnert werden, den eine bestimmte luth. Tradition seit eh verkoppelt sah mit der „reformatorischen Dynamik" (ELERT, Morphologie II, 1965³, 158). „Insbesondere ist auch die Unterschiedlichkeit der Völker für Luther Schöpfungsordnung Gottes. Ihre Anerkennung ist ihm genau so ‚natürliches Gesetz' (→Naturrecht) wie die Forderung der Monogamie" (ebd., 338). Unter Geltendmachung empirischer und theologischer Überlegungen bestritt K. BARTH, daß es eine „besondere Gestalt des Gebotes Gottes hinsichtlich der Existenz und des Verhältnisses der Völker" gebe (KD III, 4, 343). Zuletzt bemühten sich die Konvente der zerstreuten Ev. Ostkirchen in den 50er und 60er Jahren um ein „Recht auf →Heimat" als einem zentralen Element des Sr. der Völker aus „christlicher Sicht"; noch einmal tauchte hier im Zusammenhang des Volksbegriffes das Argument auf, es gebe „kreatürliche *Ein-Ordnungen* des Individuums von Gott her", wobei auf die „Völkertafel" Gen 10 verwiesen wurde (vgl. K. RABL, 1963, 19).

W. ELERT, Morphologie des Luthertums, ¹¹1932 (1965³) – K. BARTH, Kirchl. Dogmatik III, 4, Zürich 1951 – G. DECKER, Das Sr. der Nationen, 1955 – K. RABL, Das Sr. der Völker, 1963 – E. JÜNGEL, Freiheitsrechte und Gerechtigkeit, in: DERS., Unterwegs zur Sache, 1972, 246–256 – B. MOORE, Schwarze Theol. in Afrika, 1973 – H. KRÜGER u. W. MÜLLER-RÖMHELD (ed.), Bericht aus Nairobi 1975, 1976 – T. RENDTORFF, Menschenrechte und Rechtfertigung, in: FS E. STEINBACH, 1976, 161–174 – DERS., Ethik, ¹¹1981 – M. HONECKER, Das Recht des Menschen, 1978 – H. G. ULRICH, Autarkie, in: Ev. Soziallexikon, 1980⁷, 113 f. – E. LORENZ (ed.), „... erkämpft das Menschenrecht". Wie christl. sind die Menschenrechte?, 1981 – DERS. (ed.), Widerstand, Recht und Frieden, 1984 – Bekenntnis und Widerstand. Kirchen Südafrikas im Konflikt mit dem Staat, 1983 – W. MÜLLER-RÖMHELD (ed.), Bericht aus Vancouver 1983, 1983 – D. BLUMENWITZ u. B. MEISSNER (ed.), Das Sr. der Völker und die dt. Frage, 1984 – J. MOLTMANN, Politische Theol.-Politische Ethik, 1984 – N. GREINACHER, Konflikt um die Theol. der Befreiung, 1985.

Gerhard Besier

Selbstbestimmungsrecht der Kirchen

→Kirche und Staat

Selbstmord. I. Theologisch. A. In der Bibel, Kirchen- u. Theologiegeschichte. *1.* Von einer einheitlichen Wertung des S. läßt sich nicht reden, und die überlieferten Wertungen sind nur z. T. wirklich theol. begründet. Auf die Denkkategorien wirkten *prägend* ein Berichte von Suiziden aus der *Antike* (HERAKLES, AIAS, IOKASTE, DIOGENES, CATO), Philosophie und staatl. Recht. Fast alles, was in christl. Zeit im Kirchen- u. Strafrecht festgesetzt wurde, ist bei PLATON und ARISTOTELES vorgeprägt: ARISTOTELES sah den S. als Unrecht gegen die Polis („Nik. Ethik"), PLATON gegen die Gottheit an (denen die Menschen gehörten), und schon PLATON verbot ein ehrenvolles Begräbnis, es sei denn, ein göttl. oder staatl. Gebot (vgl. SOKRATES) oder staatl. Erlaubnis (bei schlimmen Neigungen, unerträglichem Leiden, Schande, Armut) habe vorgelegen („Gesetze"). Solch drastische Regelungen weisen zu allen Zeiten auf S. als epidemische Neigung und mittelbar auf Lebensverhältnisse, die mit S. beantwortet werden (DURKHEIM). Über S. als Weg des Weisen, sich „wohlzutun", denkt auch schon PLATON nach („Phaidon"), doch S. als freigewähltes Mittel, einem zur Kränkung werdenden Leben (HENSELER) zu entgehen, empfehlen erst seine kynischen Schüler und manche Stoiker.

2. Die *Bibel* nennt nur 6 vollendete Suizide (im NT nur der verzweifelte Judas) und thematisiert S. nicht. Daß das 5. Gebot auch den S. verbiete (so manche jüd. und christl. Ausleger), trägt den späten Wunsch ein, ein göttl. Verbot des S. dann zu haben, wenn er zum Problem geworden ist: in Leidens- u. Verfolgungszeiten (für Juden und Christen), gegenüber Martyriumssehnsucht. AUGUSTINUS („Gottesstaat") verbindet die platon. Lehre mit der Schöpfungstheologie (Gott ist Herr über Leben u. Tod, S. ist Lästerung), dem 5. Gebot und der Leidenszumutung in der Nachfolge und prägt die weitere Entwicklung, die dann auch (Höllen-)Strafen für Suizidäre und Angehörige festschreibt. Das forensische Interesse setzt beim S. einen freien Willensakt voraus, nennt nur den in Unzurechnungsfähigkeit geschehenen S. keine Todsünde, verbietet aber kirchl. Begräbnis. Die Begriffe Selbst*mord* und *Frei*tod sprechen Wertung und Anklagegrund aus, vereinzeln den Toten. Todeswünsche, wie *Elia* (1 Kön 19,4) oder *Paulus* (Phil 1,23) äußerten, gelten als lästerlich.

3. Erst LUTHER findet Zugang zum paradoxen Wesen der S.handlung und unterscheidet zwischen dem zu verurteilenden S. als Werk Satans („die werden von ihm getötet") und den Suizidanten, die grds. (u. nicht nur aufgrund „geistiger Umnachtung") „ihr selbst nicht mächtig" sind, denn Satan bildet ihnen ein, „etwas Gutes zu tun wie zB beten". L. riet, die Neigung zum S. mit seelsorglicher Nähe zu beantworten und den Tod vom Glauben her zu verlachen.

4. Die *Begräbnispraxis* beider Kirchen hat aber bis in die Nachkriegszeit Gott(es Gnade) mit durch S. gestorbenen Menschen nicht zu verbinden gewußt, weil unter dem Einfluß der Aufklärung beim S. wieder Willensfreiheit („Bilanz-S."-Theorie) postuliert – und (als öffentl. Gefahr) bestraft wurde.

5. Unter dem Eindruck von Suiziden verfolgter Juden und Christen und unter neuer Besinnung auf *Gottes Gnade* und Mit-Leiden mit der Welt (BONHOEFFER) hat BARTH den S. zwar die im Glauben unmögliche Möglichkeit des Menschen genannt, gleichwohl aber (wie schon AUGUSTINUS) nicht ausgeschlossen, daß Gott diesen Weg auch mit einem Christen gehen könne (und: der Mensch dürfe nicht von seiner letzten Handlung her verurteilt werden). In der *kath. Moraltheologie* wurde eine Wende dadurch mitbedingt, daß die Ausnahmeregelung des CIC (bei geistiger Umnachtung) durch den Paradigmenwechsel in der Medizin (S.neigung ist pathologisch und therapierbar, RINGEL) nun als generelle Beschreibung des Kasus genommen werden konnte.

B. Die theol. Wertung des S. (die harte Strafen als Zeichen der Abwehr einer Eigengefährdung zu deuten weiß) muß die Frage der Willensfreiheit beantworten und sagen, ob und wie eine Pflicht, auch in schlimmsten privaten und öffentl. Verhältnissen (weiter)leben zu müssen, theol. begründet werden kann, muß sich also der (Sozial- und Pastoral-)Anthropologie zuwenden. Wenn menschliches Leben Leben in Gemeinschaft (mit Gott und Menschen) heißt, ist *S. Zeichen scheiternden bzw. gescheiterten Kommunizierens.* Und wenn S. mit LUTHER als nonverbales und paradoxes Mittel, Leben auf einer anderen Ebene zu finden (und nicht, sich auf ewig auszulöschen) verstanden wird, führt das zu einer grds. geänderten Fragehaltung: nach den Lebens-Mitteln, die im Leben halten (JÖRNS). S.handlungen dürfen theol. gerade nicht pathologisiert (und schon gar nicht kriminalisiert) werden, sondern müssen im privaten wie gesellschaftl.-polit. Bereich als dringliche (Sinn-)Frage an die Art der kommunikativen Lebensbeziehungen verstanden werden, denn hier gewinnt die Macht des für den einzelnen übermächtigen Bösen konkrete Gestalt.

C. Im **Umgang mit zum S. neigenden Menschen** müssen Schöpfungstheologie, in Christi Leiden gründendes Gnadenwort und unbeirrbare Nähe zusammenwirken und S.verhütung etwas anderes sein lassen als reine S.verhinderung. 12 000 S.tote (1983; unter ihnen zunehmend Kinder) fragen nach der Kraft der Gemeinden, Geborgenheit in Lebensbeziehungen zu geben, und nach Wegen, wie die zunehmend professionalisierte Nächstenliebe durch die Förderung allgemein menschlicher Fähigkeiten (zuhören, dasein, begleiten) zurückgedrängt werden kann, und nach Nachbarschaft. Ein dichtes, rund um die Uhr besetztes Netz von Telefonseelsorgestellen kann in der Krise wichtige Überbrückungsdienste leisten. Die Verkündigung muß den Mut haben, Mittel, die im Leben halten, öffentl. von solchen zu unterscheiden, an denen wir seelisch sterben, ehe immer weitere Opfer einer scheinbar humanen weltanschaulichen Neutralität und faktischer Gleichgültigkeitspraxis zum ausschließlich *nach*gehenden Handeln zwingen. Gegenüber dem materialistisch-funktionalen Denken müssen von einer Weisheit her Grenzen gezogen werden, die die in Mythos, Märchen und Bibel, aber auch in unserem (kollektiven) Unbewußten wie im Unterbewußtsein enthaltenen Bilder und Botschaften gleichrangig mit den Nachrichten des Tages hören und verstehen lehrt. Und diese Weisheit gehört in die Bildung des Laien, ins Tagesgespräch, damit auch diejenigen, die ihre Hilferufe nur noch in paradoxer und bildhafter Gestalt aussenden können, von allen verstanden werden. – S.toten das kirchl. Begräbnis zu verweigern, ist lieblos und kaum noch üblich.

H. ROST, Bibliographie des S., 1927 – D. BONHOEFFER, Ethik, 1949 – K. BARTH, Kirchl. Dogmatik III, 4, 1957 – E. STENGEL, S. und S.versuch, 1969 – E. DURKHEIM, Der Selbstmord, 1973 (= franz. 1897) – F. BÖCKER, Suizide und Suizidversuche in der Großstadt, 1973 – H. HENSELER, Narzißtische Krisen/Zur Psychodynamik des S., 1974 – E. RINGEL, S. – Appell an die anderen, 1974 – J. AMÉRY, Hand an sich legen. Diskurs über den Freitod, 1976 – K.-P. JÖRNS, Nicht leben und nicht sterben können. Suizidgefährdung – Suche nach dem Leben, 1979 – C. REIMER, Suizid. Ergebnisse und Therapie, 1982.

Klaus-Peter Jörns

II. Rechtlich. A. Verfassungsrechtlich. Für das Verf.recht sind mit dem S. zwei Fragen verbunden:

1. Pflicht des Staates zur Unterbindung des S.? Eine derartige Pflicht, auf Grund deren der G.geber vor allem die Verwaltungsorgane zum Einschreiten gegen Selbstmörder verpflichten *müßte,* besteht *nicht* (bestr.); es gibt keine Verf.bestimmung, in der sie ausdrückl. oder auch nur implicite niedergelegt wäre. Zwar gewährt Art. 2 II S. 1 GG das Recht auf Leben (→Lebensrecht). Nach der Rspr. des BVerfG (BVerfGE 39,1 [41 ff.]) folgt daraus auch die Pflicht des Staates, das Leben gegen Eingriffe von dritter Seite zu schützen. Ob es auch gegen seinen eigenen Träger geschützt werden muß, ist u. a. bei den Hungerstreiks von Häftlingen aus der Terrorszene aktuell geworden. Die Frage ist wohl zu verneinen (sehr umstr.). Jedes Grundrecht enthält auch die Freiheit seiner Nichtausübung, zB die Freiheit, *keiner* Vereinigung beizutreten, *keine* Meinung zu äußern, *keine* Religion auszuüben. Übertrüge man diesen selbstverständl. Grundsatz der Grundrechtsauslegung auf das Leben, so wäre dann aus Art. 2

II GG sogar die grds. Freiheit des S. herzuleiten. Etwas anderes folgt wohl auch nicht aus Art. 1 GG, dessen Abs. I S. 2 die Staatsorgane ausdrückl. nicht nur zur Achtung, sondern auch zum *Schutz* der →Menschenwürde (s. dort 2) verpflichtet. Die hier im Zusammenhang mit dem S. mitunter anzutreffende Argumentation „ohne Leben keine Menschenwürde“ ist mehr als fragwürdig. Wäre sie richtig, so enthielte das GG mit seiner ausdrückl. festgelegten Möglichkeit zum Eingriff in das Leben (Art. 2 II, S. 3) einerseits, seiner Garantie der Menschenwürde andererseits einen unlösbaren Widerspruch. Auch aus den Grundpflichten des Bürgers (Wehr-, Steuerpflicht) kann nicht etwa auf eine staatl. Pflicht zur Verhinderung von S.en geschlossen werden. Zwar entzieht sich der Selbstmörder durch seinen S. diesen Pflichten, aber das GG geht von einem Menschen- und Staatsbild aus, mit dem eine „dingliche“ Berechtigung des Staates an Leib und Leben seiner Bürger auf Grund der Bürgerpflichten unvereinbar ist.

2. Recht des Staates zur Unterbindung des S.? Ähnl. sicher ist freilich, daß es dem Staat nicht verwehrt werden kann, von sich aus G.e zu erlassen, die Verwaltung (und Gerichte) zur Unterbindung (und Bestrafung) des S. verpflichten. Selbst wenn man Art. 2 II S. 1 GG grds. auch als Freiheit zum S. verstünde, ergäbe sich dieses Recht aus Art. 2 II S. 3, wo Eingriffe auf Grund Gesetzes ausdrückl. vorgesehen sind. Das gilt jedenfalls für die typischen S.e, die in geistiger Verwirrung oder aus einer augenblickl. Verzweiflung begangen werden. Schranken für das staatl. Eingreifen könnten sich hier allerdings u. U. bei Selbstmördern ergeben, die auf Grund einer bes. Weltanschauung auf diese Weise „der Vollendung entgegenstreben“ u. ä. Ob hier nicht Art. 2 II S. 3 GG durch Art. 1 GG (Menschenwürde) und Art. 4 GG (Glaubensfreiheit usw.) überlagert wird, ist eine bislang völlig offene Frage.

Th. Maunz, G. Dürig, GG, Komm., Art. 2 II Rdnr. 12 – J. v. Münch, GG-Komm., 1984[3], Art. 2, Rdnr. 41 (Lit.).

Roman Herzog

B. Strafrechtlich. Der S. und damit auch der mißglückende S.versuch sind nach dt. Recht nicht mit Strafe bedroht. Infolgedessen ist die Teilnahme daran, also die *Anstiftung oder Beihilfe zu fremdem S.*, grds. ebenfalls straflos. Etwas anderes gilt nur dann, wenn die Selbsttötung nicht auf einem im Rechtssinn freien und verantwortl. Entschluß des Selbstmörders beruht. Wer daher ein Kind, einen nicht einsichtsfähigen Jugendlichen oder einen Geisteskranken zum S. veranlaßt oder dabei Hilfe leistet, oder wer einen anderen mit Gewalt oder Drohung zum S. zwingt, wird als mittelbarer Täter eines Totschlages oder Mordes bestraft. Außerdem sind bei Menschen, denen das Verständnis für die Bedeutung eines S. fehlt, die für ihren Schutz verantwortl. Personen verpflichtet, einen S. zu verhindern, soweit das in ihrer Macht steht. Der Pfleger, der den S. eines ihm anvertrauten Geisteskranken geschehen läßt, kann deshalb wegen eines Totschlages durch Unterlassen bestraft werden.

Insoweit besteht in Wissenschaft und Rspr. Einigkeit. Doch hat der BGH für den Fall der *Nichthinderung fremden S.* in zwei Punkten eine weitergehende Strafbarkeit angenommen.

1. Nach der neueren Rspr. ist jeder Staatsbürger, wenn durch einen S.versuch eine ernste Gefahrenlage für den Selbstmörder entstanden ist, zum Eingreifen verpflichtet, soweit das ohne erhebl. eigene Gefahr und ohne Verletzung anderer wichtiger Pflichten mögl. ist. Tut er das nicht, so kann er wegen unterlassener Hilfeleistung nach § 323 c StGB mit Freiheitsstrafe bis zu einem Jahr oder mit Geldstrafe bestraft werden.

2. Darüber hinausgehend sollen Personen, die dem Selbstmörder nahestehen (Familienmitglieder, Verlobte), sich sogar eines Totschlages durch Unterlassen schuldig machen können, wenn sie das durch den S.versuch in eine hilflose Lage geratene Opfer nicht retten. Wer also einen Angehörigen, der sich erhängt hat, bewußtlos, aber noch lebend vorfindet, kann, wenn er die Rettung unterläßt, wegen Totschlags (§ 212 StGB) zur Verantwortung gezogen werden. Ob das stets gilt oder ob wenigstens dann die mildere Strafe des § 216 StGB (Tötung auf Verlangen) oder des § 323 c eintritt, wenn der Untätige nur aus Respekt vor dem Willen des Selbstmörders die Rettung unterlassen hat, ist bisher in der Rspr. nicht abschließend geklärt.

In der Wissenschaft hat die vom BGH vorgenommene Ausdehnung der Strafbarkeit wegen unterlassener S.hinderung überwiegend Ablehnung gefunden, weil sie im Widerspruch zur grds. anerkannten Straflosigkeit der aktiven Beihilfe zum S. steht.

Nach österr. Recht (§ 78 StG) sind die Verleitung zum S. und die Hilfeleistung dabei generell strafbar, während nach schweizer. Recht (Art. 115) die Strafbarkeit davon abhängt, ob der Täter aus selbstsüchtigen Beweggründen gehandelt hat. Auch sonst ist die Mitwirkung an fremdem S. im ausländischen Recht überwiegend strafbar. Nur in Frankreich, Belgien und Luxemburg besteht generelle Straflosigkeit.

E. Heinitz, Teilnahme und unterlassene Hilfeleistung beim S., JR 1954, 403–406 – D. König, Die Tötungsdelikte, Materialien zur Strafrechtsreform II, 1955, 209–234 – W. Gallas, Strafbares Unterlassen im Fall einer Selbsttötung, JZ 1960, 649–655, 686–692 – J. Wagner, S. und S.-Verhinderung, 1975 (Lit.) – G. Simson, Die Suizidtat, 1976 (Lit.) – C. Roxin, Die Mitwirkung beim Suizid – ein Tötungsdelikt?, Festschr. f. Dreher (1977) 331–355 – Ders., Täterschaft und Tatherrschaft, 1984[4], passim (Lit.) – W. Bottke, Suizid und Strafrecht, 1982 – A. Eser, Sterbewille und ärztliche Verantwortung, Medizinrecht (1985) 6–17.

Claus Roxin

C. Polizeirechtlich. Während der S., wie im vorstehenden Abschnitt ausgeführt, vom geltenden Strafrecht nicht mit Strafe bedroht ist, ist im →Polizeirecht durch G.gebung, Rspr. und Lehre gesichert, daß Polizeiorgane, die Kenntnis von einem S.vorhaben erhalten, zu seiner Unterbindung verpflichtet sind, und zwar nötigenfalls sogar mit dem Mittel der Schutzhaft. (Die Folgen für das Verhalten im Strafvollzug liegen auf der Hand.) Der eigenartige Gegensatz zum Strafrecht wird dabei durch die Erklärung überbrückt, daß die Polizei nicht zum Schutze des Selbstmörders, sondern zum Schutz der öffentl. Ordnung eingreife. Diese Begründung ist bei S.en in der Öffentlichkeit überzeugend, bei S.en zB in der eigenen Wohnung des Selbstmörders ist sie aber zumindest nicht unproblematisch, wenn auch Bedenken gegen die *Gültigkeit* der bestehenden polizeirechtl. Regelung aus den oben II A 2 dargestellten Gründen nicht bestehen.

E. Rasch, Allg. Polizei- u. Ordnungsrecht, 1982[2], 21 (Lit.).

Roman Herzog

Selbstverwaltung. I. Berufsständische. A. Allgemeines. Seit jeher ist im Bereich der berufl. Betätigungen die Initiative zu Zusammenschlüssen auf privater Grundlage bes. rege. Der moderne Staat, der auch im berufl. Bereich zu zahlreichen Eingriffen in das freie Spiel der Kräfte gezwungen ist (→Wirtschaftsverfassung), tritt einer derartigen Eigeninitiative unter zweierlei Aspekten gegenüber. Einerseits ermöglicht sie es ihm, Sachverstand und unmittelbares Interesse auf Gebieten fruchtbar zu machen, die seiner ordnenden Hand ohnehin bedürfen, denen er aber mit seinem Behördenapparat allein nicht gewachsen wäre. Andererseits hat er darüber zu wachen, daß private Machtpositionen nicht mißbraucht werden können. Wegen dieser zwiespältigen Ausgangslage ist die b. S. heute nicht ein nach einheitl. Gesichtspunkten ausgerichtetes Gebilde, sondern durch zahlreiche Nuancierungen und durch die verschiedensten Rechtsformen gekennzeichnet. Auf der einen Seite stehen jene Zusammenschlüsse, die auf ein bloßes Gebrauchmachen von den Freiheitsrechten der Verf. zurückgehen, angefangen von den losen Zusammenschlüssen zur Förderung gemeinsamer berufl. Interessen über profilierte Erscheinungen wie die Landwirtschaftl. Berufsgenossenschaften bis zu den Arbeitgeber- und Arbeitnehmerorganisationen. Verf.rechtl. Ausgangspunkt sind hier insbes. die Art. 2, 9 und 12 GG; aus diesen Vorschriften ergeben sich auch die wichtigsten Grenzen für die private Initiative.

In einem engeren, allerdings nicht immer genau abgrenzbaren Sinn meint der Begriff der b. S. jedoch etwas anderes. Häufig begnügt sich der Staat nämlich nicht damit, lediglich private Tätigkeit im Bereich der Berufsorganisation zu überwachen, sondern er gliedert hist. gewachsene Formen in die öffentl.-rechtl. Organisation ein oder schafft je nach Bedarf im Rahmen dieser Organisation neue Formen der b. S. Insoweit versteht man unter b. S. die Tätigkeit jener Organisationen im berufl. Bereich, die vom Staat durch G. oder auf Grund G. ins Leben gerufen werden und staatl. Aufsicht unterliegen. Die Zugehörigkeit zur staatl. Organisation i. w. S. hat zur Folge, daß die b. S. hier nicht mehr reine Interessenvertretung sein kann, sondern stets am Gesamtwohl orientiert sein muß. Wahrgenommen wird die b. S. regelmäßig durch aus der unmittelbaren Staatsorganisation ausgegliederte →juristische Personen des öffentlichen Rechts (meist Körperschaften), die das *BVerfG* als „eine Art Sonderverwaltungsbehörde“ bezeichnet *(BVerfGE 15, 240)* und denen die Erledigung bestimmter Aufgaben im berufl. Bereich übertragen wird. Meist sind diese Organisationen mit dem Recht ausgestattet, Satzungen zu erlassen (→Autonomie). Charakteristisch, wenn auch nicht wesensnotwendig, sind ferner Zwangsmitgliedschaft und Zwangsbeiträge. Verf.rechtl. Bedenken dagegen werden vorwiegend unter dem Gesichtspunkt der negativen Koalitionsfreiheit vorgebracht, die es jedermann gestattet, sich Vereinigungen *nicht* anzuschließen. Dieses Recht gilt jedoch nach der ständigen Rspr. des *BVerfG (BVerfGE 10, 102; 15, 239)* nur im Verhältnis zu privatrechtl. Vereinigungen. Soweit öffentl.-rechtl. Verbände vom Staat gegründet werden, um legitime öffentl. Aufgaben wahrzunehmen, bestehen gegen eine Zwangsmitgliedschaft bei ihnen weder aus dem Gesichtspunkt des Art. 9 noch aus dem des Art. 2 I GG Bedenken *(BVerfGE 15, 242 ff.)*. Allerdings müssen sich Zwangsverbände strikt auf die ihnen übertragenen Selbstverwaltungsaufgaben beschränken (dazu *BVerwGE 64, 115 ff.;* OVG Koblenz GewArchiv 1980, 339) und haben insbesondere kein allgemeinpolitisches Mandat *(BVerwGE 64, 298 ff.)*. Zulässig ist auch eine Zwangsmitgliedschaft (die sich praktisch in einer Zwangsbeitragspflicht erschöpft) bei berufsständischen Versorgungseinrichtungen, wenn sie vernünftigen sozialpolitischen Zwecken dient *(BVerfGE 10, 363)*. Versuche, durch unmittelbaren oder mittelbaren Druck den Beitritt zu privatrechtl. Zusammenschlüssen herbeizuführen, unterliegen erhebl. verfassungsrechtl. Bedenken (vgl. auch *BVerfGE 31, 297, 302*), wobei insbes. zu beachten ist, daß die negative Koalitionsfreiheit gerade auch in den Beziehungen Privater untereinander ihre Wirksamkeit entfaltet (sog. Drittwirkung). Notwendige Ergänzung zur Selbstverwaltung ist die staatl. Aufsicht, die als Rechts- oder Fachaufsicht ausgestaltet sein kann (s. a. Autonomie); sie äußert sich zuweilen nur in einem Informationsrecht, kann aber auch das Recht zur Beanstandung oder äußerstenfalls sogar zur Zwangsauflösung beinhalten.

B. Wichtige Erscheinungsformen. *1.* Die Selbstverwaltung des *Handwerks* ist in der Handwerksordnung i. d. F. vom 28. Dez. 1965 (BGBl. I 1966, S. 1) bundeseinheitl. geregelt; wesentl.

Bestimmungen dieses G. wurden schon vom *BVerfG* überprüft und für verf.mäßig erklärt. Das G. enthält eine „Positivliste" aller Tätigkeiten, die Handwerkscharakter haben und die demzufolge nur unter den bes., in der Handwerksordnung niedergelegten Voraussetzungen ausgeübt werden können. Der Weg zum Handwerksmeister, der ein Handwerk selbständig ausüben kann, führt im Normalfall über eine streng geregelte Ausbildung (Lehrlings- und Gesellenzeit). Bei dieser Ausbildung, aber auch bei der gesamten anderen handwerkl. Betätigung, spielen die Selbstverwaltungseinrichtungen des Handwerks (Handwerksinnungen, Innungsverbände, Kreishandwerkerschaften und Handwerkskammern) eine bedeutsame Rolle.

Die Handwerks*innungen* sind freiwillige Zusammenschlüsse von Handwerkern des gleichen Handwerks oder ähnl. Handwerke innerhalb eines Innungsbezirks. Innerhalb dieses Bezirks kann es für ein Handwerk nur eine Innung geben, die eine Körperschaft des öffentl. Rechts ist und sich eine Satzung geben muß. Aufgabe der Innung ist die Förderung des Berufswesens, insbes. die Förderung des Berufsnachwuchses, u. U. die Abnahme von Gesellenprüfungen, die Erstattung von Gutachten, die Schaffung sozialer Hilfseinrichtungen für das Handwerk und der Abschluß örtl. begrenzter Tarifverträge. In den Organen der Innung – Innungsversammlung, Vorstand, Ausschüsse – ist z. T. auch für eine Vertretung der Gesellen gesorgt. Die einzelnen Innungen können zu Landesinnungsverbänden zusammengeschlossen werden. Bei ihnen handelt es sich um jur. Personen des Privatrechts, die allerdings eine den Innungssatzungen gleichartige Satzung haben müssen. Die Aufgaben der Innungsverbände decken sich – unter Betonung des überörtl. Charakters – weitgehend mit denen der Innungen. Die Landesinnungsverbände können ihrerseits zu einem Bundesinnungsverband zusammengeschlossen werden.

Alle Handwerksinnungen, die in einem Stadt- oder Landkreis ihren Sitz haben, bilden die *Kreishandwerkerschaft.* Sie ist Körperschaft des öffentl. Rechts und hat die Interessen der gesamten Handwerkerschaft zu vertreten.

Wichtigstes Organ der Handwerkerschaft ist jedoch die *Handwerkskammer.* Sie ist Körperschaft des öffentl. Rechts und wird von der obersten Landesbehörde i. d. R. für den Bezirk einer höheren Verwaltungsbehörde (Regierungsbezirk) gegründet; sie stellt also einen Zwangszusammenschluß dar. Ihre wichtigste Aufgabe ist die Leitung des gesamten Ausbildungswesens, soweit nicht einzelne Aufgaben gesetzl. einer anderen Stelle übertragen sind. Die Handwerkskammern legen also insbes. die Ordnungen für die Gesellen- und Meisterprüfungen fest und errichten die für die Abnahme der Prüfung erforderl. Ausschüsse. Bei ihnen wird die Handwerksrolle geführt, in die jeder Handwerksmeister einzutragen ist, ebenso die Lehrlingsrolle. Die Handwerkskammern bestellen und vereidigen Sachverständige in Fragen des Handwerks und sollen ganz allg. von allen staatl. Stellen bei allen das Handwerk betr. Angelegenheiten gehört werden. Die Mitglieder der Handwerkskammern – ihre Zahl wird durch die Satzung festgelegt – werden in allg., gleicher und geheimer Wahl von den in der Handwerksrolle eingetragenen natürl. und jur. Personen gewählt; ein Drittel der Mitglieder müssen Gesellen sein, die von den Gesellen des Bereiches durch Wahlmänner bestimmt werden. Die Wahl erfolgt jeweils auf fünf Jahre. Organe der Handwerkskammern sind die Mitgliederversammlung (Vollversammlung), der Vorstand und die Ausschüsse. Die Rechtsaufsicht über die Handwerkskammern übt die jeweilige oberste Landesbehörde aus.

2. Die *Industrie- und Handelskammern* (IHKn) treten neben die Handwerkskammern als Selbstverwaltungsorganisationen der *nichthandwerkl. gewerbl. Unternehmen.* Ihre bundeseinheitl. gesetzl. Grundlage haben sie im „G. zur vorläufigen Regelung des Rechts der IHKn" vom 18. Dez. 1956 (BGBl. I S. 920). Zur Ausführung dieses G. sind einzelne LandesG.e ergangen. Die IHKn, Körperschaften des öffentl. Rechts, haben insbes. die Aufgabe, das Gesamtinteresse der ihnen zugehörigen Gewerbe wahrzunehmen und darüber hinaus ausgleichend zwischen den unterschiedl. Interessen dieser Gewerbe zu wirken. Praktisch bes. bedeutsame Aufgaben sind ferner die Erstattung von sachverständigen Gutachten für Behörden (Gerichte!), etwa über das Bestehen von Handelsbräuchen, die Mitwirkung bei der Berufsausbildung, die Durchführung der Börsenaufsicht und die Ausübung des Vorschlagsrechts bezüglich der Handelsrichter (§ 108 GVG). Die Wahrnehmung politischer oder arbeitsrechtl. Interessen ist den IHKn nach der gegenwärtigen Rechtslage untersagt. Mitglieder der IHKn sind – von Ausnahmefällen, wie den landwirtschaftl. Berufsgenossenschaften abgesehen – natürl. und jur. Personen sowie Handelsgesellschaften, die im Kammerbezirk eine gewerbl. Niederlassung, eine Betriebsstätte oder eine Verkaufsstelle unterhalten und zur Gewerbesteuer veranlagt werden. Die Kammerbeiträge, die wie Gemeindeabgaben, d. h. im Verwaltungsweg, beigetrieben werden können, sind als Umlage auf der Grundlage der Gewerbesteuermeßbeträge zu entrichten. Die Kammerzugehörigen wählen eine Vollversammlung, die für die wichtigsten Geschäfte zuständig ist. Von der Vollversammlung werden der Präsident und der Hauptgeschäftsführer bestimmt; sie vertreten die Kammer gerichtl. und außergerichtl. Die Kammern unterliegen der Rechtsaufsicht des Landes; nähere Einzelheiten dazu regelt das Landesrecht. Für bestimmte Beschlüsse ist die Genehmigung der Rechtsaufsichtsbehörde vorgeschrieben. Eine gesetzl. nicht bes. geregelte und mit keinen bes. Befugnissen ausgestattete Unterart der Handwerkskammern sind die *Außenhandelskammern*. Bei ihnen handelt es sich um – meist vom Staat geförderte – Zusammenschlüsse von Kaufleuten und Firmen zur Wahrnehmung von Wirtschaftsinteressen der Kammermitglieder im Ausland. Sie sind rein privatrechtl. organisiert und stehen im Ausland für Informationen über die dt. Wirtschaft zur Verfügung; andererseits sollen sie der dt. Wirtschaft das Tätigwerden im Ausland erleichtern. Ihre Tätigkeit tritt also ergänzend und unterstützend zur staatl. Außenhandelspolitik hinzu.

3. In den wesentl. Grundzügen nach einheitl. Gesichtspunkten geregelt ist das Standesrecht der *medizinischen und rechtsberatenden Berufe* (für das Recht der Heilberufe vgl. die einzelnen landesrechtl. Regelungen, Nachweise bei KUHNS, Abschn. II, S. 95 ff.; für die rechtsberatenden Berufe s. Bundesrechtsanwaltsordnung v. 1. 8. 1959, BGBl I S. 565, und G. über die Rechtsverhältnisse der Steuerberater und Steuerbevollmächtigten (StBerG) v. 4. 11. 1975).

Die Angehörigen dieser Berufe sind kraft G. zu Kammern zusammengefaßt, die Körperschaften des öffentl. Rechts und mit den für die Geschäftsführung notwendigen Organen ausgestattet sind. Jedes Kammermitglied ist zur Bezahlung von Beiträgen verpflichtet; häufig besteht auch eine obligatorische Versicherung für den Alters- oder Krankheitsfall, die die mit dem freien Beruf verbundenen Risiken mindern und die Versicherten und ihre Angehörigen vor wirtschaftl. Not schützen soll. Die Kammern haben die Aufgabe, die Berufsinteressen ihrer Mitglieder in jeder Beziehung zu fördern. Sie sollen ferner eine ordnungs- und standesgemäße Berufsausübung (etwa durch Unterbindung standeswidriger Konkurrenz oder Reklame) sicherstellen (zu den hierbei zu beachtenden Grenzen vgl. *BVerfGE 33, 125 ff.*). Die Kammern unterstehen i. a. der Rechtsaufsicht der obersten Landesbehörden. Von bes. praktischer Bedeutung ist die mit den Kammern sachl. eng verbundene Berufs- oder Standesgerichtsbarkeit (zu ihren verfassungsrechtl. Voraussetzungen und Grenzen vgl. *BVerfGE 18, 241 ff., 66, 337 ff.*). Angehörige der entsprechenden Berufe üben – für die Dauer ihres Amtes mit den Privilegien von Berufsrichtern ausgestattet – ehrenamtl. Gerichtsbarkeit in Fragen des Berufs aus. Nur bei leichten Verstößen gegen Berufspflichten ist zuweilen eine Ahndung im Verwaltungsweg ohne förml. Verfahren vorgesehen. Im übrigen sind als Strafen für die schuldhafte Verletzung von Berufspflichten etwa Warnung, Belehrung, Verweis, Geldbußen (z. T. bis zu 10 000 DM) und in bes. schweren Fällen Ausschließung aus dem Berufsstand bzw. Untersagung der Berufsausübung vorgesehen. Diese Strafen treten selbständig neben Verurteilungen nach strafrechtl. Vorschriften (etwa das Verbot der Berufsausübung nach § 42 1 StGB) und neben die Anordnungen staatl. Behörden. Gegen die Entscheidungen der Berufsgerichte gibt es Rechtsmittel, die in schweren Fällen bis zum BGH führen können (→Rechtsprechung).

4. Landesrechtl. geregelt und daher in den verschiedenen Bundesländern uneinheitlich ist das Recht der b. S. im Bereich der *Landwirtschaft.* In den meisten Bundesländern gibt es – entsprechend den Handwerkskammern und den IHKn – *Landwirtschaftskammern* mit Zwangsmitgliedschaft und Zwangsbeiträgen. Diese Beiträge werden als Umlage erhoben und errechnen sich aus dem Einheitswert der landwirtschaftl. Unternehmen, wobei der Satz i. d. R. bei 2 – 3 ‰ liegt. In einigen süddt. Ländern ist die b. S. der Landwirtschaft in *Bauernverbänden* auf freiwilliger Grundlage organisiert; auch die Landwirtschaftsministerien nehmen hier z. T. Aufgaben wahr, die in anderen Ländern den Landwirtschaftskammern obliegen.

5. Neben diesen im ganzen Bundesgebiet bekannten Formen der b. S. gibt es in einzelnen Bundesländern noch durch die politische Konstellation oder durch die hist. Entwicklung bedingte Sonderformen. So haben etwa Bremen und das Saarland *Arbeitnehmerkammern* (die selbständig und unabhängig neben den Gewerkschaften stehen) mit der Aufgabe, die Interessen von Arbeitern und Angestellten bes. zu vertreten. Diese Kammern haben die Rechtsform von Körperschaften des öffentl. Rechts, nehmen aber praktisch nur gutachtl. Aufgaben wahr (zu ihrer Vereinbarkeit mit dem GG vgl. *BVerfGE 38, 281 ff.*). Zum Ausgleich zwischen den Interessen von Arbeitgebern und Arbeitnehmern gibt es in Bremen und in Rheinland-Pfalz außerdem noch *Wirtschaftskammern* mit paritätischer Besetzung, die ebenfalls vorwiegend beratend tätig werden. Politisch sind Bestrebungen im Gespräch, den Kammergedanken auch auf andere Bundesländer auszudehnen.

Zu A.: W. BROHM, Strukturen der Wirtschaftsverwaltung, 1969 – DERS., Selbstverwaltung in Wirtschafts- und berufsständischen Kammern, Festgabe f. Chr. v. Unruh, 1983, S. 777 – 807 – G. RINCK, Wirtschaftsrecht, 5. Aufl. 1977 – W. FIKENTSCHER, Wirtschaftsrecht, 2 Bde. 1983.

Zu B.: L. FRÖHLER, Die Staatsaufsicht über die Handwerkskammern, 1957 – DERS., Das Organisationsrecht der Handwerksordnung, 1973 – E. SAUER, Landwirtschaftl. Selbstverwaltung, 1957 – R. KUHNS, Das ges. Recht der Heilberufe, 1958, Abschn. II, 95 ff. – F. ETMER, P. V. LUNDT, P. SCHIWY, Bundesärzteordnung und das Recht der übrigen Heilberufe, 3 Bde 1981 – K. JESSNITZER, Bundesrechtsanwaltsordnung, 2. Aufl. 1984 (Lit.) – H. BREMER, Kammerrecht der Wirtschaft, 1960 – G. FRENTZEL, E. JÄKEL, W. JUNGE, IHKG, 4. Aufl. 1982 – H. GEHRE, Steuerberatungsgesetz, 1981.

Walter Schick

II. Kommunale. A. Begriffe. S. bedeutet auch hier, daß bestimmte öffentl. Aufgaben nicht durch den Staat, sondern in weitgehender rechtl. *Unabhängigkeit* („Autonomie") durch eigenständige juristische Personen des öffentl. Rechts (→Staatsorganisation) erfüllt werden, im Falle der kommunalen S. eben durch kommunale Körperschaften, unter denen die *Gemeinden* den ersten Rang einnehmen (→Kommunalrecht). Daß sich mit dieser S. *im Rechtssinne* heute ebenso wie im vorigen Jahrhundert zugleich die Vorstellung *bürgerschaftlicher S.*, also weitgehender Beteiligung der Bürger an den sie betreffenden Entscheidungen, verbindet, muß hier ebenso angemerkt werden wie die bare Selbstverständlichkeit, daß mit „Selbst*verwaltung*" entgegen dem Wortsinn nicht etwa der Vollzug anderweitig getroffener Entscheidungen, sondern *die Entscheidung selbst* gemeint ist; man spräche also besser von Selbstentscheidung, Selbstgestaltung o. ä.

B. Grundlagen. Die theoretische Begründung der kommunalen S. geht mitunter gewagte Wege. Soweit sie nicht ganz allgemein vom →Subsidiaritätsprinzip aus unternommen wird (das aber seinerseits wieder auf jeder gesellschaftl. Stufe einer eigenen Begründung bedarf), wird häufig mit der historischen Behauptung gearbeitet, daß die Gemeinden „vor dem Staate dagewesen seien". Ganz abgesehen davon, daß das für kommunale Körperschaften wie die (Land-) Kreise, die nordrhein-westfälischen Landschaftsverbände oder die bayerischen Bezirke mit Sicherheit nicht gilt, wird man auch für die modernen Gemeinden – selbst wenn man von den Ergebnissen der Territorialreform der sechziger und siebziger Jahre absieht – schwerlich behaupten können, sie seien wirklich vor dem Staat entstanden (wenn zB auch zuzugeben ist, daß sich das öffentl. Leben nach dem 2. Weltkrieg tatsächlich von den Gemeinden aus wieder entwickelt hat, was aber größtenteils auf bewußten Willensakten der Militärregierungen beruhte). So bleiben zur Begründung der kommunalen S. also letztlich nur *praktische* – dafür aber auch voll tragfähige – Argumente: a) die Tatsache, daß die kommunale S. einen gewichtigen Part im System der vertikalen →Gewaltenteilung spielen kann, b) die Überlegung, daß es auch in einem modernen Staat zahlreiche Fragen gibt, die am besten „vor Ort", d. h. aufgrund genauer Kenntnis konkreter Situationen getroffen werden, und c) die eng damit zusammenhängende Überlegung, daß gerade in solchen überschaubaren Räumen der bürgerschaftl. S. (siehe A) die größten Chancen zuzusprechen sind.

Die kommunale S. ist die einzige Form der S., die im GG ausdrückl. Erwähnung gefunden hat. Nach Art. 28 II GG muß den Gemeinden das Recht gewährleistet sein, „alle Angelegenheiten der örtl. Gemeinschaft im Rahmen der Gesetze in eigener Verantwortung zu regeln". Die Kreise werden als „Gemeindeverbände" zwar ebenfalls erwähnt, ihr Schutz ist aber sichtlich schwächer. Ähnlich ist die Lage in den meisten →Landesverfassungen. Daß die kommunale S. auch nach Art. 28 II GG nur *im Rahmen der Gesetze* gilt, bedeutet freilich nicht nur, daß sich die Gemeinden bei ihrer Tätigkeit an die allgemeinen Gesetze zu halten haben, sondern es muß auch so verstanden werden, daß der Staat in der Form des Gesetzes auch eindeutige Angelegenheiten der örtl. Gemeinschaft *an sich ziehen kann.* Nach dem GG unterliegt die kommunale S. also einer weitgehenden Disposition durch den staatl. Gesetzgeber (einem Gesetzesvorbehalt), was sie erheblich schwächt. Das BVerfG geht zwar davon aus, daß auch der Gesetzgeber nicht in den Wesensgehalt der kommunalen S. eingreifen darf. Da dieser Begriff aber äußerst unklar ist, haben sich daraus bisher nur Folgerungen bei allzu weitgehenden Eingriffen des Staates in die kommunale *Personalhoheit* ergeben.

C. Moderne Gefährdungen der kommunalen S. Mit dem Vorstehenden sind bereits die wichtigsten Bedrohungen der kommunalen S. angesprochen, über die heute von kommunaler Seite – zu Recht – Klage geführt wird.

1. Die Möglichkeiten kommunaler Selbstentscheidung leiden heute zunächst einmal unter der erdrückenden Fülle staatl. Normen, der sog. *Normenflut.* Dabei ist nicht so sehr an die Kommunalgesetze der Länder zu denken, in denen die Grundsätze der inneren Verfassung der kommunalen Körperschaften, ihre rechtl. Stellung im Verhältnis zum Staat und ihre Aufgabenbereiche geregelt werden (→Kommunalrecht), als vielmehr an die unzähligen Gesetze, Verordnungen, Verwaltungsvorschriften, Richtlinien usw., durch die Bund und Länder jene Sachmaterien reglementieren, in denen sich gerade auch die Kommunen betätigen, oder mit denen sie sonst in das Leben der lokalen Gemeinschaften hineinwirken. Deshalb gehört die Ausdünnung dieses immer dichter werdenden Paragraphennetzes, das zB auch die mittelständische Wirtschaft immer heftiger beklagt, auch zu den vorrangigsten Forderungen der kommunalen Spitzenverbände.

2. Neben diesen immerhin noch herkömml. Normen sind es v. a. die verschiedenen staatl. *Planungen,* durch die sich die Kommunen in ihrer S. aufs äußerste eingeengt fühlen. So sinnvoll →Planung im allgemeinen sein mag, ist tatsächlich nicht zu verkennen, daß sie das Leben gerade der Gemeinden empfindlich zu stören und einzuengen vermag. So entscheiden zB über die Entwicklung des Schulwesens, dessen Bedeutung für das gemeindl. Leben schlechterdings nicht überschätzt werden kann, die Schulentwicklungspläne der Kultusminister, über die Standorte gerade empfindl. überregionaler Anlagen (die aber dann eben doch in einem bestimmten Gemeinde- oder Kreisgebiet liegen) die Fachplanungen der einzelnen zuständigen Ressorts (zB Standorte für Kraftwerke, Krankenhäuser, Sondermülldeponien usw., aber auch Straßentrassierungen u. dgl.), über die wirtschaftl. Aufgabenverteilung, die Lenkung der Bevölkerungsströme usw. die staatl. Raum- und Entwicklungspläne; selbst die ursprünglichste kommunale Planungsaufgabe, nämlich die Bebauungsplanung, ist durch die Flächennutzungspläne, die auf höherer Ebene entstehen, weithin

gebunden. Den Sinn aller dieser Planungen wird man dem Grundsatz nach nicht bestreiten können. Es bleibt aber das Faktum, daß sie die kommunale S. oft bis zum Nullpunkt einschränken und daß der Perfektionismus, dessen sie sich befleißigen, oft auch sachlich nicht gerechtfertigt ist.

3. Schließlich fühlen sich die kommunalen Körperschaften durch die zahlreichen staatl. (Mit-)*Finanzierungsangebote* mehr eingeengt als unterstützt („goldener Zügel"). Für die einzelne Gemeinde, die eine Gemeindestraße, eine Sportstätte o. ä. bauen will, ist staatl. Unterstützung natürlich von großem Wert. Richtig ist aber auch, daß manche Entwicklungs- oder Investitionsmaßnahme einer anderen, zumindest gleich wichtigen, gerade deshalb vorgezogen wird (und wohl auch werden muß), weil für sie ein staatl. Zuschuß zu erhalten ist, und daß dieser dann meist auch noch von engmaschigen staatl. Auflagen abhängig gemacht wird, die die kommunale Selbstentscheidung wiederum auf ein Minimum reduzieren. Die oft geforderte Beseitigung dieser staatl. Unterstützungsprogramme und die Überführung der dafür verwendeten Mittel in den kommunalen Finanzausgleich ist zwar auch nicht das richtige Mittel, weil damit der besonderen Belastung der *einzelnen* Gemeinde nicht genug Rechnung getragen werden kann. Notwendig ist aber zumindest eine kräftige Reduzierung der staatl. Mitgestaltungsrechte.

Lit. →Kommunalrecht.

Roman Herzog

Senat. S. ist die Bezeichnung verschiedenartigster kollegialer, d. h. aus einer Mehrheit von Personen zusammengesetzter Staatsorgane (→Staatsorganisation). Sieht man vom S. der röm. Republik ab, von dem die Bezeichnung stammt und der jahrhundertelang das zentrale röm. Staatsorgan war, so bleiben insbes. folgende Verwendungen des Wortes: 1. Als S. wird in zahlreichen Staaten die Zweite Kammer des →Parlaments bezeichnet, wobei mit der Benennung allein weder über die Art der Zusammensetzung noch über Art und Umfang der Befugnisse etwas ausgesagt ist; im einzelnen →Zweikammersystem. – 2. Als S.e werden ferner bei den höheren Gerichten (meist der 2. und 3. Instanz) die einzelnen Spruchkörper bezeichnet, während die Spruchkörper der unteren Gerichte entweder überhaupt nur mit Einzelrichtern besetzt sind oder als Kammern bezeichnet werden; im einzelnen →Gerichtsverfassung. – 3. In den drei Stadtstaaten der Bundesrepublik (Berlin, Bremen, Hamburg) werden die Landesregierungen als S. bezeichnet (→Landesverfassungen). – 4. Schließlich werden auch die obersten Leitungsorgane von →Hochschulen i. a. als S. bezeichnet.

Roman Herzog

Sicherheitspolitik. I. S. ist das staatl. Bemühen, Auseinandersetzungen mit milit. Gewalt zu verhüten. Sie soll die staatl. →Souveränität sichern und die Freiheit der innerstaatl. Entscheidungsprozesse vor Androhung oder Anwendung von Druck und Gewalt bewahren.

A. Die S. der Bundesrepublik Deutschland ist **Friedenspolitik**. Vorrangiges Ziel ist die Erhaltung des →Friedens in →Freiheit und Unabhängigkeit. Die S. fördert aktiv die internationale Kooperation – auch zwischen Staaten unterschiedl. Gesellschaftsordnungen – zum allseitigen Vorteil und pflegt die zwischenstaatl. Beziehungen, um den bürgerl. Freiheitsrechten und den →Menschenrechten zu universeller Geltung zu verhelfen sowie die Unabhängigkeit aller Staaten zu stärken. Durch Verhandlungen über *Rüstungskontrolle* und →*Abrüstung* trägt die deutsche S. dazu bei, die Androhung oder Anwendung von Gewalt zwischen den Staaten als Mittel zur Lösung internationaler Konflikte auszuschließen sowie ein stabiles Gleichgewicht zwischen den Machtblöcken auf möglichst niedrigem Rüstungsniveau herzustellen. Die deutsche S. ist dem Friedensgebot des GG (Art. 26) und des →Völkerrechts – insbes. der Charta der →Vereinten Nationen mit dem umfassenden Gewaltverbot und dem Recht der Staaten auf eigenständige und kollektive Selbstverteidigung – verpflichtet. Der Primat der Politik in der deutschen S. steht auch in der Verfassungswirklichkeit außer Zweifel. Die Streitkräfte der Bundesrepublik Deutschland haben – im Zusammenwirken mit anderen staatl. und gesellschaftl. Kräften – die Aufgabe, im Frieden durch Einsatzbereitschaft und Verteidigungsfähigkeit die äußere Sicherheit der Bundesrepublik Deutschland zu erhalten, in der Krise den Willen zur Selbstbehauptung zu demonstrieren und dadurch zur polit. Krisenbewältigung beizutragen sowie im Krieg – gemeinsam mit den Verbündeten – die lebenswichtigen Interessen der Bundesrepublik Deutschland zu verteidigen.

B. Die deutsche S. ist vornehmlich **Bündnispolitik**. Die feste Einbindung der Bundesrepublik Deutschland in die →Nordatlantische Allianz (NATO) und die Sicherheitspartnerschaft mit den Vereinigten Staaten von Amerika (USA) sind für die deutsche S. unverzichtbar. Diese Partnerschaft verleiht der Bundesrepublik Deutschland – insbes. auch gegenüber ihren östl. Nachbarn – Gewicht. Atlantische Sicherheitspartnerschaft, Unabhängigkeit und Freiheit Westeuropas liegen auch im vitalen Interesse der USA. Die Stärkung des europ. Pfeilers der Allianz ist ein bedeutender Beitrag der freien Völker Europas für die gemeinsame Sicherheit. Die Westeurop. Union (WEU) ist ein Element dieser Stabilitätspolitik. Der WEU-Vertrag von 1954 verpflichtet die Mitglieder – anders als der NATO-Vertrag – zum automatischen und uneingeschränkten Beistand im Falle eines Angriffs. Der Verteidigungsfähigkeit Westeuropas dient auch die bilaterale dt.-franz. Zusammenarbeit im Bereich der S. Sie ist keine Alternative zur atlantischen Sicherheitspartnerschaft, sondern ein komplementäres Element.

C. **Entscheidungsträger** deutscher S. Im Verteidigungsfall geht die im Frieden dem Bundesminister der Verteidigung übertragene Befehls- und Kommandogewalt über die Streitkräfte auf den Bundeskanzler über. Ihm und dem Bundeskabinett (→Bundesregierung) fällt die Aufgabe zu, ein geschlossenes sicherheitspolit. Konzept zu entwickeln, Schwerpunkte der S. festzulegen und die konkreten, zu deren Durchführung erforderl. Schritte zu initiieren. Zur Koordinierung sicherheitspolit. Fragen von grds. Bedeutung verfügt der Bundeskanzler über den *Bundessicherheitsrat (BSR)* – ein Kabinettsausschuß –, der ressortübergreifend sicherheitspolit. Optionen, Pläne und Dokumente zu beraten und Entscheidungen des Gesamtkabinetts vorzubereiten hat. *→Bundestag* und *→Bundesrat* schaffen als Gesetzgeber (→Gesetz, Gesetzgebung) die rechtl. Grundlagen für die S. der Bundesrepublik Deutschland. Es ist dem →Parlament vorbehalten, den Spannungsfall und den Verteidigungsfall gem. Art. 80 a und 115 a GG festzustellen. Im Falle der Beschlußunfähigkeit von Bundestag und Bundesrat tritt an deren Stelle der *Gemeinsame Ausschuß* unter Vorsitz des Bundestagspräsidenten (22 Abgeordnete aller Fraktionen und 11 Mitglieder des Bundesrates – Art. 53 a GG).

D. Deutsche S. greift über den militärpol. Bereich hinaus. Ein in seiner Bedeutung für die Stabilität in *Europa* wichtiges Element der S. ist der fortschreitende Einigungsprozeß der Staaten Westeuropas (→Europäische Einigung). Die Bemühungen der EG-Mitgliedstaaten (EG = →Europäische Gemeinschaft), eine gemeinsame polit. Zusammenarbeit in möglichst vielen Bereichen der Außenpolitik zu vertiefen, der Ausbau gemeinsamer Entscheidungsgremien und die Mehrung des Wohlstandes der europ. Völker haben auch positive Wirkungen auf die Stärkung des Friedens und der Stabilität in Europa und anderen Weltregionen.

E. Die Sicherheit der Bundesrepublik Deutschland und ihrer Bündnispartner kann durch Konflikte in der *Dritten Welt* nachhaltig beeinträchtigt werden. Die Stabilisierung der Lage der Staaten in der Dritten Welt mit diplomatischen, wirtschafts- und entwicklungspolit. Mitteln sowie die Unterstützung des Strebens dieser Staaten nach Unabhängigkeit stellen daher ein zusätzl. wichtiges Aktionsfeld der deutschen S. dar.

F. Ein weiteres wichtiges Element ist die **Ost- und Deutschlandpolitik**. Grundlage dieser Politik sind die in den 70er Jahren geschlossenen Verträge mit den osteurop. Nachbarstaaten und die Ergebnisse der →Konferenz über Sicherheit und Zusammenarbeit in Europa (KSZE). Die S. der Bundesrepublik Deutschland strebt im Rahmen ihrer Ostpolitik die Schaffung einer gesamteurop. Friedensordnung an, in der die gleichberechtigte Eigenständigkeit aller Staaten, die →Menschenrechte sowie das →Selbstbestimmungsrecht – auch aller Deutschen – verwirklicht werden. Der *KSZE*-(Helsinki-)Prozeß erhielt im Jahre 1984 einen frischen Impuls durch die Einberufung der Konferenz über Vertrauens- und Sicherheitsbildende Maßnahmen und Abrüstung in Europa.

Auch die *Deutschlandpolitik* fügt sich in das sicherheitspolit. Gesamtkonzept ein: Durch die Normalisierung der Beziehungen zwischen beiden dt. Staaten sollen – trotz Fortbestehens gegensätzl. Gesellschaftsordnungen – nicht nur die Lasten der Teilung Deutschlands gemildert, sondern auch ein aktiver Beitrag zu einer stabilen europ. Friedensordnung geleistet werden. Erfolge auf diesem Gebiet der S. kommen damit auch dem Erhalt des Status →Berlins und der Bindungen der Stadt an die Bundesrepublik Deutschland zugute.

II. Bedrohung. Wesentl. Maßstab für den Umfang eigener Verteidigungsanstrengungen sind polit. und milit. Absichten und Fähigkeiten des Warschauer Paktes (→Warschauer Beistandspakt-Organisation) unter der Führungsmacht Sowjetunion. Unter dem auch in den Warschauer-Pakt-Staaten unumstrittenen *Primat der Politik* bestimmen die polit. Richtlinien und Vorgaben *Militärdoktrin, Militärstrategie* sowie Umfang und Struktur der *Streitkräfte.* Die starke Stellung der Sowjetunion innerhalb des Warschauer Paktes führt zu einer Dominanz der sowjetischen polit. Zielsetzungen. Bestimmende Faktoren der sowj. Politik sind Machtpolitik, Ideologie und Patriotismus. Ziele sowj. Politik: den *„realen Sozialismus“* im eigenen Bereich fortzuentwickeln, um seine Attraktivität nach innen und außen zu verbessern; den Zusammenhalt innerhalb der *„sozialistischen Gemeinschaft“* zu festigen; weltweit günstige Voraussetzungen für den Ausbau des *„Sozialismus im Weltmaßstab“* zu schaffen; den Einfluß der Sowjetunion in der Dritten Welt geltend zu machen und zu erweitern; den Zusammenhalt der NATO zu schwächen und die USA von ihren europ. Bündnispartnern zu trennen. Diese Ziele einer polit. *Gesamtstrategie* werden in allen polit. Bereichen – wie zB Wirtschaft, Wissenschaft, Kultur, Militär – angestrebt. Grundlage ist die *sowj. Verfassung,* die in Art. 28 vorschreibt: „Die Außenpolitik der UdSSR ist darauf ausgerichtet, günstige internationale Bedingungen für den Aufbau des Kommunismus in der UdSSR zu sichern, die staatl. Interessen der Sowjetunion zu schützen, die Positionen des Weltkommunismus zu stärken, den Kampf der Völker um nationale Befreiung und sozialen Fortschritt zu unterstützen, Aggressionskriege zu verhindern ...“ Aus sowj. Sicht steht dieser Verfassungsauftrag nicht im Widerspruch zur *„Friedlichen →Koexistenz“,* die eine „Fortsetzung des Klassenkampfes“ (L. BRESCHNEW) gegenüber den westl. Staaten bedeutet – unter Anerkennung der Tatsache, daß ein Krieg gegen den Kapitalismus „vermeidbar“ ist. *„Sieg ohne Krieg“* – ist die realistische Übersetzung für „Friedliche Koexistenz“.

Militärdoktrin. Mit Hilfe der *Militärwissenschaften* werden (von der polit. Führung) die polit. Richtlinien in die Militärdoktrin umgesetzt. In der Sowj. Militärenzyklopädie (H. 12) wird *Militärdoktrin* definiert: „Das von einem Staat für eine bestimmte Zeit angenommene System von Ansichten über Ziele und Charakter eines möglichen Krieges, über die Vorbereitung des Landes und der Streitkräfte auf den Krieg sowie über die Methoden seiner Führung. ... Eine Militärdoktrin widerspiegelt die politischen Interessen der herrschenden Klasse, sie trägt stets Klassencharakter.“

Militärstrategie. Die milit. Führung setzt die Militärdoktrin in die *Militärstrategie* um: „Sie (die Militärstrategie) ist Bestandteil der Kriegskunst und ihr höchstes Gebiet, das die Theorie und Praxis der Vorbereitung des Landes und der Streitkräfte zum Kriege sowie die Planung und Durchführung des Krieges und der *strategischen Operation* umfaßt“ (Sowj. Militärenzyklopädie, H. 7). Schlüsselbegriffe der Militärstrategie sind *Sieg, Angriff* und *strategische Operation.* Auf der Grundlage des →Marxismus-Leninismus verlangt die Militärstrategie den Sieg über den antagonistischen Gegner, der auf seinem Territorium zu vernichten ist. „Die militärischen Handlungen werden gleichzeitig in ausgedehnten Zonen geführt werden, sich durch nie gesehene Erbitterung auszeichnen, einen hochbeweglichen, dynamischen Charakter tragen und bis zum vollen Sieg über den Feind geführt werden“ (MARSHALL N. OGARKOW). Der milit. Sieg ist die Voraussetzung für den „gesetzmäßigen“ Sieg des nach der marxistisch-leninistischen Lehre überlegenen sozialistischen Systems. Der milit. Sieg ist nur durch Angriff zu erringen, der in Theorie und Praxis der sowj. und nichtsowj. Streitkräfte Vorrang genießt: (Angriff) = „Hauptkampfart, deren Ziel darin besteht, den Gegner zu zerschlagen und wichtige Geländeräume (-abschnitte, -objekte) einzunehmen. Die Offensive umfaßt die Vernichtung des Gegners mit allen zur Verfügung stehenden Kräften, den entschlossenen Sturmangriff, das zügige Vordringen der Truppen in die Tiefe des Gegners, die Vernichtung und Gefangennahme der lebenden Kräfte, die Erbeutung von Waffen und Kampftechnik sowie die Einnahme festgelegter Geländeräume“ (Sowj. Militärenzyklopädie, H. 14).

Strategische Operation. Dieser Angriff würde in der Form der *strategischen Operation* mit folgenden Merkmalen durchgeführt: Überraschung durch Geheimhaltung, Täuschung und Tarnung; Verzicht auf umfangreiche, langandauernde Vorbereitungen; Zusammenwirken der Teilstreitkräfte, strategische Raketentruppen, Heer, Luftwaffe und Marine; weitreichende Aufklärung; sofortiger Kampf in die Tiefe der NATO-Staaten mit weitreichenden Waffensystemen und mit verdeckt kämpfenden Sondereinheiten; Beweglichkeit; Fähigkeit zum ununterbrochenen Kampf bei Tag und Nacht sowie mehrfach überlagerte Führungsverbindungen. In den letzten Jahren hat die konventionelle Kriegführung in der sowj. Militärstrategie an Bedeutung gewonnen. Die entscheidenden Gründe: Die sowj. Führung will den Nuklearkrieg mit den USA vermeiden und kann auf eine solide Überlegenheit der konventionellen Streitkräfte setzen.

Streitkräfte. Die sowj. und nichtsowj. Streitkräfte haben in den letzten fünfzehn Jahren ihre Fähigkeiten immer stärker den militärstrategischen Forderungen angepaßt. Sie verfügen heute – nach Quantität und Qualität – über ein breites Spektrum *milit. Optionen,* die für die polit. Führung Handlungsmöglichkeiten darstellen. Das Spektrum der milit. Optionen reicht vom subversiven Kampf bis hin zur Aggression nach langer Vorbereitung. Bei einer derartigen Aggressionsform, die die Eroberung Europas zum Ziel hätte, wird der Einsatz von chemischen Kampfmitteln und Nuklearwaffen (→ABC-Waffen) eingeplant bzw. hingenommen. Die Streitkräfte haben – mit ihren milit. Optionen – eine wichtige Funktion bereits im Frieden und in der Krise. Sie sollen – nach der marxistisch-leninistischen Lehre – die *„Korrelation der Kräfte“* zugunsten der Sowjetunion verändern und ein wirkungsvolles Instrument zur Durchsetzung polit. Ziele sein. So geht auch ohne akute Kriegsgefahr von diesen Streitkräften eine Bedrohung der NATO aus.

III. Die Nordatlantische Allianz wurde als Reaktion des Westens auf die Bedrohung durch die Sowjetunion und ihre osteurop. Partner am 4. April 1949 von den beiden nordamerik. und zehn – mittlerweile 14 – westeurop. Staaten als Zusammenschluß freier souveräner Staaten gegründet, als Europa polit., milit. und wirtschaftl. geschwächt war und die anhaltende sowj. Machtausdehnung in Osteuropa die tiefe Besorgnis auslöste, daß ganz Europa unter sowj. Herrschaft geraten könnte (die Bundesrepublik Deutschland wurde am 9. Mai 1955 Mitglied). Die Vertragspartner haben in Art. 5 NATO-Vertrag vereinbart, „daß ein bewaffneter Angriff gegen einen oder mehrere von ihnen in Europa oder Nordamerika als ein Angriff gegen alle angesehen wird“, und sich zu unverzüglicher gegenseitiger Beistandsleistung einschl. der Anwendung von Waffengewalt verpflichtet; die genaue Art des Beistands bleibt jedoch ins Ermessen der Allianzpartner gestellt.

Von ihrer Gründung an war die NATO nicht nur ein Instrument klassischer Militärpolitik. Der *Harmel-Bericht* vom Dezember 1967 betonte, daß die NATO bündnisweite S. als doppelte Aufgabe versteht: Sie strebt ausreichende milit. Stärke und polit. Solidarität an, um auf dieser Basis zusätzlich durch Zusammenarbeit und Dialog mit dem Osten (Rüstungskontrolle) Frieden, Abbau von Spannungen und Stabilität zwischen Ost und West zu erreichen. Die weltpolit. Ereignisse seit Ende der 70er Jahre, die insbes. wegen des fortgesetzten Expansionsdrangs der Sowjetunion (u. a. Invasion Afghanistans Ende 1979) und der ungebrochenen sowj. Hochrüstung zu einer Abkühlung der Ost-West-Beziehungen geführt haben, haben der Allianz eines deutlich gemacht: dauerhafte Erfolge in der polit. und wirtschaftl. Kooperation oder auf dem Abrüstungssektor sind nicht möglich, wenn der Westen wegen Vernachlässigung eigener Verteidigungsanstrengungen in eine Position der Schwäche gerät.

IV. Abschreckung. Die Antwort der NATO auf die polit. und milit. Bedrohung durch den Warschauer Pakt ist die Abschreckung vor dem Einsatz milit. Mittel gegen die NATO-Staaten. Die Verfügbarkeit der nuklearen Waffen macht die Verhinderung eines jeden Krieges zu einer elementaren polit. Aufgabe. Dem potentiellen Aggressor wird signalisiert, daß der Preis für eine Aggression in Europa untragbar hoch ist und in keiner akzeptablen Relation zu den mögl. Kriegszielen steht. Darüber hinaus soll die fehlende „Gewinnerwartung" (W. BECKER) und das Risiko eines untragbaren Schadens den Verzicht auf den Krieg zur Durchsetzung polit. Ziele bewirken. Die Politik der Abschreckung umfaßt im Sinne einer „Abhaltung" neben den milit. auch andere Bereiche, wie zB Wirtschaft und Handel. So ist die wirtschaftl. Stärke der NATO-Staaten ein wesentl. Beitrag zur Abschreckung.

Die – milit. – Strategie der NATO dient der Kriegsverhütung durch die Fähigkeit zu Abschreckung und Verteidigung. Milit. Abschreckung wirkt, wenn ein mögl. Angreifer von der Bereitschaft und Fähigkeit der Allianz zur *Verteidigung* überzeugt ist. Damit ist milit. Abschreckung das Produkt von Verteidigungsbereitschaft und Verteidigungsfähigkeit. Wenn ein Faktor gegen Null tendiert, wird sich das Produkt der Null nähern (H. KISSINGER). Der für Abschreckung durch Verteidigungsbereitschaft und -fähigkeit erforderl. Behauptungswille der Mehrheit unserer Bevölkerung ist abhängig von dem Bewußtsein verteidigungswerter Güter in Staat und Gesellschaft.

Ein entscheidender Faktor der Abschreckung ist das deutliche Signal an den potentiellen Aggressor, daß im Falle einer Aggression sein Territorium nicht von Waffenwirkung verschont wird und damit kein Sanktuarium bleibt. Dieser Faktor wird von der Grundannahme getragen, daß mögl. Schäden im eigenen Land beim potentiellen Aggressor zu einem anderen Risikokalkül führen, als wenn diese Schäden nur von anderen Staaten getragen werden müßten.

V. Gesamtverteidigung. Alle Staaten der NATO verstehen Verteidigung als *Gesamtverteidigung,* in der die Maßnahmen der milit. und der zivilen Verteidigung unter gemeinsamer polit. Leitung eng miteinander verbunden sind. Beide Elemente der Gesamtverteidigung sind für eine wirksame Verteidigungsfähigkeit und erfolgreiche Abschreckung unverzichtbar. *Gesamtverteidigung* umfaßt alle für die Verteidigung notwendigen polit., milit. und zivilen Maßnahmen der Bundesrepublik Deutschland im nationalen Bereich und im NATO-Bündnis. Die polit. Verantwortung für die *Gesamtverteidigung* trägt die →Bundesregierung. Die Ziele der getrennten Bereiche der *zivilen* und der *milit. Verteidigung* werden von der polit. Führung vorgegeben, ihr Zusammenwirken wird durch sorgfältige Abstimmung in der zivil-milit. Zusammenarbeit gewährleistet.

Zivile Verteidigung ist ein unverzichtbarer Bestandteil der Gesamtverteidigung. Die *zivile Verteidigung,* die unter nationaler Verantwortung steht, muß in einer Krise und im Krieg u. a. die Funktionsfähigkeit von Regierungen und Verwaltungen aufrechterhalten, die Bevölkerung schützen, die öffentl. Ordnung wahren, Bevölkerung und Streitkräfte versorgen sowie die Streitkräfte, auch die unserer Bündnispartner, mit zivilen Gütern und Leistungen unterstützen. Diese Aufgaben erfordern umfangreiche und sorgfältige Vorbereitungen bereits im Frieden durch Bund, Länder und Gemeinden. *Zivile Verteidigung* bedeutet keineswegs die Vorbereitung zur Kriegführung. Im Gegenteil: Sie unterstreicht die Ernsthaftigkeit der Verteidigungsabsicht der Bundesrepublik Deutschland und ist zugleich verantwortungsbewußte Vorsorge für den Fall, daß der Warschauer Pakt den Frieden bricht. Fehlende Vorkehrungen können den potentiellen Gegner zu der gefährl. Fehleinschätzung verleiten, daß sich der betreffende Staat nicht verteidigen will. Die Einstellung der Bürger zur Entschlossenheit des Staates, die Freiheit gegen einen Angriff des Wahrschauer Paktes mit milit. Mitteln zu verteidigen, wird durch das Wissen um die Maßnahmen der zivilen Verteidigung weitgehend bestimmt. Die Bereitschaft der Soldaten, ihr Land zu verteidigen, hängt auch von dem Wissen um die Vorsorge für ihre Angehörigen ab.

Zivile Verteidigung trägt zur Glaubwürdigkeit der Abschreckung bei und dient somit der Kriegsverhinderung und Friedenserhaltung.

Militärische Verteidigung ist die zweite Säule der Gesamtverteidigung. Aus der Sicht der NATO-Staaten ist die milit. Verteidigung nur als aufgezwungene, kollektive Reaktion denkbar: „Keine unserer Waffen wird jemals eingesetzt werden, es sei denn, als Antwort auf einen Angriff" (Bonner Gipfelerklärung vom 10. Juni 1982).

VI. Flexible Reaktion. Anders als ihre Vorgängerin – die „Massive Vergeltung" – ist diese Militärstrategie in doppeltem Sinn flexibel – polit. und milit. Sie sichert den *Primat der Politik* in der Krise und im Krieg. Sie wird von folgenden Prinzipien bestimmt: *Kontinuum der Abschreckung.* Dieses Prinzip verlangt ein milit. Instrumentarium, welches auch dann polit. einsetzbar ist, wenn die Abschreckung vor einem Angriff scheitert. Eine Ursache könnte eine Fehleinschätzung des Risikos durch den Aggresssor sein. In diesem Falle kommt es darauf an, unter Beachtung des Gebotes der *Schadensbegrenzung* eine *schnelle Kriegsbeendigung* zu erreichen. Hier haben besonders die Nuklearwaffen (→ABC-Waffen) eine wichtige Aufgabe (engl.: intra-war-deterrence). Die Androhung ihres Einsatzes soll den Aggressor bewegen, angesichts des höheren Risikos die Aggression einzustellen.

Die *Verhältnismäßigkeit der Mittel* soll sicherstellen, daß die NATO auf jede Art eines Angriffs angemessen reagieren kann.

Unter der *Hinlänglichkeit der Kräfte* sind die Orientierung am defensiven Auftrag und der Verzicht auf numerischen Gleichstand mit den Kräften des Warschauer Paktes zu verstehen. Die eigenen Kräfte müssen ausreichen, um wahrsch. Optionen des potentiellen Gegners mit einem hohen Risiko des milit. Mißerfolgs belasten zu können.

Begrenztheit der Ziele bedeutet Ausrichtung der milit. Optionen auf den Zweck der Verteidigung. Das Ziel der NATO-Strategie lautet, „die Integrität und Sicherheit des nordatlantischen Gebietes zu erhalten oder wiederherzustellen". Die NATO verzichtet auf Gegenangriffe mit Bodenkampftruppen über die Ostgrenze des NATO-Vertragsgebietes hinaus.

Die Flexible Reaktion kennt drei Reaktionsarten auf mögl. Aggressionsformen des Warschauer Paktes: Die *Direktverteidigung* (engl.: direct defence) soll dem Aggressor verwehren, sein Ziel zu erreichen, und zwar auf der Stufe des milit. Konflikts, die der Aggressor gewählt hat. Dies kann den Einsatz nuklearer Waffen einschließen, wenn der Gegner als erster Kernwaffen einsetzt. Die *Vorbedachte Eskalation* (engl.: deliberate escalation) soll einen Angriff dadurch abwehren, daß sie den Angreifer zu der polit. Entscheidung bewegt, seine Kriegshandlungen einzustellen, weil Erfolgschancen und Risiken in keinem für ihn tragbaren Verhältnis stehen. Als mögl. Mittel, ihn hiervon zu überzeugen, hält das Bündnis u. a. Optionen des polit. kontrollierten, selektiven Einsatzes – auch Ersteinsatz – nuklearer Waffen offen. Die *Allgemeine Nukleare Reaktion* (general nuclear response) richtet sich vor allem gegen das strategische Potential des Angreifers und bedeutet den Einsatz der nuklear-strategischen Waffen der Allianz. Ihre Androhung ist das wirkungsvollste Abschreckungsmittel, ihre Anwendung wäre die stärkste der mögl. NATO-Reaktionen. Diese drei Reaktionsarten müssen nicht hintereinander durchlaufen werden. Der Konflikt kann auf jeder Ebene begonnen und beendet werden. Die Strategie läßt die Frage, wann welche Reaktion erfolgen würde, bewußt offen, um so dem potentiellen Gegner die Möglichkeit zu nehmen, die Reaktion der NATO auszurechnen und ggf. zu der Beurteilung zu kommen, daß das Risiko tragbar ist.

VII. Vorneverteidigung. Wichtigstes, vor allen Dingen den Interessen der Bundesrepublik Deutschland entsprechendes, Prinzip der NATO-Verteidigungsplanung ist die Vorneverteidigung. Sie verlangt grenznahe, zusammenhängende Verteidigung mit dem Ziel, kein Gebiet preiszugeben und Schäden zu begrenzen. Dies bedeutet jedoch nicht den Verzicht auf bewegl. Gefechtsführung. Ein besonderes Kennzeichen der Vorneverteidigung auf dt. Boden ist die Tatsache, daß die Streitkräfte von sieben verbündeten Staaten Schulter an Schulter die Vorneverteidigung führen würden. Das Prinzip der Vorneverteidigung gilt nicht nur für die Landkriegführung, sondern auch für die See- und Luftkriegführung. Alternative Konzeptionen, die eine Schwächung der Vorneverteidigung und/oder einen Verzicht auf den multinationalen Charakter der Verteidigung zur Folge haben, laufen dem Sicherheitsinteresse der Bundesrepublik Deutschland zuwider.

VIII. Streitkräfte. Die Durchführung der Flexiblen Reaktion und der Vorneverteidigung ist abhängig von Quantität und Qualität der Streitkräfte. Die NATO hält konventionelle Streitkräfte, nukleare Kurz- und Mittelstreckenwaffen sowie nuklear-strategische Waffen bereit. Sie bilden als Abschreckungs- und Verteidigungsverbund die sog. NATO-*Triade*. Die drei Elemente ergänzen einander, können sich jedoch nicht ersetzen. Angesichts limitierter Ressourcen besteht eine Differenz zwischen dem Umfang der Streitkräfte, die für die Verteidigung benötigt werden (= „Verteidigungsumfang"), und denen, die im Frieden präsent sein müssen (= „Friedensumfang"). Bei ihrer Streitkräfte- und Verteidigungsplanung geht die NATO davon aus, daß sie über eine *Warnzeit* von mindestens 48 Stunden verfügt. Unter Warnzeit wird die Zeit zwischen erkannten Angriffsabsichten und dem Angriffsbeginn verstanden. In dieser Zeit müssen letzte polit. Entscheidungen und milit. Vorbereitungen zur Vorneverteidigung getroffen werden. Die Warnzeit setzt der Reduzierung des Friedensumfanges Grenzen. Für die *Bundeswehr* bedeutet dies, daß eine Präsenz von 495 000 Soldaten als Voraussetzung angesehen wird, um mögl. rasch den Verteidigungsumfang von 1,34 Mio. Soldaten zu erreichen. Diese Zahlen machen deutlich, daß die Bundeswehr in starkem Maße von der Mobilmachung von rd. 840 000 Reservisten abhängig ist. So werden Verteidigungsbereitschaft und -fähigkeit der Bundeswehr nicht nur von den aktiven Soldaten, sondern auch von den Reservisten getragen. Der Ausbildung dieser Reservisten im Grundwehrdienst und deren spätere Weiterbildung in Wehrübungen kommt daher eine zunehmende Bedeutung zu.

IX. Militärischer Kräftevergleich. Der milit. Kräftevergleich ist Teil eines allg. Potentialvergleiches. Er muß sich auf die milit. Kräfte und Mittel beschränken, die in einer Krise oder in einem Krieg tatsächlich zur Verfügung stehen. So ist zB die wirtschaftl. Stärke der NATO ein wesentl. Faktor eines allg. Potentialvergleiches, nicht jedoch eines milit. Kräftevergleiches. Die Kürze der Warnzeit und die entscheidende Bedeutung der Anfangsphase eines Krieges geben den NATO-Staaten kaum eine Chance, im Falle einer Krise oder eines Krieges ihre überlegene wirtschaftl. Stärke rechtzeitig in milit. Fähigkeiten umzusetzen. Ein milit. Kräftevergleich hat eine Fülle meßbarer und nichtmeßbarer Faktoren zu berücksichtigen. Als meßbare Faktoren sind u. a. zu beachten: Umfang, Struktur, Bewaffnung und Ausrüstung von Streitkräften in Quantität und Qualität, geostrategische Gegebenheiten, logistische Fähigkeiten und Führungssysteme. Gegenüberzustellen sind auch die unterschiedl. Militärstrategien – die „Offensivstrategie“ des Warschauer Paktes und die „Defensivstrategie“ der NATO. Nicht meßbar sind Faktoren wie zB das vermutl. Verhalten von Soldaten im Kampf, die Führungsfähigkeit von Offizieren und Unteroffizieren sowie die polit. Zuverlässigkeit von Verbündeten.

Die milit. Potentiale der NATO und des Warschauer Paktes haben sich in den letzten fünfzehn Jahren zuungunsten der NATO entwickelt. Im nuklear-strategischen Bereich hat der Warschauer Pakt insgesamt Parität, in Teilbereichen (landgestützte Interkontinentalraketen) sogar Überlegenheit erzielt; bei den nuklearen Kurz- und Mittelstreckenwaffen hat der Warschauer Pakt seine Überlegenheit ausgebaut; bei den chemischen Kampfmitteln hat sich durch den Verzicht der USA auf Produktion neuer chemischer Waffen (seit 1969) die Überlegenheit des Warschauer Paktes verstärkt; die zahlenmäßige Überlegenheit der Warschauer-Pakt-Streitkräfte bei den konventionellen Kräften und Mitteln besteht ebenfalls unverändert. Durch eigene Anstrengungen sowie durch legalen und illegalen *Technologietransfer* ist es den Warschauer-Pakt-Staaten – bes. der Sowjetunion – gelungen, den qualitativen Vorsprung der NATO-Streitkräfte weitgehend wettzumachen.

Aufgrund dieser Entwicklung verfügt der Warschauer Pakt heute über ein breites Spektrum milit. Optionen – vom subversiven Kampf bis hin zur umfassenden Aggression mit dem Einsatz von chemischen und nuklearen Waffen (→ABC-Waffen). Die Achillesferse der NATO ist die konventionelle Verteidigungsfähigkeit. Reaktions- und Durchhaltefähigkeit der konventionellen NATO-Streitkräfte haben mit der Aufrüstung der Warschauer-Pakt-Streitkräfte nicht Schritt gehalten. Dadurch ist die Abhängigkeit der milit. Verteidigung der NATO von den Nuklearwaffen größer als in der Konzeption der Flexiblen Reaktion vorgesehen. Die NATO-Staaten haben deshalb übereinstimmend der Verbesserung der konventionellen Verteidigungsfähigkeit Priorität eingeräumt.

X. Rüstungskontrolle und Abrüstung sind – gemeinsam mit Abschreckung und Verteidigung – integrale und sich ergänzende Bestandteile der S. der Bundesrepublik Deutschland und des westl. Bündnisses. Dieser Bereich der auf Kooperation, Entspannung und Stabilität gerichteten Politik fügt sich damit in das seit 1967 *(Harmel-Bericht)* für die NATO verbindliche Doppelkonzept ein, wonach auf der Basis gesicherter Verteidigungsfähigkeit durch Dialog und Zusammenarbeit mit dem Osten Fortschritte in Richtung auf dauerhafte, friedliche Beziehungen angestrebt werden.

Rüstungskontrollpolitik hat sich in ihren Zielen und Inhalten an übergeordneten sicherheitspolit. Grundlinien auszurichten. Rüstungskontrolle ist – im westl. Verständnis – kein Selbstzweck. Sie unterstützt vielmehr die allg. Bemühungen um Friedenssicherung, indem sie versucht, in einer gerüsteten Welt milit. Macht und ihren Gebrauch einzuschränken sowie Transparenz, Berechenbarkeit und Stabilität zu fördern. Sie soll die Aussichten für Kriegsverhütung und Krisenbewältigung verbessern und – schrittweise – ein stabiles Kräftegleichgewicht auf möglichst niedrigem Rüstungsniveau erreichen helfen.

Abrüstung ist die darauf aufbauende, weitergehende Zielvorstellung, die – auf lange Sicht – eine substantielle Reduzierung oder Beseitigung einzelner Waffen durch ausgewogene, kontrollierbare Abkommen anstrebt.

Seit Ende der 50er Jahre sind zahlreiche *rüstungskontrollpolit. Abkommen* geschlossen worden, die die Rüstungsdynamik allerdings nur in Teilbereichen gebremst haben.

A. Die den weltweiten Rüstungskontroll-Dialog dominierenden Großmächte USA und Sowjetunion bemühten sich in der Vergangenheit vornehmlich um die Begrenzung der strategischen Nuklearpotentiale. Es ging dem Westen – angesichts der sich Anfang der 60er Jahre abzeichnenden nuklearen Patt-Situation – darum, die Gefahren eines destabilisierend wirkenden, unkontrollierten Rüstungswettlaufs zu verhindern und insbes. die Erfolgsaussichten eines Erstschlages zu verringern.

Die Begrenzung der strategischen Angriffswaffen war Gegenstand der amerik.-sowj. SALT-I- und SALT-II-Verhandlungen (Strategic Arms Limitation Talks – Gespräche über die Begrenzung strategischer Waffen) sowie der Genfer START-Verhandlungen (Strategic Arms Reduction Talks – Gespräche über die Verminderung nuklear-strategischer Waffen). Dieser Dialog hat im wesentl. folgende Ergebnisse gebracht:

Das *SALT-I-Abkommen* vom 26. Mai 1972 hat zu – quantitativen – Beschränkungen der Zahl land-, luft- und seegestützter nuklear-strategischer Waffensysteme geführt. Da beide Seiten sich jedoch die – qualitative – Verbesserung ihrer strategischen Waffen offengehalten hatten (keine Begrenzung der Gefechtskopfzahlen), wurde die strategische Rüstung im Ergebnis fortgesetzt. Die eigentl. polit. Bedeutung von SALT I lag jedoch darin, daß die USA der Sowjetunion erstmals offiziell den Rang einer gleichberechtigten nuklearen Weltmacht zubilligten.

Die Absprache von Wladiwostok von 1974 führte zum Abschluß des *SALT-II-Vertrages* von 1979, der – nicht ratifiziert – dennoch von beiden Seiten beachtet wird. Der Vertrag begrenzt die Anzahl der Abschußrampen, der schweren Bomber, der seegestützten Systeme und die Anzahl der Gefechtsköpfe je Trägermittel auf vereinbarte Obergrenzen (mit gesonderten Begrenzungen für spezielle Waffentypen). Der Vertrag läßt zwar die Entwicklung von definierten neuen Waffentypen zu; er erlaubt beiden Seiten den weiteren quantitativen Ausbau und die Modernisierung der Angriffspotentiale hinsichtlich der Mehrfach-Gefechtstechnologie (MIRV = Multiple Independently Targetable Re-entry Vehicle) jedoch nur im Rahmen festgeschriebener Obergrenzen.

Die *START-Verhandlungen* (1982 – 1983), bei denen sich die USA erstmals bemühten, mit der Sowjetunion zu einer substantiellen Verminderung der nuklear-strategischen Angriffswaffen zu gelangen, endeten mit dem Abbruch durch die Sowjetunion im Herbst 1983 ergebnislos.

Begrenzung der Defensivwaffen. Die USA gingen Anfang der 70er Jahre davon aus, daß strategische Verteidigungssysteme letztlich die auf gegenseitiger Verwundbarkeit und Zweitschlagfähigkeit beruhende strategische Stabilität untergraben könnten. Parallel zu dem SALT-I-Abkommen wurde der ABM-Vertrag (Anti-Ballistic-Missile = Begrenzung der Waffensysteme zur Abwehr ballistischer Flugkörper) geschlossen. Mit dieser Kombination wurde der Versuch unternommen, sich abzeichnende technologische Möglichkeiten nicht ohne vorherige Verhandlungen zur Entwicklung und Stationierung neuer Waffensysteme führen zu lassen.

Bei den im Frühjahr 1985 wieder aufgenommenen amerik.-sowj. Verhandlungen in Genf geht es im Kern um das zukünftige Verhältnis zwischen *Offensiv- und Defensivwaffen* und die Rolle, die letztere im Hinblick auf eine Festigung der strategischen Stabilität spielen können. In diesem neuen, umfassenden Ansatz bemühen sich die USA und die Sowjetunion in parallel geführten Gesprächen um Abkommen über eine drastische Reduzierung der interkontinentalstrategischen und nuklearen Mittelstreckenwaffen sowie um ein Abkommen über strategische Defensivwaffen. Die überaus komplexe Materie dieses Verhandlungsansatzes läßt einen langwierigen Rüstungskontrolldialog erwarten.

B. Für die deutsche S. ist die Begrenzung der *sowj. nuklearen Mittelstreckenaufrüstung,* die Westeuropa und andere Nachbarregionen der Sowjetunion bedroht, von bes. Bedeutung. Kaum weniger wichtig für die Sicherheit der Bundesrepublik Deutschland und Westeuropas ist die *Begrenzung der nichtnuklearen Angriffspotentiale* in den lfd. multilateralen Rüstungskontrollverhandlungen in Stockholm, Wien und im Rahmen der Genfer Abrüstungskonferenz.

In Stockholm wurde im Januar 1984 – im Rahmen des KSZE-Prozesses – ein neues Forum für den sicherheitspolit. Dialog zwischen West und Ost unter Einschluß neutraler und ungebundener Staaten, die *Konferenz über Vertrauens- und Sicherheitsbildende Maßnahmen und Abrüstung in Europa (KVAE),* eröffnet. Die 35 Teilnehmerstaaten Europas und Nordamerikas sind aufgerufen, entsprechend dem von der KSZE erteilten Mandat, Vorschläge für milit. bedeutsame, polit. verbindliche und angemessen nachprüfbare Maßnahmen für ganz Europa vom Atlantik bis zum Ural zu erarbeiten. Mit vertrauens- und sicherheitsbildenden Maßnahmen sollen die Transparenz milit. Aktivitäten verbessert, die Gefahr eines Überraschungsangriffs verringert, die Möglichkeit polit. Pressionen mit milit. Macht vermindert sowie Fehleinschätzungen und Mißverständnissen vorgebeugt werden.

Die *Verhandlungen über gegenseitige und ausgewogene Truppenreduzierungen in Mitteleuropa* (MBFR = Mutual Balanced Forces Reductions) in Wien haben aus westl. Sicht vornehmlich die Aufgabe, die destabilisierende Wirkung der konventionellen Überlegenheit des Warschauer Paktes zu mindern. Dieses Ziel soll durch vertragl. vereinbarte, beiderseitige Verminderungen und paritätische Begrenzungen der konventionellen Streitkräfte – in Verbindung mit wirksamen vertrauensbildenden Maßnahmen und Kontrollen – erreicht werden. Dies setzt einen asymmetrischen Abbau der Streitkräfte voraus.

Bei der *Genfer Abrüstungskonferenz* (CD = Conference on Disarmament) bemühen sich seit 1978 40 Teilnehmerstaaten, zu weltweiten rüstungskontrollpolit. Abkommen zu gelangen. Für die Sicherheit der Bundesrepublik Deutschland sind Fortschritte der CD hinsichtlich eines weltweiten, umfassenden und zuverlässig verifizierbaren Verbots chemischer Waffen von bes. Bedeutung.

Wirkungsvolle, substantielle Rüstungskontrollvereinbarungen werden sich zukünftig weder im Ost-West-Verhältnis noch im multilateralen Bereich erzielen lassen, wenn alle Beteiligten nicht eine Anzahl gemeinsam getragener Verhaltensweisen und Prinzipien anerkennen. Seitens des Westens werden insbes. die Prinzipien „Gleichheit", „Gleichgewicht" (der Optionen), „Parität" und „Überprüfbarkeit" als unverzichtbare Leitlinien betrachtet.

Dem Prinzip der *„Gleichheit"* werden Rüstungskontrollvereinbarungen nur dann gerecht, wenn alle Verhandlungspartner die legitimen sicherheitspolit. Bedürfnisse und Interessen der übrigen Beteiligten anerkennen. Rüstungskontrollvereinbarungen müssen daher auch regionale Sicherheitsinteressen respektieren. Gegen das Prinzip „Gleichheit“ würde zB dann verstoßen werden, wenn – trotz des Bestehens globaler Gleichgewichte – regionale Ungleichgewichte akzeptiert und dadurch Zonen unterschiedl. Sicherheit geschaffen würden. Der Herstellung und Erhaltung des militärischen Gleichgewichts im Sinne der Ausgeglichenheit der milit. Optionen kommt in der Rüstungskontrolle ebenfalls große Bedeutung zu. Ohne die Gleichgewichtigkeit milit. Potentiale und der aus ihnen resultierenden Optionen kann es keine strategische Stabilität geben. Das Prinzip *„Parität“* verlangt, daß Vereinbarungen zur Rüstungsbegrenzung zu Obergrenzen bestimmter milit. Potentiale auf mögl. niedrigem Niveau führen sollen. Hierdurch sollen allerdings nicht numerisch völlig gleiche Streitkräftepotentiale erreicht werden. Parität erfordert vielmehr, daß auch andere Faktoren, wie zB geographische Asymmetrien, berücksichtigt werden. Das Prinzip *„Überprüfbarkeit“* ist insbes. aufgrund der negativen Erfahrungen im Zusammenhang mit dem SALT-II- und dem ABM-Vertrag heute ein unverzichtbares Element jeder wirksamen Rüstungskontrollvereinbarung. Der Osten verschließt sich jedoch bislang diesem – der Vertrauensbildung dienenden – Prinzip. Trotz westl. Bereitschaft, die nationalen sicherheitspolit. Bedürfnisse aller Verhandlungspartner anzuerkennen, sieht der Osten in dieser Forderung den Versuch einer Legitimierung nachrichtendienstl. Informationsgewinnung.

Die Aussichten für erfolgreiche Rüstungskontrolle und Abrüstung sind im übrigen vor dem Hintergrund der allg. polit. Weltlage zu beurteilen. Wenn die beiden Großmächte – trotz des Fortbestehens gegensätzlicher Staats- und Gesellschaftsformen – gemeinsame polit. Interessen erkennen, werden wirkungsvolle Rüstungskontrollvereinbarungen möglich sein.

Aus westl. Sicht ist hierfür unerläßlich, daß die beiden Weltmächte – insbes. bei regionalen Konflikten – die Zurückhaltung zeigen, die ihrer globalen Verantwortung für Sicherheit und Frieden gerecht wird.

SOWJ. MILITÄRENZYKLOPÄDIE, H. 1 – 29, Militärverlag der Deutschen Demokratischen Republik, 1977 – 1984, Berlin (Ost). – UWE NERLICH (ed.) unter Mitw. von F. Bomsdorf, Sowj. Macht und westl. Verhandlungspolitik im Wandel milit. Kräfteverhältnisse, Internationale Politik und Sicherheit XIII 1982[1]. – DERS. (ed.), Die Einhegung sowj. Macht, Internationale Politik und Sicherheit XIV 1982[1]. – WEISSBUCH 1983, Zur Sicherheit der Bundesrepublik Deutschland, BMVg (ed.). – WEISSBUCH 1985, Zur Lage und Entwicklung der Bundeswehr, BMVg (ed.). – Streitkräftevergleich 1984 NATO-Warschauer Pakt, Presse- und Informationsamt der Bundesregierung, BMVg (ed.). – E. FORNDRAN/G. KRELL (ed.) unter Mitw. von H.-J. SCHMIDT, Kernwaffen im Ost-West-Vergleich, 1984[1]. – W. BECKER, Der Streit um den Frieden, 1984. – O. BUCHBENDER/H. BÜHL/H. QUADEN, Wörterbuch zur Sicherheitspolitik, 1985 – Bericht zum Stand der Bemühungen um Abrüstung und Rüstungskontrolle sowie der Veränderungen im milit. Kräfteverhältnis 1985, Unterrichtung durch die Bundesregierung, Presse- und Informationsamt der Bundesregierung (ed.).

Hans Rühle

Simonie →Kaiser und Papsttum

Simultaneum. Im →Staatskirchenrecht bezeichnet der Begriff S. das gleichzeitige Benutzungsrecht zweier oder mehrerer konfessionsverschiedener Kirchen an einem Kirchengebäude, Friedhof oder sonstigem Kultgegenstand. Solche simultanen Nutzungsrechte gehen in der Mehrzahl auf hoheitl. Anordnungen aus der Epoche des →Staatskirchentums zurück (→Kirche und Staat, →landesherrl. Kirchenregiment). Aber auch durch Verträge zwischen Kirchen oder Kirchengemeinden kann ein S. begründet werden. Die Rechtslehre zählt teilweise solche vertragl. begründeten Mitbenutzungsrechte nicht zu den S.en im eigentl. Sinne. Die bloße Gestattung des Mitgebrauchs an einem Kirchengebäude, durch die kein bestandssicheres Recht der mitbenützenden Religionsgemeinschaft begründet werden soll, fällt jedenfalls nicht unter den Begriff S.

Das S. hatte seine bes. geschichtl. Bedeutung als Instrument, mit dessen Hilfe ein Landesherr seiner Verpflichtung, die Religionsausübung unterschiedl. Konfessionen zu gewährleisten, gerecht werden konnte. Es gab mannigfache Anlässe für die Begründung von S.en. So ergab sich zB die Notwendigkeit, simultane Nutzung von Kirchengebäuden zuzulassen, aus der Regelung des →Westfälischen Friedens, die den konfessionellen Besitzstand nach den Verhältnissen des Normaljahrs 1624 fixierte. Ein anderer Anlaß für die Begründung zahlreicher S.en war der Friede von Ryswyk (1697), der den ev. Landesherrn der Pfalz unter bestimmten Voraussetzungen zur Duldung kath. Religionsausübung zwang.

Positivrechtl. Regelungen der mit den S.en zusammenhängenden Rechtsverhältnisse enthält das preußische →ALR (§§ 309 – 317 II 11) und das Bayerische Religionsedikt von 1818 (§§ 90 – 99). Die aus geschichtl. Zeit überkommenen S.en haben auch heute noch Bestand, soweit nicht eine Vereinbarung über ihre Beendigung getroffen wurde. Denn die verfassungsmäßige und kirchenvertragl. Gewährleistung des kirchl. Vermögens erfaßt auch die Mitbenutzungsrechte im Rahmen von S.en, beseitigt aber nicht die durch ein S. bedingte Begrenzung des Eigentums an einem Kirchengebäude (→Kirchenvermögen).

Die S.en waren in der Vergangenheit ein viel behandelter Gegenstand des Staatskirchenrechts, wobei neben Zweifelsfragen über Bestand und Umfang des Mitbenutzungsrechts vor allem die öffentlichrechtl. oder privatrechtl. Natur des S. und das Verhältnis zum Eigentumsrecht erörtert wurde.

Für die röm.-kath. Kirche war in früherer Zeit die Existenz von S.en ein Problem, weil kirchenrechtl. die Benutzung gottesdienstl. Gebäude, in denen auch Gottesdienst anderer Konfessionen stattfand, in der Regel unzulässig war. So haben die vom preußischen Staat den →Altkatholiken eingeräumten Nutzungsrechte an Kirchengebäuden, die bisher allein dem röm.-kath. Gottesdienst dienten, die Konfrontation im →Kulturkampf verschärft. Da seit dem II. →Vatikanischen Konzil in gewissem Umfang interkonfessionelle gottesdienstl. Handlungen zugelassen werden, sind die prinzipiellen Bedenken gegen eine simultane Benutzung von Kirchengebäuden entfallen. Nach dem neuen Kirchenrecht (→CIC) ist nicht jede, sondern nur die ausdrückl. verbotene communicatio in sacris unzulässig (c. 1365).

Die gemeinsame Benutzung von Kirchengebäuden durch getrennte Konfessionskirchen ist heute im Zeichen der verstärkten ökumenischen Kontakte auch außerhalb der herkömml. S.en häufig. Sie bereiten unter rechtl. Gesichtspunkten keine bes. Probleme und können ohne Einfluß des Staates vereinbart und ausgestaltet werden, da sich das Selbstbestimmungsrecht der Kirchen auch auf die Nutzung des kultischen Vermögens erstreckt.

P. HINSCHIUS, System des katholischen Kirchenrechts, IV1888, 358 – 379 – W. KAHL, Lehrsystem des Kirchenrechts und der Kirchenpolitik, 1894, 405 – 412 (Lit.) – F. SAMBETH, Simultaneum, in: StLexGG IV1931⁵, Sp 1553 – 1562 (Lit.) – H. NOTTARP, Zur Communicatio in sacris cum haereticis, 1933 – A. ALBRECHT, HdbStKirchR, E. FRIESENHAHN und U. SCHEUNER (ed.), II1975, 161 – 166 (Lit.).

Dietrich Pirson

Sittengesetz. S. als Sittlichkeit begründendes Gesetz wurzelt in der jeweiligen Vorstellung vom „Guten" und kann so verstanden sein 1. als Inbegriff eines Wertekanons, der inhaltl., ethische Werte zum Ausdruck bringt. Dieser Wertekanon kann wiederum a) als in einem *Sein* fundiert gedacht werden, und zwar so, daß alles Seiende von sich her Werthaftigkeit einschließt nach dem Grundsatz: „ens et bonum convertuntur" (Scholastik), oder b) als eigenständige Welt des „Geltens" vorgestellt werden („materiale Wertethik" zB M. SCHELER, N. HARTMANN). Es kann 2. an der Welt des *Willens* orientiert sein (am schärfsten herausgeformt von I. KANT: „Es ist überall nichts in der Welt, ja überhaupt auch außerhalb derselben zu denken möglich, was ohne Einschränkung für gut könnte gehalten werden, als allein ein guter Wille"). Die Frage nach der inneren Gesinnungsreinheit des Willens läßt hier absehen von allem materialethischen Gehalt der Handlung und führt zum S. im Sinn einer „Selbstgesetzgebung der Vernunft", eines „moralischen Gesetzes", das im *„kategorischen Imperativ"* seinen Ausdruck findet: „Handle so, daß die Maxime deines Willens jederzeit zugleich als Prinzip einer allg. G.gebung gelten könne." Schon die ständige Verwendung des Begriffs „Gesetz" zeigt auf, daß die 3. theol. Begründung von Sittlichkeit innerhalb der Klammer von „Gesetz und Evangelium" (und der Sinn dieser Thematik heute in der Spannung und Zueinandergehörigkeit von Sachzwang und Personalismus) gesucht werden muß. Gesetz (im Sinn irgendeiner der Verständnisformen von S.) gehört immer zum Bereich des Objektivierbaren, d. h. vom Personsein des Menschen Ablösbaren; die Person als letzter Träger ihrer Qualitäten will aber im Evangelium erst selbst umgeformt werden, um so zu jener Lauterkeit und Freudigkeit des Handelns kommen zu können, die „das Gute um des Guten willen" tut, d. h. für den Christen: den Nächsten um des Nächsten willen liebt (LUTHER). So zeigen sich für den ev. Glauben auch hier Glaube und Liebe als des Gesetzes Erfüllung, als Ansporn zur Veränderung der Welt und ihrer Strukturen.

Das Wesen des „Guten" und damit das S. zeigt sich für uns darin an, daß durch es ein *„Sollen"* zum Ausdruck gebracht wird, auf das (je nach der verschiedenen Auffassung) praktische Vernunft oder Wertgefühl reagieren, und zwar durch ein inneres Sich-verpflichtet-Wissen, d. h. durch ein Wissen um die Pflicht, das „Gesollte", das an das Tun appelliert, zu realisieren. Für christl. Verständnis ist die im →Gewissen aufleuchtende und zu praktischem Tun evozierende Evidenz sittl. Grundprinzipien immer zu diskutieren unter dem Vorzeichen 1. des *Schöpfungsglaubens* (alle Autonomie bleibt innerhalb der Klammer der Theonomie; das Geschaffene und seine Maßstäbe sind Werk des Schöpfers, der sich und seinen Willen in ihnen kundtut), 2. der *Sündenlehre* (die mit einer Depravation der sittl. Maßstäbe durch die den Menschen bestimmende Personsünde rechnet) und 3. der *Christologie,* die neue Maßstäbe des Menschseins als eines Seins für andere – und damit neue Maßstäbe der Sittlichkeit setzt.

Für das Staats- und Rechtsleben erhält die Frage nach dem S. ihre Grundsatzbedeutung in der Frage nach einer →Recht und Gemeinschaftsordnung begründenden und normierenden lex naturae, d. h. in der Frage nach dem *→Naturrecht,* dessen Problematik sie freilich teilt, vor allem durch die Unbestimmtheit und Bedeutungsoffenheit des mit dem Begriff S. Gemeinten. Sittlichkeit besitzt nach ev. Verständnis in jedem Fall Relevanz für das Recht, weil Recht nicht ohne sittl. Überzeugungen und ohne sittl. Maßstab gesetzt werden kann. I. d. R. appelliert auch das →Gesetz an die sittl. Verantwortung dessen, der zu seiner Erfüllung veranlaßt wird. In diesem Sinn wird in Art. 2 Abs. I GG das S. als Freiheitsschranke für die Rechte der Entfaltung der Persönlichkeit eingeführt.

Ohne sittl. Fundierung würde Rechtssetzung zur bloßen Rechtstechnik und wäre wehrlos der Ideologie ausgeliefert, die sich als innerer Überzeugungsgrund an Stelle der Sittlichkeit etabliert. Trotzdem wollen die voneinander verschiedenen Ebenen von Recht und Sittlichkeit streng auseinandergehalten sein: Recht wird *äu-*

ßerlich durchgesetzt, ist durch →Macht erzwingbar, während das S. das uns *innerlich* bezwingende „Sollen" zum Ausdruck bringt, dem wir in Freiheit des Tuns Gehorsam schulden. Dementsprechend treten (subjektiv) legales Handeln (d. h. gesetzmäßiges Handeln um der Sanktion willen, zB aus Furcht vor Strafe) und moralisches Handeln (um des Guten willen) auseinander.

Das Erfordernis, daß das Recht durch ein S. legitimiert werde (welches für den Christen des weiteren durch „Glaube und Liebe" normiert und motiviert wird), gilt zB auch für das Problem der „guten Sitten" – worunter hier freilich nicht die abgegriffenen Generalklauseln des Privatrechts verstanden werden –, soweit diese rechtl. Relevanz besitzen und soweit sie als faktischer Bestand – oft sehr abgeflachter – sittl. Vorstellungen gelten können. Für das hier in der Praxis – vor allem durch den derzeitig rapiden Wandel der sittlichen Wertvorstellungen – problemreiche Verhältnis von Recht und S. gilt u. a.: 1. „Gute Sitten" als Rechtsbegriff können nie gewertet werden als unmittelbarer Vollausdruck des S. selbst, sondern können oft auch einfach aufbewahrte Relikte konventioneller Sittentradition sein und müssen dann in der Rechtsfindung je wieder von der Urquelle „S." her, das alle „guten Sitten" ja normieren soll, neu ausgelegt werden. 2. Allein eine einheitl. Vorstellung vom S. kann die Integrationsbasis dafür schaffen, was in einer bestehenden Rechtsordnung als „gute Sitte" zu gelten habe. 3. Das Wissen um die prinzipielle Relativität aller Gerechtigkeitserkenntnis muß, soweit nicht die Rechtssicherheit anderes gebietet, dazu führen, daß nur ein Minimum der doch im Raum freier ethischer Entscheidung spielenden Fragen sittl. Verhaltens normiert wird, gerade um der Entwicklung und Entfaltung eigentl. Sittlichkeit willen. Das positive Recht (das ja nur eine interpersonale Relation zum Ausdruck bringt) sollte mit Rechtssetzung auf „Sittenverfall" nur reagieren, wenn eine eindeutige und ausgesprochene Gefährdung des sozialen Körpers zur Frage steht. 4. Die Bewahrung und Fortbildung der „guten Sitten" kann, wegen der wurzelhaften Begründetheit aller guten Sitten in der Ebene der Sittlichkeit selbst, in erster Linie nur Sache sittl. Überzeugungskraft, kirchl. Verkündigung und rechter Erziehung zum Guten hin sein. Demgegenüber spielt die Rechtssetzung die Rolle eines subsidiären Prinzips.

H. THIELICKE, Theol. Ethik II,2 1974³, 186–287 – K. E. LÖGSTRUP, Die ethische Forderung, 1968² – G. EBELING, Die Evidenz des Ethischen und die Theol., ZThK 57 (1960), 318–356 – W. TRILLHAAS und G. HOLTZ, Sitte, RGG VI 1962³, 53–57 – W. TRILLHAAS u. a., Sittlichkeit, aaO, 60–92 (Lit.) – H. REINER, Die philosophische Ethik, 1964 (Lit.) – DERS., S., in: Sacramentum Mundi, IV 1969, 558–562 – DERS., Pflicht und Neigung, 1973² (Lit.) – G. ERBEL, Das S. als Schranke der Grundrechte, 1971.

Eberhard Wölfel

Sitte und Brauch. Die Ordnung menschl. Zusammenlebens und Zusammenwirkens wird durch zwei große Medien geregelt, einmal durch das fixierte →Recht und →Gesetz unter der Autorität des →Staates, gleichviel um welche Formen es sich handelt, und zum andern durch den ungeschriebenen Kanon der mehr oder minder nachdrückl. und wirksamen, von sozialer Kontrolle überwachten Verbindlichkeiten, die wir zusammenfassend als S. bezeichnen. S. ist das, was sich im Tun und Lassen „ziemt" – das vielmaschige Geflecht von Verhaltensnormen und -mustern im Kleinen und Großen, in allen gesellschaftl. Gruppierungen. S. umfaßt die Gesamtheit der „Modellierung der Affekte" durch verpflichtende, aber nicht kodifizierte Ordnungsprinzipien, die sowohl Sicherheit der Orientierung und Entscheidung als auch Einschränkung der individuellen Freiheit bis hin zu Zwang und Pression implizieren, mit mannigfachen Abstufungen im Kommunikationsnetz, verschieden nach Gewicht und Intensität, einschließl. solcher Formen wie Konventionen, Gepflogenheiten, Usancen, Manieren.

Die kulturspezifische Substanz solcher Verhaltensregelung, die man i. a. als Selbstverständlichkeit hinnimmt und deshalb zu unterschätzen pflegt, reicht von der Intimsphäre bis zum Sanktionsbereich der →öffentl. Meinung. Ihre Geltungskraft i. S. eines mündl. bewahrten und bewegten Wert- und Normsystems und seiner symbolischen Formen unterliegt trotz der großen Macht der Tradition, die sich hier Ausdruck verschafft, zahlreichen Schwankungen in Raum und Zeit. Ihre Ausgangspunkte sind außerordentl. verschieden. Die Voraussetzungen und Begründungen wechseln. Die Formen, Sinngehalte und Wertmaßstäbe wandeln sich im Laufe der Gesch. auf dem weiten Wege von der Traditions- zur Außenlenkung (RIESMAN), d. h. insbes. zur Lenkung durch die modernen Massenkommunikationsmittel in den differenzierten und pluralistischen Großgesellschaften der Gegenwart, in denen der tragende Zusammenhang von S. und Sittlichkeit nicht mehr selbstverständlich ist und im Zuge der Verwissenschaftlichung als sozialethische Problematik neu ins Bewußtsein gerückt wird.

Alte S. kann erstarren und absterben, neue S. sich herausbilden und Verbindlichkeit erlangen. In dieser Variabilität sind die Unterschiede von S., Konvention und Mode begründet, wobei zu beachten ist, daß sich mit den jeweiligen Gesichtspunkten der Beurteilung auch die Strukturen dieser Kategorien verändern, oft freilich, ohne die objektive Gültigkeit zu berühren. Der Begriff →Gewohnheitsrecht beweist, welche Bedeutung in diesem Zusammenhang der Macht der Überlieferung zuzumessen ist: durch die eingelebte Übung kann das Gewohnte nicht nur S., sondern sogar Recht werden, wobei die Übergänge von Recht und S. fließend sind und beider Wurzeln in religiöse Bindungen zurückreichen.

Die geistige Ordnungsmacht S., die gleichsam als „Grammatik des Handelns" (IHERING) den Hintergrund jeder Gesellung und ihrer Kultur bzw. Subkultur bildet, realisiert sich, wo auch immer, in einer Flut von B.en, von den Umgangsformen im gewöhnl. Alltag bis zu den Gestaltungseinheiten der herausgehobenen Zeiten im menschl. Dasein, mit einer Fülle von Darstellungsmitteln und -elementen als Zeichen und Symbol wie Wort, Gebärde, Kleidung, Schmuck, Bildwerk, Musik, Lied, Spiel, Tanz, Umzug usw. Ein Beispiel, das zum brauchtüml. Grundbestand in allen menschl. Beziehungsfeldern gehört, ist der Gruß mit seinen Formeln und Gesten als Element des Kontaktaustausches und als Signum von Gruppenzugehörigkeiten. B.e reichen über das Individuelle hinaus ins Verbindliche als Verstrebungen im Gefüge des Miteinanders, insbes. bei Fest und Feier. Sie unterliegen der sozialen Normgebung von S. und Konvention und damit auch deren Veränderungen im Kulturwandel mit seinen Modifizierungs- und Ablösungsprozessen wie dem modischen Szenen- und Situationswechsel durch Innovierungen im Kräftespiel des Zeitgeistes. Alle Angelpunkte im gruppenhaften Geschehen sind durch konkrete B.e belebt, einschließl. Ritual und Zeremoniell, Etikette und Protokoll.

Im Laufe der Demokratisierung verwischen sich mehr und mehr die Unterschiede der Gruppen- und Schichtgebundenheit der B.e. Der Prozeß der Zivilisation führt über Anpassung und Konflikte zu Nivellierungen, die im Zeitalter der übergreifenden Industriekultur überall die nationalen und kontinentalen Grenzen überschreiten. Die Austauschvorgänge ebnen so die überlieferte Originalität brauchtüml. Äußerungen ein, beleben aber andererseits die Buntheit des Spektrums ihrer Praktizierung und Ausstattung mit Requisiten verschiedenster Provenienz (vor allem des Folklorismus). Jedenfalls spielt das Element des B. in der Durchformung des privaten und öffentl. Lebens eine wichtige Rolle, auch dann noch, wenn die S. ihre Evidenz einbüßt und an ihre Stelle in der Konsumgesellschaft die Mode mit rasch wechselnden Leitbildern die Bühne der Lebensführung bestimmt. In einer tieferen Schicht behalten unter diesem Aspekt S. und B. indes auch dann noch, wenn sie elastischer werden, ihre Bedeutung für die Strukturierung der humanen Welt und speziell auch für die Repräsentation von Form, Aufgabe und Inhalt des Staates. Der Staat bedarf der S. und Sittlichkeit, aber auch der S. und der B.e, wenn er funktionieren soll, ebenso wie des Rechtes und Gesetzes.

Das gleiche gilt mutatis mutandis für alle sozialen Gruppen einschließl. der Kirche. Wer freilich deren institutionelle Seite in Frage stellt, wird und muß zugleich auch immer den Wert von S. und B. anzweifeln. Ihre reale Bedeutung für das kirchl. Leben im Spannungsfeld von Tradition und Freiheit steht jedoch auch im Prozeß der tiefgreifenden Strukturwandlungen unserer Epoche und ihren Auswirkungen auf S. und B. außer Frage, wobei man sich bei Begründung oder Ablehnung vor einer falschen Theologisierung hüten muß. Denn unter dem Aspekt von S. und B. ist die Kirche der säkularen Welt und ihren Bedingtheiten eingeordnet.

Die Kulturanthropologie hat angesichts des allg. Abbaus von S. und B. unter den Bedingungen unseres Zeitalters mit bes. Nachdruck auf ihre Bedeutung für die Strukturierung und Erhaltung der menschl. und mitmenschl. Existenz hingewiesen und deutl. gemacht, daß der Mensch in seiner Instinktunsicherheit auf dieses Ferment, wenn die spezifisch menschl. Qualität gewahrt werden soll, geradezu angewiesen ist. In jeder Kultur beruht die Humanerziehung auf dieser prägenden Kraft der Verhaltensregelung mit ihren fördernden, aber auch einschränkenden Komponenten, angefangen vom Sprechenlernen bis hin zu allen anderen Formen der Sozialisation.

R. v. IHERING, Der Zweck im Recht (1883), 1923[8] – W. G. SUMNER, Folkways (1906), 1960 – F. TÖNNIES, Die S., 1909 – M. WEBER, Wirtschaft und Gesellschaft (1922), 1973[5] – N. ELIAS, Über den Prozeß der Zivilisation (1939), 1969[2] – D. RIESMAN u. a., Die einsame Masse (Orig. The Lonely Crowd, 1950) – J. DÜNNINGER, B.tum, in: Dt. Philologie im Aufriß, W. STAMMLER (ed.), 1967 – G. HEILFURTH, B., Konvention, S., in: Wörterbuch der Soziologie, W. BERNSDORF (ed.), 1972.

Gerhard Heilfurth

Solidaritätsprinzip. Unter *Solidarität* wird einmal (empirisch) die wechselseitige Angewiesenheit der Gesellschaftsglieder aufeinander, zum anderen (normativ) ein daraus abgeleitetes altruistisches Gestaltungsprinzip für Staat, Gesellschaft und Wirtschaft verstanden.

1. In einem allg. Sinn und ohne ausdrückl. Gebrauch des Terminus kennt die Sozialphilosophie das S. schon seit jeher. Eine spezifische Bedeutung gewann es aber erst im 19. Jh. unter den Bedingungen der Industriegesellschaft. Es formte sich in Reaktion auf die defizient gewordene individualistisch-liberalistische Ordnung sowie ihre Antithese, den kollektivistischen Sozialismus, und wollte einen Mittelweg zwischen beiden beschreiten. Gegenüber dem Individualismus billigt das S. der Gesamtheit wieder einen eigenständigen, von der Summe ihrer Glieder unterschiedenen Rang zu; gegenüber dem Kollektivismus verteidigt es den Wert des Individuums unabhängig von seiner Sozialnützlichkeit. Gegen den →Liberalismus wendet es ein, daß das Gesamtinteresse nicht automatisch aus den freigesetzten Egoismen resultieren, gegen den →Sozialismus, daß es ebensowenig durch Leugnung der Individualinteressen erreicht werden kann. Die Sozialordnung muß vielmehr in der gleichmäßigen Anerkennung beider gründen. Insofern ist das S. auf einen materialen, aber nicht totalitären →*Gemeinwohl*begriff bezogen.

2. Unterhalb dieses Einverständnisses sind die Verschiedenheiten in Begründung, Zielrichtung und Akzentsetzung groß. Das S. wird sowohl von christl. wie von laizistischer Seite beansprucht und auf mehreren Ebenen – philosophisch, soziologisch, ökonomisch, juristisch, politisch – entfaltet. Zur größten Wirkung gelangte es während der III. Republik in *Frankreich*. Schlüsselbegriff schon für COMTE, wurde es nach Ansätzen bei CH. SECRÉTAN v. a. von A. FOUILLÉE zum System ausgebaut. FOUILLÉE ging im Gegensatz zur herrschenden Vertragstheorie wieder vom →Staat als Organismus aus. Als solcher ist er keine gewillkürte, sondern eine natürl. Einheit, deren Glieder existentiell voneinander abhängen. Der Beitrag, den alle zur Entwicklung des Organismus leisten, muß sich in ihrer rechtl. und sozialen Stellung widerspiegeln. Dieses Postulat hatten die Unternehmer mißachtet. Gegenüber den Arbeitern war eine *dette sociale* entstanden, die Ausgleich verlangte. Durch die Konstruktion eines vertragsartigen Verhältnisses zwischen den Gesellschaftsgliedern glaubte FOUILLÉE diese Forderung in Rechtspflichten transponieren zu können. Wurden sie nicht freiwillig erfüllt, so war der Staat ermächtigt, den Ausgleich zwangsweise vorzunehmen.

3. *Politisch* übte diese Lehre um die Jahrhundertwende eine starke Anziehungskraft aus, weil sie gleichzeitig dem Bedürfnis nach Reform und der Furcht vor →Revolution entgegenkam. Das S. versprach die unübersehbar gewordenen Mängel des bestehenden Systems zu korrigieren, ohne dieses doch gänzlich in Frage zu stellen. Als Alternative zum Sozialismus und Legitimation des bislang verpönten Staatsinterventionismus wurde es v. a. von L. BOURGEOIS erfolgreich popularisiert. Sein Buch „La solidarité" von 1897 erlebte bis zum Ausbruch des 1. Weltkrieges acht Auflagen und verschaffte dem Solidarismus das Ansehen einer „official philosophy" (SCOTT). Durch die beherrschende polit. Partei der III. Republik, die Radikalsozialisten, zu deren bedeutendsten Führern BOURGEOIS zählte, kam sie zu direkter polit. Wirkung. Ausgangs des 19. Jh. brach der BOURGEOISsche Solidarismus auch der franz. Sozialgesetzgebung Bahn, nachdem sie unter Berufung auf die Doktrin des Liberalismus ein Jahrhundert lang blockiert worden war.

4. Eine ähnlich dominierende Position errang das S. im Bereich der Wissenschaft. *Soziologisch* untermauerte es E. DURKHEIM. In seiner Untersuchung über die Arbeitsteilung kam er zu dem Ergebnis, daß eine Entwicklung von der *solidarité mécanique ou par similitude* zur *solidarité organique ou par division du travail* stattgefunden habe. Diese Form der Solidarität schien ihm nicht nur Erleichterung, sondern Bedingung gesellschaftl. Lebens und als solche soziales Faktum und sittl. Gebot zumal. Das S. fungierte damit nicht mehr als bloßes Korrektiv des Individualismus, es verdrängte diesen aus dem obersten Rang der Wertskala. Nach DURKHEIMS Absicht sollte es insbes. die Arbeitswelt durchdringen. Er begegnete darin einer Richtung, die das S. vorwiegend auf die →*Wirtschaftsordnung* bezog. Von PROUDHON und SISMONDI inspiriert und v. a. von CH. GIDE vertreten, suchte sie in Ablehnung der MARXschen Klassenkampftheorie das S. in den Beziehungen von Unternehmern und Arbeitern zu realisieren und die Wirtschaft auf kooperativer Basis zu organisieren. Sie beeinflußte damit das korporativistische Programm des italienischen Faschismus, für den die *solidarietà* eine Leitidee bildete, die gesetzl. Ausdruck in der Carta del Lavoro von 1926/42 fand.

5. Das S. wurde von seinen Befürwortern nicht nur als Moral-, sondern stets auch als *Rechtsprinzip* in Anspruch genommen. In die bis dahin ganz individualistisch denkende Rechtswissenschaft selbst fand es durch L. DUGUIT Eingang. DUGUIT versuchte aus dem S. ein geschlossenes Rechtssystem zu entwickeln, in dem solidaritätskonformes Verhalten Pflicht jedes einzelnen wie der Regierenden war. Er lehnte deswegen die seit der →Französischen Revolution unangefochtenen Grundprinzipien der Rechtsordnung, Staatssouveränität und Privatautonomie, als solidaritätsfeindl. ab und ersetzte sie durch objektiv definierte *Sozialfunktionen*. Rechte bestanden nur noch, soweit sie zur Erfüllung von Pflichten nötig waren. DUGUIT wirkte damit auf die frühe sowjetische Rechtslehre und die Ausarbeitung des Zivilkodex von 1922 ein, verfiel aber später der Ächtung, weil er sich unter Berufung auf das S. gegen den Klassenkampf und die Vergesellschaftung des →Eigentums wandte. Auch in der westl. Jurisprudenz hat sein Einfluß trotz größter Wertschätzung zu Lebzeiten nicht angehalten.

6. In der *dt. Wissenschaft und Politik* spielte das S. eine weniger zentrale Rolle. Seine Ziele fanden hier z. T. in der *Genossenschaftstheorie* (→Genossenschaften) Platz. Eine gewisse Bedeutung erlangte es in der →*Arbeiterbewegung* durch F. LASSALLE. Im Gegensatz zu Frankreich überwog in Dtschld. aber der christl. Beitrag. Im *Christentum* hatte der Solidaritätsbegriff bereits eine theol. Tradition. Der Opfertod Christi wurde als höchster Ausdruck der Solidarität Gottes mit den Menschen interpretiert und von dort auf die gesellschaftl. Beziehungen übertragen. Den systematischen Entwurf einer christl. Sozial- und Wirtschaftsordnung auf der Grundlage des S. unternahm der Jesuit H. PESCH. PESCH hob den dienenden Charakter der Wirtschaft hervor und ordnete deswegen das ökonomische Prinzip dem S. unter. Die wirtschaftl. Freiheit sollte auf diese Weise in Gemeinschaftsziele eingebunden und mit →sozialer Gerechtigkeit kompatibel gemacht werden. PESCHS Theorie hat die kath. →Soziallehre maßgeblich geprägt. Sie wurde u. a. von G. GUNDLACH und O. V. NELL-BREUNING aufgenommen und hat noch jüngst Ausdruck in der Enzyklika *Mater et Magistra* gefunden. Die Enzyklika *Pacem in Terris* erstreckte das S. auf die internationale Politik. Dagegen ist es in der ev. →Sozialethik schwächer ausgebildet.

In der gegenwärtigen Rechts- und Staatslehre hat das S. (bei steigender appellativer Verwendung in der Alltagssprache und politischen Programmatik) stark an Bedeutung verloren. Der Grund scheint darin zu liegen, daß das Desiderat, welches das S. bezeichnet, in komplexen Gesellschaften auf der Ebene personaler Interaktion, auf die es sich bezieht, nicht mehr erfüllt werden kann. Seine Funktion ist zu einem beträchtlichen Teil auf den →Sozialstaatsgrundsatz übergegangen.

A. Fouillée, La science sociale contemporaine, Paris 1880[1], 1910[5] – E. Durkheim, De la division du travail social, Paris 1893[1], 1967[8] – Ch. Gide, L'idée de la solidarité en tant que programme économique, Paris 1893 – H. Pesch, Lehrbuch der Nationalökonomie I, 1905[1], 1914[2] – C. Bouglé, Le solidarisme, Paris 1907[1], 1924[3] – L. Duguit, Traité de droit constitutionnel I, Paris 1914[1], 1927[2] – G. Gurvitch, L'idée du droit social, Paris 1932 – E. Welty, Gemeinschaft und Einzelmensch, 1935 – F. H. Mueller, Heinrich Pesch and his Theory of Solidarism, St. Paul 1941 – O. v. Nell-Breuning, Wörterbuch der Politik I – V, 1947 – 1951[1], 1954 – 1958[2] – J. E. S. Hayward, Solidarity: The Social History of an Idea in 19th Century France, Int. Rev. of Soc. Hist. 4 (1959), 261 – G. Wildmann, Personalismus, Solidarismus und Gesellschaft, 1961 – T. Parsons, Pattern Variables Revisited, Am. Soc. Rev. 25 (1960), 467 – M. Adler, Die solidarische Gesellschaft, 1964 – G. Gundlach, Die Ordnung der menschl. Gesellschaft I, 1964 – N. Monzel, Kath. Soziallehre I, 1965 – M. Prélot, Histoire des idées politiques, Paris 1966[3] – J. A. Scott, Republican Ideas and the Liberal Tradition in France, New York 1966 (Lit.) – D. Grimm, Solidarität als Rechtsprinzip, 1973 (Lit.) – R. Kopp (Hg.), Solidarität in der Welt der achtziger Jahre, 1984.

Dieter Grimm

Sonn- und Feiertage. I. Theologisch. A. Der Sonntag (S.) ist ursprüngl. der dem Sonnengott geweihte zweite Tag der spätantiken Planetenwoche. Die Juden feierten den *Sabbat* als den letzten Tag der Woche und haben ihn als absoluten Ruhetag religiös streng geregelt (Gen 2,2 – 3; Ex 20,10 – 11; 31,16 – 17; 34,21; Dtn 5,14 – 15). Demgegenüber fordert Jesus, daß der Mensch über das Sabbatgebot zu stellen ist (Mk 2,23 ff.; 3,1 ff.; Lk 13,10 ff.; 14,1 ff.). Durch das Christentum wurde der S. als „Tag der Auferstehung Christi" (Ostern) zum „Tag des Herrn" (dies dominica) und von hierher der erste Tag der christl. Woche (Mt 28,1; Apk 1,10). Seit urchristl. Zeit wird am S. als dem Herrntag vor allem der Gottesdienst mit dem Herrenmahl (Abendmahl) gefeiert (vgl. Pliniusbrief X, 96; Apg 20,7; Didache 14,1) und das Opfer der Gemeinde gesammelt (1 Kor 16,2). In der Urchristenheit hat der S. ursprüngl. also rein gottesdienstl. Bedeutung. „Der Ruhegedanke spielte bis ins 4. Jh. hinein für den christl. S. überhaupt keine Rolle. Die Christen arbeiteten an diesem Tage wie jedermann" (W. Rordorf, S. 291). Erst Konstantin d. Gr. bestimmte am 7. 3. 321, daß der S. als allg. *Ruhetag* zu gelten habe. Seit dieser Zeit wurden im MA. immer wieder gesetzl. Bestimmungen von weltl. und kirchl. Seite erlassen, die die Forderung des jüdischen Sabbatgebotes (Dtn 5,12 ff.) auf absolute Arbeitsruhe („S.heiligung") auf den christl. S. übertragen haben. Damit wurde seit dem MA. der christl. S. zum „christl. Sabbat". Auch hat es immer wieder sektiererische Gruppen (→Sekten) gegeben (sog. Sabbatisten, Sabbatarier, zB 7-Tags-Baptisten, 7-Tags-Adventisten u. a.), welche die Forderung der jüdischen Sabbateinhaltung erneuerten. Während in Luthers Kl. und Gr. Kat. (3. Gebot) und im Heidelberger Katechismus (Frage 103 – 4. Gebot) die „Heiligung" des S. auf die freudige Teilnahme am Gemeindegottesdienst hingelenkt wird, ist durch Melanchthon, →Kirchenordnungen, Orthodoxie und →Pietismus die Forderung der S.„ruhe" als Verbot jegl. Arbeit in den Vordergrund gerückt worden. Deswegen ist es wichtig, daß das eigentl. christl. Verständnis des S. als *„Tag des Herrn"*, an dem sich die Gemeinde zum Gottesdienst sammelt, klar herausgestellt und heute – ohne äußeren Zwang – geistl. neu begriffen wird. In dem Maße, in dem der Gottesdienst und mit ihm das Abendmahl für die Christen notwendige Quelle ihres Glaubens und Lebens sind (→Sakramente), wird der S. seinen ursprüngl. und unaufgebbaren Sinn behalten bzw. erneuern. Das bedeutet jedoch nicht, daß der S. als alleiniger „kultischer" Tag gegenüber etwa „profanen" Alltagen herausgestellt wird. Die Christenheit kennt vielmehr das Feiern von Gottesdiensten an jedem Tag der Woche (tägl. Gottesdienste; tägl. Messen; sog. Wochengottesdienste). – Nach christl. Verständnis wird ferner stets mit Nachdruck dafür einzutreten sein, daß jeder Mensch ausreichend Ruhe- und Freizeit erhält und solche Zeiten und Tage durch den Gesetzgeber eindeutig geschützt und geregelt werden. Indem sich heute der seit Jh.en gewohnte Arbeits- und Lebensrhythmus des Menschen vor allem durch die sog. *„gleitende Arbeitswoche"* oder die „5-Tage-Woche" erhebl. verändert, entstehen zahlreiche Probleme. So wird zB dem Problem der rechten „Freizeitgestaltung" helfende Beachtung zugewandt werden müssen, damit die „freie Zeit" nicht durch sinnlose Reisestrapazen oder Langeweile pervertiert wird. Durch die „gleitende Arbeitswoche" wird u. a. beinahe unmögl. gemacht, daß Angehörige einer Familie, Freunde und Bekannte gemeinsam die Freizeit gestalten können. Dieser Verlust müßte sich auf Dauer sehr nachteilig auswirken. Am 1. Advent 1984 erschien erstmalig ein „Gemeinsames Wort der (röm.-kath.) Bischofskonferenz u. des Rates der EKD: Den Sonntag feiern", das auf die geistliche u. sozialethische Bedeutung des S. hinweist. – Ein eigenes Problem entstand durch die von der Internat. Organization for Standardization (ISO) empfohlene neue Numerierung der Wochentage, wonach der Montag als der 1. Tag der Wochenzählung empfohlen wurde (Empfehlung R 2015). Diese Regelung hat sich vor allem im Reisewesen (Bahn, Flugverkehr) durchgesetzt. Die Kirchen sind jedoch bei der alten Zählung (S. = 1. Tag der Woche) geblieben.

B. Außer dem S. kennen wir **Feiertage** (F.), an denen seit der Antike „keine Geschäfte vorgenommen werden" (lat.: feriae), im Unterschied zu Werk- oder Arbeitstagen. Die kath. Kirche bestimmt im →CIC can. 1244–1253: „Heilige Zeiten". Es handelt sich dabei um „jene Tage und Zeitabschnitte, die in bes. Weise durch Gebot der Kirche der Gottesverehrung geweiht sind" (Eichmann-Mörsdorf, II, 342 ff.). Diese Bestimmungen werden gegenwärtig auf Grund der Problematik der gleitenden Arbeitswoche einer Revision unterzogen. – Gewöhnlich unterscheiden wir kirchl. und weltliche F. (s. auch unten II). *Weltliche F.* sind zB Neujahr, 1. Mai oder andere allg. und öffentl. Gedenktage, an denen die Arbeit ruht. *Kirchl. F.* sind (z. T. nur in bestimmten Orten oder Ländern gefeiert): Weihnachten, Epiphaniastag (6. Jan.), Karfreitag, 2. Ostertag, Himmelfahrt, 2. Pfingsttag, Fronleichnam (Donnerstag nach Trinitatis), Reformationstag (31. Okt.), Allerheiligen (1. Nov.), Allerseelen (2. Nov.), Buß- und Bettag u. a. Für diese kirchl. F. gelten in den versch. Ländern unterschiedl. gesetzl. Ruhe- und Schutzbestimmungen.

RGG³ VI, 140–142 – EKL III, 996–1000 (Lit.) – Art.: Feste u. Feiertage I–VI TRE 11 (1983), 93–143 – Th. Zahn, Geschichte des S., 1878 – W. Thomas, Der S. im frühen MA., 1929 – Le dimanche et sa célébration, Luxemburg 1952 (wichtiger röm.-kath. Sammelbericht) – K. Barth, Kirchl. Dogmatik III, 4, 51–79 – H. Fischer, Industrielle S.arbeit, 1957 – E. Eichmann und K. Mörsdorf, Lehrbuch des Kirchenrechts II, 1958, 342–346 – J. Beckmann u. a., Verlorener Sonntag? (Kirche im Volk, H. 22, 1959) – W. Rordorf, Der S. Geschichte des Ruhe- und Gottesdiensttages im ältesten Urchristentum, 1962 (Lit.) – F. Schulz, Gefährdeter Sonntag, JLH 1976, 158–165 (behandelt die durch die ISO-Empfehlung R 2015 neue Numerierung der Wochentage).

Joachim Heubach

II. Juristisch. Seit der Christianisierung des Abendlandes haben sich die dortigen Lebensgewohnheiten in vielfältiger Weise auf die S. und kirchl. F. eingestellt. In dem Maße, in dem staatl. Rechtsvorschriften das gesellschaftl. Leben zu regulieren begannen, stellte sich für den jeweiligen Gesetzgeber die Frage, ob der christl. Tradition entsprechende Wochenrhythmus und die kirchl. F. vom staatl. Recht respektiert und damit geschützt werden sollen. Dies ist in den europ. Staaten weitgehend und meist wie selbstverständl. geschehen, teilweise unter Bezugnahme auf kirchl. Recht. Das staatl. F.recht ist eine Materie des →Staatskirchenrechts, weil der rechtl. Schutz der S. und F. eine wichtige Voraussetzung für das Wirken der Kirchen in der Öffentlichkeit ist, namentl. für die Veranstaltung von Gottesdiensten und für den Zugang zu diesen (→Kirche und Staat). Es hat aber auch Auswirkungen auf zahlreiche andere Rechtsgebiete, v. a. auf das Gewerberecht, das →Arbeitsrecht und das Verfahrensrecht. Bei der Ausgestaltung des F.rechts läßt sich der staatl. Gesetzgeber nicht nur von dem Bestreben leiten, den Bedürfnissen der Kirchen und der Gläubigen Rechnung zu tragen. Er dient auch dem sozialpolitischen Erfordernis nach rhythmischer Unterbrechung des Geschäftslebens und der abhängigen Arbeit. Auch das verfassungsrechtl. Gebot zum Schutz der →Familie (Art. 6 GG) muß der Gesetzgeber in dieser Materie in Betracht ziehen.

In der *Rechtsordnung der Bundesrepublik* ist der F.schutz auf verschiedenen Ebenen normiert. Es gibt einschlägige Vorschriften sowohl im Verf.recht des Bundes als auch in den Landesverfassungen. Im Bereich der einfachen Gesetzgebung haben die Länder die Kompetenz zur Regelung des F.rechts. Diese haben sämtlich F.gesetze erlassen. Doch enthalten auch Bundesgesetze, zB die Gewerbeordnung, das Ladenschlußgesetz und die Verfahrensgesetze, Vorschriften, die für den F.schutz wesentl. sind. Der Gesichtspunkt des notwendigen Sachzusammenhangs vermittelt dem Bund die entsprechende Kompetenz.

Ausgangspunkt des F.rechts ist der durch Artikel 140 in das GG rezipierte Art. 139 WV: „Der S. und die staatl. anerkannten F. bleiben als Tage der Arbeitsruhe und der seelischen Erhebung gesetzl. geschützt." Hier wird im Rahmen der Verfassungsbestimmungen, die die Grenzen und Modalitäten der grundsätzl. gebotenen Trennung von Staat und Kirche festlegen, gewährleistet, daß von dem durch die christl. Tradition geprägten Rhythmus von F. und Werktag nicht abgewichen wird. Insoweit wirkt Art. 139 WV als →institutionelle Garantie. Gleichzeitig enthält Art. 139 WV einen Gesetzgebungsauftrag, insofern als er die Landesgesetzgeber zu konkretisierenden Rechtsvorschriften zwingt. Doch ist Umfang und Intensität des F.schutzes durch Art. 139 WV selbst nicht genauer bezeichnet. Dieser Art. gibt nur insoweit einen Hinweis, als er den Zweck des F.schutzes ausdrückl. benennt. Die landesrechtl. Vorschriften müssen demnach geeignet sein, Arbeitsruhe zu bewirken und „seelische Erhebung" zu ermöglichen. Mit jenem eigenartigen – und nicht ganz glückl. – Begriff hat man die Bedeutung des F. für die individuellen Belange zu kennzeichnen versucht, und zwar in einer Weise, die die Belange von Gläubigen und Nichtgläubigen in gleicher Weise erfaßt. Da die Garantie des Art. 139 WV nicht den Interessen bestimmter →Religionsgemeinschaften dient, läßt sich aus ihr auch kein subjektives Recht einer Religionsgemeinschaft auf eine bestimmte Ausgestaltung des F.rechts, insbes. nicht auf Anerkennung bestimmter F., ableiten. Doch ergeben sich für die Kirchen, wie für die einzelnen Gläubigen, gewisse Rechte aus dem Grundrecht aus Art. 4 Abs. 1 und 2 GG (→Glaubens-, Bekenntnis- und Gewissensfreiheit), welches die ungestörte Veranstaltung von Gottesdiensten und den ungehinderten Zugang zu Gottesdiensten gewährleistet und folgl. eine gesetzl. Ausgestaltung des F.rechts unzulässig machen würde, die die Realisierung dieser Rechte vereiteln würde.

Verfassungsrechtl. Probleme hinsichtl. der F.gesetzgebung ergeben sich wegen der Verpflichtung zur paritätischen Behandlung aller Religionsgemeinschaften und ihrer Angehörigen (→Parität). Doch liegt eine Verletzung dieser Verpflichtung nicht allein in dem Umstand, daß sich die staatl. F.gesetzgebung im wesentl. an den christl. F. orientiert. Da der Gesetzgeber bei der Auswahl der anzuerkennenden F. sowohl die weltl. Zwecksetzung wie auch die gottesdienstl. Bedürfnisse in der Bevölkerung berücksichtigen muß, handelt er nach sachl. Kriterien, wenn er an die herkömml. und der überwiegenden Mehrheit der Bevölkerung vertrauten F. anknüpft. Die Grundrechte von Angehörigen religiöser Minderheiten (→Sekten), deren F. in der staatl. Gesetzgebung keine Berücksichtigung finden, können im Einzelfall beeinträchtigt sein, wenn Verpflichtungen aus staatl. Vorschriften, zB zur Befolgung einer Ladung oder zum Schulbesuch, mit religiös begründeten Pflichten zur Beachtung von F. oder heiligen Zeiten in Konflikt geraten. Hier entsteht u. U. ein – in der Rspr. (zB BVerwGE 42, 128; BSGE 51,70) in verschiedenen Fällen auch anerkannter – Anspruch auf Gleichstellung. Schulrechtl. Vorschriften enthalten entsprechende Befreiungstatbestände.

Welche Tage *„anerkannte" F.* sind, die neben den S. unter die Garantie des Art. 139 WV fallen, kann aus jener Verf.vorschrift selbst nicht entnommen werden. Die Anerkennung erfolgt in der Regel durch einen Akt der Landesgesetzgebung. Dem Bund ist unter dem Gesichtspunkt der Natur der Sache eine Gesetzgebungskompetenz im Hinblick auf „weltl." F. zuzugestehen, sofern sich ein F. seinem Thema nach speziell auf die vom Bund verkörperte Rechtsgemeinschaft bezieht. Durch Bundesgesetz wurde der 17. Juni (Tag der dt. Einheit) als F. anerkannt. Eine Ersetzung dieses F. durch einen anderen, die gelegentl. erwogen wird, könnte durch Bundesgesetz nur in der Weise vorgenommen werden, daß ein anderer F. mit nationalspezifischem Gehalt eingeführt würde. Die F.gesetze der Länder stimmen hinsichtl. der anerkannten F. weitgehend, aber nicht vollständig, miteinander überein. Überall sind Neujahrstag, Karfreitag, Ostermontag, 1. Mai (Tag der Arbeit), Christi Himmelfahrt, Pfingstmontag, Buß- und Bettag und 1. und 2. Weihnachtstag anerkannt, in einzelnen Ländern darüberhinaus der 6. Januar (Epiphanias; Heilige Drei Könige), Fronleichnam und 1. November (Allerheiligen). Der 15. August (Mariä Himmelfahrt) ist nur im Saarland uneingeschränkt F. In Bayern gibt es F., die nur in einzelnen Landesteilen geschützt sind, nämlich Mariä Himmelfahrt in überwiegend kath. Gebieten und im Gebiet der Stadt Augsburg das sog. Friedensfest – ein Gedenktag nach Art der Friedensfeste, wie sie nach dem Westfälischen Friedensschluß vielerorts begangen wurden.

Bestimmte *kirchl. Festtage,* die nicht gesetzl. F. sind, werden in verschiedenen Ländern in geminderter Form durch Zubilligung eines Anspruchs auf Arbeitsbefreiung während der Gottesdienstzeiten oder durch entsprechende Vorschriften betreffend den Schulunterricht geschützt. Einzelne Landesgesetze enthalten Schutzvorschriften zugunsten der Gottesdienste an jüdischen F. Die mancherorts zu beobachtende Praxis einer weitgehenden Ruhe der Arbeits- und Geschäftstätigkeit an den Karnevalstagen ist gesetzl. nicht vorgesehen. Das Arbeitszeitrecht läßt eine Verlagerung von Arbeitszeit im Interesse von Volksfesten zu.

Die Landesgesetzgebung zur *Ausgestaltung* des F.schutzes kann nur eine begrenzte Zielsetzung haben. Die von UHLAND poetisch verklärte „Stille nah und fern" kann angesichts der heutigen Lebensgewohnheiten und Lebensumstände nicht erzwungen werden. Die S. sind in ein längeres, i. a. arbeitsfreies Wochenende einbezogen, das von vielen Menschen für typische Freizeitbeschäftigungen genutzt wird. Der Gesetzgeber würde den einzelnen in unvertretbarer Weise bevormunden, wollte er die Freizeitbeschäftigung auf beschaul. und völlig geräuschlose Tätigkeiten beschränken. Die generelle Verbotsvorschrift, die sich in den meisten Landesgesetzen findet, stellt deshalb nicht auf akustische Beeinträchtigungen ab, sondern auf die Art der Tätigkeit. Untersagt werden alle „öffentl. bemerkbaren Arbeiten", teilweise jedoch nur, soweit diese Tätigkeiten geeignet sind, die äußere Ruhe oder das Wesen des Feiertages zu beeinträchtigen. Dieser Tatbestand bereitet vielfach Auslegungsschwierigkeiten. Es kann v. a. zweifelhaft sein, ob eine Tätigkeit als Arbeit zu bewerten ist und ob eine Tätigkeit die Ruhe oder das Wesen des Feiertages beeinträchtigt. Die Abgrenzung zwischen unzulässiger Arbeit und sonstiger Tätigkeit ist durch den Umstand erschwert, daß in der Gegenwart zahlreiche Verrichtungen sowohl Gegenstand berufl. Arbeit wie auch Freizeitbeschäftigung sein können. Maßgebl. ist, ob eine Tätigkeit geeignet ist, den Eindruck der generellen Ruhe im Geschäftsleben und in der auf Existenzsicherung angelegten Geschäftigkeit zu durchbrechen. Deshalb fallen Verrichtungen, die ihrer Art oder der Modalität ihrer Ausübung nach im Einzelfall als Bestandteil einer Freizeitbeschäftigung üblich sind, nicht unter das Verbot, wohl aber lästige Tätigkeiten, wie die meisten Reinigungsarbeiten, soweit sie ohne weiteres wahrnehmbar sind. Die Rechtsprechung stellt vielfach auf den Begriff der „Werktagsarbeit" ab. Für die Wahrung der F.ruhe ist unerläßl., daß Geschäfte und Gewerbebetriebe geschlossen bleiben. Dies wird durch entsprechende gewerberechtliche Vorschriften (§§ 105 a, b GewO; § 3 Abs. 1 Nr. 1 LadenschlußG) und ein grundsätzl. Beschäftigungsverbot im Arbeitszeitrecht sichergestellt. Auch alle Behörden halten ihre Dienststellen geschlossen, ohne daß dies durch eine ausdrückl. gesetzl. Vorschrift angeordnet würde. Die Straßenverkehrsordnung (§ 30 Abs. 3 u. 4) enthält ein Fahrverbot für alle größeren Lastkraftfahrzeuge an S. und F.

Neben den Vorschriften, die ein gewisses Maß an Ruhe während der gesamten Dauer des F. erzwingen, stehen bes. Vorschriften zum *Schutz der Gottesdienste*. So gibt es überall ein Verbot für bestimmte öffentl. Veranstaltungen während der üblichen Zeit der Hauptgottesdienste – teilweise ist ausdrückl. die Zeit von 7 – 11 Uhr benannt –, das in einzelnen Ländern freil. nur für Veranstaltungen gilt, die Gottesdienste beeinträchtigen können. Auf die Einhaltung solcher speziell den Belangen der Religionsgemeinschaft dienenden Vorschriften haben die von der jeweiligen Störung betroffenen Religionsgemeinschaften ein subjektives Recht. Sofern die Verbote sich auf Veranstaltungen erstrecken, die Versammlungen im Sinne des Art. 8 GG sind, kann sich eine Kollision mit dem dort verankerten Grundrecht ergeben, das eine gesetzl. Einschränkung von Versammlungen in geschlossenen Räumen nicht vorsieht. Doch ist das Grundrecht aus Art. 8 GG in aller Regel nicht verletzt, wenn der Veranstalter einen geringfügig zeitl. Aufschub in der Realisierung der Versammlungsabsicht hinnehmen muß.

Weitergehende Bestimmungen dienen dem bes. Schutz einzelner *F. mit betont ernstem Charakter*. Das sind Karfreitag, Buß- und Bettag, Totensonntag und der zum Volkstrauertag bestimmte Sonntag, in einzelnen Ländern auch der Allerheiligentag. An diesen, den sog. stillen Tagen, sind Veranstaltungen, die der Unterhaltung dienen, stärkeren Einschränkungen unterworfen. Sportveranstaltungen sind, jedenfalls an einzelnen dieser Tage, ganz untersagt. Die Gesetze einzelner Länder verpflichten den Rundfunk, in seinem Programm auf den ernsten Charakter dieser Tage Rücksicht zu nehmen. In einigen Ländern können Tanzveranstaltungen auch an weiteren Tagen untersagt werden.

Das Interesse der Bevölkerung an der notwendigen Versorgung, Bedürfnisse der Landwirtschaft, insbes. zur Erntezeit, und mannigfache Anforderungen einer technisierten Arbeitsweise in einzelnen Industriezweigen machen eine flexible Ausgestaltung des Feiertagsrechts erforderl., weshalb teilweise in den Feiertagsgesetzen selbst, teils durch das Arbeitszeitrecht oder in gewerberechtl. Vorschriften (zB §§ 105 c – f, i GewO; §§ 4 – 15 LadenschlußG) zahlreiche *Ausnahmemöglichkeiten* vorgesehen sind. In der Gegenwart wird das Verlangen nach Ausnahmen oder nach Lockerung der dem F.schutz dienenden Verbote verstärkt erhoben. Es sind unterschiedl. Motive, die eine Abkehr vom F.schutz im herkömml. Umfang wünschenswert erscheinen lassen. Die mit dem F.schutz verbundene periodische Unterbrechung der gewerbl. Arbeit behindert in einzelnen Industriezweigen eine rationelle und effektive Arbeitsweise. Das Bedürfnis, bestimmte betriebl. Anlagen ständig in Gang halten zu können, wird durch die zunehmende Automation noch verstärkt. Arbeitskräfte zur Überwachung automatisierter Anlagen müssen ständig zur Verfügung stehen oder jedenfalls dienstbereit sein. Auch die internationale Verflechtung mancher Unternehmen und Wirtschaftszweige bedingt den Wunsch, daß die Betriebe auch an F., die im Ausland nicht begangen werden, leistungsfähig bleiben. Darüber hinaus wird im Interesse einer besseren Nutzung der Kapazitäten eine Arbeitszeitregelung propagiert, die es erlaubt, einen jeweils wechselnden Teil der Belegschaft gegen Gewährung von Freizeit innerhalb der Woche an S. und F. arbeiten zu lassen (sog. gleitende Arbeitswoche). Ein vermehrtes Bedürfnis nach Dienstleistungen und Einkaufsmöglichkeiten an S. und F. entsteht auch infolge der zunehmenden Vielfalt an Freizeitbeschäftigung und infolge der zunehmenden Gewohnheit, die Freizeit außerhalb des häusl. Bereichs zu verbringen. Die Praxis der Ausnahmebewilligungen und die Bemühungen um gesetzl. Lockerungen des F.schutzes finden ihre Grenze an der verfassungsrechtl. Garantie. Diese Grenze ist nicht erst dann überschritten, wenn es zu einer Nivellierung von Feiertagen und Werktagen kommt, so daß die äußeren Voraussetzungen für die „seelische Erhebung“ nicht mehr gegeben sind. Ausschlaggebend ist auch die Motivierung der Ausnahme. Unzulässig wäre es, Ausnahmen allein unter dem Gesichtspunkt der Rentabilität oder der betriebswirtschaftl. Zweckmäßigkeit zuzulassen oder solche Ausnahmen, die bei der gebotenen Gleichbehandlung in Zukunft zu einer Nivellierung führen können. Die Ausnahmen müssen vielmehr durch bes., vom Interessenten nicht zu vertretende Umstände des jeweiligen Unternehmens oder Vorhabens gedeckt sein.

Die F.heiligung war von jeher auch Gegenstand des *kirchl. Rechts*. Kath. Staaten haben vielfach bis ins 19. Jh. hinein das F.recht der →Kirche überlassen und die staatl. Belange dann nur in der Weise wahrgenommen, daß sie die Kirche zur Änderung ihres Rechts, namentl. zur Reduzierung der F., veranlaßten. Die einschlägige Vorschrift des neuen kath. Rechts (c. 1247 →CIC 1983) zielt nicht mehr darauf ab, das öffentl. Leben im Sinn kirchl. Forderungen zu beeinflussen. Sie beschränkt sich auf Gebote, die dem Gottesdienst und der Besinnlichkeit förderl. erscheinen. Die Verpflichtung zur Teilnahme an der Messe wird nach wie vor ausdrückl. ausgesprochen. Die ev. Kirchen erwarten ebenfalls von ihren Angehörigen, daß sie die F. heiligen, namentl. durch Gottesdienstbesuch. Doch ist man aus der typisch reformatorischen Sorge vor Werkgerechtigkeit zurückhaltend bei der Formulierung eindeutiger Gebote und Verbote.

G. KAISENBERG, Art. 139, in: Die Grundrechte und Grundpflichten der Reichsverfassung, [II]1930, 428–448 – G. DIRKSEN, Das F.recht, 1961 – H.-W. STRÄTZ, in: HdbStKirchR, E. FRIESENHAHN und U. SCHEUNER (ed.), [II]1975, 801–819 (Lit.).

Dietrich Pirson

Souveränität. **I. Geschichte. A. Das Mittelalter.** Die S. (vom franz. souveraineté = vulgärlat. superanus, superioritas = höchst, höchste Gewalt) ist kein absoluter, sondern ein hist. bedingter, rein funktionaler Begriff, der aus einer bestimmten geschichtl. Situation entstand, um ein bestimmtes Ziel zu erreichen: Frieden und Sicherheit. Diese wurden im MA. durch die Einheit unter Papst und Kaiser (→Kaisertum und Papsttum) gesichert. Mit dem Untergang der res publica christiana entfiel jedoch der monistische Garant der Sicherheit und des Friedens. An seine Stelle trat nun säkularisiert der Begriff der S.

Seit dem ausgehenden MA. befand sich Westeuropa, insbes. Frankreich (Höhepunkt: Auseinandersetzung zwischen PHILIPP IV. DEM SCHÖNEN und Papst BONIFAZ VIII. zu Beginn des 14. Jh.), in ständigen Kämpfen der Landesfürsten gegen den Papst, den Kaiser und die in Ständen organisierten Feudalgewalten. Auf die Seite des Fürsten stellten sich die sog. *Legisten,* d. h. Juristen, die sich auf Grund des geltenden röm. Rechts für die Unabhängigkeit der Krone einsetzten. Innerhalb der Kirche war die Konzentration der „plenitudo potestatis" auf die Person des Papstes als Stellvertreter des einzig souveränen Gottes mindestens in der Theorie bereits vollzogen. AEGIDIUS ROMANO COLONNA beschrieb die päpstl. Macht gegen 1280 als eine absolute Gewalt: „Tanta potestatis plenitudo, quod eius posse est sine pondere, numero et mensura". COLONNAS Gedanken übernahm Papst BONIFAZ VIII. in die Bulle „Unam Sanctam". Diese plenitudo potestatis sollte auch im →Staat in der Person des Fürsten erreicht werden. Im Zeitalter des →Absolutismus spitzte sich die *FürstenS.* auf die Identifikation persönlicher und staatlicher Hoheit zu („L'État c'est moi"). Aber bereits im 13. Jh. wurde in Frankreich die Formel „Rex superiorem non recognoscens est imperator in regno suo" erdacht und auch außerhalb Frankreichs, etwa in England, wiederholt deklariert. Die Legisten vertraten nicht nur die Unabhängigkeit des Fürsten von dem ohnehin schwachen Kaiser, sondern sie setzten sich für die Überlegenheit des Fürsten über den Feudaladel (BEAUMANOIR, 1246–1296) und selbst über die Kirche (MARSILIUS VON PADUA, 1290–1341) ein. Denn nur die Anerkennung der FürstenS. könne die Unsicherheit der ständigen Kämpfe (die sich nach der Reformation zu blutigen Kriegen entwickeln sollten) beseitigen und Sicherheit und Frieden schaffen. Der wichtigste Verfechter dieser Lehre ist der Franzose JEAN BODIN.

B. Jean Bodin (1530–1596). S.vorstellungen waren dem mittelalterl. polit. Denken – freilich in einer durch Anerkennung des →Widerstandsrechts der Untertanen und eines Herrschern und Untertanen übergeordneten Rechts wesentlich gemilderten Form – wohl nicht fremd (dazu O. v. GIERKE, vgl. auch v. D. HEYDTE, DENNERT und den Band „JEAN BODIN"; dagegen: OTTO BRUNNER). Es war aber BODIN, der in seinem Werk „Six livres de la République" (Sechs Bücher über den Staat), Paris 1576, den Begriff der S. als erster definiert („La souveraineté est la puissance absolue et perpetuelle d'une République") und ihn zu einem fundamentalen Begriff der Staatslehre gemacht hat. Die S. als absolute und dauernde Gewalt des Staates ist für BODIN Bestandteil des Staatsbegriffs: „République est un droit gouvernement de plusieurs ménages, et de ce qui leur est commun, avec puissance souverain." (Etwa drei Jahrzehnte später wird CHARLES L'OYSEAU in der S. – die er von der „suzeraineté" = Gewalt der Feudalherren, der „seigneurs", unterscheidet – das Lebenselement, praktisch ein Synonym des Staates sehen.) Die S. läßt sich weder in ihrem Umfang noch durch Aufträge noch zeitl. begrenzen. Man erkennt sie an ihren Merkmalen: Der Souverän entscheidet über Krieg und Frieden (diese Monopolentscheidung des souveränen Herrschers wird bei ALBERICUS GENTILIS [1552–1608] und HUGO GROTIUS [1583–1645] zum Grundsatz ihres Kriegsrechts der europ. Staaten), er ernennt und entläßt alle Amtsträger, er hat die Steuerhoheit, das Begnadigungsrecht und vor allem das umfassende Recht, allg. oder EinzelfallG.e zu erlassen und aufzuheben, und zwar *ohne Zustimmung* eines anderen – ob eines Größeren, Gleichen oder Kleineren (d. h. hier, hist. gesehen, ohne Zustimmung des Papstes, des Kaisers oder der Stände). Aus der Absolutheit der S. ergibt sich nicht nur die Unbeschränktheit der G.gebung (vgl. bereits Institutiones I, 2,6: „. . . quod principi placuit, legis habet vigorem"), sondern auch die G.freiheit des Souveräns; denn es ist unmögl., daß derselbe Mensch befiehlt und gehorcht. Damit wurde dem alten Satz „princeps legibus solutus" zum erstenmal ein absolutistischer Sinn gegeben. Doch ist der Fürst in der BODINschen Lehre zwar legibus, aber nicht schlechthin iure solutus. Denn BODIN unterstellt den souveränen Fürsten dem göttl. Recht, dem Naturrecht und „den allen Völkern gemeinsamen Gesetzen". Auch L'OYSEAU, der die S. ohne Gewalts- und Autoritätsgrenzen („sans limitation de pouvoir et autorité") versteht, unterstellt den souveränen Fürsten den Gesetzen Gottes, den „natürl. Regeln der Gerechtigkeit" und den „Grundgesetzen des Staates", die „Art und Bedingungen der Ausübung der S." bestimmen. Die Entwicklung einer absoluten FürstenS. vollzog sich über die Lehre LE BRETS (De la souveraineté du Roy, 1632), der zwar die Möglichkeit ungerechter Anordnungen zugab, jedoch den Gehorsam aus Zweckmäßigkeitserwägungen empfahl. Erst THOMAS HOBBES erklärte die Unmöglichkeit der ungerechten Anordnung und die grds. Rechtsfreiheit des Herrschers.

C. Thomas Hobbes (1588 – 1679). Aus der Anarchie der engl. Bürgerkriege (1642 – 1646, 1648) entstand eine logische Apotheose der S. THOMAS HOBBES geht in seinen Büchern „De cive", 1642, und „Leviathan", 1651, von der Theorie des Gesellschaftsvertrages aus, durch den die Menschen die souveräne Gewalt an einen „Repräsentanten" übertragen. Damit ist jede Handlung des Herrschers Handlung eines jeden seiner Untertanen. Infolgedessen kann sich der Herrscher unmögl. der Ungerechtigkeit schuldig machen, gleichgültig was er tut. Der Herrscher hat also die höchste und allumfassende Gewalt und ist den G.en nicht unterworfen. Im Gegensatz zu BODIN unterwirft HOBBES den Herrscher nicht dem Naturrecht, sondern spricht ihm allein das Recht zu, das Naturrecht verbindl. auszulegen und durch G.e auch einzuschränken. Denn die Autorität, nicht die Wahrheit schafft das Gesetz (Auctoritas non veritas legem facit). Die S. enthält auch die ausschließl. Befugnis, das (verbindliche!) göttl. Recht festzustellen und auszulegen. Die Auffassung von der Einzigkeit und Unteilbarkeit der S. führt HOBBES zur Ablehnung einer anderen Autorität neben der Staatsgewalt, eines kanonischen Rechts neben dem weltl. und zur Annahme der Zweckmäßigkeit des schrankenlosen Herrschers, der die einzige Alternative zum Bürgerkrieg und zur Anarchie darstellt. Damit erreicht die von BODIN (wenn auch wohl ungewollt) angebahnte absolutistische Interpretation der S. ihren ersten Höhepunkt. Doch ist die Verbindlichkeit des göttl. Rechts immer noch eine (wenn auch hauptsächl. theoretische, so doch potentiell praktische) Schranke der S. Die völlig unbedingte S. ist ein Begriff der säkularisierten Neuzeit. BODINS und HOBBES' Auffassung von der absoluten S. des Herrschers wurde zwar bereits früh, zB von LEIBNITZ (1646 – 1716) kritisiert (ein S.begriff im Sinne von HOBBES sei nur möglich, „in ea Republica, cuius Rex Deus est", nicht in einem zivilisierten Staat); sie wurde aber auch unter verschiedenen, z. T. erhebl. vor allem durch den fortschreitenden Säkularisationsprozeß bedingten Abweichungen von SPINOZA, PUFENDORF, BENTHAM, HEGEL, AUSTIN und in unserem Jh. auch von HELLER vertreten. Es ist von entscheidender Bedeutung, daß die meisten dieser Theoretiker in Zeiten von Bürgerkriegen, Revolutionen und Wirtschaftskrisen schrieben.

D. Die VolksS. Wie die Bürgerkriege das Bedürfnis nach einem verschärften S.begriff schufen, so brachte die Reaktion gegen den daraus erwachsenen →Absolutismus eine Abschwächung der FürstenS. mit sich, um sich zu einer nun vollkommen absoluten, weil säkularisierten, d. h. von religiösen Bindungen befreiten VolksS. zu entwickeln. (Eine Abschwächung des S.begriffs schlechthin erfolgte endl. durch die liberale Einschränkung und Dekonzentration der Staatsgewalt und das Aufkommen von Koordinationselementen im Staatsrecht und Subordinationselementen im Völkerrecht; s. u. II.) Wie weit sich die Theorie von der VolksS. zurückverfolgen läßt, hängt von der Vergleichbarkeit von Konzeptionen und Formen der „Staatlichkeit" verschiedener geschichtl. Epochen ab. Unter diesem erhebl. Vorbehalt geht die Theorie von der VolksS. auf Ideen von THOMAS VON AQUIN (1226 – 1274) und seiner Schüler zurück, in einzelnen Elementen vielleicht sogar auf die Antike, insbesondere auf ARISTOTELES. Sie wurde mit Entschiedenheit von MARSILIUS VON PADUA, von LUPOLD VON BEBENBURG (1297 – 1363) und von NICOLAUS VON CUES (1401 – 1464) durchgeführt. In ihrem neuzeitl. Gehalt ist sie von der Lehre vom Gesellschaftsvertrag geprägt, also ders. Lehre, die HOBBES zu seinem unbedingten Absolutismus führte. Der logische Übergang vollzieht sich wohl bei PUFENDORF (1632 – 1694), der den HOBBESschen S.begriff durch eine bes. an GROTIUS (1583 – 1645) anknüpfende Verwertung des Vertragsgedankens abschwächte. Entschieden gegen die Konzentration aller Gewalten wandten sich die sog. Monarchomachen (→Widerstandsrecht). Insbes. ALTHUSIUS (1557 – 1638), der sog. „letzte Monarchomach", lehnte eine absolute Staatsgewalt als Tyrannis ab. Er unterstellte die Staatsgewalt nicht nur dem Recht Gottes, sondern auch „dem Volk und seinem Recht". Der Fürst ist für ALTHUSIUS der „Summus Magistratus", der von den volksgewählten „Ephoren" gewählt, überwacht und, falls er sich zum Tyrannen entwickelt, auch abgesetzt wird. Die Majestätsrechte des Volkes nennt er unveräußerlich, unmittelbar und unverjährbar. Noch weiter ging die einflußreiche Lehre JOHN LOCKES (1632 – 1704). Er spricht der Gemeinschaft selbst die höchste Gewalt und das Recht zu, den G.geber anzustellen und – notfalls mit Gewalt – abzusetzen. Er unterwirft den G.geber dem Naturrecht und setzt sich ein für die →Gewaltenteilung, die den Machtzuwachs verhütet. Diese Ideen sind in den USA von JEFFERSON (1743 – 1826) übernommen und weiter entwikkelt worden.

Ihren Höhepunkt erreichte die Entwicklung von der absolutistischen FürstenS. zur VolksS. in der Lehre von JEAN-JACQUES ROUSSEAU (1712 – 1778) über den Gesellschaftsvertrag (1762). Für ROUSSEAU ist S. die Ausübung des allg. Willens (volonté générale). Souverän ist das Volk; dieses verliert aber seine Volksqualität, wenn es einfach Gehorsam verspricht; denn die S. ist unveräußerl. und unteilbar. Die Unteilbarkeit der S. führt nicht zur Zentralisation, sondern sie ist mit der Theorie der sog. „souveraineté fractionée", d. h. der auf allen Bürgern als Individuen beruhenden S. vereinbar. Die S. darf die „allg. Konventionen" nicht überschreiten und in Freiheit und Eigentum des einzelnen nicht eingreifen. Die Garantie gegen die absolutistische Wahrnehmung der S. ist die Allgemeinheit des G., dem auch der Fürst, der nur ein Beauftragter des Volkes ist, unterworfen bleibt. – Ohne praktische Wirkung bleibt die VolksS. bei KANT (1724 - 1804). Die gesetzgebende Gewalt, auf die er die S. bezieht, kann zwar „nur dem vereinigten Willen des Volkes zukommen", aber der Satz „Alle Obrigkeit ist von Gott" sage „eine Idee als praktisches Vernunftprinzip" aus: „der jetzt bestehenden gesetzgebenden Gewalt gehorchen zu sollen, ihr Ursprung mag sein, welcher er wolle".

Die →*Französische Revolution* übernahm die Lehre von der VolksS., freilich wesentl. modifiziert. Die S. kommt nicht allen Volksangehörigen zu (woraus das allg. Stimmrecht gefolgert werden müßte), sondern – in Anlehnung an Ideen von SIÉYÈS (1748 - 1836) – allein der Nation als solcher (*souveraineté nationale;* vgl. Art. 3 der Erklärung der Menschen- und Bürgerrechte von 1789: „Le principe de toute souveraineté réside essentialement dans la Nation. Nul corps, nul individu ne peut exercer d'autorité qui n'en émane expressement" [s. noch eindeutiger Titel III, Art. 1 der Verf. von 1791]). Nach TOCQUEVILLE (1805 - 1859) haben die jungen USA die Theorie der VolksS. am konsequentesten übernommen; diese Feststellung bezog sich bei ihm auch auf die in Amerika akzeptierte Theorie von der S. der einzelnen Gliedstaaten, die Züge einer Art „vertikaler Gewaltenteilung" trägt und sich gegen einen zu starken Bund richtet (s. u. unter II B a). Auf die Gefahren einer absoluten VolksS., die zu einer „Tyrannei der Mehrheit" führen kann, haben TOCQUEVILLE und vor allem J. ST. MILL (1806 - 1873) als erste mit Nachdruck hingewiesen. Bereits JEFFERSON verlangte allerdings als Rechtmäßigkeitsvoraussetzung, daß der Wille der Mehrheit vernünftig („reasonable") sei.

Die modernen Verf.en bekennen sich durchwegs zu der VolksS. (vgl. Art. 20 II GG).

II. Moderne Bedeutung. A. Die moderne S.kritik. Die Verbindung der S. mit dem Absolutismus, die Ablehnung der VolksS. wie das Beharren auf der FürstenS. (J. STAHL) und ihre spätere Umbildung in Dtschld. zur StaatsS. (z. T. wie bei HEGEL, in antidemokratischem Sinne) rief eine liberal-rechtsstaatl. Reaktion hervor. Für PREUSS ist der S.begriff Überbleibsel des Obrigkeitsstaates und für seinen genossenschaftl. Staat unnötig.

MARITAIN stellt S. und Absolutismus gleich. KRABBE lehnt die StaatsS. als mit dem Rechtsstaat unvereinbar ab. Souverän sei nicht der Staat, sondern das Recht; daher keine Staats-, sondern nur eine *RechtsS.* KELSEN, der den S.begriff der Beihilfe zum Imperialismus bezichtigt, findet sogar in seiner subjektlosen *„reinen Rechtslehre"* überhaupt keinen Platz für die S.: „Die S.vorstellung muß . . . radikal verdrängt werden." (Aus der neueren Literatur siehe HÄBERLE, der die S. nur noch als S. der Verfassung in Betracht zieht.) Zur rechtl. Verneinung der S. gelangte auch die *realistische Staatstheorie,* indem sie die S. als etwas nur Faktisches, nicht Rechtliches, betrachtet (DUGUIT: „un simple fait et non point de droit"). Die RechtsS. läßt aber das Problem des Trägers der S. ungelöst, während die reine und die realistische Staatslehre sie aus der Rechtssphäre verdrängen und damit auf die Möglichkeiten einer rechtl. Zähmung von vornherein verzichten. Effektiv verneint wird der S.begriff auch in der Lehre vom *pluralistischen Staat* (LASKI) mit der Begründung, es sei unmögl., die wirkl. Subjekte der S. zu finden. Die radikalste Verneinung der S. erfolgt in der *anarcho-sozialistischen Lehre* von der Herrschaftsfreiheit (= an die Stelle der Regierung über Personen tritt die Verwaltung von Sachen und die Leitung von Produktionsprozessen), die später vom →*Marxismus* übernommen und an die Durchsetzung des Sozialismus bzw. Kommunismus geknüpft wird.

Die moderne Rechtswissenschaft unterscheidet zwischen der inneren oder staatsrechtl. und der äußeren oder völkerrechtl. S. In beiden Fällen bedeutet S. die *höchste Gewalt von Rechts wegen.*

B. Die innere Souveränität. 1. Staatsrechtl. ist die S. nicht etwa die Staatsgewalt selbst, sondern eine *notwendige Eigenschaft der vollkommenen Staatsgewalt.* Kraft der S. ist die Staatsgewalt nach innen die rechtl. höchste Gewalt, die über allen anderen steht (die Kompetenz-Kompetenz einschließt – vgl. ZIPPELIUS) und keiner anderen gehorcht (insbes. das „Monopol legitimen physischen Zwanges" in Anspruch nimmt – MAX WEBER). Daraus ergibt sich mit logischer Notwendigkeit, daß der S. (infolgedessen auch der Staatsgewalt) die Merkmale der Einzigkeit und Einseitigkeit eigen sind (vgl. H. KRÜGER).

a) Einzigkeit. Da die S. rechtl. die höchste Gewalt ist, steht sie allein und kann ex definitione eine zweite gleiche Gewalt in demselben (rechtl.) Bereich nicht vertragen. Infolgedessen ist die souveräne Staatsgewalt politischen, sozialen oder wirtschaftl. Verbänden rechtl. übergeordnet. Andernfalls wäre sie nicht souverän und der Staat löste sich auf. Damit ist die Geltung von überstaatl. →Naturrecht nicht unbedingt ausgeschlossen, wohl aber der Anspruch irgendeines nicht-staatl. Verbandes, dieses „überstaatl. Recht" für den Staat verbindl. festzustellen oder auszulegen. Einzigkeit der souveränen Staatsgewalt bedeutet nicht Unbeschränktheit. Eine von positiv-rechtl. Bindungen vollkommen befreite S. (so noch HELLER) ist kein jur. Begriff mehr. Eine unbeschränkte Kompetenz der souveränen Staatsgewalt ist rechtl. eine contradictio in adiecto, da das Recht nichts Unbeschränktes kennt. Die *Schranken* der S. ergeben sich aus ihrer Zielsetzung (Gewährleistung des Friedens und der Sicherheit) und sind vor allem in der →Verfassung und insbes. den →Grundrechten festgesetzt worden. Darüber hinaus gibt es freilich örtlich und zeitlich unterschiedliche *faktische Schranken,* die in der Effizienz des Rechts zum

Ausdruck kommen. Die →Revolution ist dagegen weder Schranke noch Träger der S., sondern eine gewaltsame – nicht rechtlich zu fassende – Umwälzung von beiden.

Die Einzigkeit der souveränen Staatsgewalt verneint die Theorie vom sog. *pluralistischen Staat* (LASKI), die in der „multiplication of centres of authority" die wichtigste Garantie der Freiheit sieht. Die h. M. in Dtschld. hält jedoch an der Einzigkeit fest und folgert daraus *Unteilbarkeit* und *Unveräußerlichkeit*. Eine Teilübertragung der S. ist entweder gänzl. S.aufgabe oder lediglich eine beschränkte, mit Aufsichtsbefugnis verbundene Anvertrauung staatl. Kompetenzen, die ebenso wie die Gewaltenteilung mit der Unteilbarkeit der Staatsgewalt vereinbar ist.

Die alte Frage, ob die *Glieder eines →Bundesstaates* S. besitzen, dürfte in unserer Zeit der „Übergroßmächte", in der selbst die S. mittlerer Staaten in Zweifel gezogen ist, als überholt zu betrachten sein (SCHEUNER). Die auf frühamerik. Vorstellungen („FEDERALIST"; vgl. TOCQUEVILLE) zurückgehende, in Dtschld. namentl. von WAITZ unter Berufung auf TOCQUEVILLE entwickelte Lehre von der Teilung der S. zwischen Bund und Gliedern sowie der Versuch v. SEYDELS, unter Ablehnung der Teilbarkeit der S. die Länder des Dt. Reiches im Rahmen eines vertragl. Länderbundes für souverän zu erklären, scheiterten an der entgegengesetzten h. M. Ein neuer Versuch, die S. der Länder nachzuweisen, ist mit der Theorie des sog. *dreigliedrigen Bundesstaats* (Länder – Zentralstaat – Gesamtstaat) unternommen worden. Diese Theorie, die auf KELSEN und NAWIASKY zurückgeht und von MAUNZ und W. GEIGER übernommen wurde, ist von der Rspr. (BVerfGE 13, 77 f.) und von der überwiegenden Lehre mit Recht als „unrealistische Konstruktion" (SCHEUNER) zurückgewiesen worden.

Aus dem Fehlen der S. das Fehlen der Staatlichkeit der Glieder eines Bundesstaates zu folgern, ohne hist. Vorgängen, jur., politischen und soziologischen Einsichten, Rücksichten und Einfühlungen (THOMA) Rechnung zu tragen, stellt in bestimmten wichtigen Fällen (Bundesrep. Dtschld., USA, Schweiz) wohl rein unrealistisches Begriffsdenken dar. Während die h. M. eine S. der Länder ablehnt, sprechen ihnen Lehre und Rspr. (BVerfGE 6, 309) Staatlichkeit zu (so bereits LABAND). Diese nicht souveräne Staatlichkeit muß freilich eine unvollkommene, geschmälerte sein, denn der vollkommenen Staatlichkeit ist die innere S. eigen.

Anders als die Länder sind die Mitgliedstaaten der →*Europäischen Gemeinschaften* (bisher) souverän geblieben. Die Supranationalität der Gemeinschaften stellt jedoch eine wichtige Ausnahme von der Einzigkeit der inneren S. dar (s. u. D).

b) Einseitigkeit. Im Rahmen des Rechts bedarf der Staat zur Ausübung seiner Zuständigkeiten nicht der Zustimmung der Betroffenen oder eines gerichtl. Vollstreckungstitels. Dies bedeutet nicht, daß der Staat nicht von sich aus den Weg des Vertrages oder der Vereinbarung wählen kann; im modernen →Sozialstaat ist dies sogar oft der Fall (→Vertrag, öffentl.-rechtl.; →Vertragsstaatskirchenrecht). Dieser Weg bietet nicht nur die Möglichkeit einer Anpassung, sondern auch der Willkür. Die Schranken werden hier durch das Rechtsstaatsprinzip gesetzt.

Aus der Einseitigkeit des staatl. Handelns läßt sich nicht auf ein einseitiges, i. S. eines vom Wohl des Staatsvolkes unabhängigen „Staatsinteresses" schließen. Ein solches selbständiges Staatsinteresse gibt es nicht. Denn Ziel und Existenzgrund des Staates ist das Wohl der Gemeinschaft (s. a. Gemeinwohl).

2. Die Frage nach dem *Subjekt* oder *Träger der S.* stellt das Kernproblem dar, auf das sich der Kampf um die S. praktisch konzentriert. Im Gegensatz zur FürstenS. läßt die VolksS. dieses Problem zunächst einmal offen. In England (wo die Vorstellung eines dem Recht unterworfenen Königs auf das Mittelalter zurückgeht – BRACTON, † 1268: „Lex facit regem") konkretisierte sich die Forderung nach der VolksS. in der Auffassung von der S. des →*Parlaments* – wobei man durch die geschickte Konstruktion des „King in Parliament", die sich schmerzlos zur Fiktion verharmloste, einen abrupten Übergang von der Königs- zur VolksS. vermied. Diese ParlamentsS. verstand man dann als eine absolute und unverzichtbare (eine Theorie, die dem Beitritt Großbritanniens in die Europäischen Gemeinschaften noch nicht überwundene Schwierigkeiten bereitet hat).

In Deutschland pflegte man seit HEGEL den Gegensatz zwischen Fürsten- und VolksS. im Begriff der *StaatsS.* theoretisch aufzuheben (O. v. GIERKE), wobei man den Staat (das Reich) als einen Organismus verstand, dem sowohl Fürst wie Volk als Organe eingegliedert sind (s. a. Konstitutionalismus). Wenn damit auch nicht (wie bei HEGEL) gemeint ist, daß die S. zwar beim Volke residiere, aber sich in der Person des Monarchen realisiere, so ist der Meinung von PREUSS beizupflichten, daß die Auffassung von der StaatsS. auf einen individuellen Träger eben dieser S. drängt. Theoretisch bleibt jedoch die Frage nach dem tatsächl. Träger der S. in der Schwebe und wird von einem Teil der Staatslehre für eine nicht-rechtl. gehalten (MEYER-ANSCHÜTZ: „Das Staatsrecht hört hier auf"). Diese Auffassung verträgt sich jedoch nicht mit der zentralen rechtl. Stellung, die ders. Teil der Staatslehre der S. zuweist. Im Gegensatz dazu ist die *realistische Staatstheorie* (DUGUIT) jedenfalls folgerichtig, wenn sie aus der höchstpolitischen Bedeutung des Problems seine rechtl. Unlösbarkeit ableitet. Doch unterschätzt diese Lehre die Möglichkeiten rechtsnormativer und rechtskonventioneller Bindungen. Umgekehrt vermag die bloße Konzeption einer RechtsS. (KRABBE) das Problem des Trägers der S. nicht zu entpolitisieren oder gar abzuschaffen. Die Frage läßt sich auch nicht immer und nicht nur aus dem Wortlaut des Verf.G, sondern zuverlässig erst im Lichte der Verf.wirklichkeit beantworten. Aussagen wie „souverän ist, wer über den Ausnahmezustand entscheidet" (CARL SCHMITT) oder „souverän ist, wer über die Wehrmacht gebietet" (E. R. HUBER), die zwar nicht erkennen lassen, ob es sich um eine Entscheidung von Rechts oder von Macht wegen handelt (H. KRÜGER), können nur dann nützl. sein, wenn man ihres Charakters als „pars pro toto" bewußt bleibt und die Tatsache im Auge behält, daß hier der Normalzustand vom Ausnahmezustand her gesehen und gewertet wird. Da jedoch der Normalzustand seine eigene Logik hat, sind solche einseitige Aussagen irreführend. Der neuzeitl. demokratische Staat pflegt die Staatsmacht mindestens im Normalzustand zu verteilen (→Gewaltenteilung), um dem Machtzuwachs und dem Machtmißbrauch vorzubeugen. Die Tatsache, daß diesem Zweck auch der →Pluralismus der modernen Gesellschaft, die politischen →Parteien, die →Verbände usw. dienen, läßt jedoch nicht zu, die S. etwa den Parteien oder den Verbänden zuzuschreiben; denn ein Staat, in dem die S. von nichtstaatl. Organen getragen wird, löst sich selbst auf. Politisch werden jedoch durch die starken Verbände in das subordinierende Staatsrecht *koordinationsrechtl. Züge* (H. KRÜGER) eingeführt, die die S. des modernen Staates relativieren.

C. Äußere S. 1. Die äußere oder völkerrechtl. S. bedeutet die *rechtl. Unabhängigkeit nach außen:* Die souveränen Staaten unterstehen also nur dem Völkerrecht *(Völkerrechtsunmittelbarkeit).* Diese älteste Auffassung der S. (VITORIA, SUAREZ, ALBERICUS, GENTILIS, GROTIUS, VATTEL, MOSER) beruht auf dem Grundsatz der rechtl. Gleichheit aller souveränen Staaten. Das →Völkerrecht einer solchen Gemeinschaft konnte daher nur ein *Koordinationsrecht* sein – im Gegensatz zum subordinierenden Charakter des Staatsrechts, das auf Subjektion beruht. Daher ist die typische Form der verbindl. Willensbildung im Staatsrecht der einseitige Staatsakt (Gesetz, Verwaltungsakt), während dem Völkerrecht Vertrag und (grds.) Einstimmigkeit eigen sind.

2. *Die völkerrechtl. Unabhängigkeit,* die das Wesen der äußeren S. ausmacht, wurde passiv als *Nicht-Intervention* und aktiv als Recht *zum Bündnis* (ius ad foedus) und als *Recht zum Krieg* (ius ad bellum) verstanden. Angesichts der Ächtung des Krieges durch das moderne Völkerrecht kann das Recht zum Krieg nicht mehr als Bestandteil der S. betrachtet werden. Völkerrechtliche Bindungen heben die S. nicht auf; auch die →Hegemonie (H. TRIEPEL) hebt die S. des Gefolgsstaates nicht unbedingt auf; vielmehr versteht sich die S. als rechtl. Begriff immer und nur innerhalb der immanenten und gesetzten Schranken des Völkerrechts. Ist die absolute rechtl. Unabhängigkeit eine contradictio in adiecto, so bedeutet die S. noch weniger eine faktische Möglichkeit der absoluten Unabhängigkeit. Andernfalls wären nur noch (vielleicht nicht einmal) die Atommächte souverän. Völkerrechtl. S. bedeutet vielmehr die *rechtl.* Möglichkeit und grds. Ausschließlichkeit der eigenen Entscheidung.

Völkerrechtl. souverän können nur Staaten sein, weil sich alle anderen Verbände im Laufe der Neuzeit dem Staate unterworfen haben. Nicht alle Staaten sind aber völkerrechtl. souverän, da nicht alle Staaten (insbes. nicht die Glieder eines Bundesstaates) nach außen unabhängig sind. Damit ist die völkerrechtl. S. kein notwendiges Begriffselement des Staates oder der Staatsgewalt. Die auf MOSER zurückgehende Theorie von *halbsouveränen* Staaten darf als überholt angesehen werden, nicht so sehr weil die äußere S. entweder ganz oder überhaupt nicht existiert, sondern vor allem weil die heutige Auffassung von der äußeren S. ohnehin relativ und jedenfalls äußerer rechtl. Abstufung nicht fähig ist.

3. Ist der Begriff der S. einheitl., so sind alle souveränen Staaten *gleich.* So bestimmt Art. 2 I der Satzung der Vereinten Nationen: „The organisation is based on the principle of the sovereign equality of all its Members." Aus diesem Grundsatz ergibt sich einmal die sog. *Impermeabilität des Territoriums* – und zwar sowohl (negativ) i. S. der Unzulässigkeit jegl. hoheitl. Durchdringung des souveränen Staatsgebiets von außen, als auch (positiv) i. S. der sog. →„Gebietshoheit", d. h. des grds. Monopols der Staatsgewalt über alle Personen und Sachen, die sich im Staatsgebiet befinden. Aus der völkerrechtl. Gleichheit folgt sodann das Prinzip *„par in parem non habet iurisdictionem",* wonach einmal die Gerichte eines Staates keine Jurisdiktion über auswärtige Staaten, deren Organe, Akte und Vermögen haben, sodann Staatsoberhäupter und diplomatische Vertreter Immunität genießen. Eine Einschränkung der Immunität auf das funktional Erforderliche wäre aber mit der S. vereinbar. Wie die Unabhängigkeit, so ist die Gleichheit rechtl., nicht faktisch zu verstehen. Sie ist damit formell und von relativ geringer Bedeutung. Die Konzentrierung der Atomwaffen auf zwei „Supermächte" bisher unbekannten Ausmaßes beeinflußt auch die rechtl. Staatenordnung und bringt Subordinationszüge mit sich (H. KRÜGER). Die Atommachtkonzentration bei den Supermächten hat in der Tat die Verteidigungsabhängigkeit der übrigen Staaten bedingt. Dieser Zustand, verbunden mit der politischen Abhängigkeit von Moskau und seinem Interventionsanspruch (BRESCHNEW-Doktrin), hat zu einer weitgehenden Reduzierung der inneren und äußeren S. der sozialistischen Staaten geführt – obwohl die sowjetische Völkerrechtstheorie der S. und insbes. dem Grundsatz der Nichtintervention stets zentrale Bedeutung beimißt. Selbst im Westen trägt die Verteidigungsabhängigkeit von den USA und die zunehmende Interdependenz auf den Gebieten der Wirtschafts- und Währungspolitik, der Umweltschutzpolitik u. ä. zu einer nicht zu leugnenden (wenn auch in Substanz und Form wesentlich

milderen) Relativierung der S. bei. Die Armut schließlich der Dritten Welt und ihre wirtschaftl. Abhängigkeit von den entwickelten Ländern relativiert faktisch ihre S. Übersteigerte S.vorstellungen werden heute oft als Kampfpositionen zur Abschirmung von eigenen Menschenrechtsverletzungen oder zur Beanspruchung des Verfügungsrechts über Naturschätze vorgetragen.

4. Bereits in den 20er Jahren befand sich der völkerrechtl. S.begriff im Kreuzfeuer der wesentl. von POLITIS begonnenen scharfen Kritik. Man hielt ihn für eine unrealistische Fiktion, die die Staatengemeinschaft der Anarchie und der Willkür der Beteiligten ausliefere. Mit dieser Kritik verbindet sich eine doppelte Forderung: einmal, Hoheitsrechte auf →internationale Organisationen zu übertragen – eine Forderung, der das GG in Art. 24 entgegengekommen ist. Sodann den Begriff der interventionsfesten „inneren Angelegenheiten" eines Staates so einzuengen, daß eine Intervention in formell „innere", materiell jedoch gesamtmenschl. oder sonstwie international wichtige Angelegenheiten zulässig ist. Die neuen Verfechter der S. (zB H. KRÜGER und ERLER) versuchen den S.begriff zu retten, indem sie ihn für wandelfähig erklären und auf Nicht-Einmischung beschränken. Der auf der S. beruhende völkerrechtl. Vertrag ermögliche eine der Differenziertheit der Staaten entsprechende „Dezentralisation des Rechts", während die sich aus der S. ergebende völkerrechtl. Gleichheit den Begriff des „gerechten Krieges" ausschließe.

Während die S.kritik der 20er Jahre vor den Gefahren für die Staatengemeinschaft warnte, betont die moderne S.diskussion mehr die zunehmende Schwächung, zu der die Atommachtkonzentration und die weltweite Interdependenz (aber auch die grenzüberschreitende Umweltverschmutzung) die S. führen. Dennoch ist der S.begriff nicht an absoluten Idealen zu orientieren, sondern vom Gegenstand der *NichtS.* her zu verstehen. Um die von der Staateninterdependenz bedingten Abstufungen der selbständigen Ausübung aller wesentlichen Staatsfunktionen aufzufangen, bedient man sich des Begriffs der *politischen S.,* deren Einschränkung (zB durch die Anerkennung einer Individualbeschwerde bei einem intern. Organ) die völkerrechtl. S. unberührt läßt, solange die Einschränkung aufgrund des Völkerrechts (Kündigung, Rücktritt, clausula rebus sic stantibus) widerrufen werden kann (vgl. VERDROSS/SIMMA).

D. Die Europäischen Gemeinschaften sind aus dieser Feststellung auch dann nicht auszunehmen, wenn man (in der gegenwärtigen Integrationsstufe wohl unzutreffend) ein Rücktrittsrecht der Mitgliedstaaten ablehnen würde. Die Mitgliedschaft eines Staates in den Europäischen Gemeinschaften ist zwar mit Übertragung von Hoheitsrechten verbunden. Neben die nationale tritt eine für die Mitgliedstaaten und deren Angehörige ebenso verbindliche und sich ständig erweiternde, wenn auch noch nicht umfassende *„supranationale"* Entscheidungsinstanz hinzu. Vorrang des Europäischen Gemeinschaftsrechts, unmittelbare Wirkung von Gemeinschaftsrechtsnormen, Mehrheitsentscheidungen der Gemeinschaftsorgane und Verbindlichkeit der Entscheidungen des Gerichtshofes der Europäischen Gemeinschaften sind die wichtigsten Einschränkungen des der inneren S. eigenen Begriffmerkmals der Einzigkeit (B 1). Auch die äußere S. wird über die „Subordinationszüge" des Völkerrechts (s. o. C 3) hinaus zugunsten der Gemeinschaften eingeschränkt; vor allem wirtschaftsrelevante außenpolitische Befugnisse gehen ausschließlich oder doch konkurrierend auf die Gemeinschaften über (vgl. zB Art. 113 EWGV sowie das sog. AETR-Urteil des EuGH, Rs 22/70, RsprG XVII, S. 263). Für die Zukunft sind weitere Schritte der europäischen Integration geplant. Der vom Europäischen Parlament am 14. 2. 1984 gebilligte Entwurf eines Vertrags zur Gründung einer Europäischen Union ist jedoch, vorerst, nicht weiter verfolgt worden. Statt dessen ist eine viel bescheidenere „Einheitliche Europäische Akte" im Februar 1986 angenommen worden (ihre Ratifizierung steht noch aus); eine *unmittelbare* Auswirkung auf die S. der Mitgliedstaaten ist jedoch von ihr kaum zu erwarten. Überhaupt führen zur Zeit zu einer solchen Entwicklung weder ausdrückl. rechtl. Verpflichtungen noch eine wirtschaftspolitische Automatik. Im Gegenteil sind gegenwärtig die realen S.einbußen der Mitgliedstaaten erheblich kleiner als die vertraglich vorgesehenen; dies liegt begründet in den strukturellen Schwächen der Gemeinschaften, dem seit dem Luxemburger Kompromiß vom 29. Januar 1966 gegen die Verträge durchgesetzten Einstimmigkeitsprinzip und dem beschränkten Integrationswillen der Mitgliedstaaten. Aber selbst nach den Verträgen liegt das Hauptvolumen der wichtigen politischen Entscheidungen bei den Mitgliedstaaten. Darüber hinaus gestattet ein pragmatisches Verständnis der S. deren Koexistenz mit Begriff und Praxis der Supranationalität; denn die Mitgliedschaft in den Europäischen Gemeinschaften ermöglicht die Bewältigung von überregionalen Problemen, die ihrerseits zur Relativierung der S. beigetragen haben. In der Teilnahme am Entscheidungsprozeß der Gemeinschaften kann also wohl ein guter Ausgleich für die mit der Mitgliedschaft verbundene Einbuße an S. der Mitgliedstaaten liegen. Es ist aber auch möglich, daß ein „point of no return" erreicht wird, an dem die äußere S. von den Mitgliedstaaten auf die Gemeinschaft gänzlich und unwiderruflich übergeht. Von einem solchen Punkt sind wir allerdings, trotz erheblicher Integrationsfortschritte, noch ziemlich weit entfernt.

Quellen: J. BODIN, Six livres de la République, Paris 1576 (Die Ausgabe Paris 1583 liegt in einem Faksimiledruck von Scientia, Aalen 1961, vor) – J. ALTHUSIUS, Politica methodice digesta, 1603 (engl. Übers. Harvard 1932) – CH. L'OYSEAU, Traicté des Seigneuries,

Paris 1609 – H. GROTIUS, Drei Bücher über das Recht des Krieges und Friedens, 1869 (lat. Orig. De iure belli ac pacis libri tres, Amsterdam 1625) – C. LE BRET, De la souveraineté du Roy, Paris 1632 – TH. HOBBES, Vom Bürger, 1959 (lat. Orig. De cive, Paris 1642[1], 1647[2]) – DERS., Leviathan, 1936 (engl. Orig. Leviathan, London 1651) – S. PUFENDORF, De iure naturae et gentium, 1672[1], 1681[2] (engl. Übers. The Classics of International Law, Oxford 1934) – J.-J. ROUSSEAU, Der Gesellschaftsvertrag (franz. Orig. Du Contrat social, Genf 1762) – J. BENTHAM, A Fragment on Government, London 1776 – G. W. F. HEGEL, Grundlinien der Philosophie des Rechts, 1821[1], 1955[4] – J. AUSTIN, Lectures on Jurisprudence or the Philosophy of Positive Law, London 1861 – *Über die Quellen* insbes.: O. v. GIERKE, Althusius, 1880[1], 1958[5] – DERS., Das dt. Genossenschaftsrecht III, 1881 – E. HANCKE, Bodin – Eine Studie über den Begriff der S., 1894 – A. DOCK, Der S.begriff von Bodin bis zu Friedrich dem Großen, 1897 – DERS., Revolution und Restauration über die S., 1900 – O. BRUNNER, Land und Herrschaft, 1939[1], 1959[4] – G. PICOT, Cardin le Bret et la doctrine de la souveraineté, Nancy 1948 – F. A. FRH. V. D. HEYDTE, Die Geburtsstunde des souveränen Staates, 1952 – M. DAVID, La souveraineté et les limites juridiques du pouvoir monarchique du IXe au XVe siècle, Paris 1954 – J. H. BURNS, Sovereignty and Constitutional Law, in: Jean Bodin-Political Studies, 1959 – M. IMBODEN, Johannes Bodinus und die S.Lehre, Basel 1963 – H. U. SCUPIN, La notion de souveraineté dans les oeuvres de Jean Bodin et de Johannes Althusius, Extrait des Annales de la Faculté de Droit et des Sciences Economiques de Lille, 1963 – DERS., in: Der Staat 4 (1965) 1 ff. – J. DENNERT, Ursprung und Begriff der S., 1964 (Lit.) – E. REIBSTEIN, VolksS. und Freiheitsrechte, Texte und Studien zur politischen Theorie des 14. bis 18. Jahrhunderts. Hg. v. C. SCHOTT, 1972 – H. DENZER (ed.), Jean Bodin, Verhandlungen der internationalen Bodin-Tagung in München, 1973 (Lit.), insbes. die Referate von J. H. FRANCLIN, R. E. GIESEY, J. DENNERT, R. DERATHÉ – Zur Lit. über J. Bodin s. G. ROELLENBLECK, in: Der Staat 2 (1963) 339 ff., 3 (1964) 227 ff.; zur Lit. über Th. Hobbes s. B. WILLMS, in: Der Staat 1 (1962) 93 ff. – H. QUARITSCH, Staat und S., I: Die Grundlagen, 1970, insbes. 4. Kap.: Staat und S. in der Theorie Jean Bodins, 243 – 394 (Lit.) – G. TREFFER, Jean Bodin, 1977 – C. SCHEFOLD, S. als Naturrechtsproblem. „Naturrechtliche" Lehren bei Aristoteles und Thomas von Aquin – und einige Konsequenzen für ein „rechtlich" orientiertes Souveränitätsdenken, in: Festschrift für R. Marcic, 1983, 137 ff.

Allg. Schrifttum zum S.begriff: Die Lehrbücher und Wörterbücher des Staatsrechts und der Staatslehre (vor allem G. JELLINEK, H. KELSEN, H. HELLER, H. KRÜGER, F. ERMACORA, R. ZIPPELIUS, R. HERZOG). Dazu: H. KRABBE, Die Lehre der RechtsS., Gröningen 1906 – DERS., Die moderne Staatsidee, Den Haag 1919[2] – H. PREUSS, Selbstverwaltung, Gemeinde, Staat, S., in: Laband Festg. II, 1908, 197 ff. – L. DUGUIT, Souveraineté et liberté, Paris 1921 – H. J. LASKI, The Foundations of Sovereignty and other Essays, London 1921 – DERS., Studies in the Problem of Sovereignty, London 1929[4] – H. KELSEN, Der soziologische und der jur. Staatsbegriff, 1922 – DERS., Reine Rechtslehre, 1960[2] – H. HELLER, Die S., 1927 – C. SCHMITT, Die Diktatur – Von den Anfängen des S.gedankens bis zum proletarischen Klassenkampf, 1928[2] – DERS., Politische Theol. – Vier Kapitel zur Lehre von der S., 1934[2] – E. KERN, Moderner Staat und Staatsbegriff, 1949 – W. HENNIS, Das Problem der S., 1951 – F. CONCI, Caratteri limiti e interferenze della sovranità, Padua 1957 – KL. STEIFTAU, Die S. des Parlaments, 1963 (Lit.) – B. DE JOUVENEL, Über S., 1963 (franz. Orig. De la souveraineté, Paris 1955) – DERS., Über die Staatsgewalt, 1972 (franz. Orig. Du Pouvoir, 1969) – J. DABIN, Der Staat, 1964 (franz. Orig. L'Etat ou la Politique, Paris 1957) – A. LARSON, C. WILFRED, JENKS u. a., Sovereignty within the Law, New York, London 1965 – W. v. SIMSON, Die S. im rechtl. Verständnis der Gegenwart, 1965 – H. KURZ, VolksS. und Volksrepräsentation, 1965 – DERS. (ed.), VolksS. und StaatsS., 1970 – P. HÄBERLE, Zur gegenwärtigen Diskussion um das Problem der S., AöR 92 (1967) 259 ff. – DERS., Verfassung als öffentlicher Prozeß, 1978, 364 ff. – CHR. LINK, Herrschaftsordnung und bürgerliche Freiheit, 1979, 67 ff. – L. WILDHABER, Entstehung und Aktualität der S., in: Festschrift für K. Eichenberger, 1982, 131 ff. – W. J. STANKIEWICZ (ed.), In Defense of Sovereignty, New York/London/Toronto 1969 – *Zur Frage der S. der Glieder eines Bundesstaates* s. statt aller SCHEUNER, Struktur und Aufgabe des Bundesstaates in der Gegenwart. Zur Lehre vom Bundesstaat, DÖV 15 (1962) 641 ff. (Lit.) – *Zur äußeren S.* insbes.: Die Lehrbücher und Wörterbücher des Völkerrechts; neuerdings: VERDROSS/SIMMA, Universelles Völkerrecht, 1983[3], 25 ff. Dazu: N. POLITIS, Le problème des limitations de la souveraineté. Recueil des Cours 6 (1925) 1 – 121 – W. SUKIENNICKI, La souveraineté des Etats en droit international moderne, Paris 1927 – H. KELSEN, Das Problem der S. und die Theorie des Völkerrechts, 1928[2] – W. F. SCHUBERT, Völkerrecht und StaatsS., 1929 – M. ST. COROWICZ, La souveraineté des Etats et l'avenir du droit international, Paris 1945 – E. N. VAN KLEFFENS, Souvereignty in International Law. Recueil des Cours 82 (1953) 1 – 130 – D. W. GUNST, Der Begriff der S. im modernen Völkerrecht, 1953 – E. SAUER, S. und Solidarität, 1954 – T. SUONTAUSTA, La souveraineté des Etats, Helsinki 1955 – K. LOEWENSTEIN, S. und zwischenstaatl. Zusammenarbeit, AöR 80 (1955/56) 1 ff. – P. DE LUCA, La sovranità degli stati nella comunità dei popoli, Padua 1956 – H. KRÜGER, S. und Staatengemeinschaft, in: Berichte der dt. Gesellschaft für Völkerrecht, H. 1 (1957) 1 – 28 (Lit.) – G. ERLER, StaatsS. und internationale Wirtschaftsverflechtung, in: Berichte der dt. Gesellschaft für Völkerrecht, H. 1 (1957) 29 – 58 (Lit.) – M. HAGEMANN, Staatliche S. und internationale Ordnung, Schweiz JblntR, 1959, 53 ff. – K. DOEHRING, Internationale Organisationen und staatl. S., in: Festgabe für E. Forsthoff, 1967, 105 ff. – L. WILDHABER, Sovereignty and International Law, in: „The Structure and Process of International Law, hg. v. R. ST. J. MCDONALD/D. M. JOHNSTON, 1983, 425 ff.

Zur Frage der S. der Mitgliedstaaten der Europäischen Gemeinschaften: Die Lehrbücher des Europäischen Gemeinschaftsrechts. Dazu: G. LEIBHOLZ, Sovereignty and European Integration, in: Sciences humaines et integration européenne, Leiden 1960, 196 ff. – H. G. KOPPENSTEINER, Die europäische Integration und das S.problem, 1963 – C. F. OPHÜLS, Staatshoheit und Gemeinschaftshoheit – Wandlungen des S.begriffs, in: Recht im Wandel, Festschrift 150 Jahre Carl-Heymanns-Verlag, 1965, 519 ff. – G. ZIEBURA (ed.), Nationale S. oder überregionale Integration?, 1966 – J. D. B. MITCHELL, British Law and British Membership, EuR (1971) 97 ff. – H. G. PETERSMANN, Die S. des Britischen Parlaments in den Europäischen Gemeinschaften, 1972 (Lit.) – H. P. IPSEN, Über Supranationalität, in: Festschr. f. U. Scheuner 1974, 211 ff. – R. SCHMIDT, C. TOMUSCHAT, Der Verfassungsstaat im Geflecht der internationalen Beziehungen, VVDStRL 36 (1978) – G. RESS, S.verständnis in den Europäischen Gemeinschaften, 1980 – P. DAG-

TOGLOU, Die Rechtsnatur der Europäischen Gemeinschaft, in: Dreißig Jahre Gemeinschaft, hg. von der Kommission der Europäischen Gemeinschaften, 1981, 37 ff.

Prodromos Dagtoglou

Sowjetunion (Rechtssystem). I. Geschichtlicher Überblick. Infolge der Betrachtung des Rechts als bloßes Instrument der Politik und infolge des Pragmatismus des Sowjetkommunismus weist die sowj. Rechtsentwicklung zahlreiche, z. T. radikale Schwankungen auf, die – wie für einen totalitären Staat charakteristisch – jeweils das gesamte Recht bis ins Detail ergreifen. Folgende Perioden lassen sich deutl. unterscheiden:

A. Der „Kriegskommunismus" (1917–1921). Er ist durch den Bürgerkrieg, durch Massenerschießungen politischer Gegner von seiten der *„Tscheka"* (Geheimpolizei) und durch die schrittweise *Verstaatlichung* der gesamten Produktionsmittel gekennzeichnet. Eine rechtl. Regelung fehlte weitgehend, da das Dekret „Über das Volksgericht der Russ. Sozialistischen Föderativen Sowjetrepublik" (RSFSR) vom 30. Nov. 1918 die zaristischen G.e in toto aufhob und die Gerichte – soweit die spärl. G.e der jungen Sowjetregierung fehlten – auf das *„revolutionäre Rechtsbewußtsein"* verwies.

B. Die „Neue Ökonomische Politik" (NÖP) (1921–1927). Infolge des katastrophalen wirtschaftl. Niederganges wurde unter gleichzeitiger Anerkennung gewisser rechtsstaatl. Garantien die freie Wirtschaft beschränkt wieder zugelassen (freier Verkauf eines Teils ihrer Erzeugnisse durch die Bauern, Reprivatisierung von Klein- und Mittelbetrieben, Vergabe von Konzessionen an ausländische Großbetriebe). Aus dieser Periode stammten zahlreiche detaillierte G.bücher (BGB, ZPO, StGB, StPO, Familiengesetzbuch), die – wenn auch durch etliche Novellen abgeändert – erst seit 1959 durch neue G.bücher ersetzt worden sind.

C. Der „Rechtsnihilismus" (1927–1930). Ende der 20er Jahre gelangte eine von dem Volkskommissar für Justiz KRYLENKO und dem Rechtslehrer PASCHUKANIS angeführte Richtung zur Herrschaft, die das von MARX prophezeite Absterben des Rechts sofort herbeiführen wollte. Sie stützte sich vor allem auf die Einführung der totalen Planwirtschaft seit 1. Jan. 1929. Die Folge war eine starke Rechtsunsicherheit; die rechtswissenschaftl. Ausbildungsstätten verwaisten. Abschluß und Höhepunkt dieser Periode war die ohne gesetzl. Grundlage erfolgende *Kollektivierung* der Landwirtschaft, die „zweite Revolution", bei der ca. 6,5 Mio. Bauern deportiert bzw. liquidiert wurden.

D. Der „Stalinismus" (1930–1953). STALIN wandelte die sozialistische Staats- und Rechtslehre dahingehend um, daß das Absterben von Staat und Recht erst in ferner Zukunft und nach Beseitigung der „kapitalistischen Einkreisung" mögl. sei, daß Staat und Recht nicht nur Widerspiegelung der ökonomischen Basis, sondern zu ihrer aktiven Umgestaltung berufen seien und daß beide vor dem Absterben maximal zu verstärken seien. In der Praxis hatte dies zwei völlig gegensätzl. Auswirkungen. Gegenüber dem „Rechtsnihilismus" enstand wieder eine gewisse *Stabilität* und „Rechtssicherheit". Dies zeigte sich in einem allg. G.positivismus, in der Stärkung der Staatsanwaltschaft (die in der S. die Verwaltungsorgane beaufsichtigt), dem Erlaß von Verfahrensordnungen für Beschwerden gegenüber Amtspersonen und bes. dem Erlaß der „Stalin-Verf." von 1936. Hand in Hand mit dieser Stabilisierung ging eine Politik der *sozialen Differenzierung* (Wiedereinführung von differenzierten Löhnen, militärischen Rängen, wissenschaftl. Graden), die nach dem Zweiten Weltkrieg zu immer größeren Konzessionen an die „Neue Klasse" führte (Einführung des Hauseigentums, Erweiterung des Erbrechts, Verstärkung des strafrechtl. Schutzes vor Diebstahl, Mord und Notzucht). Gleichzeitig führte STALINS These von der maximalen Verstärkung der Staatsgewalt jedoch zu jenem *Terror*, der sich heute allg. mit seinem Namen verbindet (zB Einführung der Sippenhaft gegenüber Familienmitgliedern von Landesverrätern 1934, Verhandlung in Abwesenheit des Angeklagten mit sofortiger Urteilsvollstreckung – „Lex Kirow" – 1934, Verbannung im Verwaltungswege 1934, die großen „Säuberungen" 1936–1938 unter gleichzeitiger Vernichtung zahlreicher höherer Parteifunktionäre in Schauprozessen, Vernichtung ganzer Völkerstämme [→Völkermord], kleinere Säuberungsaktionen nach dem Kriege).

E. Das „Tauwetter" (1953–1958). Nach dem Tode STALINS erhob sich eine gewaltige Liberalisierungswelle, die in der Aufdeckung der Rechtsbrüche unter STALIN in der Rede CHRUSCHTSCHOWS auf dem XX. Parteitag 1956 gipfelte. Die STALINschen TerrorG.e wurden aufgehoben, der Rechtsschutz gegenüber den Verwaltungsorganen verstärkt, die den Einzelrepubliken von STALIN entzogenen G.gebungskompetenzen wurden ihnen wieder zuerkannt. Auf fast allen Rechtsgebieten wurden neue G.bücher in Angriff genommen (Erlaß von UnionsrahmenG.en für das Straf-, Strafprozeß- und Gerichtsverfassungsrecht 1958 mit z. T. beachtl. rechtsstaatl. Garantien). Die Wissenschaft erhob zahlreiche Liberalisierungsforderungen.

F. Die Ära Chruschtschows (1958–1964). CHRUSCHTSCHOW griff das Absterben von Staat und Recht (s. o. C) wieder auf und modifizierte es zu einem schrittweisen Übergang zu einer unmittelbaren Demokratie unter Leitung der Partei und gelenkt von gesellschaftl. Normen (Verbandssatzungen, moralische Normen). Die Folge waren eine starke Förderung der sog. *„gesellschaftl. Organisationen"* und die *„Übergabe staatl. Funktionen"* an sie. Antiindividualistische Auswirkungen zeigten insbes. die Übergabe von Straf- und Polizeifunktionen an die Gesellschaft (Verbannung sog. Parasiten durch Betriebsbelegschaften, Aburteilung kleinerer Delikte durch von Betriebsbelegschaften, Dorf- und Hausgemeinschaften gewählte „Kameradengerichte", Einsetzung von Betriebsbelegschaften als Bewährungshelfer, Auftreten „gesellschaftl. Ankläger und Verteidiger" in Prozessen, Aufstellung von Laienpolizeistaffeln) und die Verrechtlichung der Moral (Ahndung ungehörigen Benehmens durch die „Kameradengerichte", Strafmilderung nur bei „ehrlicher Reue" u. ä.). Auch eine neue *soziale Nivellierung* wurde eingeleitet (Einführung von Handarbeit als Voraussetzung für das Hochschulstudium 1958, Herabsetzung der Spitzen- und Erhöhung der Mindestlöhne, Beschränkungen für den Erwerb von Häusern und Kraftfahrzeugen). Die Wirtschaftsverwaltung wurde dezentralisiert. Bemerkenswert war schließlich eine überaus rege *G.gebungstätigkeit* (Erlaß von UnionsrahmenG.en für das Zivil- und Zivilprozeßrecht 1961, Erlaß von G.büchern der Einzelrepubliken auf diesen Gebieten sowie im Straf-, Strafprozeß- und Gerichtsverfassungsrecht).

G. Die Ära Breschnews (1964 – 1982). Die Nachfolger CHRUSCHTSCHOWS, unter denen BRESCHNEW immer stärker hervortrat, reduzierten den Abbau des Staates zugunsten der „gesellschaftl. Organisationen". Zum Schutz des Staates und der öffentl. Ordnung wurden neue Strafvorschriften geschaffen. Die G.gebungstätigkeit wurde noch verstärkt, insbesondere nach der neuen Verfassung von 1977. Dadurch stieg die Bedeutung des Rechts. Für einen Rechtsstaat fehlen jedoch nach wie vor ein Schutz der Grundrechte und eine ausreichende Rechtskontrolle gegenüber den Staatsorganen. Dies zeigt sich besonders in der brutalen und mit zahlreichen Rechtsverletzungen verbundenen Verfolgung von Systemkritikern (sog. Dissidenten). Die Rückgängigmachung der Dezentralisierung der Wirtschaftsverwaltung und Privilegien für die Führungselite führten zu einem ausgeprägten Protektions- und Cliquenwesen und zu verbreiteter Korruption.

H. Kampf gegen Korruption und Schlendrian (seit 1983). BRESCHNEWS Nachfolger ANDROPOW begann eine Kampagne gegen die unter BRESCHNEW gefährlich angewachsene Korruption und die fehlende Arbeitsdisziplin; nach einem kurzen Intermezzo unter TSCHERNENKO wurde sie von GORBATSCHOW wiederaufgenommen.

II. Überblick über die einzelnen Rechtsgebiete. A. Staats- und Verwaltungsrecht. *1. Verfassung.* Die „STALIN-Verf." von 1936 wurde nach wiederholten Anläufen 1977 durch eine neue Verf. abgelöst. Sie stellt einen verstärkten Rechtsschutz in Aussicht, betont allerdings auch die führende Rolle der KPdSU, bindet die Gewährung der Grundrechte stärker an die Einhaltung von Grundpflichten und beschneidet den Föderalismus noch weiter als bisher.

2. Die obersten Staatsorgane und ihre Funktionen. „Höchstes Organ der Staatsgewalt" ist nach Art. 108 Verf. der *Oberste Sowjet* (OS), der aus zwei Kammern, dem Unions- und dem Nationalitätensowjet, besteht (Art. 109). Er wird in allg., direkter und gleicher Wahl gewählt, und zwar der Unionssowjet nach Wahlkreisen (ein Abgeordneter auf 300 000 Einwohner), der Nationalitätensowjet nach Einzelrepubliken und kleineren autonomen Körperschaften (32 Abgeordnete je Republik). Die „Wahl" beschränkt sich allerdings bisher auf die Bestätigung des einen, nach Art. 100 Verf. von der Partei bzw. den von ihr kontrollierten Organisationen vorzuschlagenden Kandidaten. Dieser braucht zwar nicht notwendig der Partei anzugehören, doch wird jede Fraktionsbildung durch den nach jeder Wahl zu bildenden „Block der Kommunisten und Parteilosen" ausgeschlossen *(Blocksystem)*. Der OS kann den übrigen Staatsorganen jede ihnen zugewiesene Aufgabe entziehen und selbst entscheiden. Auf der anderen Seite wird das ihm nach Art. 108 Abs. 4 Verf. zustehende G.gebungsmonopol von den anderen Organen durchbrochen. Die Mehrzahl aller G.e bilden „Erlasse (ukasy)" des aus 39 Personen bestehenden, vom OS gewählten *„Präsidiums des OS"*. Dieses übt auch zwischen den nur zweimal im Jahr stattfindenden Tagungen des OS dessen sonstige Befugnisse aus und versieht die in anderen Staaten dem →Staatsoberhaupt zufallenden Aufgaben („kollektives Staatsoberhaupt", Art. 119 – 124 Verf.). Zahlreiche wichtige G.e ergehen ferner nach Art. 133 Verf. als „Verordnungen" des Ministerrats, oft gemeinsam mit dem Zentralkomitee der Partei. Schließlich schafft auch die Richtlinienkompetenz des Obersten Gerichts vielfach materielles Recht.

Oberstes Verwaltungsorgan ist der *Ministerrat* (bis 1946: Rat der Volkskommissare), der wegen der zahlreichen Industrieministerien über 100 Personen umfaßt und dessen „Vorsitzender" der Regierungschef ist (Art. 128 – 136 Verf.; G. über den Ministerrat vom 5. Juli 1978). Weitere oberste Verwaltungsorgane sind die Ministerien und die Staatskomitees der UdSSR; bei beiden werden Gesamtunionsorgane (nur auf Unionsebene) und Unions-Republiks-Organe (auf beiden Ebenen) unterschieden. Seit 1954 ist der berüchtigte *Staatssicherheitsdienst* aus dem Ministerium (vor 1945: Volkskommissariat) für Inneres (MWD, NKWD) herausgelöst und in Form eines Komitees organisiert (KGB). Eine Sonderstellung nimmt das zur Kontrolle der gesamten Verwaltung und Wirtschaft befugte Komitee für Volkskontrolle mit seinen nachgeordneten Organen ein (G. über die Volkskontrolle vom 30. Nov. 1979).

3. Staatsaufbau. Die „Union der sozialistischen Sowjetrepubliken" besteht nach häufigen Veränderungen seit 1956 aus den 15 Republiken Rußland (RSFSR), Ukraine, Weißrußland, Georgien, Armenien, Aserbaidschan, Usbekistan, Turkmenistan, Tadschikistan, Kirgisistan, Kasakstan, Lettland, Estland, Litauen, Moldau. Sie sind gegliedert in Gebiete (nur in den neun größten Republiken; in der RSFSR ihnen gleichgestellt Gaue) – Rayons bzw. Städte – Dörfer bzw. Kleinstädte. Dazwischen schieben sich unter Gewährung einer bescheidenen „Autonomie“ Autonome Sowjetrepubliken, Autonome Gebiete und Autonome Bezirke (im Nationalitätensowjet, s. o. 2, mit eigenen Abgeordneten vertreten). Auf allen Ebenen finden sich Sowjets als Vertretungs- und Vollzugskomitees (auf Republiksebene: Ministerräte) als Verwaltungsorgane.

Für den gesamten Staatsaufbau gilt das Prinzip des sog. *„demokratischen Zentralismus“*: „gewählte“ (s. o. 2) Sowjets auf allen Verwaltungsebenen, unbedingte Verbindlichkeit aller Akte der übergeordneten Organe für die unteren, jederzeitige Aufhebbarkeit von Akten der untergeordneten Behörden auch bei bloßer Unzweckmäßigkeit und Rechenschaftspflicht gegenüber dem jeweiligen Wahlorgan (Art. 3 Verf.).

Bei den Verwaltungsorganen führt dies zu der sog. *„doppelten Unterstellung“*, nämlich einmal unter das übergeordnete Organ, zum anderen unter den gleichgeordneten Sowjet, der sie gewählt hat (Art. 150 Verf.). Der „demokratische Zentralismus“ schließt sowohl eine lokale Selbstverwaltung als auch eine Souveränität der Einzelrepubliken aus. Letztere ist auch dadurch aufgehoben, daß die Verf.en der Republiken nach Art. 76 Unionsverf. „mit der Verf. der UdSSR übereinstimmen müssen“. Die Verf.änderung von 1944, die den Republiken das Recht auf eigene völkerrechtliche Beziehungen zuerkannte (jetzt Art. 80 Verf.), hatte nur den Zweck, der S. in den →Vereinten Nationen mehrere Stimmen zu verschaffen (mit Erfolg im Falle der Ukraine und Weißrußlands). Das in Art. 72 Verf. vorgesehene Austrittsrecht der Republiken aus der S. ist völlig irreal, da seine Verwirklichung nach Art. 1 StaatsverbrechenG Hochverrat darstellen würde.

4. Die Stellung der KPdSU. Die KPdSU ist nach Art. 6 Verf. „die führende und lenkende Kraft der sowj. Gesellschaft, der Kern ihres politischen Systems, der staatlichen und gesellschaftlichen Organisationen“. Zur Durchsetzung des Parteiwillens dient das – in der Verf. nicht geregelte – sog. *„System der Transmissionen“*: weitgehende Personalunion zwischen Partei- und Staatsämtern, Besetzung der Ämter mit Parteimitgliedern oder Parteihörigen, unmittelbares und mittelbares (über die in jeder Körperschaft mit mehr als drei Parteimitgliedern zu bildenden Parteizellen) Anleitungsrecht der Partei gegenüber den Staatsbehörden.

Da sich die eigentl. politische Willensbildung in der Partei vollzieht, kann man die Parteiorganisation (geltendes Parteistatut von 1961) als das *„innere Staatsrecht“* der S. ansehen (MAURACH). Die Mitgliedschaft wird nach einjähriger Kandidatenzeit und bei Empfehlung durch drei ältere Mitglieder erworben (Art. 4, 14 – 18 Statut). „Oberstes Organ“ der Partei ist der Parteitag (Art. 31), in Wahrheit jedoch das zwischen seinen nur mindestens alle vier Jahre einzuberufenden Tagungen geschäftsführende *Zentralkomitee* (ZK, Art. 35; vgl. die analoge Situation beim Obersten Sowjet, oben 2). Dieses wird wiederum von dem aus 12 – 16 Personen bestehenden Politbüro beherrscht (1952 – 1966 „Präsidium des ZK“, unter CHRUSCHTSCHOW allerdings gelegentl. vom ZK nach blitzartiger Einberufung überstimmt). Für die laufende Arbeit, die Personalpolitik und die Kontrolle wählt das ZK ein *Sekretariat* (Art. 39); der Generalsekretär des ZK ist der eigentl. Parteichef. Jede „Fraktionsbildung“ innerhalb der Partei führt zum Ausschluß (Art. 2, 9, 27).

5. Grundrechte. Die Verf. sieht in Kap. 7 fast alle klassischen Grundrechte und darüber hinaus auch soziale Grundrechte wie das Recht auf Arbeit, Erholung, Alters- und Krankheitsvorsorge und Bildung vor. Diese „Grundrechte“ können jedoch wegen der sowjetkommunistischen These von der Einheit von Kollektiv- und Individualinteressen nicht als gegen den Staat gerichtete Freiheitsrechte verstanden werden; durch das Fehlen jeder Verf.- und Verwaltungsgerichtsbarkeit handelt es sich nur um sog. Rechtsreflexe. Im übrigen begnügen sich die Bestimmungen über die sozialen Grundrechte jeweils in einem zweiten Absatz mit der Feststellung der Sicherstellung dieser Rechte durch das sozialistische Wirtschaftssystem; die politischen Grundrechte stehen sämtlich unter bes. Vorbehalten („in Übereinstimmung mit den Interessen des Volkes und zum Zweck der Festigung und Entwicklung des sozialist. Aufbaus“, Einschränkung des Rechts auf Unverletzlichkeit der Person schon bei bloßer Genehmigung durch den Staatsanwalt usw.). Allg. läßt die sowj. Rechtslehre eine „Benutzung“ der Grundrechte „zum Nachteil der Interessen der Werktätigen und gegen die Festigung des sozialistischen Systems“ nicht zu; bei Verletzung der zahlreichen *Grundpflichten* (Art. 59 – 69 Verf., darunter Pflicht zur Wahrung der Arbeitsdisziplin, Achtung der Regeln des sozialistischen Gemeinschaftslebens, Festigung der Macht und Autorität des Sowjetstaates) entfallen die Grundrechte ohnehin. Schließlich heben auch einzelne StrafG.e die Grundrechte auf: Art. 7 StaatsverbrechenG (Antisowjetische Agitation und Propaganda) die Meinungsfreiheit, Art. 142 (Verletzung der Gesetze über die Trennung von Kirche und Staat und Schule und Kirche) und Art. 227 StGB RSFSR (Beteiligung an einer Gruppe, die „unter dem Vorwand religiöser Bräuche“ Gesundheitsschäden oder andere Beeinträchtigungen der Person oder ihrer Rechte herbeiführt, Personen von öffentl. Tätigkeit abhält oder Minderjährige beeinflußt) die Glaubensfreiheit.

6. Verwaltungsrechtsschutz. Der in der neuen Verf. vorgesehene allg. Verwaltungsrechtsschutz ist noch nicht realisiert. Nur in wenigen Sachen (Eintragungen in Wählerlisten, Wohnungszu- und -ausweisungen, VA.e im Arbeitsverhältnis, Notarsachen und Personenstandseintragungen, Vermögensbeschlagnahme, Verhängung von

Verwaltungsstrafen) können die Zivilgerichte angerufen werden. Im übrigen achtet nach franz. Vorbild die *Staatsanwaltschaft* über die Gesetzlichkeit der Maßnahmen der gesamten Staatsverwaltung; nach dem G. über die Staatsanwaltschaft der UdSSR vom 30. Nov. 1979 ist sie zur Entgegennahme und Behandlung von Beschwerden und zur Ergreifung von Gegenmaßnahmen verpflichtet. Art. 49 und 58 Verf. und die BeschwerdeO von 1968 gewähren lediglich ein Recht auf fristgemäße Verbescheidung. Es ist bezeichnend, daß Art. 49 Verf. ausdrücklich eine Verfolgung wegen Kritik an Staatsbehörden verbietet. Ein indirekter Verwaltungsrechtsschutz liegt in den umfangreichen *Kontrollrechten* der übergeordneten Organe und öffentl. Verbände, außerdem in einer starken einschlägigen Funktion der Presse.

B. Straf- und Strafprozeßrecht. *1. Allgemeines.* Das Strafrecht hat die meisten und radikalsten Wandlungen durchgemacht. Auf die anfängl. Tendenz zu seiner Abschaffung („Leitende Grundsätze" von 1919 mit nur 27 Artikeln) folgte das StGB von 1922 mit gewissen Garantien im Zuge der NÖP (s. o. I B). Das StGB von 1926 *(„Strafgesetzbuch ohne Schuld und Strafe")* ersetzte den Begriff „Strafe" durch „Maßnahme des sozialen Schutzes"; sie war sowohl gegenüber Tätern von „sozialgefährl. Handlungen" als auch gegenüber Personen zulässig, die durch Umwelt oder früheres Verhalten „sozialgefährlich" waren. Noch radikaler war der StGB-Entwurf KRYLENKOS von 1930 (s. o. I C). Mit dem Übergang zu einer krassen Abschreckungspolitik seit 1935 baute das sowj. Strafrecht wieder auf den Begriffen „Schuld" und „Strafe" auf; fast alle spezialpräventiven Institute sowie ein bes. Jugendrecht verschwanden. Die „Grundsätze des Strafrechts der UdSSR und der Unionsrepubliken" von 1958 schienen den Durchbruch zu rechsstaatl. Garantien zu bringen, wurden jedoch schon bald durch die neue Inangriffnahme des Absterbens von Staat und Recht und in ihrem Gefolge eine übertriebene Spezialprävention und die „gesellschaftl. Rechtspflege" überholt (StGB der RSFSR von 1960; vgl. o. I F). Seit Beginn der 60er Jahre ist eine fortgesetzte Verhärtung der Kriminalpolitik erkennbar, insbesondere gegenüber Rückfalltätern, politischen und Schwerverbrechern.

2. Art und Rangfolge des unter Strafe gestellten Verhaltens. Für beides ist entscheidend die vom Sowjetkommunismus vollzogene Funktionalisierung der „Rechtsgüter" des liberalen Staates nach ihrem – jeweiligen – Nutzen für den Staat. An erster Stelle steht naturgemäß das Interesse an der Erhaltung des Staates selbst. Hier wertet das sowj. Recht bereits die Flucht ins Ausland oder die Weigerung, von dort zurückzukehren, als Landesverrat (Art. 64 StGB RSFSR; s. auch unten 3). Die Bestrafung antisowj. Äußerungen und religiöser Betätigung wurde bereits oben A 5 erwähnt. Viele Delikte gegen die Verwaltungsordnung (zB Falschmünzerei, Devisenstraftaten, Landfriedensbruch, Überschreiten der Grenze ohne Genehmigung, Verletzung von Flug- und Transportvorschriften) werden als Staatsverbrechen mit höchsten Strafen geahndet. An zweiter Stelle in der Legalordnung stehen die Delikte gegen das öffentl. Eigentum (Art. 89 – 101, also 22 Artikel!). In neuerer Zeit werden jedoch auch persönl. Rechtsgüter stärker geschützt (seit 1954 Todesstrafe für Mord). Zahlreiche Delikte sind nur aus der sozialistischen Wirtschaftsordnung erklärl., zB Auslieferung minderwertiger Produkte (Art. 152), private Unternehmertätigkeit (Art. 153), An- und Verkauf zur Gewinnerzielung („Spekulation", Art. 154), Handel mit dem einzelnen zugewiesenen Bodenparzellen (Art. 199). Als Amtsverbrechen ist schon die nachlässige Erfüllung von Dienstpflichten strafbar (Art. 172).

3. Nulla poena sine lege. Im Gegensatz zum StGB von 1926 (Art. 6, 16) sind nach dem neuen StGB nur noch im G. vorgesehene Handlungen strafbar (Art. 7). Geblieben ist aber die Aufweichung des Grundsatzes „nulla poena sine lege" (→Strafrecht) durch die bewußt unscharfe, „normative" Fassung der Tatbestände. So gelten als Landesverrat der „Übergang auf die Seite des Feindes" (im nichtkörperl. Sinne), als Rowdytum „vorsätzl. Handlungen, die die öffentl. Ordnung grob verletzen und eine offensichtl. Mißachtung der Gesellschaft zum Ausdruck bringen" (vgl. auch die „Agitation und Propaganda", oben A 5, B 2). Die Rückwirkung von StrafG.en ist entgegen dem G.wortlaut (Art. 6) zulässig bei Berührung wichtiger Interessen des Staates (zB rückwirkende Einführung der Todesstrafe für Wertpapier- und Devisenspekulation 1961).

4. Strafensystem. Trotz der Abkehr vom STALINschen Abschreckungsstrafrecht ist häufigste Strafart mit 50 – 60 % aller Verurteilungen nach wie vor die *Freiheitsstrafe,* die häufig kurzfristig verhängt wird. Der Anteil der Straflagerinsassen an der Gesamtbevölkerung beträgt 0,5 % (USA 0,2 %, Bundesrep. Dtschld. 0,1 %). Bereits nach der halben Strafzeit ist bei erfolgter Besserung eine bedingte Entlassung möglich, seit 1964 überwiegend mit der Auflage, in der Bauwirtschaft zu arbeiten. Ausgesprochen desozialisierende Strafen sind die *Todesstrafe,* die nicht nur bei Staatsverbrechen und bei Mord, sondern auch bei Wirtschaftsstraftaten angedroht ist, ferner die die Angehörigen treffende *Vermögenskonfiskation* und die *Verbannung.* Strafen mit Resozialisierungseffekt sind die *Besserungsarbeit ohne Freiheitsentzug,* die teils am Arbeitsplatz, in schweren Fällen an bes. Plätzen unter Abzug von 5 – 20 % des Lohns verbüßt wird, die *bedingte Verurteilung* (häufig mit einer Betriebsbelegschaft als kollektivem Bewährungshelfer), die *Geldstrafe* und der *öffentl. Tadel;* in etwa 20 % aller Strafsachen erfolgt eine *Übergabe an ein gesellschaftl. Gericht* oder in die *Bürgschaft* einer Betriebsbelegschaft.

5. Jugendstrafrecht. Die Strafmündigkeit wurde 1935 für schwere Delikte auf 12, 1941 allg. auf 14 Jahre herabgesetzt. 1958 sind die Grenzen wieder auf 14 und 16 Jahre heraufgesetzt worden; außerdem sind bei Bagatelldelikten von Tätern unter 18 Jahren Erziehungsmaßnahmen mögl. (Art. 10, 63 StGB). In diesem Fall kann die Sache auch an die „Kommissionen für Minderjährigensachen" überwiesen werden, die auch bei Straftaten von Kindern unter 16 bzw. 14 Jahren tätig werden und u. a. folgende Maßnahmen verhängen können: Verpflichtung zu Entschuldigung oder Schadenersatz, Verweis, Übergabe an gesellschaftl. Organisationen, Anordnung einer Vormundschaft, Einweisung in Erziehungsanstalten für drei Jahre. Das gerichtl. Verfahren ist in Art. 391 ff. StPO der RSFSR geregelt.

6. Strafverfahrensrecht. Die „Grundsätze des Strafverfahrens der UdSSR und der Unionsrepubliken" von 1958 und die StPO der RSFSR von 1960 haben die bisherigen erhebl. Benachteiligungen des Angeklagten in politischen Prozessen beseitigt und ein relativ liberales Verfahren eingeführt. Es beginnt mit dem *Vorverfahren,* das bei geringfügigen Delikten in der Ermittlung durch die Polizei (Art. 117 – 124 StPO RSFSR), im übrigen außerdem in einer Voruntersuchung durch Untersuchungsrichter der Staatsanwaltschaft oder des Staatssicherheitsdienstes besteht (Art. 125 – 220) und mit der Anklageerhebung durch die Staatsanwaltschaft abschließt (Art. 217). Im *Zwischenverfahren* (Art. 221 ff.) entscheidet das Gericht über die Eröffnung des *Hauptverfahrens,* das in Art. 228 – 324 geregelt ist. *Rechtsmittel* sind die Kassationsbeschwerde und für die Staatsanwaltschaft der Protest (Art. 325 – 355); von letzterer und den Präsidenten der Obergerichte können auch rechtskräftige Urteile wegen „zu milder Strafe" im „gerichtl. Aufsichtsverfahren" angefochten werden (Art. 371 – 383); außerdem gibt es die Wiederaufnahme bei neu entdeckten Umständen (Art. 384 bis 390). Die Aburteilung von Bagatelldelikten erfolgt durch die in Betrieben oder Wohnblocks gewählten *„Kameradengerichte"* in einem von Formvorschriften fast völlig befreiten Verfahren (KG-Ordnung der RSFSR vom 11. März 1977). Die *Untersuchungshaft* ist bei mit Freiheitsstrafe bedrohten Delikten für die Dauer von bis zu neun Monaten zulässig.

C. Zivil- und Zivilprozeßrecht. *1. Allgemeines.* Das sowj. Zivilrecht, geregelt in den „Grundsätzen der Zivilgesetzgebung der UdSSR und der Unionsrepubliken" von 1961 und dem Bürgerl. Gesetzbuch (BGB) der RSFSR von 1964, trägt romanistische Züge. Es gliedert sich in: Allg. Teil, Eigentumsrecht, Schuldrecht, Urheber-, Entdeckungs-, Erfinderrecht, Erbrecht, Internationales Privatrecht, während das Familienrecht eine eigene Materie bildet (s. u. D). Nach jahrzehntelangen Auseinandersetzungen wurde die Theorie eines bes. *Wirtschaftsrechts* verworfen, so daß das BGB auch für die Beziehungen der Staatsbetriebe untereinander gilt; dies bedingt jedoch zahlreiche Sonderbestimmungen. Die *Vertragsfreiheit* ist grds. anerkannt (Art. 4), aber zugunsten des Systems stark eingeschränkt: Art. 5 (Rechtsschutz nur bei Wahrung der Zweckbestimmung des Rechts in der sozialistischen Gesellschaft), Art. 49 (Unwirksamkeit von gegen den Staat oder die Gesellschaft gerichteten Verträgen mit Einziehung der Leistungen), Art. 168 (Pflicht zur Erfüllung in der für die Volkswirtschaft günstigsten Weise). Zur Kontrolle dient die häufig angeordnete notarielle Beurkundung (zB bei größeren Schenkungen, Erteilung von Vollmachten für Handlungen gegenüber Behörden und Untervollmachten, Hausverkauf, Testamentserrichtung).

2. Eigentumsrecht. Es stellt das einzige in der S. verbliebene Sachenrecht dar, da das Grundeigentum und die damit verbundenen Rechte 1917/18 abgeschafft wurden und das Pfandrecht als Sicherungsmittel innerhalb des Schuldrechts behandelt wird. Unterschieden werden das sozialistische Eigentum, untergliedert in das Staatseigentum und das Eigentum der Kolchose und Genossenschaften, sowie das persönl. Eigentum. Diese Unterscheidung ist aber jur. unergiebig, da die rechtl. Regelung (actio vindicatoria und negatoria, Besitzschutz, Miteigentum, Eigentumsübergang, Art. 116 – 157) fast gleich ist (bei Staats- und Kolchoseigentum ist allerdings kein gutgläubiger Erwerb mögl.). Entscheidend ist vielmehr, daß sich der Boden nur in Staatseigentum befinden kann und daß persönl. Eigentum nur an Konsumtionsmitteln und für persönl. Bedürfnisse verwandten Produktionsmitteln mögl. ist, darunter auch ein bis zu 60 qm großes Haus pro Familie. Kolchosen dürfen nur die für ihre Tätigkeit nötigen Produktionsmittel sowie Verarbeitungsbetriebe zu Eigentum haben. Die Staatsbetriebe genießen eine gewisse vermögensrechtl. Selbständigkeit und alle Eigentümerrechte, auch gegenüber anderen Staatsbetrieben; wegen der Fiktion eines einheitl. Staatseigentums wird dieses Recht aber nur als „Recht auf operative Verwaltung" bezeichnet. Auch das staatl. Eigentumsrecht am Boden ist weitgehend fiktiv, da die Kolchose den Boden zur „unentgeltl. und unbefristeten Nutzung" erhalten und auch zum Hausbau Grundstücke zugewiesen werden, bei denen der Schwarzhandel blüht.

3. Erbrecht. Seit seiner Abschaffung 1918 ist das Erbrecht und ihm folgend die Testierfreiheit immer stärker anerkannt worden, insbes. durch STALINS Belohnung der „Neuen Klasse" (s. o. I D). Heute besteht volle Testierfreiheit mit Pflichtteilsrecht der nächsten Angehörigen in Höhe von zwei Dritteln des gesetzl. Erbteils.

4. Zivilprozeßrecht. Die „Grundsätze der Zivilprozeßgesetzgebung der UdSSR und der Unionsrepubliken" von 1962 und die Zivilprozeßordnung der RSFSR von 1964 zeigen eine konsequente Negierung der liberalen Prozeßgrundsätze. Verhandlungs- und Dispositions- werden durch Inquisitions- und Offizialmaxime ersetzt: Die Staatsanwaltschaft kann von sich aus „zum Schutz der staatl. oder gesellschaftl. Interessen oder der Rechte und Interessen der Bürger" jeden Prozeß führen und jedem Prozeß beitreten; das Gericht kann gegen den Willen von Kläger und Beklagtem neue Beklagte und Kläger beiziehen, den Prozeß gegen den Willen des Klägers weiterführen. Schließlich ist auch vielen öffentl. Organisationen eine Prozeßstandschaft zur Geltendmachung von Rechten Dritter eingeräumt (Art. 29, 26, 41, 30 Grundsätze). Alle Streitigkeiten zwischen Staatsbetrieben werden im Schiedsverfahren vor den staatl. *Arbitragebehörden* entschieden (G. über die Staatsarbitrage der UdSSR von 1979).

D. Familienrecht. *1. Ehe, Ehescheidung, uneheliche Kindschaft.* Hier kommt der Wandel zwischen frühbolschewistischem Radikalismus und späterer Stabilisierung und übersteigerter Moralisierung bes. kraß zum Ausdruck. Auf die Einräumung der unbeschränkten Scheidungsfreiheit auf Antrag eines der Ehegatten im Familiengesetzbuch der RSFSR von 1918 folgte im G.buch über Ehe, Familie und Vormundschaft der RSFSR von 1926 im Zuge der sofortigen Einleitung des Absterbens von Staat und Recht (s. o. I C) die Anerkennung des bloßen Zusammenlebens als Ehe und des Auseinandergehens als Scheidung. 1936 wurde aber zusammen mit Mutterschutzmaßnahmen und der Einführung der Strafbarkeit der Abtreibung die Scheidung durch Gebührenpflichtigkeit erschwert. 1944 wurde die faktische Ehe abgeschafft und die Scheidung durch das Erfordernis persönl. Erscheinens beider Teile vor den Mittelgerichten (hohe Kosten bes. für die Landbevölkerung) und einer vorherigen Bekanntmachung in der Tageszeitung (Kosten und Diskreditierung) weiter erschwert. Die Rspr. führte darüber hinaus das Zerrüttungsprinzip ein (Richtlinie vom 16. Sept. 1949). Unehel. Kinder galten seit 1944 als mit dem Vater nicht mehr verwandt, hatten kein Unterhalts- und Erbrecht und erhielten eine bescheidene staatl. Erziehungsbeihilfe. Die „Grundsätze der Ehe- und Familiengesetzgebung der UdSSR und der Unionsrepubliken" von 1968 und die Ehe- und Familiengesetzbücher der Einzelrepubliken haben die Scheidung wieder erleichtert (bei Fehlen minderjähriger Kinder einverständl. Scheidung vor dem Standesamt möglich) und eine Feststellung der Vaterschaft bei Zustimmung des Vaters oder Zusammenleben mit der Mutter zugelassen.

2. Eheliches Güterrecht. Obligatorisch ist die Errungenschaftsgemeinschaft, die – ähnl. wie beim Kolchoshof (s. u. F) – eine starke Bindung des Vermögens an die Familie herbeiführt. Bei einer Auflösung der Gemeinschaft wird das Vermögen in der Regel nach gleichen Teilen verteilt.

3. Elterliche Gewalt. Die elterl. Gewalt wird eingeschränkt durch den Erziehungsanspruch des Staates. Sie kann entzogen werden bei Nichterfüllung der Erziehungspflichten, Mißbrauch der Elternrechte, grausamer Behandlung der Kinder, schädl. Beeinflussung durch unmoral. oder gesellschaftswidriges Verhalten, Trunk- oder Rauschmittelsucht. Bei der Scheidung steht die Erteilung des Sorgerechts im Streitfall im Ermessen des Gerichts.

E. Arbeitsrecht. Das sowj. kennt zwar wie das dt. Arbeitsrecht die Scheidung von Kollektiv- und Einzelarbeitsverträgen (Art. 6 f., 8 ff. Grundsätze der Arbeitsgesetzgebung der UdSSR und der Unionsrepubliken von 1970, 7 ff., 15 ff. Arbeitsgesetzbuch der RSFSR von 1971). Die *Gewerkschaften* (Statut von 1949/72, Statut über die Rechte des Fabriks-, Betriebs- und Organisationskomitees der Gewerkschaften von 1971) sind jedoch keine echten Arbeitnehmervertretungen, sondern mittelbare Staatsorgane mit der Aufgabe, die Arbeitnehmer zur Schaffung der „materiellen Basis des Kommunismus" zu mobilisieren. Demgemäß dienen die Kollektivverträge nur der organisatorischen Abwicklung der Erfüllung bzw. Übererfüllung der vom Staat festgelegten Planziele. Die „Verstaatlichung" der Gewerkschaften kommt insbes. in der Verschmelzung mit dem Volkskommissariat für Arbeit 1933 zum Ausdruck. Ein *Kündigungsrecht* des Arbeitnehmers ist erst 1956 eingeführt worden; noch heute ist es durch Eintritt von Wartezeiten für die Sozialversicherung und Neubeginn des für Urlaub und Versorgung wichtigen „Dienstalters" eingeschränkt. Arbeitsrechtl. Streitigkeiten sind nach der *Arbeitsprozeßordnung* vom 20. Mai 1974 vor paritätisch besetzten Arbeitsstreitkommissionen, dem Betriebsgewerkschaftskomitee in zweiter Instanz und schließlich vor den Volksgerichten zu entscheiden.

F. Kolchosrecht. Für einen großen Teil der Arbeitnehmer gilt nicht das allg. Arbeits-, sondern das Kolchosrecht. Die ursprüngl. vermögensrechtl. Anteilhabe der Kolchosmitglieder und die Entlohnung in Naturalien nach abgeleisteten Arbeitstagen sind schrittweise abgebaut und durch die Mustersatzung von 1969 beseitigt worden. Heute sind die Kolchosbauern nur noch unselbständige Arbeitnehmer mit teils nachteiligen, teils begünstigenden Abweichungen gegenüber dem allgemeinen Arbeitsrecht. Die Kolchosbauern haben Stimmrecht in der Mitgliedervollversammlung, die die grundlegenden Beschlüsse für die Tätigkeit des Kolchos faßt und als Ausführungsorgane den Kolchosvorstand und den Kolchosvorsitzenden sowie eine Revisionskommission wählt. Die Kolchosbauern erhalten zur Bewirtschaftung ein Stück Hofland von bis zu 0,5 ha Größe und dürfen eine begrenzte Zahl von Großvieh halten.

Da die Kolchosmitglieder zugunsten dieser kleinen Privatwirtschaft die Mitarbeit im Kolchos vernachlässigen, andererseits aber hierbei

20 – 40 % des gesamten Viehbestandes der S. stellen, bildet die Nebenwirtschaft der Kolchosbauern den „neuralgischen Punkt" (MAURACH) des gesamten Kolchossystems (CHRUSCHTSCHOWS Sturz wurde u. a. mit seinen Einschränkungen der Nebenwirtschaft und der dadurch hervorgerufenen Versorgungskrise begründet). Das Eigentum am Kolchoshof ist stark sozialgebunden; es besteht Gesamthandseigentum aller Mitglieder mit dingl. Surrogation, wobei sich der Anteil durch Zu- (Geburt, Einheirat) und Abgänge lfd. verändert. Veräußerung und Vererbung sind nur bei der (fiktiven) Schrumpfung der Hofgemeinschaft auf eine Person mögl.; im übrigen werden die Ausscheidenden ausbezahlt. Hier und in der Errungenschaftsgemeinschaft (s. o. D 2) liegt die eigentl. „Sozialisierung des Eigentums" in der S.

G. Gerichtsverfassungsrecht. Rechtsgrundlagen sind die Unionsgrundsätze von 1980, das GVG der RSFSR von 1981, die Militärtribunal-Ordnung von 1980 und das Gesetz über das Oberste Gericht (OG) der UdSSR von 1979. Es besteht ein dreistufiger Gerichtsaufbau mit Volksgerichten auf der Ebene der Rayons (bzw. der ihnen gleichgestellten Städte, s. o. A 3), Gebiets- bzw. Gaugerichten (s. o. A 3) und den OG.en der Unionsrepubliken. Die Volksgerichte sind erste Instanz für kleinere Delikte und Zivilsachen, die Gebietsgerichte für Staats- und andere Schwerverbrechen sowie für größere Zivilsachen. Die OG.e entscheiden Sachen von „bes. Schwierigkeit oder bes. öffentl. Bedeutung". Die Gebietsgerichte und die OG.e sind außerdem Kassations- und Aufsichtsinstanz für die jeweils untergeordneten Gerichte. Hierzu tritt das OG der UdSSR; es entscheidet Sachen von „außerord. Wichtigkeit" und kann im Aufsichtsverfahren Entscheidungen aller übrigen Gerichte aufheben. Sein Militärkollegium stellt die dritte Stufe der allein der Union unterstellten Militärtribunale dar, die über Straftaten von Militärpersonen, Angehörigen des Staatssicherheitsdienstes und der Straflagerwachmannschaften entscheiden (Art. 9 Militärtribunal-Ordnung). In der Generalklausel für die Zuständigkeit der OG.e liegt eine Verletzung des rechtsstaatl. *Grundsatzes des gesetzl. Richters* (→Rechtsstaat; →Gerichtsverfassung). Außerdem kann allg. jedes höhere Gericht jede vor ein untergeordnetes Gericht gehörige Sache an sich ziehen.

In allen Instanzen gilt das Kollegialprinzip; in der ersten Instanz entscheiden ein Richter und zwei Volksbeisitzer, sonst drei Richter. Die Volksbeisitzer werden für zwei, die Richter für fünf Jahre gewählt, und zwar die Volksrichter direkt, die übrigen durch die betr. Sowjets. Die *Unabhängigkeit der Richter* (Art. 155 Verf.) wird einmal durch ihre Wählbarkeit, darüber hinaus aber durch ihre jederzeitige Abwählbarkeit bei „Nichtrechtfertigung des Vertrauens" oder „des Richteramts nicht würdigen Handlungen" (Art. 35 GrGVG, Richter-Abberufungsordnung der RSFSR vom 8. Juli 1981) eingeschränkt (zugleich wiederum Verletzung des Grundsatzes vom gesetzl. Richter). Wesentlich stärker ist die Stellung des *Staatsanwalts:* im Gegensatz zum Richter braucht er eine jur. Hochschulausbildung; er wird nicht gewählt, sondern vom Generalstaatsanwalt der UdSSR, dieser vom OS ernannt. Die Konzeption der *„Übertragung staatl. Funktionen auf die Gesellschaft"* (s. o. I F) hat bes. die Gerichtsverf. beeinflußt: Aus gewählten Belegschaftsmitgliedern oder Hauseinwohnern bestehende Kameradengerichte entscheiden über kleinere Zivil- und Strafsachen; in allen Strafprozessen können „gesellschaftl. Ankläger und Verteidiger" auftreten.

Die *Justizverwaltung* liegt nach ihrer Delegation an die Gerichte unter CHRUSCHTSCHOW seit 1970 wieder weitgehend beim Justizministerium der UdSSR.

R. MAURACH, Grundlagen des räteruss. Strafrechts, 1933 – DERS., B. MEISSNER (Hg.), 50 Jahre Sowjetrecht, 1969 – DIES. (Hg.), Sowjetstaat und Sowjetrecht nach Chruschtschow, 1971 – V. GSOVSKI, Soviet Civil Law, Private Rights and Their Background under the Soviet Regime, I 1948, II 1949 – DERS., K. GRZYBOWSKI, Government, Law and Courts in the Soviet Union and Eastern Europe I – II, 1959 (Lit.) – H. J. BERMAN, Justice in Russia. An Interpretation of Soviet Law, 1963² – R. SCHLESINGER, Soviet Legal Theory. Its Social Background and Development, 1951² – J. N. HAZARD (Hg.), Soviet Legal Philosophy, 1951 – DERS., The Soviet System of Government, 1962² – DERS., I. SHAPIRO, The Soviet Legal System, 1962 – G. C. GUINS, Soviet Law and Soviet Society, 1954 – H. KELSEN, The Communist Theory of Law, 1955 – K. WESTEN, Die rechtstheoretischen und rechtspolitischen Ansichten Josef Stalins, 1959 – DERS., Die KPdSU und der Sowjetstaat, 1968 – B. MEISSNER, Rußland unter Chruschtschow, 1960 – DERS., Die Verfassungsentwicklung der Sowjetunion seit dem Tode Stalins, JöR n. F. Bd. 22, 101 – F.-C. SCHROEDER, Die Grundsätze der Strafgesetzgebung der UdSSR und der Unionsrepubliken (Komm.), 1960 – DERS., Das Eigentumsrecht in der UdSSR, Marxismus-Studien, 4. Folge 1962 – DERS., Wandlungen der sowj. Staatstheorie, 1979 – DERS., Das Oberste Gericht der UdSSR, 1983 – DERS., B. MEISSNER (Hg.), Bundesstaat und Nationalitätenrecht in der Sowjetunion, 1974 – A. BILINSKY, Das sowj. Eherecht, 1961 – DERS., Das sowj. Wirtschaftsrecht, 1968 – K. GRZYBOWSKI, Soviet Legal Institutions. Doctrines and Social Functions, 1962 – M. FAINSOD, How Russia is Ruled, 1963² – A. BILINSKY, K. WESTEN, A. USCHAKOW, F.-C. SCHROEDER, R. LUCAS, Die Entwicklung des sowj. Rechts seit Stalins Tod, Jb. für Ostrecht IV/2 (1963) – G. BRUNNER, Die Grundrechte im Sowjetsystem, 1963 – DERS., K. WESTEN, Die sowjetische Kolchosordnung, 1970 – O.-W. JAKOBS, Eigentumsbegriff und Eigentumssystem des sowj. Rechts, 1965 – D. PFAFF, Die Entwicklung der sowj. Rechtslehre, 1968 – W. MEDER, Das Sowjetrecht. Grundzüge der Entwicklung 1917 – 1970, 1971 – F. J. FELDBRUGGE, Encyclopedia of Soviet Law, 2 Bd., 1973 – O. LUCHTERHANDT, Die Entwicklung des Öffentl. Rechts der Sowjetunion seit der Unionsverfassung von 1977, JöR n. F., Bd. 31, 193 – G. GEILKE, Einführung in das Sowjetrecht, 1983² – W. E. BUTLER, Soviet Law, 1983 – M. FINCKE (Red.), Handbuch der Sowjetverfassung, 2 Bd., 1983 (Lit.).

Friedrich-Christian Schroeder

Soziale Frage. Unter der s. F. verstehen wir i. e. S. die ökonomischen, gesellschaftl. und bewußtseinsmäßigen Folgeerscheinungen der industriellen Revolution im 18./19. Jh. Die industriell-arbeitsteilige Fabrikproduktion wird gegenüber dem Handwerk und der Manufaktur zum bestimmenden Produktionstyp. Die vorrangig an kapitalistischen Interessen orientierte Produktionspraxis mit der ihr entsprechenden Wirtschaftsgesinnung des Liberalismus sprengt die Fesseln eines zünftlerisch strukturierten und staatsfürsorgerisch organisierten Wirtschaftsstiles. Die kapitalistische Erwerbswirtschaft verdrängt die vorindustrielle Bedarfsdeckungswirtschaft. Arbeitslos gewordene Handwerksgesellen und durch Agrarkrisen freigesetzte Bauern und Landarbeiter strömen in die entstehenden großstädtischen Industriebezirke. Ein Industrieproletariat, das unter den Bedingungen kapitalistischer Marktgesetzlichkeiten auf den Verkauf seiner Arbeitskraft an die Produktionsmittelbesitzer angewiesen ist, schafft mit seinem Dasein und mit seinen aufkommenden politischen und sozialen Forderungen gegenüber der bürgerl. Gesellschaft und dem Obrigkeitsstaat die sozioökonomische Krisensituation des 19. Jh. Die soziale Lage der Lohnarbeiterschaft, die ihren Ausdruck findet in ihrer Position im Produktionsprozeß, in ihrer Plazierung im Gesellschaftsaufbau und in ihrer Bedeutung im politischen System, wird zum Kern der s. F. Das entscheidende politische Thema des Jh. wird: Reform oder →Revolution, Integration des „vierten Standes" in die bürgerl. →Gesellschaft und in einen sozialpolitisch aktiven →Staat oder radikale Überwindung der kapitalistischen Klassengesellschaft und des ihr entsprechenden bürgerl. Staates durch das Alternativmodell des →Sozialismus.

Protestantismus und s. F. Sein konkretes Verhalten ist ein Gemisch aus Aktion und Reaktion. Einmal hat er von seinen anthropologischen und ethischen Voraussetzungen her einen entscheidenden Anteil an dem Entstehen und der Entwicklung der modernen Wirtschaftsgesellschaft des liberalen Kapitalismus. Zum anderen entwickelt er von seinen sozialethischen Voraussetzungen her Gegenkräfte gegenüber einem ungebundenen Individualismus und Mammonismus. Sowohl liberalkapitalistische Praxis wie sozialpolitische Gegenpraxis können sich auf ihn berufen. Der bürgerl. →Protestantismus als Trägerschicht des ökonomisch-technischen Fortschritts steht neben und entgegen dem sozialen Protestantismus. In einzelnen Personen und Gruppen findet sich eine synthetische Verschränkung beider Linien. In der Phase des frühkapitalistischen Pauperismus der 1. Jh.hälfte sind es einzelne aus der Erweckungsbewegung kommende Christen, die Formen unmittelbarer Diakonie gegenüber gesellschaftl. Randgruppen entfalten (Baron von Kottwitz, Johannes Falk u. a.). In dieser Tradition steht zunächst Johann Hinrich Wichern (1808 – 1881) mit seiner sozialpädagogischen Fürsorgearbeit im 1833 gegründeten Rauhen Haus bei Hamburg. Über den Ansatz individueller Hilfe geht er vor und während der Revolution von 1848/49 hinaus. Seine Denkschrift für die Innere Mission macht den Versuch, die Probleme der „natürlichen" und „künstlichen" Armut zusammen zu sehen und die Aufgaben der „rettenden Liebe" und der „gestaltenden Gerechtigkeit" in ihren Verschränkungen ins allgemeine kirchl. Bewußtsein zu heben. Er erkennt die Notwendigkeit struktureller Gesellschaftsreform durch den Staat neben der christl. freiwilligen Fürsorgearbeit. In der eigenen und in der Praxis der Inneren Mission jedoch kommt es nur zaghaft zum sozialpolitisch-gesellschaftsreformerischen Durchbruch. Die politische Option für den bestehenden Obrigkeitsstaat als Bollwerk gegen die revolutionären Bewegungen der Demokratie und des Sozialismus und die ordnungstheol. Entscheidung für die ständisch strukturierte Gesellschaftsordnung bedingen eine defensive Grundhaltung. Der Missionsgedanke der „Rettung" des Volkes vor den antichristl. Intentionen des Liberalismus und Sozialismus dominiert über die selbst erkannte Notwendigkeit gesellschaftspolitischer Verwirklichung von sozialer Gerechtigkeit. Auch Viktor Aimé Huber (1800 – 1869) ist es nicht gelungen, durch seine Argumente i. S. einer „gestaltenden Gerechtigkeit" Wichern und die Innere Mission auf den evolutionären Weg bewußter →Sozialpolitik zu bringen. Mit seinen Genossenschaftsgedanken, seinen Überlegungen zur Gewinnbeteiligung und betrieblichen Mitbestimmung der Arbeiter wie seinen Forderungen nach gewerkschaftlicher →Koalitionsfreiheit einschließlich des Streikrechts ist er der erste ev. Sozial- und Gesellschaftspolitiker. Mit seinem Konzept der Sozialpolitik aus christl. Verantwortung ist er der Vater der ev.-sozialen Bewegung im Sinne einer sozialen Reformbewegung. Seine Position zwischen den Extremen des radikalen Sozialismus und des Manchesterliberalismus wird von allen folgenden Ev.-Sozialen grds. übernommen. Es ist der Pfarrer Rudolf Todt (1839 – 1887), der in die Mitte seines sozialkonservativen Programms den Gedanken des Staatsinterventionismus stellt. Er leistet mit der ersten ev.-sozialen Zeitschrift „Der Staatssozialist" (1878 ff.) die geistige Vorbereitung der Bismarckschen Sozialgesetzgebung. Er ruft Pfarrer und Kirchengemeinden zu bewußter gesellschaftspolitischer Aktivität auf. Durch eine differenzierte Analyse des zeitgenössischen radikalen Sozialismus versucht er, die gängige Antithetik zwischen Christentum und Sozialismus zugunsten eines kritisch-konstruktiven Dialoges zu durchbrechen. Überwindung der revolutionären Situation der bürgerl.-kapitalistischen Klassengesellschaft durch gezielte Reformarbeit von Staat und Kirche ist sein aktivistisches Konzept. Es ist Adolf Stoecker (1835 – 1909), der in einem nächsten Schritt den sozialen Protestantismus als Widerpart zur Sozialdemokratie in der Christl.-Sozialen Arbeiterpartei zu organisieren beginnt (1878). Nach anfänglichen Erfolgen scheitert die Partei an der Widersprüchlichkeit und den zu hohen Intentionen ihres Führers. Die Unmöglichkeit einer Synthese von Volkstribun und Hofprediger erweist sich ebenso wie die Wirkungslosigkeit einer Sozialpolitik, die nur als Instrument der Integration der Arbeiter in das politische Obrigkeitssystem dient. Auch die Anfang der achtziger Jahre entstehenden Ev. Arbeitervereine haben den Entfremdungsprozeß von Proletariat und Kirche, von Arbeiterschaft und zweitem Reich nicht aufhalten können. Die s. F. war zu sehr mit der politischen verbunden, um getrennt gelöst werden zu können.

Ev.-soziale Postulate haben ihren stärksten Einfluß auf die staatl. *Sozialgesetzgebung* ausgeübt. Im Sinne luth. Tradition der Fürsorge des Staates für das Gemeinwohl der Bürger haben Ev.-Soziale auf Kanzeln und Kathedern den Staat auf seine Verantwortlichkeit auch für die soziale Lage der Lohnabhängigen hingewiesen und ihn zur systematischen sozialen Vorsorgepolitik im Sinne eines bewußten Eingriffs in den Bereich des Wirtschaftens und seiner Bedingungen gedrängt. Den Kathedersozialisten (ADOLF WAGNER u. a.) kommt hier mit ihrem Kampf gegen das Manchestertum für eine aus christl. Verantwortung erwachsene soziale Schutzpolitik für die Schwächeren am Markte eine große Bedeutung zu. Ihr Konzept eines „Staatssozialismus" ist die Alternative sowohl zur liberalistischen wie zur sozialistischen Doktrin. Ihr dritter Weg ist der sozialstaatl. Interventionismus. Den Theoretikern dieses Weges korrespondieren bestimmte Praktiker im Staatsdienst. THEODOR LOHMANN (1831 – 1905) ist es, der als bewußter Christ die praktische Sozialpolitik als gestaltete Nächstenliebe verstand. Die wichtigsten Sozialgesetzgebungswerke der BISMARCK-Ära gehen auf seine Vorarbeiten zurück. Der Beitrag dieses und anderer Beamten ist ein Teil der sozialreformerischen Arbeit des sozialen Protestantismus. In dieser Tradition steht auch HANS FREIHERR VON BERLEPSCH (1843 – 1926), der als Staatsminister 1890 – 1896 für die Sozialpolitik WILHELMS II. zuständig war. In seine Amtszeit fällt eine Fülle von sozialpolitischen Verbesserungen. Die erste Internationale Arbeiterschutzkonferenz 1890 in Berlin sieht ihn als Vorsitzenden. Aus Protest gegen die Kursänderung des Kaisers unter dem Einfluß des Großindustriellen FREIHERR VON STUMM tritt er 1896 zurück, bleibt aber in der Sozialpolitik aktiv. 1901 gründet er die Gesellschaft für Soziale Reform, die vorwiegend aus christl. Sozialpolitikern besteht. In der Wochenschrift „Soziale Praxis" schafft sich dieser Kreis sein Organ, an dem fast alle sozialpolitischen Richtungen mitgearbeitet haben. Auch auf diesem Wege sind christl.-soziale Impulse in die allgemeine Diskussion und Gesetzgebung eingegangen. Personelle und sachl. Querverbindungen dieser progressiven Sozialpolitiker bestehen zum 1890 gegründeten Ev.-Sozialen Kongreß. Er dürfte mit seiner vorwiegend theoretischen Arbeit das bedeutsamste Sammelbecken der verschiedensten Christl.-Sozialen gewesen sein. Seine Jahreskonferenzen spiegeln mit ihren Themen und Diskussionen den Beitrag des sozialen Protestantismus der Wilhelminischen Ära für die weitere Lösung der s. F. am besten wider. Man ist von der Möglichkeit einer Überwindung der Klassengesellschaft durch kontinuierl. Reformarbeit überzeugt, ohne die Widerstände von seiten der Reaktion in Staat und Gesellschaft wie auch von seiten der sich revolutionär artikulierenden Sozialdemokratie zu übersehen. Unter seinen Vorsitzenden ADOLF HARNACK und OTTO BAUMGARTEN hat dieser Kongreß einen nicht unbedeutenden Teil des prot. Bildungsbürgertums für die Praxis einer Sozialpolitik aus christlicher Verantwortung gewonnen. Eine Massenbasis allerdings hat er auch nicht gewinnen können. Sie bleibt auch dem bekanntesten sozialliberalen Politiker dieser Zeit FRIEDRICH NAUMANN (1860 – 1919) versagt. Nach einer Phase christl.-sozialer Orientierung gründet er 1896 den National-sozialen Verein, und nach dessen Scheitern wird er Mitglied der Freisinnigen Vereinigung, einer Partei des politischen Linksliberalismus. Aber der sozialpolitischen Aufgabe bleibt er immer verpflichtet. Er und seine Anhänger repräsentieren den sozialliberalen Typ des sozialen Protestantismus.

Die offiziellen Organe der Kirche haben sich selten zur s. F. geäußert. Die Verlautbarungen des Preuß. Ev. Oberkirchenrates 1879, 1890 und 1895 spiegeln in schöner Parallelität die jeweiligen Phasen des sozialpolitischen Willens der Monarchen wider. Einmal ermuntern sie zum sozialen Engagement der Pfarrer und Gemeinden, zum anderen warnen sie vor einer Grenzüberschreitung des Amtes in welt. Fragen. Für die Profilierung eines sozialen Protestantismus hat die offizielle Kirche keine nennenswerte Bedeutung gehabt. Ihr gegenüber gilt im ganzen das Wort von dem Versagen der Kirche angesichts der s. F. Anders verhält es sich mit dem sozialen Protestantismus, der sich in den Bereichen des Staates und der Gesellschaft entwickelt hat. In freien Vereinen und Kongressen hat er seine Organisationsgestalt gewonnen und auf vielen Wegen Einfluß auf die Ausgestaltung der Sozial- und Gesellschaftspolitik genommen. Die hist. Bedeutsamkeit des sozialen Protestantismus dürfte neben der diakonischen Arbeit in diesem Einfluß auf die Entstehung und Entwicklung der staatl. Sozialgesetzgebung liegen. Seine theoretische und praktische Tätigkeit bei der Lösung der s. F. des 19. Jh. hat den Sozialstaat des 20. Jh. entscheidend mit vorbereitet.

E. TROELTSCH, Die Soziallehren der christl. Kirchen und Gruppen, 1911 (1965) – M. GERHARDT, J. H. Wichern, 1927 – TH. HEUSS, Friedrich Naumann, 1949 – E. THIER, Die Kirche und die s. F., 1950 – W. O. SHANNAHAN, Der dt. Protestantismus vor der s. F. 1815 – 1871, 1962 – H. U. WEHLER (Hg.), Moderne dt. Sozialgesch., 1966 – G. BRAKELMANN, Kirche und Sozialismus im 19. Jh., 1966 – DERS., Die s. F. des 19. Jh., 1971 – DERS., Kirche, s. F. und Sozialismus, 1977 – DERS., Ev. Kirche und Arbeiterbewegung – Einige Anmerkungen zur Gesch. ihres Verhältnisses, in: DERS., Kirche in Konflikten ihrer Zeit, 1981, S. 52–67 – K. KUPISCH, A. Stoecker, Hofprediger und Volkstribun, 1970 – M. SCHICK, Kulturprotestantismus und s. F., 1970 – H. GRÜNDER, Walter Simons. Die Ökumene und der Ev.-soziale Kongreß, 1974 – W. JOCHMANN, M. GRESCHAT, G. BRAKELMANN (Hg.), Protestantismus und Politik, Werk und Wirkung Adolf Stoeckers, 1982.

Günter Brakelmann

Sozialer Wandel. 1. Problem und Geschichte. Wenn menschl. Gesellschaften immer geschichtl. Gebilde sind, liegt in der Erforschung der Formen und Gesetzlichkeiten ihres Wandels das höchste Problem der Sozialwissenschaft. In ihren Bekenntnissen sind sich hierüber alle Sozialwissenschaftler einig; doch bietet gerade die Erforschung des Wandels mannigfache Schwierigkeiten.

Das Problem verweist auf die geschichtsphilosophischen Ursprünge der modernen Politischen Ökonomie und Soziologie, seien diese HEGELscher oder DARWINscher Provenienz. MARX und COMTE haben jeder auf seine Weise den Gesamtprozeß der Sozialentwicklung zu begreifen gesucht; beide haben ihre Nachfolger gefunden. Beide verlassen sich indes auf Aussagen, die der Kontrolle empirischer Forsch. weithin entzogen sind. Die Gesch. als Weg des Menschen zu sich selbst oder zu immer höheren Formen seiner Existenz ist Gedanke der Metaphysik, nicht der Sozialwissenschaft. Die Entwicklungstheorien der Sozialdarwinisten, insonderheit HERBERT SPENCERS, sind hier schon bestimmter, wenngleich ihre implizite Fortschrittsideologie nicht kontrollierbarer ist als die alte Geschichtsmetaphysik.

In der neueren Sozialwissenschaft fallen drei typische Ansätze zur Analyse des s. W. auf: In der Ethnologie sind dem Evolutionismus der Jahrhundertwende komplexere Theorien der Diffusion und des Kulturwandels gefolgt (vgl. B. MALINOWSKI: *Dynamik des Kulturwandels*). In der politischen Ökonomie stehen neben raffinierten theoretischen Modellen nach wie vor stark hypothetische Theorien der wirtschaftl. Entwicklung (vgl. W. ROSTOW: *Stadien des wirtschaftl. Wachstums*). In der Soziologie ist mit dem Begriff des „s. W." (social change, changement social) das theoretische Problem der Analyse dieses komplexen Phänomens am deutlichsten formuliert, wenngleich noch nicht am befriedigendsten gelöst worden.

2. Zwei konkurrierende Ansätze. Unter allen Umständen bietet die Erkenntnis der Bewegung dem Menschen große Schwierigkeiten, wie sie von den Paradoxen ZENONS bis zu BERGSON und weiter häufig beschrieben worden sind. Schon die Sprache fügt der bewegten Realität ein Element der Starre ein; wer versucht, es zu vermeiden, wird „dunkel" wie HERAKLIT oder HEGEL. Setzt man diesen fundamentalen statischen Drall voraus, dann bleiben noch immer zwei Ansätze zur Analyse des s. W., die in der gegenwärtigen Soziologie miteinander konkurrieren.

Der eine Ansatz, typisch vertreten von T. PARSONS (vgl. *The Social System*), will den Wandel gleichsam in Elemente zerlegen. Seine Grundannahme ist: Um s. W. zu erklären, müssen wir zunächst in der Lage sein, den Ausgangszustand zu beschreiben, alsdann in ihm die Kräfte lokalisieren, die den Wandel hervorrufen. Die Analyse des s. W. steht also am Ende der Soziologie.

Der andere Ansatz, vertreten von den Kritikern des Funktionalismus, sagt PARSONS und anderen nach, daß die von ihnen geforderte theoretische Reihenfolge den Weg zur Analyse des s. W. für immer versperren müsse. Wer mit einem statischen Bild der Gesellschaft beginnt, kann dieses nicht mehr in Bewegung setzen. Das Gleichgewichtsmodell kennt nur mehr Prozesse, die der Erhaltung des einmal Bestehenden, der „Homöostase" dienen. Selbst wenn Störungen des Gleichgewichts als Indikatoren des Wandels genommen werden, bleibt dessen Analyse selbst residual.

Der Schluß aus dieser Kritik betrifft zunächst die Optik der Analyse: S. W. muß selbst die erste Setzung sein, d. h., es darf nicht nach den Ursachen des Wandels gefragt werden. Die Ubiquität des Wandels wird vorausgesetzt; damit richten sich alle Fragen auf dessen Dimensionen und Formen. Erklärt wird nicht, *daß* s. W. stattfindet, sondern *wie* er stattfindet.

Solche Optiken sind als solche noch nicht richtig oder falsch; sie müssen sich durch Fruchtbarkeit ausweisen. Dazu gibt es bislang noch kaum Ansatzpunkte. Die Diskussion ist unabgeschlossen.

3. Einige theoretische Probleme. Einige Formen und Dimensionen des Wandels sind oft erörtert; es gibt Ansatzpunkte zu ihrer Präzisierung. Dazu zählt einmal die Dimension des Tempos s. W. Daß moderne Gesellschaften durch bes. raschen s. W. gekennzeichnet seien, ist fast Gemeinplatz geworden. Manche Autoren – so insbes. W. OGBURN (*Social Change*) und P. SOROKIN (*Social and Cultural Dynamics*) – haben versucht, den Gemeinplatz durch Entwicklung von Meßinstrumenten zu präzisieren. Sie haben unter anderem Erfindungen und Revolutionen gezählt. Andere Maße könnten vor allem in der Zirkulation der Eliten, vielleicht auch allg. in der sozialen Mobilität liegen. Daß derartige Versuche gelegentlich an der Grenze des Ernsthaften zu liegen scheinen, beruht z. T. auf dem Mißverhältnis der Bedeutung des Problems zur Trivialität der Indizes, z. T. aber auch auf noch immer wirksamen Vorurteilen gegen Quantifizierung.

Eine zweite Dimension des Wandels liegt in seinem Tiefgang. Hier hat TH. GEIGER etwa die Unterscheidung zwischen „Stilwandel", der nur gegebene Bedingungen entfaltet oder entwickelt, und „Epochenwandel", der den Bedingungskranz selbst verändert, eingeführt. Es gibt beschreibbare Wandlungen, die viele, wenn nicht (wie im Fall der Industrialisierung) alle Bereiche von Gesellschaften erfassen, andere dagegen, die sich auf einzelne Bereiche beschränken. Auch hier sind in der Forsch., vor allem im Zusammenhang der Elitetheorie, Indizes gesucht worden.

Die wichtigste Dimension des Wandels, die sich zugleich am stärksten jeder Quantifizierung, ja Präzisierung entzieht, ist die seiner Richtung. Die Zahl der Faktoren, die die Richtung des s. W. bestimmen, ist offenbar Legion; an eine Theorie ist noch nicht zu denken. So behilft man sich gerade in diesem wichtigen Bereich mit Extrapolationen (auch bei spezielleren Problemen wie der Bevölkerungsentwicklung) oder dann mit Vermutungen, die sich nur in Nuancen von der traditionellen Geschichtsphilosophie unterscheiden. Diese nehmen zumeist die Form von Tendenz-Aussagen an: „In der modernen Gesellschaft besteht eine Tendenz zu wachsender sozialer Mobilität." Für spezielle Sozialbereiche wie für ganze Gesellschaften Theorien der Richtung des Wandels vorzubereiten, ist gegenwärtig vielleicht die entscheidende Aufgabe der Forschung.

Es gibt andere theoretische Probleme des s. W., die in der Fachdiskussion eine Rolle spielen. Dazu gehört W. OGBURNS vulgärmarxistische Theorie des *cultural lag,* d. h. des Hinterherhinkens von Wandlungen im Bereich des „Überbaus". Ein altes Thema der Theorie des s. W. ist die Form, die heute „soziale Differenzierung" genannt wird, insbes. die institutionelle Differenzierung von Familie und Beruf (vgl. N. SMELSER, *Social Change in the Industrial Revolution*). Vor allem in den Vereinigten Staaten spielen die eher mikrosoziologischen Probleme des „geplanten sozialen Wandels" in Gruppen, dann auch in Gemeinden eine große Rolle (vgl. R. LIPPITT: *The Dynamics of Planned Change*).

4. Theorien der →Revolution. Eine Sonderform des s. W., die seit den Anfängen der Soziologie das bes. Interesse der Forsch. gefunden hat, ist die Revolution. Schon über den Begriff besteht keine Einigkeit; er wird von einigen für alle bes. umfassenden Wandlungen verwendet, von anderen nur für solche umfassenden Wandlungen, die auch plötzlich und gewaltsam statthaben.

Die meisten Theorien der Revolution gehen auf die doppelte Dialektik von Produktivkräften und Produktionsverhältnissen einerseits, von Klassen andererseits bei MARX zurück. Allerdings enthält die MARXsche Theorie der Revolution eine Reihe von Fehlern: Aller Wandel erscheint fälschlich als revolutionärer Wandel, d. h. vielfältige andere Formen werden unterschätzt; die lineare Zuspitzung der Auseinandersetzung bis zum revolutionären Wandel wird einfach postuliert; die Überlagerung von sozialökonomischer Dialektik und Klassenkampf ist ebenfalls irreführendes Postulat; der Zeitpunkt der Revolution wird fälschlich mit dem Zeitpunkt äußerster Not und extremsten Konfliktes identifiziert.

Solche und andere Schwächen von MARX' Theorie der Revolution lassen sich nicht nur aus hist. Entwicklungen ablesen, sondern sind auch in der Forschung formuliert worden: THEODOR GEIGER (Art. „Revolution" in VIERKANDTS *Handwörterbuch der Soziologie*), CARL BRINKMANN *(Soziologische Theorie der Revolution),* CRANE BRINTON *(Anatomy of Revolution),* HANNAH ARENDT *(On Revolution)* u. a. haben gerade diesen Aspekt der Theorie des Wandels weit entwickelt.

5. Faktoren des Wandels. Geblieben ist von der MARXschen Theorie vor allem die Tendenz einer Unterscheidung von „Überbau" und „Unterbau" zur Bezeichnung sei es des Substrats, sei es der Motoren des s. W. Hier ist Vorsicht bei der Formulierung am Platze: Wenn Wandel nicht kausal erklärt werden muß, dann handelt es sich bei diesen Faktoren um Kräfte, die Duktus und Richtung des s. W. beeinflussen, nicht dagegen um erste Beweger. Im Hinblick auf diese Faktoren lassen sich zwei Fragen stellen: In welchen Bereichen der Gesellschaft wird der Duktus des s. W. zuallererst geprägt? Welche Kräfte bestimmen ihn vor allem?

Die erste Frage zielt auf die „Überbau"-„Unterbau"-Problematik. Für MARX entschied sich der Duktus des Wandels an der (als linear angenommenen) Entwicklung der Produktivkräfte, also des ökonomischen Potentials von Gesellschaften, wie dieses sich aus technischen, organisatorischen und menschl. Möglichkeiten zusammensetzt. Später, auch bei OGBURN, ist dieser komplexe Begriff des Potentials zumeist verengt worden auf die technische Entwicklung. Neben den Vulgärmarxismus ist eine Vulgärsoziologie getreten, die s. W. vor allem als Folgephänomen der technischen Entwicklung begreift. MAX WEBERS Analyse der Zusammenhänge von Entwicklungen im Bereich des Denkens und der Moral und s. W. *(Die prot. Ethik und der Geist des Kapitalismus)* gilt demgegenüber fast als wissenschaftl. Episode. In neuerer Zeit erst setzt sich eine stärker ganzheitl. Betrachtung durch; aber noch ist die Überzeugung vom Schrittmachercharakter der technischen Entwicklung in der Sozialwissenschaft verbreitet.

Sucht man die Kräfte, die den Duktus des Wandels bestimmen, so fallen allg. zunächst zwei gegeneinander wirkende Grundkräfte auf: sozialer Konflikt und Institutionalisierung. Die Institutionalisierung ist gewissermaßen der Reibungswiderstand des s. W.; alle sozialen Prozesse unterliegen einer Tendenz der Verfestigung und Erstarrung, die also dazu beiträgt, s. W. zu verlangsamen. Der Konflikt ist demgegenüber das belebende Element. Durch vielfältig begründete, insbes. aber aus der Herrschaftsstruktur von Gesellschaften erwachsende Konflikte blieben menschl. Gesellschaften lebendig. Intensität und

Gewaltsamkeit der Konflikte sind die Kräfte, die vor allem Radikalität und Rapidität des s. W. bestimmen.

Doch liefern solche Überlegungen nur den metatheoretischen Horizont für speziellere Theorien des s. W. Im einzelnen entzieht sich die Zahl der Faktoren, die bedacht werden müssen, um etwa den Wandel von agrarischen zu industriellen Gesellschaften oder die Entwicklung der letzteren in Tempo, Tiefgang und Richtung zu erklären, jeder einfachen Aufzählung.

6. S. W. in der Soziologie. Nach dialektischen und evolutionistischen Anfängen hat die Soziologie sich auf Ansätze zurückgezogen, die die Analyse des s. W. erschweren; auf SPENCER ist PARETO gefolgt. Doch hat die Kritik des Funktionalismus sich heute in diesem Punkt weitgehend durchgesetzt. Damit geschieht allerdings etwas, das nicht im Interesse der Erforschung dieses wichtigen Problems liegen kann: S. W. wird entweder zur Floskel, die überall dort verwendet wird, wo man früher „soziale Struktur", ja selbst „soziales System" sagte („Sozialer Wandel in einer Großstadtgemeinde" u. dgl.), oder aber er wird zur Spezialsoziologie, gleich als könne man neben Industrie- und Familiensoziologie die Soziologie des s. W. setzen. Demgegenüber ist zweierlei zu betonen: s. W. ist der eigentl. Gegenstand der gesamtgesellschaftl. Analyse, insofern auch ein Bereich der Synthese der verschiedenen Sozialwissenschaften. S. W. ist zudem nur in der Theorie ein isolierbares Problem; in der Analyse bildet es beherrschendes Prinzip.

In diesen Tatsachen liegt die Schwierigkeit begründet, allg. Aussagen über s. W. und seine Erforschung zu machen. Nicht zufällig sind alle bedeutenden Werke über s. W. Enzyklopädien der Soziologie.

Lit. im Text. Vgl. zum Stand und zu den Schwächen der Forsch. W. HIRSCH und W. ZOLLSCHAN, Exploration in Sozial Change, 1964 – W. ZAPF (Hg.), Theorien des s. W., 1970[2]

Ralf Dahrendorf

Sozialethik. (S. = Sozialethik, s. = sozialethisch.) **1. Begriffsbestimmung.** Im ursprünglichen Sprachgebrauch bezeichnet S. ein Teilgebiet der →*Ethik,* nämlich dasjenige, welches sich mit den Problemen befaßt, die sich aus dem sozialen Zusammenleben der Menschen ergeben, im Unterschied zu einer Individual- bzw. Personalethik. Dabei geht es um das Verhalten des Menschen in und zu den sozialen *Institutionen,* Ordnungen, Strukturen (zB Familie, Staat, Arbeitsverhältnisse). In einer weiteren Fassung kann der Begriff aber auch beinhalten: die Untersuchung gesellschaftl. Strukturen und eines Gesellschaftssystems unter ethischen Gesichtspunkten. S. kann in diesem Fall verstanden werden als eine umfassende *„Theol. der Gesellschaft"* bzw. „Theol. der Kultur" (so schon SCHLEIERMACHER, dann vor allem P. TILLICH und H.-D. WENDLAND). S. wird dabei synonym mit christl. (oder ev.) Gesellschaftsethik, Gesellschaftslehre.

2. Themen. Die von der gegenwärtigen S. behandelten Themen sind unter der Frage, wie ein Christ verantwortlichen Gebrauch von →Eigentum, →Arbeit, →Ehe, →Staat, der „Welt" schlechthin machen soll, seit den Anfängen des Christentums bedacht worden. Neue Themen, wie zB die ethische Beurteilung von →Demokratie und →Rechtsstaat, →Menschenrechte, →Friede, →Sozialismus, →Kapitalismus, →Sozialpolitik, →Wirtschaftsordnung, →Mitbestimmung, →Umweltschutz, sind erst im Laufe der Neuzeit entdeckt und erkannt worden. Ein Grundlagenproblem ist einerseits das Verhältnis einer theol. S. zu den *Sozialwissenschaften* (→Sozial- und Staatsphilosophie, →Soziologie), zumal seitdem die klassische Sozialphilosophie als →Naturrecht (→Soziallehre, kath.) zweifelhaft wurde, andererseits zu den klassischen theol. Disziplinen wie der Dogmatik, der hist.-kritischen Exegese und der Praktischen Theologie.

3. Geschichte. Der prägnante Begriff S. wurde in die dt. Diskussion durch A. VON OETTINGEN 1868 „Die Moralstatistik und die christl. Sittenlehre, Versuch einer S." eingeführt. Der Begriff hat sich inzwischen auch im Engl. durchgesetzt, wo er erstmals 1869 von F. D. MAURICE „Social Morality" als Buchtitel verwendet wurde. Die heutige S. verdankt wesentl. Anstöße der empirischen Untersuchung gesellschaftl. Verhältnisse („Moralstatistik"), ist also positiv wie negativ beeinflußt vom soziologischen Positivismus (A. COMTE) wie von der Gesellschaftskritik, vor allem des →MARXISMUS. Der wissenschaftl. Behandlung einer theol. S. ging das missionarische und diakonische Engagement der *inneren Mission* (J. H. WICHERN) und das Programm christl. Sozialreformer voraus (→Soziale Frage). Auch in der Folgezeit erhielt die S. Impulse von sozialreformerischen Bewegungen, die zunächst außerhalb der Wissenschaft tätig wurden, wie dem *Ev.-sozialen Kongreß* (seit 1890, mit F. NAUMANN, M. WEBER, R. SOHM, A. VON HARNACK, u. a.), der hauptsächlich vom liberalen Protestantismus getragen wurde, und dem →*Religiösen Sozialismus* (zwischen 1919 und 1933), dessen Einfluß auf Kirche und Theol. damals freilich begrenzt war. Seit 1960 sind für die S. wichtig auch die →*Denkschriften* der EKD, vor allem die von der „Kammer für soziale Ordnung" und der „Kammer für öffentliche Verantwortung" erarbeiteten.

E. TROELTSCH hat mit seinem monumentalen Werk „Die Soziallehren der christl. Kirchen und Gruppen" (1912) erstmals eine umfassende hist. Untersuchung der Sozialgeschichte des Christentums vorgelegt und soziologische Fragestellungen in die theol. S. eingebracht. Er vertrat die These, daß nach dem Zerbrechen des christl. Naturrechts infolge →Aufklärung, →Säkularisierung und Industrialisierung keine Sozialphilosophie des Christentums mehr bestehe, die traditionelle, kirchl. Ethik den Anforderungen heutiger Gesellschaft nicht mehr genügen könne und daher nur noch eine rein soziologische Einstellung „zu gesellschaftl. Problemen und Reformen möglich sei". Die Formel für diese Sicht gesellschaftl. Wirklichkeit war die Lehre von der *Eigengesetzlichkeit* von Staat und Gesellschaft. Gleichwohl strebte TROELTSCH eine „Kultursynthese" aus christl. Überlieferung und gegenwärtigem Sozialverhalten an. In der Neubesinnung auf den biblisch-dogmatischen Grund der Kirche lehnte die *Dialektische Theol.* eine derartige „Kultursynthese" und mit ihr generell eine theol. S. ab (K. BARTH, F. GOGARTEN, R. BULTMANN). Im Umkreis der dialektischen Theol. hat allein E. BRUNNER (Das Gebot und die Ordnungen, 1932; Gerechtigkeit, 1943) eine Behandlung s.r Themen unternommen, freilich unter Verzicht auf spezifische Prämissen der dialektischen Theol., wie der, daß eine christl. Ethik allein aus Gottes Offenbarung und nicht aus einem wie immer interpretierten →Naturrecht oder aus einer Wirklichkeitsanalyse oder aus rational-anthropologischen, soziologischen, sozialpsychologischen Erkenntnissen zu begründen und zu entfalten sei. Der Verzicht auf eine S. seitens der dialektischen Theol. führte zur Diastase von Kirche und Gesellschaft, Theol. und Gesellschaft, Theol. und Sozialwissenschaften, die bis heute nachwirkt, freilich neuerdings in Neuansätzen der Kooperation und Synthese überwunden wird, z. T. unter Wiederaufnahme von Fragestellungen E. TROELTSCHS (vgl. T. RENDTORFF).

Die Grundlagendiskussion seit 1945 war zunächst beherrscht vom Gegensatz zwischen einer *ordnungstheologischen* (P. ALTHAUS, W. ELERT, W. KÜNNETH, H. THIELICKE) und einer *christologischen* (K. BARTH, A. DE QUERVAIN, E. WOLF) Begründung der Ethik, einschließlich der S. Die *Ordnungstheol.* setzt bestimmte Grundgegebenheiten als normative Setzungen voraus, welche die S. zu beachten und an welchen sie sich zu orientieren hat, wie Staat, Volk, Ehe, Eigentum, Arbeit. Unter den Vertretern der Ordnungstheol. ist strittig, ob diese Ordnungen durch die Sünde nicht betroffene „Schöpfungsordnungen" oder erst um der Sünde willen notwendige Erhaltungsordnungen bzw. „Notverordnungen" Gottes (W. KÜNNETH, H. THIELIKKE) sind. Die Ordnungstheol. verweist darauf, daß diese Ordnungen allgemeiner, also „natürlicher" Erkenntnis zugänglich sind, daher zur Erkenntnis der Ordnungen als solcher nicht der Rückgriff auf Gottes Offenbarung notwendig ist. Ordnungen sind allgemein evidente Gegebenheiten. Problematisch hieran ist einmal, daß der Geschichtlichkeit und Wandelbarkeit solcher „Ordnungen" nicht Rechnung getragen wurde. Die Probleme der →Wirtschaftsethik lassen sich zB unter dem Stichwort der Ordnungen von Eigentum und Arbeit heute nicht mehr zureichend abhandeln. In den 30er Jahren wurden zudem die Ordnungen von →Volk und →Rasse zur Legitimation eines völkischen und rassischen Nationalismus benutzt. Ein statischer Ordnungsbegriff kann außerdem der Dynamik des gesellschaftl. Wandels nicht Rechnung tragen und verhindert so die Aufnahme der modernen Gesellschaftsprobleme seitens der S. Zum anderen ist die Legitimation der Ordnungen als Stiftungen Gottes theol. fragwürdig, da sich weder die Zahl der Ordnungen noch ihre konkrete Ausgestaltung anhand der Hl. Schrift eindeutig begründen läßt, für die Ordnungen aber andererseits gleichwohl durch die Ordnungstheol. eine Dignität als von Gott gestiftete Schöpfungs- bzw. Erhaltungsordnungen beansprucht wird. D. BONHOEFFER hat deswegen den Ordnungsbegriff durch den des göttlichen „*Mandats*" ersetzen wollen; für die vier Mandate Arbeit, Ehe, Obrigkeit und Kirche behauptete er eine Begründung in der Christusoffenbarung, ohne freilich dies theol. überzeugend nachweisen zu können. Die berechtigte Intention der Ordnungstheologie wird heute in der theol., sozialwissenschaftl. und rechtl. Diskussion des Begriffs der →*Institutionen* erörtert.

Gegen die „Theol. der Ordnungen" erhebt K. BARTH den Einwand, daß man (fälschlicherweise) den Willen Gottes unabhängig von der *Christusoffenbarung* zu erkennen suche und damit das „weltliche" Leben, Politik, Wirtschaft, Staat dem Anspruch der →Königsherrschaft Christi entziehe. Mit der 2. THESE der BARMER THEOL. ERKLÄRUNG (1934) wird als falsche Lehre verworfen, „als gebe es Bereiche unseres Lebens, in denen wir nicht Jesus Christus, sondern anderen Herren zu eigen wären", und dagegen die Einheit von Christusbekenntnis und Ethik betont: „Wie Jesus Christus Gottes Zuspruch der Vergebung aller unserer Sünden ist, so und mit gleichem Ernst ist er auch Gottes kräftiger Anspruch auf unser ganzes Leben."

Die Kontroverse stand zunächst unter der Antithese von Königsherrschaft Christi und Eigengesetzlichkeit der Welt und führte zur Alternative von christologischer Begründung der Ethik oder →Zwei-Reiche-Lehre. Inzwischen ist man weithin zur Einsicht gekommen, daß diese Alternative unhaltbar ist, da es unbestreitbar bestimmte „Konstanten" menschlichen Zusammenlebens gibt (K. BARTH), die auch außerhalb des christl. Glaubens erkennbar sind und Geltung beanspruchen, das Phänomen menschl. Institutionalität und Sozialität als solches somit nicht aus der Christusoffenbarung abzuleiten ist. Ferner konnte vom christologischen Ansatz her empirischen Analysen nicht das ihnen zustehende Gewicht gegeben werden, da eine theol. Relevanz der profanen Wirklichkeit prinzipiell bestritten wurde. Die christl. Ethik hat somit für die konkrete Ausarbeitung der S. unmittelbar wenig beigetragen, sieht man von K. BARTHS (umstrittenem) Versuch ab, die Demokratie mit Hilfe der Methode der analogia fidei christologisch zu begründen („Christengemeinde und Bürgergemeinde", 1946). Die in der Alternative von Ordnungstheol. und christologischer Begründung der Ethik festgefahrene theol. Diskussion suchte man aufzubrechen durch die Betonung der Bedeutung der *Eschatologie* für die S. H.-D. WENDLAND hat in einer „universal eschatologischen“ Konzeption den Gedanken des Reiches Gottes als Leitbegriff der S. eingeführt. Die Ausrichtung auf das Reich Gottes übergreift Kirche und Gesellschaft, läßt also keine Zwei-Reiche-Lehre in Form einer Trennung von christl. Gemeinde und Welt zu. Durch die Christusoffenbarung wird das Reich Gottes jetzt schon „geschichtsmächtige Wirklichkeit“ in der Kirche, auch wenn seine endgültige Offenbarung noch aussteht. Die eschatologische Hoffnung wirkt sodann vermittelt durch den Dienst der Gemeinde, der *„weltlichen Christenheit“*, auch verändernd auf die Sozialformen. Eschatologie erweist sich in der Ausrichtung auf die Gesellschaft als „gesellschaftskritische Kraft“. Noch stärker hat J. MOLTMANN die Eschatologie als „Veränderungswissenschaft“ für Gesellschaftskritik und -reform beansprucht (→Revolution IV). Dabei war E. BLOCHS Betonung des „Noch nicht“, der Utopie einflußreich. H. JONAS hat neuerdings dem „Prinzip Hoffnung“ ein „Prinzip Verantwortung“ entgegengesetzt und die einseitige Zukunftsorientierung kritisiert.

J. B. METZ bezeichnet *„Politische Theol.“* in ihrer gesellschaftskritischen Ausrichtung gleichfalls als „Versuch, die eschatologische Botschaft unter den Bedingungen unserer gegenwärtigen Gesellschaft zu formulieren“. Umstritten ist an dieser Konzeption einmal, ob eschatologische Hoffnung unmittelbar in S. umgesetzt werden kann und wie sich eschatologische Weltdeutung zu rationaler und empirischer Analyse gesellschaftl. Realität verhält, sodann ob eine Repristination der „biblischen“ Eschatologie in einem von Aufklärung und Entmythologisierung geprägten Wirklichkeitsverständnis wissenschaftl. vertretbar ist.

In der Auseinandersetzung zwischen „Theologie der Befreiung“ als politischer Theologie und Katholischer Soziallehre wird die Zuordnung von theol. Weltdeutung und historischer (ökonomischer, sozialer usw.) Analyse gegenwärtig ausgetragen.

Unverkennbar bestehen zwischen der Erneuerung einer prophetischen und eschatologischen Weltdeutung und wissenschaftl. Wirklichkeitserkenntnis starke Spannungen, die in der Forderung nach einem *empirisch-kritischen* Ansatz der Theol. vor allem in der theol. S. artikuliert werden.

4. Empirie und Theol. Theol. S. nimmt eine eigentümliche Zwischenstellung zwischen Sozialwissenschaften und theol. Tradition ein. Diese Zwischenstellung kann auch dahingehend formuliert werden, daß sie im Spannungsfeld zwischen Kirche und Gesellschaft stehe, wenngleich ihre wissenschaftstheoretische Problematik nicht, wie oft üblich, auf die Frage, wie sich die beiden institutionellen Größen →Kirche und Gesellschaft zueinander verhalten, reduziert werden darf, sondern in ihren theoretischen und methodologischen Aspekten zu bedenken ist.

a) *Verhältnis S. und Sozialwissenschaften.* Auch die Sozialwissenschaften verfügen über keine geschlossene, einheitliche Forschungsmethode und Fragestellung. Zwischen empirischer Sozialforschung und normativer Sozialphilosophie oder „kritischer Theorie“ der Gesellschaft bestehen starke Differenzen, die im „Positivismusstreit“ innerhalb der dt. Soziologie in den 60er Jahren sichtbar wurden. S., die normative Ansprüche erhebt und Sollensforderungen aufstellt, hat teil an diesen Differenzen innerhalb der Sozialwissenschaften, die auf einen Dualismus von Tatsachen und Wertungen, Entscheidungen zurückgehen. Dieser Dualismus von Tatsachen und Entscheidungen beruht auf einer prinzipiellen Trennung von Erkennen und Werten. Dahinter steht wissenschaftslogisch die Trennung von Naturgesetzen und Normen (ethischen Forderungen, geschichtl., kontingenten Werten). Seit M. WEBER stellt die Forderung nach einer *Werturteilsfreiheit* der Sozialwissenschaften eine unbewältigte und ungelöste Aufgabe dar *(Werturteilsstreit* 1909). Demnach sind praktische Fragen, die sich auf den Sinn und die Geltung von Normen beziehen, wissenschaftl. nicht zu entscheiden. Eine streng positivistische Soziologie will darum bereits Fragestellungen ausschließen, die normative Stellungnahmen, Werturteile enthalten. Dieses Postulat der Wertfreiheit ist als methodisches Prinzip insoweit berechtigt, als es dazu nötigt, gesellschaftl. Fakten zur Kenntnis zu nehmen und nicht durch Vorurteile zu ersetzen oder zu verfälschen. Ebenso macht es auf den Unterschied zwischen wissenschaftl. („deskriptiver“) Theorie und gesellschaftl. Praxis aufmerksam, der die Notwendigkeit einschließt, praktische Problemlösungen nicht mit theoretischen Modellen zu verwechseln. Wenn jedoch unter Berufung auf dieses Postulat grds. der Wissenschaft verwehrt werden soll, präskriptive Aussagen zu machen, so wird dieses Postulat verabsolutiert und Wissenschaft auf positivistische Feststellungen von Fakten reduziert. S. kann sich jedoch nicht darauf beschränken, gesellschaftl. Wirklichkeit zu beschreiben; sie muß auch Aussagen über das machen, was als gerecht und gut gelten soll, was s. erlaubt ist oder nicht, also über bestimmte *Grundwerte und Grundnormen* der Gesellschaft. Sie wird aber nicht schon dadurch zu einer rein pragmatischen Handlungslehre, sofern sie dabei die Grundsätze wissenschaftl. Methode und Kritik beachtet. S. als Reflexion auf gesellschaftl. Grundwerte und -normen ist eine Voraussetzung für andere sozialwissenschaftliche Disziplinen (Wirtschaftspolitik, Sozialpolitik, Finanzpolitik, Agrarpolitik etc.). Gegen eine pauschale Berufung auf die *Eigengesetzlichkeit* wirtschaftl. oder politischer Vorgänge hat vor allem F. KARRENBERG nachgewiesen, daß es zwar unbestreitbar mancherlei wirtschaftl. und gesellschaftl. Gesetzmäßigkeiten gibt, aber diese nicht daran hindern, gesellschaftl. und wirtschaftl. Vorgänge und Strukturen einer s.n Beurteilung zu unterziehen. Allerdings ist gegen bestimmte theol. Anschauungen, wonach christl. Glaube an die Herrschaft Gottes (bzw. Christi) auch die Anerkennung einer (relativen) Eigengesetzlichkeit grds. ausschließe, aufzuzeigen, daß die Freiheit gesellschaftl. Gestaltung nicht beliebig und willkürlich ist, sondern gesellschaftl., wirtschaftl., geschichtl. und anthropologische (biologische, psychologische) Gegebenheiten zu berücksichtigen sind, und daß wirtschaftl., politische usw. Entscheidungen u. U. nicht mehr revidierbare Folgen (zB Verschmutzung der Umwelt, Zerstörung von Lebensgrundlagen, Vernichtung von Arbeitsplätzen) haben. Bei der Aufdeckung und Untersuchung solcher Gesetzmäßigkeiten und Gegebenheiten ist für die S. die empirisch orientierte Sozialwissenschaft als „Situationsanalyse" unentbehrlich. Ferner muß bei der Bestimmung von Ziel-Mittel-Relationen S. mit der Sozialwissenschaft zusammenarbeiten.

b) *Verhältnis S. und Theol.* Die S. hat sich erst seit kurzem als eigene theol. Disziplin verselbständigt. Die traditionelle theol. Ethik ging von der Voraussetzung aus, daß Dogmatik und Ethik eine Einheit bilden, anders gesagt, daß aus dem christl. Glauben unmittelbar ethische Handlungsanweisungen für den Christen zu folgern sind. Die Abfolge von Rechtfertigung und Heiligung, Glaube und Tun guter Werke, Offenbarungserkenntnis und christl. Leben setzt diese Einheit voraus. Die wissenschaftstheoretischen Erwägungen des Bezugs s.n Urteils auf die gesellschaftl. Wirklichkeit stellen diese Einheit in Frage. Dabei ergeben sich sowohl zur *dogmatischen* wie zur *hist. Theol.* in Methodik und Fragestellung der S. Unterschiede. Während die traditionelle dogmatische Theol. (deduktiv) von Glaubensgrundsätzen oder Bekenntnisaussagen ausgeht, muß die S. zunächst empirisch gesellschaftl. Realität aufarbeiten, kann also im Ansatz nicht deduktiv vorgehen. Die S. verselbständigt sich damit methodisch von der Dogmatik, wenngleich die in der Dogmatik tradierten und interpretierten Glaubensgrundsätze für die s.e Urteilsbildung nach wie vor orientierend sind. Mit der hist.-kritischen Theol. teilt die S. die Erkenntnis des hist. Abstandes, der die Gegenwart von der Zeit des AT und NT und der Reformation trennt. Biblische oder reformatorische Ordnungsvorstellungen (zB Obrigkeitsverständnis, Ablehnung des Zinses, Eigentumsverhältnisse) lassen sich nicht unmittelbar auf die Gegenwart übertragen. Eine biblizistische Begründung s.r Einzelforderungen ist deswegen nicht möglich. Jede S. hat ihren geschichtlichen Kontext zu beachten. Im Unterschied zur hist.-kritischen Theol. geht es in der S. aber nicht um die interpretierende Vermittlung von Vergangenheit und Gegenwart, sondern um die theol. Reflexion und Beurteilung gegenwärtiger →Gesellschaft. Sie steht dabei in der Gefahr, der gesellschaftl. Gegenwart eine Offenbarungsqualität beizulegen und aus den Forderungen und Aufgaben der Gegenwart (als *„Kairos"*) den „Willen Gottes", das „Gebot der Stunde" zu entnehmen. Die Kontrolle durch die hist.-kritische und die dogmatische Theol. ist für die S. deswegen als Korrektiv unentbehrlich, auch wenn diese eine eigene Thematik hat und eine selbständige Methodologie entwickeln muß, in Kooperation mit den Sozialwissenschaften und unter Aufnahme der theol. Tradition.

5. Normen und Situationen. Die theol. Tradition enthält für die heutige Erörterung der Grundwerte eine Fülle von *Normen* (Prinzipien, Maßstäbe, Grundsätze), welche eine s.e Beurteilung kritisch zu reflektieren und anzuwenden hat. Gegen eine Normen aufzeigende S. werden freilich eine Reihe von Einwänden geltend gemacht. Zum einen steht eine Normenethik in der ev. Theol. immer im Verdacht der Gesetzlichkeit. Das klassische Naturrechtssystem der *kath. Kirche,* das „ewige" Normen mit Hilfe der Kasuistik auf konkrete Fragen anwandte, steht dabei als abschreckendes Beispiel vor Augen. Die gegenwärtige kath. →Soziallehre, soweit sie sich als Gefüge offener Sätze versteht, sowie die „autonome Moral", welche das persönliche Urteil betont, werden allerdings vom Verdikt einer Festlegung auf ein Naturrechtssystem und der Kasuistik nicht mehr getroffen; die Behauptung einer authentischen Auslegung des Naturrechts durch das kirchl. Lehramt weist jedoch ev. Theol. nach wie vor zurück. Sodann wird die Vielfalt der Normen zum Einwand dagegen, daß eine Orientierung der S. an Normen überhaupt möglich sei. Der *Pluralismus* der Normen begründe vielmehr einen hist. und sozialen Relativismus. Endlich wird die Relativität und der Pluralismus der Normen zum Argument dafür, daß allein die *Situation,* in der ethische Entscheidungen gefordert sind, einziger Maßstab der Entscheidung sein könne und dürfe. In der ev. Ethik wie in der ökumenischen Diskussion ist darüber eine ausführliche Debatte unter der Alternative Prinzipienethik (Normenethik) oder Situationsethik geführt worden. Die Vertreter einer *Prinzipienethik* vertreten dabei sehr unterschiedliche Positionen, die von einer Naturrechtsdoktrin über anthropologische Prinzipien bis hin zur Anerkennung von Offenbarungsaussagen oder Bibelsätzen als ethischen Normen reicht. Ebenso groß ist die Spannweite unter den Vertretern der Situationsethik, in der dezisionistische Argumente mit Motiven aus der christl. Überlieferung (AUGUSTIN: „ama, et fac quod vis") und der Überzeugung von einer letzten Kontingenz göttl. Gebietens und Offenbarens (K. BARTH) sich verbinden. Das Ergebnis der Debatte ist, daß eine Alternative von Prinzipienethik oder Situationsethik unhaltbar ist. Normen bedürfen jeweils der Anwendung auf Situationen, gesellschaftl. Wirklichkeiten. Umgekehrt ist eine Urteilsbildung in Situationen unmöglich, wenn nicht eine Orientierung an Normen, Prinzipien, Orientierungskriterien, und sei es auch unausdrücklich, erfolgt. Die beiden Extreme einer starren Normenkasuistik und eines rein situationsbedingten Dezisionismus sind also von der S. abzulehnen. Ev. S. wird vielmehr ihre theol. Sicht von *Mensch* und *Welt* in die Begründung ihrer s.n Urteile einbringen; aber das bedeutet nicht, daß zwischen allgemeiner und ev. theol. S. in der inhaltlichen Ausgestaltung der Normen (Prinzipien) unbedingt Unterschiede oder gar Gegensätze bestehen müssen; denn zur Findung und Aktualisierung inhaltlicher Normen bedarf es stets einer Reflexion auf Argumente und Überlegungen der kritischen *Vernunft*. Daher kann es inhaltlich keine spezifisch christl. Sozialtheorie, Weltanschauung oder Soziologie geben. Schließlich ergibt sich aus der Situationsbezogenheit aller S., daß sie nicht einfach zeitlose Normen tradieren und interpretieren kann. O. von Nell-Breuning hat zu Recht festgestellt: „Von wenigen Wissenschaften gilt in gleichem Grade wie von der S., daß Wirklichkeitsnähe durch rasches Veralten erkauft werden muß. Eben darum ist es notwendig, auf diesem Wissenschaftsfelde unausgesetzt zu arbeiten." Deswegen ist es auch nicht möglich, ein *System* der S. zu entwerfen oder S. lediglich abstrakt auf theol. Grundsätze, Grundprinzipien zurückzuführen. Vielmehr haben alle s.n Aussagen den Charakter eines Paradigmas, eines Modells. Die Aufgaben einer wissenschaftl.-theol. S. ist es, die Begründung solcher Modelle hermeneutisch und methodisch nachvollziehbar zu machen.

6. S. als Handlungstheorie. Wissenschaftl. S. ist nicht praktische Handlungsanweisung, sondern hat die theoretische Klärung der Voraussetzungen praktischen Handelns zu leisten. Das theoretisch-deskriptive Moment darf mitnichten zugunsten präskriptiv-normativer Aufforderungen vernachlässigt werden. Eine theol. Handlungstheorie, wie sie ev. S. zu vertreten hat, muß in diesem Zusammenhang ihr Verhältnis zu anderen Handlungstheorien klären. Die kath. Soziallehre versteht sich unter Berufung auf das jedermann zugängliche →Naturrecht als rationale Sozialphilosophie. Ev. S. hat mit Hilfe offenbarungstheol. Ableitungen, vor allem in der Dialektischen Theol. und der Christozentrischen Ethik, ein christl. „Proprium" behauptet, freilich ohne dieses in konkreten inhaltlichen Aussagen im einzelnen aufweisen zu können. Die Abgrenzung einer theol. S. von der Sozialphilosophie bzw. einer kritischen Sozialwissenschaft nimmt die alte Frage nach dem Verhältnis von Philosophie und Theol., von Vernunft und Offenbarung auf. Der christologische und der eschatologische Ansatz der S. hat eine durchgängige Differenz zwischen S. und Sozialphilosophie angenommen. Diese Annahme ist jedoch fragwürdig und Indiz einer theol. Identitäts- und Relevanzkrise. Man wird eine globale Differenz zwischen theol. und profaner S. nicht behaupten können, zumal christl. Einflüsse (→Säkularisierung) bis heute in unserer Gesellschaft, z. T. nicht-identifizierbar, nachwirken (etwa der Gedanke einer universalen Humanität, der →Menschenrechte). Eine Untersuchung der Kriterien einer handlungsorientierten S. kann folglich nicht monokausal vorgehen. Aus diesem Grunde kommt auch ein Rekurs auf naturrechtl. Prinzipien für eine ev. S. nicht in Frage, ohne daß sie das anthropologische Phänomen einer allgemeinen ethischen Grundüberzeugung, welche das →Naturrecht voraussetzt, bestreiten wird. Ev. S. wird bei der Urteilsbildung und Normenfindung im Einzelfall wenigstens drei Aspekte zu berücksichtigen haben.

a) *Die ethische Grundeinstellung.* Die theol. Überlieferung enthält Glaubensaussagen, welche das Grundverständnis des Menschen prägen und insofern ethische Grundwerte sind. Ev. S. meint dabei nicht eine konfessionelle Lehre, sondern die Orientierung s.n Urteils an der Heilsbotschaft des Evangeliums. Dazu gehört das Bekenntnis zur Geschöpflichkeit des Menschen, das sich in einem Gott verantwortlichen Umgang mit den Mitmenschen und der mitmenschl. Umwelt, als Schöpfung Gottes, äußert. Ferner hat die Freiheit des Glaubens ihre Auswirkungen auf das Verhalten des Christen zur Welt. In der Hoffnung transzendiert, überschreitet der Glaubende vorgegebene Wirklichkeit. Sodann ist die Liebe als absichtslose Nächstenliebe und als Feindesliebe (Mt 5,43 ff.). „Tat des Glaubens" (Luther), „Frucht des Geistes" (Gal 5,22). Liebe zu allen Menschen setzt einen Willen zu sozialer →Gerechtigkeit frei. Zur christl. Deutung des Menschen gehört auch die Einsicht in die eigene Sündhaftigkeit wie in die Sündenverfallenheit („Entfremdung") der Umwelt. Dieses vom christl. Glauben zu vertretende Verständnis von Mensch und Welt bestimmt die Grundeinstellung des Christen in seinem Weltverhalten. Diese Grundeinstellung kann heutige S. sich vom biblischen Zeugnis und der christl. Tradition vermitteln lassen. Sie ist jedoch nicht in Form gesetzlicher, normativer oder imperativer Einzelanweisungen tradierbar. Die nt. *„Paränesen"*, Anweisungen für das konkrete Verhalten von Christen, sind keine zeitlos gültigen Rechtssätze, sondern zeitbezogene Paradigmen. Die Liebe im Sinne der nt. Agape kann daher nicht selbst „Maßstab des Gerechten und Ungerechten", sondern nur „prüfende Instanz" sein, die zwischen Recht und Unrecht in concreto unterscheidet (A. Rich). Wird allerdings die Liebe aus dem gesellschaftl. Bereich grds. verdrängt, so werden ethische Wertungen und Glaubensaussagen ausgeschlossen. Wird die Liebe mit der Verwirklichung einer bestimmten gesellschaftl. Ordnung oder mit Rechtssetzungen identifiziert, so wird schwärmerisch der Unterschied zwischen Glaube und gesellschaftl. Verhalten aufgehoben. Die vom christl. Glauben geprägte ethische Grundeinstellung unterscheidet sich durchaus von anderen Grundeinstellungen, die von Sorge, Mißtrauen, Neid o. ä. bestimmt werden.

b) *Operationalisierbare Zielvorstellungen.* Zur Verwirklichung von s.n Urteilen in konkreten gesellschaftl. Handlungen (zB gerechte Eigentumsverteilung, Mitbestimmung) bedarf es operationalisierbarer Zielvorstellungen, die allgemein einsichtig und diskutierbar sind. Sie bilden die Kriterien, anhand derer die Umsetzung s.r Forderungen in gesellschaftl. Praxis rational überprüfbar wird. In die ökumenische Diskussion wurde der Gedanke solcher Kriterien *(„middle axioms")* von J. H. OLDHAM (1937) eingebracht als Versuch, „die Richtung zu bestimmen, in der der christl. Glaube sich in einer bes. Gesamtlage auswirken muß". Die „mittleren Axiome" streben eine Synthese von angelsächsischer Naturrechtstradition und Situationsbezug an. In ähnlicher Weise hat A. RICH „Maximen sozialer Entscheidung" namhaft gemacht. Dabei geht es nicht um die Erstellung eines „idealen", statischen Ordnungsbildes der Gesellschaft, sondern um konkrete Zielvorstellungen wie beispielsweise Praktikabilität, Ausgleich, Bedarfsdeckung, Selbstbestimmung als Maximen wirtschaftlichen Handelns u. a. Solche „Maximen sozialer Entscheidung" beanspruchen rationale Evidenz. Die „mittleren Axiome" sind freilich in der ökumenischen Diskussion weithin abstrakte Postulate, „Leerformeln" geblieben, abgesehen von dem 1948 in *Amsterdam* geprägten Begriff der *„Verantwortlichen Gesellschaft"*: „Eine verantwortliche Gesellschaft ist eine solche, in der Freiheit die Freiheit von Menschen ist, die sich für Gerechtigkeit und öffentl. Ordnung verantwortlich wissen, und in der jene, die politische Autorität oder wirtschaftl. Macht besitzen, Gott und den Menschen, deren Wohlfahrt davon abhängt, für ihre Ausübung verantwortlich sind." Von Vertretern der Entwicklungsländer wurde freilich die universale Geltung auch dieses Begriffes in Frage gestellt und statt dessen eine „Theol. der →Revolution" postuliert. Die Weltkirchenkonferenz in Nairobi 1975 hat den Leitgedanken „Verantwortliche Gesellschaft" umformuliert in die Zielvorstellung einer just, participatory, sustainable Society. Gerechtigkeit, Partizipation und ökologische Verträglichkeit kennzeichnen somit eine menschliche Gesellschaft. Die Forderung nach operationalisierbaren Zielvorstellungen soll einmal die rationale Kommunikabilität s.r Inhalte sicherstellen, zum anderen den Rückzug auf nicht an der Realität überprüfbare Globaltheorien verhindern und schließlich die Korrektur, und erforderlichenfalls Falsifizierung, bei der gesellschaftl. Verwirklichung sicherstellen.

c) *Institutionelle Bedingungen.* S.s Handeln und Urteilen geschieht nicht im geschichtslosen Raum. Vorgegeben sind gesellschaftl. *„Strukturen"* und nichtrevidierbare geschichtl. Entscheidungen. Die S. hat diese gesellschaftl. Strukturen zu beachten. Das war ein berechtigtes Anliegen der Lehre von den Ordnungen. Allerdings hat S. es nicht nur mit Fundamentalinstitutionen wie Ehe, Staat, Eigentum zu tun, zumal die Unterscheidung dieser Fundamentalinstitutionen von anderen gesellschaftl. Strukturen, Organisationen (Gewerkschaften, Verbänden u. ä.) umstritten ist. Vielmehr hat sie generell die institutionellen bzw. strukturellen Voraussetzungen s.r Entscheidungsmöglichkeiten zu bedenken. Da zwischen Person und Gesellschaft eine unlösbare Interdependenz besteht, ist eine Antithese von Individuum und Struktur, von personaler Freiheit und Verantwortung einerseits, strukturellen Zwängen andererseits, verfehlt. Diese Interdependenz wird zB in den Schlagworten „strukturell Böses" und „Liebe durch Strukturen" benannt. Der Begriff *„strukturell Böses"* macht darauf aufmerksam, daß ethisches Verhalten oftmals nicht in der freien Verfügung des Individuums steht. (Dies ist eine Konkretion der „Erbsünde".) Verhaltenszwänge lassen häufig die Wahrnehmung ethischer Verantwortung nicht zu: So bestimmen etwa die strukturellen Bedingungen eines „schwarzen Marktes" das Wirtschaftsethos. Das Gebot der Ehrlichkeit kann u. U. nur um den Preis des Verlustes der wirtschaftl. Existenz befolgt werden. Eine nur die individuelle moralische Entscheidung bedenkende Ethik verkennt, wieweit strukturelle Gegebenheiten einen „Rahmen" für ethisches Verhalten des einzelnen abgeben und wie stark Rollenanforderungen und Rollenverhalten die individuelle moralische Praxis prägen. Die herkömmliche ev. Ethik hat diesen strukturellen Bedingungen weithin nicht die notwendige Aufmerksamkeit zukommen lassen; das zeigt sich an einer Mißachtung politischer und gesellschaftlicher Formen (zB Verfassungen, Rechtsordnungen, Wirtschaftsformen, Marktwirtschaft oder Zentralverwaltung, weltwirtschaftliche Benachteiligung der Entwicklungsländer usw.) im prot. Gesellschaftsverständnis. Die von M. KOHNSTAMM in *Genf 1966* geprägte und weithin akzeptierte Formel *„Liebe durch Strukturen"* will dem begegnen, indem sie ethische Impulse für gesellschaftl. Reformen durch Berufung auf die Liebe freisetzt. Sie weist zu Recht darauf hin, daß ggf. gesellschaftl. Reformen Vorbedingung s.r Forderungen und Verhaltensweisen sind. Andererseits kann die Formel dahingehend mißverstanden werden, als sei es möglich, Liebe, die Vollzug von Mitmenschlichkeit ist, auch durch institutionelle Strukturen ohne personale Zuwendung direkt zu vermitteln. Der Begriff „Gerechtigkeit durch Strukturen" würde dieses Mißverständnis vermeiden, da *Gerechtigkeit* institutionell objektiviert werden kann, Liebe jedoch als „Grundeinstellung" der Person durch strukturelle Bedingungen zwar behindert, aber nicht vermittelt werden kann, sondern immer des persönlichen Engagements bedarf. Für die S. grds. bedeutsam ist sodann die Erwägung, ob es gelingen kann, strukturelle Mängel prinzipiell ganz zu beseitigen und damit das Problem der Abhängigkeit des Menschen von strukturellen Bedingungen und dem strukturell Bösen zu lösen. Zwei Grundpositionen stehen in der heutigen Wirklichkeitsauffassung einander entgegen. Einerseits gibt es einen technokratisch verstandenen, heute aber zunehmend kritisch befragten *Fortschrittsglaube und Entwicklungsglauben,* der auf Reformen so vertraut, daß diese eine Lösung dieser s.n Aporien bringen werden. Dieser Fortschritts- und Entwicklungsglaube muß seine Bemühungen auf strukturelle Reformen konzentrieren. Dabei wird gelegentlich die individuelle, persönliche Verantwortung nicht zureichend berücksichtigt. Die Entwicklungslogik führt nämlich durchaus nicht wissenschaftl. notwendig zur harmonischen Gesellschaft, zum „Reich der Freiheit" (FR. ENGELS, →Marxismus). Denn der Mensch selbst ändert sich durch Veränderung der Strukturen. Andererseits gibt es die Überzeugung, daß das „strukturell Böse" niemals ganz zu beseitigen sein wird. Gegen den neuzeitlichen Fortschrittsoptimismus hat die christl. Lehre an dieser Überzeugung im Gedanken der *„Erbsünde"* festgehalten. Jedoch lassen sich aus dieser Überzeugung zwei verschiedene Folgerungen ziehen. Ein einseitiger Sündenpessimismus hat aus der Überzeugung, daß an dieser „bösen Welt" doch nichts zu ändern sei, zum Quietismus und zu einem frommen „laissez-faire" geführt. Vor allem in pietistischen Kreisen führte dies zu s.r Abstinenz. Aber die Einsicht in die Sündhaftigkeit der Welt und in das „strukturell Böse" muß nicht notwendig dazu führen, daß Reformen unterbleiben. Sie kann auch als Korrektiv eines gesellschaftsreformerischen Enthusiasmus wirken, indem sie eine realistische Sicht gesellschaftl. Wirklichkeit schafft und zwischen möglichen und illusionären Strukturreformen zu unterscheiden hilft. Diese realistische Sicht wird dann geradezu zu einem Motiv s.r Bemühungen, indem sie für strukturelle Änderungen die moralische Anstrengung des Menschen gegen das „strukturell Böse" und Phänomene der Gewalt zu aktivieren sucht, die dann auch zu strukturellen Reformen führen. Solche Aktivität zielt freilich nicht auf Herstellung eines gesellschaftl. Endheils, sondern auf Verhinderung struktureller Ungerechtigkeiten, die ohne ethische Gegensteuerung unvermeidbar sind. Der Streit zwischen beiden Grundpositionen, den optimistischen Endzielvorstellungen und einer Sicht von Mensch und Welt, die das Faktum des Bösen für niemals endgültig gelöst hält, wird auch in der Analyse und Bewertung gesellschaftl. Realität ausgetragen. Dabei ist das Faktum des Bösen theol. im letzten unableitbar. Christlicher Realismus wird das Phänomen des Bösen nicht übersehen, freilich auch nicht mit Hilfe von absoluten Deutungen (→Ideologie) erklären und damit lösen können.

7. Kirche und S. Theol. S. nimmt eine Zwischenstellung zwischen Kirche und Gesellschaft ein, weil sie einerseits sich auf die *Kirche* als Träger christl.-ethischer Urteile bezieht und von ihr herkommt, andererseits die s.n Aussagen sich immer auch an die gesamte *Gesellschaft* wenden, weil und sofern sie deren Rechtsordnung (→Strafrechtsreform), Wirtschaftssystem, politische Verfassung betreffen. Theol. S. ist daher vom Kirchenverständnis (→Kirche) nicht zu trennen. Das nötigt zur generellen Frage nach dem Verhältnis von Kirche und Gesellschaft wie zur besonderen nach dem Beitrag der Kirche zur s.n Urteilsbildung.

Die erste Frage betrifft die gesellschaftl. und staatskirchenrechtl. Stellung der Kirche in der *Öffentlichkeit.* Die zweite Frage ist thematisiert in der →Denkschrift *„Aufgaben und Grenzen kirchl. Äußerungen zu gesellschaftl. Fragen".* Die Denkschrift ist gegliedert nach der LASWELLschen Formel: „Wer sagt was zu wem in welchem Medium und mit welchem Erfolg?" und behandelt Kompetenz, Adressaten, Methode, Zeitpunkt und Wirkung kirchl. Stellungnahmen in der Öffentlichkeit. Sie wehrt zutreffend Vorwürfe und Einwände ab, welche die Kirche aus der öffentl. Diskussion politischer und gesellschaftl. Probleme ausschalten und sie auf den Bereich privater Religiosität zurückdrängen wollen. „Christl. Existenz ohne politische Relevanz gibt es nicht" (Nr. 20). Das Recht der Kirche zu öffentl. Äußerungen wird in ihr doppelt begründet, nämlich einmal aus dem „umfassenden Verkündigungs- und Sendungsauftrag" der Kirche, zum anderen mit der Teilnahme der Kirche als Verband unter Verbänden am partnerschaftlichen Dialog in einer demokratischen Gesellschaft. Die Kirche nimmt beide Aufgaben nicht nur durch Amtsträger (Pfarrer, Bischöfe) und kirchenrechtl. legitimierte Organe (Synoden, kirchenleitende Gremien) wahr, sondern auch durch die Aktivität einzelner Christen und christl. Gruppen, da ev. Kirche keinen qualitativen Unterschied von Klerus und Laien kennt (→Priestertum, allgemeines). Entscheidend ist daher nicht die formale Legitimation und verbandsrechtl. Bevollmächtigung öffentlicher kirchl. Äußerungen, sondern deren materialer Gehalt, deren „geistl. Legitimation" (Nr. 29). In der Denkschrift wird jedoch das grundsätzliche Problem einer inhaltlichen Begründung s.r Aussagen nicht eigens thematisiert. Sie nennt als Maßstab der „Kirchlichkeit" einer Äußerung einen doppelten Gesichtspunkt, nämlich *Schriftgemäßheit* und *Sachgemäßheit* (Nr. 32, 61 ff.), ohne freilich die Zuordnung beider Gesichtspunkte theoretisch zu klären; vielmehr begnügt sie sich mit einer pragmatischen Beschreibung der Methode s.r Urteilsbildung in kirchl. Gremien, wonach „eine Entscheidung nur im Hin und Her zwischen theol. und durch Sachanalyse geleiteten Erwägungen gewonnen werden" kann (Nr. 64). Das „Zusammenspiel von Glaubenserkenntnissen und vernunftmäßigem Erfahrungswissen" (Nr. 62), von biblischem Zeugnis und Vernunfturteilen geschieht in der Kooperation von Theologen und Sachkundigen.

Da hinsichtlich der Praktikabilität und also Sachgemäßheit divergierende „Vernunfturteile" möglich sind, stellt sich für die S. die Frage nach der Relevanz eines kirchl. *Konsensus:* Welche

Bedeutung hat für die theol. S. eine einheitliche Willensbildung bzw. das Fehlen eines innerkirchlichen Konsensus? Seit in *Uppsala 1968* erklärt wurde: „Angesichts der Nöte der Welt selbstzufrieden zu sein bedeutet, der Häresie schuldig zu werden" (zit. Denkschrift Nr. 8), ist die Frage gestellt, ob unterschiedliche s.e Urteile und Stellungnahmen als *„ethische Häresie"* zu bewerten sind. In der Friedensdiskussion seit 1981 hat das Problem der ethischen Häresie durch die Proklamation eines →status confessionis eine Verschärfung erfahren. Die Frage erhält um so mehr an Gewicht, weil dogmatische Differenzen immer weniger kirchentrennend wirken, hingegen ethische, gesellschaftliche und politische Gegensätze die Kirchengemeinschaft zunehmend belasten. Nicht bestritten werden kann, daß fundamentale Verletzungen der Menschenwürde (→Grundrechte) s. nicht zu rechtfertigen sind (Rassismus; ein die Menschenwürde fundamental verletzendes gesellschaftl. System oder ein Staat, der Terror gegen seine Bürger ausübt). Die Frage ist jedoch, ob der Ablehnung inhumaner Strukturen notwendig ein gemeinsames Urteil über die anzustrebende Alternative, die gesellschaftl. Ziele und die dafür einzusetzenden Mittel entsprechen muß. Die Überzeugungen innerhalb der ev. Kirche wie der Ökumene sind in dieser Frage derzeit höchst kontrovers. Zwischen einer Position, die einen Spielraum von *Ermessensurteilen* einräumt, und einer anderen Position, die jedes s.e Urteil als *Glaubensaussage* verstehen und damit ihm die Dignität eines Glaubensurteils beilegen will, bestehen starke Spannungen. In der ethischen Tradition wurde diese Frage diskutiert in der Erwägung, ob es *Adiaphora* (ethisch indifferente „Mitteldinge"), also einen Ermessensspielraum des Erlaubten gebe oder ob ethische Urteile Glaubensentscheidungen sind. Das Problem eines kirchl. Konsensus in gesellschaftl. und politischen Stellungnahmen ist nicht nur eine formale Frage, ob und inwieweit innerkirchl. Willensbildung gelingt, sondern auch eine Frage des inhaltlichen Ansatzes und der sachlichen Begründung theol. S.

Der Streit um das politische Mandat von kirchlichen Organen, Kirchenleitungen, Pfarrern betrifft gleicherweise den Inhalt kirchl. Verkündigung wie die innerkirchl. Kommunikation und die Beanspruchung von Autorität in der Kirche.

8. Kirche und Gesellschaft. Da theol. S. sowohl einen Bezug auf die Kirche wie auf die Gesellschaft im ganzen hat, muß sie das Verhältnis von Kirche und Gesellschaft selbst thematisieren.

a) Sie hat einmal zu erwägen, welches Verständnis von Kirche von ihr vorauszusetzen ist. S. hat dabei eng mit →Religions- und Kirchensoziologie zusammenzuarbeiten. Das einfache (dichotomische) Schema eines „Gegenübers" von Kirche und Gesellschaft trifft den Sachverhalt nicht zureichend, da die Christen zugleich mitverantwortliche Bürger einer Gesellschaft sind und die s.e Verantwortung nicht in erster Linie von der Institution Kirche wahrgenommen werden kann. Die traditionelle *Berufs- und Amtsethik* hat das ethische Urteil im konkreten Fall den im weltl. Beruf Tätigen zugewiesen. (Allerdings kann es heute keine „Standesethik" im alten Sinne mehr geben, da die Gesellschaft nicht mehr ständisch gegliedert ist.) Der →*Öffentlichkeitsanspruch* der verfaßten Kirche kann nicht die Grundlage s.n Handelns sein, da die Kirche nicht „Lehrmeisterin" der Gesellschaft ist; vielmehr ist die „Gesellschaftsdiakonie" bzw. „politische Diakonie" als politisches und gesellschaftl. Handeln primär von den in gesellschaftl. Aufgaben und politischen Funktionen tätigen Christen zu leisten („Weltl. Christenheit", vgl. Akademien). Das „Wächteramt" der Kirche und die Ausübung eines „Öffentlichkeitsauftrags" durch kirchl. Organe kann ihnen dabei nur Orientierungshilfe geben. Die verfaßte Kirche kann am gesellschaftl. Willens- und Urteilsbildungsprozeß nur soweit mitwirken und ihn mitgestalten, als sie sich als gesellschaftl. Gruppe, als Verband, an den Informations-, Diskussions- und Entscheidungsprozessen einer „offenen", demokratischen Gesellschaft beteiligt. Gerade in einer säkularen, religiös pluralistischen Gesellschaft kann „Kirche" in der Gesellschaft überdies nur so wirken, daß sie in sich selbst dem gesellschaftl. Pluralismus Raum gibt. Kirchenstruktur und S. stehen deswegen in einem Wechselverhältnis, wie dies schon E. Troeltsch aufgezeigt hat.

b) Kontrovers ist sodann, welche Aussagen durch kirchliche Äußerungen in den gesellschaftlichen Meinungsbildungsprozeß einzubringen sind, und d. h. zugleich, wie sich „Kirche" in der Gesellschaft zu äußern hat. Es ist dabei strittig, ob eine prophetische Gesellschaftskritik theol. legitim ist, die aus einer eschatologischen Deutung von Welt und Gesch. autoritativ soziale und politische Forderungen ableitet, die dann im Glaubensgehorsam nachzuvollziehen sind, oder ob sich an die Gesellschaft nur Aussagen und Forderungen vermitteln lassen, die für jedermann rational einsichtig und kommunikabel sind. Die Alternative läßt sich so formulieren (so G. Ebeling): Gibt es einen usus politicus evangelii, kann das Evangelium politische Handlungsanweisung geben, oder ist das Evangelium von einem usus politicus legis zu unterscheiden? Die Unterscheidung und Zuordnung von Gesetz und Evangelium wird damit zum Fundamentalproblem theol. S. Der Gegensatz zwischen *prophetischer Gesellschaftskritik* und Wegweisung einerseits, Beteiligung der Christen und Kirchen an dem gesellschaftl. Meinungsbildungs- und Kommunikationsprozeß in *rationaler Diskussion* andererseits setzt nicht nur ein unterschiedliches Kirchen- und Gesellschaftsverständnis, sondern auch verschiedene Auffassungen von Ansatz und Methode theol. S. voraus (vgl. 6).

c) Kontrovers ist schließlich noch, welchen spezifischen Beitrag Kirche zum gesellschaftl. Willensbildungsprozeß leisten kann über die Beteiligung an der rationalen Diskussion hinaus. Besteht der spezifische Beitrag der Kirche darin, daß sie die tradierten Normen des →Sittengesetzes bewahrt, oder darin, daß sie neue Normen als „reale Utopien" einer menschl. Gesellschaft aufstellt und vertritt? Oder kann der besondere s.e Beitrag der Kirche gar nicht in einer normativen Konzeption, sondern in einer kritischen Analyse und Prüfung tradierter oder konstruktiv entworfener Normen bestehen, für die man sich auf Jesu Normenkritik berufen kann? Daraus folgt dann, daß Theol. und Kirche vor allem *Ideologiekritik* an traditionellen und utopischen Entwürfen zu leisten hätten. Die Kirche wird dadurch zum Anwalt der →Freiheit des Menschen gegenüber gesellschaftl. und ideologischen Zwängen, zur „Institution der kritischen Freiheit des Glaubens" (J. B. Metz) (s. a. Glaubens-, Bekenntnis- und Gewissensfreiheit). Ihre ideologie-kritische Aufgabe kann auch darin bestehen, vermeintliche Systemzwänge aufzudecken und die Selbstbestimmung des ethischen Subjekts zu wahren.

Aus dem allem ergibt sich, daß Aufgabe und Methode theol. S. nicht unumstritten sind. Kontrovers ist, ob S. vor allem deskriptiv-analytisch oder präskriptiv-normierend zu verfahren hat, wie S. und Sozialwissenschaft einander zuzuordnen sind, welche Bedeutung einer rationalen Gesellschaftsanalyse und -kritik innerhalb der theol. S. zukommt, welches Kirchenverständnis vorausgesetzt und wie das Verhältnis von Kirche und Gesellschaft bestimmt wird. Offen ist auch, wie theoretische Begründung und praktische Aufgaben der S. in Einklang zu bringen sind, ob sie somit eine vor allem theoretisch ausgerichtete kritische Untersuchung sozialer Verhaltensweisen, Strukturen und Institutionen ist – also S. „Theorie" sein soll – oder eine auf Praxis bezogene „praktisch" normative Handlungslehre. Die S. teilt diese Grundlagenproblematik freilich mit allen Handlungswissenschaften, die sich von den herkömmlichen Fragestellungen und Methoden der Geisteswissenschaften lösen; ihre besondere Problematik entsteht durch die ihr eigentümliche Aufgabe, einen Begründungszusammenhang zur theol. Tradition aufzuzeigen und das Spannungsverhältnis von Kirche und Gesellschaft theol. wie soziologisch zu reflektieren.

Ungeachtet solcher offener Begründungsfragen ist theol. S. zunehmend herausgefordert durch drängende gesellschaftliche Probleme, wie den Nord-Süd-Konflikt (→Entwicklungspolitik, Weltwirtschaftsordnung), die Veränderung der Arbeitswelt (→Arbeit), die Automation, ungelöste Fragen im Verhältnis von Ökologie und Ökonomie, die Gentechnologie (→Humangenetik). Dabei hat sie die Aufgabe, die vorhersehbaren oder möglichen *Folgen* gesellschaftlicher und politischer Entscheidungen zu bedenken (zB die vorhersehbare Zeitdauer der Lagerung radioaktiven Mülls und die Zeitdauer eines polit. Gemeinwesens, die zu der polemischen Formulierung „Atomstaat" führt). Die Argumentation ist dabei im Regelfall nicht deontologisch (von verpflichtenden Prinzipien ausgehend), sondern teleologisch, also von Handlungsfolgen ausgehend. Allerdings stellt sich bei einer Prüfung der Folgen und Konsequenzen von Entscheidungen zunehmend die Frage der Reichweite menschlicher Verantwortung. H. Jonas fordert daher in seiner „Verantwortungsethik" eine „Heuristik der Furcht". Zunehmend kommt für S. als *Ethik der Verantwortung für die Folgen* die Aufgabe der Selbstbegrenzung menschlichen Handelns in Sicht. Auch treten anthropologische und ethische Fragen wieder in den Vordergrund, die durch ein pragmatisches und technologisch ausgerichtetes Politikverständnis lange Zeit zurückgedrängt waren. Auch kann S. sich der Frage nach der Zusammengehörigkeit von →*Kultur* und *Religion,* nach einem Sinnfundament der Gesellschaft nicht entziehen. Diese Fragen sind freilich kein kirchl. Monopol, sondern weisen über den Raum der Verkündigung der Kirche hinaus auf eine umfassende Perspektive, die Gott als Geheimnis der gesamten Wirklichkeit begreift und Ehrfurcht als Haltung humaner und religiöser Ethik neu entdeckt.

W. Schweitzer, RGG VI 1962³, Sp. 159–167 (Lit.) – F. Karrenberg/M. Honecker, ESL 1980⁷, Sp. 1165 – 1173 – A. Hertz/W. Korff/T. Rendtorff/H. Ringeling (ed.), Hdb. der christl. Ethik, 3 Bde, 1978–82 (Lit.) – Die Denkschriften der EKD, 3 Bde, 1978–81, 1982² – E. Troeltsch, Die Soziallehren der christl. Kirchen und Gruppen, 1912 (Neudr. 1965²) – E. Brunner, Das Gebot und die Ordnungen, 1939⁴ – Ders., Gerechtigkeit, 1943 – A. de Quervain, Ethik II, 1, 1945; II, 2, 1953; II, 3, 1956 – H.-D. Wendland, Die Kirche in der modernen Gesellschaft, 1958² – Ders., Botschaft an die soziale Welt, 1959 – Ders., Die Kirche in der revolutionären Gesellschaft, 1968² – Ders., Grundzüge der ev. S., 1968 – Ders., Einführung in die S., 1971² (Lit.) – H. Thielicke, Theol. Ethik, II, 2, 1966², III, 1969 – G. Hillerdal, Kirche und S., (dt.) 1963 – E. Karrenberg, Gestalt und Kritik des Westens, 1959 – Ders., Geschichte der sozialen Ideen im deutschen Protestantismus, in: H. Grebing (Hg.), Gesch. der sozialen Ideen in Dtschld., 1969, 561–694 (Lit.) – A. Rich, Glaube in politischer Entscheidung, 1962 – Ders., Christl. Existenz in der industriellen Welt, Zürich 1964² – F. Rudolph, Ev. S., in: G. Cormann (Hg.), Menschenwürdige Gesellschaft, 1963² (Taschenbuchausg. 1968 [Lit.]) – J. C. Bennett (Hg.), Christian Social Ethics in a changing world, 1967⁴ – Chr. Walther, Theol. und Gesellschaft, 1967 – H. Schulze, Gottesoffenbarung und Gesellschaftsordnung, 1968 – I. Asheim (Hg.), Humanität und Herrschaft Christi, 1969 – H. Peukert (Hg.), Diskussion zur „politischen Theol.", 1969 (Lit.) – G. Winter, Grundlegung einer Ethik der Gesellschaft, (dt.) 1970 – H. Weber, Theologie – Gesellschaft – Wirtschaft. Die Sozial- und Wirtschaftsethik in der ev. Theol. der Gegenwart, 1970 (Lit.) – A. Hollweg, Theol. und Empirie, 1971 – M. Honecker, Konzept einer s.n Theorie, 1971 – H. Ruh, S.r Auftrag und Gestalt der Kirche, 1971 – H. Thielicke/H. H. Schrey (Hg.), Christl. Daseinsgestaltung (Sammlung Dieterich 187), Neuausg. 1971 (Lit.) – S. KATTERLE, Sozialwissenschaft und S., 1972 – E. MÜLLER, Bekehrung der Strukturen, Konflikte und ihre Bewältigung in den Bereichen der Gesellschaft, 1973 – H. H. SCHREY, Einführung in die Ev. Soziallehre, 1973 (Lit.) – W. HUBER, Kirche und Öffentlichkeit, 1973 – A. BURGSMÜLLER (Hg.), Zum politischen Auftrag der christl. Gemeinde (Barmen II). Votum des Theol. Ausschusses der EKU, 1974 – H. GOLLWITZER, Die kapitalistische Revolution, 1974 – W. KRECK, Grundfragen christlicher Ethik, 1975, 1979[2] – E. WOLF, Sozialethik. Theologische Grundfragen, 1975, 1982[2] – H. GOLLWITZER, Forderungen der Umkehr, 1976 – M. HONECKER, Sozialethik zwischen Tradition und Vernunft, 1977 – DERS., Das Recht des Menschen. Einführung in die evangelische Sozialethik, 1978 – H. E. TÖDT, Das Angebot des Lebens, 1978 – DERS., Der Spielraum des Menschen, 1979 – H. JONAS, Das Prinzip Verantwortung, 1979 – H. SCHULZE, Theologische Sozialethik, 1979 – Y. SPIEGEL, Hinwegzunehmen die Lasten der Beladenen. Einführung in die Sozialethik, 1979 – T. RENDTORFF, Ethik, 2 Bde, 1980/81 – M. HONECKER, Perspektiven christlicher Gesellschaftsdeutung, 1981 – J. WIEBERING, Handeln aus Glauben, Grundriß der theologischen Ethik, 1981 – A. WILDERMUTH u. A. JÄGER, Gerechtigkeit. Themen der Sozialethik, 1981 – W. HUBER, Folgen christlicher Freiheit, 1983 – A. RICH, Wirtschaftsethik, 1984.

Martin Honecker

Sozialforschung, empirische. I. Begriff. Die S. entwickelt und handhabt Methoden, die das gesellschaftl. vermittelte Bewußtsein und Verhalten der Menschen registrieren sowie die realen Bedingungen, unter denen sie leben. S. hat es also sowohl mit subjektiven Daten wie Meinungen, Urteilen, Einstellungen, Motivationen, Kenntnissen und Verhaltensweisen zu tun als auch mit objektiven Gegebenheiten wie Einkommensverteilungen, Arbeitsbedingungen, Informationsmitteln usw. Je nach der Fragestellung, deren Klärung sie dient, ist sie Teil der Wissenschaft, die diese Fragestellung zum Gegenstand hat, vornehml. der →Soziologie, Sozialpsychologie, →Politischen Wissenschaft, Ökonomie und Gesch. Daß sie sich heute vielfach verselbständigt und als Disziplin eingerichtet hat, entspricht ledigl. der Arbeitsteilung des Wissenschaftsbetriebes und hat organisatorische Gründe. Ihre Vorgesch. geht bis in das 18. Jh. zurück. Sie entwickelte sich zunächst als Sozialstatistik. Die Lebensbedingungen der arbeitenden Bevölkerung nach der Industrialisierung waren Gegenstand der Sozialenqueten im 19. Jh. Doch erst nach dem Ersten Weltkrieg wurden die modernen Ermittlungsverfahren im Zusammenhang systematischer S. ausgebildet, die der an den Naturwissenschaften orientierten Forderung nach Genauigkeit und Objektivität Rechnung trägt. Ihre Kriterien sind *Kontrollierbarkeit* und *Repräsentanz*.

Weil im Grunde jede Wahrnehmung ein Vorwissen von ihrem Gegenstand voraussetzt, ist zugleich der Beeinflussung der Wahrnehmung durch den Beobachter Tor und Tür geöffnet. Daher ist die Kontrollierbarkeit erstes Postulat der S. Andere, unabhängige Beobachter müssen auf dem angegebenen Verfahrenswege zum gleichen Beobachtungsergebnis kommen können, die Beobachter also prinzipiell austauschbar sein. Die Übereinstimmung der Beobachtungen unter gleichartigen Bedingungen bezeichnet man als *Verläßlichkeit* (reliability) der Ermittlung. Um der vorschnellen Verallgemeinerung von Einzelfällen zu begegnen, wird ferner die Repräsentanz der Erhebung gefordert, soweit nicht ein singulärer Fall, sondern ein Kollektiv ihr Gegenstand ist. Die Untersuchung muß nicht notwendig alle Einheiten der Grundgesamtheit in sich einbeziehen; eine systematische Auswahl einer modellgerechten Stichprobe genügt.

Insbes. die Forderung der Kontrollierbarkeit beschränkt allerdings die S. aufs Detail. Ledigl. isolierte Momente, bestenfalls Sektoren gesellschaftl. Phänomene und kurze Spannen gesellschaftl. Teilprozesse bieten sich dem Instrumentarium dar. Der zu erforschende Sachverhalt muß instrumentell (operational) definiert werden durch die Angabe jener Ermittlungstechnik, deren Befunde ihn indizieren sollen. Ob die Antworten auf bestimmte Fragen oder Verhaltensreaktionen in bestimmten sozialen Situationen den zu untersuchenden Sachverhalt, beispielsweise die Zufriedenheit mit der Arbeit oder das politische Interesse, wirkl. signalisieren, ist die Frage der *Gültigkeit* (validity) der Erhebung. Als drittes Postulat der S. hat die möglichst große *Angemessenheit* der Ermittlungsmethode an ihren Gegenstand zu gelten. Daher bedarf es einer Vielfalt von Verfahrensweisen. Die jeweils zu verwendende Forschungstechnik muß vom Untersuchungsziel her bestimmt werden. Häufig sind Kombinationen verschiedener Verfahren erforderl. Die Spannung zwischen der Kontrollierbarkeit und Repräsentanz der Ermittlung einerseits und deren Angemessenheit sowie der Relevanz der Befunde für die sozialwissenschaftl. Erkenntnis andererseits läßt sich aber kaum aufheben.

II. Erhebungsverfahren. A. Umfrage. Das am meisten verwendete Erhebungsverfahren der S. ist die i. a. unter der mißverständl. Bezeichnung Meinungsforschung bekannte Umfrage. Sie vermittelt verläßl. Informationen über Bewußtsein und Verhalten großer Gruppen von Menschen. Den Postulaten der Kontrollierbarkeit und Repräsentanz versucht das Umfrageverfahren durch das Prinzip der Austauschbarkeit aller beteiligten Personen, der Befragten, der Interviewer und des Auswertungspersonals, zu genügen. Durch die systematische Auswahl der Versuchspersonen und die Normierung der Erfragung, Registrierung und Aufbereitung der Untersuchungsdaten wird erreicht, daß die Ergebnisse der Umfrage innerhalb angebbarer Fehlerspannen Merkmalsverteilungen der Gesamtgruppe wiedergeben.

Die Fragestellung der Untersuchung bestimmt die Gruppe der Personen, über die Informationen gewonnen werden sollen, zB die Belegschaft eines Großbetriebes, die Leserschaft einer Zeitung oder ganz allg. die erwachsene Bevölkerung eines Landes. Um über alle etwas zu erfahren, muß nicht jeder befragt werden. Es genügt eine *Stichprobe* (sample), die ein maßstabsgetreues verkleinertes Abbild der Gesamtheit darstellt. Man erreicht dieses Ziel am sichersten durch die *Zufallsauswahl.* Nach den Regeln der mathematischen Wahrscheinlichkeitstheorie spiegelt eine hinreichend große Stichprobe die Merkmalsverteilung der Grundgesamtheit innerhalb angebbarer Fehlerspannen dann wider, wenn jedes Mitglied der Gruppe die gleiche Chance besitzt, in die Stichprobe aufgenommen zu werden, und allein der Zufall darüber entscheidet, wer befragt wird. Plausibler mag die *Quotenauswahl* erscheinen, obgleich sie in der Tat weniger gesichert ist. Die Interviewer haben in ihren Auswahlbezirken Personen mit bestimmten Merkmalen (wie Geschlecht, Alter, Beruf usw.), deren Verteilung jeweils den Anteilen in der Grundgesamtheit entspricht, selbst auszusuchen.

Die Befragung findet in der Regel mündl. durch geschulte Interviewer statt. Um zählen zu können, bedarf es wenigstens annäherungsweise vergleichbarer Einheiten. Durch die Normierung der Erhebung wird versucht, für alle Befragten eine vergleichbare Versuchssituation herzustellen. Die Befragung ist an ein einheitl. Ablaufschema, den *Fragebogen,* mit strengen Durchführungsbestimmungen, gebunden, d. h., den Interviewern ist die Reihenfolge und Formulierung der Fragen sowie ihr Verhalten gegenüber dem Befragten genau vorgeschrieben. Ein anderer Interviewer soll bei demselben Befragten zum gleichen Ergebnis gelangen. Die Fragen, in oft zahlreichen Vorversuchen auf ihre Zweckmäßigkeit und Verständlichkeit überprüft, sind zumeist *„geschlossen"*, sie bestimmen die Dimension und beschränken die Anzahl mögl. Antworten, die im Fragebogen für die Interviewer zur Registrierung bereits vorgegeben wurden. Bei den *„offenen"* Fragen dagegen hat der Interviewer den Wortlaut der Antwort genau mitzuschreiben. Für jedes Thema werden möglichst mehrere Fragen, sog. *Fragebatterien,* verwandt, um den verschiedenen Aspekten des Gegenstandes besser gerecht zu werden. Zur Ermittlung von Einstellungen sind besondere Fragebatterien, *Skalen,* entwickelt worden.

B. Intensivinterview. Im Gegensatz zur normierten Befragung hat der Interviewer beim intensiven (freien, ausführl., narrativen) Interview weiten Spielraum in der Formulierung und Reihenfolge der Fragen je nach dem Ablauf des Gesprächs. Ihm sind ledigl. Ermittlungsziel und Erhebungsgesichtspunkt vorgegeben. An seinen Sachverstand und sein psychologisches Einfühlungsvermögen werden erhebl. Anforderungen gestellt. Als selbständiger Forscher ist er bemüht, das Gespräch jeweils in Anpassung an das Reaktionsvermögen und den Gedankengang des Befragten so zu gestalten, daß der Gegenstand der Untersuchung möglichst erschöpfend und in allen für den Befragten relevanten Zusammenhängen behandelt wird. Dabei muß nicht notwendig die sachl. Vergleichbarkeit der Ergebnisse dieser formal verschiedenen Interviewsituationen leiden; sie ist allerdings sehr schwer zu kontrollieren. Voraussetzung der Kontrolle ist ein genaues Protokoll der Fragen und Antworten, am besten mit Hilfe eines Tonbandgerätes. Die mit dem Intensivinterview gewonnenen reichhaltigen und anschaul. Informationen dienen vor allem bei Vorerhebungen zur Gewinnung von Gesichtspunkten und Hypothesen. Sie vermitteln Einblick in Zusammenhänge. Als selbständiges Forschungsinstrument wird es zur Erhebung komplexer Bewußtseinsstrukturen wie zB Gesellschaftsbildern verwandt. Eine quantitative Auswertung des gewonnenen Materials ist meist recht schwierig, es eignet sich besser für eine qualitative, beschreibende, typologische Analyse.

C. Beobachtung. Die Beobachtung dient vornehmlich der direkten Ermittlung zwischenmenschl. Verhaltens in kleinen →Gruppen. Handlungen und Äußerungen von Gruppenmitgliedern werden registriert, ohne daß der Forscher bestimmte Fragen stellt oder das Geschehen in einer bestimmten Richtung beeinflußt. Die Verfahren unterscheiden sich nach der Beziehung zwischen dem Beobachter und den Versuchspersonen sowie der Systematisierung der Beobachtung und damit zumeist dem Grad ihrer Kontrollierbarkeit. In der *freien* Beobachtung entscheidet der Forscher im Rahmen seines vom Untersuchungsziel bestimmten Forschungsplanes ad hoc über die Beobachtungsgesichtspunkte je nach dem Verlauf des Gruppengeschehens. Übernimmt er in ihm selbst eine soziale Rolle, etwa als Mitglied einer Arbeitsgruppe, eines Vereins oder einer Gemeinde, spricht man von *teilnehmender* Beobachtung. Die Kontrolle der freien Beobachtung wird um so mehr erschwert, je weniger der Forscher Gelegenheit hat, seine Beobachtungen sogleich zu protokollieren. Die *normierte* (systematische, kontrollierte, nichtteilnehmende) Beobachtung vollzieht sich nach einem vorher festgelegten Schema von Beobachtungskategorien, zu deren Entwicklung erhebl. Vorkenntnisse des Beobachtungsgegenstandes erforderl. sind. Das Beobachtungsschema regelt die Auswahl der zu registrierenden Sachverhalte und normiert die zeitl. oder sachl. fixierte Beobachtungseinheit. Mehrere, unabhängig voneinander protokollierende Beobachter erhöhen die Verläßlichkeit der Ermittlung. Die Befunde lassen sich quantitativ auswerten.

D. Soziometrie. Abgesehen von der weiteren Bedeutung des Wortes bezeichnet Soziometrie i. e. S. ein Verfahren zur Untersuchung informeller Beziehungen zwischen Gruppenmitgliedern durch die Ermittlung ihrer gegenseitigen Zuneigungen und Ablehnungen. In einer schriftlichen Befragung etwa notieren die Versuchspersonen, zB Schüler einer Klasse, in der von ihnen gewünschten Reihenfolge jene anderen Gruppenmitglieder, die sie bei bestimmten Aktivitäten gern in ihrer Nähe wüßten, und ebenso jene, von denen sie lieber Abstand halten. Die Befunde können anschaulich in einer Zeichnung, *Soziogramm,* dargestellt werden, die die Konfigurationen der Zu- und Abneigungen der Gruppenmitglieder unmittelbar erkennen läßt. Sie können aber auch rechnerisch nach Aufstellung einer *Soziomatrix* ausgewertet werden.

E. Gruppendiskussion. Als Mittel zur Gewinnung von Gesichtspunkten und Hypothesen schon früher verwandt, hat das Gruppendiskussionsverfahren als eigenständiges Forschungsinstrument informelle *Gruppenmeinungen* zum Gegenstand, d. h. Meinungen und Einstellungen von Gruppenmitgliedern zu Themen, die für die Gruppe relevant und aktuell sind, unter dem Einfluß gegenseitiger Kontrolle, der sog. Gruppenkontrolle. Zur Diskussion werden sieben bis zehn Personen gleicher Gruppenzugehörigkeit versammelt. In der Auswertung werden die Protokolle der auf Tonband aufgenommenen Diskussion einer vergleichenden, qualitativen Inhaltsanalyse unterzogen.

F. Inhaltsanalyse. In der *quantitativen* Inhaltsanalyse (content analysis) werden Stichproben von Inhalten vornehml. der Massenkommunikation nach einem dem Untersuchungsziel entsprechenden Kategorienschema erfaßt und ausgezählt, um Aufschluß über die übermittelten Informationen, evtl. auch die Intentionen ihrer Produzenten und Wirkungen bei den Konsumenten zu gewinnen. *Qualitative* Inhaltsanalyse ist die Beschreibung und Interpretation der im Sinnzusammenhang bedeutsamen Gehalte geistiger Gebilde. Bes. Gewicht für die interpretative Analyse von Texten hat die hermeneutische Methodologie.

G. Experiment. Im Experiment wird Aufschluß über die kausale und funktionale Beziehung zwischen gesellschaftl. Phänomenen mit Hilfe einer streng kontrollierten Versuchsanordnung gewonnen; es bezeichnet also ein bestimmtes Ziel und eine bestimmte Weise der Verwendung von Erhebungsverfahren. Im Prinzip wird die angenommene Wirkung eines Faktors, der *unabhängigen Variablen,* auf einen anderen, die *abhängige Variable,* dadurch überprüft, daß man zwei sonst gleiche soziale Situationen herstellt, die sich ledigl. durch eine kontrollierte Variation der unabhängigen Variablen unterscheiden, und in beiden die Ausprägung der abhängigen Variablen durch normierte Befragung oder Beobachtung ermittelt. Der Vergleich zwischen den Erhebungsergebnissen bei der sog. *Experimentalgruppe* und *Kontrollgruppe* läßt den Einfluß des unabhängigen Faktors erkennen. Streng kontrollierte Untersuchungsbedingungen dieser Art lassen sich am ehesten im *Laboratoriumsexperiment* schaffen, dessen Verwendungsmöglichkeit in der Soziologie wegen der Schwierigkeit, gesellschaftl. bedeutsame Faktoren zu isolieren, sehr begrenzt ist. Der experimentelle Ansatz, mittels vergleichender Analyse sozialer Situationen Funktionszusammenhänge zu untersuchen, hat jedoch in der S. an Gewicht gewonnen.

III. Auswertung. Die erhobenen Daten müssen für ihre *Analyse* und *Interpretation* aufbereitet werden, wobei der Forschungsplan die Leitlinien der Auswertung vorzeichnet. Für die quantitative Analyse sind die Daten, zB Antworten auf Fragen, Verhaltensweisen in einer Situation, zunächst zu „verschlüsseln". D. h., sie werden in sachl. zusammengehörenden Gruppen den Kategorien eines Codes, der eine Variable der Untersuchung abbildet, zugeordnet und mit einem Symbol, zumeist einer Zahlenkombination, versehen. Genaue Verschlüsselungsanweisungen ermöglichen die Kontrollierbarkeit der Aufbereitung. Die Daten lassen sich dann zählen und sortieren sowie mit Hilfe der EDV verarbeiten. Dazu müssen sie durch Übertragung auf Lochkarten und Magnetbänder „maschinenlesbar" gemacht werden. Mit den entsprechenden Computer-Programmen und Datenanalysesystemen (zB SPSS, OSIRIS) eröffnete die EDV eine neue Ära der statistischen Analyse von Massendaten. Aber ihre Verwendung stellt erhebl. Anforderungen an die Qualität der Erhebung. Für die Interpretation der Ergebnisse schließlich kommt es vor allem auf den theoretischen Zusammenhang an.

R. König (Hg.), Hdb. der Empirischen S., 1973[3] – W. Mangold, Gegenstand und Methode des Gruppendiskussionsverfahrens, 1960 – R. Mayntz u. a., Einführung in die Methoden der empirischen Soziologie, 1978[5] – P. Atteslander, Methoden der empirischen S., 1985[5] – J. Ritsert und E. Becker, Grundzüge sozialwissenschaftlich-statistischer Argumentation, 1971 – J. Friedrichs, Methoden empirischer S., 1982[11] – J. van Koolwijk und M. Wieken-Mayser (Hg.), Techniken der empirischen S., Bd. 2–7, 1955–77 – H.-G. Soeffner (Hg.), Interpretative Verfahren in den Sozialwissenschaften, 1975 – H. Kern, Empirische S., 1982 – W. Fuchs, Biographische Forschung, 1984.

Ludwig v. Friedeburg

Sozialgerichtsbarkeit →Gerichtsverfassung

Sozialhilfe. I. Begriff. Der Begriff S. wurde für das Bundessozialhilfegesetz (BSHG) vom 30. Juni 1961 (jetzt i. d. F. vom 24. Mai 1983 – BGBl. I S. 613) eingeführt. Er umschreibt die in diesem Gesetz geregelte materielle und immaterielle Hilfe zur Behebung individueller Notlagen und Gefahren. Der Sache nach stellt sich die S. als Fürsorge dar, wie die Materie auch bisher bezeichnet wurde und in Sonderbereichen (zB in der Kriegsopferfürsorge) noch immer genannt wird. Mit dem Begriff Fürsorge wird der Inhalt des S.-Rechts anschaulicher und plastischer charakterisiert als durch die blasse Umschreibung als S. Die Begriffsersetzung konnte etwaige gesellschaftl. Diskriminierungen der „Fürsorgeempfänger“ nicht wirksam verhindern, wie Begriffskosmetik Diskriminierungen niemals zu beseitigen vermag.

II. Geschichtl. Entwicklung. Die Fürsorge gehört zu den klassischen Staatsaufgaben, zumal individuelle Not in großem Ausmaß zu innerer Unruhe führen und den Bestand der staatl. Ordnung gefährden kann. Das Fürsorgeproblem wurde immer dann besonders akut, wenn durch staatl. oder gesellschaftl. Umwälzungen der einzelne von dem Verband der →Familie oder Sippe getrennt wurde. Zur staatl. Armenpflege in größerem Ausmaß in Form von Geldleistungen oder Sachleistungen (zB Getreidelieferungen) kam es in Griechenland nach den Perserkriegen und im Römischen Reich nach den Punischen Kriegen. Mit dem Aufkommen des Christentums setzte die Hilfe für den notleidenden Nächsten aus religiösen Gründen ein. Bei den Germanen machte der gegenseitige Beistand in Sippen anfänglich eine staatl. Fürsorge unnötig. KARL D. GR. führte eine Armensteuer ein und legte den Grundherren die Unterstützung ihrer Gefolgsleute auf; die Kirche mußte den „Zehnten“ zu Wohlfahrtszwecken verwenden. Die kirchliche Fürsorgetätigkeit (caritas) erreichte im HochMA. ihre Blüte. Sie wurde insbes. von den Klöstern und den zur Zeit der Kreuzzüge gegründeten Ritterorden (freie Orden) wahrgenommen, wobei vor allem der „Johanniterorden“ und der „Deutsche Orden“ hervorzuheben sind. Ihnen folgten später die Spitalorden. Im späten MA. nahmen sich die Städte der Fürsorge für Kranke und Hilfsbedürftige, insbes. durch den Bau eigener Spitäler und Armenhäuser, an. Neben der kirchl. und der staatl.-kommunalen Fürsorge war seit jeher die Selbsthilfe durch Korporationen (Vereinigungen, Genossenschaften, Knappschaften, Innungen, Zünfte) bekannt, deren Wirken vor allem in Zeiten polit. Wirren an Bedeutung gewann. Infolge der industriellen Revolution, der Zunahme der Mobilität nach der Bauernbefreiung und der Aufhebung des Zunftzwanges sowie der Entwurzelung von →Heimat und Familie spitzte sich das Problem der Armenpflege im 19. Jh. zu. Der Staat mußte sich verstärkt der Armengesetzgebung annehmen, wobei die Sozialgesetzgebung in Preußen führend wurde. Schon im Preuß. Allg. →Landrecht von 1794 war in § 1 II 19 die Pflicht des Staates anerkannt worden, „für die Ernährung und Verpflegung derjenigen Bürger zu sorgen, die sich ihren Unterhalt nicht selbst verschaffen und denselben auch von anderen Privatpersonen, welche nach besonderen Gesetzen dazu verpflichtet sind, nicht erhalten können“. Die Preuß. Städteordnung vom 19. Nov. 1808 (GS S. 324), die organisatorische Regelungen über das städt. Armenwesen enthielt und als Leistungsbehörde die Armendirektion einrichtete, vertraute in § 179 lit. c das Armenwesen „den Händen der Bürgerschaft, ihrem Gemeinsinn und der Wohltätigkeit der Stadteinwohner“ an. Die im 19. Jh. aufkommende wirtschaftl. Freiheit (Gewerbefreiheit, Freizügigkeit) zwang die Gesetzgebung dazu, auch die Armenlast neu zu regeln, die in einer Zeit weitgehender Immobilität der Heimatgemeinde für ihre Mitglieder (Bürger, Beisassen) obgelegen hatte, während Fremde ausgeschlossen und im Falle von Armut und Krankheit des Gemeindebereichs verwiesen wurden. Die zunehmende Mobilität führte dazu, daß der Heimatgemeinde im Falle des Wegzuges ihrer Angehörigen wirtschaftliche Vorteile entgingen, während ihr die Armenlast verblieb. Infolgedessen wurde nunmehr die Armenfürsorge der Aufenthaltsgemeinde auferlegt, in der sich der Unterstützungsbedürftige während eines bestimmten Zeitraums aufgehalten und einen „Unterstützungswohnsitz“ begründet hatte. Die Fürsorgeverpflichtung erlosch bei längerer Abwesenheit von der Gemeinde. Diese im Preuß. G. über die Verpflichtung zur Armenpflege vom 31. Dez. 1842 (GS 1843 S. 8) enthaltenen Grundsätze wurden für das Gebiet des Norddt. Bundes durch das G. über den Unterstützungswohnsitz vom 6. Juni 1870 (BGBl. S. 360) übernommen, das dann auch für das Dt. Reich galt (auf Elsaß-Lothringen und Bayern wurde es erst später ausgedehnt). Für die Begründung eines Unterstützungswohnsitzes war ein zweijähriger, seit der Novellierung von 1908 ein einjähriger ununterbrochener Aufenthalt erforderl. Da im Falle der Hilfsbedürftigkeit der Ortsarmenverband des jeweiligen Aufenthaltsorts zur vorläufigen Unterstützung verpflichtet war und dieser die Übernahme der Kosten von dem Ortsarmenverband des Unterstützungswohnsitzes verlangen konnte, kam es zu einem umfangreichen Erstattungsverkehr. In der Kriegs- und Nachkriegszeit sowie infolge der Inflation traten in großer Zahl Fälle unverschuldeter Hilfsbedürftigkeit (Kriegsbeschädigte, Kriegshinterbliebene, Flüchtlinge, Rentner) auf, die durch staatl. Sozialfürsorge außerhalb des UnterstützungswohnsitzG abgemildert wurden und deren Kosten zum großen Teil das Reich übernahm. Durch § 42 der 3. Steuernotverordnung vom 14. Febr. 1924 wurde die Wohlfahrtspflege zur Ländersache. Die Lasten wurden durch die Verordnung über die Fürsorgepflicht vom 13. Febr. 1924 (RGBl. I S. 100) den Fürsorgeverbänden übertragen. Das bisherige Ausgleichsverfahren wurde zugunsten der endgültigen Zuständigkeit des Fürsorgeverbandes des Aufenthaltsorts aufgegeben. Die Einheitlichkeit des Fürsorgerechts wurde insbes. durch die „Reichsgrundsätze über Voraussetzung, Art und Maß der öffentl. Fürsorge“ vom 4. Dez. 1924/1. Aug. 1931 hergestellt. Eine Neuordnung des Fürsorgerechts erfolgte im BSHG von 1961, das in § 4 I erstmals einen fürsorgerechtl. Anspruch auf Hilfe normierte. Es wurde bisher durch 4 Änderungsgesetze (1965, 1969, 1975 und 1985) novelliert.

III. Systematische Stellung der S. A. Der *Fürsorgegrundsatz* gehört neben dem *Versicherungs-* und dem *Versorgungsgrundsatz* zu den *Hauptprinzipien* im Sozialrecht. Von dem Versicherungssystem, wie es in der →Sozialversicherung verwirklicht ist, unterscheidet es sich dadurch, daß es nicht an vorherige Leistungen des Berechtigten (Sozialversicherungsbeiträge) anknüpft und daß die Fürsorgeleistungen nicht von einer die Individualrisiken ausgleichenden Versichertengemeinschaft, sondern von der Allgemeinheit aus Steuermitteln aufgebracht werden. Im Unterschied zum Versorgungsprinzip gleicht die Allgemeinheit bei der S. kein von ihr verlangtes oder ihr zuzurechnendes, in ihrem Interesse erbrachtes Sonderopfer (wie zB in der Kriegsopferversorgung), sondern eine verschuldete oder unverschuldete, durch das allgemeine Lebensrisiko bedingte Notlage aus.

B. Innerhalb des Fürsorgerechts ist zwischen dem im BSHG geregelten allgemeinen Fürsorgerecht und dem in Spezialgesetzen enthaltenen besonderen Fürsorgerecht zu unterscheiden. Fürsorgerechtl. Sonderregelungen bestehen vor allem für Kriegsopfer (§§ 25 – 27 i BundesversorgungsG), Jugendliche (→Jugendhilfe nach dem JugendwohlfahrtsG) und Arbeitslose (Arbeitslosenhilfe, §§ 134 – 141 ArbeitsförderungsG).

IV. Grundsätze des S.rechts. A. Die Subsidiarität der S. Die S. soll in Notlagen Hilfe gewähren, wenn diese von anderen Sozialleistungsträgern nicht erbracht wird. Dieser Auffangcharakter bedingt die Subsidiarität der S. Ihr gehen nicht nur andere Sozialleistungen, sondern auch die Selbsthilfe und die Hilfe von Unterhaltsverpflichteten vor (§ 2 I BSHG). S. erhält nur, wer sich nicht selbst helfen kann und Hilfe auch nicht von anderen erhält. Die Subsidiarität würde bei strenger Durchführung den Einsatz des gesamten Einkommens und Vermögens gebieten. Diese Konsequenz wird jedoch vom BSHG gemildert. Während Hilfe zum Lebensunterhalt nur beim Einsatz des Einkommens gewährt wird (§§ 11, 76 BSHG), kommt es bei der Hilfe in besonderen Lebenslagen auf die Zumutbarkeit an, wofür je nach Art der Hilfe Einkommensgrenzen festgesetzt sind (§§ 79 ff. BSHG). Hinsichtlich des Einsatzes oder der Verwertung des Vermögens bestehen Ausnahmen (für angemessenen Hausrat, Familien- oder Erbstücke, Familienheim). Teilweise wird Hilfe auch ohne Rücksicht auf Einkommen und Vermögen gewährt (zB im Falle des § 72 III BSHG). Eine Verpflichtung zum Ersatz der Kosten der S. besteht im Gegensatz zur früheren fürsorgerechtl. Regelung nur in Ausnahmefällen (§ 92 BSHG): Kostenersatz bei schuldhaftem Verhalten und durch den Erben (§§ 92 a, 92 c BSHG). Entsprechend dem Subsidiaritätsprinzip muß der Hilfesuchende seine Arbeitskraft zur Beschaffung des Lebensunterhalts für sich und seine unterhaltsberechtigten Angehörigen einsetzen (§ 18 I BSHG). Hierbei ist er durch Schaffung von Arbeitsgelegenheiten und Gewöhnung an Arbeit zu unterstützen (§§ 19, 20 BSHG). Bei Arbeitsverweigerung entfällt der Anspruch auf Hilfe zum Lebensunterhalt (§ 25 I BSHG). Dies gilt auch, wenn dem Hilfeempfänger von der Sozialhilfeverwaltung gemeinnützige und zusätzliche Arbeit i. S. von § 19 II BSHG angeboten wird (BVerwGE 67, 1). Die frühere Möglichkeit der Unterbringung zu Arbeitsleistungen in einer abgeschlossenen Anstalt auf Grund gerichtl. Anordnung im Falle beharrlicher Arbeitsverweigerung (§ 26 a. F. BSHG) wurde 1974 durch das 3. ÄndG beseitigt (zur Verfassungsmäßigkeit vgl. BVerfGE 30, 47). Gewährt der S.träger Hilfe, obwohl dem Hilfeempfänger Ansprüche gegen andere zustehen, so kann der S.träger diese Ansprüche bis zur Höhe seiner Aufwendungen durch schriftl. Anzeige an den Verpflichteten auf sich überleiten (§ 90 BSHG). Für die Überleitung von Unterhaltsansprüchen nach bürgerl. Recht bestehen Sondervorschriften. Seit dem 3. ÄndG von 1974 dürfen Ansprüche nicht mehr übergeleitet werden, wenn der Unterhaltspflichtige mit dem Hilfeempfänger im zweiten oder einem entfernteren Grade verwandt ist. Durch diese Gesetzesänderung trägt das BSHG zwar dem Übergang von der Groß- zur Kleinfamilie Rechnung, begründet aber gleichzeitig eine Divergenz von Familienrecht und Sozialrecht. Sozialpolit. ist die Reduktion der Anspruchsüberleitung angesichts ständig steigender Sozialausgaben bedenklich, zumal die Verwaltung besonderen Umständen des Einzelfalls ohnehin durch eine Härteklausel gerecht werden kann (vgl. hierzu BVerwGE 41, 26, 28 f.). Nach § 91 III BSHG sollen Unterhaltsverpflichtete nicht in Anspruch genommen werden, wenn dies eine Härte bedeuten würde oder wenn der Verwaltungsaufwand in keinem angemessenen Verhältnis zur Unterhaltsleistung stünde.

B. Art und Ausmaß der S. Aufgabe der S. ist es, dem Empfänger der Hilfe ein menschenwürdiges Leben zu ermöglichen (§ 1 II BSHG). Wenn das G. die Hilfegewährung vorschreibt, besteht ein Anspruch auf S. Die S. wird als persönl. Hilfe (zB Beratung in sozialen Angelegenheiten), Geld- oder Sachleistung gewährt (§ 8 BSHG). Sie kann präventiv oder repressiv, als Muß-, Soll- oder Kann-Leistung erfolgen. Art und Ausmaß richten sich nach den Besonderheiten des Einzelfalls, wobei die Familienverhältnisse zu berücksichtigen sind (§§ 3, 7 BSHG, Individualität der S.). Angemessenen und ohne unvertretbare Mehrkosten erfüllbaren Wünschen des S.-Empfängers soll entsprochen werden (§ 3 II u. III BSHG). Die S. gliedert sich in Hilfe zum Lebensunterhalt und Hilfe in besonderen Lebenslagen (Hilfe zum Ausbau oder zur Sicherung der Lebensgrundlage, vorbeugende Gesundheitshilfe, Krankenhilfe und sonstige Hilfe, Hilfe zur Familienplanung, Hilfe für werdende Mütter und Wöchnerinnen, Eingliederungshilfe für Behinderte, Tuberkulosehilfe, Blindenhilfe, Hilfe zur Pflege, Hilfe zur Weiterführung des Haushalts, Hilfe zur Überwindung besonderer sozialer Schwierigkeiten, Altenhilfe). Im Unterschied zur Hilfe in besonderen Lebenslagen wird die Hilfe zum Lebensunterhalt pauschal nach Regelsätzen gewährt. Ausländer erhalten bei Wahrung der Gegenseitigkeit auf Grund zwischenstaatl. Fürsorgeabkommen (zB mit Österreich und der Schweiz; vgl. ferner das Europ. Fürsorgeabkommen vom 11. Dez. 1953) die gleichen Leistungen der S.

C. Zuständigkeit und Verfahren. Die S. setzt ein, sobald die zuständigen Stellen Kenntnis haben, daß die Voraussetzungen für die Gewährung vorliegen. Es bedarf keines Antrags des Berechtigten. Zuständig sind örtl. Träger (kreisfreie Städte, Landkreise) und überörtl. Träger. Diese sollen mit den Kirchen und Religionsgesellschaften des öffentl. Rechts sowie den Verbänden der freien Wohlfahrtspflege zusammenarbeiten. Dabei sollen die Träger der S. von der Durchführung eigener Maßnahmen mit Ausnahme der Gewährung von Geldleistungen absehen, wenn Hilfe im Einzelfall durch die freie Wohlfahrtspflege gewährt wird. Dieser verfassungsrechtl. umstrittene (s. u. V) Grundsatz der →Subsidiarität staatl. S. trägt u. a. den großen historischen Verdiensten der christl. Kirchen um die Fürsorge Rechnung. An der Finanzierung der S. beteiligt sich der Bund hinsichtl. der S. für Zugewanderte, für Deutsche im Ausland und hinsichtl. der Tuberkulosehilfe. Zuständig für Streitigkeiten auf dem Gebiet der S. sind die Gerichte der allgemeinen →Verwaltungsgerichtsbarkeit.

V. S. und Verfassungsrecht. Das →Sozialstaatsprinzip des Grundgesetzes verpflichtet die Staatsgewalt grundsätzlich, dem Staatsbürger in Notfällen Hilfe zu gewähren. Ob allerdings aus dem Sozialstaatsprinzip unmittelbar ein Anspruch auf S. ohne nähere gesetzl. Regelung, insbes. der Zuständigkeit und der Höhe der Leistungen abgeleitet werden kann, erscheint fraglich. Wegen seiner Offenheit bedarf das Sozialstaatsprinzip der Konkretisierung durch den Gesetzgeber, dem hierbei eine weite Gestaltungsfreiheit zusteht (vgl. BVerfGE 53, 263). Für die Fälle, in denen das G. dem Fürsorgeträger Pflichten zugunsten Bedürftiger auferlegt, hat das BVerwG (Bd. 1, 159, 162) aus dem Sozialstaatsprinzip in Verbindung mit anderen Verfassungsgrundsätzen gefolgert, daß insoweit auch Ansprüche bestehen, was nunmehr auch § 4 I BSHG statuiert. Das GG hat sich ähnlich wie bei der →„Wirtschaftsverfassung" zu keiner konkreten „Sozialverfassung" und zu keiner bestimmten „Verfassung der öffentl. Wohlfahrtspflege" (KAISER) bekannt. Verfassungsrechtl. Grundentscheidungen stehen ledigl. extremen Regelungen der Fürsorge entgegen: So führt einerseits das Sozialstaatsprinzip über das klassisch-liberale Verständnis der Fürsorge als polizeirechtl. Problems der öffentl. Ordnung (vgl. BVerwGE 27, 58, 63) hinaus, während andererseits die →Grundrechte den Übergang zu totaler Wohlfahrtsstaatlichkeit hemmen. Innerhalb der Verfassungsschranken steht dem Gesetzgeber jedoch eine verfassungsrechtl. Bandbreite zur Regelung der Fürsorge offen. Ähnlich wie den Notfällen des Alters, der Krankheit und des Unfalls nicht durch eine Staatsversorgung begegnet werden muß, sondern durch eine öffentl.-rechtl. Zwangsversicherung abgeholfen werden kann, gebietet das Sozialstaatsprinzip auch nicht, im Rahmen der sozialen Fürsorge ausschließl. staatl. Maßnahmen vorzusehen. Der Gesetzgeber kann vielmehr die Beteiligung privater Wohlfahrtsorganisationen gestatten, ihr Verhältnis zur öffentl. Fürsorge regeln und Prioritäten setzen. Er hat dabei einerseits die Selbstverwaltungsgarantie der Gemeinden (Art. 28 II GG) zu beachten, deren Kernbereich nicht angetastet werden darf, und andererseits zu berücksichtigen, daß insbes. die religiös-karitative Tätigkeit zu der von Art. 4 II GG geschützten Religionsausübung gehört (so BVerfGE 24, 236, 247). Der vom BSHG geschaffene, aber umstrittene „Funktionsvorbehalt" zugunsten der freien Wohlfahrtspflege (hiergegen vor allem LERCHE und BARION) war verfassungsrechtl. weder geboten noch verboten, sondern vollzog sich im Rahmen der dem Gesetzgeber zustehenden Regelungsbefugnis (so auch BVerfGE 22, 180), wobei das BVerfG allerdings die spannungsgeladene Gesetzesaussage des Nachranges der öffentl. Wohlfahrtspflege allzusehr im Sinne einer Harmonie und Koordination von freier und öffentl. Wohlfahrtspflege verschönt hat. Die konkurrierende Gesetzgebungskompetenz des Bundes (→Gesetzgebung) auf dem Gebiet der „öffentl. Fürsorge" (Art. 74 Nr. 7 GG) erstreckt sich auf die materielle und organisatorische Regelung dieses Sachgebiets. Daneben können fürsorgerechtl. Spezialregelungen im Zusammenhang mit der Gesetzgebung für andere Sozialrechtsmaterien (zB die Kriegsopferversorgung) erlassen werden. Unter dem Gesichtspunkt des Sachzusammenhangs hat das BVerfG in bedenklich weiter Auslegung auch die Jugendpflege zur „öffentl. Fürsorge" gezählt (E 22, 180, 212 f.).

VI. S. und →Sozialpolitik. Da die anderen Sozialleistungssysteme (insbes. Versicherung und Versorgung) wegen ihrer Voraussetzungen im einzelnen niemals einen lückenlosen Schutz gewährleisten können, muß die S. zur Gewährung eines sozialen Mindeststandards bestehen bleiben. Nach Abschaffung rechtl. Benachteiligungen (zB Ausschluß vom Wahlrecht im 19. Jh.) muß verhindert werden, daß die Empfänger von S. faktisch diskriminiert werden. Daher erscheint es inopportun, sozialversicherungsrechtl. Mindestrenten, die dem geltenden Sozialversicherungssystem zuwiderlaufen, mit der Begründung zu fordern, daß Rentenbezieher nicht auf die S. verwiesen werden dürften. Derartige Argumentationen fördern eine gesellschaftl. Ächtung der S., die gerade abzubauen ist.

H. BARION, Die sozialstaatl. Gleichschaltung der Länder und Gemeinden durch den Bund, Staat 3 (1964) 1 ff. – GOTTSCHICK/GIESE, Das Bundessozialhilfegesetz, 8. Aufl. 1983 – J. ISENSEE, Subsidiaritätsprinzip und Verfassungsrecht, 1968 – J. H. KAISER, Die Verfassung der öffentl. Wohlfahrtspflege, in: Festschr. für U. Scheuner, 1973, S. 241 ff. – KNOPP/FICHTNER, Bundessozialhilfegesetz, 5. Aufl., 1983 – A. KÖTTGEN, Vorrang oder Subsidiarität der freien Jugendhilfe, Hamburger öffentl.-rechtl. Nebenstudien Bd. 7, 1961 – G. KÜCHENHOFF, Zuständigkeitsgrenzen in der Jugend- und Sozialhilfe, NJW 1968, 433 ff. – P. LERCHE, Verfassungsfragen um Sozialhilfe und Jugendwohlfahrt, 1963 – H. MUTHESIUS, Fürsorgerecht, 1928 – E. OESTREICHER, Bundessozialhilfegesetz – H. PETERS, Die Geschichte der sozialen Sicherung, 1973[2] – SCHELLHORN/JIRASEK/SEIPP, Das Bundessozialhilfegesetz, 12. Aufl., 1985 – S. REICKE, Das dt. Spital und sein Recht im Mittelalter, 2 Teile, 1932 – H. RÖSGEN, Rechtsprechung des Bundesverwaltungsgerichts in Sozialhilfesachen, fortgesetzt von H. ROTTER – BERND SCHULTE/PETER TRENK-HINTERBERGER, Sozialhilfe, 2. Aufl., 1986 – W. D. WIENAND, Der Johanniterorden – Der Malteserorden, seine Aufgaben, seine Geschichte, 1970 – H. F. ZACHER, Freiheit und Gleichheit in der Wohlfahrtspflege, 1964.

Detlef Merten

VII. S. in kirchlicher Sicht. A. Verfaßte Kirche und – seit 150 Jahren meist in eingetragenen Vereinen organisierte – →Diakonie haben in mannigfacher Weise Aufgaben wahrgenommen, die man heute der S. zurechnet. Von der urchristl. Gemeinde an (Mt 25, 37 f.) bis auf diesen Tag reichen sie von der Sicherung der Existenz – Hilfe zum Lebensunterhalt (das urchristl. Abendmahl diente auch der Sättigung; das Ev. Hilfswerk nach 1945, in ökumenischer Dimension „Brot für die Welt“ sind Beweise aus neuer Zeit) – bis zu den Hilfen in „bes. Lebenslagen“. Bei diesen setzten Kirche und Diakonie Schwerpunkte in der Hilfe für Behinderte (vgl. die großen Behinderten-Einrichtungen), für Kranke und Alte (Krankenhäuser, Alteneinrichtungen, ambulante Kranken- und Diakoniestationen) und für Gefährdete (Tradition der Nichtseßhaftenarbeit).

Darüber hinaus wurde und wird in den verschiedenen Feldern persönliche Hilfe im Sinne des § 8 BSHG geleistet, sei es in den Gemeinden durch ehren- wie hauptamtliche Mitarbeiter, sei es in den übergemeindlichen Diensten von Kirche und Diakonie. Letztlich ist Diakonie als Wesens- und Lebensäußerung der Kirche (vgl. Art. 15 Abs. 1 der Grundordnung der EKD bzw. die Verf. der Landeskirchen) persönliche Hilfe, zumal die Gewährung von Geldleistungen in der Regel Aufgabe und Pflicht der öffentlichen Träger der S. ist (§ 10 Abs. 4, § 78 Abs. 1 BSHG). Die Beratungsdienste ohnehin, aber auch partiell Seelsorge der damit beauftragten Pfarrer und Mitarbeiter muß man zum Bereich der persönlichen Hilfe zählen, wenn man die Ganzheitlichkeit der Hilfe ernst nimmt. Persönliche Hilfe läßt sich weder umfassend beschreiben noch abgrenzen. Es gehören u. a. dazu:

1. Hilfesituationen zu erkennen und die Bereitschaft zu erschließen, diese gegebenenfalls auch anzunehmen (Unwissenheit; Verschämtheit);
2. die Beratung in persönlichen Problemen (zB Erziehungs-, Ehe- und Lebensberatung) und über Ansprüche nach den staatlichen Sozialleistungsgesetzen;
3. die sozialanwaltliche Wahrnehmung und Durchsetzung von solchen Ansprüchen bei fehlerhaften Verwaltungsentscheidungen;
4. die Begleitung, Hilfe in der persönlichen Entwicklung und Veränderung oder im Ertragen von Lebenssituationen durch helfende Beziehung;
5. die Wahrnehmung geformter Hilfen wie Pflegschaften über Vermögen, mit Aufenthaltsbestimmungsrecht oder als Behandlungspflegschaft bzw. Vormundschaften;
6. Kranken-, Haus- und Familien- und Altenpflege;
7. Integrierung von Hilfesuchenden in ihre Umwelt; „Gemeinde als Empfangsraum der Gesellschaft“.

B. Damit wird zugleich Sozialhilfe Anfrage an die Kirche: Nach wie vor stehen im Mittelpunkt kirchl. Selbstverständnisses die Verkündigung, Gottesdienst, Kasualien, Religionsunterricht. Weder theoretisch noch praktisch ist der Theologe (im Mittelpunkt der Gemeinde) für die Vermittlung persönlicher Hilfe ausgebildet. Die Aufgaben im Kontext der S. sind an Fachkräfte (Sozialarbeiter, Sozialpädagogen, Mitarbeiter in den Pflegediensten) und übergemeindliche Dienststellen abgewandert. Verbindung zu halten ist auf beiden Seiten schwierig. Eine lebendige Gemeinde müßte – bei Beachtung des Bestrebens des Hilfesuchenden nach Anonymität – auch Krisenauffangstation für Mitglieder sein können; das ist bei äußeren Katastrophen einfacher als bei den Anforderungen differenzierter psycho-sozialer Hilfen. So gesehen muß die gängige, z. T. berechtigte Kritik aus Kirche und Diakonie an der bürokratisch/fiskalisch ausgerichteten Sozialhilfe zurückhaltender werden.

P. COLLMER, Sozialhilfe, Diakonie, Sozialpolitik, 1969 – A. v. CAMPENHAUSEN /H. J. ERHARDT, Kirche, Staat, Diakonie, 1982 – Handbücher für Zeugnis und Dienst der Kirche, insbes. Bde. III und IV – P. PHILIPPI, Diaconica, 1984.

Eberhard Tiesler

Sozialisierung →Eigentum I D 2

Sozialismus. I. Geschichte und Theorie. a) Bereits im Urchristentum und einigen frühneuzeitl. utopischen Entwürfen (MORUS, CAMPANELLA) finden sich gesellschaftl. Leitbilder, die auf spätere sozialistische Gedanken verweisen. Die Idee des S. in unserem heutigen Verständnis konnte jedoch erst durch die →Französische Revolution (als einer doppelt sozialen und politischen Bewegung) die Bühne der Weltgeschichte betreten: Mit dem Schlachtruf „Freiheit, Gleichheit, Brüderlichkeit" begründete in den Jahren nach 1789 das revolutionäre Volk von Paris jene elementare Form der →Demokratie, die konservative Zeitgenossen als „Pöbelherrschaft" diffamierten und die der selbst noch junge bürgerlich-elitäre →Liberalismus zur Gefahr für die heiligen Güter des Privateigentums erklärte. Einzig der entstehende S. verschrieb sich den Idealen der Französischen Revolution ohne Privilegien- und Eigentumsvorbehalte. Gleichzeitig produzierte die von England ausgehende Industrielle Revolution mit der Fabrikarbeiterschaft auch die materielle Klassenbasis für die Entwicklung des S. von einer bloßen Vision zur wirkl. „sozialen Bewegung".

Die Frühsozialisten blieben, gleichviel ob sie sozial-reformerisch ambitionierte Bürgerliche waren (Owen, Fourier) oder eine proletarische Gütergemeinschaft propagierten (Babeuf, Weitling), noch einem Gesellschaftsmodell verhaftet, das kleinbetriebl. Produktionsverhältnissen entsprach. Nicht der Gegensatz von Lohnarbeit und Kapital und der Klassenkampf, sondern die erstrebten handwerkl. und bäuerl. Produktionsgemeinschaften bildeten den Ausgangspunkt dieser Zukunftsprojektionen. Erst der →Marxismus verknüpfte die Chancen des S. vollständig mit dem Siegeszug der „großen Industrie" und erklärte die Produktivkraftentfaltung zur geschichtsmächtigen Kraft des gesellschaftl. Fortschritts. Die in der Mitte des vorigen Jahrhunderts entstandene internationale →Arbeiterbewegung trägt seither S. als politisches Leitziel mit sich, wie sehr immer konkrete Ausgestaltung und geschichtsphilosophische Einordnung dieses Zieles sich historisch verändern mochten.

b) Das politische Programm des S. läßt sich in Fortschreibung der drei historischen Grundwerte von 1789 mit den Stichworten *Emanzipation, Egalitarismus* und *Solidarität* skizzieren. Als spezifisch sozialistisches Freiheitsverständnis umfaßt die Idee der gesellschaftl. Emanzipation aller Unterdrückten und Benachteiligten mehr als nur die Freisetzung von obrigkeitsstaatl. Reglementierung, wie sie der Liberalismus auf seine Fahnen schrieb. Wenn im Gründungsmanifest der Internationalen Arbeiter-Assoziation von 1864 verkündet wird, „daß die Emanzipation der Arbeiterklasse das Werk der Arbeiterklasse selbst sein muß", ist darin die Forderung nach aktiver Gestaltung von sozialen Freiheitsräumen enthalten, die über die formalrechtl. Garantien individueller Grundfreiheiten der bürgerl. Tradition hinausgreift. Die Selbstbefreiung der Arbeiterschaft durch die Erkämpfung politischer und gewerkschaftl. Rechte in einem jahrzehntelangen sozialen Lernprozeß war deshalb in sozialistischer Sicht niemals durch Zugeständnisse eines autoritären Wohlfahrtsstaates oder patriarchalisch-fürsorglicher Unternehmer zu ersetzen. Dieser radikaldemokratische Anspruch des S. erstreckte sich von vornherein in leicher Weise auf die Emanzipation der Frauen und der Jugendlichen sowie der unterdrückten Nationen und Volksgruppen, obgleich es faktisch und vielfach bis heute bei einer Konzentration der sozialistischen Bewegung auf die männliche Fabrikarbeiterschaft der europäischen Industriestaaten blieb.

Auch das Egalitätsprinzip des S. beschränkt sich nicht auf die staatsbürgerl. Gleichheit vor dem Gesetz oder formale Chancengleichheit, die bei klassenspezifischen Disparitäten der Lebensverhältnisse abstrakt bleiben mußten. Ohne eine weitreichende Umverteilung des Besitzes und der Verfügung über Produktions- und Konsumtionsmittel konnten sich Sozialisten insofern eine egalitäre Gesellschaft nicht vorstellen, die gleichermaßen die Massenarmut beseitigen wie den privaten Reichtum zugunsten gemeinnütziger Aufgaben einschränken sollte. Mit pauschaler „Gleichmacherei" im Sinne einer Nivellierung aller persönl. Bedürfnisse darf das Egalitätsprinzip jedoch nicht verwechselt werden, da es sonst mit den Emanzipationszielen – jenseits der Klassenemanzipation immer auch die Entfaltung des Individuums – nicht in Einklang zu bringen wäre.

Den Grundsatz der →Solidarität hat die sozialistische Arbeiterbewegung der elementaren Erfahrung mit sozialen Konflikten im Betrieb und auf gesellschaftl. Ebene entnommen. Die kollektive Arbeitsorganisation an der Werkbank, die sich in überschaubaren Kleinbetrieben unter den Handwerksgesellen ebenso fand wie auf höherer technischer Entwicklungsstufe in großen Fabrikhallen, schuf in Verbindung mit dem äußeren Druck der Kapitalmacht und der Staatsgewalt bald in einem gemeinsamen Lernprozeß eine interessengeleitete Solidargemeinschaft der Lohnabhängigen. In den Reihen der Arbeiterbewegung diente das Prinzip der Solidarität zudem als ein Integrationsmittel, das branchenbezogene und richtungspolitische Differenzierungen zu überbrücken hatte. Vom Gebot der christl. Nächstenliebe unterscheidet sich der sozialistische Solidaritätsgedanke – unbeschadet der Anerkennung gemeinsamer Wurzeln – vor allem dadurch, daß er weniger die Barmherzigkeit der Starken gegenüber den Schwachen, sondern primär die selbstbewußte Interessenvertretung der Benachteiligten gegenüber den Privilegien durch konfliktfähige Organisationsmacht propagierte. – Unmittelbarer organisatorischer Ausdruck dieser Bewegung sind die →Gewerkschaften, mittelbarer und politischer Ausdruck sind Solidaritätsbewußtsein und Disziplin in der sozialistischen Partei.

In der praktischen Verwirklichung dieser drei geschichtlich überlieferten Grundwerte hat sich die Emanzipationsidee aber auch im Selbstverständnis des S. als *Kulturbewegung* manifestiert. Das eher bildungsbürgerl. Profil von sozialistischen Klassikern der Gründergeneration – neben MARX und ENGELS vor allem LASALLE und W. LIEBKNECHT – brachte es mit sich, daß der Arbeiterbewegung in der Nachfolge einer geschichtsphilosophisch ihrer revolutionären Verheißungen entkleideten Bourgeoisie eine umfassende „Kulturmission" zugeschrieben wurde. Seit den Ursprüngen in den Arbeitervereinen des 19. Jahrhunderts wußte sich der S. mit einem universellen Bildungsauftrag verbunden, der von einer zweckrationalen berufl. Qualifikation bis hin zu den humanistischen Leitbildern der vielseitig entwickelten Persönlichkeit reichte. In den weitverzweigten Kulturorganisationen, die im Spektrum von sorgsamer Pflege des Erbes der bürgerl. Klassiker in Literatur und Theater bis zu der antikirchl. Konfliktstrategie der Freidenker andererseits reichten, sollte ein wesentl. Teil der geistig-politischen Sozialisation vornehmlich der jüngeren Mitglieder der Arbeiterbewegung stattfinden.

Mit der Herausbildung einer klassenspezifischen Arbeiterkultur eng verflochten war auch die sozialistische Identitätsfindung in einer solidarischen *Lebensgemeinschaft,* die durch Aus- und Abgrenzung gegenüber der bürgerl. Gesellschaft entstand; sie umfaßte Freizeitaktivitäten (zB Arbeitersport und -gesangvereine) ebenso wie Selbsthilfeleistungen (Arbeitersamariter, Arbeiterwohlfahrt, die gewerkschaftl. Beratungsstellen der Arbeitersekretariate etc.). Die weitreichende Integrationskraft der sozialen Lebenswelt des Arbeitermilieus läßt es auch begreiflich erscheinen, daß sich sozialistisches Engagement vielfach über Generationen hinweg tradierte und innerhalb der Partei- und Gewerkschaftsorganisationen das Einheitspostulat einen hohen Stellenwert besaß. Der weitgespannte Identifikationsgehalt dieser sinnstiftenden Lebensorientierung gab überzeugten Anhängern des S. die innere Kraft, auch Perioden der Unterdrückung und Verfolgung ohne Anpassungstendenzen gegenüber den Machthabern und mit ungebrochener Siegeszuversicht zu überstehen. Es ist deshalb keineswegs vermessen, der Weltanschauung des S., zumindest für das 19. und 20. Jahrhundert, die Bedeutung einer säkularisierten Ersatzreligion beizumessen, die einer von der verkrusteten Amtskirche entfremdeten Arbeiterschaft wieder handlungsleitende Zukunftsvisionen eröffnete.

Das egalitäre Gesellschaftsmodell des S. ist häufig mit der Sozialisierung der Produktionsmittel gleichgesetzt worden. Ohne das Gewicht dieser vorrangig durch den Marxismus popularisierten Lösung der Eigentumsfrage durch kollektives Besitz- und Verfügungsrecht zu verkennen – sie blieb, wenigstens in der Theorie, fast ein Jahrhundert lang bestimmend –, sollte nicht in Vergessenheit geraten, daß die *Genossenschaftsidee* ursprünglich als Alternative zum Privateigentum betrachtet wurde und auch später die einzige konkrete Organisationsform für gemeinwirtschaftl. Strategien jenseits bürokratischer und etatistischer Machtkonzentrationen blieb. Als die „dritte Säule" der sozialistischen Bewegung erfaßten die in ihrer Massenverankerung gemeinhin unterschätzten Konsumgenossenschaften die Arbeiter – und häufiger als in anderen Segmenten der proletarischen Subkultur auch die Arbeiterfrauen – als Verbraucher, während die Gewerkschaften den Produzenten und die Partei den politischen Citoyen (der mit dem deutschen „Staatsbürger" nur unzulänglich übersetzt ist) organisierte. Die Konzeption der *Produktions*genossenschaft – bei LASALLE mit staatl. Kreditfinanzierung vorgesehen – konnte sich freilich in der Zwergform des häufig mit Selbstausbeutung der Arbeitskräfte verbundenen Selbsthilfe-Betriebs nicht gegen die kapitalistischen Konkurrenzgesetze behaupten, während gemeinwirtschaftl. Großbetriebe bislang stets aus der genossenschaftl. Form in Richtung einer hierarchischen und technokratischen Struktur herausgewachsen sind.

Im fortschrittsgläubigen Entwicklungsdenken des 19. Jahrhunderts, das nicht allein dem Marxismus zu eigen war, wurde unter S. die klassenlose Zukunftsgesellschaft ohne repressiven Staatsapparat verstanden. Die beiläufige MARXsche Definition des S. als Übergangsstufe zum Endzustand des Kommunismus hatte damals wenig Resonanz gefunden. Der Revisionismusstreit, in dem BERNSTEIN – übrigens in Übereinstimmung mit reformistischen Tendenzen in den Arbeiterparteien der west- und nordeuropäischen Nationen von demokratischer Tradition – die Eigengesetzlichkeit des kapitalistischen Zusammenbruchs nachdrücklich in Zweifel gezogen hatte, erschütterte bereits diese vermeintl. Geschichtsgewißheit. Die Spaltung der (1889 gegründeten) II. Internationale im Streit um die politische Strategie im Ersten Weltkrieg setzte der Vorstellung eines selbstverständlich gemeinsamen Grundverständnisses des S. vollends ein Ende. Seitdem hat der Anspruch des sowjetischen Lagers, den „realen Sozialismus" im Weltmaßstab vorbildhaft zu verkörpern, die nichtkommunistische Arbeiterbewegung veranlaßt, zur Vermeidung von Mißverständnissen stets vom *demokratischen Sozialismus* zu sprechen. Die Formulierung des Godesberger Programms der SPD, daß der S. eine „dauernde Aufgabe" sei, hat aus diesem Substanzverlust des utopischen Zukunftsentwurfs durch die defizitäre Gestalt des „realen Sozialismus" in Osteuropa die Konsequenz gezogen. Im zeitgenössischen Sprachgebrauch wird mit dem S. folgerichtig eher eine politische Bewegung und Programmatik als ein geschlossenes Theoriegebäude und Gesellschaftssystem verstanden.

II. Standortbestimmung und Perspektiven. Es deuten zahlreiche Indizien darauf hin, daß wir in den beiden letzten Jahrzehnten des 20. Jahrhunderts die fünfte Transformationsphase des europäischen S. erleben. Nach dem Revisionismusstreit, der Spaltung im Ersten Weltkrieg und der deprimierenden Erfahrung mit dem →Faschismus und Stalinismus haben sich die Parteien des demokratischen S. in den 50er und 60er Jahren mit einer unerwarteten Prosperität des Kapitalismus im Zeichen des Ost-West-Konflikts konfrontiert gesehen. In dieser ökonomischen und außenpolitischen Konstellation war der Aufbau der →Europäischen Gemeinschaft vorwiegend unter konservativer Hegemonie erfolgt, während die Linksparteien für die Gewinnung neuer Wählerschichten einige traditionelle Vorstellungen (zB über die Vergesellschaftung von Produktionsmitteln) aufgeben mußten. Erst die Rezession von 1966/67, die beginnende Entspannungspolitik und die Veränderungen der Politischen Kultur seit der Studentenbewegung ließen die demokratischen Sozialisten im Übergang zu den 70er Jahren wieder die geistig-politische Offensive übernehmen. Der Kriseneinbruch von 1973/74, der in seinen weltwirtschaftl. Ursachen mit dem Stichwort „Ölpreisschock" nur unzureichend skizziert ist, hat dieser kurzen Periode einer gesellschaftspolitischen Aufbruchstimmung ein jähes Ende gesetzt.

a) Die infolge der reduzierten Wachstumsraten zutage getretene *Finanzkrise des →Sozialstaats* hat das – nach der Abkehr vom Leitbild der „Vollsozialisierung" – zentrale Paradigma des demokratischen S. für die Durchsetzung von mehr Gerechtigkeit in Frage gestellt. Auch das bislang zur Sanierung der Staatsfinanzen wirksame Instrument des forcierten Wirtschaftswachstums kann angesichts der damit verbundenen Umweltbelastungen nicht mehr vorbehaltlos propagiert werden. In dieser Hinsicht ist durch die seit Ende der 70er Jahre ins öffentl. Bewußtsein getretene *ökologische Krise,* in der Bundesrepublik nicht zuletzt aufgrund des mit ihr einhergehenden Hervortretens der Grünen, eine weitere Belastungsprobe für die traditionelle Vorstellungswelt des S. entstanden. Schließlich darf auch die *offene Ablehnung der Entspannungspolitik* durch die liberal-konservativen oder neokonservativen Parteien seit Ende der 70er Jahre angesichts eines noch immer ungezügelten Rüstungswettlaufs der beiden Weltmächte nicht übersehen werden.

Wie schon in den vorausgegangenen Umbruchsperioden sind diese neuartigen Herausforderungen nicht ohne Risiko für den demokratischen S., zugleich aber auch eine Chance zu produktiven Lernprozessen. Als Antwort auf den neokonservativ-wirtschaftsliberalen Abbau ist ein Umbau des überkommenen und mühsam erkämpften Sozialstaats das Gebot der Zukunft. Die hergebrachten Grundsätze der Beitragsbezogenheit im Sozialversicherungssystem werden in Frage gestellt. Man beginnt bei angemessener Würdigung des Gebrauchswerts der (zumeist weibl.) Haus- und Erziehungsarbeit neu zu diskutieren und fordert im Blick auf die Auswirkungen der Dauerarbeitslosigkeit das Prinzip einer menschenwürdigen Mindestversorgung. Eine grundlegende Reform sozialpolitischer Leistungen ist vor allem in jenen Bereichen erforderlich, wo sich die gesellschaftl. Garantien der Nachfrage in jeder Hinsicht „systemwidrig" mit privater Aneignung von Gewinnen auf der Angebotsseite verbinden, was in der Bundesrepublik besonders ausgeprägt für das Gesundheitswesen und den öffentlich geförderten Wohnungsbau zutrifft. Da eine „marktgerechte" Vollprivatisierung dieser existentiellen Probleme geradezu barbarische Konsequenzen hätte, werden ebenso marktwirtschaftl. wie genossenschaftl. und gemeinwirtschaftl. Lösungen gesucht.

b) Das →parlamentarische System der westl. Industrieländer hat auch deshalb an Identifikationswert eingebüßt, weil sich immer weniger Zukunftsfragen auf der Ebene des →Nationalstaates bewältigen lassen. Teils ist eine Globalisierung oder jedenfalls Europäisierung der Handlungskonzepte notwendig – so zB für weltwirtschaftl., friedens- und umweltpolitische Probleme –, teils ist eine zunehmende Regionalisierung von soziokulturellen Lebensentwürfen bis hin auf das Niveau von Stadtteilmilieus festzustellen. Einen illusionslosen Internationalismus sowie das konstruktive Aufgreifen eines unromantischen und bedürfnisorientierten „Heimat"-Bewußtseins wird ein künftiger demokratischer S. deshalb als zweigleisiges Identifikationsangebot miteinander zu verknüpfen haben, wogegen nationale Leitbilder in Europa an Gewicht verlieren dürften. Darüber hinaus bedarf der Parlamentarismus einer Revitalisierung durch eine funktionsgerechte Integration direktdemokratischer Partizipationsformen in überschaubaren Entscheidungsbereichen, also auf kommunaler Ebene, in Betrieben, im Wohnviertel.

c) Die spektakulär in den Brennpunkt der Öffentlichkeit gerückte Einsicht, daß auch die Ressource Umwelt knapp und kostspielig, aber als Existenzgrundlage für die menschl. Gesellschaft lebensnotwendig ist, bedeutet einen epochalen Einschnitt in unserem Weltbild. Das „goldene Zeitalter" eines wachstumsgläubigen Fortschrittsoptimismus, der im westlichen Kulturkreis auch mit dem Bibelwort „Macht euch die Erde untertan!" eine Legitimation fand und selbst durch Kriege und Katastrophen nicht fundamental zu erschüttern war, stößt an „natürliche" Grenzen, die in Wahrheit primär die *menschliche* Natur betreffen und gesellschaftlich produziert sind. Im letzten Entwicklungsabschnitt bis zur symbolträchtigen Jahrtausendwende wird deshalb der demokratische zugleich ein *ökologischer Sozialismus* sein müssen, wenn die Lebensqualität der nachwachsenden Generation dauerhaft gesichert werden soll. Die grünen Heilslehren des „Nullwachstums" oder gar einer „Schrumpfökonomie" sind allerdings bei der Lösung dieser Umweltprobleme wenig hilfreich, weil ohne zukunftsweisende und neue Tätigkeitsfelder erschließende technologische Innovationen eine sozial verträgl. Aussöhnung der

Arbeitsgesellschaft mit ihren natürl. Lebensgrundlagen nicht denkbar wäre.

d) Die mit kontinuierlich anwachsenden Destruktivkräften einhergehende atomare Bedrohung bedeutet uns eine zusätzl. Mahnung, daß die Werke der Schöpfungsgeschichte von Menschenhand wieder zerstört werden könnten. Das unermeßl. Vernichtungspotential des Nuklearzeitalters läßt nicht nur die überzeugten Verfechter des S. zu der Schlußfolgerung gelangen, daß allein eine internationale Politik der „gemeinsamen Sicherheit" zu verantworten ist. Dies gilt keineswegs nur für den Ost-West-Konflikt, den ideologische Kreuzzugsmentalität bei jeder größeren Krise bedenklich eskalieren kann, vielmehr in zunehmendem Maße ebenso hinsichtlich der Beziehungen zur Dritten Welt. Nach den Rohstoffkrisen droht künftig auch die ausweglose Verschuldung zahlreicher Länder ein Pulverfaß anzurichten, dessen Explosion einen Kollaps der Weltwirtschaft und militärische Konflikte zur Folge haben könnte. Die Entschärfung dieser Zeitbombe durch einen teilweisen Verzicht auf Zahlungsforderungen ist somit eine leidenschaftlich debattierte Maxime politisch-ökonomischer Vernunft der Industrienationen.

Es wäre freilich ein fataler Irrweg, wenn der demokratische Sozialismus der Zukunft seine politische Chance ausschließlich durch die schonungslose Offenlegung des Problemdrucks und Konfliktpotentials sowie die Vermittlung entsprechender Lösungsvorschläge wahrnehmen wollte. Gegen die Optimismuskampagnen der Neokonservativen könnte ein griesgrämiger Antimodernismus der Linken den sichersten Weg ins Ghetto der Daueropposition ohne gestaltenden Einfluß bedeuten. Das Prinzip der Hoffnung, eine reale Utopie als regulative Idee für die politische Tagesarbeit mit ihren vielen praktischen Aufgaben, bleibt unverzichtbare Grundlage jeder sozialen Bewegung, die gesellschaftl. Veränderungen bewirken will. Die Vorstellung des künftigen S. als innergesellschaftl. Vetoblocks wider den Zeitgeist und die Produktivkraftentfaltung, der alle neuen Bedürfnisse und technologischen Entwicklungen mit kulturkritisch erhobenem Zeigefinger verdammt, ist nicht einmal als Gedankenspiel attraktiv. Vielmehr muß es darum gehen, der Technik eine Utopie abzupressen, den Fluchtpunkt einer freieren und sympathischeren Gesellschaft zu entwickeln, um die in den neuen Technologien enthaltenen Chancen herauszuentwickeln.

– Im Mittelpunkt einer positiven Vision des S. müßte der langsame *Übergang der Arbeits- in eine Kulturgesellschaft auf emanzipatorischer, egalitärer und solidarischer Basis* stehen. In der Sprache der Gesellschaftstheorie geht es dabei um die fortschreitende Ersetzung eines an den verdinglichten Steuerungsmedien Geld und Macht ausgerichteten instrumentellen durch ein kommunikatives Handeln (HABERMAS), das dem vernunftgeleiteten Subjekt umfassendere Wert- und nicht nur zweckrationale Dispositionschancen einräumt. Ohne Selbstverwirklichung in sinnvoller Tätigkeit, „Arbeit", die nicht durchweg bezahlte Erwerbsarbeit zu sein hat, bleibt menschl. Existenz weiterhin undenkbar. Doch kann außerhalb des Berufslebens ein anderes „Reich der Freiheit" beginnen, wofür die Verkürzung der Arbeitszeit die Grundbedingung ist, wie schon MARX klarsichtig formulierte. Die Verteidigung eines sozial- und arbeitsrechtl. Besitzstandes ist in Perioden der politischen Defensive für den demokratischen S. und die Gewerkschaftsbewegung überlebenswichtig, als konstruktives Programm linker Gesellschaftspolitik des kommenden Jahrzehnts wäre die Beschränkung darauf jedoch ein Offenbarungseid der Phantasielosigkeit und Resignation.

– Eine „kultursozialistische" Reform der Arbeitsgesellschaft eröffnet aller Voraussicht nach auch die einzige realistische Möglichkeit, mit der klassenbildenden berufsspezifischen zugleich die geschlechtsspezifische Arbeitsteilung und damit die wichtigste Ursache für die mangelnde Gleichstellung der →Frauen schrittweise abzubauen. Ohne eine durchgreifende Neuorganisation von Arbeitszeitregelungen, die eine partnerschaftl. Bewältigung der häusl. Aufgaben und der Kindererziehung gestatten, bleibt die Gleichstellung der Frau eine exklusive Veranstaltung für privilegierte Mittelstandspaare. Das Ziel eines für alle Männer und Frauen vier- bis fünfstündigen (selbstverständlich nicht als starres Schema fixierten) Normalarbeitstages, der hinreichend Gestaltungsraum für die kaum weniger Zeit beanspruchende Haus-, Erziehungs- und Eigenarbeit belassen würde, kann in den nächsten Jahrzehnten erreicht werden.

– Neben einer qualitativen Umgestaltung der Arbeitsgesellschaft ist die Ermöglichung sinnvoller *Freizeit*aktivitäten eine Kardinalfrage für den Weg zur Kulturgesellschaft. Gegen die Privatisierung und damit gesellschaftspolitische Tabuisierung dieses expandierenden Lebensbereiches gilt es die Erkenntnis eindringlich zu vertreten, daß zB die Bewußtseinsindustrie des geplanten Kommerzfernsehens kapitalkräftiger Großverleger eine hochpolitische Angelegenheit ist, die nicht der Einschaltquoten-Mathematik der Werbeträger überlassen werden darf. Mit aufgeregter Verweigerungshaltung gegenüber neuen Kommunikationstechnologien läßt sich freilich auch die Flugbahn von Sendesatelliten nicht durchkreuzen. Mit Unterstützung gesellschaftl. Gruppen wie der Gewerkschaften und der Kirchen gestaltete leistungsfähige Programme wären eine wirksamere Antwort auf seichte Unterhaltungsprogramme als wortreiche Resolutionen. Wer zu furchtsam ist, den Tiger der neuen Technologien zu reiten, wird auf lahmen Mauleseln hoffnungslos zurückbleiben und über zielbewußte konservative Machtstrategien nur noch in den Nischen linker Subkulturen lamentieren können.

– Nicht nur für den Mediensektor gilt aber, daß die Perspektive einer Kulturgesellschaft wenig aussichtsreich wäre, wenn die Gesellschaft der Zukunft in eine passive Konsumkultur absänke. Vielmehr müssen die positiven Elemente der bisherigen produktivistischen Erwerbskultur, die MAX WEBER als in der protestantischen Ethik verwurzelt dargestellt hat, in eine allgemeine Lebenskultur des S. integriert werden, die Freizeitgenuß ebenso umfaßt wie politische Kommunikation. Geschichtl. Bewußtsein über die vielseitige Identitätsbildung der traditionellen Arbeiterkultur kann bei der Suche nach kreativen Angeboten für die Bedürfnisse einer pluralistischen Kulturgesellschaft durchaus helfen. Was als soziales und politisches Integrationsmilieu im 19. Jahrhundert unter dem äußeren Druck der kapitalistischen Ausbeutung und obrigkeitsstaatl. Bevormundung vergleichsweise spontan entstand, müßte künftig in einem organisierten Diskussions- und Lernprozeß gemeinsam neu geschaffen werden. Dazu gehört die Intensivierung der kleinen Lebenskreise, sowohl sozial wie ökonomisch (Genossenschaften!), dazu gehört die Intensivierung der wechselseitigen Kommunikation, Bildung und Betreuung, die Weckung sozialer, kultureller und „zweitberuflicher" Interessen und Aktivitäten – in einer schon mittelfristig erreichbaren Zeit, in der der „klassische" Erwerbsberuf nur noch einen Teil der menschlichen Tätigkeit ausmachen dürfte und Raum für einen zweiten oder dritten Aktivitätsschwerpunkt auch des Berufstätigen bleibt.

Zu I: J. BRAUNTHAL, Geschichte der Internationale, 3 Bände, Berlin/Bonn [3]1978 – G. D. H. COLE, A History of Socialist Thought, 4 Bände, London 1955/60 – J. DROZ, Le socialisme démocratique, Paris 1966 – W. HOFMANN, Ideengeschichte der sozialen Bewegung, Berlin/New York [4]1971 – G. LICHTHEIM, Kurze Geschichte des Sozialismus, Köln 1972 – H. MÜLLER, Ursprung und Geschichte des Wortes „Sozialismus" und seiner Verwandten, Hannover 1967 – A. ROSENBERG, Demokratie und Sozialismus, Frankfurt/Main 1962 – W. SOMBART, Sozialismus und soziale Bewegung im 19. Jahrhundert, Wien u. a. 1966.

Zu II: E. EPPLER, Wege aus der Gefahr, Reinbek 1983 – P. v. OERTZEN, Für einen neuen Reformismus, Hamburg 1984 – P. GLOTZ, Manifest für eine neue Europäische Linke, Berlin 1985.

Peter Glotz

Soziallehre, kath. 1. Selbstverständnis und Motive. Nach den Worten des II. →Vat. Konzils nimmt die Kirche „immer und überall ... das Recht in Anspruch, in wahrer Freiheit den Glauben zu verkünden, ihre Soziallehre kundzumachen ... und auch politische Angelegenheiten einer sittlichen Beurteilung zu unterstellen, wenn die Grundrechte der menschlichen Person oder das Heil der Seelen es verlangen" (Gaudium et spes 76,5). Ihre S. versteht die Kirche als „integrierenden Bestandteil der christl. Lehre vom Menschen" (Mater et magistra 222). „Christus, der neue Adam, macht eben in der Offenbarung des Geheimnisses des Vaters und seiner Liebe dem Menschen den Menschen selbst voll kund und erschließt ihm seine höchste Berufung" (Gaudium et spes 22,1). In einem solchen theol.-heilsgeschichtl. Verständnis ist die →Kirche als Sozialgebilde selber der erste Gegenstand der k.S. Infrage steht hier die Eigenart des gesellschaftl. Miteinanders der Christen als „Volk Gottes" auf ihrem Weg durch die Geschichte und ihr „Weltverhalten". Da „Volk Gottes" und „Menschheit" bis zur Vollendung der Geschichte durch den wiederkehrenden Christus nicht deckungsgleich sind, andererseits aber Gottes Heilshandeln alle Menschen betrifft, sieht die k.S. ihren zweiten Gegenstand in der theol. und ethischen „Bewertung" der menschlichen Gesellschaft hinsichtlich ihrer institutionellen und habituellen Formen im Hinblick auf das heilsgeschichtl. Beziehungsverhältnis von „Kirche" und „Welt". Dieses Verhältnis ist in der Sicht des II. Vat. Konzils ein dialogisches: Die Kirche ist einerseits im Glauben davon überzeugt, daß das „Geheimnis des Menschen" nur „im Lichte Christi" ganz ausgeleuchtet werden kann (Gaudium et spes 10,3; vgl. Populorum progressio 13). Sie anerkennt aber andererseits die „rechte Eigengesetzlichkeit" (Gaudium et spes 41,2) der Kultursachbereiche und weiß, daß sie „der besonderen Hilfe der in der Welt Stehenden" bedarf, „die sich in den verschiedenen Institutionen und Fächern auskennen und deren inneren Geist (intimam mentem) verstehen, ganz gleich, ob sie Christen sind oder nicht" (Gaudium et spes 44,2), wenn sie ihre S. sachgerecht und zeitgemäß formulieren will. Werden in diesem Dialog säkularistische Ideologisierungen und theol.-integralistische Grenzüberschreitungen vermieden, dann stehen „Volk Gottes" und „Menschheit" in „gegenseitigem Dienst". In diesem Fall erweist sich die Sendung der Kirche „als eine religiöse und gerade dadurch höchst humane" (Gaudium et spes 11,3). Vor diesem Hintergrund lassen sich auch die Motive deutlich machen, von denen her die Kirche ihre S. formuliert: Sie ist trotz aller Erfahrung der Gebrochenheit des Menschen (Erbsünde) davon überzeugt, daß dem Menschen eine sinnvolle Freiheit und damit sittliche Verantwortung für die Gestaltung dieser Welt gegeben ist (schöpfungstheol. Motiv). Sie macht die Erfahrung, daß „die Menschen aus den gesellschaftl. Verhältnissen heraus, in denen sie leben und in die sie von Kindheit an eingefangen sind, oft vom Tun des Guten abgelenkt und zum Bösen angetrieben werden" (Gaudium et spes 25,2). Der Christ erwartet zwar den Frieden und die Gerechtigkeit vom „neuen Himmel und der neuen Erde", die allein Gott zu schaffen vermag. Aber gerade diese eschatologische Hoffnung darf „die Sorge für die Gestaltung dieser Erde nicht abschwächen, auf der uns der wachsende Leib der neuen Menschenfamilie eine umrißhafte Vorstellung (adumbratio) von der künftigen Welt geben kann, sondern muß sie im Gegenteil ermutigen" (Gaudium et spes 39,2). Dieser theol.

geknüpfte Zusammenhang zwischen dem Heilsauftrag der Kirche und dessen möglichen, wenn auch immer nur zu erhoffenden Auswirkungen auf das Denken und gesellschaftl. Handeln ihrer Glieder und aller Menschen (heilsgeschichtl. Motiv) ist auch ausgesprochen in der Definition der Kirche als dem quasi-sakramentalen „Zeichen und Werkzeug für die innigste Vereinigung mit Gott wie für die Einheit der ganzen Menschheit" (Lumen gentium 1, vgl. Gaudium et spes 42,2). Solchermaßen schöpfungstheol. und heilsgeschichtl. begründetes gesellschaftl. Handeln darf sich freilich nie zu einem innerweltlichen Fortschrittsoptimismus oder gar Befreiungsmythos verführen lassen. Es weiß um das Kreuz Christi und die fortdauernde Macht des Bösen in der Welt. Es überwindet aber alle Resignation im Glauben an das Wort: „Die Liebe wird bleiben, wie das, was sie einst getan hat" (Gaudium et spes 39,1 im Anschluß an 1 Kor 13,8; 3,14). K.S. als theol. Disziplin handelt somit „über das gesellschaftl. Sein und Verhalten der Menschen, insofern der Prozeß menschlicher Gesellung (Gesellschaft), das Heilswirken der Kirche und die sittliche Verantwortung der Menschen sich aufeinander beziehen" (R. HENNING, 1980, 1306). Der engere Begriff kirchl. Sozialverkündigung oder S. der Kirche bezeichnet die in eine systematische Ordnung gebrachte Summe aller wichtigen kirchenamtl. Verlautbarungen in diesem Bereich, wie sie insbesondere in den päpstlichen Sozialenzykliken ihren Niederschlag finden.

2. Erkenntnisquellen. J. HÖFFNER definiert Christl. Gesellschaftslehre „als das Gesamt der sozialphilosophisch (aus der wesenhaft sozial veranlagten Menschennatur) und sozialtheol. (aus der christl. Heilsordnung) gewonnenen Erkenntnisse über Wesen und Ordnung der menschlichen Gesellschaft und über die sich daraus ergebenden und auf die jeweiligen geschichtl. Verhältnisse anzuwendenden Normen und Ordnungsaufgaben" (21). Das genauere Zueinander der hier angesprochenen zwei Quellen der k. S. (natürliches Sittengesetz und christl. Heilsoffenbarung) ist insbesondere heute im Kontext der „Politischen Theologie" bzw. verschiedener „Befreiungstheologien" neu zu überdenken (→Politik III). Im frühchristl. und ma. Denken überwog ganz selbstverständlich die sozialtheol. Argumentation, etwa in der Eigentumsethik, beim Zinsverbot, bei der Legitimierung der Ständegesellschaft. Seit der Aristoteles-Rezeption in der Hochscholastik und der bewußten Unterscheidung von Glauben und Wissen (ALBERTUS MAGNUS, THOMAS VON AQUIN) gewinnt die sozialphilosophische Argumentation mehr und mehr an Raum. Als im Kontext der →„Sozialen Frage" des 19. Jh. allmählich die moderne k. S. entwickelt wurde, konnte dies nur auf dem Weg einer ökonomischen Sachanalyse und einer humanwiss.-philosophischen Bewertung der gesellschaftl. Zustände geschehen. Auf diese Weise überwand die kath. Kirche – dank der Weitsicht eines Bischofs KETTELER, eines G. VON HERTLING, FRANZ HITZE, HEINRICH PESCH u. a. in Deutschland und eines LEO XIII. auf weltkirchl. Ebene – den Integralismus und konnte im Konzert der Sozialwissenschaften und der Philosophie wieder vernehmlich mitspielen. Deshalb spricht die kirchl. Sozialverkündigung seit PIUS XII. ausdrücklich „alle Menschen guten Willens" an, nicht nur die Gläubigen. Insofern kann JOHANNES XXIII. über Ziel und Methode der k.S. erklären: „Nach ihr sollen die menschlichen Beziehungen gestaltet werden entsprechend den allg. Grundsätzen, die sich aus der Natur der Dinge sowie den konkreten Verhältnissen des menschlichen Zusammenlebens ergeben, wie aus dem spezifischen Charakter der Zeit. Die Grundsätze sind deshalb für alle annehmbar" (Mater et magistra 220). Damit erhebt sich allerdings die Frage, ob der Theologie innerhalb einer so definierten k.S. lediglich die Rolle der Motivation, der Bestätigung, Läuterung, Vertiefung und „Vervollkommnung" von Vernunfterkenntnissen zukommt. Das eingangs dargelegte theol. Selbstverständnis der k.S. steht zumindest in einem Spannungsverhältnis zu einer solchen sozialwiss.-philosophischen Reduktion. Dagegen bestand N. MONZEL (gegen J. MESSNER) auf „sozial bedeutsamen Wertbestimmungen und Zielsetzungen", welche die „übernatürlich-christl. Offenbarung" über eine „natürliche oder naturrechtl. Sozialethik" hinaus beinhalte; er erklärt zB die theol. Tugend der Liebe zur „Sehbedingung der Gerechtigkeit" und verweist zur Begründung auf den Zusammenhang von Lieben und Erkennen, wie ihn AUGUSTINUS, MAX SCHELER und AUGUST BRUNNER hervorheben (vgl. 1959, 53 und 1965, 120 f.). Er nahm damit fast exakt jene Grundposition eines theol. Personalismus vorweg, von dem aus JOHANNES PAUL II. in seiner Sozialverkündigung oft argumentiert (vgl. zB Dives in misericordia 12,3). Indes wäre es falsch, aus der betont theol. Akzentuierung der k.S. durch JOHANNES PAUL II. die These von deren „Umfundierung" ableiten zu wollen, wonach die Theologie alles und eine sachwiss. und philosophisch argumentierende Sozialethik nichts mehr zur Formulierung der k.S. beizutragen hätten. Denn zum einen weist J. GIERS darauf hin, daß auch die früheren Sozialenzykliken (zB Quadragesimo anno 137) eine theol. Argumentationsbasis aufweisen, zum anderen bedient sich JOHANNES PAUL II. zB in „Laborem exercens" weithin sozialphilosophisch-naturrechtlicher Argumente. Differenzen über die Zuordnung beider Quellen lassen sich durch den Hinweis entschärfen, daß die Erkenntnis des jeweils Gerechteren nicht nur intellektuelle, sondern auch emotionale Voraussetzungen hat. Wer Gottes Heilshandeln erfährt und sich im Glauben von seinem Evangelium beschenken und „betreffen" läßt, der wird zu einem anderen, neuen Erkennen, Verstehen und Handeln befähigt. Hier liegt – unbeschadet der wichtigen Frage nach dem „inhaltlichen Überschuß" – die eigentliche Bedeutung des Evangeliums für die Verwirklichung des „doppelten Auftrags der Kirche", der Welt angesichts der Vielfalt menschlicher Not „die Gabe der sozialen Lehre und die Gabe der sozialen Tat" (Mater et magistra 6) zu geben.

3. Methoden. In Gaudium et spes 63,5 findet sich eine kurz gefaßte Methodologie der k.S., wenn im Hinblick auf das „Wirtschaftsleben" gesagt wird: „Hierzu hat die Kirche Grundsätze der Gerechtigkeit und Billigkeit sowohl für das persönliche und das gesellschaftl. als auch für das internationale Leben, wie die rechte Vernunft (recta ratio) sie fordert, im Lauf der Jh.e unter dem Licht des Evangeliums (sub luce Evangelii) erarbeitet und namentlich in jüngster Zeit vorgelegt". K.S. entsteht somit auf der Kreuzung von zwei Erkenntniswegen, die in der Geschichte je neu, aber auch mit einem stets wachsenden Schatz an Erfahrung aufeinander treffen: Der eine Weg kommt von jener theol. Anthropologie her, in welcher der Christ sein Leben im Lichte jenes Sinnhorizontes betrachtet, den ihm die Geschichte der bibl.-christl. Offenbarung erschließt. Mit solchem Glaubens-Wissen im Kopf begibt er sich in den Raum der Geschichte, ordnet er den Staat, gestaltet er die Gesellschaft, organisiert er die Wirtschaft. Dabei stellt er fest, daß ihm bei solcher Weltgestaltung kein beliebiger Spielraum zur Verfügung steht. Er erfährt sich m. a. W. als sittliches Wesen, das nur auf dem Weg einer gewissenhaften Güterabwägung vor Gott und sich selbst bestehen kann. Damit ist der andere Weg markiert, auf dem die k.S. zu ihren Einsichten gelangt: In einer sachwiss. Analyse werden die funktionalen Zusammenhänge und die sich daraus ergebenden Alternativen erfaßt, die den Menschen in seiner biologisch-psychologischen Vorfindlichkeit bestimmen; diese werden dann in einer humanwiss.-philosophischen Reflexion mit dem Sinn des Ganzen von Mensch und Welt ins Gespräch gebracht. Dabei werden Aussagen über drei Sachverhalte versucht: Zum einen über Wert und Würde des menschlichen →Lebens überhaupt, zum andern über die spezifische Gestalt gesellschaftl. Institutionen, die gesellschaftl. Zusammenleben gemäß der Würde ermöglichen, und schließlich über jene Gesinnungen und Tugenden, die erforderlich sind, um das Zusammenleben in einer Gesellschaft gemäß der menschlichen Würde zu verwirklichen. Auf dem Kreuzungspunkt von theol. Anthropologie sowie sachwiss. Analyse und humanwiss.-philosophischer Wert- und Sinnreflexion machen die Christen auf ihrem Weg durch die Geschichte im Umgang mit den gesellschaftl. Kultursachbereichen (Familie, Politik, Wirtschaft usw.) zeitbedingte, aber auch anthropologisch verbindliche Erfahrungen habitueller und institutioneller Art. Dabei wirken Sachanalyse, philosophische Reflexion und Glaubensüberzeugung in einer konkret nicht mehr auflösbaren Weise zusammen. Eine anthropologisch verbindliche Erfahrung habitueller Art ist zB die Einsicht, daß eine Verständigung unter Menschen grds. immer möglich und daß deshalb der Weg des Klassenhasses und des darauf gründenden Klassenkampfes christl. nicht zu verantworten ist. Verbindliche Erfahrungen institutioneller Art entstehen dadurch, daß Christen im Laufe der Geschichte herausfinden, welche Formen des gesellschaftl. Lebens jenen Wertpräferenzen und Sinnbezügen, denen sie sich als Christen verpflichtet wissen, jeweils oder generell anderen denkbaren oder vorfindlichen Formen vorzuziehen sind. So entstehen bestimmte Präferenzen hinsichtlich der Sozialgestalt der →Familie, des Staates, des Bildungswesens, der sozial-caritativen Einrichtungen und Dienste, des Betriebs und Unternehmens, der Interessenauseinandersetzungen usw. Dabei gelangt man auch zu solchen anthropologisch verbindlichen Erfahrungen, hinter die man um des Menschen und um Gottes willen nicht mehr zurückfallen darf. Dies und nichts anderes ist der Kern dessen, was die „klassische" k.S. mit dem mißverständlichen Begriff →„Naturrecht" eigentlich meinte. Man könnte dafür auch „Kulturrecht" sagen, sofern man zugesteht, daß es bei allem gesellschaftl. Wandel, der zu neuen habituellen und institutionellen Lösungen führen kann, auch ein für alle Mal gültige Erfahrungen gibt. Zu letzteren gehören das Festhalten an den Grundtatbeständen der Sittlichkeit (→Freiheit, Verantwortung, →Gewissen) sowie an der Würde des Menschen und den damit vor aller politischen Sanktionierung dem Menschen ursprünglich zukommenden Rechten und Pflichten, die „unmittelbar und gleichzeitig aus seiner Natur hervorgehen" und die deshalb „allgemein gültig und unverletzlich sind" (Pacem in terris 9). Die k.S. hält in diesem Sinne am Naturrecht fest, weil sie sich dazu um der Würde aller von Gott geschaffenen Menschen willen verpflichtet weiß (→Menschenrechte, Menschenwürde).

4. Aussageweisen und Verbindlichkeiten. Die normativen Urteile der k.S. beruhen stets auf „einer Prämisse grundsätzlicher und einer Prämisse tatsächlicher Art" (O. VON NELL-BREUNING, 1972, 20). Dabei ist in der Regel leichter zu sagen, wogegen man ist, als positive strukturelle und habituelle Normen zu formulieren. Deshalb ist zu berücksichtigen, daß in den Dokumenten der kirchl. Sozialverkündigung „in der Regel ein Ineinander von sozialtheol. argumentierender Prophetie, philosophischen Grundwerturteilen und tagesbezogener Orientierungshilfe" (R. HENNING, 1970, 367) mit jeweils unterschiedlichem Verbindlichkeitsanspruch vorliegt. Am sichersten ist sich die k.S. in ihrer prophetisch-kritischen Aussageschicht, wenn sie also feststellt, eine bestimmte Mentalität oder Ordnung der Dinge widerspreche der durch Gottes Wort und Willen sanktionierten Würde des Menschen oder dem „Heil der Seelen". Bei den philosophischen Grundwerturteilen handelt es sich um jene habituellen und strukturellen Normen, welche die Kirche im Sinne der o. g. anthropologisch verbindlichen Erfahrungen der Geschichte für unerläßlich hält. Hier werden das christl. Menschenbild (Personprinzip), sich aus ihm ergebende Sozialprinzipien (→Solidaritätsprinzip; →Subsidiaritätsprinzip; →Gemeinwohlprinzip) und daraus abgeleitete „Grundsätze der Gerechtigkeit und Billigkeit“ für die Ordnung und den Vollzug des gesellschaftl. Lebens vorgelegt. Grundsätze sind aber noch keine Handlungsanweisungen. Zwischen ihnen und dem, was konkret zu tun ist, steht „die rechtmäßige Eigengesetzlichkeit der Kultur und vor allem der Wissenschaften“ (Gaudium et spes 51,3). Deshalb können auch Christen bei der Formulierung konkreter Handlungsnormen „bei gleicher Gewissenhaftigkeit in der gleichen Frage“ (Gaudium et spes 43,3) zu unterschiedlichen Urteilen gelangen. Darauf will das Wort von der k.S. als einem „Gefüge von offenen Sätzen“ (H.-J. Wallraff) hinweisen. Schließlich gibt es noch die Schicht der „tagesbezogenen Orientierungshilfe“, die in der Form von pragmatischen Denkanstößen und der Anregung von Handlungsmodellen erfolgt. Hier bewegt sich die k.S. „nur noch am Rande ihrer Zuständigkeit“ (W. Weber, 1975, 18). Ein Problem besteht darin, daß man früher diese Aussageweisen zu wenig unterschied und dann zB das Denkmodell „Berufständische Ordnung“ in Quadragesimo anno 81 – 98 in den Rang einer grds. Forderung erhob.

5. Anstehende Aufgaben. Die moderne k.S. entstand im Kontext der Probleme der Industriegesellschaft und in Auseinandersetzung mit den Ideologien eines individualistischen →Liberalismus und kollektivistischen →Sozialismus, wie sich leicht den „alten“ Enzykliken Rerum novarum (1891) und Quadragesimo anno (1931) entnehmen läßt. Angesichts der politischen Katastrophen der beiden Weltkriege wandte sich die kirchl. Sozialverkündigung insbesondere seit Pius XII. intensiver den Fragen einer politischen Ethik zu. In Mater et magistra (1961) trat einerseits eine deutliche Rezeption der modernen Sozialwissenschaften, andererseits eine stärkere Betonung sozialen Handelns gegenüber der bloßen Lehre hervor. Mit Pacem in terris (1963) schrieb Johannes XXIII. eine dezidiert politische Enzyklika, in der zudem durch die Hervorhebung der „Zeichen der Zeit“ der dynamische Charakter der k.S. stärker als bisher akzentuiert wurde. In der Pastoralkonstitution Gaudium et spes (1965) wird der Versuch gemacht, die klassischen Fragestellungen der k.S. innerhalb einer übergreifenden Reflexion über das Kirche-Welt-Verhältnis aufzugreifen, ohne damit die „richtige Autonomie“ der Kultursachbereiche zu gefährden. Seit dem Pontifikat Pauls VI. traten drei Probleme stärker in den Vordergrund: zum einen Fragen der Weltentwicklung und einer gerechteren Weltwirtschaftsordnung: s. Populorum progressio (1967), De iustitia in mundo (1971); zum anderen die schon in Gaudium et spes registrierte Krise der „spätindustriellen“ Gesellschaft, deren Glieder an einer zunehmenden Sinnkrise ihres Lebens zu leiden scheinen; schließlich das (folgerichtige) Aufleben (alter oder) neuer Ideologien, mit denen sich Paul VI. u. a. in Octogesima adveniens (1971) beschäftigt und die in jüngster Zeit auch theol. Ableger treiben: So setzt sich Evangelii nuntiandi (1975) erstmals mit einer innerkirchlichen „Konkurrenz“ zur bisherigen k.S. kritisch auseinander, nämlich mit einer bestimmten Variante von „Befreiungstheologien“ (vgl. 25 – 39). Reflektiert man vor diesem hier nur skizzierten Wandel die heute der k.S. gestellten Aufgaben, so muß man sich zunächst einen hist. Zusammenhang klarmachen: Die moderne k.S. hatte ihre bisher fruchtbarsten Zeiten angesichts der Probleme einer werdenden Industriegesellschaft und beim geistigen, politischen und sozialen „Wiederaufbau“ nach dem Zweiten Weltkrieg. Die mit dem Ende der Nachkriegszeit (Ausgang der 60er Jahre) allmählich bewußt werdende Fortschrittskrise traf auf eine Kirche, die sich selbst in vieler Hinsicht zur Frage geworden war; zugleich spürte man, daß den neuen Problemen nicht nur mit den bisherigen Antworten begegnet werden konnte. Weil weder die „Frankfurter Schule“ noch die von ihrem Denken angeregte „Politische Theologie“ (J.-B. Metz) das entstandene geistige Vakuum befriedigend auszufüllen vermochten, stellte sich verschärft die Frage, ob und wie man die klassische k.S. auf dem Boden heutiger gesellschaftl. Probleme weiter entwickeln könnte. Zur Erfüllung dieses Postulats müssen vor allem drei Fragerichtungen verstärkt angegangen werden: a) Es gibt Tendenzen in der heutigen Theologie, Kirche als „Kontrastgesellschaft“ (N. Lohfink) zu definieren, die das Problem einer Sozialethik für „alle Menschen guten Willens“ als eine Sache der „Heiden“ betrachtet und die gesellschaftl. Diakonie der Kirche darin erfüllt sieht, daß ihre Glieder konsequent im Sinne der Bergpredigt „alternativ“ leben. Einer solchen Engführung gegenüber ist die k.S. in Richtung eines doppelten Ansatzes christl. Weltverantwortung zu entwickeln, der einerseits von der Glaubensüberzeugung getragen ist, daß im Erlösungswerk Jesu Christi die Gnade jenes „neuen Menschen“ geschenkt ist, der aus dem Ethos der Gottesherrschaft zu leben vermag, der aber andererseits auch denen, die weniger oder nicht glauben, ethische Hilfen vermittelt, die ihnen Wege zu menschlicheren Strukturen und Verhaltensweisen erschließen. Beides ist eine vor Gott zu verantwortende Aufgabe der Christenheit. b) Das theol. Gespräch zwischen den Vertretern der k.S. und den Anhängern heutiger „Befreiungstheologien“ steckt noch in den Anfängen und bedarf dringend der Intensivierung. Dabei muß die k.S. stärker als bisher nach den Konsequenzen einer theol. Anthropologie für die Formulierung ihrer Sozialprinzipien und die Konkretisierung ihrer Handlungsanregungen fragen. Dazu bieten die Enzykliken Redemptor hominis (1979), Dives in misericordia (1980) und Laborem exercens (1981) insofern hilfreiche Anregungen, als sie – darin die Pastoralkonstitution des Konzils weiterführend – ihre sozialethischen Ansichten und Postulate verstärkt im Lichte eines theol. Humanismus diskutieren. Auf der anderen Seite müssen sich die befreiungstheol. Entwürfe der Gefahr integralistischer Grenzüberschreitungen und der unkritischen Übernahme angeblich sozialwiss. gesicherter Theoreme (zB der „Dependenztheorie" oder des Hist. Materialismus mit seiner Klassenkampftheorie) bewußt werden. Ein fruchtbares Miteinander könnte sich entwickeln, wenn sich „Befreiungstheologien" auf die Formulierung einer theol. Anthropologie der Freiheit, des Erbarmens und der Versöhnung beschränkten und sich im übrigen als Pastoraltheologie verstünden, während die k.S. unter den Bedingungen einer säkularisierten Gesellschaft und im Dialog mit den Sozialwissenschaften die konkret gangbaren „Wege von weniger menschlichen zu menschlicheren Lebensbedingungen" (Populorum progressio 20) zu erkunden hätte. Im Gespräch zwischen Befreiungstheologien und k.S. müßte insbesondere das Verhältnis von Eschatologie und Ethik geklärt werden. c) Schließlich müßte sich die k.S. heute am „Ende der Neuzeit" (R. GUARDINI) verstärkt um die Erarbeitung einer Ethik der Grenze bemühen. Die meisten sich heute zuspitzenden gesellschaftl. Probleme wie der Rüstungswettlauf, die ökologischen Gefahren, die Bevölkerungsvermehrung, der libertinistische Mißbrauch menschlicher Freiheit, die Überschätzung der Möglichkeiten der →Politik, ein sich selbst verzehrender Konsumismus und a. m. lassen sich als Grenzüberschreitungen qualifizieren. Das Ende der Neuzeit zeichnet sich daran ab, daß die in ihr entfesselten positiven Möglichkeiten der menschlichen Vernunft „dank" mancher inzwischen erreichten oder erreichbaren „Errungenschaften" nicht mehr ohne Rückfrage nach ihrem Wert und Sinn weiter verfolgt werden können. Damit ist die Wissenschaft wieder auf die Ethik und, soweit man letzte ethische Entscheidungen nur im Glauben an Gott treffen kann, auf Theologie verwiesen. Auch wer dieser theol. Reduktion nicht zuzustimmen vermag, wird zugeben müssen: Ohne Wertentscheidung, wie immer man sie begründen mag, gibt es keinen Ausweg aus der gegenwärtigen Fortschrittskrise, in der keineswegs die gesamte neuzeitliche Entwicklung, wohl aber deren Grenzüberschreitungen bedacht und korrigiert werden müssen. Den Sozialethiken der christl. Kirchen (es wäre wünschenwert zu sagen: der Weltreligionen) kommt dabei die Aufgabe zu, sich in Nüchternheit einem Ethos der Sachwahrheit zu stellen und zugleich im Vertrauen auf den Gott der Geschichte und die Kraft des angebrochenen Gottesreiches die geistigen und seelischen Kräfte für menschengerechte und vor Gott zu verantwortende Lösungen zu mobilisieren. Gerade in einer solchen Situation kann die Tradition einer primär sachanalytisch und sozialphilosophisch argumentierenden Ethik sowohl wegen ihrer ideologiekritischen Potenzen wie als Brücke zu „allen Menschen guten Willens" neu an Bedeutung gewinnen, sofern sie sich selber gegenüber theol. Grenzüberschreitungen resistent erweist und sich zugleich der heilsgeschichtl. Zusammengehörigkeit (bei aller notwendigen Unterscheidung) von Glaubens- und Vernunfteinsicht bewußt bleibt.

A. F. UTZ, Sozialethik [II]1958 – 1963. – DERS., Ethische und soziale Existenz 1983. – N. MONZEL, Solidarität und Selbstverantwortung 1959. – DERS., Kath. S. [II]1965 – 67. – DERS., Die kath. Kirche in der Sozialgeschichte, T. HERWEG u. a. (ed.) 1980. – Jb. für christl. Sozialwiss., W. WEBER, seit 1985 A. RAUSCHER (ed.) 1960 ff. – J. SCHASCHING, Die soziale Botschaft der Kirche 1962. – G. GUNDLACH, Die Ordnung der menschlichen Gesellschaft [II]1964. – H. J. WALLRAFF, Die kath. S. – Ein Gefüge von offenen Sätzen, in: Normen der Gesellschaft. Festg. für Oswald von Nell-Breuning SJ zu seinem 75. Geburtstag, H. ACHINGER u. a. (ed.) 1965, 27 – 48. – J. MESSNER, Das Naturrecht 1966[5]. – DERS., Ethik und Gesellschaft 1975. – F. KLÜBER, Kath. Gesellschaftslehre [I]1968. – R. HENNING, Christl. Gesellschaftslehre, in: Bilanz der Theologie im 20. Jh., H. VORGRIMLER u. a. (ed.) [III]1970, 361 – 370. – DERS., Kath. S., in: Kath. Soziallexikon, A. KLOSE u. a. (ed.) 1980[2], 1306 – 1317. – O. VON NELL-BREUNING, Wie sozial ist die Kirche? 1972. – DERS., in: Texte zur kath. S., Bundesverband der KAB (ed.) 1985[2], 5 – 30. – W. KERBER, Kath. S. 1975 (Lit.). – A. RAUSCHER, Personalität, Solidarität, Subsidiarität 1975. – DERS., S., kirchliche, in: HdWW [VII]1977, 41 – 51 (Lit.). – Kath. S. in Text und Kommentar, Kath. Sozialwiss. Zentralstelle Mönchengladbach (ed.) bisher 15 Fasz. (insg. 18) 1975 ff. – W. WEBER, Der soziale Lehrauftrag der Kirche 1975. – DERS., Person in Gesellschaft 1978. – DERS., Wenn aber das Salz schal wird 1984. – F. FURGER, Christ und Gesellschaft 1978. – A. KLOSE, Die kath. S. 1979. – L. ROOS, Steht die kath. S. über den Gesellschaftssystemen? in: Christliche S. unter verschiedenen Gesellschaftsystemen, A. RAUSCHER (ed.) 1980, 11 – 37. – DERS., Trinitarischer Humanismus als theologische Mitte einer christl. Gesellschaftslehre, in: Im Gespräch mit dem dreieinen Gott, Festschr. zum 65. Geburtstag von Wilhelm Breuning, M. BÖHNKE u. a. (ed.) 1985, 457 – 480. – DERS., Befreiungstheologien und kath. S. [I u. II]1985. – J. GIERS, Das „Evangelium" und die Ordnungen des gesell. Lebens im sozial-theologischen Denken Johannes Paul II., in: MThZ 33 (1982) 261 – 280. – J. STEGMANN, Die kath. Kirche in der Sozialgeschichte. Die Gegenwart 1983 – J. HÖFFNER, Christl. Gesellschaftslehre, Kevelaer 1983[8].

Lothar Roos

Sozialpartner. I. Begriff. S. sind in den nicht staatskapitalistischen Industriegesellschaften mit dem Spannungsverhältnis von Kapital und Arbeit die freiwilligen, auf →Solidarität beruhenden, jeweils voneinander („gegnerfreien"), vom Staat und von Kirchen unabhängigen →Koalitionen von Arbeitgebern (Ag.) oder Arbeitnehmern (An.) – →Arbeitern, →Angestellten, →Beamten. Innerhalb der Betriebe sind der Ag. und die kollektiv durch den Betriebsrat (Personalrat im öff. Dienst) vertretenen An. die

Betriebspartner auf Grund der Arbeitsverhältnisse. Partnerschaft in diesem Sinn ist das organisierte Zusammenwirken von sich gegenseitig anerkennenden Personen(-gruppen) mit teils übereinstimmenden – hier v. a. auf das Funktionieren der Wirtschaft gerichteten –, teils einander widerstreitenden Interessen und Zielen (vgl. „Geschäftspartner"). Diese Partnerschaft läßt sich mit unterschiedl. politischen Anschauungen verbinden, die u. a. eine friedl. Zusammenarbeit oder das Kämpferische betonen.

Bisher hat die Kooperation zwischen den S. sowie zwischen ihnen und dem Staat in der Bundesrep. Dtschld. zur anhaltenden Stabilität des wirtschaftl., gesellschaftl. und politischen Systems beigetragen (vgl. dazu Korporations- und Tripartismus-Theorie). – Die S. sind danach zu beurteilen, wer zu ihnen rechnet, wie sie sich betätigen und wie ihr Verhältnis zueinander, zu ihren Mitgliedern und zum Gemeinwesen ist.

II. Gewerkschaften (Gew.) und andere An.-Koalitionen. A. Internationale Typologie. Es gibt Grund- und Mischtypen mit vielerlei Merkmalen, v. a. politische und weltanschauliche Einheits-Gew., Richtungs-Gew., Gew. mit Industrie- oder Berufsprinzip, mit bes. Zielen, zB →Mitbestimmung in der Unternehmensführung, abgeschwächte Kampfbereitschaft, Beschränkung auf Tarife und Arbeitsbedingungen, Zusammenarbeit mit Regierungsparteien, revolutionäre Veränderung der Gesellschaft und der Wirtschaft (Sozialisierung).

Die An.-Vereinigungen in der Bundesrep. werden von der Tradition der dt. →Arbeiterbewegung bestimmt. Sie sind „befestigte" Gew., d. h. in Bestand und Funktionen von den Ag., vom Staat und von der Allgemeinheit anerkannt und mit öffentl. Aufgaben betraut. Welche Faktoren die Mitgliederzahl als ein Merkmal der Stärke beeinflussen, ist str.

B. DGB. Im **Deutschen Gewerkschaftsbund** (DGB), der 1949 als Dachverband gegründet wurde, sind 17 Gew. mit ca. 7,8 Mio. Mitgliedern zusammengeschlossen. Sie sind überwiegend nach Industrie- oder Verwaltungsbereichen, im übrigen nach einem Beruf (zB Lehrkräfte) oder einem Rohstoff (Leder) organisiert. Diese Gew. sind politisch und weltanschaulich Einheits-Gew.; sie wollen von Regierung, Verwaltung, Parteien und Religionsgemeinschaften unabhängig sein; das verstehen sie nicht als Neutralität. Nach Auffassung des DGB erübrigt der Zusammenschluß von An. der freiheitlich-sozialistischen und der christlich-sozialen Richtung andere Gew. Die DGB-Gew. verstehen sich nicht allein als Selbsthilfe- und Kampforganisationen zum Schutz ihrer Mitglieder, sondern auch als politische Kraft des Fortschritts mit dem Ziel, alle Politikbereiche zugunsten der An. zu verbessern. Sie fördern: eine gerechtere Wirtschafts- und Gesellschaftsordnung und Einkommens- und Vermögensverteilung, eine Demokratisierung (→Partizipation) des wirtschaftl., sozialen, kulturellen und politischen Lebens, Humanisierung der Arbeitswelt, Ausweitung der Mitbestimmung, einen einheitl. An.-Status im öffentl. Dienst, Verbot der Aussperrung, Recht auf Arbeit, zu diesem Zweck vorrangige Vollbeschäftigung bei gleichmäßigem Wirtschaftswachstum, Investitionslenkung, Ausweitung öffentl. Unternehmen, Mitbestimmung der An. im Bildungswesen, Chancengleichheit auf der Grundlage der integrierten Gesamtschule.

In den Bundesorganen des DGB, der v. a. die gesamtpolitische Linie bestimmt, wirkt sich die unterschiedl. Größe der Einzel-Gew. aus (zwischen 2,5 Mio. und ca. 42 000). Der DGB und die Mitglieder-Gew. sind auf Bundes-, Landes- und Kreisebene föderalistisch organisiert. In den großen Gew. mit heterogener Mitgliederschaft (zB Öffentl. Dienste, Transport und Verkehr) ist eine durchgehende demokratische Vertretung aller Gruppen in allen Organen nicht streng verwirklicht. – Der DGB unterhält das Wirtschafts- und Sozialwissenschaftliche Institut für Forschungszwecke sowie die Hans Böckler-Stiftung und die Stiftung Mitbestimmung v. a. zur Studienförderung. Der DGB und seine Mitglieder haben zahlreiche Einrichtungen der beruflichen →Weiterbildung. Sie betreiben Großunternehmen (Bank für Gemeinwirtschaft, Versicherungsgruppe Volksfürsorge, Baugesellschaften Neue Heimat), z. T. als Beteiligte (zB Beamtenheimstättenwerk, co-op-Zentrale).

C. DBB. Der **Deutsche Beamtenbund** (DBB) ist ein Dachverband von 46 Beamtenverbänden. Er gliedert sich in 11 Landesbünde sowie in 15 Bundesverbände und 20 Bundesfachverbände mit insgesamt ca. 800 000 Mitgliedern. Da Beamte nach →Beamtenrecht nicht durch Tarifabschlüsse ihre Bezüge beeinflussen können und nach hM nicht streiken dürfen, sind ihre Koalitionen in einem eingeschränkten Sinn Gew. und S.; das muß auch für DGB-Gew. mit Beamten als Mitgliedern gelten. Im DBB gibt es eine Gemeinschaft tariffähiger Verbände für Angestellte und Arbeiter des öffentlichen Dienstes.

D. DAG. Die **Deutsche Angestellten-Gewerkschaft** (DAG) wurde 1949 als einheitl. Berufsverband für Angestellte auf Bundesebene gegründet und hat ca. 500 000 Mitglieder. Sie will besondere Interessen der Angestellten vertreten und das Industrie- mit dem Berufsverbandsprinzip verbinden. Gegliedert ist sie in Landesverbände, Bezirke und Ortsgruppen, außerdem nach 8 Berufsgruppen (kaufmännische Angestellte, Öffentl. Dienst usw.), die berufsspezifische Belange vertreten, mit je eigenen Organen. Die DAG betont ihre demokratische Struktur; ihre Berufsfunktionäre sind von Vertreter-Organen ausgeschlossen. Sie tritt seit je für die Soziale →Marktwirtschaft ein und lehnt eine Investitionslenkung ebenso wie einen politischen Streik ab. Im übrigen verfolgt sie ähnl. Ziele wie der DGB in verschiedenen Politikbereichen. Die DAG ist ebenfalls weltanschaulich und politisch eine Einheits-Gew. Auch sie unterhält Bildungseinrichtungen.

E. Verschiedene An.-Organisationen wie der Marburger Bund der angestellten und beamteten Ärzte, der Verband Deutscher Flugleiter, der Bund Deutscher Fußballehrer arbeiten mit der DAG zusammen.

F. CGB. Der **Christliche Gewerkschaftsbund** Deutschlands (CGB) besteht seit 1959 als Dachverband von 17 eigenständigen Berufs-Gew.; er ist gegliedert in 3 Gesamtverbände für Arbeiter, Angestellte und An. des öffentl. Dienstes mit insgesamt über 300 000 Mitgliedern. Der CGB ist vertikal in Landes-, Bezirks- und Ortskartellen organisiert. Er versteht sich als christlich-soziale Richtungs-Gew. Dem DGB macht er v. a. den Anspruch str., alle An. zu vertreten und den Inhalt des Gemeinwohls zu bestimmen, und kritisiert dessen Planwirtschafts- und Sozialisierungsbestrebungen, ein sozialistisches Menschenbild sowie die Forderung eines integrierten Schulsystems. Der CGB bekennt sich zur Sozialen Marktwirtschaft.

G. Internationale Gew.-Organisationen. Der DGB ist Mitglied des Internationalen Bundes Freier Gewerkschaften (IBFG), der sich von dem inzwischen kommunistisch beherrschten Weltgewerkschaftsbund getrennt hat, außerdem des Europäischen Gewerkschaftsbundes, und arbeitet über diese Organisationen wie die DAG in Gremien der →Vereinten Nationen und der →Europäischen Gemeinschaften (EG) mit. Die großen Gew. wirken auch in der →Internationalen Arbeitsorganisation (IAO/ILO) mit. Die DAG gehört ebenso wie der DGB zum Internationalen Bund der Privatangestellten, der mit dem IBFG zusammenarbeitet, und zu den Internationalen Berufssekretariaten. Der DBB ist Mitglied des Internationalen Beamtenbundes. Einzelne Gew. des CGB gehören zum Weltverband der Arbeitnehmer.

III. Ag.-Koalitionen. A. In der **Bundesvereinigung der Deutschen Ag.-Verbände** (BDA) sind die nach Wirtschaftsbereichen gegliederten Verbände von Ag. (→Unternehmer) und die auf Landesebene gebildeten Vereinigungen von Ag.-Verbänden (400 fachl. und 462 überfachl. Organisationen) zusammengeschlossen. Die BDA vertritt die Interessen der Ag. in der Sozialpolitik bundesweit und über einzelne Wirtschaftsbereiche hinaus. Satzungsgemäß darf sie die tarifpolitische Selbständigkeit ihrer Mitglieder nicht einschränken. In der BDA sind mittelbar ca. 80 % der Betriebe mit ca. 90 % der Belegschaftsmitglieder organisiert. Die Ag.-Verbände arbeiten mit Wirtschaftsverbänden, in denen ihre Mitglieder als Unternehmer vertreten sind, in der Wirtschafts- und Sozialpolitik zusammen. Sie betreiben Bildungsarbeit für die Ag. und ihre Mitarbeiter und haben Dienstleistungsbetriebe (für EDV usw.) für Klein- und Mittelunternehmer. Die Walter Raymond-Stiftung, das Otto A. Friedrich-Kuratorium für Eigentumspolitik und das (gemeinsam mit dem Bundesverband der Deutschen Industrie betriebene) Institut der deutschen Wirtschaft sind wissenschaftl. für die Ag. tätig. – Die BDA wendet sich v. a. gegen eine durchgehende Demokratisierung aller Lebensbereiche, gegen eine Investitionslenkung, gegen eine „Interessenpolitik“, die das Gemeinwohl vernachlässigt, gegen zentrale, von Gew. kontrollierte Vermögensfonds statt einer individuellen Beteiligung von An. am Produktivvermögen, wie sie auch der CGB anstrebt. Die BDA betont Privatinitiative und Leistungsprinzip. – Die Ag.-Verbände sind weniger als die Gew. wissenschaftl. erforscht.

B. Die BDA gehört zur **Internationalen Ag.-Organisation** sowie zu Ag.-Vereinigungen im EG- und im OECD-Bereich und arbeitet in Organen der EG sowie der IAO mit.

C. Sondergruppen von Unternehmern mit bestimmten Zielen, zB konfessionellen, sind keine Ag.-Koalitionen.

IV. Aufgaben und Rechte der S. A. Innerbetrieblich haben nach dem →Betriebsverfassungsgesetz der Ag. (die Unternehmensleitung) und der Betriebsrat „vertrauensvoll und im Zusammenwirken mit den im Betrieb vertretenen Gew. und Ag.-Vereinigungen zum Wohl der An. und des Betriebes“ zusammenzuarbeiten. Sie können, ergänzend zu Tarifverträgen, Betriebsvereinbarungen treffen. Insoweit nehmen sie – ebenso wie die überbetriebl. tätigen S. – Ordnungs- und Gestaltungsfunktionen wahr. Der Betriebsrat hat außerdem – ähnlich wie die beiderseitigen Vereinigungen – Schutzfunktionen für die Vertretenen: zugunsten einzelner An. und kollektiv für die Belegschaft in allg., personellen, sozialen und wirtschaftl. Fragen. Für Streitfälle ist eine Einigungsstelle zu bilden.

Eine Gew. kann begrenzt in einen Betrieb hineinwirken, in dem sie vertreten ist. Sie kann die Belegschaft bei Betriebsratswahlen unterstützen, außerdem durch Verfahren gegen Betriebsrat oder Ag. wegen Gesetzesverletzungen sowie durch Entsenden eines Beauftragten. Ob ein An. aus seiner Gew. ausgeschlossen werden kann, weil er für eine andere kandidiert, ist str. Die Gew. sind in den Betrieben durch Vertrauensleute vertreten.

Die Vertretung betriebsbezogener An.-Interessen kann mit überbetriebl. Bestrebungen der Gew. in Konflikt geraten.

Kraft →*Mitbestimmungsrechts* ist in Großunternehmen die Belegschaft durch eigene Angehörige und durch Gew.-Vertreter (von außen) am Aufsichtsrat beteiligt und damit in die Unternehmensführung eingeordnet, aber nicht mit voller Parität.

B. →Kollektivverträge über die Entlohnung und über Arbeitsbedingungen dürfen die Ag. (einzeln oder als Koalition) mit den Gew. →privatrechtlich im Rahmen staatsfreier Autonomie abschließen. Dadurch regeln sie weite Bereiche des →Arbeitsrechts organisiert und paritätisch für die Mitglieder der S. Die *Tarifautonomie,* das Hauptgebiet dieser „sozialen Selbstverwaltung", ist für den →Staat im Kern unantastbar. Sie ermöglicht – zu seiner Entlastung – eine sachnahe, differenzierte und flexible Rechtsetzung, die auf wirtschaftl., technischen und →sozialen Wandel angemessen reagieren soll. In anderen Bereichen des Arbeitsrechts hat der Staat den S. bisher eine große Gestaltungsfreiheit überlassen. Das gilt auch für das Verfahren der Konfliktregelung, v. a. der Schlichtung – mit Ausnahme von Streik und Aussperrung, die das BAG weithin regelt. Eine Zwangsschlichtung ist in einigen Bundesländern vorgesehen, wird aber kaum praktiziert. Die Tarifverträge (z. Zt. über 43 000) haben eine Friedens- und Ordnungsfunktion.

C. Schutzfunktionen üben die S. bei der Vertretung ihrer Mitglieder v. a. vor den Arbeits- und den Sozialgerichten aus. Ihre Mitarbeiter haben prozeßrechtlich als Bevollmächtigte bis zum BSG und LAG (dort nicht diejenigen anderer An.-Koalitionen als der Gew.) die gleiche Stellung wie Rechtsanwälte. Nach der Rechtsprechung müssen die An.-Vereinigungen kraft Mitgliederzahl und Finanzkraft gewährleisten, daß sie geeignete Bevollmächtigte bereitstellen und außerdem sozial- oder berufspolitische Ziele verfolgen wollen und können.

Die An.-Koalitionen bieten außer dem Rechtsschutz v. a. Unterstützungen bei Streiks und z. T. auch in persönl. Notlagen, Bildungsförderung und Vorteile aus Gew.-Unternehmen.

D. Öffentliche Aufgaben sind den S. in verschiedenen Bereichen und Formen zugänglich. V. a. sind es folgende Ordnungs- und Gestaltungsfunktionen:

1. *Tarifnormen,* die sie vereinbart haben, kann der Staat im öffentl. Interesse unter Mitwirkung von S.-Vertretern für *allgemeinverbindlich* erklären. Sie binden wie staatliche →G.e auch die Ag. und An., die nicht zu den am Tarifvertrag beteiligten S. gehören.

2. Die *Selbstverwaltung* der von den S. finanzierten *→Sozialversicherung* und Aufgaben der Bundesanstalt für Arbeit ist ihnen übertragen. Diese Rechtsetzung und Verwaltung steht – im Unterschied zum Tarifvertragsrecht – unter staatl. Aufsicht. Vorschlagslisten für die Wahlen können An.-Vereinigungen mit sozial- oder berufspolitischer Zwecksetzung nur einreichen, wenn sie eine Gew. i. S. des Arbeitsrechts sind oder nach Mitgliederzahl, Tätigkeit und sonstigen Merkmalen die Ernsthaftigkeit und Dauerhaftigkeit ihrer Zwecksetzung gewährleisten und nicht bloß bei der Wahl mitwirken.

3. In zahlreichen anderen Gremien der →Verwaltung sind die S. neben anderen →Verbänden vertreten. Diese institutionalisierte *„sozialpolitische Mitbestimmung"* erstreckt sich über Bereiche der Arbeits- und Wirtschaftspolitik hinaus auf andere, die nicht allein die An. und Ag. berühren, zB das Post- und Rundfunkwesen.

4. Als *ehrenamtliche →Richter* wirken Vertreter der S., die diese vorschlagen, gleichberechtigt bei der →Rechtsprechung der Arbeits- und der Sozialgerichte mit. Sie sind nach ihrer Herkunft Interessenvertreter mit bes. Sachkunde, müssen aber u. a. geloben, „nach bestem Wissen und Gewissen ohne Ansehen der Person zu urteilen". Die S. gehören neben anderen Verbänden zu einem Ausschuß, mit dem vor der Ernennung der Berufsrichter beraten werden muß.

5. Auf *G.e und →Rechtsverordnungen des Staates* wirken die S. durch vielerlei Beziehungen zu den entscheidenden Organen ein: a) über Abgeordnete, Minister und Beamte, die ihre Mitglieder sind, b) durch informelle, von außen nicht kontrollierbare Vorsprachen und Eingaben sowie durch öffentl. Erklärungen, c) in geregelten Anhörungen und Beratungen, d) innerhalb von „Konzertierten Aktionen" mit der Regierung. Auf diesen Kommunikationswegen können die staatl. Organe den Sachverstand der S.-Funktionäre nutzen und umgekehrt über diese ihre Entscheidungen den organisierten Betroffenen verständlich machen, was die demokratische →Legitimation stärkt. Dies bewährt sich bes. bei der Lösung schwieriger Aufgaben, zB dem Personalabbau in wichtigen Unternehmen und Wirtschaftszweigen (bisher im Bergbau um ca. 500 000 An.).

V. Verfassungsrechtliches. A. Koalitionsfreiheit. Die →Vereinigungsfreiheit (Art. 9 I GG, Art. 11, 16 MRK) wird in bestimmten Grenzen (Art. 9 II GG) ergänzt durch das spezielle Grundrecht der →Koalitionsfreiheit, d. h. das Recht zum freien, demokratisch organisierten Zusammenschluß von Ag. oder An. „zur Wahrung und Förderung der Arbeits- und Wirtschaftsbedingungen" (Art. 9 III GG) und zur Betätigung als S. Dieses jedermann zustehende Grundrecht kommt auch kleinen Gruppen (→Minderheiten) zugute, die sich zB aus weltanschaulichen oder politischen Motiven als Ag. oder An. zusammenschließen. Wenn ungeachtet dessen die Gerichte für das Recht zu einzelnen Betätigungen, u.zw. für die Tariffähigkeit und für die Mitwirkung in der Arbeits- und der Sozialgerichtsbarkeit, zusätzl. Anforderungen stellen, so erscheint dies funktional verständlich. Es befestigt aber die „Versäulung" des Soziallebens durch Großverbände. Staatsorgane dürften nicht verhindern, daß neue Ag.- und An.-Koalitionen neben einer bestehenden wirksam werden.

B. Die innerverbandliche Struktur der S. regelt der Staat durch den weiten Rahmen des BGB-Vereinsrechts. Diese Vorschriften erscheinen indes unzureichend für eine Sicherung demokratischer Mitbestimmung in den großen Verbänden. Deshalb wird erwogen, ob und wie durch ein Verbändegesetz, dessen Geltungsgrenzen allerdings kaum exakt genug festzulegen wären, bei der internen Organisation, u. a. beim Wahlrecht, dem Übergewicht der – notwendigen – Berufsfunktionäre, der Verbands-Bürokratie und der oligarchischen, für die Schlagkraft unerläßl. Führungsgremien sowie Nachteilen des →Mehrheitsprinzips entgegengesteuert werden könnte; v. a. müßte Oppositionsgruppen die Möglichkeit verschafft werden, wirksam zu werden. In der gegenwärtigen Lage können spezielle Tarifbedürfnisse von Minderheiten unzureichend berücksichtigt bleiben, und Verbandsaktivitäten in anderen Bereichen, zB in der →Bildungs- und →Schulpolitik, können die Meinungsvielfalt unter den Mitgliedern mißachten. Ein G. könnte wohl nur begrenzt die innere Verbandsdemokratie für Sach- und Personalfragen gewährleisten. Diese ist als Legitimationsgrundlage für die Teilhabe privater Gruppen an der Ausübung öffentlicher →Gewalt – ähnlich wie bei den politischen →Parteien – unverzichtbar. Gesellschaftl. Macht genügt dafür nicht. In dem Maße, in dem S. die kanalisierten Interessen ihrer Mitglieder im Gemeinwesen geltend machen, muß in ihren Organen die volle Bandbreite der verschiedenen internen Standpunkte angemessen vertreten sein.

Ein mächtiger und einflußreicher S. darf diejenigen, die ihm angehören wollen, grundsätzlich nicht ablehnen (für Gew.: BGH).

C. Die negative Koalitionsfreiheit, Vereinigungen fernzubleiben oder aus ihnen auszutreten, ist auch grundrechtlich geschützt (Art. 9 III, Art. 2 I GG). Die S. können nicht wirksam vereinbaren, daß An., die einer Gew. als Tarifpartner nicht angehören, nicht beschäftigt werden dürfen. Ob solche An. tariflich benachteiligt werden dürfen oder ob ihnen als Ausgleich für Vorteile aus einem Tarifvertrag („Trittbrettfahrer") ein Solidaritäts-Beitrag abverlangt werden darf, ist str. Der Anspruch einer Gew., im öffentlichen Leben für alle An. zu sprechen und zu handeln, ist nach den Grundsätzen der Demokratie fragwürdig angesichts der durch die negative Koalitionsfreiheit ermöglichten Lage, daß die Gew. nur etwa 42% der An. und der DGB bloß etwa ein Drittel der An. erfassen. Im höheren Organisationsgrad der Ag. könnte sich die Verbindung mit den Unternehmerverbänden, deren Mitglieder den Markt beherrschen, auswirken.

D. Als →**Verbände** nehmen die S. rechtlich und tatsächlich eine *Sonderstellung* ein. In der zunehmenden Verflechtung von Staat und →Gesellschaft haben sie eine führende Rolle als („intermediäre") gesellschaftl. Kräfte, die auf den Staat einwirken. Sie sind in verschiedenen Gremien an der Ausübung staatl. Macht beteiligt und können durch autonome Vereinbarungen der staatlichen Einkommens-, →Vermögens-, →Wirtschafts- und bes. →Konjunktur- sowie →Wachstumspolitik entgegensteuern. In der Wirtschaftswissenschaft ist allerdings str., ob und wie die S. durch die Höhe der Arbeitsvergütungen (→Lohnpolitik und -theorie; →Einkommenstheorie), die auf die Preise abgewälzt werden können, den Geldwert, die →Arbeitsmarktlage, bes. für Problemgruppen (zB Behinderte), und die →Außenwirtschafts-Bilanz verschlechtern können. Die organisierten Ag. und An. sind gemeinsam Mitgaranten des →*Sozialstaats*. Mitverantwortlich für die Gestaltung der öffentl. Angelegenheiten sind die S. entsprechend ihrer Einwirkung auf diese. Deshalb wäre von den S. zu fordern, sie müßten bei der Durchsetzung ihrer Partikularinteressen das →*Gemeinwohl* beachten. Rechtlich gebietet dies die Sozialbindung der Koalitionsfreiheit, des →Eigentums der Ag. (Unternehmer) sowie der →Berufsfreiheit der Ag. und der An. (Art. 12 und 14 GG). Wer sich auf ein Recht auf Arbeit beruft, hat als An. die Chancen der Arbeitslosen mitzubedenken. Im politischen Machtprozeß (→Macht) um den Inhalt des Gemeinwohls dürfen auch die S. ihre Bedürfnisse geltend machen. Aber sie müssen die Interessen der anderen Gruppen respektieren, selbst im Arbeitskampf wenigstens in äußersten Grenzen. Ob divergierende Forderungen einzelner Gruppen als berechtigt anerkannt werden, entscheidet sich im Prozeß öffentl. Auseinandersetzung, letzten Endes nach den Verfahrensregeln des GG.

Notfalls dürfen und müssen die im →parlamentarischen System legitimierten Staatsorgane, die Wächter- und Schlichterfunktionen haben, im Interesse der Allgemeinheit die Auswirkungen der Tarifmacht korrigieren, v. a. nach den Maßstäben der unabhängigen Bundesbank (→Finanzpolitik; →Staatshaushalt) und des wirtschaftl. Sachverständigenrates. Solche Machtbeschränkungen entsprechen der Bekämpfung von Kartellen u. ähnl. Mitteln des →Wettbewerbsrechts in der →Marktwirtschaft sowie der Begrenzung der staatl. Macht durch das GG, bes. durch die →Gewaltenteilung und durch Grundrechte. Str. ist, ob öffentl. Aufgaben, die die An. berühren, besser allg. auf Arbeiterkammern, die in Bremen und im Saarland schon bestehen, übertragen werden sollen und dürfen. Diese Vertretungen aller An. stehen unter staatl. Aufsicht.

E. Streik und Aussperrung sind die stärksten Mittel des →Arbeitskampfes der überbetriebl. S. Nach dem Grundsatz der Parität setzt das BAG, das Rechtsschutz gewährt und das statt des eigentlich zuständigen G.gebers bisher die Kampfregeln festlegt, der Aussperrung durch die Ag. engere Grenzen als dem Streik. Ob ein S. wirtschaftlich, sozial und politisch stärker ist als der Gegenspieler, ist bislang nicht wissenschaftlich, v. a. durch die Empirische →Sozialforschung, festgestellt worden. Der Staat darf nicht einseitig begünstigend in den Arbeitskampf eingreifen, auch nicht auf Grund der →Notstandsverfassung (Art. 9 III 3 GG). Andererseits ist ein politischer Streik – außer kraft des →Widerstandsrechts (Art. 20 IV GG) – nach hM nicht berechtigt; er betrifft nicht die Arbeits- und Wirtschaftsbedingungen.

VI. Kirche und Arbeitsrecht (s. a. Arbeitsrecht II). **A.** Die →Kirchen, die Caritas und die

→Diakonie haben im Rahmen des →Kirchenrechts ein eigenes →Arbeitsrecht geschaffen, u. a. statt des staatl. Betriebsverfassungsrechts, das in ihren „Betrieben" nicht gilt, ein bes. Mitarbeitervertretungsrecht für ihre „Dienstnehmer" (→Mitbestimmung in der Kirche). Zu ihren Einrichtungen haben Gew.-Vertreter keinen Zutritt, auch nicht zur Werbung und Betreuung von Mitgliedern, falls der Träger kraft staatl. anerkannter Autonomie dies ablehnt (BVerfG).

B. *Tarifvertragsrecht* gilt nicht ohne weiteres für diesen Bereich. Ob diese Ag. Tarifverträge abschließen sollen, ist str. Ein Streikrecht als Konsequenz erscheint mit solchen „Dienstgemeinschaften" nicht vereinbar. Außer den ev. Kirchen von Berlin und Nordelbien lehnen alle Kirchen ebenso wie Caritas und Diakonie diesen „Zweiten Weg" – nach der einseitigen Festsetzung der Arbeitsbedingungen – ab. Sie haben einen *„Dritten Weg"* gewählt: eine Festlegung durch Arbeitsrechtliche Kommissionen, in denen Vertreter der Dienstgeber und der Mitarbeiter paritätisch zusammenwirken. In Streitfällen entscheiden ebenso besetzte Schlichtungsgremien entweder verbindlich oder vorschlagend für die ev. →Synode oder den kath. Bischof (→Bischofsamt). Nach einigen Regelungen werden die Vertreter der An. durch Mitarbeitervertretungen bestellt, die eine bes. Art von S. sind; das widerspricht wohl dem Gedanken der „Dienstgemeinschaft", die die gesamte Belegschaft umfaßt.

C. *Außerkirchliches Arbeitsrecht,* soweit es vom Leistungs- und Wettbewerbsstreben ausgeht, können Ag. und An., die sich an die vorrangig vom Friedens- und Versöhnungsgedanken beherrschte Rechtsauffassung des NT (MEURER) gebunden fühlen, zurückhaltend für sich in Anspruch nehmen, jedenfalls bezüglich der Arbeitskampfmittel und des Erstrebens von Gruppenvorteilen. S. a. Gewerkschaften II.

BDA-Jahresberichte – S. MEURER, Das Recht im Dienst der Versöhnung und des Friedens, Zürich 1972 – M. v. HAUFF, Die wirtschaftliche Macht der Gew., 1977 (Lit.) – W. KENDALL, Gew. in Europa, 1977 (Lit.) – H. SANMANN, S. in: HdWW VII1977 (Lit.) – K. ZWEIGERT/MARTING, Gew. und GG in: Festschr. für HEINZ VETTER, 1977, 109 ff. (Lit.) – R. DITTMAR, Die Deutsche Angestellten-Gew., 1978 – B. KOCH, Der christliche Gew.bund, 1978 – O. JACOBI u. a. (ed.), Arbeiterinteressen gegen Sozialpartnerschaft, 1979 – A. UTZ u. a. (ed.), Die S. in Wirtschaft, Gesellschaft und Staat, 1979 – E.-P. MÜLLER, Die S., 1980 – B. WAHL, Die Relativität des Gew.begriffes, 1980 (Lit.) – H. BAYER u. a., Die westdeutsche Gew.bewegung in Zahlen, 1981 – J. HAMPEL u. a., Zur Gew.frage: Die christl.-soziale Alternative, Politische Studien, H. 3/1981 – R. JÜHE u. a., Gew. in der Bundesrep. Dtschld., 1982[2] – H. RÜHLE u. a. (ed.), Gew. in den Demokratien Westeuropas, 2 Bde., 1983 – M. G. SCHMIDT u. a., Westliche Industriegesellschaften, Pipers Wörterbuch zur Politik[II], 1983, 78 ff., 145 ff., 150 ff., 165 ff., 198 ff., 209 ff., 248 ff., 419 ff., 439 ff., 448 ff., 454 ff., 521 ff. (Lit.) – F. GAMILLSCHEG, Arbeitsrecht[II], 1984[6] (Lit.) – M. KITTNER, Gew.-Jb., 1984 (Lit.) – K. HIRCHE, Der Koloß wankt? Die Gew.unternehmen zwischen Anspruch und Wirklichkeit, 1984 – G. LEMINSKY u. a., Politik und Programmatik des DGB, 1984[2] – MAUNZ/DÜRIG/HERZOG/SCHOLZ, GG – Art. 9 u. 20, Std.: 1985 – W. MÜLLER-JENTSCH, Kollektive Interessenvertretung, in: W. LITTEK u. a. (ed.), Einführung in die Arbeits- und Betriebssoziologie, 1983[2], 362 ff. (Lit.) – DERS., Gew. als intermediäre Organisationen, in: G. SCHMIDT u. a. (ed.), Materialien zur Industriesoziologie, KZSS Sonderheft 24/1982, 408 ff. (Lit.) – H.-U. NIEDENHOFF, Die unbekannte Macht. Unternehmer DGB, 1984[4] (Lit.) – R. RICHARDI, Arbeitsrecht in der Kirche, 1984 (Lit.)

Traugott Wulfhorst

Sozialpolitik. I. Begriffsproblematik. Der Begriff S. hat trotz intensiver Bemühungen zahlreicher Wissenschaftler (vgl. dazu G. KLEINHENZ und H. LAMPERT, 1980) noch heute keinen allg. anerkannten, präzis abgegrenzten Inhalt und ist umstritten. Das gilt vor allem für Begriffsbestimmungen, die aus der sozialen Frage des 19. und frühen 20. Jh. und den sozialpolitischen Maßnahmen zu ihrer Lösung abgeleitet sind, d. h. aus vergangenen Zuständen. Während die vorherrschenden, hist. orientierten und daher raum- und zeitgebundenen Definitionen die S. infolge von Veränderungen der Ziele, Maßnahmen, Träger der S. und der in das sozialpolitische System einbezogenen Gesellschaftsgruppen nicht zeitlos genug zu charakterisieren vermögen, sagen allgemeingültige, abstrakte, zeit- und raumunabhängige Definitionen zu wenig über den Inhalt der S. aus. Wir definieren daher S. erst nach Darstellung ihres Inhalts.

II. Entstehungsgründe. Die neuzeitl. staatl. S. als Instrument der Industriegesellschaft zur sozialen Korrektur der Wirtschafts- und Ausgestaltung der Sozialordnung entstand, als die Ideen der →Aufklärung und des →Liberalismus über →Freiheit, →Gleichheit und →Menschenwürde politisch und rechtl. in Dtschld. im 19. Jh. wirksam wurden, zur Auflösung der Zünfte, der Leibeigenschaft und Hörigkeit beitrugen und zur Verwirklichung des Rechts auf Selbstbestimmung, →Freizügigkeit, freie Wahl des Berufs und des Arbeitsplatzes, Gewerbe- und Vertragsfreiheit, zur Verwirklichung des freien, gleichen und geheimen Wahlrechts und der allg. Schulpflicht führten. Dadurch zerbrachen die Reste der spät-ma. Feudalgesellschaft, die patriarchalisch-naturrechtl. Ordnung und der Ständestaat mit ihren jahrhundertealten Arbeits-, Lebens- und sozialen Sicherungsformen. Die skizzierte politische und rechtl. Entwicklung im 19. Jh. führte soziale Fragen der vorindustriellen Gesellschaft einer Lösung zu, wie sie zB in Form einer höchst ungleichen Ausstattung sozialer →Klassen und Stände mit politischen und wirtschaftl. Rechten und Pflichten, in Form rechtl. oder wirtschaftl. gesicherter Besitz-, Einkommens-, Berufs- und Bildungsprivilegien und in Gestalt strengster sozialer, wirtschaftl. und persönl. Abhängigkeitsverhältnisse existiert hatten. Gleichzeitig jedoch entstand – durch diese Entwicklung begünstigt – eine neue, „die“ *Soziale Frage* des 19. Jh., konkreter: die *Arbeiterfrage.* Denn die neuen →Grundrechte schufen die politischen und rechtl., der die Wirtschaftsgesinnung und die →Technik völlig wandelnde Rationalismus die wirtschaftl. und technischen Grundlagen für die Entstehung der kapitalistischen industriellen Gesellschaft und für die mit ihrer Entstehung bzw. mit ihrem Wesen verbundenen sozialen Probleme. Zwar war die Industrialisierung in Verbindung mit einer Intensivierung der Landwirtschaft der einzig gangbare, rettende Weg zur Sicherung und Verbreiterung der Existenzgrundlage der im 19. Jh. explosiv wachsenden →Bevölkerung. Die sich entwikkelnde Industrie konnte aber die durch die Beseitigung gutsherrschaftl. und zünftlerischer Ehehindernisse beschleunigt wachsenden Menschenmassen sowie die durch die Bauernbefreiung und durch die agrarische Revolution freigesetzten Arbeitskräfte nicht schnell und reibungslos genug aufnehmen. Neben dem schon vorhandenen landwirtschaftl. entstand das gewerbl. Proletariat. Die rechtl. freien, wirtschaftl. aber unselbständigen →Arbeiter hatten kein →Eigentum. Sie konnten ihren und ihrer Familie Unterhalt nur durch die „Vermarktung“, die vertragl. Verwertung ihrer Arbeitskraft gegen Entgelt, zu sichern suchen – bei gesundheitsschädigenden Arbeitszeiten, unter Gesundheit und Sittlichkeit gefährdenden Arbeitsumweltbedingungen und meist nur unter Mitarbeit von Frau und Kindern im Alter von sechs bis 14 Jahren. Wegen der fehlenden Selbstvorsorgemöglichkeit waren sie den Folgen von Krankheit, Unfall, Arbeitslosigkeit, Invalidität, Alter und Tod schutzlos ausgesetzt. So wurde es notwendig, die Arbeitnehmer durch *Arbeitsschutz* vor gesundheitl., sittl. und Ausbeutungsgefahren zu bewahren, sie durch *soziale Sicherungseinrichtungen* gegen existenzgefährdende Risiken zu schützen, weil die Mittel der karitativen, der gemeindl. und der Selbsthilfeeinrichtungen zu begrenzt waren, um auch nur den nötigsten Schutz zu bieten und durch →*Arbeitsmarktpolitik* Voraussetzungen zu möglichst günstiger Verwertung der Arbeitskraft zu schaffen. Millionen Menschen lösten sich aus ihren Geburtsorten, aus den vertrauten ländl. oder kleinstädtischen Lebensordnungen und füllten Mietskasernen in den wachsenden Städten, um in der entstehenden Industrie arbeiten und eine Existenzgrundlage finden zu können. Die im Umbruch befindl. Gesellschaft war gekennzeichnet durch eine die →Familie bedrohende Trennung von Arbeits- und Lebensraum, eine zunächst den Klassenkampf induzierende Trennung von Kapital und Arbeit, eine Unterordnung des Menschen unter die sachl. Anforderungen des Werkvollzugs im Rahmen einer rationalen Arbeitsorganisation und eines entpersönlichten, jederzeit kündbaren Arbeitsverhältnisses sowie durch fremde, komplizierte und spezialisierte Arbeitstechniken. Die sich daraus für die Familie, den Frieden im Betrieb und zwischen den Klassen, für das innere und das soziale Gleichgewicht des Arbeitnehmers und die Wahrung seiner Menschenwürde ergebenden Gefahren machten eine Ordnung des Arbeitsverhältnisses durch *Arbeitsvertragsschutz* und eine entsprechende Ausgestaltung der Betriebsordnung durch *Betriebsverfassungspolitik,* eine Sicherung der Familie durch *Familienpolitik* nötig. Alle diese im Sammelbegriff *Soziale Frage* enthaltenen Probleme führten zur S. als dem „Inbegriff der obrigkeitl. Veranstaltungen zum Schutz derjenigen Gruppen der Gesellschaft, die infolge ihrer wirtschaftl. abhängigen Stellung bes. Schäden, Benachteiligungen, Gefahren und Nöten ausgesetzt sind ...“ (G. ALBRECHT). Mit dieser Definition ist S. als Politik zur Lösung der Arbeiterfrage zutreffend umschrieben. S. ist aber im 20. Jh. über eine *Schutzpolitik* hinausgewachsen und zur *Ausgleichs-* und *Gesellschaftspolitik* geworden.

III. System. A. Staatl. S. als Schutzpolitik. *1. Arbeitsschutz.* Das preuß. „Regulativ über die Beschäftigung jugendl. Arbeiter in den Fabriken“ leitete die dt. S. 1839 mit dem Arbeitsschutz ein. Seine Ziele sind a) Schutz des Arbeitnehmers vor Unfall-, Gesundheits- und Sittlichkeitsgefährdung (= *Gefahren- oder Betriebsschutz*) durch öffentl.-rechtl. Ge- und Verbote (zB Unfallverhütungsvorschriften); b) Schutz der Nacht-, Sonn- und Feiertagsruhe, Sicherung ausreichender Frei- und Urlaubszeiten zur Regeneration und →Persönlichkeitsentfaltung (= *Arbeitszeitschutz*) durch öffentl.-rechtl., tarifvertragl. und betriebl. Arbeitszeitregelungen mit einem bes. →Jugend- und →Mutterschutz; c) Sicherung von vertragl. Mindestnormen, die den Bestand des Arbeitsverhältnisses und den Arbeitnehmer vor Willkür, Ausbeutung und Diskriminierung schützen (= *Arbeitsvertragsschutz,* zB Kündigungsschutz) durch öffentl.-rechtl. und tarifvertragl. Arbeitsvertragsschutz. Der nach Art und Umfang laufend ausgedehnte und verbesserte Schutz erfaßt heute mit Differenzierungen alle Arbeitnehmer in der gesamten Wirtschaft. Hauptaufgabe des Arbeitsschutzes ist die weitere Anpassung des vorbeugenden Unfall- und Gesundheitsschutzes an die sich ständig verändernden Arbeitstechniken.

2. Sozialversicherung. Nirgends in der S. wird wie in dem zentralen, ab 1883 erschlossenen Bereich der →Sozialversicherung die allg. Tendenz der S. so deutl., möglichst alle Risiken möglichst für alle möglichst umfassend zu dekken. Der 1883 errichteten *Kranken-* folgte 1884 die *Unfall-,* 1889 die *Invaliditäts-, Alters-* und *Hinterbliebenenversicherung.* Die →Angestellten wurden 1911 in das Sicherungssystem einbezogen, 1923 die staatl. *Knappschaftsversicherung* errichtet; 1927 folgte die *Arbeitslosen-,* 1938 die *Handwerkerversicherung.* Ab 1949 wurden *Alterssicherungen für die freien Berufe,* 1957 die *Altershilfe für Landwirte* eingerichtet; 1972 wurde die Rentenversicherung für Selbständige und Hausfrauen geöffnet. Der weitere Ausbau der Sozialversicherung ist gekennzeichnet durch a) steigendes Gewicht vorbeugender, schadenverhütender Maßnahmen (Vorsorgeuntersuchungen, Kuraufenthalte) gegenüber schadenausgleichenden; b) verstärkte Maßnahmen zur Wiedereingliederung Erwerbsloser, vorübergehend oder ständig Berufsunfähiger in das Erwerbsleben durch Wiederherstellung der Berufs- bzw. Erwerbsfähigkeit; c) Ausdehnung der Leistungsarten, zB Mitversicherung der Familienangehörigen, Einführung der Mutterhilfe; d) Erhöhung der Sach- und Geldleistungen; die Geldleistungen sind nicht mehr am Existenzminimumbedarf orientiert, sondern sollen bei Beeinträchtigung, Unterbrechung oder Beendigung des Arbeitslebens die Stellung des Betroffenen im Sozialgefüge erhalten und ihn an der allg. Einkommensentwicklung teilhaben lassen. Das zeigt sich vor allem an der 1957 eingeführten Anpassung der Renten an die Entwicklung der Kaufkraft und der durchschnittl. Arbeitseinkommen sowie an der sechswöchigen vollen Lohnfortzahlung an kranke Arbeiter, die auch Symptom ist für e) die zunehmende Gleichstellung der Arbeiter mit den Angestellten. Bes. Probleme sind a) die Aufbringung der künftigen Renten, da wegen der Überalterung der Bevölkerung der nicht mehr erwerbstätige Bevölkerungsteil immer größer wird, der aus dem lfd. realen Volkseinkommen versorgt werden muß; b) die fast totale Ersetzung individueller durch kollektive Sicherung, durch die – bei z. Z. rd. 35 % Belastung des Arbeitseinkommens mit direkten Sozialabgaben – die individuelle Vorsorgefähigkeit und -bereitschaft verringert, private durch staatl. Vermögensbildung ersetzt und die innovatorische Konkurrenz zwischen staatl. und privaten Sicherungseinrichtungen reduziert wird; c) das Fehlen von existenzsichernden Mindestrenten für Niedriglohnbezieher und Arbeitnehmer mit einem unverschuldet kurzen Arbeitsleben; d) die merkliche Besserstellung von Angehörigen des öffentl. Dienstes in der Altersversorgung gegenüber Arbeitnehmern in der privaten Wirtschaft.

3. *Betriebsverfassungspolitik*. Der an die technische, soziale und wirtschaftl. Welt des Betriebes, an unternehmerische Entscheidungen gebundene oder von ihnen betroffene Arbeitnehmer hat ein allg. anerkanntes Interesse, die Betriebsordnung, in der er lebt, mitzugestalten, ihn betreffende betriebl. und unternehmerische Entscheidungen zu kennen, in bestimmten Fällen mitzuberaten oder zu beeinflussen. Ihm wurde ein Anspruch auf eine seine Persönlichkeitsrechte wahrende, die Fremdbestimmtheit und Entpersönlichung der Arbeit mildernde Betriebsordnung zuerkannt. Das Interesse der Arbeitnehmer, der Arbeitgeber und der Gesellschaft ist andererseits auf eine möglichst produktive Betriebsordnung und eine gedeihliche Zusammenarbeit von Arbeitgeber und -nehmer gerichtet. Die Abstimmung dieser Interessen auf der Grundlage des →Betriebsverfassungsrechts bzw. des →Personalvertretungsrechts ist Ziel der Betriebsverfassungspolitik. Das BetrVG von 1972 knüpft – wie schon das BetrVG von 1952 – an den allg. erstmals im BetriebsräteG. von 1920 verankerten *Grundsatz demokratischer Selbstverwaltung betriebl. Angelegenheiten* an und räumt den Arbeitnehmern und den Betriebsräten als Arbeitnehmervertretern Informationsrechte, Beschwerderechte und vor allem Mitwirkungs- bzw. →Mitbestimmungsrechte bei der Gestaltung von Arbeitsplatz, Arbeitsablauf und Arbeitsumgebung sowie in sozialen (zB Arbeitszeit- und Lohnregelungen), personellen (zB Einstellung, Entlassung oder Versetzung) und wirtschaftlichen Angelegenheiten (zB Arbeitsmethoden, Betriebsverlegung) ein. Weiter als das BetrVG gehen das für den Bergbau, die Eisen- und Stahlindustrie zusätzl. geltende MitbestimmungsG (1951) und das für Kapitalgesellschaften in der übrigen Wirtschaft mit mehr als 2000 Beschäftigten geltende Mitbestimmungsgesetz von 1976. Sie sichern den Arbeitnehmervertretern auch Einfluß auf die Unternehmensführung. Hauptproblem ist es, jene Grenze zu finden, bis zu der Mitbestimmungsrechte ausgedehnt werden können, ohne die Erfüllung der in der →Marktwirtschaft unentbehrl. unternehmerischen Funktionen zu gefährden, ohne die unternehmerische Entscheidungsfreiheit wesentl. zu beschränken und ohne die Beschränkung der Verfügungsrechte über das Eigentum zu einer →Enteignung und „kalten" Sozialisierung werden zu lassen.

4. *Arbeitsmarktpolitik*. Da das Arbeitseinkommen Existenzgrundlage Unselbständiger ist, ist diese um so besser gesichert, die Notwendigkeit, Einkommensausfall sozialpolitisch zu kompensieren, um so geringer, je mehr es gelingt, allen Arbeitsfähigen und -willigen ununterbrochene, ihren Neigungen und Fähigkeiten entsprechende Beschäftigung zu bestmögl. Bedingungen zu sichern. Dieses Ziel verfolgt die Arbeitsmarktpolitik a) durch *Vollbeschäftigungspolitik,* die mittels zahlreicher Instrumente der Wirtschaftspolitik, insbes. der →Finanzpolitik die Gesamtnachfrage nach Arbeitskräften an das Gesamtangebot (und umgekehrt) anzupassen sucht; b) durch die Abstimmung des Arbeitsangebotes nach berufl. und qualitativer Zusammensetzung und räuml. Verteilung mit dem Arbeitskräftebedarf mittels freier Berufs- und Arbeitsplatzwahl, *Berufsberatung,* Arbeitsvermittlung, *Fortbildungs-* und *Umschulungsmaßnahmen,* Erhöhung der räuml. und berufl. Beweglichkeit der Arbeitnehmer, Maßnahmen der Industrieansiedlung usw. Die Vollbeschäftigung erhöht gegenüber der Unterbeschäftigung die Erwerbschancen und das durchschnittl. Arbeitseinkommen, da bei Vollbeschäftigung nicht so sehr die Arbeitskräfte um die Arbeitsplätze als vielmehr die Unternehmer um die knappen Arbeitskräfte konkurrieren. Die Erreichung bestmögl. Beschäftigungs-

bedingungen wurde systematisch gefördert, seit a) das zersplitterte Arbeitsangebot gewerkschaftl. organisiert und so die Marktüberlegenheit der Arbeitgeber beseitigt, der Unterbietungswettbewerb der Arbeitnehmer verringert wurde, b) mit der gesetzl. Regelung des Tarifvertragsrechts (→Tarifrecht) individuelle durch kollektive Vertragsverhandlungen verdrängt wurden, verhandlungserfahrene, gut informierte Berufsfunktionäre organisierten Willen, organisierte Macht und vor allem das legale Mittel des →Arbeitskampfes einsetzen können, um bessere Beschäftigungsbedingungen zu erzwingen, c) Unterbietungswettbewerb ausgeschlossen ist, weil die Tarifbestimmungen Mindestnormen sind, d) die Zahlung von Arbeitslosenhilfe und -unterstützung den Zwang Arbeitsloser, sich sofort und um jeden Preis anzubieten, verringert und so das Lohnniveau nach unten abgesichert hat, e) Vollbeschäftigungspolitik betrieben wird – wenn auch mit einem durch eine Vielzahl von Ursachen bedingten, wechselnden Erfolg – und f) durch die im Arbeitsförderungsgesetz von 1969 ausgebauten Maßnahmen der berufl. Ausbildung, Förderung und Umschulung die individuellen berufl. Entwicklungschancen beachtlich verbessert wurden.

B. Staatl. S. als Ausgleichs- und Gesellschaftspolitik. Die beschriebene Schutzpolitik wurde auf der Grundlage der dem Kapitalismus eigenen, permanenten Steigerung der wirtschaftl. Wohlfahrt, die die S. erst wirtschaftl. fundiert und ihre Entfaltung ermöglicht, betrieben und hat nachhaltig dazu beigetragen, wirtschaftl. in sozialen Fortschritt zu verwandeln, in soziale Sicherheit zunächst der wachsenden Schicht der Arbeiter, dann der noch stärker wachsenden Schicht der Angestellten und ihrer Familien umzumünzen und ihn so umzuverteilen, daß die eingeräumten Rechtsansprüche auf persönl. Freiheit, persönl. Entfaltung, Menschenwürde, Sicherung gegen die Folgen von Krankheit, Unfall, Arbeitslosigkeit, Berufs- und Erwerbsunfähigkeit, Alter und Tod des Ernährers auch wirtschaftl. realisiert werden konnten. Entsprechend der Entfaltung der staatl. S. wurden die vorher dominierenden Einrichtungen der kirchl. (Caritas, Diakonisches Hilfswerk der Kirche), der freien (Arbeiterwohlfahrt, paritätischer Wohlfahrtsverband), der gewerkschaftl. und der öffentl., vorwiegend gemeindl. Fürsorge zu Lückenbüßern (H. Achinger), die sich außergewöhnl., untypischer Fälle sozialer Not annehmen; das gilt um so mehr, als das die öffentl. Fürsorge neu ordnende BundessozialhilfeG (1961) auch Personen, die keinen Anspruch gegen die Sozialversicherung haben, einen Anspruch auf →Sozialhilfe einräumt, die dem Empfänger ein menschenwürdiges Leben ermöglichen und ihn von dieser Hilfe wieder unabhängig werden lassen soll. Andererseits aber wurde die staatl. Schutzpolitik erstens durch eine freiwillige betriebl. S. ergänzt, zweitens durch die Weiterentwicklung der staatl. S. zu einer Politik des sozialen Ausgleichs ausgeweitet.

Die *betriebl. S.* entwickelte sich bereits, bevor der Staat die Betriebe zu obligatorischen sozialen Leistungen verpflichtete, als weitblickende Unternehmer (zB Alfred Krupp, Ernst Abbe) versuchten, durch freiwillige, über den betriebsbedingten Aufwand für Unfallschutz, Ausbildung der Arbeitskräfte u. ä. hinausgehende soziale Aufwendungen die Arbeitsproduktivität zu heben, den sozialen Frieden im Betrieb zu erhalten oder zu fördern und bzw. oder die wirtschaftl. Lage ihrer Arbeitnehmer zu verbessern. Der *freiwillige Sozialaufwand* – neben der Qualität und Art der Personal-, Betriebs- und Unternehmungsführung das wichtigste Instrument betriebl. S. – ist seit der Industrialisierung nach der Art der Leistungen und ihrer Höhe gestiegen und umfaßt heute Aufwendungen für zusätzl. Altersversorgung, Gesundheitsfürsorge, Erholungsheime, Wohnhilfe durch Werkswohnungen oder Mietzuschüsse, Gratifikationen, Urlaubsgelder, Verpflegungshilfe, Gewinn- und Erfolgsbeteiligung, Familienzulagen, Ausbildungsbeihilfen für die Kinder Betriebsangehöriger, Betriebskindergärten, Werkbüchereien, Förderung des Betriebssports u. ä. m. 1981 betrugen die freiwilligen sozialen Leistungen nach Feststellungen des statistischen Bundesamtes in Unternehmen mit mindestens 10 Arbeitnehmern in den Bereichen produzierendes Gewerbe, Groß- und Einzelhandel, Bank- und Versicherungsgewerbe rd. 26 Mia. DM.

Die Entfaltung der staatl. S. von der Schutz- zur Ausgleichspolitik vollzog sich bereits in der Weimarer Republik und setzte sich verstärkt in der Bundesrepublik in dem Maße fort, in dem – nach weitgehender Erreichung der Ziele sozialen Schutzes – die Ziele 1. des Ausgleichs von a) Einkommens- und Vermögensunterschieden, b) unterschiedl. sozialen (Familien-)Lasten und 2. der Abmilderung oder Neutralisierung von Folgen dieser Unterschiede in den Vordergrund sozialpolitischer Zielsetzungen rückten. Hauptbereiche dieser „neueren" S. sind: *1. Familienpolitik* in Form steuerl. Entlastung, finanzieller Beihilfen (u. a. durch Kindergeld, Ausbildungs- und Mietbeihilfen), Preisermäßigungen und des sozialen Wohnungsbaus mit dem Ziel, die Familie ökonomisch und sozial zu stabilisieren; *2. Wohnungsbau- und Mietpreispolitik* im Wege des Einsatzes öffentl. Mittel (Darlehen, Bürgschaften, Zuschüsse), der Steuer- und Abschreibungsvergünstigung, der Baulandbereitstellung, der Förderung des Bausparwesens und der Wohnungsbaugenossenschaften sowie des Wohnungsgeldes mit dem Ziel, allen Bürgern Wohnraum zu erschließen, der bestimmten qualitativen und quantitativen Mindestnormen genügt; *3. Fort- und Ausbildungspolitik* vom Kindergarten bis zur Hochschule einschließlich des zweiten Bildungsweges durch den Bau von Bildungsstätten, finanzielle Berufsbildungs- und Ausbildungshilfen und Begabtenförderung mit dem Ziel, die Begabungsreserven dem wirtschaftl. Leistungspotential zu erschließen, gleich Begabten gleiche materielle Startchancen zu geben und Bildungsprivilegien vollends abzubauen; als wichtige gesetzl. Grundlagen der Bildungspolitik verdienen das Berufsbildungsgesetz von 1969 und das Bundesausbildungsförderungsgesetz von 1971 besondere Hervorhebung; *4. Eigentumspolitik* im Wege der Steuer- und Prämienbegünstigung der Eigentumsbildung, sei es in Form von Geld-, Versicherungs-, Wertpapier- oder Wohneigentum, sowie durch (Re-)Privatisierung von Staatseigentum mit dem Ziel, eine den herrschenden Gerechtigkeitsvorstellungen entsprechende Vermögensverteilung zu erreichen, die Arbeitnehmer am wachsenden Kapital und seinen Erträgen zu beteiligen und dadurch den Gegensatz zwischen Arbeit und Kapital zu entspannen, die wirtschaftl. Sicherheit der Arbeitnehmer zu erhöhen, ihre Persönlichkeitsentfaltung zu fördern und den in Form der Rechtsansprüche gegen die Sozialversicherung geschaffenen Ersatz für Eigentum durch frei verfügbares Eigentum zu ergänzen. Damit würden die Arbeitnehmer – nach G. BRIEFS der erste Fall in der Gesch., in dem einer eigentumslosen Schicht Freiheitsrechte in größerem Umfang eingeräumt wurden – ihres letzten proletarischen Merkmals entkleidet; *5.* eine auf die Erhaltung und Förderung vor allem der Landwirtschaft, des Handwerks und freier Berufe gerichtete →*Mittelstandspolitik* im Wege der Subventionen, einer mittelstandsfördernden Wettbewerbspolitik (→Wettbewerbsrecht) und anderer vielfältiger Förderungsmaßnahmen (vgl. zB den „Grünen Plan"), um dem selbständigen →Mittelstand einen den herrschenden gesellschaftspolitischen Auffassungen entsprechenden wirtschaftl. und sozialen Standort zu sichern.

Lastenausgleich und *Kriegsopferversorgung* werden wegen ihres vorübergehenden Charakters i. d. R. nicht in Darstellungen der S. behandelt.

IV. Synopsis. Die dt. S. hat sich in ihrer 150jährigen Gesch. zu einem alle Unselbständigen und große Teile der Selbständigen umfassenden *Schutz- und Ausgleichssystem* entwickelt, das wirtschaftl. in sozialen Fortschritt umsetzt. Es erstrebt 1. den Schutz der Erwerbstätigen, 2. soziale Sicherheit für alle, 3. Erhaltung bzw. Verbesserung der Stellung bestimmter Schichten im Wirtschafts- und Sozialgefüge, 4. Teilnahme aller an der allg. Wohlstandsentwicklung. Damit sollen die Ziele *soziale Sicherheit, sozialer Friede* und *soziale →Gerechtigkeit* innerhalb einer *freiheitl. Gesellschaftsordnung* entsprechend den herrschenden Wertvorstellungen verwirklicht werden. Die – zum größten Teil angeführten – *Mittel der S.* erstrecken sich über die breite Skala der rechtspolitischen (→Arbeitsrecht, Arbeits- und Sozialgerichtsbarkeit), wirtschaftspolitischen (u. a. Beschäftigungs-, Geld- und Wettbewerbspolitik) bis zu spezifisch sozialpolitischen Instrumenten (Sozialversicherung, finanzielle Beihilfen usw.). Maß- und zielsetzend für die praktizierte S. sind einerseits die politisch wirksamen, *normativen* Vorstellungen über die erstrebte und erreichbare Sozialordnung, andererseits die vorhandene oder erstrebte →Wirtschaftsordnung, die einmal durch den ihr a priori innewohnenden sozialen Grundgehalt Art und Ausmaß der für notwendig gehaltenen sozialpolitischen Korrekturen, zum andern durch ihre wirtschaftl. Leistungsfähigkeit Möglichkeiten und Spielraum der S. beeinflußt. Der unauflösbare Zusammenhang zwischen Sozial- und Wirtschaftsordnung macht S. immer auch zur Wirtschaftsordnungspolitik und umgekehrt. Fast alle wirtschaftspolitischen Maßnahmen haben soziale, fast alle sozialpolitischen Maßnahmen wirtschaftl. Wirkungen, zumal die Aufgaben der S. qualitativ so total und quantitativ so bedeutend wurden (G. MACKENROTH), daß sie eine Schlüsselstellung im gesamtwirtschaftl. Geld- und Güterkreislauf einnehmen. Die Sozialleistungen – Sozialversicherungsleistungen, Entgeltfortzahlung im Krankheitsfall, Kindergeld, Kriegsopferversorgung, Sozialhilfe u. a. – beliefen sich 1983 auf 537 Mia. DM = 32,3 % des Bruttosozialprodukts (gegenüber 174 Mia. DM = 25,7 % i. J. 1970 und 63 Mia. DM = 20,7 % i. J. 1960). Dazu kommen die Ausgaben für den Arbeitsschutz, für die Mittelstandsprogramme, der freiwillige Sozialaufwand der Wirtschaft und die Kosten für die soziale Verwaltung. Allein die Größenordnungen des Sozialhaushalts machen offenbar, daß S. nicht mehr nur der Gefahrenabwendung und der Beseitigung von Schäden und Nöten dient, sondern zu einer fast die gesamte Gesellschaft umfassenden Ausgleichspolitik, zu einem gesellschaftsgestaltenden Mittel entwickelt wurde. Höhe und Zusammensetzung des Sozialaufwands als quantitativer Niederschlag der S. lenken die Aufmerksamkeit auf die Hauptprobleme der gegenwärtigen S., nämlich: 1. Wie kann der – voraussichtl. weiter zunehmende – Sozialaufwand finanziert werden und wer finanziert wen? Selbst solche Sozialleistungsempfänger, die keine Beiträge zur Sozialversicherung und keine Steuern aus Erwerbseinkommen mehr zahlen, finanzieren ihre Leistungen über die indirekten →Steuern z. T. selbst. 2. Die S. zieht in wachsendem Umfang auch da Vorsorgeaufgaben an sich, wo eine – wenn auch staatl. geförderte – individuellere Vorsorge mögl. und erstrebenswert erscheint. Die eindeutig feststellbaren Kollektivierungs- und Perfektionstendenzen der S. können Freiheitsrechte, vor allem das Selbstbestimmungsrecht und das Recht auf freie Entfaltung der Persönlichkeit gefährden. 3. Die von vier verschiedenen politischen Systemen (Kaiserreich, Weimarer Republik, Drittes Reich, Bundesrepublik) mit verschiedenen sozialpolitischen Absichten geprägte S. ist uneinheitl. gewachsen, trägt stark pragmatische Züge, beruht nicht auf einer klaren Konzeption und wurde bisher keiner Haupt und Glieder einbeziehenden Bereinigung (= *Sozialreform*) unterzogen. Die dt. Sozialgesetzgebung wurde seit Schaffung der Sozialversicherung durch BISMARCK immer nur ergänzt und wirtschaftl. Veränderungen pragmatisch angepaßt – von wenigen Ausnahmen abgesehen, wie zB der Einführung des Prinzips der Dynamisierung der Renten. Die Nachkriegszeit zwang zu schneller Verabschiedung von SozialG.en. Auf Grund dieser Umstände ist das Sozialgesetzgebungswerk hypertrophiert und nicht ausreichend koordiniert mit der Folge, a) daß die G.e zahlreiche Überschneidungen aufweisen, b) daß das G.gebungswerk kaum mehr für den Fachmann, geschweige denn für die Anspruchsberechtigten durchschaubar ist, c) daß für gleiche, aber verschieden verursachte soziale Tatbestände unterschiedl. Leistungen gewährt werden (Kriegerwitwen erhalten unter sonst gleichen Umständen andere Leistungen als Witwen von Rentenversicherten). Das rührt vor allem daher, daß die dt. S. immer noch kausal (an der Schadensursache und am Denken in sozialen Schichten), weniger final (am Ausmaß des Schadens und seiner Kompensation) orientiert ist. 4. Die praktizierte, eines Leitbildes ermangelnde S. neigt mit ihrer Tendenz zur Totalität, zur steigenden Finanzierung der Leistungen aus Steuern, zur Gewährung von Leistungen an immer mehr Gruppen in zunehmender Unabhängigkeit von der Einkommenshöhe zum Wohlfahrtsstaat und entsprechend zur Abkehr vom →Sozialstaat – im Gegensatz zum deklarierten Leitbild, das von Beseitigung der Not, vom →Subsidiaritätsprinzip, vom →Solidaritätsprinzip und von der Hilfe zur Selbsthilfe spricht. 5. Trotz der Ausweitung der S. von der Schutz- zur Ausgleichs- und Gesellschaftspolitik ist die staatl. S. vorrangig und einseitig an der Abdeckung der Risiken eines im Arbeits- und Erwerbsleben tätigen „Normal"-Bürgers orientiert, während die Entwicklungschancen und die soziale Lage vieler Randgruppenangehöriger, die wirtschaftlich und gesellschaftlich tatsächlich schwach und daher arm sind, nach wie vor zu wünschen übrig lassen (Obdachlose, geistig und körperlich Behinderte, sozial Labile, resozialisierungsbedürftige Strafentlassene, bestimmte Gruppen ausländischer Arbeitnehmer sowie wirtschaftlich Leistungsschwache).

Die Lösung dieser und anderer – hier nicht darstellbarer – Probleme ist Aufgabe einer allg. als notwendig, zumindest als dringend erwünscht bezeichneten *Sozialreform*, d. h. eines grds. Umbaus des Systems sozialer Leistungen, der 1. den im Vergleich zu früher völlig veränderten wirtschaftl., sozialen und soziologischen Verhältnissen Rechnung trägt – zB der Tatsache, daß die Schutz- und Sicherungsbedürftigkeit der Individuen nicht mehr aus der Zugehörigkeit zu einer berufl. und nach ihrer wirtschaftl. Stellung klar abgrenzbaren Gruppe resultiert; 2. soll eine Sozialreform das System sozialer Leistungen organisch und rational aufeinander abstimmen – zB hinsichtlich der Leistungsarten und Leistungsinstanzen, die für einen bestimmten, wenn auch verschieden verursachten, aber seiner Natur nach gleichen sozialen Tatbestand in Frage kommen; 3. ist erwünscht, daß eine Sozialreform die wirtschaftl. und sozial optimalen Mittel zum Tragen bringt; 4. ist einer Sozialreform das Ziel zu setzen, die sozialen Zielsetzungen unserer Gesellschaft mehr als bisher zu verwirklichen – zB den Schutz der →Familie anstelle des Schutzes der Familienmitglieder, den Familienlastenausgleich und eine breite Eigentumsstreuung; 5. sollte eine sachgerechte Neuordnung der Zuständigkeiten der Sicherungseinrichtungen, insbes. die Schaffung von örtl. effektiven Beratungsstellen und von Einrichtungen persönl. sozialer Dienste (im Rahmen der Hilfe für Kranke, Schwerbeschädigte, hilfsbedürftige Jugendliche und Alte, Lernbehinderte usw.) angestrebt werden.

Eine *Definition der S.* sollte der beschriebenen sozialpolitischen Wirklichkeit wie auch der oben veranschaulichten Tatsache Rechnung tragen, daß sich der Inhalt der S. mit den wirtschaftl. und gesellschaftl. Verhältnissen ändert und sich immer wieder neue soziale Aufgaben stellen. Daher ist die *praktische S.* unter Abstraktion von konkreten Zielen, Mitteln und Trägern zu definieren als die Summe aller von den jeweiligen Trägern der S. (zB Staat, Arbeitgeberverbände, →Gewerkschaften, Betriebe) eingesetzten Mittel, die diese Träger für geeignet halten, um die wirtschaftl. Lebensbedingungen von einzelnen und sozialen Gruppen sowie deren soziale Stellung entsprechend den bei den Trägern der S. vorherrschenden Wert- und Ordnungsvorstellungen zu beeinflussen. Dieser abstrakte Begriff kann für jedes reale System der S. entsprechend den jeweiligen Ausprägungen der Ziele, Mittel, Träger und Objekte der S. konkretisiert werden. Unter *S. als wissenschaftl. Disziplin* ist zu verstehen die Erforschung der und die Lehre von den (vom Wissenschaftler als gegeben unterstellten oder ihm vorgegebenen) Zielen, von den Mitteln, Trägern und Wirkungen dieser Politik.

G. ALBRECHT, S., 1955 – B. SEIDEL, L. HEYDE, L. v. WIESE, W. WEDDIGEN, G. SAVELSBERG, Art. S., in: HdSW, 1956 (Lit.) – H. ACHINGER, S. als Gesellschaftspolitik, 1979[3] – E. LIEFMANN-KEIL, Ökonomische Theorie der S., 1961 – BUNDESMINISTERIUM FÜR ARBEIT UND SOZIALORDNUNG (Hg.), S. in Dtschld., Ein Überblick in Einzeldarstellungen, 1961 ff. – V. v. BETHUSY-HUC, Das Sozialleistungssystem der Bundesrep. Dtschld., 1976[2] – G. KLEINHENZ, Probleme wissenschaftl. Beschäftigung mit der S., 1970 (Lit.) – L. PRELLER, Praxis und Probleme der S., 1970 – U. ANDERSON, Einführung in die Vermögenspolitik, 1976 – H. LAMPERT, H. HAX, H. HENNING, W. ALBERS, Art. S., in: Handwörterbuch der Wirtschaftswissenschaft, 1977 (Lit.) – H. G. KRÜSSELBERG, B. KÜLP, G. KLEINHENZ, W. SCHMÄHL, Art. Soziale Sicherung, in: Handwörterbuch der Wirtschaftswissenschaft, 1977 (Lit.) – U. ENGELEN-KEFER, Beschäftigungspolitik, 1980[2] – H. LAMPERT, S., 1980 – DERS., Lehrbuch der

S., 1985 (Lit.) – G. W. BRÜCK, Allgemeine S., 1981[2] – W. ALBERS, Soziale Sicherung, Konstruktionen für die Zukunft, 1982.

Heinz Lampert

Sozial- und Staatsphilosophie. I. Sozialphilosophie, Staatsphilosophie, Soziologie. Staats- und Sozialphilosophie überschneiden sich mit der →Soziologie. Ihr Begründer ging die soziologische Problematik aus der philosophischen Konzeption des Positivismus (→Rechtsphilosophie I C 1) heraus an. Schon dieser Ansatz der Soziologie hat philosophischen Gehalt. Die von der Soziologie oft beteuerte Distanzierung von der Philosophie kann also nur verstanden werden als Distanzierung von anderen Philosophien als derjenigen, die sie selbst voraussetzt.

In enger Verbindung zur Soziologie hat sich auch die sozialphilosophische Disziplin der Ideologiekritik entwickelt. Diese befaßt sich kritisch mit den gesellschaftlich wirksamen ideellen Deutungs- und Orientierungsmodellen, die eine Gesamtvorstellung der gesellschaftl. Wirklichkeit und der historischen Prozesse bieten sollen. Gegen solche Ideologien wird eingewandt: Sie erhöben anthropomorphe oder soziomorphe Bilder („Reich Gottes") oder partikuläre Wirkungsfaktoren des sozialen Geschehens (zB die Tatsache, daß auch die ökonomischen Verhältnisse Einfluß auf das Recht, die Moral und die Politik haben) zu einem umfassenden Erklärungsgrund für alles (zur Grundlage eines „holistischen Systems"); die Ideologien seien standortgebunden, insbesondere durch überkommene Vorstellungen oder durch Interessenlagen bedingt.

II. Die Grundstruktur der →Gemeinschaft. A. Die Gemeinschaft als Organismus. In bewußtem Gegensatz zum Individualismus der Aufklärung betonte die Romantik, daß sich die menschl. Verbände nicht auf Individuen reduzieren lassen. Für ADAM MÜLLER (1779 – 1829) stellte sich der Staat als ein „lebendiges Ganzes" dar, „als ein großes, alle die kleinen Individuen umfassendes Individuum". Dieser Organismus wurde in der folgenden Zeit bald als Willensverband, bald i. S. eines biologischen Organismus verstanden, bald verflüchtigte er sich zu einer bloßen Modellvorstellung.

Die Deutung solcher „Organismen" als Willensverbände hatte schon ADAM MÜLLER nahegelegt, der von einem Gesamtwillen der Nation sprach, „der nicht nur der überindividuelle Wille aller jetzt lebenden Individuen, sondern die unsichtbare Willenseinheit aller Generationen eines Volkes sein" müsse. LORENZ V. STEIN (1815 – 1890) lehrte, die Gemeinschaft sei, „als Voraussetzung für das Persönliche und das Persönliche enthaltend und umfassend, selber ein Persönliches, ein Lebendiges". Näherhin sei das überindividuell Persönliche, Selbstbestimmende der Staat, „der persönl. Organismus des allg. Willens".

In diese Gedankenwelt gehört auch die Theorie von der realen Verbandsperson. OTTO V. GIERKE (1841 – 1921) betrachtete „das soziale Ganze gleich dem Einzelorganismus als ein Lebendiges" und ordnete „die Gemeinwesen zusammen mit den Einzelwesen dem Gattungsbegriff des Lebewesens unter". Es gibt „psychische Zusammenhänge, die in unser Innerstes hineinreichen ... Wir werden uns bewußt, daß wir Gemeinschaftsleben mitleben" und können mittelbar aus diesen „Gemeinschaftswirkungen in uns schließen, daß die sozialen Ganzen leibl.-geistiger Natur sind". Weil solche höheren Lebenseinheiten fähig sind, einen überindividuellen Willen zu haben und hervorzubringen, darum können sie nicht nur selbst Inhaber von Rechten und Pflichten sein, sondern auch durch ihre Organe selbst handeln.

Vollends in biologische Kategorien glitt KJELLÉN ab, der den Staat „als eine biologische Offenbarung oder als ein Lebewesen" ansah, das „unter dem Gesetz des Lebens" stehe, geboren werde und sterbe. Die Nationen seien „im Grunde reine Naturwesen, die in der Geschichte nicht objektive Wahrheit und Recht wollen, sondern sich und das Ihre".

Diese Theorien unterschieben Tatsachen, die am lebendigen Individuum erfahren sind (wie den psychischen „Willen"), kurzerhand den Gemeinschaften, ohne daß an diesen der Tatbestand in gleicher Unmittelbarkeit erfaßt werden könnte. Da diese Erfahrungsgegebenheiten an den Verbänden und am Staat aber nicht unmittelbar aufweisbar sind, sind jene Unterschiebungen ohne Erkenntniswert, ja sie stellen Verzerrungen der Wirklichkeit dar.

Kritischer sind solche Lehren, die das Bild des Organismus bewußt nur als ein Modell zur Veranschaulichung der Verbände nehmen oder als Arbeitshypothese, um deren Strukturen zu erschließen. In dieser Absicht versuchte zB HERBERT SPENCER (1820 – 1903), Ähnlichkeiten mit den Organismen aufzudecken (Wachstum, Arbeitsteilung, zunehmende Differenzierung mit zunehmender Größe des Ganzen, wechselseitige Abhängigkeit der Teile, Fortbestand des Ganzen trotz Auswechslung und Erneuerung seiner Elemente). Der wissenschaftl. Ertrag solcher Analogien ist aber gering; vor allem liegt in der Gemeinsamkeit bestimmter Eigenschaften noch keine zureichende Begründung dafür, daß noch weitere gemeinsame Merkmale vorhanden seien.

B. Die Auflösung der Gemeinschaft in ein Gefüge realer Beziehungen. In kritischer Wendung gegen alle Konstruktionen, die in der Gemeinschaft und im Staat eine überindividuelle Realität sehen wollen, entstanden jene Theorien, die die Gemeinschaft und damit auch den Staat in ein Bündel zwischenmenschl. Relationen aufzulösen versuchten.

Nach der Auffassung GEORG SIMMELS (1858 bis 1918) entsteht eine Gesellschaft durch die Beziehungsformen, welche die Menschen untereinander verbinden, nämlich durch Wechselwirkungen im „Füreinander-, Miteinander-, Gegeneinander-Handeln". Gesellschaft im weitesten Sinne ist also da vorhanden, „wo mehrere Individuen in Wechselwirkung treten".

Auch für die Beziehungslehre LEOPOLD V. WIESES (1876 – 1969) gibt es als einzige Realien der Gesellschaft Individuen und soziale Prozesse. Die gesamte Sozialsphäre „bleibt ein fließender Strom von Ereignissen". „Diese Sphäre des Zwischenmenschlichen gehört nicht der Körperwelt an; sie ist aber ebensowenig das Ganze oder ein Teil des Seelenbereiches. Sie ist substanzlos . . . Das Soziale besteht aus einer relativ endlosen Kette von Geschehnissen, die sich in der Zeit abspielen. Geschehnisse . . ., Vorgänge, Prozesse allein; nicht Substanzen, Dinge, Gebilde sind in dieser Sphäre vorhanden." Wenn wir den Staat oder andere soziale Gebilde als Substanzen bezeichnen, so beruht das auf einer vereinfachenden Umdichtung der Wirklichkeit: „Geschehnisse, die sich in Milliarden ähnlichen Verläufen wiederholen, faßt der stets vereinfachende und abkürzende menschl. Geist als Einheiten zusammen, womit die Vorstellung von Substanzen erreicht ist. Wie gegenüber dem Staate, so verfährt der menschl. Geist gegenüber allen sich oft wiederholenden Vorgängen der Sozialsphäre; sie werden zu Substanzen umgedichtet."

Nach Ansicht MAX WEBERS (1864 – 1920) sind soziale Gebilde, wie Staaten oder Genossenschaften, „lediglich Abläufe und Zusammenhänge spezifischen Handelns *einzelner* Menschen, da diese allein für uns verständl. Träger von sinnhaft orientiertem Handeln sind". Mit solchen Gebilden meine man also „*lediglich* einen bestimmt gearteten Ablauf tatsächl. oder als möglich konstruierten sozialen Handelns Einzelner". Die sozialen Gebilde, wie Staaten, Kirchen, Genossenschaften, als Substanzen aufzufassen, wäre verfehlt. Sie bestehen „ausschließl. und lediglich in der *Chance*, daß ein seinem Sinngehalt nach in angebbarer Art aufeinander eingestelltes Handeln stattfand, stattfindet oder stattfinden wird". Wenn wir davon sprechen, daß ein Staat bestehe, so bedeute das also nur, „daß eine *Chance* vorliegt, oder vorlag: daß auf Grund einer bestimmt gearteten Einstellung bestimmter Menschen in einer einem *durchschnittl. gemeinten* Sinne nach angebbaren Art *gehandelt* wird und sonst gar nichts".

C. Die Zurückführung der Gemeinschaft auf eine Normenordnung. KELSEN (1881 – 1973) stimmt mit der Beziehungssoziologie darin überein, daß es kein überindividuelles reales Substrat der Gemeinschaft gibt. Seine Kritik wendet sich mit Recht aber auch gegen eine dem bloß Tatsächlichen und Psychischen verhaftete Theorie der Gemeinschaft; denn in bloß psychischen Vorgängen, die in den Köpfen der einzelnen stattfinden, läßt sich noch keine die einzelnen zusammenfassende Einheit finden.

Die Einheit liegt nicht in einem realen, auch nicht in einem psychischen Sachverhalt. Das, was die einzelnen zusammenordnet, sind Normen, ist ein Normenkomplex. Die Gesellschaft ist durch nichts anderes als diese Normenordnung konstituiert.

Ein Vergleich mag die Konzeption KELSENS veranschaulichen: Ein Konzert kommt dadurch zustande, daß sich alle Musikanten an einem objektiven Ordnungsplan orientieren, den sie im Notenblatt vor sich liegen haben, so daß man – frei nach KELSEN – sagen könnte, das eigentlich Konstitutive im Konzert sei die Komposition, also die Ordnung der Töne. Dementsprechend hat die Existenz einer Gemeinschaft ihren Grund darin, daß sich alle Beteiligten an eine objektive Normenordnung halten und nach dieser ihr Verhalten aufeinander abstimmen, so daß hierdurch das Verhaltensgefüge einer Gemeinschaft entsteht. Strenggenommen besteht also die Gemeinschaft „in der das Verhalten einer Mehrheit von Individuen regelnden normativen Ordnung".

Die staatl. Gemeinschaft wird durch eine spezifische Normenordnung konstituiert, nämlich durch die staatl. Rechtsordnung, die die Struktur eines Stufenbaues hat und dadurch zentralisiert ist. Die als transzendental-logische Voraussetzung angenommene Grundnorm begründet die Einheit der Normenordnung und folglich auch die Einheit des Staates.

Aber die machtvolle Geltung einer Rechtsordnung und damit die Existenz eines Staates läßt sich nicht auf einen rein normlogischen Begründungszusammenhang zurückführen, der letztlich bei einer bloß vorausgesetzten Grundnorm endet. So gewiß ein Unterschied besteht zwischen der bloßen Komposition als musikalischem „Ordnungsschema" und dem gespielten Konzert, so gewiß ist auch eine Normenordnung nicht schon der wirkliche Staat. Es besteht ein nicht bloß normativer Unterschied zwischen einer zur Zeit wirksamen Rechts- und Verf.ordnung, nach der sich das gegenwärtige staatl. Leben richtet, und einer solchen, die nurmehr die tote Hülle einstigen staatl. Lebens ist. Erst die faktische Wirksamkeit und der faktische Vollzug verleihen der Normenordnung ihre Geltung und einer bestimmten staatl. Gemeinschaft ihre Existenz. Damit ist aber der Boden einer „reinen", d. h. von allen faktischen Elementen befreiten Rechtslehre, wie KELSEN sie angestrebt hat, und die Theorie einer bloß ideellen Wirklichkeit des Staates bereits verlassen (s. a. Rechtsphilosophie I D 4).

D. Die Gemeinschaft als Gefüge sinnorientierten Verhaltens. Man kann den Tatbestand der Gemeinschaft also weder auf individual-psychische Vorgänge und äußere Wechselwirkungen noch auf eine abstrakte Normenordnung zurückführen.

In einer Gemeinschaft ist das Verhalten der einzelnen durch mitteilbare Sinngehalte zu einem Verhaltensgefüge zusammengeordnet. Zur Verhaltenssteuerung dient eine Motivation durch objektive Sinngehalte, die durch ausdrückl. oder konkludente Information übermittelt werden. Da verschiedene Menschen sich an ein und denselben Normen und (normativ wirkenden) Leitbildern und Zwecken orientieren, wird ihr Verhalten hierdurch koordiniert. So bilden sich zwischen ihnen mehr oder minder stabile (zB „familiäre“) Beziehungsmuster heraus, an denen die einzelnen in bestimmten „Rollen“ (als Familienvater, Vereinsvorstand usw.) beteiligt sind. In ihrem Zusammenhang ergeben diese Beziehungsmuster die Struktur des sozialen Systems.

Nur dadurch, daß die Menschen nach solchen objektiven Verhaltensmustern ihr Verhalten tatsächl. aufeinander einstellen, bildet sich also die Gemeinschaft. Der Sache wird daher nur eine – von der HEGELschen Vernunftmetaphysik unabhängige – dialektische Betrachtungsweise gerecht, die das Ganze in dem Zusammenspiel seiner Momente zu erfassen sucht.

Die Mitglieder einer Gemeinschaft orientieren sich in sehr unterschiedl. Weise an „Leitbildern“, Zwecken, sozialethischen Vorstellungen und rechtl. Normen. Man hält sich an sie: teils, weil man ihnen zustimmt; teils, weil man die gesellschaftl. Mißbilligung scheut, die ihre Nichtbeachtung nach sich zieht; teils, weil man dem organisierten Zwang zuvorkommen will, der zur Durchsetzung bestimmter Normen (nämlich des garantierten Rechts) bereitgehalten wird. Es wird also nur ein Teilaspekt der staatl. Gemeinschaft erfaßt, wenn man den „Kernvorgang des staatl. Lebens“ in einem Plebiszit sieht, „das sich jeden Tag wiederholt“ (SMEND): Wenn Rechtsnormen befolgt werden, so mag das weithin Ausdruck eines consensus omnium sein, es kann aber durchaus auch wegen der hinter den Normen stehenden staatl. Sanktionsdrohung geschehen. Gerade die jüngere Gesch. zeigt, daß die Staatsgewalt für geraume Zeit durchaus auch mit „Bajonetten“ eine bestimmte Rechtsordnung etablieren kann. Sicher sind das extreme Fälle, aber sie machen deutlich, daß jedenfalls die – sich durch die Realisierung der Rechtsordnung bildende – staatl. Gemeinschaft nicht einseitig als „plébiscite de tous les jours“ (RENAN) zu verstehen ist. In ihr ist auch ein starkes Element organisierter Herrschaft wirksam, das jenem anderen Element gegenüber eine gewisse Selbständigkeit erlangen kann.

III. Die Rechtfertigung des Staates. Bei der Rechtfertigung des Staates geht es nicht um die bloße Erklärung, warum die Staatsgewalt tatsächl. besteht, sondern darum, ob sie sich als berechtigt erweisen läßt, oder ob es sich um ein bloßes Zufallsprodukt der Gesch., um eine „Entwicklungskrankheit in der Gesch. der Menschheit“ handelt, die es so bald wie möglich zu überwinden gilt. Diese Rechtfertigungstheorien im strengen Sinn liegen also nicht im Bereich wertfreier Wissenschaft. Die ethischen Rechtfertigungslehren laufen typischerweise auf einen Nachweis hinaus, daß gewisse, bes. wichtige Zwecke nur durch die Existenz eines Staates erreicht werden können, Zwecke, die schwerer wiegen als die Einschränkungen, die die Existenz eines Staates für die einzelnen mit sich bringt. Erklärungsmodelle, die bloß die tatsächlichen Entstehungsursachen des Staates aufzudecken suchen, gehören also nicht hierher (→Staatslehre).

A. Der Staat als Bedingung für die Entfaltung der Persönlichkeit. ARISTOTELES und nach ihm viele andere rechtfertigen den Staat aus dem Gedanken, daß die Menschen nur in der Gemeinschaft zur vollen Entfaltung ihrer Persönlichkeit gelangen (→Persönlichkeitsentfaltung I).

B. Der Staat als Schutz- und Friedensordnung. Daß eine starke Staatsgewalt berechtigt, ja notwendig ist, um die Menschen voreinander zu schützen, dieser Gedanke trat vor allem in den heillosen Glaubenskämpfen und Bürgerkriegen des 16. und 17. Jh. hervor. JEAN BODIN (1520 – 1596), der den Souveränitätsgedanken verkündete, veröffentlichte seine Six livres de la République i. J. 1576, in der Zeit der Hugenottenkriege und des Ringens der Stände und des Königs um die Macht. Vor diesem hist. Hintergrund erscheint seine Souveränitätslehre voll politischer Aktualität, als Postulat staatl. Einheit und Unabhängigkeit und staatl. Ordnung. In ähnl. Weise von persönl. Erlebnissen mitgeprägt ist die Staatslehre des THOMAS HOBBES (1588 – 1679), des Zeitgenossen des engl. Bürgerkriegs. Drohend steht das Bild des Krieges aller gegen alle vor seinen Augen. In ihn würde die völlige Aufhebung der Staatsgewalt führen. In einem solchen, nur hypothetisch gemeinten Zustand würden Selbstsucht und Furcht regieren. Homo homini lupus, der Mensch ist seinen Mitmenschen ein Ungeheuer, wenn die Furcht vor einer Zwangsmacht wegfällt. (In diesem tiefen Pessimismus gegenüber der menschl. Natur war die reformatorische Lehre von der natura corrupta vorausgegangen.) Um Schutz gegen auswärtige und innere Feinde zu finden und dem Menschen den ruhigen Genuß der Früchte seines Fleißes zu schenken, bedarf es einer allg. Macht, die über den einzelnen steht. Um sie zu begründen, muß jeder alle seine Macht und Kraft einem oder mehreren Menschen übertragen. Hierdurch wird der Wille aller gleichsam in einem Punkte vereinigt. So entsteht der allgewaltige Staat, der große Leviathan, der sterbl. Gott. Auf diese Weise werden alle einzelnen eine Person und heißen Staat oder Gemeinwesen. Die höchste Gewalt liegt in der Hand des Repräsentanten des Staates. Alle übrigen sind Untertanen. Es ist mißlich, aber es ist das kleinere Übel, sich auf Gedeih und Verderb so in die Gewalt des Staates zu begeben (s. a. Rechtsphilosophie IV A).

C. Die demokratische Rechtfertigung des Staates. Zur Zeit JEAN JACQUES ROUSSEAUS (1712 – 1778) erschienen an Stelle der staatl. Ordnung, die man nun sattsam genoß, andere

Ziele erstrebenswert: Freiheit, Gleichheit, soziale Gerechtigkeit. Jeder Mensch wird frei geboren. Freilich erkennt auch ROUSSEAU die Notwendigkeit staatl. Ordnung. Sie dient dazu, die Person und die Habe jedes Gesellschaftsgliedes mit der gemeinschaftl. Kraft zu schützen und zu verteidigen. Aber hierzu überträgt das Volk die Staatsgewalt nicht einem Dritten, einem Herrscher, sondern es übernimmt die Staatsgewalt selbst. Der Vertragsgedanke dient hier nicht dazu, die geschichtl. Entstehung des Staates zu erklären, sondern soll die innere Legitimation der Staatsgewalt erhellen: Der Staat ist als notwendig erkannt, und die einzelnen beugen sich in dieser Erkenntnis freiwillig unter den gemeinsamen Willen, an dessen Bildung jeder mit teilhat. Durch den Zusammenschluß entsteht ein „gemeinschaftl. Ich", das durch die zu der Gemeinschaft Zusammengeschlossenen sein Leben und seinen Willen erhält. „Das Volk, das den Gesetzen gehorcht, muß auch ihr Urheber sein; nur denen, die sich verbinden, kommt es zu, die Bedingungen ihrer Vereinigung zu bestimmen." ROUSSEAU führt hier den Gedanken JOHN LOCKES (1632 – 1704) weiter, daß niemand die Gewalt haben könne, der Gesellschaft Gesetze zu geben, „wenn er sie nicht durch ihre eigene Zustimmung und durch die von ihr empfangene Ermächtigung erhalten hat" (s. a. Freiheit II B 2).

In der Demokratie kann und sollte die politische Willensbildung ihre Grundlage auch und gerade in Gewissensentscheidungen der einzelnen Staatsbürger haben. Sie erscheint als die Staatsform, die der individuellen Autonomie die größtmögliche Chance eröffnet, sich auch in den staatl. Bereich hinein zu entfalten (s. a. Meinungsfreiheit I). So gelangt auch KANT (1724 – 1804), von seiner Moralphilosophie herkommend, zu dem Schluß: Die grundlegende „gesetzgebende Gewalt kann nur dem vereinigten Willen des Volkes zukommen". Das Richtmaß dieses Gesamtwillens sollte für ROUSSEAU das Gesamtinteresse sein. Für KANT war es ein Vernunftprinzip, das die Koexistenz individueller Freiheit nach einem allg. Gesetze verlangt. So war das Idealbild seines Staates das einer Volksherrschaft, die zugleich ein System vernünftig geordneter Freiheit zu sein hätte (→Freiheit II B 3).

D. Der Anarchismus. Die Antithese zu allen Rechtfertigungslehren ist der Anarchismus, der die Erforderlichkeit und die Berechtigung einer Staatsgewalt und damit des Staates überhaupt bestreitet, weil er glaubt, die Menschen seien von Natur aus so veranlagt, daß sie besser in einer staatenlosen Gemeinschaft als unter staatl. Gewalt leben, zum mindesten dann, wenn man der Gesellschaft die richtige Struktur gegeben habe. Anarchistische Gedankengänge finden sich unter anderem bei ZENO (340 – 268 v. Chr.), AMALRICH VON BENA († um 1206), der die anarchistische Sekte der Brüder und Schwestern vom Hl. Geist gründete, Anarchisten waren ferner MAX STIRNER (1806 – 1857), PIERRE PROUDHON (1809 – 1865), MICHAEL BAKUNIN (1814 – 1876) und PETER KROPOTKIN (1842 – 1922). Von ZENO an herrscht in den meisten anarchistischen Lehren ein unrealistischer Optimismus, der es den Menschen zutraut, auch ohne Staatsgewalt ein geordnetes gesellschaftl. Leben aufrechtzuerhalten, so daß auf staatl. Strafe und staatl. Zwang verzichtet werden könne.

Nach marxistischer Auffassung ist der Staat ein Instrument in der Hand der herrschenden Klasse zur Unterdrückung der besitzlosen Klasse. Der Kampf des Proletariats muß also nicht zuletzt dem Staat, als dem Instrument der Ausbeuterklasse, gelten. Sind aber erst einmal alle Klassenunterschiede beseitigt, dann bedarf es überhaupt nicht mehr dieses Machtinstruments der Klassenherrschaft. Nach der proletarischen Revolution bedarf es des Staates nur noch übergangsweise, um der Bourgeoisie das Kapital zu entwinden. Ist das geschehen und haben sich die Bürger an die elementaren Regeln des gesellschaftl. Zusammenlebens gewöhnt, dann stirbt der Staat allmählich ab.

Gegenüber allen anarchistischen Lehren ist indessen dies zu bedenken: Die Radikalisierung der Freiheit, die dem unterschiedl. Machtwillen und Durchsetzungsvermögen der einzelnen keine festen und allgemeinen Grenzen mehr setzte, würde sehr rasch dazu führen, daß die Freiheit der einen zugunsten anderer unterdrückt würde. Nur wenn die Menschen sehr viel disziplinierter, selbstloser, friedfertiger und vernünftiger wären, als sie es nach allen Erfahrungen sind, wäre das Zusammenleben in einer herrschaftsfreien Gesellschaft erträglich. So herrscht in den meisten anarchistischen Lehren ein unrealistischer Optimismus. Mit Recht hat GEORG JELLINEK schon um die Jahrhundertwende festgestellt, daß auch die sozialistische Fassung des anarchistischen Gedankens an Optimismus leidet: Die marxistische Lehre von der herrschaftsfreien Gesellschaft sieht als Grundlage „den in Freiheit dressierten, immer arbeitslustigen und kollektivistisch gestimmten Menschen" an. Aber „kraft der durch keine Theorie zu beseitigenden ethischen Minderwertigkeiten würde indes auch die sozialistische Zukunftsgesellschaft die Erscheinung des Verbrechens kennen. Wäre das Privateigentum an Produktionsmitteln in Kollektiveigentum verwandelt, so gäbe es noch eine Fülle verbrecherischer Angriffe auf Person und Freiheit, vor allem aber eine Defraudation an der gesellschaftl. Arbeit. Sodann könnte eine sozialistische Gesellschaft nicht ohne eine mit unbedingter Befehlsgewalt ausgerüstete Leitung der ökonomischen Produktion existieren, deren Zwangsmacht gegen Widerstrebende wegen des gesteigerten sozialen Wertes der individuellen Tätigkeit viel größer sein müßte, als die des heutigen Staates."

Zu I.: A. COMTE, Cours de Philosophie Positive, 1830/1842, Lekt. 46 – 48 – M. WEBER, Ges. Aufsätze zur Wissenschaftslehre, (1920) 1968[3] – M. HORKHEIMER, Zur Kritik der instrumentellen Vernunft, (engl.

1947) 1967 – J. Habermas, Erkenntnis und Interesse, 1968 – J. Habermas, N. Luhmann, Theorie der Gesellschaft oder Sozialtechnologie?, 1971 – E. Topitsch. Erkenntnis und Illusion, 1979 – R. Zippelius, Gesellschaft und Recht, 1979, Kap. 1 – 3.

Zu II.: A. Müller, Elemente der Staatskunst, 1809 – L. v. Stein, Der Begriff der Gesellschaft und die Gesetze ihrer Bewegung (Einl., Zur Gesch. der sozialen Bewegung in Frankreich), 1850 – H. Spencer, Prinzipien der Soziologie, 1876/1896 – A. Schäffle, Bau und Leben des sozialen Körpers, 1896[2] – O. v. Gierke, Das Wesen der menschl. Verbände, 1902 – G. Simmel, Soziologie, (1908) 1958[4] – H. Kelsen, Hauptprobleme der Staatsrechtslehre, 1911 – ders., Der soziologische und der jur. Staatsbegriff, 1922 – ders., Reine Rechtslehre, (1934) 1960[2] – R. Kjellén, Der Staat als Lebensform, (1916) 1924[4] – M. Weber, Wirtschaft und Gesellschaft, (1922) 1972[5] – L. v. Wiese, System der allg. Soziologie, (1924) 1966[4] – R. Smend, Verfassung und Verfassungsrecht, 1928 – T. Parsons, Soziologische Theorie, (engl. 1949) dt. 1973[3]

Zu III.: G. Jellinek, Allg. Staatslehre, (1900) 1914[3], 184 – 229 – L. Gumplowicz, Gesch. der Staatstheorien, 1909 – G. Holstein, K. Larenz, Staatsphilosophie, o. J. – G. H. Sabine, A History of Political Theory, (1937) 1973[4] – H. Nawiasky, Allg. Staatslehre IV, (1945) 1958[2] – G. Möbus, O. v. d. Gablentz, Die politischen Theorien, (1957/1962) 1963/1964[2] – K. Schilling, Geschichte der sozialen Ideen, 1957 – E. v. Hippel, Geschichte der Staatsphilosophie, 1958 – M. Prélot, Histoire des Idées Politiques, (1959) 1977[6] – H. Maier, H. Rausch, H. Denzer (ed.), Klassiker des politischen Denkens, Bd. 1: Von Plato bis Hobbes, (1968) 1975[5]; Bd. 2: Von Locke bis Weber, (1968) 1979[4] – R. Zippelius, Allg. Staatslehre, (1969) 1985[9], (§§ 15 – 19) – ders., Geschichte der Staatsideen, (1971) 1985[5] – F. Berber, Das Staatsideal im Wandel der Weltgeschichte, (1973) 1978[2].

Reinhold Zippelius

Sozialstaat.

I. Einführung. A. Das Grundgesetz bestimmt in Art. 20 I, daß die Bundesrepublik Deutschland ein „sozialer Bundesstaat" ist, und in Art. 28 I Satz 1, daß die verfassungsmäßige Ordnung in den Ländern den Grundsätzen des „sozialen Rechtsstaates i. S. dieses Grundgesetzes" entsprechen muß. Aus diesen beiden Bestimmungen und sachlich übereinstimmenden Rechtssätzen der meisten →Landesverfassungen wird die Qualifizierung als S. für die Bundesrepublik Deutschland insgesamt wie für ihre Länder abgeleitet, obwohl strenggenommen der Begriff als solcher im GG und in den übrigen Landesverfassungen im Gegensatz zu Art. 3 Bay Verf. nicht verwendet wird, sondern stets nur in adjektivischer Form und in Verbindung mit anderen Kennzeichnungen des Staatswesens („Rechts-, Bundesstaat"). Dennoch ist die Aussage gerechtfertigt, daß die Bundesrep. Deutschland als S. verfaßt ist. Namentlich das BVerfG spricht in seinen Entscheidungen stets von der „Sozialstaatsklausel", dem „sozialstaatl. Prinzip", der „sozialstaatl. Ordnung", dem Bekenntnis zum „Sozialstaat". Bei der Entscheidung für den S. darf jedoch niemals vergessen werden, daß der Staat zugleich auch →Rechtsstaat, →Demokratie, →Bundesstaat ist (s. unten VI).

B. Das GG schweigt über den Gehalt des S.prinzips. Verständlicherweise kam es deshalb darüber alsbald zu erhebl. Meinungsverschiedenheiten, die auch heute noch nicht restlos beseitigt sind und vielleicht nie ausgeräumt werden können, da der Begriff „sozial" seiner Substanz und Tradition nach schillernd und nicht frei von subjektiven Wertungen ist. Allerdings zwingt der Einbau in die Verfassung als *rechtsnormativer* Grundsatz zur Auslegung und einem Höchstmaß an Einverständlichkeit für alle die Verf. vollziehenden Organe. Dies gilt umsomehr, als die S.lichkeit neben den anderen in Art. 20 genannten Staatsstrukturprinzipien und Art. 1 an der Unabänderlichkeitsgarantie des Art. 79 III teilhat. Mehr als 35 Jahre nach Inkrafttreten des GG kann Einvernehmlichkeit in der Interpretation des S.prinzips nur in den Grundsätzen festgestellt werden. Das S.prinzip gehört zu den Prinzipien des GG, die oft vorschnell herangezogen werden, um die unterschiedl. politischen Interessen und Wünsche zu begründen oder abzuwehren.

C. Sozialstaatliche Grundsätze finden sich außer im nationalen Verfassungsrecht auch im Recht der →Europäischen Gemeinschaften (Art. 2 des Vertrages über die Gründung der Europäischen Gemeinschaft für Kohle und Stahl – Montanunion – vom 18. 4. 1951, BGBl. 1952 II S. 447; Art. 2 Satz 1 des Zusatzprotokolls zur Konvention der Menschenrechte und Grundfreiheiten vom 20. 3. 1952, BGBl. 1956 II S. 1880; Abs. 2 und 3 der Präambel sowie Art. 2 und 117 – 128 des EWG-Gründungsvertrages vom 25. 3. 1957, BGBl. II S. 766; Art. 1 des Euratomvertrages vom 25. 3. 1957, BGBl. II S. 1014; weitere Verträge und Richtlinien der EG-Organe), sowie in internationalen Verträgen, die von der Bundesrep. Deutschland mitunterzeichnet wurden. Hier ist besonders die europäische Sozialcharta vom 18. 10. 1961 (BGBl. 1973 II S. 1570) zu erwähnen. Von Bedeutung ist ferner das Übereinkommen Nr. 117 über die grundlegenden Ziele und Normen der Sozialpolitik vom 22. 6. 1962, welches von der Internationalen Arbeitsorganisation (ILO) für die Bedürfnisse der Entwicklungsländer ausgearbeitet wurde; die Bundesrep. Deutschld. ist bislang nicht Vertragspartei dieses Übereinkommens.

II. Entstehung und Entwicklung. A. Obwohl der Ausdruck S. in früheren deutschen Verfassungen nicht verwendet wurde, spielte er in der Diskussion im →Parlamentarischen Rat überraschenderweise kaum eine Rolle. Im Ausschuß für Grundsatzfragen führte der Abg. H. v. Mangoldt den Begriff „sozialer Rechtsstaat" ein. Der Abg. H. Chr. Seebohm sprach vom demokratischen und „sozialen Bundesstaat". Beide Formulierungen wurden dann im Hauptausschuß und im Plenum ohne weitere Diskussion übernommen. Allerdings darf das Bekenntnis zum sozialstaatl. Prinzip nicht ohne Verbindung zu den →Grundrechten gesehen werden, vor allen Dingen zur Problematik der vom GG nicht übernommenen sozialen Grundrechte.

B. Es ist schwer auszumachen, welche geistigen Ideen und politisch-sozialen Hintergründe für den Begriff S. Pate standen. Der Abg. C. SCHMID sprach vom „sozialen Pathos“ und den „sozialen Konsequenzen der Bundesrep. Dtschld.“ und mag dabei an H. HELLERs Schrift „Rechtsstaat und Diktatur“ von 1930 gedacht haben, in der mehrfach vom sozialen Rechtsstaat die Rede war. Freilich darf nicht übersehen werden, daß bereits 1921 PILOTY-SCHNEIDER in ihrem Grundriß des Verwaltungsrechts schrieben: „Die Abkehr von der reinen Rechtsstaatsidee zum sozialen Rechtsstaat (S.) war in Deutschland bereits durch die Arbeiterschutzgesetzgebung eingeleitet und vollzog sich dann vollends unter dem Druck des verlorenen Weltkrieges.“ Sicher dürfte sein, daß den Vätern des GG die deutsche Tradition des sozialstaatl. Gedankenguts vor Augen stand, das vor allem in der Sozialversicherungsgesetzgebung des Kaiserreiches Niederschlag gefunden hatte und in den wohlfahrtsstaatl. Komponenten der Staatswissenschaft des Alten Reiches sichtbar geworden war. Jedenfalls seit dem 19. Jahrh. erhielt in Deutschland mit der Lösung der →„sozialen Frage“ die soziale Intervention des Staates einen hohen politischen Rang. Sozialpolitische Gesetzgebung begann freilich nicht erst auf der Reichsebene, sondern sie war besonders in →Preußen und in anderen Ländern schon vor 1871 feststellbar. Diese Anknüpfungen waren gerade nach 1945 nicht in Vergessenheit geraten.

C. In Anbetracht dieser Verbindung zu sozialen Programmen des Staates war es für alle Abgeordneten des Parl. Rates einfach, das sozialstaatl. Prinzip generell zu akzeptieren, weil die Parteien darunter das jeweils ihnen Genehme verstehen konnten. Klar dürfte nur gewesen sein, daß der Begriff „sozial“ weder mit „sozialistisch“ identisch noch andererseits überhaupt inhaltslos ist. Er sollte vielmehr eine Abkehr von jenem Staatsverständnis bekunden, das die soziale, wirtschaftl. und kulturelle Ordnung des Gemeinwesens allein gesellschaftl. Kräften überlassen wollte (→Liberalismus). Der Staat der Bundesrep. Deutschld. soll auch auf Sozialgebieten aktiv werden können; er soll nicht „Nachtwächterstaat“ (F. v. LASALLE) oder reiner Rechtsbewahrstaat (W. v. HUMBOLDT) sein, der lediglich Sicherheit nach außen und Rechtsfrieden im Inneren gewährleistet. Der Parl. Rat wollte mit der Etikettierung S. auf der anderen Seite aber auch nicht eine neue Staats- und Gesellschaftsauffassung gleichsam als Verf.ideologie begründen, wogegen bereits die Einbindung in den Rechtsstaat und die starke Betonung der Grundrechte als Freiheits- und Abwehrrechte sprechen. Totalitärer und kollektiver Konzeptionen, gleich welcher Provenienz, und der von ihnen intendierten Verschmelzung von Staat und Gesellschaft war der Parl. Rat am wenigsten verdächtig. Wohl am zutreffendsten läßt sich sagen, daß der soziale Rechts- bzw. Bundesstaat die weitsichtige Antwort einer Staatsverf. auf die Probleme einer pluralistischen, technisch-industriell organisierten und arbeitsteilig gegliederten Massengesellschaft ist, die die Mitte zwischen den Prinzipien laissez-faire, laissez-aller und den Konzepten eines Totalstaates hält. Das ist kein Sieg einer bourgeoisen Restauration, sondern ein vernünftiger Ausgleich zwischen exzessivem Liberalismus und jeglicher Art von Kollektivismus. Die Verf.idee des sozialen Rechtsstaates freiheitl. Demokratie dürfte heute zum Grundmuster der westl. Demokratien überhaupt geworden sein.

D. Anknüpfend an diese Vorarbeiten tendiert die moderne Entwicklung der Gesetzgebungstätigkeit zu einer Kodifikation sozialer Rechte in einem Sozialgesetzbuch (SGB). Dieses soll, aufgeteilt in 10 Bücher, eine Zusammenfassung der Sozialgesetzgebung darstellen. Bislang traten das I. Buch – Allgemeiner Teil – (vom 11. 12. 1975, BGBl. I S. 3015) und das X. Buch – Verwaltungsverfahren – (vom 18. 8. 1980, BGBl. I S. 1469) in Kraft. Bis zu ihrer Einordnung in das Sozialgesetzbuch gelten die anderen Sozialgesetze als besondere Teile des Sozialgesetzbuches fort (Art. II § 1 SGB I). Im Allgemeinen Teil (SGB I, Art. I, §§ 1 – 10) wird ein Kanon sozialer Rechte bestimmt. Nach Art. I § 1 I Satz 1 SGB I soll das Sozialgesetzbuch zur Verwirklichung dieser sozialen Rechte Sozialleistungen einschließl. sozialer und erzieherischer Hilfen gestalten. Durch die Festlegung sozialer Rechte auf der Ebene des (einfachen) Gesetzes i. V. m. einem effektiven System von Sozialleistungen ist ein vernünftiger Weg beschritten worden zwischen der Sozialpflichtigkeit des Staates und der Verantwortung des einzelnen. Soziale Grundrechte in die Verf. aufzunehmen würde schwerwiegende Verwirklichungsprobleme und Widersprüche mit der Grundrechtskonzeption des GG nach sich ziehen.

III. Rechtl. Bedeutung. A. Die ersten Auslegungen des sozialstaatl. Prinzips verstanden es als einen „substanzlosen Blankettbegriff“ oder als eine „programmatische Forderung“. Diese Deutung knüpft an die Kategorien der Unverbindlichkeit im Stile der Aussagen der Weim. Verf. an. Sie werden dem verbindlichen Rechtscharakter des GG nicht gerecht (vgl. Art. 20 III; Art. 1 III).

B. Eine erste juristische Verdeutlichung lieferte H. P. IPSEN, der im S. eine „rechtsgrundsätzl. Zielbestimmung“ sah. Daran anknüpfend entstanden Kennzeichnungen wie Richtlinie, Leitgrundsatz, Grundnorm, die sich trotz Widerspruchs durchsetzten. O. BACHOF sah dann 1954 in der Sozialstaatserklärung die Ermächtigung und den Auftrag in erster Linie an den Gesetzgeber, aber auch an die Verwaltung für sozialordnungsgestaltende Tätigkeit. Diese Ansicht vom Direktivcharakter des sozialstaatl. Prinzips wurde h. M. So hat das BVerfG sehr frühzeitig die verfassungsrechtl. Aufgabe des Staates zu „sozialer Aktivität" betont und herausgestellt, daß das S.prinzip einen „erträglichen Ausgleich der widerstreitenden Interessen", die „Herstellung erträglicher Lebensbedingungen" herbeiführen solle (BVerfGE 1,97, 105). Der S.auftrag ist sonach *Aktionsvollmacht,* Anstoß zu sozialer Integration und sozialer Wachsamkeit, zu staatlicher Mitverantwortung und Mitgestaltungsmacht im Falle sozialer Krisen und Konflikte.

C. Im Verlaufe der 60er Jahre setzte ein dialektischer Gegenprozeß der Deutung in Richtung auf eine sozialrevolutionäre Umgestaltung ein. Das S.prinzip transzendierte zum Transformationsgebot der Gesellschaftsveränderung. Vertreter dieser Richtung waren vor allen Dingen W. ABENDROTH, H. RIDDER und später H.-H. HARTWICH. Ziel dieser Autoren und ihrer politischen Anhänger war eine gesellschaftspolitische Ideologisierung, die namentlich auf eine durchgängige Demokratisierung von Wirtschaft und Gesellschaft abstellte. Die S.lichkeit erfuhr einen „ideologisch bestimmten Zugriff" und sollte rechtlich zu einer „Allkompetenz" aufgewertet werden. Die Grenzen des Rechtsstaatsprinzips und der Grundrechte wurden von dieser Seite beiseite geschoben.

D. Die juristische Interpretation, insbesondere des BVerfG und der anderen obersten Bundesgerichte, ist einem solchen Grenzenlosigkeitsschluß freilich nicht gefolgt. Sie verstand die S.klausel weiterhin als eine bloße Ermächtigung zu sozialgestaltender Tätigkeit des Staates. Der Staat hat von Verfassungs wegen ein Mandat zur Sozial-, Wirtschafts-, Gesellschafts- und Kulturpolitik. Diese Bereiche galten nicht mehr ausschließl. als Sphären des gesellschaftl.-privaten Selbstverständnisses, vielmehr blieb die S.klausel auf die Ziele sozialer Gerechtigkeit und sozialer Sicherung im Staat der freiheitl. demokratischen Ordnung bezogen. Daß auch darin eine Vielzahl neuer staatl. Aufgaben eingeschlossen ist, liegt auf der Hand. Der S. verstand sich als planender, lenkender, leistender, verteilender, individuelles wie soziales Leben erst ermöglichender Staat. Insoweit ist die rechtl. Bedeutung des S.prinzips nicht mehr zweifelhaft. Indessen bleibt, daß der S.klausel im Gegensatz zu den anderen Staatsstrukturprinzipien eine spezielle Ausformung und Konkretisierung innerhalb des GG fehlt. Darin liegt die Justitiabilitätsschwäche dieses Prinzips begründet. Besonders die Rechtsprechung des BVerfG und der obersten Gerichte zieht daraus den Schluß, daß die S.klausel nur das *Ziel* bestimmt, nicht aber die möglichen *Wege,* um dieses Ziel zu erreichen. Vor allem bei der richterl. Konkretisierung ist das S.prinzip in diesem Sinne mit Behutsamkeit gehandhabt worden. Das ist nicht ohne Kritik geblieben (W. RUPP-V. BRÜNNECK, BVerfGE 36, 237 – Sondervotum).

IV. Begriff und Dimension. A. Jede Inhaltsbestimmung des Begriffs S. leidet unter der Weite und der mangelnden Klarheit des Begriffs *„sozial".* Für seine Konkretisierung ist zunächst der historische Bezug maßgebend. Allerdings darf in dem Begriff „sozial" nicht nur die klassische Sozialpolitik in den Bereichen der sozialen Sicherung und der Leistungs-Verwaltung und →Daseinsvorsorge-Verwaltung gesehen werden. Ein solches Verständnis wäre rückwärtsgerichtet. Sozialstaatlichkeit darf nicht statisch, sondern muß dynamisch verstanden werden. Sie existiert in „Spannung und Bewegung". Es geht um die S.verfassung schlechthin, um eine soziale Infrastruktur. Dies schließt Aufgaben ein, die vor allem in der ersten Nachkriegszeit durch Flüchtlings- und Vertriebeneneingliederung, Kriegsgefangenenbetreuung, Kriegsschadenregulierung, Behebung der Wohnungsnot usw. gestellt waren.

B. Die Gegenwart hält neue Aufgaben im Arbeits- und Wirtschaftsleben bereit. Als Beispiele seien nur folgende Bereiche genannt:

1. →Sozialversicherung, und zwar nicht nur deren klassische Bereiche, sondern auch Einschluß von Selbständigen und in jüngster Zeit auch von Künstlern und Publizisten; 2. Sozialhilfe und Wohlfahrtspflege einschließl. der karitativen Tätigkeit der Kirchen und Wohlfahrtsverbände; 3. Erhaltung und Ausbau des →Arbeitsrechts als eines Kerngebiets der S.lichkeit; 4. Leistungs- und Daseinsvorsorge-Verwaltung, in der sich Staat und Gemeinden als Leistungsträger, als umfangreiche „Geber" darstellen; 5. Sozialstaatl. Imprägnierung der Wirtschaft durch eine Vielzahl von Schutz- und Aufsichtsmaßnahmen bis hin zu interventionsrechtl. Regelungen; 6. Intensivierung der Bildungspolitik durch Studienbeihilfen, Graduiertenförderung, Umschulung, Einrichtung neuer Bildungsstätten; 7. Sozialstaatl. Beeinflussung des →Privatrechts, des Verfahrensrechts und des Strafrechts, zB im AbzahlG, AGBG, in der Prozeßkostenhilfe und Rechtsberatung, in der Betonung des Resozialisierungsgedankens und der Einführung der Bewährungshilfe im Strafrecht sowie in der Verbesserung des →Strafvollzugs. 8. Bisweilen entnimmt man dem S.prinzip auch einen Verfassungsauftrag der „staatl. Wachstumsvorsorge", wie er im Gesetz zur Förderung der Stabilität und des Wachstums der Wirtschaft auf der Grundlage des Art. 109 II – IV GG Niederschlag gefunden hat. 9. Das S.prinzip wurde auch in den Dienst eines verstärkten →Umweltschutzes gestellt. Umweltschutz gilt als gewichtige Staatsaufgabe angesichts massiver Beeinträchtigungen der Lebensbedingungen für Mensch, Tier und Pflanze.

C. Der vorstehende Katalog läßt erkennen, daß das sozialstaatl. Prinzip *gegenständlich* ohne Grenzen ist. Ihm können mühelos neue Aufgaben zur Gestaltung der Sozialordnung zugewiesen werden. Um das Prinzip nicht zu einer wohlfeilen Schatzkammer aller möglichen Wünsche denaturieren zu lassen, bedarf es einer *inneren* Begrenzung. Sie könnte darin bestehen, daß man es aus der intentionalen Weite einer

Staatszielbestimmung und damit aus einer modernen Staatszwecklehre zurückführt auf einen verfassungsrechtl. Kernbereich. Dadurch blieben ihm häufige Belastungsproben mit anderen Verfassungsentscheidungen erspart, die aus seinem Verständnis als permanentes Reformversprechen herrühren. Dies führt nur zu einer ständigen Kollision mit der finanziellen Leistungsfähigkeit eines Staatshaushaltes, dessen Grundlage, das Bruttosozialprodukt, nicht unendlich steuerungsfähig ist. Für die Zurückführung der S.klausel auf ihren verfassungsrechtl. Kernbereich lassen sich folgende Argumente anführen:

1. Das Prädikat „sozial" für den vom GG verfaßten Staat ist eine von der Verfassung vorgesehene Wertentscheidung, d. h. eine Absage an eine wertfreie, jedenfalls gesellschaftsneutrale Staatlichkeit. Das S.prinzip gibt der Sozialordnung eine bestimmte Tönung, das heißt: mehr als ein Sozialfürsorgestaat, aber weniger als ein totaler Wohlfahrtsstaat.

2. Der S.lichkeit sind *zwei Grundmaximen* immanent: *a) Soziale Gerechtigkeit* als universales Ordnungsprinzip für die politische Gestaltung des Gemeinwesens: Sie will durch die Betonung des Sozialen die existentielle, wirtschaftl. und kulturelle Lebens- und Leistungsfähigkeit aller Bevölkerungsteile auf einem angemessenen Niveau verbürgen. *b) Soziale Sicherheit:* Sie verlangt die Schaffung oder Erhaltung von Einrichtungen oder Maßnahmen, die vorbeugend oder abhelfend zum Schutze der Lebenslage des einzelnen für den Fall des Fehlens eigener Daseinsreserven in Krisen, seien sie Alter, Behinderung, Arbeitslosigkeit, Krankheit, Obdachlosigkeit, die notwendige Daseinshilfe gewähren. Hierbei ist allerdings nicht allein der Staat gefordert (s. a. Subsidiaritätsprinzip).

3. In diesem Sinne ist der Leistungs- und Gewährleistungsstaat notwendigerweise ein Gesetzgebungs- und Verwaltungsstaat, der dem Bürger einen hinreichend gesicherten status positivus socialis vermittelt, der den status negativus civilis des Rechtsstaates und den status activus der Demokratie ergänzt. Er ist ein wichtiger Schlußpunkt der verf.rechtl. Entwicklung freiheitlicher Demokratie. Er muß vom sozialistischen Staat der →Volksdemokratien unterschieden werden, weil er in die Prinzipien der freiheitlich-rechtsstaatl. und parlamentarischen Demokratie eingebunden ist.

V. Adressatenkreis. A. Das S.prinzip ist Generalklausel, also nicht konkretisiert und detailliert. Obschon konkretisierungsfähig und konkretisierungsbedürftig, besitzt es Rechtscharakter und ist damit grds. für alle *Staatsgewalten* verbindlich. Es hat nicht nur Ermächtigungscharakter, sondern unter bestimmten Umständen auch Verpflichtungscharakter. Demgemäß spricht auch das BVerfG von einer „staatlichen Sozialpflicht" (BVerfGE 9, 124, 131). Freilich wirkt sich diese generelle Sozialpflicht auf die einzelnen Staatsfunktionen unterschiedlich aus.

B. Das S.prinzip ist mit Werthaltungen belastet. Daraus wurde stets und frühzeitig abgeleitet, daß der Gesetzgeber sein primärer Adressat ist. Das S.prinzip enthält einen Gestaltungsauftrag an den Gesetzgeber (BVerfGE 59, 231, 262 f.). Dementsprechend ergingen auf den unter IV. genannten Gebieten zahlreiche Gesetze, die diese Pflicht umsetzten. Doch können grds. keine konkreten Ansprüche des Bürgers auf gesetzgeberisches Tätigwerden unmittelbar aus dem S.prinzip abgeleitet werden (vgl. BVerfGE 59, 231, 263). Es bedarf immer erst gesetzgeberischer Konkretisierung (s. auch § 31 SGB-AT).

C. Das bedeutet nicht, daß die Exekutive und Judikative außerhalb der Reichweite der S.klausel stehen. Für sie ist das S.prinzip vornehml. eine Auslegungsmaxime und eine Ermessensrichtlinie, die sich namentl. bei der Interpretation von gesetzl. Generalklauseln auswirkt. Das zeigt sich in einigen neueren Entwicklungen. So hat das BVerfG zur Frage einer Entwicklung der →Pressefreiheit durch →Mitbestimmung des Betriebsrats in Presseunternehmen entschieden, daß eine Begrenzung der →Pressefreiheit durch die Verf. selbst einen im S.prinzip gerade nicht enthaltenen verbindl. Auftrag voraussetze (BVerfGE 52, 283, 298). Dies gilt auch für die Rundfunkfreiheit: Eine unmittelbare Beschränkung durch das S.prinzip würde bedingen, daß es zu der Frage, inwieweit zB Rundfunkanstalten freie Mitarbeiter als festangestellte Arbeitnehmer beschäftigen müssen, einen konkreten und verbindlichen Auftrag enthielte. Dies ist nach dem BVerfG jedoch nicht der Fall (BVerfGE 59, 231, 263). Zur Begründung führt das BVerfG u. a. aus, daß das S.prinzip wegen seiner grundsätzl. Offenheit den →Grundrechten keine unmittelbaren Schranken ziehen könne; es habe jedoch Bedeutung für die *Auslegung* von Grundrechten sowie für die Auslegung und verfassungsrechtliche Beurteilung von – nach Maßgabe eines Gesetzesvorbehaltes – die Grundrechte einschränkenden Gesetzen (BVerfGE 59,231, 262). In einer entsprechenden Beurteilung des S.prinzips stellte das BVerwG fest, das S.prinzip gebiete nicht, daß die Schulausbildung keinerlei Kosten verursachen darf (BVerwG, Buchholz 421 Nr. 54, 66). Dies gelte auch für die Kosten der Schülerbeförderung (BVerwG, DVBl. 1982, 729 f.). Das S.prinzip begründet auch kein allgemeines Recht auf schulgeldfreien Besuch höherer Schulen oder Realschulen oder auf teilweisen Schulgeldersatz; so Bay. VerfGH, NVwZ 1984, 97 (98). Zusammenfassend heißt es in der sog. Sozialplanentscheidung des BVerfG: „Das S.prinzip des Grundgesetzes enthält infolge seiner Weite und Unbestimmtheit regelmäßig keine unmittelbaren Handlungsanweisungen, die durch die Gerichte ohne gesetzl. Grundlage in einfaches Recht umgesetzt werden könnten. Insoweit ist es richterl. Inhaltsbestimmung weniger zugänglich als die Grundrechte ...; es zu verwirklichen ist in erster Linie Aufgabe des Gesetzes" (BVerfGE 65, 182, 193).

VI. Grenzen. A. S.lichkeit verlangt staatliche Leistungskraft und Leistungsfähigkeit. Etwa 50 % des staatl. Haushaltsvolumens werden für Sozialleistungen im weitesten Sinne ausgegeben. Die Gesamtausgaben des Staates einschließl. der Sozialversicherungsträger betragen fast 50 % des Bruttosozialprodukts. Die Inanspruchnahme des Sozialprodukts durch staatl. Leistungen und Aktivitäten hat einen beachtl. Umfang erreicht, so daß die Frage der Finanzierung des S. gestellt werden muß. ADOLPH WAGNERS 1861 formuliertes „Gesetz der wachsenden Staatsaufgaben" darf nicht zum ewigen Gesetz werden. Die Festlegung der Staatsaufgaben und die Priorität bei ihrer Wahrnehmung wird mehr denn je zu einer politischen Grundsatzentscheidung. Hierbei geraten auch verfassungsrechtl. Grenzen der Übernahme von Staatsaufgaben in das Blickfeld.

B. Rechtl. Grenzen des S. sind vor allem in der Rechtsstaatlichkeit und in den grundrechtlich gewährten Freiheitspositionen zu finden. A. KÖTTGEN hat darüber hinaus auf die Belastungsprobe im Zusammenhang mit dem bundesstaatl. Prinzip hingewiesen, die sich zunehmend unter dem Gleichheitssatz und dem unitarisierenden Zug nach Einheitlichkeit bzw. Gleichwertigkeit der Lebensverhältnisse (Art. 72 II Nr. 3, Art. 91 a, 106 III Nr. 2 GG) einstellt, in die auch die Problematik eines gerechten Finanzausgleiches zwischen den Ländern und den Gemeinden eingebettet ist. Das demokratische Prinzip ist erst spät auch als Schranke eines überbordenden S. verstanden worden. Der S. zwingt der politischen Gewalt, die mit dem Demokratieprinzip verbunden ist, immer mehr Entscheidungen auf, die nicht aus freien politischen Stücken getroffen sind.

C. Vor allem aber setzen die Rechtsstaatlichkeit und die Grundrechte Schranken. S.lichkeit ist im GG sprachlich ausdrücklich mit dem Rechtsstaat verkoppelt. Das Verfassungsgebot des *sozialen Rechtsstaates* zwingt zu ständiger Balance und zur Konkordanz beider Verfassungsprinzipien. „Das GG erlaubt es nicht, Rechtsstaat und Sozialstaat gegeneinander auszuspielen und je nach politischer Überzeugung für den einen oder anderen zu entscheiden. Innerhalb der Grenzen, in denen es überhaupt verfassungsrechtlich konkretisierbare Aussagen zu beiden Themen macht, muß vielmehr jener Einklang gefunden werden, der sich mit dem Doppelbegriff des rechtsstaatl. oder freiheitl. S. verbindet" (R. HERZOG). Dementsprechend darf S.lichkeit nur in den Formen des Rechtsstaates durchgesetzt werden, wie umgekehrt der Rechtsstaat im modernen, industriellen Massenstaat nur lebenskräftig ist, wenn er auf sozialer Gerechtigkeit und Sicherheit basiert. Kein Prinzip kann auf Kosten des anderen verwirklicht werden. Bei der Auflösung von Spannungslagen mit dem rechtsstaatl. Prinzip wird es vornehmlich um den Ausgleich mit den grundrechtl. Freiheitspositionen gehen, sowie mit dem Übermaßverbot. Unter den Grundrechten sind es vor allem die spezifisch eine liberale und ökonomische Freiheitssphäre gewährenden Rechte der Art. 2, 9, 12 und 14 GG. Demgegenüber treten Grundrechte wie Art. 3, 6 und 7 GG oder institutionelle Garantien wie Art. 33 V in eine eher positive Zuordnung zum S.prinzip, weil in ihnen von vornherein Gewährungen durch den Staat mitangelegt sind. Niemals darf die Formel gelten: Grundrechte vor S.prinzip oder S.prinzip vor Grundrechten. Die Problemlösung verlangt die Berücksichtigung des S.prinzips im Lichte der grundrechtl. Freiheitsrechte.

1. Der grundrechtl. determinierte Rechtsstaat verlangt die Anerkennung und Respektierung einer persönl. und ökonomischen Sphäre individueller Lebensgestaltung in einer freiheitl. Gesellschaft. Insofern verbürgt das GG eine gesamtverfassungsrechtl. Freiheitsentscheidung mit allen persönl. Risiken und Verantwortlichkeiten des einzelnen, die daraus resultieren. Diese Freiheit ist allerdings nicht schrankenlos. Sie war immer gebunden, wie die grundrechtl. Gesetzesvorbehalte zeigen und jetzt das S.prinzip deutlich macht. Eine gewisse Präponderanz der Freiheit ist aber nicht zu leugnen, zumal Art. 19 II GG es verbietet, ein Grundrecht in seinem Wesensgehalt anzutasten.

2. Überaus komplex ist der Zusammenhang zwischen dem allgemeinen →*Gleichheitssatz* des Art. 3 GG und dem S.prinzip. Beide Grundsätze kombiniert können die Anforderungen an den Gesetzgeber steigern. Er kann Ungleichbehandlung bis zur Grenze der Willkür anordnen; er kann materielle Gleichheit unter Berufung auf das S.prinzip anstreben, solange er sich innerhalb der die Freiheit und Individualität sichernden Grundrechte bewegt. Im Grunde geht es dabei um den Versuch, Freiheit zu wahren und zu sichern, ohne Gleichheit zu vernachlässigen. Es besteht keine Pflicht des Staates, den einzelnen gegen alle Widrigkeiten des Schicksals zu schützen oder die Folgen der Marktwirtschaft, die den einzelnen treffen können, durch staatl. Lenkungsmaßnahmen zu kompensieren, soweit es sich nicht um die Bereitstellung des Existenzminimums handelt. Der S. bemüht sich zwar um die Schwachen, aber ist und bleibt auch Staat aller. S.lichkeit darf nicht den Sinn haben, die Arbeits- und Leistungsgesellschaft in einen „Mast- und Futterstaat" (A. MENGER) zu führen. Eine Verfassung, die auf der Basis der Gleichheit, also allgemein, Verschiedenheiten gestattet, die sich aus dem verschiedenen Gebrauch menschlicher Freiheit ergeben, entscheidet sich klar gegen die unterschiedslose Egalisierung jederzeit in jeder Beziehung, gegen Kollektivierung, Nivellierung, Schematisierung aller Personen und Lebensbereiche (G. DÜRIG).

3. Positiv ist das S.prinzip herangezogen worden, um sog. Teilhaberechte zu entwickeln (vgl.

BVerfGE 33, 303 ff.): „Je stärker der moderne Staat sich der sozialen Sicherung und kulturellen Förderung der Bürger zuwendet, desto mehr tritt im Verhältnis zwischen Bürger und Staat neben das ursprüngl. Postulat grundrechtl. Freiheitssicherung vor dem Staat die komplementäre Forderung nach grundrechtl. Verbürgung der Teilhabe an staatl. Leistungen." Diese Lehre von den Grundrechten als Teilhaberechten ist indessen über den speziellen Fall hinaus umstritten. Hinter ihr verbirgt sich die Frage nach den subjektiven Grundrechten auf Leistung bzw. einer bloßen Pflicht des Staates zum positiven Handeln aus objektiven Rechtsgrundsätzen. In letzterer Richtung kann auch das S.prinzip wirken. Freiheitsrechte jedoch mit Hilfe des S.prinzips in Teilhaberechte umzupolen, muß auf Ausnahmen begrenzt sein.

VII. Theologisch →Arbeitsrecht II; →Diakonie; →Freie Träger; →Menschenrechte II; →Solidaritätsprinzip; →Sozialethik; →Sozialhilfe VII.

W. ABENDROTH, Zum Begriff des demokratischen und sozialen Rechtsstaats, in: Aus Gesch. u. Politik, Festschrift f. L. Bergsträsser, 1954, 279 ff. – O. BACHOF, Begriff und Wesen des sozialen Rechtsstaates, VVDStRL H. 12 (1954) 37 ff. – E. FORSTHOFF, Begriff und Wesen des sozialen Rechtsstaates, VVDStRL H. 12 (1954) 8 ff. – DERS., Verf.probleme des S., 1961² – A. KÖTTGEN, Der soziale Bundesstaat, in: Forsthoff (Hg.), Rechtsstaatlichkeit und Sozialstaatlichkeit, 1968, 431 ff. – H. C. NIPPERDEY, Die soziale Marktwirtschaft in der Verf. der Bundesrepublik, 1961² – W. WEBER, Die verf.rechtl. Grenzen sozialstaatl. Forderungen, Der Staat Bd. 4 (1965) 416 – E. R. HUBER, Rechtsstaat und S. in der modernen Industriegesellschaft, in: Nationalstaat u. Verfassungsstaat, 1965, 254 – E. BENDA, Industrielle Herrschaft und sozialer Staat, 1966 – DERS., Der soziale Rechtsstaat, in: Handbuch des Verfassungsrechts der Bundesrep. Deutschland, 1983, 477 ff. – H. F. ZACHER, Zur sozialen Programmatik der Bay. Verf., in: Festschr. zum 25jährigen Bestehen des Bayerischen Verfassungsgerichtshofes, 1972, 95 ff. – DERS., Was können wir über das Sozialstaatsprinzip wissen?, in: Hamburg – Deutschland – Europa, Festschr. H. P. Ipsen, 1977, 207 ff. – DERS., Sozialpolitik und Verfassung im ersten Jahrzehnt der Bundesrep. Deutschland, 1980 – H. SCHAMBECK, Grundrechte und Sozialordnung, 1969 – H. H. HARTWICH, Sozialstaatspostulat und gesellschaftl. status quo, 1970 – M. KLOEPFER, Grundrechte als Entstehungssicherung, 1970 – G. BRUNNER, Die Problematik der sozialen Grundrechte, 1971 – P. HÄBERLE, Grundrechte im Leistungsstaat, VVDStRL H. 30 (1972) 43 ff. – W. MARTENS, Grundrechte im Leistungsstaat, VVDStRL H. 30 (1972) 7 ff. – E. MENZEL, Die Sozialstaatlichkeit als Verf.prinzip, DÖV 1972, 537 ff. – W. SCHREIBER, Das Sozialstaatsprinzip des Grundgesetzes in der Praxis der Rechtsprechung, 1972 – L. WILDHABER, Soziale Grundrechte, in: Gedenkschr. für Imboden, 1972, 371 ff. – K. LÖW, Rechtsstaat, Demokratie, S., 1973 – J. P. MÜLLER, Soziale Grundrechte in der Verf.?, Referate und Mitteilungen des Schw. Juristenvereins, 1973 – P. BADURA, Das Prinzip der sozialen Grundrechte und seine Verwirklichung im Recht der Bundesrep. Deutschland, in: Der Staat Bd. 14 (1975), 17 ff. – H. KRÜGER, Rechtsstaat – Sozialstaat – Staat, 1975 – H. RIDDER, Soziale Ordnung des Grundgesetzes, 1975 – F. A. v. HAYEK, Law, Legislation and Liberty, Bd. 2, The Mirage of Social Justice, 1976 – K. DOEHRING, Alternativen des Sozialstaats, in: 30 Jahre Grundgesetz, 1979, 125 ff. – W. ENGELS, Eine konstruktive Kritik des Wohlfahrtsstaates, 1979 – H. P. IPSEN, Fragwürdiges zur Sozialstaatlichkeit, in: Ansprache aus Anlaß des 25jährigen Bestehens des Bundessozialgerichts, 1979, 39 ff. – DERS., Gebundene Sozialstaatlichkeit, in: Festschr. K. Zweigert, 1981, 747 ff. – H. EHRENBERG/A. FUCHS, Sozialstaat und Freiheit, 1980 – R. HERZOG, Die Verfassungsentscheidung für die Sozialstaatlichkeit, in: Maunz-Dürig, Kommentar zum GG, Art. 20 VIII, 1980 – H. LAMPERT, Sozialpolitik, 1980 – D. MERTEN, Verfassungsstaat und Sozialstaat, VSSR 1980, 101 ff. – P. KRAUSE, Die Entwicklung der sozialen Grundrechte, in: Grund- und Freiheitsrechte im Wandel von Gesellschaft und Geschichte, 1981, 402 ff. – W. SCHMIDT, Soziale Grundrechte im Verfassungsrecht der Bundesrep. Deutschland, in: Instrumente der sozialen Sicherung und der Währungssicherheit in der Bundesrep. Deutschland u. Italien, Der Staat, Beiheft 5, 1981, 9 ff. – R. SCHOLZ: Sozialstaat zwischen Wachstum und Rezessionsgesellschaft, 1981 – J. ISENSEE, Der Sozialstaat in der Wirtschaftskrise, Festschrift f. J. Broermann, 1982, 365 ff. – G. HAVERKATE, Rechtsfragen des Leistungsstaats, 1983 – K. STERN, Das Staatsrecht der Bundesrep. Deutschland, Bd. I, 2. Aufl. 1984, § 21 (Lit.) – DERS., Staatsziele und Staatsaufgaben in verfassungsrechtl. Sicht, in: Bitburger Gespräche, Jahrbuch 1984, 1985, 5 ff.

Klaus Stern

Sozialstruktur. 1. Geschichte und theoretische Funktion des Begriffs. Der Begriff der S. gewann seit dem 19. Jh. für die Sozialtheorie stetig steigende Bedeutung. Er erlaubte die überkommene Vorstellung gesellschaftl. Einheit, die entweder durch eine transzendente Gestaltung verbürgt schien oder sich aus einer nicht weiter analysierbaren Essenz oder Wesensbestimmung ergeben sollte, durch die Annahme zu ersetzen, der gesellschaftl. Zusammenhang resultiere aus den spezifischen Arten von Beziehungen, die sich zwischen den einzelnen Akteuren oder →Gruppen nachweisen ließen. Damit war ein mehrfacher Vorteil verbunden: Zum einen konnte man durch die Elimination von statischen Substanzbegriffen zu einem dynamischen Verständnis von →Gesellschaften übergehen, zum anderen wurde das Geheimnis dessen, was die soziale Welt im innersten zusammenhält, lüftbar durch empirische Forschungen. Die Verwendung des Begriffs S. fällt somit ineins mit dem Aufkommen der empirischen Gesellschaftslehre. Mit seiner Hilfe wurde es weiterhin möglich, Beziehungsgefüge einer Vielzahl von Akteuren auch für den Fall zu untersuchen, daß diese nicht länger in persönl. Interaktion miteinander standen, sondern untereinander nurmehr über die indirekten anonymen Funktionen der Resultate ihres Handelns verbunden waren. Der Begriff der S. eignete sich naheliegenderweise zur Analyse demographisch wachsender, funktional differenzierter Gesellschaften. Seine Verwendung stellt indessen ein doppeltes Problem. Zum einen müssen die Merkmale bestimmt werden, die seiner Nutzung die nötigen Grenzen setzen; zum anderen wirft sein theoretischer Einsatz die Frage auf, wie man sich die Dynamik der Strukturerhaltung und Strukturveränderung vorzustellen habe.

2. Definitorische Merkmale des Begriffs der S. Zunächst hat es sich als dringlich erwiesen, die *Dimension* festzulegen, die die *Art* der untersuchten S. definieren soll und damit die Art der Beziehung, die sich zwischen den Akteuren ergeben, die als deren Elemente verstanden werden können. Freilich ist es nicht unkontrovers geblieben, welche Auswahl man zwischen den prinzipiell unendl. Dimensionsbezeichnungen zu wählen habe. Die Sozialtheorie hat sich indessen darauf einigen können, vor allem jenen Dimensionsmerkmalen erhöhte Aufmerksamkeit zu schenken, die sich bei der wechselseitigen Orientierung der Akteure am Handeln der anderen als bestimmend herausgestellt haben. Dazu zählen unter anderen: das Alter der Akteure, ihre berufl. und verwandtschaftl. Stellung, ihre Verfügung über Geld und Güter, über Entscheidungskompetenzen und über Wissen und Expertise. Die mit Hilfe dieser Merkmale konstruierten S.en werden der Reihe nach als demographische oder Altersstruktur, als Berufs- oder Arbeitsteilungsstruktur, als Verwandtschaftsstruktur, als Vermögens- oder Einkommensstruktur, als Macht- oder Herrschaftsstruktur, und endlich als Wissens- oder Prestigestruktur erkenntlich. Eine genereller ansetzende Dimensionsbestimmung geht einen anders bezeichneten Weg und betont vielmehr den Sachverhalt, daß die Akteure vornehmlich daran ihr wechselseitiges Handeln auszurichten pflegen, was sie in bestimmten Handlungssituationen als gestattetes, gebotenes oder verbotenes Handeln deuten. Handlungsregeln, d. h. Normen und Rechte sind es entsprechend, die das soziale Handeln festlegen. Konsequenterweise wird man unter diesen Voraussetzungen daran festhalten wollen, daß das begriffsbestimmende Merkmal einer S. die Verfügbarkeit über Rechte bzw. die Unentrinnbarkeit normativer Erwartungen zu sein habe. Beide Dimensionsbestimmungen widersprechen sich indessen nicht. Man kann empirisch unterstellen, daß den zunächst benannten S.en eine Regelstruktur unterliegt, deren Wirkungen die entsprechenden S.en hervorbringen, womit sich die Möglichkeit eröffnet, die erste Dimensionsbestimmung unter angebbaren Umständen auf die zweite zu reduzieren.

Neben der genauen Festlegung strukturbestimmender Dimensionsbezeichnungen hat es sich für die kontrollierte Verwendung des Begriffs S. als hilfreich erwiesen, verschiedene Ausprägungen, in denen das dimensionsfestlegende Merkmal vorliegen kann, wenigstens ordinal zu unterscheiden und damit zu messen. Auf diese Weise wird beurteilbar, in welchem Maße ein Akteur jenes strukturbestimmende Merkmal exemplifiziert. Ohne diese Möglichkeit kann man verschiedene Akteure nur danach einstufen, ob sie Elemente einer Struktur sind oder nicht; nicht aber, in welchem Umfang sie sich von anderen Elementen derselben S. abheben und unterscheiden. S.en wirken im ersten Falle definitionsgemäß nur dichotomisch, im zweiten hingegen auch gradualisierend. Damit erst wird die Konstruktion von Schichtungsstrukturen denkbar und infolgedessen der Nachweis gesellschaftl. Gleichheit oder Ungleichheit. Bei eingeschränkt dichotomischen S.en wird man nur dann von Ungleichheit sprechen können, wenn die Zugehörigkeit zur S. anders (gleichviel wie) bewertet wird als die Nichtzugehörigkeit. Daß man sich angewöhnt hat, unter der Voraussetzung, daß man mit der Distinktion von Zugehörigkeit und Nichtzugehörigkeit keinerlei bewertenden Unterschied verbinden kann, von „horizontaler Ungleichheit" zu sprechen, stellt entsprechend einen begriffl. Mißgriff dar. Ungleichheiten liegen nur dort vor, wo verschiedene Akteure bezüglich ein und desselben Kriteriums verschiedene Ausprägungen im eingeführten Sinne aufweisen. Die Bestimmung des Begriffs der S. muß endlich vollendet werden durch den Hinweis, wie sich die Gesamtmenge der Akteure, die Elemente einer untersuchten S. sind, über die unterschiedl. Ausprägungsklassen hinweg verteilen. Unter dieser Bedingung lassen sich jeder S. spezifische Strukturmuster zuweisen (zB Pyramiden mit breiter Basis und schmaler Spitze oder umgekehrt, Zwiebeln differenter Länge und Höhe usf.). Gleichzeitig geben sich S.en damit als Verteilungsstrukturen zu erkennen, deren Merkmale und Attribute grundsätzlich der Gesamtmenge der differentiell verteilten Akteure zukommen, nicht aber jedem einzelnen von ihnen.

Wenn wir, wie oben zugelassen, davon ausgehen, daß unterschiedl. Dimensionsmerkmale empirisch wichtig und wirksam sind, so stellt sich in logischer Folge die Frage nach dem gegenseitigen Verhältnis verschiedenartiger S.en. Ihre Beantwortung erfordert zunächst die theoretische Einsicht, daß man jede empirische Kombination unterschiedlicher S.en als einen Raum abbilden kann, dessen Koordinaten durch die Art und Anzahl der einbezogenen differenten Strukturdimensionen festzulegen sind. Gesellschaften weisen dieser Vorstellung folgend regelmäßig differente Grade der Multidimensionalität auf, die von der Vorherrschaft genau einer homogenen Struktur bis zu einer für die Akteure unübersichtlich werdenden Vielzahl von Dimensionen reichen kann. Im letzteren Fall wird man die entsprechende S. als heterogene bezeichnen. Die moderne Gesellschaftstheorie faßt diesen letzteren Tatbestand in der Regel unter dem Begriff „sozialen Differenzierung" zusammen. Aus der Perspektive der beteiligten Akteure betrachtet, kann diese zum Problem insofern werden, als mit steigender Anzahl empirisch wirksamer Dimensionen die Wahrscheinlichkeit zunimmt, daß ein Akteur nicht auf allen ein und dieselbe Position einnehmen wird bzw. dieselbe Ausprägung aufweist. Daraus resultieren für ihn sog. Statusinkonsistenzen, denen er sich nicht nach Belieben entziehen kann. Dieser Punkt führt über zum zweiten Problemkreis, mit dem die Konzeption der S. verbunden ist:

3. Zur Frage nach der Reproduktion und Veränderung von S.en. Aus dem Blickwinkel des einzelnen Akteurs beurteilt, stellt sich der Tatbestand, daß er innerhalb verschiedenartig dimensionierter S.en zu handeln gezwungen ist, regelmäßig als eine Beschränkung seiner Möglichkeiten dazu dar, das globale Verteilungsmuster nach eigenen Wünschen und Zielsetzungen zu verändern. In diesem Sinne haben S. einen objektiven Charakter. Entsprechend treten sie den Akteuren als externe Restriktionen oder als Zwang entgegen, stellen indessen gleichzeitig auch den Spielraum bereit, innerhalb dessen sie ihren Intentionen erfolgversprechend folgen können. In der Tat hat aus diesem doppelten Grund die Sozialtheorie die relative Festigkeit struktureller Muster immer in den Vordergrund gehoben und die Bedingung ihrer Veränderung nachdrücklich nur im gemeinsamen, kollektiven, gleichwohl wenig wahrscheinlichen und nur kontingenterweise erfolgreichen Handeln einer Vielzahl von Akteuren gesucht. Die relative Machtlosigkeit des einzelnen gegenüber den restriktiven Wirkungen von S.en erklärt deren Reproduktivität aber nur zum Teil. Wenn man sich in Erinnerung ruft, daß S.en als Verteilungsstrukturen zu verstehen sind, so muß jede einsichtige Erklärung sozialer Strukturen folgende Gesichtspunkte beachten: Wir dürfen unterstellen, daß derartige Verteilungen nur dann zustande kommen, wenn es mindestens einen Mechanismus, einen Prozeß gibt, in dessen Folge entsprechende Verteilungsmuster entstehen. Als Handlungstheorie unterstellt die moderne Sozialtheorie, daß derartigen Verteilungsmechanismen in letzter Instanz Prozesse kollektiven Handelns zugrunde liegen, so daß es sich aufdrängt, S. als eine Konsequenz eben dieses kollektiven Handelns zu analysieren. Die Sozialtheorie hat sich darauf einigen können, daß vornehmlich drei Mechanismen zu untersuchen sind: Tausch und Markt, Autorität und Herrschaft und diskursiver Konsens. Es hat sich als ratsam erwiesen, diese Mechanismen als institutionalisierte Entscheidungsprozesse zu verstehen, wobei unter den differenten Bedingungen anonymer, wenngleich interdependenter individueller (= Markt), asymmetrischer (= Herrschaft) und symmetrischer (= diskursiver Konsens) kollektiver Entscheidungen immer mögliche alternative Handlungen selegiert werden und eben hierdurch jene Handlungsverteilungen entstehen, welche ihrerseits die beschriebenen strukturellen Effekte nach sich ziehen: die differentielle Zugänglichkeit von Gütern, Macht, Wissen oder generalisiert: Nutzungsrechten. Damit werden zugleich die Ausgangsbedingungen festgelegt, unter denen die derart unterschiedlich ausgestatteten Akteure ihre weiteren Versuche starten müssen, ihre jeweilige Handlungssituation zu bewältigen. Verteilungsmechanismen sind diesem Verständnis folgend *Selektionsmechanismen,* in deren Gefolge sich soziale Verteilungsstrukturen reproduzieren. Dabei darf es als eine fruchtbare theoretische Einsicht gelten, daß dies nicht aufgrund und in Konsequenz der Wünsche, Ziele und Absichten der beteiligten Akteure geschieht, sondern einem bekannten Diktum folgend „hinter dem Rücken der Individuen". Indessen ist nicht unter allen denkmöglichen Umständen damit zu rechnen, daß die betreffenden Verteilungsmechanismen nur im Sinne der Strukturerhaltung adaptive oder funktionale Konsequenzen generieren. Wenn demgegenüber sich die kollektiven Handlungskonsequenzen derart auswirken, daß in letzter Instanz die betreffenden Verteilungsmechanismen ihre Kraft verlieren, die →Institutionen, die ihnen zugrunde liegen, in Frage gestellt werden und entsprechend dem selektiven Druck verändernden kollektiven Handelns ausgesetzt sind, so kann sich u. U. ein vorliegendes Verteilungs- oder Strukturmuster ändern. Entsprechend der anfänglich gegebenen Definition einer S. wird sich eine mögliche Strukturveränderung in zweifacher Weise vollziehen müssen. Zum einen können infolge des Zusammenbruchs institutioneller Selektionsmechanismen bisher dominante Dimensionsfestlegungen ihre Bedeutung für die Handlungsorientierungen der Akteure verlieren. So kann beispielsweise die Berufszugehörigkeit eines Akteurs für die Festlegung seiner gesellschaftl. Stellung wichtiger zu werden beginnen als seine Verwandtschaftszugehörigkeiten; zum anderen mögen sich die Ausprägungsklassen ihrem Umfang nach oder ihrer Anzahl entsprechend verschieben. So wird die Abnahme der Anzahl der Ausprägungsklassen zu einer Verringerung der sozialen Distanz zwischen den Akteuren führen, oder aber die Bedeutung der Mittellagen vergrößert sich durch eine Umfangsverringerung der Positionsextreme usf. Im Gegensatz zu dem eingangs diskutierten Problem struktureller Reproduktion hat sich das Bemühen um akzeptable Erklärungen sozialstruktureller Veränderungen und Umschichtungen sehr viel dornenreicher gestaltet. Bei der Wichtigkeit dieses Themas für das Selbstverständnis der Gesellschaften darf es freilich nicht wundernehmen, daß trotz des mangelnden Erfolgs entsprechender Klärungen seit den frühen Anfängen der empirischen Sozialtheorie die kontinuierliche Aufhellung des Problems strukturellen Wandels im Mittelpunkt aller theoretischen Versuche gestanden hat und noch immer steht.

R. Bendix/S. M. Lipset (edd.), Class, Status and Power, London (1967) – A. Betaille, Inequality Among Men, Oxford (1977) – H. Bertram, Sozialstruktur und Sozialisation (1981) – P. M. Blau (ed.), Approaches to the Study of Social Structure, London (1975). – Ders., Inequality and Heterogeneity. A Primitive Theory of Social Structure, New York / London (1977).

– P. M. BLAU/R. K. MERTON (edd.), Continuities in Structural Inquiry, London / Beverly Hills (1981). – P. M. BLAU/O. D. DUNCAN, The American Occupational Structure, New York (1967). – K. M. BOLTE/S. HRADIL, Soziale Ungleichheit in der Bundesrepublik Deutschland (1984). – R. BOUDON, Education, Opportunity, and Social Inequality, New York (1973). – P. BOURDIEU, Die feinen Unterschiede (1982). – P. BOURDIEU/J. PASSERON, Die Illusion der Chancengleichheit (1971). – B. GIESEN, Makrosoziologie (1980). – A. GIDDENS, The Class Structure of the Advanced Societies, London/Basingstoke (1973). – M. HALLER, Theorie der Klassenbildung und soziale Schichtung (1983). – J. HANDL/K. U. MAYER/W. MÜLLER, Klassenlagen und Sozialstruktur (1977). – G. HARTFIEL, Soziale Schichtung (1978). – H. KAELBLE, Soziale Mobilität und Chancengleichheit im 19. und 20. Jahrhundert (1983). – DERS., Industrialisierung und soziale Ungleichheit. Europa im 19. Jahrhundert (1983). – G. KOLKO, Besitz und Macht (1967). – R. KRECKEL (Hg.), Soziale Ungleichheiten (1983). – T. E. LASWELL, Class and Stratum, Boston (1965). – G. LENSKI, Power and Privilege. A Theory of Social Stratification, New York (1966). – N. LUHMANN, (Hg.), Soziale Differenzierung (1985). – M. MAUCKE, Die Klassentheorie von Marx und Engels (1970). – R. K. MERTON, Social Theory and Social Structure, London (1964⁴). – C. OFFE, Leistungsprinzip und industrielle Arbeit (1970). – S. OSSOWSKI, Klassenstruktur im sozialen Bewußtsein (1962). – T. PARSONS, Equality and Inequality in Modern Society, or Social Stratification Revisited, in: DERS., Social Systems and the Evolution of Action Theory, New York/London (1977), S. 321–380. – M. SCHMID, Theorie sozialen Wandels (1982). – B. SEIDEL/S. JENKER (Hg.), Klassenbildung und soziale Schichtung (1968). – H. STRASSER/J. GOLDTHORPE (Hg.), Die Analyse sozialer Ungleichheit (1985). – A. SZYMANSKI, Class Structure. A Critical Perspective, New York (1983). – L. C. THUROW, Generating Inequality, New York (1975). – M. WEBER, Wirtschaft und Gesellschaft (1964). – H. U. WEHLER (Hg.), Klassen in der europäischen Sozialgeschichte (1979). – E. WIEN, Theorien sozialer Schichtung (1974). – E. WIEN/K. U. MAYER, Soziale Schichtung und Mobilität (1975). – W. ZINGG/G. ZIPP, Soziale Ungleichheit (1983²).

Michael Schmid

Sozialversicherung. I. Grundlagen. Die S. ist Kernstück des Rechts der sozialen Sicherheit. Ursprünglich geschaffen für eine kleine Gruppe Notleidender, dient sie heute in der modernen Arbeitnehmergesellschaft als wichtigstes Vorsorgesystem dem Zweck, die Selbsthilfe des einzelnen gegen die Wechselfälle des Lebens – Krankheit, Unfall, Invalidität, Alter und Arbeitslosigkeit – durch eine *kollektive Vorsorge* zu ergänzen und zu ersetzen. Neben ihr bestehen als weitere Vorsorgesysteme die Beamtenversorgung und berufsständische Versorgungswerke. Von der Beamtenversorgung unterscheidet sich die S. vor allem dadurch, daß die Leistungen aus Beiträgen erbracht werden, die vom zu sichernden Personenkreis erhoben werden.

Die S. ist eine *öffentl.-rechtl. Zwangsversicherung*. Sie gliedert sich in die Krankenversicherung, Unfallversicherung und Rentenversicherung. In einem weiteren Sinne rechnet man zu ihr auch die Arbeitslosenversicherung und die Konkursausfallversicherung.

II. Entwicklung. Die Einrichtung einer S. wurde notwendig, als im Laufe des 19. Jh. die Anerkennung der Gewerbe- und Vertragsfreiheit sowie die zunehmende Industrialisierung die bisherigen sozialen Herrschaftsverhältnisse beseitigte und eine neue Sozialordnung entstand, die dem rechtl. zwar freien, wirtschaftl. aber abhängigen Arbeiter keinen Schutz in den Notfällen des Lebens bot. Hier Abhilfe geschaffen zu haben, ist das Werk BISMARCKS, das *Vorbild für zahlreiche ausländische Regelungen* wurde. Die moderne S. beruht auf der kaiserl. Botschaft vom 17. Nov. 1881 und den zu ihrer Ausführung erlassenen Gesetzen, dem KrankenversicherungsG vom 15. Juni 1883, dem UnfallversicherungsG vom 6. Juli 1884 und dem G. betr. die Invaliditäts- und Altersversicherung vom 22. Juni 1889. Sie fand zunächst ihren ersten Abschluß in der *Reichsversicherungsordnung* vom 19. Juli 1911 (RVO); aus ihr war bereits die Rentenversicherung für Angestellte ausgegliedert, die in dem AngestelltenversicherungsG vom 20. Dezember 1911 eine bes. Regelung erfuhr. Den Eigenheiten des Bergbaus trug eine Sonderregelung im ReichsknappschaftsG vom 23. Juni 1923 Rechnung. Eine Arbeitslosenversicherung wurde 1927 eingeführt.

Auch nach dem Zusammenbruch 1945 hielt man in der Bundesrep. Dtschld. an der Selbständigkeit dieser „klassischen" Versicherungszweige fest. In der DDR ist die S. zu einer *Einheitsversicherung* zusammengefaßt, die nicht nur organisatorisch, sondern auch materiell weitgehend anderen Grundsätzen unterliegt.

Die Entwicklung der S. in der Bundesrep. ist dadurch gekennzeichnet, daß immer mehr Personen in ihren Schutz einbezogen und ihre Leistungen ständig erweitert wurden. Grundlegend war die Neuordnung der Rentenversicherung durch die Rentenreform 1957. Nachdem bereits 1938 die Handwerker in die S. einbezogen waren, wurde durch das Gesetz über eine Altershilfe für Landwirte vom 27. Juli 1957 die Rentenversicherung auf eine zweite große Gruppe von Selbständigen erstreckt; die Landwirte und ihre mitarbeitenden Familienangehörigen wurden außerdem 1972 in die Krankenversicherung einbezogen. Das KünstlersozialversicherungsG vom 27. Juli 1981 hat als – vorläufig – letzte Personengruppe die selbständigen Künstler und Publizisten dem Schutz der Krankenversicherung und Rentenversicherung unterstellt. Zur Sicherung rückständiger Arbeitsentgelte bei Zahlungsunfähigkeit des Arbeitgebers hat das G. über Konkursausfallgeld vom 17. Juli 1974 eine Konkursausfallversicherung im Rahmen der S. geschaffen. Zur Vereinfachung des in einer Vielzahl von Einzelgesetzen unübersichtlich geregelten Sozialrechts hat die Bundesregierung durch Kabinettsbeschluß vom 19. März 1970 beschlossen, ein Sozialgesetzbuch zu schaffen. Es umfaßt neben der S. alle weiteren Systeme der sozialen Sicherheit. Ergangen sind bisher Sozialgesetzbuch (SGB) – Allgemeiner Teil – vom 11. Dez. 1975, Sozialgesetzbuch (SGB) – Gemeinsame Vorschriften für die Sozialversicherung – vom 23. Dez. 1976 und Sozialgesetzbuch (SGB) – Verwaltungsverfahren – vom 18. Aug. 1980/4. Nov. 1982.

III. Krankenversicherung. Ein von alters her bes. wichtiger Zweig der S. ist die Krankenversicherung. Sie besteht z. Z. in grds. noch unveränderter Form und ist im Zweiten Buch der RVO (§§ 165 ff.) geregelt.

Die soziale Krankenversicherung ist – im Gegensatz zur Privatversicherung – im wesentl. eine *Sachversicherung;* sie will unmittelbar die Hilfeleistung für den Kranken verwirklichen – durch freie ärztl. Behandlung, durch Arznei- und andere Heil- und Hilfsmittel und durch Krankenhauspflege. Kennzeichnend für sie ist, daß der behandelnde Arzt seine Vergütung nicht von dem Patienten, sondern über die kassenärztl. Vereinigung unmittelbar von der Krankenkasse erhält. Diese gewährt auch ein *Krankengeld,* wenn die Krankheit den Versicherten arbeitsunfähig macht und er deshalb – nach Erschöpfung oder bei Fehlen eines Anspruchs auf Fortzahlung des Gehalts oder Lohns gegen den Arbeitgeber – kein Arbeitsentgelt erhält. Außerdem besteht ein Anspruch auf kostenfreie ärztl. Untersuchung zur Früherkennung bestimmter Krankheiten, vor allem von Krebs. Bei Tod wird ein Sterbegeld gezahlt. Die Krankenkassen leisten weiterhin *Mutterschaftshilfe* (→Mutterschutz). Die Krankenversicherung beschränkt sich nicht nur auf Leistungen an Versicherte, sondern sie erstreckt den Versicherungsschutz auch auf deren Familienangehörige, die nicht selbst versichert und gegen den Versicherten unterhaltsberechtigt sind (Familienhilfe).

Versicherungspflichtig sind alle Arbeiter ohne Rücksicht auf die Höhe ihres Jahresarbeitsverdienstes, Angestellte, deren regelmäßiger Jahresarbeitsverdienst 75 v. H. der Beitragsbemessungsgrenze in der Rentenversicherung (1985: 48 600 DM) nicht übersteigt, weiterhin im allgemeinen alle Rentner und Studenten (§ 165 RVO) sowie die Bezieher von Arbeitslosengeld und Arbeitslosenhilfe (§ 155 AFG). In der Krankenversicherung versichert sind auch selbständige Landwirte und deren mitarbeitende Familienangehörige; es gilt für sie das Gesetz über die Krankenversicherung der Landwirte vom 10. Aug. 1972. Angestellte, die ein über der Versicherungspflichtgrenze liegendes Gehalt beziehen, sind versicherungsberechtigt, wenn sie den Beitritt innerhalb der ersten drei Monate nach Aufnahme ihrer Beschäftigung erklären.

Träger der Versicherung sind die *Krankenkassen,* die wie alle Träger der S. als rechtsfähige Körperschaften des öffentl. Rechts mit Selbstverwaltung organisiert sind (§ 29 SGB IV). Sofern nicht die Mitgliedschaft bei einer anderen Krankenkasse besteht, sind die allgemeinen Ortskrankenkassen (AOK) zuständig. Die Mittel für die Krankenversicherung werden, soweit es sich um die pflichtversicherten Arbeitnehmer handelt, je zur Hälfte von ihnen und ihren Arbeitgebern getragen. Im Verhältnis zur Krankenkasse ist aber Schuldner allein der Arbeitgeber. Die pflichtversicherten Rentner tragen ihre Beiträge selbst, erhalten aber vom Träger ihrer Rentenversicherung einen Zuschuß (§ 1304 e RVO). Die freiwillig Versicherten tragen ebenfalls den gesamten Beitrag. Die nicht versicherungspflichtigen Angestellten haben aber gegen den Arbeitgeber einen Anspruch auf steuer- und beitragsfreien Zuschuß in Höhe des Arbeitgeberanteils, der im Fall einer Versicherungspflicht zu erbringen wäre; es handelt sich bei ihm nicht um einen *arbeitsrechtlichen,* sondern um einen *sozialversicherungsrechtlichen Anspruch* (BSGE 37, 292).

IV. Unfallversicherung. Die Unfallversicherung ist im Dritten Buch der RVO (§§ 537 ff.) geregelt. Im Vordergrund steht auch heute noch der Schutz der Arbeitnehmer vor und bei Arbeitsunfällen. Ihr Anwendungsbereich wurde aber erheblich erweitert; denn versichert sind nicht nur Arbeitnehmer, sondern auch Personen, die zur Hilfe bei Unglücksfällen herangezogen werden oder sich freiwillig einsetzen, sowie Schüler, Studenten und Kinder in Kindergärten *(unechte Unfallversicherung).*

Die Aufgabe der Unfallversicherung besteht vor allem darin, Arbeitsunfälle zu verhüten und nach Eintritt eines Arbeitsunfalls den Verletzten, seine Angehörigen und Hinterbliebenen zu entschädigen. Leistungen zur Schadensbeseitigung sind Heilbehandlungen und Berufshilfe sowie die Gewährung einer Rente. Die Unfallrenten wie auch die übrigen Geldleistungen werden nach dem Jahresarbeitsverdienst berechnet. Dieser Grundsatz entspricht dem Zweck der Unfallversicherung, erlittenen Schaden auszugleichen; er soll zugleich das Prinzip verwirklichen, daß die Geldleistungen der S. Lohnersatzfunktion haben. Deshalb werden die Renten bei Veränderung der durchschnittl. Bruttolohn- und -gehaltssumme angepaßt. Diese Leistungen werden bei Eintritt eines Arbeitsunfalls gewährt, wobei als Arbeitsunfall auch Wegeunfälle und Berufskrankheiten gelten.

Die (echte) Unfallversicherung wird von den sog. *Berufsgenossenschaften* durchgeführt, deren Mitglieder nur die Unternehmer, i. d. R. also die Arbeitgeber sind. Daneben kommen als Versicherungsträger noch der Bund, die Länder und die Gemeinden in Betracht; für die unechte Unfallversicherung sind sie unmittelbar zuständig. Die Mittel für die Unfallversicherung müssen die Berufsgenossenschaften durch Beiträge ihrer Mitglieder aufbringen. Für deren Bemessung ist das Entgelt der Versicherten und der Grad der Unfallgefahr in den Unternehmen ausschlaggebend; ein Bundeszuschuß wird nicht geleistet. Da die Mittel ausschließl. von der Arbeitgeberseite erbracht werden, ist die Unfallversicherung *zugleich* eine *Haftpflichtversicherung.* Ein Schadensersatzanspruch gegen den Arbeitgeber oder gegen Arbeitskollegen ist deshalb grds. ausgeschlossen (§§ 636, 637 RVO). Das gilt allerdings nur für *Personenschäden;* denn Sachschäden werden von der Unfallversicherung nicht berücksichtigt.

Neben der Verpflichtung zur Unfallvergütung obliegt den Berufsgenossenschaften auch die Sorge um die *Unfallverhütung.* Sie können zu diesem Zweck *Unfallverhütungsvorschriften* erlassen, die als Rechtssätze für die Unternehmer und die Versicherten rechtsverbindl. sind; jedoch bedürfen sie der Genehmigung des Bundesministers für Arbeit und Sozialordnung. Der Unfallverhütung dient, daß in Unternehmen mit mehr als 20 Beschäftigten der Unternehmer einen oder mehrere *Sicherheitsbeauftragte* zu bestellen hat (§ 719 RVO). In diesen Zusammenhang gehört auch das G. über Betriebsärzte, Sicherheitsingenieure und andere Fachkräfte für Arbeitssicherheit vom 18. Dezember 1973.

V. Rentenversicherung. A. Den sozialpolitisch bedeutsamsten Teil der S. enthält die Rentenversicherung, die Schutz bei *Invalidität, Alter* und *Tod* gewährt. Zwei Inflationen und der Zusammenbruch 1945 erforderten eine Neuordnung, um auch die Rentner an dem wirtschaftl. Wiederaufstieg teilnehmen zu lassen. Sie wurde 1957 durch die große *Rentenreform* verwirklicht. Durch das RentenreformG 1972 wurde dieses Reformwerk neueren Vorstellungen angepaßt, indem die Altersgrenze flexibel gestaltet wurde.

Die moderne Rentenversicherung beruht auf den drei Zweigen der Arbeiterrentenversicherung, der Angestelltenversicherung und der Knappschaftsversicherung; neben ihnen besteht die Altershilfe für Landwirte. Die Rentenversicherung der verschiedenen Zweige wird selbständig geführt und ist in bes. G.en – dem Vierten Buch der RVO, dem AngestelltenversicherungsG, dem ReichsknappschaftsG und dem G. über die Altershilfe für Landwirte (GAL) – geregelt. Die Arbeiterrentenversicherung, die Angestelltenversicherung und die Knappschaftsversicherung stimmen jedoch im materiellen Gehalt weitgehend überein. Die Rentenversicherung bezweckt die wirtschaftl. Sicherstellung der Versicherten bzw. ihrer Hinterbliebenen für den Fall der Berufs- und Erwerbsunfähigkeit, des Alters und des Todes des Versicherten. Weiterhin gehören zu ihren Aufgaben die Erhaltung, Besserung und Wiederherstellung der Erwerbsfähigkeit durch vorbeugende Gesundheitsmaßnahmen und Rehabilitation.

Seit der Neuregelung im Jahre 1957 beruht die Rentenversicherung nicht mehr auf dem *Versicherungsprinzip,* sondern auf dem *Versorgungsprinzip.* Die Rente ist nicht eine reine Gegenleistung für eine vorher erbrachte Beitragsleistung, sondern wird jeweils von den noch erwerbstätigen Versicherten für die alte Generation erbracht. Die „Rentenformel" ist deshalb das Kernstück der Rentenversicherung. Die Rente soll sich dem Einzelfall anpassen; sie wird individuell bemessen und hängt in ihrer Höhe von der Lohn- und Gehaltsentwicklung sowie der Versicherungsdauer des Versicherten ab. Sie wird nach dem Einkommen bestimmt, das der Versicherte zum Zeitpunkt des Versicherungsfalles gehabt hätte, wenn er genau den Durchschnitt seines Einkommens in seinem gesamten Arbeitsleben, angehoben auf das Lohnniveau zum Zeitpunkt des Versicherungsfalles, verdient hätte. Auch in der Folgezeit wird sie der weiteren Wirtschaftsentwicklung angeglichen, damit sie *gegenwartsbezogen* bleibt (Dynamisierung). Wer beim Eintritt des Versicherungsfalles mindestens 25 Versicherungsjahre mit anrechnungsfähigen Pflichtbeiträgen und Ersatzzeiten erreicht hat, wird, wenn er weniger als 75 v. H. des Durchschnittsverdienstes aller Versicherten verdient hat, aufgrund des RentenreformG 1972 so gestellt, als ob er diesen Prozentsatz verdient hätte (Rente nach Mindesteinkommen).

B. Die *Arbeiterrentenversicherung* wird von Landesversicherungsanstalten, die *Angestelltenversicherung* von der Bundesanstalt für Angestellte (Berlin), die *knappschaftl. Rentenversicherung* von der Bundesknappschaft (Bochum) durchgeführt. In der Arbeiterrentenversicherung sind versicherungspflichtig Arbeiter, soweit sie nicht zur Knappschaftsversicherung gehören, Hausgewerbetreibende und Heimarbeiter sowie Handwerker nach dem HandwerkerversicherungsG. In der Angestelltenversicherung sind alle Angestellten versichert. Die Begrenzung der Versicherungspflicht, daß das Arbeitsentgelt die Höhe eines bestimmten Jahresverdienstes nicht überschreitet, ist seit dem 1. Jan. 1968 weggefallen. Zur knappschaftl. Rentenversicherung werden alle Arbeitnehmer in einem knappschaftl. Betrieb (Bergbau) sowie die Arbeitnehmer bei den berufsständischen Organisationen des Bergbaus und den Bergämtern versichert.

Die Mittel für die Ausgaben der Versicherten werden in allen Versicherungszweigen durch Beiträge der Versicherten und der Arbeitgeber sowie durch einen Zuschuß des Bundes aufgebracht. Dieser ist für die Arbeiterrenten- und Angestelltenversicherung genau festgesetzt; in der Knappschaftsversicherung übernimmt der Bund wegen der hier bestehenden bes. finanziellen Verhältnisse den Defizitausgleich. Die Pflichtbeiträge der Arbeitnehmer werden im Lohnabzugsverfahren einbehalten und zusammen mit dem Arbeitgeberbeitrag an die Krankenkassen abgeführt.

Die Leistungen aus der sozialen Rentenversicherung sind in allen Versicherungszweigen ähnl. geregelt: Als Regelleistungen werden Renten wegen Berufsunfähigkeit oder Erwerbsunfähigkeit, Altersruhegeld, Hinterbliebenenrenten, Maßnahmen zur Erhaltung, Besserung und Wiederherstellung der Erwerbsfähigkeit und Beiträge für die Krankenversicherung der Rentner gewährt. Altersruhegeld erhält, wer das 65. Lebensjahr vollendet hat *(reguläre Altersgrenze)*. Auf Antrag erhält er es bereits mit Vollendung des 63. Lebensjahres bzw. bei Schwerbehinderten, Berufs- oder Erwerbsunfähigen mit Vollendung des 60. Lebensjahres, wenn der Versicherte eine Gesamtwartezeit von 35 anrechnungsfähigen Versicherungsjahren nachweist *(flexibles Altersruhegeld)*. →Frauen erhalten *vorgezogenes Altersruhegeld,* wobei hier die Wartezeit erfüllt ist, wenn eine Versicherungszeit von 15 Jahren zurückgelegt ist; jedoch ist Voraussetzung, daß sie in den letzten 20 Jahren überwiegend eine rentenversicherungspflichtige Beschäftigung oder Tätigkeit ausgeübt haben. Eine entsprechende Regelung gilt für Arbeitslose, die das 60. Lebensjahr vollendet haben und mindestens 52 Wochen innerhalb der letzten eineinhalb Jahre arbeitslos waren, sofern sie in den letzten zehn Jahren mindestens acht Jahre eine versicherungspflichtige Beschäftigung oder Tätigkeit ausgeübt haben.

Wer nicht der Versicherungspflicht unterliegt, kann seit dem RentenreformG 1972 sich freiwillig in der Rentenversicherung versichern. Dadurch ist die Rentenversicherung vor allem für Selbständige und nichterwerbstätige Hausfrauen geöffnet worden. Selbständige, die nicht schon kraft Gesetzes versicherungspflichtig sind, haben außerdem die Möglichkeit, innerhalb von zwei Jahren nach Aufnahme ihrer Tätigkeit ihre Versicherung zu beantragen, um ihre Versicherungspflicht zu begründen. Sie stehen in diesem Fall den kraft Gesetz Versicherten in jeder Hinsicht gleich. *Die Pflichtversicherung auf Antrag* ist also von der *freiwilligen Versicherung* zu unterscheiden, bei der es dem Versicherten freisteht, in welcher Höhe er Beiträge leisten will. Ersatz- und Ausfallzeiten werden aber nur bei einer Pflichtversicherung, nicht jedoch bei einer freiwilligen Versicherung angerechnet. Seit dem 1. 1. 1986 sind in begrenztem Umfang auch Kindererziehungszeiten in die Versicherungspflicht der Rentenversicherung einbezogen.

Jeder Pflichtversicherte kann sich nach Wegfall der Versicherungspflicht freiwillig weiterversichern, wobei, wie bereits ausgeführt, Selbständige die Möglichkeit haben, auf Antrag pflichtversichert zu bleiben. Für bestimmte Beitrittswillige wird aber der Nachweis von 60 Kalendermonaten bisheriger Beitragsentrichtung gefordert (zB bei Beamten). Jeder Versicherte kann sich freiwillig höherversichern, um eine höhere Rente zu erhalten; der Rentenanteil aus der Höherversicherung besteht aber lediglich aus einem festen Prozentsatz vom Nominalwert des Beitrags und wird nicht wie die Grundrente der wirtschaftlichen Entwicklung angepaßt. Personen, die aus einer versicherungsfreien Beschäftigung ohne Versorgung und ohne Abfindung ausscheiden (zB Beamte, Geistliche, Mitglieder von Orden und Kongregationen sowie evangelische Diakonissen), sind vom Arbeitgeber nachzuversichern.

VI. Die Arbeitslosenversicherung. Die S. wird durch die Arbeitslosenversicherung ergänzt; sie ist durch das G. über Arbeitsvermittlung und Arbeitslosenversicherung (AVAVG) vom 16. Juli 1927 geschaffen worden und jetzt im ArbeitsförderungsG (AFG) vom 25. Juni 1969 geregelt. Die Arbeitslosenversicherung gewährt Schutz bei *Arbeitslosigkeit;* sie ist deshalb in die Arbeitsförderung eingebettet, durch die ein hoher Beschäftigungsstand gesichert, die Beschäftigungsstruktur verbessert und damit das Wachstum der Wirtschaft gefördert werden soll. Deshalb ist dieser Zweig der S. wie kein anderer mit Nichtversicherungsleistungen zu einem *Gesamtsystem* integriert worden.

Die Arbeitslosenversicherung wird von der Bundesanstalt für Arbeit durchgeführt, die dreistufig gegliedert ist, in die Hauptstelle mit Sitz in Nürnberg, die Landesarbeitsämter und die Arbeitsämter. Für sie ist die Arbeitslosenversicherung nur eine *Teilaufgabe;* neben ihr stehen die Arbeitsvermittlung, die Arbeitsberatung, die Berufsberatung, die Förderung der berufl. Bildung, die berufl. Rehabilitierung Behinderter, die Gewährung von Leistungen zur Erhaltung und Schaffung von Arbeitsplätzen sowie die Arbeitsmarkt- und Berufsforschung (s. a. Arbeitsmarktpolitik).

Die Bundesanstalt für Arbeit gewährt bei Arbeitslosigkeit *Arbeitslosengeld,* wenn der Arbeitslose in den letzten drei Jahren 360 Kalendertage in einer die Beitragspflicht begründenden Beschäftigung gestanden hat und der Arbeitsvermittlung zur Verfügung steht. Erfüllt der Arbeitslose nicht diese Voraussetzungen oder ist der Anspruch auf Arbeitslosengeld erschöpft, so wird *Arbeitslosenhilfe* geleistet; sie wird aber nur bei Bedürftigkeit gewährt. Die durch sie entstehenden Kosten werden aus Bundesmitteln bestritten, soweit nicht innerhalb eines Jahres vor der letzten Arbeitslosenmeldung Arbeitslosengeld bezogen wurde. Die Bundesanstalt gewährt weiterhin bei vorübergehendem Ausfall von Arbeitsstunden *Kurzarbeitergeld,* um den Einkommensverlust des Arbeitnehmers auszugleichen. Außerdem erbringt sie Leistungen zur Förderung der ganzjährigen Beschäftigung im Baugewerbe (*Schlechtwettergeld* und Zuschüsse an die Bauunternehmer). Die Bundesanstalt darf aber durch die Gewährung von Arbeitslosengeld und Kurzarbeitergeld nicht in →Arbeitskämpfe eingreifen. Deshalb ruht der Anspruch auf Arbeitslosengeld und Kurzarbeitergeld bis zur Beendigung des Arbeitskampfes, wenn ein Arbeitnehmer durch die Beteiligung an dem Arbeitskampf oder durch dessen Auswirkungen arbeitslos wird, im letzteren Fall aber nur, wenn die kampfführende Gewerkschaft eine gleiche Kampfforderung für den Betrieb erhebt (§ 116 AFG).

Die *Mittel* für die Arbeitslosenversicherung werden durch Beiträge aufgebracht, die je zur Hälfte von den Arbeitgebern und den Versicherten getragen werden.

VII. Konkursausfallversicherung. Das G. über das Konkursausfallgeld vom 17. Juli 1974, durch das das ArbeitsförderungsG ergänzt wurde, sichert dem Arbeitnehmer im Falle der Zahlungsunfähigkeit seines Arbeitgebers das rückständige Nettoarbeitsentgelt für die letzten drei Monate vor Konkurseröffnung bzw. dem Eintritt des Insolvenzfalles. Träger der Konkursausfallversicherung ist die Bundesanstalt für Arbeit. Die Mittel werden über die Berufsgenossenschaften von den Arbeitgebern aufgebracht.

VIII. Die S. im System der sozialen Sicherheit. Die S. ist das wichtigste soziale *Vorsorgesystem,* aber ledigl. ein Zweig des Rechts der sozialen Sicherheit. Neben ihr stehen als soziale *Entschädigungssysteme* die Kriegsopferversorgung, der Lastenausgleich, die Wiedergutmachung nationalsozialistischen Unrechts und als soziales *Hilfs- und Förderungssystem* die →Sozialhilfe, die durch besondere Hilfs- und Förderungssysteme, wie die Zahlung von Kinder- und Wohngeld und die allgemeine Ausbildungsförderung, ergänzt wird.

Die S. ist für die soziale Sicherheit von überragender Bedeutung, wie folgende Angaben aus dem Statistischen Jahrbuch 1985 beweisen. In der gesetzl. Krankenversicherung waren 1983 20,777 (1971: 17,322) Mio. Pflichtmitglieder, 4,596 (1971: 5,614) Mio. Freiwillige, 10,460 (1971: 7,990) Mio. Rentner versichert und 1982 21,9 (1971: 23,109) Mio. als Familienmitglieder mitversichert. In der gesetzl. Unfallversicherung waren 1983 28,175 (1971: 24,222) Mio. versichert, wobei die angezeigten Arbeitsunfälle und Erkrankungen sich auf 1,709 (1971: 2,587) Mio. beliefen. Der gesetzl. Rentenversicherung gehörten insgesamt 1982 30,337 (1971: 26,037) Mio. als Pflichtmitglieder oder Beitragszahler an, davon allein in der Arbeiterrentenversicherung 16,577 (1971: 15,348) Mio. und in der Angestelltenversicherung 13,373 (1971: 10,179) Mio.

Allgemein zur S.: H. Bley, Sozialrecht, 1982[4] – W. Bogs u. a., Soziale Sicherung in der Bundesrep. Dtschld., 1966 – K. Brackmann, Handbuch der S., 1974 ff.[8] – W. Doetsch, Handbuch zum Sozialrecht, 1975 ff. – G. Figge, Sozialversicherungshandbuch für die betriebliche Praxis, 1969 ff. – W. Gitter, Sozialrecht, 1981 – H. Jäger, Einführung in die Sozialversicherung, 1979[7] – ders., Sozialversicherungsrecht, 1981[9] – B. Schulin, Sozialversicherungsrecht, 1985[2] – M. Stolleis, Quellen zur Geschichte des Sozialrechts, 1976 – G. Wannagat, Lehrbuch des Sozialrechts I, 1965 – H. Zacher, Einführung in das Sozialrecht der BRD, 1983 – Sozialberichte, in Abständen herausgegeben vom Bundesminister für Arbeit und Sozialordnung. – Für Österreich: Th. Tomandl, Grundriß des österreichischen Sozialrechts, 1985[3]. – Standardwerk für das Recht der S. als Rechtsdisziplin H. Rosin, Das Recht der Arbeiterversicherung, Bd. I, 1893/Bd. II, 1905.

Zu den einzelnen Zweigen der S.: D. Krauskopf u. a., Soziale Krankenversicherung, LBl. – H. Peters u. a., Handbuch der Krankenversicherung, LBl. – W. Baumer u. a., Die gesetzl. Unfallversicherung, LBl. – H. Lauterbach/F. Watermann, Gesetzl. Unfallversicherung, LBl. – J. u. H. Plagemann, Gesetzl. Unfallversicherung, 1981 – L. Bergner u. a., Kommentar zur RVO, Viertes und Fünftes Buch, LBl. – H. Eicher u. a., Die Rentenversicherung der Arbeiter und Angestellten, LBl. – H. Koch/O. Hartmann, Die Rentenversicherung im Sozialgesetzbuch, LBl. – A. Gagel, Kommentar zum AFG, LBl. – H. Krebs, AFG, Kommentar, LBl. – E. Schönefelder, Kommentar zum AFG, LBl.

Zum Sozialgesetzbuch: H. Bley u. a., Sozialgesetzbuch – S., Gesamtkommentar, LBl. – H. Dembrowski u. a., Das neue Sozialgesetzbuch, 1975[2] – H. Grüner u. a., SGB, LBl. – H. Zacher, SGB, LBl. – W. Burdenski u. a., Gemeinschaftskommentar zum SGB AT, 1981[2] – G. Wannagat, Kommentar zum SGB AT, 1977 – 1983 – W. Wertenbruch, Bochumer Kommentar zum SGB AT, 1979 – P. Krause u. a., Gemeinschaftskommentar zum SGB IV, 1978 – B. v. Maydell/W. Schellhorn, Gemeinschaftskommentar zum SGB X 3, 1984 – G. Schroeder-Printzen, Kommentar zum SGB X, 1981/1984.

Reinhard Richardi

Soziologie. I. Zum Begriff. Eine verbindl. Definition dessen, was S. ist, gibt es nicht. Der Versuch, die S. durch Angabe ihrer Gegenstandsbereiche zu bestimmen, muß daran scheitern, daß die Aufzählung prinzipiell nicht abgeschlossen werden kann, weil an fast jeder menschl. Äußerung und Tätigkeit eine gesellschaftl. Bestimmtheit vorgefunden und deshalb zum Gegenstand soziologischer Analyse gemacht werden kann. Gegenstandsbezogenen Abgrenzungen der S. von anderen sozialwissenschaftl. Disziplinen (Ökonomie, Politikwissenschaft, Kulturanthropologie, Psychologie etc.) haftet deshalb notwendig immer ein Moment der Willkür an.

Die andere Möglichkeit, die Einheit des Objekts der S. nicht durch ihre inhaltl. Gegenstandsbereiche, sondern durch eine besondere „soziologische" Betrachtungsweise zu bestimmen, ist bisher gescheitert, weil die in einem solchen Versuch implizierten Annahmen über die grundlegenden Konstituentien von Gesellschaft prinzipiell kontrovers sind. Ein weiteres Problem der S. besteht darin, daß sie in ausgezeichneter Weise Moment ihres Gegenstandes – der →Gesellschaft – selbst ist. Soziologische Theorien beziehen sich notwendigerweise explizit reflektiert oder implizit unbewußt in ihren zentralen Kategorien auf die je historisch konkret bestimmte Gesellschaft und deren Problemstellungen, die oft selbst noch hinter den abstraktesten Kategorien der S. durchscheinen. Obgleich die soziologische Theoriebildung nicht einfach in der Geschichte ihrer Theorietraditionen aufgeht, ist doch die Darstellung ihrer Geschichte im realgesellschaftl. Zusammenhang, den sie selbst erst systematisiert, in einem anspruchsvollen Sinn das in sich nicht einheitl. „System" dieser Wissenschaft. Gegenüber den in der Geschichte der S. dominanten Versuchen, die Wissenschaftlichkeit der S. durch die Begrenzung ihres Erkenntnisanspruchs zu sichern, wurde doch auch immer wieder an dem Anspruch festgehalten, daß S. wesentlich Theorie der Gesamtgesellschaft sein muß und deshalb systematisch den Zusammenhang zwischen den Gegenstandsbereichen der verschiedenen sozialwissenschaftl. Disziplinen zu entwickeln habe.

Aus den für eine Theorie der Gesamtgesellschaft konstitutiven Aufgaben, zugleich die Struktur und Funktionszusammenhänge zu erklären und ihre Entwicklung im Hinblick auf Handlungsorientierungen für die Gegenwart zu rekonstruieren, ergibt sich der eigentümliche methodologische Status der S., eine Erfahrungswissenschaft zu sein, die sich weder nur auf die strikten Regeln empirisch-analytisch verfahrender Erfahrungswissenschaften verpflichten lassen darf noch sich den Verfahrensweisen von Sinnverstehen allein überlassen kann. Die Diskussion um den methodologischen Status der S. hat bislang erst zu einer wechselseitigen Einschränkung der Ausschließlichkeitsansprüche von empirisch-analytischer Wissenschaftstheorie einerseits und Verfahrensweisen des Sinnverstehens andererseits geführt. Eine positive Klärung des methodologischen Status der S. kann erst erwartet werden, wenn die in den letzten Jahren nicht nur in der S. der Bundesrepublik kontroverse Diskussion über die Konstitutionsproblematik von Gesellschaft allgemein und gesellschaftl. Handeln insbes. entschieden ist (HABERMAS-LUHMANN-Kontroverse: Kommunikationstheoretische Grundlegung der S. versus allgemeiner Theorie sozialer Systeme). Mit dem Terminus vom „historisch gerichteten Funktionalismus" (HABERMAS), in dessen Programm zugleich die objektiven funktionalen Zusammenhänge einer Gesellschaftsformation systematisch erfaßt und mit dem Selbstverständnis und den Erfahrungsweisen sinnhaft handelnder Subjekte verknüpft werden sollen, ohne daß das eine aus dem anderen abzuleiten wäre, ist zunächst nur die Konstruktionsrichtung einer allgemeinen Theorie der Gesellschaft angegeben, die zugleich eine allgemeine historisch gerichtete Interpretation für den handlungsleitenden Selbstaufklärungsprozeß der vergesellschafteten Subjekte wäre.

II. Zur Entstehungsgeschichte der Soziologie. Hält man sich an das erste systematische Auftreten soziologischer Fragestellungen und nicht an die Erfindung des Terminus S. durch COMTE, so entsteht die S. in reflexiver Einstellung auf die Probleme, die mit der Entfaltung der bürgerl. Gesellschaft im 18. Jh. zu einem relativ autonomen System mit einer ihm spezifischen Struktur und Dynamik hervortreten. Die Herausbildung der bürgerl. Gesellschaft ist durch folgende Entwicklungen charakterisiert: 1. die Trennung von →Staat und Gesellschaft, 2. eine geschichtlich einzigartige Entfaltung der Produktivkräfte im System der gesellschaftl. Arbeitsteilung, das in einer durch die kapitalistische Organisationsform des Produktionsprozesses bestimmten Dynamik zentral den Vergesellschaftungsprozeß der Individuen determiniert, und 3. eine selbstbezogene, gleichsam normfreie, allein interessebestimmte Handlungsorientierung der Individuen. Negativ bedeutet der Prozeß der Herausbildung der bürgerl. Gesellschaft die Mobilisierung und Auflösung überkommener Weltbildstrukturen und Wertmuster, politischer Herrschaftsverhältnisse und gesellschaftl. Abhängigkeitsverhältnisse. Positiv führt er zu einem Vergesellschaftungsprozeß, der im System der Arbeitsteilung die von traditionellen Bindungen und politisch-gesellschaftl. Abhängigkeitsverhältnissen freigesetzten Individuen neuen, sachlich durch den Produktions- und Austauschprozeß der Waren vermittelten Abhängigkeitsverhältnissen unterwirft, die in ihrer Eigengesetzlichkeit den Kern der sich mit diesem Prozeß entfaltenden Gesellschaftstheorie bilden. Die Art der Verarbeitung dieser realgesellschaftl. Erfahrungen und damit der Selbstbewußtwerdungsprozeß der bürgerl. Gesellschaft in den „Gesellschaftstheorien" des frühbürgerl. →Liberalismus (HOBBES, LOCKE, schottische Moralphilosophie, politische Ökonomie) und der franz. →Aufklärung, insbes. ihrer Geschichtsphilosophie, ist dabei jeweils entscheidend von den spezifischen gesellschaftl. Konstellationen in den jeweiligen Geburtsländern dieser Theorien geprägt.

A. HOBBES formulierte als erster das Grundproblem soziologischer Handlungstheorie in ihrer spezifisch bürgerl. Version, indem er nach den Bedingungen der Genesis eines geordneten gesellschaftl. Systems aus nur selbstbezogenen Handlungen isolierter Individuen fragte. Freilich dachte er den Übergang des unmittelbaren Gegeneinanders der ihren Trieben und Interessen folgenden Individuen in die sie regulierende entfremdete Vermitteltheit eines geordneten Systemzusammenhangs noch in den politischen Kategorien des rationalen →Naturrechts: als Einigung individueller Vertragspartner, die zur Sicherung ihrer je besonderen Privatsphäre den Staat als einheitstiftendes System konstituieren. Zwar kann man ohne Schwierigkeit hinter den Kategorien des rationalen Naturrechts und den Konstruktionsprinzipien der Entstehung des Staates als Resultat individueller Vorteilsverfolgung ihren gesellschaftl. Gehalt und ihre Basis in dem durch das Tauschprinzip regulierten Vergesellschaftungsprozeß warenproduzierender Eigentümer erkennen, aber die spezifischen Naturgesetze der Eigenregulation der bürgerl. Gesellschaft wurden erst in der schottischen Moralphilosophie (FERGUSON, MILLAR) und der politischen Ökonomie der Marktgesellschaft seit A. SMITH herausgearbeitet.

B. In historischer Perspektive rekonstruierten die schottischen Moralphilosophen die Naturgeschichte der menschl. Gattung als einen Prozeß, in dem die Menschen aufgrund ihrer mangelhaften organischen Ausstattung und Unangepaßtheit an die Natur durch gesellschaftl. Arbeit die Natur für ihre Zwecke verändern und dabei zugleich gesellschaftl. →Institutionen hervorbringen, die rückwirkend die Plastizität der menschl. Natur objektiv zweckmäßig formieren. Alle gesellschaftl. Institutionen und Verhaltensweisen bilden sich historisch im gesellschaftl. Verkehr heraus und zeigen ihre objektive Nützlichkeit in der Stabilisierung von Handlungszusammenhängen, die erfolgreich die Reproduktion der menschl. Gattung aufrechterhalten. Stabile Handlungszusammenhänge sind weder durch einen Plan der Natur bzw. fixierte Antriebssysteme des Menschen garantiert noch durch eine direkte Regulierung des menschl. Handelns durch äußerl. Instanzen (Staat, Kirche) herstellbar, sondern ergeben sich indirekt aus den Interaktionszusammenhängen der Menschen, in denen sie aufgrund ihrer bisherigen Erfahrungen in der Auseinandersetzung mit der Natur und im Verkehr untereinander ihre Verhaltenserwartungen aufeinander einspielen und derart indirekt ihr Handeln normativ regulieren. Alle Institutionen sind somit Ergebnis objektiver sekundärer Zweckmäßigkeiten (GEHLEN), natürlich und künstlich zugleich, ohne doch in ihrer Entstehung auf die unmittelbaren Intentionen der Handelnden zurückführbar zu sein.

Unter diesen Institutionen ist der Markt (→Marktwirtschaft) in besonderer Weise ausgezeichnet. Er ist die Kerninstitution der Vergesellschaftung der Individuen, die die produktive Weiterentwicklung der Gesellschaft und ihrer Mitglieder vorantreibt. Die expansive Dynamik des Marktverkehrs treibt die gesellschaftl. Arbeitsteilung voran, wodurch die Produktivität der Arbeit gesteigert und der Volkswohlstand vermehrt wird, so daß auf jeder neuen Stufe der Marktausweitung die je besonderen Interessen der warenproduzierenden Individuen besser bedient werden, und zwar um so sicherer, je ausschließlicher sich die Individuen nur an ihren privaten Interessen orientieren und derart miteinander konkurrierend, durch die „unsichtbare Hand" des Marktes geleitet, den allgemeinen Fortschritt der Gesellschaft vorantreiben.

C. Die Erfahrung, daß die Menschen ihre Geschichte und darin den Fortschritt der Zivilisation selbst produzieren, bildet auch das Grundmotiv der geschichtsphilosophischen Entwürfe auf dem Kontinent von VICO bis CONDORCET sowie der sozialphilosophischen und ökonomischen Theorien der franz. Aufklärung (HOLBACH, HELVETIUS, ROUSSEAU, TURGOT, QUESNAY). In dem noch ungebrochen absolutistischen Frankreich folgt aus der Einsicht in die historisch aufweisbare Machbarkeit der Geschichte die radikale Kritik der bestehenden Institutionen und die Forderung nach einer intentionalen Einrichtung vernünftiger gesellschaftl. Verhältnisse. Hier müssen erst noch die Institutionen politisch gewaltsam durchgesetzt werden, die sich in England als unbeabsichtigtes Resultat der Handlungen der Menschen in ihrer Geschichte ergeben haben.

D. Die politischen und sozialen Umwälzungen und Restaurationen im Gefolge der →Franz. Revolution, hinter denen politische und gesellschaftl. Klassenkämpfe als Movens der Geschichte erfahren wurden, führten zu einem Krisenbewußtsein, in dessen Kontext sich S. als die Erfahrungswissenschaft herausbildete, die die Mittel zur Aufhebung der Krise bereitstellen zu können vorgab. Die Theoretiker der Restauration (DE MAISTRE, DE BONALD) propagierten die Wiederherstellung der geheiligten, im sozialen Umwälzungsprozeß ihrer verpflichtenden Macht über die Individuen beraubten Institutionen (Staat, Kirche, ständische Korporationen), um die in der Revolution freigesetzte Subjektivität in die konkrete Sittlichkeit der alten Institutionen wiedereinzubinden.

Demgegenüber erwarten ST. SIMON und seine Schule die Überwindung der Krise durch die Selbstorganisation des industriellen Produktionssystems durch die Produzenten, denn die politikfreie Rationalität sozialtechnischer Planungen garantiere ein stabiles Ordnungsprinzip der neuen Gesellschaft.

E. Die an den skizzierten Theorien über die bürgerl. Gesellschaft aufgezeigten Problemstellungen und thematischen Gegenstandsbereiche verschränken sich in der MARXschen Theorie der Entwicklung der Gesellschaftsformationen und der bürgerl. Gesellschaft insbes. derart miteinander, daß die isoliert und scheinbar kontingent nebeneinanderstehenden Theorieansätze, die das Selbstverständnis und Problembewußtsein der bürgerl. Gesellschaft artikulieren, systematisch in einer Theorie der bürgerl.-kapitalistischen Gesellschaft und ihrer Widersprüche miteinander verknüpft werden.

Die im historischen Materialismus enthaltene Theorie der Entwicklung der Gesellschaftsformationen konzeptualisiert die Geschichte der Menschheit ähnlich wie die schottischen Naturgesellschaftslehren als einen fortschreitenden Prozeß der Vergesellschaftung der Menschen in der Auseinandersetzung mit der Natur zur Reproduktion ihres Lebens durch Arbeit. Der evolutionäre Antrieb in der Entwicklung der Gesellschaftsformationen liegt in der kumulativen Entfaltung der Produktivkräfte, die ein zunehmend erhöhtes Reproduktionsniveau der Gesellschaft ermöglichen. Die Ablösung der aufeinanderfolgenden Produktionsweisen vollzieht sich jedoch nicht gleichsam automatisch im Gefolge der Produktivkraftentwicklung, sondern in Klassenkämpfen, die ihre materielle gesellschaftl. Basis in dem sich als gesellschaftl. Herrschaftsverhältnisse darstellenden Klassencharakter der Organisation der Produktionsverhältnisse und in der sich verschärfenden Inkompatibilität zwischen den sich entfaltenden Produktivkräften und den institutionell verfestigten Formen der arbeitsteiligen Produktionsorganisation zugleich haben. Die Naturgeschichte der Entwicklung des menschlichen Vergesellschaftungsprozesses ist somit aufs engste mit intentionalen Kämpfen der gesellschaftl. Klassen gegeneinander verwoben. Der Terminus Naturgeschichte der Menschheitsentwicklung meint bei MARX kritisch die Naturwüchsigkeit der bisherigen Entwicklung, die erst noch in einen bewußt von den Menschen geregelten Prozeß zu überführen ist. Doch die revolutionär zu verwirklichende, vernünftige Einrichtung der gesellschaftl. Verhältnisse kann nicht durch eine abstrakte utopische Praxis bewerkstelligt werden, die voluntaristisch durch geschichtsphilosophische Entwürfe oder gesellschaftsreformerische Reorganisationspläne angeleitet wird. Die Bedingungen der Möglichkeit vernünftiger Praxis müssen aus der Entwicklung der Struktur und Widersprüche einer Gesellschaftsformation durch wissenschaftl. Analyse ermittelt werden. Dieses Programm löst MARX in seiner Kritik der politischen Ökonomie ein, indem er die hinter dem Zusammenhang der zentralen ökonomischen Kategorien (quantitative und qualitative Werttheorie) verdeckten gesellschaftl. Strukturzusammenhänge und antagonistischen Klassenbeziehungen aufdeckt. In der Wertform der Waren, insbes. der der Arbeitskraft, vermag MARX einerseits den einheitsstiftenden Systemzusammenhang einer Gesellschaft isolierter, nur ihrem Privatinteresse folgender Warenproduzenten aufzuweisen und andererseits die strukturelle Verankerung des Ausbeutungsverhältnisses und Klassengegensatzes zwischen Lohnarbeit und Kapital zu entschlüsseln. Die in den funktionellen Zusammenhängen der Wertgrößen aufweisbaren Gesetzmäßigkeiten und Entwicklungstendenzen des ökonomischen Systems werden nach MARX mit zyklisch wiederkehrender Regelmäßigkeit die Arbeiterschaft schon aus Überlebensnotwendigkeit zur Einsicht in die hinter den ökonomischen Zusammenhängen versteckten gesellschaftl. Klassen- und Herrschaftsstrukturen nötigen. Die Strukturen des Systems treiben die revolutionäre Praxis der Arbeiterschaft gleichsam aus sich selbst hervor, allerdings unter der entscheidenden Bedingung, daß die in der Kritik der politischen Ökonomie entschlüsselten Zusammenhänge in langwierigen Lern- und Selbstaufklärungsprozessen von der Arbeiterschaft erfaßt werden.

III. Soziologie als positive Wissenschaft. Von den in der MARXschen Theorie kritisch aufgearbeiteten und systematisch verknüpften Traditionen der bürgerlichen politischen Ökonomie, Sozial- und Geschichtsphilosophie löst sich radikal die von COMTE als positive Wissenschaft inaugurierte Soziologie. COMTES soziale Physik, der er später den Namen S. gibt, bildet die oberste und jüngste Naturwissenschaft in seiner Wissenschaftspyramide. Aufgabe der S. ist das „positive Studium der wechselseitigen Bedingungen des sozialen Zusammenlebens", und das heißt im Sinne einer sozialen Physik das Studium der den sozialen Erscheinungen zugrundeliegenden Naturgesetze. Positiv ist diese Wissenschaft in einem doppelten Sinn: Zum einen hält sie sich an die gegebenen Tatsachen, die durch Beobachtung und die vergleichende Methode gewonnen werden, zum anderen sollen ihre Erkenntnisse zur Wiederherstellung bzw. Aufrechterhaltung der Ordnung der bestehenden Gesellschaft dienen. Die zur Aufrechterhaltung des Gleichgewichts in einer Gesellschaft tendierenden Grundkräfte werden von COMTE in die Rubriken zur Untersuchung der sozialen Statik (Ordnung) und der sozialen Dynamik (Fortschritt) aufgeteilt. Die Ordnung der Gesellschaft gründet in den sympathischen Instinkten der Individuen, der Institution der Familie, der arbeitsteiligen Koordination der menschl. Tätigkeiten und der sachlich bedingten Hierarchie der gesellschaftl. Funktionen. Die dynamischen Elemente gesellschaftl. Fortschritts sieht er in der Zunahme der Bevölkerungsdichte, dem Glückstreben der Individuen und insbes. in der geistigen Entwicklung zum Positivismus strenger Wissenschaftlichkeit. Der Notwendigkeit des intellektuellen Fortschritts der Menschheit versichert sich die COMTEsche S. durch die Behauptung eines Dreistadiengesetzes der intellektuellen Menschheitsentwicklung (theologisches, metaphysisches und positives Stadium). Das bei COMTE in der intellektuellen Dimension der Menschheitsentwicklung verankerte Fortschrittsgesetz erscheint in der SPENCERschen S. als ein realgesellschaftlich gesteuerter Evolutionsprozeß durch die Übertragung des DARWINschen Evolutionsmodells auf die Entwicklungsgeschichte des menschl. Vergesellschaftungsprozesses (primitiver, militärischer, industrieller Gesellschaftstyp).

Die Gesellschaft wird als ein quasi biologischer Organismus aufgefaßt, der dem DARWINschen Entwicklungsgesetz der Biologie entsprechend sich von unzusammenhängender Gleichartigkeit zu zusammenhängender Ungleichartigkeit hin entwickelt. Zunehmende funktionale Differenzierung der Strukturen des Gesellschaftssystems geht mit einer gleichzeitigen Integration der immer ungleichartiger werdenden Teilsysteme einher, da alle Teilsysteme aufgrund ihrer funktionalen Spezifizierung voneinander abhängiger werden. Obgleich SPENCER sich in der Darstellung der Entwicklungsprozesse des industriellen Gesellschaftssystems im Unterschied zur militärischen Gesellschaftsstufe oft der Kategorien des utilitaristischen Individualismus und Kontraktualismus in deskriptiver Absicht bedient, ist sein soziologisches Erklärungsprinzip das als wirkliche Analogie verstandene Modell des biologischen Evolutionismus. In gewisser Weise sind bei ihm – wenngleich auch in evolutionärer Perspektive – schon zentrale Konzepte des späteren soziologischen Funktionalismus und der soziologischen Systemtheorie vorgebildet.

IV. Die Entwicklung der S. des 20. Jh. ist in doppelter Weise durch die Abkehr von der positivistischen S. des 19. Jh., insbes. SPENCERS, gekennzeichnet. Zum einen wird die Ermittlung von Gesetzmäßigkeiten der gesellschaftl. Entwicklung, sei es SPENCERS Evolutionismus oder die methodisch anders geartete Untersuchung der Entwicklungstendenzen der kapitalistischen Gesellschaft von MARX, als unwissenschaftlich beiseitegeschoben. Zum anderen richtet sich die Kritik gegen das auch in SPENCERS S. noch enthaltene utilitaristische Handlungskonzept.

A. Insbes. DURKHEIM entfaltet seine soziologische Handlungstheorie aus dem Aufweis der Bedeutung der im utilitaristischen Handlungskonzept übersehenen nicht-kontraktuellen Momente selbst in den auf isolierte kontraktuelle Beziehungen reduzierten Interaktionsprozessen zwischen Individuen. Die normativen, nicht kontraktuellen Bedingungen gesellschaftl. Handelns gelten DURKHEIM als die eigentl. sozialen Tatsachen. Die gesellschaftl. Normen bilden über ihre funktional interpretierbare Rolle, das Handeln der Individuen zu orientieren, hinaus eine eigenständige überindividuelle und insofern den Individuen externe soziale Wirklichkeit, die als Kollektivbewußtsein gesellschaftl. Gruppen deren Identität und Solidarität konstituieren.

In der gleichen Frontstellung wie DURKHEIM zum Evolutionismus und zum utilitaristischen Handlungskonzept der S. des 19. Jh. macht PARETO die Analyse der nichtlogischen Handlungen zur Aufgabe der S. Im Unterschied zu den logischen Handlungen, in denen das subjektiv bewußte Zweck-Mittel-Verhältnis mit den objektiven Zweck-Mittel-Beziehungen in der Realität übereinstimmt, sind die nichtlogischen Handlungen durch das Auseinanderfallen von handlungsbestimmenden Motiven und Zwecken (den Residuen) und ihren ideologischen Selbstinterpretationen (den Derivationen) gekennzeichnet.

B. Die Kritik des Evolutionismus und indirekt auch des utilitaristischen Handlungskonzepts ist in Dtschld. eine Konsequenz des Historismus und der geisteswissenschaftl. Hermeneutik (DILTHEY) einerseits und insbes. der Behauptung der prinzipiellen Differenz im methodologischen und erkenntnistheoretischen Status von Naturwissenschaften und Kulturwissenschaften, denen die S. zugerechnet wird, im südwestdt. Neukantianismus andererseits (RICKERT, WINDELBAND).

Soziales Handeln ist für M. WEBER immer intentionales Handeln, das mit seinem subjektiv gemeinten Sinn auf das Verhalten anderer bezogen ist. Intentionalität und Orientierung am Verhalten anderer machen wertrationales und zweckrationales Handeln zu den beiden Haupttypen sozialen Handelns. Die moderne Gesellschaft ist nach WEBER durch die zunehmende Zweckrationalität in der sozialen Handlungsorientierung gekennzeichnet. Die Organisationsprinzipien der kapitalistischen Marktgesellschaft und des bürokratischen Staatsapparats basieren auf dem gleichen Rationalitätskonzept logischer Zweck-Mittel-Beziehungen und erzwingen die zweckrationale Handlungsorientierung als Funktionserfordernis dieser Gesellschaft. Die zunehmende Rationalisierung aller Lebensbereiche erhält in WEBERS historisch rekonstruierender Interpretation der abendländ. Gesellschaftsentwicklung zwar den Status einer schicksalhaften Quasi-Gesetzmäßigkeit, aber WEBER muß sich schon aus methodologischen Gründen die Behauptung von Gesetzmäßigkeiten der gesellschaftl. Entwicklung verbieten. Denn obgleich die Wertorientierungen in der Analyse von Kulturphänomenen und gesellschaftl. Entwicklungen methodisch konstitutive Bedeutung für die wissenschaftl. Strukturierung des Chaos der Phänomene haben, ist doch zugleich die prinzipielle Beliebigkeit in der Wahl der die Analyse leitenden Wertorientierungen vorausgesetzt. DURKHEIM, PARETO und M. WEBER haben trotz aller Divergenz ihrer Ansätze die zentralen kategorialen Unterscheidungen für eine allgemeine Theorie sozialen Handelns entwickelt.

Das Komplement zu einer allgemeinen Kategorienlehre sozialen Handelns lieferte die formale S. (SIMMEL, v. WIESE) durch die von jedem Inhalt abstrahierende Bestimmung reiner Formen der Vergesellschaftung, die kasuistisch an wechselnden sozialen Phänomenen exemplifiziert werden konnten. Die Problematik dieser reinen Formen der Vergesellschaftung liegt darin, daß sie weder im Hinblick auf ihre empirische Gültigkeit – denn von jeder inhaltlich konkreten Bestimmtheit soll abstrahiert werden – noch systematisch als denknotwendige Formen der Vergesellschaftung begründet werden konnten.

C. Gegenüber dem Wildwuchs an Klassifikationssystemen und analytischen Konzepten, die inzwischen in der S. entwickelt worden waren, stellt sich PARSONS die Aufgabe, eine allgemeine soziologische Theorie zu entwickeln, die vom Ansatz her ein logisch interdependentes System allgemeiner Begriffe mit empirischer Entsprechung bilden soll. Ansatzpunkte für seine strukturell-funktionale Systemtheorie gewann er aus der Systematisierung der Beiträge von DURKHEIM, WEBER und PARETO zu einer allgemeinen Handlungstheorie und aus der Weiterentwicklung der in der Kulturanthropologie (MALINOWSKI, RADCLIFFE-BROWN) entwickelten funktionalistischen Theorie. PARSONS entwickelt in seiner Handlungs-Systemtheorie eine zunächst handlungstheoretisch und später systemtheoretisch ansetzende Begrifflichkeit, in der sowohl die soziale Integration der Handlungsorientierungen der Gesellschaftsmitglieder als auch die systemische Integration von ausdifferenzierten Teilsystemen der Gesellschaft analysiert werden kann. Soziale Integration von Handlungszusammenhängen geschieht durch die Institutionalisierung der Wertmuster des kulturellen Systems einer Gesellschaft in Form von Verhaltenserwartungen in sozialen Systemen und durch die Internalisierung der kulturellen Wertmuster in personalen Systemen als handlungsorientierende Bedürfnisdispositionen. Die systemische Integration vollzieht sich durch die Regelung der Leistungs- und Austauschbeziehungen in und zwischen ausdifferenzierten Teilsystemen der Gesellschaft (zB Wirtschaft, Politik) durch teilsystemspezifische Kommunikationsmedien (zB Geld, Macht, Recht).

D. Die Theoriebildung in Reaktion auf die bei PARSONS bestehende Spannung zwischen handlungstheoretischer und systemtheoretischer Begrifflichkeit führte seit den 60er Jahren zu einer differenzierteren Ausarbeitung der sich zunehmend wechselseitig ausschließenden Paradigmen einer interaktionstheoretischen bzw. handlungstheoretischen gegenüber einer systemtheoretischen Grundlegung von S.

Der an MEAD anschließende symbolische Interaktionismus und die von SCHÜTZ ausgehende phänomenologische Handlungstheorie bemühen sich vorrangig um die Klärung der Prozesse, in denen die Intersubjektivität von Bedeutungsstrukturen, Verhaltenserwartungen und Lebensweltzusammenhängen erzeugt und aufrechterhalten wird. In Anknüpfung an Entwicklungen in der strukturalen Linguistik (CHOMSKY) und der Sprechakttheorie (SEARLE) richten sich kompetenztheoretisch ansetzende Bemühungen in der S. auf die Rekonstruktion der grundlegenden Regelsysteme, durch die soziale Handlungen hervorgebracht und verstanden werden.

Dieser „linguistic turn" in der S. bestimmt auch das von HABERMAS verfolgte Programm einer sprachtheoretischen Grundlegung der Sozialwissenschaften. In seiner „Theorie des kommunikativen Handelns" entfaltet er einen Begriff kommunikativer Rationalität, der drei miteinander verbundene Problemstellungen einer kritischen Gesellschaftstheorie einer Lösung zugänglich machen soll: die metatheoretischen Fragen nach den in kommunikativen Handlungen eingelagerten Geltungsansprüchen und nach dem Rationalitätszuwachs von Handeln in der modernen Lebenswelt, die methodologischen Fragen einer Theorie des Sinnverstehens und die empirische Frage nach den kulturellen und gesellschaftlichen Rationalisierungsprozessen und deren Paradoxien in den Gesellschaften der Moderne. Kommunikatives Handeln als Grundbegriff führt zu einem zweistufigen Gesellschaftskonzept, in dem die in der soziologischen Theoriebildung nicht erst seit PARSONS auseinandertretenden Paradigmen „Lebenswelt" und „System" so miteinander verknüpft werden, daß sich im kategorialen Rahmen dieser Gesellschaftstheorie eine Theorie der Moderne entfalten läßt, die ihre eigenen Kritik- und Urteilsmaßstäbe zu begründen vermag und gleichwohl dem von der Aufklärung bestimmten Projekt der Moderne in begründeter Weise verpflichtet bleibt.

Einen radikal entgegengesetzten Ansatz, der gleichfalls alle zentralen Problemstellungen von der Erkenntnistheorie bis zur Evolution von Gesellschaft auf seine Weise behandelt, entwickelt LUHMANN mit seiner den funktionalistischen Ansatz von PARSONS radikalisierenden Systemtheorie. Ausgehend von der Leitdifferenz System/Umwelt (und nicht Lebenswelt/System) treibt er in Anknüpfung an Entwicklungen in der allgemeinen Systemtheorie über sich selbst organisierende Systeme und in der modernen Evolutionstheorie die soziologische Theoriebildung – unter Ein- und Umbau aller Bestände und Traditionen der S. und der europäischen Geistesgeschichte – vornehmlich in zwei Richtungen voran: als allgemeine Theorie sozialer Systeme einerseits und als Theorie über Gesellschaft als dem umfassendsten Sozialsystem, das keine soziale Umwelt kennt, andererseits. Gegenüber den in der S. bisher vorherrschenden Ansätzen, eine allgemeine Theorie entweder vom Gesellschaftsbegriff oder vom Interaktionsbegriff her zu entwickeln, wird Gesellschaftstheorie bei LUHMANN zu einer Anwendungsform der allgemeinen Theorie sozialer Systeme, die als Supertheorie der S. mit universalistischem Geltungsanspruch auftritt.

A. COMTE, Cours de philosophie positive, 1830–42 – E. DURKHEIM, De la division du travail social, 1893 – DERS., Le suicide, 1897 – DERS., Les régles de la méthode sociologique, 1895 – J. HABERMAS, Theorie des kommunikativen Handelns, 1981 – F. JONAS, Geschichte der S., 1968 – N. LUHMANN, Soziale Systeme, Grundriß einer allgemeinen Theorie, 1984 – K. MARX, Das Kapital, 1867–83 – G. H. MEAD, Mind, Self and Society, 1934 – DERS., The Philosophy of the Act, 1938 – V. PARETO, Trattato de sociologia generale, 1916 – T. PARSONS, The Structure of Social Action, 1937 – DERS., The Social System, 1951 – DERS., Toward a General Theory of Action (mit SHILS), 1951 – G. SIMMEL, S., 1908 – H. SPENCER, Principles of Sociology, 1876–1896 – M. WEBER, Gesammelte Aufsätze zur Wissenschaftslehre, 1922 – DERS., Gesammelte Aufsätze zur Religionssoziologie, 1920 – DERS., Wirtschaft und Gesellschaft, 1919.

Hartmut Neuendorff

Staat. Das Problem des S. ist höchst komplex. In der Vergangenheit wie in der Gegenwart sind daher von jur. und von theol. Seite sehr verschiedene Versuche einer S.lehre vorgelegt worden. Es erschien deshalb den Herausgebern dieses Lexikons sinnvoll, neben dem jur. Beitrag drei verschiedene theol. Stellungnahmen aufzunehmen. Auf diese Weise soll die verschiedene Sicht der Probleme, die nicht allein aus der konfessionellen Bindung zu erklären ist, zum Ausdruck kommen.

Gliederung:

Erster Teil. Soziologisch und staatstheoretisch.

I. Vorbemerkung. A. MenschenS. und TierS. Wir können nicht vom S. sprechen ohne kritische Überlegung der Frage, was sich über ihn wissenschaftl. aussagen läßt. Schon damit sind Aussagen über den S. verbunden. Der S. findet sich nur im menschl. Zusammenleben. Zwar spricht man auch von „Tierstaaten“, weil der hohe „Organisations“-Grad von Tiersozietäten (Bienen usw.) eine Analogie zum S. der Menschen nahelegt; aber das darf nicht zu der Annahme verleiten, man könne Rückschlüsse von Tier- auf MenschenS.en ziehen, die nicht durch exakt festgestellte Gemeinsamkeiten beider begründet wären. Hier handelt es sich um den S. als eine Erscheinung des menschl. Zusammenlebens.

B. Erfahrungswissenschaftliche Behandlung des S. Jeder einzelne S. ist ein Produkt menschl. Geschichte. Er ist entstanden unter je bes. Bedingungen, die teils in der natürl. oder menschl. Umwelt lagen, in der die Menschen jeweils in einer „Gruppe“ lebten, teils zu ihren eigenen jeweiligen Denk- und Verhaltensweisen gehörten. Geschaffen wurde er durch je bes. Vorgänge, Akte von Menschen, die zu je neuen Denk- und Verhaltensweisen führten. Diese Entwicklung hat unzählige Schritte umfaßt, die nirgendwo gradlinig oder zielstrebig auf den S. zu getan worden sind. Trotzdem kann man überall in der Entstehung und in der Ausgestaltung der S.en übereinstimmende Bedingungen, Vorgänge, Strukturen und Funktionen feststellen. Wer die Gattung, nicht einen einzelnen S. betrachtet, muß diese Übereinstimmungen herausarbeiten. Das ist nach der üblichen dt. Einteilung des Systems der Wissenschaften Aufgabe der S.theorie. Sie kann nicht von einem „Keim“ ausgehen, aus dem sich kraft einer Entelechie der S. entwickelt habe, weil damit die Offenheit der Geschichte für mehrere Möglichkeiten der Entscheidung verkannt würde, ebensowenig von einer „S.idee“, die die Menschen hierbei zu verwirklichen erstrebt hätten. Beides wären Konstruktionen aus dem Rückblick. Wir können nur erfahrungswissenschaftl., d. h. empirisch vorgehen und fragen, wie es „wirklich“ ist und gewesen ist, so daß unsere Ergebnisse aufgrund besserer Erkenntnisse widerlegbar sind. So gehen auch verwandte Disziplinen vor, die sich z. T. gleichfalls – aber unter speziellen Gesichtspunkten ihrer Disziplin – mit dem S. befassen, bes. Soziologie, politische Wissenschaft, Wirtschafts- und Gesch.wissenschaft, Verhaltensforschung, Sozialpsychologie, Ethnologie usw. Die Erkenntnisse aller speziellen Forsch.en auch dieser Nachbardisziplinen sind das Material, das zur Erkenntnis der Gattung S. zu verarbeiten ist.

C. Die Gattung S. als typisierte Modellvorstellung. Der so gewonnene Typus S. hat den Charakter einer Modellvorstellung von der vielfältigen Wirklichkeit der S.en. Ein Modell kann nicht alle Einzelheiten in sich aufnehmen. Es muß aber so entworfen und begründet werden, daß alle nicht behandelten Phänomene im richtigen Sachzusammenhang in das Modell eingeordnet werden können. Da der S. kein logisches System, sondern ein „System menschl. Verhaltens“, ein „operatives System“ ist, kann ein Modell des S. weder abstrakt-logisch durchkonstruiert sein noch einen reibungslos funktionierenden Mechanismus wiedergeben, den das menschl. Leben nicht kennt. Es handelt sich nicht um ein „Idealsystem“ S., das der Wirklichkeit gegenübergestellt würde; das Modell ist richtig, wenn die einzelnen S.en nach ihm in ihrer Struktur und in ihrem Funktionszusammenhang erkannt und erklärt werden können. Der Begriff S. faßt sehr komplexe Phänomene zusammen (verschiedenartiges Verhalten von Menschen, Existenz und Gebrauch verschiedenartiger Sachen), die wir in die richtigen Zusammenhänge zu bringen haben. Der Zusammenhang besteht darin, daß der S. als „operatives System“ zwar keine reibungslos, aber doch eine auskömmlich funktionierende Einheit menschl. Verhaltens ist, die konstituiert wird aus einem Handlungs- und Wirkungszusammenhang, in dem das wirkl. Verhalten der Menschen im S. steht und konvergiert. Dieses Verhalten ist ein Aktzusammenhang; folglich muß das Modell des „operativen Systems“ den Prozeß ununterbrochener menschl. „Interaktion“ abbilden. Es wirkt also nicht eine selbst denkende, wollende, handelnde „Person“ S., obwohl es fast unvermeidl. ist, vom S. in einer ihn personifizierenden Weise zu sprechen; die Erkenntnis der Wirklichkeit würde jedoch verhindert, wenn diese „façon de parler“ in die Realität selbst übertragen würde.

D. Die Erkenntnis des modernen S. Ziel dieser Bemühung ist die Erkenntnis des modernen S., des S. der auch in den Wissenschaften so genannten „Industriegesellschaft“. Die objektive Problematik selbst ist erst in der Neuzeit entstanden. Sie hat sich seither so verändert, daß sie auch für unsere Erkenntnis neuartig ist. Was zeitl. früher liegt, erscheint unter dieser Perspektive als Entwicklung zum modernen S. Aus dem Bedürfnis nach einer fundierten Orientierung in unserem komplex- und problemreichen heutigen Leben fragen wir nach einer theoretischen Erklärung des modernen S. Mit dieser Aufgabe sind bes. Probleme der Objektivität verbunden. Das theoretische Modell hat nur hypothetischen Charakter. Seine Richtigkeit ergibt sich erst aus dem Bestehen vor wissenschaftl. Kritik und aus der Konfrontation mit den Ergebnissen der weiteren Forschung.

II. Hist.-genetische Betrachtung des S. Der S. begegnet uns nur dort, wo Menschen zusammenleben; er stellt eine Organisationsweise dieses Zusammenlebens dar. Als solche kann er aus seiner hist. Genese erklärt werden, weil man davon ausgehen kann, daß die Menschen ihr Zusammenleben unter den jeweils für sie gegebenen Bedingungen nach den jeweils gegebenen Möglichkeiten gestaltet und fortgestaltet haben, schließl. bis zum modernen S.

A. „Natürliche Herrschaft“ bei frühen Menschengruppen. Wir finden einen ersten Ansatz bereits in dem Leben von Gruppen, die noch keine spezifisch politische Organisation hatten und nur auf Verwandtschaft aller beruhten. Diese Gruppen bestanden aus einer kleinen Zahl von Menschen, die sich als unmittelbar zusammengehörig empfinden mußten. Alle wichtigen Tatsachen ihres Daseins verwiesen sie auf den Rahmen dieser Gruppe. Selbst wenn diese Gruppen nicht schon in Familien gegliedert waren, sondern aus Horden oder aber einer einzigen Klein- oder Großfamilie ohne Untergliederung bestanden, muß ihr Zusammenleben unter einer faktischen Ordnung gestanden haben; sie war bei den frühen, äußerst naturabhängigen und gefährdeten Menschengruppen schlechthin lebensnotwendig. Diese Ordnung wurde als etwas einfach Gegebenes kaum einer Reflektion unterzogen, nicht in abstrakten Sollenssätzen formuliert, sondern – als eine selbstverständliche, vielleicht „heilige“ – durch das faktische Verhalten der Menschen ständig reproduziert. Wir müssen aber nicht nur die Existenz von Ordnung, sondern auch von Herrschaft, d. h. von subjektiven Trägern dieser Ordnung annehmen. Dabei ist unter „Herrschaft“ nur die Chance zu verstehen, daß die Inhaber der Herrschaftsposition für ihre „Befehle“ den „Gehorsam“ der anderen finden. Solche Herrschaftspositionen ergeben sich bereits aus der Notwendigkeit von Aufzucht und Erziehung. Zunächst gibt es überall die biologisch bedingte Herrschaft der Mutter oder Pflegeperson über das Kleinkind. Dessen Behandlung mit physischer Kraft, fast als ein Objekt, geht unmerklich über in ein Verhältnis von Belehrung, Einweisung, Anweisung, Befehl. Die lange Dauer der Aufzucht beim Menschen, die Ausschöpfung der Fruchtbarkeit der Frau und ihre sonstige Belastung führten trotz hoher Kindersterblichkeit dazu, daß ein Teil der Einweisungen in das gruppenübliche Verhalten nicht von der Mutter, sondern von anderen Älteren vorgenommen wurde. Diese frühen Gruppen waren klein, weil der Nahrungsraum für Großgruppen nicht ausreichte. Sie hatten eine bes., unten breite, oben sehr spitze Alterspyramide, sie umfaßten nur einzelne Ältere. Bei diesen war die volle Kraft und Erfahrung jeder Gruppe konzentriert, sie hatten Seltenheitswert. Einweisung auch in deren Erfahrung, Folgsamkeit ihnen gegenüber war lebenswichtig. Wenn sich sogar die Mutter selbst in Erfahrungen anderer fügte, dann wurde diese soziale Unterwerfung von den Aufwachsenden übernommen. Für alle mit nur wenigen natürlichen Waffen ausgestatteten Lebewesen ist Gehorsam in vielen Lagen Lebensbedingung; die Menschen haben aber schon früh große geistige Leistungen vollbracht, um zu überleben. Es gibt überhaupt keine traditio von Erfahrungen, die nicht zugleich Herrschaft wäre. Einmal erlangte Herrschaftspositionen begründen Autorität auch für künftige Lagen. All dem lagen nicht bewußte, zweckrationale Überlegungen zugrunde; es ergab sich vielmehr unmittelbar aus jenen biologisch bestimmten Verhältnissen. Jedenfalls war die Chance des Überlebens für diejenige Gruppe größer, die solche Herrschaft kannte.

B. Instituierung von Herrschaftspositionen. Aus diesen Gegebenheiten sind weitere Herrschaftspositionen herausgewachsen. Erst am Ende einer langen Entwicklung steht eine Organisation, die wir analytisch als formelle Institution „politische" Herrschaft bezeichnen können. Theorien von exogener und endogener Entstehung werden vertreten, z. T. mit dem Anspruch ausschließl. Richtigkeit. Die Überlagerungstheorie will die Entstehung einer voll ausgeprägten politischen Herrschaft exogen erklären, nämlich durch die Errichtung einer Herrschaft von Eroberern über eine besiegte Urbevölkerung. Jedoch ist solche Eroberung unmöglich ohne vorherige Herrschaftsorganisation bei den Eroberern selbst, auch wenn sie sich erst ad hoc spezifisch ausgebildet hat. Am Anfang stand also eine endogene Entstehung instituierter Herrschaft bei den Eroberern, die von der Überlagerungstheorie nicht erklärt wird. Ähnliches gilt von der Diffusionstheorie, die die Entstehung politischer Herrschaft durch Kontakte herrschaftsloser Gruppen mit bereits politisch organisierten Gruppen erklärt. Wie aber in dieser anderen Gruppe die politische Herrschaft entstanden sei, bleibt unerklärt. Eine weitere Theorie lehrt, daß der Zusammenschluß mehrerer Gruppen zu einer fast rationalen Gesamtordnung für die neue Großgruppe geführt habe. Aber solche spezifische Zweckrationalität kann nicht entstanden sein ohne intensive vorherige Erfahrung jeder der beteiligten Gruppen mit eigenen sozialen Organisationsproblemen. Auch hier muß also instituierte Herrschaft zuvor endogen entstanden sein. Endogen instituierte Herrschaft aber dürfte schon in frühen kleinen Gruppen vorhanden gewesen sein; sie ist als das Primäre anzusehen: Diese Kleingruppe mußte immer wieder mit exzeptionellen Situationen fertig werden, mit großen Gefahren und großen Chancen. Wenn hier aber die Erfahrungen der Alten nicht weiterhalfen, konnte die bes. Kraft, Gewandtheit, Ausdauer eines einzelnen nützen. In solchen Lagen konnte eine spontane Führung (Führungsakt) entstehen, aus solcher Bewährung eine selbstverständl. Führungserwartung für künftige ähnl. Lagen, eine Führungsanwartschaft, eine geradezu vorwegbestimmte Führungsposition und endlich eine Führungsinstitution. Bei großer Naturabhängigkeit haben schon natürl. Fähigkeiten hohe soziale Bedeutung, erst recht der Besitz selbst einfacher Werkzeuge oder Waffen. Bei plötzl. Gefahren mußte die Notwendigkeit sofortigen Handelns sogar die Form von Befehl und Gehorsam scharf ausprägen. Bei längerer Dauer solcher Lage, zB bei gefährl. Wanderung zu einem neuen Ernährungsgebiet, konnte eine solche Führerstellung sich verfestigen. So wird solche instituierte Führung eine Gruppenerfahrung als ein Mittel zum Gruppenerfolg, oft zum Überleben. Über lange Zeiträume wiederholte Einzelerfahrungen sind der Instituierung, die kein spontaner Akt war, voraufgegangen, sie ist allmählich aufgebaut worden. Die „Arbeitsteilung" in Führung und Ausführung ist neben der geschlechtl. eine der frühesten Formen von Arbeitsteilung überhaupt gewesen. Umfassende soziale Schichtungen sind allerdings auf diese Weise bei den frühen Gruppen schwerlich entstanden. Sind selbst die frühen Kleingruppen nicht als herrschaftslose zu denken, so löst sich die Vorstellung einer Zweiteilung in Gesellschaften ohne jede Herrschaft und solche mit zentraler politischer Organisation auf. Solche Unterscheidung verdeckt vor allem, daß wir es mit einem Kontinuum in der Ausbildung herrschaftl. Positionen und Organisationen zu tun haben. Ansatzmöglichkeiten hierfür gab es vor allem mit dem Größerwerden von Gruppen und der Änderung ihrer Lebensbedingungen genug; denn wo Herrschaftsfunktionen und -positionen noch nicht institutionell verfestigt waren, konnten soziale Vorzugsstellungen (Ungleichheiten) jeder Art unmittelbar Führungsrollen begründen (Arbeitsteilung, Übergang vom bloßen Sammeln der Nahrung zur Nahrungsproduktion, von bloßer Jagd zur Symbiose mit wandernden Tierherden und zur Viehzucht, Ämter, Entstehung von Reichtum und Armut bes. bei chancen-, aber auch risikoreicher Viehzucht usw.). Soweit aus solchen Ungleichheiten nicht unmittelbar Führungsrollen entstanden, begründeten sie doch ein Sonderinteresse, erlaubten sie Zuwendungen von Begünstigungen, Errichtung von Abhängigkeiten, damit ihren eigenen Ausbau, ihre Festigung, eine Zentralisation zunächst diffuser, pluralistischer Herrschaftspositionen. Mit der Zunahme der Dichte der Bevölkerung wuchs die Wahrscheinlichkeit von Begegnungen mit anderen Gruppen, damit die Bedeutung der politisch-militärischen Führungsrollen und die Notwendigkeit straffer politischer Organisation. Spätestens hier sind durchgehende soziale Schichtungen entstanden.

Wenn damit ein grundsätzlicher „Mechanismus" angegeben ist, der im Zusammenwirken von Sonderinteressen der Herrschenden mit sozialen Funktionen von Herrschaft zu deren eigener Straffung, zu einer Ausbreitung und Verfestigung der Herrschaftsbereiche führen konnte, so ist damit noch nicht erklärt, wie es in bestimmten Ländern zu einer Fortentwicklung kam, die schließl. zur originären Ausformung des S. geführt hat. Hier liegen bes. geschichtl. Bedingungen vor. Vor allem ist die bes. Konkurrenzlage dieser Gruppen im Ringen um ihre bes. Lebensbedingungen und was sie oder ihre Herrschenden dafür ansahen, wichtig gewesen. Straffung der Einheit, Zentralisation und weitere Ausformung der politischen Herrschaft im Innern waren oft die wichtigsten Voraussetzungen für den Erfolg nach außen. Diesen Erfolg zu erstreben, war das diesen Gruppen aufgezwungene Ziel. Denn hier stießen konkurrierende Gruppen unmittelbar aneinander, bestand ein Gefälle in den Lebensbedingungen oder ein Druck von außen. Wo freilich eine übermächtige Zentralgewalt politische Großreiche geschaffen hat, die mit den damals gegebenen Mitteln nicht auf die Dauer beherrscht werden konnten, trat Stagnation und Zerfall ein. Aus der Konkurrenz jeweils „zeitgemäßer" kleinerer, untereinander konkurrenzfähiger Herrschaftsbereiche konnte eine Fortentwicklung der Herrschaftsorganisation resultieren. Das war in den Ländern West- und Mitteleuropas der Fall.

C. Das Königtum. Wäre hier eine Geschichte der S.entstehung zu geben, so müßten wir die Entwicklung unter Heranziehung alles hist. Materials (zB über Stammes- und Häuptlingsverfassungen) vollständig darstellen. Da aber nach dem zuvor Gesagten die grds. Voraussetzungen einsichtig sind, unter denen eine Fortbildung der politischen Herrschaft möglich und bes. vom Druck der Konkurrenz erzwungen war, so können wir die Einzelheiten übergehen und dort wieder einsetzen, wo der S. präformiert wurde. Entscheidend hierfür war seit dem MA. das Königtum. Dessen Herrschaft, auf wenige Aufgaben begrenzt, war zunächst das einzige Band, das mehrere im übrigen selbständige Stämme vereinigte, war die einzige zentripetale Kraft überhaupt. Arsenal der Herrschaftsmittel, natürl. Mittelpunkt einer noch einfachen Verbandsverwaltung waren „Haus" und „Hof" des Königs. Der Nachfolger in das Hausvermögen hatte einen beträchtl. Vorsprung vor anderen Bewerbern um die Herrschaftsposition. Gelang es, die Aufeinanderfolge mehrerer Herrscher aus dem gleichen Hause durchzusetzen, so konnte das Königtum sich in einem Geschlecht verfestigen und schließl. erblich werden. Religiöse Tabuierung – Heiligkeit der Königssippe, Unverletzlichkeit der Person des Königs – konnte die zentrale Institution der Königsgewalt stärken. Um die Herrschaft nicht zu schwächen, mußten die Herrschaftsmittel – das Vermögen des Herrschaftshofes – als Gesamtmasse auf den nächsten Inhaber der Herrschaftsposition übergehen. Mit erbrechtl. Vorstellungen wurden die Organisationsmittel einer solchen Verbandsverwaltung zusammengehalten und verselbständigt (salisches Recht, Primogenitur, Fideikommiß). Das königl. Hausvermögen erscheint frühzeitig geradezu als unveräußerlich (Domänentheorie). Hieran bestand auch ein Interesse der Beherrschten; denn wenn Verschleuderung von Domanialbesitz den Herrscher schwächte, mußten sie fürchten, daß er finanzielle Beihilfen von ihnen verlangte. So führten sachl. Interessen zu einer förml. Abstraktion: Die Herrscherposition erscheint als Herrscheramt. Das Handeln des jeweiligen Amtsinhabers wird dem abstrakt gedachten Amt, der Institution der Herrschergewalt, zugerechnet. Im magisch-symbolhaften Begriff der Krone werden Herrscherstellung, Herrschergewalt und Herrscherwürde zusammengefaßt. Aber auch mit dieser irrationalen Vorstellung wurde eine rationale soziale Wirkung erzielt: eben jene Instituierung einer objektivierten Herrschergewalt begonnen. Das hatte Konsequenzen für die Ausübung der Herrschaft. Gerade die Ratgeber des Herrschers, die ihn ermunterten, seine Kompetenzen als König wahrzunehmen, haben indirekt begonnen, seine Herrschergewalt zu begrenzen. Denn wenn sie diese auf sachl. Interessen festlegten, mußte Herrscherwillkür als Störung der dauernden Belange der Herrschaft erscheinen.

D. Die Ausbildung der souveränen Fürstengewalt. Eine neue Phase der Präformierung des S. wurde eingeleitet, als die Herrscher auf Veränderungen der Sozialstruktur reagierten, ihren Herrschaftsbereich nach innen und außen konsolidierten, die Verbandsgewalt intensivierten. Bei der Wandlung der Sozialstruktur handelte es sich um das Aufkommen eines städtischen Bürgertums. Es genügt, hinzuweisen auf die Städtegründungen, die Ausdehnung der städtischen Gewerbe, des Handels, bes. des Fernhandels (s. a. Stadt), und die damit zusammenhängende Intensivierung der Geldwirtschaft. Es entwikkelte sich ein Handels- und Finanzkapitalismus. In den Städten entstanden – auch unter dem Einfluß von Entdeckungen, Wissenschaft, Erfindungen und Technik – neue Zentren einer modernen Lebens- und Denkweise, einer auch militärisch-politischen Macht. Die fürstl. Politik hat diese Entwicklung im ganzen vielfältig gefördert.

Dieses Bürgertum mußte in einen tiefen Konflikt mit der sozialen Schicht geraten, die ihre Kraft aus der agrarischen Wirtschaftsweise gezogen hatte, mit dem Feudaladel. Das adlige Lehnsaufgebot genügte den militärisch-technischen Bedingungen nicht mehr, und nichtritterl. Söldnerheere traten an seine Stelle. Hierfür und für den technischen Kriegsbedarf wurden bedeutende Geldmittel erforderlich. An der Geldwirtschaft aber hatte der landsässige Adel geringeren Anteil. In Handel und Gewerbe wurden Gewinne erzielt, die die Agrarwirtschaft nicht abwarf. Der Fürst wurde damit abhängig von dem Reichtum der Städte, seine wirtschaftl. Leistungsfähigkeit von der wirtschaftl. Kraft des städtischen Bürgertums. Die Wirtschaftspolitik, die der Fürst im eigenen Interesse trieb, war im Ergebnis Sozialpolitik zugunsten der Bürger und zu Lasten des Adels. Dieser Aufstieg des Bürgertums mußte sich auch gegen die überkommenen politischen Vorrechte des Adels richten. Auch in diesem politischen Konflikt trug die fürstl. Politik zur Schwächung der Positionen des Adels bei. In einer Gesellschaft, die solche Konflikte ausbildete, reichten die Organisationsmittel nicht mehr aus, mit denen der Fürst früher eine

Agrarbevölkerung beherrscht und deren Bedürfnisse befriedigt hatte. Dies um so weniger, als noch eine äußere Konfliktslage hinzutrat, der Kampf gegen Herrschaftsansprüche von Kaiser und Papst und die Auseinandersetzung mit anderen Fürsten.

Auf dieser Lage beruhte die Ausbildung des fürstl. Anspruchs auf Souveränität und der zu ihrer Durchsetzung geeigneten Herrschaftsmittel. Der Fürst baute eine eigene zentralisierte Verwaltung auf, deren Kern eine kameralistische Finanzwirtschaft und Finanzverwaltung war. Sein Interesse an der Unabhängigkeit seines Herrschaftsbereichs führte ihn zu einer Politik der wirtschaftl. Autarkie, zu einem Merkantilismus (Wege- und Kanalbau, Förderung von Manufakturen, Gewerben u. a. m.). Eine fürstl. Bildungspolitik ermöglichte die Ausbildung von Fachleuten für die neue Verwaltung und Technik, die rational arbeiteten und deren finanzielle Abhängigkeit verbürgte, daß die politischen Intentionen des Fürsten überall im Lande effektiv wurden. Fachleute drangen selbst in „Haus und Hof" des Fürsten ein und verdrängten den früheren feudalen „Unterbau" der fürstl. Verwaltung im Lande. Es entstand ein neuzeitl. Herrschaftsapparat als Voraussetzung für das Gelingen der umfassenden wirtschaftl., sozialen und politischen Revolutionierung der alten traditionalen Ordnung. Die grundlegende Bedeutung dieser Entwicklung, die seit der Renaissance getragen war von einer allg. Verweltlichung des Denkens, einer rationalen Auffassung auch der Politik, drückte sich aus in einer Verobjektivierung der Fürstenrolle zum „Staat", dessen Handlungsgesetz eine „Staatsräson" war. So wurde der →Absolutismus des Fürsten im Ergebnis selbst zum Geburtshelfer der neuen, der „bürgerl." Gesellschaft und des S. (s. a. Souveränität).

E. Der S. der „bürgerlichen" Gesellschaft. Die neuen Denkweisen trugen nicht nur zu der Rationalisierung und Objektivierung bei, die sich in der Vorstellung „Staat" und „Staatsräson" ausdrückte, sondern begründeten auch eine relativ einheitl., →„öffentliche" Meinung, nämlich eine bürgerl. Meinung über Menschlichkeit, Gesellschaft, politische Herrschaft und politische Institutionen. Alles, was durch den absoluten Fürsten und seinen Herrschaftsapparat, der das „persönl. Regiment" weitgehend zurückgedrängt hatte, geschehen war und geschehen konnte, blieb – gemessen an diesen bürgerl. „Ideen" – nur unzureichend und prekär. Dringende soziale Reformen waren daran gescheitert, daß der Absolutismus zu schwach war, um sie gegen politische, regionale, soziale Privilegien durchzusetzen. Da es an der politischen Macht oder an ihrem Gebrauch zur Durchsetzung jener Ziele mangelte, kam es zur Periode der bürgerl. Revolution. Bei ihr ging es um die institutionelle Sicherung der bürgerl. Gesellschaft, ihres Durchbruchs und ihrer Stabilisierung. Die politische Herrschaft mußte aus einer bloßen Vorstellung „Staat" zu einer verbindl. politischen Institution „Staat" werden, in der das Bürgertum selbst seinen maßgebl. Anteil an der politischen Macht bekam (s. a. Demokratie).

Das Vorbild für die Neugestaltung gab England. Dort waren alte politische Institutionen in einem langen Prozesse allmählich im Sinne der bürgerl. Gesellschaft umgebildet worden und hatten zu einer politischen Herrschaft geführt, die zwar das Wort S. weniger kannte, jedoch die Sache. Das aufschlußreichste Gegenbeispiel eines revolutionären Durchbruchs aber ist Frankreich, wo sich der späte Absolutismus als zu schwach zur Durchsetzung der von ihm selbst geplanten Reformen erwiesen hat. Hier war die Instituierung des Staates so selbstverständlich, daß man sagen kann, sie sei bereits das gesicherte Ergebnis des einen Revolutionsjahres 1789 selbst, und alles Spätere sei in dieser Hinsicht doch nur ein Nachspiel gewesen. Schon in der Erklärung der Menschen- und Bürgerrechte vom Aug. 1789 wird das deutlich sichtbar, wenn etwa dort die Rede ist von einer association politique des politisch organisierten corps social (s. a. Franz. Revolution). Lebte man bis zur Verf. des Jahres 1791 ohne eine geschriebene Verf.urkunde (→Verfassung), so lebte man doch gerade nach den neuen Grundsätzen des S. der bürgerl. Gesellschaft, der mit revolutionärer Gewalt durchgesetzt worden war. Darin, daß die politischen Rollen nach dem Konzept einer Institution „Staat" tatsächl. gespielt wurden, und nicht erst in dem Erlaß der neuen, ausdrückl. Verf., liegt die Instituierung des S. Andere Länder des Kontinents sind darin dem franz. Beispiel gefolgt; daß es dabei im →Konstitutionalismus zu größeren Konzessionen an die Monarchen kam, ändert nichts Grundsätzliches. Die im Absolutismus ausgebildeten Herrschaftsmittel konnten weitgehend beibehalten werden; entscheidend war das Herrschaftsmittel →Gesetzgebung und sein Gebrauch. Die Instituierung des S. war vor allem seine Instituierung als Gesetzgebungsstaat der bürgerl. Gesellschaft. Man hat viel zuwenig erkannt, daß MONTESQUIEUS Gewaltenteilungslehre bereits die Einführung von G.gebung als formeller verfassungsrechtl. Institution für das damalige Frankreich vorschlug. Wurde dieser Vorschlag verwirklicht, dann wurde die traditionale Bedeutung von „gutem altem Recht und Herkommen" aufgehoben, die Notwendigkeit sozialen Wandels anerkannt und dieser Wandel selbst durch gesetzl. Eingriffe reguliert. Dieser neuen Denkweise entspricht es, daß auch der S. selbst in der Form des positiven Rechts „verfaßt" wurde. Was der absolute Fürst mit Hilfe seiner G.gebung für das gesellschaftl. Leben ausgebildet hatte, nämlich in effektiver Weise das äußere Verhalten der Gesellschaftsglieder durch gesetzte Normen zu ordnen und zu lenken, das wurde nun das geeignete Instrument, nicht nur die Fürstengewalt zu binden, sondern die Durchsetzung und Gestaltung der bürgerl. Gesellschaft durch das Bürgertum selbst zu instituieren, diesem damit seinen Anteil an der nunmehr wichtigsten politischen Gewalt zu geben. Hatten die Anhänger der Aufklärung noch geglaubt, mit wenigen Kodifikationen der neuen Gesellschaft ein für allemal ihre Lebensgesetze geben zu können, so erwies sich seit dem Beginn der Industrialisierung, daß G.gebung eine permanente Aufgabe des S. wurde. Doch blieben auch hierfür – in der Industriegesellschaft – die neue Institution S. und die in ihm instituierte G.gebung das brauchbare Instrument.

III. Soziologisch-systematische Betrachtung des S. Wir nehmen den souveränen S. der Industriegesellschaft nun als gegebene Tatsache, ohne Rücksicht auf die Umstände seiner Entstehung; wir bilden ein Modell unter dem Gesichtspunkt, welche rationale Funktion der moderne S. in jener Gesellschaft hat: Jede Gruppe lebe autark, ohne Beziehungen über ihren Rahmen hinaus. In ihrem S. gebe es weder GliedS.en noch Gemeinden oder andere Körperschaften mit Selbstverwaltung usw., immer handle der S. unmittelbar. Dieses Modell behandeln wir zunächst nach innen, dann nach außen.

A. Die innere →Souveränität des S. 1. Das Ordnungsbedürfnis der Industriegesellschaft. Die Industriegesellschaft bedarf eines – auf ihre spezifischen Organisationserfordernisse zugeschnittenen – souveränen Ordnungsfaktors, weil sie ein in hohem Grade nicht „selbstregulierendes" System des Zusammenlebens ist, also ihre Regulierung weitgehend nur von außen, von einem spezifischen, deshalb ihr gegenüber relativ selbständigen Regulierungssystem erfahren kann. Jene Regulierungsbedürftigkeit ergibt sich bei einer Analyse der Industriegesellschaft aus deren strukturell bedingtem Funktionieren, bes. aus dessen Friktionen und Konflikten, aus der Dynamik des Wandels, der zum Funktionieren dieser Gesellschaft gehört. Hier können nur die Ergebnisse solcher Analyse angeführt werden: In der Industriegesellschaft steht jeder in vielen verschiedenen Beziehungen zu anderen; seine individuellen Interessenlagen sind hoch spezialisiert und vielfältig, selbst für jeden einzelnen oft unausgeglichen. Das ist bes. deutlich in allem, was Arbeitsteilung und Verkehrswirtschaft unmittelbar bewirken; mittelbare Wirkungen beider begründen die sozialen Positionen und Möglichkeiten (Erwartungslagen), reichen bis tief in die persönl. Beziehungen. Auf das Zustandekommen und den Ablauf unmittelbarer Beziehungen wirken oft nicht nur gleichgerichtete, sondern gegensätzl. Interessen der Partner ein, Störungsfaktoren, die bis zu Konflikten führen, die u. U. von ganzen Interessengruppen ausgetragen werden. Dann schaffen auch Markt- und Vertragsfreiheit kaum Ausweichmöglichkeiten. Die Menschen ändern ihre Bedürfnisse, geben sie auf, befriedigen sie auf andere Weise oder anderwärts und nehmen neue an. Jede Wandlung erfordert Anpassungen, jeder Anpassungsakt führt zu weiteren Anpassungen anderer. Mobilität der Bevölkerung und ihrer Denkweise, ihrer Interessennahme verstärkt die Dynamik der Wandlungen. Jeder ist aber abhängig vom erwartungsgemäßen, „normalen" Ablauf zahlloser, ihm oft unbekannter, unübersehbarer Beziehungen zwischen Dritten; denn nur dann laufen seine eigenen unmittelbaren Beziehungen erwartungsgemäß, „normal" ab, wenn die Gesamtheit aller, auch der scheinbar ihn nichts angehenden Beziehungen in der Gesellschaft – das ganze Beziehungsgeflecht, das sie ausmacht – hinreichend reibungslos verläuft. Diese allg. Interdependenz – oft im Bilde eines „Kreislaufs" aller Kommunikation innerhalb der Gruppe beschrieben – ist so empfindlich, daß allg. Krisen nur mit einschneidenden Mitteln behoben werden können. Partielle Anpassungskrisen verschiedenen Grades in Wirtschaft, Erziehung, Ausbildung, Wissenschaft, Denkweisen sind alltägl.; sie haben Fernwirkungen. Entgegen der alten liberalen Doktrin bleibt das Ergebnis einer sozialen „Harmonie" aller Interessen aus. Da ihr Dauer-„Zustand" der dynamische Wandel ist, kann diese Gesellschaft ihre ständig erforderl. Anpassung nur durch eine Art „Flucht nach vorn" lösen, d. h. mittels eines „Systems von Aushilfen". Dieses permanente Ausbalancieren muß aber zu einer – generell nicht bestimmbaren – „Auskömmlichkeit" führen als der Grundlage allen Zusammenlebens von Menschen. Ihren Ausdruck findet diese Lage in der Reaktion der Menschen: ihren mannigfachen Versuchen, die Konkurrenz- und Anpassungsfähigkeit bes. im Berufs- und Wirtschaftsleben zu steigern, Positionen bes. auf dem Markt zu stabilisieren, allenthalben „soziale Sicherheit" und – da Vorgänge und Folgen der eigenen Einwirkung weitgehend entzogen sind – Hilfe verschiedener Art durch den S. zu erhalten.

2. Der souveräne S. als Koordinationszentrum. Diese Gesellschaft bedarf nicht nur einer Koordination des Verhaltens der Gruppenglieder, sei es durch direkte Normierung, sei es durch Beeinflussung der Ausgangspositionen und Erwartungsmöglichkeiten ihres „freien" Verhaltens. Ihr dynamischer Wandel erfordert darüber hinaus – anders als in einer statischen, traditional geordneten Gesellschaft – einen auf ihre Regulierungsbedürfnisse zugeschnittenen bes. Ordnungsfaktor; er muß einerseits ihr gegenüber so selbständig sein, daß er „von außen" auf sie einwirken kann, andererseits von ihr möglichst so abhängig, daß er seine Funktion nicht als ein ihr Fremder, gar Feindlicher ausübt. Er muß deshalb so organisiert sein, daß er immer und überall auf allen Lebensgebieten aktionsfähig ist, befähigt insbes., auch gegen den Willen der Betroffenen über die Ordnungsbedürftigkeit sozialer Zusammenhänge und über den Inhalt der Ordnung zu entscheiden und ihn wirksam zu machen, daß er aber dennoch der Gesellschaft nahesteht, aus ihrer eigenen Struktur möglichst hervorgeht. Dafür sind verschiedene Gestaltungen möglich und im Verf.recht gefunden, die hier, wo es um die Gattung S. geht, nicht im einzelnen interessieren. Jener Ordnungsfaktor ist der von der früheren „bürgerl." Gesellschaft instituierte, seither mit der Industriegesellschaft zum „modernen" S. gewandelte S. Die engl. Bezeichnung „government" kennzeichnet ihn treffend als Steuerungssystem. Seine Steuerungsfähigkeit – seine innere Souveränität – ist die „ratio" der Existenz des S. überhaupt. Damit ist das Grundsätzliche über sein Verhältnis zu den gesellschaftl. Problemen und Kräften gesagt: Die Struktur dieser Gesellschaft selbst erfordert ein Entscheidungszentrum; die „Maßgeblichkeit" seiner Entscheidungen, die Überordnung seiner Regulierungskompetenz über die sozialen Mächte und deren Entscheidungen sind nur die Folgerungen hieraus.

Der S. ist zwar relativ getrennt von der Industriegesellschaft, ist anders strukturiert und funktioniert anders. Aber er ist funktional auf die Gesellschaft bezogen; sie machen zusammenwirkend erst die – so gut oder schlecht, wie es der Fall ist – funktionierende Gesamtheit des Lebens in der Industriegesellschaft – die „Gesamtgesellschaft" – aus. Keines der beiden Teilsysteme steht für sich selbst, ist ein aus sich allein erklärbarer Teil jenes Gesamtsystems. Diese Gesellschaft kann als „staatsfreie" nicht einmal gedacht werden; alles soziale Verhalten von jedermann geht aus von Lagen, die durch staatl. Wirksamkeit schon mehr oder weniger mitbestimmt sind, und beruht auf Erwartungen, die ohne staatl. Einwirkungen nicht erfüllt würden. Nur bleibt das weitgehend unbewußt, bestätigt mit dieser subjektiven Selbstverständlichkeit das – selbst analytisch kaum trennbare – Zusammenwirken von S. und Gesellschaft. Zwar nimmt die „Gesellschaft" ständig konkrete Regulierungsakte des „S." – in einer gewissen Passivität – hin, während dieser das ihr gegenüber aktiv handelnde Teilsystem ist. Aber innere Politik besteht nicht nur darin, das differenzierte soziale Leben zu regulieren, drohenden sozialen Friktionen und Konflikten vorzubeugen, bestehende zu beheben; sie muß nicht minder sicherstellen, daß die Regulierungsakte selbst und ihre Wirkungen sozial akzeptiert werden. Deshalb muß sie sich laufend an den gesellschaftl. Realitäten orientieren; sie ist zahlreichen gesellschaftl. Aktivitäten nicht nur „ausgesetzt", sondern auf sie geradezu angewiesen. Denn vom sozialen Leben der Gruppe aus gesehen ist es eine Funktionsnotwendigkeit ihres Gesamtsystems, daß der S., der soziale Friktionen und Konflikte verhüten oder ausgleichen soll, sie nicht selbst schafft. Der Versuch, den S. auf das „bonum commune" als „Staatszweck" abstrakt festzulegen (dazu auch Rechtsstaat III C), erweist sich als wirkungslos. Deshalb besteht das Ziel der Verf.gebung gerade darin, die abstrakte Souveränität des S. konkret so zu organisieren, daß sie dem konkreten Leben der konkreten Gruppe möglichst angepaßt ist, besteht die Kunst der Politik darin, von diesen Möglichkeiten nach diesen Intentionen der Verf. Gebrauch zu machen. Bei der Differenziertheit der Interessen in einer Industriegesellschaft aber muß nahezu jede Entscheidung den einen bevorzugen und den anderen belasten. Nur ausnahmsweise kann – bes. vom rückschauenden Historiker – festgestellt werden, daß eine staatl. Entscheidung unter jedem Gesichtspunkt für eine konkrete Gruppe „verfehlt" gewesen sei. Da dieser Prozeß eines immer nur relativen und vorläufigen Interessen-„Ausgleichs" nie endet, kommt es nicht allein auf die formell aktive Rolle der staatl. Regulierungsakte gegenüber der Gesellschaft an. Wichtiger ist in dem permanenten Prozeß der sozialen „Umverteilung" die grds. Überzeugung der Gruppenglieder, daß auch ihren Interessen in einer auskömml. Weise Rechnung getragen werde. Hiervon hängt es entscheidend ab, wieweit staatl. Regulierungsakte akzeptiert, wenigstens hingenommen werden oder wieweit sie Friktionen oder gar Konflikte schaffen. Ein Indiz für Akzeptierung oder Hinnahme ist die Sprech- und Denkweise, Regulierungsakte, die soeben noch umkämpft waren und deshalb als „politisch" bezeichnet wurden, als zum „sozialen" Leben gehörig und „natürlich" zu betrachten, als Bestandteil der „sachlich" gegebenen Ordnung, und damit als „unpolitisch". Als →„Integration" bezeichnet man ein Ergebnis der inneren Politik, bei dem sozialpsychologisch eine wenigstens die Fundamente bejahende Übereinstimmung der in der Industriegesellschaft lebenden, staatl. organisierten Großgruppe erreicht wird („Konsensus"). In der Industriegesellschaft kann es aus den oben dargelegten Gründen keine substantielle „Homogenität" der Gruppe geben, wohl aber eine vor allem durch die reale Gestaltung des sozialen Lebens immer wieder zu erzeugende Bejahung der Grundlagen des Zusammenlebens, die selbst über nicht unbedeutende Interessengegensätze, ja über Konflikte hinwegtragen kann. Die soziale Funktion des S., die Ausübung seiner Souveränität selbst, schließt es in der Industriegesellschaft aus, aus der Tatsache dieser obersten Regelungskompetenz dogmatisch eine neu-absolutistische Doktrin („starker" S.) oder aber das politisch-moralische Postulat eines bürokratischen Etatismus („Herrschaft der Fachleute") abzuleiten. Die einseitige Auflösung der Verflechtung von S. und Gesellschaft zugunsten der souveränen Regelungskompetenz ist jedenfalls mit dem Risiko kaum übersehbarer sozialer Kosten und politischer Friktionen und Konflikte belastet.

3. Koordination durch Motivation. Die staatl. Entscheidungen werden stets von relativ wenigen gefällt. Zu ihrer sozialen Wirksamkeit bedarf es des Gehorsams, zunächst in dem weiteren „Herrschaftsapparat" (Verwaltungsstab), dann in der ganzen beherrschten Gruppe. Der S. ist zwar potentiell „total"; er muß nämlich abstrakt in der Lage sein, alle von ihm selbst als sozial relevant betrachteten Probleme aufzugreifen und zu ordnen; nicht aber ist er „total" in dem Sinne, daß alles soziale Verhalten Tätigkeit von S.organen wäre. Vielmehr motiviert er die Gruppenmitglieder durch Normen zu dem Verhalten, das seinen Ordnungsintentionen entspricht; denn alles soziale Verhalten geht durch ein psychisches Medium. Zahllose soziale Regelmäßigkeiten werden durch Erziehung gelehrt und akzeptiert, schon mit der Sprache; denn die Bedeutungen vieler Wörter umfassen bestimmte Stellungnahmen, Appelle zu einem Denken über das so Bezeichnete und einem dementsprechenden Verhalten; ohne daß es ausdrückl. Imperative, eines bes. Drucks oder förml. Sanktionen bedarf, werden solche Appelle weitgehend „verinnerlicht" („internalisiert") und damit im Verhalten wirksam. Viele Regelmäßigkeiten aber werden bewirkt durch mehr oder minder formulierte Imperative allg. oder konkreten Inhalts (Lehren von Werten, Tugenden, allg. Verhaltensprinzipien; exakte Gebote für konkrete Lagen). In jeder Gruppe gibt es ganze Motivationssysteme, die als soziale Ordnungsarten wirken: Recht, Sitte, Brauch, Takt, Etikette, Mode, Ethos, religiöse Gebote u. a. m. Ihre Gebote (Verbote, Zuweisungen von Positionen oder Berechtigungen zur freien Ausübung) können einander widersprechen. Selbst in traditional geordneten Gesellschaften gibt es keine Homogenität des Denkens und Wollens. Bei dem Individualismus und Subjektivismus in der Industriegesellschaft ist es die Funktion des S., die hier bes. notwendige maßgebl. Motivation mindestens insoweit zu bewirken, daß ein nach der Struktur dieser Gesellschaft ausreichend widerspruchsfreies Gesamtsystem aller sozial relevanten Motivationen als soziales „Leitsystem" wirksam bleibt. Durchweg sind die strukturell und funktionell für das soziale Leben einer Gruppe typischen Beziehungen so normiert, daß das Konzept für das Verhalten der Partner als deren „Rolle" in einer solchen Beziehung aufgefaßt werden kann. Alle für das Verhalten eines Partners geltenden Normen sind also eine Einheit. Es genügt praktisch oft, beiläufige Erfahrungen zu einer nur grds. Kenntnis der Rolle (zB eines Mieters) und ihrer sozialen Funktion zusammenzuordnen, um auch ohne Kenntnis der einzelnen Normen die Rolle „richtig" zu spielen. Wenn mehrere „Rollen" sich als so konzipiert erweisen, daß sie in einem sozial erwünschten oder zugelassenen Ergebnis konvergieren, also ihre Konvergenz eine mindestens nicht negative soziale Funktion hat, sprechen wir von einer →„Institution" (zB der Ehe mit den beiden Rollen der Partner und denen der verschiedenen Außenstehenden ihnen gegenüber). Eine Institution ist also stets ein ganzer Normenkomplex, unterteilt in verschiedene Rollen; von ihrer Ordnungswirkung im sozialen Leben gilt das über die Rollen Gesagte: Oft genügt die Kenntnis der Institution für ein rollengemäßes Verhalten (zB Arbeitgeber-, Arbeitnehmerpflichten), selbst wenn dies nicht näher präzisiert ist. Da ihre soziale Funktion meist einsehbar ist und positiv bewertet wird, werden Rollen und Institutionen relativ leicht sozial akzeptiert, auch mit den dazu gehörigen Pflichten; Widerstand dagegen müßte schon einen grds. Charakter annehmen, d. h. die Struktur der Gesellschaft, die diese Rolle oder Institution begründet, bedingt oder zuläßt, selbst angreifen. Eine solche soziale Institution in der Industriegesellschaft ist der moderne S., und gerade um der Maßgeblichkeit seiner Entscheidungen, seiner inneren Souveränität willen. Damit wird eine starke grds. Bereitschaft bewirkt, sich der Motivation durch staatl. Entscheidungen zu fügen. Solche Fügsamkeit bedeutet zugleich „Entlastung". In der Industriegesellschaft hat jeder zahlreiche verschiedene Rollen in Familie, Betrieb, Verein, Partei, Kirche usw.; sein eigenes Verhalten ist dadurch nicht selten widersprüchl. motiviert. Er muß jedoch wissen, welcher Rolle er in welcher Lage folgen soll, und wie weit. Soweit der S. hierüber maßgebl. entscheidet, befreit er die Gruppenglieder von eigener Verantwortung, erlaubt er jedem Partner ausreichende Sicherheit seiner Erwartungen des Verhaltens des oder der anderen und damit überhaupt erst relativ ungestörte soziale Beziehungen. Er leistet, was in der Industriegesellschaft – anders als in der „Ständegesellschaft" – Teilgruppen mit ihren bes. Motivationssystemen oder Rollenbestimmungen nicht leisten können: auskömmliche allg. soziale Koordination durch das „Leitsystem" der Motivationen. Die staatl. Entscheidungen werden um so leichter sozial akzeptiert, je mehr sie einem einheitl. und gewohnten Inhalt der anderen Motivationssysteme entsprechen, je mehr der S. sich also darauf beschränkt, diese zugrunde zu legen, lokal oder schichtenbegrenzte Geltungsbereiche zu erweitern, bloße Prinzipien zu konkretisieren, Widersprüche zu bereinigen u. a. m. Erst wenn der S. entgegen den wichtigsten wirksamen traditionalen Beständen der anderen Motivationssysteme seine Entscheidungen durchsetzt, nicht schon dann, wenn er – von seiner „souveränen Regelungskompetenz" Gebrauch machend – bisher staatsfreie soziale Lebensverhältnisse ordnend erfaßt, wird er ein sog. „totalitärer" S. Hiervon abgesehen sind die traditionalen Restbestände, auf denen die staatl. Koordination beruht, in der Industriegesellschaft immer schon vielfältig von staatl. Ordnung direkt oder indirekt beeinflußt; sie sind keineswegs frei, sind insofern nicht originär-, sondern sekundär-traditional.

Sieht man darüber hinweg, so kann man allerdings die staatl. Ordnungstätigkeit insofern „subsidiär" gegenüber den traditionalen Motivationssystemen nennen, als prinzipiell staatl. nur geordnet wird, was hiernach noch ordnungsbedürftig ist, was jedoch in der Industriegesellschaft einen großen Teil des sozialen Leitsystems ausmacht. Demgegenüber drückt das naturrechtl. →„Subsidiaritätsprinzip" ein Postulat aus, das mit dem sozialen Bedürfnis nach einer obersten souveränen Koordinationsinstanz nur schwer vereinbar ist. Denn wenn Teilgruppen nach ihren Gesichtspunkten ihre Teilordnungen für auskömml. halten, so ergibt das noch keine allg. auskömml. Gesamtordnung. Aus Teilordnungen werden im Leitsystem eher nur Prinzipien, grundlegende Werthaltungen erhalten bleiben und auch diese oft nur in neuer Interpretation und Anwendung auf die gewandelten Verhältnisse und Bedürfnisse. Die Koordination des sozialen Verhaltens erfordert also eine rationale Tätigkeit des S. – rational schon in der Prüfung der Ordnungsbedürftigkeit, im Entwurf des erstrebten sozialen Ziels, speziell rational in der Erarbeitung der normativen Mittel, ihrer Abstimmung mit dem übrigen Normenbestand, rational auch in der Prüfung ihrer Eignung, aber auch ihrer direkten oder indirekten Folgen. Das Produkt dieser „sozialtechnischen" Bemühung kann nur „gesetzt", „positiv" sein, die positive staatl. Rechtsordnung und ihre ebenso rationale positive, d. h. mit Herrschaftsgewalt ausgestattete Anwendung und Durchsetzung. Erst die soziologische Erkenntnis von S. und Recht eröffnet den Zugang zum Verständnis der positiven Rechtsordnung, ihres Aufbaus und der bes. Rationalität ihres Funktionierens.

4. Legitimität und Führung. In einer Gesellschaft, die eine bes., souveräne Institution zu ihrer eigenen Regulierung aufgebaut hat, die nur mit dem Mittel „gewillkürter Satzung" auskömml. koordiniert werden kann, stellen sich die Probleme der Legitimität und der Führung völlig neu. Jede Regulierung gesellschaftl. Interessen und Konflikte erfordert für ihre Effektivität →Macht. Doch Macht beruht nie allein auf Zwang, immer auch auf Anerkennung. In der Industriegesellschaft aber hat sich die Bedeutung von Macht und Anerkennung grundlegend geändert: Die bürgerl. Revolution postulierte einen Bürger, der aktiv an der für alle einheitl. Aufgabe der Durchsetzung und des Aufbaus dieser Gesellschaft mittels ihres S. teilnahm, sich aber im übrigen seinen „bürgerl." Interessen widmen sollte, da die S.tätigkeit als sehr begrenzt gedacht wurde. Doch indem diese Revolution in jedem einzelnen Lande sich durchsetzen mußte, schuf sie den „Patrioten", den Bürger eines →Nationalstaats. Mit der Industrialisierung wurde das Scheitern der Hoffnung auf soziale Harmonie offenbar, sowohl im Verhältnis zur „Arbeiterklasse" als auch innerhalb des „Bürgertums" selbst. Die Industriegesellschaft ist charakterisiert durch das Fehlen von Interessengleichgewicht, die Notwendigkeit, ihren relativen Ausgleich zur ständigen Aufgabe zu machen. Diese wird durch die Einbeziehung der Arbeiterschaft in den sozialen Ausgleich noch erschwert. Auf wirksamer Geltendmachung von Interessen, bes. durch →Verbände, steht eine positive, auf ihrer Vernachlässigung eine negative „soziale Prämie". Wo ständig direkt oder indirekt „umverteilt" wird, ringen alle um ihren Anteil am „Sozialprodukt". Wirksam vertreten werden Interessen nicht mehr nur unmittelbar gegenüber einem anderen, sondern vor allem durch „organisierten" Einfluß auf staatl. Entscheidungen. Ein Erfolg, der so erreicht ist, wird sofort wieder gefährdet, weil der Prozeß solcher Entscheidungen weitergeht. Der Bürger in dieser Gesellschaft ist in erster Linie ein – durch seine wichtigsten Interessen mit anderen verbundener – „Interessenbürger". Da es einen erkennbaren objektiven Zustand guter sozialer Ordnung nicht gibt, auch nicht auf der Basis des ökonomisch-technischen Fortschritts oder des Vergleichs mit anderen, bleiben nur subjektive Meinungen und Argumentationen (s. a. Gemeinwohl). Aus dieser Lage resultiert die spezifische Problematik: Stand früher die Herrschaft des Fürsten oder Fürstenhauses, weil sie mit sakralen Vorstellungen verbunden war, außer Zweifel und wurde sie in der Zeit des „Nationalstaats" durch die allg. Bejahung der nationalen Existenz und Aufgabe legitimiert, so ist heute für die Legitimität der staatl. Herrschaft das Urteil über den Erfolg bei der sozialen Ordnung im Innern entscheidend. Die S.gewalt selbst will hieran gemessen werden, wenn sie in Verf.en und Programmen „Wohlstand für alle", „Wohlfahrtsstaat", →„Sozialstaat" verheißt. Das Legitimitätsproblem kann entstehen an wichtigen staatl. Regulierungsakten, die als einseitige Bevorzugung oder Benachteiligung betrachtet werden, an der Gesamtheit einer „Regierungs-" oder „Mehrheitspolitik", am ganzen konkreten Verf.zustand, auch an der Existenz eines ganzen S. (zB bei „Minoritätsproblemen"). Umgekehrt kann vom sozialen Effekt her eine zunächst umstrittene Legitimität allg. begründet werden. Legitimität ist keine objektive „Eigenschaft" des S., sondern ein Werturteil der Gruppenglieder, Ausdruck ihres Integrations-„Zustands". Da dieser nicht stabil ist, sondern fortlaufend erzeugt werden muß, wird auch die Legitimität nur bejaht, wenn die Integrierung über einen längeren Zeitraum hinweg im wesentl. gelungen ist. Ist die Ordnung sozialer Interessen heute die wichtigste Grundlage des Legitimitätsdenkens, so kann dieses schichten- oder klassengebunden sein, so daß im „KlassenS." einer tiefen Überzeugung von der Legitimität bei der einen eine ebenso tiefe Überzeugung von der Illegitimität bei der anderen Klasse gegenüberstehen kann. Kennzeichnend ist, daß die in der Industriegesellschaft utopischen Vorstellungen von einer vollkommenen Integration nicht nur zu Gemeinschaftsideologien ausgebaut, sondern auch mit Verf.konstruktionen verbunden werden, die eine allein legitime S.gewalt zu konstituieren hätten. Hat der moderne S. in der Industriegesellschaft eine geradezu instrumentale Funktion, so kann er die aus der Struktur der gegebenen Gesellschaft resultierenden Legitimitätsprobleme nur entweder verdecken oder aber „aufheben", indem er diese Struktur selbst radikal ändert. Aus der Überzeugung von der Illegitimität der bestehenden Herrschaftsorganisation, die bei der gegebenen Sozialstruktur außerstande sei, diese Illegitimität zu beseitigen, entsteht eine →„Revolution" – im Gegensatz zu einem bloßen Putsch, Staatsstreich usw. Jeder moderne S. kennt deshalb auch irgendwelche Schutzmaßnahmen, die nicht nur allg. S.schutz, sondern speziell die Ausschaltung der Wirksamkeit von Illegitimitätsvorstellungen bezwecken (politisches Strafrecht, Sonderpolizei, Ausnahmezustand usw.). Aus der Bejahung der Legitimität folgt die prinzipielle Bereitschaft, sich den Regulierungsakten des S. freiwillig zu fügen, seine Politik nach innen und außen zu billigen, Opfer dafür zu bringen, spontan und aus innerer Verpflichtung mitzuarbeiten. Diese Bereitschaft bezeichnet man als „Loyalität". Wo komplizierte soziale Verhältnisse, insbes. bei Industrialisierung, die einsichtige Einordnung in eine nur durch komplexe soziale Interdependenz erzielbare soziale Gesamtleistung erfordern, ist ohne Weckung von Legitimitätsüberzeugungen und Loyalität schwer auszukommen. Selbst moderne „Diktaturen", die dem Industrialisierungsprozeß unterworfen sind, suchen mit der Einführung „demokratischer Methoden" nicht nur ein Alibi, sondern einen Faktor zur Erzeugung von Legitimität und Loyalität zu begründen.

Der moderne S. stellt die Gruppenglieder vor eine paradoxe Situation. Sie sind „Interessen"-Bürger und sollen die S.gewalt, die ihre Interessen nie voll befriedigen kann, dennoch als legitim bejahen. Diese Paradoxie kann nur auskömmlich ausgeglichen werden, das Gesamtsystem kann nur funktionieren, wenn Institutionen vorhanden sind, die die Interessenlagen einem Klärungsprozeß unterwerfen. Hier spielen vor allem →„öffentliche Meinung", soziale Führungsschichten, →Parteien und organisierte staatl. Führung eine Rolle (s. a. Pluralismus). Aus der Gesellschaft kommen vielfältige Kritiken, Anregungen, in denen sich einzelne zu Sprechern anderer, vieler machen. Durch Verbände geschieht das in organisierter Weise, wobei bereits eine gewisse Reduzierung innerer Meinungsverschiedenheiten auf gemeinsame oder zentral wichtige Punkte stattfindet. Eine einheitl. „öffentl. Meinung", vor allem ausgedrückt durch „die →Presse", wie in der früheren „bürgerl." Gesellschaft, gibt es in der Industriegesellschaft nicht mehr. Hier existiert statt dessen ein öffentl. „Meinungsmarkt", auf dem nur in konkreten Fragen von bes. Bedeutung einheitl. Auffassungen vorkommen, insbes. wenn einheitl. Interessen vertreten werden. Das Wort Meinungsmarkt darf nicht darüber täuschen, daß es sich keineswegs nur um Angebote bestimmter Meinungen zur freien Annahme, sondern auch um „Meinungsmache" handelt, schon weil die „Konkurrenzangebote" nicht vorliegen, kritischer Vergleich nur wenigen möglich ist. Es bilden sich Stellungen und Funktionen von „opinion leaders" („Meinungsführern") in entsprechenden Meinungsteilgruppen heraus, während frühere „Führungsschichten" („Bildung und Besitz") zurückgetreten sind. Weil es sich nur um soziale Diskussion, nicht um sozialen „Willen" handelt, ist die förmliche Bildung eines „Staatswillens" unentbehrlich, ein „government by opinion" unmöglich. Die Entscheidung für und gegen bestimmte Regulierungsakte wird vorbereitet durch die politischen →„Parteien", die durch ihre Funktion bei der Zusammensetzung der maßgebl. staatl. Entscheidungsorgane auf die Erarbeitung der mutmaßlich wichtigsten sozialen und politischen Probleme, der dafür bestehenden Lösungsmöglichkeiten und eines mutmaßlich sozial auskömml. Entscheidungsvorschlags angewiesen sind. Da ihr Einfluß auf die staatl. Organbildung um so größer ist, je größer ihre Wählerzahl, können sie sich prinzipiell nicht auf die Auffassungen von Interessenverbänden festlegen; ihre Orientierung ist breiter, sie streben danach, möglichst „Volkspartei" (Integrationspartei) zu werden (→Pluralismus). Praktisch stehen dem Bürger bei der Wahl andere als die von den Parteien angebotenen Alternativen nicht offen, er muß sich zwischen ihnen entscheiden, also von seinen individuellen Interessen eine im einzelnen nicht beschreibbare, mehr oder minder große Distanz nehmen. Nach diesem Konzept eines Klärungsprozesses, bei dem soziale Interessen von selbst zur Einflußnahme auf die Bildung der staatl. Entscheidungsinstanzen drängen, aber sich jenem Prozeß unterwerfen müssen, der nur an seinem Ende staatl. organisiert ist, findet eine Selektion unter den vielfältigen Meinungen innerhalb der Gruppe statt, darüber hinaus eine erste Klärung der künftigen Politik als der Verwirklichung der anstehenden Aufgaben sozialer Ordnung. Jedoch kann einer Gruppe auch durch diesen Klärungsprozeß nicht mehr an „sozialer Vernunft" zuwachsen, als sie nach der Struktur der Gesellschaft, in der sie lebt und zu der auch ihre – keineswegs nur durch die hist. Entwicklung bestimmte - politische Bildung und Urteilsfähigkeit gehören, aufzubringen vermag. Hingegen kann umgekehrt ein unzureichendes Funktionieren dieses Klärungsprozesses (handicaps auf dem „Meinungsmarkt", bei der Gründung und Wirksamkeit von Parteien, im Wahlrecht usw.) verhindern, daß vorhandene „soziale Vernunft" zur Wirksamkeit kommt. Deshalb gewinnt die politische Führungsrolle, die innerhalb des staatl. Herrschaftsapparates selbst organisiert ist, in der Industriegesellschaft eine überragende Rolle. Die Notwendigkeit, anstelle einer „Tagespolitik" als eines Systems ständiger bloßer Aushilfen, deren Wirkungen und „soziale Kosten" oft schwer übersehbar, nur schlecht aufeinander abgestimmt sein können, eine zusammenhängende, geplante, wissenschaftsabhängige Politik zu betreiben, wird offensichtlich. Solche „weitsichtige", „realistische" Politik durchzusetzen, d. h. dafür die Mehrheit in den eigentl. gesetzgebenden Organen zu gewinnen, wird zur politischen „Führungskunst" von →Regierung und Regierungschef. Die erkennbare Abhängigkeit der politischen Führung von den „Fachleuten" schafft freilich neue Probleme, vor allem das der Durchsetzung gegen den Rat des Experten, das früher vor allem aus dem Verhältnis der politischen Führung zu den militärischen Spitzen bekannt war. Im Wandel von der Rolle und Figur des souveränen Monarchen zu der eines heutigen „Staatsmanns" drückt sich der Wandel vom „Staat" als bloßer politischer Vorstellung in der Zeit des Spätabsolutismus zur modernen Institution „S. der Industriegesellschaft", zugleich der Wandel von der Fürstensouveränität zur modernen S.souveränität deutlich aus.

B. Die Organisation des S.apparats. Daß die bes. Organisation, die den S. zur Ausübung der Souveränität instand setzt, also der eigentl. Herrschaftsapparat, oft mit dem S. selbst gleichgesetzt wird, beruht darauf, daß die für die Gesellschaft maßgebl. Funktion des S. durch diesen Apparat ausgeübt wird. Ebenso wie die Institution S. selbst ist auch seine Organisation aus mehr oder minder einschneidenden geschichtl. Wandlungen früherer politischer Herrschaftsorganisation hervorgegangen.

1. →Verfassung und Verfassungsprinzipien der →Staatsorganisation. Jeder S. hat eine Verf., ob geschrieben oder ungeschrieben. Wo die S.organisation in einem Prozeß allmähl. Entwicklung ausgebildet wurde, der orientiert war an der Entwicklung der sozialen Verhältnisse, insbes. an der Entstehung der bürgerl. Gesellschaft, konnte die Organisation aus gelebten Gewohnheiten hervorgehen („Konventionalregeln"), so zB in England (→Großbritannien). Sonst aber war es nur konsequent, den S., der die Gesellschaft mit positiven Setzungen rational reguliert, auch selbst in der gleichen Weise zu organisieren; denn von der Ausgestaltung seiner Organisation hängt die Art und Weise, in der die staatl. Regulierungskompetenz ausgeübt wird, fundamental ab. Hier wird die S.organisation formell durch positives Recht geregelt, vor allem in formellen Verf.en. Akute Konfliktslagen können dies geradezu erzwingen, so bei der Errichtung der →Vereinigten Staaten und bei den Menschen- und Bürgerrechten von 1789 und der Verf. von 1791 in Frankreich. Ein Akt der Verf.gebung hat immer die Bedeutung, den Grund zu legen für die Legitimität der Herrschaftsgewalt des so organisierten, manchmal überhaupt erst konstituierten S., für eine möglichst umfassende Integration. Deshalb werden dafür oft bes. Veranstaltungen getroffen, bei denen auf die letzte Grundlage zurückgegriffen wird, die das soziale Leben dieser Gruppe hat: die Gesamtheit der im Augenblick der Verf.gebung existierenden (mündigen) Gruppenglieder, meistens mit Ausnahme der „Ausländer", also beschränkt auf die „Staatsangehörigen", bei denen eine bes. Treuebeziehung zu diesem S. vorausgesetzt wird. Diese Gruppe gilt als der reale Träger der „Volkssouveränität". Die abstrakte Souveränität des S. wird bei der Ausübung des „pouvoir constituant" möglichst unmittelbar an die aktuellen Träger des gesamten sozialen Lebens der Gruppe gebunden (bes. Wahlen zu „verfassunggebenden Versammlungen", „Verf.-plebiszite" usw.). Auch spätere Änderungen der Verf. werden regelmäßig solchen bes., mindestens gegenüber der „einfachen" G.gebung erschwerten Verfahren unterworfen.

Für die Organisation des S. zum Zwecke der Ausübung seiner Regulierungsfunktion in der Gesellschaft haben sich – geschichtl. und zugleich zweckrational bestimmt – gewisse Prinzipien herausgebildet, die einigermaßen übereinstimmen. Durchweg finden wir ein →S.oberhaupt. Offenbar spielt hier eine Tradition aus der monarchischen Zeit noch eine Rolle, auch soweit der S. nicht die S.form der Monarchie, sondern der Republik hat, daneben auch außenpolitische Rücksichten. Der bes. Rang eines S.oberhauptes im zwischenstaatl. Verkehr legt es jedem S. nahe, in dieser Weise nach außen repräsentiert zu sein. Die Einschaltung eines S.oberhauptes, das den innenpolitischen, u. U. wechselnden Machtverhältnissen durch seine bes. Stellung entrückt ist, dient der Stabilität der außenpolitisch übernommenen Verpflichtungen. Nach innen kann die Person des S.oberhauptes zur Integration der Gruppe und damit zur Legitimierung des S. beitragen, gerade wenn sie wenig Anteil an der S.gewalt hat und aus dieser Distanz auf Ausgleich politischer Einseitigkeiten hinwirkt. Das bes. politische Führungsorgan ist die →„Regierung". Sie besteht aus „Ministern" (die Bezeichnung ist nicht einheitl.), die im modernen S. i. d. R. für bestimmte Sachgebiete der S.tätigkeit zuständig sind. Einem „Chef" der Regierung (Ministerpräsident, Kanzler usw.) steht nicht nur die Koordinierung des zum „Kabinett" vereinigten Kollegiums der Minister zu, sondern auch ihre politische Leitung. Die Organisation der Regierung kann ausgebaut sein zu einem „Präsidialsystem" (Zuständigkeit des Ministerpräsidenten), das meistens ergänzt wird durch ein „Kollegialsystem" (Zuständigkeit des gesamten Kollegiums) und ein „Ressortsystem" (Zuständigkeit der einzelnen Minister). Da die Funktion des S. im Innern zu einem erhebl. Teile durch Setzung von Verhaltensnormen für die Gruppenglieder ausgeübt werden muß, finden wir durchweg bes. Organe der →Gesetzgebung. Das Haupt-G.gebungsorgan, oft das einzige, ist die „Volksvertretung", das →Parlament. Verfassungsrechtliche Ausgestaltungen von Nebenorganen der G.gebung (Oberhaus, Senat, Bundesrat) sind vielfältig (→Zweikammersystem). Die Organe der G.gebung sind nicht auf Akte der G.gebung beschränkt; i. d. R. üben sie eine Kontrolle der Regierung aus oder setzen sie sogar ein u. a. m. (→Parlamentarisches Regierungssystem). Die den Bürgern gegebenen staatl. Verhaltensnormen werden von bes. Organen durchgesetzt. Man unterscheidet Organe der →„Rechtsprechung" („Gerichte") von solchen der „Exekutive" („Verwaltungsbehörden"). Während wir in unserem Modell bisher zur grds.

Klärung des Verhältnisses von S. und Gesellschaft von einer durchgehenden Unmittelbarkeit der S.organisation und -tätigkeit ausgegangen sind, ist hier auf „Ausgliederungen" „mittelbarer" S.tätigkeiten und -organisationen hinzuweisen, auf die →„Selbstverwaltung" spezieller Einrichtungen, der Körperschaften, Anstalten und Stiftungen, wie Gemeinden, Gemeindeverbände, Träger der →Sozialversicherung, Universitäten usw. Die Souveränität des S. erstreckt sich auch auf diese Körperschaften, die von den ma. „Korporationen" grundlegend verschieden sind; sie üben „mittelbare S.verwaltung" aus.

Der Unterscheidung in G.gebung, Rspr. und Verwaltung liegt das sog. „Prinzip der →Gewaltenteilung" zugrunde. Theorien, die diese Gewalten aufgrund ihres verschiedenen Verhältnisses zum Recht zu unterscheiden suchten, sind gescheitert. Es trifft zwar zu, daß die Setzung der allg. Verhaltensnormen zunächst „G.gebung" ist; aber es gibt fast keine Norm, die nicht Auslegung erfordert oder zuläßt. So erst erhält sie den Inhalt, der für das Verhalten der Gruppenglieder verbindlich ist, letztlich also durch die Auslegung der Verwaltungsbehörden und vor allem der Gerichte. Allg. Verhaltensnormen werden aber auch von der Verwaltung gesetzt, nicht nur soweit, als der G.geber Rechtsetzungsbefugnis delegiert hat (s. a. Rechtsverordnung); denn auch was als →Verwaltungsvorschrift sich der Form nach nur an die S.diener, die Beamten wendet, gewinnt über die „innerdienstl." Bedeutung hinaus eine – z. T. erhebl. – Bedeutung für das Verhalten der Bürger: Wenn die Beamten angewiesen sind, gegenüber allen Bürgern in bestimmter Weise zu verfahren, so kann das die gleiche Wirkung haben wie eine an diese unmittelbar gerichtete allg. Verhaltensnorm. Der Unterschied liegt nur darin, welche effektiven Möglichkeiten der Gegenwehr die konkrete Rechtsordnung den Bürgern in den beiden Fällen gewährt. Für eine Trennung der Rspr. von der Verwaltung haben jur. Theorien keine überzeugenden Argumente gefunden; insbes. hat sich die Unterscheidung, daß der Richter das Gesetz „strikt" anwende, während der Verwaltungsbeamte „im Rahmen" des Gesetzes handle, daß der Richter den „Rechtswert" zu verwirklichen habe, der Verwaltungsbeamte hingegen soziale und politische „Zweckmäßigkeiten", als unhaltbar erwiesen. Nicht einmal die reine „Streitentscheidung", ja nicht der engste Bereich solcher Streitentscheidung, die zwischen Bürgern, obliegt allein den Gerichten; auch Verwaltungsbehörden entscheiden vielfältig über rechtl. Streitigkeiten. Andererseits sind Gerichte nicht nur Organe der Streitentscheidung (→Rechtsprechung, rechtsprechende Gewalt I). Die Rechtsordnung hat eben vielfältige Möglichkeiten und oft rein pragmatische Gründe, rechtl. Differenzen in der Form eines „Rechtsstreits" austragen zu lassen oder nicht; sie kann umgekehrt die Erreichung „nichtstreitiger" Ziele an die richterl. Entscheidung im Streitverfahren binden (bei beiderseitigem Scheidungsbegehren setzt der Scheidungsrichter den actus contrarius zur Eheschließung durch den Standesbeamten). In Wahrheit handelt es sich bei der Gewaltenteilung um eine soziale und politische Funktionsrationalität. Hierauf beruht sie schon als Prinzip, hierauf beruhen auch die konkreten Durchführungen des Prinzips. Das Schwergewicht der grundlegenden Normsetzung liegt bei den „G.gebungsorganen", weil die „Volksvertretung" durch den Akt der Wahl am unmittelbarsten mit dem Volke selbst verknüpft ist und damit die Wirksamkeit dieser Regulierungsakte am besten gesichert wird. Das gerichtl. Verfahren und die richterl. Entscheidung bieten bes. Sicherheiten durch die „unparteiische" Besetzung und die subtile Regelung des Vorgehens, bes. der Anhörung der Beteiligten. Hierdurch kann eine Vertrauensbasis geschaffen werden, die sogar innerhalb der Rechtsordnung eines konkreten S. nach den verschiedensten – selten nur nach rein jur. – Gesichtspunkten zur maßgebl. Regelung des sozialen Lebens durch „Befriedung" benutzt wird. Während alle →Richter an den „Staatswillen" nur in der Form des Gesetzes gebunden sind, ist das Bild der Verwaltung vielfältiger. Die „strikte" Bindung an das Gesetz ist in Teilen der Verwaltung der des Richters gleich (zB in der Sozialversicherung); ihr einfacheres Verfahren erlaubt ihr aber die Bewältigung von Massenvorgängen. Andere Teile der Verwaltung sind gebunden an Weisungen von Vorgesetzten. Hier können Zweckmäßigkeitserwägungen einer Zentrale zur einheitl. (oder nach einheitl. Gesichtspunkten differenzierenden) Regelung des sozialen Lebens führen, ohne daß die Anpassung an einen Wandel der Verhältnisse oder der Zweckmäßigkeitserwägungen dem schwerfälligeren G.gebungsverfahren unterworfen werden müßte. Es handelt sich also bei der Gewaltenteilung nicht um eine logische Unterscheidung verschiedener S.funktionen, sondern um ein Prinzip praktischer Gestaltung, zwar zunächst nur der S.organisation, aber dies doch im Hinblick auf die unter den gegebenen Verhältnissen erstrebte Regulierung des sozialen Lebens.

Wir sind bisher davon ausgegangen, daß der S. als bes. System im weiteren System der Gesamtgesellschaft nur bestimmt sei von der Funktion, das soziale Leben zu regulieren; wir haben also nur diese Funktionsrationalität zugrunde gelegt. Bei der Darstellung der staatl. Organisation hat sich aber gezeigt, daß es auch innere Selbstgesetzlichkeiten des S.apparates gibt. Diese können auf die Ausübung der S.funktionen Rückwirkungen haben. Die staatl. Organisation wird also nicht nur durch die Bedürfnisse der Gesellschaft bestimmt, sondern es können auch umgekehrt diese Bedürfnisse der Gesellschaft u. U. nur nach Maßgabe dessen erfüllt werden, was die staatl. Organisation zu leisten imstande ist. Organisation der Ausübung der Souveränität bedeutet an sich schon Festlegung auf die Organe, Verfahren, Wege, die in dieser organisatorischen Regelung bestimmt sind. Dazu kommen materielle Bindungen der Ausübung der Souveränität, vor allem in →Grundrechten, aber auch in einfachen G.en (zB durch Begrenzungen der staatl. „Eingriffsverwaltung", bes. im →Polizeirecht). Es hängt von der konkreten Rechtsordnung ab, wie weit sie die Ausübung der Souveränität „normalisiert", einen →„Rechtsstaat" ausgestaltet oder „rechtsfreie" „Souveränitätsakte" zuläßt. Von der konkreten Rechts- und bes. Verf.lage hängt es auch ab, ob für extrem abnorme Lagen Vorsorge getroffen ist. Viele Verf.en enthalten Regelungen für einen „Ausnahmezustand": Es wird ein S.organ bestimmt, das mutmaßlich auch unter diesen Verhältnissen noch handlungsfähig sein wird, ferner die Art seines Vorgehens, die ihm gegebenen Mittel, ggf. gewisse letzte Schranken. Bei solcher „kommissarischen Diktatur" geht es um den Versuch, von der Abnormalität solcher Verhältnisse noch möglichst viel hinüberzubringen auf die Seite einer mindestens vorläufigen, wenn auch dürftigen, ausnahmsweise erträgl. Normalität. Offensichtl. ist die Integration am wenigsten gestört, wenn nicht nur die Überzeugung von der Legitimität der konkreten S.gewalt allg. verbreitet ist, sondern darüber hinaus bei den wichtigsten sozialen und politischen Teilgruppen eine fundierte Überzeugung von der gegenseitigen Vertrauenswürdigkeit besteht. Das mehrfach erörterte Problem eines „überverfassungsrechtl." S.notstandes, durch den das Handeln eines S.organs – über den verfassungsmäßigen Ausnahmezustand hinaus – gerechtfertigt sei, läßt sich durch abstrakte theoretische Erwägungen ebensowenig wie durch rechtl. Normierung im voraus lösen, insbes. kaum von dem des S.streichs zuverlässig trennen (s. a. Notstandsrecht).

2. „GesetzgebungsS." Die →Gesetzgebung ist eine so wichtige soziale Aufgabe des S., daß gerade sie einem Organ übertragen wird, in dem institutionell die sozialen Notwendigkeiten oder Bedürfnisse zur Geltung kommen müssen. Deshalb ist das (Haupt-) G.gebungsorgan die „Volksvertretung", die von den Gruppengliedern selbst konstituiert wird. Das komplizierte System von Ansprüchen, Pflichten und Verfahren, das eine Rechtsordnung darstellt, setzt Friedensbereitschaft voraus und trifft Veranstaltungen, sie zu fördern, notfalls zu erzwingen. Sie entzieht den Gruppengliedern Eigenmacht, nimmt sie in Pflicht und zwingt sie, Gegeninteressen zu berücksichtigen. Sie macht die Eigentums- und Wirtschaftsordnung, selbst persönliche Beziehungen gemeinsamen, sozialen Zwecken dienstbar. Sie greift in bestehende Verträge ein, erzwingt Schutz für die einen und belastet die anderen. Schließl. steht sie für solche Interessen ein, die bei einem freien Spiel der gesellschaftl. Kräfte nicht genügend berücksichtigt würden. Durch sie findet eine letzte Entscheidung statt über den Anteil der einzelnen am sozialen Gesamtprodukt, sei es durch ihre Belastung (Abgaben), sei es durch Zuwendungen (soziale Leistungen des S., Subventionen), sei es durch direkte „Umverteilung" zwischen Gruppengliedern (Einstellungszwang, Urlaubsregelung, Mieterschutz u. dgl. mehr). Nicht nur das allg. Gleichheitsverlangen der Menschen, sondern speziell die in der Industriegesellschaft notwendige Konkurrenzgleichheit führt dazu, daß möglichst wenig auf Grund von Einzelakten, möglichst viel generell gleichmäßig, „allg." geregelt wird. Aber auch dies hat sich nicht auf scharfe, in Grenzfällen eindeutige jur. Formeln bringen lassen. Die sog. „Maßnahme-" oder „EinzelfallG.e" (→Maßnahmegesetz) zeigen, was bei dem Großteil der „allg." Gesetze eher verborgen bleibt: In der G.gebung liegt die Entscheidung über die Gestaltung des sozialen Lebens, und die zuletzt erwähnten bes. Akte der G.gebung sind gerade um ihres sozial gestaltenden Charakters willen Akte der G.gebung geworden. Nicht aus einem abstrakten, dogmatisch begründbaren Verhältnis zum Rechte also, sondern aus dem Charakter des Rechts als Mittel der sozialen Steuerung ergibt sich die Funktion aller G.gebung. Nur hieraus wird verständlich, daß Verf.en wichtige staatl. Akte an die „Form" des Gesetzes binden, auch wenn sie unmittelbar Rechte und Pflichten der S.bürger nicht begründen, wie – nach dt. Auffassung – die Feststellung des Etats (Staatshaushalt), ferner Kriegserklärung oder Friedensschluß, Einteilung von Gerichtsbezirken u. a. m. Hieraus erklärt sich aber auch, daß die Zunahme der sozialen Bedeutung der Verwaltung oder der Rspr. nicht zu der These von einem Zurücktreten des G.gebungsstaats führen darf. In der Tat hat der G.geber eine Anzahl von minder wichtigen Entscheidungskompetenzen an die Verwaltung und an die Rspr. abgeben müssen. Dies aber nicht, weil die Bedeutung der G.gebung abgenommen hätte und das Zentrum der politischen Entscheidungen aus der G.gebung abgewandert wäre, sondern weil für den G.geber in der sich ständig wandelnden Industriegesellschaft zu viele neue Aufgaben angefallen sind, als daß er sie selbst erledigen könnte. In Wahrheit ist der S. nicht nur als „G.gebungsS." instituiert worden, sondern er ist G.gebungsS. seither immer mehr geworden. Die Zunahme der Aufgaben von Verwaltung und Rspr. beruht gerade auf der gewachsenen Bedeutung des S. als G.gebungsS., der immer umfassendere Daseinsvorsorge übernimmt, Rechtsschutz gewährt. Der G.gebungsS. ist deshalb in der Industriegesellschaft weit davon entfernt, seinem Ende entgegenzugehen; er ist im Gegenteil dringlicher als zuvor. Seine Wandlung gegenüber dem frühkonstitutionellen Modell beruht darauf, daß der permanente Wandel der Industriegesellschaft die permanente Erneuerung und den ständigen Ausbau der Rechtsordnung erfordert. Das belegt jede Statistik über den Inhalt der G.e: der Anteil der G.e mit wirtschafts- und sozialpolitischem Inhalt überwiegt heute weit.

3. „RechtsprechungsS.“ Die →Rechtsprechung hat Anteil an der Ausübung der inneren staatl. Souveränität, indem sie maßgebl. für Gruppenglieder oder Teilgruppen die Probleme entscheidet, die der S. einer rechtl. Ordnung unterworfen hat, und zwar auf Grund dieser Ordnung, nicht durch einen „Machtspruch“, also in einem „fairen“ Verfahren durch einen Unparteiischen. So erklärt sich die Ausbildung einer unabhängigen Rechtspflege und die Beseitigung aller „nichtstaatl.“ Gerichtsbarkeit (mit Ausnahme der →Schiedsgerichtsbarkeit), von Dispensations- und Abolitionsrechten. Dies ist auch der soziale Hintergrund der streitigen Ausgestaltung der Strafrechtspflege durch Einführung der S.anwaltschaft, für die Ausdehnung des Erfordernisses richterl. Genehmigung bei einschneidenden Maßnahmen ohne Strafcharakter (Entmündigung, Haft- und Durchsuchungsbefehl usw.). Aus den gleichen Gesichtspunkten wird in anderen Fällen die Zuständigkeit der Verwaltung für unbedenklich gehalten; dann kann die Verwaltung einseitig Strafen festsetzen, und es wird dem Bürger überlassen, ob er sich dagegen wehren will, soweit ihm hierzu Möglichkeiten gegeben sind. Die Ausgestaltung der richterl. Gewalt ist also nichts Starres, sondern erfolgt nach Gesichtspunkten der sozialen Funktion. Hierauf beruht es auch, daß die Bindung der Richter an das gesetzte Recht auf dem Kontinent, wo dieses – anders als in England – eine bes. Rolle gespielt hat, gewandelt ist. Die Gerichte haben immer mehr die Funktion übernehmen müssen, die komplizierte Rechtsordnung auszubauen und fortzubilden, so daß sie den Denkweisen und Verhältnissen, auch dem Wandel der Industriegesellschaft genügen kann. Richterl. Entscheidungen streben mit Billigung der G.geber danach, durch Auslegung zu Ergebnissen zu kommen, deren tragende Gründe Bestandteil der heute „richtigen“ Ordnung des sozialen Lebens sein könnten, solange das mit dem Wortlaut der G.e vereinbar ist, manchmal sogar gegen den ausdrückl. Wortlaut, wenn sie annehmen können, daß diese Entscheidung sozial akzeptiert werden kann. Die Schutzfunktion der Gerichte zugunsten der Bürger ist damit nicht beseitigt, sondern modifiziert. Die Bindung des Richters an das G., die nie eine rein logische i. S. einer bloßen Subsumtion des Tatbestandes unter eine abstrakte Norm gewesen ist, wird damit nicht geleugnet; sie wird aber in die richterl. Haltung verlegt, sich nicht zum Herrn der sozialen Gestaltung zu machen, sondern dienend den Intentionen nachzugehen, die in der gesetzten Rechtsordnung zum Ausdruck gekommen sind, insbes. auch in neuen Rechtsgedanken, die zunächst nur für eine begrenzte Materie statuiert sind, sich aber verallgemeinern lassen. So wird die Rechtsordnung auch vom Richter als sozialer Wirkungsfaktor behandelt, indem er ihr den Inhalt zu geben sucht, unter dem das soziale Leben so gestaltet wird, wie es den Intentionen des G.gebers entspricht, die der Richter in solchen Rechtsgedanken vorfindet. Der Richter ist Gehilfe des G.gebers geworden, den dieser selbst nicht mehr entbehren kann. Die sog. „allg. Lehren“ des Verwaltungsrechts entstammen großenteils richterl. Rechtsschöpfung; auch sie sind von dem Gedanken der angemessenen Ordnung des sozialen Lebens getragen, der hinter ihren jur. Formulierungen steht. Nur so konnte in neuester Zeit die →Verfassungsgerichtsbarkeit möglich werden und die Bedeutung bekommen, die sie besitzt. Denn gerade die Normen des Verf.rechts bedürfen der Konkretisierung. Diese erstrebt als Ergebnis ein funktionierendes Zusammenspiel der Verf.faktoren in der konkret gegebenen Gesellschaft und muß so begründet sein, daß die gefundene Entscheidung akzeptiert werden kann als der Ausdruck dessen, was die Verf. selbst ausgesprochen haben könnte. Dies gilt sinngemäß auch für die Auslegung der verfassungsrechtlich gewährten →Grundrechte, die gleichfalls durchweg der Konkretisierung bedürfen.

4. „VerwaltungsS.“ Solange es keine Verwaltungsrechtsprechung (→Verwaltungsgerichtsbarkeit) gab oder der Zugang zu den Verwaltungsgerichten (oder was an deren Stelle stand) nur kasuistisch, enumerativ geregelt war, konnte man →Verwaltung relativ einfach bestimmen, konnten selbst Verwaltungsgerichte als Bestandteil der Verwaltung gelten. Wenn wir auch heute noch Verwaltung nicht zu definieren vermögen, sondern sie als diejenige Tätigkeit des S. bestimmen, die übrig bleibt, wenn man G.gebung und Rspr. abzieht (Subtraktionsmethode), so hat das seinen hist. Grund: Im →Absolutismus war alle Herrschertätigkeit „Administration“; G.gebung und Rspr. sind aus dieser „Gewaltenkonfusion“ erst herausgebrochen und zu selbständigen Teilinstitutionen ausgebildet worden. Auch heute noch ist die soziale Funktionsrationalität der wichtigste Umstand für die Bestimmung des „Sachbereichs“ und für die Organisation der Verwaltung. In der konstitutionellen Epoche (→Konstitutionalismus) stand unter dem Einfluß des liberalen Rechtsdenkens (→Liberalismus) diejenige Verwaltungstätigkeit im Vordergrund des Interesses, die in „Freiheit und Eigentum“ des Bürgers eingreift („Eingriffsverwaltung“), auch wenn es bedeutende andere Verwaltungstätigkeiten gab. Inzwischen hat die Verwaltungstätigkeit des S. außerordentlich zugenommen; zu der Eingriffsverwaltung ist die „Leistungsverwaltung“ gekommen. Die Industriegesellschaft hat dem S. eine Fülle von Aufgaben der „Daseinsvorsorge“ gestellt. Das geht zurück auf den Beginn der Industrialisierung, wo Gewerbeaufsicht und Arbeitsschutz noch mit dem Mittel des polizeil. Eingriffs auszukommen schienen, während die mit der Industrialisierung verbundene Urbanisierung zur öffentl. Fürsorge und vor allem zur Sozialversicherung, zu mannigfachen staatl. Leistungen für den Ablauf des neuen sozialen Lebens (Versorgung, Verkehr) geführt hat. Auch heute werden neue soziale

Probleme vom S. primär der Verwaltung übertragen, so daß sich nicht einmal eine Möglichkeit zur Definition von Verwaltung abzeichnet. Diese aus ihrer bes. praktischen Eignung hervorgehende Priorität wird gebändigt dadurch, daß die Verwaltung Aufgaben nur auf Grund eines Gesetzes übernehmen darf. Der „Vorrang" des Gesetzes im jur. Sinne hat seinen politischen Grund in dem Vorrang des G.gebers; dieser soll entscheiden über Umfang, Art und Weise der sozialen Gestaltung auch durch die staatl. Verwaltung. Die parlamentarische Verantwortlichkeit der Minister für die Tätigkeit der nachgeordneten Verwaltungsbehörden kennzeichnet das deutlich. Auch die Bindung der Richter an das Gesetz und die parlamentarische Verantwortlichkeit des Justizministers beruhen auf der gleichen Vorrangstellung der Legislative. Das Rangverhältnis zwischen den Akten der Verwaltung und der Justiz hingegen besitzt nicht diesen grds. und politischen Charakter; es ergibt sich aus im einzelnen komplizierten Regelungen, die oft nur auf praktisch-technischen Erwägungen beruhen. Gegenüber der negativen Bestimmung der Verwaltungstätigkeit hat man versucht, ihr ein bes. Verwaltungsrecht zuzuweisen, das als ein Teil des →öffentlichen Rechts nur ihr spezifisch sei, das sie aber auch allem ihrem Tun zugrunde legen müsse, so daß das „bürgerl." Recht (→Privatrecht) für sie keine Bedeutung habe. Dies steht jedoch mit den bürgerl.-rechtl. Hilfsgeschäften in Widerspruch, die die Verwaltung seit jeher braucht (Kauf, Miete usw.); für den modernen S. ist dieses Prinzip gänzlich undurchführbar. Seine Verwaltung nimmt nicht nur durch Eingriffe oder durch staatl. Leistungen soziale Gestaltungen vor, sie handelt vielmehr unmittelbar, wie wenn sie die Verwaltung eines „Großbetriebes" wäre (s. a. Fiskus). Das gilt schon für einen bedeutenden Teil innerhalb mancher Eingriffs- und Leistungsverwaltungen: Bei Bahn, Post, Kasernen, Gefängnissen haben die fiskalischen „Hilfsgeschäfte" die Bedeutung erhebl. Wirtschaftsfaktoren, die unmittelbar in den Ablauf des allg. Wirtschaftslebens einwirken. Nicht nur staatl. Abgaben, sondern auch staatl. Aufträge haben also unmittelbar wirtschafts- und damit sozialgestaltende Kraft. Das gilt bes. für den Bau von Kanälen, Wegen, Autobahnen, Eisenbahnen, die zugleich die Siedlungs- und Wirtschaftsräume verändern. Hiervon, vor allem aber von Rüstungsaufträgen können ganze Industrien beeinflußt werden. Die jur. Begriffe „Eingriffs-" und „Leistungsverwaltung" erfassen also nur einen Teilaspekt und verdecken damit eher die bedeutende sozialgestaltende Wirkung, die gewissermaßen nebenbei von diesen Verwaltungen ausgeht. Beide Begriffe sind vollends ungeeignet, wenn der S. bedeutende Unternehmen in eigener Regie betreibt. Schon bei den Herstellungs- und Leistungsmonopolen kommt es hierfür nicht nur auf die „Ausschließung" der Bürger und damit auf den staatl. „Eingriff" an, sondern auch auf die sozialen Auswirkungen ihrer Tarife und Preise; aber auch einzelne staatl. Unternehmen, die in der freien Konkurrenz stehen, können benutzt werden, um Einfluß auf Preise und Arbeitsbedingungen auszuüben, so wie früher der Holzeinschlag der staatl. Forsten den Preis des damals vielfältig wichtigen Rohstoffs Holz beeinflußte. Auch die staatl. Geldpolitik und damit die allg. Lebenshaltung wird auf solche indirekte Weise gesteuert. Das gesamte Wirtschaftsleben beruht auf Geld- und Kreditpolitik, die von den Notenbanken usw. großenteils mit Mitteln „privater" Geschäftstätigkeit betrieben wird. Staatl. Anleihen beeinflussen unmittelbar den Geldmarkt; Börsenkurse werden durch „Offen-Markt-Politik" gesteuert; die Träger der Sozialversicherung und anderer staatl. Versicherungen treiben eine umfangreiche Anlagepolitik. Dies und vieles andere mehr gehört ebenfalls zur staatl. Verwaltung und kennzeichnet deren sozialgestaltende Funktion, die in den juristischen Begriffen regelmäßig nicht miterfaßt wird.

Max Weber hat eine Entwicklung der Verwaltung zur Apparathaftigkeit festgestellt, die er auf die Bedürfnisse der Regulierung der modernen Gesellschaft durch den S. zurückführt. Unter Zunahme der sächl. Verwaltungsmittel in der Hand des S. wird ein berufsmäßiger Verwaltungsstab ausgebildet, der – anders als die alte „Honoratiorenverwaltung" – durch Rationalität und Effektivität ausgezeichnet ist. Die Verwaltung wird äußerlich durchorganisiert nach Kompetenzen, Behörden, Ämtern, Verwaltungsbezirken. Sie wird ausgeübt durch den nach festen staatl. Richtlinien ausgebildeten Fachmann (→Bürokratie). Es zeigt sich aber, daß der Fachmann zu den eigentlich politischen Entscheidungen nicht befähigt ist und seine Ziele von anderer Seite erhalten muß, für die er nur die geeigneten technischen Mittel einzusetzen weiß. Überträgt man der „bürokratischen" Verwaltung auch die Setzung der Ziele, so erreicht man nicht den damit oft erstrebten Zweck einer „Entpolitisierung". Die „Bürokratie" setzt sich dann ihre Gestaltungsziele selbst. Geschieht dies auf Grund bewußter oder unbewußter politischer Auffassungen, so wird Entpolitisierung nicht erreicht, sondern tritt nur eine sogar unkontrollierte Politisierung ein, weil „Fachleute" das Vakuum mit Vorstellungen ausfüllen, für die sie gerade nicht Fachleute sind. Geschieht dies aber nicht, so fehlt die politische Entscheidung überhaupt, erschöpft sich die Verwaltung in der Routinearbeit, tritt eine Stagnation der politischen Gestaltung ein, die in der modernen Gesellschaft gefährlich ist. Schaltet man die kontrollierte politische Entscheidung über die Zwecke der Verwaltung aus, so verkennt man also, daß die Rationalität der modernen Verwaltung auf die Technik der Wahl der geeigneten Mittel und ihrer effektiven Anwendung begrenzt ist. Damit zeigt sich, daß die eigene Struktur dieser Verwaltung den politischen Vorrang des Gesetzes und der politischen Leitung erfordert.

C. Die äußere Souveränität des Staates. 1. Die Konfrontation souveräner S.en. Die staatl. organisierten Gruppen leben in festen Siedlungsräumen, die – mit Ausnahme der Grenzen an der See – an das Siedlungsgebiet anderer Gruppen angrenzen. Der moderne S. lebt nicht nur „unter S.en", sondern als unmittelbarer Nachbar anderer S.en. Hier jedoch hat die Bezeichnung S. einen weiteren Sinn: Nicht überall leben die Gruppen in bürgerl. oder industrieller Gesellschaft, organisiert in der Weise des nach innen souveränen S. Deshalb muß hier die Bezeichnung S. auch andere politische Herrschaftsverbände umfassen, wenn sie nur ein bestimmtes Maß von „Unabhängigkeit" besitzen. Wenn also hier von anderen S.en die Rede ist, so bedeutet dies: unabhängige politische Herrschaftsverbände, die auch das →Völkerrecht so, wie sie sind, als S.en behandelt. Mit seiner äußeren Lage sind bereits wesentl. Bedingungen eines S. im Verhältnis zu anderen S.en gegeben: Die geographische Lage entscheidet weitgehend über das Klima, die Nahrungsbedingungen, die Bodenschätze, insbes. die Rohstofflage; die Verkehrsmöglichkeiten hängen ab von der Ausdehnung des Gebiets, der Existenz „natürlicher" Verkehrswege (Flüsse) oder Verkehrserleichterungen (Ebenen, Zugänge zum Meer). Damit sind nicht nur Bedingungen für die Innenpolitik, sondern auch für die Außenpolitik bestimmt: Hiervon hängt die Potenz eines S. unter anderen S.en ab, sein Potential an Menschen, Rohstoffen, seine wirtschaftl. Unabhängigkeit, seine militärische Gefährdung. Aber diese „Naturgegebenheiten" entscheiden nie allein über seine räuml. Ausdehnung und seine Potenz. Entscheidend ist immer, was die Menschen daraus machen. Wir finden beispielsweise, daß Gebirgskomplexe an beiden Seiten von einer im wesentl. ethnisch einheitl. Bevölkerung bewohnt werden; das Bedürfnis der S.en nach klaren, haltbaren, leicht zu befestigenden, militärische Übergänge erschwerenden Grenzen führt aber dazu, daß sich die staatl. Grenzen von den ethnischen Grenzen lösen. Was man als „natürliche" Grenzen zu bezeichnen pflegt (Gebirgskämme, Flußläufe, Meere), sind dann gerade politisch gesetzte Grenzen. Generell beruhen die Grenzen der S.en also auf konkreten hist. Vorgängen, selbst auf dynastisch bestimmten Zufälligkeiten, wobei die „natürlichen" Grenzen nur zu den Bedingungen des politischen Verhaltens der Menschen gehört haben. Wenn souveräne Herrschaft ihren Herrschaftsbereich nach innen durchdringt, so bedeutet das zugleich, daß sie ihn gegen einen anderen, ähnlich organisierten, deutlich absetzt. Die „Gebietsherrschaft" ist in Wahrheit die Grundlage zur zentralen Organisation der Menschen dieses Gebietes. Der souveräne S. durchdringt deshalb seinen Herrschaftsbereich bis zur Grenze, ohne daß heute noch mit der Entfernung von der Herrschaftszentrale eine Verdünnung der Effektivität der Herrschaft eintritt. So führt die Nachbarschaft zur Konfrontation der S.en. Die Herausbildung der Souveränität nach innen trägt zu dieser Konfrontation nach außen ebensoviel bei wie äußere Konkurrenzlage zur Herausbildung der inneren Souveränität. Diese Konkurrenzlage zwingt dazu, mit dem Mittel der inneren Souveränität die Gruppe so zu durchdringen, daß sie als eine Handlungseinheit in der äußeren Konkurrenz wirksam wird. Der Prozeß der Konsolidierung nach innen korrespondiert dem Prozeß einer Konsolidierung nach außen. Dieser hist. Prozeß, der auch heute nicht abgeschlossen ist, ist gekennzeichnet durch Auseinandersetzungen und Kriege unter den S.en; Grenzen sind immer vorläufig, können stets dem Versuch einer Korrektur des „status quo ante" durch einen der beteiligten S.en unterworfen werden. Je mehr sie aber akzeptiert werden, je fragwürdiger das Verhältnis von Einsatz und Erfolg bei Auseinandersetzungen wird, desto mehr hat sich die Konfrontationslage geändert. Die Kooperation der S.en über die Grenzen hinweg, die es in kleinen, nur als technisch oder lokal begrenzt angesehenen Angelegenheiten immer gegeben hat, greift auf Angelegenheiten der „großen Politik" über. Obwohl die Konkurrenz- und Konfrontationslage noch immer fortbesteht, scheint die künftige Entwicklung für eine solche Kooperation offener zu werden.

2. Machtpolitik und Friedenspolitik. Damit ist auch die äußere Souveränität eine tatsächl. Gegebenheit, mit ihr ihre spezifischen, in der bisherigen Entwicklung ausgebildeten Mittel: die Machtmittel (Armee), die mannigfachen Mittel der Wirtschaftspolitik usw., der bes. S.apparat der Außenpolitik u. a. m. Aber auch sie sind einer Wandlung, mindestens einer Wandlung der Bereitschaft zu ihrer Anwendung unterworfen. Erkennbar ist dies an den Anlässen und Zielen der Machtauseinandersetzungen sowie an solchen Vorgängen selbst: Frühere Kriege gingen um Land und Leute, um sie auszubeuten, eine unterworfene Bevölkerung tributpflichtig zu machen. Kriege um Kornkammern wurden abgelöst von Kriegen um Bodenschätze, günstigere Verkehrswege, Zugang zum Meer, d. h., um die eigenen Lebensbedingungen dort zu verbessern, wo sie eingeengt erschienen, wo das, was der NachbarS. besaß, diese Einengung beheben konnte. Auch wenn man dessen Potential nicht für sich erwerben konnte, war schon seine Schwächung ein Ziel, weil sie die eigene relative Potenz stärkte. Leitbild dieser Außenpolitik schien auch dem Betrachter der in sich geschlossene, in allen Lebensnotwendigkeiten autarke, nach außen seine Unabhängigkeit und Geltung betonende und erstrebende „MachtS." zu sein. Dieses Bild aber ist einseitig, gibt die geschichtl. Ereignisse nicht voll wieder, sondern nur die aus der Gesch. bekanntesten Vorgänge intensiver oder exzessiver Auseinandersetzung. Nur selten hat sich ein ausgesprochener MilitärS. ausschließl. auf eine äußere Konfrontationslage und ihre Lösung mit Mitteln der Macht einstellen können, noch seltener das auf die Dauer vermocht; denn das erforderte eine innere Organisation, die – entsprechend den gegebenen Bedürfnissen und Möglichkeiten – ausschließl. auf den Aufbau der eigenen Macht nach außen abgestellt war. Ebensowenig sinnvoll ist die These, letztlich dienten auch alle äußeren Auseinandersetzungen, selbst die Kriege, dem innerstaatl. Zweck, das soziale Leben der Gruppe auf- und auszubauen, dienten auch sie also nur den späteren Friedensaufgaben. „Machtpolitik" und „Friedenspolitik" können nicht abstrakt gegeneinander gestellt werden; beide bilden die Einheit der Außenpolitik und können selbst vom Historiker durch Untersuchung der konkreten Einzelfälle in ihrem Bedeutungsanteil nicht immer zuverlässig bestimmt werden; in extremen Fällen freilich überwiegt die eine oder andere deutlich; selbst militärische Bündnisse brauchen nicht der Vorbereitung von Kriegen, sondern können ihrer Vorbeugung und damit dem Frieden dienen.

Es kann nicht überraschen, daß das Mit-, Neben- und Gegeneinander der nach innen und außen souveränen S.en kein stabiles „S.ensystem" abgibt, weder ein faktisch-politisches noch ein völkerrechtl. Es gibt ledigl. einige typische Beziehungslagen zwischen S.en, die selbst dann, wenn sie in völkerrechtl. Verträgen ihren Niederschlag gefunden haben, nicht stabil zu sein, bei Änderung der „internationalen Lage" keine zuverlässig berechenbare Wirkung zu entfalten brauchen. Aber jeder S. ist an einer auch nur relativen Stabilisierung seiner Beziehungslagen zu anderen S.en interessiert. So grenzen große Mächte ihre „Interessensphären" durch nichtförml. oder förml. Abreden gegeneinander ab. Sie arrangieren sich dahin, daß jeder der Beteiligten bereit ist, alle eigenen Maßnahmen zu unterlassen, auch alle Maßnahmen seiner S.angehörigen zu unterbinden oder doch zu hemmen, die der andere Teil unter den gegebenen Verhältnissen als „Störung" seiner Interessen ansehen würde. Positives Zusammenwirken kommt auf zahlreichen Gebieten vor, kann in den verschiedensten Formen festgelegt werden. Von der bloßen Abstimmung des beiderseitigen Verhaltens, über eine rein fachtechnische Behandlung beiderseitiger Aufgaben, bis hin zu formellen völkerrechtl. Verträgen über eine umfassende Zusammenarbeit werden alle Gestaltungsmöglichkeiten benutzt, oft sogar unter mehreren Partnern. Schon hierbei kann sich das „natürl." Übergewicht, das ein Partner, vielleicht auch nur auf einem Gebiet, besitzt, nicht nur im Inhalt der vereinbarten Zusammenarbeit, sondern auch in ihrer Stabilität auswirken. Es können sich faktische Hegemonialverhältnisse (→Hegemonie) herausbilden und evtl. in völkerrechtl. Verträgen ihren Niederschlag finden, bes. auf den wichtigen Gebieten der Ökonomie und des Militärs. Ständige Einrichtungen für gemeinsame Aufgaben können in hegemonialen wie nichthegemonialen Verbindungen über technische Erleichterungen hinaus auch der Entstehung politischer Schwierigkeiten vorbeugen, entstandene beheben helfen. Doch wird i. d. R. keiner der beteiligten S.en gegen eigene wichtige Interessen handeln, wenn ihm nicht anderweitige Zugeständnisse gemacht werden, der Druck einer Hegemonialmacht oder andere Umstände ihn zwingen. Das Einstimmigkeitsprinzip entspricht der äußeren Souveränität der S.en als der Befugnis, über ihre eigenen Interessen selbst zu entscheiden. Kompromisse sind deshalb der gegebene Weg zur Lösung von Differenzen zwischen den Interessen der Partner, und zwar tendenziell auf der Basis des Minimums dessen, über das sie sich einigen können. Stabilisierungen, die schwere Konflikte überstehen, lassen sich auch so nicht leicht erreichen. Deshalb hat man in neuer Zeit „supranationale Organisationen" geschaffen, Institutionen der beteiligten S.en, die mit Zuständigkeiten für bestimmte Lebensgebiete, vor allem der Wirtschaft, und dabei mit eigener Entscheidungsgewalt ausgestattet sind, die die beteiligten S.en ihnen für sich und die ihrer Gewalt Unterworfenen eingeräumt haben. Man kann für sie die Gültigkeit des →Mehrheitsprinzips an Stelle des Einstimmigkeitsprinzips vereinbaren. Solange jedoch das Zentrum der Politik bei den beteiligten S.en bleibt, das „Wir-Gefühl" der staatl. organisierten Gruppen die S.organe gerade für die Interessen dieser Gruppe beansprucht, ihre Regierungen sich hierfür verantwortl. fühlen müssen, ist es schwer, einen Partner in einer Frage zu überstimmen, die er als vital für sich ansieht. Auch wenn solche Einrichtungen hinreichend funktionieren, so erwächst daraus zwar u. U. die Bereitschaft zu weiteren Versuchen ähnl. Art, doch nicht ohne weiteres ein neuer politischer Verband. Dies setzt mehr voraus: Die von ihm zu organisierende Gesamtgruppe müßte sich insgesamt als eine Einheit betrachten lernen („Wir-Gefühl"). In der Gesch. ist das auf Grund von Zusammengehörigkeiten der Sprache, Kultur, Religion oder Konfession, des „Volkstums" usw. oder auf Grund von Machtentscheidungen geschehen. Dafür, daß eher rationale Zweckmäßigkeitsüberzeugungen der Menschen ein „Wir-Gefühl" zugunsten einer erst zu schaffenden Gesamtgruppe begründet haben, gibt es bisher keine Erfahrung; auch Ergebnisse der Verhaltenspsychologie scheinen dem entgegenzustehen. Es würde voraussetzen, daß die bisher bestehenden Wir-Gefühle schwinden und daß neue, und zwar auf neue, weniger emotionale als rationale Art begründet werden. Emotionen aber und nicht ratio waren bisher die entscheidenden Grundlagen des Wir-Gefühls der staatl. organisierten Großgruppen. Hingegen genügen für losere „Unionen", auch für „Staatenbünde" (→Staatenverbindung) lockerere Zusammengehörigkeitsgefühle. Hierbei bleibt die Souveränität der beteiligten S.en erhalten, begrenzt nur durch die eingegangenen Vereinbarungen, während sie im →Bundesstaat in dessen Souveränität untergeht. Jene Begrenzungen werden als mit der Souveränität sowohl politisch als auch rechtl. vereinbar angesehen, weil es der betreffende S. selbst ist, der sie auf sich nimmt, im übrigen aber Entscheidungszentrum über seine Angelegenheiten bleibt, einschließl. der Gestaltung des sozialen Lebens in seinem Innern, also der inneren Souveränität. Eine relative Stabilität der außenpolitischen Lage kann erstrebt werden von einer prinzipiellen Politik des Ausgleichs oder der „Koexistenz", dies bes., wenn Auseinandersetzungen zwischen annähernd gleich potenten Mächten ungeeignet erscheinen, eine stabilisierbare Entscheidung zugunsten der einen herbeizuführen. Gleichgewichtspolitik kann einer außenstehenden Macht erwünscht sein, um zu verhüten, daß einer von zwei Rivalen übermächtig werde, gar den anderen von sich abhängig mache und dann die außenstehende Macht selbst erst bedrohe. Es kann leichter sein, in der Außenpolitik mit mehreren kleineren S.en rechnen zu müssen – freilich auch umgekehrt, falls hierdurch ein „Unruheherd" entsteht. Die neueren S.enblöcke mit ihrer relativ einheitl. Politik sind Hegemonialverhältnisse bes. Art. Sie bestätigen, daß innerhalb eines Hegemonialverhältnisses praktisch die äußerste Form einer Auseinandersetzung, der Krieg, ausgeschlossen ist, daß aber durch sie nur eine relative Stabilität erreicht werden kann. Sie werden dazu benutzt, die jeweilige Führungsmacht in der Auseinandersetzung mit der anderen zu verstärken; aber dadurch entstehen neue Probleme. Es kann sich dadurch, daß nunmehr große Blöcke einander gegenüberstehen, die Lage wiederholen, die ursprüngl. nur zwischen den Führungsmächten der Hegemonialblöcke bestand, nun aber mit größerem Potential und größeren Risiken, freilich auch mit der Möglichkeit eines umfassenden Ausgleichs, falls die Hegemonialmächte das Risiko einer weltweiten kriegerischen Auseinandersetzung scheuen. S.en haben auch Neutralitätspolitik betrieben und versucht, sich aus den Differenzen anderer Mächte herauszuhalten, was allerdings nur unter bes. Bedingungen gelang. Eine „Neutralisierung" kann aber auch von dritten S.en durchgesetzt werden, wenn diese daran interessiert sind, einander oder einen weiteren S. von Einfluß auf das zu neutralisierende Land auszuschließen (→Neutralität; →Neutralismus).

Die Analyse der vergangenen Entwicklung und der heutigen Lage zeigt ein außerordentlich kompliziertes Geflecht von realen Beziehungen zwischen den S.en. Wir haben es mit konkreten geschichtl. und vielfältig bedingten Lagen zwischen konkreten Mächten zu tun. In dieser Lage sind nichtkalkulierbare Chancen, aber auch nichtkalkulierbare Risiken einer konkreten Außenpolitik beschlossen. Dieses Risiko unterscheidet sich grds. von dem Risiko der Ausübung der Souveränität nach innen; denn es sind unübersehbare, eigener Einwirkung nur in begrenztem Umfang unterliegende fremde Mächte, Interessen und Möglichkeiten im Spiel. Hierzu gehören Entwicklungen der Waffentechnik, der Ausbildung des wirtschaftl. Potentials, des Wiederaufstiegs besiegter Mächte. Durch die Industrialisierung werden Wandlungen im Innern eines S. zu einem neuen Faktor seiner eigenen Außenpolitik und der seiner Rivalen, wie sie in der Problematik von „Revolutions-" und „Interventionskriegen" sichtbar ist; dies um so mehr, als seit der Entwicklung von Nachrichten-, Verkehrs- und Waffentechnik die Erde kleiner geworden ist. Aber auch Stabilität im Innern eines S. bis hin zu konsolidierten, nicht leicht irritierbaren politischen Überzeugungen in der Gruppe gehört zu den Faktoren, die für die Außenpolitik wichtig sein können.

Während die Probleme der Machtpolitik vor allem dank der Arbeit der Historiker für die Vergangenheit, dank der Arbeit von Wissenschaftlern für politische Führungsstäbe auch für die Gegenwart und Zukunft weitgehend erforscht werden, gehört „Friedensforschung" erst neuerdings und nur in wenigen Ländern zu den Gegenständen methodischer wissenschaftl. Bemühung.

3. Rechtliche Ordnung der zwischenstaatlichen Verhältnisse. Von den inneren Ordnungsbedürfnissen eines S. aus gesehen sind nicht erst bes. Instabilitäten seiner äußeren Lage, sondern ist schon die Existenz anderer, seiner souveränen Einwirkung entzogener S.en ein Störungsfaktor. Daraus entspringen Tendenzen, eine bindende Ordnung für solche Probleme herzustellen, die dafür unter den gegebenen Verhältnissen zugängl. sind. Die S.en fanden auch innerhalb ihrer eigenen Rechtsordnung Wege, um der Existenz anderer S.en und deren Rechtsordnung Rechnung zu tragen. Auch ohne internationale Abmachungen unterstellen Verwaltungsbehörden und Gerichte nach den Regeln des „Internationalen Privatrechts" Ausländer dem Recht des HeimatS. Nicht zu Unrecht sprechen wir von „Kollisionsnormen", weil durch sie im Einzelfall die Konkurrenz von Herrschaftsansprüchen verhütet werden soll, und zwar bis zur Grenze des für den eigenen S. Erträglichen, seines „ordre public". Diese Möglichkeiten reichen aber nicht aus. Weil es an einer übergeordneten Koordinierungsinstanz fehlt, bleibt nur die Rechtsform des „Vertrages" (völkerrechtl. Vertragsordnung).

Wir finden seit jeher Verhandlungen zwischen Herrschaftsverbänden, um Spannungen auszugleichen, Konflikte zu vermeiden oder beizulegen, Wege zur Zusammenarbeit zu finden. Je mehr zwischenmenschl. Beziehungen über Grenzen hinweg entstehen, um so stärker wird das Bedürfnis nach einer Ordnung über diesen Rahmen hinaus. Die Völkerrechtsentwicklung ist dadurch gekennzeichnet, daß sozial und politisch erwünschte Verhältnisse zu Programmforderungen erhoben und als Rechtsgrundsätze immer mehr in das Denken der Juristen und der Politiker aufgenommen wurden. Das gilt von dem Prinzip der „Freiheit der Meere", der „Nichtintervention" eines S. in die inneren Angelegenheiten eines anderen, der inneren „Selbstbestimmung" jedes Volkes über seine eigenen Angelegenheiten. Man fand Wege zu Vereinbarungen sogar über Fragen, ja Grenzen der Kriegführung (→Kriegsrecht), der Respektierung neutraler S.en und neutraler Einrichtungen (→Rotes Kreuz) usw. Die Rechtsordnung vieler S.en wird heute unmittelbar oder mittelbar gestaltet nach dem Inhalt zahlreicher völkerrechtl. Verträge (Konventionen über den Post- und Fernmeldeverkehr, Patentrecht, Doppelbesteuerung, Anerkennung von Urteilen, über Schutz von Menschenrechten und selbst Vereinbarungen über die Unterwerfung unter →internationale Gerichtsbarkeit). Die wechselseitigen Abhängigkeiten der S.en auf der Erde (Weltverkehr), also bedeutende Interessen, haben diese Entwicklung auf vielen Gebieten gefördert, ohne bisher die grds. Labilität der außenpolitischen Beziehungen beseitigen zu können.

4. Innenpolitik und Außenpolitik. Die gebräuchliche Unterscheidung zwischen Innenpolitik und Außenpolitik geht von der Frage aus, wer der Adressat konkreter politischer Maßnahmen ist. Sie trifft insofern zu, als ihr die realen Unterschiede zwischen der Ausübung der Souveränität nach innen und außen zugrunde liegen. Beides bildet aber die Einheit der Politik eines Landes, Innenpolitik ist vielseitig abhängig von Außenpolitik und umgekehrt. Diese Abhängigkeiten entziehen sich einer allg. theoretischen Fixierung, sie bestimmen sich nach der Lage, den Möglichkeiten, den Absichten und den Präferenzen. Wenn CLAUSEWITZ den Krieg als „eine bloße Fortsetzung der Politik mit anderen Mitteln" betrachtet hat, so hat er den General vom Politiker abhängig gemacht, der nie nur ein reiner Außenpolitiker sein kann. Wenn heute unter Einsatz der modernsten elektronischen Datenverarbeitung akute außenpolitische Lagen und Möglichkeiten geprüft werden, so umfaßt die Programmierung selbstverständl. auch die innenpolitischen Gegebenheiten und Kräfte. Wenn freilich RANKE das Wort vom „Primat der Außenpolitik" geprägt hat und dieses in Dtschld. fast zum politischen Dogma geworden ist, so lag das an der konkreten außenpolitischen Situation, in der sich vor allem das neu gegründete →Deutsche Reich sah. Heute droht unter dem Eindruck der modernen Vernichtungswaffen eine weitgehende Ausrichtung der Innenpolitik auf die Außenpolitik. Aber auch dies bleibt eine vordergründige Betrachtung; denn diese außenpolitische Lage resultiert daraus, daß das Ziel dieser Verteidigungsbereitschaft die Aufrechterhaltung der inneren Verhältnisse und Ordnung ist. Ob und welche innen- oder außenpolitischen Maßnahmen jeweils vordringlich („Primat") sind, muß immer von neuem geprüft und entschieden werden, und zwar aus einer einheitl. Gesamtpolitik. Auch bei einer revolutionären Außenpolitik und der ihr entgegengesetzten Interventionspolitik gehen außen- und innenpolitische Zielsetzungen und Maßnahmen fast untrennbar durcheinander, bilden aber eine Einheit der beiderseitigen konkreten Gesamtpolitik. Die These vom Primat der Außenpolitik kann dazu dienen, eine „Geheimdiplomatie" zu fördern und damit sogar innenpolitische Maßnahmen einer Regierung oder militärischen Spitze einer wirksamen Kontrolle zu entziehen. Daß sie andererseits notwendig ist, um dem angenommenen Gegner Informationen zu entziehen, ja um überhaupt Verhandlungen über schwierige außenpolitische Probleme möglich zu machen, hat zu dem Versuch geführt, mindestens die verantwortl. Führer der Parteien so genau einzuweihen, daß sie gewiß sein können, mit ihrer Zustimmung werde kein Mißbrauch getrieben. So kann man versuchen, innenpolitische Gefahren, die aus Notwendigkeiten der Außenpolitik resultieren, zu vermeiden.

Allenthalben zeigt sich, daß Außen- und Innenpolitik interdependent sind. Sie sind nicht mehr als zwei verschiedene Richtungen, in denen die einheitl. Gesamtpolitik sich bewegen muß und für die es verschiedene Hauptbedingungen und hauptsächl. Mittel gibt; immer aber muß die Politik in der einen Richtung – bei den dort gegebenen Bedingungen und Mitteln – der Politik in der anderen Richtung korrespondieren. Der souveräne S. und seine Politik sind eine Einheit nach innen und außen.

D. Die Übernahme des Modells S. auf andere Herrschaftsverbände. Wir haben bisher ein Modell an Hand von Ländern entwickelt, die den S. zunächst im Zusammenhang mit dem Durchbruch der bürgerl. Gesellschaft instituiert haben. Von diesen war ein geschichtl. Vorbild gegeben, das für die Organisation anderer politischer Herrschaften benutzt werden konnte. Es handelt sich um ein Auffangen oder eine Vorwegnahme, in anderen Fällen um eine Vermeidung oder Bekämpfung der Ausbildung einer pluralistischen, bürgerl.-kapitalistischen Gesellschaft, jedenfalls aber um eine Steuerung der sozialen Entwicklung mit Hilfe der geradezu instrumental aufgefaßten und benutzten Institution „S.". Von der bisher beschriebenen Institution wurde die zentrale politische Gewalt mit ihrer Souveränität übernommen, wurde deren Ausübung durch einen spezifischen Apparat, soweit möglich, nach dem gleichen Vorbild organisiert; doch konnte es nicht ein Bürgertum selbst sein, das sich in dieser Weise seinen S. schuf, sondern nur ein spezieller Herrschaftsträger (ein mit den erforderl. Machtmitteln ausgestatteter Diktator, eine andere Führungselite, eine Partei usw.). Es erübrigt sich, der Entwicklung im einzelnen nachzugehen; schon in Mitteleuropa, also in den bisher bereits behandelten Ländern, sind teilweise bürgerl. Revolutionsversuche an der Macht der Monarchen gescheitert, haben aber zu einer Instituierung des S. nach dem bisher gezeichneten Modell unter weitgehenden Kompromissen mit der monarchischen Macht in „konstitutionellen Monarchien" geführt. Schon hier wurde also die Institution S., die in diesen Ländern nicht originär aus dem sozialen Durchbruch der bürgerl. Gesellschaft herauswachsen konnte, in einem eher technisch-organisatorischen, also instrumentalen Sinn nachgebildet, um jene Entwicklung aufzufangen. Ähnl. Vorgänge haben sich anderwärts wiederholt, so in Ost- und Südosteuropa, Südamerika usw. Das deutlichste Beispiel ist Japan, wo mit Hilfe einer modern organisierten „S.gewalt" alsbald die Industrialisierung des Landes begann; eine Führungselite des Landes hat ein vorgegebenes Modell aus dem Auslande importiert, der eigenen geschichtl. Entwicklung übergestülpt und mit Hilfe der nach dem Modell realisierten Souveränität die Industrialisierung des Landes organisatorisch möglich gemacht und weitgehend durchgesetzt. Auch in der Türkei wurde in grds. ähnl. Weise mit Hilfe der „S.gewalt" eine „Modernisierung des gesellschaftl. Lebens" betrieben. Das Zarenreich hat versucht, mit einem Spätabsolutismus die Industrialisierung des Landes zu verbinden. Als dieser Absolutismus am und im Ersten Weltkrieg revolutionär zusammenbrach, hat die kommunistische Partei als „führende Kraft" mit Hilfe der dem Modell entnommenen „S.gewalt" die Industrialisierung durchgesetzt und eine Gesellschaft begründet, die aus hist. Gründen keine pluralistische, bürgerl.-kapitalistische, sondern eine sozialistisch-kommunistische ist. Wenn sich an der Sowjetunion die Abweichungen in der Organisation der politischen Herrschaftsgewalt und in der Struktur der Gesellschaft von Mittel- und Westeuropa bes. abzeichnen, so tritt der „Modellcharakter" des Typus S. nur um so deutlicher hervor. In der Lehre des →Marxismus-Leninismus, die die praktische Politik theoretisch interpretiert und klärt, wird die bes. Rolle des S. zunächst in der Periode der „Diktatur des Proletariats", dann beim Aufbau des Sozialismus und Kommunismus ausdrückl. hervorgehoben. In die dringend benötigte fundierte Untersuchung der kommunistischen Lehre vom späteren „Absterben" des S. kann an dieser Stelle nicht eingetreten werden. Den extremen Fall eines instrumentalen Gebrauchs des Modells „S." zeigen die sog. →Entwicklungsländer. Ihre Bevölkerung lebt z. T. in primitivem Ackerbau, als Viehzüchter, noch in Stammesverbänden geordnet. Die Bevölkerungen dieser Länder stehen vor einer geradezu paradoxen Situation: Aus der Kolonialzeit sind Gebiete und Bevölkerungen verblieben, die nur von der Kolonialmacht selbst herrschaftl. vereint und durchdrungen waren. Für eine entsprechende Organisation aus eigener Kraft fehlt vieles, oft ist schon die Zahl der politisch führenden „Köpfe" äußerst klein, i. d. R. fehlt es an jedem Herrschaftsapparat und Verwaltungsstab, an den sächl. Verwaltungsmitteln, an den Verkehrsmöglichkeiten, die eine zentrale Organisation solcher Gebiete und Bevölkerungen erfordert; es fehlt ein Wir-Gefühl der Gesamtgruppe; im Gegenteil bestehen zahlreiche, traditional und in den realen Lebensverhältnissen tief fundierte, z. T. sakralisierte Wir-Gefühle in engeren Verbänden; es fehlen Einheit der Sprache, Ausbildung und rationales Denken. Die einzige Möglichkeit, diese Gebiete und Bevölkerungen dennoch zentral zu organisieren, bietet die instrumentale Übernahme des Modells S., angepaßt an diese extremen Besonderheiten, für die doch alle Grundlagen zu fehlen scheinen. Sofern sie ihre eigene Selbständigkeit aufrechterhalten wollen, sind sie zur Übernahme derjenigen effektiven Organisation gezwungen, als die sich der S. erwiesen hat. Ihre spezifische Verflochtenheit in den Weltmarkt, ihre Angewiesenheit auf den Absatz ihrer Rohprodukte in den industriellen Gesellschaften, auf den Erwerb industrieller Ausstattungen in diesen Ländern und vieles andere mehr verstärken das Bedürfnis nach zentraler Organisation, die allein diesen Prozeß der Industrialisierung betreiben kann. Als Alternative stünde kaum anderes als der Anschluß an ausländische S.en oder bedeutende Wirtschaftsunternehmungen zur Wahl – Maßnahmen, die an der revolutionären Auflehnung der Bevölkerung gegen alles, was nach Kolonialherrschaft aussieht, scheitern würden. Was in Europa ein über Jahrhunderte sich erstreckender originärer Vorgang war, was in anderen Ländern bei Übernahme des Modells durch eine schon existente Zentralgewalt unter günstigeren Bedingungen Jahrzehnte brauchte, müßte in den Entwicklungsländern auf wenige Jahre zusammengepreßt werden. Es ist erkennbar, daß dies nur unter schweren Kämpfen erreicht werden kann.

IV. Moderne Theorien vom S. Das Zusammenleben von Menschen, die Ausübung politischer Herrschaft und der S. sind so bedeutende Realitäten, daß die Menschen sich mit ihnen unter vielfältigen Aspekten beschäftigt haben. Soweit in Theol., Philosophie, Ethik ganze Gedankensysteme aufgestellt wurden, mußten sie sich auch mit dem S. beschäftigen. Historiker, Juristen, Wirtschaftswissenschaftler usw. haben sich unter anderen Gesichtspunkten mit dem S. zu befassen. So kommen je nach dem Ausgangspunkt und der Denkrichtung wichtige Seiten des S. ins Blickfeld, entsteht jedoch keine umfassende und konsistente S.theorie. In einer solchen muß nicht nur die ganze Wirklichkeit des S. Platz finden können, sondern auch das S.denken. Dazu ist heute ein soziologisches Vorgehen notwendig, bei dem allerdings nicht übersehen werden darf, daß die „menschl. Natur" darin besteht, daß der Mensch sich in seiner Kultur selbst ausformt. Hier können nur begrenzte Hinweise gegeben werden; über die S.theorie des Marxismus-Leninismus →Marxismus.

Eine Übersicht über die heute wichtigen S.theorien kann nur von Georg Jellinek ausgehen. Die sachl. Voraussetzungen seiner bedeutenden Leistungen waren die Erkenntniskritik des südwestdt. Neukantianismus, die neuere Geschichts- und Wirtschaftwissenschaft, vor allem die entstehende moderne Soziologie (Max Weber), endlich eine ausgearbeitete Theorie des jur. *Positivismus*. Er ging davon aus, daß der S. vor allem von zwei Seiten zu betrachten sei, einmal als gesellschaftl. Gebilde, also eine Seins-Tatsache: *sozialwissenschaftl.*, zum andern als eine rechtl. Institution: *rechtswissenschaftl.* So kommt er entsprechend der neukantianischen Unterscheidung von Sein und Sollen zu einer *dualistischen S.theorie.* Er gibt infolgedessen zwei Definitionen vom S., eine sozialwissenschaftl. und eine rechtswissenschaftl. Nach der ersten ist der S. „die mit ursprüngl. Herrschermacht ausgerüstete Verbandseinheit seßhafter Menschen", nach der anderen „die mit ursprüngl. Herrschermacht ausgerüstete Körperschaft eines seßhaften Volkes" („Gebietskörperschaft"). Ein Vergleich zeigt, daß in die sozialwissenschaftl. Definition des S. bereits durch die Bezugnahme auf die „Herrschermacht" ein Sollensfaktor aufgenommen ist und daß die rechtswissenschaftl. Definition diese Herrschermacht nur noch mit dem im Rahmen der dt. Rechtsordnung zutreffenden Wort „Körperschaft", genauer „Gebietskörperschaft" versieht. Das zeigt: Georg Jellinek stellt den S. in Wahrheit dar als ein gesellschaftl. Gebilde, also eine Seins-Tatsache, zu dessen Sein jedoch gehört, daß es Herrschermacht besitzt, also Sollen gebietet – nur daß dieses Sollen in der vermeintlich bis in ihre Fundamente selbständig danebenstehenden rechtswissenschaftl. Theorie vom S. des näheren ausgeführt wird. Durch Jellinek hat die sozialwissenschaftl. Behandlung des S. eine bedeutende Förderung erfahren, bes. deshalb, weil diese von einem führenden Juristen verfochten wurde. Daß hierzu die nicht nur sachl., sondern auch persönl. Berührung mit Max Weber beigetragen hat, wird man annehmen dürfen.

Mit seinem sozialwissenschaftl. Realismus führte Jellinek auch über Ansätze hinaus, die von einem gleichfalls realistischen Standpunkte zu mehr oder minder „organischen" Vorstellungen vom S. gekommen waren. Die Auffassung, der S. sei ein Organismus, gewissermaßen ein „Übermensch", geht unmittelbar zurück auf die Romantik. Unsere Sprache, die den S. wie ein denkendes, wollendes und tätiges Subjekt behandelt, liefert den Ansatz dazu. Bilder wie die vom „S.willen", seinen „Gliedern", „Organen", seinem „Oberhaupt" und der „S.enfamilie" verführen zu Analogien, die den „Staat" verabsolutieren gegenüber den Menschen und ihren Problemen, ihre Reibungen und Konflikte verdecken und damit Erkenntnis mehr hindern als fördern, ja „Verhüllungsideologie" werden. So ist schon für Bluntschli der S. eine „Gesamtheit von Menschen, in der Form von Regierung und Regierten auf einem bestimmten Gebiete verbunden zu einer sittl.-organischen, männlichen Persönlichkeit". In der Genossenschaftstheorie Gierkes wird der S. als „reale Verbandspersönlichkeit" aufgefaßt, und für Rudolf Kjellén, einen der Väter der Geopolitik, sind S.en gar „ursprüngl. Organismen im biologischen Sinn". Der Informationsgehalt des Bildes vom S. als Organismus ist gering. Gegenüber eher naiv-realistischen Auffassungen vertritt Othmar Spann eine idealistische Variante der Organismustheorie. Er sieht die modernen gesellschaftl. Konflikte und hält ihnen das Bild eines „wahren S." gegenüber, der berufsständisch organisiert sein soll. Die Gesellschaft sei geistiger als ein „Organismus", sei ein „Überorganismus", sie müsse um der Menschen willen selbst vollkommen sein. Durch Berufsstände könne sie „in Unterganzheiten organisch gegliedert", könne sie „vollkommene Gesellschaft" sein.

Eine andere Stufe erreicht der Realismus unter dem Einfluß von Soziologie, wie bei Jellinek so bei Ludwig Gumplowicz, Franz Oppenheimer und Alexander Rüstow. Sie lehnen jeden biologischen Ausgangspunkt oder Vergleich ab und suchen zentrale Erkenntnis des S. aus der Art seiner Entstehung und Entwicklung zu gewinnen. Die „Überlagerung" wird als der entscheidende Faktor angesehen, d. h. die Besiegung einer Gruppe durch eine andere und die darauf folgende Zwangsherrschaft der Eroberer über die Urbevölkerung. Gumplowicz hält die Ungleichheit der Menschen und damit das Phänomen Herrschaft für ein „ewiges Element". Oppenheimer nimmt eine Tendenz zur Entwicklung eines herrschaftsfreien, genossenschaftl. Zusammenlebens an. Rüstow hingegen sieht eine Fortentwicklung der früheren Überlagerung in den modernen sozialen Differenzierungen, vor allem in den Vorstellungen von sozialem Status und Prestige, in Asozialitäten, die unser Zusammenleben außerhalb des Kreises der sog. „Asozialen" weitgehend bestimmen. Hier führt die Überlagerungstheorie zu einer bemerkenswerten Sozialphilosophie.

Ausgesprochen empiristische Theorien wurden vor allem von der sog. Uppsala-Schule entwickelt (Axel Hägerström, Vilhelm Lundstedt, Karl Olivecrona). S. und Recht werden als Fakten betrachtet: Für Olivecrona gibt es kein „Sollen", sind nur Aussagen darüber möglich, was innerhalb einer staatl. organisierten Gruppe faktisch geschieht. Das sind die Reaktionen von Menschen auf das Verhalten anderer Menschen. Solche Reaktionen sind auch die der „S.organe". Auf diese Weise wird der Akzent auf die staatl. Sanktionen und damit auf die Monopolisierung der Gewalt beim S. gelegt. In dieser völligen Ablehnung normativer Aspekte steht der Uppsala-Schule die „physikalistische Soziologie" Otto Neuraths nahe, für den der S. „eine Zusammenballung von Menschen, Straßen, Häusern, Gefängnissen, Gewehren, Fabriken usw." ist. Hiervon weicht die rechtssoziologische S.lehre Léon Duguits nicht grds. ab, dem der S. einfach das Individuum oder die Gruppe von Individuen bedeutet, die im Besitz der Macht sind. Doch im Gegensatz zu der Uppsala-Schule, die den S. in der Industriegesellschaft für unerläßl. hält, vertritt DUGUIT eine syndikalistische Auffassung; er meint, der souveräne S. sei im Absterben begriffen. Auf Grund sozialwissenschaftl. Analyse kommen die sog. „Pluralisten", deren wichtigste die beiden Enländer HAROLD LASKI und G. D. H. COLE sind, zu der Feststellung, daß der S. nur einer von vielen Verbänden sei, in denen die Menschen stehen. Diese folgten also vielerlei Bindungen, und es ließe sich nicht behaupten, daß die Bindung gegenüber dem S. der gegenüber den anderen Verbänden immer vorgehe, noch weniger erklären, weshalb das so sei, außer dank der staatl. Gewalt oder der Überzeugungskraft der staatl. gesetzten Ordnung. Hier wird also die Maßgeblichkeit der Funktion des S. bei der Ordnung des sozialen Lebens bestritten, dieses Leben selbst letztlich zurückgeführt auf die Akzeptierung einer ergänzenden Funktion des S. bei der Setzung von Verhaltensnormen, ohne daß aber ein Vorrang der staatl. Setzungen im einzelnen und prinzipiell ein Vorrang der S.funktion gegenüber der der anderen Verbände festzustellen sei. Hier offenbart sich eine Verbindung zu Genossenschaftstheorien in moderner Form.

Die →Integrationslehre vom S. geht zurück auf RUDOLF SMEND; doch haben wir heute geradezu Integrationsmodellvorstellungen von der Gesamtgesellschaft. SMEND führt den S. zurück auf eine Bejahung durch den S.bürger: „Der S. ist nur, weil und sofern er sich dauernd integriert, in und aus den einzelnen aufbaut – dieser dauernde Vorgang ist sein Wesen als geistig-soziale Wirklichkeit." Hier kommt es nicht darauf an, daß SMEND von den Vorbehalten ausging, die gegenüber der Weimarer demokratischen Republik von denjenigen gemacht wurden, für die das Dt. Reich nur als Monarchie und mit deren Symbolen und Machtstellung vorstellbar war; seine Lehre muß darüber hinaus und also grds. betrachtet werden. Dann erweist sich, daß die Integration für SMEND in einer geradezu ausschließl. geistigen Weise bewirkt wird, d. h. durch Ideen und Ideologien. War die Integrationslehre eine ausgesprochene Mängellehre, so wurden alle Probleme einer Sozialgestaltung zur Behebung selbst der bedeutendsten sozialen Konflikte im Inneren hier übersehen, damit aber die soziale Funktion des S. als Ordnungsfaktor des sozialen Lebens der Gruppe verkannt. Die sozial desintegrierende Bedeutung von Arbeitslosigkeit, Hunger und Furcht kaum ein Jahr später machte diese Einseitigkeit in der Durchführung des grds. fruchtbaren Ansatzes offenbar. Daß andere bedeutende staatl. Phänomene wie die Bedeutung des S.apparates und der staatl. Macht in dieser Lehre keinen Platz fanden, erklärt sich hingegen daraus, daß sie von vornherein mehr als den Hinweis auf eine allerdings zentrale Seite des S. nicht geben wollte.

CARL SCHMITT hat keine zusammenhängende S.theorie geschrieben. Aus seinem vielfältigen Werk kommt hier vor allem in Betracht, was sich mit dem „Begriff des Politischen" beschäftigt; denn damit wird der S. als der politische Verband behandelt. In der Diagnose der Industriegesellschaft stimmt CARL SCHMITT mit den Pluralisten weitgehend überein. Aber gerade diesen Zustand will er überwinden. So kommt er zu der Forderung nach dem starken, dem „totalen" S. Unter dem Eindruck der Krise, in der sich die Weimarer Republik befand, erschien ihm die Auflösung der politischen Einheit, die der Absolutismus begründet hatte, als Verfall, Liberalismus und Bürgerlichkeit als zersetzende Kräfte. So kam er zur Bejahung des S. als der politischen Einheit eines Volkes, die dessen Existenz (sein „So-Sein") nicht als ein „pluralistisches" hinzunehmen, sondern als ein einheitl. festzulegen, total durchzuformen und dann unter den anderen S.en zu behaupten und durchzusetzen habe. Diese Lehre von der durch Entscheidung und Zwang vom Inhaber der S.gewalt bestimmten und durchgesetzten sozialen Homogenität, einem gewillkürten „So-Sein", erkennt zwar das Souveränitätsproblem, führt aber dazu, daß die staatl. Souveränität innerhalb der Industriegesellschaft bis zum Maximum des unter extremen Bedingungen Möglichen beansprucht und gebraucht werden muß und soll, bis zur Diktatur. Eine solche S.gewalt hat dann auch souverän darüber zu entscheiden, in welchem anderen S. der Feind erblickt wird. Feindschaft liegt vor, wenn in der konkreten Existenz des anderen S. (seinem So-Sein) eine Negation der eigenen Existenz (des eigenen So-Seins) erblickt wird. Die Konsequenz ist der Krieg, dessen Ausgang logischerweise in der Aufhebung dieser Negation, d. h. in der Aufhebung des „So-Seins" eines der beiden S.en bestehen muß. Die normalen Funktionen des S. bei der Ausübung seiner inneren und äußeren Souveränität sind also in dieser Lehre zum äußersten denkbaren Extrem gesteigert, dahinter ist die Problematik des ständigen Prozesses der Ausübung der Souveränität nach innen und außen, des ständigen Prozesses der inneren und äußeren Politik unter den immer wechselnden Bedingungen ganz zurückgetreten.

Der in diesem Artikel vertretenen soziologischen Theorie vom S. steht die HERMANN HELLERS bes. nahe. Die von ihm geplante S.lehre ist jedoch durch seinen frühen Tod ein Torso geblieben. Für ihn ist der S. eine bes. hist. „Gestalt", und zwar i. S. der „Gestalttheorie", die er hier, kommend von WILHELM DILTHEY und MAX WEBER, zugrunde gelegt hat. Er wendet sich damit gegen „individualistische" und „organische" Verbandstheorien, auch gegen die Auflösung des S. in einen bloßen Prozeß der Integration, die darüber die Institutionen vernachlässigt. Seine Lehre richtet sich weiter gegen den Extremismus der Lehre CARL SCHMITTS und gegen ein rein normativ-jur. S.verständnis. Er sieht und begründet, daß, aus welchen Zusammenhängen und mit welchen Mitteln der S. die Gesellschaft zusammenhält und ordnet; aber er weiß auch, daß der moderne S. seinerseits von den in dieser Gesellschaft zusammenlebenden Menschen zusammengehalten wird. Deshalb kann für ihn S.theorie nur von einer umfassenden Analyse der gesellschaftl. Wirklichkeit ausgehen.

Diesem prinzipiellen Ansatz steht ebenso prinzipiell derjenige der S.theorie HANS KELSENs gegenüber. Er macht radikal Ernst mit der neukantianischen Trennung von Sein und Sollen. Für ihn sind alle für eine S.theorie relevanten sozialen Tatsachen bereits rechtl. bestimmt oder mitbestimmt. Das wird klar an dem bekannten und berechtigten Vorwurf gegen die „Drei-Elementen-Lehre" GEORG JELLINEKs, daß nämlich die drei Elemente des S.: S.volk, S.gebiet und S.gewalt überhaupt nur kraft jur. Bestimmung das seien, was sie sind, nicht eine Addition von Menschen, nicht ein beliebiges Gebiet, nicht eine beliebige Gewalt. Kein für die S.theorie relevantes Phänomen kann für sie relevant werden, soweit nicht die Rechtsordnung gebietet oder zuläßt, daß es dem S. zugerechnet werde; deshalb ist es für KELSEN die Rechtsordnung selbst, die den S. ausmacht, ist er mit ihr identisch.

Mit diesen Hinweisen ist bereits der Problemstand der heutigen S.theorie gekennzeichnet: Die Rechtstheorie KELSENs vom S. kann Phänomene der Macht, des sozialen Wandels, der Legitimität und selbst des Rechtszwangs nicht erklären, weil sie keine (nur) rechtsimmanenten Phänomene sind. Soweit es sich nicht um die rechtl. Erfassung und Zuordnung solcher Phänomene handelt – was in der Tat allein der Behandlung durch eine analytische Jurisprudenz im Sinne KELSENs zugänglich ist –, können nur die Methoden der empirischen Soziologie zur Klärung führen. Die Aufgabe der S.theorie besteht also darin, auf dem Weg fortzuschreiten, den in prinzipieller Weise GEORG JELLINEK begonnen, von den Späteren vor allem HERMANN HELLER fortgesetzt hat. Ohne Rückgriff auf moderne Forsch.methoden, auf allg. Theorien menschl. Verhaltens, bes. des sozialen Verhaltens, erst recht auf vergleichende Untersuchungen der politischen Herrschaftssysteme, ist dabei nicht mehr auszukommen. Bei der Bedeutung des Rechts für den S. und die Ausübung seiner Funktion muß eine solche S.theorie eine Theorie der sozialen Funktion des positiven Rechts umfassen, die auch eine rationale Rechtsdogmatik erklären und rechtfertigen könnte.

J. BODIN, Les six livres de la République (Paris 1576), 1961 – C. DE MONTESQUIEU, Vom Geist der G.e, 1951 (Orig. franz. De l'Esprit des Lois, Genf 1748) – S.lexikon, Encyklopädie der S.wissenschaften, K. W. V. ROTTECK, K. TH. WELCKER (Hg.), 15 Bde. 1834 ff.; 14 Bde. 1856 ff. – F. C. DAHLMANN, Die Politik auf den Grund und das Maß der gegebenen Zustände zurückgeführt, (1835) 1847² – E. ALBRECHT, Rezension über Maurenbrechers Grundsätze des heutigen Dt. S.rechts, (1837) 1962 – L. V. STEIN, Gesch. der sozialen Bewegung in Frankreich von 1789 bis auf unsere Tage, 3 Bde., (1842) 1959 – J. C. BLUNTSCHLI, Gesch. der neueren S.wissenschaft, Allg. S.recht und Politik, (1864) 1964 – Dt. S.-Wörterbuch, J. C. BLUNTSCHLI, K. BRATER (Hg.), 11 Bde., 1857 ff. – O. V. GIERKE, Das dt. Genossenschaftsrecht, 4 Bde., (1868 ff.) 1954 – L. GUMPLOWICZ, Die soziologische S.idee, (1892) Innsbruck 1902² – H. PREUSS, Gemeinde, S., Reich als Gebietskörperschaften, 1889 – G. JELLINEK, Allg. S.lehre, (1900, 1921³) 1960 – R. SCHMIDT, Allg. S.lehre, 1901 – A. MENGER, Neue S.lehre, (1903) 1930⁴ – E. ZWEIG, Die Lehre vom Pouvoir Constituant. Ein Beitrag zum S.recht der Franz. Revolution, 1909 – E. KAUFMANN, Das Wesen des Völkerrechts und die Clausula rebus sic stantibus, 1911 – L. DUGUIT, Traité de Droit Constitutionnel I. Théorie générale de l'Etat, Paris 1911 – E. LOENING, Art.: S., HdSt VII, 1911³ – H. KELSEN, Hauptprobleme der S.rechtslehre, 1911 – DERS., Allg. S.lehre, 1925 – DERS., General Theory of Law and State, Oxford 1945 – DERS., Reine Rechtslehre, (1934) 1960² – J. J. RUEDORFFER (Pseudonym für K. Riezler), Grundzüge der Weltpolitik in der Gegenwart, (1915) 1920² – R. KJELLÉN, Der S. als Lebensform, 1917 – W. I. LENIN, S. und Revolution. Die Lehre des Marxismus vom S. und die Aufgaben des Proletariats in der Revolution, in: Werke XXI 1931 (Orig. russ. Petrograd 1918) – G. D. H. COLE, Social Theory, New York (1920) 1921² – H. J. LASKI, The Foundation of Sovereignty and other Essays, New Haven (1921) 1931² – DERS., A Grammar of Politics, (1925) 1938⁴ – DERS., Einführung in S.recht und Politik, 1950 (Orig. engl. An Introduction to Politics, London 1931) – C. SCHMITT, Politische Theologie. Vier Kapitel zur Lehre von der Souveränität, (1922) 1934² – DERS., Verf.lehre, (1928) 1954² – DERS., Der Begriff des Politischen, (1932) 1963² – M. ADLER, Die S.auffassung des Marxismus. Ein Beitr. zur Unterscheidung von soziologischer und jur. Methode, (1922) 1962 – M. WEBER, Wirtschaft und Gesellschaft, (1922) 1956⁴ – H. E. BARNES, Soziologie und S.theorie, Innsbruck 1927 (Orig. engl. Sociology and Political Theory, 1924) – F. MEINECKE, Die Idee der S.räson in der neueren Gesch. (1924), Werke I, H. HERZFELD, C. HINRICHS, W. HOFER (Hg.), 1960² – H. FREYER, Der S., (1925) 1926² – R. THOMA, Art.: S., HdSt VII, 1926⁴ – A. HOLD-FERNECK, Der S. als Übermensch, 1926 – R. M. MACIVER, The Modern State, (Oxford 1925) London 1964² – DERS., Macht und Autorität, 1953 (Orig. engl. The Web of Government, New York 1947) – F. OPPENHEIMER, System der Soziologie II (Der S.), (1926) 1964 – R. H. LOWIE, The Origin of the State, New York (1927) 1962³ – DERS., Social Organisation, London (1948) 1950 – H. HELLER, Die Souveränität. Ein Beitr. zur Theorie des S.- und Völkerrechts, 1927 – DERS., Art.: S., Hdwb. der Soziologie, A. VIERKANDT (Hg.), 1931, 608–616 – DERS., Political Power, Encyclopaedia of the Social Sciences XII, 1934, 300–305 – DERS., S.lehre, hg. v. G. NIEMEYER, Leiden (1934) 1963² – R. SMEND, Verf. und Verf.recht (1928), in: Staatsrechtl. Abh., 1955, 119–276 – DERS., Integrationslehre, HdSW V, 1956, 299–302 – A. MENZEL, Beitr. zur Gesch. der S.lehre, Wien 1929 – G. SALOMON, Allg. S.lehre, 1931 – K. BEYERLE, PatrimonialS., in: StLexGG IV, 1931⁵ – G. H. SABINE, State, in: Encyclopaedia of the Social Sciences, 1934 – E. VOEGELIN, Rasse und S., 1933 – DERS., Die neue Wissenschaft von der Politik, 1959 (Orig. engl. New Science of Politics, Chicago 1952) – R. HORNEFFER, Die Entstehung des S.; Staatstheoretische Untersuchung, 1933 – E. FORSTHOFF, Der totale S., (1933) 1934² – F. W. JERUSALEM, Der S. Ein Beitr.

zur S.lehre, 1935 – T. W. ARNOLD, The Symbols of Government, New Haven 1935 – H. TRIEPEL, Die Hegemonie. Ein Buch von führenden S.en, (1938) 1959 – O. SPANN, Der wahre S.; Vorlesungen über Abbruch und Neubau der Gesellschaft, 1938 – O. BRUNNER, Land und Herrschaft, (Baden/Wien 1939) 1959[4] – DERS., Feudalismus. Ein Beitr. zur Begriffsgesch., in: Abh. der Akademie der Wissenschaften, Mainz, Geistes- und sozialwiss. Klasse, Jg. 1958, Nr. 10, 589 – 627, 1959 – K. OLIVECRONA, Gesetz und S., Copenhagen 1940 (Orig. engl. Law as Fact, Copenhagen und London 1939) – M. FORTES, E. E. EVANS-PRITCHARD (Hg.), African Political Systems, Oxford 1940 – H. MITTEIS, Der S. des hohen MA., Grundlinien einer vergleichenden Verf.gesch. des Lehnzeitalters, (1940) 1962[7] – W. F. CHURCH, Constitutional Thought in Sixteenth Century France, Cambridge/Mass. 1941 – H. KOHN, Die Idee des Nationalismus. Ursprung und Gesch. bis zur Franz. Revolution, 1962 (Orig. engl. Idea of Nationalism. A Study in its origins and background, London 1944) – F. ZNANIECKI, Social Organization and Institutions, in: Twentieth Century Sociology, G. GURVITCH, W. E. MOORE (Hg.), New York 1945 – H. NAWIASKY, Allg. S.lehre, 4 Bde., (1945 ff.) 1958 ff.[2] – W. KÄGI, Die Verf. als rechtl. Grundordnung des S. Untersuchungen über die Entwicklungstendenzen im modernen Verf.recht, Zürich 1945 – TH. GEIGER, Vorstudien zu einer Soziologie des Rechts, (Kopenhagen 1947) 1964[2] – H. J. MORGENTHAU, Macht und Frieden. Grundlegung einer Theorie der internationalen Politik, 1963 (Orig. engl. Politics among Nations, New York 1948) – E. KERN, Moderner S. und S.begriff. Eine Untersuchung über die Grundlagen und die Entwicklung des kontinentaleurop. S., 1949 – G. BURDEAU, Traité de science politique, 7 Bde., Paris (1949) 1957 – A. RÜSTOW, Ortsbestimmung der Gegenwart. Eine universalgeschichtl. Kulturkritik, I – III, Erlenbach/Zürich 1950 – 1963 – A. O. MEYER, Zur Gesch. des Wortes „Staat", in: Die Welt als Gesch. X (1950), 229 – 239 – A. VERDROSS, Völkerrecht, (1950) 1964[5] – H. D. LASSWELL, A. KAPLAN, Power and Society. A Framework for Political Inquiry, New Haven and London 1950 - D. B. TRUMAN, The Governmental Process, New York 1951 – T. PARSONS, The Social System, Glencoe 1951 – W. EBEL, Die Willkür. Eine Studie zu den Denkformen des älteren dt. Rechts, 1953 – C. J. FRIEDRICH, Der Verf.-S. der Neuzeit, 1953 – DERS., Man and His Government. An Empirical Theory of Politics, New York 1963 (Lit.) – T. D. WELDON, Kritik der politischen Sprache. Vom Sinn politischer Begriffe, 1962 (Orig. engl. The Vocabulary of Politics, Harmondsworth 1953) – M. GLUCKMANN, Political Institutions, in: The Institutions of Primitive Society, E. E. EVANS-PRITCHARD (Hg.), Glencoe 1954 – Der S., die S.gewalt, der S.apparat, in: Große Sowjet-Encyklopädie, 1954[3] (Orig. russ. Moskau XII, 1952) – E. A. HOEBEL, The Law of Primitive Man, Cambridge/Mass. 1954 – B. DE JOUVENEL, Über Souveränität. Auf der Suche nach dem Gemeinwohl, 1963 (Orig. franz. De la Souveraineté – A la Recherche du Bien Politique, Paris 1955) – A. J. BARNES, Politics in a Changing Society, Oxford 1955 – I. SCHAPERA, Government and Politics in Tribal Societies, London 1956 – Herrschaft und S. im MA., H. KÄMPF (Hg.), 1956 – R. BLÜHDORN, Internationale Beziehungen. Einführung in die Grundlagen der Außenpolitik, Wien 1956 – J. DABIN, Der S. oder Untersuchungen über das Politische, 1964 (Orig. franz. L'Etat ou le Politique, Essai de Définition, Paris 1957) – F. MORSTEIN MARX, Einführung in die Bürokratie. Eine vergleichende Untersuchung über das Beamtentum, 1959 (Orig. engl. The Administrative State, Chicago 1957) – K. A. WITTFOGEL, Die orientalische Despotie. Eine vergleichende Untersuchung totaler Macht, 1962 (Orig. engl. Oriental Despotism, Oxford 1957) – D. LERNER, The Passing of Traditional Society. Modernizing the Middle East, Glencoe 1958 – G. LEIBHOLZ, Strukturprobleme der modernen Demokratie, (1958) 1964[2] – S. N. EISENSTADT, The Comparative Analysis of Historical Political Systems, New York 1958 – DERS., Primitive Political Systems: A Preliminary Comparative Analysis, in: American Anthropologist 61 (1959) 200 ff. – DERS., The Political Systems of Empires, Glencoe 1963 (Lit.) – TH. SCHIEDER, S. und Gesellschaft im Wandel unserer Zeit, 1958 – J. MIDDLETON, D. TATT (Hg.), Tribes without Rulers, London 1958 – W. G. FRIEDMANN, Law in a Changing Society, London 1959 – K. LOEWENSTEIN, Verf.lehre, 1959 (Orig. engl. Political Power and the Governmental Process, Chicago 1957) – DERS., Beitr. zur S.soziologie, 1961 – P. BADURA, Die Methoden der neueren allg. S.lehre, 1959 – W. KORNHAUSER, The Politics of Mass Society, Glencoe 1959 – A. ALMOND, J. S. COLEMAN (Hg.), The Politics of the Developing Areas, Princeton 1959 – F. L. CARSTEN, Princes and Parliaments in Germany, Oxford 1959 – D. A. KERIMOV, S.lehre und Revisionismus. Die marxistisch-leninistische Lehre vom Wesen des S. und der moderne Revisionismus, 1959 – H. DANNENBAUER, Die Entstehung Europas. Von der Spätantike zum Ma., 2 Bde., 1959/62 – E. FISCHER-BALING, Theorie der auswärtigen Politik, 1960 – A. R. L. GURLAND, Wirtschaft und Gesellschaft im Übergang zum Zeitalter der Industrie, in: Propyläen-Weltgesch. VIII, G. MANN (Hg.), 1960[2] – S. M. LIPSET, Soziologie der Demokratie, 1962 (Orig. engl. Political Man. The Social Bases of Politics, New York 1960) – K. POLAK, Zur Dialektik in der S.lehre, (1959) 1963[3] – J. H. HERZ, Weltpolitik im Atomzeitalter, 1961 (Orig. engl. International Politics in the Atomic Age, New York 1959) – DERS. und G. M. CARTER, Regierungsformen des 20. Jh., 1964[3] (Orig. engl. Government and Politics in the Twentieth Century, London 1961) – S. L. WASHBURN (Hg.), Social Life of Early Man, New York 1961 – R. DAHRENDORF, Über den Ursprung der Ungleichheit unter den Menschen, 1961 – DERS., Gesellschaft und Freiheit. Zur soziologischen Analyse der Gegenwart, 1961 – M. G. LANGE, Politische Soziologie, 1961 – W. SUERBAUM, Vom antiken zum frühma. S.begriff, 1961 – F. HARTUNG, Staatsbildende Kräfte der Neuzeit. Gesammelte Aufsätze, 1961 – Corona Regni. Studien über die Krone als Symbol des S. im späteren MA., M. HELLMANN (Hg.), 1961 – O. HINTZE, Wesen und Verbreitung des Feudalismus, 1929, in: Gesammelte Abh. I, 1962[2], 84 – 119 – H. O. MEISNER, Verf., Verwaltung, Regierung in neuerer Zeit, 1962 – L. P. MAIR, Primitive Government, Harmondsworth 1962 – H. PETERS u. a., StLexGG VII 1962[6], 520 ff. – K. SONTHEIMER, Politische Wissenschaft und S.rechtslehre, 1963 – E. v. HIPPEL, Allg. S.lehre, 1963 - K. W. DEUTSCH, The Nerves of Government. Models of Political Communication and Control, Glencoe 1963 – W. CONZE, Die dt. Nation. Ergebnis der Gesch., 1963 – M. DRATH, Grund und Grenzen der Verbindlichkeit des Rechts. Prolegomena zur Untersuchung des Verhältnisses von Recht und Gerechtigkeit, 1963 – R. A. DAHL, Modern Political Analysis, Englewood Cliffs/N. J. 1963 – H. KRÜGER, Allg. S.lehre, (1964) 1966[2] (Lit.) – F. A. HERMENS, Verf.lehre, 1964 (Orig. engl. The Representative Republic, Notre Dame 1958) – E. LEMBERG, Nationalismus, 2 Bde., 1964 – W. WENGLER, Völkerrecht, 2 Bde., 1964 – B. AKZIN, Die Struktur von S. und Recht. Eine Analyse, in: Der Staat 3 (1964), 261 ff. (Orig. engl. Analysis of State and

Law Structure, in: Law State, and International Legal Order. Essays in Honor of Hans Kelsen, hg. v. S. ENGEL, R. A. MÉTALL, Knoxville 1964) – W. E. MÜHLMANN, Herrschaft und S. Eine Untersuchung der Überlagerungstheorie, in: Rassen, Ethnien, Kulturen, 1964, 248–320 – P. POST, Studies in Medieval Legal Thought. Studies in Public Law and the State, Princeton 1964 – G. WEISSER, Die zunehmende Organisierungsbedürftigkeit der Gesellschaft und ihre Probleme, in: Normen der Gesellschaft, Festg. für Nell-Breuning, 1965, 173–200 – H. HALBECO, L'Etat. Son autorité, son pouvoir, Paris 1965 (Lit.) – H. H. HOFMANN (Hg.), Die Entstehung des modernen souveränen S., 1967 (Lit.) – W. MAGER, Zur Entstehung des modernen S.begriffs, 1968 – P.-L. WEIHNACHT, S. Studien zur Bedeutungsgeschichte des Wortes von Anfängen bis ins 19. Jh., 1968 – R. ZIPPELIUS, Allg. Staatslehre, (1969) 1985[9] – W. D. NARR, F. NASCHOLD, Einführung in die moderne politische Theorie, 3 Bde., 1969 ff. – H. QUARITSCH, S. und Souveränität, Bd. 1, 1970 (Lit.) – F. ERMACORA, Allg. Staatslehre, 1970 – E. FORSTHOFF, Der S. der Industriegesellschaft, 1971 (mehr. Aufl.) – N. LUHMANN, Rechtssoziologie, (1972) 1983[2] – M. KRIELE, Einführung in die Staatslehre, (1975) 1981[2] – F. ERMACORA, Grundriß einer Allg. Staatslehre, 1979 – V. PETER, Der S. als politische Organisation der Gesellschaft, Festschr. f. Scupin, 1983.

Martin Drath †

Zweiter Teil. Theologisch.

I. Evangelisch. A. Lutherisch. 1. Reformatorische Lehre. *a) Voraussetzungen.* Das luth. S.verständnis ist grundlegend zu begreifen auf dem Hintergrund der altkirchl.-ma. Herrschaftslehre. Indem das Christentum in der ausgehenden Antike in die Funktion eines Garanten der Kultur- und Herrschaftsordnung eintritt, stellt sich die Frage nach dem Verhältnis der in der christl. Überlieferung verkündigten Herrschaft Gottes zu den politischen Ordnungen, die nur im weiteren Sinne mit dem S.begriff neuzeitlicher Prägung bezeichnet werden können. Dabei wird versucht, die von der antiken (insbesondere stoischen) Philosophie entwickelte Herrschaftslehre in den christl. Glauben zu integrieren. Gegenüber der harmonischen Reichstheol. des Ostens hat dabei AUGUSTIN, paulinische Gedanken aufnehmend, civitas terrena und civitas Dei einander gegenübergestellt. Die weltl. civitas entspricht dem Bedürfnis der menschl. Natur nach dem gemeinsamen Besten. Infolge der Sünde und der Verkehrung der Liebe in den amor sui aber vermag sie ihr Ziel nur fragmentarisch und durch äußeren Zwang zu erreichen. Allein die in der civitas Dei vermittelte Gnade gewährt die Hoffnung auf heilsame Ordnung. Von hier aus ist sowohl die Entwicklung der Lehre von der →Kirche als societas perfecta wie auch der Zuständigkeitsanspruch der Kirche für die rechte politische Ordnung zu verstehen (Zwei-Schwerter-Theorie).

b) Die luth. →Reformation sieht das Heilsgeschehen zentral als Rechtfertigung des Sünders aus dem Glauben an das Evangelium, aus dem die Gemeinschaft der Liebe entspringt. Dieser Heilsweg tritt in exklusiven Gegensatz zu dem Versuch, Heil in der Erfüllung des göttl. Gesetzes selbst zu suchen. Damit muß auch das Verhältnis von Gottesherrschaft durch Evangelium und Glauben einerseits und Gottesherrschaft durch Gesetz und äußere Ordnungen sich wandeln. Die Ordnung der Welt kann nicht darauf warten, daß der Mensch das Heil der Rechtfertigung empfängt. Um des äußeren Wohlergehens willen muß das Gesetz in politischen Ordnungen äußerlich durchgesetzt werden. Dadurch wird Heil nicht geschaffen, aber dem Chaos gewehrt und die Möglichkeit zur Verkündigung des Evangeliums und zum Heilsempfang aufrechterhalten. Um der Reinerhaltung des Heilsgeschehens willen müssen also die beiden Wirkungsweisen der Herrschaft Gottes als zwei Reiche oder Regimenter unterschieden werden (vgl. LUTHERS Schrift: Von weltl. Obrigkeit, 1523; CA XVI, CA XXVIII). Die weltl. Gewalt hält durch die Handhabung des Gesetzes die äußere Gerechtigkeit, die iustitia civilis unter den Menschen aufrecht, auch bei denen, die von der Predigt des Gesetzes nicht erreicht werden. Sie erzwingt die Anerkennung des Gesetzes und hat damit ein Amt von Gott. Sie steht im Dienst Gottes und führt das Schwert (Schwertamt). Ausgeübt wird sie von Menschen, die als Obrigkeit oder Oberpersonen bezeichnet werden. Gott regiert durch sie indirekt die Welt, wie er sie direkt durch Wort und Sakrament regiert. Deshalb sind alle Menschen, auch die Christen der Obrigkeit Gehorsam schuldig. Wenn die Obrigkeit unrecht zu haben scheint, kann der Christ, sofern er ein Amt hat, gegen das Unrecht Zeugnis ablegen, darüber hinaus bleibt ihm nur das unschuldige Leiden.

c) Würdigung. Die Radikalisierung der Unterscheidung von geistl. und weltl. Regiment Gottes bedeutet zunächst grundlegend Herrschaftskritik. Die Verbindung von Weltreich und Gottesreich geschieht nicht in einem äußeren gestuften Herrschaftssystem von Kirche und S. Ihre Verbindung liegt allein in Gott als dem Herrn beider Bereiche und im Christen als Bürger zweier Reiche. Herrschaftskritik bedeutet dies insofern, als nicht mehr die Kirche im Namen der heiligen Überlieferung die Gesellschaftsordnung bestimmen kann (CA XXVIII). Weltl. Herrschaft ist →Gesetz und Vernunft unterworfen, sie wird entsakralisiert, ist vernünftiger Kritik ausgesetzt. Freilich hat die gleiche Konzeption das Wirksamwerden der politischen Kritik aus der Motivation des Glaubens zugleich in eigentümlicher Weise verstellt. Das Heilsgeschehen der Rechtfertigung bezieht sich auf den Christen als Christperson, seine „innere" Gerechtigkeit, die wie das Reich Christi nicht von dieser Welt ist. Die Herrschaftskritik, die im Ansatz gegeben ist, sofern der Glaubende fragen kann, ob die politische Ordnung vor dem Glauben eigentlich bestehen kann, wird in der berechtigten Abneigung gegen die biblizistische Ableitung und Sanktionierung politischer Ordnungen bei anderen reformatorischen Bewegungen wieder entschärft. CA XVI fordert, die bestehenden Ordnungen zu erhalten und *innerhalb* solcher Ordnungen Liebe zu üben. Der Inhalt der politischen Gestaltung aber wird in der Nachfolge MELANCHTHONS weithin der gleichen antiken Sozialphilosophie entnommen, die das MA. bestimmt hatte, insbes. im Naturrechtsgedanken. Gleichzeitig sucht das Zeitalter des →Konfessionalismus aufs neue eine harmonische Gesamtschau. Im Anschluß an das schon platonische Schema der Dreiständelehre (Status oeconomicus, politicus, ecclesiasticus) werden in der Orthodoxie die die Gesellschaft tragenden Stände unter der Leitung der christl. Tradition abermals verschränkt. Der S. hat die cura religionis im Blick auf die äußere Disziplin, der sich auch der Christ um des Glaubens willen unterordnen muß. Als Sachverwalter des Gesetzes garantiert er den Gottesdienst nach seiner äußeren Seite. Über die rechte Auslegung des Gesetzes wacht andererseits der Lehrstand der Kirche. Der S. dient damit dem durch den Lehrstand der Kirche herausgestellten Ziel. Alle Institutionen des gesellschaftl. Lebens sind insofern in der Kirche als derjenigen Institution, die um die Integration des gesellschaftl. Lebens Sorge trägt, zusammengefaßt.

Die luth. Lehre von der Obrigkeit ist keine S.lehre i. eig. S., sie sagt nichts über die geschichtliche Gestaltung und Verf. des S. aus. Sie gibt vielmehr nur einen äußeren Rahmen für das politische Leben. Sie erstellt Kategorien, unter denen das Handeln des S. theol. begriffen werden kann, und zeigt, wie der Christ sein Handeln gegenüber politischen Mächten verstehen kann. Infolgedessen ist sie nicht von einem bestimmten Leitbild des S. abhängig, sondern in verschiedenen Staatsformen: StändeS., Monarchie, →Demokratie, Diktatur anwendbar. Diese Weite und Elastizität ist freilich auch eine Schwäche, sie gibt keine Antwort auf die Frage nach der S.wirklichkeit. Auch die Bestimmung des S. als „weltl. Gewalt", die für die iustitia civilis sorgt, reicht nicht aus. Dem könnte der S. schon als PolizeiS. genügen, was nicht einmal die politischen Verhältnisse des 16. und 17. Jh. kennzeichnet. Der moderne S. trägt Verantwortung für die Fülle gesellschaftl. Institutionen: des kulturellen und wirtschaftl. Lebens wie der Sozialordnung. Die Obrigkeitslehre mag einen Rahmen darstellen, der die reformatorische Grundeinsicht über die theol. Dignität des Politischen präsent hält, die politische →Ethik aber muß inhaltlich über sie hinausgehen.

2. Nachreformatorische Entwicklung. Die neuprot. Theol. hat zunächst, den im Gefolge der →Aufklärung entstehenden S.theorien und S.formen folgend, den umgreifenden Zuständigkeitsanspruch des status ecclesiasticus preisgegeben. Die von der Reformation herausgestellte Eigenständigkeit des weltl. Regimentes Gottes wird zur Eigengesetzlichkeit von S.gebilden aus dem Willen mündiger Menschen. Die Kirche wird zur gesellschaftl. Institution neben anderen, sei es als S.anstalt der gesellschaftl. leitenden Tradition – sei es als Vehikel eines allgemeinen moralischen Religionsglaubens, dessen auch der neuzeitliche S., namentlich in der Form der liberalen Demokratie, nicht entraten kann. Das Rahmenkonzept der luth. Reformation ermöglicht sowohl mehr liberale als mehr konservative S.anschauungen, wobei die konservativen namentlich im 19. Jh. überwiegen. In der durch den Idealismus bestimmten Theol. werden vor allem in der Nachfolge HEGELS luth. Gedanken in gewandelter Form wirksam. HEGEL sucht die in den Ideen der Aufklärung vorbereitete Atomisierung der Gesellschaft und Subjektivierung des S. zu überwinden, indem er den S. im Gegensatz zur nur subjektiven Sittlichkeit als die Verwirklichung der absoluten Sittlichkeit begreift. Damit wird der S. zur bestimmenden Größe gesellschaftl. Lebens und bezieht deshalb auch die Kirche in sich ein. Wird hier die reformatorische Unterscheidung der zwei Regimente verlassen, so hat doch HEGELS Synthese von →Legalität und Moralität in der „Sittlichkeit" die reformatorische Zusammenschau von staatl. Recht und göttl. Gesetz erneuert, freilich in einer problematischen Weise, die für die Idee des totalitären S. wegbereitend wurde. Das neuere →Luthertum ist wesentlich durch die S.lehre und Legitimitätstheorie F. J. STAHLS beeinflußt worden. STAHL hält die körperschaftliche Differenzierung von S. und Kirche fest. Der S. ist nun auch nach der Seite seiner Verf. und seiner positiven Einrichtungen Gottes Ordnung und den christl. Glauben bindende Obrigkeit. Dabei wird vorausgesetzt, daß die Anstalten zur äußeren Ordnung und Förderung des sozialen Lebens an dem „sittlich intellektuellen Reich" auszurichten sind, das aus der Persönlichkeit Gottes ausfließt. Dieses wird durch die legitime Obrigkeit repräsentiert (Legitimitätsprinzip). Damit verbinden sich positive Rechte des Bürgers im Sinne der →Menschenrechte der Franz. Revolution (Gewissensfreiheit, Schutz des Eigentums, Schutz gegen Polizeiwillkür, angemessene Presse- und Vereinsfreiheit). Gleichzeitig garantiert der S. die Freiheit der Kirche als autonomer Stiftung Gottes in ihren Funktionen.

Das konservative Luthertum der neueren Zeit hat den damit gegebenen Rahmen weithin übernommen, wenn sich auch das Verständnis der konkreten Gestaltung des S.wesens der jeweiligen politischen Situation entsprechend wandelte. Kennzeichnend bleibt *erstens* die Betonung der Eigenständigkeit des S. Er ist nicht aus der Vorfindlichkeit der Gesellschaft abzuleiten, sondern tritt ihr gegenüber als unmittelbare Stiftung Gottes, sei eingebunden in ein organologisch-romantisches Verständnis der Geschichte (P. ALTHAUS: Der S. als „Schöpfungsordnung") – sei es als Reflex der durch die trinitarische Offenbarung manifesten Herrschaft Gottes in dieser Weltzeit (W. KÜNNETH: Erhaltungsordnung). Kennzeichnend bleibt *zweitens* damit verbunden die starke Betonung der Autorität des S.

und seiner Institutionen (Rechtsordnung, Amtsgewalt), die Gottes Autorität repräsentiert, und ein gewisses Mißtrauen gegen nichtinstitutionelle gesellschaftl. Initiativen „von unten“, sofern sie sich auf die Verwandlung der Institutionen beziehen. Kennzeichnend bleibt *drittens* die Betonung überpositiver sittl. Normen, an denen der S. zu orientieren ist. Sie werden faßbar in der Offenbarung des göttl. Ordnungswillens und haben an ihm ihr Kriterium. Aus der Erfahrung der nationalsozialistischen Herrschaft (→Kirchenkampf) wächst in diesem Rahmen vor allem eine Kritik des „totalitären S.“ in Gestalt des WeltanschauungsS. wie in Gestalt eines umfassend werdenden ökonomischen Systems, das die Eigenverantwortung von Kirchen, Gruppen und einzelnen ausschaltet. Eine Entwicklung dieser Rahmenkonzeption in Richtung auf die Lebensbedingungen des demokratischen RechtsS. findet sich bei H. THIELICKE. Er unterscheidet die „Staatheit“ als vorgegebene „Notordnung“ Gottes für die Weltzeit von dem konkreten positiven S., der sich in demokratischen Willensakten seiner Glieder gestaltet. Wird damit der Gedanke der Obrigkeit von ständischen Vorstellungen gelöst und funktional gefaßt, so bleibt doch der metaphysische Rahmen des Ordnungsgedankens erhalten.

Die Weiterentwicklung der luth. S.lehre vollzieht sich in der Auseinandersetzung mit den aus dem ref. Bereich hereinwirkenden heilsgeschichtl., christokratischen und christologischen S.auffassungen, deren stärker geschichtl. Verständnis der S.wirklichkeit unter Abwehr biblizistischer Festlegungen übernommen wird und zu einer Auflösung der statisch-metaphysischen Momente des Ordnungsdenkens führt. Dies bestimmt auch die ökumenische Gesprächssituation. Gegenüber der Ableitung des S. aus der →„Königsherrschaft Christi“ gewährt die →Zwei-Reiche-Lehre die Möglichkeit zu einer von Vorentscheidungen entlasteten „phänomenologischen“ Sicht der modernen S.wirklichkeit in ihrer Vielfalt. Das S.verständnis wird nicht mehr systematisch deduktiv aus theol. Prämissen abgeleitet. Vielmehr werden konkrete Gestalten und Situationen staatl. Wirklichkeit unter dem Gesichtspunkt beurteilt, ob sie dem im christl. Glauben enthaltenen Verständnis des Gelingens menschl. Existenz förderlich oder verhindernd gegenüberstehen – bzw. ob das im Glauben erhebbare Selbstverständnis des Menschen für anstehende Entscheidungen handlungsorientierende Kriterien zu geben vermag. Die Möglichkeit hierzu ergibt sich daraus, daß die christl. Verkündigung das Heil weithin in politisch bedeutsamen Kategorien (Himmelsherrschaft, Bund, Gesetz, Reich Gottes, Rechtfertigung) begreift (Politische Theol.).

3. Systematische Folgerungen. *a) Voraussetzungen.* Eine theol. Lehre vom S. im Rahmen der luth. Bekenntnistradition kann heute nicht mehr konkrete Ordnungs- und Gestaltvorschriften aus dem weltl. Regiment Gottes direkt ableiten wollen. Die entsprechenden Versuche des Neuluthertums erweisen sich als sakrale Überhöhung ganz bestimmter bestehender oder gewünschter politischer Verhältnisse (etwa eines autoritären BeamtenS.). Sie vereinfachen die geschichtl. politische Wirklichkeit und die durch sie gestellten Aufgaben und sind auch durch die nt. Bezugstellen nicht gedeckt (zu Röm 13 vgl. KÄSEMANN, s. Lit.).

Auf der anderen Seite kann es nicht genügen, den Gedanken des weltl. Regimentes so formal zu fassen, daß jede Form der politischen Ordnung als gleichwertige Verwirklichung desselben erscheinen kann. Denn dies führt leicht entweder zu unkritischer Hinnahme der gegebenen S.wirklichkeit (und letztlich zur Apolitie) oder zur Übernahme ideologischer Gesamtkonzeptionen des Gesellschaftsprozesses vor allem emanzipatorischer Art (etwa des liberalen Harmonieglaubens an die Selbstregelung politischer Konflikte aus der vernünftigen Kommunikation mündiger Individuen, welcher sich das Eigengewicht der vitalen Interessen der Selbstbehauptung in der politischen Wirklichkeit verschleiert – oder sozialistischer Utopien als Verdinglichung christl. Endhoffnung). Eine theol. S.lehre luth. Prägung wird demgegenüber die anthropologischen Grundbedingungen politischer Existenz aufsuchen und dabei die anthropologischen Einsichten christl. Glaubens geltend machen.

b) Ordnung und Macht. Wird der Mensch als weltoffenes nicht festgestelltes Lebewesen (GEHLEN) erst durch die institutionelle Gestaltung seiner Antriebe lebensfähig, so gehören die Gestaltung des Antriebslebens und damit die Institutionen der Sexualität, der Ökonomie, der Herrschaft zu den anthropologischen Grundbedingungen. Darin liegt die bleibende Bedeutung der Lehre von den „Schöpfungsordnungen“: Ehe, Eigentum, S.herrschaft garantiert unter urtümlichen Bedingungen allererst menschl. Lebensfristung angesichts bedrohender ungeordneter Gewalten vor allem seitens des Menschen selbst. Herrschaft bestimmt durch Unterdrükkung Antriebe zur Dienstleistung, sie schafft durch die Unterscheidung legitimer und illegitimer Gewalt Stabilität und Sicherheit, die dann im →Recht formulierbar und kontrollierbar werden. Weil Entstehen und Gelingen von Herrschaftsordnungen nicht oder nur bedingt verfügbar sind, werden sie religiös erfahren, als Stiftung und Verpflichtung (zB S.werdung →Israels). Weil die politische Ordnung für Frieden und Recht sorgt, ist nach luth. Bekenntnis die staatl. Macht gute Ordnung Gottes. Schon indem sie das Böse mit Gewalt verhindert, dient sie dem Guten. Der konkrete Vollzug dieser Gewalt begründet ein Amt von Gott, dessen Ausübung von den persönlichen Qualitäten des Amtsträgers unabhängig ist, sofern sie den Zwecken der politischen Ordnung dient. In diesem Sinne setzt Römer 13 den sittl. Charakter der Obrigkeit schlechthin voraus. Ihr Zweck ist die relative

Ermöglichung und Sicherung gelingenden Lebens in der Welt. Dieser Zweck setzt der politischen Herrschaft freilich schon eine immanente Grenze. Sie hat ihren Auftrag verfehlt, wo sie das Wohl des Menschen im politischen Geschehen leichtfertig aufs Spiel setzt. Die Folgen der nationalsozialistischen Herrschaft können dafür als gegenwartsnahes Paradigma gelten.

c) Legitimation von Herrschaft. Weil die S.ordnung grundlegend zwischen legitimer und illegitimer Gewalt unterscheiden muß, bedarf sie selbst der Legitimation. Das durch sie gesetzte Recht bedarf der fortlaufenden Rechtfertigung. Wie immer überpositive Normen und Kriterien der Legitimation im einzelnen gewonnen werden, die S.ordnung muß sich ihnen gegenüber begrenzen, darf sich nicht zum Letztwert mit dem Anspruch auf Totalität machen. Mag der S. für die ihm Angehörenden unausweichliches Schicksal bedeuten, mag seine Entstehung im Zwielicht von Recht und Unrecht stehen, entscheidend für seinen sittl. Charakter ist, daß er in seinem Bestehen die Legitimationsverpflichtung und damit seine Begrenzung anerkennt. In solcher Selbstbegrenzung steht er bewußt oder unbewußt „unter Gott". Wo er sie verneint, wird er zum „Tier" aus dem Abgrund (Apk 13). Auf der anderen Seite bedeutet das Prinzip der Legitimität, daß die bestehende S.ordnung den exklusiven Vorrang vor allen nichtbestehenden, vergangenen, denkbaren, wünschbaren politischen Ordnungen hat. Auf die bestehende Ordnung bezieht sich das politische Handeln des Christen zunächst, es hat sich auf die lebensfähige politische Konkretion zu richten und die vorhandenen Lebensinteressen in Rechnung zu stellen, statt primär utopische Gegenbilder zu entwerfen.

d) S.politische Verantwortung. Anerkennung der Legitimationsverpflichtung und Selbstbegrenzung des S. bedeutet implizit Anerkennung der Unverfügbarkeit menschl. Selbstseins (Gottebenbildlichkeit). Darüber hinaus enthält das Selbstverständnis des Menschen im Leben der christl. Gemeinde Motive, die (analog zu gleichlaufenden außerchristl. Motiven) in die politische Praxis einzubringen sind. Von dieser Einsicht war LUTHER in seiner konkreten politischen Stellungnahme bestimmt. Kirche ist nach CA VII die Versammlung, in der das Evangelium der Rechtfertigung verkündigt wird und eine Rechtsgemeinschaft der Gerechtfertigten in Akten der Liebe, der Anerkennung, des Vertrauens und der Verantwortung füreinander entsteht. Das fordert die Entwicklung persönlicher Initiativen, des Sinnes für existenzielle Gerechtigkeit und eine lebensgerechte Anwendung gesellschaftl. Normen. Zugleich können die politischen Gemeinwesen je länger je mehr nur in dem Maße lebendige Rechtsgemeinschaft verwirklichen, als es gelingt, die aktive Mitarbeit, Mitverantwortung, Mitbestimmung ihrer Glieder zu erwirken. Die Demokratie bedarf mehr als jede andere S.form zu ihrem Gelingen bestimmter moralischer Voraussetzungen, eines freien Willens zur Zusammenarbeit, eines Vertrauens in die Bereitschaft, politische Lebensfragen in öffentl. Kommunikation zu lösen. Der S. kann und muß Verf.- und Rechtsformen schaffen, die solche Prozesse ermöglichen und schützen. Er kann ihre Verwirklichung aber trotz der durch ihn errichteten Organisationen der Erziehung nicht oder nur bedingt „anordnen". Aufgabe der christl. Gemeinschaft gegenüber dem S. ist es, durch die Verwirklichung der „Herzensgerechtigkeit" (CA XVI) zu den moralischen Voraussetzungen gelingender politischer Gemeinschaft beizutragen. Die Kirche kann im S. einer pluralistischen Gesellschaft Freiräume gewähren, in denen Konflikte zwischen politischen Mächten und Interessengruppen ausgetragen werden, weil sie gegenüber den Sonderinteressen dem Gemeinwohl verpflichtet ist. Christen können darüber hinaus in der Teilhabe an der Setzung und Gestaltung des staatl. Rechtes auf solche Rechtsformen hinwirken, die das Gelingen der politischen Gemeinschaft unter den genannten Kriterien zum Ziele haben.

M. JACOBS (Hg.), Die ev. S.lehre (Quellen z. Konfessionskunde 5) 1971 – W. ELERT, Morphologie des Luthertums, [II]1952[2] – W. KÜNNETH, Politik zwischen Dämon und Gott, 1954 – E. KÄSEMANN, Röm 13, 1–7 in unserer Generation, in: ZThK 56, 1959, 316 ff. (Lit.) – H. DOMBOIS, Der gegenwärtige Stand der ev. S.lehre (Spannungsfelder der ev. Soziallehre), 1960 (Lit.) – H. D. WENDLAND, Einführung in die Sozialethik, 1963 – H. PEUKERT (Hg.), Diskussion zur polit. Theol., 1969 – W. TRILLHAAS, Ethik, 1970[3] – H. THIELICKE, Theol. Ethik, II 2, 1974[3] – H. KUNST, Ev. Glaube und polit. Verantwortung. M. Luther als polit. Berater seiner Landesherren, 1976 – Hdb christl. Ethik, hg. v. HERTZ u. a., II, 215 ff., 1978 – T. RENDTORFF, Ethik, [II]1981, 75 ff.

Wenzel Lohff

B. Reformiert. 1. Zur Geschichte ref. S.auffassung. *a)* ZWINGLI. Die luth. S.auffassung hat im westl. Protestantismus von dessen eigenen theol. Voraussetzungen her eine Modifikation und später durch die Erfahrung des dem Evangelium feindl. gesinnten S. eine eigenständige Weiterentwicklung erfahren. Die in der Reformation wieder entdeckte Lehre vom allg. →Priestertum schuf ein neues religiöses Gemeinschaftsethos, das dazu beitrug, den S. aus der Unterordnung durch die Kirche zu befreien: Jeder Christ, auch der zum öffentl. Amt berufene, unterliegt direkt den Weisungen des göttl. Gebotes ohne Mittelinstanz der Kirche. Auch dem staatl. Handeln wird eine unmittelbar vor Gott verantwortbare Autorität verliehen. Hier liegt der Sinn der möglichst reinen Theokratie, die ZWINGLI in Zürich und CALVIN in Genf versuchten. ZWINGLI lehrte das Wort Gottes in seiner Verbindlichkeit für alle Dinge des öffentl. Lebens. Eine Differenzierung zwischen göttl. und weltl. Regiment klingt bei ihm nur gelegentl. an und besagt auch keine Trennung in zwei Lebensbereiche. Der S. als von Gott gestiftete Ordnungs- und Schutzmacht gegen die menschl. Sünde soll den Geboten Gottes öffentl. Geltung verschaffen und die Verkündigung des Evangeliums nicht nur ermöglichen, sondern schützen und fördern. Dazu muß er möglichst in den Bereich der Verkündigung des Wortes Gottes integriert werden, wie umgekehrt der Christ zur Teilnahme an den Aufgaben des S. verpflichtet ist. Die Reformation der Kirche schließt für ZWINGLI die Reformation des S. ein. Politik ist ein Teil des öffentl. Gottesdienstes.

b) CALVIN versteht den S. als eine gnädige Anordnung Gottes (s. u. 2 d). Die Obrigkeit besitzt eine „von Gott übertragene Rechtsgewalt", mit der sie die Beachtung des göttl. Gesetzes und die Ausbreitung des Reiches Gottes zu fördern hat. Ihr Verhältnis zu den Untertanen bestimmen vor allem Pflichten, die aber auch beiderseitige Rechte freisetzen. Die Obrigkeit ist verpflichtet zur Sorge für Frieden, Leben, Eigentum und Ehrbarkeit im Lebensbereich ihrer Untertanen und berechtigt, im Bedarfsfalle Steuern und im Kriegsfalle auch das Leben zu fordern. Der Bürger hat die Pflicht zum Gehorsam auch gegenüber der ungerechten Obrigkeit. Nur wo Ungehorsam gegen Gott gefordert wird, beginnt das →Widerstandsrecht. Dieses ist aber kein Selbsthilferecht des einzelnen, sondern den gewählten oder berufenen Ständen vorbehalten. Prinzipiell geht es im S. um „eine Freiheit, die auf Mäßigung ausgerichtet und rechtl. begründet ist". Das naturrechtl. Kriterium des „suum cuique" verlangt in den Gemeinschaftsbeziehungen die Geltung billiger Rechtsformen. Es muß aber wegen der Sünde des Menschen ergänzt, ausgelegt und angewandt werden durch das positive, mit staatl. Macht ausgestattete Recht. Der Kern des calvinischen RechtsS. wird gebildet durch die „mutua obligatio", ein naturrechtl. gedachter, im schöpfungsmäßigen Über- und Unterordnungsverhältnis mitgegebener Vertrag, der die beiderseitigen Rechte und Pflichten der Obrigkeit und der Untertanen begrenzt und normiert. CALVIN hat alle S.formen als Ordnungen Gottes anerkannt, aber aus pneumatokratischen Gründen einer aristokratisch-demokratischen Mischform den Vorzug gegeben. Seine Bedenken gegen die Erbmonarchie sind auch von daher zu verstehen, daß der Geist Gottes, der das S.wesen prinzipiell gestalten soll, nicht vererbbar ist. Darum fordert CALVIN das allg. aktive Wahlrecht, während er das passive Wahlrecht nach aristokratischen Gesichtspunkten beschränkt wissen möchte.

c) Zum S.verständnis der ref. Bekenntnisschriften →Kirche B 5 c.

d) Zur weiteren Entwicklung. ZWINGLIS S.auffassung hat außer in der Schweiz ihre größte Wirkung in England erlebt. Der Berner Theologe WOLFGANG MUSCULUS radikalisierte den ZWINGLIschen Gedanken des christl. S. so weit, daß eine Trennung von polit. und kirchl. Gemeinde, von weltl. und kirchl. Recht nicht mehr erscheint. Die S.lehre des Zwinglianers THOMAS ERASTUS, der noch vor JEAN BODIN eine beachtl. Souveränitätslehre entwickelte, beruht weitgehend auf der Übernahme dieser Gedanken. Unter dem Namen „Erastianismus" hat sie das anglikan. S.kirchentum tief beeinflußt.

Die S.auffassung des Calvinismus nahm einen anderen Weg. Sie ist weniger durch CALVINS Bevorzugung der aristokrat.-demokrat. Mischform für den rechten S. bestimmt als vielmehr durch seinen Kirchenbegriff (→Kirche B 1 – 6). Die presbyteriale Gemeindeordnung schuf durch die repräsentative Beteiligung der Gemeinde am Kirchenregiment unbeabsichtigt auch ein politisches Modell. Faktisch wurde eine so abgeleitete „republikanische" S.form erstmals in Frankreich im hugenottischen Bund schon während der Religionskriege geschaffen. Die polit.-religiöse Auseinandersetzung zwang die Hugenotten, die natürl. und unveräußerl. Rechte aller Glieder ihrer *Gesamt*gesellschaft neu zu formulieren und mit Nachdruck zu vertreten. T. v. BEZA, F. HOTOMAN und H. LANGUET in Frankreich, J. ALTHUSIUS in Dtschld., PH. MARNIX V. ALDEGONDE in den Niederlanden u. a. haben durch eine Verbindung typisch calvinischer Gedanken mit naturrechtl. Begründungen neuen S.anschauungen im westl. Protestantismus den Weg geebnet. Dazu gehören die Einschränkung der Herrschergewalt durch Vertrag zwischen Fürst und Volk, die parlamentarische Kontrolle der absoluten Monarchie, die Ausbildung des →Widerstandsrechtes in politisch extremen Situationen, das Postulat der ethischen Verantwortung des S., Wächter und Schützer des Rechtes zu sein, die ihm vom Volk delegiert ist, und der bes. von ALTHUSIUS aus dem SpätMA. übernommene und neu ausgebildete Gedanke der Volkssouveränität, auf deren polit. Verwirklichung ein Prinzip des modernen demokratischen RechtsS. ruht. Die völker- und verfassungsrechtl. Fortbildung dieser Theorie geschieht durch H. GROTIUS und J. J. ROUSSEAU. Eine andere Tradition verläuft von den Monarchomachen nach England und prägt die theol.-staatsrechtl. Ideen eines TH. HOOKER, der zu den geistigen Vätern der nordamerik. Demokratie zählt, aber auch zu der säkularist.-etatist. S.theorie des TH. HOBBES. Ref. Einflüsse haben auch den puritanischen Independentismus bestimmt, in dessen Raum zum ersten Mal die Religionsfreiheit als allg. Menschenrecht verfassungsmäßig fixiert wurde. Die Pilgerväter-Tradition hat die „Virginische Erklärung der Rechte" von 1776 und sogar noch die aufklärerische „Déclaration des droits de l'homme et du citoyen" von 1789 beeinflußt. Die Umwandlung der christl. Obrigkeit in einen konfessionell neutralen demokratischen RechtsS. ist ohne den nachhaltigen Einfluß ref. S.auffassung nicht denkbar.

2. Das Verhältnis der Kirche und des Christen zum modernen S. *a) Zum Selbstverständnis des modernen S.* Trotz der Schwierigkeit, eine generell gültige Definition *des* modernen S. (→Staatslehre, allg.) zu geben, läßt sich das in den →Verfassungen ausgedrückte Selbstverständnis *nach*aufklärerischer S.en atlantischer und von ihr abhängiger Prägung als immanentistisch-funktionalistisch bezeichnen. S. in allen seinen Formen wird als Funktionsrationalität verstanden, die eines religiösen Überbaus entraten kann oder muß, statt dessen motiviert durch „evidente“ Grundwerte wie →Freiheit, →Gleichheit, Brüderlichkeit. Dieses vordergründig areligiöse, nicht-ontologische, geschtl.-revolutionär leidvoll erstrittene Selbstverständnis des S. scheint in der Gegenwart einem theoret. wie v. a. prakt. schnellen Verschleißprozeß ausgesetzt. An dessen Ende steht (nicht nur in den neu-islamischen →Theokratien) die unbewußt schon lange in S.kulten u. ä. vorbereitete konsequente religiöse Aufladung („religiös“ im weitesten Sinne verstanden) der Wirklichkeit von S. als Ausdruck einer immanenten *Heils-* statt einer bloßen Wohlerwartung.

b) Kritische Positionen ref. Theologie zur modernen S.auffassung und -wirklichkeit. Von ihrem im Ansatz *kritisch-dynamischen S.Verständnis* her waren bzw. sind ref. Theologie in der Tradition Calvins und des →Calvinismus zwei Einstellungen zum Selbstverständnis modernen S. verwehrt: die *Re*-Ontologisierung und die bloße *Anti*-Ontologie. Erstere führt entw. zu einer konservativistisch-distanzierten Einstellung zu moderner S.-wirklichkeit od. zu einer unkritischen Anpassung, welche den S. in prinzipiellem Ordo-Denken als eigengesetzl. Schöpfungs-, Not- und Erhaltensordnung aufwertet. – Die andere Haltung führt zur Gefahr rein funktionalistischer, technokratischer Anpassung oder zu einer anarchischen Einstellung, die den S. bestenfalls als Garanten von Freiräumen individualethischer Bewährung versteht. – Ref. Theologie der Gegenwart bezieht die S.auffassung der Kirche und des Christen ein in ihre *Gesamt*hinwendung zum Schriftzeugnis von der Offenbarung Gottes in Jesus Christus, vor dem sich das Handeln der von ihm Befreiten und In-Dienst-Genommenen zu verantworten hat (vgl. BTE 1 u. 2; s. auch u. 2 d). In dieser Perspektive der Offenbarung (s. u. c u. d) wird auch der moderne S., ungeachtet seines Selbstverständisses, angesehen als *unter* geschichtl. göttl. *An*ordnung funktional im Bereich des Vorletzten tätig. Solche Sichtweise der Relation: Gott – Staat – Kirche/Christ versucht keine Neuauflage christl. S.lehre in nuce, sie eröffnet vielmehr einen der jeweiligen ethischen Orientierung offenen Raum. In ihm haben sowohl Unterordnung, Gehorsam, Dank, Anerkennung wie ebenso aktive Mitgestaltung, Kritik, Widerspruch und →Widerstand ihren geschtl. Ort in unmittelbarer Verantwortung vor Gott.

Ref. Theologie hat in diesem Jh. *drei Modelle* christl.-ethischer Impulse auf den immanentistisch verschlossenen S. angeboten. Sie sind je verschiedene Akzentuierungen der Aufgabe der *Kirche,* den Willen Gottes öffentlich kundzutun: 1. Die *christl. Durchdringung der Welt* (nach dem Konzept einer christlichen Kulturphilosophie A. KUYPERS, H. DOOYEWEERDS und D. H. T. VOLLENHOVENS; aber auch der „Socialgospel-Bewegung“, der „Religiös-Sozialen“ u. a). Ziel: Objektivierung „des Christlichen“ in bestimmten, Wohlfahrt in weitestem Sinne gewährleistenden *Strukturen.* Begründung: Umsetzung des dritten Gebrauchs des Gesetzes (des Gebrauchs für die Wiedergeborenen in der Heiligung) in die *Gesamt*wirklichkeit der Gesellschaft zur Erleichterung der allg. ethischen Orientierung, bei Rechnen mit der Wirksamkeit der allg. Gnade Gottes im s.lichen Zusammenleben. – 2. Das Konzept E. BRUNNERS, *das Naturgemäße im Zusammenleben auf das Gottgewollte zu beziehen.* Ziel: von daher zu einer intensiven Kritik bestehender Verhältnisse und zum Gewinnen sachgemäßer Maßstäbe für s.liche Institutionen zu gelangen. – 3. Die *Bezeugung der Königsherrschaft Christi in Wort und Tat in allen Lebensbereichen* in je neuer personaler Verantwortung, die auch den vollen Sinn des S. erschließt, jedoch ohne den Versuch programmatischer Objektivation (wie Modell 1 u. 2) dieser Herrschaft (so zB K. BARTH, A. DE QUERVAIN, ERIK WOLF, ERNST WOLF, J. ELLUL u. a.) (s. u. zu d).

c) Der nt. Befund, bes. aufgrund der historisch-kritischen Forschung, erweist das relational-dynamische S.verständnis ref. Theol. als schriftgemäß. Auch *gesamt*bibl. Sachverhalt gibt weder eine prinzipielle S.lehre noch eine Begründung der traditionellen Ordnungstheologien (s. o. b) her. Der S. als „menschl. Ordnung“ (1 Petr 2, 13) bzw. s.liche Gewalt fungiert als „Gottes Dienerin“ dem Menschen zugut (Röm 13, 4 ff.). Dem S. und seinen Repräsentanten gebührt Ehre, d. h. Achtung der geschtl. Gewichtigkeit, nicht aber Furcht, die nur Gott zukommt (s. auch Mk 12, 17). Damit ist schon der Bereich christl. *Verhaltens* gegenüber s.licher Macht tangiert, auf dem das NT v. a. insistiert: Es bewegt sich in der Spannung zwischen generell dem S. als göttl. Anordnung geschuldeter Unterordnung und der Vorrangigkeit des Gehorsams Gott gegenüber (Clausula Petri, Apg 5, 29). Der Christ hat die eschatologisch bedingte Freiheit zum Rechtsverzicht und damit zur Distanz von s.licher Jurisdiktion (1 Kor 6, 1 ff.) und sogar zum geduldigen, gläubigen Ausharren gegen die Verführungen eines dämonischen, totalitären S. (Apk 13). – Die nt. Paränese, verfaßt angesichts des röm. Cäsaren-S., umfaßt also polit.-ethische Weite von Loyalität über Indifferenz bis Resistenz. – Von grundlegender Bedeutung blieb, daß das christl. Credo von seinem Anfang an öffentl. und damit auch pol. Auswirkungen hatte (s. 1 Tim 6, 12): Mit dem urchristl. Kurzbekenntnis „Kyrios (d. h. kultische Zentralgottheit) ist Jesus“ (1 Kor 12, 3) war die Konkurrenzformel zum „Kyrios ist der Kaiser“ des röm. S.- und Kaiserkults gegeben, der göttl. ausschließliche Hoheitsanspruch einem innerweltl. Totalitätsanspruch konfrontiert. Am Bekennen des rechten Namens entschied sich in Verfolgung (Mt 10, 19 f.) zeitlich und ewig Leben und Sterben.

d) Die V. Barmer These als Ausdruck und Maßstab ref. S.auffassung. Barmer Theologische Erklärung (BTE) 5: „Fürchtet Gott, ehret den König (1 Petr 2, 17). Die Schrift sagt uns, daß der Staat nach göttlicher Anordnung die Aufgabe hat, in der noch nicht erlösten Welt, in der auch die Kirche steht, nach dem Maß menschlicher Einsicht und menschlichen Vermögens unter Androhung und Ausübung von Gewalt für Recht und Frieden zu sorgen. Die Kirche erkennt in Dank und Ehrfurcht gegen Gott die Wohltat dieser seiner Anordnung an. Sie erinnert an Gottes Reich, an Gottes Gebot und Gerechtigkeit und damit an die Verantwortung der Regierenden und Regierten. Sie vertraut und gehorcht der Kraft des Wortes, durch das Gott alle Dinge trägt.

Wir verwerfen die falsche Lehre, als solle und könne der Staat über seinen besonderen Auftrag hinaus die einzige und totale Ordnung menschlichen Lebens werden und also auch die Bestimmung der Kirche erfüllen.

Wir verwerfen die falsche Lehre, als solle und könne sich die Kirche über ihren besonderen Auftrag hinaus staatliche Art, staatliche Aufgaben und staatliche Würde aneignen und damit selbst zu einem Organ des Staates werden."

50 Jahre nach der BTE sind folgende Auslegungs-Gesichtspunkte zu bedenken: 1. Die BTE ist durch Aufnahme in die Ordinationsvorhalte der ref. und der meisten unierten Kirchen (= K.n) sowie in die Grundartikel luth. K.n ein innerprot. allg.gültiger Text mit sogar ökumen. Bekenntniswert geworden. 2. Die V. These der BTE setzt die II. These voraus (s. o. b, bes. „Modell 3"). 3. Im Sinne reformatorischen Verständnisses des →Bekenntnisses fordert die BTE heraus zu fortgesetzter Aktualisierung in Lehre und Leben.

Das nt. Leitwort der These V stellt die Rangordnung göttl. und s.licher Autorität fest und zugleich die Wertigkeit der Beziehung der Christen zu beiden. – Erkenntnisgrund der christl. S.auffassung ist nicht der S., sondern die Hl. Schrift. Sie vermittelt die Erkenntnis von göttl. und weltl. Zuordnung und von der Funktion des S. Die Bedingtheit der Aufgabe des S. in göttl. Anordnung (*ordinatio* statt ordo) ermöglicht und gebietet es dem Christen, sich der geschtl. Vorfindlichkeit von S. zu stellen. Damit ist die Frage der für den Christen idealen S.form providentiell relativiert, was zugleich einschließt, bei pol. gegebener Wahlfreiheit die der allg. Wohlfahrt dienlichste S.form anzustreben und zu gestalten. Die Funktion des S. unterliegt geschtl. drei Einschränkungen, die jegliche auf ihn gesetzte Heilserwartung ausschließen: 1. Er handelt in Raum und Zeit der noch nicht erlösten Welt. 2. Er verfügt dabei nur über das Maß *menschl.* Einsicht und *menschl.* Vermögens. 3. Er kommt bei der Fürsorge für Recht und Frieden nicht ohne Androhung und Ausübung von Gewalt aus. – Die in 1. gen. Handlungsbedingung teilt die K. mit ihm. Diese Feststellung warnt die K. davor, sich durch ihr Sein oder gar Sosein gegenüber dem S. als societas perfecta auszugeben. – Der doxologische Schlußsatz dieses ersten Teils der Position, der zum Auftrag der K. thetisch überleitet, wehrt aller Staatsverdrossenheit, ebenso der perfektionistischen Überforderung von S. – Adressat dieser Doxologie, welche sinngem. die Fürbitte für die Aufgabe des S. einschließt (s. 1 Tim 2, 1–7), ist Gott allein, nicht die Hypostase S. – Der Dank für die göttl. Anordnung der Aufgabe des S. als *Wohltat* schließt indirekt jede schwärmerische Sehnsucht nach Anarchie, Gruppenterror und willkürl. Rechtnahme aus. S.liche →Gewalt ist dadurch als angeordnete und zu verantwortende ihrer Bestimmung nach von usurpierter Gewalt unterschieden. – Die *bes.* Bestimmung der K. ist notwendigerweise auf die Bestimmung der Aufgabe des S. bezogen und – ohne Ausgleich der Spannung – hinsichtlich ihrer Mittel streng von dieser *unterschieden.* K. proklamiert – unter säkularistischen Voraussetzungen ist die Formulierung „erinnert an" kritisch zu befragen – die Verheißungen der S. und K. angebotenen umfassenden Zuwendung Gottes: *seiner* Herrschaft, *seines* Gebotes und *seiner* Gerechtigkeit. Damit wird die Ermöglichung der Verantwortung, zu der gerufen wird, zugleich zugesprochen. Die Regierten sind mit in den Ruf zur Verantwortung einbezogen. Diese Inklusivität hindert die S.bürger, s.liche Verantwortung einseitig deterministisch den Regierenden zuzuschieben (→Gewissensfreiheit I, →Krieg, →Widerstandsrecht). Das alle Einzelverheißungen tragende einzige „Machtmittel" der K. ist das lebendige Wort Gottes. Es eröffnet die Zusage der letztlich S. und K. tragenden Erhaltungs- und Regierungsmacht Gottes. – Die beiden abschließenden Verwerfungsthesen wehren sowohl dem Totalitätsanspruch des *S.,* der sich in Allkompetenz, -präsenz und -überwachung zum rlg. Gegenüber der Menschen erhöbe, wie der Grenzüberschreitung der *K.* in den s.lichen Aufgabenbereich hinein; mit dessen Aneignung und Wahrnehmung würde K. ihre bes. Bestimmung verleugnen und sich ihr selbst zu einer s.lichen Organfunktion hin minimalistisch entfremden.

In der neuerlichen polit.-eth. Diskussion um die Sicherung des →Friedens angesichts der atomaren Hochrüstung in Ost und West hat BTE V erneut eine orientierende Bedeutung gewonnen: Ist die s.liche Aufgabe der Friedenssicherung „unter Androhung und Ausübung von Gewalt" auch mit →ABC-Waffen noch zu rechtfertigen? Die ev. Christenheit hat ein unbedingtes Nein zum *militär.* Einsatz dieser Waffen erklärt, da er das Ende s.licher Rechts- und Friedenssicherung bedeuten würde. – Umstritten bleibt, ob nicht schon mit der Bereithaltung solcher Waffen zum Zwecke der polit. Abschreckung die Grenzen der legitimen Androhung von Gewalt überschritten werden. Der *Ref. Bund* erhob in Interpretation der BTE am „Nein ohne jedes Ja" auch schon zur Bereithaltung von ABC-Waffen den status confessionis und interpretierte ihn als Einladung zum Bekennen (s. „Frieden als Bekenntnisfrage"). – Einmütigkeit ev. Ethik besteht wiederum in der Erkenntnis, daß das System der atomaren Abschreckung auf die Dauer nicht zu rechtfertigen und baldigst durch →Abrüstung und eine umfassende *polit.* Friedenssicherung abzulösen ist. – Die K. erinnert damit an *Gottes* Herrschaft, Gebot und Gerechtigkeit (s. „Die BTE ...", S. 83 ff.).

Lit.-Zusammenstellungen: J. STAEDTKE, in EvStL 1975², 2478 – H. H. ESSER, ebd., 1132 f. – DERS., in: ESL, 1980⁷, 213 – J. WEERDA/H. H. ESSER, ebd., 218 – H. H. ESSER, s. a. Kirche I B.

Weitere Lit.: R. C. WALTON, Zwingli's Theocracy, Toronto 1967 – J. W. SKILLEN, The development of calvinistic theory in the Netherlands ..., Diss., Durham, N. C., 1974 (Lit.) – H. SCHOLL, Reformation und Politik ..., 1976 – J. STAEDTKE, Reformation und Zeugnis der Kirche. Ges. Studien, D. BLAUFUSS (ed.), 1978 – R. L. GREAVES, Theology and revolution in the Scottish reformation, Grand Rapids 1980 – Die Barmer Theologische Erklärung. Einführung und Dokumentation, A. BURGSMÜLLER, R. WETH (ed.), 1983 – Frieden als Bekenntnisfrage ..., R. WISCHNATH (ed.), 1984.

Joachim Staedtke† / Hans Helmut Eßer

II. Katholisch. A. Das Selbstverständnis der kath. S.lehre. 1. Von einer kath. S.lehre als selbständiger sozialwiss. Disziplin kann wiss.gesch. erst seit der Mitte des 19. Jh. gesprochen werden. Nach der endgültigen Trennung der Fächer S.philosophie und philosophisches →Naturrecht vom positiven öffentl. Recht und der seither an den Jur. Fakultäten überwiegend als rein empirische Wissenschaft und oft als bloße S.formenlehre betriebenen Allg. →S.lehre haben kath. Philosophen und Theologen in einem mehr als einhundert Jahre währenden Bemühen eine systematische Lehre vom S. entwickelt. Als ihre Hauptvertreter können gelten u. a. L. TAPARELLI D'AZEGLIO, THEOD. MEYER, G. V. HERTLING, J. MAUSBACH, V. CATHREIN, P. TISCHLEDER, H. ROMMEN, G. GUNDLACH, O. V. NELL-BREUNING. Die kath. S.lehre ist dabei in dem größeren Rahmen der kath. →Soziallehre und →Sozialphilosophie zu sehen, deren Teildisziplin sie ist.

Im MA. wurde die S.philosophie in den Fürstenspiegeln (vgl. zB THOMAS V. AQUIN oder AEGIDIUS ROMANUS, De regimine principum) und in den großen scholastischen Summen der damaligen Zeit behandelt. Eine Verbindung augustinischen S.denkens mit der in breitem Umfang rezipierten aristotelischen S.lehre kennzeichnet die s.ethische und politische Doktrin THOMAS V. AQUINS, dessen Schriften auf das ma. Denken nachhaltig eingewirkt haben. In der beginnenden Neuzeit wurden die Probleme der S.philosophie und S.ethik in breitem Rahmen in den Traktaten „De legibus" oder „De Iustitia et Iure" erörtert (FR. SUÁREZ, R. BELLARMIN, L. MOLINA, L. LESSIUS). Noch CHRISTIAN WOLFF behandelt in seinem die Gebiete Rechts- und S.philosophie, S.- und Völkerrecht umfassenden Lehrbuch „Institutiones Juris Naturae et Gentium" (Halle 1750) das S.recht und die S.philosophie als Einheit in dem Abschnitt „De Imperio publico, seu Jure civitatis".

2. In ihren materiellen Aussagen kennt die kath. S.lehre, die den S. als weltl. Institution betrachtet, keine spezifisch kath. Einsichten, Wahrheiten oder Lehren, die nur auf der Grundlage des kath. Glaubens erkennbar oder annehmbar wären. Sie versteht sich nicht als theol. Wissenschaft. Den Gegenstand der kath. S.lehre bilden allgemeinphilosophische, insbes. sozialphilosophische und s.ethische Grundfragen, über die zwischen sämtlichen S.bürgern unabhängig von ihrer Religionszugehörigkeit, daher auch zwischen Christen und Nichtchristen, nach kath. Auffassung grds. eine völlige Übereinstimmung erreicht werden kann. Von einer *„kath. S.lehre"* kann daher zutreffend nur insofern gesprochen werden, als darunter die in systematischer Form entwickelten Aussagen über den S. verstanden werden, die sich in dem Prozeß der geistesgeschichtl. Auseinandersetzungen mit den verschiedenen S.theorien, philosophischen, anthropologischen und politischen Ideen, Zeitströmungen, Bewegungen und Richtungen und in kontinuierlicher Reflexion über Wesen und Aufgaben des S. und die Stellung des Einzelmenschen in S. und Gesellschaft bei den kath. Philosophen und Theologen und im kath. geprägten gesellschaftl.-politischen Raum im Laufe der Zeit auf der Grundlage und im Sinne eines allgemeinen Konsenses herausgebildet haben. Die kath. S.lehre befaßt sich aus sozialphilosophischer Sicht vor allem mit der a) *Entstehung des S. und seiner Bedeutung für die Vervollkommnung des Einzelmenschen und für den Bestand der Familie und Gesellschaft;* b) *Legitimität staatl. Machtausübung und deren Umfang;* c) *Begrenzung der S.gewalt und der Reichweite der vorstaatl. und unverzichtbaren Grundrechte und Freiheitsrechte des Einzelmenschen;* d) *Zuordnung von Einzelmensch und Gemeinschaft,* d. h. dem Grundproblem aller Sozial- und S.philosophie.

Auf die Entwicklung der kath. S.lehre übten im 19. und 20. Jh. kirchenamtliche Verlautbarungen und Stellungnahmen großen Einfluß aus, bes. die Enzykliken der Päpste LEO XIII. (1878 – 1903), PIUS XI. (1922-1939), PIUS XII. (1939 – 1958), JOHANNES XXIII. (1958 – 1963) und PAUL VI. (1963 – 1978). Unter LEO XIII. erfuhr die S.auffassung THOMAS V. AQUINS eine autoritative und für die weitere Entwicklung der kath. S.- und Gesellschaftslehre bedeutsame und bis zur Gegenwart nachwirkende Rezeption. Verschiedene Dokumente des II. →Vatikanischen Konzils behandeln s.ethische Fragen. In Kap. 42 Abs. 2 der Pastoralkonstitution „Die Kirche in der Welt von heute" verneint das II. Vatikanum ebenso wie bereits vorher Papst PIUS XII. (vgl. AAS 48 [1956] 212) jede Zuständigkeit der Kirche für den rein politischen, wirtschaftl. oder sozialen Bereich und erklärt, daß die der Kirche von Jesus Christus aufgetragene eigene Sendung und das ihr gesetzte Ziel der religiösen Ordnung angehören. Ebenso wie die Päpste LEO XIII. (Enzyklika „Rerum novarum" v. 15. 5. 1891, Acta Leonis XIII., Bd. 11 [1892] 107), PIUS XI. (Enzyklika „Quadragesimo anno" v. 15. 5. 1931, AAS 23 [1931] 190) und PIUS XII. (Ansprache v. 1. 6. 1941, AAS 33 [1941] 239 f.) nimmt die kath. Kirche auch in der Pastoralkonstitution des II. Vat. Konzils „immer und überall das Recht in Anspruch, in wahrer Freiheit ihren Glauben zu verkünden, ihre Soziallehre kundzumachen, ihren Auftrag unter den Menschen unbehindert zu erfüllen und auch politische Angelegenheiten einer sittlichen Beurteilung zu unterziehen, wenn Grundrechte der menschlichen Person oder das Heil der Seelen es verlangen" (Past. Konst., Kap. 76 Abs. 5, AAS 56 [1966] 1100).

Gegen verschiedene Formen einer „Theol. der Befreiung" haben in Fortführung der Beschlüsse des II. Vatikanischen Konzils Papst PAUL VI. in der Enzyklika „Evangelii nuntiandi" über die Evangelisierung der Welt von heute vom 8. Dezember 1975 (AAS 68 [1976] 5 – 76), Papst JOHANNES PAUL II. in der Eröffnungsrede vor der Generalversammlung der Bischöfe Lateinamerikas in Puebla am 28. Januar 1979 (AAS 71 [1979] 187 – 204) und die Kongregation für die Glaubenslehre in der Instruktion über einige Aspekte der „Theol. der Befreiung" vom 6. August 1984 (AAS 76 [1984] 876 – 909) nachdrücklich hervorgehoben, daß der der Kirche eigene Auftrag in der Verkündigung der christl. „Heilsbotschaft in ihrer Ganzheit" (Instruktion über einige Aspekte der „Theol. der Befreiung") besteht, nicht jedoch in der Reform und Veränderung gegenwärtiger sozialer Strukturen. Dies bedeutet, daß die kath. Kirche den S. als eine *weltliche* Institution betrachtet, über deren konkrete sozialpolitische Aufgaben und Ziele dem Evangelium Jesu Christi keine unmittelbaren Weisungen zu entnehmen sind.

3. Neben den langjährigen Auseinandersetzungen zwischen Papsttum und Kaisertum (→Kaisertum u. Papsttum) bzw. zwischen S. und Kirche im MA. und in der Neuzeit (Investiturstreit; Streit über die potestas directa oder indirecta der Kirche im weltlichen Bereich; Staatskirchentum; →Kulturkampf) haben im 19. und bes. im 20. Jh. die soziale Bewegung und in den letzten Jahrzehnten vor allem die Konfrontation der Kirche mit den verschiedenen Formen des modernen Totalitarismus die Ausbildung einer systematischen kath. S.lehre stark gefördert. In den kirchl. Stellungnahmen zum →Sozialismus, →Faschismus, →Nationalsozialismus, →marxistischen Kommunismus und zur Verfolgungssituation der Kirche in den von diesen totalitären Bewegungen beherrschten Staaten finden sich bedeutsame kirchl. Aussagen zur kath. S.lehre. Die kath. S.lehre ist kein starres und unveränderl. System apriorischer und abstrakter Prinzipien und auch „kein nahezu geschichtsloser Widerpart weltlicher Soziallehre" (H. MAIER). Sie ist entsprechend dem Wandel geistesgeschichtl. Ideen und Leitbilder in dauernder Veränderung begriffen.

Die kath. S.lehre beruht allerdings auf wenigen philosophisch-anthropologischen Grundaussagen, die, wie die geschichtl. Erfahrung und die kritische philosophische Reflexion beweisen, im Wesen (d. h. in der Natur) des Menschen wurzeln und deshalb für den Aufbau jeder denkbaren menschenwürdigen →Gesellschaft unverzichtbar sind. Dies gilt insbes. von dem obersten Grundsatz, daß die *menschl. →Person und ihre Würde im Bereich des S. und der Gesellschaft den höchsten Wert darstellen.* Dem S. kommt deshalb gegenüber dem Einzelmenschen und der menschl. Gesellschaft eine Dienstfunktion zu (P. MIKAT). Der S. kann nach der kath. S.lehre niemals Selbstzweck sein. Ihm kann keine höhere Seinsqualität eignen als dem Einzelmenschen. Andererseits kann der seiner Natur nach gemeinschaftsbezogene Mensch in seiner Einmaligkeit nur innerhalb der Gemeinschaft und damit notwendig auch nur im S.verband zur vollen Entfaltung seiner Fähigkeiten und seiner Personalität gelangen.

B. Der Ursprung des S. 1. In erklärtem Gegensatz zu den Vertragstheorien, wie sie im Zeitalter des rationalen Naturrechts vornehmlich von TH. HOBBES entwickelt wurden, hat die kath. S.lehre in Übereinstimmung mit der antiken, besonders der aristotelischen Philosophie stets die Auffassung vertreten, daß der Ursprung des S. nicht auf einem willkürlichen, künstlich konstruierten Unterwerfungsvertrag beruht, sondern im Wesen (d. h. in der Natur) des Menschen begründet ist. Nach ARISTOTELES (Politik A 2; 1253 a 2) ist der Mensch „von Natur aus ein geselliges Wesen" (zoon politikon). Zur Sicherung ihrer Existenz (S. als Überlebensgemeinschaft zum Schutz gegen äußere und innere Feinde und zugleich als Friedens- und Rechtsordnung) und zum Zwecke der Ermöglichung eines der jeweiligen Entwicklungsstufe angemessenen kulturellen Lebens (KulturS.) werden die einzelnen Familien und Sippen mit Naturnotwendigkeit zum Zusammenschluß im S.verband geführt. Die S.gewalt wird dabei in den S.gliedern ruhend gedacht. Als Reaktion gegen den übersteigerten →Absolutismus der Spätrenaissance haben namhafte Vertreter der kath. S.lehre (FR. SUÁREZ) zu Beginn der Neuzeit bereits vor TH. HOBBES und J. J. ROUSSEAU die Idee der Volkssouveränität entwickelt und die Legitimität eines →*Widerstandsrechts* anerkannt. Während die hist. Vorgänge und die rechtl. Akte des Entstehens konkreter S.en Gegenstand der Geschichts- und Rechtswiss. sind, betrachtet die S.philosophie und die kath. S.lehre den Menschen, insofern er durch seine Naturanlage wesensnotwendig zur S.gründung geführt wird. Der Mensch ist seinsmäßig *vor* dem S., seinem Wesen nach aber notwendig auf den S. hingeordnet. *Der S. ist nicht die Quelle allen Rechts.* Der Einzelmensch besitzt vielmehr von Natur aus vorstaatl. Rechte, →Grund- und Menschenrechte, die nicht auf staatl. Verleihung beruhen und daher vom S. anzuerkennen und zu schützen sind (→Naturrecht).

2. Die →*Familie* ist nach der kath. S.lehre, die insoweit aristotelisches Gedankengut rezipiert hat, die von der Natur vorgegebene Form menschl. →Gemeinschaft (societas naturalis), die eine andere, übergeordnete Gemeinschaft voraussetzt und deshalb insoweit unvollkommen (imperfecta) ist und die auch nicht über die notwendigen rechtl. und tatsächl. Voraussetzungen verfügt, um sämtl. Bedürfnissen des Menschen genügen zu können (incompleta). Auch der S. ist eine von der Natur vorgegebene Form menschl. Vergemeinschaftung (societas naturalis), die jedoch im Unterschied zur Familie ihrem Begriff und ihrem Wesen nach eine übergeordnete Gemeinschaft *nicht* voraussetzt und deshalb – insoweit – vollkommen (perfecta) ist. Der S. verfügt auch über alle rechtl. und tatsächl. (machtmäßigen, wirtschaftl. und kulturellen) Voraussetzungen, um sämtl. Bedürfnissen des menschl. Lebens genügen zu können (completa). Nach einer bekannten philosophischen Kurzformel kann daher der S. definiert werden als *„Societas naturalis perfecta completa“*. Im Sinne des modernen S.rechts ist darin die Idee der Souveränität des S. nach innen und außen ausgedrückt, nicht dagegen die Vorstellung einer wirtschaftl. Autarkie.

3. Die →*marxistische Theorie vom langsamen „Absterben des S.“* nach Durchführung der Enteignung des Privateigentums an den Produktionsmitteln und der Verwirklichung einer klassenlosen Gesellschaft erweist sich im Lichte der kath. S.lehre, die im S. die naturnotwendige Form übergeordneter menschl. Vergemeinschaftung erblickt, als gegen das Wesen des Menschen gerichtet und damit als reine Utopie.

4. Ebenso sind auf der Grundlage dieses Menschenbildes *theol. Auffassungen, die den S. als durch die Erbsünde bedingte „infralapsarische“ oder „postlapsarische“ Notordnung verstehen möchten,* mit dem S.verständnis der kath. S.lehre unvereinbar. Der S. ist nicht die Folge der Erbsünde. Obwohl die kath. Theol. die Anfechtbarkeit und Fehlbarkeit des Menschen als S.lenker (Obrigkeit) und S.bürger (Untertan) nicht verkennt und mit ihr allezeit rechnet, erblickt sie die Rechtfertigung des S. nicht in der Sünde, sondern in der von Gott geschaffenen Menschennatur. Die kath. S.lehre hat stets die Auffassung vertreten, daß weder aus dem AT noch aus dem NT eine S.theorie und noch viel weniger ein System einer S.lehre abgeleitet werden kann. Aus den üblicherweise von theol. Seite angeführten Schriftstellen, der Zinsgroschenstelle (Mk 12, 17 par), der Zweischwerterstelle (Lk 12, 36 ff.), dem Verzicht Jesu auf Widerstand bei der Gefangennahme (Lk 22, 49 ff.), der Aussage Jesu „Mein Reich ist nicht von dieser Welt“ (Joh 18, 36), aus dem Wort Jesu gegenüber Pilatus „Du hättest keine Macht über mich, wenn es dir nicht von oben gegeben wäre“ (Joh 19, 11), der Aussage des Apostels Paulus, daß es keine Gewalt gebe außer von Gott, der sich darum jedermann unterzuordnen habe (Röm 13, 1 ff.), und dem Bilde des Tieres in Apk 13 läßt sich weder eine S.philosophie entwickeln, noch lassen sich daraus genügende Anhaltspunkte dafür gewinnen, daß der S. eine Institution ist, deren Wesen, Notwendigkeit und Herrschaftscharakter nur als Folge des ausschließl. aufgrund religiösen Glaubens erkennbaren Mysteriums der Erbsünde begriffen werden kann. Wohl aber kann den Schriften des AT und des NT entnommen werden, daß der S. einen von Gott, dem Schöpfer des Menschen, mit dem Menschen geschaffenen Herrschaftsverband darstellt, dessen Aufgabe darin besteht, eine Rechts- und Friedensordnung zu errichten, und daß der einzelne auch Gott gegenüber im Gewissen verpflichtet ist, den gerechten →Gesetzen des S. zu gehorchen. Die Vorläufigkeit und Vergänglichkeit der staatl. Ordnung, die in bes. Maße einer dauernden Pervertierung und Korrumpierung ausgesetzt ist, soll sich der Christ ebenso stets vor Augen halten wie die Vorläufigkeit dieser Welt überhaupt. Ebenso wie die Welt als ganze steht die Ordnung des S. unter dem „eschatologischen Vorbehalt“.

C. Die Verwirklichung des Gemeinwohls als Aufgabe des S. 1. *Die Aufgabe und der umfassende Zweck des S. ist die Verwirklichung des Allgemeinwohles oder →„Gemeinwohles“ (bonum commune).* Die kath. S.lehre steht hier im Gegensatz zu einer im 19. Jh. und in der Gegenwart von Soziologen und Juristen vertretenen agnostischen Auffassung, nach der die Begriffe „Gemeinwohl“ und „Öffentl. Interesse“ „Leerformeln“ darstellen, denen lediglich die Funktion zukomme, den jeweiligen Machthabern („Establishment“) als Deckmantel und Tarnung bei der Verfolgung ihrer persönl., parteipolitischen, klassenspezifischen und gruppenegoistischen Interessen und Ziele zu dienen. Trotz der häufigen mißbräuchl. Berufung der Inhaber der S.gewalt auf angeblich vom „Gemeinwohl“ gebotene Maßnahmen und Handlungen hält die kath. S.lehre an der Erkennbarkeit und objektiven Determinierbarkeit dessen, was unter Gemeinwohl im Einzelfall zu verstehen ist, fest. Sie verweist darauf, daß es bisher kein Tyrann und kein Parteifunktionär wagen konnte, zu behaupten, mit seiner Politik nicht das Wohl des S. und der Allgemeinheit, sondern nur persönl. oder rein parteipolitische Ziele zu verwirklichen. Alle Verf. der Welt gehen von der Erkennbarkeit des Gemeinwohles aus. Nach Art. 56 GG schwören Bundespräsident, Bundeskanzler und alle Bundesminister bei ihrem Amtsantritt, ihre Kraft „dem Wohle des dt. Volkes“ zu widmen.

2. Inhaltlich kann das Gemeinwohl in einem doppelten Sinne verstanden werden: Als *Zustand*, der sich ergibt, wenn und soweit die Gesellschaft der Forderung nach der notwendigen dauernden Gemeinwohlverwirklichung im inneren und äußeren Aufbau der Gesellschaft entspricht (sog. „statische" Betrachtungsweise), oder als *Zielvorstellung und Vorgang*, der alle geistigen Bemühungen und sämtl. übrigen erforderl. Maßnahmen in sich begreift, die der Erhaltung und Verbesserung des Zustandes der Gesellschaft dienen (sog. „dynamische" Betrachtungsweise; Gemeinwohl im Vollzug; „operationaler" Gemeinwohlbegriff). Das so verstandene Gemeinwohl muß aufgrund immer neuer Zielvorstellungen angestrebt und verwirklicht werden. Auch unter günstigsten personellen und sachl.-hist. Voraussetzungen kann ein optimaler Zustand des Gemeinwohls nur im Sinne von Annäherungswerten erreicht werden. Vielfach ist sein Zustand ein überaus mittelmäßiger und unvollkommener. Das II. Vat. Konzil definiert unter ausdrücklicher Betonung der Notwendigkeit eines dynamischen Gemeinwohlverständnisses im Anschluß an G. GUNDLACH das Gemeinwohl als die „Summe aller jener Bedingungen des gesellschaftl. Lebens, die den einzelnen, den Familien und gesellschaftl. Gruppen ihre eigene Vervollkommnung voller und ungehinderter zu erreichen gestattet" (Past. Konst. Kap. 34; vgl. auch „Erklärung über die Religionsfreiheit" Kap. 6; Past. Konst. Kap. 26, 42, 59, 74, 78).

3. *Inhaltliche (materielle) Determinanten des Gemeinwohls.* Der Begriff des so verstandenen Gemeinwohls ist nicht inhaltsleer und abstrakt, sondern durch zahlreiche materielle anthropologische und rechtl. Determinanten bestimmt. Zu den Grundelementen jeder menschenwürdigen Gemeinwohlverwirklichung gehört an erster Stelle, daß der S. bei seiner gesamten Tätigkeit in Gesetzgebung, Verwaltung und Rechtsprechung die Würde des Menschen und seine vorstaatl. →Grundrechte achtet und schützt. Auch der strafrechtl. Schutz des Menschenlebens vom Anfang seines embryonalen Daseins an gehört zu den Grundvoraussetzungen jeder menschenwürdigen Gemeinwohlverwirklichung. Ebenso bedürfen →Ehe und Familie und das personenverbundene →Eigentum eines bes. rechtl. Schutzes. Gleiches gilt von der Verwirklichung einer gerechten Sozialordnung und von der Verpflichtung des S. zur Wahrung des äußeren →Friedens. Nur bei Anerkennung und Verwirklichung dieser Werte und Ziele kann in der nationalen und internationalen Ordnung ein befriedigender Zustand des Gemeinwohls erreicht werden. Über die Opportunität konkreter politischer Maßnahmen und über die Art und Weise ihrer Verwirklichung wird in einer freiheitl. →Demokratie auf allen Gebieten, auf die sich die Tätigkeit des modernen S. erstreckt, im tägl. politischen Meinungsbildungsprozeß stets eine große Vielfalt von Auffassungen und Vorstellungen bestehen (H. PETERS). Die politische Auseinandersetzung in der rechtsstaatl. und freiheitl. Demokratie muß aber stets unter Wahrung der menschl. Grundwerte aller Beteiligten und der Rechte des anderen erfolgen.

D. Der hohe Rang des Subsidiaritätsprinzips. Das Bemühen, die Einzelperson mit ihren fundamentalen Rechten und Freiheiten und den Bestand der freien Gesellschaft vor der Über- und Allmacht des über sämtl. Machtmittel und über alle Errungenschaften der modernen Technik (zB Datenbanken) verfügenden modernen S. zu schützen, ist das erklärte Anliegen der kath. S.lehre. Sozialphilosophischer Ausdruck dieses Bemühens ist das in der politischen und z. T. auch konfessionellen Auseinandersetzung und Polemik der letzten Jahrzehnte in seinem Anliegen und seiner Zielrichtung oft bis zur Unverständlichkeit verzeichnete →Subsidiaritätsprinzip. Dieses ist seinem materiellen Gehalt nach kein konfessionelles und deshalb auch kein kath. Prinzip, sondern lediglich die sozialphilosophische Umschreibung der Kurzformel für den freiheitl. S. gegen jede Form von Kollektivismus und Totalitarismus: „Soviel Freiheit wie möglich, soviel S.tätigkeit wie nötig" (O. v. NELL-BREUNING). Das Subsidiaritätsprinzip ist keine starre Rechtsnorm, sondern eine oberste philosophische Maxime. Es bedarf in jedem Fall der zeit- und situationsangemessenen Verwirklichung und läßt in seiner konkreten Anwendung im Einzelfall durchaus verschiedene Varianten und Gestaltungsmöglichkeiten zu. Hist. ist es genuines Gedankengut des staatstheoretischen →Liberalismus (J. ISENSEE). Von daher wurde es von der kath. Soziallehre rezipiert und philosophisch vertieft. Seine grds. Anerkennung und praktische Anwendung bildet, wie auch das II. Vat. Konzil erklärt, eine konstitutive materielle Voraussetzung jeder menschenwürdigen Gemeinwohlverwirklichung. Das Subsidiaritätsprinzip verlangt neben der Gewährleistung des Grundrechts der →Vereinigungs- und →Koalitionsfreiheit vor allem die Möglichkeit freier privater, d. h. s.unabhängiger Betätigung in der Wirtschaft, in allen Bereichen des kulturellen Lebens (→Kultur) sowie der Wohlfahrtspflege und der sozial-karitativen Dienste (→Diakonie). Es gebietet dem S. die Ermöglichung einer Vielfalt freier gesellschaftl. Organisationen und eines gesellschaftl. Eigenlebens im Bereich der Wirtschaft, der Kultur und der sozialen Fürsorge und damit eine grds. pluralistische Gemeinwohlverwirklichung (→Pluralismus). S.theoretisch ist die föderale S.idee im Sinne der →Bundesstaatlichkeit dem Anliegen des Subsidiaritätsprinzips zwar verwandt, dieses fordert aber nicht einen föderalen Staatsaufbau. Die Idee der kommunalen Selbstverwaltung kann dagegen als unmittelbare Ausprägung des Subsidiaritätsprinzips betrachtet werden. Das richtig verstandene Subsidiaritätsprinzip verhindert weder die Verwirklichung des →Sozialstaatsprinzips, noch führt es in der S.praxis zu einem „schwachen" S., der zur Verfolgung seiner Ziele und Aufgaben unfähig wäre, noch beeinträchtigt es die →Souveränität des S. nach innen. Im Interesse des Schutzes der Freiheit der Bürger verbietet es die Aufsaugung aller Lebensbereiche durch den S. und deren Übernahme in die unmittelbar hoheitl. oder auch mittelbare S.verwaltung. Mit einem konsequent verwirklichten Subsidiaritätsprinzip ist die Etablierung totalitärer Herrschaftsformen in einem S. undenkbar. Bei allen totalitären Herrschaftssystemen (→Nationalsozialismus, →marxistisch-kommunistische S.en) stieß und stößt deshalb das Subsidiaritätsprinzip auf die denkbar schärfste Ablehnung.

Das Subsidiaritätsprinzip hat seine klassische Definition im Anschluß an G. Gundlach in Nr. 79 der Enzyklika „Quadragesimo anno" des Papstes Pius XI. vom 15. Mai 1931 (AAS 23 [1931] 203) gefunden. Danach darf dasjenige, was der Einzelmensch aus eigener Initiative und mit seinen eigenen Kräften leisten kann, ihm nicht entzogen und der Gesellschaftstätigkeit zugewiesen werden. Ebenso verstößt es gegen die Gerechtigkeit, dasjenige, was die kleineren und untergeordneten Gemeinwesen leisten und zu einem guten Ende führen können, für die weitere und übergeordnete Gemeinschaft in Anspruch zu nehmen. Die Definition schließt mit dem Satz: „*Jede Gesellschaftstätigkeit ist ihrem Wesen nach subsidiär.* Sie soll die Glieder des Sozialkörpers unterstützen, darf sie aber niemals zerschlagen und aufsaugen." Das Subsidiaritätsprinzip ist sozial- und s.philosophisch die grds. Option für die →Freiheit des Menschen in Gesellschaft und S.

Die Dokumente des II. Vat. Konzils und ebenso der Codex Iuris Canonici (CIC) vom 25. Januar 1983 gehen in ihren Aussagen über das Verhältnis von →Kirche und S. von einem S. aus, der auf der *Unterscheidung von S. und Gesellschaft* als der Voraussetzung der Ermöglichung bürgerl. Freiheitsrechte beruht und der seinen Bürgern die in der Allgemeinen Erklärung der Menschenrechte der Vereinten Nationen vom 10. Dezember 1948 enthaltenen Grund- und Freiheitsrechte nicht nur dem Buchstaben der Verfassung nach, sondern auch effektiv gewährt.

Quellenwerke: A. Utz u. B. v. Galen (ed.), Die kath. Sozialdoktrin in ihrer geschichtlichen Entfaltung. Eine Sammlung päpstlicher Dokumente vom 15. Jh. bis in die Gegenwart (Originaltexte mit Übersetzung), 4 Bde, 1976 – E. Marmy (ed.), Mensch und Gemeinschaft in christl. Schau. Dokumente (von Papst Gregor XVI. 1832 bis Pius XII. 1945), Freiburg/Schweiz 1945 – A.-F. Utz u. J.-F. Groner (ed.), Aufbau und Entfaltung des gesellschaftl. Lebens. Soziale Summe Pius XII., 3 Bde, Freiburg/Schweiz 1954–1961 – G. Gundlach (ed.), Die sozialen Rundschreiben Leos XIII. und Pius XI., 1960[3] – Das Zweite Vatikanische Konzil. Konstitutionen, Dekrete und Erklärungen. Lat. u. dt., 3 Bde, 1967–1968 – K. Rahner u. H. Vorgrimler (ed.), Kleines Konzilskompendium. Sämtl. Texte des Zweiten Vaticanums, 1984[17] – H. Schnatz (ed.), Päpstl. Verlautbarungen zu S. und Gesellschaft. Originaldokumente mit Übersetzung, 1973.

Literatur: J. Hergenröther, Kath. Kirche und christl. S. in ihrer geschichtl. Entwicklung und in Beziehung auf die Fragen der Gegenwart, 2 Bde, (1872) 1968 – P. Tischleder, Ursprung und Träger der S.gewalt nach der Lehre des hl. Thomas und seiner Schule, 1923 – Ders., Die S.lehre Leos XIII., 1925 – Ders., S.gewalt und kath. Gewissen, 1927 – H. Rommen, Die S.lehre des Franz Suárez SJ, 1926 – Ders., Der S. in der kath. Gedankenwelt, 1935 – F. X. Arnold, Die S.lehre des Kardinals Bellarmin. Ein Beitrag zur Rechts- und S.philosophie des konfessionellen Zeitalters, 1934 – M. Grabmann, Studien über den Einfluß der aristotelischen Philosophie auf die ma. Theorien über das Verhältnis von Kirche und S., 1934 – J. Kleinhappl, Der S. bei Ludwig Molina, Innsbruck 1935 – J. B. Schuster, Die Soziallehre nach Leo XIII. und Pius XI. unter bes. Berücksichtigung der Beziehungen zwischen Einzelmensch und Gemeinschaft, 1935 – O. v. Nell-Breuning, Zur christl. S.lehre, Wörterbuch der Politik II, 1957[2] (Lit.) – G. Gundlach, Die Ordnung der menschl. Gesellschaft, 2 Bde, 1964 – H. Kuhn, Der S. Eine philosophische Darstellung, 1967 – J. Isensee, Subsidiaritätsprinzip und Verf.recht. Eine Studie über das Regulativ des Verhältnisses von S. und Gesellschaft, 1968 (Lit.) – H. Maier, Kath. Sozial- und S.lehre und neuere deutsche S.lehre, AöR 93 (1968) 1–36 – P. Mikat, Grundelemente kath. S.auffassung, in: Ders., Religionsrechtl. Schriften, 1974, 627–647 – Ders., Das Verhältnis von S. und Kirche nach der Lehre der kath. Kirche, Hdb. des S.kirchenrechts der Bundesrep. Dtschld. I, 1974, 141–185 – J. Höffner, Christl. Gesellschaftslehre, 1983[8] – L. Pohle, Die Christen u. der S. nach Römer 13, 1984 – J. Listl, Kirche und S. in der neueren kath. Kirchenrechtswissenschaft, 1978 (Lit.) – Ders., Die Aussagen des Codex Iuris Canonici vom 25. Januar 1983 zum Verhältnis von Kirche und S., Essener Gespräche zum Thema S. und Kirche 19 (1985) 9–32.

Joseph Listl

Staat und Kirche →Kirche und Staat; →Staatskirchenrecht; →Vertragsstaatskirchenrecht

Staatenverbindung. S. ist, wenn man das Wort seinem etymologischen Sinn nach gebraucht, „jede auf einem Rechtsgrunde beruhende dauernde Beziehung zweier oder mehrerer Staaten" (G. Jellinek). Diesem weiten, unkritischen Sprachgebrauch steht ein zweiter gegenüber, der unter S.en nur Vereinigungen von politischer Relevanz versteht. Da diesem Merkmal aber jede Schärfe fehlt, wird im folgenden vom erstgenannten Begriff der S. ausgegangen. Die S.en von politischer Bedeutung, die auch bei Zugrundelegung des weiteren Begriffs eine bedeutsame Rolle in einer Lehre von den S.en spielen, sind folgerichtig nur eine Unterart.

I. Die herkömmliche Typologie der S.en. Die Lehre von den S.en baut bis zum heutigen Tage auf dem System auf, das im 19. Jh. von der dt. Staatsrechtslehre (Brie, G. Jellinek) entwickelt worden ist. Dieses System ist zwar seit den 20er Jahren dieses Jh. Gegenstand zahlreicher Angriffe bezügl. seiner Vollständigkeit und auch seiner Sachgemäßheit geworden. Es ist aber nie grundlegend überwunden worden, so daß eine Lehre von den S.en auch heute mit seiner Darstellung beginnen und von seiner Kritik ausgehen muß. Paradigmatisch wird dabei im folgenden das System herangezogen, das G. JELLINEK in seiner Lehre von den S.en (1882) und seiner Allg. Staatslehre (1913³, S. 737 ff.) vorgelegt hat.

A. Das System der Staatenverbindungen nach G. Jellinek. *1. Staatenverbindungen i.e.S. und Staatenverbindungen i.w.S.* Nach G. JELLINEK ist zunächst zwischen S.en i.w.S. und S.en i.e.S. zu unterscheiden. Letztere sind, wie bereits ausgeführt, „dauernde rechtl. Vereinigungen von Staaten *politischer Natur*", d. h. solche Verbindungen, die die beteiligten Staaten oder doch einige von ihnen „in ihrer ganzen Existenz", auf Gedeih und Verderb erfassen, während der erstgenannte Begriff schlechthin *alle* dauernden Beziehungen zwischen Staaten erfaßt, neben den S.en i.e.S. also insbes. auch die sog. *Bündnisse* oder *Allianzen,* in denen sich Staaten zu militärischen Zwecken, aber nur vorübergehend zusammenschließen, ferner die sog. *Verwaltungsunionen,* die von mehreren Staaten zur gemeinsamen Bewältigung einzelner, genau abgegrenzter Aufgaben gegründet werden und die häufig sogar über eine eigene Organisation (→Internationale Organisationen) verfügen (zB Münzunionen, Weltpostverein, Telegraphenunion, Interpol), und schließl. die gewöhnl. völkerrechtl. Verträge (→Völkerrecht; →Vertragsrecht, internationales), in denen sich Staaten auf Dauer, aber ohne jeden organisatorischen Niederschlag gegenseitig Leistungen versprechen (Handels-, Auslieferungs-, Rechtshilfeverträge usw.). →Internationale Organisationen wären bei Zugrundelegung dieser Terminologie bei den S.en i.e.S. stets gegeben, sofern diese überhaupt im internationalen Bereich angesiedelt sind (dazu 2); bei S.en i.w.S. *können* sie auftreten, müssen es aber nicht.

2. Völkerrechtl. und staatsrechtl. S.en. Innerhalb der S.en i.e.S., also der politisch relevanten S.en, ist nach G. JELLINEK weiter zwischen völkerrechtl., d. h. auf „Vertrag oder Vereinbarung" beruhenden, und staatsrechtl., d. h. auf „Herrschaftsverhältnissen", auf der Oberhoheit der S. selbst beruhenden S.en zu unterscheiden. Modern gesprochen, erhält die S. im völkerrechtl. Sinne die Gesetze ihres Handelns, insbes. aber ihre →Verfassung aus einer Vereinbarung und damit auch aus dem Willen der ihr angehörenden Einzelstaaten, während die staatsrechtl. S. über eine eigenständige Staatshoheit, insbes. eine eigenständige verfassunggebende Gewalt verfügt und aus dieser die grundlegenden Regeln über ihre Organe und deren Verfahren erhält.

3. Die Arten der S.en nach G. JELLINEK. Anhand dieser Kriterien unterschied G. JELLINEK im wesentl. fünf Arten von S.en.

a) Die „völkerrechtl. begründeten Abhängigkeitsverhältnisse", insbes. die *Protektorate,* deren Wesen nach JELLINEK darin besteht, daß sich ein Staat durch völkerrechtl. Vertrag in den Schutz eines anderen begibt, folgerichtig auf eine eigene Wehrpolitik und meistens auch auf eine eigene Außenpolitik verzichtet, diese vielmehr durch den schutzgewährenden Staat ausüben läßt. Die Rechtsfigur des Protektorats, die überwiegend im Kolonialrecht angesiedelt war (das „Protektorat Böhmen und Mähren", das von den Machthabern des Dritten Reiches eingerichtet wurde, war kein echtes Protektorat), ist mit dem Kolonialismus ausgestorben (s.a. Dekolonisierung), auch die heute bestehenden Satellitenverhältnisse weisen eine grundlegend andere Struktur auf.

b) Von ähnl. geringer praktischer Bedeutung ist heute der von JELLINEK so genannte *Staatenstaat,* bei dem ein „Oberstaat (suzeräner Staat) seine Herrschaft über „Unterstaaten" (halbsouveräne Staaten) ausübt, „die sich innerhalb der von dem oberherrl. Staatswesen gezogenen Rechtsschranken frei organisieren, nach innen weitgehende Selbständigkeit besitzen, nach außen jedoch kraft ihrer Abhängigkeit große Einschränkungen erfahren und dem Oberstaate zur Heerfolge oder doch zu ökonomischen Leistungen (Tribut) verpflichtet sind". Von den Protektoraten unterscheiden sich diese Staatenstaaten mehr durch den rechtl., freilich meist nur durch fragwürdige Konstruktionen klärbaren Charakter als durch ihre hist. und politische Struktur: Während die Protektorate, wie schon gezeigt, i.a. Produkte des westeurop. Kolonialismus waren, war nach JELLINEK Hauptbeispiel eines Staatenstaates das in der Auflösung befindl. osmanische Reich im Verhältnis zu seinen Vasallenstaaten.

c) Begriffl. mit der monarchischen Staatsform verbunden und daher heute ebenfalls bedeutungslos ist die dritte JELLINEKsche Form der S., nämlich die *Realunion.* Sie besteht in einer Identität der Herrscherperson zweier (oder mehrerer) Staaten, die „rechtl. gewollt", d. h. durch Vertrag begründet ist; verweisen die Rechtsordnungen der beteiligten Staaten dagegen unabhängig voneinander, rein zufällig auf ein- und dieselbe Person, so liegt nur eine Personalunion vor, die nach JELLINEK überhaupt nur eine *scheinbare* S. darstellt. Die bekanntesten Realunionen bestanden zwischen Norwegen und Schweden (1814/15 – 1905) sowie zwischen Österreich und Ungarn (1867 – 1918), die bekanntesten Personalunionen zwischen Sachsen und Polen (1697 – 1763) sowie zwischen England und Hannover (1714 – 1837).

d) Der *Staatenbund* ist nach JELLINEK die „dauernde, auf Vereinbarung beruhende Verbindung unabhängiger Staaten zum Zweck des Schutzes des Bundesgebietes nach außen und innerer Friedensbewahrung zwischen den verbündeten Staaten" mit einer „dauernden Organisation zur Realisierung der Bundeszwecke". Er besitzt keine eigenständige Staatsgewalt, sondern nur eine Art „Vereinsgewalt", die sich mit ihren Befehlen nicht an die einzelnen Bürger, sondern nur an die ihm angehörenden Staaten wendet; folgerichtig bedürfen die Bundesbeschlüsse zu ihrer Durchführung stets der Mitwirkung der

Mitgliedstaaten, die sie in ihren Willen aufnehmen und innerhalb ihres eigenen Machtbereiches mit ihren eigenen Organen vollziehen müssen. Dies ist selbst dann der Fall, wenn der Staatenbund über eigene Organe – gemeinsame Behörden, parlamentarische Versammlungen, beratende Gremien usw. – verfügt, und sogar dann, wenn in diesen nicht das Einstimmigkeits-, sondern das →Mehrheitsprinzip den Ausschlag gibt. Wichtigste Folge hieraus ist nach JELLINEK, daß im Staatenbund die →Souveränität nicht beim Bund, sondern vielmehr bei den Gliedern liegt.

e) Gerade dadurch unterscheidet sich nach JELLINEK der Staatenbund vom →*Bundesstaat,* in dem die Souveränität beim Bund liegt, der also „ein aus einer Mehrheit von Staaten gebildeter souveräner Staat" ist, dessen Staatsgewalt „aus seinen zur staatl. Einheit verbundenen Gliedstaaten hervorgeht". Der Bund verfügt im Bundesstaat über eine eigenständige, von den Gliedstaaten (Ländern) rechtl. nicht abgeleitete Staatsgewalt, vermittels deren er sich unmittelbar durch Gesetze, Verordnungen, Verwaltungsakte usw. an die Bürger der Gliedstaaten – die zugleich auch seine eigenen Bürger sind – wenden kann. Aus dem Vorhandensein dieser Bundesgewalt ergibt sich folgerichtig, daß auf den Sachgebieten, für die der Bund zuständig ist und auf denen er seine eigene Staatsgewalt ausübt, die Gliedstaaten nicht mehr zuständig sein können. Deshalb gehört zu den charakteristischen Merkmalen des Bundesstaates in diesem Sinne die sog. Zuständigkeits- oder Kompetenzverteilung zwischen dem Zentralstaat (Bund) und den Gliedstaaten.

B. Kritik. *1. Allgemeines.* Die JELLINEKsche Typologie der S.en und mit ihr die gesamte S.lehre des ausgehenden 19. und beginnenden 20. Jh., für die sie beispielhaft ist, muten heute weithin als formal, inhaltslos und am Wesentlichen vorbeigehend an. Grund hierfür ist vor allem der Ansatzpunkt: die Staatsgewalt. Dieser Ausgangspunkt ist aus verschiedenen Gründen unfruchtbar: Einmal ist – zumindest heute – die Gleichsetzung der Staatsgewalt mit den rechtspositivistischen Kategorien des Befehls und Zwangs nicht in der Lage, der Fülle staatl. Aktivitäten gerecht zu werden; neben diese beiden Arten staatl. Handelns sind heute noch Kategorien wie staatl. Leistung (→Daseinsvorsorge, Leistungsverwaltung), staatl. Lenkung durch Subventionierung, Gewährung von Beihilfen, Steuerpräferenzen usw., staatl. →Planung, staatl. Werbung und Belehrung (zB Mütterberatung) getreten, die u. U. viel wichtigere Instrumente des Staates sind als die des Befehls und Zwangs, so daß eine Typisierung und Würdigung der S.en nur von der so verstandenen Staatsgewalt her unrealistisch ist. Zweitens wird die geschilderte Betrachtungsweise dem Umstand nicht gerecht, daß die Frage, ob sich der Bund, wie zB im Bundesstaat, unmittelbar berechtigend oder verpflichtend an den Staatsbürger wenden kann, oder ob ihm das, wie beim Staatenbund, verwehrt ist, nicht notwendig mit der sehr viel entscheidenderen Frage nach der Gewichteverteilung identisch ist; denn einerseits können die Gliedstaaten zB auch im Bundesstaat JELLINEKschen Verständnisses auf Grund einer bes. Struktur der sog. föderativen Organe (zB →Bundesrat) das Heft in der Hand haben, andererseits ist es aber auch nicht völlig ausgeschlossen, daß eine starke Zentralgewalt selbst dort erhebl. Einfluß auf die Bundesglieder ausübt, wo sie auf den Vollzug ihrer Beschlüsse durch diese angewiesen ist. Drittens *setzt* die JELLINEKsche Lehre einen faktisch bestehenden Staatswillen als das treibende Moment der Staatsgewalt *voraus.* Diese stillschweigende Voraussetzung mag rechtl. – nicht tatsächl. – im monarchischen Staat zugetroffen haben; dort konnte man mit einiger Vereinfachung in der Tat den Staatswillen als etwas Unproblematisches, weil in der Person des Monarchen Konzentriertes zugrunde legen. Mit dem Übergang zu nicht-monarchischen Staatsformen wird die Staatswillenbildung aber zu einem zentralen Problem in der Lehre vom →Staat (s. insbes. auch Demokratie) und folgerichtig auch in der Lehre von den S.en: Es ist nunmehr nicht nur die Frage nach der Beteiligung von Bund und Gliedstaaten an der Bildung des politischen Gesamtwillens zu stellen, sondern daneben und vor allem auch die Frage nach ihrer Stellung im staatl. Integrationsprozeß (→Integration). Von dieser Seite her vermag die „klassische" Typologie das Problem der S. aber überhaupt nicht zu erklären.

2. Die Problematik der Unterscheidung von Bundesstaat und Staatenbund. Die im Vorstehenden dargestellten Bedenken gegen die „klassische" Typologie, die in verschiedensten Formen seit langer Zeit geltend gemacht werden (R. SMEND, C. SCHMITT u. a.), werfen auch ein bezeichnendes Licht auf die in Dtschld., ja überhaupt in Mitteleuropa noch heute übl. scharfe Unterscheidung von Bundesstaat und Staatenbund. Scheidet man aus der Reihe der von JELLINEK beschriebenen S.en die praktisch unbedeutenden aus, so bleiben nämlich nur diese beiden übrig, die überdies für die dt. – wie ähnl. auch für die schweizer. – Verf.gesch. jahrzehntelang grundlegende Bedeutung besaßen. In Dtschld. war es die Überwindung des Dt. Bundes durch die BISMARCKsche Reichsgründung, die die Staatslehre zu einer eingehenden Durchleuchtung des Bundesstaates und zu einer schroffen Gegenüberstellung von Bundesstaat und Staatenbund veranlaßte. Aus dieser Situation heraus war es fast unausweichl., daß die damals vorherrschende rechtspositivistische Schule den Bundesstaat durch die Existenz einer unmittelbar auf den Bürger gerichteten Bundesstaatsgewalt bestimmte und die mannigfachen, mit diesem einfachen Schema überhaupt nicht faßbaren Mischformen geflissentl. übersah – erinnert sei nur daran, daß etwa die Flußkommissionen

(s. a. Internationale Organisationen), obzwar von ihrer Zweckbestimmung her eindeutige Verwaltungsunionen (s.o. I A 1), Hoheitsrechte besaßen, mittels deren sie sich unmittelbar befehlend an die Staatsbürger wenden konnten. Die Erkenntnis der Unfruchtbarkeit von Konstruktionen, die an der Staatsgewalt bzw. der Souveränität ansetzen, veranlaßte gegen Ende der Weimarer Zeit C. SCHMITT, das Bundesverhältnis vom gemeinsamen Zweck der politischen Selbsterhaltung aller Bundesmitglieder und von deren durch diesen Zweck veränderter Gesamtstruktur her zu deuten (Verf.lehre, 1928, S. 366 ff.), während demgegenüber R. SMEND eine Deutung von seiner →Integrationslehre her versuchte. Daß die Problematik der →Europäischen Einigung nach dem Zweiten Weltkrieg und insbes. die Lehre von der Rechtsnatur der →Europäischen Gemeinschaften in Dtschld. dessen ungeachtet wieder bei der alten Frage „Staatenbund oder Bundesstaat?" anlangte, zeigt aber, daß beiden Versuchen eine größere Breitenwirkung zunächst versagt war.

II. Ansätze einer modernen Lehre von den S.en. Eine moderne, den Bedürfnissen und den Ausformungen der Staatspraxis angemessene Theorie der S.en wird es sich versagen müssen, nur *ein* Kriterium als das für die Unterscheidung der S.en grundlegende herauszustellen. Vielmehr ist es heute unumgängl., sämtl. S.en jeweils unter mehreren annähernd gleichwichtigen Gesichtspunkten zu betrachten und erst aus einer Synthese der so gewonnenen Antworten Aussagen über den Charakter der jeweiligen S. herzuleiten. Bei der Vielzahl der hierbei zu beachtenden Gesichtspunkte und der noch größeren Zahl mögl. Kombinationen ist es dann freilich schwer, für jeden denkbaren Typ eine bes. Bezeichnung einzuführen. Dies ist aber auch von untergeordneter Bedeutung: Entscheidend ist es vor allem anderen, zu einer Klarheit der Begriffe zu gelangen – bes. Bezeichnungen sind dann allenfalls bei bestimmten Typen von erhebl. Bedeutung vonnöten.

A. Der Aufgabenbereich der S.en. *1.* Eine wichtige, auch von der klassischen Lehre bereits erkannte Unterscheidung ist hier zunächst die zwischen S.en mit vergleichsweise punktuellem, auf einzelne, eng begrenzte Fachgebiete beschränktem *Aufgabenbereich* (die sog. Verwaltungsunionen wie Münzunionen, Weltpostverein usw.) und S.en mit vergleichsweise umfassendem, alle oder doch die wichtigsten öffentl. Funktionen ergreifendem Aufgabenbereich. In letzterer Gruppe sind mühelos die von JELLINEK so genannten S.en i.e.S. zu erkennen; doch muß beachtet werden, daß sich seit seinen Arbeiten die Ansichten über die Wichtigkeit der öffentl. Aufgaben so sehr verschoben haben (Wirtschafts- und Sozialpolitik!), daß bei der Einordnung konkreter S.en vielfach von ihm abweichende Ergebnisse zutage treten.

2. Insbes. muß heute auch bei S.en mit vergleichsweise wichtigem Wirkungsbereich zwischen mehreren Typen unterschieden werden, die mit der klassischen Unterscheidung zwischen Staatenbund und Bundesstaat nichts zu tun haben. Einmal gibt es nämlich S.en dieser Art, die auf einer *emotionalen Grundlage* beruhen und deren politische Wirkkraft daher i. d. R. wesentl. größer ist als die Wirkkraft von S.en, die ihre Existenz *realistisch-technischen Erwägungen* verdanken. Zur erstgenannten Gruppe gehört der klassische Bundesstaat, der seine Entstehung meist einer *nationalen* Einigungsbewegung verdankt; es gehören hierher aber z. T. auch S.en auf völkischer oder „rassischer" Grundlage wie etwa die Arabische Liga, S.en auf ideologischer Grundlage wie in der Gesch. etwa die kath. Liga und heute – noch immer – der sog. Ostblock. Auf vorwiegend rationaler Basis stehen demgegenüber nicht nur die oben schon behandelten *Verwaltungsunionen,* die nur einen „punktuellen" Aufgabenbereich besitzen, sondern es haben sich gerade in jüngster Zeit auf dieser Grundlage auch S.en mit vergleichsweise umfassendem Aufgabenbereich gebildet, wie etwa das bes. eindringl. Beispiel der Europ. Wirtschaftsgemeinschaft (EWG; →Europäische Gemeinschaften) zeigt. Zwar dient gerade auch diese dem durchaus emotional orientierten Zweck der →Europäischen Einigung, indem sie durch den weitgehenden Abbau der Wirtschaftsgrenzen eine fortschreitende politische Einigung ermöglichen soll; dennoch ist sie für den Augenblick wohl eher rational ausgerichtet. Eine *Zwischenform* bilden bei der hier beobachteten Art der Betrachtung Erscheinungen wie früher der →Völkerbund, heute die →Vereinten Nationen und der Europarat (→Europäische Einigung), die sich – und zwar ursprüngl. auf einer emotionalen Grundlage – dem Grundsatz nach auf dem ganzen Bereich öffentl. Funktionen betätigen, dabei aber einmal aus Gründen ihrer internen Willensbildung, zum andern wegen ihrer geringen Mittel zur Beeinflussung widerstrebender Mitglieder praktisch nur eine verhältnismäßig geringfügige Aktivität entfalten können. In der Gesch. sind S.en von derartig prekärer Struktur i.a. nach kurzer Zeit zerfallen (s. a. Völkerbund), doch scheint es, als ob das Schicksal der →Vereinten Nationen, für die sich immer wieder neue Aufgabenbereiche aufgetan haben (Flüchtlingsproblem, Krisenherdbekämpfung, →Dekolonisierung, →Entwicklungehilfe usw.), diesen Erfahrungssatz zumindest einschränken könnte.

B. Der räumliche und persönliche Bereich der S.en. Die zweite Frage, die bei der Einordnung einer bestimmten S. gestellt werden muß und die daher auch für eine Typologie der S.en bedeutsam ist, ist die nach dem räuml. – und damit auch nach dem persönl. – Wirkungsbereich.

1. Die wichtigste Unterscheidung in diesem Fragenkreis war während des Zeitalters der →Nationalstaaten ohne Zweifel und ist auch heute noch die zwischen S.en, die im Gebiete einer bestimmten →*Nation* bestehen und infolgedessen gerade Ausdruck des Vorhandenseins einer Nation sind, und S.en, in denen sich mehrere Staaten oder Nationen zusammenfinden, die also über den nationalen Bereich hinausgreifen. Musterbeispiel einer S. im nationalen Bereich ist der klassische Bundesstaat, so wie er sich als Typ vor allem in den →Vereinigten Staaten, in der Schweiz und in Dtschld. als Ausdruck der nationalen Einheit einer gleichviel zersplitterten Nation herausgebildet hat, während der Staatenbund von der klassischen Lehre gerade deshalb als bloße Übergangserscheinung gewertet wurde, weil er bei nationaler Einheit zu wenige und bei ihrem Fehlen zu viele Kompetenzen des Bundes begründe, so daß er im ersteren Fall unweigerl. in einen Bundesstaat, wenn nicht sogar in einen Einheitsstaat übergehen müsse, im letzteren Falle aber ebenso unausweichl. seiner vollständigen Auflösung entgegengehe. Wegen dieser Verwurzelung im nationalen Bereich kann auch der neuerdings in den sog. →Entwicklungsländern entstehende Typ von Bundesstaaten mit den „klassischen" Bundesstaaten nur bedingt verglichen werden. Sie mögen zwar in ihrer Organisation, in ihrer Zuständigkeitsverteilung und in den gegenseitigen Einflußnahmen des Zentralstaats und der Gliedstaaten dem „klassischen" Bundesstaat ähnl. sein, aber ihr Lebensgesetz ist ein anderes: nämlich meistens gerade der Versuch einer Überwindung der nationalen, genauer der Stammesschranken, auf die die Kolonialmächte nicht Rücksicht genommen haben, zugunsten der Aufrechterhaltung der von den Kolonialherren geschaffenen wirtschaftl. Einheiten, die nach der Dekolonisierung zugleich politische Einheiten, wenn auch von offenkundig prekärer Natur, geworden sind. Die afrik. Bundesstaaten befinden sich hier also, trotz aller durch die verschiedenen kulturellen und wirtschaftl. Entwicklungsstufen bedingten grundlegenden Unterschiede, in einer ähnl. Lage wie die →Europäischen Gemeinschaften, die ebenfalls gewisse Begriffselemente des „klassischen" Bundesstaates, vor allem die Möglichkeit unmittelbarer, den Bürger berechtigender bzw. verpflichtender Normsetzung besitzen, in ihrem eigenen Existenzinteresse aber ebenfalls auf die Überwindung nationaler Schranken angewiesen sind.

2. In engem Zusammenhang mit dem Vorstehenden steht die weitere Frage, ob eine S. nur Staaten eines *bestimmten Kulturkreises* umfaßt oder ob sie sich mehr oder weniger aus allen Staaten der Welt zusammensetzt bzw. diesen die Möglichkeit zum Beitritt gewährt, wie dies etwa bei den →Vereinten Nationen und ihren Unterorganisationen, in gewissem Umfang aber auch beim brit. Commonwealth (→Großbritannien) der Fall ist. Die Lösung dieser Frage ist nicht nur von grundlegender Bedeutung für die Willensbildung innerhalb der fragl. S., sondern ebenso auch für die Sachgebiete, die überhaupt in ihren Aufgabenkreis aufgenommen werden können, und für das Ausmaß, in dem die S. zur Bewältigung dieser Aufgaben Maßnahmen ergreifen kann. Ein eindringl. Beispiel bietet hier die →Europäische Einigung. Während der Europarat nicht zuletzt deshalb nur geringe praktische Bedeutung erlangen konnte, weil er von Anfang an neben den fast gleich entwickelten und in ihrem politischen Handeln kontinental ausgerichteten sechs „kleineurop." Staaten einerseits das lange noch weltweit interessierte Großbritannien, andererseits aber auch so unterentwickelte Länder wie die Türkei und Griechenland umfaßt, war die wirtschaftl. Einigung der sechs Kleineuropastaaten (Belgien, Dtschld., Frankreich, Italien, Luxemburg, Niederlande) trotz aller gelegentl. Spannungen bislang von Erfolgen gekrönt; die weitere Entwicklung, v. a. seit dem Beitritt Großbritanniens, Dänemarks, Irlands, Griechenlands, Spaniens und Portugals, wird abzuwarten sein. Gerade auf der einfachen Erkenntnis, daß die Erstreckung von S.en auf allzu unterschiedl. interessierte oder allzu unterschiedl. entwickelte Staaten leicht zu einer Erschwerung ihres Funktionierens führen kann, beruht übrigens die häufig angewandte S. der *Assoziation* (Assoziierung), wie sie zB lange im Verhältnis Großbritanniens zur Montanunion (→Europäische Gemeinschaften), Jugoslawiens zum →COMECON, andererseits im Verhältnis Griechenlands, der Türkei und vieler afrik. Staaten zur EWG begründet wurde (→Europäische Gemeinschaften). Dieser Typ der S. ermöglicht es nicht zentral interessierten und auf einer anderen Stufe stehenden Staaten, im Rahmen ihres Interesses und ihrer Möglichkeiten bei einer S. mitzuarbeiten, ja sich u. U. sogar allmähl. auf die Stufe der eigentl. Mitgliedstaaten anheben zu lassen, ohne diese an einem ihrem Interesse und ihren Möglichkeiten entsprechenden gemeinsamen Vorgehen zu hindern.

C. Die Willensbildung innerhalb der S.en. Die dritte Frage, von deren Beantwortung wesentl. Aussagen über die Einordnung einer konkreten S. abhängen, ist die Frage nach der Art und dem Verfahren ihrer Willensbildung. Gerade diese Frage hat die klassische S.lehre nicht gestellt und hat sich damit wichtige Einblicke in Wesen und Funktion der S.en verbaut.

1. Internationale (zwischenstaatl.) und intergouvernementale S.en. Im Schrifttum wird häufig darauf hingewiesen, daß es S.en gibt, deren eigentl. Grund im Zusammenschluß oder doch Zueinanderstreben der an ihnen beteiligten Völker liegt, während andere nur auf der politischen Entscheidung der Regierungen der beteiligten Staaten basieren. Selbst wenn man an dieser Stelle die auf nationalen Einigungsbewegungen beruhenden S.en ausklammert (s.o. B 1), bleibt daran die Beobachtung richtig, daß in der Praxis der S.en die rechtl. Beteiligung und die praktische Anteilnahme der Völker am Geschehen und am Geschick der einzelnen S. höchst unterschiedl. ist. Rechtl. Ausdruck dieser Erscheinung ist insbes. der sehr unterschiedl. Grad, in dem die Völker an der Delegierung der Vertreter ihres Staates in die Organe der S. beteiligt sind. Es liegt auf der Hand, daß diese Beteiligung in jenen S.en bes. groß ist, deren Mitglieder insgesamt auf den Grundsätzen der →Demokratie bestehen, während sie i.d.R. geringer sein wird, wo eine S. auch andere, sei es monarchische oder aristokratische, sei es diktatorisch regierte Staaten zu ihren Mitgliedern zählt. Aber diese Regel erleidet gewisse Ausnahmen. Einmal wäre es durchaus mögl., daß zB ein demokratischer Staat seine UN-Delegierten nicht aus dem Kreise seiner beamteten Diplomaten nähme, sondern durch Volkswahl bestimmen ließe, und umgekehrt gibt es auch in rein demokratisch aufgebauten S.en Organe, die von den – zwar ihrerseits durch Volkswahl berufenen – Regierungen, nicht aber durch das Volk selbst besetzt werden. Darin besteht zB gerade der Unterschied zwischen dem Senatssystem der →Vereinigten Staaten und dem deutschen Bundesratssystem (→Bundesrat).

2. Koordinierende und kooperierende S.en. Weiterhin ist von Bedeutung, ob sich die Willensbildung einer S. ledigl. in gemeinsamen Meinungs- und Willensäußerungen erschöpft, die für die Mitglieder mehr oder minder verbindl. Richtlinien des Handelns, wenn nicht überhaupt nur das schriftl. niedergelegte Ergebnis unverbindl. Beratungen darstellen, oder ob sie sich auf ein gemeinschaftl. Handeln bezieht, wobei es an dieser Stelle noch unerhebl. ist, ob die diesem Handeln entspringenden Akte unmittelbar für die betroffenen einzelnen gelten oder ob sie hierzu noch einer Transformation durch die Gliedstaaten bedürfen (s. u. D). In dieser grundlegenden Verschiedenheit der bloß koordinierenden, ja u. U. sogar *nur* beratenden S.en gegenüber den kooperierenden S.en liegt zB die Besonderheit des brit. Commonwealth begründet.

3. S.en mit permanenter Organisation und S.en ohne permanente Organisation. Sowohl für die Standfestigkeit als auch für die Effektivität der S.en ist es von wesentl. Bedeutung, ob und in welchem Umfang sie über eine eigene Organisation verfügen. Besitzen sie eine derartige Organisation, so besteht wiederum die Möglichkeit, daß diese sich auf ein ständig arbeitendes Hilfsorgan (etwa ein Sekretariat) beschränkt, während die im eigentl. Sinne entscheidenden Organe nur gelegentl., sei es in regelmäßigen Zeitabständen, sei es aus bes. Anlässen, zusammentreten, wie das etwa bei der Ministerpräsidenten-Konferenz des Commonwealth der Fall ist. Es liegt auf der Hand, daß die S. bei derartiger Organisation vergleichsweise locker ist. Ganz anders verhält es sich dagegen, wenn auch die Entscheidungsorgane mit einem festen Mitarbeiterstab auf Dauer etabliert sind (wie zB die Organe der klassischen Staatenbünde und Bundesstaaten, aber auch der Verwaltungsunionen, der Europ. Gemeinschaften, der UN, des Europarates usw.), wobei auch hier freilich je nach der Stärke und Schlagkraft dieser Organe noch erhebl. Gradunterschiede denkbar sind.

4. S.en mit föderativen und S.en mit unitarischen Organisationen. Bei jenen S.en, die nach den vorstehenden Ausführungen über eine permanente Organisation mit Entscheidungsbefugnissen verfügen, ist sodann die Frage nach der rechtl. Stellung dieser Organe zu stellen. Eine S. ist um so selbständiger, je weniger die Mitglieder ihrer Organe nach der Art ihrer Berufung und nach ihrer Rechtsstellung an den Willen der Mitgliedstaaten gebunden sind. Demgemäß lassen sich – im Sinne einer gleitenden Skala – S.en mit unitarischer Organisation, bei denen die Bindung der Organwalter an die Mitgliedstaaten vergleichsweise gering ist, von S.en mit föderativer Organisation unterscheiden, bei denen eine verhältnismäßig enge Bindung der Organe an die Mitgliedstaaten besteht. Soweit sich diese Frage rechtl. beantworten läßt, hängt sie insbes. mit dem Berufungsmodus und der Rechtsstellung der Mitglieder von Organen der S. zusammen.

a) Die Organe einer S. sind um so unitarischer ausgerichtet, d. h., die Bindung an das Gesamtinteresse und die Loslösung vom Partialinteresse des einzelnen Mitgliedstaates ist um so größer, je mehr die Mitglieder der Organe ihre Berufung nicht einem einzelnen, genau feststellbaren Mitgliedstaat verdanken und daher auch nicht ihre Abberufung durch ihn befürchten bzw. eine erneute Berufung durch ihn erhoffen müssen; die Organe sind umgekehrt um so föderalistischer ausgerichtet, je mehr ihre Mitglieder ihr Mandat auf einen bestimmten Staat zurückführen können.

Aus diesem Grunde war etwa der immerwährende Reichstag des Hl. Röm. Reiches Dt. Nation, der ein bloßer Gesandtenkongreß war, ebenso rein föderalistisch ausgerichtet, wie es zB noch heute die Generalversammlung der →Vereinten Nationen oder der →Bundesrat ist. Wo hier im Einzelfall ein unitarisches Denken Platz greift, wie das gerade beim →Bundesrat häufig der Fall ist, beruht diese Einstellung nicht auf der Struktur des Organs, sondern auf der mehr oder minder großen Einsicht der Mitgliedsregierungen. Rechtl. gesehen ist deshalb zB im Recht der EG der Rat, der sich aus den zust. Ressortministern der Mitgliedstaaten zusammensetzt, ein eindeutig föderatives Organ, während die Kommission, deren Mitglieder zu ihrer Bestellung der Zustimmung aller Mitgliedsregierungen bedürfen, ein unitarisches Organ ist. Freilich gilt das praktisch nur, solange sich die Mitgliedstaaten nicht auf eine feste Verteilung der Sitze einigen und zugleich die Zustimmung der jeweils unbeteiligten Regierungen zu einer bloßen Formsache stempeln. Interessant ist in diesem Zusammenhang auch die Stellung des Parlaments der →Europäischen Gemeinschaften, das sich rechtl. zwar aus Abgesandten der einzelnen Mitgliedsvölker zusammensetzt, das also m.a.W.

rechtl. föderativ organisiert ist, dessen Mitglieder sich aber nicht nach Staaten, sondern nach Parteien zu Fraktionen (Sozialisten, Christl. Demokraten, Liberale) zusammengeschlossen haben, woraus sich in der politischen Wirklichkeit eine eher unitarische Ausrichtung dieses – freilich noch sehr schwachen – Organs ergibt.

b) Weiterhin ist für die unitarische bzw. föderative Ausrichtung der Organe von Bedeutung, ob ihre Mitglieder an Weisungen der Mitgliedstaaten gebunden sind. Zwar kann diese Frage begriffl. nur bei jenen Organwaltern auftreten, die ihre Berufung auf einen bestimmten Staat zurückführen können, aber bei diesen besteht eben in der Tat die Möglichkeit, daß sie während ihrer Amtszeit von Weisungen frei sind, und umgekehrt, daß sie an Weisungen gebunden sind. Je weniger die Weisungsgebundenheit besteht, desto unitarischer wird das fragl. Organ handeln, je mehr sie (wie zB beim dt. →Bundesrat) besteht, desto föderalistischer wird seine Politik sein. Freilich ist auch hier wieder zu berücksichtigen, daß das praktische Verhalten der Beteiligten den Intentionen des Rechts nicht immer entsprechen muß: auch ein Organ mit weisungsfreien Mitgliedern wird sich i.d.R. föderalistisch gebärden, wenn sich die Mitglieder trotz der rechtl. Regelung an die Wünsche ihrer Regierungen halten, und auch ein Organ mit weisungsgebundenen Mitgliedern wird eine unitarische Politik treiben, wenn die Regierungen der Mitgliedstaaten eine solche wünschen.

5. S.en *mit einstimmiger und S.en mit mehrheitl. Willensbildung*. Von grundlegender Bedeutung für den Charakter einer S. ist schließl., ob ihre Willensbildung in den beratenden und beschließenden Organen nach dem Einstimmigkeitsprinzip oder dem →Mehrheitsprinzip erfolgt. Die Politik einer S. wird mehr am Gesamtinteresse orientiert sein, wenn nicht jeder einzelne Mitgliedstaat seine Zustimmung zu den Willensakten der S. geben muß, wenn also nicht jeder Mitgliedstaat ein Vetorecht besitzt. Eine S. wird also um so geschlossener und entschlossener auftreten können, je mehr ihre Willensbildung, abweichend von dem grds. geltenden Prinzip völkerrechtl. Willensbildung (→Völkerrecht), nach dem Mehrheitsprinzip (wenn auch u. U. mit qualifizierten Mehrheiten) vor sich geht; gerade deshalb sieht ja zB der EWG-Vertrag für die späteren Phasen der Integration ein immer stärkeres Übergehen zur Mehrheitsentscheidung vor. Allerdings kann auch diese Bewertung wieder nur eingeschränkt gelten. Denn einmal braucht die Praxis nicht unbedingt den Rechtsvorschriften zu folgen, wie insbes. die Gesch. der →Europäischen Gemeinschaften zeigt, in der noch heute auf Grund bes. Übereinkunft (sog. Luxemburger Akkord) über bestimmte Fragen erst bei Einigkeit aller Mitglieder abgestimmt wird, obwohl rechtl. eine Mehrheitsentscheidung zulässig wäre. Und zum andern kann umgekehrt ein starres Beharren auf dem Mehrheitsprinzip die Gründung einer S. überhaupt in Frage stellen (vgl. den Kampf um die Gründung der USA) oder zumindest ihren Fortbestand gefährden (vgl. die fortdauernde Krise der EG). In beiden Situationen ist abweichend von der normalen Beurteilung der Beschlußfassungsmodalitäten die Frage zu stellen, ob hier nicht gerade das Mehrheitsprinzip die Schwäche der fragl. S. ist.

6. *S.en mit gleichen und S. mit ungleichen Mitspracherechten der Mitglieder*. Sofern in einer S. die Willensbildung nach dem Einstimmigkeitsprinzip erfolgt und in ihren Organen alle Mitgliedstaaten vertreten sind, kann von einer Ungleichbehandlung der Mitglieder keine Rede sein: Jedes Mitglied kann ihm widerstrebende Anträge durch sein Veto zu Fall bringen. Anders verhält es sich dagegen, wenn in allen oder doch in bestimmten Organen nur gewisse Mitgliedstaaten vertreten sind (zB die ständigen Mitglieder im Sicherheitsrat der →Vereinten Nationen) und wenn in Organen, die grds. alle Mitgliedstaaten umfassen, die aber nach dem Mehrheitsprinzip entscheiden, bestimmte Mitgliedstaaten mehr Stimmen führen können als die anderen. In diesem Falle erhält die fragl. S. ein hegemoniales Element (→Hegemonie) oder, wenn es sich, wie zB bei den UN, um die Bevorrechtigung mehrerer Staaten handelt, ein oligarchisches Element. Dieses kann entweder darauf beruhen, daß in einer demokratisch fundierten S. die Stimmenverteilung in den föderativen Organen auf den Bevölkerungszahlen aufbaut (so verfügen zB im →Bundesrat die dt. Länder je nach Bevölkerungszahl über drei, vier oder fünf Stimmen), oder sie beruht auf der ideologischen oder einfach machtpolitischen Vorherrschaft eines Mitgliedstaates (ersteres: die →Sowjetunion im Ostblock, letzteres: →Preußen im Dt. Reich seit 1870). In vielen derartigen Fällen besteht die Gefahr, daß die S. mehr oder weniger zum Instrument des führenden Staates wird.

An dieser Stelle ist auch jene Form der S. zu erwähnen, die heute mit den Begriffen „Block" und „Blocksystem" bezeichnet wird. Sie besteht ihrem Wesen nach darin, daß sich um die – gegenwärtig zwei, in absehbarer Zeit durch die Entwicklung Chinas u. U. schon drei – „Supermächte" je ein Gürtel von „Satellitenstaaten" oder Schutzstaaten entwickelt, die die Macht der Supermächte einerseits durch ihr wirtschaftl. und militärisches Potential und andererseits auch durch ihre Stimmenführung in internationalen Organisationen verstärken, die dafür aber auch deren Schutz in den großen weltpolitischen Auseinandersetzungen des 20. Jh. genießen. Die Besonderheit dieser Blocksysteme besteht einmal in dem erhebl. Einfluß, den der führende Staat nicht nur auf die Politik, sondern häufig sogar auf die Verf.ordnung seiner Satelliten nimmt (vgl. im Ostblock die sog. BRESCHNEW-Doktrin) – in zahlreichen Fällen wurden von beiden Seiten sogar die Verf.ordnungen durch Umsturz geändert, um die Einverleibung in den einen oder anderen Satellitengürtel zu ermöglichen –, zum andern aber darin, daß sie nicht im eigentl. Sinne auf einer rechtl. Grundlage existieren, wie das i.d.R. von den klassischen S.en verlangt wurde (s.o. vor I), sondern daß die zahlreichen mit dem Blockverhältnis zusammenhängenden Organisations-, Schutz-, Beistandspakte usw. (im westl. Bereich zB NATO, WEU usw.) umgekehrt gerade erst Ausdruck (und meist sogar recht zufälliger Ausdruck) des bereits bestehenden Blockverhältnisses sind. Das Blocksystem ist infolgedessen eine bloße Randerscheinung in der Lehre von den S.en, allerdings eine Randerscheinung, deren politische Relevanz eindringl. die Bedingtheit theoretischer Systeme zeigt. Die Lebensstruktur der Blocksysteme ist infolgedessen bisher kaum erforscht, so daß auch hier nur einige der augenfälligsten Fragen angedeutet werden können.

Die erste von diesen Fragen hängt mit der Feststellung zusammen, daß sich innerhalb der beiden Blöcke mehr und mehr die Fortbildung des →Völkerrechts abzuspielen scheint. Während die *alle* Staaten umfassende sog. Völkerrechtsgemeinschaft, seit ihr die Homogenität des „Europ. Konzerts" verlorengegangen ist, weniger als Nährboden völkerrechtl. Rechtsschöpfung in Erscheinung tritt und die neu entstehenden Staaten Asiens und Afrikas ihr Verhältnis zum Völkerrecht, an dessen Ausgestaltung sie nicht beteiligt waren, noch nicht eindeutig zu bestimmen vermögen (→Dekolonisierung), besteht – trotz aller Meinungsverschiedenheiten im einzelnen – innerhalb der beiden Weltblöcke jene Homogenität, die das Völkerrecht voraussetzt. Damit besteht im Hinblick auf die zu wünschende Einheit des Völkerrechts die Gefahr, im Hinblick auf seine nicht weniger wichtige Intensivierung aber freilich auch die Chance, daß sich innerhalb der Staatenwelt in Anlehnung an die Blocksysteme auch eigenständige Völkerrechtsgemeinschaften partieller Art herausbilden. Es ist bisher nicht geklärt, welche Probleme durch diese mögl. Entwicklung gelöst werden könnten und welche neuen Probleme durch sie umgekehrt entstünden.

Damit ist zugleich auch die zweite Frage aufgeworfen, die im Zusammenhang mit den Blocksystemen auftritt: die Frage nach der Einbeziehung von Staaten, die die Homogenität des Blocks sprengen, die aber dennoch aus hist., geographischen oder politischen Gründen aufgenommen werden (lat.-amerik. Staaten im westl., Jugoslawien im östl. Bündnissystem). Gerade wenn man den Blocksystemen völkerrechtsbildende Relevanz zubilligt, ist die Frage zu stellen, inwieweit solche Außenseiter diese Funktion einerseits beeinflussen und inwieweit sie umgekehrt selbst Objekte eines angleichenden Einflusses des Blocks werden können.

Für demokratische Staaten wirft die Einordnung in ein Blocksystem schließl. das Problem der demokratischen Legitimation der blockführenden Politiker auf. Selbstverständl. kann sich zB der US-Präsident als Führer des Westblocks auf eine demokratische Wahl berufen, aber eben doch nur auf die Wahl durch das US-Volk, nicht durch die übrigen Völker des Blocks, deren Schicksal durch seine Entscheidungen oft nicht weniger beeinflußt wird als das seines eigenen. Dieses Problem, das in der Bundesrepublik Deutschland auch in der Diskussion um →Kriegsdienstverweigerung, Nachrüstung eine Rolle gespielt hat, läßt sich jedenfalls nicht durch das formale Argument aus der Welt schaffen, daß die anderen dem Block angehörenden Staaten der Politik des führenden Staates ja durch ihre gewählten Vertreter zugestimmt hätten; denn wegen der hegemonialen Stellung der Führungsmacht und wegen der erhebl. Gefährdung bei einem Ausscheiden aus dem Block kommt diese Zustimmung nur in den seltensten Fällen völlig frei zustande. Auch hier sind Staatslehre und politische Praxis eine Bewältigung des Blockproblems bisher schuldig geblieben.

D. S.en mit unmittelbarer Hoheitsgewalt und S.en ohne eine solche. Als letzter Gesichtspunkt, der hier aufgezählt werden soll, kommt für die Bewertung der einzelnen S. in Betracht, ob der Bund die Möglichkeit besitzt, sich durch →Gesetze, →Rechtsverordnungen, →Verwaltungsakte und Gerichtsentscheidungen unmittelbar berechtigend und verpflichtend an die Staatsbürger zu wenden, d. h., ob er eine eigene Hoheitsgewalt besitzt oder ob das nicht der Fall ist und er infolgedessen seine Willensäußerungen an die Mitgliedstaaten richten muß und darauf angewiesen ist, daß diese sie kraft ihrer eigenen Hoheitsgewalt an ihre Bürger weitergeben (sog. Transformation). Wie oben (I A 3) dargestellt, unterscheiden sich nach der klassischen Lehre danach insbes. Bundesstaat und Staatenbund. Aber auch hier war es zu einfach, den Bundesstaat durch das Vorhandensein, den Staatenbund aber durch das Fehlen einer solchen Bundes-Hoheitsgewalt zu definieren. In der Staatspraxis gibt es nämlich auch in Bundesstaaten Bereiche, in denen sich die Staatsakte des Bundes ledigl. an die Gliedstaaten richten, ohne zugleich den Bürger zu berechtigen bzw. zu verpflichten. Auch bei den →Europäischen Gemeinschaften müssen Gemeinschaftsakte mit unmittelbarer Bindungswirkung gegenüber dem Bürger (zB Verordnungen, bestimmte Entscheidungen und Gerichtsurteile) und solche ohne diese Bindungswirkung unterschieden werden, die sich nur an die Mitgliedstaaten wenden (insbes. die sog. Richtlinien). Die Unterschiede zwischen den einzelnen S.en sind also auch hier meist komplizierter gelagert, als die klassische Lehre das sah.

Selbst bei jenen S.en, in denen der Bund eine unmittelbare Rechtsetzungsgewalt gegenüber dem Bürger hat, ist es immer noch sehr wesentl., ob er auch im Besitze eigener Vollzugsorgane ist oder ob er für den Vollzug seiner Rechtsvorschriften doch wieder der Unterstützung seiner Glieder bedarf: Nur im erstgenannten Falle vermag er wirkl. selbständig zu handeln. Schon in der Bundesrepublik, vor allem aber in den Europ. Gemeinschaften ist es daher ein immer wieder auftretendes Problem, daß der Bund (bzw. die Gemeinschaft) trotz Zuständigkeit für die Rechtsetzung zum Vollzug auf die Behörden der Mitgliedstaaten angewiesen ist (→Bundesverwaltung). Darüber hinaus ergibt sich aber ganz allg. die Frage, ob die Zentrale im Konfliktsfall die faktische Macht zur Gleichschaltung widerstrebender Mitglieder besitzt. Deshalb wurde zB von der klassischen Lehre mit Recht erhebl. Wert auf die Frage gelegt, ob in einer S. die Wehrgewalt bei der Zentrale oder bei den Gliedstaaten liegt. Im 20. Jh. hat sich auch dieses Problem ausgeweitet. Insbes. bei den →Europäischen Gemeinschaften, die Wirtschaftsgemeinschaften sind, ist an die Stelle militärischer Sanktionen für den Untreuefall das Problem des Einsatzes wirtschaftl. Sanktionen getreten.

E. Zusammenfassung. Im Vorstehenden ist versucht worden, die Möglichkeiten der Klassifizierung und damit auch der Beurteilung von S.en an Hand bes. wesentl. Gesichtspunkte darzustellen. Es liegt auf der Hand, daß eine solche Aufzählung in dem zur Verfügung stehenden Raum nicht vollständig sein kann. Aber schon die hier dargestellten Elemente einer neuen Lehre von den S.en dürften zeigen, wie vielschichtig das Problem ist, vor allem aber, daß es unmögl. ist, durch Heranziehung der wenigen Elemente, mit denen die klassische Lehre auszukommen versucht hat, eine befriedigende Typologie zu entwickeln; denn fast jede der aufgezählten „Ebenen" läßt mehrere Lösungen zu, die sich wiederum mit fast jeder der auf den anderen „Ebenen" aufgezeigten Lösungen verbinden können. Die Folge ist, daß es heute unmögl. geworden ist, eine konkrete S. mit so einfachen Begriffen zu bezeichnen, wie es der klassischen Lehre vorschwebte. Gerade hier erweist sich vielmehr, daß notwendiger als eine vollständige Begriffsbildung eine klare Vorstellung vom Inhalt der zu behandelnden Sache ist.

G. JELLINEK, Die Lehre von den S.en, 1882 – S. BRIE, Theorie der S.en, 1886 – J. HATSCHEK, Allg. Staatsrecht III: Das Recht der modernen S., 1909 – H. KELSEN, Das Problem der Souveränität und der Völkerrechtsordnung, 1920 – H. NAWIASKY, Staatenbund und Bundesstaat, in: Wörterbuch des Völkerrechts und der Diplomatie II (1925) – DERS., Allg. Staatslehre II, 2, 1955, 194 ff. – DERS., S.en, in: STRUPP-SCHLOCHAUER, Wörterbuch des Völkerrechts III, 313 ff. – J. KUNZ, S.en, Hdb. des Völkerrechts, 1929 – R. BINDSCHEDLER, Rechtsfragen der europ. Einigung, Basel 1954 – G. JAENICKE, Bundesstaat oder Staatenbund, 1954 – H. J. SCHLOCHAUER, Rechtsformen der europ. Ordnung, ArchVR 5 (1955) – F. MÜNCH, Internationale Organisationen mit Hoheitsrechten, in: Festschr. für H. Wehberg, 1956 – F. J. BERBER, Lehrbuch des Völkerrechts I, 1961, 132 ff. – J. SEIDL-HOHENVELDERN, Das Recht der internationalen Organisationen, 1967, 1979[3] – H. P. IPSEN, Fusionsverfassung Europäische Gemeinschaften, 1969 – F. ERMACORA, Allg. Staatslehre, 1970, S. 621 ff., 1159 ff. – A. RIKLIN, Die Europ. Gemeinschaft im System der S.en, 1972 – R. HERZOG, Allg. Staatslehre, 1971, bes. 414 – 417 – TH. OPPERMANN, Festschr. f. H. P. IPSEN, 1977 – M. ZULEEG, Die Europ. Gemeinschaft als Integrationsverband, FS für Carstens, 1984, Bd. 1, 289 – 303.

Roman Herzog

Staatsangehörigkeit. I. Begriff. Die meisten Kulturstaaten verzichten auf eine gesetzl. Definition des Begriffs der S. In der Bundesrep. Dtschld. sieht man in der S. teilweise ein Rechtsverhältnis zwischen Individuum und Staat, teilweise eine rechtl. Eigenschaft (Status) als Voraussetzung bestimmter staatsbürgerl., d. h. öffentlich-rechtl. Rechte und Pflichten (zB →Wahlrecht, Schutz gegen Auslieferung, Wehrpflicht, Bekleidung öffentl. Ämter usw.). Diese beiden Elemente sind wie folgt zu verschmelzen: Der Begriff der S. umfaßt formell das Rechtsverhältnis der Angehörigkeit zu einem bestimmten Staate sowie materiell die Gesamtheit der öffentl. Pflichten und Rechte zwischen dem Staat und seinen Angehörigen.

Auch juristischen Personen, Schiffen und Luftfahrzeugen wird häufig eine S. zuerkannt; begriffl. richtig ist jedoch die Bezeichnung Staats*zu*gehörigkeit. Sie richtet sich bei jur. Personen nach dem Sitz der Verwaltung (Sitztheorie) oder nach der Rechtsordnung, unter der sie gegründet wurden (Gründungstheorie), bei Schiffen und Luftfahrzeugen meist nach der Eintragung in staatl. Register.

Mit der Rechtsstellung von Ausländern innerhalb eines Staates befaßt sich das →Ausländerrecht (vgl. für die Bundesrep. Art. 74 Nr. 4 GG sowie das Ausländergesetz vom 28. April 1965) als Korrelat des S.rechts.

II. Geschichtliches. Angesichts der Abhängigkeit des S.begriffs von den im Laufe der Zeit wechselnden Staatsbegriffen muß sich ein hist. Abriß auf Vereinfachung beschränken. Vorläufer der S. war die durch Abstammung bedingte Zugehörigkeit zu Familie, Sippe oder Stamm. Beim Übergang zu staatl. Organisationen trat an deren Stelle die S., die neben Abstammungsmerkmalen auch räuml. Gegebenheiten berücksichtigte. Eine S. im modernen Sinne wurde positiv-rechtl. zuerst in Rom unter CARACALLA durch die lex Antoniniana de civitate (212 n. Chr.) geschaffen, die allen freien Einwohnern des Röm. Reiches das röm. Bürgerrecht verlieh. Das MA. knüpfte an diese Entwicklung nicht an, sondern brachte wechselnde S.systeme unterschiedl. Prägung hervor, die auf →Gewohnheitsrecht beruhten. Eine gesetzl. Regelung fand das S.recht erst wieder um die Wende des 18. zum 19. Jh. in →Frankreich (Verf. von 1791, Zivilgesetzbuch von 1804). Von vorbildl. Bedeutung für den dt.sprachigen Raum wurde das sich erstmals ausschließl. mit Fragen der S. befassende preuß. G. vom 31. Dez. 1842, auf dem die weitere Entwicklung in Dtschld. bis heute aufbaut.

III. Rechtl. Ordnung. A. Völkerrecht. Das Völkerrecht überläßt die Regelung des S.rechts den einzelnen Staaten, die selbständig bestimmen können, wer ihre S. besitzt. Die Grenze ist sehr weit gezogen; sie liegt dort, wo der Betroffene in keinerlei Beziehungen zum Staat steht, dessen S. er erhalten soll. Die innerstaatl. G.e bilden daher die wichtigste Quelle des S.rechts. Das Völkerrecht befaßt sich aber auch mit Fragen der S., indem es an das Vorliegen der S. rechtl. Folgen knüpft (zB die Gewährung diplomatischen Schutzes) oder Staatsverträge über staatsangehörigkeitsrechtl. Fragen geschlossen wurden. Die europäische Integration wird die Bedeutung der S. zunehmend beeinflussen (zB Europarat-Übereinkommen über die Verringerung der Mehrstaatigkeit vom 6. 5. 1963).

B. Allg. Prinzipien innerstaatl. Rechts. Bei aller Verschiedenheit im einzelnen liegen dem S.recht der Staaten doch allg. Prinzipien zugrunde. So wird die S. nach allen Rechtsordnungen regelmäßig entweder kraft Abstammung von einem Staatsangehörigen (ius sanguinis) oder kraft Geburt im →Staatsgebiet (ius soli) erworben. Während das Abstammungsprinzip vor allem in Kontinentaleuropa dominiert (Dtschld., Italien, UdSSR), beherrscht das Territorialprinzip den nord- und südamerikanischen Raum (Einwanderungsländer!). Das Abstammungsprinzip gewinnt jedoch weltweit an Boden; verbreitet sind Mischformen beider Prinzipien. Leider kann die Konkurrenz von Abstammungs- und Territorialprinzip und auch der sich weltweit immer mehr durchsetzende Grundsatz der staatsangehörigkeitsrechtlichen Gleichbehandlung von Mann und Frau zu einer doppelten S. führen. Dieser unerwünschten Erscheinung suchen die Staaten durch Abschluß von Staatsverträgen und Erlaß sog. Kollisionsnormen zu begegnen. Soweit derartige Regelungen nicht bestehen, werden Doppelstaater in jedem ihrer Heimatländer nur als dessen Angehörige angesehen; sie dürfen sich auf die andere S. nicht berufen. Das andere unerwünschte, gleichfalls mit Kollisionsnormen (vgl. Staatenlosenkonventionen) bekämpfte Extrem ist die Staatenlosigkeit. Sie tritt ein, wenn eine Person die Voraussetzungen des Besitzes der S. in keinem Staat besitzt. Staatenlose werden von allen Staaten als Ausländer behandelt.

C. Recht der Bundesrep. Dtschld. Das dt. S.recht findet seine Grundlage neben den Art. 16, 73 Nr. 2 und 116 GG im Reichs- und S.G vom 22. Juli 1913 (RuStAG mit zahlreichen Änderungen) sowie in den G.en zur Regelung von Fragen der S.; letztere befassen sich hauptsächl. mit den Rechtsfolgen nationalsozialistischer Sammeleinbürgerungen sowie der Rechtsstellung von Flüchtlingen und Vertriebenen dt. Volkszugehörigkeit. Dt. Länder haben bisher keine eigenen S.G.e erlassen, obwohl dies zB in Art. 6 der Bay. Verf. oder in Art. 75 der Verf. Rh.-Pfalz vorgesehen ist.

Deutscher i.S. des Art. 116 Abs. 1 GG ist der Deutsche *mit* dt. S. und der Deutsche *ohne* dt. S. (Statusdeutscher). Statusdeutscher ist, wer als Flüchtling oder Vertriebener dt. Volkszugehörigkeit oder als dessen Gatte oder Abkömmling in dem Gebiet des Dt. Reichs nach dem Stand vom 31. Dez. 1937 Aufnahme gefunden hat.

1. Erwerb der dt. S. Die dt. S. wird erworben durch Geburt (wenn ein Elternteil dt. Staatsangehöriger ist), Legitimation, Adoption oder Einbürgerung in Form der Anspruchseinbürgerung (zB für Statusdeutsche) oder Ermessenseinbürgerung (vgl. hierzu die Einbürgerungsrichtlinien). Zu den Erwerbstatbeständen der dt. S. gehören nicht mehr Eheschließung und Anstellung im öfftl. Dienst.

2. Verlust der dt. S. Die dt. S. geht verloren durch die mitwirkungsbedürftigen VA.e der Entlassung und des Verzichts sowie durch den Erwerb einer fremden S. und durch die Adoption durch einen Ausländer. Die früheren Verlusttatbestände Nichterfüllung der Wehrpflicht, Eheschließung mit einem Ausländer und Legitimation durch einen Ausländer sind seit etlichen Jahren weggefallen. Die zwangsweise Entziehung der dt. S. (Ausbürgerung) ist durch Art. 16 GG verboten.

Der Verlust der Rechtsstellung als Statusdeutscher ist im GG nicht geregelt. Im 1. StARegG ist der Verlust dann vorgesehen, wenn der Statusdeutsche in sein Vertreibungsgebiet zurückkehrt und dabei nicht staatenlos wird. Im übrigen finden die Vorschriften des RuStAG, soweit sie automatisch den Verlust der S. bewirken, analoge Anwendung.

D. Recht der DDR. In Art. 1 der Verfassung der DDR vom 7. Okt. 1949 hieß es: „Es gibt nur eine dt. Staatsangehörigkeit“; das RuStAG galt als S.gesetz daher zunächst weiter. Durch das „Gesetz über die Staatsbürgerschaft der Deutschen Demokratischen Republik“ hat die DDR jedoch am 20. Febr. 1967 eine eigene S. eingeführt. Mit der dadurch für die Bundesrep. entstandenen Problematik mußten sich wiederholt das BVerfG (vgl. zB BVerfGE 36,1) und das BVerwG (vgl. zB BVerwGE 66, 277) auseinandersetzen. Die Bundesrep. geht davon aus, daß zu den dt. Staatsangehörigen i.S. des GG auch die Staatsbürger der DDR gehören.

KANEIN, Dt. S.recht, 1974 – LICHTER/HOFFMANN, S.recht, 1966³ mit Nachtrag von 1970 – MAKAROV/V. MANGOLDT, Dt. S.recht, Loseblatt 1984 – RIEGE, Die Staatsbürgerschaft der DDR, 1982 – WEIDELEHNER/HEMBERGER, Dt. S.recht, 1979.

Hendrik Rust

Staatsgebiet. 1. Grundsätzliches. Der neuzeitl. europäische →Staat ist ohne sein *Gebiet* nicht zu denken; er ist von den nur in einem weiteren Sinne „staatlichen“ Organisationsformen früherer Zeiten (und außereuropäischer Räume) gerade dadurch wesenhaft unterschieden, daß er *territorialer* Staat, *„institutioneller Flächenstaat“*

(TH. MAYER) ist. Eine entsprechende Zuordnung eines geographisch fest abgegrenzten Teiles der Erde zum jeweiligen „Staat" haben in dieser Form weder Altertum noch MA. gekannt: Die Staaten des Altertums beschränkten sich i. d. R. auf die Beherrschung bestimmter strategisch und politisch wichtiger Plätze, ohne daß sie daran gedacht hätten (und auch dazu in der Lage gewesen wären), sich durch eine genaue kartographische Linie vom Bereich des Nachbarstaats abzugrenzen; der Staat des MA. aber war seinem Wesen nach *„Personenverbandsstaat"*, im Vordergrund stand für ihn das persönl. Unterordnungs- und Gefolgschaftsverhältnis zwischen *Herrn* und *Gefolgsmann*, sein Element war deshalb die Herrschaft über Personen und nicht über ein Gebiet. Erst mit dem allmählichen Zurücktreten dieser personalen Struktur der staatl. Herrschaft gewinnt etwa seit dem Ende des 12. Jh. – zugleich auch durch den Aufbau einer wirksamen flächenstaatl. Behördenorganisation – das Gebiet für die politische Herrschaft mehr und mehr an Bedeutung. Es wird damit der Weg frei für die Ausformung eines Staatsverständnisses im heutigen Sinne, für welches Anknüpfungspunkt sowohl für die Ausübung der staatl. Herrschaft nach innen wie auch in gleicher Weise für deren völkerrechtl. Begrenzung nach außen allein das *Gebiet* ist. In Europa ist diese Entwicklung etwa mit dem Ende des 17. Jahrhunderts abgeschlossen; sie findet ihren theoretischen Ausdruck besonders darin, daß die staatliche →Souveränität bei den Autoren des 17. Jahrhunderts (GENTILIS, GROTIUS, HOBBES, PUFENDORF, HUBER) erstmalig nicht mehr, wie noch bei BODIN, als eine souveräne Herrschaft über Personen, sondern als *territoriale* Souveränität begriffen und dargestellt wird. Auch heute ist dieses Selbstverständnis als politische Herrschaft über ein bestimmtes Gebiet noch eines der wichtigsten Kennzeichen des modernen Staates, und zwar mit einer solchen Intensität, daß die Umgangssprache dazu neigt, den Staat mit seinem Gebiet geradezu zu identifizieren.

Über das „Wesen" des S. und seine rechtl. Zuordnung zum Staat gibt es zahlreiche Theorien (Einzelheiten →Gebietshoheit); die meisten von ihnen erfassen jedoch – gleichgültig, ob sie im S. nun den Kompetenzbereich der staatl. Rechtsordnung, den Gegenstand der Staatsherrschaft, die Grundlage oder den Schauplatz des staatl. Waltens, ein „Element" des Staates usw., sehen – jeweils nur einen *Teilaspekt*. Die umfassende Bedeutung des S. für den modernen Staat läßt sich nicht i. S. einer einzelnen dieser „Theorien", sondern nur durch eine zusammenfassende *Kombination* aller ihrer wesentl. Gesichtspunkte wiedergeben: es ist für ihn sowohl Kompetenzbereich wie Gegenstand und Grundlage seiner Herrschaft und notwendiges Element seiner Existenz, es bestimmt – in der Auseinandersetzung mit den benachbarten Staaten – seine Entstehung, seine Gestalt und seine Politik nach innen und außen (HERBERT KRÜGER), es ist von entscheidender Bedeutung für das *Staatserlebnis* (→Integration), es ist schließlich Anknüpfungspunkt und prinzipiell auch Begrenzung für die Ausübung seiner →Gebietshoheit.

2. Grenzen. Sie sind entweder natürl. Grenzen, wie das Meer, ein Fluß, der Kamm eines Gebirges usw., oder künstl. Grenzen, d. h. durch Abmarkung oder geographische Beschreibung festgelegte gedachte Linien. Das S. braucht nicht zusammenzuhängen; seine einzelnen Teile können vielmehr durch ein dazwischenliegendes anderes S. (wie bei Exklaven und Enklaven) oder durch das offene Meer (wie bei Inseln) voneinander getrennt sein. Zum S. gehört auch der Erdraum unterhalb der durch die Staatsgrenzen umschriebenen Erdoberfläche wie in gleicher Weise der darüber gelegene Luftraum, soweit er nach dem jeweiligen Stande der Technik beherrschbar ist; dagegen gilt allerdings der Weltraum heute noch als *frei*. Zum S. gehören ferner die Eigengewässer (Flüsse, Kanäle, Binnenmeere, Binnenseen, Seehäfen, Buchten, Meerengen usw.); bei Grenzflüssen verläuft dabei die Staatsgrenze i. d. R. – soweit zwischen den Anliegerstaaten keine abweichende Vereinbarung getroffen ist – entweder in der Mitte des Flusses oder (bei schiffbaren Flüssen) im sog. „Talweg", d. h. in der Mitte der Schiffahrtsrinne. Bei Binnenseen verläuft die Grenze grundsätzlich in der Mitte des Sees; das gleiche gilt, sofern mehrere Staaten an sie grenzen, auch für Buchten, Fjorde, Meerengen usw., die sog. „maritimen Eigengewässer". Zum S. gehört sodann das *Küstenmeer*, d. h. derjenige Meeresstreifen, der sich an das Festland oder die Eigengewässer des Küstenstaats anschließt; während es früher nur bis zur Breite von drei Seemeilen (= eine Kanonenschußweite) der Staatsgewalt des Uferstaats unterworfen wurde (sog. „Dreimeilenzone"), gestattet das UN-Seerechtsabkommen von 1982 eine Ausdehnung bis zu 12 Seemeilen. Der Küstenstaat hat darüber hinaus souveräne Rechte an dem an sein Staatsgebiet angrenzenden unterseeischen *Kontinentalschelf*, d. h. dem Festlandssockel außerhalb des Küstenmeeres, soweit er mit den Mitteln der modernen Technik erreichbar ist (vgl. das Urteil des Haager Internationalen Gerichtshofs zum Nordsee-Kontinentalschelf, ICJ Reports 1969, 3 ff.), und er darf nach dem UN-Seerechtsabkommen das Küstenmeer bis zu einer Breite von 200 Seemeilen als *ausschließl. Wirtschaftszone* in Anspruch nehmen. An dem Kontinentalschelf und innerhalb der ausschließl. Wirtschaftszone hat der Küstenstaat gewisse Rechte der Erforschung und Nutzung, er kann jedoch das Befahren des Meeres durch die Schiffe anderer Staaten nicht untersagen. Nicht zum S. gehören die Schiffe auf hoher See, Staatsschiffe in fremden Küstengewässern und Häfen, Flugzeuge im freien Luftraum sowie Flugobjekte im Weltraum.

3. Erwerb und Verlust. Man unterscheidet originäre und derivative Erwerbsarten, je nachdem, ob sich der Erwerb auf den Willen des bisherigen Gebietsherrn zurückführen läßt oder nicht. Zu den originären Erwerbsarten gehören die *Okkupation,* die Inbesitznahme bislang herrenlosen Landes durch einen bestehenden Staat – eine Form des Gebietszuwachses, die angesichts der restlosen Aufteilung der Erde einschl. des Kontinentalschelfs für die Gegenwart freilich kaum noch von Bedeutung ist –, und die *Annexion,* d. h. die nicht einverständl. Übernahme eines Gebietsteiles durch einen anderen Staat. Zu den derivativen Erwerbsarten gehören besonders die Zession, die Abtretung durch Vertrag zwischen dem bisherigen und dem neuen Gebietsherrn, und die *Adjudikation,* der Erwerb auf Grund der Entscheidung eines durch Schiedsvertrag bestellten völkerrechtl. Entscheidungsorgans. Dem Erwerb von S. steht in diesen Fällen, abgesehen vom Fall der Okkupation, auf der anderen Seite jeweils ein entsprechender *Verlust* gegenüber; geht dabei das S. eines Staates völlig verloren – wie etwa im Falle seiner Einverleibung in einen anderen Staat oder auch der Aufteilung unter mehrere Staaten –, so bedeutet das für den betreffenden Staat zugleich den Verlust seiner völkerrechtl. Existenz.

Vgl. vor allem die neueren Gesamtdarstellungen der Allg. Staatslehre und des Völkerrechts. Ferner bes.: W. Henrich, Gebiet und Gebietshoheit, in: Wörterbuch des Völkerrechts I, G. Strupp (Hg.), 1925[1], 600–605 – P. de Lapradelle, La frontière, Paris 1928 – W. Schoenborn, La nature juridique du territoire, in: Recueil des Cours de l'Académie internationale de la Haye XXX (1929 V), Leiden 1930, 81–189 – F. Giese, Gebiet und Gebietshoheit, in: HDStR I, G. Anschütz und R. Thoma (Hg.), 1930, 225–234 – A. F. Schnitzer, Staat und Gebietshoheit, 1935 – S. Bastid, Le territoire dans le droit international contemporain, Paris 1954 – H. Ridder, Gebietshoheit, in: Wörterbuch des Völkerrechts I, H.-J. Schlochauer (Hg.), 1960[2], 624–629 – K. Vogel, Der räumliche Anwendungsbereich der Verwaltungsrechtsnorm, 1965 (Lit.) – Bardonnet, Les frontières terrestres et la relativité de leur tracé, in: Recueil des Cours CMIII (1976 V), Den Haag, Boston, London 1983, 9–166.

Klaus Vogel

Staatsgewalt →Gewalt, öffentliche

Staatshaftung. I. Begriff und Grundlagen.

Im engeren technischen Sinne versteht man unter S. die Haftung des Staates oder anderer Träger von Hoheitsgewalt (zB Gemeinden und Gemeindeverbände) für hoheitlich zugefügtes Unrecht. Nicht zur S. in diesem Sinne einer öffentlichrechtl. Haftung gehört die deliktische Haftung von Hoheitsträgern für Unrecht, das durch zivilrechtliche Akte verursacht wird. Die Unrechtshaftung für Handeln des →Fiskus richtet sich nach den Regeln des bürgerl. Rechts (§§ 31, 89, 831 BGB). Eine Kodifikation der S. ist bislang nicht zustande gekommen (vgl. unten IX). Die geltenden Rechtsgrundlagen der S. ergeben sich zum Teil aus gesetzl. Regelungen, beruhen in erhebl. Umfange aber auch auf →Gewohnheitsrecht und Richterrecht. Die zu Beginn des 20. Jh. sich durchsetzende Konstruktion der Amtshaftung gewährt einen Schadensersatzanspruch bei schuldhaft-rechtswidriger Verletzung einer Amtspflicht durch einen Beamten (Art. 34 GG i. V. m. § 839 BGB). Diese Anspruchsgrundlage erwies sich bald als zu eng, um alle entschädigungsbedürftigen Fälle hoheitlichen Unrechts zu erfassen. Die bestehenden „Lücken im Staatshaftungsrecht" hat die Rspr. insbes. durch den Aufopferungsanspruch (unten III) und zu Beginn der 50er Jahre durch die Neuschöpfungen des sog. enteignungsgleichen Eingriffs (unten IV) und des Folgenbeseitigungsanspruchs (unten V) ausgefüllt. Später sind auch vertragl. Haftungsgrundlagen (Ansprüche aus positiver Forderungsverletzung, aus Verschulden bei Vertragsschluß sowie bei Verzug und Unmöglichkeit) aus dem Zivilrecht in das Staatshaftungsrecht übernommen worden (unten VIII).

II. Die Amtshaftung. A. Eigenart der Amtshaftung. Die Konstruktion der Amtshaftung hat sich aus der persönl. Haftung des Beamten entwickelt. Den Rechtsvorstellungen über das Staatsdienertum des ausgehenden 18. Jh. entsprach die Konsequenz, daß der Staatsdiener für rechtswidriges Handeln selbst einzustehen hatte. Eine Haftung des Staates für ungesetzl. Handlungen seiner Beamten kam nicht in Betracht. Die Frage der Ablösung der persönl. Beamtenhaftung durch eine unmittelbare Staatshaftung hat die Diskussion über das gesamte 19. Jh. hin bestimmt, ohne zu einem endgültigen Abschluß zu führen. Das am 1. Januar 1900 in Kraft getretene BGB regelte zwar die persönl. Haftung des Beamten (§ 839) und auch des → Fiskus für das Handeln seiner Organe (§ 89), nicht aber die Haftung des hoheitlich handelnden Staates. Die Regelung der unmittelbaren Staatshaftung blieb vielmehr gem. Art. 77 EGBGB den Einzelstaaten überlassen. Die meisten Einzelstaaten dekretierten eine Überleitung der persönl. Beamtenhaftung auf den Staat. Die Verantwortlichkeit traf anstelle des Beamten den Staat (Modell der Amtshaftung). Dieses Modell kam durch das Gesetz über die Haftung des Reichs für seine Beamten vom 22. 5. 1910 (RGBl. 798) auch im Reich zur Geltung und fand schließlich Eingang in Art. 131 WV. Dieser Regelung entspricht heute Art. 34 S. 1 GG: „Verletzt jemand in Ausübung eines ihm anvertrauten öffentlichen Amtes die ihm einem Dritten gegenüber obliegende Amtspflicht, so trifft die Verantwortlichkeit grundsätzlich den Staat oder die Körperschaft, in deren Dienst er steht." – Durch Art. 34 GG wird die in § 839 BGB begründete persönl. Beamtenhaftung auf den Staat übergeleitet. Art. 34 GG und § 839 BGB ergeben zusammen die Anspruchsgrundlage der Amtshaftung.

B. Haftungstatbestand. 1. Handeln in Ausübung eines öffentl. Amtes. Die Amtshaftung greift nur ein, wenn der Schaden durch hoheitl. Handeln entstanden ist. Ohne Belang ist der Rechtsstatus des Handelnden. Er braucht nicht Beamter im Sinne der Beamtengesetze zu sein. Ein öffentl. Amt kann auch durch Privatpersonen ausgeübt werden, sofern sie mit der Wahrnehmung staatl. Aufgaben betraut sind (zB Vertrauensärzte, Technische Überwachungsvereine). Entscheidendes Kriterium ist die Rechtsform des Handelns. Beim Erlaß von Normen, →*Verwaltungsakten*, →*Verwaltungsvorschriften*, beim Abschluß →*öffentlichrechtl. Verträge* liegt stets „Handeln in Ausübung eines öffentl. Amtes" vor. Schwierig ist die Abgrenzung bei *Tathandlungen* (zB Teilnahme am allgemeinen Straßenverkehr). Hier ist auf die Zielsetzung des Handelns abzustellen. Die Verletzung der *Verkehrssicherungspflicht* bei öffentlichen Straßen, Wegen und Plätzen, die vom RG und BGH zivilrechtlich gewertet worden ist, wird in den Landesstraßengesetzen überwiegend ausdrücklich der Amtshaftung unterstellt.

2. Verletzung einer Amtspflicht. Die Amtspflichten, deren Verletzung zur Amtshaftung führen kann, sind nirgends zusammenfassend aufgezählt. Sie sind vielmehr von Rspr. und Lehre auf der Grundlage von Verfassung und Gesetzen ausgeformt und präzisiert worden. Zu ihnen gehören beispielsweise die Amtspflicht zu rechtmäßigem und zuständigkeitsgemäßem Handeln, zu fehlerfreier Ermessensausübung, zur Erteilung richtiger Auskünfte, zur raschen Sachentscheidung, zur Beachtung der höchstrichterl. Rechtsprechung etc.

3. Drittbezogenheit der Amtspflicht. Die Verletzung einer Amtspflicht führt nur dann zur Amtshaftung, wenn die Amtspflicht „gegenüber einem Dritten" (§ 839 Abs. 1 BGB), d. h. gegenüber dem Geschädigten besteht. Durch dieses Tatbestandsmerkmal sollen die unmittelbar Verletzten von jenen abgesondert werden, die nur mittelbar geschädigt werden, ohne in den Schutz einer Amtspflicht einbezogen zu sein. Die Abgrenzung ist praktisch schwierig zu treffen und immer wieder umstritten. Hilfskriterien sind die Schutzrichtung der Amtspflicht, der Kontakt des Geschädigten zur Verwaltung, die Natur des Amtsgeschäfts sowie dessen Zweck und rechtl. Bestimmung. Die Rspr. ist nicht frei von Ungereimtheiten. Die Tendenz geht eher in Richtung auf eine Ausweitung der Drittbezogenheit. Ob etwa die Wirtschaftsaufsicht nur dem allg. Interesse oder auch dem Schutz von Kunden, Verbrauchern und Konkurrenten dient, ist umstritten. Dagegen ist unbestritten, daß die Aufsichtspflicht des Lehrers nicht nur gegenüber den Schülern, sondern auch gegenüber anderen Personen besteht.

4. Kausalität. Die Amtspflichtverletzung muß für den entstandenen Schaden ursächlich gewesen sein. Zu fragen ist danach, welchen Verlauf die Dinge bei pflichtgemäßem Handeln genommen hätten. Amtspflichtverletzungen können auch durch Unterlassen begangen werden, sofern eine entsprechende Pflicht zum Handeln bestand (zB Belehrungspflicht).

5. Verschulden. Die Amtshaftung setzt Verschulden des handelnden Amtsverwalters voraus. Die Amtspflicht muß danach vorsätzlich oder fahrlässig verletzt worden sein. Eine unrichtige Gesetzesanwendung stellt nur dann eine schuldhafte Amtspflichtverletzung dar, wenn sie gegen den klaren, bestimmten und völlig eindeutigen Wortlaut des Gesetzes verstößt oder wenn die Auslegung sich in Gegensatz zu einer gefestigten Rechtsprechung stellt. – Zu beobachten ist die Tendenz, das Verschulden zu objektivieren und zu entindividualisieren. Dies geschieht durch die Aufstellung von Verhaltensstandards („pflichtgetreuer Durchschnittsbeamter"), durch Schuldvermutungen und durch die Anerkennung eines sog. Organisationsverschuldens, welches es entbehrlich macht, einen konkreten fehlsam handelnden Amtswalter ausfindig zu machen.

6. Haftungsausschluß und Haftungsbeschränkungen. Die Amtshaftung ist in zahlreichen Fällen ausgeschlossen oder beschränkt. **a) Subsidiaritätsklausel (Verweisungsprivileg)** Die Amtshaftung entfällt, wenn dem handelnden Beamten nur Fahrlässigkeit vorgeworfen werden kann und der Verletzte auf andere Weise, zB bei anderen Schädigern, Ersatz zu erlangen vermag (§ 839 Abs. 1 S. 2 BGB). Diese als Schutzbestimmung für den Beamten gedachte Regelung hat mit der Haftungsüberleitung auf den Staat ihren Sinn weitgehend eingebüßt. Deshalb hat der BGH den Anwendungsbereich der Subsidiaritätsklausel durch eine restriktive Auslegung des § 839 Abs. 1 S. 2 BGB drastisch eingeschränkt. Für den Ordnungsbereich des Straßenverkehrs hat danach das „Haftungssystem des Verkehrsrechts", welches durch den „Grundsatz der haftungsrechtlichen Gleichbehandlung aller Verkehrsteilnehmer" geprägt ist, den Vorrang, so daß die Subsidiaritätsklausel für diesen Bereich unanwendbar ist. Desgleichen ist nach der Rspr. des BGH eine Verweisung des Geschädigten auf Versicherungsansprüche ausgeschlossen, weil die Versicherungen nicht die Aufgabe haben, Schäden aufzufangen, die ihren Grund in der unerlaubten Handlung eines Dritten haben. Diese Überlegung gilt in besonderem Maße für Leistungen des Arbeitgebers nach dem Lohnfortzahlungsgesetz.

b) Mitverschulden. Haftungsbeschränkungen und ein völliger Haftungsausschluß können auch durch Mitverschulden des Geschädigten eintreten (§ 254 BGB). Einen Sonderfall des Mitverschuldens regelt § 839 Abs. 3 BGB; danach tritt die Ersatzpflicht nicht ein, wenn der Verletzte es vorsätzlich oder fahrlässig unterlassen hat, den Schaden durch Gebrauch eines Rechtsmittels abzuwenden.

c) Sondergesetzliche Haftungsbeschränkungen bestehen für die *Haftung der Bundespost*, für das

Verhalten im *auswärtigen Dienst* sowie für Amtshandlungen gegenüber Ausländern.

d) Haftung für judikatives Unrecht. Eine bedeutsame Haftungsbeschränkung statuiert § 839 Abs. 2 BGB für die Tätigkeit des Richters *(sog. Richterprivileg).* Danach ist ein Beamter, der bei einem Urteil in einer Rechtssache seine Amtspflicht verletzt, für den daraus entstehenden Schaden nur dann verantwortlich, wenn die Pflichtverletzung in einer Straftat besteht (zB Rechtsbeugung, Richterbestechung). Sinn und Zweck des Richterprivilegs werden zum Teil dahin verstanden, daß die Unabhängigkeit des Richters geschützt werden solle. Überzeugender erscheint demgegenüber die Auffassung, die die ratio legis des § 839 Abs. 2 BGB in der Sicherung der Rechtskraft richterl. Urteile erblickt. Danach soll das Richterprivileg die Möglichkeit versperren, einen einmal rechtskräftig entschiedenen Rechtsstreit unter dem Gesichtspunkt der Amtshaftung erneut aufzurollen. Deshalb unterfallen dem Richterprivileg alle, aber auch nur die Justizakte, die mit Rechtskraftwirkung ausgestattet sind.

e) Haftung für legislatives Unrecht. Die Amtshaftung ist auf legislative Akte grundsätzlich unanwendbar, weil es an einer Amtspflicht des Gesetzgebers gegenüber einem bestimmten Dritten fehlt. Dies kann im Einzelfall, namentlich bei Individual- und Maßnahmegesetzen, anders sein. Insbesondere beim Erlaß von Bebauungsplänen, die als Satzungen ergehen, können sich individuelle Pflichtbeziehungen ergeben, die eine Amtshaftung begründen.

C. Passivlegitimation. Sie betrifft die Frage nach dem Anspruchsschuldner. Nach Art. 34 S. 1 GG haftet der „Staat oder die Körperschaft, in deren Dienst er (der handelnde Amtsinhaber) steht". Um die Auslegung des Tatbestandselementes „in deren Dienst er steht" ranken sich mehrere Theorien. Die *Funktionstheorie* stellt auf die wahrgenommenen Aufgaben ab und ermittelt von ihnen ausgehend den Haftungsverband (Bund, Land, Gemeinde). Die *Anstellungstheorie* bestimmt die haftende Körperschaft danach, welcher Verband den handelnden Amtswalter angestellt hat. Der BGH folgt einer Kombination beider Theorien und fragt danach, wer dem Amtsträger die von ihm wahrzunehmenden Aufgaben anvertraut hat (*Amtsübertragungstheorie* oder *Anvertrauenstheorie*).

D. Rechtsweg. Der Amtshaftungsanspruch ist im ordentlichen Rechtsweg (Zivilrechtsweg) geltend zu machen (Art. 34 S. 3 GG). Das Zivilgericht entscheidet im Wege der Vorfragenkompetenz darüber, ob eine Verwaltungsmaßnahme rechtswidrig ist und den Tatbestand einer Amtspflichtverletzung erfüllt.

III. Der Aufopferungsanspruch. A. Der Aufopferungsgedanke als Idee einer Konfliktlösung zwischen Gemeinwohl und Individualrecht ist alt, rechtsgeschichtlich mit der Entstehung des modernen Staates verbunden und erstmals in den §§ 74, 75 Einl.ALR positivrechtlich festgelegt worden. Mit der Ausprägung der Landeshoheit zur umfassenden Staatsgewalt tritt die Verteidigungsposition des Untertan stärker ins Blickfeld. Die *iura quaesita* (sog. wohlerworbene Rechte) des Untertan bilden für die Landeshoheit unübersteigbare, absolute Grenzen. Erst die Herausbildung des kius eminens im 17. Jh. verwandelt die Landeshoheit in die Staatsgewalt, der auch die wohlerworbenen Rechte weichen müssen. Doch setzt sich die Auffassung durch, daß für den Verlust oder die Beeinträchtigung wohlerworbener Rechte (zB Eigentum, vertragliche Rechte) Entschädigung zu leisten ist. § 75 Einl.ALR drückt dies so aus, daß der Staat gehalten ist, denjenigen zu entschädigen, der seine besonderen Rechte und Vorteile dem Wohle des gemeinen Wesens aufzuopfern genötigt wird. Diesem Entschädigungsgedanken, der insbesondere im Naturrecht entwickelt worden ist, liegt letztlich das *Prinzip der Lastengleichheit* aller Bürger zugrunde. In der folgenden Entwicklung hat der Aufopferungsanspruch zahlreiche Veränderungen und Einschnürungen erfahren. Er wurde zunächst auf rechtmäßige Staatseingriffe durch die Verwaltung in vermögenswerte Rechte beschränkt. Rechtswidrige Eingriffe, also Staatsunrechtsakte, wurden damit durch den Aufopferungsanspruch nicht abgedeckt. Sodann löste sich im 19. Jh. aus dem allgemeinen Aufopferungsanspruch als Sonderfall der Aufopferung das Institut der →*Enteignung*. Der heutige Anwendungsbereich des Aufopferungsanspruchs beschränkt sich auf hoheitl. Eingriffe in immaterielle Rechtsgüter des Bürgers (Leben, Gesundheit, Freiheit, Ehre), gleichgültig, ob der Eingriff rechtmäßig oder rechtswidrig erfolgt. Praktische Bedeutung hat er namentlich bei Impfschäden, Zwangsbehandlungen und Verletzungen von Gefangenen und zwangsweise untergebrachten Patienten erlangt.

B. Haftungstatbestand. Erste Voraussetzungen für die Entstehung des Aufopferungsanspruchs ist hoheitl. Zwang, der dem Bürger ein Verhalten abverlangt, das zu einer Beeinträchtigung nichtvermögenswerter Rechtsgüter führt. Psychischer Zwang genügt („Gewissenszwang", „psychologisches Abfordern"). – Das dem Bürger abverlangte Verhalten muß dem „Wohl der Allgemeinheit" dienen. Nicht erforderlich ist, daß das vom Bürger erbrachte Sonderopfer der Allgemeinheit einen konkreten Vorteil gebracht hat. – Schließlich muß sich die Beeinträchtigung nicht vermögenswerter Rechte als ein Sonderopfer des Betroffenen darstellen. Das Sonderopfer manifestiert sich in einem „den einzelnen ungleich belastenden Eingriff von hoher Hand". Die Feststellung des Sonderopfers ist also am Gleichheitssatz zu orientieren. Das Sonderopfer konstituiert sich bei allgemeinem Zwang (Impfzwang, Schulzwang) in der Verletzungsfolge (zB Turnunfall). Zwangstypische Verletzungsfolgen sind kein Sonderopfer (zB Unwohlsein, Fieber nach Zwangsimpfungen).

C. Entschädigungsumfang. Wer ein Sonderopfer für die Allgemeinheit erbracht hat, kann für die erlittenen materiellen Schäden (zB Heilbehandlungskosten, Verdienstausfall etc.) eine angemessene Entschädigung in Geld verlangen. Die Entschädigung umfaßt kein Schmerzensgeld. Im Falle der Tötung des unmittelbar Betroffenen steht ein Aufopferungsanspruch auch den Unterhaltsberechtigten zu.

D. Passivlegitimation. Entschädigungspflichtig ist der durch das Sonderopfer (potentiell) „begünstigte Hoheitsträger". „Begünstigt" ist derjenige Hoheitsträger, dessen Aufgaben wahrgenommen oder dem die Vorteile des Eingriffs zugeflossen sind.

E. Konkurrenzen. Der allgemeine Aufopferungsanspruch ist ein „äußerster Rechtsbehelf" und nach der Rspr. deshalb gegenüber anderen Ersatzansprüchen subsidiär. Diese Rspr. ist jedoch überprüfungsbedürftig. Amtshaftungsanspruch und Aufopferungsanspruch stehen nebeneinander.

IV. Der enteignungsgleiche Eingriff (e. E.). **A. Grundlagen.** Nach der geschichtl. Entwicklung des Staatshaftungsrechts lagen zu Beginn der Weimarer Ära zwei Anspruchsinstitute ausgebildet vor: der Amtshaftungsanspruch und der Aufopferungsanspruch. Während der Amtshaftungsanspruch einerseits Schadenersatz bei *rechtswidrig*-schuldhaften Amtshandlungen gewährte, der Aufopferungsanspruch andererseits Entschädigungsansprüche nur bei *rechtmäßigen* Eingriffen auslöste, blieb eine dazwischen liegende Gruppe von hoheitl. Maßnahmen außerhalb des geltenden Haftungssystems: die *rechtswidrig-schuldlosen* Eingriffe. Dieses vom positiven Recht her gegebene Haftungsdefizit wurde alsbald als Lücke im System der öffentlich-rechtl. Ersatzleistungen empfunden. Während das RG versuchte, diese Haftungslücke in Anlehnung an § 75 Einl.ALR auszufüllen, entwickelte der BGH Anfang der 50er Jahre auf der Grundlage des Art. 14 GG den sog. enteignungsgleichen Eingriff (e. E.). Er wurde zunächst auf einen rechtsmethodisch nicht unbedenkl. „Erst-recht-Schluß" abgestützt: wenn der Staat schon für rechtmäßige Eingriffe Entschädigungen leisten muß, dann erst recht für rechtswidrige Eingriffe. In einem weiteren Erst-recht-Schluß wurde der e. E. als Anspruchsinstitut auch auf *rechtswidrig-schuldhafte* Eingriffe ausgedehnt und damit in den Anwendungsbereich der *Amtshaftung* erstreckt. Nach einer Grundsatzentscheidung des BGH gelten beide Anspruchsgrundlagen nunmehr nebeneinander. Haftungsdefizite des Amtshaftungsanspruchs werden auf diese Weise durch den e. E. teilweise ausgeglichen. – Durch eine grundlegende Entscheidung des BVerfG aus dem Jahre 1981 ist die innere Systematik der Eigentumsgarantie des Art. 14 GG neu orientiert worden. Diese Entscheidung hat Zweifel aufkommen lassen, ob der in Anlehnung an Art. 14 GG entwickelte e. E. angesichts dieser Neuorientierung noch fortbestehen kann. Diese Zweifel sind inzwischen durch die Rspr. des BGH behoben. Der e. E. gilt weiter, unterliegt aber gewissen Modifikationen. Überdies ist bemerkenswert, daß die Abstützung des e. E. auf Art. 14 GG zurückgenommen wird. In der neueren Rspr. erscheint der e. E. als eine kraft Gewohnheitsrechts geltende, im Aufopferungsgedanken wurzelnde Anspruchsgrundlage auf der Ebene des einfachen Rechts (nicht der Verfassung). In seiner überkommenen Form ist der e. E. genau betrachtet ein *Anspruch aus rechtswidriger Eigentumsverletzung.* Insoweit ist die Bezeichnung „e. E." ungenau und irreführend. Das Motiv aller rechtsschöpferischen Bemühungen um den e. E. bestand von Anfang an darin, Ersatz auch dort zu begründen, wo der Amtshaftungsanspruch versagte. Der e. E. stellte und stellt also nichts anderes dar als einen *verdeckten Staatshaftungstatbestand.* Er bildet eine Rechtsgrundlage für den (partiellen) Ausgleich staatlichen Unrechts, ohne daß es auf Verschulden ankommt.

B. Haftungstatbestand. Daß der e. E. ursprünglich in Analogie zu Art. 14 GG entwickelt worden ist, hat im Haftungstatbestand und auch in der Haftungsfolge deutliche und bleibende Spuren hinterlassen. Die Tatbestandsstruktur des e. E. war anfangs ähnlich gegliedert wie die des Aufopferungsanspruchs. Notwendig war die Verletzung einer als Eigentum im Sinne des Art. 14 GG geschützten Rechtsposition durch einen gezielten hoheitl. Eingriff, die Unmittelbarkeit der dadurch bewirkten Schadensfolge, die Motivation des Eingriffs durch das Gemeinwohl und die Existenz eines Sonderopfers. Dieser noch recht substantielle Tatbestand hat sich in der Folgezeit erheblich verflüchtigt. Die Finalität des Eingriffs ist durch die *„unmittelbare Auswirkung"* einer hoheitl. Maßnahme ersetzt worden, um auch solche Schadensfälle zu erfassen, bei denen dem Bürger ungewollt Schaden zugefügt worden ist. Des weiteren wurde das *Sonderopfer* durch die *Rechtswidrigkeit der Maßnahme* konstituiert. Wer gegen das Recht, also rechtswidrig behandelt wird, befindet sich immer in einer Sonderopfersituation, weil er gegenüber der Allgemeinheit ungleich getroffen wird. Der e. E. besteht danach immer dann, wenn durch unmittelbare Auswirkungen einer hoheitl. Maßnahme ein Bürger in seinem Eigentum rechtswidrig getroffen wird. Der e. E. ist damit zu einem Auffangtatbestand für schädl. Nebenfolgen staatl. Handelns geworden. Die einzig wirksamen Haftungsbremsen bilden noch der Eigentumsbegriff und die Unmittelbarkeit der Auswirkung. – Ein e. E. durch Unterlassen kann nach der Rspr. regelmäßig nicht stattfinden. Anderes gilt nur für sog. qualifiziertes Unterlassen, d. h. dann, wenn die Verwaltung einem Bürger Erlaubnisse und dgl. förmlich verweigert oder auf andere Weise eine Ablehnung eindeutig zu erkennen gibt (sog. faktischer Eingriff).

C. Enteignungsgleicher und enteignender Eingriff. War der BGH mit der Kreation des e. E. schon in die Anwendungszone des Amtshaftungsanspruchs geraten, so ergab sich doch eine klare Abgrenzung zur →*Enteignung*, die (nur) rechtmäßige Eingriffe erfaßte. Indessen hat der BGH mit dem enteignenden Eingriff ein Anspruchsinstitut geschaffen, welches eine Entschädigung auch für rechtmäßige Eingriffe vorsieht. Das Anwendungsfeld des enteignenden Eingriffs sind in erster Linie die den Bürger schädigenden Folgen rechtmäßiger, also zu duldender hoheitl. Tätigkeit im Bereich der Realakte, namentlich der Errichtung von Infrastrukturanlagen (Straßenbaumaßnahmen, U-Bahn-Bauten) oder des Betriebes gemeinnütziger hoheitlicher Einrichtungen und Betriebe (Verkehrsimmissionen, Mülldeponien, Kläranlagen).

D. Entschädigungsumfang. Ebenso wie die Tatbestandsstruktur wird auch die Haftungsfolge des e. E. und des enteignenden Eingriffs durch Art. 14 GG geprägt. Sie ist gerichtet auf eine angemessene Entschädigung, nicht auf Schadensersatz. Während der Schadensersatz den Zweck hat, den Eingriff ungeschehen zu machen, also den Betroffenen so zu stellen, wie er stehen würde, wenn der zum Schadensersatz verpflichtende Umstand nicht eingetreten wäre, ist bei der Entschädigung nur ein Wertausgleich für das Genommene zu leisten. Bei Eingriffen in *Gewerbebetriebe* gelten Ertragsverluste regelmäßig als Substanzminderungen des Betriebes, die zur Entschädigung führen. Bei Eingriffen in das *Grundeigentum* wird eine *Bodenrente* gewährt, sofern die Eingriffsfolge in einem Nutzungsausfall besteht. Maßgebend ist danach ein fiktiver Miet-, Pacht- oder Erbbauzins, den ein Dritter bei voller Nutzung des Grundstücks gezahlt hätte. Dies ist erheblich weniger als Schadensersatz. Bei der notwendigen Umsiedlung von Gewerbebetrieben gewährt die Rspr. Entschädigung nicht nur für den erlittenen Substanzverlust, sondern auch für die *Folgeschäden* (zB Kundenverluste, Verlagerungsaufwand, Beratungskosten etc.).

E. Subsidiarität. Nach der neueren Rspr. des BGH (seit 1984) gilt der e. E. nur subsidiär. Der Betroffene kann sich danach nicht auf die alte Maxime „Dulde und liquidiere" beschränken, vielmehr ist er rechtlich verpflichtet, den Eingriff und damit den durch ihn drohenden Schaden mit den ihm zur Verfügung stehenden Rechtsbehelfen abzuwenden. Tut er dies nicht, obwohl ihm eine Abwehr in zumutbarer Weise möglich ist, so geht der Anspruch aus e. E. verloren. Der Gedanke der Subsidiarität wird dabei als negatives Tatbestandsmerkmal aus dem Rechtsgedanken des Mitverschuldens gem. § 254 BGB abgeleitet. Dies hört sich plausibel an, bereitet aber in der praktischen Anwendung erhebliche Schwierigkeiten.

V. Der Folgenbeseitigungsanspruch (FBA). **A. Grundlagen.** Der FBA ist als selbständiges Anspruchsinstitut aus den Bedürfnissen der Praxis Anfang der 50er Jahre entwickelt worden. Ursprünglich sollte er eine typische Nachkriegssituation bereinigen: Beseitigung der realen Folgen einer rechtswidrigen oder abgelaufenen Einweisung eines Obdachlosen in Privaträume. Danach sollte die Behörde verpflichtet sein, nicht nur den rechtswidrigen Verwaltungsakt zurückzunehmen, sondern auch dessen realen Vollzug rückgängig zu machen, also den Eingewiesenen durch Hoheitsakt wieder zu entfernen. Insoweit ist der FBA ein Wiederherstellungsanspruch, der wegen seiner besonderen Rechtsfolge ergänzend neben Amtshaftungsanspruch und enteignungsgleichen Eingriff tritt, die ihrerseits beide nur auf Geldleistungen gerichtet sind, nicht hingegen auf Wiederherstellung des früheren Zustandes. Der FBA hat sich inzwischen auf weitere Sachgebiete ausgedehnt und ist zu einem allgemeinen Beseitigungsanspruch für die Folgen rechtswidrigen hoheitlichen Handelns fortentwickelt worden (zB Beseitigung rechtswidrig genehmigter Bauvorhaben, Immissionen, rechtswidriger Überbau bei planwidrigen oder planlosen Bauvorhaben, Widerruf ehrenkränkender Behauptungen, Beseitigung der Folgen falscher Auskünfte etc.). Die Rspr. sieht die rechtl. Grundlage des FBA in erster Linie in den Freiheitsgrundrechten und dem mit diesen zusammenhängenden Gesetzesvorbehalt, ohne weitere im Bundesverfassungsrecht wurzelnde Grundlagen ausschließen zu wollen.

B. Haftungstatbestand. Der FBA ist ein Wiederherstellungsanspruch, kein Entschädigungsanspruch. Der Tatbestand des FBA, so wie er sich nach dem bisherigen Stand der Entwicklung in Lehre und Rspr. herausgebildet hat, läßt sich wie folgt umreißen: Wird jemand durch hoheitl. Handeln in seinen Rechten beeinträchtigt und dadurch ein rechtswidriger oder rechtsgrundloser Zustand geschaffen, so hat der Betroffene gegen den handelnden Hoheitsträger einen Anspruch auf Wiederherstellung des früheren oder eines gleichwertigen Zustandes. Dieser Anspruch besteht nicht, wenn die Wiederherstellung rechtlich und tatsächlich unmöglich, unzumutbar oder für den Betroffenen sinnlos ist oder wenn den Betroffenen eine ins Gewicht fallende Mitverantwortlichkeit an der Entstehung des rechtswidrigen Zustandes trifft.

C. Abgrenzung zu anderen Ansprüchen. Der FBA ist zu unterscheiden von dem vom BSG entwickelten *sozialversicherungsrechtl. Herstellungsanspruch.* Dieser dient dem Ausgleich von Schäden aus Fehldispositionen der Sozialversicherten wegen mangelnder Information, insbesondere falscher Auskünfte und Fehlberatung. Er soll den Beratungsschaden ausgleichen und geht auf vollen Schadensersatz, nicht nur auf Wiederherstellung des status quo ante. – Der *öffentlich-rechtl. Erstattungsanspruch* hat mit dem FBA Verwandtschaft, ruht aber auf einem unterschiedl. Rechtsgrund, weil er ebenso wie der zivilrechtl. Bereicherungsanspruch darauf gerichtet ist, rechtsgrundlose Vermögensverschiebungen wieder rückgängig zu machen. – Vom *Amtshaftungsanspruch* und vom *e. E.* unterscheidet sich der FBA dadurch, daß er nicht auf Geldersatz, sondern auf Wiederherstellung des Zustandes gerichtet ist, der vor dem schädigenden Ereignis bestand (status quo ante).

D. Prozessuale Fragen. Der FBA ist vor den Verwaltungsgerichten zu verfolgen. Dadurch ergibt sich im konkreten Schadensfall u. U. die mißl. Folge des doppelten Rechtsweges, weil Ansprüche aus Amtshaftung und aus e. E. vor den Zivilgerichten geltend zu machen sind.

VI. Gefährdungshaftung. Im öffentl. Recht besteht eine Reihe sondergesetzl. Vorschriften, die eine verschuldensunabhängige Staatshaftung für Verwaltungsrisiko vorsehen und als Tatbestände einer Gefährdungshaftung eingeordnet werden können. Ob daneben im öffentl. Recht eine *allgemeine* Gefährdungshaftung anerkannt werden soll, ist umstritten. Der BGH hat mehrfach die Entwicklung einer Gefährdungshaftung dezidiert abgelehnt. Er betrachtet die Gefährdungshaftung als Ausnahme von der Verschuldenshaftung, die nur bei im Gesetz besonders geregelten Fällen eintrete. Die Entwicklung eines allgemeinen Tatbestandes der Gefährdungshaftung ist bislang daran gescheitert, daß über die Haftungsgrundlagen der Gefährdungshaftung keine Klarheit besteht und daß die „Gefahrenlage" als Kernstück einer Gefährdungshaftung nicht allgemein, sondern nur in Bezug auf konkretere Bereiche definierbar ist. Die Diskussion um die Gefährdungshaftung hat praktisch deswegen an Interesse verloren, weil die entschädigungsbedürftigen Fälle, die einer Gefährdungshaftung zuzuordnen sind, durch den inzwischen weit ausgedehnten enteignungsgleichen Eingriff aufgenommen werden können.

VII. Plangewährleistung. Mit ähnlichen Schwierigkeiten wie bei der Gefährdungshaftung haben Lehre und Rspr. bei der Plangewährleistung zu kämpfen. Das Thema war angesichts einer aufkommenden Planungseuphorie in den 70er Jahren besonders aktuell, hat aber in der letzten Zeit erheblich an Interesse und Aufmerksamkeit verloren. Das Ziel, enttäuschtes Planvertrauen zu kompensieren, läßt sich nicht durch einen einzigen Anspruch, etwa auf Entschädigung, erreichen. Vielmehr sind vielfältige Differenzierungen notwendig, die zunächst von dem Charakter und insbesondere dem Verbindlichkeitsgrad von Plänen auszugehen haben. Bei den *imperativen* Plänen (zB Bebauungsplan) wird enttäuschtes Planvertrauen in der Regel durch besondere gesetzl. Regelungen kompensiert. Bei *indikativen* Plänen besteht keinerlei rechtl. Bindungswirkung und demzufolge auch keinerlei Anspruch, wenn der Plan abgebrochen oder verändert wird. Schwierigkeiten bestehen bei den *influenzierenden* Plänen, die den Einzelnen durch finanzielle Anreize zu einem bestimmten (Markt-)Verhalten veranlassen. In diesen Fällen ist nach der Rspr. ein Plangewährleistungsanspruch als Entschädigungsanspruch nicht grundsätzlich ausgeschlossen, aber bislang nicht praktisch geworden. Die Rspr. versucht entsprechenden Fällen mit Hilfe der herkömml. Anspruchsinstitute gerecht zu werden. Einem Plangewährleistungsanspruch vorgelagert sind eine Reihe von anderen abfedernden Maßnahmen, etwa in der Gestalt von Übergangsregelungen, die einen Plangewährleistungsanspruch überflüssig machen. Im ganzen besteht ein verwirrendes und kompliziertes Bild. Wer sich vor Überraschungen schützen will, muß sich durch Vertragsbindungen absichern. Enttäuschtes Vertrauen auf den Fortbestand einer einmal bestehenden Rechtslage bleibt regelmäßig unentschädigt.

VIII. Ansprüche aus verwaltungsrechtlichen Schuldverhältnissen. Die seit Jahrzehnten andauernde Erweiterung der Staatshaftung durch die Rspr. wird naturgemäß motiviert und angetrieben durch den Umstand, daß als entschädigungsbedürftig empfundene Sachverhalte mit den herkömml. Anspruchsgrundlagen nicht sachgerecht und befriedigend entschieden werden können, weil sie entweder nicht passen oder doch unzureichend sind. Nur so ist es zu verstehen, daß der BGH ergänzend zur Amtshaftung die Grundsätze vertragl. Haftung, wie sie im Zivilrecht entwickelt worden sind (Ansprüche aus positiver Forderungsverletzung, aus Verschulden bei Vertragsschluß, sog. culpa in contrahendo, sowie aus Unmöglichkeit und Verzug), auch in das öffentl. Recht übertragen hat. Dies geschah, um Defizite auszugleichen, die der Amtshaftung ähnlich wie der Deliktshaftung des Zivilrechts (§§ 823 ff. BGB) allgemein anhaften. Zu diesen Haftungsdefiziten der Deliktshaftung gegenüber der Vertragshaftung gehört namentlich das Einstehenmüssen für das Verhalten von Hilfspersonen, das im Schuldrecht rigoroser aussieht (§ 278 BGB) als im Deliktsrecht (§ 831 BGB). Um die strengeren Haftungsregeln des Vertragsrechts zur Anwendung zu bringen, hat der BGH deshalb bei den verwaltungsrechtl. Schuldverhältnissen die vertragl. Haftungsvorschriften und Anspruchsinstitute des Zivilrechts für entsprechend anwendbar erklärt. Allerdings ist bis heute nicht recht klar geworden, was unter einem verwaltungsrechtl. Schuldverhältnis zu verstehen ist. Immerhin hat sich inzwischen in der Rechtsprechung bereits eine Reihe von Sonderverbindungen herausgebildet, deren Einordnung als verwaltungsrechtl. Schuldverhältnisse im vorgenannten haftungsrechtl. Sinne unbestritten ist. Dazu gehören die öffentlich-rechtl. Verwahrung, die öffentlich-rechtl. Benutzungsverhältnisse und die öffentlich-rechtl. Verträge. Für letztere ergibt sich die Anwendung der zivilrechtlichen Haftungsregeln bereits unmittelbar aus § 62 S. 2 des Verwaltungsverfahrensgesetzes.

IX. Reform der Staatshaftung. Reformbestrebungen haben das Staatshaftungsrecht von Anfang an begleitet und schon viele Juristentage beschäftigt. Der letzte große Reformversuch begann mit der Einsetzung einer Sachverständigenkommission im Jahre 1970. Reformziele waren vor allem die Abschaffung des Verschuldensprinzips und der Übergang zur Verursachungshaftung, die Erweiterung der Staatshaftung auf die Naturalrestitution, die Begründung einer unmittelbaren Staatshaftung anstelle des bisherigen Modells der Amtshaftung und die Beseitigung des doppelten Rechtsweges. Dies alles war nur durch eine Verfassungsänderung zu erreichen, die dem Bund die Gesetzgebungskompetenz hätte verschaffen müssen. Obwohl die notwendige Zwei-Drittel-Mehrheit hierfür nicht zu erreichen war, erließ der Bund gleichwohl das Staatshaftungsgesetz vom 16. 6. 1981 (BGBl. I S. 553). Nachdem schon der Bundespräsident bei der Ausfertigung des Gesetzes verfassungsrechtl. Bedenken geäußert und eine Überprüfung des Gesetzes angeregt hatte, wurde das Gesetz auf Antrag mehrerer Landesregierungen durch Urteil des BVerfG vom 19. 10. 1982 für nichtig erklärt. Die verfassungsrechtl. Begründung war die mangelnde Kompetenz des Bundes. Es liegt nunmehr bei den Ländern, im Wege eines akkordierten Vorgehens ein einheitl. fortschrittl. Staatshaftungsrecht zu schaffen. Die Aussichten hierfür sind nach den vorliegenden Erfahrungen nicht sehr günstig, weil nach wie vor Ungewißheit darüber besteht, wieweit eine Weiterentwicklung der Staatshaftung in Richtung auf eine verschuldensunabhängige Haftung finanziell tragbar ist.

R. Stödter, Die öffentlich-rechtliche Entschädigung, 1933. – A. Kayser/L. Leiss, Die Amtshaftung, 1958. – M. Heidenhain, Amtshaftung und Entschädigung aus enteignungsgleichem Eingriff, 1965. – L. Simons, Leistungsstörungen verwaltungsrechtlicher Schuldverhältnisse, 1967. – O. Bachof, Die verwaltungsgerichtliche Klage auf Vornahme einer Amtshandlung, 1968². – Th. Rösslein, Der Folgenbeseitigungsanspruch, 1968. – F. Weyreuther, Empfiehlt es sich, die Folgen rechtswidrigen hoheitlichen Verwaltungshandelns gesetzlich zu regeln?, Gutachten B zum 47. Deutschen Juristentag, 1968. – M. Oldiges, Grundlagen eines Plangewährleistungsrechts, 1970. – H.-J. Papier, Die Forderungsverletzung im öffentlichen Recht, 1970. – Ders., Kommentar zu § 839 BGB, in: Münchener Kommentar III, 2, 1981. – Egerer, Der Plangewährleistungsanspruch, 1971. – B. Bender, Staatshaftungsrecht, 1974². – W. Löwer, Staatshaftung für unterlassenes Verwaltungshandeln, 1979. – F. Kreft, Öffentlich-rechtliche Ersatzleistungen, 1980. – F. Ossenbühl, Staatshaftungsrecht, 1983³ (Lit.). – Ders., Neuere Entwicklungen im Staatshaftungsrecht, 1984. – G. Krohn/G. Löwisch, Eigentumsgarantie, Enteignung, Entschädigung, 1984³.

Fritz Ossenbühl

Staatshaushalt, Haushaltsverfassung. I. Begriffe. 1. Staatshaushalt. Der *Staatshaushalt* (St.) dient der planvollen Beschaffung und Nutzung von Geldmitteln zur Deckung des staatl. Bedarfs. Um diese Funktion zu erfüllen, muß er die im Veranlagungszeitraum zu erwartenden Einnahmen ausweisen und die vorzunehmenden Ausgaben festlegen.

a) Als St. i. w. S. wird die Gesamtheit der dem Staat bzw. im Bundesstaat: Gesamtstaat und Gliedstaaten zuzuordnenden finanzwirtschaftl. Vorgänge bezeichnet. Hierzu gehören Finanzplanung einschl. der Rahmenplanung für Gemeinschaftsaufgaben von Bund und Ländern (→Finanzverfassung), Aufstellung, Feststellung und Vollzug der Haushaltspläne sowie Rechnungslegung, Rechnungsprüfung und Entlastung (→Finanzkontrolle). Der Haushaltsbegriff bezieht sich demnach primär auf die Ausgabenseite der staatl. Finanzwirtschaft, während ihre Einnahmenseite, im wesentl. also Abgabenfestsetzung (→Abgaben, öffentliche; →Steuer[n]) und Kreditaufnahme (→Staatsvermögen, Staatsschulden) gemeinhin gesondert behandelt werden. Beide Aspekte sind indes zu integrieren, nicht nur weil Einnahmen und Ausgaben des St. ausgeglichen sein müssen (Art. 110 Abs. 1 S. 2 GG), sondern weil die Haushaltswirtschaft sich nicht auf den haushälterischen Umgang mit vorgegebenen Mitteln beschränken kann. Die Finanzpolitik muß vielmehr der komplexen Wechselbeziehung von Einnahmen und Ausgaben Rechnung tragen, was v. a. das Anliegen der 1969 im Zuge der Finanzreform eingeführten Finanzplanung ist. Vom St. sind die übrigen *öffentl. Haushalte* zu unterschieden. Dazu zählen die sonstigen Gebietskörperschaften (Gemeinden und Gemeindeverbände), die sog. *Parafisci* wie insbes. die *Sozialversicherungsträger,* die →*Kirchen,* sowie schließl. wohl auch *private Organisationen ohne Erwerbscharakter* (karitative, kulturelle und wissenschaftl. Organisationen, Parteien, Verbände usw.). Die Abgrenzung gegenüber den privaten Haushalten und Unternehmen mag hier im einzelnen fließend sein.

b) I. e. S. beschränkt sich der Begriff „St." auf den staatl. *Haushaltsplan.* Als Synonyme werden traditionell die aus dem Engl. bzw. Französ. übernommenen Begriffe *Budget* oder *Etat* verwendet. Nach der klassischen *finanzwissenschaftl.* Definition ist der Haushaltsplan „die in regelmäßigen Abständen vorgenommene systematische Zusammenstellung der prinzipiell vollzugsverbindlichen Vorschläge der für einen bestimmten Zeitraum geplanten Ausgaben und Schätzungen der zur Deckung dieser Ausgaben vorgesehenen Einnahmen" (F. Neumark). Das jurist. maßgebl. Verständnis des Haushaltsplanes ergibt sich heute aus dem GG, das in Art. 109 ff. GG grds. Regelungen zum Haushaltswesen und in Art. 110 GG speziell zum Haushaltsplan trifft. Hinzu kommen das die Bundes- und die Landesgesetzgebung gemeinsam bindende Haushaltsgrundsätzegesetz sowie die Bundeshaushaltsordnung und die Landeshaushaltsordnungen. Wenngleich der Haushaltsplan im Mittelpunkt des St. steht, wäre eine

Gleichsetzung jedoch verfehlt, da neben dem Haushaltsplan auch ergänzende Instrumente (Finanzplan, Art. 109 Abs. 3 GG), vorläufige (Art. 111 GG) und außerplanmäßige (Art. 112 GG) Ausgaben und die im Haushaltsplan ungeachtet des haushaltsrechtl. Grundsatzes der Vollständigkeit nicht registrierten Einnahmen und Ausgaben (zB der Fondswirtschaft) Berücksichtigung verdienen. Die Unterscheidung zwischen ordentl. und außerordentl. Haushalt ist seit 1969 gegenstandslos.

2. Haushaltsverfassung. Das Grundgesetz regelt in seiner *Haushaltsverfassung* (H.) die Verteilung der Haushaltszuständigkeiten zwischen Bund und Ländern (Art. 109 GG) sowie bezüglich des Bundes die interne Aufteilung haushaltsbezogener Kompetenzen auf die einzelnen Bundesorgane (Art. 110 – 115 GG). Im Gegensatz zur Finanzverfassung i. e. S. in den Art. 104 a – 108 GG befaßt sich die H. nicht nur mit dem Steuerwesen, sondern mit den staatl. Einnahmen und Ausgaben insgesamt. Während die Art. 104 a – 109 GG für Bund und Länder gleichermaßen verbindlich sind, gelten die Art. 110 – 115 GG nur für den Bund. Neben Spezialzuständigkeiten des Bundesministers der Finanzen und des Bundesrechnungshofs stehen dabei die Haushaltskompetenzen von Bundestag und Bundesregierung im Vordergrund. Die Art. 110 ff. GG sind deshalb vor allem Bestätigung und Ausgestaltung des für den Parlamentarismus wesensprägenden Budgetrechts des Parlaments gegenüber der Regierung (zur Feststellung des von der Exekutive vorgelegten Haushaltsplans und zur Kontrolle des exekutiven Haushaltsvollzuges). Insoweit handelt es sich beim scheinbar „trockenen“ Haushaltsverfassungsrecht um eine politisch hochbrisante Materie, wie nicht nur die Verfassungsgeschichte (zB preußischer Budgetkonflikt 1862 – 1866), sondern auch die wichtigen Haushaltsdebatten vor dem Bundestag zeigen, die jeweils zu den Höhepunkten des politisch-parlamentarischen Lebens in der Bundesrepublik gehören. Die politische Bedeutung des Haushaltsverfassungsrechts ist in jüngerer Zeit besonders am Bonner Budgetkonflikt um Haushaltsüberschreitungen in den Jahren 1973/74 deutlich geworden, bei dem das Bundesverfassungsgericht dem damaligen Bundesfinanzminister eine Verletzung der Verfassung (Art. 110, 112 GG) bescheinigt hat (BVerfGE 45, 1 ff.).

II. Aufgaben. Die finanzwirtschaftl. *Bedarfsdeckungs- und Ordnungsfunktion* ist heute nur noch eine, wenn auch weiterhin die grundlegende Aufgabe des St. Hinzu treten die *politische Programmfunktion,* die *rechtl. Kontrollfunktion* und die *wirtschaftspolitische Gestaltungsfunktion* (STERN im Anschl. an F. NEUMARK). Die verschiedenen Aufgaben, die nach der Verfassungsänderung von 1969 (20. Novelle zum GG v. 12. 5. 1969, BGBl. I S. 357, als Teil der sog. Finanzreform) auch im GG vollständigen Ausdruck gefunden haben, entsprechen unterschiedl. Entwicklungsschichten des St. In seiner ursprüngl. histor. Bedeutung war der St., der mit dem Fortschreiten der Geldwirtschaft und der Herausbildung des modernen Staates die fürstl. „Privatschatulle“ (camera) und die „Situations“- oder Partikularetats ablöste, ein internes Rechenwerk (Ordnungsfunktion) und wohlgehütetes Staatsgeheimnis. Die Entwicklung der Generaletats im 17. und 18. Jh. als der Grundform des modernen St. wurde von den *Kameralisten* um v. JUSTI nicht nur praktisch vorangetrieben, sondern auch theoretisch vertieft. Daß diese zugleich als Begründer der Staatslehre in Deutschland und somit als Vorväter der heutigen Staatsrechtswissenschaft gelten, beleuchtet die eminente rechtl. und polit. Bedeutung, die dem St. seit seinen Anfängen zukommt.

a) Die *Bedarfsdeckungs- und Ordnungsfunktion* des St. ist durch ein z. T. sprunghaftes Wachstum des Haushaltsvolumens gekennzeichnet. Zwar handelt es sich um eine langfristige und mehr oder weniger alle Industrienationen betreffende Entwicklung (WAGNERsches Gesetz von der absoluten und relativen Ausdehnung der Staatstätigkeiten), inzwischen haben aber die öffentl. Haushalte und der Anteil der öffentl. Ausgaben am Sozialprodukt in der Bundesrepublik eine kritische Schwelle erreicht. Allein der Bundeshaushalt ist von 14,6 Mia. DM (1950) auf 259,3 Mia. DM (1985) angeschwollen (1961: 52,2, 1967: 80,9, 1969: 97,8, 1976: 164,0, 1983: 253,2 Mia. DM). Gegenüber 1913 liegt die Steigerung der öffentl. Ausgaben sogar bei mehr als dem 50fachen, wobei die Vergleichswerte allerdings vorsichtig zu interpretieren sind. Die sog. Staatsquote (einschl. der Parafisci) beläuft sich derzeit (je nach Berechnungsart) auf ca. 40 – 50 % des Sozialprodukts (1913: ca. 15 %). Die entsprechend hochgradige Komplexität der Ordnungsfunktion des St. äußert sich auch im Umfang des Haushaltsplans (Bundeshaushaltsplan zuletzt durchschnittl. über 3500 S. gegenüber zwei Druckseiten des preuß. „Allgemeinen Etats“ von 1821). Die größten Posten im Bundeshaushalt bilden seit Jahren die Sozial-, Verteidigungs- und Verkehrsetats mit je rd. 33, 20 und 10 %.

b) Aus der Notwendigkeit, einen Ausgleich zwischen der Vielzahl der Bedarfsanforderungen und den (trotz ihrer absoluten Höhe) relativ begrenzten finanziellen Mitteln herzustellen, folgt die *polit. Programmfunktion* des St. Da der Haushaltsplan insbesondere hinsichtlich seiner Prioritätenentscheidung und seiner politischen Gestaltungsfunktion zugleich wesentl. Strukturmerkmale eines Regierungsprogramms hat („Schicksalsbuch der Nation“), ist die parlamentarische Auseinandersetzung hierüber auch heute noch von zentraler Bedeutung.

c) Die *Kontrollfunktion* des St. geht auf das im 19. Jh. gegenüber der Monarchie erkämpfte *Bud-*

getbewilligungsrecht des Parlaments zurück (Konstitutionalismus, vgl. insbes. Art. 99 Abs. 2 der Preuß. Verfassung von 1850 und Art. 69 S. 2 der Reichsverfassung von 1871). Der Zwang zur formell-gesetzl. Feststellung des Haushaltsplans entspricht dem historisch erkämpften parlamentarischen Budgetrecht, wodurch das Parlament die Exekutive zu Ausgaben ermächtigen und damit periodisch die Regierungspolitik kontrollieren und – z. T. erheblich – beeinflussen kann. Dieser Gedanke ist zB noch in der parlamentarischen Wehretat-Kontrolle nach Art. 87 a Abs. 1 S. 2 GG sehr deutlich. Die heute in Art. 110 GG garantierte *Etathoheit des Parlaments* hat ihre Bedeutung seither jedoch nachhaltig verändert. War die Ausgabenbewilligung im 19. Jh. neben der Steuerbewilligung zunächst das einzige oder doch das wichtigste Kontrollmittel der Stände und später der Parlamente gegenüber der monarchischen Exekutive, so haben sich aufgrund der fortschreitenden Verrechtlichung und Vergesetzlichung der Staatsaktivitäten die Einflußmöglichkeiten der Parlamente beträchtlich erweitert. Die Steuerung der Staatsausgaben erfolgt heute überwiegend bereits durch die vom Parlament verabschiedeten ausgabenbegründenden Sachgesetze. So werden durch Leistungsgesetze (zB Rentengesetze, Besoldungsgesetze, BAföG) Ansprüche für den Bürger begründet, die bei Aufstellung des Haushaltsplans berücksichtigt werden müssen, um dem Staat Mittel für die Anspruchserfüllung zu geben. Zu dieser „Fesselung" des Haushaltsgesetzgebers durch den Sachgesetzgeber gehört auch die mittelbare Vorgabe der dem Haushalt zur Verfügung stehenden Einnahmen durch Gestaltung des Abgabenrechts. Zu diesen außerbudgetären Vorgegebenheiten zählen ferner staatl. Einrichtungen (Bundeswehr, Bauten usw.), deren weitere Betreibung Geld kostet. Da der Haushaltsgesetzgeber sich im übrigen noch selbst durch die Aufnahme langfristiger Kredite bezüglich des Schuldendienstes bindet und im übrigen auch das EG-Haushaltsrecht zunehmend seinen Tribut fordert, ist seine tatsächl. Dispositionsfreiheit relativ gering. Die rechtl. oder faktisch unentziehbaren staatl. Ausgaben schränken die disponible Finanzmasse weitestgehend ein, so daß der Wert des parlamentarischen Budgetrechts insoweit heute faktisch recht stark gemindert wird. Hinzu kommen die politischen Bindungen des Haushaltsgesetzgebers durch die Finanzplanung sowie die Vorgaben durch die bestehenden Abgabengesetze, welche die verfügbaren Mittel präjudizieren. Die geringe „Manövriermasse" bei der Haushaltsaufstellung (unter 10 %) ist finanzpolit. zwar bedauerlich, mit einer „Krise des parlamentarischen Ausgabenbewilligungsrechts" (MUSSGNUG) hat sie allerdings nicht zentral zu tun, da es sich im wesentl. nur um eine Vorverlagerung der parlamentarischen Ausgabenbewilligung in die Sachgesetzgebung handelt. Zugleich hat sich der Gegensatz zwischen Regierung und Parlament insofern entschärft, als beide nicht mehr unterschiedl. Staatsprinzipien (monarchisches vs. demokratisches Prinzip) und verschiedene gesellschaftl. Gruppen (vergröbernd: Aristokratie einerseits, Bürgertum andererseits) verkörpern, sondern aus derselben Quelle demokrat. Legitimation – freilich mit unterschiedl. Kraft – schöpfen. An die Stelle des Antagonismus von Exekutive und Legislative sind in der parlamentarischen Gegenwart eine weitgehende Aktionseinheit zwischen Regierung und parlamentarischer Regierungsfraktion und die Frontstellung zwischen Parlamentsmehrheit und Opposition getreten. In der Haushaltsdebatte, die als publizitätsträchtiger Schlagabtausch zwischen „Regierungslager" und Opposition geführt wird, wird dieser Wandel sinnfällig. Ob es die veränderten Bedingungen der parlamentarischen Demokratie sogar gebieten, der parlamentarischen Kontrolle des St. eine reziproke Kontrolle des Parlaments durch die Regierung (Vetorecht der Bundesregierung bei ausgabenerhöhenden Bundestagsbeschlüssen gem. Art. 113 GG) zur Seite zu stellen, ist indes zweifelhaft. Diese dem engl. Vorbild folgende Regelung wird damit legitimiert, daß das Parlament sein Budgetbewilligungsrecht nicht mehr strikt wie in der Anfangszeit als Instrument zur Ausgabenbegrenzung handhabe, sondern (im Interesse der Machterhaltung der Mandatsträger) zu populären Mehrausgaben und Wahlgeschenken neige. Die polit. Interessenkonvergenz sowie interne Abstimmungsmechanismen zwischen Parlamentsmehrheit und Regierung machen ohnehin das förml. Veto weitgehend überflüssig. Vom Vetorecht nach Art. 113 GG ist denn auch bislang nur in einem einzigen, eher unbedeutenden Fall Gebrauch gemacht worden. Die eigentüml. Rollenverteilung zwischen Exekutive und Legislative in der H. wird gelegentl. zusammenfassend auch als „Haushaltsführung zur gesamten Hand" charakterisiert. Schließl. besteht eine Kontrollfunktion des St. i. d. S., daß der Haushaltsplan den Maßstab für die →Finanzkontrolle durch Rechnungshöfe und Parlamente abgibt.

d) Die *wirtschaftspolit. Gestaltungsfunktion* des St. wurde erst im Zuge der Finanz- und Haushaltsreform 1969 – freilich sogleich auf Verfassungshöhe in Art. 109 Abs. 2 GG – festgeschrieben. Danach haben Bund und Länder bei ihrer Haushaltswirtschaft den Erfordernissen des gesamtwirtschaftl. Gleichgewichts Rechnung zu tragen. Art. 109 Abs. 3 GG sieht eine haushaltspolitische Grundsatzgesetzgebungszuständigkeit vor. Art. 109 Abs. 4 GG zielt auf (bundesgesetzl. abgesicherte) Einzeleingriffe in die Haushaltswirtschaft der Länder und Gemeinden bei Gefährdungen des gesamtwirtschaftl. Gleichgewichts. Diese verfassungsrechtl. Möglichkeiten sind vom Gesetzgeber durch das Stabilitäs- und Wachstumsgesetz (StWG) vom 8. Juni 1967 und das Haushaltsgrundsätzegesetz (HGrG) vom 19. August 1969 genutzt worden. Die Verfassungsänderung fällt in die Zeit der

Großen Koalition und stellt v. a. eine Antwort auf die Rezession von 1967 dar. Die wirtschaftspolit., insbes. konjunkturpolit. Inpflichtnahme der Haushaltspolitik beruht auf dem Gedanken einer antizyklischen Konjunkturpolitik (Dämpfungen im Boom – trotz guter Steuererträge – primär durch Verminderungen staatl. Ausgaben, Ankurbelung in der Rezession – trotz schlechter Steuererträge – vornehml. durch Steigerung staatl. Ausgaben) und ist in das umfassendere Konzept einer v. a. mit den Mitteln der Haushalts- und Finanzpolitik arbeitenden *Globalsteuerung* der Wirtschaft eingebettet. Zur Konkretisierung des Schlüsselbegriffs „gesamtwirtschaftl. Gleichgewicht" kann auf § 1 StWG und das dort fixierte „magische Viereck" (Stabilität des Preisniveaus, hoher Beschäftigungsstand, außenwirtschaftl. Gleichgewicht, angemessenes Wirtschaftswachstum im Rahmen der marktwirtschaftl. Ordnung) zurückgegriffen werden. Diese einfachgesetzl. Regelung (die rechtspolitisch evtl. um die Umweltverträglichkeit des Wirtschaftens ergänzt werden soll) stellt jedoch keine authentische Verfassungsinterpretation dar. Art. 109 Abs. 2 GG kann daher auch nicht als verfassungsrechtl. Festschreibung einer bestimmten wirtschaftspolit. Theorie (Keynesianismus, Fiskalismus) aufgefaßt werden. Es bleibt vielmehr bei der vorrangig vom Bundesverfassungsgericht verfochtenen These der wirtschaftspolit. Neutralität des GG (→Wirtschaftsverfassung). Eine wirtschaftspolit. einseitige Lesart des Art. 109 Abs. 2 GG wäre auch deshalb mißlich, weil sich die anfänglich hochgespannten stabilitätspolit. Erwartungen nur geringfügig erfüllt haben und von den mittlerweile wieder vorherrschenden monetaristischen und antiinterventionistischen volkswirtschaftl. Lehrmeinungen überwiegend für unbegründet gehalten werden. Dies ändert jedoch nichts an der (vorrangig politisch auszufüllenden und insofern unterschiedl. konkretisierungsfähigen) Verpflichtung zu einer wirtschaftl. angemessenen Haushaltsführung. Die in Betracht kommenden Haushaltsmaßnahmen sind im Stabilitätsgesetz in nicht abschließender Weise geregelt.

III. Haushaltswirtschaft in Bund und Ländern.

1. Haushaltstrennungsgrundsatz. Zur Sicherung der fiskalpolit. Unabhängigkeit von Bund und Ländern – und letztlich auf der Eigenstaatlichkeit der Länder beruhend – bestimmt Art. 109 Abs. 1 GG den Grundsatz der Haushaltstrennung von Bund und Ländern: In ihrer Haushaltswirtschaft sind sie selbständig und voneinander unabhängig. Die Haushaltswirtschaft der Gemeinden (und der übrigen kommunalen Körperschaften) muß hierbei als Teil der Haushaltswirtschaft der Länder angesehen werden. Damit darf der Bund auch den Gemeinden ohne verfassungsrechtl. Ermächtigung keine finanziellen Zuschüsse gewähren. Die damit als verfassungsrechtl. Regel fixierte Unabhängigkeit der Einnahmen- und Ausgabenwirtschaft von Bund und Ländern entspricht der durchgängigen föderalistischen Verfassungsstruktur der Aufgabentrennung von Bund und Ländern, die insbesondere durch das finanzverfassungsrechtl. Prinzip getrennter Ausgabentragung (Art. 104 a Abs. 1 GG) bekräftigt wird (→Finanzverfassung). Die allgemeine Regel der Aufgabentrennung von Bund und Ländern, die im Bereich der Finanzverfassung zum Verbot der Mischfinanzierung erstarkt, wird v. a. durch die Art. 91 a, b GG durchbrochen, in denen die Mitwirkungsbereiche des Bundes bezüglich der Gemeinschaftsaufgaben enumerativ und abschließend aufgeführt sind. Der Grundsatz der Haushaltstrennung verbietet eine Kontrolle der Ausgabenwirtschaft durch die Länder, insbesondere ein finanzielles Hineinregieren des Bundes in das Haushaltsgebaren der Länder (und Gemeinden) durch Dotationen bzw. Finanzhilfen, soweit diese nicht ausdrücklich – wie in Art. 104 a Abs. 4 GG u. a. zur Wahrung des gesamtwirtschaftl. Gleichgewichts – durch das Grundgesetz zugelassen werden.

2. Durchbrechungen des Trennungsgrundsatzes. Das Prinzip der Haushaltstrennung entbindet nicht von der Finanzverantwortung für das Ganze und ist deshalb eine von vielen Ausnahmen durchbrochene Regel. Mittelbare Verbindungen der Haushaltswirtschaften von Bund und Ländern ergeben sich daneben aus dem Prinzip des bundesfreundl. Verhaltens besonders unter dem Aspekt einer Mindesteinheitlichkeit der Lebensverhältnisse (Art. 72 Abs. 2 Nr. 3, 106 Abs. 3 S. 4 GG). Außerdem wird dieser Grundsatz durch die wechselseitigen Beziehungen in der Finanzverfassung durch die Bundesgesetzgebung über Landessteuern, die Landesverwaltung von Bundessteuern und den →Finanzausgleich i. e. S. zB nach Art. 107 Abs. 2 S. 3 GG relativiert. Vereinheitlichende Impulse ergeben sich auch aus der Wahrnehmung der Bundesgesetzgebungskompetenzen, insbes. der Art. 73 Nr. 4, 5 GG sowie aus der Tätigkeit der Bundesbank. Von besonderer Bedeutung ist daneben die konjunkturpolitisch begründete Durchbrechung des Trennungsgrundsatzes in Art. 109 Abs. 2 bis 4 GG. Die ökonomische Steuerungsfunktion des Staatsbudgets kann in einem demokratischen Bundesstaat mit einer Fülle von öffentl. Budgets nur dann optimal genutzt werden, wenn die mannigfaltigen Haushaltswirtschaften der verschiedenen Gebietskörperschaften gleichgerichtet gehandhabt werden. Um ein solches gleichgerichtetes, konjunkturgerechtes Verhalten von Bund und Ländern (und Gemeinden) zu erreichen, enthält die Verfassung neugeschaffene Gesetzgebungskompetenzen in Art. 109 Abs. 3 und 4 GG zu globalsteuernden Maßnahmen des Bundesgesetzgebers. Die hierdurch verursachte erhebl. Gefährdung der Eigenständigkeit der Länder wird in gewisser Weise durch das (zwingende) Erfordernis der Bundesrats-Zustimmung für die aufgrund von Art. 109 Abs. 3 und 4 GG mögl. Gesetze und Rechtsverordnungen relativiert. Eine Beschränkung des durch Art. 109 Abs. 3 und 4 GG ermächtigten Bundesgesetzgebers ergibt sich auch daraus, daß ihm Art. 109 Abs. 3 GG nur eine Zuständigkeit zur Grundsatzgesetzgebung einräumt, die durch Landesgesetze jedenfalls partiell nach eigenen Vorstellungen und Bedürfnissen konkretisierbar bleiben muß. Diese Beschränkung ist durch das Gesetz zur Förderung der Stabilität und des Wachstums der Wirtschaft von 1967 und das Haushaltsgrundsätzegesetz von 1969 eingehalten worden.

IV. Haushaltsplan und Haushaltsgrundsätze. Zentrales Instrument des Haushaltswesens ist der Haushaltsplan. Gemäß § 2 HGrG dient er zur Feststellung und Deckung des Finanzbedarfs, der zur Erfüllung der Aufgaben des Bundes oder der Länder im Bewilligungszeitraum voraussichtlich notwendig ist. Der Haushaltsplan ist mehrfach gegliedert: Die dem Ministerialprinzip folgenden Einzelpläne (weitere Einzelpläne: Bundespräsident und Bundespräsidialamt, Deutscher Bundestag, Bundesrat, Bundeskanzler und Bundeskanzleramt, Bundesverfassungsgericht, Bundesrechnungshof, Bundesschuld, Versorgung, Verteidigungslasten f. ausländ. Streitkräfte, zivile Verteidigung, allgemeine Finanzverwaltung) sind in sich wiederum in Kapitel und Titel unterteilt. Die Einzelheiten regeln das Haushaltsgrundsätzegesetz und die Bundeshaushaltsordnung. Die wesentl. formellen Voraussetzungen für die rechtsverbindl. Feststellung des Haushaltsplans ergeben sich aus Art. 110 GG, der auch die bedeutendsten materiellen Grundsätze über den Inhalt des Haushaltsplans regelt. Im Sinne der parlamentarischen Etathoheit verlangt Art. 110 Abs. 2 S. 1 GG die Feststellung des Haushaltsplans durch Gesetz (Haushaltsgesetz). Er ist somit ein Wirtschaftsplan und zugleich „staatsleitender Hoheitsakt in Gesetzesform" (BVerfGE 45, 1, 32). Die *Rechtsnatur des Haushaltsgesetzes* war lange Zeit heftig umstritten. Nach heute h. M. handelt es sich um ein sog. *Organgesetz*, das Rechtswirkungen lediglich im staatl. Innenbereich entfaltet, indem es die Regierung ermächtigt, Ausgaben zu leisten und finanzielle Verpflichtungen einzugehen (BVerfGE 20, 56, 91; 38, 125), nicht aber – wie ein materielles Gesetz – nach außen gegenüber dem Bürger Ansprüche oder Verbindlichkeiten begründet (§ 3 Abs. 2 HGrG, § 3 Abs. 2 BHO). Die fehlende Außenwirkung des Haushaltsgesetzes auf den Bürger ist i. ü. ein gewisses Hemmnis für das häufig verwandte Argument, wonach ein Vorbehalt des Gesetzes für Staatsleistungen schon deshalb nicht notwendig sei, weil ja ohnehin eine haushaltsgesetzgeberische Ermächtigung für die Mittel zur Erbringung der Staatsleistungen erforderlich sei. Soweit das Haushaltsgesetz als nur formelles Gesetz angesprochen wird, hat diese Beurteilung indes kaum noch etwas mit der ursprüngl. Konstruktion LABANDS im preußischen Budgetkonflikt gemeinsam, wonach das Fehlen einer parlamentarischen Ausgabenbewilligung im Ergebnis durch eine exekutivische Selbstbewilligung ersetzt werden konnte. Die Stellung des Parlaments als „Herr des Budgets" ist heute insoweit unanfechtbar. Das Haushaltsgesetz ist insbesondere für Regierung und Verwaltung verbindlich und enthält das Verbot, Ansätze des Haushaltsplanes zu überschreiten oder nicht ansatzgemäß zu leisten. Diese sind allerdings nicht verpflichtet, die vorgesehenen Ausgaben zu tätigen. Soweit das Parlament eine weitergehende positive Bindung wünscht, bedarf es dazu einer entsprechenden Sachgesetzgebung.

Materielle *Haushaltsgrundsätze* mit Verfassungsrang sind nach Art. 110 GG die Vollständigkeit und Einheit (Abs. 1 S. 1, 1. Hbs.), Ausgeglichenheit (Abs. 1 S. 2) und Vorherigkeit (Abs. 2 S. 1) des Haushalts sowie das sog. Bepackungsverbot (Abs. 4 S. 1), implizit wohl auch das sog. Bruttoprinzip (Abs. 1 S. 1).

a) Der *Grundsatz der Vollständigkeit* in Abs. 1 S. 1 GG besagt, daß alle Einnahmen und alle Ausgaben in den Haushaltsplan einzustellen sind. Hierin kommt die Veranschlagungspflicht aller gewiß vorhersehbaren Einnahmen und Ausgaben und das Verbot von besonderen Kassen oder „Schattenhaushalten" zum Ausdruck. Eine Ausnahme besteht jedoch hinsichtl. von Bundesbetrieben und Sondervermögen (zB Bahn, Post), bei denen lediglich Zuführungen oder Ablieferungen zu veranschlagen sind (womit sich für die „Flucht aus dem Etat" teilweise eine Hintertür öffnet).

b) Der in Art. 110 Abs. 1 S. 1 GG mitenthaltene *Grundsatz der Einheitlichkeit* des Haushaltsplans schließt Sonder- und Nebenhaushalte und wohl auch Teilhaushalte (anders BVerfGE 45, 1, 34) aus.

c) Das in Art. 110 Abs. 1 S. 1 GG nur mittelbar angesprochene *Bruttoprinzip* (§ 12 Abs. 1 S. 1 HGrG) verlangt, daß Einnahmen und Ausgaben getrennt voneinander in voller Höhe ohne Vorwegabzug (Saldierung und ähnl. „Haushaltskosmetik") in den Haushaltsplan einzustellen sind. Haushaltsrechtlich problematisch ist insoweit die Abgrenzung von (nicht auf der Ausgabenseite zu veranschlagenden) Steuervergünstigungen und (als Ausgaben zu veranschlagenden) Subventionen.

d) Das *Prinzip des Haushaltsausgleichs* (Art. 110 Abs. 1 S. 2 GG) fordert eine Identität der Summen der veranschlagten (nicht tatsächlich ein- und ausfließenden) Einnahmen und Ausgaben. Hierbei können bei vorhersehbaren Ausgabenüberschüssen Einstellungen von Kreditaufnahmen und bei voraussichtlichen Einnahmeüberschüssen Rückstellungen – zB für die Konjunkturrücklage – vorgenommen werden. Seine ausdrückl. Erwähnung hat v. a. Warnfunktion.

e) Beim haushaltsrechtl. *Bepackungsverbot* nach Art. 110 Abs. 4 GG ist das sachliche vom zeitlichen Bepackungsverbot zu unterscheiden.

Das sachl. Bepackungsverbot bedeutet das – relativ elastische – Gebot, keine materiellen Sachregelungen, sondern nur solche Vorschriften in das Haushaltsgesetz aufzunehmen, die sich auf Einnahmen und Ausgaben des Bundes beziehen (Art. 110 Abs. 4 S. 1 GG). Das zeitl. Bepackungsverbot (Art. 110 Abs. 4 S. 1 und 2 GG) verbietet grundsätzlich, Bestimmungen zu verankern, die über den Zeitraum hinauswirken, für den das Haushaltsgesetz – als Zeitgesetz – beschlossen wird.

f) Der *Grundsatz der zeitlichen Bindung* bestimmt, daß ein Haushaltsplan als befristete Bewilligung nur für einen jeweils bestimmten Zeitraum (regelmäßig ein Jahr) gilt und die zeitlich gebundenen Ausgaben deshalb nur in diesem Zeitraum geleistet werden (Nachteil: sog. Dezemberfieber). Der frühere Grundsatz der Jährlichkeit des Haushaltsplans ist aber durch die Zulassung von mehrjährigen (aufgrund § 9 Abs. 1 HGrG: zweijährigen), allerdings nach Jahren getrennten Haushaltsgesetzen (Art. 110 Abs. 2 GG) relativiert, jedoch nicht beseitigt worden. Eine gewisse Lockerung des Prinzips der zeitl. Ausgabenbindung erfolgt durch die Übertragbarkeit von Ausgaben.

g) Das in Art. 110 Abs. 2 S. 1 GG verbürgte *Prinzip der Vorherigkeit* des Haushaltsgesetzes fordert wegen der Steuerungs- und Kontrollfunktion des Haushaltsgesetzes dessen Verabschiedung vor dem jeweiligen Rechnungsjahr. In der polit. Praxis ist freilich dieses Prinzip durch Verabschiedung des Haushaltsgesetzes im bereits laufenden Rechnungsjahr selten und erst in den letzten Jahren beachtet worden. Hieran dürfte auch das die Frist von Art. 76 Abs. 2 S. 2 GG vermeidende Verfahren nach Art. 110 Abs. 3 GG wenig ändern. Das GG ermöglicht die Lösung vom Vorherigkeitsprinzip durch Einräumung des *Nothaushaltsrechts* nach Art. 111 GG. Hiernach sind in der „etatlosen Zeit“ auf der Grundlage bisheriger gesetzl., rechtl. und haushaltswirtschaftl. Dispositionen Ausgaben durch die Bundesregierung auch bei noch nicht vorliegendem Haushaltsgesetz in dem bereits laufenden Rechnungsjahr möglich. „Neue“ Ausgaben dürfen dagegen nicht geleistet werden. Im Rahmen des Nothaushaltsrechts sind nach Art. 111 Abs. 2 GG auch begrenzte Kreditaufnahmen ohne die nach Art. 115 GG erforderliche gesetzliche Ermächtigung zulässig. Die Rechtslage in den Ländern ist ähnlich.

Von den verfassungsrechtl. Haushaltsgrundsätzen sind die *einfachgesetzl.* zu unterscheiden, die teilweise erhebl. Durchbrechungen erleiden (Gesamtdeckungsprinzip, Spezialitätsprinzip, Verbot der Doppelveranschlagung, Fälligkeitsprinzip, Öffentlichkeit, Haushaltswahrheit und -klarheit, Grundsatz der Wirtschaftlichkeit und Sparsamkeit).

V. Haushaltskreislauf. 1. Aufstellung des Haushaltsplans. Die Aufstellung des Haushaltsplanentwurfs liegt ganz in der Verantwortungssphäre der Exekutive. Abweichend von der allgemeinen Regelung über das Einbringen von Gesetzesvorlagen des Bundes in Art. 76 Abs. 1 GG normieren Art. 110 Abs. 3 und Art. 113 Abs. 1 S. 1 GG i. V. m. § 29 Abs. 1 BHO hinsichtl. Haushaltsgesetz und Haushaltsplan ein ausschließl. *Initiativrecht* der Regierung. Dieses Initiativmonopol ist auch sachgerecht, da die zur politischen Führung berufene Exekutive allein über die erforderl. Mittel und Kenntnisse für die Aufstellung eines Haushaltsplans verfügt. Hierbei kommt dem Bundesminister der Finanzen, bei dem die auf den Voranschlägen der Verwaltung beruhenden Einzelpläne zusammenlaufen (§ 27 Abs. 1 BHO), eine hervorgehobene Rolle zu (zum vorbereitenden Verfahren im einzelnen §§ 11 ff. BHO). Ihm obliegt die konfliktträchtige Aufgabe, die konkurrierenden Bedarfsanforderungen der einzelnen Ressorts untereinander wie auch mit den polit. Zielvorgaben einer sparsamen Haushaltswirtschaft und der Begrenzung weiterer Ausgabenzuwächse zu harmonisieren und in einen Entwurf zu fassen (§ 28 Abs. 1 BHO). Die Haushaltsplanung ist eingebettet in die *mehrjährige Finanzplanung* i. S. v. Art. 109 Abs. 3 GG. Auf dieser Grundlage wird der Entwurf des Haushaltsgesetzes mit dem Entwurf des Haushaltsplans von der Bundesregierung (nach Vorabklärung durch das sog. Finanzkabinett) beschlossen (§ 29 Abs. 1 BHO). Zu Beschleunigungszwecken wird die Gesetzesvorlage abweichend vom normalen Gesetzgebungsverfahren bei Bundestag und Bundesrat (gleichzeitig) eingebracht (Art. 110 Abs. 3 GG). Ein Finanzbericht (§ 31 BHO) und ein auf 5 Jahre berechneter *Finanzplan* (§ 50 HGrG, § 9 StWG) begleiten den Entwurf.

2. Bewilligung des Haushaltsplans. Der Bundesrat kann innerhalb von 6 Wochen, bei Änderungsvorlagen innerhalb von 3 Wochen, Stellung nehmen (Art. 110 Abs. 3, 2. Hbs. GG). Da das Haushaltsgesetz nicht zustimmungsbedürftig ist, liegt das Schwergewicht der Beratung beim Bundestag und dort wiederum nach dessen Geschäftsordnung beim Haushaltsausschuß (§§ 94 ff. GeschO-BT). Die dominierende Stellung des Haushaltsausschusses im parlamentarischen Entscheidungsprozeß ist sachbedingt und bildet ein faktisches (nicht in vergleichbarer Weise rechtlich ausgeprägtes) Pendant zur starken haushaltsverfassungsrechtl. Stellung des Bundesfinanzministers auf Regierungsseite (Art. 109 Abs. 3, 114 Abs. 1, Art. 112 GG i. V. m. § 31 BHO). Der Bundestag hat die Möglichkeit, den Haushaltsplanentwurf abzulehnen oder zu ändern. Gegen ausgabenerhöhende Beschlüsse besteht allerdings (wenigstens theoretisch) das Vetorecht der Bundesregierung nach Art. 113 GG. Darüber hinaus soll es dem Bundestag auch verwehrt sein, den Etat aus anderen als haushaltswirtschaftl. Gründen abzulehnen. Diese umstrittene Ansicht beruft sich u. a. darauf, daß die Etathoheit des Parlaments nicht zur Umgehung des Art. 67 GG (Erfordernis des konstruktiven Mißtrauensvotums) genutzt werden dürfe, und bezieht sich im einzelnen auf ein Vorkommnis im Jahre 1972, als der Einzelplan des Bundeskanzlers im Bundestag politisch-demonstrativ (bei Stimmengleichheit) abgelehnt wurde. Die Annahme einer *Pflicht des Parlaments zur Haushaltsgesetzgebung,* der auch das BVerfG zuzuneigen scheint, vgl. BVerfGE 45, 1, 33, ist insofern problematisch, als sie eine, wenn auch gegenständlich begrenzte Unterstützungs- oder Duldungspflicht oppositioneller Mehrheiten gegenüber Minderheitsregierungen postuliert und überdies zu kaum lösbaren Abgrenzungsproblemen führt (was ist haushaltswirtschaftlich, was politisch motiviert?). Innerhalb gewisser sachl. und zeitl. Grenzen ermöglicht Art. 111 GG auch im Budgetkonflikt eine provisorische Haushaltsführung der Regierung.

3. Vollzug und Korrektur des Haushaltsplans. Die Ausführung des Haushaltsplans ist nicht im GG, sondern in den Haushaltsordnungen geregelt (zB §§ 34 ff. BHO). Immerhin ist jedoch Art. 114 Abs. 2 GG zu entnehmen, daß die Haushalts- und Wirtschaftsführung wirtschaftl. und ordnungsgemäß erfolgen muß (→Finanzkontrolle). Durch sog. qualifizierte Sperrvermerke (§§ 22 S. 2, 36 S. 2 BHO) versucht das Parlament in Ausnahmefällen seine Mitwirkung auch auf den Haushaltsvollzug auszudehnen. Ergibt sich nach Verabschiedung des Haushaltsplans ein zusätzlicher Ausgabenbedarf, so kommt in erster Linie ein *Nachtragshaushalt* in Betracht, der im gleichen Verfahren wie der Haushalt zustande kommt (§ 33 BHO). Subsidiär hat der Bundesfinanzminister nach Art. 112 GG das Recht, im Falle eines unvorhergesehenen (nicht notwendig objektiv unvorhersehbaren) und unabweisbaren Bedürfnisses *über- und außerplanmäßige Ausgaben* (für dem Haushalt bereits bekannte bzw. neue Zwecke) zu bewilligen. Gegenüber der großzügigen Handhabung der Sonderbewilligungskompetenz im Jahre 1973 hat das Bundesverfassungsgericht den Ausnahmecharakter dieser Notkompetenz herausgestellt (besondere Eilbedürftigkeit der Mehrausgabe) und vor ihrer Inanspruchnahme eine „besondere Kommunikations- und Konsultationspflicht" gegenüber dem Gesetzgeber statuiert (BVerfGE 45, 1, 39). Der Weg über Art. 112 GG ist hiernach nur noch gangbar, wenn ein Nachtragsverfahren zu langwierig ist oder wenn es sich um Fälle von geringerer Bedeutung (bis zu 10 Mio. DM) oder um die Erfüllung einer Rechtspflicht handelt. Vor der Bewilligungsentscheidung muß der Finanzminister das Kabinett unterrichten (BVerfGE 45, 1, 46 ff.). Zu einer Flexibilisierung des Haushaltsplans führt schließlich die Regelung des Stabilitätsgesetzes, wonach von der Bundesregierung beschlossene *Konjunkturprogramme* (§ 6 Abs. 2 StWG) über Leertitel im St. (§ 8 StWG) abgewickelt werden können.

4. Rechnungslegung und Entlastung. Der Haushaltskreislauf schließt mit Rechnungslegung und Entlastung durch das Parlament (Art. 114 Abs. 1 GG, § 80 BHO). Der Entlastungsbeschluß hat im wesentlichen polit. Bedeutung und steht insbes. der →Finanzkontrolle durch den Bundesrechnungshof nach Art. 114 Abs. 2 GG nicht entgegen.

VI. Staatsvermögen und Staatsverschuldung. 1. Staatsvermögen. Das Staatsvermögen ist die Gesamtheit der Vermögenspositionen, über die der Staat verfügt. Herkömmlicherweise wird zwischen dem Verwaltungsvermögen und dem Finanzvermögen des Staates unterschieden. Das Verwaltungsvermögen dient durch seinen Gebrauch durch staatl. Stellen oder durch den Bürger unmittelbar der Erfüllung von Aufgaben der öffentl. Verwaltung, während das staatl. Finanzvermögen erst durch seine Erträge (der Finanzierung von) Verwaltungszwecken dient (zB öffentl. Unternehmen). Im überwiegend durch Steuern finanzierten Finanzstaat spielt diese Art der Bedarfsdeckung eine untergeordnete Rolle. Das Verfassungsrecht enthält daher auch nur marginale Regelungen zum Staatsvermögen (Art. 114, 134, 135 GG). Zusammenfassende gesetzl. Regelungen fehlen; nähere Regelungen gibt es für einzelne Vermögensteile, zB zu den Bundesautobahnen, den Bundeswasserstraßen und zur Bundesbahn.

2. Kreditaufnahme und Verschuldung. Das Grundgesetz steuert schließlich zur Sicherung einer „soliden" Haushaltspolitik und zur Abwehr von Aushöhlungen des parlamentarischen Budgetrechts (durch präjudizierende Schuldenlasten) die exekutive Kreditaufnahme und Verschuldung, indem es in Art. 115 Abs. 1 S. 1 GG eine gesetzliche – höhenmäßig bestimmte oder bestimmbare – Ermächtigung (meistens im Haushaltsgesetz) für die Aufnahme von Krediten und für die Übernahme von Bürgschaften, Garantien und sonstigen Gewährleistungen fordert. Neben dieser verfahrensmäßigen Sicherung durch den Vorbehalt des Gesetzes für Kreditaufnahmen, die insbes. auch wegen der Präjudizierungswirkung von Kreditaufnahmen erfolgt, nimmt das Grundgesetz auch inhaltl. Begrenzungen vor: Zur Verhinderung einer die allgemeine Wirtschaftsentwicklung gefährdenden staatl. Überschuldung limitiert Art. 115 Abs. 1 S. 2 GG die Krediteinnahmen mengenmäßig auf die Summe der im Haushaltsplan veranschlagten Ausgaben für Investitionen, d. h. für „Produktionsmittel" (die ja auch in der Privatwirtschaft durch Kredite finanziert werden). Über diese Begrenzung von Kreditaufnahmen darf nur zur Abwehr einer Störung des gesamtwirtschaftl. Gleichgewichts hinausgegangen werden (Art. 115 Abs. 1 S. 2 letzter Hbs. GG). Den Regelungsvorbehalt nach Art. 115 Abs. 1 S. 3 GG hat der Bundesgesetzgeber bislang noch nicht völlig genutzt. Detailbestimmungen sind aber in den §§ 18 Abs. 2 und 3, 39 Abs. 1 BHO aufgeführt.

D. BIRK, JA 1983, S. 563 ff. – H. FISCHER-MENSHAUSEN, in: v. Münch, GG Kommentar, Bd. 3, 1983², Art. 109 ff. – P. FEUCHTE, AöR 97 (1972), S. 538 ff. – K. H. FRIAUF, Der Staatshaushalt im Spannungsfeld zwischen Parlament und Regierung, 1968 – DERS. und H. WAGNER, Öffentlicher Haushalt und Wirtschaft, VVDStRL 27 (1969), S. 1 ff. u. S. 47 ff. – J. HIRSCH, Haushaltsplanung und Haushaltskontrolle, 1968 – G. JÈZE, Allgemeine Theorie des Budgets, 1927 (aus d. Franz.) – M. KLOEPFER, Jura 1979, S. 13 ff. – DERS., Jura 1979, S. 179 ff. – W. KRÜGER-SPITTA/H. BRONK, Einführung in das Haushaltsrecht und die Haushaltspolitik, 1973 – P. LABAND, Das Budgetrecht nach den Bestimmungen der preußischen Verfassungsurkunde unter Berücksichtigung der Verfassung des Norddeutschen Bundes, 1871 (Nachdr. 1971) – TH. MAUNZ, in: Maunz/Dürig, GG Kommentar, Art. 109 ff. – E. MOESER, Die Beteiligung des Bundestages an der staatl. Haushaltsgewalt, 1978 – P. MORELL, Der Bundeshaushalt, 1983 – R. MUSSGNUG, Der Haushaltsplan als Gesetz, 1976 – A. v. MUTIUS und G. F. SCHUPPERT, Die Steuerung des Verwaltungshandelns durch Haushaltsrecht und Haushaltskontrolle, VVDStRL 42 (1984), S. 147 ff. u. S. 216 ff. – F. NEUMARK, Theorie und Praxis der Budgetgestaltung, HdbFW Bd. I, 1952², S. 554 ff. – W. PATZIG, Haushaltsrecht des Bundes und der Länder, Bd. I, 1981 – E. A. PIDUCH, Bundeshaushaltsrecht (Losebl.) – A. v. PORTATIUS, Das haushaltsrechtliche Bepackungsverbot, 1975 – C. RECKTENWALD, Umfang und Struktur der öffentlichen Ausgaben in säkularer Entwicklung, HdbFW, Bd. I, 1976³, S. 715 ff. – G. SCHMÖLDERS, Finanzpolitik, 1970³ – CHR. SMEKAL, Die Flucht aus dem Budget, 1978 – K. STERN, Staatsrecht II, 1980, S. 1047 ff., S. 1137 ff. – DERS./P. MÜNCH/K.-H. HANSMEYER, Gesetz zur Förderung der Stabilität und des Wachstums der Wirtschaft, 1972² – G. STRICKRODT, Finanzrecht, 1975 – CH. TOMUSCHAT, Der Staat 19 (1980), S. 1 ff. – K. VOGEL/M. WIEBEL, Bonner Kommentar z. GG, Zweitbearb., Art. 109 ff.

Michael Kloepfer

Staatskirche. 1. Begriff. Der Begriff der S. bezeichnet eine Form enger Verbindung von Staat und Kirche (→Kirche und Staat), in der beide unter staatl. Hoheit eine Gesamtkörperschaft bilden. Die einzig im Staat zugelassene oder zumindest bevorrechtigte Kirche ist eine Staatsanstalt. Die enge Verbindung kommt darin zum Ausdruck, daß dem Staat erhebl. Gesetzgebungsrechte im innerkirchl. Bereich, die Besetzung der leitenden Kirchenämter und zB die Besteuerungsgewalt über alle Bürger für die S. zustehen. Hinzu kommt i. d. R. die konfessionelle Ausrichtung staatl. Institutionen, insbes. im Bereich des Bildungswesens. Die Ausgestaltung des Verhältnisses von Staat und Kirche in der Form der S. steht im Gegensatz zum Trennungsmodell und ist im Rückgang begriffen.

2. Geschichte. Das System der S. findet sich in unterschiedl. Formen im Bereich aller großen christl. Konfessionen. Während in der Tradition von Byzanz die →orthodoxen Kirchen sich durch eine starke Unterordnung der Kirche unter den Staat auszeichneten (heute ist nur die Kirche in Griechenland noch S.), stand die ma. Konzeption geistlich-weltlicher Einheit in der respublica christiana und der Universalität der Kirche verbunden mit der Suprematie des Papstes (→corpus christianum) der Ausbildung einer S. entgegen und repräsentiert gerade umgekehrt das Modell einer Unterordnung des Staates unter die Kirche. So kommt es im westl. Europa erst zu der Bildung von S.n, als die modernen Territorial- bzw. Nationalstaaten entstehen und das ma. Weltbild zerbricht. Die Systeme der einzelnen Länder zeigen hier in der hist. Entwicklung und ihrer modernen Ausgestaltung eine große Vielfalt.

a) *Deutschland.* In Dtschld. bildet sich die S. in der besonderen Form des →landesherrl. Kirchenregiments im Gefolge der →Reformation in den prot. Territorien aus. Obwohl die lutherische Auffassung in der →Zwei-Reiche-Lehre geistl. und weltl. Regiment streng auseinanderhält, kam es gerade entgegen der damit an sich verbundenen Unabhängigkeit der Kirche zu einer strikten Unterordnung der territorialen Partikularkirchen unter die staatl. Herrschaft. Das System des landesherrl. Kirchenregiments blieb unter den sich wandelnden Formen des →Episkopalsystems, des Territorialismus (→Territorialsystem) und des →Kollegialismus im Grundsatz bis 1918 erhalten. Jedoch lockerte sich die enge Verbindung kontinuierlich bereits im 19. Jh. Bis auf vereinzelte Ausnahmen (Mecklenburg) wurden die Kirchen rechtl. aus dem Staat ausgegliedert und verselbständigt. Das landesherrl. Kirchenregiment wurde als kirchl. Regierung, nicht mehr als staatskirchl. Einrichtung verstanden. Diese Entwicklung fand in § 147 der Paulskirchenverfassung v. 1849 einen klaren Ausdruck, bevor Art. 137 I WV die S. endgültig beseitigte und das Prinzip des säkularen (→Säkularisierung), neutralen (→Neutralität) und paritätischen (→Parität) Staates verfassungsrechtl. verankerte. Trotz vereinzelt verbliebener enger Verbindungen etwa im Bereich der →Kirchensteuer erheben der Status als Körperschaft des öffentl. Rechts und die damit verbundenen Rechte die Kirchen nicht zur S., sondern bedeuten nur die Zuerkennung öffentl. Rechtsfähigkeit und die Anerkennung der öffentl. Bedeutung der Kirchen (s. BVerfGE 19, 129 [133]).

b) *Skandinavien und Schweiz.* Im Gefolge der Reformation etablierte sich auch in den skandinavischen Ländern (Schweden mit Finnland, Kirchengesetz von 1685; Dänemark mit Norwegen, Dänisches Gesetz von 1683) ein staatskirchl. System. In Schweden (Verf. von 1975) und Dänemark (Verf. v. 1953) hat sich die S. mit ihren staatl. Gesetzgebungs- und Ernennungsrechten weitgehend erhalten. Etwas geringer ist der Staatseinfluß in Finnland und Norwegen. In den skandinavischen Ländern wird für die jeweilige S. der Begriff der →Volkskirche verwandt, der generell auf die weitgehende Identität von Kirchen- und Staatsvolk hinweist. Das kirchl. Selbstbestimmungsrecht ist hier praktisch auf die lokale und regionale Ebene beschränkt. Auch in der Schweiz finden sich verschiedene

Formen der Verbindung und Distanz zwischen Kirche und Staat jeweils auf kantonaler Ebene, die von einer neutralen oder paritätischen Haltung bis hin zur wirklichen S. reichen, deren Verfassung vom staatl. (kantonalen) Gesetzgeber bestimmt wird (v. a. Bern, Zürich, Waadt) und z.T. einzig als öffentl. Korporation anerkannt ist.

c) *England.* Die anglikanische Kirche in England (nicht in Schottland, Wales und Nordirland) ist durch die bes. Form des Establishment (by law) gekennzeichnet, die einen starken staatl. Einfluß mit gleichzeitiger rechtl. Selbständigkeit verbindet. Die anglikanische Kirche versteht sich daher auch nicht als eigentl. S. Allerdings wurde erst wieder durch den Church of England Assembly Powers Act von 1919 ein allg. Repräsentationsorgan geschaffen, das dem Parlament über sein Legislative Committee Gesetzentwürfe vorlegen kann. Die Church Assembly trat neben die sog. convocations (Versammlungen der Geistlichen), die für Doktrin und Liturgie sowie die Schaffung des canon law zuständig waren, aber bis ins 19. Jh. nicht mehr einberufen worden waren. Die Church Assembly ist 1970 von der General Synod, die weitgehend auch die Funktion der convocations übernahm, abgelöst worden. Jedoch besteht weiterhin fort die Vertretung der Kirche durch ihre Bischöfe im Oberhaus, das Ernennungsrecht der Krone für die Bischöfe und das auf die Ablehnung der Gesetzesvorschläge der Synode beschränkte Gesetzgebungsrecht des Parlaments (negativ ausgeübt v. a. im Fall des Common Prayer Book im Jahr 1927/28) sowie das königl. Zustimmungsrecht (royal assent) bei dem Erlaß von kan. Recht.

d) *Katholische Länder.* Hier wurde im Gefolge der Glaubensspaltung und der Entwicklung des →Nationalstaates gleichfalls der Einfluß des Staates auf die Kirche verstärkt, da auch die Staatsräson vom 16. bis 18. Jh. nur eine Religion im Staat duldete. Bis zum Trennungsakt von 1905 war Frankreich – mit revolutionären Unterbrechungen – der klassische Typus der Nationalkirche. In verschiedenen Staaten mit überwiegend kath. Bevölkerung haben sich Systeme mit einer Vorrangstellung der röm.-kath. Kirche, die sich v. a. in einer konfessionellen Ausrichtung des Bildungswesens äußert, und staatl. Ernennungsrechten bzw. Genehmigungsvorbehalten in Personalentscheidungen (Italien, Spanien, Kolumbien und andere lateinamerikanische Länder) bis weit in das 20. Jh. hinein erhalten. In Spanien haben erst das Konkordat von 1976 und die neue Verfassung von 1978 die staatskirchl. Elemente beseitigt, während in Italien das neue Konkordat von 1984 die Zustimmungsvorbehalte abgeschafft sowie die Vorrangstellung gemildert hat und in Lateinamerika die Ernennungsrechte bereits früher abgebaut worden sind.

3. Beurteilung. Die geistigen Grundlagen und politischen Voraussetzungen des Systems der S. sind mit dem Aufkommen des →Toleranzgedankens und der Entwicklung des säkularen Staates allmähl. entfallen. Während in England die Toleranz früh die Vorherrschaft der anglikanischen Kirche gemildert hat (1689, 1829), tritt das System der S. mit der fortschreitenden allg. →Säkularisierung und der im 19. Jh. zunehmenden Bedeutung des Prinzips der individuellen und korporativen →Religionsfreiheit immer weiter zurück. Spätestens seit der Anerkennung der Glaubensfreiheit durch das II. →Vatikanische Konzil gilt das auch für die kath. Länder. In der Bundesrepublik wird man eine S. mit der rechtl. Anerkennung nur dieser einen Kirche mit dem Grundrecht der Religionsfreiheit für unvereinbar halten müssen, wenn auch einzelne, besondere öffentl. Vorrechte der Kirchen im pluralistisch-neutralen Rahmen zulässig bleiben werden. Hinzu kommt, daß die neuere Lehre die Eigenständigkeit und Wesensverschiedenheit der Kirche gegenüber dem Staat betont und von daher eine enge Verbindung zwischen Kirche und Staat in der Form der S. ablehnt.

S. Grundmann, Der lutherische Weltbund, 1957 – Ch. Link, Staatskirchenhoheit, ZevKR 20 (1975) S. 1 ff. (Lit.) – St. Schlosshauer-Selbach, Staat und Kirche in England, 1976 (Lit.) – Verschiedene Länderberichte in: Essener Gespräche zum Thema Staat und Kirche, 5, 6, 15, 17, 18.

Werner Heun

Staatskirchenrecht (Überblick). Das S. und seine Geschichte erfährt im EvStL eine vergleichsweise breite Behandlung (zentral →Kirche und Staat). Dies folgt aus dem speziellen Interesse an der Information über die öffentl. Stellung und Wirksamkeit der Kirchen heute, erinnert aber auch an die Phase der Ausbildung des *öffentl. Rechts* als eines eigenständigen Rechtsgebiets im 16. Jh.: Es hatte damals weitgehend mit der *Spaltung der Religion und Nation* durch die →Reformation zu tun, war also in moderner Terminologie „S.“. Bis in das 18. Jh. hinein wurde das öffentl. Recht wissenschaftl. überwiegend von protestant. Autoren und Universitäten betrieben (M. Stolleis, Der Staat 24 [1985] 51 – 74). Erst im Gefolge der →Aufklärung sondern sich der staatl. und der kirchl. Rechtskreis (→Kollegialismus) und findet das öffentl. Recht eine zunehmend *konfessionsneutrale Behandlung.* Das S. wird als Spezialdisziplin zu einem Recht der Außenbeziehung des säkularen Staates, an dem nun beide Konfessionen und Kirchen in gleicher Weise interessiert sind. Repräsentativ dafür steht heute das von E. Friesenhahn und U. Scheuner herausgegebene „paritätische“ „Handbuch des S. der Bundesrepublik Deutschland“, 1974/1975.

I. Begriff, Charakteristik. S. ist eine Disziplin des Staatsrechts, also *staatl. gesetztes Verf.- und VerwR.,* das die Beziehungen zwischen dem Staat (Bund und Ländern) und den Kirchen bzw. Religionsgemeinschaften regelt. Diese Definition unterscheidet, der neuzeitlichen Trennung von Staat und Kirche folgend, →Kirchenrecht

(→Kirchenrechtsquellen) und S. S. im Sinne der genannten Definition ist also weder das Recht einer →Staatskirche noch nur ein von Staat und Kirchen gemeinsam gesetztes bzw. vereinbartes Recht. Die in der Nachkriegszeit erneut auch durch ev. Autoren vertretene Lehre von der Gleichrangigkeit von Staat und Kirche hatte die Möglichkeit von „S." als einseitig staatl. Regelung mit Verbindlichkeit für die Kirchen verneint bzw. zumindest schrumpfen lassen und allein Vertragsrecht für angemessen gehalten (GRUNDMANN, EvStL^2, 2757 – 2766). Heute folgen Wissenschaft und Praxis nach heftigen Attacken (H. KRÜGER, H. QUARITSCH) gegen diese *Koordinationslehre* wie selbstverständlich der Devise *„Die Kirchen unter dem GG"* (M. HEKKEL/A. HOLLERBACH, VVDStRL 26 [1969]). So ist der Gebrauch des Begriffs S. heute unumstritten. Die im 18. Jh. gebrauchte Bezeichnung *„Kirchenstaatsrecht"* hatte den Sachverhalt allerdings besser getroffen. – Dem klaren Ausgangspunkt entspricht nicht eine ebenso klare Ablösung der Rechtsmaterien in der Praxis: Vielfach nimmt das S. auf kirchl. Recht Bezug (zB in den →Kirchensteuer- und KirchenaustrittsG.en [→Kirchengliedschaft]). Kirchl. Recht und Handeln hat oft öff.-rechtl. Züge (zB →Beamtenrecht in der Kirche) oder wird als öff.-rechtl. qualifiziert (zB →Glockengeläut). In Einzelfällen handeln die Kirchen als Körpersch. des öff. Rechts unmittelbar öff.-rechtl. i. S. des staatl. Rechts (zB →Friedhofsrecht). Das →KirchenR im ganzen entzieht sich der Einordnung in das Schema der Unterscheidung zwischen öff. und priv. Recht.

II. Quellen. Die Quellen des S. sind diejenigen des öff. Rechts (→Kirche und Staat): Zunächst überlagert das *Verf.-Recht des Bundes* (→GG), insbes. Art. 140 GG, das S. der Länder. Die →*Landesverfassungen* gehen versch. vor: Sie verzichten auf staatskirchenrechtl. Regelungen (zB Nds) oder begnügen sich mit wenigen Ergänzungen (Berlin) oder rezipieren die Regelungen des GG in das LdVerfR (zB NW). Die geringen Abweichungen in Grundsatzfragen (zB Hessen) werden vom GG überlagert. Weitergehende Regelungen in den LdVerf.en (zB Theol. Fakultäten, →Schulen) gelten fort. Im ganzen aber gibt es einen weithin einheitlichen materiellen Grundbestand des S. in Bund und Ländern. I. ü. ist das S. als Teil des Kulturverfassungsrechts eine Domäne des *Landesrechts* (Art. 140 GG i. V. mit Art. 137 VIII WV) (→Bundesstaat). Der Normenbestand wird wesentlich ergänzt durch das →*Vertrags-S.*, das sich im Reichskonkordat von 1933 und in Verträgen („Konkordate", „Kirchenverträge") der Kirchen mit den Ländern findet. Die Verträge bedürfen der parlamentarischen Zustimmung in der Form des Gesetzes.

III. Bereiche. 1. Im Kern behandelt das S. das Verhältnis des Staates (Bund und Länder) zu den *beiden großen Kirchen*, genauer: zu der Vielzahl der für die Kirchen nach außen handelnden rechtl. Einheiten (→Hl. Stuhl; →Diözesen; →Landeskirchen; →KiGemeinden u. a.). Histor. gesehen ist das S. auf diese Beziehungen gemünzt. Auch das Vertrags-S. ist fast ganz auf die Kirchen beschränkt. 2. Das S. unter dem GG umfaßt aber ebenso die Beziehungen zu den öff.-rechtl. organisierten →*Religionsgesellschaften* und zu den →*Weltanschauungsgemeinschaften* (Art. 140 GG i. V. mit Art. 137 VII WV). Das GG macht seinen Formulierungen nach zwischen diesen drei Gruppen keinen grundsätzlichen Unterschied (vgl. Art. 7 III GG). Das Wort „Kirche" kommt im GG nur einmal negativ vor (Art. 140 GG i. V. mit Art. 137 I WV). 3. Eine allseits akzeptierte Rspr. des BVerfG hat die Reichweite der staatskirchenrechtl. Regelungen enorm erweitert: Unter die Selbstbestimmungsgarantie des Art. 140 GG i. V. mit Art. 137 III WV fallen nicht mehr nur die organisierte Kirche und deren rechtl. selbständige Teile (also zB KiGemeinden), „sondern alle der Kirche in bestimmter Weise zugeordneten *Einrichtungen ohne Rücksicht auf ihre Rechtsform*, ... wenn sie nach kirchl. Selbstverständnis ihrem Zweck oder ihrer Aufgabe entsprechend berufen sind, ein Stück Auftrag der Kirche in dieser Welt wahrzunehmen und zu erfüllen" (BVerfGE 46, 73 – Goch). Alle selbständigen, privatrechtl. organisierten sogen. kirchl. Werke der →Diakonie und Caritas (→Werke, kirchl.) mit ihren großen Betrieben und über 400 000 Mitarbeitern fallen damit in den Bereich nicht nur der grundrechtlichen →Religionsfreiheit nach Art. 4 GG, sondern des institutionellen S. (→freie Träger). Das wirkt sich nach zwei Richtungen aus: a) Im Innern haben diese Einrichtungen die bes. staatskirchenrechtl. Freih. gegenüber staatl. Regelungen: Ihre Ordnung und Verw. ist ihre eigene Sache, so daß sich der spezifisch relig. Inhalt auch in der Organisation und Tätigkeit niederschlagen kann (zB gegenüber den Organisationsnormen eines Krankenh.-G. [BVerfGE 53, 366] und gegenüber dem Kündigungsschutzrecht [→Arbeitsrecht II]). Die (selbständigen) Einrichtungen verschiedenster Art, Organisation und Größe partizipieren also an der verf.rechtl. Anerkennung der Kirchen als eigenständigen Institutionen. b) Und als sog. →*„Freie Träger"* partizipieren die kirchl. Werke auch an der bes. Garantie der Freiheit des öffentl. Wirkens der Kirchen, woraus sie zumindest eine grdsätzl. Funktionsgarantie haben. Hier ist dem S. ein ganz neuer Kernbereich zugewachsen. 4. Ein weiterer Bereich des S. sind die *gemeinsamen Angelegenheiten* von Staat und Kirche, für die sich vertragliche Regelungen bes. eignen (zB →Anstaltsseelsorge; →Militärseelsorge; →Religionsunterricht und Bekenntnisschule [→Gemeinschaftsschule; →Schule und Kirche]; theol. Fakultäten [→Wissenschaftsfreiheit III]).

IV. Grundsätze der Auslegung und Anwendung. Das S. ist eine positivrechtl. geordnete Disziplin wie andere öff.-rechtl. Disziplinen auch. Die Auslegung und Anwendung der Normen ist aber von besonderen staatskirchenrechtl. Grundsätzen und Leitlinien stark geprägt. Entspr. Artikel ergänzen den zentralen Artikel →Kirche und Staat: →Glaubens-, Bekenntnis- und Gewissensfreiheit; →Religionsfreiheit; →Toleranz; [Neutralität II; →Säkularisierung; →Parität.

Der Artikel →DDR VIII berichtet über das Verhältnis von Staat und Kirchen in der DDR.

Lit. bei den angegebenen Artikeln.

Klaus Schlaich

Staatslehre, allgemeine. I. Gegenstand der S. ist Begriff, Erscheinungsform und Aufgabe des Staates und seiner Organe, nicht aber die Besonderheit des konkreten Staates. S. fragt herkömmlich nach dem Wesen, nach dem Zweck, nach der Rechtfertigung und besten Gestalt des Staates und umfaßt daher alle auf den Staat bezogenen Untersuchungen und Erörterungen, die nicht zu den beschreibenden und angewandten Wissenschaften gehören. Im einzelnen ist jedoch umstritten, welche Methoden und Wissenschaftszweige herangezogen werden dürfen. Da der konkrete Staat als umfassendes Phänomen der sozialen Wirklichkeit immer nur in einzelnen Erscheinungen und Beziehungen empirisch erfahrbar ist, bereitet die zusammenfassende Erkenntnis des Staates schlechthin, d. h. die Einsicht in die allen Staaten gemeinsamen Merkmale, Schwierigkeiten. Die S.n von der Antike bis zur Gegenwart folgten je eigenen Vorstellungen von der Aufgabe des Staates, maßen dem einen oder dem anderen seiner Merkmale größeres Gewicht bei oder verabsolutierten es sogar und standen dabei selbst im Sog politischer und geistiger Strömungen. In der Gegenwart wirkt der Methodenstreit nach, der durch die erkenntniskritische Einstellung des *Neukantianismus* ausgelöst wurde und einen Umfang annahm, der in keinem Verhältnis zu seinem Ertrag steht. Doch dürfte die Einsicht vordringen, daß das einheitl. Phänomen Staat mit den Mitteln verschiedener Wissenschaften erforscht werden kann; je nach Blickweise werden bes. Aspekte des Staates in den Vordergrund der Betrachtung rücken, immer aber handelt es sich um den gleichen Erkenntnisgegenstand. Daher bilden die Fragen nach Werden, Sein und Vergehen, nach Zweck und Rechtfertigung des Staates eine Einheit; die Erkenntnis dringt von der Durchsicht und Ordnung der sozialen Realitäten zu den sie leitenden Prinzipien und zum Grund ihres Seins vor. Allein die *Staatsgestaltungslehre* läßt sich abheben, da sie denkende Nutzanwendung der gewonnenen Einsicht ist oder als Utopie sich von den räuml. und zeitl. Bedingungen des Staates befreit.

Hist. schlug die S. den umgekehrten Weg ein: Bereits die ersten Zeugnisse der S., die Fragmente der vorplatonischen Philosophie und die Politeia PLATONS, sind auf der Suche nach dem Staatsideal. ARISTOTELES geht zwar von der Erfahrung der Wirklichkeit des griechischen Staates aus, stellt sie empirisch dar, entwickelt die Lehre von den Staatsformen, aber auch ihm geht es um die Erkenntnis der hinter der Erfahrung liegenden natürl. Gesetze und des besten Staates.

Das ma. Denken wendet sich dem Seinsgrund des Staates zu. Der Staat erscheint als Ordnung aus dem Willen Gottes und seiner Gnade (AUGUSTIN), später als societas perfecta, die in der Weisheit Gottes ihren Grund hat. Das von THOMAS VON AQUIN abstrakt entfaltete Staatsbild ist in seinen Wesenszügen auch der Scholastik der Gegenwart verpflichtendes Leitbild für die Staatsgestaltung und Wertmaßstab für die Kritik konkreter Staatsordnungen, nämlich die Hinordnung des Menschen auf Gott, die Aufgabe des Staates, für die Erziehung des Menschen zur Tugend zu sorgen, alles zu fördern, was einer guten Lebensführung des Menschen dient, und was sie hindert, zu verbieten, der Gedanke der Menschenrechte. Wenn auch das säkularisierte Naturrecht, die Aufklärung und die hist. Rechtsschule (→Rechtsphilosophie) den metaphysischen Ansatzpunkt der S. aufgeben und die Frage nach dem Staat im Rahmen einer philosophischen Gesamtkonzeption des menschl. Lebens beantworten, im 18. und der ersten Hälfte des 19. Jh. umfangreiche Beschreibungen des realen Staates unter dem Namen Statistik vorgelegt werden (A. L. SCHLÖZER, R. V. MOHL), wird die Diskussion um den idealen Staat fortgeführt. Sie wirkt machtvoll als politische Idee auf die Staatsgestaltung ein, reformierend, revolutionierend (MONTESQUIEU, ROUSSEAU, KANT, FICHTE, HEGEL) oder konservativ (F. J. STAHL).

II. Die neuere S. der zweiten Hälfte des 19. Jh. beschränkt sich auf eine beschreibend-konstruktive Behandlung des Staates und überläßt der Philosophie, Aufgabe und Natur des Staates, und der →Politik, die Probleme der Staatsgestaltung zu klären. Sie folgte damit der positivistischen Grundlage des Denkens jener Epoche, entschied sich aber zugleich für die Beibehaltung und Festigung des bestehenden Staates.

A. Der dualistische Staatsbegriff. G. JELLINEK versteht den Staat als gesellschaftl. Gebilde und als rechtl. Institution, die „im Gegenstand Staat aufeinander bezogen sind". „Dementsprechend zerfällt die S. in die soziale S. und die Staatsrechtslehre." Soziologisch ist der Staat eine Funktion der menschl. Gemeinschaft, die sich aus menschl. Beziehungen und deren Wirkungen zusammensetzt. Die Einheit des Staates kommt nach außen durch eine Organisation zum Ausdruck; sie beruht auf dem Zweck des Staates, der Erhaltung von Rechtssicherheit und Gerechtigkeit und verfügt über Herrschaftsmacht aus eigener Machtvollkommenheit, die sich auf seßhafte Menschen auswirkt. Der Staat ist daher „die mit ursprüngl. Herrschermacht ausgerüstete Verbandseinheit seßhafter Menschen". Auf diesen soziologischen Staatsbegriff ist der jur. Staatsbegriff bezogen, die Verbandseinheit erscheint unter jur. Aspekt als Körperschaft, da der Staat jur. Person ist, deren leitender Wille durch Mitglieder des Verbandes bestimmt wird. Seine Darstellung der Elemente des Staates (Staatsgebiet, Staatsvolk, Staatsgewalt), der Staatsformen und der Staatsorgane ist eine aus der Wirklichkeit in sorgsamer Vergleichung der einzelnen Staaten abgezogene empirische Typologie, die wesentl. Merkmale aus den Einzelphänomenen ableitet und hervorhebt. Der Typus kann nicht mit konkreten staatl. Erscheinungen identifiziert werden, vielmehr enthält er die den Staaten gemeinsamen Momente und liefert als heuristisches Prinzip Maßstäbe für die Beurteilung der konkreten Erscheinungen. Die materiellen Aussagen JELLINEKS über den Staat sind daher der Epoche des konstitutionellen Nationalstaates verhaftet, deren Verf.en er sie entnommen hatte; für das Verständnis hist. entfernterer staatl. Verhältnisse vermögen sie ebensowenig beizutragen wie für die Probleme des geteilten Dtschld. und anderer durch den Ost-West-Konflikt auseinandergerissener Staaten oder das Hineinwachsen der Staaten in die neuen globalen überstaatl. Ordnungen. Wenn auch G. JELLINEK den Staat aus seinem Zweck rechtfertigt, so sieht er sich doch nicht in der Lage, aus diesem allg. regulativen Prinzip des Zweckes bestimmte Folgerungen für die Staatsgestaltung oder die Verwirklichung konkreter Staatszwecke „mit begriffl. Notwendigkeit" abzuleiten; er überläßt deren Untersuchung der metaphysischen und politischen Spekulation, die nicht zur S. gehören.

B. Normative S. Dem Synkretismus der soziologischen und normativen Betrachtung des Staates wurde die Forderung nach Methodenreinheit entgegengehalten und daher der Staat ausschließl. entweder normativ oder soziologisch zu begreifen versucht. Eine Normlogik des Staates entwickelt KELSEN. Die Herrschaftsgewalt des Staates – auch für KELSEN ein ausschlaggebendes Merkmal – ist „normative Ordnung geregelten Zwanges" und nichts anderes als die „Geltung einer effektiven staatl. Rechtsordnung"; sie konstituiert die Gesellschaft, indem sie ihren persönl. und räuml. Geltungsbereich (Staatsvolk und Staatsgebiet) bestimmt; die Macht des Staates ist die „Wirksamkeit der staatl. Rechtsordnung"; der Staat selbst ist die Rechtsordnung, Entstehen und Untergehen eines Staates ist eine Rechtsfrage, nämlich nach der zeitl. Geltung einer Rechtsordnung. Zur Erhellung dieses normativen Staatsbegriffes können soziologische Erörterungen nicht beitragen, da eine Norm als ein Sollen immer nur aus einem anderen Sollen abgeleitet werden kann, nicht aber aus einem Sein oder einer kausalgesetzl. Verknüpfung. KELSEN hat die neukantianische transzendente Methode konsequent zu Ende geführt („Reine" Rechtslehre) und, indem er die Grenze aufwies, bis zu der normlogisches Denken vordringen kann, den Bereich menschl. Freiheit und Verantwortung aufgedeckt, in dem es kein Versteck und keine Rückversicherung vor falschen Autoritäten gibt. Damit erscheint der Mensch als das Primäre, der Staat als das Sekundäre, das von eben jenem Menschen gebildet wird. Der zum Normgefüge abstrahierte Staat ist entmystifiziert und hat weder Eigenrecht noch Eigenwert; Träger von Rechten und Pflichten sind letztendlich immer Menschen; Verantwortlichkeit des Staates ist Verantwortlichkeit seiner Mitglieder. Ob allerdings der Mensch so frei ist, wie KELSEN ihn sieht, oder ob der Mensch und damit der Staat von Ideal- und Machtfaktoren mitbestimmt wird, wie sich ein solches „Eingebundensein in die größeren Ordnungen des Seins" (FECHNER) auf das Wesen des Staates auswirkt, untersucht KELSEN nicht. Der Gegenstand der S. droht damit verlorenzugehen.

C. Die soziologischen S.n. Die Sorge, der rationale Individualismus wirke gemeinschaftsauflösend, das Bestreben, die Leere des Positivismus und der Normlogik erneut zu füllen, löste Gegenströmungen aus, die die S. ausschließlich als Teil der →Soziologie und die Rechtsordnung als Bestandteil der Wirklichkeit des Staates begriffen. Den verschiedenen Denkansätzen, die nicht in einer Schule zusammenfanden, ist die stärkere Hervorhebung des Lebens gemeinsam, die bewußt oder unbewußt sich an die Lebensphilosophie (NIETZSCHE, BERGSON, DILTHEY) anlehnt. Der Staat wird als „Aktionseinheit" (HELLER) oder als „Organismus" (O. V. GIERKE, KJELLÉN) verstanden und seine Wirklichkeit mit den Mitteln der idealtypischen Begriffsbildung (MAX WEBER, DRATH, →Staat 1. Teil) oder der Wesensschau (HUSSERL, LITT) untersucht. Nach SMEND lebt und ist der Staat nur in einem Prozeß ständiger Erneuerung eines spezifisch geistigen Gesamtzusammenhanges durch eine Vielzahl von Handlungen. Diese Aktualisierungsprozesse bewirken die dem Staat kategorisch aufgegebene →Integration. Staatl. Geschehen, jur. Begriffe lassen sich als sachl., persönl. und funktionale Integrationstypen verstehen, in ihrem geistigen Sinnzusammenhang deuten und nach ihrem Integrationswert beurteilen. Nach der „politischen S." beruht Einheit und Ordnung des Staates auf der Autorität der Entscheidung, die überhaupt erst das Recht schafft, sich im Ausnahmezustand bewährt und an den Kategorien Freund – Feind orientiert (Dezisionismus). Frei von derartigen Übersteigerungen des Begriffs des Politischen sind die →politischen Wissenschaften, die freilich die S. als zu dogmatisch und daher wenig ertragreich ansehen. Ihr Ziel ist, durch pragmatische Aufdeckung der Machtfaktoren die Macht zu entdämonisieren (LOEWENSTEIN).

III. Zweck und Rechtfertigung des Staates. A. Mit der Frage, warum überhaupt Staat und seine Macht ist, wird versucht, die Grenzen staatl. Gewalt aufzuweisen. Die Machttheorien können sie nicht finden, da sie in der Macht selbst, ihrem hist. Gewordenen oder in ihrer Ausübung ihre Rechtfertigung sehen. So wurde die Theorie des absoluten Staates auf die Macht gegründet, deren Ausübung MACHIAVELLI Klugheitsregeln, BODIN naturrechtl. Bindungen unterwarf; bei HOBBES aber ist der Staat der alles verschlingende Leviathan. Im 19. Jh. begegnete sich das realistisch-hist. Machtdenken (TREITSCHKE) mit dem Positivismus, der die „normative Kraft des Faktischen" (G. JELLINEK) als systematisch unentbehrliche Notwendigkeit hinnahm. Die politische S. versuchte erneut, die Macht zu verklären (Staatsräson, Anarchismus, Marxismus).

B. Hist. einflußreich war neben der religiös-theol. Rechtfertigung, die vor allem in der Zwei-Schwerter-Lehre (→Kaiser- und Papsttum) unmittelbar praktisch wurde, die aus naturrechtl. Gedankengut und schon bei PROTAGORAS und PLATON angedeutete *Vertragstheorie*. Danach ist Rechtsgrundlage des Staates der Vertrag der ursprüngl. unverbundenen Menschen, die einen Vereinigungsvertrag schließen und sich dem Willen eines Herrschers (HOBBES) oder dem von der Gesamtheit zu bildenden Willen, der volonté générale (ROUSSEAU) unterwerfen, um durch Aufgabe der äußeren Freiheit „als Glieder eines gemeinsamen Wesens, d. h. des Volkes als Staat betrachtet", die Freiheit sofort wieder aufzunehmen (KANT). Der hist. nicht verifizierbare kausalgenetische Erklärungsversuch diente zur Begründung der →Grundrechte und des →Widerstandsrechts.

Der dt. Idealismus rechtfertigt den Staat als sittl. Notwendigkeit. KANT unterwirft den Staat dem Rechtsprinzip; HEGEL stellt ihn als die höchste dialektische Entwicklungsstufe des objektiven Geistes dar, als „die Wirklichkeit der sittl. Idee".

C. Die S.n., die den Staat aus seinem Zweck (Aufgaben) rechtfertigen, gehen davon aus, daß der Staat als Organisation menschl. Zusammenlebens dem Menschen dient und, soweit der Zweck dies fordert, Machtanwendung im weitesten Sinne gerechtfertigt ist. Die Frage, ob der Staat auf den Schutz von Leben, Freiheit und Eigentum durch Gewährleistung äußerer Sicherheit und innerer Ordnung und Gerechtigkeit beschränkt ist oder sich auch des materiellen Wohlstandes und des sittl. Wohles seiner Bürger annehmen soll, ist angesichts der Verwiesenheit des Bürgers der modernen Industriegesellschaft auf staatl. Leistungsgewährung überholt. Problematisch ist Maß und Form der staatl. Fürsorge, da →Rechtsstaat und →Sozialstaat, →Freiheit und →Gleichheit in Widerspruch geraten können. Die „realistische" S. erklärt den Staat aus den Existenznotwendigkeiten einer geschichtl. Gruppe, sie hat ihn als geistige Leistung hervorzubringen und in ihm ihr „besseres Ich" darzustellen (H. KRÜGER). Im Wissen um das „Menschenbild" vermeint die unter dem Einfluß der Scholastik stehende S. zu konkreten Aussagen über die Zwecke des Staates im Entwurf einer „moralischen S." (E. v. HIPPEL) zu kommen. Wer aber in Kenntnis der verschiedenen Auffassungen vom Wesen des Menschen zu der Überzeugung gelangt, das Selbstverständnis sei dem Menschen nicht gegeben, sondern aufgegeben, muß die Bestimmung der Staatszwecke als Aufgabe erkennen, die dogmatische Wissenschaft überfordert und Wagnis bleibt, auch wenn Wissenschaft den Weg erhellt.

MONTESQUIEU, De l'esprit des lois, 1748 – J.-J. ROUSSEAU, Le contrat social, 1762 – I. KANT, Kritik der reinen Vernunft, 1787[2] – G. W. HEGEL, Phänomenologie des Geistes, 1807 – DERS., Grundlinien der Philosophie des Rechts, 1821 – F. J. STAHL, Die Philosophie des Rechts, 1878, insbes. II. Bd. 2. Abt.: Die S. und die Principien des Staatsrechts – R. v. MOHL, Die Gesch. und Lit. der Staatswissenschaften I, 1855 – G. JELLINEK, Allg. S., 1914[3] – H. KELSEN, Hauptprobleme der Staatsrechtslehre, 1911 – DERS., Allg. S., 1925 – R. KJELLÉN, Der Staat als Lebensform, 1917 – R. SMEND, Verf. und Verf.recht, 1928 – H. HELLER, S., 1934 – M. DRATH, Zur Soziallehre und Rechtslehre vom Staat, ihren Gebieten und Methoden, Festschr. R. SMEND, 1952 – H. NAWIASKY, Allg. S., 1958[2] – K. LOEWENSTEIN, Verf.lehre, 1959 – E. v. HIPPEL, Allg. S., 1962 (Lit.) – S. GRUNDMANN, Kirche und Staat nach der Zwei-Reiche-Lehre Luthers, Arnold-Festg. 1963, 38–54 – HERBERT KRÜGER, Allg. S., 1966[2] (Lit.) – R. ZIPPELIUS, Allg. S., 1985[9] (Lit.) – F. ERMACORA, Allg. S., 1970 – R. HERZOG, Allg. S., 1971 – FLEINER-GERSTER, Allg. S., 1980.

Hans-Ulrich Evers

Staatsleistungen. 1. Begriff. S. sind die finanziellen Zuwendungen des Staates für allg. oder bes. Bedürfnisse der Kirche. Die Bedeutung der S. ist nach wie vor groß (→Finanzwesen, kirchl.). Die Länder leisten Zuwendungen, die nach Art und Höhe in den einzelnen Ländern verschieden sind, für den personellen und sachl. Bedarf der allg. kirchl. Verwaltung, für die Vorbildung der geistl. und kirchl. Mitarbeiter, für die Besoldung und Versorgung von Geistlichen und Kirchenbeamten, für den Bau und die Instandhaltung kirchl. Gebäude und für manche Einzelfälle. Die S. haben Sachleistungen (zB Holzreichnisse) oder Geldleistungen zum Gegenstand. Neben betragsmäßig fest bestimmten Leistungen stehen Bedarfsleistungen, die ihrer Höhe nach davon abhängen, ob ein bestimmter Bedarf nachgewiesen werden kann.

Daß auch die Freistellung von Steuern zu den S. gehört (negative Leistungen), ist nicht unbestritten geblieben, wird aber von der h. M. im Anschluß an die Rechtsprechung des Reichsgerichts bejaht (vgl. BVerfGE 19, 13 f.). Gebührenerhöhungen fallen dagegen nicht darunter.

2. Rechtsgrundlage. Im Bereich der ev. Kirche gründen sich die S. häufig auf →Gewohnheitsrecht. Dieses Recht geht auf die Einziehung des Kirchengutes in der Reformation durch die ev. gewordenen Landesherren zurück. Die Landesherren übernahmen häufig die Verpflichtung, für die Besoldung der Geistlichen und die Unterhaltung der Kirchengebäude aufzukommen (so bildet zB die Markgräflich Brandenburgische Konsistorialordnung vom 21. Jan. 1594 noch heute die wesentlichste Rechtsgrundlage für die Baulastansprüche [→Baulast] in Bayern). Die kath. Kirche gründet Ansprüche auf die →Säkularisation, insbes. auf § 35 des Reichsdeputationshauptschlusses von 1803, in dem die Landesherren das Recht erhielten, über kirchl. Güter zu disponieren „unter dem bestimmten Vorbehalt der festen und bleibenden Ausstattung der Domkirchen, welche werden beibehalten werden und der Pensionen für die aufgehobene Geistlichkeit". Von umstrittener Bedeutung als Anspruchsgrundlage sind manche SäkularisationsG.e, so zB die preuß. Kabinettsorder vom 25. Sept. 1834. Unbestrittene Zusagen enthalten dagegen zB §§ 77, 82 der Württ. Verf. von 1819. Zahllose weitere Einzelansprüche gründen sich auf bes. Rechtstitel, wie Universalsukzession, Inkorporation, Ersitzung, Vertrag usw. In früheren Zeiten nützte der Staat seine Stellung als Träger finanzieller Leistungen an die Kirche aus, indem er das Amtseinkommen der Geistlichen sperrte, um staatl. Anordnungen durchzusetzen (Temporaliensperre). Die Temporaliensperre ist in Bayern schon seit der Verf. von 1818 verboten, wurde aber in Preußen noch 1875 praktiziert (BrotkorbG vom 22. Apr. 1875) (s. a. **Kulturkampf**).

3. S. und Verf. Art. 140 GG/Art. 138 I WV bestimmt: „Die auf Gesetz, Vertrag oder bes. Rechtstiteln beruhenden S. an die Religionsgesellschaften werden durch die LandesG.gebung abgelöst. Die Grundsätze hierfür stellt das Reich auf." Trotz der Kulturhoheit der Länder hat der Bund hier eine G.gebungszuständigkeit erhalten. Das ReichsG, das die Grundsätze für eine Ablösung enthalten sollte, ist nie ergangen. Art. 138 I WV wirkte so als Sperrvorschrift, durch die eine Ablösung durch LandesG verboten wurde. In Art. 173 WV wurde bestimmt, daß bis zum Erlaß eines ReichsablösungsG die S. an die Kirchen bestehen bleiben. Da jedoch die Garantiefunktion dem die Ablösung vorsehenden Rechtssatz immanent ist, konnte die Aufnahme einer dem Art. 173 WV entsprechenden Vorschrift im GG unterbleiben. Es kommt hinzu, daß inzwischen das RK geschlossen wurde, das in Art. 18 I vorsieht, daß vor der Ausarbeitung der für die Ablösung aufzustellenden Grundsätze rechtzeitig zwischen dem Hl. Stuhl und dem Reich ein freundschaftl. Einvernehmen herbeigeführt werden wird. Hierdurch ist die Bundesrep. Dtschld. im Verhältnis zur kath. Kirche, aber infolge des Paritätsgrundsatzes (→Parität) auch im Verhältnis zur ev. Kirche gebunden. Eine Ablösung durch LandesG.gebung ist demnach nach wie vor ausgeschlossen, und ein BundesG nach Art. 140 GG, 138 WV kann nur ergehen, wenn vorher ein Einvernehmen mit den Kirchen erzielt wurde. Neuerdings wird die Auffassung vertreten (W. Weber), mit dem Wegfall des Art. 173 WV sei die Sperre für die Landesgesetzgebung entfallen. Dagegen spricht, daß die Bundesgrundsätze ins Leere stoßen würden, falls die Länder die Möglichkeit hätten, zeitl. vorrangig durch Landesgesetzgebung eine Ablösung vorzunehmen. Den praktischen Bedürfnissen wird dadurch Rechnung getragen, daß Ablösungsvereinbarungen zwischen Ländern und Kirchen nach h.M. uneingeschränkt zulässig sind.

4. Ablösung. Ablösung ist die Aufhebung der S. gegen Entschädigung. Strittig ist, welcher Entschädigungsmodus der von Art. 138 I WV geforderten Ablösung entspricht. Nach h. M. ist eine Entschädigung auch in Form einer dauernden Rente möglich. Demnach würde auch die Umwandlung der S. in dauernde Renten das Ablösungsgebot erfüllen. Dies ist besonders wichtig, weil in neueren Kirchenverträgen (→Vertragsstaatskirchenrecht) die S. in der Form laufender Renten zusammengefaßt wurden (zB Art. 16 des niedersächsischen Kirchenvertrages vom 18. April 1955, Art. 18 des Kirchenvertrages Schleswig-Holstein vom 23. Apr. 1957). Die Gegenmeinung vertritt die Ansicht, nur eine einmalige Ausgleichsleistung erfülle das Ablösungsgebot. Wenn auch die Ablösung in Form einer Rentenzahlung nicht dem Wunsch nach weitgehender Trennung von →Staat und Kirche (→Kirche und Staat) entspricht, besitzt sie doch den Vorzug größerer Praktikabilität. Einmalige Kapitalzahlungen könnten vom Staat kaum erbracht werden, während auch die leichter zu erbringende Rentenzahlung zu der gewünschten Entflechtung beider Vermögenssphären führt.

5. Umfang. Der Umfang der Staatsleistungen ist erheblich. Die freiwilligen Leistungen und die Pflichtleistungen des Staates betrugen für die Landeskirchen der Evangelischen Kirche in Deutschland (EKD) im Jahre 1979 DM 2 043 000 000, –. Dies entsprach 14 % des gesamten kirchl. Haushaltvolumens. Angaben aus dem Bereich der kath. Kirche liegen nicht vor. Es kann jedoch davon ausgegangen werden, daß sie noch wesentl. höher sind.

E.R. Huber, Die Garantie der kirchl. Vermögensrechte in der WV, 1927 – W. Weber, Die Ablösung der S. an die Religionsgesellschaften, 1948 – W. Hofmann, ZevKR 10 (1964) 369 ff. – H.J. Brauns, S. an die Kirchen und ihre Ablösung, 1970 – J. Isensee, Staatsleistungen an die Kirchen und Religionsgemeinschaften, in: HdbStKirchR, E. Friesenhahn und U. Scheuner (ed.), [II]1975.

Werner Hofmann

Staatsoberhaupt. I. Begriff. S. ist nach der herkömml. Terminologie der Staatslehre ein Staatsorgan (→Staatsorganisation), das sich von den übrigen Staatsorganen durch bes. völkerrechtl. Aufgaben und Befugnisse (→Völkerrecht), durch bestimmte Vorrechte (Immunitäten, Vortrittsrechte usw.) sowohl im internationalen Verkehr als auch im innerstaatl. politischen Leben und ganz allg. durch die ihm zugeschriebene Fähigkeit der Repräsentation der politischen Einheit des Staates unterscheidet. Abgesehen von den völkerrechtl. Befugnissen und den Ehrenrechten ist die rechtl. Position der S.er in den modernen Staaten allerdings so uneinheitl. geregelt, daß es kaum mehr mögl. ist, einen allg. gültigen und trotzdem über die soeben genannten, recht unwesentl. Eigenschaften hinausgehenden Begriff des S. zu prägen, zumal etwa in den Staaten mit parlamentarischer Demokratie das S. regelmäßig nicht einmal mehr als höchstes Staatsorgan betrachtet wird, sondern selbst diese Ehrenbezeichnung an das →Parlament verloren hat. Innerstaatl. kann dementsprechend heute wohl überhaupt nur jenes Staatsorgan als S. bezeichnet werden, das die jeweilige Verf. ausdrückl. als solches ausweist, insbes. durch die Bezeichnung als Präsident, Staatspräsident u. ä. Das eigentl. Problem besteht also nicht darin, den Begriff des S. allg. zu definieren und ihm allg. bestimmte Befugnisse und Aufgaben zuzuschreiben, sondern darin, die rechtl. Stellung der S.er anhand der einzelnen Verf.en zu ermitteln, sie miteinander zu vergleichen und auf diesem Wege ihre politischen Möglichkeiten und Grenzen festzustellen. Die Existenz von S.ern beruht heute in vielen Staaten nur noch auf hist., meist monarchischen Reminiszenzen und vor allem auf der Tatsache, daß das Völkerrecht, das seine wesentl. Impulse gerade während des Vorherrschens der monarchischen Staatsform empfangen hat (→Völkerrecht I), völkerrechtliche Erklärungen weithin nur dann gelten läßt, wenn sie von einem S. ausgehen oder doch in seiner Vollmacht abgegeben werden. Aus diesem Grunde besitzen zB auch Staaten, denen jede monarchische Tradition fremd ist (zB die kommunistischen Staaten), ein S., wenngleich dieses sich häufig dem Typ nach von den westl. S.ern weitgehend unterscheidet und z. T. sogar aus mehreren Personen besteht (sog. kollektives oder kollegiales S., wie es neben verschiedenen Ostblockstaaten auch die Schweiz im sog. Bundesrat besitzt).

Die Frage nach der Ausgestaltung des Amtes des S. und nach seinen Befugnissen darf heute nicht mehr mit der Frage nach der *Staatsform* bzw. dem *Staatstyp* (→Politik I C) verwechselt werden. Nur solange man das S. als den (alleinigen) Inhaber der Staatsgewalt betrachten konnte, wie es vor allem im →Absolutismus der Fall war, waren beide Fragen identisch. Heute steht aber – von wenigen Ausnahmen abgesehen – außer Zweifel, daß das S., sofern es überhaupt politische Gewalt besitzt, nur eines von mehreren obersten Staatsorganen ist, so daß seine rechtl. Ausgestaltung bestenfalls einen Teilaspekt der Frage nach der Staatsform darstellt; zB zielt die Qualifikation →Großbritanniens als einer Monarchie auf eine ebenso untergeordnete Eigenschaft des brit. Staates ab wie umgekehrt die Qualifikation der Bundesrepublik Deutschland als einer Republik. Das Problem der Staatsform ist viel zu kompliziert und umfaßt zu viele hochbedeutsame Teilaspekte, als daß mit solchen partiellen Bewertungen irgend etwas zu erreichen wäre.

II. Die Berufung des S. Nach der Art und Weise, in der das S. in sein Amt gelangt, werden heute üblicherweise Monarchie und Republik unterschieden, obwohl diese Unterscheidung, wie schon ausgeführt, nur noch verhältnismäßig unbedeutende Fragen betrifft und, wie sich sogleich zeigen wird, andererseits wieder viel zu unscharf ist.

A. Monarchie liegt nach modernem Sprachgebrauch dann vor, wenn das S. – unabhängig vom Umfang seiner Aufgaben und Befugnisse – sein Amt auf Lebenszeit innehat *und* es auf Grund erb- und familienrechtl. Tatsachen (i. d. R. als ältester Sohn des bisherigen S. nach dessen Tode) erhält; es findet hier also keine Auswahl hinsichtl. der Person statt, sondern das Amt des S. erhält jeweils derjenige, den ein abstrakt gefaßtes Normensystem, die „Thronfolgeordnung“, als S. ausweist.

B. Republik ist dagegen jeder Staat, in dem das S. auf andere Weise, d. h. praktisch durch *Wahl*, in sein Amt gelangt. Allerdings muß dann erst noch die weitere Frage nach der Zusammensetzung des Wahlkörpers gestellt werden, die u. U. auch wesentl. Auskünfte über die Staatsform zu geben vermag. Wird das S. von einer Minderheit des Volkes (zB Adel, Bürgertum, Arbeiterklasse) oder durch Repräsentanten einer solchen Minderheit gewählt, so ist diese Wahl als aristokratisch bzw. oligarchisch zu bezeichnen, und es kommt nur mehr auf die Stellung des S. im fragl. Staate an, wenn beurteilt werden soll, ob damit der ganze Staat eine Aristokratie bzw. Oligarchie ist. Erfolgt die Wahl dagegen unmittelbar durch das Volk wie beim Reichspräsidenten der Weimarer Republik (→Weimarer Verf.) und beim Präsidenten der V. Franz. Republik (→Frankreich) oder durch volksgewählte Wahlmänner wie beim Präsidenten der →Vereinigten Staaten und beim dt. →Bundespräsidenten, so ist das Amt des S. demokratisch ausgestaltet. Allerdings ist auch bei der zuletzt aufgeführten mittelbaren Wahl des S. noch ein erhebl. Unterschied zwischen einer Wahl, bei der die Wahlmänner ausschließl. zum Zweck der Wahl bestimmt werden und das Volk daher materiell die Entscheidung doch selbst trifft (so heute in den USA), und einer Wahl, bei der die Wahlmänner zwar ebenfalls vom Volk gewählt sind, ihre Auswahl aber nicht vorwiegend unter dem Gesichtspunkt der S.wahl erfolgt (so in der Bundesrepublik zumindest die Wahl der an der Bundespräsidentenwahl u. a. beteiligten Bundestagsabgeordneten). Schon hieraus geht hervor, daß das Amt des S. keineswegs allein aus der rechtl. Form seiner Besetzung gewürdigt werden kann.

III. Die Befugnisse des S. Die Befugnisse des S. lassen sich danach, ob sie nur in der formellen, beurkundenden „Sanktion“ der von anderen Staatsorganen inhaltl. festgelegten Staatsakte bestehen oder ob sie dem S. eigenständige politische Entscheidungen ermöglichen, in die beiden Gruppen der „staatsnotariellen“ und der echten politischen Befugnisse einteilen. Erstere besitzen fast alle S.er, während der Umfang der letzteren von Staat zu Staat verschieden ist und gerade die Grundlage für eine Typenbildung abgibt (s. o. I).

A. Die „staatsnotariellen" Befugnisse umfassen einmal das Recht und die Pflicht des S. zur Ausfertigung und Verkündung der von den G.gebungsorganen beschlossenen →Gesetze (s. a. Bundesgesetzgebung) als dem letzten und i. d. R. keine eigene Entscheidung des S. mehr zulassenden Akt des G.gebungsverfahrens, dem allerdings z. T. das sog. *Vetorecht* als echte politische Kompetenz beigegeben sein kann (zB →Vereinigte Staaten). Zum anderen gehören hierher die mit dem völkerrechtl. Verkehr zusammenhängenden Befugnisse, die man geradezu als die klassischen Rechte des S. bezeichnen könnte und als deren wichtigste Beispiele Art. 59 I GG die völkerrechtl. Vertretung, d. h. insbes. die Abgabe völkerrechtl. Willenserklärungen mit Wirkung für den Staat, vor allem den Abschluß völkerrechtl. Verträge und schließl. die Beglaubigung und den Empfang ausländischer „Gesandten" nennt. Wie bei der Beteiligung des S. an der G.gebung ist freilich auch bei seiner Beteiligung an der →auswärtigen Gewalt keineswegs gesagt, daß damit auch Befugnisse zu politischer (Mit-)Entscheidung verbunden wären. Diese Frage ist vielmehr von Staat zu Staat ganz verschieden geregelt und kann auch völlig zu verneinen sein (so zB nach h. L. nach dem GG für den →Bundespräsidenten). Weitere „staatsnotarielle" Befugnisse sind zB gewisse Ernennungsrechte (Minister, Beamte, Offiziere usw.), soweit das S. dabei nach geltendem Recht an die personalpolitischen Entscheidungen anderer Organe gebunden ist.

B. Die politischen (Mit-)Entscheidungsrechte. des S. können sich praktisch auf sämtl. staatl. Funktionen (→Gewaltenteilung) beziehen; in →Rechtsstaaten ist ihm allerdings regelmäßig eine Einwirkung auf die →Rechtsprechung von vornherein versagt, so daß es insoweit auf das ihm üblicherweise zustehende Recht der Begnadigung (→Gnadenakte) verwiesen ist. Im übrigen aber gibt es kaum einen Bereich, in dem nicht einzelne Staaten dem S. auch politischen Einfluß eingeräumt hätten. Das gilt bereits fur die gesetzgebende Gewalt, wie etwa das aufhebende Vetorecht des Monarchen im Zeitalter des →Konstitutionalismus und das aufschiebende Vetorecht des US-Präsidenten und erst recht das Notverordnungsrecht und Parlamentsauflösungsrecht des Weimarer Reichspräsidenten beweisen. Vollends aber gilt es für den Bereich der Exekutive, in dem das S. – heute zumeist ein volksgewählter Staatspräsident – u. U. eine beherrschende Rolle spielen kann, zumal dann, wenn er entweder selbst oberstes Regierungsorgan ist oder die Regierung doch maßgebend zu beeinflussen vermag, wenn er ferner über die bewaffnete Macht verfügt und u. U. sogar durch Erklärung des Staatsnotstandes (→Notstandsrecht) diktatoriale Befugnisse in Anspruch nehmen kann. Gerade das Verhältnis des S. zur →Regierung, d. h. zu den Aufgaben der politischen Richtentscheidung, ist also grundlegend für eine Würdigung seiner verfassungsrechtl. und verfassungspolitischen Stellung.

IV. Insbesondere: S. und Regierung. Grds. ist jede Ausgestaltung dieses Verhältnisses denkbar, vom vollständigen Ausschluß des S. von der Regierung, wie er insbes. in den Ostblockstaaten gelegentl. vorkommt, bis zur Diktatur des S., genauer: bis zur Vereinigung des Amtes des S. mit der Machtstellung des Diktators, wie sie in Dtschld. zB seit dem sog. S.Gesetz vom Jahre 1934 bestand (→Nationalsozialismus III A) und wie sie heute vor allem in den verschiedenen neo-präsidentiellen Staaten Afrikas besteht. Im Bereich der westl. Demokratien haben sich jedoch bestimmte Typen des Verhältnisses zwischen S. und Regierung entwickelt, auf die im folgenden näher eingegangen werden soll.

A. Das demokratische Präsidialsystem. In diesem System, dessen wichtigster Vertreter die →Vereinigten Staaten sind, stehen sich i. d. R. ein volksgewähltes S. (der Präsident) und ein ebenfalls volksgewähltes →Parlament gegenüber, deren Kompetenzen grds. nach dem Prinzip der →Gewaltenteilung abgegrenzt sind; der Unterschied zum →parlamentarischen Regierungssystem besteht also nicht etwa darin, daß es überhaupt kein Parlament gibt, sondern darin, daß an der Spitze der Exekutive ein Mann steht, der sein Amt nicht dem Parlament verdankt, von diesem infolgedessen auch nicht gestürzt werden kann und der zudem selbst die Regierungsverantwortung in der Hand hat, sei es, daß er selbst „die Regierung" darstellt, wie das in den USA der Fall ist, sei es auch, daß es neben ihm noch einen von ihm abhängigen Regierungschef gibt wie im →Frankreich der V. Republik – sei es, daß neben dem S. ein starkes Parlament steht, wie der Kongreß (insbes. der Senat) der USA, oder ein in wesentl. Punkten geschwächtes Parlament, wie im Frankreich DE GAULLES. Insgesamt gesehen sind die echten demokratischen Präsidialsysteme weitgehend den Verf.systemen des europ. →Konstitutionalismus nachgebildet (das System der USA allerdings dem nur entfernt vergleichbaren brit. Verf.system des ausgehenden 18. Jh.), wobei das monarchische S. mehr oder weniger schematisch durch ein volksgewähltes und daher ebenfalls mit eigenem politischem Gewicht ausgestattetes Organ ersetzt ist (s. a. Präsidialdemokratie).

B. Das S. im →parlamentarischen Regierungssystem. Im parlamentarischen System, in dem die Regierung vom Parlament abhängig ist und infolgedessen eine enge Verbindung zwischen beiden Organen besteht, sind diese beiden Organe i. d. R. auch die alleinigen politischen Führungsstellen. Daraus ergibt sich für das S. regelmäßig nur eine geringe Anzahl von Befugnissen, meist im wesentl. sogar nur die völkerrechtl. Vertretung und gewisse „staatsnotarielle" Befugnisse, gelegentl. vermehrt durch das Recht auf Informiertwerden durch die Regierung, das Recht zur Teilnahme an Kabinettssitzungen und teilweise auch das Recht der Parlamentsauflösung. Ein solches S. wird folgerichtig, wenn es nicht monarchischen Charakter besitzt, auch nicht vom Volk gewählt, sondern vom Parlament oder – im →Zweikammersystem – von beiden Häusern des Parlaments oder in gemeinsamer Sitzung beider Häuser oder – wie in der Bundesrepublik Deutschland – von einem durch weitere Mitglieder ergänzten Parlament (der sog. Bundesversammlung; →Bundespräsident). In Einzelfällen kommt es sogar vor, daß ein bes. S. überhaupt nicht besteht und die ihm selbst im parlamentarischen Regierungssystem üblicherweise zustehenden Rechte vom Regierungschef ausgeübt werden (so zB in den dt. Bundesländern; →Landesverfassungen; wegen der Schweiz s. o. I).

C. Das dualistische System der Weimarer Verfassung. Eine bemerkenswerte, aber von vornherein kaum praktikable Lösung des Verhältnisses von S. und Regierung versuchte die →Weimarer Verfassung, indem sie es unternahm, die Elemente des demokratischen Präsidialsystems und des parlamentarischen Regierungssystems zu kombinieren (ähnl. übrigens die franz. Verf. der V. Republik, allerdings unter ganz anderen politischen Bedingungen). Dieses System, nach welchem die Reichsregierung *sowohl* das Vertrauen des vom Volk gewählten Reichspräsidenten *als auch* das des Reichstages brauchte, konnte von vornherein nur bei stabilen Regierungsverhältnissen, d. h. vor allem beim Vorhandensein weniger, im wesentl. homogener Parteien funktionieren, nicht jedoch bei der inneren Zerrissenheit des dt. Volkes in den Jahren zwischen 1919 und 1933, die fast zwangsläufig zu einem „überparteilichen" Reichspräsidenten und damit zu einem bewußten Gegeneinander von S. und Parlament führen mußte. Die Folge dieser Frontstellung war, daß der Reichspräsident mit fortschreitender Beschlußunfähigkeit des Reichstages auf Grund seines Notverordnungsrechtes (Art. 48 II WV) auch die G.gebungsfunktion übernahm und so Schritt für Schritt eine Präsidialdiktatur entfaltete.

V. Das Problem des pouvoir neutre. Die Stellung des S. in der Politik seines Staates wird häufig als die eines „pouvoir neutre", einer „neutralen Gewalt" umschrieben. Mit dieser Formel wurden wohl von Anfang an die verschiedensten Vorstellungen über Aufgaben und Befugnisse des S. verbunden, so daß sie selbst verhältnismäßig unscharf ist und daher eher irreführend als klärend wirkt. Vor allem ist zu beachten, daß sich eine wie auch immer geartete Stellung des S. stets nur aus seiner verfassungsrechtl. Regelung im konkreten Staat und aus der Gestalt, die die einzelnen S.er dem Amt im Rahmen der Verf. geben, hergeleitet werden kann, nicht jedoch aus irgendwelchen allg. Vorstellungen vom Amt *des*, d. h. jedes beliebigen S. Nur mit dieser Einschränkung kann also versucht werden, eine Lehre vom Wesen des S. zu entwickeln.

A. Die „Neutralität" des S. Daß der Begriff der →Neutralität hier nicht im völkerrechtl. Sinne verwendet wird, liegt auf der Hand. Gemeint ist vielmehr, daß das S. „über den Parteien" stehen müsse, was z. T. sogar dazu geführt hat, daß einzelne S.er bei der Annahme des Amtes aus der Partei, der sie bisher angehört hatten, formell austraten. Aber abgesehen davon, daß diese Unparteilichkeit nicht institutionell gesichert werden kann, sondern stets vom einzelnen Amtsinhaber abhängt und daß der Austritt aus einer Partei hier allenfalls symbolische Bedeutung haben kann, kann der Grundsatz der Neutralität überhaupt nur für ganz bestimmte Situationen gelten, vor allem für parlamentarische Vielparteiensysteme wie die Weimarer Republik, die III. und IV. Franz. Republik und die ital. Republik seit 1946, in denen ein überparteil. Organ der Koordinierung und Mäßigung bes. notwendig ist. In festgefügten Zweiparteiensystemen dagegen ist die Wahl eines von vornherein neutralen S. praktisch kaum zu erwarten, da sich hier in der Wahl regelmäßig der Kandidat einer der beiden großen Parteien durchsetzen dürfte (zB Österreich). Wenn hier nicht wie zB in →Großbritannien ein monarchisches S. vorhanden ist, ist die Hoffnung auf eine Neutralität des S. wohl ganz auf die Persönlichkeit des jeweiligen Amtsträgers verwiesen. Vollends unmögl. ist sie aber, wenn in einem solchen System das S. erhebl. politische Funktionen besitzt, wie das insbes. in den echten Präsidialsystemen der Fall ist; denn hier besitzt der Gewählte in aller Regel ein ausgesprochenes Mandat des Wählervolkes zur Durchführung seines Programms, so daß eine pointierte Neutralität u. U. gerade dem Willen einer erhebl. Mehrheit des Volkes zuwiderlaufen würde. Das Problem der Überparteilichkeit fällt hier also m. a. W. mit dem Problem des Minderheitenschutzes beim →Mehrheitsprinzip zusammen.

B. Neutrale Kraft oder neutrale Gewalt? Selbst dort, wo auf Grund der Verf.rechtslage, einer bes. politischen Konstellation oder einer bes. persönl. Disposition des Amtsinhabers echte Neutralität besteht, ist die grundlegende Frage, ob das S. aus dieser Eigenschaft bestimmte („schiedsrichterl.") Befugnisse – etwa die eines „Hüters der Verf.", d. h. eines temporären Diktators zur Sicherung der gefährdeten Verf.ordnung – ableiten kann oder ob es zur Erfüllung seiner neutralisierenden Funktion auf die ihm *ohnehin* zustehenden Rechte angewiesen ist. I. a. ist in den modernen Verf.staaten nur das letztere anzunehmen, so daß die Überparteilichkeit praktisch nur Richtlinie für die Amtsführung und Quelle der spezifischen Würde des Amtes, nicht aber Quelle bes. Rechte ist. In diesem Sinne hätte sich zB der Weimarer Reichspräsident als die eine Spitze der Exekutive, als Rechtsetzungsreserve und als der zur Parlamentsauflösung Befugte zu einem echten *pouvoir* neutre entwickeln können, während auf der anderen Seite der Bundespräsident des GG bis auf wenige, kaum wahrscheinl. Fälle nur mit verfassungsrechtl. Argumenten effektiv Einfluß nehmen kann, im übrigen aber auf die ungleich schwächeren Mittel der Informationsanforderung, der (unverbindl.) Meinungsäußerung gegenüber führenden Politikern u. ä. angewiesen ist. Eher als bei großen Kollegialorganen kommt es hierbei aber weniger auf die rechtl. Befugnisse als auf die persönl. Autorität des Amtsträgers an. Auch diese Variante eines neutralen S. ohne effektive Entscheidungsrechte kann erhebl. praktisches Gewicht entwickeln, insbes. wenn das Amt selbst durch eine lange Reihe von bedeutenden Amtsträgern zu Ansehen gelangt ist; unbestr. ist zB der mäßigende Einfluß der brit. Krone, kraft dessen manche radikale Maßnahme einfach deswegen unterbleibt, weil kein Politiker es übernehmen will, sie dem Monarchen zu unterbreiten. In republikanischen Staaten ist diese Wirkung freilich schwerlich jemals zu erreichen.

C. Das S. als Integrationsfaktor. Auch die häufig behauptete Funktion des S. als Integrationsfaktor (→Integration), d. h. seine angebl. Fähigkeit, als Repräsentant des „Staatsganzen" beim Volk Zusammengehörigkeitsgefühl und Staatsbewußtsein zu wecken, ist in Wirklichkeit differenzierter, als gemeinhin angenommen wird. Ohne Zweifel vermag eine Institution wie die engl. Krone integrierend zu wirken, solange sie allg. als Symbol der Staatlichkeit anerkannt wird. Wo das S. durch Wahl bestimmt werden muß, liegen die Dinge aber meist schwieriger. Zwar kann gerade das Bekenntnis einer großen Mehrheit zu einer bestimmten Person eine bedeutsame Integrationswirkung entfalten (s. a. Pluralismus). Aber einmal ist damit nicht sichergestellt, daß auch der richtige Mann gewählt ist, so daß die Amtsführung des Gewählten gerade zur Desintegration Anlaß geben kann, und zum andern kann ebensogut die Position des gewählten Kandidaten aus irgendwelchen Gründen so umstr. sein, daß schon die Tatsache seines Wahlsieges mit erhebl. Hypotheken belastet ist. Schließl. ist es sogar denkbar, daß die Wahl zur Absage an den Staat wird, dann nämlich, wenn der Wahlsieger gerade die Stimmen der im Staate abseits stehenden Schichten auf sich vereinigt. Gerade beim Amt des S. wird also klar, daß ein gesundes Staatswesen nicht allein durch Verf.vorschriften garantiert werden kann, sondern daß dazu weitere Voraussetzungen erforderl. sind, die stets aufs neue errungen werden müssen: die Integration des Volkes *vor* der Wahl der einzelnen Amtsträger, das Vorhandensein und die Verantwortungsbereitschaft unumstrittener Persönlichkeiten und die Fähigkeit des Volkes, diese zu erkennen und ihnen die Verantwortung zu übertragen.

K. LOEWENSTEIN, Der Staatspräsident. Eine rechtsvergleichende Studie, AöR 75 (1949) 129–192 – DERS., Die Monarchie im modernen Staat, 1952 – DERS., Verf.lehre, 1959 – K. v. BEYME, Das präsidentielle Regierungssystem der Vereinigten Staaten, 1967 – W. KALTEFLEITER, Die Funktionen des Staatsoberhaupts in der parl. Demokratie, 1970 – R. HERZOG, Allg. Staatslehre, 1971, 274–290.

Roman Herzog

Staatsorganisation. I. Allgemeines. Die Organisationssoziologie bezeichnet solche sozialen Gebilde als Organisationen, in denen eine Mehrzahl von Menschen regelmäßig arbeitsteilig zu einem spezifischen Zweck auf Dauer bewußt zusammenwirkt. Wie die Wortbedeutung des „Organisierens" unmittelbar zeigt, geht es darum, ein soziales Gebilde – im Zusammenhang der S. staatssoziologisch gesprochen: „die mit ursprünglicher Herrschermacht ausgestaltete Verbandseinheit seßhafter Menschen" (GEORG JELLINEK) – durch die Kreation von Organen handlungsfähig zu machen. Die Funktionsträger der Organisation üben komplementäre Funktionen in deren Rahmen und für deren Zwecke aus. Der Staat als „kontinuierliche Wirk- und Handlungseinheit" (E. W. BÖCKENFÖRDE im Anschluß an HERMANN HELLER) *ist* also Organisation (i. w. S.) und *hat* in einem engeren Sinne eine Organisation dergestalt, daß interne Differenzierungen und wechselseitige Abhängigkeiten der Organe und Glieder voneinander zu beobachten sind. Dabei ist eine Organisation wie der *Staat* notwendig auf eine *rechtl.* Ordnung der internen Differenzierung angewiesen. Sonst würde die Aufgabe, dem Bürger eine rechts-, handlungs- und haftungsfähige, vom Wechsel der handelnden Amtswalter unabhängige Person als Zurechnungsendsubjekt von Rechten und Pflichten zuzuweisen, verfehlt. Es steht nämlich nicht *„der* Staat" als impermeables Rechtssubjekt zur Verfügung, weil die Staatsgewalt auf verschiedene Staatsglieder, also auf i. d. R. juristische Personen, die Staatsaufgaben in eigener rechtstechnischer Trägerschaft erfüllen, verteilt ist. Folglich muß die Zurechnungsfrage rechtlich geordnet werden.

Dies gilt im „souveränitätsgeteilten" →Bundesstaat wie auch im Selbstverwaltungsträger schaffenden dezentralen Einheitsstaat oder der Kombination von Bundesstaatlichkeit und Dezentralisierung über Selbstverwaltungsträger. Aber auch unabhängig von der internen Differenzierung auf verschiedene *Glieder* macht die Aufgabenverteilung zum Zwecke der Arbeitsteilung auf Organe und Ämter und damit auf die deren Funktionen wahrnehmenden Amtswalter eine rechtl. Ordnung notwendig, weil, wie HANS HEINRICH RUPP bemerkt hat, der staatl. Organismus einem dauernden Kompetenzstreit anheimfiele, wenn jeder Amtswalter die den Staat treffenden Pflichten auf sich bezöge. Überdies müssen die verschiedenen Glieder klarstellen, welches Handeln im Wege der Zurechnung als *ihr* Handeln identifiziert werden soll, wann also organschaftl. Handeln vorliegt, weil jenes institutionelle Subjekt von Wahrnehmungszuständigkeiten gehandelt hat, dessen Verhalten der juristischen Person zugerechnet wird.

Dem Thema S. geht es folglich um jenes System von Rechtssätzen, mit dem die Zuständigkeiten der *Staatsorgane* und *Staatsglieder* geregelt werden. Zugleich macht dies deutlich, daß damit Fragen von so substantieller Bedeutung angesprochen sind, daß sie zum Teil in der Regelungshöhe der →Verfassung angesiedelt sind – Verfassungen ohne programmatische Staatszielverheißungen oder Grundrechtskataloge wurden ja immer als *Organisationsstatuten* begriffen – *und* daß organisatorische Bestimmungen, auch soweit sie nicht bereits in der Verfassung stehen, jedenfalls auch *Recht* – mit entsprechender Bindungswirkung – darstellen und nicht etwa einem außerrechtl. Bereich des internen Verwaltungsbetriebs zugehören. Daß die Verletzung organisatorischer Bestimmungen im Außenrechtskreis des Bürgers nicht dieselben Fehlerfolgen haben muß wie die Verletzung des das Staat-Bürger-Verhältnis ordnenden Rechts, steht auf einem anderen Blatt.

II. Prinzipien und Grundbegriffe der S. A. Bund-Länder. Art. 20 Abs. 1 GG verfaßt die Bundesrepublik Deutschland entsprechend ihrem Staatsnamen als →Bundesstaat. Die damit getroffene staatsorganisatorische Grundentscheidung ist nicht aus verfassungstheoretischer Reflexion über „die" Bundesstaatlichkeit zu erschließen, sondern in erster Linie aus der konkreten Normenordnung des GG heraus.

Die Verfassung des Bundesstaates ist die gemeinsame Grundordnung des aus Bund und Ländern bestehenden Bundesstaates. Das BVerfG hat daraus den zutr. Schluß abgeleitet, daß das bundesstaatl. Rechtsverhältnis aus „dem Verfassungsrechtskreis zwischen den Organen des Gesamtstaates, dem Rechtskreis zwischen Gesamtstaat und Gliedstaaten und dem Rechtskreis zwischen den Gliedstaaten besteht" (BVerfGE 13, 54 [78]). Im Rechtskreis zwischen Bund und Gliedern ist der Bund den Gliedern übergeordnet, insoweit das GG auch für die Länder eine Grenze der Staatsgewalt bildet (BVerfGE 13, 54 [78]) (Art. 20 Abs. 3, Art. 1 Abs. 3, Art. 31 GG als Grundregel). Außerhalb des bundesverfassungsgesetzlich Geordneten begegnen sich Bund und Länder im Verhältnis staatsrechtl. – nicht völkerrechtl. – Gleichordnung. Auch auf das Verhältnis der Gliedstaaten zueinander findet Völkerrecht allenfalls analog Anwendung, wenn das Bundesverfassungsrecht eine Regelung nicht enthält.

Zur Aufgliederung der Staatsaufgaben stellt das GG ein Kompetenzkonflikte theoretisch ausschließendes Verteilungssystem bereit, mit dem die →gewaltengeteilten Staatsfunktionen →Gesetzgebung, →Verwaltung und →Rechtsprechung nach dem Prinzip der Enumeration und der Residualkompetenz auf den Bund und die Länder verteilt werden (Grundregel: Art. 30 GG). Staatsorganisatorisch sind der Bund sowie die einzelnen Länder Zurechnungsendsubjekte der Rechte und Pflichten aus ihnen zur Erfüllung zugewiesenen und aus ihren originären Staatsaufgaben.

Die Länder sind Glieder der Bundesrepublik Deutschland und sie besitzen – darin liegt ein markantes Unterscheidungsmerkmal zum dezentralen Einheitsstaat – selbst je für sich Staatsqualität (BVerfGE 34, 9) mit der Folge, daß ihnen eben gerade auch die Befugnis zu je eigener S. zukommt. Ihre S.kompetenz gehört zum „unentziehbaren Hausgut" aus Art. 79 Abs. 3 GG; dies verpflichtet den Bund, die in der Landesstaatlichkeit wurzelnde S.kompetenz der Länder im Sinne eines Schonungs- und Rücksichtnahmegebotes auch bei der Inanspruchnahme materiellrechtl. Gesetzgebungskompetenzen zu beachten. Die staatsorganisatorische Entscheidung für die *gliedstaatl. Eigenständigkeit* wird durch die Technik der für den Bund – ohne Generalklausel – limitierten Gesetzgebungskompetenz, die unter die letztverbindl. Auslegungszuständigkeit des BVerfG gestellt ist, durch die nur vermittels homogenitätssichernder Vorgaben beschränkte Verfassungsautonomie der Länder (vgl. Art. 28 Abs. 1 GG), durch die Entscheidung für die weitgespannten Verwaltungszuständigkeiten (→Verwaltung) der Länder (Art. 83 ff. GG) – Ingerenzmöglichkeiten des Bundes sind hier auf die bundesrätliche Zustimmung verwiesen (vgl. zB Art. 84 Abs. 1 GG) – und durch die sog. „Ewigkeitsgarantie" des Art. 79 Abs. 3 geschützt.

Allerdings darf die sich in der Kompetenzausscheidung ausdrückende Trennung der Kompetenzräume und die Verteilung der gesamtstaatl. Zuständigkeit auf zwei selbständige Entscheidungsträger von Staatsqualität nicht dahingehend verstanden werden, daß Bund und Länder etwa einem wettbewerbl. Bundesstaatskonzept („competitive conception") in dem Sinne folgten, wie es in Anlehnung an Tendenzen in der amerikanischen Staatsrechtslehre und in der Rechtsprechung des Supreme Court gegen Ende der 50er Jahre des vorigen Jahrhunderts entwickelt worden ist. Danach sollten Bund („National Government") und Länder („States") als eifersüchtige Rivalen („jealous rivals" [EDWIN S. CORWIN]) zu begreifen sein, als innerhalb gemeinsamer Grenzen voneinander getrennt und unabhängig operierende Souveräne verstanden werden. Bund und Länder sollen vielmehr in *gesamtstaatl. Integration* die Summe der sich stellenden Staatsaufgaben bewältigen. Auf gesamtstaatl. Integration, die im Bundesstaat nicht auf allen Lebensgebieten einheitsgraue Uniformität sein muß, sondern *in der Einheit* (begrenzten) Raum für unterschiedl. Lösungen läßt, soweit nicht der Bund allein zuständig ist, weisen verschiedene das bundesstaatl. Prinzip ausformende Bestimmungen hin. Vor allem das *Bun-*

desratsprinzip (→Bundesrat) ist hier zu nennen, das die Mitwirkung der Länder in einem Bundesorgan an der Gesetzgebung über ein extensiv verstandenes Zustimmungserfordernis aus Art. 84 Abs. 1 GG sichert. Da der Bundesrat mit seiner Zustimmungsentscheidung die politische Mitverantwortung für das ganze Gesetz und nicht nur für die das Zustimmungserfordernis auslösende Verfahrensvorschriften übernimmt, ist bei allen Gesetzen mit Verfahrensberührung ein „Abgleich“ der Bundes- und Bundesrats-(mehrheits)politik nötig. Damit wird einerseits das bürokratische Element im Gesetzgebungsprozeß gestärkt – der Bundesrat ist nach Art. 51 GG ein Landesregierungen-Rat – und andererseits die demokratische Legitimation der Bundesrepublik durch das Bundesvolk tendenziell geschwächt, weil das bundespolitische Mandat aus der Bundeswahlentscheidung sich die Moderation durch Auseinandersetzung mit dem Bundesrat gefallen lassen muß. Insofern erweist sich die staatsorganisatorische Entscheidung für den Bundesstaat in seiner konkreten Ausformung als Option für eine „gemischte Verfassung“, einen Verfassungstypus, der bestimmt und geeignet ist, extreme Unstetigkeiten und Pendelschläge im Gefolge wechselnder Wahlmehrheiten zu begrenzen.

Ebenso gilt für den Bereich der Verwaltung: Nur auf den ersten Blick sind die Verwaltungsräume von Bund und Ländern durch die Fixierung von Verwaltungstypen (Art. 83 ff. GG) derart getrennt, daß es zu Ingerenzen des Bundes in den Landesvollzug von Gesetzen oder gar Erscheinungen der „Mischverwaltung“ oder der Kooperation zwischen Bund und Ländern nicht kommen könnte. Schon die normative Lage des GG zeigt jedoch (vgl. Art. 84, 85 GG), daß der Bund sehr wohl imstande ist, die Einheitlichkeit des Bundesrechtsvollzugs sicherzustellen. Allerdings ist er auch dabei auf die Zustimmung des Bundesrates angewiesen. Auch darin liegt wiederum *wechselseitige Moderation*. Ausgeschlossen ist bei landeseigenem Vollzug nur der Instanzenzug von Landes- zu Bundesbehörden (BVerfGE 11, 105 [124]) und die Ingerenz des Bundes in den Vollzug landeseigener Aufgaben (vgl. zu Art. 104 a Abs. 4: BVerfGE 39, 96 [106 ff.]). In der Verfassung sind auch Formen der Kooperation von Bund und Ländern ausdrücklich angelegt (vgl. Art. 91 a, 91 b, 108 Abs. 4, 104 a Abs. 4 GG). Die einzelnen Erscheinungsformen der kooperationsfreudigen Verfassungswirklichkeit sind allerdings sehr sorgfältig auf ihre Verfassungskonformität zu untersuchen (vgl. die Aufforderung zur Einzelanalyse in BVerfGE 63, 1 [33]).

Schließlich: Das GG verfaßt die Länder nur als Glieder des Bundesstaates und nicht auch noch als staatenbündische „dritte Ebene“, auf der sie das Feld der ihnen zukommenden Staatsaufgaben im Wege der Selbstkoordination und Kooperation beackern. Gleichwohl wird die Realität des Föderalismus unter dem GG durch Erscheinungsformen solchen kooperativen Föderalismus außerordentlich intensiv geprägt. Die Länder tragen durch die „Vereinbarung“ von Musterentwürfen bei Gesetzgebungsprojekten (zB MEVwVfG, MEPolG) aus dem Bereich der Landeskompetenz, durch Selbstkoordinierung im Wege gemeinsamer Beschlüsse in gemeinschaftl. Einrichtungen (Kultusministerkonferenz zB →Bildungspolitik), durch Staatsverträge und Verwaltungsabkommen dem egalitären Grundzug der Zeit hin zum Ziel „einheitl. Lebensverhältnisse“ Rechnung. Aus der Sicht der Bundesverfassung entstehen daraus vordergründig keine Probleme: Kompetentiell ist dieses Verhalten der Länder durch ihre Staatsqualität gedeckt. Es gräbt aber dem Föderalismus seine innere Legitimationsbasis ab. Sinnvoll ist ein so aufwendiges Entscheidungssystem mit polyzentrischer Verantwortungsverteilung nur, wenn der dem Verantwortungsträger zugemessene Kompetenzkreis nach eigener politischer Entscheidung ausgefüllt wird. Für diese „Eigenwilligkeit“ wird ja gerade eine *eigene* demokratische Legitimationsbasis bereitgestellt. Die Selbstentäußerung der Selbstbestimmtheit ist im übrigen aus der Sicht des jeweiligen Landesstaatsrechts problematisch, weil die Landesparlamente gegenüber den auf Regierungsebene ausgehandelten Kompromissen mindestens faktisch in eine Ratifikationslage gedrängt werden.

B. Unmittelbare und mittelbare Staatsverwaltung. Der traditionellen S., wie sie sich im 19. Jh. entwickelt hatte, entsprach die Aufgabenerledigung durch *Staatsbehörden* (unmittelbare Staatsverwaltung) auf der Basis des Gebietsorganisationsmodells, d. h. alle öff. Aufgaben in einem Territorium werden gebündelt von einer einzigen Verwaltungseinheit (Stichwort: „Universalität des Wirkungskreises“) erfüllt. Das Gebietsorganisationsmodell hatte zur Konsequenz, daß den Staatsbehörden solche öff. Aufgaben nicht zugewiesen wurden, die in der örtl. Gemeinschaft wurzelten. Sie wurden auf der Ortsstufe gebündelt selbstverwaltend (→Kommunalrecht) erledigt. Das →Selbstverwaltungsmodell beruhte auf der Prämisse einer ursprünglich vorstaatl. Legitimation der Aufgabenerfüllung auf der Ortsstufe, so daß sie verbreitet als genossenschaftl. nichtstaatl. Verwaltungstätigkeit begriffen wurde. Die selbstverwaltete Aufgabenerfüllung im Rahmen des örtlich radizierten „eigenen Wirkungskreises“ stand *neben* der unmittelbaren Staatsverwaltung. Mit dem Ausgreifen des staatl. Aktionsraumes in die Bereiche der Wirtschaftsintervention und der leistenden Daseinsvorsorge orientierte die Staatsverwaltung ihre Organisationsentscheidungen häufig auch an den Einzelaufgaben (Aufgabenorganisationsmodell), indem sie in divisionaler Organisationstechnik nicht mehr das Aufgabenbündel der allg. unmittelbaren Staatsverwaltung anreicherte, sondern Sonderbehörden schuf, die zum Teil als „selbständige Verwaltungsträger“ ausgestaltet wurden – davon einige auf der Basis körperschaftl. oder anstaltl. Selbstverwaltung (frühes Beispiel: Sozialversicherungsträger). Der totale Staat bediente sich dann dieser Technik in noch größerem Maße, um bis dahin gesellschaftl. Regulierung überlassene Lebensbereiche einer öffentlich-rechtl. („verstaatlichten“) Ordnung zu unterstellen. Die Technik, die Staatsgewalt zu „trabantieren“, indem sie auf Körperschaften, Anstalten, Stiftungen oder auf mit der Ausübung staatl. Kompetenz Beliehene (als natürliche oder juristische Personen des privaten Rechts) oder auf zur Erfüllung von Verwaltungsaufgaben staatlich gegründete juristische Personen des Privatrechts verteilt wird, ist auch unter dem GG beibehalten worden. Sie wird *definitorisch* als „mittelbare Staatsverwaltung“ erfaßt. Sie ist in den Ländern, aber auch auf Bundesebene eine vertraute Erscheinung (vgl. Art. 86 GG). Dort kommt sie als obligatorische (Art. 87 Abs. 2 GG) oder fakultative (Art. 87 Abs. 3 GG) mittelbare Bundesverwaltung durch „bundesunmittelbare Körperschaften oder Anstalten des öff. Rechts“ vor. Die Gegenstände bundeseigener Verwaltung (Art. 87 – 90 GG) können also in unmittelbarer Bundesverwaltung vollzogen werden: entweder nur auf der Ministerialstufe (Ministerium als oberste Bundesbehörde) oder als unmittelbare Bundesverwaltung mit eigenem Verwaltungsunterbau unter den obersten Bundesbehörden (Ministerium) (Art. 87 Abs. 1 GG – Auswärtiger Dienst, Bundesfinanzverwaltung, Bundesbahn, Bundespost [vgl. Art. 87 Abs. 2 GG], Bundeswehrverwaltung [Art. 87 b GG], Bundesgrenzschutz [nach Art. 87 Abs. 1 S. 2 GG]), oder als Bundeszentralstellenverwaltung, also als bundesunmittelbare Verwaltung durch eine Bundesoberbehörde ohne eigenen Verwaltungsunterbau mit örtlich unbeschränkter Zuständigkeit im ganzen Bundesgebiet (Art. 87 Abs. 1 S. 2 GG – zB Bundeskriminalamt, Bundesamt für Verfassungsschutz) und schließlich als Verwaltung durch selbständige Bundesoberbehörden, also durch Behörden, die instantiell einer obersten Bundesbehörde nachgeordnet sind und ohne eigenen Verwaltungsunterbau sachlich eine spezialisierte Verwaltungsaufgabe wahrnehmen und örtlich für das ganze Bundesgebiet zuständig sind (Art. 87 Abs. 3 GG – zB Bundeskartellamt, Bundesaufsichtsamt für das Kreditwesen, Bundesaufsichtsamt für das Versicherungswesen usw.). Bundeseigene Verwaltung kann sich aber auch Körperschaften, rechtsfähiger Anstalten und Stiftungen bedienen (Art. 86 und 87 Abs. 3 GG), also im Wege mittelbarer Staatsverwaltung handeln (Beispiel für eine rechtsfähige Bundesanstalt: Deutsche Bundesbank, für eine rechtsfähige Bundeskörperschaft: die – gesetzlich falsch bezeichnete – Bundesanstalt für Arbeit, für eine rechtsfähige Bundesstiftung: Stiftung Preußischer Kulturbesitz).

Rechtsfähige juristische Personen des öff. Rechts können nur durch oder aufgrund Gesetzes errichtet werden. Hinter der Technik, staatl. Aufgaben in mittelbarer Staatsverwaltung zu erfüllen, steht *kein einheitl. Konzept.* Häufig genannt wird zur Rechtfertigung neben reinen Zweckmäßigkeitserwägungen („der ‚Apparat‘ der Ministerien würde einfach zu groß“) die Einräumung einer gewissen Autonomie an den Verwaltungsträger; auch der (allerdings kaum haltbare) Gedanke, die Erfüllung der Sachaufgabe dem „reinen“ (bürokratischen und also unpolitischen) Sachverstand zu überantworten, wird vorgetragen. Die Verfassung erlaubt solche Verteilung der Staatsgewalt auf Träger mittelbarer Staatsverwaltung allerdings nur, wenn bestimmte Maßgaben eingehalten werden: Wenn diversifizierte juristische Personen mehr oder weniger weite autonom auszufüllende Handlungsspielräume bei ihrer Kompetenzwahrnehmung vorfinden, wird die Einheit der Verwaltung gefährdet und die Legitimationskette für die Ausübung von Staatsgewalt, die Art. 20 Abs. 2 GG voraussetzt, insoweit verdünnt, als parlamentarische Kontrolle gegenüber der Regierung die Kongruenz von Verantwortlichkeit und Ingerenzmöglichkeit voraussetzt. Mindesterfordernis zulässiger Ausgliederung ist deshalb *grundsätzlich* die Unterstellung der mittelbaren Staatsverwaltung unter die (ministerielle) Staatsaufsicht. Ministerialfreie Räume sind *im Grundsatz* unzulässig. Eine Verdünnung der Legitimationskette ist ebenfalls verfassungsrechtlich rechtfertigungsbedürftig. – Schließlich ist vor einem Mißverständnis im Zusammenhang mit der Rechtsfigur der mittelbaren Staatsverwaltung und dem Erfordernis der Staatsaufsicht zu warnen: Nicht jede juristische Person des öff. Rechts gehört zur mittelbaren Staatsverwaltung. Rundfunkanstalten, gemeinnützige Stiftungen bay. Rechts und die Kirchen sind *rechtstechnisch* als Personen des öff. Rechts verfaßt. Das gliedert sie aber nicht in den staatlichen Kompetenzbereich ein.

C. Ressortprinzip. Die auf Bundes- und auf Landesebene zu erledigende Fülle exekutiver Aufgaben ist nach dem Ressortprinzip gegliedert, d. h. alle Verwaltungszuständigkeiten sind einem Ressort zugeordnet, und jedes Ressort ist zugleich im Kabinett (→Regierung) vertreten. Wegen des grundsätzl. Verbots ministerialfreier Räume muß die Ressortverteilung „flächendekkend“ sein (vgl. zB Art. 53 S. 2 BayVerf: „Jede Aufgabe der Staatsverwaltung ist einem Geschäftsbereich zuzuteilen“). Die Ressortaufteilung (nach Zahl und Zuschnitt) ist unter dem GG eine Aufgabe des Bundeskanzlers (→Bundesregierung). Aus der je nach Verfassungsrechtslage mehr oder minder beschränkten Selbständigkeit in der Ressortleiterbefugnis des Ministers folgen dessen Weisungs- und Aufsichtskompetenzen über die Amtswalter seines Ministeriums und über die diesem nachgeordneten Behörden sowie seine grundsätzlich gegebene Letztentscheidungsbefugnis (vgl. zB Art. 55 Nr. 5 und 6 BayVerf).

D. Struktur des Verwaltungsaufbaus in den Ländern. Die Entscheidung über den Verwaltungsaufbau der Länder gehört zu deren unentziehbarem Selbstorganisationsrecht. Gemeinsame Aussagen sind deshalb nur vergröbernd – und nur für die Flächenstaaten – möglich. Grundlegend ist zunächst die Unterscheidung zwischen allgemeinen Verwaltungsbehörden und Sonderverwaltungsbehörden. Letztere sind nur kraft ausdrückl. Kompetenzzuweisung zuständig. Traditionell werden zB die Gewerbeaufsicht und die Schulämter als Sonderverwaltungsbehörden geführt. Die Verwaltungsorganisation der Landesverwaltungen stellt sich (außer im Saarland und in Schleswig-Holstein) dreistufig gegliedert dar. Die *Oberstufe,* die sich wegen des Ressortprinzips der Einteilung in allgemeine und Sonderverwaltungsbehörden entzieht, besteht aus den *obersten Landesbehörden* (also der Landesregierung, dem Ministerpräsidenten und den Ministern) und Landesoberbehörden (also Behörden mit sachlich beschränktem Aufgabenkreis bei örtl. Zuständigkeit für das gesamte Landesgebiet [Beispiel: Verfassungsschutzamt, Landesamt für Besoldung und Versorgung]). Die obersten Landesbehörden verklammern Aufgaben der Gubernative und der Administration. Die *Mittelstufe* wird als allgemeine Verwaltungsbehörde durch den Regierungspräsidenten gebildet. Die *Unterstufe* sind der Landrat bzw. Oberbürgermeister resp. der Oberkreisdirektor bzw. der Oberstadtdirektor als untere staatl. Verwaltungsbehörde. Die Unterstufe ist von Land zu Land recht unterschiedlich gestaltet, weil die „Kommunalisierung der Landkreise“ in den einzelnen Ländern unterschiedlich intensiv durchgeführt worden ist. Staatl. Verwaltungsbeamter (mit geliehenen Kommunalfunktionen) ist der Landrat nur noch in Rheinland-Pfalz und im Saarland. Sonst ist er Kommunalorgan, das dem Staat im Wege der Organleihe zur Verfügung steht. Die drei Stufen werden durch das *hierarchische Prinzip* verklammert. Den damit gegebenen Aufsichts- und Weisungskompetenzen der höheren Stufe entspricht die Gehorsamspflicht der nachgeordneten Stufe. Die Aufsicht umfaßt *im Grundsatz* die Fachaufsicht (ihr Gegenstand ist die Rechtmäßigkeit und Zweckmäßigkeit des Handelns der nachgeordneten Stufe) und die Dienstaufsicht (ihr Gegenstand sind die innere Ordnung, die allgemeine Geschäftsführung und die Personalangelegenheiten der Behörde).

E. Zentralisation – Dezentralisation – Konzentration – Dekonzentration. Der Staat (Zentralstaat wie Gliedstaaten) ist zentral organisiert, soweit die Kompetenzwahrnehmung von der Spitze der Hierarchie aus durch Weisungen, die auch die Zweckmäßigkeit des Verwaltungshandelns betreffen, gesteuert werden kann. Der Staat ist dezentral organisiert, wenn und soweit die Weisungsabhängigkeit nachgeordneter Verwaltungsträger sich auf rechtsaufsichtl. Weisungen oder auf Weisungen nur limitierter Zweckmäßigkeitsaufsicht beschränkt. Elemente der Dezentralisierung, die staatsrechtlich einen Gewaltenmonismus innerhalb der exekutiven Gewalt verhindern, sind vor allem das Bundesstaatsprinzip und die ebenfalls verfassungsnotwendige kommunale →Selbstverwaltung, also die Verwaltung eigener Angelegenheiten eines unterstaatl. Trägers öff. Verwaltung im eigenen Namen und auf eigene Kosten (H. J. Wolff), auf Gemeinde- und Kreisebene. In Nordrhein-Westfalen sind aber zB grds. auch die Verwaltungsaufgaben, wenn sie auf kommunaler Ebene vollzogen werden, dezentralisiert, weil die Landesverfassung ein Verbot der Neubegründung von Auftragsangelegenheiten enthält (Art. 78 Verf. NW); zulässig sind nur Pflichtaufgaben mit gesetzlich begrenztem Weisungsrecht. Zumeist – aber nicht notwendig – ist auch die Entscheidung für die Aufgabenerfüllung im Wege mittelbarer Staatsverwaltung eine Erscheinungsform der Dezentralisation, nämlich insoweit zur Aufgabenerfüllung errichteten juristischen Personen ein sachlich abgegrenzter Bereich zu autonomer Wahrnehmung überlassen wird. Kupierungen des Aufsichtsrechts kommen aber auch in der unmittelbaren Staatsverwaltung vor und stellen dann ein Element der Dezentralisierung dar, wie andererseits auch die total weisungsabhängige juristische Person im Bereich nur mittelbarer Staatsverwaltung vorkommen kann. Eine zentralisierte Organisation kann *konzentriert* oder *dekonzentriert* geführt werden. Der Begriff der Konzentration orientiert sich an der Zusammenfassung möglichst vieler Kompetenzen bei einem Organ. Vertikal konzentriert ist eine Organisation, wenn für einen Kompetenzraum nur *ein* Organ entscheidungsbefähigt ist (Beispiel: Landesamt für Besoldung und Versorgung); sie ist horizontal konzentriert, wenn der Kompetenzraum in Bezirke zerlegt ist, in jedem Bezirk aber nur *eine* Behörde entscheidungsbefugt ist. Eine Erscheinungsform der horizontalen Konzentration ist demnach die Konzentration der Kompetenzen auf der Regierungspräsidialebene. Die Verteilung der Verwaltungsaufgaben auf staatl. Ober-, Mittel- und Unterbehörden ist hingegen ebenso Ausdruck der Dekonzentration wie die Einrichtung von Sonderverwaltungsbehörden. Unter Dekonzentration versteht man die Verteilung der Entscheidungszuständigkeiten auf unbeschränkt weisungsabhängige Glieder, Organe und Ämter.

P. Meyer, Die Verwaltungsorganisation (1962) – E. W. Böckenförde, Organ, Organisation, Juristische Person, in: Fortschritte des Verwaltungsrechts. Festschrift für Hans J. Wolff (1973) 269–305 – E. Forsthoff, Lehrbuch des Verwaltungsrechts I (1973)[10], §§ 23–25 – H. J. Wolff/O. Bachof, Verwaltungsrecht II (1976)[4] – B. Becker, Zentrale nichtministerielle Organisationseinheiten der unmittelbaren Bundesverwaltung, VerwArch 69 (1978) 149–202 – E. Grochla (ed.), Handwörterbuch der Organisation (1980)[2] – R. Loeser, Die bundesstaatliche Verwaltungsorganisation in der Bundesrepublik Deutschland. Verwaltungsverflechtungen zwischen Bund und Ländern (1981) – König/v. Oertzen/Wagener (edd.),

Öffentliche Verwaltung in der Bundesrepublik Deutschland (1981) – G. F. SCHUPPERT, Die Erfüllung öffentlicher Aufgaben durch verselbständigte Verwaltungseinheiten (1981) – G. PÜTTNER, Verwaltungslehre (1982) – A. DITTMANN, Die Bundesverwaltung (1983) – A. VON MUTIUS (ed.), Selbstverwaltung im Staat der Industriegesellschaft, Festgabe für von Unruh (1983) – W. THIEME, Verwaltungslehre (1984)[4] – H. MAURER, Allgemeines Verwaltungsrecht (1985)[4] §§ 21 – 23 – W. RUDOLF, in: ERICHSEN/MARTENS, Allgemeines Verwaltungsrecht (1986)[7] §§ 55 – 57.

Wolfgang Löwer

Staatsphilosophie →Sozial- und Staatsphilosophie

Staatsschutz →Verfassungsschutz

Staatsschutzdelikte. I. Begriff. S. ist die in neuerer Zeit eingebürgerte Sammelbezeichnung für die Straftaten (und zugleich für die betr. gesetzl. Tatbestände), die gegen den Staat in seiner Existenz, verfassungsmäßigen Ordnung, territorialen Integrität, Selbständigkeit und Machtstellung im Verhältnis zu anderen Staaten gerichtet sind. Maßgebl. für die Zuordnung eines Tatbestandes zu den S. ist sein durch Auslegung zu ermittelnder Schutzzweck (Rechtsgut), also nicht die Zielsetzung des Täters oder die Auswirkung einer Tat im Einzelfall. Das G. selbst faßt die S. weder technisch noch terminologisch als eine bes. Gruppe zusammen, so daß die Grenzziehung z. T. eine Frage wissenschaftl. Ermessens und u. U. auch vom Zweck einer Darstellung abhängig ist. Der vorliegende Beitrag bleibt auf den Kernbereich der S. beschränkt, behandelt also Hochverrat, Gefährdung des demokrat. Rechtsstaates, Landesverrat und Gefährdung der äußeren Sicherheit.

II. Geschichte. In der *ursprüngl. Fassung des Reichs-Strafgesetzbuchs* vom 15. Mai 1871 (ein Rückgriff auf frühere Zeiten würde zum Verständnis des geltenden Rechts und seiner Probleme nichts Wesentliches beitragen) waren Hoch- und Landesverrat gemeinsam im 1. Abschnitt des Bes. Teils (§§ 80 – 93) geregelt. Diese Bestimmungen haben im wesentl. bis zu den einschneidenden Änderungen durch G.e vom 26. Mai 1933 und 24. April 1934 gegolten, soweit sie nicht durch die Änderung der Staatsform i. J. 1918 praktisch gegenstandslos geworden waren. Ergänzend standen daneben außerhalb des StGB zeitweise das sog. SozialistenG vom 21. Okt. 1878, das sog. SpionageG vom 31. Juli 1893/3. Juni 1914, das RepublikschutzG vom 21. Juli 1922, die NotVO vom 8. Dez. 1931 (Schutz der „im öffentl. Leben" stehenden Personen gegen ehrverletzende Angriffe) und auch das SprengstoffG vom 9. Juni 1884, das trotz seiner „neutralen" Fassung wesentlich auch zur Bekämpfung einer damals grassierenden Angriffsform (Sprengstoffattentat) dienen sollte. Die nach der erwähnten Neufassung von 1933/34 geltenden Bestimmungen des StGB wurden sodann durch KontrollratsG vom 30. Jan. 1946 ersatzlos aufgehoben. Für eine Übergangszeit brachte danach Art. 143 GG i. J. 1949 einige fragmentarische Strafdrohungen für die wichtigsten Fälle des Hochverrats. Diese Bestimmung wurde durch das *1. StrafrechtsänderungsG* vom 30. August 1951 aufgehoben, das eine umfassende Neuregelung der Materie brachte und dem StGB (alle nicht bes. gekennzeichneten Paragraphenangaben beziehen sich im folgenden auf dieses) neue Strafdrohungen gegen Hochverrat (§§ 80 – 87), Staatsgefährdung (§§ 88 – 98) und Landesverrat (§§ 99 – 101) einfügte. Das G. war jedoch mit der Weite und Strenge seiner Strafdrohungen und angesichts einer nicht immer mit glückl. Hand arbeitenden Rspr. bald wieder Gegenstand von Reformforderungen, die nach langer, oft leidenschaftl. und der Sache nicht immer ganz angemessener Diskussion zu einer Totalrevision durch das *8. StrafrechtsänderungsG vom 25. Juni 1968* führten. Die erneuerten Bestimmungen haben seither wieder Änderungen erfahren, die in der folgenden Darstellung jeweils ohne bes. Hinweis berücksichtigt sind.

III. Der Anwendungsbereich der Staatsschutzdelikte. A. Die Tatbestände der S. dienen grds. nur dem **Schutz** der Bundesrep. Dtschld. und ihrer Länder einschl. →Berlins; in Berlin gelten allerdings infolge besatzungsrechtl. Vorbehalte einzelne Besonderheiten. Nicht geschützt sind andere Staaten und überstaatl. Organisationen als solche, jedoch ist der Wirkungsbereich verschiedener Vorschriften durch bes. Regelungen z. T. auch auf sie erstreckt.

B. Tauglicher Täter ist bis auf weniger wichtige Ausnahmen (§ 100: „Wer als Deutscher, der seine Lebensgrundlage im räuml. Geltungsbereich dieses Gesetzes hat . . .") jedermann, also auch der Ausländer und Staatenlose. Das entspricht dem Schutzgedanken des modernen Staatsschutzstrafrechts, welches – anders als noch z. T. das StGB in seiner ursprüngl. Fassung – grds. nicht mehr an bes. Treuepflichten gegenüber dem eigenen Staat anknüpft. Ganz erhebl. Einschränkungen ergeben sich demgegenüber jedoch aus dem Erfordernis bestimmter räuml. Beziehungen der Tat. Zahlreiche Tatbestände setzen eine Begehung der Tat „im räuml. Geltungsbereich dieses Gesetzes" voraus (zB §§ 84 – 86 a, 88), während bei anderen noch nicht einmal das genügt, sondern die tatbestandsverwirklichende Tätigkeit im räumlichen Geltungsbereich dieses G.es ausgeübt werden muß (Aufzählung in § 91), also eine Tätigkeit außerhalb dieses Bereiches selbst dann nicht ausreicht, wenn der Erfolg innerhalb dieses Geltungsbereichs eingetreten ist oder eintreten sollte. Wo der Tatbestand solche Einschränkungen nicht enthält, differenziert das Strafanwendungsrecht in § 5 nochmals: In einer Vielzahl von Fällen (Aufzählung in § 5 Nr. 2, 3 b, 4) gilt dt. Strafrecht unabhängig von Staatsangehörigkeit des Täters und Tatortstrafrecht auch bei Auslandsbegehung, während in anderen Fällen (§ 5 Nr. 3 a) auf eine Auslandstat dt. Strafrecht nur anwendbar ist, wenn der Täter Deutscher ist und seine Lebensgrundlage im räuml. Geltungsbereich dieses G. hat.

IV. Die Tatbestände der Staatsschutzdelikte. A. Die Tatbestände des Hochverrats gehören zum klassischen Bestand der S., sind aber in neuerer Zeit in den Hintergrund getreten, da die hier pönalisierten Angriffe an praktischer Bedeutung verloren haben und die Strafdrohungen durch das 8. StrafrechtsänderungsG nochmals verringert wurden (Schutz von Person und amtl. Entschließungsfreiheit des Bundespräsidenten, § 83 a. F., hochverräterische Publikationen, § 84 a. F. aufgehoben). Schutzobjekte des Hochverrats sind nur noch der Bestand der Bundesrep. Dtschld. (Begriffsbestimmung § 92 I), die auf dem GG oder einer Landesverf. beruhende verf.mäßige Ordnung und die territoriale Integrität der Länder. Angriffsmittel sind ausschließlich Gewalt und Drohung mit Gewalt. § 81 bestraft das Unternehmen (Begriff: § 11 I Nr. 6), mit diesen Mitteln den Bestand der Bundesrepublik zu beeinträchtigen oder die auf dem GG beruhende verf.mäßige Ordnung zu ändern; § 82 bedroht entsprechende Angriffe gegen die auf einer Landesverf. beruhende verf.mäßige Ordnung und gegen die territoriale Integrität eines Landes, § 83 bedroht schon die Vorbereitung eines bestimmten (!) hochverräterischen Unternehmens gegen Bund oder Land.

B. Die Tatbestände der Gefährdung des demokratischen Rechtsstaates sind bei der letzten Reform der S. an die Stelle der Staatsgefährdungstatbestände getreten, mit denen der G.geber i. J. 1951 weitgehend gesetzgeberisches Neuland betreten hatte. Zweck der Vorschriften ist es, „modernen" Angriffsformen und -zielen entgegenzuwirken, denen gegenüber die auf den gewaltsamen Umsturz zugeschnittenen Tatbestände des Hochverrats weitgehend versagen.

1. Eine große Zahl von Tatbeständen betrifft Handlungen, die bei verschiedener tatbestandstechnischer Konstruktion gegen den Bestand oder die Sicherheit der Bundesrep. oder gegen bestimmte oberste Verf.grundsätze gerichtet sind (Begriffsbestimmungen in § 92): §§ 87 I, 88, 89, 90 b (strafbegründend), §§ 90 III, 90 a III (strafschärfend).

2. Daneben enthält der Abschnitt eine Reihe von Straftaten, zu deren Verwirklichung eine Richtung auf Staatsbestand und Verf.grundsätze nicht erforderl. ist, die aber erfahrungsgemäß die Tendenz in sich tragen, das Gemeinwesen für staatsfeindl. Bestrebungen „reif" zu machen. § 84 pönalisiert Verstöße gegen Entscheidungen des →Bundesverfassungsgerichts, insbes. gegen ein Parteiverbot; § 85 bedroht Verstöße gegen ein unanfechtbares Vereinigungsverbot (Art. 9 II GG; →Vereinigungsfreiheit). § 86 betrifft Propagandahandlungen in bezug auf solche Parteien oder Vereinigungen. Verunglimpfungen des Bundespräsidenten sind nach § 90 als solche bes. strafbar, wobei die verf.verräterische Absicht einen Strafschärfungsgrund bildet. Gleiches gilt für § 90 a, die Verächtlichmachung von Bund und Ländern und ihrer verf.mäßigen Ordnung sowie die Verunglimpfung der Staatssymbole (Abs. I), ferner Verletzungen von Flaggen und Hoheitszeichen (Abs. II). § 86 a bedroht die Verwendung von Kennzeichen (Abs. II) verbotener Organisationen (einschließlich der nat.-soz.) mit Strafe, auch wenn die Verwendung keinen Bekenntnischarakter hat.

C. Die Tatbestände im Abschnitt „Landesverrat und Gefährdung der äußeren Sicherheit" (§§ 93 ff.) pönalisieren Taten, die sich gegen die äußere Machtstellung der Bundesrep. im Verhältnis zu anderen Staaten richten; die Grenzen gegenüber anderen S. sind jedoch auch hier ebenso flüssig wie die zwischen den tatsächl. Formen und Zielen der Angriffe auf den Staat.

1. Die wichtigste Tatbestandsgruppe betrifft den **Schutz von Staatsgeheimnissen**. Der Begriff wird dementsprechend vorweg definiert (§ 93). Das dt. Strafrecht verwendet den sog. *materiellen Geheimnisbegriff* (Gegensatz: formelle Sekretur durch Bezeichnung als geheim): Staatsgeheimnisse sind Tatsachen, Gegenstände oder Erkenntnisse, die nur einem begrenzten Personenkreis zugänglich sind und vor einer fremden Macht geheimgehalten werden müssen, um die Gefahr eines schweren Nachteils für die äußere Sicherheit der Bundesrep. abzuwenden. Staatsgeheimnis kann unter dieser Voraussetzung jeder Sachverhalt sein (militärische Geheimnisse, polit. Planungen der Bundesregierung, private Erfindungen, Verratsbereitschaft eines Geheimnisträgers u. ä.), der noch geheim, d. h. zumindest der fremden Macht noch nicht zuverlässig bekannt ist, vor der er der Geheimhaltung bedarf. Ob und wie das Staatsgeheimnis verkörpert ist, ist unerhebl.; auch nichtfixierte Planungen, Erkenntnisse und dgl. können Staatsgeheimnisse sein. Erforderlich ist aber in jedem Falle ein Gefährdungsbezug zur äußeren Sicherheit der Bundesrep., der allerdings nicht auf militärischem Gebiet liegen muß (genügend zB auch Gefährdungen eines Bündnisses, Gefahr von Repressalien, Ausnutzung des Geheimnisses zur Förderung schwächender innerer Unruhen u. ä.) – hierin liegt die wohl bedenklichste Schwächung des Staatsschutzstrafrechts, weil Geheimnisse anderer Art zumindest nicht weniger bedeutsam sind als solche auf dem wenn auch weit gespannten Gebiet der äußeren Sicherheit.

§ 94 bedroht als **Landesverrat** die klassischen Verratshandlungen, nämlich die i. S. des Gesagten sicherheitsgefährdende Mitteilung eines Staatsgeheimnisses an eine fremde Macht oder deren Mittelsmänner sowie das Gelangenlassen an einen Unbefugten und die öffentl. Bekanntmachung, wobei in den beiden letztgenannten Fällen der Täter handeln muß, um die Bundesrep. zu benachteiligen oder eine fremde Macht zu begünstigen. Beim **Offenbaren von Staatsgeheimnissen** (§ 95) sind die Anforderungen an das Objekt (nur bes. geheimgehaltene Staatsgeheimnisse) größer, dagegen die subjektiven Anforderungen an die Handlungsmodalitäten herabgesetzt (Gelangenlassen an einen Unbefugten und öffentl. Bekanntmachen ohne bes. Absicht). Das **Sichverschaffen eines Staatsgeheimnisses,** um es zu verraten (§ 94) oder zu offenbaren (§ 95), pönalisiert § 96. § 97 schließlich betrifft die Preisgabe bes. geheimgehaltener Staatsgeheimnisse mit fahrlässiger Herbeiführung der Gefährdungsfolge, wobei die Offenbarungshandlung vorsätzlich begangen werden muß (Abs. I), soweit nicht das Staatsgeheimnis dem Täter in bes. verpflichtender Funktion zugänglich gewesen war (Abs. II: Leichtfertigkeit ausreichend). Bestimmte Vorbereitungshandlungen erfaßt § 98.

2. Sog. **illegale Staatsgeheimnisse** (Verstöße gegen die freiheitl. demokrat. Grundordnung oder gegen vereinbarte Rüstungsbeschränkungen unter Geheimhaltung gegenüber den Vertragspartnern) sind keine Staatsgeheimnisse (§ 93 II). Werden sie allerdings einer fremden Macht oder einem ihrer Mittelsmänner mitgeteilt oder zu diesem Zweck ausgespäht, so werden nicht die zur Abstellung des illegalen Zustandes berufenen Organe und Einrichtungen aktiviert, dagegen aber hinter deren Rücken u. U. unabsehbare Gefahren für die Bundesrep. herbeigeführt. § 97 a bedroht daher mit guten Gründen solches Verhalten mit denselben Strafen wie Landesverrat und Ausspähung. Hatte der Täter bei einer der Taten nach §§ 94 bis 97 das (echte) Staatsgeheimnis für ein illegales gehalten, so trifft ihn nach § 97 b die Strafe aus diesen Vorschriften, wenn durch Erfüllung einer Reihe komplizierter Voraussetzungen sichergestellt ist, daß er nicht in guter Absicht und nicht sachgemäß auf eine Abstellung des vermeintlich illegalen Zustandes ausgegangen ist.

3. Waren die bisher erörterten Tatbestände am *Objekt* (Staatsgeheimnis) orientiert, so richtet sich der Tatbestand der **geheimdienstlichen Agententätigkeit** des § 99 gegen bestimmte *Tätigkeiten* (geheimdienstl. Tätigkeit gegen die Bundesrep. Dtschld. für den Geheimdienst einer fremden Macht, die auf die Mitteilung oder Lieferung von Tatsachen, Gegenständen oder Erkenntnissen gerichtet ist; Bereiterklärung gegenüber bestimmten Adressaten). Gegenstand dieser geheimdienstl. Tätigkeit können Geheimnisse aller Art sein (diplomat. und Wirtschaftsgeheimnisse, Interna polit. Parteien, Stimmungen unter Regierungsmitgliedern u. ä.); in Betracht kommen aber auch nichtgeheime Sachverhalte wie zB der Zustand des Straßennetzes in einem bestimmten Gebiet, die Stimmung von Teilen der Bevölkerung oder unter den Mitgliedern einer Partei, die Wohnung von Polizeibeamten u. ä.

Hält man diese Vorschrift mit den Landesverratstatbeständen zusammen, so bietet sich ein Bild wie das einer Zange, deren Backen nicht aufeinander passen: Solange nicht die äußere Sicherheit der Bundesrep. auf dem Spiele steht (§§ 94 – 98), sind Geheimnisse nur gegenüber Angriffen im Dienst fremder Geheimdienste geschützt, also zB nicht gegen Weitergabe oder Veröffentlichung durch einen allein Handelnden – bei der Gewichtverschiebung zwischen den für die äußere Sicherheit des Staates bedeutsamen und sonstigen Umständen ist das ein Zustand, dessen Unzuträglichkeit inzwischen auch und gerade den Vätern der seinerzeitigen Reform schmerzlich bewußt geworden sein dürfte.

4. Die beiden letzten Tatbestände des Abschnitts sind von praktisch geringer Bedeutung: Die **friedensgefährdenden Beziehungen** des § 100 betreffen Kontakte mit dem Ziel der Herbeiführung eines Krieges oder eines bewaffneten Unternehmens gegen die Bundesrep. Dtschld. Bei der **landesverräterischen Fälschung** des § 100 a handelt es sich um Sicherheit oder auswärtige Beziehungen der Bundesrep. gefährdende Handlungen in bezug auf fingierte Sachverhalte (gefälschte militärische Planungsunterlagen, unwahre Mitteilungen über geheimdienstl. Aktivitäten des BND in verbündeten Staaten u. ä.).

V. Ausdehnungen des Schutzbereichs der Staatsschutzdelikte. Zum Schutz der ausländischen NATO-Vertragsstaaten und ihrer in der Bundesrep. sowie in Berlin (West) stationierten Truppen sind nach Art. 7 des 4. StrafrechtsänderungsG *i. d. F. des 8. StrÄG* eine Reihe genau bezeichneter Tatbestände des StGB, darunter auch S., auf im Geltungsbereich des StGB begangene Angriffe gegen diese anwendbar. Nach Art. 194 I (2) des Vertrages zur Gründung der Europ. Atomgemeinschaft vom 25. März 1957 (→Europ. Gemeinschaften) finden auf Verletzungen von Geheimnissen der Gemeinschaft die materiellen und Verfahrensvorschriften der jeweiligen nationalen Rechte über die Staatssicherheit Anwendung. Ähnliches gilt nach Art. 9 des Abkommens zwischen der Bundesrep. und der Franz. Republik über das dt.-franz. Forsch.institut Saint Louis vom 31. März 1958 für den Schutz der Institutsgeheimnisse.

VI. Nichtanzeige drohender S. ist nach § 138 in den dort aufgezählten Fällen (§§ 81 – 83 I, 94 – 96, 97 a, 100) strafbar. Es muß sich um bevorstehende oder in der Ausführung begriffene Taten handeln; hinsichtl. bereits abgeschlossener Taten besteht eine allg. Anzeigepflicht nicht.

VII. Gerichtsverfassungs- und verfahrensrechtliche Sonderregelungen. A. Für die Aburteilung von S. sind die *ordentl. Gerichte* zust.; die erstinstanzl. Zuständigkeit ist jedoch bes. geregelt. Für die schweren S. sind seit Abschaffung der erstinstanzl. Zuständigkeit des BGH durch G. vom 8. Sept. 1969 die OLGe zuständig (§ 120

GVG), im übrigen die zentralen Staatsschutzstrafkammern (§ 74 a GVG). Gegen die erstinstanzl. Urteile ist das Rechtsmittel der Revision zum BGH gegeben (§ 333 StPO, § 135 I GVG).

B. Die S. unterliegen (anders z. T. in ausländischen Rechten) dem sog. *Legalitätsprinzip:* Soweit das Gesetz selbst nicht etwas anderes vorsieht, haben die Strafverfolgungsorgane bei jeder Tat einzuschreiten; andere Stellen brauchen nicht zuzustimmen und können nicht widersprechen, wie auch die Strafverfolgungsorgane selbst außer in den gesetzl. vorgesehenen Fällen irgendwelchen Zweckmäßigkeitserwägungen keinen Raum geben dürfen. *Einschränkungen* gelten nach §§ 153 ff. StPO und insbes. nach §§ 153 c, 153 d für die Fälle gravierender Kollisionslagen und Sonderformen tätiger Reue.

F. CHR. SCHROEDER, Der Schutz von Staat und Verf. im Strafrecht, 1970. Die monographische und Aufsatzliteratur zu Einzelfragen und Teilbereichen ist insbes. im *Leipziger Kommentar* zum StGB und im Kommentar von SCHÖNKE-SCHROEDER umfassend nachgewiesen. *Materialien:* BT-Drs. V/2860.

Hermann Blei

Staatsverträge. S. sind Vereinbarungen öffentl.-rechtl. Inhalts, die ein Gliedstaat (Land, Bundesland, Kanton) mit einem anderen Gliedstaat, in selteneren Fällen auch mit dem Gesamtstaatsverband (Reich, Bund, Union) oder mit auswärtigen Staaten schließt. Der letzte Fall (also der Vertrag eines dt. Landes mit einem auswärtigen Staat) gehört in den Kreis der völkerrechtl. Verträge (→Völkerrecht). Diese bleiben im folgenden außer Betracht. Auch die Verträge, welche ein Staat mit einer Kirche abschließt (mit der röm.-kath. Kirche üblicherweise unter der Bezeichnung „Konkordat"), fallen nicht in die hier darzustellende Gruppe der S. Hier soll nur die Rede sein von den vertragl. Abmachungen zwischen Gliedstaaten untereinander und solchen von Gliedstaaten mit dem Gesamtstaat. So gibt es in der Schweizer Eidgenossenschaft zahlreiche interkantonale Verträge, die dort „Konkordate" genannt werden. Die Verf. der Bundesrepublik Österreich eröffnet den österr. Bundesländern ausdrückl. die Befugnis, untereinander Verträge über die Angelegenheiten ihres selbständigen Wirkungsbereichs zu schließen. In den USA heißen die Verträge der Einzelstaaten untereinander „interstate-compacts".

In der dt. Verf.gesch. sind S. der Gliedstaaten untereinander und zwischen Gliedstaaten und Gesamtstaat (Reich, Bund) eine bekannte Erscheinung. Das Bedürfnis zum Abschluß gliedstaatl. Verträge ergab sich früher aus der territorialen Gemengelage der dt. Länder (i. J. 1928 bestanden noch rd. 200 Enklaven bzw. Exklaven im Verhältnis der Reichsländer untereinander). In der Gegenwart dienen die S. verschiedenen Zielen. Einmal dem praktischen Bedürfnis, die räuml. Herrschaftsbereiche der Länder in bezug auf einzelne Verwaltungsaufgaben sinnvoll abzugrenzen. So ist es zweckmäßig, zB die Wasserpolizei, die Bergaufsicht oder eine öffentl.-rechtl. Versicherung über die Landesgrenzen hinaus amtieren zu lassen. Eine zweite Gruppe von Abmachungen dient der Schaffung von gemeinsamen Verwaltungseinrichtungen, die zu unterhalten das Leistungsvermögen eines Landes übersteigen würde oder die innerhalb eines Landes nicht ausgelastet wären. Eine dritte Gruppe von S.n soll verwaltungsmäßige, rechtl. Unterschiedlichkeiten und damit Gefällelagen verhüten. Das Bedürfnis nach gleichmäßigem Verwaltungsvollzug und Gleichmäßigkeit der Rechtslage führt die Länder zu solcher Selbstkoordinierung. Denn der durchschnittl. Bundesbürger ist gegenüber landesrechtl. Unterschiedlichkeiten empfindsam geworden. Das gilt nicht nur für den Bereich der Wirtschafts- und Verkehrsverwaltung, sondern auch für Schul- und Hochschulwesen. Gerade das öffentl. Schulwesen, von dem das BVerfG gesagt hat, es stelle „das Kernstück der Eigenstaatlichkeit der Länder" dar, ist Gegenstand zahlreicher vertragl. Absprachen. Der Allgemeinheit ist besonders bekannt geworden der zwischen allen Bundesländern abgeschlossene S. über die Vergabe von Studienplätzen an Hochschulen. Darin ist die Errichtung einer zentralen Vergabestelle (ZVS) (in Dortmund) als einer gemeinsamen Länderanstalt vorgesehen (keine Bundesanstalt!).

Eine weitere Erscheinung sind S. zwischen Bund und Bundesländern, zB der Staatsvertrag zwischen dem Bund und allen Ländern über die Finanzierung wissenschaftl. Forschungseinrichtungen. Für die Bildungsplanung und Wissenschaftsförderung sind solche Vereinbarungen seit 1969 vorgesehen in Art. 91 b GG. Ein solcher Verbund führt zu Gemeinschaftsaufgaben.

Für den Abschluß von S.n in der Bundesrep. Dtschld. treffen die meisten Landesverf.en nähere Bestimmungen. Dabei gilt als Regel, daß die Landesregierung zum Abschluß von S.n der Zustimmung des Landesparlaments bedarf. Die Landtage beschließen in diesen Fällen, ob sie dem bereits von ihrer Regierung unterzeichneten Vertragstext zustimmen wollen oder nicht. Der Beschluß wird regelmäßig in Form eines LandesG gefaßt, also auch im GBl. veröffentlicht. Dies bewirkt zugleich, daß der Vertragstext in Landesrecht umgewandelt wird (Transformation). Es besitzt aber im Staatsrecht der Bundesrep. gegenüber späteren Landesgesetzen keine erhöhte Geltungskraft. In der Schweiz und den USA bricht dagegen ein „Zwischenländervertrag" das Landesrecht (über Österreich s. RILL, S. 494 f.). Auch bei innerdt. S.n findet, wie bei völkerrechtl. Abkommen, eine Ratifikation statt. Der Regierungschef (in Hamburg: der Senat) gibt dem Partner des S. abschließend die förml. Erklärung ab, daß das Land die bereits früher unterzeichnete Vereinbarung beachten und erfüllen werde. Die Ratifikationsurkunden werden ausgetauscht oder bei einer Stelle hinterlegt.

Neben den S.n bildet der Abschluß von → *Verwaltungsabkommen* einen häufigen Fall von Interländer-Absprachen. Im Gegensatz zu S.n handelt es sich bei den Verwaltungsabkommen um Vereinbarungen öffentl.-rechtl. Inhalts, die nur den Bereich der Verwaltung angehen. Diese Absprachen beziehen sich nur auf solche Gegenstände, die ohne G. von seiten einer Landesverwaltung geregelt werden dürften. Die Rechte Dritter, insbes. die des Publikums, werden durch solche Verwaltungsabkommen nicht berührt. Der Abschluß von Verwaltungsabkommen geschieht ohne parlamentarische Mitwirkung. Auch ist eine Veröffentlichung der Verwaltungsabkommen nicht erforderlich.

Als dritten jur. Typ über den Landesrahmen hinaus darf man die gemeinsamen *Beschlüsse der Ressort-Minister-Konferenzen* ansehen. Die Innenminister, die Finanzminister, die Justizminister und vor allem die Kultusminister der Länder pflegen sich über gemeinsam interessierende Fragen zu beraten. Es werden zB Musterentwürfe für G.e aufgestellt, welche alle Länder zur Durchführung von Bundesrecht erlassen sollen, oder es werden Richtlinien für die Verwaltungspraxis auf einzelnen Sachgebieten festgelegt. Diese (ein gemeinsames Vorgehen erstrebenden) Beschlüsse werden regelmäßig einstimmig gefaßt. Von der Öffentlichkeit am meisten beachtet werden die Beschlüsse der Kultusminister-Konferenzen zur Koordinierung des Schulwesens (Beginn des Schuljahres, Notenskala, Unterrichtspläne, Schultypen). Die rechtl. Wirksamkeit und Geltungskraft dieser Beschlüsse ist oft zweifelhaft, weil sie inhaltl. sehr nachgiebig gefaßt sind („Rahmenordnung", „Richtlinien", „Grundsätze"). Dies deutet eher auf einen empfehlenden als befehlenden Charakter hin.

Eine Liste der von 1949 bis Ende 1960 abgeschlossenen S. und Verwaltungsabkommen (abgedr. in H. 19 der VVDStRL 1961, S. 36–85) weist 340 Fälle solcher Verträge nach (weitere Verwaltungsabkommen für die Zeit bis 1966 s. bei Grawert, S. 299 f.). Dazu kommen Hunderte von Koordinierungsbeschlüssen der Minister-Konferenzen. Dieses blühende Vereinbarungswesen ist nicht nur Ausdruck von wünschenswerter Verträglichkeit der gliedstaatl. Gemeinwesen, sondern bedeutet vielfach den Verzicht auf landeseigene Gestaltungsformen öffentl. Verwaltung. Damit passen sich die Gliedstaaten dem im modernen und dichtbevölkerten Industriestaat gesteigerten Bedürfnis nach Harmonisierung und reibungslosem Gleichlauf der Verwaltung an. Der Zug nach Zusammenarbeit auf internationaler Ebene, wie er wirtschaftl. vor allem durch die EG erstrebt wird, kann naturgemäß die überkommenen Formen föderalistischer Aufgaben- und Herrschaftsteilung nicht unberührt lassen.

Hans Schneider u. W. Schaumann, VVDStRL 19 (1961) 1–130 – R. Grawert, Verwaltungsabkommen zwischen Bund u. Ländern in der Bundesrep. Dtschld., 1967 – G. Kisker, Kooperation im Bundesstaat, 1971 – H. P. Rill, Gliedstaatsverträge (Wien 1972) – T. Öhlinger, Verträge im Bundesstaat (Wien 1978).

Hans Schneider

Staatswissenschaft(en). 1. Begriff. Als S.en i. e. S. bezeichnet man in Dtschld. die aus dem Kameralismus hervorgegangenen Fächer der Volkswirtschaftslehre und -politik, der Statistik, Finanzwissenschaft und Wirtschaftsgesch., gelegentl. auch der Landwirtschafts-, Forstwirtschafts- und Verwaltungslehre. *I. w. S.* werden darunter alle jur., ökonomischen, hist. und sozialwissenschaftl. Disziplinen verstanden, die auf den modernen Staat und seine Institutionen bezogen sind. (S. a. Politische Wissenschaft.)

2. Geschichtliche Entwicklung. Eine wissenschaftl. Staatslehre beginnt sich in Dtschld. im 16. und 17. Jh. mit der Regierungs- und Verwaltungslehre des Territorialstaats (Osse, Obrecht, Seckendorff) zu entwickeln; so spricht bereits Seckendorff in seinem „Teutschen Fürsten-Staat" (1656) von der „vortreffl., königl. und hohen Wissenschaft vom Staat". Das Wort S. wird dann seit der Mitte des 18. Jh. üblich als Übers. für die kameralistischen *„res politicae"* Polizei und Finanz (an die noch heute der *Doctor rerum politicarum* erinnert) bzw. als Eindeutschung des in seiner adjektivischen Form schon früher gebräuchl. Begriffs Statistik (vergleichende Staatenkunde); in diesem Sinn gebraucht es Achenwall in seinem „Abriß der S. der europ. Reiche" (1749) und Schlözer in seinem „Allg. Staatsrecht und Staatsverfassungslehre" (1793), das mit einer „Einleitung in alle S.en" beginnt. Obwohl gelegentl. in ihr auch jur. Gegenstände mitbehandelt werden, ist die S. des 18. und frühen 19. Jh. im wesentl. eine um Statistik und vergleichende Verf.lehre erweiterte kameralistische Lehre von der Staats*verwaltung* mit den drei Hauptgebieten Ökonomik, Polizei (= innere Verwaltung) und Finanz; als selbständiger Fachbereich ergänzt sie die jur. Disziplinen, vor allem das sog. „natürl. Privatrecht", nach der politischen Seite hin und erfüllt insoweit eine wichtige Aufgabe bei der Ausbildung der Staatsbeamten. Im Sinne dieser Lehrtradition lautet noch der Obertitel der Hegelschen Rechtsphilosophie „Naturrecht und S. im Grundriß" (1821), werden in zahlreichen Universitäten des dt. Sprachgebiets im 19. Jh. Rechts- und S.en in einer Fakultät vereinigt, entstehen von der Mitte des 19. Jh. an als Ergänzung zu den Jur. die Staatswissenschaftl. Seminare in Jena (1849), Heidelberg (1871), Halle, Straßburg (1872), Tübingen (1876) und Leipzig (1889).

Eine Erweiterung erfährt der Begriff der kameralistischen S. zunächst durch Hallers „Restauration der S." (1816 ff.): das politisch umstrittene Buch wirkt methodisch wegweisend durch die – schon von Schlözer vorbereitete

– stärkere Einbeziehung geschichtl., philosophischer und jur. Disziplinen in die S. Ihm schließen sich die Vertreter des →Konstitutionalismus und →Liberalismus in ihren Schriften weitgehend an. So behandelt ROTTECK in seinem „Lehrbuch des Vernunftrechts und der S.en" (1829 – 35) neben der „ökonomischen Politik" ausführl. die theoretische und praktische Staatslehre und das allg. Staatsrecht; spätere Autoren wie SCHMITTHENNER, PÖLITZ und BUSS beziehen auch Ethnologie, Natur- und Völkerrecht und die Staatengesch. ein. Auf dieser verbreiterten Basis entwickelt dann MOHL in seiner „Gesch. und Literatur der S.en" (1855 – 58) eine Dreigliederung der S.en in Allg. Staatslehre, Dogmatische S.en (Öffentl. Recht, Staatssittenlehre und Staatskunst) und Hist. S.en (Staatengesch.) und Statistik, wobei die Gesellschaftswissenschaften ausgeschieden und einem eigenen Wissenschaftsbereich zugeordnet werden (→Soziologie). „Eine *organische* Enzyklopädie des Wissens vom Staate beginnt . . . mit der allg. Grundlehre von dem Begriffe, dem Zwecke, dem Ursprunge des Staates. Von hier schreitet sie fort zu der Erörterung der Staatsgewalt, der inneren und äußeren Souveränität des Gesetzes, der Grenzen des Befehles und des Gehorsams. Hierauf ist das Wesen der verschiedenen Gattungen von Staaten und ihrer Art zu erörtern. Endlich wird das gesamte innere und äußere Leben der Staaten durchgegangen, wobei bezügl. des ersten die Verf. und ihre Einrichtungen von der Verwaltung und ihren einzelnen Zweigen, also der Rechtspflege, der Polizei, dem Kriegswesen und dem Staatshaushalte, zu unterscheiden sind. In allen Abschnitten des ganzen Systems . . . ist jeder einzelne Punkt von sämtlichen Seiten zu betrachten, bei welchen überhaupt eine wissenschaftl. Auffassung des staatl. Lebens möglich ist. Also vom Standpunkte des Rechtes, der Sittenlehre, der Klugheit; außerdem geschichtl. und statistisch." Höhe- und Endpunkt dieser „Gesamten S." bilden die Werke L. VON STEINS (System der S., 1852/56; Verwaltungslehre, 1865 – 68), die in universeller Weise jur., ökonomische, geschichtl. und soziologische Gesichtspunkte auf dem Boden des HEGELschen, die Gesellschaft dem Staat einordnenden Denkens vereinigen, obwohl die S. STEINS ein Fragment geblieben ist und ihre Wirkung begrenzt war. Die Tradition der Gesamten S. ist durch die von MOHL und SCHÜZ gegründete „Zeitschrift für die gesamte S." (1844 ff.) bis zur Gegenwart weitergeführt worden, allerdings mit zunehmender Beschränkung auf die ökonomischen S.en.

Die Erweiterung der traditionellen S. auf die ganze Breite des Staatslebens, wie sie MOHL und STEIN vorschwebte, ist geschichtl. nur eine Episode geblieben: gegenüber der allg. Tendenz zur Spezialisierung und Differenzierung der ökonomischen und jur. Wissenschaften mußte die alte S. mit ihrer universalgeschichtl. Vielseitigkeit und ihrer enzyklopädisch reihenden Methode notwendig den Rückzug antreten. Vor allem die jur. Disziplinen verschlossen sich einer staatswissenschaftl. Behandlung. So klagte schon STEIN: „Wir haben nun einmal keine S., wir haben an ihrer Stelle an unsern Universitäten nur eine Rechtswissenschaft" (1876). Nur in Österreich hat die staatswissenschaftl. Form des jur. Unterrichts im Anschluß an STEIN vorübergehend größere Bedeutung gewonnen; von den übrigen staatswissenschaftl. Seminaren des dt. Sprachgebiets hat allein das Heidelberger die Jurisprudenz einbezogen und in JELLINEK, MAX und ALFRED WEBER, GOTHEIN u. a. die Fruchtbarkeit einer interdisziplinären Zusammenarbeit aller S.en bezeugt. Spätere Versuche einer Systematisierung, Erneuerung und Zusammenfassung der S.en (G. VON MAYR, JASTROW, SCHMID, KAUFMANN) sind jedoch aufs Ganze gesehen ohne dauerhaften Erfolg geblieben.

Erst seit den zwanziger Jahren dieses Jh. sind neuerliche intensive Bestrebungen zur Integration der im 19. Jh. zersplitterten und voneinander isolierten politischen Einzelfächer erwacht, und zwar sowohl in der Rechtswissenschaft wie in der Nationalökonomie, Sozialphilosophie und Historie. Sie knüpfen jedoch nur z. T. an die Tradition der Gesamten S. an. Wieweit insbes. die heutigen Bemühungen um eine Restituierung der politischen Wissenschaft ältere Überlieferungen der dt. S. des 18. und 19. Jh. wieder fruchtbar machen können, ist eine noch offene Frage. In der gegenwärtigen dt. politischen Wissenschaft zeigt sich eher die Tendenz eines Anschlusses an angelsächs. Wissenschaftsformen und -traditionen, während der Begriff der S.en im allg. Sprachgebrauch immer mehr durch den weiteren Begriff der Sozialwissenschaften ersetzt wird.

G. ACHENWALL, Abriß der S. der europ. Reiche, 1749 – A. L. v. SCHLÖZER, Allg. Staatsrecht und Staatsverfassungslehre, 1793 – C. L. v. HALLER, Restauration der S., I – VI, 1816 – 1834 – K. v. ROTTECK, Lehrbuch des Vernunftsrechts und der S., I – IV, 1829 – 1835 – L. v. STEIN, System der S., I – II, 1852/56 – R. v. MOHL, Die Gesch. und Lit. der S.en, I – III, 1855 – 1858 – J. C. BLUNTSCHLI, Gesch. der neueren S., (1864) 1881[3], Nachdr. 1964 – H. DIETZEL, S.en, in: Die dt. Universitäten, I, 1893 – G. v. MAYR, Begriff und Gliederung der S.en, (1901) 1921[4] – L. JASTROW (ed.), Die Reform der staatswissenschaftl. Studien, I – II, 1920/21 – H. MAIER, Die ältere dt. Staats- und Verwaltungslehre, (1966) 1980[2] – P. SCHIERA, Il Cameralismo et l'Assolutismo tedesco. Dall Arte di Governo alle Scienze dello Stato, 1968 – J. BRÜCKNER, Staatswissenschaften, Kameralismus und Naturrecht. Ein Beitrag zur Geschichte der Politischen Wissenschaft im Deutschland des späten 17. und frühen 18. Jahrhunderts, 1977.

Hans Maier

Stadt. I. Soziologisch. A. Begriff. Von der S. als einem bestimmten Typ von Gemeinde gibt es parallel zu ihrer wachsenden gesellschaftl. Bedeutung eine Vielzahl von Begriffen. Schon 1938 definierte L. WIRTH die S. „als eine relativ große, dicht besiedelte und dauerhafte Niederlassung gesellschaftl. heterogener Individuen". Mit dieser Merkmalskombination läßt sich der Charakter der S. und das in ihr vorherrschende Sozialverhalten umfänglich beschreiben und auch erklären. Mit zunehmender Größe der Bevölkerung treten im Zusammenhang fortschreitender Arbeitsteilung an die Stelle persönlicher Bekanntschaft anonymere Situationen, in denen sich die Menschen in segmentierten Rollen begegnen, die nur noch einen Teilausschnitt der Person offenbaren. Die hohe Konzentration der Bevölkerung an einem Ort führt zu Differenzierung und Spezialisierung und verstärkt damit die sozialen Konsequenzen der Bevölkerungszahl: zunehmende soziale Distanz und ökonomische Konkurrenz. Zur typisch städtischen Lebensform gehört aber vor allem die komplexe Sozialstruktur sehr verschiedenartiger Menschen hinsichtlich Beruf, Einkommen, Bildungsstatus und Interessen und einem entsprechend differenzierten Angebot an Arbeitsplätzen, kulturellen Einrichtungen und öffentl. Dienstleistungen.

Gegenüber diesem vielfältig rezipierten ökologisch orientierten begriffl. Ansatz der Kombination verschiedener Merkmale gibt es *idealtypische Ansätze,* die einzelne Merkmale herausgreifen und sie übersteigern. Überragende Bedeutung hat der primär ökonomische Begriff „der S. als Marktort" von M. WEBER erfahren, indem er erst dann von S. spricht, „wo die ortsansässige Bevölkerung einen ökonomisch wesentl. Teil ihres Alltagsbedarfs auf dem örtl. Markt befriedigt, und zwar zu einem wesentl. Teil durch Erzeugnisse, welche die ortsansässige und die Bevölkerung des nächsten Umlandes für den Absatz auf dem Markt oder sonst erworben hat". An diese ökonomische Stadtdefinition anknüpfend, entwickelt H. P. BAHRDT aus der Vorrangstellung des Marktes seine vielbeachtete soziologische These: „Eine Stadt ist eine Ansiedlung, in der das gesamte, also auch das alltägl. Leben die Tendenz zeigt, sich zu polarisieren, d. h. entweder im sozialen Aggregatzustand der Öffentlichkeit oder in dem der Privatheit stattzufinden." Dem Ausbau der privaten Sphäre mit der Wohnung als räumliche Schale steht die Öffentlichkeit gegenüber, die durch *„unvollständige Integration"* (H. P. BAHRDT) gekennzeichnet ist, d. h. durch das Fehlen einer lückenlos regulierten und kontrollierten Bindung aller S.bewohner untereinander.

Aus neo-marxistischer Sicht wird die S. als räumliche Einheit betrachtet, die durch den über die *„kollektive Konsumtion"* vermittelten Prozeß der Reproduktion der Arbeitskraft hergestellt wird (vgl. M. CASTELLS). Hiermit wird eine kulturelle (bzw. ideologische) oder auch politische Einheit der S. negiert (S. wird danach nicht als eine Vergesellschaftsform sui generis verstanden), sondern die Ausweitung der kollektiven Konsumtion als staatlich regulierte und vermittelte öffentl. Leistungsdarstellung ist nur auf dem Hintergrund einer kritischen Gesellschaftstheorie adäquat zu erfassen (vgl. J. KRÄMER u. R. NEEF).

B. S.interne Differenzierungen. Die gesamte S. zerfällt in mehrere charakteristische Teilbereiche, die quasi als Grundmuster in jeder S. vorhanden sind. Als Herz der S. ist die *S.mitte* oder in engerem Sinne die „City" jener Teil der S., der in besonderer Weise Funktionen für die GesamtS. und die Region übernimmt. Dort sind nach wie vor die meisten zentralen Einrichtungen (zB Verwaltungsbauten, kulturelle Einrichtungen, Kaufhäuser etc.) konzentriert, so daß die meisten Bewohner sie in bestimmten Abständen aufsuchen müssen. Neben dieser funktionalen Bedeutung repräsentiert die S.mitte trotz aller Nivellierung mit ihrer häufig noch unverkennbaren Gestalt (Vorhandensein historischer Gebäude) die S. in ihrer Individualität. Soweit nicht durch den motorisierten Verkehr gestört, ist die S.mitte der klassische Ort städtischer Öffentlichkeit und erhält eine symbolische Bedeutung für die S.kultur im weitesten Sinne. Im Zuge der horizontalen und vertikalen Ausbreitung der City-Funktionen ist die Wohnfunktion immer mehr aus der InnenS. verdrängt worden.

Um die S.mitte herum liegen meist jene älteren S.gebiete, in denen traditionellerweise die Funktionen in hohem Maße vermischt sind: Sie sind zugleich *Wohn- und Arbeitsquartiere.* Diese noch ziemlich weitgehende Vermischung der Funktionen begünstigt den Lebenszusammenhang der dort Lebenden insofern, als die Vermittlung verschiedener Lebensbereiche besser gelingt. Entsprechend der funktionalen Vermischung finden wir hier normalerweise eine bunte soziale Mischung verschiedener Bewohnergruppen, die heute überwiegend als positiv anerkannt wird. Durch umfangreiche Sanierungsmaßnahmen in den letzten 20 Jahren sind jedoch neben unbestreitbaren Vorteilen (zB Verbesserung der Bausubstanz) auch viele der tradierten Besonderheiten verschwunden (Abriß charakteristischer historischer, nicht ohne weiteres reproduzierbarer Bausubstanz).

Mit wachsender Entfernung von der S.mitte gliedern sich die zunehmend neueren Wohnviertel an, in denen die Wohnfunktion deutlich überwiegt, wenn man jetzt einmal absieht von den ebenfalls monofunktional strukturierten Gewerbe- bzw. Industriegebieten. Relativ selten spiegelt sich in den einzelnen Wohnvierteln die Sozialstruktur der GesamtS., sondern zumeist ist eine deutl. *soziale Segregation* der verschiedenen sozialen Schichten erkennbar. Sie hat zur Folge, daß nicht nur jene Wohnviertel, in denen vermehrt unterprivilegierte Gruppen leben, ein schlechteres Image haben und die Bewohner nicht selten diskriminiert werden, sondern daß in der Regel die Wohnviertel auch Defizite in öffentl. Infrastruktureinrichtungen aufweisen. Diese Überlagerung von niedrigerem Sozialstatus der Bewohner und disparitären Verteilungsmustern der sozialen Infrastruktur kann in einigen Gebieten zu krisenhaften Entwicklungen führen. Hingegen kann bei Kumulation positiv besetzter Faktoren (wie zB gute Baustruktur, hohe Sozialstruktur, ausgebaute Infrastruktur) das Wohnviertel auch als Statussymbol fungieren.

Die gesellschaftl. Beziehungen im S.teil sind nicht nur als das „soziale Kapitel der GroßS." (J. JACOBS) anzusehen, sondern machen auch die Scharniere aus, mit denen sich die distanzierten Kontakte in der Öffentlichkeit und die nachbarschaftl. Beziehungen in der kleinen Gruppe verbinden. Lokale Identität bezieht sich in der modernen GroßS. häufig nur mehr auf einzelne S.teile, die für die meisten Bewohner den alltägl. Aktions- und Interaktionsraum darstellen; man hat hier seine „Eigenwelt: Ausgangs- und Rückkehrpunkt" (E. PFEIL). Trotz aller sozialen Distanz gibt es auch in der S. heute nachbarschaftl. Kontakte zu ausgewählten Personen der Mitbewohner. Außer in Einzelfällen werden die Nachbarn aber nicht in die private Sphäre hineingenommen. Die städtische Nachbarschaft ist für den Erwachsenen weitgehend entfunktionalisiert, seitdem verschiedene öffentl. Institutionen viele Funktionen der Nachbarschaftshilfe übernommen haben. Die S.bewohner leben weniger nachbarschaftsorientiert als vielmehr familienorientiert (E. PFEIL).

Eine besondere Problematik verbindet sich mit den *neuen Großsiedlungen,* die in den 60er und 70er Jahren am Rande der großen Städte gebaut wurden. Diese auch kritisch als *Satelliten-* bzw. *Schlafstädte* bezeichneten, hoch und dicht gebauten S.randsiedlungen sind zu großen Teilen aus städtebaulichen und sozialstrukturellen Gründen zu „sozialen Brennpunkten" (Deutscher Städtetag) geworden, denen sich die S.politik und S.planung in Zukunft ganz besonders zuwenden wird. Die Bevölkerung reagiert auf diese Probleme – wenn möglich – mit Fortzug, und die entstandenen Wohnungsleerstände werden häufig mit Mietergruppen aufgefüllt, die auf öffentl. Unterstützung angewiesen sind: so wird eine Spirale der sozialen Segregation in Gang gesetzt.

C. S.typen. Klassisch, aber soziologisch wenig brauchbar ist die statistische Unterscheidung nach der Größe: Kleinstädte bis 20 000 Einwohner, Mittelstädte zwischen 20 000 und 100 000 Einwohner und Großstädte darüber (vgl. Tabelle im Teil Verstädterung). Wichtiger zur Charakterisierung verschiedener Städte ist die Unterscheidung nach dominierenden Funktionen der S. So kann man unterscheiden zwischen Industriestädten, Handelsstädten, Regierungs- bzw. Residenzstädten, Universitätsstädten, Touristen- und Erholungszentren etc. Diese Funktionen prägen die S. nicht nur durch die Repräsentanz entsprechender Institutionen und Gebäude, sondern vor allem durch das Überwiegen entsprechender Berufsgruppen: in den Städten der Großindustrie (zB im Ruhrgebiet) leben vorrangig Arbeiter, in Handelsstädten dominieren die Angestellten, und in Universitätsstädten und Behördenzentren gibt es verhältnismäßig viele Beamte. Indem die S.struktur bzw. -kultur die herrschende Wirtschaftsstruktur abbildet, ist ein deutl. Wandel von *„Produzentenstädten"* zu den *„Konsumentenstädten"* (M. WEBER) zu beobachten, auch wenn in der Realität die Mischtypen überwiegen.

D. Verstädterung. Der Begriff der Verstädterung wird zumeist in einer doppelten Bedeutung gebraucht.

Einmal bezeichnet er die *Zunahme des Anteils der Städter* an der Gesamtbevölkerung. Dieser parallel zur Industrialisierung verlaufende Prozeß spiegelt sich deutlich in der Statistik (ab 1961, Bundesrepublik ohne Berlin).

	Gemeinden bis 5000 Einwohner	5000 bis 20 000 Einw.	20 000 bis 100 000 Einw.	über 100 000 Einw.
1871	75,5 %	11,6 %	7,5 %	5,4 %
1900	56,1 %	13,5 %	13,2 %	17,2 %
1933	43,4 %	13,4 %	13,0 %	30,2 %
1961	35,7 %	16,7 %	16,8 %	30,7 %
1975	17,5 %	24,3 %	24,9 %	33,2 %
1984	15,5 %	26,7 %	27,0 %	30,8 %

Das stagnierende Wachstum der Großstädte hängt mit dem Zuzug in die politisch-administrativ nicht zur Kernstadt gehörenden Vororte zusammen, die als Umland der Städte in der Regel erheblich angewachsen sind und zusammengenommen den städtischen Agglomerationsraum darstellen. Der Prozeß der starken Suburbanisierung hat zu vielen Problemen geführt (Verkehrs- und Pendlerzunahme, Einkommensteuerverlust der Kernstädte, zunehmende Zersiedelung, Infrastrukturdisparitäten etc.). Diese Bevölkerungsverschiebungen mit den sozialökonomischen Folgeproblemen führten zu der Anfang der 70er Jahre in allen Flächenstaaten durchgeführten *Gebiets- und Verwaltungsreform,* die u. a. durch umfangreiche Eingemeindungen zu einem drastischen Rückgang des Bevölkerungsanteils in kleinen Gemeinden und zu einem kurzfristigen Ansteigen der in Großstädten wohnenden Bevölkerung geführt hat (vgl. Tab.). Z. Z. erleben wir aufgrund regional unterschiedl. wirtschaftl. Entwicklung und eines allgemeinen Bevölkerungsrückgangs eine Phase der selektiven Verstädterung: neben wachsenden Agglomerationen (zB München mit expandierenden Industriebranchen) gibt es schrumpfende Großstadtregionen (zB Region Hamburg mit stagnierender Industrieentwicklung bzw. altindustrialisierte Regionen wie die Ruhrschiene).

In seiner zweiten Bedeutung meint der Verstädterungsprozeß *qualitative Veränderungen im Lebensstil* und in den Verhaltensweisen der ländl. Bevölkerung hinsichtlich der Übernahme städtischer Standards und Angleichung an städtische Leitbilder. Fälschlicherweise werden hier auch oft jene Vorgänge genannt, die nicht spezifisch städtisch sind, sondern Merkmale des gesamtgesellschaftl. Wandels darstellen (zB Technisierung, Bürokratisierung, Erhöhung des Lebensstandards), die sich jedoch zumeist zuerst in den Städten ausbreiten. Die Übernahme städtischer Verhaltensweisen ist zwar nicht an die dauernde Anwesenheit in der S. gebunden, aber durch die strukturbedingte, quasi alltägliche Pendlerwanderung werden doch im Zusammenhang mit Schul-, Arzt- und Behördenbesuchen sowie dem Einkaufen städtische Lebensformen in die Dörfer transportiert. Typisch städtischer Lebensstil verwirklicht sich in der Abtrennung der privaten Sphäre von anderen Lebensbereichen, Rückzug aus der engen gemeinschaftl. Bindung des Dorfes und damit Verminderung sozialer Kontrollen, Anspruch auf ein breitgefächertes Angebot von sozio-kulturellen Einrichtungen und Dienstleistungen, die erst eine große S. bieten kann, stärker medienvermittelte Kommunikation und segmentierte Rollenbeziehungen in der Öffentlichkeit.

Beide Prozesse zusammen sind aufgehoben in der Zustandsbezeichnung einer verstädterten Gesellschaft, in der „eine Aufhebung des Gegensatzes von Stadt und Land zugunsten einer Vereinheitlichung aller Lebensformen" (H. BERNDT) stattgefunden hat. Die *„totale Verstädterung"* könnte dazu führen, daß die S. als lokale Identität aufgehört hat zu existieren.

E. Krisen und Probleme. Das komplizierte sozioökonomische und sozio-kulturelle System der S. ist durch eine Reihe von Entwicklungen gefährdet.

Die zunehmend *„überlokale Orientierung"* (H. OSWALD) der Bevölkerung schwächt die Bedeutung des lokalen Lebenszusammenhanges ab. Mit der zunehmenden Herauslösung aus festen Lokalgruppen wachsen großräumige Verflechtungen und Abhängigkeiten in politischer, ökonomischer und kultureller Hinsicht von der funktionalen Ausdifferenzierung der Gesellschaft in Teilbereiche mit hochgradig formalisierten Organisationsstrukturen. Die Entlokalisierung des lokalen Lebens in der Öffentlichkeit der S. (vgl. R. SENETT) wird z. Z. besonders deutlich ablesbar an den neuen Informationstechnologien (wie Bildschirmtext und Video), die nach dem Erfolgszug der →Massenmedien persönliche Begegnungen tendenziell überflüssig machen. Indem die Städte ökonomisch und politisch immer stärker mit den anderen politischen Ebenen verflochten werden, schwächt sich ihre Autonomie immer mehr ab.

Die enormen Probleme der zentralen Bereiche der Städte (allen voran die sprunghafte Verkehrsentwicklung) haben zu einer Auslagerung von ursprüngl. Zentrumseinrichtungen an den S.rand (zB Shopping Centers) geführt. Diese Entwicklung führte zu dem Phänomen der *Verödung der S.zentren,* die nur notdürftig durch die in fast allen großen Städten der Bundesrepublik eingerichteten Fußgängerzonen zur Steigerung der Attraktivität vor allem des innerstädtischen Einzelhandels und durch den Ausbau des öffentlichen Personennahverkehrs (U- und S-Bahnen) aufgehoben werden konnte. Aus der z. Z. problematischen Verfassung der S.zentren heraus jedoch eine *„polyzentrische S.struktur"* als stadtentwicklungspolitisches Ziel abzuleiten (zB H. HÄUSSERMANN u. W. SIEBEL) erscheint zu vorschnell angesichts der nicht genügend absehbaren sozialen und kulturellen Konsequenzen.

In den angesichts der Krise der Arbeitsgesellschaft immer wichtiger werdenden Erfahrungsräumen der Wohngebiete, in denen immer mehr Lebenszeit verbracht wird, sind die Tendenzen zur sozialen Segregation unverkennbar. Die Tatsache der gesellschaftl. Teilung in eine größere Gruppe der in Arbeitsmärkte Integrierten und eine kleinere davon auf Dauer ausgeschlossene Gruppe scheint sich zu überlagern mit denen, die wohnungsmäßig gut versorgt sind, und denjenigen, die auf Wohnungssuche sind oder von den etablierten Gruppen in *„Ghettos ohne Mauern"* (HESS, MECHLER) ausgegrenzt werden.

Schließlich sind die ökologischen Probleme der gegenwärtigen und zukünftigen S. unverkennbar: Zersiedelung, Landschaftsverbrauch, Verminderung grünbestimmter Freiräume etc. Die Steigerung des Wohnflächenverbrauchs ist hoch: In den letzten 30 Jahren hat sich die durchschnittliche Wohnfläche pro Person verdoppelt und wird in Zukunft im Zusammenhang mit Veränderungen in der Haushaltsstruktur (kleinere Haushalte) und Anspruchssteigerungen weiter steigen. Die Wohnflächenausdehnung führt aber entweder zu Zersiedelungsphänomenen am Stadtrand oder zu einer Abnahme innerstädtischer Freiflächen.

M. WEBER, Wirtschaft und Gesellschaft, 1956, Kap. IX – H. OSWALD, Die überschätzte S., 1966 – H. P. BAHRDT, Die moderne GroßS., 1968[2] – E. PFEIL, Großstadtforschung, Entwicklung und gegenwärtiger Stand, 1972[2] – L. WIRTH, Urbanität als Lebensform, in: Stadt- und Sozialstruktur, U. HERLYN (ed.), 1974 (Orig.: Urbanism as a Way of Life, 1938) – M. CASTELLS, Die kapitalistische S., 1977 (Orig. franz. La question urbaine, 1973) – J. FRIEDRICHS, S.analyse. Soziale und räumliche Organisation der Gesellschaft, 1977 – H. HÄUSSERMANN/W. SIEBEL, Leviathan, Z. für Sozialwissenschaft, 1978, H. 1, 471–550 – H. BERNDT, Natur der S., 1978 – Großstadtstrukturen und ungleiche Lebensbedingungen in Großstädten, U. HERLYN (ed.), 1980 – S. und Gesellschaft, K. SCHMALS (ed.), 1983 – R. SENETT, Verfall und Ende des öffentlichen Lebens, Die Tyrannei der Intimität, 1983 (orig. amer.: The Fall of Public Man, 1974) – Krise und Konflikt in der GroßS. im entwickelten Kapitalismus, J. KRÄMER/R. NEEF (edd.), 1985.

Ulfert Herlyn

II. Historisch. A. Begriff und Entstehung. Die S. als innerräumlich gegliederte, geschlossene Großsiedlung mit überwiegend durch Handel, Handwerk und Gewerbe bestimmter Wirtschaft, als eigener, vom Landrecht abgehobener Rechtskreis und mit einer S.verf. ist eine Schöpfung des hohen und späten MA. Eine genauere Definition des S.begriffs ist wegen der Vielfalt der hist. Erscheinungsformen nicht möglich. Vor dem

11. Jh. sind die Vor- und Frühformen der mitteleuropäischen Städte weder rechtlich, wirtschaftlich noch kulturell so ausgebildet, daß der Stadtbegriff anwendbar ist. Die wirtschaftl. Bedeutung dieser Siedlungen rechtfertigt es oft, von Märkten als den Vorformen der Städte zu sprechen. Als idealisierter Ort staatsbürgerl., repräsentativer Freiheit und Verf. wird die S. nach dem Scheitern der liberalen Verf.bewegung um die Mitte des 19. Jh. von der Forschung begeistert wiederentdeckt. Entstehungsgeschichtlich wird das Wunschbild von der autonomen, freiheitsstrebenden Handelsstadt einseitig auf die wirtschaftlich expandierende Fernhändleransiedlung zurückgeführt und monokausal aus dem planvoll und kämpferisch betriebenen genossenschaftl. Zusammenschluß freier Kaufleutegilden erklärt. Die neuere Forschung rückt zunehmend ab von den freiheitl. fernkaufmännischen Organisationselementen als rechtl. Entstehungsfaktoren. Sie betont demgegenüber differenzierter die herrschaftl. Freiung und hebt stärker ab auf die Sonderung landschaftl. Typen (E. Ennen, K. Kroeschell). Die noch h. L. (H. Planitz) beantwortet die Fragen nach der Gründung und S.verf. zusammengefaßt wie folgt: Zwischen den spätantiken, i. d. R. kaiserzeitl. Römerstädten (civitates) und den frühma. Städten (wie Köln, Mainz, Trier, Augsburg, Passau, Regensburg, in England London, York, Canterbury, Exeter) besteht zwar vielfach eine Siedlungskontinuität, nicht aber ein eigentl. kultureller oder Rechts- und Verf.zusammenhang. Die röm. Munizipalverfassung (die Städte als vorgeschobene selbständige Verwaltungs- und Gerichtsbezirke des Reiches) war untergegangen. Die Städte entstanden neben einer schon bestehenden Königspfalz oder Burg (Nürnberg, Magdeburg, Merseburg), neben befestigten Bischofskirchen oder Abteien (Würzburg, Vezelay in Burgund, St. Gallen in der Schweiz, Bristol und Oxford in England), und zwar i. d. R. durch Ansiedlung von freien, unternehmerischen Kaufleuten und Handwerkern als befestigte Zoll- und Umschlageplätze (vicus, Wik, Schleswic, Brunswig, Bardowieck) oder im völligen organisatorischen Zusammenhang mit einer grundherrl. Siedlung (sog. „angelehnte Märkte“). Der wirtschaftl. Aufstieg Europas im 11. und 12. Jh. („renaissance du commerce“, H. Pirenne), verbunden mit einer sprunghaften Bevölkerungszunahme, führte zu Massengründungen von Städten (Gründer- oder Gründungsstädte) aus rein wirtschaftspolitischen Überlegungen durch Könige, Bischöfe, Territorial- oder Grundherren (zB Zähringer). Daneben spielt auch das militärische Moment eine Rolle (Staufergründungen). Das politisch-militärische Zentrum des Siedlungsgebietes wurde vielfach zur privilegierten (mit Freiheiten, Sonderrechten, wie zB dem Markt- und Stapelrecht, ausgestatteten) S. mit Bürgern (burgaere, burgenses, burgess, bourgeois). Die Kaufmannssiedlung erhielt einen ständigen lokalen Markt für ländl. und städtische Bedarfsgüter. Die S. bildete einen Tauschkreis (die eigentl. S.wirtschaft). Daneben blieb der Fernhandel weiter bestehen und wurde hauptsächl. von Genossenschaften (Gilden, Hansen – erstmalig im 12. Jh. in Köln, Prag, London und Rouen) betrieben. – Aus der S. im wirtschaftl. oder siedlungsgeschichtl. Sinne hat sich vornehmlich in der salischen und staufischen Zeit die S. im Rechtssinne, als Rechtsorganismus, als autonome Körperschaft mit Rechtsetzungsgewalt und →Selbstverwaltung entwikkelt. Noch in der fränkischen Zeit besteht kein echter Unterschied zwischen S. und Land; die Städte, bzw. ihre Vorformen, sind als militärische und Verwaltungszentren in die Gau- und Hundertschaftsverfassung ohne eigene administrative Sonderstellung einbezogen. Die Entwicklung durchläuft unter verfassungsgeschichtl. Aspekten zwei Phasen:

1. Die stadtherrl. Periode. Die S.gemeinde steht bis in das 14. Jh. hinein stark unter der Herrschaft eines S.herrn. Dieser ist Marktherr und nimmt alle hoheitl. Aufgaben innerhalb der S. wahr (ius fori: Gerichtsbarkeit, Rechtsetzung, Verwaltung). Seit dem 10. Jh. werden die stadtherrl. Rechte vom König als dem Träger des Marktregals und der Befestigungshoheit durch Privileg zunächst an geistl. (ottonische Schenkungen, zB Worms, Speyer, Magdeburg), später auch an weltliche Fürsten und Herren weiterübertragen. Nach dem jeweiligen S.herrn unterscheidet man im dt. Siedlungsraum: a) Königl., später Reichsstädte (Lübeck, Aachen, Dortmund, Frankfurt, Goslar, Nürnberg, Mühlhausen, Zürich); b) Bischöfl. oder Abteistädte (Salzburg, Passau, Basel, Genf, Köln, Mainz, Trier, Hamburg, Bremen, Magdeburg); c) Landesherrl. Territorialstädte oder Landstädte der weltl. Fürsten (Braunschweig, Leipzig, Freiburg i. Br., München, Prag, Wien, Bern); d) Mediatstädte unter dem Patronat weltl., geistl. Grundherren oder des Landesherrn als Dominalherrn (in Brandenburg sog. Amtsstädte). Die Ausübung hoheitl. Aufgaben konnte auch stadtherrl. Beamten (Burggraf, Vogt, Schultheiß) anvertraut werden. Später wurden diese Ämter zu Lehen und erbl. und entglitten der Hand des S.herrn. Zwar förderten die Gründer die angesiedelten Kaufleute und Handwerker durch Freiheiten, indessen fehlte den stadtherrl. Städten bis in das 12. Jh. noch weitgehend jede politische Selbständigkeit und verfassungsrechtliche Organisation.

2. Die genossenschaftl. Periode. Seit dem 11. Jh. versuchen die Bürger die autoritäre Macht des S.herrn zu brechen (mit Waffengewalt gegen bischöfl. S.herrn in Worms 1073 und in Mainz 1077) und eine freiheitl. bürgerl. Verf. aufzurichten. Träger dieser revolutionären Bewegung war das wirtschaftlich erstarkende und politisch selbstbewußt werdende Bürgertum, im bes. die städtischen Kaufmannschaften. Diese waren in genossenschaftlichen Zusammenschlüssen (Kaufleutegilden, gilda, fraternitas mercatorum) organisiert. Ihr Ziel war die Sicherstellung gegenseitiger Hilfe und die Vertretung der gemeinsamen Interessen. Ihren Ausgang nahm die kommunale Bewegung im 11. Jh. von Italien. Die Kommunen (souveräne S.republiken, wie Venedig, Genua, Pisa) und Signorien (Siena, Florenz, Mailand), Konsularstädte in der Provence (Marseille, Avignon, Nizza) sowie die Industriezentren in der Picardie (Cambrai, Laon) und Flandern (Gent, Brügge, Arras) prägten einen neuen S.typus: die politisch autonome, körperschaftl. verfaßte S. In Dtschld. tritt sie seit dem 12./13. Jh. neben die präkommunale stadtherrl. Alle S.bewohner schließen sich z. T. nach dem Vorbild der Kaufmannsgilden in der Rechtsform der Schwurbrüderschaft oder Friedenseinung (Eidgenossenschaft, coniuratio, communitas, pax, amicitia) zu einer eidlich verwillkürten Gesamtorganisation zusammen, so schon 1076 in Cambrai und 1112 in Köln. Die so verfaßte bürgerl. Gemeinde versucht sich von der S.herrschaft zu befreien und an ihrer Stelle eine eigene (Selbst-)Verwaltung mit eigener Rechtsetzungsgewalt zu begründen. Die S.herrschaft wird jedoch nicht überall völlig beseitigt. Stets aber führt diese Entwicklung zu einer Stärkung der Rechte der Bürger, sowohl in den Reichs- wie auch in den landesherrl. Städten. In den Händen der gewählten Organe der Gesamtbürgerschaft liegen nunmehr die hoheitl. Aufgaben und Befugnisse (S.regiment). An Stelle des Stadtherrn bilden diese gewählten Organe der Bürger die Obrigkeit. Die Bürgergemeinde, nach außen durch ein rechtl. Band eine Einheit, differenziert sich allmählich sowohl rechtlich als auch sozial nach innen. Schließlich kommt es zur Schaffung eines eigenen Rechtes innerhalb des Gemeinwesens, dessen eigentl. Grundlagen die ehemals stadtherrl. Privilegien (vic-belde, Weichbild) bilden und das später in den sog. S.rechten eine autonome Fortbildung findet. Ältere bedeutende Städte übertragen oder bewidmen jüngere mit ihrem S.recht. Es entstehen sog. S.rechtsfamilien. Der Oberhof als eine Art Obergericht für die Gerichte der TochterS. bleibt an der MutterS. und kann durch Anfragen (nicht immer ein echter Instanzenzug) um Rechtsauskunft und Rechtsbelehrung (Schöffensprüche) angegangen werden. Die wichtigsten Mutterstädte für Mittel- und Ostdtschld. waren Magdeburg, für den Ostseebereich Lübeck, für das Rheingebiet Frankfurt a. Main und Aachen, für Westfalen Dortmund, für Südwestdtschld. und die Schweiz Freiburg i. Br., ferner Nürnberg und Wien. Zu Nachbildungen deutscher S.rechte kommt es in den skandinavischen und slawischen Ländern. Mit der Rezeption der gelehrten Rechte werden die Städte führend in der Anpassung (Reformation) ihrer in der Tradition einheimischer Rechtsquellen stehenden Institutionen an römisch-kanonische Rechtsfiguren und Stilformen und damit in der tiefgreifenden Verbesserung weltl. Rechtspflege schlechthin. Die bedeutendsten S.rechtsreformationen entstehen häufig unter maßgebl. Mitarbeit gelehrter Juristen, so etwa 1479/1564 in Nürnberg (CANTIUNCULA), 1499 in Worms, 1509/1578 in Frankfurt a. M. (FICHARD) und 1520 in Freiburg i. Br. (ZASIUS).

B. Die S.verfassungen. 1. Ratsverfassung. Bereits im 12. Jh. nahmen genossenschaftl. Organisationen vornehmer und reicher S.bürger (nobiles, meliores, in Köln die sog. „Richerzeche") häufig gegen den Widerstand des Stadtherrn wichtige städtische, hoheitl. und politische Aufgaben wahr. Jedoch konnten die Städte nur schritt- und stufenweise Selbstverwaltungsrechte gewinnen. Erst seit dem 13. Jh. steht der durch Bürger gewählte S.rat (consilium, consules, Ratmannen) als autonomes städtisches Selbstverwaltungsorgan mit den Bürgermeistern (magistri civium, italienisch podestà, franz. maire, engl. maior), die im eigentl. Sinne die Verwaltung führen, überall an der Spitze der S. (Ratsverfassung). Anfängl. in den Händen patrizischer Geschlechter, setzte sich der S.rat später aus vom Lande zugezogenen, stadtsässigen Adeligen und Ministerialen (Verwaltungspatriziat) und reichen, in der S. lebenden Fernkaufleuten (Handelspatriziat) zusammen (sog. ratsfähige Geschlechter). Er wird insoweit zum Spiegel der sozialen Strukturen in der S. In der Folgezeit schloß sich jedoch der Rat geburtsständisch ab. Das Aufkommen des S.rates, im Norden Dtschlds. früher als im Süden, ist entweder das Ergebnis einer Rezeption aus Italien oder, wohl eher, aus Südfrankreich über Burgund.

2. Zunftverfassung. Im 14. und 15. Jh. erstrebten die in den Zünften (Innungen, Gilden) zusammengeschlossenen nicht ratsfähigen und vom S.regiment ausgeschlossenen Handwerksmeister nach italienischem Vorbild (in Florenz leiteten seit 1228 die Zünfte die Signoria, während das Patriziat – popolo grosso – politisch bedeutungslos war) eine Beteiligung am S.regiment und damit eine Demokratisierung der S.verf.en (Zunftkämpfe, Zunftrevolutionen). Diese sozialen Revolutionen waren erfolgreich. Die alte Ratsverf. wurde in eine zunftmäßige umgebildet, die Zünfte in den verschiedensten Rechtsformen am Rat beteiligt (→Zweikammersystem): Neben den Alten trat bei allen bes. wichtigen Angelegenheiten beratend der sog. Äußere Rat. Ein reines Zunftregiment herrschte in Magdeburg (1330), Köln und Wien (1396). Am wirksamsten behauptete sich das Handelspatriziat in den Städten Nürnberg, Ulm, Frankfurt und in den Hansestädten. Schließlich erwarb der S.rat die Allzuständigkeit in städtischen Angelegenheiten. Er war Träger a) der Polizeihoheit (Markt-, Lebensmittel-, Bau-, Feuer-, Sanitätspolizei, ferner Armenpflege, Vormundschafts-, Spital-, Stiftungs-, Schulwesen und Schutz der Sittlichkeit), b) der Finanz- und Steuerhoheit (indirekte Steuern – Ungeld, später Akzise, direkte Steuern – Schatzung, Beden, Einkünfte aus Münze und Zoll, städtischem Grundbesitz und Gewerbebetrieb), c) der Wehrhoheit (die Zünfte als Kern städtischer Wehrverf. dienten zu Fuß, die Patrizier leisteten Reiterdienste) und d) der Kirchenhoheit (treuhänderische Verwaltung der kirchl. Stiftungen, Pfründe und des kirchl. Vermögens, Beteiligung an der Pfarrerwahl, Ausübung der Kirchenzucht). – Im 13. Jh. versuchten die Städte durch Bürgerrechtsverleihungen an unfreie bäuerl. Hintersassen und ritterlich auf dem Lande lebende Personen (Pfahlbürger, Ausbürger) ihren Machtkreis zu erweitern und ihre Wehrhoheit zu stärken („Luft macht eigen – S.luft macht frei").

3. Die Gerichtsbarkeit der S. Die ursprüngl. auf landrechtlichem Boden entstandene frühma. S. bildete einen eigenen Gerichtsbezirk (niedere Gerichtsbarkeit) mit einem eigenen S.gericht. Sie war häufig von den Niedergerichten des Landrechts eximiert. Die Zuständigkeit des S.gerichts erstreckte sich auf den städtischen Grundbesitz (Erbe und Eigen), Marktsachen, in bes. Fällen auch schwere Marktfrevel. Erst im HochMA. konnten bedeutendere Städte die Hoch(Blut-)gerichtsbarkeit erwerben; seit RUDOLF I. wurde für königl. Städte die Exemtion vom Landgericht der Grundsatz. An Stelle der S.herren übten Vögte (in bischöfl. Städten) und **Schultheiße (Judex, in Süddeutschl. Amman)**, verschiedentlich auch in Verbindung mit einem Schöffenkollegium (in Frankreich jurati und ein Bailli) die Gerichtsbarkeit aus. In der genossenschaftl. Periode ging die volle, nunmehr auch hohe Gerichtsbarkeit auf den S.rat über. Zu ihrem Symbol wird der „Roland" mit dem Richtschwert. S.richter wurde anfänglich der Bürgermeister, später ein fest angestellter magistratischer Beamter. In eidgenössischen Städten bestand neben dem S.gericht ein eigenes Sühnegericht (Verbandsgericht), das die Ausstoßung aus der S.gemeinde aussprechen und ein Friede- und Sühnegebot erlassen konnte. Sondergerichtsbarkeiten übten in den großen Handelsstädten die Hanse- oder Wikgrafen aus. Eine eigene Gerichtsbarkeit besaßen der Klerus, die Universitäten, Immunitäten und Juden (mit Ausnahme von Blutsachen).

C. Die Städte als politische Machtfaktoren. Im 13. und 14. Jh. schließen sich in Dtschld. die Städte zur Sicherung der eigenen wirtschaftl. Prosperität sowie zur Abwehr der naturgemäß starken finanziellen Pressionen durch König und Hochadel, aber auch zu einer politischen Neugestaltung des Reiches in den Städtebünden zusammen: 1254 im Rheinischen Städtebund zur Sicherung des Landfriedens und zum Schutze städtischer Freiheiten während des Interregnums (erster Versuch einer Reichsreform), 1376 im Schwäbischen Städtebund zur Verteidigung ihrer Rechte gegen den Landesherrn (Graf EBERHARD V. WÜRTTEMBERG) entgegen dem Verbot KARLS IV. in der Goldenen Bulle und als Protest gegen sie. Die Deutsche Hanse (1358), ein Bund handelstreibender Städte mit überwiegend wirtschaftspolitischen Zielen (Stapelrecht, Verhansung – Warenboykott) und einer bundesstaatl. Verf. (Hansebeschlüsse – Rezesse, Hansetage), konnte in sich die größte Machtfülle vereinigen. Die politisch stärkste Macht lag bei den sog. Freien (ursprüngl. Bischofsstädten, die sich der Herrschaft des S.herrn entledigt hatten) und den Reichsstädten (in alleiniger Verfügungsgewalt und unter Aufsicht des Reiches). Reichsfrei oder reichsunmittelbar (Verf. und Freiheit standen unter kaiserl. Garantie) erwarben sie als dritte Kurie neben den Kurfürsten und dem Fürstenrat schon im 14. Jh. ein zunächst auf Verhandlungen über Reichsreformen und -steuern beschränktes Mitwirkungsrecht, die sog. Reichsstandschaft (Sitz und Stimme im Reichstag). In der Folgezeit blieb der Umfang ihres Stimmrechts freilich umstritten. Als Kollegium des Reichstages (Rheinische und Schwäbische Städtebank) 1489 auf dem Frankfurter Reichstag und amtl. durch die Regimentsordnung vom 2. Juli 1500 anerkannt, erreichten diese S.republiken erstmalig 1582 auf dem Augsburger Reichstag ein nahezu uneingeschränktes Stimmrecht. Dieses war lediglich für Meinungsverschiedenheiten zwischen Kurfürsten- und Fürstenrat suspendiert, falls es allein den Ausschlag geben konnte. Erst der →Westfälische Frieden 1648 gestand ihnen förmlich die Gleichberechtigung mit dem Votum der anderen Reichsstände zu (IPO Art. VIII § 4: votum decisivum). Die Reichsstädte besaßen vielfach ein selbständiges und in einigen Fällen auch sehr umfangreiches Territorium (Rottweil, Ulm, Straßburg – bis 1861), ferner Heeresmacht, Autonomie, Bündnis- und Fehderechte.

D. Die S. in der Neuzeit. Die Zeit des fürstl. →Absolutismus im 17. Jh. brachte einen Niedergang der städtischen Selbstverwaltung. Dies zeigt bereits die Beseitigung der Zunftverfassung in 27 süddt. Reichsstädten in den Jahren 1548 bis 1552 durch Kaiser KARL V. Die Städte wurden zu Staatsanstalten mit beschränktem örtl. Wirkungskreis (Immediatstädte). Die Zahl der Freien und Reichsstädte ist in der Neuzeit ständig zurückgegangen. Z. Z. der Wormser Reichsmatrikel 1521 insgesamt 88, 1792 auf dem dt. Reichstag nur noch 51. 1803 mit Ausnahme von Hamburg, Lübeck, Bremen, Frankfurt, Nürnberg und Augsburg aufgehoben, wurden sie den Ländern zugeteilt. 1815 sind Reichsstädte nur noch Hamburg, Lübeck, Bremen (bis 1937) und Frankfurt (bis 1866, dann an Preußen als LandS.). Ähnl. Schicksal hatten die Landstädte. Das Landesfürstentum drückte sie zu bloßen Organen der zentralisierten Staatsgewalt herab (bes. in Preußen, Österreich und Bayern), ersetzte schließlich ihr autonomes Statutarrecht durch Landesordnungen, erließ eigene Polizeiordnungen (Polizeidirektionen in den Städten) und beschnitt sie empfindlich in ihren kommunalen Eigenverwaltungsrechten. Stadttypen wie die sog. Minderstädte (STOOB) gewinnen dabei zahlenmäßig an Bedeutung. Zu nennen sind dabei auch die im bayerisch-österreichischen Raum vorkommenden Märkte, die bis heute noch im bayerischen Gemeinderecht verankert sind. – Zu einem bürokratischen Zentralismus kam es in den Städten der Rheinbundstaaten mit der Übernahme der franz. Munizipalverf. (eingeführt durch napoleonisches sog. PluvioseG von 1800). Das System behauptete sich im Großherzogtum Berg und in Bayern bis 1808, in Nassau bis 1816, in Hessen-Darmstadt bis 1821. – Eine Neuordnung der S.verwaltung und -verfassung brachte die vom engl. Vorbild beeinflußte Preuß. Städteordnung des FRHR. V. STEIN (19. Nov. 1808): Aufhebung der alten patrimonialen S.verf. und Wiederherstellung der kommunalen Selbstverwaltung. Das S.regiment übt eine von der Bürgerschaft (Besitz als Auswahlgrundsatz: Aktiv wahlfähig sind alle Haus- und Grundbesitzer) gewählte S.verordnetenversammlung aus (Aufgaben: Feststellung der Ausgaben, Steuern und Umlagen, Verwaltung des städtischen Vermögens), die ihrerseits wiederum als Exekutivorgan einen Magistrat (neben ehrenamtl. auch hauptberufl. Beamte) wählt. Entzogen wurde jedoch den Städten die eigene Gerichtsbarkeit und das autonome Satzungsrecht. Die Polizeigewalt wird im Auftrage des Staates wahrgenommen, das S.vermögen wird nunmehr mittelbares Staatsvermögen. Dafür verzichtet der Staat auf ein eigenes Aufsichtsrecht. – Zu einer neuen, am preuß. Vorbild orientierten einheitl. Gemeindegesetzgebung kam es 1818 in Bayern, 1822 in Württemberg (Gemeindeedikte), 1831 in Baden und 1834 in Kurhessen. – In Preußen verstärkte die Revidierte Städteordnung vom 17. März 1831 das Aufsichtsrecht des Staates, zugleich aber auch die Stellung der S.verordneten gegenüber dem Magistrat. Sie galt neben der STEINschen Städteordnung nur in einzelnen Landesteilen. Die Nationalversammlung von 1848 und die Reichsverf. von 1849 sicherten den Städten und Gemeinden ihr Selbstverwaltungsrecht unter staatl. Oberaufsicht als Grundrecht. Entsprechend verfuhren die Verf.en Preußens von 1848 – 1850 und Österreichs von 1849. Die Preuß. Städteverordnungen von 1853 – 1856 setzten im wesentl. diese G.gebung fort, allerdings war das passive Wahlrecht für die Hälfte der S.verordneten auf Haus- und Grundbesitzer beschränkt. Die WV von 1919 und das GG gewährleisten den Städten und Landgemeinden, für die einheitl. Recht gilt, die Selbstverwaltung innerhalb der G.e gleichfalls als grundrechtsähnl. Recht.

Hans Schlosser

F. KEUTGEN, Urkunden z. städt. Verf.gesch., 1901 (Neudr. 1965) – Elenchus Fontium Historiae Urbanae, 1967 ff. – E. KEYSER, Bibliographie z. Städtegesch. Dtschlds., 1969, DERSELBE (Hg.), Deutsches Städtebuch, Bd. I – V, 1939 – 1974 – *für die Zeit d. MA.:* S. RIETSCHEL, Markt u. S., 1897 – H. PLANITZ, Die dt. S. im MA., 1954 (3. unveränd. Aufl. 1973) – K. KROESCHELL, Weichbild, 1960 (Lit.) – E. ENNEN, Die europ. S. des MA., 1979[3] – Vor- und Frühformen der europäischen Stadt im MA., hg. v. H. JANKUHN, W. SCHLESINGER, H. STEUER, 2 Teile, 1974/75 – B. DIESTELKAMP, König u. Städte in salischer und staufischer Zeit, Histor. Z. Beiheft 7 (n. F.) 1982, 247 ff. – Stadt in der Geschichte, Bd. 1 ff., 1972 ff. – Städteforschung, Reihe A Darstellungen, Bd. 1 ff., 1976 ff. – H. RAUSCH (Hg.), Beiträge zur Geschichte der Städte Mitteleuropas, Bd. I ff., 1963 ff. – H. STOOB (Hg.), Die Stadt – Gestalt und Wandel, 1985[2] – DERSELBE, Forschungen zum Städtewesen in Europa, Bd. I, 1970 – Stadt im Wandel, C. MECKSEPER (Hg.), 4 Bde., 1985 – *bis zu den S.ordnungen:* H. PREUSS, Die Entwicklung des dt. S.wesens, 1906 – *zur Preuß. Kommunalreform u. d. Stein-Hardenbergischen Reformen:* E. R. HUBER, Dt. Verf.gesch. seit 1789, I 1957[2], 172 ff. – F. HARTUNG, Dt. Verf.gesch. vom 15. Jh. bis zur Gegenwart, 1969[9], 237 ff.

Hans-Joachim Hecker

III. Kirche und Stadt. A. Geschichtliche Aspekte. Das Christentum breitete sich im Altertum zuerst in den Städten aus, während sich in der Landbevölkerung trotz Christianisierung heidnische Reste lange hielten. Die Christen erkannten in ihrer Stadt den ihnen von Gott zugewiesenen Verantwortungsraum. Bibl. Hoffnungen und Symbole wurden auf die eigene Lebenswelt übertragen: „In der ma. Welt, in der diese Bilder und Symbole des Glaubens ganz und gar gegenwärtig waren, haben sie die Phantasie beflügelt und die verheißene Stadt Jerusalem im damaligen Verständnis mit zu einem Leitbild für die Stadtbaukunst und zu einer ethischen Richtschnur für die rechte Ordnung der Stadtgemeinde werden lassen." (EKD-Studie „Menschengerechte Stadt", 1984.)

Mit der beginnenden Industrialisierung jedoch, die von einem starken Anwachsen der Ballungsräume, von einer Zunahme der urbanen Phänomene (Anonymität, Mobilität u. a.) gekennzeichnet war, entstehen neue Aufgaben für die Kirche in der Stadt. Mit der Zunahme der menschl. und sozialen Probleme und der Abwendung des säkularen Menschen von der Kirche entstehen im 19. Jahrhundert missionarische und sozialdiakonische Bemühungen der Kirche. Seit 1945 jedoch hat sich die Diskussion um die Aufgaben der Kirche in der Stadt erheblich gewandelt. Während unmittelbar nach dem Krieg nicht nur in den zerstörten Städten Europas die sozialen Probleme im Vordergrund standen, war seit Mitte der fünfziger Jahre bis etwa 1970 die prosperierende Stadt und die Bejahung der modernen Urbanität und Säkularität Thema der sozialeth. Diskussion. Besonders charakteristisch ist dafür das aufsehenerregende Buch von H. Cox „The Secular City" („Stadt ohne Gott", dt. 1965), das unter Berufung auf die theologische Diskussion die moderne säkulare Stadt mit ihrer Anonymität und Mobilität, ihrem starken →sozialen Wandel und ihrer Überwindung des „Tribalismus" als Chance für den modernen Menschen preist.

Noch vor dem Ende der sechziger Jahre beginnt eine stadt- und gesellschaftskritische Diskussion, die sich an der „Unwirtlichkeit" unserer Städte entzündet und bisher unbestrittene Planungskonzepte wie etwa die „verkehrsgerechte Stadt" der Nachkriegszeit kritisch hinterfragt. Es bilden sich im kirchl. und außerkirchl. Raum Bürgerinitiativen, die eine Mitgestaltung der mündigen Bürger bei der Planung und Entwicklung der Stadt versuchen (→Städtebaupolitik). Das soziale und polit. Engagement der Christen für ihre Stadt beherrscht das Bild. Unter dem Eindruck zunehmender Arbeitslosigkeit, wirtschaftlicher Stagnation, Zunahme der Zahl der Ausländer in den Städten und einer rapiden Zunahme des ökologischen Bewußtseins kommt es zu einer erheblichen Akzentverschiebung vom konfrontativ-polit. Engagement zum ökologischen und „vermenschlichenden" Engagement. Wichtigstes Dokument aus dieser Zeit ist die EKD-Studie „Menschengerechte Stadt" (1984).

B. Institutionen, Projekte, Modelle der neueren kirchlichen Arbeit in der Stadt. Als Zweige der kirchl. Arbeit in der Stadt und für die Stadt sind zu nennen:

– *Stadtmission:* Mit dem Zuzug in die Städte im Zuge der Industrialisierung entstand in der ersten Hälfte des 19. Jh. zunächst in England, später in den Großstädten Mitteleuropas die missionarisch-soziale Arbeit der Stadtmission. „Die Zeit der großen Städte muß die Zeit der großen Liebe sein" (A. Stoecker). Sonntagsschulen und Besuchsdienste wurden eingerichtet. Die Straßenmission wurde durch Verteilpredigten ergänzt, „milieugerechte" Gottesdienste fanden in Hinterhöfen statt, Mitternachtsmission, eine Trunksüchtigen- und Obdachlosenarbeit wurde begonnen. Die Arbeit der Stadtmission gilt insbesondere dem Dienst an den Randgruppen, denen das Evangelium in Wort und Tat glaubwürdig weitergegeben werden soll. 1973 wurde in Genf ein europäischer Stadtmissionsverband gegründet.

– *Großstadtpfarrerkonferenz:* Sie wurde nach dem Kriege als freie Versammlung der Stadtdekane, Großstadtpfarrer und Seelsorger in funktionalen Diensten der Großstadt einberufen und tagt seitdem regelmäßig. Sie gilt insbes. dem Austausch von Erfahrungen aus kirchl. Arbeit in der Großstadt.

– *Modelle, Projekte und Arbeitsformen der Kirche in der Stadt:* Bei ihren Bemühungen, den modernen, säkularen Menschen in der Großstadt zu erreichen und der Entleerung der mächtigen alten Gotteshäuser bis auf wenige Besucher entgegenzuwirken, hat die Kirche Einfallsreichtum bewiesen:

a) Es wurden kirchliche Treffpunkte, Teestuben, „Kirchenkneipen", Citystationen, Kontaktstellen geschaffen,

b) funktionale gemeindliche Dienste eingerichtet (Arbeitslosenzentren, Industrie- und Sozialpfarrämter u. a. m.),

c) besondere kirchl. Veranstaltungen angesetzt (zB Vortrags- und Diskussionsveranstaltungen u. ä.),

d) unter der Initiative verschiedener kirchl. Stellen wurden in den vergangenen Jahren rund 150 Zentren und Aktionen für Arbeitslose und Selbsthilfegruppen von Arbeitslosen aufgebaut, die in ihrer Art richtungweisend sind.

– *Regionale Initiativen und Besonderheiten:* Zum Teil abhängig von Einzelpersönlichkeiten und lokalen Besonderheiten wurden bes. Initiativen der Kirche in den Großstädten durchgeführt. Angesichts der Sanierung des Altstadtbezirks Berlin-Kreuzberg mit ihren erheblichen Belastungen der Lebensgrundlagen der Einwohnerschaft bildete sich eine Initiative der Kirchengemeinden. Die Mitarbeiter der Gemeinden fingen an, „den Zusammenhang zwischen Seelsorge mit der Sorge um die Stadt zu sehen" (K. Duntze). Die Gemeindemitglieder versuchten, einen konstruktiven Beitrag zur Sicherstellung humaner Wohnmöglichkeiten und zur Erhaltung vitaler Wohnbedingungen sowie zur bürgernahen Stadtentwicklungsplanung zu leisten. In der „Aktionsgemeinschaft Westend" in Frankfurt, die ihren Rückhalt im Gottesdienst und Gemeindeleben hatte, konnten gezielte Initiativen zur Rettung des Westends sowie ein Netzwerk der Beratung (zB Mieterberatung) und Hilfe (zB Schularbeitenhilfe für ausländische Mitbürger) geschaffen werden. Drei Gemeinden schlossen sich zusammen und übernahmen die Trägerschaft über ein neu errichtetes offenes Seniorenzentrum. In grundsätzlicher Weise hat der Frankfurter Arbeitskreis „Stadtentwicklung" der evangelischen Erwachsenenbildung Frankfurt im Jahre 1980 „Überlegungen und Forderungen zur Frankfurter Stadtentwicklung" formuliert.

– *Sozialer Wohnungsbau der Kirchen:* Nicht unwesentlich ist die Beteiligung der Kirchen an gemeinnützigen Wohnungsbaugesellschaften, die preiswerten Wohnraum für bedürftige Familien bereitstellen sollten. Bes. wichtig war dieses Engagement in der Zeit des Wiederaufbaus und der großen Wohnungsnot in den ersten beiden Jahrzehnten nach dem Ende des Zweiten Weltkriegs.

– *Bürgerinitiativen engagierter Christen in der Stadt:* Immer wieder kam es seit 1970 zu Bürgerinitiativen engagierter Christen in der Stadt bzw. zu einer Teilnahme von Gemeindemitgliedern an lokalen Initiativen, die bei örtlichen Bauvorhaben gestalterische und planende Mitverantwortung wahrzunehmen versuchten. Die EKD-Studie „Menschengerechte Stadt" hebt hervor, daß in Fragen der Teilhabe an Prozessen der Stadtentwicklung und Stadtplanung Bürgerinitiativen eine größere Bürgernähe der Entscheidungen und eine bessere öffentliche Kontrolle der Machtausübung und der Entscheidungspraxis gebracht haben.

– *Funktionale kirchliche Dienste:* Zum konstitutiven Bestandteil des kirchl. Dienstes für die Menschen in der Stadt gehören seit jeher die funktionalen Dienste der →Diakonie. Für die neuere Zeit sind aber auch die Beratungsdienste, Heime und Bildungseinrichtungen, Bahnhofsmission und vieles andere zu nennen.

C. Theologische, ethische und soziale Anliegen der Kirche. Aus der Auflistung der unterschiedlichen Formen der kirchl. Arbeit in der Stadt werden die zugrundeliegenden unterschiedlichen theol.-sozialeth. und ekklesiologischen Ansätze erkennbar. So lassen sich stark vereinfachend folgende Hauptansätze unterscheiden: ein erwecklich volksmissionarischer Ansatz, ein diakonischer Ansatz, ein polit. und planerisch engagierter Ansatz sowie ein an der klassischen Parochie orientierter Ansatz, der in der unstrukturiert und unüberschaubar gewordenen Großstadt die Überschaubarkeit und Geborgenheit der Parochie mit deutlich kontrastierenden spirituellen und traditionellen Akzenten durchhält.

Diese vier unterschiedlichen Ansätze versucht die EKD-Studie „Menschengerechte Stadt" zu verbinden, wenn sie folgende Kriterien und Orientierungen für die christl. Mitgestaltung und Mitverantwortung bei der Stadtentwicklung nennt: die „Geborgenheit" (als Gegensatz zur Erfahrung der Unüberschaubarkeit und Unwirtlichkeit der Stadt), die „Teilhabe" an der Planungsverantwortung im Sinne eines Mitdenkens, Mitwirkens und Mitverantwortens (als Gegensatz zur Erfahrung der Entmündigung des einzelnen im Zuge der komplexen und zentral gesteuerten Planungsprozesse in der Stadt), die „Orientierung an den Schwächeren" (als Gegensatz zu der Erfahrung, daß sich die moderne Stadtentwicklung an Rationalität, Funktionsteilung und Wirtschaftlichkeit orientiert), die „Einbindung in die Natur" (als Gegensatz zu der Erfahrung der außerordentlich hohen Belastung der Natur durch den Ballungsraum), die „Überschaubarkeit" der Lebensbereiche (als Gegensatz zu der Erfahrung des unstrukturierten und nicht mehr überschaubaren Ballungsraums) sowie die „Integration" (als Gegensatz zur Erfahrung der Desintegration der Lebensfunktionen, der Generationen, der unterschiedlichen Schichten und Gruppen in der Stadt, der Lebensbereiche und Grundfunktionen wie Wohnen, Arbeit, Bildung und Erholung).

Mit diesen Zielvorstellungen will die EKD-Studie zur „humanen und ökologischen Stadterneuerung" auffordern, eine ebenso menschengerechte wie umweltgerechte Stadtentwicklung fördern und für das Schicksal des Menschen in der Stadt eintreten. Die Gemeinde Jesu Christi steht vor der Aufgabe, die „Entscheidungen in der Stadt so mitzugestalten, daß Menschen besser in ihr leben können. Dabei stößt sie auf Gegebenheiten und Interessen, die eine menschenwürdige Stadt in hohem Maße gefährden. Der Geist Jesu befreit sie, diese Gegebenheiten zu hinterfragen und über die Grenzen des ‚Machbaren' hinaus zu denken" („Suchet der Stadt Bestes", Frankfurt 1980). Im Wissen darum, daß Christen „hier keine bleibende Statt" (Hebr 13,14) haben, suchen sie dennoch im Vertrauen auf Gottes Verheißung und in der Hoffnung auf die zukünftige Stadt des kommenden Reiches „der Stadt Bestes" (Jer 19,11).

HARVEY COX, Stadt ohne Gott? 1967 – K. DUNTZE, Der Geist, der Städte baut. Planquadrat – Wohnbereich – Heimat, 1972 – FR. BORGREFE, Kirche für die Großstadt. Sozialtheol. Materialien für eine urbane Theologie, 1973 – CHR. BÄUMLER, Kirchl. Praxis im Prozeß der Großstadt, 1973 – Kirche und Stadt. Eine Herausforderung. Hg. i. A. des Arbeitsausschusses des Ev. Kirchbautags von R. BÜRGEL, 1974 – Kirche in der Stadt. Eine Analyse kirchl. Initiativen für eine humane Stadt. Materialdienst des Sozialwiss. Instituts der EKD, 1977 – Suchet der Stadt Bestes. Überlegungen und Forderungen zur Frankfurter Stadtentwicklung. Ev. Erwachsenenbildung Frankfurt a. M., 1980 – M. BARTELT, Die Stadt als Thema der Ethik. Einführung in die sozialeth. Probleme einer humanen Stadtgestaltung, in: Die Mitarbeit, 1982, S. 201 ff. – Menschengerechte Stadt – Aufforderung zur humanen und ökologischen Stadterneuerung. Studie der Kammer der EKD für soziale Ordnung, 1984.

Tilman Winkler

IV. Rechtlich →Kommunalrecht; →Selbstverwaltung.

Städtebaupolitik. I. Begriff. Als S. bezeichnet man die sinnvolle Planung und Gestaltung der →Städte zu gesunden, geordneten und entwicklungsfähigen Lebensräumen. Dementsprechend koordiniert sie nicht nur unterschiedlichste Maßnahmen der Bauleitplanung (→Baurecht; →Planung III), des Straßen- und Wegebaus, der Verkehrspolitik, der Standortpolitik (zB hinsichtlich Schulen, Krankenhäusern, Servicebetrieben, kulturellen Einrichtungen, Behördenbauten), der →Wohnungspolitik, sondern v. a. auch darauf bezogene Maßnahmen der verschiedensten öffentlichen Hände (v. a. Kommunen und Länder) und privater Eigentümer. Die Formen, in denen diese Koordination stattfindet, können höchst unterschiedlich sein; sie erstrekken sich vom hoheitl. Eingriff über die privatrechtl. Vereinbarung bis zu rechtlich unverbindl. Absprachen der Beteiligten. Entscheidend an der S. ist nicht die Rechtsform ihrer Durchführung, sondern die Behandlung der Stadt als eines organischen Ganzen, das es je nach den konkreten Gegebenheiten zu schaffen, zu erhalten oder neu zu gestalten gilt.

In den Jahrzehnten nach dem 2. Weltkrieg standen Wohnungsbaupolitik, Infrastrukturpolitik und Bauleitplanung im Vordergrund der städtebaulichen Bemühungen. Das ergab sich aus den damals vorrangigen Aufgaben: Wiederaufbau der zerstörten Städte, Unterbringung der in die spätere Bundesrep. Dtschld. eingeströmten Flüchtlings- und Vertriebenenmassen, späterhin auch aus der Notwendigkeit, den steigenden Anforderungen der Bevölkerung an den Wohnkomfort gerecht zu werden (steigende Quadratmeterzahlen pro Person; Nachfrage nach selbständigen Wohnungen für junge Menschen, die früher bei den Eltern oder in Untermiete gelebt hätten; Übergang von der Etagenwohnung zum Einfamilienhaus im Grünen; Nachfrage nach Zweitwohnungen usw.).

Spätestens seit den siebziger Jahren ist in der Ausrichtung der S. ein grundlegender Wandel festzustellen. Die zunehmende Sättigung des Wohnungsbedarfs, die zu einer dramatischen Schrumpfung des Wohnungsbaus führte, aber auch die Erfahrung des Ödwerdens von Stadtkernen, die zunehmende Kritik an Auswüchsen der vorhergehenden Epoche (Hansa-Viertel in Berlin!) und die Wiederentdeckung des Historischen brachten neue Impulse und v. a. auch neue Aufgabenstellungen. Heute ist S. viel weniger Wohnungsbau- und allgemeine Infrastrukturpolitik als vielmehr Stadtsanierung, (Bau-)Denkmalpflege und Verbesserung („Humanisierung") des Wohnsumfeldes durch Maßnahmen wie Verkehrsberuhigung (einschl. Verlegung des Verkehrs „unter die Erde"), Begrünung, Schaffung von Stadtteilzentren in Großstädten usw. Schon diese wenigen Stichworte zeigen, daß es sich bei der S. um eine Jahrhundertaufgabe handelt, die nicht nur ungeheure (öffentliche und private) Mittel verschlingt, sondern daß – von Region zu Region möglicherweise verschieden – je nach dem Stand der städtebaulichen Entwicklung auch höchst unterschiedliche Detailaufgaben zu bewältigen sein können. S. ist weder auf Bundes- noch auch auf Landesebene „aus einem Guß" zu machen. So kommt es auch nicht ganz von ungefähr, daß sie sich in den letzten Jahren als ein besonders lebendiges Tätigkeitsfeld kommunalpolitischer Bemühungen herausgestellt hat.

II. Grundfragen der Stadtsanierung. Am umstrittensten waren innerhalb der S. jahrelang die Grundfragen der Stadtsanierung (Stadterneuerung). Angesichts der Neuheit der Aufgabe nach einer Phase stürmischer Neubautätigkeit konnte das wohl gar nicht ausbleiben, wenn auch zuzugeben ist, daß manche anfängliche (und heute längst überwundene) Fehlleistung bei mehr Sensibilität von Anfang an zu vermeiden gewesen wäre. Hier sollen wenigstens drei moderne Problemfelder genannt werden:

1. Flächensanierung oder Objektsanierung? Der älteste und dementsprechend wohl auch am härtesten umkämpfte Streitpunkt war die grundsätzliche Methode der Stadtsanierung. In den großen Stadtlandschaften der Bundesrep. (Musterbeispiel: Ruhrgebiet) lag der Gedanke an den Abbruch ganzer Straßenzüge oder gar Stadtviertel und an ihre Neubebauung in moderner Architektur durchaus nahe. Allerdings stieß diese sog. Flächensanierung je länger desto mehr auf den erbitterten Widerstand der Einwohner, die nicht zu Unrecht ihre Verdrängung durch hohe Neubaumieten befürchteten und die, auch wenn sie am gleichen Ort bleiben konnten, dennoch durch die totale Neugestaltung ihre *Heimat* verloren. Heute ist daher die Flächensanierung durch die teurere und zeitaufwendigere, dafür aber auch humanere und geschichtstreuere Objektsanierung abgelöst, die am einzelnen Bauwerk ansetzt und dieses zu restaurieren sucht. Stadtsanierung ist daher ganz überwiegend zur Restaurierung geworden. Flächensanierungen werden praktisch nur noch bei schlechtester Bausubstanz begonnen (zB in solchen Teilen Heidelbergs, die nach der Zerstörung im Pfälzischen Erbfolgekrieg praktisch aus dem Bauschutt wieder errichtet wurden), aber auch dann bemüht man sich meist um möglichste Erhaltung des früheren Charakters.

2. Belebung der Stadtkerne. Während der Zeit der großen Bauexpansion in den fünfziger und v. a. sechziger Jahren drohten die alten Stadtkerne auszusterben, weil einerseits auch ihre Bewohner in die grüneren Vorstädte drängten und weil sich ihre Wohnungen andererseits als Büro- und Geschäftsräume besser vermieten ließen. Daraus folgte nicht nur die zunehmende Verödung der Innenstädte (v. a. bei Nacht), sondern nicht selten auch ihre teilweise Inbesitznahme durch asoziale, ja kriminelle Elemente. Durch Maßnahmen der systematischen Sanierung (und zwar der Objektsanierung!) ist diese Gefahr inzwischen vielerorts gebannt worden. Allerdings konnten auch solche Erfolge naturnotwendig nicht völlig unumstritten bleiben. Mit zunehmender Sanierung büßten zB auch bestimmte Gruppen von Künstlern, Studenten usw. ihre Bleibe ein, was da und dort zu einer Verarmung des städtischen Lebens führte und auch durch gutgemeinte Gegenmaßnahmen der S. nicht immer verhindert werden konnte. In den Stadtkernen sind, wie schon dieses eine Beispiel deutlich zeigt, die Probleme der S. nach wie vor am heikelsten.

3. Dezentralität der Städte? Während der Zeit, in der sich v. a. die Großstädte durch immer neue Baugebiete und Stadtviertel explosionsartig erweiterten, wurde oft eine Stadtentwicklungsphilosophie verfolgt, die dem alten Stadtkern fast allein gesellschaftliche und „servicepolitische" Zentralfunktionen zuwies, während die neu entstehenden Stadtviertel und Vorstädte überwiegend als „Trabantenstädte" oder auch „Schlafstädte" betrachtet und dementsprechend auch geplant wurden. Insbesondere wurde oft nicht genügend darauf geachtet, daß auch die Bevölkerung solcher Viertel bestimmte Leistungsangebote (Einkaufsmöglichkeiten, handwerkliche bzw. ärztliche Serviceleistungen) an Ort und Stelle benötigt und daß auch Siedlungsformen dieser Art auf die Dauer die Möglichkeiten eines eigenständigen gesellschaftl. Lebens verlangen. Die Befriedigung dieses Nachholbedarfs ist v. a. in den großen Stadtlandschaften der Bundesrep. inzwischen zu einer zentralen Aufgabe der S. geworden. Es geht also um die Einfügung von Vorstadt- oder Stadtteilzentren in die vorhandene, oft aber nach ganz anderen Gesichtspunkten planerisch angeordnete Bausubstanz.

III. Das Städtebauförderungsgesetz. Schon während der sechziger Jahre setzte sich die Erkenntnis durch, daß die Aufgaben einer modernen S. allein mit den Instrumenten des geltenden →Baurechts, d. h. mit dem BBauG 1960 und den darauf aufbauenden Landesbauordnungen, nicht zu lösen seien. Dieser Problematik versuchte der Bundesgesetzgeber durch das Städtebauförderungsgesetz vom 27. 7. 1971 (BGBl. I S. 1125), zuletzt geändert durch Gesetz vom 5. 11. 1984 (BGBl. I S. 1321), gerecht zu werden. Das Gesetz, das lange Zeit politisch heftig umstritten war (nicht zuletzt auch im Hinblick auf die →Eigentumsgarantie des Art. 14 GG), enthält in seinen beiden wichtigsten Abschnitten Grundregeln für die Stadtsanierung (§§ 3 ff.) und für die Stadtentwicklung (§§ 53 ff.), von denen der letztere infolge der zunehmenden Verlagerung des Gewichts auf die Erhaltung vorhandener Bausubstanz allerdings mehr und mehr in den Hintergrund der aktuellen S. gerückt ist.

1. Stadtsanierung nach dem Städtebauförderungsgesetz. Auch die gesetzl. Bestimmungen über die Stadtsanierung haben von Land zu Land höchst verschiedene Wirkungen entfaltet. Das hängt weniger mit den angedeuteten politisch-ideologischen Meinungsverschiedenheiten als vielmehr mit den verschiedenen tatsächl. Gegebenheiten zusammen. Die Probleme in einer Stadtlandschaft wie dem Ruhrgebiet lassen sich mit den Problemen einer niedersächsischen oder württembergischen Kleinstadt wie Goslar oder Herrenberg so wenig vergleichen, daß die Nützlichkeit gemeinsamer rechtl. Regeln von vornherein gering einzuschätzen ist. Deshalb hat sich die Praxis der S. fast naturnotwendig von Land zu Land, ja genau genommen sogar von Sanierungsfall zu Sanierungsfall verschieden entwikkelt; große Sanierungsleistungen der vergangenen Jahre sind fast ohne Rückgriff auf die gesetzl. Vorschriften erbracht worden.

a) Das Gesetz stattet die kommunalen und die von den Kommunen beauftragten privaten Sanierungsträger mit zum Teil außergewöhnlichen Hoheitsbefugnissen aus. Beispielhaft seien hier nur Genehmigungsvorbehalte, Vorkaufsrechte, Enteignungsermächtigungen, Veränderungsverbote, Grundstücksumlegungen und dgl. erwähnt. Rein rechtlich dürfte diese Ausstattung für eine handfeste S. durchaus ausreichen. Praktisch stößt sie jedoch auf zwei Grenzen, die zB dazu geführt haben, daß die in Baden-Württemberg bis 1983 durchgeführten Sanierungsmaßnahmen nach einer in diesem Jahr abgeschlossenen Erhebung auf die Heranziehung der gesetzl. Befugnisse so gut wie ganz verzichtet haben:

aa) Hoheitliche Maßnahmen können nach Art. 19 Abs. 4 GG gerichtlich angefochten werden. Das kann zu jahrelangen verwaltungsgerichtl. Prozessen führen, während deren die ganze Sanierungsmaßnahme, die sich u. U. (auch bei Objektsanierung!) auf einen ganzen Stadtplatz oder einen Straßenzug erstreckt, blokkiert ist.

bb) Außerdem kommt eine durchgreifende Sanierung, wie sich mehr und mehr herausgestellt hat, ohne die freiwillige Beteiligung der Anlieger nicht zustande. Diese ist heute aber nicht mehr durch obrigkeitl. Befehle, sondern nur noch durch Überzeugungsarbeit, Verhandlungen, zweiseitige Absprachen und Inaussichtstellen von Zuschüssen zu erreichen, und die so gefundenen Vereinbarungen (die natürlich viel Zeit und Mühe kosten) sind dann verwaltungsgerichtlich nicht mehr anfechtbar.

b) Privatrechtl. Lösungen sind nach Ansicht vieler Fachleute daher obrigkeitl. Eingriffen bei weitem vorzuziehen. Sie können zB in vertragl. Abmachungen zwischen dem Sanierungsträger und dem Eigentümer eines Hauses oder eines Baudenkmals über das Ob der Sanierung, aber auch über die Art der Sanierung, über kommunale Gegenleistungen und über die spätere Nutzung des Sanierungsobjektes bestehen; inhaltl. Bindungen können sogar als Dienstbarkeiten im Grundbuch eingetragen werden usw. Selbst Umlegungsmaßnahmen können dadurch abgekürzt werden, daß die Gemeinde alle in Frage kommenden Grundstücke erwirbt, neu aufteilt und dann – ggf. wieder nach Eintragung notwendiger Dienstbarkeiten – wiederveräußert. Insgesamt dürfte diese rechtl. Form der Sanierung bedeutend flexibler und damit auch „bürgerfreundlicher“ sein als die im Gesetz vorgezeichnete (deren rechtl. Zulässigkeit mitunter allerdings auch einen heilsamen Einigungszwang ausuben mag).

2. Staatliche Sanierungsprogramme. Stadtsanierung verlangt, wie aus den vorhergehenden Ausführungen wohl schon deutlich geworden ist, hohe Finanzmittel, die die beteiligten Kommunen und Eigentümer allein kaum aufbringen können. Dem tragen die verschiedensten staatl. Sanierungsprogramme Rechnung. Die dort vorgesehenen Staatsgelder fließen i. a. zunächst in die Kassen der Gemeinden, deren Sanierungsvorhaben in das jeweilige Programm „aufgenommen“ worden sind; diese verwenden es teils für ihre eigenen Sanierungsausgaben, teils für Zuschüsse an private Eigentümer. Bundesweit besteht – im Gefolge des Städtebauförderungsgesetzes (vgl. §§ 71 ff.) – das sog. Bund-Länder-Programm, durch das die „aufgenommenen“ Gemeinden, meist größere Städte, i. a. zwei Drittel der Ausgaben ersetzt erhalten und das je zur Hälfte aus Bundes- und Landesmitteln finanziert wird. Daneben gibt es in einzelnen Ländern (v. a. Nordrhein-Westfalen und Baden-Württemberg) eigene Landessanierungsprogramme, die ganz aus Landesmitteln gespeist werden und den sanierenden Gemeinden i. d. R. ebenfalls zwei Drittel ihrer Kosten erstatten. Hinzu kommen dann aber noch die für die (Bau-)Denkmalpflege etatmäßig vorgesehenen Mittel; auch die Denkmalpflege spielt sich heute nicht ganz, aber doch zunehmend im Rahmen städtischer Sanierungsmaßnahmen ab. Schließlich sind auch noch jene Haushaltsmittel in Rechnung zu stellen, die Bund und Länder als *Eigentümer* sanierungsbedürftiger Bauwerke zusätzlich zur Verfügung haben; der Anteil solcher Bauten ist gerade infolge der →Säkularisierung verhältnismäßig groß.

Soweit ersichtlich, sind auch in den Jahren der Kassenknappheit die für die S. zur Verfügung gestellten Finanzmittel entweder überhaupt nicht oder doch nur unterproportional gekürzt worden. Das ist nicht nur eine Folge der konjunkturpolitischen Bedeutung der Stadtsanierung (nach zuverlässigen Schätzungen „bewegt" jede Mark, die der Staat in diesem Bereich investiert, mindestens fünf, wenn nicht sogar 6 – 7 Mark an kommunalen und privaten Mitteln), sondern v. a. auch eine Folge der Erkenntnis, daß eine nachhaltige Enttäuschung des bei den Bürgern entstandenen „Sanierungsbewußtseins" später in Jahrzehnten nicht wiedergutzumachen wäre. S., v. a. aber Stadtsanierungspolitik, ist eine „Jahrhundertaufgabe", bei der nichts so wichtig ist wie Beharrlichkeit und Kontinuität der Aufgabenwahrnehmung durch alle beteiligten Hoheitsträger und Privateigentümer.

H. Wandersleb u. a. (Hg.), Handwörterbuch Städtebau, 1968 – J. C. Tesdorpf, Systematische Bibliographie zum Städtebau, 1975 – G. Lautner, Städtebaurecht, 1984 – F. Schmidt-Assmann, DVBl. 1984, 582 ff.

Roman Herzog

Status confessionis. 1. Begriff. Neulat. Ausdruck der dt. prot. Kirchensprache des 20. Jhs. Die Wendung „in statu c." = „im Stande der Bekenntnispflicht" findet sich (erstmals?) in: Kirchliches Handlexikon [1]1887, 689. Hinweisen soll st. c. (o. ä. Ausdr., zB daß etwas eine Bekenntnisfrage sei) auf eine für das Leben der →Kirche bes. Situation, die wegen akuter Bedrohung des Glaubenszentrums eine nach innen und außen klare Stellungnahme oder Regelung kirchl. Verhaltens verlangt. Ihr Vorliegen, meist umstritten, wird durch einzelne oder Gruppen festgestellt. Gefordert wird als bes. →Bekenntnis von höchster Verbindlichkeit i. d. R. die Weigerung, eine ältere oder neu eingetretene Entwicklung kirchl. Verhaltens mitzumachen, auch um den Preis des Leidens. Häufig ist dabei um der Eindeutigkeit willen die Frontlinie vorne gezogen, auch an Punkten, die sonst als Adiaphora (Mitteldinge) prinzipiell offenbleiben können oder vor Eintritt des st. c. unterschiedliche Praxis erlaubten. Der neue Ausdr. st. c. wird wegen seiner kampfbedingt verwirrenden Unklarheit (er kann Zustand, Zeitpunkt, Prozeß, Anlaß, Streitfrage, Reaktion u. a. m. meinen) in wiss. Theol. zurückhaltend verwendet. Doch je nach Richtung haben sich jetzt sehr verschiedene Verständnisse und Anwendungen mit ihm verbunden:

2. Ausnahmesituation bei der Verteidigung des Evangeliums in der Kirche. Nach dem milit. Sieg über die ev. Stände forderte das gegenreformat. Interim 1548 die Wiedereinführung röm. Zeremonien, Feste und kanonisch-bischöflicher Observanz, angeblich unbeschadet der Rechtfertigungslehre. Die Zugeständnisse zB Melanchthons lehnten strenge Lutheraner (Flacius) ab, was 1577 in FC X allg. bestätigt wurde: Wenn in Verfolgungszeiten gegen die Verdunklung der Wahrheit des Evangeliums und gegen die Bestärkung von „Abgötterei" Bekennen geboten ist, damit nicht Ärgernis Gläubige schwächt und Gegner stärkt (hierfür bildete man später nach hist. Wortanklängen „in st. c."), dann ist auch in Fragen äußerer Ordnung, die sonst frei sind und nicht zu den konstitutiven Merkmalen der →Kirche gehören, zu widerstehen. Auch im →Kirchenkampf grenzte man sich öfters solcherweise ab gegen Überfremdung des Göttlichen durch Menschliches in Verkündigung und KO, bes. durch staatl. Eingriffe und das Führerprinzip in der Kirche. Nicht allg., aber auch nicht nur vereinzelt benutzte man den neulat. Ausdr., wo man sich in einer dem 16. Jh. ähnlichen Bekenntnisnot sah. Ein Teil der Bek. Kirche sah sich zB 1936 im st. c. gegenüber den Kirchenausschüssen, bes. D. Bonhoeffer. Schon 1933 hatte dieser damit (gem. dem damals gegebenen Sprachgebrauch von st. c.) den Widerstand gegen den Arierparagraphen in der Kirche (für judenchristl. Pastoren und Judenmission) begründet und zur Sammlung des Pfarrernotbundes beigetragen, für Zögernde auch mit Hinweis auf FC X, obgleich eigentlich hier kein Adiaphoron vorläge. Zugleich zielt er an einer Stelle (April 1933) noch weiter, auf den Einspruch gegen die polit.-gesellsch. Rechtlosmachung, freilich nicht ganz deutlich in der Zuordnung des Begriffs. St. c. blieb bei ihm wie auch sonst im Kirchenkampf durchgehend auf die spez. kirchl. Entscheidungsfragen (Lehre, Gliedschaft, Ämterzutritt, Leitungsmißbrauch) bezogen, so auch in Barmen 1934 (Eröffnung durch K. Koch).

3. Ernstfall bei der Inanspruchnahme eines polit. Lehramts der Kirche. In Teilen der ev. Kirche führte ein gegenüber →Reformation und →Kirchenkampf ganz neuer Ansatz nach dem II. Weltkrieg zu einem grundlegend veränderten, polit.-eth. Sprachgebrauch von st. c., der heute weithin dominiert. Nicht mehr ein speziell kirchl. Anlaß ist auslösend, wobei im st. c. die Gefährdung der Evangeliumsverkündigung zur Markierung der Grenzen geistlicher Praxis führt, sondern ein weltliches Übel, die Lebensbedrohung. Dies führt jetzt zur direkten, konkreten und kompromißlosen politischen Stellungnahme derer, die nun nicht nur die Christen in ihre staatsbürgerliche Pflicht genommen, vielmehr die Kirche als Kirche dadurch in den st. c. versetzt sehen. Bes. K. Barth, nach seiner Wendung in den späten 30er Jahren zum „Zeugnis des politischen Gottesdienstes" und in bewußtem Widerspruch zur kirchl. und theol. Lehrgeschichte, auch der Reformation, in der eine polit. „Weltverantwortung der Kirche" als Kirche gerade nicht zu den zentralen, die Einheit bestimmenden „Kennzeichen der Kirche" gehört hatte, mahnte in der Wiederbewaffnungsdebatte 1952 den noch zögernden H. Gollwitzer, „das Ethos des politischen st. c. und also gerade den Ernstfall" zu erkennen. 1958 sahen dann die Kirchl. Bruderschaften in der Stellungnahme gegen Atomwaffen den st. c. für sich und für die Kirche gegeben, wozu BARTH formulierte: „Ein gegenteiliger Standpunkt oder Neutralität ... ist christlich nicht vertretbar. Beides bedeutet die Verleugnung aller drei Artikel des christlichen Glaubens." Dies wiederholte 1982 das Moderamen des Reformierten Bundes und erklärte: „Die Friedensfrage ist eine Bekenntnisfrage. Durch sie ist für uns der st. c. gegeben, weil es in der Stellung zu den Massenvernichtungsmitteln um das Bekennen oder Verleugnen des Evangeliums geht." Zur dadurch verstärkten, bislang noch nicht überwundenen Polarisierung in den ev. Kirchen und Gemeinden erklärte daraufhin der Rat der EKD, über das Ziel (→Frieden durch Abrüstung) bestehe Einigkeit, doch könne er „die Behauptung, bei der Frage nach den Wegen gehe es um das Bekenntnis oder die Verleugnung des Evangeliums, also um den st. c., nicht teilen. Das Bekenntnis zu Jesus Christus wird mißbraucht, wenn es zur Entscheidung über offene politische Wege verwendet wird. Verantwortlich denkende und handelnde Christen werden in Gewissensnot gebracht. Fragen des innerweltlichen Überlebens, so wichtig sie sind, dürfen nicht mit Fragen des Glaubens verwechselt und zu Bekenntnisfragen gemacht werden." Seither wird von der Gegenseite betont, nicht Trennung sei gemeint gewesen, sondern Einladung zur Gemeinschaft, ein dringlicher Appell: die Kirche befinde sich in einem Prozeß des Bekennens, freilich in der eingeschlagenen Richtung, auf dem Wege zur „Eindeutigkeit" aktuell-polit. Bekenntnisaussagen. Aber gerade auch so ist hier ein sachlicher und sprachlicher Zusammenhang mit Reformation und Kirchenkampf kaum noch zu erkennen. Wenn ein solcher nicht trotzdem suggeriert werden soll, erübrigt sich der weitere Gebrauch der Formel st. c., es sei denn, sie stehe für:

4. Kirchlicher Anlaß zur kirchenbezogenen Stellungnahme mit ggf. politischen Implikationen. So jedenfalls will noch die (nur in ihrem Gesamtkontext zu lesende) Südafrikaresolution des Luth. Weltbundes in Daressalam 1977, die einen (vorübergehend?) vermehrten Gebrauch von „st. c." anstieß, verstanden werden. Mit ihrem Appell an die dortigen weißen Kirchen, den st. c. zu erkennen, nimmt sie ihren Ausgangspunkt bei dem Hereinwirken des die Glaubensbasis und die Kircheneinheit verneinenden fremden Systems der Apartheid und sagt, daß Kirchen es damit selbst ablehnen. Wo man freilich von diesem bes., streng ekklesiologisch rückgebundenen Fall aus hinübergleitet zu einem permanenten allgemein-polit. Lehr- und Handlungsmandat der Kirche als Kirche (s. o.), da werden die st. c.-Aussagen nach Anzahl und Globalität so ausgeweitet, daß in Botschaft und Erscheinungsbild der Kirche (Medien!) die ev. Unterscheidung von Gesetz und Evangelium verwischt und der befreiende Rechtfertigungsglaube nicht verteidigt (s. o. 2), sondern gerade gefährdet wird. Zugleich muß man sich dessen bewußt sein, daß mit solchem Abrücken von der reformatorischen Unterscheidung der →Zwei Reiche/Regierweisen Gottes auch das Verständnis der Kircheneinheit nach CA 7 aufgegeben ist, der eschatol. confessio-Begriff von FC X ohnehin.

M. SCHLOEMANN, in: Politik als Glaubenssache? E. LORENZ (ed.), 1983, 48–98. – K. STOLL, Status confessionis 1984. – R. WISCHNATH (ed.), Frieden als Bekenntnisfrage, 1984. – H. BRANDT (ed.), Kirchliches Lehren in ökumenischer Verpflichtung, 1986.

Martin Schloemann

Sterbehilfe. I. Medizinisch. 1. Einleitung. Sterbehilfe ist für den Arzt ein komplexes Problem, in das Überlegungen über die biologischen Grundlagen des Todes ebenso eingehen wie Analysen über Euthanasie und das Suchen nach Möglichkeiten, einen Beitrag zur ars moriendi zu leisten. In der Auseinandersetzung mit Tod und Sterben wird das Spannungsfeld, in dem sich die medizinische Wissenschaft und das ärztliche Handeln befinden, am deutlichsten erkennbar. Tod und Sterben lassen sich von der medizinischen Theorie mittels morphologischer, pathophysiologischer und biochemischer Phänomene – zumindest grds. – vollständig beschreiben und erklären. Außerdem werden die in der medizinischen Diagnostik üblichen Verfahren angewandt. Auch die Methode, den Zeitpunkt des Todes beim Organspenden anhand von Vereinbarungen der jeweiligen Fachgesellschaften zu bestimmen, ist in der Diagnostik von Erkrankungen gebräuchlich, wenn ein Beurteilungsspielraum besteht. Die Phänomenologie des Todes kann somit der Arzt fast ausschließlich mit Hilfe der Erkenntnisse von naturwiss. Disziplinen betrachten. Hingegen erlebt er, wenn er den sterbenden Patienten betreut, die Einseitigkeit seiner Disziplin, weil er mit einer lediglich die körperliche Symptomatologie berücksichtigenden Therapie der existentiellen Not des Sterbens nicht gerecht werden kann. Tod und Sterben haben daher für den in der Praxis tätigen Arzt einen je eigenen Stellenwert. Eine Analyse der beiden Ereignisse muß dies berücksichtigen. Bei der Analyse des Sterbens muß eine anthropologische Betrachtungsweise hinzukommen.

2. Die Problematik der →Euthanasie. Niemand bestreitet wohl, daß der Arzt das gute Sterben unterstützen sollte, wie es vom Wort „Euthanasie" her gemeint ist. Aber was bedeutet das, jemanden gut sterben zu lassen? Im Jahre 460 v. Chr. hatte HIPPOKRATES die Anweisung gegeben, „und ich werde auch keinem eine Arznei geben, die den Tod herbeiführt, wenn ich darum gebeten werde, und auch keinen derartigen Rat erteilen". Diese Verhaltensregel, die in den Hippokratischen Eid eingegangen ist, dem sich alle Ärzte verpflichtet fühlen sollten, bedarf einer neuen Interpretation. KEENAN hat, wie zuvor schon andere namhafte Autoren, das für die Ärzte entscheidende Argument genannt. Es ist das Verständnis des Menschen als eines sozialen Wesens, das der moralischen Ordnung unserer Gesellschaft besondere Dimensionen verleiht. Auf den spezifischen Fall angewandt, ist es die Frage nach der Bedeutung der sozialen Stellung der Ärzte, mit anderen Worten, nach der spezifischen ärztlichen Verantwortung. Dieses Spezifikum ist die Maxime jeder Behandlung: nil nocere, nicht schaden. Das Vertrauen der Patienten basiert darauf, daß auch die Ärzte sich dieser Verpflichtung immer bewußt sind und ihr Handeln danach ausrichten. Die Handhabung einer aktiven Euthanasie würde dieses Vertrauen fundamental untergraben. Bei der Güterabwägung zwischen einer Handlung, die barmherzig zu sein scheint, und dem Einhalten des Prinzips, nichts Schädliches zu tun, muß die Bewahrung des Prinzips zwingender sein.

3. Ars moriendi. Die Problematik der Euthanasie hat uns mit der Frage vertraut gemacht, welchen Beitrag der Arzt beim Sterben eines Patienten leisten kann. Die Wahrheit, daß der Tod der Preis des Lebens ist, da die Existenz jedes Individuums und jeder Zelle zeitlich begrenzt ist, anzuerkennen, fällt dem Menschen sehr schwer. Daher wird der Arzt manchmal in eine Rolle gedrängt, in der er die Macht zu haben scheint, in das Leben einzugreifen. Der Slogan von den „Halbgöttern in Weiß" ist nicht nur eine Anklage gegen eine unberechtigte Hybris, sie ist auch ein geheimer Wunschtraum von gesunden und erst recht von kranken Menschen. Die Antwort hierauf sollte darin bestehen, daß der Arzt die Not versteht, die sich in solchen Wunschträumen ausdrückt. Dies kann geschehen, indem er an der Vorbereitung eines dem Tod geweihten Patienten auf den entscheidenden Augenblick seiner Existenz hin durch Annahme seiner menschlichen Natur mitwirkt. Zwei Wahrheiten müssen dabei integriert werden, daß es einerseits die Größe des Menschen ausmacht, intensiv gegen Leid und Tod zu kämpfen, und daß es andererseits eine falsche Größe wäre, nicht zuzugeben, daß der Tod für den Menschen etwas Natürliches ist. Die notwendigen Gespräche entsprechen auch einem zunehmenden Informationsbedürfnis des Patienten. Es darf aber auch nicht übersehen werden, wie notwendig der Arzt für die Begegnung mit Sterbenden Hilfe braucht, und daß solche Gespräche dazu beitragen, seine Hemmungen und Ängste zu überwinden. Diese sind häufig vorhanden, weil sich die Ärzte durch solche Gespräche mit dem Problem des eigenen Todes auseinandersetzen müssen, weil sie fürchten, von ihren Kollegen nicht ernst genommen zu werden, wenn sie die üblichen Pfade der Medizin verlassen, und schließlich, weil es ihnen aufgrund ihrer einseitigen Ausbildung schwerfällt, die Phänomene des sterbenden Menschen anders als rein positivistisch zu sehen. Von außen wird menschenwürdiges Sterben aber nur durch die maximale Hinwendung zum Leidenden gewährleistet; zu ihr gehört eben auch das persönliche Sprechen, soweit es in der jeweiligen Situation und in der jeweiligen Befindlichkeit der beteiligten Personen möglich ist. Die Gespräche können auch die Frage des „danach" berühren. Vielfach begegnet man dabei Tendenzen, das Leben nach dem Tod plausibel zu machen. Es handelt sich um Berichte von klinisch Toten, die reanimiert wurden, und um Berichte über Kontakte mit Toten. Aber weder die Berichte der Reanimierten noch diejenigen über Kontakte mit Toten können schwerkranken Menschen eine Hoffnung geben. Es hat also keinen Sinn, die naturwiss. Erkenntnis, daß ein lebender Organismus nie unsterblich sein kann, mit solchen scheinbar unerklärbaren Phänomenen kompensieren zu wollen. Im übrigen dürfte es sich bei den Wahrnehmungen, über die Reanimierte in fast gleichlautender Weise berichten, um die subjektiven Symptome eines bestimmten temporären Funktionszustandes des Gehirns handeln, während die vielfältigen Formen der Kontakte mit Toten meistens eine besonders niedere intellektuelle Stufe der Existenz nach dem Tode demonstrieren, ein Semi-Weiterleben, das Karl Popper als die übelste bisher erdachte Form des ewigen Lebens bezeichnete. Während der Gesunde viel zu sehr aus der Sicherheit der Erfahrung und eines vermeintlichen Wissens lebt, ist der Sterbende mit dem feinen Gespür für Wahrheit in das Dunkel des Nichtwissens und damit in die Angst geworfen. So scheint der Arzt, der Thanatologe sein möchte, mit leeren Händen am Krankenbett zu stehen. Er könnte dann versucht sein, nach Zeugnissen aus seiner Disziplin zu suchen, um Trost zu spenden. Vielleicht fällt ihm in diesem Zusammenhang eine Bemerkung des berühmten kanadischen Neurochirurgen Wilder Penfield ein, der 1969 schrieb: „Die physische Basis des Geistes ist die Hirnaktion in jedem Individuum; sie begleitet die Aktivität seines Geistes; doch der Geist ist frei; er muß durch Perioden von Schlaf und Koma Kontinuität besitzen. Ich vermute, daß dann dieser Geist irgendwie nach dem Tod fortleben muß." Diese Aussage setzt also einen von den Gehirnfunktionen unabhängigen Geist voraus. Wenn es dem Naturwissenschaftler wie dem Philosophen möglich wäre, in einer Wesensschau dieses Phänomen als wahr zu erkennen, hätte er heute bei einem anderen Materienverständnis auch keine prinzipielle Schwierigkeit, im unabhängigen Geist die Möglichkeit der individuellen Programmierung eines – auch neuen – Körpers zu sehen. Jedoch läßt sich für denjenigen, der die intuitive Erfassung des Wesens methodisch nicht anerkennt, das Problem der Beziehungen von Gehirn und Geist grds. nicht lösen, da es keine Methode geben kann, die sowohl introspektiv erfaßte wie meßbare körperliche Vorgänge bzw. intuitiv erfaßtes Wesen und Konsequenzen einer Hypothese simultan erfassen kann. Die Aporie über das Sein nach dem Tod ist also auch für den Naturwissenschaftler grds. Das rechte Wort zu finden, ist das schwierigste. Arzt und Patient müssen sich bewußt sein, daß das wesensmäßige Schicksal des Menschen die Ungewißheit in den entscheidenden existentiellen Fragen des Daseins ist. Das menschliche Sicherheitsstreben hat hier seine Grenzen. Dies ist aber nicht die letzte Antwort. Denn dem wesensmäßigen Schicksal der Ungewißheit können und dürfen wir mit dem wesensmäßigen Attribut unserer Willensfreiheit, dem Wagnis, begegnen. Hierunter ist nicht jene Situation gemeint, in der bis zu einem bestimmten Grad die Einsicht ausscheidet und das Wagnis einen fatalistischen Charakter annimmt, sondern, wie PETER WUST es formulierte, das Wagnis der Weisheit, bei dem ein Maximum von Liebe aufgebracht wird. Wenn der Arzt dieses Wagnis eingeht, hat er auch die Kraft, dem Sterbenden Hoffnung zu schenken, nämlich die Hoffnung, daß beim Menschen, dem höchstentwickelten Lebewesen, der Tod als Preis des Lebens mehr ist als die Bezahlung für das Dasein auf dieser Erde. Wenn der Bedeutungswandel von Preis angenommen werden kann, hat auch die Angst des Sterbenden eine andere Dimension. Es darf aber nicht erwartet werden, daß damit auch zugleich die Angst geringer würde oder gar verschwände. Eine tapfer erscheinende Haltung beim Sterben ist unabhängig vom Glauben des Sterbenden an Gott und das Leben nach dem Tod. Eine solche Haltung ist ein konstitutionelles Geschenk, d. h. ein Verhalten ohne eigene Verdienste. PETER WUST selbst, der in „Ungewißheit und Wagnis" schrieb: „wenn du still wirst, wird dir geholfen", hat auf seinem letzten den Tod erwartenden Lebensweg erfahren, wie die schmerzhafte Kiefer-Krebserkrankung die Befindlichkeit beeinflußt und in welchem Ausmaß Schmerzen zermürben können. Er wußte aber auch, daß man sich dieser Angst vor dem Tod nicht zu schämen braucht, nachdem der menschgewordene Gott unter Blutschweiß gesagt hätte, daß ihm vor seinem Sterben graue.

K. H. BLOCHING, Concilium 10 (1974) 240–244 – F. BÖCKLE, A. W. V. EIFF, in: Christlicher Glaube in moderner Gesellschaft, F. BÖCKLE u. a. (ed.) 1984[20] – E. BONÉ, in: Tod – Preis des Lebens?, N. LUYTEN (ed.) 1980[9] – A. GREELEY, Concilium 11 (1975) 299–306 – H. P. HAHN, Das biologische Altern, Sandoz 1979[24] – M. J. HEUTS, in: Tod – Preis des Lebens?, N. LUYTEN (ed.) 1980[9] – Im Angesicht des Todes leben, in: Christlicher Glaube in moderner Gesellschaft, F. BÖCKLE u. a. (ed.) 1984[5] – J. F. KEEMAN, Stimmen der Zeit, 1983[201], 825–837 – J. E. MEYER, Todesangst und das Todesbewußtsein der Gegenwart, 1982 – J. M. POHIER, Concilium 10 (1974), 262–270 – K. POPPER, J. ECCLES, The Self and Its Brain. An Argument for Interactionism, 1977 – B. SPILKA u. a., Death and Vietnam: Some combat veteran experiences and perspectives, in: Stress disorders among vietnam veterans, CH. R. FIGLEY (ed.) 1978.

August Wilhelm von Eiff

II. Juristisch. 1. S. kann in zwei grundsätzlich zu unterscheidenden Formen geleistet werden: Zum einen durch Ergreifen aktiver Maßnahmen zur Lebensverkürzung (zB: Verabreichen einer tödlichen Spritze) und zum anderen durch das (passive) Nichtaufhalten des Sterbevorganges (zB: Nichtaufnahme oder Abbruch einer ärztlichen Heilbehandlung). Keine der beiden Konstellationen ist strafrechtl. speziell geregelt. Einschlägig sind daher die allg. Vorschriften, vor allem § 212 StGB (Freiheitsstrafe nicht unter 5 Jahren für die nicht als Mord qualifizierte Tötung eines Menschen) und § 216 StGB (Freiheitsstrafe von 6 Monaten bis zu 5 Jahren für die Tötung eines Menschen auf dessen ausdrückliches und ernstliches Verlangen).

2. Aktive S. A. Aus den genannten Vorschriften der §§ 212, 216 StGB lassen sich drei Grundsätze ableiten: (1) Tötung eines Menschen i. S. d. Gesetzes ist gleichbedeutend mit Verkürzung des menschlichen Lebens. Auch der Sterbende genießt daher bis zu seinem Tod den absoluten Schutz des Strafrechts. (2) Das Verbot der aktiven Lebensverkürzung wird durch das Selbstbestimmungsrecht des Sterbenden nicht begrenzt: Die aktive Lebensverkürzung ist selbst bei ausdrücklichem und ernstlichem Verlangen des Opfers unter Strafe gestellt (§ 216 StGB). (3) Da die Tötungsdelikte stets die Tötung eines anderen voraussetzen, ist die Selbsttötung strafrechtl. nicht verboten. Daraus folgt, daß die aktive Teilnahme an einem freien und vollverantwortlichen →Selbstmord ebenfalls nicht verboten ist (so die h. M., vgl. ESER, in: SCHÖNKE/SCHRÖDER, vor § 211 Rn 33 ff.; RUDOLPHI, in: SK StGB, vor § 13 Rn 38 u. unten B 5).

B. Für die verschiedenen Fallgruppen der S. durch aktives Tun ergeben sich aus diesen Grundsätzen folgende Konsequenzen:

1. Die sog. „Vernichtung lebensunwerten Lebens", wie sie im Dritten Reich praktiziert wurde, ist ausnahmslos unzulässig (vgl. näher ENGISCH, Euthanasie, 36 ff.; JÄHNKE, in: Leipz. Komm., vor § 211 Rn 14); dies gilt auch für die sog. „Früheuthanasie" bei schwerstgeschädigten Neugeborenen (ESER, in: AUER/MENZEL/ESER, 141 ff.; JÄHNKE, in: Leipz. Komm., vor § 211 Rn 6).

2. Ebenfalls rechtswidrig ist die *leidensmindernde Lebensverkürzung,* d. h. die Verabreichung von Mitteln, die zur Schmerzlinderung nicht mehr indiziert sind und mit Sicherheit eine Verkürzung des Lebens bewirken. Der vereinzelt erhobenen Forderung, daß es in diesen Fällen dem Arzt erlaubt sein müsse, auf ein ernstliches und ausdrückliches Verlangen des Patienten hin dessen Leben vorzeitig zu beenden (vgl. TROCKEL, NJW 1975, 1445 f.), ist zu widersprechen. Dem steht nicht nur die Einwilligungssperre des § 216 StGB entgegen, sondern auch die Einsicht, daß die aktive Tötung eines Menschen kein angemessenes Mittel ist, um ihn von seinem Leiden zu befreien (so die h. M.; vgl. ESER, in: SCHÖNKE/SCHRÖDER, vor § 211 Rn 25; GEILEN, Euthanasie, 26 ff.). Verstößt also die leidensmindernde Lebensverkürzung stets gegen das Verbot aktiver Tötung, so ist damit allerdings noch nicht endgültig über deren Strafbarkeit entschieden. In Ausnahmefällen, zB bei unerträglichen, auch medikamentös nicht mehr zu bekämpfenden Schmerzen des Opfers, kann eine Entschuldigung des Täters erwogen werden (vgl. RUDOLPHI, in: WELZEL-Festschrift, 628; LENCKNER, in: SCHÖNKE/SCHRÖDER, vor § 32 Rn 119). Denkbar ist aber auch, gemäß § 60 StGB trotz eines Schuldspruchs von Strafe abzusehen, wenn die Folgen der Tat, die den Täter getroffen haben, so schwer sind, daß die Verhängung einer Strafe offensichtlich verfehlt wäre. Als weitere Möglichkeit verbleibt schließlich die Aussetzung der verhängten Strafe zur Bewährung, §§ 56 ff. StGB.

3. Grundsätzlich anders sind dagegen die Fälle der *lebensverkürzenden Leidensminderung* zu beurteilen. Sie sind dadurch charakterisiert, daß der Täter den Sterbenden schmerzlindernde Mittel verabreicht, dadurch jedoch zugleich möglicherweise eine Verkürzung des Lebens bewirkt. Der Wille des Arztes ist hier also in erster Linie auf die bloße Leidensminderung gerichtet, doch erkennt er in aller Regel auch die mögliche Verkürzung des Lebens als Folge seines Handelns. Die h. M. in der strafrechtl. Lit. steht auf dem Standpunkt, daß in derartigen Fällen die geringfügige Lebensverkürzung durch die Leidensminderung aufgewogen werde und damit im Ergebnis ein Tötungsdelikt zu verneinen sei (BOCKELMANN, Strafrecht des Arztes, 25, 70 f.; ESER, in: SCHÖNKE/SCHRÖDER, vor § 211 Rn 26; GEILEN, Euthanasie, 21 ff.; a. A. MAURACH-SCHROEDER, StrafR BT I, 15 f.). Diese Relativierung des absoluten Lebensschutzes ist nicht unproblematisch; deshalb muß hier dem Selbstbestimmungsrecht des Patienten ein besonders hohes Gewicht zukommen. Eine (möglicherweise) lebensverkürzende Leidensminderung setzt demzufolge nicht nur stets eine wirklich erteilte oder zumindest mutmaßliche Einwilligung des Patienten voraus, sondern es sind in diesen Fällen auch an die ärztliche Aufklärungspflicht und die Ermittlung des wirklichen oder mutmaßlichen Willens des Sterbenden hohe Anforderungen zu stellen.

4. Mangels einer tatsächlichen Lebensverkürzung eindeutig nicht als Tötung zu qualifizieren sind alle Fälle einer bloßen Schmerzlinderung ohne Risiko einer Todesbeschleunigung.

5. Ebenfalls nicht strafbar wegen eines Tötungsdelikts ist nach ganz h. M. in Rspr. und Lehre schließlich derjenige, der nicht als Täter, sondern lediglich als Teilnehmer (Anstifter oder Gehilfe) an einem freien, vollverantwortlichen →Selbstmord handelt (ESER, in: SCHÖNKE/SCHRÖDER, vor § 211 Rn 33 ff.; HORN, in: SK StGB, § 212 Rn 7 ff.; a. A. SCHMIDHÄUSER, in: WELZEL-Festschrift, 810 ff.). Die Grenze zwischen Täterschaft und Teilnahme ist hier allerdings besonders schwer zu ziehen (vgl. näher ESER, in: SCHÖNKE/SCHRÖDER, vor § 211 Rn 33 ff.; RUDOLPHI, in: SK StGB vor § 13 Rn 38). Für eine straflose Teilnahme des Dritten ist in jedem Falle erforderlich, daß der Sterbende jederzeit bei klarem Bewußtsein und in genauer Kenntnis seiner Situation handelt und den Geschehensablauf stets in den Händen hält. Letzteres ist zB dann nicht gegeben, wenn der Sterbende sich ein tödliches Mittel nicht selbst verabreicht, sondern dies der Dritte tut.

3. Passive S. A. Nach anderen Grundsätzen ist die S. durch Unterlassen zu beurteilen. Dies liegt zunächst daran, daß nach unserer Rechtsordnung (vgl. § 13 StGB) ein Unterlassen grundsätzlich nur dann strafbar ist, wenn der Täter rechtl. als sog. Garant für die Unversehrtheit eines bestimmten Rechtsguts einzustehen hat. Eine solche Garantenstellung für das Leben eines anderen Menschen haben zB dessen nahe Angehörige, insbesondere aber auch der Arzt (aufgrund tatsächlicher Übernahme der Behandlung oder kraft seiner Funktion als Notarzt). Mit der grds. Bejahung einer Garantenstellung ist indessen noch nicht die Frage geklärt, ob und in welchem Umfang der Garant im konkreten Einzelfall die Pflicht (oder zumindest das Recht) hat, bei einem todkranken Menschen lebensverlängernde Maßnahmen einzuleiten oder fortzuführen. Die gleiche Problematik stellt sich im Rahmen der jedermann treffenden und durch § 323 c StGB strafbewehrten Pflicht, einem anderen bei Unglücksfällen Hilfe zu leisten. Ausgangspunkt für die Beantwortung dieser Frage hat zunächst die Tatsache zu bilden, daß nach unserer Rechtsordnung selbst dem Arzt grundsätzlich kein Recht auf Zwangskurierung eines Dritten zusteht. Der Arzt hat vielmehr das *Selbstbestimmungsrecht des Patienten* zu achten und darf Heileingriffe grundsätzlich nur aufgrund einer erklärten oder mutmaßlichen Einwilligung des Patienten vornehmen. Führt er einen Heileingriff ohne oder sogar gegen den erklärten oder mutmaßlichen Willen des Patienten durch, so ist er nach der ständigen Rspr. des BGH sogar ohne Rücksicht auf einen etwaigen Heilerfolg wegen Körperverletzung zu strafen (vgl. näher ESER, in: SCHÖNKE/SCHRÖDER, § 223 Rn 28 ff.; HORN, in: SK StGB § 223 Rn 31 ff.). Hieraus ist zu folgern, daß ein Arzt prinzipiell ohne den erklärten oder mutmaßlichen Willen des Patienten eine Heilbehandlung auch dann nicht vornehmen darf bzw. eine bereits begonnene Heilbehandlung selbst dann unverzüglich abzubrechen hat, wenn aufgrund dessen ein Krankheitszustand fortbesteht oder gar weitere gesundheitliche Schäden eintreten. Denn unsere Rechtsordnung bewertet insoweit das Selbstbestimmungsrecht des Patienten eindeutig höher als seine Gesundheit. Ein anderes Ergebnis läßt sich auch nicht aus § 216 StGB herleiten. Zwar wird in der strafrechtl. Lit. z. T. die Ansicht vertreten, daß ein Arzt, der mit Willen des Patienten eine lebensrettende Maßnahme unterläßt, wegen Tötung durch Unterlassen strafbar sei, weil die Einwilligung auch eine Tötung durch Unterlassen nicht zu rechtfertigen vermöge (vgl. SCHWALM, ENGISCH-Festschrift, 555 ff.). Diese Deutung von § 216 StGB ist jedoch abzulehnen (ebenso die h. M.; vgl. ESER, in: AUER/MENZEL/ESER, 107 ff.; HORN, in: SK StGB § 216 Rn 14; JÄHNKE, in: Leipz. Komm., § 216 Rn 9). Gegen sie spricht, daß sie in unzulässiger Weise die Strafdrohung des § 216 StGB weitgehend in eine gesetzl. Ermächtigung und Verpflichtung für den Arzt zur Zwangsbehandlung umdeutet: Überall dort, wo für den Patienten auch nur ein geringes Lebensrisiko besteht, ergäbe sich aus § 216 StGB für den Arzt nicht nur das Recht, sondern sogar die strafbewehrte Pflicht, den Patienten selbst gegen dessen ausdrückliches und ernsthaftes Verlangen zwangsweise zu behandeln. Dem steht aber nicht nur entgegen, daß unsere Rechtsordnung ein Recht zur Zwangsbehandlung ganz bewußt nur in seltenen Ausnahmefällen begründet hat (vgl. zB §§ 14 ff. Bundesseuchengesetz) und die Rspr. demgemäß einen ohne Einwilligung des Patienten erfolgenden Heileingriff grundsätzlich auch dann als Körperverletzung straft, wenn er zur Bekämpfung einer Lebensgefahr notwendig gewesen sein sollte, sondern auch der Sinn und Zweck des § 216 StGB. Denn dieser geht im Interesse einer Tabuisierung menschlichen Lebens allein dahin, die aktive (d. h. durch positives Tun begangene) Vernichtung fremden Lebens auch dann noch zu verhindern, wenn diese auf das ausdrückliche und ernsthafte Verlangen des Opfers erfolgen soll.

B. Für die einzelnen Fallgruppen einer S. durch Unterlassen ergeben sich aus den genannten Grundsätzen folgende Konsequenzen:

1. Verweigert der Sterbende in genauer Kenntnis seiner Situation und im Vollbesitz seiner geistigen Kräfte die Einwilligung in eine sein Leben verlängernde Maßnahme oder verlangt er den Abbruch einer solchen Maßnahme, so sind der Arzt oder ein sonstiger Dritter weder berechtigt noch verpflichtet, diese Maßnahme durchzuführen. Wird ein Heileingriff gegen den Willen des Sterbenden vorgenommen, so führt dies nach den von der Rspr. entwickelten Grundsätzen sogar zu einer Strafbarkeit wegen Körperverletzung. Verlangt der Sterbende dagegen eine lebensverlängernde Heilbehandlung, so ist der Arzt (bzw. ein sonstiger Garant) berechtigt und in aller Regel auch verpflichtet, entsprechende Maßnahmen durchzuführen. Grenzen der Pflicht zur Lebensverlängerung können sich hier lediglich in Ausnahmefällen aus der Knappheit der Ressourcen und den Interessen Dritter (insbesondere anderer Patienten) ergeben (diese Frage ist noch weitgehend ungeklärt; vgl. näher BOCKELMANN, Strafrecht des Arztes, 25, 115, 126; ESER, in: SCHÖNKE/SCHRÖDER, vor § 211 Rn 30; JÄHNKE, in: Leipz. Komm., vor § 211 Rn 19).

2. Problematischer sind diejenigen Fälle, in denen es an einer rechtswirksamen Willensäußerung des Sterbenden fehlt. Dies ist in erster Linie dann gegeben, wenn die Entscheidungsfähigkeit durch Bewußtlosigkeit aufgehoben oder durch Bewußtseinstrübung oder andere krankheitsbedingte Ausfallerscheinungen entscheidend beeinträchtigt ist. Eine wirksame Willensäußerung des Sterbenden liegt aber auch dann nicht vor, wenn sein gesundheitlicher Zustand keine hinreichende Aufklärung über das Krankheitsbild und mögliche Heileingriffe mehr erlaubt und er aus diesem Grunde keine verbindliche Entscheidung mehr fällen kann. In allen diesen Fällen hat der Arzt (oder ein sonstiger Garant) unter Berücksichtigung aller Umstände und der ihm bekannten oder erkennbaren Einstellungen des Sterbenden ein Urteil darüber zu fällen, wie der Sterbende wohl, wenn er über seine Lage genauestens informiert wäre, urteilen würde. Entscheidend ist demnach nicht das objektiv Vernünftige, sondern der *mutmaßliche Wille des Sterbenden.*

Fehlen die erforderlichen Kenntnisse zur Ermittlung des mutmaßlichen Willens des Sterbenden, so kann die Entscheidung nur unabhängig von den individuellen Eigenarten des konkreten Sterbenden danach getroffen werden, was den wohl verstandenen Interessen dieses Menschen am besten gerecht wird. Damit rückt aber eine objektive Abwägung der im Widerstreit befindlichen Interessen in den Vordergrund. Die Gesichtspunkte, die bei dieser Entscheidung zu berücksichtigen sind, sind außerordentlich vielfältig (vgl. hierzu v. DELLINGSHAUSEN, Sterbehilfe, 373 ff.; MÖLLERING, Schutz des Lebens, 54 ff.). Auf der einen Seite geht es zunächst um das Ausmaß der körperlichen und seelischen Leiden, die der Sterbende bereits erduldet und die er bei weiteren Heilmaßnahmen noch ertragen müßte, wobei auch bedeutsam ist, ob zu erwarten ist, daß der Sterbende diese Leiden ertragen will oder nicht. Auf der anderen Seite gilt es den Wert der durch lebensverlängernde Maßnahmen zu erzielenden zusätzlichen Lebensspanne zu ermitteln; auch hierbei ist, soweit dies festgestellt werden kann, die mutmaßliche Sichtweise des Sterbenden entscheidend, d. h. also die Frage, ob der Sterbende selbst einer Lebensverlängerung noch einen Sinn abgewinnen könnte. Klare und für alle Fälle gültige Maßstäbe für die Ermittlung des wohlverstandenen Interesses und damit für die Feststellung des mutmaßlichen Willens des Sterbenden lassen sich angesichts der Vielfalt der möglichen Konstellationen nicht aufstellen. Damit verbleibt allein die Möglichkeit, dem Arzt einen begrenzten Ermessensspielraum einzuräumen und alle Entscheidungen, die er innerhalb dieses Spielraums nach seinem Gewissen trifft, als rechtmäßig anzuerkennen (vgl. hierzu ESER, in: SCHÖNKE/SCHRÖDER, vor § 211 Rn 29; JÄHNKE, in: Leipz. Komm., vor § 211 Rn 19; SIMSON, SCHWINGE-Festschrift, 98). In diesem Zusammenhang stellt sich die noch weitgehend ungeklärte Frage, inwieweit bei der Lösung des Widerstreits zwischen Lebensverlängerung und Leidensminderung auch die Interessen Dritter zu berücksichtigen sind. Hier gelten folgende Grundsätze (vgl. näher ESER, in: AUER/MENZEL/ESER, 132 ff.): Benötigen mehrere Patienten gleichzeitig eine ärztliche Behandlung, ohne daß die Ressourcen hierfür ausreichen, so ist prinzipiell die zeitliche Priorität maßgebend; ein später in ein Krankenhaus eingelieferter Patient darf also zB nicht auf Kosten eines früher eingelieferten an die Herz-Lungen-Maschine angeschlossen werden. Die Interessen sonstiger Dritter (zB die der Familie eines Apallikers) können in engen Grenzen ebenfalls Berücksichtigung finden; hierbei ist jedoch besondere Vorsicht geboten, da eine solche Berücksichtigung bereits eine deutliche Relativierung des Grundsatzes vom absoluten und durch nichts aufzuwiegenden Höchstwert des Lebens darstellt.

3. Eine Sonderkonstellation bilden schließlich die Fälle des sog. *„technischen Behandlungsabbruchs"* (zB: Abschalten einer Herz-Lungen-Maschine). Sie sind dadurch gekennzeichnet, daß sie vom äußeren Erscheinungsbild her zwar Merkmale des positiven Tuns (zB Drücken auf einen Knopf) aufweisen; entsprechend ihrem sozialen Sinngehalt stellen sie jedoch lediglich ein Unterlassen (nämlich ein Unterlassen der Weiterbehandlung) dar. Der technische Behandlungsabbruch wird daher von der h. M. in der strafrechtl. Literatur als Form der passiven S. angesehen (ENGISCH, DREHER-Festschrift, 325 ff.; ROXIN, ENGISCH-Festschrift, 395 ff.; STREE, in: SCHÖNKE/SCHRÖDER, vor § 13 Rn 159 a).

K. ENGISCH, Euthanasie und Vernichtung lebensunwerten Lebens in strafrechtlicher Beleuchtung (1948) – DERS., Konflikte, Aporien und Paradoxien bei der rechtlichen Beurteilung der ärztlichen Sterbehilfe, in: Festschrift für E. DREHER (1977) 309 – 330 – P. BOCKELMANN, Strafrecht des Arztes (1968) – G. SIMSON, Ein Ja zur Sterbehilfe aus Barmherzigkeit, in: Festschrift für E. SCHWINGE (1973) 89 – 110 – G. GEILEN, Euthanasie und Selbstbestimmung (1975) – H. TROCKEL, Sterbehilfe im Wandel der Zeit, NJW 1975 1440 – 1446 – A. AUER/H. MENZEL/A. ESER, Zwischen Heilauftrag und Sterbehilfe (1977) – J. MÖLLERING, Schutz des Lebens – Recht auf Sterben (1977) – G. STRATENWERTH, Sterbehilfe, Schweiz. Zeitschr. f. Strafr. 1978 60 – 81 – U. v. DELLINGSHAUSEN, Sterbehilfe und Grenzen der Lebenserhaltungspflicht des Arztes (1981) – A. SCHÖNKE/H. SCHRÖDER, StGB (Kommentar), 21. Aufl. 1982 – H. J. RUDOLPHI/E. HORN/E. SAMSON, Systematischer Kommentar zum StGB, Allg. Teil (Stand: September 1984) u. Bes. Teil (Stand: Januar 1985) – H. H. JESCHECK/W. RUSS/G. WILLMS, Leipziger Kommentar zum StGB (Stand: Juni 1985).

Hans-Joachim Rudolphi

III. Ethisch. 1. Begriffserklärung. Unter S. versteht man einerseits den *Sterbebeistand,* andererseits die *Hilfe zum Sterben.* Das Problem einer S. als Hilfe zu einem „guten" Sterben ist alt, verschärft sich freilich durch die Möglichkeit der *Intensivmedizin,* einer künstlichen Lebensverlängerung und Lebenserhaltung. Im Unterschied zur →Euthanasie geht es bei der S. nicht um eine Tötung an sich lebensfähigen Lebens, sondern um den Grenzfall der Tötung von unwiderruflich sterbenden Menschen oder um den Verzicht auf lebensverlängernde Maßnahmen. Sterbend ist ein Mensch dann, wenn objektivierbar festgestellt werden kann, daß in absehbarer Zeit es zum irreversiblen Zusammenbruch lebenswichtiger Organfunktionen kommen wird. Das Problem der S. stellt sich aufgrund der Erfolge der Intensivmedizin. Schon CHRISTOPH WILHELM HUFELAND (1762 – 1836) forderte angesichts des medizinischen Fortschritts, daß der Arzt um jeden Preis Leben verlängern müsse. Diese Verlängerung der quantitativen Lebenszeit, ohne Berücksichtigung, ob solche Verlängerung sinnvoll ist, kann jedoch in einen „Terror der Humanität" (H. THIELICKE) umschlagen. Die maximale Therapie ist nicht immer die für den Patienten optimale Therapie. Damit stellt sich die Frage, wann eine Lebensverlängerung überhaupt noch sittlich vertreten werden kann.

2. Ethische Wertung. Bei einer S. im engen Sinne des definitiv diagnostizierbaren Zu-Ende-Gehens eines menschlichen Lebens ist zu unterscheiden zwischen (a) Tötung und Verzicht auf die Fortsetzung lebensverlängernder Maßnahmen. Schon MOLIÈRE wußte: „Wir sind nicht nur verantwortlich für das, was wir tun, sondern auch für das, was wir nicht tun." Auch die Entscheidung, eine Behandlung nicht fortzuführen, ist eine ethisch zu bedenkende Tat. (b) Die bewußte Willenserklärung des Patienten und fehlende Einwilligung. (ad a) Eine *direkte Tötung* setzt voraus, daß der Patient selbst oder andere (Angehörige, der Arzt) ein Leben für lebensunwert erklärt haben. Diese „Unwerterklärung" legitimiert dann eine Verfügung über das Leben und räumt ein Anrecht auf Selbsttötung ein (→Selbstmord). Freilich kann nach dem Verständnis christl. Ethik das Ziel der Beendigung von Leiden, Leid und Schmerz nicht das Mittel einer gezielten Beendigung des Lebens legitimieren. Auch ist Mitleid kein Grund, einen Menschen zu töten. Anders zu beurteilen ist ein *Behandlungsverzicht.* Hier wird bewußt ein weiteres Handeln unterlassen. Freilich hilft die aus Zeiten einer statischen Medizin stammende Unterscheidung von gewöhnlichen und außergewöhnlichen Mitteln, die noch PAPST PIUS XII. aufgriff, hier nicht weiter. Denn „außergewöhnliche Mittel" (Reanimation) können sehr rasch gewöhnlich, üblich werden. Die Unterlassung von lebensverlängernden Maßnahmen anerkennt, daß über dieses menschliche Leben verfügt ist, und nimmt die Befristung menschlichen Lebens an in der Überzeugung des Glaubens, daß allein Gott Herr über Leben und Tod ist. Wenn lebensverlängernde Maßnahmen ferner die Grundsignatur des Menschseins beeinträchtigen, bedürfen sie einer besonderen ethischen Begründung (zB ausdrücklicher Wunsch des Patienten, Treffen letzter Verfügungen). (ad b) Zu beachten ist in jedem Fall der *Wille* des Sterbenden. Da freilich in der Ausnahmesituation des Sterbens dieser Wille oft nicht mehr zu erkunden ist, hat die „Deutsche Gesellschaft für Humanes Sterben" vorgeschlagen, die gesamte S. zu legalisieren, und ein *Patienten-Testament* in die Diskussion gebracht, das im Falle der Unfähigkeit des Patienten (Bewußtlosigkeit) verbindlich gelten soll. Solche Willenserklärungen können im Falle der Entscheidungsunfähigkeit des Patienten, v. a. bei irreversibler Bewußtlosigkeit, schwerer Dauerschädigung u. a. eine Entscheidungshilfe für den Arzt sein. Gegen die Anerkennung eines Patiententestaments als schlechthin verbindlicher Willenserklärung wird jedoch vorgebracht, v. a. von ärztlicher Seite, daß man nicht gedanklich und lange Zeit vorher als Gesunder Situationen vorwegnehmen könne und die Möglichkeit des Widerrufs ungeklärt sei. Das Mitleid der Angehörigen und des Arztes ist ferner kein legitimierender Grund, einem Menschen ohne seine bewußte Einwilligung das Leben zu nehmen. Eine aktive Beihilfe des Arztes zur Selbsttötung würde auch das ärztliche Handeln insgesamt ins Zwielicht rücken. Die rechtl. Freigabe einer Tötung auf Verlangen müßte das allgemeine gesellschaftliche Bewußtsein beeinflussen. Die entscheidende Frage lautete dann nicht mehr „Darf man auf Verlangen töten?", sondern: „Wann darf – oder gar: muß – man auf Verlangen töten?" (Zur sittlichen Wertung vgl. die Beurteilung des →Selbstmordes.)

3. Menschenwürdig sterben. Die S. ist mehr als eine Tötung auf Verlangen und der Verzicht auf lebensverlängernde Maßnahmen. Eine Behandlung darf dann abgebrochen werden, wenn ihr Zweck nicht mehr erreichbar ist. Alle Behandlungspflicht des Arztes ist begrenzt. Dennoch bleibt die Verpflichtung einer *Pflege,* die sich auf die Grundbedürfnisse der Person richtet. Dazu zählen diejenigen Bedürfnisse, die auch ein soeben geborener Säugling hat, aber nicht selbst befriedigen kann: Ernährung, Reinigung, Bettung, auch die Schmerzlinderung. V. a. bedarf der Sterbende *personalen* Beistandes. S. besteht oft von vornherein in der menschlichen Zuwendung, darin, den Sterbenden nicht allein zu lassen, ihm beizustehen. Die Diskussion um Lebensverkürzung und Tötung auf Verlangen klammert diesen Aspekt oft aus. Ein Weniger an medizinischer Behandlung erfordert oft ein Mehr an Pflege und menschlicher Kommunikation (Gespräch). S. hat der Verdrängung des Todes aus dem öffentlichen Bewußtsein zu widerstehen. Die Einübung einer S. ist eine wichtige Aufgabe christl. Seelsorge. Sie schließt an die Tradition der „ars moriendi" an, des Bedenkens von Sterben und Tod im eigenen Leben, und ist eine Leistung des einzelnen, nicht der Gesellschaft. Dabei können psychologische Einsichten hilfreich sein. E. KÜBLER-ROSS hat schematisch fünf Phasen beschrieben, die Sterbende in der Regel durchleben (die Weigerung des Sterbenden, die Erkenntnis des Sterbens anzunehmen; Ärger und Zorn über das eigene Schicksal; Verhandeln; die Phase der Depression, die den Trauer- und Trennungsprozeß einleitet; die Bejahung des Todes). Dieses Phasenmodell mag dazu beitragen, Reaktionen von Sterbenden besser einzuschätzen. Dabei ist die Frage nach der Aufklärung des Sterbenden, der Mitteilung der „Wahrheit" nach ev. Verständnis nur individuell und situationsbezogen zu entscheiden. Die Mitteilung einer Diagnose und Prognose setzt nämlich eine personale Beziehung des Vertrauens voraus. Außerdem ist das Sterben als individuelles Geschehen nicht von der konkreten Biographie ablösbar. Wichtig ist, daß der Sterbende mit seinen Ängsten und Fragen zu Wort kommt und nicht zum passiven Objekt wird. Auf die Umgebung des Sterbenden und die organisatorischen Bedingungen für ein „menschenwürdiges Sterben" ist besondere Aufmerksamkeit zu richten. In England sind für krebskranke Patienten in der letzten Lebensphase („Terminal Care") „Sterbekliniken" geschaffen worden, in denen eine Betreuung mit besonders geschultem Personal erfolgen soll. (Dr. C. SAUNDERS Hospice St. Christophers in London wurde besonders bekannt.) S. in diesem Sinne ist keine wie auch immer geartete Form von →Euthanasie, sondern ein Mehreinsatz medizinischer Möglichkeiten zur Erleichterung der letzten Phasen des Lebens.

4. Hirntod. Als Folge der maschinellen Dauerbeatmung und der Möglichkeit, den Kreislauf künstlich aufrechtzuerhalten, stellt sich die Frage, wann ein Mensch definitiv tot ist. Diese Frage ist wichtig für die Organentnahme bei →Organtransplantationen. Eine Kommission des Wissenschaftlichen Beirats der Ärztekammer hat „Kriterien des Hirntodes" (1982) veröffentlicht, die nicht rechtsverbindlich sind, aber eine Entscheidungshilfe bieten. Der Hirntod als „vollständiger und irreversibler Zusammenbruch der Gesamtfunktion des Gehirns bei noch aufrechterhaltener Kreislauffunktion" ist Zeichen des Todes der *Person.* Mit dem Organtod des Gehirns ist die unabdingbare Voraussetzung für jedes personale Leben entfallen. Denn mit dem Erlöschen der Steuerungsfunktionen des Gehirns ist die Integration der Teile zum Organismus und zum Individuum irreversibel gestört. Die Erhaltung von Vitalfunktionen einzelner Organe, künstliche Beatmung und Stützung des Kreislaufes hebt den Tod des Menschen nicht auf. Mit der Definition des Hirntodes als „Tod des Menschen" endet jede Form von S.; die Feststellung des Hirntodes stellt den Abschluß des Sterbeprozesses fest.

5. Technik und Humanität. Die Möglichkeiten der Intensivmedizin werfen ethische Fragen auf. Ethische Probleme sind nicht einfach „technisch lösbar". Ethische Probleme der S. können in zweifacher Hinsicht entstehen. (Einmal) kann eine *Verzögerung des Sterbens* durch den Einsatz medizinischer Technik zu einer Enthumanisierung des Sterbens führen und zu einer Verlängerung eines sinnlosen Sterbens. H. THIELICKE prägte dafür die Formel vom „Terror der Humanität". Der Ruf nach einem „menschenwürdigen Sterben" und der Achtung der Selbstbestimmung und Freiheit des Sterbenden wird hier mit Recht laut. Diese Achtung eines „menschenwürdigen" Sterbens setzt freilich voraus, daß man die Endlichkeit, die Befristung menschlichen Lebens akzeptiert und zu mitmenschlicher Sterbebegleitung bereit ist. (Zum anderen) kann wegen der *Kosten* der Intensivmedizin und der Betreuung alter und kranker Menschen argumentiert werden, S. sei billiger als die Lebensverlängerung, und damit eine gelenkte Sterblichkeit praktiziert werden. In diesem Falle stellen sich die ethischen Probleme der aktiven →Euthanasie. Auch wenn die Grenzen zwischen unfreiwilliger →Euthanasie und S. fließend sind, gilt es doch in der Grenzsituation des Sterbens und angesichts moralischer Dilemmata die Anforderungen der Humanität zu bewähren.

Franz Böckle, Menschenwürdig sterben, 1979 – M. K. Bowers u. a., Wie können wir Sterbenden beistehen, 1973[3] – P. Sporken, Menschlich sterben, 1973[2] – H. C. Piper, Gespräche mit Sterbenden, 1980[2] – E. Kübler-Ross, Was können wir noch tun?, 1984[4] – Dies. (ed.), Reif werden zum Tode, 1983[3] – Dies., Leben, bis wir Abschied nehmen, 1979 – R. Kautzky, Sterben im Krankenhaus, Herder, 1981[7] – I. Wittkowsky, Tod und Sterben. Ergebnisse der Thanatopsychologie, UTB 766, 1978.

Martin Honecker

Sterilisation. I. Begriff, Bedeutung und Problematik. S. ist eine etwa seit 1900 bekannte Form der Unfruchtbarmachung eines Menschen durch Unterbrechung oder Unbrauchbarmachung von Samen- bzw. Eileiter. Im Gegensatz zur →*Kastration* bleiben bei ihr Libido und Fähigkeit zum Sexualverkehr jedoch erhalten. Die S., regelmäßig ein chirurgischer Eingriff, ist verhältnismäßig einfach durchzuführen; eine nennenswerte Gefahr körperl. Schädigungen ist mit ihr nicht verbunden. Schwerer wiegen – vor allem bei Frauen – mögl. psychische Folgen, wenn eine positive Verarbeitung nicht gelingt (gestörtes Selbstwert- und Schuldgefühl, Verzichtenmüssen auf [weitere] Kinder, auch unter veränderten Umständen).

Die S. ist das sicherste Mittel zur Empfängnisverhütung. Obwohl zahlenmäßig weniger verbreitet als in USA, England, Holland und der Schweiz, gewinnt sie, nicht zuletzt infolge der zunehmenden „Pillenmüdigkeit", nunmehr auch in der Bundesrep. Dtschld. zunehmend an Bedeutung. Von den etwa 17 Mio. Frauen im empfängnisfähigen Alter unterziehen sich z. Zt. jährl. ca. 30 – 40 Tsd. einer S.; mit 10 % der S.en verhältnismäßig gering ist in der Bundesrep. die Beteiligung von Männern (USA, Schweiz: 50 %). Je nach den Gründen einer S. unterscheidet man herkömmlich: 1. *medizinische Indikation:* S. zur Verhinderung einer das Leben oder die Gesundheit der Mutter gefährdenden Schwangerschaft, wobei in diesen Zusammenhang auch die med.-soziale Ind. gehört, bei der sich die gesundheitliche Gefährdung erst aus dem Zusammenwirken mit sozialen Faktoren ergibt; 2. *eugenische (genetische) Ind.:* S. zur Verhinderung des Entstehens von erbkrankem Nachwuchs; 3. *soziale Ind.:* durch eine wirtschaftl. Notlage bedingter Verzicht auf (weitere) Kinder; 4. sog. *„GefälligkeitsS.":* Ohne zwingende Gründe i. S. der genannten Ind.en erfolgende S., wobei die Motive hier ebenso vielseitig wie vielschichtig sein können; die Grenzen insbes. zur soz. Ind. sind fließend, auch umfaßt diese keineswegs alle Gesichtspunkte, die legitimerweise bei einer Familienplanung Bedeutung haben können.

Die *ethische Beurteilung* der S. ist – ausgenommen bei med. Ind. – seit jeher umstritten. Speziell aus der Sicht christl. Ethik wurde gegen die S. vor allem immer wieder eingewandt, daß dem Menschen nicht das Recht und die Freiheit zustehe, den göttl. Schöpfungsentwurf durch einen irreversiblen Eingriff eigenmächtig zu ändern. Während die kath. Kirche die Zulässigkeit der S. verneint, außer wenn sonst für das Wohl des Gesamtkörpers nicht gesorgt werden kann (Enzyklika „Casti Connubii" v. 31. 12. 1930), sind die Stellungnahmen aus dem Bereich der ev. Kirche wesentlich differenzierter. Danach sollen nur wohlerwogene Gründe den Menschen bewegen, „das unter Gottes Langmut und Geduld weiterhin geltende Angebot der Fruchtbarkeit" (K. Barth) auszuschlagen; aus Egoismus usw. erfolgende GefälligkeitsS.en sind daher auch für die ev. Ethik nicht akzeptabel, ebensowenig die S. von Jugendlichen und – i. d. R. – von Unverheirateten (vgl. zB Stellungnahme des Öffentlichkeitsausschusses der ev. Kirche des Rheinlandes, EKD →Denkschrift zu Fragen der Sexualethik 1971). Demgegenüber reduziert sich die – gleichfalls umstrittene – *rechtl. Bewertung* richtigerweise auf die Frage ihrer Sozialschädlichkeit, da sich das Recht in einer freiheitl.-pluralistischen Gesellschaft aller Eingriffe in den Bereich des Moralischen zu enthalten hat. Aus dieser Sicht aber stellt sich die S. grundsätzlich nicht anders dar als sonstige Methoden der Empfängnisverhütung. Im Unterschied zu diesen wird durch die S. zwar ein i. d. R. definitiver Zustand geschaffen; ebenso wie bei anderen unwiderrufl. Entscheidungen muß aber auch sie in einer auf Freiheit und Eigenverantwortlichkeit der Person angelegten Rechtsordnung von dem Betreffenden selbst verantwortet werden. Was unter dem Aspekt möglicher Sozialschädlichkeit bleibt, sind daher bevölkerungspolitische Gesichtspunkte (sofern solche wegen der sich verändernden Altersstruktur von Bedeutung sein sollten) und Gefahren für die Volksgesundheit (Geschlechtskrankheiten, „Aids") als Folgen einer durch die S. möglicherweise begünstigten sexuellen Freizügigkeit. Ein Verbot der S. läßt sich damit aber schon deshalb nicht rechtfertigen, weil solche Gründe erst recht gegen die massenhafte Verbreitung der „Pille" sprechen müßten. Die allenfalls in Einzelfällen begründete Befürchtung, daß die Freigabe der S. zu unlauteren Einflußnahmen auf den Sterilisanden führen können, rechtfertigt gleichfalls noch nicht die Annahme ihrer Sozialschädlichkeit. Hinzu kommt schließlich, daß eine klare und praktikable gesetzl. Differenzierung zwischen Fällen einer berechtigten Familienplanung und solchen, in denen eine S. zu versagen ist, kaum möglich erscheint. Richtigerweise hat sich deshalb das Recht auf solche Regelungen zu beschränken, die sicherstellen, daß Entscheidungen für eine S. nicht unüberlegt und nicht von Personen getroffen werden können, bei denen die erforderliche Reife und Einsichtsfähigkeit (noch) nicht vorausgesetzt werden kann.

II. Rechtliche Behandlung der S. In der Bundesrep. Dtschld. verfassungsrechtl. eindeutig unzulässig (Art. 1,2 GG) und als beabsichtigte schwere Körperverletzung nach § 225 StGB strafbar ist die durch eine Einwilligung nicht gedeckte *ZwangsS.*, und zwar – im Unterschied zu manchen ausländischen Rechten und zu dem in Dtschld. bis 1945 geltenden G. zur Verhütung erbkranken Nachwuchses v. 14. 7. 1933 (ca. 350 Tsd. ZwangsS.en) – auch bei eugenischer Indikation. In vielem zweifelhaft ist die Rechtslage wegen des Fehlens einer ausdrückl. gesetzl. Regelung dagegen bei der *freiwilligen S.* Einschlägige G.entwürfe, die diese Rechtsunsicherheit beseitigen könnten (§ 226 b RegEntw. eines 5. StrafrechtsreformG.es, BT-Drs. VI/3434, 7/375, 443; § 112 AE der Strafrechtslehrer, vgl. Lit.), blieben bisher unerledigt. Im wesentl. stellt sich der gegenwärtige Rechtszustand folgendermaßen dar: 1. *Strafrecht:* Nach der h. M. im Schrifttum ist die S. tatbestandsmäßig zwar eine Körperverletzung (§§ 223, 225 StGB), die aber bei wirksamer Einwilligung gerechtfertigt und damit straflos sein kann. Umstritten ist in diesem Zusammenhang jedoch die Bedeutung des § 226 a StGB, wonach eine Körperverletzung trotz Einwilligung rechtswidrig bleibt, wenn „die Tat gegen die guten Sitten verstößt". Während daraus überwiegend der Schluß gezogen wird, daß die S. nur im Fall einer bes. Ind. straflos sei, spricht eine Mindermeinung dem § 226 a bei der S. im Hinblick auf das verfassungsrechtl. Bestimmtheitsgebot (Art. 103 II GG) jede limitierende Funktion ab, da sich nach den heutigen Wertvorstellungen ein eindeutiges Urteil über die Sittenwidrigkeit der S. nicht mehr abgeben lasse. Im Ergebnis damit übereinstimmend, jedoch mit anderer Begründung – Verneinung schon der Tatbestandsmäßigkeit wegen Bestehens einer G.eslücke seit Aufhebung des früheren § 226 b („Zerstörung der Fortpflanzungsfähigkeit") im Jahre 1946 – hat inzwischen auch der BGH die freiwillige S. generell für straflos erklärt (BGHSt 20, 81), eine Auffassung, die sich in der Praxis so allgemein durchgesetzt hat, daß ein Strafverfolgungsrisiko heute praktisch auszuschließen ist. Auch die Entwürfe (vgl. o.) verlangen eine bes. Ind. nur, wenn der Betroffene noch nicht 25 Jahre alt ist; im übrigen ist generell Straflosigkeit vorgesehen. Voraussetzung ist allerdings immer das Vorliegen einer wirksamen Einwilligung. Daraus, daß die dazu erforderl. Einwilligungsfähigkeit nicht von der bürgerl.-rechtl. Geschäftsfähigkeit, sondern von der konkreten Einsichts- und Urteilsfähigkeit abhängt, ergeben sich bes. Probleme bei der S. von Minderjährigen und geistig Behinderten. Eine stellvertretende Einwilligung durch den gesetzl. Vertreter ist in diesen Fällen bei Einwilligungsunfähigkeit des Betroffenen zwar nicht prinzipiell ausgeschlossen, aber nur bei Vorliegen einer bes. schwerwiegenden Ind. anzuerkennen; auch darf die S., wenn nicht der Eindruck einer ZwangsS. entstehen soll, i. d. R. nicht ohne oder gegen den Willen des Betroffenen erfolgen. Die zahlreichen hier ungeklärten Einzelfragen machen eine gesetzl. Regelung dringend erforderlich. – 2. *Zivilrecht:* Problematisch geworden ist hier bes. die Frage der ärztl. Haftung, wenn die S. infolge eines Verschuldens des Arztes mißlingt. In solchen Fällen besteht eine Ersatzpflicht einschließl. der Pflicht zur Zahlung von Schmerzensgeld nicht nur für die durch die Schwangerschaft und Geburt bedingten materiellen und immateriellen Schäden, vielmehr hat der Arzt – obwohl gesetzl. nicht ausdrückl. geregelt und daher umstritten – nach BGHZ 76, 249 ff., 259 ff. auch für den Unterhaltsaufwand für das planwidrig geborene Kind aufzukommen. Voraussetzung dafür ist allerdings, daß dieses tatsächlich unerwünscht ist; auch ist die Ersatzpflicht der Höhe nach begrenzt auf den durchschnittl. Unterhaltsaufwand. – 3. *Versicherungsrecht:* Nach § 200 f RVO haben Versicherte bei „nicht rechtswidriger" S. Anspruch auf Leistungen aus der gesetzl. Krankenversicherung. Auf das Vorliegen einer bes. Ind. kommt es bei einer solchen „S. auf Krankenschein" nach h. M. nicht an. – 4. *Ärztl. Standesrecht:* Nach den ärztl. Berufsordnungen sind S.en nur bei medizinischer, genetischer und sozialer Ind. zulässig. Allgemeinrechtl. – zB für die strafrechtl. Beurteilung einer S. – sind diese Beschränkungen jedoch ohne Bedeutung.

E. W. HANACK, Die strafrechtl. Zulässigkeit künstl. Unfruchtbarmachung, 1959 (Lit.) – DERS., JZ 19 (1964) 393 bis 402 – K. ENGISCH, in: Festschr. für H. Mayer, F. GEERDS, W. NAUCKE (ed.), 1966, 398 – 417 – T. WULFHORST, NJW 20 (1967) 649 – 654 – E. KOFFKA, in: Ehrengabe für B. Heusinger, R. GLANZMANN (ed.), 1968, 355 – 371 – P. BOCKELMANN, in: Empfängnisregelung und Gesellschaft, R. KIPP, H. KOESTER (ed.), 1969, 24 – G. KAISER, NJW 22 (1969) 538 – 544 – J. BAUMANN u. a., Alternativ-Entwurf eines StGB, Bes.Teil, Straftaten gegen die Person, I. Halbband, 1970 – N. HOERSTER, JZ 26 (1971) 123 – 126 – F. BÖCKLE, Ethische Aspekte der freiwilligen operativen S., Stimmen der Zeit 99 (1974) 755 – 760 – A. ESER, H. HIRSCH (ed.), Sterilisation und Schwangerschaftsabbruch, 1980 (Lit.) – P. PETERSEN (ed.), Sterilisation, 1981 – E. HORN, ZRP 16 (1983) 265 – 266 – A. ESER, H. G. KOCH, MedR 2 (1984) 6 – 13 – P. WILD, Geistige Behinderung, 1985, 2 – 22.

Theodor Lenckner

Steuer(n). 1. Begriff. „St." sind nach § 3 Abs. 1 Satz 1 AO (→Steuerrecht) „Geldleistungen, die nicht eine Gegenleistung für eine besondere Leistung darstellen und von einem öffentlich-rechtl. Gemeinwesen zur Erzielung von Einkünften allen auferlegt werden, bei denen der Tatbestand zutrifft, an den das Gesetz die Leistungspflicht knüpft; die Erzielung von Einnahmen kann Nebenzweck sein". Die St. stellen somit eine Unterart der öffentlichen →*Abgaben* dar; von den sonstigen öffentl. Abgaben unterscheiden die St. sich dadurch, daß zu ihnen nur *Geldabgaben* gerechnet werden, die von den *Gebietskörperschaften* (Bund, Ländern, Gemeinden, Gemeindeverbänden) oder von den *Kirchen* erhoben werden und für die der Leistungspflichtige *keine andere Gegenleistung* erhält als die, daß der Ertrag *zur Erfüllung der öffentl. Aufgaben* bereitsteht. Dadurch unterscheiden sich die St. u. a. von den Gebühren und öffentlich-rechtl. Beiträgen, ferner von den sog. „Sonderabgaben", die vor allem für Zwecke der *Wirtschaftslenkung* erhoben werden.

Umstritten ist in neuerer Zeit vor allem gewesen, ob das Merkmal „zur Erzielung von Einkünften", d. h. die auch bereits im Begriff der öffentl. Abgaben enthaltene Bestimmung zur Deckung eines *allgemeinen öffentl. Bedarfs,* in § 3 AO noch zeitgemäß ist. Vielfach werden heute die St.gesetze vom Gesetzgeber zugleich in den Dienst anderer („nichtfiskalischer") Zielsetzungen gestellt, so insbesondere solcher der allgemeinen →*Wirtschaftspolitik:* Den St.pflichtigen werden bestimmte Vergünstigungen gewährt oder Zusatzbelastungen auferlegt und auf diese Weise ihre Entscheidungen mittelbar in eine gewünschte Richtung gelenkt. Daß solche außerfiskalischen Zwecksetzungen *verfassungsrechtl.* zulässig sind, ergibt sich heute bereits aus Art. 109 GG, der die gesamte Haushaltswirtschaft von Bund und Ländern auf wirtschaftspolitische Ziele verpflichtet. Eine „St." liegt dabei jedoch nur so lange vor, wie die betreffende Abgabe *jedenfalls auch* der Erzielung von Einnahmen zur Deckung des öffentl. Finanzbedarfs dient; § 3 Abs. 1 Satz 1 AO bringt das jetzt in seinem zweiten Halbsatz mit der Wendung zum Ausdruck, die Erzielung von Einnahmen könne Nebenzweck sein. Wo der Lenkungszweck dagegen zum Ertragszweck in Widerspruch steht – so bei den sog. *„ErdrosselungSt."*, die durch ihre Höhe die besteuerte Tätigkeit unterbinden sollen und die damit ihren Zweck am besten erfüllen, wenn sie *keine Erträge bringen* (zB die frühere Potsdamer Gemeindeabgabe auf das Halten von Nachtigallen in Käfigen, „Potsdamer NachtigallenSt.") –, handelt es sich auch dann nicht um eine St., wenn die Abgabe *vorübergehend* Erträge erbringt.

2. Arten. Herkömmlich und im In- und Ausland am weitesten verbreitet ist die Einteilung in *„direkte"* und *„indirekte St."*. Das für diese Einteilung maßgebende Unterscheidungskriterium ist allerdings im Schrifttum stets umstritten gewesen: Teils stellt man darauf ab, ob die St. jeweils auf Grund besonderer „Veranlagung", und insofern „direkt", oder unmittelbar nach einem festen Tarif zu erheben sind, teils darauf, ob die St.pflicht an die wirtschaftl. Leistungsfähigkeit des Pflichtigen (Einkommen, Ertrag, Vermögen) „unmittelbar" oder lediglich an gewisse äußere Umstände anknüpft, die, wie vor allem Art und Umfang der Einkommensverwendung, auf eine solche Leistungsfähigkeit mittelbar schließen lassen, teils – und wohl überwiegend – darauf, ob der nach dem Gesetz St.pflichtige auch der *endgültige Träger* der wirtschaftl. St.last sein soll oder ob der Gesetzgeber davon ausgeht, daß jeder St.pflichtige die zu zahlende St. auf den Preis der von ihm vertriebenen Verkehrsgüter aufschlagen und sie in solcher Weise auf einen Dritten – den wirtschaftl. „St.träger" – *„überwälzen"* kann. Wegen dieser Abgrenzungsschwierigkeiten neigt das neuere deutsche Schrifttum dazu, die Unterscheidung in „direkte" und „indirekte St." *ganz aufzugeben.* Jedoch hat sich eine bessere Gesamteinteilung der St. bislang nicht durchsetzen können; insbesondere auch die in der deutschen Finanzverwaltung seit 1920 eingeführte Einteilung in „BesitzSt.", „VerkehrSt." und „VerbrauchSt." – unter „BesitzSt." werden hier St. auf bestimmte „Werte", wie Einkommen, Vermögen, Gewerbebetrieb oder Grundbesitz, verstanden – wiederholt im Grunde nur die ältere Unterscheidung mit etwas anderen Worten. Einstweilen sollte man deshalb die herkömml. Einteilung in „indirekte" und „direkte" St., vor allem auch wegen ihrer internationalen Verbreitung, weiter zugrunde legen.

Unter dem Gesichtspunkt der *St.rechtfertigung* (s. u. 4) wird man das maßgebende *Unterscheidungskriterium* in der „direkten" oder „indirekten" Erfassung der steuerl. *Leistungsfähigkeit* des Pflichtigen sehen müssen. „Direkte" St. sind danach also insbesondere die St. vom Einkommen, vom Ertrag (die sog. „RealSt."; →Steuerrecht), von Erbschaften und Schenkungen und vom Vermögen; „indirekte" St. sind dagegen diejenigen St., die die wirtschaftl. Leistungsfähigkeit des Pflichtigen nur mittelbar über die Einkommensverwendung erfassen, wobei diese entweder – bei den *VerbrauchSt.* – jeweils durch einen bestimmten Verbrauch oder Aufwand oder – bei den *VerkehrSt.* – durch bestimmte Rechtsgeschäfte des wirtschaftl. Verkehrs (Grunderwerb usw.) indiziert wird. Die VerbrauchSt. werden i. d. R. allerdings nicht erst beim Verbraucher, sondern bereits in einem früheren Stadium des Güterverteilungsprozesses, etwa beim Erzeuger, beim Groß- oder Kleinhändler oder bei der Einfuhr in das Inland erhoben; sie sind insoweit dann aber auf eine *„Überwälzung"* hin (s. o.) angelegt. Zu den VerbrauchSt. gehören deshalb insbesondere auch die *UmsatzSt.*, die ihrer wirtschaftl. Bestimmung nach eine allgemeine Verbrauchsbelastung darstellen soll, sowie die *Zölle.* Darüber hinaus rechnen aber zu den VerbrauchSt. in dem hier zugrundegelegten *weiten* Sinne auch diejenigen St., die mit Rücksicht auf einen bestimmten wirtschaftl. Aufwand unmittelbar beim „Steuerträger“ erhoben werden (*„AufwandSt.“*, zB HundeSt., JagdSt. usw); im Unterschied zu den wirklichen direkten St. wird bei diesen – scheinbar „direkten“ – AufwandSt. nicht das einzelne Vermögensobjekt oder dessen Ertrag, sondern der in ihm zum Ausdruck kommende *Aufwand* der Besteuerung unterworfen.

Mit Rücksicht auf die „nichtfiskalischen St.zwecke“ hat WILHELM GERLOFF vorgeschlagen, von den eigentl. „FinanzSt.“ noch sog. *„OrdnungSt.“* zu unterscheiden. Ob diese Unterscheidung für die Wirtschaftswissenschaft sinnvoll ist, muß hier dahingestellt bleiben (a. A. zB NEUMARK); für eine rechtl. Betrachtung ist sie unergiebig, weil es rechtl. nur darauf ankommt, ob die Abgabe ungeachtet ihres außerfiskalischen Zwecks *noch „St.“ ist oder nicht* (s. o. zu 1).

3. Bedeutung. Während die Finanzwirtschaft des mittelalterl. Staates noch bis weit in die beginnende Neuzeit hinein im wesentlichen auf den „eigenen“ Einkünften dieses Staates, insbesondere aus Domänen und Regalien, aufbauen mußte, wird mit der Ausbildung des modernen →Staates und mit dem etwa gleichzeitigen Übergang zu einer rationalen Geldwirtschaft die Finanzierung des Staatsbedarfs aus St. unvermeidl. Der moderne Staat ist deshalb in einem spezifischen Sinne, wenngleich die neueren Systeme der →Staatslehre das meist nicht zu beachten pflegen, gleichzeitig *„Steuerstaat“*: insofern die St. für ihn, sowohl nach der historischen Entwicklung des modernen Staates wie auch in Anbetracht ihrer finanziellen Notwendigkeit, zu einem *unverzichtbaren Finanzierungsinstrument* – und somit die St.verwaltung zum eigentl. Träger seiner „Finanzfunktion“ (GERHARD WACKE), d. h. seiner Selbstausstattung mit sächl. Mitteln – geworden ist. Diese Bedeutung der St. im Rahmen des staatl. Finanzsystems muß zudem noch wachsen in einer Zeit ständig wachsender Staatsaufgaben nach innen und außen; so betrug etwa in der Bundesrepublik im Rechnungsjahr 1984 der Anteil der St. mit fast 200 Mia. DM etwa 90% der ordentl. Gesamteinnahmen des Bundes. In den anderen westl. Staaten liegt das Verhältnis nicht wesentlich anders. Angesichts ihres hohen Anteils am öffentl. Finanzaufkommen sind die St. heute zudem ein wichtiges Instrument der wirtschaftl. Strukturpolitik.

Dabei wächst i. d. R. mit dem allgemeinen Wohlstand einer Volkswirtschaft der Anteil der *direkten St.*, vor allem der *St. vom Einkommen* (EinkommenSt. und KörperschaftSt. →Steuerrecht); ein hoher Anteil von indirekten St. ist also normalerweise kennzeichnend für eine relativ unentwickelte Volkswirtschaft, während ein höherer Anteil von direkten St. auf einen stärkeren Industrialisierungsgrad und somit zugleich auf einen größeren Anteil von St.pflichtigen mit großen und mittleren Einkommen schließen läßt. Dieses Verhältnis kann sich indes im Einzelfall aus besonderen Gründen verschieben; so werden indirekte St. gelegentlich auch deswegen vorgezogen, weil sie weniger „fühlbar“ und daher die *„Steuerwiderstände“* geringer sind. Für das Steuersystem in der Bundesrepublik Dtschld. werden zunehmend auch die Bestrebungen zur „Harmonisierung“ der Steuern unter den Mitgliedstaaten der →Europäischen Gemeinschaft bedeutsam.

4. Rechtfertigung. Für das MA. ist *„stiure“* oder *„steura“* als Pflicht zu außerordentl. Hilfe in der Not (O. BRUNNER) ein Teil der allg. Hilfeleistungs- und Gefolgschaftspflicht des Gefolgsmanns; ihr steht die Verpflichtung des Herrn zur Gewährung von „Schutz und Schirm“ gegenüber. In modern rationalisierter Form ist dieser Gedanke der *Gegenseitigkeit* dann in die St.rechtfertigungslehre der Aufklärungszeit übernommen worden; die St. wird hier als eine *Gegenleistung* für die vom Staate gewährten Vorteile – so schon bei GROTIUS, HOBBES und PUFENDORF –, insbes. für den dem Bürger gewährten Schutz und für die Sicherung seines Eigentums interpretiert *(„Äquivalenztheorie“)*. Mit der Überlegung, daß dann auch die Höhe der St. dem Maße des *gewährten Vorteils* entsprechen müsse, wird aus dieser Lehre erstmalig bei ADAM SMITH der Gedanke der *Proportionalbesteuerung* abgeleitet; noch pointierter geschieht das in der sog. „Assekuranztheorie“, die die St. mit einer dem Staate gezahlten Versicherungsprämie gleichsetzt. Es ist nur allzu verständlich, daß die in einer solchen Quantifizierung liegende *Überspannung* des Gegenseitigkeitsgedankens das Prinzip im ganzen entwerten mußte. Das 19. Jh. bringt den zu erwartenden *Rückschlag;* unter dem Einfluß romantischer Staatstheorien (ADAM MÜLLER, NOVALIS) wird jetzt die St. lediglich noch als ein vom Staate um seiner höheren Zwecke willen gebotenes „Opfer“ charakterisiert und insofern als „gerechtfertigt“ angesehen; sie habe sich in ihrer Höhe allein nach der *Leistungsfähigkeit* des Pflichtigen zu bestimmen (sog. *„Opfertheorie“*, Progressivbesteuerung). Das 20. Jh. läßt die Frage nach der St.rechtfertigung als „wissenschaftlich uninteressant“ nicht selten völlig beiseite. Die Lehre von der St.rechtfertigung macht also die gleiche Entwicklung durch wie die Lehre von der Rechtfertigung des *Staates* im ganzen; insbes. die „Opfertheorie“ wird man in ihrer engen Verbindung mit der „organischen →Staatslehre“ sehen müssen (→Sozial- und Staatsphilosophie). Das ist insofern nicht inkonsequent, als, wie bereits oben zu 3. gezeigt worden ist, die St. ein unverzichtbares Element moderner Staatlichkeit ist; die Frage nach der Rechtfertigung der St. läuft deshalb notwendig auf die Frage nach der Rechtfertigung des *Staates* hinaus. Wenn darum die neuere Staatslehre wieder stärker die *funktionale* Bedeutung bestimmter politischer „Lagen“ (HERBERT KRÜGER) betont, im Grunde also der Einsicht wieder zum Durchbruch verhilft, daß nicht in erster Linie der Bürger dem Staat, sondern der Staat dem Bürger zu dienen hat, so wird das auch für die Steuertheorie zu einer Aufwertung der alten Gegenseitigkeitslehre führen müssen. Da jedoch die „Gegenleistung" des Staates *nicht meßbar* ist, kann sie für die *Höhe* der Besteuerung nicht von Bedeutung sein; insoweit ist vielmehr am Gedanken der Besteuerung nach der *individuellen Leistungsfähigkeit* als einer bleibenden Errungenschaft der „Opfertheorie" festzuhalten.

Nur wenig ist im Schrifttum bislang beachtet worden, daß die naturrechtl. St.theorie die Gerechtigkeit des staatl. St.eingriffs auch von dem Nachweis eines entsprechenden *Bedarfs* abhängig gemacht hat. Diese Tatsache ist vor allem dadurch stark in den Hintergrund getreten, daß mit dem Aufkommen des modernen Parlamentarismus die Festsetzung und Legitimierung dieses Bedarfs dem autoritativen Etatbeschluß des →*Parlaments* überlassen wurde (Haushaltsrecht). Die heutige Bewilligungspraxis der Parlamente läßt allerdings die Frage aufwerfen, ob nicht auch jenes Erfordernis eines *legitimen Bedarfs* als notwendige Voraussetzung für die Rechtfertigung des staatl. St.eingriffs einer erneuten Überprüfung und verfassungsrechtl. Ausarbeitung bedürfte. Erreicht, wie Ende der siebziger Jahre, der Anteil der öffentlichen Haushalte 50 % des Bruttosozialprodukts oder geht er gar darüber hinaus, so stellt sich zudem die Frage, ob es nicht verfassungsrechtl. Grenzen für die Höhe dieser „Staatsquote" gibt. Bestrebungen, den Staatsanteil durch Verfassungsänderung ausdrücklich zu begrenzen, gibt es vor allem in den Vereinigten Staaten.

5. St.moral. Es ist bekannt und wird durch empirische Untersuchungen (DUBERGÉ, SCHMÖLDERS) bestätigt, daß Vergehen gegen die St.gesetze im Bewußtsein der Allgemeinheit rechtsethisch geringer als sonstige Gesetzesverstöße bewertet werden: bei einer von SCHMÖLDERS veranstalteten Umfrage wollten 43 % der Befragten den St.sünder lediglich als einen „raffinierten Geschäftsmann" einschätzen, weitere 12 % ihn einem Verkehrssünder gleichstellen, die St.hinterziehung also lediglich als ein „Kavaliersdelikt" auffassen, und nur 40 % (unter den selbständig Tätigen sogar nur 26 %) ihn schärfer, wie einen Hochstapler, Dieb, Betrüger oder gar Landesverräter bewerten. Unter den mögl. Gründen für eine solche Einstellung wird im Schrifttum vor allem die *Anonymität des Geschädigten* – des „Staates" – genannt; im gleichen Sinne dürfte wohl auch die Tatsache eine Rolle spielen, daß die St. nicht jeweils für eine konkrete Zweckbestimmung erhoben werden, so daß also nicht diese Zweckbestimmung die Zahlungspflicht im Bewußtsein des St.pflichtigen legitimiert. Wichtiger dürfte aber noch die fehlende Überzeugung von der *inneren Gerechtigkeit* der St.gesetzgebung sein. In der Bundesrepublik ist heute die St.gesetzgebung überkompliziert, unsystematisch und oft undurchschaubar. Dringende Mahnungen des Bundesfinanzhofs und seiner Präsidenten, ebenso angesehener Wissenschaftler (KLAUS TIPKE, BRIGITTE KNOBBE-KEUK), hat der Gesetzgeber unbeachtet gelassen. Diese Kompliziertheit führt einerseits dazu, daß St.pflichtige die Möglichkeit haben, durch ausgeklügelte „St.gestaltung" auf völlig legale Weise ihre St.pflichten zu mindern; daß sie davon Gebrauch machen, ist nicht diesen St.pflichtigen vorzuwerfen, sondern dem Gesetzgeber, der die Möglichkeit hierzu geschaffen hat. Andererseits kann ein in seinen Wertungen für den Bürger nicht mehr durchschaubares Steuersystem auch von seiner Gerechtigkeit nicht überzeugen; dies gilt um so mehr, wenn es in der geschilderten Weise Möglichkeiten legaler Steuervermeidung eröffnet. In einer solchen Situation ist der geringe Stand der „St.moral" nur eine folgerichtige Konsequenz.

F. K. MANN, Steuerpolitische Ideale, 1937 – W. GERLOFF u. a., in: Hdb. der Finanzwissenschaft II, W. GERLOFF und F. NEUMARK (Hg.), 1956², 239 – 325 – H. LAUFENBURGER, Traité d'économie et de législation financières, Paris 1956⁵ – G. SCHMÖLDERS, Allg. Steuerlehre, 1980⁵, G. SCHMÖLDERS, Finanzpolitik, 1970³, 311 – 393 – DERS., Das Irrationale in der öffentl. Finanzwirtschaft, 1960 – F. NEUMARK u. a., in: HdSW X, E. v. BECKERATH u. a. (Hg.), 1959, 93 – 113, 119 – 136, 152 – 191 – DERS., Grundsätze gerechter und ökonomisch rationaler Steuerpolitik, 1970 – H. HALLER, Finanzpolitik, 1961² – DERS., Die St., 1981³ – J. DUBERGÉ, La psychologie sociale de l'impôt dans la France d'aujourd'hui, Paris 1961 – K. SCHMIDT, in: Hdb. der Finanzwissenschaft II, F. NEUMARK (Hg.), 1978³, 120 – 171 – W. WITTMANN, Öffentliche Finanzen, Einführung in die Finanzwissenschaft, 1978, 99 – 115 – K. REDING/R. D. POSTLEP, Finanzwissenschaft II, 1979², 62 – 187 – K. FRIAUF, Verfassungsrechtliche Grenzen der Wirtschaftslenkung und Sozialgestaltung durch Steuergesetze, 1966 – W. KNIES, Steuerzweck und Steuerbegriff, 1976 – P. SELMER, Steuerinterventionismus und Verfassungsrecht, 1972 (Lit.) – K. VOGEL, Finanzverfassung und politisches Ermessen, 1972 – DERS., H. WALTER, Art. 105 GG, Zweitbearbeitung, in: Kommentar zum Bonner Grundgesetz (Bonner Kommentar), 1950 ff., Losebl.

Klaus Vogel

Steuerrecht. I. Allgemeines. Anders als zB in Frankreich gibt es in der Bundesrepublik Deutschland kein einheitliches zusammenfassendes Steuergesetz; das geltende deutsche St. besteht vielmehr aus einer größeren Zahl von *Einzelsteuergesetzen* für die jeweiligen einzelnen Steuern (vgl. unten zu II) sowie aus den für alle Steuern gemeinsam geltenden Vorschriften, insbesondere der *Abgabenordnung* (AO) vom 16. März 1976 und des *Bewertungsgesetzes* (BewG) i. d. F. vom 26. Sept. 1974. Während die Voraussetzungen der Steuerpflicht sowie Steuermaßstab und Steuersatz für die einzelnen Steuern jeweils in diesen speziellen Steuergesetzen geregelt sind, finden sich in der AO die das Steuerschuldverhältnis allgemein betreffenden Regelungen (Zeitpunkt der Entstehung der Steuerschuld, Zahlung, Verjährung, gewisse gemeinsame Definitionen usw.) sowie die Vorschriften des Steuerverfahrensrechts (unten zu III) und des Steuerstrafrechts (unten zu IV), im BewG ferner Vorschriften über die Bewertung einzelner Steuerobjekte. Zusammenfassend werden diese allg. Vorschriften auch als das *„Allgemeine St."* im Gegensatz zum *„Besonderen St."* oder *„Einzel-St."* bezeichnet. – Fast alle wichtigen Steuergesetze sind im Laufe ihres Bestehens vielfältig und sehr unsystematisch, meist nur aus bestimmten Tagesbedürfnissen heraus, geändert worden; hierauf beruht zum wesentl. Teil die *Unübersichtlichkeit* des geltenden St. Zu einer grundlegenden Reform auch nur eines einzelnen bedeutenderen SteuerG. hat sich die deutsche Nachkriegsgesetzgebung nur in Ausnahmefällen in der Lage gezeigt (Umsatzsteuer, Körperschaftsteuer, Grunderwerbsteuer); von diesen sehr partiellen Steuerreformen ist zudem die eine nur unter dem Einfluß der EWG und zuletzt noch unter dem Druck einer Entscheidung des BVerfG (E 21, 12), eine andere im „Windschatten" eines Regierungswechsels zustande gekommen. Die in den Jahren 1971 bis 1973 von der damaligen Bundesregierung vorgelegten Entwürfe zu einer sog. *„Großen Steuerreform"* (Erstes, Zweites und Drittes Steuerreformgesetz, BT-Drs. 7/78, 79, 1470; s. dazu Gutachten der Steuerreformkommission [sog. „EBERHARDT-Kommission"], 1971) sahen von vornherein nur eine Fortschreibung des bisherigen Rechtszustandes mit einzelnen Teilkorrekturen vor.

Rechtssystematisch ist das St. ein Teilgebiet des →öffentl. Rechts, und zwar des →Verwaltungsrechts; die Regeln des „Allgemeinen Verwaltungsrechts" sind deshalb gelegentlich auch im Rahmen des St. ergänzend heranzuziehen. Dagegen ist es nicht möglich, auf das St.verhältnis zwischen Staat und Bürger die Vorschriften des →Privatrechts anzuwenden. Auch wo die SteuerG.e die besteuerten Rechtsgüter oder Rechtsgeschäfte mit Begriffen bezeichnen, welche *dem Privatrecht entlehnt sind,* ist der Steuergesetzgeber grds. in der Lage, diesen Begriffen eine eigene, steuerrechtl. Bedeutung zu geben. Jedoch darf diese Lehre von der „Selbständigkeit der steuerl. Begriffsbildung" nicht, wie dies gelegentlich aus fiskalischen Gründen geschehen ist, überspannt werden; nach heutiger Auffassung ist vielmehr i. d. R. davon auszugehen, daß solche Begriffe, wo das Gegenteil nicht ausdrücklich bestimmt ist, in ihrem *ursprüngl., privatrechtl. Sinn* zu verstehen sind. – Von besonderer Bedeutung sind heute für das St. ferner auch die Vorschriften des *Verfassungsrechts* (→Finanzverfassung); das BVerfG hat bereits zahlreiche Steuergesetze auf ihre Verfassungsmäßigkeit überprüfen müssen und ist dabei nicht selten zu dem Ergebnis gekommen, daß die fragl. Bestimmungen verfassungswidrig und somit nichtig seien.

Für die *Auslegung* der Steuergesetze gelten die allgemeinen Auslegungsregeln (→Rechtsanwendung); jedoch ist eine ausdehnende Auslegung lediglich zu dem Zweck, das staatl. Steueraufkommen dadurch zu vergrößern, nach rechtsstaatl. Grundsätzen (→Rechtsstaat) auch unter dem Gesichtspunkt einer „teleologischen" Auslegung nicht zulässig. Noch weniger wäre es zulässig, in Fällen, die als „steuerwürdig" erscheinen, in denen sich aber aus dem Gesetz eine Steuerpflicht nicht ergibt, eine Steuerpflicht durch Analogieschluß herzuleiten; nach geltendem Verfassungsrecht ist vielmehr die Festsetzung von Steuerpflichten allein dem Gesetzgeber vorbehalten (sog. *„Tatbestandsmäßigkeit des St."*). Nicht zu verkennen ist allerdings, daß Verwaltung und Rspr. vielfach, besonders nach 1933, die Steuergesetze entgegen diesen Grundsätzen erweiternd ausgelegt haben. Neuerdings wird von TIPKE, auch anderen, die Ansicht vertreten, daß im Interesse der Steuergerechtigkeit eine Analogie zu Lasten des Steuerpflichtigen jedenfalls in gewissen Grenzen gestattet sein müsse. Diese Auffassung ist jedoch verfassungsrechtlich bedenklich (BVerfG, NJW 1985, S. 1891).

II. Die einzelnen Steuern. A. Steuern vom Einkommen. 1. Einkommensteuer (ESt.). Eine ESt. wurde erstmalig 1798 in England durch PITT eingeführt; die heutige deutsche ESt. geht jedoch insbesondere zurück auf die 1891 in Preußen durch VON MIQUEL entworfene ESt.gesetzgebung. Maßgebend ist gegenwärtig das ESt.gesetz (EStG) i. d. F. vom 24. Januar 1984 mit den dazugehörigen DVO.en (ESt.DVO, Lohnsteuer-DVO, KapitalertragsteuerDVO). Steuerpflichtig sind mit ihrem gesamten Einkommen alle natürl. →Personen, die in der Bundesrepublik oder in West-Berlin ihren Wohnsitz oder gewöhnl. Aufenthalt haben oder, obwohl im Ausland ansässig, im Dienst einer inländischen juristischen Person des öffentl. Rechts stehen; sonstige natürl. Personen, die im Inland Einkünfte haben, dagegen nur mit diesen Inlandseinkünften („beschränkte" im Gegensatz zur „unbeschränkten" Steuerpflicht). Eine „erweiterte beschränkte" Steuerpflicht hat das *Außensteuergesetz* vom 8. Sept. 1972 gebracht (→Außensteuerrecht); nach § 2 dieses Gesetzes unterliegen deutsche Staatsangehörige, die in ein niedrig besteuerndes Land auswandern, zehn Jahre lang noch der deutschen ESt. mit allen Einkünften, die nach deutscher Betrachtungsweise in dem anderen Staat „inländische" Einkünfte sind (eine höchst problematische Regelung).

Der *Begriff* des „Einkommens" ist in der Finanzwissenschaft lange Zeit umstritten gewesen; während die „Quellentheorie" nur Einkünfte aus bestimmten *fundierten Quellen* zum „Einkommen" rechnen wollte, suchte die „Reinvermögenszugangstheorie" den Begriff auf *jeden Vermögenszuwachs* auszudehnen. Das geltende EStG geht in dieser Frage einen Mittelweg; „Einkommen" ist nach diesem zwar nur der Gesamtbetrag der Einkünfte aus den sieben im § 2 EStG ausdrücklich aufgeführten Einkunftsarten; der Katalog der Einkünfte ist dabei aber so weit gefaßt, daß das Ergebnis sich der „Reinvermögenszugangstheorie“ weitgehend nähert. Im einzelnen nennt das EStG: Einkünfte aus Land- und Forstwirtschaft, aus Gewerbebetrieb, aus selbständiger und nichtselbständiger Arbeit, aus Kapitalvermögen (Dividenden, Zinsen aus Sparguthaben und Wertpapieren usw.), aus Vermietung und Verpachtung (vor allem von Haus- und Grundbesitz) und „sonstige Einkünfte“. Besonders weit ist diese letztere Kategorie; es rechnen dazu u. a. Erträge aus der Vermietung bewegl. Gegenstände sowie bestimmte Renten.

Im einzelnen wird bei den Einkünften aus Land- und Forstwirtschaft, Gewerbebetrieb und selbständiger Arbeit die Höhe der Reineinkünfte (der „Gewinn“) durch einen Vermögensvergleich zwischen dem bilanzmäßig festgestellten Betriebsvermögen am Schluß eines Wirtschaftsjahres und dem in der gleichen Weise festgestellten Betriebsvermögen am Schluß des vorangegangenen Wirtschaftsjahres ermittelt (insoweit entsprechend der „Reinvermögenszugangstheorie“); lediglich bei nicht buchführenden Steuerpflichtigen tritt an die Stelle dieses Vermögensvergleichs die Ermittlung des „Gewinns“ durch Abzug der „Betriebsausgaben“ (einschl. der Absetzungen für Abnutzung [„Abschreibungen“], die bei den Buchführenden im Rahmen ihrer Gewinn- und Verlustrechnung vorgenommen werden und sich in der Bilanz niederschlagen) von den „Betriebseinnahmen“. Bei den anderen Einkunftsarten ist diese zweite Art der Einkunftsermittlung die Regel; den Roheinkünften werden hier die „Werbungskosten“ gegenübergestellt, d. h. die Aufwendungen, die der Steuerpflichtige zum Erwerb sowie zur Sicherung und Erhaltung seiner Einkünfte gemacht hat. Bestimmte Einnahmen erklärt das EStG aus sozialpolitischen und ähnl. Gründen für steuerfrei. – Von dem Gesamtbetrag der (steuerpflichtigen) Einkünfte kann der Steuerpflichtige vor Berechnung der Steuer noch bestimmte Beträge abziehen, die durch seine persönl. Verhältnisse bedingt sind: nämlich die Aufwendungen für „Sonderausgaben“ (u. a. Kirchensteuer, Beiträge zur Alters-, Krankheits- und Invaliditätssicherung sowie zu Bausparkassen, Spenden), die „außergewöhnl. Belastungen“ und die persönl. „Freibeträge“ (Altersfreibetrag, Haushaltsfreibetrag für Alleinstehende, Arbeitnehmerfreibetrag usw.). Nach dem in dieser Weise für den Veranlagungszeitraum ermittelten Gesamteinkommen wird sodann die zu zahlende ESt. nach Maßgabe des Tarifs (anfangs 22 v. H., fortschreitend bis zu 56 v. H.) errechnet. Ein bestimmter Einkommenszuwachs führt hiernach bei einem Steuerpflichtigen mit ohnehin schon hohen Einkünften zu einer *höheren* Steuer als bei einem Steuerpflichtigen mit niedrigeren Einkünften; folgerichtig mindert auch ein Verlust (oder ein Freibetrag) bei dem höher Verdienenden die Steuerpflicht stärker. Vielfach wird dies dahin mißverstanden, als werde durch den Abzug dem höher Verdienenden eine höhere „Vergünstigung“ gewährt. Das ist nicht berechtigt, soweit die Abzüge darauf beruhen, daß durch zwangsläufige Aufwendungen (Beiträge zur gesetzlichen Sozialversicherung, Unterhalt von Kindern) die für die Höhe der ESt. maßgebende *Leistungsfähigkeit* des Steuerpflichtigen gemindert ist. Bei der ESt.-Änderung von 1974 hat dieses Mißverständnis dazu geführt, daß den Steuerpflichtigen mit Kindern die bis dahin bestehende Möglichkeit versagt worden ist, ihre Aufwendungen für den Unterhalt ihrer Kinder, soweit sie über das staatl. Kindergeld hinausgehen, durch *Kinderfreibeträge* von ihrem Einkommen abzusetzen. Dadurch wurden Steuerpflichtige mit Kindern gegenüber gleich verdienenden Steuerpflichtigen ohne Kinder benachteiligt. Derzeit ist beabsichtigt, Kinderfreibeträge neu einzuführen; sie sollen aber nicht dem vollen Unterhaltsaufwand entsprechen. Nach BVerfGE 66, 214 müssen zwangsläufige Aufwendungen bei der ESt. realitätsgerecht abziehbar sein; der Gesetzgeber scheint dies einstweilen noch nicht zur Kenntnis zu nehmen. – *Nicht* berechtigt sind allerdings Abzüge vom Einkommen dort, wo sie nicht auf einer geminderten Leistungsfähigkeit, sondern auf außersteuerl. (zB wirtschafts- oder sozialpolitischen) Erwägungen beruhen. Hier muß die Vergünstigung von der Höhe des ESt.satzes unabhängig sein, also entweder durch gesonderte *Subvention* oder, was auf das gleiche hinausläuft, durch einen Abzug von der *Steuerschuld* gewährt werden. – Für eine Bewertung des *Spitzensteuersatzes* von 56 v. H. ist zu berücksichtigen, daß zur ESt. noch Vermögensteuer (unten B) und bei gewerbl. Einkünften Gewerbesteuer (unten D 1) hinzutreten; dadurch kann bei gewerbl. Einkünften die Belastung des Einkommens an 80 v. H. heranreichen, gelegentlich sogar darüber hinausgehen.

Bei den Einkünften aus nichtselbständiger Tätigkeit wird die ESt. als *„Lohnsteuer“* erhoben. Sie wird nach Maßgabe einer besonderen Lohnsteuertabelle vom Arbeitgeber bei der Zahlung des Arbeitsentgelts einbehalten und an das Finanzamt abgeführt; nach Abschluß des Steuerjahres erfolgt u. U. der *„Lohnsteuerjahresausgleich“*. In ähnl. Weise wird auch im Rahmen der Einkünfte aus Kapitalvermögen die ESt. z. T. – vor allem bei Dividenden – als „Kapitalertragsteuer“ im Wege des Quellenabzugs erhoben; wird der Empfänger dieser Einkünfte später zur ESt. veranlagt, so wird die gezahlte Kapitalertragsteuer angerechnet.

2. Körperschaftsteuer (KSt.). Das Einkommen der juristischen Personen sowie bestimmter Vermögensmassen und nichtrechtsfähiger Personenvereinigungen unterliegt nicht der ESt., sondern der besonders geregelten KSt.; maßgebend sind insoweit das KStG (KStG) i. d. F. vom 10. Februar 1984 sowie die KStDVO. Unbeschränkt körperschaftsteuerpflichtig sind die im Gesetz aufgeführten Körperschaften, die ihre Geschäftsleitung oder ihren Sitz im Inland haben, mit ihren gesamten Einkünften; beschränkt steuerpflichtig die im Inland nicht ansässigen Körperschaften mit ihren Inlandseinkünften sowie die im Inland ansässigen, der KSt. aber nicht ausdrücklich unterworfenen Körperschaften (zB Körperschaften des öffentl. Rechts, soweit sie nicht einen Gewerbebetrieb unterhalten) mit ihren dem Quellenabzug unterliegenden inländischen Kapitalerträgen. Für die Ermittlung des Einkommens verweist das KStG auf das EStG; abweichend vom ESt.recht gelten aber die Einkünfte der jur. Personen des Handelsrechts stets als Einkünfte aus Gewerbebetrieb. Schüttet die Körperschaft ihren Gewinn an die Gesellschafter aus, so unterliegt er dort im Rahmen der Einkünfte aus Kapitalvermögen noch einmal der ESt.; die Einkünfte der Körperschaft werden also, wirtschaftlich gesehen, doppelt besteuert. Bis 1976 versuchte das deutsche KSt.recht dies durch verschiedene Erleichterungen *(„gespaltener Körperschaftsteuertarif", „Schachtelprivileg", „Organschaft")* zu mildern. Heute mindert sich im Fall der Ausschüttung zunächst die Steuer der Körperschaft; die verbleibende KSt. wird, soweit sie auf der Ausschüttung an den Gesellschafter lastet, diesem auf seine ESt. angerechnet.

3. Ergänzungsabgabe (ErgA), Stabilitätszuschlag (StabZ) und Investitionshilfeabgabe (InvHA). Zusätzlich zur ESt. wurde bis 1974, zusätzlich zur KSt. bis 1976 eine ErgA in Höhe von 3 v. H. der veranlagten ESt. bzw. KSt. erhoben. Mit dem Fortfall der ErgA wurde der Steuersatz der ESt. und KSt. entsprechend erhöht. Für die Jahre 1973 und 1974 wurde aus konjunkturpolitischen Gründen ein StabZ in Höhe von 5 v. H. erhoben (G vom 26. Juni 1973), für die Jahre 1983 und 1984, angeblich zur Belastung der „Besserverdienenden", eine InvHA (G vom 20. Dezember 1982), die jedoch durch BVerfGE 67, 256 für verfassungswidrig erklärt wurde.

B. Vermögensteuer (VSt.). Der VSt. unterliegt das Vermögen natürlicher und juristischer Personen sowie bestimmter Vermögensmassen und nicht rechtsfähiger Personenvereinigungen; maßgebend sind insoweit das VStgesetz (VStG) vom 17. April 1974 sowie die VStDVO. Unbeschränkt vermögensteuerpflichtig sind die natürlichen →Personen, die in der Bundesrepublik oder in West-Berlin ihren Wohnsitz oder gewöhnl. Aufenthalt haben oder im Dienst einer inländischen juristischen Person des öffentl. Rechts stehen, sowie die sonstigen Vermögensteuerpflichtigen, die hier ihre Geschäftsleitung oder ihren Sitz haben; beschränkt vermögensteuerpflichtig sind die nicht im Inland ansässigen natürl. Personen und sonstigen Vermögensteuerpflichtigen mit ihrem Inlandsvermögen. Eine „erweiterte beschränkte" Vermögensteuerpflicht entsprechend wie bei der ESt. (oben A I) sieht das Außensteuergesetz vor. Zu dem zu versteuernden Vermögen gehören das land- und forstwirtschaftl. Vermögen, das Grundvermögen, das (gewerbl.) Betriebsvermögen und das sonstige Vermögen. Sein der VSt.berechnung zugrunde zu legender Wert wird nach den Vorschriften des *BewG* (vgl. oben zu I) und der zu diesem ergangenen DVO ermittelt. Grundlage für die Steuerberechnung ist das durch Abzug der auf dem *Bruttovermögen* ruhenden Schulden und Lasten ermittelte *Reinvermögen.* Vor Feststellung der Steuer werden bei natürl. Personen noch Freibeträge abgezogen. Für Kapitalgesellschaften mit geringem Vermögen ist eine Mindeststeuer vorgesehen.

Sinn der VSt. ist es, die Einkünfte, die nicht durch persönl. Leistung, sondern durch Vermögensnutzung erzielt werden, zusätzlich zu belasten. Der Steuersatz beträgt für natürliche Personen 0,5 v. H., für Körperschaften 0,6 v. H.

C. Erbschaft- und Schenkungsteuer (ErbSt.). Der ErbSt. unterliegen der Erwerb von Todes wegen sowie Schenkungen unter Lebenden und Zweckzuwendungen; maßgebend sind insoweit das ErbSt.gesetz (ErbStG) vom 17. April 1974 sowie die ErbStDVO. Steuerpflichtig ist der Erwerber, bei einer Schenkung auch der Schenker, bei einer Zweckzuwendung der mit der Zuwendung Beschwerte. Die Zuwendung ist unbeschränkt zu versteuern, wenn entweder der Zuwendende im Zeitpunkt der Zuwendung oder der Empfänger im Zeitpunkt der Entstehung der Steuerschuld seinen Wohnsitz im Inland hatte. In allen anderen Fällen beschränkt sich die ErbSt. auf den inländischen Erwerb. Grundlage für die Steuerberechnung ist der nach den Vorschriften des BewG ermittelte Wert der Zuwendung. Dabei werden bei natürl. Personen nach dem Verwandtschaftsgrad gestaffelte Freibeträge vor Festsetzung der Steuer in Abzug gebracht. Die ErbSt. wird nach einem – nach Höhe der Zuwendung und dem Verwandtschaftsgrad – gestaffelten Tarif erhoben. Familienstiftungen werden zur ErbSt. jeweils im Abstand von dreißig Jahren herangezogen.

D. Realsteuern sind Steuern auf eine Sache oder einen Sachinbegriff; ihr Aufkommen steht nach Art. 106 VI GG den Gemeinden zu. *1. Gewerbesteuer (GewSt.).* Der GewSt. unterliegen alle Gewerbebetriebe einschließl. der Reisegewerbebetriebe in der Bundesrepublik und in West-Berlin: GewStG i. d. F. vom 14. Mai 1984 sowie GewStDVO. Steuerschuldner ist derjenige, für dessen Rechnung der Gewerbebetrieb geführt wird (Unternehmer). Grundlagen für die Steuerberechnung sind der *Gewerbeertrag* und das *Gewerbekapital* des Betriebs. Die Steuer wird dabei nach einem einheitlichen, d. h. aus Gewerbekapital und Gewerbeertrag vom Finanzamt ermittelten *„Steuermeßbetrag"* auf Grund eines von der Gemeinde festgesetzten *„Hebesatzes"* berechnet. *2. Grundsteuer (GrSt.).* Der GrSt. unterliegt der Grundbesitz einschließlich der grundstücksgleichen Rechte (zB Erbbaurecht): GrStG vom 7. Aug. 1973 sowie GrStDVO. Steuerschuldner ist der Eigentümer des Grundstücks, bei grundstücksgleichen Rechten der Berechtigte. Grundlage für die Steuerberechnung ist der nach den Vorschriften des BewG ermittelte

„Einheitswert“. Die GrSt. wird durch die Anwendung eines von der Gemeinde festzusetzenden *„Hebesatzes“* auf diesen Einheitswert ermittelt. Das Problem der GrSt. liegt in der Schwierigkeit der Bewertung des Grundbesitzes; da das Verfahren langwierig ist, bleiben die Einheitswerte hinter der unterschiedl. Wertentwicklung jeweils nicht unerheblich zurück.

E. Verkehrsteuern sind Steuern auf Vorgänge des Rechts- und Wirtschaftsverkehrs. *1. Grunderwerbsteuer (GrESt.):* G. vom 17. Dezember 1982. Der GrESt. unterliegen Kaufverträge und wirtschaftlich vergleichbare Rechtsgeschäfte, die auf Übereignung von Grundstücken und grundstücksgleichen Rechten gerichtet sind. Ausgenommen sind u. a. alle Erwerbsvorgänge, die erbschaftsteuerpflichtig sind, sowie solche zwischen nahen Angehörigen, Familiengesellschaften und auf Grund güterrechtl. Vorschriften. *2. Kapitalverkehrsteuer (KVSt.):* KVStG i. d. F. vom 17. Nov. 1972 sowie KVStDVO. Die KVSt. erfaßt Vorgänge des Kapitalverkehrs. Sie wird erhoben als *Gesellschaftssteuer* und *Börsenumsatzsteuer. 3. Versicherungsteuer (VersSt.):* VersStG i. d. F. vom 24. Juli 1959 sowie Vers.StDVO. Der VersSt. unterliegt die Zahlung des Versicherungsentgelts, wenn der Versicherungsnehmer seinen Wohnsitz oder gewöhnl. Aufenthalt im Inland hat oder ein Gegenstand versichert wird, der sich im Inland befindet. *4. Rennwett- und Lotteriesteuer:* G. vom 8. April 1922. Besteuert werden Wetten am Totalisator und beim Buchmacher sowie die öffentl. Lotterien. Fußballtoto gilt als Wette, Zahlenlotto als Lotterie. *5. Wechselsteuer (WSt.):* WStG i. d. F. vom 24. Juli 1959 und WStDVO. Der WSt. unterliegt grds. die Aushändigung eines im Inland ausgestellten oder die Weitergabe eines im Ausland ausgestellten Wechsels. Sie wird durch Wechselsteuermarken erhoben, die auf den Wechsel aufgeklebt werden müssen. *6. Feuerschutzsteuer (FSt.):* FStG vom 21. Dezember 1979. Der FSt. unterliegt die Entgegennahme von Versicherungsentgelten durch die Feuerversicherer, wenn sich die versicherten Gegenstände im Zeitpunkt der Entgegennahme im Inland befinden.

F. Verbrauchsteuern. *1. Umsatzsteuer (USt.).* Die USt. wurde im Jahre 1916 zunächst als „Warenumsatzstempel“ eingeführt. Hiernach waren gewerbl. Warenumsätze und gleichgestellte Lieferungen aus Werkverträgen im Rahmen des *ReichsstempelG* zu versteuern. Eine selbständige Grundlage erhielt die USt. erstmalig durch das ReichsG vom 26. Juli 1918. Bis 1967 wurde die USt. von allen Umsatzvorgängen nach einem einheitl. Steuersatz (zuletzt 4 v. H.) erhoben, bei mehrfachem Umsatz der gleichen Ware entsprechend mehrfach (sog. „kumulative Allphasenbrutto-USt.“), so daß vertikal konzentrierte Unternehmen bevorzugt wurden. Das UStG vom 29. Mai 1967, jetzt vom 26. Nov. 1979 (mit USt.-Durchführungsbestimmungen), ersetzte dieses System durch Einführung einer wettbewerbsneutralen *„Netto-USt. mit Vorsteuerabzug“* (sog. *„Mehrwertsteuer“*). Der USt. unterliegen alle *Lieferungen und Leistungen*, die ein Unternehmer im Rahmen seines Unternehmens gegen Entgelt ausführt, ferner dessen *Eigenverbrauch* und die *Einfuhr* von Waren in das Zollinland (besondere *„Einfuhr-USt.“*). Unternehmer im Sinne des UStG sind alle selbständig beruflich Tätigen, zB auch Ärzte und Anwälte. Bemessungsgrundlage für die Berechnung der USt. ist die Summe der – vereinnahmten oder vereinbarten – Entgelte, die der Unternehmer im Steuerjahr erhalten hat; der Steuersatz beträgt 14 v. H., in bestimmten Fällen 7 v. H. Von der sich hiernach ergebenden USt. kann der Unternehmer jedoch die Vorsteuern absetzen, die für die an ihn erbrachten Lieferungen und Leistungen von seinen Lieferanten gezahlt worden sind; sie sind in den Rechnungen, die er erhält, gesondert auszuweisen. Durch dieses System des Vorsteuerabzugs wird erreicht, daß im Ergebnis nur die Wertschöpfung auf der einzelnen Handelsstufe besteuert wird; die Lieferungen und Leistungen an den Endverbraucher sind, unabhängig von der Zahl der Handelsstufen, einheitlich mit 14 v. H. (bzw. 7 v. H.) belastet. *2. Kraftfahrzeugsteuer (KfzSt.):* KfzStG i. d. F. vom 1. Februar 1979 sowie KfzStDVO. Steuerpflichtig sind das Halten von Kraftfahrzeugen und Kraftfahrzeuganhängern, die Zuteilung eines Kennzeichens für Probe- und Überführungsfahrten sowie die unbefugte Benutzung derartiger Fahrzeuge. – Weitere Verbrauchsteuern sind: *3. Biersteuer:* G. i. d. F. vom 14. März 1952 und Durchführungsbestimmungen. *4. Tabaksteuer:* G. i. d. F. vom 13. Dez. 1979 und Durchführungsbestimmungen. Ihr unterliegen Tabakerzeugnisse, Zigarettenhüllen und Rohtabak. *5. Schaumweinsteuer:* G. vom 26. Okt. 1958 und Durchführungsbestimmungen. *6. Leuchtmittelsteuer:* G. vom 22. Juli 1959 und Durchführungsbestimmungen. *7. Zuckersteuer:* G. i. d. F. vom 13. Okt. 1983 und Durchführungsbestimmungen. *8. Salzsteuer:* G. i. d. F. vom 25. Jan. 1960 und Durchführungsbestimmungen. *9. Mineralölsteuer:* G. i. d. F. vom 11. Okt. 1978 und DVO. *10. Kaffee- und Teesteuer:* G. i. d. F. vom 5. Mai 1980. *11. Branntweinsteuer* nach dem BranntweinmonopolG i. d. F. vom 8. April 1922.

Örtliche Verbrauch- und Aufwandsteuern können nach Art. 105 II a GG von den Ländern erhoben werden; die Länder haben diese Ermächtigung i. d. R. an die Gemeinden weitergegeben. Örtliche Aufwandsteuern sind zB die Hundesteuer, die Getränkesteuer sowie die Vergnügungsteuer.

III. Verfahren. Die Heranziehung zur Steuer erfolgt durch *Steuerbescheid* des Finanzamts, bei den Realsteuern der Gemeinden; das Finanzamt setzt u. U. auch durch gesonderten Bescheid Besteuerungsgrundlagen, zB den Einheitswert oder Steuermeßbeträge, fest. Maßgebend für den Steuerbescheid sind die *Steuererklärung* des

Pflichtigen und – falls erforderlich – eigene Ermittlungen des Finanzamts. Gegen den Steuerbescheid kann der Pflichtige, wenn er sich für zu hoch veranlagt hält, beim Finanzamt *Einspruch* einlegen sowie anschließend vor dem Finanzgericht gegen dessen Entscheidung *Anfechtungsklage* erheben; ferner ist die *Revision* zum *Bundesfinanzhof* möglich. Der nachträgl. Kontrolle der Veranlagung, insbesondere der Steuererklärung dient die *Außenprüfung* (traditionell: *„Betriebsprüfung“*); werden dabei „neue Tatsachen“ aufgedeckt, so kann auch der rechtskräftige Steuerbescheid noch berichtigt werden.

IV. Steuerstrafrecht und Steuerordnungswidrigkeiten. Für eine Reihe typischer Steuervergehen (Steuerhinterziehung, Bruch des Steuergeheimnisses usw.) gelten strafrechtl. Sondervorschriften. Das Steuerstrafverfahren wird heute als *gerichtl. Verfahren* vor den ordentl. Gerichten durchgeführt. Für minder schwere Verstöße (leichtfertige Steuerverkürzung usw.) enthält die AO *Bußgeldtatbestände*. Den Bußgeldbescheid erläßt das Finanzamt; gegen ihn ist der Einspruch an das ordentl. Gericht gegeben.

V. „Internationales St.“ Nach heutigem Völkerrecht steht es jedem Staat grundsätzlich frei, diejenigen Gegenstände bzw. Wirtschaftsvorgänge, die er einer Steuerpflicht unterwerfen will, nach eigenem Gutdünken zu bestimmen; er ist insbesondere nicht lediglich auf Gegenstände bzw. Vorgänge innerhalb seines *eigenen Hoheitsgebietes* beschränkt (→Gebietshoheit). So wird zB bei der ESt. und KSt. vielfach (auch in der Bundesrep., vgl. oben zu II) das gesamte, auch das im Ausland erzielte Einkommen der im Inland Ansässigen der inländischen Besteuerung unterworfen. Der *internationale Wirtschaftsverkehr* bringt es deshalb nicht selten mit sich, daß das gleiche Steuerobjekt, zB das gleiche Entgelt oder der Ertrag der gleichen Betriebstätte, *in mehreren Staaten gleichzeitig* einer Steuerpflicht unterliegt. Zur Milderung einer derartigen *Doppelbesteuerung* dienen teils Vorschriften des innerstaatlichen St., die etwa eine *Anrechnung* der im Ausland gezahlten Steuern vorsehen, teils zwischenstaatliche *Doppelbesteuerungsabkommen* (gegenwärtig etwa 1000 bis 1200), die die einzelnen Steuerquellen unter den Vertragsstaaten aufteilen oder diese zu einer gegenseitigen Anrechnung von Steuern verpflichten (s. a. Außensteuerrecht).

O. Bühler, G. Strickrodt, St., 1958/60[3] – H. W. Kruse, St. I: Allgemeiner Teil, 1973[3] – Tipke, St., 1985[10] – Paulick, Lehrbuch des allgemeinen St., 1977 – Kommentare zur AO – Hübschmann, Hepp, Spitaler, Losebl., 1951/81[1-8] – Tipke, Kruse, Losebl., 1965/83[2-11] – Klein, Orlopp, 1979[2] – *zum BewG:* Rössler, Troll, Langner, 1983[13] – Gürsching, Stenger, Losebl., 1953/85[1-8] – *zum EStG:* Bühler, Paulick (zugleich zum KStG), Losebl., 1962/63[2] – Herrmann, Heuer, Raupach (zugleich zum KStG), Losebl., 1950/82[19] – Lademann, Söffing, Brockhoff, Losebl., 1964[3] – Blümich, Falk, Losebl., 1985[11] – Littmann, Bitz, Meincke, 1985[14] – Klein, Flockermann, Kühr, 1981[3] – Schmidt, 1985[4] – *zum ErbStG:* Troll, Losebl., 1984[3] – Kapp, Losebl., 1974/1984[9] – Meincke, Michel, 1981[7] – *zum GewStG:* Lenski, Steinberg, Losebl., 1957/1984[6] – *zum GrStG:* Troll, 1979[4] – *zum KVStG:* Brönner, Kamprad, 1979[3] – Kinnebrock, 1974[4] – *zum KStG:* wie zum EStG, ferner: Blümich, Klein, Steinbring, Stutz, 1965[4] – Dötsch, Eversberg, Jost, Witt, Losebl., 1983[1] – Felix, Streck, 1984[2] – *zum UStG:* Hartmann, Metzenmacher, Losebl., 1967[6] – Plückebaum, Malitzky, Losebl., 1967/1978[10] – Rau, Dürrwächter, Flick, Geist, Losebl., 1967/84[4] – Bunjes, Geist, 1981 – *zum VermStG:* Gürsching, Stenger, Losebl., 1953/85[1-8] – *zum AußensteuerG:* Flick, Wassermeyer, Becker, Losebl., 1973/1985[3] – zu den Doppelbesteuerungsabkommen: K. Vogel, 1983.

Klaus Vogel

Stiftung. I. Weltliche S.en. Die S. stellt ein einem bestimmten Zweck auf Dauer gewidmetes Vermögen dar. Durch dessen Verwendung hat sie den Stifterwillen durchzuführen; dazu ist sie rechtsfähige Organisation. Der S.zweck stellt als Verkörperung des Stifterwillens das wesentlichste Element des S.geschäfts dar (Art. 2 I Bayr. S.gesetz v. 26. Nov. 1954: „Die Achtung vor dem Stifterwillen ist oberste Richtschnur bei der Handhabung dieses Gesetzes.“).

A. Bedeutung. Die S. hat als Trägerin menschl. →Kultur von jeher Bedeutung gehabt. Sie spielte bereits im Rechtsleben der Antike eine Rolle. Das Christentum hat dem S.gedanken großen Auftrieb gebracht. Die S. wurde zur Institution des kirchl. Rechts (→Patronat), die im MA. als pia causa eine hohe Blüte erlebte (Kirchenfabrik, PfründeS., S. für Seelenmessen, SpitalS.). Im Zeitalter des Frühkapitalismus setzte in den Städten eine Verbürgerlichung des S.wesens ein. Sie hatte eine Verweltlichung des S.rechts zur Folge. Die →Aufklärung brachte eine weitere Verweltlichung des S.gedanken. Die S. wurde nicht mehr allein für Zwecke des Kultus und der christl. Liebestätigkeit, sondern auch für allgemeinkulturelle Zwecke verwendet. Da das →Kirchenvermögen zum größten Teil aus S.en bestand, brachten →Säkularisationen dem S.gedanken stets schwere Rückschläge.

B. Recht und Arten der S. 1. Die S. tritt im Rechtsleben mit eigener Rechtspersönlichkeit auf (selbständige S.). Daneben gibt es die unselbständige S. als Vermögensmasse, die, ohne rechtsfähig organisiert zu sein, i. d. R. einer jur. Person (Staat, Gemeinde, Universität, Kirche) entweder aufgrund Schenkung sowie durch Verfügung von Todes wegen oder vermöge Treuhandgeschäft (bestr.) unter der Auflage übergeben ist, das Empfangene treuhänderisch für einen best. Zweck zu verwalten. Die unselbst. S. ist, von den erbrechtl. Vorschriften abgesehen, an keine Form gebunden. Dagegen bedarf die Errichtung einer selbst. S. der Schriftform und der Genehmigung durch die zust. staatl. Behörde. Ebenso bedarf die Aufhebung der selbst. S. der Mitwirkung der staatl. Behörde. Dasselbe gilt für die Änderung des S.zwecks. Die Grundlagen des dt. S.rechts finden sich in §§ 80 – 89 BGB. Daneben spielt Landesrecht (für Genehmigung, Staatsaufsicht und Regelung der öffentl.-rechtl. und der kirchl. S.) eine bedeutsame Rolle (StiftG.e der Länder). Die selbst. S. des bürgerl. Rechts ist der Prototyp der S.

2. Nach Zweck und organisatorischer Zuordnung bestehen verschiedene *Arten der privatrechtl. S.*: a) kirchl. (s. u. II), b) kommunale mit Zwecken im Bereich des gemeindl. Wirkungskreises; sie werden kraft Gemeinderechts von den Kommunen verwaltet, unterliegen der Kommunalaufsicht. c) Häufig sind AnstaltsS.en wie AltenheimS.en, KrankenhausS.en. Unter den S.zwecken gibt es auch Forschungsinstitute, Museen, Schulen, Denkmäler. Die KapitalS.en (früher Stipendien- u. AlmosenS.) sind auf die finanzielle Förderung gemeinnütziger, mildtätiger oder kirchl. Zwecke ausgerichtet. Oft sind Wissenschaft, Sport oder Umweltschutz durch FörderS.en begünstigt. d) UnternehmensS.en (ein bes. Fall ist die Carl-Zeiss-S. von 1889) werden in der Lit. diskutiert. e) FamilienS.en sind überwiegend Interessen bestimmter Familien gewidmet (dem Allgemeinwohl können sie auch als Träger kultureller Werte dienen), z. T. ist hier die Staatsaufsicht eingeschränkt.

3. Die *Staatsaufsicht* der Landesbehörden ist grds. auf Rechtsaufsicht begrenzt (BVerwGE 40, 347 ff.); diese beschränkt sich darauf, „daß die Verwaltungen der S.en die Gesetze, das S.geschäft und die S.satzungen beachten" (§ 8 StiftG Ba-Wü), doch wird über Gesetzmäßigkeits- und Zweckmäßigkeitskontrolle ebenso gestritten, wie die verfassungsrechtl. Frage der S.freiheit als Teil der Privatautonomie noch nicht erledigt ist.

4. Die *S. des →öffentl. Rechts* gibt es neben den vorstehend behandelten S.en des privaten Rechts (vgl. in den StiftG.en: Bay. Art. 1, Hess. §§ 1 und 2, Rh.-Pf. § 2, Ba-Wü §§ 1, 17 – 21); sie sind neben den Körperschaften und Anstalten die dritte Form der jur. Personen (→Person II) des öffentl. Rechts und damit Mitglieder der →Staatsorganisation, sie erfüllen öffentl. Aufgaben (BVerfGE 15, 66 ff.), zB die S. Preuß. Kulturbesitz (vgl. BVerfGE 10, 20). Mit der S. des öffentl. Rechts darf nicht verwechselt werden die (im Gegensatz zur privatnützigen S.) öffentl. (gemeinnützige) S. des Privatrechts (vgl. StiftG Bay. Art. 1 III, Rh.-Pf. § 2 III), die kein öffentl. Rechtsträger ist und nur den Regeln des →Privatrechts folgt, deren Zweck aber ein öffentl. ist (zB ein der Öffentlichkeit zugängl. Park u. ä., auch etwa ein kirchl. Zweck). Die Feststellung, ob eine bestehende rechtsfähige S. eine solche des priv. oder öffentl. Rechts ist, kann schwierig sein, wo die Unterscheidung zwischen öffentl. und öffentl.-rechtl. verwischt ist. Wenn eine Verleihung des öffentl.-rechtl. Status durch Verw.-Akt oder G. nicht feststellbar ist, wird die Eingliederung in staatl. Verwaltung geprüft; öffentl. Zweck, organisatorische Zuordnung zur jur. Pers. des öffentl. Rechts sowie Führung der herkömml. Aufsicht können Indiz sein.

5. Privatrechtl. S.en sind *steuer*pflichtig; zur generellen Steuerbefreiung bei steuerbegünstigtem Zweck vgl. § 13 I Nrn. 16 und 17 ErbStG i. V. m. §§ 51 – 68 AO. Aus gleichem Grund können Körperschaft-, Vermögen- und Grundsteuer entfallen, die Umsatzsteuersätze sich ermäßigen.

II. Kirchl. S.en. 1. Die klassische k. S. ist Teil des →Kirchenvermögens. a) Das **kath.** →Kirchenrecht hat im CIC die Vorschriften für die frommen S.en und Verfügungen zusammengefaßt (cc. 1299 bis 1310). Die selbst. fr. S.en (c. 1303 § 1 n. 1) erfassen u. a. die überkommenen und begriffl. vorausgesetzten S.en wie gottesdienstl. Zwecken gewidmete KirchenS.en, Pfründengut und auch SonderS.en (zB ortskirchl. getragene Wohlfahrtseinrichtungen). Die Pfründen sind diözesanen Unterhaltungsfonds zu übertragen (c. 1272, c. 1274 § 1). Die unselbst. frommen S.en sind meist Zustiftungen für Messen u. a. kirchl. Funktionen. b) **Im Bereich der →EKD** hat sich in einigen →Landeskirchen die prinzipiell gleiche Einteilung in ortskirchl. S., PfründeS. und anderen kirchl. Zwecken gewidmete S. noch erhalten; meist sind Zusammenlegungen durchgeführt. Im Lauf der Geschichte nach der →Reformation und durch das →landesherrl. Kirchenregiment hatte sich im ev. Bereich der Zugriff weltl. Hoheit auf das im MA. noch stark kirchl. geprägte und religiösen Motiven (Totengedenken, Seelenheil) entstammende S.wesen mehr zu einer Verweltlichung wohltätiger S.en ausgewirkt.

2. Nach der **Rechtslage im →Staatskirchenrecht** sind a) die k. S.en der staatl. Rechtsordnung unterworfen. Sie stehen jedoch weitestgehend unter der Obhut der Kirchen. Die k. S.en sind als Teil des Kirchengutes (Art. 140 GG i. V. m. Art. 138 II WV) geschützt (→Staatsleistungen), ebenso in dem von der Kirche, der sie in bestimmter Weise zugeordnet sind, abgeleiteten Selbstbestimmungsrecht nach Art. 140 GG i. V. m. Art. 137 III WV (→Kirche und Staat). Die Kirchen sind grds. bei Ordnung und Verwaltung von S.en frei, wenn diese nach kirchl. Selbstverständnis ihrem Zweck oder ihrer Aufgabe entspr. berufen sind, ein Stück des Auftrags der Kirche wahrzunehmen und zu erfüllen (BVerfGE 46, 85, 86 und 53, 398). b) Die Anerkennung der k. S. im Landesrecht ist durch *Kirchenverträge* (→Vertragsstaatskirchenrecht) (Art. 11 Nds. KV und Art. 7 ErgV, Art. 4 Hess. KV, Art. 5 Rh.-Pf. KV, Art. 13 Schl.-H. KV) und StiftG.e der Länder geregelt. Danach sind durchweg k. S.en nicht allein die zum örtl. →Kirchenvermögen gehörenden und die ohne staatl. Mitwirkung entstehenden unselbst., an eine kirchl. Körperschaft angelehnten fiduziarischen k. S.en, sondern auch die rechtsf. S.en des bürgerl. Rechts, die einem kirchl. Zweck (kirchl. Auf-

trag) dienen und organisatorisch mit der Kirche verbunden (zB durch kirchl. Amtsträger in Organen oder satzungsgem. kirchl. Aufsicht unterstellt) sind (vgl. die StiftG.e: Ba-Wü § 22, Bay. Art. 36, Hess. § 20, Nds. § 20, NRW § 2 IV, Rh.-Pf. § 41, Saarl. § 19, Schl.-H. § 18). Einige StiftG.e regeln auch die öffentl.-rechtl. S. (zB Ba-Wü, Hess.). c) Die *Begriffsbestimmungen* sind im einzelnen unterschiedl. Eine Abgrenzung wird auch danach getroffen, daß die S. von einer Kirche gegründet ist oder ihr Zweck nur sinnvoll i. V. m. der Kirche erfüllt werden kann. Für die sachgem. Zuordnung zur Kirche ist mitentscheidend, daß „*Kirche*" nicht ledigl. die verfaßte Kirche darstellt, sondern hier auch die mit ihr verbundenen selbst. Werke und Einrichtungen einbezogen werden müssen, die im kirchl. Auftrag (Verkündigung, Mission, Diakonie) arbeiten und/oder satzungsgem. an Bekenntnis und Ordnung der Kirche gebunden sind. Derartige Zusammenschlüsse und Verbände können sich im Bereich der EKD frei bilden und gleichwohl ev. ausgerichtet sein. Außerdem sind die S.en, die schon bisher als diakonische oder karitative galten und entspr. →kirchl. Werken angeschlossen sind, i. d. R. als k. S. zu behandeln. Im Zweifel will das staatl. Recht jede S. als k. S. qualifizieren, die auch nach der kirchl. Ordnung diesen Status hat (BVerfGE 46, 84). d) Die in den Kirchenverträgen grds. vereinbarte *staatl. Mitwirkung bei der Bildung* (z. T. auch Veränderung) von k. S.en mit eigener Rechtspersönlichkeit kann als durch die StiftG.e konkretisiert angesehen werden. Keine k. S. kann gegen den Willen der Kirche entstehen; Verwaltung und die häufigsten Aufsichtsvorgänge sind bis auf wesentl. Rechtsakte wie Errichtung, Zweckänderung und Aufhebung den Kirchen überlassen, deren Einvernehmen auch bei staatl. Maßnahmen (Satzungsänderung, Umwandlung oder Zusammenlegung mit and. S.en) erforderl. ist.

3. Für die Ausübung der *kirchl. Aufsicht* haben einige Landeskirchen (zB Baden, Bayern, Han., Rheinl., Westf.) eigene kirchenrechtl. Regelungen erlassen.

H. LIERMANN in der Voraufl. (Lit.) – Kommentare zum BGB (Lit.) – S. MARX, in: HdbStKirchR, E. FRIESENHAHN und U. SCHEUNER (ed.), II 1975, 117–160 – CHR. MEYER, das., 104–110 – P. v. TILING, das., 408–410 – G. STRICKRODT, S.recht, 1977 – A. v. CAMPENHAUSEN, in: Jahrb. der Gesellschaft f. Nieders. Kirchengeschichte 82, 1984, 113–143.

Christian Meyer

Strafe. I. Theologisch. A. AT. Die meisten *Religionen* kennen eine strafende Gottheit, deren Nähe als Bedrohung erlebt wird; den Übertreter ihrer Forderung trifft in gottgewirktem Unglück die Folge seiner Tat. So kennt auch das AT den hl. Zorn Jahwes, der seine durch die Sünde der Menschen verletzte Ehre strafend wiederherstellt. Seine S. läßt die Pläne scheitern, in denen seine gute Weisung mißachtet wurde. Sie kann den Frevler vernichten; aber solange ihm noch das Leben belassen ist, bleibt er im Schutzbereich Gottes wie der durch das Gotteszeichen vor dem Untergang bewahrte Brudermörder Kain in seinem Exil. Die Satzungen der *mosaischen Rechtsbücher* berufen sich auf Ernst und Würde dieser göttl. S.n. Im Gottesrecht bestraft die israelitische Bundesgemeinde einzelne für schweres Unrecht, damit nicht Gottes S. über das ganze Volk kommt. So wird der Frevler am Gottesbund durch Steinigung aus der Heilsgemeinde verstoßen, von der er sich durch sein Tun schon gelöst hatte. Neben diesen Vernichtungs-S.n kennt das AT aber auch S. als erzieherische Führung. Gott selbst züchtigt sein Volk und seine Frommen, um sie von Irrwegen zu gereifterem Gehorsam zurückzubringen. Dem entsprechen in der Rechtsordnung des Volkes die abschreckend wie erzieherisch gemeinten Bußen für gemeinschaftswidriges Verhalten, das den Gottesbund noch nicht aufgekündigt hat. Als selbstverständlich erscheint das Recht und die Pflicht des Vaters zur Züchtigung seiner Kinder; aus verantwortlicher Liebe verhängter kurzer Schmerz soll das Kind vor verfehltem Leben bewahren. Diese väterliche S. wird in der Verkündigung der *Propheten* zur Deutung des Volksgeschickes herangezogen: Gott straft sein Volk, um es so in den verlassenen Gehorsam des Bundes zurückzuführen und zu seinem Heil zurechtzubringen.

B. Im NT tritt die S. vor allem im Lebensschicksal *Jesu von Nazareth* hervor. Er wird im Gehorsam seines Auftrags durch Kirche und Obrigkeit zum entehrten Opfer eines Justizmords. Der Osterglaube der Urgemeinde erkennt in der unverdienten S. Christi Gottes befreiendes Angebot von Vergebung und neuem Lebenssinn für alle Welt. Auch seinen Boten kündigt Jesus das Martyrium ungerechter S.n an; diese sollen sie im Verzicht auf Selbstverteidigung auf sich nehmen und auf den rechtfertigenden Spruch des ewigen Weltenrichters vertrauen. Er wird sie im Jüngsten Gericht unverdient vor der S. bewahren, welche sich die Verächter seiner Gnade als selbstgewirktes Verderben zuziehen. Jesu Haltung zu göttlicher wie menschlicher S. wird deutlich in der Perikope von der Ehebrecherin (Joh 8): ohne das Gottesrecht in Zweifel zu ziehen, läßt sein entlarvendes Wort den selbstsicheren Gerechten die Steine aus der Hand fallen und wendet das Schicksal der Ausgestoßenen zum Angebot der Umkehr in ein erneuertes Leben. Noch der Gekreuzigte spricht einem Mitbestraften Gottes Heil zu (Lk 23, 39 ff.). Die *Apostelbriefe* des NT erkennen im Strafamt der Obrigkeit Gottes Notordnung zur Abwehr des Chaos (Röm 13, 1 ff.; 1 Petr 2, 13 ff.). Unter sich sollen die Christen auf Anrufen der obrigkeitlichen Strafgewalt gegeneinander verzichten, vielmehr Streitigkeiten durch Rechtsverzicht oder Schlichtung brüderlich ausgleichen (1 Kor 6, 1 ff.). Eltern werden vor einem Übermaß erzieherischer S. gewarnt (Kol 3, 12).

C. Kirchengeschichte. Diese biblischen Weisungen haben weder die barbarischen S.n der ma. Rechtsordnung noch deren Ausdehnung auch auf Ketzer und „Hexen" verhindert. Zu LUTHERS von Rom verworfenen Sätzen gehörte freilich auch, daß das Verbrennen von Häretikern dem Willen des Hl. Geistes zuwiderläuft. Ihn selbst bewahrte nur der Schutz seines Landesherrn. LUTHERS hohe Auffassung von der Würde rechter weltlicher Obrigkeit gab Strafrichtern und Strafvollstreckern die Zuversicht zurück, in einem Gott wohlgefälligen Beruf zu stehen; sie sollten ihn ohne Überheblichkeit und unter Mitleid, aber als Gottesauftrag vollziehen. So forderte LUTHER ein strenges Gericht über die gegen die Obrigkeit sich erhebenden Bauern; seine spätere Bitte um Milde für die Geschlagenen richtete nichts aus. Von der im äußeren Bereich durch die Obrigkeit geschützten Kirche erwartete er den Verzicht auf eigenen Rechtszwang im Vertrauen auf die Kraft des reinen Wortes. Der alte LUTHER wehrte sich vergebens gegen den Arbeitsstil der auch mit weltl. Strafmitteln arbeitenden landesherrl. Konsistorien.

Für die spätere prot. →*Ethik* der S. wurde vor allem die klassische dt. Philosophie bedeutsam. Sie war zwar durch LUTHERS hohe Meinung von der Würde des Strafrechts beeinflußt, dem Gedanken des vom NT aufgerichteten →Rechts der Gnade jedoch ferner gerückt. KANT folgerte die Notwendigkeit der S. aus dem Gerechtigkeitsgebot der Wiedervergeltung; nach ihm achtet S. durch Wiederherstellung des verletzten Rechts den Bestraften als einen der Erbringung von Sühne für seine Tat Fähigen. HEGEL begründete S. als ein sittl. Gebot durch den Gedanken, daß das Verbrechen als Negierung des Rechts eine Negation durch die S. verlange (S. als „Negation der Negation"). Das Zusammenwirken christl. und aufklärerischer Antriebe verbreitete den Zweifel an den bis dahin durchgeschleppten Unmenschlichkeiten des Strafwesens (Folter, Verstümmelungen) und machte auch die Frage nach dem Schicksal des Abgestraften dringender.

D. Die Pädagogik erkannte nach einem Schule und PrügelS. gleichsetzenden Jahrtausend durch ROUSSEAU, SCHLEIERMACHER und PESTALOZZI, daß eine jede vom Erzieher verhängte oder vollzogene S. den pädagogischen Kontakt belastet und daher allenfalls als eine helfend gemeinte Übergangsmaßnahme im Kontext verantwortlich erziehender Liebe gewagt werden kann. Abschreckung würde, so sieht man nun, nur abstumpfend wirken, entehrende oder auf passives Straferleiden hinauslaufende Maßnahmen mehr schaden als nutzen. Erzieherisch fördern kann S. danach nur, wenn sie auch vom Bestraften als sinnvoll bejaht wird; der beste Weg dazu ist die erzieherische Anleitung zum Ausgleich des durch die Tat angerichteten Schadens in selbstverantwortlichem Bemühen. In der *Reformpädagogik* des 20. Jh. und durch die *Psychoanalyse* geraten sowohl die erzieherische wie die gesellschaftl. S. in Verdacht; man fürchtet unbewußten Sadismus des Strafenden wie der S. fordernden Gesellschaft, aber auch die Züchtung von nur äußerlich scheinangepaßten und neurotisch-aggressiv geprägten Strafopfern. Die statt dessen geforderte antiautoritäre Erziehung *(Summerhill)* kommt freilich auch nicht ganz ohne Sanktionen aus; zwar nicht die Erzieher, aber die Schulversammlungen verhängen sie gegen die Übertreter ihrer Gemeinschaftsregeln.

E. Ev. →Ethik vertritt heute vor allem in *luth. Tradition* das Recht des Staates zu Androhung und Vollzug von S.n, welche den Rechtsfrieden bestmöglich gegen Störungen durch das Unrecht absichern; als tieferer Sinn der S. wird dabei die innere Umkehr des Bestraften durch zustimmende Annahme des Strafleidens erhofft. Neuerdings wird jedoch dringender nach dem Wie und Wozu der S. gefragt. K. BARTH (u. a.) sieht sie nur als Fürsorgemaßnahme des Staates gegenüber dem Bestraften legitimiert; das führt ihn zu Forderungen an den →Strafvollzug und zur Ablehnung der →TodesS. mindestens in Friedenszeiten. Das Unabgeschlossene dieser Diskussion zeigt sich in unterschiedlichen Stellungnahmen zur Frage der Notwendigkeit oder Unangebrachtheit von S.n für Sexualdelikte (→Homosexualität; Pornographie) und für →Schwangerschaftsabbruch. Die Aufgabe christl. →Diakonie an Strafentlassenen und im →Strafvollzug ist zwar theologisch anerkannt, bisher aber in den Gemeinden nur vereinzelt angepackt.

F. Ev. →Kirchenrecht hat zwar das ausgefeilte System des röm.-kath. kanonischen Strafrechts mit seinen Beuge- und SühneS.n nicht übernommen (→Kirchenstrafen; →Kirchenzucht; Interdikt; Suspension). Jedoch enthalten das ev. →Kirchenzuchts-, Amtshandlungs- und Dienstrecht noch Strafelemente, deren theol. Überprüfung angezeigt erscheint. Ein Anfang dazu ist die Herauslösung der →Häresiefrage aus dem Disziplinarbereich durch eine von Strafcharakter freie →Lehrbeanstandung.

G. Ethische Beurteilung des Strafzwecks. Heutige theol. Beurteilung der S. (als einer Übelzufügung aufgrund des Vorwurfs schuldhaft rechtswidrigen Verhaltens) hat diese als weltl. Maßnahme (→Säkularisierung) zu begreifen, kann also den ursprünglich religiösen Charakter einer Rechts- und Strafordnung nicht unmittelbar auf gegenwärtiges staatl. Strafhandeln anwenden. Sie wird jede Privatjustiz (Blutrache) ablehnen, ebenso unmenschliche S.n (LeibesS.n), kann aber die Freiheits- und GeldS.n ethisch vertreten. Damit werden soziale Strafzwecke vorrangig: Das Strafübel soll gleichsam die Rechtsgemeinschaft mit den Straffälligen und – wenigstens der Absicht nach – den Übeltäter mit der Gemeinschaft versöhnen (→Strafvollzug). Ev. Ethik wird die S. nicht in erster Linie mit Hilfe einer absoluten Straftheorie (KANT, HEGEL, so auch im 19. Jh.: R. ROTHE, F. J. STAHL –

S. als absoluter Wert; Vergeltungsgedanke: punitur, quia peccatum est), sondern mit Hilfe relativer Straftheorien (S. als relativer Zweck: Präventionstheorien, „Soziale Verteidigung": punitur, ne peccetur) begründen (anders P. ALTHAUS, W. KÜNNETH). Wegen der Berücksichtigung des Schuldprinzips (Anknüpfungspunkt der S. ist allein die Tatschuld, aber nicht zB die Gesinnung des Täters) und notfalls erforderlicher Sicherung der Gesellschaft gegen den Straftäter ist jedoch S. nicht nur als fürsorgerische Maßnahme zu verstehen (anders K. BARTH b. KLEINERT). Auch dem geltenden Strafrecht liegt ein mehrdimensionaler Strafbegriff zugrunde (sog. Vereinigungstheorien). Ev. Ethik wird unbedingt die menschl. Zukunft des Verbrechers in den Vordergrund stellen (so K. BARTH, J. BECKMANN, H. GOLLWITZER, A. RICH, T. RENDTORFF), daher für die Achtung der Menschenwürde des Straftäters eintreten und auf die ethische Mitverantwortung der Gesellschaft für den Bestraften nachdrücklich hinweisen (→Strafrecht, Strafrechtsreform).

Bei der Strafzumessung sind als Grundsätze zu beachten: a) Rechtsförmlichkeit (nulla poena sine lege), b) Mitmenschlichkeit (keine TodesS.; resozialisierender Strafvollzug; Strafaussetzung zur Bewährung u. ä.), c) Tatgerechtigkeit (bestraft wird die Tatschuld, nicht eine Charakterschuld; aber kein ius talionis, d) Verantwortlichkeit für die schuldhafte Tat (Schuldfähigkeit des Täters), e) Promptheit der S. als Antwort auf die Tat (keine überlange Untersuchungshaft, Möglichkeit von Verjährung).

Lit.: Allg.: EKL III, 1959, 1156–1169 (Lit.) – RGG³ VI, 1962, 392–401 – *Zu A:* I. KÖHLER, Theol. des AT, (1953) 1966⁴ – R. OTTO, Das Heilige, (1917) 1971 – F. HORST, Gottes Recht, 1961 – H. GRAF REVENTLOW, Rechtfertigung im Horizont des AT, 1971 – *Zu B:* R. BOHREN, Kirchenzucht im NT, 1952 – H. BRAUN, Jesus, 1972³ – J. JEREMIAS, Neutestamentl. Theol. I, 1973² – *Zu C–D:* J. H. WICHERN, Schriften zur Gefängnisreform, hg. v. R. SIEVERTS, Ausgew. Schr. Bd. 5, 1962 – P. ALTHAUS, Die Ethik Martin Luthers, 1965 – G. WOLF (Hg.), Luther und die Obrigkeit, 1972 – W. SCHEIBE, O. EWERT, S., in: Lexikon d. Pädagogik, Neue Ausg. IV, 1971, 172 ff. – *Zu E–G:* N. H. SÖE, Christl. Ethik, 1957² – K. BARTH, Kirchl. Dogmatik III/4, 1957, 499 ff. – H. DOMBOIS, Mensch und S., 1957 – DERS. (Hg.), Die weltliche S. in der ev. Theol., 1959 (Lit.) – E. SCHMIDHÄUSER, Vom Sinn der S., 1963 – H. GOLLWITZER, Wesen der S. in theol. Sicht, Ev. Theol. 24 (1964) 195–220 – H. THIELICKE, Theol. Ethik III/3, 1964, Nr. 1328 ff. – A. STEIN, Probleme ev. Lehrbeanstandung, 1967 – U. KLEINERT (Hg.), Strafvollzug, 1972 [v. a. S. 68 ff.] (Lit.) – A. STEIN, Luther über Eherecht u. Juristen, in: H. JUNGHANS (Hg.), Leben u. Werk Martin Luthers v. 1526–1546, 1983 (Lit.) – R. A. STRIGL, in: J. LISTL u. a., Hdb. des kath. Kirchenrechts, 1983, 923 ff.

Albert Stein

II. Juristisch. A. Begriff. In der S. wird ein Übel zugefügt als Reaktion auf eine Übeltat. Dies sagt schon die berühmte Definition, die HUGO GROTIUS gegeben hat: „Poena est malum passionis, quod infligitur propter malum actionis" (De iure belli ac pacis libri tres, 1625): S. ist ein Übel des Leidens, das zugefügt wird wegen eines Übels des Handelns. Damit ist die S. dem Begriffe nach *Vergeltung,* und zwar Vergeltung im Üblen („in malam partem"), und sie ist insoweit ein Gegenstück zur Belohnung, die Gutes mit Gutem vergilt (also Vergeltung „in bonam partem" ist).

Aber auch die *Rache* – des einzelnen oder einer Gruppe (Lynchjustiz) – ist Vergeltung. Die S. unterscheidet sich von ihr in ethischer Beurteilung: Hier setzt der Begriff der S. voraus, daß das Verhalten, auf das sie reagiert, verwerflich, daß das Übel, mit dem sie reagiert, angemessen, und daß das Verfahren, in dem sich die Bestrafung vollzieht, vertretbar ist. Dies alles gilt für die S. in der Erziehung (und also für das ganz individuelle Verhältnis zwischen Erzieher und zu Erziehendem) wie auch für die staatl. S., in der die staatl. organisierte Gesellschaft durch ihre Organe auf mißbilligtes Verhalten reagiert. Auf sie allein bezieht sich die folgende Darstellung. (Zur Abgrenzung der S. gegen andere Strafrechtsfolgen im geltenden dt. Recht: →Strafrecht.)

B. Das Bild des Strafens in der geschichtl. Entwicklung. Es gibt kein staatl. Gemeinwesen ohne vergeltende Reaktion auf empfindl. Störungen des Gemeinschaftslebens: in der S. behauptet sich, so gesehen, der Wille der staatl. geordneten Gesellschaft gegenüber dem widerstrebenden Willen des einzelnen. Wir beobachten in der Geschichte die Parallelität der Entwicklung staatl. Ordnung und des Einsatzes der S. Freilich wandeln sich das Aussehen der S. und das Verständnis des Strafens; beide sind an die jeweilige geistige Situation ihrer Zeit gebunden. In den Frühzeiten einer über die Sippen hinausreichenden Willensbildung gibt sich die S. mehr kultisch-religiös. Später erscheint S. als Verwirklichung von Gerechtigkeit auf Erden in göttl. Auftrag, danach nüchtern als Mittel der Verbrechensbekämpfung für die Zukunft; im Zuge modernen Verbrämens glaubt man gelegentlich gar, S. als Wohltat für den einzelnen Bestraften hinstellen zu können. Allemal aber geht es um den Rechtsfrieden, der nach einer als empfindlich erlebten Störung wiederhergestellt werden soll: Nach Überwindung der Blutrache, die in der Frühzeit als Rechtsfolge anerkannt war, aber zwangsläufig der Kontrolle entglitt, kam es im frühen dt. MA. zu einer (aus heutiger Sicht gesehen) stark privatrechtl. Ausgestaltung der „Strafe" (Bußzahlungen des einzelnen oder der Sippe an den Verletzten oder seine Sippe beendeten die Friedensstörung aufgrund eines Sühnevertrags). Im Laufe des MA. kam es schließlich ganz zur öffentl.-rechtl. Verbrechensverfolgung und zu vielgestaltigen Leibes- und Lebensstrafen (die sich zunächst wohl als Reaktion gegen die Unfreien, die keine Buße zahlen konnten, entwickelt hatten). Nach einem immer grausameren Ausbau dieser S.n führte erst die segensreiche Erfindung der modernen Freiheitsstrafe durch die Niederländer (Zuchthaus in Amsterdam 1595) zu einer allmähl. Humanisierung des Strafens, die in der Aufklärung des 18. Jh. weithin als Aufgabe gesehen zu werden begann. Nach der Abschaffung der Leibesstrafen im 19. Jh. hielt sich – neben verschiedenen Freiheitsstrafen und der Geldstrafe – als Überbleibsel jener früheren Epochen die Todesstrafe. Das GG hat sie 1949 beseitigt (Art. 102: „Die Todesstrafe ist abgeschafft"); die DDR hält noch heute an ihr fest (§§ 23, 60 StGB).

Vor etwa rund zwei Jahrzehnten begannen Presse und Fernsehen das staatl. Strafen auffallend stark in das öffentl. Interesse zu rücken. Die geistige Situation änderte sich, alte Tabus im Bereiche des Strafens wurden abgebaut, manche Strafbarkeit beseitigt oder reduziert. (So ist zB seit 1970 die einfache männl. Homosexualität und seit 1973 die Kuppelei straflos; aus der Strafbarkeit der Abtreibung ist seit 1976 eine praktisch kaum noch spürbare Strafbarkeit des Schwangerschaftsabbruchs geworden.) Es verwundert daher nicht, daß in der öffentl. Diskussion der Gegenwart öfters als früher die staatl. Strafe als solche in Frage gestellt wird. Auch die manchmal von unsachl. Sensationslust getragene Herausstellung der Einzelschicksale von Bestraften führt zu verbreiteter Unsicherheit, und die oft unkritisch vorgetragene und aufgenommene Parole „Behandeln statt strafen" weckt den Glauben, es könne auf staatl. Strafen generell verzichtet werden.

C. Die sittl. Rechtfertigung der S. *1. Die Straftheorien.* Da die S. ihrer Intention nach dem Bestraften nicht eine Wohltat zufügt, sondern ein Übel, ist die Frage nach der sittl. Rechtfertigung der S. besonders dringlich gestellt. Antwort geben die sog. Straftheorien, die bis in die alte griechische Philosophie zurückreichen und sich mit Sinn und Zweck der staatl. Strafe befassen. Seit langem unterscheidet man vor allem absolute und relative Theorien.

a) Die absoluten Straftheorien haben ihren Namen daher, daß sie die Strafe losgelöst von Zwecken sehen (poena est absoluta ab effectu) und die sittl. Rechtfertigung der S. unmittelbar aus der Wertverwirklichung herleiten: bestraft wird nur deshalb, weil ein Verbrechen begangen worden ist (punitur, quia peccatum est), und der Wert, um dessen Verwirklichung es geht, ist entweder der der Gerechtigkeit oder der wechselseitiger Solidarität (Versöhnung durch Sühne). – Die *Gerechtigkeitstheorie* sieht die sittl. Rechtfertigung der S. im Bemühen um die Verwirklichung von Gerechtigkeit auf Erden: Die schuldhafte Tat fordert als solche den Ausgleich durch die gerechte Vergeltung; sie zu leisten, ist das Gemeinwesen verpflichtet; nach KANT: „damit jedermann widerfahre, was seine Taten wert sind", denn: „Das Strafgesetz ist ein kategorischer Imperativ", und „Richterl. Strafe ... kann niemals bloß als Mittel, ein anderes Gute zu befördern, für den Verbrecher selbst, oder für die bürgerl. Gesellschaft, sondern muß jederzeit nur darum wider ihn verhängt werden, weil er verbrochen hat; denn der Mensch kann nie bloß als Mittel zu den Absichten eines anderen gehandhabt und unter die Gegenstände des Sachenrechts gemengt werden." Auch bei HEGEL ist die S. zweckfrei geboten; in ihr wird die im Verbrechen liegende Negation des Rechts ihrerseits negiert und das Recht wiederhergestellt, außerdem der Verbrecher „als Vernünftiges geehrt" (d. h. als Glied der Rechtsgemeinschaft anerkannt). – Heute nennt man die Gerechtigkeitstheorie in ihren verschiedenen Gestalten vielfach auch *Vergeltungstheorie,* womit gemeint ist, daß man die S. als gerechte Vergeltung zufügen müsse (und leider wird damit der falsche Eindruck erweckt, als sei S. nicht schon dem Begriffe nach Vergeltung!). – Die *Sühnetheorie* (als zweite Grundform der absoluten Theorien) sieht die Bestrafung darin sittlich gerechtfertigt, daß durch sie dem Verbrecher die Möglichkeit reinigender Sühne und damit die Herstellung der Solidarität mit seinen Mitmenschen gewährt werde; indem „der Bestrafte das Strafübel nicht nur gezwungenermaßen erträgt, sondern kraft freien, unerzwingbaren sittl. Entschlusses als gerecht hinnimmt", „sühnt" er seine Tat (so nach BGHSt 19, 206). Die S. erscheint hiernach als Leistung an den Bestraften.

b) Die relativen Theorien dagegen bejahen die Strafe als zweckhaftes Handeln (poena est relativa ad effectum) und fragen vor allem nach ihrem Zweck, den sie in der Verbrechensbekämpfung sehen (punitur, „ne peccetur": damit in Zukunft keine Verbrechen begangen werden); sie lassen die Frage nach der Rechtfertigung der S. beiseite oder sehen sie in der Feststellung des von ihnen als einleuchtend vorausgesetzten Zweckes mitbejaht.

Die *Theorie der Generalprävention* sieht den Zweck der Strafe in der allgemeinen Abschrekkung von der künftigen Begehung von Verbrechen: indem man dem überführten Täter das Strafübel auferlegt, droht man ihm und allen anderen Menschen nachdrücklich an, im Falle weiterer Straftaten entsprechend zu verfahren, und hält sie damit (immer? oft? vielleicht?) von eigenem Rechtsbruch ab. ANSELM V. FEUERBACH (1775 – 1833) vertrat diese Auffassung in der Form der Theorie vom „psychologischen Zwang". SCHOPENHAUER bezeichnet als „unmittelbaren Zweck der S." Erfüllung des Gesetzes; Zweck des Gesetzes aber sei „Abschreckung von Beeinträchtigung fremder Rechte". – Die *Theorie der Spezialprävention* dagegen sieht die Aufgabe der Strafe darin, den einzelnen Bestraften von künftigen Rechtsbrüchen abzuhalten. Diese Auffassung hat die moderne Reformbewegung ausgelöst, und zwar weithin in der Gestalt, die ihr FRANZ V. LISZT (1851 – 1919) gegeben hat: die Strafe sollte dazu dienen, dem Gelegenheitstäter einen Denkzettel zu verpassen, den besserungsfähigen Zustandstäter (also den wiederholt Straffälligen, der als eigentlicher Gegenstand der strafenden Bemühungen im Vollzug der Freiheitsstrafe angesehen wird) zu bessern (zu „resozialisieren"), den Unverbesserlichen durch langfristige, u. U. lebenslange Verwahrung unschädlich zu machen. Von dem Resozialisierungsziel her wurde hierbei die S., vornehmlich als Freiheitsstrafe, so gesehen, als könne die „Repression" der Vergeltung in die reine „Prävention" der Behandlung verwandelt werden; folgerichtig mußte die Unterscheidung zwischen geistig kranken und gesunden Tätern wegfallen.

c) Einseitige Verallgemeinerungen finden sich bei allen geschilderten Auffassungen. Die sog. *Vereinigungstheorien* versuchen demgegenüber, die einzelnen Aspekte als „Strafzwecke" organisch zu verbinden, wobei z. T. Abschrekkung in die Strafdrohung, Gerechtigkeit in die Strafverhängung und Resozialisierung in den →Strafvollzug placiert werden und auch die Strafzumessung noch in den Blickbereich einbezogen wird, die den z. T. einander widersprechenden Strafzwecken ausgewogen zu entsprechen habe.

Zur *Kritik der Straftheorien* vgl. den folgenden Text.

2. Staatszweck und Generalprävention. Staatl. Strafen läßt sich im 20. Jh. nicht zweckfrei (wie etwa Gottesdienst oder Äußerungen der Dankbarkeit gegenüber Mitmenschen), sondern nur als zweckhaftes menschl. Handeln begreifen. Die Antwort auf die Rechtfertigung der Strafe kann also nur in Richtung der sog. relativen Theorien liegen. Ist es der Zweck des Staates – abgesehen von allen weiteren Möglichkeiten seiner Bestimmung –, ein gedeihl. Zusammenleben der in ihm sich organisierenden Gesellschaft zu ermöglichen, so ist staatl. Strafen, das als Moment der Herrschaft mit jeder Staatlichkeit notwendig verbunden ist, diesem Zweck eingeordnet: Betrachten wir die Institution der S. als solche, so liegt ihre Zweckhaftigkeit und ihre Rechtfertigung allein darin, daß nur mit ihrer Hilfe ein gedeihl. Gemeinschaftsleben zu erreichen ist; die generalpräventive Funktion der S. ist nach aller geschichtlichen Erfahrung zweifelsfrei: Die staatl. S. allein leistet es, die Gewalt unter Menschen (die zum Kampf aller gegen alle oder zum ständigen Kampf unter Gruppen und Verbänden entarten müßte) hinreichend zurückzuhalten. Vor allem wird durch sie weitgehend verhindert, daß störende Rechtsbrüche unbekümmert offen oder auch dann begangen werden, wenn der Täter mit seiner Entdeckung rechnet. Ferner wird in der staatl. S. das sozialpsychologisch festzustellende Vergeltungsverlangen der Allgemeinheit unter Kontrolle gehalten und damit der Lynchjustiz und der Privatrache vorgebeugt; das moralische Urteil der Gesellschaft wird in Fällen empfindl. Störung des Gemeinschaftslebens im Strafurteil bestätigt (was neuestens als „positive Generalprävention" bezeichnet wird). – Trotz dieser Zweckmäßigkeit der S. wird die Generalpräventionstheorie in ihrem Grundgedanken vielfach abgelehnt, und zwar hauptsächlich aus drei Gründen: man betrachtet in eigentüml. Blickverengung nur die vielen trotz Strafdrohung begangenen (meist gar nicht aufgedeckten) und nicht die viel zahlreicheren, durch die Strafdrohung verhinderten Rechtsbrüche (so daß man gar meint sagen zu können, die Generalprävention funktioniere nicht); man verbindet mit dem Gedanken der Generalprävention die utopistische Zielvorstellung, es gehe um die völlige Verhinderung von Verbrechen (wogegen einleuchten müßte, daß schon die Verhütung einer großen Zahl von Taten und insbes. die der offenen Begehung von Verbrechen die grundlegende Voraussetzung für ein gedeihl. Gemeinschaftsleben sind); man stößt sich an der mit der Anerkennung der Generalpräventionstheorie verbundenen Erkenntnis, daß der Bestrafte als Mittel zum Zweck (zur Abschrekkung anderer) benutzt wird. Aber wir können nicht durch eine Theorie verdecken, daß ein Staatswesen immer dieses letzten Mittels bedarf: der Gewalt gegenüber dem einzelnen; ihm gegenüber ist nichts zu beschönigen, sondern nur auf die in den Bedingungen menschl. Zusammenlebens liegende Rechtfertigung hinzuweisen (nach den Forderungen der Bergpredigt wäre nur eine Gemeinschaft von Gläubigen, nicht ein durch Staatsgebiet bestimmtes Gemeinwesen möglich). Sieht man nur das Verhältnis zum Bestraften, so ist S. „sinnlos"; und um so dringlicher ist die Forderung, daß sie so wenig und so maßvoll wie möglich eingesetzt werde.

Weder die Spezialpräventionstheorie noch die absoluten Theorien vermögen eine Rechtfertigung des staatl. Strafens in der Gegenwart aufzuzeigen; alle in ihnen niedergelegten Gedanken finden ihren Platz erst, wenn das staatl. Strafen schon als Institution existiert. Die Verwirklichung der Gerechtigkeit auf Erden ist nicht nur unmöglich, sondern in der Art, wie das heutige Strafen rechtsstaatl. begrenzt und auf empfindl. Rechtsgutsverletzungen bezogen wird, gar nicht erstrebt. Sühne als sittl. Leistung aufnötigen zu wollen wäre Anmaßung. Und ginge es im Strafen, was dessen entscheidende Grundlegung betrifft, um die Spezialprävention, dann müßten wir die „Behandlung" danach richten, ob und wie Heilung möglich ist, und dürften nur strafen, soweit sie möglich ist.

3. Einzelerlebnisse am Vorgang des staatl. Strafens. Nur wenn man auch die Phänomene in die Betrachtung einbezieht, die im Zusammenhang mit dem bereits bestehenden Institut der S. zu finden sind, kann man die kulturelle Wirklichkeit der S. voll erfassen. Hierher gehören beim Strafgesetzgeber die generalpräventive Zwecksetzung und auch das Streben nach relativer Gerechtigkeit der Strafdrohungen; das Gerechtigkeitsstreben des Richters bei der Urteilsfindung, insbes. der Strafzumessung; die spezialpräventiven Zwecksetzungen vor allem im →Strafvollzug. Hier überall haben jene Straftheorien ihren Platz, die die Existenz der S. als Institution schon voraussetzen und die die in der

S. liegende Übelszufügung gegenüber dem einzelnen ihrerseits nicht zu rechtfertigen vermögen. Lediglich so lassen sich die Einzelaspekte aufrechterhalten: Wir strafen nicht um der Gerechtigkeit oder um der Sühne als sittl. Leistung des Bestraften willen und nicht um der Spezialprävention willen, aber wenn wir schon strafen, dann so gerecht wie möglich, so fair wie möglich (daß dem Bestraften die Bejahung der S. möglich bleibt) und schließlich so, daß (vor allem im Strafvollzug) „spezialpräventiv“ möglichst viel Gutes aus der S. hervorgeht (vor allem im Hinblick auf den weiteren Lebensweg des Bestraften).

D. Die Rechtmäßigkeit des staatl. Strafens unter Verfassungsgrundsätzen ist bedingt durch die gesetzl. Bestimmtheit der S. (nulla poena sine lege), den Schuldgrundsatz (nulla poena sine culpa), die Angemessenheit der S. (Grundsatz der Verhältnismäßigkeit, auch der Subsidiarität: Die S. kann nur als angemessene Übelszufügung und als ultima ratio staatl. Eingriffe anerkannt sein) und schließlich durch die Rechtmäßigkeit des Verfahrens in der Vielfalt der das Strafprozeßrecht bestimmenden Grundsätze.

E. Die S.n des dt. Strafrechts sind seit 1970 im sog. *Erwachsenenstrafrecht* die einheitl. Freiheitsstrafe (an Stelle der bis dahin – allzulange – festgehaltenen Unterscheidung von Zuchthaus, Gefängnis, Haft und Einschließung i. S. der früheren Festungshaft); Geldstrafe; Strafe des Fahrverbots. Auch Einziehung von Vermögensgegenständen hat z. T. Strafcharakter. – Über die nichtvergeltenden Strafrechtsfolgen, die Strafaussetzung zur Bewährung u. a. m. →Strafrecht. Das *Jugendstrafrecht* (für 14 – 18jährige, u. U. auch bis zu 21jährige Täter) kennt dem Namen nach nur die Jugendstrafe genannte Freiheitsentziehung als S.; aber der Sache nach ist auch der als Zuchtmittel bezeichnete Jugendarrest Strafe; er wird freilich nicht in das Zentralregister (früher „Strafregister“), sondern nur in das sog. Erziehungsregister eingetragen. Auch die Voraussetzungen für die Begründung des Rückfalls werden nur durch die „Strafe“ genannte Rechtsfolge begründet.

Im *Ordnungswidrigkeitenrecht*, das sich auf das sog. Verwaltungsunrecht bezieht, wird die Rechtsfolge Geldbuße nicht S. genannt, obwohl sie der Intention und Belastung nach (zB im Gesetz gegen Wettbewerbsbeschränkungen bis in Millionenhöhe) der Geldstrafe des Kriminalstrafrechts voll entspricht. Aber auch hier sind es vor allem die schon im Hinblick auf das Jugendstrafrecht genannten Erleichterungen, deretwegen der Terminus S. vermieden wird.

F. Bauer, Vom kommenden Strafrecht, 1969 – P. Bockelmann, Vom Sinn der S., Heidelberger Jahrbücher V (1961) 25 ff. – W. Gallas, Gründe und Grenzen der Strafbarkeit, Heidelberger Jahrbücher IX (1965) 1 ff. – W. Hassemer/K. Lüderssen/W. Naucke (Hg.), Hauptprobleme der Generalprävention, 1979 – N. Hoerster, Zur Generalprävention als dem Zweck staatl. Strafens, GA (1970) 272 ff. – Ders., Zur Verteidigung von Schopenhauers Straftheorie der Generalprävention, Schopenhauer-Jahrbuch (1972) 101 ff. – E. Naegeli, Das Böse und das Strafrecht, 1966 – P. Noll, Die ethische Begründung der S., 1962 – A. Plack, Plädoyer für die Abschaffung des Strafrechts, 1974 – W. Preiser, Das Recht zu strafen, Festschr. für E. Mezger, 1954, 71 ff. – C. Roxin, Sinn und Grenzen staatl. Strafen, JuS (1966) 377 ff. – E. Schmidhäuser, Vom Sinn der S., 1971[2].

Eberhard Schmidhäuser

Strafgerichtsbarkeit →Gerichtsverfassung

Strafrecht, Strafrechtsreform. I. Begriff des Strafrechts (S.). S. ist die Gesamtheit derjenigen Rechtssätze, in denen das staatl. Strafen geregelt ist. Damit umfaßt S. das sog. materielle S. (in seinen Rechtssätzen werden jeweils das Tatgeschehen als Voraussetzung der Strafe und Art und Höhe der Strafe bezeichnet) und das sog. formelle S. (in ihm wird das Verfahren der staatl. Organe geregelt, in dem jeweils die Strafverfolgung betrieben, d. h. die Tat festgestellt, die Strafe verhängt und vollstreckt wird). Im folgenden geht es vor allem um das materielle S. (meistens als S. im engeren Sinne verstanden). S. regelt (seinem Namen gemäß und in der historischen Entwicklung) zunächst den Einsatz der Strafe als vergeltender Strafrechtsfolge (die zum Zwecke der Generalprävention verhängt wird: →Strafe), aber in den letzten Jahrzehnten sind neben die Strafe innerhalb des S. nichtvergeltende Strafrechtsfolgen getreten, die an den kriminellen Rechtsbruch anknüpfen und im Strafverfahren angeordnet werden (vor allem die sog. Maßregeln der Besserung und Sicherung; dazu unten VI). Insoweit wäre die Bezeichnung Kriminalrecht vorzuziehen, wenn man darunter die Regelung aller an den kriminellen Rechtsbruch anknüpfenden (general- und spezialpräventiven) Rechtsfolgen begreift.

II. Die strafrechtl. Rechtsquellen – im Berichtszeitpunkt Sommer 1985: Das wichtigste dt. Strafgesetz ist das StGB vom 15. Mai 1871; es ist bis heute 116mal geändert worden. Aus heutiger Sicht sind am wichtigsten die Reformgesetze, die zur „Fassung der Bekanntmachung vom 2. Jan. 1975“ geführt haben; diese Reform brachte einen neuen „Allgemeinen Teil“ (§§ 1 – 79 b) und eine große Reihe von Anpassungen und Ergänzungen im „Besonderen Teil“ (§§ 80 – 358). Seitdem haben schon wieder zahlreiche Gesetze (zuletzt am 18. 7. 85) Änderungen des StGB gebracht (z. B. 1976 zum „Abbruch der Schwangerschaft“ an Stelle der früheren „Abtreibung“, §§ 218 ff., und 1980 Einfügung des Abschnitts über die „Straftaten gegen die Umwelt“, §§ 324 – 330 d). – Einige wichtige Vorschriften zum Strafrecht finden sich im GG. Weitere strafrechtl. Hauptgesetze sind das JugendgerichtsG (JGG), das WehrstrafG (WStG), das WirtschaftsstrafG (WiStG) und das OrdnungswidrigkeitenG (OWiG), ferner die Strafprozeßordnung (StPO), die auch eine Reihe materiell-strafrechtl. Bestimmungen enthält. – Als strafrechtl. Nebengesetze gelten die vielen Sondergesetze über Spezialmaterien (unter vielen anderen zB Straßenverkehrs-, Patent-, Aktien-, Betäubungsmittel-, Gaststättengesetz), die jeweils eine oder mehrere Strafbestimmungen enthalten und durchweg dem Besonderen Teil des Strafrechts zuzurechnen sind.

III. Verfassungsrechtl. Grundsätze. *1. Der Gesetzlichkeitsgrundsatz:* „Keine Strafe ohne Gesetz" (nullum crimen, nulla poena sine lege poenali praevia); er ist ausdrücklich in das GG aufgenommen (Art. 103 II), ferner § 1 StGB: „Eine Tat kann nur bestraft werden, wenn die Strafbarkeit gesetzlich bestimmt war, bevor die Tat begangen wurde." Dieser Verfassungssatz ist eine Konsequenz aus dem modernen Rechtsstaatsprinzip. Er leuchtet als Forderung der Rechtssicherheit unmittelbar ein und enthält im einzelnen das Rückwirkungsverbot (Verbot rückwirkender Strafbegründung und Strafverschärfung durch den Gesetzgeber und Verbot der rückwirkenden Anwendung von strafbegründenden und strafschärfenden Strafgesetzen durch den Richter), das Analogieverbot (Verbot der analogen, d. h. sinngemäßen Anwendung eines Strafgesetzes, das nicht unmittelbar auf den zur Entscheidung stehenden Fall paßt, und Verbot der Anwendung von Gewohnheitsrecht zuungunsten des Beschuldigten) und das Bestimmtheitsgebot (Gebot der Gesetzesbestimmtheit sowohl für den Straftatbestand als auch für die Strafrechtsfolge; der Richter darf verschwommene, unklare, unbestimmte Strafgesetze nicht anwenden). – Trotz der uneingeschränkten Geltung des Gesetzlichkeitsgrundsatzes ist die Strafrechtsanwendung durch die Gerichte nie voll vorausberechenbar; da es nie nur eine einzige Möglichkeit der Auslegung eines Gesetzes gibt (und das um so weniger, je länger das Gesetz gilt), entscheidet immer das den Strafrechtssatz anwendende Gericht auch darüber, wieweit die (erlaubte) Auslegung des Gesetzes geht und wo die (unerlaubte) Analogie zuungunsten des Beschuldigten beginnen würde.

2. Der Schuldgrundsatz. Auch der Grundsatz, daß keine Strafe ohne Schuld verhängt werden dürfe (nulla poena sine culpa), ist ein verfassungsrechtl. Grundsatz, obwohl er nirgendwo gesetzlich als solcher formuliert ist. In der Rechtsprechung des BVerfG ist er als Ausfluß des Rechts auf freie Entfaltung der Persönlichkeit (Art. 2 I GG) uneingeschränkt anerkannt: „Mit der Strafe, auch mit der Ordnungsstrafe, wird dem Täter ein Rechtsverstoß vorgehalten und zum Vorwurf gemacht. Ein solcher strafrechtl. Vorwurf aber setzt Vorwerfbarkeit, also strafrechtl. Schuld voraus. Andernfalls wäre die Strafe eine mit dem Rechtsstaatsprinzip unvereinbare Vergeltung für einen Vorgang, den der Betroffene nicht zu verantworten hat" (BVerfGE 20, 331).

3. Der Grundsatz der Verhältnismäßigkeit bedeutet für das Strafrecht, daß die „angedrohte Strafe in einem gerechten Verhältnis zur Schwere der Tat und zu dem Verschulden des Täters stehen muß" (BVerfGE 6, 439). Er bedeutet für den Strafgesetzgeber insbes., daß er die Kriminalstrafe nur als letztes Mittel (ultima ratio) einsetzen darf und sich mit leichteren Rechtsfolgen, auch anderer Rechtsgebiete, zu begnügen hat, wenn dies zur Gestaltung des Gemeinschaftslebens ausreicht (Subsidiarität des Strafrechts).

4. Als Verfassungsrechtssätze sind für das materielle S. weiter zu nennen der Grundsatz der *Unantastbarkeit der Menschenwürde* (Art. 1 GG; daher sind →Todesstrafe und Leibesstrafen unzulässig), der allgemeine →*Gleichheitssatz* (Art. 3 GG), der auch im Hinblick auf die relative Gerechtigkeit der Strafdrohungen von großer Bedeutung ist, und die zum Grundrecht erhobene →*Glaubens- und Gewissensfreiheit* (Art. 4 GG), die die Straflosigkeit der Verweigerung des Kriegsdienstes mit der Waffe zur Folge hat.

IV. Aus dem **Allgemeinen Teil** des S. sind im vorliegenden Zusammenhang einige Regeln des Strafanwendungsrechts, die Einteilung der Straftaten und einige Grundüberlegungen zu Unrecht und Schuld von Bedeutung.

1. Das sog. *Strafanwendungsrecht* betrifft die Frage, auf welche Taten dt. S. anzuwenden ist. Dabei kommt es auf Zeit und Ort der Begehung und die Staatsangehörigkeit des Täters an. Was die Tatzeit betrifft, ist schon oben zum Gesetzlichkeitsgrundsatz das Wichtigste gesagt. Bezüglich des Orts der Begehung ist das sog. *Territorialprinzip* selbstverständlich: Das dt. S. gilt für Taten, die im Inland begangen werden (§ 3 StGB). Nach dem sog. *Flaggenprinzip* werden dem Inland gleichgestellt dt. Schiffe und Luftfahrzeuge (das sind solche, die berechtigt sind, die Bundesflagge oder das Staatszugehörigkeitszeichen zu führen; § 4 StGB). – Verschiedene Prinzipien gelten für die Anwendung dt. S. auf im Ausland begangene Straftaten; man nennt das hierfür maßgebl. dt. Strafanwendungsrecht irreführend „Internationales" S. Das sog. *Realprinzip* gilt für Auslandstaten gegen eine Reihe inländischer Rechtsgüter (§ 5 StGB nennt u. a. Hochverrat, Landesverrat, Straftaten gegen die Landesverteidigung). Das *Universalprinzip* bezeichnet die Strafbarkeit von Auslandstaten, die sich gegen international geschützte Rechtsgüter richten (§ 6 nennt u. a. →Völkermord, Sprengstoffverbrechen, Angriff auf den Luftverkehr). Das Prinzip der stellvertretenden Strafrechtspflege greift im Hinblick auf Auslandstaten u. a. dann ein, wenn der Täter als Deutscher nicht ausgeliefert werden darf oder als Ausländer nicht ausgeliefert wird (§ 7 II StGB).

2. Straftat ist dasjenige Tatgeschehen, das für die Strafe als Rechtsfolge vorausgesetzt wird. Materiell gesehen ist es verwerfl. Verhalten des

Täters, formell gesehen ist es im strafgesetzl. Tatbestand geschildertes, rechtswidriges und schuldhaftes Verhalten. Nach ihrer unterschiedl. Schwere werden Straftaten eingeteilt in *Verbrechen* (die im Mindestmaß mit Freiheitsstrafe von einem Jahr oder darüber bedroht sind) und *Vergehen* (die im Mindestmaß mit einer geringeren Freiheitsstrafe – mindestens ein Monat! – oder die mit Geldstrafe bedroht sind) (§ 12 StGB); diese Unterscheidung hat heute nur noch gesetzestechnische Bedeutung. Die leichte Kriminalität der früheren *Übertretungen* ist 1975 aus dem Kriminalstrafrecht herausgenommen und dem sog. Ordnungswidrigkeitenrecht zugewiesen worden (vgl. unten VIII 2).

3. Die wichtigste Unterscheidung innerhalb der Merkmale der Straftat ist die von *Unrecht und →Schuld; Unrecht* ist das Verhalten des Täters, das als Handeln (i. S. eines gewollten Tuns) oder als Unterlassen (i. S. eines Nichthandelns trotz gegebener Handlungsmöglichkeit) unerlaubt in strafgesetzl. geschilderter Weise den Achtungsanspruch verletzt, der von einem Rechtsgut (zB Leben, Eigentum, Sicherheit des Rechtsverkehrs) ausgeht. *Schuld* bedeutet, daß der Täter das Rechtsgut, das er (als Achtungsanspruch) in seinem Handeln oder Unterlassen unerlaubt verletzt hat, im konkreten Falle (trotz geistiger Teilhabe an diesem Rechtsgut) nicht ernst genommen hat. Ist diese Voraussetzung gegeben, dann kann dem Täter seine Tat „vorgeworfen" werden, weshalb Schuld oft auch als „Vorwerfbarkeit" bezeichnet wird. Dabei zeigt sich, daß dieses Nicht-ernst-Nehmen unterschiedl. Gewicht haben kann: das Verhalten des Täters ist besonders verwerflich, wenn er den vom Rechtsgut ausgehenden Achtungsanspruch bewußt mißachtet, und weniger verwerflich, wenn er ihn nur vernachlässigt oder übersieht, was dann der Fall ist, wenn er ihn unbewußt unerlaubt verletzt, aber dabei doch soviel vom Tatgeschehen erfaßt hat, daß er bei hinreichendem Ernstnehmen die Tat und das Unerlaubte seiner Tat erkennen konnte. Man unterscheidet demnach vorsätzliche bzw. fahrlässige Taten. Fehlen beide Voraussetzungen, so ist die (rechtswidrige) Tat schuldlos begangen und damit nicht strafbar. (Daß im einzelnen bezüglich der Begriffsbildung von Vorsätzlichkeit und Fahrlässigkeit in Rechtsprechung und Wissenschaft noch manches umstritten ist, kann hier nicht näher dargelegt werden.)

Schuld setzt nach verbreiteter Meinung die *Willensfreiheit* des Täters voraus. In diesem Sinne BGHSt 2, S. 200: „Der innere Grund des Schuldvorwurfs liegt darin, daß der Mensch auf freie, verantwortl., sittl. Selbstbestimmung angelegt und deshalb befähigt ist, sich für das Recht und gegen das Unrecht zu entscheiden." Diese – m. E. falsch behauptete – Prämisse des staatl. Strafens wird in der Gegenwart vor allem auch von den Gegnern dieses Strafens angenommen; aus der Verneinung der menschl. Willensfreiheit wird dann der Schluß auf die Unzulässigkeit des Strafens gezogen, und zwar zugunsten eines für möglich gehaltenen reinen straffreien Behandlungsrechts (so vor allem auch aus der Sicht einer kriminologischen Kritik). Aber Willensfreiheit im metaphysischen Sinne läßt sich weder positiv noch negativ beweisen und für das staatl. Strafen nicht voraussetzen. In der Schuld ist allein die Wertverletzung im geistigen Verhalten gemeint, daß der Täter nämlich den verletzten Rechtswert nicht ernst genommen hat. Dieses Nicht-ernst-Nehmen läßt sich im Strafverfahren im Rahmen der oben dargestellten Begriffe vielfach überzeugend nachweisen (Vorsätzlichkeit oder Fahrlässigkeit der Tat).

In einer Reihe von Vorschriften hat der Strafgesetzgeber die geistige Teilhabe des Täters an dem verletzten Wert für die Strafbarkeit vorausgesetzt. Das entscheidende Moment wird teils negativ, teils positiv erfaßt. Die entwicklungsbedingte Unreife wird ohne Ausnahme für das „Kind" vorausgesetzt, so daß hier eine Straftat von vornherein ausscheidet: „Schuldunfähig ist, wer bei Begehung der Tat noch nicht 14 Jahre alt ist" (§ 19 StGB). Der „Jugendliche" (der zur Zeit der Tat 14, aber noch nicht 18 Jahre alte Täter) ist bedingt strafmündig; er ist „strafrechtlich verantwortlich, wenn er zur Zeit der Tat nach seiner sittl. und geistigen Entwicklung reif genug ist, das Unrecht der Tat einzusehen und nach dieser Einsicht zu handeln" (§ 3 JGG). Bei einem Täter dieser Altersstufe ist also in jedem Einzelfall die Reife zu prüfen; nur wo sie bejaht wird, ist die Schuldfähigkeit gegeben. Vom vollendeten 18. Lebensjahr an wird der Täter generell als reif behandelt, die Schuldfähigkeit des seelisch-geistig gesunden Menschen also bejaht. Die Strafmündigkeit ist nunmehr unbedingt. Dies gilt auch für die Gruppe der sog. Heranwachsenden, nämlich der Täter vom vollendeten 18. bis zum vollendeten 21. Lebensjahr (für die jedoch u. U. Jugendstrafrechtsfolgen vorgesehen sind). Schuldunfähig ist jeder Täter (also jeder Altersstufe), der „bei Begehung der Tat wegen einer krankhaften seel. Störung, wegen einer tiefgreifenden Bewußtseinsstörung oder wegen Schwachsinns oder einer schweren anderen seel. Abartigkeit unfähig ist, das Unrecht der Tat einzusehen oder nach dieser Einsicht zu handeln" (§ 20 StGB).

Letztlich verbürgt das Schuldprinzip die Beschränkung des staatl. Strafens auf solche Taten, deren Verwerflichkeit der Täter selbst erkannt hat oder doch erkennen konnte und wo davon ausgegangen werden darf, daß der Täter das richterl. Unwerturteil über seine Tat ehrlicherweise nachvollziehen kann. Lediglich die sog. Überzeugungstaten bleiben davon ausgeschlossen, die Taten also, in denen der Täter bewußt, aber im Erleben sittl. Verpflichtung gegen die Rechtsordnung verstößt; diese Taten stellen das staatl. Strafen jeweils im ganzen in Frage, denn in ihnen zeigt sich, daß die Rechtsordnung insoweit nicht vom sittl. Bewußtsein der betreffenden Täter mitgetragen wird.

4. Rechtfertigung und Entschuldigung. Die Darstellung von Unrecht und Schuld als der beiden grundlegenden Merkmale der Straftat ist dahin zu ergänzen, daß in beiden Hinsichten im Einzelfall ein Unwertausschluß möglich ist. Unrecht ist nur die *unerlaubte* Rechtsgutverletzung; die Rechtsgutverletzung kann aufgrund einer im Einzelfall vorgehenden Gutsbeachtung erlaubt sein („Rechtfertigungsgrund"). Erscheint die rechtswidrige und schuldhafte Tat im Einzelfall aufgrund anerkennenswerter außergewöhnl. Umstände in ihrer Motivation moralisch verständlich, so ist nach positiver gesetzl. Regelung die Rechtsschuld u. U. durch Entschuldigung ausgeschlossen. – Hauptbeispiele der Rechtfertigung sind der rechtfertigende Notstand (§ 34 StGB), die Notwehr (§ 32 StGB), ferner etwa das amtlich gebotene Handeln von Staatsorgangen (so die gerechtfertigte Freiheitsberaubung im Falle der rechtmäßigen Vollstreckung einer Freiheitsstrafe). – Beispiel der Entschuldigung ist der entschuldigende Notstand (§ 35 StGB; zB wenn der Täter sein Leben in einer ausweglosen Situation nur retten kann, indem er einen anderen, der ihn nicht etwa rechtswidrig angreift, tötet; so, wenn ein Schiffbrüchiger einen Leidensgefährten von der Planke stößt, um sich selbst zu retten).

V. *1.* Der **Besondere Teil** des S. ist die Gesamtheit aller strafgesetzl. Bestimmungen, in denen einzelne typisierte Straftaten mit der Strafdrohung verbunden werden. Hier zeigt sich, welche Verhaltensweisen der Gesetzgeber – in Auswahl aus dem umfassenden Bereich des Unmoralischen – für strafwürdig gehalten hat, zB Mord, Totschlag, fahrlässige Tötung; Diebstahl, Diebstahl mit Waffen, Bandendiebstahl, Unterschlagung, Haus- und Familiendiebstahl, Diebstahl und Unterschlagung geringwertiger Sachen, usw.

Der Gesetzlichkeitsgrundsatz und das Schuldprinzip bedeuten für den Besonderen Teil des S., daß die mit Strafe bedrohten Verhaltensweisen aus dem Bereich des allgemein als unmoralisch angesehenen Verhaltens ausgewählt sein sollten (damit die Forderung erfüllt sei, jeder Bestrafte müsse selbst das Unrecht seines Verhaltens erkennen können). Ferner sollten nur solche Verhaltensweisen unter Strafe gestellt werden, die das Gemeinschaftsleben empfindlich stören und die deshalb im Hinblick auf die Generalprävention nicht ohne strafrechtl. Reaktion hingenommen werden können. So ergibt sich der sog. *fragmentarische Charakter* des S.: Der Gesetzgeber hat jeder perfektionistischen Allesstraferei zu widerstehen. Als Auswahlprinzip oder Kriterium der Strafwürdigkeit wird meist die *Sozialschädlichkeit* genannt, ein Begriff, der freilich auch erst wieder der näheren Bestimmung bedarf. Jedenfalls darf in einem pluralistischen Gemeinwesen die Strafe nicht zur Bekämpfung des nur von einer Gruppe für unmoralisch Gehaltenen eingesetzt werden; soweit nur irgend möglich, ist →Toleranz geboten.

2. Der Besondere Teil größerer Strafrechtskodifikationen ist seit je in der *Legalordnung,* d. h. in der Reihenfolge der Delikte nach Rechtsgütern, deutl. Ausdruck der geistigen Situation der Gesetzgebungsepoche. Die Legalordnung des StGB ist nach wie vor durch den Vorrang überindividueller, ja staatl. Güter bestimmt, mag auch an die erste Stelle des einst gegen den „Kaiser" gerichteten Hochverrats nunmehr die „Vorbereitung eines Angriffskrieges" gerückt sein. Der 1962 dem Bundestag vorgelegte amtl. Entwurf eines Strafgesetzbuchs (E 1962) sah eine (zeitgemäße) Legalordnung vor, an deren Spitze die Straftaten gegen die Person (Leben, körperl. Unversehrtheit, Freiheit u. a.) standen und wo die Straftaten „gegen die öffentl. Ordnung" und „gegen den Staat und seine Einrichtungen" erst am Ende des Gesetzes folgten. Die Strafrechtsreform hat bisher den Besonderen Teil des StGB aber jeweils nur in einzelnen Stücken erfaßt; zu einer Umgestaltung im ganzen, insbes. zu einer neuen Legalordnung, ist es noch nicht gekommen.

VI. Die nichtvergeltenden Strafrechtsfolgen. *1.* Neben der →Strafe, die als vergeltende Strafrechtsfolge durch Jahrhunderte der Art nach die einzige Rechtsfolge des Strafrechts bildete, sind in den letzten Jahrzehnten eine Reihe bedeutsamer nichtvergeltender Strafrechtsfolgen in das Kriminalrecht aufgenommen worden. Von einem unscheinbaren Vorläufer abgesehen (nämlich der schon 1871 in § 38 StGB geregelten Polizeiaufsicht) kam es erstmals im Jahre 1933 zu jener bedeutenden Ergänzung, die die sog. *Zweispurigkeit des S.* begründete: Aufgrund gesetzgeberischer Vorarbeiten aus der Zeit der Weimarer Republik wurden vom nationalsozialistischen Gesetzgeber (nunmehr ohne Gesetzgebungsschwierigkeiten) die Maßregeln der Sicherung und Besserung (als §§ 42 a ff. StGB) ins S. aufgenommen. Sie gingen auf die Anstöße zurück, die die ganz spezialpräventiv ausgerichtete sog. moderne Schule der Strafrechtsreformbewegung gegeben hatte, und traten – selbstverständlich auch hier mit dem Ziel der Bekämpfung künftiger Verbrechen – als spezialpräventive S.folgen neben die vorhandenen (generalpräventiven) Strafen. Erst 1953 kamen weitere nicht-vergeltende S.folgen hinzu, nämlich die Auflagen und Weisungen, die bei Aussetzung der Strafe zur Bewährung erteilt werden können.

2. Die Maßregeln der Besserung und Sicherung (wie sie nunmehr heißen; §§ 61 – 72 StGB) unterliegen nach § 62 StGB ausdrücklich dem Grundsatz der Verhältnismäßigkeit; eine Maßregel darf nicht angeordnet werden, „wenn sie zur Bedeutung der vom Täter begangenen und zu erwartenden Taten sowie zu dem Grad der von ihm ausgehenden Gefahr außer Verhältnis steht".

Das Gesetz kennt als freiheitsentziehende Maßregeln die *Unterbringung* in einem psychiatrischen *Krankenhaus* (die dann in Betracht kommt, wenn der Täter eine rechtswidrige Tat im Zustand der Schuldunfähigkeit oder der verminderten Schuldfähigkeit begangen hat und wenn die Gesamtwürdigung ergibt, daß von diesem Täter infolge seines Zustandes erhebliche rechtswidrige Taten zu erwarten sind und er deshalb für die Allgemeinheit gefährlich ist); ferner die Unterbringung in einer *Entziehungsanstalt* und in der *Sicherungsverwahrung* (für sog. Hangtäter).

Maßregeln, die nicht die Freiheit entziehen, sind die *Führungsaufsicht* (die als Hilfe für die Lebensführung des Betroffenen ausgestaltet ist), die *Entziehung der Fahrerlaubnis* (die im Unterschied zur Strafe des Fahrverbots nur auf die mangelnde Eignung des Führens eines Kraftfahrzeugs abstellt und also auch den Täter treffen kann, der schuldlos Unrecht getan hat, und schließlich das *Berufsverbot* (das den Mißbrauch des Berufs oder Gewerbes des Täters voraussetzt).

3. Als *Bewährungsauflagen* und *-weisungen* rein spezialpräventiver Natur sieht das Gesetz u. a. vor: die Schadenswiedergutmachung, gemeinnützige Leistungen, Gebote und Verbote, mit denen das Gericht für die Dauer der Bewährungszeit so in die Lebensführung des Betroffenen eingreift, daß er von der Begehung weiterer Straftaten möglichst abgehalten wird (u. a. Anordnungen, die sich auf Aufenthalt, Ausbildung, Arbeit oder Freizeit oder auf die Ordnung der wirtschaftl. Verhältnisse beziehen, und insbes. die praktisch sehr bedeutsame Unterstellung unter Aufsicht und Leitung eines Bewährungshelfers für die Dauer der Bewährungszeit).

VII. Die Festsetzung der Strafrechtsfolge im Einzelfall. Unter diesem Stichwort war noch vor wenigen Jahrzehnten lediglich die Aufgabenverteilung zwischen Strafgesetzgeber und Strafrichter zu erörtern: Der Gesetzgeber gibt (von den ganz wenigen Fällen einer absoluten Strafdrohung abgesehen, zB bei Mord: früher Todesstrafe, heute lebenslängl. Freiheitsstrafe) nur den *Strafrahmen* (relative Strafdrohung), innerhalb dessen der Richter die *Strafe im Einzelfall* zu bemessen hat. Ermessensentscheidungen anderer Art spielten praktisch keine Rolle. Seit rd. 30 Jahren hat sich jedoch der *Ermessens-Entscheidungsbereich des Strafrichters* außerordentlich erweitert, und zwar vor allem durch die Institute der Strafaussetzung zur Bewährung, des Absehens von Strafe bei gegebenem Schuldspruch und schließlich der im Strafverfahrensrecht geregelten Befugnis zur Einstellung des Verfahrens (die es zwar schon früher gab, die aber in jüngerer Zeit erheblich erweitert worden ist). So bleibt heute in einer Vielzahl von Fällen auch die nachgewiesene Tat straflos. Letztlich drückt sich in dieser Entwicklung ein Wandel der Auffassung vom staatl. Strafen aus, das nicht mehr als Versuch der Verwirklichung von Gerechtigkeit auf Erden verstanden wird, sondern (auch wenn man dies nicht immer ausdrücklich wahrhaben will) als rein zweckhaftes, auf Bekämpfung künftiger Kriminalität gerichtetes Handeln der Staatsorgane. Bei dieser Auffassung sind Plus und Minus des staatl. Strafgeschäftes gegeneinander abzuwägen. Ob dann jeweils das „öffentl. Interesse an der Strafverfolgung" von Gesetzgeber und Strafverfolgungsorganen immer richtig gesehen wird, ist eine andere Frage; daß hier – was bei der Sinnlosigkeit des Strafens gegenüber dem einzelnen verständlich ist; →Strafe – die Betrachtung des Einzelschicksals das Interesse des Gemeinwesens manchmal zu sehr in den Hintergrund drängt, ist ein Phänomen, das in der Gegenwart nicht nur im Bereich des S. zu beobachten ist.

Die praktisch größte Bedeutung hat die *Strafaussetzung zur Bewährung,* die bei Freiheitsstrafen von nicht mehr als einem Jahr (u. U. sogar von bis zu zwei Jahren) nach richterl. →Ermessen auf eine Bewährungszeit von zwei bis fünf Jahren ausgesprochen werden kann und die nach erfolgreichem Ablauf dieser Bewährungszeit zu einem Erlaß der verhängten Strafe führt. Für den Fall der Verbüßung einer Freiheitsstrafe regelt das Gesetz die Aussetzung des Strafrestes nach einer Teilverbüßung, und dies auch bei lebenslanger Freiheitsstrafe. (Bei Geldstrafen die etwas anders geregelte „Verwarnung mit Strafvorbehalt".) Die *Einstellung des Strafverfahrens* (§§ 153 ff. StPO) kommt vor allem bei Bagatellstraftaten in Betracht, seit 1974 (§ 153 a StPO) in einem rechtsstaatl. fragwürdigen Verfahren auch unter Erteilung von Auflagen (u. a. der Zahlung eines Geldbetrags).

Was die *Strafzumessung* innerhalb eines gesetzl. Strafrahmens betrifft, so versuchen Theorie und Gesetzgebung der Gegenwart, dem Richter hier einigermaßen feste Richtlinien zu geben; ein Erfolg ist dabei jedoch nicht zu erwarten, da die Umsetzung eines von vielen Momenten abhängigen Unwerturteils über eine Tat in eine Strafgröße nie den Charakter einer mathematischen Gleichung annehmen kann.

VIII. Sonderstrafrecht. Diese Bezeichnung erfaßt jene Bereiche staatl. Strafens, die aus dem allgemeinen S. ausgegliedert und einer einigermaßen selbständigen gesetzl. Regelung unterworfen sind.

1. Das Jugendstrafrecht regelt vor allem die besonderen Strafrechtsfolgen für die „Jugendlichen", die sich noch im Erziehungsalter befinden und daher auch vom Jugendstrafrichter so sollen behandelt werden können, daß sich möglichst viel Gutes für ihre Erziehung und möglichst wenig Belastendes für ihr weiteres Leben ergibt. Dies schlägt sich im JGG vor allem darin nieder, daß die Jugendstrafe (als Freiheitsstrafe) hinter Erziehungsmaßregeln und sog. Zuchtmitteln zurücktritt (zu denen freilich auch der Jugendarrest gehört, der materiell gesehen eine kurzfristige Freiheitsstrafe ist, aber nicht die Rechtswirkungen einer Strafe hat).

2. Das Ordnungswidrigkeitenrecht betrifft Taten, die man als Ordnungs- oder Verwaltungsunrecht bezeichnen kann und die in ihrem Unwert meistens weniger schwer wiegen als das sog. Kriminalunrecht. Um eine praktikable Verfahrensweise mit primärer Entscheidungsbefugnis von Verwaltungsbehörden zu ermöglichen und die Einschränkung des Prinzips, wonach die →rechtsprechende Gewalt den Gerichten anvertraut ist, einigermaßen zu verdecken, werden im OWiG die Ausdrücke Straftat und Strafe peinlich vermieden und durch „Ordnungswidrigkeit" und „Geldbuße" ersetzt.

3. Das Wehrstrafrecht gilt in erster Linie für Soldaten der Bundeswehr, und zwar für alle Straftaten, die Soldaten begehen.

IX. Strafrechtsreform. Die moderne S.-Reformbewegung, die schon vor der Jahrhundertwende eingesetzt hat, geht vor allem auf die sog. *moderne Schule* und deren Begründer FRANZ V. LISZT (1851 – 1919) zurück. V. LISZT hat durch sein kriminalpolitisches Programm, in dem er die Strafe weitgehend durch spezialpräventive Behandlung, das sog. Tatstrafrecht durch ein Täterstrafrecht ersetzt sehen wollte, den Anstoß für wichtige Änderungen unseres Strafrechts gegeben: 1923 wurde im ersten Jugendgerichtsgesetz eine täterstrafrechtl. Orientierung dieses Rechtsbereichs durchgeführt. 1924 wurde durch eine Verordnung über Vermögensstrafen und Bußen die spezialpräventiv ungeeignete kurzfristige Freiheitsstrafe zurückgedrängt, und 1933 wurde in der schon oben geschilderten Weise die Zweispurigkeit des S. geschaffen. Allerdings hat man inzwischen manche Vorstellung aus dem Bereich der spezialpräventiven Theorie in ihrer einseitigen Überspanntheit erkannt; doch hat dieses Gedankengut sowohl zu einer Humanisierung des Strafens wie auch zu einem vielfachen – weithin richtigen – rationalen Verzicht auf Strafe geführt. Besonderes Gewicht haben hier die Einführung der einheitl. Freiheitsstrafe (im Jahre 1970), die nun schon längst eingespielte Strafaussetzung zur Bewährung (seit 1953) und auch die Zumessung der Geldstrafe in Tagessätzen (seit 1975).

Nach der 1975 geleisteten Reform wird sich (trotz mancher Bedürfnisse im Allgemeinen Teil, etwa der Abschaffung der lebenslangen Freiheitsstrafe) für geraume Zeit Reform nur in Bereichen des Besonderen Teils abspielen. Dies bestätigen nicht nur die Novellen der letzten Jahre, sondern auch der Blick in den amtl. Entwurf 1962, der zwar inzwischen in vieler Hinsicht überholt ist, aber doch auch Teile enthält, die noch heute die nicht erfüllte Aufgabe markieren. Dazu gehört etwa das Strafrecht bezüglich ärztl. Heilbehandlung, eine sinnvolle Ordnung der Vermögensstraftaten und – außerhalb dieses Entwurfs – etwa auch eine Regelung der Sterbehilfe und der Teilnahme an Selbsttötung. Dringende Aufgaben sind weiterhin die strafrechtl. Bewältigung der Wirtschaftsschädigungen großen Stils (Computerkriminalität) und der Lebens- und Gesundheitsgefährdungen durch die moderne Zivilisation (auch im Bereich der Gentechnik). Aber man muß wahrlich wünschen, daß der Strafgesetzgeber die nie endende Reform mit der gebotenen Geduld betreibe und sich insbes. nicht von tagespolitisch-taktischer Zielsetzung bestimmen lasse.

Lehrbücher des Strafrechts, Allg. Teil: BAUMANN/WEBER, 1985[9] – BLEI, 1983[18] – JAKOBS, 1983[18] – JESCHECK, 1978[3] – MAURACH/ZIPF, MAURACH/GÖSSEL/ZIPF, 1983/4[6] – SCHMIDHÄUSER, 1975[2], Studienbuch 1984[2] – STRATENWERTH, 1981[3] – *Lehrbücher des Strafrechts, Bes. Teil:* ARZT, ARZT/WEBER, 1978 – 1983 (Lehrhefte) – BLEI, 1983[12] – MAURACH/SCHROEDER, 1977, 1981[6] – SCHMIDHÄUSER, 1983[2]. – *Ferner: Lehrdarstellungen zu beiden Teilen* von BOKKELMANN, KREY, OTTO, WESSELS. – Einführungen in das Strafrecht: NAUCKE, SCHMIDHÄUSER – E. SCHMIDT, Einführung in die Geschichte der dt. Strafrechtspflege, 1965[2]; H. RÜPING, Grundriß der Strafrechtsgeschichte, 1981.

Eberhard Schmidhäuser

Strafvollzug I. Strafvollzug und Gesellschaft.

Der S. ist primär ein Rechtsbegriff. Als *Definition* ist anerkannt, daß S. denjenigen Abschnitt der Vollstreckung einer durch rechtskräftiges Urteil ausgesprochenen kriminalrechtl. Rechtsfolge bezeichnet, der mit der Aufnahme in eine Vollzugsanstalt beginnt und mit der (ggf. vorerst bedingten) Entlassung aus ihr endet. Von der weitaus häufigsten kriminalrechtl. Sanktion, der Geldstrafe, unterscheidet der S. sich also dadurch, daß er in *anstaltsgebundenem →Freiheitsentzug* (Freiheitsstrafe, Jugendstrafe) besteht. Daneben gehören zum S. jene freiheitsentziehenden Sanktionen, die nicht Strafe sind, sondern einem von der Tatschuld unabhängigen Bedürfnis dienen, den Täter zu bessern und/oder die Allgemeinheit vor ihm zu schützen (Maßregeln der Besserung u. Sicherung im Rahmen unseres „zweispurigen" →Strafrechts); es sind dies die Unterbringung in einem psychiatr. Krankenhaus, einer Entziehungsanstalt oder in der Sicherungsverwahrung. Krankenhaus und Entziehungsanstalt unterstehen nicht der Justizverwaltung, während die Sicherungsanstalten ebenso wie die Anstalten zum Vollzug der Freiheits- und der Jugendstrafe *Justizvollzugsanstalten* (JVA) sind. Auch das Untersuchungsgefängnis ist eine JVA, jedoch gehört die Untersuchungshaft nicht zum S., weil sie dem rechtskräftigen Urteil vorausgeht; ferner nicht der disziplinären Zwecken dienende Strafarrest nach dem WehrstrafG und der ein bloßes „Zuchtmittel" darstellende Jugendarrest nach dem JugendgerichtsG.

Rechtsgrundlage für den S. ist vor allem das seit dem 1. 1. 1977 geltende *StrafvollzugsG* (StVollzG). Seine wichtigsten Regelungsbereiche betreffen die Arbeit der Gefangenen (bei grds. Arbeitspflicht), Maßnahmen zur (berufl. und allg.) Aus- und Weiterbildung, die Gestaltung der Freizeit, den Besuchs- und Postverkehr, die bei günstiger Prognose zulässigen Lockerungen des S. wie zB den „Freigang" (d. h. die Befugnis, außerhalb der Anstalt einer Arbeit oder Beschäftigung nachzugehen) oder den Urlaub aus der Haft (bis zu 3 Wochen jährlich), die Sicherheit und Ordnung, Disziplinarmaßnahmen und das Rechtsmittelwesen. Daneben enthält das G. Vorschriften über die Größe und Ausstattung der Anstalten und Hafträume, die innere Gliederung der Gefängnisse („überschaubare Betreuungs- und Behandlungsgruppen"), die Leitung und personelle Besetzung der JVA usw. Mit alledem spiegelt das StVollzG das Bestreben wider, unter Ablösung des bes. →Gewaltverhältnisses als Rechtsgrundlage für den S. sowohl ein „RechtsstellungsG" als auch ein „BehandlungsförderungsG" zu sein (s. Voraufl.). Dabei veranschaulicht es allerdings auch, wie diffizil die Grenzen zwischen Rechtsanspruch des Gefangenen und Ermessen der Anstalt oder auch zwischen dem Interesse an „Behandlung" und dem Interesse an größtmöglicher „Freiheit" von staatl. Zugriffen verläuft. So steht zB dem Anspruch des Gefangenen auf ein (äußerst bescheidenes) Arbeitsentgelt kein Anspruch auf Zuweisung einer seinen „Fähigkeiten, Fertigkeiten und Neigungen" entsprechenden Arbeit gegenüber (insoweit bloße Soll-Vorschrift). Das Grundrecht auf Informationsfreiheit (Art. 5 GG) wird durch die Befugnis der Anstalt eingeschränkt, einzelne Gefangene vom Rundfunk- oder Fernsehempfang vorübergehend auszuschließen, „wenn dies zur Aufrechterhaltung der Sicherheit oder Ordnung unerläßlich ist". Schreiben abzusenden oder zu empfangen sowie mindestens eine Stunde im Monat besucht zu werden, sind zwar Rechte des Gefangenen. Einen Anspruch auf eine die Vollzugszeit nutzende, seiner Wiedereingliederung förderl. Behandlung hat er indessen nicht, vielmehr enthält das G. insoweit nur einige eher „weich" formulierte Vorkehrungen für die Planung von Behandlungsmaßnahmen, den Gruppenvollzug usw. Die juristische Erfassung wird weiter dadurch erschwert, daß nicht wenige dieser Bereiche, sozusagen janusköpfig, sowohl Behandlungsinteressen ausdrücken als auch das Problem der Grenze zwischen Freiheit und Eingriff aufwerfen. So kann zB die „Verlegung" eines Gefangenen in eine andere Anstalt sowohl damit begründet werden, daß seine Behandlung oder Eingliederung nach der Entlassung hierdurch gefördert werde, als auch damit, daß dies „aus Gründen der Vollzugsorganisation oder aus anderen wichtigen Gründen erforderlich" sei. Oder: Aus der (meist nur noch auf Stichproben beschränkten) Kontrolle ein- und ausgehender Post erlangt ein Zensor bestimmte Informationen über einen Gefangenen; diese dürfen nach dem StVollzG verwendet werden, „soweit dies aus Gründen der Behandlung geboten ist", aber auch, „soweit dies notwendig ist, um die Sicherheit oder Ordnung der Anstalt zu wahren". So kann es nicht verwundern, daß die Gerichte, die für die (nur in einer Minderzahl erfolgreichen) Rechtsmittel Gefangener gegen Vollzugsmaßnahmen zuständig sind, immer wieder ziemlich Grundsätzliches an prima facie ziemlich banal erscheinenden Kontroversen zu entscheiden haben. Im Vordergrund stehen solche Maßnahmen der Anstalten, die den Gefangenen entweder bestimmte Lockerungen (vor allem Urlaub) versagen oder die ihnen bestimmte Annehmlichkeiten (zB den Besitz von Privatsachen) verbieten: Daß Strafgefangene „kein Recht auf Haltung eines Vogels in der Vollzugsanstalt" haben, entschied das OLG Frankfurt 1983 (NStZ 1984, 239), daß hingegen „der Erwerb und Besitz einer Kerze zum Zwecke der Religionsausübung" zu gestatten sei, befand das LG Zweibrücken 1984 (NStZ 1985, 142). Und bei den Lockerungen spielen jüngsthin sogar Bedachtnahmen auf Momente der Tatschuld als Versagungsgrund eine zunehmende Rolle. Selbst die Grundsatzbestimmungen des StVollzG veranschaulichen die vielschichtige Gemengelage von z. T. gegenläufigen Interessen (§§ 2–4, 160): „Das Leben im Vollzug soll den allgemeinen Lebensverhältnissen soweit als möglich angeglichen werden. Der Vollzug ist darauf auszurichten, daß er dem Gefangenen hilft, sich in das Leben in Freiheit einzugliedern. Der Gefangene wirkt an der Gestaltung seiner Behandlung und an der Erreichung des Vollzugszieles mit. Den Gefangenen soll ermöglicht werden, an der Verantwortung für Angelegenheiten von gemeinsamem Interesse teilzunehmen, die sich für ihre Mitwirkung eignen." Aber auch: „Der Gefangene unterliegt den in diesem Gesetz vorgesehenen Beschränkungen seiner Freiheit. Soweit das Gesetz eine besondere Regelung nicht enthält, dürfen ihm nur Beschränkungen auferlegt werden, die zur Aufrechterhaltung der Sicherheit oder zur Abwendung einer schwerwiegenden Störung der Ordnung der Anstalt unerläßlich sind." Denn: „Der Vollzug der Freiheitsstrafe dient auch dem Schutz der Allgemeinheit vor weiteren Straftaten."

Das StrafvollzugsG wird ergänzt durch *Maßregelvollzugsgesetze* der Bundesländer, die die strafrichterl. Unterbringung in psychiatr. Krankenhäusern oder Entziehungsanstalten betreffen (s. o.), sowie durch die *Mindestgrundsätze* der Vereinten Nationen (1957) und des Europarates (1973) für die Behandlung von Gefangenen. Die skizzierten Strukturen und Probleme kehren auch in diesen Regelungen wieder, im Maßregelvollzug akzentuiert durch die Frage, welche (therapeutische) Behandlung der Untergebrachte verlangen kann oder sich gefallen lassen muß, und in den internationalen Normen akzentuiert durch die Ausrichtung an →Menschenrechten und Grundfreiheiten. Hingegen fehlt bislang ein JugendstrafvollzugsG (ebenso wie ein UntersuchungshaftvollzugsG), so daß der Jugend-S. sich an wenigen grundsätzlichen Hinweisen (§§ 91,

92 JGG) orientieren muß, die von Verwaltungsvorschriften auf Länderebene unterfangen werden. Natürlich bleibt der Erlaß eines G. auch für den Jugend-S. rechtsstaatl. gefordert. In welchem Umfang ein solches G. zugleich innere Reformen des Jugend-S., etwa im Hinblick auf das Erziehungsziel, bewirken kann, ist nach den Erfahrungen mit dem StrafvollzugsG aber durchaus offen. Denn entscheidender als die rechtl. Grundlagen und gesetzl. Zielvorstellungen sind für die Qualität des S. allem Anschein nach bestimmte gesellschaftl. Rahmenbedingungen und „Kräfte".

Hierzu bedarf es eines Blicks auf die groben Größenordnungen. Ausweislich der *S.-Statistik* betrug 1984 die Zahl der Strafgefangenen rd. 49 000 (dazu etwa 200 Sicherungsverwahrte), davon rd. 1650 Frauen und rd. 7000 Gefangene im Jugend-S. Eine lebenslange Strafe verbüßten über 1000 Personen, eine Strafe zwischen 5 und 15 Jahren rd. 4800, zwischen 2 und 5 Jahren und zwischen 1 und 2 Jahren je rd. 10 000, und rd. 9000 eine solche unter 6 Monaten. Der erhebliche Anteil kurzer Strafen (einschl. Ersatzfreiheitsstrafen) wird dadurch noch deutlicher, daß (allerdings einschl. Untersuchungshaft) jährlich rd. je eine halbe Million Personen als Zu- oder Abgänge in den über 150 JVA registriert werden. Überblickt man die Entwicklung etwa eines Jahrzehnts, so fällt insbes. zweierlei auf: eine Verbesserung der Personalstruktur und eine Zunahme der Gefangenenzahlen. So liegt die Relation Gefangene: Bedienstete heute schon unter 3 : 1, was auch einer Vermehrung der Stellen für Psychologen, Pädagogen und Sozialarbeiter zu verdanken ist, wobei aber noch über 70 % des Personals dem Aufsichts- und Werkdienst angehören. Die Zahl der Gefangenen hat in derselben Zeit von 36 000 (vgl. Voraufl.) um 13 000, zugenommen, was zu z. T. katastrophalen Überbelegungen führte. Diese Entwicklung ist allerdings im wesentl. auf geburtenstarke Jahrgänge zurückzuführen, wie sich an einem relativen Rückgang der wegen Bereicherungsdelikten Einsitzenden, die freilich immer noch die größte Gruppe bilden, zugunsten der wegen Gewaltdelikten Einsitzenden ablesen läßt. Da demnächst der „Pillenknick" ansteht, auch die S.-Statistik zu beeinflussen, wird sich die Lage insoweit bald entspannen; andere Phänomene wie zB die steigenden Anteile von Drogentätern und Ausländern an den Inhaftierten (z. Z. je rd. 10 %) werden sich dagegen noch verschärfen. Im internationalen Vergleich liegt die Bundesrep. mit (incl. Unters.-Haft) rund 100 Inhaftierten pro 100 000 der Bevölkerung mit an der Spitze der europäischen Staaten.

Unter allgemein *gesellschaftl. Aspekt* muß der S. als eine Maßnahme der Staatsgewalt erscheinen, die vor kaum versöhnbaren Antinomien steht. Denn die Frage, wofür er eigentlich „da" ist, führt für die Gefangenen und für die Gesellschaft zu Antworten, die allenfalls Formelkompromisse zulassen. „Resozialisierung" ist ein solcher, denn sie meint das den Gefangenen und der Gesellschaft gemeinsame Interesse, den Gefangenen zu befähigen, „künftig in sozialer Verantwortung ein Leben ohne Straftaten zu führen" und „schädlichen Folgen des Freiheitsentzuges entgegenzuwirken" (§§ 2, 3 StVollzG). Schon 1969 hatte der Gesetzgeber mit der „sozialtherapeutischen Anstalt" eine Kriminalsanktion vorgesehen, die (auch unter Inkaufnahme von Kosten) hiermit Ernst machen sollte (§ 65 StGB): An die Stelle der klassischen Vollzugsleiden (zB sexuelle Deprivation) sollte ein „therapeutisches Milieu", an die Stelle der Prägungen durch die Gefangenen-„Subkultur" die „problemlösende Gemeinschaft" treten. Obwohl Versuchsvorläufe zeigten, daß die (nach neueren Erkenntnissen bei 40 – 55 % liegende) Rückfallquote nach Strafvollzug sich auf diese Weise wohl würde senken lassen, hat das Parlament den § 65 StGB zum 1. 1. 1985 jedoch endgültig wieder gestrichen; das Schicksal der kleinen Modellanstalten, die derzeit nur ca. 1 % aller Gefangenen erfassen, bleibt abzuwarten (vgl. § 9 StVollzG). Indessen gewinnt eine Betrachtungsweise (wieder) an Boden, die auf die abschrekkende Funktion von (härteren) Strafen baut, für die das Gefängnis ein symbolhaftes Bauwerk ist. Zwar wird dabei weniger als früher auf die aus der Straftat resultierende „Schuld" abgestellt, deren „Sühne" durch S. einst den klassischen Formelkompromiß darstellte. Vielmehr tritt im neoklassizistischen Denken der nüchternere Aspekt der Selbstverteidigung der Gesellschaft in den Vordergrund, der den S. zu einer Maßnahme kollektiver Notwehr macht. Auch diese Perspektive ist freilich als über-vereinfachend zu kritisieren. Denn eine kollektive Notwehr könnte ebenso an allgemeineren Entwicklungen ansetzen, die nach kriminologischer Erkenntnis ihrerseits die Straffälligkeit und damit den S. beeinflussen, wie zB an den Auswirkungen von industriellen Prozessen auf den Arbeitsmarkt, an der Zunahme resignativer Grundeinstellungen („die da oben – wir hier unten") oder an der politischen Manipulation von Kriminalitätsfurcht. Eine kollektive Notwehr gegen solche, „die anders nicht daran gehindert werden können, schweren Schaden anzurichten" (Voraufl.), wäre jedenfalls gegenüber sehr viel weniger Personen geboten, als tatsächlich im S. sind. Der Ausbau des (freilich weniger symbolträchtigen) offenen S., den das StVollzG (§ 10) sogar als Regelvollzug postuliert, könnte hier kurzfristig eine wenigstens partielle Abhilfe schaffen; derzeit profitieren noch nicht einmal 20 % aller Gefangenen von dieser (überdies billigeren) Vollzugsform.

R. SIEVERTS, Die Wirkungen der Freiheitsstrafe und Untersuchungshaft auf die Psyche des Gefangenen, 1929 – K. PETERS, Kriminalpädagogik, 1960 – E. SCHMIDT, Einführung in die Gesch. der dt. Strafrechtspflege, 1965[3] – H. SCHÜLER-SPRINGORUM, S. im Übergang, 1969 – ST. HARBORDT, Die Subkultur des Gefängnisses, 1972[2] – J. BAUMANN u. a., Alternativentwurf eines S.-Gesetzes, 1973 – G. RUSCHE,

O. KIRCHHEIMER, Sozialstruktur z. Strafvollzug, 1974 – H.-D. SCHWIND, G. BLAU (edd.), Strafvollzug in der Praxis, 1976 – H. KAUFMANN, Kriminologie III: Strafvollzug und Sozialtherapie, 1977 – A. BÖHM, Strafvollzug, 1979 – E. BRANDT, J. FEEST u. a., Alternativ-Kommentar zum S.-G, 1982[2] – F. DÜNKEL, A. ROSNER, Die Entwicklung des S. in der Bundesrep. Dtschld. seit 1970, 1982[2] – T. GRUNAU, E. TIESLER, Kommentar zum S.-G, 1982[2] – P.-A. ALBRECHT, H. SCHÜLER-SPRINGORUM, Jugendstrafe an Vierzehn- und Fünfzehnjährigen, 1983 – R.-P. CALLIESS, H. MÜLLER-DIETZ, Kommentar zum S.-G, 1983[3] – R. DRIEBOLD, Strafvollzug. Erfahrungen, Modelle, Alternativen, 1983 – G. KAISER, S. im europäischen Vergleich, 1983 – G. KAISER, H.-J. KERNER, H. SCHÖCH, Strafvollzug, 1983[3] – W. SCHEU, In Haft, 1983 – H.-D. SCHWIND, A. BÖHM (edd.), Kommentar zum S.-G, 1983 – R. DRIEBOLD u. a. (ed.), Die sozialtherapeutische Anstalt, 1984 – F. LAMOTT, Die erzwungene Beichte – Zur Kritik des therapeutischen S., 1984 – G. WAGNER, Das absurde System – Strafurteil u. S. in unserer Gesellschaft, 1984 – H.-H. JESCHECK, Die Freiheitsstrafe und ihre Surrogate in rechtsvergleichender Darstellung, 1985 – Z. für S. – Neue Z. für Strafrecht – Monatsschrift für Kriminologie u. Strafrechtsreform – Der Vollzugsdienst.

Horst Schüler-Springorum

II. Strafvollzug und Kirche. 1. Zur Situation. Von den Anfängen bis heute haben Christen in Gemeinde, Kirche und ihrer Diakonie die Bemühungen um Strafgefangene als ihre Aufgabe angesehen (vgl. Evangelium nach MATTHÄUS, Kapitel 25, V. 37 bis 45). Das Neue Testament verbindet den Besuch bei Gefangenen mit dem Verhältnis zu Jesus Christus und Gott, im Sinne LUTHERS: Die Nächsten sind die, die vor Gott zusammengehören, einer, dem es mangelt, und einer, der hilft. Heute reichen die Bemühungen von öffentl. Stellungnahmen der Kirche über interne Gespräche mit Vertretern der staatl. Seite, theoretischen Auseinandersetzungen (zB in den Akademien) bis zum hauptamtl. Gefängnispfarrer und ehrenamtl. Mitarbeiter. Dabei bleiben Ambivalenzen: Vorstellungen vom strafenden, richtenden und gerechten Gott spielen im Alten Testament, dessen Aktualität die Kirchen immer wieder hervorheben, eine bedeutsame Rolle, reichen im übrigen weit über dieses hinaus. Schuld, Sühne, Buße sind eminente theologische Kategorien, die auch dadurch nicht abgemildert werden, daß die Gefängnisseelsorge auf den weist, der alle Schuld auf sich genommen hat (Empfehlungen des Rates der EKD, S. 13). Die Entstehung von Zuchthäusern und Gefängnissen – so sehr sie das Ende der „peinlichen Strafen" bedeuten, die ihrerseits ohne religiöse Motive nicht zu erklären sind – ist ohne das calvinistische Ethos der Arbeit im Sinne MAX WEBERS kaum zu erklären (E. SCHMIDT, S. 6 f.). Die praktische Arbeit im Strafvollzug ist ebenfalls von Widersprüchen bestimmt. Sie reichen vom Programm WICHERNS, selbst in zeitgemäßer Form (Empfehlungen des Rates der EKD, S. 42/39), bis zu den Schlußfolgerungen, die man aus den Erfahrungsberichten eines Gefängnisseelsorgers wie W. SEE („Nun büßt mal schön") zu ziehen hätte, auch wenn man sich mit seiner Sicht nicht identifiziert. Schließlich spiegeln sich die widersprüchl. wissenschaftl. Meinungen auch in Kirche und Diakonie: Schuld oder Versagen – individuelle oder gesellschaftliche Sicht – Verarbeitung von Schuld und Strafe (Empfehlungen, S. 13) oder Erziehung und Behandlungsvollzug – und dem ungeklärten Verhältnis von Theologie und Psychologie und ihren Therapien. Ernsthaft kommt nur eine differenzierte Berücksichtigung aller Elemente zu Verstehen und Reagieren auf Straftaten in Betracht.

2. Gesetzliche Absicherung. Im StrafvollzugsG von 1976, dessen Schaffung letztlich auf die ablehnende Haltung des Bundesverfassungsgerichts zum sog. besonderen Gewaltverhältnis ohne gesetzl. Grundlage zurückging, haben die Kirchen unter Religionsausübung (§§ 53 – 55) und Seelsorge (§ 157) ihren Bereich zugewiesen erhalten; letztlich ist er bis in diese Tätigkeit mit dem Gestaltungsraum für die Inhalte verfassungsrechtlich abgesichert (Art. 140 GG i. V. mit Art. 141 WV), hat somit staatskirchenrechtl. Qualität. Es kann bezweifelt werden, daß der Auftrag der Kirche sprachlich und sachlich angemessen erfaßt wird, wenn zB von religiöser Betreuung oder religiösen Veranstaltungen gesprochen wird. In einschlägigen Verwaltungsvorschriften – vgl. die Sammlungen der Bestimmungen über die Seelsorge in Justizvollzugsanstalten – geschieht dies viel unbefangener; selbst die Mitwirkung in der Gefangenenhilfe (-fürsorge) – s. aber die Überschneidung mit §§ 71 f. (Sozialer Hilfe) – rechnet dazu. Der Hintergrund ausgeübter Seelsorge, die christl. Gemeinde außerhalb der Vollzugsanstalt, wird allerdings kaum wahrgenommen (vgl. §§ 74, 154 StVollzG, und die einschlägigen Kommentare).

Seelsorger im Strafvollzug werden von den Bundesländern im Einvernehmen mit der jeweiligen Religionsgemeinschaft verpflichtet. Sie können staatl. Beamte oder Angestellte sein oder als Beamte (Pfarrer) oder Angestellte im kirchl. Dienst stehen. Wird heute an manchen Stellen die Tendenz der zunehmenden Abgrenzung der Kirche vom Staat deutlich – Loyalität, Zusammenarbeit und Partnerschaft sind hier unverzichtbar. Unbeschadet der Schweigepflicht und aller Vorteile seines Status befindet sich der Seelsorger als Mitarbeiter im Vollzug (§ 155) in der Gesamtverantwortung des Anstaltsleiters. Daher ist zB seine Zustimmung bei der Beteiligung von Seelsorgern und Seelsorgehelfern von außen erforderlich (§ 157 Abs. 2).

3. Seelsorge als Hauptaufgabe. Am unumstrittensten ist die Seelsorge als kirchl. Auftrag, ob man nun die Verlautbarungen der Kirche, die §§ 53, 157 StVollzG oder die Personen betrachtet, die im Auftrage der Kirche im Strafvollzug tätig sind. Auch wenn man den Begriff Seelsorge in der Breite des pfarramtl. Dienstes und entgegen landläufigem Verständnis – damit auch oft verkürzter Sicht staatlicher Bediensteter – weit interpretiert (Gruppengespräche; diakonisch/soziale Arbeit; Bildungsarbeit, s. Empfehlungen, S. 17), so wird das Bild der Kirche von den *Pfarrern* im Vollzug bestimmt, weniger von Sozialarbeitern oder anderen Mitarbeitern. Die besondere Rolle, die der Pfarrer im Vollzug kraft seines Status einnimmt, gewährt zweifellos einen gestalterischen Freiraum innerhalb des Gefängnisses als Inbegriff einer totalen Organisation mit ihren nachgewiesenen Auswirkungen. Die theologischen Aussagen, mit denen die Gefängnisseelsorger ausgestattet werden – vgl. die Empfehlungen des Rates der EKD –, erfassen allerdings kaum die Realitäten des Alltags verschiedenster Menschen im Strafvollzug, genausowenig wie die theologische Ausbildung. Das ungeklärte Verhältnis von Seelsorge und Sozialarbeit, das oft auch die Zusammenarbeit der entsprechenden Personen beeinträchtigt, erleichtert nicht gerade den Dienst der Kirche, der dem ganzen Menschen gilt (Empfehlungen, S. 9).

4. Soziale/diakonische Arbeit. Neben der Tätigkeit des Pfarrers hat die Kirche keinen vergleichbaren Schwerpunkt im Vollzug zu bieten. Die Straffälligenhilfe der Diakonie ist in erster Linie Hilfe für Strafentlassene und die Familien von Straffälligen. Hilfreicher Bezugspunkt für die Mitarbeiter können dabei die Seelsorger an Justizvollzugsanstalten sein. Dieser Zusammenarbeit kommt besondere Bedeutung zu bei der Durchführung von Familienfreizeiten mit Strafgefangenen und ihren Angehörigen sowie bei der Vorbereitung der Entlassung.

Ideal wäre eine Kontaktaufnahme mit dem Gefangenen etwa ein Vierteljahr vor der Entlassung, um ihn auf die gewaltigen Probleme, die auf ihn zukommen, vorzubereiten: Wohnungssuche, Arbeitsuche, Kontaktsuche, Schuldenregulierung. Hinzu kommt die größte Schwierigkeit: sich von einem Leben in einem engen, umgrenzten, durch Vorschriften reglementierten Bereich wieder auf ein Leben in Freiheit mit seinen Angeboten und Bedrohungen umzustellen. Zu diesem Zweck unterhält die Straffälligenhilfe der Diakonie Beratungsstellen für Strafentlassene, Übernachtungs- und Wohnheime sowie Wohngemeinschaften. Weil diese Arbeit nicht allein von Spezialisten bewältigt werden soll – und das ist auch nicht nötig –, bildet die Straffälligenhilfe der Diakonie seit einigen Jahren zunehmend ehrenamtliche Mitarbeiter aus. Sie will damit das Problemfeld einem größeren Personenkreis vor Augen führen, die Solidarität fördern und humane Perspektiven im System der Hilfen verstärken.

5. Perspektiven. Die Aufgaben von Kirche und Diakonie sind so alt wie aktuell. Sie haben die Möglichkeit, bei der Resozialisierung auf vielfältige Weise durch Menschen mitzuwirken, die mit hoch gesteckten Zielen, aber ohne Sentimentalität, mit Einfühlungsvermögen und Verständnis für die Schwächen und Nöte und für die sozialen Schwierigkeiten den Gefangenen begegnen (E. SCHMIDT, S. 44). Das gilt auch für das Bemühen, durch Stellungnahmen die öffentl. Meinung zu sensibilisieren. Kirche und Diakonie müssen sich für überschaubare, nicht überbelegte bauliche Einheiten des Strafvollzuges einsetzen, ohne die viele Bemühungen wirkungslos sind. Sie sollten an Überlegungen und Umsetzung zu alternativen Sanktionen (Diversion) im Vorfeld von Strafverfahren und Strafvollzug mitwirken, so daß sich dieser auf Personen beschränkt, bei denen längerer Freiheitsentzug sinnvoll oder unvermeidlich ist. Vor allem sollten sie durch mehr konkrete Beiträge im Sinne der Empfehlungen des Rates der EKD (S. 39) dazu verhelfen, daß diese von ihr selbst als unterentwickeltes Gebiet der sozialen Arbeit (S. 41) bezeichnete Aufgabe Verstärkung erhält, sicher auch unter Berücksichtigung der 9 Punkte, die die katholischen Bischöfe 1973 in der Sorge um die straffällig gewordenen Mitbürger als wesentlich angesehen haben.

Seelsorge in Justizvollzugsanstalten – Empfehlungen des Rates der Evangelischen Kirche in Deutschland, Gütersloh 1973 – Straffälligenhilfe der Diakonie, Herausgeber Diakonisches Werk der EKD, Stuttgart – Zur Sorge um die straffällig gewordenen Mitbürger, Aufruf der Deutschen Bischofskonferenz, Bonn 1973 – W. BITTNER (Hg.), Verbrechen – Schuld oder Schicksal, Stuttgart 1968 – P. BRANDT, Die Evangelische Strafgefangenenseelsorge, Göttingen 1985 – G. DIESTEL (Hg.), Kirche für Gefangene, München 1980 – P. RASSOW (Hg.), Bestimmungen über die Seelsorge in Justizvollzugsanstalten, Selbstverlag Celle 1976 – G. REHBORN (Hg.), Katholische Seelsorge in den Justizvollzugsanstalten, Hamm – H.-D. SCHWIND/G. BLAU, Strafvollzug in der Praxis, Berlin 1976 – E. SCHMIDT, Zuchthäuser und Gefängnisse, Kl. Vandenhoeck-Reihe, Nr. 101 – W. SEE, Nun büßt mal schön, Ullstein Buch Nr. 34120 – E. WIESNET, Die verratene Versöhnung. Zum Verhältnis von Christentum und Strafe, 1980.

Eberhard Tiesler

Strukturpolitik. A. Begriff. S. bezeichnet das staatl. Handeln, das darauf ausgerichtet ist, wirtschaftl. Strukturen gezielt zu beeinflussen. Wichtige Strukturen, auf welche S. einwirkt, sind die sektorale Wirtschaftsstruktur, die Unternehmensgrößenstruktur, die regionale Wirtschaftsstruktur, das Gewicht von Forschung und technischer Entwicklung in der Wirtschaft und die Berücksichtigung der Belange des Umweltschutzes im Wirtschaftsprozeß. Der S. steht die Globalpolitik gegenüber, die auf gesamtwirtschaftl. Größen, vor allem das wirtschaftl. Wachstum, die Beschäftigung, das Preisniveau und das außenwirtschaftl. Gleichgewicht ausgerichtet ist.

B. Ordnungspolitische Gesichtspunkte. In einer Marktwirtschaft ist die Herstellung bestimmter Strukturen durch Verteilung von Produktionsfaktoren auf die verschiedenen Verwendungsmöglichkeiten Aufgabe des Marktes. Der Markt wirkt den Kräften von Angebot und Nachfrage folgend auf eine optimale Verwendung der Produktionsfaktoren unter dem Gesichtspunkt der Maximierung der gesamtwirtschaftl. Wertschöpfung hin. Dies gilt grundsätzlich auch für die Verteilung der Faktoren auf die einzelnen Wirtschaftssektoren, auf Unternehmen unterschiedlicher Größe, auf die verschiedenen Regionen einer Volkswirtschaft sowie auf den Einsatz von Faktoren für Forschung und Entwicklung und für den Umweltschutz. Strukturpolitische Maßnahmen bedürfen daher in einer marktwirtschaftl. Ordnung der besonderen Begründung. Diese Begründung muß jeweils den Nachweis beinhalten, daß der Markt keine befriedigenden Strukturen hervorbringt. Dies kann im wesentlichen unter folgenden Bedingungen der Fall sein:

1. Auftreten externer Effekte. Unter externen Effekten versteht man Wirkungen von wirtschaftl. Aktivitäten, die in die Kosten- und Ertragsrechnung des jeweiligen Marktteilnehmers, vor allem der Unternehmen, nicht eingehen, sondern die vielmehr dritte bzw. die Allgemeinheit begünstigen (externe Erträge) oder belasten (externe Kosten). Beispiel hierfür sind die technologischen Impulse, welche von Hochtechnologieunternehmen, wie zum Beispiel von Unternehmen der Luft- und Raumfahrtindustrie und der Computerindustrie, auf andere Unternehmen durch den Transfer von technischem Wissen ausgehen. Ein weiteres Beispiel sind Umweltbelastungen durch die industrielle Produktion, welche den einzelnen Unternehmen nicht angelastet werden, welche vielmehr von der Allgemeinheit getragen werden. Da externe Effekte definitionsgemäß nicht in die Kosten- und Ertragsrechnung der Marktteilnehmer eingehen, werden sie vom Markt, der über die Verwendung der Produktionsfaktoren entscheidet, nicht berücksichtigt. Korrigierende Eingriffe der S. mit dem Ziel, diesen Mangel zu beseitigen, können daher gerechtfertigt sein.

2. Sicherstellung der Versorgung. Bei Gütern von grundlegender Bedeutung für eine Volkswirtschaft, zum Beispiel bei Lebensmitteln oder bei Rohstoffen für die Energiegewinnung, kann die vom Markt gewährleistete Sicherheit der Versorgung möglicherweise als unzureichend empfunden werden, insbesondere wenn der Markt zu einer starken Importabhängigkeit bei solchen Gütern führt. In diesen Fällen kann es Aufgabe der S. sein, die für wünschenswert gehaltene Sicherheit der Versorgung herbeizuführen.

3. Soziale Abfederung des Strukturwandels und übergeordnete politische Zielsetzungen. Tiefgreifende und rasche Veränderungen von Marktdaten (v. a. Angebot und Nachfrage), zum Beispiel der Rückgang des Absatzes einzelner Wirtschaftssektoren unter dem Druck sich verändernder internationaler Wettbewerbsbedingungen, können mit schwerwiegenden sozialen Folgen, insbesondere mit hoher Arbeitslosigkeit in einzelnen Sektoren und Regionen, verbunden sein. Der Markt kann diese Folgen unter Umständen erst als Ergebnis eines längerfristigen gesamtwirtschaftl. Anpassungsprozesses, vor allem durch verstärktes Wachstum anderer Wirtschaftssektoren, überwinden. Um die sozialen Folgen zu mildern, kann es zweckmäßig sein, von scharfen Absatzeinbußen betroffenen Branchen vorübergehende Hilfen im Rahmen der S. zu gewähren. Ziel dieser Hilfen ist es, die notwendige Anpassung dieser Branchen in sozial verträgl. Schritten zu ermöglichen und den Märkten, insbesondere dem Arbeitsmarkt, Zeit für die Herstellung neuer Gleichgewichte von Angebot und Nachfrage einzuräumen. Auch andere übergeordnete politische Zielsetzungen können strukturpolitische Maßnahmen begründen. So wird die unternehmensgrößenbezogene S. auch mit der besonderen gesellschaftspolitischen Bedeutung eines selbständigen Mittelstands für eine freiheitl. Wirtschafts- und Gesellschaftsverfassung begründet (→Mittelstandspolitik).

4. „Natürliches" Monopol. Bestimmte Leistungen lassen sich mit höchstmögl. Wirtschaftlichkeit nur durch Monopolbetriebe herstellen. Dies gilt in der Regel für Leistungen, die leitungsgebunden sind, zum Beispiel für Transportleistungen auf der Schiene oder für die Elektrizität. Aufgabe der S. ist es, sicherzustellen, daß die Leitungsnetze nicht durch konkurrierende Unternehmen mehrfach erstellt werden müssen.

5. Erhöhung der Steuerungs- und Risikokapazität des Marktes. Verschiedene natürl. Gegebenheiten verhindern, daß die Marktwirklichkeit immer so funktioniert, wie dies im reinen Marktmodell vorgesehen ist. So ist insbesondere die rationale und zukunftsorientierte Führung von Unternehmen heute eine Aufgabe, die mittelständische Unternehmer, auf sich allein gestellt, in der Regel kaum bewältigen können. Die Sicherstellung des Zugangs mittelständischer Unternehmen zu dem wirtschaftl. und technischen Wissen, das sie für die Unternehmensführung benötigen, ist deshalb eine wichtige Aufgabe der S. Die Kapitalmärkte folgen in der Praxis nicht allein dem Kriterium der zu erwartenden Renditen, sondern vielfach dem der verfügbaren Sicherheiten, die gerade bei mittelständischen Unternehmen und insbesondere bei technologieorientierten Investitionsvorhaben häufig nicht ausreichen. Eine weitere Aufgabe der S. ist es daher, globale Maßnahmen zur Erhöhung der gesamtwirtschaftl. Kapitalmobilität zu ergänzen durch Hilfen für mittelständische Unternehmen, welche diesen den Zugang zum Kapitalmarkt erleichtern.

Strukturpolitische Maßnahmen müssen so ausgestaltet sein, daß die Steuerungskompetenz des Marktes nicht grundsätzlich ausgeschaltet, sondern vielmehr so weit wie möglich genutzt wird. Nicht politisch-administrative Vorgaben unverrückbarer struktureller Ziele, sondern das Setzen von Handlungsanreizen für die Marktteilnehmer muß deshalb Strukturpolitik in einer Marktwirtschaft prägen. Staatl. Strukturhilfen sollen gewährt werden, um die wirtschaftl. Leistungspotentiale der Marktteilnehmer im Sinne der strukturpolitischen Zielvorstellungen zu aktivieren. Die Übernahme finanzieller Engagements und Risiken der Marktteilnehmer im Zusammenhang mit der Gewährung strukturpolitischer Hilfen des Staates ist eine grundlegende Voraussetzung für ein wirkungsvolles Zusammenspiel zwischen strukturpolitischen Maßnahmen und Marktkräften. Diese Leitlinie findet ihren Niederschlag in dem zentralen Grundsatz der Strukturpolitik, daß staatliche Hilfe nur als Hilfe zur Selbsthilfe gewährt werden darf.

C. Instrumente der S. Die Instrumente der S. sind vielfältig. Ihnen ist gemeinsam, daß sie gezielt selektiv wirken; das heißt, sie begünstigen einzelne Bereiche der Wirtschaft zu Lasten anderer Bereiche. Die Instrumente können entweder bereits bei der Gestaltung der langfristig angelegten Rahmendaten der Wirtschaft, also zum Beispiel bei der Gestaltung des →Steuerrechts, ansetzen, oder bei der Beeinflussung des Wirtschaftsablaufs durch fallbezogene sogenannte ablaufpolitische Maßnahmen. Die Instrumente können außerdem danach unterschieden werden, ob sie monetärer Art sind, also ob es sich um finanzielle Zuwendungen handelt, oder ob sie nicht monetärer Art sind, das heißt, ob es sich zum Beispiel um rechtl. Gebote und Verbote handelt. Nachfolgend wird ein Überblick über die Instrumente der S. gegeben:

1. Gestaltung der Rahmendaten:

a) Nicht monetäre Instrumente: Gesetzliche Ge- und Verbote, zum Beispiel Umweltschutzgesetze; Marktordnungen, zum Beispiel in Form von Mindestpreisen, Produktionsquoten und Marktzutrittskontrollen.

b) Monetäre Instrumente: Steuerliche Zulagen, zum Beispiel für Investitionen in Forschung und Entwicklung; sonstige steuerl. Vergünstigungen, zum Beispiel reduzierte Mehrwertsteuersätze; Zölle.

2. Ablaufpolitische Instrumente:

a) Nicht monetäre Instrumente: Praxis der Vergabe öffentl. Aufträge; verstärkte oder verminderte Durchsetzung von Auflagen; Praxis der Kartellpolitik, zum Beispiel Zulassung von Strukturkrisenkartellen.

b) Monetäre Instrumente: Zuschüsse, zinsgünstige Darlehen, Bürgschaften und Garantien für Investitionen oder für die laufende Produktion, Prämien für die Stillegung von Kapazitäten.

Als Beispiele staatlicher S. werden nachfolgend in knappen Zügen die regionale S. und die Technologiepolitik dargestellt. Hinsichtlich der unternehmensgrößenbezogenen S. wird auf das Stichwort Mittelstandspolitik verwiesen.

D. Regionale Strukturpolitik. Die räumliche Verteilung der Produktionsfaktoren durch den Markt führt erfahrungsgemäß zu einer Konzentration wirtschaftl. Aktivitäten auf Ballungsräume bei gleichzeitiger Tendenz zur wirtschaftl. Schwächung peripherer, in der Regel ländlich geprägter Regionen (strukturschwache Regionen). Folge dieser Tendenzen ist einerseits, daß die in strukturschwachen Regionen lebenden Menschen dort keine ausreichende wirtschaftl. Existenzgrundlage finden. Quantitative oder auch qualitative Unterbeschäftigung dieser Menschen bedeutet, daß wirtschaftl. Wachstumschancen ungenutzt bleiben. Längerfristig werden die in strukturschwachen Gebieten lebenden Menschen veranlaßt, in Ballungsräume abzuwandern. Dadurch können andererseits in den Ballungsräumen bei zunehmender Konzentration wirtschaftl. Aktivitäten negative externe Effekte durch Überschreiten von Grenzen der Umweltbelastung und durch Überlastung der vorhandenen Infrastrukturen, zum Beispiel der Verkehrsinfrastruktur, auftreten. Vor diesem Hintergrund verfolgt die regionale S. folgende Ziele:

- Es sollen in allen Regionen gleichwertige Lebensverhältnisse geschaffen werden;
- Gesamtwirtschaftl. Wachstumsreserven in strukturschwachen Regionen sollen erschlossen und die Ballungsgebiete entsprechend entlastet werden;
- In den peripheren Regionen soll ebenso wie in der Gesamtwirtschaft die Stabilität der wirtschaftl. Entwicklung erhöht werden.

Ein übergeordnetes politisches Ziel (regionales Ausgleichsziel), die Stärkung der Steuerungskapazität des Marktes (Erschließung von Wachstumsreserven) und die Vermeidung negativer externer Effekte (Überlastung der Ballungsgebiete) sind damit die wesentl. Beweggründe für die regionale S.

Regionale S. wird in der Bundesrepublik Deutschland sowohl von Bund und Ländern gemeinsam im Rahmen der grundgesetzlich verankerten Gemeinschaftsaufgabe „Verbesserung der regionalen Wirtschaftsstruktur" als auch von den Ländern allein betrieben. Die Arbeitsteilung zwischen der Gemeinschaftsaufgabe und der regionalen S. der Länder allein erfolgt in der Weise, daß in die Gemeinschaftsaufgabe die Gebiete mit besonders ausgeprägten Strukturproblemen und entsprechendem Förderungsbedarf aufgenommen werden, während die Länder ergänzend hierzu weitere strukturschwache Gebiete mit geringerer Förderungsintensität unterstützen.

Die Abgrenzung der strukturschwachen und daher förderungsbedürftigen Gebiete erfolgt im Rahmen der Gemeinschaftsaufgabe, aber auch im Rahmen der Förderung der Mehrzahl der Länder durch methodisch aufwendige Verfahren. Am Beispiel der Gemeinschaftsaufgabe stellt sich dieses wie folgt dar:

Gebietseinheit der Analyse der Regionen sind die sogenannten Arbeitsmarktregionen, die dadurch gekennzeichnet sind, daß sie einen jeweils relativ geschlossenen Arbeitsmarkt mit geringen Berufspendlerverflechtungen über die Grenzen der Arbeitsmarktregion hinweg darstellen. Die Bundesrepublik Deutschland wurde in insgesamt 179 solcher Arbeitsmarktregionen gegliedert. Die Bewertung der wirtschaftl. Situation dieser Arbeitsmarktregionen erfolgt mit Hilfe von mehreren Wirtschaftsindikatoren, welche die Arbeitsmarktsituation, die Einkommenssituation und die Infrastrukturausstattung der Arbeitsmarktregionen anzeigen. Diese Einzelindikatoren werden zu einem Gesamtindikator zusammengefaßt, der die Bildung einer Rangordnung der Arbeitsmarktregionen nach ihrer Wirtschaftsschwäche erlaubt. Als strukturschwach sind gegenwärtig 78 Regionen anerkannt, in denen etwa 30 % der Bevölkerung der Bundesrepublik Deutschland leben. In diese sog. Fördergebietskulisse der Gemeinschaftsaufgabe ist unabhängig von der wirtschaftl. Situation auch der Zonenrand einbezogen, in dem rund 11 % der Bevölkerung der Bundesrepublik Deutschland leben. Besondere Regelungen gelten im übrigen für Berlin, Bremen und einige Stahlstandorte. Unter Berücksichtigung auch der Fördergebiete der Länder leben gegenwärtig etwa 45 % der Bevölkerung der Bundesrepublik Deutschland in Fördergebieten.

Die regionale S. bedient sich folgender Instrumente:
- Information und Beratung von Unternehmen über Chancen der Betriebsansiedlung in strukturschwachen Regionen,
- Förderung des Ausbaus der wirtschaftsnahen Infrastruktur in den strukturschwachen Regionen, insbesondere Förderung der Erschließung von Industrie- und Gewerbegelände, durch Zuschüsse,
- Förderung arbeitsplatzsichernder und arbeitsplatzschaffender Investitionen von Betrieben in strukturschwachen Regionen durch steuerl. Investitionszulagen, durch Zuschüsse oder durch zinsgünstige Darlehen und Bürgschaften.

Die Förderung ist traditionell vorrangig auf Betriebe mit überregionalem Absatz, d. h. vor allem auf Industriebetriebe, ausgerichtet. Durch Schaffung von Arbeitsplätzen und Einkommen in diesen Betrieben soll zusätzl. Kaufkraft in die Region gelenkt werden (Primäreffekt), wodurch auch regional tätige Unternehmen Wachstumsimpulse erfahren (Sekundäreffekt).

E. Technologiepolitik. Forschung und Entwicklung hat für die Erhaltung und Stärkung der Wettbewerbsfähigkeit von Unternehmen in den letzten Jahren zunehmend an Bedeutung gewonnen. Mittelständische Unternehmen haben aufgrund mangelnder Spezialisierungsfähigkeit des Managements in der Regel nur begrenzte Möglichkeiten, sich aus der Vielfalt des Angebots das für sie erforderl. technische Wissen gezielt anzueignen. Außerdem können sie auf der Grundlage der eigenen wirtschaftl. Substanz technische Innovationsrisiken nur begrenzt tragen. Aus diesen Gründen ist Technologiepolitik in erster Linie Komponente einer unternehmensgrößenbezogenen S. Technologiepolitik soll das technische Leistungs- und Innovationspotential kleiner und mittlerer Unternehmen aktivieren durch Erleichterung des Zugangs zu technischem Wissen und durch finanzielle Hilfe bei der Durchführung von Vorhaben, deren Risiko mittelständische Unternehmen aus eigener Kraft nicht tragen können. Technologiepolitik erfolgt unter dem Gesichtspunkt der Erhöhung der Steuerungs- und Risikokapazität des Marktes sowie unter dem Gesichtspunkt externer Effekte von Innovationen.

Technologiepolitik umfaßt im wesentlichen Instrumente zur Stärkung der Technologieinfrastruktur durch
- Ausbau und Betrieb wissenschaftl. Forschungseinrichtungen,
- Ausbau und Betrieb von Technologietransfereinrichtungen in Form von Beratungsstellen bei Wirtschaftsorganisationen und Hochschulen sowie durch fachbezogene Transferzentren an Hochschulen und Forschungsinstituten.

Diese Instrumente zum Ausbau der Technologieinfrastruktur werden ergänzt durch die folgenden einzelbetrieblichen Hilfen für mittelständische Unternehmen: Steuerliche Zulagen für Investitionen im Bereich Forschung und Entwicklung, Zuschüsse zu den Kosten von Personal im Bereich Forschung und Entwicklung, Zuschüsse zu technischen Entwicklungsvorhaben, Investitionszuschüsse oder zinsgünstige Darlehen für den Einsatz moderner, noch mit gewissen technischen Risiken verbundener Technologien, Zuschüsse oder zinsgünstige Darlehen für die Gründung technologieorientierter Unternehmen, Bürgschaften.

Besondere Hilfen gewährt der Staat in jüngster Zeit beim Aufbau von sog. Technologiezentren in der Nachbarschaft von Hochschulen und Forschungseinrichtungen. Aufgabe dieser Zentren ist es, jungen technologieorientierten Unternehmen die erforderl. Räumlichkeiten und zentrale Serviceeinrichtungen, wie Schreibdienst und Telefonzentrale, zur Verfügung zu stellen, sie kaufmännisch zu betreuen und vor allem den Kontakt zwischen den Unternehmen und Forschungseinrichtungen zu erleichtern.

Schließlich bemüht sich die S. auch um eine verstärkte Kooperation mittelständischer Unternehmen mit dem Ziel, durch einen Verbund der Forschungs- und Entwicklungsanstrengungen mittelständischer Unternehmen eine umfassende Auseinandersetzung dieser Unternehmen mit der technologischen Entwicklung in Gang zu bringen und zu erleichtern.

Die Technologiepolitik umfaßt außerhalb der Mittelstandspolitik auch Hilfen für Hochtechnologiebranchen, zum Beispiel für die Luft- und Raumfahrtindustrie, welche Zuschüsse sowohl für Entwicklungskosten wie auch für die laufende Produktion und die Absatzfinanzierung erhält.

F. Schlußbemerkung. Angesichts stark gestiegener Subventionen im Rahmen der S., vor allem der sektoralen S., wird mit zunehmendem Nachdruck die Forderung nach einem Abbau staatl. Subventionen erhoben. Vor allem Subventionen zur sozialen Abfederung struktureller Anpassungsprozesse der Wirtschaft, die in der Vergangenheit häufig in Erhaltungssubventionen eingemündet sind, sollen vermindert werden. Der Grundsatz, daß staatl. Hilfe nur Hilfe zur Selbsthilfe sein darf, soll sich hier verstärkt in der Weise konkretisieren, daß Subventionen für diesen Zweck zeitlich befristet, degressiv ausgestaltet und an angemessene Einkommensverzichte der Kapitalgeber und Arbeitnehmer gebunden werden. Gleichzeitig soll eine globalpolitisch ausgerichtete Verbesserung der wirtschaftl. Rahmendaten die Marktkräfte für mehr Wachstum und Beschäftigung stärken. Diesen Forderungen entsprechend prägen zwei Bestrebungen die Wirtschaftspolitik in diesen Jahren, nämlich die Bestrebung, die Bewältigung struktureller Anpassungsprobleme durch die Marktteilnehmer zu erleichtern durch eine investitionsfreundlichere Ausgestaltung der wirtschaftl. Rahmendaten, sowie die Bestrebung, S. auf Maßnahmen zu konzentrieren, die nicht der Verlangsamung, sondern vielmehr der Beschleunigung des Strukturwandels durch Erhöhung der Steuerungs- und Risikokapazität des Marktes sowie durch verstärkte Berücksichtigung externer Effekte dienen.

Beiträge der wirtschaftswissenschaftl. Forschungsinstitute zur Strukturberichterstattung 1983 für die Bundesregierung:

K.-D. Schmidt u. a., Im Anpassungsprozeß zurückgeworfen, 1983 – A. Gutowski u. a., Analyse der Subventionspolitik am Beispiel der Schiffbauindustrie sowie der Luft- und Raumfahrtindustrie, 1983 – W. Gerstenberger u. a., Staatliche Interventionen, 1983.

Peter Weidenbach

Studentengemeinde. 1. Entstehung. Nach dem Verbot der Dt. Christl. Studentenvereinigung (DCSV) im Juli 1938 verbanden sich deren Mitglieder mit den Theologiestudenten der Bekennenden Kirche (→Kirchenkampf) an vielen Hochschulorten zu S.n, die sich unter der Leitung von Studentenpfarrern zu Bibelstunden legal versammeln durften und über die ehemaligen DCSV-Sekretäre weiterhin einen illegalen überregionalen Zusammenhalt hatten. Daran wurde bei der Neuordnung nach 1945 angeknüpft. Der Name „Ev. S.“ (ESG) bezeichnet seither sowohl die örtliche S. als auch den Zusammenschluß zur „ESG in Dtschld.“. Im August 1947 verzichteten die Altfreunde der DCSV bewußt auf deren Neugründung zugunsten der neuen Form der ESG.

So sind zwei unterschiedliche Arbeitsformen der Vorkriegszeit zusammengewachsen: Die *DCSV* einerseits, 1890/97 als dt. Zweig der christl. Studentenbewegung entstanden, war ein überkonfessioneller, wesentlich von Laien getragener freier Verband mit pietistisch-missionarischer Zielsetzung („Ihr Ziel ist, ... so viele Studenten wie möglich in persönliche Berührung mit dem Heiland zu bringen“); ihre örtlichen Kreise waren durch Reisesekretäre und Konferenzen in die Arbeit der Zentrale eingebunden. Andererseits hatten die Landeskirchen nach kath. Vorbild seit 1920 nach und nach haupt- und nebenamtliche *Studentenpfarrer* berufen, die für die ev. Studentenschaft insgesamt Seelsorge und geistige Orientierung, auch gottesdienstliche Veranstaltungen anbieten sollten; seit etwa 1926 fand auf den jährlichen Studentenpfarrerkonferenzen ein überregionaler Erfahrungsaustausch statt. Beide Wurzeln bedingen bis heute den spannungsreichen Doppelcharakter der ESG als kirchl. Einrichtung und eigenständiger Bewegung.

2. Entwicklung. In der Nachkriegszeit schien die Integration in die Kirche zu gelingen. Die Ordnung von 1947 definierte: „Die ESG in Dtschld. ist die Gemeinde aller Studenten und Studentinnen, die Glieder einer ev. Landes- oder Freikirche sind ... Sie ist offen für alle, die nach Jesus Christus und seiner Gemeinde fragen.“ Bald wurden überall S.n gebildet, 1950–52 auch an den Pädagogischen Akademien und Hochschulen, seit 1958 auch an den Ingenieur- und Höheren Fachschulen. Die Landeskirchen beriefen Studentenpfarrer und bauten Gemeindezentren, z. T. auch Wohnheime. Zentrale Veranstaltung war zunächst der „Gemeindeabend“, in dem die Vorkriegs-Bibelstunde fortlebte, später, als sich die vielfältigen Aktivitäten in „Kleinkreisen“ aufgefächert hatten, zunehmend der Gottesdienst. Dem entsprach die Präambel von 1956: „Die ESG in Dtschld. ist Gemeinde Jesu Christi an den Hochschulen. Sie lebt aus der Verkündigung des Evangeliums und dem Gebrauch der Sakramente.“ Für die Arbeit auf gesamtdt. Ebene war der Vertrauensrat verantwortlich, in den Studentenpfarrer, Studenten und Ev. Akademikerschaft, aber auch EKD und theol. Fakultäten ihre Vertreter entsandten; von ihm wurden der Generalsekretär und die hauptamtlichen Mitarbeiter berufen. In der Nachfolge der DCSV wurde die ESG Mitglied des Christl. Studentenweltbunds.

Einen Einschnitt bilden die Jahre 1967/69. Die beiden dt. Teilbereiche wurden 1967 organisatorisch getrennt, nachdem die faktische Leitung schon vorher bei jeweils eigenen Beiräten gelegen hatte. Seither bestehen nebeneinander, aber immer noch in guter Kooperation, die „ESG in der Bundesrepublik und Berlin (West)“ und die „ESGn in der DDR“. Die anschließend erarbeitete Satzung von 1969 ist wesentlich beeinflußt von Motiven der gleichzeitigen Studentenbewegung. Das neue Selbstverständnis zeigt sich an den „Grundlagen“: „Die ESG arbeitet als Gemeinde Jesu Christi in Auseinandersetzung mit der christl. Tradition, wie sie im AT und NT und den Bekenntnissen festgelegt ist, und in Auseinandersetzung mit der Gegenwart, für die Verwirklichung von Frieden, Gerechtigkeit und Selbstbestimmung in Hochschule, Kirche und Gesellschaft unter Berücksichtigung der internationalen Zusammenhänge. Sie arbeitet damit im Rahmen des Gesamtauftrages der Kirche. Die ESG ist offen für Glieder aller christl. Kirchen und für alle, die mit ihr an der Verwirklichung ihrer Ziele arbeiten wollen." Oberstes Leitungsorgan wurde anstelle des Vertrauensrates die Delegiertenkonferenz, der außer den Gemeindevertretern auch zehn Studentenpfarrer sowie insgesamt fünf Vertreter von Ev. Akademikerschaft, EKD, Landes- und Freikirchen angehören. Mit einigen Anpassungen ist diese Satzung bis heute in Kraft.

Seit dieser Zeit ist das Verhältnis zur verfaßten Kirche Belastungen ausgesetzt. Die kirchl. Identität der ESG ist in der Öffentlichkeit weithin undeutlich geworden. Aufgrund ihrer politischen Stellungnahmen wird sie oft nur als Teil der linken Protestbewegung wahrgenommen. Sie erreicht faktisch nur einen schmalen Ausschnitt der durch die Bildungsreform gewaltig angewachsenen Studentenschaft. Inzwischen hat die theol. Arbeit wieder größeres Gewicht gewonnen, in vielen S.n auch der Gottesdienst. Dabei zeigen sich interne Gegensätze. In Kritik an der spezifischen Akzentsetzung der Gesamtarbeit (Theol. der Befreiung, materialistische Exegese etc.) veranstalten einige S.n seit Ende der 70er Jahre eigene überregionale Seminare. Eine Reihe von Konflikten hat dazu geführt, daß die Kirchenleitungen verstärkt ihre Verantwortung für diesen Arbeitsbereich erkennen. So wurden in einigen Landeskirchen für die S. Beiräte o. ä. installiert. Auf →EKD-Ebene kam es 1978/79 zu intensiven Gesprächen zwischen Vertretern des Rates und der ESG über deren Gemeindeverständnis, als deren Ergebnis verbindliche gemeinsame Feststellungen getroffen wurden. Auf Beschluß der EKD-Synode von 1981 wurde ein „Ständiger Gesprächskreis" gebildet, der eine Brückenfunktion ausüben soll; ihm gehören je sechs Vertreter der EKD- und ESG-Organe an. Unbestritten ist, daß die ESG für ihre schwierige Arbeit an der →Hochschule einen besonderen Freiraum benötigt; andererseits ist sie durch kritische Begleitung auf ihren spezifisch kirchl. Auftrag anzusprechen.

3. Organisation. Die *Gesamt-ESG* ist der Zusammenschluß von ca. 110 S.n mit insgesamt 84 haupt- und ca. 50 nebenamtlichen Studentenpfarrern. Sie hat den Charakter einer „selbständigen kirchl. Arbeitsgemeinschaft" (Feist). Organe sind die Delegiertenkonferenz, der 15köpfige Arbeitsausschuß, der für ein Jahr die laufenden Geschäfte wahrnimmt, sowie die Geschäftsstelle in Stuttgart, die vom Generalsekretär geleitet wird. Fachreferenten, die für die Arbeit der S.n Materialien zusammenstellen und überregionale Seminare anbieten, gibt es im Bereich Theol., Bildungspolitik, Ökumene/Ausländerarbeit, DDR-Partnerarbeit (Sitz in Berlin), Öffentlichkeitsarbeit sowie Finanzen. Daneben arbeiten studentische Stipendiaten an aktuellen Projekten (zB Frieden, Umwelt, Frauenfrage). Rechtsträger ist ein Geschäftsführender Verein. Finanziert wird die Arbeit v. a. durch kirchl. (ca. 25 %) und öffentl. Zuschüsse (ca. 60 %).

Die *einzelne S.* wird i. a. durch den Studentenpfarrer und einen Kreis von gewählten oder interessierten Mitarbeitern kollektiv geleitet. Die Bezeichnung →„Gemeinde", die für das Selbstverständnis wichtig ist, ist kirchenrechtl. problematisch, v. a. wegen der Praxis der offenen Mitgliedschaft, die den Unterschied von Christen und Nichtchristen ignoriert. Die Studentenpfarrämter sind landeskirchl. Einrichtungen; häufig ist ihnen außer der ESG die ganze Hochschule als Seelsorgebereich zugewiesen. Bei der Stellenbesetzung versuchen die Landeskirchen auf unterschiedliche Weise, die S. zu beteiligen. Auch wo das Verfahren geregelt ist, verläuft es nicht immer konfliktfrei. Als gegen das Votum der Studenten Pfarrer eingesetzt wurden, kam es 1977/78 in Hannover (bis 1985) und Marburg zur Abspaltung einer „autonomen ESG".

Die Zusammenarbeit mit den *kath. S.n* ist vielfach eng (gemeinsames Semesterprogramm, vereinzelt gemeinsame Räumlichkeiten). Das Experiment einer gemeinsamen S. in Ulm mußte auf kath. Wunsch beendet werden. – Das Verhältnis zu den örtlichen Gruppen der *Studentenmission in Deutschland* (SMD) reicht – entsprechend der inhaltlichen Ausrichtung der einzelnen S. – von Integration bis zu verdeckter Konfrontation. Die 1949 gegründete SMD entspricht in geistl. Ausrichtung und organisatorischer Eigenständigkeit der früheren DCSV. Von der EKD wurden Konsultationen für Studentenseelsorge initiiert, bei denen sich Vertreter von ESG, SMD und anderen christl. Hochschulgruppen seit 1980 jährlich begegnen.

Studenten und die Kirche, H. Ringeling und H.-C. Rohrbach (ed.), 1968 – M. Feist, Die rechtliche Situation der Ev. S.n, Text- und Materialband, 1982 (Lit.) – G. Sommer, Grenzüberschreitungen – ESG in der DDR und BRD, 1984.

Friedrich G. Lang

Subsidiaritätsprinzip. I. Das S. in der kath. Soziallehre. Das S. ist neben dem →Solidaritätsprinzip das beherrschende Prinzip, nach dem die kath. →Soziallehre und in ihrem Gefolge auch eine Reihe von →politischen Programmen das Verhältnis von Individuum und Staat, das Verhältnis von Gesellschaft und Staat und schließlich den inneren Aufbau des →Staates und der →Gesellschaft geregelt sehen wollen. Allerdings ist es sowohl in der Sozialethik der beiden Kirchen als auch in verfassungsrechtl. und politischer Hinsicht nicht unbestr. Seine Fähigkeit, die Probleme der gegenwärtigen dt. Gesellschaftspolitik umfassend zu lösen, ist nach wie vor Zweifeln ausgesetzt.

A. Die Sozialenzykliken. Nach verschiedensten Vorarbeiten (so Heinrich Pesch), deren innere Verbindung zum →Liberalismus entgegen manchem Einwand heute nicht mehr bestritten werden sollte, ist das S. in der Sozialenzyklika *Quadragesimo Anno* (1931) kirchenamtl. formuliert worden, interessanterweise präziser als zB das Solidaritätsprinzip. Seither ist es in den päpstl. Sozialenzykliken immer wieder bekräftigt worden. Quadragesimo Anno Nr. 79 lautet: „Wie dasjenige, was der Einzelmensch aus eigener Initiative und mit seinen eigenen Kräften leisten kann, ihm nicht entzogen und der Gesellschaftstätigkeit zugewiesen werden darf, so verstößt es gegen die Gerechtigkeit, das, was die kleineren und untergeordneten Gemeinwesen leisten und zum guten Ende führen können, für die weitere und übergeordnete Gemeinschaft in Anspruch zu nehmen; zugleich ist es überaus nachteilig und verwirrt die ganze Gesellschaftsordnung. Jedwede Gesellschaftstätigkeit ist ja ihrem Wesen und Begriff nach subsidiär; sie soll die Glieder des Sozialkörpers unterstützen, darf sie aber niemals zerschlagen oder aufsaugen."

B. Die Auslegungsproblematik. Die Vernünftigkeit des Enzyklika-*Textes* wird heute – mit Ausnahme der doktrinären Etatisten und vor allem der doktrinären Sozialisten – in Dtschld. nicht bestritten. Fraglich ist nur, ob das S. eine genügende Handreichung für die Lösung anstehender Probleme gibt und ob es den nötigen Spielraum für pragmatische Lösungen läßt. Um diese Frage kreist die eigentl. Auseinandersetzung. Ihre Beantwortung wird durch die unterschiedl. Auslegungen des S. selbst in der kath. Soziallehre erschwert. Hier seien nur folgende Gesichtspunkte genannt:

1. In der kath. Soziallehre ist schon umstritten, ob der in Quadragesimo Anno verwendete Superlativ „gravissimum principium" als „wichtigstes Prinzip" oder als „sehr wichtiges Prinzip" zu verstehen ist.

2. Bei der Frage, welche Gemeinschaft die größere bzw. kleinere ist, setzen die kath. Sozialtheoretiker oft nicht an der Mitgliederzahl der in Betracht kommenden Gemeinschaften an, sondern daran, welche von ihnen der menschl. Persönlichkeit „näher" steht und damit ihrer als Daseinszweck verstandenen „Vervollkommnung" mehr dient; diese soll dann die kleinere Gemeinschaft sein, die den Vorrang vor allen anderen verdient. Die Folge dieser Art von Auslegung ist nicht nur eine naheliegende Bevorzugung der Kirchen und kirchl. Untergliederungen, sondern überhaupt die Unbrauchbarkeit des Prinzips als Abgrenzungsregel; denn „Nähe zur Persönlichkeit" ist ein so vager Begriff, daß auf ihm eine auch nur halbwegs brauchbare Aufgabenverteilung nicht aufgebaut werden kann.

3. Nicht klar wird im allgemeinen auch, welches der gedankl. Ausgangspunkt bei der Verteilung der Funktionen nach dem S. sein soll: die vorhandenen organisatorischen Größen oder die Aufgaben. Geht man von ersterem aus, so wird das vorhandene Gefüge der öffentl. und privaten Organisationsphänomene als bestehend hingenommen, im anderen Falle wird eine abstrakte Aufgabengliederung notwendig, der dann u. U. eine vollständige Umkehrung des Staats- und Gesellschaftsgefüges zu folgen hat.

II. Das S. im geltenden Verfassungsrecht. Ob das S. dem GG zugrundeliegt, ist nach wie vor umstritten. Kath. orientierte Autoren, aber auch solche, die sich zum liberalen Lager zählen, neigen zu seiner verfassungsrechtl. Bejahung. Andere, die sich v. a. der Mühe einer Gesamtanalyse des GG unterziehen, melden gewichtige Bedenken an. Diese Gesamtanalyse bestätigt nach hier vertretener Ansicht, daß das S. höchst unvollkommen und lückenhaft im GG verwirklicht ist.

A. Regelungen im GG. 1. In der Tat werden etwa die „klassischen Stufen" des S., nämlich Einzelmensch (Art. 1 ff. GG), Familie (Art. 6 GG), private Vereine (Art. 9 GG), Gemeinden und Gemeindeverbände (Art. 28 II GG), Länder, Bund (Art. 20 I, 79 III GG) und supranationale Institutionen (Art. 24 GG), ausdrückl. genannt und verfassungsrechtl. garantiert. Daraus kann aber nicht ohne weiteres geschlossen werden, daß das S. insgesamt übernommen sei. Statt eines solchen Analogieschlusses ist logisch ebensogut der Umkehrschluß vertretbar, daß die soeben aufgezählten Art. nur als Einzelfälle zu werten und daher einer Verallgemeinerung nicht zugängl. seien.

2. Bedeutsam ist insbesondere, daß das GG schon im Bereich der →Staatsorganisation (Gemeinden, Kreise, Länder, Bund usw.) keineswegs streng dem S. entsprechende Zuständigkeitsregeln enthält. So überträgt es vor allem bei der bundesstaatl. Kompetenzverteilung (→Bundesstaat) einerseits dem Bund Aufgaben, die mühelos von den Ländern erfüllt werden könnten, andererseits sichert es den Ländern Bereiche, in denen bei vernünftiger Betrachtung der Bund zumindest Mitspracherechte haben sollte. Die Zuständigkeiten der Gemeinden und erst recht der Gemeindeverbände (Art. 28 II GG) sind im GG überhaupt nur ganz vage umschrieben und auch insoweit noch zur Disposition des G.gebers gestellt. Schließlich ist die Übertragung von Hoheitsrechten auf zwischenstaatl. Einrichtungen (Art. 24 GG) auch dann dem Ermessen des Bundesgesetzgebers anheimgestellt, wenn das S. sie zwingend verlangen würde.

3. Auch im Verhältnis zwischen der Staatsorganisation und dem Bereich des Privatmannes lassen sich derartige Bedenken in großer Zahl erheben. Zwar ist das S. hier im GG noch am sichersten erkennbar, da Art. 2 I GG und das sog. Übermaßverbot jedenfalls den einzelnen vor unnötigen staatl. Eingriffen schützen, und da Art. 6 GG auch die Familie in kompakter Weise absichert. Sobald aber größere Bereiche zur Debatte stehen, tritt die Unsicherheit auch hier auf. Nach BVerfGE 7, 377 ff. (sog. Apotheken-Urteil, →Berufsfreiheit) schützt das GG nur höchst unvollkommen gegen die „Verstaatlichung" von Berufen (zB bei den Heilberufen), und auch die Produktionsfaktoren Boden und Kapital können nach Art. 15 GG weitgehend verstaatlicht werden (→Eigentum).

4. Schließlich garantiert das GG auch keineswegs eine dem S. entsprechende Ordnung des privaten Verbandswesens. Art. 9 GG verbietet nur Vereine, die gegen die verfassungsmäßige Ordnung, die StrafG.e oder die Völkerverständigung verstoßen, nicht aber ganz allg. solche, die ihre Aufgaben entgegen dem S. auswählen. Das gilt insbes. im Verhältnis zwischen den Orts-, Kreis-, Landes- und Bundesverbänden der Massenorganisationen.

B. Die Frage des normativen Charakters des S. Das Urteil über die Verwirklichung des S. im geltenden dt. Verfassungsrecht hängt allerdings auch von dem Grad der Verbindlichkeit ab, den man ihm zubilligt. Hält man es für so stringent und aussagekräftig, daß mit ihm allein aufgrund der oben I A mitgeteilten lehramtl. Formulierung jede beliebige Frage der Organisation und Zuständigkeitsverteilung entschieden werden kann, dann zeigen schon die vorstehend aufgeführten Beispiele, daß es so dem GG nicht zugrunde liegt. Versteht man es dagegen als („echtes") *Prinzip*, das nur eine *Grundausrichtung* für die Ausgestaltung des Gemeinwesens angibt, so zeigen die Beispiele gerade umgekehrt, daß das GG dem S. doch weiter folgt, als mitunter angenommen wird; im letzteren Sinne wird das S. übrigens meist in der politischen Programmatik verwendet.

C. S. und staatl. Souveränität. Das S. ist von der kath. Soziallehre wenn nicht dazu entwickelt, so doch jedenfalls überwiegend dahin ausgelegt worden, daß es die staatl. →Souveränität, die als ein „angemaßtes Rechtsmonopol" verstanden wird (v. NELL-BREUNING), ablöse (DOBRETSBERGER, v. NELL-BREUNING, MESSNER, SÜSTERHENN). Auch insoweit muß es zwangsläufig mit dem GG kollidieren. Das GG geht zwar offensichtl. nicht mehr von den starren Souveränitätsvorstellungen des 19. und beginnenden 20. Jh. aus; das beweist schon Art. 24 GG, der ein unmittelbares Wirksamwerden zwischenstaatl. Einrichtungen im dt. Staatsgebiet ermöglicht. Daß aber auch dem GG eine Staatsauffassung zugrunde liegt, nach welcher der Staat wenigstens grds. den Vorrang vor allen anderen Gemeinschaften genießt und sein Verhältnis zu diesen nach eigenem →Ermessen regelt, ist heute völlig unbestritten. Vor allem muß dem Staat bei der Unvorhersehbarkeit und Plötzlichkeit neu auftretender Probleme die grds. Befugnis erhalten bleiben, beliebige Probleme zum Gegenstand seiner Politik zu machen (sog. Kompetenz-Kompetenz als Bestandteil der inneren Souveränität). Deutet man das S. so, daß es ihm das verbietet, so ist es jedenfalls mit den Ordnungsvorstellungen des GG nicht vereinbar. Aber auch dieser Konflikt ist nicht unumgänglich. Auch ein Staat, der mit guten Gründen an seiner Kompetenz-Kompetenz festhält, wird gut daran tun, sie sehr vorsichtig anzuwenden und statt dessen so weit wie möglich kleinere Gemeinschaften handeln zu lassen. Dafür gibt es gewichtige Gründe, zB deren größere Flexibilität und Problemnähe, die Entlastung des Staatshaushalts, die Weckung bürgerschaftl. Selbstverantwortung usw. Auch innerhalb der staatl. Souveränität ist also eine Politik möglich, die dem S. einigermaßen gerecht wird.

III. Die Problematik der sog. freien Träger. In der politischen Praxis entzündet sich der Streit um das S. vorwiegend dann, wenn die öffentl. Hand sich anschickt, bestimmte gesellschaftl. Aufgaben, die bisher von →freien Trägern wahrgenommen worden sind, entweder ganz an sich zu ziehen oder bei ihrer Erfüllung doch in Konkurrenz zu den freien Trägern zu treten. Das Hauptbewährungsfeld des S. ist daher die →Sozialpolitik (Krankenhäuser, Kindergärten, →Sozialhilfeeinrichtungen, →Jugendhilfe usw.), daneben auch das Bildungswesen (→Privatschulen!). In allen diesen Bereichen ist das S. gewiß ein wichtiges und bedenkenswertes Prinzip, nicht nur für die Verteidigung der Position von freien Trägern, sondern auch für eine möglichst effektive und dabei vielgestaltige staatl. Politik. Trotzdem stellt sich in jüngster Zeit zunehmend heraus, daß allein mit dem S., das ja zu einer Entweder-Oder-Entscheidung zwingt, viele der einschlägigen Probleme nicht gelöst werden können. Die Aufgaben, deren Erfüllung heute von Staat und Gesellschaft gefordert wird, sind eher zu viele als zu wenige. Bei der Knappheit ihrer Mittel müssen beide zwangsläufig Prioritäten setzen, d. h. zu einer möglichst überlegten Verwendung ihrer personellen und finanziellen Mittel gelangen. Ist der Staat klug, so wird er ohnehin nur Aufgaben übernehmen, deren Bewältigung er von nichtstaatl. Kräften nicht erwarten kann. In der Praxis ergibt sich dementsprechend, daß das eigentl. Thema heute nicht so sehr „Souveränität oder Subsidiarität?" lautet, sondern daß es auf eine möglichst vernünftige Form der *Zusammenarbeit* und der *gegenseitigen Abstimmung* ankommt. Dies gilt umso mehr, als gerade den Kirchen nach der Rspr. des BVerfG aus Art. 4 I GG ohnehin das Recht erwächst, nach ihrem eigenen Selbstverständnis Diakonie zu betreiben (→Glaubens-, Bekenntnis- und Gewissensfreiheit), so daß ihrer Eigenverantwortlichkeit Aktivitäten mit eigenen Mitteln weitestgehend nicht verwehrt werden können (BVerfGE 24, 236 ff., 245 ff.).

Die Vorstellung, daß das Problem der freien Träger eher durch Zusammenarbeit und Absprache als durch ein starres Souveränität-Subsidiarität-Schema zu lösen ist, darf aber über die Schwierigkeiten nicht hinwegtäuschen, die bei der Ausgestaltung von Zusammenarbeit und Absprache entstehen. Dieses Problem kann auch nicht durch eine einzige Formel gelöst werden, sondern es bedarf genauer Untersuchungen der einzelnen Arbeitsbereiche. Insbes. dürfte folgendes gelten:

A. Rücksichtnahme und Kooperation in der Gesetzgebung. Unzweifelhaft ist der Staat befugt, für die gemeinsame Tätigkeit staatl. und freier

Träger im Wege der →Gesetzgebung Rahmenbedingungen zu schaffen. Hier wird aber eine spezielle Problematik deutlich, die allein mit Subsidiaritätsvorstellungen nicht mehr zu lösen ist. Der Gesetzgeber neigt heute dazu, außerordentlich hohe Anforderungen an die Tätigkeit und Ausstattung seiner eigenen Organe und der freien Träger zu stellen (Ausbildung von Lehrern und Kindergärtnerinnen, apparative Ausstattung von Krankenhäusern usw.). Das Dilemma besteht nun oft darin, daß Anforderungen dieser Art von der Sache her zumindest vertretbar, aber die Tätigkeit der freien Träger – zumindest für eine Übergangszeit – lahmzulegen geeignet sind. Selbst wo solche Anforderungen nicht aus prinzipieller Abneigung gegen die freien Träger gestellt werden, muß doch jedenfalls der negative Einfluß auf die Sozialversorgung der Bevölkerung und auf das Verhältnis zwischen dem Staat und den freien Trägern gesehen werden. Wege zu einer allseits befriedigenden Lösung dieses Problems sind bisher nicht gefunden. Sie können auch nur durch *Verfahren* gefunden werden, insbes. durch ein offenes und vor allem ressentimentfreies Gespräch vom Beginn des Gesetzgebungsverfahrens an und durch die Entwicklung *vernünftiger* Standardanforderungen in jedem einzelnen Bereich.

B. Kompetenzabgrenzung im konkreten Aufgabenvollzug. Zumindest idealtypisch lassen sich folgende Fallgruppen unterscheiden:

1. Erfordert die Wahrnehmung einer bestimmten Aufgabe verhältnismäßig wenig finanzielle, personelle und organisatorische Mittel, so sollte im Interesse der Vielgestaltigkeit und der Auswahlfreiheit des Bürgers die Forderung nach freier Betätigung aller Beteiligten festgehalten werden. Dies gilt zB für die Bereiche der →Jugendhilfe und der unmittelbaren sozialen Dienste.

2. Ist für die Erfüllung einer Aufgabe dagegen ein erhebl. Mittelaufwand erforderlich, so kann die Lösung im konkreten Einzelfall nur in einem Entweder/Oder bestehen. Offen ist hier aber, ob verfassungsrechtl. Überlegungen im einzelnen Sachbereich einen Vorrang der öffentl. Hand (so im Schulwesen nach Art. 7 GG) oder einen Vorrang freier Träger erzwingen. Die Rechtsprechung des BVerfG zu Art. 4 I GG gibt den freien Trägern, soweit sie religiös motiviert sind, hier zweifellos einen Vorsprung. Allerdings wird auch dieser durch die Knappheit der Ressourcen in der Praxis relativiert. Der gangbarste Weg scheint deshalb, solange Staat und freie Träger sich nicht in einem vollständigen Konflikt befinden, in einer Zusammenarbeit auf der sog. Planungsebene zu bestehen.

C. Auflösung von Konflikten in der Planungsebene. Praktische Erfahrungen zeigen, daß sich die Kooperation zwischen Staat und freien Trägern nicht immer auf den einzelnen Ort beschränken muß. Im Krankenhauswesen ist es zB möglich, in einem Landeskrankenhausplan ein ganzes Bundesland mit einem vereinbarten Netz privater und öffentl. Krankenhäuser zu überziehen und damit mehrere Ziele auf einmal zu erreichen: 1. eine möglichst dichte und gleichmäßige Versorgung der Bevölkerung, 2. möglichst effektiven Einsatz der beim Staat und den freien Trägern vorhandenen Ressourcen, 3. Aufrechterhaltung der Vielgestaltigkeit des Angebots (verbesserte Verkehrsmöglichkeiten vergrößern die Auswahlfreiheit!) und 4. Befriedigung des legitimen Betätigungsbedürfnisses der freien Träger. Überspitzt könnte man sagen, daß es zumindest einzelne sozialpolitische Bereiche gibt, in denen sich der alte Konflikt zwischen Souveränität und Subsidiarität nicht in Konkurrenz, sondern in eine räumlich erweiterte Abstimmung auflöst.

D. Finanzierungsfragen. Nicht zuletzt tritt die Frage des Verhältnisses zwischen Staat und freien Trägern im Bereich der Finanzierung auf. Meist ist sie identisch mit der Frage, ob freie Träger für ihre Tätigkeit einen Anspruch auf staatl. Zuschüsse erhalten sollen. Auch hier gibt es noch keinerlei einheitl. Grundsätze, die etwa für die Bereiche Jugendhilfe, Schule, Krankenhauswesen, Friedhofwesen usw. gemeinsam gelten könnten. Die Bedeutung dieses Fragenkomplexes liegt auf der Hand.

IV. Die ev. Position zum S. Seiner Entstehungsgeschichte nach ist das S. eindeutig kath. Herkunft. Schon daraus erklärt es sich, daß die ev. Sozialethik sich nicht mit gleicher Intensität darauf beruft. Dennoch haben sich von ev. Seite wichtige kirchenamtl. und auch wissenschaftl. Äußerungen mehr oder weniger für das S. ausgesprochen. Versteht man das S. (etwa in Übereinstimmung mit dem Text von Quadragesimo Anno Nr. 79) lediglich als ein allg. Prinzip, dem andere entgegenstehen und auch vorgehen können, so kann dem auch von einer ev. Position aus zugestimmt werden. Gerade die ev. Anthropologie mit ihrer so entschiedenen Betonung des Individuums und seiner Freiheit kann an den Grundgedanken des S. nicht unbeteiligt vorbeigehen. Die daraus resultierende Freiheit des diakonischen Wirkens und die Ablehnung eines allmächtigen Staatsapparates, die eng mit dieser Anthropologie zusammenhängen, sind zusätzl. Argumente in dieser Richtung. Andererseits muß sich die ev. Einstellung zum S. nach hier vertretener Ansicht mehr als bisher mit den Auslegungsschwierigkeiten des S. und mit den in der kath. Literatur daraus abgeleiteten konkreten Forderungen (etwa im Bildungswesen) kritisch und zugleich flexibel auseinandersetzen. Die Übereinstimmung zwischen beiden Kirchen in den Grundfragen des S. kann und darf nicht zur Übernahme jeder mit dem S. begründeten konkreten Forderung der kath. Seite führen. Entscheidend ist hier die grds. verschiedene Einstellung beider Kirchen zum →Naturrecht: Nur wer ein Naturrecht von gleichem Geltungsrang und gleicher normativer Dichte bejaht wie die kath. Kirche, kann auch die Konkretion des S.

so weit treiben, wie diese es mitunter schon getan hat. Den reformatorischen Kirchen ist dies verwehrt.

Kath. Lit.: A. F. URZ (Hg.), Das S., 1953 – DERS., Formen und Grenzen des S., 1956 – E. LINK, Das S., 1955 – A. RAUSCHER, S. und berufsständische Ordnung in Quadragesimo anno, 1958 – O. V. NELL-BREUNING, F. PRINZ, Hilfreicher Beistand (Das S.), 1961 – O. V. NELL-BREUNING, S., StLexGG VII (1962) 826–832 (m. Lit.). Weitere Hinweise bei J. ISENSEE, S. und Verfassungsrecht, 1968, 33–34.

Ev. Lit.: C. CORDES, Können wir das S. übernehmen?, ZEE 3 (1959) 145 – K. JANSSEN, Theolog. Aspekte des S. usw., ebd. 158 – S. HEINKE, Gedanken zum S., in: J. DOEHRING, Gesamtpolitische Realitäten, 1964, 173 – T. RENDTORFF, Kritische Erwägungen zum S., in: Der Staat 1 (1962) 405 – DERS., Der ev. Anteil am S., in: J. DOEHRING, a. a. O., 191 – EV. AKADEMIE BAD BOLL, Zankapfel Subsidiarität, 1985.

Staatstheoret. und verfassungsrechtl. Lit.: R. HERZOG, S. und Staatsverfassung, in: Der Staat 2 (1963), 399 – J. ISENSEE, S. und Verfassungsrecht, 1968 (grundlegend, m. Lit.) – A. WALLENSTÄTTER, Das S. und die Rspr. des BVerfG zu den Grundrechten, 1976 – TH. A. SCHMITT, Das S., 1979 – O. KIMMINICH (Hg.), Subsidiarität und Demokratie, 1981 – M. GLAGOW (Hg.), Gesellschaftssteuerung zwischen Korporatismus und Subsidiarität, 1984.

Roman Herzog

Synode (in der ev. Kirche). In allen dt. ev. →Landeskirchen sind S.n als Versammlungen gewählter und berufener Kirchenglieder einer Region zur Beratung und Beschlußfassung über die Gestaltung des kirchl. Lebens eingerichtet. Sie bilden heute „verfassungsrechtl. Funktionszentren ersten Ranges" (GRUNDMANN). In der Theorie aber besteht eine merkwürdige Unsicherheit: „Völlig ungeklärt, ja umstritten ist, ob und in welcher Weise S.en ... im geistl. Sinne kirchenleitende Aufgaben wahrnehmen können" (SLENCZKA). Dahinter steckt allerdings auch die generelle Schwierigkeit, den theol. Ort der →Kirchenleitung zu finden.

1. Einrichtung und Verfahren. Auf allen drei Ebenen der →Landeskirchen – Gemeinde, Kreis, landeskirchl. Ebene – sind Kollegialorgane zur Teilhabe an der kirchl. Willensbildung eingerichtet. Für die Gemeindeebene spricht man von KiGemeinderat, KiVorstand oder Presbyterium; diese bestehen aus den Pfarrern und Ältesten (Presbyter, „Laien"), die von den Gemeindegliedern gewählt werden (→**Gemeinde in der Kirche**; →**Wahlrecht II**). Diese Kollegialorgane der Gemeinden wählen bzw. delegieren Synodale in die Kreissynode, die Kreissynoden wiederum in die *Landessynoden* (Stufenwahl, sog. Siebsystem). Allein in Württbg. findet eine direkte Urwahl auch zur Landessynode statt. In einigen Landeskirchen werden die Landessynodalen durch die Gemeindeorgane gewählt; dabei findet sich auch eine Beschränkung des passiven Wahlrechts auf amtierende Älteste. Der *Synodale* ist nicht Vertreter einer Gemeinde oder eines Kreises; er trägt die Mitverantwortung für die ganze Kirche. Den S.n gehören Pfarrer und Laien, in der Regel im Verhältnis von 1 : 2, an. Dabei werden die Geistlichen in der S. nicht als Träger des öff. Predigtamtes bevorzugt. Das unterscheidet ev. S.n prinzipiell von den →Konzilien der kath. Kirche, denen Laien nicht angehören und die LUTHER gerade wegen der Inanspruchnahme eines bes. Amtsgeistes für die Bischöfe kritisierte. In der S. sind alle gleichermaßen zum Zeugnis befähigt; die Teiln. von Pfarrern und „Laien" soll nicht das Gegenüber von →Amt und Gemeinde widerspiegeln, die S. ist nicht eine Vertretung des Kirchenvolks gegenüber den Amtsträgern. Sie realisiert die Einheit der Kirche, ihrer Dienste und Werke. – Weitere Synodale werden in begrenzter Zahl durch die S. selbst oder durch das ständige kirchenleitende Organ berufen. Damit sollen Vertreter von Institutionen von gesamtkirchl. Bedeutung, Angehörige von nicht vertretenen Bevölkerungs- oder Berufsgruppen und Sachverständige in die S. kommen. Ferner gehören entsandte Vertreter der Theol. Fakultäten der S. an. Je nach dem Kirchenverfassungstyp sind der →*Bischof* und andere Mitglieder der ständigen leitenden Organe, z. T. auch der Mittelstufenverbände, geborene Mitglieder der S.; in den stärker lutherisch geprägten Kirchen sind sie es um der Selbständigkeit der „Kirchenleitung" im Gegenüber zur S. willen i. d. R. gerade nicht. Teilnahmeberechtigt sind sie in jedem Falle. Die Zahl der Mitglieder der S.n schwankt zw. 50 und weit über 200. Für die jeweilige Zahl gibt es nicht immer einsichtige Gründe. Die Synodalen haben Vertreter. Die Amtsdauer der S.n beträgt zwischen 4 und 6 Jahren.

Die S.n tagen jährl. ein bis zwei Mal, insgesamt wohl etwa eine Woche lang. Der Anspruch, an der Leitung der Kirche teilzuhaben, wird dadurch praktisch relativiert. Einige Verf.en kennen das Recht zur vorzeitigen Selbstauflösung oder die Möglichkeit der Auflösung durch den Bischof. Die S.n haben *Geschäftsordnungsautonomie.* Der Geschäftsablauf der Beratung und Beschlußfassung gleicht in seinem technischen Teil weithin dem der Parlamente (Anträge, Debatte, Abstimmung mit einfacher oder Zweidrittelmehrheit, mehrere Lesungen bei der Beratung von Kirchengesetzen, Anfragen).

Auch die Zusammenschlüsse der Landeskirchen – →EKD, →VELKD, →EKU, →Ref. Kirche – haben von den jeweiligen Landessynoden beschickte S.n.

2. Aufgaben und Zuständigkeiten. Den LandesS.n ist jedenfalls faktisch kein Bereich des kirchl. Lebens verschlossen. Sie wachen darüber, daß Verkündigung und Sakramentsverw. ordentlich geschehen und daß der Bekenntnisstand der Kirche gewahrt bleibt. Sie achten auf die Einhaltung der kirchl. Ordnung. Sie sorgen dafür, daß der missionarische Auftrag der Kirche erfüllt und die Jugendarbeit und die soziale Arbeit der Kirche getan werden.

Die Synoden *beschließen* u. a., z. T. in der Form des Kirchengesetzes (→Kirchenrechtsquellen): über die Ordnung des Gottesdienstes (Agende), die Taufordnung, die Einführung des Katechismus und Gesangbuches; über die Ordnung des kirchl. Lebens; über öff. Erklärungen, auch zu gesellschaftl. und polit. Fragen (→Öffentlichkeitsanspruch); über den kirchl. Haushaltsplan und die Steuerhebesätze sowie über die Entlastung für die Jahresrechnung; die S.n haben die Befugnis zur kirchl. Gesetzgebung. Mit dem Instrument der Gesetzgebung hat die S. es in der Hand, andere Organe der Kirche zu binden. Die innere Begrenzung dieser Befugnis, insbes. im Verhältnis zum geistl. Amt, ist nicht leicht zu beschreiben. – Die S. *wählt* u. a. den Bischof bzw. Präses und i. d. R. auch andere Mitglieder der ständigen kirchenleitenden Organe. Sie *kontrolliert* und beaufsichtigt alles Handeln in der Kirche, auch die →Kirchenleitung. Dies alles (Gesetzgebung, Wahlen, Kontrolle) ähnelt äußerlich gesehen den Zuständigkeiten der Parlamente im →parlamentarischen Regierungssystem, und doch ist der Geist nicht derselbe: Die kirchl. Organe brauchen sich nicht so streng an das Gewaltenteilungsschema und an Zuständigkeitsregelungen zu halten, wie es staatl. Organe um der Mäßigung der staatl. Macht und der Freiheit des einzelnen willen tun müssen.

3. Der Ort der S.n im Verfassungsaufbau. Der heutige Synodalismus innerh. der EKD zeigt nur faktisch ein einheitl. Bild. Zugrunde liegen versch. Grundauffassungen vom Wesen der S. und der →Kirchenleitung (→Kirchenverfassung) und verschiedene Entstehungsmodelle.

a) Geschichte der Typen und Formen. Die dt. →Reformation fand nicht zu einem eigenen Synodalwesen. Ein im Auftrag einer (heute fälschlich „S." genannten) Versammlung von Vertretern der Landstände in Homburg 1526 ausgearbeiteter Entwurf einer KiO sah eine S. mit Predigern und mit von den Gemeinden gewählten Abgeordneten vor. Der Entwurf fand nicht die Billigung LUTHERS und blieb deshalb liegen. Tatsächlich kam es nur gelegentlich, insbes. in Hessen, zu Geistlichkeits-S.n, die Visitations- bzw. Aufsichtsorgane waren und nicht zu den S.n im hier besprochenen Sinn gerechnet werden können. Ein eigenständiges, ausgearbeitetes Synodalwesen entstand im reformierten Bereich – auf der Grundlage der calvinistischen presbyt. Genfer GemO – in Frankreich (Discipline Ecclésiastique 1559/1565), in Schottland und in den Niederlanden und kam von da an den Niederrhein (Weseler Konvent von 1568, Emdener S. von 1571, Duisburger GeneralS. von 1610; Jülich-Bergische Ordnung von 1671). Hier findet sich ein drei- bzw. vierstufiger Aufbau vom Konsistorium (bzw. Presbyterium oder Kirchen-Rath) über die Klasse zu den Provincial- und General-S.n. Die Presbyterien bestehen aus Predigern, Ältesten und gegebenenfalls Diakonen als gleichberechtigten Amtsträgern; nur diese Amtsträger können in die jeweils nächst höhere Klasse oder S. deputiert werden. Die Presbyterien ergänzen sich selbst, es findet keine Volkswahl statt. So sind altref. S.n Amtsträger-S.n, nicht Gemeindevertretungen. Diesen S.n bzw. ihren Ausschüssen und wechselnden Präsidenten kommt kollegial die Kirchenleitung zu. Dies ist der bis heute einzigartige, strikt von der Ämterverfassung diktierte, ursprünglich ref. Gedanke der „*presbyterial-synodalen*" *Verfassung* (heute teilw. verwirklicht in den Kirchen im Rheinland und von Westfalen). Es handelt sich um eine Verfassung des freien Kirchenregiments, das in der Kirche selbst ruht, also um ein Gegenprogramm zum →landesherrl. KiRegiment. – Im 19. Jh. kommt es – nach einigen GeistlichkeitsS.n – in allen Landeskirchen zur Einführung von S.n im heutigen Sinne (zuerst Bayern 1818, Baden 1821, Rhein.-Westf. KiO von 1835; im übrigen Preußen erst 1873). Die S.n werden von den KreisS.n bzw. Presbyterien (Kirchengemeinderäte) beschickt. Auf der Gem.-Ebene kommt es, abgesehen von kleinen Gemeinden, erst in der 2. Hälfte des 19. Jh. zur unmittelbaren Volkswahl der Ältesten. Die S.n wurden verstanden als „Vertretung der Kirche" gegenüber dem landesherrl. Kirchenregiment. In dieser Verknüpfung des demokr.-gemeindl. Elements mit dem landesherrl. Kirchenregiment ergab sich der Typus der „*konsistorial-synodalen Misch-Verf.*". Er folgt dem staatsrechtl. →Konstitutionalismus, der die Ausübung der Staatsgewalt dem Landesherrn zwar beläßt, ihn darin aber gewaltenteilend durch die Einrichtung von Parlamenten beschränkt. Welchen Einfluß die Vorarbeit der ref., presbyterial-synodal verfaßten Kirchen im 19. Jh. noch hatte, ist nicht leicht auszumachen. Nach Wegfall des landesherrl. Kirchenregiments im Jahr 1918 wurden die S.n zu den „obersten Trägern der Kirchengewalt" und zu Repräsentanten des Kirchenvolks. Die Parallele zum demokr. Parlament – z. T. mit Verhältniswahl und kirchl. Parteien – ist deutlich. Hier hat die mißliche Redeweise vom „*Kirchenparlament*" ihre Wurzel.

b) Verständnis der S. Der dt. Protestantismus hat das Verständnis der S. als ein auf die mehr äußeren Angelegenheiten beschränktes Parlament überwunden. Dazu hat wesentlich die Erfahrung des →KiKampfes beigetragen: Die dort z. T. spontan zusammengekommenen „*Bekenntnissynoden*" erlebten sich als auch geistl. Versammlungen, die die Reinheit der Lehre und das Bekenntnis zu Jesus Christus in den Mittelpunkt ihrer Arbeit stellten. Sie fragten nicht nach der Gliederung der Kirche in Ämter, Zuständigkeiten und Abgrenzungen, sondern nach deren Auftrag.

Damit war ein *luth. Verständnis* (→Luthertum) überspielt, das der S. die Möglichkeit zu geistl. Entscheidung absprach und sie einerseits auf eine äußere Kirchenleitung beschränkte und sie andererseits als „zeugnisgebendes Organ der hörenden Gemeinde", als „Resonanzboden" und „Forum für die Ausübung der eigentl. Kirchenleitung" (KINDER) verstand, um sie so dem geistl. Amt unterzuordnen. Kirchenleitung ist nicht eine Funktion allein der Inhaber des Predigt- und bischöfl. Amtes. Die S. bedarf wie jede kirchl. Versammlung der geistl. Weisung und Ermahnung; hier kommt auch dem Bischof in der S. eine bes. Rolle zu. Sie ist aber nicht (bloß) eine „gottesdienstl. Versammlung" (W. MAURER). Sicherlich hat die S. nicht den unmittelbaren Auftrag der gottesdienstl. Wortverkündigung und Sakramentsverwaltung (→Amt), aber sie wacht darüber und trägt dazu bei, daß er recht wahrgenommen wird. Die S. ist auch einer der mögl. Orte in der Kirche, an dem sich der consensus ecclesiae feststellen läßt und sich das →Bekenntnis bilden kann. Das alles ist *geistl. Kirchenleitung,* die neben dem Bischof, dem ständigen kirchenleitenden Organ und jedem Pfarrer auch der S. zukommt. Das kirchl. VerfR (→Kirchenverfassung) kann und muß solche „arbeitsteilige" Kirchenleitung nach menschl. Vermögen organisieren (zB in aufschiebenden Einspruchsrechten des Bischofs gegen S.n-Beschlüsse). Eine alleinige Zuständigkeit wie eine Verbindlichkeit ihrer Beschlüsse kommt der S. in geistl. Belangen so wenig zu wie dem Bischof oder einem anderen kirchl. Organ. – Der reformiert geprägte Verf.-Typus neigt zu dieser All- oder Alleinzuständigkeit der S. („Die Ev. Kirche im Rheinland wird von der Landes-S. geleitet").

Die S. ist kein Organ einer vertikalen →Hierarchie von oben oder unten. „Eine S., die sich nur als Repräsentation der Gemeinden ... versteht, verkennt ihr Wesen ebenso wie eine S., die sich nur als Kirchenleitung oder gar als Herrin der Gemeinden ansieht"; S. ist eigenverantwortl. *Vergegenwärtigung der Gemeinden* und Gemeindeglieder und sie ist *landeskirchl. Organ,* das die Gemeinden als Teil der Gesamtkirche festhält (GRUNDMANN). Die S. ist auch das Organ, um die Landeskirche in die kirchl. Zusammenschlüsse und in die →ökumenische Bewegung einzubringen und einzubinden.

A. HAUCK, PRE 19. Bd., 273–277 – L. COENEN, EKL III 1253–1257 (Lit.) – R. BÄUMLIN, RGG^3 VI, 569–571 – GRUNDMANN, EvStL^2, 1261–1264 – G. WENDT, ZevKR 11 (1964), 65–88 – E. DALHOFF, ZevKR 11 (1964), 88–110 – J. HÄGELE, Das Geschäftsordnungsrecht der S., Jus eccl. Bd. 18, 1973 – H. BRUCHNER, Die synodalen und presbyterialen Verf.formen in der Protest. Kirche des rechtsrh. Bayern im 19. Jh., 1977 – R. SLENCZKA, Zeitschr. f. theol. Forschung und kirchl. Lehre 29 (1983), 66–81 – A. RAUHAUS, RefKiZeitung 24 (1983) 233–238 – H. DOMBOIS, Recht der Gnade III, 1983, 207–213, 398–404 – A. VON CAMPENHAUSEN, ZevKR 29 (1984), 11–34 – CH. LINK, Die Entwicklung des Verhältnisses von Staat und Kirche, in: Deutsche Verwaltungsgeschichte, K. JESERICH u. a. (ed.), ^{III}1985, 527–559. S. a. Kirchenverfassung.

Klaus Schlaich

T

Täufertum. 1. Begriff. Mit dem Begriff T. wird im wiss. Sprachgebrauch eine Nebenbewegung der →Reformation (I H) bezeichnet, deren erste Repräsentanten von ihren zeitgenössischen Gegnern nach einem bereits von AUGUSTIN geprägten Wort *Anabaptistae, Wiedertäufer* genannt wurden. Die Erforschung der Gesch. und der Theol. des T. hat jedoch zunehmend deutlich gemacht, daß der bloße Verweis auf die Taufpraxis die theol. Eigenart und die geistesgeschichtl. Bedeutung des T. nicht zureichend umschreibt. Eine von konfessionellen Vorurteilen freie Betrachtung des T. wird eigenständige theol. Ansätze vor allem in der politischen Ethik des T. und in der täuferischen Lehre von der Kirche erkennen.

2. Geschichte. Die neuere Forschung hat ein recht differenziertes Bild vom Ursprung, den Anfängen und der Gestalt des T. gezeichnet und gezeigt, daß es sich nicht aus *einer* Wurzel herausentwickelt hat. Die ältere monogenetische Sicht des T. ist durch eine polygenetische zu ersetzen (H.-J. GOERTZ). Dennoch besteht in der Forschung Übereinstimmung darüber, daß die früheste faßbare Gestalt des T. aus der Reformation in Zürich erwuchs. Hier führen im Januar 1525 einige über den Gang der Zürcher Reformation enttäuschte ehemalige ZWINGLI-Schüler die ersten Glaubens- bzw. Bekenntnistaufen Erwachsener durch. Schon ein Jahr später setzt eine strenge Verfolgung durch den Zürcher Rat ein. Soweit den Täufern die Flucht gelingt, ziehen sie evangelisierend und missionierend durch die Schweiz und große Teile Deutschlands. Die rasche Ausbreitung täuferischer Anschauungen, die zahlreichen Gemeindegründungen und das freikirchlich-pazifistische Reformkonzept der Schweizer Brüder haben heftige Reaktionen der Obrigkeiten und der Reformatoren zur Folge. Auf dem Speyerer Reichstag wird 1529 die Todesstrafe für Wiedertäuferei als Reichsrecht festgesetzt; die *Confessio Augustana* (1530) grenzt sich gleich in fünf Lehrstücken zum T. ab: in den Lehren vom Predigtamt, von der Taufe, der Buße, vom weltlichen Regiment und von der Wiederkunft Christi (CA Art. 5; 9; 12; 16; 17).

Katastrophale Folgen hatte die von MELCHIOR HOFFMANN in das T. hineingebrachte Vorstellung vom nahen tausendjährigen Reich Gottes. Nach der täuferischen Schreckensherrschaft in Münster (1534/35), durch die das T. für Generationen im allgemeinen Bewußtsein als revolutionäre Phantasterei diskreditiert wird, gelingt es nur unter erheblichen Schwierigkeiten, die Restgemeinden zu regenerieren und zu reorganisieren. Im norddt. Raum und in den Niederlanden vollzieht sich dieser Sammlungs- und Besinnungsprozeß unter der Führung von MENNO SIMONS (1496 – 1561), dem Gründer der *Menno-niten*-Gemeinden. In der Schweiz und in Südwestdtschld. halten sich trotz der Verfolgungen die *Schweizer Brüder;* ihre Lehrgrundlage ist die *Schleitheimer Vereinbarung* (1527), die zwischen den Pflichten der „Glieder am Leibe Christi" und den von Gott verordneten Aufgaben der weltl. Obrigkeit eine klare Trennlinie zieht und damit exemplarisch die für das T. charakteristische Unterscheidung von Kirche und Welt beschreibt. Als dritte größere Gruppe sind die nach dem Tiroler JAKOB HUTER (1536 hingerichtet) benannten *Hutterischen Brüder* zu nennen, die in Oberdtschld. und in Mähren auf eigenen Bruderhöfen bei strenger urchristl.-kommunistischer Gütergemeinschaft die Idee eines reinen T. zu verwirklichen versuchen.

3. Theologie. Eine normative Theol. „des" T. kann bei der Vielschichtigkeit dieser äußerst dynamischen Bewegung nicht konstatiert werden. Zwei weit auseinanderliegende Forschungsansätze erschweren zudem derzeit eine einheitliche Deutung: Einer geistesgeschichtlichen bzw. theologiegeschichtlichen Interpretation, die das T. aus spätma. spiritualistischen und apokalyptischen Heiligungsbewegungen ableitet und seine Lehren von den Grundaussagen reformatorischer Theol. aus beurteilt, steht eine Interpretationsmethode gegenüber, die den Prämissen des historischen Materialismus folgt und das T. primär von seinen ökonomischen und gesellschaftlichen Vorausbedingungen her als den sozialrevolutionären „linken Flügel" der Reformation erklären will (vgl. die Aufsatz-Sammlung *Umstrittenes Täufertum 1525 bis 1975,* H.-J. GOERTZ [ed.], 1975). Beiden Positionen gegenüber wäre hervorzuheben, daß das ursprüngliche T. theol. vor allem als der Versuch einer *freikirchlichen* Verwirklichung der reformatorischen Erneuerung zu beachten ist. An der Differenz „Gemeindekompetenz oder Ratskompetenz in kirchlichen Fragen" ist der Gegensatz zwischen ZWINGLI und dem T. aufgebrochen. Weder der Zweifel an der Berechtigung der Kindertaufe noch das Verlangen nach Taufaufschub und Glaubenstaufe machen für sich bereits das Wesen des genuinen T. aus. Primär meldet sich bei den aus den Zürcher Bibelschulen hervorgegangenen Täufern das Interesse an einem Christentum zu Wort, das im persönlichen Lebensbekenntnis seine Verwirklichung sucht. Diese theol. Grundhaltung mußte mit der staatskirchl. Reformation in Konflikt geraten; denn die Täufer wollen die Gemeinschaft derer bilden, die mit Ernst Christen sind und zu diesem Zweck in einer überschaubaren Gruppe zu Gebet, Bibellese, Taufe, Abendmahl, brüderlicher Vermahnung und Armenpflege zusammenkommen; damit scheinen sie die Gemeinschaftsform des *Corpus Christianum* aufzulösen.

In den frühesten Zeugnissen der Täufer-Theol. (einem Brief von KONRAD GREBEL an THOMAS MÜNTZER vom 5. Sept. 1524 und einer ebenfalls 1524 verfaßten „Feierlichen Erklärung und Protestation" von FELIX MANTZ) lassen sich folgende theol. Leitgedanken des T. erkennen: Die Buße ist die Voraussetzung für den rechten Empfang der Taufe, die als Verlassen des alten und die Annahme des neuen Lebens in der Nachfolge Christi verstanden wird. Diese Verpflichtung zu einem Leben nach den Grundsätzen der Bergpredigt verknüpft die Tauffrage theol. mit dem Problem der Gemeindeordnung und Gemeindezucht nach Mt 18, 16 ff.; so entscheidet sich am Taufverständnis bereits eine bestimmte Auffassung vom Wesen der Kirche. Zum anderen bindet sich der Täufling durch die Taufe an das Gesetz Christi, das ihn zu bedingungsloser Nächstenliebe, konsequenter Wehrlosigkeit und der Bereitschaft zum Glaubensmartyrium verpflichtet, wozu nur ein Erwachsener in der Lage ist. Die Vorstellung, daß mit dem Taufakt ein Absterben von der Sünde und (nach Röm 6, 4) ein Wandel im neuen Leben beginne, überlagert die traditionelle Deutung der Taufe als der einmaligen und einzigartigen Abwaschung der (Erb-)Sünde. Zur Taufe gehört der bewußte Vorsatz einer grundsätzl. Willensänderung; als Bußtaufe ist sie der entscheidende Wendepunkt der individuellen Existenz. Der Glaube muß bereits vor der Taufe da sein; ob der Glaubende in der Taufe mehr empfängt als nur die Möglichkeit zum Neuanfang, bleibt offen.

An dieser Stelle dürfte im Ansatz die theol. wichtigste Differenz zwischen der täuferischen und der urreformatorischen Lehre zu suchen sein: Im T. tritt die christologisch begründete ethische Forderung an die Stelle der in Wort und Sakrament frei ergehenden Zusage des Heils. In der Aufforderung zu einem seligmachenden hl. Wandel in der Gemeinschaft der ernsten Christen liegt die Gefahr einer neuen Gesetzlichkeit. Andererseits sind der Glaubensernst und der aus dem Nachfolgegedanken entwickelte kompromißlose Gemeindebegriff, der die Distanz zur „Welt" nicht verwischt, die beiden gewichtigen theol. Fragen, die das T. den Großkirchen gestellt hat und heute noch stellt.

4. Folgen. Als ein „Originalgewächs der Reformationszeit" (W. KÖHLER) hat das T. über das 16. Jh. hinaus bis in die Gegenwart gewirkt. Alle staatsfreien Freiwilligkeitskirchen sind direkt oder indirekt dem täuferischen Erbe verpflichtet. Die großen baptistischen wie die kongregationalistischen Kirchen der Ökumene sind vom T. beeinflußt; im →Pietismus wurden Elemente des genuinen T. rezipiert bzw. neu belebt. Durch ihre Martyriumsbereitschaft haben die Taufgesinnten immer wieder die Staatsordnung mit dem Problem der Toleranz konfrontiert. Die häufigen Vertreibungen der Täufer aus ihren Heimatländern begünstigten die weltweite Verbreitung des T., die durch engagierte Missionsarbeit (vor allem der *Mennoniten)* noch zusätzlich unterstützt wurde.

MENNONITISCHES LEXIKON I–IV, 1913–1967 – H. J. HILLERBRAND, Bibliographie des T. 1520–1630, 1962 – DERS., in: VF 13/1 (1968) 95–110 – J. F. G. GOETERS, in: Studien zur Gesch. u. Theol. der Reformation. Festschrift f. E. Bizer, 1969, 239–281 – M. BRECHT, in: ArchRefG 64 (1973) 147–165 – M. LIENHARD (ed.), The Origins and Characteristics of Anabaptism, Den Haag 1977 – J. M. STAYER/W. O. PACKULL (ed.), The Anabaptists and Th. Müntzer, Dubuque-Toronto 1980 – G.-A. BENRATH, in: Hdb. d. Dogmen- u. Theologiegesch., B. LOHSE u. a. (ed.), 1980, Bd. II, 611–664 (Lit.) – H.-J. GOERTZ, Die Täufer. Geschichte u. Deutung, 1980 (Quellen u. Lit.). S. a. Schwärmertum.

Joachim Mehlhausen

Tarifrecht. I. Wesen und Bedeutung. A. Mit dem *Tarifvertrag* (TV) stellt das T. den Parteien des Arbeitslebens ein ao. wirksames und praktisch höchst bedeutungsvolles Instrument zur kollektiven Gestaltung der Arbeitsbedingungen zur Verfügung. Im TV können zwischen Gewerkschaft auf der einen und Arbeitgeberverband oder einzelnem Arbeitgeber auf der anderen Seite neben gegenseitigen Rechten und Pflichten der TV-Parteien selbst *(schuldrechtl. Teil)* vor allem Rechtsnormen für Abschluß, Inhalt und Beendigung von Arbeitsverhältnissen sowie für betriebl. und betriebsverfassungsrechtl. Fragen und für gemeinsame Einrichtungen der TV-Parteien *(normativer Teil)* in rechtsverbindl. Weise festgesetzt werden. Die Besonderheit des TV, die ihn zusammen mit der Betriebsvereinbarung des →Betriebsverfassungsrechts von allen anderen Arten von Verträgen unterscheidet (→Kollektivverträge), liegt darin, daß der TV *Rechtsnormen* enthält, die für die Angehörigen der tarifschließenden Verbände unmittelbare und im wesentl. auch zwingende Wirkung haben. Der TV ist damit in seinem normativen Teil für die tarifgebundenen Arbeitnehmer und Arbeitgeber Quelle objektiven Rechts; sein Abschluß ist insoweit autonomer Rechtsetzungsakt.

Ungeachtet der sehr ausgeprägten Sonderstellung, die der TV damit einnimmt, handelt es sich, wie schon die Bezeichnung als TV anzeigt, um einen *Vertrag*. Nicht ganz unbestritten ist allerdings die nähere rechtl. Qualifizierung dieses Vertrages. Die in Rspr. und Lehre ganz überwiegende Auffassung ordnet den TV in seiner Gesamtheit dem →*Privatrecht* zu und erblickt im normativen Teil einen zweiseitigen, korporativen, objektives Recht setzenden, verbindl. Normenvertrag, im schuldrechtl. Teil einen gegenseitigen Schuldvertrag. Unter den hiervon abweichenden Theorien wird die rein öffentl.-rechtl. orientierte heute im Hinblick auf das Vorhandensein des schuldrechtl. Teils nicht mehr vertreten; wohl aber wird von namhafter Seite die *Doppelnatur* des TV betont, der nach dieser Auffassung teils gegenseitiger Schuldvertrag, teils, nämlich hinsichtlich des normativen Teils, ein Institut des →öffentl. Rechts sein soll, da nur auf diese Weise die Ausübung der vom Staat verliehenen Rechtsetzungsbefugnis der TV-Parteien erfaßbar sei. Eine andere, rein privatrechtl. Theorie, die den Normcharakter der tarifl. Regeln leugnet und ihre unmittelbare Verbindlichkeit unter Rückgriff auf längst überholte Konstruktionsversuche aus den Anfängen des T. mit einer Vertretung der betr. Arbeitnehmer und Arbeitgeber zu erklären versucht, widerspricht dem G., das ausdrückl. von Rechtsnormen spricht; sie hat sich nicht durchzusetzen vermocht.

B. Der TV und damit das T. bilden das Kernstück des kollektiven Arbeitsrechts, das das gesamte moderne Arbeitsleben in ganz entscheidender und nachhaltiger Weise geprägt hat und weiter laufend beeinflußt. Gewerkschaften und Arbeitgeberverbände als die berufenen Vertreter der bes. Interessen der beiderseits am Arbeitsleben Beteiligten machen im weitesten Umfang von der ihnen zustehenden *Tarifautonomie,* d. h. von der Möglichkeit Gebrauch, die Arbeitsbedingungen auf kollektiver Ebene frei und unabhängig von staatl. Einfluß durch tarifl. Normsetzung zu regeln (*überbetriebl. →Mitbestimmung*). Das T. ermöglicht es, den Arbeitnehmern die nach dem jeweiligen Stand der wirtschaftl. und sozialen Entwicklung angemessenen *Mindestarbeitsbedingungen* zu gewährleisten. Dies trägt ganz erhebl. zur Verminderung der sozialen Spannungen bei. Als Instrument des gegenseitigen Ausgleichs dient der TV, der während seiner Laufzeit für die Beteiligten hinsichtlich der in ihm geregelten Fragen eine *Friedenspflicht* erzeugt, der Erhaltung des *Arbeitsfriedens.* Durch die vielfach auf weite Bereiche erstreckte Geltung dienen die TV.e auch der Ordnung und Vereinheitlichung der Arbeitsbedingungen (*Ordnungsfunktion*). Diese Wirkung wird noch verstärkt durch die heute weitgehend übliche Praxis, auch nicht tarifgebundenen Arbeitsverträgen einen dem jeweiligen TV entsprechenden Inhalt zu geben. Sog. *Tarifausschlußklausel* oder *Differenzierungsklauseln* in einzelnen TV.en, die dem entgegenwirken sollen, werden von der Rspr., vor allem vom BAG, überwiegend abgelehnt; ihre differenziertere Behandlung in der Lit. ist umstr. Die TV.e wirken durch die Schaffung einheitl. Arbeitsbedingungen willkürl. Benachteiligungen einzelner und vor allem unerwünschten Verzerrungen im Wettbewerb, sei es der Arbeitnehmer bei Bewerbung um den Arbeitsplatz, sei es der Arbeitgeber im wirtschaftl. Bereich, entgegen, ohne dabei zu schematischer Gleichmacherei zu führen, da der TV *günstigere Individualregelungen* und damit die Berücksichtigung bes. Leistungen oder individueller sozialer Bedürfnisse nicht ausschließt *(Günstigkeitsprinzip).* Nicht zuletzt dient der TV, der als Vertrag zwischen den Sozialpartnern ungleich anpassungsfähiger ist und als stets nur für beschränkte Zeit getroffene Regelung weniger endgültigen Charakter hat als das förml. G., auch der Entwicklung und Erprobung neuer sozialer Errungenschaften und damit dem *sozialen Fortschritt.* Die Urlaubsgesetzgebung und die Lohnfortzahlung an Arbeiter im Krankheitsfall sind Beispiele dafür, daß in langjähriger Tarifpraxis bewährte Regelungen vom G.geber übernommen worden sind, daß also TV.e die *Rechtsentwicklung* wesentl. bestimmt haben.

II. Entwicklung. Der Abschluß von TV.en gehört heute zu den wichtigsten Aufgaben der arbeitsrechtl. Koalitionen, wie es auch dem Grundgedanken des Zusammenschlusses von Arbeitnehmern in einer →Gewerkschaft entspricht, die Unterlegenheit des einzelnen gegenüber dem wirtschaftl. stärkeren Unternehmer durch gemeinsame Aktion auszugleichen. Zudem setzt jeder TV auf Arbeitnehmerseite notwendig die Beteiligung einer Gewerkschaft als Vertragspartei voraus. So versteht es sich von selbst, daß die Entstehung des T. aufs engste verknüpft ist mit der Gesch. der →Gewerkschaften (→Arbeiterbewegung) und der Entwicklung der →Koalitionsfreiheit.

A. Frühe Vorläufer der TV.e kann man in vergleichbaren Abkommen zwischen Gesellenverbänden und Handwerkszünften erblicken, die in einzelnen Fällen im ausgehenden MA. entstanden waren. Diese Ansätze sind jedoch in der nachfolgenden Zeit strenger Koalitionsverbote unterbunden worden. Erst nach Einführung der →Koalitionsfreiheit in der zweiten Hälfte des 19. Jh. waren die Voraussetzungen für die Entwicklung des modernen T. gegeben. Erster TV von einiger Bedeutung und damit Beginn einer großen Entwicklung war der Buchdruckertarif von 1873, in umfassender Weise 1896 erneuert; 1899 folgte der Bauarbeitertarif. Doch erst zu Beginn dieses Jh. nahm die Zahl der TV.e und der von ihnen erfaßten Arbeitnehmer und Betriebe zunächst langsam, dann aber immer stärker und schneller zu. Kennzeichnend für diese Zeit war jedoch das Fehlen jeglicher gesetzl. Grundlagen des T. Man erfaßte die TV.e lediglich als atypische Schuldverträge, die rechtl. Bindungen allein für die Vertragsparteien, Gewerkschaften und einzelne Arbeitgeber oder Arbeitgeberverbände, erzeugten; diese hatten dann ihrerseits die Verbandsmitglieder zur Einhaltung der tarifl. Arbeitsbedingungen anzuhalten.

B. Eine gesetzl. Basis hat das T. erstmals durch die VO über Tarifverträge, Arbeiter- und Angestelltenausschüsse und Schlichtung von Arbeitsstreitigkeiten (TVVO) vom 23. Dez. 1918 erhalten. Diese enthielt bereits ebenso wie die im wesentl. sachl. übereinstimmende VO über Tarifverträge vom 1. März 1928 alle wichtigen Elemente des modernen T. Vor allem sind damals bereits die den Inhalt der Arbeitsverhältnisse regelnden Bestimmungen mit unmittelbarer und zugunsten der Arbeitnehmer zwingender Wirkung für die einzelnen Arbeitsverhältnisse der tarifgebundenen Arbeitnehmer und Arbeitgeber ausgestattet worden *(Unabdingbarkeit).* Auch die Möglichkeit der Ausdehnung dieser Wirkung auf nicht tarifgebundene Außenseiter durch staatl. Hoheitsakt *(Allgemeinverbindlicherklärung)* ist schon mit der TVVO von 1918 geschaffen worden.

C. Die blühende Entwicklung des Tarifwesens der Weimarer Zeit ist unter der Herrschaft des Nationalsozialismus durch Abschaffung des TV und völlige Umgestaltung des T. unterbrochen worden. Nach dem G. zur Ordnung der nationalen Arbeit (AOG) von 1934 traten an die Stelle der TV.e die von staatl. Stellen, den Treuhändern der Arbeit, einseitig erlassenen *Tarifordnungen,* ihrem Wesen nach nichts anderes als staatl. RechtsVO.en.

D. Nach dem Zusammenbruch sind die Treuhänder der Arbeit beseitigt worden, 1947 ist auch das AOG außer Kraft getreten. Die vorher erlassenen Tarifordnungen haben allerdings Gültigkeit behalten und sind erst nach und nach durch neue TV.e abgelöst worden. Mit dem Wiedererstehen der Gewerkschaften und Arbeitgeberverbände erfolgte auch die Rückkehr zum hergebrachten T., wobei zunächst die unter der TVVO entwickelten Rechtsgrundsätze Anwendung fanden. Eine gesetzl. Regelung wurde erst wieder geschaffen mit dem *TarifvertragsG* (TVG) vom 9. April 1949, das, zunächst als G. des Vereinigten Wirtschaftsgebietes (US- und Brit. Zone) erlassen, durch G. vom 23. Sept. 1953 auf die Länder der früheren Franz. Zone, durch G. vom 30. Juni 1959 auf das Saarland erstreckt und für Berlin durch G. vom 16. Jan. 1975 übernommen worden ist. Wichtigste Änderung des TVG war die Ersteckung auf arbeitnehmerähnliche Personen, v. a. freie Mitarbeiter, (§ 12 a) durch G. vom 29. Okt. 1974.

III. Rechtsquellen. TVG vom 9. April 1949 – Neufassung vom 25. Aug. 1969 nebst DVO vom 20. Febr. 1970.

IV. Grundzüge des geltenden Rechts. A. 1. Der *Abschluß* eines TV setzt vor allem bei den Parteien des künftigen Vertrages *Tariffähigkeit* voraus, d. h. die Fähigkeit, Partei eines TV zu sein. Tariffähigkeit ist nicht gleichbedeutend mit Rechtsfähigkeit; denn einerseits kann sich nicht jede rechtsfähige Person an einem TV beteiligen, andererseits aber können auch nichtrechtsfähige Verbände, so insbes. viele Gewerkschaften, tariffähig sein. Nach § 2 TVG sind auf Arbeitnehmerseite nur → *Gewerkschaften* und deren Zusammenschlüsse (Spitzenorganisationen) tariffähig; entsprechend sind auf der Arbeitgeberseite *Arbeitgeberverbände* und ihre Spitzenorganisationen, ferner aber auch die *einzelnen Arbeitgeber* tariffähig. Dadurch, daß stets eine Gewerkschaft als Tarifpartei beteiligt sein muß, erhält der TV seinen notwendigen kollektiven Charakter. Je nachdem, ob auf Arbeitgeberseite ein Verband oder ein einzelner Arbeitgeber beteiligt ist, unterscheidet man zwischen dem heute völlig vorherrschenden *Verbands-TV* und dem *Firmen-* oder *Werks-TV,* der z. Z. die Ausnahme bildet. – Die auf der einen Seite notwendige, auf der anderen Seite zumindest weitgehend übl. Beteiligung von Verbänden stellt einen engen Zusammenhang her zwischen der Tariffähigkeit und den Wesensmerkmalen der *arbeitsrechtl. Koalitionen.* Diese sind anerkanntermaßen auch unerläßl. Voraussetzung der Tariffähigkeit: Freiwilliger Zusammenschluß von Arbeitnehmern oder Arbeitgebern zur Wahrung ihrer bes. Arbeitnehmer- bzw. Arbeitgeberinteressen; Gegnerfreiheit sowie Unabhängigkeit von der Gegenseite und vom Staat (Einzelheiten s. Koalitionsfreiheit).

2. Beim Abschluß eines TV können auf einer Seite oder auch auf beiden Seiten mehrere Parteien beteiligt sein, zB mehrere Gewerkschaften oder neben einem Arbeitgeberverband mehrere einzelne Arbeitgeber, sog. *mehrgliedriger TV.* I. d. R. entstehen in einem solchen Fall mehrere selbständige, inhaltl. jedoch übereinstimmende TV.e jeweils zwischen jedem Partner der einen und der anderen Seite. Die Verbindung der TV.e ist dabei also mehr eine äußerl., die sich in gemeinsamen Verhandlungen und einheitl. Abschluß erschöpft. Die Verbindung der auf einer Seite Beteiligten kann jedoch auch weiter reichen, so daß sie auch bei der Durchführung und bei späteren Änderungen des TV wie bei seiner Beendigung eine Einheit bilden, die u. U. auch zu gemeinsamer Haftung für Tarifverletzungen und dgl. führen kann.

3. Der TV bedarf der *Schriftform,* § 1 II TVG, d. h., der Vertragstext ist schriftl. niederzulegen und von beiden Parteien zu unterschreiben. Ist diese Form nicht gewahrt, so ist der TV nach § 125 BGB nichtig. Nach § 6 TVG ist ferner die Eintragung des TV in das beim Bundesarbeitsministerium geführte *Tarifregister* und nach § 8 ist die *Auslage* der jeweils in Betracht kommenden TV.e durch den Arbeitgeber im Betrieb vorgeschrieben. Beide Bestimmungen sind jedoch nur Ordnungsvorschriften; die Wirksamkeit des TV hängt nicht von ihrer Einhaltung ab.

B. Der *Inhalt* des TV kann generell eingeteilt werden in den normativen und den schuldrechtl. (obligatorischen oder verpflichtenden) Teil.

1. Der *normative Teil* enthält *Rechtsnormen,* also objektives Recht. Der auf diese Weise von den TV-Parteien normativ zu regelnde Bereich ist in § 1 und § 4 TVG genau umgrenzt: Den seit jeher praktisch wichtigsten Komplex bilden die sog. *Inhaltsnormen,* die Inhalt und Beendigung der Arbeitsverhältnisse regeln. Durch TV können auf diese Weise Löhne und Gehälter sowie sonstige Arbeitsbedingungen im weitesten Maß normativ festgesetzt werden. In engem Zusammenhang damit stehen die *Abschlußnormen,* die ebenfalls das einzelne Arbeitsverhältnis unmittelbar betreffen und als Abschlußgebote sein Zustandekommen sichern oder fördern (insbes. früher Wiedereinstellungsgebote nach →Arbeitskämpfen), als Abschlußverbote die Entstehung bestimmter Arbeitsverhältnisse hindern oder als Formvorschriften die bei Abschluß des

Arbeitsvertrages zu beachtenden Formen näher bestimmen. Die weiterhin vorgesehenen *betrieblichen Normen,* auch als *Solidarnormen* bezeichnet, betreffen Fragen, die zwar auch den einzelnen Arbeitnehmer angehen, ihn aber nicht als einzelnen betreffen, sondern nur mit anderen zusammen als Mitglied der Belegschaft eines Betriebes; hierher gehören Maßnahmen des Schutzes und der Fürsorge für die Belegschaft ebenso wie Regeln, die die Ordnung im Betrieb betreffen. *Betriebsverfassungsrechtl. Normen* in den TV.en waren bes. wichtig, solange es noch kein einheitl. Bundes-BetriebsverfassungsG gab. Seit Erlaß des BetrVG und des PersVG ist diese Normengruppe mehr in den Hintergrund getreten. Daß sie aber auch heute noch eine gewisse, wenn auch beschränkte Rolle spielt, ergibt sich daraus, daß das BetrVG selbst darauf verweist (zB § 3 BetrVG: tarifl. Abweichungen von der gesetzl. Organisation). Endl. können die TV-Parteien Regeln über von ihnen *gemeinsam geschaffene Einrichtungen,* wie etwa Lohnausgleichskassen, Urlaubsmarkenregelung, Aus- und Fortbildungsveranstaltungen usw., mit normativer Wirkung ausstatten.

2. Der *schuldrechtl. Teil* des TV enthält Bestimmungen über gegenseitige Rechte und Pflichten der TV-Parteien. Insoweit ist der TV schuldrechtl. Vertrag mit der Folge, daß für seine inhaltl. Gestaltung wie allg. im Schuldrecht weitgehend Vertragsfreiheit herrscht. – Bes. Bedeutung kommt der jedem TV seinem Wesen nach immanenten *Durchführungspflicht* zu, die die TV-Parteien dazu anhält, alles zur Verwirklichung des TV Erforderliche zu veranlassen, ihnen vor allem auch alle Maßnahmen verbietet, die die Realisierung des TV hindern oder stören könnten, und als *Einwirkungspflicht* die am TV beteiligten Verbände verpflichtet, in entsprechender Weise auch auf ihre Mitglieder einzuwirken. – Ebenso enthält jeder TV die *relative Friedenspflicht,* die es den TV-Parteien während der Geltungszeit des TV verbietet, im Hinblick auf eine im TV geregelte Frage Maßnahmen des → Arbeitskampfes durchzuführen. Die Friedenspflicht kann durch bes. Vereinbarung zu einer *absoluten Friedenspflicht* erweitert werden, die jegl. Arbeitskampf ausschließt. Dies ist praktisch vor allem wichtig, wenn im Rahmen tarifl. *Schlichtungsabkommen* für bestimmte Zeiträume, insbes. etwa bis zum ergebnislosen Abschluß eines Schlichtungsverfahrens, Arbeitskämpfe ausgeschlossen werden.

C. Die *Wirkung* des schuldrechtl. Teils des TV richtet sich nach den allg. Regeln über schuldrechtl. Verträge. Dagegen enthält das T. bes. Bestimmungen für den *normativen Teil:*

1. Für die Geltung der Tarifnormen im Einzelfall kommt es entscheidend auf die *Tarifgebundenheit* an, § 3 TVG. Tarifgebunden sind jeweils die Mitglieder der Verbände, die einen TV abgeschlossen haben. Die Bindung bleibt auch beim Austritt aus dem Verband bestehen, bis der betr. TV abgelaufen ist. Tarifgebunden ist ferner der Arbeitgeber, der selbst an einem TV als Partei beteiligt ist.

Die Anwendung von Abschluß- und Inhaltsnormen setzt voraus, daß beide jeweils Beteiligten, Arbeitnehmer und Arbeitgeber, tarifgebunden sind. Dagegen hängt die Anwendung betriebl. und betriebsverfassungsrechtl. Normen in einem Betrieb nur von der Tarifgebundenheit des Arbeitgebers ab. Bei den Normen über gemeinsame Einrichtungen kommt es darauf an, ob der jeweils Betroffene, Arbeitnehmer oder Arbeitgeber, tarifgebunden ist.

2. Als objektive Rechtsnormen haben die Tarifnormen nach § 4 TVG *unmittelbare Wirkung* für die betroffenen Arbeitsverhältnisse, ohne daß es etwa einer bes. Bezugnahme im Arbeitsvertrag bedürfte. Zugleich haben die Normen zugunsten der Arbeitnehmer *zwingende Wirkung,* so daß entgegenstehende ungünstigere Abreden nichtig sind; sie werden automatisch durch die tarifl. Regelung ersetzt. Das Zusammenwirken von unmittelbarer und zwingender Wirkung wird als *Unabdingbarkeit* bezeichnet. Ausnahmen von der tarifl. Regelung sind nur mögl. wenn sie im TV bes. zugelassen sind *(Öffnungsklausel)* oder wenn sie für den Arbeitnehmer günstiger sind als der TV *(Günstigkeitsprinzip).* Letzteres ist ao. wichtig für die in der Praxis nicht seltenen Fälle übertarifl. Arbeitsbedingungen.

Die Unabdingbarkeit der Tarifnormen wird noch verstärkt durch den Ausschluß auch des nachträgl. Verzichts (es sei denn im Rahmen eines von den TV-Parteien gebilligten Vergleichs) auf tarifl. Ansprüche. Ebenso ist ihre Verwirkung ausgeschlossen, und die Festsetzung von Ausschlußfristen für ihre Geltendmachung kann nur im TV selbst erfolgen.

3. Nach Ablauf des TV gelten die Normen weiter *(Nachwirkung),* jedoch sind sie dann nicht mehr unabdingbar, sondern können durch andere, auch ungünstigere Abreden ersetzt werden, § 4 TVG.

D. Für die *Beendigung* des TV stellt das TVG keine bes. Regeln auf. Der TV endet mit Ablauf der in ihm selbst festgesetzten Geltungsdauer. Ist er nicht in dieser Weise befristet, so kann ein TV von jeder Partei gekündigt werden, und zwar, wenn nichts anderes bestimmt ist, ohne Einhaltung einer Frist. I. d. R. wird allerdings im TV eine Mindestlaufzeit festgesetzt, verbunden mit Regeln für die Kündigung nach Ablauf dieser Frist.

E. § 5 TVG sieht vor, daß ein TV durch staatl. Hoheitsakt für allgemeinverbindl. erklärt werden kann *(Allgemeinverbindlicherklärung).* Das hat zur Folge, daß innerhalb des Geltungsbereichs des TV auch bisher nicht tarifgebundene Außenseiter an die Normen des TV gebunden sind. Ein so schwerwiegender Vorgang, wie es das staatl. Eingreifen in die Regelung der Arbeitsbedingungen durch Allgemeinverbindlicherklärung eines TV darstellt, kann allerdings nur unter erschwerten, im TVG genau festgelegten

Voraussetzungen sowie in einem bes. Verfahren erfolgen, das den Interessen aller Betroffenen, insbes. auch der TV-Parteien, deren Tarifautonomie berührt wird, Rechnung trägt. Das TVG stellt vor allem sicher, daß die Allgemeinverbindlicherklärung von TV.en nur beim Vorliegen eines dringenden Bedürfnisses und nur auf Antrag einer TV-Partei sowie im Einvernehmen mit einem von den →Sozialpartnern gebildeten Tarifausschuß erfolgt.

Gesamtdarstellungen des →Arbeitsrechts (Lit.); ferner: T. RAMM, Die Parteien des Tarifvertrages, 1961 – K. BIEDENKOPF, Grenzen der Tarifautonomie, 1964 (Lit.) – E. BÖTTICHER, Die gemeinsamen Einrichtungen der Tarifparteien, 1966 – R. RICHARDI, Kollektivgewalt und Individualwille bei der Gestaltung des Arbeitsverhältnisses, 1968 – M. HINZ, Tarifhoheit und Verf.recht, 1971 – F.-J. SÄCKER, Gruppenautonomie und Übermachtkontrolle im Arbeitsrecht, 1972 – H. WIEDEMANN – H. STUMPF, TVG, 1977[5] (Lit).

Götz Hueck

Technik. I. Allgemein. 1. Begriff. Technik (T.) (aus dem griech. techne = „Kunst" bzw. „Fertigkeit") bezeichnet nach einer allgemein gebräuchl. Definition das konstruktive menschl. Schaffen von Erzeugnissen, Vorrichtungen und Verfahren unter Benutzung der Stoffe und Kräfte der Natur und unter Berücksichtigung der Naturgesetze. Zwischen T. und Natur besteht ein Spannungsverhältnis, das unterschiedlich gedeutet werden kann, entweder als Beherrschung der Natur im Interesse des Menschen oder als Verfremdung und Zerstörung der Natur durch den Menschen. Die technische Zivilisation, die als konstruierte Ordnung Schutz vor den Unbilden der Natur gewähren soll, wird selbst zur Gefahren- und Risikoquelle. Beim heutigen Entwicklungsstand der T. führt die Erkenntnis negativer Auswirkungen der T. auf die natürl. →*Umwelt* und das menschl. Befinden zur Forderung nach einer umweltverträgl. („sanften") T. Weitergehende Forderungen zielen auf eine grundsätzl. Restriktion oder Neuorientierung der T. (E. F. SCHUMACHER: „small is beautiful"). Eine pauschale Absage an „die T." ist indes keine realistische Antwort auf ihre erkannten, teilweise aber einseitig verzeichneten Risiken und Nachteile. Übersehen wird dabei insbes., daß die moderne T. auch einen entscheidenden Beitrag zur Schonung der natürl. Ressourcen zu leisten vermag. I. ü. stellt das Verhältnis von T. und Umwelt nur eine Facette bei der Gesamtwürdigung der T. dar.

2. Entwicklung. In *anthropologischer* Sicht bildet der Einsatz von T. ein Gattungsmerkmal des Menschen (A. GEHLEN). Die Entwicklung der T. ist mit seiner Evolution eng verknüpft. Die *T.geschichte* beginnt mit dem ersten Werkzeuggebrauch und der künstl. Erzeugung von Feuer, wichtige Einschnitte bilden u. a. die Entdeckung der Hebel-Wirkung, des Rades und des Buchdruckes (zugleich Grundsteine der wichtigsten T.sparten: Produktionstechnik, Transporttechnik und Informationstechnik). Die *moderne* T. (i. U. zur T. der früheren Hochkulturen) erfährt ihre Grundlegung seit der *Renaissance* (als bekanntestes Beispiel: LEONARDO DA VINCI); sie ist angewandte Naturwissenschaft. Ihren unmittelbaren Ausgang bildet die Entwicklung der Dampfmaschine im 18. Jh.; sie ist seither mit der *Industrialisierung* aufs engste verknüpft. Der Phase der Mechanisierung und der Entfaltung des klassischen Industriesystems und Verkehrswesens (Eisenbahn) im 19. Jh. folgt in diesem Jahrhundert eine noch spektakulärere Diversifikation und Akzeleration der technischen Entwicklung (2. und 3. „technische Revolution"), die mit einem exponentiellen Zuwachs wissenschaftl. Entdeckungen einhergeht. Kehrseite dieser Entwicklung sind ein immer schnelleres Veralten naturwissenschaftlich-technischen Wissens und technischer Standards sowie hieraus u. U. resultierende wirtschaftl. Strukturkrisen. Aktuelle Hauptfelder des technischen (und industriellen) Fortschritts bilden Automatisierung, Kybernetisierung und sog. Miniaturisierung (Mikroprozessoren) sowie u. a. die Entwicklung von Hochfrequenztechnik, Nukleartechnologie, chemischer Großsynthese, Biotechnik einschl. Gentechnologie, Computertechnik, Weltraumfahrt und Waffentechnik. Verstärkte Aufmerksamkeit wird zunehmend der schnelleren Umsetzung naturwissenschaftl. Erkenntnisse in die wirtschaftl. Praxis und dem sog. Technologietransfer zuteil.

3. Auswirkungen. Wirtschaft, Gesellschaft und Staat werden durch die moderne T. nachhaltig geprägt. Kennzeichen der modernen Industriegesellschaft ist das Eindringen der T. in alle Lebensbereiche einschl. der Privatsphäre. Insbes. die *Arbeitswelt* ist heute weitgehend technisch bestimmt. Der Einsatz der T. hat zu einer beträchtl. und noch nicht abgeschlossenen Steigerung der Arbeitsproduktivität geführt und bildet die Hauptquelle des breiten Wohlstandes in den hochindustrialisierten Ländern. Diese Entwicklung wurde durch die Rationalisierung (Fließbandsystem) und Automatisierung der →Arbeit möglich, wobei freilich eine Arbeitszerlegung und eine daraus resultierende Entfremdung der Arbeitnehmer von ihrem Arbeitsprodukt sowie eine zeitweilige technologisch bedingte Arbeitslosigkeit in Kauf genommen wurden. Gegenwärtig kündigen Computer-, Mikroprozessor- und neue Kommunikationstechniken (zB Bildschirmarbeitsplatz) einen weiteren tiefgreifenden Wandel von Produktion und Arbeitsorganisation an, der teilweise bereits in Gang ist und dessen mögliche weitreichende Folgen derzeit noch nicht abschließend beurteilt werden können. Die moderne T. prägt aber auch die *Freizeit* durch Verkürzung der Lebensarbeitszeit, technische Medien und psychologische Konditionierung (bis hin zur u. a. bei Kindern und Jugendlichen beobachteten Automaten- und Computerspielsucht). Die zahlreichen Einflüsse der T. verdichten sich zu einer technisch-industriellen Lebensform, die im Gegenzug einen neorousseauistischen, nostalgischen Drang „zurück zur Natur“ hervorruft. Auch in weiten Teilen der *Kunst* (zB Musik) und *Wissenschaft* (zB Medizin) sind prägende Einflüsse der modernen T. unverkennbar.

4. T. und Staat. Die *Komplexität* der arbeitsteilig organisierten technischen Systeme verstärkt die Abhängigkeit der einzelnen von ihrer technisch geprägten Umwelt. Der Staat übernimmt in dieser Situation die Aufgabe der *„Daseinsvorsorge“* i. S. einer Gewährleistung der Funktionsfähigkeit der Industriegesellschaft und sozialer Sicherung (FORSTHOFF). Es wäre allerdings problematisch, hierin ausschl. eine Begleiterscheinung der „technischen Realisation“ und nicht auch eine werthafte Entscheidung zugunsten der Sozialstaatlichkeit zu sehen. Auf den engen Zusammenhang zwischen technisch-industriellen Strukturen und Staatsfunktionen spielt auch die bis vor wenigen Jahren häufig vertretene *Technokratie-These* an. Die Begriffsschöpfung „Technokratie“ bezeichnet die Herrschaft der T. und/oder der Techniker bzw. die Dominanz technisch-wirtschaftlicher Sachzwänge, die den Spielraum der Politik nachhaltig verengen (SCHELSKY). Von seiten der Neuen Linken ist die Technokratie-These einerseits zu einer heftigen Technokratiekritik ausgebaut, andererseits aber auch als „herrschaftslegitimierende Ideologie“ zurückgewiesen worden (H. MARCUSE, HABERMAS). T. läßt sich jedoch auch als Korrelat (zweck-)rationaler Herrschaft i. S. von MAX WEBER interpretieren. Der Staat ist jedenfalls insofern „technischer Staat“, als er sich verstärkt technischer Mittel zur Erfüllung seiner Aufgaben bedient (Bürokratisierung, Datenverarbeitung, „Verwaltung durch Maschinen“). Mit dem umfassenden und tiefgreifenden Vordringen der T. in alle Lebensbereiche wächst dem Staat als *Technik-Wächter* auch die Aufgabe der Kontrolle und Begrenzung technischer Risiken zu.

5. T. und Recht. Selbst im „technischen Staat“ sind einer Technisierung auch des *Rechts* Grenzen gesetzt. Computergestützte juristische Informationssysteme (JURIS, DATEV) und Einsatz von Computern bei der Bearbeitung von Massenverfahren (Steuererklärungen, Verkehrsordnungswidrigkeiten) können wegen des hermeneutischen Charakters der Rechtsfindung niemals zu einer breitflächigen Ablösung des Richters durch eine automatisierte Rechtsanwendung führen. Eine prinzipielle Schwierigkeit bei der rechtl. Kontrolle der T. besteht in dem Widerspruch zwischen dem *dynamischen* Charakter der T. und dem konzeptionell auf *Beständigkeit* hin angelegten (i. ü. auch faktisch nicht leicht abänderbaren) Recht. Die Problemverarbeitungskapazität der Rechtsordnung – zumindest der Gesetzgebung – gegenüber der modernen T. scheint daher erheblich eingeschränkt. Im „Wettlauf zwischen T. und Recht“ scheint das Recht unter notorischer Verspätung zu leiden. Eine Antezipation technischer Entwicklungen ist nur begrenzt möglich. In der Mehrzahl der Fälle dürfte es indes auch richtig sein, rechtl. Reaktionen erst einzuleiten, wenn ausreichende Erfahrungen mit einer neuen T. (zB bei der Biotechnik) vorliegen. Die Aufgabe des Rechts ist grundsätzlich nur die Kontrolle, nicht aber die Verhinderung des technischen Fortschritts. Das scheint zB bei manchen Überzeichnungen im →Datenschutz oder im →Umweltschutz nicht immer bedacht zu werden. Die *Rechtsprechung* ist mit Problemen der T. bislang v. a. bei den zahlreichen Klagen gegen großtechnische Anlagen konfrontiert worden. Sie gerät hierbei in eine schwierige Rolle, in der sie einerseits Akzeptanzprobleme der modernen T. mitbewältigen, andererseits die Entscheidungsprärogative des Gesetzgebers respektieren muß.

6. T. und öffentliche Meinung. Die *öffentl. Bewertung* der T. ist seit jeher gespalten. Sie reicht von T.angst und T.feindlichkeit (vgl. etwa die ersten Reaktionen auf die Eisenbahn, Maschinenstürmerei) bis hin zur T.euphorie und zum grenzenlosen Fortschrittsglauben. Der in den vergangenen Jahren weitverbreiteten technikfeindl. Haltung stellt sich inzwischen wieder eine stärker positive Einschätzung der T. entgegen (vgl. die Entwicklung von Studentenzahlen in den Ingenieurwissenschaften, Gründung von Technologiezentren nach dem Vorbild von silicon valley, wobei staatl. Förderung allerdings eine starke Rolle spielt).

7. T. und Kultur. Dem vielfach emotional geführten Streit um T. und Technokratie liegen nicht zuletzt *kulturelle* Ursachen zugrunde. Die rasante Entwicklung der modernen Naturwissenschaft und T. hat zu einer weitgehenden Abkoppelung von Geisteswissenschaften und Kunst („zwei Kulturen“, C. P. SNOW) und zu einem Rückstand der kulturellen Verarbeitung technischer Entwicklungen geführt (mit der einschneidenden Konsequenz einer sog. sekundären Analphabetisierung). *Kulturpessimistische* T.schelte („Mensch als Sklave der Maschine“ – SPENGLER, FREYER, F. G. JÜNGER, „Maschinenmensch“ – N. WIENER) zeigt indes ebensowenig einen Ausweg wie die pauschale Übertragung technischer Denkformen auf andere Lebensbereiche (social engineering, psychologische Konditionierung), wobei manche gutgemeinten Modelle der Schreckensvision einer „brave new world“ (HUXLEY) oder eines technischen Überwachungsstaates (ORWELLS 1984) nahe kommen (vgl. etwa SKINNERS Futurum II). Der Einsatz riskanter und sicherungsbedürftiger Großtechnologien wird von einer durchaus populären Kritik als Ausgangspunkt eines freiheitsfeindl. Überwachungsstaates („Atomstaat“, „Plutoniumwirtschaft“, vgl. JUNGK, zuletzt etwa ROSSNAGEL: „Radioaktiver Zerfall der Grundrechte“) gebrandmarkt. Andere sehen in der T. wiederum das Vehikel zu einer *postindustriellen* Bildungs- und Freizeitgesellschaft (DANIEL BELL). Die Einschätzung der modernen T. ist indes nicht allein die Sache der (z. T. literarischen) Futurologie oder des politischen Feuilletons. Die Klärung des Verhältnisses von T. und Kultur bildet vielmehr u. a. die Aufgabe der T.philosophie (F. Dessauer, A. Gehlen, Heidegger, Jaspers, Ortega y Gasset). Als *ethische* Fragen der T. werden insbes. die Verantwortung des Menschen gegenüber der Natur (ökologische Ethik, Hegerverantwortung – Spaemann, K. Meyer-Abich), die Verantwortung gegenüber zukünftigen Generationen (Sachsse), der Problemkreis der →*Organverpflanzung* und *Gentechnologie* (Jonas) sowie – bereits seit längerem, ausgelöst v. a. durch die Hiroshima-Atombombe – die Sonderverantworung des Wissenschaftlers und Technikers (G. Anders, Heisenberg, C. F. von Weizsäcker, dagegen Lübbe) erörtert. Aus ethischen Gründen kann ausnahmsweise ein Verzicht auf das technisch Machbare geboten sein (H. Lenk). Ethisch motivierte T.verbote sind freilich nur im Rahmen der Verfassung (zB unter Wahrung der →Wissenschaftsfreiheit) zulässig.

8. T.bewertung und -kontrolle. In Anbetracht der weitreichenden Konsequenzen moderner T. wird gelegentlich eine institutionalisierte Technologiefolgenabschätzung (technology assessment) vorgeschlagen. Im Bundestag ist so etwa eine Technologiefolgen-Kommission geschaffen worden. Da für die moderne T. allerdings ein „Überschuß der kausalen Wirkungsgewalt über das Vorwissen“ (Jonas) kennzeichnend ist, wird diese durch ein erhebl. Ungewißheitsrisiko belastet. Ob unter diesen Umständen im Einzelfall ein Fortschritts-*Moratorium* angebracht sein kann, ist höchst umstritten. Ein solches dürfte nicht zuletzt aus verfassungsrechtl. Gründen wohl nur in Ausnahmefällen eines bereits erkennbaren hohen Risikos in Betracht kommen.

II. Juristisch. 1. Begriff des T.rechts. Mit der geforderten Kontrolle der T. gerät eine spezifische Aufgabe des Rechts gegenüber der T. in den Blick. Das T.recht erschöpft sich hierin jedoch nicht. T. und Recht stehen in einem Spannungsverhältnis, wobei das Recht von der fortschreitenden T. einerseits geprägt wird und andererseits diese teilweise steuern muß. Das weitverzweigte T.recht bildet *kein* einheitlich geregeltes, geschlossenes oder auch nur klar abgegrenztes *Rechtsgebiet.* T.bezogene Regelungen sind über die gesamte Rechtsordnung verteilt und finden sich überwiegend im öffentl. Recht, aber maßgeblich auch im Zivilrecht sowie im Strafrecht. I. w. S. zählen zum T.recht sämtliche Regelungen, die sich mit Entwicklung und Verwendung der T. einschließlich ihrer Folgen befassen. Die Bandbreite der Regelungen reicht dabei vom Schutz *von* T. bis zum Schutz *vor* T. Das T.recht vereinigt technikermöglichende, technikbegrenzende und technikschützende Normen. Das T.recht i. e. S. beschränkt sich auf das *technische Sicherheitsrecht* bzw. *Recht der Sicherheitstechnik.*

2. T. und Verfassung. Der Aussagegehalt der Verfassung zur T. ist begrenzt. Der Begriff „T.“ als solcher taucht im GG nicht auf. Gesetzgebungskompetenzen mit technikrechtl. Bezug bestehen jedoch zahlreich (zB Art. 73 Nr. 6, 7; 74 Nr. 11, 11 a, 12, 22, 24 GG). Einschränkungen privater technischer Entwicklungen bedürfen als Grundrechtseingriff (insbes. Art. 5 Abs. 3, 12 GG) einer verfassungrechtl. Rechtfertigung, die sich u. U. jedoch aus Grundrechten anderer ergeben kann (etwa Art. 2 GG). I. ü. besitzt der Staat ein weites Mandat zur T.förderung.

3. T.recht i. w. S. Entsprechend dem weiten Anwendungsbereich und dem umfassenden Charakter der modernen T. bilden technische Vorgänge den Gegenstand zahlreicher, sich teilweise überschneidender sachgebietsspezifischer Regelungen. So regulieren das *Arbeitssicherheitsrecht* den Einsatz der T. in der Produktion, das damit teilidentische *Gerätesicherheitsrecht* die Beschaffenheit technischer Geräte und das *Energierecht* auch technische Aspekte der Energieversorgung. Das →*Umweltrecht* regelt die belastenden Auswirkungen der T. auf die Umwelt, wobei das Umweltrecht und das T.recht sich als Rechtsgebiete vielfältig, aber keineswegs völlig überlappen. T.spezifische Regelungen enthalten u. a. auch das *Verkehrsrecht,* das →*Baurecht,* das *Medienrecht* (→Massenmedien), das *Datenschutzrecht* (→Datenschutz) und das *Gesundheitsrecht* in Form rechtl. Vorgaben für Verkehrstechnik, Bautechnik, Kommunikations- und Informationstechnik oder medizinische T. (elektromedizinische Geräte werden allerdings bereits vom Gerätesicherheitsrecht erfaßt). Dem Schutz technischer Erfindungen dient das *Patentrecht.* Einen partiellen Schutz technischer Anlagen und Vorgänge vor unbefugten Einwirkungen gewährleistet schließl. das →*Strafrecht,* das in der Reaktion auf technische Neuerungen bereits seit der Jahrhundertwende die Entziehung elektrischer Energie (§ 248 c StGB) sowie – aufgrund späterer Novellierungen – die Leistungserschleichung bei Automaten (§ 265 a StGB) und die Fälschung technischer Aufzeichnungen (§ 268 StGB) unter Strafe stellt und sich anschickt, den Bereich der Computerkriminalität in den Griff zu bekommen (vgl. ferner etwa §§ 324 ff. StGB). Das *Zivilrecht* reagiert auf die typischen Gefahrenlagen der T. u. a. mit der gesetzl. Ausdehnung der *Gefährdungshaftung* (zB im Straßenverkehrsrecht – §§ 7 ff. StVG, Luftverkehrsrecht – §§ 33 ff. LuftVG, Wasserrecht – § 22 WHG und Atomrecht – §§ 25 ff. AtG sowie in den im Haftpflichtgesetz geregelten Fällen) zu Lasten der herkömmlichen verschuldensabhängigen Haftung sowie richterrechtlich mit der Annahme einer partiellen *Beweislastumkehr* bei komplizierten technischen Sachverhalten zu Lasten des Schädigers (BGHZ 92, 143 ff.). Aus der Technisierung und Industrialisierung der Wirtschaft erklärt sich auch die Forderung nach Einführung einer (direkten) *Produzentenhaftung.* Weitere Konsequenzen der technischen Entwicklung äußern sich im →*Völkerrecht,* wo neue technisch vermittelte Handlungsdimensionen (Meeresbergbau, Erschließung der Arktis, Weltraumfahrt usw.) nach rechtlichem Konsens verlangen.

4. Technisches Sicherheitsrecht. Das technische Sicherheitsrecht umfaßt die Gesamtheit der Normen, die primär den Schutz von Leben, Gesundheit, Sachgütern und Umwelt vor Gefahren der T. bezwecken. Als spezifisches Gefahrenabwehrrecht gehört es zum überwiegenden Teil dem besonderen →Verwaltungsrecht an. Seine Ursprünge liegen im →Bau- und →Gewerberecht und dort insbes. in der Dampfkesselgesetzgebung seit der ersten Hälfte des 19. Jh. Die wichtigsten Teilkomplexe bilden das Recht der überwachungsbedürftigen Anlagen nach der Gewerbeordnung, die hieraus hervorgegangenen Regelungen des Immissionsschutzrechts, das Atom- und Strahlenschutzrecht, das Gefahrstoffrecht, weite Teile des übrigen Umweltrechts (→Umweltschutz), das Gerätesicherheitsrecht, sicherheitstechnisch bedeutsame Regelungen des Bauordnungs-, Verkehrs- und Energierechts sowie das (technische) Arbeitsschutzrecht (i. U. zum sozialen Arbeitsschutz) und die von der gesetzl. Unfallversicherung erlassenen Unfallverhütungsvorschriften.

a) Gewerbeordnung. Die Gewerbeordnung vom 21. Juni 1869 (RGBl. S. 245) i. d. F. vom 1. Januar 1978 (BGBl. I S. 97) beherbergt die klassische, in der Sache freilich stark aktualisierte Überwachungsregelung für technische Anlagen. Nach den §§ 24 ff. GewO und den darauf gestützten Rechtsverordnungen (DampfkesselVO, DruckbehälterVO, GasdruckleitungsVO, AufzugsVO, AcetylenVO, VO über brennbare Flüssigkeiten, VO über elektrische Anlagen in explosionsgefährdeten Räumen, VO über Getränkeschankanlagen) sind bestimmte enumerativ festgelegte gefährliche technische Anlagen erlaubnis- bzw. anzeige- und überwachungspflichtig. Gesetz und Rechtsverordnungen geben dabei jedoch nur den formellen Rahmen und die allgemeinen sicherheitstechnischen Anforderungen vor. Die notwendige Konkretisierung der „allgemein anerkannten *Regeln der T.*", auf welche die VOen abstellen, erfolgt in Allgemeinen Verwaltungsvorschriften und insbes. in Technischen Regeln, die von staatl. eingesetzten, i. ü. aber selbständigen technischen Ausschüssen aufgestellt und vom BM für Arbeit und Sozialordnung veröffentlicht werden.

b) Bundes-Immissionsschutzgesetz. Als eine der wichtigsten Regelungen im Schnittpunkt von Umwelt- und T.recht stellt das Bundes-Immissionsschutzgesetz vom 15. März 1974 (BGBl. I S. 721) spezifische Sicherheitsanforderungen sowohl an die Errichtung und den Betrieb von Anlagen (ortsfeste und ortsveränderl. technische Einrichtungen, bestimmte Grundstücke, § 3 Abs. 5 BImSchG), die überwiegend einer Genehmigungspflicht unterliegen (§§ 4 ff. BImSchG), als auch an die Beschaffenheit von bestimmten Produkten und Stoffen. Grundsätzl. Maßstab für die zu gewährleistende Sicherheit ist hierbei der „Stand der T." (§ 3 Abs. 6 BImSchG). Konkretisierungen finden sich u. a. in den auf das BImSchG gestützten Rechtsverordnungen (insbes. GroßfeuerungsanlagenVO, FeuerungsanlagenVO, StörfallVO) und Verwaltungsvorschriften (insbes. TA Luft, TA Lärm).

c) Atomgesetz. Das Atomgesetz vom 23. Dezember 1959 (BGBl. I S. 814) i. d. F. d. Bek. vom 15. Juli 1985 (BGBl. I S. 1565) dient sowohl der Förderung der friedl. Verwendung der Kernenergie als auch dem Schutz vor ihren Gefahren (§ 1 AtG), wobei im Zweifel der Schutzzweck jedoch vorrangig ist (BVerwG, DVBl. 1972, 678, 680). Die zu treffenden Sicherheitsvorkehrungen richten sich nach dem „Stand der Wissenschaft und T." (§ 7 Abs. 2 Nr. 3 AtG) und werden durch die StrahlenschutzVO konkretisiert.

d) Gefahrstoffrecht. Der Kontrolle von chemischen Stoffen dienen insbes. das *Chemikaliengesetz* vom 16. September 1980 (BGBl. I S. 1718), die stoffrechtl. Spezialgesetze (DDT-G, PflanzenschutzG, DüngemittelG [→Umweltschutz], SprengstoffG) und die ArbeitsstoffVO i. d. F. d. Bek. vom 11. Februar 1982 (BGBl. I S. 144), während das alte ArbeitsstoffG durch das ChemikalienG außer Kraft gesetzt wurde.

e) Sonstiges Umweltrecht. Spezifische vermeidungstechnische Anforderungen ergeben sich aus verschiedenen Umweltgesetzen (u. a. für Abwasseranlagen aus dem Wasserhaushaltsgesetz (§ 18 b WHG) und für Abfallbeseitigungsanlagen aus dem Abfallbeseitigungsgesetz (§§ 7 ff. AbfG); s. dazu Umweltschutz.

f) Gerätesicherheitsgesetz (GSG). Das Gerätesicherheitsgesetz vom 24. Juni 1968 (BGBl. I S. 717), früher auch „Maschinenschutzgesetz" genannt, bezieht sich in erster Linie auf Konstruktion und Fertigung technischer Arbeitsmittel, wobei diesen jedoch u. a. Einrichtungen zum Beleuchten, Beheizen, Kühlen sowie zum Be- oder Entlüften, Haushaltsgeräte, Sport- und Bastelgeräte sowie Spielzeug gleichgestellt sind (§ 2 GSG). Das Gesetz dient dem Gesundheitsschutz nicht nur i. S. des Arbeits-, sondern auch des Verbraucherschutzes (§ 3 GSG). Wegen der Fülle der jährlich neu auf den Markt kommenden Geräte verzichtet das Gesetz allerdings auf eine präventive Erlaubnis- und Überwachungspflicht nach dem Vorbild der Anlagenüberwachung und sieht nur punktuelle behördl. Kontrollen im Verdachtsfall sowie ggf. eine Untersagung des Inverkehrbringens oder Ausstellens vor (§§ 5, 6 GSG). Der Sicherheitsstandard der „allgemein anerkannten Regeln der T." (§ 3 Abs. 1 GSG) wird durch eine allgemeine Verwaltungsvorschrift ausgefüllt, die wiederum auf die in einer Anlage bezeichneten Regeln privater Normungsorganisationen weiterverweist.

g) Energiewirtschaftsgesetz. Zusätzliche Beschaffenheitsanforderungen sieht das Energiewirtschaftsgesetz vom 13. Dezember 1935 (RGBl. I S. 1451) vor (§ 13 Abs. 2 EnWG). Auch hier verweist jedoch die Durchführungsverordnung auf die Regelwerke Privater (VDE, DVGW, s. u.).

h) Bauordnungsrecht. Regelungen zur Bautechnik (zB Standsicherheit, Brand-, Wärme-, Schall- und Feuchtigkeitsschutz) enthalten die Landesbauordnungen.

i) Verkehrsrecht. Einschlägige Regelungen zur technischen Verkehrssicherheit normieren u. a. StraßenverkehrsG, Straßenverkehrs-ZulassungsO, BundesbahnG, LuftverkehrsG und Luftverkehrs-ZulassungsO sowie die Gesetze und VOen des Schiffahrtsrechts.

k) Arbeitssicherheitsrecht. Die Regelungen des Arbeitssicherheitsrechts dienen vor allem dem Schutz der Betriebsangehörigen sowie der Betriebsbesucher, z. T. aber auch der Nachbarschaft, vor Gefahren einer betriebl. Produktion und sind heute weitgehend in die übrigen Regelungen des technischen Sicherheitsrechts bzw. den →Umweltschutz integriert (vgl. GerätesicherheitsG, § 19 ChemG). Sonderbestimmungen zum technischen Arbeitsschutz enthalten daneben insbes. das Arbeitssicherheitsgesetz vom 12. Dezember 1973 (BGBl. I S. 1885) (insbes. zur Bestellung von Sicherheitsingenieuren und anderen Fachkräften für Arbeitssicherheit), die ArbeitsstättenVO vom 20. März 1975 (BGBl. I S. 729), die ArbeitsstoffVO (s. o.) sowie die als autonomes Verbandsrecht gültigen Unfallverhütungsvorschriften der Träger der gesetzlichen Unfallversicherung (vgl. §§ 708 ff. RVO).

5. Grundprinzipien. Trotz normativer Zersplitterung weist das technische Sicherheitsrecht gemeinsame Merkmale auf, die es nicht nur wegen des Regelungsgegenstandes, sondern auch wegen der Regelungsstruktur als zusammenhängendes Rechtsgebiet ausweisen. Fast alle Gesetze und VOen des technischen Sicherheitsrechts besitzen in materieller Hinsicht eine geringe Normierungsdichte. Sie enthalten keine vollzugsfähige Regelung der rechtlich gebotenen Sicherheitsanforderungen, sondern beschränken sich auf sog. *T.klauseln,* eine allgemeine Umschreibung mit Hilfe unbestimmter Rechtsbegriffe wie „allgemein anerkannte Regeln der T.", „Stand der T.", „Stand von Wissenschaft und T.", gelegentlich sogar auf eine direkte Verweisung auf die technischen Regelwerke Privater (zB § 1 Abs. 1 der 2. DVO zum EnWG, § 1 der 4. DVO zum EnWG). Die Einzelanforderungen ergeben sich erst aus Verwaltungsvorschriften (zB TA Luft, TA Lärm), insbes. aber aus den technischen Regelwerken der privaten Normungsverbände, die damit eine eminente, rechtl. jedoch nicht unproblematische Bedeutung für das technische Sicherheitsrecht erlangen. Durch die T.klauseln wird zwar allgemein ein außerrechtl. Maßstab, nicht jedoch ein bestimmtes technisches Regelwerk rezipiert.

a) Mit der *überbetrieblichen technischen Normung,* die einerseits Rationalisierungs- und Standardisierungs-, andererseits Sicherheitszielen dient, sind in der Bundesrepublik über 200 meist privatrechtl. verfaßte Organisationen (teilweise mit erheblichen staatl. Einflüssen) befaßt. Die bedeutendsten sind der Deutsche Normenausschuß (DIN-Normen), der Verband Deutscher Elektrotechniker (VDE-Vorschriftenwerk mit VDE-Bestimmungen), der Deutsche Verein des Gas- und Wasserfaches (DVGW-Regelwerk mit „Technischen Regeln" und „Technischen Mitteilungen") und der Verein Deutscher Ingenieure (VDI-Richtlinien), vgl. ferner etwa den Germanischen Lloyd (Seeschiffahrtstechnik) und den insbes. durch die Vergabe von Gütezeichen bekannten RAL Ausschuß für Lieferbedingungen und Gerätesicherung. Privatrechtl. Natur sind auch die – allerdings überwiegend nicht mit Normungs-, sondern mit Überwachungsaufgaben befaßten und insoweit teilweise als Beliehene auftretenden – Technischen Überwachungsvereine (TÜV). Öffentlich-rechtl. Status besitzen u. a. die technischen Ausschüsse nach § 24 GewO und die im Kernenergierecht tätigen Beratungsgremien: Reaktorsicherheitskommission (RSK-Leitlinien und -Empfehlungen), Strahlenschutzkommission (SSK-Empfehlungen) und Kerntechnischer Ausschuß (KTA-Regeln). Von zunehmender Bedeutung ist schließl. das Normungswesen auf internationaler, insbes. auch EG-rechtl. Ebene.

b) Das technische Sicherheitsrecht ist demnach durch ein *Zusammenwirken* staatlicher und „privater" Normgebung geprägt. Dabei bestehen zwischen beiden Bereichen jedoch erhebl. rechtl. Unterschiede: Die technischen Regeln der Privaten und die Ausschuß- und Kommissionsempfehlungen haben zwar präskriptiven Charakter und quasi-normative Wirkung, aber keine Rechtssatzqualität. Sie stammen von keinem autorisierten Normgeber (staatl. Rechtsetzungsmonopol); lediglich im Falle der Unfallverhütungsvorschriften liegt autonomes Verbandsrecht vor. Sie werden auch nicht durch förml. Inbezugnahme (problematische Ausnahme: DVOen zum EnWG) in Gesetzesrecht inkorporiert. In Betracht käme aus verfassungsrechtl. Gründen ohnehin nur eine (schnell veraltende) *statische Verweisung* (auf eine technische Norm in einer bestimmten Fassung) und nicht die im T.recht wegen der schnellen Veränderungen der technischen Anforderungen allein sinnvolle (weil nicht veraltende), im Regelfall verfassungsrechtlich aber unzulässige *dynamische Verweisung* (auf eine technische Norm in ihrer jeweiligen Fassung). Eine normative Rezeption durch →Verwaltungsvorschriften ist ebenfalls nur bedingt möglich, da diese nur verwaltungsintern, nicht aber für den Bürger verbindlich sind. Deshalb sind zB auch TA Luft und TA Lärm nicht unmittelbar außenwirksames Recht. Eine rechtlich befriedigende Einstufung der technischen Regelwerke steht noch aus. Ihre Einordnung als „antizipierte Sachverständigengutachten" (so noch BVerwGE 55, 250, 256; BREUER) ist zwar eine brauchbare dogmatische Notlösung, wird aber ihrem wertenden, präskriptiven (und häufig auf Kompromissen beruhenden) Charakter nur unzureichend gerecht. Es spricht allerdings eine (widerlegbare) *Vermutung* dafür, daß die technischen Regelwerke sachverständiger Gremien jeweils den gesetzl. Sicherheitsstandard ausfüllen. Daher darf auch bei der richterl. *Rechtskontrolle* nicht ohne Grund ein anderer Maßstab zugrunde gelegt werden. Ein gerichtsfreier *Beurteilungsspielraum* der Behörden besteht demgegenüber auch im technischen Sicherheitsrecht nicht (noch h. M., anders zuletzt aber wohl das BVerwG). Eine partielle Einschränkung der Justitiabilität technischer Sachverhalte könnte jedoch gesetzlich angeordnet werden.

c) Dem Nachteil der Unbestimmtheit einer Normierung durch T.klauseln und der daraus resultierenden Rechtsunsicherheit steht der Vorteil ihrer *Flexibilität* gegenüber. In Anbetracht der ständigen Fortschritte der Sicherheitstechnik gewährleistet der Verweis auf einen variablen technischen Standard normative Zukunftsoffenheit und einen effektiveren („dynamischen") Grundrechtsschutz als die detaillierte Festschreibung bestehender – und damit potentiell bereits veralteter – technischer Einzelanforderungen. Eine fortlaufende Anpassung der Rechtsnormen an den technischen Fortschritt kann vom Gesetzgeber selbst realistischerweise nicht erwartet werden. Das BVerfG hat wegen dieser Besonderheit des technischen Sicherheitsrechts die entsprechende Regelungstechnik im Atomgesetz als verfassungskonform anerkannt (BVerfGE 49, 89, 137). Eine stärkere Verrechtlichung der technischen Regeln durch staatl. Rechtssätze könnte allerdings durch Reaktivierung der von Hause aus eher anpassungsfähigen Verordnungsgebung jedenfalls teilweise erreicht werden. Gelegentl. Vorschläge zu einer neuartigen Gesetzgebung im T.recht durch Fachparlamente oder Parlamentsausschüsse haben dagegen eher utopischen Charakter. Auch bei einer dichteren staatl. Normierung des T.rechts bleibt die Notwendigkeit erhalten, auf den Sachverstand der gesellschaftl. Fachkreise zurückzugreifen. Wichtiger als ein bloßes Umgießen von technischen Regelwerken in staatl. Rechtsnormen ist daher – gewissermaßen als prozedurale Sicherung einer sachgerechten Entscheidung – die Gewährleistung einer ausgewogenen Zusammensetzung der Normungsgremien und ausreichender Mitwirkungsmöglichkeiten der Fachöffentlichkeit (MARBURGER).

d) Die Gesetzgebung differenziert innerhalb der T.klauseln im wesentlichen zwischen den „allgemein anerkannten Regeln der T." (zB § 3 Abs. 1 GSG, § 7 a WHG, VOen nach § 24 GewO, ähnlich § 12 ArbeitsstoffVO, § 3 ArbeitsstättenVO), dem „Stand der T." (zB §§ 3 Abs. 6, 5 Nr. 2 BImSchG) und dem „Stand von Wissenschaft und T." (zB § 7 Abs. 2 Nr. 3 AtG). Sie weicht von dieser Abschichtung gelegentlich aber in unsystematischer Weise ab (insbes. im ChemikalienG). Als *allgemein anerkannte Regeln der T.* gelten diejenigen Regeln, die in der Fachpraxis erprobt und bewährt sind und nach vorherrschender Meinung der Fachleute den sicherheitstechnischen Anforderungen entsprechen. Von den allgemein anerkannten Regeln der T. darf abgewichen werden, „soweit die gleiche Sicherheit auf andere Weise gewährleistet ist" (§ 3 Abs. 1 S. 2 GSG). Als *Stand der T.* definiert § 3 Abs. 6 BImSchG verallgemeinerungsfähig den „Entwicklungsstand fortschrittlicher Verfahren, Einrichtungen und Betriebsweisen, der die praktische Eignung einer Maßnahme (zur Gefahrenabwehr bzw. Risikovorsorge) gesichert erscheinen läßt". Der *Stand von Wissenschaft und T.* fordert darüber hinaus, die neuesten wissenschaftl. Erkenntnisse auch dann zu berücksichtigen, wenn sie noch keinen Eingang in die Praxis gefunden haben. Die sicherheitstechnischen Anforderungen i. S. dieses Standards sind daher nicht unbedingt auf das gegenwärtig technisch Machbare begrenzt (BVerfGE 49, 89, 136). Die T.klauseln variieren demnach zwischen einem eher konventionalen und einem maximalen Standard; ihre Unterschiede sind jedoch nicht zu verabsolutieren: Die rechtlich gebotene Sicherheitstechnik richtet sich nicht allein nach der gesetzl. Formulierung des heranzuziehenden technischen Standards, sondern auch nach Wahrscheinlichkeit und Ausmaß der abzuwehrenden *Gefahr* (sog. je-desto-Formel). Hierbei können im Rahmen des Übermaßverbots innerhalb gewisser Grenzen auch Wirtschaftlichkeitserwägungen zur Abwehr wirtschaftlich kraß unangemessener Standards bedeutsam werden.

e) Eine zentrale normative Problematik des technischen Sicherheitsrechts bildet schließl. die Abgrenzung zwischen rechtl. gebotener Gefahrenabwehr und zu tolerierendem sozialadäquatem *Risiko* unterhalb der sog. Gefahrenschwelle, weil der Schadenseintritt nicht hinreichend wahrscheinlich ist. Soweit – was streitig ist – das Risiko stets unterhalb der Gefahrenschwelle anzusiedeln ist, wird deutlich, daß die Risikovorsorge eine eigenständige Aufgabe des T.rechts und des Umweltrechts (→Umweltschutz) ist, die über das traditionelle →Polizeirecht hinausgeht. Ein Risiko (jedenfalls unterhalb des konkreten Gefahrenverdachts) kann aber vom Gesetzgeber als hinnehmbar behandelt werden. Die Forderung nach einem völligen Risikoausschluß wäre unverhältnismäßig, da sie zwangsläufig praktisch zu einem nahezu unbegrenzten T.verbot führen müßte, weshalb das sog. *Restrisiko* geduldet werden muß. Absolute technische Sicherheit ist in einer hochindustrialisierten Gesellschaft nicht zu gewährleisten. Zur Abgrenzung der Risikotoleranz verweisen Rechtsprechung und Schrifttum auf den Maßstab der „praktischen Vernunft" (BVerfGE 49, 89, 142 f.; BREUER; MARBURGER). Der theoretisch mögliche Schadenseintritt muß danach „praktisch" weitgehend ausgeschlossen sein, wobei wiederum gegenstandsspezifisch zu differenzieren ist. Eine quantitative Fixierung der Risikogrenze durch probabilistische Werte – etwa im Atomrecht – wäre denkbar und stellt möglicherweise eine rationale Regelungstechnik dar (MARBURGER), ist vom Gesetzgeber aber kaum zu erwarten.

f) Weitere Charakteristika des technischen Sicherheitsrechts bestehen in der den Kontrollaufwand insgesamt vermindernden Verwendung des standardisierenden Instruments der *Typengenehmigung* bzw. *Bauartzulassung,* das u. a. für die technische Massenproduktion Bedeutung hat (zB § 14 DampfkVO, § 33 BImschG, § 20 StVZO) und in der – auf Freiwilligkeit beruhenden – Vergabe von *Gütezeichen* (zB § 3 GSG).

g) Insgesamt kann eine komplexe und bereits vom Tatsächlichen her schwierige Materie wie das T.recht nicht ausschließlich durch einseitige Anordnungen des Staates geregelt werden, sondern bedarf der *Kooperation* und der (kontrollierten!) Selbstverantwortung der Träger der technischen Prozesse. Das geltende T.recht trägt somit dem gerade im →Umweltschutz propagierten sog. Kooperationsprinzip bereits jetzt Rechnung.

Zu I: G. ANDERS, Die Antiquiertheit des Menschen, 1956 – A. BARUZZI, Mensch und Maschine, 1973 – H. P. BULL, Verwaltung durch Maschinen, 1963 – F. DESSAUER, Philosophie der Technik, 1927 – E. FORSTHOFF, Der Staat der Industriegesellschaft, 1971 – J. FOURASTIÉ, Die große Hoffnung des 20. Jh., 1954 (a. d. Franz.) – H. FREYER, Theorie des gegenwärtigen Zeitalters, 1955 – A. GEHLEN, Die Seele im technischen Zeitalter, 1957 – J. HABERMAS, Technik und Wissenschaft als „Ideologie", 1968 – M. HEIDEGGER, Die Technik und die Kehre, 1962 – H. JONAS, Das Prinzip Verantwortung, 1979 – F. G. JÜNGER, Die Perfektion der Technik, 1946 – R. JUNGK, „Der Atomstaat", 1977 – E. KROPPENSTEDT, DÖV 1982, 109 ff. – H. LENK (Hg.), Technokratie als Ideologie, 1973 – DERS., Zur Sozialphilosophie der Technik, 1982 – DERS., in: Bitburger Gespräche, Jb. 1981, S. 5 ff. – DERS./S. MOSER (Hg.), Techne, Technik, Technologie, 1973 – H. MARCUSE, Der eindimensionale Mensch, 1967 (a. d. Engl.) – L. MUMFORD, Mythos der Maschine, 1974 (a. d. Engl.) – J. ORTEGA Y GASSET, Betrachtungen über die Technik, 1949 (a. d. Span.) – F. RAPP/P. T. DURBIN (Hg.), Technikphilosophie in der Diskussion, 1982 – G. ROPOHL, Die unvollkommene Technik, 1985 – H. SACHSSE, Technik und Gesellschaft (Literaturführer und Texte), 3 Bde., 1974, 1976 – H. SCHELSKY, Der Mensch in der wissenschaftl. Zivilisation, 1961 – K. SCHILLING, Philosphie der Technik, 1968 – R. SPAEMANN, in: BIRNBACHER (Hg.), Ökologie und Ethik, 1980, S. 180 ff. – O. SPENGLER, Der Mensch und die Technik, 1931 – UMWELTBUNDESAMT (Hg.), Technologien auf dem Prüfstand, 1983.

Zu II: W. BERG, JZ 1985, 401 ff. – BITBURGER GESPRÄCHE, Jb. 1981 (mit Beiträgen u. a. von LUKES, MARBURGER und PAPIER) – W. BLÜMEL/H. WAGNER (Hg.), Technische Risiken und Recht, 1981 – R. BREUER, AöR 101 (1976), S. 46 ff. – C. DEGENHART, Kernenergierecht, 1982[2] – E. DENNINGER, Universitas 52 (1970), 1135 ff. – DIN (Hg.), Technische Normung und Recht, 1979 – R. FISCHER, Die Regeln der Technik im Bauvertragsrecht, 1985 – V. GÖTZ/R. LUKES, Zur Rechtsstruktur der Technischen Überwachungsvereine, 1980[2] – R. GRAWERT, in: FS Broermann, 1982, S. 457 ff. – F. HANSEN-DIX, Die Gefahr im Polizeirecht, im Ordnungsrecht und im Technischen Sicherheitsrecht, 1982 – C. HEINZE, Allgemeine Zulassung von Fabrikaten, 1971 – W. HERSCHEL, Rechtsfragen der Technischen Überwachung, 1972, 1980[2] – G. HORSEMANN (Hg.)/R. WERNER (Red.)/VDE (Veranst.), Risiko – Schnittstelle zwischen Recht und Technik, 1982 (mit Beiträgen u. a. von LUKES, MARBURGER, OSSENBÜHL und SELLNER) – H. HUBER, Das Recht im technischen Zeitalter, 1960 – W. JEITER, Das neue Gerätesicherheitsgesetz, 1980 – H. KRÜGER, NJW 1966, 617 ff. – R. v. LANDMANN/G. ROHMER, Gewerbeordnung, Komm., 1984 ff. – R. LUKES (Hg.), Atomrechts-Symposium (7 Bde. seit 1973) – DERS./A. BIRKHOFER (Hg.), Rechtliche Ordnung der Technik als Aufgabe der Industriegesellschaft, 1980 – P. MARBURGER, Die Regeln der Technik im Recht, 1979 – DERS., in: FG 10 J. Gesellschaft f. Rechtspolitik, 1984, S. 257 ff. – D. MURSWIEK, Die staatl. Verantwortung für die Risiken der Technik, 1985 – F. NICKLISCH, NJW 1982, 2633 ff. – F. OSSENBÜHL, DÖV 1982, 833 ff. – H. P. PLISCHKA, Technisches Sicherheitsrecht, 1969 – A. RITTSTIEG, Die Konkretisierung technischer Standards im Anlagenrecht, 1982 – H. SCHMATZ/M. NÖTHLICHS, Sicherheitstechnik, 1969 ff. – R. SCHOLZ, in: FS 125 J. Jurist. Gesellschaft Berlin, 1984, S. 691 ff. – J. SPINNARKE, Sicherheitstechnik, Arbeitsmedizin und Arbeitsplatzgestaltung, 1981 – DERS./G. SCHORK, Arbeitssicherheitsrecht, Komm., 1975 ff. – K. VIEWEG, Atomrecht und technische Normung, 1982.

Michael Kloepfer

Territorialreform →Gemeinde; →Kommunalrecht

Territorialsystem. T. ist eine staatskirchenrechtl. Theorie und Praxis, die in ihren verschiedenen Spielarten der territorialen Staatsgewalt die entscheidende Herrschaft über das Kirchenwesen einräumt, ohne notwendig in die konfessionelle Einheit des Staatsgebietes oder in ein landesherrl. Kirchenregiment auszumünden.

I. Manche **Ansätze** zu einem T. finden sich bereits im spätma. →*Landeskirchentum,* das der weltl. Obrigkeit über das gemeine kan. Recht hinaus weite Gebiete des kirchl. Ämterrechts, Finanz- und Vermögensrechts unterwarf und ihr bei Versagen der Hierarchie ein Noteingriffsrecht zu kirchl. Reformen zugestand. Es stützt sich auf Advokatie, Patronat, Lehensherrlichkeit, kirchl. Privilegien und Herkommen und wurde – z. T. nach franz. Vorbild – durch Nominations- und Präsentationsrechte für Bistümer und Kanonikate, staatl. Besteuerung der Geistlichkeit, Aufsicht und Verfügung über Kirchengut (Inkorporationen), Kontrolle der geistl. Jurisdiktion im recursus ab abusu, Plazet für die kirchl. G.gebung ausgeübt.

II. Im Gefolge der religiösen und verf.rechtl. Wirren in der Zeit der →Reformation und gleichlaufend mit der Entwicklung der landesherrl. Obrigkeit im 16. Jh. kommt es in Dtschld. zur Ausbildung eines **Frühterritorialismus.** Er bildet die Grundlage für die Praxis des dt. →Landeskirchentums, wie sie sich in den folgenden drei Jh.en mehr oder minder unbeeinflußt von dem Ausbau und Wechsel der staatskirchenrechtl. Theorien gehalten hat.

A. Danach erstreckt sich die landesherrl. Obrigkeit im vollen Umfang auf den kirchl. Bereich: Die Bestimmung des Bekenntnisstandes (→ius reformandi – territorialistisch verstanden: reformatio sequela superioritatis) und das →landesherrl. Kirchenregiment über die ev. Landeskirchentümer gelten als Ausfluß und Teilstück der fürstl. →Souveränität (ius maiestatis ecclesiasticum), als „pars territorii", „höchstes Regal". Die Kirche ist in den Staatsapparat eingefügt (ecclesia est in republica) oder geht ganz in ihm auf (pars reipublicae) und hat jede Eigenständigkeit der äußeren Kirchenverf. eingebüßt. „Cuius regio – eius religio" wird zum territorialistischen Symbol.

B. Die Frühform des T. arbeitet noch nicht rational-deduktiv, sondern *hist.-pragmatisch* und jur.-positivistisch mit Argumenten aus dem röm. (byzantinischen) Staatskirchenrecht, dem ma. Kaiserrecht, dem gallikanischen Staatskirchenrecht und insbes. dem modernen Staatsrecht auf der Grundlage der Souveränitätslehre BODINS.

C. In seiner jur. Zuspitzung des weltl. Wahl- und Verfügungsrechts über Bekenntnisstand und Kirchenwesen ist das T. *keine ev. Kirchenverf.theorie,* sondern eine rein säkulare, *staats*kirchen*rechtl.* Lehre, mag es auch von beiden Konfessionen bis zur Aufklärung vorwiegend kirchenpolitisch benützt worden sein.

D. Das T. steht in krassem und prinzipiellem *Widerspruch* einerseits *zum kan.* Recht und andererseits zu den *rechtstheol.* Lehren der luth. →*Reformation* über die Obrigkeit als custos utriusque tabulae und membrum praecipuum ecclesiae (→cura religionis). Von der theol. Wahrheitsverpflichtung der Obrigkeit hat die jur. Lehre weithin abstrahiert.

E. Zu der jur. Nachbartheorie des →Episkopalsystems bildet die „Restitutionstheorie" den Brückenschlag mit der These, daß die iura episcopalia dem Landesherrn i. J. 1555 „restituiert" worden seien. – Die orth. Drei-Stände-Lehre strebt eine innerkirchl. Begrenzung des T. durch eine Kompetenzaufteilung und Mitwirkungspflicht zwischen Fürst, Geistlichkeit und Kirchenvolk an. – Die theoretische Weiterbildung territorialistischer Gedanken erfolgt unter dem Einfluß reformierter Ideen (der Zwinglianer) durch THOMAS ERASTUS († 1580), durch die Niederländer HUGO GROTIUS, VELTHUSIUS, HOUTUYN und durch HOBBES.

F. In der *Praxis* hat sich das T. in Dtschld. im Laufe des 16. Jh. weithin durchgesetzt. Der →Augsburger Religionsfriede von 1555 setzt es voraus, der →Westfälische Friede von 1648 erkennt es wörtl. an („ius territoriale in ecclesiasticis") und beschränkt es gleichzeitig nach dem Normaljahrs(tags)status von 1624 (bzw. dessen 1. Jan.).

G. Wie das Episkopalsystem hat das T. zum Siege des Absolutismus über die niederen Gewalten, zur Vergewaltigung der Glaubensfreiheit und zu einer unheilvollen säkularen Überfremdung des ev. Kirchenwesens, Bekenntnisses und Kirchenrechts geführt.

III. In der →**Aufklärung** erfährt das T. seine **theoretische Vollendung** zum System unter zahlreichen Modifikationen. Seine Hauptvertreter sind CHRISTIAN THOMASIUS und JUST HENNING BOEHMER in Fortführung der Gedanken von PUFENDORF. In den ev. Territorien und im →Josephinismus findet das T. weitgehend seine praktische Verwirklichung.

A. Methodisch wird es *rational* entwickelt als Disziplin des aufgeklärten säkularen Naturrechts auf dem Grunde der natürl. Religion und Moral, der Gesellschaftsvertragslehren, des staatl. Absolutismus, der →Säkularisierung des Staatsgedankens, der religiösen →Toleranz und der individuellen Glaubensfreiheit.

B. Die staatl. →*Souveränität* besitzt die absolute Ordnungsmacht über den gesamten Sozialbereich und die ausschließl. Rechts- und Zwangsgewalt über alle Individuen und Vereinigungen; sie allein bestimmt die salus publica. Ein von der staatl. Souveränität unabhängiger, eigenständiger oder ihr vorrangiger Rechtsbereich der Kirche wird geleugnet (keine kirchl. Autonomie, keine Koordination, kein →Widerstandsrecht der Kirche).

C. Die Staatsgewalt wird nicht mehr theol. begründet, sondern innerweltl.-individualistisch aus dem Gesellschafts- und Unterwerfungsvertrage legitimiert. Der religiöse *Staatszweck* der custodia utriusque tabulae (→cura religionis) weicht einer *irdischen* Bestimmung zur Wahrung äußerer Ruhe, Sicherheit, Wohlfahrt, Toleranz. Der Staat steht in innerer *Distanz* von Kirche und Bekenntnis. Die kirchl. Betätigung ist nur in den Grenzen des politisch Zuträglichen zugelassen (Vorrang des Staatszwecks und der Staatsgewalt).

D. Kirche und Staat werden *nicht* mehr *verschmolzen* („die Kirche ist kein Stück der Republiq, sondern in der Republiq", THOMASIUS), sondern streng nach Zweck, Funktion, äußerem Aufbau und Rechtscharakter unterschieden. Seit PUFENDORF gilt die Kirche als Collegium religiös Gleichgesinnter, das dem allg. naturrechtl. Korporationsbegriff, der Korporationshoheit des Staates und damit dem Vorrang des StaatsG unterfällt. Der theol. *Kirchenbegriff* beider Konfessionen (mit seiner göttl. Stiftungsnatur und Transzendenz, Einheit und Einzigkeit, Universalität und Absolutheit der Kirche) wird abgelöst von der Idee der →*Religionsgesellschaften,* die auf ihrer immanent-individualistischen Grundlage in Pluralität, Gleichwertigkeit und Toleranz nebeneinanderstehen.

E. Die religiösen Korporationen *ordnen* (im engen Rahmen des staatl. Korporationsrechts) ihre Angelegenheiten *selbst* democratice auf der Basis der *Gleichordnung* zwischen Lehrer und Hörer und ohne Zwangsgewalt: durch Konventionalstatuten, Vokation der Lehrer, Kollekten, geistl. Kirchenstrafen ohne zivile Rechtswirkungen. In der Kirche hat auch der Fürst (als membrum ecclesiae bzw. collegii) nicht mehr an Rechten als jedes andere Glied der Korporation: Das rationale T. lehnt so ein bes. Kirchenregiment des Landesherrn ab (im Gegensatz zum Episkopalismus, Frühterritorialismus und den ZWINGLIschen Theologen). Kein „imperium imperantis in ecclesia", sondern „in ecclesiam":

F. Die Obrigkeit besitzt deshalb ihr →*ius circa sacra* nur als *staatl.* Ordnungsbefugnis gegen die Kirchen wie gegen alle anderen Collegia. Die absolutistische Staatsbevormundung und ihr Mißtrauen gegen jede freie öffentl. Regung bringt dabei die Kirche in weitgehende Staatsabhängigkeit: Zur Wahrung (nur!) der äußeren öffentl. Ruhe gegen religiösen Streit und Aufruhr hat der Staat weitgehende Eingriffs- und Aufsichtsrechte, u. U. bis zu der Festsetzung eines Staatsbekenntnisses, dem Erlaß von KO.en, der Berufung und Amtsenthebung der Geistlichen, liturgischen Reformen, theol. Lehrentscheidungen, Kontrollen der Kirchenzucht und Exkommunikation, Berufung von Synoden u. a. Die äußere Kirchenverf. und Wirksamkeit der Kirchen steht unter der territorialistischen Staatskuratel (→Staatskirche).

G. Aus der säkularen Staatsbestimmung und Staatsbegründung folgert das rationale T. die innere →*Glaubens-* und *Gewissensfreiheit,* auf welche die Individuen beim Gesellschaftsvertrag nicht verzichtet haben. Sie wird auch gegen die Kirchen geschützt und steht mit deren Bevormundung sehr wohl im Einklang. So wird im rationalen T. der säkulare Absolutismus zum Bürgen säkularer →Toleranz und Gewissensfreiheit.

H. Das rationale T. lehnt die reformatorische Lehre von der →cura religionis, die orth. Drei-Stände-Lehre und das prot. Episkopalsystem scharf ab, da es in ihnen eine Verkehrung, Spaltung und Beschneidung der Staatsgewalt erblickt. Zum →Kollegialismus hingegen führen manche Verbindungslinien, ebenso zum Staatskirchenrecht des Verf.staates im 19. Jh.

KARL RIEKER, Die rechtl. Stellung der ev. Kirche Dtschld.s, 1893 – J. HECKEL, Cura religionis, Ius in sacra, Ius circa sacra, Festschr. für U. Stutz, KRA, hg. v. U. STUTZ, 117/118 (1938) 224 ff. – J. BOHATEC, Das T. und Kollegialsystem in der holländischen Publizistik des 17. Jh., ZRG Kan. Abt. 35 (1948) 1 ff. – M. HEKKEL, Staat und Kirche nach den Lehren der ev. Juristen Dtschld.s in der ersten Hälfte des 17. Jh., ZRG Kan. Abt. 42 (1956) 117 ff.; 43 (1957) 202 ff. – H. E. FEINE, Kirchl. Rechtsgesch., 1964[4] – K. SCHLAICH, Der rationale Territorialismus, ZRG Kan. Abt. 54 (1968) 269 ff. – CHR. LINK, Herrschaftsordnung und bürgerl. Freiheit, 1979, 292–321.

Martin Heckel

Terrorismus. 1. Definition. Terror (lat.) bedeutet Schrecken, Furcht; Terrorismus somit *Schreckensherrschaft* und umfaßt ausschließlich ein besonders einschneidendes gewalttätiges Vorgehen. T. beschreibt über seine Wortbedeutung hinaus eine Form des polit. motivierten Verhaltens und Handelns zur Erreichung eines bestimmten Zieles. T. verfolgt ausschließlich polit. und nicht allgemeinkriminelle Ziele. Art und Tragweite der Aktionen sowie die Frage der →Legalität oder →Legitimität sind in diesem Zusammenhang irrelevant. T. setzt insbes. wegen dieser polit. Zielrichtung planvolles, systematisches sowie nachhaltiges Vorgehen voraus. Wegen der beabsichtigten psychischen Wirkung braucht T. Publizität durch sog. Tatbekennung. Charakteristisch sind schließlich die verdeckt – meist aus der Illegalität heraus oder aber von in der →Legalität lebenden konspirativ handelnden Mitgliedern – vorbereiteten Aktionen. *Schlagwortartig* könnte T. danach als eine Strategie bezeichnet werden, die darauf abzielt, aus dem Verborgenen heraus Anschläge zu verüben oder anzudrohen, um damit Furcht und Schrekken zur Umsetzung polit. Forderungen zu erzeugen. Über diese Anknüpfungskriterien hinaus erfolgt eine eher dogmatische Differenzierung zwischen Terror und Terrorismus. Als Terror wird überwiegend der sog. *Terror von oben,* d. h. die Bestandssicherung oder -erweiterung eines bereits etablierten Regimes durch Repressionen gegenüber der Bevölkerung bezeichnet. Demgegenüber bedeutet *Terrorismus* Anschlagstätigkeit *„von unten"* mit der Zielrichtung, die Schwäche der Regierenden bloßzulegen oder sogar die gesamte Staatsführung zu beseitigen. Diese sehr eingängige Trennung wird allerdings durch den Sprachgebrauch häufig verwischt. So wird zB der „Terror von oben" oft als Staatsterrorismus bezeichnet.

2. Erscheinungsformen des T. von der Franz. Revolution bis zur Mitte des 20. Jh. In den Jahren 1793/94 übten die Jakobiner und, als deren radikaler Exponent, ROBBESPIERRE ein *Régime de Terreur,* also eine Schreckensherrschaft – „Terror von oben" – aus, und zwar insbes. durch Schaffung eines Revolutionstribunals zur Aburteilung und Hinrichtung polit. Gegner. Der T. gewinnt in der 2. Hälfte des 19. Jh. aufgrund aufkommender polit. Instabilität mehr an Bedeutung. Bei aller Verschiedenartigkeit der Erscheinungsformen des damaligen T. gibt es dennoch einen gemeinsamen Ursprung, nämlich den Aufstieg von →Demokratie und →Nationalismus. So griffen zB unterdrückte Minderheiten oder nach Unabhängigkeit strebende Teilstaaten zu terrorist. Mitteln, um sich von autokratischen Regierungen zu lösen. Ziel terrorist. Aktionen gegen Ende des 19. Jh. waren vornehmlich Präsidenten und gekrönte Häupter. Vor allem nach dem 1. Weltkrieg gewann der „Terror von oben" durch kommunistisch oder faschistisch ausgerichtete Herrschaftssysteme an Bedeutung.

3. T. in der Bundesrep. Dtschld. *a) Linksextremistischer T.* Nährboden für den linksextrem. T. in der Bundesrep. war die studentische Protestbewegung der Jahre 1966/67. Sie entwickelte sich an den Hochschulen unter dem Einfluß antiautoritärer Ideen einer neuen Generation von Philosophen, Soziologen, Politologen und Pädagogen. Hinzu kam eine leidenschaftlich geführte polit.-theoretische Diskussion über →Marxismus (Neo-Marxismus) und →Sozialismus. Die gesellschaftspolit. Auseinandersetzungen nahmen zu, als sich zur Zeit der großen Koalition in Bonn (1966 bis 1969) aus überwiegend polit. links stehenden Gruppierungen die sog. *Außerparlamentarische Opposition* (APO) bildete. Schwerpunkt ihrer polit. Agitation waren außen-, verteidigungs- und innenpolit. Themen wie das militärische Engagement der USA in Vietnam, die Stellung der Bundeswehr sowie Gesetzgebungsvorhaben wie zB die Notstandsgesetze. Als Medienexponent wurde schließlich der SPRINGER-Konzern ein Hauptangriffsziel. Die Kritik am Kapitalismus als Wurzel allen Übels und an der parlamentarischen →Demokratie überhaupt steigerte sich hin zur Forderung nach ihrer revolutionären Überwindung. Parallel zu den Entwicklungen in den Nachbarländern wurde auch in der Bundesrep. die Idee der organisierten „Gegengewalt" gegen die „Herrschenden" theoretisch vorbereitet. Radikale Studenten beschränkten ihre Aktivitäten zunächst jedoch auf die Anwendung von Gewalt gegen Sachen bei zahlreichen Demonstrationen. Später eskalierten die Aktionen zu Brand- und Sprengstoffanschlägen auf öffentl. Einrichtungen sowie auf Standorte der US-Streitkräfte. Chronologische Marksteine dieser Entwicklung sind die am 2. April 1968 von BAADER und ENSSLIN sowie anderen gelegten Brände in zwei Frankfurter Kaufhäusern, die als polit. Fanal gegen den „Konsumterror" gedacht waren; der Mordanschlag des Rechtsradikalen BACHMANN auf den Studentenführer DUTSCHKE in Berlin am 11. April 1968; die sich daran anschl. gewalttätigen Demonstrationen gegen SPRINGER-Verlagshäuser und die Verhinderung der Auslieferung der Bildzeitung; der Ostermarsch am 15. April 1968 in München mit einer gewalttätigen Demonstration vor dem Buchgewerbehaus, bei der ein Bildreporter und ein Student durch Steinwürfe tödlich verletzt wurden. 1969 begann die Bewegung zu zerfallen. Aus den Resten überwiegend in Berlin angesiedelter Gruppierungen kristallisierte sich sodann ein von Rechtsanwalt MAHLER und der Journalistin MEINHOFF geführter Personenkreis heraus. Ihm gehörten auch die zur Strafverbüßung gesuchten Kaufhausbrandstifter ENSSLIN und BAADER an. BAADER konnte im April 1970 festgenommen werden. Seine Befreiung aus der Strafhaft am 14. Mai 1970, bei der auch ein Angestellter angeschossen und schwer verletzt wurde, markierte den Anfang des bewaffneten „antiimperialistischen Kampfes im Untergrund". Die Gruppe BAADER/MEINHOFF, deren Hauptakteure noch im Jahre 1970 eine Guerillaausbildung in einem Lager der Palästinensischen Befreiungsfront erhielten, nannte sich ab 1971 *„Rote Armee Fraktion" (RAF)*. Sie kann als Prototyp einer deutschen terrorist. Vereinigung betrachtet werden. Als Organisationsdelikt erfaßt § 129 a StGB daher bereits die Bildung einer solchen Vereinigung. Sanktioniert werden darüber hinaus die Mitgliedschaft und Beteiligungsformen wie „unterstützen" bzw. „werben". Später bildeten sich vergleichbare und konkurrierende Untergruppen. Ende 1973 machten die *„Revolutionären Zellen" (RZ)* von sich reden, die später auch mit einer entspr. Frauengruppe „Rote Zora" im gesamten Bundesgebiet in Erscheinung traten. Beiden Gruppierungen ist das angestrebte Ziel, nämlich die Beseitigung der gegenwärtigen staatl. Ordnung durch *Terrorakte* sowie die Errichtung einer neuen, repressionsfreien „sozialistischen Gesellschaft", von der sie allerdings keine klare und realistische Vorstellung haben, gemeinsam. Unter *Terrorakten* sind Anschläge, d. h. schwerwiegende Straftaten wie vor allem Mord, Totschlag, erpresserischer Menschenraub, Brandstiftung, Herbeiführung einer Explosion durch Sprengstoff u. a. Gewalttaten, die der Vorbereitung solcher Straftaten dienen, zu verstehen, sofern diese Taten im Rahmen eines nachhaltig geführten Kampfes für polit. Ziele begangen werden. Darüber hinaus halten RAF und RZ den langfristigen bewaffneten Untergrundkampf für das geeignete Mittel zur Herbeiführung des Verfalls des staatl. Machtmonopols sowie einer revolutionären Situation in der Bundesrep. Die Gruppen unterscheiden sich lediglich in ihren Organisationsstrukturen, Strategie- und Taktikkonzepten. 1977 erreichten die *RAF-Aktionen* in der Bundesrep. mit den *Mordanschlägen* auf den Generalbundesanwalt BUBACK, den Bankier PONTO und den Arbeitgeberpräsidenten SCHLEYER einen brutalen Höhepunkt. Der entscheidende Schlag der Sicherheitsbehörden durch die *Befreiung der Lufthansamaschine in Mogadischu* sowie der anschl. kollektive Suizid der einsitzenden Hauptakteure BAADER, ENSSLIN u. a. setzte dem menschenverachtenden Vorgehen der RAF zunächst ein Ende. Bis 1984 versuchte die RAF nach weiteren Festnahmen sowie fehlgeschlagenen Terrorakten insbes. durch *Hungerstreikaktionen* ihrer inhaftierten Mitglieder vergeblich, die Bundesrep. in der Öffentlichkeit als „faschistischen Repressionsstaat" darzustellen und dadurch eine Solidarisierung des sie unterstützenden Umfeldes zu erreichen. Daß die RAF es immer wieder verstand, ihre personellen Verluste auszugleichen, belegen Erkenntnisse aus Logistikstraftaten, der versuchte Sprengstoffanschlag auf die NATO-Truppenschule in Oberammergau im Dezember 1984 sowie der Mord an dem Industriemanager ZIMMERMANN im Febr. 1985. Demgegenüber zielten die strategischen Überlegungen der RZ darauf ab, mit ihren Terrorakten an aktuelle gesellschaftl. Konflikte anzuknüpfen. So wurden zB Aktionen der Friedensbewegung, der Atomkraftgegner oder auch der Umweltschützer aufgegriffen und von Anschlägen begleitet. Nur in Ausnahmefällen richteten sich dabei die Angriffe, wie im Fall des hessischen Wirtschaftsministers KARRY im Mai 1981, auf Menschenleben.

b) Rechtsextremistischer T. Dem Links-T. in etwa entsprechende Aktionen sind im rechtsextrem. Bereich seit Ende 1977 zu beobachten. Ob diese Gewalteskalation ausnahmslos dem T. zugeordnet werden kann, ist zweifelhaft. Insbes. ist in den wenigsten Fällen ein planvolles, systematisches und nachhaltiges Vorgehen zu beobachten. Von Rechtsterroristen kann allerdings bei der von HEPP und KEXEL geleiteten neonazistischen Gruppe gesprochen werden, der allein im Jahre 1982 drei Mordanschläge auf US-Armeeangehörige, fünf Banküberfälle sowie zahlreiche Brand- und Sprengstoffanschläge mit ausländerfeindlichem Charakter nachgewiesen wurden. Diese Gruppe, die, wie zumindest deren Exponent HEPP, gemeinsam mit Mitgliedern der 1980 verbotenen Wehrsportgruppe HOFFMANN in Lagern der Fatah ausgebildet wurde, weist hinsichtlich der logistischen Ausstattung und dem Grad konspirativen Vorgehens Ähnlichkeiten zum organisierten Links-T. auf. Nach Festnahme von KEXEL 1983 sowie HEPP 1985 gilt diese Gruppe als zerschlagen. Aus dem rechtsterror. Spektrum ist noch die aus Verwandtschafts- und Freundschaftsbeziehungen rekrutierte Gruppe um den ehemaligen, inzwischen zu 13 Jahren Haft verurteilten Rechtsanwalt RÖDER zu nennen. Die rechtsterror. Aktionen waren insgesamt bestimmt durch Antisemitismus, Ausländerhaß sowie blinden Antiamerikanismus.

4. Terror. Verknüpfungen in Westeuropa. Insbes. von der RAF und der franz. Action Directe (AD) wird versucht, eine *„antiimperialistische Front in Westeuropa"* als Äquivalent zur westeurop. Einigung aufzubauen. Ein zentral gesteuerter Apparat oder eine Aktionseinheit auf personeller Basis existiert nicht. Es gibt allerdings Anhaltspunkte dafür, daß auf gleicher ideolog. Grundlage planerische, logistische und kommunikative Verbindungen auch zu anderen Gruppen bestehen.

5. Internationaler T. bedeutet – bezogen auf die Aktionsfelder und Verbindungen – länderübergreifende Anschlagstätigkeiten von Terrororganisationen. Hierunter fällt auch die verdeckte Unterstützung durch andere gleichgesinnte Organisationen bzw. sympathisierende Staaten. Der internationale T. wird häufig als Instrument zwischenstaatl. gewalttätiger Auseinandersetzungen, die immer seltener offen geführt werden, eingesetzt. Terror. Vorgehensweisen finden daher weltweit immer mehr Nachahmer.

6. Palästinensischer T. Sowohl schiitische Terroristen insbes. aus dem Libanon als auch bes. militante kleinere palästinensische Gruppierungen benutzen westeurop. Staaten als Operationsfeld für ihre Anschläge gegen polit. Gegner. Angriffsziel sind dabei insbes. gemäßigte Kräfte im eigenen Lager bzw. gemäßigte arabische Staaten, aber auch die USA als die einflußreichste westliche Macht im arab. Raum.

7. Staats-T. Nach einer ersten Anschlagswelle 1980 verfolgt zB Libyen seit einiger Zeit wieder zunehmend im Ausland lebende Dissidenten. Dem Mordanschlag vom April 1985 auf einen in Bonn lebenden oppositionellen Libyer liegen offensichtlich polit. Motive zugrunde. Anwerbungsinitiativen belegen, daß versucht wird, auch Deutsche für Mordanschläge gegen GADDAFI-Gegner in der Bundesrep. zu gewinnen.

DER BUNDESMINISTER DES INNERN, Verfassungsschutzbericht 1984 (1985) – DERS., Terroristen im Kampf gegen Recht und Menschenwürde (1985[2]) – DERS., Gewalt von Rechts (1982) – U. BACKES, ECKHARD JESSE, Totalitarismus – Extremismus – Terrorismus (1984) – R. RUPPRECHT, Materialien zur politischen Bildung Heft 1 (1984) 88–97.

Manfred Schreiber

Theokratie. Der Begriff T. bezeichnet ein Herrschaftssystem, in welchem die öffentl. Ordnung als Ausdruck und das hoheitl. Handeln als Vollzug des Willens Gottes verstanden wird. Die theokratische Deutung der bestehenden Herrschaftsverhältnisse ist für die Ordnungsvorstellung in frühen kulturellen Entwicklungsstufen charakteristisch. Man kann nicht von einer durch bestimmte Begriffsmerkmale klar abgrenzbaren Staatsform der T. sprechen, weil die theokratische Idee in unterschiedl. Intensität verwirklicht worden ist und ihre Wirkung vorwiegend in eine Zeit fällt, in der die Elemente des Staatlichen in der weltl. Herrschaft noch nicht deutlich ausgeprägt waren (→Staat, 1. Teil). Das theokratische Prinzip ist in seiner vollen Konsequenz realisiert, wenn in einer Rechtsgemeinschaft die Vorstellung wirksam ist, die Gottheit selbst sei aktiv handelndes Organ dieser Gemeinschaft. Eine solche Vorstellung findet ihre institutionelle Verwirklichung darin, daß Priester oder Propheten als Sprecher Gottes und als Interpreten des göttl. Willens anerkannt werden und ihnen deshalb die oberste Befehlsgewalt in der Rechtsgemeinschaft eingeräumt wird. Unter diesem Aspekt wird teilweise der Begriff *Hierokratie,* der sich im sachl. Gehalt nicht vom Begriff T. unterscheidet, verwendet. Als klassische Beispiele der T. gelten i. a. die Herrschaftsordnung in Israel in der Zeit der Richter, das islamische Gemeinwesen unter MOHAMMED und der lamaistische Staat in Tibet.

Zur Erscheinung der T. sind aber auch Herrschaftssysteme zu rechnen, in denen der göttl. Wille nicht unmittelbar durch inspirierte Personen, sondern auf mittelbare Weise für die weltl. Angelegenheiten verbindl. wird. Der Eindruck einer Herrschaft des göttl. Willens wird auch erzeugt, wenn den Inhabern der weltl. Herrschaft die Verpflichtung zum Handeln nach göttl. Recht (→ius divinum) auferlegt ist und wegen dieser Verpflichtung den religiösen Amtsträgern ein kontrollierendes und dirigierendes Einwirken auf die weltl. Rechtsverhältnisse erlaubt ist. Der theokratische Gedanke in dieser modifizierten Form stand hinter dem im *MA. von kirchl. Seite* propagierten Idealbild einer irdischen Ordnung, nach welcher kirchl. und weltl. Bereich im →Corpus christianum organisch einander zugeordnet sind. Die Kirche wurde zur Entfaltung einer theokratisch ausgerichteten Ordnungsvorstellung veranlaßt, nachdem die eschatologische Naherwartung nicht in Erfüllung gegangen war und seit KONSTANTIN eine Realisierung christl. Postulate im Bereich des weltl. Gemeinschaftslebens möglich wurde (→Konstantinisches Zeitalter). Den Anstoß zur Ausprägung des ma. theokratischen Staatsbildes gab vor allem der großangelegte Versuch AUGUSTINS, die geschichtl. Zustände und Entwicklungen als Elemente des göttl. Heilswillens begreifbar zu machen. Der von ihm entfaltete Gedanke einer auch in der Welt wirksamen Civitas Dei regte dazu an, aus der Offenbarung Äußerungen des göttl. Heilswillens für die Ordnung innerweltl. Verhältnisse herzuleiten. Das ma. Leitbild einer weltl. wie kirchl. Verhältnisse umschließenden Rechtsgemeinschaft erhielt seine spezifisch theokratische Zuspitzung, als von einzelnen Päpsten und von kurialistischen Theoretikern die Auffassung propagiert wurde, das Papsttum sei berufen, aller weltl. Herrschaft Legitimität zu verleihen und die Einhaltung der öffentl. Ordnung zu überwachen und wenn nötig zu erzwingen (→Kaisertum und Papsttum). Vor allem BONIFATIUS VIII. hat für den →Papst die Position des Oberhaupts einer universalen Rechtsgemeinschaft nach theokratischem Muster beansprucht; seine überspitzten Formulierungen gipfeln in der Behauptung, daß dem Papst von Christus die höchste Gewalt in zeitl. Dingen übertragen sei und die weltl. Herrscher ihre Hoheitsgewalt nach dem Wink des Papstes auszuüben hätten (potestas directa in temporalibus). Die in Antithese hierzu – zuerst deutlich durch MARSILIUS VON PADUA – entwickelte These, daß die Ordnung innerweltl. Angelegenheiten vom weltl. Herrscher unabhängig und nach Gesichtspunkten weltl. Zweckmäßigkeit vorzunehmen sei, setzte sich in der nachmittelalterlichen Zeit immer deutlicher durch. Die für einen Teil des Protestantismus richtungsweisende *→Zwei-Reiche-Lehre* LUTHERS ist dem theokratischen Ideal bewußt entgegengesetzt, indem sie der nach weltl. Vernunft handelnden weltl. Obrigkeit einen Platz in der Heilsgeschichte zuweist. Auch CALVIN war die Erkenntnis von der unterschiedl. Funktion des Staates und der Kirche im Heilsplan Gottes geläufig; aber seine Beurteilung der weltl. Herrschaft war im bes. Maße von der Überzeugung bestimmt, daß der souveräne Wille Gottes der eigentl. Maßstab aller irdischen Verhältnisse sein müsse. Darum suchte er die göttl. Befehle für die Gestaltung des Soziallebens zu ermitteln und entwarf das Idealbild einer christiana politia. Von diesem theoretischen Ausgangspunkt her erscheint es verständlich, daß sich die vom *→Calvinismus* beeinflußten Staatswesen teilweise theokratischen Entwicklungen zugängl. zeigten. Die neuere, in der Tradition des Calvinismus stehende Theologie orientiert sich vorwiegend am Begriff der *Christokratie* (→Königsherrschaft Christi), mit welchem sich das Postulat verbindet, daß dem verpflichtenden Willen Gottes, wie er sich im Lichte des göttl. Heilshandelns in Christus darstellt, entsprochen werden müsse. Von diesem Ansatz her wird die Mitverantwortung der Christen im jeweiligen politischen Bereich betont, ohne daß der göttl. Wille für bestimmte materielle Ordnungsmodelle in Anspruch genommen würde. Die kath. Soziallehre erkennt, jedenfalls seit PAPST LEO XIII., die rechtl. Selbständigkeit der Träger der weltl. Gewalt gegenüber kirchl. Organen an (→Naturrecht; →Soziallehre, kath.; →Staat, 2. Teil II).

Es versteht sich, daß für theokratische Elemente in der Verf. eines Staatswesens, in dem die personelle Identität von religiöser Gemeinschaft und weltl. Rechtsgemeinschaft nicht mehr vorhanden ist, kein Raum bleibt. Die Preisgabe des theokratischen Ausgangspunktes durch den *säkularen Staat* der Neuzeit (→Säkularisierung) zeigt sich insbes. darin, daß die zur Staatswillensbildung berufenen Instanzen ihre Entscheidungen nicht gegenüber religiösen Amtsträgern verantworten, und darin, daß die Geltung überpositiven Rechts nicht schon allein durch den Hinweis auf den offenbarten Rechtswillen Gottes ausreichend begründet erscheint. Der Verzicht auf ein theokratisches Verständnis der weltl. Rechtsverhältnisse schließt eine spezifisch christl. Auffassung vom Staat nicht aus, nach welcher diesem eine Funktion in der Heilsgeschichte zukommt. Ebensowenig vermag jener Verzicht die Organe der Kirche davon abzuhalten, bestimmte Postulate im Hinblick auf die Ausübung von Hoheitsgewalt geltend zu machen. Derartige kirchl. Kundgebungen haben freilich nur die Bedeutung von Appellen an die Verantwortung der Träger der Staatswillensbildung, nicht aber die Bedeutung von autoritativen Interpretationen des tatsächl. geltenden Rechts (→Öffentlichkeitsanspruch; →Denkschriften).

Mit der T. strukturell verwandt ist die Erscheinung des sog. *Cäsaropapismus.* Diese beruht ebenso wie das theokratische Ideal auf der Vorstellung, daß die Bereiche der weltl. und der geistl. Ordnung in einer Rechtseinheit miteinander verbunden und ineinander verwoben sind und daß die für die Ordnung jener Rechtseinheit verantwortl. Organe einen unmittelbaren Auftrag zur Verwirklichung des göttl. Heilswillens wahrnehmen. Allerdings ist nach der cäsaropapistischen Idee der unmittelbar von Gott beauftragte Garant jener geistl. wie weltl. Ordnung der weltl. Herrscher. Das System des Cäsaropapismus ist darum zu verstehen als die Entfaltung des auch dem System der T. zugrundeliegenden Ausgangspunktes in entgegengesetzter Richtung. Geschichtl. Beispiele einer cäsaropapistischen Herrschaftsordnung sind vor allem das oström. Reich seit JUSTINIAN (→orthod. Kirchen), das Zarenreich unter PETER DEM GROSSEN und das engl. Staatswesen unter OLIVER CROMWELL. Cäsaropapistische Züge trug in verschieden starkem Maße auch das →landesherrl. Kirchenregiment der prot. dt. Fürsten (→Staatskirche). Die Idee des Cäsaropapismus erweist sich als gefährlich, weil sie der religiösen Verklärung eines sich auf alle Lebensgebiete erstreckenden, im Grunde genommen aber profanen Herrschaftsanspruchs Vorschub leistet.

Das Prinzip der T. hat in der Gesch. der Staatslehre relativ wenig Anlaß zu Reflexionen gegeben – wohl deshalb, weil es in der Staatsformenlehre des ARISTOTELES keine Berücksichtigung gefunden hat. Die Idee einer T. hat ungeachtet der Frage ihrer Realisierungsmöglichkeit Bedeutung für das *Problem der staatl. Legitimität;* denn sie bietet die deutlichste Alternative zur demokrat. Legitimität. Monarchische Herrschaft sucht naturgemäß nach einer Autorisation durch die in einer Gemeinschaft anerkannte Gottheit. Aus diesem Motiv heraus ist es zu vielfältigen mythologischen Konstruktionen gekommen, um bestehende Herrschaft zu erklären. Auch im Geblütsrecht der germanischen Rechtstradition wirken solche Vorstellungen nach. Die bewußte Ablehnung der demokrat. Legitimität durch einen Teil der Staatslehre des 19. Jh. führt deshalb fast zwangsläufig zu einer Wiederbelebung des Gedankens des Gottesgnadentums (zB durch F. J. STAHL).

Eine gewisse Einwirkung theokratischer Vorstellungen auf die Strukturen des modernen Staates kann man auch in der Ausprägung des staatl. Schlüsselbegriffs der →Souveränität erkennen, der als säkulares Surrogat der Omnipotenz Gottes interpretiert wird (vor allem durch CARL SCHMITT).

Die in der geschichtl. Auseinandersetzung mit dem theokratischen Ideal gewonnene Einsicht, daß die Herrschaftsausübung an Maßstäben innerweltl. Sachgerechtigkeit orientiert sein müsse und sich nicht allein als Realisierung eines überirdischen Willens ausgeben dürfe, ist geeignet, eine kritische Haltung gegenüber allen Tendenzen wachzurufen, die die Hoheitsgewalt in den Dienst eines ideologischen Konzepts (→Ideologie) zu stellen suchen.

Zum Gedankengut der T. gehören auch Idee und Erscheinung einer *charismatischen Ordnung,* für welche es eigentüml. ist, daß herrscherl. Befugnisse durch den Besitz einer bes., von der Gottheit verliehenen persönl. Qualifikation legitimiert werden. Doch ist die tatsächl. Entwicklung vielfach so verlaufen, daß ein formalisiertes Verfahren zur Ermittlung des herrschaftsbegründenden Charismas eingeführt wurde.

Das in der Gegenwart in Staaten mit muselmanischer Bevölkerung propagierte Prinzip der *„Islamischen Republik"* kann insofern dem theokratischen Gedankengut zugeordnet werden, als die Anpassung der öffentl. Ordnung an das auf Offenbarung beruhende islamische Recht erstrebt wird. Dagegen entspricht die für die T. charakteristische unmittelbare Einschaltung geistl. Amtsträger in die Ausübung hoheitl. Gewalt nicht islamischer Tradition (→Islam).

E. TROELTSCH, Die Soziallehren der christl. Kirchen und Gruppen, 1922 – A. DEMPF, Sacrum Imperium, 1929 – J. BOHATEC, in: Aus Theol. und Gesch. der ref. Kirche, Festg. für E. F. K. Müller, 1933, 122–157 – C. SCHMITT, Politische Theol., 1934 – J. WACH, Religionssoziologie, 1951 (Orig. engl. Sociology of Religion, 1949⁴) – H. THIELICKE, Theol. Ethik, II/2 1966² (erw.) – W. ULLMANN, Die Machtstellung des Papsttums im MA., 1960 (Orig. engl. The Growth of Papal Government in the Middle Ages, 1955) – MAX WEBER, Soziologie, hg. v. J. Winckelmann, 1968⁴ – J. BAUER, Gott und Recht im Werke Calvins, 1965.

Dietrich Pirson

Theologische Fakultät →Kirche und Staat; →Vertragsstaatskirchenrecht; →Wissenschaftsfreiheit III

Todesstrafe. I. Rechtlich. A. Strafrechtlich. Art. 102 GG lautet: „Die T. ist abgeschafft." Diese Bestimmung ist der vorläufige Schlußpunkt einer wechselvollen gesetzl. Entwicklung. Schon die Frankfurter Nationalversammlung des Jahres 1848 hatte die Beseitigung der T. beschlossen. Der Reichstag von 1871 hielt, nachdem er sich in zweiter Lesung gegen sie entschieden hatte, schließl. mit geringer Mehrheit an ihr fest. Auch in der Weimarer Republik (→WV) bestand die T. weiter, wurde aber in den letzten Jahren kaum noch vollstreckt. Ihre Aufhebung im Mai 1949 erfolgte unter dem Eindruck des Mißbrauchs, der in der nationalsozialistischen Zeit mit dieser Strafart getrieben worden ist. In der →DDR ist sie noch heute zulässig.

Unabhängig von der gegenwärtigen G.lage dauert die Diskussion um die Notwendigkeit und Berechtigung der T. mit unverminderter Heftigkeit an. Ihre Befürworter unter den Juristen berufen sich vornehml. auf drei Argumente: Bei Verbrechen schwerster Art könne um der gerechten Sühne willen auf diese Strafe nicht verzichtet werden; sie sei auch im Interesse der Allgemeinheit zur Abschreckung unerläßl.; und sie werde von der weit überwiegenden Mehrheit der Bevölkerung bejaht und gefordert. Demgegenüber machen die Gegner der T. in erster Linie geltend: Die Vergeltung nach dem Talionsprinzip (Auge um Auge) sei der heutigen Rechtsauffassung fremd: die T. sei also das archaische Relikt einer sonst längst überwundenen Stufe des Rechtsdenkens. Ferner sei durch die Kriminalstatistik erwiesen, daß der T. eine abschreckende Wirkung nicht zukomme; noch in keinem Staat der Welt sei beobachtet worden, daß ihre Abschaffung eine Zunahme oder ihre Wiedereinführung eine Abnahme der Tötungsdelikte herbeigeführt habe; auch in der Bundesrep. Dtschld. sei die Zahl der Morde seit 1949 zurückgegangen. Die Auffassung der Bevölkerungsmehrheit könne nicht maßgebl. sein, weil der Laie die wissenschaftlich unhaltbare Annahme einer Abschreckungswirkung als selbstverständl. voraussetze. Daneben sprächen entscheidende Gründe gegen die T.: Die Gefahr eines irreparablen Justizirrtums sei niemals auszuschließen; der Staat könne aber das Risiko der Tötung Unschuldiger nicht auf sich nehmen. Es sei auch nicht mögl., den für eine T. allein in Betracht kommenden Mord in rechtl. eindeutiger Weise vom Tatbestand des Totschlages abzugrenzen; die Wiedereinführung der T. müsse also zu unerträgl. Rechtsunsicherheit führen. Zudem sei der Staat nicht befugt, einen Richter, der die Verantwortung für die Vernichtung eines Menschenlebens nicht tragen könne, gegen sein Gewissen zur Verhängung eines Todesurteils zu zwingen.

Bei den Beratungen über die geplante Strafrechtsreform in der Bundesrep. Dtschld. haben die Mitglieder der Großen Strafrechtskommission eine Wiedereinführung der T. mit einem Stimmenverhältnis von 19 : 4 abgelehnt. Auch sonst haben die meisten Staaten des westl. Europa die T. abgeschafft, und zwar Portugal 1867, die Niederlande 1870, Norwegen 1905, Schweden 1921, Island 1928, Dänemark 1930, Schweiz 1942, Italien 1944, Finnland 1949, Österreich 1950, Großbritannien 1965, Spanien 1978, Frankreich 1981. Auch teilweise zunächst noch geltende Einschränkungen (zB für Kriegszeiten oder militärische Delikte) sind inzwischen vielfach aufgehoben worden. Außerhalb Europas hat sich ihre Beseitigung in den meisten Staaten Mittel- und Südamerikas sowie in einigen nordamerik. Staaten durchgesetzt.

M. Liepmann, Die T., 1912 (Lit.) – B. Düsing, Die Gesch. der Abschaffung der T., 1952 (Lit.) – D. Lang-Hinrichsen, Materialien zur Strafrechtsreform II, Rechtsvergleichende Arbeiten, Allg. Teil, 1954, 33 – 84 (53 – 58) – R. Maurach u. a., Die Frage der T., 1962 – W. Middendorf, T. – Ja oder Nein?, 1962 (Lit.) – W. K. Geck, Erl. zu Art. 102 GG in: Bonner Kommentar (Zweitbearb.), 1967 (Lit.) – ders., Furman v. Georgia: Der Supreme Court und die Todesstrafe, in: Festschr. f. Berber, 1974, 165 – 205 – M. Möhrenschlager, Ausländische und internationale Bestrebungen gegen die T., in: Festschrift f. Dünnebier, 1982, 611 – 632.

Claus Roxin

B. Verfassungsrechtlich. Verfassungsrechtlich wirft die T. im wesentl. zwei Probleme auf: die Frage nach dem Umfang des in Art. 102 GG (s. o. I A) ausgesprochenen Verbots (dazu 1.) und die Frage nach der Abänderbarkeit des Art. 102 GG durch verfassungsänderndes Gesetz (dazu 2.).

1. *Der Geltungsbereich des Art. 102 GG.* Art. 102 GG („Die T. ist abgeschafft.“) ist zwar sehr einprägsam, aber ungenau formuliert; sein vom Parlamentarischen Rat gewollter und heute auch von Lehre und Praxis zugrundegelegter Inhalt reicht über die Wortfassung weit hinaus. Wollte man nämlich das Wort „T.“ so verstehen, wie es dem herkömml. strafrechtl. Sprachgebrauch entspricht, so wäre damit nur die Tötung zum Zwecke der *Übelzufügung* („Repressalie“) für eine begangene Straftat verboten (→Strafe); die Tötung zum alleinigen Zwecke der *Sicherung der Gesellschaft* vor dem Täter, die das Strafrecht gerade *nicht* unter den Begriff der Strafe, sondern unter den davon scharf geschiedenen Begriff der Maßregel rechnet (→Strafrecht), wäre damit von Art. 102 GG nicht verboten, obwohl gerade die Notwendigkeit der Sicherung das am häufigsten vorgebrachte Argument für die „T.“ ist. Es entspricht allerdings ganz der h. L., daß Art. 102 GG die Tötung nicht nur als Strafe i. e. S., sondern auch als Sicherungsmaßregel, d. h. ganz allg. als staatl. Reaktion gegen Delikte ausschließt. Daraus folgt dann auch, daß erst recht Tötungen wegen einer noch nicht zur Realisierung gelangten „verbrecherischen Neigung“ vom GG verboten sind. Ob darüber hinaus ganz allg. die planmäßige Tötung namentl. bestimmbarer Personen mit Art. 102 GG unvereinbar ist, ob Art. 2 II S. 3 (→Leben) m. a. W. überhaupt nur unerwünschte Todesopfer (Krieg, Todesopfer bei Impfungen usw.), allenfalls noch Tötungen in Notwehr und ähnl. Situationen zuläßt, ist bisher nicht geklärt: es wirken hier – neben Art. 102 GG – auch die Garantie der →Menschenwürde (Art. 1 GG) und die Garantie des Wesensgehalts der →Grundrechte (Art. 19 II GG) mit ein.

2. *Die Abänderung des Art. 102 GG.* Als Verf.vorschrift kann das Verbot der T. nicht durch einfaches G. beseitigt oder umgangen werden, aber es unterliegt grds. – wie die meisten anderen Verf.artikel – der Änderung durch verfassungsänderndes G. (→Verfassung; →Bundesgesetzgebung).

a) Ein Verbot, die T. durch Verf.änderung wieder einzuführen, besteht nicht. Das GG nennt zwar in Art. 79 III GG gewisse Grundsätze, die unter keinen Umständen geändert werden dürfen. Der Versuch, die Unantastbarkeit des Art. 102 GG damit zu begründen, daß jede T. notwendig ein Verstoß gegen die →Menschenwürde sei, schlägt fehl. Einmal dürfte es sehr schwerfallen, diese These allg. zu begründen, und zum andern beweist gerade die Stellung des Art. 102 GG im Verf.gefüge, insbes. seine unübersehbare Nichtaufnahme in Art. 79 III GG, daß hier nicht ausnahmslos mit Art. 1 GG (Menschenwürde) argumentiert werden kann.

b) Damit ist freilich nicht gesagt, daß durch verfassungsänderndes G. die T. für jedes beliebige Delikt eingeführt werden könnte. Die Androhung der T. unterliegt engen Grenzen, die sich aus der →Menschenwürde und dem Prinzip der →Rechtsstaatlichkeit ergeben. Diese beiden Grundsätze verlangen nach heute geltenden Maßstäben, daß die gesetzl. Strafandrohungen in einem angemessenen Verhältnis zur Schuld des Täters stehen müssen (so schon BayVerfGH, Verw. Rspr. 3, 145), so daß auch durch verfassungsänderndes G. die T. nur für Kapitalverbrechen eingeführt werden dürfte. Art. 102 GG könnte demgemäß auch nicht etwa ersatzlos gestrichen werden, sondern er müßte stets in einer Form bestehen bleiben, die den Ausnahmecharakter der T. sicherstellt (zB: „Die T. darf nur ausgesprochen werden, wenn ...“). Eine Hypertrophierung der T., wie sie im Dritten Reich erfolgte (T. für „Schwarzhören“, für „defätistische“ Äußerungen) und wie sie bedauerlicherweise auch nicht durch den Text, wenn auch wohl durch den Sinn des Art. 2 der Europäischen Menschenrechtskonvention (→Menchenrechte III) ausgeschlossen worden ist, wäre mit dem GG niemals vereinbar.

Kommentare zum GG: H. v. Mangoldt, Bonner Komm. (Zweitbearb. W. K. Geck), A. Hamann/H. Lenz, F. Giese/E. Schunck, B. Schmidt-Bleibtreu/F. Klein, jeweils zu Art. 102 – S. a. Lit. zu I A.

Roman Herzog

II. Theologisch. Die Grunderkenntnis des christlichen Glaubens, daß der Tod der Sünde „Sold“ sei, macht einen Einspruch gegen die „T.“, die Gott an den Menschen vollzieht, unmöglich. Es bleibt aber die Frage, ob der Staat an bes. großen Sündern die T., gewissermaßen im Vorgriff, vollziehen soll.

A. Das Für und Wider hat drei verschiedene Ebenen. 1. Auf der Ebene der *kriminalpolitischen Erfahrung* geht es um Abschreckungs- und Sicherungsfragen. Es wird auch überlegt, ob die T. nicht als „wirtschaftl.“ Strafe begrüßt werden muß und ob sie nicht ein gutes Mittel zur Ausmerzung erbminderwertiger Menschen sei. Eine verbindl. Entscheidung über die T. ist auf dieser Ebene nicht zu erhalten, da einmal der Bereich der Erfahrung unabschließbar ist. Vor allem aber darf bei der Strafe grds. der Mensch nicht Mittel zum Zwecke werden.

2. Die zweite Ebene ringt um den *Sinn der →Strafe.* Hier widersprechen sich die Vergeltungstheorie, die die Strafe als *Schuld*strafe fordert, und die Besserungstheorie, die in der *Wiedereingliederung* („Resozialisierung“) des Täters das höchste Ziel der Strafe sieht. Die Vertreter der Vergeltungstheorie sind naturgemäß Anhänger der T. Aber auch von der Besserungstheorie aus fordert man z. T. die T., da die Todesangst vor der Hinrichtung den Menschen in sich gehen lassen soll. *Besserung braucht aber Freiheit.* Die Todesangst läßt den Menschen zumeist nur zusammenbrechen. Der seelische Zusammenbruch allein ist aber keine Besserung. Besserung ist Neuaufbau und Neuwerdung des Menschen. Die Neuwerdung kann durch Angst nicht erzwungen werden. Sie ruht auf einer anderen Basis. Solange nur die Angst der Bezugspunkt ist, ist Besserung unmöglich. Das gilt bes. für die geistl. Erneuerung. Die Gnade Gottes muß in Freiheit angenommen werden. Die Bekehrung im christl. Sinne wird durch den Hl. Geist bewirkt. Dieser kann sehr wohl auf den drohenden Schatten des Galgens verzichten.

3. Die dritte Ebene erörtert die Grundsatzfrage, ob der →Staat auf eine derartige *Allmacht,* wie sie die T. darstellt, Anspruch erheben kann.

Diese Frage wird dringl. angesichts der Tatsache der *Dämonisierung* des Staates, die letztl. auf einer Dämonisierung der den Staat bildenden und ihn leitenden Menschen beruht. Die Dämonisierung ist ein Vorgang, bei dem das, was Menschen für gut halten, zum Bösen wird. Das muß nicht immer willentl. geschehen. Die Dämonisierung kann vielmehr auch die Folge ernsthafter und ehrl. Versuche sein, Werte zu verwirklichen, indem man sie verabsolutiert. Dieser Gefahr unterliegen nicht nur die →Macht und die Mächtigen. Auch das Recht ist dämonisierbar: Summum ius, summa iniuria! Auch die höchste Gerechtigkeit ist „der Leute Verderben“.

B. 1. Die theol. Begründung der staatl. Macht erscheint in einem *theokratisch* (→Theokratie) geordneten Staatswesen recht einfach. Hier führt der Staat seine Herrschaft auf die ausdrückl. Anordnung Gottes zurück. Er regiert als Beauftragter. Vollzieht er eine Hinrichtung, so vollzieht er sie im „Dienste“ Gottes und nicht in eigener Verantwortlichkeit. Die T. hat darum hier mehr den Charakter eines Opfers als einer Strafe. Als Diener Gottes besitzt der Staat den Untertanen gegenüber absolute Autorität. Diese Vollmacht scheint durch die Bindung an den Willen Gottes gebändigt und vor Dämonisierung geschützt.

2. Die Erfahrungen der Gesch. zwingen zum Zweifeln an der Wahrheit einer theokratischen Begründung des Staates. Der ma. Staat der „zwei Schwerter“ schuf im Namen Gottes durch Inquisition und Hexenprozesse wahrlich eine „christl. Hölle“ (Nigg). Diese Dämonisierung ist die Folge der heteronomen Begründung des Staates, nach welcher der Staat Vollzugsorgan eines anderen Willens sein muß. Gegen diese Gefahr der Dämonisierung wird der *autonome* Staat geschaffen. Dieser ist säkular und handelt in eigener Verantwortung.

3. Die Lehre von den beiden Reichen (→Zwei-Reiche-Lehre) erkennt dem säkularen Staat die *Gottesunmittelbarkeit* zu (→Säkularisierung). Auch im und durch den vom Menschen in eigener Verantwortung, autonom, geleiteten säkularen Staat handelt Gott an den Menschen. Nach Röm 13 entscheidet über die theol. Sanktion eines Staates nicht dessen Verf. oder hist. Entstehung. Es entscheidet allein die Frage, ob ein Staat seiner Aufgabe gerecht wird.

a) Die Aufgabe des →Staates ist die *Erhaltung* und die Förderung des menschl. Lebens. Der Staat ist notwendig, weil ohne ihn das Zusammenleben der Menschen nicht mögl. wäre. Seine Notwendigkeit ist begründet in seinem die Not wendenden Handeln.

b) Dieser Sachverhalt wird durch den Begriff des *„Amtes“* zum Ausdruck gebracht. Der Staat hat ein Amt. Dieses Amt darf nicht im magischen Sinne mißverstanden werden, als hätte der Amtsträger eine übermenschl. Qualität, Einsicht und Autorität. Mit diesem Mißverständnis hängt zusammen die Gefahr der sog. „luth. Zweigleisigkeit". Man meint dann, der Amtsträger sei im Amte von der Eigenverantwortlichkeit als Person entbunden. Diese Zweigleisigkeit ist das Mißverstehen eines richtigen Sachverhaltes. Das Amt ist ein bestimmter Auftrag, den der Mensch als Mensch hat. Für diese Aufgabe ist er verantwortl., nicht weil er ein *„übermenschl."* qualifizierter, sondern weil er ein *„gewöhnl."* Mensch ist. Die Aufgabe des Staates stellt sich gerade den „normalen" Menschen; denn nur Menschen sind des Staates bedürftig.

c) Die *Durchführung* der Aufgabe des Amtes fordert von dem Verantwortlichen das Gebrauchen der Mittel, die für das Gelingen des Vorhabens am tunlichsten erscheinen. Er muß also strafen und zwingen, unter Umständen durch die Tötung von Menschen. Er *„darf"* das nicht tun, weil er ein bes. Mensch ist, sondern er *„muß"* das tun, weil ihm diese Aufgabe als Mensch gestellt ist. In diesem Handeln steht er unter dem Gesetz der staatl. Notwendigkeit. Der Amtsträger muß das Was und das Wie dieses Handelns persönl. verantworten. Religiös gesprochen: Wenn der Teufel den Staatsmann X. wegen Verfehlungen im „Amt" holt, muß auch der „Herr" X. mit in die Hölle, selbst wenn dieser in dem privaten Bereich ein guter und frommer Mensch war. Der Amtsbegriff zwingt den Menschen nicht in eine Heteronomie, die er nicht verantworten müßte. In Wahrheit zeigt der Amtsbegriff die Größe der dem Menschen überantworteten Aufgabe und Verantwortlichkeit. Der Amtsbegriff fordert keinen „Obrigkeitsstaat".

d) Das Amt als Aufgabe fordert von dem Amtsträger und denen, die diesem Menschen die Wahrnehmung des „öffentl." Amtes übertragen haben, die *vernünftige Überlegung* über das Was und das Wie des Handelns. Die Frage nach dem Recht der Anwendung der T. heute kann deshalb nicht durch Zitate aus der Bibel oder durch den Hinweis auf die bisherige Gewohnheit entschieden werden. Ihr Recht ergibt sich aus der vernünftigen Überlegung über ihre Notwendigkeit. Ist die T. nicht durch die Vernunft zu begründen, so ist ihre Anwendung Unrecht, auch wenn dem staatl. Amte grds. das Recht auf die Tötung gefährl. Verbrecher zugebilligt werden muß.

C. Das Amt des Staates ist nicht die Verkündigung des Gesetzes, daß Gott alle Menschen zum Sterbenmüssen verurteilt. Ebenso ist es nicht seine Aufgabe, aller Welt das Evangelium zu sagen, daß Gott den Menschen aus grundloser Liebe ein neues Leben in der Auferstehung Christi schenkt. Die Aufgabe des Staates ist die Ermöglichung und die Förderung des menschl. Lebens in dieser Welt. Die im →Strafrecht zu fordernde Gerechtigkeit ist deshalb eine andere als jene, die Gott im Jüngsten Gericht übt, oder die, welche er aus Gnaden den Sündern zurechnet, die sich bekehren und ihm glauben.

Die *staatl.* →*Gerechtigkeit* wird bestimmt durch drei Bezugspunkte:

1. Ein Urteil eines →Richters muß der *Tat* eines Verbrechers gerecht werden. Diesen Bezugspunkt stellt die Vergeltungstheorie in den Vordergrund. Durch die Strafe soll die Rechtsordnung, welche durch das Verbrechen verletzt worden ist, wiederhergestellt werden. In der T. soll der Mörder seine Tat *„sühnen"*. Die Untat fordere das Leben des Täters. Man sagt, daß durch die Tötung des Mörders die Ermordung des Opfers *„aufgehoben"* und damit die Unversehrtheit des Rechtes wiederhergestellt werde. Weil der Mord die *Rechtsordnung* und das Recht des Menschen auf Leben radikal verneint, soll das Recht des Täters gleichfalls radikal verneint werden. Die T. erscheint auf diesem Hintergrund als die gerechteste aller mögl. Strafen eines Strafrechtes. Sie sei die einzige Strafe, die tatsächl. Gleiches mit Gleichem vergelte.

Aber selbst bei Anerkennung der Forderung, daß Strafe Schuldstrafe sein muß, wird die Begründung der T. durch die Vergeltungstheorie fragwürdig. Zunächst ist sie einseitig auf die T. für Mord bezogen. Bei der bes. problematischen T. für Hoch- und Landesverrat und andere Verbrechen sowie bei ihrer Ausdehnung und Drakonisierung im Kriegsfall versagt sie. Sodann stimmt die Gleichung Mord = T. nicht. Es ist die Erfassung des Verbrechens *„Mord"* durch die rein formale Kategorie „Zerstörung des Lebens" nicht zureichend; denn auch der Totschlag und die fahrlässige Tötung vernichten ein Menschenleben. Auch der Begriff „Gesamtheit des Lebens" kann nicht viel weiterführen; denn es gibt partielle Zerstörungen des Lebens zB seelischer Art, welche im Grunde furchtbarer sein können als ein „einfacher" Mord. Das formale Denken der Vergeltungstheorie ist wider die eigene Absicht zu sehr an der Körperlichkeit des Menschen orientiert.

In Wahrheit entspricht auch die *Hinrichtung* als Leiden nicht dem Leiden des Ermordetwerdens. Als seelisches Erleben ist das Wissen um den Zeitpunkt der Hinrichtung ein Mehr an Leiden gegenüber dem Leiden, welches die i. d. R. unvorhergesehene Ermordung mit sich bringt.

Der Formalismus des Denkens im Bereich der Vergeltungstheorie führt zu dem Widerspruch, daß die *Heiligkeit des Lebens* durch die Vernichtung eines Lebens demonstriert werden soll. Unter der Hand erfolgt hierbei eine Personifizierung der moralischen Rechtsordnung. Wenn das Sittengesetz die Tötung auch eines uneinsichtigen Verbrechers fordert, dann ist die T. nicht mehr Strafe, sondern ein Opfer, das dem „Gott" Sittengesetz dargebracht werden muß. Die „Sittlichkeit" ist aber kein „Moloch". Sie wendet sich vielmehr als Forderung an das Personenzentrum des Menschen. Die →Ethik ist kein Eigenwert.

Sie soll befolgt werden, damit der Mensch Mensch sein kann. Im Ethos fordert Gott den Menschen für sich als sein „Ebenbild". Die Verabsolutierung dieser Forderung zerreißt die Relation zwischen Gott und Mensch und vernichtet damit den Sinn der Ethik. Wird ein uneinsichtiger Mensch dem Sittengesetz geopfert, so wird er einem *„Prinzip"* geopfert. Der christl. Gott aber ist kein „Prinzip".

2. Ein Urteil wäre ungerecht, wenn es die *Wirklichkeit des Täters* außer acht ließe. Der Täter hat das Recht, daß man sich mit seiner konkreten Wirklichkeit und nicht nur prinzipiell mit ihm befaßt, wenn er verurteilt werden soll. Darüber hinaus hat er auch noch ein „Recht" auf Vergebung. Dieses Sachverhaltes nimmt sich die Besserungstheorie an.

Im Bereich dieser Theorie wird gefragt, inwieweit eine Tat dem Täter als Schuld zugerechnet werden darf. Der Geisteskranke ist ebensowenig wie das unmündige Kind für seine Taten verantwortl. zu machen. Die Tötung eines Mörders ohne Rücksicht auf dessen *Zurechnungsfähigkeit* würde die Dämonisierung des Rechtes ermöglichen und offenbaren. Vor dieser Dämonisierung schützt die Abzweckung der Strafe auf Resozialisierung bzw. Heilung des Verbrechers. Von diesem Strafverständnis aus erscheint die T. grds. als Unrecht.

3. Der dritte Bezugspunkt ist das *Interesse des Staates.* Der Staat ist zu seinem amtl. Handeln berechtigt, weil die Bestrafung des Täters und die Ahndung der Tat in seinen Aufgabenbereich, zu seinen Notwendigkeiten, gehören. Gerecht in diesem Sinne ist die Strafe, die dem Zusammenlebenkönnen der Menschen am besten hilft. Zu diesem Lebenkönnen verhilft auch die Durchsetzung von ethischen Werten. Wird aber diese Durchsetzung erzwungen und bis zur letzten, logischen Konsequenz weitergetrieben, dann wird aus dem Staat ein großes Zuchthaus, ja es wäre seine höchste sittl. Pflicht, sich selbst auf dem Wege der Verurteilung auszurotten. Wenn der Staat seine Aufgabe ernst nimmt, für das Leben und gesicherte Zusammenleben der Menschen zu sorgen, dann muß er grds. in seinem Strafrecht die Möglichkeit vorsehen, Gnade vor Recht ergehen zu lassen. Ein im staatl. Sinne gerechtes Urteil muß demnach ein *Kompromiß* aller drei Anforderungen sein. Es muß dem Zusammenlebenkönnen der Menschen dienen, der Wirklichkeit des Täters als Menschen und der Schwere der Tat entsprechen.

Zur Vorsicht bei der Verhängung absoluter Strafen, wie es exemplarisch die T. ist, mahnt die *Möglichkeit des Irrtums.* Der Irrtum kann durch keine Sicherung ausgeschaltet werden, denn selbst das volle Geständnis des „Täters" schützt nicht davor. Die Verhängung der T. überfordert den menschl. Amtsträger. Die Einsicht in die menschl. Unvollkommenheit soll dem Urteilenden und dem zu Verurteilenden gleicherweise zugerechnet werden.

Der Verzicht auf die T. wäre nicht mögl., wenn das Weiterleben eines Verbrechers das Zusammenlebenkönnen absolut unmögl. machen sollte. Wie die kriminalpolitische Erfahrung aber zeigt, ist diese Gefahr – zumindest bei den modernen Staaten – nicht gegeben. Die Anwendung oder Wiedereinführung der T. im Bereich dieser Staatswesen ist darum ein Unrecht, welches die moralischen Grundlagen des Staates nachhaltiger zerstört als das Unterbleiben der vergeltenden Sühne einer Schuld. Diese „Schuld" des Staates ist „der Übel größtes" nicht.

D. Die T. ist zwar grds. ein theol. Problem. Durch die Sachlage des Problems erweist sie sich aber als eine Frage der strafrechtl. Vernunft.

1. Kann der Staat auf die T. verzichten, so kann dieser Verzicht nicht mit „theol." Gründen verurteilt werden. Es liegt vielmehr dem christl. Denken näher, diesen Verzicht zu *begrüßen.* Er befreit nämlich die *Seelsorge* von dem unheiml. Widerspruch, daß der Pfarrer dem armen Sünder zwar die vergebende Liebe Gottes verkündigt, ihm gleichzeitig aber sagen soll, daß der Staat um Gottes willen nicht auf die Hinrichtung verzichten kann. Die notwendige Scheidung von „Gesetz" und „Evangelium" (→Zwei-Reiche-Lehre) darf nicht in eine Schizophrenie führen, welche die Seelsorge zur Heuchelei werden läßt. Will Gott, daß der Sünder sich bekehre und lebe, dann gilt das nicht nur für das Jenseits, sondern auch für das Hier und Heute.

2. Das ev. Denken hat seinen tiefsten Grund nicht im „Gesetz", sondern in der *Gnade* (→Gnadenakte), die dem Sünder aus lauter Liebe das Leben schenkt. Die Forderung der Sühne um der Sühne willen geht am „Kreuz" Christi vorbei. Sie ist „natürl." Theol., in ihrem Ernst wahrhaftig tief, aber eben doch nicht „christl.".

3. Die *Liebe* ist notwendig ungerecht. Indem sie „umsonst" vergibt, nimmt sie dem Gesetz die Absolutheit. Der Gott des Gesetzes ist der verborgene Gott, der „Dämon", der jedem Menschen nach dem Leben trachtet. Davon spricht die Bibel fast auf jeder Seite. Ein Staat, der diesem Gott dient, widerspricht seiner Aufgabe, Damm wider das Chaos zu sein. Der Verzicht auf die T. ist von hier aus zu verstehen als Symbol für den Willen eines Staatswesens, seinem göttl. Auftrag, soweit es Menschen mögl. ist, gerecht zu werden.

A. Ruesch, T. und Unfreiheit des Willens. Ein Beitrag zur Rechtfertigung der T., 1927 – S. Greinwald, Die T., 1948 – B. Düsing, Die Gesch. der Abschaffung der T. in der Bunderep. Dtschld., 1952 – P. Althaus, Die T. als Problem der christl. Ethik, 1955 – Ernst Wolf, Naturrecht oder Christusrecht, T., 1960 – H. Büchert, Die T., geschichtl., religiös und rechtl. beleuchtet, 1960 – H.-P. Alt, Das Problem der T., 1960 (Lit.) – W. Middendorf, T. – Ja oder Nein, 1962 – G. Ermecke, Zur ethischen Begründung der T. heute, 1963² – A. Mergen, Dokumentation über die T. Mit einer rechtsvergleichenden Darstellung des Problems der T. in aller Welt, 1963 – J. W. Berlit, Die T., im Namen des Volkes, 1964 – A. Reps, Das Problem der T., 1964 – R. Meisel, Die Rechtmäßigkeit der T., 1965 – J. SEWING, Studien zur T. im Naturrecht, 1966 – G. GLOEGE, Die T. als theol. Problem, 1966 – L. BARRING, Göttterspruch und Henkershand. Die T. in der Gesch. der Menschheit, 1967 – E. HOFFMANN, Der Ruf nach dem Scharfrichter, kriminologische Argumente für und gegen die T., 1967 – D. KELLER, Die T. in kritischer Sicht, 1968 – J. EBBINGHAUS, Die Strafen für Tötung eines Menschen nach den Prinzipien einer Rechtsphilosophie der Freiheit, 1968 – B. STRUB, Der Einfluß der Aufklärung auf die T., Zürich 1973 – K. B. LEDER, T. Ursprung, Geschichte, Opfer, Wien, München 1980.

Hans-Peter Alt

Toleranz. I. Theol. 1. Begriff. Das Wort T. ist abgeleitet von lat. tolerare = dulden, ertragen. Tolerantia bedeutet ursprünglich: *Geduld.* Das Wort T. gilt inzwischen als „schwammiger" Begriff. Im religionswissenschaftl. Sprachgebrauch wird zwischen *formaler* und *materialer* T. unterschieden. *Formale T.* läßt fremde Religion und Praxis unangetastet. Sie gewährt den Andersgläubigen formale →Glaubensfreiheit. Das Gegenteil zur formalen T. ist die *Intoleranz,* welche Bekenner eines anderen religiösen Glaubens bzw. einer fremden Überzeugung zur Unterwerfung unter eine Kirche oder einen Staat zwingt. Wahrheitseifer verbindet sich oft mit der politischen Furcht, abweichender Glaube und eigene Kultur würden die Einheit eines Staates oder einer Gesellschaft stören und zerstören (→Pluralismus). *Inhaltliche T.* begnügt sich nicht mit der Duldung einer fremden Glaubenspraxis. Sie kann offen sein für die Anerkennung des Heiligen in einer anderen Religion. Sie kann aber auch eine Folge religiöser Skepsis und Gleichgültigkeit sein. Während formale T. eine fremde Überzeugung duldet, obwohl sie ein Übel ist, stellt materiale T. vor die Frage des Exklusivitätsanspruchs der *Offenbarung* und vor die *Wahrheitsfrage.* Materiale T. ist also abhängig vom Offenbarungs- und Kirchenverständnis (→Kirche). So gibt es Religionen, die in anderen Glaubensweisen nur unterschiedl. Erscheinungsformen desselben Göttlichen finden (vgl. zB das Anwachsen des Pantheons der Römer mit der Ausbreitung des Röm. Reiches). Mystische Religionen, wie der Buddhismus und Sufismus, lassen unterschiedl. Wege zum Göttlichen zu. Offenbarungsreligionen wie der prophetische Glaube Israels (vgl. Ex 20,3; Jer 2,10 ff.; Jes 2,8), das Christentum, das Judentum und der Islam sind von Hause aus intolerant. Formale T. ist in der Regel politisch begründet. Eine **Definition von T.** hat H. R. GUGGISBERG vorgeschlagen: „Ein Mensch übt Toleranz, wenn er einen anderen Menschen duldet, der sich in seinen Meinungen und Anschauungen und vielleicht auch in seinem Handeln von ihm unterscheidet. Eine Obrigkeit praktiziert Toleranz, wenn sie religiöse Minderheiten, die sich von der offiziellen Kultausübung distanzieren, in ihrem Staatswesen leben läßt ... ‚Religionsfreiheit' hingegen bedeutet ein gewährtes Recht und dadurch einen Zustand, den die Bürger eines Staatswesens genießen, und zwar als Konsequenz der von der Regierung praktizierten Toleranz. Anders gesagt: Toleranz ermöglicht, gewährt und schafft Religionsfreiheit. Religionsfreiheit ihrerseits erlaubt die Entstehung eines religiösen Pluralismus innerhalb der staatl.-polit. Gemeinschaft." Das Problem der T. stellt sich ferner nach dem Selbstverständnis einer Religion in unterschiedl. Weise.

2. Toleranz in der Geschichte des Christentums. a) Allgemeines. Das Christentum stand von Anfang seiner Gesch. an in Spannung zur T. In seiner Gesch. durchläuft es verschiedene Phasen der Einstellung zur T. Die *erste Christenheit* war ihrerseits von staatl. Duldung abhängig und litt in den Christenverfolgungen unter der staatl. Intoleranz. Mit der *konstantinischen Wende* (→Konstantinisches Zeitalter) wurde das Christentum zur Staatsreligion. Häresien galten seit JUSTINIAN I. (527 – 565) als Gefährdungen der polit. Einheit des Reiches. Das *MA.* gewährte Nichtchristen und Ketzern keine T. Es verfolgte sie in der Inquisition. Mit der →*Reformation* entsteht eine konfessionelle Pluralität auf christlicher Basis (→*Augsburger Religionsfriede* 1555). T. wird zur befristeten Duldung in der Hoffnung auf die künftige Durchsetzung der Wahrheit und die Wiederherstellung der relig. Einheit eines →corpus Christianum (sei es mit Hilfe des Religionskrieges oder auf einem →Konzil). Erst die →*Aufklärung* bringt die Anerkennung der Glaubens- und Gewissensfreiheit als eines individuellen Grundrechts und erhebt T. zur Tugend der Weitherzigkeit und Friedfertigkeit. Die heutige T.diskussion ist also durch die Aufklärung bestimmt.

b) Alte Kirche und Mittelalter. Die ersten Christen wurden verfolgt, weil sie als Gefährdung der religiösen Einheit des Reiches betrachtet wurden (PLINIUSbrief: pertinacia, obstinatio; TACITUS Ann. XV, 44: Odium generis humani). Gottlosigkeit und Staatsgefährdung (Verweigerung des Opfers für den Kaiser) waren die Hauptgründe für die Verfolgung der Christen. Die *Apologeten* warnen dagegen den Staat vor einer Verletzung der Religionsfreiheit, da dieser Frevel die Grundlagen des Staates erschüttere. Erst im 3. Jh. wurde die Christenverfolgung rechtl. geordnet. DIOKLETIAN erklärte das Christentum zur religio illicita. Im *Mailänder Abkommen* (313), fälschlich „T.edikt" genannt, wurde das Christentum anderen Religionen gleichgestellt; und damit erlangten christl. Gemeinden die Rechtsfähigkeit. Mit dem Sieg des Christentums unter KONSTANTIN stellte sich die Frage, ob die →Staatskirche die T., die sie in den ersten drei Jahrhunderten für die Christen gefordert hatte, ihrerseits Heiden und Häretikern gewähren solle. Die Zwangsmaßnahmen gegen den Donatismus, das Verbot heidnischer Kulte, die Erhebung des Christentums zur Staatsreligion durch THEODOSIUS I. (379 – 395), die Proklamation der nizänischen Orthodoxie zum Reichsglauben bezeichnen Etappen auf dem Weg zu christl. Intoleranz. AUGUSTIN verurteilte das Einlenken des Kaisers gegenüber den Donatisten als „ignominiossima indulgentia" (Contra p. Don. 31,54). Es gibt nach AUGUSTIN eine iusta persecutio durch die Kirche, eine ungerechte durch die Gottlosen: „Die Kirche verfolgt aus Liebe, die Gottlosen aus Grausamkeit" (Ep. 185,11). Als bibl. Begründung dient Lk 14,23: cogite (bzw. compelle) intrare (Ep. 13,5; 173,10). Freilich verzichtete AUGUSTIN noch auf Todesstrafe und schwere Torturen. Neben Häretikern und Anhängern des Manichäismus wurden zunehmend auch *Juden* verfolgt (→Judenfeindschaft). Den Abschluß der reichskirchl. Praxis bilden die Reichsgesetze unter JUSTINIAN (Codex Justinianus 529), die noch in der Reformationszeit gegen Täufer, Antitrinitarier und Juden angewandt wurden. Denn im christl. Reich waren die Rechte der Staatsbürger abhängig von der Zulassung zu den Sakramenten. Die T. gegenüber Häretikern und Juden war infolge eines sakramental begründeten Rechts ausgeschlossen.

Auf der Grundlage der theol. Überlegungen AUGUSTINS wurde das Ketzerrecht des *MA.* gestaltet. Ketzerverbrennung, Inquisition, die Erklärung der Häretiker zu Staatsfeinden waren üblich. Die theol. Legitimation findet sich u. a. bei THOMAS VON AQUIN (S. Th. II/II, q. 10): Die Annahme des Glaubens ist zwar freiwillig. Der Glaubensabfall, die Apostasie ist aber Verrat, Treuebruch und als solcher zu ahnden. →*Häresie* ist Glaubensfälschung und wie Geldfälschung ein Majestätsverbrechen. Der Häretiker kann sich auch nicht auf sein irrendes Gewissen berufen, das THOMAS anderweitig anerkennt, weil die christl. Glaubenswahrheiten zureichend bekannt sind.

c) Reformation und Humanismus. Erst das 16. Jh. stellt erneut vor das Problem der T. infolge der Glaubensspaltung (→Reformation). Dabei waren Anwälte der T. nicht die Reformatoren, sondern täuferische Spiritualisten und einzelne Humanisten. THOMAS MORUS (Utopia 1516) und ERASMUS empfehlen aus pragmatischen Gründen angesichts des drohenden Religionskrieges ein hohes Maß an T., im Sinne von „Geduld", bestanden aber auf dem staatl. Schutz eines Kerns, Minimums religiöser Grundsätze. Wahrung des staatl. und kirchl. Autoritätsbedürfnisses verband sich hier mit theol.-dogmatischer Skepsis.

Für die *Reformatoren* wiederholte sich in der Frage der T. die Lage der ersten Christen. Einerseits forderten sie selbst für die Predigt des Evangeliums T., andererseits standen sie bald ihrerseits vor der Frage, wie sie sich selbst zur T.forderung der Spiritualisten und Täufer, der „Schwärmer" verhalten sollten. LUTHER forderte schon 1520 in der Adelsschrift: „Man sollte die Ketzer mit Schriften, nicht mit Feuer überwinden" (WA 6,455,21). Die Bulle „Exsurge Domine" verurteilte LUTHERS Aussage, Ketzer verbrennen sei gegen den Willen des Heiligen Geistes, als →Häresie. LUTHER löste sich aufgrund seines Verständnisses von Wort und Glaube grundsätzl. von der ma. Bewertung der Ketzerei als Seelenmord. Ketzerei ist kein Sakrileg. Die geistl. Natur von Wort, Evangelium und Glaube macht dem kirchl. Inquisitionsverfahren ein Ende. Dazu kommt die Unterscheidung von geistl. und weltl. Aufgaben und Zuständigkeiten in der →Zwei-Reiche-Lehre. Auf diese theol. Wertung der Ketzerei haben sich später Spiritualisten wie SEBASTIAN FRANCK und CASTELLIO berufen, mit Recht auch gegen spätere Äußerungen LUTHERS selbst. Andererseits blieb LUTHER dem Vorurteil von der polit. Gefährlichkeit unterschiedl. Lehre und Glaubensüberzeugung in einem Staat verhaftet. Zwiespalt in Lehre und Gottesdienst stört den Frieden. Messe, Synagogengottesdienst und schwärmerische Predigt sind Blasphemie und ziehen Gottes Zorn nach sich. Die *Obrigkeit* hat hier Ordnung zu schaffen und Andersgläubige des Landes zu verweisen. Seit dem Bauernkrieg, deutlicher seit 1531, wenn auch mit Gewissensskrupeln, stimmt LUTHER auch der obrigkeitl. Strafverfolgung gegenüber Täufern zu, sogar der Anwendung der Todesstrafe. Deren Ablehnung von Eid, Kriegsdienst und obrigkeitl. Ämtern trug diese Anschauung (vgl. *Art. 16 der CA*). Die sachliche Begründung gab die Berufung auf das Stadtrecht (WA 31, I, 209 ff.).

MELANCHTHON lenkte theol. zur ma. →cura religionis christl. Obrigkeit zurück und hielt am Ketzerrecht in ev. Territorien fest. ZWINGLI berief sich auf die Rechte der christl. Stadt, als er Täuferführer hinrichten ließ. CALVINS Verteidigung der Hinrichtung von SERVET (Defensio orthodoxae fidei 1554) kommt der thomistischen Deutung der Häresie als Seelenmord nahe. SERVET wurde freilich hingerichtet nach einem von einem weltl. Gericht durchgeführten Kriminalprozeß nach geltendem Reichsrecht, das Bestreiter der Trinitätslehre als Gottesleugner verurteilte. Die Reformatoren waren keineswegs Anwälte religiöser und politischer T.

Für die T. traten im Reformationsjahrhundert nur wenige Außenseiter ein. Das Bild der Stellung zur T. bei *Spiritualisten* und *Täufern* (→Täufertum) ist vielfältig und höchst unterschiedlich. THOMAS MÜNTZER propagierte Intoleranz gegen die „Gottlosen", die sich nicht der Herrschaft der „Auserwählten" anschließen wollten. Andere wie HUBMAIER, DENCK, SCHWENCKFELD traten für das Leiden als einzige Verhaltensweise von Christen ein und orientierten sich an der Nachfolge Christi. SEBASTIAN FRANCK vertrat einen radikalen Spiritualismus der Innerlichkeit und lehnte als Mystiker Glaubenszwang und Kirche völlig ab. Neben dem mystischen Individualismus trat der Humanismus für T. ein. SEBASTIAN CASTELLIOS Schrift „De haereticis an sint persequendi" (1554), gegen CALVIN gerichtet, stellt die dann in der Aufklärung wirksam werdenden Argumente für die T. zusammen. CASTELLIO formulierte den vielzitierten Satz: „Einen Menschen töten heißt nicht, eine Lehre verteidigen, sondern einen Menschen töten.“ Die T.forderung der Aufklärung stützt sich weithin auf CASTELLIOS Argumente. Dabei werden die im 16. Jh. bibl. und theol. orientierten Begründungen von T. zunehmend durch rationale und polit. Erwägungen ersetzt (vgl. GUGGISBERG, LUTZ).

d) Aufklärung und Neuzeit. Der T. zur Anerkennung verholfen haben polit. Einsichten der Neuzeit und die →Aufklärung. Nachdem →*Augsburger Religionsfriede* (1555) und →*Westfälischer Friede* (1648) die T. durch die Parität zwischen den Konfessionen und den Frieden im Reich sicherten, führten polit. Überlegungen – aber auch wirtschaftl. – in den Territorien zur Gewährung von T. und zur Preisgabe der konfessionellen Geschlossenheit eines Landes (zB in Preußen, wo das Herrscherhaus 1615 zum Calvinismus übertrat, aber das Volk luth. blieb). In *Frankreich* trat der Kanzler L'HÔPITAL (1505 – 1573) bereits 1560 aus politischen Überlegungen für eine religiöse →Neutralität des Staates ein. Auch in den *Niederlanden* (zB *Union von Utrecht* 1579) und *England* (unter CROMWELL 1579 – 1658, Lordprotektor 1653 – 1658) finden sich Bestrebungen zur Trennung von Kirche und Staat und zu dem Zugeständnis der Glaubens- und Gewissensfreiheit an den einzelnen. Das 17./18. Jh. wurde das *Jahrhundert der Toleranz:* Die Staatsphilosophie der *Aufklärung* – vgl. das Dictum von CHR. THOMASIUS, das vornehmste Regal des Landesherrn sei die Toleranz, nicht das →ius reformandi –, die hist. Kritik (zB SPINOZA, Tractatus theologico-politicus 1670), die Entdeckung von Menschenrechten als Grundfreiheiten machen T. zur zentralen Forderung. JOHN LOCKE (A Letter concerning Toleration, 1689), PIERRE BAYLE, VOLTAIRE, LESSING (Streit mit GOEZE; Nathan der Weise, 1779) machen T. zum Grundprinzip der Humanität. Damit verfällt zugleich das Staatskirchentum und z. T. die Offenbarungsreligion der Kritik. Mit dem Ende des konfessionellen Zeitalters tritt die bibl.-theol. T.apologie zurück und polit., ökonomische und naturrechtl. Argumente gewinnen an Gewicht. Polit. und ökonomische Faktoren bestimmen Fürsten und Magistrate zur Gewährung von T. Zugleich verstärkt sich der Zweifel an der Gewißheit in Glaubenssachen. Die *Skepsis* gegenüber der Kirchenlehre und die Achtung der individuellen Gewissensentscheidung verbinden sich. Die Freiheit des Geistes und der persönl. Überzeugung wird höchster Wert. Das *Preußische* →*Allgemeine Landrecht* (1794), das T.patent JOSEPHS II. (1781), die *Unabhängigkeitserklärung* der USA (1776) und die französische Menschenrechtserklärung (1789) geben diesem Verständnis von T. erstmals polit. Gestalt. An die Stelle einer staatl. gewährten T. tritt zunehmend der Rechtsanspruch des Menschen auf →Glaubens- und Gewissensfreiheit. Dieser Rechtsanspruch ist in der polit. Verfassung verankert und hat Auswirkungen auf das →Staatskirchenrecht.

3. T. als gegenwärtiges Problem. a) Römisch-katholische Kirche. Die kath. Kirche hat seit der Gegenreformation T. bekämpft. Sie erklärte 1648 den →*Westfälischen Frieden* wegen seiner Religionsbestimmungen für ungültig und bekämpfte im 19. Jh. →Aufklärung und →Liberalismus: Enzyklika „Mirari vos“ GREGOR XVI., 1832, Quanta cura PIUS IX. mit Syllabus 1864. Die →Religionsfreiheit (libertas conscientiae) sei eine „erronea sententia“ (Mirari vos). Nachdem LEO XIII. (Enzyklika Immortale Dei 1885, Libertas praestantissimum 1888) aus polit. Überlegungen dem Staat die Duldung mehrerer Kulte zugestand, PIUS XII. freilich noch 1953 betonte: „Was nicht der Wahrheit und dem Sittengesetz entspricht, hat objektiv kein Recht auf Dasein, Propaganda und Betätigung“, brachte erst das *II.* →*Vatikanische Konzil* in der Erklärung zur Religionsfreiheit *„De libertate religiosa“, „Dignitatis humanae“* 1965 einen grundlegenden Neuansatz. Die T. wird nun nicht länger als Duldung eines Übels verstanden, sondern aus dem Recht der *Person* begründet. Dem Staat wird nicht länger der Schutz einer Wahrheitsordnung der Kirche, sondern nur die Wahrung der Freiheitsordnung der Bürger aufgetragen. Die Sozialnatur des Menschen erfordert, daß der einzelne Christ mit anderen zusammen seine Religionsfreiheit ausüben kann. Das Konzil verzichtet nicht auf den moralischen Wahrheitsanspruch christl. Glaubens, unterscheidet aber Moral und Recht. Der Staat hat nicht eine Wahrheits- und Tugendordnung, sondern nur eine Friedens- und Freiheitsordnung zu gewährleisten. Für die Religionsfreiheit als Recht ist auszugehen von der Freiheit und dem *Recht der Person.* Mit dieser Erklärung zur Religionsfreiheit stellt sich freilich das Problem der Geschichtlichkeit und Wandelbarkeit lehramtl. Aussagen. Denn die lehramtl. Ablehnung der T. im 19. Jh. berief sich auf ein unwandelbares Naturrecht.

b) Ökumenische Stellungnahmen. Die 1. Vollversammlung des Ökumenischen Rates der Kirchen (ÖRK) 1948 in Amsterdam (→Ökumenische Bewegung) verabschiedete eine „Erklärung zur →Religionsfreiheit“, die besonders die Lage von Christen in kommunistischen Ländern ansprach. Diskutiert wird in den 70er Jahren die Festlegung von Minimalstandards der Religionsfreiheit. Die Gefahr der Formulierung solcher Mindestanforderungen besteht freilich darin, daß Staaten nur diese gewähren und sich damit von der vollen Verwirklichung der Religionsfreiheit entlastet sehen. So kann zB ein Staat (Saudi-Arabien) das Recht zum Religionswechsel versagen. Streitpunkte sind bei der Religionsfreiheit weniger die persönl., private Religionsausübung im Sinne der traditionellen Definition „das Recht, aus freiem Entschluß eine Religion oder einen Glauben zu haben oder anzunehmen, sowie das Recht, diese Religion oder diesen Glauben einzeln oder gemeinsam mit anderen öffentl. oder im privaten Bereich, im Gottesdienst, in dem herkömmlichen Brauchtum, in Praxis und Lehre zu äußern" (5. Vollversammlung des ÖRK, Nairobi 1975). Vielmehr ist kontrovers die Legitimation, aufgrund der Religionsfreiheit *öffentliche Stellungnahmen* (v. a. zur staatl. Politik) abzugeben. *Nairobi* fügte deshalb hinzu: „Zur Religionsfreiheit muß auch das Recht und die Pflicht der religiösen Institutionen gehören, die herrschenden Mächte, wo dies notwendig ist, im Einklang mit ihren religiösen Überzeugungen zu kritisieren" (→Öffentlichkeitsanspruch der Kirche).

Die *Schranken* der Religionsfreiheit und die Gründe für eine Einschränkung der T. sind umstritten. T. sollte nicht Privilegien schützen oder die öffentl. Ordnung, Sicherheit und Moral gefährden oder in die Rechte anderer eingreifen. T. wird heute besonders im Kampf um Befreiung und gegen Unterdrückung und in ideologischen Auseinandersetzungen zum Gegenstand des Streites. Das T.problem ist also heute oft weniger im Rahmen des Verhältnisses von Kirche und Staat oder innerhalb und zwischen den Religionsgemeinschaften ein Problem als vielmehr im gesamtgesellschaftl. Kontext.

c) T. als politisches Problem. Die T.problematik in polit. Sicht betrifft einerseits die Wahrung von Rechten der Person *(→Menschenrechte)*, das Verständnis von *→Freiheit* und der rechtl. Gleichstellung aller Bürger (→Gleichheit). Andererseits geht es um die *→Verfassung* eines Staates. T. gewährt zunächst einmal einen *Minderheitenschutz.* Die Integrationskraft der →Mehrheit, welche die Wahrheit bestimmen zu können vermeint, erweist sich als begrenzt. Der gesellschaftl. und religiöse *→Pluralismus* führt damit notwendig vor das Problem der T. Die Entstehung der modernen T.vorstellungen im christl. Kulturkreis des Westens beruht seit der Aufklärung sowohl auf einer Privatisierung des Glaubens wie auf einer Profanierung der Religion (→Säkularisierung). Diese Auffassung hat sich bis heute nicht in allen Religionen und Kulturen durchgesetzt (zB Islam; Saudi-Arabien gewährt keine Freiheit der Religionsausübung und des Glaubenswechsels). Im Zeitalter der T. wird auf die polit. Durchsetzung eines absolut verbindl. Wahrheitsanspruches verzichtet. Die Aufklärung (zB Thomas Hobbes 1588–1639) wies dem Staat als Sachwalter der Vernunft die Ordnung der T. zu. Heute ist T. gefährdet einerseits durch ideologische Ansprüche seitens *totalitärer* Staaten, andererseits durch die gesellschaftl. Verfaßtheit des Zusammenlebens. Wesentl. strittiger als die T. zugunsten einer Religion (→Religionsfreiheit) ist die T. gegenüber Anhängern anderer →Ideologien und polit. Überzeugungen. Dabei steht auch die Abgrenzung der Religions- und Meinungsfreiheit zur Debatte: Schützt Religionsfreiheit nur die private, nichtöffentl. Gesinnung (das forum internum), oder gestattet sie auch *öffentl. Äußerungen,* Darstellungen, und wenn, welche (→Öffentlichkeitsanspruch der Kirche; Kirchenfreiheit als Freiheit der Selbstbestimmung und Selbstverwaltung)? H. Marcuse (1898 bis 1979) hat an der T., welche ein liberaler Staat und eine pluralistische Gesellschaft gewähren, Kritik geübt. „Repressive Toleranz" verhindert nach ihm, durch Berufung auf gesellschaftl. Sachzwänge, soziale und polit. Veränderungen. Die Gefahr einer zugunsten „progressiver" Tendenzen gesellschaftl. Entwicklung für legitim gehaltenen Intoleranz ist wiederum der „Tugendterror" (Hegel). Die polit. Diskussion um T. führt zu Fragen wie →Widerstand und →Revolution, Mehrheitsentscheidung und Minderheitenrecht. Die „bürgerl." T. erweist sich somit als ein facettenreiches staatsrechtl. Problem.

d) T. und religiöse Absolutheitsansprüche. Eine dogmatische Sicht der Offenbarung bringt deren Wahrheitsanspruch in Konflikt mit der T. Ein exklusiver Offenbarungsanspruch ist intolerant (vgl. im AT Elias auf dem Karmel, der die Baalspriester tötet; im NT: Heil allein in Christus, Apg 4,12). Ein Offenbarungsglaube, welcher die absolute Wahrheit zu besitzen beansprucht, führt zumeist zu Intoleranz. Andererseits kennt auch das *NT* Beispiele der T. (Barmherziger Samariter, Lk 10,25 ff.). Der T.gedanke kam zum Durchbruch erst mit der Aufklärung. Das Zutrauen zur Selbstdurchsetzung der Vernunft in der Gesch. verband sich mit hist. Kritik. Aufgrund fehlenden relig. Konsenses wurde T. zur polit. Konvention. Das prägnanteste Beispiel dafür ist die Ringparabel in Lessings „Nathan der Weise", mit dem Satz: „Der wahre Ring vermutlich ging verloren." J. W. Goethe (Maximen und Reflexionen Nr. 875) faßt die dogmatische Skepsis in den Satz: „T. sollte eigentlich nur eine vorübergehende Gesinnung sein; sie muß zur Anerkennung führen." Der Kampf der Aufklärung galt den dogmatischen Vorurteilen. Für Lessing war T. ein religionsphilosoph. Anliegen, das im Dienst der Harmonisierung von Glaube und Vernunft stand; die staatsrechtl. Komponente tritt darüber bei ihm zurück. Die aufgeklärte T.forderung ist freilich in sich ambivalent. Sie kann auch zum *Verzicht* auf jeden relig. Wahrheitsanspruch und dadurch zu relig. Gleichgültigkeit führen. Für eine subjektivistische Glaubensauffassung ist T. dabei kein Problem, da hier die Glaubensidentität beliebig ist. Das theol. Problem der T. stellt sich, wenn man profanum und sacrum nicht unterscheidet und nicht auf relig. Wahrheitsansprüche von vornherein verzichtet. *Politische T.* setzt die Unterscheidung von profanum und sacrum voraus (→Zwei-Reiche-Lehre). Sie begrenzt die Zuständigkeit der Kirche auf Gewissensfragen und macht die Integration der Bürger im Staat nicht von deren relig. Bekenntnis abhängig. In der Diskussion um den →status confessionis in der Friedensfrage (→Friede), der Begründung der polit. Ethik aus dem Bekenntnis, der Diskussion um Grundwerte, civil religion und →Säkularisierung wird heute erneut die Abgrenzung von theologischer, relig. Intoleranz und polit. T. diskutiert und strittig.

e) T. als menschl. Aufgabe. Eine Lösung der theol. Aporie der T. wird nur möglich, wenn man die „Spannung zwischen Wahrheitsfrage und Liebespflicht" (G. EBELING) ernst nimmt. Die Wahrheit kann nicht tolerant sein. Sie kann jedoch auch nicht erzwungen werden. Wahrheit kann nur in Freiheit angeeignet werden. Damit stellt sich einmal die Aufgabe, das Verh. von T. und →*Macht* zu klären. LUTHER sprach von Gottes „Toleranz" (WA 39 I,82 f.) gegenüber dem Sünder. Die Geduld Gottes (tolerantia dei) ist veranlaßt durch die Sünde. Entsprechend zu Gottes Geduld, „T.", soll der Mensch den Anderen und Andersartigen dulden. Diese T. der Vernunft gehört, theol. geurteilt, in den Bereich der bürgerl. Gerechtigkeit: „Fides nihil, charitas omnia tolerat" (LUTHER WA Br. 2,431). T. beruht auf der Achtung der Personwürde (→Menschenwürde) und der Unverfügbarkeit von Gewissensentscheidungen.

Zum anderen ist T. menschl. Aufgabe aufgrund der Doppeldeutigkeit menschl. →*Freiheit*. Die Freiheit des Menschen führt zu Unterschieden in Kultur und Religion. Kultur beruht auf Verschiedenheit; Verschiedenheit heißt Konflikt. T., Religionsfreiheit sind daher auch Maßstab für den Freiheitsstandard einer Gesellschaft und eines polit. Systems. T. ist die Alternative zur Lösung von Konflikten durch →Gewalt.

Schließl. wird T. zur menschl. Aufgabe, weil die Wahrheit Gottes Verheißung, nicht menschl. Besitz ist. Weltanschaul. Absolutheitsansprüche stoßen auf Grenzen, Begrenztheiten menschl. Erkenntnis. JAKOB GRIMM meinte zur Erkennbarkeit der Wahrheit seitens der Wissenschaft: „Am Giebel ... bleibt eine Öffnung, die kann nicht zugemauert werden." Dies gilt auch für die theol. Erkenntnis der Wahrheit. LESSING wies eindrücklich darauf hin, daß der rege Trieb nach Wahrheit, die Nachforschung der Wahrheit, nicht der Besitz der Wahrheit die Kräfte des Menschen erweitere (Eine Duplik, 1778). Das christl. Verständnis von Wahrheit orientiert sich prinzipiell an der Person JESU CHRISTI (zB Joh 1,17; 14,6). Diese Wahrheit Christi bleibt Verheißung und auf den „Geist der Wahrheit" angewiesen (Joh 16,13). Der Wahrheitseifer christl. Glaubens, welcher auf das Evangelium als Verheißung vertraut, läßt sich daher mit der Liebespflicht der T. vereinbaren. T. ist folglich für Christen in einem polit. Aufgabe und Folgerung aus ihrem Verständnis des Glaubens, das Heil und Leben allen Menschen zuspricht und gewährt.

D. LERCH, Das Problem der T. in theologischer Sicht, Zürich 1948 – W. KAEGI, Castellio und die Anfänge der T., Basel 1953 – J. LECLER, Histoire de la Tolérance au siècle de la Réforme, 2 Bde, Paris 1955 (dt. Übers.: Geschichte der Religionsfreiheit im Zeitalter der Reformation, 1965) – E. G. RÜSCH, T., Zollikon-Zürich 1955 – H. BORNKAMM, Art. T., RGG VI1962[3], 933–946 – DERS., Das Problem der T. im 16. Jahrhundert, in: Das Jahrhundert der Reformation, 1966[2], 262–291 – R. P. WOLFF / B. MOORE / H. MARCUSE, Kritik der reinen T., 1968 – H. SCHULTZE, Lessings Toleranzbegriff. Eine theologische Studie, 1969 – U. SCHULTZ (Hg.), T., 1974 – A. MITSCHERLICH, T. – Überprüfung eines Begriffs, 1974 – H. LUTZ (Hg.), Zur Geschichte der T. und Religionsfreiheit, WdF 246, 1977 (Lit.) – Die Menschenrechte im ökumenischen Gespräch. Beiträge der Kammer für öffentliche Verantwortung, 38 ff., 1979 – T. heute; 250 Jahre nach Mendelssohn und Lessing, Veröffentlichungen aus dem Institut Kirche und Judentum bei der Kirchlichen Hochschule Berlin, H. 9, 1979 – M. HOFFMANN (Hg.), T. und Reformation, Texte zur Kirchen- und Theologiegeschichte, H. 24, 1979 – H. R. SCHLETTE, Zum Thema T., 1979 – A. TH. KHOURY, T. im Islam, 1980 – J. BRINKMANN, T. in der Kirche, 1980 – R. SAAGE, Herrschaft, T., Widerstand. Studien zur politischen Theorie der Niederländischen und der Englischen Revolution, 1981 – P. F. BARTON (Hg.), Im Lichte der T., Wien 1981 – DERS., Im Zeichen der T., Wien 1981 – J. M. LOCHMAN, Wahrheitseifer und T., Basel 1981 – T. RENDTORFF (Hg.), Glaube und T. Das theologische Erbe der Aufklärung, 1982 – H. R. GUGGISBERG, Religiöse T., Dokumente zur Geschichte einer Forderung, Neuzeit im Aufbau, Bd. 4, 1984 (Lit.).

Martin Honecker

II. Rechtlich. A. Toleranz als Verfassungsbegriff. 1. Verfassungstextbefund. Das →GG verwendet den Begriff der T. nicht. Die →Landesverfassungen kennen ihn ebenfalls nicht (auch nicht die BayVerf. trotz ihrer ausgeprägten Aussagen über das Gemeinschaftsleben), jedoch Synonyme, wie „Duldsamkeit", „Achtung" oder „Rücksichtnahme" in bezug auf Auffassungen und Überzeugungen anderer und insbes. deren religiöse Empfindungen (siehe etwa Art. 17 I Bad.-Württ.Verf. im Anschluß an südwestdt. Verfassungstraditionen; Art. 131 II, 136 I BayVerf; Art. 26 Nr. 1, 33 BremVerf.; Art. 56 III, IV, V HessVerf.; Art. 7 II NWVerf.; Art. 33 RhPfVerf.). Diese Verfassungsbestimmungen werden in der Rechtsprechung heute einhellig als Ausdruck des T.prinzips interpretiert (siehe BVerfGE 41, 29/59, 62 f.; 41, 65/83; BayVerfGHE 20, 36/46; StGH Bremen, NJW 1966, 36/37; BVerwGE 17, 267/278). Sie sind allerdings regelmäßig auf den Erziehungs- und Unterrichtsbereich beschränkt. Keine geltende dt. Verfassung legt den Staat und seine Bürger *allgemein* und *ausdrücklich* auf die Wahrung von T. fest.

2. T. als Verfassungsgebot. Auf Grund des dargestellten Verfassungs*text*befunds stellt sich demnach nicht so sehr die Frage nach dem Gehalt eines Verfassungsbegriffes als nach dem Verfassungsgehalt eines Begriffes. Sie ist in doppelter Richtung zu stellen. Zu fragen ist einmal, ob, zu welchen Bedingungen und in welchen Grenzen der Staat von Verfassungs wegen gehalten ist, bei Aufrechterhaltung des eigenen „amtlichen" Standpunkts Gegenmeinungen seiner Bürger zu dulden (a). Zum andern ist eine Antwort auf die Frage zu finden, ob das Verhältnis der Bürger untereinander vom GG dem T.gebot unterstellt ist (b).

a) Art. 1 I i. V. m. Art. 2 I GG verpflichtet den Staat, die religiösen, weltanschaul., politischen und kulturellen Überzeugungen und Anschauungen aller Bürger – unabhängig von ihrer intellektuellen Qualität und ihrer Verifizierbarkeit – grundsätzl. als Entfaltung der menschl. Persönlichkeit zu begreifen, als solche (positiv) zu achten und ihr öffentl. Bekenntnis (unbeschadet der Gewährleistungen des Art. 5 I GG) zu dulden, auch wenn sie im *Widerspruch* zu Auffassungen und Wertungen staatl. Organe und Stellen stehen. Dieses **T.gebot** wird durch die bes. Benachteiligungsverbote des GG ergänzt (Art. 3 III, 33 III, 140 GG i. V. m. Art. 136 WV). T. als Begriff des Staats- und Verfassungsrechts hat damit einen *spezifischen* Gehalt. Sie ist – in Übereinstimmung mit der Literatur (P. HÄBERLE, 123; A. KRÄMER, ZevKR 29 [1984] 113/117 mit Nachweisen; TH. MAUNZ, 5,9) – auf die **Würde der Person** und die **Entfaltung der Persönlichkeit** bezogen und findet ihren Schwerpunkt in der Respektierung der geistig-sittlich-kulturellen Prägung des einzelnen Menschen (→Menschenwürde). T. als *Verfassungs*begriff bezieht sich also *nicht* allg. – entgegen einem üblichen Sprachgebrauch – auf das Verhalten des Staates bei Abweichung der Bürger von seinen Vorstellungen und insbes. von seiner Rechtsordnung (etwa im Zusammenhang mit der staatl. Akzeptanz privaten rechtswidrigen Handelns im Ordnungsrecht). Das *verfassungs*rechtl. T.gebot beeinflußt auch *nicht* die Rolle des Staates bei der Herstellung eines Ausgleichs im *Interessen*konflikt seiner Bürger, etwa bei der Regelung von Nutzungsstreitigkeiten im Zusammenhang mit Grundeigentum. Die zur Lösung solcher Konflikte entwickelten Ausgleichsformeln („Abwägungsgebot", „Rücksichtnahmegebot") sind keine Ausformungen des verfassungsrechtl. T.prinzips. Dabei kann die Grenze zum Anwendungsbereich des T.gebots allerdings fließend sein, v. a. bei Fragen des Kultur- und Lebensstils (vgl. OVG Münster, NVwZ 1983, 485/486 zum „Rauchverbot"). Die Frage nach der T. des Staates im Verhältnis zu seinen Bürgern kann sich im übrigen definitionsgemäß nur stellen, wo der Staat eine eigene Wertung oder Auffassung haben darf (H.-U. EVERS, Die Befugnis des Staates zur Festlegung von Erziehungszielen in der pluralistischen Gesellschaft, 1979, 99). Untersagt das GG den Staatsorganen die Bildung eigener amtl. Überzeugungen zu bestimmten Sachverhalten, so bleibt das T.prinzip außer Betracht. Dies ist v. a. der Fall, wenn der Staat von der Verfassung unter ein sog. **Identifikationsverbot** gestellt ist (siehe u. B. 1). Insgesamt haben die Freiheitsgewährleistungen des GG die staatsrechtl. Relevanz des T.prinzips im Verhältnis zwischen Staat und Bürger zurückgedrängt (O. BUSCH, 107 f.). Die aus Art. 1 I i. V. m. Art. 2 I GG abgeleitete Verpflichtung des Staates zur T. besagt im Verfassungssystem des GG allerdings nicht, daß der Staat die *reale Entfaltung* der von ihm zu tolerierenden Gegen-Überzeugungen seiner Bürger über das öffentl. Bekenntnis hinaus hinzunehmen hat. Das (genaue) Maß staatl. Akzeptanz überzeugungsgerechten Handelns bestimmen die grundgesetzl. Freiheitsrechte, für den politischen Bereich speziell die Vorschriften über Möglichkeiten und Grenzen politischer Betätigung (siehe u. B 2). Das T.prinzip des Art. 1 I i. V. m. Art. 2 I GG eröffnet also nicht selbständig-konstitutiv Entfaltungsfreiräume. Es kann daher regelmäßig nicht gegen die unterverfassungsgesetzl. Rechtsordnung und die auf ihrer Grundlage ergangenen staatl. Maßnahmen „ausgespielt" werden, wenn diese (im übrigen) verfassungs- und insbes. grundrechtskonform sind. Als selbständiger Maßstab für die Beurteilung der Verfassungsmäßigkeit staatl. Einschränkungen von Handlungsaktivitäten der Staatsbürger ist das T.prinzip praktisch nicht vorstellbar. So erweitert es auch *nicht* das Grundrecht der Kunst- und Wissenschaftsfreiheit (Art. 5 III GG) zu einem allg. *Kultur*freiheitsgrundrecht, das selbständig vollziehbarer Prüfungsmaßstab für die Verfassungsmäßigkeit staatl. Verhaltens sein könnte. Das T.prinzip gibt schließl. *nicht* dem Interpreten der Freiheitsgewährleistungen in den einzelnen Grundrechten eine *allg.* extensive Auslegungslinie vor. So schützt zB das Grundrecht der **→Gewissensfreiheit** (Art. 4 I GG) nicht schon deshalb die Gewissens*ausübungs*freiheit (dazu U. STEINER, JuS 1982, 157/161 f.), weil das Grundrecht des Art. 4 GG dem T.prinzip zugeordnet wird (BVerfGE 32, 98/108). Allerdings kann das T.gebot – etwa im Zusammenhang mit der Bestimmung der Reichweite und den Grenzen des Art. 4 I und II GG – die *individualistische* Komponente eines Grundrechts (Außenseiterschutz) verstärken (siehe u. B. 1).

b) Art. 1 I i. V. m. Art. 2 I GG weist den Staat – eine Art *zweite* normative Ebene des T.gebots – in eine allg. verfassungsrechtl. **Verantwortung für die Wahrung der T.** zwischen den Staatsbürgern und v. a. für den Ausgleich in den Fällen kollidierender Rechtswahrnehmung (A. KRÄMER, a. a. O. 118 mit Nachweisen; U. SCHEUNER, DÖV 1967, 585/592). Ob und mit welchen Mitteln der Staat dieser Verantwortung nachkommt, steht grundsätzl. in seinem politischen Ermessen. Das T.prinzip erzeugt insoweit selbst unmittelbar keine Rechte und Pflichten der Staatsbürger im Verhältnis zueinander (weitergehend wohl OVG Koblenz, ASRhPf 5, 250/254). Es kann allerdings die Auslegung geltenden Rechts beeinflussen, soweit dieses Regeln über das Zusammenleben der Bürger untereinander enthält (siehe u. B. 3). Nur in Extremfällen wird ein Unterlassen des Staates und insbes. seines Gesetzgebers einen Verstoß gegen die Verfassungsverpflichtung zur **„Toleranzvorsorge"** bedeuten. Entscheidet sich der Staat, mit konkreten, faktisch und rechtl. wirkenden Mitteln die Bürger zu tolerantem Verhalten gegenüber den Mitbürgern zu veranlassen, so kann Zwang immer nur auf die Wahrung *äußerer* „praktischer" T. (Umgangstoleranz) gehen. Die rechtl. Erzwingung „positiver" T. (vgl. BayVerfGHE 20, 36/46) ist im Staat des GG nicht mögl., auch wenn dem T.prinzip der Verfassung die *Respektierung* des anderen im Sinne einer „prinzipiell gleichzuachtenden moralischen Instanz" (R. ZIPPELIUS, Allgemeine Staatslehre, 1982⁸, 248) zugrunde liegt. „Positive" T. ist allerdings Gegenstand des staatl.-schulischen Erziehungsauftrags.

3. T. in der Rechtsprechung des →BVerfG. Wichtige Grundelemente des so verstandenen T.gebots sind in der Rechtsprechung des BVerfG bereits bestätigt oder zumindest angelegt. Der T.begriff nimmt in der verfassungsgerichtl. Judikatur als verfassungsrechtl. *Entscheidungs*maßstab keine zentrale Rolle ein, gleichwohl aber weist ihm das BVerfG eine zentrale Rolle *im* GG selbst zu. Es entnimmt den Bestimmungen der Art. 1 I, 2 I, 3 III, 4 I, 33 III GG eine „**Wertentscheidung der Verfassung für T.** als einem tragenden Prinzip der freiheitl. Demokratie" (BVerfGE 33, 23/32; siehe auch BVerfGE 32, 98/108; 41, 29/51, 64; 41, 88/108; 52, 223/247). Die sich aus dem T.gebot ergebende staatsrechtl. Verpflichtung wird vom BVerfG allerdings nicht in allg. Form definiert. Das Gericht setzt T. als „Topos" ein, wo es um die Akzeptanz staatsabweichender Überzeugungen der Bürger durch den Staat, aber auch um die Akzeptanz von Überzeugungsdifferenzen unter den Mitbürgern, v. a. innerhalb staatl. Institutionen, geht (BVerfGE 41, 29/63; 41, 65/83; 52, 223/251; vgl. auch BVerfGE 19, 226/238). Da der Staat des GG religionsneutral ist, wird die Gewährung der →Religionsfreiheit in Art. 4 I GG folgerichtig nicht als Ausfluß bloßer T. verstanden (BVerfGE 12, 1/3 f.), ohne daß das BVerfG immer →Neutralität und T. klar trennt (vgl. BVerfGE 5, 85/137). Selbständige Freiheitsräume erschließt das BVerfG mit Hilfe des T.prinzips nicht, eher weitet es vorhandene spezielle grundrechtl. Freiheitsgewährleistungen aus (BVerfGE 32, 98/108; 33, 23/32). Im übrigen wird der T.begriff prononciert im *politischen* Raum zur Anwendung gebracht (BVerfGE 5, 85/137; 8, 85/206,224; 12, 296/306).

B. Das T.gebot in Einzelbereichen. 1. Religion und Weltanschauung. a) Der Staat, der verfassungsrechtl. notwendig religiös und weltanschaul. neutral ist (BVerfGE 12, 1/4; 19, 206/216; 24, 236/246; 33, 23/28; →Neutralität II; innerstaatl.), kann nicht mehr (nur) tolerant sein. Die Identifizierung mit einer bestimmten Religion oder Weltanschauung ist ihm untersagt. Es existiert daher kein eigentl. *Gegen*-Standpunkt des Bürgers, über dessen Duldung durch den Staat zu entscheiden wäre. Eine →Staatskirche besteht nicht (Art. 140 GG i. V. m. Art. 137 I WV). Staatl. Respektierung der Glaubensfreiheit (→Glaubens-, Bekenntnis- und Gewissensfreiheit II, rechtl.) im Sinne des Art. 4 I GG ist daher mehr als religiöse T. des Staates (BVerfGE 12, 1/3 f.). T. im religiösen Bereich bestimmt als Leitprinzip nicht die Staat-Bürger-Beziehung, sondern die Staatsbürger-Beziehungen. Dabei kann sich aus der **Neutralitätspflicht** des Staates eine Verpflichtung zur Einschränkung religiöser Werbung in staatl. Institutionen ergeben (BayVGH, BayVBl. 1985, 721/722 zum Tragen bhagwan-typischer Kleidung durch staatl. Lehrer). Der Staat ist in Art. 4 GG berührenden Fragen „zum Hüter der T. geworden" (K. SCHLAICH, 254). Seine Entwicklung von der Duldung *bestimmter* zur Neutralität gegenüber *allen* Religionen macht ihn allerdings nicht unfähig, sondern eher frei zur Förderung der Religion(en) seiner Bürger. T. als verfassungsrechtl. Verpflichtung des Staates wird im Zusammenhang mit der Religions- und Weltanschauungsfreiheit allenfalls dann wieder sichtbar, wenn es um die Durchsetzung der *allg.* Rechtsordnung gegenüber religiös-weltanschaul. Minderheiten und insbes. Außenseitern geht. Hier rechtfertigt das BVerfG mit dem T.prinzip das Zurücktreten des allg. staatl. Rechtsgebots im Einzelfall (BVerfGE 32, 98/106 ff. zu § 330 c StGB; BVerfGE 33, 23/32 zur Eidesleistung).

b) Die beiden normativen Entfaltungsweisen des T.prinzips (siehe oben A 2 a und b) treffen im staatl. **Schulwesen** (→Schule; →Schule und Kirche) zusammen, das Staatsveranstaltung ist und zugleich Teile der Gesellschaft (zwangsweise oder freiwillig) institutionell zusammenfaßt. Das BVerfG hat in einer Reihe schulrechtl. Leitentscheidungen (Verfassungsmäßigkeit der christl. Bekenntnisschule, Zulässigkeit des Schulgebets; vgl. BVerfGE 41, 29; 41, 65; 41, 88; 52, 223) die religiösen Belange von Mehrheit und Minderheit nicht zuletzt durch Heranziehung des T.prinzips zum Ausgleich gebracht. Seine Rspr. läßt sich in der allg. Erkenntnis zusammenfassen, daß die Verwirklichung der T. gegenüber religiös-weltanschaul. Minderheiten im Lehrprogramm der Schule, seiner Ausführung durch die Lehrer und im Verhältnis der Schüler untereinander nicht hinweggedacht werden kann, ohne daß die verfassungsrechtl. Zulässigkeit religiös-weltanschaul. Elemente in der Schule – und sei es auch nur in säkularisierter Form – entfiele (BVerfGE 41, 29/51 f., 59 f., 62 ff.; 41, 65/83; 41, 88/108; 52, 223/251 f.). Andererseits ist auch die Minderheit gegenüber den religiösen Belangen der Mehrheit zur Rücksichtnahme verpflichtet. Sie wird die positive Religionsausübung anderer zu Lasten der eigenen negativen Bekenntnisfreiheit hinnehmen müssen, wenn bestimmte Bedingungen gewahrt sind (BVerfGE 52, 223/245 ff. zum Schulgebet). Die Pflicht zur Vorsorge für religiös-weltanschaul. T. trifft den Staat aber über den von ihm unmittelbar verantworteten Bereich staatl. Institutionen hinaus ganz allg. für die Gesellschaft. In Wahrung dieser Verantwortung sieht er v. a. in der Gesetzgebung (vgl. aber auch Art. 149 II BayVerf zum Simultangebrauch von Friedhöfen) Sicherungen der T. für die Religions- bzw. Weltanschauungsgemeinschaften *untereinander* vor (staatl. „Friedenssicherungspflicht"), nicht zuletzt aber auch in bezug auf das Verhältnis zwischen ihnen und jenen, die sich von Weltanschauung und Religion distanzieren. Dies geschieht beispielsweise in der Feiertagsgesetzgebung (siehe dazu BayVerfGH 13, 45/49 f.; →Sonn- und Feiertage) oder durch den strafrechtl. Schutz von Religion und Weltanschauung nach §§ 166 ff. StGB (unter Orientierung am „objektiven Urteil eines auf religiöse T. bedachten Beurteilers"; vgl. SCHÖNKE/SCHRÖDER, StGB, 1982[21], § 166 Erl. 9, 12).

2. Politischer Bereich. Die „Neutralisierung" des modernen Staates in Religionsangelegenheiten hat die Diskussion um den Verfassungsgehalt des T.gebots weithin in die politische Sphäre verlagert, in der der Staat des GG begrenzt neutral ist. Im Begriff der **„freiheitlich demokratischen Grundordnung"** sind seine politischen Basisüberzeugungen zusammengefaßt. Bund, Länder, Gemeinden und sonstige Hoheitsträger haben sie ihrem Handeln als „richtig" zugrunde zu legen. Die Hinnahme gegengerichteter politischer Konzepte und Ziele ist aus der Sicht des Staates folgerichtig eine Frage seiner T. Das GG hält die Staatsorgane an, politische Auffassungen der Staatsbürger, die sich in der Sache gegen die „freiheitl. demokratische Grundordnung" richten, einschließl. ihres öffentl. Bekenntnisses, zu tolerieren. Von dieser T. sind wegen Art. 33 V GG nur die Beamten des Staates ausgenommen. Von ihnen wird verlangt, daß sie sich mit der rechts- und sozialstaatl. Ordnung des GG „identifizieren" (sog. Treuepflicht des öffentl. Dienstes; vgl. BVerfGE 39, 334/347 f.). Dagegen sind der *aktiv-aggressiven Durchsetzung* solcher Ziele, auch im Mehrheitsverfahren, vom GG Grenzen gezogen (vgl. Art. 9 II, 18 I, 21 II, 79 III GG; siehe auch Art. 56 V S. 3 HessVerf), deren Überschreitung der Staat poenalisieren darf. Dabei wird die Entscheidung des GG für eine Monopolisierung der Verfassungswidrigerklärung einer politischen Partei beim BVerfG (Art. 21 II S. 2 GG) und die daraus folgende Legalität von Parteiaktivitäten bis zu deren Verbot dem T.gedanken zugerechnet (BVerfGE 12, 296/306; siehe auch BVerwGE 47, 330/350 – sog. „pragmatische" T.; vgl. H. MANDT, Demokratie und T., in: Festschrift für D. Sternberger, 1977, 233/242). Die in den genannten GG-Bestimmungen der politischen Betätigung gezogenen Grenzen sieht man in *Übereinstimmung* mit dem Verfassungsprinzip der geistigen Freiheit und T. (vgl. BVerfGE 5, 85/206, 224), weil sich hier nur „Intoleranz gegenüber der Intoleranz" (vgl. BVerfGE 5, 85/206, 224) äußere (Stichwort „wehrhafte Demokratie"; vgl. F. E. SCHNAPP, JZ 1985, 857/863). Die pluralistische Demokratie lebt von der T. (P. HÄBERLE, 750). Andererseits erwachsen der Durchsetzung politischer Mehrheitsauffassungen in den verfassungsgemäßen Formen aus dem T.prinzip keine *zusätzlichen,* über den grundgesetzl. Minderheitenschutz und die Freiheitsgewährleistungen im GG hinausgehenden verfassungsrechtl. Schranken. Ausnutzung von Mehrheiten, auch knapper Mehrheiten, ist gegenüber politischen Minderheiten keine Verletzung des T.gebots des GG, auch wenn diese Minderheiten die mehrheitl. entschiedenen Fragen als Fehlentscheidungen in existentiellen Fragen bewerten (etwa: friedl. Nutzung der Kernenergie, Zulassung industrieller und infrastruktureller Großvorhaben, verteidigungspolitische Entscheidungen). Wer hier das T.prinzip anführt, versteht es als Teil seiner Vorstellung von politischer Kultur und nicht als verfassungsrechtl. Begriff (vgl. Evangelische Kirche und freiheitl. Demokratie, Denkschrift der EKD, 1985, 21 f.). Wo T. verfassungsrechtl. geboten ist, ist im übrigen von diesem Gebot auch die Minderheit im Verhältnis zur Mehrheit nicht freigestellt. Tolerierung durch die Minderheit soll allerdings voraussetzen, daß der Minderheit eine faire Chance zur Änderung der Mehrheitsauffassung zugestanden wird (K. BIEDENKOPF, T. in der Demokratie, in: T., hg. v. U. SCHULTZ, 1974, 162/170). Da der moderne Staat die **Gewalt** bei sich **monopolisiert** hat und ihre Ausübung demokratischen, rechtsstaatl. und sozialstaatl. Verfassungsgarantien unterworfen ist, kann er von Verfassungs wegen auch nicht private Gewalt gegen staatl. Entscheidungen, außer in den engen Grenzen des Art. 20 IV GG, dulden. Eine andere Frage ist es, inwieweit er gegenüber Störungen der öffentl. Sicherheit, die von politischen Überzeugungen getragen werden, im Rahmen legaler Ermessensspielräume *„taktische T."* übt (ISENSEE, in: Festschrift für E. Eichenberger, 1982, 23/38).

3. Kultur. Soweit im Bereich von Kunst und Kultur Identifikationsverbote für den Staat gelten, ist er auch hier von Verfassungs wegen neutral und nicht nur tolerant (insoweit nicht trennend OVG Lüneburg, NJW 1983, 1218). Da keine „Staatskunst" besteht (Art. 5 III GG), verwirklicht sich auch im einzelnen Kunstwerk keine Form und enthält es auch keine Aussage, über deren „Duldung" der Staat im Sinne von T. zu befinden hat. Auch hier gilt: Die **Kunstfreiheit** (→Kunst, Freiheit der Kunst) ist mehr als staatl. Duldung von Kunst. In der „Sogwirkung" dieses Grundrechts wird der Staat im übrigen selten in kulturellen Angelegenheiten „amtl." Standpunkte beziehen, deren Gegenstandpunkte in der Gesellschaft die T.frage aufwerfen. Aber auch hier gilt, daß das T.prinzip keine zusätzl. Freiheitsräume für Aktivitäten der Bürger schafft. Die grundgesetzl. Gewährleistung der **Privatschulfreiheit** (→Privatschule) wird als ein wesentl. Garant für die Verwirklichung der T. im Bereich des Schulwesens verstanden (TH. DITTMANN, T. im Schulrecht der HessVerf, 1982, 133). Jedoch ergibt sich das *verfassungskräftige* Recht zur Errichtung privater Schulen abschließend aus Art. 7 IV und V GG. Das T.prinzip kann dieses Recht nicht zugunsten pädagogischer Konzepte, die vom staatl. Schulsystem abweichen, auf *verfassungs*rechtl. Ebene und damit zu Lasten der einfachen Gesetzgebung konstitutiv erweitern. Es kann allenfalls als Auslegungsmaxime des geltenden Privatschulrechts herangezogen werden. In den staatl. Pflichtschulen, in denen der Unterricht zulässigerweise auf der Grundlage der kulturellen Mehrheitstradition des Christentums erteilt werden darf (BVerfGE 52, 223/237), ist der Staat bundes- und landesverfassungsrechtl. kraft des T.prinzips angehalten, für die Achtung abweichender Werteinstellungen und Lebensweisen von Minderheiten (über die religiös-weltanschaulichen Komponenten hinaus) im Lehrprogramm zu sorgen und die Schüler zur kulturellen T. untereinander zu erziehen. Für die Schule läßt sich ganz allg. mit TH. OPPERMANN aus der bundesdt. Verfassungsordnung ein „geradezu überwältigendes Bekenntnis zur Geltung des Geistes der Duldsamkeit und der T." herauslesen (Verhandlungen des 51. DJT, 1976, Bd. 1, C 95). Für die Verwirklichung der kulturellen T. (im weit. kultursoziologischen Sinne) innerhalb der Gesellschaft hält das GG keine unmittelbar wirkenden Gebote bereit. Das T.prinzip kann ledigl. zur Auslegung der staatl. Rechtsordnung beitragen, etwa bei Auffüllung des polizeirechtl. Begriffs der **öffentlichen Ordnung** mit den Wertvorstellungen der Mehrheit (zur Problematik V. GÖTZ, Allgemeines Polizei- und Ordnungsrecht, 1985[8], Rdnr. 93 ff.) oder bei der Auslegung der strafrechtl. Bestimmungen über den Schutz der Ehre (vgl. BayObLG, GewArch 1983, 238). Im übrigen muß der Gesetzgeber tolerantes Verhalten – etwa von Ausländern oder zu Ausländern – anordnen, wenn und soweit er dies für notwendig erachtet. Er hat dabei allerdings auch die Grundrechte derer zu beachten, deren Verhaltens- und Entscheidungsfreiheit er unter dem Gesichtspunkt der T. einschränken will (etwa: Bekämpfung von Gaststättenverboten, Erziehung in Koranschulen usw.).

TH. MAUNZ, T. und Parität im deutschen Staatsrecht, 1954 – F. WERNER, Recht und T., Verhandlungen des 44. DJT, Bd. 2, 1963, B 1 – B 15 – O. BUSCH, T. und GG, 1967 – U. EISENHARDT, JZ 1968, 214–219 – K. SCHLAICH, Neutralität als verfassungsrechtliches Prinzip, 1972 – G. PÜTTNER, T. als Verfassungsprinzip, 1977 – P. HÄBERLE, Verfassung als öffentlicher Prozeß, 1978.

Udo Steiner

Toleratio →Mischehe

Trennung von Staat und Kirchen →Kirche und Staat

Tridentinum →Katholizismus; →Reformation I

Tyrannenmord →Widerstandsrecht

U

Umweltschutz. I. Allgemein. 1. Begriff und Formen. Umweltschutz (U.) ist die Gesamtheit der Maßnahmen, welche die Umwelt des Menschen vor schädlichen Auswirkungen der Zivilisation schützen. Damit sind allerdings eher Grenzkriterien als Grenzen aufgezeigt. Klarheit kann nur eine nähere Systematisierung oder Typisierung erbringen. Eine Beschränkung des U. auf die gewiß primär wichtige Sicherung der natürl. Umwelt (Umweltmedien Boden, Wasser, Luft, Biosphäre, Klima und die Beziehungen untereinander, d. h. der Naturhaushalt insges.) ist abzulehnen, weil auch die bebaute Umwelt (Kulturdenkmäler, Siedlungskerne, Stadtlandschaften etc.) zum schutzwürdigen Lebensraum des Menschen – und er ist der maßgebl. Bezugspunkt des U. – gehört: U. ist nur innerhalb einer menschl. gestalteten Welt sinnvoll. Dieser sog. *anthropozentrischen* Sicht des U. steht eine *ökozentrische* Betrachtungsweise gegenüber, welche die Umwelt als „Mitwelt" um ihrer selbst willen schützen will. In erster Linie handelt es sich um eine *religiöse* oder *philosophische* (und bisweilen ideologiegeneigte) Fragestellung, deren praktische rechtl. Konsequenzen weniger erheblich sein dürften, als gemeinhin angenommen wird. Eine ökologische „Hegerverantwortung" läßt sich auch einem richtig verstandenen anthropozentrischen U. entnehmen, der außerdem den Gedanken der *Ressourcenökonomie* und den Lebensinteressen zukünftiger Generationen Rechnung tragen muß. Der U. darf sich nicht nur auf die Beseitigung bereits eingetretener Umweltschäden *(repressiver U.)* beschränken, sondern muß auch durch eine längerfristig planende Umweltgestaltung den Eintritt derartiger Schädigungen verhindern *(präventiver U.)*. Über die vielfältigen umweltbezogenen Entsorgungsprobleme (zB Abfallbeseitigung) vor allem industrieller Produktionsprozesse hinaus muß U. auch die Versorgungsprobleme bei verknappten natürl. Ressourcen meistern. U. ist eine Angelegenheit des öffentl. Interesses; er ist nicht allein die Aufgabe des Staates, sondern auch der Gesellschaft und Privater.

2. Entwicklung des U.gedankens. Obwohl es seit langem Bemühungen gibt, die natürl. Güter der Umwelt vor schädl. Auswirkungen der Zivilisation zu schützen, hat das umfassende Anliegen des U. – ausgehend von den USA – in der Bundesrep. Dtschld. erst in den letzten anderthalb Jahrzehnten eine die gesellschaftl. Diskussion und das polit. Handeln stärker beeinflussende Dimension gewonnen. Im staatl. Bereich hat sich dies in einer Fülle von Umweltprogrammen und -deklarationen (bes. Umweltprogramm der Bundesregierung von 1971 – BT-Drs. VI/2710 und Umweltbericht '76 – BT-Drs. 7/5684) niedergeschlagen. Die Abwehr der durch Menschen verursachten Gefährdungen der menschl. Umwelt wird als einheitl., fast grenzenlose Aufgabe gesehen. Sie erweist sich als eine grundsätzl. Herausforderung an das moderne Gemeinwesen. Der rasche Bedeutungsanstieg zu einer erstrangigen staatl. und gesellschaftl. Aufgabe hat seinen Grund zunächst in einem rapiden Anwachsen der durch die fortschreitende moderne →Technik, das ständige Wirtschaftswachstum und die zunehmenden räuml. Agglomerationen verursachten Umweltprobleme, die bisweilen bedrohliche und von allen spürbare Ausmaße annehmen. Zu nennen sind u. a. Luftverunreinigung, Wasserverunreinigung und -überwärmung, Grundwasserverbrauch, Bodenverschmutzung, radioaktive Strahlung, Landschaftszersiedelung und -versiegelung, Artenvernichtung oder -gefährdung, Lebensmittelvergiftung, Abfall und Lärm. Die Selbsterneuerungskräfte der Natur sind teilweise erschöpft, ökologische Kreisläufe vielfach gestört. Das Szenarium wird weiter dadurch verdüstert, daß Ursachen wie auch Spätfolgen nur z. T. bekannt sind. Zur Vermeidung schwerwiegender Risiken kann eine U.politik bereits auf der Basis eines Gefahrenverdachts bzw. einer begründeten Risikoannahme gerechtfertigt (zB bei der Bekämpfung des Waldsterbens) sein. Trotz dieser objektiven oder vermuteten Gefährdungen, die dem U. partiell die Funktion einer Überlebenssicherung verleihen, beruht die Explosion des U.interesses auch auf umfassenderen, teilweise widersprüchl. geistigen Strömungen der Zeit. Ein stärkeres kritisches Bewußtsein in der Gesellschaft (zB U.initiativen) hat zu einem weithin erfolgreichen und schon deshalb attraktiven Verlangen nach U. und zu einem umweltpolit. Wettbewerb der Parteien (z. T. als Reaktion auf den inzwischen unterbrochenen Aufstieg der GRÜNEN) geführt. Die eigentl. Sprengkraft des U.gedankens dürfte freilich in einem vagen, u. a. auf den unausformulierten Begriff der Lebensqualität gestützten Unbehagen an den fast ausschließl. materiellen Zielvorstellungen einer Gesellschaft liegen, die auf eine ständige Steigerung des Bruttosozialprodukts fixiert ist. Insoweit dürfte der tendenziell fortschrittsskeptische U. nur die rationale Gewandung der irrationalen Sehnsucht nach verinnerlichtem Glück durch Ursprünglichkeit sein. Die oft gegensätzlich motivierte starke Politisierung des U. ist im Prinzip gerechtfertigt, weil trotz aller naturwissenschaftl. und technischen Schwierigkeiten des U. nicht die naturwissenschaftl. Erkenntnis oder die technische Realisierung, sondern die wirtschaftl. und polit. Durchsetzung das Hauptproblem des U. ist.

3. Wirtschaftliche Probleme. Da U. und Wirtschaftswachstum teilweise gegenläufige Ziele verfolgen, führt das hier entstehende Prioritätenproblem zwangsläufig zu der Frage, in welchem Wirtschaftssystem U. effektiv realisiert werden kann. Der These von der systemsprengenden Kraft des U. ist jedoch mit Skepsis zu begegnen. Da vergleichbare U.probleme in Staaten mit privatwirtschaftl. wie mit sozialist. Wirtschaftsordnungen auftreten – derzeit dürften die Umweltprobleme in Osteuropa erheblich ungelöster sein als in Westeuropa –, kann von einer relativen Systemneutralität des U. ausgegangen werden, soweit überhaupt – wie bisher stets – eine wachstumsorientierte Wirtschaftsform vorliegt. Damit sind weder die Existenz systemabhängiger Umweltprobleme (etwa hinsichtl. des Verfahrens der Prioritätenbestimmung) noch die Notwendigkeit systemspezifischer Strategien des U. geleugnet. Die Systemkonformität ist jedenfalls ein wichtiges Auswahlkriterium unter verschiedenen U.instrumenten. In einer primär auf private Kostenrechnungen bauenden Wirtschaftsform besteht neben der Notwendigkeit einer gesamtwirtschaftl., die Umweltfragen miteinbeziehenden Kosten-Nutzen-Analyse vor allem das Problem, die gewöhnl. der Allgemeinheit aufgebürdeten Kosten für den U. zu privatisieren, d. h. die entsprechenden sozialen Kosten bzw. externen Effekte zu internalisieren. Eine Möglichkeit hierzu ist der Weg, Umweltgüter (wie zB Luft und Wasser) als Produktionsfaktoren nicht mehr kostenlos, sondern nur noch gegen Umweltabgaben (zB Abwasserabgaben) zur Verfügung zu stellen, deren Höhe sich in etwa nach den anteiligen Kosten für die Beseitigung der entstehenden Umweltbelastungen bemißt. Umweltabgaben sind indes nicht das einzige Mittel einer ökonomisch orientierten U.politik. Dies zeigt sich etwa auch in der aktuellen Diskussion um die sog. neuen ökonomischen U.instrumente (s. dazu 5 c).

4. Strukturelle Probleme. Eine schnelle Bewältigung der U.probleme wird dadurch erschwert, daß in der Vergangenheit Weichen vielfach falsch gestellt und umweltbelastende *Infrastrukturen* (zB „autogerechte Stadt", weiträumige Besiedelung, bestimmte Standortentscheidungen) geschaffen wurden. U. ist insoweit faktisch auf nachträgliche Korrekturen und „periphere Eingriffe" beschränkt. Neben sozialpsychologischen Gründen erschweren derartige strukturelle Vorgaben notwendige Verhaltensänderungen (zB Benutzung öffentl. Verkehrsmittel). Eine gewisse Ironie liegt darin, daß inzwischen im Namen des U. per saldo umweltschützende Maßnahmen wie der Ausbau von Schnellbahnsystemen bekämpft werden. Auch U.forderungen können *partikuläre* Interessen zugrunde liegen. Freilich ist einzuräumen, daß U. nicht in sich widerspruchslos zu verwirklichen ist und die sich häufenden Konfliktlagen „U. contra U." – zB bei der (auch nach ökologischen Kriterien zu entscheidenden) Alternative: Kern- oder Kohlekraftwerk – der abwägenden politischen Entscheidung bedürfen.

II. Juristisch. 1. Allgemein. Das Umwelt(schutz)recht ist ein junges *Rechtsgebiet,* das im wesentl. durch die Umweltgesetzgebung im Dezennium von 1970 – 1980 konstituiert wurde. Ältere Regelungen wie das Wasserhaushaltsgesetz von 1957 und das Atomgesetz wurden u. a. durch Novellierungen in das neue Umweltrecht integriert und seinen Zielsetzungen angepaßt. *Umweltrecht i. w. S.* umfaßt die Gesamtheit umweltrelevanter Regelungen. Da U. eine *problembezogene Querschnittaufgabe* (BREUER) bildet, finden sich solche Regelungen über die gesamte Rechtsordnung verstreut (etwa im Baurecht, Verkehrsrecht, Steuerrecht, aber auch außerhalb des öffentl. Rechts im Zivil- und Strafrecht). Rechtsgebietscharakter kann daher nur dem *Umweltrecht i. e. S.* zuerkannt werden, das sich auf umweltschutzspezifisches Recht, insbes. das Sonderrecht für U.aktivitäten beschränkt. Zum *Kernbereich* des U.rechts gehören das *Naturschutz- und Landschaftspflegerecht,* das *Gewässerschutzrecht,* das *Immissionsschutzrecht,* das *Strahlenschutzrecht,* das *Abfallbeseitigungsrecht* und das *Gefahrstoffrecht.* Diese Einteilung orientiert sich an den Hauptgesetzen des U.rechts, ist aber nicht ganz randscharf und konkurriert mit anderen Systematisierungen. Als weiteres Teilgebiet des U.rechts wird neuerdings das *Bodenschutzrecht* genannt, dessen lückenhafte Rechtsgrundlagen sich bislang v. a. auf das Gewässerschutzrecht und das Gefahrstoffrecht verteilen. Starke Affinität zum U.recht besitzt das *Raumordnungsrecht,* in dem wesentl. Vorentscheidungen hinsichtl. der Umweltnutzung getroffen werden. Da es jedoch nicht ausschließl. oder auch nur vorrangig dem U. dient, sondern konkurrierende Ansprüche an die Umweltnutzung zum Ausgleich bringen soll, kann es nicht zur Gänze dem U.recht zugerechnet werden. Zahlreiche *Überschneidungen* bestehen u. a. mit dem →Technikrecht, Arbeitssicherheitsrecht (→Arbeitsrecht), Baurecht, Energierecht, Bergrecht, Verkehrsrecht, Landwirtschafts- und Forstrecht, Jagd- und Fischereirecht und Tierschutzrecht sowie Gesundheitsrecht einschl. Arznei- und Lebensmittelrecht. Die rechtssystematische Abgrenzung des U.rechts i. e. S. bedeutet nicht, daß die U.gehalte in der übrigen Rechtsordnung und die mannigfachen Querverbindungen vernachlässigt werden dürften. U.belange müssen vielmehr vom Gesetzgeber durchgängig berücksichtigt werden, ohne daß es insoweit auf Ressort- oder Gebietsgrenzen ankommen darf. Desiderat ist die „Umweltverträglichkeit" der gesamten Rechtsordnung, etwa auch der Steuergesetzgebung, die sich dieser Aufgabe inzwischen zunehmend annimmt (Steuervergünstigungen für U.investitionen, differenzierte Mineralöl- und Kfz-Steuer für schadstoffarme PKWs usw.).

2. Rechtsgrundlagen. Obgleich der Bund keine umfassende Gesetzgebungskompetenz für den U. besitzt und mit seinem Vorhaben, seine Gesetzgebungszuständigkeiten in u.relevanten Bereichen auszudehnen, z. T. gescheitert ist, liegt der Schwerpunkt der U.gesetzgebung eindeutig im Bundesrecht. Die Bundesgesetze werden durch Ausführungsgesetze der Länder, deren Gewicht nicht nur gegenstands-, sondern auch länderspezifisch variiert, ergänzt. Gestützt auf die *Einzelkompetenzen* insbes. des Art. 74 Nr. 24 (Abfallbeseitigung, Luftreinhaltung und Lärmbekämpfung) und Nr. 11 a GG (Kernenergie) und die Rahmenkompetenzen des Art. 75 Nr. 3 (Jagdwesen, Naturschutz und Landschaftspflege) und Nr. 4 GG (Bodenverteilung, Raumordnung und Wasserhaushalt) – umweltrelevant sind aber auch u. a. Art. 74 Nr. 1, 11, 12, 17, 18 – 22 GG – hat der Bund als besonders wichtige Regelungen des U. erlassen: im Bereich des *Naturschutz- und Landschaftspflegerechts* das BundesnaturschutzG vom 20. Dez. 1976 (BGBl. I S. 3574, ber. 1977 I S. 650, geänd. durch G. vom 1. Juni 1980, BGBl. I S. 649) und das BundeswaldG vom 2. Mai 1975 (BGBl. I S. 1037, geänd. durch G. vom 27. Juli 1984, BGBl. I S. 1034); im Bereich des *Gewässerschutzrechts* das WasserhaushaltsG i. d. F. der Bek. vom 16. Okt. 1976 (BGBl. I S. 3017, zuletzt geänd. durch G. vom 28. März 1980, BGBl. I S. 373), das AbwasserabgabenG vom 13. Sept. 1976 (BGBl. I S. 2721, ber. S. 3007, geänd. durch G. vom 14. Dez. 1984, BGBl. I S. 1515) und das WaschmittelG vom 20. Aug. 1975 (BGBl. I S. 2255); im Bereich des *Immissionsschutzrechts* das Bundes-ImmissionsschutzG vom 15. März 1974 (BGBl. I S. 721, ber. S. 1193, zuletzt geänd. durch G. vom 24. April 1986, BGBl. I S. 567), das G. zum Schutz gegen Fluglärm vom 30. März 1971 (BGBl. I S. 282, zuletzt geänd. durch G. vom 14. Dez. 1976, BGBl. I S. 3341, ber. 1977 I S. 667) und das BenzinbleiG vom 5. Aug. 1971 (BGBl. I S. 1234, zuletzt geänd. durch G. vom 14. De4z. 1976, BGBl. I S. 3341, ber. 1977 I S. 667); im Bereich des *Strahlenschutzrechts* das AtomG i. d. F. der Bek. vom 15. Juli 1985 (BGBl. I S. 1565); im Bereich des *Abfallbeseitigungsrechts* neben dem AbfallbeseitigungsG i. d. F. der Bek. vom 5. Jan. 1977 (BGBl. I S. 41, ber. S. 288, zuletzt geänd. durch G. vom 21. Feb. 1986, BGBl. I S. 266), das AltölG i. d. F. der Bek. vom 11. Dez. 1979 (BGBl. I S. 2113) sowie schließl. im Bereich des *Gefahrstoffrechts* das ChemikalienG vom 16. Sept. 1980 (BGBl. I S. 1718), das G. über die Beförderung gefährlicher Güter vom 6. Aug. 1975 (BGBl. I S. 2121, zuletzt geänd. durch G. vom 18. Sept. 1980, BGBl. I S. 1729) und das DDT-G vom 7. Aug. 1972 (BGBl. I S. 1385, geänd. durch G. vom 2. März 1974, BGBl. I S. 469). Demgegenüber verknüpfen die übrigen Regelungen des besonderen Gefahrstoffrechts (PflanzenschutzG, DüngemittelG usw.) den Aspekt der Gefahrstoffkontrolle mit eher gegenläufigen Zielsetzungen. Der notwendigen Informationsgewinnung dient das G. über Umweltstatistiken i. d. F. der Bek. vom 14. März 1980 (BGBl. I S. 311). Nicht zustande gekommen ist das zunächst geplante VerkehrslärmschutzG. Ein großer Teil besonders wichtiger, detaillierter Umweltregelungen ist in →Rechtsverordnungen (zB BImSchVOen, StrahlenschutzVO, ArtenschutzVO) oder in →Verwaltungsvorschriften (zB TA Luft, TA Lärm, AbwasserVwV) enthalten. Neben dem inländischen U.recht kommt dem *internationalen U.recht*, insbes. dem *europäischen Gemeinschaftsrecht* zunehmende Bedeutung zu. Das großräumige Wesen vieler U.probleme hat eine internationale Dimension, zB Schadstoff„export“, Meeresverschmutzung, wirtschaftl. Auswirkungen von U.standards (sog. Umwelt-Dumping). Dies führt zur Ausformung völkerrechtl. U.pflichten, zu einer Fülle zwischenstaatl. Verträge und zu U.aktivitäten internationaler oder supranationaler Organisationen (zB der UN, der OECD, der NATO und der EG) und fordert insgesamt einen schonenden Souveränitätsausgleich zwischen den beteiligten Staaten. Um aus den staatl. Umweltnormen im internationalen Bereich keine nichttarifären Handelsschranken entstehen zu lassen, ist eine Harmonisierung des U.rechts der verschiedenen Staaten notwendig, um so eine allgemeine Wettbewerbsneutralität des U. durch internationale Belastungsgleichheit zu schaffen. Die deutsche U.gesetzgebung ist heute vielfach durch Richtlinien der EG gebunden, wofür zB das ChemikalienG, das in wesentl. Teilen die Umsetzung einer EG-Richtlinie darstellt, und die heftige Kontroverse um die Katalysatorfrage bei PKWs wichtige Beispiele bilden. Nachdem die erste legislative Phase des U. inzwischen abgeschlossen ist (Storm), stellt sich verstärkt die Aufgabe einer *inneren Harmonisierung* der vielfach zersplitterten Umweltgesetzgebung, möglicherweise mit dem Fernziel einer *Umweltkodifikation* (Umweltgesetzbuch).

3. U. und Verfassung. Der U. wird außerhalb der Kompetenzvorschriften im GG nicht angesprochen. Die „Staatsaufgabe U.“ ergibt sich jedoch einerseits aus dem Sozialstaatsprinzip (Art. 20, 28 GG), andererseits lassen sich umweltschutzrechtl. Teilgewährleistungen aus einzelnen Grundrechten (insbes. Art. 2 Abs. 2, 14, 2 Abs. 1 GG) herleiten. Da diese jedoch kein umfassendes Grundrecht auf eine reine Umwelt, sondern eher lediglich ein „ökologisches Existenzminimum“ garantieren, wird seit Jahren eine verfassungsrechtl. Festschreibung des U. im GG als Staatsziel oder sogar im Grundrechtsteil gefordert und kontrovers diskutiert. Vorbild könnten die Landesverfassungen sein, von denen die meisten in den vergangenen Jahren den U. als Verfassungsgut aufgenommen haben; vgl. zB Baden-Württemberg (Art. 86 BW Verf.) und Bayern (Art. 141 Abs. 3 BayVerf.). Ob U. nun auch im GG Verfassungsrang erhalten soll, sei es als Umweltgrundrecht oder, was wahrscheinlicher ist, als Staatszielbestimmung, ist primär politisch zu entscheiden. Dabei sollten weder die Vorteile (Aufwertung und Rangsicherung des U., Impulswirkung, erhöhte Justitiabilität, polit. Integrationswirkung, Homogenität zwischen Bundes-

und Landesverfassungsrecht) noch die Nachteile (Placebocharakter, Durchbrechung des Prinzips vollzugsfähiger Verfassungsregelungen zugunsten einer polit. Programmaussage, Gängelung des Gesetzgebers, Gefahr der Verfassungsenttäuschung) einseitig betont werden. Im Falle einer Verfassungsergänzung wäre auf eine prägnante Formulierung und sinnvolle Plazierung zu achten, was manche Vorschläge (zB Einfügung eines Art. 37 a GG) vermissen lassen. Politische Prosa im Verfassungstext wäre sowohl der Verfassung als auch dem U. abträglich. Durch Einführung eines Umweltgrundrechts könnten darüber hinaus leistungsfordernde grundrechtl. Gehalte des U. konstitutionalisiert werden, die bisher allenfalls mittelbar und partiell als Grundrechtsvoraussetzungen den bisherigen Grundrechten unterlegt werden können. Freilich sollte die Effektivität einer derartigen Grundgesetzänderung trotz ihrer Signalwirkung nicht überschätzt werden. Ohne die gleichzeitige Einführung einer allgemeinen U.pflicht als möglicher Grundrechtsgrenze wäre die Verfassungsänderung überdies auch einseitig. Der staatl. Verantwortung für den U., die kein U.monopol des Staates rechtfertigt, korrespondieren private *Umweltpflichten,* die sich grundrechtsbeschränkend auswirken. Der *Naßauskiesungsbeschluß* des BVerfG, in dem ein Verbot der Grundwasserbenutzung als entschädigungsfreie Sozialbindung des Eigentums i. S. von Art. 14 Abs. 2 GG qualifiziert wird (BVerfGE 58, 300, 338 ff.), hat insofern exemplarischen Charakter. Eine differenzierte Bestimmung des vielschichtigen Verhältnisses von Grundrechten und U. steht jedoch noch aus. Bei aller Sympathie für den U. darf jedenfalls nicht übersehen werden, daß bei seiner Realisierung zum Teil weitreichende Grundrechtseinschränkungen unvermeidbar sind.

4. Prinzipien. U. und U.gesetzgebung werden auf bestimmte polit. Prinzipien zurückgeführt, die teilweise bereits im Umweltprogramm der Bundesregierung von 1971 und in dessen Fortschreibung im Umweltbericht '76 dargelegt sind, die allerdings keine Rechtsverbindlichkeit beanspruchen können, soweit sie nicht ausnahmsweise gesetzl. fixiert sind. Dabei handelt es sich um das Vorsorge-, Verursacher- und Kooperationsprinzip. Von den außerdem genannten Prinzipien (zB Grundsatz der Nachhaltigkeit, Bestandsschutzprinzip bzw. Verschlechterungsverbot, „in dubio pro securitate", Abwägungsprinzip) dürfte nur das Bestandsschutzprinzip als Bezeichnung der Untergrenze des U. eigenständige Bedeutung besitzen. Als genereller Grundsatz vermag es jedoch punktuelle Verschlechterungen der Umweltsituation im Einzelfall nicht auszuschließen.

a) Nach dem die Zeitdimension des U. verdeutlichenden und in § 5 Nr. 2 BImSchG positivierten *Vorsorgeprinzip* sollen Umweltschäden nach Möglichkeit vermieden werden und nicht erst zum Entstehen kommen, wobei seine Präventivfunktion über die herkömml. Gefahrenabwehr hinausgreift. Hieraus ergibt sich eine Rangfolge mit der Emissionsvermeidung an erster und der Emissionsminderung an der Quelle an zweiter Stelle, während der früher übliche passive U. oder die bloße Verteilung der Umweltbelastungen („Politik der hohen Schornsteine") nur als ultima ratio bzw. als Übergangslösung in Betracht kommen können. Der Inhalt des Vorsorgeprinzips im einzelnen ist umstritten. Mindestens zwei Varianten sind erkennbar: Zum einen fordert es i. S. der sog. Risikovorsorge (→Technikrecht) eine Fortsetzung des U. auch unterhalb der Gefahrenschwelle, zum anderen sollen nach einer bewirtschaftungsrechtlichen Interpretation beim U. neben Gefahrenabwehr und Risikovorsorge auch zukünftige Nutzungsinteressen berücksichtigt und eine gefahrenunabhängige Ressourcenschonung betrieben werden. Diese sog. Freiraum-These ist v. a. wegen ihrer Konsequenzen für die Auslegung des BImSchG (sie führt letztlich zu einem behördl. Ermessen bei der Anlagengenehmigung) umstritten. Vorsorge in diesem Sinn überschneidet sich mit dem im Forstrecht entwickelten Grundsatz der Nachhaltigkeit (§ 1 Nr. 1 BWaldG, vgl. auch § 1 Abs. 1 BNatSchG).

b) Nach dem *Verursacherprinzip* hat die Kosten der Umweltbelastungen bzw. der Vermeidungsmaßnahmen grundsätzlich der Verursacher zu tragen. Das realisiert sich in der administrativen Praxis weniger in Kostentragungsbescheiden, sondern in dem Erlaß belastender Verbote bzw. Gebote (zB Auflagenanordnungen). Das Verursacherprinzip ist kein bloßes Kostenzurechnungsprinzip für bereits entstandene Umweltschäden, sondern will als ökonomischer Hebel auch zur Vermeidung von Umweltbelastungen beitragen. Instrumente i. S. des Verursacherprinzips sind daher nicht nur Abgaben und sonstige finanzielle Ausgleichsmechanismen, sondern ebenso ordnungsrechtl. Vorgaben, die sich bei den Verursachern in Gestalt von Vermeidungskosten niederschlagen. Ausnahmen vom Verursacherprinzip sollen jedoch dort bestehen, wo der oder die Verursacher nicht festzustellen oder akute Notstände zu beseitigen sind und dies unter Heranziehung der Verursacher nicht schnell genug erreicht werden kann. Daneben können wirtschafts- und sozialpolit. Gründe Abweichungen von dem in seinem Gerechtigkeitsgehalt etwas vordergründigen (und häufig an unsicherer Verursacherbestimmung krankenden) Verursacherprinzip rechtfertigen. Dann ist das *Gemeinlastprinzip* anwendbar, das die Kosten des U. der Allgemeinheit, d. h. dem Staatshaushalt aufbürden will. Das Gemeinlastprinzip ist jedoch nicht nur ein lückenfüllendes Hilfsprinzip beim Fehlfunktionieren des Verursacherprinzips, sondern legitimiert sich eigenständig aus der Verantwortung des Staates für den U.

c) Das bisher nur unzureichend geklärte *Kooperationsprinzip* bringt grds. zum Ausdruck, daß U. nicht alleinige Aufgabe des Staates ist und von diesem auch nicht einseitig gegen Wirtschaft und Gesellschaft durchgesetzt werden kann, sondern die Zusammenarbeit aller betroffenen Kräfte erfordert. Da der U. eine öffentl. Aufgabe ist, können Staat oder Gesellschaft sich nicht gegenseitig aus der Umweltverantwortung herausdrängen, wenngleich dem Staat aufgrund der ihm überantworteten Interessen und Machtmittel ein deutl. Übergewicht bei Durchsetzung von U.zielen zukommen wird. Wichtig für einen U. durch Private ist die Klarlegung privater Verantwortung für den U., wie das etwa durch die gesetzl. Einrichtung der verschiedenen U.beauftragten institutionell abgesichert wird. Sinn der Kooperation ist neben der Vollzugserleichterung durch Konsens v. a. auch die Erschließung des Sachverstandes aus dem gesellschaftlich-privaten Bereich für den U. Das Kooperationsprinzip hat eine doppelte Wirkrichtung, indem es beide Seiten – Staat und Bürger – zur Kooperation verpflichtet, wobei es als rechtspolitisches Prinzip freilich nur ein Richtungsweiser für den Gesetzgeber und u. U. eine Auslegungsmaxime für die Rechtsprechung sein und nicht im Verhältnis zum Bürger konkrete Eingriffsermächtigungen ersetzen kann. Wichtige Ausprägungen des Kooperationsprinzips sind verfahrensförmiger Art und zeigen sich bei den Beteiligungsvorschriften im Umweltverwaltungsverfahren, bei U.absprachen, bei der Tätigkeit der Normgebungsausschüsse und Beratungsgremien und bei der Einrichtung der Betriebsbeauftragten für U., wie sie das Bundes-ImmissionsschutzG, die StrahlenschutzVO, das WasserhaushaltsG und das AbfallbeseitigungsG vorsehen. Das Kooperationsprinzip kann auch als Kostenzurechnungsgrundsatz verstanden werden, indem es eine gemeinschaftl. Kostentragung durch Staat und Gesellschaft für U.maßnahmen vorsieht. So verstanden, steht es zwischen dem Verursacher- und dem Gemeinlastprinzip.

5. Instrumente. Der U. verfügt primär über vielgestaltige *planerische* und *ordnungsrechtl.* Instrumente, zunehmend an Bedeutung gewinnen jedoch auch Instrumente *indirekter Verhaltenssteuerung* wie die Erhebung von *U.abgaben,* die Vergabe von *Subventionen* oder die Gewährung von *Benutzungsvorteilen* bei freiwilliger Einhaltung bestimmter Standards (zB RasenmäherlärmVO) und sog. informelle *U.absprachen,* während politisch-moralische *Appelle* an umweltgerechtes Verhalten sich trotz des unterdessen verbreiteten (und staatlich geförderten) Umweltbewußtseins bislang als weitgehend erfolglos erwiesen haben. Planungs-, bewirtschaftungs- und ordnungspolitische Komponenten des U.rechts stehen teilweise in einem Spannungsverhältnis. In Rechtsprechung und Schrifttum liegen die stärker in der gewerberechtl. Tradition stehenden Ansätze, die das U.recht primär zur Rechtsstellung der Anlagenbetreiber in Bezug setzen, einerseits und die bewirtschaftungsrechtl. Interpretationen, die zu einem Bewirtschaftungsermessen der Verwaltung hinführen und dabei individuelle Rechtsstellungen tendenziell vernachlässigen, andererseits im Widerstreit. Neben dem vielgestaltigen Instrumentarium des *Umweltverwaltungsrechts* können das *Umweltprivatrecht* mit seinen zivilrechtl. Abwehr- und Schadensersatzansprüchen (bes. §§ 823, 862, 1004, 906 BGB, 22 WHG, 25 AtG) und das *Umweltstrafrecht* (§§ 324 ff. StGB) einen begrenzten Beitrag zum U. leisten. Das Zivilrecht ist jedoch grundsätzlich ungeeignet, die Mehrzahl der die individuellen Nachbarrechtsverhältnisse übersteigenden U.probleme zu lösen. Das Strafrecht kann nur eine flankierende Aufgabe übernehmen, wobei seine Verzahnung mit dem materiellen U.recht bisher nur recht unvollkommen gelungen ist.

a) Die *Umweltplanung* beruht im wesentlichen auf spezialgesetzl. Einzelfachplanung. Zu den in den letzten Jahren entwickelten umweltplanerischen Instrumenten zählen etwa Luftreinhaltepläne (§ 47 BImSchG), wasserwirtschaftl. Rahmenpläne (§ 36 WHG), Bewirtschaftungspläne (§ 36b WHG), Abwasserbeseitigungspläne (§ 18a WHG), Landschaftspläne (§ 6 BNatSchG), Abfallbeseitigungspläne (§ 6 AbfG) sowie forstliche Rahmenpläne (§ 7 BWaldG). Die einzelnen Planungen unterscheiden sich dabei nicht nur nach ihrem Gegenstand, sondern u. a. nach Planungserfordernis (Planfreiwilligkeit oder Planungspflicht), Planungsraum und Rechtswirkungen der Planung. Insofern reicht die Typenskala von vorbereitenden Plänen mit vorwiegend verwaltungsinternem Dokumentationszweck (Belastungskataster, zB § 46 BImSchG) über herkömmliche einfache (nur verwaltungsintern verbindliche) bis hin zu unmittelbar außenwirksamen, d. h. auch für den Bürger verbindlichen sog. qualifizierten Plänen. Zur letzteren Gruppe gehören insbes. die naturschutzrechtl. und wasserrechtl. Schutzgebietsausweisungen (§§ 12 ff. BNatSchG, § 19 WHG). Verschiedentlich können einfache Pläne durch sog. Verbindlichkeitserklärungen außenwirksam werden (zB § 18 a Abs. 3 S. 3 WHG). Vermißt werden vielfach eine integrierte *Umweltgesamtplanung* einerseits (HOPPE) und eine verbindl. *Standortplanung* andererseits. Ansätze zu beidem sind jedoch vorhanden. So ermöglichen wechselseitige Planberücksichtigungspflichten und Verknüpfung der einzelnen Umweltfachplanungen mit der allgemeinen Raumplanung (§§ 1, 2 ROG, 50 BImSchG, 5 Abs. 2 BNatSchG) durchaus eine Koordination der Einzelplanungen. In Teilbereichen ist auch eine echte – über allgemeine Vorgaben in der Raumplanung hinausreichende – Standortplanung möglich (zB § 18 a Abs. 3 WHG, § 6 Abs. 1 S. 1 AbfG).

b) Im Mittelpunkt des U.rechts steht nach wie vor das seinen polizei- und gewerberechtl. Ursprüngen entsprechende *ordnungsrechtl.* Instrumentarium, wobei trotz zahlloser Unterschiede zwischen den einzelnen U.gesetzen sich bestimmte gemeinsame Strukturen herausgebildet haben. Umwelterhebl. Verhaltensweisen wie etwa das Betreiben einer emittierenden Anlage oder das Einleiten von Abwasser unterliegen einer regelmäßig als Genehmigungs- oder Planfeststellungsverfahren ausgestalteten *Eröffnungskontrolle* (zB § 7 AbfG, §§ 4 ff. BImSchG, § 7 AtG). Dabei wird im Hinblick auf Anlagen sinngemäß verlangt, daß sie so errichtet und betrieben werden, daß schädl. Umwelteinwirkungen, sonstige Gefahren oder erhebl. Nachteile bzw. Belästigungen für die Allgemeinheit und die Nachbarschaft nicht hervorgerufen, zumindest aber nach dem Stand der →Technik vermindert werden. Die Pflicht zur Gefahren- und Risikominimierung (Schutzprinzip) findet ihre Grenze grundsätzlich erst im sog. Restrisiko (→Technikrecht), das hingenommen werden muß. Im Bereich der Umweltvorsorge spielen allerdings faktisch wohl auch wirtschaftl. Gesichtspunkte eine gewisse Rolle. Im Regelfall handelt es sich bei der Genehmigung oder dem Planfeststellungsbeschluß um eine *gebundene* Entscheidung, so daß ein Rechtsanspruch auf ihre Erteilung besteht, sofern deren rechtl. Voraussetzungen erfüllt sind. Dagegen sieht das WasserhaushaltsG für die wasserrechtl. Erlaubnis und Bewilligung ein *Versagungsermessen* vor. Das gleiche gilt im Prinzip auch für die Anlagengenehmigung nach dem AtomG (§ 7 AtG), wobei die Rechtsprechung den Ermessensspielraum thematisch eingrenzt. Die Verwaltung soll nicht die grundsätzl. Entscheidung des Gesetzgebers für die friedl. Nutzung der Kernenergie konterkarieren dürfen und ist in ihren Entscheidungen daher auf anlagenspezifische Versagungsgründe beschränkt. Weitere Komplikationen können sich aus dem vielfach bestehenden Erfordernis *paralleler* Gestattungsverfahren ergeben, sofern nicht der Gesetzgeber durch Anordnung der *Konzentrationswirkung* einer Entscheidung die formelle (nicht die materiellrechtliche) Konkurrenz beseitigt (zB § 13 BImSchG). Inwieweit es daneben noch allgemein einer selbständigen *Umweltverträglichkeitsprüfung* bedarf, ist zweifelhaft. Die Grundsätze für die Prüfung der Umweltverträglichkeit öffentl. Maßnahmen des Bundes vom 12. Sept. 1975 (GMBl. S. 717) stellen lediglich eine verwaltungsinterne (und auch nur bundesbezogene) Selbstbindung dar und sind zudem gegenständlich eng begrenzt. Aus der neuen EG-Richtlinie vom 27. Juni 1985 über die Umweltverträglichkeitsprüfung bei bestimmten öffentl. und privaten Projekten (85/337/EWG, ABl. Nr. L 175, S. 40) mag sich das Erfordernis einer Schließung von Kontrolllücken ergeben, die flächendeckende Einführung einer formalisierten Umweltverträglichkeitsprüfung zusätzlich zu bestehenden umweltrechtl. Gestattungsverfahren erfordert sie jedoch nicht. Neben dem *Verbot mit Erlaubnisvorbehalt,* das den u.rechtl. Genehmigungsverfahren zugrunde liegt, kennt das U.recht auch das Modell der Erlaubnis mit *Verbotsvorbehalt,* das von einer umfassenden Präventivkontrolle absieht und sich auf punktuelle Eingriffsermächtigungen, Verbote und Beschränkungen stützt. Anstelle eines Erlaubniserfordernisses sehen z. T. U.gesetze lediglich eine *Anmeldepflicht* vor. Grundsätzlich handelt es sich dabei um die mildeste Form der Eröffnungskontrolle, die insbes. bei weniger gewichtigen Sachverhalten (zB bei den nicht genehmigungsbedürftigen Anlagen nach § 22 BImSchG), aber auch mit Rücksicht auf die nicht unbegrenzten Verwaltungskapazitäten (zB bei der Gefahrstoffkontrolle) in Betracht kommt. Die Anmeldepflicht kann jedoch wie im Falle des ChemikalienG mit anspruchsvollen Prüf- und Nachweispflichten der Anmelder verknüpft sein (§§ 4 ff., 7 ff. ChemG). Auch sonst kennt das U.recht weitgehende *Offenbarungspflichten,* die nicht nur im Rahmen der Eröffnungskontrolle, sondern neben Duldungs- und sonstigen Mitwirkungspflichten insbes. auch bei der *Überwachung* eine erhebl. Rolle spielen (zB § 52 BImSchG). Sie sind Ausdruck einer allgemeinen *Umweltpflicht.* Soweit dabei Betriebs- und Geschäftsgeheimnisse offengelegt werden müssen, bedarf es jedoch des *Geheimhaltungsschutzes* (zB durch Begrenzung der öffentl. Auslegung in Genehmigungs- und Planfeststellungsverfahren [§ 10 Abs. 2 BImSchG]) oder durch Beschränkung des innerbehördl. Informationsaustausches, zumindest aber durch Statuierung von Geheimhaltungspflichten für die Behörden (§ 12 ChemG, § 30 VwVfG). Ausdruck der umfassenden U.pflichtigkeit sind auch die im U.recht in erweitertem Maße (entschädigungslos) zugelassenen *nachträglichen Entscheidungen* (nachträgl. Anordnungen, Rücknahme, Widerruf). Mit der Eliminierung des Grundsatzes der *wirtschaftlichen Vertretbarkeit,* durch den nachträgliche Anordnungen nach § 17 BImSchG bislang begrenzt wurden, zugunsten einer bloßen Verhältnismäßigkeitskontrolle werden Bestandskraft und Bestandsschutz der Anlagengenehmigung weiter reduziert. Die Vertretbarkeitsklausel gilt auch sonst im U.recht nicht durchgängig (zB im Wasserhaushaltsrecht).

c) Eine insgesamt untergeordnete Rolle spielen bisher die v. a. von Umweltökonomen propagierten *Umweltabgaben.* Derartige am Verursacherprinzip (the polluter shall pay) orientierte →Abgaben haben den Vorzug, die notwendigen, überaus hohen Investitionen für den U. teilweise finanziell zu ermöglichen und ein umweltschonendes Verhalten Privater anzuregen. Schwierigkeiten der individuellen Quantifizierung von Umwelteinbußen (zB der Verlust von Landschaftsschönheit) und von entstehenden Umweltkosten sowie bei der Bestimmung des jeweiligen Verursachers und die Probleme einer effektiven und ökonomischen Erhebung durch die öffentl. →Verwaltung weisen derartigen Abgabensystemen jedoch von vornherein nur einen begrenzten Platz im U. zu. Dies um so mehr, als schwerwiegende Umweltbelastungen auch nicht gegen hohe Abgaben hingenommen werden können und insgesamt ein soziales, verfassungsnahes Abgabensystem grundsätzlich an der individuellen Leistungsfähigkeit der Abgabenschuldner, nicht aber am Gedanken der individuellen Gegenleistung zu orientieren ist. Neben der umstrittenen, seit 1981 erhobenen *Abwasserabgabe* spielen die in der Mehrzahl der Bundesländer vorgesehenen *naturschutzrechtlichen Ausgleichsabgaben* (insbes. Bad.-Württ.), die wahrscheinl. auslaufende *Altölabgabe* und die vorübergehend erhobene *Benzinbleiabgabe* (§ 3 a BzBlG) eine eher bescheidene Rolle. Vorschläge zur Erhebung weiterer Umweltabgaben (zB Schwefelabgabe, Verpackungsabgabe) haben sich bisher nicht durchsetzen können. Ein günstigeres Schicksal dürfte den in jüngerer Zeit propagierten *„neuen ökonomischen Instrumenten“* der U.politik (insbes. Zertifikathandel) jedenfalls in größerem Umfang nicht beschieden sein. Durchsetzungschancen besitzen nur gemäßigte Kompensationslösungen nach dem sog. Glockenprinzip (vgl. auch die neue TA Luft), bei denen individualisierende Emissionsvereinbarungen innerhalb einer Emittenten-Gemeinschaft mit staatl. Limitierung nur der Gesamtemission zugelassen werden. Den umweltökonomischen Vorschlägen liegt allerdings eine z. T. berechtigte Kritik am herkömml. ordnungsrechtl. Instrumentarium des U. zugrunde. Das oft beklagte *Vollzugsdefizit* im U. (R. MAYNTZ) ist erst z. T. überwunden.

6. Verwaltungsprobleme. Trotz der Notwendigkeit eines Ausbaus des U.rechts ist die Sicherung einer konsequenten Anwendung des geltenden U.rechts und der Berücksichtigung ökologischer Konsequenzen bei Verwaltungsentscheidungen insgesamt wichtiger für den Erfolg des staatl. U. Die Anerkennung des U. als Rechtsgut des öffentl. Interesses sollte die Verwaltung veranlassen, regelmäßig nur solche Maßnahmen zu ergreifen, welche eine geringsterforderliche und nicht unverhältnismäßige Umweltbelastung verursachen. Die wirksame Anwendung des U.rechts sollte weniger durch eine zunehmende Kriminalisierung umweltwidrigen Verhaltens (Umweltstrafrecht) erzwungen werden, sondern setzt primär eine bessere Anwendbarkeit der Normen (insbes. durch Konkretisierung auf bestimmte Grenzwerte) voraus. Wichtig sind auch ausreichende Umweltinformationen für die Verwaltung und eine hinreichende konkretisierbare Umweltplanung. Dies erfordert insgesamt eine bessere Schulung der Verwaltungsangehörigen, erweiterte Grundlagenforschungen und Datensammlungen, genauere Kontrollmaßstäbe sowie den Einbau von Sachverständigenstäben in die Verwaltungsorganisation, wie dies im Bundesbereich durch die Schaffung des Rates von Sachverständigen für Umweltfragen geschehen ist.

Als Hauptproblem der administrativen Bewältigung des U. galt bis vor kurzem seine möglichst zielkonfliktfreie Ressortierung und besonders die Bewältigung der Zerrissenheit der exekutiven U.zuständigkeiten, die insbes. im Bereich des Bundes an die verschiedensten Ressorts angebunden war. Eigenständige U.ministerien, die freilich nirgends sämtliche U.kompetenzen umfassen, bestanden zunächst nur in einem Teil der Bundesländer. Erst Mitte 1986 wurde ein Bundesministerium für Umwelt, Naturschutz und Reaktorsicherheit errichtet, dem folgende Zuständigkeiten übertragen wurden: Umweltschutz, Sicherheit kerntechnischer Anlagen und Strahlenschutz (aus dem Geschäftsbereich des bislang federführenden Innenministeriums), Umwelt und Naturschutz (aus dem Geschäftsbereich des BM für Ernährung, Landwirtschaft und Forsten) sowie gesundheitliche Belange des Umweltschutzes, Strahlenhygiene, Rückstände von Schadstoffen in Lebensmitteln, Chemikalien (aus dem Geschäftsbereich des BM für Jugend, Familie und Gesundheit). Eine Allzuständigkeit für den U. kommt auch dem neuen Ministerium nicht zu, da wichtige U.kompetenzen weiterhin bei den Ministerien für Arbeit und Sozialordnung, für Forschung und Technologie, für Städtebau und Wohnungswesen, für Verkehr und für Wirtschaft liegen. Daneben nehmen verschiedene Bundesanstalten und -ämter Aufgaben des U. wahr, unter denen das Umweltbundesamt in Berlin eine herausragende Bedeutung hat. Die Zusammenführung wichtiger Kompetenzen an der Exekutivspitze des Bundes bedeutet keine entsprechende Konzentration des Verwaltungsvollzuges, der ganz überwiegend Angelegenheit der Länder bzw. der Kommunen ist. Eine weitgehende Zentralisation verspräche auch keinen Gewinn für den U.: Das Einfließen der unterschiedl. Aspekte und Interessen bei der Bewältigung des U. ist am besten durch ein stark aufgegliedertes (wenngleich notwendig schlagkräftig bleibendes) Verwaltungsverfahren des U. mit verschränkten Anhörungs- und Mitwirkungsrechten verschiedener Behörden, Ämter, Sachverständiger, aber auch von Verbänden und Privaten integrativ zu bewältigen.

7. Rechtsschutzprobleme. Der faktische Einfluß der Rechtsprechung auf das Umweltrecht und auf den Umweltrechtsvollzug ist in der rechtsstaatlich perfektionierten Bundesrep. gegenwärtig gewaltig. Kaum eine größere umweltbelastende Anlage kann ohne mehrinstanzliche intensive gerichtl. Kontrollen in Betrieb gehen. Nach mehreren Jahrzehnten der Rechtsschutzexpansion in der Bundesrep. werden allerdings zunehmend die Grenzen des Rechtsschutzes jedenfalls im U. deutlich. Während gesetzl. Beschränkungen des Rechtsschutzes im U. bisher nur theoretisch diskutiert werden, scheinen expansive gesetzgeberische Tendenzen zur Rechtsschutzausweiterung (vorerst?) gestoppt: Überwiegend nicht durchgesetzt haben sich die Forderungen, allgemeine Klagebefugnisse von Privaten oder Verbänden gegen u.widriges Verhalten des Staates oder Privater zu schaffen. Sog. altruistische *Verbandsklagen* ermöglichen nur die Landesnaturschutzgesetze von Hessen, Hamburg und Bremen sowie seit neuerem Berlin. Richtschnur für Klagemöglichkeiten bleibt i. ü. die individuelle Rechtsbetroffenheit, die bei umweltrelevanten Großvorhaben und einer räumlich weit gezogenen Klagebefugnis Massenverfahren und Quasi-Popularklagen allerdings nicht ausschließt.

Die v. a. im Hinblick auf den Rechtsschutz im U. erfolgten Änderungen des Verwaltungsprozeßrechts (insbes. die Straffung des Instanzenzuges durch § 9 des EntlastungsG vom 4. Juli 1985, BGBl. I S. 1274) läßt die quantitative, u. U. auch qualitative Aufgabenvermehrung der →Verwaltungsgerichtsbarkeit im U.recht grds. unberührt.

8. Einzelfelder der U.politik. In ihren einzelnen Bereichen wird die U.politik u. a. durch folgende Entwicklungen gekennzeichnet: die flexible Reaktion des Immissionsschutzrechts auf die Problematik der Altanlagensanierung (wirtschaftl. Kompensationslösungen), die prinzipielle Abkehr von der „Verdünnungsphilosophie" (vergleichbar der Politik der „hohen Schornsteine") bei der Abwasserbeseitigung, die Weiterentwicklung des Abfallbeseitigungsrechts zu einem Abfallbewirtschaftungsrecht (Vermeidungs- und Verwertungsgebote, Recycling) und die Entwicklung einer konsistenten Bodenschutzkonzeption. In rechtl. Hinsicht im Prinzip abgeschlossen ist der Wandel des Naturschutzes vom traditionellen Reservatsdenken zum Biotopschutz einerseits und Schutz von (auch industrialisierten) Kulturlandschaften andererseits. Stark umstritten ist allerdings das sog. Agrarprivileg (zB § 8 Abs. 7 BNatSchG), das zu dem bislang unzulänglichen Bodenschutz beiträgt. Weitgehend offen sind demgegenüber die (auch) rechtl. Bewältigung der abfallrechtl. Altlastenproblematik und die beweis- und haftungsrechtl. Fragen im Umkreis des sog. Waldsterbens. Über den drängenden Einzelaufgaben dürfen allerdings die sachliche und rechtliche Verflechtung der Einzelfelder des U. nicht vernachlässigt werden. Eine sachliche wie auch rechtliche *Harmonisierung* der Einzelregelungen ist erforderlich, wenn nicht übersehene umweltschädl. Substitutionsprozesse und normative Ungereimtheiten die Effektivität des U. mindern sollen. Nachdem das U.recht heute im wesentlichen, wenn auch teilweise erst im Rohbau „steht", liegen die zukünftigen Aufgaben von Gesetzgebung, Rechtsprechung und Rechtswissenschaft v. a. in der ökologischen Weiterentwicklung und der systematischen Überarbeitung des U.rechts. Insgesamt dürfte die grundsätzliche (notwendig auch relativierende) Einordnung des U. in die gesamte Zielvielfalt des modernen Gemeinwesens noch auf längere Zeit nicht abgeschlossen sein.

Zu I: H.-Chr. Binswanger u. a., Wirtschaft und Umwelt, 1981 – D. Birnbacher, Ökologie und Ethik, 1980 – M. Bullinger u. a., Das Verursacherprinzip und seine Instrumente, 1974 – T. Dahlhoff (Hg.), Mensch und Umwelt, 1983 (3 Bde.) – B. S. Frey, Umweltökonomie, 1985 – M. Glagow (Hg.), Umweltgefährdung und Gesellschaftssystem, 1972 – H. Gutzler (Hg.), Umweltpolitik und Wettbewerb, 1981 – G. Hartkopf/E. Bohne, Umweltpolitik I, 1983 – O. Issing (Hg.), Ökonomische Probleme der U.politik, 1976 – M. Jänicke u. a. (Hg.), Wissen für die Umwelt, 1985 – Der Rat der Sachverständigen für Umweltfragen, Umweltgutachten 1974 und 1978 – E. Rehbinder, Politische und rechtliche Probleme des Verursacherprinzips, 1973 – H. Sachsse, Ökologische Philosophie, 1984 – H. Siebert (Hg.), Umwelt und wirtschaftliche Entwicklung, 1979 – Umweltpolitisches Gespräch, Ökonomische Instrumente der Umweltpolitik – Neuer Weg oder Sackgasse, 1984 – K.-G. Wey, U.politik in Deutschland, 1982 – L. Wikke, Umweltökonomie, 1982.

Zu II: Gesetzessammlungen M. Kloepfer, 1981 ff. – P.-Chr. Storm, Umwelt-Recht, 1985[3] – R. Breuer, U.recht, in: I. v. Münch (Hg.), Besonderes Verwaltungsrecht, 1985[7] – C. Doran u. a., U.politik des peripheren Eingriffs, 1974 – W. Hoppe, Staatsaufgabe U., VVDStRL 38 (1980), 211 ff. – O. Kimminich, Das Recht des U., 1972 – M. Kloepfer, Zum U.recht in der Bundesrepublik Deutschland, 1972 – Ders., Zum Grundrecht auf Umweltschutz, 1978 – Ders., Systematisierung des Umweltrechts, 1978 – Ders., Staatsaufgabe U., DVBl. 1979, 639 ff. – Ders., Rechtsschutz im U., VerwArch. 76 (1985), 371 ff., 77 (1986), 30 ff. – H. v. Lersner, Verwaltungsrechtliche Instrumente des U., 1983 – R. Mayntz u. a., Vollzugsprobleme der U.politik, 1978 – H.-U. Müller-Stahel (Hg.), Schweizerisches U.recht, 1973 – D. Rauschning, Staatsaufgabe U., VVDStRL 38 (1980), 167 ff. – E. Rehbinder u. a., Bürgerklage im U.recht, 1972 – Ders., U.recht, Rechtsvergleichendes Generalreferat, RabelsZ 40 (1976), 365 ff. – J. Salzwedel (Hg.), Grundzüge des Umweltrechts, 1982 – H. Sendler, Ist das U.recht normierbar?, UPR 1981, 1 ff. – P.-Chr. Storm, U.recht, 1980 – O. Triffterer, Umweltstrafrecht, 1980. Z.: Natur und Recht, Umwelt (BMI), Umwelt- und Planungsrecht, Z. f. Umweltpolitik.

Michael Kloepfer

UN (United Nations) →Vereinte Nationen

Uneheliches Kind →Nichteheliches Kind

Unfallversicherung →Sozialversicherung

Ungebundene Staaten. I. Begriff. Mit Ungebundenheit, Blockfreiheit oder Non-Alignment, auch →Neutralismus genannt, wird seit dem Zweiten Weltkrieg auf dem Hintergrund des Ost-West-Konflikts und der →Dekolonisierung in der Dritten Welt eine spezifische politische Haltung derjenigen Staaten bezeichnet, die sich nicht an militärische Bündnissysteme binden und sich aus deren politischen und ideologischen Konflikten heraushalten. Der Inhalt des Begriffs war seit seiner Entstehung einem Wandel unterworfen. Heute identifizieren sich mit Non-Alignment insbes. die Staaten der Dritten Welt, die nach Erlangung der politischen die wirtschaftliche Unabhängigkeit in einem neuen Weltwirtschaftssystem anstreben (Süd-Nord-Konflikt). Die Politik der Ungebundenheit stellt eine besondere Form der Neutralitätspolitik dar. Im Unterschied zur allgemeinen Neutralitätspolitik, die darauf gerichtet ist, nicht in Kriege verwickelt zu werden, dient die Politik der Ungebundenheit der Erreichung konkreter Ziele. Während die Neutralitätspolitik sich stark am Status quo orientiert, zielt die Haltung der Ungebundenen auf eine Veränderung des Status quo in seinen weltweiten Dimensionen. Die Ungebundenheit wird daher auch „positive Neutralität" genannt.

II. Ursprung. Die Bewegung der u. St. oder Blockfreien hat zwei Wurzeln. Sie entstand als Abwehrreaktion gegen die Bildung eines westl. Bündnissystems unter Führung der USA und eines östl. unter Führung der UdSSR nach Beendigung des Zweiten Weltkriegs im Gefolge des „Kalten Krieges" – Wortführer einer solchen Politik war vor allem der jugoslaw. Präsident TITO – und als kämpferische polit. Form des jungen, oft übersteigerten Nationalgefühls und Willens zur Unabhängigkeit afro-asiatischer Länder in der postkolonialen Epoche mit antiwestl. Frontstellung. In diesem Sinne waren die u. St. keineswegs Isolationisten, sondern nahmen aktiv an internationalen Angelegenheiten teil. Interpreten dieser Variante waren NEHRU, NASSER, SUKARNO, U-NU und N'KRUMAH.

Vorläufer der ersten organisierten Aktivität der u. St. war die Afro-Asiat. Konferenz in Bandung 1955, an der auch gebundene Länder beider Seiten wie zB die VR China teilnahmen. Der Schwerpunkt der Konferenz lag auf der Entkolonisierung und langfristigen polit. und wirtschaftl. Forderungen der Entwicklungsländer Afrikas und Asiens. Wegen der Heterogenität ihrer Interessen und Ziele gab es kein zweites Bandung, das im Jubiläumsjahr 1965 in Algier hätte abgehalten werden sollen. Einigende Formel wurde anstelle des „Geistes von Bandung" das Non-Alignment – der kleinste gemeinsame Nenner dieser bunt zusammengewürfelten Staatengruppe.

III. Die Entwicklung der Blockfreiheit. Im Juni 1961 einigten sich erstmalig 20 Staaten auf einem Treffen in Kairo auf fünf Kriterien des Non-Alignment:

1. Unabhängigkeit der (Außen-)Politik „auf der Basis der Koexistenz von Staaten mit unterschiedl. polit. und sozialen Systemen";

2. „Konsistente Unterstützung von Bewegungen für nationale Unabhängigkeit";

3. und 4. Nicht-Mitgliedschaft in multilateralen, bilateralen oder regionalen Militärbündnissen, „die im Zusammenhang mit den Großmachtkonflikten abgeschlossen wurden";

5. Nichtvergabe von Konzessionen für Militärbasen an eine auswärtige Macht, die im Zusammenhang mit den Großmachtkonflikten gewährt werden.

Dieses Programm des Non-Alignment war die Ausgangslage der folgenden Gipfelkonferenzen der u. St.: 25 Staaten fanden sich im Sept. 1961 zur ersten Gipfelkonferenz der Blockfreien in Belgrad ein; im Okt. 1964 trafen sich in Kairo 47 Staaten; im Sept. 1970 waren es bereits 54 Vollmitglieder in Lusaka; im Sept. 1973 beteiligten sich an einer der machtvollsten Demonstrationen der Blockfreien in Algier 75 Staaten – fast zwei Drittel der Mitgliedstaaten der VN und mehr als 90 Proz. derjenigen Länder, die nach dem Zweiten Weltkrieg ihre Unabhängigkeit erlangt hatten; 86 Staaten folgten im August 1976 der Einladung nach Colombo; in Havanna im Sept. 1979 wuchs die Zahl der Mitglieder der Bewegung auf 95, von denen 92 auf der Konferenz vertreten waren; in New Delhi – März 1983 – überschritt die Mitgliederzahl mit 101 erstmalig die Hundert-Grenze. War die erste Phase der Entwicklung in den 60er Jahren, deren Schwerpunkt auf der Konsolidierung der erlangten Unabhängigkeit lag, stärker durch den Ost-West-Konflikt geprägt, so bestimmte der Süd-Nord-Gegensatz mehr die zweite Phase, die mit der 3. Gipfelkonferenz in Lusaka begann und in der die Bewegung sich insbesondere auf Fragen der wirtschaftlichen Unabhängigkeit konzentrierte. Indessen überschneiden sich beide Phasen, da die Dritte Welt unverändert Schauplatz der Ost-West-Auseinandersetzung ist und sich die Forderungen des „Südens" an den „Norden" zunehmend auch an die Staaten des Warschauer Paktes richten.

Die Entwicklung im einzelnen:

1. Auf der I. Gipfelkonferenz von Belgrad (1961), die ganz im Zeichen der Zuspitzung des „Kalten Krieges" stattfand (nur 3 Wochen nach dem Bau der Berliner Mauer), suchten die Teilnehmer einen Ausweg aus der Blockkonfrontation und bezeichneten die Sicherung des Weltfriedens als vordringl. Aufgabe der Bewegung. Sie verabschiedeten die von den Außenministern in Kairo erarbeiteten „Fünf Prinzipien der Blockfreiheit", eine „Erklärung zur Kriegsgefahr und der Friedensappelle" sowie zwei gleichlautende Briefe an CHRUSCHTSCHOW und KENNEDY zur Wiederaufnahme der Gespräche.

2. Die II. Gipfelkonferenz von Kairo (1964) legte den Schwerpunkt unter dem Eindruck des Übergangs vom „Kalten Krieg" zu einer Politik sektoraler Absprachen und Abkommen zwischen den Führungsmächten beider Blöcke auf die Präzisierung und Intensivierung der Politik der friedlichen Koexistenz. Im Abschlußdokument, dem „Programm für Frieden und internationale Zusammenarbeit", wurden neun „grundlegende Prinzipien der friedl. Koexistenz" formuliert. Keine Einigung wurde in der ideologisch-politischen Auseinandersetzung über das Verhältnis von friedlicher Koexistenz und Befreiungskampf erzielt. Einerseits enthielt Kap. IV deshalb das Zugeständnis, daß friedl. Koexistenz nicht „zur Gänze" verwirklicht werden könne „ohne völlige Liquidierung des →Imperialismus, Kolonialismus und Neokolonialismus". Andererseits bringt sie auch die Forderung zum Ausdruck, daß alle intern. Konflikte auf friedl. Wege beigelegt werden. Die Erörterung anderer Themen, wie die wirtschaftl. Lage in den Entwicklungsländern und die Verbesserung ihrer wechselseitigen Zusammenarbeit, blieb in Ansätzen stecken.

Nach Kairo durchlief die Bewegung eine Krise, so daß die nächste Gipfelkonferenz statt der geplanten drei Jahre erst nach sechs Jahren stattfinden konnte. Bestimmende Faktoren waren: Das Abklingen des „Kalten Krieges“, das Abebben der Dekolonisierungswelle, das Entstehen neuer Machtzentren, die Zunahme der Konflikte unter den →Entwicklungsländern selbst, die Austragung von ideologisch-politischen Richtungskämpfen (neue Gipfelkonferenz der u. St. oder ein zweites Bandung?) und die Enttäuschung über die Einflußlosigkeit der Bewegung. Andererseits gewannen wirtschaftl. Probleme zunehmendes Gewicht, da der Abstand zwischen industrialisierten und nicht-industrialisierten Ländern immer größer wurde. Es kam zur Gründung der „Gruppe der 77“ während der II. Welthandelskonferenz (UNCTAD II) in Genf (1966), die sich als Sprachrohr der Dritten Welt in allen wirtschaftl. Angelegenheiten auffaßt.

3. Die III. Gipfelkonferenz von Lusaka (1970) brachte nach sechs Jahren Pause die Festlegung einer neuen Prioritätenordnung. Nachdem dem Antikolonialismus als einigendem Band durch die Erlangung der Unabhängigkeit der jungen Nationen mehr und mehr der Boden entzogen wurde, fand die Konferenz ein gemeinsames Interesse im Kampf für die wirtschaftl. Unabhängigkeit der u. St. und in ihrer engeren wirtschaftl. Zusammenarbeit. Die Schwerpunktverlagerung kam auch darin zum Ausdruck, daß neben der „Deklaration über Frieden, Unabhängigkeit, Entwicklung, Zusammenarbeit und Demokratisierung der internationalen Beziehungen“ eine weitere „Deklaration über Blockfreiheit und wirtschaftlichen Fortschritt“ verabschiedet wurde. Fortan konzentrierten sich die u. St. verstärkt auf den Süd-Nord-Gegensatz.

4. Die IV. Gipfelkonferenz von Algier (1973) war eines der bedeutendsten und einschneidendsten Ereignisse in der Bewegung der u. St. Von den Großen Drei der Bewegung war nach dem Ableben von NEHRU und NASSER nur noch TITO übriggeblieben. Prominente Vertreter waren in Algier außerdem: INDIRA GANDHI, SADAT, GADAFI, CASTRO, KAUNDA, HAILE SELASSIE und SIHANOUK.

Das zentrale Thema der Konferenz war nicht mehr ein Abseitsstehen, eine prowestl. oder prokommunist. Haltung im Ost-West-Konflikt, sondern der sich entwickelnde Süd-Nord-Gegensatz, die Frontstellung zwischen „arm“ und „reich“ und die Emanzipation der „Armen“ in der „Dritten Welt“. Die Geister schieden sich nur hinsichtlich der Frage, ob die Aktionen der u. St. auf die westl. Industriestaaten beschränkt bleiben (sowj. Linie) oder auch auf den Ostblock ausgedehnt werden sollten (chines. Linie). Die Konferenzergebnisse brachten keine eindeutige Entscheidung. Immerhin wurde mit überwiegender Mehrheit die von der VR China entwickelte und von Algerien übernommene These vom Gegensatz zwischen arm und reich akzeptiert, der Ost-West-Gegensatz verwischt und durch den Süd-Nord-Gegensatz überlagert. Die SU mußte sich zusammen mit den Vereinigten Staaten das Etikett der „bösen“ und „reichen“ Supermacht anheften lassen, sicherlich ein Erfolg Chinas, obwohl es auf der Konferenz nicht vertreten war. Die sowj. Linie wurde bedingungslos nur von FIDEL CASTRO unterstützt, der zum Mißfallen fast aller übrigen Teilnehmer erklärte, daß Ungebundenheit nur in enger Anlehnung an die SU („natürlicher Verbündeter“ der u. St.) denkbar und eine eventuelle Wendung der nicht paktgebundenen Länder gegen die SU schlicht eine „konterrevolutionäre Aktion“ sei. Nach Zurücktreten der alten Führungsmächte Indien, Ägypten, Jugoslawien hat sich im Verlaufe der Konferenz Algerien unter Führung von BOUMEDIENE und BOUTEFLIKA, unterstützt von einer kleinen arabisch-afrikanischen Gruppe extremer Staaten, in die vorderste Reihe der u. St. gespielt. Ein großer Teil der von Algerien ausgearbeiteten Resolutionsentwürfe wurde angenommen. Das Beschlußergebnis spiegelt die Radikalisierung der Bewegung wider. Die Blockfreiheit hat seit der Konferenz von Algier eine neue Dimension angenommen, die auf der Weltrohstoffkonferenz und der 29. GV der VN noch erweitert worden ist. Ungebundenheit hat im Zeichen der „Entspannung“ kaum noch etwas mit Nichtzugehörigkeit zu Blöcken zu tun, sondern bedeutet das Übergreifen des innerstaatl. Sozialgefühls auf die zwischenstaatl. Beziehungen, verbunden mit einem ausgeprägten Machtanspruch (Prinzip der Gleichheit und sozialen Gerechtigkeit anstelle des Leistungsprinzips).

5. Die V. Gipfelkonferenz in Colombo (1976) schrieb zwar die Ergebnisse von Algier auf politischem und wirtschaftl. Gebiet fort. Es wurden auch hier wieder eine wirtschaftl. Erklärung und ein wirtschaftl. Aktionsprogramm verabschiedet. Gleichwohl standen wieder die politischen Fragen im Vordergrund. Stärker als in Algier wurden die internationalen Entwicklungen diskutiert (KSZE, Nahostkrieg 1973, Putsch in Chile, Niederlage der USA in Vietnam, Zusammenbruch des portugiesischen Kolonialreichs usw.).

Mit Genugtuung wiesen die u. St. in der „politischen Deklaration“ auf ihre Erfolge im Kampf gegen Imperialismus, Kolonialismus, Neo-Kolonialismus, Apartheid und Zionismus hin. Neu war die ausführliche Behandlung der Entspannungspolitik. Die Konferenz machte Ost und West gleichermaßen für die gegenwärtigen Spannungen verantwortlich und begrüßte die Entspannung. Sie kritisierte indessen den beschränkten geographischen Anwendungsbereich der Entspannung und die Block-zu-Block-Entspannung. Deshalb verlangte die „politische Deklaration“ eine internationale Entspannung unter „gleichberechtigter Beteiligung aller Länder“. Außerdem forderte die Bewegung u. St. eine Sondersitzung der VN zu Fragen der →Abrüstung, die im Juli 1978 stattfand.

Obgleich der Konfrontationskurs von Algier insgesamt fortgesetzt wurde, verhinderte der mäßigende Einfluß der Präsidialmacht Sri Lanka und einiger anderer gemäßigter Staaten (wie Ägypten und Saudi-Arabien) und Staatengruppierungen (ASEAN) eine weitere Radikalisierung der Bewegung. Die Führungsmacht der letzten Gipfelkonferenz, Algerien, hielt sich auffällig zurück. Die Zurückhaltung der Kubaner war jedoch vorwiegend taktischer Natur.

6. Die VI. Gipfelkonferenz in Havanna (1979). Nach dem teilweise naiven Optimismus von Colombo begann eine Zwischenphase der Stagnation und Orientierungslosigkeit. Der gemeinsame Kampf der u. St. gegen den (westl.) Kolonialismus war im wesentlichen abgeschlossen. Die zweite Hauptklammer der Bewegung, die Forderung nach Errichtung einer neuen Weltwirtschaftsordnung, erlitt auf der UNCTAD V-Konferenz in Manila 1979 einen Rückschlag. Die Phase der programmatischen Ausarbeitung war abgeschlossen. Die unterschiedl. Interessenlagen der einzelnen Mitgliedstaaten traten deutlicher als bisher zutage. Der Druck der Großmächte, die Bewegung in ihrem Sinne zu beeinflussen, wuchs. Schon auf der vorbereitenden Außenminister-Konferenz in Belgrad zeichnete sich unter dem Einfluß von Kuba und einem harten Kern von ca. 9 u. St. die – in Havanna offenbar gewordene – Tendenz einer Neuorientierung der Blockfreien-Bewegung mit eindeutiger „antiimperialistischer" Zielsetzung und Anbindung an die SU als „natürlichen Verbündeten" ab. Die Gemäßigten versuchten den Manipulationsbestrebungen der kubanischen Präsidentschaft durch eine starke Teilnahme an der Gipfelkonferenz entgegenzuwirken.

Im Mittelpunkt der kontroversen Diskussion standen 3 Themen: a) die grundlegenden Prinzipien der Bewegung, insbesondere das Verhältnis zu den Großmächten, b) die Lage im Nahen Osten einschließlich der Frage der Suspendierung der Mitgliedschaft Ägyptens nach Camp David sowie c) das Problem der Teilnahme Kampucheas (Kambodschas).

Die Konferenz verabschiedete eine politische Deklaration, eine wirtschaftl. Erklärung, ein Aktionsprogramm für wirtschaftl. Zusammenarbeit, verschiedene Empfehlungen über Methoden zur Stärkung der Einheit, Solidarität und Zusammenarbeit der u. St. sowie 21 weitere Resolutionen zu einzelnen politischen und wirtschaftl. Fragen.

In der Frage der Prinzipien der Bewegung der u. St. hat sich die prosowjetische Linie der kubanischen Präsidentschaft und anderer sozialistischer Mitgliedstaaten nicht durchgesetzt, und die von ihnen geforderte engere Zusammenarbeit der u. St. mit den „sozialistischen Staaten und anderen demokratischen und progressiven Kräften" wurde aus dem von Kuba vorgelegten Prinzipienkatalog gestrichen. Vielmehr setzte sich die von Jugoslawien und Indien eingenommene gemäßigte Gegenposition im Sinne der Verteidigung der ursprüngl. Prinzipien und des Widerstandes gegen die Transformation der Blockfreien-Bewegung in eine politische Allianz mit der SU durch (TITO: „Wir haben nie akzeptiert, eine Transmission oder Reserve, egal von wem, zu sein, weil dies mit dem Wesen der Politik der Nichtpaktgebundenheit unvereinbar ist."). Die nachdrückl. Bekräftigung der fortdauernden Gültigkeit der grundlegenden Prinzipien der Bewegung war ein bedeutender Erfolg der Kräfte, die auf Unabhängigkeit von beiden Großmächten bedacht waren und die Theorie des „natürlichen Verbündeten" und der Anlehnung an die SU ablehnten.

Im weiteren Text der Schlußdeklaration, in der die Auffassungen der u. St. zur Weltlage dargelegt werden, kommt weit mehr die harte kubanische Position zur Geltung. Umstritten blieb bis zum Ende der Konferenz der Nahostteil. Das Vertragswerk von Camp David und der ägypt.-israel. Friedensvertrag wurden zwar ausdrücklich verurteilt, die Frage einer Suspendierung der Mitgliedschaft Ägyptens jedoch zurückgestellt und vom künftigen Verhalten Ägyptens in der Palästinenserfrage abhängig gemacht.

Noch kontroverser verlief die Debatte in der Kampuchea-Frage. Eine endgültige Entscheidung über die Zulassung der Delegation des demokratischen Kampuchea zur Gipfelkonferenz wurde auf ein zukünftiges Minister-Treffen vertagt. Die Art der kuban. Verhandlungsführung hat eine Vielzahl von Protesten ausgelöst und die gemäßigten Staaten zu erhöhter Aufmerksamkeit und organisiertem Widerstand gegenüber der von den Kubanern verfolgten Politik aktiviert.

Der Gesamteindruck war, daß die gemäßigten Staaten sich trotz starkem Druck im wesentlichen behaupten konnten, die Einheit der Bewegung auch während der kub. Präsidentschaft gewahrt blieb und die Prinzipien der Blockfreiheit im Sinne der Gemäßigten bekräftigt wurden. Eine eindeutige Verschlechterung für die westl. Staaten ergab sich aus der Erklärung zum südl. Afrika, insbesondere durch namentl. Verurteilung einer Reihe von westl. Staaten, u. a. der Bundesrep. Deutschland, sowie durch die Kumulierung der Vorwürfe.

7. Die VII. Gipfelkonferenz der u. St. fand v. 7. – 12. 3. 1983 in Delhi statt. Als Konferenzort war in Havanna Bagdad bestimmt worden. Wegen des iranisch-irakischen Krieges mußte kurzfristig das Treffen nach Delhi verlegt werden. Schon bei den Vorbereitungsarbeiten wurde deutlich, daß die Mehrheit der afrikanischen und asiatischen Länder die Übergabe der Führung von FIDEL CASTRO an INDIRA GANDHI begrüßten. Im Vorfeld war auf der Außenminister-Konferenz der Bewegung der Blockfreien ein verstärktes Bemühen der u. St. um Äquidistanz zu den Großmächten erkennbar. Die „schweigende Mehrheit" gemäßigter Staaten – in Havanna 1979 durch taktische Manöver Kubas und Moskau-orientierter Staaten starken

Pressionen ausgesetzt – bestimmte wieder das Konferenzergebnis. Sie war durch Versuche der kub. Präsidentschaft, die sozial. Staaten als „natürliche Verbündete“ der Blockfreien zu deklarieren, und kurze Zeit danach durch den sowj. Einmarsch in Afghanistan wachgerüttelt worden.

Die Tendenz der Bewegung zu Unabhängigkeit gegenüber beiden Großmächten – d. h. zu echter Blockfreiheit – hat sich auf der 7. Gipfelkonferenz verstärkt. An dem Bemühen um Mäßigung und Pragmatismus hatten Indien und eine Reihe aktiver gemäßigter Staaten (darunter Jugoslawien, Ägypten, Pakistan, Sri Lanka, Bangladesch, Indonesien und Peru) maßgebl. Anteil.

Es gelang der ind. Konferenzleitung, den von ihr gefertigten Entwurf des Schlußdokuments, der relativ gemäßigte Positionen enthielt, weitgehend zu erhalten – mit zwei allerdings wesentl. Ausnahmen: Zu Nahost und zu Lateinamerika setzten Regionalgruppen unter Führung Syriens und Kubas Neufassungen durch, die einseitige politische Positionen und die scharfe Sprache früherer Blockfreiendokumente wiederholten (mehrfache Verurteilung der USA).

In den politischen Aussagen zu den anderen wichtigen Problemen – Afghanistan, Kampuchea, Irak/Iran –, hinsichtlich derer in der Bewegung selbst unversöhnl. Interessengegensätze herrschten, einigte man sich auf den kleinsten gemeinsamen Nenner. Zum südl. Afrika wurden die bekannten Forderungen der OAE, ohne Verschärfungen oder relevante Änderungen gegenüber VN-Texten, übernommen. Wie bisher wurde die Rolle der Neutralen und u. St. auf der →KSZE begrüßt. Bemerkenswert war, wie stark Malta seine im Rahmen der KSZE verfolgten Sonderziele hinsichtlich des Mittelmeers in den Text hat einbringen können. Zur Abrüstung enthielt das Schlußdokument keine neuen Vorschläge, sondern faßte bekannte Forderungen der u. St. zusammen. Die pathetische Hervorhebung der Nuklearthemen zeigt indische Handschrift. Neu war ein Abschnitt über die →Vereinten Nationen, der auf eine Stärkung der Rolle der u. St. in den VN abzielt.

Im wirtschaftl. Teil, der den größten Raum einnimmt, herrschte im wesentlichen ein Ton der Mäßigung und Vernunft. Die Aussagen und Forderungen lagen weitgehend auf der bekannten Linie. Bemerkenswert war jedoch, daß es den gemäßigten Ländern gelungen ist, pragmatischere und flexiblere Ansätze in wichtigen Bereichen durchzusetzen. Das im Ergebnis gleichwertige Nebeneinander von zweiphasigen globalen Verhandlungen in den VN und dem Sofortprogramm zur Wiederbelebung der Weltwirtschaft war der nach kontroverser Diskussion erzielte Kompromiß zwischen den von Indien angeführten Pragmatikern (darunter zunehmend auch Algerien) und den auf Umstrukturierung der Weltwirtschaftsordnung fixierten „Fundamentalisten“. Ferner wurde eine sofortige internationale Konferenz über Währung und Finanzen für Entwicklung gefordert. Neben dem Süd-Nord-Aspekt erhielt die besonders von Indien nicht zuletzt aus Eigeninteresse stark geförderte Süd-Süd-Zusammenarbeit („collective self-reliance“) einen hohen Stellenwert. Angesichts wachsender finanzieller Schwierigkeiten der OPEC gelang es auch diesmal nicht, die für die Umsetzung der ambitiösen Vorschläge notwendige finanzielle Basis sicherzustellen. Damit trat auch der Gedanke einer eigenen multilateralen Bank der Entwicklungsländer in den Hintergrund.

Insgesamt konnte Indien die Konferenz als Erfolg für sich verbuchen. Es gelang, das Ansehen der Bewegung nach außen sowie die Kohärenz nach innen zu stärken. Das indische Bemühen, die Grundprinzipien der Bewegung, vor allem Unabhängigkeit gegenüber beiden Großmächten, zu betonen, hat sich ausgezahlt. Da kubanischer Einfluß und pro-östliche Ausrichtung unter kubanischer Präsidentschaft in den Medien überakzentuiert worden waren, wurde jetzt das Bemühen um „echte Blockfreiheit“ um so deutlicher gesehen.

Die überwältigende Mehrheit der Konferenz sprach sich in der außerordentlich umstrittenen Frage des Tagungsortes des VIII. Gipfels für Irak aus, der schon diese VII. Gipfelkonferenz hatte ausrichten sollen und am Widerstand Irans gescheitert war.

Die Außenministerkonferenz der u. St. in Luanda vom 2. bis 7. 9. 1985. An der 8. Außenminister-Konferenz in Luanda nahmen 98 Mitgliederdelegationen und 10 Beobachter teil. Ihre Ergebnisse waren eine umfangreiche Schlußerklärung (Final Declaration) vom 8. 9. 1985 mit einem politischen und einem wirtschaftl. Teil, einem Sonderkommuniqué zu Südafrika und einer Entschließung zur Schuldenfrage.

Im politischen Teil gelang es, wie schon bei den vorhergehenden Konferenzen in Havanna und New Delhi, weder den angolanischen Gastgebern noch den anderen Parteigängern der SU, insbesondere den Kubanern, die Bewegung der u. St. auf eine besondere Nähe zum Sowjetblock („natürlicher Verbündeter“) festzulegen und die westl. Staaten als die „natürlichen Feinde“ der Blockfreien-Bewegung darzustellen. Von Anfang an haben die gemäßigten u. St. auf einen mehr ausgewogenen Text des Schlußdokuments gedrängt. Hierzu gehörten neben Jugoslawien, das die von Tito in Havanna vertretene Linie erfolgreich fortsetzte, vornehmlich Staaten aus dem Kreis der ASEAN-Länder. Sie wollten die schärferen antiamerikanischen Ausführungen des Entwurfs abgemildert sehen. Diese mittlere Linie hat sich durchgesetzt.

Auch in der Schuldenfrage widersetzte sich die gemäßigte Linie (vor allem Saudi-Arabien) der kubanischen und angolanischen Forderung nach totalem Schuldenerlaß. Auf der Grundlage des Vermittlungsvorschlags von Kolumbien und Peru wurde die grundsätzl. Bereitschaft zur Rückzahlung in die Erklärung aufgenommen.

Ungeachtet des Einpendelns der Sachpositionen auf einer gemäßigten Linie bestand die Unausgewogenheit in der Haltung der u. St. gegenüber beiden Großmächten fort. Die Schlußerklärung rügte die USA wegen ihrer Politik gegenüber Südafrika, Namibia, Nicaragua, Grenada und Kuba und verurteilte die „strategische Allianz" der USA mit →Israel. Hinzu kamen als neue Elemente die Anschuldigungen wegen der „Militarisierung des Weltraums" und der „militärischen und nuklearen Zusammenarbeit von USA, Israel und gewissen NATO-Mitgliedern mit Südafrika". Die SU und ihre Verbündeten wurden dagegen in Verbindung mit den Ausführungen über Afghanistan und Kampuchea sowie mit den Fragen der Abrüstung nicht genannt.

Auf der anderen Seite ist hervorzuheben, daß die Haltung der EG zu verschiedenen weltpolitischen Problemen im Unterschied zu den vorhergehenden Konferenzen ausdrücklich anerkannt wurde: die Unterstützung des Contadora-Prozesses, die „wachsende Anti-Apartheid-Bewegung" und das Interesse „vieler europäischer Länder" an der Zusammenarbeit mit der Bewegung der u. St.

Nach dem Verzicht Iraks hat die VIII. Gipfelkonferenz 1986 in Simbabwe stattgefunden. Die Bewegung der u. St. wollte damit zusätzl. Aufmerksamkeit auf die Probleme des südl. Afrikas richten. Mit der Wahl Harares als Tagungsort dürfte sich die gemäßigte Linie der Bewegung der u. St. fortsetzen.

IV. Ausblick. Mit 101 Mitgliedern ist die Bewegung der Ungebundenheit/Blockfreiheit heute eine der repräsentativsten Vertretungen der Völkergemeinschaft geworden. Sie ist in erster Linie eine Vertretung der Dritten Welt geblieben. Trotz aller Schwerfälligkeit und in mancherlei Sicht auch Handlungsunfähigkeit auf zahlreichen Feldern der Politik wohnt der Bewegung gleichwohl beachtl. Vitalität inne, die nur wenige andere Bewegungen dieser Art aufweisen. Hat die Bewegung außerhalb der Welt der großen Allianzen heute einen beträchtl. Grad von Universalität gewonnen, so sind damit freilich auch ihre Probleme und inneren Spannungen gewachsen.

Eine der schwersten Zerreißproben war der fehlgeschlagene Versuch, sie zum verlängerten Arm der Politik einer Großmacht zu machen. Ein anderes Problem sind die zunehmenden Konflikte zwischen ihren Mitgliedern selbst. Die bisher schwerste Krise dieser Art ist der iranisch-irakische Krieg, durch den das Zusammentreten des VII. Gipfels – als dessen Tagungsort zunächst Bagdad vorgesehen war – in Frage gestellt schien. Die schließlich nach langen Verhandlungen im August 1982 geglückte Verlegung des Gipfels nach Delhi war politisch von großer Bedeutung, da die Präsidentschaft auf ein Land überging, das kontinuierlich einer Ungebundenheit/Blockfreiheit klassischen Zuschnitts verpflichtet war. Der Verlauf des Gipfels in Delhi wie auch der Außenminister-Konferenz in Luanda haben indessen gezeigt, daß der Richtungsstreit innerhalb der Bewegung zwar an Schärfe verloren hat, aber noch lange nicht entschieden ist. Eine Art Gleichgewicht zwischen den verschiedenen Richtungen hat vorerst jedoch dafür gesorgt, daß eine Reihe von Kompromissen in strittigen Fragen gefunden werden konnte.

Die Quasi-Universalität der Bewegung in der Dritten Welt, insbesondere in Afrika und Asien, wird einen bestimmenden Einfluß auf ihre weitere Entwicklung ausüben: Sie ist ihre Stärke und Schwäche zugleich. Vorteilhaft ist zweifelsohne die nahezu vollzogene Allzugehörigkeit. Andererseits beschränkt sie – wie in den VN – die Entscheidungsfähigkeit und zwingt immer wieder zu Kompromissen zwischen den verschiedenen Richtungen der Bewegung, die fast alle wichtigen Strömungen der Weltpolitik widerspiegeln. Hinzu kommt, daß ihr auch Staaten wie Iran angehören, die ein revolutionäres Konzept vertreten. Die islamische Revolution stellt heute – unabhängig vom völlig verschiedenen Inhalt, aber dem universalistischen Anspruch nach nicht unähnlich – für die Staatengemeinschaft eine ähnl. Herausforderung dar wie 1917 die Oktoberrevolution und ihre Folgen.

Der Bewegung fehlen auch weiterhin die Mittel für eine von ihr beanspruchte universelle Mitbestimmung. Da sie auch über kein eigenes Ordnungskonzept verfügt, sondern ihren Standpunkt zwischen den Polen der Weltpolitik erst definieren muß, bietet sie oft das Bild der Schwäche. Ringt sie sich aber zu einer gemeinsamen Position durch und tritt geschlossen auf, kann sie auf Grund ihres numerischen Gewichts durchaus in einzelnen Fragen bestimmenden Einfluß auf die internationale Politik ausüben. Dies gilt vor allem für die Themen der Dritten Welt wie zB den Nahostkonflikt und die Lage im südl. Afrika.

Hauptaktionsfeld werden nach wie vor die großen →internationalen Organisationen, insbesondere die VN, bleiben, wo es noch am leichtesten sein dürfte, die Bewegung der Ungebundenen im Süd-Nord-Verhältnis zu gemeinsamen Aktionen zu führen und damit ihr Gewicht voll einzusetzen. Wesentlich schwieriger dürfte es auch in Zukunft sein, außerhalb der VN und im Süd-Süd-Verhältnis gemeinsam aufzutreten, wie dies schon bei den Vermittlungsversuchen im Golfkonflikt erkennbar wurde.

Ungeachtet aller Schwächen wird die Bewegung der Ungebundenheit/Blockfreiheit auch in Zukunft eine Rolle in der Weltpolitik spielen und nicht zu ignorieren sein. Ihre bloße Existenz und ihre moralische Kraft werden auch weiterhin den Großmächten die Grenzen ihrer Möglichkeiten aufzeigen. Auch Persönlichkeiten haben der Bewegung ihren Stempel aufgedrückt. Wenn auch die Großen der Gründer-Generation inzwischen abgetreten sind, so hat doch die Bewegung immer wieder Führungspersönlichkeiten hervorgebracht, die zur bleibenden Wirksamkeit der Bewegung beigetragen haben.

Die Bewegung der u. St. befindet sich derzeit im Übergang von ihrer antikolonialen Gründungsphase in die Phase der Behauptung und des Ausbaues der eben gewonnenen Unabhängigkeit und Selbständigkeit. Die bestimmenden Kräfte in der Dritten Welt sind heute der Wille zur Unabhängigkeit und Selbstbestimmung, der Wunsch nach Verwirklichung der eigenen Identität, das Streben nach wirtschaftlicher Entwicklung. Nur eine Politik, die im Bunde mit diesen Kräften ist, kann auf Dauer erfolgreich sein und zu fruchtbarer Kooperation führen. Wie die Reaktion der Dritten Welt auf Afghanistan gezeigt hat, hat demgegenüber die Politik der Einflußzonen die SU in einen zunehmenden Gegensatz zur Dritten Welt gebracht.

Für die Bundesrep. Deutschland heißt das Konzept für eine Politik gegenüber der Dritten Welt: Unterstützung echter Blockfreiheit/Ungebundenheit, der Unabhängigkeit und Selbstbestimmung der Dritten Welt. Allein ein solches Konzept hat Zukunft und kann eine dauerhafte Zusammenarbeit gewährleisten.

G. WIRSING, Die Konferenz von Bandung, Osteuropa (1955), 330 ff. – H. FIEDLER, Der sowjetische Neutralitätsbegriff in Theorie und Praxis (1959) – H. BECHTOLDT, KPdSU-Programm und Belgrader Konferenz, Außenpolitik (1961), 583 – 586 – J. PRAZSKY, Die Bewegung der nichtpaktgebundenen Länder, Probleme des Friedens und Sozialismus Nr. 11 (1970), 1552 – 1557 – R. TETZLAFF, Die Konferenz der Blockfreien in Lusaka, Außenpolitik (1970), 664 – 696 – B. BOUTROS GHALI, The Afro-Asian Movement, a survey of Sources and Development, Revue Egyptienne de Droit International 26 (1970), 18 – 57 – CRABB, India, Egypt, and new Patterns of „Nonalignment“, World Affairs 134 (1972), 289 – 305 – L. SCHULZ, Die Außenpolitik der SU gegenüber den Staaten der Dritten Welt, Intern. Recht und Diplomatie (1971), 167 – 184 – H. BISCHOF, Die blockfreie Bewegung und die kommunist. Länder, Entwicklungspolitische Aktivitäten kommunist. Länder, Forschungsinstitut der Friedrich-Ebert-Stiftung, Sept.Heft (1973), 214 – 237 – 4ème Conférence au Sommet des Pays Non-Alignés, Alger, Sept. 1973 (Dokumente) – Die Vierte Gipfelkonferenz blockfreier Staaten, Europa-Archiv 20 (1973), D 73 – L. MATES, Blockfreie Länder und die Großmächte, Intern. Politik Nr. 560 (1973), 6 – 10 – E. BUTZKE, Zu einigen Aspekten der Politik nichtpaktgebundener Staaten, Dt. Außenpolitik, Berlin (Ost) (1974), 350 – 359 – M. KOMATINA, Die Themen von Colombo, Internationale Politik (1976), 10 – 14 – A. W. SINGHAM (Hg.), The Nonaligned Movement in World Politics, Westport 1977 – P. WILLETS, The Non-Aligned Movement. The Origines of a Third World Alliance, London 1978 – J. REUTER, Die Konflikte im Lager der Blockfreien, Wissenschaftlicher Dienst Südosteuropa (1978), 194 – 196 – W. SCHATTMANN, Die Bewegung der Blockfreien (1978), 255 – 262 – D. SCHLEGEL, Die Blockfreien in und nach Havanna, Außenpolitik (1979), 450 – 458 – V. MATHIES, Die Bewegung der Blockfreien, Entwicklung – Probleme – Perspektiven, Politik und Zeitgeschichte (1979), 35 – 46 – Die Nichtpaktgebundenen, Horizont, Berlin (Ost) (1979), 15 – 18 – H. D. GENSCHER, Afrika-Interview vom 4. 9. 1979, Afrika (1979) 3 – 4 – R. WÜNSCHE, Die Bewegung der Nichtpaktgebundenheit – ein wesentlicher Faktor der internationalen Beziehungen der Gegenwart, Afrika-Asien-Lateinamerika, Berlin (Ost) (1979) 781 – 788 – S. GOLJAKOW, Der Havanna-Gipfel, Neue Zeit, Moskau (1979), 10 – 11 – P. MEYNS, Die Bewegung der blockfreien Länder nach der Gipfelkonferenz von Havanna, Europa Archiv (1980), 89 – 98 – R. WÜNSCHE, Die nichtpaktgebundenen Staaten in den internationalen Beziehungen, Einheit, Berlin (Ost) (1980), 18 – 23 – C. W. MAYNES, The Nonaligned Movement after the Havanna Conference, The Dpt. of State Bulletin, Washington (1980), 32 – 36 – F. AJAMI, The Fate of Nonalignment, Foreign Affairs (1980/81), 366-385 – B. ENGEL, Von Belgrad (1961) bis Havanna (1979), Zur Entwicklung der Bewegung blockfreier Staaten, Berichte des BIOST (1981) – V. MATHIES, Die Bewegung der blockfreien Staaten und die Politik der Gegenwart, Universitas (1982), 397 – 406 – G. KÖNIG, Die Bewegung der Nichtpaktgebundenen – eine Kraft des Friedens, Horizont, Berlin (Ost) (1983), 3 – 4 – G. BONDAREWSKI, Nichtpaktgebundene heute, Neue Zeit, Moskau (1983), 5 – 7 – J.-P. FERRIER, Non-Alignement: L'impossible Meurtre du Père, Politique Internationale (1983), 231 – 248 – U. SCHOETTLI, Kurs- und Kommandowechsel bei den Blockfreien, nach dem Gipfeltreffen in Delhi, Schweiz. Monatshefte (1983), 357 – 360 – P. JANKOWITSCH, Neue Perspektiven der Blockfreiheit? Nach dem Gipfel von New Delhi, Österr. Zeitschrift für Außenpolitik (1983), 3 – 18 – G. GASTEYGER, Europa und die Versuchung der Neutralität, Europa Archiv (1985), 281 – 286.

Heinz Fiedler

Union. 1. U. nennt man den Zusammenschluß konfessionell getrennter Kirchen zu einer kirchl. Gemeinschaft ohne Wechsel der Überzeugungen. Des näheren wird die U. durch das Selbstverständnis der betr. Kirchen bestimmt. Kein Begriff deckt alle vorkommenden U.typen.

Die U. fußt auf der theol. Überzeugung, daß die Einheit der Kirche nicht auf der Einheit und Gleichheit der theol. Grundartikel beruht, sondern auf dem Glauben an Christus. Dieser Glaube erlaubt es, im Dissens der Formeln den Konsens der Intention zu erkennen. Die U. versteht sich als Mittel der Einheit: Oft entspringt sie einer Erkenntnis der Notwendigkeit, das →Bekenntnis fortzubilden. Die Kirchen der U. bewahren das alte Bekenntnis als ein Heiligtum, nicht als ein Gesetz. Das *Wesen der U.* ist immer wieder umstritten. Einesteils enthält sie die Fiktion eines Aufgegebenen, das nicht wirklich aufgegeben wurde, andererseits die Fiktion eines Erreichten, das nicht wirklich erreicht wurde (v. SODEN). Solche Unklarheiten sind in der lebendigen geschichtl. Entwicklung oft unvermeidlich.

2. Bis zum Ende des alten Reiches war die U.bildung reichsrechtl. ausgeschlossen (→Westf. Frieden). Erst der Übergang der uneingeschränkten Hoheitsrechte auf die Länder des Dt. Bundes machte die Bahn frei. Die Veränderungen der polit. Landkarte lösten die U.bildung aus. Das Reformationsjubiläum 1817 bot den Anlaß zur Überwindung der Spaltung in getrennte Konfessionen, die vielen nur noch als „leere jur. Hülse“ erschienen.

Den Anfang machte das Herzogtum Nassau (U.urkunde vom 11. Aug. 1817), durch Nachrichten über preuß. U.pläne angeregt (Kabinettsordre vom 1. März 1817). Ihm folgten Preußen (Aufruf FRIEDRICH WILHELMS III. vom 27. Sept. 1817), Pfalz, Fulda, Hanau (1818), Anhalt-Bernburg (1820), Baden, Waldeck und Pyrmont (1821), Rheinhessen (1822), Dessau (1827), Birkenfeld (1843), Köthen (1880) und Homburg (1901). In Bremen, Frankfurt und im Großherzogtum Hessen bildete sich die U. ohne formelle Einführung praktisch heraus.

3. Die in § 39 II 11 des →ALR ausgesprochene Verpflichtung der luth. und ref. Gemeinden zu gegenseitiger Aushilfe kann noch kaum als („Aushilfs-“)U. bezeichnet werden. Die konfessionelle Trennung der Gemeinden und die konfessionelle Gliederung der kirchl. Oberbehörden wurden dadurch nicht berührt.

Die lockerste Form der U. bildet die *VerwaltungsU.* Die einzelnen Gemeinden oder Gebietsteile bleiben hier konfessionell verfaßt. Sie haben keine gemeinsame Bekenntnisgrundlage. Die U. besteht ledigl. in einer gemeinsamen administrativen Leitung (Kirchenregiment). Eine reine VerwaltungsU. ist nur denkbar als staatl. von oben gesetztes einheitl. Verwaltungssystem; so in einigen Konsistorialbezirken Hannovers 1816 – 1864 (in Ostfriesland bis 1925), in Preußen 1808 – 1817 und in Bayern und der Pfalz 1818 – 1849. Bei Unabhängigkeit der Kirchen vom Staat sind die Voraussetzungen für einen nur verwaltungstechn. Zusammenhang der Konfessionen entfallen. Die VerwaltungsU. bestimmt heute noch die Kirchenverf.en von Bremen und Lippe.

Der VerwaltungsU. steht die sog. *föderative U.* nahe. Diese geht über die einheitl. Verwaltung hinaus. Sie hebt zwar die konfessionelle Ordnung nicht auf, kombiniert die Konfessionstypen aber in dem Bewußtsein, daß diese Kombination keine hist. bedingte Zufälligkeit bedeute, sondern daß beide Konfessionen einem Gesamttypus angehörten und in ihm eine Einheit darstellten. Das bedeutendste Beispiel einer föderativen U. bildet die →Ev. Kirche der (altpreuß.) U. (→EKU). Ihre Gliedkirchen (im Bereich der Bundesrepublik Deutschland und Berlin-West Berlin-Brandenburg, Rheinland und Westfalen, im Bereich der DDR Provinz Sachsen, Berlin-Brandenburg, Pommern [Greifswald], Schlesien [Görlitz] und seit 1960 Anhalt) pflegen die →Kirchengemeinschaft, indem sie ihren Gemeinden Raum zur Entfaltung des kirchl. Lebens gemäß dem luth. oder ref. Bekenntnis oder dem Gemeinsamen beider gewähren. Im Bereich der Gliedkirchen der EKU gibt es luth. und ref. Gemeinden, die die U. seinerzeit nicht ausdrückl. anerkannt haben, solche, die sie anerkannten, solche, die als uniert ohne ausgesprochenen Bekenntnisstand gegründet wurden, und solche, die tatsächl. ihren bes. Bekenntnisstand aufgegeben haben und faktisch bekenntnisuniert geworden sind. Der Typ der föderativen U. ist hier insofern nicht rein verwirklicht. Die Gliedkirchen der EKU erkennen die Verpflichtung an, die fortdauernde Geltung der reformatorischen Bekenntnisse der Gemeinden zu schützen, zugleich aber darauf hinzuwirken, daß ihre Gemeinden in der Einheit des Bekennens wachsen. Diesem Bestreben dienen gemeinsame Synoden, Pfarrkonvente und die gemeinsame Leitung. Die Gemeinden stehen in der Gemeinschaft des Gottesdienstes und der Sakramente. Für deren Verwaltung ist der Bekenntnisstand der einzelnen Gemeinde maßgebend. 1969 haben die Gliedkirchen der EKU und die übrigen Kirchen, die der Arnoldshainer Konferenz angehören, die Herstellung voller Abendmahlsgemeinschaft beschlossen. Bei der Besetzung der Pfarrstellen, Ordination, Visitation und Leitung werden die Bekenntnisse berücksichtigt.

Die kirchenrechtl. Klammer um bekenntnisverschiedene Gemeinden und die tatsächl. Tendenz zur Abschleifung der bes. Bekenntnisstände ohne theol. Klärung und ohne Überwindung der Lehrunterschiede (so insbes. in schnellwachsenden Gemeinden der Industriegebiete) ist keine Grundlage für eine wahre U. Um die Entwicklung zur formlosen KonsensusU. zu verhindern, bestehen Bestrebungen, die konfessionelle Profilierung innerhalb der föderativen U. stärker zu betonen und durch Lehrgespräche den Weg zur entschiedenen KonsensusU. zu eröffnen. Diese Bemühungen zielen auf eine neuerdings sog. *„konfessionell gegliederte U.“*.

Jede U. setzt voraus, daß die beiden reformatorischen Bekenntniskirchen über eine, wenn auch nicht formulierte, so doch tatsächl. tragfähige gemeinsame Grundlage verfügen. Der Typ der *KonsensusU.* (oder BekenntnisU.) macht den Schritt darüber hinaus zur wörtl. übereinstimmenden Lehrgrundlage. Die bisherigen Lehrunterschiede werden durch den in der U.urkunde formulierten Konsens aufgehoben. Die KonsensusU. führt zu einheitl. ev. Kirchen. Auch die Gemeinden behalten hier nicht ihre geschichtl. Sonderbekenntnisse, sondern bezeichnen sich ausdrückl. nur noch als „evangelisch“. Die KonsensusU.en haben z. T. verschiedene Bekenntnisgrundlagen. Die Ev. Kirche der Pfalz hat die CA Variata als formulierten Konsensus, die Ev. Landeskirche in Baden die CA, den Kl. Kat. LUTHERS und den Heidelberger Katechismus, soweit die beiden letzteren nicht zu der in der U.urkunde formulierten Abendmahlsauffassung im Widerspruch stehen.

Die KonsensusU. bildet sowenig wie die anderen U.typen eine neue Konfession, einen dritten Stamm aus gleicher reformatorischer Wurzel. Sie beruht auch nicht auf der Reduktion der dogmatischen Grundlage auf ein Minimalbekenntnis. Sie ist aus beiden Bekenntnissen entstanden, hat beide aufgenommen und will ihre Gegensätze auf einer höheren Ebene aufheben, freilich ohne die Sonderbekenntnisse immer abgelöst und ersetzt zu haben. Sie ist also nicht bekenntnisfeindlich, vielmehr herrscht in den Kirchen der U. die Überzeugung, daß die U. ein reicheres Bekenntnis habe als jede der getrennten Parteien. Insofern sind auch sie Bekenntniskirchen wie die luth. und die ref.

4. Während der erstarkende Konfessionalismus und staatskirchl. Ungeschicklichkeiten in Preußen (Einführung der Agende) die U.-Bewegung in Deutschland abfingen, erlebte diese im *Ausland*, insbes. in der Dritten Welt im 20. Jh., einen großen Aufschwung. Anlaß boten dazu die zersplitterte Lage der Christenheit, bes. in den Missionsgebieten, und das wachsende Bewußtsein der Bedrohung der Kirche durch eine feindliche Umwelt, vor allem aber die Entwicklung der Theologie, welche die herkömml. Trennungen nicht mehr stützt.

Die erste bedeutende U. dieses Jh. ist die von Kongregationalisten und Presbyterianern zur Vereinigten Südindischen Kirche (1908), welche mit anderen, auch anglikan. und methodist. Kirchen 1947 zur Kirche von Südindien erweitert wurde. Seitdem sind weit über fünfzig U.en, z. T. bedeutenden Ausmaßes, erfolgreich abgeschlossen worden. Außer Katholiken und Orthodoxen sind alle größeren Bekenntnisse an den erreichten U.en, ausnahmslos alle an den zahlreichen noch andauernden U.-Verhandlungen in allen Erdteilen beteiligt.

5. Die aus der Reformation hervorgegangenen Kirchen Europas sind im Begriff, die konfessionelle Spaltung mit der Annahme der *Leuenberger Konkordie* zu überwinden. Diese Konkordie ist rechtl. keine U., weil sie den Bekenntnisstand, die kirchl. Tradition und die rechtl. Selbständigkeit der Unterzeichner-Kirchen unangetastet läßt. Sie räumt aber kirchentrennende Hindernisse fort und ermöglicht →*„Kirchengemeinschaft“* (Zulassung zu den Sakramenten, Anerkennung der Ordination u. a. m.). In der →EKD besteht Kanzel- und Abendmahlsgemeinschaft. Die Grundordnung der EKD nimmt seit 1984 Bezug auf die Leuenberger Konkordie mit der Feststellung, daß zwischen den Gliedkirchen Kirchengemeinschaft im Sinne der Konkordie besteht.

6. Die Römisch-katholische Kirche hat, zum Teil unter Anwendung von polit. Druck, in früheren Jahrhunderten mit einzelnen orientalischen orth. Ostkirchen U.en geschlossen. Für diese Teilkirchen wird ein eigener Codex des röm.-kath. Kirchenrechts vorbereitet.

Zu 1–3: E. FOERSTER, Die Entstehung der preuß. Landeskirche I–II, 1905/06 – G. HOLSTEIN, Die Grundlagen des ev. Kirchenrechts, 1928, 243 ff. – H. SASSE, U. und Bekenntnis, 1936 – W. GEPPERT, Das Wesen der preuß. U., 1939 – P. BRUNNER, Das luth. Bekenntnis in der U., 1952 – J. BECKMANN, Die unierten ev. Kirchen, in: Und ihr Netz zerriß, hg. v. H. LAMPARTER, 1957, 317–380 – DERS., Art. „EKU“ und „U., kirchenrechtl.“, in: RGG VI, 1962³, Sp. 1138 ff., 1144 ff. – A. ADAM, Art. „U.en im Protestantismus“, in: RGG VI, 1962³, Sp. 1140 ff., dort ältere und die einzelnen Territorien betr. Lit. – DERS., ZevKR 9 (1962/63) 178 ff. – J. W. GRANT (ed.), Die unierten Kirchen. Die Kirchen der Welt, Bd. X, 1973.

Zu 4: ST. NEILL, Towards Church Union 1937–1952, London 1962 – DERS., U.en im 20. Jh., in: K. HERBERT (ed.), Um ev. Einheit, 1967, 257–289 – Regelmäßige Surveys of Church Union Negotiations, in: The Ecumenical Review, zuletzt XXXVI (1974) 304–325.

Zu 5: P. BRUNNER, ZevKR 18 (1973) 109–163 – A. v. CAMPENHAUSEN, Verantwortete Partikularität. Mitgliedschaftsvereinbarung und Leuenberger Konkordie, in: Festschr. für U. Scheuner, 1973, 53–65 – O. LINGNER, ZevKR 25 (1980) 337 ff. – E. SCHIEFFER, Von Schauenburg nach Leuenberg. Entstehung und Bedeutung der Konkordie reformatorischer Kirchen in Europa, 1983.

Zu 6: B. SPULER, Die Morgenländischen Kirchen, in: Hdb. der Orientalistik, I. Abt., VIII. Bd., 2. Abschn., Leiden u. a. 1964.

Axel v. Campenhausen

Universität →Hochschule

Unternehmer (Manager).

Über den Begriff U. herrscht in der wissenschaftl. Lit. keine Übereinstimmung. Einer der wichtigsten Versuche, ihn zu präzisieren, stammt von JOSEF SCHUMPETER. Gemäß der von SCHUMPETER vertretenen Auffassung ist U. allein *der* Unternehmensleiter, der neue Möglichkeiten auf wirtschaftl. Gebiet erkennt und durchsetzt. Die Leistungen des U. seien „1. Die Erzeugung und Durchsetzung neuer Produkte oder neuer Qualitäten von Produkten, 2. Die Einführung neuer Produktionsmethoden, 3. Die Schaffung neuer Organisationen der Industrie (zB Vertrustung), 4. Die Erschließung neuer Absatzmärkte, 5. Die Erschließung neuer Bezugsquellen“. Nur wer eine oder mehrere dieser Funktionen ausübe, habe Anspruch auf den Namen U. Gegen SCHUMPETERS Definition müssen verschiedene Einwände erhoben werden. Mit Recht hat man kritisiert, daß sie den Begriff zu eng faßt. Offen bleibt, wie denn solche Unternehmensleiter zu bezeichnen wären, die keine Neuerer sind. Auch für die empirische Forschung ist SCHUMPETERS Formel ungeeignet. Im einzelnen auszumachen, wer tatsächl. neue Kombinationen von Produktionsfaktoren durchsetzt, dürfte zum mindesten heute große und wahrscheinl. unüberwindl. Schwierigkeiten bereiten. Wichtiger ist freilich, daß diese Bestimmung, die aus einer Phase des Geniekults in der Wissenschaft stammt, der ideologischen Verklärung des Unternehmensleiters kräftig Vorschub leistet. Andererseits hat die Definition den Vorteil, daß sie die Erkenntnis entscheidender Veränderungen der Wirtschaftsstruktur erleichtert. SCHUMPETER hatte selbst schon betont, die Bedeutung der U.funktion (Erkenntnis und Durchsetzung neuer Kombinationen von Produktionsfaktoren) für die Gesamtwirtschaft lasse nach. Dieser Prozeß schritt mit zunehmender Rationalisierung der Unternehmensführung weiter fort. Prinzipiell sind Neuerungen heute weniger das Werk von Einzelpersonen als von Teams, die unter Verwendung wissenschaftl. Methoden und elektronischer Rechenanlagen neue Möglichkeiten errechnen.

Realistischer als SCHUMPETER definiert FRITZ REDLICH. Danach ist U. der „Mann oder das Team von Männern, denen es gegeben ist, Unternehmungen ins Leben zu rufen und (oder) denen es zufällt, in der wie immer organisierten Unternehmung die Entscheidungen zu treffen, die das Gebilde am Leben erhalten und es in den Markt und die Volkswirtschaft einordnen". REDLICHS Abgrenzung schließt alle Personen ein, die unmittelbar an der Formulierung der für das ganze Unternehmen relevanten Beschlüsse teilhaben. Sie können, müssen aber nicht am Unternehmenskapital beteiligt sein.

Gemäß einer dritten Auffassung empfiehlt es sich, den Begriff U. nicht für alle Unternehmensleiter, sondern lediglich für den *Eigentümer-U.* zu verwenden. Dieser ist in eins wichtigster Kapitalgeber und oberster Leiter einer Unternehmung. →Eigentum an Produktionsmitteln und Verfügung über Eigentum fallen hier zusammen. Den Begriff für den Eigentümer-U. zu reservieren, hat den Vorteil, daß so Wandlungen der Wirtschafts- und Sozialstruktur deutlicher werden. Der Eigentümer-U. dominierte in der Konkurrenzepoche des Kapitalismus. Damals wirtschaftete das soziale Ganze überwiegend durch Unternehmungen, an deren Spitze der Eigentümer stand. Heute dagegen sind die von ihren Eigentümern dirigierten Einheiten zwar immer noch zahlreich; sie sind aber nicht mehr die entscheidenden Zentren von Produktion und Distribution. Sie wurden überrundet von Großunternehmungen, in denen Eigentümer nur noch ausnahmsweise Schlüsselstellen innehaben. Die überwiegende Mehrheit der Großunternehmen steht unter der Leitung von Angestellten ohne oder ohne nennenswerte Beteiligung am Unternehmenskapital. Zweckmäßig scheint es, diese als *Manager* und nicht als Unternehmer zu charakterisieren.

Der Terminus Manager bürgerte sich in Dtschld. erst nach dem Zweiten Weltkrieg ein. In der Fachlit. wird er nicht übereinstimmend verwendet. Hier dient er vor allem zur Charakterisierung von drei verschiedenen Gruppen: 1. der technischen und sonstigen Experten (BURNHAM), 2. sämtl. höherer Angestellter und 3. der autonom disponierenden Geschäftsleiter ohne oder ohne beträchtl. Beteiligung am Unternehmenskapital. Letztere werden gelegentl. auch „kontrollierende Manager" genannt (BERLE und MEANS). Es bleibt persönl. Ermessen überlassen, für welche der genannten Gruppen man den Terminus Manager reservieren will, ob für diejenigen Angestellten, die sowohl die Spitze der Exekutive als auch – anstelle der Eigentümer – die die Richtlinien der Unternehmenspolitik formulierende Instanz bilden; für die Experten; für sämtl. Angestellte in leitenden Positionen, die, obwohl unentbehrl. für das Funktionieren des Unternehmens, doch ein vorgesetztes Gremium über sich haben. Funktionen und Befugnisse dieser Gruppen sind verschieden. Deshalb verbietet sich ihre Zusammenfassung unter demselben Begriff. – Anschließend an BERLE und MEANS soll der Terminus Manager hier diejenigen leitenden Angestellten bezeichnen, die, selbst nicht oder nur geringfügig am Unternehmenskapital beteiligt, eine Unternehmung insofern autonom dirigieren, als deren Eigentümer nicht die Macht oder den Willen zur Wahrnehmung ihrer Kontrollrechte haben. In diesen Firmen nehmen Angestellte faktisch die Rechte wahr, die de jure den Eigentümern (meist Aktionären) zustehen. Die Angestellten bestimmen – in AG.en dt. Rechts – die Zusammensetzung von Aufsichtsrat und Vorstand und fassen die Beschlüsse, die, vom Gesetz der Aktionärsversammlung vorbehalten, von dieser nur noch formell bestätigt werden. Wo sich Manager durchsetzten (typischerweise in AG.en mit breit gestreutem Kapital), hat sich das ursprüngl. Verhältnis von Eigentum und Dispositionsgewalt umgekehrt: Die Angestellten entscheiden über die Verwendung des Unternehmenskapitals und des Reingewinns, wogegen die Eigentümer lediglich die Beschlüsse ihrer Beauftragten ratifizieren. – Verschiedene Beobachter (zB HILFERDING, SCHUMPETER, BURNHAM, KARL RENNER) haben an den Bedeutungsverlust des Eigentümer-U. und die Heraufkunft von Managern in großen Unternehmungen weitreichende Erwartungen geknüpft. Man nahm an, diese Vorgänge würden die Institutionen der bürgerl. Gesellschaft untergraben und ihre völlige Beseitigung vorbereiten. Wie bekannt, haben sich diese Erwartungen nicht erfüllt. Nirgends fand eine „Revolution der Manager" statt. Ebensowenig hat der Machtantritt von Managern die Prinzipien kapitalistischen Wirtschaftens (Orientierung der Unternehmenstätigkeit am Gewinn) eliminiert. Richtig ist lediglich, daß die „Manager-Herrschaft" in großen Unternehmen die Geltung und Legitimation der Institution des Privateigentums an Produktionsmitteln erschütterte. Die Manager-Kontrolle hat den Nachweis erbracht, daß große Unternehmungen sehr wohl bestehen und weiter wachsen können, wenn es keine aktiven Eigentümer in ihnen gibt.

J. SCHUMPETER, Art. U., HdSt VIII, 1928[4] – DERS., Kapitalismus, Sozialismus und Demokratie, 1950 – A. BERLE und G. C. MEANS, The Modern Corporation and Private Property, New York (1932) 1956[18] – J. BURNHAM, Das Regime der Manager, 1949 – F. REDLICH, Art. U., HdSW X, 1959, 486–498 – H. PROSS, Manager und Aktionäre in Deutschland. Untersuchungen über das Verhältnis von Eigentum und Verfügungsmacht, 1965 – H. PROSS und K. W. BOETTICHER, Manager des Kapitalismus. Untersuchung über leitende Angestellte in Großunternehmen, 1972[2].

Helge Pross †

Untersuchungsausschüsse, parlamentarische (p. UA.e). **I. Begriff, Geschichte und Funktion.** 1. P. UA.e sind *ad hoc* eingesetzte und mit bes. hoheitl. Beweiserhebungsrechten ausgestattete Unterorgane der Parlamente (→Bundestag IV C 4) mit der *Aufgabe*, Sachverhalte, deren Aufklärung im öffentl. Interesse liegt, zu untersuchen und dem Plenum über das Ermittlungsergebnis Bericht zu erstatten, um Beschlüsse des Parlaments im Rahmen seiner allgemeinen Zuständigkeit vorzubereiten. Das Untersuchungsrecht (UR.) ist das schärfste Mittel der informativen Kontrolle (→Bundestag II B 2) und gilt als unerläßl. Instrument zur *Geltendmachung der Verantwortlichkeit der Regierung* (BVerfGE 49, 86 f.; 67, 129 f.). Kraft Verf.recht mit den Rechten eines UA. ausgestattet ist der *Verteidigungsausschuß* (Art. 45 a II GG); der *Wehrbeauftragte* (→Bundeswehr) sowie der *Petitionsausschuß* (Art. 45 c GG; →Petitionsrecht VIII A) besitzen ebenfalls UR.e.

2. Das p. Untersuchungs- oder Enqueterecht ist seiner histor. Wurzel nach ein „*Instrument des Mißtrauens der Legislative gegen die Exekutive*" (LEWALD). Die über 150jährige Geschichte des p. UR. in Dtschld. spiegelt den die dt. Verf.geschichte des 19. Jh. beherrschenden Kampf zwischen Krone und Parlament um die polit. Vorherrschaft wider (→Konstitutionalismus). 1816 in der Verf. von Sachsen-Weimar zum ersten Male erwähnt, aber ohne prakt. Relevanz, konnte es sich trotz der 1848/49 verstärkt einsetzenden liberal-demokrat. und wesentl. von ROBERT VON MOHL in der Frankfurter Nationalversammlung beeinflußten Bestrebungen nicht zu einem wirkungsvollen Kontrollinstrument entfalten. Es fand zwar Eingang in die Paulskirchen-Verf. von 1849, die Verf.en Preußens von 1848/50 und anderer dt. Staaten, doch ohne ausdrückl. Erwähnung rechtl. sanktionierter Beweiserhebungsrechte. Deren Durchsetzung in der Verf.praxis scheiterte am zähen und geschickten Widerstand der Krone, die die p. UA.e entweder durch Informationsverweigerung lahmlegte oder durch Einsetzung exekutiver U.kommissionen unterlief. Die Ansätze eines p. UR. fielen somit dem *Sieg des monarchischen Prinzips* im Kampf um die konstitutionelle Doktrin zum Opfer und kamen über den Charakter schlichter, vom Wohlwollen der Regierung abhängiger Informationsrechte nicht hinaus. Erst die →*Weim. Verf.* brachte mit dem Übergang zum →parlamentar. System auch die volle verf.rechtl. Anerkennung des p. UR. *Art. 34* berechtigte den Reichstag, UA.e einzusetzen, um in öffentl. Verhandlungen unter sinngemäßer Anwendung der Vorschriften über den Strafprozeß Beweise zu erheben. Gerichte und Verwaltungsbehörden waren verpflichtet, Ersuchen um Beweiserhebungen Folge zu leisten (→Amtshilfe) und Behördenakten auf Verlangen vorzulegen.

Als neues und für das dt. UR. seither eigentüml. Institut wurde unter dem Einfluß MAX WEBERS die *Minderheitenenquete* geschaffen – eine notwendige Konsequenz aus der Ablösung des konstitutionellen Dualismus Parlament – Regierung durch die das parlamentar. Regierungssystem kennzeichnende Spannungslage zwischen Regierungsmehrheit und Opposition (vgl. BVerfGE 49, 85 f.). Das Recht der Minderheit, die Einsetzung eines UA. sowie die Erhebung bestimmter Beweise verlangen zu können, erweiterte die Funktion des UR. zu einem *Kampf- und Kontrollmittel der Opposition* gegen die Regierungsmehrheit. Die Verf.praxis der Weimarer Republik, weitgehend gekennzeichnet von einem agitatorischen Mißbrauch der UR. durch radikale Gruppierungen, hat dem Ansehen der UR. in der Öffentlichkeit schwer geschadet und deutlich gezeigt, daß die Ausübung der Minderheitenenquete ein bes. Maß an Verf.loyalität erfordert. Als Reaktion auf diese Erfahrungen hat das GG das Minderheitenquorum von einem Fünftel auf ein Viertel erhöht (Art. 44 I GG).

3. Gegenständlich beschränkt ist das UR. allein durch den verf.mäßigen Aufgabenkreis des jeweiligen Parlaments. Entsprechend den einzelnen Parlamentsfunktionen (→Bundestag II) unterscheidet man deshalb zwischen *Gesetzgebungsenqueten, Enqueten zur Wahrung des Parlamentsansehens* (Abg.en- und Wahlenqueten) und *Enqueten zur Kontrolle* von Regierung, Verwaltung und Justiz.

Während die Gesetzgebungsenqueten in der konstitutionellen Zeit eine große Rolle spielten, z. T. auch deshalb, weil sie verdeckt Kontrollenqueten darstellten, haben sie unter der Geltung des GG an Bedeutung verloren und sind schließlich durch die 1969 eingeführten und für die Gesetzesvorbereitung geeigneteren Enquete-Kommissionen (s. u. IV) prakt. abgelöst worden. Der Schwerpunkt liegt heute eindeutig bei den sog. *Skandal- oder Mißstandsenqueten* zur Aufklärung von Mißständen im Bereich des Parlaments selbst oder der Regierung, Verwaltung und Justiz. Trotz seines strafprozeßähnl. Verfahrens und seiner Aufgabe, einen Sachverhalt durch Beweiserhebungen aufzuklären, darf der UA. *nicht* mit einem *Gericht* – wie dies in der Öffentlichkeit häufig geschieht – verwechselt werden. Das U.verfahren hat nicht die Aufgabe einer objektiven Wahrheitsfindung anhand vorgegebener rechtl. Maßstäbe, sondern die der Geltendmachung der p. Kontrolle anhand polit. Zweckmäßigkeitserwägungen und stellt damit zwangsläufig die Fortsetzung der polit. Auseinandersetzung zwischen Regierungsmehrheit und Opposition im Parlament mit den Mitteln der Sachverhaltsfeststellung dar, um den polit. Gegner durch Aufklärung von Mißständen beim Wähler in Mißkredit zu bringen.

II. Das p. U.verfahren nach geltendem Recht. 1. Die Regelung des U.verfahrens in Bund (Art. 44 GG) und Ländern beschränkt sich zumeist auf einige wenige verf.rechtl. Grundsatzbestimmungen und ist im wesentl. dem Art. 34 WV nachgebildet. Ohne Vorbild ist lediglich die Bestimmung des *Art. 44 IV GG*, der die Beschlüsse der UA.e der richterl. Erörterung entzieht, gleichzeitig aber klarstellt, daß die Gerichte in der Würdigung und Beurteilung des der U. zugrundeliegenden Sachverhalts frei sind. Damit erklärt die Verf. den abschließenden Bericht des UA. an das Plenum zu einem *gerichtsfreien Hoheitsakt* (→Rechtsweggarantie IA) und gewährt insoweit dem Parlament einen *Kritikschutz* vor den Gerichten. Einzelne Hoheitsakte während des U.verfahrens, etwa Zwangsmaßnahmen gegen Zeugen, sind dagegen gerichtl. anfechtbar (vgl. OVG Berlin Bd. 10, 163 ff.; BVerwG, BayVBl. 1981, 214). Weiterhin läßt Art. 44 IV erkennen, daß die gleichzeitige Untersuchung eines Sachverhalts durch einen UA. und ein Gericht keinen unzulässigen Eingriff in den Bereich der jeweils anderen Gewalt darstellt und keinem der beiden Verfahren der Vorrang zukommt. Zulässig ist allerdings die z. T. geübte Praxis der UA.e, ihre U. bis zum Abschluß eines schwebenden Gerichtsverfahrens auszusetzen, wenn und weil die Gefahr besteht, daß das gerichtl. Verfahren beeinträchtigt wird (vgl. zB § 24 Nordrh.-Westf. UAG). Begrenzt wird das Aussetzungsrecht allerdings durch das Minderheitenrecht.

2. Träger des UR. ist das Parlament als Gesamtorgan; ausgeübt werden darf das UR. jedoch nur durch einen UA., nicht durch das Plenum (BVerfGE 67, 124 f.). Ein *committee of the whole house* – wie es das anglo-amerikan. Recht kennt – ist mithin ausgeschlossen. Aus dem Wesen des UA. als Unterorgan des Parlaments ergibt sich, daß er einen selbständigen, vom Willen des Parlaments unabhängigen Wirkungskreis nicht besitzt. Seine Tätigkeit darf deshalb den verf.mäßigen Aufgabenkreis des Parlaments nicht überschreiten, da ihm dieses nicht mehr Befugnisse übertragen kann, als es selbst besitzt (sog. *Korrolartheorie*, E. ZWEIG; vgl. auch StGH f. d. Dt. Reich, RGZ 104, 423 ff., Hess. StGH, ESVGH 17, 1 ff.). Die wichtigsten, hieraus folgenden *verf.rechtl. Schranken* für die Einsetzung eines UA. sind folgende:

a) Der Einsetzungsbeschluß muß das *Beweisthema*, den Gegenstand der Untersuchung hinreichend *bestimmt* umschreiben (vgl. zB Art. 35 I S. 2 Bad.-Württ. Verf.; Bad.-Württ.StGH, ESVGH 27, 6; BayVerfGHE 30, 60).

b) Weiterhin darf das Parlament einen UA. nur einsetzen, wenn der U.gegenstand seine Legitimation durch das öffentl. Interesse findet. U.en im Bereich der Privatsphäre einzelner sind unzulässig (HessStGH, ESVGH 22, 136 ff.).

c) Durch das →*Bundesstaatsprinzip* sind die Parlamente gehindert, UA.e im ausschließl. Zuständigkeitsbereich der jeweils anderen Staatsebene einzusetzen. Soweit jedoch den Regierungen Zuständigkeiten im Bereich der anderen Staatsebene zustehen und sie bei deren Ausübung der p. Kontrolle unterliegen (Mitwirkung der Landesregierungen im →Bundesrat, Aufsichts- und Weisungsrechte der Bundesregierung gegenüber den Landesregierungen beim Vollzug von Bundesrecht, →Bundesverwaltung), kann dieser Bereich auch zum Gegenstand einer p. U. erhoben werden. Ebenso wird man dem Bundestag das Recht zugestehen müssen, einen UA. einzusetzen, um eine Verf.klage wegen Verletzung der Bundestreue durch ein Land vorzubereiten. Jedoch unterliegt die Ausübung des UR. in diesen Fällen bes. Pflichten zur Rücksichtnahme und Loyalität gegenüber der Integrität der anderen Staatsebene.

Ähnl. Schranken setzt die *Garantie der kommunalen →Selbstverwaltung* dem UR. der Landtage; es reicht grds. nur so weit wie die Ingerenzrechte der staatl. Kommunalaufsichtsbehörden (vgl. BremStGH vom 13. März 1978, abgedr. bei BLÜMEL/RONELLENFITSCH, s. Lit.).

d) Eine weitere Schranke des UR. stellt das →*Gewaltenteilungsprinzip* dar. Die Verantwortung der Regierung gegenüber Parlament und Volk setzt notwendigerweise einen *Kernbereich exekutiver Eigenverantwortung* voraus, der einen auch von p. UA.en grds. nicht ausforschbaren Initiativ-, Beratungs- und Handlungsbereich (wie zB die interne Willensbildung der Regierung) einschließt; die Kontrollkompetenz des Bundestages erstreckt sich deshalb grds. nur auf *bereits abgeschlossene Vorgänge;* sie enthält nicht die Befugnis, in laufende Verhandlungen und Entscheidungsvorbereitungen einzugreifen (BVerfGE 67, 139). Dies soll nach h. M. auch *ständige UA.e* zur laufenden Überwachung der Regierung und Verwaltung verbieten, da derartige – der amerikan. Verf.praxis durchaus geläufige – *watch-dog-committees* als unerträgl., die Initiative, Arbeitsfreudigkeit und Selbständigkeit der Exekutive lähmender Eingriff verstanden werden (StGH f. d. Dt. Reich, RGZ 102 Anh. S. 425 ff., 429 f.; HessStGH, ESVGH 17, 13 ff. – zur Zulässigkeit ständiger UA.e zur Wahrung des Parlamentsansehens vgl. BayVerfGHE 8 II, 91 ff., 104). Dem kann in dieser Allgemeinheit nicht zugestimmt werden, denn zum einen ist das Parlament nicht stets auf eine ex-post-Kontrolle abgeschlossener Sachverhalte beschränkt (→Bundestag II C), und zum anderen stattet die Verf. selbst (Art. 45 a GG) den Verteidigungsausschuß mit ständigen UR.en aus. Andererseits läßt sich die Gefahr unzulässiger Einmischung in Exekutivangelegenheiten bei ständigen UA.en nicht leugnen. Deshalb wird man sie nur für zulässig halten, wenn sich ihr Kontrollauftrag auf einen Bereich bezieht, dessen Eigenarten eine ähnl. schwerwiegende Gefahr für die exekutive Überrundung des Parlaments bergen wie die des Verteidigungsbereichs. Dieses Übermaßverbot wäre zB bei der Kontrolle polit. Planungsvorhaben durch einen Planungskontrollausschuß (→Bundestag II A 2; →Planung I D 2) nicht tangiert. Ähnl. gilt für die mit ständigen UR.en ausgestatteten Ausschüsse für Grubensicherheit im Saarld. und in Nordrh.-Westf. sowie für die Parlamentar. Kontrollkommission zur Kontrolle der Nachrichtendienste des Bundes, der das G. vom 11. April 1978 mehr aus verf.polit. denn aus verf.rechtl. Gründen die Ausstattung mit UR.en verweigert hat.

3. Als parl. Unterorgan wird der UA. rechtl. existent erst durch den *Einsetzungsbeschluß des Plenums.* Dies gilt auch, wenn der *Antrag von einer qualifizierten Minderheit* gestellt wird, die nach der Verf. die Einsetzung eines UA. erzwingen kann, obwohl die Praxis z. T. die Feststellung des Präsidenten, das Minderheitenquorum sei erreicht und damit der UA. eingesetzt, ausreichen läßt (vgl. zB § 26 III GeschO HessLT). Zwar ist die Minderheit allein berechtigt, über die polit. Zweckmäßigkeit des U.verlangens zu befinden, die Verantwortung für die hinreichende Bestimmtheit und Verf.mäßigkeit des U.auftrags aber muß das Plenum übernehmen, wie es auch über die Anzahl der Ausschußmitglieder zu entscheiden hat (Bad.-Württ.STGH, ESVGH 27, 7; BayVerfGHE 30, 61). Zudem ist das Erfordernis des Plenarbeschlusses ein wirksamer Riegel gegen polit.-propagandistischen Mißbrauch des UR. durch radikale Minderheiten. Gegen mißbräuchl. Ablehnung des U.verlangens oder ungebührl. Verzögerung des Einsetzungsbeschlusses ist die Minderheit hinreichend durch das Gebot einer sofortigen Plenarentscheidung grds. ohne vorherige Ausschußüberweisung sowie durch die Möglichkeit der verf.gerichtl. Organklage geschützt. Die Mehrheit darf den U.auftrag zwar so umformulieren, daß der in der Formulierung des U.themas liegende Angriff der Minderheit abgewehrt wird, ihn aber gegen den Willen der Minderheit grds. nicht verändern oder erweitern; andernfalls könnte die U. von der Mehrheit verzögert oder in andere Bahnen gelenkt und damit die öffentl. Kontrolle der von der Mehrheit gestützten Regierung und ihrer Exekutivorgane geschwächt oder gar vereitelt werden (vgl. StGH f. d. Dt. Reich, RGZ 106, Anh. S. 53 ff.; OVG Lüneburg, OVGE 7, 489 ff.; BayVerfGHE 30, 61 ff.; BVerfGE 49, 70 ff.). *Zusatzfragen* gegen den Willen der Minderheit sind deshalb nur in engen Grenzen zulässig, wenn sie den Kern des U.gegenstandes unverändert lassen und nötig sind, um eine verzerrte Darstellung zu vermeiden und ein umfassenderes, wirklichkeitsgetreueres Bild des angebl. Mißstandes zu vermitteln (BVerfGE 49, 87 f.). Aus dem Einsetzungsanspruch der Minderheit folgt weiterhin, daß gegen ihren Willen weder das Plenum den UA. auflösen noch dieser seine Tätigkeit einstellen darf (BayVerfGHE 35, 82 ff. sowie § 24 II Nordrh.-Westf. UAG).

Ein *Beweisantragsrecht der Minderheit* dagegen erwähnt Art. 44 GG im Gegensatz zur WV und den meisten Landesverf.en nicht. Der Minderheit billigt man deshalb einen rechtl. erhebl. Einfluß auf den konkreten Gegenstand und Gang der Beweiserhebung nicht zu, sondern überantwortet dies der die Regierung tragenden Mehrheit, lediglich begrenzt durch das Mißbrauchsverbot. Vor allem diese Auslegung des Art. 44 durch die h. M. wird dafür verantwortl. gemacht, daß das UR. sich weitgehend als stumpfes Schwert für die Opposition erwiesen hat. Da die Kontrollfunktion des Parlaments als eines der Konstitutionsprinzipien unseres Repräsentativsystems unter den spezifischen Rahmenbedingungen des parlamentar. Regierungssystems vorwiegend von der →Opposition wahrgenommen wird, andererseits die Entstehungsgeschichte des GG keinen Hinweis dafür ergibt, daß man das Beweisantragsrecht streichen wollte, wird man bereits nach geltendem Verf.recht den Art. 44 verf.konform dahin auslegen müssen, daß der oppositionelle Einsetzungsanspruch seinem Sinn und Zweck nach auch das Beweisantragsrecht umschließt. Nicht von ungefähr betont das BVerfG neuerdings, das Gewaltenteilungsprinzip gebiete gerade im Hinblick auf die verf.rechtl. starke Stellung der Regierung eine Auslegung des GG dahin, daß parlamentar. Kontrolle *wirksam* sein kann (BVerfGE 67, 130). Alles dies verkennt BayVerfGHE 34, 119 ff., der den Standpunkt der h. M. für Art. 25 BayVerf. erneut bekräftigt.

4. Die *Beweiserhebung* durch den UA. erfolgt grds. in *öffentl. Sitzung* und unter *sinngemäßer Anwendung* der Vorschriften über den *Strafprozeß.* Diese knappen Regelungen haben – trotz über 50jähriger Praktizierung – zu einer erhebl. Rechtsunsicherheit über die Befugnisse der UA.e und die Rechtsstellung der von einem U.verfahren Betroffenen geführt (zur Befugnis, Beweise mittels richterl. Durchsuchungs- und Beschlagnahmebeschlüsse sichern zu lassen, vgl. BremStGH, NJW 1970, 1309 ff.; BVerfG, NJW 1984, 2276 f.), zumal die pauschale Verweisung auf das Strafverfahren der andersartigen Funktion und Zielsetzung des U.verfahrens nicht gerecht wird.

a) Polit. Zündstoff liefert häufig der Umfang des *Zutrittsrechts von Mitgliedern und Beauftragten der Regierung.* Obwohl deren Anwesenheit insbes. bei Beratungen über den Gang der Beweiserhebung und bei der abschließenden Feststellung und Bewertung des Sachverhalts den Erfolg des U.verfahrens beeinträchtigen kann, ist ein Ausschließungsrecht des UA. nach geltendem Verf.recht zu verneinen, da Art. 43 II GG (anders zB Art. 34 II S. 2 Bad.-Württ. Verf., Art. 33 IV Berl. Verf., Art. 23 I S. 2 Hambg. Verf., Art. 10 III Nds. Verf., Art. 45 III Nordrh.-Westf. Verf.) den Regierungsvertretern Zutritt uneingeschränkt zu *allen* Ausschußsitzungen gewährleistet (vgl. NdsStGH, Lüneburg OVGE 12, 470 ff.).

b) Strittig war ferner, inwieweit sich die Regierung gegenüber dem Verlangen auf *Aktenvorlage* und Erteilung von *Aussagegenehmigungen* für Beamte auf das *Amtsgeheimnis* berufen kann. Die §§ 96, 54 StPO i. V. m. §§ 61 BBG, 39 BRRG erlauben es der Exekutive, im Strafprozoß Aktenvorlage und Aussagegenehmigung unter Berufung auf eine Gefährdung des Wohls des Bundes oder eines dt. Landes zu verweigern. Da es gerade Aufgabe des U.verfahrens ist, zu prüfen, ob sich Regierung und Verwaltung dem Staatswohl entspr. verhalten haben, und die Berufung auf das Amtsgeheimnis den Erfolg von Exekutivenqueten vereiteln würde, andererseits das Wohl des Bundes oder eines Landes im parlamentar. Regierungssystem des GG dem Bundestag und der Bundesregierung gemeinsam anvertraut ist, kann eine Berufung auf das Amtsgeheimnis gegenüber dem Bundestag i. a. R. dann nicht in Betracht kommen, wenn beiderseits wirksame Vorkehrungen gegen das Bekanntwerden von Dienstgeheimnissen getroffen werden (hierzu und dem Folgenden BVerfGE 67, 127 ff. – „Flick"). Die GeheimschutzO des Bundestages (§ 17 GeschO mit Anl. 3) gibt hierzu ausreichende Möglichkeiten. Nur unter ganz bes. Umständen können sich Gründe (insbes. aus dem Gewaltenteilungsgrundsatz, s. o. II 1 b) ergeben, dem UA. Akten unter Berufung auf das öffentl. Wohl vorzuenthalten. Zu den von § 96 StPO erfaßten öffentl. Belangen gehört auch das *Steuergeheimnis.* Beweiserhebungsrecht des p. UA. und grundrechtl. →Datenschutz müssen im konkreten Fall einander so zugeordnet werden, daß beide soweit wie mögl. ihre Wirkungen entfalten. Die Bedeutung, die das UR. des Parlaments für die parlamentar. Demokratie als auch für das Ansehen des Staates hat, gestattet i. d. R. dann keine Verkürzung des Aktenherausgabeanspruchs zugunsten des Grundrechtsschutzes, wenn Parlament und Regierung hinreichend Vorkehrungen für den Geheimschutz getroffen haben und der Grundsatz der Verhältnismäßigkeit gewahrt ist. Eine Ausnahme gilt für solche Informationen, deren Weitergabe wegen ihres streng persönl. Charakters für die Betroffenen unzumutbar ist.

c) Eine der umstrittensten Fragen ist die *Stellung der von einer p. U. Betroffenen.* Zwar sind die Vorschriften der StPO über den Angeschuldigten (rechtl. Gehör, Anwesenheit bei Vernehmung von Zeugen, Aussageverweigerungsrecht, Vereidigungsverbot) ausgerichtet an der andersartigen Aufgabe des Strafgerichts, über die Schuld oder Nichtschuld eines Menschen zu befinden, doch können Tatsachenfeststellungen eines UA. wegen der großen Aufmerksamkeitspräferenz, die sie in der öffentl. Meinung genießen, für Betroffene durchaus Folgen haben, die in ihrer sozialen Umwelt denen eines Strafurteils nahekommen. Nach Ansicht des BGHSt (E 17, 128 ff.) sind deshalb Auskunftspersonen in *entspr. Anwendung der §§ 55, 60 Nr. 2 StPO* auf ihr Aussageverweigerungsrecht hinzuweisen und unvereidigt zu lassen, wenn auch nur der Verdacht besteht, sie könnten an einer strafbaren Handlung, deren Aufklärung nach dem Sinn des Einsetzungsbeschlusses mit zum Gegenstand der U. zu rechnen ist, beteiligt sein oder sich eines die Erhebung einer Abg.en- oder Ministeranklage rechtfertigenden Verhaltens schuldig gemacht haben. In der Parlamentspraxis werden Betroffene teils nach Art eines Angeschuldigten (vgl. zB § 19 Bad.-Württ. UAG), teils aber wie normale Auskunftspersonen (vgl. zB §§ 15 ff. Nordrh.-Westf. UAG) behandelt, ohne daß sich eine einheitl. rechtsstaatl. Grundsätzen gerecht werdende Verfahrenspraxis entwickelt hätte. Als problematisch wird weiterhin insbes. die Inanspruchnahme von Vereidigungsbefugnissen durch ein polit. Gremium, dem die Neutralität und Unbefangenheit gegenüber dem U.gegenstand weitgehend fehlt, angesehen.

5. Das U.verfahren findet seinen Abschluß durch einen schriftl. *Bericht des UA.* an das Plenum, der das Ermittlungsergebnis feststellt, aber auch Beschlußempfehlungen und Wertungen enthalten kann und die abweichende Auffassung der Minderheit wiedergeben muß; zumindest hat diese das Recht, ihre abweichende Auffassung dem Mehrheitsbericht beizufügen. Das U.verfahren wird weiterhin beendet durch Ablauf der Wahlperiode (Grds. der *Diskontinuität,* s. Bundestag III B 3) – mit ein Grund dafür, Verzögerungsmöglichkeiten der Mehrheit im Interesse der Effektivität der Minderheitenenquete und des parlamentar. Kontrollrechts tunlichst auszuschließen (BVerfGE 49, 86 f. und o. II 3).

III. Reformbestrebungen. Angesichts dieser im wesentl. auf die unzureichenden verf.rechtl. Regelungen zurückgehenden Rechtsunsicherheit nimmt es nicht wunder, daß die Diskussion um die Reform des U.verfahrens bis in die Weimarer Zeit zurückreicht. Nachdem der *34. Dt. Juristentag 1926* sich vornehml. mit dem Verhältnis von UA.en und Strafgerichten befaßt hatte, legte der *45. Dt. Juristentag 1964* 12 Thesen vor, die zu fast allen Streitfragen des UR. Stellung nahmen. Die *Konferenz der Präsidenten der Dt. Länderparlamente* hat nach ihren vorbereiteten Empfehlungen (1961) am 19. Okt. 1972 einen *Mustergesetzentwurf* über die Einsetzung und das Verfahren der p. UA.e verabschiedet (alle Texte sind abgedr. in: Zeitschrift für Parlamentsfragen 1972, 427 ff.). Zwei interfraktionelle Initiativen im Dt. Bundestag (Drs. V/2425, 4209 – ausgearbeitet von der Interparlamentar. AG, deshalb sog. *IPA-Entw.)* blieben unerledigt, sind aber in ihren wesentl. Grundzügen von der *Enquete-Kommission „Verf.reform"* wieder aufgegriffen worden (Drs. VI/3829, S. 15 ff.; 7/5924, S. 49 ff.). Eine in der 8. WP auf der Grundlage der Vorschläge der Enquete-Kommission formulierte Initiative der CDU/CSU (Drs. 8/1180, 1181) kam über die Ausschußüberweisung nicht hinaus. Der *Bundestag* pflegt in seiner Parlamentspraxis dem U.verfahren durch Beschluß die *IPA-Regeln* zugrunde zu legen. Nunmehr hat Ende 1985 der GeschO-Ausschuß aufgrund seines Selbstbefassungsrechts (§ 128 GeschO) einen Gesetzgebungsvorschlag für ein UAG des Bundestages erarbeitet und den Fraktionen zur Stellungnahme zugeleitet (Ausschuß-Drs. 10-G-55). Durch *Ergänzung des BeamtenrechtsrahmenG* vom 18. März 1971 (BGBl I S. 205) wurde der von den Ländern als Sperre empfundene § 39 III BRRG dahingehend erweitert, daß durch G. die Verweigerung der Aussagegenehmigung für Beamte vor UA.en einer Nachprüfung unterzogen werden kann (s. o. II 4 b). Als gesetzl. Regelungen für UA.e liegen bisher vor: *Bad.-Württ. UAG* vom 3. März 1976 (GBl S. 194), geänd. am 12. Dez. 1983 (GBl S. 834) – *BayUAG* vom 23. März 1970 (BayRS 1100-4-I), geänd. am 23. Juli 1985 (GVBl S. 246) – *BerlUAG* vom 22. Juni 1970 (GVBl S. 295), geänd. am 3. Dez. 1974 (GVBl S. 2747) – *BremUAG* vom 15. Nov. 1982 (BGl S. 329) – *Nordrh.-Westf.-UAG* vom 18. Dez. 1984 (GVBl 1985 S. 26) – *Saarld.G.* über den Landtag vom 20. Juni 1973 – §§ 38 ff. (ABl. S. 517).

Wesentl. Punkte der vorgeschlagenen und in den genannten Ländern weitgehend verwirklichten Reformen sind:

– Beschränkung des *Zutrittsrechts* der Regierung;

– Verstärkung des *Minderheitenschutzes* (Beweisantragsrecht, Recht zur Berichterstattung an das Plenum);

– Ersetzung der Verweisung auf die StPO durch dem Zweck der UA.e angepaßte Spezialregelungen;

– Erweiterung der U.befugnisse um ein *Inspektionsrecht* in allen öffentl. Einrichtungen;

– Beschränkung der *Verweigerungsmöglichkeit* für Aussagegenehmigung und Aktenvorlage auf Gründe der *Staatssicherheit*, allerdings mit sehr unterschiedl. Konfliktsregelungsmechanismen (Enquete-Komm.: Kabinett; Berlin: p. Sicherheitsausschuß; Musterentwurf: gemischte Kommission; Saarld.: VerfGH; Brem.: p. Kontrollkommission);

– Regelung der *Zwangsmittel* gegen Zeugen und Sachverständige (Ordnungsstrafe/Ordnungsgeld und Vorführungsanordnung sowie Beschlagnahme und Durchsuchung durch ein Gericht auf Antrag des UA.), der *Zeugnisverweigerungsrechte* sowie die Beschränkung der *Zeugenvereidigung* auf die Fälle, in denen der UA. es wegen der Bedeutung der Aussage oder zur Herbeiführung einer wahrheitsgemäßen Aussage für erforderlich hält (Enquete-Komm.: wenn überhaupt, nur Vereidigung durch einen Richter außerhalb der UA.verhandlung anhand der schriftl. Aussage);

– Definition des *Betroffenen* („Personen, bei denen sich aus dem Sinn des U.auftrags oder aus dem Verlauf der U. ergibt, daß die U. sich ausschließl. oder überwiegend gegen sie richtet") und Regelung seiner Rechtsstellung nach Art eines Angeschuldigten (die Enquete-Komm. hält dagegen die Unterscheidung zwischen Zeugen und Betroffenen für unpraktikabel und konkrete Aussageverweigerungsrechte für ausreichend; ebenso die UAG.e in Berl., Brem. und Nordrh.-Westf.).

IV. Enquete-Kommissionen (EK.en). Die 1969 im Rahmen der „Kleinen Parlamentsreform" durch Einfügung des § 74 a GeschO BT (seit der GeschO-Reform 1980: § 56) geschaffenen und ebenfalls als Minderheiteninstitut ausgestalteten EK.en unterscheiden sich von UA.en herkömml. Art weniger durch ihre Aufgabe („Vorbereitung von Entscheidungen über umfangreiche und bedeutsame Sachkomplexe") als durch ihre in der Parlamentsgeschichte bisher unbekannte und z. T. als systemwidrig kritisierte gemischte Besetzung aus Abg.en und Sachverständigen aus Wissenschaft und Praxis. Der *Bundestag* hat bisher folgende EK.en eingesetzt: 6./7. WP: *Verf.reform, Auswärtige Kulturpolitik – 7./8. WP: Frau und Gesellschaft* – 8./9. WP: *Zukünftige Kernenergiepolitik* – 9. WP: *Neue Informations- und Kommunikationstechniken, Jugendprotest im demokrat. Staat* – 10. WP: *Chancen und Risiken der Gentechnologie; Technologiefolgenabschätzung.* Die EK.en sind gedacht als Hilfsinstrument für eine konzeptionelle, strategische Politikformulierung seitens des Parlaments. Sie sollen in einem ständigen Dialog von Wissenschaftlern, Praktikern und Abg.en unter umfassender Verwertung von Informationen aus dem staatl. wie dem gesellschaftl. Bereich komplexe Sachverhalte für das Plenum aufbereiten, um das Parlament in den Stand zu setzen, seiner Tätigkeit im Bereich der G.gebung, polit. Planung und der Kontrolle wissenschaftl. fundierte, an gesellschaftspolit. Erfordernissen ausgerichtete längerfristige Perspektiven zugrunde zu legen. Die zur Erfüllung dieser Aufgabe erforderl. UR.e hätte man den EK.en nach bisherigem Recht nur einräumen können, indem man sie zu UA.en nach Art. 44 GG erklärt hätte. Da der Begriff des UA. in der Öffentlichkeit weitgehend von dem Bild der Skandalenquete besetzt ist und man im Interesse einer bereitwilligen und umfassenden Information aus dem privaten Bereich die Assoziation mit Mißstandsuntersuchungen möglichst vermeiden wollte, hat man hiervon bisher keinen Gebrauch gemacht. Statt dessen bemüht man sich – neben einer verf.rechtl. Fundierung (EK. *Verf.reform:* Art. 44 a GG) – um ein eigenes, auf die bes. Bedürfnisse der EK.en zugeschnittenes *VerfahrensG* (für den *Bundestag* vgl. die unerledigten Initiativen Drs. V/3991, VI/546 und den Bericht der EK. Verf.reform Drs. VI/3829, S. 19 ff.; 7/5924, S. 57 ff.). Ein derartiges Gesetz existiert bisher nur in *Berlin* (G. vom 17. Dez. 1970 – GVBl S. 1974), ansonsten finden sich nur Geschäftsordnungsbestimmungen (vgl. § 68 a GeschO Brem. LT, § 79 a GeschO Hambg. LT, § 18 a GeschO Nds. LT, § 84 a GeschO Rh.-Pf. LT). Zu regeln sind vor allem neben den UR.en der Ausgleich zwischen dem Interesse der EK.en an Informationen aus dem gesellschaftl. Bereich und dem Schutz der Privatsphäre (zB Steuer- und Bankgeheimnis) sowie der Status der Nichtparlamentarier.

E. ZWEIG, Die p. Enquete nach dt. und österr. Recht, ZfP 6 (1913) 265 ff. – M. WEBER, Parlament und Regierung im neugeordneten Dtschld., 1918 – W. LEWALD, Enqueterecht und Aufsichtsrecht, AöR 44 (1923) 269 ff. – K. HECK, Das p. UR., 1925 – Verhandlungen des 34. DJT, 1926, Bd. 1, S. 3 ff., 332 ff., Bd. 2, S. 69 ff. – H.-H. LAMMERS, P. UA.e, in: G. ANSCHÜTZ, R. THOMA, HDStR Bd. 2, 1932, S. 453 ff. – H. EHMKE, P. UA.e und Verf.schutzämter, DÖV 9 (1956) 417 ff. – W. STEFFANI, Die UA.e des Preuß. Landtags zur Zeit der Weimarer Republik, 1960 – DERS., Funktion und Kompetenz der p. UA.e, PVS (1960) 153 ff. – U. KESSLER, Die Aktenvorlage und Beamtenaussage im p. U.verfahren, AöR 88 (1963) 313 ff. – J. KÖLBLE, P. UR. und Bundesstaatsprinzip, DVBl. 79 (1964) 701 ff. – H.-J. RINCK, Verf.rechtl. Grenzen der Beeidigungsbefugnis p. UA.e, DVBl. 79 (1964) 706 ff. – K. J. PARTSCH, Empfiehlt es sich, Funktion, Struktur und Verfahren der p. UA.e grundlegend zu ändern?, Gutachten, Verhandlungen des 45. DJT, Bd. 1, 1964, S. 3 (Lit.) – DT. BUNDESTAG (Hg.), Wissenschaftl. Abteilung, Bibliographie zur Stellung und zum Recht p. UA.e, 1963 (Lit.) – R. PIETZNER, Das Zutrittsrecht der Bundesregierung im p. U.verfahren, JR (1969) 43 ff. – H. WAGNER, Uneidl. Falschaussage vor p. UA.en, GA (1976) 257 ff. – C. LÄSSIG, Beschränkungen des Beweiserhebungsrechts p. UA.e – insbes. aufgrund des Bundesstaatsprinzips, DöV 29 (1976) 727 ff. – E.-W. BÖCKENFÖRDE, P. UA.e und kommunale Selbstverwaltung, AöR 103 (1978) 1 ff. – W. BLÜMEL, M. RONELLENFITSCH, P. UA.e und kommunale Selbstverwaltung, 1978 – R. SCHOLZ, P. UA. und Steuergeheimnis, AöR 105 (1980) 564 ff. – K. STERN, Staatsrecht II, 1980, S. 59 ff., 103 ff. – DERS., die Kompetenz der UA.e nach Art. 44 GG im Verhältnis zur Exekutive unter bes. Berücksichtigung des Steuergeheimnisses, AöR 109 (1984) 199 ff. – W. LÖWER, UA. und Steuergeheimnis, DVBl 99 (1984) 757 ff. – H.-J. MENGEL, Die Auskunftsverweigerung der Exekutive gegenüber p. UA.en, EuGRZ 11 (1984) 97 ff. – N. ACHTERBERG, Parlamentsrecht, 1984 – M. SCHRÖDER, Das Aktenvorlagerecht p. UA.e in der Sicht des BVerfG, ZParl 15 (1984) 473 ff. – J. PLÖHN, EK.en: Grenzen und Leistungsvermögen am Beispiel der EK. zum Jugendprotest, ZParl 16 (1985) 7 ff. – R. KIPKE, Die UA.e des Bundestages, 1985 – A. SCHLEICH, Das p. UR. des Bundestages, 1985 – G. MEMMINGER, P. Kontrolle der Regierung durch UA.e, DöV 39 (1986) 15 ff.

Rainer Pietzner

Urheberrecht. Das U. umfaßt nach einer landläufigen, wenn auch etwas unscharfen Formel den Schutz der Rechte an Werken „der Literatur, Wissenschaft und Kunst". Die meisten Kulturstaaten – eine Ausnahme bildet z. Z. noch China – haben dafür besondere Gesetze geschaffen. Zur Zeit gilt in der Bundesrepublik das UrhG vom 9. 9. 1965. Daneben finden sich Sonderregelungen für Teil- und Randgebiete, wie das Verlagsrecht, das Recht der Verwertungsgesellschaften und das Geschmacksmusterrecht. Der nationale Rechtsschutz wird ferner durch eine Reihe internationaler Abkommen ergänzt.

1. Das Rechtssystem. Das Werk ist Ausdruck der *Persönlichkeit* seines Schöpfers. Es spiegelt dessen Empfindungen und Eigenheiten, seinen persönl. Stil wider. Darüber hinaus stellt das Werk in der Regel einen *Vermögenswert* dar; es läßt sich auf die verschiedenste Weise wirtschaftl. auswerten. Die Beziehungen des Urhebers zu seinem Werk sind daher sowohl persönlichkeitsrechtl. als auch vermögensrechtl. Natur. Das hat zur Folge, daß das Urheberrecht nicht vollständig auf einen anderen übertragen werden kann (§ 29 UrhG). Niemand kann einen Teil seiner Persönlichkeit einfach weggeben; so wenig, wie der leibliche Vater aufhört, Vater seines Kindes zu sein, wenn es von einem anderen adoptiert wurde, hört der Künstler auf, Vater seines geistigen Kindes zu sein, selbst wenn er sich aller Rechte daran begeben hat. Eine letzte Bastion persönlichkeitsbezogener Befugnisse behält der Urheber somit selbst dann, wenn er eigentl. schon nichts mehr besitzt: das Recht auf Anerkennung seiner Urheberschaft am Werk (§ 13 UrhG) und das Recht, Entstellungen und ähnliche schwerwiegende Eingriffe in sein Werk zu verbieten (§ 14 UrhG). Auf diese Rechte kann der Urheber nicht einmal wirksam verzichten. Dagegen kann er das Recht zur *Nutzung* seines Werkes entweder geschlossen oder – was die Regel ist – nach einzelnen Nutzungsarten aufgespalten übertragen: das Vervielfältigungs- und Verbreitungsrecht an einen Verlag, das Ausstellungsrecht an ein Museum, das Aufführungsrecht an ein Theater, das Senderecht an eine Rundfunkanstalt usw. Auch ohne Übertragung durch den Urheber hat jedermann das Recht zur Nutzung des Werkes dann, wenn die Erlaubnis dazu schon im Gesetz selbst ausdrückl. erteilt ist *(gesetzliches Nutzungsrecht).* Jedermann darf zum Beispiel, obwohl die Vervielfältigung an sich eine dem Urheber vorbehaltene Nutzung ist, zum privaten Gebrauch ein Bild oder einen Zeitschriftenaufsatz kopieren oder aus einem anderen Werk zitieren. Gelegentlich ist die Nutzung zwar erlaubt, aber vergütungspflichtig, wie das Ausleihen von Büchern durch Bibliotheken (§ 27 UrhG), die private Audio- oder Videoaufnahme und neuerdings die Fotokopie (§ 54 UrhG, die Vergütung wird von den Herstellern der Geräte und Kassetten bzw. den Betreibern erhoben).

2. Das Werk. *a) Werkarten.* § 2 Abs. 1 UrhG zählt beispielhaft auf, was alles als „Werk" geschützt sein kann: Sprachwerke, also Gedichte, Romane, Novellen, Hörspiele, Bühnenwerke, Filmdrehbücher und Entwürfe dazu, Vorträge, Reden , Predigten und Kommentare (Briefe nur dann, wenn sie sprachl. gestaltet sind); Werke der Musik ohne Rücksicht auf Harmonie oder Melodik, also auch serielle und elektronische Musik und Entwurfsmusik, soweit sie noch durch den schöpferischen Willen des Menschen entsteht und nicht bloßes Produkt von Zufall oder Maschine ist; pantomimische Werke, auch wenn sie improvisiert dargeboten werden und nirgends fixiert sind; Kunstwerke, und zwar einschl. der Gebrauchskunst wie Industriedesign, Gebrauchsgraphik usw., der Baukunst und der Bauplanung, der Modeschöpfung und der künstlerisch gestalteten Werbung; Lichtbilder, auch kunstlose Amateuraufnahmen; Filmwerke einschl. der Fernsehaufzeichnungen ohne Rücksicht auf das Herstellungsverfahren und den Verwendungszweck; Darstellungen wissenschaftl. oder technischer Art, wie Landkarten, Konstruktionszeichnungen und neuerdings Computer-Programme (software). Die Vereinigung von Werken mehrerer Urheber zu einer Sammlung kann ein *Sammelwerk* sein, das als solches, d. h. in gerade dieser Zusammenstellung, geschützt ist. Der Herausgeber ist aber bei der Verwertung seiner Schöpfung von der Mitwirkung derjenigen Urheber abhängig, deren Werke er aufgenommen hat. Ebenso ist der *Bearbeiter* eines Werkes, zB der Übersetzer, Arrangeur oder nachschaffende Künstler, auf den Urheber des Originals angewiesen, wenn er die Bearbeitung verwerten will, wie umgekehrt dieser nicht ohne Mitwirkung des Bearbeiters die bearbeitete Fassung nutzen darf.

b) Werkbegriff. Ob ein Werk im Einzelfall tatsächlich Urheberschutz genießt, hängt davon ab, ob es das Ergebnis einer *individuellen geistigen Leistung* ist. Die Begriffe der verschiedenen nationalen Gesetze meinen dasselbe: Schöpfung im Sinne des Urheberrechts kann nur das sein, was dem Gestaltungswillen eines einzelnen entspringt, was gleichsam den Stempel der Persönlichkeit seines Schöpfers an der Stirn trägt, seine Handschrift, seinen Stil verrät. Daraus folgt, daß Erfindungen, Entdeckungen und wissenschaftl. Erkenntnisse, mögen sie auch noch so großartig sein, niemals Urheberschutz genießen können, denn sie decken gegebene Gesetzmäßigkeiten auf, lassen dem Genie ihres Entdeckers aber keine Wahl zwischen mehreren Möglichkeiten und erlauben ihm deshalb keine persönl. Entscheidung. Das gleiche gilt für die wissenschaftl. Lehre oder Arbeitsmethode: Ihr Kennzeichen ist der Anspruch, objektiv richtig zu sein, den Erfordernissen der Sache am besten zu entsprechen. Sie kann ihrer Natur nach nicht „Geschmackssache" sein, wie es jedes Produkt menschl. Eigenart notwendigerweise ist. Sie kann Entdecker und Befürworter, aber keinen Urheber haben. Nur die *Form* ihrer Darstellung ist individuell und daher urheberrechtl. geschützt. Was ferner allgemein bekannt ist, kann nicht Gegenstand von Ausschließlichkeitsrechten eines einzelnen sein. Die Verwendung bekannter Formen und Gestaltungselemente begründet deshalb noch keinen Urheberschutz. Doch kann in der *Kombination* bekannter Elemente zu einem neuen Ganzen eine schöpferische Leistung liegen, wenn darin ein persönl. Gestaltungswille erkennbar wird. Tatsächlich gehen nahezu alle urheberrechtl. geschützten Werke, wenn man genauer hinsieht, auf solche Kombinationen zurück: Der Krimi-Autor verwendet bekannte Geschehensabläufe und Charaktermerkmale, der Drehbuchverfasser die erprobten Filmklischees, der Schlagerkomponist eine der wenigen Grundtypen für den Liedaufbau, der Maler die gebräuchl. Stilelemente der Kunstrichtung, der er sich verschrieben hat. Jeder von ihnen schöpft zudem bewußt oder unbewußt aus dem reichen Fundus vorbekannter Werke, die dem Ingenium der Menschheit vor ihm entsprossen sind. Auf die *Qualität* des Produktes kommt es dabei nicht an. Darüber, ob ein Kunstwerk „gut" oder „schlecht" sei, wird man sich immer streiten können. Deshalb wird selbst das billigste Romanheft, der primitivste Schlager, das total kitschige Opus eines Sonntagsmalers als schutzfähig angesehen, wenn es nur ein Mindestmaß an individueller Eigenart aufweist, wenn sich also zumindest sagen läßt, daß ein anderer Künstler das Thema möglicherweise anders behandelt haben würde. Nur was jedermann rein handwerklich ebenso zuwege brächte, was also jede persönl. Eigenart vermissen läßt, scheidet aus. Das Werk muß, um individuell geprägt zu sein, vom *Menschen* stammen. Eine Firma, eine juristische Person, eine Behörde kann daher nicht Urheber sein (vgl. unten „Arbeits- und Dienstverhältnisse"). Das Produkt eines Roboters ist nur dann geschützt, wenn seine Gestaltung im einzelnen nicht von den Gesetzmäßigkeiten der Maschine, sondern von dem dahinterstehenden Menschen bestimmt worden ist, der sich dieser Gesetzmäßigkeiten zu eigenem Schaffen bediente.

c) Mehrere Urheber. Haben mehrere ein Werk in der Weise – gemeinsam oder mit verteilten Rollen – geschaffen, daß ihre Anteile nicht voneinander getrennt verwertet werden können, so sind sie *Miturheber.* Ist dagegen eine getrennte Verwertung möglich, so liegt nur eine *Werkverbindung* vor. Das letztere trifft stets dann zu, wenn verschiedene Werkarten miteinander verbunden sind: Musik und Text beim Schlager oder der Oper, Text und Illustration beim Kunstband. Bei der Werkverbindung bleiben beide Werke grundsätzl. selbständig, auch wenn sie zugleich und füreinander geschaffen wurden; so kommt es, daß beispielsweise der Text zum „Zigeunerbaron" von SCHNITZLER noch geschützt, die Musik von JOHANN STRAUSS aber längst frei ist, weil der Komponist sehr viel früher starb als sein Textdichter (s. unten „Schutzdauer").

3. Die Nutzungsrechte. *a) Überblick.* Grds. steht dem Urheber jede Art der wirtschaftl. Verwertung seines Werkes zu. Deshalb ist die *Aufzählung* der Nutzungsrechte, wie sie die Gesetze geben, nur *beispielhaft.* Etwaige in Zukunft neu entstehende Nutzungsmöglichkeiten fallen automatisch dem Urheber zu, und zwar nach dem Recht der Bundesrepublik selbst dann, wenn er alle Nutzungsrechte pauschal oder sogar „unter Einschluß zukünftiger Nutzungsarten" übertragen hatte (§ 31 Abs. 4 und 5 UrhG). Die wichtigsten *Arten der Werknutzung* sind das Vervielfältigungsrecht (dazu gehört neben dem Buchdruck usw. und dem Kopieren auch der Mitschnitt und das Überspielen auf Tonband, Schallplatte und andere Ton- und Bildträger, aber auch auf Datenspeicher); das Verbreitungsrecht, bei dem man zahlreiche, oft getrennte

Spielarten unterscheidet, zB bei Büchern im Sortimentsbuchhandel, als Taschenbuch, in Buchgemeinschaften; das Aufführungs-, Vortrags- und Vorführungsrecht, das Senderecht, einschl. des Kabel- und Satellitensenderechts; die Zweitwiedergaberechte, d. h. das Recht zur öffentl. Wiedergabe einer Funksendung und das Recht zur öffentl. Wiedergabe von Bild- oder Tonträgern.

b) Bearbeitung und Plagiat. Man kann ein Werk auch dadurch nutzen, daß man es *bearbeitet,* also etwa den Roman als Vorlage für ein Bühnenstück benutzt, einen alten Schlager im Beat-Rhythmus neu arrangiert oder auch einfach nur die Übersetzung eines Buches in eine andere Sprache besorgt. Über dieses Bearbeitungsrecht verfügt allein der Urheber; ohne seine Erlaubnis dürfen Bearbeitungen seines Werkes nicht einmal veröffentlicht, geschweige denn ausgewertet werden. Andererseits baut jeder Urheber in mehr oder minder großem Umfang auf den schöpferischen Leistungen auf, die andere vor ihm erbracht haben. Das zu verbieten wäre undenkbar. Im luftleeren Raum entsteht keine Schöpfung. Deshalb erlauben alle Urheberrechtsgesetze die *freie Benutzung* des Werkes eines anderen als Anregung zu eigenem, selbständigem Schaffen (Ausnahme: Benutzung einer fremden Melodie, § 24 Abs. 2 UrhG). Die Grenzen zwischen der – verbotenen – Bearbeitung eines Werkes und seiner – erlaubten – freien Benutzung sind fließend. Wer ein fremdes Werk nicht nur als Anregung nimmt, sondern seine individuellen Merkmale auch nur teilweise adaptiert, bearbeitet es und setzt sich dem Vorwurf einer Anmaßung der Urheberschaft an einem fremden Werk *(Plagiat)* aus, wenn er die Bearbeitung nicht als solche kenntlich macht. Auch die *unbewußte Entlehnung* aus einem fremden Werk gilt als unerlaubte Bearbeitung.

c) Übertragung von Nutzungsrechten. Ähnlich wie das Patentrecht, das die Vergabe von ausschließl. oder einfachen, auf die ganze Welt erstreckten oder auf ein Land beschränkten, befristeten oder unbefristeten *Lizenzen* kennt, gibt es auch im Urheberrecht zeitlich, örtlich oder gegenständl. beschränkte, einfache oder ausschließl. Nutzungsrechte. Dabei hat sich, ausgehend von der Grundidee, daß der Sinn des Urheberrechts der Schutz des Urhebers sei, im Laufe der letzten Jahrzehnte eine Auslegungsregel entwickelt, die auf alle Übertragungsverträge Anwendung findet, es sei denn, der Vertragstext besage klar und eindeutig etwas anderes: Der Urheber überträgt im Zweifel nur so viele Rechte auf den Verwerter, wie sie der Zweck des Vertrages unbedingt erfordert *(Zweckübertragungstheorie).* Der Filmproduzent, der Auftragsproduktionen für das Fernsehen herstellt, erwirbt vom Drehbuchautor danach nur das Senderecht, nicht das Recht zur Vorführung des Films in Kinos (vgl. § 88 Abs. 1 Nr. 4 UrhG), oder er muß es sich ausdrückl. übertragen lassen. Der Verleger, der nicht selbst eine Buchgemeinschaft ist, erwirbt vom Urheber nur dann auch die Buchgemeinschaftsrechte, wenn das expressis verbis im Vertrag steht. Entwürfe für die Postkartenwerbung darf die werbende Firma nur dann auch für Plakate oder Prospekte verwenden, wenn das mit dem Graphiker ausdrückl. vereinbart ist, usw. Auch die Weiterübertragung erworbener Nutzungsrechte ist in der Regel von der Zustimmung des Urhebers abhängig (§ 34 UrhG).

d) Arbeits- und Dienstverhältnisse. Für urheberrechtl. Leistungen, die im Rahmen eines Arbeitsvertrages für eine Firma oder nach Dienstrecht für die Anstellungsbehörde erbracht werden, werden nur sehr selten formelle Übertragungsverträge geschlossen. Hier erfolgt die Einräumung von Nutzungsrechten an den Dienstherrn stillschweigend, wobei sich der Umfang der Rechtsübertragung nach der Art des Arbeits- oder Dienstverhältnisses richtet. Der bei einer Kirchenzeitung angestellte Redakteur überträgt danach stillschweigend alle Nutzungsrechte, die der Verleger braucht: das Vervielfältigungsrecht, das Verbreitungsrecht, das Senderecht (Werbesendungen). Dagegen darf der Verlag seine Artikel nicht etwa einem Buchverlag zur Aufnahme in eine Sammlung zur Verfügung stellen. Der Referent, der die Rede des Bischofs ausarbeitet, räumt diesem stillschweigend das Vortragsrecht, nicht jedoch das Recht ein, die Rede in seinen Memoiren nachzudrucken; er darf sie andererseits auch nicht selbst veröffentlichen und so den Bischof bloßstellen, weil das gegen seine Dienstpflichten verstieße.

e) Gesetzlich erlaubte Nutzung. Es handelt sich dabei um Nutzungen, die im öffentl. Interesse liegen, wie die Berichterstattung über Tagesereignisse, die Strafrechtspflege usw., und um den Bereich, in dem der Urheber ein wirtschaftl. Interesse vernünftigerweise nicht mehr haben kann. Zu der letzteren Gruppe gehören neben dem Zitatrecht, das *stets* die korrekte Quellenangabe erfordert, vor allem die Nutzungen in der Privatsphäre, wie die Vervielfältigungen zum privaten oder internen Gebrauch und die Aufführungen im privaten Kreis. Allerdings darf nicht alles kopiert werden: Noten, ganze Bücher, Zeitschriften sowie Computerprogramme sind ausgenommen. Vorträge und Aufführungen darf man nicht *live,* sondern nur vom Radio oder Fernsehen mitschneiden (§ 53 UrhG).

4. Schutzdauer und Gemeinfreiheit. Das Werk ist in den meisten europäischen Ländern bis zum Ablauf von 50 Jahren nach dem Tode des Urhebers – bei Miturhebern nach dem Tode des Längstlebenden – geschützt. In der Bundesrepublik und in Österreich beträgt die Frist 70 Jahre. Die frühere Schutzdauer von 28 Jahren nach der Veröffentlichung ohne Rücksicht auf die Lebenszeit des Urhebers (mit einmaliger Verlängerungsmöglichkeit um weitere 28 Jahre), die die USA hatten, gilt nur noch für ältere Werke; teils ist sie auf 75 Jahre verlängert, teils – für seit 1978 entstandene Werke – gilt jetzt ebenfalls die 50-Jahres-Frist nach dem Tode des

Urhebers. Nach Ablauf der Schutzfrist ist das Werk *gemeinfrei,* d. h., es kann von jedermann nachgedruckt, ausgewertet, bearbeitet, ja sogar verschandelt oder als eigenes Werk ausgegeben werden. Letzteres kann freilich Betrug sein; der Usurpator wird dann aber nicht urheberrechtl. als Plagiator, sondern nur strafrechtl. als Betrüger verfolgt.

5. Leistungsschutzrechte. Im Zeitalter des Fernsehens und der Schallplatte bedarf auch der *ausübende Künstler* eines Schutzes. FURTWÄNGLER war zwar kein Bearbeiter BEETHOVENS, aber seine Aufführungen der Werke des großen Meisters sind gleichwohl unverwechselbare Leistungen von hohem künstlerischen Rang. Die Mehrzahl der Urheberrechtsgesetze – anders zB noch Frankreich – schützen daher auch die Interpretation eines Werkes durch Dirigenten, Musiker, Sänger, Schauspieler, Tänzer und andere Mitwirkende. Damit Kollisionen mit dem Interesse der Urheber an der Verbreitung ihrer Werke möglichst vermieden werden, ist den ausübenden Künstlern allerdings nur eine begrenzte Zahl von Nutzungsrechten an ihrer Leistung vorbehalten. Nur die auf Band, Schallplatte oder Bildträger zu fixierende oder die gesendete Leistung ist geschützt, und auch das nur gegen Aufnahme, Vervielfältigung und teilweise Sendung; einzelne weitere Nutzungen kann der ausübende Künstler zwar nicht verbieten, aber dafür eine Vergütung verlangen. Damit die Zahl der Beteiligten nicht zu groß wird, werden Ensembles kraft Gesetzes vom Chor- oder Orchestervorstand vertreten. Die Bundesrepublik kennt daneben noch ein Leistungsschutzrecht des Tonträgerherstellers, des Sendeunternehmens und des Filmproduzenten für deren unternehmerische Leistung.

6. Rechtsverfolgung. Urheberrechtsverletzungen sind *unerlaubte Handlungen* i. S. des allg. Zivilrechts und werden daher wie diese verfolgt. Eine Besonderheit bietet das Schadenersatzrecht: Während sonst nur der effektiv entstandene, nachweisbare Schaden, der auch in entgangenem eigenen Gewinn bestehen kann, ersetzt wird, kann der Verletzte hier – wiederum ähnlich dem Patentrecht – auch die angemessene Lizenzgebühr verlangen, die er beansprucht haben würde, wenn das benutzte Recht ordnungsgemäß erworben worden wäre. Er kann statt dessen ferner die Herausgabe des Gewinns fordern, den der Verletzer selbst durch die unberechtigte Nutzung erzielt hat. Zwischen den Berechnungsarten kann der Verletzte frei wählen.

7. Internationales Urheberrecht. Es gibt zwei wichtige internationale Konventionen: Die *Revidierte Berner Übereinkunft* (RBÜ) und das *Welturheberrechtsabkommen* (WUA), beide zuletzt 1971 in Paris revidiert. Sie beruhen auf dem Prinzip der *Inländerbehandlung:* Jeder Angehörige eines Verbandsstaates ist in jedem anderen Verbandsstaat den Inländern rechtlich gleichgestellt. Die europäischen Staaten außer Albanien gehören alle der RBÜ, die meisten außereuropäischen Kulturnationen dem WUA an. In einer Reihe weiterer wichtiger Staaten, wie im gesamten chinesischen Kulturraum und einigen arabischen Nationen, gibt es aber überhaupt noch keinen wirksamen Urheberschutz. Der Schutz der ausübenden Künstler ist noch weit weniger entwickelt; dem *Rom-Abkommen* von 1961 gehören erst 28 Staaten an.

V. GAMM, Urheberrechtsgesetz, 1968 – MÖHRING/NICOLINI, Urheberrechtsgesetz, 1970 – EUGEN ULMER, Urheber- und Verlagsrecht, 1983[3] – HUBMANN, Urheber- und Verlagsrecht, 1984[5], FROMM/NORDEMANN, Urheberrecht, 1983[5].

Wilhelm Nordemann

USA →Vereinigte Staaten

V

Vatikanisches Konzil I. *Vorbereitung, Ablauf u. Lehraussagen* des Konzils sind nur zu verstehen aus der Situation der kath. Kirche (→Kirche II) u. des Papsttums im 19. Jh., näherhin aus der Absicht, im drohenden Verlust des →Kirchenstaates u. damit der weltlichen Souveränität die Geschlossenheit der Kirche im Papsttum zu dokumentieren. Der unmittelbare Anteil PIUS' IX. (1846–1878) war in allen Phasen erheblich, vielfach entscheidend. Durch peinliche Modalitäten in Vorbereitung u. Durchführung (im Sinn kurial-intransigenter Kreise), nicht zuletzt durch das persönliche Unvermögen PIUS' IX. wurde die Isolierung der kath. Kirche in der modernen Welt vorerst noch verschärft, jede Annäherung der getrennten Kirchen weit schwieriger. Der Plan, durch ein →Konzil die offenkundige Krise in der Kirche zu bewältigen, wurde PIUS IX. schon 1849 vorgetragen u. reifte allmählich. Konkrete Vorschläge des Papstes seit 1864 stießen auf vielfache Skepsis, auch an der Röm. Kurie. Dennoch bereiteten auf der Grundlage erbetener Gutachten seit Sommer 1867 fünf Kommissionen die dem Konzil vorzulegenden Schemata (Entwürfe) vor. Im Juni 1867 kündigte der Papst das Konzil öffentlich an, am 29. 6. 1868 erging die offizielle Einberufungsbulle. Eine ungeschickte Einladung an alle orthodoxen Bischöfe, zur kath. Einheit zurückzukehren, u. ein globaler Aufruf an die Protestanten u. Anglikaner wurden begreiflicherweise sehr schlecht aufgenommen. Angesichts des bevorstehenden Konzils verschärften sich die offenen u. latenten Spannungen auch innerhalb der kath. Kirche selbst. Die besonders im deutschen Bereich ausgetragenen Kämpfe zwischen der röm. Neuscholastik u. einer von anderen Ansätzen kommenden, auch biblisch-historisch fundierten Theol., die sich allen Zeitfragen stellt, zuletzt der Streit um den päpstl. *Syllabus* v. 1864, hatten die Fronten versteift. Die Konzilsvorbereitung war fast ausschließlich den Parteigängern des Syllabus anvertraut. Die Erregung wuchs durch die unglückliche „Corrispondenza di Francia" in der offiziösen röm. Jesuitenzeitschrift „Civiltà Cattolica" v. 6. 2. 1869; hier wurde behauptet, daß man in Frankreich vom Konzil die Definition der päpstl. Unfehlbarkeit durch Akklamation erwarte, ohne abklärende Aussprache. Der gefeierte Münchener Kirchenhistoriker u. Stiftspropst IGNAZ DÖLLINGER übernahm in Deutschland die Führung im literarisch-polemischen Kampf gegen übersteigerte papalistische Vorstellungen, wie sie zB von der „Civiltà" (Chefredakteur PICCIRILLO) u. vom französ. Publizisten VEUILLOT leidenschaftlich verfochten wurden. Versuche diplomatischer Aktionen gegen das Konzil blieben in den Anfängen stecken. Ungeachtet aller Kämpfe eröffnete PIUS IX. am 8. 12. 1869 das (nach üblicher kath. Zählung 20.) allgemeine →Konzil in der röm. Peterskirche. Zur Eröffnung fanden sich etwa 700 Bischöfe ein. Von den etwa 1050 zur Teilnahme Berechtigten erschienen schließlich 774. Ein gutes Drittel waren Italiener, die auch zwei Drittel der Konsultoren oder Experten, alle Sekretäre u. die 5 Präsidenten stellten. Etwa ein Drittel der Teilnehmer kam aus außereuropäischen Ländern; aber die meisten auch dieser Bischöfe waren nach Herkunft u. Bildung Europäer. Als Konzilsaula diente der (akustisch sehr schlechte) nördliche Kreuzarm der Peterskirche. Der Streit um die päpstl. Unfehlbarkeit u. vor allem üble Manipulationsmanöver der Infallibilisten (geführt v. Erzbischof MANNING v. London, Bischof SENESTREY v. Regensburg, im Hintergrund M. LIBERATORE) schufen von Anfang an eine Stimmung der Gereiztheit, die rasch in organisierte Opposition mündete.

Die Kommissionen hatten 51 Schemata vorbereitet; nur 2 davon kamen zur näheren Beratung u. (wieder nur teilweise) zur Abstimmung. Am 24. 4. 1870 approbierte das Konzil einstimmig die dogmatische *Konstitution „Dei Filius"*. Sie stellt dem Pantheismus, →Materialismus und Rationalismus eine klare Zusammenfassung der kath. Lehre über Gott, Offenbarung u. Glauben entgegen.

Erhebliche Schwierigkeiten ergaben sich erst bei Behandlung des Schemas *De Ecclesia Christi*. Hier sollte – zur vorbereiteten Lehre über den päpstlichen Primat – jetzt plötzlich die Definition der *Unfehlbarkeit des Papstes* eingefügt werden. Die Haltung des Papstes verschärfte eher die Spannungen, statt sie zu mildern. Geringe Bildung und emotionale Labilität, vor allem der Ausfall historischen Denkens und auch die Hoffnung auf mirakulöse Ereignisse verschlossen ihm das Verständnis für die Bedenken der Widerstrebenden, auch für die ausgleichenden Bemühungen der Kardinäle BILIO u. GUIDI. „Der bewußte Definitionswille des Papstes ist jedenfalls nach neueren Forschungen höher zu veranschlagen, als man früher meist gemeint hat. PIUS IX. hat frei, zielbewußt und konsequent das Konzil auf das Ziel hingesteuert, ohne welches es nach seiner Meinung (und der der Konzilsmehrheit) Fiasko erleiden würde ... An allen entscheidenden Wendepunkten des Konzils (bei der Einfügung des Unfehlbarkeits-Kapitels in das Kirchenschema, bei der Vorwegnahme der Primatskapitel vor den übrigen Kapiteln des Kirchenschemas und schließlich bei der zusätzlichen antigallikanischen Verschärfung des Textes) war es PIUS IX., der die Entscheidung fällte und die Forderungen der SENESTREY-MANNING-Gruppe bewilligte ... Außerdem erkannte er die Notwendigkeit der Öffentlichkeitsarbeit, leitete die öffentliche Propaganda für die Unfehlbarkeit und die Widerlegung ihrer Gegner" (K. SCHATZ, 1985, 198 f.). – Eine starke Majorität, darunter die meisten italienischen Konzilsväter, drängte auf rasche Dogmatisierung, womöglich durch Akklamation ohne förmliche Abstimmung. Nach außen traten in dieser (theologisch meist von der rein spekulativen Neuscholastik herkommenden) Gruppe besonders in Erscheinung der englische Erzbischof MANNING, Erzbischof DECHAMPS von Mecheln u. die deutschen Bischöfe SENESTREY v. Regensburg u. MARTIN v. Paderborn. Eine ansehnliche Minorität theol. hochgebildeter Bischöfe widersetzte sich, darunter die meisten Bischöfe Österreich-Ungarns (besonders Kard. RAUSCHER v. Wien, Kard. SCHWARZENBERG v. Prag, Fürstprimas SIMOR v. Gran, HAYNALD v. Kalocsa, STROSSMAYER v. Djakovar), Deutschlands (besonders HEFELE v. Rottenburg, KETTELER v. Mainz, SCHERR v. München, DINKEL v. Augsburg, FÖRSTER v. Breslau), mehrere Franzosen (DUPANLOUP v. Orléans, DARBOY v. Paris) u. einzelne Bischöfe anderer Länder. Die führende Rolle bei der Organisation der Minorität kam dem Laien JOHN ACTON zu, der als Historiker mit seinem Lehrer DÖLLINGER die Bedenken gegen das vorbereitete neue Dogma teilte, aber vor allem auch die Folgen für die freiheitliche Entwicklung fürchtete. Die große Masse der Bischöfe, auch der Italiener, war extremen Positionen abgeneigt. Die meisten Bischöfe der „Minorität" u. „Mittelpartei" wollten drohende Konflikte mit den Regierungen u. neue Bedrängnisse der Gläubigen vermeiden.

In der entscheidenden Sitzung der vorbereitenden Generalkongregation (13. 7. 1870) stimmten über die Definition der päpstlichen Unfehlbarkeit (von 601 Anwesenden) 451 placet (ja) für die Dogmatisierung in der vorgelegten Form, 88 non placet (nein), 62 placet iuxta modum (bedingtes Ja). 57 Gegner der Dogmatisierung – die meisten Bischöfe der Minorität – machten von der ihnen nahegelegten Möglichkeit Gebrauch, vor der öffentlichen Sitzung abzureisen. In der 4. (u. letzten) öffentlichen Sitzung (18. 7. 1870) stimmten von 535 Konzilsvätern in der Peterskirche nur 2 mit non placet, unterwarfen sich aber sofort der Konzilsentscheidung. Unmittelbar nach der Abstimmung verkündete der anwesende Papst PIUS IX. die dogmatische *Konstitution „Pastor Aeternus"*. Diese handelt von der Einsetzung des apostolischen Primats in Petrus, von der beständigen Fortdauer dieses Primates in den röm. Päpsten, von der Gewalt u. dem Wesen des Primates, von dem unfehlbaren →Lehramt des Papstes. Der Papst besitzt den *Universalepiskopat,* d. h. er ist Träger der „vollen und obersten Gewalt der Rechtsentscheidung (iurisdictio) in der ganzen Kirche" in Sachen der Glaubens- und Sittenlehre, der Disziplin u. Kirchenleitung. In den Universalepiskopat eingebaut ist die lehramtliche *Unfehlbarkeit:* „Der Röm. Papst, wenn er ex cathedra spricht, d. h., wenn er in Ausübung seines Amtes als Hirte u. Lehrer aller obersten Autorität eine Lehre, den Glauben oder die Sitten betreffend, als von der gesamten Kirche festzuhalten definiert, besitzt durch den göttlichen Beistand, der ihm im hl. Petrus verheißen ist, die Unfehlbarkeit, mit der der göttliche Erlöser seine Kirche bei Definierung einer Lehre in Sachen des Glaubens u. der Sitten ausgestattet haben wollte: und deshalb sind solche Definitionen des Röm. Papstes unabänderlich aus sich selbst, und nicht aus der Zustimmung der Kirche *(ex sese, non autem ex consensu Ecclesiae).*" – Im ausbrechenden deutsch-französischen Krieg verließen die meisten Konzilsväter Rom. Der Rest des →Kirchenstaates mit Rom wurde vom Königreich Italien annektiert. Am 20. 10. 1870 vertagte daher der Papst das Konzil auf unbestimmte Zeit.

Die bisher widerstrebenden Bischöfe unterwarfen sich, einige erst nach langem Zögern, manche (in Ungarn) erklärten nie ihre förmliche Zustimmung. Die leidenschaftliche Diskussion ging weiter, besonders in Deutschland. Um einige Professoren bildete sich die →Altkatholische Kirche. DÖLLINGER u. a. verfielen der Exkommunikation.

Zu Unrecht befürchteten verschiedene Staaten vom neuen Dogma die Anmeldung ma. Herrschaftsansprüche des →Papsttums. In mehreren Staaten, besonders in Preußen u. in der Schweiz, kam es in der Folge zu scharfem Vorgehen gegen die kath. Kirche (→Kulturkämpfe). Österreich-Ungarn kündigte noch 1870 das Konkordat von 1855. Die Abspaltung des Altkatholizismus schien in Deutschland (gefördert von einzelnen Regierungen) u. in der Schweiz zunächst bedrohlich, verlor aber rasch an Bedeutung. Die Interpretation der zum Teil recht schwierigen Texte und die weitere Klärung des Verhältnisses von Papst und Bischöfen blieben als theol. Aufgaben. Sie wurden neunzig Jahre später auf dem II. →Vatikanischen Konzil wieder aufgegriffen, um durch schärfere Erfassung des kath. Bischofsamtes das arg verschobene Gleichgewicht wiederherzustellen. Die Primatslehre des I. Vatikanums ging ein in die Neufassung des katholischen →Kirchenrechts (→Codex Iuris Canonici v. 1918 u. 1983).

Eine krit. Ausgabe der Akten fehlt. – J. D. MANSI, Sacrorum conciliorum ... collectio. Bd. 49–53 (Neudruck 1960/61). – Collectio Lacensis VII (1890). – J. FRIEDRICH, Documenta ad illustrandum Concilium Vaticanum. 2 Bde. (1871). – E. FRIEDBERG, Sammlung der Aktenstücke zum ersten vatican. Conzil. 2 Bde (1872/76). – TH. GRANDERATH, Geschichte des Vatikanischen Konzils. 3 Bde. (1903/06, apologetisch). – J. FRIEDRICH, Geschichte des Vaticanischen Concils. 3 Bde. (1877/87, v. altkath. Standpunkt). – C. BUTLER-H. LANG, Das I. Vatikanische Konzil ([2]1961). – R. AUBERT, Vaticanum I (deutsch 1965). – M. MACCARRONE, Il Concilio Vaticano I e il Giornale de Mons. Arrigoni. 2 Bde (1966, über die Rolle des Papstes). – R. AUBERT-G. MARTINA, Il Pontificato di Pio IX. 2 Bde. (1969, gegenüber der französ. Orig.-Ausgabe ergänzte Fassung). R. AUBERT, in: Hdb. der Kirchengeschichte, hg. v. H. JEDIN, Bd. 6 (1971, ergänzter Neudruck 1985). – G. G. FRANCO-G. MARTINA, Appunti storici sopra il Concilio Vaticano (1972). – H. J. POTTMEYER, Unfehlbarkeit u. Souveränität (1975). – K. SCHATZ, Kirchenbild u. päpstl. Unfehlbarkeit bei den deutschsprachigen Minoritätsbischöfen auf dem I. Vatikanum (1975). – G. ADRIÁNYI, Ungarn u. das I. Vaticanum (1975). – G. SCHWAIGER, Päpstlicher Primat u. Autorität der Allgemeinen Konzilien im Spiegel der Geschichte (1977). – A. B. HASLER, Pius IX. (1846–1878). 2 Bde. (1977). – K. SCHATZ (Hg.), Ignatius von Senestrey. Wie es zur Definition der päpstl. Unfehlbarkeit kam. Tagebuch vom I. Vatikanischen Konzil (1977). – CH. WEBER, Kardinäle u. Prälaten in den letzten Jahrzehnten des Kirchenstaates. 2 Bde (1978). – DERS., Liberaler Katholizismus (1983). – W. KLAUSNITZER, Päpstliche Unfehlbarkeit bei Newman und Döllinger (1980). – E. GATZ (Hg.), Die Bischöfe der deutschsprachigen Länder 1785/1803 bis 1945 (1983). – K. SCHATZ, Pius IX., in: Das Papsttum II (Gestalten der Kirchengeschichte, hg. v. M. GRESCHAT, Bd. 12), 1985, 184–202. – G. MARTINA, Pio IX (1846–1850), 1974 – DERS., Pio IX (1851–1866), 1986.

Georg Schwaiger

Vatikanisches Konzil II. 1. Verlauf. Das II. V. K., nach röm.-kath. Zählung das 21. →Ökumenische K., wurde von Papst JOHANNES XXIII. am 25. Jan. 1959 angekündigt. Zur Vorbereitung befragte eine antepräparatorische Kommission die kath. Bischöfe, Universitäten und Fakultäten, aus deren Antworten von zehn vorbereitenden Kommissionen und drei Sekretariaten die Arbeitsvorlagen (Schemata) erstellt worden sind. Für die Plenarsitzungen war das Hauptschiff von St. Peter in Rom mit modernsten Mitteln (Lautsprecheranlage, Scheinwerfer, Hollerithmaschine zur Stimmenzählung) als Aula ausgestaltet. Der Papst (bis 3. Juni 1963 JOHANNES XXIII., seit 21. Juni 1963 PAUL VI.) präsidierte normalerweise nur den 10 öffentl. Sitzungen, welche Höhepunkte im K.verlauf bildeten und u. a. den Rahmen für die Wiederversöhnung Roms mit der orthodoxen Kirche von Konstantinopel bildeten. Bei den insgesamt 168 Generalkongregationen (= Plenarsitzungen, in vier Sitzungsperioden stattfindend: I: 11. Okt. bis 8. Dez. 1962; II: 29. Sept. bis 4. Dez. 1963; III: 14. Sept. bis 21. Nov. 1964; IV: 14. Sept. bis 8. Dez. 1965) wirkte das zehnköpfige Präsidium vorwiegend repräsentativ; die eigentl. Leitung übten die vier Kardinalmoderatoren, die sich im Vollzug bewährende Geschäftsordnung handhabte der Generalsekretär. Anwesend waren im Durchschnitt gut 2000 Kardinäle, Patriarchen, Bischöfe und Ordensobere, davon jeweils ein Drittel aus Europa, Amerika und den übrigen Erdteilen. Die insgesamt 2227 Interventionen von 1332 Rednern sind, bisher unveröffentlicht, in den Vatikanischen Archiven schriftlich und magnetophonisch aufbewahrt. K.teilnehmer ohne Rede- und Stimmrecht waren die Laienauditoren, 100 Beobachter von etwa 30 nichtkath. Kirchen(gemeinschaften) und die jeweiligen theol. Fachleute (Periti). Die Öffentlichkeit konnte über die Massenmedien die Ereignisse genau mitverfolgen; die Informationen waren bald so ausführl., daß das K.geheimnis praktisch aufgehoben war.

Das Kräftespiel des K. ist mit den Schlagworten fortschrittl. und konservativ nur unzulängl. gekennzeichnet, da sich unablässig Umschichtungen vollzogen. Eine relativ konstante retardierende Gruppe war jedoch die Kurie, der es weiterhin um die Erhaltung ihres Machteinflusses ging. Vereinzelte Eingriffe des Papstes, des Präsidiums oder des Generalsekretärs und gelegentliche Vorstöße bestimmter Interessengruppen setzten ab und an einen dramatischen Akzent. Im ganzen jedoch gediehen die Texte in einem stetigen Prozeß von Diskussion und Abstimmung zu wirklicher Reife.

Nach seiner Intention knüpft das II. V. K. nicht an die Konzilien an, die sich mit einer einzelnen Lehre (oder Häresie) beschäftigen; es wurden weder Dogmen fixiert noch Anathematismen verhängt. JOHANNES XXIII. hat sein „pastorales“ Ziel mit dem Stichwort des „aggiornamento“, d. h. der Anpassung der ganzen Kirche an die Gegenwart umschrieben. Das gesamte Glaubensgut sollte unter Wahrung der Substanz in zeitgemäßer Form dargelegt werden, weniger durch strenge Verurteilung der Irrtümer, als vielmehr durch liebevolle Explikation der Wahrheit. Daraus ergab sich einerseits eine Produktivität, die in der Konziliengeschichte ohne Beispiel ist. Zum anderen ist charakteristisch, daß nirgends ein definitiver Abschluß gesetzt wurde; vielmehr hat das K. das Gespräch erst in Gang gebracht und weist somit über sich selbst hinaus in die Zukunft.

2. Ergebnisse. Feierlich promulgiert wurden insgesamt 16 Texte von unterschiedlicher Bedeutung und Länge (zwischen 1117 und 23 335 Wörtern): Die Konstitution (1) über die heilige Liturgie *Sacrosanctum Concilium* umfaßt sieben Kap. und ist der Erneuerung des Gottesdienstes gewidmet. Wenig bedeutend ist das Dekret (2) über die sozialen Kommunikationsmittel *Inter mirifica.* Zentrales K.dokument dagegen ist die dogmatische Konstitution (3) über die Kirche *Lumen gentium,* acht Kap. enthaltend (Geheimnis der Kirche, Volk Gottes, →Hierarchie, Laien, Berufung zur Heiligkeit, Ordensleute, Eschatologie, Mariologie). Sie beschreibt die Kirche, Werk des dreieinigen Gottes, als das wandernde Gottesvolk und den mystischen Leib Christi. Die (als Ergänzung zum →I. V. K. gedachte) Verhältnisbestimmung zwischen Papst und Bischofskollegium gibt sie im papalen Sinn. Der für Maria gebrauchte mediatrix-Titel wird als liturgisches Prädikat bezeichnet, das die einzigartige Stellung Christi in keiner Weise beeinträchtige. Das Dekret (4) über die kath. Ostkirchen *Orientalium Ecclesiarum* behandelt die Minderheitenprobleme der Uniaten. Das Dekret (5) über den Ökumenismus *Unitatis redintegratio* zeigt eine zurückhaltend-positive Würdigung der →Ökumenischen Bewegung (Anerkennung der Taufe und anderer Sakramente, der Bibel, der Frömmigkeit und des Gebets als kirchenschöpferischer Elemente bei den nichtkath. Kirchen und Gemeinschaften). Es enthält das Bekenntnis zur eigenen Mitschuld an der Spaltung und bekundet den Willen zum partnerschaftl. Dialog sowie zu gemeinsamen Aktionen und Gottesdiensten. Die Tendenz, das Ziel der Einheitsbestrebungen offenzulassen, verdrängt das ältere Konzept von der Rückkehr der „anderen" Christen in die röm. Kirche. Das Dekret (6) über die Hirtenaufgabe der Bischöfe *Christus Dominus* enthält die praktische Weiterführung des Kap. 3 von *Lumen gentium,* während die Dekrete (7) über die Ausbildung der Priester *Optatam totius* und (8) die zeitgemäße Erneuerung des Ordenslebens *Perfectae caritatis* sowie die Erklärung (9) über die christl. Erziehung *Gravissimum educationis* die entsprechende kirchl. Praxis maßvoll der Moderne anpassen möchten. Den Schwerpunkt der Erklärung (10) über das Verhältnis der Kirche zu den nichtchristl. Religionen *Nostra aetate* bildet das Thema Christen und Juden. Der dogmatischen Konstitution (11) über die göttl. Offenbarung *Dei Verbum* liegt ein überaus umfassender Traditionsbegriff zugrunde (Tradition als alles, was die Kirche lebt und ist), der frühere Schulgegensätze insofern zu vereinen sucht, als er sowohl die herkömml.-quantitative wie auch eine fortschrittl.-dynamistische Interpretation zuläßt. Bemerkenswert ist die Hochschätzung der Bibel. Die kirchl. Eigenständigkeit der nicht zur Hierarchie gehörigen Getauften sucht das Dekret (12) über das Laienapostolat *Apostolicam actuositatem* herauszuarbeiten. Die pastorale Konstitution (13) über die Kirche in der Welt von heute *Gaudium et spes* benennt die gewaltigen Probleme, die sich aus dem Verständnis der →Menschenwürde, aus →Ehe und Familie, aus Kultur, Wirtschaft und →Gesellschaft, aus der Bevölkerungsexplosion und dem Rüstungswettlauf ergeben, indem sie unter weitgehender Absage an eine kasuistische →Ethik alle Christen zu differenzierter Verantwortung aufruft. Das Dekret (14) über Dienst und Leben der Priester *Presbyterorum ordinis* wiederholt u. a. die Zölibatsverpflichtung; das Dekret (15) über die Missionstätigkeit der Kirche *Ad gentes* ergänzt den individuellen Aspekt der Mission (Bekehrung des einzelnen) durch den ekklesialen (Ausbreitung der Kirche); schließlich postuliert die Erklärung (16) über die →Religionsfreiheit *Dignitatis humanae* das Recht der →Person und der Gemeinschaften auf gesellschaftl. und bürgerliche Freiheit in religiösen Dingen.

3. Auswirkungen. Inzwischen ist das K. Geschichte geworden; seine Auswirkungen jedoch halten bis in die Gegenwart an. Ohne daß die Zentralstellung, die die Liturgiekonstitution der Eucharistie zuweist, bestritten worden wäre, sind für deren Verständnis neue Interpretationsversuche angeboten worden. Sie haben die Intention, die Starrheit der herkömmlichen Transsubstantiationslehre durch eine zugleich dynamische und funktionale Sicht aufzulockern. Ferner war man bemüht, die Kriterien für das gültige kirchl. Amt (→Amt in der Kirche), das seinerseits Voraussetzung für die Eucharistie ist, aus deren Engführung auf die bischöfl. Sukzession zu befreien. Der Zweck dieser Bemühungen war nicht zuletzt, Möglichkeiten für eine Interkommunion (Kirchengemeinschaft) zwischen der röm. und anderen Kirchen zu schaffen. Roms Reaktion auf diese Initiativen war wesentlich eine Rückbindung an die traditionelle Lehre und damit weithin negativ: Das 1967 erschienene *Ökumenische Direktorium* (offizielle Richtlinien zum Ökumenismusdekret) gestattet zwar unter entsprechenden Verhältnissen die wechselseitige Teilnahme an der Eucharistie zwischen der röm. und den orth. Kirchen, untersagt diese aber im Blick auf ev. Kirchen mit dem Hinweis auf das dort nicht zweifelsfrei vorfindliche kirchl. Amt.

Die Frage der →Mischehe hat das K. zwei Tage lang anhand eines Schemas diskutiert, das dann dem Papst als Votum (= Meinungsbild) übergeben wurde. Nach dem enttäuschenden Reformdekret *Matrimonii Sacramentum* von 1966 erschien 1970 das päpstl. Motuproprio *Matrimonia Mixta.* Dieses Dokument stellt einige allgemeine Grundsätze auf, delegiert aber die für die Mischehe wesentlichen Dispensvollmachten an die nationalen Bischofskonferenzen. Die dt. Bischofskonferenz hat dementsprechend sofort Ausführungsbestimmungen erlassen, die die Gültigkeit einer Mischehe nicht mehr absolut an die kath. Eheschließungsform binden. Unter den Vorleistungen, die für die Anerkennung einer anderweitigen „publica forma celebrationis" zu erbringen sind, ist die Verpflichtung des kath. Partners zur kath. Taufe und Erziehung der Kinder die gravierendste; sie wird freilich durch die Zusätze „quantum fieri potest" und „pro viribus" stark eingeschränkt, nicht selten zur reinen Formsache. So bewegt sich die neue Mischehenregelung durchaus im Rahmen des →Codex Iuris Canonici, dessen während des K. inaugurierte Reformierung 1983 zum Abschluß gekommen ist. Zugleich aber ist nunmehr die Möglichkeit gegeben, Trauung und Kindererziehung in der Mischehe ohne einseitigen rechtl. Druck dem Einzelfall entsprechend unter seelsorgerlichen Gesichtspunkten zu ordnen.

Die von der Pastoralkonstitution *Gaudium et spes* ausgeklammerte Frage der Empfängnisregelung hat PAUL VI. 1968 in der Enzyklika *Humanae Vitae* aufgegriffen. Der Papst trifft die aus dem →Naturrecht stammende Unterscheidung zwischen einer erlaubten Empfängnisverhütung, die in der periodischen Enthaltsamkeit besteht, also in den natürlichen Ablauf nicht eingreift, und der unerlaubten, die diesen mit mechanischen oder chemischen Mitteln reguliert oder unterbricht. Der vehemente Widerspruch gegen dieses Verbot inner- und außerhalb der röm. Kirche hat sich bald ins Grundsätzliche verlagert und ist zu einer prinzipiellen Anfrage an die Verbindlichkeit päpstl. (und kurialer) Verlautbarungen überhaupt geworden.

Das II. V. K. und seine Nachgeschichte hat den kath. Gläubigen das bis dahin nur theoretische Bewußtsein sichtbar vermittelt, daß sie einer weltweiten Kirche angehören. Dies bedeutet einerseits einen vielfältigen Reichtum an intellektuellen, glaubensmäßigen und gottesdienstlichen Ausprägungen, andrerseits einen nicht mehr überschaubaren Pluralismus. Daß Lehre und Leben der kath. Kirche seitdem einer leidenschaftlichen Diskussion ausgesetzt sind, brachte sowohl Verlebendigung wie auch Infragestellung bisher unangetasteter Werte. Die kirchl. Entwicklung insgesamt ist der zentralen Kontrolle durch Rom teilweise entzogen, und es ist zu einer Autoritätskrise bisher nie gekannten Ausmaßes gekommen, deren Ausgang bis zur Stunde nicht abzusehen ist.

Zur weiteren *Wirkungsgeschichte* →Bischofsamt II; →Codex Iuris Canonici; →Katholizismus; →Kirche II; →Kirchenrecht II; →Kirchenverfassung II; →Konzil; →Mischehe.

LThK, Sonderbände I–III, Das Zweite V. K., 1966–68² (Lit.) – D. A. SEEBER, Das Zweite Vaticanum, 1966 – J. CH. HAMPE, Die Autorität der Freiheit I–III, 1967 – K. SELGE/G. MARON, Ev. Bericht vom K. I–IV, 1964–66 – E. SCHLINK, Nach dem K., 1966.

Wolfgang Dietzfelbinger

VELKD →Vereinigte Evangelisch-Lutherische Kirche Deutschlands.

Verbände. 1. Begriff und Beginn. In V.en sind gleichgerichtete Interessen organisiert, um ihnen verstärkt Geltung zu verschaffen. Mitgliedschaft in mehreren V.en ist möglich, da sie nur den jeweiligen Sonderinteressen aus Teilbereichen des Lebens gilt. Freier Beitritt und Autonomie kennzeichnen V., doch sind auch Zwangskörperschaften (zB Kammern) bei der Interessenvertretung zu berücksichtigen. Anders als →Parteien suchen V. nicht selbst unmittelbar die verantwortl. Übernahme politischer Ämter. Gegenüber Bewegungen, die nur auf Erreichung *eines* Ziels ausgerichtet sind, heben sich V. durch dauerhafte Verfolgung von Zielen in gesellschaftl. Teilbereichen und festere Organisation ab. V. können sich wiederum zu V.en (zB DachV.en) zusammenschließen. Charakter und Funktion von V.en wird durch Anlaß und Art ihrer Entstehung und die Wirkungsmöglichkeiten innerhalb bestimmter polit. Systeme geprägt. Mit deren Veränderung unterliegen auch sie einem Wandel.

Mit dem Aufbrechen überkommener Wirtschafts- und Sozialordnung und durch die neu entstehende Politische Ökonomie wurde am Ende des 18. Jh. die Eigengesetzlichkeit des Wirtschaftslebens gefordert. Wachsendes Kapital und individuelles Interesse wurden zu bewegenden Kräften einer durch den Wettbewerb bestimmten →Wirtschaft. Organisationsverbote in Frankreich (1791) und England (1799/1800) erzwangen ein rein individualistisches Handeln. Aber diese Wirtschaftsordnung selbst wurde Grundlage für neue Organisation; denn sie trieb die Arbeitsteilung in immer mehr spezialisierten Branchen weiter, die zur Voraussetzung gleichgerichteter Interessenvertretung wurden. Zugleich gefährdete das Konkurrenzprinzip viele, die einen Schutz durch Ausschaltung des Marktes suchten, wozu ihre V. den Staat aufforderten. Auch sonst war von Beginn an der Staat der wichtigste Adressat der V., weil er über die Währungs-, Zoll-, Steuer- und Tarifpolitik entschied.

2. Entwicklung des V.systems. Zeitpunkt und Art des Auftretens der V. wird von den Phasen wirtschaftl. und polit. Entwicklung bestimmt. In England waren früh Vereinigungen tätig, die nur ein Ziel verfolgten, zB das Verbot des Sklavenhandels (1807) oder die Aufhebung der Getreidezölle (1846). In Dtschld. setzte sich der Handels- und Gewerbeverein (1819–1823) für eine gesamtdeutsche Zollunion ein, verfiel aber nach Verhaftung und Exil von FR. LIST. Ältere Kaufmannschaften und Handelskammern und neu entstandene lokale Gewerbevereine wurden jedoch allmählich administrative Hilfsorgane des Staates, der auf diesem Gebiet keine eigene Verwaltung besaß. Im agrarischen Sektor entwickelten sich Fachverbände, die Preußen im Landesökonomiekollegium zusammenfaßte (1842). Das Verbindungs- und Streikverbot für Gesellen und Arbeiter wurde aber in der preuß. GewO 1845 bestätigt. Im Rahmen des Dt. Zollvereins wurden locker organisierte IndustriellenV. tätig. 1848 meldeten sich die Interessenten auf zentralen Kongressen zu Wort; zudem wirkten V. durch Petitionen und Delegationen in das Parlament hinein, das selbst Experten- und Interessentenbefragungen durchführte. Am Ende der 1850er Jahre begann in Dtschld. die eigentl. Epoche der WirtschaftsV., deren Gründung oft besonderen Notlagen entsprang. Zugleich entstanden übergreifende Organisationen, die sich aus wirtschafts-nationalpolitischen Gründen für eine Einigung Dtschld.s einsetzten. Mit dem Zollparlament (1867) entstand ein neuer Adressat; denn dieses Parlament wirkte bei der Handelspolitik mit. Depression und Agrarkrise in den 1870er Jahren führten zum Kampf um Schutzzölle, der Anlaß für die Gründung neuer V. in Industrie und Landwirtschaft war, die sich zu einer Koalition verbanden. Seit den 1890er Jahren kam es im Streit um die Handels- und Steuerpolitik zu neuen Gründungen und V.-Koalitionen. Auch die fachl. und funktionale Differenzierung ließ die Zahl der V. steigen; es wurden jetzt die tarifpolitischen Aufgaben in eigenen ArbeitergeberV.en organisiert. Die →Gewerkschaften reagierten mit stärkerer Zentralisierung und Bürokratisierung. Wie in Dtschld. hatte sich auch in anderen wirtschaftl. entwikkelten Ländern schon vor 1914 das V.wesen in wesentlichen Teilen der Wirtschaft zu GroßV. und V.koalitionen verfestigt, mit denen in engster Verschränkung Kartelle, Trusts und die Großunternehmen wirkten.

Die Entstehung eines fast durchgängigen Systems von V.en für jeden Gesellschaftsbereich geht einher mit der Entwicklung des organisierten Kapitalismus, mit den zunehmend direkteren Eingriffen des Staates zur Sicherung der Wirtschafts- und Sozialordnung und mit dem wachsenden Transfer von Teilen des Sozialprodukts im entstehenden Sozialstaat.

3. Rolle im politisch-sozialen System. Das polit. System einer Gesellschaft einschl. seiner Grundsätze hinsichtlich der privat oder öffentlich zu regelnden Aufgaben ist wesentlich für Wirkungsart und Erfolgschancen der V.; wie jeweils Interessen zur Geltung gebracht werden können, hängt von den konkreten Bedingungen in einem polit. System ab. Institutionelle, aber auch personelle Veränderungen zwingen zu einer Neugestaltung von Einflußwegen und Verbindungen. In →Bundesstaaten können sich für V. in Gliedstaaten möglicherweise Zugänge öffnen, die sie im Zentralstaat in geringerem Maße besitzen.

Die Strukturen der Wirtschaftsgesellschaft und ihr Prozeß sind vor allem für Wirtschafts- und SozialV. entscheidende Rahmenbedingungen und werden zugleich durch ihr Wirken mitbestimmt. Früh wurden in der Auseinandersetzung um staatl. Eingriffe wechselnde Koalitionen gebildet, die durch den Staat vermittelte Kompromisse zu Lasten anderer anstrebten. Protektionismus und Exportförderung waren neben indirekten Subventionen durch die Steuergesetzgebung klassische Mittel staatl. Intervention. Je umfangreicher der oft von den V.en selbst bewirkte Prozeß staatl. Regelung und Umverteilung wurde, desto intensiver wurde die Einflußnahme der V.

Doch V. besitzen auch eine Funktion für das polit. System. Dadurch, daß in ihnen partikulare, niemals völlig homogene Interessen in einem meist mehrstufigen Prozeß gebündelt und verallgemeinert werden, wird das polit. System vor einer Überflutung durch ungeordnete und zersplitterte Anforderungen bewahrt. Im Prozeß der Organisation von Interessen werden diese strukturiert und transparenter gemacht. Zudem erfährt der einzelne oft erst durch die V. in einem zunehmend undurchschaubarer werdenden Verwaltungsstaat von den ihn betreffenden Anordnungen, Rechten und Möglichkeiten; so wirken V. auch als vermittelnde Organe vom Staat zur Öffentlichkeit hin.

V.tätigkeit ist nicht auf das innerstaatl. Feld beschränkt. Schon seit 1919 gehören bei der Internat. Arbeitsorganisation Vertreter der Gewerkschaften und der ArbeitgeberV. zu den Delegationen ihrer Staaten. Zahlreiche V. stehen mit gleichgerichteten V.en aus anderen Staaten in vielfach auch organisatorischen Beziehungen. In Westeuropa wurde das Zusammenwirken durch die Errichtung der →Europäischen Gemeinschaften in dem Maße intensiviert, in dem konkrete Entscheidungen auf deren Organe übertragen wurden. Im Wirtschafts- und Sozialausschuß haben V. eine institutionelle Vertretung. Hauptadressat sonstiger Tätigkeit ist die Kommission. Wegen seiner geringen Befugnisse findet das Europ. Parlament wenig Beachtung. Auf die Regierungen wird eher im einzelstaatl. Rahmen, auch im Hinblick auf die europ. Politik, eingewirkt.

4. Institutionelle Integration. Die faktische und die geordnete Mitwirkung organisierter Interessen bei den Entscheidungs- und Verwaltungsaufgaben des Staates hat früh begonnen. E. GRUNER hat für die Schweiz die schon im 19. Jh. beginnende Praxis der Umwandlung von V.absprachen in staatl. Regelungen nachgezeichnet, die hinsichtlich der Tarifverträge 1946 auch in der Verf. (Art. 34) ihren Niederschlag gefunden hat. In Dtschld. erreichten es die V. des alten Mittelstands, daß am Ende des 19. Jh. Kammern für Landwirtschaft, Handwerk und Handel als öfftl.-rechtl. Körperschaften und Zwangsinnungen errichtet wurden. In den meisten Ländern stellt der Bereich des Arbeitsrechts einschließl. der Gerichtsbarkeit ein wichtiges Beispiel für die Wahrnehmung öffentl. Funktionen durch V. dar. Während des 1. Weltkriegs wurden nicht nur in den kriegführenden Staaten die V. für Zwecke der Wirtschaftslenkung herangezogen. Damals wurde in Dtschld. die Grundstruktur des organisierten Kapitalismus als offizielle Wirtschaftsorganisation übernommen und durch staatl. Eingriffe noch nach diesem Muster verdichtet. In vergleichbarer Weise wiederholte sich dieser Vorgang nach 1933. Aber auch in der Weim. Rep. waren die V. außer im Reichswirtschaftsrat in zahlreichen anderen öffentl. Gremien und Beiräten vertreten. In dieser Zeit begann ebenfalls die enge Verschränkung der großen WohlfahrtsV. mit dem Staat; staatl. Privilegierung und Finanzierung auf der einen, Entlastung des Staates durch soziale Dienstleistungen der V. auf der anderen Seite haben so zu einer wechselseitigen Abhängigkeit geführt.

Schon bald nach 1945 beginnend, entstanden zahlreiche Fachstellen, MarktV. und Gemeinschaften, durch die V. staatlich legitimiert selbst oder auch in „der Art eines Kondominiums" (v. DÜCKER) mit dem Staat Lenkungs-, Zuteilungs- und Kontrollaufgaben wahrnehmen. Staatl. Entlastung, Praxisnähe und Wirksamkeit von Verwaltungsmaßnahmen und Interessenvertretung verschränken sich dabei aufs engste. Auch in Beiräten und Verwaltungsgremien zahlreicher Behörden, Anstalten und anderer öffentl. Institutionen sind die V. zu finden. Während die in einzelnen Ländern der Bundesrepublik bestehenden Wirtschafts- und Sozialräte keine große Rolle spielen, haben sie in einigen europäischen Ländern eine größere Bedeutung. Die angemessene Zuteilung von Sitzen bietet Schwierigkeiten. Teilweise hat die geregelte Mitwirkung der großen Wirtschafts- und SozialV. in kleineren europäischen Ländern bei Entscheidungen ein solches Gewicht bekommen, daß von einem neuen Korporatismus gesprochen wird. Auch Erscheinungen in England (social contract) und in der Bundesrepublik Deutschland (Konzertierte Aktion) versucht man mit diesem Begriff zu erfassen. (s. u. 7)

5. Ziele, Mittel und Chancen. Über die bis heute allgemeinste Zielsetzung von Interessenvertretern schreibt ODEGARD: „Lobbyismus ist so alt wie die Gesetzgebung." Doch Zugang zum Gesetzgeber sichert noch nicht Einfluß auf seine Entscheidung. Bedingung der Möglichkeit, Forderungen Nachdruck geben zu können, ist eine eigene Leistung, die gegeben oder entzogen werden kann und in beidem bedeutsam sein muß für den Adressaten unmittelbar oder vermittelt über andere, deren dadurch bestimmtes Verhalten auf ihn zurückwirkt. Zumeist bedarf es für den wirksamen Einsatz dieses Mittels der Organisation, die eine zureichende „Konfliktfähigkeit" (OFFE) besitzen muß; diese wird nicht nur durch den Stellenwert der Leistung bestimmt, sondern auch dadurch, ob Mittel und Bereitschaft vorhanden sind, um einen Konflikt austragen zu können.

Leistungen können vielfältiger Art sein und werden in ihrer Bedeutung durch die Bedingungen des Umfelds bestimmt. Vornehmlich handelt es sich um wirtschaftl., soziale, materielle, ideelle und auch polit. und meinungsbildend mobilisierende Leistungen, die einzeln oder einander ergänzend wirksam werden. V., die im Wirtschafts- und Sozialbereich Interessen organisieren, deren Träger konjunkturpolitisch wichtige Daten setzen können (Investitionen, Preise, Löhne), müssen vom Staat besonders berücksichtigt werden. Wenn Parteien allgemein und insbesondere bei Wahlen auf Zuwendungen und meinungsbildende und aktivierende Unterstützung anderer Organisationen angewiesen sind, ist deren Interessen im politischen Prozeß Anerkennung gewisser. Ein hoher Organisationsgrad in einem Interessenfeld stärkt die V.; landwirtschaftl. und UnternehmerV. stehen darin an der Spitze. Der Eindimensionalität der Gewerkschaften stehen die Unternehmer zudem in funktionaler Differenzierung gegenüber (Wirtschafts- und ArbeitgeberV., Kammern). Großunternehmen wirken zudem auch außerhalb der V. für ihre Interessen.

Durch das allgemeine →Wahlrecht wurde auch die Zahl der Organisierten zu einem wichtigen Faktor. Damit erhielt der Kampf um die öfftl. Meinung große Bedeutung, bei dem es darum geht, den für die eigenen Interessen günstigen gesellschaftl. und polit. Bedingungen allg. Geltung zu verschaffen. Wahlpolitisch motiviert sind manche Maßnahmen, um Gesellschaftsgruppen entgegen der wirtschaftl. Entwicklung zu erhalten, weil deren V. Stimmen mobilisieren können; vornehml. die landwirtschaftl. V. haben diese Position in vielen Ländern zu nutzen verstanden. Wahlunterstützung durch V. zielt vornehmlich auf Erleichterung späteren Zugangs zu den Entscheidungsinstanzen mit Hilfe verbandsnaher Parteien. Demselben Zweck dient auch die Personalpolitik und der Versuch, dem eigenen Interessenbereich zugeordnete Ministerien und Ämter errichten zu lassen.

Die Exekutiven sind heute als Adressaten der V. wichtiger als die Parlamente. Dabei fördern die komplizierten Regeln des Wirtschafts- und Soziallebens das Zusammenwirken der Experten aus den öffentl. und den V.bürokratien, was seinen Niederschlag nicht zuletzt in den Verordnungen findet, die häufig unter Mitwirkung von Vertretern der V. formuliert werden. Aber schon die Entwürfe vieler Gesetze gehen diesen Weg; dabei werden oft divergierende Interessen in einem Kompromiß integriert, der eine solche Verfestigung erlangt, daß dem Parlament nur wenig Entscheidungsspielraum bleibt. Nur einige, jeweils auf die Materie spezialisierte Abgeordnete, die oft selbst Mitglieder der V. sind, sind für die Experten der Bürokratien kompetente Gesprächspartner.

Für den Staat ist der ständige Kontakt mit den V.en wichtig, um sich ihre spezielle Bereichskenntnis nutzbar zu machen und um in frühem Stadium mögl. Opposition abzufangen. V., „die sich wie Sonnenblumen immer den Organen der endgültigen politischen Entscheidung zuwenden" (EHRLICH), können sich unbedingte Opposition zu einer Regierung nicht leisten, sie müssen sich mit ihr arrangieren oder ihren Wechsel anstreben (oft beides zugleich).

6. Binnenstruktur. Wesentl. Moment für die Durchsetzung der V.ziele ist eine straffe Organisation. Gerade in der Begegnung mit der staatl. Verw. haben sich zentral geleitete Organisationen mit spezialisierten hauptamtlichen Funktionären und fast unablöslichen Wahlbeamten ausgebildet. So tritt auch die V.führung und -verwaltung dem Mitglied als eine seinem Einfluß und seiner Beurteilungsmöglichkeit weitgehend entzogene →Bürokratie entgegen. Der expertenhaften Tätigkeit der Funktionäre entspringt ihr Mißtrauen gegenüber spontanen Willensbekundungen und Aktionen von Mitgliedern, die als Störfaktoren im System des kalkulierten Tauschhandels und der pragmatischen Kompromißfixierung gelten. Demonstrationen und Kampfaktionen werden zumeist nur im Rahmen der Verhandlungsstrategie eingesetzt und zugleich kanalisiert, was jedoch nicht immer gelingt.

Der Prozeß der Interessenzusammenfassung bedeutet zugleich eine Reduktion, wobei die stärksten Gruppen auf andere soweit Rücksicht nehmen müssen, daß die Bildung von Parallelorganisationen vermieden wird; doch mit wachsender Konzentration potenziert sich in den WirtschaftsV.en die Führungsrolle der Manager der mächtigsten Wirtschaftseinheiten. Durch ein Geflecht von Doppelmitgliedschaften in V.en, Vorständen und Aufsichtsräten bildet sich ein Netz zugleich konkurrierender und kooperierender Führungsgruppen. Fast nur von Parallel- oder Gegenoligarchien, die sich auf Basisgruppen (regional, fachl. u. a.) stützen können, können sachl. und personelle Alternativen ausgehen. Viele Mitglieder, die meistens in mehreren Vereinigungen organisiert sind, nehmen am Organisationsleben kaum teil. Neben dem staatlichen hat sich mit den V.en ein weiteres System ausgebildet, in dem hauptberufl. Funktionäre wie dort die Berufspolitiker mit diesen und untereinander ihr Geschäft betreiben.

7. Theorie. L. STEIN stellte schon 1852 angesichts des Wirkens der frühen UnternehmerV. fest, daß das wachsende Kapital aus einem Gegenstand der Verwaltung des Staats „zu einer Macht für dieselbe, innerhalb derselben" geworden sei; „Interesse" galt ihm als das „Lebensprinzip der Gesellschaft". Interessen sind es nach IHERING auch, die das Recht gestalten. Von dieser Konzeption wurde die Theorie des Amerikaners A. F. BENTLEY (1908) beeinflußt, in der alle gesellschaftl.-polit. Erscheinungen auf Interessen von Gruppen reduziert und diese selbst nur als funktionale Einheiten bestimmter Tätigkeiten zu besonderen Zwecken verstanden werden. Empirische Studien in den USA kamen zu dem Ergebnis, daß der Einfluß der V. „ein Teilstück unseres repräsentativen Regierungssystems" darstelle (HERRING, 1929). Die Systemtheorie hat später als die Funktion der V. die Bündelung und Artikulation von Interessen und ihre Vermittlung in das Entscheidungssystem der Politik herausgearbeitet. Es entstand das Bild eines sich durch Organisation aller wichtigen Interessen selbst ausgleichenden Pluralismus. Weithin unberücksichtigt blieben strukturbedingte Ungleichheiten zwischen Interessen, Organisationsschwäche bestimmter Interessen und die zunehmend verfestigte Verschränkung wirtschaftl.-sozialer GroßV. mit dem polit. System.

Z. T. erst durch die Organisation der Interessen und die durch sie veranlaßten polit. Regelungen vermehrten sich Forderungen nach Befriedigung oft ganz widersprüchl. Bedürfnisse durch Entscheidungen des polit. Systems, das dadurch überlastet wird. Um das abzuwenden, aber auch weil Planung, Entscheidung und Ausführung immer mehr auf die Kooperation der GroßV. angewiesen waren, wurden diese in die Prozesse des polit. Systems zunehmend integriert. Daran knüpfte ein neues Theoriemodell an. U. HERZ nannte schon 1966 Schweden einen teilweise korporativen Staat. Seit SCHMITTER (1974) hat sich der Begriff des neuen Korporatismus zur Deutung für das polit. integrierte V.wirken verbreitet. Doch es zeigen sich Grenzen des neuen Deutungsmusters: Wichtige Entscheidungen (zB Investitionen) stehen nicht zur Disposition; bei ungenügender Kompensation können sich V. zurückziehen; in verschärftem Verteilungskampf sinkt die Durchsetzungsfähigkeit von Führungsgruppen gegenüber der eigenen Basis; neue Konfliktfelder außerhalb der regulierten Teilbereiche entziehen sich der Kontrolle. Insgesamt gilt auch für diese Phase der V.tätigkeit als wichtigstes Ziel über alle unmittelbaren Aktionen und Erfolge hinaus, die allgemeinen Bedingungen so zu beeinflussen, daß Voraussetzungen künftiger Entscheidungen geschaffen werden, die ihren Interessen zugute kommen.

ST. EHRLICH, Die Macht der Minderheit (poln. 1962) Wien o. J. – H. J. VARAIN (ed.): Interessenverbände in Deutschland, 1973 – H. H. v. ARNIM, Gemeinwohl und Gruppeninteressen, 1977 – J. H. KAISER, Die Repräsentation organisierter Interessen, 1978[2] – U. v. ALEMANN, R. G. HEINZE (ed.), Verbände und Staat, 1979 – K. v. BEYME, Interessengruppen in der Demokratie, 1980[5] – R. G. HEINZE, Verbändepolitik und „Neokorporatismus", 1981 – K. SCHWAIGER, E. KIRCHNER, Die Rolle der Europäischen Interessenverbände 1981.

Heinz Josef Varain

Vereinigte Evangelisch-Lutherische Kirche Deutschlands. 1. Grundsätzliches, Zusammensetzung und Bestand. Die VELKD ist ein „Zusammenschluß von ev.-luth. Kirchen (Gliedkirchen), die sich in ihrer Verkündigung und Sakramentsverwaltung wie auch in ihrer Ordnung, Leitung und Verwaltung sowie im gesamten Handeln der Kirche an das Bekenntnis gebunden wissen" (Art. 1 Abs. 2 der Verf. vom 8. Juli 1948). Als Zusammenschluß bekenntnisgleicher Kirchen mit voller Kanzel- und Abendmahlsgemeinschaft (Art. 1 Abs. 5) ist sie selbst →Kirche mit einem leitenden geistl. Amt (Leitender Bischof) und den Leitungsorganen Kirchenleitung und Generalsynode; ihr föderativer Charakter wird durch die Bischofskonferenz gewahrt. Der →Bekenntnisstand wird durch die Bekenntnisschriften der Ev.-Luth. Kirche, unter ihnen besonders die ungeänderte Augsburgische Konfession von 1530 und den Kleinen Katechismus MARTIN LUTHERS beschrieben; die drei altkirchl. Symbole sind durch die Bekenntnisschriften ebenfalls Gegenstand des Bekenntnisses.

Durch ihre Gliedkirchen, die zugleich Gliedkirchen der →Ev. Kirche in Dtschld. (EKD) sind, nimmt die VELKD an der größeren Gemeinschaft des →Protestantismus in der EKD teil. Sie tut dies in Wahrung der auf der Bekenntnissynode von Barmen 1934 gefundenen Gemeinschaft bekenntnisbestimmter Landeskirchen (Art. 2). Sie nimmt darüber hinaus an der weltweiten Gemeinschaft der Kirchen teil und ist von ihrem Bekenntnis her insbesondere der Arbeit des →Luth. Weltbundes (LWB) verbunden.

Zusammensetzung und Bestand der VELKD waren im Laufe ihrer Geschichte erhebl. und z. T. sehr einschneidenden Veränderungen unterworfen. Die am 8. Juli 1948 verabschiedete Verf. wurde bis zum 31. Dez. 1948 von 9 Gliedkirchen ratifiziert: Bayern, Hannover, Braunschweig, Schaumburg-Lippe, Hamburg, Schleswig-Holstein, Sachsen, Thüringen, Mecklenburg. 1949 trat als 10. Gliedkirche Lübeck hinzu, 1967 Eutin, so daß die VELKD insges. 11 Kirchen miteinander verband. Erstmalig 1963 konnte die Generalsynode nicht mehr zu einer gemeinsamen Tagung der Kirchen aus den beiden dt.

Staaten zusammentreten; durch das *KirchenG über die regionale Gliederung der Organe der VELKD* wurden die Gesetzgebungsaufgaben der VELKD regionalen Tagungen der Generalsynode übertragen. Ebenso wurde die Tätigkeit der Kirchenleitung regionalisiert. Die im Bereich der →DDR gelegenen Gliedkirchen Thüringen, Sachsen und Mecklenburg bildeten eine eigene Region innerhalb der VELKD. Mit diesem G. wurde eine Entwicklung eingeleitet, die dazu führte, daß am 7. Mai 1969 ein *KirchenG über den Wirkungsbereich der VELKD* verabschiedet wurde, durch das für den westdt. Bereich die Konsequenzen aus dem am 30. Nov. 1968 auf der regionalen Tagung Ost der Generalsynode in Freiberg beschl. *KirchenG über die Vereinigte Ev.-Luth. Kirche in der DDR* und der damit gegebenen Bildung einer eigenen VELK in der DDR, bestehend aus den Gliedkirchen Sachsen, Thüringen und Mecklenburg, gezogen wurden. Von diesem Datum an gehörten die gen. Gliedkirchen nicht mehr zur VELKD. Eine weitere Veränderung in ihrem Bestand ergab sich aus dem mit Wirkung vom 1. Jan. 1977 vollzogenen Zusammenschluß von 4 bisher selbständigen Gliedkirchen (Eutin, Hamburg, Lübeck, Schleswig-Holstein) zur Nordelbischen Ev.-Luth. Kirche. Demnach gehören gegenwärtig der VELKD 5 Gliedkirchen an: Nordelbien, Hannover, Schaumburg-Lippe, Braunschweig, Bayern. Die Württembergische Kirche sowie die Oldenburgische Kirche sind, obgleich luth., der VELKD nicht beigetreten, weil sie in deren Bildung eine Einschränkung der Arbeit und der Möglichkeiten der zur gleichen Zeit im Entstehen begriffenen Ev. Kirche in Dtschld. sahen.

Die VELKD umfaßt gegenwärtig etwa 9 663 000 Gemeindeglieder in 4149 Gemeinden mit ca. 5000 Pfarrern. Sie ist die größte luth. Kirche innerh. des Weltluthertums. Sie ist auf der Grundlage ihrer Verf. offen für den Beitritt weiterer dt. ev.-luth. Kirchen. Ebenso können ev.-luth. Kirchen, einzelne ev.-luth. Gemeinden und Auslandsgemeinden luth. Bekenntnisses aufgenommen werden, sofern sie nicht einem anderen Kirchenregiment unterstehen.

2. Die Entstehungsgeschichte der VELKD reicht zurück bis in die Einigungsbemühungen des 19. Jh. und führt über den →Kirchenkampf bis hin zur Neuordnung des Protestantismus in Dtschld. nach dem 2. Weltkrieg. Sie ist eng verbunden mit der ökumenischen Entwicklung und insbes. der Bildung der konfessionellen Weltbünde.

Erste Ansätze für eine Einigungsbewegung innerh. des dt. Luthertums liegen in dem Bemühen um eine Versorgung der zu Hunderttausenden in der 1. Hälfte des 19. Jh. nach Amerika ausgewanderten dt. Lutheraner mit Pfarrern. Männer wie L. F. PETRI in Hannover und W. LÖHE in Bayern erkannten, daß der so entstandene Bedarf an Pfarrern nur durch eine gemeinsame Anstrengung luth. Kirchen gedeckt werden konnte, ein Impuls, der auch von den Breslauer Altlutheranern sowie der Leipziger Mission aufgenommen wurde. 1843 trat in Leipzig eine erste „Konferenz von Gliedern und Freunden der luth. Kirche“ aus mehreren Landeskirchen zusammen; sie hatte keinen kirchenoffiziellen Charakter, sondern war ein freier Zusammentritt einzelner Persönlichkeiten, Kreise und Werke. Auf einer weiteren Konferenz i. J. 1848, die sich im übrigen zur Bildung eines allg. ev. Kirchenbundes – wie er im selben Jahr auf dem Wittenberger Kirchentag vorgeschlagen wurde – zurückhaltend äußerte, wurde ein „Ausschuß für die Bedürfnisse der Ev.-Luth. Kirche in Dtschld.“ eingesetzt, zu dem auch Vertreter von Kirchenbehörden gehörten. Ein zusätzl. Impuls für die Einigungsbemühungen entstand durch das Ziel einer einheitl. Ordnung des gottesdienstl. Lebens. Von der Einheit des Gottesdienstes her sollte die Einheit der Kirche wachsen. So kam es 1852 zu einer ersten Tagung der Liturgischen Konferenz der luth. Kirchen in Dresden, um die sich besonders TH. KLIEFOTH bemüht hatte. In Hannover trat am 1./2. Juli 1868 die „Allg. Ev.-Luth. Konferenz“ zusammen, entstanden durch die Abwehr der Unionsbestrebungen für die 1866 neu erworbenen preußischen Gebiete Hannover und Schleswig-Holstein. Diese Konferenz war ein erster deutl. Versuch zur Überwindung des →landesherrl. Kirchenregiments, der dann freilich erst sehr viel später und unter anderen polit. Voraussetzungen und auch nur zu einem geringen Teil zum Erfolg führte. Auch die „Allg. Ev.-Luth. Konferenz“ war noch keine Konferenz von Kirchenleitungen, sondern wiederum ein freier Zusammentritt von Persönlichkeiten aus allen Gebieten des kirchl. Lebens.

Durch das Ende der Monarchie 1918 und die von der Weimarer Reichsverf. von 1919 vollzogene Trennung von Staat und Kirche wurden die luth. Landeskirchen insgesamt frei zu einer Neuorganisation des Kirchenwesens, die grds. auch die Freiheit zur Überwindung der landeskirchl. Grenzen beinhaltete. Dazu ist es aber zu jenem frühen Zeitpunkt nicht gekommen. Eine einschneidende Neubildung einer kirchl. Körperschaft unter Überwindung der landeskirchl. Grenzen stellte für den luth. Bereich tatsächl. erst die Bildung der Nordelbischen Kirche dar. Immerhin haben einzelne Landeskirchen (Hamburg, Hannover, Mecklenburg, Schleswig-Holstein) schon in den auf der Grundlage der Trennung von Kirche und Staat i. d. J. 1919 – 1922 verabschiedeten Verf.en grds. die Möglichkeit zur Bildung einer größeren Gemeinschaft innerh. des Luthertums eröffnet. In der Zeit von 1928 – 1933 gab es intensive Bestrebungen für einen Zusammenschluß der luth. Kirchen im niederdt. Raum (Hannover, Braunschweig, Schaumburg-Lippe, Oldenburg, Hamburg, Lübeck und Schleswig-Holstein). Einigungsbestrebungen im nordelbischen Raum i. J. 1938 waren im wesentl. polit. bestimmt. Für das Werden der VELKD sind wichtig die Föderation der niederdt. luth. Kirchen (1929) und die Dt. Luth. Bischofskonferenz (erstmalig 1927). In der Zeit des Kirchenkampfes trat die bekenntnismäßige Gliederung des dt. Protestantismus nur scheinbar in den Hintergrund. Es gehört zum Bestand insbes. der Barmer Theol. Erklärung und des zu ihr gehörenden Beschl. der Barmer Synode von 1934, daß die Kirchen gerade auch in der Auseinandersetzung mit der Glaubensbewegung der Dt. Christen und dem →Nationalsozialismus der Bekenntnisorientierung bedurften. Das Drängen auf eine einheitl. ev. Kirche gehörte zu den Zielsetzungen der Dt. Christen, gegen die man sich gerade zur Wehr setzte. Die Synode von Barmen übergab die von ihr verabschiedete theol. Erklärung ausdrückl. zusammen mit dem Vortrag von H. ASMUSSEN „den Bekenntniskonventen zur Erarbeitung verantwortlicher Auslegung von ihren Bekenntnissen aus". Die ebenfalls in Barmen verabschiedete theol. Erklärung zur gegenwärtigen Lage der dt. ev. Kirche definierte diese als einen „Bund der aus der Reformation erwachsenen, gleichberechtigt nebeneinanderstehenden Bekenntniskirchen". Die im Kirchenkampf gewonnene und in der Verf. der VELKD (Art. 2) festgestellte Gemeinschaft hat die Bekenntnisprägungen nicht beseitigt, sondern anerkannt, so daß heute bestehende Bekenntnisunterschiede nicht nur das Erbe des 16. und 19. Jh. sind, sondern ihre Bestätigung im Kirchenkampf des 20. Jh. erfahren haben. Die Bildung der VELKD ist auch ein Ergebnis des Kirchenkampfes im Sinne der in Barmen 1934 beschriebenen itio in partes. Am 14. Mai 1933 berief der bayer. Landesbischof D. MEISER eine luth. Konferenz nach Würzburg ein, auf der 9 luth. Kirchen vertreten waren (Bayern, Württemberg, Hannover, Sachsen, Thüringen, Mecklenburg, Schleswig-Holstein, Braunschweig, Oldenburg). Sie sollten die luth. Landeskirchen zu einem „luth. Zweig innerh. der werdenden dt. ev. Kirche" zusammenschließen. An die Spitze ihres sechsköpfigen Direktoriums trat der bayer. Landesbischof. Als Reaktion auf den Versuch des „Rechtswalters" des Reichsbischofs, Ministerialdirektor A. JÄGER, mit staatl. Gewalt die Selbständigkeit der Landeskirchen zu unterdrücken, bildete sich am 25. Aug. 1934 der Luth. Rat als Vereinigung von Kirchen, Fakultäten, Organisationen und Einzelpersönlichkeiten. Ihm gehörten die Landesbischöfe von Bayern, Hannover und Württemberg an. Daneben bildeten am 12. Febr. 1935 die Kirchen von Bayern, Hannover und Württemberg den „Luth. Pakt", dessen Ziel es war, den Zusammenschluß zu fördern. Im „Luth. Tag" (2. – 5. Juli 1935 in Hannover) schlossen sich alle Lutheraner der Bekennenden Kirche, auch die aus der Union, zusammen. Nach tiefgreifenden Auseinandersetzungen auf der 4. Bekenntnissynode in Bad Oeynhausen vom 17. bis 22. Febr. 1936 kam es schließlich am 18. März 1936 zur Gründung des Rates der ev.-luth. Kirche Dtschld. („Luther-Rat") in Leipzig. Ihm gehörten die 3 sog. intakten Landeskirchen Bayern, Württemberg und Hannover an, daneben auch die Bruderräte der von den Dt. Christen beherrschten luth. Landeskirchen Sachsen, Thüringen, Mecklenburg, Schleswig-Holstein, Lübeck und Braunschweig. Die vom Staat eingesetzten Landeskirchenausschüsse von Sachsen und Braunschweig hielten sich zeitweise zum Luther-Rat. Dieser verstand sich als gemeinsame Vertretung der luth. Kirchen innerh. der Bek. Kirche. Er war freilich in seiner Wirksamkeit auf die luth. Landeskirchen beschränkt; die Luth. aus der Union kamen in ihm nicht vor. Zu einer förml. Vereinigung kam es jedoch durch die polit. Situation nicht. Das Kirchenministerium verstärkte seit 1938 seinen Kampf gegen den Luther-Rat. Die finanzielle Unterstützung wurde z. T. durch die sog. Finanzabteilungen der Landeskirchenämter verhindert, einzelnen Mitarbeitern das Gehalt gesperrt, der Justitiar des Luther-Rates, DR. M. GAUGER, endete 1941 im Konzentrationslager.

Trotz aller Behinderungen führte die Arbeit des Luther-Rates, nach dem 2. Weltkrieg voll wiederaufgenommen, schließl. direkt zur Bildung der VELKD. Bereits vor der Kirchenversammlung der Ev. Kirche Dtschld. in Treysa tagte dort am 26. Aug. 1945 der Luther-Rat. Neue Auseinandersetzungen begannen: Landesbischof D. H. MEISER (Bayern) schlug vor, nunmehr die VELKD zu proklamieren. Landesbischof TH. WURM erklärte jedoch, daß Württemberg, das sich bisher an allen luth. Einigungsbestrebungen beteiligt hatte, nicht beitreten würde. Es bestand die Befürchtung, die „klein-luth." Lösung einer aus dem Luther-Rat erwachsenen VELKD würde die Bildung einer die gesamte EKD umfassenden ev. Kirche A. B. (ggf. mit einer ref. und konsensunierten Klasse) behindern. Somit wurde in Treysa die VELKD noch nicht gebildet. Es wurde aber ein Ausschuß eingesetzt, der ihre Verf. erarbeiten sollte. Nach langen und z. T. unendlich mühevollen Auseinandersetzungen über die neuen Entwürfe und Gegenentwürfe zur Verf. wurde diese am 8. Juli 1948 auf der verf.gebenden Generalsynode in Eisenach verabschiedet.

Wichtige Impulse erhielt das Wachsen zu größerer Gemeinschaft innerh. des dt. Luthertums durch zunehmende Kontakte bes. zu luth. Kirchen in den USA, aber auch in anderen Ländern, und vor allem durch die Arbeit des Luth. Weltkonvents.

3. Gestalt, Aufgaben und Organe. Die Verf. der VELKD blieb hinter den Zielsetzungen des Luther-Rates zurück. Hatte es in dessen Grundbestimmungen vom 21. Okt. 1937 geheißen: „Die Kirchen sind willens, unter Gewährleistung ihrer Eigenart sich künftig der Ev.-Luth. Kirche Dtschld. als Sprengel einzufügen" (§ 2), so sagt die Verf. der VELKD, daß „die Gliedkirchen ihre Selbständigkeit in Kultus und Verfassung, Gesetzgebung und Verwaltung" behalten, „soweit in dieser Verfassung nichts anderes bestimmt wird" (Art. 4 Abs. 1). So ist die VELKD auch nicht selbständige Gliedkirche der EKD, im LWB und im ÖRK, sondern nimmt durch ihre Gliedkirchen an deren Arbeit teil. Die Zielsetzung blieb aber erhalten: die Bildung einer luth. Kirche in Dtschld. unter Überwindung der überkommenen Grenzen des Landeskirchentums.

Die *Aufgaben* der VELKD ergeben sich aus Art. 7 der Verf.: Förderung der Einheit der VELKD, Erhaltung und Vertiefung der luth. Lehre und Sakramentsverw. durch Pflege luth. Theol. und durch Beratung der Gliedkirchen in Fragen der luth. Lehre, des Gottesdienstes und des Gemeindelebens, Förderung eines bekenntnisgeb. Pfarrerstandes, Stellungnahme zu Fragen und Aufgaben der Zeit auf der Grundl. von Schrift und Bek., Fürsorge für die dt. luth. Diaspora, Unterstützung der Arbeit aller luth. kirchl. Werke, bes. Diakonie und Mission, Vertretung in allen gemeins. Angel. nach außen, speziell auch der Ökumene.

Organe der VELKD sind die Bischofskonf. und der Ltd. Bischof, die Generalsynode und die Kirchenleitung. Die *Bischofskonf.* besteht aus den Bischöfen aller Gliedkirchen sowie vier weiteren ordinierten Inh. eines kirchenltd. Amtes, je zwei aus Hannover und Bayern, die jew. für 6 Jahre von ihren Kirchen entsandt werden. Die Bischöfe von Württemberg und Oldenburg sowie die Superint. der Luth. Klasse der Lippischen Kirche und der Ev.-Luth. Kirche in Baden (→Freikirche) nehmen als Gäste an der Bischofskonf. teil. Kontakte bestehen zu den Bischöfen der nord. luth. Kirchen. Die Bischofskonf. wirkt nach Maßg. der Verf. an der Beschlußfassung über KirchenG.e, Ordnungen, Verordnungen mit G.kraft und Richtl. mit; sie kann selbständig oder im Zusammenwirken mit der Gen.synode Kundgebungen erlassen und den Gliedkirchen Empfehlungen erteilen, die das gottesdienstl. Leben und die Tätigkeit des geistl. Amtes betreffen. In regelm. Klausurtagungen bearbeitet sie Themen von zentraler theol. und gesellschaftl. Bedeutung.

Der *Ltd. Bischof* ist der erste Geistl. der VELKD und wird von der Gen.synode für die Dauer von 3 Jahren aus den Bischöfen der Bischofskonf. gewählt. Er hat das Recht, auf allen Kanzeln der VELKD zu predigen, und kann Hirtenbriefe erlassen. Er führt den Vorsitz in der Kirchenleitung und in der Bischofskonf. Amtsinhaber waren D. MEISER (1949–55), D. LILJE (1955–69), D. WÖLBER (1969–75), D. LOHSE (1975–78), DR. HEINTZE (1978–81). Seit 1981 ist D. STOLL Ltd. Bischof.

Die *Gen.synode* ist das gesetzgeb. Organ der VELKD. Ihr gehören 50 von den gliedkirchl. Synoden gewählte und 10 vom Ltd. Bischof auf gemeins. Vorschlag von Bischofskonf. und Kirchenleitung berufene Mitgl. an. Von den gewählten Mitgl. sind 16 geistl. Sie tagt i. d. R. jährlich. Ihre Amtszeit beträgt 6 Jahre. Sie wählt ein Präsidium, zu dem neben dem Präsidenten, der nicht geistl. Mitglied sein soll, 2 Vizepräsidenten und 2 Beisitzer gehören. Sie kann ständige und nicht-st. Ausschüsse einsetzen. St. Ausschüsse sind nach der Gesch.ordnung der Nominierungsaussch., der Finanzaussch., der Rechtsaussch. Gemeins. mit der Bischofskonf. bildet sie den Bischofswahlaussch. Neben der Gesetzgeb.arbeit berät die Gen.synode insges. über wichtige Fragen des kirchl. Lebens und bestimmt damit entscheidend das Bild der Arbeit der VELKD. Themenschwerpunkte waren in der Vergangenheit: „Wesen und Auftrag einer luth. Kirche heute" (1949), „Die Sendung der Kirche" (1959), „Die Frau in Kirche und Gesellschaft" (1965), „Der Beitrag der Kirche zu den grundl. Orientierungen unserer Gesellsch." (1978), Augustana-Jubiläum (1980), Luther-Jubiläum (1983). Die Gesetzgeb.arbeit bezieht sich bes. auf die Gegenst. des übergreif. Gesetzgeb.rechts nach Art. 6: Pfarrerdienstrecht, Beamtenrecht, AmtszuchtG, LehrbeanstandungsG, außerdem Ordnungen für den Gottesdienst. Das Bekenntnis ist nicht Gegenstand der Gesetzgeb. KirchenG.e und Ordnungen kommen durch übereinstimmende Beschlüsse von Gen.synode und Bischofskonf. zustande und werden vom Ltd. Bischof vollzogen. Ihre Veröffentl. erfolgt im Amtsblatt. Der Haushalt wird ebenfalls von der Gen.synode beschlossen und nach einem von ihr festgesetzten Umlageschl. von den Gliedkirchen aufgebracht.

Die *Kirchenleitung* leitet die VELKD und ist für alle Aufgaben zust., die nicht anderen Organen beigelegt sind. Sie besteht aus dem Ltd. Bischof, seinem Stellvertr., einem weiteren Mitgl. der Bischofskonf., dem Präsidenten der Gen.synode und 7 von dieser aus dem Kreis ihrer Mitgl. und deren Stellvertr. zu wählenden Mitgl., von denen nicht mehr als 2 geistl. Mitgl. sein dürfen. Die Kirchenleitung tagt i. d. R. alle 2 Monate. Sie bildet Fachausschüsse, die sie beraten: Theol. Aussch., Ökum. Studienaussch., Liturg. Aussch., Aussch. für Kirchl. Zus.arbeit in Mission und Dienst, Rechtsaussch., Gemeindeaussch., Seelsorgeaussch., Publiz. Aussch.; außerdem bestehen Kommissionen und Arbeitsgruppen. Die Fachaussch. der Kirchenleitung sind i. d. R. zugleich auch Aussch. des DNK/LWB.

Das Luth. *Kirchenamt* übt die allg. kirchl. Verw. einschließl. der Finanzverw. im Rahmen der Verf., Gesetze und Verordnungen sowie der Beschl. der Kirchenleitung aus. Es besteht aus dem Leiter und der erforderl. Zahl von Referenten, die von der Kirchenleitung berufen wurden. Es hat seinen Sitz in Hannover, außerdem eine Berliner Stelle. Im Luth. Kirchenamt befindet sich auch die Gesch.stelle des Dt. Nationalkomitees des Luth. Weltbundes (DNK/LWB), dem außer den Gliedk. der VELKD auch Württemberg und Oldenburg sowie die Ev.-Luth. Kirche in Baden angehören. Der Gesch.führer ist ein Referent des Luth. Kirchenamtes, weitere Referenten sind neben ihren Aufgaben für die VELKD für das DNK/LWB tätig. Sie bilden gemeinsam die Gesch.stelle.

Über Rechtsfragen, die sich aus der Verf. der VELKD ergeben, entscheidet das Verfassungs- und Verwaltungsgericht der VELKD, dessen Zuständigkeit im übrigen durch ein KirchenG geregelt wird. Für Lehrfragen besteht ein Spruchkollegium, für die Behandlung von Amtspflichtverletzungen Kammer und Senat für Amtszucht.

Das Prediger- und Studienseminar der VELKD befindet sich in Pullach; es diente urspr. der gemeins. Ausbildung der Vikare. Heute führt es ausschließl. Studienkurse, vornehml. für die Fortbildung der Pfarrer und Mitarbeiter durch. Außerdem unterhält die VELKD ein Pastoralkolleg. Seit dem 1. 4. 1986 arbeitet in Celle das Gemeindekolleg der VELKD.

4. Arbeitsbereiche. 1949 wurde das „Ev. Kirchengesangbuch" als gemeinsames Gesangbuch für die VELKD eingeführt, in dems. Jahr auch das Lektionar mit den altkirchl. Episteln und Evangelien. Es entstand das Agendenwerk: Band I – Hauptgottesdienst (1954), Band II – Gebetsgottesdienste (1960), Band III – Amtshandlungen (1963), Band IV – Einführungs- und Einweihungshandlungen (1950). Die Revision von Band IV wurde 1983 abgeschlossen, die des Lektionars 1985, die Bände I und III befinden sich z. Z. in der Revision. 1955 wurde die „Ordnung des Kirchl. Lebens" verabschiedet. Der Text des Kl. Katechismus wurde 1958 gemeinsam mit der EKU festgestellt. Der Ev. Erwachsenenkatechismus erschien 1975 (die 5. Aufl. wird vorber.), 1979 der Gemeindekatechismus, 1984 der Kinderkatechismus, 1977 die Studie „Volkskirche – Kirche der Zukunft?". Seelsorgerl. Handreichungen erschienen, ebenso „Handbuch Relig. Gemeinschaften" (1977 – 3. Aufl. 1985), 1982 nahm die Gen.synode eine Studie des Gemeindeaussch. zur „Missionarischen Doppelstrategie" entgegen, die z. Z. in der weiteren Arbeit der VELKD umgesetzt wird.

Es bestehen Beziehungen zu luth. Kirchen und Gemeinden in aller Welt, unbeschadet der Auslandsarbeit der EKD. Bes. eng sind sie zu den luth. Kirchen und Gemeinden in Italien, England, Südamerika und vor allem Südafrika, aber auch Äthiopien, Indien, Japan und Nordamerika.

Geregelte Arbeitsbeziehungen unterhält die VELKD zum Theol. Konvent Augsb. Bek., zum Martin-Luther-Bund und zur Leipziger Mission. Unter den Lehrgesprächen der VELKD mit anderen Kirchen sind bes. zu nennen: ev.-luth./reform., röm.-kath., method., Selbst. Ev.-Luth. Kirche, bapt. sowie mit der Altkathol. Kirche. Veröffentl. der VELKD erscheinen im Amtsbl. der VELKD (seit 1954; vorher: Amtsbl. der Ev.-Luth. Kirche in Bayern). Protokollbde der Gen.synoden seit 1948; VELKD-Inform. (seit 1952); Texte aus der VELKD (unregelm.); LuthMH (seit 1962, vorher: Ev.-Luth. Kirchenzeitung 1947 – 61).

5. Luth. Identität und Kirchengemeinschaft. Die luth. Kirchen haben ihre primäre Identität in ihrer Konfession. Nationalität, Volkszugehörigkeit und Rasse sind demgegenüber von untergeordneter Bedeutung. Das hängt insbes. zusammen mit Art. 7 der CA, wonach es zur wahren Einh. der christl. Kirche genügt (satis est), in der Verkündigung des Evang. und in der Darreichung der Sakramente übereinzustimmen. Das bedeutet zugl.: Wo dieser Konsens erreicht wird, gibt es keinen Grund, Kirchengemeinsch. nicht zu gewähren, bzw. auch weitergehende organisat. Konsequenzen zu ziehen. Für die Luth. in Dtschld. ist das in dreifacher Hinsicht von Bedeutung: 1. Das „satis est" von CA 7 schränkt den Kanon kirchentrennender Kriterien auf ein Minimum ein. Luth. Kirchen sind substantiell in ihrem Selbstverständnis für die Gemeinsch. mit anderen Kirchen offen und suchen sie. 2. Voraussetzung für jede →Kirchengemeinsch. ist der consensus de doctrina. Darum haben die Lehrgespräche einen hohen Rang. Sie sind der Weg, auf dem der Konsens festgestellt wird. 3. Weil das so ist, haben die luth. Kirchen in Dtschld. dem vorgegebenen Konsens des Weltluthertums stets eine entscheidende Bedeutung beigemessen und ihre eigene Organisationsgestalt innerh. des dt. Protestantismus nicht aufgegeben. Sie anerkennen die EKD als einen Bund bekenntnisbestimmter Kirchen, suchen aber zugl. die größere Gemeinschaft der bekenntnisgl. Kirchen in aller Welt.

Die VELKD hat sich von Anfang an an den Bemühungen um eine größere Gemeinsch. innerh. des dt. Protestantismus allg. und speziell innerh. der EKD beteiligt. So nahm sie durch luth. Vertr. von 1947 – 57 an dem Abendm.gespr. der EKD teil, als dessen Ergeb. die sog. Arnoldshainer Abendmahlsthesen formuliert wurden, für deren Rezeption die Gen.synode den Gliedkirchen der VELKD 1967 eine Empfehlung gab. Ebenso hat die VELKD durch eine gemeins. Entschl. von Gen.synode und Bischofskonf. vom 25. Okt. 1973 ihren Gliedk. die Annahme der „Konkordie reformatorischer Kirchen in Europa" (Leuenberger Konkordie) empfohlen und die Kirchenleitung gebeten, „die Folgen, die sich aus der Annahme der Konkordie vor allem in der EKD ... ergeben, weiter prüfen zu lassen ..." Die aus der Leuenberger Konk. erwachsene Neufassung des Art. 4 der Grundordnung der EKD (1984), wonach zwischen Gliedkirchen der EKD Kanzel- und Abendmahlsgemeinschaft besteht, gilt auch für die VELKD und ihre Gliedkirchen. Intensive Arbeitskontakte ergaben sich zwischen der VELKD und der 1967 gebildeten Arnoldshainer Konferenz (AKf.), zu der sich alle nicht zur VELKD gehörenden Gliedk. der EKD außer Württemberg zusammenschlossen. Der Theol. Aussch. der VELKD legte 1969 ein ausführl. Arbeitsdok. zur Erörterung mit der AKf. vor und antwortete damit auf deren Ausarb. zur Kanzel- und Abendm.gemeinschaft vom 18. Nov. 1968. Nach einem Gespräch zwischen VELKD und AKf. teilte die Kirchenleitung der VELKD der AKf. mit, daß sie es für einen entsch. Schritt nach vorn halten würde,

„wenn wir in Anknüpfung an den gemeins. reform. Ursprung und auf der Grundl. des Augsb. Bek. zu gemeins. Bekennen in der Gegenwart kämen . . . Die Augsb. Konf. könnte in der heutigen Verwirrung zu einem Kristallisationspunkt auf dem Weg des dt. Protestantismus werden". 1971 wurde eine Gemeins. theol. Erklärung zu den Herausforderungen der Zeit vorgelegt. Gemeins. führen VELKD und AKf. regelmäßige Konsultationen zwischen Kirchenleitungen und Wissenschaftl. Theol. und Tagungen für Richter an kirchl. Gerichten durch.

RGG VI³, 1272–1275 – EKL III, 1622–1627 – EvStL², 2326–2331 – P. Fleisch, Das Werden der VELKD und ihrer Verf., ZevKR 1 (1951) – Ders., Zwölf Jahre Lutherrat, ELKZ 8 (1954) – P. Brunner, Eisenach 1948, ZevKR 3 (1953/54) – H. Brunotte, Das Zusammenleben d. Konfessionen i. d. EKD, 1953 – W. Maurer, Luth. Kirche heute, ELKZ 9 (1955) – E. Wilkens, Zur Vorgesch. der VELKD, ELKZ 10 (1956) – Ders., Motive, Gestalt und Ziele der VELKD, ELKZ 12 (1958) – S. Grundmann, Der Luth. Weltbund, Grundlagen, Herkunft, Aufbau, 1957 – Ordnungen und Kundgebungen der VELKD, hg. v. Luth. Kirchenamt, 1966² – H. Schnell und J. Frank, Die VELKD, in: Kirchl. Jb. 1969 – K. Schmidt-Clausen, Vom Luth. Weltkonvent zum Luth. Weltbund, 1976 – A. Smith-von Osten, Von Treysa 1945 bis Eisenach 1948, 1980 – V. Vajta (ed.), Die ev.-luth. Kirche, 1983² – A. Burgsmüller/R. Weth (ed.), Die Barmer Theol. Erklärung, 1984 – W.-D. Hauschild u. a. (ed.), Die luth. Kirchen und die Bek. Syn. von Barmen, 1984.

Friedrich-Otto Scharbau

Vereinigte Staaten (Verfassung). 1. Geschichte. Am Ausgangspunkt der Verf.entwicklung steht die von Jefferson verfaßte *Unabhängigkeitserklärung* vom 4. Juli 1776, mit der sich 13 engl. Kolonien entlang der Atlantikküste von Großbritannien lossagten und sich zu selbständigen Staaten erklärten. Ein ursprüngl. nur recht loser Zusammenschluß der bisherigen Kolonien (*Articles of Confederation,* beschlossen 1777, in Kraft getreten am 1. März 1781) hatte eher staatenbündischen als bundesstaatl. Charakter. Er erwies sich bereits während des Unabhängigkeitskrieges gegen England (1776–1783, Frieden von Paris) als unzureichend. Daher berief der Kongreß, der auf Grund der Articles of Confederation die Zentralgewalt ausübte, einen Konvent zur Verf.revision nach Philadelphia ein. An diesem Konvent, der im Mai 1787 zusammentrat, nahmen Delegierte von 12 der 13 Staaten (Ausnahme: Rhode Island) teil. Sie gingen unter Führung von Washington, Madison, Hamilton und Franklin über ihren Auftrag hinaus und beschlossen am 17. Sept. 1787 an Stelle einer bloßen Revision der Articles eine vollständige neue *Verf.* Diese wurde von den Parlamenten der Staaten nach z. T. heftigen Kämpfen ratifiziert und trat am 4. März 1789 in Kraft. Am 30. April 1789 wurde Washington als erster Präsident der USA inauguriert. Am 15. Dez. 1791 traten 10 Zusatzartikel (Amendments) in Kraft, die im wesentlichen den Grundrechtskatalog (*Bill of Rights*) enthalten; sachl. sind sie als Teil der ursprüngl. Verf. anzusehen. Als institutionelles Vorbild diente der Verf.zustand Englands gegen Ende des 17. Jh., also vor Einführung der parlamentarischen Regierungsweise. Richtungweisend für die Verf.schöpfer waren die Schriften von Harrington, Locke und Montesquieu; dagegen lehnten sie die Ideen Rousseaus ab. Unverkennbar ist ein stark konservatives Element. Seit 1791 ist die Verf. lediglich 16mal geändert bzw. ergänzt worden (11.–26. Amendment); davon betreffen zwei Amendments die Einführung und Wiederaufhebung der Alkohol-Prohibition, also eine vorübergehende Frage, so daß lediglich 14 dauernde Änderungen in fast 200 Jahren verbleiben. Ein 27. Amendment, das die Gleichberechtigung der Frauen verf.rechtl. absichern sollte, wurde 1972 vom Kongreß verabschiedet, scheiterte aber, weil trotz eines jahrelangen erbitterten Ringens die nach Art. V der Verf. erforderliche Zustimmung von 3/4 der Einzelstaaten nicht erreicht werden konnte.

Während der Verf.text seit 1791 nahezu unverändert gilt, hat sich die Anwendung des Verf.rechts in der Praxis, nicht zuletzt in der Rspr. des Obersten Bundesgerichts (OBG), umfassend fortentwickelt. Ein pragmatisches, aus deutscher Sicht äußerst flexibles Verf.verständnis hat ermöglicht, daß die ursprüngl. für einen selbstgenügsamen Agrarstaat konzipierte Verf. mit nur wenigen Textänderungen den Bedürfnissen eines modernen Industriestaats und seiner Weltmachtrolle angepaßt werden konnte. Dabei kommt der flexiblen Auslegung der „Interstate Commerce Clause" (Art. I sect. 8 § 3) und der „Due Process Clause" (5. und 14. Amendment) eine Schlüsselrolle zu.

2. Grundsätze. Als wesentlichste Verf.grundsätze erscheinen die →Gewaltenteilung, der Föderalismus, die Herrschaft des Rechts (rule of law) und die Volkssouveränität. – Die *Gewaltenteilung* wird als Gewaltenhemmung im Interesse der individuellen Freiheit verstanden („checks and balances"). Sie ist unter dem Präsidialsystem (s. u.) strenger, zugleich aber auch stärker differenziert durchgeführt als in den parlamentarischen Demokratien Westeuropas.

Die *föderalistische Struktur* beruht auf einem Kompromiß zwischen den unterschiedl. Interessen der ursprüngl. 13 Staaten. Der Bund besitzt auf dem Gebiet der Außenpolitik und des Militärwesens umfassende Zuständigkeiten, seine Kompetenzen für den internen Bereich sind aber weit stärker beschränkt als etwa in Dtschld.; u. a. fallen das Privatrecht, das Strafrecht und das Verkehrsrecht im wesentlichen in die Zuständigkeit der Staaten. In den letzten 50 Jahren hat der Bund, vor allem gestützt auf seine Kompetenz zur Regelung des Handels zwischen den einzelnen Staaten (Interstate Commerce Clause), seine G.gebung auf weite Bereiche des Arbeits-, Sozial- und Wirtschaftsrechts ausgedehnt. In zunehmendem Maße erweitert er seinen Einfluß durch Gewährung von Geldleistungen an die Staaten (grants-in-aid), mit denen nach amerik. Auffassung Auflagen auch hinsichtl. von Fragen, die an sich in die Zuständigkeit der Staaten fallen, verbunden werden können. Vielfältige Formen der Zusammenarbeit zwischen Bund und Staaten *(cooperative federalism)* sind, vergleichbar mit der Entwicklung in der Bundesrep. Dtschld., im Vordringen. Insgesamt gesehen hat sich in den USA (ebenso wie in anderen →Bundesstaaten) seit dem Ersten Weltkrieg das politische Gewicht stark zugunsten des Bundes verschoben. – Die *Herrschaft des Rechts* kommt vor allem in der überragenden Stellung der Gerichte im öffentl. Leben zum Ausdruck. Die Rspr. des OBG (s.u. 5) übt einen wesentl. Einfluß auf die Fortentwicklung der Rechts- und Gesellschaftsordnung aus (Schwerpunkte seit 1950: Grundrechtsschutz, Integration der Minderheiten, rechtsstaatl. Durchdringung des Strafverfahrens, Durchsetzung der Wahlrechtsgleichheit).

Die Idee der *Volkssouveränität* bildet die entscheidende Legitimitätsgrundlage der Verf. (s. Präambel). Trotzdem versuchten die Verf.väter, den Gefahren zu begegnen, die der bestehenden Wirtschafts- und Sozialordnung von radikalen demokratischen Strömungen drohen konnten. Dazu diente insbes. die mittelbare Wahl der Senatoren (abgeschafft 1913 durch das 17. Amendment) und des Präsidenten (noch heute, aber weitgehend als anachronistisch empfunden). Die Regelung des *Wahlrechts* für Präsident und Kongreß war zunächst Sache der Einzelstaaten. Dabei kam es zu zahlreichen Diskriminierungen (nach Hautfarbe, Geschlecht, Bestehen eines Bildungstests, Zahlung einer Wahlsteuer u. a.). Erst allmählich setzte der Bund die Wahlrechtsgleichheit durch: Seit 1870 wird das Wahlrecht der Farbigen (15. Amendment), seit 1920 das der Frauen (19. Amendment) garantiert. Seit 1964 sind Wahlsteuern u. dgl. bei Bundeswahlen unzulässig (24. Amendment). Der *Voting Rights Act* von 1965 bekämpft den Mißbrauch von Bildungstests bei der Wahlzulassung durch lokale Behörden, ohne solche Tests aber ganz zu verbieten. Das Wahlalter wurde 1971 auf 18 Jahre herabgesetzt (26. Amendment).

3. Die gesetzgebende Gewalt liegt beim *Kongreß*, der sich aus Senat und Repräsentantenhaus zusammensetzt. In den Senat entsendet jeder der jetzt 50 Staaten ohne Rücksicht auf seine Bevölkerungszahl zwei Mitglieder, die seit 1913 direkt gewählt werden. Die Senatoren bleiben sechs Jahre im Amt, alle zwei Jahre wird ein Drittel von ihnen gewählt. Die Mitglieder des Repräsentantenhauses werden alle zwei Jahre nach Maßgabe des Bevölkerungszensus gewählt. Für die Wahlen zu beiden Häusern gilt das Mehrheitswahlrecht. Es bestehen weitgehende →Inkompatibilitätsvorschriften; insbes. darf kein Kongreßmitglied zugleich eine Exekutivfunktion innehaben.

Bei der →*Gesetzgebung* sind beide Häuser gleichberechtigt, mit der einzigen Ausnahme, daß die Initiative zu Abgaben- und (jedenfalls nach langjähriger Praxis) auch AusgabenbewilligungsG.en vom Repräsentantenhaus ausgehen muß; auch hier steht dem Senat aber ein uneingeschränktes Amendierungsrecht zu. Im Falle abweichender G.beschlüsse beider Häuser tritt ein Vermittlungsverfahren ein, für das sog. *conference committees* eingerichtet werden. Der Präsident hat kein Initiativrecht; in der Praxis werden jedoch zahlreiche von ihm ausgehende G.vorschläge formell von ihm nahestehenden Abgeordneten eingebracht. Gleichwertig neben dem G.gebungsrecht des Kongresses steht sein Recht zur *Bewilligung der Staatsausgaben* (→Staatshaushalt), durch das er seit jeher einen weitreichenden Einfluß auf die gesamte Tätigkeit der Exekutive ausgeübt hat, nicht zuletzt durch die Einfügung von sog. riders (Auflagevorschriften) in die Bewilligungsgesetze. Ein Haushaltsplan im europ. Sinne wird nicht aufgestellt; seit 1921 (Budget and Accounting Act) legt der Präsident zwar jedes Jahr einen einheitl. Voranschlag vor, die Bewilligungen erfolgen jedoch unabhängig davon, durch eine größere Anzahl selbständiger Appropriation Acts. – In erheblich stärkerem Maße als die meisten europ. Parlamente übt der Kongreß zahlreiche *Kontrollbefugnisse über Exekutivorgane* aus und beeinflußt auf vielfältige Weise selbst die lfd. Verwaltung. Innerhalb der beiden Häuser kommt den *Ausschüssen (standing committees)* eine Schlüsselstellung zu. In ihnen fallen die meisten wesentlichen Entscheidungen. – Die beiden großen →*Parteien* (Demokraten und Republikaner) sind als Patronage-, nicht als Weltanschauungsparteien entstanden. Sie bilden, vor allem auf Bundesebene, nur recht lockere Zusammenschlüsse. Daher spielen die Fraktionen im Parlament keine wesentliche Rolle. Das Abstimmungsverhalten ist nur in relativ geringem Maße durch Fraktionsbindungen geprägt. Unter diesen Umständen kann ein Präsident zumeist auch dann ohne große Probleme regieren, wenn seine Partei im Kongreß in der Minderheit ist.

Die →*Abgeordneten* betrachten sich vielfach als Vertreter lokaler Interessen. – Sehr bedeutsam ist der *Lobbyismus*, den man weitgehend institutionalisiert hat.

Bei einer politischen Gesamtwertung erscheint die Stellung des Kongresses weit stärker als die der meisten europ. Parlamente. Mit Recht hat man ihn – im Unterschied zum britischen Unterhaus – als ein arbeitendes, d. h. wirkliche politische Macht ausübendes, nicht ein redendes Parlament bezeichnet.

4. Träger der exekutiven Gewalt ist der *Präsident*. Er wird indirekt durch Wahlmänner, die ihrerseits in den Staaten durch Mehrheitswahl gewählt worden sind, auf vier Jahre gewählt. Seit 1951 (22. Amendment) ist nur einmalige Wiederwahl zulässig. Bei Tod, Rücktritt oder Amtsenthebung des Präsidenten tritt der zusammen mit ihm gewählte *Vizepräsident* die Nachfolge an. Bei Amtsunfähigkeit, die im Streitfall vom Kongreß mit Zweidrittelmehrheit festzustellen ist, amtiert der Vizepräsident anstelle des Präsidenten. Fällt der Vizepräsident weg, so bestellt der Präsident mit Zustimmung des Kongresses für ihn einen Nachfolger (25. Amendment, 1967).

Der Präsident ist rechtlich und politisch vom Kongreß unabhängig. Er kann nicht durch Mißtrauensvotum gestürzt werden. Allerdings kann er unter Anklage mit dem Ziel der Amtsenthebung gestellt werden (s. u.).

Der Präsident übt seine Befugnisse teilweise unmittelbar auf Grund der Verf., teilweise aber auch im Auftrag des Kongresses aus. Über den Umfang seiner Kompetenzen haben sich zahlreiche Kontroversen ergeben; schon seit dem 19. Jh. geht die Tendenz klar dahin, sie auszuweiten. Insbes. hat der Präsident für die Ausführung der G.e zu sorgen; er führt den Oberbefehl über die bewaffneten Streitkräfte, ernennt mit Zustimmung des Senats die Bundesrichter, höheren Bundesbeamten, diplomatischen Vertreter und Offiziere und übt das Gnadenrecht aus. Auf dem Gebiet der auswärtigen Politik besitzt er ein Monopol; allerdings nimmt der Kongreß durch sein Ausgabenbewilligungsrecht auch hier einen erheblichen Einfluß. Das Recht zur Kriegserklärung ist dem Kongreß vorbehalten. Die vom Präsidenten mit fremden Staaten geschlossenen *Verträge* bedürfen der Zustimmung einer Zweidrittelmehrheit des Senats; sie sind ohne Transformation innerstaatl. wirksam, so daß das Repräsentantenhaus ganz ausgeschaltet ist. In neuerer Zeit wird immer häufiger, selbst für Angelegenheiten von großer politischer Bedeutung, Gebrauch von den sog. executive agreements gemacht, bei denen der Senat nicht mitwirkt. – Seit jeher nahmen die Präsidenten die Befugnis für sich in Anspruch, nach freiem Ermessen über die Herausgabe von Unterlagen oder die Erteilung von Auskünften an Gerichte und Kongreß zu befinden. Über die Verf.mäßigkeit dieses sog. *executive privilege* kam es 1974 unter Präsident Nixon zu einem schweren Verf.konflikt. Eine daraufhin ergangene Grundsatzentscheidung des OBG schränkt das *executive privilege* ein.

Der Ausgang des Verf.konflikts von 1974, der seinen Höhepunkt im Rücktritt NIXONS (dem ersten Rücktritt eines amerik. Präsidenten überhaupt) fand, hat die politische Stellung des Präsidentenamts fühlbar geschwächt. Der Prozeß einer Verlagerung der politischen Gewichte vom Kongreß zum Präsidenten, der in den 30er Jahren unter ROOSEVELT eingesetzt hatte und mit der „imperialen Präsidentschaft" NIXONS kulminierte, wird seitdem von gegenläufigen Tendenzen abgelöst. Dabei hat der Kongreß insbes. versucht, durch eine Reihe von gesetzlichen Bestimmungen – die z. T. über das Veto des Präsidenten (s. u.) hinweg ergangen sind – der Ausübung der präsidentiellen Kompetenzen Schranken zu ziehen (bedeutsam zB der War Powers Act).

Gegen G.e und sonstige übereinstimmende Beschlüsse beider Häuser des Kongresses (joint resolutions) steht dem Präsidenten das *Veto* zu; es muß binnen 10 Tagen eingelegt werden. Der Kongreß kann es durch Zweidrittelmehrheit beider Häuser überstimmen, wozu es in der Praxis nur verhältnismäßig selten kommt. Das Veto kann sich (was insbes. für BewilligungsG.e wichtig ist) jeweils nur gegen das ganze G., nicht gegen Einzelbestimmungen richten.

Die Mitglieder des *„Kabinetts"* (Secretary of State, of the Interior, of Defense etc., Attorney General) werden vom Präsidenten mit Zustimmung des Senats ernannt. Sie leiten ihre Departments im Rahmen der G.e und der vom Präsidenten gegebenen Direktiven. Ihre politische Rolle hängt weitgehend von der Persönlichkeit des jeweiligen Präsidenten ab. Vielfach regiert der Präsident mit Hilfe seines Beraterstabs an den Departments vorbei. – Neben der den Departments unterstellten Verwaltungshierarchie wurden seit Ende des 19. Jh. durch G. mehr als 50 *„Independent regulatory agencies"* geschaffen (bes. wichtig: Civil Service Commission, Federal Trade Commission, Interstate Commerce Commission, Veterans Administration, u. a.). Sie führen Verwaltungsaufgaben im Auftrage des Kongresses durch, können von ihm aber nur sehr beschränkt kontrolliert werden. Der Präsident beruft ihre leitenden Beamten für eine befristete Amtsdauer, hat aber im übrigen keinen wesentl. Einfluß auf ihre Tätigkeit. Daher ergeben sich hier Lücken der demokratischen Kontrolle, die angesichts der weitreichenden Zuständigkeit einiger agencies teilweise recht bedenklich erscheinen.

Der *Vizepräsident* ist kraft Amtes Vorsitzender des Senats, hat aber nur bei Stimmengleichheit ein Stimmrecht. Sonst ist seine Stellung – vom Nachfolgerecht in das Präsidentenamt abgesehen – nach der Verf. politisch bedeutungslos. Seit TRUMAN (1949) sind die Vizespäsidenten allerdings in größerem Umfange vom Präsidenten mit politischen Aufgaben betraut worden. Präsident und Vizepräsident können (ebenso wie die Bundesbeamten) wegen schwerer Verfehlungen vom Repräsentantenhaus unter Anklage gestellt und vom Senat mit Zweidrittelmehrheit ihres Amtes enthoben werden. Ein solches sog. *Impeachment-Verfahren* wurde gegen einen Präsidenten erst einmal (ergebnislos) durchgeführt. Ein Impeachment gegen Präsident NIXON, das 1974 vom Repräsentantenhaus eingeleitet worden war, erledigte sich durch freiwilligen Rücktritt des Präsidenten.

5. Die richterl. Gewalt wird durch das *Oberste Bundesgericht* (OBG) und die übrigen *Bundesgerichte* (1. Instanz: District Courts, 2. Instanz: Courts of Appeals; daneben eine Reihe bes. Gerichte: Court of Claims, Court of Military Appeals, u. a.) ausgeübt. Neben dem Bund besitzen sämtliche Einzelstaaten voll ausgebildete (meist dreistufige) Instanzenzüge. Die Bundesgerichte sind u. a. zuständig: wenn der Bund selbst Partei ist, wenn ein Staat einen anderen oder einen Bürger eines anderen Staates verklagt, wenn der Streitgegenstand nach Bundesrecht zu beurteilen ist und wenn die Parteien Bürger verschiedener Staaten sind, in den beiden letztgenannten Fällen aber nur bei Vorliegen eines Mindeststreitwerts. Unter bestimmten Voraussetzungen, insbes. wenn die Vereinbarkeit einzelstaatl. G.e mit Bundesrecht in Frage steht, kann die letztinstanzliche Entscheidung der Staatengerichte vom OBG nachgeprüft werden. Die neun Richter des OBG und die übrigen Bundesrichter werden auf Lebenszeit und ohne Altersgrenze ernannt. Sie können nur auf eigenen Antrag in den Ruhestand versetzt und nur durch Impeachment (s. o. Ziff. 4 a. E.) ihres Amtes enthoben werden.

Seit 1803 (Chief Justice MARSHALL) beansprucht das OBG das ihm nicht ausdrücklich gewährte, aber wohl in der Verf. implizierte Recht, nicht nur die G.e der Staaten, sondern auch die des Bundes auf ihre *Verf.mäßigkeit zu überprüfen* (allerdings nur als Inzidentprüfung im Rahmen anhängiger Verfahren; eine selbst. Normenkontrolle besteht nicht). Insgesamt hat es seitdem nahezu 100 BundesG.e für verfassungswidrig erklärt. Bes. Bedeutung erlangte das Verwerfungsrecht in der ersten Periode des ROOSEVELTschen New Deal (1933 – 1937), während der das OBG zahlreiche wirtschaftslenkende G.e als verfassungswidrig annullierte. Seit 1937 wurde es nur noch in wenigen, politisch zweitrangigen Fällen angewandt.

6. Die →Grundrechte, die in den Amendments 1 – 10 (s. o. Ziff. 1) gewährleistet sind, beschränken an sich nur die Bundesorgane. Auf Grund des 14. Amendments, das den Staaten untersagt, in Leben, Freiheit und Eigentum eines Bürgers der USA ohne „due process of law“ (unübersetzbar, beinhaltet die Garantie sowohl eines gesetzmäßigen Verfahrens als auch eines angemessenen, „vernünftigen“ materiellen Standards) einzugreifen, werden sie jedoch auch auf die Einzelstaaten erstreckt. Der *Katalog* umfaßt weitgehend die „klassischen“ Grundrechte, insbes. Religions-, Rede-, Presse-, Versammlungsfreiheit, Petitionsrecht, Recht des Waffentragens, Freiheit der Wohnung, Freiheit vor willkürl. Verhaftung, sowie verschiedene prozessuale Grundrecht (ne bis in idem, Recht auf unverzügl., öffentl. Aburteilung durch ein Geschworenengericht im ordentl. Verfahren, auf rechtl. Gehör, auf Verteidigung durch einen Anwalt, Recht der Aussageverweigerung etc.). Eine bedeutsame Rolle spielt das aus dem engl. Recht übernommene *Habeas-corpus-Verfahren,* durch das jede Freiheitsentziehung zur gerichtl. Nachprüfung gebracht werden kann. In Zivilprozessen vor Bundesgerichten die nach common law zu entscheiden sind, besteht bei einem Streitwert von mehr als 20 Dollar (!) Anspruch auf ein Geschworenengericht.

In der *Grundrechtsproblematik* der Nachkriegszeit stand lange die *Gleichstellung der farbigen Bevölkerung* im Vordergrund. Zwar wurde bereits 1865 die Sklaverei aufgehoben (13. Amendment), 1868 wurde den früheren Negersklaven das volle Bürgerrecht verliehen und den Staaten untersagt, Bürger der USA ungleich zu behandeln (14. Amendment). Faktisch blieb es aber in den Südstaaten noch fast ein Jahrhundert lang bei einer weitgehenden Rassentrennung, die vom OBG mit der Begründung sanktioniert wurde, das 14. Amendment verlange lediglich gleichmäßige Behandlung der Farbigen, nicht aber Integration mit der weißen Bevölkerung („separate but equal-doctrine“). Farbige konnten daher von den für Weiße bestimmten Universitäten, Schulen, Hotels, Gaststätten, Eisenbahnwagen usw. ausgeschlossen werden, soweit ihnen gleichwertige Einrichtungen zur Verfügung gestellt wurden. Die Rspr. steigerte allmählich die Anforderungen an die Gleichwertigkeit der Einrichtungen, gab aber erst 1954 die „separate but equal-doctrine“ selbst auf. Seitdem machte die Integration, getragen von der Bundesgesetzgebung und der Rspr. des OBG, wesentl. Fortschritte. Gegen den teilweise erbitterten Widerstand der örtl. Behörden wurde die Gleichbehandlung der Rassen im Schulwesen erzwungen, wobei es gelegentlich zu Übertreibungen kam (Bustransport der Schüler, um eine Rassenmischung auch dort zu erreichen, wo sie den Siedlungsgegebenheiten nicht entsprach). Eine umfangreiche Gesetzgebung in den sechziger Jahren untersagte jede Rassendiskriminierung in öffentlich zugänglichen Einrichtungen, in Gewerkschaften, in vom Bund subventionierten Unternehmungen, bei der Wohnungsvergabe u. a. Zugleich wurden den Bundesbehörden erweiterte Eingriffsvollmachten zum Schutz der Rechte der farbigen Bevölkerung verliehen. – Auch bei der Gleichstellung anderer Minoritätsgruppen und nicht zuletzt bei der Gleichberechtigung der Frauen wurden vom OBG entscheidende Akzente gesetzt. Das Pendel der Rspr. schwingt allerdings, nachdem zahlreiche Entscheidungen auf zunehmende Kritik gestoßen waren, seit den 70er Jahren teilweise zurück.

Die *→Religionsfreiheit* besitzt in den USA seit jeher eine ganz bes. Bedeutung. Nicht zufällig steht sie an erster Stelle des Grundrechts-Katalogs. Untersagt ist sowohl jede Einmischung des Staates in die freie Religionsausübung als auch die Errichtung von „establishments of religion“. Die Rspr. bezieht dieses Verbot nicht nur auf die Einführung einer Staatskirche, sondern überhaupt auf jede staatl. Maßnahme, die religiösen Einschlag hat. So soll in öffentlichen Schulen selbst ein kurzes, konfessionsneutrales Gebet, an dem die Schüler freiwillig teilnehmen können, verf.widrig sein. Staatl. Zuschüsse für kirchl. Schulen sind unzulässig, wenn dadurch auch nur mittelbar kirchl. Zwecke gefördert werden oder der Staat in die Angelegenheiten religiöser Institutionen verwikkelt wird. Trotz (oder gerade wegen?) der unbedingt durchgeführten Trennung von Staat und Kirche spielen die religiösen Gemeinschaften im öffentlichen Leben der USA eine bedeutsame Rolle.

Seit den 30er Jahren haben sich die *Schwerpunkte* des Grundrechtsschutzes wesentl. verlagert. Während bis dahin der Schutz der *wirtschaftl. Freiheit* deutlich überwog (Due Process Clause des 5. und 14. Amendments als Gewährleistung einer extremen Vertragsfreiheit im ultra-liberalistischen Sinne gegenüber wirtschafts- und soziallenkenden Maßnahmen des G.gebers), tritt seitdem der Schutz der *persönl.* →*Freiheit* stärker in den Vordergrund. Eine bedeutsame Entwicklung hat sich bei der →*Meinungsfreiheit* ergeben, für die das OBG die „clear and present danger"-Regel aufstellt: Nur dann darf der Staat eingreifen, wenn eine Meinungsäußerung unmittelbar eine schwere Gefahr für wesentl. Gemeinschaftsgüter herbeiführt. Die früher weniger liberale Haltung bei der Bekämpfung radikaler Gruppen unter dem SMITH Act von 1940 hat sich inzwischen geändert. Die rechtsstaatl. Anforderungen an die Durchführung von Ermittlungs- und *Strafverfahren* wurden von der Rspr. wesentlich verschärft. Für die Verhängung der *Todesstrafe* wurden präzisere Voraussetzungen verlangt; dagegen erfüllte sich die Erwartung, das OBG werde sie generell für verfassungswidrig erklären, nicht.

Das →*Eigentum* ist in den USA nicht ausdrückl. als Grundrecht geschützt. Das 5. und 14. Amendment besagen lediglich, daß niemandem sein Eigentum ohne „due process of law" entzogen werden darf. Diese Vorschriften implizieren, daß dem Bund und den Staaten ein umfassendes Enteignungsrecht („eminent domain") zusteht. Jede Art von Eigentum kann enteignet werden, wenn nach Auffassung des G.gebers das öffentl. Interesse oder die allg. Wohlfahrt das verlangen. Dabei muß aber nach der Due Process Clause ein ordentl. Verfahren eingehalten und eine angemessene Entschädigung gezahlt werden. Weitgehend ungeschützt ist das Eigentum gegenüber der *Steuergewalt* des Bundes. Seit jeher wurde die Steuergesetzgebung als Mittel der Wirtschaftslenkung eingesetzt; sie diente in mehreren Fällen zur völligen Vernichtung unerwünschter Gewerbezweige. Mit Ausnahme einiger Entscheidungen zwischen 1920 und 1936 hat das OBG diese Praxis stets für verfassungsmäßig gehalten.

7. Einzelstaaten. Die USA gewährleisten jedem Staat eine *„republikanische Regierungsform"* (Art. IV sect. 4). Diese Formel schließt lediglich Monarchie und autoritäre Diktatur aus, läßt aber sonst die Verf.autonomie der Staaten unbeeinträchtigt. Tatsächlich jedoch stimmen die Verf.en sämtlicher 50 Staaten trotz zahlreicher Verschiedenheiten in Einzelfragen in den Grundzügen weitgehend überein. Kein Staat hat sich – obwohl das nach der Bundesverf. zulässig wäre – für ein →parlamentarisches Regierungssystem entschieden. An der Spitze der Exekutive steht überall der unmittelbar vom Volk gewählte *Gouverneur* („governor"), dessen Stellung analog der des Präsidenten der USA ausgebildet ist. Er besitzt in unterschiedl. Maße ein Veto gegen G.gebungsbeschlüsse, z. T. in der Form des „item veto", mit dem er beliebige Einzelbestimmungen aus einem G. „herausschießen" kann. Der Gouverneur ernennt die Chefs der Departments, die in gleicher Weise von ihm abhängig sind wie die „Secretaries" des Bundes vom Präsidenten. Die *Parlamente* (ihre Bezeichnungen sind aus hist. Gründen verschieden) beruhen in 49 Staaten auf dem →Zweikammersystem. Lediglich Nebraska besitzt nur eine Kammer. Die Abgeordneten werden nach dem Mehrheitswahlrecht gewählt. – Neben Gouverneur und Parlament werden in den meisten Staaten auch zahlreiche andere Amtsträger unmittelbar gewählt, z. T. selbst die Richter der einzelstaatl. Gerichte. Die Staaten unterhalten zur Aufrechterhaltung der inneren Ordnung eine eigene *Miliztruppe* („National Guard"), die allerdings unter gewissen Voraussetzungen unter das Kommando des Präsidenten der USA gestellt werden kann. Sie besitzen volle *Steuerhoheit.* Deshalb kommt eine Reihe von (direkten und indirekten) →Steuern vor, die Bund und Einzelstaat unabhängig voneinander auf dasselbe Objekt legen.

J. STORY, Commentaries on the Constitution of the United States I – II, Boston 1891 – 1905[5] – W. W. WILLLOUGHBY, The Constitutional Law of the United States I – III, New York 1929[2] – H. J. LASKI, The American Democracy, New York 1948 – E. S. CORWIN (Hg.), The Consitution of the United States, Annotated: Analysis and Interpretation, Washington 1953 – DERS., The President, Office and Powers 1787 – 1957, New York 1957[4] – DERS., The Constitution and what it means today, Princeton 1958[12] – G. B. GALLOWAY, The Legislative Process in Congress, New York 1953 – R. JACKSON, The Supreme Court in the American System of Government, Cambridge (Mass.) 1955 – B. SCHWARTZ, The Supreme Court, New York 1957 – DERS., A Commentary on the Constitution of the United States. Part I: The Powers of Government I – II, New York 1963 – A. T. MASON/W. M. BEANEY, American Constitutional Law, Englewood Cliffs 1972[5] – M. G. ABERNATHY, Civil Rights Under the Constitution, New York 1972 – N. DORSEN/P. BENDER, Political and Civil Rights in the United States, 2 vol., Boston 1976 – L. H. TRIBE, American Constitutional Law, Mineola 1978 – J. A. BARRON/C. T. DIENES, Constitutional Law: Principles and Policy, Charlottesville 1982[2]. In dt. Sprache: K. CARSTENS, Grundgedanken der amerik. Verf. und ihre Verwirklichung, 1954 – K. LOEWENSTEIN, JöR NF 4 (1955) 1 – 153 und 13 (1964) 1 – 116 – DERS., Verf.recht und Verf.praxis der Vereinigten Staaten, 1959 (Lit.) – H. EHMKE, Wirtschaft und Verf. Die Verf.Rspr. des Supreme Court zur Wirtschaftsregulierung, 1961 (Lit.) – E. FRAENKEL, Das amerik. Regierungssystem, 1981[4] – R. PARKER, Das öffentl. Recht. Verfassungsrecht und Verwaltungsrecht der Vereinigten Staaten von Amerika, 1963 – K. VON BEYME, Das präsidentielle Regierungssystem der Vereinigten Staaten in der Lehre von den Herrschaftsformen, 1967 – E. P. FLERLAGE, Der Staat 13 (1974) 27 – 50 – D. P. KOMMERS/K. C. GALLAGHER, JöR NF

25 (1976) 281–402 – C. M. KLETTE, JuS 16 (1976) 8–14 – H. D. JARASS, Verw 9 (1976) 94–110 – J. HARTMANN, Der amerik. Präsident im Bezugsfeld der Kongreßfraktionen, 1977 – K. STERN, Grundideen europäisch-amerik. Verf.staatlichkeit, 1984 – H. D. JARASS, DÖV 38 (1985) 377–387.

Karl Heinrich Friauf

Vereinigungsfreiheit. Nach Art. 9 I GG haben alle Deutschen das Recht, Vereine und Gesellschaften zu bilden. Damit ist das Grundrecht der V. gewährleistet, das hist. keineswegs unumstr. war (v. a. war ROUSSEAU strikt dagegen, aber selbstverständlich auch die restaurativen Kräfte des 19. Jh.).

I. Schutzbereich des Grundrechts. Folgende Detailfragen sind erwähnenswert:

1. Art. 9 I GG sichert sowohl die Gründung und Auflösung als auch die Aufrechterhaltung von Vereinen und Gesellschaften. Unsicher ist, ob Art. 9 I GG auch die Rechtsfähigkeit schützt. Zwar verstößt es nicht gegen das GG, daß es auch nicht rechtsfähige Vereine und Gesellschaften gibt; die gesetzwidrige *Entziehung* der Rechtsfähigkeit dürfte aber sicher an Art. 9 I GG zu messen sein. Zur Ausübung der V. gehören grds. mindestens zwei Personen. Insofern ist die V. ein „kollektives Grundrecht“.

2. Unbedenklich ist, daß der Gesetzgeber für bestimmte Vereine bzw. Gesellschaften (zB Aktiengesellschaften mit ihren weitreichenden wirtschaftl. Aktivitäten und Problemen) besondere Gründungsvoraussetzungen und auch staatl. Kontrollmöglichkeiten schafft. Das gilt zumindest dann, wenn es daneben für andere Formen der V. (zB für die sog. Idealvereine) einfachere und freiere Rechtsformen gibt, so daß die Gefahr unangemessener Gängelung ausgeschlossen ist. Dieser Forderung entspricht v. a. das geltende VereinsG v. 5. 8. 1964 (BGBl. I S. 593).

3. Auch der Verein bzw. die Gesellschaft *selbst* hat Grundrechte, v. a. das Recht auf ungestörte Gründung, auf Fortbestand und auf grds. ungestörte „Vereinsarbeit“. Das letztere bezieht sich allerdings nur auf die „innere“ Vereinsarbeit, zB auf Mitgliederversammlungen, Vorstandswahlen usw. Auf die nach außen gerichtete Verwirklichung der Vereinsziele kommt nicht Art. 9 I GG, sondern Art. 2 I GG (→Persönlichkeitsentfaltung) zur Anwendung. Dagegen können sich Vereine und Gesellschaften unter Berufung auf Art. 9 I GG ihrerseits zu größeren Dachorganisationen (Massenverbänden, Konzernen usw.) zusammenschließen. Die V. ist daher eine der rechtl. Grundlagen der pluralistischen Verbändegesellschaft.

4. Wie alle Grundrechte hat auch die V. eine negative Seite. Auf sie kann sich also auch der berufen, der gerade keinem Verein und keiner Gesellschaft beitreten will und sich gegen einen darauf gerichteten Zwang wendet (s. a. Koalitionsfreiheit).

5. Sonderregeln gelten für die arbeitsrechtl. Koalitionen (Arbeitgeberverbände, Gewerkschaften) und die politischen Parteien, für die Art. 9 III GG bzw. Art. 21 GG gelten (→Koalitionsfreiheit; →Parteien).

6. Wie andere politisch relevante Grundrechte steht auch die V. nur den Deutschen i. S. des GG zur Verfügung. Doch sind die Ausländer durch Art. 11 der Europ. Menschenrechtskonvention (→Menschenrechte III) und durch §§ 14, 15 VereinsG den Deutschen weitgehend gleichgestellt.

II. Einschränkungen des Grundrechts. Über die Grenzen der V. bestimmt Art. 9 II GG: „Vereinigungen, deren Zwecke oder deren Tätigkeit den Strafgesetzen zuwiderlaufen oder die sich gegen die verfassungsmäßige Ordnung oder gegen den Gedanken der Völkerverständigung richten, sind verboten“; verfassungsmäßige Ordnung sind dabei nur die Kernsätze des GG, nicht etwa wie bei Art. 2 I GG (→Persönlichkeitsentfaltung) die gesamte verfassungsgemäße Rechtsordnung. Vereine, die nach Art. 9 II GG verboten sind, können nach § 3 VereinsG *aufgelöst* werden; zuständig ist grds. der Bundesinnenminister, nur bei Vereinen, die lediglich in *einem* Landesgebiet aktiv sind, der Landesinnenminister. Über Auflösungsverfügungen des LMI entscheidet in erster und letzter Instanz das OVG (§ 48 VwGO), über Auflösungsverfügungen des BMI das BVerwG (§ 50 I Nr. 2 VwGO). Das Vermögen eines aufgelösten Vereins kann beschlagnahmt und eingezogen werden (§§ 10 ff. VereinsG). Bei besonders gravierenden Gesetzesverstößen können auch die Vereinsmitglieder bestraft werden (zB § 85 StGB betr. Verstoß gegen ein Vereinigungsverbot, § 129 a StGB betr. Bildung krimineller Vereinigungen).

K. H. SEIFERT, Das neue VereinsG, DÖV 1964, 685 ff.; 1965, 35 – K. PETZOLD, Rechtsstaatl. Verfahren für verfassungswidr. Vereine – das neue VereinsG, NJW 1964, 2281 ff. – C. F. GASTROPH, Die politischen Vereinigungen, 1969 – P. v. FELDMANN, V. und Vereinigungsverbot, 1972 – G. POTRYKUS, Vereins- und Versammlungsrecht, 1972 – W. SCHMIDT, Die V. von Vereinigungen als allg. Eingriffsfreiheit, in: Festschr. f. Mallmann, 1979, 233 ff. – TH. SCHMIDT, Die Freiheit verf.widr. Parteien und Vereinigungen, 1983 – J. RÜBENACH, „Wirtschaftl. V.“ und V., 1984 – A. v. MUTIUS, Die Vereinsfreiheit gemäß Art. 9 I GG, Jura 1984, 193 ff.

Roman Herzog

Vereinte Nationen (UN). I. Entstehung. Die UN sind, nicht im jur., wohl aber im geschichtl.-politischen Sinn, die Nachfolgeorganisation des →Völkerbundes. Bereits Mitte des 2. Weltkrieges setzte sich bei den Großmächten die Vorstellung durch, nach dem Kriege eine neue Organisation zur Aufrechterhaltung von Frieden und Sicherheit ins Leben zu rufen. In der Atlantik-Charta vom 14. Aug. 1941 ist bereits die Rede von einem „umfassenderen und dauerhaften System allgemeiner Sicherheit“, und in einer von

STALIN, MOLOTOW und dem polnischen General SIKORSKI am 3. Dez. 1941 in Moskau abgegebenen Erklärung wird „eine neue Organisation internationaler Beziehungen, gegr. auf die Vereinigung demokratischer Länder in dauerhafter Verbindung", genannt. Die weitere Entwicklung führte über die Erklärung der UN vom 1. Jan. 1942 (von 26 Staaten unterzeichnet, denen sich bis Kriegsende 21 weitere anschlossen), die gemeinsame Erklärung der UdSSR, Chinas, Großbritanniens und der USA vom 30. Okt. 1943 als Ergebnis der Moskauer Konferenz, die Dumbarton-Oaks-Konferenz von 1944 und die Jalta-Konferenz von 1945 zur „United Nations Conference on International Organization" in San Franzisko, die am 26. Juni 1945 die Satzung der UN annahm, die am 24. Okt. 1945 in Kraft trat. Sitz der UN ist New York. Die daraus resultierenden Probleme sind durch das „Headquarters of the United Nations Agreement" vom 26. Juni 1947 zwischen den USA und den UN geregelt.

II. Mitgliedschaft. Im Hinblick auf ihre Zielsetzung auf Universalität angewiesen, waren die UN in ihren Anfängen von dieser doch weit entfernt. Die 51 ursprünglichen Mitgliedstaaten, die in San Franzisko die Satzung unterzeichneten, waren nichts anderes als die gegen die Achsenmächte gerichtete Kriegskoalition. Das bedeutete zugleich ein eindeutiges Vorherrschen amerik. und europ. Staaten. Die Satzung sieht keine automatische Mitgliedschaft aller Staaten der Erde vor, doch können auf Antrag alle unabhängigen Staaten, wenn sie friedliebend und fähig sind, die Verpflichtungen aus der Satzung zu übernehmen und zu erfüllen, auf Empfehlung des Sicherheitsrates (SR) (der Empfehlung müssen mindestens 9 der 15 Mitglieder unter Einschluß aller ständigen Mitglieder zustimmen) durch einen mit Zweidrittelmehrheit gefaßten Beschl. der Generalversammlung (GV) als Mitglieder aufgenommen werden. Obgleich die E. über die Aufnahme von keinen anderen Kriterien als der Friedensliebe und der Fähigkeit und Bereitschaft zur Übernahme und Erfüllung der Satzungspflichten abhängig gemacht werden darf (Rechtsgutachten des Internationalen Gerichtshofs [IGH] vom 28. Mai 1948), ist doch nicht zu übersehen, daß jedenfalls bei der Empfehlung des SR allg. politische Erwägungen eine entscheidende Rolle spielen. Nicht zuletzt die daraus resultierenden Schwierigkeiten führten dazu, daß sich die Zahl der Mitglieder der UN während der ersten 10 Jahre ihres Bestehens nur unwesentlich erhöhte. Erst in den Jahren 1955 und 1960 und dann in den sechziger Jahren, als die Woge der Dekolonisierung eine Vielzahl neuer, unabhängiger Staaten entstehen ließ, stieg die Mitgliederzahl stark an. Heute (Januar 1985) zählen die UN 159 Mitgliedsstaaten und sind damit, nicht zuletzt durch die Aufnahme der Bundesrep. Dtschld. und der DDR, der Universalität sehr nahegerückt. Ein gegenüber den Anfängen bedeutsamer Wandel ist dadurch eingetreten, daß die Gruppe der afro-asiat. Staaten heute die Mehrheit der Mitglieder darstellt.

Nichtmitglieder der UN sind neben einigen Zwergstaaten (San Marino, Monaco, Liechtenstein) vor allem noch die beiden koreanischen Staaten sowie, aufgrund ihres eigenen Neutralitätsverständnisses, die Schweiz, deren Beitritt aber in absehbarer Zeit zu erwarten ist.

Ein Mitglied, das die Grundsätze der Satzung beharrlich verletzt, kann auf Empfehlung des SR durch die GV aus der Organisation ausgeschlossen werden. Einen Austritt sieht die Satzung nicht vor, doch wird man ihn unter bestimmten Voraussetzungen als möglich ansehen müssen.

III. Organe. Abgesehen von den nach Bedarf einsetzbaren Nebenorganen existieren 6 Hauptorgane:

1. Die GV ist das zentrale Organ der UN. Sie besteht aus den Vertretern aller Mitgliedsstaaten. Jeder Mitgliedsstaat kann bis zu 5 Vertreter entsenden, doch hat jeder Staat, unabhängig von seiner Größe und Macht, nur eine Stimme. In der GV ist also der Grundsatz der souveränen Gleichheit aller Mitglieder (Art. 2 Ziff. 1 der Satzung) verwirklicht. Die GV entscheidet über wichtige Fragen mit Zweidrittel-, ansonsten mit einfacher Mehrheit der anwesenden und abstimmenden Mitglieder. Ihre Zuständigkeit ist umfassend insofern, als sie alle Angelegenheiten, die in den Rahmen der Satzung fallen, erörtern und diesbezügliche Empfehlungen geben kann. Das Recht, Empfehlungen zu geben, ist gegenüber dem SR subsidiär, solange dieser seine Aufgabe der Streiterledigung und Friedenswahrung wahrnimmt. Über Empfehlungen hinaus trifft die GV Entscheidungen (teilweise unter Mitwirkung des SR) u. a. bei der Besetzung anderer Organe der UN, bei Aufnahme und Ausschluß von Mitgliedern, bei der Revision der Satzung, beim Abschluß völkerrechtl. Verträge, bei der Errichtung von Hilfsorganen.

2. Der SR demonstriert im Gegensatz zur GV nicht die souveräne Gleichheit der Mitglieder, sondern den hierarchischen Charakter der UN. Er besteht aus den Vertretern von 15 Mitgliedsstaaten, dabei sind die 5 Großmächte (China, Frankreich, Großbritannien, UdSSR, USA) ständige Mitglieder. Die übrigen 10 Mitglieder werden von der GV auf jeweils 2 Jahre gewählt, wobei der Beitrag der Mitglieder zur Wahrung des Weltfriedens und eine angemessene geographische Verteilung der Sitze zu berücksichtigen sind. Jedes Mitglied hat eine Stimme. Beschl. des SR bedürfen der Zustimmung von 9 Mitgliedern, wobei, abgesehen von Verfahrensfragen, die 5 ständigen Mitglieder zustimmen müssen; d. h., jedes der ständigen Mitglieder kann durch sein Veto einen Beschl. des SR verhindern. In der Praxis hat dieses Vetorecht sehr häufig zur Lahmlegung des SR geführt. Die Zuständigkeit des SR ist weit weniger umfassend als die der

GV, dafür aber intensiver. Dem SR ist die Hauptverantwortung für die Wahrung des Weltfriedens und der internationalen Sicherheit übertragen. Er kann diese Angelegenheiten nicht nur erörtern und Empfehlungen dazu geben, sondern Beschl. fassen, zu deren Durchführung die Mitgliedsstaaten verpflichtet sind (Art. 25). Diese Beschl. können bis zur Verhängung militärischer Sanktionsmaßnahmen gehen.

3. Der Wirtschafts- und Sozialrat (WSR) besteht aus 54 Mitgliedern. Alljährlich werden 18 Mitglieder von der GV auf 3 Jahre gewählt. Jedes Mitglied hat eine Stimme. Beschl. werden mit einfacher Mehrheit gefaßt. Der WSR kann auf dem Gebiet der Wirtschaft, des Sozialwesens, der Kultur, der Erziehung, der Gesundheit und auf verwandten Gebieten Untersuchungen durchführen, Berichte abfassen und Empfehlungen geben; letzteres auch, um die Achtung und Verwirklichung der →Menschenrechte zu fördern. Bedeutsam ist v. a. die über den WSR laufende Zusammenarbeit der UN mit den sog. Sonderorganisationen, d. h. jenen auf den Zuständigkeitsgebieten des WSR existierenden →Internationalen Organisationen, mit denen vom WSR mit Genehmigung der GV Zusammenarbeitsverträge geschlossen wurden und deren Tätigkeit er koordiniert und deren Berichte er erhält. Gegenwärtig gibt es 15 solcher Sonderorganisationen: Die Food and Agriculture Organization (*FAO* – Ernährungs- und Landwirtschaftsorganisation), die International Civil Aviation Organization (*ICAO* – Internationale Zivilluftfahrt-Organisation), die International Bank for Reconstruction and Development (*IBRD* – Weltbank), die International Development Association (*IDA* – Internationale Entwicklungs-Organisation), die International Finance Corporation (*IFC* – Internationale Finanz-Corporation), den International Monetary Fund (*IMF* – Internationaler Währungsfonds), die International Labour Organization (*ILO* – Internationale Arbeits-Organisation), die International Maritime Organization (*IMO* – Zwischenstaatliche Schiffahrtsorganisation), die International Telecommunications Union (*ITU* – Internationaler Fernmeldeverein), die Universal Postal Union (*UPU* – Weltpostverein), die United Nations' Educational, Scientific and Cultural Organization (*UNESCO* – Organisation der Vereinten Nationen für Erziehung, Wissenschaft und Kultur), die World Health Organization (*WHO* – Weltgesundheitsorganisation), die World Meteorological Organization (*WMO* – Weltorganisation für Meteorologie), den International Fund for Agricultural Development (*IFAD* – Internationaler Fonds für landwirtschaftliche Entwicklung), die World Intellectual Property Organization (*WIPO* – Weltorganisation für geistiges Eigentum). Die International Atomic Energy Agency (*IAEA* – Internationale Atomenergie-Organisation) entspricht in ihrer Tätigkeit einer Spezialorganisation, doch wurde das Kooperationsabkommen nicht vom WSR abgeschlossen, sondern direkt von der GV, weshalb sie keine Sonderorganisation i. e. S. ist.

4. Der Treuhandrat besteht aus den ständigen Mitgliedern des SR, aus Mitgliedsstaaten, die Treuhandgebiete verwalten, sowie aus so viel von der GV auf drei Jahre gewählten Mitgliedern, daß im Treuhandrat gleich viel Treuhänder wie Nicht-Treuhänder vertreten sind. Er nimmt unter der Autorität der GV die Aufgaben im Rahmen des Treuhandsystems der UN wahr.

5. Der IGH ist Organ der UN, hat aber sein eigenes Statut und seinen Sitz in Den Haag. Die 15 unabhängigen Richter werden von der GV und dem SR auf 9 Jahre gewählt, wobei neben der Befähigung der Kandidaten darauf zu achten ist, daß die Richter in ihrer Gesamtheit eine Vertretung der großen Kulturkreise und hauptsächlichen Rechtssysteme der Welt darstellen. Eine automatische Unterwerfung unter die Gerichtsbarkeit des IGH besteht weder für Mitglieder der UN noch für Nichtmitglieder, die seinem Statut beitreten können. Die GV und der SR können Rechtsgutachten des IGH einholen.

6. Das Sekretariat besteht aus den Beamten der UN (keine Staatenvertreter!), an deren Spitze der *Generalsekretär* (GS) steht, der von der GV auf Empfehlung des SR gewählt wird. Der GS ist aber keinesfalls nur der leitende Verwaltungsbeamte der UN, sondern erfüllt auch wichtige politische Funktionen. Er kann den SR auf alle Angelegenheiten aufmerksam machen, die seiner Meinung nach geeignet sind, die Aufrechterhaltung des Weltfriedens zu bedrohen. Er kann an allen Verh. teilnehmen und das Wort ergreifen. In der Praxis hat sich die Stellung des GS weiter verstärkt, da er, anstelle des handlungsunfähigen SR, oft selbst in friedensbedrohenden Lagen diplomatisch eingegriffen hat.

IV. Rechtsnatur der UN. Die UN sind eine organisierte →Staatenverbindung auf völkerrechtl. Grundlage. Sie besitzen beschränkte Völkerrechtssubjektivität (Rechtsgutachten des IGH vom 11. April 1949) und verkehren als Völkerrechtssubjekt mit Staaten und anderen →Internationalen Organisationen auf der Grundlage der Gleichheit. Sie können mit ihnen Verträge schließen und genießen Privilegien und Immunität, soweit dies zur Verwirklichung ihrer Zwecke erforderlich ist.

V. Ziele und Aufgaben. Die *Ziele* der UN sind in der Präambel und, in jur. bindender Weise, in Art. 1 der Satzung niedergelegt: (1) den Weltfrieden und die internationale Sicherheit zu wahren; (2) freundschaftl. Beziehungen zwischen den Nationen zu entwickeln; (3) internationale Zusammenarbeit herbeizuführen, um internationale Probleme wirtschaftl., sozialer, kultureller und humanitärer Art zu lösen und die Achtung vor den Menschenrechten und Grundfreiheiten zu fördern und zu festigen; (4) ein Mittelpunkt zu sein, in dem die Bemühungen der Nationen zur Verwirklichung dieser gemeinsamen Ziele aufeinander abgestimmt werden.

Zur Erreichung dieser Ziele stellt Art. 2 folgende *Grundsätze* auf: (1) die souveräne Gleichheit aller Mitglieder; (2) die Verpflichtungen aus der Satzung nach Treu und Glauben zu erfüllen; (3) internationale Streitigkeiten durch friedl. Mittel beizulegen; (4) das Verbot der Androhung oder Anwendung von Gewalt in den internationalen Beziehungen; (5) die Unterstützung der Maßnahmen, die die UN ergreifen; (6) die Verpflichtung der Organisation, dafür Sorge zu tragen, daß Nichtmitgliedsstaaten nach diesen Grundsätzen handeln, soweit dies zur Wahrung des Weltfriedens erforderlich ist; (7) das Verbot an die Organisation, sich in die Angelegenheiten einzumischen, die ihrem Wesen nach zur inneren Zuständigkeit eines Staates gehören. In der „Declaration on Principles of International Law concerning Friendly Relations and Cooperation among States“, die die GV am 24. Okt. 1970 angenommen hat, haben die UN versucht, diese Grundsätze zu präzisieren.

1. Aus der Entstehung der UN als Fortsetzung der siegreichen Kriegsallianz erklärlich, steht an erster Stelle der Aufgaben die *Aufrechterhaltung des internationalen Friedens und der internationalen Sicherheit,* wobei – jedenfalls ursprünglich – dies weitgehend als Erhaltung des territorialen Status quo verstanden wurde. Der SR ist das Organ, dem diese Aufgabe vorrangig übertragen ist. Der *Kriegsverhütung* (→Kriegsverhütungsrecht) dient zunächst das Gebot der friedl. Erledigung von Streitigkeiten zwischen Staaten. Die Satzung enthält aber kein institutionalisiertes Verfahren, das mit Sicherheit zur friedl. Streiterledigung führt. Die Befugnisse des SR, wie auch der subsidiär zuständigen GV, beschränken sich insoweit auf Empfehlungen (s. Kap. VI der Satzung). Die Satzung versucht, Kriegsverhütung v. a. durch das umfassende Gewaltverbot und seine Sicherung durch kollektive Sanktionsmaßnahmen zu erreichen. Der SR kann in den Fällen, in denen er eine Bedrohung oder einen Bruch des Friedens oder eine Angriffshandlung feststellt, an Stelle von Empfehlungen auch Sanktionsmaßnahmen beschließen, zu deren Durchführung die Mitgliedsstaaten verpflichtet sind. Es kann sich dabei um friedl. Sanktionsmaßnahmen (zB Unterbrechung der Wirtschaftsbeziehungen, der Verkehrsverbindungen, Abbruch der diplomatischen Beziehungen), aber auch um militärische Sanktionsmaßnahmen handeln, bis zum Einsatz von Land-, Luft- und Seestreitkräften. Die Kriegsverhütung der UN kann in der von der Satzung vorgesehenen Weise in ihrem entscheidenden Kern nur funktionieren, wenn zwischen den 5 ständigen Mitgliedern des SR Einigkeit besteht, da ein Sanktionsbeschl. des SR schon dann nicht wirksam zustande kommt, wenn eines von ihnen sein Veto dagegen einlegt. Da es an dieser Einigkeit fehlte und noch heute weitgehend fehlt, ist denn auch das im Kap. VII der Satzung vorgesehene Sanktionssystem toter Buchstabe geblieben; die in Art. 43 vorgesehenen Abkommen zwischen dem Sicherheitsrat und den Mitgliedsstaaten über die Bereitstellung von Streitkräften zur Durchführung militärischer Sanktionen sind nie geschlossen worden. Der im Zusammenhang mit der Koreakrise unternommene Versuch, bei Inaktivität des SR im Falle einer Bedrohung oder eines Bruchs des Friedens oder einer Angriffshandlung die GV an Stelle des SR handeln zu lassen (Resolution „Uniting for Peace“ vom 3. Nov. 1950), hat jedenfalls nicht dazu geführt, das Sanktionssystem der Satzung wirksam werden zu lassen. Das war wohl auch gar nicht beabsichtigt, da nach dieser Resolution die GV den Mitgliedern nur *Empfehlungen* für Sanktionsmaßnahmen geben, nicht aber diesbezüglich verbindliche Beschl. fassen sollte. Dennoch wäre es zu weitgehend, zu sagen, die UN hätten ihre vorrangige Aufgabe der Kriegsverhütung nicht erfüllt. Sie haben sie, vom Fall Rhodesiens einmal abgesehen, nicht in der von der Satzung vorgesehenen Weise der wirksamen Drohung mit kollektiven Sanktionsmaßnahmen, bzw. deren Durchführung, erfüllt. An ihre Stelle sind in der Praxis der UN andere Formen und Prozeduren der Kriegsverhütung, besser gesagt, der Kriegseindämmung, getreten. Diese reichen von Verh., Untersuchungen und Vermittlungen (sehr oft durch den GS) bis hin zur Entsendung von Truppen in Krisengebiete, wobei diesen Truppen Beobachterfunktion zukommen kann (Yemen, Kaschmir, Libanon) oder die Aufgabe, zwischen feindl. Linien eine Pufferzone zu bilden (Ägypten-Israel, Syrien-Israel) oder die innere Ordnung in einem Staat wiederherzustellen (Kongo). Die Aufstellung und Entsendung solcher Truppen erfolgte auf Grund von Resolutionen des SR (Kongo, Zypern, Ägypten 1973, Libanon 1978) oder der GV (Ägypten 1956). Die Leitung der Operationen lag weitgehend beim GS. Gemeinsames Kennzeichen dieser Friedenssicherungsaktionen ist, daß sie nicht, entsprechend Kap. VII der Satzung, Sanktionsmaßnahmen gegen einen Aggressor waren, sondern im Einverständnis oder sogar auf Ersuchen der betroffenen Staaten erfolgten. Der Fall Korea war ebenfalls keine Praktizierung des Kap. VII der Satzung, da die Maßnahmen nicht auf Grund eines Beschl. des SR, sondern nur auf Grund einer (nicht verbindlichen) Empfehlung des SR und einer Empfehlung der GV auf der Grundlage der Resolution „Uniting for Peace“ ergriffen wurden. Darf man die aus der Praxis entwickelten Friedenssicherungsaktionen der UN auch nicht für bedeutungslos erachten, den sicheren Mechanismus zur Kriegsverhütung, den Kap. VII beabsichtigte, stellen sie nicht dar. Darüber hinaus ist bezüglich ihrer Wirksamkeit und möglichen Weiterentwicklung zu beachten, daß die Ostblockstaaten, aber auch Frankreich, der GV, entgegen einem Rechtsgutachten des IGH, jegliche, auch nur empfehlende, Kompetenz zur Aufstellung und Entsendung von Truppen bestreiten und sich daher weigern, die Kosten für solche Aktionen mitzutragen. Auch ist der Ostblock mit der Leitung solcher Aktionen durch den GS nicht einverstanden. Die Abrüstung, ein Teilaspekt der Kriegsverhütung, war von Anfang an ein ständiger Tagesordnungspunkt bei den Sitzungen der GV. Auch wurden mehrere Ausschüsse eingesetzt. Fortschritte auf diesem Gebiet wurden aber nicht erreicht. Seit 1962 hat sich der Schwerpunkt der Abrüstungsbemühungen auf die Genfer Abrüstungskonferenz verlagert, die zwar in loser Weise mit den UN verbunden, letztlich aber doch von ihr unabhängig ist.

2. Die Förderung des wirtschaftl. und sozialen Fortschritts und der internationalen Zusammenarbeit auf diesen und verwandten Gebieten ist eine Aufgabe, die den UN an mehreren Stellen der Satzung (besonders Art. 55 a und b, Art. 1, Ziff. 3) zugewiesen wird. Dabei erscheint sie ursprünglich vorrangig als funktional für die Hauptaufgabe der Friedenssicherung, entsprechend der Überzeugung, daß, um den Frieden zu sichern, die wirtschaftl. und sozialen Probleme der Welt gelöst werden müssen. Wenngleich dieser Aspekt nach wie vor seine Gültigkeit hat, haben die wirtschaftl. und sozialen Aufgaben heute davon unabhängig eine eigenständige, zentrale, ja überwiegende Bedeutung in der Arbeit der UN erlangt, für die etwa 80 % der Mittel aufgewandt werden. Das geht zurück auf den Einfluß der afro-asiat. und lateinamerik. Staatengruppe, deren oberstes Interesse dahin geht, wirtschaftl. und sozial den Anschluß an die Industrienationen zu finden oder doch wenigstens den Abstand zu diesen nicht noch größer werden zu lassen. Die Milderung des Nord-Süd-Gegensatzes hat heute in den UN Priorität vor dem Ost-West-Gegensatz. Ausdruck der wachsenden Bedeutung dieses Aufgabengebietes ist die Erklärung des Zeitraumes von 1961 bis 1970 zur ersten Entwicklungsdekade und die Fortsetzung der Bemühungen in den weiteren Entwicklungsdekaden. Die Formen der Tätigkeit auf diesem Gebiet sind vielfältig und umfassen u. a. Untersuchungen, Berichte, Empfehlungen, Gewährung von →Entwicklungshilfe personeller, technischer, sächl. und finanzieller Art. Die oberste Zuständigkeit liegt bei der GV, die sich in jüngster Zeit für dieses Aufgabengebiet in der United Nations Conference on Trade and Development *(UNCTAD)*, der United Nations Industrial Development Organization *(UNIDO)* und dem United Nations Capital Development Fund *(CDF)* ihr unmittelbar unterstellte Organe geschaffen hat. Unter der Autorität der GV ist der WSR, der, um mehr Mitgliedsstaaten die Mitarbeit zu ermöglichen, von ursprünglich 18 zunächst auf 27 und nun auf 54 Mitglieder erweitert wurde, die wichtigste Koordinationsstelle. Zur Durchführung seiner Aufgaben bedient er sich verschiedener Kommissionen, wobei v. a. die regionalen Wirtschaftskommissionen für Afrika, den Fernen Osten, Europa und Lateinamerika zu nennen sind, aber auch Organe für spezielle Aufgaben wie das Kinderhilfswerk *(UNICEF)* der UN. Über den WSR läuft insbesondere die Zusammenarbeit mit den Spezialorganisationen, wobei hier zu nennen sind: IBRD, IDA, IFC, IMF, FAO, ILO, WHO.

Einer neuen Aufgabe, die in diesem Zusammenhang zu erwähnen ist, haben sich die UN mit ihren Bemühungen um den →Umweltschutz zugewandt, die bisher deutlichsten Ausdruck in der Stockholmer Konferenz von 1972 fanden.

Obgleich die Aktivitäten der UN auf wirtschaftl. und sozialem Gebiet außerordentlich zugenommen haben und nicht als gering veranschlagt werden können, ist ihr Erfolg bisher doch eher als bescheiden zu bezeichnen. Die Erwartungen jedenfalls, die die weniger entwikkelten Staaten in sie gesetzt haben, sind bisher nicht erfüllt, sind z. T. aber auch übersteigert und nicht erfüllbar.

3. Eine weitere wesentliche Aufgabe, die den UN gestellt ist, ist die *Förderung der Achtung und Verwirklichung der Menschenrechte und Grundfreiheiten* (Art. 55 c der Satzung). Ein erster Schritt dazu war die Annahme der Universellen Erklärung der Menschenrechte durch die GV am 10. Dez. 1948, die aber nur eine Art Programm darstellt und keine rechtl. Bindung der Mitgliedsstaaten bedeutet. Dieser umfassende Ansatz verkümmerte im weiteren Verlauf der Bemühungen etwas, da die UN, unter dem bestimmenden Einfluß der afro-asiat. Staaten, sich vornehmlich auf die Bekämpfung der Rassendiskriminierung konzentrierten. Das Ergebnis ist das Internationale Übereinkommen zur Beseitigung jeder Form der Rassendiskriminierung vom 7. März 1966, das von den UN ausgearbeitet wurde und unterdessen für über 120 Staaten in Kraft getreten ist (Stand: März 1985). Der umfassenden Fortentwicklung der Menschenrechte dienen die beiden Internationalen Pakte vom 16. Dez. 1966 über wirtschaftl., soziale und kulturelle Rechte bzw. über bürgerl. und politische Rechte, die 1976 in Kraft getreten sind. Die Sicherung der Menschenrechte durch diese Pakte ist nicht sehr weitreichend, da nur ungenügende Verfahren vorgesehen sind, um Verstöße gegen die Abkommen zu ahnden.

4. Kein allzu großes Gewicht kommt heute mehr der *Aufgabe im Rahmen des Treuhandsystems* der UN zu, denn bis auf das US-Treuhandsgebiet „Pazifische Inseln" sind unterdessen alle Treuhandgebiete zu unabhängigen Staaten geworden. Infolgedessen kann heute die Satzungsbestimmung nicht mehr erfüllt werden, wonach im Treuhandrat gleich viel Mitgliedsstaaten, die Treuhandgebiete verwalten, sitzen sollen wie solche, die keine Treuhandgebiete verwalten, da im Treuhandrat jedenfalls 4 ständige Mitglieder des SR als Vertreter der letzteren Kategorie sind. Hervorzuheben ist die *Rolle der UN bei der →Dekolonisierung*. Die Satzung selbst enthält zwar keine Verpflichtung der Kolonialmächte, ihre Kolonien in die Unabhängigkeit zu entlassen, doch enthält die Erklärung über Hoheitsgebiete ohne Selbstregierung (Kap. XI der Satzung) schon die Verpflichtung, die Selbstregierung zu entwickeln. Mit der berühmten „Declaration on the Granting of Independence to Colonial Countries and People" (Res. 1514, XV) gingen die UN darüber hinaus und setzten sich an die Spitze der allg. Dekolonisationsbewegung. Nicht daß sie diese ausgelöst hätten, noch haben sie die →Dekolonisierung durchgeführt – dazu waren nur die Kolonialmächte selbst in der Lage –, sie haben aber sicher die Entwicklung verbreitert und beschleunigt und erheblich dazu beigetragen, daß seit 1960 mehr als 70 Kolonien zu unabhängigen Staaten wurden. Es gibt allerdings noch heute etwa 30 abhängige Gebiete. Die allermeisten von ihnen sind freilich, was Fläche und Einwohnerzahl anlangt, wenig bedeutend. Die fortdauernden Bemühungen der UN konzentrieren sich daher weitestgehend auf das in Namibia umbenannte Südwestafrika sowie – z. T. allerdings unter anderen Aspekten – auf Südafrika. Insgesamt ist festzustellen, daß das →Selbstbestimmungsrecht der Völker von den UN so gut wie nur für Kolonialgebiete gefordert wurde und wird.

5. Art. 13 der Satzung stellt der GV die Aufgabe der *Fortentwicklung und Kodifizierung des →Völkerrechts.* Dieser Aufgabe hat sie sich bisher mit beachtlichem Erfolg angenommen, nicht zuletzt auf Grund der wirkungsvollen Arbeit der zu diesem Zwecke eingesetzten International Law Commission, die aus 25 Spezialisten des Völkerrechts aus den wesentlichen Rechtskreisen der Welt besteht. Eine Form der Fortentwicklung und Kodifizierung des Völkerrechts durch die UN besteht darin, daß ihre Organe Konventionsentwürfe ausarbeiten, die nach Billigung durch die GV zur Ratifizierung durch die Staaten aufgelegt werden (so zB bei den Menschenrechtspakten von 1966). Die andere Form besteht darin, Konventionsentwürfe einer internationalen Staatenkonferenz zur Beratung, Änderung und Annahme zuzuweisen (so zB bei den Wiener Konventionen über das Diplomatenrecht 1961, das Konsularrecht 1963 und das Vertragsrecht 1969 sowie bei den 4 Genfer Seerechtskonventionen von 1958 und der UN-Seerechtskonvention von 1982). Die Resolutionen bzw. Dekl. der GV schaffen unmittelbar kein Völkerrecht, da die GV keine Art Gesetzgebungsorgan ist. Wiederholte gleiche Resolutionen schaffen auch kein Völkergewohnheitsrecht, da die Praxis eines Organs der UN nicht gleichgesetzt werden kann mit der Praxis der Mitgliedsstaaten. Es ist aber nicht auszuschließen, daß solche Resolutionen die Praxis der Mitgliedsstaaten beeinflussen und so mittelbar zur Bildung von Gewohnheitsrecht beitragen. Der Kodifizierung des →Völkerrechts dient auch die Pflicht der Mitgliedsstaaten, ihre Verträge beim Sekretariat registrieren zu lassen.

VI. Würdigung. Bei der abschließenden Beurteilung der UN stößt man zu oft auf extreme Positionen, denen man nicht beipflichten kann. Den UN ist sicher nicht der Erfolg beschieden gewesen, den man sich bei ihrer Gründung erhoffte, sie sind aber keineswegs gescheitert. Bei der Würdigung ihrer Tätigkeit muß v. a. berücksichtigt werden, daß sie kein Weltstaat sind und sein wollten. Sie sind auch kein Weltgesetzgeber, wie dies die Staaten der Dritten Welt mit ihrer Mehrheit in der GV gerne sähen. Zuzugeben ist, daß sie ihre Hauptaufgabe der Kriegsverhütung nur unvollkommen und nicht in der in der Satzung vorgesehenen Weise erfüllen konnten. Völlig erfolglos waren sie aber auch auf diesem Gebiet nicht. Positiv zu werten ist, daß dieses teilweise Versagen die UN nicht lähmte und nicht verhinderte, daß sie auf vielen anderen Gebieten eine mitunter durchaus erfolgreiche Tätigkeit ausübten, wobei v. a. die GV ihre Rolle als zentrales Organ spielt, wodurch die hierarchische Struktur, die in der Besetzung des SR niedergelegt ist, weniger zum Tragen kommt. Die UN sind heute jedenfalls ein wertvolles, unverzichtbares Forum der Begegnung und des Meinungsaustausches, und sie vermitteln Anstöße zur internationalen Zusammenarbeit und bei der Lösung internationaler Probleme. Dort, wo sie bisher noch nicht erfolgreich waren, sind sie jedenfalls Symbol und Hoffnung für die Ideale des Friedens, der Toleranz, der allgemeinen Verantwortung für soziale Gerechtigkeit und wirtschaftliches Wohlergehen in der ganzen Welt.

R. HIGGINS, The Development of International Law through the Political Organs of the United Nations, 1963 – DIES., United Nations Peacekeeping: 1946–1967, Documents and Commentary, 2 Vol., 1969/70 – R. FALK/S. MENDLOVITZ (ed.), The Strategy of World Order III, The United Nations, 1966 – L. GORDENKER, The United Nations Secretary-General and the Maintenance of Peace, 1967 – R. GREGG/M. BARKUN, The United Nations System and its Function 1968 – L. GOODRICH/E. HAMBRO/A. SIMONS, Charter of the United Nations, 1969³ – J. GUTTERIDGE, The United Nations in a Changing World, 1969 – D. KAY, The New Nations in the United Nations 1960–1967, 1970 – C. LEGUM (ed.), The First United Nations-Development Decade and its Lessons for the 1970's, 1970 – W. SCHÜMPERLI, Die V.N. und die Dekolonisation, 1970 – A. BOYD, Fifteen Men on a Powder Keg – A History of the United Nations Security Council, 1971 – K. TWITCHETT (ed.), The Evolving United Nations: A Prospect for Peace?, 1971 – J. BARROS (ed.), The United Nations – Past, Present and Future, 1972 – D. DICKE, Die administrative Organisation der Entwicklungshilfe durch die V.N., 1972 – M. VIRALLY, L'Organisation mondiale, 1972 – U. SCHEUNER/B. LINDEMANN (edd.); Die V. N. und die Mitarbeit der Bundesrepublik Deutschland, 1973 – W. SPRÖTE/H. WÜNSCHE u. a., Die ökonomischen Organe und Organisationen der V.N., 1973 – R. WOLFRUM u. a. (ed.), Hdb. Vereinte Nationen, 1977 – E. LUARD, The United Nations, 1979.

Albrecht Randelzhofer

Verfassung. I. Im allgemeinen Sprachgebrauch und in der Staatslehre wird der Ausdruck „V." mit verschiedenen Bedeutungen verbunden. I. e. und eig. Sinn, terminologisch, bezeichnet „V." ein durch seine rechtl. Wirkung und die Bedeutung der geregelten Gegenstände im Verhältnis zur übrigen Rechtsordnung ausgezeichnetes Gesetz, das in der V.urkunde niedergelegt ist. Die V. enthält die grundlegenden Rechtssätze über Organisation und Funktionsweise der Staatsgewalt und über die Rechtsstellung der einzelnen (→Grundrechte). Sie bestimmt und begrenzt *durch Recht,* und nicht nur moralisch oder politisch-programmatisch, die Ausübung politischer Herrschaft, ordnet und diszipliniert den politischen Prozeß, die Auseinandersetzung der Gruppen um Macht und Teilhabe am Sozialprodukt, und sichert die individuelle Freiheit gegen Willkür und Unterdrückung. Im entwickelten **V.staat** ist die Staatsgewalt in allen ihren Erscheinungsformen, in G.gebung, Verwaltung und Rspr., an das V.recht gebunden. Die V. ist der hervorragendste Ausdruck der Rechtskultur einer Gesellschaft, *politisch* deren Einheit und Selbstverständnis dokumentierend und stets neu schaffend, *rechtl.* die Durchsetzung der in der V.gebung angenommenen politischen Ideen in der Ausübung der Staatsgewalt bewirkend und so vor allem die Einheit der Rechtsordnung herstellend. Da die →Gesellschaft, aus der die V. hervorgeht und die sie in den grundlegenden Beziehungen ordnet, in ihrer Struktur und ihren politischen Vorstellungen i. d. R. nicht homogen ist, besitzt die V., von wenigen fundamentalen Bestandteilen abgesehen, den Charakter eines friedensstiftenden und friedenswahrenden Kompromisses. Häufig aus einschneidenden gesellschaftl. Umbrüchen entstehend, sind die sachlichen Normen des V.rechts vielfach programmatisch und verheißend in die Zukunft gerichtet, so daß die V. insoweit ein erst zur Verwirklichung bestimmter „Entwurf" oder „Plan" (SCHEUNER) ist. Stets aber, und darin liegt ihre bedeutsamste Funktion, zwingt die V. die Ausübung von Herrschaft in eine *rechtl.* Ordnung. Sie nimmt der Macht Willkür und Beliebigkeit und gibt ihr Berechenbarkeit und Stabilität, ist „jur. Taufe der Herrschaft" (PILOTY). Neben dieser rechtl. Wirkung äußert die V., die ja Symbol der staatl. Einheit und Gemeinsamkeit ist, auch *„politische Macht"* (FRIEDRICH), indem sie faktisch das in den politischen Prozeß der Herrschaftsgewinnung und -ausübung eingehende Denken und Handeln beeinflußt. Die V. soll nicht nur die Legalität, Effektivität und Planmäßigkeit staatl. Handelns sichern, sondern auch die politische Herrschaft mit den sozialen Normen und den Sinnbedingungen des individuellen Daseins verbinden.

Die V. ist ein *konkreter Gründungs- und Gestaltungsakt.* Jede V. trägt Züge geschichtl. und kultureller Einmaligkeit, sowohl durch den historischen Vorgang der V.gebung wie durch die Rechts- und Kulturgeschichte des Landes. Die den Staat bestimmenden politischen Kräfte wollen mit Hilfe der verfassungsrechtl. Legalität die Bedingungen der Legitimität des Staates und ihres Herrschaftsanspruchs fortdauernd sichern. Dieses Ziel läßt sich nicht allein durch Umsturz und Unterdrückung erreichen, sondern nur, wenn in mehr oder weniger hohem Maße die Kontinuität des Rechts respektiert wird und die betroffenen Belange und Interessen im Zuge der V.gebung ausgehandelt und ausgeglichen werden. Das ältere, über Jahrhunderte gültige Bild der Gründung von Staat, Recht und Ordnung, das Bild des *Vertrages,* also der Verständigung, Einigung und Vereinbarung, behält in seinem Kernpunkt für die Sinndeutung der V. seine Bedeutung. Es verbindet sich mit der modernen Konstruktion der V. als *Entscheidung einer verfassunggebenden Gewalt,* in der das Hauptgewicht auf die instrumentelle Eigenschaft des heutigen positiven Rechts gelegt wird.

II. Geschichte. Der zum Grundprinzip menschl. Vergemeinschaftung erhobene Gedanke, daß Herrschaft durch Recht gebunden sein muß, gehört schon der *Antike* an. Dem *Mittelalter* ist die Gegenüberstellung von regimen regale und regimen politicum, von zur Tyrannis neigender Alleinherrschaft und rechtlich beschränkter Herrschaft geläufig (siehe zB JOHN FORTESCUE, The Governance of England, um 1471). Die *Pflichten des Herrschers* werden aus den geoffenbarten Glaubenswahrheiten und aus der – sich später gegenüber der religiösen Fundierung verselbständigenden – Lehre vom Gemeinwesen als der durch Einigung und gegenseitige Versprechen geschaffenen und erhaltenen Grundlage der Herrschaft (government by consent) abgeleitet, in oft sehr elaborierter Konstruktion mit Hilfe der Figur des *„Herrschaftsvertrages".*

Der Gedanke und die Verwirklichung einer *geschriebenen V.* als einer förmlich gesetzten Norm zur Ordnung und Begrenzung der Ausübung von Herrschaft, schließlich als Grundnorm der Rechtsordnung und Staatsgrundgesetz, ist mit den älteren Vorstellungen vorbereitet, doch noch nicht zur Geltung gebracht. Das unterscheidende Merkmal der V. und des V.staates entstammt der Emanzipation der *bürgerlichen Gesellschaft.* Es ist geprägt von den religiösen und säkularen Ideen, die diesen weltgeschichtl. Prozeß begleiteten, vom Individualismus und Rationalismus der Renaissance, vom Calvinismus (→Protestantismus) und vom →Liberalismus. Die Idee einer V. kennzeichnet im politischen Denken die Ablösung des MA., für das die Ordnung des Gemeinwesens vorgegebenen und erkennbaren, menschl. Bestimmung entzogenen Regeln unterworfen war, durch die Neuzeit, für die die Organisation der Gesellschaft durch vernunftgeleitete Entscheidung zu leisten ist. Die Anknüpfung an antike und ma. Erscheinungen, deren sich die neue Idee der V. gelegentl. bedient, ist nur äußerl.; so wenn sich im Hinblick auf das röm. „rem publicam constituere" (das

Gemeinwesen ordnen) im 18. Jh. der Ausdruck *„Konstitution"* (engl. „constitution"; franz. „constitution") in der europ. Rechtssprache eingebürgert. Ebenso handelte es sich bei den „lois fondamentales" des franz. Ancien Régime, die auch den König binden, und bei den „leges fundamentales", die im Staatsrecht des Hl. Röm. Reiches Dt. Nation insbes. die Wahlkapitulationen der Kurfürsten mit dem Kaiser bezeichnen, nicht um V.en.

Die ersten V.en entstanden im 17. Jh. im *engl.* Rechtskreis und auf der Grundlage des *calv.* Denkens der *Puritaner.* Der berühmte Pakt, den die „Pilgrim Fathers" vor der Gründung von New Plymouth (im heutigen Massachusetts) am 11. Nov. 1620 an Bord der „Mayflower" schlossen, kann allerdings wegen der geringen Zahl der Beteiligten nicht als V. angesehen werden. Die erste V. sind vielmehr die „Fundamental Orders of Connecticut" vom 14. Nov. 1639. In England selbst findet sich zuerst der im Okt. 1647 von den Levellern vorgelegte V.entwurf, das „Agreement of the People", der erfolglos blieb. Englands einzige und zudem sehr kurzlebige V. war CROMWELLS „Instrument of Government" von 1653. Dem calv. V.denken ist es eigentüml., die V. als einen Vertrag *(covenant)* zu verstehen, durch den der „bürgerl. Zustand" an die Stelle des „Naturzustandes" tritt und zugleich die begrenzende Grundlage für die so begründete Staatsgewalt aufgestellt wird (sog. *Gesellschaftsvertrag*).

Mit der V. von Virginia vom 12. Juni 1776 und der BundesV. der USA vom 17. Sept. 1787 brachte die *amerik.* Revolution die ersten großen V.en liberalen Stils hervor. Den maßgebenden Einfluß auf die westeurop. V.entwicklung gewannen die in der →*Franz. Revolution* entstandenen V.en, beginnend mit der V. der Nationalversammlung vom 3. Sept. 1791, die vorher selbständig erlassene V.gesetze, darunter die epochemachende „Déclaration des droits de l'homme et du citoyen" vom 26. Aug. 1789 (→Grundrechte I E), zusammenfaßte. In den zehn Jahren bis 1800 durchlief Frankreich in rascher Folge die V.zustände der konstitutionellen Monarchie (→Konstitutionalismus) – V. von 1791 –, der jakobinischen Konventsherrschaft – V. von 1793 –, des Direktoriats – V. von 1795 – und des Konsulats – V. von 1799. In den Auseinandersetzungen und Debatten dieser Zeit, die mit den unterschiedlichsten V.einrichtungen experimentierte und alle wesentl. Konstruktionselemente des liberalen V.staates mit dem Enthusiasmus und der Unbefangenheit einer Zeit, die sich als prinzipieller Neuanfang versteht, erörterte und durchdachte, bildete sich das Arsenal der bürgerl. V.entwicklung des 19. und 20. Jh. Die *liberale* V. unterwirft den Staat der Gesellschaft, deren „staatsfreier Raum" durch die →Grundrechte beschrieben wird. Die V. konstituiert den Staat als Instrument der Gesellschaft, d. h. der Freiheit und des Eigentums der Gesellschaftsglieder; nur durch das von dem →Parlament als der Nationalrepräsentation (→Repräsentation) beschlossene G. vermag der Staat in Freiheit und Eigentum „einzugreifen". Die so beschränkte Staatsgewalt wird überdies durch die →Gewaltenteilung auch in sich selbst geschwächt. Die bedeutendsten Theoretiker dieses bürgerl. V.staates sind JOHN LOCKE, MONTESQUIEU, ROUSSEAU, THOMAS JEFFERSON und der Abbé SIEYÈS.

Die Restauration gab zunächst dem Monarchen die verfassunggebende Gewalt, der sich ihrer in Gestalt sog. *„oktroyierter"* V.en bediente. Zur typischen Erscheinungsform der nationalliberalen V. des 19. Jh. wurde jedoch die *„paktierte"* V., deren Grundlage eine Vereinbarung, ein „V.vertrag" zwischen der Krone und dem durch ein Parlament repräsentierten Bürgertum sein sollte. Diese ideologische Konstruktion verhüllte die letztlich noch bestehende verfassunggebende Gewalt des Monarchen und zeigte den Schwebezustand zwischen der absolutistischen Monarchie und der Republik: die *konstitutionelle Monarchie.* Die nachrevolutionäre V.entwicklung wird eingeleitet durch die franz. „Charte constitutionelle" vom 4. Juni 1814, die oktroyierte V. LUDWIGS XVIII. Diesem Vorbild folgten die V.en des *südd.* →*Konstitutionalismus* (Bayern, 26. Mai 1818; Baden, 22. Aug. 1818; Württemberg, 25. Sept. 1819; Hessen-Darmstadt, 17. Dez. 1820). Die weitere dt. V.gesch. der ersten Jahrhunderthälfte wurde durch Art. 13 der Dt. Bundesakte vom 8. Juni 1815 beherrscht, wonach in den Bundesstaaten eine *„Landständische V."* stattzufinden hatte; Art. 57 der Wiener Schlußakte vom 15. Mai 1820 präzisierte diesen Begriff dahin, daß die gesamte Staatsgewalt beim Monarchen zu verbleiben habe und dieser durch die V. nur in der Ausübung bestimmter Rechte an die Mitwirkung der Stände gebunden werden dürfe. Dieses monarchische Prinzip erwies sich in der Revolution von 1848 als noch unüberwindl. Die *PaulskirchenV.* vom 28. März 1849, die sich die als liberale MusterV. geltende Belgische V. vom 7. Febr. 1831 zum Vorbild genommen hatte, trat nicht in Kraft; in Preußen oktroyierte die Krone die V. vom 5. Dez. 1848, die durch die „revidierte" V. vom 31. Jan. 1850 – äußerl. eine paktierte V. – abgelöst wurde. Auch die ReichsV. vom 16. Apr. 1871 wurde der Form nach mit dem Reichstag vereinbart. Erst die →Weimarer V. (WV) vom 11. Aug. 1919 beruhte auf einer nichtmonarchischen, demokratischen V.gebung.

Der Parlamentarische Rat hat bei der Schaffung des →Grundgesetzes an die Tradition des bürgerl. V.staates angeknüpft und die in der WV hergestellte Verbindung der liberalen Tradition mit den Grundsätzen einer republikanischen, demokratischen und sozialstaatl. Staatsgestaltung fortgeführt.

Obwohl V. und V.staat unverwechselbar Bestandteil der bürgerl. Rechtskultur und des liberalen Staatsdenkens sind, liegt in ihnen ein Moment, das diesen hist.-gesellschaftl. Zusammenhang überschreitet. Es ist dies nicht nur der augenfällige Nutzen, den eine derartige normierte Grundordnung für die Stabilität und die Funktionsweise jegl. Gesellschaft besitzt. Vielmehr sind die freiheitsstiftende Disziplinierung der Herrschaft und die friedensstiftende Neutralisierung und Rationalisierung des politischen Prozesses fortdauernde Errungenschaften, deren Preisgabe die erreichte Humanisierung und Zivilisierung des gesellschaftl. Zusammenlebens in Frage stellen würde. Daraus erklärt sich, daß die zahlreichen nach 1945 neu entstandenen Staaten nicht darauf verzichtet haben, V.en zu schaffen.

Auch in den *sozialistischen* Staaten sind überall V.en in Kraft gesetzt worden: V. der russ. sozialistischen föderativen Sowjetrepublik vom 10. Juli 1918; Stalinsche V. der Sowjetunion vom 6. Dez. 1936, jetzt geltend die V. vom 7. Okt. 1977; V. der Volksrepublik China vom 2. Sept. 1954, jetzt geltend die V. vom 4. Dez. 1982; V. der DDR vom 7. Okt. 1949, jetzt geltend die V. vom 6. April 1968 in der Fass. der Änderungen durch das Gesetz vom 7. Okt. 1974. Die sozialistische V., rechtliche Form der politischen Organisation der Arbeit, versteht sich als Ausdruck einer bestimmten Etappe der sich entwickelnden sozialistischen Gesellschaft und zugleich als Instrument und Programm des weiteren Aufbaus der sozialistischen Gesellschaft durch die von der Partei geführte Arbeiterklasse.

III. Nähere Bestimmung des V.begriffs. A. Die Staatslehre verwendet den Ausdruck „V." nicht nur in dem engen Sinn als gleichbedeutend mit V.urkunde (oben unter I), sondern auch in einem weiteren Sinn zur Bezeichnung der grundlegenden Rechtssätze, die Organisation, Aufgaben und Befugnisse der Staatsgewalt regeln, ohne Rücksicht darauf, ob diese Rechtssätze geschrieben oder ungeschrieben sind. In diesem Sinn hat jeder Staat eine V. Ein derartiger, nur *deskriptiver* V.begriff war dem politischen Denken vor der endgültigen Verwirklichung des V.staates fremd. Für die konstitutionelle Bewegung des 17. bis 19. Jh. war V. ein polemisch gebrauchter *politischer Kampfbegriff.* Dies in zweifacher Weise. Ein Staat ohne geschriebene V. oder mit einer oktroyierten V. wurde als ein Staat ohne V. angesehen. Dieser V.begriff postulierte eine bestimmte Form der V. und eine bestimmte Methode der V.gebung. Zweitens wurde nur eine solche V.urkunde als V. bezeichnet, deren Rechtssätze die wichtigsten Forderungen der liberalen V.idee – Gewaltenteilung, Schutz von Freiheit und Eigentum – enthielten. Dieser *„Idealbegriff"* der V. (C. SCHMITT) postulierte also einen bestimmten Inhalt der V.urkunde. Am bekanntesten ist die Formulierung in Art. 16 der Erklärung von 1789: „Jede Gesellschaft, in der die Garantie der Rechte nicht zugesichert und die Teilung der Gewalten nicht festgelegt ist, hat keine V." Dieser polemische Gebrauch von „V." steht völlig im Einklang mit der Tatsache, daß der Begriff der V. nicht für theoretische Zwecke aufgestellt wurde, sondern als Instrument der Revolutionierung der gesellschaftl. Praxis.

B. Der heutige wissenschaftliche Sprachgebrauch nennt ohne Rücksicht auf Zustandekommen, Inhalt und Legitimität entweder im strengen, staatsrechtlichen Sinn das **V.gesetz** *(V. im formellen Sinn)* oder im beschreibenden und theoretischen Sinn die **rechtl. Grundordnung des Staates** *(V. im materiellen Sinn)* seine V. Da heute nahezu alle geltenden V.en bewußte Kunstschöpfungen sind, die aus einem revolutionären Umbruch oder einer Revision des Staatsgrundgesetzes entstanden sind, ist die alte Unterscheidung von JAMES BRYCE (Studies in History and Jurisprudence, Oxford 1901, Essay III) nach *„gewachsenen"*, flexiblen V.en (Hauptbeispiel: England) und *„starren"*, kodifizierten V.en (Hauptbeispiel: USA) heute von geringerem Interesse. Auch die kodifizierten V.en sind regelmäßig der V.änderung in einem dafür vorgesehenen Verfahren zugänglich und überdies durch die rechtl. und politische Praxis, insbes. die richterliche V.-auslegung, einem Prozeß der *V.entwicklung* ausgesetzt.

Das *ungeschriebene* V.recht sind grundlegende, aus einer sinnorientierten Auslegung einzelner V.bestimmungen oder der V. im ganzen gewonnene Rechtssätze und Rechtsgrundsätze über die Organisation und Ausübung der Staatsgewalt, zB die Bundestreue, die implizierten Bundeskompetenzen kraft Sachzusammenhangs und kraft Natur der Sache (→Bundesstaat) oder die rechtsstaatl. Grundsätze über die Zulässigkeit rückwirkender Gesetze (→Rechtsstaat). Sie werden als Ergänzung des V.gesetzes angesehen und nehmen deshalb am Geltungsvorgang der V. teil.

C. Eine V. als *rechtl. Grundordnung des polit. Prozesses* ist heute, wenn auch in verschiedenartiger Erscheinungsweise und mit unterschiedl. Geltungskraft, ohne Rücksicht auf das jeweils bestehende Gesellschaftssystem und das jeweils herrschende Regime, *in allen Staaten* Bestandteil der Rechtsordnung. In fast allen Staaten ist das V.recht in einer V.urkunde oder in mehreren V.gesetzen kodifiziert. Vielfach allerdings ist die Herrschaftspraxis erhebl. vom Buchstaben und Geist der nominell geltenden V. entfernt, bis hin zu deren Denaturierung zu einer bloßen Fassade. Nahezu durchgehend deklarieren sich die V.en als Grundgesetze „demokratischer" Staaten, die große werbende Kraft und weite Bedeutungsvielfalt dieses V.prinzips nutzend. Entsprechend den beiden Hauptrichtungen der polit. Philosophie (→Sozial- und Staatsphilosophie) lassen sich die meisten der heute geltenden V.en ihrem Inhalt nach entweder dem Typ der liberaldemokratischen V. oder dem Typ der sozialistischen V. zuordnen.

Äußerl. Übereinstimmungen beider Typen, etwa das Vorhandensein von Grundrechten oder das Bekenntnis zur Demokratie, dürfen nicht darüber täuschen, daß je nach der zugrundeliegenden polit. Idee (Legitimität; siehe unter IV) mit derartigen Formulierungen ganz unterschiedl. Bedeutungen und prakt. Wirkungen verbunden sind. Während die sozialistischen V.en einen verhältnismäßig einheitl. Grundcharakter aufweisen, läßt sich der Typ der liberaldemokratischen V. wiederum in einige Untergruppen aufgliedern, etwa danach, bis zu welchem Grade der liberale Grundzug durch wohlfahrtsstaatl. Regelungen modifiziert ist (→Sozialstaat) wie zB in der WV, oder danach, bis zu welchem Grade die demokratische Willensbildung parlamentarisch-repräsentativ oder plebiszitär geordnet oder aber autoritär deformiert ist.

Der charakteristische *Inhalt einer V.* umfaßt die Organisation der Staatsgewalt (organisatorischer Teil der V., „frame of government") und die Umschreibung des verfassungsrechtl. Status der Gewaltunterworfenen (Grundrechtskatalog, „bill of rights"). Der ältere Sprachgebrauch nennt nur das Organisationsstatut „V." (so zB die franz. V. von 1791). Eine häufig zu beobachtende Gepflogenheit der V.gesetzgebung ist es, die V.urkunde mit einer *Präambel* einzuleiten, in der mit feierl. Worten die allg. Gedanken, auf denen die V.gebung beruht, niedergelegt werden. Eine Präambel ist nicht nur ein Hilfsmittel der V.auslegung, sondern kann auch Rechtssätze enthalten (so BVerfGE 5, 85 [127] für das Gebot der Wiedervereinigung).

IV. Entstehung und Legitimität einer V. A. Während eine „gewachsene" V. aus einem längeren Prozeß hervorgeht, an dem verschiedene Faktoren der V.gebung beteiligt sind, entstehen die „kodifizierten" V.en durch hist. genau abgrenzbare Akte der *V.gebung.* Nur dieser punktuelle Kodifikationsvorgang ist Gegenstand der Lehre von der verfassunggebenden Gewalt, die in einer historisch konkreten Situation der bürgerl. V.bewegung mit einer aggressiven praktischen Zielsetzung entstanden ist und sich an dem Typus revolutionärer, gesellschaftsumwälzender V.gebung orientiert. Diese Lehre ist durch den Abbé SIEYÈS begründet worden, dessen Gedanken bis heute fortwirken. SIEYÈS unterschied den *„pouvoir constituant"* (die verfassunggebende Gewalt), den er dem „Volk", d. h. dem Dritten Stand, d. h. der bürgerl. Gesellschaft, zuschrieb, von den *„pouvoirs constitués"* (den aufgrund und nach Maßgabe der V. bestehenden Kompetenzen der Staatsorgane). Die verfassunggebende Gewalt ist nicht, wie die durch die verfassungsrechtl. Gewaltenteilung begründete gesetzgebende Gewalt, eine rechtl. definierte und einem verfassungsrechtl. geordneten Organ zugewiesene Vollmacht. Sie ist der *legitimierende Geltungsgrund der V.,* die anders als der sonstige Bestand der Rechtsordnung in keinen aus vorgegebenen Normen des positiven Rechts ableitbaren Legalitätszusammenhang eingefügt ist.

Die V.gebung ist, abgesehen vom Fall der V.revision, rechtl. gesehen ein Neuanfang, ein revolutionärer Akt, der die rechtl. Kontinuität mit der vorher bestehenden V.lage zerbricht. Sie ist ein Vorgang der *Rechtsschöpfung,* der frieden- und ordnungstiftenden Einung, der eine durch eine einheitl. Rechtsordnung verbundene Rechtsgemeinschaft konstituiert. Dieses Ziel, das zugleich eine Bedingung und eine Grenze der V.gebung darstellt, ist von der staatsgestaltenden Grundentscheidung nicht trennbar. Die kodifikator. Leistung einer V.gesetzgebung darf nicht so verstanden werden, wie wenn die verfassunggebende Körperschaft nur kraft voraussetzungsloser Rationalität ihrer Mitglieder die Rekonstruktion des Gemeinwesens durch individualisierbare verstandesmäßige Anstrengung und Einsicht hervordenken würde. Die Grundlage des V.werks wird durch die unmittelbare polit. Vorgeschichte der V.gesetzgebung bestimmt. Vor allem aber sind die in das V.gesetz eingehenden polit. Ideen und Rechtsinstitute durch eine häufig weit zurückreichende ideologische oder praktische Tradition vorbereitet, auch wenn ihre nunmehrige verfassungsgesetzl. Verwirklichung im Verhältnis zum gegebenen Gesellschaftszustand als tiefgreifende Umwälzung erscheint. **B.** Die durch die V.gebung abgetane alte Rechtslage kann für die V.gebung kein rechtl. Maßstab sein. Von der zu ihrem Zeitpunkt gegebenen Rechtslage aus kann die V.gebung nicht *legal,* sie kann nur von einer bestimmten polit. Idee aus *legitim* sein (→Legalität, Legitimität). Darin zeigt sich die enge Verbindung der Lehre von der verfassunggebenden Gewalt mit dem neuzeitl. Begriff der *→Revolution,* die ebenfalls rechtszerstörend und rechtsbegründend zugleich ist und, indem sie die Kontinuität des Rechts zerbricht, eine neue „revolutionäre" Legalität schafft. Die **Legitimität einer V.** ist nicht eine rechtl., sondern eine ideologische Qualität: die Übereinstimmung der V.gebung und der gesetzten V. mit einer bestimmten polit. Idee. Die Frage nach der Legitimität einer V. verweist somit auf die Sozialphilosophie, die ihrerseits wiederum mit einer bestimmten Verteilung der Herrschaft in einer Gesellschaft im Zusammenhang steht. Die aufsteigende bürgerl. Gesellschaft verfocht die *liberale Legitimität* gegen das *monarchische Prinzip:* Träger der verfassunggebenden Gewalt sind die durch „Bildung und Besitz" ausgezeichneten Angehörigen des Bürgertums („Aktivbürger"), die „Nation" der →Franz. Revolution und der sich von ihr herleitenden Bewegungen. Die V. der bürgerl. Gesellschaft schafft und ordnet die Freiheit und Eigentum bestimmende gesetzgebende Gewalt. Sie ist nicht schlechterdings ein Werkzeug der Limitierung der Staatsgewalt und der „Ausgrenzung" „staatsfreier Räume". Die für das liberale V.denken wesentl. vernunftrechtl. Gedanken des Gesellschaftsvertrages und der Kodifikation tragen das Bestreben der *Neukonstitution* des gesellschaftl. und polit. Körpers deutlich in sich. Da jedoch zum polit. Programm des Liberalismus die Emanzipation des Bürgers und die Beschränkung der Staatsgewalt auf die Sicherung der bürgerl. Freiheit gehören, ist für ihn die V. auch ein Instrument der Begrenzung des Staates und der staatl. Macht, die Institutionalisierung des Mißtrauens gegenüber staatl. Macht und gegenüber den Personen, die zur Ausübung öffentl. Gewalt in der Lage sind. „Weniger der Staat selbst, als die Mittel und Methoden seiner Kontrolle werden organisiert" (CARL SCHMITT).

An die Stelle der Legitimitätsvorstellungen der bürgerl. Gesellschaft ist die *demokratische Legitimität* getreten, die mit der egalitären Ersetzung des Honoratioren durch jeden Erwachsenen, ohne Rücksicht auf Bildung und Besitz, das bereits in der konstitutionellen Epoche gegen die Fürstensouveränität gewendete Prinzip der Volkssouveränität erst eigentlich verwirklichte. Gegenüber der jetzt als Charta der egalitären Selbstbestimmung aller und als Statut und Programm umfassender Sozialgestaltung verstandenen V. gerät das verfassungsstaatl. Moment der Begrenzung staatl. Intervention leicht in den Geruch konservativer Verteidigung (nur) überkommener Rechte, d. h. anfechtbarer Privilegien. Eine das Sinnprinzip der V., ihre Normativität und institutionelle Berechenbarkeit in Frage stellende Zuspitzung erfährt die Demokratie, wenn sie zu einer *plebiszitären Legitimität* radikalisiert und der „parlamentar. Legalität" des liberalen „Gesetzgebungsstaates" entgegengesetzt wird. Die demokrat. Legitimität konkurriert in der Gegenwart mit der *sozialistischen Legitimität,* die das „Volk" der demokrat. Idee mit der Arbeiterklasse identifiziert und dieser, handelnd durch ihre Partei und gegebenenfalls im „Bündnis" mit Bauern und Kleinbürgern („Volksdemokratie"), die verfassunggebende Gewalt zuspricht.

C. Im demokrat. V.staat ist die verfassunggebende Gewalt das jenseits und unabhängig von positiver Normsetzung und Normordnung kraft ideologischer Zurechnung in Anspruch genommene, unverlierbare und unübertragbare *Recht des Volkes,* über die rechtl. Ordnung der gesellschaftl. Organisation und der polit. Herrschaft zu bestimmen. Die Kompetenz einer *verfassunggebenden Versammlung* zur Aufzeichnung der V.urkunde besteht nur kraft →Repräsentation und ist nicht Ausübung der verfassunggebenden Gewalt des Volkes, die auch durch den einmaligen Vorgang der V.gebung nicht konsumiert wird. In der Theorie der verfassunggebenden Gewalt zeigt sich der latent revolutionäre Grundzug der Demokratie, die nicht so sehr Prinzip einer etablierten Ordnung und ihrer Apologie als ein Prinzip der Kritik und Revisibilität von Ordnung und Herrschaft überhaupt ist.

Die Lehre von der verfassunggebenden Gewalt des Volkes stellt gewisse *Mindestbedingungen* für eine nach demokrat. Grundsätzen legitime V.gebung auf. Sie will nicht im Sinne der polit. Soziologie die realen Entstehungsumstände einer demokrat. V.gebung beschreiben oder selbst nur ein analytisches Instrument für eine solche Beschreibung liefern. Das reale Konstituierungsverfahren bei demokrat. V.gebung ist pluralistisch (K. VON BEYME), und das, was hier „verfassunggebender Wille des Volkes" genannt werden könnte, ist allenfalls die Resultante aus widerstrebenden V.konzeptionen der beteiligten Gruppen und Parteien, nicht also voluntaristische Dezision. Ebensowenig darf man von dieser Lehre Aufschluß über die realen Geltungsbedingungen und die Effektivität, die „normative Kraft" der V. erwarten.

Nach der demokratischen Legitimitätsidee ist die V. durch eine aufgrund demokratischer, d. h. insbes. allg. und gleicher Wahl (→Wahlrecht) berufene und nur zur V.gebung bestimmte *„Verfassunggebende Versammlung"* (Konstituante, nach dem franz. „Constituante") auszuarbeiten. Dabei sind zwei Varianten zugelassen, die sich dadurch unterscheiden, ob das Werk der Konstituante einer Abstimmung unterworfen wird oder nicht: Die verfassunggebende Versammlung ist entweder eine die V. beschließende und verabschiedende *„Nationalversammlung"* (Beispiel: Weimarer Nationalversammlung; vgl. Art. 181 WV) oder ein die V. entwerfender *„Konvent",* dessen Entwurf durch ein *„Referendum"* gebilligt oder verworfen wird (Beispiel: V. der V. Republik von 1958). Die Verbindung von Nationalversammlung und Referendum ist ebenfalls möglich (Beispiel: V. der IV. Republik von 1946). Die *Entstehung des GG* folgte keinem dieser Grundtypen demokrat. V.gebung. Sie beschränkte sich angesichts der Lage Deutschlands auf ein Verfahren der mittelbaren Legitimierung. Ein durch die Arbeit eines Sachverständigengremiums („Herrenchiemseer V.konvent") vorbereiteter Entwurf wurde von einer durch die Länderparlamente gewählten verfassunggebenden Versammlung („Parlamentar. Rat") beraten, verabschiedet und, nach Annahme durch das vorgesehene Quorum der Länderparlamente, verkündet (Art. 144, 145 GG). Dieses Verfahren beruhte nicht auf dem Eingriff der Militärgouverneure, sondern wurde gegen den ursprüngl. Willen der Besatzungsmächte von den Ministerpräsidenten der Länder zur Wahrung einer zukünftigen deutschen V.gebung (siehe Art. 146 GG) durchgesetzt. Eine unmittelbare Legitimierung des GG wird darin gesehen, daß die Wahl zum 1. Bundestag am 14. Aug. 1949 zugleich ein Plebiszit für die neue V. darstellte (→Grundgesetz).

D. Da der Grund einer V. nicht in der Ableitung aus einer gegebenen Legalität bestehen kann, sondern in der Übereinstimmung mit einem bestimmten Prinzip der Legitimität zu sehen ist, ist die sehr umstrittene Frage, ob und inwieweit die **V.gebung rechtlich gebunden** ist, abgesehen von den Verpflichtungen des Völkerrechts, nicht eine solche des positiven Rechts. Die V.gebung unterliegt keinem vorgegebenen, die Konstituante rechtl. bindenden *Verfahren.* Sie ist jedoch nicht ein dem Rechtsdenken überhaupt entzogener Vorgang der bloßen polit. Dezision. Die

V.gebung soll, da sie ein Vorgang der Rechtsschöpfung ist und eine durch eine einheitl. Rechtsordnung verbundene Rechtsgemeinschaft konstituiert, an den Prinzipien der Rechtsvernunft, der Gerechtigkeit und der Rechtssicherheit, orientiert sein und den aus der V.tradition heraufgeführten Standard der Rechtskultur wahren. Die *naturrechtl.* denkende Lehre (→Naturrecht), zu der sich auch das BVerfG bekannt hat (BVerfGE 1, 14), behauptet eine Bindung der V.gebung an *„überpositives Recht"*, an die „jedem geschriebenen Recht vorausliegenden Rechtsgrundsätze". Demgegenüber leugnet die den Vorgang der Rechtsentstehung voluntaristisch deutende Lehre des *Positivismus* die Existenz von Normen, die für die V.gebung rechtl. verbindlich sein könnten. Soweit die naturrechtl. Lehre auch gewisse Inhalte für rechtl. verbindlich erklärt und damit den bestehenden Gesellschaftszustand begünstigt und gegen tiefere Umbrüche schützen will, kann sie als Verhüllung der liberalen Legitimitätsidee wirken. Die positivist. Lehre steht eher mit der demokrat. Legitimitätsvorstellung im Einklang, deren egalitärer und revolutionierender Eifer das Bestehende geringer achtet. Auch für sie aber müssen sich rechtl. Voraussetzungen der V.gebung aus dem Rechtsbegriff ergeben, nämlich daraus, daß die V. nicht nur tatsächlich wirken, sondern *normativ gelten* will: Die Sätze der V. dürfen, um als Rechtsnormen gelten zu können, keine unmöglichen, widersprüchlichen oder sinnlosen Regeln aufstellen, müssen eine dauerhafte Ordnung erstreben und den „Willen zur Gerechtigkeit" (RADBRUCH) bezeugen (Willkürverbot).

V. Die V. als Gesetz. A. Bedeutung und Wirkung der in einer V.urkunde niedergelegten V. beruhen darauf, daß sie in Gestalt eines Gesetzes (V.gesetz) *positives Recht* ist. Das charakteristische *rechtl. Merkmal des V.gesetzes* ist, daß es nur in einem besonderen Verfahren und nur unter erschwerten Bedingungen geändert werden kann (V.änderung; s. u. V C) und daß es gegenüber allen anderen Rechtssätzen den Vorrang hat (vgl. Art. 1 III, 20 III GG). Das V.recht *bindet* alle Rechtssubjekte, die öffentl. Aufgaben und Befugnisse wahrnehmen, und erfaßt die Ausübung öffentl. Gewalt in allen Funktionen, Erscheinungsweisen und Rechtsformen. Die gesetzgebende Gewalt wird durch das V.recht bestimmt und begrenzt; darüber hinaus ist das V.recht auch eine *Richtlinie für die Auslegung* von Rechtsnormen durch die Organe der Vollziehung und der Rechtsprechung. Bindung an das V.recht bedeutet, daß das der Bindung unterliegende Verhalten im Einklang mit den einschlägigen verfassungsrechtl. Bestimmungen stehen muß und daß andernfalls das Verhalten die V. verletzt, verfassungswidrig ist. Die *Rechtsfolgen einer V.widrigkeit* sind je nach der Art des als verfassungswidrig zu beurteilenden Verhaltens verschieden. Gesetze und sonstige Rechtsnormen, die mit der V. nicht vereinbar sind, sind nichtig; ein etwaiger Ausspruch des BVerfG darüber führt deshalb die Unwirksamkeit nicht („konstitutiv") herbei, sondern stellt sie („deklaratorisch") fest. V.widrige Verwaltungsakte und Gerichtsentscheidungen sind nicht nichtig, sondern als rechtl. fehlerhaft in den vorgesehenen Verfahren aufhebbar.

Von der Bedeutung des V.rechts als Auslegungsrichtlinie für Gesetze und sonstige Rechtssätze ist der Grundsatz der *„verfassungskonformen Auslegung"* zu unterscheiden. Dieser in der Rspr. des BVerfG mit spezifischem Bezug auf die verfassungsgerichtl. Normenkontrollvollmacht entwickelte Rechtsgedanke beschränkt sich darauf, aus mehreren an sich möglichen Auslegungen eines Rechtssatzes, deren V.mäßigkeit unterschiedlich zu beurteilen wäre, diejenige zu wählen, bei der die Norm mit der V. im Einklang bleibt. Der Grundsatz der verfassungskonformen Auslegung hat eine auf die Aufrechterhaltung des Gesetzes bedachte Tendenz. Die verfassungskonforme Auslegung, die an Wortlaut und Gesetzeszweck eine Grenze findet, darf den normativen Gehalt des Gesetzes nicht grundlegend neu bestimmen; denn das ist Sache des Gesetzgebers, dessen polit. Entscheidung das Gericht nicht vorgreifen darf.

B. Die rechtl. Wirksamkeit der V. führt über die **V.auslegung**. Diese ist ein in die Staatspraxis und die theoretische Überlegung eingefügter Bestandteil der „Konkretisierung" oder „Verwirklichung" (HESSE) der V. Die *positive Geltung* der V. als V.gesetz ordnet die V.auslegung den allgem. Grundsätzen und Methoden der Interpretation von Rechtssätzen unter (→Rechtsanwendung). Das normative Sinnprinzip der V., ihre Eigenschaft als *konkreter Gründungs- und Gestaltungsakt,* führt zu spezifischen verfassungsrechtl. Modifikationen der jur. Argumentation und Begründung bei der V.auslegung. Die Theorie des Rechts und der Rechtsnorm verbinden sich hier mit der V.lehre.

1. Die Eigenart der V.auslegung ist zunächst mehr äußerlich durch den Gebrauch vieler *sehr allgemeiner* und in der polit. Auseinandersetzung *umkämpfter* Ausdrücke bedingt, wie „Würde des Menschen", Art. 1 GG, „demokratisch", „sozial", Art. 20 GG, „Gewissen", Art. 4 GG, die auf polit. und selbst philosophische Ideen verweisen; das V.recht hat in seinem sachl. bestimmenden Kern nicht den technischen Charakter, der sonst für das geschriebene Recht typisch ist. Dies beruht darauf, daß das V.recht die grundlegenden Entscheidungen über die rechtl. und polit. Gestalt des Gemeinwesens positiviert und in diesem Sinne *„politisches Recht"* ist. Indem es, bes. in den Grundrechten, die Gesetzgebung bestimmt und begrenzt und indem die Einhaltung dieser Bindung durch das gesetzgebende Parlament durch ein Verfassungsgericht überwacht wird (→Bundesverfassungsgericht), gewinnt die Stellungnahme zu den Grundsätzen der V.auslegung zugleich das Gewicht, daß mit ihr über das Ausmaß der legislativen Gestal-

tungsfreiheit und über die Grenzen der Verfassungsgerichtsbarkeit befunden wird. Die Bindung des *Gesetzgebers* an die Grundrechte führt notwendig zu einer interpretatorischen Aktivierung der objektiven, direktiven und institutionellen Dimensionen der einzelnen Grundrechtsbestimmungen (siehe zB die mit der →Pressefreiheit auch garantierte „Freie Presse"), die damit für den Gesetzgeber weniger als subsumtionsgeeignete Normen maßgeblich werden, als vielmehr mit der Wirkung von *Grundsätzen* und *Richtlinien* für die in der polit. Entscheidung des Parlaments stattfindende *Abwägung und Ausgleichung* der betroffenen Ziele, Mittel, Rechte und Interessen. Dieser Umstand ist eine gewisse Rechtfertigung dafür, daß die vorherrschende Theorie der V.auslegung dominierend von den Fragen der Interpretation der Grundrechte und der V.prinzipien bestimmt wird und daß diese Theorie hermeneutischen und topischen Denkweisen einen großen Einfluß einräumt. Diese Wendung der V.auslegung und die mit ihr einhergehende Schwächung der rechtsnormativen V.wirkung und der jur. Sicherheit verfassungsrechtl. Argumentation sind daher mit einer gewissen Unvermeidlichkeit in den Bedingungen des geltenden V.rechts begründet.

Diese die V.auslegung über die geläufigen Mittel der jur. Interpretation hinausdrängende Gegebenheit wird durch das umfassende Mandat des BVerfG verschärft, das als *„Gericht und Verfassungsorgan"* (→Verfassungsgerichtsbarkeit) verbindlich über den Inhalt des V.rechts entscheidet, häufig weniger im Sinne einer rechtsfindenden Klärung einer zweifelhaften Rechtslage als im Sinne der kryptopolitischen Bildung und Fortbildung des V.rechts im Gewande justizieller Rechtserkenntnis. Unter diesen Umständen stellt die Methode der V.auslegung den normativen Leitfaden der verfassungsgerichtl. Rechtsbildung und Rechtsfortbildung dar.

2. Der leitende Gesichtspunkt für den einzuschlagenden Weg der V.auslegung ist die Einschätzung der *Positivität der V.*, des Geltungswillens des V.rechts, durch den Interpreten. Als konkreter Gründungs- und Gestaltungsakt nimmt die V. einerseits polit. und ideologische Vorstellungen in sich auf und verwendet sie als bewährt oder brauchbar empfundene Rechtsinstitute und Rechtsfiguren und ist sie andererseits auf eine in vielem erst noch zu schaffende und fortdauernd zu entwickelnde Ordnung gerichtet, die nicht durch das rechtl. Fiat entsteht, sondern durch den verfassungsrechtl. gebundenen polit. Prozeß – im demokrat. V.staat vor allem durch das Parteiensystem und das gesetzgebende Parlament – zu leisten ist. In beiden Hinsichten ist das V.gesetz in der Regel lapidar und voraussetzungsvoll formuliert.

In den Spielarten der *„geisteswissenschaftlichen" Methode* der V.auslegung werden die in der sprachlichen Gestalt und Bedeutung der V.vorschriften angedeuteten oder vorausgesetzten Sinnbezüge zu einem in gewissem Maße verselbständigten Ordnungsbild erhoben und wird die – in strenger Betrachtung eigentlich auf den Text des V.gesetzes zu beziehende – Auslegung eingeschmolzen in den Vorgang einer „Verwirklichung" der V. Diese methodischen Doktrinen haben ihre lebendigsten Impulse von der Integrationslehre RUDOLF SMENDS erhalten, sind aber doch durch Vereinseitigungen des von dieser Lehre eröffneten vielschichtigen V.verständnisses zustande gekommen. Das gilt bes. für die Schematismen der in der Rspr. des BVerfG geläufigen Argumentation mit einer „Wertordnung", „wertentscheidenden Grundsatznormen" und einer Abwägung von „Werten". Dieses mit guten Gründen angegriffene (FORSTHOFF, in Anknüpfung an Thesen von CARL SCHMITT) Verfahren löst die rechtl. Normativität in einen jedenfalls zum Teil auf hermeneutischer Werterfahrung beruhenden Begriffshimmel auf, soweit es nicht nur eine äußerliche, die Begründung vereinfachende Ausdrucksweise ist. Die wertorientierte V.auslegung wurde anfangs durch die „materiale Wertethik" (SCHELER, NICOLAI HARTMANN) und durch den Versuch KAEGIS inspiriert, das V.denken durch Berufung auf ein „objektives Reich der Werte" aus dem Relativismus hinauszuführen.

Auf eine entwickelte rechts- und verfassungstheoret. Ausarbeitung kann sich die *hermeneutisch* orientierte Methode der V.auslegung stützen. Diese Methode, die das interpretatorische Vorgehen prononciert in ein umgreifendes „V.verständnis" einbettet, ist von der auf WILHELM DILTHEY zurückgehenden „geisteswissenschaftlichen" Denkweise beeinflußt, die das wissenschaftl. Erkennen menschlicher Äußerungen, vor allem sprachlicher Verlautbarungen, als das „Verstehen" von Sinngebungen deutet. Demgemäß wird dem „Vorverständnis" (EHMKE) des Interpreten, seiner verfassungstheoret. geleiteten Deutung der geschichtl. Situation und „Wirklichkeit", in die sich die V.auslegung einzufügen hat, ein wesentl. Gewicht zugemessen. Die danach in der Interpretation zu leistende „Verwirklichung" der V. orientiert sich nicht zuerst an einem isoliert in seiner Bedeutung zu erfassenden Rechtssatz, sondern an dem rechtspraktischen Problem und der topisch verfahrenden Bemühung um seine Lösung (HESSE). Die dieser Methode eigentüml. Theorie der rechtl. Normativität, der Konkretisierung der Rechtsregel durch eine spezifische Vermittlung von Norm und Sachverhalt, ist in der „strukturierenden Methodik" FRIEDRICH MÜLLERS prinzipiell durchdacht.

Die Grenzen der Rechtsgeltung gegenüber der faktischen Praxis und gegenüber polit. und ideologischen Zumutungen werden in der konsequenten Überwindung des positivistischen Begriffskonstruktivismus und Subsumtionsdenkens durch die „geisteswissenschaftliche" Methode fließend. Dieses Vorgehen geht dort über die Leistungsfähigkeit der V. hinaus, wo es die polit. Verantwortlichkeit des Gesetzgebers –

durch die Juridifizierung des verfassungsrechtl. nicht Faßbaren, weil rechtl. Maßstabslosen – verwässert und wo es die an sich gegebene Notwendigkeit einer V.änderung durch interpretatorische „Geltungsfortbildung" überspielt.

3. Die V.auslegung, wiewohl in der Praxis des V.rechts stets auf Inhalt und Bedeutung einzelner Normen bezogen, hat den Zusammenhang der einzelnen V.bestimmungen untereinander und die übergreifende Bedeutung der in Art. 1 und 20 GG niedergelegten Prinzipien und Grundnormen zu berücksichtigen. Dieser Grundsatz der *„systematischen Auslegung"* beruht darauf, daß die mit dem V.gesetz geschaffene rechtl. Grundordnung als einheitl. Ganzes gesetzt ist. Dieses Prinzip gibt der Annahme *„verfassungswidrigen V.rechts"*, abgesehen vom Fall einer verf.widrigen V.änderung (Art. 79 GG; siehe V C), kaum einen Anwendungsbereich. Diese an sich paradoxe Wortverbindung enthält die Behauptung, daß die einzelnen Rechtssätze des V.gesetzes untereinander in einem Rangverhältnis stehen, derart, daß V.sätze fundamentalen Charakters widersprechende V.sätze untergeordneter Stufe nichtig sein lassen. Die Gerichtspraxis hat die Möglichkeit verfassungswidrigen V.rechts in der Form bejaht, daß den V.vorschriften, die „überpositives" Recht normierten, wie zB Art. 3 I GG, ein Vorrang vor dem sonstigen V.recht zukomme; das BVerfG und der BayVerfGH haben die Kompetenz in Anspruch genommen, nach diesem Grundsatz über die Gültigkeit von V.normen zu befinden.

Die Tragweite des Interpretationsgesichtspunkts der *„Einheit der V."* ist begrenzt. Denn die Anforderungen der Einheitlichkeit, Folgerichtigkeit und Widerspruchsfreiheit können nicht notwendig an eine V. gestellt werden, die aus der Auseinandersetzung und dem Zusammenwirken mehrerer Parteien mit verschiedenen und zum Teil gegeneinander gerichteten Programmen hervorgegangen ist. Diese Sachlage bedingt Kompromisse und nur durch die Formulierung verdeckte Widersprüche (*„dilatorische Formelkompromisse"*, CARL SCHMITT), aber auch erst durch die V.praxis wirksam werdende und aufzuhebende Unabgeglichenheiten. Vor allem der Grundrechtskatalog, bei dem der Wunsch nach deklarativer Feierlichkeit und die Rücksicht auf überkommene Formulierungen dem jur. Interesse an Deutlichkeit und durchdachter Systematik mindestens die Waage halten, darf nicht – wie es etwa durch das Interpretationskonzept der „Wertordnung" nahegelegt wird – nach den Grundsätzen kodifikatorischer Einheitlichkeit behandelt werden. Gerade für diesen Bereich bringt der Auslegungsgedanke der *„praktischen Konkordanz"* (HESSE) gegenüber dem Prinzip der „Güterabwägung", das eine letztlich dezisionistische Bevorzugung eines der abzuwägenden „Güter" oder „Werte" begünstigt, den zutreffenden Gesichtspunkt zur Geltung, die in einem Einzelfall konkurrierenden Grundrechtsvorschriften oder sonstigen V.bestimmungen möglichst integral wirksam werden zu lassen.

Die in der V.gebung zusammengeführten Grundprinzipien und die demnach mit der V. verfolgten Ziele sind in ihrem Zusammenwirken zu erfassen und nicht durch V.auslegung zu einer einseitigen Homogenität zu verkürzen. Die *Vielfalt des V.sinns* löst sich nicht notwendig zu einem einheitl. Leitgedanken auf, vielmehr würden die einzelnen Sinnprinzipien der V., zB „Rechtsstaat", „Sozialstaat", „Bundesstaat", isoliert zu Ende gedacht und für sich als dominierende Verständnismaxime benutzt, die in der V. verkörperte Sinnkombination und damit die V. selbst zersprengen.

4. Neben der Auseinandersetzung über die Grundlagen der V.auslegung haben vor allem drei Fragestellungen für die Interpretation des V.gesetzes Bedeutung gewonnen: die Zulässigkeit oder Notwendigkeit, die Entstehungsgeschichte der V. heranzuziehen; die Nützlichkeit oder Verbindlichkeit der älteren deutschen V.tradition für die Auslegung des GG; die Selbständigkeit der verfassungsrechtl. Begriffsbildung.

a) Die alternative Frage, ob die Auslegung den „Willen" des historischen V.gesetzgebers *(subjektive Theorie)* oder den „Willen" eines hypothetischen permanenten V.gebers *(objektive Theorie)* zugrunde zu legen habe, ob es also auf den „Willen des Gesetzgebers" oder den „Willen des Gesetzes" ankomme, setzt die angreifbare positivistische Prämisse, daß Normen als Befehle eines gesetzgebenden Willens anzusehen seien. Die in der h. L. und auch vom BVerfG (BVerfGE 1, 299/312 u. ö.) als maßgebend angenommene objektive Theorie trägt dem Umstand Rechnung, daß jeder Rechtssatz auf dauernde Verwirklichung angelegt ist und stets nur als Funktion der Gesellschaft im Zeitpunkt der Rechtsanwendung sinnvoll verstanden werden kann. Damit ist nicht ausgeschlossen, die Entstehungsgeschichte des GG zur Erhellung sonst nicht erklärbarer Bestimmungen zu berücksichtigen, vorausgesetzt, daß sie einen unzweideutigen „Willen" des V.gesetzgebers, also des Parlamentarischen Rats, erkennen läßt.

b) Die V.gebung ist zwar ein die rechtl. Kontinuität mit der vorherigen Rechtslage zerschneidender, wenn nicht sogar revolutionär aufhebender Akt der Rechtsschöpfung, aber doch *nicht ein in jeder Hinsicht traditionsloser Neuanfang.* Die V. setzt in vielem überkommene Vorstellungen und Begriffe, Grundsätze und Einrichtungen voraus, knüpft an sie an oder nimmt sie auf. Das GG bezieht sich zB auf die kommunale →Selbstverwaltung, Art. 28 II, und auf die „hergebrachten Grundsätze des Berufsbeamtentums", Art. 33 V. Hier, wie auch in weniger deutlichen Fällen, zB bei der →Koalitionsfreiheit (Art. 9 III GG), bei denen vor allem der Rechtszustand der Weimarer Zeit für die Regelung des GG eine Bedeutung gewonnen hat, hat die V.auslegung sich auch historischer Erwägungen zu bedienen. Sie wird danach fragen, welche Tradition das GG vorgefunden hat, und ob es diese Tradition fortsetzen, modifizieren oder aufgeben wollte.

c) Wie jedes Gesetz trifft das V.gesetz auf die im Zeitpunkt seiner Entstehung vorhandene Rechtsordnung und das in Praxis und Theorie entwickelte „Juristenrecht". Sprache und Begriffswelt des V.rechts führen daher eine Fülle von *Voraussetzungen* mit sich, die aus den *bestehenden Gesetzen* und dem *„außergesetzlichen Recht"* (Wieacker) der Rechtswissenschaft stammen. Die Bezugnahmen der V. zB auf das bürgerl. Recht durch die Eigentumsgarantie und auf das Steuerrecht in dem Abschnitt über das Finanzwesen ermöglichen die Vorstellung der „V. als Konzentrat" (Lerche) und nötigen dazu, daß bes. bei der Auslegung der Grundrechte eine sorgfältige Bestandsaufnahme des einschlägigen Gesetzesrechts stattzufinden hat. Auf der anderen Seite bewirkt die gebotene „selbständige Begrifflichkeit im V.recht" (Leisner), aus der besonderen Funktion der verfassungsrechtl. Regelung auch spezifische Maßstäbe für die Beurteilung des Gesetzesrechts zu gewinnen und so die rechtsgestaltende Bedeutung der V. zum Tragen zu bringen. Ein interpretatorisches Hilfsmittel für die Erfassung des Zusammenwirkens von V. und Gesetz sind die Rechtsgedanken der Einrichtungs- oder Institutsgarantie und der →institutionellen Garantie.

C. Die kodifizierten V.en enthalten i. d. R. eine Vorschrift über die **Änderung des V.gesetzes**. Die *verfassungsändernde Gewalt* („amending power") ist, anders als die verfassunggebende Gewalt (siehe IV), eine bes., nur unter erschwerten Bedingungen ausübbare Form der Gesetzgebung, eine von der V. begründete und in ihrem Rahmen verbleibende Zuständigkeit. *„V.revision"* ist im jur. Sprachgebrauch häufig nur ein anderes Wort für V.änderung. Beispielsw. trifft die Schweizer Bundesverfassung Regelungen über die Totalrevision und die Partialrevision (Art. 118 ff.). Die Totalrevision und ebenso eine planmäßige Neugestaltung des V.gesetzes durch sukzessive Partialrevisionen stellen eine *V.reform* dar, einen Vorgang also der nichtrevolutionären V.neuschöpfung; diese bleibt auf das Verfahren der V.änderung angewiesen, beruht aber auf Prinzipien, Programm und Planmäßigkeit.

1. Das GG kann im Wege der Gesetzgebung geändert werden. Das verfassungsändernde G. bedarf der Zustimmung von zwei Dritteln der Mitglieder des Bundestages und der Stimmen des Bundesrates (Art. 79 II GG). Das verfassungsändernde Gesetz muß den Wortlaut des GG ausdrücklich ändern oder ergänzen. Dieses Gebot ausdrückl. Textänderung schließt *„verfassungsdurchbrechende"* Gesetze, wie sie der Weimarer Praxis geläufig waren, aus. Bei der V.durchbrechung setzt sich der Gesetzgeber unter Wahrung der Voraussetzungen einer V.änderung im Einzelfall über einen V.satz hinweg, ohne daß der Text des V.gesetzes geändert und ohne daß die Geltung des durchbrochenen V.satzes im übrigen berührt wird. Von dem Gebot der ausdrückl. Textänderung ist aus Anlaß der Beteiligung der Bundesrep. an dem westl. System kollektiver Sicherheit eine Ausnahme für bestimmte völkerrechtl. Verträge gemacht worden (Art. 79 I S. 2 GG). Der bisher einzige Anwendungsfall (Art. 142 a GG) ist später durch die Notstands-Novelle von 1968 als gegenstandslos wieder gestrichen worden.

Das GG hat die verfassungsändernde Gesetzgebung ausdrücklich auch *inhaltlich* beschränkt: Eine Änderung des GG, durch welche die Gliederung des Bundes in Länder, die grundsätzl. Mitwirkung der Länder bei der Gesetzgebung oder die in den Art. 1 und 20 niedergelegten Grundsätze berührt werden, ist unzulässig (Art. 79 III GG). Die verfassungsgesetzl. nicht beschränkbare verfassunggebende Gewalt wird dadurch nicht gebunden, auch nicht bei einer V.gebung aufgrund der auf die Deutsche Frage bezogenen Revisionsklausel des Art. 146 GG. Das Prinzip der inhaltl. Beschränktheit der verfassungsändernden Gewalt ergibt sich bereits aus dem Verständnis dieser verfassungsgesetzl. begründeten Vollmacht als einer abgeleiteten und rechtl. definierten Zuständigkeit. Ebenso ist auch die Regelung der V.änderung selbst, also die Festlegung der formellen und sachl. Bedingungen einer verfassungsändernden Gesetzgebung, wie in Art. 79 GG erfolgt, dem verfassungsändernden Gesetzgeber entzogen. Der vom BVerfG aufgestellte allgemeine Satz „Art. 79 III GG verbietet eine prinzipielle Preisgabe der dort genannten Grundsätze, hindert jedoch nicht, durch verfassungsänderndes Gesetz auch elementare V.grundsätze systemimmanent zu modifizieren" (BVerfGE 30, 1), verdeutlicht die inhaltl. Schranken der V.änderung nicht, sondern läßt sie durch die nicht jur., sondern eher jargonhafte Ausdrucksweise – „systemimmanente" Modifikation – verschwimmen. Über das aus der historischen Erfahrung nahegelegte und vom BVerfG in den Vordergrund gestellte Bestreben hinaus, eine „legale" Machtergreifung des V.feindes zu verhindern, will Art. 79 III GG bestimmte und konkrete Grundbedingungen des demokratischen V.staates auch und gerade gegenüber vorgeblich zwingenden Bedürfnissen der V.fortbildung durch V.änderung entziehen, erklärt sie also für unverbrüchlich.

Das GG ist bis Ende 1985 durch 35 Novellen geändert worden.

2. Dem V.recht wird gewöhnl. die tatsächl. Handhabung der V. durch die Staatsgewalt sowie allg. ihre Verwirklichung durch die politische Praxis als **„V.wirklichkeit"** gegenübergestellt. Die erhebl. Dehnbarkeit des V.rechts bedingt, daß nicht jede polit. Praxis, die sich vom Wortlaut der V. entfernt, eine verfassungswidrige V.wirklichkeit ist; eine gewisse Spannung zwischen V.recht und V.wirklichkeit ist durch die Eigenart des V.rechts gegeben und unvermeidlich.

Von **V.wandel** wird gesprochen, wenn eine von sozialen oder polit. Veränderungen abhängige Praxis V.bestimmungen inhaltl. ändert, ohne daß eine Alterierung auch des V.textes erfolgt. Daß kraft V.wandels eine zunächst nur tatsächl. Handhabung der V. die Qualität von V.recht zu gewinnen vermag, erklärt sich nicht einfach aus einer „normativen Kraft des Faktischen" (GEORG JELLINEK). Denn Geltungsgrund der gewandelten Regelungen ist, abgesehen von dem seltenen Fall des Gewohnheitsrechts, die V. selbst, deren spezifische Normativität den rechtsbildenden Vorgang des V.wandels reguliert. Die Funktion der V.bestimmungen, bes. jener, die Grundsätze, Richtlinien und Rahmenbedingungen für Institutionen normieren, soll sich gerade im Wandel der Verhältnisse durchsetzen, was nur möglich ist, wenn die jeweils abzuleitenden Rechtsfolgen diesem Wandel Rechnung tragen. Für das GG ist das bedeutendste Vehikel des V.wandels die Auslegung und Anwendung des V.rechts durch das BVerfG, doch ist – wie im demokrat. V.staat vorausgesetzt – die polit. Gestaltung durch das gesetzgebende Parlament der substantielle Faktor des rechtsfortbildenden Prozesses.

3. Die Beachtung demokratischer Verfahrensanforderungen ist ebensowenig eine Garantie für die **Dauerhaftigkeit einer neuen V.** wie die juristische Perfektion des V.gesetzes selbst. Die geringste politische Kraft für die Anerkennung und Festigkeit einer V. scheint aus *Sach- und Aufgabennormen* gewonnen zu werden, die ohne definierte rechtl. Wirkung nur Versprechungen proklamieren. Die oft zu beobachtende Vorliebe für Verheißungen, Programme und Staatszielbestimmungen führt fast durchweg nur zu V.rhetorik oder zu einer Kulissenverfassung. Eine erfolgreiche *V.politik* darf nicht abstrakt über Recht und Tradition hinweggehen, muß die Leistungsfähigkeit der politischen Institutionen richtig einschätzen und muß die mögliche rechtl. Wirkung einer V.norm bedenken.

Ungeachtet der Bewährung einer V. stellt sich bei längerer Geltungsdauer die Frage der **V.reform.** Bedürfnisse der Anpassung an geänderte Verhältnisse, der institutionellen Verbesserung oder zweckmäßiger Ordnung und politische Ziele sachlicher Veränderung oder Umgestaltung gehen dabei ineinander über. Der gewiesene Weg der V.reform ist die *V.änderung,* wenngleich die V.entwicklung durch richterl. Rechtsfortbildung und durch V.wandel eine nicht unbeträchtl. Gestaltungsmöglichkeit einschließt. Unter den in verschiedenen europäischen Ländern angestrengten Bemühungen um V.reformen haben die Ende 1977 zur Vorlage eines V.entwurfs und eines Berichts an den Bundesrat geführten Arbeiten in der *Schweiz* große Beachtung gefunden. In der Bundesrepublik ist im Jahre 1970 durch den Bundestag eine *Enquete-Kommission V.reform* eingesetzt worden, mit dem Auftrag, vor allem die bundesstaatliche Ordnung und das Verhältnis von Parlament und Regierung zu überprüfen. Der Abschlußbericht der Kommission ist am Ende der siebenten Wahlperiode erstattet worden (BT-Drs. 7/5924). In neuerer Zeit hat sich das politische Interesse den „sozialen Grundrechten", noch stärker aber einer Ergänzung des Grundgesetzes und einzelner Landesverfassungen durch *Staatszielbestimmungen* (Umwelt, Arbeit, Kultur) zugewandt; siehe den Bericht der Sachverständigenkommission Staatszielbestimmungen/Gesetzgebungsaufträge, hg. von den Bundesministern des Innern und der Justiz (Dez. 1983).

VI. V.theorie. Eine selbständige Theorie der V. und des V.staates *(Verfassungslehre)* konnte erst durch die Überwindung des *staatsrechtl. Positivismus,* der die V.fragen auf Rechtsfragen reduzierte und von geschichtl., gesellschaftl. und kulturellen Zusammenhängen abschnitt, begründet werden. Die Einheit der V. stellte sich in der positivistischen Denkweise in der jur. Konstruktion der staatsrechtl. Grundbegriffe und in einer nur verdeckt wirksamen Abhängigkeit von den polit. und ökonomischen Bedingungen des Kaiserreichs und seiner V. her. Ein klassisches Beispiel der positivistischen Arbeitsweise und zugleich ihrer verschwiegenen Berücksichtigung verfassungspolit. Prämissen ist der zwischen Gesetz im formellen Sinn und Gesetz im materiellen Sinn unterscheidende Gesetzesbegriff. Eine positivistische Übersteigerung der liberalen V.idee ist die Vorstellung, daß der polit. Prozeß einer prinzipiellen Verrechtlichung durch das V.recht zugänglich sei.

Im Jahre 1928 erschienen die bis heute grundlegenden Arbeiten von RUDOLF SMEND und CARL SCHMITT, die, wenn auch in durchaus verschiedener Weise, die positivistische Vereinseitigung des V.rechts durchbrachen, deren wesentl. Bedingungen durch die staatl. Umwälzung beseitigt worden waren. In der *Integrationslehre* RUDOLF SMENDS finden die ideellen, sittl. und kulturellen Voraussetzungen des auf Frieden und Gerechtigkeit zielenden Prozesses der Staats- und Rechtsbildung eine bes. Betonung. Aus der Einsicht in das praktische wie theoretische Ungenügen der bloßen Positivität des Rechts werden die Rechtssätze des V.rechts, in Anwendung von Methoden einer geisteswissenschaftl. Soziologie (DILTHEY, LITT), auf den (polit.) „Prozeß" des staatl. „Lebens" bezogen. „Integration" ist die Hervorhebung eines Lebensmoments des V.staates, nicht ein Schema für die Analyse seiner gesamten Realität, Normativität und Idealität; sie ist die permanente, sinnorientierte „Verwirklichung" des staatl. Seins in den verschiedenen Aktualisierungsvorgängen staatl. und polit. Handelns. Dem „dialektischen Verstehen" zeigt sich die V. als Norm sowohl wie als Wirklichkeit, abhängig von der „Wertgesetzlichkeit des Geistes": „Die V. ist Rechtsordnung ... des Lebens, in dem der Staat seine Lebenswirklichkeit hat, nämlich seines Integrationsprozesses. Der Sinn dieses Prozesses ist die immer neue

Herstellung der Lebenstotalität des Staates, und die V. ist die gesetzl. Normierung einzelner Seiten dieses Prozesses." Die Integrationslehre charakterisiert das Dynamische, Fließende und Prekäre des V.rechts und engagiert zugleich die polit. Freiheit des Bürgers.

SMENDS Schüler KONRAD HESSE akzentuiert stärker die sich von dem Gegebenen des politischen Prozesses abhebende *„normative Kraft" der V.* Ziel der V., die nicht etwas von sich aus Wirkendes, sondern etwas „Aufgegebenes" ist, ist es, die polit. Einheit und rechtl. Ordnung zu schaffen und zu erhalten. HESSE wendet sich mehr den Werkzeugen der Integration und der „Verwirklichung" der V. zu und bringt betonter das Moment bewußten, planmäßigen, organisierten Zusammenwirkens (HERMANN HELLER) zur Geltung. Während HESSE die Lehre SMENDS mit einer deutl. Hervorhebung des den politischen Prozeß ordnenden und stabilisierenden, normativen Charakters der V. fortsetzt, wird durch PETER HÄBERLE in einem „kulturwissenschaftlichen V.verständnis" die appellative, edukatorische und fundamentaldemokratische Seite der Integrationsidee einseitig zur Lebenslinie des V.staates erhoben. Das mit juristischen Mitteln Erreichbare wird durch das Ensemble der übergreifenden und alle ergreifenden *V.kultur* ergänzt.

Die V.theorie SMENDS und der von SMEND beeinflußten Autoren leugnet nicht die rechtl. Qualität der V., wenn auch das normative Moment des V.rechts weit über das Maß hinaus, das einer positivistischen oder auch nur betont jur. V.theorie erträgl. erscheinen muß, zersetzt wird. Noch radikaler aber wird im Dezisionismus SCHMITTS der Rechtscharakter der V. überhaupt preisgegeben. Er zieht einen scharfen Schnitt zwischen dem V.gesetz, das nur die liberale „Relativierung der V. zum V.gesetz" für die V. nehmen konnte, und der durch „existentiellen" politischen Willen der verfassunggebenden Gewalt gesetzten V., der gegenüber alle normativen Regelungen sekundär sind. In dem von SCHMITT entwickelten „positiven V.begriff" wird die V. als die „Gesamt-Entscheidung über Art und Form der politischen Einheit" entwickelt, die nur äußerl. im Gewand von Rechtssätzen erscheint, tatsächl. aber eine konkrete politische Realität, und nur diese, ist. Im Dezisionismus CARL SCHMITTS treten Krise und Ausnahmezustand einseitig in den Vordergrund: Das V.gesetz wird gegenüber dem vorhergehenden Entscheidungsakt der verfassunggebenden Gewalt und dessen polit. Bedingungen relativiert, mit dem „positiven V.begriff" wird die rechtl. Normativität des V.gesetzes der existenziellen Positivität des polit. Kampfes um Art und Form der staatl. Vergesellschaftung unterworfen. Damit geht der bedeutende, die Machtausübung disziplinierende und rationalisierende rechtsstaatl. Sinn der als Recht wirkenden V. zugunsten der irrationalen Tatsächlichkeit des Politischen verloren.

Integrationslehre und Dezisionismus finden sich in einer gemeinsamen Frontstellung gegen die dritte – auch bis heute fortwirkende – Richtung der Weimarer Staatsrechtslehre, die *Reine Rechtslehre* HANS KELSENS, die der juristischen Betrachtung nur den Staat als konkrete Rechtsordnung zum Gegenstand gibt. Diese Lehre hat mit ihrer unerbittlich durchgehaltenen Scheidung von (politisch-sozialem) Sein und (rechtlichem) Sollen maßgeblich zur methodischen und begrifflichen Strenge verfassungsjuristischer Argumentation und Begründung beigetragen. Hinter dem neukantianischen Positivismus dieser Lehre steht ein festes Vertrauen auf die Garantien des Rechtsstaates mit seiner gewaltenhemmenden Kompetenzordnung, auf die schützende Kraft der Verfassungsgerichtsbarkeit und auf die freiheitssichernde Arbeitsweise der parlamentarischen Demokratie.

Das *Prinzip des V.staates* sieht sich in der Gegenwart der Ablösung des bürgerl. Rechtsstaats durch den *sozialen Rechtsstaat* gegenüber, wodurch das mit jenem verbundene V.denken hinfällig geworden ist. Die V. muß der neuen Aufgabe gerecht werden, die rechtl. Bindung der polit. und administrativen Entscheidungen im Rahmen der staatl. Lenkungs-, Verteilungs- und Leistungssysteme aufrechtzuerhalten und die grundrechtl. Freiheit auch gegenuber der Steuerung und Zuteilung von Daseinschancen zu wahren. Die Gegenwart, in der sich Überzeugungskraft und Wirksamkeit jedenfalls der überkommenen nationalstaatl. und zentralisierten Staatsgewalt – auf die das klassische V.denken bezogen ist – angegriffen und bis zu einem gewissen Grad erschüttert sehen, steht aber auch vor der weitergreifenden Frage, ob die rechtl. und rechtsstaatl. Ordnung des polit. Prozesses durch eine V. ein Bestandteil nur der *staatl.* Form der polit. Vergesellschaftung ist. Drängend ist, ob der Staat die notwendige Verfügung über die technologische Revolution zu gewinnen und ob er sich gegenüber der sozialen Macht organisierter Interessen und ideologischer Gruppierungen zu behaupten vermag, denen zunehmend eine wirksame Protektion gelingt und die deswegen eine desintegrierende quasifeudale Unterstützung mobilisieren können. Die V. ist nicht ein beliebig transponierbares und disponibles Konstruktionselement von Staatsordnungen, und die verfassungsstaatl. Garantien lassen sich auf nichtstaatl. oder entstaatlichte Machtträger nicht übertragen. Schließlich zwingt auch die fortschreitende polit., ökonomische, militär. und selbst – in den supranationalen Gemeinschaften – rechtl. *Relativierung des Nationalstaates* zu einer Neuorientierung des V.denkens. Wenn die Bedingungen einer Gesellschaftsordnung des Friedens und der Gerechtigkeit nicht mehr allein durch den Staat geschaffen werden können, kann auch die nationalstaatl. Definition des V.sinns diese Bedingungen als rechtl. Bestimmungsgründe polit. Herrschaft nicht mehr vollständig erfassen.

G. JELLINEK, Allgem. Staatslehre, 1914^{3} – H. KELSEN, Allgemeine Staatslehre, 1925 – DERS., Reine Rechtslehre, 1934, 2. Aufl., 1960 – C. SCHMITT, V.lehre, 1928 – R. SMEND, V. und V.recht, 1928 – D. SCHINDLER, V.recht und soziale Struktur, 1931 – W. KAEGI, Die V. als rechtl. Grundordnung des Staates, 1945 – H. EHMKE, Grenzen der V.änderung, 1953 – J. W. GOUGH, Fundamental Law in English Constitutional History, 1955 – E. R. HUBER, Dt. V.geschichte seit 1789, 7 Bde., 1957 ff., Dokumente, 3 Bde., 1961 ff. – R. BÄUMLIN, Staat, Recht und Geschichte, 1961 – E. FORSTHOFF, Zur Problematik der V.auslegung, 1961 – DERS., Zur heutigen Situation einer V.lehre, in: Epirrhosis. Festschr. für C. Schmitt, 1968, Bd. 1, 185 – 211 – O. HINTZE, Staat und V., 1962 – U. SCHEUNER, Das Wesen des Staates und der Begriff des Politischen in der neueren Staatslehre, in: Festg. für R. Smend, 1962, 225 – 260 – DERS., Art. V., StLexGG VII, 1963, Sp. 117 – 127 – DERS., Die Legitimationsgrundlagen des modernen Staates, ARSP, Beiheft 15, 1981, S. 1 – P. SCHNEIDER, H. EHMKE, Prinzipien der V.interpretation, VVDStRL 20 (1963) 1 – 52 und 53 bis 102 – F. HARTUNG, Dt. V.gesch., 1965^{8} – F. MÜLLER, Normstruktur und Normativität, 1966 – DERS., Arbeitsmethoden des V.rechts, in: Enzyklopädie der geisteswiss. Arbeitsmethoden, hg. von M. Thiel, 1972, 123 – 190 – DERS., Die Einheit der V., 1979 – E. SCHMIDT-ASSMANN, Der V.begriff in der dt. Staatslehre der Aufklärung und des Historismus, 1967 – K. VON BEYME, Die verfassunggebende Gewalt des Volkes, 1968 – W. HENNIS, V. und V.wirklichkeit, 1968 – Totalrevision der Bundesverfassung – Ja oder Nein? Sonderheft der ZSchweizR, 87 I, 1968, H. 4 – H. PETERS, Geschichtl. Entwicklung und Grundfragen der V., 1969 – O. KIMMINICH, Dt. V.gesch., 1970 – E.-W. BÖCKENFÖRDE, V.probleme und V.bewegung des 19. Jh., JuS 1971, 560 – 566 – DERS., Moderne dt. V.geschichte (1815 – 1914), 2. Aufl., 1981 – DERS., Geschichtl. Entwicklung und Bedeutungswandel der V., in: Fs für Rudolf Gmür, 1983, S. 7 – 19 – M. FRIEDRICH, Zwischen Positivismus und materialem V.denken, 1971 – DERS. (Hg.), V., 1978 – R. HERZOG, Allg. Staatslehre, 1971 – P. LERCHE, Stiller V.wandel als aktuelles Politikum, in: Festg. für Th. Maunz, 1971, 285 – 300 – D. GRIMM, V.funktion und Grundgesetzreform, AöR 97 (1972) 489 – 537 – DERS., Gegenwartsprobleme der V.politik und der Beitrag der Politikwissenschaft, PVS 19, 1978, S. 272 – 295 – CHR. TOMUSCHAT, V.gewohnheitsrecht? 1972 – P. BADURA, V.denken und Finanzklugheit in Sir John Fortescue: „The Governance of England“, in: Fs für Gerhard Wacke, 1972, S. 87 – 102 – DERS., V. und V.gesetz, in: Festschr. für U. Scheuner, 1973, 19 – 39 – DERS., Staatsaufgaben und V.politik im sozialen Rechtsstaat in: Fs für Takasuke Kobayashi, 1983, S. 498 – 521 – N. LUHMANN, Politische V.en im Kontext des Gesellschaftssystems, Staat 12 (1973) S. 1 – 22, 165 – 182 – TH. WÜRTENBERGER, Die Legitimität staatl. Herrschaft, 1973 – DERS., Legitimität, Legalität, in: O. Brunner/W. Conze/R. Koselleck (Hg.), Geschichtliche Grundbegriffe, Bd. 3, 1982, S. 677 – 740 – Arbeitsgruppe für die Vorbereitung einer Totalrevision der Bundesverfassung, Bd. VI: Schlußbericht der Arbeitsgruppe, 1973 – W. MAGER, Das Problem der landständischen V.en auf dem Wiener Kongreß 1814/15, HZ 217 (1973), S. 296 – 346 – R. VIERHAUS, Herrschaftsverträge, Wahlkapitulationen, Fundamentalgesetze, 1977 – P. HÄBERLE, V.interpretation und V.gebung, ZSR 97, 1978, I/1, S. 1 – 49 – DERS., V. als öffentlicher Prozeß, 1978 – D. MURSWIEK, Die verfassunggebende Gewalt nach dem Grundgesetz für die Bundesrepublik Deutschland, 1978 – R. WAHL, Empfehlungen zur V.reform, AöR 103 (1978), S. 477 – 521 – DERS./F. ROTTMANN, Die Bedeutung der V. und der V.gerichtsbarkeit in der Bundesrepublik, in: W. CONZE/M. R. LEPSIUS (Hg.), Sozialgeschichte der Bundesrepublik Deutschland, 1983, S. 339 – R. GRAWERT, Zur V.reform, Staat 18 (1979) S. 229 – 258 – W. KUMMEROW, Vertrag und Vertragstreue als Bedingungen der Legitimität des Staates, Rechtstheorie 10 (1979), S. 462 – 501 – CHR. LINK, Herrschaftsordnung und bürgerliche Freiheit, 1979 – J. IPSEN, Rechtsfolgen der V.widrigkeit von Norm und Einzelakt, 1980 – G. OESTREICH, Vom Herrschaftsvertrag zur V.urkunde, in: DERS., Strukturprobleme der frühen Neuzeit, 1980, S. 229 – 252 – R. STEINBERG, V.politik und offene V., JZ 1980, 385 – 392 – B.-O. BRYDE, V.entwicklung, 1982 (Lit.) – K. STERN, Die Verbindung von V.idee und Grundrechtsidee zur modernen V., in: Fs für Kurt Eichenberger, 1982, S. 297 – 207 – DERS., Staatsrecht der Bundesrepublik Deutschland, Bd. I, 1984^{2} – B. TIERNEY, Religion, law, and the growth of constitutional thought 1150 – 1650, 1982 – CHR. STARCK (ed.), Main Principles of German Basic Law, 1983 – K. HESSE, Grundzüge des V.rechts der Bundesrepublik Deutschland, 1984^{14} – CHR.-F. MENGER, Dt. V.geschichte der Neuzeit, 1984^{4} – ST. SCHAUB, Der verfassungsändernde Gesetzgeber 1949 – 1980, 1984 – D. WYDUCKEL, Ius Publicum, 1984.

Sammlungen von V.texten: A. J. ZURCHER, V.en nach dem Zweiten Weltkrieg, 1956 – R. W. FÜßLEIN, Dt. V.en, 1961^{3} – G. FRANZ, Staatsverfassungen, 1964^{2} – A. J. PEASLEE, Constitutions of Nations, 1965 ff. – Corpus Constitutionnel, hg. von P. BASTID und G. BERLIA, 1968 ff. – P. C. MEYER-TASCH, Die V.en Europas, 1975^{2} – G. BRUNNER/B. MEISSNER, V.en der kommunistischen Staaten, 1980 – CHR. PESTALOZZA, V.en der dt. Bundesländer, 1981^{2}.

Peter Badura

Verfassungsbeschwerde →Verfassungsgerichtsbarkeit

Verfassungsgerichtsbarkeit. I. Begriff und Organe. A. Begriff der V. Als Gerichtsbarkeit mit der Funktion des unmittelbaren Schutzes der →Verfassung und der von ihr gewährten Rechte (→Rechtsprechung I C 2 und IV) ist V. nur unter bestimmten Voraussetzungen möglich.

1. Nur wo ein bes. Bereich der →*Verfassung* anerkannt wird, kann es V. geben. a) Grundlage muß eine (schriftl.) Verf. sein, die den Staat normativ, für die Staatsorgane verbindl., ordnet: Sie ist Prüfungsmaßstab, Beurteilungsnorm, nach der das Verf.gericht urteilt. Fehlt eine normative Verf. oder ist sie nicht verbindl., so kann V. von vornherein nicht wirken. Im totalitären oder absoluten Staat ist für sie kein Raum; aber auch zB →Großbritannien kennt mangels einer geschriebenen Verf. kaum eine V. i. eig. S.

b) Da die Verf. Geltungsgrundlage allen staatl. Rechts und aller Staatstätigkeit ist, wirkt sie in alle Rechtsgebiete hinein. Dies gilt schon vom organisatorischen Verf.recht, das die Erzeugung des staatl. Rechts regelt; noch mehr von der übrigen Verf., insbes. den →Grundrechten (Art. 1 III GG): In allen Rechtsgebieten stellen sich verfassungsrechtl. Fragen, deren Lösung nicht durchwegs dem Funktionsbereich der V. zugerechnet werden kann, soll dieser nicht jeden

Wert für →Gerichtsverfassung und Zuständigkeitsordnung (→Rechtsprechung IV) verlieren. Daher kann es keinen allg. und für alle Rechtsordnungen gültigen, sachlogisch bestimmten Begriff der V. im materiellen Sinn geben, sondern einzig das jeweilige positive Recht oder eine wertende Betrachtung kann die Kompetenzen der Gerichtsbarkeit zum Schutz der Verf. und der von ihr gewährten Rechte umschreiben, die als V. zu gelten haben. Dabei sind regelmäßig maßgebend: die Bedeutung der beteiligten Parteien (insbes. Staatsorgane, s. u. II A, D), des Streitgegenstands (insbes. die Rechtmäßigkeit von →Gesetzen, s. u. II B), des verletzten Rechts (insbes. →Grundrechte) und das politische Gewicht einer Kompetenz, ohne daß es mögl. wäre, einen dieser Gesichtspunkte für allein maßgebl. zu erklären.

2. Von V. kann nur gesprochen werden, wenn es sich um *Gerichtsbarkeit* (→Rechtsprechung IV A) handelt. a) Von vornherein ist daher der Schutz des Verf.rechts in ausgleichenden Verfahren der Politik (zB durch den →Parlamentarismus) oder durch autoritativen Entscheid einer übergeordneten Instanz (zB der →Regierung bei Streitigkeiten zwischen den Ressorts) keine V. Hier wird durch Beteiligte in eigener Sache entschieden, die Neutralität eines Richters nicht angestrebt.

b) Schlichtende oder rechtsgestaltende Tätigkeiten nicht richterl., d. h. nicht speziell zur Rspr. berufener Instanzen, etwa die zwischen Staatsorganen oder Gliedstaaten im →Bundesstaat vermittelnde Schiedsrichtertätigkeit parlamentarischer und föderativer Organe (Bundesversammlung des Dt. Bundes und später Bundesrat des →Deutschen Reiches, Art. 60 Wiener Schlußakte 1820, Art. 76 Verf. 1871) oder das Recht der Kammern und des Staatsoberhaupts, Verf.beschwerden abzuhelfen (insb. in Bayern, Tit. VII § 21 Verf. 1818), sind Vorläufer und Alternativen zur V. Sie kommen heute etwa in der Form einer Kontrolle der Einhaltung der Verf. durch das Parlamentspräsidium (UdSSR-Verf. 1977, Art. 121 Nr. 4) oder durch spezielle (Parlaments-)Beauftragte (→Ombudsman) vor. Aber dabei ging und geht es eher um Aufgaben polit. und in diesem Rahmen auch rechtl. Gestaltung, nicht um die Verselbständigung des Rechtsschutzes. Jene Formen der Einordnung des Verf.schutzes in die staatl. Leitungs- und Kontrolltätigkeit liegen, eben wegen der polit. Bedeutung, an sich nahe. Sie sind heute sinnvollerweise von der V. als Rspr. durch →Richter (Art. 92 GG) zu trennen.

B. Organe der V. sind daher heute fast ausschl. Gerichte. *1.* Hist. und vergleichend lassen sich zwei *Hauptformen* feststellen: a) Entweder üben – das ist die ältere Form – sämtl. Gerichte im Rahmen ihrer Tätigkeit bestimmte Arten der V. aus, ohne daß bes. Verf.gerichte existieren, und oft auch ohne prozessuale Abhebung der V. im materiellen Sinn von der übrigen Gerichtsbarkeit. Dabei fällt den obersten Gerichten der allg. Gerichtsbarkeit natürlicherweise eine bestimmende Rolle zu. In solcher Weise läßt sich schon von einer V. des Reichskammergerichts und des Reichshofrats im alten →Deutschen Reich sprechen. Ebenso entstand die V. in den →*Vereinigten Staaten,* als der *Supreme Court* 1803 das →richterl. Prüfungsrecht gegen G.e in Anspruch nahm, was für viele Staaten (zB Kanada und die meisten ehemals engl. Dominions, die meisten südamerik. Staaten, Norwegen, Dänemark, Griechenland und Japan) zum Vorbild, im Mitteleuropa des 19. Jh. jedoch, im Gefolge der →Franz. Revolution, überwiegend abgelehnt wurde, da man das Prinzip der →Gewaltenteilung und die Entscheidungsfreiheit der politischen Instanzen als gefährdet betrachtete. In der *Schweiz* erhielt seit 1848 das für alle Zweige der Gerichtsbarkeit zust. Bundesgericht immer mehr Aufgaben der V., vor allem im föderativen Verhältnis, übertragen. In vielen Staaten der 3. Welt sind in ähnl. Weise Oberste Gerichte mit (u. a.) bes. Aufgaben der V. errichtet worden.

b) Im Gegensatz dazu wurden *bes. Staatsgerichtshöfe oder Verf.gerichte* bereits seit dem 19. Jh. (zB §§ 142, 153 sächs. Verf. 1831) in mehreren *dt. Ländern* und in *Österreich* (RG, seit 1919 VerfGH) als Sicherung des monarchischen →Konstitutionalismus errichtet. Art. 108 WV und das darauf gestützte G. vom 9. Juli 1921 (RGBl. S. 905) sah auch für das *Dt. Reich* die Errichtung eines StGH mit je nach Verfahrensart wechselnder Zusammensetzung vor und trennte damit die V. von der übrigen Gerichtsbarkeit. Freilich beanspruchte auch diese das →richterl. Prüfungsrecht, und das RG blieb organisatorisch und personell sowie durch bes. verfassungsgerichtl. Zuständigkeiten (Art. 13 II WV, G. vom 8. April 1920, RGBl. S. 510) mit dem StGH verbunden. Aber die Heraushebung bes. Organe, verbunden mit der behaupteten Entpolitisierung der übrigen Gerichtsbarkeit, prägte schon damals die dt. V. und verschärfte die schon durch eine Reihe von Prozessen höchsten politischen Gewichts angeregte Diskussion um das Verhältnis von V. und →Politik. Diese endete mit der Ausschaltung jeder V. durch den Nationalsozialismus. Nach 1945 errichteten Österreich, die meisten westdt. Länder und 1951 auch die Bundesrepublik (G. über das BVerfG [BVerfGG], nach 5 ÄnderungsG.en jetzt i. d. F. vom 12. Dezember 1985, BGBl. I S.2226 wieder bes. Verf.gerichte (unten 2). Die Erfahrungen mit dem Totalitarismus führten dazu, daß die früheren Zuständigkeiten in einem nirgends sonst bekannten Maß ausgebaut und erweitert wurden. Sie bewirkten aber auch, daß weitere Staaten bes. Verf.gerichte neu schufen: *Italien* sah in der Verf. von 1947 eine ähnl. mächtige V. vor; erst 1955 konnte jedoch der VerfGH seine Tätigkeit aufnehmen. *Frankreich* folgte 1958 mit der Errichtung eines Conseil Constitutionnel, einer neuartigen Form der V. mit rechtsprechenden, gutachterl. und feststellenden Kompetenzen, vor allem als Gegengewicht zum Parlament.

In neuerer Zeit schufen u. a. Jugoslawien (in Bund und Gliedstaaten), Griechenland, Spanien, Polen bes. Verf.gerichte.

2. In Dtschld. ist *heute* wichtigstes Organ der V. das →*Bundesverfassungsgericht*. Daneben haben neun *Länder* eigene *Verf.gerichte* oder StGH.e zum Schutz der Länderverf.en. Schleswig-Holstein hat sich darauf beschränkt, einzelne Zuständigkeiten der V. dem BVerfG zu übertragen, so daß einzig für →Berlin keine V. besteht (s. a. Landesverf.en). Da die LänderV. nicht im →Gerichtsverfassungsrecht des Bundes geregelt ist, ergeben sich große Unterschiede. Die Landesverf.gerichte bestehen aus einem einzigen Senat mit einer bestimmten Anzahl von Berufsrichtern (oft bestimmten OLG- bzw. OVG-Präsidenten) und einer bestimmten Anzahl von weiteren Mitgliedern. Wahlinstanz ist das →Parlament, meist in einem Verfahren, das den parteipolitischen Einfluß schwächen soll. Die Amtsdauer der Landesverf.richter ist beschränkt; sie nehmen ihre Aufgaben nebenamtl. wahr. Solche Bestimmungen sollen z. T., geprägt von Tendenzen der ersten Nachkriegsjahre, die demokratische Legitimation der V. im Vergleich zu den übrigen Gerichten stärken. Entsprechend regeln einige Landesverf.en die V. getrennt von der übrigen Rspr., und das BVerfGG (§ 1) bezeichnet das BVerfG, anders als die übrigen Gerichte, auch als Verf.organ. Das hat nach Auffassung der vier Mächte (Genehmigungsschreiben zum GG, Berlin-Abkommen vom 3. Sept. 1971) die Unzuständigkeit des BVerfG für →Berlin zur Folge, die die Rspr. zeitweise zu mildern suchte. Für die unmittelbare Zuständigkeit blieb das ohne Erfolg; die faktische Rechtseinheit läßt sich dennoch weitgehend sichern (BVerfGE 61, 357; 67, 84).

II. Die Zuständigkeit der V. läßt sich, im Gegensatz zB zu den Generalklauseln der →Verwaltungsgerichtsbarkeit oder des § 13 GVG, nicht mit einer einheitl. Formel umschreiben (s. o. I A 1 b) und muß durch das positive Recht konkretisiert werden. Entsprechende Aufzählungen der Zuständigkeit finden sich in den meisten Regelungen der V., für das BVerfG in § 13 BVerfGG, der die im GG verstreut geregelten Zuständigkeiten zusammenfaßt. Die verwirrende Vielfalt der mögl. Kompetenzen, von denen das BVerfG die meisten besitzt, läßt sich im wesentl. auf *fünf* (sich freilich überschneidende) Grundformen reduzieren.

A. Verfassungsstreitigkeiten i. eig. S. sind Verfahren der V., in denen sich Staatsorgane gegenüberstehen, die von der Verf. mit eigenen Rechten und Pflichten ausgestattet sind (*Verf.organe*, BVerfGE 2, 143 [151 f.]). Ähnl. wie im Zivilprozeß begehren zwei streitende Parteien von einem unbeteiligten Dritten Schutz ihrer Rechte, nur daß an Stelle von (subjektiven) Privatrechten verfassungsrechtl. Zuständigkeiten umstritten sind. Das macht einen Teil der Problematik der echten Verf.streitigkeiten aus: Sie sind als „Insichprozesse" rechtl. Ausdruck des →Pluralismus höchster Träger der von der Verf. zugeteilten Zuständigkeiten. Polit. Interessengegensätze zwischen staatl. Instanzen werden zu rechtl. austragbaren Streitigkeiten.

1. Zum →*Bundesstaat* gehört die Möglichkeit von Interessengegensätzen zwischen Gliedstaaten sowie zwischen Bund und Gliedstaat(en). Daher liegt hier die Einschaltung der V. bes. nahe. Im Verhältnis zwischen Gliedstaaten greift sie in fast allen, zwischen Bund und Gliedstaaten jedenfalls in den kontinentaleurop. Bundesstaaten Platz. In Dtschld. wurde nach den oben (I A 2 b) erwähnten Vorläufern durch die WV (Art. 19 I) eine V. für *Verf.streitigkeiten zwischen Reich und Ländern* sowie *zwischen Ländern* eingeführt; sie wurde bis 1933 häufig benutzt. In der Bundesrep. Dtschld. besteht sie in ähnl. Umfang (Art. 84 IV, 93 I Nr. 3, 4 GG; §§ 13 Nr. 7, 8, 68 – 72 BVerfGG): Bei Streitigkeiten über verfassungsmäßige Rechte und Pflichten des Bundes und der Länder können die beteiligten Regierungen das BVerfG mit der Begründung anrufen, daß sie durch eine Maßnahme oder Unterlassung in ihren Rechten und Pflichten verletzt oder unmittelbar gefährdet seien. Anwendungsfälle sind zunächst der Schutz der Zuständigkeitsbereiche von Bund und Ländern zur G.gebung und die ordnungsgemäße Ausführung des Bundesrechts durch die Länder. Für deren Kontrolle kann in erster Instanz auch der →Bundesrat eingeschaltet werden (Art. 84 IV GG). Für verwaltungsrechtl. Bund-Länder-Streitigkeiten ist das BVerwG zust. (§ 50 I Nr. 1 VwGO). Wichtige Föderativstreitigkeiten betrafen das (Reichs-)Konkordat (BVerfGE 6, 309) und die Neugliederung des Rhein-Main-Gebiets (BVerfGE 13, 54). Praktisch verbindet sich mit dem föderativen jedoch meist der Parteienstaat, so daß der Bund-Land-Streit ermöglicht, Gegensätze zwischen der von der Mehrheitspartei im Bund bestimmten Bundesregierung und von der Bundesopposition bestimmten Landesregierungen auszutragen, etwa über die Atombewaffnung (BVerfGE 8, 122), das Zweite Dt. Fernsehen (BVerfGE 12, 205) und Finanzhilfen des Bundes (BVerfGE 41, 291).

2. Organstreitigkeiten zwischen zwei Staatsorganen einer und derselben Gebietskörperschaft können in ähnl. Weise Gegenstand der V. sein. Für Streitigkeiten zwischen Regierung und Ständen der konstitutionellen Monarchie (→Konstitutionalismus) vor allem errichteten dt. Einzelstaaten im 19. Jh. ihre StGH.e, und 1919 erklärte Art. 19 I WV den Reichs-StGH für subsidiär zust. zur Entscheidung von Verf.streitigkeiten innerhalb der Länder und von nichtprivatrechtl. Streitigkeiten zwischen dem Reich und einem Land und zwischen Ländern. Außerhalb Dtschld. herrscht jedoch gegenüber einer V. zwischen Staatsorganen Zurückhaltung. Erst in neuerer Zeit haben zB Italien und Frankreich schwache Ansätze eines Organstreitverfahrens entwickelt.

a) Auch in der *Bundesrep.* sieht Art. 93 I Nr. 1 GG nur vor, daß das BVerG „über die Auslegung dieses GG aus Anlaß von Streitigkeiten" zwischen Verf.organen und deren Teilen entscheidet, also eine Auslegungs-, keine autoritative Entscheidungskompetenz. Aufgrund von Art. 93 II GG billigt § 67 BVerfGG dem Gericht dennoch die volle Zuständigkeit zur *Entscheidung* von Organstreitigkeiten zu. Gerade diese typisch richterl., weil auf den Einzelfall beschränkte Funktion läßt das BVerfG klarer als Gericht in Erscheinung treten und will verhindern, daß es durch allg., bindende Auslegungssätze mit unbestimmter Tragweite politische Entscheidungen vorwegnimmt. Überdies darf es über die Parteianträge nur nach dem GG, nicht nach Recht niedrigeren Ranges entscheiden, und sein Urt. hat sich auf Rechtsfeststellungen (→Rechtsprechung I B 6) zu beschränken, ohne Gestaltungen treffen, zu Leistungen verurteilen zu dürfen. Unter diesen Kautelen lassen §§ 63 – 67 BVerfGG Verf.streitigkeiten zwischen den höchsten Staatsorganen in umfassender, generalklauselartiger Weise zu. Als Parteien kommen der Bundespräsident, der Bundestag, der Bundesrat und die Bundesregierung sowie die im GG oder in den →Geschäftsordnungen des Bundestages oder des Bundesrates mit eigenen Rechten ausgestatteten Teile dieser Organe (zB Präsidium) in Betracht. Damit wird auch Parlamentsfraktionen, u. U. auch bestimmten (Sperr-)Minderheiten, ja den einzelnen Abgeordneten ermöglicht, ihre Mitwirkungsrechte bei der Staatswillensbildung, vor allem bei der →Gesetzgebung, gerichtl. feststellen zu lassen. Darüber hinaus hat das BVerfG (BVerfGE 1, 208 und 4, 27) auch den *politischen →Parteien* eine entsprechende Stellung zuerkannt, ohne sie damit freilich zu Verf.organen zu erklären. Anderen, z. T. ebenfalls einen Öffentlichkeitsanspruch erhebenden Kräften dagegen bleibt das Organstreitverfahren verschlossen, so den Kirchen, den Gemeinden und anderen öffentl.-rechtl. Körperschaften, den Interessenverbänden (auch Wählergruppen) und den Aktivbürgern (Wählern): Sie bleiben nach st. Rspr. auf andere Verfahrensarten, vor allem die Verf.beschwerde (s. u. C), beschränkt. Obwohl diese Praxis nach der geschichtl. Herkunft der Verf.streitverfahren berechtigt ist und, dank den übrigen Verfahrensarten, zu keinen empfindl. Lücken im Rechtsschutzsystem des BVerfGG führt, weist sie doch auf ein willkürl. Element jeder Beschränkung der Parteifähigkeit bei Organstreitigkeiten in einer →Demokratie hin, in der jeder Bürger und jede Gruppe bei der Bildung des Staatswillens mitwirken, der Untertan zugleich verantwortl. Glied der Obrigkeit sein soll. Die meisten Organstreitigkeiten seit Bestehen der Bundesrepublik wurden denn auch gerade von politischen Parteien erhoben, die die Gleichheit im Bereich des →Wahl- und Parteienrechts für verletzt hielten (Sperrklauseln, Parteienfinanzierung). Nachdem dagegen eine der ersten Organstreitigkeiten zwischen Regierung und Opposition, um den Wehrbeitrag der Bundesrep. Dtschld. (BVerfGE 2, 143, vgl. 1, 396; 2, 79), die Gefahr polit. Instrumentalisierung der V. und daher die Notwendigkeit einer strikten Begrenzung des Prozeßführungsrechts deutlich gemacht hatte, traten Organstreitigkeiten gegenüber Normenkontrollverfahren (s. u. B 2) an Bedeutung zurück. Sie kommen erst im Zusammenhang mit neueren Konflikten um den Bereich der Regierung (insbes. Öffentlichkeitsarbeit, haushaltsrechtl. Notbewilligungsrecht, Bundestagsauflösung, Untersuchung der Flick-Affäre, Raketenstationierung, BVerfGE 44, 125; 45, 1; 62, 1; 67, 100; 68, 1) wieder häufiger vor.

b) In den *Ländern* (außer Berlin) besteht ebenfalls umfassende V. für Organstreitigkeiten. Die meisten Verf.en sehen sie selbst in ähnl. Form wie der Bund vor oder ermöglichen die Klärung der Streitfragen auf Antrag bestimmter Verf.organe in sog. objektiven, d. h. nicht den Schutz von Rechten des Antragstellers bezweckenden Verfahren (Rheinland-Pfalz, Bremen und wohl auch Hamburg; vgl. unten B 2). Soweit in einem Land keine V. für Organstreitigkeiten besteht, gewährleistet sie der Bund gemäß der Tradition: Nach Art. 99 GG kann ein LandesG dem BVerfG die Entscheidung von Landes-Verf.streitigkeiten übertragen (so in Schleswig-Holstein), und soweit auch das nicht geschehen ist, entscheidet sie das BVerfG kraft Bundesrechts (Art. 93 I Nr. 4 GG).

B. Ob **Normenkontrolle**, d. h. →richterl. Prüfung von Rechtssätzen auf Verf.mäßigkeit, als Teil der Rechtsfindung allg. zur Rspr.funktion gehört, der Richter also nur an verfassungsmäßige Rechtssätze gebunden ist, zählt in der Theorie zu den meistumstrittenen Fragen. Wo sie bejaht wird, ist damit ein Kernstück der V. in die Hände aller Gerichte gelegt (s. o. I B 1 a). Gegenüber VO.en ist diese Zuständigkeit heute fast überall anerkannt und einzig die Zuordnung zur V. im materiellen Sinn zweifelhaft. Da aber die Nichtanwendung von G.en die Stellung des G.gebers und die Rechtssicherheit über die Geltung von G.en beeinträchtigen kann, kommen zwei abgeschwächte Formen des →richterlichen Prüfungsrechts in Betracht. Einmal kann jeder Richter G.e, deren Inhalt nach einer der mögl. Auslegungen verfassungsmäßig, nach andern verfassungswidrig ist, *verfassungskonform auslegen.* Grds. bleibt er damit im Bereich der →Rechtsanwendung i. S. einer objektiven Erkenntnis (BVerfGE 2, 266 [282], 48, 40 [45 f.]). Praktisch bildet er jedoch das Recht besonders intensiv fort, u. U. entgegen dem Willen des hist. Gesetzgebers (zB BVerfGE 9, 194 [200]; 34, 269 [281 ff.]; 66, 313 [322 f.]; vgl. 35, 263 [278 ff.], 65, 182 [190 f.]). Bedenklich ist dies v. a., wenn Normen (zB der Grundvertrag, BVerfGE 36, 1, vgl. A 2 a) abstrakt interpretiert werden. Legt das BVerfG ein Gesetz verfassungskonform aus, so stellt sich überdies die Frage der Abgrenzung seiner Zuständigkeit von der Auslegungsfunktion der „Fachgerichte" (BVerfGE 31, 58 [80 ff.], 33, 52 [65 ff., 78 ff.], 54, 277 [285 ff.]). – Sodann ist institutionell das richterl. Prüfungsrecht zuerst in Österreich und z. T. im Dt. Reich, dann insbes. auch in der Bundesrep. Dtschld., Italien u. a. Staaten mit besonderen Verf.gerichten in abgeschwächter Form verwirklicht worden:

1. Bei der *konkreten Normenkontrolle* (Art. 100 I GG, §§ 13 Nr. 11, 80 – 82 BVerfGG), d. h. der Normenkontrolle anläßl. eines Gerichtsverfahrens, legt das erkennende Gericht ein entscheidungserhebl. G., das es für verfassungswidrig hält, dem Verf.gericht vor; dieses allein besitzt die Verwerfungskompetenz (Näheres s. richterliches Prüfungsrecht). Dank dieser kann es auch im Rahmen anderer Verfahren (insbes. auf Verf.beschwerden hin, s. u. C) G.e für verfassungswidrig erklären.

2. Die *abstrakte Normenkontrolle* ergänzt die konkrete und das Verf.streitverfahren i. eig. S. Bei Meinungsverschiedenheiten oder Zweifeln über die Verf.mäßigkeit von Rechtssätzen oder die Vereinbarkeit von Landesrecht mit Bundesrecht niedrigeren Ranges können höchste Staatsorgane abstrakt die Verf.mäßigkeit durch das Verf.gericht prüfen lassen: Dieses entscheidet über die Norm als solche, unabhängig von Streitigkeiten bei deren Anwendung (vgl. oben 1), aber auch von Streitigkeiten unter Verf.organen (s. o. A). Es schafft Rechtssicherheit und schützt zugleich, statt subjektiver Rechte des Antragstellers, die objektive Rechtsordnung vor Verletzungen durch rechtswidrige Akte.

a) In der *Bundesrep.* haben Art. 93 I Nr. 2 GG, §§ 13 Nr. 6, 76 – 79 BVerfGG die abstrakte Normenkontrolle umfassend eingeführt. Die Antragsberechtigten (Bundesregierung, jede Landesregierung, ein Drittel der Mitglieder des Bundestages) können, anders als bei der konkreten Normenkontrolle, auch VO.en, Satzungen und vorkonstitutionelle, d. h. vor dem 24. Mai 1949 in Kraft getretene G.e auf Verf.mäßigkeit prüfen lassen, um einander widersprechende Entscheidungen auf Grund der inzidenten richterl. Prüfung zu vermeiden oder in Einklang zu bringen. Trotz dieses der Rechtseinheit dienenden Zwecks ist die Normenkontrolle nach dt. Recht aber reine Rechtsfeststellung: Während in Österreich das Verf.gericht den verfassungswidrigen Rechtssatz nur für die Zukunft aufhebt, erklärt es nach dem GG und der – seit 1970 freilich abgeschwächten – Formulierung des § 78 BVerfGG „das G. für nichtig", also für ex tunc ungültig (str., s. u. C 1 a). Auf nicht mehr anfechtbare Entscheidungen wirkt diese Feststellung aber nur in engen Grenzen (insbes. bei Strafurteilen auf Grund nichtiger Normen). – Die abstrakte Normenkontrolle hat sich dank der einfachen Verfahrensvoraussetzungen auch praktisch als wirksamstes Kontrollinstrument gegenüber den G.gebern in Bund und Ländern erwiesen. Außer zur Beurteilung der Verf.mäßigkeit einzelner G.e dient sie zur Austragung von Verf.konflikten zwischen Opposition und Bundestagsmehrheit – so um den Saarvertrag, BVerfGE 4, 157 – oder im meist parteienstaatlich modifizierten föderativen Verhältnis anstelle des dadurch entbehrl. Bund-Land-Streits (s. o. A 1), etwa um die Parteienfinanzierung (E. 8, 51; 20, 56; 52, 63), den preußischen Kulturbesitz (E. 10, 20), die Stellung des Rundfunks (E. 12, 205; 31, 314), die Homogenität des öffentlichen Dienstes (E. 9, 268; 10, 285, 32, 199; 34,9) und die Telefonkontrolle (E. 30, 1). Insb. seit dem Streit um den Grundvertrag (E. 36, 1) und um die Rolle des →Bundesrats im Verfahren der →G.gebung (E. 37, 363) sind die meisten polit. grds. kontroversen G.e von Opposition oder Landesregierungen gleich nach Erlaß spektakulären Verfahren der abstrakten Normenkontrolle unterzogen worden (so →Schwangerschaftsabbruch, E. 39, 1, →Kriegsdienstverweigerung, E. 48, 127; 69,1; Abgabe zur →beruflichen Bildung, E. 55, 274, →Staatshaftung, E. 61, 149).

b) In ähnl. Weise übertragen die meisten *Länder* ihren Verf.gerichten (Schleswig-Holstein dem BVerfG) eine abstrakte Normenkontrolle am Maßstab der Landesverf. für Rechtssätze des Landes. Wo auch Organstreitigkeiten im objektiven Verfahren erledigt werden (s. o. A 2 b), dient dieses Verfahren zugleich der Normenkontrolle. Bedeutsam ist jedoch eine Sonderregelung in Bayern: Sie räumt dem einzelnen Bürger eine *Popularklage* gegen Rechtssätze ein, die Grundrechte verletzen (s. u. C 2).

3. Der Prüfung auf Verf.mäßigkeit hat das GG *andere Normenkontroll- und Vorlageverfahren* geringerer Bedeutung an die Seite gestellt. So übt das BVerfG *Normqualifikation,* wenn ein Gericht in einem Rechtsstreit bezweifelt, ob eine Regel des →Völkerrechts als Bestandteil des Bundesrechts gilt oder ob sie unmittelbar Rechte und Pflichten für den einzelnen erzeugt (Art. 25, 100 II GG, §§ 13 Nr. 12, 83, 84 BVerfGG), oder wenn in einem Gerichtsverfahren streitig und erhebl. ist, ob ein vorkonstitutionelles G. als Bundesrecht oder als Landesrecht fortgilt. Über diese Frage entscheidet es in bestimmten Zweifelsfällen auch auf Antrag des Bundestags, des Bundesrats, der Bundesregierung oder einer Landesregierung (Art. 126 GG, §§ 13 Nr. 14, 86 – 89 BVerfGG). – Neben diese Kompetenzen läßt sich die *Vorlagepflicht eines Landesverf.gerichts,* das das GG abweichend vom BVerfG oder von einem anderen Landesverf.gericht auslegen will, einreihen (Art. 100 III GG, §§ 13 Nr. 13, 85 BVerfGG): Sie soll eine einheitl. Verf.rspr. fördern.

4. GG und BVerfGG kennen keine *präventive Normenkontrolle,* d. h. kein bes. Verfahren zur Überprüfung noch nicht verkündeter Rechtssätze. Zwar können andere (insbes. Verf.streit-)Verfahren indirekt dazu führen, und bei völkerrechtl. Verträgen darf die abstrakte Normenkontrolle schon nach Verabschiedung im Parlament eingeleitet werden (BVerfGE 1, 396 [410 ff.]; 36, 1), damit sie vor Eintritt der völkerrechtl. Bindung geprüft werden können. Aber Präventivkontrolle ist für die Unabhängigkeit der V. problematisch. Diese wird als Hilfsorgan des Parlaments noch stärker in das G.gebungsverfahren eingeschaltet und veranlaßt, entweder dessen politische Motive zu übernehmen oder sich ihnen entgegenzustellen. Sachfrage und Rechtsfrage erweisen sich als bes. schwer trennbar. Daher hat auch die neuere Handhabung der abstrakten Normenkontrolle gegenüber neu erlassenen Bundesgesetzen der rechtl. allerdings unzutr. These vom BVerfG als „3. Kammer des Gesetzgebungsverfahrens" als Gesichtspunkt für die politische Funktion des BVerfG Gewicht gegeben und eine rechtspolit. Diskussion um Einschränkungen der abstrakten Normenkontrolle entfacht. Eine mit dem G.gebungsverfahren verbundene, insbes. präventive Normenkontrolle paßt nur zu einer weniger scharf von den polit. Gewalten getrennten V. wie der französischen (s. o. I B 1 b). Allerdings kommt eine präventive Normenkontrolle zur Klärung einzelner Fragen (zB Zuständigkeit von Bund oder Land in Österreich) oder gegenüber bestimmten Entwürfen (so gegenüber Anträgen auf Verf.änderung oder Volksbegehren in einigen Ländern; ähnl. in den Schweizer Kantonen) in Betracht.

C. Mit der **Verfassungsbeschwerde** kann jedermann, gestützt auf die Behauptung, durch die öffentl. Gewalt in bestimmten verfassungsmäßigen Rechten verletzt zu sein, verfassungsgerichtl. Schutz begehren. Sie eröffnet den Bürgern zusätzl. zu den übrigen Rechtswegen (→Rechtsweggarantie; →Verwaltungsgerichtsbarkeit) den unmittelbaren Zugang zur V.

1. a) Nach *§ 90 I BVerfGG* (seit 1968 verankert in Art. 93 I Nr. 4 a GG) steht „jedermann" (auch juristischen Personen, Art. 19 III GG) der Weg zum BVerfG offen. Voraussetzung ist, daß er die (tatsächl. mögl.) *Verletzung eines im GG gewährleisteten →Grundrechts* oder eines andern der in § 90 I BVerfGG abschließend aufgezählten Rechte (Garantie des Berufsbeamtentums, des →Wahlrechts, Justizgarantien) rügt: Die Verf.beschwerde verfolgt, im Gegensatz zur Organklage, bestimmte subjektive Verf.rechte und nicht die grundgesetzl. gewährleistete Rechtsstellung als Ganzes (vgl. oben A 2 a). Daher steht sie jur. Personen des öffentl. Rechts nur zur Verteidigung ihnen speziell zugewiesener Grundrechtsbereiche (zB der →Kirchen, Rundfunkanstalten, →Hochschulen), nicht ihrer sonstigen Kompetenzen und Grundrechte, offen (BVerfGE 61, 102). Im übrigen ist jedoch die Begrenzung durch die st. Rspr. des BVerfG (seit E. 6, 32 [37 ff.]) zum Recht der →Persönlichkeitsentfaltung (Art. 2 I GG) gemildert, indem es als dessen Schranke nur G.e anerkennt, die der Verf. in allen ihren Teilen gemäß sind und so im Verf.beschwerdeverfahren die Prüfung freiheitsbeschränkender G.e in vollem Umfang ermöglicht, zB auf Einhaltung der Grundsätze des →Rechtsstaats (bes. auf Verhältnismäßigkeit). Auch die Deutung des →Gleichheitssatzes als umfassendes, G.geber und rechtsanwendende Behörden bindendes Willkürverbot erweitert die Kognition des BVerfG und gibt ihm die Möglichkeit, allg. Gerechtigkeitsvorstellungen (→Rechtsphilosophie) in die Verf.auslegung einzuführen. Nun kann sich die Verf.beschwerde gegen Akte aller drei Gewalten im Bund und in den Ländern, gegen Rechtssätze (insbes. →Gesetze), →Verwaltungsakte und Urteile richten, so daß sie eine nahezu umfassende Kontrolle der öffentl. →Gewalt durch den einzelnen Bürger ermöglicht. Innerkirchl. Akte der öffentl. Religionsgesellschaften nimmt das BVerfG (BVerfGE 18, 385) von seiner Jurisdiktion aus. – In seiner Entscheidung kann das BVerfG jedoch einzig die Verletzung des GG – auch für den Fall einer Wiederholung – feststellen und ggf. den verfassungswidrigen Einzelakt aufheben, die verfassungswidrige Norm für nichtig erklären, niemals aber inhaltl. abändern oder den Staat zu einer Leistung verurteilen. Aber auch diese Grenzen sind durch die (eingeschränkte) Zulassung der Verfassungsbeschwerde gegen *Unterlassungen* des Gesetzgebers verwischt: Indem das BVerfG erst die Verf.widrigkeit von Unterlassungen des G.gebers (BVerfGE 6, 259), dann Verletzungen des GG durch ungleiche Regelungen zweier Sachverhalte (zB BVerfGE 23, 1; 61, 319), schließlich ohne scharfe Abgrenzung die Verf.widrigkeit gesetzl. Grundrechtseingriffe ohne Nichtigerklärung des ganzen Normenkomplexes (zB BVerfGE 35, 79; 64, 323) festzustellen begonnen hat, verpflichtet es den G.geber zum Handeln. Inwieweit solche Verf.widrigerklärungen ohne Nichtigerklärungen die G.anwendung bis zur Neuregelung ausschließen (vgl. BVerfGE 37, 217 [261 ff.]; 61, 319 [356 f.]), ist ebenso str. wie die Statthaftigkeit solcher Tenorierung.

b) Zur Abgrenzung der V. von der übrigen Gerichtsbarkeit setzt die Verf.beschwerde die *Erschöpfung des Rechtswegs* (→Gerichtsverfassung III A; →Rechtsprechung IV A 4) voraus, wo dieser gegeben ist: sie ist *subsidiär* (BVerfGE 33, 247 [258 f.]; 68, 384 [388 f.]). Dank der →Rechtsweggarantie (Art. 19 IV GG) ist daher im Bereich der Rechtsanwendung die Verf.beschwerde als zusätzl., selbständiger Rechtsbehelf i. d. R. nur gegen Entscheidungen höchstinstanzl. Gerichte zulässig, soweit nicht das BVerfG wegen der allg. Bedeutung eines Falles oder zur Abwendung schwerer Nachteile die sofortige Beschwerde zuläßt. Für die Verf.beschwerde gegen G.e verlangt das BVerfG in st.Rspr. (BVerfGE 1, 97 [101]; 68, 319 [325 f.]), daß das G. den Beschwerdeführer *„selbst, gegenwärtig und unmittelbar"* betrifft; andernfalls kann er, anders als nach der bayr. (s. u. 2) und der schweizer. Regelung, nur den (letztinstanzl.) Rechtsanwendungsakt angreifen. Die Bedeutung der Formel des BVerfG ist im einzelnen sehr umstritten.

c) Trotz diesen Kautelen betreffen *über* 95 % der beim BVerfG eingereichten Anträge *Verf.beschwerden* (1983: 3828 von 3946 Verfahren), oft mit unsinnigem, geringfügigem oder verf.fremdem Inhalt. Da das BVerfG seine Kognition auf verf.rechtl. Fragen beschränkt (keine „Superrevision"!, vgl. BVerfGE 18, 85 [92 f., 96]; 35, 311 [315 ff.]; 54, 117 [125]), hat nur ca. 1 % der Beschwerden Erfolg. Ein Vorprüfungs- und Annahmeverfahren (§ 93 a BVerfGG), das seit 1986 erweitert worden ist, durch drei Richter und anschließend den Senat scheidet erst die hoffnungslosen, dann die nach notgedrungen schwer objektivierbarer Betrachtung unwesentl. Fälle aus; nur die verf.rechtl. oder für den Beschwerdeführer ernstl. bedeutsamen werden zur Entscheidung angenommen. Daß es auch solche gibt, zeigen die wichtigen durch Verf.beschwerde erwirkten Entscheidungen, zB zur →Meinungs- und →Pressefreiheit (zB BVerfGE 7, 198; 42, 133, 143; 66, 116; 68, 226), zur →Berufsfreiheit (E. 7, 377; 30, 292; 33, 303) und →Wirtschaftsordnung (E. 4, 7; 50, 290), zum →Datenschutz (E. 65, 1), zum →rechtl. Gehör und zum Wahlrecht. Von vielleicht noch größerer Tragweite ist, daß das Recht der Verf.beschwerde jeden Bürger unmittelbar mit der Verf. konfrontiert und in deren Gefüge einbezieht.

2. Die Verf.beschwerde an ein Landesverf.gericht wegen Verletzung der Grundrechte der Verf. des Landes (vgl. Art. 142 GG), wie sie in Bayern, Hessen und dem Saarland vorgesehen ist, wird durch die Verf.beschwerde an das BVerfG nicht ausgeschlossen, aber praktisch in den Hintergrund gedrängt.

Von grds. und praktischem Interesse ist jedoch die in Art. 98 S. 4 der Bayr. Verf. geregelte *Popularklage gegen G.e.,* mit der jedermann, auch wenn er nicht selbst in einem Grundrecht verletzt ist, die Grundrechtswidrigkeit eines Landesrechtssatzes rügen und damit eine Normenkontrollklage erheben kann. – Ferner konkurriert mit der Verf.beschwerde an das BVerfG auch die *Beschwerde* nach der *Europ. Menschenrechtskonvention.* Die darin gewährleisteten Rechte können mit der innerstaatl. Verf.beschwerde nicht geltend gemacht werden (BVerfGE 4, 110 [111]; 10, 274); dagegen steht nach Erschöpfung des innerstaatl. Rechtswegs die Berufung darauf mit der sog. Menschenrechtsbeschwerde an die Europ. Kommission für Menschenrechte offen.

3. Gemeinden und Gemeindeverbände können mit der Behauptung, ein Bundes- oder LandesG verletze ihr Recht der →Selbstverwaltung, eine bes. Verf.beschwerde (§ 91 BVerfGG) erheben. In einzelnen Ländern ist dafür statt des BVerfG das Landesverf.gericht zuständig.

D. Anklageverfahren, in der konstitutionellen Monarchie in Form der Ministeranklage ein Hauptgegenstand der V., treten heute hinter den genannten drei Gruppen von Zuständigkeiten an Bedeutung zurück. Ihre Ausgestaltung läßt sie am ehesten mit *Strafverfahren* (→Prozeßrecht) vergleichen. Sie sind aber i. d. R. davon unabhängig. Die Person der Angeklagten, die Verf. als Beurteilungsmaßstab für deren Verhalten und die mögl. Sanktionen (vor allem Amtsverlust) kennzeichnen die Anklageverfahren als V. und heben sie von der Straf- und der Disziplinargerichtsbarkeit (→Gerichtsverfassung) ab.

1. Die Ministeranklage ist bis heute in vielen Staaten verbreitet und, mit Abweichungen, auch in allen dt. Ländern mit eigenem Verf.gericht. Ergänzt wird sie in den meisten Ländern durch eine *Richteranklage* und in einigen Ländern durch eine *Abgeordnetenanklage.* Für das GG dagegen erschien die Ministeranklage entbehrlich. Einzig eine Anklage gegen den →*Bundespräsidenten* durch Bundestag oder Bundesrat und gegen →*Richter* durch den Bundestag ist vorgesehen (Art. 61, 98 II, V GG, §§ 13 Nr. 4, 9, 49 – 62, vgl. § 105 BVerfGG). Keine dieser Verfahrensarten ist bisher angewandt worden.

2. Das GG setzt *Anklageverfahren zum Schutz vor verfassungsfeindl. Betätigung* der Bürger ein und verbindet diese auch dadurch mit der Verf. Wegen der totalitären Bedrohungen erschienen solche über die Grundrechtsschranken des →Polizeirechts hinausgehende Kautelen als notwendig („wehrhafte Demokratie"), dank dem Entscheidungsmonopol des BVerfG als erträglich.

a) Gegen *Grundrechtsmißbrauch* zur Bekämpfung der freiheitl.-demokratischen Grundordnung droht das GG (nach dem Vorbild der hess. Verf.) den Ausspruch der *Verwirkung* des betr. Grundrechts durch das BVerfG auf Antrag des Bundestags, der Bundes- oder einer Landesregierung an (Art. 18 GG, §§ 13 Nr. 1, 36 – 41 BVerfGG). Das BVerfG kann dem Antragsgegner bestimmte Beschränkungen (Berufsverbot, Verlust der politischen Rechte) auferlegen. Trotz ihrer weiten Fassung hat sich diese Bestimmung bisher praktisch nicht ausgewirkt. Da die h. L. daraus keine Beschränkungen des Straf- und des Disziplinarrechts ableitet, haben sich die danach mögl. Sanktionen als regelmäßig wirksamer erwiesen.

b) *Politische →Parteien,* die entgegen der ihnen vom GG eingeräumten Stellung (vgl. oben A 1 a) „darauf ausgehen, die freiheitl.-demokratische Grundordnung zu beeinträchtigen oder zu beseitigen oder den Bestand der Bundesrepublik zu gefährden", können auf Antrag des Bundestags, des Bundesrats oder der Bundesregierung durch das BVerfG für verfassungswidrig erklärt und damit aufgelöst und verboten werden (Art. 21 II GG, §§ 13 Nr. 2, 43 – 47 BVerfGG, §§ 32, 33 PartG). Solange jedoch ein solcher Ausspruch nicht erfolgt ist, behalten sie ihre Privilegien: Keine andere Stelle darf sie verbieten, mit bes. Sanktionen belegen oder sonst als verfassungswidrig behandeln. Das BVerfG hat durch Entscheidungen von großer politischer Tragweite die (neonational-)Sozialistische Reichspartei und die KPD aufgelöst (BVerfGE 2, 1; 5, 85) und dabei weitgehende Einzelregelungen für die Vollstreckung getroffen, u. a. den Wegfall der Parlamentsmandate der →Abgeordneten der verbotenen Partei verfügt. Die Arbeit für eine (noch) nicht verbotene Partei ist straffrei (BVerfGE 12, 296), soll jedoch Beurteilungen belegen können, daß ein Bürger die vom →Beamtenrecht geforderte politische Treuepflicht nicht erfüllt (BVerfGE 39, 334).

E. Die Wahlprüfung bei Parlamentswahlen steht zwischen den Grundformen der V. Sie bezweckt v.a. die objektive Rechtskontrolle über die richtige Zusammensetzung des Parlaments, schützt aber dabei notwendigerweise auch das Wahlrecht und die Rechte der Abgeordneten (str., vgl. BVerfGE 34, 81 [93 ff.]). In den meisten Staaten obliegt sie dem Parlament selbst, oft in der Ausgestaltung einer V. (vgl. oben I A 2 c); dagegen hat Frankreich sie dem Conseil Constitutionnel anvertraut.

1. In der *Bundesrep. Dtschld.* erfolgt die Wahlprüfung nach jeder Wahl oder bei Mandatsverlust eines Abgeordneten. Auf einen „Einspruch", den (u. a.) jeder Wahlberechtigte erheben kann, prüft ein Bundestagsausschuß in gerichtsähnl. Verfahren die Rechtmäßigkeit der Zusammensetzung des Bundestages; dessen Plenum entscheidet. Gegen diesen Entscheid können (u. a.) der Einsprecher mit weiteren 100 Wahlberechtigten oder eine Bundestagsfraktion „Beschwerde" an das BVerfG erheben, das endgültig befindet (Art. 41 GG, §§ 13 Nr. 3, 48 BVerfGG, WahlprüfungsG vom 12. März 1951, BGBl. I S. 166).

2. Die meisten *Länder* haben ein ähnl. System wie der Bund übernommen, z. T. haben sie die Ausschüsse zur Wahlprüfung zu eigentl. Wahlprüfungsgerichten umgestaltet, die in einziger oder 1. Instanz entscheiden.

III. Das Verfahren der V. ist von den Besonderheiten der einzelnen Zuständigkeiten geprägt. Es nähert sich, je nach Verfahrensart, dem Zivil- (s. o. II A), dem Straf- (s. o. II D) oder dem Verwaltungsprozeß (s. o. II C) an.

A. Die Eigenständigkeit der V. zeigt sich hier *weniger* stark als in der Organisation der Verf.gerichte (→Gerichtsverfassung; →Bundesverfassungsgericht; s. a. Geschäftsordnung des BVerfG vom 15. Dez. 1986, BGBl. I S. 2529), wenn auch eine gewisse Tendenz einerseits zu einer freieren Handhabung des →Prozeßrechts, andererseits zu einem Hinweggehen über (auch begründete, BVerfGE 9, 120; 68, 334) Bagatellstreitigkeiten nicht zu übersehen ist, etwa durch hohe Anforderungen an das Rechtsschutzbedürfnis (§§ 90 II S. 2, 93 a III, IV S. 2 BVerfGG; BVerfGE 33, 247). Aber regelmäßig gewährt die dt. V. (anders als zB die franz., jugoslawische und polnische) Rechtsschutz nur auf Antrag. Das hebt ihre rechtsprechende Tätigkeit von der aktiven Gestaltung durch die politischen Organe ab (→Rechtsprechung I B 5).

B. Die Entscheidungen des BVerfG bewirken, wie alle Gerichtsentscheidungen, in erster Linie Rechtskraft unter den Parteien.

1. Die Eigenart der Verfahren macht aber in vielen Fällen Feststellungen mit *Tragweite über die Parteien hinaus* notwendig (zB § 67 BVerfGG). Bei solchen Verfahrensarten gibt das BVerfG interessierten Verf.organen in weitem Umfang das Recht, sich zum Verfahren zu äußern oder ihm beizutreten. Das ermöglicht die in § 31 I BVerfGG angeordnete *bindende Wirkung* der Entscheidungen für alle Organe und Behörden, deren Tragweite freilich umstritten ist, die aber jedenfalls die Bedeutung des BVerfG für die Auslegung des GG zeigt.

2. Normenkontrollentscheidungen des BVerfG haben *Gesetzeskraft* und werden daher im BGBl. veröff. (§ 31 II BVerfGG). Dennoch ist der Spruch des BVerfG auch in diesem Fall (mit den oben II B 2 a, II C 1 a erwähnten Besonderheiten) nur Rechtsfeststellung, nicht Rechtsetzung.

3. Da die meisten Entscheidungen des BVerfG nur feststellend oder rechtsgestaltend wirken, spielt die *Vollstreckung,* jedenfalls gegenwärtig, eine geringe Rolle. § 35 BVerfGG läßt für diese Fälle dem BVerfG einen Spielraum, dessen Weite kritisiert worden ist (s. o. II D 2 b).

4. Generelle Tragweite und politische Bedeutung lassen der Begründung verf.gerichtlicher Entscheidungen besonderes Gewicht zukommen. Daher ist die V. Ansatzpunkt für die Möglichkeit überstimmter Richter, der Entscheidung nach angelsächs. Muster eine „dissenting" bzw. „concurring opinion" als *Sondervotum* beizugeben. Nach Ansätzen der Rspr. ist das Sondervotum in § 30 II BVerfGG i. d. F. 1971 verankert und außer in polit. insbes. in für das richterl. →Gewissen gravierenden Fällen (etwa BVerfGE 33, 23; 69,57 ff.) sowie für die Weiterentwicklung der Rspr. (zB E. 53, 69 ff.) bedeutsam.

C. Einstweilige Anordnung. Das BVerfG kann, wie ein Zivil- oder Verwaltungsgericht und wie nach der Praxis schon der ReichsStGH, durch einstweilige Anordnung bis zur Entscheidung einen Zustand aus wichtigen Gründen vorläufig regeln (→Rechtsprechung I D 4), vor allem bei Gefahr im Verzug (§ 32 BVerfGG). Da einstweilige Anordnungen die Hauptsache präjudizieren (→Schwangerschaftsabbruch; →Kriegsdienstverweigerung!) und speziell im Verf.prozeß unabsehbare Folgen haben können (Fall SCHLEYER, BVerfGE 46, 160), macht das BVerfG sparsamsten Gebrauch von dieser Möglichkeit. Sie hat jedoch schon die Auswirkungen krasser Rechtsverletzungen verhindert (BVerfGE 12, 36).

IV. Die Bewertung der V. hat heute von deren steigender Bedeutung auszugehen, die sich im gewaltigen Einfluß der Verf.gerichte, aber auch in der Ausbreitung der V. auf immer mehr Staaten zeigt.

A. Allerdings kann **nicht** gesagt werden, die V. hätte revolutionierend auf den Staat gewirkt; so führen Staaten, die nach revolutionären, auch totalitären Perioden Rechtssicherheit suchen, eine V. ein.

1. Ihr eigentl. Wirkungsfeld liegt nicht in der Meisterung von Krisensituationen, sondern im

Schutz des Rechts und der Rechte in der tägl. Praxis, in der die Fälle, die zu politischen Kämpfen führen, die verschwindende Ausnahme sind. Insofern ist die Leistung der V. heute wie seit 1803 in den USA *echte Rspr.* Deren Ergebnis für die moderne Rechtsentwicklung, vor allem in Dtschld., ist unschätzbar. Das BVerfG, das entweder auf dem Weg der konkreten Normenkontrolle (s. o. II B 1) oder der Verf.beschwerde (s. o. II C 1) mit der verfassungsrechtl. Seite jedes Rechtsstreits befaßt werden kann, hat das GG, vor allem den →Gleichheitssatz, sämtl. →Grundrechte und das →Rechtsstaatsprinzip, wegweisend für die Vielzahl der anderen Gerichtsbarkeiten und als wahrhafter *Hüter der Verf.* ausgelegt. Es hat durch grundlegende, z. T. umstr. Entscheidungen auf weiteste Rechtsgebiete (zB Wahlrecht, Familienrecht, Gewerberecht, Medienrecht, Steuerrecht) eingewirkt. Im Gefüge der rechtsprechenden Gewalt hat es sich als spezifischer und praktisch unentbehrl. Träger von deren Funktion erwiesen und sich dadurch legitimiert. Daraus ergibt sich die Einordnung und funktionelle Begrenzung der V.

2. Aber bewirkt diese Rechtsbewahrung nicht eine übermäßige *Lähmung der Politik?*

a) Es läßt sich einwenden, daß Rechtsschutz von der Intensität des bundesverf.gerichtl. politische Gestaltung bedeute, die im „Staat der Industriegesellschaft" (FORSTHOFF) erträglich sei, aber im Hinblick auf Erfordernisse der *Staatsraison* in außerordentl. Lagen, v. a. der Stunde des →Notstandsrechts, den Staat seinen Feinden ausliefere.

b) Umgekehrt fragt sich, ob die verf.gerichtl. Rechtsbewahrung nicht die polit. und rechtl. *Entwicklung,* die Tätigkeit des unmittelbar demokratisch legitimierten Parlaments und der an der Willensbildung des Volkes mitwirkenden politischen Kräfte (Art. 21 GG) sowie den Ausbau des Sozialstaats übermäßig hemmt.

B. Das führt zur Frage nach dem **Einfluß der V. auf Rechtsdenken und Politik**.

1. Die V. unterwirft alles staatl. Wirken dem *Maßstab des Rechts.* Dank seiner Autorität und seiner st. Verf.rspr. hat das BVerfG auch in Streitigkeiten von höchster politischer Bedeutung (zB um die Neugliederung von Bundesländern, wehrverfassungsrechtl. Grundentscheidungen, das parlamentarische System, die Deutschlandfrage, die Gleichberechtigung von Mann und Frau, das Verhältnis von Staat und Kirche, die Stellung der Massenmedien und der Parteien) den Primat der Verf. in der gesamten Staatstätigkeit zur Geltung und Anerkennung bringen können, so umstr. einzelne Urteile zeitweilig sein mochten. So trägt die V. dazu bei, die Verf. als Wertordnung zum gemeinsamen und *verbindenden Leitbild* zu erheben. Als solche schließt sie auch ursprünglich heterogene, als unvereinbar prätendierte Prinzipien ein und verbindet sie in einer dem einzelnen und der Gemeinschaft einsichtigen Weise. In dieser →Integration liegt die Chance des →Rechtsstaats. Er ist am ehesten legitimiert, im echten Notfall die Freiheit und auch die V. zu beschränken, um sie zu erhalten (Art. 115 g GG). Werden dagegen politische Kräfte aus seiner Ordnung herausgelöst, so bekommen sie freie Hand zur Beseitigung jeder Rechtsstaatlichkeit. Umgekehrt kann die als Einheit gedeutete Verf. auch die Anerkennung der Notwendigkeit des sozialen und verf.rechtl. Wandels i. S. des →Sozialstaats und einer „leistungsstaatlichen" Interpretation der →Grundrechte (HÄBERLE) gewährleisten.

2. Allerdings erhält die V. dadurch eine *politische,* weil auf den Entscheidungsprozeß der Politik bezogene *Funktion.* Auch das *beeinflußt die Rspr.* aller Gerichte, legt ihre politische Bedeutung offen und konkretisiert die unmittelbare Verf.bindung des Richters (Art. 1 III, 20 III GG). Gegenüber den anderen Verf.organen wirkt die V. im Ergebnis als *Fremdkontrolle,* die ihre Entscheidungsfreiheit einschränkt. Daraus resultiert die Betrachtung der V. als Teil des politischen Entscheidungsprozesses („Konkretisierung", BVerfGE 62, 1 Leits. 4 b), bes. des G.gebungsverfahrens (s. o. II B 4), ja als sich darüber erhebender, auch den Verf.geber bindender (Art. 79 III GG, dazu BVerfGE 3, 225 [230 ff.]; 30, 1 [24 ff.]) Souverän. Sosehr das BVerfG betont, die Gestaltungsfreiheit von →Parlament und →Regierung respektieren zu wollen, so problematisch sind in der dt. wie in der amerik. V. immer wieder die Grenzen der richterl. Verantwortung. Die richterl. Verf.konkretisierung kann, die Politik juridifizierend, die Schranken der parlamentarisch-demokratisch legitimierten politischen und rechtl. Entwicklung verabsolutieren. Dazu kann beitragen, daß der Richter, der die Motive und Prognosen des Gesetzgebers beurteilt, seine eigenen Vorverständnisse einbringt. Praktisch wirkt sich das wegen der Prägung der Juristen durch Herkunft, Ausbildung und Aufgabe der Rechtsanwendung häufig in konservativem Sinn aus (USA 1935). Auch die Rolle des BVerfG in den 70er Jahren, gekennzeichnet durch spektakuläre Entscheidungen von Verf.streitigkeiten (s. o. II A 2 a, II B 2 a), meist mit den polit. Konflikt reproduzierenden Sondervoten, läßt sich so deuten. Umgekehrt kann diese Funktion der V. die polit. Kräfte dazu verleiten, die Entscheidungsverantwortung durch (evtl. unbegründete) rechtl. Erwägungen zu verschleiern und auf die V. abzuschieben. Denkbar ist freilich auch, daß der Gegensatz zur V. zur Beschneidung ihrer Zuständigkeit, ja zu ihrer Beseitigung führt (s. o. I B 1 b, zB Türkei, Zypern).

3. Die heutige V., v. a. in der Bundesrep., ist freilich nur *sekundäre* Ursache solcher *Desintegration.* Im Gegenteil ist sie nach 1951 – ähnlich wie in den USA und in Italien – ein Hauptfaktor der Bildung des politischen Bewußtseins und der *Aktualisierung der Verf.* geworden, oft im Gegensatz auch zu damaligen polit. Mehrheiten. Dazu mögen in Dtschld. das damalige Bedürfnis nach Neubegründung des Rechts und die hist. bedingte Prägung der Persönlichkeiten der ersten Richter des →BVerfG beigetragen haben; diese Voraussetzungen mögen auf die Bedeutung politischer Verantwortlichkeit der V. hinweisen. Aber auch für die letzten Jahre läßt sich eine Distanz von V. und Politik beobachten (zB BVerfGE 65, 1; 67, 100, 256; anders 68, 1; 69,1). Mag daher V. ein Faktor der „Verrechtlichung" und damit mehr der Festschreibung als der polit. Entwicklung sein: Auch für den gefestigten demokratischen und sozialen Rechtsstaat bedeutet die Verf.konkretisierung durch die Rspr. eines entsprechend legitimierten Gerichts weniger eine Erstarrungsgefahr als eine Chance. Die V. darf politische Gestaltung nicht usurpieren und kann sie nicht ersetzen, wohl aber dazu beitragen.

S. a. die Lit. bei →Richterl. Prüfungsrecht, →Verf. sowie das allg. Schrifttum zum Staatsrecht der Bundesrep. Dtschld.; ferner J. Mackert, F. Schneider, Bibliographie zur V. des Bundes und der Länder I1971, II1976, III1982 (Lit.). – H. Triepel, H. Kelsen, VVDStRL 5 (1929) 2 – 123 – E. Kaufmann, M. Drath, VVDStRL 9 (1952) 1 – 133 – K. Korinek, J. P. Müller, K. Schlaich, VVDStRL 39 (1981) 7 – 212 – H. Mosler (ed.), V. in der Gegenwart, Länderberichte und Rechtsvergleichung, 1962; darin 89 – 197 E. Friesenhahn, Die V. in der Bundesrep. Dtschld. (auch separat) – Th. Maunz, B. Schmidt-Bleibtreu, F. Klein, G. Ulsamer, BVerfGG, Komm. 1965 ff. (Lit.) – R. Schiffers, Grundlegung der V., 1984 – Wichtigste Beiträge bis 1976 M. Tohidipur (ed.), Verf., V., Politik, 1976 – P. Häberle (ed.), V., 1976 (Lit.); seitdem ders., Kommentierte Verf.rspr., 1979 – ders., V. zwischen Politik und Rechtswissenschaft, 1980 – C. Starck (ed.), BVerfG und GG, Festg. BVerfG, 2 Bde., 1976 – D. Kommers, Judicial Politics in West-Germany, 1976 – B. Eisenblätter, Die Überparteilichkeit des BVerfG im polit. Prozeß, 1976 – U. Steinwedel, Spezifisches Verf.recht und einfaches Recht, 1976 – D. Grimm, V. im demokrat. System, JZ 1976, 697 – 703 – H. Grund, „Preußenschlag" und StGH im Jahre 1932, 1976 – O. Bachof, Der Richter als Gesetzgeber? (1977) in: ders., Wege zum Rechtsstaat, 1979, 344 – 358 – K. Engelmann, Prozeßgrundsätze im Verf.prozeßrecht, 1977 – C. Moench: Verf.widriges G. und Normenkontrolle, 1977 – F. Ossenbühl, V. und Fachgerichtsbarkeit, in: Festschr. H. P. Ipsen, 1977, 129 ff. – H. P. Prümm, Verf. und Methodik, 1977 – W. Rupp-von Brünneck, V. und G.gebende Gewalt, AöR 102 (1977) 1 – 26 – M. Sachs, Die Bindung des BVerfG an seine Entscheidungen, 1977 – ders., DVBl. 1979, 389 ff. – ders., DÖV 1982, 23 ff. – E. Campiche, Die verf.konforme Auslegung, 1978 – R. Eckertz, Die Kompetenz des BVerfG und die Eigenheit des Politischen, Der Staat 17 (1978) 183 – 203 – N. Holzer, Präventive Normenkontrolle durch das BVerfG, 1978 – H. J. Vogel, Videant judices! Zur aktuellen Kritik am BVerfG, DÖV 1978, 665 – 668 – R. Zuck, Das BVerfG als Dritte Kammer, ZRP 1978, 189 – 195 – ders., MDR 1984, 800 – 803 – E. Benda, Grundrechtswidrige G.e, 1979 – ders., DÖV 1979, 465 – 470 – ders., NJW 1980, 2097 – 2103 – ders., DÖV 1983, 305 – 310 – W. Däubler, G. Küsel (ed.), Verf.gericht und Politik, 1979 – H. D. Fangmann, Justiz gegen Demokratie, 1979 – W. Fiedler, Fortbildung der Verf. durch das BVerfG, JZ 1979, 417 – 425 – H. Haller, Die Prüfung von G.en, 1979 – A. P. Pohle, Die Verf.widrigerklärung von G.en, 1979 – W. R. Schenke, Der Umfang der bundesverf.gerichtl. Überprüfung. NJW 1979, 1321 – 1329 – R. Schlothauer, Zur Krise der V., 1979 – W. Seuffert, Über G.gebung, Rspr. und Bindungswirkung, AöR 104 (1979) 169 – 200 – K. Vogel (ed.), Grundrechtsverständnis und Normenkontrolle, 1979 – N. Wischermann, Rechtskraft und Bindungswirkung verf.gerichtl. Entscheidungen, 1979 – G. F. Schuppert, Funktionell-rechtl. Grenzen der Verf.interpretation, 1980 – F. Hase, K.-H. Ladeur, V. und Polit. System, 1980 – Freiherr-vom-Stein-Gesellschaft (ed.), V., G.gebung und polit. Führung. Ein Cappenberger Gespräch, 1980 – J. Jekewitz, BVerfG und G.geber, Der Staat 19 (1980) 535 – 556 – ders., BVerfG und Staatsorganisationsrecht des GG, Festschr. R. Wassermann, 1985, 381 – 399 – J. Ipsen, Rechtsfolgen der Verf.widrigkeit von Norm und Einzelakt, 1980 – H. von Olshausen, Landesverf.beschwerde und Bundesrecht, 1980 – K. Stern, V. zwischen Recht und Politik, 1980 – B. Strehle, Rechtsfolgen verf.gerichtl. Normenkontrollentscheidungen, 1980 – H. P. Schneider, V. und Gewaltenteilung, NJW 1980, 2103 – 2111 – U. Scheuner, V. und GG, DÖV 1980, 473 – 480 – D. Merten, Demokrat. Rechtsstaat und V., DVBl. 1980, 773 – 779 – H. J. Faller, Das span. Verf.gericht, JöR 29 (1980) 279 – 291 – K. Hesse, Funktionelle Grenzen der V., Festschr. H. Huber, 1981, 261 – 272 – W. Geiger, Einige Besonderheiten im verf.gerichtl. Prozeß, 1981 – D. Majer, V. und Bund-Länder-Konflikte, 1981 – H. W. Ehrmann, Die Entwicklung der V. im Frankreich der 5. Republik, Der Staat 20 (1981) 373 – 392 – J. Rühmann, Verf.gerichtl. Normenqualifikation, 1982 – C. Pestalozza, Verf.prozeßrecht, 1982[2] – B. O. Bryde, Verf.entwicklung, 1982 – H. Heussner, Folgen der Verf.widrigkeit eines G.es ohne Nichtigerklärung, NJW 1982, 257 – 263 – F. W. Dopatka, Das BVerfG und seine Umwelt, 1982 – R. Dolzer, Verf.konkretisierung durch das BVerfG. und durch polit. Verf.organe, 1982 – M. Fröhlinger, Die Erledigung der Verf.beschwerde, 1982 – K. A. Bettermann, Richterl. G.bindung und Normenkontrolle, Festschr. für K. Eichenberger, 1982, 593 – 603 – ders., DVBl. 1982, 91 – 95 – A. Gerontas, Der Grundsatz des „political-self-restraint" am Beispiel der BRD, EuGRZ 1982, 145 – 153 – ders., DVBl. 1982, 486 – 491 – E. Klein, Verf.prozeßrecht, AöR 108 (1983) 410 – 444, 561 – 624 – C. Starck, K. Stern (edd.), LandesV., 3 Teilbde., 1983 – E. Schumann, BVerfG, GG und Zivilprozeß, ZZP 96 (1983), 137 – 253 – C. Landfried, BVerfG und G.geber, 1984 – K. R. Hinkel, V. zwischen Recht und Politik, 1984 – B. Schlink und R. Wand, Zugangshürden im Verf.beschwerdeverfahren, NJW 1984, 89 – 94, 950 – 954, 2195 – 2197 – H. Wendenburg, Die Debatte um die V. und der Methodenstreit der Staatsrechtslehre der Weimarer Republik, 1984 – H. Aretz, Neues zur Richtervorlage nach Art. 100 I GG, JZ 1984, 918 – 923 – W. Zeidler u. a. (ed.), Festschrift H. J. Faller, 1984 – P. Lerche, Aspekte verf.gerichtl. Subsidiarität in Deutschland und Österreich, in: Festschr. Jur. Gesellschaft Berlin, D. Wilke (ed.), 1984, 369 – 380 – G. Püttner, Der schwierige Weg der V., Festschr. Jur. Gesellschaft, aaO., 573 – 585 – K. von Beyme, V. und Policy Analysis, in: Festschr. für R. Wassermann, 1985, 259 – 277 – C. Gusy, Parlamentarischer G.geber und BVerfG, 1985 (Lit.) – ders., Richterliches Prüfungsrecht, 1985 – K. Schlaich, Das BVerfG, 1985 – I. Ebsen, Das BVerfG als Element gesellschaftlicher Selbstregulierung, 1985 (Lit.) – K. H. Millgramm, Separate Opinion und Sondervotum in der Rspr. des Supreme Court of the United States und des BVerfG,

1985 – E.en des BVerfG, hg. von den Mitgliedern des BVerfG, Bd. 1 ff., seit 1952 (Bd. 69, 1985) – Nachschlagewerk der Rspr. des BVerfG, 3 Bde., 1979 ff.

Dian Schefold

Verfassungsschutz. I. Grundlagen. V. ist nach der Legaldefinition des Art. 73 Nr. 10 GG der Schutz der freiheitl. demokratischen Grundordnung, des Bestandes und der Sicherheit des Bundes und eines Landes. V. i. e. S. richtet sich gegen alle politisch relevanten – nicht notwendig strafbaren – Bestrebungen, die auf Beseitigung oder Beeinträchtigung dieser Schutzgüter zielen. V. i. w. S. richtet sich darüber hinaus gegen die inneren Gefahren der Selbstauflösung und Entartung einer Verf. Staatsschutz hingegen zielt auf die Erhaltung des rechtl. und tatsächl. Bestandes eines Staatswesens, seiner Organe und seines Gebietes. Der absolutistische und der totalitäre Staat pflegen die Machtstellung einer bestimmten Herrschaftsgruppe dem Bestand des Staates und seiner inneren Ordnung gleichzusetzen und daher ggf. die bestehenden Machtverhältnisse mit allen zu Gebote stehenden Mitteln zu schützen. Dagegen darf in der →Demokratie der V. nur die grundlegenden Prinzipien der →Verfassung vor Beseitigung oder Verfälschung bewahren und weder die legale Tätigkeit der Opposition noch Verf.reformen innerhalb dieser Prinzipien behindern. Ferner muß jede zum Schutz der Verf. getroffene Maßnahme mit den rechtsstaatl. Grundsätzen, insbes. den →Grundrechten, vereinbar bleiben. Die konkrete Grenzziehung bestimmt sich nach dem Selbstverständnis der jeweiligen Demokratie. Z. Z. der →WV begnügte sich der Staat grds. mit der Abwehr gewaltsamer Umsturzversuche; vgl. insbes. das RepublikschutzG von 1922. Das GG hat hingegen in bewußter Abkehr von der WV versucht, eine Synthese zwischen dem Prinzip der Toleranz gegenüber allen politischen Auffassungen und dem Bekenntnis zu gewissen unantastbaren Grundwerten der Staatsordnung zu finden. Es hat die freiheitl. demokratische Grundordnung zum Höchstwert erklärt, der dem politischen Kampf entzogen sein soll: Zwar ist die Diskussion auch der gegen diese Verf.grundlagen gerichteten Meinungen frei (→Meinungsfreiheit); sobald jedoch die betrachtend gewonnene Erkenntnis zum Bestimmungsgrund politischen Handelns gemacht wird, sind Abwehrmaßnahmen zulässig. Daher dürfen nach dem GG sowohl gewaltsame Umsturzversuche als auch solche Aktionen bekämpft werden, die unter Ausnutzung demokratischer Freiheiten durch Agitation, Infiltration und Zersetzung die verfassungsmäßige Grundordnung zu unterhöhlen trachten. Diese modernen konspirativen Methoden des Umsturzes werden in der Gegenwart bevorzugt. Während die rechtsradikalen Kräfte sich immer mehr zersplittern und an Gewicht verlieren, hat der Linksradikalismus an Bedeutung gewonnen. Kommunistische Gruppen werden aus Residenturen in verschiedenen Institutionen und Organisationen der DDR einheitl. gesteuert, nachdrückl. unterstützt und personell ständig ergänzt. Sie werden systematisch für ihre Aufgaben geschult und sind oft mit hochwertigen technischen Geräten ausgestattet. Zentrale Bedeutung hat die politische Spionage, die bezweckt, mit den gewonnenen Informationen in der Bevölkerung der Bundesrep. Dtschld. Unzufriedenheit, Konflikte und Verwirrung zu stiften; s. a. Extremismus; s. a. Terrorismus.

II. Einrichtungen des V. A. Staatsrechtl. V. i. w. S. Hierzu gehören als Bestandsgarantien die Vorschriften, die eine Verf.änderung erschweren, Art. 79 I und II GG, die das Abweichen von bestimmten Verf.grundsätzen verbieten, Art. 79 III GG, das →Widerstandsrecht des Art. 20 IV GG, die →Verfassungsgerichtsbarkeit und die Präsidentenanklage bei vorsätzl. Verletzung der Verf. oder eines G. (Art. 61 GG), die allerdings heute praktisch nicht mehr aktuell ist, ferner die Garantie der Verf.ordnung der Länder durch den Bund, Art. 28 III GG.

Staatsrechtl. V. i. e. S. bezwecken das Verbot verfassungsfeindl. Parteien (Art. 21 II GG) und der Ausspruch der Grundrechtsverwirkung im Falle des Mißbrauchs bestimmter Grundrechte (Art. 18 GG). Beide Verfahren werden nach Ermessen politischer Organe eingeleitet, das BVerfG aber entscheidet nach objektivem Recht. Verfassungswidrige Vereinigungen sind nach Art. 9 II GG verboten, das Verbot muß aber durch →Verwaltungsakt der obersten Landesbehörde förmlich ausgesprochen werden (→Vereinigungsfreiheit).

B. Strafrechtl. V. Wegen des V. durch die Straftatbestände vor allem der Abschnitte Hochverrat, Staatsgefährdung, Landesverrat und i. w. S. der Abschnitt Verbrechen und Vergehen in Beziehung auf die Ausübung staatsbürgerl. Rechte im Bes. Teil des StGB →Staatsschutzdelikte.

C. Der verwaltungsrechtl. V. hat zur Rechtsgrundlage Art. 73 Nr. 10 lit. c, Art. 87 Abs. 1 S. 2 GG, BundesG über die Zusammenarbeit des Bundes und der Länder in den Angelegenheiten des V. vom 27. Sept. 1950 i. d. F. des ÄnderungsG vom 7. Aug. 1972 und den V.-G.en der Länder. Zentrale Aufgabe des Bundesamtes und der Landesämter für V. (bzw. besondere Abteilungen bei den Innenministerien der Länder) ist das Sammeln von Nachrichten über verfassungsfeindl. Bestrebungen und die Information der Regierungen. Ferner obliegt dem Bundesamt für V. die sog. Ausländerüberwachung zur Wahrung auswärtiger Belange sowie die Mitwirkung bei Aufgaben der Sicherheitsüberprüfung. Anders als die politischen Polizeiabteilungen bis 1933 und der Sicherheitsdienst (SD) der NS-Zeit sind die Ämter für V. organisatorisch von den Polizeibehörden getrennt; polizeiliche Befugnisse sind ihnen ausdrücklich versagt. Das BundesG befugt i. d. F. des ÄnderungsG ausdrücklich zum Einsatz „nachrichtendienstlicher Mittel“; nach näherer gesetzlicher Bestimmung dürfen die Ämter unter einstweiligem Ausschluß des Rechtsweges in das →Postgeheimnis eindringen.

Objekt systematischer Beobachtungen sind verfassungsfeindl. Bestrebungen, d. h. Verhaltensweisen von Kollektiven im Vorfeld konkreter Gefahrenlagen für die freiheitliche demokratische Grundordnung und der anderen Schutzgüter des V. Hierzu gehören die mittelbare Beobachtung durch Zusammentragen und mosaikartiges Zusammensetzen tunlichst vieler Einzelerkenntnisse aus Akten- und Zeitungsstudien, Befragung von Flüchtlingen, Überläufern und Gewährsleuten, sowie die verdeckte unmittelbare Beobachtung (Observation), auch unter Einsatz technischer Mittel und von Vertrauensleuten, die unmittelbare Kontakte zu gegnerischen Gruppen aufnehmen oder aus diesen gewonnen werden. Die Ämter für V. dürfen weder Zwangsmittel einsetzen noch die Polizei im Wege der →Amtshilfe um Durchführung von Maßnahmen unter Einsatz polizeilicher Mittel verbindlich ersuchen. Bis zu dieser Grenze aber ist der V. zur Zusammenarbeit mit der Polizei des Bundes und der Länder und den anderen Sicherheitsdiensten berechtigt und verpflichtet. Wesentlicher Gegenstand der Zusammenarbeit ist der Austausch von Informationen, in den auch die Dienste auswärtiger befreundeter Staaten einbezogen sind.

Die konspirative Verhaltensweise der Verfassungsgegner bedingt eine strikte Geheimhaltung der meisten Maßnahmen und Einrichtungen des V., die den Grundsätzen des auf Offenheit angelegten →Rechtsstaates an sich widerspricht und die innerdienstl., parlamentarische und gerichtl. Kontrolle zumindest erschwert, oft aber faktisch verhindert. Zum Ausgleich des Kontrolldefizits sind besondere parlamentarische Kontrollgremien eingerichtet worden; bei der Bestimmung ihrer Zusammensetzung, des Umfangs und der Mittel der ihnen obliegenden Kontrollen sind Geheimhaltungsbedürfnisse berücksichtigt.

Systematisches Erfassen, Speichern, Verarbeiten und Übermitteln von personenbezogenen Informationen greift in die Privatsphäre des Bürgers bzw. in sein sog. informationelles Selbstbestimmungsrecht ein, das nach BVerfGE 65, 1 (43) an der grundrechtl. Gewährleistung des allgemeinen →Persönlichkeitsrechts teilhat. Diese Maßnahmen sind nur aufgrund eines Gesetzes, in den Grenzen der →Grundrechte und unter Einhaltung der Grundsätze der Erforderlichkeit und der Verhältnismäßigkeit zulässig. Da der V. in größtem Umfange EDV-Anlagen verwendet, sind auch die Vorschriften über den →Datenschutz zu beachten, die allerdings mit Rücksicht auf die Geheimhaltungsbedürfnisse den V. von der Veröffentlichungs- und Auskunftspflicht ausnehmen.

Noch viele Jahre nach Einrichtung der Ämter für V. bestimmte vor allem ihr Informationsinteresse Gegenstand und Grenzen der Informationsgewinnung und -verarbeitung. Mit der Entfaltung und Konkretisierung des Persönlichkeitsrechts in Lit. und Rechtspr. wurde zunehmend bewußt, daß die Befugnisse des V. durch das Recht des Einzelnen auf Wahrung seiner Privatsphäre begrenzt sind. Nach Inkrafttreten der Datenschutzgesetze hat die Exekutive dazu angesetzt, die Datenbestände zu bereinigen, die Datenverarbeitung, insbesondere die Datenströme zwischen den Sicherheitsdiensten und der Polizei, durch Dienstanweisungen und interne Kontrollen zu ordnen und zu begrenzen. Die Beauftragten für Datenschutz wenden dem V. besondere Aufmerksamkeit zu; ihre Tätigkeitsberichte – zuletzt 7. TB BT-Drs. 10/2777 – enthalten Beanstandungen, weisen auf noch zu lösende Probleme hin, anerkennen aber auch, daß maßgebl. Verbesserungen erzielt worden sind.

In der vielschichtigen politischen Diskussion werden unter Berufung auf Erfordernisse des Rechtsstaates, des Datenschutzes und der Freiheit von Angst vor Erfassung nicht konformistischen Verhaltens weitergreifende strenge Beschränkungen der Befugnisse des V. gefordert. Die Kritik richtet sich u. a. gegen die Mitwirkung des V. bei der Überprüfung von Bewerbern für den →öffentlichen Dienst und gegen Formen und Umfang der informationellen Zusammenarbeit zwischen V. und Polizei. Zentrale Postulate dieser Diskussion haben jedenfalls mit dem Volkszählungsurteil des BVerfG vom 15. 12. 1983 (E 65, 1) verfassungsrechtl. Gewicht erlangt. Denn das BVerfG sieht Einschränkungen des sog. Rechts auf informationelle Selbstbestimmung nur als verfassungsgemäß an, wenn sich aus der gesetzl. Regelung „die Voraussetzungen und der Umfang der Beschränkungen klar und für den Bürger erkennbar ergeben", und hat aus der datenschutzpolitischen Diskussion Formulierungen wie das Gebot amtshilfefester Abschottung der Datenbestände der Behörden und der „informationellen Gewaltenteilung" aufgenommen. Die Bundesregierung hat 1985 – unter Bezug auf BVerfGE 65, 1 – Gesetzesvorhaben für den gesamten Sicherheitsbereich angekündigt. Eine Neuregelung dürfte nicht notwendig zur Beschneidung notwendiger Befugnisse des V. führen, da das BVerfG keine Zweifel daran gelassen hat, daß Einschränkungen des sog. informationellen Selbstbestimmungsrechts in „überwiegendem Allgemeininteresse" zulässig sind und daß die vom GG dem V. zugewiesenen Sicherheitsaufgaben diesen Rang haben.

B. WEISS, Polizei und Politik, 1928 – K. FRIEDRICHS, Staatspolizei, in: Hdwb. der Kriminologie II, 1936, 646 f. – J. ERASMUS, Der geheime Nachrichtendienst, 1955[2] – H.-U. EVERS, Privatsphäre und Ämter für V., 1960 (Lit.) – DERS., Parlamentarische Kontrolle der Nachrichtendienste, NJW 1978, 1144 f. – V. und Rechtsstaat. Beiträge aus Wissenschaft und Praxis, BM des Innern (ed.), 1981 (Lit.) – G. NOLLAU, Das Amt, 1978 – W. SCHATZSCHNEIDER, Ermittlungstätigkeit der Ämter für V. und Grundrechte, 1979 – R. RIEGEL,

Datenschutz bei den Sicherheitsbehörden, 1980 – H.-G. FRIEDRICHS, Der Einsatz von „V-Leuten" durch die Ämter für V., 1982 – E. DENNINGER, Der Schutz der Verfassung, in: Hdb. des Verfassungsrechts, E. Benda, W. Maihofer, H.-J. Vogel (edd.), 1983, 1293–1327 – R. SCHOLZ/R. PITSCHAS, Informationelle Selbstbestimmung und staatliche Informationsverantwortung, 1984 (Lit.)

Hans-Ulrich Evers

Verkehrspolitik. Im nachstehenden Zusammenhang umfaßt der Begriff Verkehr die Benutzung von Verkehrsmitteln und Verkehrswegen zum Zwecke der Raumüberwindung, also zur Beförderung von Personen, Gütern und Nachrichten zu Wasser, zu Lande und in der Luft. Unter V. werden die von verschiedenen politischen Willensträgern ausgehenden Maßnahmen verstanden, die darauf gerichtet sind, mit dem Verkehr in Verbindung stehende einzelwirtschaftl. Aktivitäten nach bestimmten Zielvorstellungen zu ordnen und unmittelbar zu beeinflussen. Träger der V. sind demnach: öffentl.-rechtl. Körperschaften und Verbände, insbes. der Staat und ihm nachgeordnete Gebietskörperschaften.

Die V. ist in die allg. Wirtschafts- und Staatspolitik eingebettet. Das Dt. Reich bediente sich des Schienenverkehrsmonopols sogar in erster Linie für staatseigene bzw. gemeinwirtschaftl. Zwecke, indem der Verkehrsapparat der Eisenbahn jahrzehntelang zur Verwirklichung fiskalischer, kultureller, sozialer und vor allem auch militärischer Grundziele beitrug. Während in den USA seit der Gründung der Interstate Commerce Commission im Jahre 1887 die Lösung bestimmter Ordnungsaufgaben im Rahmen eines nichtverstaatlichten Eisenbahnwesens angestrebt und diese einem bes. Verkehrsressort anvertraut wurde, gelangte die V. in Dtschld. erst in den 20er Jahren und seither auch nur gegen anhaltende Widerstände zu größerer Eigenständigkeit.

Gegenwärtig untergliedert sich die V. in die Teilbereiche der Binnenschiffahrts-, Eisenbahn-, Straßenverkehrs-, Nachrichtenübermittlungs-, Seeschiffahrts- und Luftverkehrspolitik. Diese Gliederung kann ergänzt werden, indem der Bogen von der regionalen V. (Straßenbau) über die nationale und supranationale V. (Eisenbahn, Güterfernverkehr, Binnenschiffahrt – EG) bis hin zu weltweiten verkehrspolitischen Regelungen (Seeschiffahrt, Luftverkehr) gespannt wird. Unabhängig von dieser auf die Verkehrsträger und/oder Verkehrsräume bezogenen Einteilung unterscheidet die Verkehrswissenschaft sachbezogen zwischen Ordnungs- und Strukturpolitik (ANDREAS PREDÖHL).

1. Ordnungspolitik. Ordnungspolitik ist der Oberbegriff für eine Reihe verschiedenartiger Eingriffe, die ausnahmslos auf ein möglichst reibungsloses Funktionieren der Verkehrsmärkte abzielen. Unerwünschte Funktionsstörungen können insbes. zurückgehen auf eine gleichgewichtslose Marktpreisbildung (monopolistische Tarifbildung, ruinöse Konkurrenz), weiterhin auf eine unangemessene Regelung des Marktzugangs für Verkehrsunternehmen (prohibitive Konzessionspolitik, Fahrzeugkontingentierung) und schließlich auf unterschiedl. finanzielle Zuwendungen, die der Staat einzelnen Verkehrsträgern oder auch umgekehrt: diese dem Fiskus machen (Verzerrung der betriebswirtschaftl. Kostenstrukturen und damit der Wettbewerbspositionen durch gezielte Subventionen einerseits, Sonderbelastungen andererseits). Die Ordnungspolitik kann grds. der Maxime eines umfassenden staatl. Verkehrsdirigismus oder dem laissez-faire-Prinzip folgen, wobei dem freien Wettbewerb zwischen verschiedenen Verkehrsträgern und Verkehrsunternehmen im einen Fall eine völlig untergeordnete, im anderen eine vergleichsweise autonome Ordnungsfunktion zuzubilligen ist. Aufs Ganze gesehen ist die V. in der Bundesrepublik Deutschland bis in die Gegenwart dem Staatsdirigismus verhaftet geblieben, wenngleich die in der sog. „kleinen Verkehrsreform" von 1961 gesetzl. niedergelegten Bestrebungen bereits eindeutig auf eine verstärkte Anwendung marktwirtschaftl. Prinzipien im Verkehr ausgerichtet waren und gerade auch in jüngerer Zeit – in besonderem Maße auf europäischer Ebene – verstärkt Möglichkeiten gesucht werden, um die Verkehrsmärkte zumindest in Teilbereichen zu liberalisieren.

Es läßt sich allerdings zeigen, daß für diesen sich abzeichnenden Wandel der ordnungspolitischen Grundanschauungen im Verkehrswesen weniger weltanschaul. Gründe als vielmehr sachlogische Entwicklungszusammenhänge bestimmend gewesen sind. So bildete sich im vorigen Jh. – offenbar unter dem Eindruck der überragenden Leistungsfähigkeit der Eisenbahnen im Binnenverkehr – die Vorstellung heraus, daß das Verkehrswesen in Wirtschaft und Gesellschaft eine Sonderstellung einnehme. Da Verkehrsleistungen für eine raumgreifende arbeitsteilige Wirtschaft schlechthin lebensnotwendig seien, wurde dem Verkehr eine Basisfunktion analog der des Geldwesens zugesprochen. Im wesentl. erklärt diese auch heute noch gelegentl. anzutreffende Vorstellung vom Verkehr als „Diener der Wirtschaft" sehr zutreffend, warum der Staat selbst in liberal geprägten Wirtschaftsepochen viel entschiedener in die Verkehrswirtschaft eingegriffen hat, als dies bei den meisten anderen Wirtschaftszweigen der Fall gewesen ist.

Diese Eingriffe begannen in Dtschld. damit, daß der Staat seinen zunehmenden und – im Wege der Übernahme in öffentl. Eigentum – schließlich uneingeschränkten Einfluß auf die Entwicklung und den Betrieb der ursprüngl. privaten Eisenbahnen durchsetzte. Diese Bahnen waren praktisch von Anfang an ohnehin der Betriebspflicht, der Beförderungspflicht und dem Tarifzwang unterworfen worden, um eine schrankenlose Ausnutzung ihrer lange Zeit faktischen Monopolstellung gegenüber der Wirtschaft und den anderen Verkehrsnachfragern zu verhindern, was offenbar den damals gewählten dirigistischen Ordnungsansatz bes. wirksam und daher zweckmäßig erscheinen ließ. Ein gänzlich starres Tarifsystem, das lediglich auf einer groben Klassen- und Entfernungsstaffel aufbaute und zudem an das Prinzip der Tarifgleichheit im Raum gebunden war, vervollständigte den Ordnungsrahmen. Unter den damaligen Verhältnissen hat dieser Tarifaufbau insofern völlig zufriedenstellend funktioniert, als er der Eisenbahn eine hinreichende Überschußwirtschaft zu sichern vermochte. In den erwähnten Rahmen fügen sich auch die Betriebs- und Beförderungspflicht als sinnvolle Glieder ein, solange den Verkehrsnachfragern im Landverkehr praktisch keine andere Wahl als die Benutzung der Eisenbahn blieb.

Das Aufkommen des Lastkraftwagens in den 20er Jahren dieses Jh., begleitet von einer Wiederbelebung der Binnenschiffahrt, hat hierin einen grundlegenden Wandel eingeleitet. Darüber hinaus haben tiefgreifende technische und organisatorische Neuerungen im Verkehrswesen und in den übrigen Bereichen der Wirtschaft seither eine beträchtl. Ausweitung der allg. Verkehrsbedürfnisse und eine zunehmende Differenzierung der Güter- und Personentransportmärkte gefördert. Dadurch wurde das Verkehrsmonopol der Eisenbahn entscheidend geschwächt. Die verschiedenen Verkehrsträger traten über eine Verringerung der Substitutionslücken auf einzelnen Teilmärkten immer häufiger in Konkurrenzbeziehungen, leisteten einander aber zugleich auch im Wege verstärkt komplementärer Bindungen unentbehrl. Zubringerdienste.

Die Ordnungspolitik stand angesichts dieser Entwicklung sehr bald vor der Alternative, entweder die Eisenbahn aus dem Zwang zu gemeinwirtschaftl. Verkehrsbedienung zu entlassen und die Ordnung des Binnenverkehrs in erster Linie dem freien Wettbewerb zwischen den Verkehrsträgern zu überantworten, oder aber Binnenschiffahrt und Kraftwagen im Interesse der Fortführung der vorerwähnten Eisenbahnpolitik einer Reihe von wettbewerbsbeschränkenden Bindungen zu unterwerfen. Der Staat entschied sich zunächst für den zweiten Weg, indem er Tarifhoheit und Konzessionspflicht auf große Teile der nicht öffentl. Güter- und Personenbeförderung solcher Verkehrsbetriebe ausdehnte, die in Konkurrenz zur Eisenbahn traten. Insbes. erfolgte eine starre Angleichung des Reichskraftwagentarifs (RKT) an den Dt. Eisenbahngütertarif (DEGT). Dieser Weg führte – wie die seit langem chronischen Eisenbahndefizite zeigen – indes nicht zum Ziel. Zwangsläufig trat daher der freie Wettbewerb als ordnender Faktor um so stärker in das Blickfeld, je mehr der Staat erkennen mußte, daß nur eine volkswirtschaftl. sinnvolle Arbeitsteilung zwischen sämtl. Verkehrsträgern und -unternehmungen das Leitbild der heutigen V. sein kann. So rückte das Problem, wie die Startgleichheit der einzelnen Verkehrsträger im Wettbewerb über eine Harmonisierung der Kosten zu erreichen sei, in das Zentrum der verkehrswissenschaftl. und verkehrspolitischen Erörterungen. Diese führten mit der Anerkennung des Grundsatzes, daß jeder Verkehrsträger auch die vollen Kosten des von ihm beanspruchten Verkehrsweges zu tragen habe und ggf. von anderen wettbewerbsverfälschenden (staatl.) Eingriffen freizustellen sei, zu einer ersten grds. Klärung. Symptomatisch für den gegenwärtigen Wandel der verkehrspolitischen Grundanschauungen sind die Bestrebungen, die staatl. Tarifhoheit zugunsten der Tarifautonomie im gewerbl. Verkehrswesen einzuschränken, weiterhin die überkommene Starrheit der Tarifsysteme – etwa durch die Einführung und Ausdehnung von Margentarifen sowie einer Vielzahl von Ausnahme- und Sondertarifen sowie nicht zuletzt der Aufhebung der Einzeltarifgenehmigungspflicht bei der Bundesbahn – zu überwinden und schließlich eine flexiblere Marktzugangspolitik zu verwirklichen. Nichts vermag jedoch den eingetretenen Wandel in der Ordnungspolitik treffender zu kennzeichnen als die seitens des Staates 1982 verwirklichte Novelle des Bundesbahngesetzes, mit der durch eine neugestaltete Führungsstruktur der Bundesbahn die unternehmerische Komponente des Vorstandes gestärkt und durch weitere Maßnahmen ebenso eine zunehmende Hinwendung der Bahn zu einem nach kaufmännischen Gesichtspunkten geleiteten Unternehmen eingeleitet wurde. Auch wenn die Bundesbahn mit einer seitdem deutlicher auf das wirtschaftl. Ergebnis ausgerichteten Geschäftspolitik, zB durch ein geändertes Marktverhalten verbunden mit einer zunehmenden Flexibilität gegenüber den Anforderungen der Kunden, Erfolg hatte, stehen einer solchen Politik nach wie vor Dirigismen entgegen. Eine wesentl. Forderung der Bahn besteht daher darin, die in der Form und Höhe bei anderen Verkehrsträgern nicht entstehenden gemeinwirtschaftl. Lasten der Bahn rechnerisch von den betriebsbezogenen Eigenlasten abzugrenzen (Trennungsrechnung) und damit sowohl zu einer größeren Transparenz über den wirtschaftl. Erfolg beizutragen wie auch die Kostenverantwortlichkeit des Staates gegenüber der Bahn auf eine neue Basis zu stellen.

2. Strukturpolitik. Die Strukturpolitik bedient sich vor allem der Verkehrsinvestitionen, um bestimmte langfristige Entwicklungsziele der Gesamtwirtschaft wirksam zu fördern (zB Entballung der Verdichtungsräume, Mittelstands- und Agrarförderung). V. als Mittel der Strukturpolitik ist eine dt. Eigenart, die auf FRIEDRICH LIST zurückgehen mag, der den „wohlfeilen, schnellen, sicheren und regelmäßigen Transport von Personen und Gütern" als einen „der mächtigsten Hebel des Nationalwohlstandes und der Zivilisation in allen ihren Verzweigungen" ansah und aus dieser Vorstellung heraus das zentrale Argument für eine gemeinwirtschaftl. Verkehrsbedienung formuliert hat.

Selbst das für die Eisenbahn gültige Prinzip der Tarifgleichheit im Raum und die Entfernungsstaffel der Tarife sind ursprüngl. strukturpolitisch motiviert gewesen und zwangen die Bahn zu einem Angebotsverhalten, das auf die Interessen der Gesamtwirtschaft ausgerichtet war. Es wird allerdings gegenwärtig immer weniger verkannt, daß die Tarifpolitik der Eisenbahn die industriellen Standorte in entschieden geringerem Umfang zu beeinflussen vermag, als lange Zeit unkritisch unterstellt wurde, und daß namentlich die Wert- und die Entfernungsstaffel durchaus auch im betriebswirtschaftl. Eigeninteresse der Bahn liegen können. Bei der Aufgabe der Tarifgleichheit im Raum handelt es sich heute ohnehin nur um die konsequente Fortsetzung einer seit langem eingeleiteten Tarifpolitik, die durch regionale Ausnahme- und Wettbewerbstarife die „Gleichheit vor dem Verkehr" – wenn auch unsystematisch und punktuell – bereits weitgehend aufgehoben hatte.

Das Schwergewicht der Strukturpolitik verlagert sich daher in neuerer Zeit immer eindeutiger von der Tarif- auf die Investitionspolitik (zB Bundesverkehrswegeprogramm). Hier wirft namentlich die einseitige Bindung der Infrastrukturinvestitionen – also vor allem der Investitionen in Verkehrswege und Häfen – an den Fiskus eine Reihe schwerwiegender Anpassungsprobleme auf, zumal im Straßenverkehr, in der Binnenschiffahrt, aber auch innerhalb des Luftverkehrs die Anschaffung wie auch der Betrieb der Transportmittel unabhängig von diesen Komplementärinvestitionen erfolgen.

Da erst das Zusammenwirken von Station, Weg und Fahrzeug die Produktion von Verkehrsleistungen ermöglicht, müssen Infrastruktur- und Fahrzeuginvestitionen aufeinander abgestimmt werden. Während nämlich in den meisten Wirtschaftszweigen alle Einrichtungen, die zur Produktion eines Gutes oder einer Leistung benötigt werden, in der unmittelbaren Verfügungsmacht der Produzenten stehen, befinden sich im Verkehrswesen normalerweise nur die Fahrzeuge in Händen der Erzeuger. Wege und ortsfeste Anlagen liegen hier in der Hand des Staates. Damit sind Planung und Durchführung eines beträchtl. Teils der Verkehrsinvestitionen unmittelbar Gegenstand staatl. Politik. Seine Bedeutung erlangt dieser Umstand dabei in zweierlei Hinsicht. Ist die staatl. V. im Hinblick auf eine effiziente Mittelverwendung einerseits gehalten, „bedarfsorientiert" zu handeln, d. h. verkehrswirtschaftl. Investitionen an den allgemeinen wirtschafts- und sozialpol. Zielsetzungen auszurichten, hat sie demgegenüber ebenso die unzweifelhafte Eigendynamik des Verkehrssektors zu berücksichtigen. Dies gilt in erhebl. Maße auch für die Infrastrukturinvestitionen der Bundesbahn, deren gesamte Anlagen im Rahmen eines Sondervermögens verwaltet werden. Planung von Streckenführung, -ausbau und -stillegung steht auch hier unter weitgehendem staatl. Einfluß, zumal der Fiskus an entsprechenden Investitionsfinanzierungen unmittelbar beteiligt ist.

Auffallend ist die mangelnde Reaktionsfähigkeit des gesamten Verkehrsapparates auf fortwährende strukturelle Veränderungen, die im Zuge des technischen Fortschritts die Gesamtwirtschaft umformen. Am deutlichsten tritt dies in der weitgeöffneten Schere zwischen Straßen- und Kraftfahrzeuginvestitionen hervor. Die Überwindung der eingetretenen Disproportionalitäten durch entsprechende Korrekturen im Infrastrukturbereich wird somit in absehbarer Zukunft beträchtl. zusätzl. Kapitalaufwendungen des Staates erfordern. Angesichts der ungewöhnlichen Größenordnung der für diese Aufgabe freizustellenden Produktivkräfte ist es notwendig, daß die zweckdienl. Investitionspläne primär nach gesamtwirtschaftl. Gesichtspunkten aufgestellt und durchgeführt werden. In diesem Zusammenhang wird der V. in ihrer speziellen Ausprägung als Strukturpolitik über zu eng gezogene Grenzlinien hinweg ein wichtiger Platz in vergleichsweise umfassenderen volkswirtschaftl. Strukturverbesserungs-Programmen zuzuweisen sein.

3. Europ. V. Im Rahmen der EG streben die Mitgliedsstaaten eine gemeinsame V. an. Im Zuge der schrittweisen Beseitigung aller Hindernisse, die im Verkehrswesen der Verwirklichung des Gemeinsamen Marktes entgegenstehen, wird die Integration des Verkehrssektors für den gesamten Wirtschaftsraum der Gemeinschaft und insoweit die Überwindung der bislang vornehmlich doch eher staatsraumbezogenen nationalen Verkehrspolitiken unabweisbar. Bisher ist es jedoch nicht gelungen, die unterschiedlichen politischen Auffassungen innerhalb der Mitgliedstaaten einander derart anzunähern, daß eine gemeinsame Gesamtkonzeption entworfen werden könnte. Aus diesem Grunde verfolgen Rat und Kommission eine „Politik der kleinen Schritte", die letztendlich zum Erlaß einer Vielzahl von Rechtsakten zur Lösung von doch eher Einzelproblemen geführt hat.

So besteht nach Vorschlägen der EG-Kommission eine durch zahlreiche Ausnahmen allerdings flexibel gestaltete Wettbewerbsordnung bisher nur auf dem Gebiet des Eisenbahn-, Straßen- und Binnenschiffsverkehrs. Eine Reihe bedeutender Harmonisierungsprobleme technischer, rechtl. und fiskalischer Art weisen jedoch auch hier auf die nach wie vor bestehenden Anpassungsdefizite hin. Denn nationale Unterschiede in der steuerlichen Belastung der einzelnen Verkehrsträger, in der Behandlung des Werkverkehrs, in der gesetzl. Regelung der Arbeits- und Ruhezeiten, bei der Festlegung der zulässigen Fahrzeugabmessungen und -gewichte u. ä. m. bedingen vielfach erhebl. Verzerrungen der Wettbewerbsverhältnisse, die nur im Wege der Kostenharmonisierung bzw. einer administrativen Angleichung zu bereinigen sind.

Für die Bereiche Seeschiffahrt und Luftverkehr liegen die Vorschläge entsprechender Wettbewerbsvorschriften seit 1981 vor, ohne daß jedoch durch den Rat bisher konkrete Entscheidungen getroffen worden wären. Im Bereich der Preispolitik bedeutet die Einführung von Referenztarifen für den grenzüberschreitenden Verkehr einen wesentl. Liberalisierungsfortschritt gegenüber den bisher geltenden, bilateral ausgehandelten Margentarifen. Was die Zulassung einzelner Unternehmen zum Verkehrsmarkt und auch die quantitative Kapazitätskontrolle insgesamt betrifft, kann allerdings im internationalen Verkehr kein höherer Freiheitsgrad erwartet werden, als dies in den jeweiligen Binnenmärkten der einzelnen Mitgliedsstaaten der Fall ist. Doch erfordert die Verwirklichung des gemeinsamen Marktes eine gleichartige Ausgestaltung der verkehrspolitischen Regelungen in sämtlichen Mitgliedsstaaten.

Wichtige Aufgaben einer europäischen V. ergeben sich gleichermaßen auf dem Gebiet der Verkehrsinfrastrukturpolitik. Dies gilt dabei sowohl für die Zusammenarbeit bei der Planung und Finanzierung der Infrastrukturinvestitionen durch die jeweiligen Mitgliedsländer als auch in Form eines gemeinsamen Systems zur Abgeltung der Wegekosten durch den Wegebenutzer. Die gemeinsame Infrastrukturplanung könnte hier durch die Bereitstellung von Gemeinschaftsmitteln zur Finanzierung bestimmter Projekte konkretisiert werden, während es sich bei der Abgeltung der Wegekosten um ein Problem handelt, das bisher noch in keiner befriedigenden Weise gelöst werden konnte.

Nahmen bisher die traditionellen Verkehrsträger (Eisenbahn, Kraftfahrzeuge, Binnenschiffahrt) einen breiten Raum in der europ. V. ein, so gewinnen die Luft- und Seeschiffahrt zunehmend an Bedeutung. Eine gemeinsame Seehafenpolitik besteht zwar gegenwärtig noch nicht, doch die Vertretung der eigenen Schiffahrtsinteressen durch ein gemeinsames Auftreten der Mitgliedsstaaten nach außen und gegenüber internationalen Organisationen sind Ausdruck der bisherigen Integrationsbemühungen. Desgleichen ist im Bereich des Luftverkehrs angestrebt, durch eine gemeinsame Luftverkehrspolitik die Interessen der Gemeinschaft in der Welt wirkungsvoller zu vertreten, die Qualität des Luftverkehrs innerhalb der EG zu verbessern und diesen zudem sicherer zu gestalten. Darüber hinaus ist beabsichtigt, die für die Gemeinschaftsländer bedeutenden Erwerbszweige der Luftfahrt und Flugzeugindustrie einer gesonderten Förderung zuzuführen. Ihren Ausdruck finden diese Integrationsbemühungen u. a. in den Konsultationsverfahren über den Luftverkehr mit Drittländern sowie über die Zusammenarbeit in internationalen Organisationen.

Trotz der Vielzahl von Einzelmaßnahmen und den zweifelsfrei zu verzeichnenden bisherigen Integrationsfortschritten kann insgesamt doch nur eingeschränkt von einer gemeinsamen europäischen V. gesprochen werden. Im Hinblick auf die integrationspolitischen Zielsetzungen einer europäischen Wirtschaftsunion verbleiben eine ganze Reihe notwendiger Schritte; ein abgestimmtes Vorgehen auf supranationaler Ebene erweist sich letztlich als unumgänglich.

F. Mossmann, N. Muerton, Principles of Transportation, New York, 1957 – E. Scheele, Tarifpolitik und Standortstruktur, 1959 – A. Predöhl, Verkehrspolitik, 1964² – H. St. Seidenfus, Marktmacht und marktbeherrschende Verhaltensweisen im Verkehr, Beiträge aus dem IV der Univ. Münster, Heft 42, 1966 – ders., Wirtschaftlicher Strukturwandel und Verkehr, Beiträge aus dem IV . . ., Heft 89, 1979 – ders., Effiziente Verkehrspolitik, Beiträge aus dem IV . . ., Heft 91, 1980 – ders., Verkehr zwischen wirtschaftlicher und sozialer Verantwortung, Festschrift zum 50jährigen Bestehen des IV . . ., 1984 – F. Voigt, Verkehr, 1973 – F. Voigt, K. Witte (Hg.), Integrationswirkungen von Verkehrssystemen und ihre Bedeutung für die Europäische Gemeinschaft, 1985 – F. Walcher, Das Planungs- und Steuerungssystem der staatlichen Verkehrspolitik zur Regulierung der Verkehrsmärkte, Schriftenreihe des IV . . ., Bd. 34, 1978 – F.-J. Schroiff, Verkehrspolitik in der Bundesrepublik Deutschland zwischen Marktwirtschaft und Dirigismus, Vorträge aus dem IV der Univ. Münster, Heft 19, 1979 – W. Hamm, Verkehr, in: HdWW, Bd. 8, 1980, 238 – 257 – K. Müller, Internationale Regionalpolitik und Verkehrsinfrastruktur am Beispiel der EG, 1980 – R. Neumann, Ökologie und Verkehr, 1980 – ders., M. Zachcial (Hg.), Verkehrssysteme im Wandel, Methodenprobleme – Entwicklungsperspektiven – gesamtwirtschaftl. Aspekte, Festschrift für Fritz Voigt, 1980 – J. Erdmenger, EG unterwegs, Wege zu einer gemeinsamen Verkehrspolitik, 1981 – P. Klemmer, Verkehrsinfrastruktur – Funktion und Bedeutung in der entwickelten Industriegesellschaft, in: Int. Verkehrswesen, 33. Jg. (1981), Heft 6, 389 – 393 – DVWG (Hg.), Verkehrspolitische Strategien unter dem Diktat leerer Kassen, DVWG-Schriftenreihe, Bd. 73, 1982 – J. Kandler, Grundzüge einer Gesamtverkehrsplanung unter dem Gesichtspunkt des Umweltschutzes, 1983 – H. J. Ewers, H. Schuster (Hg.), Probleme der Ordnungs- und Strukturpolitik, Festschrift für H. St. Seidenfus, 1984 – R. Willeke, Zur Liberalisierung der Marktordnung des Straßengüterverkehrs, 1984 – Wirtschaftsdienst (Hg. HWWA), Mehr Markt im Verkehr, in: Wirtschaftsdienst, Reihe Zeitgespräch, 64. Jg. (1984), Nr. 12 – S. Klatt (Hg.), Perspektiven verkehrswissenschaftl. Forschung, Festschrift für F. Voigt, 1985.

Harald Jürgensen

Vermittlungsausschuß →Bundesgesetzgebung III

Vermögenspolitik. (V.politik, V. = Vermögen). **I. Begriff, Ziele und Methoden der V.politik. A. Der Begriff.** Unter V.politik (ungenau auch Eigentumspolitik) versteht man die Entscheidung über die Verteilung der in einem Land vorhandenen Wirtschaftsgüter auf die verschiedenen Menschen und Gruppen. Der Unterschied zu dem in Art. 14 GG garantierten Recht des →Eigentums (E.) besteht darin, daß dieses vorwiegend die vorhandene E.verfassung bzw. V.verteilung reglementiert, während die V.politik darüber reflektiert, ob die jeweils bestehende V.verteilung wünschenswert ist oder ob sie einer Verbesserung bedarf und auf welche Weise diese ggf. erreicht werden kann.

B. Das Ziel. Ziel der V.politik kann an sich jede beliebige E.verfassung und V.verteilung sein, je nach den ökonomischen und sozialen Anschauungen, die eine bestimmte Zeit und die in ihr dominierende Schicht beherrschen. Die V.politik kann also durchaus nicht nur das Ziel größtmögl. sozialer Gerechtigkeit verfolgen, sondern zB auch das der Konzentration allen V. in wenigen Händen und der Verarmung aller anderen Volksschichten. Für eine *moderne* V.politik gibt es aber keinen Zweifel darüber, daß als Ziel ausschließl. eine V.verteilung in Frage kommt, die sich an den Grundsätzen der sozialen Gerechtigkeit orientiert, d. h. eine möglichst jedermann berücksichtigende V.verteilung bzw. eine breite V.streuung. Die Gründe, die für diese Ausrichtung der modernen V.politik sprechen, sind so vielgestaltig wie das V.problem selbst. Sie reichen von dem christl. Gebot der Nächstenliebe bis zu der nüchternen Überlegung, daß besitzlose Klassen stets eine Gefährdung von „Ruhe und Ordnung" darstellen, von der Erkenntnis, daß nur ein gewisses V. dem Menschen jene Unabhängigkeit sichert, die eine funktionierende →Demokratie voraussetzt, bis zu ganz einfachen humanitären Gerechtigkeitserwägungen. Vgl. dazu auch Nr. 4 der Eigentumsdenkschrift der EKD vom 6. Apr. 1962, wo insbes. die speziell christl. Motive der V.politik herausgestellt sind.

C. Die mögl. Wege der modernen V.politik. Eine V.politik, die unter den gegebenen wirtschaftl. Umständen eine Streuung des E. anstrebt, kann diesen Zweck nur durch eine Erhöhung der Einkommen bei den bislang einkommensschwachen Klassen erreichen und auch dann nur unter der stillschweigenden Voraussetzung einer stabilen Währung, da bei einer abgleitenden Währung der nominale Einkommenszuwachs leicht durch die fortschreitende Geldentwertung wieder weggenommen wird. Dabei ist davon auszugehen, daß der Bedarf an Konsumgütern, d. h. an kurzfristig verzehrbaren Gütern (Gebrauchsgütern), durch die fortschrittl. →Lohnpolitik der vergangenen Jahre im wesentl. gedeckt ist, während weite Kreise des dt. Volkes durch eine zumindest problematische →Sozialpolitik von der Teilhabe an den Produktionsmitteln (Investitionsgütern), aus denen ja schließl. der Wohlstand des Volkes fließt, ausgeschlossen sind. Die Denkschrift der EKD „E.bildung in sozialer Verantwortung" hat die Gründe dieser Fehlentwicklung zutreffend dargestellt: Einmal wurden durch die Währungsreform des Jahres 1948 die wirtschaftl. Lasten des Zusammenbruchs auf höchst ungleiche Art und Weise verteilt, indem die Besitzer von Sachgütern diese behalten konnten (ungenau spricht die E.denkschrift davon, sie hätten „schlechtes Geld" in „gutes Geld" umwandeln können), während die Besitzer von Geldvermögen sich mit einer Reduzierung auf wenige Prozent des Nominalwerts zufriedengeben mußten; zum anderen wurden durch die hohen Preise in den Jahren seither die Verbraucher am Erwerb von ProduktionsmittelE. gehindert, während die dadurch entstandenen Unternehmergewinne die zweifellos notwendigen Investitionen finanzierten. Der nächstliegende Weg zur Behebung dieses eklatanten Mißstandes wäre die Förderung der privaten *Spartätigkeit.* Könnte diese im notwendigen Umfang ausgedehnt werden, so könnten die einzelnen Angehörigen der bisher vom ProduktionsmittelE. ausgeschlossenen Masse auf die Dauer zu ausreichend hohen Beteiligungen an Investitionsgütern gelangen, vor allem auf dem Weg über den Erwerb von Aktien und Investmentzertifikaten. Diesem einfachen Weg stehen jedoch praktische Bedenken entgegen.

1. Es muß bezweifelt werden, daß im gegenwärtigen Zeitpunkt, d. h. nach Abschluß der großen Regenerierung der dt. Volkswirtschaft, in absehbarer Zeit durch *bloßes* Sparen eine ausreichende Abhilfe geschaffen werden kann. Dazu kommen die Inflationsraten, denen in der jüngeren Vergangenheit jährl. bis zu 40 Mia. DM Sparwerte zum Opfer gefallen sind.

2. Es ist erwiesen, daß eine erhebl. Steigerung der Sparquote, die ja die erste Voraussetzung des hier untersuchten Weges zur Streuung von ProduktionsmittelE. wäre, notwendig zur Depression im Bereich der Konsumgüterindustrie und damit zu höchst unerwünschten Nebenfolgen (Konkurse, Arbeitslosigkeit) führen müßte.

3. Schließl. ist beim Fehlen jegl. Zwangs auch völlig unsicher, ob die Einkommensempfänger, selbst bei merkl. Einkommenserhöhung, sich zu erhöhtem Sparen herbeilassen würden. Wäre dies nur auf mangelnden guten Willen zurückzuführen, so wäre damit der modernen V.politik die Rechtfertigung zu einem guten Teil entzogen. Weit wichtiger sind hier aber mangelnde Aufklärung, Nachholbedarf insbes. bei den Sozialrentnern und schließl. der von der Unternehmerseite mit allen Mitteln der Werbung ausgeübte Anreiz zum Konsum. Diesen Erkenntnissen entspringt die Forderung nach dem sog. Investivlohn.

II. Die Lehre vom Investivlohn (Investiveinkommen). A. Der Begriff. Nach dieser Lehre kann das E.problem in absehbarer Zeit nur dadurch bewältigt werden, daß den bisherigen Einkommen, die beim gegenwärtigen Stand der Lohn- und Preispolitik so gut wie vollständig für den Konsum bestimmt sind, ein neuer Einkommensteil hinzugefügt wird, der nicht verkonsumiert werden darf, sondern der in einer Art Zwangssparprozeß zur Beteiligung an Investitionen verwendet wird, der also praktisch nicht in Geld, sondern in Aktien, Investmentzertifikaten oder ähnl. Anteilscheinen ausgezahlt wird und mit einem vollständigen, zumindest aber langfristigen Veräußerungsverbot belegt ist (sog. Investivlohn). Auf diese Weise könnte bei entsprechender Höhe des Investivlohns in absehbarer Zeit eine erhebl. Beteiligung der kleinen Einkommensempfänger an der Masse der Produktionsmittel erreicht werden.

B. Der Kreis der Investivlohnempfänger. Allerdings muß schon hier ein Irrtum über den Kreis der Empfänger von Investivlohn beseitigt werden, der durch die Bezeichnung „Investiv*lohn*“ wenn nicht beabsichtigt, so doch sicher nahegelegt wird: der Irrtum, daß an der geforderten Streuung des ProduktionsmittelE. ausschließl. Lohnempfänger, d. h. also Arbeitnehmer, beteiligt werden sollen, womit die große Zahl der Sozialrentner, Hausfrauen und kleinen Gewerbetreibenden automatisch ausgeschlossen wäre. Dem muß entgegengehalten werden, daß die auf diese Weise bewirkte erneute Bildung sozialer Klassen weder Aufgabe einer modernen Sozialpolitik sein kann, da das Problem nicht im Ausschluß der Arbeitnehmer, sondern im Ausschluß *weitester* Kreise vom ProduktionsmittelE. besteht, noch mit dem →Gleichheitssatz (Art. 3 I GG) und dem →Sozialstaatsprinzip (Art. 20 I GG) vereinbar wäre; die staatl. gelenkte Schaffung neuer sozialer Unterschiede wäre wohl in der Tat das letzte, was mit dem sozialpolitischen Auftrag der Verf. im Einklang stünde. Es wäre demnach unverfänglicher, von *Investiveinkommen* statt von Investivlohn zu sprechen.

C. Der Träger der Investiveinkommen-Politik. Damit ist praktisch auch bereits die Frage entschieden, in wessen Hand die Verwirklichung der hier dargestellten Pläne gelegt werden soll. Ganz allg. bietet sich eine Regelung auf der Ebene des einzelnen Betriebes, auf der Ebene der →Sozialpartner (Arbeitgeber- und Arbeitnehmerverbände) und auf der Ebene der staatl. G.gebung an.

1. Schon die Erkenntnis, daß Investiveinkommen keineswegs nur auf die Arbeitnehmer ausgeschüttet werden darf, schließt jeden anderen Träger als den Staat schon aus verfassungsrechtl. Gründen aus. Wenn man nämlich einmal davon ausgeht, daß die Regelung der V.frage das ganze Volk betrifft, so kann man die Entscheidung darüber fügl. nur dem Volk bzw. dessen gewählten Repräsentanten (Parlament und Regierung), nicht aber irgendwelchen partikulären Gruppen überlassen, so groß und bedeutungsvoll sie auch sein mögen. Das demokratische →Mehrheitsprinzip läßt die Lösung von Fragen, die die Gesamtheit angehen, durch Minderheiten nicht zu; würde man eine solche Möglichkeit bejahen, so wäre die demokratische Republik zugunsten einer oligarchischen Staatsform aufgegeben.

2. Im übrigen wird dieses Ergebnis auch durch volkswirtschaftl. und sozialpolitische Erwägungen nahegelegt. Eine Regelung auf der Ebene des Einzelbetriebs, d. h. durch Betriebsvereinbarung (→Betriebsverfassungsrecht), könnte zwangsläufig auch nur die Arbeitnehmer des Einzelbetriebes erfassen und würde daher nicht nur alle Nichtarbeitnehmer ausschließen, sondern wegen der unterschiedl. Wirtschaftskraft der Betriebe auch Ungleichheiten zwischen den Arbeitnehmern erzeugen. Eine Regelung zwischen den Sozialpartnern, d. h. durch Tarifvertrag, dagegen könnte zwangsläufig nur zu typisierenden Ergebnissen (Tarifen) führen und könnte infolgedessen die unterschiedl. Prosperität der einzelnen Betriebe nicht ausreichend berücksichtigen.

III. Die wichtigsten Fragen der gegenwärtigen vermögenspolitischen Debatte. A. Die empirischen Grundlagen der V.politik. Eine verantwortl. V.politik setzt exakte Kenntnisse über Umfang und Verteilung des VolksV. voraus. Aber gerade hieran fehlt es in der Bundesrep. immer noch. Die vorliegenden Untersuchungen aus wissenschaftl. und staatl. Hand weisen i. a. nur Zahlen über das E. an Produktionsmitteln aus, und auch dabei sind die Berechnungsmodalitäten umstr. Vor allem wird gegen diese Berechnungen zutreffend eingewandt, daß sie das GrundstücksE. und im Zusammenhang damit das für die menschl. Person so wichtige E. am *Wohnraum* außer Betracht lassen und daß sie auch die Rentenansprüche, v. a. die der Arbeitnehmer aus der →Sozialversicherung, die hohe Milliardenbeträge ausmachen, nicht berücksichtigen. Die Bedeutung dieser Unsicherheit liegt auf der Hand, wenn man sich verdeutlicht, daß sich die augenblickl. Ungerechtigkeit der V.verteilung nicht auf das ProduktionsmittelE. beschränkt und daß andererseits Sicherheit für den Krankheits- und Altersfall ein bes. hoch einzuschätzendes wirtschaftl. Gut ist. Gleichwohl ist der Grundsatz unumstr., daß die V.verteilung in der Bundesrep. an entscheidenden Mängeln leidet und eine aktive V.politik daher dringend erforderl. ist.

B. ProduktivE. und andere E.formen. In engem Zusammenhang mit der soeben behandelten Frage steht die weitere Frage, ob die Einengung auf das ProduktionsmittelE. bzw. ProduktivE., die die vermögenspolit. Debatte in den letzten Jahren erfahren hat, dem Thema gerecht wird. Einerseits erweist sich bei der Einbeziehung des Grundstücks- und WohnungsE., daß die V.verteilung in der Bundesrep. doch – bei aller Anerkennung, ja Betonung der bestehenden Ungerechtigkeiten – bei weitem nicht so fragwürdig ist, wie es oft dargestellt wird. Andererseits wird gerade daraus deutlich, daß viele Bürger bei ihrer eigenen Investitionsentscheidung dem GrundstücksE. und v. a. der freien Verfügung über Wohnraum den Vorzug vor dem ProduktivE. geben, zT sicherlich aus Scheu vor großen, für sie oft kaum durchschaubaren wirtschaftl. Zusammenhängen, zT aber auch aus der nicht unberechtigten Furcht vor Verlust und Unveräußerlichkeit des ProduktivE. in krit. Lagen der Wirtschaft und aus der unbestreitbar richtigen Überlegung, daß es wichtiger ist, sich Freiheit, Unabhängigkeit und Sicherheit in jenem Raum zu schaffen, in dem nicht nur der Arbeitnehmer selbst, sondern seine ganze Familie leben und in dem sie v. a. nicht nur acht Stunden tägl., sondern 24 Stunden tägl. leben. Vor diesem Hintergrund stellt sich, auch gegenüber der Lehre vom Investiveinkommen, in der Tat die Frage, ob die Beschränkung der V.politik auf das ProduktivE. politisch haltbar ist, v. a. aber den wirkl. und empfundenen Interessen der breiten Volksschichten gerecht wird. Erblickt man das Ziel staatl. V.politik v. a. in der Sicherung menschl. Freiheit und Personalität, so gelangt man eher zu der Forderung, den Aspekt des ProduktivE. in die Erwägungen der V.politik zwar einzubeziehen, ihn aber nicht zum alleinigen oder auch nur vorrangigen Ziel und Maßstab dieser Politik zu machen. E. an Grund und Wohnraum und vergleichbaren Gütern (zB Raum für individuelle Erholung) tritt dann fast automatisch in jene Stellung ein, die es im Wertekatalog weiter Volksschichten ohnehin besitzt.

C. Das Problem einer personalorientierten V.politik. In dem soeben geschilderten Streit, der zT auch zwischen den großen dt. Parteien schwelt, wird zugleich ein tiefer Gegensatz über die *Orientierung* der staatl. V.politik sichtbar. Wer (wie zB die Gewerkschaften, soweit sie überhaupt für V.politik eintreten) auch mit der V.politik eine Umschichtung der „Herrschaftsverhältnisse" in der Wirtschaft anstrebt, wird eine möglichst gleichmäßige Streuung des ProduktivE. fordern, ohne Rücksicht darauf, wie das VolksV. im übrigen verteilt ist. Nach hier vertr. Ansicht muß dagegen die Bildung *personalen,* d. h. aber v. a. *individuellen* E.s im Vordergrund der V.politik stehen, um auch damit die vielfältige Bedrohung menschl. Freiheit in einem entscheidenden Lebensbereich abzumildern. Daraus ergibt sich dann eine starke Betonung des E.s an Wohnraum u. ä. Vor allem aber ergeben sich daraus gewichtige Forderungen an die Organisation der durch die V.politik bewegten V.massen. Grundstücks- und WohnungsE. können i. a. als personales, der Disposition des Eigentümers unterliegendes E. verstanden werden. Vollends akut wird diese Frage bei breiter V.bildung an ProduktionsmittelE. Soll der Adressat der V.politik hier nicht von vornherein in die hilflose Stellung des Kleinaktionärs absinken, so ist es erforderl., daß zumindest versucht wird, die wirtschaftl. Macht, die mit seinem E. verbunden ist, in *Fonds* zusammenzufassen und durch sie (wenn auch sicher aufgrund demokrat. Wahlen) ausüben zu lassen. Die konkrete Ausgestaltung und Verf. dieser Fonds entscheidet dann aber auch darüber, ob in concreto eine echte, auf individuelles E. ausgerichtete V.politik betrieben wird oder ob mit der V.politik letztlich nur sozialistische Ziele verfolgt werden.

D. Die Finanzierungsfrage. V.politik ist nicht mögl., wenn nicht die erhebl. Summen bereitstehen, die sie verlangt. Ob und wie diese aufgebracht werden können, ist neben dem Fondsproblem wohl die entscheidende Frage der V.politik. Es werden hier immer mehrere Wege nebeneinander begangen werden müssen.

1. Vermögensbildungsabgabe der Wirtschaft. Im Vordergrund der politischen Überlegungen steht immer wieder eine bes. V.bildungsabgabe der Wirtschaft. Dabei wird i. a. am Gewinn angesetzt: Unternehmen, die eine bestimmte Gewinngrenze überschreiten, sollen einen Prozentsatz davon an die V.bildungsfonds abgeben, die dieses Abgabenaufkommen verwalten und seine Erträge den Mitgliedern zufließen lassen sollen. Angesichts der unterschiedl. Größe der Unternehmen dürfte der Gewinn allerdings nicht der richtige Ansatzpunkt sein; gerechtfertigt wäre, wenn man nicht überhaupt am V. der einzelnen *natürl. Person* (auch zB bei Aktienbesitz) ansetzen will, eher die Verhältniszahl zwischen Gewinn und Grundkapital. Gegenwärtig (1985) besteht keine Klarheit darüber, welche dieser Möglichkeiten sich letztlich in der Gesetzgebung durchsetzen wird.

2. Förderungsmaßnahmen der öffentl. Hand. Die umfangreichen staatl. Hilfen, die schon gegenwärtig zur privaten V.bildung gegeben werden (Spar- und Bausparförderung, Zinsverbilligung, § 7 b EStG usw.), werden in der vermögenspolit. Debatte oft übersehen, weil sich diese auf den Aspekt des ProduktivE. konzentriert hat. Trotzdem dürfen sie nicht übersehen und nach hier vertr. Ansicht insbes. auch nicht verringert werden; ihre Erweiterung auf neuartige Sparformen muß erwogen werden. Daneben sollte auch ernstl. bedacht werden, ob nicht in Zeiten bes. hoher staatl. Einnahmen *schubweise* Sonderzuschüsse gegeben werden sollten. Das erscheint bei augenblickl. Lage der öffentl. Haushalte gewiß utopisch, sollte aber nicht für alle Zeiten aus den Überlegungen zur V.politik ausgeschlossen werden.

Wichtige Texte: J. v. MÜNCH (Hg.), Aktuelle Dokumente, V.bildung – V.verteilung, 1973.

Roman Herzog

Versammlungsfreiheit. Nach Art. 8 I GG haben alle Deutschen das Recht, „sich ohne Anmeldung oder Erlaubnis friedlich und ohne Waffen zu versammeln". Diese V. wird in letzter Zeit oft auch als Demonstrationsfreiheit bezeichnet. Doch erstreckt sich die V. auf wesentlich mehr Falle als auf die sog. Demonstrationen. Die Demonstrationsfreiheit, die im GG gar nicht genannt wird, ist bestenfalls ein Unterfall der V.

I. Schutzbereich des Grundrechts. Um festzustellen, ob sich die V. überhaupt auf eine bestimmte Veranstaltung bezieht, sind stets folgende Fragen zu prüfen:

1. Es darf sich nicht nur um eine zufällige *Ansammlung* von Menschen handeln (zB um die Spaziergänger auf einem öffentl. Platz, die Zuschauer eines Fußballspiels u. dgl.). Notwendig ist vielmehr das Bewußtsein der Versammelten, zu einem bestimmten *Zweck* zusammen zu sein, und ihr Wille dazu.

2. Daß es sich bei dem gemeinsam verfolgten Zweck um einen *politischen* Zweck handeln

muß, wird meist allzu unkritisch unterstellt. Selbstverständlich ist die politische Meinungsäußerung einer der Hauptzwecke gerade großer Versammlungen; insofern nimmt Art. 8 GG eine wichtige Funktion im Hinblick auf das Prinzip der →Demokratie wahr. Der Wortlaut des Grundrechts rechtfertigt es aber nicht, Zusammenkünfte zu rein gesellschaftl. Zwecken, auch zum Zweck gemeinsamer Unterhaltung, auszuschließen. Die Erfahrung totalitärer Staaten, in denen Mißliebige mitunter bewußt in die gesellschaftl. Isolation getrieben werden, sollte Warnung vor einer einseitigen Betonung politischer Versammlungen sein (bestr.).

3. Als Mindestteilnehmerzahl werden in der Lit. meist drei Personen genannt. Eine Zusammenkunft zweier Personen könnte sich dementsprechend nicht auf Art. 8 GG berufen. Versteht man Art. 8 GG auch als Abwehrrecht gegen staatlich organisierte gesellschaftl. Isolierung, so erkennt man aber, daß Art. 8 GG auch schon die Zusammenkunft *zweier* Menschen schützen muß. Unter das VersammlungsG (VersG) i. d. F. v. 15. 11. 1978 (BGBl. I S. 1790), die wichtigste Rechtsquelle zur Behandlung öffentl. Versammlungen, fallen aber selbstverständlich nur erheblich größere Menschenmengen.

4. Art. 8 GG schützt auch Sonderformen der Versammlung, zB die sog. Spontanversammlungen. Folge ist u. a., daß solche Versammlungen zulässig sind, obwohl sie nicht nach § 14 I VersG 48 Stunden vor der Bekanntgabe angemeldet werden können. Geschützt sind selbstverständlich auch Umzüge, d. h. Versammlungen mit wechselndem Versammlungsort. Doch enthält das VersG für sie in § 19 einige besondere Vorschriften.

5. Auf Art. 8 GG können sich nur *Deutsche*, nicht auch Ausländer berufen. Diese Einschränkung ist v. a. im Hinblick auf politische Versammlungen vorgenommen worden und entspricht der international üblichen politischen Zurückhaltungspflicht der Ausländer im jeweiligen Gaststaat. Das VersG kennt diese Einschränkung nicht, so daß die V. in der Bundesrep. Dtschld. *praktisch* auch für Ausländer garantiert ist.

6. Grundlegend für das Verständnis der V. ist das schon im Verf.text enthaltene Gebot der *Friedlichkeit*. Unfriedl. Versammlungsteilnehmer können sich von vornherein nicht auf Art. 8 GG berufen; auch die subsidiäre Berufung auf Art. 2 I GG (→Persönlichkeitsentfaltung) scheidet angesichts des eindeutigen Unwerturteils des GG aus. Das Gebot der Friedlichkeit zeigt mit aller nur wünschenswerten Deutlichkeit, daß das GG die V. als einen Beitrag zur *geistigen* Auseinandersetzung betrachtet (→Meinungsfreiheit), nicht als ein Recht zur Ausübung von öffentl. Zwang (→Macht I). Unfriedlich verhält sich ein Versammlungsteilnehmer dann, wenn er entweder Waffen (Schußwaffen, Sprengstoff, brennbare Flüssigkeiten, Schlagstöcke usw.) bei sich führt oder wenn er sonst auf einen gewalttätigen oder aufrührerischen Verlauf der Versammlung ausgeht. Umstr. ist gegenwärtig, ob die sog. Sitzblockaden vom BGH zu Recht als Nötigung i. S. des § 240 StGB beurteilt werden; das BVerfG hat sich zu dieser Frage noch nicht geäußert. Bei ihrer Entscheidung kommt es verfassungsrechtl. weniger darauf an, ob eine solche Sitzblockade Gewaltausübung ist, als vielmehr darauf, ob § 240 StGB in der Auslegung des BGH ein zulässiges Einschränkungsgesetz i. S. des Art. 8 II GG ist. Unbestr. ist, daß Behinderungen, die von einer Versammlung naturnotwendig ausgehen (zB Verkehrsstörungen), die aber nicht gerade *beabsichtigt* sind, hingenommen werden müssen.

II. Einschränkungen des Grundrechts. Versammlungen unter freiem Himmel können nach Art. 8 II GG durch Gesetz und auf Grund Gesetzes eingeschränkt werden. Derartige Einschränkungen finden sich v. a. im VersammlungsG.

1. Dabei ist allerdings, wie jetzt auch das BVerfG in seinem sog. Brokdorf-Beschluß (BVerfGE 69, 315 ff.) klargestellt hat, die hohe Bedeutung einzurechnen, die die V. im Zusammenhang mit dem demokratischen Prinzip im System des GG hat. Eine Versammlung darf insbes. nicht deshalb verboten werden, weil die Meinung, die auf ihr zum Ausdruck kommen soll, der Regierung nicht erwünscht ist (→Meinungsfreiheit). Auch davon abgesehen bedarf es nicht nur irgendwelcher, sondern *gewichtiger* Gründe für das Verbot einer geplanten bzw. die Auflösung einer bereits ablaufenden Versammlung.

2. Verfassungsrechtl. unbedenklich sind die Vorschriften, die das VersG über die Organisation von Versammlungen enthält, zB über die Versammlungsleitung (§§ 7, 8, 11, 18 I VersG), über die Verwendung von Ordnern (§§ 9, 18, II VersG), die Einhaltung von gesetzlich vorgesehenen Bannmeilen (§ 16 VersG) usw. Im Brokdorf-Beschluß des BVerfG hat das Gericht klargestellt, daß die Anmeldepflicht nach § 14 I VersG auch für Massenversammlungen mit Zehntausenden von Teilnehmern gilt. Dort soll sie v. a. auch das Gespräch zwischen der Polizei und den Veranstaltern über die Ablaufmodalitäten in Gang setzen; die Bereitschaft beider Seiten dazu ist nicht nur eine wesentl. Voraussetzung für den geordneten Ablauf einer Versammlung, sondern – so das BVerfG – auch ein zentrales Element für die spätere gerichtl. Beurteilung der beiderseitigen Absichten und damit der Rechtmäßigkeit des beiderseitigen Vorgehens.

3. Umstr. ist immer noch, ob Art. 8 II GG das gesetzl. Verbot des Mitführens sog. passiver Bewaffnung (zB Schutzschilde) und der Maskierung deckt. Das BVerfG hat diese Frage noch nicht entschieden.

4. Versammlungen, die die öffentl. Sicherheit und Ordnung erheblich gefährden, dürfen von

vornherein verboten, Versammlungen, die sie erheblich stören, dürfen aufgelöst werden (§ 15 VersG). Das BVerfG hat diese Bestimmung, die wegen ihrer angebl. Unklarheit angezweifelt worden war, für verf.mäßig erklärt, hat dabei aber auf die Notwendigkeit ihrer strikten Handhabung hingewiesen; schon nach ihrem Wortlaut muß die öffentl. Sicherheit und Ordnung *„unmittelbar"* gefährdet sein, um ein Verbot bzw. eine Auflösung zu rechtfertigen.

5. Besondere Schwierigkeiten ergeben sich dann, wenn sich unter eine für sich gesehen friedl. Versammlung eine Anzahl von entschlossenen Gewalttätern mischt. Nach dem BROKDORF-Beschluß des BVerfG muß in diesem Fall versucht werden, die Gewalttäter möglichst ohne Beeinträchtigung der Versammlung im Ganzen auszuschalten; das ergibt sich übrigens schon aus dem Grundsatz der Verhältnismäßigkeit, der das gesamte dt. Recht beherrscht. Erweist sich dieses schonende Vorgehen aber – ggf. auch schon von vornherein – als unmöglich, so hat das BVerfG die Auflösung, in besonders gelagerten Ausnahmefällen auch schon das Verbot der ganzen Versammlung für zulässig erklärt.

J. A. FROWEIN, V. und Versammlungsrecht, NJW 1969, 1081 ff. – U. SCHWÄBLE, Das Grundrecht der V., 1975 – W. K. GECK, Zum Versammlungsbegriff des Art. 8 GG, DVBl. 1980, 797 ff. – R. HERZOG, Art. 8 GG, in: TH. MAUNZ/G. DÜRIG, Grundgesetz (Komm.), Zweitbearb. 1981 – I. v. MÜNCH, Art. 8 GG, in: DERS., GG-Komm., 1985[3].

Roman Herzog

Verstaatlichung →Eigentum I D 2

Verteidigungsfall →Notstandsrecht

Verteilungstheorie. 1. Die Aufgabe der V. Verteilungsprobleme werden in der Wirtschaftswissenschaft in dreierlei Zusammenhang diskutiert: Zur Diskussion steht die Frage a) nach den Leitbildern einer gerechten Verteilung (wann ist eine Umverteilung erwünscht), b) nach dem Einfluß von Verteilungsänderungen auf die übrigen ökonomischen Problemgrößen wie Wachstum, Inflation, Beschäftigungsgrad (wie wirken sich Umverteilungen aus) und c) nach den Determinanten einer Verteilungsänderung (wie können Verteilungskorrekturen erreicht werden). Die V. i. e. S. befaßt sich nur mit dem dritten Fragenkomplex. Gegenstand der Verteilung ist das Volkseinkommen. In jüngster Zeit gewinnt allerdings die Frage nach den Determinanten der Vermögensverteilung an Bedeutung; darüber hinaus wird die Frage untersucht, wie der Nutzen aus den vom Staat erstellten Kollektivgütern auf die einzelnen Bevölkerungsgruppen verteilt ist. Gegenstand der älteren V. war die Frage, wie sich das Gesamteinkommen auf die Produktionsfaktoren Arbeit, Kapital und Boden aufteilt: Man spricht hier von funktioneller Einkommensverteilung, um auf die Funktion hinzuweisen, die der einzelne im Produktionsprozeß zu erfüllen hat. Eine solche Fragestellung war so lange sinnvoll, als die einzelnen Haushalte vorwiegend nur über einen Produktionsfaktor verfügten. Diese einschränkende Annahme entspricht heute nicht mehr der Wirklichkeit, so daß eine zweite Fragestellung an Bedeutung gewann: die Frage nach der personellen Einkommensverteilung.

Hier wird die Bevölkerung nach der Höhe ihres Einkommens in Einkommensklassen unterteilt und untersucht, wie stark die einzelnen Einkommensklassen besetzt sind. Ein besonderes Problem bildet die Frage nach geeigneten Maßstäben der Verteilung. Im Mittelpunkt der Theorie der funktionellen Einkommensverteilung stehen die Einkommensquoten, die angeben, welchen prozentualen Anteil ein Produktionsfaktor am Volkseinkommen hat; so bestimmt sich zB die Lohnquote als Quotient aus gesamtwirtschaftl. Bruttolohnsumme und Volkseinkommen. Dieser Maßstab bedarf der Korrektur; nimmt nämlich der Anteil der Unselbständigen zu, so steigt die Lohnquote auch dann an, wenn das Einkommen der Lohnempfänger in geringerem Maße zunimmt als das Gesamteinkommen. Man mißt deshalb Verteilungsänderungen anhand einer (um die Erwerbspersonenstrukturveränderung) bereinigten Lohnquote; diese gibt an, wie sich das Pro-Kopf-Einkommen der Lohnempfänger im Vergleich zum Pro-Kopf-Einkommen der gesamten Bevölkerung entwikkelt. Zur Messung der personellen Einkommensverteilung wird vor allem die LORENZ-Kurve herangezogen: Sie zeigt an, über welchen Gesamteinkommensteil die einzelnen kumulativ aufaddierten Einkommensklassen verfügen.

2. Der empirische Verlauf. Die V. wird zur Erklärung der in der Wirklichkeit zu beobachtenden Regelmäßigkeiten in der Einkommensverteilung herangezogen. Hierzu zählt insbesondere die Beobachtung, daß die Lohnquote kurzfristig einen antizyklischen Verlauf aufweist, mittelfristig konstant bleibt, obwohl sich die Gewerkschaften um eine Lohnquotensteigerung bemüht haben, langfristig aber angestiegen ist; weiterhin daß die personelle Einkommensverteilung von einer Normalverteilung abweicht (die höheren Einkommensklassen sind unterbesetzt). Bezogen auf die langfristige Entwicklung der personellen Einkommensverteilung wird teils von einer Nivellierung, teils von einer bemerkenswerten Verteilungskonstanz gesprochen.

3. Die Rolle der Produktivität. Im Rahmen der Grenzproduktivitätstheorie wurde auf die Bedeutung der technischen Gegebenheiten für die funktionelle Einkommensverteilung hingewiesen. Danach wird der Preis eines Faktors (also zB der Lohnsatz) vom Wertgrenzprodukt, d. h. von dem mit dem Marktpreis bewerteten Zuwachs an Gütereinheiten bestimmt, den die zuletzt eingesetzte Faktoreneinheit (Arbeitsstunde) der Unternehmung erbringt. Die Produktivität gibt an, um wieviel Prozent die Produktionsmenge ausgeweitet werden kann, wenn die Arbeitskräfte um 1 % vermehrt eingesetzt werden.

4. Machtfaktoren. Diese alleinige Abhängigkeit der Verteilung von technischen Gegebenheiten gilt nur unter der unrealistischen Annahme, daß alle Kosten in das Unternehmenskalkül Eingang finden (Fehlen externer Effekte) und auf allen relevanten Märkten intensiver Wettbewerb herrscht. Auf kurze Sicht und auf Partialmärkten wird die Einkommensverteilung von Machtfaktoren mitbestimmt. Macht kann erstens dadurch entstehen, daß die Unternehmungen auf den Gütermärkten eine Monopolstellung besitzen und durch Verknappung des Güterangebotes den Güterpreis in die Höhe treiben; diese Verknappung führt zu einer Reduzierung der Nachfrage nach Arbeitskräften und damit des Lohnsatzes. Empirische Untersuchungen in den USA haben allerdings gezeigt, daß die Gewerkschaften gerade in den Industriezweigen einen überproportional hohen Lohn erkämpfen konnten, in denen die Unternehmungen auf den Gütermärkten eine Monopolstellung innehatten. DUNLOP erklärte dieses Faktum damit, daß aufgrund der Monopolstellung auf den Gütermärkten die Betriebsgröße angestiegen sei und daß es den Arbeitnehmern in Großbetrieben leichter falle, Streiks durchzuführen. Auf jeden Fall hängt die Einkommensverteilung zweitens auch von den Machtverhältnissen auf den Arbeitsmärkten ab. Hier hatten die Unternehmungen zu Beginn der Industrialisierung eine originäre (durch geringe Mobilität bedingte) Monopolmacht gegenüber den Arbeitnehmern und konnten auf diesem Wege den Lohnsatz niedrig halten. Der Zusammenschluß der Arbeitnehmer in →Gewerkschaften und das Recht der Arbeitnehmer zu streiken verlagerten die Machtverhältnisse zugunsten der Arbeitnehmer, wobei sich als Gegengewicht auswirkte, daß sich auch die Arbeitgeber in Verbänden zusammenschlossen. E. PREISER hat darauf hingewiesen, daß auch dann, wenn auf Güter- und Arbeitsmärkten Wettbewerbsverhältnisse gegeben wären, die Marktstellung der Arbeitnehmer schwach wäre, da die Arbeitnehmer nur über ihre eigene Arbeitskraft als Einkommensquelle verfügten. Als Eigentumslose seien sie auf die vom Arbeitgeber angebotene Lohnhöhe angewiesen. Würden die Arbeitnehmer über Eigentum verfügen, so würde ihr Einkommen nicht nur deshalb erhöht, weil zum Lohneinkommen ein Zinseinkommen hinzukäme, sondern auch deshalb, weil die Arbeitnehmer auf den Arbeitsmärkten eine bessere Verhandlungsposition hätten. De facto dürfte die Bedeutung des Eigentums für die Lohnhöhe gering sein, da die Kapitaleinkünfte im Vergleich zum Arbeitslosengeld unbedeutend sind und die Machtposition der Gewerkschaften nicht vom Eigentum ihrer Mitglieder abhängt.

5. Kreislaufzusammenhänge. Die von N. KALDOR entwickelte V. hat gezeigt, daß die Eigentumsbildung noch aus einem weiteren Grunde die Einkommensverteilung beeinflußt. Bestehen auf Gütermärkten Nachfrageüberhänge, so kommt es zu Preissteigerungen, die den Unternehmungen in Form von Gewinnsteigerungen zufließen. Eine Zunahme in der Ersparnis der Arbeitnehmer würde die Lohnquote hingegen erhöhen, da die Preisüberwälzungsmöglichkeiten der Unternehmungen in dem Maße zurückgehen, als die Lohnsteigerungen nicht mehr in Form von Konsumausgaben zu den Unternehmungen zurückfließen.

6. Personelle Einkommensverteilung. Geringere Übereinstimmung besteht in der Frage der Determinanten der personellen Einkommensverteilung. PIGOU ging zunächst davon aus, daß die Einkommenshöhe entscheidend von den individuellen Fähigkeiten abhänge und deshalb bei einer Normalverteilung der Fähigkeiten auch eine normalverteilte Häufigkeitskurve der Einkommensverteilung zu erwarten sei. Da in Wirklichkeit die personelle Einkommensverteilung nicht normal verteilt ist (Unterbesetzung der höheren Einkommensklassen), ging es vor allem um die Erklärung dieser Abweichungen der Einkommensverteilung von einer Normalverteilung. Bezogen auf die Kapitaleinkommen spielt die Möglichkeit der Vererbung eine entscheidende Rolle für Konzentrationen im Einkommensbezug. Im Hinblick auf das Arbeitseinkommen hat vor allem der human capital-Ansatz auf mögliche Erklärungsgründe für Differenzierungen hingewiesen: Da sowohl der Nutzen der Freizeit als auch die Bereitschaft, Risiken einzugehen, unterschiedlich verteilt sind, kann bereits aus den unterschiedl. Präferenzen der einzelnen Individuen ein Teil der Einkommensunterschiede erklärt werden. Es kommt hinzu, daß zumindest in der Vergangenheit einem Teil der Bevölkerung der Zugang zu den höheren Bildungseinrichtungen faktisch verbaut war, so daß auch aus diesen Gründen beträchtl. Einkommensunterschiede erwartet werden müssen. Ein Teil der theoretischen Ansätze versucht Einkommensunterschiede schließlich primär aus dem Wirken von Zufallsfaktoren zu erklären. So kann ein Teil der Einkommensunterschiede daraus erklärt werden, daß sich die individuellen Fähigkeiten aus einer Vielzahl von Einzelkomponenten zusammensetzen, die selbst wiederum aufeinander einwirken.

A. BLÜMLE, Theorie der Einkommensverteilung. Eine Einführung, Berlin u. a. 1975 – H. G. JOHNSON, The Theory of Income Distribution, London 1973 – B. KÜLP, Verteilungstheorie, 2. neubearb. u. erw. Aufl., Stuttgart – New York 1981 – J. SIEBKE, Verteilung, in: VAHLENS Kompendium der Wirtschaftstheorie und Wirtschaftspolitik, Bd. 1, München 1980, S. 333–365.

Bernhard Külp

Vertrag, öffentlich-rechtlicher. Der ö.-r. V. ist ein Vertrag, der zur Regelung öffentl.-rechtl. Fragen (→Öffentl. Recht) abgeschlossen wird und an dem mindestens ein Träger hoheitl. Gewalt (→Staatsorganisation) beteiligt ist. Die Bedeutung dieses in früherer Zeit eher peripheren

Rechtsinstituts hat in der jüngeren Vergangenheit in dem Maße zugenommen, in dem sich die einseitige Ausübung öffentlicher →Gewalt als nicht mehr allein tauglich zur Bewältigung der heute anstehenden politischen und v. a. auch administrativen Aufgaben erwies.

I. Verträge als Regierungsinstrument. Der weitaus wichtigste, von der Rechtswissenschaft aber nur selten behandelte Vertragstyp bezieht sich auf Funktionen der →Regierung, die diese infolge des Übergangs zu einer pluralistischen, von Verbänden beherrschten Massendemokratie (→Pluralismus; →Verbände) und der auf das Prinzip des →Rechtsstaates zurückzuführenden Beschneidung der staatl. →Macht nicht mehr einfach „par ordre du mufti" wahrzunehmen vermag. Sowohl die Aufgabengebiete, auf denen heute mit Verträgen oder zumindest mit vertragsähnl. Absprachen regiert wird, als auch die Ausgestaltung der Verträge im Detail hängen weitgehend von hist. Sonderentwicklungen, ja Gewohnheiten ab; eine systematische Darstellung ist kaum möglich.

A. Beispiele aus dem staatl. Bereich. Wichtigstes Beispiel für ö.-r. V.e, an denen ausschließlich Hoheitsträger beteiligt sind, sind die zahllosen →Staatsverträge und →Verwaltungsabkommen, die im kooperativen →Bundesstaat des GG zwischen dem Bund und den Ländern sowie zwischen den Ländern abgeschlossen werden. Wegen der Einzelheiten sei hier auf die Spezialartikel zu diesen Stichworten verwiesen.

B. Beispiele aus dem gesellschaftl. Bereich. Daneben gibt es zahlreiche Formen des ö.-r. V., an denen zwar der Staat oder ein sonstiger Hoheitsträger (zB eine Gemeinde) beteiligt ist, bei denen als Vertragspartner aber auch private Rechtsträger fungieren, zB große Wirtschaftsunternehmen oder Massenverbände.

1. Wie weit diese Zusammenarbeit mitunter gehen kann, zeigt der Umstand, daß die außerordentlich straffe Kriegswirtschaft des Ersten Weltkrieges großenteils auf Absprachen der Regierung bzw. der Obersten Heeresleitung mit den Wirtschaftsverbänden beruhte. Heute werden weite Teile der Gesundheitspolitik durch die in regelmäßigen Abständen erfolgenden Tarifabsprachen zwischen dem Sozialminister, den Krankenversicherungsträgern und den Kassenärztl. Vereinigungen bestimmt. Auch die sog. Stabilitätspakte, durch die sich Regierung, Gewerkschaften und Arbeitgeberverbände in bes. Situationen auf eine gemeinsam zu tragende Wirtschafts- und v. a. Lohn- und Preispolitik einigen, gehören hierher; in der sog. Konzertierten Aktion nach dem Stabilitäts- und WachstumsG bestand zu diesem Zwecke sogar eine – wenn auch nur lockere – Organisation. Ähnl. Absprachen gibt es im kommunalen Bereich, zB bei den Verträgen, durch die Gemeinden wesentl. Teile ihrer Entwicklungs- und Sanierungspolitik auf private Entwicklungs- oder Sanierungsträger übertragen. Nicht zu den ö.-r. V.en gehören die →Tarifverträge, durch die die →Sozialpartner ihre Lohnpolitik aushandeln; öffentlich-rechtl. Charakter haben hier nur die →Rechtsverordnungen, durch die Tarifverträge auch gegenüber nicht tarifgebundenen Personen und Unternehmen in Kraft gesetzt werden. Als verfassungsrechtl. Verträge werden die Koalitionsverträge zwischen politischen →Parteien bewertet, obwohl die Parteien an sich nicht zu den Staatsorganen zu rechnen sind; die Bewertung der zwischen ihnen geschlossenen Verträge hängt wohl damit zusammen, daß das BVerfG sie wenigstens in prozeßrechtl. Hinsicht Staatsorganen gleichstellt.

2. Gegen das Regieren durch Verträge werden Bedenken vorgetragen, die darauf hinauslaufen, daß der Staat dabei seine innere Unabhängigkeit (→Souveränität) und seine Durchsetzungsfähigkeit einbüßen könnte. Diese Bedenken sind keineswegs unbegründet. Sie verwechseln aber meist Ursache und Wirkung. Es sind die Existenz großer Verbände und Unternehmen und die aus guten rechtstaatl. Gründen vorgenommene Beschränkung der staatl. Machtmittel, die dem Staat eine Politik der vertragl. Abmachungen nahelegt, und nicht umgekehrt diese Politik, die dem Staat ein einseitiges, „obrigkeitl." Regieren unmöglich macht (s. a. Kompromiß).

II. Der verwaltungsrechtl. Vertrag. Eine Sonderform des ö.-r. V., deren sich die →Verwaltung bedient, ist der verwaltungsrechtl. Vertrag. Er ist heute in §§ 54 ff. BVwVfG positivrechtlich geregelt, so daß hier auch Details greifbar sind.

A. Zulässigkeit. Nach § 54 Satz 1 BVwVfG sind Verträge dieser Art zulässig, wenn sie nicht ausdrücklich in einer Rechtsvorschrift ausgeschlossen sind. Damit ist der jahrzehntelange Streit, ob verwaltungsrechtl. Verträge nicht wenigstens im Über-Unterordnungsverhältnis zwischen Staat und Bürger einer bes. gesetzl. Grundlage bedürfen (so v. a. STERN), in verneinendem Sinn entschieden. Selbst dort, wo eine Frage grds. durch →Verwaltungsakt zu entscheiden wäre, kann dieser heute durch einen Vertrag ersetzt werden (§ 54 Satz 2 BVwVfG). Bedürfte es zum Erlaß des VA der Zustimmung Dritter (zB einer durch ihn belasteten Privatperson, aber auch einer anderen Behörde), so ist diese auch zum Abschluß des Vertrages erforderlich (§ 58 BVwVfG). Letzteres ist insbes. bei den sog. Konzessionsverträgen der Fall, die v. a. zur Errichtung und Unterhaltung großer Leitungssysteme (Überlandleitungen, Pipelines usw.) abgeschlossen werden und in denen sich zahllose Einzelgenehmigungen und vertragl. Absprachen kumulieren. Ein Sonderfall des verwaltungsrechtl. Vertrages ist der Vergleichsvertrag, „durch den eine bei verständiger Würdigung des Sachverhalts oder der Rechtslage bestehende Ungewißheit durch gegenseitiges Nachgeben beseitigt wird" (§ 55 BVwVfG).

B. Detailfragen. Verwaltungsrechtl. Verträge bedürfen, wenn nicht in concreto etwas anderes bestimmt ist, der Schriftform (§ 57 BVwVfG). Bei Gesetzesverstößen sind sie grds. nichtig und nicht nur wie der VA aufhebbar (§ 59 BVwVfG). Der allg. Rechtsgedanke, daß bei einem grundlegenden Wandel der Geschäftsgrundlage gekündigt oder zumindest eine Anpassung an die veränderten Verhältnisse verlangt werden kann, ist für den verwaltungsrechtl. Vertrag im Gesetz ausdrücklich ausgesprochen (§ 60 BVwVfG).

C. Bedenken. Unbestr. ist dieses Abweichen der öffentl. →Gewalt auf den Weg des Vertragsschlusses nicht. V. a. wird in der Lit. die nicht unberechtigte Sorge geäußert, daß auf diese Weise bes. mächtigen Verbänden bzw. Unternehmen Sonderkonditionen eingeräumt werden könnten, die sie gegenüber dem gewöhnl. Staatsbürger unangemessen bevorzugen könnten. Zwar wäre eine Abmachung, die mit dem →Gleichheitssatz nicht vereinbar wäre, sicher nichtig. Angesichts des großen Ermessensspielraums, den der Gleichheitssatz auch der Verwaltung einräumt, greift diese Sicherung aber nur in extremen Fällen ein. Andererseits ist zuzugeben, daß es heute Verwaltungsgeschäfte von solcher Komplexität und v. a. auch von solcher Einzelfallbezogenheit gibt, daß die einvernehml. Lösung der einzig gangbare Weg ist. Außerdem können durch gütl. Einigung u. U. jahrelange Verwaltungsprozesse vermieden werden. Alles in allem bleibt das Institut des verwaltungsrechtl. Vertrages jedenfalls im rechtsstaatl. Zwielicht.

H.-U. Erichsen/W. Martens, Verwaltungsrechtl. Vertrag und andere verwaltungsrechtl. Sonderverbindungen, in: Dies. (Hg.), Allg. Verwaltungsrecht, 1983[6], 268 ff. (Lit.).

Roman Herzog

Vertragskirchenrecht →Vertragsstaatskirchenrecht

Vertragsrecht, internationales. 1. Grundlagen, Begriff des völkerrechtl. Vertrages, Arten. Verträge sind heute die wichtigste *Quelle des Völkerrechts* und drängen das *Gewohnheitsrecht* zunehmend in den Hintergrund. Da sie in aller Regel schriftlich abgefaßt sind, haben sie gegenüber dem Gewohnheitsrecht den Vorteil größerer Rationalität. Regeln, die einen Niederschlag in Texten gefunden haben, sind für den Rechtsanwender jederzeit verfügbar und brauchen nicht erst mittelbar aus der Praxis erschlossen zu werden. Die Staaten der Dritten Welt bevorzugen im übrigen den Vertrag als Instrument der bewußten Rechtsgestaltung, weil sie das in eine Vergangenheit der Hegemonialstellung der europäischen Mächte zurückreichende Gewohnheitsrecht als inhaltlich durch die Interessen dieser Mächte geprägt und damit generell als unausgewogen betrachten. Schließlich kommt als Medium der Rechtsetzung allein der völkerrechtl. (vr.) Vertrag in Betracht, wenn ein akuter Regelungsbedarf entsteht oder Probleme eher technischen Charakters zu bewältigen sind. Aus all diesen Gründen hat sich seit dem II. Weltkrieg die Zahl der vr. Verträge in ungeheurem Maße vermehrt. Bei den →Vereinten Nationen (VN) waren Ende 1984 über 23 000 Verträge registriert. Es gibt heute kaum noch Sachgebiete, die völlig außerhalb des Regelungsbereichs des i. V. liegen. Von Abkommen, deren Gegenstand im eigentl. Sinne international ist (Bsp.: Seerechtsübereinkommen der Vereinten Nationen [SRÜ] vom 10. 12. 1982) reicht die Palette bis hin zu Verträgen, welche tief in die nationale Verfassungsstruktur eingreifen (Menschenrechtsverträge, insbes. Europäische Menschenrechtskonvention [EMRK] von 1950, Internationale Pakte über bürgerl. und politische Rechte einerseits, über wirtschaftl., soziale und kulturelle Rechte andererseits von 1966, in Kraft seit 1976). – In einem formalen Sinne kann man als den *Geltungsgrund* des i. V. den gewohnheitsrechtl. Satz „pacta sunt servanda" bezeichnen. Mit dieser Zurückführung auf das Gewohnheitsrecht wird das Geltungsproblem aber nur verschoben. Erkannt ist heute allgemein, daß die normative Geltung des Rechts nur in einer außernormativen Sphäre wurzeln kann. In einer Staatengemeinschaft, in der es bis heute keinen Weltgesetzgeber gibt, weil nach wie vor die souveräne Gleichheit (Art. 2 I VN-Charta) das grundlegende Strukturprinzip ist, steht neben der Selbstregulierung kein anderer Weg für die Festlegung sozialer Verhaltensnormen offen. Der Bindungskraft des vr. Vertrages liegt also ein Interesse aller Staaten zugrunde, Willenseinigungen zur verläßl. Grundlage des eigenen Handelns machen zu können. – Zu den vr. Verträgen rechnen alle Vereinbarungen zwischen vertragsfähigen Völkerrechtssubjekten, die vr. Bindungen schaffen sollen. Entscheidend kommt es dabei auf den *Willen der Parteien* an. In der Schlußakte der Konferenz über Sicherheit und Zusammenarbeit in Europa (KSZE) von 1975 haben die teilnehmenden Staaten übereinstimmend ihre Absicht dahin bekundet, daß die getroffenen Abmachungen keine rechtl. Bindungskraft haben sollen. In der Wirkungsweise (Überprüfungskonferenzen) unterscheidet sich eine solche lediglich politische Einigung allerdings kaum von einem Rechtsabkommen. Vielfach ergibt sich aus der Sachtypik einer bestimmten Situation, daß die Eingehung rechtl. Verpflichtungen nicht intendiert war (Bsp.: gemeinsame Kommuniqués bei Staatsbesuchen, dazu differenzierend IGH, Urteil Festlandsockel in der Ägäis, ICJ Reports 1978, 3, 39 ff.). – Abzugrenzen von den Verträgen sind die *einseitigen Rechtsakte* wie Anerkennung, Protest und Verzicht. Auch sie vermögen allerdings nach dem Vertrauensschutzprinzip rechtl. Bindungswirkungen auszulösen (IGH, Urteil Atomteststreit, ICJ Reports 1974, S. 253, 268 – 270). – *Resolutionen der Organe von →Internationalen Organisationen* (IOen), auch wenn sie einstimmig verabschiedet worden sind, stellen keine vr. Verträge dar. Ihre rechtl. Geltungskraft richtet sich jeweils nach den Festlegungen in der Satzung der betreffenden IO. Vielfach wird aber in der Gegenwart die flexible Regelung durch eine rechtlich unverbindl. Resolution einer vertragl. Normierung vorgezogen („soft law"). So sind etwa in dieser Form eine Reihe sog. Verhaltenskodizes verabschiedet worden, die trotz fehlenden Verpflichtungscharakters ein erhebl. politisches Gewicht besitzen und jedenfalls Rechtfertigungsgründe für ein kodexkonformes Verhalten liefern (Bsp.: EG-Verhaltenskodex für Unternehmen mit Tochtergesellschaften, Zweigniederlassungen oder Vertretungen in Südafrika, 1977). – Eine Sonderform des vr. Vertrages bilden die *Konkordate* mit dem Heiligen Stuhl. – Nicht zu den vr. Verträgen gehören die – in der Gegenwart seltener werdenden – *Konzessionsverträge* zwischen Staaten und ausländischen Gesellschaften, in denen versucht wird, das Vertragswerk durch Unterstellung unter das Völkerrecht („Internationalisierung") dem einseitigen Zugriff des nationalen Gesetzgebers zu entziehen. Eine echte vr. Bindungswirkung entsteht aber, wenn privatrechtl. Verträge zwischen dem Staat und einem ausländischen Investor in einen vr. Rahmenvertrag eingebettet werden (International Centre for the Settlement of Investment Disputes, Vertrag vom 18. 3. 1965). Nicht zu den vr. Verträgen gehören auch die sog. *gentlemen's agreements,* unter denen man richtigerweise nur persönl. Absprachen im Verhältnis zwischen den auf der internationalen Ebene handelnden Amtsträgern verstehen sollte, die nicht im Namen des Entsendestaates abgegeben werden. – Für die rechtl. Geltungskraft ist das Verfahren des Vertragsabschlusses wie auch die *Bezeichnung* des Vertragswerkes ohne Bedeutung (Art. 1 Abs. 1 Buchst. a des Wiener Übereinkommens über das Recht der Verträge [WÜRV] vom 23. 5. 1969, BGBl. 1985 II, 927). Allerdings muß bei Protokollen, Schriftwechseln, Anhängen usw., die einen Hauptvertrag ergänzen, bei der Auslegung stets der Zusammenhang mit diesem Grundinstrument im Auge behalten werden. – Lediglich auf das innerstaatl. Genehmigungsverfahren zielt die Unterscheidung zwischen *Staatsverträgen* und *Regierungsübereinkommen* ab, in denen – an sich unkorrekt – die jeweilige Regierung als Vertragspartner angegeben wird. Vertragspartei ist in jedem Fall der Staat, nicht das für den Staat handelnde Organ. Meist werden Verwaltungsabkommen, zu denen die Exekutive keiner parlamentarischen Genehmigung bedarf (vgl. Art. 59 Abs. 2 GG), in der Form des Regierungsabkommens geschlossen (engl.: executive agreements, frz.: accords en forme simplifiée). – Die wichtigsten *vertragsfähigen Völkerrechtssubjekte* sind die Staaten. Zunehmend treten aber auch IOen im internationalen Rechtsverkehr auf. Bei den Verträgen rechtsetzenden Charakters (traités-loi), die man als Realtypus von den Austauschverträgen (traités-contrat) absetzen kann, waren bis in die jüngste Vergangenheit nur Staaten als Vertragspartner zugelassen. Nachdem aber supranationale Organisationen wie die Europäischen Gemeinschaften (EG) in frühere Zuständigkeiten ihrer Mitglieder eingerückt sind, erweist es sich zunehmend als notwendig, den Kreis der Vertragsmitglieder insoweit zu öffnen (SRÜ, Art. 305 Abs. 1 Buchst. f; Projekt eines Beitrittsprotokolls zur EMRK zugunsten der EG). – Die Regeln eines *allgemeinen Teils des i. V.* finden sich heute im WÜRV, das nach seiner Verabschiedung durch eine Staatenkonferenz im Jahre 1969 fast elf Jahre brauchte, bis die notwendige Mindestanzahl von 35 Ratifikationen (Art. 84) zustande gekommen war (Inkrafttreten am 27. 1. 1980). Die Bundesrepublik wird voraussichtlich in der ersten Jahreshälfte 1986 ihre Ratifikationsurkunde hinterlegen. Obwohl das WÜRV im wesentlichen eine Kodifikation des geltenden Völkergewohnheitsrechts darstellt, muß doch jeweils im Einzelfall sehr sorgfältig geprüft werden, ob nicht eine Vorschrift innovativer Natur ist. Formell findet das WÜRV im übrigen nur im beidseitigen Verhältnis von Mitgliedstaaten insoweit Anwendung, als der Vertragschluß dem Inkrafttreten der WÜRV für beide Teile nachfolgt. Trotzdem wird es heute in der internationalen Rechtsprechung häufig ohne Rücksicht auf seine formelle Geltung als Ausdruck gewohnheitsrechtl. Regeln angewandt. Da seine Geltung ratione personae auf zwischenstaatl. Verträge beschränkt worden war, hat die Völkerrechtskommission der Vereinten Nationen (ILC) ein Parallelabkommen über Verträge zwischen Staaten und IOen sowie zwischen IOen erarbeitet (Yearbook of the ILC [YILC] 1982. II. 2, 17), das im Frühjahr 1986 auf einer Staatenkonferenz erörtert und angenommen werden soll. Ein weiteres Abkommen (vom 23. 8. 1978, The Work of the ILC, 1980^3, 299) regelt die Staatennachfolge in vr. Verträge; es ist mangels einer ausreichenden Anzahl von Ratifikationen bisher nicht in Kraft getreten. – Grundsätzlich gilt im Völkerrecht *Vertragsfreiheit.* Vorrang beansprucht aber generell die Charta der Vereinten Nationen (Art. 103 VN-Charta). Eine Schranke bilden auch die zwingenden Rechtsregeln (ius cogens), über deren Inhalt aber wenig Einigkeit besteht. Anhaltspunkte für das Bestehen von ius cogens liefern die in Art. 19 von Teil 1 des Entwurfs der ILC zur Staatenverantwortlichkeit (YILC 1980. II. 2. 30) aufgeführten Fallgruppen internationaler Verbrechen, d. h. der schwerwiegendsten Form vr. Unrechts.

2. Abschlußverfahren. Das Abschlußverfahren unterscheidet sich bei zwei- und mehrseitigen Verträgen. Bei *zweiseitigen Verträgen* von geringerer sachl. Bedeutung kann es vorkommen, daß die Unterhändler den Text aushandeln und anschließend durch ihre Unterzeichnung sogleich die Bindungswirkung herbeiführen (einstufiges oder einphasiges Verfahren). Beim mehrstufigen oder mehrphasigen Verfahren wird zunächst von den Unterhändlern durch Abzeichnen mit den Initialen des Namens der Text festgestellt (Paraphierung). Es folgt dann die Unterzeichnung, meist durch ein auch politisch verantwortliches Mitglied der Regierung. Nach der Unterzeichnung wird – zur Ermöglichung einer demokratischen Kontrolle der im Vertragschluß liegenden außenpolitischen Entscheidung – der Text den zuständigen parlamentarischen Körperschaften zugeleitet. Nach Abschluß dieses innerstaatl. Zwischenverfahrens erfolgt die Ratifikation (auch Annahme oder Genehmigung genannt, bei zeitl. Verschiebung Beitritt), durch welche die vr. Bindung herbeigeführt wird. *Mehrseitige Abkommen* werden heute vielfach im Schoß von IOen ausgehandelt, auf weltweiter Ebene sowohl in den VN selbst wie auch in den zahlreichen Sonderorganisationen. Meist wird ein Erstentwurf von einem Fachgremium erstellt (Menschenrechtspakte von 1966 durch die VN-Menschenrechtskommission, WÜRV durch die ILC), während die Annahme des Textes entweder durch das Plenarorgan der betreffenden IO oder auf einer besonderen Staatenkonferenz erfolgt. Durchweg wird bei solchen „aufwendigen" Vertragswerken das mehrphasige Verfahren praktiziert. Nach der Annahme wird der Vertrag während einer bestimmten Frist zur Zeichnung aufgelegt (SRÜ: 1. 7. 1983 – 9. 12. 1984). Danach sind nur noch Ratifikation oder Beitritt statthaft. Viele Verträge regeln ausdrücklich die Frage, ob ihre Bindungskraft durch bloße Unterzeichnung oder erst durch Ratifikation in der Form des Austauschs von Vertragsurkunden (zweiseitige Verträge) oder der Hinterlegung bei einem Depositar (mehrseitige Verträge) eintreten soll. Das WÜRV hat darauf verzichtet, eine Vermutungsregel festzuschreiben. – Bei mehrseitigen Verträgen kann ein Staat grundsätzlich *Vorbehalte* einlegen, durch die er die Anwendung pflichtenbegründender Bestimmungen auf sich ausschließt. Häufig werden aber Vorbehalte für unzulässig erklärt, weil das Vertragswerk ein unteilbares Ganzes bildet (Art. 309 SRÜ). In keinem Fall darf ein Vorbehalt im übrigen gegen Ziel und Zweck des Vertrages verstoßen. Der Vorbehalt bedarf keiner Annahme durch die übrigen Vertragsparteien. Diese können aber Einspruch einlegen. Nach dem System der korrelativen Rechtsverkürzung muß ein Staat den Vertrag auch gegen sich selbst in dem durch den Vorbehalt modifizierten Geltungsumfang gelten lassen. Das flexible Vorbehaltsregime ermöglicht auf der einen Seite eine Ausweitung des Mitgliederkreises, könnte aber im Einzelfall auch zur Aushöhlung der Vertragssubstanz führen. In der Praxis haben sich freilich die ursprünglich gegen die Regelung des WÜRV geäußerten Bedenken nicht bestätigt. Sind Vorbehalte ausgeschlossen, kann ein Land lediglich versuchen, durch eine *Interpretationserklärung* seine Meinung zur richtigen Auslegung einer Vorschrift kundzutun. Anders als ein Vorbehalt entfaltet eine Interpretationserklärung keine Gestaltungswirkung. – Den letzten Akt des Abschlußverfahrens bildet die *Registrierung* beim VN-Sekretariat (Art. 102 VN-Charta). Durch Registrierung mit anschließender Veröffentlichung in der UN Treaty Series soll namentlich die für den Ausbruch des I. Weltkrieges mitverantwortlich gemachte Praxis der Geheimverträge unterbunden werden. Wegen der Überfülle des Materials werden heute nur noch die wichtigsten vr. Verträge veröffentlicht. Auf nicht registrierte Verträge darf sich kein Staat vor den Organen der VN berufen.

3. Abschlußkompetenz. Die innerstaatl. Organkompetenz für den Abschluß vr. Verträge regelt das nationale Verfassungsrecht. Das WÜRV enthält aber eine Vermutung für die Kompetenz von Staatsoberhäuptern, Regierungschefs und Außenministern. Als ermächtigt für den Abschluß kriegsrechtl. Verträge gelten nach Völkerrecht auch die Militärbefehlshaber im Felde. Regelmäßig sieht das staatl. Recht eine (formelle) Erklärungsbefugnis des Staatsoberhaupts vor. Die eigentliche politische Entscheidungsmacht liegt aber entweder bei der Regierung oder – soweit es einer parlamentarischen Zustimmung bedarf – bei der Legislative. Nach Art. 59 Abs. 2 GG sind in diesem Sinne zustimmungsbedürftig politische Verträge sowie Verträge, die zu ihrer Ausführung des Erlasses förmlicher Gesetzesakte bedürfen. Bundestag und Bundesrat wirken in diesem Verfahren nach den allg. Regeln über die Gesetzgebung zusammen. In den USA setzt der Abschluß von treaties die Zustimmung von zwei Dritteln der Mitglieder des Senats voraus; eine genaue Abgrenzung zu den im Kompetenzbereich des Präsidenten liegenden executive agreements ist aber nie gelungen. Durch die Zustimmung wird einerseits die demokratische Kontrolle über die im Vertragsschluß liegende außenpolitische Entscheidung sichergestellt, gleichzeitig erhält der Vertragsinhalt die Kraft innerstaatlich anwendbaren Rechts. – Verletzungen der innerstaatl. Kompetenzordnung sind auf der vr. Ebene grundsätzlich irrelevant. Nur dann kann ein Staat sich auf einen solchen Mangel berufen, wenn die Verletzung offenkundig war und eine innerstaatl. Rechtsvorschrift von grundlegender Bedeutung betraf (Art. 46 WÜRV). Die Vorschrift besitzt geringe sachl. Bedeutung. Sie würde aber wohl zum Zuge kommen, wenn im kollusiven Zusammenwirken zwischen einem Regierungsmitglied und einer fremden Macht der Versuch gemacht würde, das zuständige Parlament auszuschalten. Auch materiell-rechtliche Bindungen der Vertragschlußgewalt, vor allem durch Grundrechte, sind nach denselben Regeln zu behandeln. Im Regelfall wird es hier aber an der Evidenz des Mangels fehlen.

4. Vertragswirkungen. Der Zeitpunkt des Inkrafttretens wird meist im Vertrag selbst festgelegt. Bei multilateralen Verträgen – mit Ausnahme der humanitären Kriegsrechtsabkommen – hängt das Inkrafttreten durchweg von einer bestimmten Mindestanzahl von Ratifikationen ab (Menschenrechtspakte von 1966: 35 Staaten, SRÜ: 60 Staaten). In neueren Vertragswerken findet sich überdies eine Klausel, derzufolge nach der Erfüllung dieser Voraussetzung noch ein zusätzl. Abkommen über die Inkraftsetzung geschlossen werden muß (UNIDO-Satzung, 8. 4. 1979, ILM 1979, 667: Art. 25). Für jeden unterzeichnenden Staat gilt bis zur endgültigen Bindungserklärung ein *Frustrationsverbot* (Art. 18 WÜRV). Es dürfen keine Handlungen gesetzt werden, die Ziel und Zweck des Vertragswerkes vereiteln würden. Die Unterzeichnung kann andererseits auch schon einen vorläufigen Rechtsstatus begründen. So ist jedes Land, welches das SRÜ unterzeichnet hat, Mitglied der Vorbereitungskommission, welche die notwendigen Voraussetzungen für die spätere Tätigkeit der Vertragsorgane schafft (Annex I, Res. I). Es kann im übrigen auch generell eine vorläufige Anwendung vereinbart werden (Art. 25 WÜRV). Vor allem bei zeitgebundenen Verträgen (Rohstoffabkommen mit einer Geltungsdauer von maximal fünf Jahren) wäre sonst eine ordnungsgemäße Vertragsdurchführung wegen der Langwierigkeit des innerstaatl. Zustimmungsverfahrens fast unmöglich. – Verträge sind nach Treu und Glauben zu erfüllen. Eine einseitige Lossagung ist ausgeschlossen. Zeitlich muß eine Rückwirkung ausdrücklich angeordnet werden. In territorialer Hinsicht erstreckt sich ein Vertrag auf das gesamte Hoheitsgebiet einer Vertragspartei; dabei gilt der Grundsatz der bewegl. Vertragsgrenzen. Nach dem Ende der Kolonialära besteht heute kein Bedarf mehr für die sog. Kolonialklausel, die es der Verwaltungsmacht freistellte, durch einseitige Erklärung einzelne der abhängigen Gebiete in das Vertragsregime einzubeziehen oder auszuschließen (Bsp.: Art. 63 EMRK). Auch Bundesstaats- oder Föderativklauseln, durch die der Zentralstaat von einer uneingeschränkten Verantwortung für die Vertragserfüllung durch die Bundesglieder freigesprochen wird (Bsp.: Art. 19 Abs. 7 Verf. der Internationalen Arbeitsorganisation von 1946), sind in neueren Verträgen nicht mehr anzutreffen. – Grundsätzlich begründen Verträge weder Rechte noch Pflichten zugunsten oder zu Lasten von Dritten. Vertragsparteien können aber Rechte für einen unbeteiligten Drittstaat schaffen, die mit dessen Zustimmung wirksam werden. Territoriale Verfügungen über ein Gebiet durch die berechtigten Staaten müssen von allen anderen Ländern respektiert werden. Der Außenseiter braucht sich indes nicht dem Anspruch einer Staatenmehrheit zu beugen, die im allg. Interesse für einen staatsfreien Raum eine gebietsbezogene Herrschaftsordnung errichten will. Überwiegend ist dennoch die Dritte Welt der Auffassung, daß das Tiefseebodenregime des SRÜ nach dessen Inkrafttreten auch für die Nichtunterzeichnerstaaten verbindlich sein werde. Art. 2 VI VN-Charta wendet sich nicht an Nichtmitglieder der VN, sondern gibt der Organisation selbst auf, dafür zu sorgen, daß Nichtmitglieder die Grundsätze über die Wahrung des Weltfriedens und der internationalen Sicherheit beachten. Nach den Feindstaatenklauseln der VN-Charta (Art. 53, 107) waren die Siegermächte des II. Weltkrieges von der Einhaltung der allgemeinen Charta-Regeln über das Gewaltverbot und die Selbstverteidigung gegenüber den Feindstaaten befreit. Seit dem Eintritt aller dieser Länder in die VN sind aber wohl die Art. 53 und 107 obsolet geworden. Als einseitige Verfügung gegenüber dem Dt. Reich kann das sog. Potsdamer Abkommen der Hauptsiegermächte des II. Weltkrieges gegenüber der Bundesrepublik keine Wirksamkeit beanspruchen. Ein nachträgl. Versuch, das Abkommen zu validieren, läßt sich in Art. 75 WÜRV erblicken. – Jede Vertragsverletzung stellt ein vr. Delikt dar und kann Gegenansprüche des verletzten Staates auslösen.

5. Vertragsauslegung. Es entspricht einem traditionellen vr. Grundsatz, der heute in Art. 3 1 WÜRV niedergelegt ist, bei der Auslegung in erster Linie vom Wortlaut auszugehen. Gleichrangig erwähnt Art. 31 aber auch Ziel und Zweck, d. h. die teleologische Methode. Der für die Auslegung bedeutsame Kontext umfaßt auch sämtliche bei Vertragsabschluß getroffene zusätzliche Abreden und von der Gegenseite akzeptierte Urkunden. Dabei darf freilich nicht der Unterschied zwischen Vereinbarungen und von der Gegenseite lediglich zur Kenntnis genommenen einseitigen Erklärungen verwischt werden, die etwa die Schlußakte zu den Römischen Verträgen von 1957 sorgfältig unterscheidet. Als erheblich bezeichnet Art. 31 WÜRV auch eine spätere Praxis der Vertragsparteien, soweit sie eine Willensübereinstimmung erkennen läßt. Erst wenn alle diese Mittel versagen, soll auf die Entstehungsgeschichte zurückgegriffen werden dürfen (Art. 32 WÜRV). Weitgehend hat sich in der Rechtsprechung der internationalen Gerichte die Auffassung durchgesetzt, daß Verträge im Einklang mit der allg. Veränderung der Lebensverhältnisse dynamisch auszulegen sind. Eine besonders progressive Rolle hat seit 1962 der Gerichtshof der Europäischen Gemeinschaften gespielt, den man zu Recht als Motor der Integration bezeichnet. Aber auch der Europäische Menschenrechtsgerichtshof hat sich seit 1978 (insbesondere Fälle TYRER und MARCKX) offen zu einer evolutiven Auslegungsmethode bekannt. Aus der Rechtsprechung des IGH ragt das Gutachten über die Westsahara von 1975 heraus, das der Entwicklung vom Selbstbestimmungsgrundsatz zum Selbstbestimmungsrecht den amtl. Stempel aufgedrückt hat. Der ferner häufig angeführte Satz, daß eine Vermutung gegen die Übernahme von souveränitätsbeschränkenden Verpflichtungen spreche, hat keinen Eingang in die WÜRV gefunden. Weitgehend hat die Auslegung im übrigen bei Gründungsverträgen von IO.en die Existenz von implied powers anerkannt. Dies erklärt sich aus dem fragmentarischen Charakter fast aller jener Satzungen, die sich nur schwer, wenn überhaupt, revidieren lassen. Die Anpassung an veränderte äußere Umstände ist also meist auf die flexiblen

Wege der Praxis angewiesen. – Bei Verträgen, die in mehreren Sprachen authentisch abgefaßt sind, kommt es fast zwangsläufig immer wieder zu Divergenzen. Art. 33 WÜRV empfiehlt insoweit, diejenige Auslegung zu wählen, die unter Berücksichtigung von Ziel und Zweck die unterschiedl. Fassungen am besten miteinander in Einklang bringt. In der Praxis wird in diesen Fällen meist auf die Arbeitssprache der Vertragsverhandlungen zurückgegriffen. Auch wenn bekannt ist, daß bestimmte Texte lediglich Übersetzungen früher vorliegender anderssprachiger Versionen darstellen (Bsp.: gälischer Text der europäischen Gemeinschaftsverträge), werden diese ebenfalls trotz formaler Gleichberechtigung nicht gleichgewichtig berücksichtigt. Gelegentlich ist eine authentische Interpretation durch Organe einer IO vorgesehen (Internationaler Währungsfonds, Weltbank). Eine derartige Interpretation hat dieselbe Bindungswirkung wie der Vertrag selbst.

6. Vertragsbeendigung. Das WÜRV hat einen abschließenden Katalog von Anfechtungs- und Nichtigkeitsgründen aufgestellt. Aus diesem Grunde hat man Mängelkategorien wie Irrtum oder arglistige Täuschung aufgenommen, die in der Staatenpraxis kaum eine Rolle spielen. Auch Bestechung und Zwang gegenüber einer zum Vertragschluß ermächtigten Amtsperson sind Randfälle. Theoretisch große Bedeutung besitzt aber die Nichtigkeit von Verträgen, die durch Androhung oder Anwendung von Gewalt gegen einen Staat erzwungen worden sind (Art. 52 WÜRV). Diese Bestimmung entspricht der Logik des Gewaltverbots in Art. 2 IV VN-Charta. Fraglich erscheint aber, ob nicht damit künftig fast jeder Friedensvertrag von dem Besiegten später als nichtig gerügt werden kann. Nichtig sollen auch Verträge sein, die gegen ius cogens verstoßen (Art. 53 WÜRV). Hingegen kennt das WÜRV eine Mängelkategorie des „ungleichen“ Vertrages nicht. – Verträge können jederzeit von den Vertragspartnern im gegenseitigen Einvernehmen aufgehoben werden. Häufig ist eine Kündigungsklausel vorgesehen. Ist ein Vertrag ohne solche Bestimmung auf unbestimmte Zeit geschlossen, so kann gleichwohl ein Rückzug implizit zugelassen sein (VN-Charta) oder sich aus der Natur des jeweiligen Vertrages ergeben. Streitig ist, ob Verträge über die Gründung von IO.en deswegen kündbar sind, weil sie eine kontinuierl. und bereitwillige Zusammenarbeit aller Vertragsparteien voraussetzen. Im übrigen ist der wichtigste Kündigungs- oder Suspendierungsgrund die Vertragsverletzung durch die Gegenseite; sie muß von erhebl. Gewicht sein. Bei mehrseitigen Verträgen führt dieses Prinzip zu Schwierigkeiten. Hier wird nach Art. 60 II WÜRV zusätzlich verlangt, daß der in Reaktion auf die Vertragsverletzung kündigende Staat besonders betroffen ist. Anerkannt wird in Art. 62 WÜRV auch die clausula rebus sic stantibus, allerdings mit einschränkenden Formulierungen, die ihren Ausnahmecharakter hervortreten lassen und Mißbräuchen steuern sollen. Um die Berufung auf die Unwirksamkeit eines Vertrages in ihren verschiedenen Spielarten einzudämmen, sieht Art. 66 ein besonderes Verfahren vor. Im Regelfall kann nach dem Anhang zum Abkommen ein Vermittlungsverfahren eingeleitet werden. Soweit es um die Anwendbarkeit von Regeln des ius cogens geht, steht jeder Partei der Weg zum IGH offen. – Der *Krieg* beendet grundsätzlich die Geltung von Verträgen im Verhältnis zwischen den kriegführenden Parteien nicht. Gerade das humanitäre Kriegsrecht soll im Krieg seine Wirksamkeit entfalten. Es erlöschen aber Verträge, die eine freundschaftl. Verbundenheit zwischen den Vertragspartnern voraussetzen (Allianzen, Freundschaftsverträge). Im einzelnen kann zweifelhaft sein, inwieweit die Feindseligkeiten die gegenseitigen Rechtsbeziehungen beeinträchtigt haben. Aus diesem Grunde werden häufig nach Kriegsende förmliche Wiederanwendungserklärungen abgegeben. Auch zur Unabhängigkeit gelangte frühere Kolonialgebiete stellen vielfach die Bereitschaft zur Rechtsnachfolge durch ähnliche Erklärungen außer Zweifel.

Eine unschätzbare Erkenntnisquelle bilden die Erläuterungen der ILC zu ihrem Entwurf eines Law of Treaties, YILC 1966. II, 187–274. *Aus der Literatur:* A. D. McNair, The Law of Treaties 1961 – W. K. Geck, Die völkerrechtlichen Wirkungen verfassungswidriger Verträge 1963 – A. Maresca, Il diritto dei trattati 1971 – P. Reuter, Introduction au droit des traités 1972 – G. Haraszti, Some Fundamental Problems of the Law of Treaties 1973 – A. Verdross, Die Quellen des universellen Völkerrechts 1973 – T. O. Elias, The Modern Law of Treaties 1974 – C. L. Rozakis, The Concept of Jus Cogens in the Law of Treaties 1976 – U. Scheuner, Internationale Verträge als Elemente der Bildung von völkerrechtlichem Gewohnheitsrecht 1977, jetzt in: ders., Schriften zum Völkerrecht 1984, 247–275 – W. Karl, Vertrag und spätere Praxis im Völkerrecht 1983 – J. Stoll, Vereinbarungen zwischen Staat und ausländischem Investor 1982 – I. Sinclair, The Vienna Convention on the Law of Treaties 1984[2] – R. Bernhardt, Treaties, in: [VII]Encyclopedia of Public International Law 1984, 459–464 (Lit.) – P. V. McDade, The Interim Obligation between Signature and Ratification of a Treaty, Netherlands International Law Review 32 (1985), 5–47.

Christian Tomuschat

Vertragsstaatskirchenrecht. Der im staatskirchenrechtl. Schrifttum bisher wenig gebrauchte Begriff des V. knüpft an die Tatsache an, daß Verträge zwischen Staat und Kirche zu den Rechtsquellen des →Staatskirchenrechts (→Kirche und Staat) gehören. Das V. bezieht sich sowohl auf den Abschluß von Verträgen zwischen Staat und Kirche selbst wie auch auf die Einzelregelungen, die in solchen Verträgen getroffen werden. Obwohl der Vertrag zwischen Staat und Kirche eine aus der Vergangenheit geläufige Erscheinung ist und auch in der Gegenwart praktiziert wird, werden seine Angemessenheit, seine rechtssystematische Qualifikation und seine Zweckmäßigkeit unterschiedlich beurteilt.

Für vertragl. Vereinbarungen zwischen Staat und kath. Kirche ist der Begriff *Konkordat* üblich; Verträge zwischen Staat und ev. Kirche werden schlicht *Kirchenverträge* genannt.

I. Geschichtliche Entwicklung des V. und heutiger Bestand. Voraussetzung für vertragl. Kontakte zwischen Staat und Kirche ist, daß beide als handlungsfähige Größen einander gegenübertreten. Dies war spätestens seit dem Hochmittelalter der Fall (→Deutsches Reich). Damals kam es im Rahmen des sog. Investiturstreits zu einer Konfrontation der Repräsentanten der staatl. und der kirchl. Gewalt als zweier Mächte, die einerseits vergleichbar waren, andererseits gegensätzl. Interessen vertraten. Das der Beilegung des Konflikts dienende *Wormser Konkordat* (1122) zwischen König HEINRICH V. und Papst CALIXT II. gilt als erstes Beispiel einer vertragl. Übereinkunft zwischen weltl. und kirchl. Gewalt. Die getroffenen Vereinbarungen sollten dem beiderseitigen Interesse an der Besetzung der Bischofssitze Rechnung tragen und sahen ein unterschiedl. Vorgehen in den dt. und ital. Teilen des Reiches vor, wodurch sowohl der personelle Einfluß des Königs auf die Reichskirche wie der des →Papstes auf die Kirche in Italien einigermaßen sichergestellt wurde. Die Übereinkunft erfolgte in der Weise, daß beide Seiten in gesonderten Urkunden das vereinbarte Verhalten in der umstrittenen Angelegenheit versprachen. Der Grund, weshalb das Konkordat seit dem 15. Jh. zu einem bevorzugten Mittel für die Ausgestaltung der Beziehungen zwischen Staat und Kirche wurde, ist in dem eigenartigen Zuordnungsverhältnis von geistl. und weltl. Bereich zu sehen, das sich in der abendländischen Rechts- und Verfassungsentwicklung ergeben hatte. Die im MA. begründete Einbeziehung der kirchl. Angelegenheiten in die allg. öffentl. Ordnung blieb erhalten, aber die weltl. Machthaber negierten seit dem späten MA. zusehends ein direktes Einwirkungsrecht des Papstes auf die öffentl. Ordnung in ihren Ländern, auch soweit die Ordnung kirchl. Rechtsverhältnisse betroffen war. Deshalb versuchte der Papst durch vertragl. Vereinbarungen zu erreichen, daß die territorialen Machthaber bei ihrer Rechtsgestaltung und in ihrer politischen Praxis die Erfordernisse des kirchl. Rechts respektierten. Im Vordergrund standen Fragen der Besetzung kirchl. Stellen und der kirchl. Besteuerung. Die Abweichungen vom kirchl. Recht, auf denen die weltl. Herrscher bestanden, wurden vom Papst durch die Gewährung von Privilegien sanktioniert, so daß sie sich formal in das Konzept eines universalen, vom Papst in Geltung gehaltenen Kirchenrechts einfügten. Die Konkordate der frühen Neuzeit beruhen noch auf der Vorstellung, daß zwischen den christl. Staaten und dem Papst als dem Oberhaupt der Kirche eine Rechtsgemeinschaft besteht, in der die gemeinsame Religion und gemeinsames Recht eine Basis für vertragl. Vereinbarungen zur Konkretisierung des Rechts abgeben (→corpus christianum). Die dem staatl. Souveränitätsanspruch (→Souveränität) entsprechende Auffassung, daß der Inhaber der staatl. Gewalt jede Rechtsgestaltung einseitig verfügen könne, läßt vertragl. Kontakte zwischen dem Papst und den Staaten zur Regelung der kirchl. Verhältnisse eines Landes natürlich problematisch erscheinen. Zwar kam es, obwohl sich jene Vorstellung von Souveränität allg. durchsetzte, weiterhin zum Abschluß von Konkordaten, die aber von staatl. Seite eine andere Beurteilung erfuhren und eine andere Akzentuierung erhielten. Die veränderte Ausgangslage wurde das erste Mal im Zusammenhang mit dem Abschluß des Konkordats zwischen dem Papst und dem napoleonischen →Frankreich (1801) bewußt. NAPOLEON hielt es für richtig, das Konkordat durch „organische Artikel“ als Staatsgesetz zu verkünden, und hielt sich für berechtigt, dabei den Inhalt des Konkordats in einigen Punkten abzuändern. Konkordate haben seither nicht mehr unbedingt die Bedeutung, daß das nationale Recht mit dem kirchl. Recht in Ausgleich gebracht wird. Sie dienen in viel allgemeinerer Weise dem Ziel, der Kirche eines Landes rechtl. Garantien für eine den kirchl. Bedürfnissen entsprechende Betätigungsmöglichkeit zu sichern. Der Abschluß eines Konkordats ist nicht mehr in jedem Fall Ausdruck einer harmonischen Beurteilung der fundamentalen Bedingungen von Recht und Ordnung, sondern erweist sich auch als politisches Arrangement unter Ausklammerung von Wertfragen.

Die Zurückhaltung gegenüber dem Gedanken, über Rechtsverhältnisse der Kirche im Staatsgebiet mit einer außerstaatl. Macht zu verhandeln, wird in den Beziehungen zwischen dem Hl. Stuhl und den europ. Staaten im 19. Jh. deutl. erkennbar. Von den Staaten des Dt. Bundes schloß anfängl. nur Bayern ein förml. Konkordat (1817) ab, das erst im Zusammenhang mit einem staatl. Gesetz, dem Religionsedikt von 1818, innerstaatl. Wirksamkeit erlangte. Ein mit Österreich abgeschlossenes Konkordat (1855) wurde von staatl. Seite nach kurzer Geltungszeit wieder aufgehoben (1870). Mit →Preußen und anderen Staaten wurde – ohne daß ein Konkordat geschlossen wurde – die Diözesaneinteilung durch Übereinkunft geregelt.

Nachdem die →Weimarer Reichsverfassung (1919) die Verflechtung der ev. Kirche mit den dt. Gliedstaaten endgültig beseitigt hatte, wurden auch Verträge zwischen den Staaten und den ev. Kirchen möglich. Die in der Zeit der Weimarer Republik von den Ländern Bayern (1924), Preußen (1931) und Baden (1932) abgeschlossenen *Kirchenverträge* stehen in sachl. und zeitl. Zusammenhang mit den Konkordaten, die zwischen dem Hl. Stuhl und jenen Ländern zustande kamen. Sie sind vorwiegend aus dem von staatl. Seite ausgehenden Bestreben zu erklären, die →Parität zwischen den Konfessionen auch hinsichtl. der Form zu wahren, in der die Beziehung zwischen Staat und Kirche ausgestaltet wurde. Die nach dem Zweiten Weltkrieg abgeschlossenen Kirchenverträge sind nicht am tatsächl. oder geplanten Abschluß von Konkordaten ausgerichtet. Die Entwicklung zu einer konkordatsunabhängigen Kirchenvertragspraxis nahm ihren Anfang durch den sog. Loccumer Vertrag (1955), dem Vertrag des Landes Niedersachsen mit den dortigen ev. Kirchen. Die Präambel dieses Vertrags nennt als Basis und Motiv für die vertragl. Regelung der gegenseitigen Beziehungen das „Bewußtsein der gemeinsamen Verantwortung für den ev. Teil der Bevölkerung", gibt dem Wunsch Ausdruck, „das freundschaftl. Verhältnis zwischen Land und Landeskirchen zu festigen und zu fördern", und bekundet die „Übereinstimmung über den Öffentlichkeitsauftrag der Kirchen und ihre Eigenständigkeit" (→Öffentlichkeitsanspruch). Zu Verträgen mit den ev. Kirchen kam es in der Folgezeit in den Ländern Schleswig-Holstein (1957), Hessen (1960) und Rheinland-Pfalz (1962). Diese Verträge haben einen ähnl. Inhalt wie der Loccumer Vertrag und gebrauchen in der Präambel fast dieselben Formulierungen zur Kennzeichnung der Ausgangslage, freilich ohne das Bekenntnis zu einer gemeinsamen Verantwortung für den ev. Teil der Bevölkerung. Eine Besonderheit gilt für die Beziehungen zwischen Staat und ev. Kirche im Bundesland Berlin. Anstelle eines Vertrages wurde dort eine in Form von Protokollen fixierte Übereinkunft über das die gegenseitigen Belange betreffende Verhalten getroffen (1970).

Ein Kirchenvertrag des Landes Nordrhein-Westfalen aus jüngster Zeit (1984) dient – wie das gleichzeitig abgeschlossene Konkordat – der Ergänzung des in diesem Land fortgeltenden preuß. Kirchenvertrags und zur Herstellung einheitl. Vertragsregelungen im gesamten Landesgebiet. Die vertragl. Beziehungen zwischen den Bundesländern und den Kirchen wurden seit Abschluß der genannten Kirchenverträge und Konkordate durch Änderungs. und Ergänzungsverträge weiterentwickelt, in erster Linie, um die Vertragsinhalte den Entwicklungen im Hochschulrecht und Schulrecht anzupassen.

Die Bundesrepublik wurde zur Vertragspartnerin der →EKD durch den Abschluß des Militärseelsorgevertrages (1957); denn die Kompetenz für die Vorkehrungen zur seelsorgerl. Betreuung der Angehörigen der Streitkräfte obliegt anders als für das übrige Staatskirchenrecht dem Bund. Die →Militärseelsorge durch Geistliche der kath. Kirche ist Gegenstand des Reichskonkordats; die neueren Regelungen aufgrund des Militärseelsorgevertrags finden auch für die kath. Militärseelsorge Anwendung.

Ein Konkordat zwischen dem Dt. Reich und dem Hl. Stuhl wurde am 20. Juli 1933 abgeschlossen, nachdem verschiedene in der Zeit der Weimarer Republik geführte Verhandlungen zu keinem Ergebnis geführt hatten. In der Zeit nach 1945 wurde der Abschluß jenes *Reichskonkordats* (RK) teilweise kritisiert, weil er geeignet war, das Ansehen der nationalsozialistischen Regierung im In- und Ausland zu heben (→Nationalsozialismus). Doch es mußte der kath. Kirche gerade wegen der ungewissen politischen Weiterentwicklung in Dtschld. daran gelegen sein, für die kirchl. Belange eine rechtl. Sicherheit neben den verfassungsrechtl. Garantien zu erhalten. Das RK entsprach den wesentl. Wünschen der kath. Kirche hinsichtl. ihrer Belange im Bildungswesen. Eine spezif. Konzession an die Wünsche der nationalsozialistischen Regierung war nur die Zusicherung, für die politische Enthaltsamkeit der Geistlichen Sorge zu tragen. Nach dem Zweiten Weltkrieg konnte eine Weiterentwicklung der konkordatären Beziehungen wegen der Zuständigkeit der Länder für die Angelegenheit des Staatskirchenrechts im wesentl. nur durch Konkordate zwischen dem Hl. Stuhl und den Bundesländern erfolgen. Es wurde ein Konkordat mit dem Land Niedersachsen (1965) und ein Teile des Preuß. Kirchenvertrags von 1931 auf den aktuellen Stand bringendes Konkordat mit dem Land Nordrhein-Westfalen (1984) abgeschlossen. Daneben kam es zu verschiedenen Verträgen ohne den Charakter eines Konkordates. So gab die Neuerrichtung des Bistums Essen v. a. wegen der Frage der Zuschüsse zu den Personalkosten Anlaß zum Abschluß eines bes. Kirchenvertrages zwischen dem Hl. Stuhl und dem Land Nordrhein-Westfalen (1956). Das Land Hessen stellte vertragl. Beziehungen zur kath. Kirche durch einen mit den dortigen kath. Bistümern abgeschlossenen Vertrag her (1963). Mit dem Freistaat Bayern wurden mehrere Verträge zur Abänderung und Ergänzung des Konkordats von 1924 abgeschlossen.

Die seit der Zeit der Weimarer Republik zustandegekommenen Konkordate und Kirchenverträge im Bereich der Bundesrepublik stehen sämtl. bis heute in Geltung, soweit nicht Einzelbestimmungen durch Änderungsverträge aufgehoben worden sind. Die Fortgeltung ist für die Verträge mit den Ländern teilweise ausdrückl. durch die nach 1945 erlassenen →Landesverfassungen bestätigt worden (Art. 182 BayVerf.; Art. 8 Verf. Ba-Wü; Art. 23 Verf. NW). Zweifelhaft war, ob das RK nach Entstehen der Bundesrepublik noch in Geltung steht trotz des auf diese Frage bezogenen Art. 123 Abs. 2 GG. Das BVerfG (BVerfGE 6, 309) hat das gültige Zustandekommen des RK bejaht und infolge der angenommenen Identität der Bundesrepublik mit dem Dt. Reich auch die fortdauernde Bindung der Bundesrepublik aufgrund des Vertragsschlusses. Doch hat das Gericht gleichzeitig die Bindung der Länder an die in staatl. Recht transformierten Bestimmungen des RK verneint, soweit diese Bestimmungen Materien betreffen, die nach der Kompetenzverteilung des Grundgesetzes in die Zuständigkeit der Landesgesetzgebung fallen. Infolgedessen sind die Bundesländer nicht daran gehindert, →Schulrecht und Hochschulrecht ohne Rücksicht auf den Inhalt des Reichskonkordates zu gestalten.

Auf die staatskirchenrechtl. Lage in der Bundesrepublik wirkt folglich V. in unterschiedl. Weise ein. Im überwiegenden Teil der Bundesrepublik gilt landesrechtl. V. Dieses beruht auf Verträgen, die Bundesländer nach 1945 mit den Kirchen abgeschlossen haben. Daneben gilt das in der Zeit der Weimarer Republik entstandene V. in Bayern weiter, mit Ausnahme der von Änderungsverträgen betroffenen Bestimmungen. Es gilt auch – soweit nicht spätere vertragl. Veränderungen eingetreten sind – in der vor 1945 zu Bayern gehörenden Pfalz weiter und in den Gebieten, die früher zu den Reichsländern Preußen und Baden gehört hatten. Für die gesamte Bundesrepublik sind die Regelungen des Militärseelsorgevertrages verbindl. Ferner haben die Bestimmungen des RK generell überall Geltung, jedoch in Gebieten, für die V. der Länder besteht, nur subsidiär (vgl. Art. 12 RK). Im übrigen haben sie keine Verbindlichkeit als Landesrecht, wenn der Landesgesetzgeber im Rahmen seiner Gesetzgebungskompetenz eine Angelegenheit abweichend geregelt hat.

Seit Beginn des 19. Jhs. haben die Bemühungen der päpstl. Diplomatie, die Stellung der kath. Kirche in den einzelnen Nationalstaaten zu sichern, dazu geführt, daß heute mit zahlreichen Staaten in *Europa* und *Südamerika* Konkordate bestehen, in denen die kath. Bevölkerung überwiegt. Ein bes. Gewicht kommt den konkordatären Beziehungen zwischen dem Hl. Stuhl und Italien zu. Die Lateranverträge von 1929 sicherten der kath. Kirche eine von nationalstaatl. Einflußnahme freie Wirkungsmöglichkeit im universalen Bereich. Das Konkordat von 1984 zur Revision der Lateranverträge hat besonders augenfällig gemacht, daß sich die Postulate der kath. Kirche im Hinblick auf die staatl. Rechtsordnung ermäßigt haben, seitdem durch das II. Vatikanische Konzil die →Religionsfreiheit als Prinzip der staatl. Rechtsordnung von kirchl. Seite aus Anerkennung gefunden hat. Konkordate mit Ländern ohne mehrheitlich kath. Bevölkerung, zB Tunesien (1964), sind bisher die Ausnahme geblieben. Abgesehen von einer Übereinkunft mit Jugoslawien (1966) sind Verträge zwischen dem Hl. Stuhl und Ostblockstaaten bisher nicht abgeschlossen worden, werden aber als Möglichkeit in Betracht gezogen.

II. Inhalt. Grundsätzlich können alle für die Beziehungen zwischen Staat und Kirche belangvollen Angelegenheiten zum Gegenstand des V. gemacht werden. Der Inhalt der Konkordate und Kirchenverträge orientiert sich nach den aktuellen Bedürfnissen der Vertragspartner. Einzelne Angelegenheiten haben sich als typische und bevorzugte Materien des V. erwiesen.

In der Frühgesch. der Konkordate stand die Einwirkung der weltl. Machthaber auf die *Besetzung kirchlicher Ämter* im Vordergrund. Denn angesichts des Einflusses, den namentl. die Inhaber des Bischofsamtes im Rahmen einer durch die Religion mitgeprägten öffentl. Ordnung ausübten, mußte den Repräsentanten der weltl. Macht an der nationalen Loyalität der Inhaber kirchl. Ämter gelegen sein. Im säkularisierten Staat hat das diesbezügl. staatl. Interesse nicht mehr denselben Rang. Gleichwohl haben sich auch die modernen Staaten teilweise eine gewisse Einflußnahme auf die Besetzung kirchl. Ämter zu erhalten gesucht. Das RK und einzelne der dt. Länderkonkordate haben in Form der sog. Politischen Klausel ein Recht der Staatsregierungen verankert, Bedenken allg. politischer Art gegen eine zur Ernennung vorgesehene Person geltend zu machen. Die nationalsozialistische Regierung hat in zwei Fällen von dieser Möglichkeit Gebrauch gemacht. Die gleichfalls vertragl. vereinbarte Verpflichtung der neu ernannten Bischöfe, der Staatsregierung einen Treueid zu leisten, stellt angesichts der verfassungsrechtl. verbürgten Unabhängigkeit der Kirche einen Anachronismus dar und kann zu Mißverständnissen Anlaß geben. Die aus Paritätsgründen auch in die ev. Kirchenverträge aus der Zeit nach 1949 übernommene Politische Klausel hat keine praktische Bedeutung. Einem heute nicht mehr in bes. Maße akuten staatl. Interesse dient auch die vielfach vertragl. eingegangene Verpflichtung der Kirchen, in der Regel nur Personen mit akadem. Ausbildung geistl. Ämter zu übertragen.

Eine große Rolle spielte in der Vergangenheit in Konkordaten mit außerdt. Ländern die Frage, inwieweit das kirchl. →*Eherecht* durch das staatl. Recht übernommen oder respektiert wird. In den Konkordaten mit den dt. Ländern wird diese Frage mangels einer entsprechenden Landeskompetenz nicht berührt. Das RK regelt in diesem Bereich nur eine relativ bedeutungslose Verfahrensfrage (Zulässigkeit einer kirchl. Nottrauung vor der standesamtl. Eheschließung).

Dagegen wird ein vitales Bedürfnis der Kirchen aus den vertragl. Bestimmungen erkennbar, die der Gewährleistung einer ungehinderten *Wirksamkeit der Kirchen in der Öffentlichkeit* (→Öffentlichkeitsanspruch der Kirche) dienen. Es finden sich Garantien, die die Seelsorge in Sonderbereichen wie Krankenhäusern und Strafanstalten betreffen oder die kirchl. Sammlungen von Genehmigungspflichten freistellen (→Sammlungswesen). Teilweise wird ausdrückl. der Zugang zum Rundfunk zugesichert (zB Art. 10 Nieders. Konk.). Den wesentl. Belangen der Kirchen auf jenem Sektor trägt freilich bereits das Grundrecht der →Glaubens-, Bekenntnis- und Gewissensfreiheit Rechnung, insbes. aufgrund seiner heute gesicherten extensiven Auslegung. Vertragl. Bestimmungen zur Sicherung des freien Wirkens der Kirche haben darum z. T. nur deklaratorische oder affirmative Bedeutung. Typischer Gegenstand des V. in Dtschld. sind die Beziehungen von Staat und

Kirche auf vermögensrechtl. und finanziellem Gebiet. Insbes. werden Einzelheiten der herkömml. →Staatsleistungen geregelt, deren Bestand verfassungsrechtl. gesichert ist. In diesen Zusammenhang gehören die Regelungen, die die Ausgestaltung oder Ablösung staatl. →Baulasten an kirchl. Gebäuden betreffen.

Auch die Ausübung der *kirchlichen Organisationsgewalt* wird vielfach zum Gegenstand vertragl. Vereinbarung zwischen Staat und Kirche gemacht (zB Art. 11 RK). Von staatl. Seite besteht v. a. ein gewisses Interesse an der Zirkumskription der Diözesen. Im Hinblick auf die früher für unverzichtbar gehaltene staatl. Mitwirkung bei der Errichtung neuer Kirchengemeinden, die auch Rechtspersönlichkeiten des staatl. Rechtes sind (→Gemeinde in der Kirche), hat sich die staatl. Seite in den neueren Kirchenverträgen mit einem Minimum begnügt (bloße Anzeigepflicht, wobei teilweise nur nachträgl. Anzeige genügt).

Stärkere Berücksichtigung finden im V. die kirchl. Interessen im *Schul- und Hochschulwesen* (→Hochschule; →Schule und Kirche), seitdem der Staat diese Bereiche seiner Hoheit unterstellt hat und staatl. Einrichtungen eine monopolartige oder jedenfalls dominierende Stellung gewonnen haben. Die vertragl. Regelungen der dt. Konkordate und Kirchenverträge befassen sich relativ ausführl. mit den Belangen hinsichtl. →Religionsunterricht und konfessioneller Ausrichtung des Volksschulwesens und der Lehrerbildung. Die allmähliche Abkehr von der früher geläufigen Form der Konfessionsschule (→Gemeinschaftsschule) machte verschiedene Änderungsverträge erforderlich. Die vertragl. Bestimmungen hinsichtl. des ohnehin verfassungsrechtl. garantierten Religionsunterrichts (Art. 7 Abs. 3 GG) dienen v. a. dazu, die Bindung des Religionsunterrichts an die Grundsätze der jeweiligen Kirche sicherzustellen, weshalb die kirchl. Berechtigung zur Feststellung der kirchl. Qualifikation und der persönl. Unbedenklichkeit in Form der Missio canonica und des Nihil obstat ein wesentl. Punkt in den Konkordaten ist. Die hochschulrechtl. Vertragsbestimmungen garantieren, wie die meisten dt. Landesverfassungen, den Fortbestand der theol. Fakultäten und regeln das Mitwirkungsrecht bei der Besetzung der theol. Lehrstühle, wobei die kirchl. Rechte hinsichtl. der kath. theol. Fakultäten eindeutiger und weitergehend sind. Auch ein Beanstandungsrecht gegenüber Hochschullehrern im Bereich der kath. Theol. und Religionspädagogik ist vorgesehen mit der Verpflichtung des Staates, gegebenenfalls durch Neuberufung für Ersatz zu sorgen (→Wissenschaftsfreiheit III). Verschiedene Konkordate und Kirchenverträge der Länder gewährleisten ausdrückl. das Recht der Kirchen, →Privatschulen zu unterhalten.

III. Rechtliche Qualifikation. Das Verhältnis des V. zum staatl. Recht war in der Vergangenheit Thema recht kontroverser Auffassungen und findet auch in der Gegenwart keine einheitliche Bewertung. Doch hat die Entscheidung in dieser Frage keine allzu große Bedeutung. Es steht außer Zweifel, daß das V. seinem Inhalt nach Bestandteil der staatl. Rechtsordnung ist, weil die Konkordate und Kirchenverträge durch entsprechende Gesetze in staatl. Recht transformiert worden sind. Zweifelhaft ist darum nur, wie die rechtl. Bindung der Vertragspartner an den Vertrag selbst begründet werden kann und welche Folgen eine Nichtbeachtung der Vertragspflichten durch eine oder andere Seite nach sich zieht.

Die Verpflichtung der Vertragspartner, die Verträge einzuhalten, kann nicht aus dem staatl. Recht abgeleitet werden. Konkordate und Kirchenverträge sind darum nicht einfach sonstigen öffentlich-rechtl. Verträgen gleichzustellen, die der Staat mit Rechtsträgern im Rahmen der staatl. Rechtsordnung abschließt. Denn die Verträge mit den Kirchen zielen darauf ab, den Staat in allen seinen Funktionen zu binden, auch hinsichtl. der Ausübung der gesetzgebenden Gewalt.

Beim Versuch, die Rechtssetzung im Wege des Konkordats rechtl. einzuordnen, haben die Verfechter des kirchl. Universalismus die Privilegientheorie, die Verfechter eines etatistischen Rechtsbegriffs die Legaltheorie entwickelt. Die Privilegientheorie geht davon aus, daß dem Papst ursprüngl. die alleinige Kompetenz zur Regelung kirchl. Rechtsverhältnisse zukomme, so daß territoriales Sonderrecht, das aufgrund der konkordatären Vereinbarung entstehen soll, nur im Wege einer Privilegiengewährung zustandekommen könne. Für die Legaltheorie, die vom Standpunkt der staatl. Souveränität und Allzuständigkeit ausgeht, kommt eine Rechtsgestaltung innerhalb eines Territoriums nur im Wege staatl. Gesetzgebung in Betracht, so daß die im Rahmen eines Konkordats getroffenen Vereinbarungen nur eine Modalität im Verfahren der staatl. →Gesetzgebung sein können, welche allein für die Begründung und Änderung kirchl. Rechtsverhältnisse konstitutiv ist. Heute ist i. a. anerkannt, daß die Konkordate ihre Verbindlichkeit nicht durch die Rechtsmacht des einen oder des anderen Partners erhalten, sondern daß der Vertragsschluß selbst die Rechtsverbindlichkeit entstehen läßt. Die damit aufgeworfene Frage, aus welcher Rechtsordnung die Bindung der Partner eines Vertrags zwischen Staat und Kirche abzuleiten ist, findet eine relativ einfache Antwort hinsichtl. der Konkordate. Sie werden überwiegend als völkerrechtl. Verträge (→Völkerrecht) bewertet, weil der Hl. Stuhl als Völkerrechtssubjekt anerkannt und insoweit gleichrangiger Partner der souveränen Staaten ist. Vereinzelt wird aber die Qualifikation der Konkordate als völkerrechtsähnl. Verträge für angemessener gehalten. Eine gewisse Skepsis gegen die Zuordnung der Konkordate zu den völkerrechtl. Verträgen erscheint vor allem unter Hinweis darauf berechtigt, daß in den Konkordaten, ungeachtet der Qualität des Hl.

Stuhls als Völkerrechtssubjekt, nicht solche Angelegenheiten traktiert werden, um derentwillen sich eine Völkerrechtsordnung entwickelt hat. Vielmehr geht es um die spezif. Situation im Verhältnis von Staat und Kirche. Infolgedessen erscheint es näherliegend, die Bindung von Staat und Kirche an die Verträge aus einer bes. Rechtsbeziehung abzuleiten, die durch die hist. Zuordnung beider geschichtl. Größen begründet worden ist und sich gewissermaßen als Residuum der früheren gemeinschaftl. Einordnung in eine Rechtsgemeinschaft erweist, die in der Anerkennung des ius utrumque ihren Ausdruck fand. Nicht unmittelbar die Völkerrechtsordnung, aber eine analog zur Völkerrechtsgemeinschaft entstandene Gemeinschaft zwischen den Einzelstaaten und den hist. Kirchen des Landes würde bei einer solchen Sicht die Basis für die rechtl. Bindung an die Verträge abgeben. Auf diese Weise wäre es möglich, Konkordate und ev. Kirchenverträge hinsichtl. ihrer rechtl. Qualifikation einheitlich zu bewerten, was nicht ausschließt, daß den Konkordaten zusätzl. die Qualität von völkerrechtl. wirksamen Verträgen zuerkannt wird. Die ev. Kirchenverträge können nicht allein deshalb, weil sie zwischen Staaten und Körperschaften abgeschlossen werden, die in ihrem Wirken auf das staatl. Territorium beschränkt sind, als Verträge bewertet werden, deren Bindungswirkung sich aus dem staatl. Recht ergibt. Denn es ist auch beim Abschluß der ev. Kirchenverträge erkennbare Absicht der Vertragspartner, jene auch hinsichtl. ihrer Form und Rechtsqualität den Konkordaten gleichzustellen. Anders wären die Vereinbarung der Ratifikation und die Vereinbarung einer freundschaftl. Auseinandersetzung bei etwaigen Meinungsverschiedenheiten (sog. compositio amicabilis), Vereinbarungen, die der völkerrechtl. Praxis entnommen sind, nicht zu erklären. Auch die ausdrückl. Anerkennung der Eigenständigkeit der Kirchen in den Präambeln der neueren Kirchenverträge macht erkennbar, daß von einer rechtl. Gleichordnung im Hinblick auf den Vertragsschluß ausgegangen wird.

Eine Vertragsbindung, die sich nicht aus der staatl. Rechtsordnung selbst ergibt, hat freilich den Nachteil, daß sie bei mangelnder Vertragstreue der einen oder anderen Seite nicht mit Zwangsmitteln durchgesetzt werden könnte. Doch ist ein Mittel der förml. Sanktion entbehrlich, weil in einem Staat, in dem eine freie öffentl. Meinung gewährleistet ist und die Staatsorgane öffentl. Kritik ausgesetzt sind, bei einem bewußten Bruch einer Vertragspflicht die Verantwortlichen politisch diskreditiert würden. Die Einhaltung der Vertragspflichten ist einer gerichtl. Kontrolle nicht zugänglich. Doch können selbstverständl. die subjektiven Berechtigungen, die durch das transformierende Gesetz mit Wirkung für die staatl. Rechtsordnung entstehen, gerichtl. verfolgt werden. Ein staatl. Gesetz, das den Inhalt des transformierenden Gesetzes ohne Rücksprache mit dem Vertragspartner und somit in vertragswidriger Weise abändern würde, wäre in seiner Geltung für das staatl. Recht nicht beeinträchtigt. Allg. anerkannt ist, daß ein Wegfall der vertragl. Bindung unter dem Gesichtspunkt der clausula rebus sic stantibus in Betracht kommen kann.

IV. Würdigung. Die Möglichkeit, die Rechtsbeziehungen zwischen Staat und Kirche (→Kirche und Staat) durch Verträge auszugestalten, von der auch in der Gegenwart Gebrauch gemacht wird, wird teilweise als die konsequente Folgerung aus der Emanzipation der Kirche von staatl. Bevormundung begrüßt, teilweise aber auch skeptisch beurteilt. Die Alternative zur vertragl. Regelung der Beziehungen, die einseitige Festlegung der kirchl. Position in der öffentl. Ordnung der staatl. Gesetzgebung, ist in der Gegenwart ebenfalls gebräuchlich, nicht nur in autoritären Staaten. Auch wenn das →Staatskirchenrecht allein durch das Mittel des staatl. Rechts gestaltet wird, können mit der Kirche Kontakte zur Ermittlung ihrer Belange stattfinden und es können diese Belange Berücksichtigung finden, wie es zB in Österreich bei Erlaß des sog. Protestantengesetzes (1961) geschehen ist. Gegen den Vertrag als Mittel zur Gestaltung der Beziehungen zwischen Staat und Kirche werden vorwiegend aus prinzipiellen Erwägungen heraus Bedenken erhoben. Zum Selbstverständnis des territorialen Staates der Neuzeit gehört der Anspruch, die Rechtslage innerhalb des Staatsgebiets autonom gestalten zu können. Ein Paktieren über Fragen der Rechtsgestaltung und das Eingehen einer dementsprechenden Bindung wird unter diesem Aspekt als systemfremd empfunden, weil es zwar hinzunehmen ist, daß der Gesetzgeber durch essentielle Faktoren beschränkt ist, nicht aber durch den Willen einer Instanz außerhalb des Trägers der gesetzgebenden Gewalt. Diese einem konsequent etatistischen Rechtsverständnis entspringenden Bedenken sind teilweise durch politische Motivationen verstärkt worden, namentl. im Hinblick auf den Abschluß von Konkordaten. Man hat unter dem Vorwalten einer betont nationalen und imperialistischen Sicht der Beziehungen zwischen Staat und Kirche im Papst nicht so sehr eine an religiösen Belangen orientierte Instanz gesehen, sondern eine „landfremde Macht“ mit spezif. politischen Ambitionen, der keine Gelegenheit zur Einmischung in die inneren Angelegenheiten zu geben sei.

Die Einwendungen, die unter Hinweis auf die Alleinzuständigkeit des Staates gegen die Praxis der Konkordate und Kirchenverträge erhoben werden, stehen im Zusammenhang mit einer verbreiteten Skepsis gegen die Vorstellung, daß Staat und Kirche in einem Verhältnis der Koordination stehen. Verschiedene staatskirchenrechtl. Äußerungen aus der Zeit nach dem Zweiten Weltkrieg, die von einer Neuorientierung im Verhältnis von Staat und Kirche ausgehen, werden als Ausdruck einer verfehlten Koordinationstheorie beargwöhnt, nach welcher Staat und Kirche als Faktoren, die für die öffentl. Ordnung verantwortl. seien, insofern vergleichbar und wesensmäßig aufeinander angewiesen sind. Eine derartige Gleichrangigkeit im Hinblick auf die öffentliche Ordnung des Gemeinwesens widerspräche freilich sowohl dem vom Verfassungsrecht vorausgesetzten Staatsverständnis (→Staat) wie auch dem Selbstverständnis der Kirchen (→Kirche) hinsichtl. ihrer Aufgaben. Beim Abschluß von Konkordaten und Kirchenverträgen verzichtet der Staat jedoch nur in ganz begrenzter Hinsicht und nur unter einem bestimmten Aspekt auf seine rechtl. Vorordnung. Er tritt den Kirchen nur deshalb so gegenüber, als ob sie gleichrangige Mächte wären, weil ihm gerade daran gelegen ist, daß die Kirchen in ihrer Eigenschaft als im geistl. Bereich anerkannte Autoritäten die Zustimmung geben. Entscheidend für die befriedende Wirkung des Vertragsschlusses ist, daß die Kirchen die getroffene Regelung im Blick auf ihr Selbstverständnis und ihre spezif. geistl. Aufgaben billigen. Das aber gerade kann der Staat mit seinen hoheitl. Mitteln nicht erzwingen. Darum ist insoweit eine Koordination unvermeidlich.

Kirchenverträge werden i. a. nur mit den Kirchen abgeschlossen, die sich für den jeweiligen Staat aufgrund einer gemeinsamen Gesch. als Repräsentanten der christl. Bevölkerung des Staatsgebietes erwiesen haben. Vertragsabschlüsse mit anderen, in der neueren Gesch. hinzugekommenen Minderheitskirchen werden in der Regel nicht in Betracht gezogen (→Religionsgesellschaften). Hierin liegt kein Verstoß gegen das Gebot einer paritätischen Behandlung der Religionsgemeinschaften, weil gerade der Umstand, daß eine Kirche von der Bevölkerung des Landes von alters her als Autorität im geistl. Bereich anerkannt ist, für den Staat einen berechtigten Anlaß gibt, eine einvernehml. Regelung über die gegenseitigen Beziehungen anzustreben. Natürlich könnte eine einzelne Vertragsbestimmung, wenn sie der vertragsschließenden Kirche ein sachl. unbegründetes Sonderrecht verschaffen würde, die Verpflichtung zur →Parität verletzen.

Es besteht keine sachl. notwendige Beziehung zwischen dem staatl. Verfassungsrecht im Hinblick auf die Rechtsstellung der Kirchen und dem V. Die durch das Grundrecht der →Glaubensfreiheit (Art. 4 GG) und durch das Selbstbestimmungsrecht der Kirchen (Art. 137 Abs. 3 WV i. V. m. Art. 140 GG) gekennzeichnete verfassungsrechtl. Position der Kirchen wirkt nicht als Verfassungsauftrag zur Herstellung vertragl. Beziehungen zwischen Staat und Kirche. Der Inhalt der Konkordate und Kirchenverträge ist nicht notwendigerweise und ausschließl. Konkretisierung verfassungsrechtl. Rechte. Doch handeln die Staaten mit einer gewissen Konsequenz, wenn sie in Anbetracht jener zugunsten der Kirchen wirkenden Sätze des Verfassungsrechts danach streben, ein Einvernehmen mit den Kirchen für die Rechtsetzung im Bereich des Staatskirchenrechts herzustellen. Welche Verhaltensweisen im einzelnen durch das kirchl. Selbstbestimmungsrecht und die Glaubensfreiheit gewährleistet sind, muß ohnehin im Blick auf das Selbstverständnis der Kirchen ermittelt werden (vgl. BVerfGE 24, 236). Die beste Gewähr für eine verfassungskonforme Konkretisierung jener Positionen der Kirchen läßt sich erreichen, wenn eine Ausgestaltung gewählt wird, die die Zustimmung der Kirchen findet.

Bedenken gegen vertragl. Bindungen zwischen Staat und Kirchen sind u. U. auch vom kirchl. Standpunkt her geltend zu machen. Eine den Kirchen durch Vertragsschluß auferlegte Loyalitätspflicht könnte im Prinzip geeignet sein, die kirchl. Freiheit in der Wahrnehmung ihres Auftrags zu beeinträchtigen. Vertragl. begründete Bindungen könnten mit der der kirchl. Sendung entsprechenden Verpflichtung in Konflikt geraten, gegebenenfalls auch eine Konfrontation mit der staatl. Gewalt auf sich zu nehmen. Das Verfassungsrecht der ev. Kirchen hat die diesbezügl. Grenze vertragl. Abmachungen teilweise ausdrückl. benannt (vgl. Art. 7 der Verf. der Ev.-Luth. K. i. Bay.). Bedenken in jener Richtung treffen aber nicht schon den vertragl. Kontakt an sich, sondern gegebenenfalls den Inhalt vertragl. übernommener Verpflichtungen. Der →CIC der kath. Kirche statuiert nicht ausdrückl. eine materielle Grenze für vertragl. Beziehungen, sondern erklärt den Vorrang des Vertragskirchenrechts vor dem Recht des CIC. Selbstverständl. gilt die Bindung des positiven kirchl. Rechts an →ius divinum auch hinsichtl. der innerkirchl. Wirksamkeit von Konkordatsbestimmungen. Durch die bestehenden Konkordate und Kirchenverträge werden keine generellen Loyalitätspflichten auferlegt, die die Kirchen in der Wahrnehmung ihres Auftrags materiell beeinträchtigen oder bestimmten Reduktionen unterwerfen würden. Die Verpflichtung, bei etwaigen Meinungsverschiedenheiten um einen freundschaftl. Ausgleich bemüht zu sein, kann nur als Bindung hinsichtl. des einzuhaltenden Verfahrens, nicht aber als Beeinträchtigung der materiellen Äußerungs- und Handlungsfreiheit verstanden werden. Der Eindruck einer für den Auftrag der Kirche problematischen prinzipiellen Harmonie zwischen der Kirche und den Repräsentanten der staatl. Seite hinsichtl. politischer Zielsetzungen wird durch die Verträge zwischen Staat und Kirche nicht gefördert. Ob das V. in der Bundesrepublik in der Zukunft eine gegenständliche Ausweitung erfährt oder im wesentl. auf dem gegenwärtigen Stand verbleibt, ist nicht sicher vorauszusagen. Die Themen, die in jüngerer Zeit, namentl. im Zusammenhang mit Änderungsverträgen, die vertragl. Beziehungen zwischen Staat und Kirche bestimmt haben, könnten zu der Vermutung Anlaß geben, daß unter den herkömml. Materien des V. künftig vornehml. die kirchl. Positionen im Schulwesen und Hochschulwesen im Vordergrund stehen werden. Weiterentwicklungen im übrigen und neue Akzente im V. sind derzeit nicht absehbar. Hieraus kann freilich nicht gefolgert werden, daß Konkordate und Kirchenverträge als Gestaltungsmittel des Verhältnisses von Staat und Kirche an Bedeutung verloren hätten. Die Notwendigkeit einer Aktualisierung des V. könnte sich zB ergeben, wenn Änderungen hinsichtl. der finanziellen Beziehung zwischen Staat und Kirche für wünschenswert gehalten werden oder wenn sich für die Kirchen hinsichtl. ihres Zugangs zur Öffentlichkeit neuartige Probleme stellen. Die geringe Bewegung, die gegenwärtig im V. festzustellen ist, entspricht der allg. im Staatskirchenrecht zu registrierenden Tendenz, Rechtsänderungen nicht ohne ganz dringenden Anlaß in Angriff zu nehmen.

E. BERNHEIM, Das Wormser Konkordat und seine Vorurkunden, 1906 (Nachdr. 1970) – W. BERTRAMS, Der neuzeitliche Staatsgedanke und die Konkordate des ausgehenden Mittelalters, 1950 – A. MERCATI, Raccolta di Concordati, 2 Bde, 1954 – K. MÜLLER, DÖV 1955, 421–427 – R. SMEND, JZ 1956, 50–53 – ELSE GRÄFIN VON RITTBERG, Der preußische Kirchenvertrag von 1931, phil. Diss., Bonn 1960 – D. PIRSON, Der Kirchenvertrag als Gestaltungsform der Rechtsbeziehungen zwischen Staat und Kirche, in: FS Liermann, 1964, 177–195 – L. SCHÖPPE, Konkordate seit 1800, 1964 – DERS., Neue Konkordate und konkordatäre Vereinbarungen, 1970 – A. ALBRECHT, Koordination von Staat und Kirche in der Demokratie, 1965 – A. HOLLERBACH, Verträge zwischen Staat und Kirche in der Bundesrepublik Deutschland, 1965 – DERS., JöR NF 17 (1968) 117–163 – DERS., in: HdbStKirchR, E. FRIESENHAHN und U. SCHEUNER (ed.), [1]1974, 267–296 – K. OBERMAYER, Die Konkordate und Kirchenverträge im 19. u. 20. Jh., in: Staat und Kirche im Wandel der Jahrhunderte, W. P. FUCHS (ed.), 1966, 166–183 – H. QUARITSCH, Kirchenvertrag und Staatsgesetz, in: Hamburger FS für Schack, 1966 – E. G. MAHRENHOLZ, ZevKR 12 (1966/67) 217–282 – H. WEBER, Staatskirchenverträge (Textsammlung), 1967 – H. REIS, JöR NF 17 (1968) 165–394 – S. GRUNDMANN, Das Verhältnis von Staat und Kirche auf der Grundlage des Vertragskirchenrechts, in: Abhandlungen zum Kirchenrecht, 1969, 298–318 – U. SCHEUNER, Schriften zum Staatskirchenrecht, 1973, 301–372 – H. F. KÖCK, Rechtliche und politische Aspekte von Konkordaten, 1973 – H. MASER, Evangelische Kirche im demokratischen Staat, 1983 (Lit.) – A. v. CAMPENHAUSEN, Staatskirchenrecht 1983[2], 105–112 (Lit.) – D. DEHNEN/K. WINTERHOFF, ZevKR 30 (1985) 29–46.

Dietrich Pirson

Vertrauensfrage →Bundestag II B 1

Vertriebene →Ostgebiete, dt.; →Flüchtlinge und Vertriebene

Verwaltung. I. Begriff und Aufgaben. Der Begriff der V. ist mehrdeutig. V. im hier gemeinten Sinne ist nur die *öffentl. V.* (im Gegensatz zB zur „V." eigenen oder fremden Vermögens durch den Eigentümer, gesetzl. Vertreter usw.), d. h. die V. des Staates und der ihm eingegliederten Gemeinwesen (Körperschaften, Anstalten und Stiftungen des öffentl. Rechts). Auch mit dieser Einschränkung meint der Ausdruck V. Verschiedenes. Er kann sich entweder auf einen *Tätigkeitsbereich* der öffentl. Hand beziehen oder aber auf eine behördl. *Organisation* (organisatorischer V.begriff). Er kann sich, wenn er eine Tätigkeit anspricht, am *Inhalt und Gegenstand* dieser Tätigkeit ausrichten (materieller V.begriff) oder an ihrer *Form* als Äußerung der erwähnten Behördenorganisation (formeller V.begriff).

A. Alle in neuerer Zeit unternommenen Bemühungen, **V. im materiellen Sinne** positiv zu definieren, haben nicht zu befriedigenden Ergebnissen geführt. Kennzeichnungen der V. als „Tätigkeit des Staates zur Erreichung seiner Lebenszwecke und seiner eigenen Rechtsordnung" (FLEINER), als „Verwirklichung der Staatszwecke für den Einzelfall" (H. PETERS), als „Sozialgestaltung im Rahmen der Gesetze und auf dem Boden des Rechts" (FORSTHOFF), als „mannigfache, zweckbestimmte, nur teilplanende, selbstbeteiligt entscheidend durchführende und gestaltende Wahrnehmung der Angelegenheiten von Gemeinwesen und ihrer Mitglieder als solcher" (HANS J. WOLFF) sind typisierende Umschreibungen, aber keine klassifizierenden Begriffsbestimmungen; sie betonen Merkmale, die zwar für die meisten V.handlungen typisch sind, aber ihnen keineswegs ausnahmslos zukommen noch umgekehrt bei anderen Staatsfunktionen (insbes. der →Gesetzgebung und der →Rechtsprechung) notwendig fehlen. Am ehesten läßt sich V. beschreiben (nicht: definieren!) als *planmäßige Tätigkeit öffentl. Gemeinwesen zur Gestaltung und Gewährleistung des sozialen Zusammenlebens, wobei diese Tätigkeit in ihren Zielen, Zwecken, Aufgaben und Befugnissen durch die Rechtsordnung und innerhalb dieser durch die politischen Entscheidungen der Regierung bestimmt und begrenzt wird.* Für die V. der Bundesrep. Dtschld. tritt als typusbestimmendes Merkmal hinzu, daß sie *einer umfassenden Kontrolle durch unabhängige Gerichte unterliegt.* – Ursache der Schwierigkeit einer positiven Bestimmung des materiellen V.begriffs ist die Mannigfaltigkeit und Verschiedenartigkeit der V.tätigkeiten, die zumal im modernen →Sozialstaat eine immer größere Ausdehnung und Streuung erfahren. Neue politische, wirtschaftl., soziale und technische Gegebenheiten lassen laufend auch neue V.aufgaben oder gar ganze V.zweige entstehen (zB Flugverkehr, Lastenausgleich, Atomenergieversorgung, →Umweltschutz). Daher wird an Stelle der positiven immer wieder auf eine ältere, auf OTTO MAYER zurückgehende und an der Gewaltenteilungslehre (→Gewaltenteilung) orientierte negative Begriffsbestimmung zurückgegriffen, welche die V. definiert als „Tätigkeit des Staates oder eines sonstigen Trägers öffentl. →Gewalt außerhalb von Rechtsetzung und Rspr." (W. JELLINEK). Jedoch besagt diese Subtraktionsdefinition nichts über Wesen und Aufgaben der V. Auch umfaßt sie den Gesamtbereich der sog. vollziehenden Gewalt oder Exekutive, von der die V. nur einen Teil bildet. Insbes. ist die V. abzugrenzen von der →Regierung als der staatsleitenden („politischen") Tätigkeit; eine scharfe Trennung von Regierung und V. ist freilich nicht mögl., auch in der V. werden z. T. politische Entscheidungen getroffen.

B. V. im organisatorischen Sinne umfaßt die Gesamtheit derjenigen Einrichtungen, die als V.behörden zur Ausübung von (in der Hauptsache) verwaltenden Tätigkeiten bestellt sind, im Unterschied zu den für andersartige Tätigkeiten bestellten Staats- usw. -organen, wie etwa den Parlamenten, der (Bundes- oder Landes-)Regierung, den Gerichten.

C. V. im formellen Sinne ist jede, aber auch nur die von einer V.behörde als solcher ausgeübte Tätigkeit, auch wenn diese Tätigkeit materiell rechtsetzenden, regierenden oder rechtsprechenden Gehalt hat. Einer streng durchgeführten Gewaltenteilung würde eine völlige Deckung von V. als Organisation und V. als (materiellem) Tätigkeitsbereich entsprechen, wie sie in der Bundesrep. Dtschld. durch Art. 20 II GG gefordert zu sein scheint. In der Staatspraxis sind Überschneidungen in den Randzonen aber unvermeidl.; auch Bundestag, Bundesrat, Regierung und Gerichte verwalten in begrenztem Umfange, während umgekehrt die V.behörden auch rechtsetzende (→Rechtsverordnungen, Satzungen) und (seltener; in der Bundesrep. Dtschld. wegen Art. 92 GG ausgeschlossen) rechtsprechende Tätigkeit ausüben.

II. Geschichte und heutige Situation. A. Der ma. Feudalstaat und der Ständestaat der beginnenden Neuzeit kennen keine Differenzierung der Hoheitsrechte nach ihren Funktionen, sondern nur eine den wechselnden Machtverhältnissen folgende Aufteilung zwischen verschiedenen Machtträgern (Kaiser, weltl. und geistl. Reichsstände, Landesherr, Landstände). Anfänge einer Sonderung der V. als Funktion und Organisation, insbes. die Abgrenzung zur Justiz, finden sich im absoluten Staat (→Absolutismus). Aber erst der →Konstitutionalismus führt zu einer prinzipiellen Scheidung der Staatsfunktionen und ihrer Träger, insbes. zu einer Trennung von G.gebung (→Gesetz, Gesetzgebung) und V. Die V. im liberalen →Rechtsstaat der zweiten Hälfte des 19. Jhs. ist gekennzeichnet durch den Grundsatz der →Gesetzmäßigkeit der V. (s. a. Verwaltungsrecht) sowie, im scharfen Gegensatz zum absoluten Staat, durch einen weitgehenden Rückzug der V.tätigkeit auf bloße Ordnungsfunktionen; aktive Gestaltung der Sozialordnung wird, einem antinomischen Verständnis von →Staat und →Gesellschaft entsprechend, nicht als eigentl. Staatsaufgabe erachtet. Doch hat sich der Staat nie ganz aus dieser Aufgabe zurückgezogen. Mit der zunehmenden Industrialisierung, Bevölkerungsvermehrung (→Bevölkerung) und Verstädterung (→Stadt I) wuchs der V. zwangsläufig die Aufgabe planender Daseinsvorsorge wieder zu (→Daseinsvorsorge, Leistungsverwaltung). Markstein dieser Entwicklung in Dtschld. war der von BISMARCK betriebene, durch die Kaiserl. Botschaft vom 17. Nov. 1881 eingeleitete Ausbau der →Sozialversicherung durch die ReichsG.e von 1883, 1884 und 1889. Die beiden Weltkriege haben die Entwicklung beschleunigt. Im heutigen →Sozialstaat ist die V. als „Leistungsträger" (FORSTHOFF) in umfassender Weise zum Träger und zum Verteiler wichtiger, größtenteils existenznotwendiger Leistungen geworden (zB Geld- und Kreditwesen, Sozialhilfe und Sozialversorgung, Subventionen u. a. Förderungen, Bewirtschaftung lebenswichtiger Güter bes. in Krisenzeiten, Verkehrs- und Versorgungsbetriebe, Straßenbau, Städteplanung, sozialer Wohnungsbau, GesundheitsV., →Schul- und Hochschulwesen, Theater u. a. m.). Durch solche Verteilung vermögen Gesetzgebung und V. ganze Bereiche des sozialen, wirtschaftlichen und kulturellen Lebens zu steuern und zu lenken. Die zunehmende Vielfalt der V.aufgaben führt zugleich zu einer wachsenden Spezialisierung.

Durch das Anwachsen der V.aufgaben und ihre zunehmende Interdependenz hat die längerfristige →*Planung* von V.maßnahmen in den letzten Jahrzehnten eine früher ungeahnte und noch immer steigende Bedeutung gewonnen. In engem Zusammenhang damit stehen durchgreifende *Strukturreformen* der V. (s. u. III C a. E.) sowie Bemühungen um einen neuen *Führungsstil* in der V., insbes. durch eine – modifizierte und den besonderen Bedürfnissen der V. angepaßte – Übernahme von Führungsmethoden des modernen industriellen Managements, was schwierige Probleme nicht zuletzt im Hinblick auf die überkommenen Personalstrukturen der V. (s. u. III D) aufwirft.

B. Unbeschadet dieser allg. und in allen Industriestaaten ähnl. Entwicklung haben nationale Traditionen sowie unterschiedl. gesellschaftl. und politische Verhältnisse auch zu Besonderheiten der jeweiligen V. geführt. Insbes. ist die Staatsform von entscheidendem Einfluß auf die V. Das zeigt auch die *dt. V.gesch.:* Im Absolutismus Vollzugsinstrument des landesherrl. Willens, in der konstitutionellen Monarchie trotz weitgehender Gesetzesbindung noch wichtigste Domäne der Krone und dieser in ihrer sozialen Schichtung eng verbunden, im Weimarer Staat zwischen Tradition und neuer Staatsidee hin- und hergerissen und im Spannungsfeld feindl. politischer Kräfte weitgehend gelähmt, vom NS-Regime zum (oft, aber nicht immer willfährigen) Apparat im Dienste der Diktatur degradiert, hat sie in der parlamentarischen →Demokratie der Bundesrep. Dtschld. den im Gesetz zum Ausdruck gelangenden *Volkswillen* (Mehrheitswillen) durchzuführen und zu konkretisieren. Freilich ist die Gesetzesbindung keineswegs vollständig (→Verwaltungsrecht), und erst recht erschöpft sich V. nicht im automatenhaften Gesetzesvollzug. Im Rahmen oft weitgespannter gesetzl. Ermächtigungen und im gesetzesfreien

Raum (→Gesetzmäßigkeit der V.) entfaltet sie vielmehr bedeutende eigene Initiativen. Auch ist sie, vor allem in Gestalt der Ministerialbürokratie, maßgebend an der Vorbereitung der G.e beteiligt. In der Staatspraxis ist das Gewicht der V. jedenfalls so erhebl., daß man den modernen Staat – auch den dt. – oft geradezu als „Verwaltungsstaat" bezeichnet. Diese „Macht" der V. übt ihrerseits einen starken Anreiz auf die politischen →Parteien, auf →Verbände und auf sonstige Kräfte der pluralistischen →Gesellschaft (→Pluralismus) zu (erlaubter und unerlaubter) Einflußnahme auf die V. aus. Die seit Ende der 60er Jahre zunehmenden basisdemokratischen Bestrebungen (→Partizipation) haben zwar nicht zu der von ihren radikalen Verfechtern erstrebten Verdrängung parlamentarischer Willensbildungsprozesse geführt, wohl aber – bes. auf kommunaler Ebene – zu ihrer Ergänzung durch Elemente unmittelbarer Demokratie (Bürgerinformation, -versammlung, -befragung, -begehren und -entscheid). Im Prinzip zu begrüßen, führen solche Einrichtungen nicht selten durch demagogischen Mißbrauch zu Fehlentscheidungen.

Die auch in der besten V. nicht auszuschließende Möglichkeit eines Fehlgebrauchs der V.macht erfordert wirksame Kontrollen zur Sicherung der Rechtsstaatlichkeit und zum Schutz der individuellen Freiheit. Neben verwaltungsinternen Kontrollen (Aufsicht durch übergeordnete und Aufsichtsbehörden, s. u.) besteht in der Bundesrep. Dtschld., gegründet auf die Verf.entscheidung für einen lückenlosen V.rechtsschutz in Art. 19 IV GG (→Rechtsweggarantie), ein umfassendes System externer Kontrollen durch allg. und bes. VG.e (→Verwaltungsgerichtsbarkeit) und Verf.gerichte (→Verfassungsgerichtsbarkeit), deren Tätigkeit auf die V. zurückwirkt, sie insbes. zu einem sorgfältigen Vorgehen nötigt, aber mitunter auch den V.ablauf erheblich hemmen kann. Insbes. werden Großprojekte (Flugplätze, Kraftwerke, Bahn-, Straßen- und Wasserstraßenbau, Abfallbeseitigungsanlagen u. a. m.) dadurch oft derart verzögert, daß der Vorwurf einer „Lähmung der V." insoweit nicht ganz unbegründet ist; Abhilfe wird durch den Wegfall einer Gerichtsinstanz für diese Projekte (G. vom 4. 7. 1985) erwartet. Der richtige Ausgleich zwischen der notwendigen Effizienz der V. und dem ebenso notwendigen Individualrechtsschutz ist jedenfalls noch nicht durchweg gefunden.

Von maßgebender Bedeutung für die dt. V. ist weiter die Verf.entscheidung des GG für einen föderativen Staatsaufbau (s. u. III C). Schließl. kann auch die zunehmende Verflechtung der Bundesrep. Dtschld. in →internationale und supranationale Organisationen nicht ohne Einfluß auf die dt. V. bleiben. Sie berührt unmittelbar die Aufgaben der dt. V., mittelbar auch deren Organisation; sie muß sich auf dem Wege einer wechselseitigen Annäherung auf lange Sicht auch auf Recht, Verfahren, Stil und Sprache der dt. V. auswirken.

III. Organisation. A. Die V.organisation ist teils durch die Verf. vorgezeichnet, teils wird sie durch einfache G.e nach Maßgabe der jeweiligen Bedürfnisse unter Zweckmäßigkeitsgesichtspunkten geregelt. Dabei stehen verschiedene Grundsätze im Widerstreit.

1. Konzentration und Dekonzentration (im älteren Sprachgebrauch: Zentralisation und Dezentralisation – ein Begriffspaar, das aber heute in der Fachsprache auf das Verhältnis von Staats- und SelbstV. bezogen wird, s. u. 2.) sind entgegengesetzte V.prinzipien, deren jeweilige Vor- und Nachteile gegeneinander abgewogen werden müssen. *Vertikale* Konzentration bedeutet die Zusammenfassung möglichst vieler Aufgaben in der V.spitze, vertikale Dekonzentration ihre weitgehende Verlagerung auf untere Ebenen, insbes. auf die Ortsinstanz. Unter *horizontaler* Konzentration versteht man die organisatorische Zusammenfassung möglichst vieler Aufgaben gleicher Ebene in einer Behörde („Einheit der V."), unter horizontaler Dekonzentration ihre Aufteilung in viele Sonderbehörden. Demokratische Regierungsformen neigen in der Vertikale mehr zur Dekonzentration, autoritäre stärker zur Konzentration. Dementsprechend ist die V. in der Bundesrep. Dtschld. heute durch eine Tendenz zur vertikalen Dekonzentration gekennzeichnet, welche durch die wachsende Quantität der V.aufgaben noch gefördert wird; wollen die Ministerien „regieren" und nicht in Kleinarbeit ersticken, so ist ihre Entlastung durch Dekonzentration unerläßl. Demgegenüber gilt für die Horizontale seit jeher eine weitestmögl. Konzentration als Grundsatz guter V.: Nur sie entspricht der berechtigten Forderung, Zusammengehöriges nicht auseinanderzureißen, Zuständigkeitsstreitigkeiten zu vermeiden und dem Bürger den Zugang zur V. zu erleichtern. In der V.spitze macht der Umfang der Aufgaben freilich eine Aufteilung auf mehrere Ministerien unvermeidl.; sie erfolgt heute allg. nach Aufgabenbereichen (*Ressortprinzip*, im Gegensatz zum älteren Territorialprinzip). Aus der ursprüngl. Fünfzahl der „klassischen" Ministerien (Inneres, Äußeres, Heerwesen, Finanzen, Justiz) ist im Lauf der Zeit durch Abspaltung von der „allg." inneren V. in fast allen Staaten eine größere Zahl von Ministerien mit zT sehr speziellen Aufgaben entstanden. Die oft ungewöhnlich hohe Zahl von Bundes- und Landesministerien in der Bundesrep. Dtschld. ist allerdings mehr auf Koalitionsarithmetik und auf Nachgiebigkeit gegenüber der Interessenpolitik mächtiger Gruppen als auf Sachgesichtspunkte zurückzuführen. Relativ am konsequentesten ist die organisatorische Zusammenfassung der V. in der Mittelstufe (Regierungspräsidium usw., s. u. C) durchgeführt, in geringerem Ausmaß auch in der Kreisinstanz.

2. *Zentralisation und Dezentralisation* (im neueren Sprachgebrauch, s. o. 1.) bezeichnen das Verhältnis der StaatsV. zur →Selbstverwaltung. Zentralistisch ist ein V.system, in dem alle oder die meisten V.aufgaben von staatl. Behörden ausgeübt werden; dezentralisiert ein solches, in dem V.funktionen in größerem Umfange von selbständigen rechtsfähigen V.trägern (Gemeinden, Gemeindeverbänden, berufsständischen Organisationen, Rundfunkanstalten, Hochschulen, Sozialversicherungsträgern u. a.) in eigener Verantwortung unter Staatsaufsicht wahrgenommen werden. In der Regel (→Staatsorganisation) handelt es sich hierbei um juristische Personen des öffentl. Rechts, bei nichthoheitl. Aufgaben zT auch um solche des Privatrechts (zB bei Verkehrs- und Versorgungsbetrieben). In der Bundesrep. Dtschld. ist die kommunale SelbstV. durch Art. 28 GG verfassungskräftig garantiert. Auch darüber hinaus finden sich zahlreiche Träger von SelbstV. in den mannigfachsten Erscheinungsformen. Man faßt sie auch unter der Bezeichnung „mittelbare StaatsV." zusammen.

B. Zwischen den Behörden und Dienststellen ein und desselben Rechtsträgers (Bund, Land, Gemeinde usw.) besteht i. d. R. ein *hierarchisches Verhältnis* der Über- und Unterordnung und des Instanzenzuges: Das zuständige Ministerium kann dem Regierungspräsidium, dieses dem Landratsamt Weisungen erteilen; gegen Maßnahmen der nachgeordneten Behörde kann die Entscheidung der übergeordneten angerufen werden. Auch innerhalb der einzelnen Behörde besteht i. d. R. ein Weisungsrecht des Behördenvorstandes gegenüber den übrigen Beamten und sonstigen Bediensteten: *monokratisches* (= bürokratisches) System, im Gegensatz zu dem – die Ausnahme bildenden – *Kollegialsystem,* bei dem ein Kollegium abstimmt und entscheidet. Kollegien sind in aller Regel auch von Weisungen übergeordneter Behörden (allg. oder wenigstens im Einzelfall) freigestellt: sog. „weisungsfreie Ausschüsse". Zwischen Behörden verschiedener Rechtsträger (Bund und Länder, Staat und SelbstV.träger) kann entweder ein Weisungsverhältnis bestehen (*AuftragsV., Fachaufsicht)* oder ein auf die Überwachung der Rechtmäßigkeit beschränktes Aufsichtsverhältnis (*Aufsichtsverwaltung, Rechtsaufsicht).* Von Rechtsaufsicht und Fachaufsicht zu unterscheiden ist die *Dienstaufsicht,* die sich auf das korrekte Verhalten der V.bediensteten bezieht.

C. Eine föderative Verf. (→Bundesstaat) führt zwangsläufig auch zu einer *föderativen V.organisation.* In der Bundesrep. Dtschld. liegt das Schwergewicht der V. bei den *Ländern,* die nicht nur auf allen der Landesgesetzgebung vorbehaltenen Bereichen auch für die V. allein zuständig sind, sondern die nach Art. 83 GG i. d. R. auch die BundesG.e als eigene Angelegenheit ausführen und die dann, von Ausnahmen abgesehen, auch die Einrichtung der Behörden und das V.verfahren selbst regeln (Art. 84 GG). Sogar dort, wo die Länder die BundesG.e im Auftrag des Bundes ausführen, bleibt die Einrichtung der Behörden vorbehaltl. anderer gesetzl. Regelung Angelegenheit der Länder (Art. 85 GG). Eine *bundeseigene V.* (→BundesV.), einschl. der V. durch bundesunmittelbare Körperschaften und Anstalten des öffentl. Rechts, gibt es nur für namentl. im GG aufgeführte Sachgebiete, wobei die Zahl der Zentralbehörden (oberste Bundesbehörden und Bundesoberbehörden) ohne eigenen V.unterbau überwiegt. Bundeseigene Mittel- und Unterbehörden sind die Ausnahme; wo sie fehlen, bedient der Bund sich zur Ausführung seiner G.e der Landesbehörden einschließl. der Behörden der den Ländern eingegliederten SelbstV.träger.

In den meisten dt. Bundesländern findet sich ein *dreistufiger V.aufbau*; anders nur im Saarland und in Schleswig-Holstein (fehlende Mittelinstanz) sowie in den Stadtstaaten Berlin, Bremen und Hamburg. Bei dreistufigem Aufbau unterstehen der nach Fachressorts gegliederten *Landesregierung* (Ministerien) einheitl. regionale *Mittelbehörden* (Regierungspräsident, Regierungspräsidium, Regierung, Bezirksregierung), die neben den Aufgaben der allg. inneren V. auch die meisten Aufgaben der übrigen Ressorts in der Mittelstufe wahrnehmen. Daneben gibt es nur relativ wenige – teils für das ganze Land zuständige, teils regionale – Sonderbehörden; so zB, länderweise verschieden, das Landeskriminalamt, die Oberfinanzdirektionen (diese sind zugleich Bundesbehörden), die Landesjugendämter, Oberschulämter, Oberbergämter, Forstdirektionen. *Unterbehörden* der allg. V. sind die Landratsämter, die ebenfalls Aufgaben anderer Ressorts mit wahrnehmen, aber nicht im gleichen Umfang wie die Mittelbehörden; die Zahl der Sonderbehörden ist hier größer (zB Gesundheitsämter, Hochbauämter, Straßenbauämter, Gewerbeaufsichtsämter u. a.). Die Landratsämter sind nicht nur untere staatl. V.behörden, sondern zugleich Behörden der Landkreise als SelbstV.körperschaften. In den Stadtkreisen (kreisfreien Städten) nehmen diese auch die Aufgaben der unteren V.behörde wahr.

Die *lokale V.* ist Sache der Gemeinden (→Selbstverwaltung II). Diesen obliegt grds. die Wahrnehmung aller Angelegenheiten der örtl. Gemeinschaft in eigener Verantwortung. Gemeinden und Gemeindeverbände (Landkreise; in manchen Ländern gibt es auch Gemeindeverbände höherer Ordnung, so in Bayern die Bezirke) unterstehen bei der Erledigung der „eigenen" (oder „weisungsfreien") Aufgaben der Rechtsaufsicht des Staates. Außerdem erledigen sie nach staatl. Weisung die ihnen durch G. bes. zugewiesenen staatl. Aufgaben („Auftragsangelegenheiten" oder „Weisungsaufgaben").

Nimmt man die V. von Bund, Ländern und Gemeinden zusammen, so kann man von „5 V.ebenen" sprechen: Bund – Land – Regierungsbezirk – Kreis – Gemeinde.

Dieser traditionelle V.aufbau wird heute z. T. überlagert durch die insbes. für Raumordnungsaufgaben gebildeten *Regionen* oder Regionalverbände, die im Zuge der seit Mitte der 60er Jahre durchgeführten Verwaltungsreform(en) in allen größeren Bundesländern als Selbstverwaltungskörperschaften gebildet wurden und i. d. R. mehrere Land- und (oder) Stadtkreise umfassen. Hauptanliegen der vor allem durch das Raumordnungsgesetz des Bundes und die Landesplanungsgesetze angestoßenen V.reform waren 1. eine *Gebietsreform,* die zu infrastrukturell besser ausgewogenen V.räumen führen sollte (Territorialreform), 2. eine *Kommunalreform* mit dem Ziel der Schaffung leistungsfähigerer und i. d. R. größerer Gemeinden und Gemeindeverbände und 3. eine *Funktionalreform* zur zweckmäßigeren Verteilung und Abstimmung der Aufgaben der einzelnen V.einheiten, nicht zuletzt mit dem Ziel einer stärkeren Dekonzentration und Dezentralisation von Aufgaben. Während Gebiets- und Kommunalreform zu einer erheblichen Verringerung der Zahl der Verwaltungseinheiten geführt haben (26 statt 33 Regierungsbezirke, 237 statt 425 Landkreise, 8505 zum größten Teil nur noch teilselbständige statt 24 441 überwiegend selbständiger Gemeinden), ist die Funktionalreform bisher nur zögernd vorangekommen.

D. *Das V.personal* (→Öffentl. Dienst) besteht heute überwiegend aus hauptberufl. in der V. tätigen Personen. Man unterscheidet die in einem öffentl.-rechtl. Dienst- und Treueverhältnis stehenden i. d. R. auf Lebenszeit berufenen *Berufsbeamten* (→Beamtentum; →Beamtenrecht), die in einem privatrechtl., aber dem Beamtenverhältnis stark angenäherten Arbeitsverhältnis stehenden *Angestellten* sowie die *Arbeiter* im öffentl. Dienst. Hinzu treten, bes. in der Selbstverwaltung, Wahlbeamte (meist auf Zeit), Ehrenbeamte und sonstige ehrenamtl. tätige Personen. Die Ausübung hoheitsrechtl. Befugnisse als ständige Aufgabe ist i. d. R. den Beamten vorbehalten, Art. 33 IV GG. Die Minister, welche die Spitze der StaatsV. bilden, sind keine Beamten; sie stehen in einem bes., durch MinisterG.e des Bundes und der Länder geregelten öffentl.-rechtl. Amtsverhältnis.

Jene Dreiteilung des öffentl. Dienstes ist heute rechtspolitisch sehr umstritten, zumal die tatsächlichen Funktionen der Beamten einerseits und der privatrechtl. tätigen →Angestellten und →Arbeiter andererseits weitgehend nicht mehr der in Art. 33 IV GG vorgestellten Aufgabenverteilung entsprechen. Ferner ist die Ordnung des öffentl. Dienstes durch Probleme der Mitbestimmung, der Erprobung neuer Führungsmethoden (s. o. II A) sowie durch Bestrebungen nach einer gerechteren Besoldung („Dienstpostenbewertung") stark in Fluß geraten.

IV. V.wissenschaften. Die V. ist Gegenstand mehrerer, nach ihren Fragestellungen, Methoden und z. T. auch Begriffen verschiedenen Wissenschaften. Am gebräuchlichsten war früher und ist z. T. noch heute die Einteilung in →V.lehre, →V.recht und V.politik. Das neuere Schrifttum pflegt aber V.politik als Teil der V.lehre zu erachten. In diesem umfassenden Sinn ist *V.lehre* eine gleichermaßen beschreibende wie wertende Wissenschaft. Sie handelt von den Aufgaben, Zwecken und Funktionen der V., beschreibt ihre Erscheinungsformen, ihre Organisation und ihr Handeln, ordnet sie zu einem System und untersucht ihre hist., polit., soziolog. und volkswirtschaftl. Wirkungszusammenhänge. *V.politik* ist jener Teil der V.lehre, der die Beziehungen der V. zum „polit. Bereich" (i. S. v. Staatsleitung) betrifft und der untersucht, wie die V. unter Berücksichtigung der vorgegebenen Werte und Ziele der Verf. unter den sich wandelnden gesellschaftl. Verhältnissen handeln und wie sie zu diesem Zweck organisiert sein sollte. Das *V.recht* (genauer: die V.rechtswissenschaft) ist teils eine Seins- und teils eine Sollenswissenschaft, welche diejenigen Rechtsvorschriften untersucht, interpretiert und systematisiert, nach denen die V. geführt wird. Neben diesen V.wissenschaften werden oft noch weitere Wissenschaftsgebiete hierhergerechnet, so die *V.soziologie* und die *V.gesch.,* die sich indessen auch als Teilbereiche jener drei Hauptzweige auffassen lassen. Zu den V.wissenschaften „i. w. S." werden oft auch solche Wiss.zweige gezählt, die sich zwar nicht ausschließl. oder nicht einmal hauptsächl. mit der V. befassen, aber auch für sie von erheblicher Bedeutung sind, so zB die System-, die Entscheidungs- und die Organisationstheorie. – Zwischen allen Zweigen der V.wiss. bestehen enge Verbindungen. So muß das V.recht bei der Interpretation von Rechtsnormen oft auf hist., soziolog. oder rechtspolit. Erwägungen zurückgreifen, und das V.recht einer bestimmten Epoche ist in seiner Gesamtheit selbst wieder Gegenstand der beschreibenden V.lehre.

L. v. STEIN, Die V.lehre, 8 Teile, 1865/84[1-2], Neudr. 1964 – E. KAUFMANN, V., V.recht, in: STENGEL-FLEISCHMANN (Hg.), Wörterbuch des dt. Staats- und V.rechts[III], 1914[2], 688 – 718 – O. MAYER, Dt. V.recht[I,II], 1924[3], Neudr. 1960 – F. FLEINER, Institutionen des dt. V.rechts, 1928[8], Neudr. 1969 – W. JELLINEK, V.recht 1931[3], Neudr. 1966 m. Nachtr. 1950 – H. PETERS, Lehrbuch der V., 1949 – P. MEYER, Die V.organisation, 1962 – W. MERK, Dt. V.recht[I] 1962, [II]1970 – LAUTERBACH u. a., Männer der dt. V., 1963 – R. MORSTEIN MARX (Hg.), V., 1965 – TH. ELLWEIN, Einführung in die Regierungs- u. V.lehre, 1966 – N. LUHMANN, V.wissenschaft, 1966 – F. WAGENER, Neubau der V., 1969 – O. BACHOF, W. BROHM u. a., Die Dogmatik des V.rechts vor den Gegenwartsaufgaben der V., VVDStRL 30 (1972) 193 – 364 – E. FORSTHOFF, Lehrbuch des V.rechts[I] 1973[10] – H. SIEDENTOPF (Hg.), V.wissenschaft, 1976 – H. J. WOLFF, O. BACHOF, V.recht[I] 1974[9], [II] 1976[4], [III] 1978[4] (Lit.) – TH. FLEINER-GERSTER, Grundzüge des allg. u. schweiz. V.rechts, 1980[2] – H. KÜBLER, Organisation u. Führung in Behörden, 1980[4] – K. KÖNIG, H. J. v. OERTZEN, F. WAGENER (Hg.), Öff. V. in der Bundesrep. Dtschld., 1981 – R. MAYNTZ, Soziologie der öff. V., 1982[2] – G. PÜTTNER, V.lehre, 1982 – K.-H. MATTERN (Hg.), Allg. V.lehre, 1982 (Lit.) – W. WIESE (Hg.), Hdb. d.

öff. Dienstes, 2 Bde, 1982² – N. ACHTERBERG, Allg. V.recht, 1982 – H. P. BULL, Allg. V.recht, 1982 – H.-U. ERICHSEN, W. MARTENS (Hg.), Allg. V.recht, 1983⁶ (Lit.) – H. MAURER, Allg. V.recht, 1985⁴ – W. THIEME, V.lehre, 1984⁴ – L. K. ADAMOVICH, B.-CHR. FUNK, Allg. V.recht (österr.), 1984² – D. SCHIMANKE, V.entwicklung u. V.reformen (Hochsch. der Bundeswehr Hbg, Beitr. zur V.wissenschaft 3), 1984 – K. G. A. JESERICH, H. POHL, G.-CHR. v. UNRUH (Hg.), Deutsche V.geschichte, 6 Bde., bisher I 1983, II 1983, III 1984.

Otto Bachof

Verwaltungsabkommen. I. Dem Begriff des V. (bzw. der Verw.Vereinbarung) ist jede Vereinbarung zwischen Regierungs- bzw. Verw.Organen zuzuordnen, die von den Beteiligten im Verw.wege getroffen wird. Viele in der Verw.praxis des Bundes und der Länder geschlossene V. regeln Fragen der gegenseitigen Information, der Koordination von Verw.aufgaben, der Durchführung bestimmter personalpolit. Maßnahmen oder der Vereinheitlichung der Verw.tätigkeit. Oft enthalten V. Ermessensrichtlinien für den Erlaß von VA.en bzw. RechtsVO.en oder Hinweise für die Auslegung von Rechtsvorschriften, deren Bedeutung umstritten ist.

II. V., die zwischen Behörden verschiedener Hoheitsträger (→Verwaltungsrecht IV B 1) geschlossen werden, sind als koordinationsrechtliche öffentl.-rechtl. →Verträge zu beurteilen und unterfallen somit den für diese geltenden Regelungen (§§ 54 ff. VwVfG), sofern sie sich nicht auf den Erlaß von Rechtsnormen beziehen.

III. V. zwischen Behörden des gleichen Hoheitsträgers (interne V.) unterliegen nur dem Vorrang des Gesetzes (→Gesetzmäßigkeit der Verwaltung).

A. *Das Verfahren* für den Abschluß eines internen V. ist dem Ermessen der Beteiligten überlassen. Formlose interne V. werden durch mündl. Absprachen getroffen und allenfalls in einer Niederschrift aktenkundig gemacht, förmliche V. werden schriftlich festgelegt. Eine Mitwirkung gesetzgebender Körperschaften findet nicht statt. Die getroffenen Vereinbarungen sind seitens der Beteiligten in →Verwaltungsvorschriften bzw. Entschließungen aufzunehmen, falls sie von nachgeordneten Organen zu vollziehen sind. V. von weittragender Bedeutung werden meist in Amtsblättern veröffentlicht.

B. *Interne V.* sind *rechtmäßig,* wenn sie nicht gegen gesetzl. Vorschriften verstoßen und keine Regelungen enthalten, die (wie die Bestimmung von Zuständigkeiten im Außenverhältnis) nur durch G. erlassen werden dürfen. Enthalten sie Ermessensrichtlinien für den Vollzug von Rechtsvorschriften, so müssen sie der im Außenverhältnis entscheidenden Behörde noch die Möglichkeit einer eigenen Ermessensbetätigung offenlassen. Enthält ein internes V. Hinweise für die Auslegung von Rechtsvorschriften, so ist es nur dann rechtmäßig, wenn es tatsächlich dem geltenden Recht entspricht. Interne V., die den genannten Rechtmäßigkeitsvoraussetzungen nicht entsprechen, sind nichtig.

C. *Die Bestandskraft* eines internen V. hängt zunächst davon ab, welche Geltungsdauer die Beteiligten bestimmt haben. Die Möglichkeit der Kündigung durch einen Beteiligten ist gegeben, wenn hierfür sachl. Gründe vorliegen und die Kündigung nicht ausdrücklich ausgeschlossen ist. Ändern sich die dem internen V. zugrundeliegenden (rechtl. oder tatsächl.) Umstände, so ist es im Rahmen des Möglichen den veränderten Umständen anzupassen. Andernfalls ist jeder Beteiligte berechtigt, sich vom V. zu lösen. Wegen des Vorrangs des Gesetzes und der grundsätzl. Weisungsabhängigkeit der Verw.organe ist ein Beteiligter auch dann nicht mehr an ein internes V. gebunden, wenn ein ihm übergeordnetes Organ (eine vorgesetzte Verw.behörde oder das →Parlament) eine entgegenstehende Regelung erlassen hat.

D. *Interne V.* unterliegen lediglich einer *Verw.kontrolle.* Ein verw.gerichtl. Verfahren ist ausgeschlossen, da es keine „In-sich-Prozesse" der Verw. gibt.

H. SCHNEIDER, W. SCHAUMANN, VVDStRL 19 (1961), 1 – 130 – R. GRAWERT, V. zwischen Bund und Ländern in der Bundesrepublik Deutschland, 1967 – F. OSSENBÜHL, Verwaltungsvorschriften und Grundgesetz, 1968, S. 381 – 383 – G. BARTSCH, Das V., 1969 (Lit.) – H. J. WOLFF – O. BACHOF, Verwaltungsrecht I 1974⁹, § 25 X.

Klaus Obermayer

Verwaltungsakt. I. Dem Begriff des V. ist nach § 35 Satz 1 VwVfG jede Verfügung, Entscheidung oder andere hoheitliche Maßnahme zuzuordnen, die eine Behörde zur Regelung eines Einzelfalles auf dem Gebiet des öffentl. Rechts trifft und die auf unmittelbare Rechtswirkung nach außen gerichtet ist.

A. **Hoheitliche Maßnahme** ist jede zielgerichtete Handlung einer natürlichen Person, wenn diese als Amtsträger eines Hoheitsträgers (→Verwaltungsrecht IV B 1) tätig wird und sich dabei auf dessen öffentl. Gewalt beruft.

B. **Behörde** ist nach § 1 Abs. 4 VwVfG jede Stelle, die Aufgaben der öffentl. Verwaltung wahrnimmt.

C. Als **Regelung** ist jede Anordnung zu betrachten, die eine Rechtserheblichkeit besitzt, weil sie (wie zB die Erteilung einer Baugenehmigung, der Erlaß eines Gebührenbescheides oder eine Beamtenernennung) für den Eintritt einer Rechtsfolge Rechtsverbindlichkeit beansprucht.

D. Eine Regelung betrifft einen **Einzelfall**, wenn sie im Zeitpunkt ihres Erlasses nur für bestimmte Personen rechtserheblich ist. Abzugrenzen ist die Regelung eines Einzelfalls von einer normativen Regelung, die einen unbestimmten Personenkreis betrifft.

E. **Eine unmittelbare Rechtswirkung nach außen** liegt vor, wenn für einen Rechtsträger, der mit dem von der handelnden Behörde repräsentierten Rechtsträger nicht identisch ist, Rechte und Pflichten begründet, geändert oder aufgehoben werden.

II. Allgemeinverfügung ist nach § 35 Satz 2 VwVfG ein V., der sich an einen nach allgemeinen Merkmalen bestimmten oder bestimmbaren Personenkreis richtet oder die öffentl.-rechtl. Eigenschaft einer Sache oder ihre Benutzung durch die Allgemeinheit betrifft. Diese Begriffsbestimmung der Allgemeinverfügung widerspricht jedoch der (allgemeinen) Begriffsbestimmung des V. nach § 35 Satz 1 VwVfG, da sie nicht auf die Regelung eines Einzelfalls im Sinne der Betroffenheit bestimmter Personen abstellt (I. D.). Es ist Aufgabe des Gesetzgebers, diesen Widerspruch so bald wie möglich durch eine Begriffsbestimmung der Allgemeinverfügung zu beseitigen, die nicht gegen die Gesetze der Rechtslogik verstößt.

III. Einem V. können nach Maßgabe des § 36 VwVfG *Nebenbestimmungen* (Befristung, Bedingung, Widerrufsvorbehalt, Auflage und Auflagenvorbehalt) beigefügt werden. Diese haben einen akzessorischen Charakter, so daß sie keine rechtl. Relevanz besitzen, wenn die Hauptbestimmung nichtig ist oder aufgehoben worden ist.

IV. Ein V. ist **wirksam** im Sinne von verbindlich, wenn er durch ordnungsgemäße Bekanntgabe gegenüber den Betroffenen nach § 41 VwVfG existent geworden und nicht wegen eines die Nichtigkeit bedingenden Fehlers (zB nach § 44 VwVfG) im Sinne des § 44 Abs. III VwVfG unwirksam ist. Er bleibt wirksam, solange er nicht durch Zeitablauf oder auf andere Weise erledigt ist (§ 43 Abs. 2 VwVfG).

V. Ein V. ist rechtmäßig, wenn er den formellen und materiellen Rechtsvorschriften entspricht, die seinen Erlaß bestimmen.

A. Unter dem Gesichtspunkt des **Verfahrens** ist ein V. rechtmäßig erlassen, wenn der behördl. Willensbildungsprozeß in Übereinstimmung mit dem geltenden Recht abgeschlossen und der V. dem bzw. den Betroffenen bekanntgegeben worden ist.

B. Nach § 37 Abs. 1 VwVfG muß ein V. *hinreichend bestimmt* sein, d. h. die Adressaten und die für sie geltende Regelung eindeutig erkennen lassen.

C. Die Form des Erlasses eines V. ist in § 37 Abs. 2 Satz 1 VwVfG geregelt. Danach kann er schriftlich, mündlich oder in anderer Weise erlassen werden. Im Interesse der Rechtsklarheit und der Rechtssicherheit ist für bestimmte Fälle die Schriftform zwingend vorgeschrieben (zB nach § 3 Abs. 1 Satz 2 GaststättenG).

D. Nach § 39 Abs. 1 VwVfG besteht grundsätzlich die Pflicht zur *Begründung* von schriftlichen oder schriftlich bestätigten V., falls nicht ausnahmsweise die Begründung entbehrlich ist (§ 39 Abs. 2 VwVfG).

E. Alle V. bedürfen in Übereinstimmung mit dem Grundsatz der →Gesetzmäßigkeit der Verwaltung einer ausreichenden *Rechtsgrundlage*, die in einem förml. Gesetz oder in einer aus einem solchen abgeleiteten Rechtsvorschrift enthalten sein muß.

VI. Ein V. ist **fehlerhaft** und damit rechtswidrig, wenn er verfahrensrechtlich oder materiellrechtlich – d. h. im Hinblick auf sein Zustandekommen oder seinen (im Verfügungssatz festgelegten) Inhalt – dem geltenden Recht widerspricht. Grundsätzlich sind fehlerhafte V.e nur aufhebbar, also bis zu ihrer förmlichen Aufhebung wirksam. Nichtige V.e (die an einem besonders schwerwiegenden und offenkundigen Fehler leiden, § 44 VwVfG) sind von Anfang an unwirksam.

VII. Unter der **Bestandskraft** eines V. ist dessen formelle Unanfechtbarkeit (als formelle Bestandskraft) und inhaltliche Unabänderlichkeit (als materielle Bestandskraft) zu verstehen.

A. Die Beseitigung eines V. durch *Richterspruch* erfolgt (nach §§ 42, 113 VwGO) im Anfechtungsverfahren vor den allgemeinen →Verwaltungsgerichten, soweit kein anderer Rechtsweg gesetzlich eingeräumt ist.

B. Die *Behörde* kann belastende V.e grundsätzlich unabhängig von ihrer Rechtswidrigkeit beseitigen. Begünstigende V.e können nur unter besonderen Voraussetzungen von der Behörde beseitigt werden, da das schutzwürdige Vertrauen des Betroffenen in den Bestand des V. zu berücksichtigen ist.

K. Obermayer, Kommentar zum Verwaltungsverfahrensgesetz, 1983, § 35 ff.

Klaus Obermayer

Verwaltungsgerichtsbarkeit. I. Begriff. Die V. ist eine insbes. dem Rechtsschutz des Bürgers gegen Akte der öffentl. Gewalt dienende Einrichtung; sie wird durch unabhängige, von den Verwaltungsbehörden getrennte Gerichte ausgeübt, und zwar durch die (allg.) VG.e und durch die Finanz- und die Sozialgerichte als bes. VG.e. Als V. wird üblicherweise nur die allg. V. bezeichnet.

II. Geschichtliche Entwicklung. Die Gesch. der modernen V. beginnt scheinbar mit ihrem Verbot. „Die Verwaltungsrechtspflege hört auf; über alle Rechtsverletzungen entscheiden die Gerichte" (§ 182 I der Paulskirchen-Verf. von 1849). Dieses Verbot wandte sich jedoch nur gegen die „Administrativjustiz", die in den Zeiten des aufgeklärten Absolutismus die Streitigkeiten zwischen Behörden und Untertan verwaltungsintern durch weisungsabhängige Instanzen entschied. „Gerichte des öffentl. Rechts" wurden zuerst in Baden (1863) errichtet, dem weitere Länder folgten, so Preußen mit seinem OVG

1875. In den unteren Instanzen waren sie – meist unter Beteiligung ehrenamtlich tätiger Bürger – mit den Verwaltungsbehörden organisatorisch und personell verbunden; nur die letzte Instanz war von der Verwaltung getrennt und ausschließlich mit Richtern besetzt, die die gleiche persönl. und sachl. Unabhängigkeit genossen wie die der ordentl. Gerichtsbarkeit. Man unterscheidet – recht grobschlächtig – ein süddt. vom norddt., insbes. preußischen System: Die süddt. Länder kannten nur *eine* gerichtl. Instanz (so heute noch Österreich), den VGH. Das preußische – mehrstufige – System war außerdem mehr darauf angelegt, die Exekutive mit Mitteln der Selbstverwaltung in einem gerichtsähnl. Verfahren auf Einhaltung des objektiven Rechts zu kontrollieren, während nach dem süddt. System der Schutz subjektiver Rechte durch Rspr. im Vordergrund stand. Die meisten Länder, insbes. Preußen, eröffneten den Verwaltungsrechtsweg nicht generell, sondern nur nach Maßgabe spezieller ausdrücklicher gesetzl. Zulassung (Enumerationsprinzip), was aber partielle Generalklauseln – so in Preußen für polizeiliche Verfügungen und in Steuerangelegenheiten – nicht ausschloß. Nur wenige Länder (so Württemberg und Österreich) gewährten Rechtsschutz auf Grund der sog. verwaltungsgerichtl. Generalklausel; danach war der Klageweg jedem gegen alle Akte der öffentl. Gewalt eröffnet, durch die er sich in seinen Rechten für verletzt hielt. Dieser Zustand blieb auch unter der WV im wesentlichen unverändert. Art. 107 WV gebot im Reich und in den Ländern nach Maßgabe der Gesetze VG.e zum Schutze der einzelnen gegen Behördenakte, also auch ein Reichsverwaltungsgericht, zu dem es aber nicht kam. Das Fehlen eines Reichsverwaltungsgerichts, das etwa die Zuständigkeiten des 1918 errichteten Reichsfinanzhofs in sich hätte aufnehmen und in Reichssteuersachen – wie das preuß. OVG für den Landesbereich – hätte tätig werden sowie auch andere Sonderverwaltungsgerichte (wie zB das Bundesamt für Heimatwesen im Fürsorgebereich) hätte aufsaugen können, leistete der Rechtswegzersplitterung Vorschub; insofern war es von Vorteil, daß 1941 unter gänzlich veränderten Umständen das bedeutungslose Reichsverwaltungsgericht errichtet wurde, weil dies wenigstens die organisatorische Zusammenfassung mit dem Reichswirtschaftsgericht, dem Reichsdienststrafhof und anderen Sonderverwaltungsgerichten auf Reichsebene brachte. Die Tätigkeit der VG.e wurde nach 1933 laufend eingeschränkt und kam schließlich zum Erliegen.

Nach dem Krieg wurden in den Ländern auf landes- oder besatzungsrechtlicher Grundlage wieder VG.e errichtet. Das G. über das BVerwG von 1952 war die Grundlage für das BVerwG. Eine im wesentlichen bundeseinheitl. Regelung für Organisation und Verfahren der V. gelang erst mit der VwGO vom 21. 1. 1960. In der DDR wurde die V. beseitigt.

III. Gegenwärtige Rechtslage. A. Verfassungsrechtliche Grundlagen der V. Verf.rechtl. ausdrücklich garantiert ist mit den vier anderen obersten Gerichtshöfen des Bundes nur das BVerwG (Art. 95 I GG); daraus folgt jedoch, daß dieses Gericht einen „Unterbau" haben muß. Faktisch enthält auch die →Rechtsweggarantie eine verf.rechtl. Grundlage der V.

B. Organisation und Besetzung. Die V. ist dreistufig organisiert – ebenso wie die Sozialgerichtsbarkeit, anders als die nur zweistufige Finanzgerichtsbarkeit.

Die erste Stufe bilden die VG.e als grds. erstinstanzliche Gerichte (34), zweite Stufe die 10 OVG.e (in Baden-Württemberg, Bayern und Hessen mit der Bezeichnung VGH), grds. als Berufungsgerichte, in jedem Bundesland je eins mit Ausnahme von Niedersachsen und Schleswig-Holstein mit einem gemeinsamen OVG. Dritte Stufe ist das BVerwG (Sitz Berlin), grds. als Revisionsgericht. Zahlreiche Ausnahmen durchlöchern diesen Aufbau. So gibt es Materien, in denen das OVG als erste Instanz tätig wird (so in Flurbereinigungssachen, nach einem BeschleunigungsG vom 4. 7. 1985 auch in zahlreichen Materien, die technische Großvorhaben – zB Kernkraftwerke und Bundesautobahnen – betreffen), das BVerwG als Revisionsgericht also zweite Instanz ist; bei der Kontrolle untergesetzl. Normen (insbes. Bebauungspläne) auf ihre Gültigkeit nach § 47 VwGO entscheiden die OVG.e securing eininstanzlich und sind unter gewissen Voraussetzungen nur zur Vorlage an das BVerwG verpflichtet, wobei dieses nicht – wie als Revisionsgericht regelmäßig – in der Sache selbst entscheidet, sondern nur die Rechtsfrage, die zur Vorlage führt, gleichsam abstrakt beantwortet. In anderen Fällen ist das VG zwar erste Instanz, aber die zweite Instanz führt unmittelbar zum BVerwG als Revisionsgericht (so insbes. im Lastenausgleichsrecht). Schließlich wird das BVerwG gelegentlich als erste und einzige Instanz tätig (§ 50 VwGO).

Die Kammern des VG entscheiden grds. mit drei Berufsrichtern und zwei ehrenamtlichen Richtern, die Senate des OVG mit drei Berufsrichtern, dürfen nach Landesrecht jedoch mit fünf Richtern besetzt sein, von denen zwei ehrenamtliche sein können; in den Verfahren nach dem BeschleunigungsG 1985 entscheidet das OVG mit fünf Berufsrichtern, zu denen nach Landesrecht zwei ehrenamtliche hinzutreten dürfen. Die Senate des BVerwG sind grds. mit fünf Berufsrichtern besetzt. Spezialbesetzungen gibt es zB in Disziplinar-, Personalvertretungs- und Flurbereinigungsverfahren. Insgesamt sind in der V. ca. 1730 Berufsrichter tätig.

C. Aufgabe und Zuständigkeit der V. Aufgabe der V. ist es, entsprechend der →Rechtsweggarantie (vgl. II 1 und 2) dem Bürger Rechtsschutz gegen die öffentl. Gewalt zu geben. Die V. kontrolliert also – von Ausnahmen abgesehen – die Verwaltung nicht auf die Einhaltung des objektiven Rechts, sondern tut dies grds. nur insoweit, als sie von einem Bürger angerufen wird, der durch eine behauptete objektive Rechtswidrigkeit in seinen (subjektiven) Rechten verletzt zu sein meint (§ 42 II VwGO); insbes. darf die V. nicht ohne Anrufung eines klagebefugten Dritten tätig werden (keine Popularklage), um Rechtswidrigkeiten in der Verw. aufzudecken. Allerdings ist der G.geber nicht gehindert, zB einem Amtsträger oder Verbänden die Klagebefugnis zu verleihen und dadurch die Möglichkeit zu geben, ein Beanstandungsverfahren zur objektivrechtlichen Kontrolle der Verw. einzuleiten; er hat dies gelegentlich getan, insbes. zugunsten von Vorsitzenden unabhängig entscheidender Verwaltungsgremien, der LandesG.geber gelegentlich auch zugunsten von Verbänden im Bereich des Naturschutzes.

Rechtsschutz gegen die öffentl. Gewalt wird neben der V. in Steuerstreitigkeiten durch die Finanz- und in Sozialversicherungsstreitigkeiten durch die Sozialgerichte sowie durch die ordentl. Gerichte gewährt (zB Schadenersatz bei Amtspflichtverletzungen, Enteignungsentschädigung, in Baulandsachen nach § 157 BBauG, JustizVA.e).

D. Umfang des Rechtsschutzes. Rechtsschutz wird umfassend gewährt. Soweit kein anderer Rechtsweg gegeben ist (zu C), steht die V. auf Grund der Generalklausel des § 40 I VwGO für jede nur denkbare öffentl.-rechtl. Streitigkeit bereit. Man kann sich also gegen jeden rechtswidrigen Eingriff der Verw. in seine Rechte wehren und Aufhebung der belastenden Maßnahme verlangen (zB gegen polizeiliche Anordnungen, Heranziehung zu einer Kommunalabgabe, dem Nachbarn erteilte Baugenehmigung, Planfeststellung für einen Flughafen oder eine Straße, Entziehung der Fahrerlaubnis). Ebenso kann man begehren, daß die Behörde verurteilt wird, eine zu Unrecht verweigerte Leistung oder sonstige Begünstigung zu gewähren (zB Erteilung einer Baugenehmigung, Anerkennung als Asylberechtigter, Bewilligung von Sozialhilfe oder einer Subvention, Zulassung zum Studium). Diesem verschiedenartigen Verlangen tragen die wichtigsten Klagearten Rechnung: die auf die Aufhebung eines (belastenden) →VA.s gerichtete Anfechtungsklage sowie die den Erlaß eines VA.s begehrende Verpflichtungsklage (§ 42 I VwGO). Der in der VwGO bereitgestellte Katalog von Klagearten ist jedoch nicht abschließend; für jedes denkbare Klagebegehren muß eine Klageart zur Verfügung stehen, so etwa die allg. Leistungsklage für den Anspruch auf Widerruf einer ehrverletzenden Behauptung eines Amtsträgers, für den Anspruch auf Akteneinsicht, auf Auskunft u. ä. oder die vorbeugende Unterlassungsklage gegen einen befürchteten belastenden VA, dessen Erlaß abzuwarten dem Betroffenen nicht zugemutet werden kann. Eine Klage ist entgegen auch heute noch nicht ausgestorbener Übung also nicht deshalb unzulässig, weil es sich bei der Maßnahme der Verw., deren Aufhebung begehrt wird, nicht um einen VA handelt; dies schließt nur die bes. Klageart der Anfechtungsklage aus und macht es erforderlich, die für das Begehren „passende" Klageart zu finden.

E. Beschränkung auf Rechtsschutz. Die Beschränkung der V. auf die Gewährung von Schutz gegen die Verletzung von Rechten bedeutet einmal, daß der angefochtene VA vom VG nur aufgehoben werden kann, wenn er rechtswidrig ist und den Kläger in seinen Rechten verletzt (§ 113 I VwGO); ebenso kann eine Behörde vom VG nur verpflichtet werden, wenn die Ablehnung des begehrten VA rechtswidrig ist und der Kläger dadurch in seinen Rechten verletzt wird (§ 113 IV VwGO). Es bedeutet weiter, daß die VG.e keine Möglichkeit zum Eingreifen haben, wo die Behörde nach ihrem eigenen, freilich stets pflichtgemäßen Ermessen handeln darf; bloße Unzweckmäßigkeit eines VA rechtfertigt also nicht seine Aufhebung (§ 114 VwGO); allerdings hat die V. den Ermessensbereich der Verw. allmählich reduziert (s. a. Richterstaat 3), obwohl sie – von Ausnahmen abgesehen wie gem. § 146 Nr. 2 FlurbG – nicht befugt ist, ihr Ermessen an die Stelle des Ermessens der Behörde zu setzen.

Str. ist, inwieweit die V. bei der Auslegung unbestimmter G.begriffe stets das letzte Wort hat. Anerkannt ist, daß dem gerichtl. Rechtsschutz Grenzen gesetzt sind bei Klagen gegen Prüfungsentscheidungen, also bei der Nachprüfung von pädagogischen oder wissenschaftl. Beurteilungen; hier wird angenommen, daß dem Prüfer wegen der Höchstpersönlichkeit seines Werturteils eine Beurteilungsermächtigung eingeräumt ist und die Gerichte lediglich beanstanden können, wenn ein Verfahrensfehler unterlaufen oder von einem falschen Sachverhalt ausgegangen ist, allg. Bewertungsgrundsätze verletzt oder sachfremde Erwägungen angestellt worden sind (ähnliche Beschränkungen z. T. auch im Schul- und Beamtenrecht). Nahe liegt es, obwohl überwiegend verneint, eine Beurteilungsermächtigung auch dann anzunehmen, wenn es um die Notwendigkeit geht, Prognoseentscheidungen mit erheblichem Einschlag wertender Elemente zu treffen (zutr. bejaht von BVerwGE 39, 197 zur Frage, ob eine Schrift jugendgefährdend ist); anerkannt ist dies jedoch, wenn pluralistisch zusammengesetzte Verwaltungsgremien entscheiden. Bei Planungsentscheidungen genießt die Verw. eine gerichtlich ebenfalls nur beschränkt überprüfbare planerische Gestaltungsfreiheit. Generell ist jedoch zu sagen, daß die VG.e dazu tendieren, die der Verw. zukommenden Gestaltungsräume allzusehr einzuengen und dieser eine (meist nur partiell denkbare) Letztverbindlichkeit ihrer Entscheidung auch dort zu Unrecht zu versagen, wo sie sachverständiger und sachnäher ist.

F. Verfahren. Das Verfahren ist ähnlich dem des Zivilprozesses; in der VwGO sind Besonderheiten knapp und gemeinsame Einzelheiten (zB

Beweisaufnahme) durch Verweisung auf die ZPO geregelt. Zu erwähnen ist folgendes:

1. Vor der Erhebung der Anfechtungs- und der Verpflichtungsklage (nicht vor jeder Klage) ist grds. ein *Widerspruchsverfahren* durchzuführen, in dem die Verwaltung selbst, meist die höhere Behörde, noch einmal Rechtmäßigkeit und (anders als im Gerichtsverfahren) Zweckmäßigkeit des VA.s nachprüft.

2. Auch im Verwaltungsprozeß können – wie im Zivilprozeß und anders als im Strafprozeß – die Prozeßbeteiligten über den Streitgegenstand verfügen *(Dispositionsmaxime):* Der Kläger kann die Klage zurücknehmen, die Behörde ihn klaglos stellen oder sich mit ihm vergleichen.

3. Anders als im Zivilprozeß, der es grds. den Parteien anheimgibt, welchen Sachverhalt sie dem Gericht vortragen und von ihm entschieden haben wollen, hat das VG den Sachverhalt von sich aus zu untersuchen und aufzuklären *(Untersuchungsgrundsatz).* Praktisch ist dieser Unterschied nicht groß, weil eine Mitwirkungspflicht der Prozeßbeteiligten bei der Sachaufklärung besteht.

4. Grds. wird über Klagen nach mündl. Verhandlung durch Urt. entschieden. Auf Grund eines EntlastungsG von 1978 kann das VG in Sachen ohne bes. Schwierigkeiten ohne mündl. Verhandlung durch *Gerichtsbescheid* entscheiden und das OVG bei Einstimmigkeit eine Berufung ohne mündl. Verhandlung durch Beschluß zurückweisen; hat das VG durch Gerichtsbescheid entschieden, muß das OVG grds. mündlich verhandeln, weil jedenfalls in einer Instanz eine mündliche Verh. gewährleistet sein muß.

5. *Vorläufiger Rechtsschutz:* Zu einem wirksamen Rechtsschutz gehört, daß die Verw. nicht vollendete Tatsachen schaffen darf, bevor über eine Klage entschieden ist. Deswegen haben Widerspruch und Anfechtungsklage grds. aufschiebende Wirkung (§ 80 VwGO). Zwar kann die Behörde unter bestimmten Voraussetzungen sofortige Vollziehung anordnen; dagegen kann aber bei Gericht die Wiederherstellung der aufschiebenden Wirkung beantragt werden. Glaubt jemand, Anspruch auf eine Leistung der Behörde zu haben, so kann das Gericht gem. § 123 VwGO einstweilige Anordnungen erlassen und dabei vorläufige Leistungen bewilligen.

6. *Rechtsmittel* sind grds. unabhängig vom Streitwert. Gegen Urt. oder Gerichtsbescheid ist grds. ohne besondere Zulassung die Berufung an das OVG gegeben. Ausnahmen gelten für verschiedene Sonder-, insbes. für das Asylverfahren, wo die Berufung einer Zulassung durch das VG oder – auf Beschwerde hin – durch das OVG bedarf; die Berufung muß insbes. bei grds. Bedeutung der Sache zugelassen werden; wird die Berufung auch vom OVG nicht zugelassen, gibt es kein weiteres Rechtsmittel (sog. Zulassungsberufung). Bei zulässiger Berufung prüft das OVG den Streitfall, also den Sachverhalt und die Rechtslage, in vollem Umfang. Gegen die Entscheidung des OVG ist die Revision grds. nur gegeben, wenn sie vom OVG oder – auf Beschwerde hin – vom BVerwG zugelassen wird (insbes. bei grds. Bedeutung). Das BVerwG ist in seiner Nachprüfung beschränkt: Es ist an den von der Vorinstanz festgestellten Sachverhalt gebunden, außer wenn dagegen begründete Verfahrensrügen erhoben werden, ist also kein „Tatsachengericht"; außerdem kann mit der Revision grds. nur die Verletzung von Bundesrecht gerügt werden, von Landesrecht nur ausnahmsweise (zB Verwaltungsverfahrensgesetze der Länder, Beamtenrecht).

IV. Reformbestrebungen. Effektiv ist Rechtsschutz nur, wenn er in angemessener Zeit gewährt wird. Daran ermangelt es der V. in hohem Maße; Verfahren, die sich – insbes. bei Großprojekten und Planungsentscheidungen – über ein Jahrzehnt hinziehen, sind keine Seltenheit. Das Hauptproblem der V. wird daher schon seit langem in der Verfahrensdauer gesehen. Ein Grund dafür ist die Fülle der Instanzen: grds. zwei Verwaltungs- und drei Gerichtsinstanzen mit der weiteren Möglichkeit der Verf.beschwerde und der Anrufung des Europäischen Menschenrechtsgerichtshofes sind zuviel des Guten und deshalb schlecht. Der Entwurf einer Verwaltungsprozeßordnung (BT-Drs. 10/3437 vom 31. 5. 1985), der die Verfahrensregelungen für die V., die Finanz- und Sozialgerichtsbarkeit zusammenfaßt, will – zusammen mit der bereits erfolgten Erweiterung der erstinstanzl. Zuständigkeit der OVG.e (s. o. III B) – den Instanzenzug straffen; er sieht die Zulassungsberufung (s. o. III F 6) generell vor, so daß in allen Fällen, die nicht bes. schwierig sind und keine grds. Fragen aufwerfen, nur noch zwei Gerichtsinstanzen bereitstehen sollen.

Die lange Verfahrensdauer hat auch „hausgemachte" Gründe. Es wird in der V. wohl zuviel theoretisiert, zuviel geschrieben, zuviel zeitverschwendende „Besserwisserei" gegenüber der Verw. getrieben und zuwenig an das gedacht, was den Bürger wirklich interessiert. Dem läßt sich aber nicht durch den G.geber abhelfen, etwa dadurch, daß er in der VwGO generell die Überprüfungsbefugnis der V. gegenüber der Anwendung unbestimmter G.begriffe beschränkt. Nötig ist vielmehr ein Bewußtseinswandel in der Richterschaft selbst und die Einsicht in die Grenzen auch der eigenen Fähigkeiten (→Richterstaat 3 a. E.).

R. v. GNEIST, Der Rechtsstaat und die VG.e in Deutschland, 1879² – G.-CH. v. UNRUH, V. im Verfassungsstaat, 1984 – W. RÜFNER, Die Entwicklung der V., in: Deutsche Verwaltungsgeschichte III – K. G. A. JESERICH u. a. (ed.), 1984, 909–930 – E. EYERMANN, L. FROEHLER, VwGO, Komm., 1980⁸ – K. REDEKER, H.-J. v. OERTZEN, VwGO, Komm., 1985⁸ – F. KOPP, VwGO, Komm., 1984⁶ – C. H. ULE, Verwaltungsprozeßrecht, 1983⁸ – H. SENDLER, Zum Instanzenzug in der V., in: DVBl. 1982, 157–165 – DERS., Möglichkeiten zur Beschleunigung des verwaltungsgerichtlichen Verfahrens (Zur „hausgemachten" Überlastung der VG.e), in: DVBl. 1982, 923–933.

Horst Sendler

Verwaltungslehre. 1. Begriff. V. verfolgt ein vorwiegend praktisches Erkenntnisinteresse: die Beobachtung und Erforschung von Verwaltungsphänomenen (fait administratif), insbesondere der Vorschriften, der Organisation und der Verfahren, präskriptiv mit dem pragmatischen Ziel einer rationalen und effektiven Gestaltung der Verwaltung. *Verwaltungswissenschaft* verfolgt ein vorwiegend theoretisches Erkenntnisinteresse auf der Grundlage empirischer Befunde aus der Verwaltungsrealität mit dem Anspruch gegenstandsspezifischer Konzepte und Methoden, mit einer rational-normierenden Zielsetzung. Der Begriff *Verwaltungswissenschaften* unterstreicht die Vielfalt wissenschaftl. Disziplinen, die sich unter verschiedenen Erkenntnisperspektiven der Verwaltung als Gegenstand zuwenden. Beteiligt daran sind zB Verwaltungsrecht, Verwaltungsökonomie sowie spezielle Sozialwissenschaften wie Verwaltungssoziologie, verwaltungsbezogene Politikwissenschaft und Organisationspsychologie. Der Inhalt dieser drei Begriffe ist historisch bedingt, spiegelt aber auch sich wandelnde Bestandsprobleme von Disziplinen wider.

L. v. STEIN definierte das Ziel der V. als das *„Prinzip der sozialen Verwaltung im höheren Sinne"*. Er versuchte, in der V. zugleich der „Auflösung der Wissenschaft der Verwaltung" in die rein kameralistische, die juristische und die volkswirtschaftl. „Form" als sich verselbständigende und differenzierende Disziplinen entgegenzuwirken. „Verwaltung ist das wirkl. Staatsleben", V. ist „die Wissenschaft nun der Grundsätze und Forderungen, nach welchen demnach der Staat die Verwaltung nach diesem höchsten Begriff leitet". In ihr werden alle sozialen und politischen Funktionen der inneren →Verwaltung durch die Staatsidee als einheitsstiftendem Element, das zugleich die Gegenüberstellung von normativen und empirischen Wissenschaften überwindet, erfaßt. In der weiteren Begriffsentwicklung wird durch das Vordringen der rechtl.-dogmatischen Betrachtung der Verwaltung, durch die Ausbildung einer *Verwaltungsrechtslehre* im bürgerl. →Rechtsstaat mit den Maximen der →Gewaltenteilung, der →Gesetzmäßigkeit der Verwaltung und des Schutzes von Individualrechten, nicht nur diese Einheitsvorstellung aufgegeben. Die V. wird zum Annex der Verwaltungsrechtswissenschaft, beschränkt auf eine Verwaltungskunstlehre oder Verwaltungskunde.

Standort und Aufgabe einer V. als wissenschaftl. Disziplin sind bis heute nicht hinreichend geklärt: sie wird als Erfahrungs- und Tatsachenwissenschaft bezeichnet (PETERS); das zentrale Thema der V. sollen das Verhältnis und die Unterscheidung zur heutigen Arbeitswelt mit ihren spezifischen Kriterien der Rationalität, Effizienz und Kosten-Nutzen-Relation sein; sie soll „Wirklichkeitsbefunde liefern, welche geeignet sind, fortbildend auf das →Verwaltungsrecht zu wirken" (FORSTHOFF). Nicht mehr die universale V., in die das Verwaltungsrecht integriert ist, sondern eine V. als notwendiger und nützl. Annex und empirische Ergänzung zum dogmatischen System des Verwaltungsrechts ist das Ergebnis dieser Position. Damit wird zugleich eingestanden, daß die „Dogmatik des Verwaltungsrechts vor den Gegenwartsaufgaben der Verwaltung" nicht als festgeschrieben angesehen werden kann.

Daneben steht der Versuch, Verwaltungsrecht, V. und Verwaltungspolitik als gleichberechtigte, sich ergänzende Teile einer *„übergreifenden, allgemeinen Verwaltungswissenschaft"* zu bestimmen (E. BECKER; THIEME). Angesichts der Dominanz des Verwaltungsrechts in dieser Einheit bestimmen sich Inhalt und Aufgaben der anderen beiden Teile auch hier im wesentlichen aus ihren dienenden Funktionen als Lieferanten zusätzl. Informationen für die Anpassung und Fortbildung des Verwaltungsrechts und seiner Dogmatik. Wird die Verwaltungspolitik als „Wertwissenschaft" für die Ziele, denen sich die Verwaltung zu widmen hat, und für die Ordnung und Reform des Verwaltungssystems bezeichnet, so bleibt für die engere V. kein eigener Bereich übrig. Da einerseits wissenschaftstheoretische Ortsbestimmungen und Grenzziehungen ständig beweglich bleiben, im Bereich der Geistes- und Sozialwissenschaften i. d. R. aufgrund von Zweckmäßigkeitsüberlegungen vorgenommen werden und auf Entwicklungen reagieren und andererseits die Verwaltungsrechtsdogmatik auch unter dem Leitbild des rechtsstaatlichen Verwaltungshandelns nur ein begrenzter Zugang zu dem Phänomen „Verwaltung" ist, rechtfertigt sich die Zusammenfassung verschiedener auf das Verwaltungsgeschehen bezogener Forschungsansätze und -ergebnisse in unterschiedl., etablierten Disziplinen zu dem Begriff einer Verwaltungswissenschaft, die primär durch ihr *Erkenntnisobjekt* bestimmt ist.

In den geschichtl. Phasen der aufeinanderfolgenden Absonderung bzw. Annäherung von einzelnen geisteswissenschaftl. Disziplinen gründen sich Versuche einer in Theorie und Erkenntnisinteressen integrierten V. zB auf die System- und Entscheidungstheorie. Doch wird eine etablierte Fachdisziplin die Aufgabe der integrativen Koordination der unterschiedl. verwaltungsrelevanten Wissensbereiche nicht leisten. Monopolansprüche, Unkenntnis oder Mißachtung der Methoden, Theorien und Ergebnisse anderer Fachdisziplinen können allerdings die *integrative* Koordination verhindern. V. wird im folgenden als eine im Entstehen begriffene, *integrative,* im Ausgang *pluralistische Verwaltungswissenschaft* verstanden. Wissenschaftstheoretische und institutionelle Gründe haben diese Integration in den letzten Jahren begrenzt und zu eher disparaten Erkenntnissen geführt, die ein pragmatisches Wissenschaftsziel allein noch nicht zusammengebracht hat.

2. Einheit der Wissenschaft und ihre Methoden. Mit der Einheit des Erkenntnisobjektes sind weder die Einheit der Wissenschaft noch die Einheit ihrer Methoden begründet. Die *Einheit einer Wissenschaft* kann entweder durch den definierten Zweck und die Suche nach der Wahrheit unter diesem Aspekt oder durch die Entwicklung eigenständiger Methoden und Theorien zur Anwendung auf einen bestimmten Gegenstand geformt und herausgebildet werden. Läßt sich ein solcher *Zweck* der V. schon nur unter Schwierigkeiten bestimmen (konkrete Nützlichkeit, Verbesserung der Verwaltungsentscheidungen und -abläufe durch verwaltungstechnisch verwertbare Handlungsanweisungen; allgemeine Wertlehre für Staat und Verwaltung; Erfassung des Aufgabenbereichs und seine Systematisierung; Aufstellung empirisch-analytischer Hypothesen für eine Theoriebildung), so bestehen darüber hinaus tiefgehende Meinungsverschiedenheiten über die im Bereich der V. anzuwendenden Methoden und eine zu erarbeitende Theorie. Der Streit manifestiert sich u. a. in der *Gegenüberstellung von „Verwaltungswissenschaft" und „Verwaltungswissenschaften"* (LANGROD, LUHMANN).

In der Regel wird *gegen* die Einheit einer Wissenschaftsdisziplin V. eingewandt, daß das konkrete Verwaltungsgeschehen nicht nur eine unbegrenzte Fülle von Aspekten aufweist, sondern auch nur von den einzelnen ausdifferenzierten Disziplinen mit ihren ausgebildeten Methoden und Theorien her betrachtet werden kann. Jeder Versuch einer interdisziplinären Integration muß an der Fülle des Stoffes und der Erkenntnisse in den beteiligten Disziplinen scheitern. Eine *bloße Addition* der Einzelwissenschaften verbietet sich wegen der methodischen Unterschiede und des fachspezifischen Erkenntnisinteresses. Eine Methode, die diesen festgefügten Erkenntnispluralismus überwinden könnte, ist nicht sichtbar. Werden *Konvergenzrezepte* für analytische Konzepte und normative Prämissen entwickelt, so gehen diese i. d. R. nicht über die Formulierung in New Public Administration (LAPORTE) hinaus: „Das Ziel öffentl. Organisation ist die Verminderung von ökonomischem, sozialem und psychischem Leiden und die Vermehrung der Lebenschancen für Personen innerhalb und außerhalb der Organisation:" Es erscheint zweifelhaft, ob eine solche sozialkritische, normative Prämisse geeignet ist, den Ausgangspunkt für einen Selektions- und Integrationsprozeß verwaltungsbezogener Theorien zu bilden: Ist die empirische Tatbestandsaufnahme schon angesichts unterschiedl. Methoden zwangsläufig kontrovers, so ergeben sich noch mehr Zweifel an einer abgesicherten Prognosefähigkeit einer nicht integrierbaren V. „Nichtwissenschaftliche, normative Prinzipien auf der Grundlage fragwürdiger Wertvorstellungen" (CAIDEN) werden sowohl Scientific Management als auch New Public Administration vorgeworfen. Aus dieser Position bleibt nur das Konzept der Verwaltungswissenschaften, deren Aussagen auf dem Boden der jeweiligen etablierten Disziplin getroffen werden, sich konkret auf einen Tatbestand der Verwaltung beziehen und damit aber oft nur einen fachspezifischen Aspekt erfassen.

Es werden jedoch in der Gegenüberstellung von „Verwaltungswissenschaften und Verwaltungswissenschaft" auch *vermittelnde Positionen* in Gestalt einer *„integrierenden Verwaltungstheorie"* der offenen Forschungsgrenzen (KÖNIG) bezogen, in der der „Pluralismus verwaltungsbezogener Erkenntnisleistungen der Einzelwissenschaften" konvergieren soll. Von einer allgemeinen Interdependenz sämtl. Sozialwissenschaften ausgehend und in Abwehr jedes Monopolanspruchs einzelner, etablierter Fachdisziplinen gegenüber dem fait administratif als einer sozialen Realität mit verschiedenen Aspekten formuliert LANGROD die V. als Zweig der Sozialwissenschaften, „der in dem Maße Anspruch auf Autonomie erheben kann, in dem die unvermeidl. gegenseitige Reaktion und die gegenseitige Abhängigkeit der Sozialwissenschaften dies zulassen". Diese *Autonomie ohne Selbstisolierung* sollte ohne mystische Zutaten, aber auch ohne Scheu vor einem durch „Verjährung erworbenen wissenschaftl. Prestige traditioneller Wissenschaften" für die V. beansprucht werden (P. MEYER und DUNSIRE).

LUHMANN hat den Entwurf einer *„Theorie der Verwaltungswissenschaft"* vorgelegt, die insbes. das Schisma zwischen rational-normierenden Wissenschaften und den empirisch-erklärenden Wissenschaften überwinden soll, das „der eigentl. Grund für das Fehlen einer einheitl. und konsistenten verwaltungswissenschaftl. Forschungsgrundlage" ist. Eine Synthese der verwaltungsbezogenen Beiträge verschiedener Disziplinen zu einer solchen *einheitl. Verwaltungstheorie* setzt kontaktfähige und kombinierbare Begriffe der beteiligten Fachgebiete voraus, die eine Übertragung, mindestens jedoch eine Verwendung der Forschungsergebnisse aus einem Fachbereich in einem anderen ermöglichen. Das *Recht* kann eine solche Funktion allein nicht erfüllen, da es zuerst als normatives Gebot für die Verwaltung zu verstehen ist und eine dogmatisch-exegetische Disziplin notwendigerweise ein anderes Relevanzschema haben muß als eine an der konkreten Wirklichkeit orientierte Wissenschaft analytischen Charakters. Die *Wirtschaftswissenschaft* bietet eine spezifische Rationalität an, die von der Einzelhandlung her bestimmt ist und bei vorgegebenem Zweck oder/und Mittel eine entsprechende Optimierung von Zweck-Mittel-Relation vorsieht. Hier überwiegt die rationalwissenschaftl. Betrachtungsweise, deren Ergebnis konkrete Handlungsanweisungen an die Verwaltung sind. Eine verwaltungswissenschaftl. Theorie, die die Kluft zwischen den Wissenschaften überwinden will, muß den Gedanken der *Systemrationalität der Sozialwissenschaften* einschließen, womit das gesamte Feld der Interaktionen zwischen der Verwaltung *(System)* und ihrer polit., ökonomischen und sozialen Umgebung *(Umwelt),* aber auch die Autonomie des Systems am Beispiel der Rollen und des Rollenverhaltens der Systemmitglieder in den Blick kommen. Rationalität wird dann zu einer Systemkategorie: Ein System ist in dem Maße rational, „als es seine Probleme bestandssicher formulieren und lösen kann". Eine solche *funktionale Systemtheorie* soll die Einseitigkeit von nur-normativen bzw. nur-empirisch-deskriptiven Methoden vermeiden und die Basis für integrierende Erkenntnisleistungen sein. Trotz dieser Ansätze besteht eine nach Interessen, Methoden oder Theorien integrierte Verwaltungswissenschaft als einheitliche Disziplin nicht. Die gewachsene Bedeutung des Gegenstandes Verwaltung im modernen Leistungs- und Gestaltungsstaat veranlaßt aber die etablierten Disziplinen, sich Staat und Verwaltung vermehrt zuzuwenden.

3. Erkenntnisobjekt der V. Die Bedeutung der V. wird u. a. durch die *Stellung der Verwaltung* in der industriellen Gesellschaft und gegenüber Folgewirkungen sozialer und ökonomischer Entwicklungen und Entwicklungskrisen bestimmt. →Verwaltung, →Bürokratie, Technokratie und →Planung werden – nicht selten mit negativen Vorzeichen – als signifikante Strukturelemente der derzeitigen gesellschaftl. polit. und ökonomischen Verhältnisse definiert. Bürokratische Verwaltung wird von MAX WEBER als das Zukunftsschicksal der von abendländischer Rationalität erfaßten Gesellschaft gedeutet. Das „verwaltete Individuum" in einer „verwalteten Welt" als Objekt „totaler Verwaltung" ist nicht nur eine von ADORNO und MARCUSE skizzierte, düstere Zukunftsprojektion. Die Abhängigkeit des einzelnen und der Gemeinschaft von den Entscheidungen und Leistungen, von der gestaltenden Kraft der Verwaltung – i. w. S. von Regierung und Verwaltung – ist bereits in normalen Zeiten überaus deutlich. Sie wird aber besonders evident in ökonomischen und polit. Krisensituationen, die außerordentl. Anforderungen an die Regelungs- und Steuerungskapazität eines polit. Systems und seines Subsystems „Verwaltung" stellen.

V. und Verwaltungspraxis sind aufeinander bezogen. Arbeitsfelder der V. entsprechen häufig konkreten Problemfeldern von Staat und Verwaltung, insbesondere den Bereichen, in denen die Anpassung der durch Tradition geprägten Verwaltung an die Anforderungen des modernen Industrie- und Sozialstaates zu Reformen von Regierung und Verwaltung zwingt: Verwaltungsvereinfachung und Verwaltungsreform in den unterschiedlichsten Ausprägungen, in der Zeit auch mit unterschiedlichen Prioritäten und Wertvorstellungen. Die Reform der Regierungs- und Verwaltungsorganisation, die Anpassung der internen Behördenorganisation, der Handlungsabläufe, und der Entscheidungstechniken in der staatl. und der kommunalen Verwaltung sind seit den 60er Jahren Zentralthemen der verwaltungswissenschaftl. Forschung und Beratung. Organisation und Führung in Regierung und Ministerien mit den Mitteln der politischen Planung und Programmierung, die Gestaltung der Basiseinheiten in Ministerien, der Referate, nach Gruppenprinzipien statt nach hierarchischen Kriterien wurden entworfen. Koordinierende und integrierende Planung- und Entscheidungsinstrumente sollen die nach Organisation und Inhalt isolierte Fachplanung ergänzen. Die „Politikverflechtung" ist in einem föderalen Staatsaufbau mit starker Kommunalverwaltung nicht nur eine analytische Kategorie, sondern auch Anstoß für eine konkrete Ausgestaltung der Aufgabenplanung, der Programmsteuerung und der Finanzausstattung, die jeder Ebene genügend Entscheidungsspielraum beläßt und gleichzeitig das notwendige Maß an Koordination und Integration sicherstellt, ohne das der Industriestaat nicht lebensfähig wäre. Implementierung und Evaluierung von Verwaltungsprogrammen ebenso wie die Organisationsänderung in der öffentlichen Verwaltung sind praktische Aufgabenfelder der V. Auf die territoriale und funktionale Gliederung der Verwaltung sowie auf die Reform des öffentl. Dienstes hat die V. vorbereitend, begleitend und bewertend eingewirkt.

Damit, insbes. mit dem Begriff der wissenschaftl. Beratung von Politik und Verwaltung verbinden sich inzwischen Phasen der Euphorie und der Ernüchterung hinsichtlich der Verwissenschaftlichung und der Leistungsfähigkeit der V., auch hinsichtlich der Dialogfähigkeit von V. und Verwaltungspraxis. Diese Phasen haben eine unmittelbare Rückwirkung auf die V. und ihre Institutionalisierung in Universitäten, Lehr- und Forschungseinrichtungen gehabt. Die besonderen Probleme der Institutionalisierung der V. lassen sich nur vor dem Hintergrund der Entwicklungsphasen, des Ausganges von unterschiedl. Disziplinen und ihres Abgrenzungsbestrebens verstehen.

4. Entwicklungsphasen der V. Der Beginn einer institutionalisierten V. in *Deutschland* wird mit der Entstehung einer akademischen *Polizeiwissenschaft* und mit der Stiftung des ersten Lehrstuhls für Kameralwissenschaft an der Universität Halle (1727) durch FRIEDRICH WILHELM I. verbunden, „damit die studierende Jugend in Zeiten und ehe sie zu Bedienungen emploieret werden, einen guten Grund in obgedachten Wissenschaften (Cameralia, Oeconomica und Polizeisachen) erlangen möge". Als „Gebrauchswissenschaft für den Verwaltungsstaat des 17. und 18. Jh." (MAIER) ist die ältere Polizeiwissenschaft zuerst eine kommentierende Beschreibung, dann aber auch ein empfehlender Entwurf einer „guten Ordnung und Polizei" des Territorialstaates. Sie verfügt noch nicht über die logische und theoretische Systematik später ausdifferenzierter Nachfolgedisziplinen. Innerhalb von nur 50 Jahren (Wien 1752, Ingolstadt 1780) wurden an allen wichtigen dt. Universitäten Lehrstühle für das neue Fach eingerichtet. Auf der Suche nach dem eigenen Standort des Faches und im Blick auf die wachsenden Informations- und Ausbildungsbedürfnisse des Territorialstaates entstehen die ersten Versuche einer systematischen Behandlung des Objekts, insbes. in der Ausbildung der Polizeiwissenschaft als selbständigem Fach durch J. H. G. v. Justi („Grundsätze der Policey-Wissenschaft", 1756) und J. v. Sonnenfels („Grundsätze der Polizey, Handlung und Finanz", 1770). Diese Polizeiwissenschaft tritt, insbes. bei Justi, aus der Verklammerung mit den technologischen, kameralistischen Fächern i. e. S. (Ökonomik und Finanz) heraus. Gegenüber den Ansprüchen und der Sorgfaltspflicht des absolutistischen Staates wird ein Wohlfahrtsrecht des Bürgers formuliert und der inhaltl. Auftrag der Polizeiwissenschaft definiert als „Wissenschaft, die innerl. Verfassungen des Staates solchergestalt einzurichten, daß die Wohlfahrt der einzelnen Familien mit dem allgemeinen Besten beständig in einer genauen Verbindung und Zusammenhange sich befindet".

Obwohl damit eine Überleitung der wissenschaftl. und begriffl. Tradition des 18. Jh. in die Anfänge des liberalen Rechtsstaates gegeben war, wurde in der polemischen Gegenüberstellung von „Rechtsstaat" und Polizeistaat" die Fortführung der polit. V. zum Beginn des 19. Jh. unterbrochen. Polizeiwissenschaft konnte nichts mehr gelten in einer Situation, die durch die Elemente des bürgerl. Rechtsstaats wie die Gewaltenteilung und das Gebot der Gesetzmäßigkeit der Verwaltung den Schutz der Individualrechte gegenüber einer rechtl. ungebundenen Verwaltung verwirklichen und die Verwaltung auf den Gesetzesvollzug begrenzen will. Mittel der Schrankenziehung für die Verwaltung ist die Ausbildung einer systematischen *Verwaltungsrechtswissenschaft* unter einem zunächst formalen Rechtsstaatsbegriff, deren Grundlegung durch R. v. Mohl („Staatsrecht des Königreiches Württemberg", 1829/31) nicht zufällig mit einer Epoche vollständiger Vernachlässigung der V. zusammenfällt. Mohl („Die Polizeiwissenschaft nach den Grundsätzen des Rechtsstaates", 1832/33) stellt zwar selbst noch die enzyklopädische Breite dieser Disziplin dar, indem er alle Bereiche des wohlfahrts- und des sicherheitspolizeil. Handelns des Staates im 19. Jh. ausbreitet und deutlich an die Tradition der Polizeiwissenschaft des 18. Jh. anknüpft. Die fortgesetzte polemische Gegenüberstellung von „Polizeistaat" und „Rechtsstaat" veranlaßt dann L. v. Stein, seinen Integrationsversuch als *Lehre der inneren Verwaltung*, als V. zu bezeichnen. Ebenso polemisch ist aber seine Gegenüberstellung von V. und Rechtsstaat: „Aus dem Begriffe, dem Wesen, den Forderungen des Rechts kann daher niemals ein Verständnis oder gar eine Lehre der Verwaltung entstehen – der Begriff des Rechtsstaates ist geradezu unfähig, die Verwaltung in sich aufzunehmen oder sie zu verarbeiten." Stein versucht, den *sozialen Auftrag der inneren Verwaltung* mit der Funktion des Rechtsstaates in der Gewährleistung der Rechtsgleichheit zu verbinden. Doch die wissenschaftsgeschichtl. Ausdifferenzierung einer systematischen Verwaltungsrechtswissenschaft war bereits soweit fortgeschritten, daß Otto Mayer (Dt. Verwaltungsrecht, 1895/96) von den Erkenntnisleistungen Steins fast keinen Gebrauch machte.

Stein stellt – aufbauend auf der Polizeiwissenschaft von Mohl – die V. als „organischen Theil" in den größeren Zusammenhang der *Staatswissenschaft,* in der inneren Verwaltung wird der arbeitende Staat „zur persönl. Form der allgemeinen Bedingungen der individuellen Entwicklung". Dem sozialen Auftrag der Verwaltung müssen auch Inhalt und System jeder V. entsprechen, denn beide bestimmen sich durch das Objekt der Verwaltung: „Dies Objekt aber ist das persönl. Leben. Es ergibt sich daraus, daß das System der Verwaltungslehre, oder der Betätigung der Verwaltung in dem wirkl. Dasein, kein anderes sein kann, als der organische Inhalt des persönl. Lebens selbst." In allen Verwaltungsbereichen wirkt die von Stein entworfene Idee des sozialen Staates, in dem die Verwaltung „die freie und selbsttätige Entwicklung des Einzelnen" in der „Gemeinschaft der Menschen" sicherstellt. Die Deskription des arbeitenden Staates und die Entwicklung normativer Sätze werden verbunden. Die Ausbildung einer systematischen Verwaltungsrechtswissenschaft, zunächst in der Wissenschaft, dann zunehmend in der Rechtsprechung, hat diesen umfassenden Zugang verschüttet. Von der Wellenbewegung in der Entwicklung der V. im 19. Jh. unabhängig, vollzogen sich in Preußen und anderen Ländern Verwaltungs- und Staatsreformen, deren theoretische Diskussionen und vorbereitende Denkschriften oft wie Bausteine einer V. erscheinen. Soweit versucht wurde, die V. von Stein aufzugreifen und fortzuführen, erfolgte dies nur in dem Bereich der Nationalökonomie (I. Schmid).

Dieser Zeitabschnitt ist durch wechselseitige Beeinflussung und parallele Entwicklungen in den *europäischen Ländern* im Bereich der V. gekennzeichnet: u. a. der Versuch von J. Bentham (Constitutional Code, 1843), die Verwaltungsfunktionen zu beschreiben, zu klassifizieren und reformierend auf die Verwaltungspraxis einzuwirken; der Entwurf einer Verwaltungsfakultät von G. Cuvier (1820), der von 1784 – 88 die *Karls-Schule* in Stuttgart besucht hatte; die kurzlebige *Ecole d'Administration* von 1848 in Paris, deren Konzept von Laboulaye durch seine Kenntnis der dt. Ausbildungsmethoden (Tübingen) bestimmt war; die Analysen und Konzeptionen u. a. von F. Le Play (La réforme sociale en France, 1864) und P. Leroy-Beaulieu (L'Etat moderne et ses fonctions, 1889); dabei früher als in Dtschld. der Beginn einer systematischen Verwaltungsrechtswissenschaft durch die Sammlung der Rechtsquellen (DE GERANDO) und durch eine zunehmende Isolierung als Wissenschaft der „jeweiligen Rechte und gegenseitigen Pflichten zwischen Verwaltung und Verwalteten“ (F. LAFFERRIERE, 1850) gegenüber einer auf Ausbildung und Verbesserung im Verwaltungsbereich gerichteten V.

Als in den USA W. WILSON (Study of Administration, 1887) den Untersuchungsbereich einer V. außerhalb jeder polit. Problemstellung ansiedeln will („die Verwaltung steht außerhalb der polit. Sphäre; Verwaltungsfragen sind keine polit. Fragen“), weist er bereits auf eine für die weitere Entwicklung der V. im 20. Jh. in Europa und den USA typische Gegenüberstellung: einerseits ist eine gegenüber der polit. Umwelt isolierte Verwaltung das Objekt einer auf Handlungsanweisungen gerichteten Theoriebildung *(Scientific Management* bezogen auf Organisation und Verfahren: TAYLOR, FAYOL, GULICK, URWICK; die Human-Relations-Bewegung bezogen auf das Organisationsmitglied: MAYO, MERTON), andererseits wird die Verwaltung als funktionalspezifisches Subsystem der Gesellschaft oder als „Agent“ – positiv oder negativ – gesellschaftl. Veränderungen in den Abhängigkeiten ihrer Entscheidungen von der jeweiligen Umwelt betrachtet *(funktional-strukturelle Systemtheorie:* LUHMANN, MAYNTZ/SCHARPF: „aktive Politik“; *politökonomischer Ansatz:* OFFE; *ökonomische Theorie der Demokratie:* DOWNS, OLSON, OSTROM).

Die aufeinander folgenden, aufeinander antwortenden Entwicklungsphasen verwaltungsbezogener Erkenntnisprozesse sind vor dem jeweiligen Hintergrund der gesellschaftl., sozialen, ökonomischen und wissenschaftl.-technischen Umwelt und ihres zeitbedingten Menschenbildes zu sehen. Diese sind Bedingungsrahmen für die Theoriebildung; die Ergebnisse der Theoriebildung wirken nicht selten ihrerseits verändernd auf die Realität des Erkenntnisobjektes „Verwaltung im öffentl. und privaten Sektor“ ein.

Das *Scientific Management* hat zur Grundlage ein streng ökonomisches, technisch-rationales Produktivitätsdenken. Zuerst von F. W. TAYLOR (The principles of Scientific Management, 1911) werden administrative Formen der Rationalisierung in der Verwaltung entwickelt und mit wissenschaftl. Methoden technisch optimale Organisationsformen vorgestellt: Einführung der Arbeits- und Zeitstudien und Studien der optimalen Bewegungsabläufe, Schaffung materieller Anreize durch Zeitakkord, Prinzip der weitgehenden Arbeitsteilung und Spezialisierung zum Zwecke der Produktivitätssteigerung. Die praktischen Ergebnisse dieses Ansatzes, der von einem mechanistisch-instrumentalen Menschenbild ausgeht, konnten jedoch wegen ihres eingeengten Ausgangspunktes u. a. die sozial-psychologischen Aspekte der Arbeitswelt nicht verarbeiten. Das Scientific Management wird in betriebswirtschaftl. Untersuchungen fortgesetzt und hat in den USA seinen Anteil am Gebiet des Faches Public Administration gewahrt. Über den Produktionsbetrieb hinaus wurde dieser Ansatz von H. FAYOL (Administration industrielle et générale, 1916) und darauf aufbauend von L. GULICK (mit URWICK, Papers on the Science of Administration, 1937) und L. F. URWICK (Scientific Principles of Organization, 1938) auf Organisation insgesamt, insbes. die Administration oder Verwaltung gewendet. Hier entsteht die klassische *betriebswirtschaftl. Organisationslehre:* FAYOL entwickelt die Stab-Linien-Organisation, unterscheidet die fünf Grundfunktionen der Verwaltung (Planung, Organisation, Anweisung, Koordination, Kontrolle); GULICK führt die begriffl. Differenzierung von Arbeitsteilung und Koordination fort und stellt Leitprinzipien für die zweckmäßige Gesamtorganisation zB nach Objekt, Verrichtung, Klientel, Material oder nach territorialen Gesichtspunkten auf. Die organisatorischen Leitlinien werden ohne empirische Überprüfung und ohne Berücksichtigung der Verwaltungsumwelt und der Anpassungsprobleme erstellt. Sie haben eine präskriptive Zielsetzung, weil sie instrumentale Bausteine für die rationale Organisation bereitstellen wollen. Inzwischen ist diese klassische, abstrakt-deduktive Organisationslehre um den *Umweltbezug* und einen entscheidungs- bzw. *systemtheoretischen Ansatz* ergänzt worden (W. KIRSCH, Betriebswirtschaftslehre: Systeme, Entscheidungen, Methoden, 1974).

Neben dem Scientific Management entsteht eine spezifisch *soziologische Richtung* der Organisations- bzw. *Bürokratie-Forschung* durch MAX WEBER (Wirtschaft und Gesellschaft, 1921), der zwar die Elemente seiner idealtypischen Begriffsbildung aus der historischen Wirklichkeit der preuß. Verwaltung entnimmt, dennoch aber gerade über den *idealtypischen Bürokratiebegriff* normativ und präskriptiv wirken will: „Man könnte also sagen, daß die einzelnen Merkmale des WEBERschen Bürokratiebegriffs die Antwort auf die Frage sind, wie der Herrschaftsstab im Falle legaler Herrschaft beschaffen sein müsse, um die wirksamste Herrschaftsausübung zu gewährleisten“ (R. MAYNTZ). Der Idealtypus: Bürokratie verkörpert die größtmögl. Leistungsfähigkeit und wird durch die Merkmale charakterisiert: Arbeitsteilung, strenge Autoritätshierarchie, Formalisierung der Rechte und Pflichten der Positionsinhaber, standardisierte Arbeitsabläufe, feste Besoldung, Auslese, Aufstieg und Beförderung aufgrund fachl. Qualifikation, Prinzip der Aktenmäßigkeit. Dieser Bürokratiebegriff ist durch die Funktion der obrigkeitl. Ordnungs- und Eingriffsverwaltung geprägt, berücksichtigt kaum die sozialpsychologischen Aspekte von Organisation und kann kein optimal zweckmäßiges Organisationsschema einer auf Problemlösung angelegten und auf die Umwelt reagierenden Verwaltung anbieten. Unter den Bedingungen der entwickelten Industriegesellschaft ist dieser Idealtypus heute kein für die „dauerhafte und technisch effiziente Ausübung legaler Herrschaft“ geeignetes Organisationsmuster. Nicht die präskriptiven Merkmale des idealtypischen Bürokratiebegriffs von WEBER sind Gegenstand der ihm nachfolgenden Organisationssoziologie, sondern die Deskription und Analyse der Strukturen und Verhaltensweisen der Organisation als zielgerichtetem sozialem System in Wechselwirkung mit seiner Umwelt. Die Weite ihres Erkenntnisobjektes beeinflußt notwendig den Abstraktionsgrad ihrer Aussagen, doch zeigen sich nach der Betriebssoziologie auch Ansätze einer speziellen *verwaltungsbezogenen Organisationssoziologie,* deren Erkenntnisziele die Analyse der konkreten Organisation und zugleich allgemeine Aussagen über Zusammenhänge zwischen den Merkmalen von Organisationen und über ihre Folgen für die Erhaltung der Organisation und für ihre Zielverwirklichung (R. MAYNTZ, D. SILVERMAN) sind. Ausgang ist dabei die *strukturell-funktionale Systemtheorie* (T. PARSONS, The Social System, 1951; R. MERTON, Social Theory and Social Structure, 1957), deren Ausgangspunkte für die Organisationsanalyse Systemerhaltung und Zielverwirklichung sind und die als Untersuchungsgegenstände die analytischen Kategorien Struktur und Organisation (Rollen, Kommunikation, Personal, Macht und Autorität, Prozesse der Entscheidung, der Normenbildung, der Konflikte, des Aufstiegs, des organisatorischen Wandels), Umwelt und Technologien der Organisation (ETZIONI, BLAU/SCOTT, CROZIER) verwenden.

Die *sozialpsychologischen Aspekte* des Organisationsmitgliedes als sozial motiviertes Gruppenwesen werden in einer Reaktion auf den *Taylorismus* in der *Human-Relations-Bewegung* erkannt: In einer im Ansatz allein auf die objektiven Arbeitsbedingungen gerichteten Untersuchung der Leistungsfähigkeit wurde die Bedeutung der psychischen und sozialen Faktoren „entdeckt“ (E. MAYO, The Human Problems of an Industrial Civilization, 1933). Auch dieser eher ethisch fundierte Ansatz wurde erweitert: um die organisationspsychologischen Faktoren der Motivation und Persönlichkeitsentfaltung, um die Interaktion des organisationsangehörigen Individuums mit der ihm gestellten Aufgabe, mit anderen Individuen (Vorgesetzten, Gleichgestellten oder Untergebenen) und mit der Gruppe bzw. Gruppen in der Organisation (MCGREGOR, The Human Side of Enterprise, 1960; L. v. ROSENSTIEL u. a., Organisationspsychologie, 1972). Normativ wirkt dieser Ansatz, weil er motivationstheoretisch belegte Zielsetzungen für die Organisation entwickelt („höhere Bedürfnisbefriedigung und Selbstverwirklichung des Organisationsmitglieds“), selbst wenn er damit eine dem Scientific Management diametral entgegengesetzte Position bezieht (die Motivation des Mitarbeiters hat zentrale Bedeutung für hohe Leistung; wesentlich ist die vom Arbeitsinhalt abhängige Möglichkeit zur Persönlichkeitsentwicklung).

Organisationsforschung unter besonderer Hinwendung auf die Entscheidungssituation betreibt die *verhaltenswissenschaftl. Entscheidungstheorie,* die Problemlösungs- und Entscheidungsverhalten von Individuen in organisierten sozialen Systemen analysiert (C. I. BARNARD, The Functions of the Executive, 1938; H. A. SIMON u. a., Models of Man, 1957; J. G. MARCH und H. A. SIMON, Organizations, 1958). Die Verwaltung, insbes. auch die öffentl. Verwaltung bis herunter zum einzelnen Referat, wird als soziales System interpretiert, dessen Handlungen auf das Herstellen von Entscheidungen gerichtet sind. Entscheidung ist immer auch Informationsverarbeitung und -selektion. Während dies generell gilt, werden Verwaltungen i. e. S. dadurch bestimmt, daß „sie durch Bindung der Umwelt an ihre Entscheidung eine spezifische Funktion erfüllen“ (LUHMANN).

Die V. steht unter dem doppelten, gleichzeitigen Anspruch, eine Einheit als Wissenschaft angesichts vielfältiger Theorien und Methoden bilden zu müssen und verwaltungsbezogene Erkenntnisse als Handlungsempfehlungen (Verwaltungsreformlehre) produzieren zu sollen. Der Erkenntnisgegenstand: Verwaltung allein kann die V. schwerlich zusammenhalten und kann der Spezialisierung und Differenzierung von Disziplinen schließlich nicht entgegenwirken. Wenn sich die V. noch nicht als eine einheitliche Disziplin herausgebildet hat, so spiegelt dies auch die Vielfalt der Verwaltungsrealität wider.

L. v. STEIN, Die V., 1865–84 – H. A. SIMON, Das Verwaltungshandeln, 1955 – J. G. MARCH/H. A. SIMON, Organizations, New York/London 1958 – P. MEYER, Die Verwaltungsorganisation, 1962 – J. M. PFIFFNER/F. P. SHERWOOD, Administrative Organization, Englewood Cliffs 1962 – N. LUHMANN, Funktion und Folgen formaler Organisation, 1964 – DERS., Theorie der Verwaltungswissenschaft, 1966 – F. MORSTEIN MARX (Hg.), Verwaltung. Eine einführende Darstellung, 1965 – G. LANGROD u. a., Traité de Science Administrative, Paris 1966 – H. MAIER, Die ältere dt. Staats- und Verwaltungslehre, 1966 – A. ETZIONI, Soziologie der Organisationen, 1971 – G. CATALDI, Lineamenti generali di Scienza dell'Amministrazione publica, Mailand 1969 – K. KÖNIG, Erkenntnisinteressen der Verwaltungswissenschaften, 1970 – F. MARINI (Hg.), Toward a new public Administration – The Minnowbrook Perspective, Scranton 1971 – D. WALDO (Hg.), Public Administration in a Time of Turbulence, Scranton 1971 – P. SELF, Administrative Theories and Politics, London 1972 – A. DUNSIRE, Administration. The Word and the Science, London 1973 – H. SIEDENTOPF (Hg.), Verwaltungswissenschaft, 1975 – P. EICHHORN/P. FRIEDRICH, Verwaltungsökonomie I, 1976 – C. REICHARD, Betriebswirtschaftslehre der öffentlichen Verwaltung, 1977 – R. MAYNTZ, Soziologie der öffentlichen Verwaltung, 1982 – J. CHEVALLIER/D. LOSCHAK, Science administrative, 1978 – K. KÖNIG, H. J. VON OERTZEN, F. WAGENER (Hg.), Öffentliche Verwaltung in der Bundesrepublik Deutschland, 1981 – G. CAIDEN, Public Administration, Pacific Palisades, 1982 – J. J. HESSE (Hg.),

Politikwissenschaft und Verwaltungswissenschaft, 1982 – G. PÜTTNER, V., 1982 – K. WENGER/CH. BRÜNNER/P. OBERNDORFER (Hg.), Grundriß der V., 1983 – W. THIEME, V., 1984

Heinrich Siedentopf

Verwaltungsrecht. I. Begrifflich ist das V. zu bestimmen als die Summe der Rechtsnormen, die die von der öffentlichen Gewalt beherrschten Rechtsbeziehungen im Bereich der Verwaltung regeln.

Das V. ordnet die Organisation der →Verwaltung und die Tätigkeit der Organe des →Staates und der übrigen Hoheitsräger (Gemeinden usw., →Staatsorganisation), soweit diese Aufgaben hoheitl. Verw. gegenüber Dritten (durch Normsetzung oder durch Normvollzug im Einzelfall) oder im innerdienstlichen Bereich erfüllen. Auch Verf.organe (→Verfassung) sind dem V. unterworfen, soweit sie – wie der →Bundespräsident bei der Beamtenernennung – keine rein verf.rechtlichen, sondern auch verw.rechtlich geregelte Aufgaben erfüllen. Maßnahmen der Rspr.organe (→Rechtsprechung) sind insoweit verw.rechtl. zu beurteilen, als sie – wie die Beurlaubung eines →Richters oder die Einstellung eines Referendars – nicht im Verfahren unabhängiger Gerichtsbarkeit ergehen. Seinen Niederschlag findet das V. in (förml.) →Gesetzen, VO.en (→Rechtsverordnung; →Verwaltungsvorschrift) bzw. Satzungen, Regeln des →Gewohnheitsrechts, verw.rechtl. (öffentl.-rechtl.) →Verträgen, →Verwaltungsabkommen, →Verwaltungsakten (VA.en) und gerichtl. Entscheidungen (insbes. der →Verwaltungs- und der →Verf.gerichtsbarkeit). Abzugrenzen ist das V. von:

A. dem in den Verf.urkunden (→Grundgesetz, →Landesverf.) festgelegten **Verf.recht** einschließl. des in den →Geschäftsordnungen der Verf.organe enthaltenen verf.rechtlichen „Hilfsrechts";

B. dem **→Gerichtsverfassungs- und Prozeßrecht**, das formell die Tätigkeit der Gerichte als unabhängiger Organe der Rspr. regelt;

C. dem (im StGB und in den strafrechtl. Neben-G.en enthaltenen) **→Strafrecht**;

D. dem **Verw.privatrecht**, das die Erfüllung öffentl. Aufgaben auf dem Gebiet der →Daseinsvorsorge in den Formen des durch öffentl.-rechtl. Grundsätze überlagerten →Privatrechts regelt (so daß zB eine die Gemeindeeinwohner mit Gas, Wasser und Strom versorgende kommunale AG nur eine beschränkte Privatautonomie besitzt, weil bei allen Leistungen der Gleichheitssatz zu beachten ist und eine – nach reinem Privatrecht jederzeit mögliche – Neubestimmung des Unternehmenszwecks ausscheidet);

E. dem **→Privatrecht**, das im Bereich fiskal. Verw.handelns (zB bei der Veräußerung staatl. Grundstücke oder beim Abschluß von Werkverträgen mit privaten Unternehmern) anzuwenden ist.

II. Das dt. V. blickt auf eine verhältnismäßig kurze **Geschichte** zurück. Eine bes. verw.rechtl. Dogmatik gibt es erst seit dem Ende des 19. Jh. Nachdem F. F. MAYER i. J. 1862 und OTTO VON SARWEY i. J. 1887 erste Versuche zur Herausstellung allg. verw.rechtl. Grundsätze unternommen hatten, schuf OTTO MAYER unter dem Eindruck des frz. V. ein geschlossenes System der allg. Lehren (1. Aufl. seines Dt. V. 1895/96). Er lehnte sich dabei weitgehend an die zivilistische Dogmatik an und bediente sich der „konstruktiven" oder „jur." Methode (im Gegensatz zu der auf ROBERT VON MOHL zurückgehenden, an den verschiedenen Verw.zweigen orientierten „staatswissenschaftl." Methode, die auf staatsrechtl. Gebiet CARL FRIEDRICH GERBER und PAUL LABAND entwickelt und angewandt hatten). Viele der von OTTO MAYER entwickelten Begriffe und Rechtsinstitute bestimmen – mit gewissen durch den Wandel von Zeit und Recht bedingten Änderungen – auch heute noch die verw.rechtl. Dogmatik. Freilich ist in der Nachfolge OTTO MAYERS seinem →Verwaltungsakt (als „Zentralbegriff" des dt. V.) etwas zuviel Ehre erwiesen und darüber sein zukunftsträchtiges Konzept vom →Staat als dem öffentl. →Unternehmer („intendant general") nicht hinreichend zur Kenntnis genommen worden. In der Folgezeit haben neben der Rspr. vor allem KARL KORMANN, FRITZ FLEINER, RICHARD THOMA und WALTER JELLINEK zur Fortbildung der allg. Lehren beigetragen. Bereits unmittelbar vor und dann nach dem Zweiten Weltkrieg hat die V.lehre entscheidende Impulse erhalten durch die vor allem von ERNST FORSTHOFF vermittelte Erkenntnis, daß der Verw. als Leistungsträger im Rahmen der →Daseinsvorsorge eine bedeutsame Rolle zukommt.

III. Eine **Einteilung** der verw.rechtl. Regelungen ist mögl. unter Berücksichtigung ihrer Bedeutung innerhalb des gesamten V. (allg. und bes. V.), des Betroffenenkreises (V. mit Außen- bzw. Innenwirkung) und des zugrunde liegenden Verw.zieles (Recht der →Eingriffsverw. und →Leistungsverw.).

A. Allg. u. bes. V.: Das *allg. V.* ist der Inbegriff derjenigen V.normen, die die allgemeinen Begriffe, Institute und Grundsätze der Verw.organisation und des Verw.handelns bestimmen. Zum *bes. V.* zählen dagegen alle Regelungen, die (zB als →Polizeirecht; →Kommunalrecht; →Beamtenrecht usw.) sachl. begrenzte Teilbereiche der Verw. ordnen.

B. Eingriffs- und Leistungs-V.: Das *Eingriffs-V.* ist das klassische V., das zu einer Beschränkung der Freiheits- und Vermögenssphäre des einzelnen im Interesse des allg. Wohles führt. Das *Leistungs-V.* des modernen →Sozialstaats hat die Aufgabe, im Dienst der verteilenden Gerechtigkeit die verschiedenen Aufgaben der →Daseinsvorsorge zu erfüllen.

IV. Im Vordergrund des Interesses steht das **allgem. V.** Es hat mit dem Erlaß des Verwaltungsverfahrensgesetzes (VwVfG) vom 25. 5. 1976 eine weitgehende, wenn auch nicht vollständige Kodifikation erhalten.

A. Die Abhängigkeit des V. vom Verf.recht kommt vor allem im Grundsatz der →Gesetzmäßigkeit der Verwaltung zum Ausdruck. Nach Art. 20 III GG ist die vollziehende Gewalt „an Gesetz und Recht gebunden". Alle Verw.maßnahmen mit Außenwirkung – VA.e und RechtsVO.en – bedürfen einer bes., rahmenmäßig begrenzten Rechtsgrundlage, die grds. in einem (gültigem, höherrangigem Recht nicht widersprechenden) förml. Gesetz enthalten sein oder doch auf ein solches zurückgehen muß (*„Vorbehalt des Gesetzes"*). Rein organisatorische Maßnahmen, die keine unmittelbare Rechtserheblichkeit für andere Rechtsträger entfalten, benötigen keine bes. Rechtsgrundlage; ihre Rechtmäßigkeit hängt allein davon ab, daß sie nicht gegen ein Gesetz (zB gegen das HaushaltsG) oder einen sonstigen höherrangigen Rechtsakt verstoßen (*„Vorrang des Gesetzes"*). Die Gesetzesgebundenheit der Verwaltung unterliegt verf.rechtl. Sanktionen, da Art. 2 I GG jedermann ein Grundrecht auf ein gesetzmäßiges Verhalten (ihm gegenüber) gewährleistet, Art. 19 IV GG gegen Rechtsverletzungen durch die öffentl. Gewalt den Rechtsweg eröffnet und die Verletzung des Gesetzmäßigkeitsprinzips ggf. Ausgleichs- bzw. Wiederherstellungsansprüche auslöst (s. u. G). Unbeschadet ihrer Gesetzesgebundenheit ist der Verw. bei der Vornahme von Einzelmaßnahmen (insbes. VA.en) insofern eine gewisse Entscheidungsfreiheit eingeräumt, als sie im Rahmen „pflichtmäßiger Ermessensbetätigung" (→Ermessen) darüber zu befinden hat, ob ein durch einen unbestimmten Rechtsbegriff (Bedürfnis, Zuverlässigkeit, öffentl. Wohl) geprägter gesetzl. Tatbestand verwirklicht worden bzw. welcher von mehreren gesetzl. generell (zB durch „Kann-Vorschriften") zugelassenen Rechtsfolgen im gegebenen Fall der Vorzug zu geben ist. Bei der Ausübung des Rechtsetzungsermessens ist jeder Normerlaß legitim, der auf einer dem „Vorbehalt des Gesetzes" entsprechenden besonderen gesetzl. Ermächtigung beruht und nicht gegen höherrangiges Recht verstößt. In bestimmten Bereichen – vor allem auf dem Gebiet der →Planung – setzt die pflichtmäßige Ermessensbetätigung eine schöpferische Verw.initiative voraus, deren Ergebnisse und Auswirkungen nur in sehr begrenztem Umfang mit den Kriterien der Rechtmäßigkeit und der Rechtswidrigkeit sinnvoll beurteilt werden können.

B. Das allg. **Verw.organisationsrecht** befaßt sich mit dem Status und der Organisation der mit Hoheitsgewalt ausgestatteten Rechtsträger, die an der Erfüllung von Staatsaufgaben mitwirken (Hoheitsträger) und in ihrer Funktion als Träger öffentl. Verw. „Verw.träger" genannt werden.

1. Die Verw.träger sind entweder Hoheitsträger des öffentl. Rechts oder des Privatrechts. Erstere entstehen kraft öffentl. Rechts und unterliegen – sofern sie dem Staat nachgeordnet sind (Gemeinden) – grds. einer Staatsaufsicht i. S. staatl. Verw.aufsicht (Rechtsaufsicht, Fachaufsicht). Ausnahmsweise gibt es auch aufsichtsfreie Hoheitsträger wie die Rundfunkanstalten (→Massenmedien), die nur der allg. Regelungsbefugnis und Kontrolle des →Parlamentes unterstehen. Die Hoheitsträger des öffentl. Rechts sind meist (als „voll"-rechtsfähige Verbände) →juristische Personen des öffentl. Rechts und können als solche sowohl Träger öffentl. wie privater Rechte und Pflichten sein. Gewisse öffentl.-rechtl. Institutionen (zB die Fakultäten der wissenschaftl. →Hochschulen und die Technischen Ausschüsse gemäß § 24 IV GewO) werden nur in bestimmten Beziehungen als Rechtssubjekte behandelt, so daß sie ledigl. als teilrechtsfähige Hoheitsräger zu betrachten sind. Die Hoheitsträger des Privatrechts sind (voll- oder teilrechtsfähige) privatrechtl. Rechtssubjekte, die als „Beliehene" an der Ausübung öffentl. Gewalt teilnehmen (Privatbanken im Vollzug der Altsparerentschädigung; Arbeitgeber- und Arbeitnehmerverbände – →Sozialpartner – hinsichtl. des Erlasses von Tarifvertragsnormen; Jagdaufseher, Schiffskapitäne hinsichtl. der Ausübung polizeil. Befugnisse).

2. Jeder Verw.träger verfügt über *Organe,* die mit bestimmten Verw.aufgaben betraut sind. Ein Organ besteht aus einem oder mehreren Amtsträgern (Beamten oder Angestellten des →öffentl. Dienstes), gewöhnl. auch aus einem Bestand sachl. Mittel. Mehrere Einzelorgane (zB die verschiedenen Referate bzw. Abteilungen eines Ministeriums) können zu einem Gesamtorgan (dem Ministerium) zusammengeschlossen sein. Ein (Einzel- bzw. Gesamt-)Organ ist eine Behörde (wie ein Staatsministerium, eine Regierung als staatl. Mittelbehörde oder eine Kreisverw.behörde), wenn ihm unter bestimmten verfahrensrechtl. Aspekten die Verw.handlungen seiner Amtsträger (zB im Rechtsmittelverfahren) zuzurechnen sind. Die ausschließl. mit Verw.aufgaben betrauten Organe sind in größeren Verw.einheiten (Ressortbereichen: zB in der inneren oder der Finanzverw.) zusammengefaßt, deren polit. Leitungsorgane (die Minister, in Bayern auch die Staatssekretäre) zusammen mit dem Regierungschef (Bundeskanzler, Ministerpräsident) als (→Bundes- bzw. Landes-)Regierung die Spitze der vollziehenden Gewalt (Exekutive) darstellen. Soweit Verf.organe und Gerichte verw.rechtl. Funktionen ausüben (wie der →Bundespräsident bei einer Beamtenernennung oder ein Gerichtspräsident bei der Einstellung eines Referendars), haben auch sie den Charakter von Verw.organen. Maßnahmen innerhalb der Verw.organisation werden in bürokratisch bzw. monokratisch geleiteten Organen (Behörden) durch die verantwortl. Amtsträger oder deren Vertreter („i. V.") bzw. Beauftragte

(„i. A.“) erlassen. In kollegial geleiteten Organen ist das Kollegium nur gemeinsam zum Handeln befugt (s. a. Verwaltung, Staatsorganisation).

C. Verw.rechtl. Rechtsbeziehungen können zwischen Rechtsträgern (d. h. zwischen einem Hoheitsträger einerseits und einem privaten Rechtsträger bzw. einem anderen Hoheitsträger andererseits) oder – grds. ohne die Möglichkeit einer Rechtskontrolle – zwischen Verw.organen eines Hoheitsträgers (zB zwischen den Behörden eines Instanzenzugs) bestehen. In diesem Zusammenhang sind die Rechtsbegriffe des subjektiv öffentl. (s. ö.) Rechts, der verw.rechtl. Pflicht und des V.verhältnisses von bes. Bedeutung.

1. Das gegenwärtige Verständnis des *s. ö. Rechts* ist nicht unumstritten.

a) Dem *Begriff* des s. ö. Rechts wird jeder Anspruch auf ein Tun, Dulden oder Unterlassen zugerechnet, der einem Rechtsträger im Subordinationsverhältnis gegenüber einem Hoheitsträger eingeräumt ist. Abzugrenzen sind die s. ö. Rechte von den begünstigenden Rechtsreflexen, die keinen Rechtsanspruch einräumen, sondern ledigl. eine faktische (gerichtl. nicht durchzusetzende) Begünstigung gewähren. Ob eine Norm ein s. ö. Recht oder nur einen begünstigenden Rechtsreflex verankert, ist jeweils im Wege einer wertenden Gesetzesauslegung zu ermitteln.

b) Eine *Einteilung* der s. ö. Rechte kann nach ihrem Inhalt und ihrem Rang vorgenommen werden. Nach ihrem Inhalt sind materielle und formelle s. ö. Rechte zu unterscheiden. *Materielle s. ö. Rechte* richten sich auf eine bestimmte Sachentscheidung (zB auf die Erteilung einer Baugenehmigung oder die Unterlassung einer sicherheitsrechtl. Maßnahme). Ein bes. wichtiges und wegen seiner verf.rechtl. Verankerung in Art. 2 I GG alle Bereiche des Verw.handelns beherrschendes materielles s. ö. Recht ist das Recht auf Unterlassung rechtswidriger hoheitl. Eingriffe. *Formelle s. ö. Rechte* garantieren ledigl. einen Anspruch auf ein bestimmtes Verhalten der zuständigen Behörde (zB auf die Anhörung eines Beteiligten oder eine fehlerfreie Ermessensbetätigung). Nach ihrem Rang lassen sich die s. ö. Rechte in →Grundrechte, verf.mäßige s. ö. Rechte ohne Grundrechtscharakter (vgl. Art. 116 II GG) und in sonstige (d. h. durch einfach-gesetzl. oder unter-gesetzl. Hoheitsakte sowie durch verw.rechtl. Verträge begründete) s. ö. Rechte einteilen. Während Grundrechte nur unter bes. Voraussetzungen (vgl. Art. 19 I und II GG) eingeschränkt werden können und ihre Verletzung den Weg zu den Verf.gerichten (Verf.beschwerde nach Art. 93 I Nr. 4 a GG, §§ 90 ff. BVerfGG) eröffnet (→Verf.gerichtsbarkeit), kann die Beachtung der sonstigen s. ö. Rechte i. d. R. nur im gewöhnl. Gerichtsverfahren (vor den Gerichten der allg. →Verwaltungsgerichtsbarkeit, der Sozialgerichtsbarkeit usw.) erzwungen werden. Die Bedeutung dieser Unterscheidung wird jedoch relativiert durch das in Art. 2 I GG verankerte s. ö. Recht (Grundrecht) auf Unterlassung rechtswidriger Eingriffe, als dessen Konsequenz die Verletzung eines jeden s. ö. Rechts stets zugleich eine Verletzung des Art. 2 I GG darstellt und damit im Wege des Verf.beschwerde gerügt werden kann.

c) Die *Übergangsfähigkeit* s. ö. Rechte richtet sich nach ihrer Bindung an den Rechtsinhaber. Ganz oder teilweise höchstpersönl. Rechte (wie zB die staatsbürgerl. Rechte) sind nicht übergangsfähig, während s. ö. Rechte ohne höchstpersönl. Charakter (wie die Vermögensrechte) i. d. R. auf Rechtsnachfolger übergehen können.

d) Ein *Verzicht* auf s. ö. Rechte ist möglich, soweit sie der Disposition des Rechtsinhabers unterfallen (was zB für einen bereits entstandenen Ausgleichs- oder Wiederherstellungsanspruch zutrifft). Auf Grundrechte kann in keinem Fall verzichtet werden; der Grundrechtsinhaber kann lediglich von der Geltendmachung der aus dem Grundrecht fließenden Abwehr- oder Teilhaberrechte absehen.

2. Verw.rechtl. Pflichten sind auf ein Tun (zB auf die Entrichtung einer öffentl. Abgabe), Dulden (zB der Errichtung eines Bauwerks durch den Nachbarn) oder Unterlassen (bestimmter – verbotener – Handlungen) gerichtet. Sie bestehen i. d. R. gegenüber Hoheitsträgern bzw. deren Organen, ausnahmsweise (zB aufgrund eines öffentl.-rechtl. →Vertrags) auch gegenüber Privaten.

3. Ein V.verhältnis liegt vor, wenn sich aus der verw.rechtl. Regelung eines bestimmten Lebenssachverhaltes bzw. -vorgangs Rechtsbeziehungen mit einem Bündel verschiedener verw.rechtl. (s.ö.) Rechte und verw.rechtl. Pflichten von einer gewissen Dauer ergeben. Das Konzept des V.verhältnisses gibt die Möglichkeit, jenseits der verw.rechtlichen Regelungsinstrumente (der RechtsVO bzw. Satzung und des VA) sowie der Einzelberechtigungen und -verpflichtungen die sinnvolle Gesamtordnung sozialer Lagen im Interesse des öffentl. Wohls deutlich werden zu lassen. Die überkommene Lehre vom sog. bes. →Gewaltverhältnis kann nicht mehr aufrechterhalten werden. Ausgewiesen durch das Merkmal einer „verschärften Abhängigkeit“ (OTTO MAYER) der in ihm stehenden Personen (Beamten, Schüler, Strafgefangenen usw.) von der öffentl. Gewalt, sollte es einen „rechtsfreien“ Raum begründen, in dem keine (anfechtbaren) Rechtsakte im traditionellen Sinn (also keine Hoheitsakte mit Außenwirkung), sondern nur interne Dienstbefehle erlassen werden. Eine Anerkennung rechtsfreier Verw.räume ist unter einer Verf., die die gesamte vollziehende Gewalt an Recht und Gesetz bindet und gegen Hoheitsakte einen umfassenden Rechtsschutz garantiert, unzulässig. Die im sog. bes. Gewaltverhältnis erlassenen Hoheitsakte sind daher hinsichtl. ihrer Rechtsnatur und des gegen sie bestehenden Rechtsschutzes wie alle sonstigen Hoheitsakte zu beurteilen. Auch die Einschränkung von Grundrechten kann nicht mehr mit Vorhandensein und Zweck eines bes. Gewaltverhältnisses gerechtfertigt werden; sie benötigt stets eine gesetzl. Grundlage.

D. Einen breiten Raum innerhalb des allg. V. nimmt die Lehre von den **Formen des Verw.handelns** ein. Im Mittelpunkt stehen hierbei die hoheitl. Rechtsakte (VO, VA, innerdienstl. Einzelakt, Plan, verw.-rechtl. Willenserklärung und Vereinbarung).

1. Die VO stellt die Form für den Erlaß normativer Regelungen zur Verfügung, die mit der einmaligen punktuellen Bekanntgabe an alle gegenwärtig und künftig Betroffenen eine Allgemeinverbindlichkeit erlangen müssen, da sie (aus technischen Gründen) nicht jedem einzelnen bekanntgegeben werden können. Es ist zu unterscheiden zwischen →Rechtsverordnungen und Verw.VO.en. Erstere enthalten Regelungen für Rechtsträger, letztere für Verw.organe (insbes. →Verwaltungsvorschriften).

2. →Verwaltungsakte dienen dem Vollzug von Rechtsnormen gegenüber bestimmten Personen.

3. Innerdienstl. Einzelakte sind Hoheitsakte, die sich (wie die innerdienstl. Weisungen) an bestimmte Verw.organe richten.

4. Pläne (→Planung) zielen darauf ab, im Laufe einer gewissen Zeit durch verschiedene aufeinander abgestimmte Einzelmaßnahmen einen bestimmten Ordnungszustand zu erreichen. Je nach ihrem Inhalt sind sie völlig unverbindlich („indikative" Pläne wie die Wirtschaftsberichte der Bundesregierung nach § 2 StWG), nur im Innenverhältnis (Flächennutzungspläne) oder auch im Außenverhältnis (als Rechtsnormen im Gewande einer Verordnung bzw. Satzung wie die Bebauungspläne bzw. als VA.e wie die Planfeststellungen nach § 17 FStrG) verbindlich.

5. Verw.rechtliche Willenserklärungen sind Rechtshandlungen von Verw.organen, die auf die Gestaltung eines öffentl.-rechtl. Rechtsverhältnisses gerichtet sind und – im Gegensatz zu Hoheitsakten – nur den Erklärenden selbst, nicht Dritte verpflichten (zB rechtsgeschäftl., auf den Abschluß eines verw.rechtl. Vertrages gerichtete und verfahrensorientierte Willenserklärungen).

6. Zunehmende Bedeutung im Rahmen des Verw.handelns gewinnt die *Vereinbarung*. Einem innerdienstl. Zweck dienen die →Verwaltungsabkommen, die mit anderen Verw.organen abgeschlossen werden. In Rechtsverhältnisse Dritter greifen die verw.rechtl. Verträge ein, die (neben den →Staatsverträgen) dem Rechtsinstitut des öffentl.-rechtl. →Vertrages zuzuordnen sind.

E. Zum Verw.verfahren gehört jede nach außen wirkende Tätigkeit der Behörden, die auf die Prüfung der Voraussetzungen, die Vorbereitung und den Erlaß eines VA oder auf den Abschluß eines öffentl.rechtl. Vertrages gerichtet ist (§ 9 VwVfG).

1. Als *Arten* kommen das nichtförmliche und das förmliche Verw.verfahren sowie das Planfeststellungsverfahren in Betracht. Das förmliche Verw.verfahren (§§ 63 ff. VwVfG) und das Planfeststellungsverfahren (§§ 12 ff. VwVfG) müssen durch besondere Rechtsvorschriften angeordnet sein (§ 10 VwVfG) und sind geboten, wenn Verw.aufgaben von größerer Bedeutung (etwa wegen der Zahl der betroffenen Personen, der territorialen Auswirkung oder der Intensität des Eingriffs) zu erledigen sind. Es ist dem gerichtl. Verfahren angenähert und zeichnet sich durch umfassende Gewähr rechtl. Gehörs sowie durch die Notwendigkeit einer schriftlichen, den Betroffenen förmlich zuzustellenden Entscheidung aus. Die Ausgestaltung des nichtförml. Verw.verfahrens ist (unter dem Vorbehalt, daß keine besonderen Rechtsvorschriften bestehen) dem behördl. Ermessen überlassen.

2. Für alle Arten des Verw.verfahrens gelten bestimmte *Verfahrensgrundsätze*. Von bes. Bedeutung ist neben dem Untersuchungsgrundsatz der Grundsatz der Anhörung der Beteiligten (§ 28 VwVfG). Von der Anhörung kann jedoch abgesehen werden, wenn sie nach den Umständen des Einzelfalls nicht geboten ist (§ 28 Abs. 2 VwVfG). Weitere Verfahrensgrundsätze beziehen sich auf das Recht zur Akteneinsicht, die Beteiligtenöffentlichkeit, die Einfachheit und Zweckmäßigkeit der Verfahrensdurchführung und die freie Beweiswürdigung.

F. Das Recht der öffentl. Sachen ist durch das geschriebene Recht nur fragmentarisch geregelt. Eingehender befassen sich mit ihm die Wasser- und WegeG.e des Bundes und der Länder. Die Wissenschaft bemüht sich seit langem, allg. Grundsätze des öffentl. Sachenrechtes zu entwickeln. Wegen der Einzelfragen vgl. Sache, öffentliche.

G. Die verw.rechtl. Ausgleichs- und Wiederherstellungsansprüche sind nur z. T. im geschriebenen Recht verankert. Weitgehend beruhen sie auf allg., von Schrifttum und Rspr. entwickelten Rechtsgrundsätzen.

1. Der Schadensersatzanspruch wegen *Amtspflichtverletzung* (→Staatshaftung) ist in § 839 BGB i. V. m. Art. 34 GG geregelt.

2. Der Aufopferungsanspruch i. w. S. ist zu verstehen als ein auf angemessene Entschädigung gerichteter Anspruch desjenigen, dem durch hoheitl. Eingriff ein bes. Opfer auferlegt wird. Von dem Aufopferungsanspruch i. w. S. (der durch alle Sonderopfer-Lagen begründet wird und auch die enteignungsrechtl. Entschädigungsansprüche umfaßt) ist der Aufopferungsanspruch i. e. S. zu unterscheiden, der durch die Beeinträchtigung eines nichtvermögenswerten Rechtsguts (wie Leben, Gesundheit und Freiheit) ausgelöst wird und auf einem verf.rechtl. (Art. 3 I, Art. 2 und Art. 14 III GG) abgesicherten Gewohnheitsrechtssatz beruht.

3. Die enteignungsrechtl. Entschädigungsansprüche umfassen die Ansprüche aus rechtmäßiger →Enteignung und aus enteignungsgleichem Eingriff.

4. Der Folgenbeseitigungsanspruch verpflichtet die zuständige Behörde zur Wiederherstellung eines früheren tatsächl. Zustandes im Rahmen des Möglichen, wenn durch eine rechtswidrige hoheitl. Maßnahme zum Nachteil eines Rechtsträgers eine rechtswidrige Tatsachenlage verursacht worden ist, die weder nachträgl. legalisierbar noch durch einen wirksamen VA gedeckt ist.

5. Der öffentl.-rechtl. Erstattungsanspruch ergibt sich aus dem allg. Rechtsgrundsatz, wonach jeder, der ohne Rechtsgrund etwas erlangt hat, verpflichtet ist, das Erlangte bzw. dessen Surrogat zurückzugewähren und im Falle der Unmöglichkeit der Rückgewährung Wertersatz zu leisten. Dieser Rechtsgrundsatz hat für den Bereich des Zivilrechts seine bes. gesetzl. Ausformung in den §§ 812 ff. BGB erfahren.

V. Der V.wissenschaft obliegen auch nach Erlaß des VwVfG, das manche bislang offenen Probleme des allg. V. einer weiteren Klärung zugeführt hat, noch bes. **Aufgaben**. So hat zB die knappe Vorschrift des § 40 VwVfG für die Vertiefung einer rechtsstaatl. Ermessenslehre kaum mehr als einen Gemeinplatz beigetragen. Die Abgrenzung zwischen VA und RechtsVO liegt angesichts der unverständlichen Bestimmung der Allgemeinverfügung durch § 35 Satz 2 VwVfG im Dunkeln. Eine Präzisierung des Grundsatzes der →Gesetzmäßigkeit der Verw. in seiner vielseitigen Funktion ist ebenso dringlich wie die Beseitigung der „dogmatischen Unterbilanz" (OSSENBÜHL) im Bereich der Leistungsverw. und die Orientierung des Verw.verfahrensrechts am GG. Das Verständnis des subj. öffentl. Rechts wartet auf eine Vertiefung, soweit es durch den sozialstaatlich interpretierten Gleichheitssatz geprägt wird. Dabei ist das Konzept der Teilhaberrechte an der Gesamtheit der fundamentalen Verfassungsprinzipien zu messen, damit es einer echten Chancengleichheit den Weg ebnet und nicht eine Nivellierung fördert, in der der Verzicht auf eigene Initiative und sachliche Qualifikation das Mittel- bzw. Mindermaß zum Standard erhebt. Die – zuweilen ebenso euphorisch wie unreflektiert verfochtenen – Thesen von der „Partizipation der Bürger an Verwaltungsentscheidungen" und von der „Demokratisierung der Verwaltung" müssen nüchtern durchdacht und in einer Weise ausgeformt werden, die einen Konflikt mit dem selbstverständl. und unaufgebbaren Postulat der Effektivität der Verw. ausschließt. Manche durch den Wandel der sozialen Wirklichkeit bedingten Entwicklungen des besonderen Verwaltungsrechts verlangen eine stärkere Berücksichtigung im System der allgemeinen Lehren. Die zunehmende Technisierung und Rationalisierung der Verwaltung wirft neuartige Probleme auf, die mit den herkömml. Lehrsätzen nicht zu bewältigen sind. Die Frage, wie der Einzelne gegen Fehler der durch Computer gesteuerten Massen-VA.e (zB der Steuerbescheide und Telefonrechnungen) geschützt werden kann, ist durchaus noch offen. Im übrigen sollte das (bislang einigermaßen vernachlässigte) Organisationsrecht (→Staatsorganisation) stärkere Beachtung finden, da es die Tätigkeit der Verwaltung gegenüber dem Bürger – und damit die Verwirklichung von Recht und Gerechtigkeit – auch insoweit maßgeblich beeinflußt, als es „nur" dem internen Verwaltungsbereich zuzuordnen ist.

H. J. WOLFF, O. BACHOF, V. [1]1974[9] (Lit.) – H. MAURER, Allgemeines V., 1985[4], 39 f. (Lit.) – H. U. ERICHSEN, W. MARTENS, Allgemeines V., 1983[6].

Klaus Obermayer

Verwaltungsvorschrift. I. Dem **Begriff der V.** ist jede Norm zuzurechnen, die sich ausschließl. an (gattungsmäßig bezeichnete) öffentl.-rechtl. Organe wendet, um deren Rechte und Pflichten gegenüber anderen öffentl.-rechtl. Organen zu ordnen. Die V. ist zu unterscheiden von der Verw.VO als dem „Gewand", in dem eine im Verw.wege erlassene V. ihre rechtserhebl. Erscheinungsform findet.

II. Eine Einteilung der V.en kann nach der Art ihres Erlasses und nach ihrer rechtl. Bedeutung vorgenommen werden.

A. Nach der Art des Erlasses ist zwischen den im Verw.wege erlassenen und den in Gesetzesform ergangenen V.en zu unterscheiden.

1. Regelmäßig werden V.en im *Verw.wege* (im Gewand von „Verw.VO.en") erlassen. Zu dieser Kategorie zählen die allg. Weisungen übergeordneter Organe an nachgeordnete Organe des gleichen Hoheitsträgers, die die Art und Weise der Rechtsanwendung (durch Richtlinien für die Auslegung von Rechtsnormen und für die Ermessensbetätigung) oder den Geschäftsgang (durch verhaltenslenkende oder organisatorische Vorschriften) regeln.

2. Ausnahmsweise ergehen V.en auch in *Gesetzesform*. Sie regeln meistens (wie zB § 36 I S. 2 BBauG) die (nur verw.intern bedeutsame) Beteiligung anderer Behörden an der Vornahme bestimmter Entscheidungen.

B. Nach der rechtl. Bedeutung ist zwischen V.en i. e. S. und i. w. S. zu unterscheiden.

1. V.en i. e. S. wenden sich als rein interne Organisationsnormen (wie zB die von einem Landesministerium an die nachgeordneten Landesbehörden gerichteten V.en) an öffentl.-rechtl. Organe des gleichen Hoheitsträgers.

2. V.en i. w. S. richten sich an Organe von Hoheitsträgern, die dem von der erlassenden Stelle repräsentierten Hoheitsträger nachgeordnet sind. Zu ihnen zählen die für die Länder verbindl. allg. V.en des Bundes und die generellen Entschließungen, die ein Landesministerium an die seiner Aufsicht unterstellten Gemeinden in Selbstverw.angelegenheiten richtet. Da die V.en i. w. S. Rechtswirkungen gegenüber (selbständigen) Rechtsträgern (Hoheitsträgern) entfalten, sind sie als Rechtsnormen zu qualifizieren.

III. Für den Erlaß der V.en gelten bestimmte Rechtsregeln.

A. Im Verw.wege können V.en i. e. S. ohne eine bes. gesetzl. Ermächtigung aufgrund einer allg. (durch einen Umkehrschluß aus Art. 80 I S. 2 GG gewonnenen) verf.rechtl. Ermächtigung unter Beachtung des „Vorrangs des Gesetzes" (→Gesetzmäßigkeit der Verwaltung) erlassen werden. V.en i. w. S. unterliegen als Rechtsnormen dem „Vorbehalt des Gesetzes", weshalb sie einer bes. gesetzl. Ermächtigung (i. S. des Art. 80 I S. 2 GG) bedürfen. So finden zB die allg. V.en des Bundes in Art. 84 II und Art. 85 II S. 1 GG ihre Rechtsgrundlage. Die formelle Rechtmäßigkeit der V.en hängt von ihrer ordnungsmäßigen Bekanntmachung in einem Veröffentlichungsblatt ab, das dem betroffenen Behördenkreis zugängl. ist. Überwiegend werden V.en in staatl. Anzeigern (Bundes- bzw. Staatsanzeiger) und Ministerialamtsblättern veröffentlicht.

B. Die gesetzgebenden Körperschaften können jederzeit im Rahmen der verf.mäßigen Ordnung V.en erlassen, die dann am „Vorrang des Gesetzes" teilnehmen und der Änderung im Verw.wege entzogen sind.

IV. Einer verw.- bzw. verf.gerichtl. **Normenkontrolle** unterliegen nur die V.en i. w. S.; die Rechtswidrigkeit der V.en i. e. S. kann lediglich durch Anrufung übergeordneter Verw.organe geltend gemacht werden.

F. OSSENBÜHL, V.en und Grundgesetz, 1968 – H. J. WOLFF, O. BACHOF, Verwaltungsrecht I 1974[9], 118 – 119 (Lit.) – H.-U. ERICHSEN, W. MARTENS, Allgemeines Verwaltungsrecht, 1983[6], S. 83 – 95 (Lit.) – H. MAURER, Allgemeines Verwaltungsrecht, 1985[4], 479 – 501 (Lit.).

Klaus Obermayer

Viermächte-Abkommen →Berlin

Völkerbund

1. Grundlagen. Der V. (League of Nations, Société des Nations) verdankte seine Entstehung der während des I. Weltkrieges gereiften Einsicht, daß es zur Sicherung des Weltfriedens einer festen Organisation der Staatengemeinschaft bedürfe. Die Satzung des V. (V.-S.) wurde am 28. 4. 1919 auf der Pariser Friedenskonferenz beschlossen und ging als Teil I in die Friedensverträge mit Deutschland (Versailler Vertrag vom 28. 6. 1919) und die übrigen Pariser Vorortverträge mit Österreich, Ungarn und Bulgarien ein. Sie trat am 10. 1. 1920 in Kraft. Durch das Fernbleiben der USA, deren Präsident WILSON zu den maßgebenden Architekten des Vertragswerkes gehört hatte, war der V. von vornherein entscheidend geschwächt. WILSON war es nicht gelungen, im amerikanischen Senat die notwendige Unterstützung durch eine Zweidrittelmehrheit zu erlangen. In der Präambel waren die Ziele des V. an erster Stelle als „Förderung der Zusammenarbeit unter den Nationen" und „Gewährleistung des internationalen Friedens und der internationalen Sicherheit" umschrieben.

2. Mitglieder. Die V.-S. unterschied zwischen ursprüngl. Mitgliedern, die namentlich in einer Anlage aufgeführt waren (Siegermächte und Neutrale), und anderen Mitgliedern, für deren Beitritt Voraussetzung eine mit Zweidrittelmehrheit zu beschließende Einladung durch die Bundesversammlung war. Ursprüngl. verstand sich der V., in dem Frankreich und Großbritannien die dominierenden Mächte waren, weitgehend als eine Koalition der Siegermächte des I. Weltkrieges. So wurde Deutschland erst im Jahre 1926 aufgefordert, Mitglied zu werden. Die Sowjetunion wurde im Jahre 1934 zugelassen. Trotz der Beteiligung zahlreicher lateinamerikanischer Staaten, von denen allerdings viele die Organisation vorzeitig wieder verließen, blieb doch der V. im wesentlichen ein europäischer Zusammenschluß. Der Höchststand wurde mit 59 Mitgliedern erreicht.

Nach der nationalsozialistischen Machtergreifung erklärte Deutschland im Oktober 1933 seinen Austritt; auch Japan zog sich im selben Jahr zurück (wegen zweijähriger Kündigungsfrist Wirksamkeit jeweils erst 1935). Die Sowjetunion wurde 1939 nach ihrem Überfall auf Finnland ausgeschlossen.

3. Organe und Verfahren. Die Hauptorgane waren a) die *Bundesversammlung*, das Plenarorgan, in dem jedes Mitglied Sitz und Stimme hatte, b) der *Rat*, ein engeres Gremium mit einer Anzahl von ständigen Mitgliedern (Hauptmächte, ursprüngl. Frankreich, Großbritannien, Italien und Japan, dazu ab 1926 Deutschland, ab 1934 die Sowjetunion) sowie einer Reihe nichtständiger Mitglieder (ursprüngl. vier, ab 1922 sechs, ab 1926 neun, ab 1934 elf) sowie c) das *ständige Sekretariat*. Zwischen Versammlung und Rat gab es keine klare Kompetenzabgrenzung; die Zuständigkeiten überschnitten sich in weitem Umfang. Ungünstig wirkte sich auch das grundsätzlich für Sachentscheidungen vorgesehene Einstimmigkeitsprinzip aus, auch wenn das Votum der an einem Streit beteiligten Staaten nicht mitzählen sollte. Eine gewisse Abmilderung dieser starren Regel wurde bald durch die Praxis erreicht, in der Versammlung die Verabschiedung bloßer „Wünsche" (voeux) und Empfehlungen mit einfacher Mehrheit zuzulassen. Zum erstenmal in der Geschichte der → Internationalen Organisationen wurde ein Sekretariat mit einer umfassenden Aufgabenpalette geschaffen, dessen Mitglieder allein dem Wohl der Organisation verpflichtet waren.

4. Aufgaben. Die primäre Aufgabe der *Friedenssicherung* sollte durch ein abgestimmtes Gefüge von Einzelmaßnahmen erreicht werden. Auf dem Gebiet der →*Abrüstung* (Art. 8) blieben jegliche Erfolge aus. Die als einer der wesentl. Gründe für den Ausbruch des I. Weltkrieges angesehene Praxis der Geheimverträge konnte durch die Anmeldepflicht für völkerrechtl. Verträge (Art. 18) und die Veröffentlichung in der League of Nations Treaty Series zwar beseitigt werden; politisch war diese Offenlegung aber bedeutungslos. Fehl schlugen vor allem die Versuche zur Aktivierung des Art. 19, der durch Anpassung und Fortentwicklung der geltenden Abkommen einen *peaceful change* ermöglichen sollte. Deutschland vermochte die Siegermächte nicht zu einer Revision des Versailler Vertrages zu bewegen. Für den eigentl. Konflikt sah Art. 10 eine Kollektivgarantie der territorialen Unversehrtheit und der politischen Unabhängigkeit jedes Mitglieds vor; es fehlte aber insoweit an einem klar definierten Durchsetzungsmechanismus. Auch enthielt die V.-S. kein umfassendes *Kriegsverbot,* das erst durch den BRIAND-KELLOGG-Pakt von 1928 außerhalb des V. Gestalt gewann. Es bestand lediglich die Verpflichtung (Art. 12), friedensbedrohende Streitigkeiten entweder einem internationalen Gericht oder Schiedsgericht zu unterbreiten (Art. 13) oder aber sie dem Rat vorzulegen (Art. 15). Der Rat wurde wiederholt befaßt und konnte in den Anfangsjahren einige Erfolge verzeichnen. Gegen ein Land, das bereit war, sich dem Rechtsspruch oder den im Bericht des Rates enthaltenen Empfehlungen zu beugen, sollten kriegerische Schritte nicht unternommen werden dürfen. Es blieb also zulässig, zur Durchsetzung des streitschlichtenden Rechtsakts zum Kriege zu schreiten. Ein Gleiches galt unter der Voraussetzung, daß es dem Rat nicht gelingen sollte, einen einstimmigen Bericht anzunehmen. In jenem Fall war aber als verfahrensrechtl. Sperre eine dreimonatige „Abkühlungsfrist" vorgesehen. Bei Verletzungen dieser Regeln waren alle Mitglieder verpflichtet, nichtmilitärische *Sanktionen* zu ergreifen (Art. 16 I). Hierbei erwies es sich als nachteilig, daß eine verbindl. Entscheidung eines V.-Organs nicht vorgesehen war. Jedes Mitglied war unmittelbar kraft der Satzung verpflichtet und sollte Sanktionen in eigener Verantwortung ergreifen. Militärische Sanktionen waren nicht obligatorisch. Insoweit besaß der Rat nur ein Vorschlagsrecht (Art. 16 II). Der Mechanismus des Art. 16 konnte nach Art. 17 auch auf Nichtmitglieder erstreckt werden. Zu einer Anwendung des Art. 16 kam es nur einmal in den Jahren 1935/36 im Zusammenhang mit dem Überfall Italiens auf Abessinien. Die Maßnahmen wurden im Jahre 1936 wieder eingestellt, nachdem sich ihre Fruchtlosigkeit erwiesen hatte. In späteren Fällen eines Friedensbruches – Überfall Japans auf China 1931 und 1937, Deutschlands auf Polen und der Sowjetunion auf Finnland 1939 – verzichtete der V. von vornherein auf irgendwelche Sanktionen, schloß allerdings die Sowjetunion aus. Diese offensichtl. Mißerfolge bei der Friedenssicherung führten zu einer starken Diskreditierung des V. ab der zweiten Hälfte der dreißiger Jahre und leiteten seinen Niedergang ein. – Der V. überwachte die Einhaltung der *Mandatsverträge,* die über die früheren Kolonien des Deutschen Reiches und die ehemals von der Türkei abhängigen Gebiete mit den neuen Verwaltungsmächten abgeschlossen worden waren. Nach dem Entwicklungsstand war eine Unterscheidung zwischen A-Mandaten (ehemalige Gebiete unter türkischer Herrschaft: Irak, Syrien, Libanon, Palästina), B-Mandaten (afrikanische Kolonien) und C-Mandaten (Südwestafrika/Namibia, pazifische Gebiete) getroffen worden. Die Mandatsmacht hatte jährliche Berichte vorzulegen. Den Einwohnern der Gebiete war überdies ein Petitionsrecht zugestanden. – Der →*Minderheitenschutz* war in der V.-S. nicht erwähnt. Nach und nach wurden aber Minderheitenschutzbestimmungen im Verhältnis zu nicht weniger als 15 Staaten unter die Garantie des V. gestellt. Hier war ebenfalls ein ausgeklügeltes Petitionssystem vorgesehen. Einen Geburtsfehler des Systems bedeutete es, daß die Siegermächte (Frankreich, Italien) nicht bereit waren, sich ebenfalls einem Minderheitsschutzregime zu unterwerfen. – Nach Art. 49 des Versailler Friedensvertrages war der V. „*Treuhänder*" für das *Saargebiet.* Eine ähnliche Funktion übte er als *Schutzmacht* für die *Freie Stadt Danzig* aus. – Im Bereich der *Wirtschafts- und Sozialpolitik* vermochte der V. sich nur wenig zu profilieren.

5. Auflösung. Der V. konnte während des II. Weltkrieges, der seinen Mißerfolg mit aller Deutlichkeit dokumentierte, seine Tätigkeit nicht fortsetzen. Nach dem Ende des Krieges ging man sogleich an die Schaffung einer neuen Weltorganisation, der →Vereinten Nationen. Die Bundesversammlung traf sich nur noch einmal im April 1946, um die Auflösung der Organisation zu beschließen. Die verbliebenen Vermögenswerte (u. a. V.-Palast in Genf) wurden im wesentlichen auf die Vereinten Nationen übergeleitet. Der Internationale Gerichtshof sieht die Vereinten Nationen auch funktionell als Rechtsnachfolger des V. an (Mandat über Südwestafrika/Namibia).

W. SCHÜCKING, H. WEHBERG, Die Satzung des V. 1924², I 1931³ – O. GÖPPERT, Der V. 1938 – F. P. WALTERS, A History of the League of Nations^I, II^ 1952 – The League of Nations in Retrospect 1983 – C. PARRY, League of Nations, Encyclopedia of Public International Law^V^ 1983, 192–201.

Christian Tomuschat

Völkermord (Genozid, Genocid). 1. Begriff. Der erst in neuerer Zeit entwickelte Begriff V. sucht die vielfältigen Formen der Vernichtung verschiedenartiger sozialer Gruppen begriffl. zu erfassen, zu ächten und unter Strafe zu stellen. Über den plastischen, aber verkürzenden Ausdruck V. hinaus braucht hierbei weder „Mord" vorzuliegen, noch brauchen „Völker" betroffen zu sein.

2. Geschichte. Im 19. Jh. gewann die sog. Humanitätsintervention von Staaten zum Schutz der Menschenrechte unterdrückter Bevölkerungsgruppen völkerrechtl. Anerkennung. Hieraus entwickelte sich nach dem Ersten Weltkrieg der Gedanke einer Bestrafung der verantwortl. Personen. Veranlaßt durch die Verfolgung der assyrischen Christen im Irak, legte der Völkerrechtler RAPHAEL LEMKIN im Jahre 1933 der V. Internationalen Konferenz für die Strafrechtsvereinheitlichung einen Bericht und den Entwurf eines Abkommens über die Bestrafung bestimmter Akte der Barbarei vor. Obwohl zunächst ohne Erfolg, hat dieser „Entwurf Lemkin" die spätere Entwicklung wesentl. beeinflußt. Die grauenhaften Vernichtungsaktionen während des Zweiten Weltkriegs, insbes. von seiten des Dt. Reiches gegenüber den Juden, aber auch zB von seiten der UdSSR gegenüber den Wolgadeutschen, Kalmücken, Balkaren, Krimtataren, Tschetscheno-Inguschen wegen angeblicher Kollaboration mit dem Feinde, trieben die Entwicklung weiter voran. Im Statut für den Internationalen Militärgerichtshof (IMT-Statut) vom 8. Aug. 1945 wurde der Tatbestand des V. erstmals positivrechtl. fixiert, und zwar in Art. 6 c im Rahmen der „Verbrechen gegen die Menschlichkeit" („Mord, Ausrottung, Versklavung, Verschleppung oder sonstige an der Zivilbevölkerung vor Beginn oder während des Krieges begangene unmenschl. Handlungen, Verfolgung aus politischen, rassischen oder religiösen Gründen . . ."). Das KontrollratsG Nr. 10 (das im Gegensatz zum IMT-Statut für die Bestrafung von Verbrechen mit geographisch bestimmbarem Tatort galt) übernahm diesen Tatbestand in Art. II c, ließ aber bereits die Beschränkung auf die Kriegs- oder Vorkriegszeit fallen. An der Auslegung und Fortentwicklung dieses G. hatte die dt. Rspr. wesentl. Anteil (Entscheidungen des Obersten Gerichtshofes für die Britische Zone in Strafsachen). Die positive Bedeutung des IMT-Statuts und des KontrollratsG Nr. 10 für die Entwicklung der strafrechtl. Erfassung des V. wurde leider durch die einseitige Anwendung dieser Normen auf die Angehörigen der im Kriege besiegten Staaten und vor allem durch ihre rückwirkende Anwendung (Verstoß gegen den Grundsatz „nulla poena sine lege") erhebl. beeinträchtigt.

Im Jahre 1946 griff die Generalversammlung der UN das V.-Problem auf. Der von einer Dreierkommission (RAPHAEL LEMKIN, USA; DONNEDIEU DE VABRES, Frankreich; VESPASIAN PELLA, Rumänien) ausgearbeitete Vorentwurf konnte nicht durchdringen. Nach scharfen Auseinandersetzungen zwischen den sozialistischen und den westl. Staaten wurde am 1. Dez. 1948 von der Generalversammlung einstimmig (unter Nichtteilnahme Südafrikas) die Genocid-Konvention angenommen; sie ist nach Hinterlegung der Ratifikationsurkunden durch die Mehrheit der UN-Mitglieder am 12. Jan. 1951 in Kraft getreten. Die Konvention erfaßt nur einen Teilbereich der „Verbrechen gegen die Menschlichkeit" des IMT-Statuts, bringt jedoch insofern eine Erweiterung, als sie mit dem KontrollratsG Nr. 10 die Beschränkung auf Handlungen „vor Beginn oder während des Krieges" fallen läßt. Im übrigen enthält die Konvention zwei weitere bedeutsame Einschränkungen: Politische Gruppen sind (auf Betreiben der UdSSR) von ihrem Schutz ausgenommen, und auch der sog. kulturelle Genocid wurde nicht erfaßt.

3. V. und „Völkerstrafrecht". Beim Tatbestand des V. ist es – wie überhaupt (→Völkerrecht) – umstritten, ob das Völkerrecht selbst strafrechtl. Tatbestände enthalten und damit Einzelpersonen verpflichten kann. Während das Urteil des Internationalen Militärgerichtshofes dies bejahte (sich allerdings zugleich auf die Geltung des IMT-Statuts als Besatzungsrecht stützte), wird es im Schrifttum überwiegend abgelehnt. Auch Art. V der Genocid-Konvention verpflichtet überraschend die Staaten ledigl. zur Ergreifung der entsprechenden gesetzgeberischen Maßnahmen. In diesem Zusammenhang ist es äußerst bedenkl., daß die Konvention das Territorialprinzip (Strafbarkeit nach den G.en des Tatortes) zugrunde legt. Da die betr. Handlungen regelmäßig im Staatsauftrag vorgenommen sein werden, besteht kaum Aussicht, daß die Staatsorgane vor den Gerichten des eigenen Staates angeklagt werden. Wenig Erfolg verspricht auch das in Art. VII der Konvention vorgesehene Beschwerderecht: die Möglichkeit eines Ersuchens an das zust. Organ der UN, Maßnahmen zur Verhütung und Bekämpfung des V. zu ergreifen.

4. Der V. im dt. Recht. Art. XI der Genocid-Konvention sieht vor, daß auch Staaten, die nicht Mitglied der UN sind, zum Beitritt aufgefordert werden können. Durch Entschließung der Generalversammlung vom 3. Dez. 1949 wurden sämtl. Nichtmitgliedsstaaten zum Beitritt aufgefordert. Der Beitritt der Bundesrep. Dtschld. erfolgte durch G. vom 9. Aug. 1954 (BGBl. II, S. 729), in Kraft getreten am 22. Febr. 1955 (Bekanntmachung vom 14. März 1955, BGBl. II, S. 210). Gleichzeitig wurde der V. als § 220 a in das StGB aufgenommen. Die Übernahme der vorwiegend dem angelsächs. Rechtsdenken mit seiner weiten, exemplifizierenden Tatbestandsfassung und seinem Vorrang des Richterrechts entstammenden Vorschrift bereitete dem auf strenge, abstrahierende Tatbestandsfassung angelegten dt. Recht erhebl. Schwierigkeiten. In derzeitiger Ermangelung eines bes. Kapitels des dt. StGB über die Verbrechen gegen die Menschlichkeit wurde der V. in das Kap. „Straftaten gegen das Leben" eingeordnet, obwohl diese nur einen Teil des V. ausmachen und die anderen Tatmodalitäten sogar sehr viel wichtiger sind, da bei V. mittels Mordes i. e. S. die allg. Vorschriften (§§ 211 ff. StGB) völlig ausreichen. Die weiteren Begehungsweisen sind: die Zufügung schwerer körperl. oder seelischer Schäden gegenüber Gruppenmitgliedern; die Schaffung von Lebensbedingungen, die geeignet sind, die körperl. Zerstörung der Gruppe ganz oder teilweise herbeizuführen; die Verhängung von Maßregeln, die Geburten innerhalb der Gruppe verhindern sollen; die gewaltsame Überführung von Kindern der Gruppe in eine andere Gruppe. Hinzutreten muß in allen Fällen die Absicht, eine nationale, rassische, religiöse oder durch ihr Volkstum bestimmte Gruppe als solche ganz oder teilweise zu zerstören; bei Vorliegen dieser Absicht erfaßt die Vorschrift auch Handlungen gegenüber einzelnen Gruppenmitgliedern. Die in der Genocid-Konvention enthaltenen, dem angloamerik. Recht entstammenden Vorbereitungs- und Beteiligungshandlungen (conspiracy) konnten in das dt. Recht überhaupt nicht aufgenommen werden; für Vorbereitung und Versuch, Täterschaft und Teilnahme gelten daher die allg. Grundsätze. Die Strafe ist lebenslange Freiheitsstrafe, in minder schweren Fällen Freiheitsstrafe nicht unter fünf Jahren.

H.-H. Jescheck, Z. für die gesamte Strafrechtswissenschaft 66 (1954) 193–217 – R. Maurach, F.-C. Schroeder, Dt. Strafrecht. Bes. Teil, Tlbd. 2, 1981[6], 280–283.

Friedrich-Christian Schroeder

Völkerrecht. 1. Begriff. Seinem Kerngehalt nach ist V. die Summe der Rechtsregeln, welche die Beziehungen zwischen den *Staaten* regeln (zwischenstaatl. Recht). Wie jede Rechtsordnung, so soll auch das V. Frieden und Gerechtigkeit im Kreise der Rechtsgenossen gewährleisten. Diese Aufgabe zu erfüllen, erweist sich als besonders schwierig in einem Rechtssystem, dem es wegen seines konstituierenden Rechtsprinzips der souveränen Gleichheit der Staaten (Art. 2 I Charta der →Vereinten Nationen [VN-Charta]) weitgehend an Institutionen fehlt, denen die Aufgabe einer Sicherung des Gemeinwohls der Völkergemeinschaft aufgetragen ist. Bis heute gibt es keinen Weltgesetzgeber, keine Weltpolizei und keine allgemeine obligatorische Gerichtsbarkeit auf Weltebene. Nach wie vor sind also die Staaten im wesentlichen darauf angewiesen, ihre gegenseitigen Beziehungen im Wege der Selbstregulierung, vor allem durch Vertragsschluß, zu gestalten. Angesichts der Ausweitung des Kreises der Staaten auf alle Kontinente der Welt gerät auch zunehmend die Basis gemeinsamer Wertvorstellungen in Gefahr, die das V. bis in die Anfänge des 20. Jahrhunderts hinein getragen hatte. Freilich darf diese ideologische Verbundenheit der Vergangenheit auch nicht überschätzt werden, hat sie doch namentlich den Ausbruch zweier Weltkriege nicht verhindern können. In der Gegenwart muß das V. den Konsens aller Staaten gewinnen, um eine weltumspannende Ordnung nicht nur für das Minimum des gemeinsamen Überlebens, sondern für das weitergehende Ziel einer friedl. Entwicklung aller Völker im Wege der gegenseitigen Kooperation bilden zu können. – Neben die Staaten sind in der Gegenwart – freilich als Schöpfung der Staaten – vor allem die →*Internationalen Organisationen (IOen)* getreten, die als Funktionseinheiten zur Erledigung von grenzüberschreitenden Aufgaben nicht der Hoheitsmacht eines einzelnen Staates unterliegen und folglich mit den Staaten auf einer Ebene der Gleichordnung verkehren. Dem V. ist also auch die Aufgabe gestellt, die Beziehungen zwischen Staaten und IOen sowie im gegenseitigen Verhältnis von IOen untereinander zu regeln. Trotzdem bleiben die Staaten die primären Handlungseinheiten des V., weil sie nicht nur – wie im wesentlichen die IOen – juristische Kunstschöpfungen darstellen, sondern Ausdruck eines real vorhandenen sozialen Substrats (Gebiet und Volk) und daher auch in einem soziologischen Sinn Herrschaftsgebilde sind. Insbesondere bei der Rechtsetzung fällt den IOen bis heute nur eine sekundäre Rolle zu, die sich meist auf die technische Vorbereitung beschränkt. Die Staaten behalten sich ausnahmslos das Recht vor, jedenfalls die Grundregeln des V. allein zu bestimmen. – Schließlich gibt es in der Gegenwart völkerrechtl. (vr.) Regeln, die Rechte und Pflichten von *Einzelpersonen* begründen (Menschenrechte, Völkerstrafrecht). Von einem vr. Rechtsstatus in diesem Sinne läßt sich immer dann sprechen, wenn dem Individuum ein Recht erwachsen ist oder eine Pflicht obliegt, über die der Heimatstaat oder ein sonst mit Hoheitsgewalt ausgestatteter Staat nicht einseitig verfügen kann. Noch stärker als bei den IOen tritt aber bei den Einzelpersonen die Diskrepanz zwischen Rechtschöpfung und Rechtsunterworfenheit hervor. Das moderne V. kennt zwar vielfach individuelle Rechte und Pflichten, doch werden diese stets von den primären Rechtssubjekten der V.ordnung, den Staaten, teilweise auch von den IOen, geschaffen. Das Individuum hat an der Rechtsetzung keinen Anteil. – Entgegen seiner Bezeichnung wendet sich das V. nur in seltenen Ausnahmefällen unmittelbar an die Völker (Selbstbestimmungsrecht). – Das V. ist also im Lichte dieser Überlegungen zu definieren als die Summe der Rechtsregeln, die primär die Beziehungen zwischen den Staaten, daneben auch die Rechtsbeziehungen zu und zwischen anderen Völkerrechtssubjekten, insbesondere den IOen, regeln.

2. Abgrenzungen. V., in der englischen Sprache international public law, im Französischen droit international public, unterscheidet sich vom *internationalen Privatrecht* durch seinen internationalen Rechtscharakter. Es ist die gemeinsame Schöpfung der Staaten und unterliegt damit nicht der Verfügungsbefugnis eines einzelnen Staates. Das internationale Privatrecht hingegen, soweit es nicht durch Verträge vereinheitlicht worden ist, stellt nationales, d. h. einzelstaatl. Recht dar. Seine Regeln geben Auskunft darüber, welcher Rechtsordnung eine grenzüberschreitende privatrechtl. Rechtsbeziehung unterliegen soll. Jeder Staat kann dieses Kollisionsrecht selbständig bestimmen, muß allerdings dabei die ihm durch das V. gezogenen Kompetenzschranken beachten. – Das *internationale Verwaltungsrecht* ist als eigenständige Rechtsmaterie bisher nur rudimentär ausgebildet. Es gehört ebenfalls dem staatl. Recht an und wird als zusammenfassender Nenner für die Bestimmungen verwandt, die den Geltungsbereich des inländischen Verwaltungsrechts im Hinblick auf Sachverhalte mit Auslandsberührung festlegen. Auch insoweit gilt die Schranke des V. – Von dem amerikanischen Völkerrechtler PHILIP JESSUP ist der Begriff *transnational law* geprägt worden, der zur Bezeichnung für „all law which regulates actions or events that transcend national frontiers" dienen soll. Damit würde aber ein Konglomerat von privatem und öffentl. Recht geschaffen, das als Instrument der Analyse wenig brauchbar wäre. Die spezifischen Eigenheiten des V. resultieren gerade aus der Besonderheit, daß seine primären Adressaten Staaten sind, d. h. kollektive Gebilde, die innerhalb der in ihnen zusammengeschlossenen menschl. Gemeinschaften öffentl. Gewalt ausüben und die Interessen dieser Gemeinschaft auch im Außenverhältnis wahrnehmen. Diese Aufgabenstellung bringt eine Typik des Handelns mit sich, die ganz anderer Regeln bedarf, als sie für den Verkehr im Verhältnis zwischen Privaten angemessen sind. Richtig ist allerdings, daß bei der Beurteilung grenzüberschreitender Sachverhalte häufig nebeneinander das V. und die jeweils anwendbaren Regeln des staatl. Rechts herangezogen werden müssen. – V. hebt sich durch seine normative Verbindlichkeit von den Regeln der bloßen *Courtoisie* (Völkersitte, comitas gentium) ab, die zwar auch im gegenseitigen Verkehr beachtet werden, hinsichtlich deren aber die Überzeugung fehlt, zu dem geübten Tun auch rechtlich verpflichtet zu sein. Beispiele für ein solches lediglich faktisch praktiziertes und nicht rechtlich gebotenes Verhalten sind insbesondere das gegenseitige Grüßen von Schiffen auf hoher See sowie das diplomatische Zeremoniell.

3. V. als Recht. Häufig wird Recht als eine besondere Gruppe von sozialen Verhaltensnormen durch die besondere Eigenschaft gekennzeichnet, daß zu seiner Durchsetzung ein ausdifferenzierter Mechanismus bereitstehe, dessen Kernelemente die Gerichte bildeten. THEODOR GEIGER hat diesen die staatsinterne Wirksamkeit des Rechts sichernden Apparat „Rechtsstab" genannt. Betrachtet man in diesem Sinne das Recht als Zwangsordnung, so kommen am normativen Charakter des V. zwangsläufig Zweifel auf. Dem V. fehlt es angesichts seiner Koordinationsstruktur, deren Träger die Staaten als souveräne Einheiten sind, an einer übergreifenden Herrschaftsordnung. Nur in einem Teilbereich, im Hinblick auf die Erhaltung des Weltfriedens und der internationalen Sicherheit, stehen dem VN-Sicherheitsrat nach dem Kap. VII der VN-Charta Befehlsbefugnisse zu, die aber in der bisherigen Praxis der Vereinten Nationen gerade wegen des Souveränitätsprinzips weitgehend ineffektiv geblieben sind. Auch der Internationale Gerichtshof (IGH), nach der VN-Charta an sich „das Hauptrechtsprechungsorgan der Vereinten Nationen" (Art. 92), stellt keinen eigentl. Weltgerichtshof dar, da die Staaten seiner Gerichtsbarkeit nicht automatisch unterworfen sind, sondern sie in jedem Falle freiwillig akzeptieren müssen. So ist insgesamt das V. in hohem Maße auf freiwillige Befolgung angewiesen. Seine Beachtung wird zwar auch dadurch gesichert, daß jedem V.subjekt das Recht zusteht, bei Rechtsverletzungen durch die Gegenseite Repressalien zu ergreifen, d. h. Maßnahmen zu treffen, die für sich genommen rechtswidrig wären und die nur als Reaktion auf das begangene Unrecht insoweit gerechtfertigt werden können, als sie auf die Wiederherstellung des gebotenen Zustands abzielen. Angesichts der realen Machtverhältnisse sind aber Repressalien für den kleineren Staat ein wenig aussichtsreiches Mittel der Rechtsdurchsetzung. Es bleibt also im wesentlichen dabei, daß die Kraft des V. von der freiwilligen Befolgung durch seine Adressaten abhängt. Die Quelle dieser Bereitschaft bildet die Einsicht der Regierungen, daß langfristig betrachtet den Interessen aller am besten gedient ist, wenn die Regeln des V. – die ja ihrem Inhalt nach auch das Werk aller sind – eingehalten werden. Die empirische Betrachtung lehrt, daß die Staaten sich bei ihren außenpolitischen Entscheidungen meist an die Gebote des V. halten. So gibt es etwa in jedem auch nur einigermaßen entwickelten Land Rechtsabteilungen der Außenministerien, die regelmäßig über die völkerrechtl. Rechtslage konsultiert werden und ihre Regierungen dementsprechend über die Spannbreite zulässigen Handelns informieren. Generell legen auch die Staaten Wert darauf, v. a. durch den Abschluß von Verträgen den Beziehungen zu ihren Partnern ein festes Gerüst zu geben, anstatt sich volle ungebundene Handlungsfreiheit vorzubehalten. Auf diese Weise können für den internationalen Rechtsverkehr verläßliche Grundlagen geschaffen werden. Die Berechenbarkeit in der Außenpolitik steigt. Würden vr. Normen allgemein mißachtet, so wären die Kosten für alle Staaten außerordentlich hoch. Insbesondere im internationalen Wirtschaftsverkehr müßte mit erhebl. Verlusten gerechnet werden. Es liegt aber gleichzeitig auf der Hand, daß die Bereitschaft, das V. einzuhalten, dann Erschütterungen erleiden muß, wenn sich jedenfalls bei Teilen der Normadressaten die Auffassung verbreitet, die vr. Regeln verkörperten keinen angemessenen Interessenausgleich, sondern schützten einseitig nur die Bedürfnisse einer bestimmten Gruppe von Staaten. Es ist diese Überzeugung, welche Staaten der Dritten Welt seit Beginn der sechziger Jahre dazu geführt hat, vor allem die traditionellen Regeln über den Eigentumsschutz in Frage zu stellen, die sie als durch die Macht der Industriestaaten geprägt und damit unter dem Aspekt inhaltl. Gerechtigkeit als verfälscht ansehen. – Besondere Probleme der Einhaltung wirft auch das den Satz von der souveränen Gleichheit der Staaten als Grundregel des modernen V. abstützende Gewaltverbot auf. Das Gewaltverbot stellt zwar für den schwächeren Staat eine hochwillkommene rechtl. Festigung seiner rechtl. Position der Unabhängigkeit dar. Mächtigere Staaten hingegen leben ständig in der Versuchung, vermeintlicher höherer Interessen wegen mit militärischer Gewalt in fremden Staaten zu intervenieren. Aus diesem Grunde hat die VN-Charta speziell zur Gewährleistung des Gewaltverbots den Sicherheitsrat geschaffen, allerdings durch die Einräumung eines Vetorechts zugunsten der Siegermächte des II. Weltkriegs, unter denen sich auch sämtliche Supermächte der heutigen Zeit befinden, von vornherein darauf verzichtet, auch deren Macht durch die Garantie kollektiver Sicherheit einzuschränken. Die vielen Mißerfolge, die der Sicherheitsrat in seiner bisherigen Praxis erlebt hat, belegen, daß die Sicherung des Weltfriedens die schwächste Stelle eines im wesentlichen auf Koordination gegründeten Weltsystems ist. Würde aber ein Weltstaat mit einer auch in Institutionen ausgeprägten Herrschaftsordnung errichtet, so wäre damit das Ende des V. eingeläutet. An seine Stelle würde dann ein föderatives (konföderales) System treten. Hierarchische Elemente würden dort die koordinationsrechtlichen Strukturen der gegenwärtigen V.ordnung ersetzen.

4. Quellen. In Art. 38 I des IGH-Statuts findet sich eine Aufzählung der vom IGH anzuwendenden Gruppen von Rechtsregeln, die weithin als eine Umschreibung des vr. Rechtssystems im allgemeinen anerkannt ist. Die Gleichsetzung erscheint in der Tat gerechtfertigt, weil der IGH nur gehalten sein kann, seinen Entscheidungen das geltende V. zugrunde zu legen. In Einzelheiten freilich deuten sich in der neueren Rechtsentwicklung Verschiebungen an, denen der Katalog des Art. 38 I nicht gerecht wird (Beschlüsse von IOen, einseitige Erklärungen). a) Es liegt auf der Hand, daß in einer Rechtsordnung, deren Träger und Normenadressaten zugleich primär die Staaten als einander gleichgeordnete Rechtssubjekte sind, dem *Vertrag* als sinnfälligem Ausdruck der Koordination die führende Rolle zufallen muß, sobald sich der Wille zur bewußten Rechtsgestaltung Bahn gebrochen hat. Nähere Einzelheiten zum vr. Vertrag als Rechtsquelle finden sich unter dem Stichwort „Internationales Vertragsrecht". b) Dem →*Gewohnheitsrecht* kam in der Vergangenheit größere Bedeutung zu als in der Gegenwart, die durch das Bestreben gekennzeichnet ist, auf möglichst vielen Gebieten das geltende Recht zu sichten, gegebenenfalls zu revidieren und dann in die Form des vr. Vertrages zu gießen. Kodifikation als Festschreibung des geltenden Rechts und Fortentwicklung gehen hierbei Hand in Hand. Auch die erfolgreiche schriftl. Fixierung beseitigt allerdings das Gewohnheitsrecht niemals vollständig. Selten nur gelingt es einem multilateralen Vertragswerk, einhellige Anerkennung zu finden, die sich in einer die gesamte Staatenwelt umfassenden Anzahl von Ratifikationen niederschlägt. Als ein bedeutender Erfolg kann in diesem Sinne das Wiener Übereinkommen über diplomatische Beziehungen von 1961 gelten, dem sich bis zum 31. 12. 1984 nicht weniger als 143 Staaten angeschlossen hatten. Selbst dann gibt es aber noch Außenseiter, wie sich aus einem schlichten Zahlenvergleich mit der Anzahl der VN-Mitgliedstaaten (159) erkennen läßt. In solche Lükken tritt nach wie vor das Gewohnheitsrecht ein. Allerdings wird das Gewohnheitsrecht, sobald einmal ein Vertrag mit schriftlich fixierten Regeln vorliegt, weitgehend von diesem Vorbild beeinflußt, so daß es dann schwerfällt, die Gewinnung von Rechtssätzen durch Auslegung des Vertrages von der Suche nach einem entsprechenden Gewohnheitsrechtssatz zu trennen. In anderen Fällen, wenn ein multilateraler Vertrag offensichtlich erfolglos bleibt, wie etwa bisher das Wiener Übereinkommen über die Vertretung von Staaten in ihren Beziehungen mit IOen weltweiten Charakters von 1975, kann der Fehlschlag ein deutl. Hinweis darauf sein, daß auch entsprechende Gewohnheitsrechtsregeln nicht bestehen. Gegebenenfalls zerfällt sogar dann eine Rechtsüberzeugung, die das Gewohnheitsrecht bis dahin getragen hatte. – Die konstituierenden Elemente des Gewohnheitsrechts sind Praxis und eine ihr zugrunde liegende Rechtsüberzeugung (opinio iuris vel necessitatis). Was die Praxis angeht, so hat der IGH in seinem Festlandsockel-Urteil von 1969 gefordert, daß sie „extensive and virtually uniform" sein müsse (ICJ Reports 1969, 3, 43), wobei dem Verhalten der unmittelbar betroffenen Staaten besonderes Gewicht beigemessen wird. Eine übereinstimmende Praxis aller Staaten wird also nicht verlangt; eine solche breite Fundierung wäre wohl auch niemals festzustellen und würde als Voraussetzung der normativen Anerkennung zur Zerstörung des Gewohnheitsrechts allein schon aus Beweisgründen führen. Was das Zeitelement angeht, so hat der IGH im Festlandsockel-Urteil zu erkennen gegeben, daß Gewohnheitsrecht bei Auftreten neuer Sachprobleme, die eine entsprechende Praxis hervorrufen, auch relativ rasch entstehen kann, nämlich „even without the passage of any considerable period of time" (aaO, S. 42). Damit ist das Gewohnheitsrecht den Regelungsbedürfnissen der schnellebigen Gegenwart zumindest in einem gewissen Umfang angepaßt worden. Auch was die vorausgesetzte Rechtsüberzeugung betrifft, so bedarf es keiner Mitwirkung aller Staaten. Eine allgemeine Rechtsüberzeugung, die an dem Verhalten der faktisch beteiligten Staaten abgelesen werden kann, soll genügen. Unklar ist, inwieweit ein Staat durch seinen ausdrücklich erklärten Widerspruch eine gewohnheitsrechtl. Entwicklung aufhalten kann. Vor allem im Asyl-Streit (ICJ Reports 1950, 266, 277 f.), im britisch-norwegischen Fischerei-Streit (ICJ Reports 1951, 116, 131) sowie im isländischen Fischerei-Streit (ICJ Reports 1974, 3, 29) hat der IGH in einer Reihe von obiter dicta ausgeführt, daß ein neu entstandener Gewohnheitsrechtssatz jedenfalls dem Staat nicht entgegengehalten werden könne, der sich stets dagegen verwahrt habe. Diese Beurteilung trifft wohl nur für bilaterale Rechtsbeziehungen zu, gilt aber nicht, wenn es um Interessen der gesamten Völkergemeinschaft geht. So kann kein Staat sich allein dadurch, daß er Widerspruch gegen das für den Tiefseeboden entwickelte Konzept des gemeinsamen Erbes der Menschheit anmeldet, eine Vorzugsstellung bei der Ausbeutung der in dem Gebiet vorhandenen Bodenschätze sichern. Die von Südafrika praktizierte Apartheidspolitik wird gerade auch vom IGH als Verstoß gegen elementare vr. Menschenrechte betrachtet (Namibia-Gutachten von 1971, ICJ Reports 1971, 16, 45), ungeachtet der Tatsache, daß Südafrika diese Beurteilung ganz offensichtlich nicht teilt. Weil dem Gewohnheitsrecht damit gewisse Elemente einer Mehrheitsherrschaft innewohnen, vertreten die kommunistischen Staaten Osteuropas eine konträre Auffassung, derzufolge das Gewohnheitsrecht nichts anderes als das Ergebnis eines stillschweigenden Vertragsabschlusses sein soll (vgl. etwa das DDR-Lehrbuch Völkerrecht, Teil 1, 1981, S. 175). Hinsichtlich des Vertrages steht in der Tat fest, daß einem Staat nur durch eigene Bindungserklärungen Verpflichtungen erwachsen können. Der östl. Doktrin ist nur insofern recht zu geben, als gegen den Widerstand einer gesamten Staatengruppe, vor allem wenn diese selbst betroffen ist, Gewohnheitsrecht nicht entstehen kann. Auch regionales und sogar bilaterales Gewohnheitsrecht ist anerkannt. c) Die in Art. 38 I c ferner erwähnten *„von den Kulturvölkern anerkannten allgemeinen Rechtsgrundsätze"* werden überwiegend für Prinzipien gehalten, die den nationalen Rechtsordnungen gemeinsam sind und daher – als Ausdruck gemeinsamer Wertvorstellungen – auch in das V. eingehen. Als Beispiele werden immer wieder genannt das Gebot von Treu und Glauben im vr. Verkehr oder umgekehrt das Verbot des Rechtsmißbrauchs. Auch hier vertritt die kommunistische Völkerrechtsdoktrin eine abweichende Position. Von dem Dogma ausgehend, daß es zwischen sozialistischen und kapitalistischen Rechts- und Staatsordnungen keine Gemeinsamkeiten geben könne, wird gefolgert, daß jene dritte Rechtsquellenkategorie in Wahrheit der Selbständigkeit ermangele und Grundsätze bezeichne, die durch Vertrag – entweder im Wege des ausdrückl. Vertragsschlusses oder durch konkludentes Handeln (Gewohnheitsrecht) – Anerkennung gefunden hätten (DDR-Lehrbuch Völkerrecht, op.cit., 209). Der Streit hat mehr prinzipielle als tatsächl. Bedeutung. Die Rspr. greift nur selten auf die allgemeinen Rechtsgrundsätze zurück. Die offiziellen östlichen Thesen muten auch reichlich anachronistisch an angesichts der Tatsache, daß vor allem mit den beiden VN-Menschenrechtspakten von 1966 Konsens über eine breite Palette individueller Rechte – und damit auch über die zugrunde liegenden Wertvorstellungen – erreicht worden ist. – d) Zunehmende Bedeutung gewinnen die *Beschlüsse* (Resolutionen) der IOen. Teilweise legen die Gründungsverträge ausdrücklich fest, daß bestimmte Organbeschlüsse verbindl. Kraft besitzen sollen. An erster Stelle sind in diesem Zusammenhang die drei →Europäischen Gemeinschaften zu nennen, die zum Erlaß einer breit aufgefächerten Skala solcher Rechtsakte ermächtigt sind, von denen einige, insbesondere die Verordnungen, sich sogar unmittelbar an Einzelpersonen wenden. In den VN besitzt nicht nur der Sicherheitsrat Entscheidungsbefugnisse, auch die Generalversammlung kann teilweise verbindl. Beschlüsse fassen (Bsp.: Feststellung des Haushaltsplans und Verteilung der Ausgaben auf die Mitglieder). Bewußt haben die Gründer aber der Generalversammlung die Befugnisse eines Weltgesetzgebers vorenthalten. Wenn freilich von der Generalversammlung im Wege des Konsensus-Verfahrens Deklarationen erlassen werden, die Rechtsaussagen enthalten (Bsp.: Resolution 2625 [XXV] der VN-Generalversammlung von 1970 über Freundschaft und Zusammenarbeit zwischen den Staaten), so besitzt eine solche Deklaration hohen indiziellen Wert für den Stand des geltenden Rechts, zumal wenn der Text in sorgsamer Kompromißsuche zwischen allen Staatengruppen abgestimmt worden ist. Man spricht zur Bezeichnung solcher Rechtsakte, denen die eigentliche förmliche Verbindlichkeit fehlt, die aber gleichwohl als Aussagen über das geltende Recht einhellige Zustimmung erfahren haben, von „soft law". Im Gewicht deutlich dahinter zurück treten Deklarationen wie die Charta der wirtschaftl. Rechte und Pflichten der Staaten von 1974 (Res. 3281 [XXIX]), bei deren Verabschiedung zahlreiche Staaten sich enthalten oder sogar eine Gegenstimme abgegeben haben. Hier handelt es sich dann im wesentlichen um politische Wünsche, die von einer Mehrheit gegenüber der Minderheit geltend gemacht werden. – e) Vor allem nach der Rspr. des IGH im Atomteststreit zwischen Frankreich auf der einen, Australien und Neuseeland auf der anderen Seite soll auch *einseitigen Erklärungen* der Staaten unter Vertrauensschutzgesichtspunkten eine gewisse Bindungskraft eignen (ICJ Reports 1974, 253, 267). Ungeklärt ist, unter welchen Voraussetzungen der Vertrauensschutz und damit der rechtlich verpflichtende Charakter entfällt. – Mit der Anerkennung von Regeln des ius cogens, die auch durch Vertrag zwischen den beteiligten Parteien nicht abänderbar sein sollen (Art. 53, 63 des Wiener Übereinkommens über das Recht der Verträge von 1969), ist das V. in eine gewisse *Rangordnung* gebracht worden, wie sie sich bereits mit dem in Art. 103 der VN-Charta erhobenen Anspruch des Vorrangs vor abweichenden vertragl. Verpflichtungen angekündigt hatte. Daß eine hierarchische Stufenordnung im Entstehen begriffen ist, zeigt sich auch an anderer Stelle bei der Hervorhebung besonders schwerwiegender vr. Delikte unter der Bezeichnung „international crimes" (Art. 19 von Teil 1 der von der International Law Commission [ILC] beschlossenen Draft Articles on State Responsibility, YILC 1980.II. 2, 30) sowie in der Feststellung des IGH, bestimmte elementare menschenrechtl. Verpflichtungen begründeten Verpflichtungen erga omnes (Barcelona-Traction-Urteil, ICJ Reports 1970, 3, 32). Sonst gilt aber als Grundregel, daß durch Vertrag jederzeit entgegenstehendes Gewohnheitsrecht beiseite geschoben werden kann. Umgekehrt kann durch neu entstehendes Gewohnheitsrecht eine vertragl. Regel abgeändert oder hinfällig werden.

5. Grundregeln des Völkerrechts. Ein gewisser Kernbereich von Regeln des zwischenstaatl. Verkehrs läßt sich seiner materiellen Bedeutung wegen von den eher konkretisierenden Detailregeln abheben und als die Verfassung der V.gemeinschaft bezeichnen. Diese Grundregeln sind heute sämtlich in der VN-Charta niedergelegt und haben, was das traditionelle Recht der *Koexistenz* angeht, ihren Niederschlag in der Res. 2625 (XXV) von 1970 gefunden. Hervorgehoben wurde bereits, daß der Grundsatz der souveränen Gleichheit das Grundaxiom der gegenwärtigen V.ordnung darstellt, das nicht erst durch gewohnheitsrechtl. Bildung eher zufällig zustande gekommen ist, sondern bereits der Ausformung des Rechtsquellensystems vorausliegt. Unmittelbare Ableitungen aus dem Prinzip der souveränen Gleichheit sind das Gewaltverbot (Art. 2 IV VN-Charta) wie auch das Interventionsverbot. a) *Souveränität* bedeutet Unabhängigkeit von der Befehlsmacht eines anderen Staates, während die Unterwerfung unter die Befehlsgewalt einer IO heute zu den Selbstverständlichkeiten des internationalen Lebens gehört und die →Souveränität jedenfalls so lange nicht aufhebt, als nicht die IO sich zu einem realen Machtfaktor entwickelt. Verpflichtungen, die für alle Staaten gleich sind (VN-Charta), fallen im übrigen weniger ins Gewicht als Sonderbindungen, die nur einzelne Staaten treffen. Auch die Bindung an das allgemeine V. beeinträchtigt die Souveränität nicht, sondern bekräftigt sie, da nur durch das V. mit seinen Kompetenzregeln die Souveränität aller Staaten gesichert werden kann. Der Abschluß von Verträgen, obwohl er in jedem Falle die Handlungsfreiheit beschränkt, läßt sich, wie der Ständige Internationale Gerichtshof im Wimbledon-Fall von 1923 ausgeführt hat (Ser. A 1, S. 6), gerade als Ausübung von souveräner Entscheidungsmacht deuten, solange jedenfalls ein Staat sich nicht durch Vertrag einem qualitativ geminderten Status unterwirft (Eingliederung in Bundesstaat). Nach Auffassung mancher Sprecher der Dritten Welt sollen Verträge über natürl. Ressourcen in jedem Falle an dem angeblichen ius-cogens-Satz der „ständigen Souveränität über die natürl. Ressourcen" scheitern. Es ist aber kein plausibler Grund ersichtlich, im Zusammenhang mit Bodenschätzen vertragl. Regelungen überhaupt nicht zuzulassen. b) *Gleichheit* bedeutet Gleichberechtigung im Hinblick auf die allgemeinen gewohnheitsrechtl. Regeln des V. So steht die Souveränität eines jeden Staates unter dem Schutz von Gewaltverbot und Interventionsverbot, genießt jeder Staat Vertragsschlußfreiheit und besitzt er ein Gesandtschaftsrecht. Aus dem Satz von der Gleichheit ergeben sich aber grundsätzlich keine Leistungsansprüche gegen dritte Staaten wie Aufnahme in IOen oder Leistung von Entwicklungshilfe, um eine Gleichheit im materiellen Sinne herzustellen. Das V. enthält für das Handeln im zwischenstaatl. Verkehr auch kein allgemeines Diskriminierungsverbot. Schließlich verbietet es der Gleichheitssatz nicht, durch Vertrag eine Vorzugsstellung einzelner Vertragsparteien zu begründen (Bsp.: Vetorecht der ständigen Mächte im VN-Sicherheitsrat). Durch solche Differenzierungen kann im Gegenteil den unterschiedl. realen Machtverhältnissen und damit auch der unterschiedl. Verantwortung im Hinblick auf die Ordnungsfunktion des V. Rechnung getragen werden. c) Das *Gewaltverbot* hat sich aus dem erstmals im Briand-Kellogg-Pakt von 1928 (LNTS 94, S. 57) enthaltenen Verbot des Aggressionskrieges entwickelt. Es erstreckt sich inhaltlich auf sämtl. Formen militärischen Zwanges, während wirtschaftl. Pressionen nicht den Tatbestand erfüllen. Gewaltanwendung ist zulässig nur zur Abwehr eines bewaffneten Angriffs (armed attack, aggression armée, Art. 51 VN-Charta), im übrigen auch jederzeit auf eigenem Staatsgebiet zur Abwehr von eindringenden Schiffen und Flugzeugen oder fremden Polizei- und Armee-Einheiten, auch wenn der Übergriff – sei er beabsichtigt oder unbeabsichtigt – nicht die Schwere eines Verstoßes gegen das Gewaltverbot aufweist. Nach der Res. 2625 (XXV) sind auch bewaffnete Repressalien verboten. Kontrovers ist hingegen, ob die Anwendung militärischer Gewalt zur Rettung eigener Staatsangehöriger (Entebbe-Fall) nach Art. 51 gerechtfertigt werden kann und ob heute noch der traditionelle Rechtfertigungsgrund der humanitären Intervention zum Zuge kommt. Die Dritte Welt vertritt die Auffassung, daß aus dem Selbstbestimmungsrecht für Kolonialvölker ein Recht zum bewaffneten Befreiungskampf erwachse. Die Mehrheit der westlichen Staaten hat diese Auffassung stets abgelehnt. – d) Das *Interventionsverbot* wird in der VN-Charta nur für die Weltorganisation selbst genannt (Art. 2 VII) und leitet sich für das zwischenstaatl. Verhältnis unmittelbar aus dem Grundsatz der souveränen Gleichheit ab. Seine Konturen sind außerordentlich unscharf. Nach der in der Res. 2625 (XXV) gegebenen Definition soll es auch eine Form der bewaffneten Intervention geben können, so daß sich insoweit Gewaltverbot und Interventionsverbot überschneiden. Im übrigen heißt es dort, unzulässig seien Versuche, einen anderen Staat Zwang auszusetzen, um von ihm die Unterordnung der Ausübung seiner souveränen Rechte zu erreichen und von ihm Vorteile irgendwelcher Art zu erlangen. Die abstrakte Subsumtion unter diesen Obersatz erbringt selten eindeutige

Ergebnisse. Bei strikter Rechtsanwendung müßten viele Formen außenpolitischen Handelns als vr.widrig betrachtet werden. Selbst der Lieferstopp (Ölembargo von 1974) wird in der internationalen Praxis ohne weiteres als außenpolitische Waffe gehandhabt. – e) Die Verpflichtung, *Streitigkeiten friedlich zu regeln* (Art. 2 III, 33 VN-Charta), bildet das notwendige Korrelat zu Gewalt- und Interventionsverbot. Freilich ist insoweit der geltende Rechtszustand unbefriedigend. Es besteht keine Verpflichtung, Streitfälle einer gerichtl. oder schiedsgerichtl. Instanz zu unterbreiten. Nur in Regionalorganisationen wie insbesondere den Europäischen Gemeinschaften ist es bisher gelungen, eine obligatorische Gerichtsbarkeit zu schaffen, so daß jeder der Streitbeteiligten auch einseitig eine Klage erheben kann. Zu den in der VN-Charta genannten Methoden gehört insbesondere auch die diplomatische Verhandlung ohne Beiziehung eines Dritten, die dem beatus possidens jegl. Vorteile allein dadurch sichert, daß er die Vorschläge der Gegenseite ablehnen kann. Ein Verfahren des peaceful change ist in den VN lediglich für die Beseitigung der Kolonialherrschaft institutionalisiert, bildet sich im übrigen nur von Fall zu Fall aus. Deutlich ist im übrigen seit einer ganzen Reihe von Jahren der IGH in der Gunst aller Staaten zurückgefallen. – f) Das →*Selbstbestimmungsrecht* der Völker wird von der Res. 2625 (XXV) zu Recht ebenfalls den Grundprinzipien des V. zugerechnet. Ursprünglich war Selbstbestimmung lediglich in Art. 1 II VN-Charta als ein Ziel der Weltorganisation aufgeführt worden. Heute herrscht Übereinstimmung, daß Selbstbestimmung ein kollektives Recht der Völker sei. Eine dahingehende Normierung findet sich insbesondere auch in dem gleichlautenden Art. 1 der beiden VN-Menschenrechtspakte von 1966. Dem vorherrschenden Konsens zufolge soll aber außerhalb von Kolonialsituationen in jedem Falle das Volk mit dem Staatsvolk identisch sein. Ein Sezessionsrecht wird also grundsätzlich abgelehnt. Allerdings macht die Res. 2625 (XXV) zur Voraussetzung dieser Starrheit, daß die Regierung das gesamte Volk „ohne Unterschied nach Rasse, Glauben oder Farbe" repräsentiert. Obwohl dieser Rechtszustand auf den ersten Blick unbefriedigend erscheinen mag, ist doch zu bedenken, daß die Zuerkennung des Selbstbestimmungsrechts an jede ethnische oder sprachliche Gruppe vor allem in Afrika zum Zerfall der gerade erst ausgebildeten staatl. Strukturen führen müßte. Nur wenn zugestanden würde, daß dem Selbstbestimmungsrecht auch durch bloße Einräumung gewisser Autonomierechte Genüge getan werden kann und daß es nicht in jedem Falle auch die Option der Gründung eines eigenständigen Staatswesens einschließen muß, wird es möglich sein, als Rechtsinhaber auch Volksgruppen innerhalb eines Staates anzuerkennen. – g) Während die bisher genannten Rechtsprinzipien die Staaten als selbstverantwortliche Handlungseinheiten voraussetzen (V. der Koexistenz), wird mit der *Pflicht zur Zusammenarbeit* (Art. 1 III, 56 VN-Charta) der Schritt hinüber in eine andere Dimension getan, die durch den Grundgedanken der internationalen Solidarität geprägt ist. Teilweise wird dieser Zweig des V. auch als *Entwicklungsrecht* bezeichnet. Ganz überwiegend sind seine Regeln in spezialvertragl. Abmachungen niedergelegt. Beispielhaft seien hervorgehoben die Sonderregeln des →GATT, denen zufolge gegenüber den Entwicklungsländern auf das übliche Schema von Gegenseitigkeit und Meistbegünstigung verzichtet wird. Die Europäischen Gemeinschaften haben den sog. AKP-Staaten insbesondere über die verschiedenen zeitlich aufeinanderfolgenden Lomé-Abkommen Vergünstigungen eingeräumt. Als zusammenfassenden Nenner für den von ihnen beanspruchten Sonderstatus haben die Länder der Dritten Welt vor allem das sog. *„Recht auf Entwicklung"* konzipiert, das inhaltlich noch nicht definiert ist, das ihrer Auffassung nach aber auch ein Recht auf Leistung von →Entwicklungshilfe umschließt. Insgesamt zeigt sich hier eine veränderte Sicht der Dinge. Die Staatenwelt erscheint nicht als ein im Ursprung unverbundenes Nebeneinander von souveränen Handlungsträgern, sondern als eine von vornherein als Rechtsgemeinschaft konstituierte Pluralität von Staaten, denen aus der Rechtsbindung nicht nur Unterlassungspflichten, sondern darüber hinaus gegenseitige Hilfs- und Unterstützungspflichten erwachsen. Insgesamt sind diese Ansätze einer internationalen Sozialstaatlichkeit bisher recht bescheiden. Leistungen der reicheren Staaten beruhen durchweg auf Freiwilligkeit, da ein Mechanismus der politischen Mehrheitsentscheidung bisher nicht existiert, so daß es nicht zu einer zwangsweisen Umverteilung kommen kann.

6. Völkerrechtssubjekte. V.subjekte sind diejenigen Handlungseinheiten, die Träger vr. Rechte und Pflichten sein können. Geborene V.subjekte sind in erster Linie die *Staaten,* auf deren Bedürfnisse hin die Mehrzahl der vr. Regeln angelegt ist. Konstituierende Elemente des Staates sind die drei Elemente Gebiet, Volk und organisierte Staatsgewalt („Government"). Die Gegenwart kennt nur noch den Typus des souveränen Staates, der nicht der Befehlsgewalt eines anderen Verbandes unterworfen ist. Traditionell gab es auch den nichtsouveränen Staat, vor allem das Protektorat (Bsp.: Marokko und Tunesien unter französischer Herrschaft), dessen Verteidigung und auswärtige Beziehungen von der Protektoratsmacht wahrgenommen wurden. Mit der Durchsetzung des Selbstbestimmungsrechts und dem Fortschreiten der →Dekolonisierung mußte dieser Typus einer Abhängigkeit verschwinden. Die V.subjektivität der Glieder eines →Bundesstaates hängt von der Anerkennung durch die Bundesverfassung ab. – Die neben die Staaten getretenen *IOen* besitzen in keinem Falle ursprüngl. Herrschaftsmacht, sondern leiten die ihnen verliehenen Hoheitsbefugnisse stets von dem Gründungsakt ab, durch den sie ins Leben gerufen worden sind. Die IO weist drei Wesensmerkmale auf. Sie wird durch vr. Vertrag gegründet, der regelmäßig zwischen Staaten abgeschlossen wird – heute können allerdings an der Gründung auch andere IOen beteiligt sein (Europäische Gemeinschaften Mitglieder der Meeresbodenbehörde nach dem Seerechtsübereinkommen von 1982) –, und schließlich findet in der IO eine gewisse selbständige Willensbildung statt, so daß die IO nicht lediglich eine gemeinsame Agentur der Mitgliedstaaten bildet. Bei Mehrheitsentscheidungen tritt diese Eigenständigkeit besonders deutlich zum Vorschein. – Neben diese heute allgemein anerkannten beiden Gruppen von V.subjekten treten zahlreiche andere Rechtsträger, deren gemeinsames Kennzeichen es ist, daß sie entweder aus geschichtlichen oder anderen Gründen der Opportunität von staatl. Hoheitsgewalt bewußt freigestellt werden (Heiliger Stuhl, Malteser-Orden, Internationales Komitee vom →Roten Kreuz) oder aber rein faktisch einer staatlichen Hoheitsgewalt nicht unterstehen, so daß man sie als selbstverantwortl. Organisationseinheit ansprechen muß (Aufständische, Befreiungsbewegungen), wenn man sie in einen rechtl. Ordnungsrahmen einbeziehen will. – Der *Einzelmensch* kann in beschränktem Umfang ebenfalls Träger vr. Rechte und Pflichten sein. Wenig sinnvoll erscheint es, ihm diese Qualität im Hinblick auf die in menschenrechtl. Abkommen niedergelegten materiellen Rechte zuzuerkennen, soweit es ausschließlich Sache des jeweiligen Vertragsstaates ist, diese Rechte innerhalb der nationalen Rechtsordnung nach eigenem Ermessen zu gewährleisten. Insoweit geht es nur um Rechtspositionen auf Grund staatl. Rechts. Erst in Verbindung mit internationalen Beschwerdeverfahren, wie sie etwa in Art. 25 der Europäischen Menschenrechtskonvention oder im Fakultativprotokoll zum Internationalen Pakt über bürgerliche und politische Rechte niedergelegt sind, entstehen Berechtigungen kraft V., die der einzelne dann unabhängig vom Willen der staatl. Instanzen und gegen diese geltend machen kann. Auf der Passivseite nimmt man zu Recht eine vr. Rechtsbeziehung an, wenn dem einzelnen der besondere Schutz seines Heimatstaates entzogen wird und das V. es jedem Staat freistellt, begangenes Unrecht zu ahnden. Von alters her gilt der Pirat als hostis gentium und kann in diesem Sinne vor den Gerichten eines jeden Landes zur Verantwortung gezogen werden. Vertraglich verankert, aber nur von der Dritten Welt und den kommunistischen Staaten anerkannt, ist die individuelle Strafbarkeit für die Unterstützung der Apartheids-Politik. Noch weitergehende Tatbestände enthält der vor der ILC anhängige Entwurf eines Code of Offences against the Peace and Security of Mankind. – Trotz des Namens „Völkerrecht", der von dem lateinischen Begriff ius gentium abgeleitet ist, kommt *Völkern* oder Nationen nur in Ausnahmefällen die Qualität des V.subjekts zu. Völker und nicht Staaten sind Träger des Selbstbestimmungsrechts, das gerade das Recht umschließt, ein eigenes Staatswesen zu gründen. Insgesamt hat das Denken in Kategorien von Rechten der Völker dort seine Berechtigung, wo ein Volk den Weg zur Staatlichkeit noch nicht hat beschreiten können und es damit im vr. Sinne nur dann geschützt werden kann, wenn man es selbst in seiner unorganisierten Gestalt als Rechtsträger anerkennt. Im übrigen aber bedeutet es keinen Fortschritt an Rechtserkenntnis oder Rechtseffektivierung, wenn man, wie es insbesondere die Afrikanische Charta der Menschen- und Völkerrechte von 1981 in weitem Umfang tut, bestimmte Rechte den Völkern und nicht den von ihnen gebildeten Staaten zuspricht (Gleichheit, Existenzrecht, Verfügung über natürl. Reichtümer, Recht auf Frieden, auf Entwicklung). Teilweise wird auch mit der Unterscheidung von Staat und Volk der Versuch gemacht, die Konsequenzen eines von der Regierung für den Staat vollzogenen Handelns von dem Volk abzuwenden und damit die Starrheit der vr. Deliktshaftung zu durchbrechen.

7. Völkerrecht und staatliches Recht. Das gegenseitige Verhältnis von V. und staatl. Recht rührt nicht nur an die Geltungsgrundlagen des V., sondern ist auch von erhebl. praktischen Interesse, da der Richter sich im Einzelfall divergierenden Rechtsgeboten gegenübersehen kann. Nach der *monistischen Theorie mit Primat des V.* in ihrer strengen Fassung soll jeder völkerrechtl. Normen widersprechende staatl. Akt nichtig sein. Diese Auffassung läßt sich nicht mit den realen Gegebenheiten in Einklang bringen. Jeder Staat behält sich vor, sein internes Recht auch gegenüber abweichenden vr. Bestimmungen durchzusetzen. Ein *Monismus mit Primat des staatl. Rechts,* der auf HEGEL zurückgeführt werden kann (Rechtsphilosophie, 1821, § 330), betrachtet das V. lediglich als „äußeres Staatsrecht", macht es also vom Willen des einzelnen Staates abhängig und leugnet damit seine normative Bindungskraft. Auch diese Deutung läßt sich mit dem soziologischen Befund von der Wirkungsweise des V. in der Staatengemeinschaft nicht vereinbaren. Der monistischen Theorie gegenüber steht die *dualistische Konzeption,* die in Deutschland vor allem von H. TRIEPEL und in Italien von D. ANZILOTTI entwickelt wurde. Ihrer Auffassung nach soll es sich bei V. und Landesrecht um zwei völlig voneinander abgeschiedene Rechtsordnungen handeln. Die Rechtsquellen seien unterschiedlich: dem staatl. Gesetz stünden im V. Vertrag und Gewohnheitsrecht gegenüber. Auch der Adressatenkreis falle auseinander, da das V. sich an die Staaten wende, während das staatl. Recht den Bürger anspreche. Ebensowenig deckten sich die Regelungsbereiche, da das V. einerseits und das Landesrecht andererseits unterschiedl. Sachmaterien zum

Gegenstand hätten. Vor allem die in Ansätzen vorhandene vr. Rechtssubjektivität der Einzelperson zeigt indes, daß die dualistische Lehre in dieser Zuspitzung nicht richtig ist. Es trifft allerdings zu, daß die Staaten sich grundsätzlich das Recht vorbehalten, eigenständig darüber zu entscheiden, ob überhaupt und mit welcher Wirkungsmodalität das V. Bestandteil des innerstaatl. Rechts werden kann. Durchweg enthalten die modernen Verfassungen Regeln über die Geltung von Völkergewohnheitsrecht und Vertragsrecht im innerstaatl. Raum. Das V. erhebt andererseits bis heute nicht den Anspruch, daß jede seinen Bestimmungen zuwiderlaufende staatl. Normierung nichtig sein müsse, sondern verlangt nur, daß nach einer solchen Verletzung (vr. Delikt) der rechtmäßige Zustand wiederhergestellt wird. Es ist im wesentlichen ein Streit um Worte, ob man diesen Zustand als Ausdruck des Dualismus oder eines gemäßigten Monismus bewertet. So kann man etwa in Art. 25 GG, demzufolge die allgemeinen Regeln des V. Bestandteil des Bundesrechts sind und den Gesetzen vorgehen, die Verkörperung einer Suprematie des V. oder im Gegenteil eine Verfügung der staatl. Rechtsordnung über das V. sehen. Zu erkennen ist andererseits, daß jedenfalls in Teilbereichen ein monistisches Konzept sich durchzusetzen beginnt, wenn das V. bestimmte Handlungen wie den Völkermord oder die Apartheid als Straftaten qualifiziert, für die der einzelne zur Verantwortung gezogen werden kann, ohne daß insoweit in irgendeiner Weise auf die nationale Gesetzgebung Rücksicht genommen würde. So wäre vom Standpunkt des V. aus heute eine auf die Ausrottung einer Bevölkerungsgruppe gerichtete Politik wie diejenige des Dritten Reiches auch im innerstaatl. Kompetenzraum rechtswidrig; folgerichtig würde Opfern einer solchen Verfolgungsmaßnahme ein Widerstandsrecht erwachsen. – Für die Europäischen Gemeinschaften hat deren Gerichtshof den *Vorrang des Gemeinschaftsrechts* postuliert (Urteil Costa/ENEL, Slg. 1964, 1251, 1269). Dieser Lehre zufolge soll das Gemeinschaftsrecht entgegenstehendes nationales Recht jeder Rangstufe mit unmittelbarer Wirkung verdrängen. Im Gegensatz zum allgemeinen V. begnügt sich also die Gemeinschaftsrechtsordnung nicht damit, daß ein begangener Verstoß später – möglicherweise nach Ablauf längerer Fristen – wieder gutgemacht wird. Während die Gerichte der Mitgliedstaaten generell gewillt sind, sich diesem Anspruch zu beugen, war zunächst der absolute Vorrang des Gemeinschaftsrechts im Hinblick auf die Grundrechte der nationalen Verfassungen umstritten, jedenfalls soweit die Gemeinschaftsrechtsordnung selbst keine gleichwertigen Freiheitsverbürgungen enthält („Solange"-Beschluß, BVerfGE 37, 271 von 1974). Da in der Zwischenzeit aber die Grundrechtssicherungen im Gemeinschaftsrecht gestärkt worden sind, ist heute wohl der Primat des Gemeinschaftsrechts im wesentlichen unangefochten.

E. Menzel/K. Ipsen, Völkerrecht[2] 1979 – R. Bernhardt (Hg.), Encyclopedia of Public International Law, 12 Vols,. bisher erschienen Vol. 1 – 8 1981 – 1985 – I. Seidl-Hohenveldern, Völkerrecht[5] 1984 – A. Verdross/B. Simma, Universelles Völkerrecht[3] 1984.

Christian Tomuschat

Volk. I. Begriff und Sache. 1. Bedeutungsgeschichte des Wortes. V., althochdeutsch folc(h), ist ein gemeingermanisches Wort (engl. folk), dessen Bedeutungswandel stets aufs engste mit politischen und gesellschaftlichen Entwicklungen verknüpft war. Erst im 18. Jh. beginnt das Wort in seinem ursprünglichen Sinn „Heer", „Truppen" zu veralten, hält sich aber noch in gewählter Sprache, wenn ältere Verhältnisse gemeint sind (FußV., KriegsV.). Aus der ursprünglichen Bedeutung „Heerschar", „Heeresabteilung", die zunächst nur die Gesamtheit der kampffähigen Männer umfaßt, entwickelt sich durch die Einbeziehung der Angehörigen ein Gemeinschaftsbegriff: durch ein gemeinsam bewohntes Territorium, Sprache, Abstammung, politische Organisation, sondert sich eine derartige Gesamtheit von anderen ab. Sehr früh verbindet sich mit dem Wort auch die Vorstellung einer kleineren, durch irgendein Band der Gemeinschaft zusammengehaltenen Menge oder Gruppe unter Führung eines einzelnen. Entsprechend findet man den Begriff V. im Sinne von Hausgemeinschaft, Gesinde u. ä.; zB das SchmiedV. – die Knechte des Schmiedemeisters. Viele einzelne gleicher Art werden als „viel V.", „allerlei V." bezeichnet, wobei sich bald eine soziale Wertung einstellt: V. – die Menge der geringen Leute. Sehr verächtlich spricht man gar von Bettel-, Lumpen-, DiebesV. (Davon unterscheidet sich der Gebrauch im Zusammenhang mit jungen Leuten durch freundliche Konnotation: junges V.) Das V. als die Gesamtheit der von seinem Fürsten Regierten bleibt bis in die Gegenwart in der Bedeutung von „→Masse der Bevölkerung" bestehen; davon heben sich Beamtenschaft, Gebildete, Besitzende, Adel und Geistlichkeit ab: →V.vertretung, V.bibliothek, V.schule etc. sind Einrichtungen für die Masse.

Eine soziale Aufwertung des Begriffs V. tritt im 18. Jhdt. mit der Abkehr von Verstandeskultur und „gebildeter" Dichtung ein (Erschütterung des Rationalismus zugunsten romantischer und idealistischer Wertvorstellungen). Man gewinnt zunehmend Interesse am inneren Leben des V. (V.lied, V.dichtung, V.märchen, V.seele, V.charakter).

Durch die →Franz. Revolution und die von ihr ausgehende liberale Bewegung erhält der Begriff V. eine normative, staatsrechtl. Bedeutung: Von der Gesamtheit aller Staatsbürger, dem souveränen V., soll die Staatsgewalt ausgehen (vgl. Art. 1 WV). Monarchiefreundliche Kreise mußten in diesem konsequent auf republikanische Verhältnisse hinzielenden V.begriff einen politischen Partei- und Kampfbegriff sehen; darum wählten sie zur Bezeichnung der Gesamtheit der Staatsbürger vorzugsweise den Begriff →Nation (zB in der Frankfurter Paulskirchenversammlung). Es entspricht der Logik der Wortgesch., daß in der marxistisch-leninistischen Philosophie der Begriff V.massen nun in extrem positiver Konnotation alle sozialen Schichten einschließt, „die den gesellschaftlichen Fortschritt fördern" (vgl. auch V.eigentum, V.kammer, V.polizei). Durch die Pluralbildung „Völker" im sozialistischen Wortgebrauch tritt gezielt eine nationale Entschränkung des Begriffs ein, der u. a. dem Anliegen des westdeutschen Teilstaates – „Das gesamte Deutsche Volk bleibt aufgefordert, in freier Selbstbestimmung die Einheit und Freiheit Deutschlands zu vollenden" (Präambel GG) – entgegensteht, da die überkommenen ethnischen Komponenten – gemeinsame Sprache, Sitte, Kultur etc. – zugunsten von internationalen Klassengesichtspunkten in den Hintergrund treten.

2. Entstehungsgeschichte der Sache. In der älteren Forschung geht man von dem Axiom aus, es habe ursprünglich große ethnische Einheiten gegeben, die im Laufe der Geschichte zerfielen. Als Beleg für diese Aufsplitterungsthese gilt die Existenz von ehemals einheitlichen, großen Sprachgemeinschaften. Dabei hätte sich trotz der sprachlichen Differenzen ein gewisses Einheitsbewußtsein (zB der Germanen oder Slawen) weiterhin erhalten. Demgegenüber betont heute die *Ethnogenese,* daß es schon lange vor der sog. historischen Zeit in Europa kaum rassisch-ethnisch homogene Stämme oder Völker gab. Es handelt sich nach anthropologischen Untersuchungen vielmehr eindeutig um Mischgruppen, die sich erst im Laufe der Geschichte zu größeren Einheiten zusammenschlossen. Demnach wären Völker das Ergebnis eines Integrationsprozesses, der nicht biologisch-natürlich oder allein von der Sprachgemeinschaft her zu deuten ist. Denn Abgrenzungen wurden auch gegenüber Gruppen vorgenommen, die man mühelos verstehen konnte; und umgekehrt suchte man ein Gefühl der Distanz gegenüber Gruppen zu überwinden, die man zunächst als „fremd" empfand – mit dem Ziel einer Gemeinschaftsbildung. Jede Gemeinschaft wird auch durch ihre Sprache konstituiert, aber dadurch ist sie nicht allein schon determiniert. In den Fremdcharakteristiken bzw. später Fremd-Stereotypen spielt der Sprachunterschied kaum eine Rolle, während oft körperliches Aussehen, unangenehmer Geruch, abstoßende Sitten, Feigheit oder Wildheit, Habgier und Mitleidlosigkeit der anderen gerügt werden. Auch gewisse natürliche geographische Abgrenzungen bzw. landschaftliche Geschlossenheiten scheinen für die Entwicklung einer Wir-Vorstellung von Bedeutung gewesen zu sein. Ebenfalls interessant ist die Beobachtung, daß Fremdbezeichnungen größerer Einheiten (zB „Slawen"), die aus der Ferne wie eine homogene Gruppe aussahen, bei näherer Berührung differenziert werden mußten, weil die offenbaren Unterschiede in Sprache, Kleidung, Bräuchen und Sitten – nicht zuletzt in der Religion (Lokalheiligtümer) –, dazu nötigten. Schließlich sorgten mancherorts dynastische Traditionen mit bestimmten Zentren (zB Burgwälle) für die Ausbildung eines gewissen Eigenbewußtseins.

II. V. in der Kirchen- und Theologiegeschichte. 1. V. und V.tum in der Bibel. Lange war es naheliegend, auch historisch den Anfang von Sprachen und Völkern mit der biblischen Erzählung vom Turmbau zu Babel (Gen 11,1–9) zu verbinden. Schon vorher, in der Völkertafel Gen 10, ist von der Verzweigung des Stammes Noah in viele Völker die Rede. Sie bildet die Erfüllung des Gottesgebotes an Noah und die Seinen „seid fruchtbar und mehret euch" (Gen 9,1). Damit ist nach alttestamentlichem Verständnis die Völkerwelt „nicht etwas schöpfungsmäßig Urgegebenes, aber etwas urgeschichtlich Gewordenes" (G. v. RAD), das den theologischen Sachverhalt nicht infragestellt, daß Gott *eine* Menschheit schuf. Das unterstreicht die heilsverheißende Erwählung Abrahams (Gen 12,1–3), die nach der Interpretation at. Wissenschaftler weit über Israel hinausreicht und mithin universale Bedeutung besitzt. Das Vorhandensein von Völkern wird im ganzen AT als im Willen des Schöpfers begründet angesehen (Dtn 32,8) und spielt auch in der prophetischen Geschichtsbetrachtung eine wichtige Rolle (zB Hos 8,10; Jes 8,9; Jes 2,2–4; Mi 4,1–3; Jes 25,6–8; 51,4 f.; Sach 14,16; Jer 16,19). Im NT erfolgt eine religiös bestimmte Universalisierung des V.begriffs (Mt 3,9). Für das neue GottesV. ist nicht die Abstammung, sondern allein Gottes erwählende Gnade entscheidend. In der Kirche Jesu Christi realisiert sich Gottes Heilsplan und kommt zu seiner eschatologischen Vollendung. Missions- und Taufbefehl (Mt 28,9) machen deutlich, daß der Bund alle umfaßt, die Jesus Christus als ihren Herrn anerkennen. Schon das Pfingstwunder (Apg 2) hebt partiell die Erzählung von der babylonischen Sprachverwirrung auf; am Ende der Tage werden dann endgültig alle Unterschiede der Sprachen und Völker überwunden sein (Apk 7,9; 14,16).

2. V. in der Alten Kirche und im Mittelalter. Während das palästinische Judentum seine Erwählung im exklusiv nationalen Sinne interpretierte, verband der jüdische Hellenismus das at. Gedankengut mit dem griech. Menschheitsideal zu einer anthropozentrischen Offenbarungsreligion (Septuaginta) im Weltmaßstab des Römischen Reiches. Diese nationale Entschränkung vor dem Hintergrund hellenistischer Kultur bildete eine wesentliche Grundlage für die griech. Kirchenväter, deren Erklärung von der Vielfalt der Völker (IRENÄUS: 72 Sprachen und Völker; ORIGENES: Völkerengel) letztlich in der Aussage mündete, daß Christus der raum-zeitliche Mittelpunkt der Weltgesch. (IRENÄUS) und das Römische Imperium die Verwirklichung des messianischen Reiches (EUSEB VON CESAREA) seien. Die lateinische Patristik konnte leicht den Kosmopolitismus der Stoa (TERTULLIAN: Wir anerkennen nur einen Staat: die Welt) in sich aufnehmen. In Anlehnung an CICERO, für den der Zugang zur Welt allerdings über das Vaterland führte, entwickelte AUGUSTIN (De civitate Dei XIV, 21 u. 24) eine Definition des Begriffs V. Nach dem Untergang des Römischen Imperiums trat an seine Stelle ein christlicher Kosmopolitismus, der Jhe. überdauerte. So überwölbte in der universalistischen Einheitskultur des MA. das →corpus christianum zunächst die einzelnen Völker. In der scholastischen Theol. gewannen aber bald die natürlichen Ordnungen (Ehe, Familie, Volk, Vaterland) eine besondere Bedeutung (THOMAS V. AQUIN, † 1274), denn an sie knüpfte die Kirche an, um den Menschen in die höhere Ordnung des Reiches der Gnade zu heben. Aus den individualistischen Tendenzen des Nominalismus entwickelte sich dann der Gedanke der *V.souveränität* (V. als die Summe der einzelnen), den MARSILIUS VON PADUA († 1342/43) in seiner Schrift „Defensor pacis" (1324) als nationales und gottgewolltes Behauptungselement gegen die universalen Vormachtsansprüche des Papsttums (→Papst) vertrat. Mit Renaissance und →Humanismus erwachte schließlich das Interesse an nationalen Eigentümlichkeiten (Sprache, Geschichte der Völker), was im Vollzug der wissenschaftlichen Erforschung des Phänomens (zB Neuentdeckung von TACITUS Germania und Druck im Jahre 1470) – trotz weltbürgerlicher Tendenzen (ERASMUS VON ROTTERDAM) – zur entscheidenden Relativierung des Bewußtseins einer gemeinsamen christl.-abendländischen Völkergemeinschaft führte. Kirchenkritische, schismatische Bewegungen verstärkten noch das Bewußtsein nationaler Eigenständigkeit (JOHN WYCLIF, JAN HUS, ULRICH V. HUTTEN). Im mitteleuropäischen Raum hat insbesondere LUTHERS Denken über Sprache (WA 18, 123,23; 154,20; 188,13. WA I,379,8. WA Tr 5,492 Nr. 6108. WA 42, 413 f.) und V.tum (WA 7,7. WA 15,27. WA 7,875,10 f. WA 30 III,290) bleibend das nationale Gefühl der Deutschen geprägt; dabei wurden viele seiner Äußerungen aus dem Zusammenhang gerissen und gezielt nationalistisch interpretiert (zB „Germanis meis natus sum, quibus et serviam, WA Briefe, Bd. 2, 397). Allerdings ruft der Reformator zur Freude darüber auf, daß man zu einem von Gott geschaffenen und erhaltenen V. gehören darf (WA 194, 20 ff.) – jedoch nicht als Quelle schöpferischen Lebens, sondern als einer schöpfungsmäßigen geschichtlichen Gegebenheit, die es zu akzeptieren, aber nicht religiös zu qualifizieren gilt. In der Stadtrepublik Genf gewann unter CALVINS Nachfolger, THEODOR BEZA († 1605), die Idee der V.souveränität neue Bedeutung. BEZAS Schrift „De iure magistratuum (1575) stellte die Rechte des V. über die des Souveräns und begründete ein christliches →Widerstandsrecht gegen Tyrannen.

3. Zum V.begriff im Rationalismus des 17. Jhs. bis zum Imperialismus der Wilhelminischen Ära. Im rationalistischen Denken RENÉ DESCARTES († 1650) wurde das gemeinsame Menschliche gegenüber allen Verschiedenheiten der Völker betont. HUGO GROTIUS († 1645) entwikkelte auf der Grundlage von Vernunft und →Naturrecht eine Gesellschaftstheorie, in der Völker und Sprachen als Bestandteil der natürlichen Ordnung eine selbstverständliche, durch den Konsens aller getragene Bedeutung besaßen. J.-J. ROUSSEAU († 1778) sah als Basis der menschlichen Gesellschaft einen vernünftigen „Sozialkontrakt" zwischen Individuen, die ihre gegenseitigen Interessen respektieren. Er wünschte einen auf Freiheit, Frieden und Menschenwürde gegründeten Völkerbund in der Regierungsform eines menschheitsumfassenden Weltstaates. Diesen Gedanken eines Weltbürgertums verfolgten auch G. E.LESSING († 1781; Erziehung des Menschengeschlechtes; Nathan der Weise, 1779) und I. KANT († 1804), dem eine rationale Menschheitsordnung in Form einer Vereinigung konstitutioneller Republiken vorschwebte (Idee zu einer allgemeinen Geschichte in weltbürgerlicher Absicht, 1784; Zum ewigen Frieden, 1795).

Mit J. G. HAMANN († 1788) setzte eine romantische Gegenbewegung gegen den Rationalismus der →Aufklärung ein. Durch Natur und Geschichte hindurch vollzieht Gott seinen Willen; Sprache, V., Familie sind organische, nicht organisierbare menschliche Einrichtungen, deren Ursprung, Sinn und Ziel im bibl. Schöpfungsglauben zu suchen sind. HAMANNS Schüler HERDER († 1803) gab dem V.begriff dann seine für die folgende Zeit entscheidende Ausprägung. Er versteht Völker als Individualitäten, die wie alle Pflanzungen und Lebewesen den Gesetzen organischer Entwicklung unterworfen sind, dabei aber durch ein ursprüngliches Gesetz – den *Nationalgeist* – an jeweils charakteristische Lebensäußerungen (zB die Sprache) gebunden bleiben. Das Christentum soll die Nationalreligionen nicht zerstören, „sondern sie läutern, ihnen aufhelfen, daß jede Nation Gott auf die ihr eigenste Weise liebe, dem Nächsten auf die ihm gefällige Weise diene" (Sämtl. Werke XXIV, 45). Da jedes V. eine „Pflanze der Natur" ist, wäre es falsch, wenn man mehrere Völker vereinigen würde – „zusammengeleimt in eine brechliche Maschine, die man Staatsmaschine nennt, ohne inneres Leben und Sympathie der Teile gegeneinander". Diese Ideen fanden in der Gedankenwelt F. D. E. SCHLEIERMACHERS († 1834) eine konsequente Durchformung in seinem organischen V.begriff (→Volkskirche). Das Universum ist in drei Individuationskreisen – Menschheit, Völker, Individuen – geordnet, jedes V. stets bodengewachsen und bodenabhängig, der Staat die naturgemäße Entwicklung einer höheren Stufe des V.bewußtseins. Unter dem Eindruck des Befreiungskampfes gegen NAPOLEON kann SCHLEIERMACHER zB in einer vaterländischen Predigt 1813 sagen: „Jedes V., ... das sich zu einer gewissen Höhe entwickelt hat, wird entehrt, wenn es Fremdes in sich aufnimmt, sei dieses an sich auch gut; denn seine eigene Art hat Gott jedem zugeteilt und darum abgesteckt Grenze und Ziel, wieweit die verschiedenen Geschlechter wohnen sollten auf dem Erdboden" (Sämtl. Werke II. Abt., 4. Bd., S. 75). Die hier begründete religiös-patriotische Haltung steigerte sich bei E. M. ARNDT († 1860) zu einem Glauben an den „deutschen Gott" und einem Bekenntnis zu seinem V. Sein Mitstreiter, F. L. JAHN († 1852), prägte den Begriff „Deutsches V.tum" und verband damit eine biologistisch begründete, schroffe Ablehnung der Völkervermischung, was freilich nicht – wie bei J. G. FICHTE († 1814) – zu einer Absolutsetzung der deutschen Nation und einer Abwertung der übrigen Völker führte. Bei G. W. F. HEGEL († 1831) spielt der Begriff des *V.geistes* als Ausdruck für die organische Gesamtheit und lebendige Einheit aller Aspekte des V.lebens eine tragende Rolle. Der Staat, „als Geist ein V., zugleich das alle seine Verhältnisse durchdringende Gesetz" (Rechtsphilosophie, § 274), entspricht dem „Gang Gottes in der Welt" (ebd., § 258). Der Vermittlungstheologe RICHARD ROTHE († 1867) bildete in seiner Theologischen →Ethik eine eigene Lehre von V., Staat und Kirche aus. Danach ist eine religiös-sittliche Gemeinschaft, die sich als nationaler Staat konstituiert, durch die Idee des moralischen Zweckes hergestellt. Am Ende eines Entwicklungsprozesses, in dem auch die Kirche nur transitorische Bedeutung besitzt, steht ein „allgemeiner Völker- und Staatenbund", „ein allgemeines Staatensystem", das zugleich „das schlechthin vollendete Reich Gottes, als die Theokratie" darstellt (Theol. Ethik II, 471; 476). Der bedeutendste Vertreter des Erlanger Neuluthertums, J. CHR. K. HOFMANN († 1877), sah die Entstehung der Völker einerseits wieder in der Sünde (Turmbau zu Babel), interpretierte diesen Vorgang andererseits aber als eine „heilsgeschichtliche Tat Gottes" (Weissagung und Erfüllung, 1841, I, 96). Wie der einzelne zeigt auch jedes V. „die menschliche Natur in ihrer Gottähnlichkeit, aber auch in ihrer Verderbtheit" (ebd.). Das V. und seine Gemeinschaftsform, den Staat, hält HOFMANN für gottgegebene Gaben; jedem V. hat Gott seine Bestimmung und die Möglichkeit seiner Erfüllung gegeben. Noch konsequenter als HOFMANN lehnten seine Kollegen A. v. HARLESS († 1879) und F. H. R. FRANK († 1894) eine Vergötzung des Staates wie des V.tums ab, obwohl auch sie für die Erhaltung der nationalen Eigenart als dem Willen Gottes gemäß eintraten. Der hessische Theologe und Kirchenmann A. F. CHR. VILMAR († 1868) verknüpfte neulutherisches Gedankengut mit nationalen und politisch-reaktionären Tendenzen. Hinsichtlich der Völker, die er, anders als die Sprachen, nicht in der Strafe Gottes für die „Massenwillkür" begründet sieht, fordert VILMAR Blutsreinheit, denn das völkische Leben sei im Blut (Lev 17,11). JOHANN HINRICH WICHERN († 1881) glaubte nicht nur an die den Völkern gegebenen besonderen Verheißungen, sondern postulierte darüber hinaus ein besonderes nationales Selbstbewußtsein: „Deutschlands V. ist von dem Herrn der Geschichte berufen, wie ein zweites Israel zu sein, das zerstreut durch alle Völker die Anknüpfungspunkte bieten kann und soll, daß das reine unverfälschte Evangelium der Schrift in seinen Tiefen und Höhen der Erkenntnis und der Liebe seinen Weg finde zu allen anderen Nationen" (Ges. Schriften, Bd. III, 1902, 675). Auch der Systematiker I. A. DORNER († 1884) sah die Erhaltung des V.tums als christliche Pflicht an, denn das V. ist eine göttliche Ordnung. Gegen eine Obrigkeit, die die „sittliche Lebenspotenz" eines V. angreift, nämlich seine nationale und religiöse Existenz, hält er sogar Widerstand für geboten. Demgegenüber betonte JOHANN CHRISTOPH BLUMHARDT († 1880), daß „alles V.tum ... durch die Sünde und den Fleischessinn der V.angehörigen vergiftet" bleibe, und warnte vor einem „zum Abgott gewordenen V.tum", das „den Fortgang des Evangeliums auf Erden" aufhalte (Verhandl. des 13. Dt. Ev. Kirchentages zu Altenburg, 1864). Sehr viel prägender für das theologische Denken im zweiten Drittel des 19. Jhdts. war aber F. J. STAHLS († 1861) Lehre vom christlichen Staat, den er als das „zur Persönlichkeit konstituierte V." verstand. In der Gründung des Zweiten Deutschen Reiches erkannten viele protestantische Kirchenmänner „die Spur Gottes von 1517 bis 1871" (ADOLF STOECKER, † 1909), was sie zu der (mit antikatholischen Sentiments angereicherten) Überzeugung veranlaßte, der evangelische Glaube sei der eigentliche deutsche V.glaube, aus dem die Nation ihre Kraft erhalte (H. v. TREITSCHKE, † 1896). Der Greifswalder Theologe H. CREMER († 1903) begründete die Existenz einer deutschen *V.seele* mit der Blutsverwandtschaft aller V.glieder und bot damit neben anderen Anknüpfungspunkte für nationalistisch-rassistisches Gedankengut auf religiöser Grundlage. Von großer Bedeutung für die einsetzende neuromantisch-völkische Bewegung wurden die „Deutschen Schriften" des Göttinger Orientalisten PAUL DE LAGARDE († 1891), in denen er u. a. die Auffassung vertrat, Nationen seien mit einer bestimmten Mission verbundene, göttliche Einsetzungen, deren Zweck auch die nationale Kirche dienen müsse. Demgegenüber verhallten warnende Stimmen vor einer heidnischen Vergötzung des evangelischen V. (zB MARTIN KÄHLER oder die Brüder KAFTAN) beinahe ungehört. Kaiser WILHELM II. drückte die dominante Geisteshaltung seiner Zeit bei der Feier des 25jährigen Reichsjubiläums 1896 mit seiner Parole „Ein Reich, ein V., ein Gott!" vielleicht am prägnantesten aus. Auf dem Hintergrund dieses nationalstaatlichen Denkens erwies sich eine christl. Verhältnisbestimmung von Heidenmission, Kolonisation und deutschem V. als äußerst klippenreich (vgl. zB 6. Herrnhuter Missionskonferenz, 1915).

4. Von Weimar bis zur Vertreibung der Deutschen aus den Ostgebieten. Spielte schon vor dem Ersten Weltkrieg außerhalb der Reichsgrenzen die Pflege deutschen V.tums in den Diasporagemeinden (zB im Baltikum) eine große Rolle, so gewann nach dem Krieg dieser Gesichtspunkt infolge der Gebietsabtretungen (Versailler Vertrag) eine zentrale Bedeutung. Das von dem amerikanischen Präsidenten WILSON proklamierte →Selbstbestimmungsrecht der Völker ging von einem mehrdeutigen Nationenbegriff aus wie die Genfer Völkerbundverhandlungen (→Völkerbund) zeigten. Infolgedessen entstanden „Nationalitätenstaaten", in denen verschiedene Völker zusammengefaßt waren. Trotz der Minderheitenschutzverträge (→Minderheiten) gab es die Tendenz der andersvolklichen, anderssprachlichen und andersgläubigen Mehrheit, im Interesse eines v.lich geschlossenen Nationalstaates die v.deutsche Minorität (zB in Polen) zu assimilieren. Diese politischen Verhältnisse veranlaßten nicht nur leitende Kirchenmänner (zB Generalsuperintendent BLAU in Posen, † 1945) zur v.lichen Parteinahme, sondern beförderten auch eine „v.deutsche Theologie", die sich entschlossen den *„Ideen von 1918"* (v.einebnende Weltkultur demokratischen oder marxistischen Gepräges, pazifistisches Gedankengut) entgegenstellte. R. SEEBERG († 1936) vertrat in seiner „Christlichen Ethik" die Auffassung, zum Bestand eines V. gehöre nicht nur Bluts- und Sprachgemeinschaft, sondern auch das Verwachsensein mit einem besonderen Lande (→Heimat) und der gemeinsam durchlebten Gesch. des Vaterlandes. Auf dem 2. Dt. Ev. Kirchentag 1927 in Königsberg hielt PAUL ALTHAUS († 1966) einen Vortrag über „Kirche und V.tum", in dem er sagte, die Kirchen müßten „die neuerwachte Liebe zum heimischen V.tum, alle ernste Selbstbesinnung auf seine besondere Art, Gabe und Verantwortung mit Freuden begrüßen", denn ev. Christentum erkennt und liebt in dem V.tum Gottes Schöpfergabe und Schöpferwillen, darf dabei aber freilich nicht „das Reich Gottes an einen völkischen Willen ... verraten". Im Glauben an die Offenbarung Gottes in Christus – so ALTHAUS – erkennen wir das V. nicht nur als natürlich-gesch. Gemeinschaftsordnung, sondern damit auch als Gottes Schöpfungsordnung (vgl. DERS., Das Erlebnis der Kirche, 1924², 7). Sein Freund E. HIRSCH († 1972) forderte seit 1920 eine konsequente Erziehung zum V.stolz: „Nur ein V., das sehr stolz auf die ihm von Gott gegebene Art ist, das sich für unentbehrlich hält im Menschheitsganzen, wird so viel an seine Zukunft und seinen Staat setzen wollen. Gerade jetzt also, wo die ganze Welt uns verachtet, müssen wir lernen den Stolz darauf, Deutsche zu sein" (Dtschlds Schicksal, 1925³, 152). F. GOGARTEN († 1967) leitete aus der ethischen Gebundenheit des Ich an das Du ein Gemeinschaftsgesetz ab; dieses Gesetz der „Hörigkeit" ist „der Nomos des V." (Einheit von Evangelium und V.tum, 1933, 23). Anders als GOGARTEN verstand W. STAPEL († 1954) diesen V.nomos nicht sittlich, sondern biologisch: Jedes V. hat sein eigenes „Artgesetz". H. SASSE († 1976) bestritt die Auffassung, das V. sei eine göttliche Schöpfungsordnung, indem er „Gottesordnungen" als unverbrüchlich geltende Naturordnungen („solange die Erde steht") definierte. Dagegen wandte u. a. H.-D. WENDLAND ein, auch bei den von SASSE akzeptierten Ordnungen handele es sich um geschichtl. Größen; wie sie müsse auch die Gestalt des V. als gegenwärtiger Geschichtswille Gottes ernst genommen werden. Zwischen GOGARTEN und dem schärfsten Kritiker der Ordnungstheologie, KARL BARTH († 1968), suchte E. BRUNNER († 1966) zu vermitteln, indem er den Standpunkt vertrat, man dürfe „nicht darüber, daß die Schöpfung in Sünde gehüllt" sei, „vergessen, daß sie trotzdem Gottes Schöpfung ist und trotz der Sünde die Spuren der Schöpferherrlichkeit zeigt" (Das Gebot und die Ordnungen, 593 f.); zu den Ordnungen gehöre auch die geschichtliche Schicksalsgemeinschaft V. DIETRICH BONHOEFFER († 1945) übernahm zunächst den von W. KÜNNETH 1933 eingeführten Begriff „Erhaltungsordnungen", verwarf dann aber unter dem Eindruck der politischen Entwicklung die deutsche Schöpfungstheol. überhaupt und sprach fortan von „Mandaten" als dem „konkreten, in der Christusoffenbarung begründeten und durch die Schrift bezeugten göttlichen Auftrag". Die Ordnung des V. „liegt nach der Schrift weder im Paradies, noch in einem ausdrücklichen Mandat ... Während →Ehe und →Arbeit göttliche Ämter sind, ist das V. eine geschichtliche Wirklichkeit, die in besonderer Weise hinweist auf die göttliche Wirklichkeit des *einen* V. Gottes, auf die Kirche" (Ethik, 1981⁹, 367). Bei aller Kritik an der Lehre von der Schöpfungsordnung (KD II, 4, 345) hat BARTH doch das V. als Anordnung („ordinatio", nicht „ordo") der Vorsehung Gottes anerkannt und die Zugehörigkeit zu einem bestimmten V. als seine Platzanweisung positiv beurteilt (ebd., 328 f.). In seiner 1954 erschienenen „Ethik des Politischen" hielt KÜNNETH an dem Begriff der „Erhaltungsordnungen" (Interimsordnungen) fest und betonte, die creatio dei sei von der conservatio nicht zu trennen. Das V. sei zwar ein Schöpfungswerk Gottes, gehöre aber nur in abgeleitetem, sekundärem Sinne zu den Erhaltungsordnungen, da es – im Unterschied zur staatlichen Autorität – nicht auf eine besondere Stiftung Gottes zurückgehe; das V. ist eine vorletzte Interimswirklichkeit der Weltgeschichte. Die gezielte Einebnung der Völker könne sich freilich ebensowenig auf bibl. Offenbarungserkenntnis berufen und sei auch kein Zeichen besonderer theol. Einsicht. KÜNNETH spricht sich gegen die Parole vom →Selbstbestimmungsrecht der Völker aus, weil es s. E. den theologisch begründeten Anspruch eines V. auf Eigenstaatlichkeit nicht gebe und seine Formulierung nur zur Aufsplitterung der Völkergemeinschaft und zur Steigerung von V.egoismen führe.

Wohl aus Sorge vor einem Rückfall in nationalistische Irrwege zeigte man sich in der Folgezeit (vgl. zB W. TRILLHAAS, Ethik 1970³, 6 ff.; 343 ff.; 517 ff., der von „gewachsenen Ordnungen der menschlichen Gemeinschaft" spricht und im übrigen davon ausgeht, daß der V.begriff durch den gesellschaftlichen Wandel an Bedeutung verloren habe) an einer ausgeführten „*Theologie des V.tums*" wenig interessiert – zumal man von seiten der Vertriebenen ein „Recht auf →Heimat" aus christl. Sicht einzuklagen suchte. Diese Zurückhaltung legte man sich nicht nur in Deutschland, sondern nach der Oxforder Weltkirchenkonferenz 1937, die das Thema „Kirche, V. und Staat" trug, auch in der ökumenischen Diskussion auf. Während in der westlichen Welt – und ganz besonders in Mitteleuropa – zugunsten einer eher demokratisch-kosmopolitischen Bewußtseinsbildung die Sinngehalte von V., Nation und Vaterland pädagogisch zurückgedrängt oder politisch diskriminiert wurden, entdeckten die Völker der Dritten Welt die soziale Realität ihres V.seins und verlangten ihr Recht auf →Selbstbestimmung. In der lateinamerikanischen Theol. spielt der V.begriff (pueblo) eine zunehmend wichtigere Rolle. V.religion wird verstanden als hermeneutischer Ort der Theol. (Kirche der Armen), von dem aus die christl. Botschaft reflektiert und interpretiert werden soll. V. bezeichnet dabei das „kollektive Subjekt einer gemeinsamen geschichtlichen Erfahrung, einen Lebensstil oder einen Stil gemeinsamer Kultur und ein gemeinsames Schicksal" (K. RAHNER, V.religion – Religion des V., 1979, 27).

III. V. und V.tum in den Rechts- und Sozialwissenschaften. 1. V., V.souveränität, V.abstimmung, V.entscheid, V.begehren. V. wird im Sinne von Nation als Begriff für eine politische Gemeinschaft oder eine Kulturgemeinschaft (→Kultur) gebraucht. Die *Kulturnation* beruht „vorzugsweise auf einem irgendwelchen gemeinsam erlebten Kulturbesitz" (MEINECKE, Weltbürgertum und Nationalstaat, 1928⁷, 3) während die Eigenart der *Staatsnation* darin besteht, daß „ein regeres, dauerhaftes, nach innen und außen hin wirksames politisches Gemeingefühl vorhanden ist" (ebd., 7).

V. im Sinne von Kulturnation ignoriert die gegebene Gliederung in Staaten, während V. im Sinne von Staatsnation auf den einzelnen konkreten Staat beschränkt bleibt. Nach Art. 57 der Wiener Schlußakte von 1820 sowie nach den deutschen Verfassungsurkunden jener Zeit war der Fürst Inhaber aller Rechte der Staatsgewalt. Bei der von Anfang an herrschenden Gleichstellung von Staatsgewalt und →Souveränität ergab sich, daß die Souveränität dem Fürsten zuerkannt wurde. Diesem Prinzip der Fürstensouveränität setzte man in jenen Staaten, in denen das V. als Inhaber und Ausgangspunkt der Staatsgewalt angesehen wurde, die V.souveränität entgegen. In der →Demokratie ist unter „V." in „V.souveränität" die Gesamtheit der Angehörigen des betreffenden Staates zu verstehen. In Abweichung vom herkömmlichen Prinzip der V.souveränität ist in der DDR das Subjekt der Souveränität nicht das V. schlechthin, sondern das „werktätige" V. (Art. 21 Abs. 1 und Art. 47 Abs. 2 der DDR-Verf.). Dieser Unterschied ist weniger quantitativer denn qualitativer Art, da der Begriff des „Werktätigen" so bestimmt wird, daß fast jeder politisch mündige Bürger unter ihn fällt. Mit der Bezeichnung „werktätiges V." soll die Klassenstruktur der DDR-Bevölkerung zum Ausdruck gebracht und darauf hingewiesen werden, daß die politische Macht bei den Klassen und Schichten liege, die durch eigene Arbeit zum Wohle des V. beitrügen. Die Begriffe V.abstimmung, V.entscheid und V.begehren gehören dem Sprachschatz der →*Weimarer Reichsverfassung* (Art. 43 II; Art. 73 – 75 WV) an; V. wird hier im Sinne der Gesamtheit der sog. Aktivbürger, d. h. der wahl- und stimmberechtigten Bürger des betreffenden Staates gebraucht.

2. V. als Gesamtphänomen einer eigentümlichen sozialen Verbindung. Für den um begriffliche Klarheit bemühten Sozialwissenschaftler stellt sich V. als ein schwer zu differenzierendes Konglomerat aus vitalen und sozialen Faktoren dar. Es handelt sich wesentlich um eine Kraft der Verbindung, „in der die Menschen Betätigung ihres Verlangens nach Sicherheit, Anlehnung und Anerkennung suchen" (L. v. WIESE). Die „Unabgrenzbarkeit" des „Begriffs" V. weist darauf hin, welche Bedeutung bei dem zu erfassenden Phänomen Gefühle, Ideen und subjektive Erwartungen einnehmen. Aus einer wirklichen oder so erlebten Bluts- oder Kulturverbundenheit entsteht eine Gemeinschaft zur Bewältigung kommender Schicksale, wobei gemeinsame Ereignisse der Vergangenheit zur Begründung des vollzogenen Zusammenschlusses dienen. Vom V. geht eine Bindekraft auf seine Angehörigen aus, die durch gemeinsame Sprache, Sitte, Lebensanschauungen und Bewertungen gestützt wird. Gefühlsmäßig liegt V. zwischen →Rasse auf der einen und →Staat auf der anderen Seite. Gewinnt die Verbundenheit mit der →Heimat und die innere Gemeinschaft eines V. organisierte, politisch wirksame Machtzusammenhänge, kann man von →Nation sprechen.

Hdwb. d. Rechtswiss. VI, 1929, 41 ff. – ThWBNT, II, 1935, 362 ff.; IV, 1942, 29 ff.; X 2, 1978, 1065 f. (Lit.); 1155 f. (Lit.) – Dt. Wörterbuch, J. und W. GRIMM (edd.), XII 2, 1951, 453 ff. – EKL. III, 1959, 1672 f. – HdSW, XI, 1961, 362 ff. – RGG³, VI, 1962, 1434 ff. – Wörterbuch d. Soziologie, 1969, 1248 ff. – Kl. Wörterb. der Marxistisch-Leninistischen Philosophie, 1975, 291 f. – ESL⁷, 1980, 1390 ff. – FR. MEINECKE, Weltbürgertum und Nationalstaat, 1928⁷ (Werke, ed. H. HERZFELD, Bd. 5, 1962) – Kirche, V. und Staat. Stimmen der DEK zur Oxforder Weltkirchenkonf., hg. von E. GERSTENMAIER, 1937 – A. ADAM, Nationalkirche und V.kirche im dt. Protestantismus,

1938 – W. STAPEL, V., 1942 – Kirchl. Jb. der EKD, 1954, 43–55 – A. BORST, Der Turmbau von Babel. Gesch. der Meinungen über Ursprung u. Vielfalt der Sprachen der Völker, 4 Bde., 1957–63 – N. A. DAHL, Das V. Gottes, 1963² – E. WOLF, Kirche zwischen Gericht u. Gnade, in: Die Zeichen der Zeit, 1964, 5, 163–180 – W. TILGNER, V.nomostheol. u. Schöpfungsglaube, 1966 – H. ZILLESSEN, V. – Nation – Vaterland, 1970 – N. LOHFINK, Beobachtungen zur Gesch. des Ausdrucks 'am Jhwh, in: Probleme bibl. Theol., FS G. v. Radzum, 1971, 275–305 – P.-W. GENNRICH, Gott u. die Völker, 1972 – K. SCHOLDER, Die Kirchen u. das Dritte Reich, I, 1977, 93 ff., 124 ff. – K. RAHNER u. a. (ed.), V.religion – Religion des V., 1979 – F. MUSSNER, Traktat über die Juden, 1979, 22–26 – A. WEINGÄRTNER, „Nation und Staat", 1979 – F. GRAUS, Nationenbildung der Westslawen im Mittelalter (Nationes, Bd. 3), 1980 – TRT⁴, V, 1983, 275 ff. – LIESER-TRIEBNIGG, Recht in der DDR. Einführung u. Dokumentation, 1985 – Studien zur Ethnogenese (Abh. der Rhein-Westf. Akademie der Wiss. 72) 1985.

Gerhard Besier

Volksdemokratie. 1. Begriff. Das Wort V. ist ein Pleonasmus, dessen doppelte Betonung des Volkes auch eine propagandistische Absicht offenbart. In der unmittelbaren Nachkriegszeit diente der Begriff der sowjetischen Staatslehre als eine Charakterisierung der soz. Staaten mit marxistisch-leninistischer Ideologie außer der Sowjetunion, die sich nach ihrem Selbstverständnis auf einer höheren Stufe der Entwicklung befand, und sollte die soz. Staaten von den parlamentarisch-demokratischen Regierungssystemen abgrenzen. Seit Anfang der 60er Jahre ist der Begriff in der marxistischen Ideologie und den Verfassungen der soz. Staaten zunehmend außer Gebrauch gekommen. Allein die Mongolische Verf. von 1960 bezeichnet ihre Staatsform noch ausdrücklich als V. In den meisten Verf.en verbinden sich heute die Begriffe der Volksrepublik und des soz. Staates. Zu den V.n. wurden – zumindest zeitweise – die DDR, Polen, die Tschechoslowakei, Ungarn, Rumänien, Bulgarien, Albanien, Jugoslawien sowie die Mongolei, China, Vietnam, Nordkorea, z. T. auch Kuba gerechnet. China, obwohl es sich heute (wieder) als „soz. Staat unter der demokratischen Diktatur des Volkes" bezeichnet, und Jugoslawien haben frühzeitig aufgrund der Unterschiede in Staatsaufbau und Ideologie einen Sonderstatus eingenommen. In der westl. Literatur bezeichnet der Begriff häufig einfach die Staaten des sowjetischen Einflußbereichs.

2. Ideologisches Selbstverständnis. In der offiziellen Ideologie hat der Begriff im Grunde wenig klare Konturen gewonnen. Das mit der Charakterisierung als V. verbundene Staatsverständnis war zudem vielfältigen Schwankungen ausgesetzt, bevor der Begriff V. nun auch aus den Lehrbüchern verschwunden ist. Die V.n wurden im Unterschied zur Sowjetunion durch „zwei spezifische Merkmale" gekennzeichnet, denen aber weder in der Realität noch in der Ideologie wesentl. Aussagekraft zukam: „die Existenz mehrerer politischer Parteien und deren kameradschaftl. Zusammenarbeit unter Führung der Partei der Arbeiterklasse sowie das Wirken breiter gesellschaftspolitischer Vereinigungen und Bewegungen in Gestalt einer Nationalen Front oder Volksfront" (Wiss. Kommunismus, Berlin/Ost 1977, S. 436). Bis etwa 1948 wurden die V.n von der sowjetischen Staatslehre als „Demokratien neuen Typs" betrachtet, die sich sowohl von den westl. Demokratien als auch von dem System der Sowjetunion abheben sollten. Im Gegensatz zur Sowjetunion sollten sie keine Diktaturen des Proletariats darstellen. Nach 1948 wurden die V.n jedoch ausgehend von einer Rede DIMITROFFS auch als Form der Diktatur des Proletariats betrachtet. Die Deklarierung der Sowjetunion zum Volksstaat im Parteiprogramm der KPdSU von 1961 untermauerte erneut ihren Vorrang. Auch heute noch ist die Sowjetunion allein ein „Staat des gesamten Volkes" (Art. 1 Verf. 1977), der schon Elemente einer kommunistischen Endphase enthält, während die übrigen soz. Staaten weiter eine Diktatur des Proletariats bleiben. Allerdings wird in letzter Zeit von der kommunistischen Staatslehre zunehmend festgestellt, daß jedenfalls einige V.n sich bereits in einer Übergangsphase von der Diktatur des Proletariats zum Volksstaat befinden, die aber noch der ersteren Stufe zuzurechnen sei. Zur Erfassung der politischen Wirklichkeit tragen diese scholastischen Differenzierungen jedoch wenig bei.

3. Grundzüge des polit. Systems. Läßt man die Differenzierungen der Staatsideologie beiseite, dann zeigen mit Ausnahme Jugoslawiens die soz. Staaten mit marxistisch-leninistischer Ideologie, die ehemals als V.n bezeichnet wurden, in der Grundstruktur des polit. Systems ein im wesentlichen gleiches Muster – heute wie damals. Das System ist durch die beherrschende Stellung der Kommunistischen Partei geprägt. In der Partei gilt das Prinzip des demokratischen Zentralismus, das einerseits den unbedingten Vorrang und die Verbindlichkeit der Entscheidungen der übergeordneten für die untergeordneten Organe beinhaltet, während andererseits die demokratische Komponente in Form der Wahl durch die jeweiligen Wahlorgane, die mit einer entsprechenden Rechenschaftspflicht verbunden ist, in der Sache durch Kooptation und Ernennung ersetzt werden. Im Verhältnis von Partei und Staat gilt der Staat, obwohl er zunehmend an Gewicht gewinnt, als bloßes Instrument der Durchsetzung der Ziele der Partei. Im Prinzip werden die von der Parteiführung getroffenen Grundentscheidungen von den Staatsorganen konkretisiert und durchgeführt, wobei im Einzelfall die Partei auch Detailentscheidungen fällen kann. Die Übertragung des Parteiwillens auf den Staatsapparat erfolgt durch mehrere Mechanismen. Zum einen sind die Beschlüsse der Partei auch für die Staatsorgane verbindlich. Hinzu kommt eine weitgehende Verschmelzung von Partei und Staatsapparat; denn zumindest alle wichtigen staatlichen Positionen werden mit der Parteidisziplin unterworfenen Parteimitgliedern besetzt. Weiterhin wird die Personalpolitik (Kaderpolitik) direkt von der Partei, die die Richtlinien im einzelnen festlegt, bestimmt. Als entscheidendes Instrument der Durchsetzung des Parteiwillens dient das sog. Nomenklatursystem, das alle wichtigen personalpolitischen Entscheidungen der Zustimmung der Partei unterwirft. Schließlich verfügt die Partei praktisch über eine allgemeine Weisungsbefugnis gegenüber den Staatsfunktionen.

Im staatl. Aufbau gilt gleichermaßen das Prinzip des demokratischen Zentralismus sowie der Grundsatz der Gewalteneinheit. Danach soll alle staatl. Macht bei den gewählten Volksvertretungen konzentriert sein. Das System der Volksvertretungen mit seinem stufenförmigen Aufbau, an dessen Spitze das jeweilige sozialistische Parlament steht, entspricht jedoch nicht in vollem Umfang dem →Rätesystem, da die jeweiligen Volksvertretungen (mit Ausnahme Kubas, Chinas und Jugoslawiens) unmittelbar gewählt werden und auch nicht auf allen Stufen alle Staatsorgane von den Volksvertretungen abhängig sind. Obwohl den Parlamenten gegenüber der Exekutive und der Judikative als bloßen Hilfsfunktionen formeller Vorrang zukommt, stellen die Parlamente nur Akklamationsorgane dar, die schon aufgrund ihres seltenen Zusammentretens keinen realen Einfluß ausüben. Zudem ist infolge des Systems der Einheitslisten die Zusammensetzung durch die Partei im voraus festgelegt. Deutlich ist demgegenüber das Übergewicht der Exekutive. Eine Verfassungstypologie der V.n. hat daher von der Ausgestaltung der exekutiven Machtstruktur auszugehen. Je nach der realen Machtverteilung lassen sich drei verschiedene Verfassungstypen unterscheiden (BRUNNER). Der traditionelle Typus der kommunistischen Verfassungen ist die Ministerratsverfassung, in der der Regierung bzw. dem Präsidium des Ministerrats als engerer Führungsgruppe die größte Machtfülle zukommt. Als weitere Typen lassen sich die Staatsratsverfassung (v. a. zeitweilig in der DDR, Bulgarien) und die Präsidialverfassung (Kuba, Nord-Korea, Rumänien) ausmachen. Da die V.n in ihrer Herrschaftsstruktur monistisch oder oligarchisch sowie in Herrschaftsumfang und Herrschaftsausübung rechtlich und prinzipiell nicht beschränkt sind, wird man sie, wenn auch mit graduellen Unterschieden, dem Typus totalitärer Herrschaft zurechnen müssen.

F. FEJTÖ, Die Geschichte der Volksdemokratien, I – II 1972 – S. LAMMICH, Grundzüge des sozialistischen Parlamentarismus, 1977 – G. BRUNNER, ROW 1978, 49 – 59 – F. CHR. SCHROEDER/B. MEISSNER/K. WESTEN (ed.), Kontinuität und Wandel in der kommunistischen Staatstheorie, 1985.

Werner Heun

Volkskirche. 1. Der Begriff der V., der dem 19. Jh. entstammt, ist unscharf. Er bezeichnet einmal den theol. legitimierten *Anspruch* der →Kirche auf alle Glieder eines →Volkes. Er umschreibt weiter die jur. und soziologische *Realität* einer nominalen Zugehörigkeit weiter Volksteile zu einer Partikularkirche, in die der einzelne „hineingeboren" wird. Alle Rechtswirkungen der →Kirchengliedschaft knüpfen an die Taufe an. Da alle V.n die Kindertaufe bejahen und diese vielfach aus konventionellen Gründen begehrt wird, korrespondiert dem Taufempfang weder ein eigener noch ein stellvertretender Bekenntnisakt. Die V. steht in dieser Hinsicht im Gegensatz zur Freiwilligkeitskirche, in der die Kirchengliedschaft auf einem personal aktualisierten →Bekenntnis beruht. – Der Begriff V. dient endlich dazu, Ordnungen und Sozialstrukturen des menschl. Gemeinschaftslebens unter Berufung auf eine weitgehende Identität von Volks- und Kirchenangehörigen mit christl. Geist zu durchdringen. Dies geschieht in Wahrnehmung des →*Öffentlichkeitsanspruchs* gegenüber Volk und Gesellschaft, insbes. durch Mitwirkung der Kirchen im Erziehungs- und Bildungswesen, im kulturellen und sozialen Bereich. Darüber hinaus wurde und wird von der volkskirchl. Struktur her der Versuch unternommen, die verschiedenen Bereiche des öffentl. Lebens am Leitbild des christl. Staates oder doch einer christl. →Sozialethik zu orientieren. – Soweit sich die V. als Kirche des Volkes versteht und in Erfüllung des Öffentlichkeitsauftrags ihr „Wächteramt" gegenüber Staat, Volk und Gesellschaft ausübt, steht sie in begriffl. Gegensatz zur →Freikirche, deren Wesen in einer kritischen Distanz zur „Welt" und ihren geschichtl. begründeten Ordnungsformen ebenso besteht wie in der Ablehnung aller hist. Bedingtheit kirchl. Verf.gestaltung (in Dtschld. bes. des Landeskirchentums) (→Landeskirche). – Soziologische, theol., kirchen- und staatskirchenrechtl. Bezüge durchdringen sich daher in nahezu unlösbarer Verflechtung und bestimmen die Komplexität der V.nproblematik (→Kirche und Staat).

2. Historisch geht die V. nicht so sehr auf KONSTANTIN D. GR. und die „konstantinische Nähe" von Kirche und Reich (→Konstantinisches Zeitalter) als vielmehr auf die endgültige Preisgabe der christl.-heidnischen Parität und die Erhebung der Kirche zur alleinberechtigten Reichskirche unter THEODOSIUS I. (379/388 – 395) sowie auf die geschlossene Bekehrung insbes. der germanischen Stämme zurück. Von nun an bezeichnet die Zugehörigkeit zum weltl. Gemeinwesen und zur Kirche nur zwei Aspekte in der einen, alles umgreifenden Ordnung des →*corpus christianum*. – Auch die *Reformation* änderte hieran trotz LUTHERS →Zwei-Reiche-Lehre wenig. Die Beschränkung auf die drei großen, reichsrechtl. anerkannten Bekenntnisse (Art. 7 § 1 f. des →Westf. Friedens) und das →ius reformandi der Reichsstände bewahrten die konfessionelle Einheit in den Territorien. Bürgerl. und kirchl. Rechtsstellung blieben weitgehend aufeinander bezogen. Toleranzgedanke, territoriale Veränderungen und Bevölkerungsfluktuation verwischten zwar dieses einheitl. Bild seit dem 18. Jh. zusehends, gleichwohl blieben die drei großen Bekenntniskirchen – zu denen im 19. Jh. noch die Konsensus-Unionen (→Union) kamen – in einer zahlenmäßig unangefochtenen Vorrangstellung, so daß heute ev. und kath. V.n nebeneinander bestehen. Auf *kath.* Seite wurde freilich die V. nicht in gleicher Weise zu einem Reflexionsgegenstand. Dies lag v. a. an der stärker auf eine weltkirchl. Organisation hin angelegten Ekklesiologie, die sich gerade mit der Abwehr nationalkirchl. Bestrebungen verband. – War bis ins 19. Jh. hinein der Bezugspunkt der V. das Volk als rechtl. organisierter Untertanenverband gewesen, so trat im Gefolge HEGELS und der romantischen Volksgeistlehre nunmehr das Volk als geschichtl. gewachsene, durch Bande des Blutes, der Kultur und der Religion verbundene Gemeinschaft im Staat, als *Organismus* von überindividueller Qualität in den Vordergrund des theol. und kirchenrechtl. Denkens. Andererseits wurde auch die enge Bindung an den Staat, wie sie insbes. in den prot. Kirchen durch das →landesherrl. Kirchenregiment fortdauerte, zunehmend problematisch. SCHLEIERMACHER warnte gleichermaßen vor einer Staatswie vor einer Freikirche ohne öffentl. Resonanz und verwies auf die V. als eigentl. Existenzform der Kirche. TH. HARNACK empfahl gleichfalls den Weg aus der öffentl.-rechtl. durchorganisierten (Pfarrzwang, regiminale Kirchengewalt), personal und rechtl. mit dem Territorialstaat verbundenen V. in die „freie luth. V.", die zwar ihr rechtl. Band zum Staat, nicht aber ihr geistiges zu Volk und Volksleben löst. Hinzu kam schon im 19. Jh., aber auch nach 1918, eine spezifische Sinngebung der V. als Kontraposition zur obrigkeitlich regierten Amts- und „Pastorenkirche", dergegenüber kircheneigene Dienst- und Leitungsstrukturen auf gemeindl. Basis (v. a. durch presbyterial-synodale Organisationsformen) die Stellung des „Kirchenvolks" stärker hervorheben sollten.

Demgegenüber bezog TH. KLIEFOTH in eindrucksvoller theol. Schau Volk, Familie, Recht und Staat als Ordnungen und Gemeinschaftsformen des vom Christentum zu durchdringenden „Kosmos" in den kirchl. Raum ein und wurde so zum Theoretiker eines autoritär geprägten V.ntums. – Je mehr das Leitbild des „christl. Staates" (HALLER, STAHL, KLIEFOTH) verblaßte, um so mehr trat die doppelte Sinngebung der V. in den Vordergrund: Missionsfeld der wahren Kirche Christi zu sein und der sittl. Ausbildung des Volkes zu dienen (WICHERN, BECK) (→Mission). Weniger der →Staat als das Volk als organische Ganzheit sollte vom Geist des Christentums durchdrungen werden. An die Stelle des christl. Staats trat das christl. Volk. Freilich gewann hier der Begriff „Volk" bald eine gewisse Eigengesetzlichkeit, in die sich Untertöne späterer Volksmystik einschlichen, die bald darauf immer deutlicher in den Vordergrund rückten (P. DE LAGARDE, MAURENBRECHER, W. STAPEL). Dieses volkskirchl. Denken ignorierte in seinen Spätformen die konfessionelle Differenzierung des Volkes zugunsten eines fiktiven „deutschen" – freilich protestantisch geprägten – Christentums. Hier lag die Nahtstelle, an der heterogene Ideologien Einlaß in Kirche und Theol. fanden. Das Wollen der „Dt. Christen" war weitgehend von der Idee der V. in diesem Sinn bestimmt. Die Bekennende Kirche, der es um die Aktualisierung des persönl. Bekenntnisses ging, stand daher der V. kritisch gegenüber, wenn es auch nicht an bedeutsamen Stimmen zu ihrer Verteidigung fehlte (BONHOEFFER) (→Kirchenkampf). Die Diskussion um die V. ist bis heute nicht verstummt.

3. Gegenüber hist. und aktuellen Fehlinterpretationen ist festzuhalten: a) V. ist *nicht* identisch mit *Nationalkirche.* Bezugspunkt ist das Volk als Summe der Individuen und zugleich als Gemeinschaft, nicht aber als politische →Nation. V. ist daher niemals die geistl. „Innenseite" des Nationalstaates (W. STAPEL). Eine solche Deutung verkennt die ungleich engere Beziehung jeder Partikularkirche zur ecclesia universalis (→Kirche), die die Bedeutung nationaler Sonderung weitgehend aufhebt. b) V. ist *nicht →Staatskirche,* ja setzt nicht einmal einen öffentl.-rechtl. Status der Kirche oder eine staatl. Privilegierung voraus. Die institutionelle Verklammerung von Kirche und Staat fand 1919 in Dtschld. ihr Ende. Während in der Bundesrepublik nunmehr ein System freundschaftl. Zuordnung von Staat und Kirche (→Kirche und Staat) besteht, sind in der DDR (→DDR VIII) nahezu alle organisatorischen Bindungen zwischen beiden Bereichen gelöst und die Kirche aus ihrer öffentl.-rechtl. Sonderstellung verdrängt. Gleichwohl haben sich in vielen Gebieten volkskirchl. Strukturen erhalten. V.ntum fordert darum auch weder den „christl. Staat" noch macht das Vorhandensein von V.n diese Forderung zu einer legitimen. c) V. ist endlich *nicht* Synonym für eine bestimmte kirchl. *Verf.gestaltung.* Sie impliziert weder ein autoritär regiertes „Kirchenvolk" noch ist sie „Kirche des Volkes" i. S. einer Übertragung säkularer demokratischer Prinzipien in den kirchl. Raum (→Kirchenverfassung.).

Eine Kirche ist vielmehr dann V., wenn sie sich in Bejahung ihrer und ihres Volkes Geschichtlichkeit Christi Auftrag nicht nur an ihren, sondern an allen Gliedern des Volkes zu vollziehen bemüht. Dies geschieht, indem sie durch die Kindertaufe die rechtl. Zugehörigkeit zur ecclesia universalis nicht von einem persönl. Willensentschluß abhängig macht und indem sie ihr Wirken als öffentliches, d. h. als auf das Ganze von Volk, Staat und Gesellschaft bezogen versteht. Als äußere Bedingungen müssen die Erfassung eines wesentl. Teils der Volksangehörigen und die gesellschaftl. – wenn auch nicht notwendig staatl. – Anerkennung dieses Öffentlichkeitsanspruchs hinzutreten. – Es zeigt sich, daß sich der Begriff der V. insbes. in außereurop.

Staaten nicht mehr mit den hist. Großkirchen deckt, sondern daß insbes. ursprüngl. Freikirchen im Zuge des Generationengefälles volkskirchl. Züge annehmen. Andererseits kann durch faktische und erfolgreiche Dechristianisierung auch einer Nationalkirche der Charakter als V. verlorengehen.

4. Ein Urteil über die V. wird davon auszugehen haben, daß V. als Anspruch auf das ganze Volk ein theol. unverzichtbares Postulat darstellt, daß V. als Seinsgröße aber eine soziologische Realität beschreibt, die sich ohne Preisgabe der Kindertaufe einer kirchl.-administrativen Umgestaltung weitgehend entzieht. Gleichwohl dürfen die *Gefahren* nicht übersehen werden, die das V.ntum kennzeichnen: Eine breite „Milieukirchlichkeit", die den Angriffen antichristl. Ideologien nicht standhält, ein unverhältnismäßig großer Anteil lediglich nomineller Kirchenglieder, über deren Zahl auch eine verhältnismäßig geringe Kirchenaustrittsquote nicht hinwegtäuschen darf; die dadurch bedingte Diskrepanz zwischen Anspruch und Realität etwa im sakramentalen Handeln der Kirche (→Sakrament) und damit das Problem der „billigen Gnade" (BONHOEFFER); geringe Kontaktmöglichkeiten zwischen Kirche und ihren Gliedern; eine Einflußnahme im gesellschaftl., politischen und staatl. Bereich, die nur noch auf der soziologischen, nicht mehr aber auf der theol. Stabilität (ERIK WOLF) der Großkirchen beruht; letztlich ein die kirchl. Identität verdunkelnder theol. Pluralismus und eine Unverbindlichkeit (individueller wie gemeindl.) christl. Existenz, die die Glaubwürdigkeit des kirchl. Zeugnisses in Frage stellen kann. – Dem steht aber die einzigartige *missionarische Chance* gegenüber (→Mission). Daß weite Kreise des Volkes durch das kirchl. Wirken in →Schule und Erziehung, Jugend- und Wohlfahrtspflege, Hochschul-, →Anstalts- und →Militärseelsorge, aber auch nicht zuletzt durch die Restbestände eben jener Milieukirchlichkeit erreicht werden, zeichnet diese jur.-soziologische Organisationsform des Kirchentums vor allen Spielarten der reinen Freiwilligkeitskirche aus. Hier werden die außer- und überparochialen, gruppenspezif. Dienste der V. sicherlich an Bedeutung gewinnen. Dieser Entwicklung ist durch eine Ergänzung (nicht Überwindung) der vornehml. auf parochialen Strukturen beruhenden rechtl. Organisationstypik der V. Rechnung zu tragen. Auch sollte nicht übersehen werden, daß die gegenwärtige Gestaltung des Verhältnisses von →Kirche und Staat und hier insbes. die Ausbildung eines →Vertragsstaatskirchenrechts in der Bundesrepublik untrennbar mit dem volkskirchl. Status der Großkirchen verknüpft ist: Der Staat hat diese V.n als eigenständige, aus eigenem Recht lebende Gestaltungskräfte des gesellschaftl. Lebens und damit als Teil der öffentl. Ordnung der res publica anerkannt. Sie unterscheiden sich insofern von anderen Religionsgesellschaften, auch soweit diese Körperschaften des öffentl. Rechts sind.

V. ist ohne Ergänzung durch Elemente der freien Glaubensentscheidung nicht denkbar. Insoweit läßt sich weder die strenge Scheidung beider noch die Identifizierung von →Sekte und Freiwilligkeitskirche durch TROELTSCH und M. WEBER aufrechterhalten. Denn auch V. ist Kirche nur, „soweit sie in Personen wirklicher Wille geworden ist" (BONHOEFFER). Die Kirchengliedschaft aber nach menschl. Recht auf diese Bekenntnisgemeinde zu beschränken, heißt den in der Kirchengesch. immer wieder unternommenen chiliastischen Versuch zu wiederholen, die communio sanctorum auf Erden rein darstellen zu wollen. Ein solcher Versuch wäre theol. und rechtstheol. illegitim, weil er dem Urteil Gottes vorgreift, die öffentl. Verantwortung der Kirche zurückdrängt und die geschichtl. Dimension menschlicher ebenso wie kirchl. Existenz ignoriert. – Andererseits ist auch nicht zu übersehen, daß der idealistischen Verklärung der rechtl. auf Vereinsbasis arbeitenden „Freiwilligkeits"kirchen eher ideologischer als analytischer Aussagewert zukommt. Keineswegs wird dort den Mitgliedern ein größerer Freiheitsraum als in volkskirchl. Strukturen eröffnet. Dies gilt sowohl im dogmatischen Bereich, in dem die V.n durch ihre größere Offenheit eher die Fähigkeit zur Integration divergierender theol. Strömungen entwickelt und damit Spaltungen hintangehalten haben. Es gilt aber auch für die Durchsetzung von Mitgliedschaftspflichten, v. a. finanzieller Art, die in den Freiwilligkeitskirchen gleichfalls nicht ohne sozialen Nachdruck auf der Basis eines gewissen administrativen Schematismus erfolgt und denen der einzelne hier wie dort nur durch Ausscheiden aus der Gemeinschaft ausweichen kann. Gerade das in vielen V.n übliche System der →Kirchensteuer hat dazu geführt, den Kirchen die Freiheit ihres Dienstes ohne Abhängigkeit von kapitalkräftigen Gemeindegliedern zu sichern. Die staatskirchenrechtl. Ordnung des demokrat. Verf.staats hat andererseits die der Ära des Staatskirchentums (→Staatskirche) entstammenden Zwangsmomente des überkommenen V.ntums abgebaut. Selbst dort, wo Institutionen einer – gelockerten – Verbindung von Staat und Kirche fortbestehen, haben die darin begründeten Pflichten durch die Möglichkeit, sich ihnen zu entziehen (Abmeldung vom →Religionsunterricht, Beendigung der Kirchensteuerpflicht durch Austritt), einen kaum noch durch soziale Zwänge verdunkelten Freiwilligkeitscharakter angenommen. Endlich waren die Freiwilligkeitskirchen ebensowenig wie die V.n in der Lage, die Bildung von Randschichten mit Restbeständen engagementloser Milieukirchlichkeit zu verhindern. Die in beiden Formationen zu beobachtende Tendenz zur Segmentierung kirchl. Präsenz auf kleine, aber vielfach aktive Kerngemeinden relativiert den hermeneutischen Wert der Unterscheidung V. – Freiwilligkeitskirche vollends. Die vielfältig berufene Privilegierung der ersteren – keineswegs ein Wesensmerkmal der V. – bedarf zudem einer von antiklerikalen Ressentiments befreiten Sicht (→Klerikalismus). Der demokrat. Verf.staat ist auf einen freiheitl. Pluralismus der gesellschaftl. Kräfte gegründet. Diese Kräfte wirken aber nicht im ungeordneten Spannungsfeld einander überkreuzender Individualwillen, sondern haben gerade durch ihre Institutionalisierung in Gruppen und Verbänden an der Erfüllung der gesamtgesellschaftl. Aufgaben teil. Die Integration dieser Gruppen in den Lebensprozeß des demokrat. Gemeinwesens führt zugleich zu ihrer Verklammerung mit dem Bereich des Öffentlichen. Die vielfältige Wahrnehmung öffentl.-rechtl. Funktionen und Aufgaben durch →Gewerkschaften, →Parteien und andere →Verbände ist darum nicht nur ein Phänomen der Verf.wirklichkeit. Die Kirchen um eines doktrinären Trennungsgebots willen hier auszuklammern, hieße sie de facto in ihrer sozialen Wirksamkeit diskriminieren. Gerade die wachsende Interdependenz gesellschaftl. Aktivitäten läßt ein laizistisches Ignorieren religiös intendierten Handelns (etwa im Bereich der sozialen Dienste oder der Ausbildung) nur um den Preis eines Freiheitsverlustes zu (→Laizismus). Gerade die großen V.n haben – wegen ihrer breiten institutionellen Präsenz und wegen ihres weniger schichtspez. Aufbaus, aber auch wegen ihrer Fähigkeit zum Einsatz für nicht hinreichend durch Interessenvertretungen abgedeckte soziale Probleme – im freiheitl. Kulturstaat die Chance, eine ihrem soziolog. Gewicht entsprechende Mitverantwortung für die Gemeinwohlverwirklichung wahrzunehmen – freilich in Konkurrenz mit anderen gesellschaftl. Gruppen. Ebensowenig wie diese sind sie aber dann auch von staatl. Förderung, von Schutz und Hilfestellung durch das Gemeinwesen bei der Erfüllung ihrer Aufgaben ausgeschlossen. Die Zukunft der V.n wird nicht zuletzt davon abhängen, mit welcher inneren Kraft sie sich der Herausforderung des pluralistischen Grundrechtsstaates zu stellen vermögen.

Fr. Schleiermacher, Praktische Theol., 1850 (Sämtl. Werke I, 13) – Th. Kliefoth, 8 Bücher von der Kirche I, 1854 – Th. Harnack, Die freie luth. V., 1870 – D. Bonhoeffer, Sanctorum communio, 1930 (1960³) – C. Pabst, V. und Freikirche, 1933 – W. Stapel, V. oder Sekte?, 1934 – M. Doerne, Was heißt V.?, 1935 – A. Adam, Nationalkirche und V. im dt. Protestantismus, 1938 – A. de Quervain, Kirche, Volk, Staat, 1945 – Herm. Diem, Luth. V. in West und Ost, ThExh NF 29 (1951) – H. Brunotte, Landeskirche, Staatskirche, V., in: ELKZ 1957, 266 – 269 – H. D. Wendland, Die Kirche in der modernen Gesellschaft, 1956 – ders., Die Krisis der V., Zerfall oder Gestaltwandel?, 1971 – Erik Wolf, Ordnung der Kirche, 1961 – H. R. Müller-Schwefe, RGG³ VI, Sp. 1458 – 1461. – H. H. Walz, WKL, 1960, Sp. 1563 f. – G. Harbsmeier, In verrosteten Angeln?, ThExh 129, 1965 – W. Hammer, ZevKR 14 (1968/69) 84 – 101 – Niederwimmer/Rahner/Meyer, Kirche zwischen Planen und Hoffen, 1968 – W. D. Marsch, Mutmaßungen über Funktion und Auftrag einer V. in der heutigen Gesellschaft, in: Gedenkschrift f. Ingeborg Röbbelen, 1972, 107 – 119 – D. A. Seeber, V. – oder was sonst?, Herder Korresp. 1974, 61 – 64. – W. Lohff-L. Mohaupt (edd.), V. – Kirche der Zukunft?, 1977 – K. Scholder, Die Kirchen und das Dritte Reich I, 1977, S. 124 ff. – N. Mette u. a., V., Gemeindekirche, Parakirche, 1981.

Christoph Link

Volksschule →Schule, Schulrecht

Volksvertretung →Parlament, Parlamentarismus

Volkswirtschaftliche Gesamtrechnung.

1. Zweck. Die v. G. dient vor allem der zahlenmäßigen Darstellung des volkswirtschaftl. Prozesses der Güterproduktion und -verwendung. Sie zeigt die wichtigsten Größen des *volkswirtschaftl. Kreislaufs* in einem systematischen Rahmen. Bes. interessiert das *Sozialprodukt,* seine Entstehung, Verteilung und Verwendung. Das *Sozialprodukt* drückt die in einer bestimmten Periode (Jahr, Halbjahr, Vierteljahr) erbrachte wirtschaftl. Leistung eines Landes in einem Zahlenwert aus.

Neben der Erfassung von Kreislaufgrößen *(Stromgrößen)* spielt auch die von *Bestandsgrößen,* wie zB Volksvermögen, Forderungen und Verbindlichkeiten, eine Rolle.

Die laufenden Ergebnisse der v. G. sind von allg. wirtschafts- und finanzpolitischem Interesse. Man findet dort die insgesamt verdienten Einkommen oder den Wert der erzeugten Fertigprodukte in der Unterteilung nach den hauptsächl. Kategorien. Private und öffentl. Wirtschaft werden einander gegenübergestellt. Das Zahlenwerk der v. G. liefert wichtige Informationen für die Analyse der konjunkturellen Entwicklung und des Wachstums. Es dient ebenso als Grundlage für wirtschaftl. Prognosen. Je nach der Aufgliederung vermitteln die Zahlen der v. G. einen Einblick in die Struktur der Gesamtgrößen und deren Veränderung. Zu erwähnen sind die Quoten des gesamtwirtschaftl. Konsums und der Investition oder die Anteilsquoten bestimmter Einkommensgruppen am *Volkseinkommen.* Meist werden die Güterströme der v. G. zu lfd. und zu konstanten Preisen (Nominal- und Realrechnung) ermittelt, woraus man die Entwicklung des allg. Preisniveaus oder – umgekehrt – des Geldwertes ablesen kann.

Die v. G. ist die unentbehrl. Materialgrundlage der empirischen Wirtschaftsforschung und der Wirtschaftspolitik. Es ist zu beachten, daß dieses Material die volkswirtschaftl. Vorgänge nicht mit absoluter Exaktheit beschreibt. Schätzungen sind bei der Erstellung des Zahlenwerks der v. G. unvermeidlich. Ebenso bedarf es gewisser Konventionen zur Abgrenzung der zu erfassenden Vorgänge. Hierüber gibt es allerdings international anerkannte Empfehlungen.

2. Historische Entwicklung. Die ersten Volkseinkommensschätzungen wurden in England bereits im 17. Jh. aufgestellt. Die Finanz- und Wehrkraft des Staates sollte damit beziffert werden. Da die klassische Nationalökonomie (→Wirtschaftstheorie) den Reichtum einer Nation in dem angesammelten Gütervorrat sah, hat man im 19. Jh. vor allem das *Volksvermögen* abzuschätzen versucht. Mit der Entwicklung der Einkommensteuer und deren statistischer Erfassung wandte sich Ende des 19. Jh. das Interesse wieder verstärkt der *Volkseinkommens*berechnung zu. Die Berechnungen wurden zuverlässiger. Internationale Verhandlungen im Anschluß an den Ersten Weltkrieg und die Wiederbelebung des nationalökonomischen Kreislaufdenkens gaben der v. G. den entscheidenden Auftrieb. Ende der 20er Jahre begannen die staatl. statistischen Ämter mit amtl. Berechnungen des *Sozialprodukts,* worüber heute jedes entwickelte Land verfügt. Der Ausbau dieser Berechnungen schreitet noch immer fort. Man versucht auch, die Berechnungsmethoden international möglichst zu vereinheitlichen.

3. V. G. und Wirtschaftskreislauf. Unter der v. G. kann man sich im *weitesten* Sinn jede zahlenmäßige Erfassung volkswirtschaftl. Tatbestände, in Geldwerten ausgedrückt, vorstellen. Man unterscheidet Vermögensbestandsrechnungen, die sich auf einen *Zeitpunkt* beziehen, und Stromgrößenrechnungen, die eine *Wirtschaftsperiode* betreffen. Unter v. G. versteht man jedoch im *engeren* Sinne die rechnerische Darstellung der gesamtwirtschaftl. wichtigen Vorgänge während einer Wirtschaftsperiode. Ihre begriffl. Grundlage ist der *volkswirtschaftl. Kreislauf.*

Der volkswirtschaftl. Kreislauf beschreibt die Güter- und Leistungsströme der laufenden Produktion, ihre Verteilung und Verwendung in Geldwerten. Er ist im Rahmen der v. G. ein System von *Werttransaktionen* zwischen *Transaktoren* (Kreislaufpole, Sektoren oder Konten). Bei jedem Transaktor ist die Wertsumme der zufließenden Transaktionen jener der abfließenden definitionsgemäß größengleich. Diese Größengleichheit wird durch die Definition von *Salden-* oder *Summentransaktionen* hergestellt.

Eine Werttransaktion kann man *real* als einen *Güter*strom oder *monetär* als einen *Geld*strom begreifen. Einen Kreislauf im wörtl. Sinne legt nur das Stückgeld (Noten oder Münzen) zurück. Das Buch- oder Giralgeld, das die meisten Güterumsätze begleitet, existiert nur auf Konten. Auch Güter vollziehen keinen Kreislauf. Sie durchlaufen vielmehr den über mehrere Stufen verteilten Fertigstellungsprozeß nur in einer Richtung. Der Begriff des Wirtschaftskreislaufes darf also nicht so verstanden werden, als würden darin Güter und Geld ständig kreisen! Der Sache nach ist das der v. G. zugrunde liegende Kreislaufkonzept ein zweckdienlich gegliedertes Buchungsschema.

4. Das Kreislaufschema der v. G. Der v. G. für die Bundesrep. Dtschld. liegt ein umfassendes, kreislauftheoretisch ausgerichtetes Kontensystem zugrunde. Die wichtigsten Transaktoren und Transaktionen sind in der Abb. (Sp. 3913/3914) zusammengefaßt. Die Pfeile geben die Richtung der monetären Transaktionen an. Die Ziffern bezeichnen den Wert der betr. Transaktion des Jahres 1985 in Mia. DM. Die Summe der einem Transaktor zufließenden Transaktionen ist gleich der Summe der abfließenden Transaktionen. Die einzelnen Werte sind dem Statistischen Jahrbuch für die Bundesrep. Dtschl. 1985 und anderen Veröffentlichungen des Statistischen Bundesamtes entnommen, bis auf drei Transaktionen: Einkommensübertragungen, privates Sparen und Außenbeitrag. Diese Werte sind im Rahmen des vereinfachten Schemas durch Saldierung ermittelt worden. Sie weichen von den offiziellen Angaben geringfügig ab.

Die Abb. zeigt die Werttransaktion zwischen fünf Transaktoren. *Institutionelle* Transaktoren, die *Wirtschaftseinheiten* zusammenfassen, sind: Wirtschaft, Private Haushalte, Staat und Ausland. Das Vermögensänderungskonto ist ein *funktioneller* Transaktor. Darunter versteht man ein Konto, dessen Transaktionen einer bestimmten Funktion zuzuschreiben sind.

Im vereinfachten Schema der Abb. ist der Transaktor Wirtschaft zugleich funktionell als Produktionskonto zu verstehen. Als *Produktion einer Volkswirtschaft* gilt die Wertsumme aller von ihr erzeugten *Fertiggüter.* Vorprodukte werden zur Vermeidung von Doppelzählungen hier ausgeschlossen. Die Wertsumme aller Fertiggüter, die in der laufenden Produktion erzeugt werden, nennt man das *Bruttosozialprodukt.* Es ergibt sich in der Abb. wie folgt: *Privater Verbrauch + Staatsverbrauch + Bruttoinvestitionen + Exporte − Importe = Bruttosozialprodukt* (BSP). Zieht man hiervon die *Abschreibungen* (Ersatzinvestitionen) ab, so erhält man das *Nettosozialprodukt zu Marktpreisen* (NSPMp): BSP − *Abschreibungen* = NSPMp. Darin sind die Fertiggüter zu ihren Marktpreisen bewertet. Sie enthalten *indirekte Steuern* als Kostenbestandteile und *Subventionen* als Preisermäßigungen. Die Kosten der Produktion der Fertiggüter bestehen volkswirtschaftl. in den Einkommen der Produktionsfaktoren Arbeit und Kapital: *Lohn* und *Gewinn.* Man berechnet das *Nettosozialprodukt zu Faktorkosten* (NSPFk) wie folgt: NSPFk = NSPMp − *indirekte Steuern* + Subventionen. Das *Nettosozialprodukt zu Faktorkosten* nennt man auch, da es alle Einkommen einer Volkswirtschaft umfaßt, das *Volkseinkommen.*

Das *Volkseinkommen* fließt an die privaten Haushalte und, zum kleinen Teil (1985: wegen hoher Zinszahlungen auf öffentliche Schulden negativ) an den Staat. In beiden Transaktoren wird es aufgeteilt auf Konsum und Sparen. Die privaten Haushalte zahlen *direkte Steuern* (dazu rechnet man auch die Sozialversicherungsbeiträge) an den Staat und erhalten von dort *Einkommensübertragungen.*

Das Vermögensänderungskonto enthält den Zugang des realen Vermögens: die *Bruttoinvestitionen.* Zieht man davon die Abschreibungen für den Anlagenverschleiß ab, so ergeben sich die *Nettoinvestitionen.* Das Sparen der privaten

Vereinfachtes Schema der Volkswirtschaftlichen Gesamtrechnung für die Bundesrepublik Deutschland 1985 (Zahlenangaben in Mia. DM)

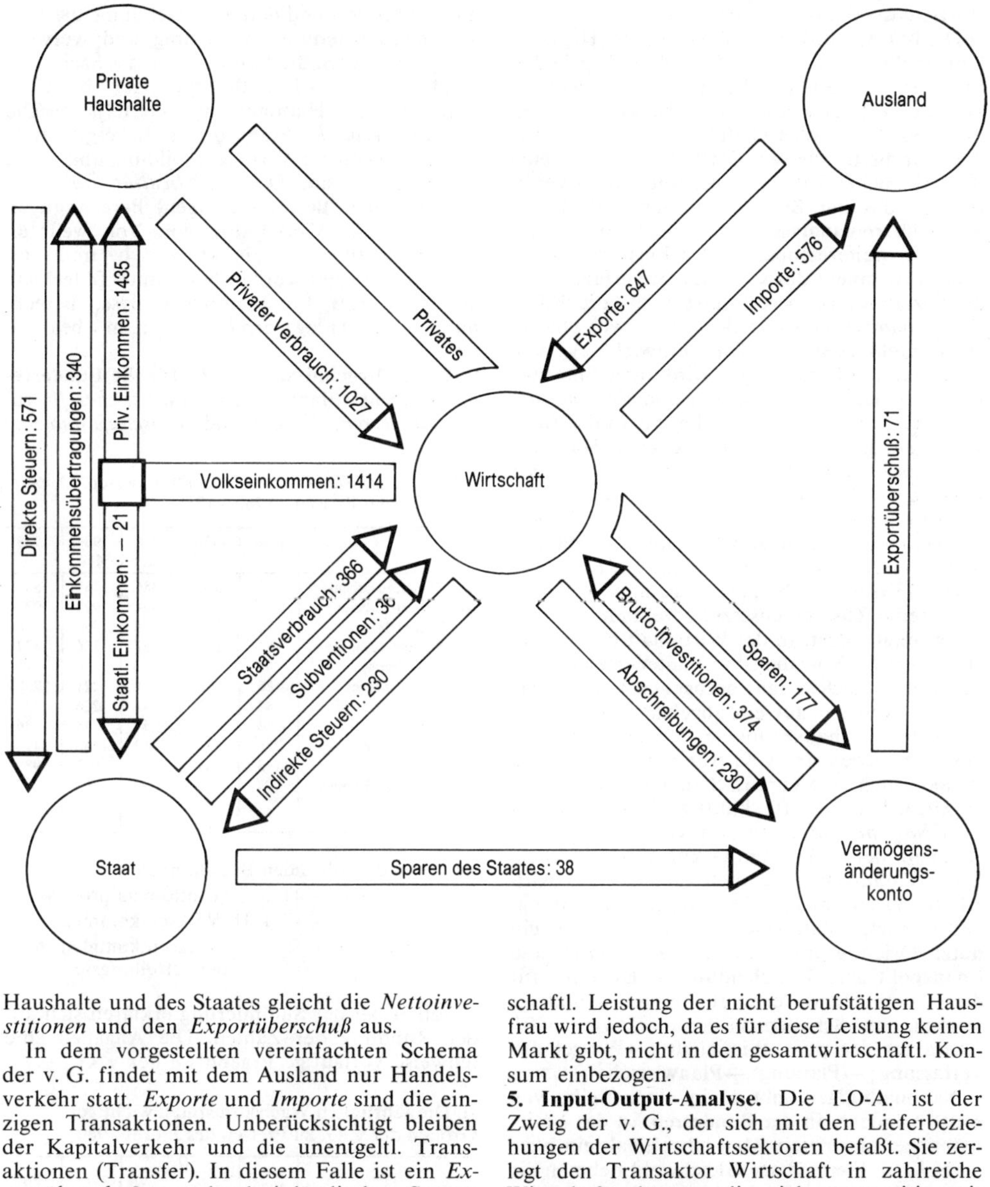

Haushalte und des Staates gleicht die *Nettoinvestitionen* und den *Exportüberschuß* aus.

In dem vorgestellten vereinfachten Schema der v. G. findet mit dem Ausland nur Handelsverkehr statt. *Exporte* und *Importe* sind die einzigen Transaktionen. Unberücksichtigt bleiben der Kapitalverkehr und die unentgeltl. Transaktionen (Transfer). In diesem Falle ist ein *Exportüberschuß* nur durch inländisches Sparen und ein Importüberschuß durch ausländisches Sparen zu finanzieren. Den *Exportüberschuß* nennt man auch *Außenbeitrag*. Er stellt die Netto-Auslandsnachfrage nach inländischen Gütern und Leistungen dar.

Die v. G. erfaßt prinzipiell *Marktvorgänge*. Ihnen entsprechen in aller Regel bestimmte Geldströme. Mitunter werden solche Ströme auch nur rechnerisch eingesetzt. So wird zB der Mietwert der Eigenheime als Mietzahlung der Eigentümer an sich selbst angesehen. Die wirtschaftl. Leistung der nicht berufstätigen Hausfrau wird jedoch, da es für diese Leistung keinen Markt gibt, nicht in den gesamtwirtschaftl. Konsum einbezogen.

5. Input-Output-Analyse. Die I-O-A. ist der Zweig der v. G., der sich mit den Lieferbeziehungen der Wirtschaftssektoren befaßt. Sie zerlegt den Transaktor Wirtschaft in zahlreiche Wirtschaftssektoren, die sich gegenseitig mit Rohstoffen und Vorerzeugnissen beliefern. Es werden feste Produktions- oder Inputkoeffizienten angenommen. Sie besagen, daß der *Input*, den ein Wirtschaftssektor von einem anderen bezieht, seinem eigenen *Output* proportional ist. Mit dieser Annahme, die näherungsweise für nicht zu lange Perioden als realistisch gelten darf, läßt sich die *Bruttoproduktion* aller Wirtschaftssektoren in Abhängigkeit von *Konsum* und *Investition* (Endnachfrage) berechnen. Eine Reihe weiterer Berechnungen ist möglich. Der spezifische Beitrag der I-O-A. zur v. G. besteht darin, die *Interdependenz* der Güterströme des arbeitsteiligen Produktionsprozesses zahlreicher Wirtschaftssektoren zu erfassen.

Die I-O-A. wurde von W. LEONTIEF (Harvard-Universität, USA) in den 30er Jahren begründet. In vielen Ländern sind bereits *Input-Output-Tabellen* berechnet worden. Üblicherweise werden dabei 30 bis 50 Wirtschaftssektoren unterschieden. Für die Bundesrep. Dtschld. liegt heute eine Anzahl solcher Tabellen vor. Seit Jahren veröffentlicht das Stat. Bundesamt solche Tabellen.

6. Geldstromanalyse. Die Geldstromanalyse stellt ein weiteres noch in der Entwicklung befindl. Instrument der v. G. dar. Sie erfaßt die in der Sozialproduktsberechnung nicht berücksichtigte *Finanzierungsseite* des gesamtwirtschaftlichen Geldkreislaufs. Die Entwicklung von Schulden und Forderungen wird unter Einbeziehung des Sektors der Banken und Versicherungen berechnet. Der zentrale Begriff ist das *Geldvermögen,* d. i. die Differenz zwischen *Forderungen* (einschließlich Kassenbestand) und *Verbindlichkeiten.* Man unterscheidet die Geldströme nach *Leistungstransaktionen,* die das *Geldvermögen* verändern (Kauf und Verkauf von Gütern), und *Finanztransaktionen,* die das *Geldvermögen* eines Wirtschaftssubjektes insgesamt nicht, jedoch seine Zusammensetzung verändern.

7. Nationalbudget. In der Wirtschaft der öffentl. Haushalte (→Staatshaushalt) unterscheidet man den auf das nächste Jahr bezogenen Voranschlag *(Budget)* von der auf ein abgelaufenes Jahr bezogenen Haushalts*rechnung.* Dementsprechend läßt sich neben der v. G. für eine abgelaufene Periode auch eine Vorausschau der betr. Größen angeben. Die v. G. für künftige Perioden nennt man *Nationalbudget.* In ihm wird versucht, den Rahmen der mögl. Entwicklung abzustecken. Diese Vorausschau ist auch für ein marktwirtschaftl. System nicht zuletzt wegen des Umfangs der Wirtschaftstätigkeit der öffentl. Hand ein nützl. Orientierungsmittel für wirtschafts- und finanzpolitische Entscheidungen. Es kann für die öffentl. Hand verbindl. Planungsgrundlage werden, ohne Schaden für den marktwirtschaftl. Charakter der priv. Wirtschaft (→Wirtschaftsverfassung; →Planung; →Planwirtschaft).

Nationalbudgets gibt es in einer Reihe von westl. Ländern. In der Bundesrep. ist das Nationalbudget umstritten. Man lehnt es als ein *planwirtschaftl.* Element ab. Gleichwohl nehmen die vorausschauenden Rechnungen im gesamtwirtschaftl. Rahmen zu.

8. Die v. G. in der Bundesrepublik Deutschland. Die amtl. v. G. wird vom *Statistischen Bundesamt,* Wiesbaden, im Rahmen eines geschlossenen Kontensystems erstellt. Es werden drei große Sektoren *Unternehmen, Staat* (einschließlich Sozialversicherung) und *Private Haushalte* (und Organisationen ohne Erwerbscharakter) unterschieden. Jene Wirtschaftseinheiten, deren ständiger Sitz (Wohnsitz) außerhalb der Bundesrepublik Deutschland liegt, werden als Sektor „übrige Welt" erfaßt. Die wirtschaftl. Tätigkeiten werden für jeden der drei erstgenannten Sektoren auf sieben Konten erfaßt. Sie betreffen die Produktion und deren Verwendung, die Einkommensentstehung, -verteilung und -verwendung sowie auch die Veränderung des Sach- und Geldvermögens. Die Berechnungen beziehen sich auf Jahre, Halbjahre und Vierteljahre. Die *Dt. Bundesbank,* Frankfurt, stellt ergänzende Berechnungen zur Vermögensbildung und deren Finanzierung an. Das *Dt. Institut für Wirtschaftsforsch.,* Berlin, legt eigene Berechnungen zur v. G. für Vierteljahre vor. Von weiteren Forsch.instituten (Konjunkturforsch.- und Universitätsinstitute) wurden bestimmte Teilgebiete der v. G. (zB Input-Output-Analyse, Berechnungen des Anlagevermögens u. a. m.) bearbeitet.

9. Einige Ergebnisse der v. G. für die Bundesrepublik Deutschland. Quelle: *Statistisches Jb. für die Bundesrep. Dtschld.* und *Wirtschaft und Statistik:*

I. Wichtige Größen der v. G. der Bundesrep. Dtschld. zu jeweiligen Preisen 1960 – 1985

		1960	1970	1980	1984	1985
		– Milliarden DM –				
A	Bruttosozialprodukt	302	676	1486	1757	1838
B	Privater Verbrauch	172	369	834	990	1027
C	Staatsverbrauch	41	106	298	350	366
D	Bruttoinvestitionen	81	186	357	366	374
E	Außenbeitrag	7	14	– 3	50	71
F	Abschreibungen	26	68	174	221	230
G	Indirekte Steuern	43	89	193	226	230
H	Subventionen	3	12	31	36	36
J	Volkseinkommen	236	530	1149	1346	1414
K	Löhne und Gehälter	143	361	842	953	989
L	sonstige Einkommen (Gewinne, u. a.)	93	170	307	394	425

Es gelten die folgenden Beziehungen:

$A = B + C + D + E$ (Bruttosozialprodukt)
$J = A - F - G + H$ (Volkseinkommen)
$J = K + L$ (Volkseinkommen nach der verteilungsseite)

Fehler bei der Summierung erklären sich aus der Rundung der Zahlen. Die Angaben sind teilweise vorläufige Ergebnisse der v. G.

II. Die Jährlichen Wachstumsraten wichtiger Größen der v. G. zu Preisen des Jahres 1980

	1960 – 1970	1970 – 1980	1980 – 1984	1985	1986 P[1]
	– v. H. –				
Bruttosozialprodukt	4,5	2,7	0,8	2,4	3
Privater Verbrauch	5,1	3,3	– 0	1,7	3
Staatsverbrauch	4,4	3,5	0,9	2,1	2
Bruttoinvestitionen	4,3	1,0	– 1,9	0,2	4,5
Ausrüstungen	6,7	2,2	– 1,6	9,3	9
Bauten	3,4	0,9	– 1,6	– 6,2	1
Ausfuhr	7,5	5,4	4,8	7,2	4,5
Einfuhr	9,1	5,5	1,2	4,7	6

[1] Prognose des Sachverständigenrates zur Begutachtung der gesamtwirtschaftlichen Entwicklung (Nov. 1985).

III. Die Beiträge der Wirtschaftsbereiche zum Bruttoinlandsprodukt (Bruttowertschöpfung)

	1960	1970	1980	1984	1985
Bruttowertschöpfung in Mia. DM	302	646	1423	1698	1783
Anteile der Wirtschaftsbereiche			– v. H. –		
– Land- u. Forstwirtschaft, Fischerei	5,8	3,4	2,1	2,0	1,7
– Warenproduzierendes Gewerbe	53,2	51,7	44,4	42,2	42,6
Energie- u. Wasserversorgung, Bergbau	5,2	3,5	3,5	3,9	4,0
Verarbeitendes Gewerbe	40,3	40,2	33,9	32,4	33,4
Baugewerbe	7,7	8,0	7,0	5,9	5,2
– Handel und Verkehr	18,5	16,0	15,9	15,6	15,4
– Dienstleistungsunternehmen	13,6	17,7	23,5	26,4	26,5
– Staat	7,2	9,7	12,1	11,8	11,7
– Private Haushalte	1,7	1,5	1,9	2,0	2,1
Summe der Anteile			100		

IV. Jährliches Einkommen je Kopf zu jeweiligen Preisen

	1960	1970	1980	1984	1985
			– DM –		
Volkseinkommen					
je Einwohner	4252	8745	18669	21915	23177
je Erwerbstätigen	8980	19889	43699	53258	55390
Lohn und Gehalt					
je Arbeitnehmer	6148	13841	29922	34824	35820

Artikel im HdWW: Volkswirtschaftliche Gesamtrechnung, Input-Output-Analyse – A. STOBBE, Volkswirtschaftslehre I: Volkswirtschaftliches Rechnungswesen, Berlin u. a., 1984[6] – F. HASLINGER, Volkswirtschaftliche Gesamtrechnung, München/Wien, 1986[4] – Lfd. Veröffentlichungen von Zahlenergebnissen, in: Wirtschaft und Statistik, Statistisches Jb. für die Bundesrep. Dtschld., Monatsberichte der Dt. Bundesbank, Veröffentlichungen der Wirtschaftsforschungsinstitute. – Jahresgutachten des Sachverständigenrates zur Begutachtung der gesamtwirtschaftl. Entwicklung.

Ernst Helmstädter

W

Wachstumspolitik. 1. Begriff. W. ist die Summe all jener Maßnahmen des Staates, die auf den langfristigen Anstieg des Volkseinkommens (→Volkswirtschaftliche Gesamtrechnung), oder des Volkseinkommens je Einwohner abzielen. Das Volkseinkommen mißt dabei im wesentlichen den Wert (nach Abzug von Vorleistungen) der in einer Volkswirtschaft in einem Jahr erstellten Güter und Dienstleistungen. Der Zuwachs des Volkseinkommens gilt gleichzeitig als Kennziffer für den Nutzenzuwachs. Strittig ist, ob W. durch spezifische Maßnahmen das Wachstum dosieren kann oder ob sie sich darauf beschränken sollte, mit allgemeinen Maßnahmen das „Wachstumsklima" zu verbessern: F. A. VON HAYEK zufolge kann W. „nicht mehr als günstige Bedingungen schaffen und dann das Beste hoffen".

2. Typologie. Die Geschichte der W. spiegelt den erkenntnistheoretischen Widerstreit zwischen individualistischer und kollektivistischer Staatsauffassung. Individualistische W. ist solche, die Anreize für unabhängig voneinander entscheidende Individuen so setzt, daß diese im Verfolgen ihrer egoistischen Ziele aufgrund des Wettbewerbs das Gesamtwohl maximieren; dies ist u. a. die Auffassung der Aufklärung und der ökonomischen Klassik gewesen. Kollektivistische W. geht von einem überlegenen Lenkungswissen des Staates und seiner Organe aus. Unter der Voraussetzung dieser Überlegenheit – die nicht begründbar ist – hat der Staat umfassende Lenkungskompetenz: Er kann Engpässe des Wachstums rechtzeitig erkennen und beseitigen; er kann Lücken im Prozeß der Kapitalbildung schließen, den sektoralen Strukturwandel lenken, Arbeitslosigkeit verhindern etc. Die theoretische W. beurteilt den kollektivistischen Ansatz zunehmend skeptisch. Denn empirisch hat sich bislang herausgestellt, daß kollektivistische W. weniger Wachstum bedeutet und daß Wirtschaftszweige unter besonderer Staatsaufsicht – wie in der Bundesrepublik Deutschland die Eisenbahnen, die Agrarwirtschaft oder die Stahlindustrie – besonders unrentabel arbeiten. Ein neuer Zweig der Wirtschaftswissenschaft befaßt sich daher mit dem verbreiteten Problem des Staats(Politik-)versagens.

Idealtypisch lassen sich drei historische Phasen der W. unterscheiden. In einer frühgeschichtlich-kriegerischen Phase der Politik „räuberischen Wachstums" ging es darum, durch Wegnahme oder Diebstahl von anderen Wirtschaftseinheiten (ökonomisch: durch Umverteilung) das eigene Volkseinkommen und Produktivvermögen zu mehren. Zu dieser seit Urzeiten betriebenen W. trat später eine Politik hinzu, die auf „Effizienzwachstum" abzielte, ermöglicht durch die Entwicklung von Ackerbau und Handwerk. In dieser Zeit, die man als die kaufmännische Phase bezeichnen könnte, wurde die Arbeitsteilung, d. h. der Warenaustausch im Innern und mit anderen Ländern, zum Motor wirtschaftl. Wachstums. Der Handel zeigte, daß Länder durch Austausch von Waren und Dienstleistungen ein höheres gesellschaftl. Nutzenniveau (= Volkseinkommen) erreichen können, als es jedem Land einzeln (im Autarkiezustand) möglich wäre. In diese Phase des Effizienzwachstums fallen ebenfalls Verbesserungen des gesamtwirtschaftl. Produktionspotentials (Erwerbsbevölkerung, Boden, Maschinen, Gebäude), hervorgerufen durch ein staatl. Angebot sogenannter „öffentlicher Güter" (innere und äußere Sicherheit; Auf- und Ausbau des Rechtssystems). Die Schaffung und die Durchsetzung von für alle verbindl. und einklagbaren Rechtsregeln etwa schuf Vertrauen in den Vertragspartner, ermöglichte den Ausbau der Arbeitsteilung (= der Spezialisierung) und bildete die Voraussetzung für die langfristige Umwandlung von Geld- in Produktivvermögen. Die dritte, neuzeitliche Phase der W. setzt vor allem auf den technischen Fortschritt. In dieser Phase ist das Wachstum theoretisch unbegrenzt (→Wachstumstheorie), weil es nur mehr – wenn alle anderen Dinge, wie etwa das „Investitionsklima", stimmen – vom Erfindungsreichtum des Menschen abhängt. Solange keine Grenzen der Phantasie nachgewiesen werden können, so lange kann man vermuten, daß stets neue Produkte und neue Produktionsverfahren gefunden werden, die wiederum jeweils neue Nachfrage und neues Angebot hervorrufen. Diesen Prozeß aufrechtzuhalten oder zu beleben wird mehr und mehr zur Hauptaufgabe der W.

Im Laufe der Geschichte haben sich die Gewichte zwischen den drei wachstumspolitischen Phasen verschoben. Eine Politik des Effizienzwachstums spiegelt sich zum Beispiel in den seit 1947 laufenden Bestrebungen, den Außenhandel zu liberalisieren, d. h. von politischen Interventionen (wie von Zöllen, mengenmäßigen Beschränkungen der Ein- und Ausfuhr, Kapitalverkehrskontrollen) freier zu gestalten (→GATT; →Vereinte Nationen). Gleichzeitig gab es – wie auch immer begründet – das Phänomen räuberischer W., als Technologien sowie Produktionsanlagen und Menschen unterschiedlicher Qualifikation aus Deutschland in die Siegermärkte verbracht wurden, um die Produktionskraft in Deutschland zu schwächen und in den alliierten Ländern zu stärken; ein vergleichbares Kalkül, wenn auch in umgekehrter Richtung, lag dem sog. MARSHALL-Plan zugrunde. In den Vordergrund hat sich jedoch weltweit nach 1949 zunehmend eine W. gedrängt, die auf die Schaffung günstiger Investitions- und Arbeitsbedingungen setzte sowie auf Technologiepolitik.

3. Ansatzpunkte der W. Die W. folgt bislang in erster Linie dem, was die →Wachstumstheorie vorgab: Wachstum des Volkseinkommens hing diesen Theorien zufolge vor allem von der Kapitalbildung, dem Bevölkerungswachstum und dem technischen Fortschritt ab. W. kann darüber hinaus noch über die Einflußnahme auf den Strukturwandel und auf die gesamtwirtschaftlichen Rahmenbedingungen wirken: (1) *Kapitalbildung:* Die Wirtschaftspolitik kann prinzipiell auf zwei Arten versuchen, die Kapitalbildung zu fördern: Indem der Staat investiert und indem er die Investitionen und Ersparnisbildung der privaten Wirtschaftseinheiten anregt oder Behinderungen privater Aktivität abbaut. Der Staat als Investor kann das Wachstum positiv beeinflussen, indem er etwa die Infrastruktur verbessert (Straßenbau etc.) oder Marktunvollkommenheiten (fehlende Eigentumsrechte etc.) beseitigt; er kann das Wachstum beeinträchtigen, wenn er zuviel investiert und private Anleger nicht zum Zuge kommen läßt. Probleme werden vor allem darin gesehen, daß die staatl. Investitionen keiner wirksamen Erfolgskontrolle unterliegen und daher Fehlinvestitionen nicht – wie in der Privatwirtschaft – durch Gewinnrückgang oder Konkurs „bestraft“ werden. Dies ist um so schwerwiegender, je mehr der Staat Investitionen tätigt, die nicht „komplementär“ neben private Investitionen treten, sondern „substitutiv“ privater Tätigkeit Konkurrenz machen. Häufig geht es außerhalb der (weitgehend erfolgten) Bereitstellung von Infrastruktur und anderen „öffentlichen Gütern“ auch darum, den Kapitalbildungsprozeß zu verstetigen. Dies geschieht meist mit besonderen Investitionshilfen, mit Sparförderungsmaßnahmen und – in Zeiten konjunktureller „Überhitzung“ – mit besonderen Investitionssteuern. Oft wird auch versucht, Wirtschaftszweige mit hohen Wachstumsaussichten besonders zu fördern; freilich ist das Selektionsproblem (d. h. die Frage, welche Branchen zu fördern sind) dabei bislang ungelöst; es ist zudem unklar, wie die negativen Anreizeffekte in den diskriminierten wie auch in den geförderten Wirtschaftszweigen zu vermeiden sind. (2) *Bevölkerung*: Sehr langfristig angelegt wäre jene W., die das generative Verhalten zu ändern sucht (die Sterblichkeitsrate einmal als gegeben unterstellt); sie spielte in der W. bislang keine Rolle – Kindergeld und Familienförderung werden durchweg anders begründet. W. kann jedoch versuchen, die Arbeitszeit, die Erwerbsquote und die Wanderungsbewegungen mit dem Ausland zu beeinflussen. Denn unter sonst gleichen Umständen erhöhen Verlängerungen der Arbeitszeit wie auch eine Zunahme der Erwerbsquote (Anteil der Erwerbstätigen an der Bevölkerung) oder eine verstärkte Zuwanderung von „Gastarbeitern“ das Volkseinkommen. Es stellt sich allerdings die Frage, welchen Sinn die Zielgröße „Wachstum des Volkseinkommens“ hat gegenüber der des „Wachstums des Volkseinkommens pro Kopf“. Letzteres kann – wenn etwa wegen des induzierten Rückgangs des Verhältnisses von Kapitalstock zu Beschäftigten (= Kapitalintensität) die Produktivität der Arbeit sinkt, oder wenn die Erwerbsquote bei den Gastarbeitern niedriger ist etc. – durch Zuwanderung auch sinken; verstärkt würde eine solche effizienzmindernde Tendenz durch eventuell auftretende soziale Spannungen zwischen alter Bevölkerung und Zugewanderten. (3) *Technischer Fortschritt*: W. kann den technischen Fortschritt anregen, indem sie Erfindungen (neue Produkte und neue Produktionsverfahren) stimuliert und günstige Bedingungen für Innovationen, d. h. die Umsetzung der Erfindungen in Investitionen, schafft; dazu gehört auch, daß der Import von Technologien wie auch der Technologieexport nicht behindert werden (der Import, um Schritt zu halten, falls ein anderes Land technologisch vorprescht, und der Export, um die Kaufkraft des Weltmarktes für neue Technologien zu nutzen). Die Ansatzpunkte der Stimulierung des technischen Fortschritts sind vielschichtig: Zu ihnen zählt das Schaffen der Grundlagen für eine effiziente naturwissenschaftlich-technische Ausbildung (Technische Hochschulen); die Einkommen aus erfolgreichen Erfindungen und die Umsetzung von Erfindungen in neue Güter und Verfahren dürfen nicht steuerlich beeinträchtigt werden – d. h., es muß sich (nach Steuern) lohnen, trotz des Risikos eines Fehlschlags erfinderisch und innovativ tätig zu werden; alternativ erzielbare Einkommen für weniger kreative Tätigkeit, etwa in der öffentlichen und privaten Verwaltung, dürfen nicht künstlich überhöht sein etc. Zur Technologiepolitik gehört auch, daß der Raub von technischen Ideen und Erfindungen bestraft und die Imitation erschwert wird. Letzterem dient der Patentschutz, der national wie auch weltweit erlangt werden kann und meist für 18 bis 20 Jahre den Erfindern Monopolrechte an ihren Ideen zuteilt. Die Auswirkungen der Forschungs- und Technologiepolitik im engeren Sinne, die mit der finanziellen Förderung von Forschung und Entwicklung sowie mit staatl. Eigenforschung (vor allem im Militärbereich) befaßt ist, sind bislang, was ihre wachstumsfördernde Eigenschaft anlangt, umstritten; sicher ist, daß der Staat Wachstumsspielräume verschenkt, wenn er Patentanmeldungen oder die Verwertung von Technologien im Ausland (etwa im sicherheitspolitischen Bereich) behindert oder die Einfuhr von Technologien zu kontrollieren versucht. (4) *Strukturwandel*: Wachstum ist mit Strukturwandel verbunden, einer ständigen Umorganisation der Produktion und des Einsatzes von Arbeitskräften und Kapital. Strukturwandel beruht darauf, daß im Zuge des Wachstums die Nachfrage nach den einzelnen Gütern und Dienstleistungen sich in unterschiedl. Maße ändert und gleichzeitig der technische Fortschritt von Produkt zu Produkt unterschiedl. Kostenänderungen bewirkt und neue Güter und Dienste hervorbringt. W. muß darauf ausgerichtet sein, daß die Produktion und die Produktionsstruktur so eingerichtet sein sollte, daß ein Land hinsichtlich der Produktionskosten wie auch hinsichtlich der Attraktivität seines angebotenen Sortiments international wettbewerbsfähig bleibt. Es ist allerdings fraglich, ob die Politik hier sinnvoll Impulse geben kann; nach verbreiteter Auffassung sollte der Staat von Versuchen, den Strukturwandel zu steuern, absehen. W. läuft daher eher auf ein Unterlassen hinaus; sie kann jene Branchen, die unter zunehmenden Wettbewerbsdruck geraten – etwa weil im Ausland billiger produziert werden kann oder weil die Nachfrage nach ihren Produkten sinkt – schrumpfen lassen, und jenen Branchen, die neue Produkte herstellen oder alte Produkte billiger anbieten können und die vor günstigen Nachfragebedingungen stehen, Expansionsspielräume schaffen, indem sie Wachstumshemmnisse abbaut. Wenn W. diesen Prozeß „schöpferischer Zerstörung" nicht behindert, sondern zu fördern sucht, kann die Volkswirtschaft ihre Produktionsstruktur laufend so ausrichten, daß sie auf den Weltmärkten für ihr Angebot hohe Preise erzielt und als Nachfrager von Vorleistungen wie Fertigprodukten niedrige Preise zahlen muß. Solche Terms-of-Trade-Verbesserungen können allerdings auch durch das Ausnutzen von Marktmacht künstlich herbeigeführt werden, wie das OPEC-Kartell gezeigt hat – auch das ist W.; Länder, die nicht über knappe Rohstoffe verfügen, können sich Marktmacht schaffen, indem sie Monopolpositionen bei technologischen Neuheiten aufbauen. (5) W., die günstige *Rahmenbedingungen* schafft, ist weniger als im Falle der unter (1) bis (4) genannten Einflußfaktoren auf ein besonderes Lenkungswissen des Staates angewiesen. Aus der Fülle der Rahmenbedingungen wirtschaftl. Wachstums sind einige wesentlich abhängig vom Verhalten staatl. Institutionen; zu ihnen zählt vor allem jener Anteil am laufenden Volkseinkommen und am Volksvermögen, den der Staat für seine Zwecke beansprucht. Denn was der Staat absorbiert, muß der Rest der Volkswirtschaft finanzieren. Steht diesem gesellschaftl. Aufwand nicht ein entsprechender „externer" Ertrag gegenüber – d. h., steigt nicht die Produktivität auf der Seite derjenigen, die zahlen müssen –, so handelt es sich ökonomisch um reine Verschwendung; das Wachstum wird sinken. So ist gezeigt worden, daß in den siebziger Jahren dieses Jahrhunderts der Anstieg der „*Staatsquote*" in fast allen Industrieländern zu niedrigem Wachstum beigetragen hat. Wichtig ist auch, inwieweit Steuern die Gewinnanreize und damit die Investitionstätigkeit dämpfen oder ob Transferausgaben (durch Subventionen und Sozialpolitik) bei den Empfängern Leistungsanreize verstärken oder zerstören. Auch *Inflation* – die wesentlich eine Sache der →Geldpolitik ist – hemmt wirtschaftl. Wachstum, wenn die Preise wegen Inflation ihre Allokationsfunktion nicht erfüllen können (weil Preisinformationen undeutlich werden) oder wenn sich, aus wachstumspolit. Sicht, die Allokation direkt verschlechtert („Betongold"). Ähnliches gilt für *Wechselkursverzerrungen*. Insgesamt gesehen kann man sagen, daß alles, was Einfluß auf relative Güter- (und Dienstleistungs-)preise sowie auf die Faktorpreise hat, Produktions- und Verteilungsanreize auslöst, die dann letztlich das erreichbare Wachstum bestimmen oder zumindest beeinflussen. Das heißt, daß etwa die →*Lohnpolitik* der Tarifvertragsparteien wie auch staatl. Tun und Unterlassen im Bereich der →*Arbeitsmarktpolitik* ebenfalls Bedeutung haben. Im Zusammenhang mit Studien zu den „Grenzen des Wachstums" ist in den siebziger Jahren zunächst die Knappheit („Endlichkeit") natürlicher Ressourcen, wie Kohle und Erdöl, und danach die Umwelt als Produktionsfaktor in den Mittelpunkt des Interesses gerückt. W. ist seither bestrebt, die Belastung der (ökonomisch: den Einsatz von) *Umwelt* teurer zu machen, damit es sich lohnt, Produkte und Produktionsverfahren, die die Umwelt weniger belasten, anzubieten wie auch nachzufragen. Inwieweit in der „nachindustriellen Gesellschaft" der Bundesrepublik (hier dominiert seit Mitte der siebziger Jahre der Dienstleistungssektor mit über 50 vH der insgesamt Beschäftigten und der gesamten Wertschöpfung) und anderer Industrieländer ein tiefgreifender Wandel des gesellschaftlichen Bewußtseins stattgefunden hat, der die Wertschätzung von wirtschaftlicher Leistung und technischem Fortschritt deutlich vermindert, ist nicht abzusehen. Sicher ist, daß W. und →Umweltschutz sich nicht logisch ausschließen; letzterer kann vielmehr dem wirtschaftl. Wachstum neue Impulse geben.

J. A. SCHUMPETER, Theorie der wirtschaftlichen Entwicklung, 1912. – H. GIERSCH, Konjunktur- und Wachstumspolitik, 1977. – M. NEUMANN, Wachstumspolitik, HdWW, Bd. 8, 1980. – H. GIERSCH, B. BALASSA (edd.), Economic Incentives, Symposium 1984, 1985. – B. HEITGER, Bestimmungsfaktoren internationaler Wachstumsdifferenzen, Die Weltwirtschaft, 1985. – E. J. MISHAN, The Costs of Economic Growth, 1967. – G. BOMBACH, Wirtschaftswachstum, HdSW, Bd. 12, 1965. – F. A. VON HAYEK, Die drei Quellen menschlicher Werte, 1979.

Hans H. Glismann

Wachstumstheorie. 1. Begriff. Unter Wachstum versteht man in den Wirtschaftswissenschaften die anhaltende Zunahme der Produktionsmöglichkeiten einer Wirtschaftseinheit (im Regelfall einer Volkswirtschaft oder eines Unternehmens); dogmengeschichtlich stand stets das gesamtwirtschaftl. Wachstum im Mittelpunkt des Interesses. W. befaßt sich mit der Erklärung der vergangenen und der Vorhersage der künftigen Entwicklung des Produktionspotentials. Das Produktionspotential umschreibt dabei die bestehende Faktorausstattung, d. h. etwa den Kapitalstock (Maschinen, Gebäude etc.)

und die Erwerbspersonen, den Bestand an natürl. Hilfsquellen und an „Wissen“. Indem die W. auf die Entwicklung des Produktionspotentials abstellt, unterscheidet sie sich von der kurzfristig angelegten Konjunkturtheorie, die mit der Erklärung (von Schwankungen) des Auslastungsgrades des Produktionspotentials befaßt ist. W. ist auch abzugrenzen von Entwicklungstheorie. Letztere ist mit den Problemen der Entwicklungsländer befaßt; sie unterscheidet sich von der W. dadurch, daß die Entwicklungstheorie im wesentlichen wirtschaftl. Aufholprozesse zu erklären sucht.

2. Meßtechnik. Gemessen wird das Wachstum meist an der Zunahme des realen, d. h. des um Preisänderungen bereinigten, Volkseinkommens (→Volkswirtschaftliche Gesamtrechnung), also an der Summe derjenigen in einem Land produzierten Güter und Dienstleistungen, die gegen ein Entgelt (Preis, Lohn) gehandelt werden oder die der Staat und private Organisationen ohne Erwerbszweck (wie die Kirchen) ohne Entgelt anbieten; Wachstum dieser Art beschreibt den gesamten ökonomischen Einkommenszuwachs einer Nation. Wachstum im engeren Sinne wird als Zunahme des Volkseinkommens je Einwohner gemessen; es gibt Aufschluß über den Verlauf der durchschnittl. Versorgung der Bevölkerung mit Gütern und Dienstleistungen. Meßprobleme ergeben sich dadurch, daß man reale (nicht: preisliche) Vorgänge messen will. Eine Verdoppelung des Volkseinkommens innerhalb von 20 Jahren etwa bedeutet nicht, daß alle Güter doppelt vorhanden sind; vielmehr gibt es im Zeitablauf zahlreiche neue Güter, alte fallen weg, und die Verbrauchsstruktur wandelt sich. Daher lassen sich langfristig nur Wertgrößen vergleichen – freilich handelt es sich in der W. um „reale“ Wertgrößen, die mit Hilfe der Inflationsbereinigung ermittelt werden (Vergleich von alle fünf bis zehn Jahre „angepaßten“ Warenkörben zu jeweils konstanten Preisen).

Nach üblicher Auffassung dient das Volkseinkommen (je Einwohner) als Indikator für die Wohlfahrt (je Einwohner); dies ist klassische Auffassung („Alles auf Erden kommt vorwärts durch das Nettoprodukt. Jegliche physische und moralische Entwicklung zum Vorteil der Gesellschaftsordnungen ist damit faßbar in einem Punkt, in einer Zunahme des Nettoprodukts“, MIRABEAU in einem Brief an ROUSSEAU vom 30. 7. 1767). Wachstum, d. i. das Verfügen über mehr Güter und Dienste, ist daher Wohlfahrtsmehrung. Kritiker dieses Konzepts versuchten vor allem in jüngerer Zeit, Sozialindikatoren zu entwickeln, um die „Lebensqualität“ besser zu erfassen; im Grunde sind dies Versuche, „richtigere“ Preise zu setzen, als sie auf dem Markt zustande kommen, und für nachteilig gehaltene Entwicklungen (Umweltbelastungen) stärker zu gewichten. Solche Versuche sind bislang an mangelnder intersubjektiver Nachvollziehbarkeit gescheitert. Für das übliche Volkseinkommens-Konzept spricht neben der Objektivierbarkeit aufgrund von Marktdaten auch, daß es weltweit akzeptiert wird.

3. Probleme der W. Die Einflußfaktoren wirtschaftl. Wachstums sind zu zahlreich, als daß man sie – auch wenn sie bekannt wären – alle nennen könnte. Welche Einflußgrößen in einem bestimmten Zeitraum dominierten, ist selbst im nachhinein im Regelfall strittig. Das ist der Grund, weshalb Wachstumsprognosen meist unter stark vereinfachenden, d. h. die Zahl der Erklärungsfaktoren reduzierenden Annahmen gemacht werden; freilich sinkt der Informationsgehalt der solchermaßen „bedingten Wachstumsprognose“ mit der Zahl und dem Gewicht der Annahmen. JOSEPH A. SCHUMPETER (1883 – 1950), einer der bedeutendsten Theoretiker wirtschaftl. Wachstums, hielt, wie lange zuvor schon FRIEDRICH LIST (1789 – 1846), u. a. folgende Einflußgrößen für wichtig: (1) physische Umgebung, (2) soziale Organisation (einschließlich des Rechts- und Steuersystems und der Organisation des Arbeitsmarktes), (3) Politik im weitesten Sinne, (4) Technologie (bis hin zu Beschäftigungspraktiken), (5) „Humankapital“ (an Quantität wie an moralischer und intellektueller Qualität), (6) Zeitgeist, zu dem die in einer Volkswirtschaft vorherrschenden Ideen, der Glaube, Verhaltensweisen in bezug auf Sparsamkeit, Gewinnstreben, Risikobereitschaft und auf körperl. und geistige Arbeit zählen, etc. Die Richtung des Einflusses dieser Faktoren, die von der Wirtschaftswissenschaft meist als gegebene „Daten“ bezeichnet werden, ist dabei nicht einmal eindeutig. So ist fraglich, ob eine vorteilhafte „physische Umgebung“ – wie Rohstoffvorkommen oder verkehrsgünstige Lagen – tatsächlich wachstumsförderlich ist. Denn gerade ungünstige äußere Voraussetzungen können zu besonderen Anstrengungen reizen. Triebkräfte des Wachstums werden mobilisiert, wenn Knappheiten (Engpässe) besondere Belohnungen für ihre Überwindung versprechen. Die W. hat sich meist, dies kann als ihre konstitutionelle Schwäche angesehen werden, auf die Analyse leichter meßbarer Einflußgrößen – wie Kapital- und Arbeitseinsatz – beschränkt.

4. Geschichte der W. Die *Klassiker* der Volkswirtschaftslehre waren in erster Linie mit Theorien zur Mehrung des nationalen Reichtums (Merkantilisten) und der Verbesserung der Einkommen durch Effizienzsteigerung befaßt. ADAM SMITH (1723 bis 1790) beschrieb die wohlstandsfördernden Effekte der Arbeitsteilung und des Wettbewerbs; gleichzeitig verfolgte der Franzose A. R. TURGOT (1727 – 1781) in der Theorie und als Politiker wachstumstheoretisch bedeutsame Liberalisierungskonzepte (Aufhebung des Zunftzwanges). Danach kam es zu den eher pessimistischen Wachstumstheorien von DAVID RICARDO (1772 – 1823) und ROBERT MALTHUS (1766 – 1834): RICARDO zufolge war das Wirtschaftswachstum notwendig begrenzt, weil der Boden als Grundlage für die Produktion von Nahrungsmitteln nicht beliebig vermehrbar sei und weil neue Böden stets von schlechterer Qualität seien als die alten Böden (*Gesetz vom abnehmenden Ertragszuwachs*); ähnliche Zusammenhänge beschrieb MALTHUS: Das in der Landwirtschaft herrschende Ertragsgesetz bewirke ein im Vergleich zum Bevölkerungswachstum zu langsam ansteigendes Nahrungsmittelangebot; daher sei das Bevölkerungswachstum und damit das gesamtwirtschaftliche Wachstum begrenzt. Das „Wachstumsdilemma" zwischen Ertragsgesetzlichkeit und Bevölkerungsexpansion könne, allerdings nur vorübergehend, durch Kolonialisierung gelöst werden: Hinweise auf reichliche fruchtbare Böden und geringe Bevölkerungsdichte in Nordamerika finden sich auch bei A. SMITH und später bei JOHN STUART MILL (1806 - 1873).

Weitgehend als Klassiker in dem Sinne, als die Entwicklung der Volkswirtschaft - wie bei MALTHUS und RICARDO - auch bei ihm letztlich stagnieren mußte, erwies sich KARL MARX (1818 - 1883). Ihm zufolge wird der von immer tieferen Krisen geschüttelte „Kapitalismus" zusammenbrechen und in einen (stationären) gesellschaftlichen Zustand übergehen, in dem es keine „Klassen" und keine Dialektik der Entwicklung mehr gibt und daher kein Streben nach Veränderung. In der kapitalistischen Phase wird notwendig ein tendenzieller Fall der „Profitrate" stattfinden (weil die „organische Zusammensetzung des Kapitals", d. i. die maschinelle Ausstattung jedes Arbeitsplatzes, steige, ohne daß das Verhältnis zwischen „Mehrwert" und Lohnsumme ebenfalls steige), der die Konzentration des Kapitals erhöht und Krisen wiederum verschärft.

Die neuen, vor allem seit den 40er Jahren entwickelten W.n (*„neoklassische"* W.) waren vor allem mit Modifikationen der volkswirtschaftl. Produktionsfunktion befaßt; diese Funktion gibt an, wie die Höhe des Sozialprodukts von dem Einsatz an Arbeit und Kapital abhängt; das Wachstum des Sozialprodukts wird demzufolge letztlich vom (gewichteten) Bevölkerungswachstum und von der (ebenfalls gewichteten) Kapitalakkumulation bestimmt. Eine frühe Variante (HARROD-DOMAR-MODELL) hatte allein auf die Kapitalakkumulation abgestellt und herausgefunden, daß - weil jede Investition sowohl den volkswirtschaftl. Kapitalstock (Anlagen, Maschinen etc.) erhöht als auch gleichzeitig Nachfrage der Unternehmen (nach Anlagen etc.) und der Arbeiter (die bei der Erstellung des zusätzl. Kapitalstocks Einkommen erzielen) darstellt - im gesamtwirtschaftl. *Gleichgewicht* Kapazitätseffekte und Einkommenssteigerung gleich groß sein müssen; das bedeutet auch, daß die Investitionen mit einer konstanten Rate wachsen müssen, die sich aus dem Produkt von Sparquote (Anteil der Ersparnis am Volkseinkommen - diese Quote ist im Gleichgewicht gleich der Investitionsquote) und Kapitalproduktivität (Volkseinkommen durch Kapitaleinsatz) ergeben. Erweiterungen dieses neoklassischen Basismodells bestanden zunächst darin, neben dem Kapitalstock weitere Produktionsfaktoren - wie Arbeit und Boden - zu berücksichtigen.

Das fundamentale und von den Klassikern her bekannte Phänomen abnehmender Ertragszuwächse der Produktionsfaktoren Arbeit, Kapital, Boden etc. kennzeichnet auch die Neoklassik. Zunehmender Kapitaleinsatz senkt tendenziell die Kapitalproduktivität; dies würde, da Kapitaleinsatz immer ineffizienter, also weniger lohnend würde, auf lange Sicht das Wachstum zum Erliegen bringen. Messungen ergaben jedoch, daß die volkswirtschaftl. Kapitalproduktivitäten zum Beispiel im Deutschen Reich (seit 1870) und in der Bundesrepublik nahezu die gleiche Höhe hatten. Diese Erkenntnis führte zu einer Neuerung in der W.: Der *technische Fortschritt* wurde wesentlicher erklärender Bestandteil der Entwicklung des Volkseinkommens. Er verhindert den ertragsgesetzl. Rückgang der Kapitalproduktivität - etwa indem die Investitionstätigkeit nicht nur Reinvestition (Wiederherstellung oder Erweiterung des alten Kapitalstocks) darstellt, sondern auch eine qualitative Verbesserung des Kapitalstocks (Maschinen mit höherer Leistung) mit sich bringt.

Untersuchungen haben ergeben, daß im Zeitraum 1947 bis 1973 zwischen 40 und 60 vH des Wachstums des Volkseinkommens in den Industrieländern auf technischen Fortschritt zurückzuführen war. Zu vermuten ist, daß diese Anteile, zumal beim Wachstum des Pro-Kopf-Einkommens, noch steigen werden. Das bedeutet aber, daß es keine theoretische Begrenzung des Wachstums mehr gibt. Das Wachstum ist der modernen Theorie zufolge prinzipiell unbegrenzt; das heißt allerdings nicht, daß das Wachstum tatsächlich unbegrenzt ist: Die Kräfte, die technischen Fortschritt hervorbringen, sind möglicherweise höchst fragil.

5. Stufentheorien. Parallel zu der Entwicklung der W. ist immer wieder versucht worden, mit historizistischen Ansätzen wirtschaftl. Wachstum zu deuten. AUGUSTE COMTE (1798 - 1857), der als Begründer der Soziologie gilt und wesentl. Einfluß auf die Nationalökonomie hatte, klassifizierte als erste von insgesamt drei Stufen ein magisch-fetischistisches „theologisches Zeitalter", dem zunächst ein kritisch-revolutionäres „metaphysisches Zeitalter" folgte und dann das endgültige, wissenschaftl. „positive Zeitalter". FRIEDRICH LIST fand historisch-ökonomische Entwicklungsstufen, die er nach der vorherrschenden Produktionsweise unterteilte; dem durch Jagd und Fischfang gekennzeichneten Urzustand folgten die Viehzucht, der Ackerbau, das Handwerk und schließlich Industrie (= Großhandwerk) und Handel. Eine ähnliche Stufenleiter beschreibt JOHN STUART MILL. Eine neuere verbreitete Stufendarstellung der wirtschaftl. Entwicklung stammt von WALT W. ROSTOW; er unterscheidet die Stadien (1) Traditionelle Gesellschaft (in der das Ertragsgesetz dominiert, d. h. in der es keinen technischen Fortschritt gibt), (2) Anlauf- oder Übergangsphase, (3) Aufstiegsphase („Take-off"), (4) Reifetendenzen mit stetigem Wachstum, (5) Massenkonsum.

Eine andere Art von Stufentheorie ist auf NIKOLAI D. KONDRATIEFF (1892 – 1930) zurückzuführen. Ihm zufolge verläuft das Wachstum in kapitalistischen Ländern wellenförmig; jede Welle – von Tal zu Tal oder von Höhepunkt zu Höhepunkt gemessen – habe eine Frequenz von 40 bis 60 Jahren. Heute haben die Kondratieff-Wellen neue Beachtung gefunden; man vergleicht etwa die siebziger Jahre mit den zwanzigern und stellt erstaunl. Ähnlichkeiten bezüglich des Erscheinungsbildes (Wachstumsrückgang, Arbeitslosigkeit) der Volkswirtschaft fest. Strittig ist freilich nach wie vor das theoretische Fundament der Wellenbewegungen: KONDRATIEFF nannte u. a. Goldfunde als Auslöser des Aufschwungs; SCHUMPETER stellte sogenannte „Basistechnologien" in den Mittelpunkt seiner Analysen; diese Basistechnologien würden von wagemutigen „Pionierunternehmern" (= Innovatoren) auf den Weg gebracht; deren „Pioniergewinne" lockten Imitatoren an, was insgesamt zu einem Aufschwung auf breiter Front führen würde, bis erneut ein Abschwung nach Aufzehren der Gewinnmöglichkeiten begänne. Im Grunde ähnliche Vorstellungen stehen hinter jenen „disaggregierten W.n", die den sektoralen Strukturwandel als Auslöser (statt als Ergebnis) des Wachstumsprozesses interpretieren. Hier wurde die Beobachtung, daß im Wachstumsprozeß nicht alle Produktionszweige mit gleicher Rate wachsen, zur Theorie, die besagt, daß es „führende Sektoren" gibt, die die Wirtschaft mitreißen. Als Beispiele werden die Textilindustrie und dann die Eisenbahnen im 19. Jahrhundert genannt, die Elektrizitätswirtschaft, gefolgt von der Chemischen Industrie, dem Automobilbau, der Atomkraft und der Elektrotechnik im 20. Jahrhundert. Sicher erscheint nur, daß Wachstum mit Strukturwandel einhergeht, d. h. mit einer ständigen Umorganisation der Produktion und des Einsatzes von Arbeitskräften verbunden ist. Dieser von SCHUMPETER als „schöpferische Zerstörung" bezeichnete Prozeß beruht einerseits auf dem raschen Nachfragewandel bei steigendem Einkommen, andererseits auf den unterschiedl. Produktivitätsfortschritten in den einzelnen Sektoren und in verschiedenen Ländern. Dieser Prozeß ist erfahrungsgemäß um so intensiver, je rascher das wirtschaftl. Wachstum ist.

6. Neuere Entwicklungen in der W. stellen weniger auf die eher mechanischen Zusammenhänge zwischen Vorleistungen (Kapital, Arbeit) und Produktionsergebnis (Volkseinkommen) ab, als vielmehr auf jene Determinanten, die sich aus dem strukturellen Zustand der Gesellschaft ergeben: Wachstum ist der „neuen politischen Ökonomie" zufolge wesentlich bestimmt durch das Zusammenwirken von Interessengruppen, Bürokratie und Politik; das unternehmerische Investitionsverhalten wie auch Arbeitsangebot und -nachfrage sind ein Reflex auf die von diesen Gruppen geschaffenen institutionellen Rahmenbedingungen. Zu den Neuerungen in der W. gehört auch, daß die Lenkungskompetenz des Staates zunehmend kritisch gesehen wird.

Seit den 1970er Jahren hat sich, auf Langzeitstudien des CLUB OF ROME aufbauend, Wachstumspessimismus breitgemacht. Die These lautet, daß knappe natürliche Ressourcen (Ölvorräte), Bevölkerungswachstum und Umweltbelastungen das Wachstum gewissermaßen natürlich begrenzen. Diese W. mißachtet, daß der Markt wesentlich durch Rückkoppelungseffekte gekennzeichnet ist: Je knapper ein Gut, desto höher wird der Preis dafür sein, und desto stärker sind die Anreize, Alternativen zu suchen und anzubieten. Das bedeutet zum Beispiel, daß die Ölvorräte der Erde nie aufgebraucht sein können – es sei denn, es herrsche ein System staatl. Preissetzung. Entsprechendes gilt für die meisten ökonomischen Theorien eschatologischen Charakters, bis auf diejenigen, bei denen es sich – wie möglicherweise bei der Umwelt (→Umweltschutz) – um Güter und Produktionsfaktoren handelt, die trotz zunehmender Knappheit keinen Preis haben. Ungeachtet des zweifelhaften wissenschaftl. Wertes der Studien des *„Club of Rome"* haben diese doch die Diskussion wesentlich befruchtet und auf weitere in der W. zu berücksichtigende Einflußfaktoren aufmerksam gemacht.

J. A. SCHUMPETER, Theoretical Problems of Economic Growth, 1954. – E. HELMSTÄDTER, Wachstumstheorie I, HdWW Bd. 8, 1980. – M. OLSON, The Rise and Decline of Nations, 1982. – F. LIST, Das nationale System der politischen Ökonomie, 1938. – W. W. ROSTOW, Stadien wirtschaftlichen Wachstums, 1967. – A. SMITH, Der Wohlstand der Nationen, 1974. – K. ROSE, Grundlagen der Wachstumstheorie, 1977.

Hans H. Glismann

Währungspolitik →Geld- und Währungspolitik

Wahlrecht. I. A. Das praktische Problem. 1. Bedeutung und Begriff der Wahl. a) Die Art der Regelung des Wahlverfahrens, also die Art des W., ist nicht nur eine Vorentscheidung für die Art der Zusammensetzung der zu wählenden Körperschaft, sondern auch für die Grundhaltung einer Körperschaft in ihren demnächst zu treffenden personellen und sachlichen Entscheidungen: Die Art des W. ist grundlegend für die Art der *politischen Willensbildung* in einem Gemeinwesen. Das W. ist deshalb ein zentrales Element einer jeden →Verfassung; die Art des Wahlsystems sollte deshalb in der Verf.urkunde bestimmt sein.

b) Im demokratischen Staat werden die sein politisches Handeln bestimmenden Personen (die Walter der maßgebenden Organe) „gewählt": die Mitglieder der Volksvertretung (→Parlament) und ihrer Ausschüsse, der Regierungschef, z. T. auch die Minister (→Regierung; →Parlamentarisches Regierungssystem; →Präsidialdemokratie), die Ratsmitglieder und der Hauptverwaltungsbeamte einer Gemeinde (→Kommunalrecht) und z. T. auch die →Richter. Im übrigen finden Wahlen statt in Vereinen, →Gewerkschaften, →Verbänden, in der →Sozialversicherung, in den →Hochschulen, zur Bestimmung der Betriebsräte und der Arbeitnehmervertreter in den Unternehmen (→Betriebsverfassungsrecht, →Mitbestimmung) usw.

c) *„Wahl"* ist die Bestimmung einer Person aus einer Mehrzahl von Kandidaten durch eine Mehrzahl dafür zuständiger Menschen (in einem zwischenmenschl. Prozeß wird angesichts mehrerer Möglichkeiten ein einheitl. Wille gebildet). Der Gegensatz zur „Wahl", die *„Ernennung"*, ist die Bestimmung einer Person aus einer Mehrzahl von Kandidaten durch einen Menschen (innermenschl. Prozeß). Ist zu Sachfragen durch mehrere Menschen ein einheitl. Wille zu bilden, so spricht man von *„Abstimmung"*.

d) Die „Ernennung" setzt voraus, daß der primär Ernennende anderweitig (im demokratischen Staat: durch Wahl) bestellt worden ist. Während die Wahl ein demokratischer Vorgang ist, hat die Ernennung autokratischen Charakter; daß dennoch zB die Mehrzahl aller Beamten im demokratischen Staat ernannt und nicht gewählt werden, verstärkt, wenn nicht ermöglicht erst die Verantwortlichkeit des ernennenden Ministers gegenüber dem Parlament (→Parlamentarisches Regierungssystem; s. a. Präsidialdemokratie; Rätesystem).

2. Sinn und Grundbegriffe des W. a) Allen Arten, das Wahlverfahren zu regeln, ist die Aufgabe gemeinsam – deshalb Wahl-*Recht* –, der Willkür und Unordnung bzw. dem Machtmißbrauch in der Bestimmung von Organ-Waltern Schranken zu setzen: Ein geregeltes Verfahren soll einen sachl.-geordneten bzw. einen friedl.-gerechten Weg eröffnen, diejenigen Menschen zu bestimmen, welche die Macht in einem Gemeinwesen innehaben, und diese Menschen – bei Vermeidung von gewaltsamer Macht-Ablösung (Staatsstreich und →Revolution) – durch andere Menschen zu ersetzen; das parlamentarische W. insbes. soll einen *gewaltlosen Regierungs-Wechsel* ermöglichen. Daß die Wahl der Volksvertretung zugleich der →Repräsentation des Staatsvolkes bzw. der Aktivbürgerschaft dient, bleibt eine richtige Erkenntnis, wenn nur die politische Handlungsfähigkeit gewährleistet ist (→Pluralismus).

b) Beteiligte am Wahlverfahren und demgemäß Gegenstand der Normen des – objektiven – W. (der WahlG.e) sind außer den *Wahlbehörden* (Wahlleiter für das Wahlgebiet und die Wahlkreise, Wahlvorstände für die Stimmbezirke) die Wahlberechtigten (Inhaber des subjektiven W.), nämlich die Wähler und die Kandidaten. Nicht alle, denen das *Stimmrecht* zusteht (aktive Wahlberechtigung), nehmen an der jeweiligen Wahl teil (die Wahlbeteiligung – bei freien Wahlen – ist als schlecht zu bezeichnen, wenn sie unter 60 % liegt, als gut, wenn mehr als 75 % der aktiv Wahlberechtigten an der Wahl teilnehmen). Erst recht werden nur wenige derer, denen die *Wählbarkeit* zukommt (passive Wahlberechtigung), als Kandidaten vorgeschlagen und in den parteiinternen Vorwahlen „aufgestellt", um in dem „Wahlvorschlag" „nominiert" zu werden, der den Wählern bekanntgegeben wird – wie auch nicht alle Vorgeschlagenen mit ihrer Aufstellung einverstanden sind (die Bereitschaft, eine angetragene Kandidatur anzunehmen, ist ebenso wie die Bereitschaft, einer politischen Partei beizutreten, ein wichtiges Kriterium für das Maß der politischen Reife der Staatsbürger zur Demokratie; →Parteien, politische).

c) Nicht jede Ausgestaltung des W. entspricht den Grundsätzen einer rechtsstaatlichen Demokratie: Die Verwirklichung der Wahlberechtigung (Stimmrecht und Wählbarkeit), also die Wahl, soll allg., unmittelbar, gleich, frei und geheim sein (vgl. Art. 38 I GG). Die *demokratischen Anforderungen* an das W. sind – in der angegebenen Weise – formuliert worden im Verlauf des Demokratisierungsprozesses der Neuzeit, der dazu führen sollte und auch dazu geführt hat, die autokratische Herrschaftsausübung durch →Verfassung (→Konstitutionalismus) und →Gewaltenteilung in Schranken zu setzen und auf das Staatsvolk zu beziehen: („Alle Staatsgewalt geht vom Volke aus", Art. 20 II Satz 1 GG), d. h. von der Staatsbürgerschaft wesentl. mitbestimmen zu lassen (die Staatsgewalt „wird vom Volke in Wahlen und Abstimmungen und durch bes. Organe der G.gebung, der vollziehenden Gewalt und der Rspr. ausgeübt"; Art. 20 II Satz 2 GG).

d) Systematisch sind die demokratischen Anforderungen an das W. als Ausdruck der Grundideen der →Demokratie zu erkennen, die auf dem Hintergrund einer – politischen – Vermeidung des Mißbrauchs von →Macht und einer – rechtl. – Begrenzung der Herrschaftsausübung mit den Parolen der →Franz. Revolution: →Freiheit, →Gleichheit, Brüderlichkeit (hier: „Sozialität", →Solidaritätsprinzip) strukturiert werden können.

Bezogen auf die drei Abschnitte einer Wahl sind danach die folgenden W.grundsätze zu unterscheiden:

aa) Vorbereitung der Wahl:

1. Freiheit – der *Nomination*
– der *Kandidatur.*

2. Gleichheit – des Stimmrechts *(allg. Wahl),*
– der *Wählbarkeit.*

3. Sozialität – als Kriterium der *Begrenzung* v. *1.* (zB Unterschriftsquorum für neue Parteien) und von *2.* (zB kein Stimmrecht für Jugendliche) – im Sinne einer *Koalitionswirkung* (zB Mindestzahl von Mandaten in den einzelnen Wahlkreisen, wenn keine Reststimmenverwertung).

bb) Wahlhandlung:
1. Freiheit – der Stimmabgabe *(geheime Wahl).*
2. Gleichheit – der Stimmenz. *(Zählwertgl.h.).*
3. Sozialität – als Kriterium der *Begrenzung* v. *1.* (zB Mindestgröße von Stimmbezirken; Briefwahl) und von *2.* (zB ungültige Stimmzettel) – im Sinne eines *fairen Wahltermins* (zB nicht in der allgemeinen Urlaubszeit, ausreichende Öffnungszeit der Wahllokale).

cc) Auswertung der Wählerstimmen:
1. Freiheit – der Selbstbestimmung des Organwalters *(unmittelbare Wahl).*
2. Gleichheit – des Stimmeneinflusses (Erfolgswertgleichheit) sowohl im Wahlkörper *(Stimmengewichtsgleichheit)* als auch in der Gesamtwählerschaft *(Vertretungsgleichheit* der Parteien im Parlament).
3. Sozialität – als Kriterium der *Begrenzung* v. *1.* (zB bei Listenwahl: kein Nachrücken eines aus der betr. Partei ausgeschiedenen Kandidaten) und von *2.* (zB bei Mehrheitswahl: Abweichungsgrad von der gleichen Wahlkreisgröße oder bei Verhältniswahl: Nichtberücksichtigung von Stimmen für Splitterparteien, s. u. B 3 d) – im Sinne einer *Integrationswirkung* (s. u. B 3 c).

e) Die Beachtung der einzelnen Vorschriften der WahlG.e (einschließl. der zu ihrer Durchführung erlassenen Wahlordnungen) sowie die Überprüfung eines etwaigen Vorwurfs der Verf.widrigkeit einer Bestimmung des WahlG – die sog. *Wahlprüfung* – ist i. d. R. dem gewählten Kollegial-Organ überlassen, dessen Entscheidung im Rechtsstaat einer gerichtl. Kontrolle unterliegt (bei Kommunalwahlen der →Verwaltungsgerichtsbarkeit, bei Parlamentswahlen der →Verfassungsgerichtsbarkeit).

B. Die Wahlsysteme. 1. Mehrheitswahl und Verhältniswahl. a) Bei der Wahl nur eines Menschen durch eine Wählerschaft (zB Volkswahl des Staatspräsidenten) wird entweder die relative *Mehrheit* gefordert (gewählt ist der Kandidat, der die meisten gültigen Stimmen erhalten hat) oder die absolute Mehrheit (der Kandidat mit den meisten gültigen Simmen ist nur gewählt, wenn er mehr als 50 % der Stimmen erzielt) oder eine qualifizierte Mehrheit (zB mehr als 50 % der Wahlberechtigten; Zweidrittel-Mehrheit, wodurch eine [zB Eindrittel-]Minderheit ein Veto-Recht erhält, →Mehrheitsprinzip). Auch bei der Wahl mehrerer Menschen je durch alle Mitglieder einer Wählerschaft (zB Wahl mehrerer Mitglieder eines Vereinsvorstandes) wird entweder die relative oder die absolute oder eine qualifizierte Mehrheit gefordert; auch hier besteht die Wählerschaft aus *nur einem Wahlkörper* (nämlich immer dann, wenn jeder Wähler so viele Stimmen hat, als Menschen zu wählen sind) – so daß jedem Gewählten die Gesamtwählerschaft (wahltechnisch) zugeordnet ist.

Wird die absolute Mehrheit nicht im ersten Wahlgang erzielt, so ist entweder eine *„Stichwahl"* zwischen den beiden erfolgreichsten Kandidaten (zB Wahl des franz. Präsidenten der V. Republik) vorgesehen (die auch durch eine im ersten Wahlgang abgegebene *„alternative Stimmgebung"* vorweggenommen sein kann), oder es wird für den zweiten Wahlgang – bei freier Kandidaten-Aufstellung – eine Beschränkung auf die relative Mehrheit hingenommen.

b) Erst bei der Wahl mehrerer Personen durch eine Wählerschaft, die in eine *Mehrzahl von Wahlkörpern* gegliedert ist (immer dann, wenn jeder Wähler weniger Stimmen hat, als Personen zu wählen sind; zumeist nur 1 Stimme), so daß jedem Gewählten nur ein Teil der Gesamtwählerschaft (wahltechnisch) zugeordnet ist, entsteht das Problem, welches der beiden Wahlsysteme gelten soll: die im angelsächs. Rechtskreis gebräuchl. *relative Mehrheitswahl* (die ein Zwei-Parteien-System begünstigt) oder die im kontinentaleurop. Rechtskreis entwickelte sog. *Verhältniswahl* (die ein Mehr-Parteien-System begünstigt). Die Sonderform der absoluten Mehrheitswahl (zB im Dt. Reich bis 1918; franz. Parlamentswahlen der V. Republik bis 1982) ist selten geworden.

c) Von dem Gegensatzpaar Mehrheitswahl – Verhältniswahl ist zu unterscheiden das Gegensatzpaar *Personenwahl–Listenwahl.* Allerdings wird die Verhältniswahl zumeist als Listenwahl normiert (von den Kandidaten eines Listen-Wahlvorschlags sind so viele gewählt, wie sich aus den Wählerstimmen Wahlkörper bilden lassen; die Zahl der auf einen Wahlkörper entfallenden Wähler nennt man den Wahlquotienten).

Eine Verhältniswahl als Personenwahl ist zB die „übertragbare Einzelstimmgebung" (System HARE), in der der Wähler für den Fall, daß sein primär benannter Kandidat den Wahlquotienten bereits erreicht hat, von vornherein einen oder mehrere weitere Kandidaten benennt, denen seine Stimme – hilfsweise – zugute kommen soll (Dänemark 1855 – 1866; Irland seit 1920; Senat Australiens seit 1949).

Eine Verhältniswahl, die teilweise als Personenwahl und teilweise als Listenwahl ausgestaltet ist, die sog. *„personalisierte Verhältniswahl"*, sieht vor, daß ein Teil (zB 50 % bei Bundestagswahl, 75 % bei nordrh.-westf. Landtagswahl) der Sitze in Einer-Wahlkreisen gewählt wird, daß aber die einer Partei in Anbetracht der erzielten Gesamtwählerzahl noch fehlenden Sitze von einer Reserveliste ergänzt werden; hat eine Partei in den Wahlkreisen bereits mehr Sitze erhalten, als ihr der Stimmenzahl nach zusteht, so können ihr diese *„Überhangmandate"* verbleiben (Bundestagswahl), oder es wird die Zahl der Sitze auch für die anderen Parteien anteilmäßig erhöht (nordrh.-westf. Landtagswahl). Demgegenüber wird die Mehrheitswahl zumeist als Personenwahl durchgeführt. Eine Mehrheitswahl als Listenwahl ist zB in den USA die Wahl der Wahlmänner für die Präsidentenwahl (in der die stärkste Partei des jeweiligen Einzel-Staates alle dem Staat zustehenden Wahlmänner stellt).

d) Das maßgebende *Unterscheidungsmerkmal* zwischen Mehrheitswahl und Verhältniswahl kommt durch die Bezeichnung der beiden gegensätzl. Wahlsysteme nicht klar zum Ausdruck. Im übrigen ist in der W.theorie ebenso wie unter Politikern die Frage heftig umstritten, welches der beiden Wahlsysteme allg. oder in der konkreten Situation eines Staates den Vorzug verdiene.

Fragt man – wahltechnisch – nach der Art der Wahlkörper-Bildung, so gilt: Bei der Mehrheitswahl sind die Wahlkörper – vor der Wahl – von den zuständigen Organen gebildet: Auf die Wahlkörper entfallen Wähler der verschiedenen politischen Richtungen – so daß in den Wahlkörpern (Wahlkreisen) durch die Wahl bereits eine Mehrheit zustande kommt –, die Wahlkörper werden *fremdgebildet.*

Bei der Verhältniswahl werden die Wahlkörper – erst mit der Wahl – von den Wählern *selbst gebildet:* Die Wahlkörper bestehen jeweils aus Wählern ihres Abgeordneten (dem so viele Wähler seiner politischen Partei zugeordnet sind, als der Wahlquotient angibt), so daß im Wahlkörper Einstimmigkeit besteht und die demnächstige Mehrheitsbildung im Parlament vorgenommen werden muß.

Dieses wahltechnische Unterscheidungsmerkmal zwischen Mehrheitswahl und Verhältniswahl ist Ausdruck des politischen Sachverhalts, daß die Verhältniswahl eine Körperschaft hervorbringt, in der die politischen Strömungen – in nur leicht vergröberter Weise – repräsentiert sind, während die Mehrheitswahl eine Körperschaft hervorbringt, in der die politischen Strömungen – weil bereits durch den Wahlkampf in zwei Hauptströmungen zusammengefaßt – nur stark vergröbert repräsentiert sind: Die Mehrheitswahl teilt die – in jeder Demokratie erforderl. – *Mehrheitsbildung* in zwei Stufen; denn für die politischen Grundströmungen bilden sich Mehrheiten bereits in der *Sphäre der Wählerschaft* (Mediatisierung der Parteien zugunsten der Wähler). Die Verhältniswahl verlagert die Mehrheitsbildung – auch hinsichtlich der Grundströmungen – in die *Sphäre des Parlaments* (Mediatisierung der Wähler zugunsten der Parteien). Etwaige Zwischenformen (zB Dreierwahlkreissystem) verfehlen sowohl die eine (auf Identität von Herrschenden und Beherrschten gerichtete) als auch die andere (die Konfrontation einer starken Regierungsmehrheit mit einer fast ebenso starken Opposition fordernde) Demokratie-Vorstellung.

2. Wahlgleichheit und Mehrheitswahl. a) Der zentrale *Einwand* der Verfechter der Verhältniswahl gegen die Mehrheitswahl ist: Die Mehrheitswahl mag zwar zur Mehrheitsbildung bereits in den fremdbestimmten Wahlkörpern (Wahlkreisen) führen und so regelmäßig klare Parlamentsmehrheiten ergeben, sie garantiert aber nicht eine der Wahlgleichheit allein entsprechende proportionale Vertretung der Meinungspluralität im Parlament und ist deshalb nicht nur politisch gefährlich (bürgerkriegsähnliche Spannung zwischen den beiden Hauptparteien), sondern sie verstößt auch gegen das demokratische Erfordernis der Vertretungsgleichheit der Parteien im Parlament.

b) Der Einwand ist insofern richtig, als – im theoretischen Extremfall – in allen Wahlkreisen die A-Partei 51 % der Stimmen und damit alle zu vergebenden Mandate erhalten könnte. Dennoch ist der Einwand insofern falsch, als – in der politischen Wirklichkeit – die Wahlkreise regelmäßig nur teilweise von der A-Partei, zu einem (wenn auch geringeren) Teile aber auch von der B-Partei gewonnen werden: Das Verhältnis der Mandate der stärksten zu dem der zweitstärksten Partei entspricht in etwa ihrem Stimmenverhältnis. Immerhin bleibt festzuhalten, daß kleine Parteien, wenn sie nicht in regionalen Schwerpunkten Mandate erringen, bereits in der Mehrheitsbildung erster Stufe ausgeschaltet werden (vgl. u. 3 d.); diesem Mangel wirken *Vorwahlen* („primeries") für die Nominierung der Wahlkreiskandidaten entgegen.

c) Eine Ausnahme von der – annähernden – Entsprechung der Stimmenzahl einer Partei zur Zahl der errungenen Mandate gilt freilich, wenn die Wähler, die die stärkste Partei ablehnen, sich in zwei Parteien formieren. Dann fallen häufig viele Wahlkreise nur deshalb an die bisherige Mehrheitspartei, weil die Oppositionswähler ihre Stimmen nicht auf gemeinsame Kandidaten konzentrieren: Im Falle des Aufstiegs einer *„Dritten Partei"* sind die Wähler der Mehrheitspartei regelmäßig im Parlament übervertreten, während die Wähler der alten und der neuen Oppositionspartei untervertreten sind; im Verlauf mehrerer Wahlperioden wird jedoch i. d. R. eine „Dritte Partei" erfolglos bleiben (Wallace-Partei in den USA 1948) oder aber die zweite Partei ersetzen (Verdrängung der Liberalen in Großbritannien durch die Labour-Party; z. Zt. versucht eine Allianz aus Liberalen und einer Abspaltung von Labour als „Dritte Partei" aufzusteigen), so daß die Vertretungsgleichheit langfristig gewahrt ist.

d) Der Stimmengewichtsgleichheit schließlich entspricht die Mehrheitswahl dann, wenn die Wahlkreise annähernd die gleiche Größe haben (Verbot der *Wahlkreisgeometrie*) und die größtmögliche Zahl von Wahlkreisen gebildet wird (Gebot der Einer-Wahlkreise).

3. **Sozialität und Verhältniswahl.** a) Der zentrale *Einwand* der Verfechter der Mehrheitswahl gegen die Verhältniswahl ist: Die Verhältniswahl mag zwar eine fast mathematische Proportionalität von Partei-Stimmen und Parlamentssitzen erzielen, sie bewirkt aber eben hierdurch eine Parteienzersplitterung im Parlament, also dessen Arbeitsunfähigkeit (Hermens: sie führt zur Anarchie); sie verstößt gegen die demokratischen Forderungen nach Koalitions- und Integrationswirkung, also gegen die Sozialität.

b) Der Einwand ist insofern richtig, als – im ungünstigen Fall einer (national, rassisch oder konfessionell) zersplitterten Wählerschaft – die zahlreichen politischen Gruppierungen zwar zu einer genauen Repräsentation im Parlament gelangen, dann aber die erforderl. Regierungsmehrheit *(Parteien-Koalition)* nur schwer und nur in langwierigen Verhandlungen („Kuhhandel") zustande kommt *(Mehr-Parteien-System)*. Dennoch ist der Einwand insofern falsch, als bei einer homogenen und politisch gereiften Wählerschaft regelmäßig nur wenige Parteien zu politischer Bedeutung gelangen, weil die Wähler erkennen, daß sie desto mehr politischen Einfluß ausüben können, je größer die Zahl der Gleichgesinnten ist; wobei freilich die Konzentration auf wenige politische Ziele um so dringender wird, je größer die Zahl der Gleichgesinnten werden soll.

c) Eine Ausnahme von der – durch Homogenität und politische Reife einer Wählerschaft bedingten – Vereinbarkeit der Verhältniswahl mit der Integrationswirkung muß dann festgestellt werden, wenn das Mehr-Parteien-System *extreme Parteien* (d. h. regelmäßig: antiparlamentarische Parteien) zu politischem Einfluß hat gelangen lassen. Die Parteien ganz links und ganz rechts im Parteienspektrum sind zwar nicht untereinander koalitionsfähig (die Regierung verbleibt den Parteien der Mitte), sie haben aber ein *„Monopol der Opposition"* und können ggfs. die Regierung stürzen (Weimarer Republik; Frankreichs IV. Republik). Diese Verletzung der Integrationsforderung mag allerdings das *„konstruktive Mißtrauensvotum"* (Art. 67 GG) weitgehend vermeiden.

d) Im übrigen wird das Fehlen einer Koalitionswirkung der Verhältniswahl gemildert durch eine *Sperrklausel* für *Splitterparteien* (die Stimmen einer Partei, die weniger als [2 bis] 5 % aller Stimmen im Wahlgebiet erzielt hat, bleiben unberücksichtigt).

4. Vor- und Nachteile beider Wahlsysteme. a) Die Verhältniswahl ergibt eine *optimale Repräsentation* aller wichtigen politischen Strömungen der Wählerschaft im Parlament (Mehrparteiensystem). In einer nicht gefestigten parlamentarischen Demokratie *erschwert* die Verhältniswahl jedoch die Bildung *regierungsfähiger Mehrheiten* und begünstigt eine Opposition durch unter sich koalitionsunfähige extreme Parteien.

b) Die Mehrheitswahl verschärft zwar durch Bewirken eines *Zwei-Parteien-Systems* den Parteienkampf und vergröbert die Repräsentation der Wählerschaft im Parlament. Indem sie den Wählern praktisch nur die Wahl zwischen zwei Parteien läßt, werden die Wähler aber zu Koalitionen in Volksparteien gedrängt, wird der Einfluß der →Verbände neutralisiert und wird der Wahlkampf vornehmlich um die – gemäßigten – *Wähler der Mitte* (Grenzwähler, Pendelwähler, „floating vote") geführt, die für beide Parteien als Wähler in Frage kommen (Integrationswirkung) und die durch ihre Stimmabgabe – mehr als die Stammwähler der beiden (Haupt-)Parteien – die Entscheidung über die *Bestätigung oder die Ablösung der bisherigen Regierungsmehrheit* in die Hand bekommen.

Th. Hare, Treatise on the Election of Representatives, Parliamentary and Municipal, London (1859) 1873[4] – V. d'Hondt, Système pratique et raisonné de representation proportionnelle, Bruxelles 1882 – A. Hagenbach-Bischoff, Die Frage der Einführung einer Proportionalvertretung statt des absoluten Mehres, Basel 1888 – S. Geyerhahn, Das Problem der verhältnismäßigen Vertretung, Wien 1902 – K. Braunias, Das parlamentarische Wahlrecht, I–II, 1932 – F. A. Hermens, Demokratie und Wahlrecht, 1933 – Ders., Demokratie oder Anarchie?, (1951) 1968[2] – Ders., Zur Wahlrechtsdiskussion in der Bundesrepublik: Verfassung und Verfassungswirklichkeit, 1968 – M. Duverger, L'influence des systèmes électoraux sur la vie politique, Paris 1950 – H. Westerath, Die Wahlverfahren und ihre Vereinbarkeit mit den demokratischen Anforderungen an das Wahlrecht, 1955 – Ders., ZfP (1959) 318–331 – Grundlagen eines dt. Wahlrechts, Bericht der Wahlrechtskommission, 1955 – G. Schepis, I sistemi elettorali, Empoli 1955 – H. Unkelbach, Grundlagen der Wahlsystematik, 1956 (Lit.) – P. F. Müller, Das Wahlsystem, Zürich 1959 (Lit.) – G. Leibholz, Das Wesen der Repräsentation und der Gestaltwandel der Demokratie im 20. Jh., (1929) 1966[3] – H. Peters, Wahlen, StLexGG VIII, 1963[6], Sp. 398–406 u. XI, 1970, Sp. 642–656 (E. K. Scheuch; Lit.) – D. Sternberger, Die große Wahlreform, 1964 – H. Kaack, Zwischen Verhältniswahl und Mehrheitswahl, 1967 – Zur Neugestaltung des Bundestagswahlrechts, Bericht des Beirates für Fragen der Wahlrechtsreform, 1968 – St. Rokkan, Electoral Systems, Intern. Enc. of the Social Sciences V, 1968, S. 6–21 (Lit.) – Ders., Citizens, Elections and Parties, Oslo 1970 – D. Sternberger, B. Vogel (Hg.), Die Wahl der Parlamente und anderer Staatsorgane, I, 1969 – B. Vogel, D. Nohlen, R. O. Schultze, Wahlen in Deutschland, 1971 (Lit.) – H. Meyer, Wahlsystem und Verfassungsordnung, 1973 (Lit.) – The Report of the Hansard Society Commission on Electoral Reform, London 1976 – W. Schreiber, Hdb. des Wahlrechts zum Deutschen Bundestag, 1980[2] – H. Setzer, Zur Funktion des Wahlsystems im britischen Parlamentarismus, ZfP (1983) 271–298 – E. Jesse, Wahlrecht zwischen Kontinuität und Reform, 1985.

Heribert Westerath

II. Kirchliches Wahlrecht. 1. Bereich. Das k. W. umfaßt in einem weiteren Sinne alle kirchl. Normen, die die Wahl zu kirchl. Ämtern (zB Amt des Kirchenpflegers, →Pfarrers, Dekans, →Bischofs) und Leitungsorganen (Presbyterium bzw. Kirchengemeinderat, →Synode, Mitarbeitervertretung, Pfarrervertretung, Leitungsorgane kirchl. Werke und Einrichtungen) regeln. Im engeren Sinne bezeichnet es die Regelungen, welche die Bildung der herkömml. kollegialen Leitungsorgane auf den drei Stufen des kirchl. Verfassungsaufbaus und damit die Wahl zu den Ämtern des Kirchenältesten und des Synodalen auf der Ebene des Mittelbereichs und der Landeskirche zum Gegenstand haben. S. a. Kirchenverfassung, Synode.

2. Die **Anfänge** des kirchl. GemeindeW. reichen zurück bis in die neutestamentliche Urgemeinde, innerhalb der ev. Kirche bis in die →Kirchenordnungen des 16. Jahrhunderts. Zum Durchbruch verholfen hat ihm der demokrat. Repräsentationsgedanke des 19. Jahrhunderts. Vor allem die rheinisch-westfälische Kirchenordnung von 1835 ist Vorbild für entsprechende Ordnungen in anderen Landeskirchen. Eine durchgängige Neuordnung erfuhr das kirchl. Wahlrecht nach dem Ende des Staatskirchentums (→Staatskirche). Die nach 1918 in den Landeskirchen erstmals in kirchl. Selbstbestimmung beschlossenen Wahlordnungen sind geprägt vom Gedanken der →Volkskirche. Sie lassen das Bestreben erkennen, möglichst alle Volkskreise für die Mitwirkung bei der Wahl der Vertretungsorgane zu gewinnen. Kennzeichnend hierfür sind die Aufstellung der Wählerliste von Amts wegen und damit die grds. Erstreckung der Einladung zur Wahl auf den Kreis der der Kirche nominell Zugehörigen sowie die Verbindung von Urwahl und Verhältniswahl bei der Bildung der landeskirchl. Vertretungskörperschaften (Synoden). Die Erfahrungen des →Kirchenkampfes (organisierte Überfremdung der Kirchenwahlen durch Deutsche Christen und Anhänger des Nationalsozialismus unter Ausnutzung einer relativ geringen Wahlbeteiligung) führten nach 1945 zu einer Neubesinnung auf den besonderen Charakter der kirchl. Wahl und zu einer Revision des k. W., das nunmehr an die Kerngemeinde anzuknüpfen versuchte (vermehrte Einführung einer obligatorischen Anmeldung zur Wählerliste, Forderung eines bes. Wahlversprechens, Abschaffung sämtlicher Urwahlen zu Synoden, ausgenommen in Württemberg). Demgegenüber zeigen die neueren Wahlgesetze in Hinwendung auf den kirchl. Normalzustand wieder eine Tendenz zu stärkerer Öffnung (unten 5).

3. Während Kirchenwahlen im 19. Jh. vorrangig die Beteiligung des Laienelements an der Leitung der Kirche ermöglichen sollten, kommt ihnen seit der Trennung von Staat und Kirche auch die **Aufgabe** zu, entscheidungsfähige Gremien auf allen Ebenen der Landeskirche zu bilden, welche die Kirchenglieder repräsentieren und die Kirche dadurch in die Lage versetzen, ihre eigenen Angelegenheiten zu ordnen. Staatsgesetzl. ist der Repräsentationsgedanke dadurch unterstrichen, daß die gewählten Leitungsorgane zugleich die Funktion von Kirchensteuervertretungen wahrnehmen. Die Regelung des Wahlverfahrens unterliegt insofern staatl. Mitwirkung. Der Sinn kirchl. Wahlen erschöpft sich jedoch nicht in der Schaffung demokrat. Entscheidungs- oder Kontrollorgane und in der Bildung arbeitsfähiger Gremien. Das Verfahren für die Berufung zu kirchl. Ämtern hat geistl. Bezüge und berührt Grundfragen der kirchl. Rechtsstruktur. Wahlen haben das Ziel, „Männer und Frauen zu berufen, die willens und fähig sind, zur Sammlung und Sendung, zum Aufbau und zur Ordnung der Gemeinde Dienste der Leitung zu übernehmen" (§ 1 württ. WahlO). Sie sind darüber hinaus ein Integrationsfaktor der Kirche von hervorragender Bedeutung. In ihnen werden die Gemeindeglieder auf ihre Mitverantwortung für Zeugnis und Dienst der Kirche angesprochen. Sie bieten Gelegenheit, Fragen des Glaubens wie auch des gemeindl. und kirchl. Lebens nach innen und außen bewußt zu machen, und haben darin sowohl eine die Gemeindeglieder aktivierende als auch missionarische Bedeutung. Damit sind Kirchenwahlen nicht nur ein Akt der Wahrnehmung subjektiver kirchl. Rechte, sondern gleichzeitig ein Dienst der Kirche Jesu Christi zur Ausübung ihres Auftrags und zur Ordnung ihrer äußeren Gestalt. Demgegenüber liegt ihnen der Gedanke der Volkssouveränität fern.

4. Als Mittel zur Schaffung entscheidungsfähiger Gremien folgt das k. W. bewährten **Vorbildern** aus dem Bereich des Wahlrechts der neuzeitl. Demokratie. Es beachtet die Grundsätze der allgemeinen, gleichen, geheimen und im Bereich des Gemeindewahlrechts auch der unmittelb. Wahl. Es knüpft die Ausübung des Wahlrechts und die Wählbarkeit an ein bestimmtes Alter (heute vielfach 18 Jahre, bezüglich der Wählbarkeit oft noch 21 Jahre) und folgt hierin der Überlegung, daß der Auftrag, Entscheidungsverantwortung für die Gemeinschaft wahrzunehmen, menschl. Reife und Einsichtsfähigkeit voraussetzt. Die oft erhobene Forderung, das aktive k. W. an den Zeitpunkt der Konfirmation oder der Religionsmündigkeit (→Religiöse Kindererziehung) anzuknüpfen, ist deshalb nicht zwingend. Wie das kommunale Wahlrecht kennt auch das kirchliche GemeindeW. an vormundschaftsgerichtliche Entscheidungen geknüpfte Wahlausschließungsgründe (Entmündigung); dagegen ist der Verlust der bürgerl. Ehrenrechte kein kirchl. Wahlausschließungsgrund. Wie das kommunale Wahlrecht schließt es hauptamtl. Mitarbeiter von der Wahl aus. Hier wie dort sind Gewählte in der Ausübung ihres Mandats frei und nicht an Aufträge gebunden. Außerkirchl. Vorbildern entsprechend hat sich das Institut der Briefwahl nach anfänglichen Bedenken in den letzten Jahren auch im kirchl. Bereich allg. durchgesetzt.

5. Die **Besonderheiten** des kirchlichen Wahlrechts sind in seiner Funktion begründet. Zwar lassen sich in der Regel unmittelbar weder theol. noch auch bekenntnismäßige Argumente für oder gegen eine bestimmte Ausgestaltung der Regelung im einzelnen anführen. Jedoch muß sich die Ordnung daran messen lassen, ob sie dem Anspruch gerecht wird, die kirchl. Wahlziele in bestmöglicher Weise zu verwirklichen, die in der Gewinnung für kirchl. Ämter geeigneter Persönlichkeiten ebenso liegen wie in einer der Kirche angemessenen und die Gemeinschaft fördernden Durchführung der Wahl selbst. Ihr geistl. Anspruch kommt sinnfällig zum Ausdruck, wo die Wahl mit einem Gottesdienst eröffnet wird. Daß heute die Wählerlisten nahezu durchgehend wieder von Amts wegen erstellt werden, hat Gründe der Praktikabilität und bedeutet keine Preisgabe des Gedankens, daß zur Wahl in erster Linie die um Wort und Sakrament versammelte Gemeinde berufen ist. Dieser Gedanke kehrt in besonders formulierten Voraussetzungen für Wahlberechtigung und Wählbarkeit wieder (bestimmte Erwartungen an die Person im Blick auf Amts- oder Lebensführung, Bereitschaft zu einem Amtsversprechen, aktive Teilnahme am kirchl. Leben) und findet seinen Niederschlag auch in der Normierung bes. Wahlausschließungsgründe mit kirchenzuchtlichem Charakter in einigen Wahlordnungen (→Kirchenzucht): Von der Wahl ausgeschlossen kann werden, „wer durch sein Verhalten offenkundig und beharrlich Jesus Christus als alleinigen Herrn der Kirche leugnet, die Verkündigung Christi grob mißachtet, der Ordnung im Zusammenleben der Gemeinde entgegenwirkt und damit ihr Zeugnis unglaubwürdig macht" (§ 2 württ. WahlO). Gemessen an der Zahl der Anwendungsfälle kommt solchen Bestimmungen allerdings kaum praktische Bedeutung zu. Entscheidender ist die Ausgestaltung des Wahlrechts im Blick auf dessen Aufgabe, Gemeinde zu bauen und sie zur Erfüllung ihres Verkündigungs- und Dienstauftrags zu befähigen. Das k. W. hat hier dafür zu sorgen, daß Leitungsgremien gebildet werden, in denen die Grundfragen des Glaubens und des kirchl. Lebens in einer Weise zur Sprache kommen, die den in der Kirche vorhandenen Meinungs- und Richtungsunterschieden Rechnung trägt und damit dazu beitragen kann, kirchl. Gemeinschaft zu befördern. Von entscheidender Bedeutung ist dieser Gesichtspunkt vor allem bei der Bildung der landeskirchl. →Synoden. Die Qualität eines kirchl. Wahlrechts ist hier daran zu messen, ob es ihm gelingt, in der Synode ein getreues Spiegelbild derjenigen Erfahrungen, Kräfte, Überzeugungen und Meinungen zu schaffen, die im Kreise der Wähler wirksam sind. Nur so können Synoden in der Lage sein, ihre integrative Aufgabe zu erfüllen und Wege der Gemeinsamkeit für die Kirche zu weisen. Als Foren des Ausgleichs und Orte der Verständigung sind sie darauf angewiesen, daß im Abklärungsprozeß der Sachfragen die Unterschiedlichkeit der Meinungen und Aspekte auch nach ihren quantitativen Proportionen hin deutl. wird. Dem dient bereits die Aufgliederung der Mandate nach Theologen und Laien, welche eine angemessene Vertretung des Laienelements gewährleisten soll. Schwieriger und vom Wahlrecht noch kaum bewältigt ist die angemessene Vertretung der nicht hauptamtl. im kirchl. Dienst stehenden Gemeindevertreter im Verh. zu den kirchl. Mitarbeitern im engeren Sinne. Deren zahlenmäßiges Übergewicht beschränkt die Repräsentanz des echten Laienelements in den Synoden um so mehr, als die Bereitschaft zur Kandidatur bei den in außerkirchl. Berufen Tätigen sich bei zunehmender zeitl. Inanspruchnahme durch die synodale Tätigkeit verringert. Neben der Wahl bestehende Zuwahl- oder Berufungsmöglichkeiten sollen hier Einseitigkeiten des Wahlergebnisses mildern. Das Grundproblem bleibt jedoch die Gewährleistung der Spiegelbildlichkeit von Synoden im Blick auf die in der Kirche vorhandenen Strömungen und Richtungsunterschiede. Sowohl das Sieb- als auch das Urwahlsystem stoßen hier an ihre Grenzen. Die auf die Tradition ref. Kirchenordnungen des frühen 17. Jahrhunderts zurückreichenden *Siebwahlen* kommen dem personalen Charakter kirchl. Rechtsstrukturen entgegen, indem bei ihnen Personen gewählt werden, deren kirchenpolit. und theol. Überzeugung die Wähler kennen und die ihnen nicht erst über die Zuordnung zu bestimmten Gruppen und Programmen kenntlich gemacht werden müssen. Sie gewährleisten einen größeren Überblick über die Qualifikation der vorhandenen Bewerber und damit ein im Durchschnitt höheres Niveau der Synoden. Je mehr indes Richtungsunterschiede auch die Entscheidungen der Kirchengemeinderäte bestimmen, desto mehr werden Merkmale der persönl. Qualifikation durch diese überlagert, ohne daß sich der Wähler der in der Sache bestehenden Alternativen hinreichend bewußt wird. Das Ergebnis wird eine in ihrer kirchenpolit. Strukturierung im günstigeren Falle zufällig, im schlimmeren Falle infolge der Kumulation von Mehrheitsentscheidungen einseitig zusammengesetzte Synode sein. Seit den Zehn Thesen zur Kirchenreform des Dortmunder Kirchentags von 1963 gewinnt daher die Forderung nach *Urwahlen* zu Synoden wieder an Raum. Die mit der Urwahl zwangsläufig verbundene Gruppenwahl hat gegenüber der Siebwahl den Vorzug, die Gegensätze in der Kirche bewußt zu machen und dem Wähler damit zu klareren und sachbezogeneren Wahlentscheidungen zu verhelfen. Ihre Nachteile liegen in der Möglichkeit überproportionaler Begünstigung jeweiliger Mehrheiten im Falle der *Mehrheitswahl* und in der Zwischenschaltung kirchl. Parteien und Fraktionen zwischen Wähler und Gewählte im Falle der (derzeit nirgendwo praktizierten) *Verhältniswahl.* Den Gefahren einer Verabsolutierung gruppenspezifischer Standpunkte und ihrer vorschnellen Identifikation mit der Wahrheitsfrage schlechthin steht die Chance gegenüber, daß Gruppenwahlen dazu beitragen, die in der Kirche ohnehin bestehenden unterschiedl. Standpunkte offen anzusprechen, um anschließend in argumentativer Auseinandersetzung an ihrer Überwindung zu arbeiten. Problematisch erscheint unter dem Vorzeichen der Direktwahl die Beteiligung von Pfarrern an der gruppenbezogenen Wahlwerbung. Die mit ihr verbundene Nötigung zu profilierten Standpunkten kollidiert mit der Dienstverpflichtung des Amtsträgers, sich den seelsorgerl. Zugang zu allen Gemeindegliedern offenzuhalten.

F. GIESE/J. HOSEMANN, Das Wahlrecht der deutschen evangelischen Landeskirchen, 2 Bde. (1929) – R. WEEBER, Das kirchliche Wahlrecht, in: Evangelische Welt (1958) 433 – O. EPHA, ZevKR 8 (1961) 157 – K. DUMMLER, ZevKR 8 (1961) 171 – K. MÜLLER, Möglichkeit und Notwendigkeit von Partei- und Gruppenbildung in der Kirche, in: Deutscher Evang. Kirchentag Hannover 1967, 648 – O. KÜHN, Das Wahlrecht der Evang. Kirche in Deutschland und ihrer Gliedkirchen, 1967 – DERS., ZevKR 21 (1976) 18 – G. HOFFMANN, Wahlen und Ämterbesetzung in der Kirche, in: Festschrift für E. RUPPEL, 1968, 164 – H. FROST, Strukturprobleme evangelischer Kirchenverfassungen, 1972 – M. DAUR, ZevKR 21 (1976) 1.

Martin Daur

Warschauer Pakt (WP). Der WP wurde am 14. 5. 1955 in Warschau als Militärallianz gegründet, wenige Tage nach dem Inkrafttreten der Pariser Verträge über den Beitritt der Bundesrepublik zur →NATO und zur →WEU und über die Aufhebung des Besatzungsstatuts sowie die Inkraftsetzung des Deutschlandvertrags am 5. 5. 1955. Der WP wurde zunächst auf 20 Jahre geschlossen, mit vereinbarter automatischer Verlängerung um jeweils 10 Jahre bei Nichtkündigung. Grds. sollte der Vertrag nur bis zum Zeitpunkt des Inkrafttretens eines gesamteuropäischen Vertrags über kollektive Sicherheit gelten. Am 24. 4. 1985 wurde der WP durch ein ratifizierungsbedürftiges Protokoll um weitere 20 Jahre verlängert. Im Kommuniqué vom gleichen Tage heißt es: Die teilnehmenden Staaten ... „treten auch jetzt dafür ein, ihr Bündnis und den Nordatlantikvertrag – und als ersten Schritt deren militärische Organisationen – gleichzeitig aufzulösen". – Der WP hat heute den Charakter einer militärischen *und* politischen Allianz. Ende der 60er Jahre hatte die SU ihr zwischen 1947 und 1949 mit den Staaten ihres Herrschaftsbereichs in Ostmitteleuropa geschaffenes bilaterales Vertragssystem durch ein neues System bilateraler Verträge über „Freundschaft und Zusammenarbeit" mit stringentem, auf Moskau ausgerichteten Charakter ersetzt. Ein entsprechender Vertrag wurde mit der DDR bereits 1964 geschlossen. Der sowjetische Führungsanspruch und die zentralistische Struktur des WP wurden schon seit 1961 durch Schaffung eines institutionellen Unterbaus zur Geltung gebracht. Im „Politischen Beratenden Ausschuß" des WP treten in unregelmäßigen Abständen die Generalsekretäre der regierenden kommunistischen Parteien, die Regierungschefs und die Außenminister der Mitgliedstaaten zusammen. Seine Erklärungen gelten als Richtlinien der Politik Pakt-intern und gegenüber Dritten. Die eigentliche Steuerungsfunktion wird durch die Komitees der Außen- und Verteidigungsminister wahrgenommen. Der größte Teil der Armeen der Mitgliedstaaten untersteht (die NVA völlig) einem „Vereinigten Oberkommando" unter sowjetischer Führung. Sie unterliegen einer einheitl. Ausbildung, Führung und Ausrüstung nach sowjetischen Standards. Die sowj. Truppen in Polen, Ungarn, der ČSSR (seit 1968) und der DDR (20 Divisionen) dienen der inneren Absicherung der Paktorganisation. Sie sind aus dem Stand kampfbereit.

BUCHBENDER, BÜHL, QUADEN, „Sicherheit u. Frieden", Handbuch, 1983 – A. USCHAKOW, „Das osteuropäische Bündnissystem nach der Verlängerung des WP" – D. FRENZKE, „Die Verlängerung des WP im Lichte der Beistandsklauseln des osteuropäischen Paktsystems", in: „Recht in Ost und West", Berlin 1/1986.

Hubertus Dessloch

Wehrbeauftragter →Bundeswehr und Wehrverfassung II A 3

Wehrdienstverweigerung →Krieg, Kriegsdienst, Kriegsdienstverweigerung

Weimarer Verfassung. I. Die Entstehung der Weimarer Verfassung (s. a. Dt. Reich V). Prinz MAX VON BADEN, der letzte vom Kaiser ernannte Reichskanzler, gab sein Amt und die Leitung der Geschäfte aus eigener Machtvollkommenheit und ohne Zustimmung des Kaisers, der mit dem Kronprinzen nach Holland geflüchtet war, an den ersten Vorsitzenden der SPD, FRIEDRICH EBERT, weiter, der mit einigen führenden Männern seiner Partei und der Unabhängigen Sozialdemokratie eine neue Regierung unter der Bezeichnung „Volksbeauftragte" bildete. Unter dem Druck der sich überall erhebenden, enttäuschten, nach Brot und Arbeit verlangenden Massen brach die monarchische Staatsform in Dtschld. zusammen. Nicht nur in Berlin, sondern ebenso in allen übrigen Hauptstädten der Teilstaaten des Dt. R. verzichteten die Fürsten auf ihre Throne, und ihre Regierungen traten ab, um unmittelbar aus dem Volke aufsteigenden Männern, sog. Volksbeauftragten, Platz zu machen. Auf der unteren Ebene der Verwaltung hatten sich inzwischen überall in Dtschld. in Städten und Dörfern aus politisch radikalen Elementen nach dem Vorbilde der russ. Revolution Arbeiter- und Soldatenräte gebildet, welche die Staatsgewalt an sich zu reißen versuchten, was ihnen indessen nicht zuletzt infolge des geschlossenen und kraftvollen Widerstandes der Behördenorganisation und des dt. Berufsbeamtentums nirgends gelungen ist. So konnte ein Abgleiten in ein bolschewistisches Chaos in Dtschld. trotz der herrschenden Arbeitslosigkeit und des Mangels an Lebensmitteln glückl. vermieden werden. An manchen Orten, vor allem in Berlin, kam es mehrfach zu blutigen Auseinandersetzungen zwischen den neuen Regierungen und ihren Anhängern und radikalen Gruppen, die sich in Berlin Spartakisten nannten und die nach russ. Vorbild die Revolution in kommunistischer Richtung vorantreiben wollten. Aber dank der besonnenen und maßvollen Haltung der dt. Arbeitermassen gelang es, diese Versuche abzuschlagen und eine innere Ordnung wiederherzustellen. Der Gedanke setzte sich durch, allg. Wahlen zu einer Nationalversammlung auszuschreiben, wie EBERT bereits in seinem Erlaß vom 12. Nov. 1918 angekündigt hatte. Deren Aufgabe sollte es sein, dem Reiche eine neue republikanisch-demokratische Verf. und damit wieder eine neue gefestigte staatl. Ordnung zu geben.

Zur Vorbereitung der von der Nationalversammlung zu leistenden Verf.arbeit berief EBERT an die Spitze des Reichsamts des Innern den ordentl. Professor für öffentl. Recht an der Handelshochschule Berlin, HUGO PREUSS. Dieser begann sofort, unterstützt von einigen Mitarbeitern, zu denen auch der Verfasser dieses Artikels gehörte, mit der Aufstellung eines Entwurfs zu einer neuen Reichsverf. Dabei war von drei politischen Grundentscheidungen, die bereits als hist. Tatsachen festlagen, auszugehen. Der dt. Gesamtstaat wie seine Gliedstaaten waren demokratische Republiken geworden, eine Rückkehr zur Monarchie war ausgeschlossen, aber ebenso auch die Gefahr eines Abgleitens in den Bolschewismus abgewendet. Die gesamte Staatsgewalt lag beim Volke, von dem sie durch ein allg., gleiches Wahlrecht von Männern und Frauen auszuüben war. Da die Revolution des 9. Nov. 1918 nicht unter einer einheitl. Idee gestanden hatte und in allen Gliedstaaten des Reiches partikular und innerhalb der eigenen Grenzen verlaufen war, so stand fest, daß der Gesamtstaat nicht zu einem Einheitsstaat verschmolzen war, sondern in der Gliederung des alten Reiches wie bisher als →Bundesstaat neu geformt werden mußte. Auf diese Tatsache gestützt, erhoben die neuen einzel-staatl. Regierungen mit großem Nachdruck bei den Volksbeauftragten des Reiches die Forderung, bereits an den Vorarbeiten für eine neue Reichsverf. beteiligt zu werden und auf diese maßgebl. Einfluß auszuüben. EBERT gab diesem Verlangen statt und berief die Länderregierungen zu einer Beratung des inzwischen aufgestellten Vorentwurfs zum 25. Jan. 1919 nach Berlin ein.

Hierbei kam es zu lebhaften Auseinandersetzungen über das Problem des →Föderalismus. PREUSS wollte unter Aufnahme eines Plans, der bereits in den Beratungen der Frankfurter Nationalversammlung 1848 eine Rolle gespielt hatte, aber gescheitert war, neben den Reichstag, der das geeinte dt. Volk verkörperte, ein Staatenhaus stellen, in dem die Einzelstaaten nach Durchführung einer territorialen Neugliederung des Reichs durch von den Landtagen zu wählende unabhängige Abgeordnete vertreten werden sollten. Stieß schon die von PREUSS in Aussicht genommene Neugliederung des Reichs in der Öffentlichkeit auf allg. Ablehnung, so widersprachen die versammelten Länderregierungen auch auf das entschiedenste der Staatenhausidee. Sie verlangten die Schaffung eines Organs nach dem Vorbilde des alten Bundesrates, in welchem sie unmittelbar an der Bildung des Reichswillens zumal bei der G.gebung Anteil hätten; denn nur so würde nach ihrer Überzeugung das föderalistische Prinzip gewahrt und die bundesstaatl. Organisation im Reiche gesichert sein. Den zweiten Streitpunkt, um den lange gerungen worden ist, bildete die Forderung der süddt. Regierungen, daß die Reservatrechte, welche die BISMARCKsche Verf. ihnen (und zwar insbes. Bayern) gewährt hatte, aufrechterhalten werden müßten. Erst nach langen und schwierigen Verhandlungen gelang hierüber eine Einigung. Bei diesen Vorberatungen wurde schließl. auch auf Wunsch der Versammlung der Entwurf eines G. über die vorläufige Reichsgewalt beschlossen, mit dem die Nationalversammlung der bestehenden neuen Reichsgewalt sofort eine verfassungsmäßige Rechtsgrundlage schaffen wollte.

Die am 19. Jan. 1919 gewählte Nationalversammlung trat am 6. Febr. in Weimar zusammen und verabschiedete zunächst nach kurzer Beratung das G. über die vorläufige Reichsgewalt, das – vom 10. Febr. datiert – sofort veröffentl. und in Kraft gesetzt wurde. Die Versammlung wählte hierauf FRIEDRICH EBERT zum Reichspräsidenten und setzte zur Vorberatung des Verf.entwurfs einen Verf.ausschuß ein. An seinen Verhandlungen haben Mitglieder aus allen in der Nationalversammlung vertretenen Parteien verdienstl. Anteil genommen. Während die Beschlüsse des Ausschusses hinsichtl. der künftigen Organisation des Reiches im wesentl. der Regierungsvorlage folgten, brachten die Verhandlungen eine wichtige Erweiterung für die Regelung der Beziehungen zwischen Staatsbürger und staatl. Gemeinschaft. In einer bedeutsamen Rede erklärte der demokratische Abgeordnete FRIEDRICH NAUMANN, daß es notwendig sei, für das dt. Volk nach dem Schwinden der einst so bedeutsamen Symbolkraft der Monarchie seelische Beziehungen zu seiner neuen demokratisch-republikanischen Staatsform zu schaffen, und daß solche gefunden werden könnten nicht nur in der Übernahme der alten liberalen →Grundrechte, wie dies im Entwurf vorgesehen sei, sondern in der Aufnahme neuer Elemente sowohl nationaler wie sozialer Natur als Grundrechte und Grundpflichten. Diese Idee setzte sich durch, und der Ausschuß stellte neben den ersten Teil der Verf., der die Organisation behandelt, einen zweiten Hauptteil, der die Bezeichnung Grundrechte und Grundpflichten der Deutschen trägt.

Das Plenum der Nationalversammlung verabschiedete die Reichsverf. mit großer Mehrheit am 31. Juli 1919. Sie wurde von FRIEDRICH EBERT am 11. Aug. unterzeichnet, am 14. Aug. verkündet und ist an diesem Tage in Kraft getreten.

II. Die Bestimmungen der Weimarer Verfassung. Den Bestimmungen der Verf. ist ein Vorspruch vorangesetzt, der selbst noch nicht Verf.recht ist, wohl aber die allg. rechtl. und politischen Voraussetzungen feststellt, auf denen die Verf. beruht. „Das dt. Volk, einig in seinen Stämmen ... hat sich diese Verf. gegeben.“ Mit diesen Worten wird zum Ausdruck gebracht,

daß das dt. Gesamtvolk sich kraft seines Selbstbestimmungsrechts zum ersten Mal in seiner Gesch., wie der Schlußart. 181 bekräftigt, von unten her in einem Staatswesen organisiert hat.
A. Erster Hauptteil. Aufbau und Aufgaben des Reichs. *1. Einleitende Art. 1–4.* Staatsform ist die Republik, in der das Volk die Staatsgewalt ausübt. Das Reichsgebiet besteht aus den Gebieten der dt. Länder. Die Reichsfarben sind schwarz-rot-gold. Zwar war man sich in Weimar nicht im unklaren über die große Bedeutung, die der Flagge, diesem Staatssymbol, zukommt, aber bereits bei den Beratungen hierüber taten sich so tiefe Gegensätze zwischen den Parteien auf, daß es Einsichtigen nicht verborgen bleiben konnte, welchen schweren inneren Kämpfen man in der neuen Staatsform entgegengehen würde. Weite Kreise des Volkes hielten an den alten Farben schwarz-weiß-rot fest und lehnten mit den Farben schwarz-rot-gold zugleich →Demokratie und →Parlamentarismus ab, die man bald abschätzig als „das System" zu bezeichnen liebte. Man schloß zwar zunächst im Farbenstreit einen Kompromiß, indem schwarz-weiß-rot als Handelsflagge beibehalten wurde, was aber zu einem heillosen Wirrwar führte, der durch die AusführungsVO.en des Reichspräsidenten vom 11. April 1921 und vom 5. Mai 1928 nicht gebessert, sondern nur vermehrt wurde und zumal dem Ausland gegenüber den Zwiespalt besonders peinlich offenkundig machte. Die allg. anerkannten Regeln des →Völkerrechts wurden zu bindenden Bestandteilen des dt. Reichsrechts, eine Regelung, die in neuerer Zeit für das Verhältnis von Völkerrecht und innerer staatl. Rechtsordnung als selbstverständl. gelten kann.

2. Reich und Länder. Die dt. Einigung war auf dem Wiener Kongreß 1814 nur in der Form des Staatenbundes (→Staatenverbindung) zustande gekommen. BISMARCK hatte in seiner Verf. diese lockere Einigung zum →Bundesstaat gefestigt. An dieser Struktur hatte die Revolution vom 9. Nov. 1918 nichts geändert. An ihr hielt daher auch die WV bei ihrer Erneuerung des Reiches fest. Das Wesen des Bundesstaates besteht darin, daß Staaten zu einem Gesamtstaat vereinigt sind in der Weise, daß der entstandene Überstaat die Teilnehmer am Bunde nicht mediatisiert, ihnen vielmehr die Staatseigenschaft beläßt und die Staatsgewalt nebst den staatl. Aufgaben zwischen beiden Seiten so aufteilt, daß gemeinsame und einzelstaatl. Interessen gegeneinander ausgewogen werden und die Gliedstaaten an der Bildung des Gesamtwillens maßgebl. beteiligt sind.

a) G.gebung. Demgemäß teilt die Verf. die G.gebungsgewalt zwischen dem Reich und den Ländern im Anschluß an die BISMARCKsche Verf. in der Weise auf, daß die Materien, die zur Wahrung der Einheit und zur Sicherung ihrer Lebensinteressen der Regelung durch den Gesamtstaat vorbehalten bleiben müssen, der Reichsgewalt zugewiesen sind und der Ordnung durch die gesetzgebenden Organe des Reiches ausdrückl. vorbehalten sind. Art. 6 zählt sie auf. Dann folgt in Art. 7 die Aufzählung der zahlreichen Staatsaufgaben, für deren Ordnung die ReichsG.gebung in erster Linie zuständig ist, in denen aber auch der Länderstaatsgewalt gemäß Art. 12 eine G.gebungsbefugnis verblieben ist, solange und soweit das Reich von seiner Zuständigkeit nicht Gebrauch gemacht hat. Die WV erweiterte hier die Reichszuständigkeit gegenüber dem bisherigen Zustand bereits beträchtl. durch die Hinzufügung neuer Staatsaufgaben. Nicht genug hiermit führte die Verf. noch zwei weitere Zuständigkeiten des Reiches zur G.gebung neu ein: die sog. BedarfsG.gebung in Art. 9, wonach das Reich die G.gebung über die Wohlfahrtspflege und den Schutz der öffentl. Ordnung und Sicherheit hat, soweit ein Bedürfnis für den Erlaß einheitl. Vorschriften vorhanden ist, und in Art. 10 eine GrundsatzG.gebung, bei der das Reich sich auf die Festlegung der Grundsätze beschränkt, während die Regelung aller Einzelheiten den Ländern vorbehalten bleibt. Ist sonach die Zuständigkeit des Reiches zur G.gebung durch die WV über die durch die Verf. BISMARCKS gezogene Grenze hinaus beträchtl. erweitert worden, so ist hier doch keineswegs, wie anfängl. nicht selten behauptet worden ist, das Reich zum Einheitsstaat umgestaltet worden; denn es verblieben nach wie vor der Länderstaatsgewalt so bedeutsame G.gebungskompetenzen auf dem ihnen vorbehaltenen Bereich, daß ihnen der Charakter der Eigenstaatlichkeit auch weiterhin gesichert war.

b) Verwaltung. Hinzu kommt, daß nach Art. 14 die ReichsG.e grds. durch die Landesbehörden ausgeführt werden, soweit die ReichsG.e nicht im Einzelfalle etwas anderes bestimmen. Selbstverständl. ist den Ländern darüber hinaus ihre innere Verwaltung durch eigene Behörden verblieben, insbes. auch die Kulturverwaltung. Immerhin sind wichtige Zweige der Exekutive teils durch die Verf. selbst, teils auf Grund späterer ReichsG.e. Reichsverwaltung. So seien erwähnt: die Verwaltung der auswärtigen Angelegenheiten, des Militärwesens, der Zölle und Verbrauchsabgaben sowie des Post- und Telegraphenwesens und schließl. des Verkehrswesens, nachdem das Reich durch die Verträge vom 31. März 1920 die Eisenbahnen und durch entsprechende Verträge auch die Wasserstraßen übernommen hatte. Eine bes. bedeutsame, durch alle Instanzen reichseigene Verwaltung schuf zuletzt das G. über Arbeitsvermittlung und Arbeitslosenversicherung vom 16. Juli 1927.

c) Rechtspflege. Die Justizhoheit war im BISMARCKschen Staat im wesentl. den Ländern verblieben, deren Gerichte die ordentl. Gerichtsbarkeit ausübten. Nur das Reichsgericht (RG) als oberste Instanz der ordentl. Gerichtsbarkeit war Reichsbehörde. Diese Ordnung übernahm die WV, nur erweiterte sie die Zuständigkeit des RG durch die Einführung einer Staatsgerichtsbarkeit (→Verfassungsgerichtsbarkeit) vor allem zur Entscheidung von Streitigkeiten zwischen Reich und Ländern nach Art. 19. Den Ländern verblieb nach wie vor die →Verwaltungsgerichtsbarkeit sowie die Möglichkeit, für gewisse Streitsachen Sondergerichte, zB Finanzgerichte u. a., zu schaffen. Der Verteilung der Justizhoheit folgt das Gnadenrecht und das Recht, AmnestieG.e zu erlassen.

d) Überordnung des Reichs, Reichsaufsicht, Reichsexekution. Um im Bundesstaat den harmonischen Ablauf des staatl. Lebens sicherzustellen, muß die Verf.ordnung dem Gesamtstaat eine Überordnung über die Teilstaaten, unbeschadet des föderativen Systems, einräumen, die es ihm ermöglicht, nötigenfalls seinen Willen gegenüber widerstrebendem Willen einzelner Glieder durchzusetzen. Diesem Bedürfnis entspricht Art. 13, der die selbstverständl. Forderung, daß die ReichsG.e den LandesG.en vorzugehen haben, in der Formulierung eines alten Rechtssprichwortes erfüllt, wonach Reichsrecht Landrecht bricht. Hierher gehört auch das Recht der Reichsaufsicht in den Angelegenheiten, in denen dem Reiche das Recht der G.gebung zusteht, sowie die Überwachung der Landesbehörden, soweit sie ReichsG.e auszuführen haben, Art. 15. Im Falle des Konflikts, daß ein Land die ihm nach der Reichsverf. oder den ReichsG.en obliegenden Pflichten nicht erfüllt, kann der Reichspräsident nach Art. 48 I es dazu mit Hilfe der bewaffneten Macht anhalten. Das bedeutet praktisch die Durchführung einer Reichsexekution. Dieser Fall ist mehrfach akut geworden.

3. Die Reichsorgane. a) Der Reichstag. Der Reichstag ist das zentrale Organ der Reichsorganisation, das die Gesamtheit des dt. Volkes, von dem gem. Art. 1 II die Staatsgewalt ausgeht, und ihren Willen repräsentiert. Er besteht aus den Abgeordneten des dt. Volkes, Art. 20. Diese haben sich gem. Art. 21 als Vertreter des gesamten Volkes zu fühlen und sind nur ihrem Gewissen unterworfen und daher auch an Aufträge nicht gebunden. Das →Wahlrecht ist, wie es bereits zuvor im Reiche gegolten hatte, das allg., gleiche, unmittelbare und geheime, aber erweitert durch das Frauenstimmrecht und die Herabsetzung des Wahlalters auf 20 Jahre und modifiziert durch die Übernahme des Verhältniswahlrechts, Art. 22. Die Wahlperiode beträgt vier Jahre. Der Reichstag organisiert sich selbst durch eine von ihm beschlossene →Geschäftsordnung. Die Wahlprüfung bleibt nicht wie bisher dem →Parlament selbst überlassen, sondern es wird gem. Art. 31 beim Reichstag ein unabhängiges Wahlprüfungsgericht gebildet. Die Rechtsstellung der Abgeordneten wird in den Art. 36 – 40 in der auch sonst übl. Weise geregelt. Die Verf. selbst erwähnt zwar, älterer Tradition folgend, die →Parteien im organisatorischen Teil nicht, dennoch aber wird überall nicht nur mit ihrem Vorhandensein, sondern auch mit ihrer verantwortungsbewußten Mitarbeit gerechnet. Das politische Parteiwesen hatte sich in Dtschld. nach den Kämpfen des Jahres 1848 geklärt und in den dt. Einzelstaaten organisiert. Nach der Gründung des Reiches erhielt das Parteiwesen durch die Tätigkeit der Fraktionen im Reichstag eine abschließende Ausformung. In dieser Gestalt hatten die Parteien die Novemberrevolution von 1918 mit nur unwesentl. Veränderungen überdauert. Die versuchte Einigung des →Liberalismus war nur z. T. gelungen, und die Nationalliberalen fanden eine Fortsetzung in der von STRESEMANN geführten Dt. Volkspartei. Von den Sozialdemokraten hatte sich zunächst der radikale linke Flügel abgespalten. Im übrigen hatten die meisten alten Parteien ihr Firmenschild durch die Aufnahme des Wortes Volkspartei zu modernisieren gesucht, im übrigen aber nur allzu wenig getan, um den ihrer harrenden Aufgaben und der damit verbundenen Verantwortung zu genügen.

b) Der Reichspräsident und die Reichsregierung. Dem Reichstag als dem Beschlüsse fassenden Parlament stehen die zum Handeln berufenen Organe gegenüber, denen es obliegt, diese Beschlüsse auszuführen. Die WV teilt diese Aufgabe unter zwei Exekutivorgane auf. Sie stellt an die Spitze der Exekutive den das Reich repräsentierenden Reichspräsidenten und ihm an die Seite die eigentl. Reichsregierung. Um ihm dem Reichstag gegenüber eine eigene festgegründete Autorität zu verleihen, läßt die Verf. ihn, wie dies auch in den →Vereinigten Staaten geschieht, durch das gesamte Volk wählen, Art. 41. Die Amtsdauer beträgt sieben Jahre, Wiederwahl ist unbeschränkt zulässig, Art. 43. Ihm sind die wichtigsten Aufgaben der Repräsentation und der Staatsleitung übertragen. So vertritt er das Reich völkerrechtl. und schließt Bündnisse und andere Verträge mit auswärtigen Mächten, auch beglaubigt und empfängt er die Gesandten, Art. 45. Er ernennt und entläßt die Reichsbeamten und die Offiziere und hat den Oberbefehl über die gesamte Wehrmacht, Art. 46 und 47. Die Verf. räumt ihm die politisch überaus schwerwiegende Befugnis ein, den Reichstag aufzulösen, Art. 25. Zwar kann der Präsident auf einen vom Reichtag mit Zweidrittelmehrheit zu beschließenden Antrag hin durch Volksabstimmung abgesetzt werden, diese Möglichkeit schafft aber keinen wirkl. Ausgleich in der Machtverteilung zwischen Parlament und Spitze der Exekutive; denn wie die Staatspraxis gezeigt hat, ist ein solcher Antrag auf Absetzung nie gestellt worden, während die Reichstagsauflösung eine bedeutsame und immer wiederholte Erscheinung gewesen ist.

Die Reichsregierung besteht aus dem Reichskanzler und den Reichsministern. Der Reichskanzler und auf seinen Vorschlag die Reichsminister werden vom Reichspräsidenten ernannt und entlassen, Art. 52 und 53. Da die Regierung gemäß dem von der Verf. in Art. 54 übernommenen →parlamentarischen System zu ihrer Amtsführung des Vertrauens des Reichstags bedarf, wird der Reichspräsident bei der Regierungsbildung i. d. R. Fühlung mit den Führern der für eine Mehrheitsbildung in Frage kommenden

Parteien nehmen, doch ist er auch in der Lage, einen Mann nur seines Vertrauens an die Spitze der Regierung zu stellen, dem es dann obliegt, sich im Parlament gegenüber den Fraktionen durchzusetzen. Solche Minderheitsregierungen waren die vom Reichspräsidenten HINDENBURG i. J. 1932 gebildeten Regierungen PAPEN und SCHLEICHER. Der Präsident ist bei allen seinen Amtshandlungen an die Mitwirkung einer Reichsregierung gebunden, da er nach Art. 50 zu allen Anordnungen und Verfügungen der Gegenzeichnung durch den Reichskanzler oder den zuständ. Reichsminister bedarf, welche damit die politische Verantwortung übernehmen. Der Reichskanzler, der auch den Vorsitz im Kabinett führt, bestimmt die Richtlinien der Politik. Innerhalb dieser Richtlinien leitet jeder Reichsminister den ihm anvertrauten Geschäftszweig selbständig. Art. 55 und 56. Die Reichsregierung ist nach Art. 57 kollegial organisiert und beschließt über alle G.entwürfe, ferner über Angelegenheiten, für welche Verf. oder G. dies vorschreiben, sowie über Meinungsverschiedenheiten in Fragen, die den Geschäftsbereich mehrerer Reichsminister berühren. Art. 59 kennt eine Anklage des Reichstags gegen Reichspräsident, Kanzler und Minister im Falle der Verletzung der Verf. oder eines G., die aber nie praktisch geworden ist. Die näheren Einzelheiten über die Rechtsverhältnisse der Regierungsmitglieder enthält das ReichsministerG vom 27. März 1930.

c) Der Reichsrat. Der Reichsrat ist das Organ der Länder, das an der G.gebung und Verwaltung des Reiches teilhat und damit die Teilnahme der Ländervertretungen an der Reichswillensbildung vermittelt, Art. 60. Die Stimmenzahl, die jedem Lande im Reichsrat zusteht, richtet sich nach der Einwohnerzahl, dabei hat jedes Land mindestens eine Stimme, die größeren auf je 700 000 Einwohner je eine Stimme, doch darf kein Land durch mehr als zwei Fünftel aller Stimmen vertreten sein, was eine Beschränkung der preuß. Stimmenzahl bedeutet. Als Vertreter entsendet jedes Land Mitglieder seiner Regierung, die in ihm nach Instruktion abzustimmen haben. Für die preuß. Stimmen gilt die Besonderheit, daß die Hälfte der Vertreter von den preuß. Provinzialverwaltungen bestellt wird. Es wurde sehr bald zur feststehenden Praxis, daß die Länderminister, welche die eigentl. Mitglieder des Reichsrats waren, an seinen Sitzungen nicht persönl. teilnahmen, sondern Beamte ihres Ressorts als Vertreter nach Berlin schickten. Auch das gemäß der Verf. zum Vorsitzenden des Reichsrats bestellte Mitglied der Reichsregierung pflegte bald nicht mehr selbst zu erscheinen, sondern sich durch einen Beamten seines Ressorts vertreten zu lassen. Die Folge dieser Übung war, daß zumal bei der Prüfung von G.vorlagen von den versammelten Beamten, denen die reiche Verwaltungserfahrung der Länder zu Gebote stand, sehr tüchtige und nützl. Arbeit geleistet wurde, daß aber von dem Organ als Ganzem kein größerer politischer Einfluß ausging. Es war nicht Teil des Parlaments wie etwa der Senat nach der Verf. der →Vereinigten Staaten und konnte daher auch kein politisches Gegengewicht zum Reichstag bilden.

d) Der vorläufige Reichswirtschaftsrat. Um der auch für das politische Leben im Reiche immer wichtiger werdenden Wirtschaft neben Reichstag und Reichsrat ein eigenes Vertretungsorgan zu geben, sieht Art. 165 die Bildung eines nach Vertretern der Arbeitgeberschaft und Arbeitnehmerschaft sowie aller wichtigen Berufsgruppen ständisch gegliederten Reichswirtschaftsrates vor. Er ist als Begutachtungsorgan gedacht, dem sozialpolitische und wirtschaftspolitische G.entwürfe von grundlegender Bedeutung vor ihrer Einbringung vorzulegen sind. Auch steht ihm auf diesen Gebieten das Recht der Initiative zu. Durch die VO vom 4. Mai 1920 wurde der Reichswirtschaftsrat zunächst in vorläufiger Gestalt geschaffen. Er zählte 326 Mitglieder, die auf die wichtigsten Berufs- und Interessengruppen der Wirtschaft verteilt waren. Die Ausschüsse erstatteten zahlreiche wertvolle Gutachten, während sich die Einberufung des Plenums infolge der Verschiedenartigkeit der Gegenstände und Interessen bald als unzweckmäßig erwies. So ist dieses seit Juni 1923 nicht mehr einberufen worden, die Gutachtertätigkeit verblieb den Ausschüssen. Eine Umbildung und Vereinfachung der sehr schwerfälligen Organisation ist angestrebt und oft diskutiert worden, bis zum Ende der Periode aber nicht zustande gekommen.

4. G.gebungsverfahren, Diktaturgewalt des Reichspräsidenten. Eigentl. G.geber im Reiche ist der Reichstag. Er beschließt die →Gesetze. Die Initiative zur G.gebung liegt praktisch bei der Reichsregierung, doch bedürfen deren Entwürfe der Zustimmung des Reichsrats, Art. 68, 69. Gegen ein vom Reichstag beschlossenes G., dem der Reichsrat nicht zustimmt, kann dieser binnen zwei Wochen Einspruch einlegen. In diesem Falle muß der Reichstag ein zweites Mal Beschluß fassen, wobei der Einspruch durch einen mit Zweidrittelmehrheit gefaßten Beschl. des Reichstags überwunden wird. Kommt ein solcher nicht zustande, so ist das G. gescheitert, Art. 74. Dem Länderorgan steht sonach i. d. R. nicht mehr als ein aufschiebendes Veto zu. Der Reichspräsident hat gemäß Art. 70 die verfassungsmäßig zustandegekommenen G.e auszufertigen und binnen Monatsfrist im RGBl. zu verkünden. Sie treten, wenn in ihnen nichts anderes bestimmt ist, binnen 14 Tagen nach seiner Ausgabe in Kraft.

Neben diesem normalen Weg der G.gebung kennt die WV auch die unmittelbare VolksG.gebung. Sie wird eingeleitet durch ein Volksbegehren6, dem ein ausgearbeiteter Entwurf zugrunde liegt, für den ein Zehntel der Stimmberechtigten eintritt. Liegt ein solches Begehren vor, hat die Regierung es zunächst dem Reichstag vorzulegen und damit das ordentl. Verfahren in Gang zu setzen. Findet der Entwurf nicht unverändert eine Mehrheit im Reichstag, so ist der Volksentscheid durchzuführen. Auch der Reichspräsident und eine Minderheit des Reichstags von einem Drittel der Mitglieder sind berechtigt, gegenüber einem von einer Reichstagsmehrheit beschlossenen G. an das Volk zu appellieren, Art. 73. Von der letzteren Möglichkeit ist während der Geltung der WV nie Gebrauch gemacht worden. Volksbegehren sind mehrfach eingebracht worden, jedoch ist nie ein gültiger Volksentscheid zustandegekommen. Zu einer Verf.änderung durch G. bedarf es der qualifizierten Mehrheit von zwei Dritteln der Mitglieder des Reichstags sowie des Reichsrats, Art. 76.

Bei den Verf.beratungen in Weimar waren sich Reichsregierung wie Verf.ausschuß nicht im Zweifel, daß das Dt.R. noch schwere Jahre durchzustehen haben werde, bevor es zu einer vollen inneren Befriedung gelangt sein würde, und daß die Verf. daher ein →Notstandsrecht enthalten müsse, durch das nötigenfalls die rechtsstaatl. Gewaltentrennung (→Gewaltenteilung) durchbrochen und der Exekutive alle staatl. Machtmittel zur Verfügung gestellt werden müßten, um eine gefährl. Lage zu meistern. So ermächtigt Art. 48 II den Reichspräsidenten als das Haupt der Exekutive, wenn im Dt.R. die öffentl. Sicherheit und Ordnung erhebl. gestört oder gefährdet wird, die zur Wiederherstellung der öffentl. Sicherheit und Ordnung nötigen Maßnahmen zu treffen, erforderlichenfalls mit Hilfe der bewaffneten Macht einzuschreiten. Zu diesem Zwecke darf er vorübergehend eine Reihe von Grundrechten außer Kraft setzen. Die Kontrolle des Parlaments bleibt erhalten; denn in Abs. III wird verlangt, daß der Reichspräsident dem Reichstag von den getroffenen Maßnahmen unverzügl. Kenntnis zu geben hat, die auf dessen Verlangen außer Kraft zu setzen sind. Die Begriffe Störung oder Gefährdung der öffentl. Sicherheit und Ordnung sind dem allg. Polizeirecht entnommen; dabei ist hier aber an Lagen gedacht, in denen die normalen Machtmittel der Polizei nicht ausreichen. So hat der erste Reichspräsident EBERT bereits in einer ganzen Reihe von Fällen innerer Unruhen von den Möglichkeiten des Art. 48 Gebrauch gemacht. Später wurde die Ermächtigung zur Durchführung einer Maßnahme durch die Staatspraxis zu einem ausgedehnten Notverordnungsrecht erweitert, wobei insbes. auch finanz- und wirtschaftspolitische sowie soziale Notstände durch VO.en des Reichspräsidenten geregelt worden sind. Diese Entwicklung erreichte ihren Höhepunkt i. J. 1932 unter der Kanzlerschaft BRÜNINGS, als infolge des Parteienzwists der Reichstag zu einer normalen G.gebung nicht mehr fähig war. So gewöhnte sich das dt. Volk daran, von einer Diktaturgewalt regiert zu werden. Auch der Übergang in die nationalsozialistische Diktatur HITLERS wurde mit Hilfe des Art. 48 unterstützt. Zu erwähnen ist noch, daß nach Art. 48 IV auch eine Landesregierung bei Gefahr im Verzuge in der Lage ist, für ihr Gebiet einstweilige Maßnahmen der in Abs. II bezeichneten Art zu treffen, die aber der Kontrolle des Reichspräsidenten und des Reichstages unterliegen.

B. Zweiter Hauptteil. →Grundrechte und Grundpflichten der Deutschen. *1. Die Einzelperson.* Die WV übernimmt die Individualrechte, denen bereits der liberale Staat des 19. Jh. den Charakter von Grundrechten zuerkannt hatte, wobei sie diese den weitergehenden Forderungen einer neuen Zeit anpaßt. So sind nach Art. 109 alle Deutschen vor dem G. gleich. Diese →Gleichheit kommt auch der Stellung der Frau zugute; denn Männer und Frauen haben grds. dieselben staatsbürgerl. Rechte und Pflichten. In Konsequenz hiervon beseitigt Art. 128 alle Ausnahmebestimmungen gegen weibl. Beamte. Immerhin bleibt für alle Staatsbürger die Schranke aufrechterhalten, daß die Zulassung zu den öffentl. Ämtern nur entsprechend ihrer Befähigung und ihren Leistungen zu erfolgen hat. Als Auswirkung des Gleichheitssatzes verlangt Art. 109 die Aufhebung aller öffentl.rechtl. Vorrechte oder Nachteile der Geburt oder des Standes, verbietet die Verleihung von Adelsbezeichnungen sowie die Verleihung von Titeln, soweit sie nicht ein Amt oder einen Beruf bezeichnen, von Orden und Ehrenzeichen und endl. auch die Annahme ausländischer Titel oder Orden. Daneben stellt die Verf. das Recht auf Unverletzlichkeit der persönl. →Freiheit, deren Beeinträchtigung durch die öffentl. →Gewalt nur aufgrund von G.en zugelassen wird, Art. 114. Dazu gehören die bekannten Spezialisierungen des Freiheitsrechtes wie →Freizügigkeit, Auswanderung, Unverletzlichkeit der →Wohnung, →Postgeheimnis sowie das Recht der freien →Meinungsäußerung und der Satz nulla poena sine lege, Art. 115 – 118.

2. Das Gemeinschaftsleben. In diesem Abschnitt befaßt sich der Grundrechtsteil mit den im 20. Jh. bes. aktuell gewordenen Problemen des Familienlebens und der Jugendfürsorge. Es werden dabei in zumeist neuartigen Formulierungen Forderungen an den G.geber erhoben, von denen allerdings in der Periode der Geltung der Verf. nur ein Teil erfüllt worden ist. So soll die →Ehe auf der Gleichberechtigung der Geschlechter beruhen, jedoch ist das Eherecht des BGB damals nicht umgestaltet worden. Art. 120 behält den Eltern das Recht und die Pflicht vor, bei der Jugenderziehung das maßgebende Wort zu sprechen. Art. 121 verlangt für die →unehel. Kinder die gleichen Bedingungen für ihre leibl., seelische und gesellschaftl. Entwicklung wie für die ehel., jedoch blieb in der Rechtswirklichkeit alles beim alten, und Versuche, die Rechtsstellung der unehel. Kinder zu heben, scheiterten. Art. 122 behandelt Jugendschutz und Jugendfürsorge. Zum Gemeinschaftsleben gehört auch die in Art. 123 und 124 allen Deutschen garantierte →Versammlungs- und →Vereinsfreiheit. Art. 125 gewährleistet die Wahlfreiheit sowie das Wahlgeheimnis nach Maßgabe der WahlG.e. Art. 126 erhebt zum Grundrecht ein allg. →Petitionsrecht und Beschwerderecht aller Staatsbürger an die zuständ. Behörden sowie an die Volksvertretungen. Den Gemeinden und Gemeindeverbänden wird das Recht der →Selbstverwaltung grundrechtl. gesichert, Art. 127. Für die Gestaltung des →Beamtenrechts enthalten die Art. 129 bis 131 wichtige Grundlagen.

3. Religion und Religionsgesellschaften. Die Artikel 135 – 141 sichern die →Glaubens- und Bekenntnisfreiheit sowie die freie Religionsausübung und regeln das Verhältnis zwischen Staat und Kirche unter Ausschluß der Staatskirche.

4. Bildung und Schule. Dieser Abschnitt beginnt in Art. 142 mit dem für das Leben der Wissenschaft und ihren Fortschritt fundamentalen Satz, daß die Wissenschaft und ihre Lehre frei sind (→Wissenschaftsfreiheit). Dieser bereits im liberalen Staat geltende Grundsatz ist im Verf.ausschuß in Weimar, was neu ist, auf die →Kunst erweitert worden. Das bedeutet, daß der Künstler nicht nur in seinem Schaffen von keiner staatl. Macht behindert oder beschränkt werden darf, sondern auch, daß es dem Künstler freistehen muß, die Ergebnisse seines Schaffens der Allgemeinheit mitzuteilen.

Über die Fragen der Jugendbildung und des Schulwesens kam es in Weimar zu tiefgreifenden Gegensätzen und leidenschaftl. Auseinandersetzungen zwischen den Parteien, bis nach langen und schwierigen Verhandlungen ein Kompromiß zwischen Zentrum, Demokraten und Sozialdemokraten geschlossen worden ist, der aber auch keine wirkl. Lösung der Probleme gebracht hat. Während das gesamte Schulwesen bisher ausschließl. zum Zuständigkeitsbereich der Gliedstaaten gehört hatte, schaltete sich nunmehr das Reich mit der Fassung des Art. 143 ein, daß bei der Einrichtung der öffentl. Schulen Reich, Länder und Gemeinden zusammenzuwirken haben. Für die fernere Entwicklung des Volksschulwesens bestimmend wurde, daß in dem erwähnten Kompromiß sich die Forderung nach einer sozialen Einheitsschule durchgesetzt hatte, wonach die Kinder aus allen Volksschichten zunächst eine allen gemeinsame Grundschule zu besuchen haben, auf der sich dann das mittlere und höhere Schulwesen aufbaut, Art. 146. Einen weiteren Streitpunkt bildete die Frage der Konfessionsschule. Man glaubte sie so lösen zu können, wie in Art. 146 II vorgesehen ist, daß in den Gemeinden die Erziehungsberechtigten darüber zu befinden haben, ob Simultanschulen oder Bekenntnisschulen errichtet werden sollten. Über das Ziel der Schulbildung und die Gegenstände des Unterrichts enthalten die Art. 148 und 149 grundlegende Bestimmungen. Die Schulaufsicht, die früher an vielen Orten in den Volksschulen durch die Geistlichen wahrgenommen wurde, bleibt nunmehr nach Art. 144 überall dem Staate vorbehalten, der sie durch hauptamtl. tätige, fachmännisch vorgebildete Beamte auszuüben hat. Für das Privatschulwesen gibt Art. 147 maßgebl. Hinweise. Ein weiteres, stark umstrittenes Problem bildete die Neuordnung der Lehrerbildung. Zumal die Organisationen der Volksschullehrer, die in den Parteien starken Rückhalt hatten, drängten zu einer Überleitung ihrer Ausbildung an die →Hochschulen und damit zu einer sozialen Hebung ihres Standes. Art. 143 II sieht hierin eine einheitl. Regelung für das Reich vor, die aber nie zustande gekommen ist.

Die Verf. rechnet mit dem Erlaß eines ReichsG, das die schulrechtl. Grundsätze enthält, auf denen die LandesG.gebung weiter aufbauen sollte. Bald nach der ersten politischen Konsolidierung Dtschlds. ging man an seine Vorbereitung. 1920 wurde eine großangelegte Reichsschulkonferenz in Berlin abgehalten, und daraufhin wurden mehrfach Entwürfe beim Reichstag eingebracht, wo aber infolge der tiefen Gegensätze zwischen den Parteien nie ein ReichsschulG zustande gekommen ist.

5. Das Wirtschaftsleben. In diesem Abschnitt stehen im Vordergrund die sog. Institutsgarantien (→institutionelle Garantie). Diese bedeuten noch nicht subjektive Rechte für das Individuum, sondern sie gewährleisten den Fortbestand alter bewährter Institutionen unseres dt. Rechtssystems. Es bleibt dem G.geber vorbehalten, auf dieser Grundlage für den einzelnen Individualrechte zu schaffen. Solche Institutsgarantien sind gemäß Art. 151 Wirtschafts- und Gewerbefreiheit, Vertragsfreiheit, Art. 152, und insbes. das →Eigentum, Art. 153. Das Eigentum wird als vom Rechtsbewußtsein des Volkes getragene Einrichtung unseres sozialen und wirtschaftl. Lebens als solche garantiert. Die Verf. verweist aber hinsichtl. seines Inhaltes und seiner Schranken ausdrückl. auf die G.e, d. h. also auf den gesamten privatrechtl. und öffentl.-rechtl. Bestand unserer Rechtsordnung. Im Anschluß hieran übernimmt Art. 153 II das Rechtsinstitut der →Enteignung in der Form, wie es im Verwaltungsrecht der dt. Gliedstaaten damals entwickelt war. Es folgen dann das Erbrecht, Art. 154, und die →Koalitionsfreiheit, Art. 159. Schließl. enthält der 5. Abschnitt Grundsätze für die Ordnung des Wirtschaftslebens und den Aufbau eines neuen Wirtschaftssystems mit einer gesunden Bodenreform, Art. 155, maßvoller Sozialisierung, Art. 156, aber auch die Forderung nach Pflege der geistigen und körperl. Arbeitskraft aller Schichten des Volkes einschl. des selbständigen →Mittelstandes, mit Arbeitspflicht und Recht auf Arbeit und Unterhalt unter Schaffung geeigneter Organisationen zur Wahrnehmung dieser verschieden gelagerten sozialen Interessen, Art. 157, 158, 160, 162 – 165. Aus diesen grundrechtsähnl. sozialethischen Forderungen der Verf. sind jedoch während ihrer Geltung wesentl. praktische Ergebnisse nicht gewonnen worden. Die Verf. schließt mit Übergangs- und Schlußbestimmungen in Art. 166 – 181.

III. Das Ende der Weimarer Verfassung. Die Periode dt. Gesch., in der die WV Geltung gehabt hat, hat nur 14 Jahre gedauert. Erhebl.

Teile des dt. Bürgertums standen einer demokratischen Republik von vornherein ablehnend gegenüber, zumal diese Republik die schmerzl. Bürde auf sich nehmen mußte, einen verlorenen Krieg zu liquidieren, und alles menschenmögliche tun mußte, um die gewaltigen Verpflichtungen des Versailler Vertrages loyal zu erfüllen. Diese Bürde wog um so schwerer, als der Versailler Vertrag mit seiner Behauptung von Dtschlds. Alleinschuld am Weltkriege auch in den Weimarer Kreisen als ungerecht empfunden wurde. Die Parteien, die in Weimar die Verf. geschaffen hatten, waren schon im Verlaufe weniger Jahre infolge sich immer weiter verschärfender Gegensätze und persönl. Zwistigkeiten zu einer fruchtbaren Zusammenarbeit nicht mehr fähig. Hinzu kam, daß sich auf beiden Flügeln radikale Parteien bildeten, welche die Verf. grds. ablehnten, links die kommunistische, rechts die nationalsozialistische Partei, denen es gelang, immer größere Wählermassen an sich zu ziehen. Diese Parteien begannen den politischen Kampf auf die Straße hinaus zu tragen, so daß der Bürgerkrieg vor der Türe stand. Als die Vertrauensleute des Reichspräsidenten HINDENBURG, PAPEN und SCHLEICHER, mit ihren Minderheitsregierungen gescheitert waren, betraute HINDENBURG HITLER mit der Regierungsbildung. Dieser erhielt vom Reichstag das mit Zweidrittelmehrheit beschlossene berüchtigte ErmächtigungsG vom 24. März 1933 (→Dt. Reich VI). Die WV ist zwar nie als Ganzes aufgehoben worden, sie hat aber mit dem ErmächtigungsG vom 24. März 1933 de facto ihre Geltung verloren (s. a. Dt. Reich V).

C. SCHMITT, Die Diktatur des Reichspräsidenten nach Art. 48 der Reichsverf., VVDStRL H. 1 (1924) 63 – 103 – DERS., Der Hüter der Verf., 1931 – DERS., Legalität und Legitimität, 1932 – H. C. NIPPERDEY, Die Grundrechte und Grundpflichten der Reichsverf., I – III, 1929/30 – G. ANSCHÜTZ und R. THOMA (Hg.), HDStR, I 1930, II 1932 – J. HECKEL, Diktatur, Notverordnungsrecht, Verf.notstand, AöR NF 22 (1932) 257 – 338 – G. ANSCHÜTZ, Die Verf. des Dt. Reiches vom 11. Aug. 1919, Komm., 1933[14] – K. D. BRACHER, Die Auflösung der Weimarer Republik, 1971[5] (Lit.) – W. APELT, Gesch. der WV, 1964[2] – F. K. FROMME, Von der WV zum Bonner GG, 1962[2] – W. SCHICK, Bonner GG und WV – heute, AöR 94 (1969) 353 – 387.

Willibalt Apelt †

Weiterbildung. Unter W. wird heute allgemein im Anschluß an den *Strukturplan für das Bildungswesen* des Deutschen Bildungsrates von 1970 die *„Fortsetzung oder Wiederaufnahme organisierten Lernens nach Abschluß einer unterschiedlich ausgedehnten ersten Bildungsphase"* verstanden. W. beinhaltet also sowohl berufl. als auch allgem. W.

1. Geschichte bis 1945. Bis zu dem o. a. Zeitpunkt sprach man von **Erwachsenenbildung**, deren Vorläufer sich in Einzelzügen bis zum Humanismus und der Reformation zurückverfolgen lassen; LUTHERS Reden an die verschiedenen Stände sind hierfür ein bes. Beispiel.

Die Wurzeln moderner W. liegen in der →Aufklärung und im →Pietismus (Enzyklopädien, Bünde, Logen, Museums- und Harmonievereine). Sie gewann ihre Bedeutung mit der Industrialisierung und Demokratisierung. Im 19. Jh. mischte sich das Streben nach berufl. Qualifikation und politisch-sozialer Emanzipation mit dem Wunsch nach religiöser Erneuerung. In der zweiten Hälfte des 19. Jh. treten neben die Handwerker- und Arbeiterbildungsvereine und die konfessionelle Bildungsarbeit volkstüml. Kurse der Universitäten. 1871 schlossen sich die bürgerl. Bildungsvereine zur *„Gesellschaft für Verbreitung von Volksbildung"* zusammen, die auf dem Höhepunkt ihrer Wirksamkeit ein ausgedehntes Vortrags- und Büchereiwesen und über 7000 körperschaftl. Mitglieder umfaßte.

Um die Jh.wende werden Zweifel an der reinen Wissensvermittlung wach. Der Mensch als Ganzes und das ganze Volk werden als Bezugspunkt der W. angesehen. In den zwanziger Jahren tritt eine individualisierende Volksbildungsarbeit in den Vordergrund, die auf die bes. Situation bestimmter Menschen bezogen ist und ihre Mitarbeit ermöglicht. Die Arbeitsgemeinschaft als methodisches Prinzip ist ihr Grundgedanke. Als Beispiel wird die dänische Heimvolkshochschule angesehen, doch läßt sich auch im geistigen Aufbruch der Weimarer Republik der GRUNDTVIGsche Gedanke von der Erneuerung des Volkes aus dem Geiste der Volkskultur nicht auf Dtschld. übertragen. Eine anspruchsvolle Theorie der Volksbildung entwickelt sich in der *„Neuen Richtung"* im *Hohenrodter Bund.* Am Ende dieser Zeit steht die *Prerower Formel* vom geordneten Unterricht als Aufgabe der Volkshochschulen 1931.

Im Anschluß an die *Neue Richtung* werden in schneller Reihenfolge Volkshochschulen gegründet – auf dem Höhepunkt sind es etwa 270 –, die seit 1927 in einem Reichsverband zusammengeschlossen waren; daneben bestehen weiterhin die traditionelle Volksbildungsgesellschaft, konfessionelle Bildungswerke und Heimvolkshochschulen, die – soweit ev. und bäuerl. bestimmt – überwiegend ein dt.-nationales Selbstverständnis hatten. Daneben entstehen Einrichtungen, die vom religiösen Sozialismus getragen sind. Nach 1933 war Bildung als Chance zur Selbstbildung und freien Entscheidung nicht mehr mögl. An ihre Stelle trat die nationalpolitische Schulung. Die W.einrichtungen wurden entweder aufgelöst oder „gleichgeschaltet".

2. Nach 1945. Während die W. vor dem Zweiten Weltkrieg praktisch oft mehr ein Ausgleich für das in Schule oder Berufsbildung Versäumte war, wird sie seit 1945 in zunehmendem Maße in der ganzen Welt als eine notwendige Voraussetzung für das Funktionieren der modernen Gesellschaft begriffen. W. tritt gleichberechtigt als dritter großer Bildungszweig neben die Bildung der Kinder und die Berufsbildung. Das Ende der abgeschlossenen Bildung rückt in der ganzen Welt den Gedanken der „éducation permanente", des „lifelong learning" in den Vordergrund. Zugleich entfällt die alte Gegenüberstellung von Bildung und Ausbildung. Die zunehmende Schnelligkeit des Wandels der Welt verlangt in allen Berufen eine ständige W., um die sich wandelnde Welt zu verstehen und auszuhalten. Niemand kann seine bes. berufl. Stellung in der modernen Welt ausfüllen, wenn er nicht immer neue Fertigkeiten erwirbt, um sich den neuen Situationen auch berufl. anzupassen. Die spezielle Ausbildung bedarf des Hintergrundes einer allg. W., die sich oft an der speziellen Ausbildung konkretisiert. So entfällt heute der Gegensatz, der früher die theoretischen Auseinandersetzungen in der W. belastete. Schule und Berufsausbildung können in unserer Zeit keine abgeschlossene Bildung mehr geben, sondern nur die Grundlagen für ein Lernen das ganze Leben hindurch vermitteln. Die herkömml. Schule stellt sich daher darauf um, phasengerecht zu lehren und die Sättigung durch Stoff in einen Hunger nach Lernen zu verwandeln. Die Berufsausbildung hat aufgehört, auf Spezialkenntnisse hin abzurichten; sie gibt vielmehr Grundlagen für die Bewältigung immer neuer spezieller Aufgaben. In dieser Situation muß sich die W. darauf einstellen, zusätzl. Kenntnisse im Rahmen der in regelmäßigen Abständen notwendigen berufl. W. zu vermitteln. Zugleich sind die berufl. Anforderungen unserer Zeit nicht mehr ohne eine ständige Entwicklung von Funktions- und Weltverständnis zu erfüllen. Daher ist in allen Altersstufen eine weiterführende Orientierung auf dem Gebiet von Wissenschaft, Technik und Politik unvermeidl. Die freiheitlich demokratische Ordnung kann nur bestehen, wenn die in ihr lebenden Menschen informiert und entscheidungsbereit zugleich sind.

Die W. hat die Aufgabe, den einzelnen in seiner berufl. Existenz weiterzuführen, ihn als Staatsbürger zu orientieren, ihm als Person das Leben lebenswert zu machen.

W. gibt Möglichkeiten zu lernen, Möglichkeiten zur allg. Orientierung und Information und Anregungen zur Selbstbetätigung und Lebensgestaltung. Jeder dieser drei Bereiche hat seine eigenen Arbeitsformen. Das Lernen vollzieht sich in den strengen Formen des Unterrichts. Für die allg. Orientierung ist die wichtigste Form die Arbeitsgemeinschaft, in der der Teilnehmer durch Eigenbetätigung das ihm angebotene Wissen integriert. Dabei kommt es auf die Qualität des Angebotenen an. Die Formen der Selbstbetätigung haben an Bedeutung in einer Zeit gewonnen, in der die Zunahme an Freizeit und die Verfremdung aller Lebensvorgänge, das Zurückgehen direkter Gestaltungsmöglichkeiten und die Verminderung physischer Anstrengungen immer zwingender die Notwendigkeit eines menschl. Ausgleichs geschaffen haben. Zugleich muß die Kooperation, die die moderne Gesellschaft erfordert, im persönl. Bereich geübt werden.

Zu den herkömml. Hilfsmitteln der W. haben sich in neuer Zeit die Taschenbücher, Rundfunk, Fernsehen und der Fernunterricht gesellt. Ohne sie ist moderne W. nicht mehr mögl. Diese Hilfsmittel enthalten in verschiedener Weise die Chance der Multiplikation von Qualität. Wieweit diese Chance in Bildung verwandelt wird, hängt von der Möglichkeit ab, das durch Taschenbücher, →Massenmedien und Fernunterricht Vermittelte in kleinem Kreise weiterzuverarbeiten.

Der Beginn des neuen Selbstverständnisses der W. ist in einem Gutachten zusammengefaßt, das der Dt. Ausschuß für das Erziehungs- und Bildungswesen am 29. Jan. 1960 veröffentlicht hat. Diesem Gutachten entspricht inhaltl. in den wesentl. Grundgedanken der Bericht der UNESCO-Weltkonferenz über W. in Montreal vom Aug. 1960, der von den 47 teilnehmenden Mitgliedstaaten der UNESCO einstimmig angenommen worden ist. Die dialektische Einheit von Bildung und Ausbildung in der W. der hochindustrialisierten Gesellschaft kommt in dem Bericht der Europ. W.konferenz der UNESCO von 1962 zum Ausdruck. 1964 hat die Ständige Konferenz der Kultusminister in ihrer 99. Plenarsitzung einen Teil der Vorschläge des Gutachtens des Dt. Ausschusses in Empfehlungen an die Kultusminister verwandelt. Eine endgültige Neuformulierung der Ziele der W. geschieht durch den o. a. *Strukturplan,* veröff. am 13. Febr. 1970. Im Unterschied zum Dt. Aussch. werden freie und gebundene W. nicht mehr gegenübergestellt; ebenso werden berufl. (Arbeitsförd.G von 1969) und allgem. W. als Einheit gesehen, die der öffentl. Verantwortung und also auch der öffentl. Kontrolle unterliegen müssen.

3. Organisationsformen. Die wichtigste Organisationsform der W. ist die Volkshochschule. Sie vermittelt in Abendkursen und Wochenendveranstaltungen, die z. T. in regelmäßigem Fortsetzungszusammenhang sich über längere Zeit erstrecken, W. vielfältiger Art. In der Bundesrep. Dtschld. bestanden 1983: 4919 Volkshochschulen mit 5050 Außenstellen; sie führten 311 427 Kurse mit 4 606 600 Belegungen sowie 67 829 Einzelveranstaltungen mit 3 227 500 Besuchern durch. Die Nachfrage nach Erwachsenenbildung hat in den letzten 15 Jahren ständig zugenommen. Die Volkshochschulen der Bundesrep. Dtschld. sind in Landesverbänden zusammengeschlossen, die Landesverbände seit 1953 im Dt. Volkshochschul-Verband.

Die Arbeit der Volkshochschulen fand anfängl. überwiegend in Schulgebäuden statt; in zunehmendem Maße errichten die Städte eigene Häuser für die Volkshochschulen, da W. nur unvollkommen an den Bildungsstätten für Jugendliche durchgeführt werden kann. Ein großer Teil des Lehrbetriebes wird von nebenamtl. Lehrkräften durchgeführt, doch gehört ein Stab hauptamtl. Mitarbeiter heute zu jeder größeren

Volkshochschule (1983: 1591 hauptamtlich; 113 000 nebenamtlich).

Die Volkshochschulen sind nur zum Zweck der W. da, sie bieten ihre Veranstaltungen allen an, was nicht bedeutet, daß jede Veranstaltung für alle gut ist. Sie wenden sich an die aktiven Minderheiten ebenso wie an die Allgemeinheit. Sie sind offen für alle Standpunkte, die mit einer freiheitl. demokratischen Grundordnung vereinbar sind. Der einzelne Mitarbeiter der Volkshochschule kann politisch und weltanschaul. engagiert sein. Die Volkshochschule als Institution ist überparteil. und überkonfessionell und steht allen gesellschaftl. Gruppen gleichermaßen offen. Sie will in gemeinsamem Lernen die Möglichkeit zur Begegnung und Auseinandersetzung Verschiedendenkender bieten und so eine verbindende Wirkung innerhalb einer pluralistischen Gesellschaft ausüben. Gleichzeitig strebt sie die im *Strukturplan* geforderte Einheit von berufl. und allgem. W. durch den starken Ausbau ihres seit 1967 sich entwickelnden *Zertifikatsprogramms* an.

Die Volkshochschule ist i. d. R. als kommunale Einrichtung oder e. V. organisiert, ihre Zugänglichkeit für die Allgemeinheit und die Ausschließlichkeit für die W. begründen die finanzielle Förderung der einzelnen Volkshochschulen und ihre überregionale Zusammenarbeit durch die Kommunen, die Länder und den Bund.

Im Gegensatz zu England und den USA, wo die Universität „extra muros" eine eigene Form von W. entwickelt hat, spielen in Dtschld. die Seminarkurse der Universität für die W. eine zahlenmäßig geringfügige Rolle. Trotzdem setzt ihre Wirkung Maßstäbe für die Verbindung von Wissenschaft und W. Die Arbeit der Volkshochschulen wäre ohne die nebenamtl. Mitarbeit von Professoren, Dozenten und Assistenten der wissenschaftl. Hochschulen nicht durchzuführen. Die Errichtung von Lehrstühlen für W. an Universitäten und pädagogischen Hochschulen hat einen erhebl. Umfang angenommen. Die wissenschaftl. Bearbeitung der Probleme der W. nimmt ständig zu. W. wird immer mehr eine sozialpädagogische Aufgabe, was auch in der Förderung durch die Arbeitsverwaltungen zum Ausdruck kommt.

Die zunehmende Bedeutung der W. in der modernen Gesellschaft hat zu einer steigenden Aktivität an eigener W. in allen sozialen Gruppen geführt. →Gewerkschaften und Bauernverbände, Industrieunternehmungen und Interessenverbände aller Art entwickeln eigene gruppengebundene W., z. T. von hoher Qualität. Diese W. unterscheidet sich von den Volkshochschulen durch ihre Bindung an einen bestimmten Kreis. Gerade in der Berufsfortbildung und in der W. von Verbandsfunktionären wird hier Bedeutendes geleistet. Insbes. der Umbildungsprozeß der dt. Landwirtschaft (→Landwirtschaftspolitik) ist ohne die vielseitigen Aktivitäten der ländl. W. gar nicht durchzuführen.

Seit dem 19. Jh. steht neben der alle konfessionellen Gruppen verbindenden W. die konfessionell bestimmte, die die christl. Verkündung in die moderne Form gesellschaftl. Organisation hineinträgt. Die zahlreichen Aktivitäten im kath. Bereich, zB ländl. Fortbildung, soziale Seminare, Mütterschulen, örtl. kath. Bildungswerke, kath. →Akademien, sind seit 1957 in der Arbeitsgemeinschaft für kath. W. zusammengeschlossen. Parallel hierzu wurde 1963 die Arbeitsgemeinschaft für ev. W. gegründet. Nach 1945 haben sich mit bes. Wirkungskraft die Ev. →Akademien entwickelt (heute 12). „Die Akademie versteht sich als Stätte der Begegnung zwischen Kirche und Welt, als Brücke zwischen beiden" (BOLEWSKI). Dasselbe gilt auch für den Ev. Kirchentag, vielleicht die umfassendste Bemühung ev. Erwachsenenbildung.

4. Politische Bildung. W. jeder Prägung begreift sich heute u. a. als politische Bildung. Das gilt insbes. für die Volkshochschule als verbindende Kraft in einer sich in Interessengruppen darstellenden Gesellschaft. Politische Bildung heißt nicht Institutionenkunde, nicht Anpassung an eine bestehende Staatsform, sondern Entwicklung des kritischen Bewußtseins und Entfaltung der Fähigkeit zur selbständigen Entscheidung. Deswegen tritt in der modernen W., soweit es der Sachverhalt erlaubt, Auseinandersetzung an Stelle des Unterrichts, deshalb hat zB die Ev. Akademie das Gespräch zwischen Kirche und Welt als ihre bes. Aufgabe begriffen.

In einer Zeit, in der die Gesellschaft vor allem durch die Kluft zwischen Sachverständigen und Laien getrennt ist, scheint es bes. nötig, diese Kluft dadurch zu überbrücken, daß der Sachverständige lernt, zum Laien zu sprechen, und der Laie, den Sachverständigen zu verstehen. Politische Bildung ist dann bes. wirksam, wenn es ihr gelingt, die gesellschaftl. Tabus zu durchbrechen und zu den Realitäten unseres Lebens vorzudringen. Eine offene Behandlung der Ost-West-Probleme und eine ideologiekritische Untersuchung der politischen Aussage, eine klare Auseinandersetzung mit der jüngsten Vergangenheit sind daher notwendige Bestandteile der politischen Bildung. Politik soll dabei weder als eine Angelegenheit anonymer Mächte noch als freundl. Dorfidylle erscheinen. W. erfüllt ihre Aufgabe nur dann, wenn sie die politische Bedeutung jedes dem einzelnen zugängl. Vorganges sichtbar macht. In der politischen Bildung gehören Objektivität in der Sachdarstellung und Klärung des Interessenstandpunktes genauso zusammen wie Engagement und Toleranz. In unserer Zeit sind technische Zivilisation, gesellschaftl. Leben, demokratische Ordnung und Bildungswesen unauflösl. miteinander verflochten. So stellt die W. heute in sich selbst ein Politikum dar. Der französische Publizist ROVAN hat die W. eine Verschwörung für die →Demokratie genannt.

H. BECKER, Weiterbildung, Aufklärung – Praxis – Theorie, 1956 – 1974, 1975 – G. BRELOER, u. a., Teilnehmerorientierung und Selbststeuerung in der Erwachsenenbildung (E.), 1980 – G. BUTTLER, u. a., Lernen und Handeln, Bausteine zu einer Konzeption ev. E., 1980 – W. KARBE/E. RICHTER/H. P. LIEBL, Bibliographie zur E. im dt. Sprachgebiet, 12 Folgen, 1962 – 1983 – G. PICHT/F. EDDING, u. a., Leitlinien der E., 1972 – E. SCHMITZ/H. TIETGENS, Enzyklopädie Erziehungswissenschaft, Bd. 11, E., 1984 – H. SIEBERT, Begründungen gegenwärtiger E., 1977 – W. STRZELEWICZ, u. a., Bildung und Lernen in der Volkshochschule, 1979 – H. TIETGENS, Die E.; Grundfragen der Erziehungswissenschaft, 1981 – H. P. VERAGUTH, E. zwischen Religion und Politik, 1976.

Hellmut Becker

Weltanschauungsgemeinschaften. 1. Der begriffsgeschichtliche Angelpunkt für die Verwendung des Wortes „Weltanschauungsgemeinschaft" (WAGem) ist Art. 137 VII WV, der von Vereinigungen spricht, „die sich die gemeinschaftl. Pflege einer WA zur Aufgabe machen". – Die Wortbildung „Weltanschauung" findet sich erstmals bei I. KANT. Der Begriff wurde dann z. Z. der Romantik entwickelt; W. v. HUMBOLDT verlieh ihm den heutigen Sinn. W. DILTHEY entwarf eine „Weltanschauungslehre", K. JASPERS schrieb eine „Psychologie der WAen" (1919). Es handelt sich also um einen philosophischen Terminus. Im Unterschied zur (natur)wiss. Systematisierung unserer Kenntnisse von der Welt (wiss. Weltbild) ist WA ursprünglich, d. h. aller Wissenschaft vorgeordnet. Sie ist das Bewußtsein der Wirklichkeit als einer ganzheitlichen Welt-, Lebens-, Sinn- und Werteordnung. In der Formulierung W. WIELANDS: WAen sind subjektive Entwürfe, „in denen das Individuum die Gesamtheit aller Dinge in die Einheit eines Sinnganzen fügt und auf sich selbst und das eigene Lebensverständnis zurückbezieht". Jeder Mensch hat somit WA; alle speziellen philosophischen Theorien, auch alle Religionen sind in WA eingebettet. Nicht selten bilden WAen den Antrieb zu neuen geschichtl. Entwicklungen. In Verbindung mit Gruppeninteressen kann WA zur →Ideologie (im Sinne eines Herrschaftsinstruments) werden. So nannte sich die NS-Ideologie „Weltanschauung".

Die Sinnhaftigkeit und Werthaltigkeit der WA (Wahrheitsbezug) bewirkt, daß in ihr Verbindlichkeit aufleuchtet: Der Mensch identifiziert sich mit ihr, will sie bezeugen, bekennen und das Leben nach ihr gestalten. In dieser Hinsicht gleicht sie der Religion. Beide sind jedoch nicht identisch, denn neben ausgesprochen religiösen WAen (Pantheismus, Spiritualismus, Theosophie, Anthroposophie, gnostisch-esoterische Systeme, Neuoffenbarungen) und okkult-magischen WAen gibt es säkulare und auch antireligiöse WAen etwa der Freidenker, Monisten, Positivisten, Materialisten, Evolutionisten. Da im Judentum und Christentum Religion (= Glaube) als personaler und ereignishafter Gottesbezug verstanden wird, kann sie hier mit verschiedenen (freilich nicht mit allen) WAen verbunden werden. Bes. die Reformation mit ihrer letzten Infragestellung aller menschl. Weltbemächtigung wendet sich gegen die Versuchung der Theol., die Verbindlichkeit ihres eigenen Gegenstandes auch auf eine bestimmte „christl. WA" zu beziehen. Andererseits gehört es zur Aufgabe der Theol., von ihrem speziellen Ansatz her die gesamte Lebenswirklichkeit des Menschen zu durchleuchten, also die Linien zur WA hin auszuziehen. So entstanden in Deutschland Lehrstühle für Philosophie an kath. Fakultäten, bzw. Lehrstühle für ev. Theol. an philos. Fakultäten; und die EKD errichtete 1960 in Stuttgart eine „Ev. Zentralstelle für WAfragen" mit apologetischem Auftrag.

2. Als mit Beginn der Neuzeit das Denken sich fortschreitend aus der kirchlichen Umklammerung löste und sich eigene WAen entfalteten, wurde erkannt, daß neben der inhaltlich bestimmten Glaubens*wahrheit*, über welche Theologen und Philosophen sich streiten, die subjektive Glaubens- bzw. Wahrheits*überzeugung* einen eigenständigen Wert darstellt. In diesem Zusammenhang setzte sich neben dem Gedanken der →Toleranz die Erkenntnis durch, daß die →Glaubens- und Gewissensfreiheit ein menschliches →Grundrecht ist, das nicht allein auf religiöse Gemeinschaften im traditionellen Sinn beschränkt werden darf. Um dem einzelnen Bürger einen Rechtsraum zu gewährleisten, in dem er sich die Lebensform geben kann, die seiner Überzeugung entspricht, hat die Weimarer Reichsverfassung von 1919 in Art. 137 VII den zu schützenden Religionsgesellschaften erstmals auch *Weltanschauungsvereinigungen* gleichgestellt – incl. solche, die eine irreligiöse oder gar religionsfeindliche Haltung einnehmen – vorausgesetzt, sie verbleiben „im Rahmen gewisser übereinstimmender sittlicher Grundanschauungen" (J. LISTL). Diese Gleichstellung bezieht sich auf alle einschlägigen Rechte: öffentl. Versammlung und Vereinsbildung, Werbung (und Abwerbung), Kritik anderer Überzeugungen, Erziehung und Unterricht, Errichtung eigener Schulen (wovon bes. die Anthroposophen Gebrauch machen: Waldorfschulen, Universität in Herdecke/Ruhr), Erwerb der Körperschaftsrechte und Anspruch auf staatl. Hilfe bei Benachteiligung im öffentl. Leben bzw. auf staatl. Schutz gegen Übergriffe anderer usw. Die Art. 136 – 139 und 141 WV wurden in die Verf. der Bundesrep. Dtschld. (Art. 140 GG) übernommen. Entsprechend garantiert Art. 8 der Europäischen Menschenrechtskonvention von 1950 (der die Bundesrep. Dtschld. beigetreten ist) wie auch Art. 9 der UN-Deklaration der Menschenrechte grundsätzlich „freedom ... of religion *or belief*", wobei belief, franz. conviction, als weltanschauliche Überzeugung zu interpretieren ist.

3. Bei alledem ging es nie darum, *Weltanschauungsgemeinschaften* von *Religionsgemein-*

schaften zu unterscheiden, was eine präzise Definition erforderlich machen würde. Diese aber ist nicht möglich, weil eine eindeutige gegenseitige Abgrenzung nicht gelingt. Weder Religion noch Weltanschauung läßt sich begrifflich eng fassen; jede Rel.Gem. könnte als WAGem. angesprochen werden. Auch gibt es ausgesprochen religiöse WAGem., die nicht als Religion bzw. Rel.Gem. verstanden werden wollen (zB Anthroposophie); und es gibt andere, die nie als Rel.Gem. angesehen wurden, aber doch Riten und Ämter bzw. Funktionen zeremonieller Art haben (zB Freimaurer).

Vor allem im Bereich der okkulten und esoterischen Gemeinschaften ist der Übergang fließend, denn Religion beginnt nicht erst dort, wo ein persönlicher, der Welt und dem Menschen gegenüberstehender Gott verehrt wird. Dazu kommt, daß die Assoziierung der Mitglieder in WAGem. höchst unterschiedlich ist. Die zusammenführende Kraft ist hier nicht die gottesdienstliche Gemeinschaft (Kultgemeinde), sondern die gleiche Gesinnung, weshalb es eine Ermessensfrage ist, wo die Grenze zwischen weltanschaulicher Richtung und WA*gemeinschaft* zu setzen ist. Aus diesem Grund ist „Weltanschauungsgemeinschaft" kein religionskundlicher Begriff mit Definitionscharakter, sondern ein Begriff der Rechtssprache (→Staatskirchenrecht), der Ergänzungsfunktion hat: Mit seiner Hilfe soll die ganze Breite jener Gemeinschaften erfaßt werden, deren Grund und Ziel eine sinnstiftende Überzeugung im umfassenden Sinn ist. Entscheidend ist somit der Oberbegriff, der in Art. 4 I GG als „religiöses und weltanschauliches Bekenntnis" bestimmt wird. Es wurde vorgeschlagen, im Hinblick auf das universale Grundrecht der →Religionsfreiheit zusammenfassend von „Bekenntnis" zu sprechen (K. OBERMAYER), wie auch das BVerfG den Begriff „Religionsausübung" (Art. 4 II GG) „gegenüber seinem historischen Inhalt extensiv auslegt", so daß er auch das durch ein weltanschauliches Bekenntnis bestimmte entsprechende Handeln mit einschließt.

4. An zwei Punkten wird der Unterschied zwischen Rel.Gem. und WAGem. allerdings doch relevant. Einmal beim Problem der *Doppelmitgliedschaft.* Nach dem herrschenden christl. Kirchenverständnis ist die (fortdauernde) Mitgliedschaft in mehreren Denominationen oder gar Rel.Gem. nicht vertretbar (→Kirchengliedschaft). Es legt sich nahe, bei WAGem umgekehrt zu votieren mit der Begründung, diese seien keine Rel.Gem. (ZevKR 1983, S. 411). Allein die Frage kann nicht formalistisch entschieden werden. Denn Doppelmitgliedschaft kann ernstlich nicht in Frage kommen bei WAGem mit antireligiöser Einstellung oder auch bei solchen mit ausgesprochen religiösem Verständnis, das aber jenem der entsprechenden Rel.Gem. widerspricht. – Zum anderen wird der Unterschied relevant hinsichtlich des sog. „*Geistlichenprivilegs*". Nach § 11, Abs. 1, Nr. 3 WPflG sind „Geistliche anderer Bekenntnisse, deren Amt dem eines ... Geistlichen evangelischen oder röm.-kath. Bekenntnisses ... entspricht", vom Wehrdienst befreit. Eine Entsprechung im strengen Sinn liegt freilich nur vor bei Funktionsträgern in solchen Gemeinschaften, deren gemeinsame Überzeugung zu einem religiösen Handeln in einem zentralen Kult führt, in Rel.Gem. also; denn für sie ist der Gottesdienst konstitutiv. Gemeinschaften, die keinen religiösen Kult aufweisen – was formal nachprüfbar ist –, sind keine Rel.Gem. im strengen Sinn und haben somit auch keine „Geistlichen" im Sinne des § 11 WPflG, selbst wenn sie dies behaupten sollten (BVerwG, NJW 1981, S. 1460 ff.).

RGG^{VI}, 1962^3, Sp. 1603 ff. – LThK^X, 1965^2, Sp. 1027 ff. – EvSL, 1966, Sp. 2478 ff. – W. DILTHEY, Ges. Schriften, Bd. 8, 1931 – Komm. z. Bonner Grundges., Art. 140, Zweitbearb. 1971 – A. MOHLER (ed.), Kursbuch der Weltanschauungen (Schr. der C. F. v. Siemens-Stiftung, Bd. 4) 1981 (Lit.) – K. OBERMAYER, DVBl. 1981, 615–619 – J. MÜLLER-VOLBEHR, JZ 1981, 41–49 – E. FISCHER, Trennung von Staat und Kirche, 1984^3.

Hans-Diether Reimer

Werke, kirchliche. 1. Geschichtliche Entwicklung (K. = Kirche). „Kirchl. Dienst geschieht wie in den Gemeinden und Gliedkn. so auch in den kirchl. W., Verbänden und Einrichtungen. Diese tragen ungeachtet ihrer Rechtsform gemeinsam mit den Gliedk.n Verantwortung für den Auftrag der K. In dieser Einheit haben sie die zur Erfüllung ihrer bes. Aufgaben notwendige Eigenverantwortung und Freiheit, die durch die kirchl. Ordnungen gesichert und begrenzt werden" (Art. 10 des Entwurfs der GO der →EKD von 1974). Schon 1948 hatte es in der damals verabschiedeten GO kurz und lapidar geheißen: „Die diak.-miss. W. (sind) Wesens- und Lebensäußerung der K." (Art. 15). Der Weg, der zu diesen Feststellungen führte, reicht weit zurück. Nachdem im Zuge der →Reformation die bis dahin bestehenden, vielfältig in mancherlei kirchl. Sonderdiensten tätigen Orden, Bruder- und Schwesternschaften, Stiftungen und Patrozinien aufgelöst und ihre Dienste weitgehend von den Landesherren und Städten übernommen worden waren, nachdem andererseits die dem Summepiskopat der Fürsten zugeordnete →Kirche auf ihre zentralen Dienste der Wortverkündigung und Sakramentsverwaltung beschränkt worden war, geschah im Aufbruch des →Pietismus im 18. Jh. die spontane, von der offiziellen K. oft beargwöhnte freie Sammlung erweckter Kreise zur Pflege der Frömmigkeit und oftmals auch zur Betätigung im miss.-diak. Bereich. Diese Entwicklung fand im 19. Jh., belebt durch die Erweckungsbewegung und erleichtert durch die liberale Öffnung des freien Vereinswesens, eine wesentliche Erweiterung, von der offiziellen K. jetzt je länger desto mehr geduldet oder gar gefördert. JOH. HINR. WICHERNS große Rede auf dem Wittenberger Kirchentag 1848, die zur Bildung des „Centralausschusses für die Innere Mission in der DEK" führte, ist ein Markstein dieser Entwicklung, die sich entsprechend auch auf den Gebieten der Äußeren →Mission und der Volksmission sowie der Sammlung berufsständischer und naturständischer Gruppen vollzog. In der Verf. des Dt. Ev. Kirchenbundes von 1922 werden die „Freien kirchl. Arbeitsorganisationen", die sich 1916 in einer „Konferenz dt. ev. Arbeitsorganisationen" unter Federführung des Centralausschusses gesammelt hatten, ausdrücklich erwähnt. Einen weiteren entscheidenden Anstoß zur Annäherung der verfaßten K. und der freien W. bildete die Bedrohung und Verfolgung des Vereinswesens durch den Totalitarismus des NS. Dieser zwang zahlreiche, bisher eigenständige Verbände zur Selbstauflösung und Neukonstituierung als innerkirchl. integrierte Einrichtungen, dementsprechend durch die Privilegien der K. weitgehend geschützt. Mit dem Ende des NS. nahm das freie Vereinswesen neuen Auftrieb. Doch hatte inzwischen die verfaßte K. ihre ausdrückliche Mitverantwortung für die bisher von den freien W. mehr oder weniger stellvertretend ausgerichteten miss.-diak., berufsständischen und naturständischen, katechetischen und gruppenseelsorgerlichen Dienste erkannt und in Angriff genommen. Dementsprechend ist es, was Trägerschaft und Rechtsgestalt angeht, zu mancherlei Mischformen gekommen, die im einzelnen das Bild verwirren und, was den Begriff „kirchl." angeht, eine erhebliche Variationsbreite zwischen „kirchenamtlich" und „von kirchl. Geist geprägt" darstellen.

2. Theologische und kirchenrechtliche Klärung. Der unreflektiert gebrauchte Begriff „kirchl." bedarf der Klärung. Vom ntlich und reformatorisch begründeten Selbstverständnis her gründet sich die K. unter Wort und Sakrament (CA VII). Ihr Glaube, gemäß der reformatorischen Rechtfertigungslehre nach Grund und Inhalt wesentlich von „Werken" unterschieden, wirkt sich mit geistlicher Notwendigkeit dennoch in den mancherlei „W." des Zeugnisses und Dienstes aus. Das „allgemeine →Priestertum aller Gläubigen" findet hier ein umfassendes Betätigungsfeld. Insofern ist es berechtigt, den Begriff „kirchl." im weiteren Sinne auf alle Lebensäußerungen des von der K. bezeugten Glaubens zu beziehen und dementsprechend auch zu gebrauchen, wo es sich der Organisationsform und Trägerschaft nach um „freie" W. handelt. Es darf auch da nicht von Verkirchl. im Sinne kirchl. Vereinnahmung geredet werden, wo das freie Werk, sei es unter dem Zwang äußerer Verhältnisse, sei es um der ausdrücklichen Anerkennung innerer Zusammengehörigkeit willen, seine Verbindung zur verfaßten K. personell und strukturell festigt. Umgekehrt kann es der verfaßten K. nicht verwehrt sein, in Anerkenntnis der Vielfalt und Differenziertheit dessen, was zum Verkündigungsauftrag der K. in der modernen Gesellschaft gehört, auch ihrerseits in Ortsgemeinden, Sprengeln und Landeskirchen besondere Einrichtungen zu schaffen, die dann als kirchl. W. im engeren Sinne fungieren. Dies kann im Einzelfall Überschneidungen ergeben (hier Missionsgesellschaften, da landeskirchliche Missionswerke, hier Vereinsjugend, da Gemeindejugend, hier landeskirchliches Frauenwerk, da ev. Frauenhilfe u. a.). Doch kommt darin etwas vom kirchlichen Selbstverständnis her Unaufgebbares zum Ausdruck. Der Name „kirchliches W." kann daher wie die parallel gebrauchten Bezeichnungen: Anstalten, Verbände, Einrichtungen im engeren und weiteren Sinne gebraucht werden, während die Bezeichnung „Ämter" im allgemeinen Trägerstrukturen der amtlichen Kirche bezeichnet. Vgl. zB Art. 134 der KO der Ev. K. von Westfalen: „Die Landessynode errichtet zur Durchführung ihrer Aufgaben landeskirchliche Ämter" (zB Volksmissionarisches Amt, Sozialamt). Art. 19 im Entwurf der GO der EKD von 1974 sieht ausdrücklich vor, daß die EKD „W., Verbände und Einrichtungen, die Aufgaben von gesamtkirchl. Bedeutung wahrnehmen, als Verbände und Einrichtungen der EKD anerkennen" kann. „Sie kann ihnen Aufgaben von gesamtkirchlicher Bedeutung übertragen."

3. Konferenz kirchlicher Werke und Verbände. 1969 hat ein vom Rat der EKD eingesetzter Ausschuß für Planungs- und Strukturfragen „Überlegungen zur Zusammenordnung der kirchl. W. und Verbände" vorgelegt. Der Rat hat den in diesen Überlegungen unternommenen Versuch, zu einer klareren Strukturierung der Fülle der kirchl. W. zu kommen, ohne daß deren Betätigungsfreiheit angetastet wird, begrüßt. Dies hat seinen Niederschlag in den Art. 10, 19, 35 des Entwurfs der GO von 1974 und in der Begründung der „Konferenz der W. und Verbände im Bereich der EKD" gefunden. Diese Konferenz gliedert die kirchl. W. in 15 Arbeitsbereiche zum Zweck gegenseitiger Information und gemeinsamer Willensbildung. Sie versteht sich als partnerschaftliches Gegenüber zu den amtlichen Organen der EKD. Als Begründung des Zusammenschlusses wird angegeben: „Es muß geklärt werden, unter welchen Formen sich auf der Ebene der Gemeinden, der Kirchenbezirke, der Landeskirchen und der EKD die Zusammenarbeit der kirchl. W. untereinander und mit der verfaßten Kirche vollziehen soll." Von dieser Zielsetzung her werden 12 (später auf 15 erweitert) „Arbeitsbereiche" der W. und Verbände vorgeschlagen. „Damit soll eine Orientierungshilfe gegeben werden, die den Sammlungsprozeß gleichwertiger Dienste erleichtert und ihre funktionale Zusammenarbeit verbessert." Im einzelnen handelt es sich um: *1. →Diakonie* (Gemeindediakonie, Anstaltsdiakonie, ökumenische Diakonie). 1957 waren der „Centralausschuß für die Innere Mission der DEK" und das Ev. Hilfsw. der EKD zu dem Werk: „Innere Mission und Hilfswerk der EKD" zusammengefaßt. Daraus erwuchs 1957 das „Diakonische

Werk der EKD". 2. *Weltmission* (→Mission) (Missionsgesellschaften, Sonderdienste weltmissionarischer Verantwortung, Missionswerke der Landeskirchen, vereinigt im Ev. Missionswerk e. V. 3. *Volksmission* (freie Vereine und Verbände evangelistisch-miss. Zielsetzung, Bibelmission, Schriftenmission, Stadtmission, landeskirchliche Ämter für Volksmission und Gemeindedienst, zusammengefaßt in der Arbeitsgemeinschaft Miss. Dienste [AMD]). 4. *Evangelische Schul- und Erziehungsarbeit* (→Schule und Kirche) (Bundesvereinigung ev. Erziehungsverbände, Gesamtverband für Eltern und Erzieher, Gesamtverband für Kindergottesdienst, katechetische Ämter der Landeskirche). 5. *Jugendarbeit* (ev. Jugendverbände verschiedener Prägung für junge Männer und junge Mädchen, Jugendkonvente der Landeskirchen, zusammengefaßt in der Arbeitsgemeinschaft der ev. Jugend in der Bundesrep. Dtschld. und Berlin West [AEJ]). 6. *Frauenarbeit* (→Frau II) (Ev. Frauenhilfe, Deutsch-Ev. Frauenbund, landeskirchliche Frauenarbeit, vereinigt in der Ev. Frauenarbeit in Deutschland). 7. *Männerarbeit* (berufsständische Vereinigungen, gemeindliche Männerkreise, zusammengefaßt in der Männerarbeit der Ev. Kirche in Deutschland). 8. *Publizistik* (→Massenmedien) (Regionale Presseverbände, zusammengefaßt im Gemeinschaftswerk der ev. Publizistik [GEP], christl. Presseakademie, Fachbereiche für Hörfunk und Fernsehen, Film, Bild und Ton, Zeitschriften, Buch, Werbung). 9. *Ev. →Akademien* (meist Einrichtungen landeskirchl. Trägerschaft). 10. *Ev. Arbeit an Gruppen der Gesellschaft* (Berufsständische Vereinigungen, verschiedene Vereine und Verbände gesellschaftlicher und sozialer Verantwortung). 11. *Erwachsenenbildung* (zusammengefaßt in der ev. Arbeitsgemeinschaft für Erwachsenenbildung). 12. *Diasporahilfe* (Gustav-Adolf-Werk der EKD und →Evangelischer Bund, Martin-Luther-Bund). 13. *→Ehe und Familie* (Ev. Konferenz für Familien- und Lebensberatung, Ev. Aktionsgemeinschaft für Familienfragen). 14. *Industrie- und Sozialarbeit* (Ev. Aktionsgemeinschaft für Arbeitnehmerfragen, Arbeitskreis ev. Unternehmer, landeskirchliche Sozialämter). 15. *Studenten- und Akademikerarbeit* (Ev. →Studentengemeinden, Studentenmission in Deutschland [SMD], Ev. Akademikerschaft).

Alle genannten funktional und regional vielfältig gegliederten W. haben im allg. ihre Basis im Parochialbereich und sind auf der Ebene der Kirchenkreise, der Landeskirchen und der EKD koordiniert. Ihre Mitbeteiligung am kirchl. Leben und ihre Mitwirkung in der verfaßten K. ist vielfältiger Art, auch wo es institutionell nicht in Erscheinung tritt.

B. HEYNE, K. u. Verein in: Festschrift für v. OHL, 1952 – E. STANGE, Die Bedeutung der gemeindebildenden Werke im Rahmen der miss. u. diak. Funktionen der K., in: Pastoralblätter 92 (1952) – G. WASSEN, W. u. Einrichtungen der ev. K., 1954 – H. D. WENDLAND, Die K. in der modernen Gesellschaft, 1957[2].

Hans Thimme

Westeuropäische Union (WEU) →Europ. Gemeinschaften

Westfälischer Frieden. Als „welthist. Ereignis von größter Bedeutung" beendet der W. F. von 1648 an einem Tiefpunkt dt. Gesch. den Dreißigjährigen Krieg und die Kampfzeit des „konfessionellen Zeitalters". Der W. F. ist völkerrechtl. Vertrag, Grundgesetz des →Dt. Reiches und Religionsverf. in einem. Er spiegelt die damalige Zerrissenheit des christl. Glaubens, der Verf. Deutschlds. und der Völkergemeinschaft Europas. Eine diplomatisch äußerst verwickelte Lage ließ nach den Friedenspräliminarien von 1641 zwischen Kaiser, Schweden und Frankreich drei Jahre bis zum Beginn des Friedenskongresses und weitere vier Jahre bis zur Unterzeichnung der *Instrumenta Pacis Osnabrugense* (IPO.) und *Monasteriense* (IPM.) am 24. Okt. 1648 in Münster vergehen. In Osnabrück hatten die Delegierten des Kaisers, Schwedens und der Mehrzahl der prot. Reichsstände verhandelt, in Münster die Delegationen Frankreichs, des Kaisers und der übrigen Beteiligten. Das Reich als solches war zunächst nicht Verhandlungspartner: Kurfürsten und Kaiser hatten den Reichsständen das ius belli et pacis und damit die Teilnahme am Kongreß versagen wollen, um den eigenen Vorsprung im Einfluß auf die Reichsgeschäfte zu wahren und auch um eine Verhandlung der innerdt. Verf.-Fragen unter der Hegemonie der ausländischen Mächte zu verhindern. Frankreich und Schweden aber hatten die Zulassung und das Stimmrecht (ius suffragii) der Reichsstände durchgesetzt. So wurde aus dem europ. Friedenskongreß auch ein Reichstag bzw. ein dt. Verfassungskongreß (M. HECKEL). Die meisten Länder Europas waren vertreten (außer England, Rußland und der Türkei). Der päpstl. Nuntius FABIO CHIGI und der Venezianer CONTARINI dienten als Vermittler. Die beiden (nur in den Vertragspartnern und Gebietsregelungen verschiedenen) Verträge wurden 1654 durch den „Jüngsten Reichsabschied" von Regensburg in Reichsrecht „transformiert" und gelten so bis 1806 fort.

1. In den **Religionsartikeln** (IPO. Art. V. und VII) – im Grunde ein Vertrag zwischen den beiden Religionsparteien (mit dem Kaiser auf der Seite der kath. Stände und der Unterstützung Schwedens für die Evangelischen) – kodifiziert der W. F. das äußerst differenzierte System der Religionsverf., das sich im Ringen um die Interpretation des →Augsburger Religionsfriedens von 1555 herausgebildet hatte; dessen Fortgeltung bestätigt das IPO. gegen alle Zweifel der kath. „Eiferer": Das Reichsrecht hält – äußerlich und nur noch fassadenhaft – an der überkommenen Idee einer Einheit von Glaube und Recht, Reich und Kirche zwar fest. Die konf.

Spaltung (→Reformation, rechtsgeschichtl.) war durch das System des sich beiden Religionen öffnenden, konf. paritätischen Reichsrechtes aufgefangen und zugleich verdeckt worden: Das Reich war konf. gespalten, die Territorien blieben jeweils in sich konf. einheitlich (Konfessionsstaaten). Das Reichsrecht hatte den polit. Kompromiß gesucht, die Wahrheitsfrage zwischen den beiden Konfessionen aber offengelassen. Das IPO. bringt nun die erstmalige und ausdrückl. reichsgesetzl. Anerkennung der längst geübten Praxis einer *Legitimität und →Parität beider Bekenntnisse und Religionsparteien,* d. h. die ausdrückl. Absage an das System einer nur begrenzten →Toleranz gegenüber der ev. Konfession in einem der kath. Kirche verpflichteten Reich. Zudem wurden die *Reformierten* als Teil der ev. Religionspartei mit allen Rechten ebenfalls anerkannt; ihr Verhältnis zu den Lutheranern fand eine bes. Regelung (Art. VII: Beibehaltung des Religionsstandes z. Z. des Friedensschlusses; Verzicht der Landesherren auf ein innerev. ius reformandi). Weitere Konfessionen blieben aber nach wie vor verboten. – Das künftige Zusammenleben der Konfessionen wird mit Hilfe des Instituts der „Normaljahr"-Regelung organisiert (Art. V § 31, 32): Es wird im jeweiligen Territorium derjenige Konfessionsstand wiederhergestellt und auf Dauer festgelegt, der im Jahre 1624 geherrscht hatte; die Untertanen haben ein Recht auf diesen Konfessionsstand allein nach dem Faktum des damaligen öffentl. oder privaten Religionsexercitiums. Nicht der Konfessionszwang, aber der Zwang zum Wechsel im Gefolge eines Konfessionswechsels der Fürsten war damit entfallen. Das im gleichen Atemzug paritätisch anerkannte *→ius reformandi* der Landesherren, das ihnen mit dem ius territoriale zukam (Art. V § 30), war damit in seinem Kern geradezu in das Gegenteil verkehrt: Es wandelte sich zur Pflicht, die Religionsübung des Normaljahres territorial zu garantieren. Es bezog sich nicht mehr auf das Bekenntnis selbst (cuius regio, eius religio), sondern nur noch auf die Art und Weise der Ausübung der Religion (öffentl., privates oder bloß häusl. exercitium) unter Beachtung des Mindeststandards des Jahres 1624. Die Religionsparteien zogen nach der Erschöpfung durch die Kriege einen rechtl. Status quo dem aggressiven ius reformandi vor; mit dem Schutz der Bevölkerung vor staatl. Bekehrungszwang durch die dauernde Festlegung eines Bekenntnisses war – paradox genug – der Grund für die moderne säkulare →Gewissensfreiheit gelegt. „Insgesamt kann man die entspannende Wirkung gerade dieser aufteilenden Regelung des Reichskirchenproblems nicht hoch genug einschätzen" (LUTZ). Diejenigen Untertanen, die einer nach der Normaljahrsregel nicht geschützten Religionsübung anhingen, sollen nachsichtig geduldet werden und ihnen *„conscientia libera"* die häusl. Religionsübung (devotio domestica) gestattet sein, es sei denn, sie machen von ihrem *ius emigrandi* Gebrauch oder der Landesherr zwingt sie zur Auswanderung, was er freilich noch kann (insoweit besteht das ius reformandi fort). – Für die österr. Erblande hatte der Kaiser jede Einschränkung seiner Landeshoheit abgelehnt: Hier galt (unter gewissen Vorbehalten für Teile Schlesiens und Niederösterreichs) unbehindert ein ius reformandi der Gegenreformation (→Reformation I). – Der geistl. Besitzstand, insbes. die Kirchengüter, werden nach dem Stand des 1. Jan. 1624 restituiert (wichtig für Württemberg); der geistl. Vorbehalt (s. a. Augsb. Religionsfriede) wird „paritätisch" auf die ev. Geistlichen erstreckt; für einzelne Städte werden paritätische Verhältnisse bis hinab ins Geschütz- und Bauwesen festgelegt; im Bistum Osnabrück erzwang der politische Kompromiß gar einen alternierend kath. und ev. Bischof. – Die paritätische Legitimität beider Religionen fand bes. Ausdruck in dem Grundsatz des Art. V § 1: Soweit der W. F. keine Regelung trifft, soll die *„aequalitas exacta mutuaque"* gelten, nach der „quod uni parti iustum est, alteri quoque sit iustum". – Die doppelkonf. Bedingtheit des Reichsrechts erweist sich schließl. in der →Parität der *Reichsorganisation und des Verfahrens:* in der paritätischen Besetzung des Reichskammergerichts und anderer Reichsorgane unter Ausschluß des Majoritätsprinzips, insbes. bei Religionssachen, und in der jetzt im IPO. förmlich anerkannten konf. Gliederung der Reichsstände im Reichstag in das Corpus Evangelicorum und das Corpus Catholicorum (s. a. Deutsches Reich I). Treten die Angehörigen der beiden Religionsparteien im Reichstag zu getrennten Verhandlungen auseinander *(itio in partes),* so konnte nicht wie sonst nach der Mehrheit der Stimmen entschieden werden, es blieb nur der gütl. Vergleich (amicabilis compositio, Art. V § 52). Die Spaltung des Glaubens bedingt und begrenzt damit die Entstehung von Reichsrecht durch die jeweilige vertragl. Übereinkunft der Religionsparteien.

2. Die **innere Verfassungsordnung** nach dem W. F. wurde das Opfer der europ. Macht- und Sicherheitspolitik Frankreichs und Schwedens; ihr gemeinsames Interesse an einer Schwächung des habsburgischen →Kaisertums führte in Dtschld. *Föderalismus* (→Bundesstaat) und „teutsche Libertät" der Reichsstände zum Sieg. Ihnen wird die *Landeshoheit* (in der franz. Zuspitzung: droit de souveraineté) bestätigt (IPO. Art. VIII, IPM. § 62 ss.); der Kaiser ist in G.gebung, Kriegs- und Friedenserklärung, Bündnisschlüssen an die Zustimmung des Reichstags (→Deutsches Reich) gebunden. Vornehml. aber gestand der W. F. den Reichsständen das Bündnisrecht nach außen *(ius foederis),* allerdings unter einer Treueklausel für Kaiser und Reich, zu. Damit war dem Kaiser die selbständige Führung der Außenpolitik praktisch entwunden. Wichtige innere Reichsverf.fragen – u. a. Steuer-, Polizei- und Justizwesen, aber auch Verfahren und Verfassung des Reichstags – wurden

dem nächsten Reichstag überlassen, der davon ledigl. die Kammergerichtsordnung erledigte. So erlitt die monarchische Einheit des Reiches Einbußen zugunsten der ständischen Autonomie, ohne daß der Reichsverband sich auflöste. Die Territorien erlangten zunehmend den Status souveräner Staaten; die Beziehungen im Reich gestalteten sich weithin nach völkerrechtl. Regeln. Die Politik der Assoziationen gleichberechtigter Staaten sollte die Einheitsidee ablösen. – Der Friede bestimmte eine allg. *Amnestie* (friedewirkendes Vergessen, insbes. hinsichtl. der Reichsacht) und die Restitution aller weltl. Rechts- und Besitzverhältnisse auf den Beginn der böhmischen Unruhen (1618; IPO. Art. II und III). Bes. geregelt wurde u. a.: Bayern verblieb die Kurwürde und die Oberpfalz; die Rheinpfalz erhielt eine achte Kurwürde. Die Schweizerische Eidgenossenschaft schied – wie schon vorher die Niederlande – aus dem Reichsverbande aus. Brandenburg und Mecklenburg wurden vornehml. mit ehedem prot., nun säkularisierten, reichsunmittelbaren Bistümern entschädigt (Halberstadt, Minden, Schwerin, auch Magdeburg u. a.).

3. Entschädigungsland war notwendig für die umfangreichen *„Satisfaktionen"* der beiden Kronen: Schweden erhielt zum Reichslehen – und damit als dt. Reichsstand Sitz und Stimme im Reichstag – ganz Vorpommern mit Rügen, Stettin und der Odermündung, Wismar und die säkularisierten Bistümer Bremen und Verden (IPO. Art. X). Frankreich (IPM. § 69 ss.) übernimmt unter Ausgliederung aus dem Reich die volle Souveränität über die Bistümer Metz, Toul und Verdun, über Pinerolo, Breisach, die Landgrafschaften Ober- und Unterelsaß, den Sundgau, die Landvogtei über zehn Reichsstädte im Elsaß und schließl. das Besatzungsrecht in Philippsburg (wie Breisach rechtsrheinisch). – In der rechtl. Verschiedenheit der Satisfaktionen (Reichslehen bzw. volle →Souveränität) kommt die unterschiedl. Haltung in ihrer *europ. Sicherheitspolitik* zum Ausdruck: Schweden wollte die verf.rechtl. Bindung des Kaisers an die Stände und das konf. Gleichgewicht innerhalb Dtschlds. gewährleistet sehen, während Frankreich (RICHELIEU) das erste europ. System kollektiver Sicherheit durch Friedensgarantien und Beistandsverpflichtungen souveräner Staaten konzipierte. Letzteres setzte sich durch (IPO. Art. XVII, IPM. § 111 ss.): der W. F. ist aber damit nicht so sehr als der Beginn des modernen →**Völkerrechts** zu würdigen, wie es eine positivistische Völkerrechtsgeschichtsschreibung meinte, denn als eine *Wendemarke:* für den längst angelegten Prozeß des Zerfalls einer päpstl. oder kaiserl. universalen Weltherrschaft und der ma. Gemeinschaftsidee einer europ. res publica christiana und für das Werden eines Europas, das sich als Bündelung unabhängiger Staaten in einem *System des Gleichgewichts* und der Koordination darstellt. Indem der W. F. in der *Antiprotestklausel* (IPO. Art. XVII § 3) jegl. Einwand gegen die Verträge im vorhinein abwies und die auf den 26. Nov. 1648 zurückdatierte päpstl. Protestbulle (Zelo domus Dei) – ein letzter, wirklichkeitsfremder Versuch päpstl. Universalherrschaft in einer res publica christiana (→corpus christianum) – im Europa „autonomer" Staaten ungehört verhallte, manifestierte sich zudem der Prozeß der →*Säkularisierung* des Völkerrechts. Das „Hl. Röm. Reich" mußte dem Konzert der europ. Staaten, die Stimme der Kurie der Staatsraison weichen.

„Das Urteil über den Frieden enthüllt selbst ein Stück Geistesgeschichte" (M. HECKEL). Eine nationalistische Gesch.schreibung des 19. und 20. Jh. sah im W. F. in erster Linie „das ewige Gesetz" franz. Fremdherrschaft und dt. Schwäche; bei allem Wissen darum kann man sich aber einer gewissen Bewunderung für seine andeutende Definierung eines neuzeitl. Europas nicht versagen: Dem Versuch eines kollektiven europ. Sicherheitssystems, das ein im Föderalismus gegliedertes und rechtsstaatlich gefestigtes Dtschld., eine Konzeption der Koexistenz und Parität zweier sich in der Legitimität prinzipiell bestreitender „Ideologien" auf dt. Boden und die Garantie des Friedens durch alle Signatarmächte umfaßt, kommt im gegenwärtigen Dtschld. und Europa eine erregende Aktualität zu. Heute wie damals geht es um einen Beitrag des Rechts zur Sicherung des *Friedens* durch eine Absage an den Machtstaatsgedanken (damals i. S. des westlichen Absolutismus) und eine vertragl. Ausbalancierung der Macht.

Acta Pacis Westphalicae, hg. v. M. BRAUBACH und K. REPGEN, 1962 ff. (zuletzt K. RUPPERT [ed.], Die kaiserl. Korrespondenz, Bd. 3, 1985 [Lit.]) – K. REPGEN, Die röm. Kurie und der W. F., I 1 1962, I 2 1965 – A. SCHINDLING, Der W. F. und der Reichstag, in: Politische Ordnungen und soziale Kräfte im alten Reich, H. WEBER (ed.), 1980, 113 – 153 – M. HECKEL, Deutschld. im konfessionellen Zeitalter, Deutsche Geschichte Bd. 5, 1983 (Lit.) – H. LUTZ, Das Ringen um deutsche Einheit und kirchliche Erneuerung, Propyläen Geschichte Dtschlds. Bd. 4, 1983 – F. DICKMANN, Der W. F., K. REPGEN (ed.), 1985[5] (Nachtrag des Schrifttums 1964 – 1984 v. W. BECKER).

Klaus Schlaich

Wettbewerbsrecht. I. Grundlagen. Das W. regelt den *Wirtschaftswettbewerb.* Dazu gehört alles, was mit Erwerb oder Berufsausübung eines einzelnen zusammenhängt, also zwar nicht die wissenschaftl. oder sportl. Tätigkeit an sich, wohl aber das Schreiben einer wissenschaftlichen Abhandlung oder das Spielen in einem Bundesligaverein. Das W. erfaßt daher nicht nur Kaufleute, sondern auch Landwirte, Künstler, Wissenschaftler, die Angehörigen der freien Berufe, Idealvereine (→Verbände; →Vereinigungsfreiheit). *Ausgangspunkt* des W. ist die von Art. 2 I GG gewährleistete allgemeine Handlungsfreiheit (→Grundrechte I; →Persönlichkeitsentfaltung): Jeder darf sich im Wirtschaftswettberwerb frei betätigen, soweit er nicht die Rechte anderer oder die verf.mäßige Ordnung verletzt. Die Rechte anderer sind die der übrigen Beteiligten am Wirtschaftswettbewerb, also der Mitbewerber und der Marktgegner (Kunden, Lieferanten). Kollisionsfälle in diesem Bereich regelt das *G.gegen den unlauteren Wettbewerb (UWG)* mit seinen Nebengesetzen (RabattG, ZugabeVO und Regelungen über Sonder- und Schlußverkäufe). Im Verhältnis der Mitbewerber zueinander gilt der Grds., daß jeder die gleiche Betätigungsfreiheit hat wie der andere; wer den Konkurrenten gezielt behindert oder sich durch Mißachtung für alle geltender Rechtsnormen einen ungerechtfertigten Vorsprung verschafft, verstößt gegen das W. Die durch das W. geschützte Freiheit des Marktgegners besteht im wesentl. in seiner Entschließungsfreiheit, die nur gewährleistet ist, wenn er sachgerecht entscheiden kann, wo und was er kaufen bzw. liefern will; sie wird beeinträchtigt, wenn er irregeführt oder unter – meist psychologischen – Druck gesetzt wird oder wenn menschl. Vorzüge oder Schwächen unsachlich ausgenutzt werden. Zulässig ist demnach nur der *Leistungswettbewerb,* bei dem allein die bessere Leistung entscheidet. – Seit etwa 1930 beginnt sich die Erkenntnis durchzusetzen, daß der Leistungswettbewerb auch dann zum Erliegen kommen kann, wenn die dem UWG zu entnehmenden „Spielregeln" von den Beteiligten eingehalten werden. Die anhaltend bessere Leistung eines Mitbewerbers verschafft diesem eine stärkere Position im Markt. Die damit verbundene Vergrößerung seines Unternehmens erhöht ihrerseits dessen Leistungsfähigkeit. Die weniger leistungsfähigen, kleineren Unternehmen werden vom Markt verdrängt. Schließlich wird der Markt von einem oder von einigen wenigen Großunternehmen beherrscht. Im ersten Fall gibt es keinen Wettbewerb mehr; im zweiten Falle begünstigt die geringe Zahl der beteiligten Mitbewerber Absprachen über Preise, Konditionen, Absatzgebiete usw. (Kartelle), die den Wettbewerb faktisch aufheben. Nach dem Vorbild der *Anti Trust Laws* in den USA und nach Vorläufern in der deutschen und alliierten Gesetzgebung in Deutschland wurde deshalb 1957 zur Sicherung des freien Leistungswettbewerbs das *Gesetz gegen Wettbewerbsbeschränkungen* (GWB) geschaffen, das anders als das im wesentl. zum →Privatrecht gehörende UWG dem →öffentl. Recht zuzuordnen ist (→Kartellrecht). Beide Bereiche des W. gehören zum Rechtsgebiet des *gewerbl. Rechtsschutzes,* zu dem das Patent-, Gebrauchs- und Geschmacksmusterrecht sowie das Warenzeichenrecht gerechnet werden und dem das Urheberrecht sehr nahe steht.

II. Das Recht gegen den unlauteren Wettbewerb. A. Allgemeines. Das W. kommt zur Anwendung, wenn der zu beurteilende Lebenssachverhalt das Wettbewerbsverhältnis zweier Rechtssubjekte tangiert (objektiv) und der Handelnde zu Zwecken des Wettbewerbs tätig geworden ist (subjektiv), d. h. eigenen oder fremden Wettbewerb fördern wollte. Ein vom W. erfaßter Vorgang ist also etwa gegeben, wenn in einer Fernsehsendung oder von der Kanzel herab Verbraucherempfehlungen gegeben werden, falls die Absicht, fremden Wettbewerb zu fördern, nicht völlig gegenüber sonstigen Beweggründen zurücktritt. – Das W. betrifft alle Vorgänge, die sich innerhalb der Grenzen der Bundesrepublik Dtschld. einschl. Berlin (West) auswirken (Inserat in einer ausländ. Zeitung mit inländ. Verbreitungsgebiet; Anschwärzung des dt. Konkurrenten gegenüber Kunden im Ausland). – Wegen der Vielzahl denkbarer Fälle und der sich ständig wandelnden Formen des Wettbewerbs wird das W. von der Generalklausel des § 1 UWG beherrscht, nach der auf Unterlassung und Schadenersatz in Anspruch genommen werden kann, *wer im geschäftl. Verkehr zu Zwecken des Wettbewerbs Handlungen vornimmt, die gegen die guten Sitten verstoßen.* Daneben hat auch § 3 UWG, der die Irreführung des Kunden verbietet, generalklauselartigen Charakter, während die übrigen Bestimmungen des UWG und der Nebengesetze lediglich Spezialfällen gewidmet sind. – Gegen die *guten Sitten* verstößt nach Ansicht des BGH, was dem Anstandsgefühl des verständigen Durchschnittsgewerbetreibenden zuwiderläuft; da sich dieser nicht einmal ermitteln, geschweige denn sein „Anstandsgefühl" zuverlässig bestimmen ließe, überläßt diese Formel die Fälle des § 1 UWG dem jeweiligen richterl. Rechtsempfinden, was unter der nationalsozialistischen Gewaltherrschaft schon einmal zur Umdeutung der „guten Sitten" in das „gesunde Volksempfinden" geführt hat. Richtiger, weil objektiv feststellbar, ist es, als Verstoß gegen § 1 UWG jedes Verhalten im Wettbewerb anzusehen, das den freien Leistungswettbewerb verfälscht oder ausschließt.

B. Unlautere Beeinflussung des Kunden. 1. Hauptfall ist die u. a. von § 3 UWG verbotene **Irreführung**. Wer den Umworbenen über irgendeine Tatsache irreführt, die für dessen Kaufentschluß von Bedeutung ist, macht ihm die sachgerechte Entscheidung unmöglich. Das gilt für die Qualität und Eigenschaften der Ware oder Leistung ebenso wie für die Preisgestaltung, die Selbstdarstellung des Anbieters, Anlaß und Zweck des Verkaufs und ähnl. den Kaufentschluß beeinflussende Angaben. Da die Werbung kaum etwas enthalten wird, von dem sich der Werbende keine Wirkung auf den Kunden erhofft, unterliegt im Zweifel *jede* Werbeaussage dem Irreführungsverbot. Dabei ist entscheidend, wie der Angesprochene die Werbung versteht: Eine objektiv falsche Angabe ist zulässig, wenn die angesprochenen Verkehrskreise sie – zB aufgrund Sprachgebrauchs – richtig verstehen; umgekehrt ist eine objektiv richtige Werbeaussage verboten, wenn auch nur ein nicht völlig unerhebl. Teil der Umworbenen durch sie irregeführt wird. Dabei kommt es auf den Gesamteindruck an, den ein nur oberflächlich hinsehender, flüchtiger Leser oder Hörer hat. Die Rechtsprechung ist außerordentl. streng. Bei der Werbung mit Schlagwörtern oder Hervorhebung in Fettdruck kommt es auf diese, nicht auf den begleitenden Text an. Bei mehrdeutigen Formulierungen muß jede nicht völlig fernliegende Deutung richtig sein. Auslassungen dürfen, wenn auch der Werbende nicht zur Betonung der Nachteile seines Produkts verpflichtet ist, das Publikum doch nicht zu unrichtigen Schlußfolgerungen verleiten. Eine in der Werbung enthaltene Suggestion muß zutreffen. Selbst erkennbare Übertreibungen (Marktschreierei) sind unzulässig, wenn auch nur ein Teil der Angesprochenen sie ernst nehmen könnte.

2. Unzulässig ist ferner die Ausübung unmittelbaren oder mittelbaren Zwanges gegenüber dem Kunden oder Lieferanten. Wer zum Kauf genötigt wird, kann sich nicht mehr sachgerecht entscheiden. Hauptfall ist der **psychologische Kaufzwang** mit seinen wichtigsten Erscheinungsformen: Autoritätsmißbrauch (man kauft, um es sich nicht mit der Autoritätsperson zu verderben; das dürfte freilich bei Empfehlungen von der Kanzel herab nur selten zutreffen); Belästigung, vor allem durch Vertreterbesuche oder Telefonwerbung (man kauft, um den lästigen Eindringling loszuwerden); Zusendung unbestellter Ware (man behält sie, weil man die Mühe der Rücksendung scheut).

3. Häufig ist die unlautere **Ausnutzung menschl. Vorzüge oder Schwächen**, vor allem des Mitleids oder der Dankbarkeit, aber auch des Spiel- oder Geschlechtstriebs. Hier kommt es darauf an, ob eine sachl. Beziehung zwischen dem Gegenstand der Werbung und dem angesprochenen Empfinden besteht: Für „Brot für die Welt" darf an das Mitleid appelliert werden, für ein Zeitschriftenabonnement nicht („armer Student auf der Durchreise"). Werbegeschenke dürfen nicht ein solches Ausmaß erreichen, daß der Kunde sich wegen des Geschenks verpflichtet fühlt, etwas zu kaufen. Zugaben in Verbindung mit dem Kauf einer Ware verbietet die ZugabeVO ganz, soweit es sich nicht lediglich um eine geringwertige Kleinigkeit handelt. – Auslosungen, Gewinnspiele usw. sind unzulässig, wenn sie über die bloße Aufmerksamkeitswerbung hinaus einen konkreten Kaufentschluß bewirken sollen.

C. Behinderung einzelner Mitbewerber. 1. Grundsatz und Ausnahmen. Die Freiheit zu beliebiger Betätigung im Wettbewerb findet wie die allgemeine Handlungsfreiheit, von der sie sich herleitet, ihre Grenze in den Rechten anderer (oben I). Alle Mitbewerber haben die gleichen Rechte; wer den Konkurrenten behindert, verkürzt dessen Recht und handelt damit unlauter. Einziges zulässiges Mittel, die Konkurrenz auszustechen, ist die bessere Leistung. Der Einsatz der eigenen Leistung ist daher grds. wettbewerbsgerecht, selbst wenn er den Mitbewerber vom Markt verdrängt und damit sogar ausschaltet, während andererseits die Behinderung oder Ausschaltung von Konkurrenz auf andere Weise als durch Leistung grds. unzulässig ist. Diese Regel gilt ausnahmsweise dann nicht, wenn der Einsatz der eigenen Leistung allein oder überwiegend den Zweck hat, einen oder mehrere bestimmte Mitbewerber auszuschalten; ein solcher Vernichtungswettbewerb ist verboten. Andererseits kann das grds. Verbot der Behinderung anders als durch Leistung dort aufgehoben sein, wo die Behinderung gerade der Erhaltung des freien Leistungswettbewerbs dient (Verbraucheraufklärung; Bildung von Kartellen zur Erhaltung konkurrierender Unternehmen, →Kartellrecht).

2. Vernichtungswettbewerb. Grds. ist der Kaufmann frei in der Gestaltung seiner Preise. Er darf den Konkurrenten unterbieten, örtl. unterschiedl. Preise fordern, ja sogar unter den Selbstkosten verkaufen. Verboten ist – abgesehen von der durch das RabattG untersagten Gewährung von mehr als 3 % Rabatt vom Normalpreis zugunsten bestimmter Käufergruppen, die dem Kunden eine in Wahrheit nicht gegebene Vorzugsstellung vorspiegelt und daher irreführend ist – nur die systematische Preisunterbietung, das planmäßige „Fertigmachen" des schwächeren Konkurrenten. – Ähnliches gilt bei der Abwerbung von Arbeitskräften. Fachlich geeignetes Personal hat oft nur die Konkurrenz. Abwerbung ist zulässig, soweit sie sich nicht gezielt gegen einen bestimmten Mitbewerber richtet oder sich unlauterer Methoden bedient (Nötigung, Belästigung). – Auch das Ausspannen von Kunden wird erst unlauter, wenn die Behinderungsabsicht offenbar ist (Werbung direkt vor dem Konkurrenzgeschäft, Verleitung des Konkurrenzkunden zum Vertragsbruch, u. U. auch bloße Ausnutzung seiner Vertragsuntreue). – Dem Versuch, den Betrieb des Mitbewerbers zu stören, liegt stets die Absicht der Behinderung zugrunde: Vereitelung fremder Werbung (Gegenwerbung, Kennzeichenbeseitigung oder -vereitelung), Aufhetzen fremder Arbeitskräfte, Aufkaufen aller verfügbaren Rohstoffe oder der Konkurrenzware, Marktverstopfung (Deckung des gesamten Marktbedarfs durch massenweises Verschenken von Probepackungen).

3. Bezugnehmende Werbung. Fairer Wettbewerb ist ein Kampf nebeneinander, nicht gegeneinander um die Gunst des Kunden. Wer den Mitbewerber oder dessen Ware gegenüber dem Kunden herabsetzt, will diesen anders als mit der eigenen, besseren Leistung ausstechen, handelt also unlauter. Das gilt uneingeschränkt für die Bezugnahme auf die persönl. Verhältnisse des Mitbewerbers („hat schon mal gesessen"); selbst wenn die Behauptung wahr ist, hat sie doch nichts mit der beiderseitigen Leistung der Konkurrenten zu tun. Auch die wahre persönl. Bezugnahme ist daher stets unlauter. Dagegen gibt es bei der Bezugnahme auf fremde Waren oder Leistungen, der *vergleichenden Werbung,* Ausnahmen im Interesse des Kunden. Erlaubt ist es insbes., zur Aufklärung des Kunden einen Systemvergleich anzustellen oder den Fortschritt, den ein neues Produkt bringt, durch Vergleich mit dem bisher Gebräuchlichen darzustellen. Erlaubt ist ferner eine Auskunft über die Konkurrenzware, wenn der Kunde von sich aus darum bittet. Neuerdings läßt der BGH darüber hinaus auch den sog. nützl. Vergleich zu, bei dem ein bes. Verbraucherinteresse an der Aufklärung besteht, weil es sich um technisches Neuland handelt oder der Markt für den Verbraucher nicht überschaubar ist. Stets müssen die vergleichenden Angaben sich jedoch nach Art und Maß in den Grenzen des Erforderlichen und der wahrheitsgemäßen sachl. Erörterung halten.

4. Ausbeutung. Daß jemand Leistungen, die andere vor ihm erbracht haben, für sich ausnutzt, kann an sich nicht unlauter sein: Jeder Lehrling lernt vom Meister, jeder Ingenieur geht vom Stande der Technik aus. Beschränkungen sind entweder durch Sondergesetze angeordnet, um dem Urheber oder dem Erfinder die Früchte seiner Arbeit zu sichern (UrheberrechtsG, GeschmacksmusterG, PatentG, GebrauchsmusterG, SortenschutzG u. a.), oder ergeben sich aus § 1 UWG, wenn die Ausnutzung einer fremden Leistung aus besonderen Gründen zu einer Verfälschung des Leistungswettbewerbs führt. Hauptfall ist die *sklavische Nachahmung,* die zu einer vermeidbaren Herkunftstäuschung führt: Man ahmt das Produkt des Konkurrenten so nach, daß das Publikum das eigene Produkt für das des andern hält. Vorstellungen über die Herkunft der Ware macht der Kunde sich allerdings nur dort, wo es sich um ein Erzeugnis von wettbewerbl. Eigenart handelt, also zB nicht bei Massen- und Stapelware. Trifft bei unterscheidbaren Produkten der Mitbewerber, der die gleiche Ware anbietet, nicht die ihm mögl. Vorsorge dafür, daß Verwechslungen ausgeschlossen sind, so wird darin die Absicht offenbar, sich an den guten Ruf oder die Bekanntheit des Konkurrenzprodukts anzuhängen, den Mitbewerber also anders als mit der eigenen besseren Leistung zu behindern. Eine solche Anlehnung an den Ruf anderer ist nur dort zulässig, wo anders die erlaubtermaßen hergestellte eigene Ware nicht gekennzeichnet werden könnte: Hersteller von Ersatzteilen oder Zusatzgeräten dürfen angeben, zu welchem Hauptprodukt sie gehören. – Unlauter ist ferner die *unmittelbare Leistungsübernahme* (Abgüsse eines fremden Produkts als eigene Ware). – Eine unzulässige Ausbeutung fremder Werbung liegt auch in der *Benutzung geschäftl. Kennzeichen* der Konkurrenz, also der Unternehmenskennzeichen (Firmenname, bes. Bezeichnungen von Gasthäusern, Apotheken usw., Uniformen der Angestellten, Gestaltung von Geschäftsfahrzeugen) und der Produktkennzeichen (Warenzeichen und Warenausstattung wie Verpackung, Flaschenform usw.), wobei die Benutzung eines verwechslungsfähigen anderen Kennzeichens genügt. Diese Kennzeichen sind auch außerhalb eines Wettbewerbsverhältnisses (oben A), also gegenüber jedermann, gegen unbefugte Benutzung geschützt (§ 16 UWG, § 12 BGB, §§ 24, 25 WZG u. a.) – *Die Ausbeutung fremder Geheimnisse oder Vorlagen* kann sogar strafbar sein (§§ 17 – 20 a UWG).

D. Vorsprung durch Rechtsbruch. Wie ein sportl. Wettkampf Spielregeln unterliegt, hat auch der Wettbewerber die allgemeinen Gesetze zu beachten. Ein Verstoß gegen sie tangiert das W., wenn er zu einer Veränderung der Wettbewerbslage führen kann. So ist der Verstoß eines Kaufmanns gegen die Meldepflicht (§ 14 GewO) oder eine Vorfahrtsverletzung auf einer Geschäftsfahrt ohne Einfluß auf die Wettbewerbslage; dagegen verschafft sich der Mitbewerber, der unter Verstoß gegen das LadenschlußG sein Geschäft länger als bis 18.30 Uhr offenhält, durch diesen Rechtsbruch einen Vorsprung vor der gesetzestreuen Konkurrenz. Er verfälscht damit den Leistungswettbewerb und handelt unlauter im Sinne des § 1 UWG. Der Verstoß muß sich allerdings stets auf eine Rechtsnorm, d. h. auf eine bindende Rechtsvorschrift, beziehen; ein Verstoß gegen Handelsbräuche oder Branchengewohnheiten ist für das W. irrelevant.

E. Rechtsfolgen. 1. Aktiv- und Passivlegitimation. Neben den Mitbewerbern können auch Verbände zur Förderung gewerbl. Interessen und neuerdings die Verbraucherverbände Ansprüche aus dem W. geltend machen. Der einzelne Verbraucher hat nur Schadensersatzansprüche aus § 823 II BGB. – Der Anspruch auf Unterlassung und Schadensersatz kann auch dann gegen den Geschäftsinhaber gerichtet werden, wenn ein Angestellter oder Beauftragter gehandelt hat; niemand kann sich hinter den eigenen Mitarbeitern verstecken.

2. Unterlassungsanspruch. Bedeutsamer als der vorbeugende Unterlassungsanspruch, der voraussetzt, daß eine Rechtsverletzung ernstlich droht, ist der wiederherstellende Unterlassungsanspruch nach geschehener Rechtsverletzung, der ihre Wiederholung unterbinden soll. Das Bestehen einer Wiederholungsgefahr wird im W. vermutet; sie wird in der Regel nur durch eine Unterlassungsverpflichtung ausgeräumt, die durch das Versprechen einer angemessen hohen Vertragsstrafe für jeden Fall der Zuwiderhandlung gesichert ist.

3. Schadensersatzanspruch. Abweichend vom bürgerl. Recht kann der Schaden bei der Verletzung absoluter Rechte des gewerbl. Rechtsschutzes und Urheberrechts – dazu rechnen im W. die Kennzeichenrechte des § 16 UWG und der Schutz gegen Ausbeutung bei § 1 UWG – auch unter Zugrundelegung einer angemessenen Lizenzgebühr oder dadurch berechnet werden, daß der Verletzte den Gewinn herausverlangt, den der Verletzer erzielt hat.

4. Rechtsschutz. Gebräuchlich ist die Sofortregelung durch einstweilige Verfügung, mit der allerdings nur der Unterlassungsanspruch durchgesetzt werden kann (§§ 935, 940 ZPO). Wer nicht zuvor den Verletzer abmahnt oder nach Erlaß der einstweiligen Verfügung Hauptklage erhebt, ohne dem Verletzer Gelegenheit zu geben, das Verfahren durch Anerkennung der Verfügung zu beenden (Abschlußschreiben), riskiert, daß ihm die Kosten auferlegt werden (§ 93 ZPO).

Baumbach-Hefermehl, Wettbewerbsrecht, 1984[4] – Ulmer-Reimer, Das Recht des unlauteren Wettbewerbs in den Mitgliedsstaaten der EWG, III. Dtschld., 1968 – V. Gamm, Gesetz gegen den unlauteren Wettbewerb, 1981[2] – Nordemann, Wettbewerbsrecht, 1984[4] – Emmerich, Das Recht des unlauteren Wettbewerbs, 1983.

Wilhelm Nordemann

Widerstandsrecht. (Widerstand = W., Widerstandsrecht = WR.). **1. WR. in historischer Sicht.** Gegen die schwerwiegende Verletzung seiner →Menschenrechte, besonders gegen religiöse Unterdrückung, ist der Mensch zum W. berechtigt. Christen berufen sich von Anfang an auf das neutestamentl. Gebot (Apg 5,29): „Man muß Gott mehr gehorchen als den Menschen." Gegen staatl. Anordnungen, die in ihrer Unsittlichkeit oder Ungerechtigkeit als Auflehnung gegen göttl. Recht verstanden werden müssen, bejaht die katholische →Naturrechtslehre nicht nur das *Recht,* sondern sogar eine *Pflicht zum W.* Solch eine durch Lehramtsentscheidung gesetzte Rechtsgrundlage ist der evangelischen Ethik fremd. Auch sie bejaht gegen unerträglich ungerechte staatl. Maßnahmen die Befugnis des Christen zum W., für den der einzelne seine Rechtfertigung bei Gott findet. Uneinheitlich wurde von den Reformatoren die Frage beantwortet, ob das Widerstandsrecht zur bloß passiven Gehorsamsverweigerung, ggf. verbunden mit dem Bekenntnis der eigenen Glaubensüberzeugung, oder auch zur aktiven und gewaltsamen Auflehnung ermächtigen sollte.

Wie der Konflikt zwischen staatl. Rechtsnormen und dem sittl. Recht zum W. aufzulösen war, fand auch in Rechtslehre und normiertem Verfassungsrecht unterschiedl. Antworten. Kant gab dem positiven Recht uneingeschränkten Geltungsvorrang und verwarf jedes gegen diese Ordnung gerichtete WR. Das war seither auch die fast allgemeine Meinung der Staatslehre. Daß es schwerwiegende staatl. Fehlgriffe mit der Folge großer Not für die Bürger geben könne, lasse sich zwar nicht leugnen. Ein *Notrecht der Regierten* für diesen Fall könne das Staatsrecht aber nicht normieren (Bluntschli, Allg. Staatsrecht, 1857, Bd. 2, 536).

Das Aufkommen des Verfassungsstaats in Deutschland bot zusätzlichen Anlaß, ein WR. im rechtl. Sinne als unakzeptabel und gegenstandslos zu behandeln. Nicht mehr der Herrscher, der Tyrann, stand dem Volk gegenüber. Die Verfassung schuf aus Staat und Volk eine Einheit, in der für ein WR. kein Platz war. Auch gab es im Rechtsstaat genug Mittel, um sich anders als durch W. gegen fehlerhafte Staatsakte zu wehren. Ein WR. wurde deshalb für überflüssig gehalten.

In England, den USA und Frankreich hat dagegen das WR. schon früh Aufnahme in Verfassungstexte gefunden. Das WR. der *Magna Charta* (1215) hat sich in England in der Petition of Rights (1628), der Habeas-Corpus-Akte (1679) und der Bill of Rights (1689) mit verfassungsrechtl. Wirkungen bis in die Gegenwart erhalten. In den USA findet sich das WR. in der Virginia Bill of Rights (1776) und danach in mehreren Verfassungen der einzelnen Staaten. Frankreich hat das WR. in Art. 2 der Erklärung der Menschen- und Bürgerrechte (1789) aufgenommen. Es ist damit bis in die Gegenwart hinein verfassungsrechtl. wirksam.

2. WR. in der Gegenwart. In der Bundesrepublik Deutschland war *auch ohne verfassungsrechtl. Normierung* eines WR. im Grunde unumstritten, daß der einzelne – und damit auch die Gruppe – gegen besonders verderbliche unrechtmäßige Entscheidungen und Maßnahmen des Staates *zum W. berechtigt* ist. Das NS-Regime hatte in einem bis dahin für viele unvorstellbaren Ausmaß bewiesen, daß der Staat in der Form des ordnungsgemäß zustandegekommenen Gesetzes und auch des Richterspruchs und Verwaltungsakts offenkundiges und schwerwiegendes Unrecht verüben kann. Daran mitgewirkt zu haben, gilt seither als Unrechtshandlung, die allenfalls entschuldbar ist. Dagegen W. geleistet zu haben, ist nicht nur Ausweis moralisch einwandfreien, sondern auch rechtmäßigen Verhaltens. Die Bestätigung dieses W. durch Verurteilung und rechtl. Tilgung des NS-Unrechtssystems und durch Vorbeugemaßnahmen gegen jegliche Wiederholung ist die sittliche Grundlage des staatl. Aufbaus der Bundesrepublik.

Verwaltung und Rechtsprechung hatten sich konkret mit Einzelfällen des W. zu befassen, diesen für rechtmäßig und die Sanktionen des NS-Staates für rechtswidrig zu erklären, damit dem Betroffenen oder seinen Angehörigen Entschädigung geleistet werden konnte. Im KPD-Verbotsurteil hat das *Bundesverfassungsgericht* (BVerfGE 5, 85, 377) klargestellt, daß „ein Widerstandsrecht gegen ein evidentes Unrechtsregime der neueren Rechtsauffassung nicht mehr fremd" ist. Daß ein WR. im rechtsstaatlich-demokratischen System der Bundesrepublik Deutschland mit ihrem wirksamen Rechtsschutz überhaupt denkbar ist, hat das Gericht in Frage gestellt. Zur Definition führt es dann aus, das WR. sei nur zur Bewahrung oder Wiederherstellung der Rechtsordnung gegeben, das bekämpfte Unrecht müsse offenkundig und alle verfügbaren Rechtsbehelfe müßten unwirksam sein, so daß der W. *„das letzte verbleibende Mittel zur Erhaltung oder Wiederherstellung des Rechtes ist".*

Hart kritisiert worden ist mit Recht eine Entscheidung des Bundesgerichtshofs (NJW 1962, 195), die nur solche unter Verletzung der Ordnung des NS-Staates vorgenommenen W.-Handlungen als rechtmäßig bewerten will, die „sinnvoll" waren, weil sie wenigstens eine gewisse

Aussicht boten, eine Wende zum Besseren herbeizuführen. ADOLF ARNDT (NJW 1962, 430 ff.) hat demgegenüber hervorgehoben, daß auch – im Sinne einer Systemveränderung – von vornherein aussichtslose W.-Handlungen hohe moralische und rechtliche Billigung erfahren müssen. Überzeugend weist er darauf hin, daß nicht nur die allgemeine *Nothilfe* zur Wiederherstellung der Rechtsordnung im Staat, sondern auch *Abwehr- und Verweigerungshandlungen,* um nicht selber schuldig zu werden oder um andere zu retten, die Bezeichnung W. verdienen. Zu den verschiedenen Formen des W. erinnert ARNDT daran, daß je nach politischem System schon bescheidene, demonstrative Weigerungen als W. gelten müssen, weil sie unter einem maßlosen totalitären Regime den Handelnden das Leben kosten können.

3. Das WR. des Art. 20 Abs. 4 GG. *a) Erläuterungen.* Der durch Gesetz vom 24. 6. 1968 in das GG eingefügte Art. 20 Abs. 4 lautet: „Gegen jeden, der es unternimmt, diese Ordnung zu beseitigen, haben alle Deutschen das Recht zum Widerstand, wenn andere Abhilfe nicht möglich ist." Nach Voraussetzung (Anschlag auf die Verfassungsordnung) und Subsidiarität (andere Abhilfe nicht möglich) sind hier offenbar alle diejenigen Formen des W., des Widerstehens und Opponierens nicht gemeint, die rechtlich zulässig sind und deshalb im Meinungs- und Interessenstreit eingesetzt werden dürfen. *Auszuscheiden* sind auch Rechtsbehelfe wie *Staatsnotstand, Staatsnothilfe* oder *Notwehr,* die z. T. zwar umstritten sind, ihren Platz aber, soweit man sie zuläßt, in der vorhandenen Rechtsordnung haben. Als W. bleiben danach diejenigen Handlungen gemeint, die nicht nur außerordentlich, sondern nach positivem Recht auch *rechtswidrig* sind. Die Rechtfertigung soll ja gerade durch Art. 20 Abs. 4 erreicht werden.

Das WR. des Art. 20 Abs. 4 ist ein →*Grundrecht.* Es dient dem *Staats- und Verfassungsschutz,* der Erhaltung oder Wiederherstellung des Status quo, darf also im übrigen niemals für Veränderungen eingesetzt werden, mögen diese auch noch so vorteilhaft sein. Voraussetzungen für die Inanspruchnahme des WR. sind, daß es um die Abwehr eines erheblichen tatsächlichen Angriffs auf elementare Verfassungsgrundsätze geht, dessen Rechtswidrigkeit offenkundig ist, während die Instrumente und Verfahren zur Verhinderung solcher Anschläge so weit außer Funktion gesetzt sind, daß ihr Gebrauch keine Abhilfe erwarten läßt. Der Angreifer kann scheinbar oder wirklich beste Absichten verfolgen, die objektive Gefährlichkeit seines verfassungsfeindl. Verhaltens ist ausschlaggebend (HERZOG in: MAUNZ-DÜRIG, GG, 1958 ff., Nr. 28 zu Art. 20).

Sofern die Voraussetzungen vorliegen, kommen als W. alle Handlungen in Betracht, die geeignet sind, dem Angreifer auf die Verfassungsordnung entgegenzuwirken und deren Wiederherstellung zu fördern. Dabei kann es sich um *passives* wie *aktives,* um *gewaltloses* und auch *gewalttätiges Verhalten* handeln. Der W. kann, wie der Rückblick in die Anfänge der NS-Zeit lehrt, *bis zum Bürgerkrieg* gehen. Da bei allen Handlungen mit größerer Reichweite nicht nur der Angreifer, sondern auch Unbeteiligte betroffen sind, hat der W.-Leistende bei der Gestaltung seines Vorgehens die Grundsätze der *Verhältnismäßigkeit* und *Erforderlichkeit* zu beachten. Ein nach Art. 20 Abs. 4 gerechtfertigter W. darf nicht darin bestehen, daß zur Abwehr eines Schadens ein größerer und schlimmerer Schaden herbeigeführt wird. „Art. 20 Abs. 4 enthält eine gewisse (Teil-)Ausformung, nicht aber eine abschließende Positivierung des Widerstandsrechts" (HERZOG, aaO., Nr. 9 zu Art. 20). Die Verfassungsvorschrift enthält *keinen Ausschluß* eines weiteren, *überpositiven* WR. Wieweit dieses besteht, ist zwar umstritten, doch trägt das GG zur Klärung außerhalb des geregelten Bereichs nichts bei. Auf Art. 20 Abs. 4 kann sich aber niemand berufen, um ohne das Vorliegen der darin normierten Voraussetzungen aus der Vorschrift die Rechtfertigung „milderer" Unterformen des W., zB rechtswidriger Handlungen des zivilen Ungehorsams, herzuleiten.

b) Geschichte. Art. 20 Abs. 4 ist im Rahmen der *Notstandsgesetze* (→Notstandsrecht) beschlossen und mit den betreffenden Verfassungsvorschriften in das GG eingefügt worden. Beispiele für ein verfassungsrechtl. WR. hatte es bis dahin nur in →Landesverfassungen gegeben, und zwar Art. 147 der Verfassung des Landes Hessen vom 1. 12. 1946, in Art. 19 der Verfassung der Freien Hansestadt Bremen vom 21. 10. 1947 und in Art. 23 Abs. 3 der Verfassung von Berlin vom 1. 9. 1950. Den Gedanken, auch in das GG ein WR. aufzunehmen, hatte der Parlamentarische Rat erörtert und ausdrücklich verworfen. Im Rat überwog die *Skepsis gegen ein Papierrecht,* das die Menschen in die Irre führen könnte. Zwanzig Jahre danach gab die Beratung der Notstandsverfassung mit weitreichenden zusätzl. Rechten der staatl. Institutionen für den Notfall gleich doppelten Anlaß, ein WR. verfassungsgesetzl. zu definieren. Denn die Sorge vor einem Mißbrauch der neu eingeräumten Befugnisse durch die staatl. Verantwortungsträger beherrschte die heftige und langanhaltende Kritik an der Notstandsverfassung. Hier konnte mit der Klarstellung eines Rechts zum W. gegen jeden, aber auch gegen die Inhaber staatl. Macht bei Mißbrauch derselben, eine gewichtige Antwort gegeben werden. Zudem war es seit langem übliches Erklärungsmuster für das – überpositive – WR. gewesen, dieses *mit* den gleichfalls *übergesetzl. Notstandsrechten des Staates* zu *vergleichen.* Die Aufnahme des WR. ins GG ist somit nicht nebenher zur Besänftigung der Opponenten gegen die Notstandsverfassung erfolgt, sondern war ein vom Verfassungsgesetzgeber lange bedachter und schließlich bewußt vollzogener Schritt (im einzelnen dazu CHRISTOPH BÖCKENFÖRDE, JZ 1970, 168 ff.).

c) Bewertung. Art. 20 Abs. 4 hat in der Rechtslehre eine überwiegend *negative Aufnahme* gefunden. Angesichts der Entwicklung des überpositiven WR. sei die ausdrückl. Normierung überflüssig. Sie sei aber auch gefährlich, weil sie dazu einlade, fragwürdigen Aktionen unter Berufung auf Art. 20 Abs. 4 eine *Scheinlegalität* zuzumessen. Diejenigen, die sich auf die Rechtfertigung von W.-Handlungen durch Art. 20 Abs. 4 verließen, würden getäuscht, denn niemand könne ihnen das Risiko der Niederlage abnehmen, bei der jede Berufung auf die Verfassungsnorm illusorisch wäre. Im Grunde genommen sei die Ausgestaltung des WR. als positives Recht der von vornherein zum Scheitern verurteilte Versuch, der Gewalt gegen eben jene Rechtsordnung den Weg zu ebnen, deren wichtigste Funktion es sei, die Gewalt zu zähmen. Letztlich sei somit der Ertrag der Einfügung des WR. ins GG rechtlich unerheblich geblieben (WASSERMANN, FAZ 10. 4. 1985).

Den Kritikern ist zuzugeben, daß ein Anwendungsfall mit voller Entfaltung der Geltung des Art. 20 Abs. 4 kaum vorstellbar ist. „Wenn andere Abhilfe nicht möglich ist", wenn also die Institutionen zum Schutze der Verfassungsordnung und des Staates zerbrochen oder durch Aushöhlung für diese Aufgabe untauglich gemacht worden sind, gibt es keine Instanz, bei der der W.-Leistende die Anerkennung der Rechtmäßigkeit seines Vorgehens herbeiführen kann. Hat er Erfolg, so werden die wieder ins Amt gesetzten Institutionen die Zerstörung der Rechtsordnung und den Mißbrauch staatl. Maßnahmen nachträglich so korrigieren, daß die W.-Handlung als von vornherein rechtmäßig im Sinne des positiven Rechts zu bewerten ist. Hat aber der W.-Leistende keinen Erfolg, so bleibt ihm bei seiner Unterwerfung durch die verfassungsfeindl. Machthaber nur der dürftige Trost, daß seine Auflehnung eigentlich nach Art. 20 Abs. 4 als gerechtfertigt gelten müßte.

Wirkungslos ist die Verfassungsvorschrift gleichwohl nicht. Sie entfaltet jene *erzieherische Wirkung,* die ihr auch ihre Kritiker zugestehen. Sie ist damit nicht nur Gegenstand juristischer und politischer Diskussion, sondern eine dauerhafte Erinnerung daran, daß die Grenzen der staatl. Machtausübung nicht nur so lange gelten, wie die Kontroll- und Korrekturmechanismen funktionieren. Mag das Recht zur Auflehnung im Ernstfall schwach sein; durch seine bloße Existenz bedroht es jeden, der auch nur mit dem Gedanken an die Beseitigung unverletzlicher verfassungsrechtl. Grenzen spielt.

Auf der anderen Seite hat sich die *Sorge vor einem Mißbrauch des WR. nicht bestätigt.* Vereinzelte Berufungen auf Art. 20 Abs. 4 für durch diese Vorschrift nicht gedeckte Zwecke hat es zwar gegeben, doch sind diese in einem breiten Strom der Ablehnung untergegangen.

4. Das WR. im aktuellen Meinungsstreit. *a) Anwendungsfälle und -formen.* Gegen eine Mehrzahl aktueller politischer Entscheidungen und Entwicklungen wird geltend gemacht, sie führten zu unerträglichen materiellen und ideellen Beeinträchtigungen der menschl. Existenz. Deshalb sei es legitim, in Widerstandshandlungen Auswege zu suchen. Herausragendes Beispiel, das solche Sorgen auslöst, ist nach wie vor die Rüstungspolitik und in ihrem Rahmen besonders die *Stationierung von Massenvernichtungswaffen.* Darüber hinaus fühlen sich Menschen bedroht oder jedenfalls unzumutbar belastet durch die Genehmigung und den Betrieb von Atomkraftwerken, durch Wiederaufbereitungsanlagen und Endlagerstätten, durch Umweltbeeinträchtigungen anderer Art, aber auch durch die geltende Regelung des § 218 StGB und in neuerer Zeit durch Tierversuche. Alle Vorgänge haben bereits dazu geführt, daß einzelne oder Gruppen sich gegen sie in einer Weise aufzulehnen versucht haben, die die geltende Rechtsordnung nicht zuläßt. Besonders zu den Rüstungsentscheidungen wird geltend gemacht, es stünden *Überlebensfragen* zur Entscheidung an, über die nicht in „formal-demokratischer Weise" befunden werden dürfe. Man fürchte, „demokratisch" in die Katastrophe zu schlittern. Wo die Mehrheitsentscheidung (→Mehrheitsprinzip) für viele Menschen den sicheren Tod bedeute, wo gar das Überleben der Gattung bedroht sei, da müßten die gefährl. Vorgänge genau so beurteilt werden wie ein *krasser Mißbrauch der Staatsgewalt.* Die unmittelbar drohende Lebensgefahr als Ergebnis einer Sicherheitspolitik, die den atomaren Erstschlag nicht ausschließe, begründe für Gegenmaßnahmen besondere Rechte. Darin drückt sich das Bestreben aus, für W.-Handlungen, zu denen man ohnehin entschlossen ist, rechtl. Legitimation zu suchen und geltend zu machen. Sehr unterschiedliche Handlungsformen werden in Betracht gezogen. Je mehr diese von vornherein auf Gewaltanwendungen ausgerichtet sind, desto weniger beteiligen sich die dafür Verantwortlichen an der Diskussion der rechtl. Zulässigkeit. Dort aber, wo gewaltlos widerstanden werden soll, wie bei Sitzdemonstrationen und bei der Verweigerung der Erfüllung von Rechtspflichten, wird vielfach geltend gemacht, solches Vorgehen sei nicht nur moralisch legitim, sondern auch gerechtfertigt.

Art. 20 Abs. 4 GG kommt als *rechtfertigende Norm* offensichtlich *nicht in Betracht* und wird deshalb in solchen Fällen auch nur selten angesprochen. In keinem der Beispielsfälle kann ernsthaft geltend gemacht werden, daß der Verfassungsordnung die Beseitigung drohe. Bei der Auflehnung gegen die Sicherheitspolitik wird diese Gefahr gelegentlich mit der Begründung behauptet, der Gebrauch von Massenvernichtungsmitteln werde mit dem Untergang weiter Teile der Menschheit natürlich auch deren Verfassungsordnungen zerstören. Dem Art. 20 Abs. 4 genügt diese Begründung nicht; denn jedenfalls sind es nicht die politischen Entscheidungen und Maßnahmen, die unmittelbar gegen die Verfassungsordnung gerichtet sind, sondern die Beseitigung wird von einer als Folge befürchteten weiteren Entwicklung erwartet. Die Wahrscheinlichkeit dieser Entwicklung ist streitig. Regierung und Parlamentsmehrheit machen geltend, daß sie mit ihrer Verteidigungspolitik die Gefahr mindern, statt sie zu erhöhen. Somit *dürfte es* auch *an der Offenkundigkeit des Verfassungsverstoßes fehlen,* die Art. 20 Abs. 4 zur Voraussetzung eines WR. macht. Schließlich *fehlt* es *nicht* an Möglichkeiten für *„andere Abhilfe"*. Die Gerichtsbarkeit, besonders das Bundesverfassungsgericht, ist in ihrer Funktion völlig unbeeinträchtigt und wird von den Kritikern der Mehrheitspolitik auch angerufen. Funktionstüchtig sind auch die demokratischen Institutionen, so daß der Streit um die Richtigkeit des politischen Weges mit dem Bemühen um eine Änderung der herrschenden Meinung unbeschränkt ausgetragen werden kann. Kann demnach eindeutig Art. 20 Abs. 4 GG nicht als Rechtsgrundlage für W.-Handlungen herangezogen werden, so wird doch versucht, aus der Tendenz dieser Vorschrift oder eben aus einem überpositiven WR. die auch rechtliche Legitimation der einzelnen W.-Handlungen herzuleiten.

b) Gewissenentscheidung als Grundlage. Besonderes Gewicht hat in dieser Argumentation die Berufung auf das →*Gewissen.* Der W. gegen die Nachrüstung zB sei vor allem eine Gewissensfrage. Niemandem dürfe die unerträgl. Belastung zugemutet werden, gegen die Entscheidung seines Gewissens eine solche Rüstungspolitik in irgendeiner Weise mit zu tragen, das Gewissen könne sogar fordern, aktiv gegen sie aufzustehen. Die →Gewissensfreiheit ist durch Art. 4 GG geschützt. Besonderen Schutz erfährt die *Gewissensentscheidung gegen den Kriegsdienst* mit der Waffe; diese Entscheidung befreit von der Erfüllung einer Rechtspflicht, die sonst jedermann obliegt. Art. 4 Abs. 3 GG gewährt also lediglich das *Recht zu einer Verweigerung.* Nicht aber kann die Gewissensentscheidung gegen den Kriegsdienst, mag sie auch noch so ernst und im Notfall getroffen worden sein, den Betroffenen berechtigen, aktiv gegen die von anderen getroffenen Vorbereitungen für eine militärische Auseinandersetzung zu kämpfen. Im Hinblick auf das, was andere tun, gilt er nicht als Betroffener. Daraus folgt: Eine Gewissensentscheidung kann, soweit die Voraussetzungen des WR. nicht vorliegen, niemals zum aktiven Handeln gegen die staatl. Rechtsordnung berechtigen. Eine Gewissensentscheidung ist *nur als individuelle* denkbar, die den Entscheidenden selbst bindet. Die im sog. Heilbronner Appell (Frankfurter Rundschau vom 21. 12. 1983) enthaltene Aufforderung zum Widerstand gegen die Bundeswehr durch Dienstverweigerung richtet sich vorrangig auf politisches Entscheiden und Handeln. Rechtlich anzuerkennen ist eine solche Weigerung nur, soweit ihr im Einzelfall eine über die politischen Erwägungen des Appells hinausgehende Gewissensentscheidung zugrunde liegt.

Eine *privilegierende Wirkung* für die Durchsetzung politischer Ansichten hat die Gewissensentscheidung *nicht.* Sie hat übrigens, soweit sie nicht zum Beispiel genommen wird, auch keine politische Überzeugungskraft. Sie fragt nicht nach Taktik und Zweckmäßigkeit und damit nicht nach der Einsehbarkeit für andere. Diese werden mit der Entscheidung konfrontiert und müßten ihre Meinungen, vielleicht sogar ihre eigenen Gewissensentscheidungen unterdrücken lassen, wenn sie gezwungen wären, der fremden Gewissensentscheidung den Vorrang zu lassen. Die mühsam erkämpfte Toleranz im politischen Zusammenleben würde dadurch zerstört. Wenn die Gewissensentscheidung nur zum Verweigern eigenen Handelns berechtigt, das als unerträglich empfunden wird, so läßt sich gegenüber Rechtspflichten auch das *Weigerungsrecht nicht über die Grenze des Art. 4 Abs. 3 GG hinaus* in Anspruch nehmen. Mit den Geldmitteln aus dem Steueraufkommen handelt nicht der Steuerzahler, mit den Beitragsgeldern nicht das zahlende Mitglied der Krankenkasse. Das verantwortl. Handeln liegt bei den dazu berufenen Personen und Institutionen. Niemand kann ein Recht zum W. dergestalt beanspruchen, daß er wegen Mißbilligung einzelner aus dem Gesamtaufkommen finanzierter Maßnahmen die Zahlung von Teilbeträgen seiner Steuer oder seines Beitrages verweigert (BVerfG NJW 1984, 1805). Gleichermaßen kann unter Berufung auf eine Gewissensentscheidung nicht das Recht auf Totalverweigerung (des Wehrdienstes und des Zivildienstes) beansprucht werden. Die Behauptung, auch die anderweitige Dienstleistung unterstütze über die Stärkung der staatl. Funktionen letztlich militärische Maßnahmen, mißt dem Dienstleistenden eine Verantwortung zu, die nicht er, sondern stets nur die Gemeinschaft und die für sie Handelnden haben.

c) Mehrheitsrecht und →Minderheitenschutz. Der Auffassung, gegen verfassungsrechtl. gültige, demokratisch legitimierte Entscheidungen gebe es kein WR., wird mit dem Hinweis auf die Grenzen des Mehrheitsrechts widersprochen. Der Einsatz von Massenvernichtungsmitteln und auch seine Vorbereitung gehörten in den *Bereich des Unabstimmbaren,* über das keine Mehrheit verfügen könne. Richtig ist, daß auch die Mehrheit nicht alles darf. Auch gegen sie gäbe es ein WR. nach Art. 20 Abs. 4 GG, wenn sie es unternähme, die Verfassungsordnung zu beseitigen. In den angeführten Beispielfällen kann davon aber nicht die Rede sein. Um unabstimmbare Gegenstände, die der Mehrheit entzogen sind, ginge es vor allem, wenn Entscheidungen in die Glaubens- und Gewissensfreiheit einzelner oder der Minderheit oder sonst unerträglich in ihre geschützte persönl. Sphäre eingreifen würden. Zur Abwehr solcher Eingriffe bedarf es keines WR. Hier genügt die Berufung auf die Grundrechte und ihre Geltendmachung.

Eine praktikable Abgrenzung zulässiger Mehrheitsentscheidungen kann nicht durch ihre

Verpflichtung erfolgen, *irreversible Entscheidungen* zu unterlassen. Häufig stehen Entscheidungen an, die später, von einer anderen Mehrheit, nicht mehr ungeschehen gemacht werden könnten. Nicht selten weisen sie die Besonderheit auf, daß auch das Unterlassen der Entscheidung den betreffenden Sachverhalt irreversibel regeln würde. Deshalb gibt es auch hier keine Alternative zur Mehrheitsentscheidung. Die Minderheit wird erst dort in einer Weise unterdrückt, die an W. denken läßt, wenn durch die Entscheidung gerade die Mehrheitsverhältnisse irreversibel gemacht werden und der Minderheit jede Chance zur Veränderung der politischen Verhältnisse genommen werden soll. Das allerdings wäre nur durch Verfassungsbruch möglich, gegen den die Minderheit zunächst mit den dafür vorgesehenen Rechtsbehelfen anzugehen hätte.

d) →Legalität, Legitimität. Bei der Suche nach Rechtfertigungsgründen für einen gegen Mehrheitsentscheidungen in Betracht gezogenen W. wird gelegentlich die →Legitimität der Entscheidungen der auf einem Mehrheitswillen beruhenden Einzelmaßnahmen in Zweifel gezogen. Die Erfahrungen der NS-Zeit zeigen, daß das legale Zustandekommen eines Staatsaktes nicht dessen Legitimität anzuzeigen braucht. Dem demokratischen Rechtsstaat indiziert Legalität jedoch Legitimität, weil die Staatsgewalt nicht nur an rechtl. Ordnungen, sondern unmittelbar *an* die in der Verfassung verbindlich festgelegten *Werte gebunden* ist. Mehrheit und sonstige Träger der Staatsgewalt tun gut daran, diese Bindung und damit über die Legalität hinaus auch die Legitimität ihrer Entscheidungen und Maßnahmen stets so deutlich wie möglich sichtbar zu machen. Jedem Gedanken an W. gegen die Maßnahmen oder Entscheidungen können sie damit wirksam vorbeugen. Wo die sittl. Rechtfertigung, die Anerkennungswürdigkeit staatl. Handelns sichtbar wird, können sich Konflikte, deren Ausweg im W. gesucht wird, kaum ergeben.

e) Verfahrensregeln und Akzeptanz. Das Grundgesetz sucht die Legitimität staatl. Herrschaft auch durch die verbindl. Ordnung von Verfahren zu ihrer Ausübung zu sichern. Die Einhaltung der Verfahrensregeln garantiert der schließlich überstimmten Minderheit ihre Mitwirkung und ihren Schutz. Sie macht damit ihr und jedem von staatl. Eingriffen Betroffenen die Hinnahme des ungewollten Aktes erträglich. Das gilt besonders für die Verfahren, in denen sich Minderheit und auch einzelne gegen staatl. Handeln wenden und seine Kontrolle und Korrektur betreiben können. Neben der *Korrektur auf dem Rechtswege* hat die *auf politischem Weg* durch Änderung der Mehrheitsverhältnisse besonderes Gewicht. Die Minderheit von heute kann morgen Mehrheit sein. Schwerwiegende, aus ihrer Sicht überaus nachteilige Entscheidungen kann die Minderheit unter solchen Umständen leichter hinnehmen, darf sie doch erwarten, daß ihrem Willen nach dem Mehrheitswechsel gleiche Geltung zuteil wird.

Dergestalt läßt die Demokratie Widerspruch und Veränderung ausdrücklich zu. Die *Veränderungsmöglichkeit* ist sogar unaufgebbares *Verfassungsprinzip.* Damit bekennt sich der demokratische Rechtsstaat zu seiner Fehlbarkeit und auch dazu, daß durch Ablösung der gerade regierenden Mehrheit ein Wandel zum Besseren erfolgen kann. Hier wird ein reichhaltiges Angebot an Abhilfe- und Änderungsmöglichkeiten vorgehalten, das für einen W. keinen Raum läßt.

5. Unter- und Ersatzformen. *a) Allgemeine Erläuterung.* Die weithin akzeptierte Unmöglichkeit, sich in den aktuellen politischen Konflikten in der Bundesrepublik Deutschland auf ein WR. zu berufen, hat dazu geführt, daß andere Formen des Opponierens erörtert werden, in denen als Unterformen des W. wenigstens etwas von der dem wirklichen WR. zukommenden Legitimität erhalten bleiben soll. Insoweit wird von *begrenzter Regelverletzung, formalem Rechtsverstoß und bürgerlichem bzw. zivilem Ungehorsam* gesprochen. Schon bei der Betrachtung des eigentlichen W. war es erforderlich, zunächst alle Handlungsformen auszuscheiden, die zwar im allgemeinen Sprachgebrauch auch als W. bezeichnet werden, tatsächlich aber nur gewöhnliche und nach der geltenden Rechtsordnung unbedenkliche Nutzungen des Rechts auf Widerspruch und Kritik sind. Gleichermaßen sollen unter dem im folgenden verwerteten Begriff des zivilen Ungehorsams nur solche Verhaltensweisen verstanden werden, die mit einer Verletzung des geltenden Rechts verbunden sind. Andere Aktionsformen wie Schweigestunden vor Rathäusern, Protestmärsche, Mahnwachen, öffentl. Fasten oder demonstrative Schockhandlungen geben bei normalem Verlauf ebensowenig Anlaß zur rechtl. Beanstandung wie zB der zulässige Rücktritt von öffentl. Ämtern, die Niederlegung von Mandaten usw. Die Frage einer Rechtfertigung solcher Vorgehensweisen stellt sich deshalb gar nicht.

b) Ziviler Ungehorsam. Dabei handelt es sich um eine bewußt gesetzwidrige Handlung, die öffentlich begangen wird, um symbolischen Protest gegen Maßnahmen oder Zustände auszudrücken, deren Änderung nicht nur im eigenen Interesse des Handelnden liegt. Die Handlung muß sich in der Dimension des Gesetzesverstoßes und des Eingriffs in fremde Interessen auf das für den Protest erforderl. Ausmaß beschränken und stets gewaltfrei sein. Der zivile Ungehorsam bezweckt *keine revolutionäre Veränderung,* sondern will in der bestehenden Verfassungsordnung die Gerechtigkeit stärker zur Geltung bringen. Zur Theorie des zivilen Ungehorsams haben die grundlegenden Ausführungen des amerikanischen Philosophen JOHN RAWLS aus den 70er Jahren besondere Beachtung gefunden.

Ist somit das gesetzwidrige Verhalten Merkmal des zivilen Ungehorsams, so darf dieses in der Praxis noch nicht von vornherein als Straftat verstanden werden. *Strafbares Verhalten* ist nicht ausgeschlossen, doch kann der Rechtsverstoß auch in der – *straflosen – Nichterfüllung einer rechtl. Verpflichtung* bestehen. Hier ist an den Bürger zu denken, der den nach seiner Meinung für Rüstungszwecke bestimmten Teil seiner Steuern einbehält und anderweitig verwendet. Rechtswidrig handelt auch der Stromabnehmer, der die Lieferung nur teilweise zahlt, weil der Restbetrag nach seiner Meinung zur Finanzierung von Atomkraftwerken dient. Solche Weigerungen sind trotz verschiedener Versuche, sie zu propagieren, Einzelfälle geblieben. Mit dem Einzug des zurückbehaltenen Geldes durch Vollstreckung haben sie jeweils ihre Erledigung gefunden.

Besonders dort, wo mit dem zivilen Ungehorsam Strafrechtsverstöße verbunden sind, findet er heftige Kritik. Gesetzwidriges Handeln, das mit dem Appell zur Nachahmung verbunden sei, könne die Rechtsordnung im ganzen gefährden. Die bisherigen Erfahrungen mit derartigen Handlungen bestätigen diese Sorge nicht. Der Appell des Täters richtet sich in erster Linie gegen die von ihm kritisierte Rechtsnorm oder Maßnahme und geht nicht dahin, daß andere sich dem strafbaren Tun anschließen. Wo das in Einzelfällen in Betracht gezogen worden ist, ging es den Urhebern nicht mehr um die symbolische Aussagekraft des Einzelverhaltens, sondern um die *Verhinderung der kritisierten Maßnahme,* um faktische Außerkraftsetzung der angegriffenen Norm. Erfolgreich waren solche Versuche nirgends. Sie zeigen aber das praktische Problem, daß eine beim einzelnen zunächst als Demonstration und Protest angelegte Handlung leicht in Gefahr geraten kann, gemeinsam mit einer Vielzahl gleichartiger Vorgänge als Druckmittel eingesetzt zu werden. Gelingt das, kann *nicht* mehr von *Appell* die Rede sein, sondern von unmittelbarer *nötigender Einwirkung.* Praktisch ist die Gefahr nicht von der Hand zu weisen, daß gewaltlos beabsichtigte Ungehorsamstaten, gegen die der Staat mit seinen Machtmitteln einschreitet, in einer eskalierenden Auseinandersetzung gewaltsame Formen annehmen.

In jedem Fall bleibt richtig, daß keines der Attribute des zivilen Ungehorsams die Rechtswidrigkeit des Gesetzesverstoßes entfallen lassen oder diesen rechtfertigen kann. Insofern ist die Redeweise von der *symbolischen Rechtsverletzung irreführend;* die Rechtsverletzung ist nicht nur symbolisch, sondern liegt wirklich vor, auch wenn die Tat als Symbol der Auflehnung angelegt worden ist und wirkt. Auch kann der Versuch nicht gelingen, aus der Abwägung der politisch-moralischen Gründe des zivilen Ungehorsams und des schwerwiegenden Unrechts, gegen das er sich wendet, eine Rechtfertigung außerhalb der schon durch die Rechtsordnung gegebenen Rechtfertigungsgründe herzuleiten. Ein Gesetzesverstoß behält diese Eigenschaft, auch wenn er auf höchst anständigen und billigenswerten Motiven beruht.

c) Rechtfertigung oder Sanktion? Ziviler Ungehorsam schließt die Bereitschaft ein, die dadurch ausgelöste *Sanktion zu ertragen.* Wer die Ungehorsamshandlung rechtfertigt, würde dem Begriff ein wesentl. Element nehmen. Wer bewußt die Regelverletzung und in diesem Rahmen auch eine Gesetzesverletzung zur Unterstreichung seines Protestes begeht, kann schon nach der Logik seines eigenen Vorgehens nicht erwarten, daß die Rechtsnormen daraufhin geändert und seine Verstöße legalisiert werden. Der Protest müßte bei einer solchen Reaktion des Staates weitgehend ins Leere laufen, so daß sich der Regelverletzer konsequenterweise schwerwiegendere Gesetzesverstöße zur Unterstreichung seiner Absichten aussuchen müßte.

Ebenso sorgfältige und breite *Differenzierung* wie bei der rechtl. Bewertung ist *bei* der Bemessung der staatl. *Gegenmaßnahmen* geboten. Privilegierung bei der Verfolgung und besondere Milde bei der Ahndung können nicht beansprucht werden. Zu besonderer Strenge aber, nur weil mit der Handlung eine politische Aussage verbunden worden ist, besteht ebenfalls kein Anlaß. Es gehört zu den seit langem gefestigten Grundsätzen der Strafzumessung, daß dabei zB die Beweggründe und Ziele des Täters und die aus der Tat sprechende Gesinnung zu würdigen sind (§ 46 Abs. 2 StGB). Auch darin, daß das in der Praxis häufig zu milden Sanktionen führen wird und daß der „symbolischen" Tat die „symbolische" Strafe folgt, verwirklicht und bestätigt sich die Rechtsordnung.

d) Politische Einflußnahme durch Auflehnung und Verweigerung. Zur Mäßigung staatlicher – und auch politischer – Reaktionen auf Protesthandlungen auch bei Rechtsverletzungen gibt über die allgemeinen Grundsätze etwa des Strafrechts hinaus ein weiterer Gesichtspunkt Anlaß. Die Befürchtung, ziviler Ungehorsam habe in dem Sinne *Vorbildwirkung,* daß er sich ausbreite und ins *Chaos* führe, hat bisher *keinerlei Bestätigung* gefunden. Zahlreiche geschichtl. Erfahrungen aber zeigen, daß auch zunächst gesetzwidriger Ungehorsam *Schrittmacher für Reformen* sein kann. Das kann kein Anlaß für eine vorsorgl. Privilegierung in der völlig ungewissen Spekulation auf spätere Änderung der Rechtsauffassung sein. Die Ablehnung jeder rechtl. Legitimation des gesetzwidrigen Protestes muß aber nicht, ja darf nicht dazu führen, daß ihm auch die sittl. Rechtfertigung vollständig abgesprochen wird. Der Rat der EKD sagt in seinem Wort zur Friedensdiskussion im Herbst 1983: „Auch auf widerrechtliche Protesthandlungen bitten wir, mit *Besonnenheit* und *rechtsstaatl. Sorgfalt* zu reagieren. Der *Protest* gegen die Nachrüstung hat als solcher nicht die Qualität des Widerstandes gegen den Staat, sondern bedeutet eine *Bewährungsprobe für die freiheitl. Demokratie.*" Allgemein läßt sich sagen: es gehört zur Offenheit einer demokratischen und reformbereiten Gesellschaft, für berechtigte Anstöße auch in gesetzwidrigem Protestverhalten empfindlich zu sein.

Außer der angegebenen Lit.: R. ANGERMAIR/H. WEINKAUFF, WR., in: Staatslexikon 1963, Bd. 8, Sp. 670 ff. – H. HELLER, Staatslehre, in: DERS., Gesammelte Schriften, M. DRATH u. a. (ed.), Leiden 1971 – L. E. BACKMANN. in: WR., hg. v. A. KAUFMANN/L. E. BACKMANN, 1972 (Lit.) – Gewalt und Gewaltanwendung in der Gesellschaft, Kammer f. öff. Verantwortung d. EKD, Gütersloh 1973 – J. RAWLS, Die Rechtfertigung des bürgerlichen Ungehorsams, in: DERS., Gerechtigkeit als Fairneß, Freiburg u. a. 1977, 165 ff. – TH. WÜRTENBERGER, WR., Widerstandspflicht, in: Evangelisches Soziallexikon 1980, Sp. 1440 ff. – H. SCHAMBECK, W., in: Katholisches Soziallexikon 1980, Sp. 3343 ff. – F. E. SCHNAPP, in: Grundgesetz-Kommentar, hg. v. I. VON MÜNCH, 2. Aufl. 1981, 2.9 zu Art. 20 – K. HESSE, Grundzüge des Verfassungsrechts, 13. Aufl. 1982, 282 ff. (Das WR. des Art. 20 Abs. 4 GG) – H. JUROS, Das Recht auf W. als Gewissensproblem, in: W. in der Demokratie, 1983, 7 ff. – I. VON MÜNCH, WR. als Verfassungsproblem, das. – CLAUS ARNDT, Bürger oder Rebell? das. – W. A. KEWENIG, W. zwischen Theorie und Praxis, das. – R. DREIER, in: Recht u. Staat im sozialen Wandel, Festschr. f. H. U. SCUPIN, 1983, 573 ff. – H. SIMON, Redebeitrag Kirchentag 1983, Dt. Allg. Sonntagsblatt 10. 7. 1983 – J. HABERMAS, Ungehorsam mit Augenmaß, Die Zeit 23. 9. 1983 – K. KRÖGER, Bürgerprotest i. demokratischen Staat, Beilage zum „Parlament" 1. 10. 1983 – M. KRIELE, Die Rechtfertigungsmodelle des W., das. – T. RENDTORFF, W. heute?, das. – G. FRANKENBERG, Ziviler Ungehorsam u. rechtsstaatliche Demokratie, JZ 1984, 266 ff.

Jürgen Schmude

Wiedertäufer →Täufertum

Wiedervereinigung Deutschlands. I. Geschichte und politische Aspekte. A. Die „dt. Frage" ist schon während des Zweiten Weltkrieges das wichtigste Thema bei den Konferenzen zwischen den USA, der Sowjetunion und Großbritannien gewesen. Bei den Besprechungen zwischen diesen Staaten, die sich nach dem dt. Überfall auf die UdSSR am 22. Juni 1941 und der Kriegserklärung an die USA am 11. Dez. 1941 mit anderen verbündeten Mächten zur „Anti-Hitler-Koalition" zusammengeschlossen hatten, wurden von Anfang an nicht nur die notwendigen militärischen Operationen, sondern auch Fragen der Nachkriegspolitik gegenüber Dtschld. beraten. Im Mittelpunkt der Erörterungen standen bei den Konferenzen in *Teheran* (28. Nov. – 1. Dez. 1943) und *Jalta* (4. – 11. Febr. 1945) Pläne zur Aufteilung (dismemberment) Dtschld. in drei bis sieben selbständige Staaten und zur Bildung von Besatzungszonen. Nach der dt. Kapitulation erklärten die Großmächte – erstmals unter Beteiligung Frankreichs – am 5. Juni 1945, daß die Übernahme der obersten Regierungsgewalt in Dtschld. durch sie nicht die Annektierung Dtschld. bewirke und die vier alliierten Regierungen „später die Grenzen Dtschld. oder irgendeines Gebietes, das gegenwärtig einen Teil dt. Gebietes bildet, festlegen" werden. Das Potsdamer Abkommen vom 2. Aug. 1945 enthält die grundlegenden Vereinbarungen über die Besatzungspolitik in Dtschld. Frankreich war an den Beratungen in Potsdam (17. Juli – 2. Aug. 1945) nicht beteiligt, obwohl es bei der Juni-Erklärung mitgewirkt hatte und als Besatzungsmacht Mitglied des Alliierten Kontrollrates war. Es hat den Potsdamer Beschlüssen der „Großen Drei" niemals offiziell zugestimmt und fühlte sich auch nicht daran gebunden. Das Potsdamer Abkommen legte bei den „Politischen Grundsätzen" fest, daß die Verwaltung Dtschld. dezentralisiert und in örtl. Selbstverantwortung durchgeführt werden sollte: „Zu diesem Zweck ... wird bis auf weiteres keine zentrale dt. Regierung errichtet werden. Jedoch werden einige wichtige zentrale dt. Verwaltungsabteilungen errichtet werden, an deren Spitze Staatssekretäre stehen, und zwar auf den Gebieten des Finanzwesens, des Transportwesens, des Verkehrswesens, des Außenhandels und der Industrie. Diese Abteilungen werden unter der Leitung des Kontrollrates tätig sein." Damit waren die ursprüngl. erörterten Teilungspläne von den „Großen Drei" aufgegeben; allerdings wurde für den dt. Osten eine schwerwiegende Sonderregelung getroffen: „Die Konferenz hat grds. dem Vorschlag der Sowjetregierung hinsichtl. der endgültigen Übergabe der Stadt Königsberg und des anliegenden Gebietes an die Sowjetunion zugestimmt, wobei der genaue Grenzverlauf einer sachverständigen Prüfung vorbehalten bleibt." Der südl. Teil Ostpreußens und die dt. Gebiete ostwärts der Oder (aber einschl. Stettin) und der westl. Neiße wurden aus der SBZ ausgeklammert und unter die Verwaltung des polnischen Staates gestellt, wobei bestimmt wurde, „daß die endgültige Festlegung der Westgrenze Polens bis zu der Friedenskonferenz zurückgestellt werden soll" (s. a. Ostgebiete, deutsche). Bei den „Wirtschaftl. Grundsätzen" wurde vereinbart: „Während der Besatzungszeit ist Dtschld. als eine wirtschaftl. Einheit zu betrachten."

B. In der Folgezeit wurden die Potsdamer Vereinbarungen für die Besatzungspolitik nur z. T. durchgeführt (→Besatzungsregime). Vor allem unterblieb die Errichtung der zentralen Verwaltungsabteilungen unter der Leitung dt. Staatssekretäre. Frankreich verhinderte ihre Bildung durch sein Veto im Kontrollrat mit der formellen Begründung, es sei an die Potsdamer Vereinbarungen nicht gebunden. Ein Entgegenkommen wurde nur für den Fall angedeutet, daß vorher das Rheinland, das Ruhr- und das Saargebiet von Dtschld. abgetrennt würden. Das Fehlen zentraler dt. Verwaltungsstellen nahm dem *Alliierten Kontrollrat* die wichtigste Aufgabe. Nicht zuletzt dadurch wurde eine ähnl. Entwicklung wie in Österreich unmögl. gemacht, das ebenfalls in vier Besatzungszonen geteilt, dessen Hauptstadt Wien gleichfalls in vier Sektoren gegliedert war und das auch einen Alliierten Kontrollrat als oberste Gewalt hatte. Zum Unterschied von Dtschld. gab es aber eine österr. Regierung, die trotz starker Behinderung durch die Zonengrenzen die Verwaltungstätigkeit unter dem Kontrollrat mit wachsenden Befugnissen ausübte. Das Schwergewicht der Besatzungstätigkeit in Dtschld. lag in den Anweisungen der Zonenbefehlshaber. Jede Besatzungsmacht prägte ihre Zone nach den eigenen politischen, wirtschaftl. und kulturellen Vorstellungen. Es bedarf keiner Erläuterung, daß zB die Angloamerikaner unter „Demokratisierung" etwas anderes verstanden als die Sowjets. Seit Mitte 1946 waren Chancen für eine gemeinsame Dtschld.politik der Besatzungsmächte kaum noch vorhanden, wenn es auch gelegentl. Übereinstimmungen gab, zB bei der Auflösung Preußens im Frühjahr 1947. Für das Scheitern einer alliierten Lösung der dt. Frage war die Wechselwirkung zwischen der seit 1946 steigenden Weltspannung USA – Sowjetunion und der Entwicklung in Dtschld. ausschlaggebend: Der *„Kalte Krieg"* verhinderte die Einigung *über* Dtschld., denn er erforderte den Kampf *um* Dtschld. als eines wirtschaftl. und politischen Machtfaktors, vor allem aber als einer strategischen Position. Das Grundelement des „Kalten Krieges" ist das abgrundtiefe Mißtrauen zwischen Ost und West. Jede Seite kann eine Reihe gewichtiger Gründe anführen, die das Mißtrauen rechtfertigen sollen. Die Westmächte befürchteten zB ein Vordringen der Roten Armee über die festgelegten Demarkationslinien hinaus, machten die Sowjets für kommunistische Unruhen in Westeuropa und den Bürgerkrieg in Griechenland verantwortl. und verübelten ihnen die Verzögerung freier Wahlen in Polen; die Sowjets vermuteten eine neue „kapitalistische Einheitsfront" mit dem Ziel militärischer Einkreisung und fühlten sich bes. durch die atomare Umrüstung der USA (Atombombenversuche Juni/Juli 1946 beim Bikini-Atoll) bedroht. Auch in außereurop. Fragen (Iran, Dardanellen, Treuhandschaft über Pazifikinseln) gab es bald Spannungen zwischen den Siegermächten.

Im Mai 1946 stellten die Amerikaner die Reparationslieferungen aus ihrer Zone an die Sowjets ein mit der Begründung, die Russen entnähmen ihrer Zone Reparationen aus der laufenden Produktion und erzielten Überschüsse, während die USA hohe Beträge in ihr Besatzungsgebiet hineinstecken müßten. Am 2. Dez. 1946 legten die brit. und amerik. Regierung ihre beiden Besatzungszonen zum „Vereinigten Wirtschaftsgebiet" („Bi-Zone") zusammen, weil der Alliierte Kontrollrat sich nicht über die notwendigen Maßnahmen habe einigen können, Dtschld. als eine wirtschaftl. Einheit zu behandeln. Die Bi-Zone erhielt eine hohe Dollaranleihe. 1948 schloß sich die franz. Besatzungszone an („Tri-Zone"). Die wirtschaftl. Maßnahmen der Westmächte erreichten ihren Höhepunkt mit der Währungsreform am 18./20. Juni 1948. Im Juli 1948 folgten Besprechungen der drei Militärgouverneure mit den Ministerpräsidenten der in den Westzonen gelegenen dt. Länder mit dem Ziel der Bildung eines Bundesstaates unter einem Drei-Mächte-Besatzungsstatut. Der am 1. Sept. 1948 konstituierte „Parlamentarische Rat" arbeitete das →Grundgesetz für die „Bundesrepublik Deutschland" aus, das am 8. Mai 1949 verabschiedet wurde. Nach Verkündung des Besatzungsstatutes trat die *„Bundesrepublik Deutschland"* (im folgenden kurz: BRD) am 23. Mai 1949 ins Leben. Am 14. Aug. 1949 fanden die Wahlen zum ersten Bundestag statt, aus denen Mitte Sept. 1949 die erste Bundesregierung hervorging.

C. Der weltpolitische Hintergrund für diese Vorgänge war die seit 1946 eingeleitete *Eindämmungspolitik* („containment policy") der USA gegenüber der Sowjetunion. Sie fand zB ihren Ausdruck in der am 12. März 1947 vor dem USA-Kongreß erklärten *Truman-Doktrin,* durch die auch entfernten Ländern amerik. Unterstützung vor kommunistischer Bedrohung zugesagt wurde. Ihr Kern aber war der Plan, rund um die Sowjetunion eine Einkreisungsfront zu bilden und auf den Zusammenbruch zu warten, der damals wegen der großen inneren Schwierigkeiten in der Sowjetunion erwartet wurde. Die wirtschaftl. und politische Integration Westdtschld. führte am 20. März 1948 zur letzten Sitzung des freilich schon vorher kaum noch funktionsfähigen Kontrollrates, der seitdem nicht mehr zusammengetreten ist.

Die sowjetische Reaktion auf die amerik. Eindämmungspolitik bestand in der verstärkten Umwandlung der osteurop. Staaten zu „Volksdemokratien" und in der Ausschaltung der Oppositionsparteien in diesen Ländern. Gegen den Anfang 1948 deutl. werdenden Plan zur Bildung eines westdt. Staates ergriff die Sowjetunion eine Reihe von Maßnahmen, von denen die totale *Blockade →Berlins* (24. Juni 1948 – 12. Mai 1949) die einschneidendste und die psychologisch verhängnisvollste für die Sowjets war. Ihre Beendigung erfolgte im Hinblick auf eine vereinbarte Viermächtekonferenz zur Dtschld.frage, die vom 23. Mai – 20. Juni 1949 in Paris tagte. Die Westmächte schlugen die Wiederherstellung der Einheit Dtschld. in der Form eines Beitritts der in der Sowjetzone liegenden Länder zum Bonner GG und zum Besatzungsstatut vor. Nach der auf diese Weise vollzogenen Wiedervereinigung sollte zur Kontrolle eine Viermächte-Hochkommission gebildet werden, für deren Beschlüsse das Mehrheitsprinzip – also kein Vetorecht – gelten sollte. Die Sowjetunion hielt beide Vorschläge für unannehmbar, weil sie eine ständige Majorisierung befürchtete. Nach dem Scheitern der Konferenz führten die Westmächte in der Dreimächte-Hochkommission für die BRD das Einstimmigkeitsprinzip ein, auf dem sämtl. Bündnissysteme des Westens beruhen. Nachdem die Bundesregierung in Bonn im Sept. 1949 ihre Tätigkeit aufgenommen hatte, wurde am 7. Okt. 1949 im Bereich der SBZ die *„Deut-*

sche Demokratische Republik" (DDR) proklamiert.

D. BRD und DDR wurden immer stärker in die rivalisierenden Machtblöcke einbezogen. Das geschah zunächst auf wirtschaftl. und politischem Gebiet, seit 1951 auch im militärischen Bereich. Im Nov. 1951 unterzeichnete der Bundeskanzler in Paris den Vertragsentwurf über die dt. Beteiligung an einer europ. Armee, über den der Bundestag Anfang 1952 beriet.

In dieser Situation richtete die Sowjetunion ihre berühmt gewordene Note vom 10. März 1952 an die Westmächte. In ihr und den folgenden Noten – vom 9. April, 24. Mai und 23. Aug. 1952 – bot die Sowjetunion freie gesamtdt. Wahlen, den Abzug aller ausländischen, also auch ihrer Truppen, aus Dtschld. und die Unterstützung der Aufnahme Dtschld. in die UN an, wenn ein Friedensvertrag mit einer gesamtdt. Regierung abgeschlossen werde, in dem der völkerrechtl. Status Dtschld. i. S. eines Teilnahmeverbotes an militärischen Blockbildungen festgelegt werde. Der Note lag ein Grundriß für einen Friedensvertrag bei, verbunden mit der Erklärung, auch andere Vorschläge zu prüfen. Die Westmächte forderten zuerst freie Wahlen, völlige Handlungsfreiheit der zukünftigen gesamtdt. Regierung und außerdem vorweg eine Prüfung durch eine UN-Kommission, ob die Voraussetzungen für die Durchführung freier Wahlen im sowjetischen Besatzungsgebiet gegeben seien. Der Notenwechsel verlief ergebnislos. Die Sowjets wollten sich nicht vor Festlegung des völkerrechtl. Status des wiedervereinigten Dtschld. dem Wagnis freier Wahlen aussetzen, die nach Sachlage zum Verlust der DDR, des sowjetischen Faustpfandes an dt. Land, zum Vorteil des Westblocks geführt hätten. Die Ablehnung der sowjetischen Vorschläge durch den Westen hatte im wesentl. zwei Gründe, die durch die unterschiedl. Motive der beteiligten Mächte erklärbar sind: Ein Teil sah in der dt. W. eine unerwünschte Gewichtsverschiebung in Europa, weil er die natürl., wirtschaftl. und politische Stärke eines wiedervereinigten Dtschld. fürchtete. Ein anderer Teil sah in der BRD den östl. Brückenkopf der freien Welt mit der Funktion einer „vorgeschobenen strategischen Position, welche die sowjetkommunistischen militärischen und politischen Positionen in Polen, der Tschechoslowakei, in Ungarn und anderen angrenzenden Ländern unterminiert" (JOHN FORSTER DULLES, amerik. Außenminister 1952 – 1959, in seinem 1950 erschienenen Buch „War or Peace?" [„Krieg oder Frieden?"]). Für diese Gruppe war jeder Vorschlag der Sowjets, der den dt. Raum den operativen Planungen der USA entzog, unannehmbar. Der Notenwechsel 1952 fiel in eine Neuorientierung der amerik. Außenpolitik: Die „Eindämmungspolitik" hatte nicht zum Zusammenbruch der Sowjetunion oder auch nur zu einem Nachgeben in wesentl. Punkten geführt. Deshalb befürworteten Präsident EISENHOWER und Außenminister DULLES anstelle der statischen „Eindämmungspolitik" eine dynamische *„Befreiungspolitik"* („liberation policy"), ein „Zurückdrängen" („roll back") der Sowjets auf die Grenzen von 1939. EISENHOWER nannte während des Präsidentschaftswahlkampfes am 25. Aug. 1952 siebzehn Länder in Europa und Asien, die vom Kommunismus befreit werden müßten. DULLES meinte, durch psychologische Kriegsführung, Embargo und durch Unterstützung antisowjetischer Strömungen in den Staaten des Ostblocks eine revolutionäre Situation herbeiführen zu können. Im Juni 1953 gab DULLES bekannt, daß elf Bücher amerik. Verfasser, die sich in Bibliotheken amerik. Botschaften in Europa befunden hatten, verbrannt worden seien, weil darin zum Ausdruck gebracht wurde, daß ein friedl. Nebeneinanderbestehen zwischen den USA und der Sowjetunion durchaus mögl. sei.

E. Auch die „Befreiungspolitik" der EISENHOWER-Regierung hat weder zu der angestrebten *„Neuordnung Osteuropas"* noch zu einem Einlenken der Sowjets auf die westl. Vorstellungen zur dt. W. geführt. Militärtechnische Entwicklungen auf der östl. Seite – die Explosion einer russ. Wasserstoffbombe am 12. Aug. 1953, mehr aber noch der Besitz von Raketen mit interkontinentaler Reichweite, der durch die sowjetischen Sputniki sei Ende 1957 offenkundig wurde – machten dieser Politik ein Ende.

Die Viermächte-Konferenz in Berlin vom 25. Jan. – 18. Febr. 1954 – die erste Konferenz zwischen den Westmächten und der Sowjetunion über die Dtschld.frage seit der Pariser Außenministerbegegnung vom Mai/Juni 1949 – brachte keine Fortschritte, weil beide Seiten auf den bisherigen Standpunkten beharrten. Nachdem die Franz. Nationalversammlung am 31. Aug. 1954 die Europ. Verteidigungsgemeinschaft abgelehnt hatte, wurden auf der Pariser Konferenz vom 19. – 23. Okt. 1954 die Pariser Verträge beschlossen, die u. a. den Beitritt der BRD zur NATO und zur Westeurop. Union sowie die Beendigung des Besatzungsregimes vorsahen. Die drei Westmächte und die BRD erklärten, daß „ein wesentl. Ziel ihrer gemeinsamen Politik eine zwischen Dtschld. und seinen ehem. Gegnern frei vereinbarte friedensvertragl. Regelung für ganz Dtschld. ist . . . Sie sind weiterhin darüber einig, daß die endgültige Festlegung der Grenzen Dtschld. bis zu dieser Regelung aufgeschoben werden muß. Bis zum Abschluß der friedensvertragl. Regelung werden die Unterzeichnerstaaten zusammenwirken, um mit friedl. Mitteln ihr gemeinsames Ziel zu verwirklichen: Ein wiedervereinigtes Dtschld., das eine freiheitl.-demokratische Verf. ähnl. wie die Bundesrepublik besitzt und das in die europ. Gemeinschaft integriert ist." Während der Bundestag über die Ratifizierung der *Pariser Verträge* beriet, veröffentlichte die Sowjetregierung am 15. Jan. 1955 eine Erklärung zur Dtschld.frage. Darin werden gesamtdt. freie Wahlen unter internationaler Aufsicht zur Wiederherstellung der Einheit Dtschld. vorgeschlagen, gleichzeitig aber angekündigt, daß durch die Annahme der Pariser Abkommen eine neue Lage entstehen werde. Am 8. Febr. 1955 erklärte MOLOTOW vor dem Obersten Sowjet, daß bei einer Ablehnung der Pariser Verträge gesamtdt. freie Wahlen noch i. J. 1955 mögl. wären, daß aber im Falle einer Ratifizierung die W. auf lange Sicht unmögl. werde. Am 27. Febr. 1955 verabschiedete der Bundestag die Verträge. Die Souveränität der BRD wurde am 5. Mai 1955 proklamiert und das Inkrafttreten der Pariser Verträge bekanntgegeben. Die Aufnahme der BRD in die NATO erfolgte am 9. Mai 1955 (→Nordatlantikpakt). Die Genfer Konferenz der Regierungschefs der drei Westmächte und der Sowjetunion vom 17. – 23. Juli 1955 ließ erstmalig dt. Beobachterdelegationen aus der BRD und der DDR zu. Ein Fortschritt in der Sache wurde insoweit erzielt, als alle Mächte darin übereinstimmten, daß mit der Frage der W. Dtschld. Probleme der europ. Sicherheit verknüpft seien. Auf der Rückreise von Genf nach Moskau erklärte CHRUSCHTSCHOW in Ostberlin, daß „die mechanische Vereinigung beider Teile Dtschld., die sich in verschiedenen Richtungen entwickeln", unrealistisch sei und „die dt. Frage nicht auf Kosten und Interessen der DDR" gelöst werden könne. Seit diesem Zeitpunkt hat die Sowjetunion daran festgehalten, daß die W. Dtschld. „Sache der Deutschen selbst" sei, worunter sie Verhandlungen zwischen Vertretern „beider dt. Staaten" versteht. Der Besuch Dr. ADENAUERS vom 9. – 13. Sept. 1955 in Moskau führte zur Aufnahme diplomatischer Beziehungen Sowjetunion – BRD, brachte aber keine Ergebnisse in der Frage der W. Die Hoffnung, daß die Pariser Verträge die Bemühungen um die W. erleichtern würden, erwies sich als trügerisch. Der gesamtdt. Desintegrationsprozeß wurde immer stärker. Nachdem die Sowjetunion schon am 26. März 1954 die Souveränität der DDR – ausgenommen die Fragen gesamtdt. Charakters und die Abmachungen der vier Mächte untereinander – anerkannt hatte, folgte im Vertrag vom 20. Sept. 1955 die Auflösung des sowjetischen Hochkommissariats, die Außerkraftsetzung der Beschlüsse des Kontrollrates für die DDR und die Vereinbarung des Verbleibens der sowjetischen Truppen in Mitteldtschld. Am 28. Jan. 1956 beschloß die Prager Konferenz der Ostblock-Staaten die Eingliederung „der Volksarmee der DDR" in den am 14. Mai 1955 gegründeten militärischen Beistandspakt (→Warschauer Beistandspakt), der u. a. „die Unantastbarkeit der Grenzen und des Territoriums der DDR" garantiert.

F. In den folgenden Jahren bis zur *Berlin-Note* der Sowjetunion vom 27. Nov. 1958 gab es keine internationalen Konferenzen über die Dtschld.frage mehr, jedoch mehrfach Erklärungen über den Zusammenhang zwischen W. und europ. Sicherheit sowie über den Status der DDR.

Am 31. Dez. 1956 schlug ULBRICHT in einem Zeitungsartikel erstmalig eine *Konföderation* (Staatenbund) „der beiden dt. Staaten" als Übergangsstadium zur W. vor. Offiziell wurde dieser Vorschlag in einer Regierungserklärung der DDR vom 26. Juli 1957 gemacht, in der es heißt, daß ein „konkreter Weg" zur W. „die Bildung eines Staatenbundes zwischen der DDR und der BRD auf der Basis eines völkerrechtl. Vertrages" sei. „Die Konföderation braucht vorerst keine über den beiden Staaten stehende selbständige Staatsgewalt zu schaffen und würde jedes Herrschaftsverhältnis des einen über den anderen dt. Staat ausschließen . . . Der Anfang einer dt. Konföderation wäre ein Abkommen zwischen der DDR und der BRD über die Durchführung einer gemeinsamen Politik in bestimmten Fragen", zB Aufhebung der Wehrpflicht, Vereinbarung über beiderseitige Truppenstärke, Ausscheiden aus der NATO und aus dem Warschauer Pakt. Etwa zur gleichen Zeit wurden in West und Ost *Neutralisierungspläne* vorgetragen, darunter von den US-Senatoren HUMPHREY und KNOWLAND und der brit. Labourführung sowie dem polnischen Außenminister RAPACKI. Kern dieser Neutralisierungsvorstellungen war es, eine Zone der begrenzten und kontrollierten atomwaffenfreien Bewaffnung in Mitteleuropa (vor allem der beiden Teile Dtschld.) zu schaffen, aus der die Westmächte und die Sowjetunion schrittweise ihre Truppen abziehen sollten (disengagement). In die Dtschld.politik der Großmächte brachte die sowjetische Berlin-Note vom 27. Nov. 1958 neue Bewegung. Die Sowjets kündigten den Vier-Mächte-Status Berlins auf und forderten die Westmächte auf, innerhalb von sechs Monaten den Berlin-Status vertragl. neu zu regeln: West-Berlin solle den Status einer „Freien Stadt" erhalten und Ost-Berlin in das Gebiet der DDR eingegliedert werden. Sollte die Frist ungenutzt verstreichen, würden die sowjetischen Berlin-Rechte an die DDR übertragen und die Rechte der Westmächte in Berlin als erloschen angesehen (→Berlin). Westmächte und BRD lehnten die Vorschläge als unannehmbar ab und fanden bei der NATO und Westeurop. Union volle Unterstützung: Kein Staat habe das Recht, sich einseitig aus seinen internationalen Abmachungen zu lösen; die Berliner Frage könne nur im Rahmen eines Abkommens mit der Sowjetunion über die gesamte Dtschld.frage geregelt werden. Am 10. Jan. 1959 richtete die Sowjetunion an die Westmächte, an die BRD und DDR sowie an die Staaten, die mit ihren Streitkräften am Kriege gegen Dtschld. teilgenommen hatten, eine Note, der der Entwurf eines aus 48 Art. bestehenden Friedensvertrages mit Dtschld. beilag. Die Sowjets schlugen vor, diesen Entwurf auf einer Konferenz mit allen ehem. Kriegsgegnern Dtschld. und Vertretern der BRD und DDR zu beraten. Falls die Hinzuziehung aller ehem. Kriegsgegner für verfrüht gehalten werde, sei auch eine Vorverhandlung zwischen den Vier Mächten, BRD und

DDR erwünscht. Aus dem Entwurf ist bes. hervorzuheben, daß der Friedensvertrag nicht mit einer gesamtdt. Regierung, sondern mit der BRD und der DDR abgeschlossen werden sollte. Falls BRD und DDR sich vor Unterzeichnung des Friedensvertrages noch in direkten Verhandlungen zu einer „Dt. Konföderation" zusammenschließen würden, sollte auch von dieser der Friedensvertrag unterschrieben werden. Der Abschluß des Friedensvertrages wurde als Vorstufe eines staatl. Zusammenschlusses von BRD und DDR bezeichnet. BRD und DDR bzw. der spätere gesamtdt. Staat sollten den Status einer völkerrechtl. garantierten bewaffneten Neutralität erhalten, allerdings bei Verbot von Besitz und experimenteller Erprobung der Kernwaffen (→ABC-Waffen), Raketenwaffen und U-Booten. Als Grenzen sollte der Besitzstand vom 1. Jan. 1959 gelten, das bedeutete Verzicht auf die deutschen Ostgebiete. Bis zum späteren Zusammenschluß von BRD und DDR sollte West-Berlin die Stellung einer entmilitarisierten Freien Stadt erhalten.

In ihrer Antwortnote lehnten Westmächte und BRD es ab, den sowjetischen Friedensvertragsentwurf als Verhandlungsgrundlage anzunehmen, erklärten sich aber zu einer Außenministerkonferenz über eine Neuregelung des Dtschld.- und Berlin-Problems bereit. Der amerik. Außenminister DULLES betonte in einer Pressekonferenz am 27. Jan. 1959, der sowjetische Vorschlag einer Konföderation sei nicht annehmbar, da sein wesentl. Zweck die Verewigung der Spaltung Dtschld. statt der W. sei. Es gebe aber Formen einer Konföderation, die einen großen Fortschritt in Richtung Einheit darstellen könnten. Daß freie Wahlen nicht die einzige Methode zur Vereinigung seien, lehre die Gesch. Die USA würden eine W. nicht deshalb ablehnen, weil sie durch eine andere Methode als freie Wahlen zustande komme. Am 31. März/1. April 1959 berieten die Außenminister der drei Westmächte und der BRD in Washington über Fragen gemeinsamen Interesses. Die amerik. Regierung legte einen Arbeitsplan für die W. vor, der mehrere Stufen vorsah, darunter eine lose Konföderation, die Schaffung eines gesamtdt. Rates, die Bildung einer beratenden Versammlung und schließl. die Abhaltung freier gesamtdt. Wahlen zu einem gesamdt. Parlament. Die Bundesregierung sah es als bedenklich an, den sowjetischen Vorstellungen schon vor dem Beginn von Verhandlungen so weitgehend entgegenzukommen. Sie hielt überdies alle Angebote aus dem Osten zur Regelung der dt. Frage oder zum Abschluß eines Friedensvertrages stets schon deshalb für verdächtig, weil die Sowjetunion nach ihrer Ansicht nur an einer Bolschewisierung ganz Dtschld. oder an einer Aufrechterhaltung der dt. Teilung interessiert sein konnte. Deshalb ging die Bundesregierung in ihrer praktischen Politik davon aus, es sei besser, dem Westen Dtschld. seine freiheitl. demokratische Verf.ordnung zu bewahren, statt sie durch ihrer Ansicht nach unsichere Experimente zu gefährden.

G. Die von allen Beteiligten gewünschte Außenministerkonferenz fand in Genf in zwei Phasen vom 11. Mai – 20. Juni und 13. Juli – 5. Aug. 1959 statt. An ihr nahmen außer den Außenministern der Vier Mächte offizielle Vertreter der BRD und der DDR teil, die während der Tagungen auch ihre Standpunkte darlegten. Während die Sowjetunion eine Beschränkung der Konferenzthemen auf die Frage des Friedensvertrages mit Dtschld. und das „West-Berlin-Problem" anstrebte, setzten die Westmächte auch eine Erörterung über Wege zur W. durch. Der von der Bundesregierung gebilligte Westplan sah in vier Stufen ein paralleles schrittweises Vorgehen auf dem Gebiet der W. und der europ. Sicherheit vor.

Da weder der sowjetische Entwurf eines dt. Friedensvertrages von den Westmächten noch der westl. Vierstufenplan von der Sowjetregierung als Verhandlungsgrundlage angenommen wurden, scheiterte auch diese Genfer Außenministerkonferenz. Trotz des ergebnislosen Verlaufs ließ die Sowjetunion die Berlin-Frage zunächst auf sich beruhen. Erst nach dem Amtsantritt des neuen amerik. Präsidenten drängte CHRUSCHTSCHOW bei dem Wiener Treffen mit KENNEDY im Juni 1961 auf den Abschluß eines Friedensvertrages mit Dtschld. nach den sowjetischen Vorschlägen und kündigte bei Weigerung der Westmächte einen separaten Friedensvertrag mit der DDR an, der das Erlöschen der bisherigen Rechte der Westmächte in West-Berlin zur Folge haben würde. Die Westmächte stellten sofort klar, daß sie ein Erlöschen ihrer Rechte in Berlin durch einseitiges Vorgehen der Sowjetunion unter keinen Umständen hinnehmen würden. Sie bekräftigten noch einmal ihr Recht auf Anwesenheit in Berlin und freien Zugang dorthin und bestritten erneut die These, daß der Ostsektor Berlins einen Teil des Territoriums der DDR darstelle oder daß Berlin auf dem Territorium der DDR liege. In seiner Rundfunk- und Fernsehansprache vom 25. Juli 1961 erklärte KENNEDY, die USA seien entschlossen, für Berlin zu kämpfen, präzisierte aber zugleich auch das Ausmaß der Verhandlungsbereitschaft: „Unsere Anwesenheit (in Berlin) ist ein Resultat unseres Sieges über Nazidtschld. – und zu unseren Grundrechten, dort zu sein, die aus diesem Sieg stammen, gehört sowohl unsere Anwesenheit in West-Berlin wie auch die Wahrnehmung des Rechts auf Zugang durch Ostdtschld. Diese Rechte sind wiederholt in bes. Abkommen mit der Sowjetunion bestätigt und anerkannt worden ... Aber zu diesen Rechten kommt noch unsere Verpflichtung hinzu, mehr als zwei Millionen Menschen die Selbstbestimmung ihrer Zukunft und die freie Wahl ihrer Lebensform zu gewährleisten – und diese Möglichkeit notfalls zu verteidigen ... Wir können und werden es nicht zulassen, daß die Kommunisten uns – sei es allmähl. oder mit Gewalt – aus Berlin treiben ... Wir haben bereits früher unsere Bereitschaft bekundet, jedwede wirkl. Störungsfaktoren in West-Berlin zu beseitigen, aber über die Freiheit dieser Stadt gibt es kein Verhandeln. Wir können nicht mit denen verhandeln, die sagen, ‚was mir gehört ist mein, und was Dir gehört, darüber läßt sich reden'. Aber wir sind bereit, jede Vereinbarung oder jeden Vertrag in bezug auf Dtschld. zu prüfen, der in Einklang mit der Erhaltung von Frieden und Freiheit steht, sowie mit den legitimen Sicherheitsinteressen aller Nationen."

Es spricht vieles dafür, daß die Sowjets in dem geplanten Abschluß eines separaten Friedensvertrages mit der DDR und in einer Veränderung der staatsrechtl. Stellung West-Berlins ein Mittel zur Abdrosselung des Flüchtlingsstromes sahen. Die Zahl der Menschen, die seit 1949 die DDR verlassen und in die BRD gekommen waren, betrug schon Anfang 1961 über 2,5 Mio. und wuchs von Monat zu Monat stärker an. Die Errichtung der *Mauer in Berlin* am 13. Aug. 1961, die die Fluchtmöglichkeit der DDR-Bewohner nach West-Berlin und in die BRD ausschließen soll, konnte den Sowjets den Entschluß erleichtern, auf einen Separatfrieden mit der DDR zu verzichten. Er hätte auf unabsehbare Zeit Verhandlungen mit den Westmächten über die Dtschld.frage und andere wichtige Probleme unmögl. gemacht. Tatsächl. ist die Sowjetunion in den folgenden Jahren nicht mehr in ultimativer Form auf die Vorschläge zurückgekommen. Die Westmächte bezeichneten in Protestnoten die Maßnahmen des 13. Aug. als illegal, ergriffen aber keine Gegenmaßnahmen und rieten der Bundesregierung von einer Kündigung des Interzonenhandelsabkommens ab, da diese zu einer Unterbrechung der Versorgung West-Berlins führen könne. Der von KENNEDY als persönl. Vertreter mit Botschafterrang nach Berlin entsandte General CLAY empfahl der BRD die Aufnahme von Verhandlungen mit der DDR, weil eine W. eher durch direkte Gespräche mit dem ostdt. Regime als durch dessen Ignorierung zu erreichen sei. Im Herbst 1961 begannen intensive amerik.-sowjetische Sondierungsgespräche über Berlin, die durch die Kuba-Krise im Okt. 1962 unterbrochen wurden. So wie die USA durch den Verzicht auf Gegenmaßnahmen in Berlin nach Errichtung der Mauer den Status quo und den tatsächl. Herrschaftsbereich der Sowjets hinnahmen, so mußte die Sowjetunion den Versuch, den Status quo im Einflußgebiet der USA zu deren Lasten zu ändern, mit dem Abzug ihrer Raketenwaffen von Kuba beenden. Berlin und Kuba zeigen, daß beim Gleichgewicht der Massenvernichtungsmittel, über die die Weltmächte verfügen, Statusveränderungen an Brennpunkten nur in gegenseitigem Einvernehmen mögl. sind. In der amerik. Außenpolitik war zudem die von EISENHOWER und DULLES 1952 geforderte, aber seit 1955 stillschweigend wieder aufgegebene „Befreiungspolitik" offiziell durch KENNEDYS *„Strategie des Friedens"* abgelöst worden. Am 10. Juni 1963 forderte KENNEDY eine Überprüfung der Haltung der USA zu den Möglichkeiten des Friedens („dem zwangsläufig vernünftigen Ziel vernünftiger Menschen") gegenüber der Sowjetunion und zum Kalten Krieg: „Unter den vielen Zügen, die den Völkern unserer beiden Länder (USA und Sowjetunion) gemeinsam sind, ist keiner ausgeprägter als unsere beiderseitige Abscheu vor dem Krieg. Unter den großen Weltmächten haben wir – und dies ist beinahe einzigartig – niemals gegeneinander im Krieg gestanden, und wohl kein anderes Volk in der Gesch. der Kriege hat mehr gelitten als das russ. Volk im Verlauf des Zweiten Weltkrieges. Wenigstens 20 Mio. gaben ihr Leben. Zahllose Millionen von Häusern und Bauerngehöften verbrannten oder wurden zerstört. Ein Drittel des russ. Gebiets – darunter nahezu zwei Drittel seiner Industriegebiete – wurden verwüstet – ein Verlust, der der Verwüstung unseres gesamten Landes östl. von Chicago gleichkäme ..." Die angloamerik.-sowjetischen Gespräche führten am 5. Aug. 1963 zu einem ersten Ergebnis: der Unterzeichnung eines Vertrages über ein *Verbot der Kernwaffenversuche* in der Atmosphäre, im Weltraum und unter Wasser, dem mit Ausnahme von Frankreich und der Volksrepublik China alle wichtigen Staaten später beitraten. Nach der Ermordung KENNEDYS am 22. Nov. 1963 bekannte sich sein Nachfolger JOHNSON nachdrückl. zur „Strategie des Friedens". In seiner Rede vor der UN-Vollversammlung erklärte JOHNSON am 17. Dez. 1963: „Wir wissen, was wir wollen: Die USA wollen die Beendigung des Kalten Krieges, und zwar ein für allemal." Auch Präsident NIXON verwies auf die Notwendigkeit, „von der Konfrontation zur Kooperation" überzugehen. Da auch die übrigen NATO-Partner diese Politik unterstützten, drohte die BRD in die Isolierung zu geraten. Die Bundesregierung verstärkte deshalb ihre wirtschaftl. Kontakte zu osteurop. Ländern und suchte ihr Verhältnis zu ihnen zu normalisieren, stieß aber bei der Mehrzahl dieser Staaten auf die Forderung, vor der Aufnahme diplomatischer Beziehungen die DDR anzuerkennen. Sie vermied alle Handlungen, die auch nur als eine stillschweigende Anerkennung der DDR hätte gelten können. So ließ Bundeskanzler ERHARD noch am 6. Jan. 1964 ein Schreiben des DDR-Staatsratsvorsitzenden ULBRICHT ungeöffnet zurückgehen. Gegenüber ihren Verbündeten erklärte sich die Bundesregierung allerdings bereit, Entspannungsbemühungen zu fördern, wenn damit konkrete Verbesserungen in der dt. Frage verbunden seien. Am 25. März 1966 veröffentlichte die Bundesregierung ihre „Friedensnote", die die Bereitschaft enthielt, mit den osteurop. Ländern förml. Gewaltverzichtserklärungen auszutauschen. Das Echo war gering, weil in der Note erneut die These vertreten wurde, daß die W. die Voraussetzung für eine Verminderung der internationalen Spannungen sei. Demgegenüber hatte sich im gesamten Ausland die Erkenntnis durchgesetzt, daß die Teilung Dtschld. nicht die Ursache der internationalen Spannungen, sondern deren Folge sei. Deshalb könne auch die W. nicht Voraussetzung, sondern nur das Ergebnis der internationalen Entspannung sein, wenn diese auch nicht zwangsläufig zur W. führen müsse. Die Regierung der Großen Koalition (1966/69) setzte zu einer wirklichkeitsnahen Dtschld.- und Ostpolitik an und gab zB die HALLSTEIN-Doktrin auf, die ein Doppeltes beinhaltete: Keine diplomatischen Beziehungen zu Staaten, die die DDR bereits anerkannt hatten (mit Ausnahme der Sowjetunion als einer der vier ehem. Besatzungsmächte, die eine bes. Verantwortung für die W. übernommen hatten) und Abbruch der diplomatischen Beziehungen zu Staaten, die außer der BRD später auch die DDR anerkannten. So stellte die Bundesregierung im Jan. 1967 volle Beziehungen zu Rumänien her und nahm im Dez. 1967 die diplomatischen Beziehungen mit Jugoslawien wieder auf, die sie im Okt. 1957 wegen Anerkennung der DDR durch Jugoslawien abgebrochen hatte. Die Bundesregierung bekundete auch Verständnis für das Verlangen des polnischen Volkes, in einem „Staatsgebiet mit gesicherten Grenzen" zu leben, konnte sich aber nicht dazu durchringen, die DDR als zweiten Staat in Dtschld. anzusehen. Die DDR, inzwischen von einer wachsenden Zahl von Staaten anerkannt, verschärfte ihrerseits ihren ohnehin harten Abgrenzungskurs gegenüber der BRD.

H. Mehr und mehr wuchs die Gewißheit, daß die Zeit nicht für, sondern gegen die BRD gearbeitet hatte: Die Position der Roten Armee mitten in Dtschld. war gefestigter denn je, die dt. Ostprovinzen, von Mio. Polen besiedelt, wurden als integraler Bestandteil des polnischen Staatsgebietes behandelt, die Bindungen Westberlins an die BRD waren gefährdet und bestritten, die Konsolidierung der DDR vollzogen. Von dieser Lage ausgehend, nahm die im Herbst 1969 gebildete Bundesregierung BRANDT/SCHEEL mit Unterstützung durch die Verbündeten die Verhandlungen mit der Sowjetunion, der Volksrepublik Polen und der DDR auf. Parallel dazu liefen Verhandlungen der drei Westmächte mit der Sowjetunion über die Erleichterung und Verbesserung der Lage →Berlins. Die Bundesregierung hatte bei ihren Verhandlungen die Grenzen zu beachten, die das →GG und die Bündnisverpflichtungen ihrem Handeln setzten. Das GG der BRD geht von der Vorstellung des fortbestehenden gesamtdt. →Staates aus und betrachtet die vom GG errichtete Staatsordnung als eine Ausübung gesamtdt. Staatsgewalt auf einem räumlich zunächst beschränkten Gebiet. Aus dem GG ist „für alle politischen Staatsorgane der BRD die Rechtspflicht abzuleiten, die Einheit Dtschld. mit allen Kräften anzustreben, ihre Maßnahmen auf dieses Ziel auszurichten und die Tauglichkeit für dieses Ziel jeweils als einen Maßstab ihrer politischen Handlungen gelten zu lassen". Dabei muß es freilich den berufenen Organen der BRD „überlassen bleiben zu entscheiden, welche Wege sie zur Herbeiführung der W. als politisch richtig und zweckmäßig ansehen. Nach der negativen Seite hin bedeutet das W.gebot, daß die staatl. Organe alle Maßnahmen zu unterlassen haben, die die W. rechtl. hindern oder faktisch unmöglich machen" (BVerfGE 5, 127/128). Deshalb hob Bundeskanzler BRANDT schon in der *Regierungserklärung vom 28. Okt. 1969* hervor: „Aufgabe der praktischen Politik in den jetzt vor uns liegenden Jahren ist es, die Einheit der →Nation dadurch zu wahren, daß das Verhältnis zwischen den Teilen Dtschld. aus der gegenwärtigen Verkrampfung gelöst wird ... Eine völkerrechtl. Anerkennung der DDR durch die Bundesregierung kann nicht in Betracht kommen. Auch wenn zwei Staaten in Dtschld. existieren, sind sie doch füreinander nicht Ausland, ihre Beziehungen zueinander können nur von besonderer Art sein." Nach Art. 2 des zwischen der BRD und den drei Westmächten geschlossenen Dtschld.vertrages vom 23. Okt. 1954 behalten die Drei Mächte „im Hinblick auf die internationale Lage, die bisher die W. Dtschld. und den Abschluß eines Friedensvertrages verhindert hat, ... die bisher von ihnen ausgeübten oder innegehabten Rechte und Verantwortlichkeiten in bezug auf Berlin und auf Dtschld. als Ganzes einschl. der W. Dtschld. und einer friedensvertragl. Regelung". Die von der Bundesregierung ausgehandelten Verträge mit der Sowjetunion, Polen und der DDR *(Moskauer Vertrag vom 12. Aug. 1970, Warschauer Vertrag vom 7. Dez. 1970, Grundlagenvertrag vom 21. Dez. 1972)* sind mit dem W.gebot und den alliierten Rechtsvorbehalten vereinbar. Vor der Unterzeichnung der Verträge wurde der sowjetischen und der ostdt. Regierung jeweils ein *„Brief zur deutschen Einheit"* zugeleitet, in dem die Bundesregierung feststellt, „daß dieser Vertrag nicht im Widerspruch zu dem politischen Ziel der BRD steht, auf einen Zustand des Friedens in Europa hinzuwirken, in dem das deutsche Volk in freier Selbstbestimmung seine Einheit wiedererlangt" (→Selbstbestimmungsrecht). In einem vom Freistaat Bayern angestrengten Normenkontrollverfahren hat das BVerfG durch einstimmig ergangenes *Urteil vom 31. Juli 1973* entschieden, daß der Grundlagenvertrag mit dem GG vereinbar ist (BVerfGE 36, 1/37). In dem Urteil heißt es u. a.: „Der Vertrag kann rechtlich nur gewürdigt werden, wenn man ihn in einen größeren Zusammenhang stellt. Er ist ein Stück einer umfassenden Politik, innerhalb derer vor allem die Verträge von Moskau und Warschau herausragende Meilensteine sind; diese Verträge waren ebenso Voraussetzung für den Abschluß des Grundlagenvertrages, wie der Grundlagenvertrag seinerseits für die Bundesregierung ein Ziel war, das sie durch Abschluß jener beiden Ostverträge zu erreichen hoffte. In diesem Zusammenhang gewinnt der Grundvertrag dieselbe fundamentale Bedeutung wie der Moskauer und der Warschauer Vertrag ... er bildet, wie schon sein Name sagt, die Grundlage für eine auf Dauer angelegte neue Politik. Dementsprechend enthält er weder eine zeitl. Befristung noch eine Kündigungsklausel. Er stellt eine historische Weiche, von der aus das Verhältnis zwischen der BRD und der DDR neu gestaltet werden soll" (aaO S. 20). „In der Präambel des Vertrages heißt es: ‚unbeschadet der unterschiedl. Auffassungen der BRD und der DDR zu grundsätzl. Fragen, darunter zur nationalen Frage'. Die ‚nationale Frage' ist für die BRD konkreter das W.gebot des GG, das auf die ‚Wahrung der staatl. Einheit des dt. Volkes' geht. Die Präambel, so gelesen, ist ein entscheidender Satz zur Auslegung des ganzen Vertrages: Er steht mit dem grundgesetzl. W.gebot nicht in Widerspruch. Die Bundesregierung verliert durch den Vertrag nicht den Rechtstitel, überall im internationalen Verkehr, auch gegenüber der DDR, nach wie vor die staatl. Einheit des dt. Volkes im Wege seiner freien Selbstbestimmung fordern zu können und in ihrer Politik dieses Ziel mit friedl. Mitteln und in Übereinstimmung mit den allgemeinen Grundsätzen des →Völkerrechts anzustreben. Der Vertrag ist kein Teilungsvertrag, sondern ein Vertrag, der weder heute noch für die Zukunft ausschließt, daß die Bundesregierung jederzeit alles ihr Mögliche dafür tut, daß das dt. Volk seine staatl. Einheit wieder organisieren kann" (aaO S. 25). Nach dem Abschluß des Moskauer Vertrages war die Sowjetunion am 3. Sept. 1971 auch zur Unterzeichnung des *Berlin-Abkommens* bereit. Es trat nach der Ratifizierung der Ostverträge am 3. Juni 1972 in Kraft. Das Abkommen legte fest, daß einerseits Westberlin wie bisher kein Bestandteil der BRD ist und auch weiterhin nicht von ihr regiert wird, andererseits die Bindungen zwischen Westberlin und der BRD aufrechterhalten und entwickelt werden. Im Sommer 1974 kam es zu Meinungsverschiedenheiten wegen der von der Bundesregierung mit Billigung der Westmächte beschlossenen Errichtung eines Umwelt-Bundesamtes in Westberlin. Die Sowjets beriefen sich bei ihrem Protest auf einen Passus des Abkommens, nach dem die Lage in →Berlin „nicht einseitig verändert" werden soll. Der Passus bezieht sich jedoch auf den Viersektorenstatus Berlins und nicht auf die Westsektoren. Zu den früheren Störungen auf den Verbindungswegen nach Berlin kam es nicht. Das Berlin-Abkommen, das durch ein innerdt. Transit- und Besuchsabkommen abgerundet wurde, brachte vertragl. Sicherheit für die Lebensfähigkeit Westberlins und seine Bindungen an die BRD. Als am 18. Sept. 1973 DDR und BRD als 133. bzw. 134. Mitglied in die →Vereinten Nationen aufgenommen wurden, war mit Zustimmung der Sowjetunion klargestellt, daß die BRD die Interessen von Berlin (West) – außer in den Fragen der Sicherheit und des Status, die den Siegermächten vorbehalten blieben – vertritt.

J. Ein wichtiger Beitrag zur W. wurde durch die Eingliederung des *Saarlandes* in die BRD geleistet. Nach 1945 war das Saargebiet aus dem dt. Staatsverband gelöst worden und hatte eine Verf. bekommen, deren Vorspruch die polit. Unabhängigkeit von Dtschld., den wirtschaftl. Anschluß an Frankreich samt Währungs- und Zolleinheit sowie die Vertretung der saarld. Interessen im Ausland durch Frankreich bestimmte. Außerdem führte der saarld. Landtag eine bes. saarld. Staatsangehörigkeit ein. Am 23. Okt. 1954 hatten im Rahmen des Pariser Vertragswerkes Frankreich und die BRD ein „Saarstatut" vereinbart, das der Saar eine rechtl. Sonderstellung geben sollte mit einem europ. Kommissar zur Vertretung der außenpolit. und militärischen Saarinteressen und weitgehenden wirtschaftl. Vorrechten Frankreichs. Das Inkrafttreten, das eine fortdauernde Trennung von Dtschld. bedeutet hätte, war von einer Volksabstimmung der Saarbevölkerung abhängig gemacht worden. Am 23. Okt. 1955 lehnten 67 % der Abstimmenden das Saarstatut ab. Dieses Ergebnis ermöglichte neue Verhandlungen zwischen Frankreich und der BRD, die zur Eingliederung des Saargebietes in die BRD führten. Der saarld. Landtag beschloß am 14. Dez. 1956 den Beitritt des Saarlandes zum Geltungsbereich des GG der BRD. Seit dem 1. Jan. 1957 hat das Saargebiet den rechtl. Status eines Landes der BRD, bildete aber noch bis zum 5. Juli 1959 ein einheitl. Zoll- und Währungsgebiet mit Frankreich.

Ungleich schwieriger ist die *W. im Verhältnis BRD–DDR*, weil diese Teile Dtschld. polit., wirtschaftl. und militärisch in entgegengesetzte Machtsysteme einbezogen sind. Anders als die Verf.organe der BRD gehen überdies die DDR und ihre Verbündeten nicht von der Vorstellung des fortbestehenden gesamtdt. Staates aus, sondern sehen BRD und DDR als zwei selbständige, gleichberechtigte und souveräne →Staaten auf dem →Staatsgebiet des ehem. →Dt. Reiches an. Der *Grundlagenvertrag* ist zwar kein Teilungsvertrag und hält die dt. Frage offen, macht aber schon in seiner Präambel den Grunddissens deutlich: Die Vertragspartner sind sich einig, daß sie über die „nationale Frage", d. h. die W. Dtschld., nicht einig sind. Deshalb ist der Grundlagenvertrag auch kein Vertrag über die W., er klammert diese Frage wegen des Grunddissenses vielmehr aus. Der Grundlagenvertrag mit den Folgeverträgen kann aber einer später möglich werdenden W. dadurch dienlich sein, daß er einem weiteren Auseinanderleben der dt. →Nation durch ein geregeltes Nebeneinander der beiden Staaten mit Erleichterungen für die Begegnung der Menschen entgegenwirkt.

K. Die Entwicklung seit 1972 zeigt, daß die Abkommen mit der DDR den Deutschen in beiden Staaten nützen: Die Transitwege von und nach Berlin (West) sind ohne Störung geblieben, die Reisemöglichkeiten aus der BRD und Berlin (West) in die DDR wurden verstärkt genutzt, wenn auch die Reisezahlen durch die Erhöhung der Mindestumtauschsätze (DM gegen Mark der DDR) bei Aufenthalten in der DDR vorübergehend sanken. West- und Ostberliner können wieder miteinander telefonieren, nachdem es fast 19 Jahre lang keine direkte Telefonverbindung gab. Ab 1974 wurde vollautomatischer Fernsprechverkehr (Selbstwählferndienst) zwischen BRD (und Berlin-West) in die DDR und Berlin-Ost aufgenommen. Auch für die Deutschen in der DDR haben sich die Abkommen günstig ausgewirkt: Die Zahl der aus der DDR in die BRD und nach Berlin-West reisenden Personen (hauptsächlich Rentner) und in dringenden Familienangelegenheiten hat sich stark erhöht. Deutliche Verbesserungen gab es auch im Gesundheitswesen, Umweltschutz, bei der Familienzusammenführung und im Warenverkehr. Die Zahlen für 1984 lauten: Reisen in West-Ost-Richtung 6,3 Mio.; in Ost-West-Richtung 1,5 Mio. (davon 95 % Rentner). 59 Mio Briefe wurden in die DDR versandt, 88 Mio. Briefe kamen von dort. Über 20 Mio. Pakete und Päckchen wurden in die DDR geschickt. Eine große Bedeutung für die innerdt. Kommunikation hat das Fernsehen. Die Programme aus der BRD können ungestört nahezu in der ganzen DDR empfangen werden. Die Deutschen in der DDR können sich so in ihrer Muttersprache über die Vorgänge in der westlichen Welt unterrichten.

Die Sorge, der Regierungswechsel in der BRD am 1. Oktober 1982 könnte sich ungünstig für die innerdt. Beziehungen auswirken, war unbegründet. Die neue Bundesregierung setzte die Deutschland- und Ostpolitik ihrer Vorgängerin fort, vermittelte der DDR Mrd.-Kredite und vereinbarte am 5. Juli 1985 eine neue Swing-Regelung. Bei dem Swing handelt es sich um einen zinslosen Überziehungskredit im Rahmen des innerdt. Handels, der in Verrechnungseinheiten (VE) abgewickelt wird. Der von der früheren Bundesregierung mit der DDR vereinbarte Swing von 690 Mio VE wurde für die Jahre 1986 – 1990 auf 850 Mio VE erhöht.

I. v. MÜNCH, Dokumente des geteilten Dtschld., 1968 – B. MEISSNER, Rußland, die Westmächte und Dtschld., 1954² – DERS., (Hg.), Die dt. Ostpolitik 1961 – 1970. Kontinuität und Wandel, 1970 – H. SIEGLER, W. und Sicherheit Dtschld., 1944 – 1963, 1967⁶ – Die Bemühungen der dt. Regierung und ihrer Verbündeten um die Einheit Dtschld. 1955 – 1966, 1966 hg. vom Auswärtigen Amt, Bonn – G. W. HEINEMANN, Verfehlte Dtschld.politik, 1969² – T. VOGELSANG, Das geteilte Dtschld., 1983¹² (Lit.) – Die Entwicklung der Beziehungen zwischen der BRD und der DDR, Bericht und Dokumentation, hg. vom Bundesministerium für innerdt. Beziehungen, 1973 – R. LÖWENTHAL, Vom kalten Krieg zur Ostpolitik, 1974 (Lit.).

Diether Posser

II. Die Stellungnahme der Kirche. A. Eine wesentl. Ursache des →Nationalsozialismus und der von ihm heraufgeführten, bis heute insbes. in der Spaltung Dtschld. nachwirkenden Katastrophe ist nach dem Verständnis der ev. Kirche in der *Untreue gegenüber dem Wort Gottes in Christus* zu sehen. Die Anrede der in *Treysa* vom 27. – 31. Aug. 1945 erstmalig nach dem Krieg versammelten ev. Kirchenführer an die Gemeinden hebt mit dem Satz an: „Gottes Zorngericht ist über uns hereingebrochen." In der *Stuttgarter Erklärung* vom 19. Okt. 1945 bekannte der Rat der EKD: „... Durch uns ist unendl. Leid über viele Völker und Länder gebracht worden. Was wir unseren Gemeinden oft bezeugt haben, das sprechen wir jetzt im Namen der ganzen Kirche aus: Wohl haben wir lange Jahre hindurch im Namen Jesu Christi gegen den Geist gekämpft, der im nationalsozialistischen Gewaltregiment seinen furchtbaren Ausdruck gefunden hat; aber wir klagen uns an, daß wir nicht mutiger bekannt, nicht treuer gebetet, nicht fröhlicher geglaubt und nicht brennender geliebt haben ..." In Treysa wie auch in Stuttgart verband sich mit diesem Bekenntnis die Hoffnung auf Gottes vergebende Hilfe zu einem neuen Anfang.

B. Die Erkenntnis eigener Schuld schloß nicht aus, daß die ev. Kirche sich für die Abwendung und *Überwindung der Aufspaltung* des dt. Volkes einsetzte. Als *Beweggründe* waren dabei maßgebend: Die Spaltung ist eine Gefährdung des →Friedens. Sie hindert die innere Gesundung des dt. Volkes. Sie ist eine Not für die Menschen.

Am 10. März 1948 erklärten die EKD, der Bund Evangelisch-Freikirchl. Gemeinden in Dtschld., die Methodistenkirche in Dtschld., die Altkath. Kirche in Dtschld. und die Vereinigung der Dt. Mennonitengemeinden gemeinsam: „... Schon in den letzten Jahren war die Grenze zwischen westl. und östl. Besatzungsgebiet mehr und mehr zu einem Hindernis für die äußere und innere Gesundung des dt. Volkes geworden. Jetzt stehen wir in der Gefahr, daß Dtschld. auf die Dauer in verschiedene Teile von ungleicher wirtschaftl., sozialer und geistiger Gestalt auseinandergerissen wird. Das ist eine Lage, die uns nötigt, mahnend und bittend unsere Stimme zu erheben. Denn hier geht es um den Frieden ... Friede kann nur dort sein, wo die Völker die Verhältnisse, unter denen sie leben, als gerecht und gesund oder wenigstens als erträglich empfinden. Kein Volk der Erde aber kann jemals zur Ruhe kommen, wenn mitten durch sein Land eine willkürl. Grenze gezogen wird durch ein Diktat auswärtiger Mächte. Die Mutter will zu ihrem Sohn, und die Tochter will zu ihrem Vater im anderen Teil des Vaterlandes. Ein Volk, das eine gemeinsame Sprache spricht, das eine gemeinsame Gesch. und Kultur hat, braucht freien Austausch mit allen seinen Gliedern. Unsere Gemeinden, die in West und Ost dieselben Choräle singen, dasselbe Bekenntnis und dieselbe Art des Gottesdienstes haben, wollen in ihrer jahrhundertealten gesegneten Gemeinschaft geistl. Lebens bleiben ... Alle Mahnungen zu friedl. Gesinnung müssen abprallen an der leidenschaftl. Sehnsucht eines ganzen

Volkes, die zerstörte Gemeinschaft wiederzuerlangen. So kommt Europa nicht zur Ruhe. So wird nicht Friede. Die Gesch. lehrt, daß gewaltsame Teilungen sich immer verhängnisvoll auswirken und echte Befriedung verhindern. Soll die Welt das jetzt von neuem erleben? ..."

Die Kirchenversammlung in *Eisenach* (9. – 13. Juli 1948), auf der sich die 27 Landeskirchen zur EKD zusammenschlossen, nahm diese Mahnung auf: „... Die Aufrechterhaltung der Zonengrenze und alle Maßnahmen, die auf eine endgültige Spaltung Dtschld. hinauslaufen, müssen zu immer weiterer Verelendung und zur Auflösung der sittl. Bindungen führen. Wir beschwören alle, die es angeht, jedem Versuch einer solchen Aufspaltung entschieden und beharrl. entgegenzutreten und immer wieder darauf zu dringen, daß dem dt. Volke nicht durch unmögl. Grenzziehungen die Lebensgrundlagen genommen werden ..."

Bes. eindringl. befaßte sich die Synode der EKD am 10. Okt. 1952 in *Elbingerode* mit allen die Wiedervereinigung berührenden Fragen (s. u. C).

Nach dem Aufstand am 17. Juni 1953 in der DDR richtete der Vorsitzende des Rates der EKD, Bischof D. DIBELIUS, an die alliierten Hohen Kommissare am 26. Juni 1953 ein Schreiben, in dem es u. a. heißt: „... Die Ev. Kirche in Dtschld. hat wieder und wieder ihrem dringenden Wunsch nach baldiger W. unseres Vaterlandes Ausdruck gegeben, und zwar nicht aus politischen Gründen – denn das Politische liegt jenseits ihres Auftrages –, sondern um der Menschen willen, für deren inneres und sittl. Leben sie eine Verantwortung trägt. Die Ereignisse der letzten Tage haben gezeigt, wie ernst und gewichtig diese letzteren Gründe sind. Man kann ein Volk wie das dt. nicht viele Jahre hindurch in zwei Hälften zerreißen und diese Aufspaltung unausgesetzt weiter vertiefen, ohne daß viele Menschen schließl. einer inneren Verzweiflung zum Opfer fallen. Es muß ernstl. befürchtet werden, daß Ausbrüche, wie wir sie jetzt erlebt haben, sich wiederholen und schließl. zu einem sittl. Chaos führen. Mit militärischer Gewalt allein ist dagegen nichts auszurichten. Es muß dem berechtigten Verlangen der Bevölkerung endl. Rechnung getragen werden. Aus diesem Grunde richten wir die dringende Bitte an die Hohen Kommissare, ihren jetzigen gemeinsamen Aufenthalt in Berlin nicht vorübergehen zu lassen, ohne etwas Entscheidendes für die W. Dtschld. getan zu haben."

Im Jan. 1954 tagten die Außenminister der vier Besatzungsmächte in Berlin. Nachdem der Rat der EKD sie am 11. Febr. 1954 bereits um entscheidende Schritte zur Wiederherstellung der Gemeinschaft des dt. Volkes gebeten hatte, richtete er am 12. Febr. 1954 zusammen mit der Kirchenkonferenz der EKD noch einmal ein Wort an die Konferenz: „... Wir sind überzeugt, daß der Friede Europas und der Welt gefährdet ist, solange die dt. Frage ungelöst bleibt ..."

Auch die 1955 neu gewählte Zweite Synode der EKD verband am 11. März 1955 in *Espelkamp* mit ihrem Ausdruck ihrer gesteigerten Sorge um die W. des dt. Volkes die Erklärung: „... In euer aller Namen wiederholen wir auch die inständige Bitte gegenüber allen, in deren Macht und Verantwortung es steht, unserem Volke ein gemeinsames Leben in Freiheit von neuem zu ermöglichen. Macht der widernatürl. Zerreißung, die für so viele Menschen unsägl. Not und für den Weltfrieden eine ständige Gefahr bedeutet, endlich ein Ende! ..."

Seit dem Bau der Mauer durch Berlin am 13. August 1961 setzte sich die Erkenntnis durch, daß die EKD mit dem Verlangen nach W. der getrennten Teile Dtschld. keinen Beitrag zur Entspannung in Dtschld. und Europa leisten könne. Der Rat der EKD verzichtete in der Folge mehr und mehr darauf, zu gesamtdt. Fragen Stellung zu nehmen. Er glaubte, damit am ehesten der DDR-Propaganda entgegenwirken zu können, die westl. Landeskirchen wollten mit ihrer Stimmenmehrheit im Rat die Landeskirchen der DDR bevormunden.

Einen an der Wirklichkeit des geteilten Dtschld. ausgerichteten Versuch, die Möglichkeiten der Wiederherstellung einer politischen Gemeinschaft der Deutschen darzulegen, enthält die am 1. März 1968 veröffentlichte Studie „Friedensaufgabe der Deutschen". Sie ist keine Verlautbarung des Rates der EKD, wurde aber, obwohl über ihren Inhalt im Rat der EKD unterschiedl. Auffassungen bestanden, mit seiner Zustimmung von der Kammer der EKD für öffentl. Verantwortung als „Gesprächsbeitrag" ev. Christen aus beiden Teilen Dtschld. zur Diskussion gestellt. Sie ist die letzte von ev. Christen aus beiden Teilen Dtschld. gemeinsam ausgearbeitete Ost-West-Erklärung.

Sie besagt u. a.: „Die Herstellung einer politischen Gemeinschaft der Deutschen ist denkbar und als friedensfördernder Schritt anzusehen ... Ihre Verwirklichung sollte nicht durch Auseinandersetzungen über Gebiete behindert werden, die zum Dt. Reich gehörten, heute aber kaum mehr von Menschen dt. Sprache bewohnt sind ..."

„... die Wiederherstellung voller nationaler staatl. Souveränität sollte nicht angestrebt werden. Ziel muß eine europ. Ordnung sein, die auf Zusammenarbeit ihrer Glieder unter erheblichen Souveränitätsverzichten und ohne hegemoniale Übergewichte angelegt ist. Nur in diesem Rahmen erscheint eine politische Gemeinschaft der Deutschen möglich und sinnvoll ... Der Weg zu diesem Ziel wird lang und beschwerlich sein. Während dieser Zeitspanne werden wir mit der Existenz zweier politischer Ordnungen rechnen müssen. Ihr Verhältnis zueinander muß vom Gegeneinander des Kalten Krieges wegführen und über ein geregeltes Nebeneinander zum konstruktiven Miteinander hinleiten ...

Damit die Deutschen auf der Basis ihrer Grundwerte ihren gemeinsamen Aufgaben gerecht werden können, geht es vorerst darum, zwischen den beiden Teilen ein geordnetes Nebeneinander herzustellen. Beide Teile Dtschld. müssen sich zunächst als vorläufige politische Ordnungen ansehen ... Sollte die Mehrheit der Bürger in einem der beiden Teile in freier Entscheidung die dauernde Trennung wünschen, so wäre dies vom jeweils anderen Teil zu respektieren."

In seinem Bericht an die Synode der EKD im Januar 1973 in Bremen stellte der Ratsvorsitzende Bischof DIETZFELBINGER im Rückblick auf das Bemühen der EKD, zur W. beizutragen, fest: „Es war nicht möglich, die Einheit des dt. Volkes, die W. und die Heilung des politischen Risses zwischen den verschiedenen Teilen zur Würde eines religiösen Zieles zu erheben."

C. Bei ihrem Eintreten für die Gemeinschaft des dt. Volkes hat sich die ev. Kirche stets um die Klarheit der *Grenzen ihres Auftrages* bemüht. Wiederholt nahm sie Veranlassung zu sagen, daß sie *keine konkreten politischen Weisungen* zu geben habe, daß sie vielmehr nur an das gewissenhafte Handeln der verantwortl. Politiker zu appellieren vermöge. So heißt es in der „Kundgebung für die Einheit Dtschld." der Synode der EKD vom 10. Okt. 1952 in *Elbingerode*: „... Wir sind nicht in der Lage, den verantwortl. Politikern ihre Entscheidung vorzuschreiben oder abzunehmen. Aber wir bitten alle, die es angeht, keinen Weg, der zur Verständigung führen könnte, unbeschritten zu lassen und keine weiteren Tatsachen zu schaffen, durch die die Zerreißung unseres Volkes mit ihren unheilvollen Folgen für die ganze Welt auf unabsehbare Zeit zu erstarren droht ..." Den Abgeordneten des Dt. Bundestages ließ die gleiche Synode die Erklärung zukommen: „... Die Verantwortung, die auf den Abgeordneten des Dt. Bundestages lastet, kann ihnen auch die Kirche nicht abnehmen. Die Synode bittet aber die Abgeordneten herzl., ihre Entscheidung, die sie im Blick auf das *ganze* Volk zu bedenken haben, nur nach reifl. Prüfung ihres Gewissens zu treffen ..." Als das Pariser Vertragswerk im Febr. 1955 zur Ratifizierung im Dt. Bundestag anstand, erneuerte der Rat der EKD am 3. Febr. 1955 noch einmal seine Warnung vor der Ansicht, „daß die bestehenden Spannungen in der Welt, bes. die Spaltung Dtschld., durch einen Krieg überwunden werden könnten", und fuhr fort: „... Durch Stimmen aus der ev. Kirche ist auf den Ernst der gegenwärtigen politischen Weltlage nachdrückl. hingewiesen worden. Es ist dadurch der unrichtige Eindruck entstanden, als müsse die ev. Kirche als solche in Erfüllung ihres eigentl. kirchl. Auftrags eine ganz bestimmte Entscheidung zu den Pariser Verträgen vollziehen. Wir sind aber der Überzeugung, daß allein vom Evangelium her zu dieser Entscheidung bindende Weisungen nicht gegeben werden können. Aus diesen Gründen empfehlen wir aufs neue allen Pfarrern größte Zurückhaltung in allen öffentl. Äußerungen. Es handelt sich hier um Fragen der politischen Einsicht und der politischen Verantwortung, die nach unserer gemeinsamen Überzeugung von dem an Gott gebundenen Gewissen entschieden werden müssen ..."

In der theol. Erklärung der ao. Synode der EKD vom 29. Juni 1956 fand die Abgrenzung des kirchl. Auftrages einen grds. Ausdruck: „... Das Evangelium schenkt uns die W. mit Gott, die uns willig macht auch zu aller menschl. W., indem es uns von Selbstsucht, Haß und Angst zur Liebe Christi befreit. Das Evangelium ist nicht dazu da, um uns Deutschen die politische W. zu schaffen; es öffnet uns aber das Ohr für den Notschrei der Opfer der Trennung und gibt uns die Freiheit, ihre Überwindung von Gottes Gnade zu erbitten, für sie zu arbeiten und alles zu unterlassen, was sie hindert ... Das Evangelium läßt sich nicht mit einer westl. oder östl. Weltanschauung verkoppeln und ruft den Idealisten wie den Materialisten, den religiösen wie den atheistischen Menschen zum Glauben an den lebendigen Gott ... Das Evangelium widerstreitet jedem Versuch, eine bestimmte menschl. Gesellschaftsordnung als absolut zu behaupten und sie mit Gewalt als letztes Ziel der Menschheit durchzusetzen ..."

Als die von Bischof DIBELIUS im Aug. 1959 veröff. Schrift „*Obrigkeit*" eine Erörterung um den Problemkreis von Röm 13,1–8 auslöste, erneuerte die Synode der EKD vom 21.–26. Febr. 1960 in Berlin ihre obige Aussage von 1956.

D. Die Enthaltung der ev. Kirche in den konkreten Fragen politischer Entscheidungen schloß nicht aus, daß sie je und dann die verantwortl. Staatsmänner auf bestimmte Zusammenhänge oder *Voraussetzungen für positive Ergebnisse* ihrer Bemühungen aufmerksam machte. So sprachen Rat und Kirchenkonferenz der EKD am 12. Febr. 1954 in dem schon erwähnten Wort an die Berliner Konferenz der Außenminister der vier Besatzungsmächte auch aus: „... Uns ist bewußt, daß die W. unseres Volkes mit dem Sicherheitsbedürfnis unserer Nachbarvölker untrennbar verbunden ist. Deshalb bitten wir die Herren Außenminister dringend, weiter nach konstruktiven Lösungen der Sicherheitsfrage zu suchen ..." Auch in dem Anschreiben der ev. Kirchenleitungen in der DDR vom 12. Okt. 1955 an die Genfer Konferenz der gleichen Außenminister (27. Okt.–16. Nov. 1955) kehrt der Hinweis auf den Zusammenhang zwischen dt. Selbstbestimmung und den Sicherheitsbedürfnissen der Nachbarvölker wieder: „... Es ist uns bekannt, daß die Frage der W. Dtschld. mit dem Problem der Sicherheit anderer Völker eng verbunden ist. Es kann nicht Sache der Kirche sein, für die Lösung dieses Problems konstruktive politische Vorschläge im einzelnen zu machen. Aber wir weisen darauf hin, daß auch die besten Sicherheitspakte gefährdet sein würden, wenn die Spaltung Dtschld. bestehen bliebe ..." Zugleich warnte das Anschreiben vor dem Versuch, die von den Teilen Dtschld. eingegangenen Verträge oder geschaffenen Ordnungen dem jeweils anderen Teil aufzwingen zu wollen: „... Der entscheidende Beitrag des dt. Volkes besteht in der freien Selbstbestimmung der Gesamtheit seiner Bürger. Dieser Beitrag kann nur geleistet werden, wenn dem dt. Volk dazu die Möglichkeit gegeben wird. Diese Möglichkeit wird nicht gegeben, wenn die von je einem Teile Dtschld. eingegangenen Bindungen von vornherein als unabdingbar für das ganze Dtschld. gemacht werden; – wenn bestimmte politische und gesellschaftl. Zustände in je einem Teil unseres Vaterlandes der freien Rechtsentscheidung des gesamten Volkes entzogen werden sollen ..."

E. Der Enthaltung der ev. Kirche in den konkreten Fragen politischer Entscheidungen entsprachen im übrigen um so vielfältigere und ständige *Mahnungen an ihre Glieder,* sich ihrer Zusammengehörigkeit bewußt zu bleiben und sich durch keine Ängste oder falschen Hoffnungen irreleiten zu lassen, vielmehr auch in den Enttäuschungen über die politische Entwicklung der Führung Gottes und seines Trostes gewiß zu bleiben.

Als im Sept. 1949 die BRD und die DDR gebildet worden waren, erklärte der im Jan. 1949 erstmalig auf Grund der Eisenacher GO gewählte Rat der EKD am 12. Okt. 1949: „... Trotz aller Entscheidungen der weltl. Mächte, die über uns herrschen, bleiben wir ein Volk und sind darum zu brüderl. Gemeinschaft miteinander und zu brüderl. Achtung voreinander verpflichtet. Laßt uns nicht aufhören, füreinander zu beten und in opferbereiter Liebe füreinander einzustehen ..." Die Spannung unter den Besatzungsmächten und die wachsende Spaltung Dtschld. veranlaßten die Synode der EKD, sich am 27. April 1950 in *Berlin-Weißensee* mit der Frage zu befassen: „Was kann die Kirche für den Frieden tun?" In ihrer ausführl. Botschaft heißt es u. a.: „... Wir bitten deshalb alle Glieder unseres Volkes, wie wir es schon in unserer Botschaft von Eisenach i. J. 1948 getan haben: Haltet euch fern dem Geist des Hasses und der Feindseligkeit! Laßt euch nicht zum Werkzeug einer Propaganda machen, durch die Feindschaft zwischen den Völkern gefördert und der Krieg vorbereitet wird, auch nicht zum Werkzeug irgendeiner Friedenspropaganda, die in Wirklichkeit Haß sät und den Krieg betreibt! Verfallt nicht dem Wahn, es könne unserer Not durch einen neuen Krieg abgeholfen werden! Wir rufen allen Gliedern unseres Volkes im Westen und im Osten zu: Werdet eindringl. und unermüdl. vorstellig bei allen, die in politischer Verantwortung stehen, daß sie nicht in einen Krieg willigen, in dem Deutsche gegen Deutsche kämpfen. Wir legen es jedem auf das Gewissen, zu prüfen, ob er im Falle eines solchen Krieges eine Waffe in die Hand nehmen darf ..." Als mit dem Korea-Krieg im Sommer 1950 die Frage in den Vordergrund trat, ob die BRD wieder aufrüsten sollte, erinnerte der Rat der EKD am 27. Aug. 1950 daran, daß die Spaltung von Völkern, sei es im Fernen Osten oder sei es in Europa, den Frieden bedrohe, und erklärte u. a.: „... Einer Remilitarisierung Dtschld. können wir das Wort nicht reden, weder was den Westen noch was den Osten anbelangt. Die Pflicht der Kirche kann es immer nur sein, die schwergerüsteten Mächte der Welt wieder und wieder zu bitten, dem heillosen Wettrüsten ein Ende zu machen und friedl. Wege zur Lösung der politischen Probleme zu suchen. In jedem Fall aber muß derjenige, der um seines christl. Gewissens willen den Dienst mit der Waffe verweigert, die Freiheit haben, sein Gewissen unverletzt zu erhalten. Die Kirche Jesu Christi steht für den Frieden, und sie ist gewiß, daß jedes Glied der christl. Gemeinde dazu helfen kann und helfen soll, daß der Friede bewahrt bleibt. Keine Macht der Welt wird leichthin wagen, den Frieden zu brechen, wenn sie einer entschlossenen, inneren Abwehr im eigenen Volk begegnet. Es kommt alles darauf an, daß wir uns nicht durch eine verlogene Propaganda beirren lassen, daß wir allen Versuchen, uns und unsere Kinder in eine Gesinnung des Hasses hineinzutreiben, ein entschlossenes Nein entgegensetzen und uns weder an Kriegshetzerei noch an Angstpsychosen mitschuldig machen.

Dies alles gilt insbes. von einem gewaltsam zerspaltenen Volk. Dt. Brüder und Schwestern: Redet Gutes voneinander, auch über den Eisernen Vorhang hinweg! Vertraut einander und haltet Gemeinschaft miteinander! Daß Deutsche jemals auf Deutsche schießen, muß undenkbar bleiben! ..."

Bes. eindringl. befaßte sich die Synode der EKD in *Elbingerode* am 10. Okt. 1952 in einer „Kundgebung für die Einheit Dtschld." mit dem gesamten Komplex. Den Menschen im Osten sprach sie zu: „.... Glaubt es, daß Gott mit euch Großes vorhat! Ihr dürft darauf rechnen, daß Er gerade an euch und durch euch noch seine Taten tun will ... Ihr alle, die ihr ein jeder in seinem Beruf zu stehen habt, Arbeiter und Bauern, Lehrer und Ärzte, Bürgermeister und Volkspolizisten, dürft etwas Menschliches wagen für die Menschen, mit denen ihr zu tun habt ..." Den Menschen im Westen galt u. a. die Mahnung: „Wir wissen ... um eure Versuchung, über dem Wiederaufbau alles andere zu vergessen und darüber in Sattheit und Sicherheit zu versinken. Tiefer als wir und als ihr weiß Gott, daß ihr in Gefahr seid, im Namen christl. Weltanschauung und Kultur das Kreuz Christi zu verleugnen und in eurem Eintreten für die Freiheit der Propagierung des Hasses und der unbarmherzigen Diffamierung des Gegners zu verfallen. Steht ihr nicht in der Versuchung, es mit dem Satz zu halten, daß der Zweck die Mittel heiligt? Ihr dürft aber dankbar sein für alles, was euch Gottes Gnade gegeben hat an Glaubensfreiheit, Rechtssicherheit und mannigfach wachsendem Wohlstand. Ihr dürft eure Dankbarkeit in Brüderlichkeit bewähren, in der opferbereiten Solidarität mit den Flüchtlingen und in dem Einstehen für die Brüder im Osten, die ihr um Gottes willen nicht abschreiben und sich selbst überlassen dürft." Die Synode der EKD in *Berlin-Spandau* kam am 18. März 1954 mit einer Entschließung auf die Berliner Konferenz zurück: „... Die Synode weiß von der tiefen Ratlosigkeit und Enttäuschung, die über viele Menschen nach dem Ausgang der Berliner Außenministerkonferenz gekommen sind. Wir können vor der Welt nicht verschweigen, welch leidenschaftl. Schrei nach einer baldigen Wendung der Geschicke durch die Reihen unseres Volkes geht. Als Christen beugen wir uns aber unter die gewaltige Hand unseres Herrn, die die Prüfung noch nicht von uns nimmt. In seiner Schule haben wir noch besser zu verstehen, daß unsere Hoffnung sich auf IHN und nicht allein auf die Überwindung unserer Nöte richten soll; daß wir über der Größe unserer eigenen Not nicht verschlossen werden dürfen für die vielen anderen Nöte in unserer Welt ... Wer sich aber mit dem Gedanken der Flucht trägt, sollte ernsthaft erwägen, ob er ohne wirkl. Not und in leichtfertiger Übereilung seine Verantwortung preisgeben darf, die Gott ihm unvertretbar an seinem Platz zugewiesen hat. Wir erwarten, daß die Gemeinden in Ost und West auch künftig allen Versuchungen widerstehen, die Botschaft des Evangeliums mit der politischen Tagespropaganda zu verquicken und den Wellen des Hasses und der Selbstsucht zu erliegen ..."

Die „Entschließung zur Einheit des Volkes" der Synode vom 27. 6. 1956 trat „im Namen unserer Gemeinden in Ost und West und stellvertretend für alle, die gleichgültig oder vertrotzt oder verängstigt schweigen, für die W. unseres Vaterlandes ein", stellte sodann eine Reihe von übereinstimmenden Auffassungen fest, darunter die, „daß die politische Ordnung im geteilten Dtschld. nur als ein Provisorium anzusehen ist" und daß es unerläßl. sei, der gesamten dt. Bevölkerung die freie Bestimmung ihrer gemeinsamen staatl. Form zu ermöglichen, und schloß: „... Zur Verfolgung dieser Ziele sollte sofort das folgende geschehen: a) Die Beendigung aller aus dem Geiste des Hasses und der Lüge entsprungenen Propaganda, die die bestehenden Gegensätze zwischen den an der dt. Frage beteiligten Regierungen und zwischen den Gliedern unseres Volkes verschärfen muß. b) Das Verbot jeder Nötigung oder Anstiftung zur Bespitzelung von Mitmenschen, zu untergründiger Zersetzungsarbeit oder zu irgendwelcher Art von Spionage und Sabotage. c) Die Amnestierung aller im Zusammenhang mit den bestehenden Spannungen verurteilten und inhaftierten Personen, soweit sie keine kriminellen Gewalttaten verübt haben, und die Einstellung schwebender Verfahren. d) Die Aufhebung aller Beschränkungen des Reiseverkehrs und Literaturaustausches. e) Die Ermöglichung gegenseitiger Hilfe aller Glieder unserer Kirche und ihrer caritativen und missionarischen Werke."

Die Errichtung der Mauer durch Berlin am 13. Aug. 1961 betraf zugleich die bis dahin über Berlin immer noch aufrechterhaltene kirchl. Zusammenarbeit aus beiden Teilen Dtschld. Der Vorsitzende des Rates der EKD, Präses D. SCHARF, und der Bischof von Berlin, D. DIBELIUS, antworteten am 14. Aug. 1961 mit einem Wort an die Gemeinden in Ost und West: „Was jetzt in Berlin geschehen ist, hat uns alle hart getroffen. Die Sorge um die Zukunft, die uns bevorsteht, ist ernster geworden. Und groß ist unser Mitgefühl mit denen, die unmittelbar betroffen sind. Wir haben nicht danach zu fragen, wie und wodurch es zu Maßnahmen hat kommen können, die unser Vaterland noch mehr als bisher auseinanderreißen. Die Aufgabe der christl. Kirche ist es, zum Frieden zu helfen, zur Besonnenheit zu rufen, wo Leidenschaften entbrennen wollen, zur Liebe zu mahnen, wo der Haß alles zu verschlingen droht, und den Glauben zu verkündigen, der die Nöte und Rätsel des Lebens überwindet. Um dieses unseres Amtes willen bitten wir Euch alle: Verliert Euch jetzt nicht in Bitterkeit und Haßgefühl! Werft den Glauben nicht weg, der uns dessen gewiß macht, daß Gottes Gnade uns durch Leiden und Ungerechtigkeiten hindurch einen Weg des Segens führen will! Vergeßt nicht, daß aller menschl. Gewalt ein Ziel gesetzt ist, daß aber die Friedfertigen Gottes Kinder heißen werden bis ans Ende! Gottes Hand ist über allem, was Menschen tun. Er schmilzt Leiden und Nöte um in neue Kraft, und denen, die ihn lieben, müssen alle Dinge zum besten dienen! Im Namen Jesu Christi soll verbunden bleiben, was er zusammengefügt hat. Wir bleiben Brüder, auch wenn man es uns schwer macht, beieinander zu sein. Laßt uns reicher werden an Liebe und erfinderisch an Mitteln und Wegen, einander diese Liebe zu zeigen. Und wo jetzt neue Sorgen entstanden sind um Kinder und Eltern, um Freunde und Verwandte, da laßt uns gemeinsam helfen, diese Sorgen zu überwinden! Die Gnade unseres Herrn Jesu Christi sei mit Euch allen!"

F. Mit der Verfestigung der dt. Spaltung wuchsen auch für die EKD die Schwierigkeiten, noch eine kirchliche Verantwortung im Gesamtbereich des dt. →Protestantismus wahrzunehmen. Am 31. August 1961 verfügten die Behörden der DDR die Aussperrung von Präses D. SCHARF aus Ost-Berlin, der bei der Neuwahl des Rates im Februar 1961 den Ratsvorsitzenden Bischof D. DIBELIUS abgelöst hatte. Für die im März 1963 nach Bethel einberufene Synode erhielten ihre östlichen Mitglieder nicht die Erlaubnis zum Verlassen der DDR. Die erste getrennte Tagung der Synode fand vom 21. – 24. März 1965 in Halle und Frankfurt/Main statt. Die Entwicklung lief auf die Entscheidung zu, die in der Gründung des →Bundes der Ev. Kirchen in der DDR im Jahre 1969 und damit in dem Ende der EKD als einer gesamtdt. Körperschaft ihren Ausdruck fand.

G. Außer der EKD haben sich auch andere kirchl. Körperschaften, zumal die →VELKD, die →EKU und die Landeskirchen, mit der W. Deutschlands befaßt. Die Fülle aller Verlautbarungen ist kaum übersehbar. Inhaltlich liegen sie auf der Linie dessen, was die EKD ausgesagt hat.

KJ, hg. von J. BECKMANN, 72. Jg., 1945 und folgende – H. MERZYN, Kundgebungen – Worte und Erklärungen der EKD 1945 – 1959, 1959 – G. HEIDTMANN, Hat die Kirche geschwiegen?, 1964[3]. Siehe ferner die Artikel ABC-Waffen; Bund der Evang. Kirchen in der DDR; Evang. Kirche in Deutschland; Kriegsdienst, Kriegsdienstverweigerung; Militärseelsorge.

Gustav W. Heinemann † / Diether Posser

Wirtschaftsethik. I. Begriff. W. gibt *wertbezogene Entscheidungshilfen* für das Wirtschaftsverhalten des Individuums, der Unternehmen, der Verbände, der Volkswirtschaft und der weltwirtschaftlichen Instanzen. Sie entwickelt Methoden und Kriterien zur Entscheidung von Zielkonflikten und von Ziel-Mittel-Konflikten. Sie trägt zur Gestaltung von Ordnungsrahmen (→Wirtschaftsordnung) und zur Definition erweiterter Verantwortungsbereiche (→Umweltschutz; →Entwicklungspolitik) bei. Die W. versteht sich nicht als Soziallehre, die durch einen Katalog von Handlungsanweisungen dem in der Wirtschaft Verantwortlichen Entscheidungen nimmt, sondern sie will ihn zu einer richtigen, d. h. umfassend reflektierten und mündig verantworteten Entscheidung hinführen.

Thema der W. ist nicht nur die intentionale Werterealisierung, sondern sind auch die Verhaltensmuster, die der Wirtschaftsvollzug funktional den Beteiligten nahelegt.

II. Problemgeschichte. Es waren zunächst Theologen und Philosophen, die über das Wesen des Wirtschaftens systematischer nachgedacht haben. Sie befaßten sich vor allem mit Problemen des wertgleichen Tausches, des gerechten Preises und der sittlichen Begründung des Zinses. Sie formulierten diese Probleme als gesinnungsethische Gewissensfragen.

Mit der Weiterentwicklung des Marktwesens jedoch entstand eine Anonymisierung und Entpersonalisierung wirtschaftlicher Vorgänge, die eine Objektivierung der Bewertungsfragen im Sinne von Markttheorien erforderten und damit die ethischen Elemente der Preisbildung in den Hintergrund drängten. Für die Physiokraten und nach ihnen für die Klassiker kam die Entdekkung nahezu einer religiösen Offenbarung gleich, daß es eine „praestabilisierte" Harmonie einer *„Natürlichen Ordnung"* geben könne, denn die *Marktmechanismen* vermochten den Eigennutz des Individuums in Gemeinnutz umzuwandeln. Deshalb seien ethische Ansprüche darauf zu reduzieren, die Rahmenbedingungen für das freie Spiel der Marktkräfte zu schaffen und die vom Schöpfer in den Menschen hineingelegte Trieb- und Motivstruktur weder durch Berufskodex der Stände, noch durch klerikale Normen, noch durch staatliche Bevormundung in ihrer Entfaltung behindern zu lassen. Ziele wirtschaftlichen Handelns galten durch die Aufgabe der Vermehrung von Wohlstand als vorgegeben, und das Mittel dazu war der freie Markt. So wurde der Wirtschaftsalltag ethisch entlastet, und auch derjenige, der im Rahmen von Marktbedingungen ohne ethische Motivation agiert, trägt nach dieser deistischen Theologie zum Gemeinnutz bei, während derjenige, der aus Faulheit oder Torheit seinem aufgeklärten Eigennutz nicht folgt, automatisch seine natürliche Strafe erhält. Diese Entdeckung der „Natürlichen Ordnung" war für den klassischen Wirtschaftsliberalismus so etwas wie religiöse Offenbarung einer stoischen Religion, in der das Geschehenlassen der Steuerung der Wirtschaft durch die „unsichtbare Hand" des Marktes oberste Maxime darstellte.

Diese Lehre von der „Natürlichen Ordnung" wurde zur Waffe des Bürgers gegen Feudalwirtschaft und Despotie des absoluten Staates, der als „Nachtwächterstaat" künftig nur noch intervenieren sollte, wenn das freie Spiel der Kräfte gefährdet war. Sie lag mit ihrer Entsprechung von Leistung und Erfolg (Segen) in der Nähe des calvinistischen Arbeitsethos mit seiner Investivkapital bildenden innerweltlichen Askese. Die ethische Legitimation des Eigennutzes schuf ungeahnten Wohlstand, von dem man erhoffte, daß er schließlich auch die Fähigkeit des Menschen zu friedlicherem und brüderlicherem Verhalten erheblich steigern würde. So sollte sich das Humanum des homo oeconomicus durch die List „Natürlicher Ordnung" erfüllen, wenn nur dem aufgeklärten Eigennutz eine Chance organisiert würde.

Im Laufe der Wirtschafts- und Sozialgeschichte stellte sich jedoch heraus, daß der Markt nicht die ihm zugeschriebene Omnipotenz besaß, daß der Mensch dem Zerrbild des homo oeconomicus nicht entsprach, daß erhebliche Konjunkturausschläge Krisen verursachten und den Staat zu vermehrten Interventionen zwangen, daß die Vermachtung des Marktes dessen Verteilungsgerechtigkeit in Frage stellte und daß die Freiheit des Wirtschaftsbürgers trotz eines differenzierten Wirtschafts-, Arbeits- und Sozialrechtes zum wirtschaftsdarwinistischen Recht des Stärkeren umzuschlagen drohte.

In jüngster Zeit wird die Frage kontrovers diskutiert, ob die technische Entwicklung eine Beschäftigungslosigkeit schafft, die durch die Marktkräfte allein nicht mehr zu korrigieren ist. Es zeigt sich ferner eine Blindheit des Marktes für „öffentliche" Güter wie Umweltqualität, die noch keinen Preis haben. Seitdem gibt es Bestrebungen, zu einer *ökologisch verantworteten, sozialen Marktwirtschaft* überzugehen, auch wenn damit zunehmend staatliche Wirtschaftstätigkeit verbunden ist. Trotz der möglichst marktkonformen Interventionen entsteht mehr und mehr ein gemischtes Wirtschaftssystem zumindest in Bereichen wie Bauwirtschaft, Energiewirtschaft, Verkehrswirtschaft und Dienstleistungen. Bei wachsendem staatlichen Einfluß wird nun erneut die Frage nach den wirtschaftsethischen Zielvorgaben akut, die vor allem den Übergang von quantitativem zu qualitativem Wachstum einleiten könnten.

III. Zielvorstellungen. In der ökumenischen Diskussion ist versucht worden, in einem *Leitbegriff* zusammenzufassen, was ethisches Denken für Wirtschaft und Gesellschaft bedeuten könnte. Zunächst verständigte man sich auf den Begriff der „verantwortlichen Gesellschaft" als einer sozialethischen Orientierungshilfe, die totalitäre Bevormundungen abweist und auf die Erhaltung verantwortlicher Daseinsgestaltung ausgerichtet ist. Mit diesem Leitbegriff wurde bindungslose Freiheit abgelehnt und damit nach der sozialen Qualität auch einer freien Marktwirtschaft gefragt. War der Begriff der verantwortlichen Gesellschaft noch eine Antwort auf totalitäre Gesellschaftsordnungen in Europa, so wurde er später unter dem Eindruck neuer Fragestellungen durch den Begriff der *„just, participatory and sustainable society"* ausgeweitet und konkretisiert. Die angestrebte Gesellschaft soll auf soziale Gerechtigkeit hin angelegt, für die aktive Mitgestaltung breiter Schichten vor allem in Wirtschaft und Politik offen und durch Versöhnung zwischen Ökologie und Ökonomie, durch haushälterischen Umgang mit Rohstoffen und nicht zuletzt auch durch ausreichende Produktivität überlebens- und zukunftsfähig sein. Diese drei Ziele waren als „magisches Dreieck" gedacht, weil man keines dieser Ziele absolut setzen darf, wenn es nicht zu Konflikten mit den anderen Zielen kommen soll. Deshalb bewegt sich das Ziel (Z) des Wirtschaftens inmitten des Dreiecks:

Wenn man dagegen das Teilziel „soziale Gerechtigkeit" absolut setzt, dann wird es zu Kapitalflucht und Verweigerung gerade derjenigen kommen, deren Mitwirkung für die Überlebens- und Zukunftsfähigkeit benötigt wird. Wenn man umgekehrt die Mitwirkung aller absolut setzt, dann wird man Strukturwandel zu verhindern suchen, weil er schmerzhafte Anpassungs- und auch Freisetzungsprobleme schafft, so daß die Zukunftsfähigkeit gemindert wird.

Die Chancen der *Dritten Welt,* ökonomische Abhängigkeiten, die über normale weltwirtschaftliche Interdependenzen hinausgehen, abzubauen, um zwischen den Alternativen von Markt- und Planwirtschaft Ordnungen zu entwerfen, die ihren traditionellen Wertvorstellungen eher entsprechen, spielten in der ökumenischen Diskussion ebenfalls eine große Rolle.

Die europäische Diskussion hat sich vor allem auf die soziale Ausgestaltung des Marktgeschehens konzentriert. Dabei ging es sowohl um die Primärverteilung über den Markt als auch um die korrigierende Sekundärverteilung über staatliche Sozialpolitik. Die französische Planification versucht mit Druck über staatliches Kreditwesen zu erreichen, daß Unternehmen sich in staatliche Indikativplanung einordnen, ohne daß jedoch die Grenze zur staatlichen Imperativplanung überschritten wird. In der Bundesrepublik hat staatliche Wirtschaftspolitik über Globalsteuerung und Regionalplanung hinaus eine branchenbezogene Sektorplanung stets abgelehnt, um Marktsignale nicht zu verfälschen.

Zur Frage der Zielvorgaben auf *betriebswirtschaftlicher Entscheidungsebene* sind neben Arbeitsrecht Kodices entwickelt worden, die einen normativen Konsens vor allem in der internationalen Zusammenarbeit widerspiegeln und Vorläufer für juristische Verbindlichkeiten werden könnten. Dabei geht es um die Aufgabe, daß ordnungspolitische Defizite vor allem in den Entwicklungsländern nicht durch transnationale Unternehmen auf Kosten des Gemeinwohls mißbraucht werden. Die Achtung der →Menschenrechte, vor allem die Vermeidung rassischer Diskriminierung im Wirtschaftsleben gehören ferner zu den Themen der Kodices, die in deutschen multinationalen Unternehmen teilweise auch betriebsinterne Verbindlichkeit erhalten haben.

Normen für staatliche →Wirtschaftspolitik sind im Rahmen des GATT, der UN, der Auflagenpolitik des IWF und anderer Organisationen geschaffen worden, wobei der Konsens so lange fragwürdig bleibt, wie die Entwicklungsländer als die Hauptbetroffenen die geringsten Mitsprachemöglichkeiten besitzen. Inhaltlich beziehen sie sich zB auf Nichtdiskriminierung von Investoren des Auslands gegenüber einheimischer Investoren, Anerkennung sozialer Mindestnormen, Entschädigungen bei Enteignungen, Fragen währungspolitischer Disziplin und die Abwehr von Handelsprotektionismus.

IV. Zukunftsaufgaben. Die Beschleunigung wirtschaftlicher Entwicklung durch technische Innovationen hat die zeitliche Verzögerung wirtschaftsethischer Reflektion gegenüber dem, was faktisch geschieht, vergrößert. Die ökonomische Verwertung der Gentechnik, die Konkurrenz zwischen dem um den Arbeitsplatz bangenden Menschen und dem Roboter, die Weltraumtechnik, die Machtkonzentration durch den Übergang zu kapitalintensiver Fertigungstechnik, die Verschuldung der Schwellenländer der Dritten Welt, die fortschreitende Nutzung von für die Ernährung wichtigen landwirtschaftlichen Flächen für die Herstellung von Bio-Rohstoffen, die

Militarisierung technischer Forschung und andere Themen mehr fordern wirtschaftsethisches Mitdenken heraus. Gleichzeitig sind individualethische Rigorismen und Blockierungen abzubauen, die sich darauf berufen, daß vor allem der Gegensatz von Ethik und Interesse zu thematisieren sei, anstatt den relevanteren Konflikt zwischen kurz- und langfristiger Interessenwahrnehmung zu reflektieren. Die Definition langfristiger Interessen ist dabei kaum ohne moralische Energien möglich, weil die kurzfristigen Interessen sich immer in den Vordergrund des Bewußtseins schieben.

GEORG WÜNSCH, Ev. W., 1927 – WALTER WEDDIGEN, W., System humanitärer Wirtschaftsmoral, 1951 – ALFRED MÜLLER-ARMACK, Religion und Wirtschaft. Geistesgesch. Hintergründe unserer europ. Lebensform, 1959 – HERBERT GIERSCH, Allg. Wirtschaftspolitik I, 1961 – DENIS LAWRENCE MUNBY, Christ und Wirtschaft, 1962 – BRUNO FRITSCH, Private und wirtsch. Kosten, in: E. VON BECKERATH u. H. GIERSCH (Hg.), Probleme der normativen Ökonomik, 1963 – ARTHUR RICH, Christl. Existenz in der industriellen Arbeitswelt, Zürich 1964² – DERS., W., 1984 – A. RICH u. E. ULICH (Hg.), Arbeit u. Humanität, 1978 – HARTMUT WEBER, Theologie-Gesellschaft-Wirtschaft. Die Sozial- und W. in der evgl. Theol. der Gegenwart, 1970 – MARTIN HONECKER, Konzept einer sozialeth. Theorie. Grundfragen evgl. Sozialethik, 1971 – FRIEDRICH A. LUTZ, Politische Überzeugungen und nationalökonomische Theorie. Zürcher Vorträge, 1971 – DENNIS MEADOWS u. a., Die Grenzen des Wachstums. Bericht des Club of Rome zur Lage der Menschheit, 1972 – ROLF KRAMER, Die christl. Verantwortung in der sozialen Marktwirtschaft, 1973 – KENNETH E. BOULDING, Ökonomie als eine Moralwissenschaft, in: W. VOGT (Hg.), Seminar: Politische Ökonomie (stw 22), 1973, 103–125 – MIHAILO MESAROVIC u. EDUARD PESTEL, Menschheit am Wendepunkt. 2. Bericht an den Club of Rome zur Weltlage, 1974 – H. CH. BINSWANGER, W. GEISSBEGER, TH. GINSBURG (Hg.), Der NAWU-Report: Wege aus der Wohlstandsfalle. Strategien gegen Arbeitslosigkeit u. Umweltkrise, 1978 – HANS JONAS, Das Prinzip Verantwortung. Versuch e. Ethik für die technolog. Zivilisation, 1979 – HANS-BALZ PETER, HANS RUH, RUDOLF HÖHN, Die neue internat. Wirtschaftsordnung – Test für die Schweiz, Bern/Lausanne 1979 – ANSELM HERTZ u. a. (Hg.), Handb. d. christl. Ethik, I. II. 1979², III, 1982 – TH. STROHM (Hg.), Christl. W. vor neuen Aufgaben. FS für A. RICH, 1980 – CHRISTOPH STÜCKELBERGER, Aufbruch zu einem menschengerechten Wachstum, Zürich 1980² – Gemeins. Konferenz Kirche u. Entwicklung (Hg.), Partner in der Weltwirtschaft, 1983.

Klaus Lefringhausen

Wirtschaftsordnung. I. Dogmengeschichtl. Überblick. In der Wirtschaft einer politischen Gemeinschaft herrschen stets bestimmte Formen der Organisation gesellschaftl. Wirtschaftens vor. Dadurch erhält die Wirtschaft einer politischen Gemeinschaft ihr charakteristisches Gepräge. Die zwischen politischen Gemeinschaften bestehenden Unterschiede in der Organisation des arbeitsteiligen Wirtschaftens bedingen auch Unterschiede in der Lösung wirtschaftl. Aufgaben und schaffen unterschiedl. wirtschaftl. und wirtschaftspolitische Probleme.

Da die Erkenntnis der wirtschaftl. Wirklichkeit, die Analyse und die Lösung wirtschaftl. und wirtschaftspolitischer Probleme vorrangige Aufgaben der Wirtschaftswissenschaft sind, ist es nur logisch, daß diese seit langem versucht, durch die Bildung adäquater Begriffe und Denksysteme auch die Vielfalt und Differenziertheit der realisierten und der mögl. Organisationsformen gesellschaftl. Wirtschaftens wissenschaftl. zu durchdringen.

Diesem Anliegen dienten bzw. dienen die *Wirtschaftsstufentheorien* der hist. Schule, die *Theorie des Wirtschaftsstils* von A. SPIETHOFF, der *Wirtschaftssystemgedanke* von W. SOMBART, der *Wirtschaftssystem- und W.begriff* von W. EUCKEN und der Begriff der *wirtschaftl. Grundgestalten* von H. J. SERAPHIM.

A. Die Stufen- und Stiltheorien als Vorläufer des Wirtschaftssystemgedankens. Die Wirtschaftsstufen- und Wirtschaftsstiltheorien gehen auf das Bestreben zurück, die Mannigfaltigkeit der wirtschaftl. Entwicklung politischer Gemeinschaften durch die Hervorhebung typischer Merkmale gesellschaftl. Wirtschaftens und seiner Organisationsformen zu ordnen. Hier nur einige Beispiele: F. LIST machte (1841) die Gütererzeugung und die Art der wirtschaftl. Betätigung zu Stufenmerkmalen und unterschied als Entwicklungsstufen den wilden Zustand, den Hirtenstand, den Agrikulturstand, den Agrikultur-Manufakturstand und den Agrikultur-Manufaktur-Handelsstand; G. SCHMOLLER knüpfte (1884) an das Merkmal der politischen Organisation an und differenzierte nach Dorfwirtschaft, Stadtwirtschaft, Territorialwirtschaft und Volkswirtschaft. Eine Stufentheorie findet sich auch bei K. MARX, der (1859) nach den Produktions- und Klassenverhältnissen folgende Einteilung vornahm: klassenloses Gemeineigentum, asiatische Produktionsweise (Freier – Sklave), antike Produktionsweise (Patrizier – Plebejer), feudale Produktionsweise (Baron – Leibeigener, Zunftbürger – Gesell), modern-bürgerl. Produktionsweise (Bourgeois – Proletarier) und klassenlose sozialistische Produktionsweise.

Die Stufentheorien vermögen die wirtschaftl. Wirklichkeit nicht ausreichend, die der entwickelten und differenzierten Volkswirtschaften überhaupt nicht zu erfassen. Das liegt einmal an dem ihnen zugrunde liegenden organischen oder evolutionären Entwicklungsgedanken, zum anderen an der zu engen und zu groben, auf einem oder zwei – oftmals oberflächl. – Merkmalen basierenden Typologie.

In der von A. SPIETHOFF (1932) entwickelten *Theorie des Wirtschaftsstils* tritt der Entwicklungsgedanke hinter dem Ziel zurück, zunächst durch die Analyse des Wirtschaftsgeistes, der nationalen und technischen Grundlagen der Wirtschaft, der Gesellschaftsverfassung, der Wirtschaftsverfassung und des Wirtschaftsablaufs „Abbilder der Wirklichkeit“ zu schaffen und dann für jeden der so aufgefundenen Wirtschaftsstile eine eigene, „anschaul." Theorie zu entwickeln, die den Wirtschaftsprozeß innerhalb bestimmter W.en (Wirtschaftsstile) erklärt.

B. Werner Sombarts „Gestaltidee des Wirtschaftssystems". Grundlagen für eine Theorie der W. hat auch W. SOMBART (1925) mit seiner *„Gestaltidee des Wirtschaftssystems"* geschaffen. Unter Wirtschaftssystem versteht er die als geistige Einheit erfaßte Wirtschaftsweise einer Gesellschaft. Das Wirtschaftssystem ist gekennzeichnet 1. durch die herrschende *Wirtschaftsgesinnung* als dem Inbegriff der die wirtschaftenden Menschen bestimmenden Zwecksetzungen, Beweggründe und Verhaltensregeln (Geist); 2. durch die vorgefundene *Ordnung und Organisation* des Wirtschaftslebens (Form) und 3. durch die bei der Sachgüterbeschaffung angewandte *Technik*. SOMBART hat seine Idee des Wirtschaftssystems nicht nur als Hilfsmittel zur Erfassung realer Wirtschaftssysteme entwickelt, sondern als Hilfsmittel zur Erfassung aller überhaupt (ideell wie real) mögl. Wirtschaftssysteme. Er versuchte die prinzipiell mögl. Ausprägungen der drei Grundbestandteile Wirtschaftsgesinnung, W. und Technik zu erfassen, zu systematisieren und durch die Kombination der Grundbestandteile zu sinnvollen, widerspruchsfreien Einheiten alle ideell und real mögl. Wirtschaftssysteme zu gewinnen. Damit hat SOMBART die Lehre von den Wirtschaftssystemen und W.en erhebl. ausgeweitet und die Stufen- und Stiltheorien hinter sich gelassen.

C. Der Wirtschaftssystem- und W.begriff von W. Eucken. EUCKEN unterzog (1939) die Theorie der Wirtschaftsstufen und -stile sowie SOMBARTS Idee des Wirtschaftssystems einer scharfen Kritik und entwickelte einen neuen Ansatz zur Analyse von W.en. Zwei Begriffe im Gedankengebäude EUCKENS spielen die wesentl. Rolle: *Wirtschaftssystem* und *W.* Wirtschaftssysteme sind für EUCKEN idealtypische Grenzfälle konkreter Ordnungsformen. Nach dem Kriterium, wie viele Wirtschaftssubjekte in einer Gesellschaft als selbständige Einheiten planen, unterscheidet er zwei idealtypische Wirtschaftssysteme: die *zentralgeleitete Wirtschaft,* in der *eine* Stelle plant, und die *Verkehrswirtschaft,* in der es *viele* Planträger gibt. Diese Wirtschaftssysteme werden als reine, konstitutive Grundformen angesehen, neben denen es keine anderen Wirtschaftssysteme gibt. Die Grundform der *zentralgeleiteten Wirtschaft* unterteilt er in vier sog. „reine Ordnungsformen": a) die einfache zentralgeleitete Wirtschaft oder Eigenwirtschaft, b) die total zentralgeleitete Wirtschaft, c) die zentralgeleitete Wirtschaft mit freiem Konsumguttausch und d) die zentralgeleitete Wirtschaft mit freier Konsumwahl. Viele – ebenfalls als „reine Ordnungsformen" betrachtete – Unterformen gibt es für das System der *Verkehrswirtschaft,* je nachdem, welche der 25 von EUCKEN entwickelten Marktformen mit welcher der zwei – nach den Geldfunktionen unterschiedenen – Hauptformen der Geldwirtschaft und mit welchem der drei – nach der Art der Geldschöpfung und Geldvernichtung unterschiedenen – Geldsysteme kombiniert werden. Die beiden Wirtschaftssysteme als Grenzfälle konkreter W.en mit ihren zahlreichen Ausprägungen als „reinen Ordnungsformen" sind *Idealtypen,* die nach EUCKEN durch „pointiert hervorhebende Abstraktion" aus der konkreten Wirklichkeit gewonnen sind, diese aber nicht „abbilden" wollen. Die Idealtypen sollen Basis für theoretisch-allg. Fragestellungen sein.

Unter W. wird verstanden die „Gesamtheit der Formen, in denen die Lenkung des alltägl. Wirtschaftsprozesses in concreto . . . erfolgte und erfolgt". Jede W. will EUCKEN als individuelle Erscheinung, nicht als Typus verstanden wissen. Die W.en sollen – im Gegensatz zu den Stufen, Stilen und realtypischen Wirtschaftssystemen – nicht Grundlage für theoretische Untersuchungen sein. Bei der Analyse von W.en komme es darauf an, die konstitutiven Elemente einer W. an Hand der von ihm entwickelten Morphologie reiner Ordnungsformen zu erfassen. Diese Morphologie besteht „aus idealtypischen Wirtschaftssystemen, Ausprägungen zentralgeleiteter Wirtschaft, Marktformen, Hauptformen der Geldwirtschaft und Geldsysteme".

Die EUCKENsche Morphologie fand als theoretisches Instrumentarium zur Analyse von W.en Anerkennung. Aber ebensowenig wie EUCKENS Kritik an der Stufen-, der Stil- und der Wirtschaftssystemtheorie allg. akzeptiert wurde, blieben seine Methode und seine Ergebnisse unwidersprochen. ZB kam E. PREISER zu dem Ergebnis, daß die gelenkte Marktwirtschaft mit den Kategorien EUCKENS nicht ausreichend zu fassen sei, weil sich ihre Eigentümlichkeit mit dem Hinweis auf eine „Mischung" von Elementen der zentralgeleiteten und der verkehrswirtschaftl. Ordnung nicht kennzeichnen lasse. N. KLOTEN hat gezeigt, daß EUCKENS Wirtschaftssysteme nicht ausreichen, um der Mannigfaltigkeit realer Wirtschaftsgestaltungen Herr zu werden, und versucht daher, die EUCKENsche Systematik zu erweitern und auf eine realistischere Basis zu stellen (vgl. dazu IV B).

D. Die wirtschaftlichen Grundgestalten von H.-J. Seraphim. H.-J. SERAPHIM. führt gegen EUCKEN an, daß dessen W.begriff unhist. sei und den Sinn-, Ziel- und Systemzusammenhang der Wirtschaft unberücksichtigt lasse. Diesen sucht SERAPHIM in dem von ihm geprägten *Begriff der wirtschaftl. Grundgestalt* zur Geltung zu bringen. Unter wirtschaftl. Grundgestalt versteht er – ähnl. wie SOMBART unter Wirtschaftssystem – die „sinnvolle Kombination und Zusammenordnung von Grundelementen, die die entscheidenden Ausprägungen sozialökonomischen Lebens bestimmen, zu einem Ganzen".

Die wirtschaftl. Grundgestalten sind *Realtypen.* Sie werden durch die Untersuchung vergangener oder gegenwärtiger Wirtschaften auf ihre wesensunterscheidenden Faktoren hin gewonnen. Dabei ist für jede wirtschaftl. Grundgestalt entscheidend „das Vorhandensein von a) Wirtschaftsgestaltern, b) die wirtschaftl. Grundgestalten auszeichnenden Zielen, samt den ihnen zugrunde liegenden geistigen Haltungen, c) unterschiedl. Stellungen der Wirtschafter im Gestaltungsganzen als Hauptelemente der Mitweltbeziehungen und von d) unterschiedl. Ordnungen der Umweltbeziehungen, die ihre Ausrichtung freilich entscheidend von den Mitweltbeziehungen erhalten".

Unter den Mitweltbeziehungen versteht SERAPHIM die Einordnung des einzelnen in den umfassenden Bereich menschl. Zusammenwirkens, unter Umweltbeziehungen das Verhältnis der Individuen zu den sie umgebenden konstanten Elementen (Boden, Natur usw.). „Die Umweltbeziehungen repräsentieren die eigentlich ökonomische Seite des menschl. Daseins, die Mitweltbeziehungen die soziale" (SERAPHIM).

Die Idee der Grundgestalt zeigt enge Verwandtschaft zu SOMBARTS Idee des Wirtschaftssystems, ist aber inhaltl. anders gefaßt. Sie dient der *realtypischen* Erfassung der Wirklichkeit, auf ihrer Grundlage ist jedoch nur die Entwicklung „grundgestaltgebundener" Theorien möglich.

E. Neuere Entwicklungen. Seit den 70er Jahren sind drei Neuentwicklungen in Gang gekommen, die für die Definition, Analyse und Theorie der W. Bedeutung haben. Die erste setzt bei einer Kritik eines zweipoligen Konzepts der W.en an, das nur die Grundformen der →Marktwirtschaft und der →Planwirtschaft bzw. des Marktes und der Hierarchie als Ordnungsformen kennt und ein drittes mögliches Ordnungsprinzip, nämlich das der Kooperation, übersieht (G. WEIPPERT, E. BOETTCHER). Mit Kooperation ist das bewußte, auf einen gemeinsamen Zweck hin ausgerichtete Handeln von Wirtschaftseinheiten gemeint, bei dem die Aktivitäten der Beteiligten durch Verhandlung und Abmachung koordiniert werden, wie zB insbes. auf den Arbeitsmärkten durch die Sozialpartner. Die zweite neuere Entwicklung geht auf die in den USA entwickelte Theorie der Property Rights zurück (E. G. FURUBOTN, S. PEJOVICH), die auf die Bedeutung der Verteilung der Vermögens-, Handlungs- und Verfügungsrechte für das Verhalten der Wirtschaftssubjekte abstellt und von der These ausgeht, daß bei privatem Produktionsmitteleigentum ein Wirtschaftssystem flexibler und effizienter ist als bei gesellschaftl. Produktionsmitteleigentum. Im Grunde stellt dieser Ansatz eine Renaissance der Ordnungstheorie von W. EUCKEN dar. Eine dritte Neuentwicklung geht auf den Versuch zurück, Erkenntnisse der allgemeinen Systemtheorie für eine Theorie der W. und der Wirtschaftssysteme zu nutzen (M. MONTIAS). Die beiden zuletzt genannten Neuentwicklungen, die die einschlägigen Vorarbeiten von SOMBART und SERAPHIM sowie der Neoliberalen Schule (EUCKEN, HENSEL, KLOTEN) souverän übersehen, stellen eher Rückschritte dar: die Theorie der Property Rights wegen der Überbetonung der Eigentumsordnung, die Systemtheorie u. a. wegen der Vernachlässigung des Geldsektors (vgl. dazu H. J. WAGENER).

Die im dogmengeschichtl. Überblick skizzierte methodologische Kontroverse ist für die folgende Darstellung unerhebl. Denn in diesem Übersichtsartikel zu den Artikeln über →*Marktwirtschaft* und →*Planwirtschaft* geht es nicht um die Entwicklung einer Theorie der W.en, sondern es ist zu zeigen, was eine W. ist, wodurch W.en charakterisiert sind und welche Bedeutung sie für die Lebensordnung einer Gesellschaft haben.

II. Begriffsabgrenzung und vorläufige Begriffsbestimmung. A. Ordnung und Ordo. Der Begriff W. wird in doppeltem Sinne gebraucht: erstens instrumental und „wertfrei" als Inbegriff wirtschaftl. Organisationsprinzipien, Regeln, Lenkungs- und Entscheidungsmechanismen, Einrichtungen und Verhaltensweisen – unabhängig davon, ob eine konkrete W. widerspruchsfrei ist und Forderungen genügt, die von einer bestimmten, wertbezogenen Ordnungsidee aus (zB i. S. des ma. Ordo-Gedankens oder i. S. des Ordoliberalismus) an eine W. gestellt werden könnten; zweitens wertbezogen i. S. einer an einem bestimmten Wertkosmos (zB Gleichheit, Gerechtigkeit, Freiheit) ausgerichteten, sinnvollen Ordnung. Wertend verwendeten zB die Merkantilisten und Physiokraten den Begriff, wenn sie von „ordre naturel" als einer unabdingbaren, ewigen Ordnung sprachen, die durch die Ausgestaltung des „ordre positif" verwirklicht werden müsse.

B. W. – Wirtschaftssystem – Wirtschaftsverfassung. *1. W. im allg. Sprachgebrauch.* Unter der Ordnung eines Bereichs menschl. Lebens wird i. a. verstanden die Gesamtheit der für den Aufbau und das Funktionieren eines Bereichs geltenden angewandten Regeln (i. S. von Gebräuchen, Gewohnheiten, Formen, Verhaltens- und G.normen) und Institutionen. In diesem Sinn ist von der *Gesellschafts-, Staats-, Rechts-, Kultur-, Sitten-, Sozialordnung* die Rede. In erster Annäherung kann daher unter W. verstanden werden die Gesamtheit der für den Aufbau und Ablauf des Wirtschaftslebens geltenden Regeln und Einrichtungen. Dabei ist zu beachten, daß die W. nur zu Zwecken der gedankl. Durchdringung der komplexen Wirklichkeit aus der eine unauflösbare Einheit bildenden Lebensordnung einer politischen Gemeinschaft herausgelöst werden darf.

2. W. – Rechtsordnung – Wirtschaftsverfassung. Die Tatsache, daß viele der das Wirtschaftsleben prägenden Normen rechtl. fixiert, also Bestandteil der *Rechtsordnung* und teilweise sogar in der Staatsverf. kodifiziert sind, verführt zu einer – auch in der Lit. auffindbaren, aber unzulässigen, zumindest unzweckmäßigen – Gleichsetzung von W. und *Rechtsordnung* bzw. W. und →*Wirtschaftsverfassung.* Da erstens erhebl. Teile der Rechtsordnung nicht auf das Wirtschaftsleben bezogen, zweitens viele wirtschaftl. relevante Regeln nicht in der Rechtsordnung enthalten sind und drittens die *praktizierten* wirtschaftl. Regeln von denen der Rechtsordnung mehr oder minder abweichen können, ist die W. einer politischen Gemeinschaft gleichzeitig weniger, mehr und etwas anderes als die entsprechende Rechtsordnung. Irreführend ist auch eine Gleichsetzung von W. und *Wirtschaftsverfassung*. Unter *Wirtschaftsverfassung i. w. S.* ist zu verstehen der Inbegriff aller auf das Wirtschaftsleben bezogenen, in der Staatsverf., in G.en, RechtsVO.en, VA.en und in schlichtem Verwaltungshandeln enthaltenen Normen, unter *Wirtschaftsverfassung i. e. S.* der Inbegriff der in der Staatsverf. enthaltenen, wirtschaftl. relevanten Normen. *Wirtschaftsverfassung* ist also immer ein Inbegriff von Normen i. S. einer rechtsverbindl. Entscheidung zugunsten einer bestimmten Art des Wirtschaftens (F. BÖHM), eine Entscheidung für eine *normative* Ordnung, ein *erstrebter Zustand*. Die W. dagegen ist ein *faktischer Zustand*, eine *realisierte* Ordnung.

3. W. – Wirtschaftssystem. Die Begriffe W. und *Wirtschaftssystem* werden ebenfalls unterschiedl. verwendet. Während zB bei SOMBART (vgl. I B) die W. Grundbestandteil des Wirtschaftssystems ist und der Systembegriff für Ideal- und Realtypen verwendet wird, belegt EUKKEN die kontradiktorischen, idealtypischen W.en mit dem Begriff Wirtschaftssystem. W. dagegen ist für ihn „die Gesamtheit der Formen, in denen die Lenkung des alltägl. Wirtschaftsprozesses in concreto . . . erfolgte und erfolgt“. Die so definierte W. ist bei EUCKEN Teil der „sozialen und rechtl. Organisation“.

Ähnlich wie für EUCKEN bestehen für RITSCHL nicht-monistische, d. h. hier nicht-kommunistische Wirtschaftsordnungen aus einander ergänzenden Wirtschaftssystemen i. S. eines Nebeneinander von marktwirtschaftl., verwaltungswirtschaftl., gemeinwirtschaftl. und genossenschaftl. Prinzipien. Demnach ist bei SOMBART das Wirtschaftssystem der Oberbegriff, bei EUKKEN und RITSCHL dagegen die Wirtschaftsordnung.

Von den meisten Autoren wird cum grano salis unter W. die gesamte soziale und rechtl. Organisation der Wirtschaft verstanden und auch – insbes. von angelsächs. Autoren – als Wirtschaftssystem bezeichnet.

Von dieser dominierenden Verwendung des Begriffs gehen wir – vorbehaltl. eines abschließenden Definitionsversuchs – bei der Analyse der Funktionen der W. und ihrer wesentl. Merkmale aus.

III. Funktionen der W. Jede W. löst grundsätzl. drei Arten von Wirkungen aus: *1. Soziotechnische Wirkungen,* d. h., sie regelt und beeinflußt die Qualität der Kommunikation zwischen wirtschaftl. Einheiten, die Qualität wirtschaftl. Verkehrs und des Verhaltens im Wirtschaftsleben; *2. Steuerungs- und Lenkungswirkungen,* d. h., a) sie bestimmt die wirtschaftl. Handlungs- und Entscheidungsspielräume der wirtschaftl. Akteure, b) sie legt die Art der Koordination der gesellschaftl. Aktivitäten aller am Wirtschaftsgeschehen Beteiligten fest, c) sie beeinflußt die in der Gesellschaft dominierenden Ziele wirtschaftl. Handelns; *3. Gesellschaftspolitische Wirkungen,* insbes. Wirkungen auf den sozialen Bereich. Wenn bestimmte Ausprägungen dieser Wirkungen von den Trägern der Politik durch entspr. Maßnahmen angestrebt werden, spricht man besser von Funktionen der W.

A. Soziotechnische Funktion. Die Wirtschaften politischer Gemeinschaften der Gegenwart stellen sich dar als ein System millionenfacher, wechselseitiger Beziehungen zwischen Haushalten, Unternehmen, wirtschaftl. Einrichtungen staatl. Natur und ausländischen Wirtschaften. Die entwickelten Volkswirtschaften sind durch eine institutionelle, räuml. und zeitl. Trennung von Produktion und Verbrauch, von Sparen und Investieren, durch Arbeitsteilung und Spezialisierung charakterisiert. Um dieses unübersehbare, komplizierte System funktionsfähig zu machen, das Zustandekommen millionenfacher Tauschakte zu gewährleisten, die Rationalität wirtschaftl. Vorgänge zu sichern und ein möglichst störungsfreies Zusammenwirken der Elemente einer Volkswirtschaft zu fördern, ist eine „Ordnung“ i. S. von Organisation nötig, d. h., es sind *Institutionen* (zB Märkte, Geld, Notenbank) und eine *Normierung wirtschaftl. Tuns* (zB die Entwicklung von Techniken des Vertragsabschlusses, von Vertragsbedingungen) erforderl. Diese Aufgabe, die Funktionsfähigkeit und Rationalität gesellschaftl. Wirtschaftens durch *Institutionalisierung* und *Normierung* zu sichern, kann man als *soziotechnische Funktion* einer W. bezeichnen.

B. Steuerungs- und Lenkungsfunktion. Eine zweite Funktion jeder W. wird erkennbar, wenn man von der Aufgabe des Wirtschaftens ausgeht. Sie besteht in der bestmögl. Deckung eines nach Qualität und Dringlichkeit vielgestaltigen Gegenwarts- und Zukunftsbedarfs bei Millionen von wirtschaftenden Einheiten für individuelle und Gemeinschaftszwecke mit den vorhandenen, im Vergleich zum Bedarf knappen Mitteln. Die Lösung dieser Aufgabe setzt voraus: die Erfassung des Bedarfs an Tausenden verschiedener Güter und die Messung der Dringlichkeit dieses Bedarfs; die Erfassung vorhandener und die Schaffung neuer Bedarfsdeckungsmittel sowie die Bewertung ihrer Knappheit; schließlich die optimale Verteilung der Bedarfsdeckungsmittel auf die konkurrierenden Bedarfsarten und Personen. M. a. W.: Wirtschaften heißt bewerten, planen, entscheiden, wirtschaftl. Güter und Kräfte zielorientiert steuern und lenken. Die zielorientierte Bedarfserfassung, Knappheitsbewertung, Verteilung von Produktionsfaktoren und Gütern ist die zweite Funktion einer

W. Es verdient besondere Beachtung, daß es für diese Steuerungs- und Lenkungsfunktion keine an sich optimale Lösung gibt. Die jeweils optimale Lösung hängt vielmehr davon ab, (1) wer Träger des politischen Willensbildungs- und Entscheidungsprozesses in einer Gesellschaft sein soll, (2) welche Rechte und Pflichten den Gesellschaftsmitgliedern gegenüber Staat und Gesellschaft eingeräumt bzw. auferlegt werden und (3) welche politischen, gesellschaftspolitischen und wirtschaftl. Ziele in einer Gesellschaft verfolgt werden. Hier zeigt sich eine starke Abhängigkeit der Lösung des Lenkungsproblems und dann auch der wirtschaftsordnungspolitischen Entscheidung von der politischen Ordnung.

Bisher wurden drei Prinzipien aufgedeckt, nach denen die gesamten Lenkungsaufgaben erfüllt werden können. Die Bewertung wirtschaftl. Güter, die Planung und Entscheidung über ihre Verwendung kann erstens nach dem *verwaltungswirtschafl. Prinzip* durch eine Zentralstelle, d. h. *einen* Planträger, erfolgen oder zweitens nach dem *marktwirtschaftl. Prinzip* durch die *Vielzahl* der Haushalte und Betriebe, d. h. durch viele Planträger. Im ersten (idealtypischen) Fall, der Zentralverwaltungswirtschaft oder reinen →*Planwirtschaft,* wird die wirtschaftl. Tätigkeit der Elemente der Volkswirtschaft dem Gesamtplan subordiniert. Im zweiten Fall, der →*Marktwirtschaft,* hingegen werden die privaten Wirtschaftspläne und wirtschaftl. Entscheidungen mit Hilfe des Preismechanismus als Bewertungs- und Steuerungsinstrument koordiniert. Von diesem Kriterium des Planträgers ausgehend, kam EUCKEN zu seinen Wirtschaftssystemen.

Neuerdings wird in Frage gestellt, ob es nur das *verwaltungswirtschaftl.* und das *marktwirtschaftl.* Ordnungsprinzip als Instrumente der Steuerung des Wirtschaftsprozesses gibt, und darauf hingewiesen, daß die Lenkungsaufgabe auch durch Kooperation, durch „*Vereinbarung*" bewältigt werden bzw. daß diese als drittes Ordnungsprinzip neben die beiden anderen treten kann (G. WEIPPERT, E. BOETTCHER).

C. Gesellschaftspolitische Funktion. Die W. wirkt je nach ihrer Ausgestaltung auf andere Bereiche der Lebensordnung ein; umgekehrt wirken Ordnungsprinzipien und Ziele anderer Ordnungsbereiche auf die W. zurück bzw. bedingen einen bestimmten W.typ (Interdependenz der Ordnungen).

Die Wirkung der W. auf andere Bereiche zeigt sich zB darin, daß in einer Marktwirtschaft – sie setzt *Privateigentum an Produktionsmitteln* voraus – der Staat nur mittelbar über die auf dem Steuer-, Anleihe- oder Kreditweg beschaffbare Kaufkraft über wirtschaftl. Güter verfügen kann, um staatl. Ziele zu verwirklichen; in einer W. mit *Staatseigentum an Produktionsmitteln* dagegen kann der Staat unmittelbar über die Verwendung wirtschaftl. Güter entscheiden. In einer auf Privateigentum an Produktionsmitteln beruhenden W. kann der Staat die Pressefreiheit oder die Freiheit der Religionsausübung (Kirchenbau, Druck religiöser Lit.) mit *wirtschaftl.* Mitteln nicht verhindern, in einer Planwirtschaft sehr wohl. In einer W. mit *Devisenbewirtschaftung* kann der Staat entscheiden, wer für wie lange wohin das Land verlassen kann, für welche Einfuhrgüter aus welchen Ländern Devisen zugeteilt werden – in einer auf dem Freihandelsprinzip basierenden W. nicht. Daß Ziele, die im außerwirtschaftl. Bereich erstrebt werden, bestimmte W.typen bedingen, zeigt sich zB darin, daß das Recht auf →Persönlichkeitsentfaltung nur in einer durch Gewerbefreiheit, Freiheit der Berufs- und Arbeitsplatzwahl, Niederlassungs- und Eigentumsfreiheit gekennzeichneten W. voll verwirklicht werden kann, oder darin, daß das Prinzip der Selbstverwaltung sozialer Angelegenheiten eine W. mit freien Gewerkschaften, freien Arbeitgeberverbänden und Tarifautonomie erfordert, oder auch darin, daß soziale Ziele die W. prägen (→Sozialpolitik).

Auf Grund dieser funktionalen Zusammenhänge zwischen W. und anderen Ordnungsbereichen kommt der W. auch die Funktion zu, die Erreichung gesellschaftspolitischer Ziele zu ermöglichen bzw. zu unterstützen.

IV. Wesentl. Merkmale der W. A. Die Zahl der Planträger als formales Merkmal. Für die Erfassung und Unterscheidung realer W.en wird häufig – unter Anlehnung an die idealtypischen Wirtschaftssysteme EUCKENS – auf die *Zahl der Planträger* zurückgegriffen. Dieses Kriterium reicht jedoch zur Erfassung realer W.en nicht aus. Erstens ist – wie KLOTEN gezeigt hat – nicht entscheidend, wie viele planen, sondern welche „Wichtigkeit" den in jeder Wirtschaft vorhandenen öffentl. Planungsinstanzen einerseits und den Wirtschaftsplänen Privater andererseits zukommt. Zweitens ist es anhand des formalen Merkmals „Zahl der Planträger" nicht möglich, die unterschiedlichen sozialen und wirtschaftl. Stellungen und die unterschiedliche Macht einzelner und sozialer Gruppen, eben die Mitweltverhältnisse als soziale Komponente der W. zu erfassen. Drittens sind bestimmte W.typen, zB die „gelenkte Marktwirtschaft", in ihrer Eigenart nicht als „Mischung" von Elementen der zentralgeleiteten und der Verkehrswirtschaft zu erfassen und zu erklären. Viertens gibt es nicht nur *Subordination* (Zentralplan) und *Koordination* vieler Pläne durch den Preismechanismus als Ordnungsprinzipien, sondern auch Koordination durch Kooperation, d. h. Vereinbarung (zB auf den Arbeitsmärkten). Fünftens schließlich stellt das Kriterium der Planträger nur auf die Art der Lösung der Lenkungsproblematik ab. Lenkungsprinzipien aber determinieren eine W. nicht eindeutig. Daß mit der formalen Kategorie des Lenkungsprinzips, vor allem aber mit dem Kriterium der Zahl der Planträger reale W.en in ihrer Eigenart nicht erfaßbar sind, zeigt sich nicht nur an den Unterschieden innerhalb der„Verwaltungswirtschaften des Ostens" einerseits und der „Marktwirtschaften des Westens“ andererseits, sondern vor allem an den W.en der Entwicklungsländer oder an den W.en vergangener Epochen (ständische W., W. des Merkantilismus, W. des klassischen Liberalismus in England).

B. „Dominanz der öffentl. oder der privaten (individuellen Wirtschaftsführung“. Unter Hinweis darauf, daß EUCKENS Wirtschaftssysteme nicht ausreichen, um der Mannigfaltigkeit realer Wirtschaftsgestaltungen Herr zu werden, und in der Meinung, daß EUCKENS Frage nach der Zahl der Planträger nicht das Grundelement aller W.en trifft, stellt KLOTEN als Unterscheidungskriterium die „*Dominanz der öffentl. oder der privaten Wirtschaftsführung*“ als „Originärkriterium der realen W.“ heraus, weil nicht die Zahl der Wirtschaftspläne, sondern „die soziale Rangordnung zwischen den öffentl. und den privaten Wirtschaftsplänen, die m. a. W. eine unterschiedl. ‚Wichtigkeit‘ im Wirtschaftsprozeß haben“, die Struktur der W.en charakterisiert.

Dieses Kriterium sagt nicht nur etwas über den Lenkungsmechanismus aus, sondern auch über die Verteilung der wirtschaftl. Dispositionsbefugnis auf die Individuen einerseits und die Gesellschaft andererseits. Damit ist auch etwas über das Verhältnis zwischen persönl. Freiheit und gesellschaftl. Bindung angedeutet. Wenngleich die „Dominanz“ kein formales Kriterium mehr ist und mehr über die Verteilung der ökonomischen Dispositionsbefugnis zwischen Individuen und Staat aussagt als die Zahl der Planträger, so ist doch auch dieses Kriterium ergänzungsbedürftig. Denn nicht die Verteilung der Dispositions*befugnis* entscheidet letztlich über das Verhältnis zwischen privater Lenkung und öffentl. Lenkung des Wirtschaftsprozesses, zwischen Individuen und Staat, sondern – bei gegebener Struktur der Planträgerschaft – der wirtschaftl. Dispositions*spielraum*. Dieser Dispositionsspielraum wird einmal durch die *Eigentumsverteilung,* zum anderen durch *Akte der Wirtschaftspolitik* begrenzt. Es empfiehlt sich, die *Eigentumsordnung* und die *Wirtschaftspolitik* als Wesensmerkmale einer W. nicht unter dem Begriff „Dominanz der öffentl. oder privaten Wirtschaftsführung“ zu fassen – was an sich bei entsprechender Interpretation mögl. wäre –, sondern als eigene Kriterien, weil dann die *gesellschaftspolitischen* Wirkungen bzw. Funktionen einer W. gegenüber der Lenkungsfunktion gesondert charakterisiert werden können.

C. Eigentumsordnung. Bei gegebener Dispositionsbefugnis der privaten und öffentl. Wirtschaftseinheiten ist der Dispositionsspielraum privater Wirtschaftssubjekte um so größer, über je mehr Eigentum, insbes. an Produktionsmitteln, sie im Vergleich zum Staat verfügen können (s. III C). Nur am Rande sei vermerkt, daß nicht nur die Eigentumsverteilung zwischen Individuen und Staat für den Grad an materialer Freiheit in einer Gesellschaft, für die Art des Lenkungsmechanismus und seine ökonomische Leistungsfähigkeit von Bedeutung ist, sondern auch die Verteilung des Eigentums innerhalb der privatwirtschaftl. Sphäre und die Struktur des Eigentums nach Eigentumsformen (→Eigentum).

D. Ziele, Mittel und Träger der Wirtschaftspolitik. Der ökonomische Dispositionsspielraum der Planträger wird im bes. durch die →*Wirtschaftspolitik* (einschließlich der *Sozialpolitik*) mitbestimmt, weil sie *Daten* setzt, die die Planträger beachten müssen. Als Beispiele für solche Daten seien genannt: die Vorschriften des →*Gewerberechts,* die die Bedingungen für die Eröffnung eines Gewerbes fixieren, des →*Wettbewerbsrechts,* die die zulässigen Arten des Wettbewerbs und der Wettbewerbsbeschränkungen abgrenzen, des →*Arbeitsrechts* und des →*Betriebsverfassungsrechts* mit ihren vielfältigen Wirkungen auf den Dispositionsspielraum der Arbeitgeber und Arbeitnehmer (→*Sozialpolitik*), die Maßnahmen der *öffentl.* →*Finanzwirtschaft,* insbes. im Bereich der →Steuern, der Subventionen und der Sozialleistungen, die das verfügbare Einkommen der privaten und öffentl. Wirtschaftseinheiten verändern, *Maßnahmen der Zentralnotenbank,* die den Geldschöpfungs- und Kreditgewährungsspielraum der Kreditinstitute beeinflussen, Maßnahmen der *Währungspolitik* (→Geld- und Währungspolitik).

Es ist selbstverständl. ausgeschlossen, bei der realtypischen Erfassung von W.en das ihr Wesen kennzeichnende Kriterium „Wirtschaftspolitik“ in Einzelheiten zu berücksichtigen. Es geht vielmehr darum, das für eine W. Typische der Wirtschaftspolitik zu berücksichtigen, indem man heraushebt: 1. die *dominierenden Mittel* der →Wirtschaftspolitik entsprechend der durch sie ermöglichten Art der Lenkung des Wirtschaftsprozesses (durch *direkte* oder *indirekte, qualitative* oder *quantitative, führende* oder *zwingende, generelle* oder *spezielle* Mittel); 2. die *obersten Ziele* der Wirtschaftspolitik – unter Einschluß der bei der Erreichung wirtschaftspolitischer Ziele gesetzten Nebenbedingungen. Die obersten Ziele der Wirtschaftspolitik und ihre dominierenden Mittel prägen eine reale W. entscheidend und geben nicht nur über die Art der Lenkung, sondern auch über die gesellschaftspolitische Funktion der W., über ihren Gehalt an außerökonomischen Werten, Aufschluß; 3. die Art des wirtschaftspolitischen Willensbildungs- und Entscheidungsprozesses (*Träger der Wirtschaftspolitik*), weil sie dafür bestimmend ist, ob und inwieweit die Gesellschaftsmitglieder Einfluß auf die Ausgestaltung der W. und der Wirtschaftspolitik haben (s. IV E).

E. Der Prozeß wirtschafts- und sozialpolitischer Willensbildung und Entscheidung. Der Prozeß der wirtschafts- und sozialpolitischen Willensbildung und Entscheidung ist als Merkmal einer Wirtschaftsordnung von Bedeutung, weil er darüber entscheidet, ob die soziale Wohlfahrtsfunktion einer Gesellschaft demokratisch oder diktatorisch ist und ob die Gesellschaftsmitglieder das

Recht und die Möglichkeit haben, den Inhalt der gesellschaftlichen und individuellen Wohlfahrt zu bestimmen oder nicht. Im einzelnen beinhaltet dieses Merkmal: 1. die *Verteilung der wirtschaftspolitischen Trägerschaft,* die sachlich und räumlich konzentriert oder dekonzentriert sein kann. Von dieser Verteilung hängt das wirtschaftspolitische und damit das wirtschaftl. Machtpotential dieser Träger ab, d. h. der Grad an demokratischer Ordnung der Wirtschaftspolitik und die Rolle gesellschaftl. Gruppen bei der Gestaltung der Wirtschaftspolitik; 2. die *Organisation* und die (*demokratische*) *Qualität* des wirtschafts- und sozialpolitischen Willensbildungs- und Entscheidungsprozesses, die dafür bestimmend sind, ob und inwieweit nicht nur Betroffene, sondern alle gesellschaftl. Gruppen an der Bildung dieses Willens, nicht zuletzt an der Formulierung und Modifizierung von Zielen, teilnehmen können und inwieweit einzelne Gruppen die Möglichkeit haben, ihre Interessen durchzusetzen.

V. Arten von W.en. Aus den bisherigen Ausführungen ergibt sich, daß die realen W.en – W. verstanden als der wirtschaftl. Teilbereich der Lebensordnung einer politischen Gemeinschaft – nicht in kontradiktorischen Gegensatzpaaren wie zentralgeleitete Wirtschaft – Verkehrswirtschaft, Marktwirtschaft – Planwirtschaft, Kapitalismus – Sozialismus erfaßt werden können. Eine allg. anerkannte Systematik (i. S. eines „periodischen Systems" realer W.en) fehlt noch. Es kann aber auf die *Gestaltidee des Wirtschaftssystems* von W. SOMBART, auf das Konzept der *wirtschaftl. Grundgestalten* von H.-J. SERAPHIM und den Ansatz zu einer *Typenlehre der Wirtschafts- und Gesellschaftsordnungen* von N. KLOTEN verwiesen werden.

VI. Zusammenfassung. Die W. als die Gesamtheit der für den Aufbau und Ablauf des Wirtschaftslebens geltenden Normen, Organisationsprinzipien und Institutionen ist ein in die ganzheitl. Lebensordnung einer politischen Gemeinschaft integrierter Bereich. Die W. wird *formal* gekennzeichnet u. a. durch die Art der Lenkung des Wirtschaftsprozesses („Dominanz öffentlicher oder privater Wirtschaftspläne" und Mittel der Wirtschaftspolitik), ihr *materialer Gehalt* i. S. der Ausrichtung auf die obersten Werte einer politischen Gemeinschaft u. a. durch die Eigentumsordnung, die Ziele der Wirtschaftspolitik und den angewandten wirtschaftspolitischen Willensbildungs- und Entscheidungsprozeß. Funktionen der W. sind 1. die Sicherung der generellen Funktionsfähigkeit gesellschaftl. Wirtschaftens (soziotechnische Funktion), 2. die Lösung des Problems der Steuerung des Wirtschaftsprozesses bei Sicherung größtmögl. ökonomischer Leistungsfähigkeit der Wirtschaft (Lenkungsfunktion) und 3. die Funktion, der Erreichung des Systems außerwirtschaftl. und wirtschaftl. Ziele der politischen Gemeinschaft zu dienen (gesellschaftspolitische Funktion).

W. SOMBART, Die Ordnung des Wirtschaftslebens, 1927[2] – A. SPIETHOFF, Schmollers Jahrbuch 56 (1932) 891–924 – E. PREISER, Finanzarchiv 8 (1941) 225–273 – DERS., Die Zukunft unserer W., 1960[3] – G. WEIPPERT, Z. für die gesamte Staatswissenschaft 102 (1941) 1–58 – DERS., Werner Sombarts Gestaltidee des Wirtschaftssystems, 1953 – DERS., Jb. für Sozialwissenschaft 14 (1963) 168–178 – H.-J. SERAPHIM, Theorie der Allgemeinen Volkswirtschaftspolitik, 1963[2] – W. EUCKEN, Die Grundlagen der Nationalökonomie, 1965[8] – DERS., Grundsätze der Wirtschaftspolitik, 1968[4] – N. KLOTEN, Ordo, Jb. für die Ordnung von Wirtschaft und Gesellschaft 7 (1955) 123 bis 143 – H. RITSCHL, W., in: HdSW XII, 1965, 189–203 (Lit.) (hg. v. E. v. BECKERATH u. a.) – E. HEIMANN, Soziale Theorie der Wirtschaftssysteme, 1963 – G. STAVENHAGEN, Art. Wirtschaftssysteme, in: StLexGG VIII, 1963[6], 827–838 (Lit.) – G. GÄFGEN, Die Ordnung der Gesellschaftswirtschaft, in: W. EHRLICHER u. a., Kompendium der Volkswirtschaftslehre, Bd. 2, 1972[3], 59–93 – K. P. HENSEL, Grundformen der Wirtschaftsordnung, 1972 – E. G. FURUBOTN, S. PEJOVICH, Journal of Economic Literature (1972) 1137–1162 – H. LAMPERT, Die W. – Begriff, Funktionen und typologische Merkmale, in: Wirtschaftswissenschaftl. Studium 2 (1973) 393–399 – DERS., Die Wirtschafts- und Sozialordnung der Bundesrepublik Deutschland, 1985[8] – E. BOETTCHER, Kooperation und Demokratie in der Wirtschaft, 1974 – M. MONTIAS, The Structure of Economic Systems, 1976 – H. J. WAGENER, Zur Analyse von Wirtschaftssystemen, 1979 – K. E. SCHENK, Märkte, Hierarchien und Wettbewerb, Elemente einer Theorie der W., 1981 (Lit.) – D. SCHÖNWITZ, H. J. WEBER, W., Eine Einführung in Theorie und Politik, 1983 (Lit.).

Heinz Lampert

Wirtschaftspolitik.

I. Hist. Überblick. W. ist die Gesamtheit aller Bestrebungen, Handlungen und Maßnahmen, die darauf abzielen, den Ablauf des Wirtschaftsgeschehens in einem Gebiet oder Bereich zu ordnen, zu beeinflussen oder unmittelbar festzulegen (H. GIERSCH). Sie ist ein Teilbereich der allg. Politik, da wirtschaftl. und außerwirtschaftl. Vorgänge eng miteinander verknüpft sind und häufig nur verschiedene Aspekte derselben Erscheinung darstellen. I. d. R., und so auch hier, wird unter W. nur die zentralstaatl. W. verstanden, obwohl gerade in einer pluralistischen Gesellschaft noch andere Träger der W. vorhanden sind (zB nachgeordnete Gebietskörperschaften, Verbände und Organisationen aller Art). W. in diesem Sinne entwickelte sich mit dem Entstehen moderner Nationalstaaten in der Periode des *Merkantilismus.* Die Grundfragen der staatl. W. lauten: Inwieweit soll der Staat das wirtschaftl. Geschehen den Dispositionen privater Personen und Institutionen überlassen? Und mit dieser Frage verbunden, aber nicht mit ihr identisch: Wessen Interessen soll die Wirtschaftstätigkeit dienen? Diese Fragen wurden zu verschiedenen Zeiten unter dem Einfluß der jeweils herrschenden politischen und gesellschaftl. Ideen, der politischen Machtverhältnisse und der Kenntnis der Zusammenhänge, nach denen sich das Wirtschaftsgeschehen vollzieht, in unterschiedlicher Weise beantwortet (→Wirtschaftsverfassung, →Wirtschaftsordnung).

Im Zeitalter des Merkantilismus war es selbstverständlich, daß der Staat den Wirtschaftsablauf nach eigenen Vorstellungen durch ein System von Geboten und Verboten, Begünstigungen und Belastungen zu gestalten versuchte. Das Ziel dieser Maßnahmen war weniger das Interesse der Staatsbürger als die Stärkung der Macht der neuen souveränen Territorialstaaten. Die dem Merkantilismus folgende Epoche des →*Liberalismus* drängte im Gegensatz dazu Macht und Reichtum des Staates zugunsten der Interessen der Staatsbürger in den Hintergrund. Der Wandel vollzog sich auf der geistigen Grundlage der →Aufklärung und der Vorstellung einer natürl. Ordnung, die auch hinter den gesellschaftl. Vorgängen zu suchen sei, englischer liberaler politischer Ideen, nicht zuletzt aber aufgrund der Interessen des emporkommenden Bürgertums und der damit verbundenen Veränderungen der politischen Machtverhältnisse. Das Kennzeichen der liberalen Wirtschaftsordnung ist die auf individueller Entscheidung und Verantwortung beruhende und durch staatl. Einfluß möglichst wenig gestörte Wirtschaftsgesellschaft. Ihre Grundlagen sind: Privateigentum, privatrechtliche Vertragsfreiheit, Gewerbefreiheit, Freizügigkeit und freier Güter- und Kapitalverkehr auch international. Arbeitsteilung und Wirtschaftsablauf regeln sich autonom über den Markt. Dem Staat obliegt es im wesentlichen, die Rechtssicherheit und die persönl. Sicherheit der Staatsbürger mit Hilfe der Rechtsordnung und durch militärischen Schutz zu gewährleisten. Der Liberalismus hatte einen bedeutenden Einfluß auf die W. des ausgehenden 18. und des 19. Jh. (zB Bauernbefreiung, Gewerbefreiheit); jedoch sind seine Ideen nie voll verwirklicht worden.

So wurde eine auf der Fiktion gleichberechtigter Privatrechtssubjekte beruhende Ordnung nie allg. akzeptiert, und es kam seit dem Beginn des 19. Jh. in zunehmendem Maße zu staatl. Vorkehrungen auf den Gebieten des Arbeiterschutzes und (speziell in Deutschland) der Sozialpolitik, um die sozialen Probleme der Industrialisierung zu begrenzen. Ohne staatl. Schutz der Schwächeren käme es auf privatrechtl. Grundlage zur Herausbildung von Machtpositionen, die in Richtung einer Auflösung der freiheitl. Ordnung wirken könnten. Der damals emporkommende →*Sozialismus* sah dagegen die Lösung dieses Problems in einer völligen Umgestaltung des Gesellschaftssystems. Gegen Ende des 19. Jh. kam es wegen abnehmender Bedeutung liberaler Ideen, des Aufkommens sozialistischer und sozialreformerischer Strömungen, der Folgen von Wirtschaftskrisen und des Einflusses von Interessengruppen in zunehmendem Maße zu staatlichen Interventionen i. S. punktueller Eingriffe in das Wirtschaftsleben (zB Zölle, Einschränkung der Gewerbefreiheit). Bis zum Beginn des 1. Weltkriegs blieb in den wichtigsten Industrieländern und im internationalen Wirtschaftsverkehr die liberale Ordnung gleichwohl vorherrschend.

Der *Interventionismus* erlangte in der folgenden Zeit aufgrund neuer Ideen (Verantwortung des Staates für das Wirtschaftsgeschehen) und historischer Ereignisse (1. Weltkrieg, Inflation, Weltwirtschaftskrise) zunehmende Bedeutung. Die *Weltwirtschaftskrise* weckte den Wunsch nach autonomer (nicht durch internationale Verflechtung gehemmter) nationaler →*Konjunkturpolitik,* was zum Nachteil aller Beteiligten die Auflösung der auf freiem Güter- und Kapitalverkehr beruhenden Weltwirtschaftsordnung bewirkte. Der 2. Weltkrieg brachte neue staatl. Eingriffe in den Wirtschaftsablauf (Rüstungsproduktion, Versorgung der Bevölkerung). In der Nachkriegszeit setzte allmählich eine Rückkehr zu marktwirtschaftl. Prinzipien ein. Die Ereignisse der Weltwirtschaftskrise, die in der Zwischenzeit gewonnenen Erkenntnisse über die Möglichkeiten staatl. Steuerung des Wirtschaftsablaufs und der starke faktische Einfluß des Staates auf die Wirtschaft bedingten, daß heute allgemein dem Staat die Verantwortung für das Wirtschaftsgeschehen zugewiesen wird. Die Vorstellung von der Machbarkeit des Wirtschaftsablaufs erhöhte jedoch das Anspruchsniveau in bezug auf die W. erheblich über das tatsächlich Leistbare hinaus. In den letzten Jahren wurde ein entsprechendes Umdenken unvermeidlich.

Anders verlief die Entwicklung in der Sowjetunion nach 1917 und in den übrigen Ostblockstaaten nach dem 2. Weltkrieg. Dort wurde im Prinzip die auf Privateigentum beruhende Wirtschaftsordnung durch eine staatliche *Befehlswirtschaft* (→Planwirtschaft) ersetzt. Die in unterschiedlichem Maße zur Flexibilisierung des Systems eingeschalteten Märkte eröffnen zwar den einzelnen Wirtschaftssubjekten Möglichkeiten der Wahl (zwischen Konsumgütern, Arbeitsplätzen und Vermögensanlagen), aber die zentrale Steuerung der Produktion blieb bisher erhalten. Der zunehmende bewußte staatl. Einfluß auf den Wirtschaftsablauf in westlichen Ländern und die Dezentralisierungserscheinungen im Ostblock führten vorübergehend zur vieldeutigen und sehr umstrittenen These von der *Konvergenz der Wirtschaftssysteme.*

Von sozialistischen und korporatistischen Ideen inspirierte Bestrebungen zur Überführung von Privateigentum in Gemeineigentum sind auch in den westl. Industrieländern schon relativ früh feststellbar. Zu nennenswerten *Sozialisierungsmaßnahmen* (→Enteignung) kam es vor allem in Frankreich und England. Auch ohne Sozialisierung besitzt die öffentl. Hand in den westl. Industrieländern einen erhebl. Teil des Produktivvermögens. Daneben übt sie durch allg. Staatstätigkeit einen starken Einfluß auf das

Wirtschaftsgeschehen aus (gemischte Wirtschaftssysteme).

II. Hauptprobleme. A. Entscheidungsproblematik. Die Theorie der W. interpretiert im allgemeinen wirtschaftspol. Maßnahmen als Ergebnisse von Entscheidungen im Sinne einer Auswahl zwischen Alternativen. Voraussetzung von wirtschaftspol. Entscheidungen sind die Kenntnis der Alternativen, d. h. Informationen über die von einer gegebenen Situation aus realisierbaren Zustände oder Entwicklungen und ein Bewertungssystem (*Zielvorstellungen*), das es ermöglicht, hieraus eine Wahl zu treffen. Das Informationsproblem betrifft die Ausgangssituation, die Zusammenhänge, nach denen sich der Wirtschaftsablauf vollzieht, die in Zukunft eintretenden Änderungen in den Rahmenbedingungen sowie die verfügbaren wirtschaftspol. Instrumente und deren Wirksamkeit. Diese Informationen sind i. d. R. unvollkommen, so daß unter Unsicherheit entschieden werden muß. Informationsbeschaffung erfordert Zeit und materiellen Aufwand. Beides ist gegen die Dringlichkeit der Maßnahmen und die Folgen informationsbedingter Fehlentscheidungen abzuwägen.

Besonders unsicher, aber von zentraler Bedeutung ist die Information über die Zukunft (*Prognosen*). Eine rationale Entscheidung erfordert mehrere Prognosen unter alternativen Prämissen bezüglich der Größen, die das künftige Wirtschaftsgeschehen beeinflussen. Die Beschaffung von Information muß sich i. d. R. auf eine Prognose unter der Prämisse unveränderter Politik (Status-quo-Prognose) und eine kleine Zahl von Alternativen beschränken, da mit der Zahl der Alternativprämissen die Zahl erforderlicher Prognosen rapide anwachsen würde.

Leerformeln, wie „Handeln nach dem →Gemeinwohl", reichen für wirtschaftspol. Entscheidungen nicht aus. Sie müssen für den Einzelfall konkretisiert, das allgemeine Ziel in ein Bündel spezifischer *Einzel- (Unter-)Ziele* aufgespalten werden, wie zB die wünschenswerte *Wirtschaftsordnung,* den erstrebenswerten volkswirtschaftl. *Beschäftigungsgrad,* das Maß an *Geldwertstabilität,* das erwünschte *Wirtschaftswachstum,* die für angemessen angesehene *Verteilung von Einkommen und Vermögen* usw. I. a. wird ein Bündel von Zielen gleichzeitig angestrebt, die aufgrund wirtschaftl. Zusammenhänge nicht alle zugleich voll erreichbar sind. Deshalb sind Kompromisse notwendig, die eine Zielabwägung anhand des Bewertungssystems (Zielfunktion) voraussetzen. Diese Wertvorstellungen mögen angesichts der Komplexität der Zusammenhänge den Politikern nur rudimentär bewußt sein, so daß Bewertungsinkonsistenzen und Scheinkonsens resultieren können.

Widersprüchl. Politik ist insbes. wahrscheinlich, wenn gleichzeitig mehrere Entscheidungsträger vorhanden sind (dezentrale Politik). *Dezentralisierung* ist in verschiedener Hinsicht möglich, zB als Kompetenzaufteilung zwischen Fachministerien und Zentralbank oder/und als föderative Verteilung politischer Kompetenzen auf verschiedene politische Ebenen (Bund, Länder, Gemeinden). Da der Wirkungsbereich der Maßnahmen der einzelnen Instanzen i. d. R. über deren Verantwortungsbereich hinausreicht, ist bei isoliertem Handeln eine gegenseitige Störung der Maßnahmen wahrscheinlich. Andererseits gibt es wichtige politische (Machtkontrolle, →Minderheitenschutz) und ökonomische (zB Informationsvorsprünge, Wahrung privater Handlungsspielräume durch Vielfalt öffentl. Leistungen, Innovationsfreudigkeit und Flexibilität) Gründe zugunsten denzentraler Politik. Analoge Probleme bestehen auch zwischen verschiedenen Volkswirtschaften. Sie nehmen mit wachsender wirtschaftl. Verflechtung zu, wie die internationalen Konflikte im Zusammenhang mit der *Weltwährungs-* und *Welthandelsordnung* und im Rahmen der *→Europäischen Gemeinschaften* zeigen. Rationale W. einer Instanz erfordert deshalb auch Informationen über gleichzeitige und künftige Entscheidungen anderer, auch ausländischer oder supranationaler Instanzen und, soweit möglich, eine Abstimmung der wirtschaftspolitischen Maßnahmen mit diesen, sei es ad hoc oder in formellen Gremien.

Die (dezisionistische) Interpretation der W. als Problem rationaler Entscheidungen „neutraler" Sachwalter eines „Gemeinwohls" liefert zwar wichtige Einsichten in wirtschaftspol. Problemstrukturen, aber nur bedingt einen Zugang zur Erklärung tatsächlicher W. Die Analyse w. Abläufe erfordert die Einbeziehung auch des politischen Meinungsbildungs-, Entscheidungs- und Durchsetzungsprozesses unter Berücksichtigung der Rollen von *→Parteien, →Verbänden* und *→Bürokratien.* Diese erweiterte Problemstellung liegt der *„Politischen Ökonomie",* insbes. der *„Neuen Politischen Ökonomie" bzw. „Ökonomischen Theorie der Politik"* zugrunde. Die „Ökonomische Theorie der Politik" geht davon aus, wirtschaftspol. Handeln sei grundsätzl. erklärbar, da die Beteiligten je spezifische Interessen, zB Wiederwahl, Einkommensverbesserung usw., verfolgten, die wiederum von der wirtschaftl. Lage beeinflußt würden. Regierungen und Parteien sind aus dieser Sicht Anbieter von, Wähler und Verbände Nachfrager nach staatlichen wirtschaftspol. Interventionen. Die problematische Rolle der staatl. Bürokratie bei der Konzipierung und Ausführung von W. wurde erst angesichts stark wachsenden staatl. Einflusses auf die Wirtschaft erkannt und systematisch untersucht. Die als Rechtfertigung staatl. Interventionen in den Wirtschaftsablauf dienende Theorie des *Marktversagens* wurde durch eine die Leistungsfähigkeit staatlicher W. relativierende Theorie des *Staatsversagens* ergänzt.

B. Wirtschaftsordnung. →Wirtschaftsordnung bedeutet den konkreten Rahmen, in dem der Wirtschaftsprozeß abläuft. Die *Ordnungspolitik* hat vor allem die Grundsatzentscheidung zu fällen, inwieweit der Wirtschaftsablauf auf der

Grundlage privatwirtschaftl. Dispositionen oder staatl. Lenkung gesteuert werden soll, und den dazu erforderl. rechtlich-institutionellen Rahmen (→*Wirtschaftsverfassung*) zu schaffen. Ordnungspolitische Entscheidungen sind im Lichte sich ständig ändernder Voraussetzungen laufend zu überprüfen, insbes., ob nicht staatl. Lenkungsmaßnahmen oder das Verhalten der Privaten zu einer Änderung der erstrebten Ordnung führen. Wirtschafts-, Gesellschafts-, Rechts- und politische Ordnung sind wechselseitig untrennbar verflochten. Daher sind für die Wirtschaftsordnung die Ausgestaltung der Rechtsordnung (insbes. des →*Eigentums*), der *Vertragsfreiheit* und sonstiger *Freiheitsrechte* (→Freiheit), die Regelung der Haftung und der Haftungsbeschränkung, die Ordnung des *Geldwesens* (→Geld- und Währungspolitik) und der *öffentlichen Finanzen* (→Finanzverfassung) usw. von großer Bedeutung. In einer →*Marktwirtschaft* ist nicht zuletzt das →*Wettbewerbsrecht* wesentlich, da die privatrechtliche Vertragsfreiheit kleinen Gruppen von Marktteilnehmern erlaubt, den Wettbewerb zu Lasten Dritter und entgegen der herrschenden Ordnungsvorstellung zu beschränken. Der Wettbewerb kann auch durch das *Steuerrecht*, das *Gesellschaftsrecht*, das *Patentrecht* usw. beeinträchtigt werden, wenn diese zB einen Anreiz zur Unternehmenskonzentration ausüben.

Als Folge negativer Konsequenzen staatl. Interventionen wird seit einigen Jahren in der wiss. Diskussion, weniger in der praktischen W., der Ordnungspolitik zu Lasten der laufenden Eingriffe in den Wirtschaftsablauf wachsende Bedeutung beigemessen. Dabei wird die besondere Leistungsfähigkeit dezentraler Marktprozesse bei der Gewinnung, Weitergabe und Verwertung knapper Information (Bewältigung von Unsicherheit), ihre innovative Dynamik und ihre Flexiblität bei der Anpassung an unvorhersehbare Entwicklungen betont. Fallweise (diskretionäre) W. wird u. a. wegen ihrer Unsicherheit schaffenden Wirkung weniger günstig beurteilt als früher, dagegen die Unsicherheit einschränkende Rolle des wirtschaftspol. Setzens verläßlicher Rahmenbedingungen (zB stetige Geldmengenentwicklung) hervorgehoben.

Das Problem der Wirtschaftsordnung hat auch einen internationalen Aspekt: Es geht auch um die Regelung der zwischenstaatl. Wirtschaftsbeziehungen (zB Weltwährungs- und -handelsordnung). Diese Regelung erfolgt durch zweiseitige oder multilaterale völkerrechtl. Verträge (→Völkerrecht; →internationale Organisationen).

C. Ergänzung des Marktmechanismus. Steuerung des Wirtschaftsgeschehens über Märkte setzt voraus, daß das *Ausschlußprinzip* wirksam ist: Vorteile der eigenen Tätigkeit müssen anderen vorenthalten werden können, so daß solche Vorteile marktfähig werden und einen Preis erzielen. Entsprechendes gilt für Nachteile aus der Tätigkeit anderer, für die nur dann eine Kompensation erzielbar ist, wenn die Tätigkeit notfalls ausgeschlossen werden kann. Der Geltungsbereich des Ausschlußprinzips ist von der Art der Tätigkeit bzw. der erstellten Leistung, aber auch von der Rechtsordnung abhängig. Ist das Ausschlußprinzip nicht hinreichend wirksam, so mag die Produktion von Gütern, die für die Allgemeinheit von Nutzen sind, völlig unterbleiben, weil sie privatwirtschaftl. unrentabel ist. In solchen Fällen steht die W. vor der Frage, ob sie durch geeignete Maßnahmen die Bereitstellung dieser Güter sichern soll (*öffentliche Güter*). Das gilt insbesondere für immaterielle Güter wie Rechtssicherheit, Sicherheit nach außen durch militärischen Schutz usw., die zweckmäßigerweise von der öffentl. Hand bereitgestellt werden. Aufgrund unvollkommener Wirksamkeit des Ausschlußprinzips bestehen außermarktmäßige Beziehungen zwischen Produzenten, zwischen Konsumenten und zwischen Produzenten und Konsumenten, so daß Vor- oder Nachteile privatwirtschaftl. Tätigkeiten zum Teil ohne Abgeltung bei Dritten anfallen. Die einzelwirtschaftl. Kalkulation ist dann unvollständig und verfehlt insofern ihre marktwirtschaftl. Steuerungsfunktion. Der Staat kann durch präzisere Definition von Eigentumsrechten, durch Gebote und Verbote oder mittels Zwangsabgaben und Ausgleichzahlungen die Marktsteuerung korrigieren. Ein aktuelles Beispiel hierfür ist der →*Umweltschutz*.

Einzelne Märkte können instabil sein in dem Sinn, daß der Preis um einen langfristigen Gleichgewichtswert (bzw. Gleichgewichtstrend) schwankt, weil die Produzenten aufgrund falscher Vorstellungen über die Zukunft systematisch fehlinvestieren (→Preistheorie). Dann könnte es sinnvoll sein, den Preis auf dem mutmaßl. langfristigen Gleichgewichtswert zu stabilisieren (zB durch staatl. Lagerhaltung, Produktionsbeeinflussung usw.). Allerdings besteht die Gefahr, daß unter dem Einfluß politischer oder ökonomischer Sonderinteressen den Knappheitsverhältnissen widersprechende Preise (Mindest- oder Höchstpreise), eine Fehlleitung knapper Ressourcen und zusätzliche Interventionen resultieren.

Die Rahmenbedingungen des Wirtschaftsgeschehens ändern sich ständig (verändertes Wissen, technisch-organisatorischer Fortschritt, Wandel in verhaltensrelevanten Normen, Änderung der internationalen Arbeitsteilung). Das wirkt sich einerseits in wirtschaftl. *Strukturwandel* aus und mobilisiert andererseits politische Kräfte gegen diesen; denn Strukturwandel bedeutet für die einzelnen und für soziale Gruppen eine Gefährdung ihres gesellschaftl. Status. Die Bewältigung solcher Probleme ist Gegenstand der Wachstums-, Struktur- und Sozialpolitik, aber auch der Ordnungspolitik. Die Möglichkeit und Bereitschaft der Unternehmer und Arbeitskräfte, den Wirtschaftsbereich, den Beruf, u. U. auch den Standort zu wechseln, unterliegen zahlreichen Hemmnissen, welche die W.

zumindest teilweise mildern oder kompensieren kann: Verbesserung der Marktübersicht (zB Arbeitsvermittlung); berufl. Umschulung, Übergangshilfen, vorzeitige Pensionierung älterer Arbeitskräfte usw. (s. a. *Arbeitsmarktpolitik*). Die Bewältigung des Strukturwandels berührt die Gewerbefreiheit (freien Zugang zum Markt), die freie Berufswahl (→Berufsfreiheit), →Freizügigkeit usw., betrifft generell die Inhalte einer „offenen Gesellschaft" und die Verteilung der mit ihr verbundenen Chancen und Risiken.

D. Beschäftigung, Inflation und außenwirtschaftliches Gleichgewicht. Marktwirtschaftlich organisierte Volkswirtschaften vermögen auf der Basis reiner Selbststeuerung nicht jederzeit die volle Nutzung der Produktivkräfte zu sichern. Trotz allg. Güterknappheit, gemessen an den Bedürfnissen, können wegen unzureichender Selbststeuerung Produktionsanlagen und Arbeitskräfte längere Zeit unbeschäftigt bleiben. Ebenso sind Situationen möglich, in denen eine zu hohe Nachfrage eine problematische Überbeanspruchung der Produktionsmöglichkeiten bewirkt *(inflatorische Lücke,* →Einkommens- und Beschäftigungstheorie). Solche Schwankungen im *Auslastungsgrad des Produktionspotentials,* die sich in der Entwicklung des Preisniveaus und des Leistungsbilanzsaldos gegenüber dem Ausland widerspiegeln, heißen *Konjunkturbewegungen* (→Konjunkturtheorie). Sie ereigneten sich bis zur Weltwirtschaftskrise ziemlich regelmäßig. In der Nachkriegszeit bewirkte das allgemein hohe Wachstum, daß sich Konjunkturschwankungen im wesentlichen als Zyklen des Wachstumstempos, nicht in absoluten Produktionseinbrüchen äußerten. Seit der Ölkrise 1973 und dem seither deutlich verlangsamten Wachstum waren jedoch wieder Produktionsrückgänge zu verzeichnen. Die Marktsteuerung sichert auch nicht automatisch die *Stabilität des Geldwertes* (Preisniveaustabilität), wobei seit der Nachkriegszeit im Unterschied zu früheren Epochen nur noch die Inflation (Preisniveauanstieg) ein Problem darstellt. Vordergründig mit einer – gemessen an der Entwicklung des Produktionspotentials – zu hohen Expansionsrate der Geldversorgung erklärbar, sind die eigentlichen Ursachen der *Inflation* in ungelösten gesellschaftl. Konflikten zu suchen: Unvermögen der Gesellschaft, die Einkommensansprüche der Privaten und der öffentlichen Hand auf die realen Produktionsmöglichkeiten zu begrenzen. Der Versuch einer solchen Begrenzung ist Inhalt der *Einkommenspolitik* (zB Konzertierte Aktion), deren Ergebnisse sich i. d. R. als enttäuschend erwiesen haben.

Aufgrund der Erfahrungen der Weltwirtschaftskrise und der inzwischen von der Nationalökonomie aufgezeigten Möglichkeiten zur Verhinderung oder zum Ausgleich konjunktureller Schwankungen durch Beeinflussung der gesamtwirtschaftl. Nachfrage (→Konjunkturpolitik) hat sich allgemein die Auffassung durchgesetzt, die Regierungen seien verpflichtet, einen möglichst *hohen Beschäftigungsgrad* aufrechtzuerhalten. Die meisten Industrieländer verzeichneten in der Nachkriegszeit eine relativ hohe bzw. mehr oder minder kontinuierlich steigende Beschäftigung und gleichzeitig bis gegen Ende der sechziger Jahre ein langsames, aber stetiges Steigen des allgemeinen Preisniveaus *(schleichende Inflation).* Hieraus resultierte die zusätzl. Forderung nach Geldwertstabilität, die in den folgenden Jahren wegen der allg. Beschleunigung der Inflation an Bedeutung gewonnen hat. Umstritten ist, ob beide Ziele gleichzeitig realisiert werden können, da erfahrungsgemäß das Preisniveau auch zu steigen pflegt, wenn noch nicht alle Arbeitskräfte beschäftigt sind. Andererseits hat sich die zeitweise vorherrschende Meinung, expansive Nachfragesteuerung (stärkere Ausweitung der Geldversorgung, staatliche Konjunkturprogramme) könne eine aus Unterauslastung des Produktionspotentials resultierende Unterbeschäftigung abbauen, wenn auch um den Preis höherer Inflation, insofern als Trugschluß erwiesen, als dieser Effekt nur bei unvorhergesehener Inflation eintritt. Die Vorhersehbarkeit der inflationären Folgen expansiver Politik hat letzterer die nachhaltige Wirksamkeit genommen. Generell ist davon auszugehen, daß die Stabilisierungspolitik um so weniger die Produktion und die Beschäftigung und um so stärker das Preisniveau beeinflußt, je mehr sie im voraus erwartet wird.

Eine an binnenwirtschaftl. Erwägungen orientierte Konjunkturpolitik stößt in einer auf freiem Güter- und Kapitalverkehr beruhenden *Weltwirtschaftsordnung* auf erhebl. Schwierigkeiten. Konjunkturpolitische Maßnahmen zur Beeinflussung der Gesamtnachfrage bewirken über die von ihnen ausgelösten internationalen Handels- und vor allem Kapitalströme bei *fixierten Wechselkursen* Zahlungsbilanzschwierigkeiten (→Außenwirtschaftspolitik), bei *flexiblen Wechselkursen* teils problematische Kursentwicklungen, und zwar schon die (u. U. fälschlicherweise) erwarteten künftigen Maßnahmen. Die von unzureichender internationaler Koordinierung der Konjunkturpolitik bei fixen Wechselkursen verursachten internationalen Zahlungsbilanz- und Währungsprobleme der sechziger und beginnenden siebziger Jahre verhalfen der Vorstellung zum Durchbruch, ein Übergang von behördlich fixierten zu marktgesteuerten flexiblen Wechselkursen beseitige dieses Koordinierungsproblem, da letztere Spielräume für autonome nationale Konjunkturpolitik garantierten. Das hat sich nach der weitgehenden Abkehr von fixen Kursen im Jahr 1973 als falsch erwiesen: Nicht nur Zahlungsbilanzprobleme, sondern auch die stark von Erwartungen gesteuerten Kursbewegungen am Devisenmarkt engen den politischen Handlungsspielraum erheblich ein. Auch bei flexiblen Kursen besteht ein Problem der internationalen Übertragung konjunktureller und inflatorischer Impulse bzw. Störungen.

Das *gemeinsame Floaten* einiger Länder der EG seit dem 19. 3. 1973 und das seit dem 13. 3. 1979 in Kraft befindliche *Europäische Währungssystem* (EWS) stellen Versuche dar, die außenwirtschaftl. Beschränkungen der W. zu vermindern und in einem wichtigen Teilgebiet der Weltwirtschaft die Vorteile fixierter Kurse (intern) mit denen flexibler Kurse (nach außen) zu kombinieren. Der bisherige Erfolg und die Zukunftschancen des EWS sind umstritten, unterliegt es doch ähnlichen Funktionsproblemen wie das frühere generelle Fixkurssystem.

E. Wachstum. Die heutige Gestaltung des Wirtschaftsablaufs beeinflußt die künftige wirtschaftl. Entwicklung (→Wachstumstheorie). Diese Erkenntnis hat zur Forderung nach zielbewußter →*Wachstumspolitik* geführt. Wachstumspolitik beinhaltet Entscheidungen zwischen Gegenwartsversorgung und einer möglicherweise höheren, aber erst in der Zukunft anfallenden Versorgung, die u. U. erst späteren Generationen zugute kommt. Die gegenwärtigen Dispositionen der Privaten, die das künftige Niveau der Güterversorgung mitbestimmen, mögen aufgrund eines begrenzten Zeithorizonts und der Unsicherheit hinsichtlich der ferneren Zukunft mehr auf die Gegenwart und die nähere Zukunft gerichtet sein. Hieraus kann sich für die W. die Aufgabe ergeben, einen Ausgleich zu schaffen. Von besonderer Bedeutung sind dabei die Beeinflussung der Investitionstätigkeit (Höhe und Art der Ersparnisse und der Investitionen), die Ausgestaltung des Schul- und Bildungswesens, die Förderung von Wissenschaft und Forschung und die Steuerung der Nutzung der natürl. Umwelt als Erholungsraum, Rohstoffquelle, Standort für Industrie, Wohnungen, Infrastruktur und als Absorptionsmedium für Schadstoffe (→Umweltschutz). Die Ordnungspolitik und insbesondere die Maßnahmen zur Ergänzung des Marktmechanismus (II C) sind ebenso wie die Strukturpolitik für das wirtschaftl. Wachstum von großer Bedeutung. Während bis in die Mitte der siebziger Jahre hochgesteckte Wachstumsziele Volkswirtschaften zu überfordern und zu konjunkturellen Ungleichgewichten zu führen drohten, besteht seither ein Problem der Wachstumsschwäche: Als Folge zu geringer Investitionsdynamik reicht die Zahl verfügbarer Arbeitsplätze nicht aus, um die u. a. demographisch bedingte Nachfrage nach zusätzlichen Arbeitsplätzen abzudecken.

Die ursprüngliche, gelegentlich unkritische Wachstumseuphorie ist inzwischen in der öffentl. Diskussion einer durch *Umweltprobleme* und die Vorstellung endlicher Vorräte von Rohstoffen und fossilen Energieträgern bedingten Wachstumsskepsis gewichen, die teils kulturkritische und emotionale Züge annimmt. Das von vielen geforderte „qualitative Wachstum", das die Umwelt- und Ressourcenprobleme angebl. zu lösen verspricht, ist bislang ein inhaltsleeres Schlagwort geblieben. Die sehr differenzierten fachökonomischen Erkenntnisse über die *Grenzen des Wachstums* sind von der politischen Diskussion nur unzureichend rezipiert worden.

F. Strukturpolitik. W. Maßnahmen zur Beeinflussung der langfristigen Entwicklung einzelner Wirtschaftszweige oder Regionen im Vergleich zur restlichen Volkswirtschaft werden als →Strukturpolitik bezeichnet. Von Strukturpolitik wird zB gesprochen, wenn Anpassungsschwierigkeiten eines Wirtschaftszweigs an im Zuge der wirtschaftlichen Entwicklung unvermeidl. Strukturänderungen beseitigt oder vermindert werden sollen (Landwirtschaft, Bergbau, Stahlindustrie, Werften usw.). Hierbei kommt der berufl. und intersektoralen *Mobilität der Arbeitskräfte* besondere Bedeutung zu (II C). Soll eine unerwünschte Umschichtung in der geographischen Verteilung der Bevölkerung und der Wirtschaftstätigkeit vermieden werden, so muß die *sektorale W.* Teil einer *regionalen W.* sein, die konkrete Vorstellungen über die erwünschte räumliche Verteilung der Bevölkerung und der Produktion sowie die für zulässig anzusehenden regionalen Unterschiede in den Lebensbedingungen voraussetzt. Die Steuerung des Wachstums in Teilgebieten hat Konsequenzen für das Wachstum im Gesamtgebiet, die je nach verfolgter Politik positiv oder negativ sein können. Während in der Vergangenheit in der Bundesrep. Dtschld. dem Gesichtspunkt der Einebnung der Lebensbedingungen zwischen den Regionen Priorität eingeräumt wurde, bahnt sich heute unter dem Eindruck von Wachstumsschwäche und dem Fehlen hinreichend vieler rentabler Arbeitsplätze eine stärkere Betonung der regionalpolitischen Wirkungen auf die gesamtwirtschaftl. Entwicklungsdynamik an.

Konzeptionell sind drei Varianten von Strukturpolitik zu unterscheiden: eine auf die Vorteile dezentraler Entscheidungen (innovative Dynamik, Informationsvorsprünge, Flexibilität) setzende Politik der Erleichterung des Strukturwandels (v. a. Mobilitätsförderung, Abbau administrativer Hemmnisse); eine Politik, welche durch sektoral gezielte Maßnahmen (Subventionen, Einfuhrbeschränkung) die Anpassung zeitlich zu strecken und damit die negativen Konsequenzen des Strukturwandels zu mildern versucht; und eine Politik, die vorausschauend „Strukturgestaltung" anstrebt, letztlich eine ordnungspolitisch problematische *Investitionslenkung* beinhaltet und mit dem Widerspruch, das grundsätzlich Unbekannte planen zu wollen, behaftet ist. Die Ursachen des Strukturwandels liegen letzten Endes in Sachverhalten (II C), die sich in einer „offenen Gesellschaft" staatlichem Zugriff entziehen. Die erste Variante ist der Kern *„angebotsorientierter Politik"*, von der sich viele die Lösung der heutigen Beschäftigungsprobleme erhoffen. Die zweite herrscht tatsächlich vor. Sie beinhaltet i. d. R. unter dem Einfluß von Interessengruppen und wahltaktischen Erwägungen teure und auf Dauer nicht durchzuhaltende Versuche der Strukturerhaltung. Der beschleunigte Strukturwandel der letzten Jahre hat dieser Art von Politik wachsende Bedeutung verliehen und die Gefahr eines *„neuen Protektionismus“* (Verzögerung der Strukturanpassung durch Importbeschränkung) heraufbeschworen.

Ein typisches Beispiel für sektorale W. ist der Versuch, den Einkommensabstand zwischen der Landwirtschaft und den restlichen Sektoren zu vermindern (→Landwirtschaftspolitik). Als Maßnahmen dienen i. d. R. Subventionen und Eingriffe zur Anhebung der Agrarpreise über den Wert, der sich bei freier Preisbildung ergeben würde (Einfuhrbeschränkungen, Marktordnungen usw.). Daneben gibt es Maßnahmen zur Erleichterung der Anpassung der Landwirtschaft an veränderte Produktions- und Lebensbedingungen (Verbesserung der Agrarstruktur). Die Subventionierung über den Preis bzw. über leistungsgebundene Vergünstigungen führt zur Umlenkung von Produktivkräften, da in einer Marktwirtschaft Preise nicht nur die Einkommen mitbestimmen, sondern auch die Produktion steuern. I. d. R. werden zusätzl. Interventionen nötig und eine langfristig notwendige Anpassung verzögert. Die gesamtwirtschaftl. Entwicklung kann durch solche Interventionen erheblich beeinträchtigt werden.

Bei der Würdigung sektoraler W. sind also mehrere Aspekte zu berücksichtigen: Die Einkommensverteilung, die Effizienz des Wirtschaftssystems, die langfristige gesamtwirtschaftl. und regionale Entwicklung, nicht zuletzt die Wirtschaftsordnung, können doch staatl. Eingriffe das Steuerungssystem in einem Wirtschaftszweig völlig umgestalten.

G. Verteilungspolitik. Neben der Höhe des realen Volkseinkommens in Gegenwart und Zukunft ist auch seine Verteilung auf die Mitglieder einer Volkswirtschaft ein Problem der W. Mit reiner Selbststeuerung würde die marktwirtschaftl. Ordnung i. a. eine Verteilung von Einkommen und Vermögen bewirken, die politisch nicht mehrheitsfähig wäre, da sie weithin den Vorstellungen über eine gerechte Verteilung widersprechen würde. Die Verteilungspolitik überschneidet sich mit der →*Sozialpolitik*. Das verfügbare Einkommen einer Gruppe von Personen besteht aus Arbeits- und Besitzeinkommen *(Primärverteilung)*, vermindert um die an den →Fiskus abzuführenden Zwangsabgaben und vermehrt um die unentgeltl. Leistungen des Staates an die Haushalte *(Sekundärverteilung)*. Diese unentgeltl. Leistungen können in Geldform (Transferzahlungen) oder in natura (zB unentgeltl. Schulausbildung) erfolgen. Die Verteilungspolitik kann auf der Stufe der Primär- und/oder Sekundärverteilung ansetzen (→Verteilungstheorie).

Die Primärverteilung kann innerhalb gewisser Grenzen über die Vermögensverteilung (→*Vermögenspolitik)* und die →*Lohnpolitik* beeinflußt werden. Im übrigen ist die Einkommensverteilung das Ergebnis von Marktvorgängen und nicht willkürl. veränderbar, wenn die marktwirtschaftl. Ordnung nicht beeinträchtigt werden soll. Nicht zuletzt berühren Maßnahmen auf der Ebene der Sekundärverteilung die Leistungsbezogenheit der Einkommen und die Zukunftsorientiertheit der Dispositionen. Insgesamt kann die Verteilungspolitik die wirtschaftl. Effizienz und Dynamik mindern. Die Höhe des Verteilbaren ist von der Art der Verteilung abhängig. Eine Beeinflussung der Verteilung ergibt sich auch über die vom Staat verfolgte Konjunktur-, Wachstums-, Struktur- und Ordnungspolitik.

III. Die Instrumente der W. Die Instrumente der W. sind die unmittelbare Wirtschaftstätigkeit (Produktion, Verteilung, Kreditaufnahme usw.) des Staates und die Beeinflussung der Wirtschaftstätigkeit privater Wirtschaftssubjekte durch die Gestaltung der Wirtschaftsverfassung, die Einwirkung auf den Informationsstand, die Gewährung von Anreizen und die Auferlegung von Belastungen (→Finanzpolitik) sowie der Erlaß von Geboten und Verboten. Dazu kommt die Beeinflussung der W. anderer Staaten und ggf. auch der Maßnahmen nachgeordneter Gebietskörperschaften. Eine erschöpfende Aufzählung der Instrumente der W. ist hier nicht möglich. Die im Hinblick auf bestimmte Probleme getroffenen Einteilungen der Instrumente sind zahlreich und überschneiden sich.

So werden *ordnungs-* und *ablaufpolitische Instrumente* unterschieden, je nachdem die Wirtschaftsordnung oder das Wirtschaftsgeschehen (zB Konjunkturlage) innerhalb einer bestimmten Ordnung verändert werden sollen; zu ersteren zählt etwa das Recht der Unternehmenszusammenschlüsse, zu letzteren zB die Festsetzung des Diskontsatzes seitens der Zentralbank zur Steuerung der Geld- und Kreditversorgung. *Qualitative und quantitative Instrumente* werden gegenübergestellt, wobei Steuersätze, Zollabgaben u. a. m. als quantitative Instrumente gelten, während zB die Ausgestaltung des Eigentumsrechts als qualitative Maßnahme anzusehen wäre.

Systemkonforme unterscheiden sich von *-inkonformen Maßnahmen* darin, daß sie den grundlegenden Ordnungsprinzipien nicht widersprechen. *Marktkonforme* werden von *nichtmarktkonformen Maßnahmen* in zweierlei Sinn unterschieden. Marktkonformität liegt entweder vor, wenn das Instrument das technische Funktionieren des Marktablaufs nicht stört, sondern nur dessen Ergebnis verändert, oder wenn staatlicherseits ein Ergebnis herbeigeführt wird, das den eigentl. Marktkräften entspricht, aber deshalb nicht von selbst zustande kommt, weil der Markt technisch nicht schnell genug funktioniert (II C). Marktkonforme Maßnahmen im ersten Sinn sind u. a. Preisbelastungen (Zölle, Umsatzsteuer usw.) und Preisentlastungen (Produktions- und Verkaufsprämien, Mietbeihilfen und andere Subventionen), nicht marktkonform dagegen Festpreise, Bewirtschaftungsmaßnahmen (Rationierung) usw.

Ein wichtiges Problem der W. ist, ob die Zahl der Instrumente ausreicht, um die Ziele zu realisieren. Vereinfacht läßt sich sagen: Ist die Zahl der Instrumente geringer als die der Ziele, so treten Widersprüche zwischen den Zielen auf. In der Realität ist i. d. R. der Versuch zu beobachten, einzelne Maßnahmen so zu gestalten, daß sie gleichzeitig mehreren Zielen gerecht werden. Dadurch wird die Effizienz der Politik meist beeinträchtigt.

G. Gäfgen (Hg.), Grundlagen der W., 1972[4] – H. Giersch, Konjunktur- und Wachstumspolitik in der offenen Wirtschaft, 1977 – F. W. Henning, Die Industrialisierung in Deutschland. 1800–1914, 1979[5] – Ders., Das industrialisierte Deutschland 1914–1978, 1979[5] – H. Lampert, Sozialpolitik, 1980 – B. Frey, Theorie demokratischer W., 1981 – M. Streit, Theorie der W., 1983[3] (Lit.) – H. Möller, R. Osterkamp, W. Schneider (Hg.), Umweltökonomik, 1982 – E. Tuchtfeldt, W., HdWW [IX]1982, 178–206 (Lit.) – P. Bernholz u. F. Breyer, Grundlagen der Politischen Ökonomie, 1984[2] – Sachverständigenrat zur Begutachtung der gesamtwirtschaftlichen Entwicklung, Jahresgutachten 1964 ff. – Bundeswirtschaftsministerium, Gutachten des Wiss. Beirats beim Bundeswirtschaftsministerium.

Franz Holzheu/Hans Möller

Wirtschaftstheorie. I. Begriff. Die W. stellt erstens ein System von allgemeinen Aussagen dar, die durch Erfahrung und Denken gewonnen werden und darauf abzielen, über die empirischen Strukturzusammenhänge im wirtschaftl. Geschehen zu informieren; insoweit ist sie *theoretische Erfahrungswissenschaft.* Zweitens bemüht sich die W. um die Klärung bestimmter Optimaleigenschaften des ökonomischen Systems; soweit sie dieser Intention folgt, ist sie *Optimierungskalkül.* Drittens ist die W. Anwendung *logischen Kalküls,* das Implikationen gedanklicher Sachverhalte aufdeckt und weder über die *gegebene* Struktur der Realität noch über bestimmte Optimaleigenschaften des ökonomischen Systems informiert.

Als Erfahrungswissenschaft verkörpert die W. das akkumulierte Wissen über die *Struktur* der wirtschaftl. Realität, das eine mehr als 200jährige Forschung schrittweise erarbeiten und auf den heutigen Stand bringen konnte.

Die Erkenntnis der Strukturzusammenhänge in der Wirtschaft ist höchst bedeutsam. Sie dient vor allem (jedoch nicht ausschließlich) der *Erklärung* und der *Prognose* wirtschaftlicher Vorgänge; damit aber wird sie zur sachl. Basis aller Versuche, den *Wirtschaftsprozeß zweckrational zu gestalten* (→Wirtschaftspolitik). Andererseits ist allgemeines Wissen immer abstrakt. Um gedanklich in die Struktur der Wirtschaft eindringen und dementsprechend die allgemeinen Gesetze des wirtschaftl. Geschehens offenlegen zu können, muß die W. von der Zeit- und Raumbezogenheit der Realität abstrahieren. Das „Was? Wann? Wo?" (C. G. Hempel) bleibt in dem nach dem „Warum?" des beobachtbaren Geschehens fragenden erfahrungswissenschaftl. Teil der W. unbeantwortet; der systematischen Beschreibung nehmen sich die mit idiografischen Methoden arbeitenden Disziplinen der Wirtschaftskunde an, diese vermitteln das Einzelwissen über den Komplex „Wirtschaft". Außer der W. interessieren sich noch weitere theoretische Disziplinen der Sozialwissenschaft (zB Individual- und Sozialpsychologie, →Soziologie) für bestimmte Strukturaspekte des Erfahrungsobjekts „Wirtschaft". Der entscheidende Unterschied zwischen diesen Disziplinen und der W. ist in den abweichenden Arbeitsinteressen zu sehen.

Die Frage nach dem „Warum?" der beobachtbaren wirtschaftl. Vorgänge läßt sich in den folgenden Grundfragen konkretisieren:

– Welche Faktoren bestimmen das Niveau, welche die Zusammensetzung der volkswirtschaftl. Gesamterzeugung („Sozialprodukt")?

– Wovon hängt die Verteilung des Sozialprodukts auf die Anbieter produktiver Leistungen ab?

– Unter welchen Bedingungen wird das Angebot an Produktionsfaktoren, insbesondere die menschliche Arbeitskraft, (nicht) voll in Anspruch genommen?

– Was bestimmt die Wahl der Produktionsmethode?

– Welches sind die Bedingungen für ein Wachstum des Sozialprodukts beziehungsweise der gesamtwirtschaftl. Produktionskapazität?

Mit zwei weiteren Fragen überschreitet die W. den Rahmen der erfahrungswissenschaftl. Forschung und wird zum *Optimierungskalkül* für das gesamtwirtschaftl. System:

– Welche Bedingungen kennzeichnen die effiziente Allokation? „Effiziente Produktion" heißt, daß es bei gegebener Ausstattung mit Produktionsfaktoren nicht mehr möglich ist, von einem Gut mehr zu produzieren, ohne dadurch die Erzeugung eines anderen Gutes einzuschränken; „effiziente Verteilung" heißt, daß es durch die Umverteilung eines gegebenen Produktionsergebnisses nicht mehr möglich ist, das Realeinkommen einer Person zu erhöhen, ohne dadurch das Realeinkommen anderer zu verringern.

– Unter welchen Bedingungen erreicht die Wachstumsrate des Sozialprodukts (oder des Konsums) ihren optimalen Wert?

Mit diesen beiden Fragen wird die W. nicht zu einer normativen Disziplin. Zwar stehen sie – offen oder versteckt – in Beziehung zu bestimmten Wert- und Zielvorstellungen über den erwünschten Ablauf des Wirtschaftsprozesses, doch ist diese *Wertbeziehung* nicht gleichbedeutend mit einer Deduktion aus ethischen Prämissen und der Aufstellung von normativen Aussagen. Mit den beiden Fragen nach bestimmten Optimaleigenschaften des ökonomischen Systems repräsentiert sich die W. vielmehr als eine Anwendung der *logischen Analyse* auf den Objektbereich der Wirtschaft. Es liegt auf der Hand, daß die hier deduzierten Aussagen erst dann zugleich empirische Relevanz beanspruchen können, wenn die in der erfahrungswissenschaftl. Arbeit der W. gewonnenen Erkenntnisse als Prämissen in den Kalkül eingehen.

Optimierungskalküle spielen auch im erfahrungswissenschaftl. Teil der W. eine wichtige Rolle. Für die Unternehmungen und die Haushalte wird angenommen, daß sie jeweils zweckrational vorgehen, indem sie bestimmte Ziele bestmöglich zu verwirklichen suchen. Hier stellt sich der Optimierungskalkül als eine Deduktion aus *empirischen Prämissen* dar, er hat also die Aufgabe, Sachverhalte zu klären und über tatsächliche, nicht etwa über gesamtwirtschaftlich optimale Strukturbeziehungen in der wirtschaftlichen Wirklichkeit zu informieren.

Neben den Fragen nach dem „Warum?" und „Wie lauten die Bedingungen für ein Optimum?" bestimmt noch eine dritte Art von Fragen die Arbeit der W. Es handelt sich um die Klärung der logischen Implikationen bestimmter *gedankl.* Sachverhalte. Diese Anwendung des logischen Kalküls ist zwar auch auf ökonomische Vorgänge *bezogen,* aber sie kann nichts über die faktischen Zusammenhänge des wirtschaftl. Systems und dessen Optimaleigenschaften aussagen. Ein Beispiel: Unter welchen Bedingungen wird eine Währungsabwertung den Exportwert im Verhältnis zum Importwert erhöhen? Oder: Unter welchen Bedingungen wird ein genau definiertes Gleichgewicht des Wirtschaftswachstums eintreten? Die W. stellt sich also auch hier – ebenso wie in den meisten Beiträgen zum gesamtwirtschaftl. Optimum – ausschließlich als logischer Kalkül dar. Dieses Kalkül ist auf ökonomische Vorgänge *bezogen,* aber es kann nichts über die faktischen Zusammenhänge in der wirtschaftlichen Wirklichkeit aussagen: *Es informiert nicht über die Realität.*

II. Mikro- und Makroökonomik. Zur *Mikroökonomik* gehören: Theorie des (privaten) Haushalts – Produktionstheorie – Preistheorie (einschließlich mikroökonomischer Verteilungstheorie) – statische und dynamische Wettbewerbstheorie – Theorie des allgemeinen Gleichgewichts – Theorie der allokativen Effizienz (nicht-normativer Teil der sogenannten Wohlfahrtsökonomik).

Zur *Makroökonomik* gehören: Statische Theorie: Bestimmungsfaktoren des Sozialprodukts bzw. Volkseinkommens (→Beschäftigungstheorie) und seiner (Makro-)Verteilung – Dynamische Theorie: Schwankungen des Volkseinkommens (→Konjunkturtheorie); Wachstum des Volkseinkommens bzw. der Produktionskapazität, insbesondere Bedingungen eines gleichgewichtigen und eines optimalen Wachstums (→Wachstumstheorie) – Geldtheorie, soweit nicht bereits in der statischen und dynamischen Makroökonomik behandelt.

Die Mikroökonomik befaßt sich mit dem Verhalten der einzelnen Entscheidungseinheit (Unternehmung, Haushalt) und dem Zusammenspiel der Handlungen einer Gesamtheit von Entscheidungseinheiten. Hierfür wird meist unterstellt, daß die Haushalte ihren Nutzen und die Unternehmungen ihren Gewinn maximieren wollen und daß sie ihre Entscheidungen unter der Voraussetzung vollständigen Wissens treffen können. Diese Verhaltenshypothesen werden neuerdings – zumindest für bestimmte Erklärungszwecke – durch realistischere ersetzt, die der in Wahrheit differenzierteren Motivationsstruktur und der Ungewißheit über die Handlungsfolgen Rechnung tragen. So wird zB die Entscheidungstheorie durch das Anspruchsniveaukonzept um eine dynamische Theorie der Suchprozesse ergänzt.

Das Verhalten des privaten Haushalts wird sowohl für seine Nachfrage nach Gütern als auch für das hiermit eng verbundene Angebot von produktiven Leistungen untersucht. Der mikroökonomischen Produktionstheorie geht es darum, die Entscheidungen der Unternehmungen über ihre Produktionsmethode, über Zusammensetzung und Umfang der Produktion und über die Nachfrage nach produktiven Leistungen analytisch zu klären. Aus dem Zusammenwirken von Angebot und Nachfrage auf dem Markte wird der Preis eines Gutes theoretisch erklärt. Die neoklassische Preistheorie wird dabei zunehmend durch die empirisch orientierte Wettbewerbstheorie ergänzt. Zur Preistheorie gehört neuerdings auch die Analyse der Preisbildung durch Verhandlungen, wie sie für bestimmte Märkte wie den Arbeitsmarkt charakteristisch ist.

Während Haushalts-, Produktions- und Preistheorie aus der Gesamtheit der sich gegenseitig bedingenden ökonomischen Größen jeweils einzelne, die unter der betreffenden Fragestellung am wichtigsten erscheinenden, herausgreifen („Partialanalyse"), befaßt sich die mikroökonomische Theorie des totalen Gleichgewichts mit dem ökonomischen System in seiner Gesamtheit („Totalanalyse"). Dem Vorteil der umfassenderen Perspektive steht eine sehr weitgehende empirische Entleerung gegenüber: Weder in der älteren, L. WALRAS zu verdankenden Fassung noch in den neueren Versionen (WALD, ARROW, DEBREU u. a.) ist sie eine ausgebaute, d. h. für Erklärungs- und Prognoseaufgaben qualifizierte empirische Theorie. Im Mittelpunkt dieser Theorie steht die Klärung der Frage, ob bzw. unter welchen Bedingungen in einem System dezentralisierter Entscheidungen, nämlich bei vollständiger Konkurrenz auf allen Märkten, eine Gleichgewichtslösung logisch überhaupt möglich ist und, wenn ja, ob es sich um die einzige Lösung handelt. Die Existenz eines Gleichgewichts bedeutet, daß die Handlungen der Wirtschaftssubjekte miteinander vereinbar sind, wenn die Handlungsvariablen die Werte der Gleichgewichtslösung annehmen. Das theoretische Konzept des Marktgleichgewichts besitzt nur dann auch ökonomische Relevanz, wenn man davon ausgehen kann, daß sich Marktgleichgewichte auch tatsächlich einstellen werden, d. h. wenn ein Anpassungsmechanismus existiert, der in einer Ungleichgewichtssituation dazu führt, daß sich die Preise und Mengen zum Gleichgewicht hinbewegen.

In enger Verbindung zu der mikroökonomischen Theorie des totalen Gleichgewichts steht die Theorie der allokativen Effizienz: Auch sie betrachtet das ökonomische Universum als Ganzes, auch sie ist nahezu ausschließlich logische Analyse, und auch sie bietet bei ihrem derzeitigen Entwicklungsstand nur begrenzte Möglichkeiten für eine Anwendung. Die wissenschaftl. Diskussion der sog. „welfare economics“ hat jedenfalls gezeigt, daß deren Aussagen über die Effizienz in Produktion und Verteilung nicht ohne weiteres zur Lösung praktischer Gestaltungsprobleme der Wirtschaft herangezogen werden können.

Die Makroökonomik analysiert die Beziehungen zwischen volkswirtschaftl. Gesamtgrößen wie Volkseinkommen, Gesamtinvestition, Arbeitsvolumen, volkswirtschaftliche Sparsumme, gesamtwirtschaftliches Preisniveau, Lohnquote. Die statische Theorie der Bestimmung von Volkseinkommen und Gesamtbeschäftigung (→Einkommens- und Beschäftigungstheorie) geht auf J. M. KEYNES zurück. In ihrer komparativ statischen Fassung klärt sie vor allem die grundlegenden Beziehungen, die zwischen einer Veränderung zB der Investition und der dadurch bewirkten Veränderung des Gleichgewichts-Volkseinkommens bestehen. Durch die Akzelerationsbeziehung, durch die Berücksichtigung von verzögerten Reaktionen usw. werden formalisierte dynamische Erklärungsversuche der Schwankungen des Volkseinkommens ermöglicht, die die zahlreichen älteren ergänzen oder ersetzen (→Konjunkturtheorie).

Das wissenschaftl. Interesse an den konjunkturellen Bewegungen hat stark abgenommen. Die Wachstumseinbrüche im Gefolge der beiden Ölpreisschübe und, damit verbunden, die anhaltend hohe weltweite Unterbeschäftigung verschoben die Schwerpunkte der Forschung auf die Untersuchung des langfristigen Wirtschaftswachstums bei Berücksichtigung erschöpfbarer natürl. Ressourcen und auf die Weiterentwicklung der Beschäftigungstheorie. Letztere empfing von der „Neuen Makroökonomik“, die Situationen unfreiwilliger Arbeitslosigkeit als nicht walrasianische Gleichgewichtszustände interpretiert, einen neuen Impuls.

Die Geldtheorie analysiert die Wirkungen des Geldes im ökonomischen System. Ihre wichtigsten Bestandteile sind die Geldnachfrage- und die Geldangebotstheorie, mit deren Hilfe der Einfluß monetärer Impulse auf die Entwicklung des Preisniveaus und der realwirtschaftlichen Größen (zB Beschäftigung) erklärt wird. Die Geldmenge beeinflußt auch die relativen Preise. Das Geld ist damit keineswegs in seinen Wirkungen neutral, vielmehr gehen über verschiedene Transmissionsmechanismen Wirkungen auf gesamtwirtschaftliche Größen aus.

In der obigen Einteilung der W. fehlen einige Theoriebereiche, die meist gesondert genannt werden. So wird die Außenwirtschaftstheorie im allgemeinen als selbständiger Theoriebereich behandelt, was aber im Grunde genommen nicht zutrifft: Die Probleme der internationalen und auch die der interregionalen Wirtschaftsbeziehungen sind z. T. makroökonomischer Art und zum anderen Teil Fragen der Preistheorie und der Effizienzanalyse (bzw. der umfassenderen „welfare economics“). Auch für die mit der Außenwirtschaftstheorie eng verwandte Standorttheorie läßt sich ein Autonomieanspruch nicht vertreten. Sie gehört zur mikroökonomischen Produktionstheorie.

Nicht der empirischen Wirtschafts*theorie* zuzurechnen ist die sog. „ex post-Kreislaufanalyse“. Bei ihr handelt es sich um ein definitorisches System, das eine statistische Erfassung der Vorgänge im volkswirtschaftlichen Einkommenskreislauf ermöglicht und somit zur Grundlage der →volkswirtschaftlichen Gesamtrechnung wird. Eine Information über die *Strukturzusammenhänge* im Einkommenskreislauf vermag ein Begriffssystem allein nie zu vermitteln, das leistet nur eine auf empirischen Prämissen basierende Theorie des Einkommenskreislaufs in der Volkswirtschaft.

Die Input-Output-Analyse (→volkswirtschaftliche Gesamtrechnung) hingegen ist erfahrungswissenschaftl. Theorie. Sie operiert mit bestimmten empirischen Hypothesen über die realen Beziehungen zwischen Produktions- und Einsatzmenge sowie – in ihren dynamischen Fassungen – zwischen Entwicklung des Realkapitalbestandes der Sektoren und deren Produktionsentwicklung. Weil die Input-Output-Analyse überwiegend zur Klärung gesamtwirtschaftlicher Fragen verwandt wird, rechnet man sie meist zur Makrotheorie. Anwendungen im mikroökonomischen Problembereich sind jedoch ebenfalls zu verzeichnen, so zB in der Aktivitätsanalyse und in der neueren betriebswirtschaftl. Produktionstheorie.

III. Methodologische Fragen. Für die Klärung der logischen Implikationen gedanklicher Sachverhalte und der Optimaleigenschaften des ökonomischen Systems gelten die in der Logik und Mathematik entwickelten Regeln. Das methodologische Problem betrifft hier die Frage nach dem adäquaten Ableitungsverfahren. Auch im erfahrungswissenschaftl. Arbeitsbereich der W. spielt das Deduktionsproblem eine wichtige Rolle. Darüber hinaus tauchen jedoch noch besondere wissenschaftstheoretische Fragen auf.

A. Wissenschaftstheoretische Grundposition. Das Erkennen der Strukturzusammenhänge ist gleichbedeutend mit dem Auffinden *allgemein gültiger Gesetze* (nomologischer Hypothesen) für das wirtschaftl. Geschehen. Diese Suche nach invarianten Beziehungen in der Realität bildete in der Geschichte des Faches durchaus nicht immer das von allen akzeptierte Erkenntnisziel.

Vor allem die Vertreter der Historischen Schule in Deutschland bekannten sich zu der Auffassung, das wirtschaftliche sei ebenso wie jedes soziale Geschehen nur in seiner Zeit- und Raumgebundenheit zu verstehen. Allgemeine Gesetze, die unabhängig von Zeit und Raum Gültigkeit beanspruchten, gebe es im wirtschaftl. Bereich nicht, die wirtschaftl. Ereignisse seien vielmehr ihrem Wesen nach „historisch", d. h. das Resultat jeweils besonderer historischer Bedingungskonstellationen: Diese gelte es zu entdecken und darzustellen. Dieser Theorieskeptizismus, der auch heute noch anzutreffen ist, basiert auf fragwürdigen Vorstellungen. Er ist aprioristischer Natur und nicht das Ergebnis eines empirischen Arbeitens, das immer wieder und für alle Bereiche des Erfahrungsobjekts bei dem Versuch, invariante Beziehungen zu entdecken, gescheitert wäre. Es wird vor allem verkannt, daß die angebliche Einmaligkeit wirtschaftlicher Ereignisse durch die jeweils unterschiedl. Kombination bedingt sein kann, in der verschiedene Gesetze zusammenwirken. Würde der a-priori-Skeptizismus gegenüber der Existenz von empirischen Gesetzen zutreffen, so wäre die Volkswirtschaftslehre in ihren erfahrungswissenschaftl. Teilen nicht Theorie, sondern bestenfalls Wirtschaftskunde. Es wäre nicht möglich, ökonomische Vorgänge mit Hilfe der Wissenschaft zu erklären und zu prognostizieren. Obwohl der Bestand an allgemeinem empirischen Wissen in der Volkswirtschaftstheorie auch heute noch viele Wünsche offenläßt, besteht andererseits aber keine Veranlassung, die auf Ausweitung dieses Bestandes gerichteten Bemühungen einzustellen, d. h. auf Aufbau und Verbesserung der Theorie zu verzichten.

In der jüngeren Zeit scheint sich mit der Ausbreitung des Kritischen Rationalismus in weiten Teilen der Erfahrungswissenschaft, insbesondere in der nicht-marxistischen Ökonomik ein breiter methodologischer Konsens durchgesetzt zu haben. Zwar ist die strenge Falsifikationsforderung schon früh auf Kritik gestoßen (HUTCHISON 1937) und gilt heute in der Wissenschafts*theorie* als nicht mehr vertretbar, in der Forschungs*praxis* gilt der Falsifikationismus jedoch weiter als Paradigma. Daneben hat sich das Theoriekonzept des Konstruktivismus entwikkelt, das den Grundpositionen des Kritischen Rationalismus alternative Ansätze entgegensetzt, und schließlich dominieren in Teildisziplinen der Wirtschaftswissenschaften hermeneutische, dialektische und phänomenologische Ansätze, so daß von einer allgemein anerkannten Methodologie nicht gesprochen werden kann. In den letzten 15 Jahren entstand der Strukturalismus, der die Frage nach der formalen Struktur von Theorien in den Vordergrund stellt. Der Vorteil dieser Sichtweise ist darin zu sehen, daß sie den Vergleich unterschiedlicher theoretischer Konzeptionen ermöglicht, indem sie deren grundlegende Struktur offenlegt.

B. Entdeckung und Überprüfung von Hypothesen. In jeder erfahrungswissenschaftl. Theorie ist der Akt der *Entdeckung von Hypothesen* über die Zusammenhänge in der Wirklichkeit ein psychologischer Vorgang. Im letzten entscheidet immer der Einfallsreichtum ihrer Forscher darüber, in welchem Maße eine Wissenschaft durch neue Ideen angereichert wird. Sobald aber neue Hypothesen gefunden sind, muß zum einen überprüft werden, ob die neue Hypothese sich widerspruchsfrei in das Aussagesystem integrieren läßt (Konsistenz), zum anderen muß ihr empirischer Gültigkeitsanspruch geprüft werden. Damit wird der subjektive Bereich der Wissenschaft verlassen: Für die *Hypothesenprüfung* gelten die objektiven Kriterien erfahrungswissenschaftl. Arbeitens. Allerdings läßt sich nicht verkennen, daß die Überprüfung an der Realität in der W. unter erheblich schwierigeren Voraussetzungen durchgeführt werden muß als in jenen Naturwissenschaften, die ein kontrolliertes Experiment aufbauen können. Eine neue Hypothese muß oft zusammen mit anderen, ebenfalls noch nicht getesteten Hypothesen überprüft werden, und externe Störeinflüsse (zB politische Ereignisse) beeinträchtigen die Aussagefähigkeit des empirischen Befunds. Es ist deshalb meist sehr schwierig zu entscheiden, wann eine Hypothese für ihren postulierten Anwendungsbereich nicht gültig ist und deshalb zurückgewiesen werden muß. Experimentelle Ansätze finden sich heute vor allem in der betriebswirtschaftl. Marketingtheorie (Testmärkte, Panels). In der W. entwickelten sich erst in den letzten Jahren aus der Spieltheorie Ansätze zu einer experimentellen W.

Ebenfalls dem objektiven Bereich zuzurechnen sind die Theorieanwendungen der *Erklärung* und *Prognose*. Die Erklärung eines durch Beobachtungsfeststellungen beschriebenen und somit bekannten Sachverhalts besteht in seiner Zurückführung auf die ihn bewirkenden Faktoren. Genauer: Aus zu suchenden Hypothesen und der Erfüllung ihrer Anwendungsbedingungen wird der Eintritt der beobachteten Vorgänge logisch deduziert. Auch bei der Prognose handelt es sich um eine Deduktion; hier wird aus bekannten Hypothesen und ihren Anwendungsbedingungen gefolgert, was eintreten wird. Die wissenschaftl. Prognose ist vor allem deshalb von eminenter praktischer Bedeutung, weil sie auch Aussagen über Ereignisse ermöglicht, die bisher noch nicht beobachtet werden konnten. Das gilt vor allem für die Prognoseanwendungen von komplexen Theorien.

C. Modellbildung. Die W. operiert mit sog. ökonomischen Modellen, um die Strukturbeziehungen in der Realität zu analysieren. Als ökonomisches Modell wird ein vereinfachtes Abbild (Homomorphie) eines Aspekts der wirtschaftl. Realität bezeichnet. Es enthält in den Prämissen, die es beschreiben, deshalb außer Definitionen mindestens eine Hypothese über reale Zusammenhänge; ohne Hypothese handelte es sich lediglich um Tautologien ohne empirischen Informationsgehalt. Ein ökonomisches Modell kann verbal, grafisch oder analytisch dargestellt werden. Die neueren Modelle werden überwiegend in analytischer Gestalt formuliert, um fehlerfreie logische Operationen durchführen und Implikationen sichtbar machen zu können; verbale und grafische Darstellungen dienen hauptsächlich der Veranschaulichung komplexer Strukturen. In analytischen Modellen werden sowohl die Definitionen als auch die empirischen Relationen in Gleichungsform geschrieben, empirische Restriktionen vielfach in der Form von Ungleichungen. Man muß sich aber bewußt bleiben, daß die Form der Gleichung völlig Verschiedenes ausdrücken kann. So wird die Investition (I) nach KEYNES als der Teil der Produktion (Y) definiert, der in der analysierten Periode nicht dem Konsum (C) zugeführt worden ist: $I = Y - C$. Diese definitorische Gleichung ist für alle faktischen Werte der Variablen wahr, sie ist wahr wegen der festgelegten Verwendungsregel für den Investitionsbegriff; eine für jeden Zustand der Realität wahre Beziehung gibt aber offenbar keine Information über Eigenschaften der Realität. Anders die folgende (hier einfach unterstellte) Verhaltensrelation für den Konsum: $C = 100 + 0.8 \cdot Y$. Diese Gleichung ist nur dann wahr, wenn C für gegebene Werte von Y einen bestimmten, durch die Gleichung festgelegten Wert annimmt. Aus der unendl. Vielzahl aller mögl. Verhaltensrelationen sind im Beispiel somit alle bis auf eine eliminiert, nur für diese wird der faktische Gültigkeitsanspruch erhoben; das aber bedeutet, daß mit der Gleichung eine höchst präzise Information über die vermuteten Eigenschaften der Realität vermittelt wird.

Aus den Prämissen des ökonomischen Modells (Definitionen, empirische Relationen) werden mit Hilfe der Mathematik Theoreme abgeleitet. Diese Theoreme bzw. logischen Implikationen der Prämissen müssen erstens richtig deduziert sein; dann sind sie denknotwendig. Zweitens müssen sie empirisch zutreffen, um für ihren Anwendungsbereich wahre Erklärungen und wahre Prognosen zu ermöglichen. Daraus folgt die Notwendigkeit, die Modellaussagen immer wieder mit der Realität zu konfrontieren, d. h. sie zu testen, um die Verläßlichkeit der Hypothesen in Erfahrung zu bringen. Das wird in der jüngeren Entwicklung der W. klar erkannt. Damit wird eine Richtung gebremst, die als „reine Theorie" lange Zeit das Feld beherrschte. Ihre Vertreter begnügen sich mit der Konstruktion neuer und der Verfeinerung vorhandener Denkschemata, bemühen sich hierbei jedoch weniger um einen möglichst großen empirischen Informationsgehalt ihrer Aussagen als um die analytische Zerlegung von gedankl. Sachverhalten. Soweit die logische Analyse lediglich „alle denknotwendigen Fälle" offenlegt, vermittelt sie keine Information über die empirischen Zusammenhänge der wirklichen Welt.

Die empirische Überprüfung ökonomischer Modelle mittels statistisch-ökonometrischer Methoden führt Wahrscheinlichkeitsargumente in die Theorie ein. Die Gültigkeit der Konsumgleichung $C = a + bY + u$ wird für Wertepaare von C und Y getestet; die Werte für die Parameter a und b sind dann nicht mehr die absoluten, determinierten, sondern stellen die wahrscheinlichsten Werte dar. Zufallseinflüsse werden mit der Zufallsvariablen u als kausal nicht mehr reduzierbarer Restgröße des aktuellen Unwissens behandelt.

Die Spieltheorie versucht Strukturähnlichkeiten zwischen ökonomischen bzw. sozialen Prozessen und sog. strategischen Spielen mittels mathematischer Modelle aufzuzeigen. Im Wirtschaftsprozeß sind Entscheidungen und Handlungen eines Individuums oder einer Gruppe vom Verhalten anderer abhängig, und da deren Zielsetzungen in der Regel divergieren, entstehen immer wieder Konfliktsituationen. Das optimale Verhalten eines Wirtschaftssubjekts und das Zusammenspiel der Einzelentscheidungen in solchen Situationen ist der Gegenstand der Spieltheorie. Spiele werden nach der Zahl der beteiligten Personen, der Möglichkeit der Kooperation, dem Zufallseinfluß und Informationsstand klassifiziert; nach der Darstellungsform unterscheidet man Spiele in extensiver Form (Spielbaum), in Normalform (Matrix) und in charakteristischer Funktionsform. Anwendung finden spieltheoretische Modelle in der Preis- und Wettbewerbstheorie, der statistischen Entscheidungstheorie, der Unternehmensforschung und im Marketing, ferner in Politik, Soziologie und Psychologie. Die hochgesteckte Erwartung der 50er Jahre, mit der Spieltheorie verfüge man über eine allumfassende Theorie des sozialen Verhaltens, hat sich bisher nicht erfüllt. Doch zweifellos brachte die Einführung statistischer und topologischer Argumente anstelle von Marginalanalysen und Infinitesimalrechnung eine auf lange Sicht aussichtsreiche Weiterentwicklung der W.

D. Vereinfachungen. Die W. arbeitet in ihren Modellen mit weitgehenden *Vereinfachungen.* Selbst die kompliziertesten der bisher entwickelten Modelle können daher nur als verhältnismäßig grobe Abbildungen der Realität gelten. Die Vereinfachungen ergeben sich in erster Linie aus gedanklichen Schwierigkeiten in der adäquaten Behandlung der Probleme, daneben dürfte aber auch die Unkenntnis von Eigenschaften des Realproblems eine Rolle spielen. Andererseits besteht der Nutzen der Modellbildung gerade darin, durch die einfache Gestalt des Abbildes zu Entdeckungen zu gelangen.

1. Die Annahme *linearer Relationen* in ökonomischen Modellen erklärt sich vor allem aus der beträchtl. Schwierigkeit, teilweise sogar Unmöglichkeit einer Lösung nicht-linearer Gleichungssysteme. Außerdem ist die genaue Form der einzelnen Relationen oft gar nicht bekannt. Ein lineares Gleichungssystem wird deshalb als loka-

le Approximation an eine beliebige (unbekannte) funktionale Form aufgefaßt.

2. Die zweite Art von Vereinfachung ist die *Aggregation,* d. h. die Zusammenfassung von teilweise sehr heterogenen Einzelgrößen zu Gesamtgrößen, die als in sich homogen angesehen werden. Das Aggregat „Gesamtangebot an Arbeit" beispielsweise umfaßt alle Arbeitsangebote in sämtlichen, unterschiedlichen Arbeitsarten. Die Verhaltenshypothesen, etwa die von der Reallohnabhängigkeit des Arbeitsangebots, beziehen sich dann auf eine derart komplexe Aggregatgröße. Solche Zusammenfassungen reduzieren die Anzahl der im Modell zu berücksichtigenden Relationen und vereinfachen dadurch den Prozeß der logischen Deduktion entscheidend. Die Aggregation bewirkt allerdings nicht nur einen Verzicht auf Information über Beziehungen im Mikrobereich – dieser ist in der Makroökonomik beabsichtigt –, sondern eine Vergröberung der Aussagen: Relationen zwischen heterogenen Größen sind wegen der fehlenden Definition der Struktur dieser Größen weniger eindeutig als Relationen zwischen in sich homogenen Variablen. Es hat sich jedoch bei der Überprüfung der Makromodelle gezeigt, daß der Vorteil der gedankl. Vereinfachung den Nachteil der vergröberten Aussage in der Regel bei weitem überwiegt. Außerdem ist es fast immer möglich, einem differenzierteren Informationsbedürfnis dadurch Rechnung zu tragen, daß heterogene Gesamtgrößen (zB das gesamte Arbeitsangebot) in weniger heterogene Größen (zB Angebot an einzelnen Arbeitsarten) zerlegt werden. Damit wird die Makroanalyse noch nicht aufgegeben, sondern lediglich verfeinert.

3. Kritischer wird in der Literatur die dritte Art von Vereinfachung beurteilt: das Herausschneiden eines Teiles aus dem Gesamtzusammenhang. Angesichts der allgemeinen Interdependenz der ökonomischen Vorgänge muß es problematisch erscheinen, wenn eine Analyse dadurch vereinfacht wird, daß aus der Gesamtheit aller Faktoren die für die gegebene Analyseaufgabe wichtigsten herausgefunden und allein ihre Einflüsse untersucht werden. Für alle nicht explizit berücksichtigten Faktoren wird damit unterstellt, daß ihr Einfluß unverändert bleibt (ceteris paribus-Klausel). Diese Vorgehensweise wird *Partialanalyse* genannt. Sie kann nur dann als zulässige Problemvereinfachung angesehen werden, wenn die Vorgänge im analysierten Ausschnitt der Realität nicht derart starke Veränderungen im Rest des ökonomischen Universums bewirken, daß die von dort sich ergebenden Rückwirkungen die Größen des untersuchten Problems wesentlich verändern. Deshalb kann zB die Preisbildungsanalyse eines Gutes mit engen Substitutions- oder Komplementärbeziehungen zu anderen Gütern nicht befriedigen, wenn Angebot und Nachfrage dieser Güter nicht explizit in die Untersuchung einbezogen sind.

IV. Wirtschaftstheorie und →Wirtschaftspolitik; Theorie der Wirtschaftspolitik. Das in der W. erarbeitete Wissen über die Zusammenhänge hinter dem beobachtbaren wirtschaftl. Geschehen gewinnt für die praktische Wirtschaftspolitik mehr und mehr an Bedeutung. Um den Wirtschaftsprozeß so steuern zu können, daß die Ziele der Wirtschaftspolitik bestmöglich erfüllt werden, ist die Kenntnis der empirischen Strukturgegebenheiten schlechterdings unerläßlich. Eine wirksame Antiinflationspolitik zB verlangt die Kenntnis von allgemeinen Hypothesen über den Inflationsprozeß; denn gegen eine angebots- bzw. kosteninduzierte Inflation müßte anders vorgegangen werden als gegen eine nachfrageinduzierte. Da das von der Theorie bisher erarbeitete allgemeine Wissen jedoch längst nicht alle Informationswünsche des Wirtschaftspolitikers zu befriedigen vermag, ist dieser bei seinen Entscheidungen immer auf zahlreiche ergänzende Informationen und insbesondere auf ad hoc-Hypothesen angewiesen.

Neben der W. hat sich im Verlauf der letzten Jahrzehnte allmählich eine Lehre von der Wirtschafts*politik* entwickelt, die den aus den Aufgaben der Wirtschaftsgestaltung erwachsenden Problemen grundsätzlicher Art nachgeht. Die Theorie der Wirtschaftspolitik kann unterteilt werden in Theorien der Besonderen Wirtschaftspolitiken (Stabilisierungs-, Wachstums-, Außenwirtschafts-, Regionalpolitik; Wirtschaftspolitik für einzelne Sektoren) und Theorie der Allgemeinen Wirtschaftspolitik. Allein die letztgenannte soll hier kurz behandelt werden.

Die *Theorie der Allgemeinen Wirtschaftspolitik* umfaßt 1. reine Theorie der wirtschaftspolitischen Entscheidung: Analyse des Zielsystems – Diagnose und Prognose – Entscheidung des Mitteleinsatzes; 2. Theorie des wirtschaftspolitischen Verhaltens; 3. wirtschaftspolitische Gesamtkonzeptionen.

Die reine Theorie der wirtschaftspolitischen Entscheidung analysiert in einem soziologisch nahezu „luftleeren Raum" die Grundkomponenten des Entscheidungsproblems in der Wirtschaftspolitik: Ziele – Situationen – Maßnahmen. Die Herkunft der Ziele (und damit ihre Wertbasis) bleibt hier offen und ungeklärt, zumindest aber ist ihre inhaltl. Bestimmung recht vage. Die Diskussion konzentriert sich auf die der positivistischen Fragestellung allein zugänglichen Probleme der logischen und empirischen Zielbeziehungen. Die grundsätzl. Probleme der Informationsgewinnung über die Lage in der Gegenwart und Zukunft nehmen in der Erörterung der wirtschaftspolitischen Entscheidungsprobleme einen breiten Raum ein. In der laufenden wissenschaftl. Diskussion findet die dritte Komponente des Entscheidungsproblems die stärkste Beachtung: die Entscheidung des Mitteleinsatzes. Diese Entscheidung muß in der Praxis immer unter den Bedingungen unvollständiger Information und nicht reduzierbarer Ungewißheit über die Folgen wirtschaftspolitischen

Handelns getroffen werden. Was heißt unter diesen Bedingungen „zweckrationale Wirtschaftspolitik"? lautet die Frage, deren Klärung in der Theorie der Entscheidungskriterien versucht wird.

Die Theorie des wirtschaftspolitischen Verhaltens befaßt sich mit den institutionellen und gesellschaftl. Faktoren im wirtschaftspolitischen Entscheidungsprozeß. Im Mittelpunkt steht die Frage, wie das Zielsystem einer heterogenen („pluralistischen") Gesellschaft in der konkreten sozialen Realität zustande kommt. Auch hier interessiert also nicht der konkrete Inhalt der Ziele, es geht vielmehr um die grundsätzl. Klärung des empirischen Weges zur Zielfixierung und um die Klärung der Eindeutigkeitsbedingungen für das Zielsystem (zB: Ist bei gleich starken rivalisierenden Gruppen ein eindeutiges Zielsystem überhaupt möglich?). Eine weitere Frage ebenfalls grundsätzl. Art ist die nach dem Einfluß von einzelnen Gruppen auf den Einsatz von wirtschaftspolitischen Instrumenten (zB Verzögerungen und damit Verminderungen im Wirkungsgrad als Folge institutionell bedingter Hemmnisse).

Eine neue Anwendung erhielt die ökonomische Analyse durch die *Neue ökonomische Theorie der Politik*, die versucht, das Verhalten von Wählern, Parteien, Regierung und Bürokratie aus der allgemeinen Hypothese zu erklären, daß Menschen in ihren Rollen als Wähler, Partei- oder Regierungsmitglied bestimmte Anspruchsniveaus oder das Optimum einer Zielfunktion anstreben. Diese Prozesse werden hinsichtlich ihrer Auswirkungen auf wichtige makroökonomische Zielgrößen untersucht. So wird zB aus der Verhaltensannahme, daß eine Regierung sich ihre Wiederwahl durch geeignete wirtschaftspolitische Maßnahmen sichern will, die Entstehung politikverursachter Konjunkturschwankungen abgeleitet. Wenn auch empirische Untersuchungen den Nachweis solcher Wahlzyklen nicht allgemein erbringen konnten, stellen diese Ansätze einen wichtigen Beitrag zur Endogenisierung des politischen Sektors in ökonomischen Modellen dar. Mit der axiomatischen Untersuchung der Frage, ob und unter welchen Bedingungen individuelle Präferenzen zu einer gesellschaftl. Wohlfahrtsfunktion zusammengefaßt werden können, greift die *Neue ökonomische Theorie der Politik* Inhalte der modernen Wohlfahrtstheorie auf. Daneben bestehen mit der Analyse des Marktversagens enge Beziehungen zur Finanzwissenschaft.

Alternative Gesamtkonzeptionen für das Wirtschaften komplexer sozialer Gebilde werden in der Lehre von den Wirtschaftssystemen und Wirtschaftsordnungen dargestellt und analysiert. Diesem Teil der Theoretischen Wirtschaftspolitik ist ein großer Teil der Beiträge im deutschen Schrifttum gewidmet.

V. Betriebswirtschaftslehre. Auch die Betriebswirtschaftslehre ist nur z. T. Theorie. In den überkommenen älteren Teilen, aber auch in einigen neueren stellt sie sich vielmehr als eine Kunstlehre dar, die praxisnahe Kenntnisse über Verfahrenstechniken in systematischer Form vermittelt. Hierzu gehören u. a. die Lehren von Buchhaltung, Bilanz, Kostenrechnung (nicht die Kostentheorie!), Zahlungs- und Kreditverkehr, Finanzierungstechniken, ferner viele Bereiche der Besonderen Betriebswirtschaftslehren.

Als Theoriegebiete der Betriebswirtschaftslehre sind vor allem anzusprechen: Produktions- und Kostentheorie – Theorie der Beschaffung und des Absatzes (Preistheorie) – Investitions- und Finanzierungstheorie sowie Theorie des Unternehmenswachstums – Theorie der Organisation und der Kommunikation – Theorie der Entscheidung.

Die betriebswirtschaftl. Produktions- und Kostentheorie hat im Prinzip die gleiche Fragestellung wie die mikroökonomische Analyse der Unternehmung. Sie dringt allerdings tiefer in die produktions- und kostentheoretischen Probleme ein, und sie legt eine stärkere Betonung auf die Zusammenhänge zwischen Produktions- und Kostentheorie, da diese theoretischen Erkenntnisse entscheidende Grundlagen der Kostenrechnung darstellen. Im Mittelpunkt der betriebswirtschaftl. Preistheorie stehen die Analyse der Marktbeziehungen auf der Beschaffungs- und Absatzseite und die Untersuchung der Wirkungsweise des absatzpolitischen Instrumentariums. Ein entscheidender Unterschied zur volkswirtschaftl. Preistheorie besteht nicht.

Im Rahmen der neueren Marketingkonzeption wird die Fragestellung der volkswirtschaftl. Preistheorie durch die Berücksichtigung anderer Einflußgrößen (zB Preis-Qualitäts-Zusammenhang) erheblich erweitert. Dynamische Ansätze der Preisgestaltung im Produktlebenszyklus versuchen sogar, die Kausalbeziehung der volkswirtschaftlichen Marktformenlehre („Die Marktform bestimmt die Preisbildung") in ihr Gegenteil zu verkehren.

Als eigene betriebswirtschaftl. Fragestellung, die sich von den volkswirtschaftl. Problemen unterscheidet, ist die Frage nach dem Wachstum der Unternehmung anzusehen – eine Richtung der Theorie, die erst in jüngster Zeit ihren entscheidenden Auftrieb erhalten hat. Einen eigenen Bereich der Betriebswirtschaftstheorie bilden auch die Organisationstheorie und Kommunikationstheorie, zwei Gebiete der Theorie, die noch in den Anfängen ihrer Entwicklung stehen.

Die Betriebswirtschaftslehre hat bisher noch keine scharfe, durchgehende Unterscheidung zwischen Theorie der Unternehmung und Theorie der Unternehmenspolitik vorgenommen. Das dürfte sich aus den in der Unternehmung eng miteinander verbundenen Interessen an Information über Sachzusammenhänge einerseits und an formaler Lösung von Entscheidungsproblemen andererseits erklären. So dienen zB die Theorien der Produktion, des Absatzes und der Beschaffung in erster Linie sicherlich dem

Zweck, Implikationen zweckrationalen Handelns zu gewinnen. Sie enthalten aber auch Hypothesen über empirische Beziehungen, d. h. Elemente des erfahrungswissenschaftl. Arbeitens. Die Diskussion der Kostenfunktionen etwa ist eine typisch erfahrungswissenschaftl. Auseinandersetzung: Es geht in ihr darum, die wirkl. Zusammenhänge zu erfahren, und weniger darum, die optimalen Eigenschaften dieser Funktionen zu klären. In der Theorie des Unternehmenswachstums steht ebenfalls das wissenschaftl. Ziel der Erklärung im Vordergrund, allerdings besteht auch hier eine enge Verbindung zu der teleologischen Fragestellung.

Die quantitative Unternehmensforschung (operations research) ist der jüngere modelltheoretische Bereich in der Betriebswirtschaftslehre, in dem die logischen Strukturen der verschiedenen Entscheidungsprobleme analysiert und allgemein anwendbare Techniken für die Lösung entwickelt werden. Einige dieser Lösungsverfahren (dynamische Programmierung) dürften auch für die Klärung typisch volkswirtschaftspolitischer Fragestellungen von Bedeutung sein, zB für die optimale Ausbeutung erschöpfbarer natürlicher Ressourcen.

VI. Wirtschaftstheorie und andere Disziplinen. Fruchtbare Impulse können für die W. aus der Zusammenarbeit mit anderen erfahrungswissenschaftl. Fächern erwachsen, außerdem kann die W. auf das in Mathematik und Logik akkumulierte Wissen zurückgreifen, um die formale Gestalt ihrer Sach- und Entscheidungsprobleme herauszuarbeiten.

Eine Rückbesinnung auf die Forschungsmethoden und die bereits gewonnenen Erkenntnisse der →Soziologie dürfte auch die Wirtschaftswissenschaften befruchten. Das gilt zB für die Betriebswirtschaftslehre, die auf die soziologischen Analysen der Organisation, der Kommunikation und der betriebl. Willensbildung zurückgreifen kann, und es gilt ebenfalls für die Wirtschaftstheorie und die Theorie der Wirtschaftspolitik. Die neuerdings entwickelte Verhaltensforschung, die starke Impulse von der Soziologie empfängt, strebt eine genaue Untersuchung des wirtschaftl. Handelns an. Ihr Untersuchungsgebiet umfaßt nicht nur das Handeln einzelner Wirtschaftseinheiten, sondern auch das Verhalten von →Gruppen. Das wird zB bei der Frage, wie die Entscheidung der →Gesellschaft aus einer Vielzahl von Gruppenentscheidungen resultiert, deutlich – im übrigen ein Problem, in dem sich die Arbeitsinteressen der Volkswirtschaftslehre, der Politischen Wissenschaft (→Politik II) und der Politischen Soziologie treffen. Die Verhaltensforschung stellt einen wichtigen Ansatz dar, die Relationen der reinen Theorie mit empirischem Material aufzufüllen und mit höherem Informationswert zu versehen. Beachtliche Resultate hat diese Richtung u. a. bei zahlreichen Untersuchungen über Entwicklungsländer gezeitigt.

Das Verhältnis der W. zur Mathematik war lange Zeit umstritten. Heute wird nahezu allgemein akzeptiert, daß die Mathematik für die W. eine wichtige Hilfswissenschaft darstellt. Die Mathematik zwingt den Forscher, genau zu definieren und die Relationen präzise zu formulieren, und sie bietet die Möglichkeit, einen Konsistenztest der Beziehungen vorzunehmen und aus Definitionen und Hypothesen die logischen Implikationen der Modelle herzuleiten. Die mathematische Formulierung erlaubt es, durch die Anwendung des in der Mathematik akkumulierten Wissens die formalen Eigenschaften der ökonomischen Probleme zu erkennen.

Von besonderer Bedeutung für den Fortschritt der W. als empirische Theorie ist die Ökonometrie. Diese bemüht sich um die Erarbeitung von Methoden für die numerische Auffüllung der ökonomischen Beziehungen und stellt damit einen Ansatz dar, von der „reinen Theorie" zu einer „empirischen Theorie" vorzustoßen. Die Ökonometrie basiert auf den mathematischen Modellen der formalen Ökonomie, geht aber über die abstrakte Theorie hinaus, indem sie sich um die statistische Verifizierung der Hypothesen bemüht. Damit gewinnt die Ökonometrie Test-Funktionen für die Modelle: Mit Hilfe ökonometrischer Methoden können die zunächst abstrakt formulierten Relationen empirisch überprüft werden.

Die W. muß im Vergleich zu den Naturwissenschaften als eine sehr junge Wissenschaft bezeichnet werden. Dennoch hat sie in ihrer 200jährigen Geschichte seit der Veröffentlichung von ADAM SMITHS „An Inquiry into the Nature and the Causes of the Wealth of Nations" (1776) eine beachtl. Entwicklung durchgemacht, die durch die Namen RICARDO, MILL, MARX, WALRAS, PARETO, MARSHALL, WICKSELL, SCHUMPETER und KEYNES gekennzeichnet ist. Es darf erwartet werden, daß durch die ständige empirische Überprüfung und Verbesserung der Hypothesen weitere Fortschritte erzielt werden.

G. ACKLEY, Macroeconomics – Theory and Policy, New York 1978 – H. ALBERT (Hg.), Theorie und Realität, 1972[2] – R. G. D. ALLEN, Macroeconomic Theory, London 1967 – D. BENDER (Hg.), Vahlens Kompendium der Wirtschaftstheorie und Wirtschaftspolitik, 1984 I[2], 1985 II[2] – G. DEBREU, Theory of Value, New York 1959 – A. DOWNS, An Economic Theory of Democracy, New York 1957 – W. EHRLICHER u. a. (Hg.), Kompendium der Volkswirtschaftslehre, 1975 I[5], 1975 II[4] – W. FELLNER, Emergence and Content of Modern Economic Analysis, New York 1960 – G. GÄFGEN (Hg.), Wirtschaftspolitik 1966 – H. GIERSCH, Allgemeine Wirtschaftspolitik, 1960 I, 1977 II – E. GUTENBERG, Einführung in die Betriebswirtschaftslehre, 1958 – DERS., Grundlagen der Betriebswirtschaftslehre, 1979 I[23], 1979 II[16], 1980 III[8] – J. HENDERSON und K. QUANDT, Mikroökonomische Theorie, 1983[5] – J. M. KEYNES, General Theory of Employment, Interest, and Money, London 1936, Nachdruck 1973 – W. KILGER, Produktions- und Kostentheorie, 1958 – G. KIRSCH, Neue Politische Ökonomie, 1983[2] – E. S. KIRSCHEN u. a., Economic Policy in Our Time, Vol. I, General Theory, Amsterdam 1964

– P. KOTLER, Marketing Management, 1977 – W. KRELLE, Theorie des wirtschaftlichen Wachstums, 1985 – R. G. LIPSEY, An Introduction to Positive Economics, London 1974[4] – J. v. NEUMANN und O. MORGENSTERN, Theory of Games and Economic Behaviour, Princeton 1943 – R. RICHTER, Preistheorie, 1963 – K. ROSE, Theorie der Außenwirtschaft, 1981[8] – P. A. SAMUELSON, Volkswirtschaftslehre, Eine Einführung, 1981[7] – DERS., Foundation of Economic Analysis, Cambridge, London, erw. Auflage 1983 – H. SAUERMANN, Eine Einführung in die Volkswirtschaftslehre, 1960 I, 1964 II – G. SCHMÖLDERS, Geschichte der Volkswirtschaftslehre, 1961 – E. SCHNEIDER, Einführung in die Wirtschaftstheorie, 1969 I[14], 1972 II[13], 1973 III[12] – P. SCHÖNFELD, Methoden der Ökonometrie, 1969 I, 1971 II – J. SCHUMPETER, Business Cycles, New York 1939 – H. v. STACKELBERG, Grundlagen der theoretischen Volkswirtschaftslehre, 1961[4] – G. STAVENHAGEN, Geschichte der Wirtschaftstheorie, 1969[4] – W. STEGMÜLLER, The Structure and Dynamics of Theories, 1976 – J. TINBERGEN, On the Theory of Economic Policy, Amsterdam 1952 – M. WEBER, Wirtschaft und Gesellschaft, Neuauflage Studienausgabe 1964 – G. WÖHE, Einführung in die allgemeine Betriebswirtschaftslehre, 1984[15] – A. WOLL, Allgemeine Volkswirtschaftslehre, 1984[8].

Hans K. Schneider
unter Mitwirkung von Günter Pfeiffer

Wirtschaftsverfassung. I. Allgemeines. Der Begriff W. wird sowohl im wirtschaftswissenschaftl. wie im rechtswissenschaftl. Sinne gebraucht. Formal ist W. eine Gesamtordnung des Wirtschaftslebens nach bestimmten Prinzipien. Inhaltl. läßt sich eine allg.gültige Definition schon deswegen nicht angeben, weil der Begriff W. teils zur Umschreibung eines bestehenden rechtl. oder faktischen Zustandes, teils als rechts- oder wirtschaftspolitisches Postulat einer erst zu schaffenden Ordnung gebraucht wird. Dazu kommen weitere Gründe, die ein allg. Einverständnis über Sinn und Wesen der W. bisher ausschließen.

Die Lehre von der W. ist noch jung. Im sozialökonomischen Schrifttum des 19. Jh. sind zwar der Sache nach Probleme der W. mit großem Ernst behandelt worden (RODBERTUS, ROSCHER, A. SCHÄFFLE); das kommunistische Manifest entwarf die Utopie einer W. der „klassenlosen Gesellschaft". Der Ausdruck „W." hat aber erst im 20. Jh. spezifische Bedeutung gewonnen. Unter dem Eindruck der völligen Veränderung der wirtschaftl. und gesellllschaftl. Bedingungen infolge des Ersten Weltkrieges drang der Begriff in der wirtschafts- und der rechtswissenschaftl. Lit. vor; der Ruf nach einer W. war z. T. der Ausdruck sozialistischer Vorstellungen, entsprang aber wohl auch dem allg. Bewußtsein einer gesellschaftl. Gesamtlage, die man später „das Ende aller Sicherheit" genannt hat. In der Zeit nach der Währungsreform von 1948 wurde „W." zu einem Zentralbegriff des Wirtschaftsrechts; die leidenschaftl. Auseinandersetzungen um Grundfragen der Wirtschafts- und Sozialordnung, von denen die 50er Jahre erfüllt waren, gingen nicht zuletzt um das Problem der „richtigen" W. Später haben die Bemühungen um eine wirtschaftl. Integration Europas (→Europäische Gemeinschaften) die Frage der W. vor einen übernationalen Horizont gerückt. Die wissenschaftl. Arbeit an den Fragen des Wirtschaftsrechts hat sich also nicht in Ruhe vollziehen können, sondern war gleichsam ein dauerndes Zwiegespräch mit den während der bewegten Jahrzehnte seit dem Ersten Weltkrieg wechselnden Kräften und Tendenzen. Da der Wille zu einer Gesamtordnung der Wirtschaft noch keine abschließende Klärung gefunden hat, konnte auch wissenschaftl. keine Einmütigkeit über die in der Bundesrep. Dtschld. bestehende oder für sie angemessene W. erzielt werden.

Insbes. besteht noch keine Einigkeit darüber, welche Rolle dem →*Staat* in der Gesamtordnung der Wirtschaft zukommt, wieweit er sie mit hoheitl. Zwang gestalten oder nur den Rahmen für das Spiel der wirtschaftl. Kräfte abstekken soll; offen ist weiter, ob die W. nur die Ordnung des unternehmerischen Handelns zum Gegenstand hat oder auch die Stellung des arbeitenden Menschen und den Schutz des privaten Haushalts betrifft, und schließl. streitet man darüber, ob die W. rechtssystematisch einen Bestandteil der Staatsverf. ausmacht oder neben den das Wirtschaftsleben betr. Verf.normen auch das →Kartell- und →Wettbewerbsrecht, das Unternehmensrecht, das Recht der Arbeitsmarktverf. und die Grundprinzipien der sozialen Sicherheit umfaßt. In den Meinungsverschiedenheiten über diese Fragen sprechen sich gewisse, als solche nicht immer klar formulierte Gegensätze prinzipieller Art aus, von denen namentl. zwei Fragen vorweg zu kennzeichnen sind. Die eine betrifft das Verhältnis zwischen Staat und →Gesellschaft, also ein verfassungspolitisches Problem von bes. Aktualität. Die zweite Frage zielt auf die sozialethischen Voraussetzungen und Wertungsprinzipien des Wirtschaftsrechts und berührt damit auch die Verantwortung des Christen im gesellschaftl. Leben.

Der offenen Problemlage trägt die Anordnung der folgenden Übersicht Rechnung. Die *rechtl.* Bedeutung des Begriffs der W. steht, da die an ihn anknüpfende wirtschaftswissenschaftl. Diskussion gleichfalls um rechtl. Gestaltungen geht, im Vordergrunde. Die verschiedenen Begriffsdeutungen werden in chronologischer Folge besprochen, um die zeitgeschichtl. Zusammenhänge hervortreten zu lassen (s. u. II). Die verfassungsrechtl. Grundfragen werden dann in systematischem Aufriß erörtert (s. u. III). Darauf baut die Darstellung der wichtigsten Elemente der W. in der Bundesrep. Dtschld. auf (s. u. IV). Den Abschluß bilden die staats- und gesellschaftspolitischen sowie die sozialethischen Gesichtspunkte, die sich aus den verschiedenen sozialphilosophischen Ansätzen und den dem GG immanenten Wertungen ergeben (s. u. V).

II. Zur Geschichte des Begriffs der W. A. In der Zeit zwischen 1919 und 1933 war der Rahmen für die Auseinandersetzungen um die W. durch die im zweiten Teil der *WV* („Grundrechte und Grundpflichten der Deutschen") enthaltenen Bestimmungen über „Das Wirtschaftsleben" (Art. 151 – 165) gegeben (→Weimarer Verf.). Darin waren die Grundlinien einer W. niedergelegt, die auf die Gewährleistung eines „menschenwürdigen Daseins für alle" (Art. 151) gerichtet sein, auf partieller Sozialisierung (Art. 156) und im übrigen auf der Garantie eines sozial gebundenen →Eigentums (Art. 153, 155) aufbauen und die Rechte des arbeitenden Menschen schützen sollten (Art. 159 – 163, 165). Im einzelnen ging es bei den wirtschaftsverfassungsrechtl. Bestrebungen und Auseinandersetzungen jener Zeit vornehml. um drei Fragenkomplexe, die man mit den Stichworten *Gemeinwirtschaft, Reichswirtschaftsrat, Wirtschaftsdemokratie* bezeichnen kann.

1. In den ersten Jahren nach Kriegsende standen die namentl. von R. Wissell und W. von Moellendorff vertretenen Pläne für eine umfassende Wirtschaftsorganisation in *gemeinwirtschaftl.* Selbstverwaltungskörperschaften im Vordergrund. Bei Wahrung des Eigentums an den Produktionsmitteln sollten diese Zusammenschlüsse unter staatl. Aufsicht eine gerechte Bedarfsdeckung sichern. Die auf Grund der G.e vom 23. März und 24. April 1919 für die Kohlen- und für die Kaliwirtschaft geschaffenen Organisationsformen stellten Modelle für eine solche Gesamtregelung der Wirtschaft dar. Der Reichskohlenrat und der Reichskalirat, denen die „Leitung" der betr. Wirtschaftszweige übertragen war, wurden aus Vertretern der Unternehmer, Arbeitnehmer und Verbraucher gebildet und sollten damit in sich den Interessenausgleich herstellen. Praktisch erwiesen sich diese syndikalistischen Ideen folgenden Regelungen gegenüber den Kartellen der Zechen als zu schwach.

2. Der in Art. 165 proklamierte Aufbau von Arbeiter- und Wirtschaftsräten, der in einem *Reichswirtschaftsrat* seine Krönung erhalten sollte, blieb bis in die späten Jahre der Weimarer Republik hinein Gegenstand wirtschaftsverfassungsrechtl. Diskussionen. Entgegen einer weit verbreiteten Meinung lag dem Programm des Art. 165 nicht der Gedanke eines rätewirtschaftl. Systems zugrunde, vielmehr sind seine Wurzeln in berufsständischen Ideen zu suchen. In welchem systematischen Verhältnis eine derartige berufsständische W. zu der politischen Verf. der parlamentarischen Demokratie stehen würde, war umstritten. An der Frage, inwieweit der Reichswirtschaftsrat eine →Repräsentation des Staatsvolkes neben der im →Parlament vollzogenen darstellen sollte, scheiterte 1930 der Entwurf des G., mit dem der 1920 geschaffene „vorläufige" Reichswirtschaftsrat durch einen endgültigen ersetzt werden sollte. Dieses – in ähnl. Weise bereits gegen Bismarcks Pläne für eine Umwandlung des preuß. Volkswirtschaftsrates in ein Organ des Reiches (1880) sowie bei der Schaffung eines Conseil national économique in Frankreich (1925) akut gewordene – Problem gehört in der Tat zu den schwierigsten verfassungsrechtl. Fragen, die eine organisierte W. in einem demokratischen Verf.system aufwirft (s. a. Pluralismus).

3. Die 1930 seitens der Freien Gewerkschaften erhobene Forderung nach „Wirtschaftsdemokratie" zielte auf eine W. ab, in der die Arbeitnehmer zu „Wirtschaftsbürgern" werden sollten.

B. Die Zeit zwischen 1933 und 1945 hat weder mit den kurzatmigen Plänen für einen „organischen Aufbau" der Wirtschaft noch mit den kriegswirtschaftl. Reglementierungen einen dauerhaften Beitrag zur Klärung der Gestaltungsmöglichkeiten einer W. geleistet. Diese Feststellung gilt ungeachtet der Tatsache, daß auf einzelnen Gebieten (Kreditwesen, Energiewirtschaft, Güter- und Personenverkehr) wirtschaftsrechtl. Lösungen gefunden worden sind, die eine Grundlage für die nach 1945 einsetzende Entwicklung bilden konnten. Nachhaltige Befruchtung erfuhr die Idee der W. in dieser Periode hingegen durch mutige, gegen die Zeitströmung gerichtete wissenschaftl. Arbeiten. Der Nationalökonom W. Eucken, der Begründer des *Neoliberalismus,* und der Jurist Fr. Böhm schufen die Grundlage für eine völlig neuartige Auffassung von Wesen und Aufgabe der W. Unter „W." ist nach ihrer Lehre die Gesamtheit der vom Recht gesetzten Bedingungen zu verstehen, die das Zusammenspiel der Einzelwirtschaften in einer Gesamtwirtschaft i. S. einer bestimmten Ordnung gestalten. Planvoll verläuft, wie Eucken gezeigt hat, das Wirtschaftsgeschehen keineswegs nur dann, wenn der Staat es mit hoheitl. Mitteln lenkt. Auch eine von dirigistischen Eingriffen des Staates freie Verkehrswirtschaft ist nicht planlos; sie empfängt ihre koordinierten Steuerungsimpulse vielmehr vom Markt, also mittels der dauernden Abstimmung der Produktionspläne auf die Konsumbedürfnisse. Die W. der freien Verkehrswirtschaft ist hiernach der Inbegriff der rechtl. Normen, die durch Gewerbefreiheit, Vertragsfreiheit, Wettbewerbsfreiheit, Freizügigkeit, Eigentumsfreiheit selbstverantwortl. Entscheidungen der Unternehmer und Kapitaleigner nach Maßgabe der Marktlage ermöglichen, wobei vorausgesetzt ist, daß die Ausübung dieser Freiheiten nicht durch Wettbewerbsbeschränkungen oder durch staatl. Eingriffe in ihrer gesamtwirtschaftl. Funktion gelähmt werden darf. In diesem Sinne erblickten Eukken und Böhm bereits in der liberalen WirtschaftsG.gebung des 19. Jh. eine wirtschaftsverfassungsmäßige „Gesamtentscheidung" und betrachteten die seit 1890 sich häufenden Beschränkungen der Gewerbefreiheit sowie vor allem die rechtl. Anerkennung vertragl. Wettbewerbsbeschränkungen in Gestalt von Kartellen und Syndikaten als einen Bruch mit der bestehenden W. Die Durchschlagskraft dieser neoliberalen Idee einer W. beruhte darauf, daß sie in einer Zeit, die den Glauben an den Wert eines freiheitl. Wirtschaftssystems verloren hatte, das liberale Gedankengut nicht als bloßen Verzicht auf rechtl. Regelung begriff, sondern die Orientierung des wirtschaftl. Handels am Markt als das der Verkehrswirtschaft immanente Ordnungsprinzip verstand und mit dem sittl. Pathos einer Pflicht zu selbstverantwortl. Verhalten erfüllte.

C. 1. Nach 1945 hat die neoliberale Lehre von dem Sinn und der Aufgabe der W. weithin Zustimmung gefunden. Die bereits 1949 einsetzenden Vorarbeiten für die Ablösung der DekartellisierungsG.e der Besatzungsmächte durch ein dt. KartellG standen zunächst ganz im Zeichen des Bestrebens, die Freiheit des Wettbewerbs und die Herstellung „entmachteter" Märkte mit radikalen Mitteln zu sichern. Den reinsten Niederschlag der neoliberalen Ideen verkörperte der Vorschlag von L. MIKSCH, in einem allg. „W.-Gesetz" auch den Staat in seiner Steuer- und Währungspolitik sowie in der gewerbe-, gesellschafts- und handelsrechtl. G.gebung an die Prinzipien der Reinhaltung des Wettbewerbs zu binden und seine Befugnisse zu lenkenden Eingriffen auf „marktkonforme" Maßnahmen zu beschränken. Der überraschende Erfolg der liberalen Wirtschaftspolitik nach der Währungsreform von 1948 verlieh solchen Gedankengängen Nachdruck. Sie erfuhren überdies eine Bekräftigung in den Prinzipien des Wettbewerbsschutzes und der Monopolbekämpfung, die in den USA durch die *Anti-Trust*-G.gebung seit 1890 mit wechselndem Erfolg zur Geltung gebracht worden sind; nach dem 2. Weltkrieg hat sich geradezu eine Rezeption der Grundgedanken des amerikanischen Wirtschaftsrechts in der Bundesrep., Frankreich, Belgien und in der W. der EG vollzogen.

2. Dies besagt freilich nicht, daß in der Bundesrep. auch die neoliberale Definition des Begriffs der W. einhellig anerkannt sei oder gar dem geltenden W.recht entspreche. Widerspruch findet einmal die Auffassung von FR. BÖHM, daß das Wesen einer W. in einer Gesamtentscheidung bestehe, bei der nur zwischen zwei Möglichkeiten zu wählen sei, nämlich entweder der hoheitl. gelenkten „Zentralverwaltungswirtschaft" oder der Verkehrswirtschaft mit selbsttätiger Steuerung durch den Markt. Die unter der Herrschaft des GG in der Bundesrep. Dtschld. verwirklichte W. wird vielmehr von namhafter Seite (so E. R. HUBER) als eine gemischte Ordnung bezeichnet, die Elemente verschiedener Art in sich vereinigt und damit die Lösung gesamtwirtschaftl.-sozialer Konflikte unter dem Gesichtspunkt des notwendigen „Spannungsverhältnisses zwischen Freiheit und Bindung" ermöglicht. Von anderen Autoren wird die neoliberale Umschreibung insofern als einseitig angesehen, als sie nur die Ordnung der Märkte für Güter und gewerbl. Leistungen (einschließl. der Kapitalmärkte) berücksichtigt, den Arbeitsmarkt und die Stellung des arbeitenden Menschen in der Wirtschaft hingegen vernachlässigt. Unter diesem Gesichtspunkt gehen bereits die Anhänger der Lehre, daß im GG die W. der sog. *sozialen Marktwirtschaft* verankert sei (NIPPERDEY, A. HAMANN, HERZOG), über den neoliberalen Ansatz hinaus, indem sie neben den Grundsätzen des Eigentums, der Vertrags- und Wettbewerbsfreiheit sowie der Gewerbefreiheit auch das Erfordernis sozialer Gerechtigkeit betonen. Prinzipiell wird schließl. eingewandt, der Begriff der W. im rechtl. Sinne dürfe nicht auf die Sicherung bestimmter ökonomischer Funktionszusammenhänge bezogen werden. Die Grundlage der Gesamtordnung, unter die die vergesellschaftete Bedarfsvorsorge in einem freiheitl. Gemeinwesen gestellt sei, müsse vielmehr in jenen Grundwerten gesucht werden, von denen das Zusammenleben seiner Glieder überhaupt getragen werde. Im *demokratischen und sozialen Rechtsstaat der Bundesrep. Dtschld.* (→Demokratie; →Rechtsstaat; →Sozialstaat) habe die W. mithin den Sinn, die durch das GG gegenüber dem Staat geschützten Werte der Persönlichkeitsfreiheit (→Persönlichkeitsentfaltung), der Gleichheit und der →Menschenwürde auch im Hinblick auf die durch die moderne Wirtschaft gesetzten Bedingungen zu gewährleisten; W. ist danach als Inbegriff derjenigen Normen zu definieren, die diese Grundwerte gegenüber den ökonomischen Machtlagen und Abhängigkeiten zur Geltung bringen und in diesem Sinne eine gerechte Teilhabe der Wirtschaftssubjekte an der gesellschaftl. Bedarfsvorsorge in ihren artverschiedenen Funktionen als Unternehmer, Arbeitnehmer oder Haushalter ermöglichen. Dieser auch bei NIPPERDEY anklingende Gedanke bildet für RAISER und BALLERSTEDT den Ausgangspunkt. Danach erscheint etwa das Prinzip der Wettbewerbsfreiheit nicht um seiner selbst oder um seiner gesamtwirtschaftl. Zweckmäßigkeit willen wertvoll, sondern ist als Element der W. nur insoweit anzuerkennen, wie es mit den Erfordernissen einer menschenwürdigen Ordnung des Arbeitslebens oder mit einer sinnvollen langfristigen Planung der privaten Haushaltsführung sich verträgt.

III. W. und Staat. A. Ob und in welchem Sinne die *Staatsverf.* (→Verfassung) Bestimmungen trifft, die für die W. bedeutsam sind, ist eine Frage von prinzipieller Bedeutung für das betr. Staatswesen.

1. Es gibt Verf.G.e, in denen eine bestimmte W. angeordnet wird. So schrieb Art. 4 der Verf. der →*Sowjetunion* von 1936 vor, daß die Wirtschaft der UdSSR auf dem sozialistischen Wirtschaftssystem und dem sozialistischen Eigentum an den Gütern und Mitteln der Produktion beruht. Auch in der Verf. der DDR wird die W. i. S. eines planwirtschaftl. Systems, das auf sozialistischem Eigentum an den Produktionsmitteln aufbaut, in den Staat integriert (→Planwirtschaft). Man kann die Gestaltung und Entwicklung der „sozialistischen Produktionsverhältnisse" als Staatszielbestimmung bezeichnen.

2. Das *faschistische Italien* bietet ein Beispiel dafür, daß die Entscheidung für eine bestimmte, dem Staatstypus wesentl. W. nicht im Verf.G enthalten zu sein braucht. Die W. des stato corporativo wurde unter formaler Aufrechterhaltung des Verf.G von 1848 vor allem in dem StaatsgrundG der Carta de lavoro von 1927 errichtet. Mag auch diese W. teilweise nicht über das Stadium des Plans hinausgekommen sein, so steht dies gleichwohl nicht der Feststellung entgegen, daß die Umwandlung der Gewerkschaften und Arbeitgeberverbände in staatl. Einrichtungen, das Streikverbot, die Garantie von Mindestlöhnen und von Mindestgewinnen sowie die Konstituierung einer obersten staatl. Leitungsmacht über die Wirtschaft materiell Verf.recht darstellten. – Für die W. in Dtschld. zwischen 1933 und 1945 läßt sich hingegen eine zuverlässige verfassungsrechtl. Qualifizierung nicht angeben.

3. Während im kommunistischen und im faschistischen Staat die W. als Teil des politischen Verf.systems erscheint, haben die die W. betreffenden Regelungen in der *WV* und in den französischen Verf.en einen prinzipiell anderen Charakter. Die bereits erwähnten Bestimmungen des zweiten Teils der Reichsverf. von 1919 (s. o. II A) hatten nicht den Sinn, die Ordnung des Wirtschaftslebens in die Staatsverf. zu integrieren oder gar der Verf. des Staates eine Verf. der Wirtschaft von gleichem Range an die Seite zu stellen. Abgesehen von den Grundrechten und Institutsgarantien der Art. 153, 154 (Eigentum und Erbrecht) und der Gewährleistung der →Koalitionsfreiheit (Art. 159) enthielten die Art. 151 – 165 vielmehr im wesentl. Richtlinien für den ReichsG.geber über die von ihm zu schaffende künftige W. Die franz. Verf.en beschränken sich darauf, einzelne Prinzipien wirtschaftsverfassungsrechtl. Art, zB über das Gemeineigentum an Einrichtungen des „service public", aufzustellen, womit insbes. eine verfassungsrechtl. Sicherung der bereits vorher vollzogenen Nationalisierungen (Sozialisierungen) gemeinwichtiger Wirtschaftszweige gegeben ist. Mit dem Grundgedanken einer demokratischrechtsstaatl. Verf. dürfte es in der Tat unvereinbar sein, die W. als solche, wie auch immer sie im einzelnen gestaltet sein mag, der Verf. des politischen Gemeinwesens als Bestandteil einzufügen.

B. 1. Für die Bundesrep. Dtschld. vertritt das BVerfG seit seinem Urt. vom 20. Juli 1954 über die Verf.mäßigkeit des InvestitionshilfeG (BVerfGE 4, 7 ff.) in st. Rspr. die Auffassung, daß das GG *nicht ein bestimmtes „Wirtschaftssystem"* gewährleiste. In der Tat befaßt das GG sich mit der Ordnung des Wirtschaftslebens nicht, wie die WV, in einem besonderen Abschnitt, sondern trifft nur einzelne Bestimmungen. Die vom BVerfG vertretene These von der *„wirtschaftspolitischen Neutralität"* des GG verdient insofern Zustimmung, als das GG dem G.geber nicht die Mittel seiner wirtschaftsgestaltenden Aktivität vorschreibt; wohl aber wird durch das Verf.prinzip des →Sozialstaats das Ziel vorgegeben (BADURA) (s. u. 3). Für die W. bedeutsam sind einmal die Verteilung der G.gebungskompetenz zwischen Bund und Ländern, ferner der Grundrechtsteil. Die für die Wahrung der Wirtschaftseinheit grundlegenden Materien sind der ausschließl. G.gebung des Bundes vorbehalten (Art. 73 Ziff. 3 – 7, 9, 11, 88 – 90, 105 I), während dem Bund auf den übrigen Gebieten des Wirtschaftsrechts nur eine konkurrierende G.gebungskompetenz zusteht (Art. 74 Ziff. 11, 12, 14 bis 18; 105 II). Der Grundrechtsteil enthält die W. unmittelbar betreffende Vorschriften nur in der Sozialisierungsermächtigung des Art. 15 (→Eigentum I D) sowie in der Garantie der →Koalitionsfreiheit gem. Art. 9 III. Immerhin ist eine Reihe von Grundrechtsnormen, so insbes. Art. 2 I (Entfaltung der →Persönlichkeit), Art. 9 I und II (→Vereinigungsfreiheit), Art. 12 I (→Berufsfreiheit, Freiheit der Wahl des Arbeitsplatzes und der Ausbildungsstätte), Art. 14 (Garantie des →Eigentums, Schranken der →Enteignung), auch und gerade für wirtschaftl. Betätigungen in selbständiger oder abhängiger Stellung grundlegend. Insofern sind gewisse elementare Merkmale einer W. durch das GG verfassungsmäßig festgelegt. Aber innerhalb dieser Schranken sind mannigfache Ordnungssysteme denkbar, die etwa nach Grad und Formen staatl. Interventionen in die Wirtschaft, aber zB auch nach der Art des Interessenausgleichs zwischen Kapital und Arbeit variieren können. Folglich garantiert das GG weder das neoliberale Ideal einer interventionsfreien Wettbewerbswirtschaft noch etwa das Leitbild der „sozialen Marktwirtschaft".

2. Noch ungeklärt ist die bisher glücklicherweise nicht akut gewordene Frage, wieweit entsprechend dem *föderalistischen Aufbau der Bundesrep.* gesonderte W.en in den Ländern entstehen können. Die in einzelnen Landesverf.en enthaltenen Bestimmungen über eine oberste Planungs- und Lenkungsgewalt des Staates (vgl. etwa Art. 51 II, 62 der Verf. von Rheinland-Pfalz; Art. 38 I S. 2 der Hess. Verf.), deren Fortgeltung gemäß Art. 31 GG freilich zweifelhaft ist, würden im Falle ihrer praktischen Handhabung zu einer Schädigung gesamtwirtschaftl. Interessen führen können. – Als *„Gemeinschaftsaufgaben"* von Bund und Ländern können nach Art. 91 a GG u. a. Verbesserungen der regionalen Wirtschaftsstruktur oder der Agrarstruktur durchgeführt werden.

3. Die Zurückhaltung, die man bei der Schaffung des GG hinsichtl. der Formulierung von Programmsätzen für die künftige Ordnung des Wirtschaftslebens geübt hat, berechtigt nicht zu dem Schluß, daß das geltende Verf.recht eine W. überhaupt *ablehne*. Man kann daraus nicht mehr folgern, als daß das GG sich einer Anordnung über die Geltung einer bestimmten W. als Teil der Staatsverf. oder kraft verfassungsrechtl. Garantie enthält. Der Annahme, daß die mit

den →Grundrechten verbürgten Freiheiten des Individuums dem G.geber strikte Abstinenz gegenüber einer Gesamtordnung der Wirtschaft auferlegen, steht namentl. die Bedeutung der *Sozialstaatsklausel* (→Sozialstaat) entgegen. Die darin ausgesprochene „Staatszielbestimmung" (IPSEN) muß insbes. bei der Auslegung der für die W. bedeutsamen Freiheitsgarantien (Art. 2 I, 9, 12, 14) in dem Sinne berücksichtigt werden, daß die Wirtschaftssubjekte im Verkehr untereinander zu gegenseitiger Rücksichtnahme verpflichtet sind.

4. Die rechtssystematische Stellung der W. in der Bundesrep. Dtschld. ist hiernach dahin zu bestimmen, daß sie einen Teil der Rechtsordnung bildet, der nur nach Maßgabe der einschlägigen Grundrechte verfassungsrechtl. verankert ist. Ob man die W. als bloßen Inbegriff wirtschaftsrechtl. Wertungsprinzipien zu verstehen hat (SCHMIDT-RIMPLER) oder als rechtl. Ordnung der durch die Teilhabe an der vergesellschafteten Bedarfsvorsorge hergestellten „Wirtschaftsgemeinschaft" (BALLERSTEDT), ist eine der noch umstrittenen Grundfragen der Theorie der W.

IV. Die wichtigsten nationalen und übernationalen Institute der W. in der Bundesrep. Dtschld.

A. Der Markt der Güter und gewerbl. Leistungen stellt als das Zusammentreffen von Angebot und Nachfrage in den verkehrswirtschaftl. Abläufen die Vermittlung zwischen den einzelnen Wirtschaftssubjekten her. Natürlicherweise kommt daher den Rechtsnormen, die den Marktverkehr gegen unkontrollierte Absprachen über Wettbewerbsbeschränkungen und gegen einen Mißbrauch ökonomischer Macht schützen, zentrale Bedeutung für die Gestaltung der W. zu. Das G. gegen Wettbewerbsbeschränkungen vom 27. Juli 1957 (heute i. d. F. vom 24. Sept. 1980 – GWB) hat für weite Teile des inländischen Wirtschaftsverkehrs ein Marktrecht geschaffen, das diesen Zielen durch eine Kombination von zwei Prinzipien dient, nämlich durch das Verbot bestimmter Verträge oder sonstiger rechtsgeschäftl. Maßnahmen und durch Mißbrauchsaufsicht der Kartellbehörde (→Kartellrecht). Kartelle und gewisse andere, die Wettbewerbsfreiheit beschränkende Verträge werden grds. untersagt; dieser Grundsatz wird durchbrochen durch die Zulassung bestimmter Arten von Kartellen, die entweder auf Grund bloßer Anmeldung oder auf Grund einer Erlaubnis der Kartellbehörde wirksam werden; alle solche Kartelle oder Absprachen unterliegen aber einer gegen ihren Mißbrauch gerichteten Aufsicht der Kartellbehörde; dgl. beaufsichtigt sie Unternehmen, die auf Grund ihrer beherrschenden Stellung auf dem Markt überragende Macht gegenüber ihren Kontrahenten besitzen. 1973 ist ferner eine präventive Kontrolle über Zusammenschlüsse marktstarker Großunternehmen eingeführt worden. Diese in ihren Einzelheiten komplizierten Anordnungen gelten nicht oder nur mit erhebl. Einschränkungen für solche Wirtschaftszweige, in denen entweder aus den verschiedensten Gründen das Prinzip der Wettbewerbsfreiheit nicht sinnvoll erscheint oder Sonderregelungen die allg. Normen des GWB ersetzen. Ausnahmen sind namentl. für die wichtigsten Agrarmärkte angeordnet, auf denen überdies ein Preiswettbewerb z. T. durch gesetzl. Preisnormen (u. a. für Getreide, Zucker, Milch, Butter) ausgeschaltet ist, ferner für große Teile des Verkehrsgewerbes, für die Kreditwirtschaft, die im Interesse der Sicherheit des Kreditverkehrs sowie aus währungspolitischen Gründen einer speziellen Regelung unterworfen ist, endlich für die an feste Leitungen gebundene Energie- und Wasserversorgung. Die Unternehmen des Kohlebergbaus und der Eisen- und Stahlindustrie sind, da für sie das bes. Wettbewerbsrecht der Europ. Gemeinschaft für Kohle und Stahl (EGKS) (→Europ. Gemeinschaften) gilt, ebenfalls den allg. Vorschriften des GWB nicht unterworfen. Man hat berechnet, daß die Ausnahmen und Sonderregelungen mehr als die Hälfte der dt. Wirtschaft betreffen. Dabei ist aber zu berücksichtigen, daß das Marktrecht der EG auf den gleichen Grundgedanken beruht und daß die Bindung überragender Marktmacht in manchen Sonderregelungen mit wirksameren rechtl. Mitteln vollzogen ist, als dies im GWB mit seinen allg. geltenden Vorschriften geschehen konnte; so sind die Eisenbahnen des öffentl. Verkehrs und die Unternehmen der Energieversorgung einem Kontrahierungszwang (Beförderungs-, Belieferungszwang) nach Tarifpreisen unterworfen. Wegen des rechtlichen Schutzes des „Marktbürgers" (IPSEN) innerhalb der EG (s. u. E).

Die grds. Bedeutung des GWB liegt nicht in der Wettbewerbsfreiheit als solcher. Das maßgebende Kriterium für die systematische Einordnung des GWB wie der sonstigen marktrechtl. Regelungen erschließt vielmehr die Frage, wieweit die W. das im verkehrswirtschaftl. System jeweils mögl. Höchstmaß gerechten Austauschs, in diesem Sinne also *„relative" Tauschgerechtigkeit* gewährleistet. Das hierfür geeignete Mittel ist auf vielen Märkten der Schutz des Wettbewerbs, insbes. auch durch wachsame Mißbrauchsaufsicht gegenüber Erscheinungen der Marktmacht, auf anderen Märkten bedarf es einer Beschränkung der Vertragsfreiheit durch Kontrahierungs- und Tarifzwang oder strenger Wirtschaftsaufsicht, notfalls auch hoheitl. Preisfestsetzung. Die Veränderlichkeit der Marktdaten erfordert ein hohes Maß gesetzgeberischer Beweglichkeit.

B. Unternehmen. Systematisch ist das Unternehmensrecht im Rahmen der W. auf den Gedanken zu stützen, daß alles unternehmerische Handeln auf die gegebene gesamtwirtschaftl. Ordnung bezogen ist und demgemäß auch den durch diese Ordnung gebotenen Pflichten unterworfen sein muß. Das Prinzip schrankenloser Unternehmerfreiheit ist folgl. mit einer W. unvereinbar. Die verfassungsrechtl. Lage in der Bundesrep. entspricht dem angegebenen Ordnungsgedanken auf Grund der Sozialstaatsklausel (s. o. III B). Dem Grundrecht des →Eigentums (I C 4) ist gem. Art. 14 II eine Sozialbindung immanent, und der →Berufsfreiheit des Art. 12 I, die auch die Gewerbefreiheit in sich schließt, wohnt der im Sinn des Berufs als Dienst wurzelnde Gedanke der Pflicht gegenüber der Allgemeinheit gleichfalls inne. Nach den vom BVerfG in dem sog. Apotheken-Urteil vom 11. Juni 1958 (BVerfGE 7, 377 ff.) ausgesprochenen Grundsätzen steht das Grundrecht der Berufsfreiheit gesetzl. Regelungen über die Ausübung und Wahl eines Berufs nicht schlechthin entgegen. Der G.geber darf vielmehr die Ausübung eines Berufs unter die für eine ordnungsmäßige Darbietung der Berufsleistungen erforderl. Normen stellen, er kann ferner die Aufnahme eines Berufs von der Erfüllung derjenigen subjektiven Voraussetzungen abhängig machen, die im Interesse der Allgemeinheit geboten erscheinen, und er kann „zur Abwehr nachweisbarer oder höchstwahrscheinl. schwerer Gefahren für ein überragend wichtiges Gemeinschaftsgut" sogar objektive Zulassungsvoraussetzungen aufstellen. Nur in derartigen bes. Ausnahmefällen darf also zB eine Bedürfnisprüfung vorgeschaltet werden. Das wichtigste allg. BerufsregelungsG neben der GewO ist die Handwerksordnung von 1953 (→Gewerberecht).

Der gesamtwirtschaftl. Bedeutung großer Unternehmen trägt – abgesehen von der oben erwähnten präventiven Kontrolle über Zusammenschlüsse – das *PublizitätsG* vom 15. Aug. 1969 Rechnung; es verpflichtet Unternehmen oberhalb einer bestimmten Größengrenze ohne Rücksicht auf ihre gesellschaftsrechtl. Form zur Prüfung und Veröffentlichung ihres Jahresabschlusses. Die innere Organisation großer Kapitalgesellschaften ist durch eine fast gleichgewichtige Vertretung der Arbeitnehmer im Aufsichtsorgan umgestaltet worden (MitbestimmungsG. vom 4. Mai 1976). Damit wird das bisher nur für die Unternehmen des Bergbaus und der Eisen- und Stahlindustrie verwirklichte Prinzip einer paritätischen *→Mitbestimmung* annähernd auf die Großunternehmen aller Wirtschaftszweige ausgedehnt. Der demokratische Gedanke, daß Macht der Legitimation durch den Willen der Machtunterworfenen bedarf, erhält auf diese Weise Geltung auch für die Wirtschafts- und Arbeitsordnung.

C. Arbeit. Im Rahmen der W. sollte der bisher das →Arbeitsrecht zu einseitig beherrschende Gedanke, daß der Arbeitnehmer als der sozial Schwächere des Schutzes bedarf, durch eine allgemeinere Betrachtung überwunden und vertieft werden. Der letzte Sinn des arbeitsrechtl. Schutzes ist darin zu sehen, daß für den arbeitenden Menschen Bedingungen geschaffen werden müssen, die ihm in der Arbeitsleistung die Entfaltung seiner Persönlichkeit als der Verantwortung fähiges Wesen ermöglichen. Sozialer Schutz und Verantwortung stehen im Rahmen der W. in rechtl. notwendiger Korrelation. Im einzelnen ist namentl. das sog. kollektive Arbeitsrecht (→Betriebsverfassung; →Mitbestimmung; →Koalitionsfreiheit; →Tarifrecht; →Arbeitskampf), aber zB auch der Kündigungsschutz für die W. von Bedeutung. Der umfangreiche Rechtsstoff kann hier auch nicht andeutungsweise umschrieben werden.

Die W. der Bundesrep. Dtschld. ist u. a. dadurch charakterisiert, daß der Staat einer normativen Gestaltung der Lohn- und Arbeitsbedingungen durch Übereinkunft der tariffähigen Arbeitgeberverbände oder einzelnen Arbeitgeber mit den tariffähigen Organisationen der Arbeitnehmer (→Gewerkschaften), im engeren Rahmen auch durch Betriebsvereinbarungen den Vorrang vor gesetzl. Regelungen läßt; darin liegt ein grds. Unterschied etwa gegenüber einer faschistischen W. (s. o. III A 2). Die prinzipielle Zulässigkeit der Anwendung kollektiver Gewalt in Gestalt von →Arbeitskämpfen ist gleichfalls durch das Tarifvertragssystem bedingt. Ebenso ist die Koalitionsfreiheit (Art. 9 III GG) institutionell mit diesem System verknüpft. Die seit 1945 beträchtl. gewachsene Bedeutung der Gewerkschaften, ferner ihre Rolle in der →Mitbestimmung haben in Verbindung mit der lange anhaltenden Vollbeschäftigung die Frage nach der sozialstaatl. legitimen Funktion der Gewerkschaften zu einem noch nicht ausdiskutierten Problem werden lassen.

D. Sonstige Materien. 1. *Der private Haushalt* erweist neuerdings seinen besonderen Rechtswert für die W. Dem vitalen Bedürfnis des Bürgers, nach eigenem Plan für seine Zukunft vorzusorgen, kommt namentlich das für die staatl. Globalsteuerung grundlegende StabilitätsG vom 8. Juni 1967 insofern entgegen, als es Bund und Länder verpflichtet, mit ihren wirtschafts- und finanzpolitischen Maßnahmen auch zur Preisstabilität und zu einem hohen Beschäftigungsstand beizutragen. Der Fundierung des privaten Haushalts dienen ferner die Maßnahmen zur Streuung des Eigentums sowie die verschiedenen G.e zur Förderung der Vermögensbildung. Eine Gewinnabgabe der Unternehmen an Fonds zur →Vermögensbildung wird angestrebt.

2. Im weiteren Sinne gehören zum Recht der W. das Geld- und Währungsrecht (→Geld- und Währungspolitik; →Finanzwirtschaft), das Städtebau- und Planungsrecht (→Planung III), die Grundsätze für die unternehmerische Betätigung der öffentl. Hand u. ä.

E. Übernationale Normen der EG überlagern zunehmend das nationale Recht der W. Das auf dem Gedanken der Wirtschaftsfreiheit beruhende Marktrecht des EWG-Vertrages (Art. 85 ff.) (→Europ. Gemeinschaften) betrifft zwar gegenständl. nur den grenzüberschreitenden Verkehr, wächst aber mit der Verdichtung der Wirtschaftsbeziehungen zwischen den Mitgliedstaaten zunehmend in eine revolutionierende Rolle innerhalb der nationalen W.en hinein. Das Programm der Harmonisierung und der Gleichbehandlung der Angehörigen von Mitgliedstaaten mit den Inländern wirkt überdies weit über das Marktrecht hinaus, namentl. auf das Berufs-, Gesellschafts- und Patentrecht ein.

V. Politische und sozialethische Probleme. A. Staats- und gesellschaftspolitische Bedeutung der W. 1. Daß →Sozialethik nicht isoliert von den Sozialwissenschaften betrieben werden kann, zeigt sich bei der sozialethischen Würdigung der W. angesichts ihrer staats- und gesellschaftspolitischen Bedeutung bes. eindringl. Die Sozialethik hat es im Hinblick auf das Wirtschaftsleben mit normativen Aussagen sowohl über die Gestaltung von Institutionen wie über das Verhalten der Wirtschaftssubjekte zu tun. Der Akzent der Betrachtung kann mehr auf den institutionellen Fragen oder mehr auf der Seite des Personalen liegen. Nach beiden Richtungen hin sind Gestalt und Inhalt der W. bedeutsam: die bestehende W. als Gegenstand der Kritik oder als Maßstab ethischer Verhaltensnormen, ihre Entwicklungsmöglichkeiten als Thema von Postulaten. In jedem Fall kommt dabei ins Spiel, daß und in welchem Sinne die W. ein Teil der staatl. und gesellschaftl. Ordnung ist, in der das Wirtschaften sich vollzieht; der wesensgemäß jeder sozialethischen Stellungnahme immanente politische Gehalt tritt im Hinblick auf die W. markant hervor. Die W. setzt für wirtschaftl. Handeln einen Rahmen objektiver Bedingungen, die etwas anderes als die jedem Verhalten von Wirtschaftssubjekten als solchen vorgegebenen rein ökonomischen Sachzusammenhänge bedeuten. Sie stellt einen Komplex von Rechtsregeln dar. Das sozialethisch Besondere liegt nun darin, daß die W. nicht durch ihre bloße Normativität gesellschaftl. Realität erlangt. In einem freiheitl.-demokratischen Gemeinwesen, in dem die Wirtschaft keine staatl. Veranstaltung und Wirtschaften nicht ein Vollzug hoheitl. Befehle ist, muß die W. in selbstverantwortl. Entscheidung der beteiligten Personen mit Leben erfüllt werden. Die W. teilt darin das Schicksal aller auf der Selbstbestimmung des Menschen beruhenden rechtl. Ordnungen einschließl. der demokratischen Staatsverf., daß sie durch den Willen der unter ihrer normativen Herrschaft lebenden Menschen aktualisiert werden müssen. Das G. kann Wettbewerb nicht erzwingen, Bindung von Marktmacht nicht ohne den Widerstandswillen der Betroffenen bewerkstelligen, →Betriebsverfassung nicht ohne tatsächl. Wahl des Betriebsrats und nicht ohne „vertrauensvolles Zusammenwirken von Arbeitgeber und Betriebsrat" (§ 49 BetrVG) ins Leben rufen. Staats- und gesellschaftspolitisch ergibt sich die einzigartige Bedeutung der W. daraus, daß es nach richtiger Auffassung nicht auf ökonomische Erfolge als solche, sondern auf die Verwirklichung gesellschaftl. Werte unter den durch die gesamtwirtschaftlichen Funktionszusammenhänge geschaffenen Bedingungen ankommt.

2. FR. BÖHM hat die staatspolitische Bedeutung der W. auf Grund der These herausgearbeitet, es bestehe genaue *Parallelität zwischen →Demokratie und Wirtschaftsfreiheit.* Wie der totalitäre Einparteienstaat die verfassungspolitische Voraussetzung und Entsprechung der „zentralen Verwaltungswirtschaft" sei, so erfordere umgekehrt die Erhaltung einer demokratischen Ordnung eine W., die durch Unterbindung von Monopolmacht die zentrale Ordnungsfunktion des Marktes gewährleiste. Wie die Demokratie aus dem „plébiscite de tous les jours" (RENAN) ihrer Bürger lebe, so eine freiheitl. W. aus der tägl. millionenfach sich wiederholenden Entscheidung der Käufer über Preis und Eignung der ihnen angebotenen Güter. Ein die Wirtschaft dirigierender Staat rufe unvermeidl. Interessengruppen auf den Plan, die unkontrollierte Macht ausübten, fördere also undemokratische Verhaltensweisen und entwerte das Parlament als einzig legitimes Forum der politischen Willensbildung. Den Weg der Weimarer Republik in den Totalitarismus sieht BÖHM in der zunehmenden Vermachtung des Wirtschaftslebens durch Kartelle und Unternehmenskonzentrationen vorgezeichnet.

Diese Deutung ist von dem großartigen Pathos einer in die Wirtschaftsordnung übergreifenden politischen Ethik getragen; aber unter dem Zwange der vermeintl. Alternative zwischen zwei einander schlechthin ausschließenden Wirtschaftssystemen verliert sie sich im Ideologischen. Der Vergleich BÖHMS zwischen der demokratischen Abstimmung bei *gleichem* Wahlrecht der Bürger und den Kaufentscheidungen der durchaus *ungleich* begüterten Nachfrager auf dem Markt geht überdies fehl. Im übrigen ergeben sich aus dem Gedanken, daß die politische und die gesellschaftl.-wirtschaftl. Ordnung von den gleichen Grundprinzipien beherrscht sein sollten, ganz andere Folgerungen, wenn man das Wesentliche nicht in dem *Verfahren* der Willensbildung durch Abstimmung, sondern in der *Legitimation von Macht* durch den Willen der Machtunterworfenen erblickt; vgl. dazu die Pläne für eine Unternehmensverf. für Großunternehmen (s. o. IV B).

3. Allg. dürfte für den *politischen Zusammenhang zwischen demokratischer Ordnung und W.* folgendes gelten: Ob die Bürger die bestehende Ordnung bejahen und gegen Versuche zu ihrer Änderung sich zur Wehr zu setzen bereit sind, hängt entscheidend davon ab, wieweit sie in ihr eine „gerechte" Ordnung sehen, in der sie sich wohlfühlen. Hierfür kommt es nicht auf die Gewährleistung eines bestimmten Wirtschaftssystems als solchen an, sondern auf den Ausgleich der Interessen der Unternehmer, Arbeitnehmer und Verbraucher.

4. H. EHMKE hat gegen den Begriff der W. u. a. gerade Bedenken politischer Art erhoben: dieser Begriff entspringe einem Denken von der Gesellschaft her, also einer im Kern unpolitischen Haltung; der Ausdruck „Verf." verschleiere, daß

die Entscheidung über die Grundfragen der wirtschaftl. Ordnung je und je im politischen Kampf errungen werden müsse; das Bewußtsein demokratischer Mitverantwortung werde gelähmt. Das überzeugt nicht. Die Errichtung und der Ausbau einer auf Dauer angelegten Grundordnung der Wirtschaft sind eminent politische Leistungen (MESTMÄCKER).

B. Die kath. →**Soziallehre** bietet mit ihren Aussagen über Eigentum, Arbeit, Tauschgerechtigkeit, berufsständische („leistungsgemeinschaftl.") Ordnung, →Subsidiaritätsprinzip eine in sich folgerichtige Grundlage einer W. Aus der Hinordnung aller wirtschaftl. Tätigkeit auf das bonum commune, die der Wirtschaft eine dienende Rolle zuweist, folgt die innere Verbindung mit dem Bereich des Politischen i. w. S. Die grundlegenden Unterschiede gegenüber dem stato corporativo des ital. Faschismus (s. o. III A 2) hat PIUS XI. in „Quadragesimo anno" dargelegt: Die berufsständische Ordnung soll den einzelnen als Person mit seiner berufl. Leistung in die engere Gemeinschaft der arbeitsteilig die einzelnen Arten wirtschaftl. Güter darbietenden Menschen einfügen, aber nicht eine Herrschaft des Staates über Zwangskorporationen rechtfertigen. Wieweit das berufsständische Prinzip und der Gedanke der Preisgerechtigkeit in der heutigen W. realisierbar sind, ist freilich fragl. Die kath. Soziallehre stellt, richtig verstanden, nicht ein Programm dar, sondern ist ein aus unverrückbaren Grundgedanken über Wesen und Auftrag des Menschen in der göttl. Seinsordnung entwickeltes offenes System, das den wechselnden Gegebenheiten angepaßt werden muß. Zur wirtschaftl. Mitbestimmung der Arbeitnehmer hat PIUS XII. sich mit deutl. Reserve geäußert. Namhafte Vertreter der kath. Soziallehre (so VON NELL-BREUNING) empfehlen sie; vereinzelt wird sogar eine naturrechtl. Ableitung dieser Forderung vertreten.

C. Die ev. →**Sozialethik** stellt kein als sozialphilosophisches Fundament einer W. verwendbares „christl. System" auf; sie setzt bei dem Personsein des Menschen, bei seiner Verantwortung für den Nächsten an (H. D. WENDLAND, D. VON OPPEN). Aber sie erkennt an, daß der einzelne überfordert wird, wenn die an ihn gerichteten ethischen Postulate sich angesichts der Mängel im institutionellen Bereich als unerfüllbar erweisen. Von daher kommt auch die ev. Sozialethik zu kritischen Stellungnahmen und zu Verbesserungsvorschlägen bezügl. bestimmter Materien der W., insbes. der betriebl. Arbeitsordnung und der Eigentumsverteilung; vgl. dazu die *Eigentumsdenkschrift* der Kammer für Soziale Ordnung des Rates der EKD vom 6. April 1962 oder die 30 Thesen des Arbeitskreises *„Verantwortl. Gesellschaft"* (Z. für Ev. Sozialethik 1963, S. 63 ff.). Die Belebung des ordnungstheol. Denkens in der ev. Sozialethik, das in E. WÜNSCH, freilich auf der Grundlage einer liberalen Theol., bereits 1927 einen bemerkenswerten Vertreter gefunden hatte, läßt für die Zukunft vielleicht noch eine stärkere Aktivität in Fragen der W. erwarten. Allerdings darf man die prinzipiellen Schwierigkeiten nicht unterschätzen, die sich vom reformatorischen Verständnis des Glaubens her ergeben. Der personale Ansatz erscheint folgerichtiger. Der Satz: „Ohne Zucht und Maß, Dienst und Opferbereitschaft können Gemeinschaft und Gesellschaft nicht gedeihen" (KARRENBERG), spricht bündig den personalen sozialethischen Leitgedanken einer auf Freiheit und Selbstverwaltung gegründeten W. aus.

D. Die in Art. 1 I und in Art. 2 I GG formulierten Grundwerte der unverletzl. Würde des Menschen und der Entfaltung der Persönlichkeit müssen, sozialethisch betrachtet, auch als Fundament der W. gelten (s. o. II C 2).

W. V. MOELLENDORFF, Konservativer Sozialismus, 1932 – F. BÖHM, Die Ordnung der Wirtschaft als geschichtl. Aufgabe und rechtsschöpferische Leistung, 1937 – DERS., Wirtschaftsordnung und Staatsverf. (Recht und Staat 153/4), 1950 – J. HÖFFNER, Wirtschaftsethik und Monopole, 1941 – J. W. HEDEMANN, Dt. Wirtschaftsrecht, 1943[2] – P. JOSTOCK, Grundzüge der Soziallehre und Sozialreform, 1946 – L. MIKSCH, Wettbewerb als Aufgabe, 1947 – W. EUCKEN, Die Grundlagen der Nationalökonomie, 1949 – L. RAISER, W. als Rechtsproblem, in: Festschr. für J. v. Gierke, hg. von der Rechtswissenschaftl. Fakultät Göttingen, 1950, 181 ff. – H. C. NIPPERDEY, Die Grundprinzipien des W.rechts, in: Recht, Staat, Wirtschaft, hg. von H. WANDERSLEB, III 1951, 223 – 235 – DERS., W. und BVerfG, 1960 – W. STRAUSS, W. und Staatsverf. (Recht und Staat 165), 1952 – E. R. HUBER, Wirtschaftsverwaltungsrecht, I 1953, II 1954 – DERS., Der Streit um das W.recht, DÖV (1956), 135, 172, 200 – A. HAMANN, Dt. W., 1958 – U. SCHEUNER, Das Grundrecht der Berufsfreiheit, DVBl. 73 (1958), 845 – 849 – K. BALLERSTEDT, W.recht, in: Die Grundrechte, hg. v. BETTERMANN u. a., Bd. III, 1, 1 – 90 – O. V. NELL-BREUNING, Wirtschaft und Gesellschaft heute, Bd. III, 1960 – D. V. OPPEN, Das personale Zeitalter. Formen und Grundlagen des gesellschaftl. Lebens im 20. Jh., 1960 – H. EHMKE, Wirtschaft und Verf. Die Verf.rspr. des Supreme Court zur Wirtschaftsregulierung, 1961 – F. RITTNER, Art. Wirtschaftsrecht in Staatslexikon VIII, 1963[6], 213 ff. – DERS., Zur Systematik des Wirtschaftsrechts, in: Festschr. f. Bartholomeyczik, 1973, 319 – 336 – O. KUNZE, A. CHRISTMANN, Wirtschaftl. Mitbestimmung im Meinungsstreit, 2 Bde., 1964 – W. SCHMIDT-RIMPLER, Art. Wirtschaftsrecht, in: HdSW XII, 1965, 686 – 731 (Lit.) – R. WIETHÖLTER, Die Position des Wirtschaftsrechts im sozialen Rechtsstaat, in: Festschr. für F. Böhm, 1965, 41 – 62 – H. F. ZACHER, Aufgaben einer Theorie der W., ebd., 63 – 109 – E. BENDA, Industrielle Herrschaft und sozialer Staat. Wirtschaftsmacht von Großunternehmen als gesellschaftspolitisches Problem, 1966 – P. BADURA, W. und Wirtschaftsverwaltung, 1974[2] – G. RINCK (Hg.), Begriff und Prinzipien des Wirtschaftsrechts, 1971 – DERS., Wirtschaftsrecht, 1972[3] – H. P. IPSEN, Europäisches Gemeinschaftsrecht, 1972 – H. G. KOPPENSTEINER, Wirtschaftsrecht. Inhalts- und funktionsbezogene Überlegungen zu einer umstrittenen Kategorie, Rechtstheorie, 4 (1973), 1 – 36 – E.-J. MESTMÄCKER, Europäisches Wettbewerbsrecht, 1974 – H. H. RUPP, GG und W., 1974 – M. WULFF, Die neoliberale Wirtschaftsordnung, 1976 – G. GUTMANN, Die W. der Bundesrep. Dtschld., 1979[2] – U. KARPEN, Wirtschaftsordnung und GG, 1979 – J. SCHAMBACH, Die Rolle des Staates in den verschiedenen Wirtschaftssystemen, 1980 – J. KARD. HÖFFNER, Wirtschaftsordnung und Wirtschaftsethik, 1985.

Kurt Ballerstedt †

Wissenschaftsethik. 1. Entstehung und Problembereich. Mit dem Aufkommen der exakten Wissenschaft im 17. Jh. ist auch deren Macht erkannt worden, mit Hilfe ihrer technischen Anwendungen unsere Welt fortlaufend zu verändern. Ethische Fragen stellten sich für sie so lange nicht, wie sowohl das im Zeichen der Erkenntnis und Wahrheitssuche stehende Ethos der reinen Forsch. als auch die Umsetzung wiss. Resultate in technische Praxis zwecks Herstellung lebensdienlicher Güter zur Höherentwicklung von Zivilisation und Kultur einem ethischen Normenkanon von unbestrittener Allgemeingeltung sich einfügte.

Darin ist seit der Mitte des 20. Jhs. in zweierlei Hinsicht ein tiefgreifender Wandel eingetreten. Zum einen läßt sich die *Trennung* von theoretischer Wissenschaft und praxisbezogener →Technik nach zwei grundverschiedenen Zielsetzungen in dem Maße weniger aufrechterhalten, je enger und komplexer sich ihre gegenseitigen Beziehungen gestalten und je mehr die reine Wissenschaft durch Auftragsforschung seitens Industrie, Wirtschaft und Militär eingeengt wird. Zum anderen verläuft die wiss.-technische Entwicklung heutzutage in nahezu allen Gebieten *quantitativ wie qualitativ* unvergleichlich mit allen ihren früheren Stadien: Das wiss.-technische Handeln hat räumliche und zeitliche Ausmaße erreicht, die selbst den Sachkundigen kaum mehr zureichend überblickbar sind, so daß mit seiner zunehmenden Reichweite die verläßliche Voraussicht für die Welt von morgen immer geringer wird; auch geht mit dem beschleunigten Tempo des wiss.-technischen Fortschritts eine Beschleunigung des kulturellen und gesellschaftlichen Wandels einher, den zu begreifen vergangene Erfahrungen immer weniger hilfreich werden, so daß Orientierungsverluste und Einbrüche in die Sinnkontinuität unseres Lebens drohen; ferner wachsen mit den positiven Errungenschaften auch die negativen Folgen, so daß unsere Welt irreversibel geschädigt und sogar alles Leben auf der Erde vollständig ausgelöscht werden kann; schließlich läuft der Mensch, obwohl Subjekt von Wissenschaft und Technik, Gefahr, abgesetzt und durch eben diese (zB Mikroelektronik) ersetzt oder auch durch Manipulationen (zB in der Genbiologie, →Humangenetik) in seiner eigenen physischen und geistigen Substanz auf nicht vorhersehbare Weise verändert zu werden. Damit ist die Wissenschaft in bisher nicht gekannter Weise ambivalent geworden. Einerseits muß ihr für ihre unverzichtbare Existenz unangetastete Legitimität ihres Erkenntnisstrebens und Forschungsfreiraum ohne externe Zielvorgabe (s. a. Wissenschaftsfreiheit) gewährt werden. Andererseits bringt sie, u. z. gerade durch ihre Effizienz, so schwerwiegende Risiken und Gefahren mit sich, daß Ziele und Maßnahmen ihres Wissenserwerbs sowie die Wege der Verwaltung und Vermittlung, insbes. aber die Verwendung ihres Wissens eingehender und umsichtiger Erwägung auch unter ethischen Aspekten bedürfen.

Die daraus sich ergebenden Fragen stecken den Problembereich der W. ab. W. ist dann i. w. S. als ein Gesamttitel für verschiedene Partialethiken zu verstehen, die, gemäß den ethischen Spezialproblemen in mehr oder minder gegliederten Teilbereichen einzelner Wissenschaften mit ihren praktischen Folgen, in der Bildung begriffen sind. Dazu gehören dann zB Ethik der Technik (allg. oder, wiederum speziell, Ethik der Gentechnik, der Kerntechnik etc.), Umweltethik (→Umweltschutz), Bioethik (genauer: biomedizinische Ethik) etc., während die Medizinethik i. d. R. nicht zur W. gerechnet wird, sondern als eth. Disziplin der Humanmedizin gilt. Dagegen hat es die W. i. e. S. – in zumeist betonter Abgrenzung gegen die genannten eth. Spezialdisziplinen – mit ethischen Fragen der wiss. Forsch. als solcher, allerdings im Hinblick auf ihre wirklichen und möglichen praktischen Konsequenzen, zu tun.

2. Systematik und Postulate. Über Status und systematischen Ort der W. im Rahmen der allg. →Ethik herrscht noch weitgehend Uneinigkeit. Durchweg wird die W. als **„neue Ethik"** proklamiert, ohne daß aber schon hinreichend geklärt wäre, ob ihre unstrittig neuartigen Probleme von der traditionellen →Ethik nicht gelöst werden können, und demgemäß diese durch eine W. überholt, mindestens aber zu einer umfassenderen →Ethik erweitert werden müßte; oder ob sich mit den Problemen der W. lediglich neuartige Felder der Anwendung traditionell geltender eth. Prinzipien auftun.

Die herkömmliche →Ethik wird aus dem Aspekt wissenschaftseth. Forderungen als *Pflicht- oder Gesinnungsethik* gekennzeichnet und i. a. in vierfacher Hinsicht als revisionsbedürftig angesehen: a) gilt sie als Individualethik zur sittl. Vervollkommnung des einzelnen – indessen die wissenschaftseth. Probleme aus komplizierten Strukturen kollektiven Handelns erwachsen; b) gilt sie als Gegenwartsethik zur Normierung von Handlungen, deren Reichweiten klein und deren Zeitspannen für Zielsetzung und Voraussicht kurz sind – indessen angesichts der Langfristigkeit und Bedrohlichkeit der Folgen wiss.-techn. Handelns auch diese Folgen in der Zukunft als eth. relevant anzusehen sind und nicht länger als spätere Zufalls- oder Schicksalsereignisse ethisch neutralisiert werden dürfen; c) gilt sie als anthropomorphe, nur auf die Regelung zwischenmenschlicher Verhältnisse ausgerichtete Ehtik – indessen auch unser Verhalten zur außermenschlichen Natur eth. Normierung bedarf; d) gilt sie als Lehre für die moralische Beurteilung von Handlungen nach dem Verursacherprinzip – indessen das Wesen menschlichen Handelns durch Wissenschaft und Technik grundlegend verändert erscheint dahingehend, daß seine Beurteilung nicht mehr an die Frage geknüpft werden kann, wer im Einzelfall solches Handeln gewollt resp. realisiert habe. Wohl nicht zufällig fehlt für diesen Kritikpunkt noch ein positives Alternativpostulat der W.

Aus solchen z. T. durch hist. Verkürzungen sachlich überspitzten Gegensätzen resultiert die Forderung einer W., die in ausdrücklichem Anschluß an MAX WEBER als *Verantwortungsethik* verstanden werden soll. Bei unbestrittener Bedeutsamkeit von Pflicht und Gesinnung im privaten menschlichen Bereich gilt der Begriff der Verantwortung als Zentralbegriff der W., zumal er sich nicht nur auf Motive des Wollens und Antriebe des Handelns, sondern auch auf die Handlungsresultate und deren Folgen erstreckt. Demnach nimmt die W. als Verantwortungsethik wirksamer als eine Pflicht- und Gesinnungsethik den Horizont der Zukunft wie auch die außermenschliche Natur in den Blick. Daß sie sich dagegen gerade in Auseinandersetzung mit dem Verursacherprinzip bisher nicht deutlich genug zur Geltung bringen konnte, dürfte wohl auch an einem bislang ziemlich diffusen Wortgebrauch liegen, hinter dem sich der Begriff der Verantwortung in seiner komplexen Struktur weitgehend verbirgt. Erst wenn *Verantwortung* genauer in ihrer dreigliedrigen Beziehung nach *Subjekt* der Verantwortung, zu verantwortendem *Tatbestand* und *Verantwortungsinstanz* aufgeschlossen wird und wenn ferner für ersteres den jede konkrete Verantwortungssituation strukturierenden Momenten des *Habens* oder *Tragens* von Verantwortung, des *Übernehmens* von Verantwortung und des *Zur-Verantwortung-gezogen-Werdens,* u. z. in ihren sachlichen wie in ihren eth. Relationen untereinander, begrifflich distinkt Rechnung getragen wird, kann eine Verantwortungsethik wirksam entfaltet werden und als W. sich insbes. dort bewähren, wo einem Subjekt Verantwortung nicht mehr kausal zugesprochen werden kann. Denn wo vielfältige ethische Fragen aus scheinbar subjektlos ablaufenden Prozessen resultieren, die gleichwohl verantwortet werden müssen, da sind solche Prozesse das Prius, aufgrund derer sich allererst (individuelle und kollektive) Verantwortungssubjekte konstituieren können, u. z. indem sie Verantwortung, die sie ursächlich gar nicht haben, gleichwohl übernehmen.

Diese erst durch die moderne Wissenschaft entstandene neue Problemsituation, welche die Notwendigkeit einer W. mit bes. Schärfe hervortreten läßt, macht zugleich auch das Dilemma der W. deutlich, in dem sie sich z. Z. gegenüber der traditionellen →Ethik noch befindet: Wo die Übernahme von Verantwortung selber und zumal dort zur Pflicht wird, wo diese ursächlich nicht besteht, kann W. als „neue" Verantwortungsethik nicht im Gegensatz zur Pflichtethik stehen oder sie einfach überholen wollen. Allenfalls kann sie neue Pflichten, sei es für einzelne oder für gesellschaftliche Gesamtsubjekte, geltend machen und fragen, woher ihnen moralische Verbindlichkeit zuwächst.

3. Begründungsprobleme. Entstanden und dringlich geworden unter dem Legitimationsdruck der Wissenschaft in jüngster Zeit, ist W. der Titel, unter dem heutzutage bestimmte wiss. Forschungsvorhaben – i. d. R. in interdisziplinären Gremien – nach Wert und Unwert, Vorteilen und Gefahren für Mensch und Umwelt kritisch erörtert werden. Dabei geht es um konkrete Entscheidungs-, Verhaltens- und Handlungsnormen, die nicht bloß für die jeweils unmittelbar Beteiligten gelten, sondern zu allg. öffentlicher Anerkennung gebracht und institutionell geschützt werden sollen. Eine dergestalt – größtenteils in kontroverser Diskussion – erzielte Normengeltung und ihre soziale, rechtliche, politische, kirchl. Kontrolle kann für den konkreten Problemfall ausreichen, dgl. wissenschaftseth. Normen auch tatsächlich Eingang in die Praxis zu verschaffen. Andererseits aber bedeutet öffentliche Akzeptierbarkeit und soziale Anerkennung von Normen noch nicht die rationale Sicherung ihrer moralischen Verbindlichkeit im strengen Sinne aus Prinzipien einer ethischen Theorie.

Bei diesen *Prinzipien* handelt es sich nicht um inhaltliche Prinzipien zur Normierung des Handelns und Verhaltens im Einzelfall, sondern wie beim →Sittengesetz um formale Prinzipien *zur Begründung der Geltung* von Handlungs- und Verhaltensnormen. Dgl. „Grundprinzipien" sind daher niemals direkt, sondern nur vermittels der durch sie eth. zu begründenden Normen – Pflichten, Verantwortlichkeiten – auf Handeln und Verhalten selbst bezogen. Diesen Normen sichern sie aber im Falle gelingender theoretischer Begründung größere moralische Verbindlichkeit und Geltungsstabilität über eine bloß soziale Anerkennung ad hoc hinaus.

Soll nun *W. im Sinne einer ethischen Theorie* nach dem Muster der herkömmlichen, „klassischen" Ethik, d. h. aus Grundsätzen, Prinzipien verschiedener Allgemeinheitsstufe und mit entsprechender theoretischer Begründungsstruktur verstanden werden, so kann sie derzeitig nur als noch in Anfängen begriffen angesehen werden. Ihr Fortgang in dieser Richtung ist dadurch erschwert, daß die W., in steigendem Maße für aktuelle Probleme in Anspruch genommen, nicht bloß in Spannungsfelder von Interessengegensätzen und immer wieder aufbrechenden Grundsatzkonflikten wirtschaftlicher, politischer, rechtl. Art gerät, sondern vor allem auch häufig unter Fristenzwang steht, der prinzipientheoretischer Reflexion kaum günstig ist. Darum sieht sich die W. oftmals genötigt, nicht nur *Situationsethik* unter Verzicht auf allg. Normenbegründungsverfahren zu sein, sondern sich auch als diese theoretisch zu rechtfertigen, indem sie die Besonderheit situativer Bedingungen der wiss.-technisch Handelnden gegen Ansprüche eth. Beurteilung aus überzeitlichen Sollensforderungen und Wertmaßstäben ins Spiel bringt. Die auch für sie unabdingbaren Verallgemeinerungen führen dann i. d. R. zu einer *Kasuistik* (so u. a. bei JOSEPH FLETSCHER), deren Typisierung von Situationen indes nach Gesichtspunkten erfolgt, welche – unausgewiesene – allg. eth. Grundsätze von abgewiesenem Allgemeinheitstypus implizieren; oder es wird für situationsbedingte eth. Entscheidungen die Frage nach *Graden der Universalisierbarkeit* ihrer impliziten Normen gestellt (vgl. J. L. MACKIE), bei deren Beantwortung aber ebenfalls sehr allg. eth. Grundsätze vorausgesetzt sind.

So bleibt für eine W. im strengen Sinne die Notwendigkeit weitergeführter prinzipientheoretischer Begründungsreflexion auch und gerade dort bestehen, wo diese zwar begonnen, aber offenkundig um ihrer angestrebten Konkretion willen abgebrochen wird. Auch kann erst in einer derartigen Reflexion die bewußte Auseinandersetzung mit der eth. Tradition aufgenommen und darüber entschieden werden, in welchem Sinne die W. eine „neue" Ethik sein kann und sein muß: ob hergebrachte Grundprinzipien der Ethik, seien sie theol. und/oder philosophischer Provenienz, mit ihren impliziten sachhaltigen – sei es metaphysischen, sei es anthropologischen – Voraussetzungen ausreichen, die durch die moderne Wissenschaft und Technik notwendig gewordenen konkreten wissenschaftseth. Normen zu begründen; oder ob die W. neuer Begründungsfundamente gegenüber der eth. Tradition und eventuell auch neuer oder modifizierter sachhaltiger Grundvoraussetzungen – zur Freiheit des Menschen, zur Autonomie der praktischen Vernunft, zum Schöpfungsglauben und zum göttlichen Auftrag des Menschen für seinesgleichen und seine Welt – bedarf und sie somit auch für die traditionelle Ethik zu einer fruchtbaren Herausforderung werden kann, ihre Grundlagen neu zu überdenken.

M. WEBER, Gesammelte Aufsätze zur Wissenschaftslehre 1922 – J. FLETSCHER, Moral ohne Normen 1967 (Orig. engl. Situation Ethics. The New Morality 1966) – R. INGARDEN, Über die Verantwortung 1970 – Technokratie als Ideologie, H. LENK (ed.) 1973 – Forschung im Konflikt mit Recht und Ethik, A. ESER, F. K. SCHUHMANN (ed.) 1976 – Überleben und Ethik, G. K. KALTENBRUNNER (ed.) 1976 – H. JONAS, Das Prinzip Verantwortung. Versuch einer Ethik für die technische Zivilisation 1979 – J. L. MACKIE, Ethik 1981 – H. BIESENBACH, Zur Logik der moralischen Interpretation 1982 – Ethik der Wissenschaften, H. LENK, H. J. STAUDINGER, E. STRÖKER (edd.), 9 Bände 1984 ff. (Lit.) – O. P. OBERMEIER, Wissenschaft als Chance zur Verantwortung, AZP 9/1 (1984) 31 – 56 – E. STRÖKER, Ich und die anderen. Zur Frage der Mitverantwortung 1984 – Verantwortung und Ethik der Wissenschaft, Max Planck Gesellschaft (ed.) 1984 – E. STRÖKER, Inwiefern fordern Wissenschaft und Technik die philosophische Ethik heraus. Man and World 2 (1986) 212 – 239.

Elisabeth Ströker

Wissenschaftsfreiheit. I. Begriff. A. Allgemeines. W. wird durch Art. 5 III GG – wie schon durch Art. 142 WV – zusammen mit der Freiheit der →Kunst gewährleistet. Die jur. Handhabung der Garantie der W. wird durch ähnl. Definitionsschwierigkeiten erschwert wie die der Garantie der Kunstfreiheit. In den Methodenproblemen spiegeln sich Probleme der Bestimmung des gesellschaftl. Standorts von Kunst und Wissenschaft (Wiss.) wider. Die Hochschulrechtstheorie der westdt. Wiederaufbauperiode nahm für das corpus academicum gern das Recht der *Selbstinterpretation* des rechtl. garantierten Wiss.begriffs in Anspruch (KÖTTGEN 1954; 1959 abgeschwächt: Kooperation staatl. G.gebung und Verwaltung mit den Institutionen der Wiss., „Instrumentalisierungs"-Verbot). Dabei knüpfte sie an den Deutungsansatz an, den SMEND 1927 entwickelt hatte. Daß dessen neuhumanist. Vorgaben wiss.theoretisch und hochschulpolit. kaum noch einlösbar waren, wurde indes immer deutlicher empfunden. Endgültig wurde dies durch die studentische Protestbewegung der sechziger Jahre an den Tag gebracht. Gleichwohl reklamierten auch Verfechter einer Neuorientierung ein Interpretationsmonopol: Der unbestimmte Rechtsbegriff Wiss. könne nur durch die wiss. Instanzen selbst ausgelegt werden; jedenfalls verbiete er, daß der fortlaufende Prozeß der *„Selbstdefinition"* der Wiss. durch eine *abschließende* Definition beendet werde (HAUCK/LÜTHJE). Solche polit. positionale, gesellschaftl. folgenreiche Selbstherrschaft wurde teils für beteiligte Einzelpersonen (auch Studenten), teils für gruppenspezifisch, zB drittelparitätisch verfaßte Organisationseinheiten in Anspruch genommen. Sie sollte in gesellschaftl. Untersystemen verankert werden, durch welche der Wiss.prozeß vor äußeren Zugriffen abgeschirmt werden sollte; zugleich sollten innere Beharrungsinteressen zurückgedrängt werden. Die zeitgenössische Reformidee der *„Gruppenuniversität"* knüpfte an das Konzept der „idealen Sprechsituation" nach HABERMAS an. Sie beruhte auf dem Versuch, entspr. diskurs-ethische Postulate in Schemata paritätischer interner Interessenvertretung umzusetzen.

Diese Reformidee stieß nun auf vielerlei Widerstände und Hemmnisse. Im weiteren stellte sich heraus, daß auch hierbei dysfunktionale Verkürzungen, Introvertiertheiten, innere Stillstände und Vermachtungen zu gewärtigen waren. Demgegenüber wurde jetzt betont, Wiss. und Universität müßten durch die Art ihrer Verfassung veranlaßt werden, sich an *externen*, insb. auch langfristigen *gesellschaftl.* Bedürfnissen zu orientieren; entspr. Rückkoppelungen zu gewährleisten sei Sache des *Staates* (KÜBLER). Dabei wurde freilich nach wie vor auch das *instrumentalistische* Potential staatl. Einwirkung gesehen, ebenso wie es als inneres Gruppenpotential gesehen wurde. Daraus ergab sich ein Herrschaftsdilemma, welchem KÜBLER wie folgt begegnen wollte: Zu konstituieren sei eine *Wissenschaftsverantwortung* auf dem Boden von *Professionalität, Kollegialität* und →*Autonomie*, wobei auch die angemessene Zuordnung des szientifisch-ständischen Elements zu seinem gesellschaftl. Gegenüber zum Thema werden müsse. Den Risiken partikularistisch-zunftmäßiger Verhärtung und Abkapselung sei mittels einer Präzisierung des Autonomiebegriffs vorzubeugen. Unter Rückgriff auf rundfunkrechtl. Analogien der →Selbstverwaltung schlug KÜBLER eine Organisationsstruktur vor, in die auch die – wie auch immer unscharfen und verzerrten – Indikatoren externen Empfängerinteresses einzubeziehen wären (hier: via Staatsrepräsentation). Zwischen dem gesellschaftl. und dem professionellen Element müsse es ein Zuordnungsverhältnis geben, in dem auch ein Konfliktmoment Raum finde. Es müsse eine Aufteilung und Verzahnung der Kompetenzen Platz greifen, welche eine *relative Autonomie* bewirke und keiner Seite die unkontrollierte Disposition überlasse.

Diese weiterführenden, auf eine funktionsgerechte und dauerhafte Reform abzielenden Gedankengänge kehren im heutigen Hochschulrecht (→Hochschule) z. T. wieder. Die neuere, wesentl. durch die →*Verfassungsgerichtsbarkeit* geprägte G.gebung geht von folg. Voraussetzungen aus: Es bedarf eines *Normenrahmens,* welcher nicht ohne oder gegen den *Staat* zustande kommen kann; andererseits muß es in ihm Spielräume für funktionsspezifische *Selbst- und Mitbestimmung* der unmittelbar Beteiligten geben. Der Verf.begriff der W. steht für diese Personen nicht zur beliebigen (individuellen oder kollektiven) Disposition. Er fällt aber auch nicht in die unbeschränkte Definitionskompetenz der staatl. G.geber, Behörden, Gerichte. Vielmehr bedarf es einer wiss. adäquaten mittleren Lösung i. S. eines komplexen Netzwerks status- und organisationsrechtl. Regelungen. Dadurch müssen auch Chancen und Freiräumte für die Herausbildung und fortlaufende Regeneration innerwiss. Regeln und Standards eröffnet werden. – Ein wiss.theoretisch abgesicherter übergreifender neuer wiss.rechtlicher Autonomiegedanke läßt freilich noch auf sich warten. In dieser Grundfrage der W. waltet als Ergebnis langjähriger Auseinandersetzungen gegenwärtige Ermüdung vor. Das bezeugt sich in anhaltenden, eher aporetischen Betrachtungen über „Definition“ und „Definitionsverbot“ (BAUER, 25 ff.), begleitet von handfesten äußeren Inpflichtnahmen und von zahlreichen freiwillig eingegangenen Sonderbindungen. Externer Interessen- und Meinungspluralismus setzt sich in diesen und jenen Wiss.pluralismus um und führt zu problematischen Fremd- bzw. Eigendefinitionen, wie sie etwa unter dem Stichwort „Tendenzuniversität“ diskutiert werden. Ungeklärt erscheint auch die Lage der W. in den nichtstaatl. Hochschulen sowie in der hochschulexternen staatl. und privaten Grundlagen- und Zweckforschung.

B. Erhebl. Bedeutung kommt insoweit dem **Urt. des BVerfG vom 29. Mai 1973** über die Verf.mäßigkeit des VorschaltG für ein Nds. Gesamthochschul G vom 26. Oktober 1971 (BVerfGE 35, 79 ff.) zu.

1. In diesem Urt. steht zunächst die *individualrechtl.* Deutung des Art. 5 III als eines *Freiheitsrechts* im Vordergrund: Das Grundrecht stehe jedem zu, der in Wiss., Forsch. und Lehre tätig sei oder tätig werden wolle. Es sei ein Recht auf Abwehr jeder staatl. Einwirkung auf den Prozeß der Gewinnung und Vermittlung wiss. Erkenntnisse. Es gewähre dem Wissenschaftler einen *„Freiraum“,* in den v. a. die auf wiss. Eigengesetzlichkeit beruhenden Prozesse, Verhaltensweisen und Entscheidungen bei dem Auffinden von Erkenntnissen, ihrer Deutung und Weitergabe fielen. Damit sich Forsch. und Lehre ungehindert an dem Bemühen um Wahrheit ausrichten könnten, sei die Wiss. zu einem von staatl. „Fremdbestimmung“ freien Bereich persönl. und autonomer Verantwortung des einzelnen Wissenschaftlers erklärt worden. Art. 5 III schütze nicht nur „eine bestimmte Auffassung von der Wiss. oder eine bestimmte Wiss.theorie“. Seine Garantie erstrecke sich auf *jede* wissenschaftl. Tätigkeit, d. h. „auf alles, was nach Inhalt und Form als ernsthaft planmäßiger Versuch zur Ermittlung der Wahrheit anzusehen“ sei. Das folge aus der *„prinzipiellen Unabgeschlossenheit“* jeder wiss. Erkenntnis. Dabei bringe „Wiss.“ in Art. 5 III als gemeinsamer Oberbegriff von *„Forsch. und Lehre“* deren engen Bezug zum Ausdruck: Forsch. sei die notwendige Voraussetzung, um den Charakter der Lehre als der wiss. fundierten Übermittlung der durch die Forsch. gewonnenen Erkenntnisse zu gewährleisten. Andererseits befruchte das in der Lehre stattfindende wiss. Gespräch wieder die Forsch.arbeit. Unter *Forsch.* versteht das Urt. „insbes. die Fragestellung und die Grundsätze der Methodik sowie die Bewertung des Forsch.ergebnisses und seine Verbreitung“. Die Freiheit der *Lehre* umfasse „insbes. deren Inhalt, den methodischen Ansatz und das Recht auf Äußerung von wiss. Lehrmeinungen“.

2. Bis hierher scheint das Urt. teils klassischem Grundrechtsdenken (→Grundrechte; →Liberalismus), teils dem älteren Universitätsidealismus verpflichtet. Das BVerfG sucht diesen Ansatz nun mit dem *Sozialstaatsgrundsatz* (→Sozialstaat) und mit einem gruppenspezifisch verlängerten *Partizipationsgedanken* (→Partizipation) zum Ausgleich zu bringen. Das Urt. geht dabei von der Schlüsselfunktion aus, die einer freien Wiss. für die Selbstverwirklichung des einzelnen und für die gesamtgesellschaft. Entwicklung zukomme. Von da aus gelangt es zu der Feststellung, Art. 5 III enthalte auch eine „objektive Wertentscheidung“, er sei eine das Verhältnis der Wiss. zum Staat regelnde Grundsatznorm. Er schließe das Einstehen des Staats, der sich als *Kulturstaat* verstehe, für die Idee einer freien Wiss. und seine Mitwirkung an ihrer Verwirklichung ein und verpflichte den Staat, einer Aushöhlung der Freiheitsgarantie *schützend* und *fördernd* vorzubeugen. Ohne eine geeignete Organisation und ohne entsprechende finanzielle Mittel – über die im wesentl. nur noch der Staat verfüge – könne in weiten Bereichen eine unabhängige Forsch. und wiss. Lehre nicht mehr betrieben werden. Deshalb habe der Staat durch Bereitstellung von personellen, finanziellen und organisator. Mitteln die Pflege und Vermittlung der freien Wiss. zu ermöglichen. Er habe funktionsfähige Institutionen für einen freien Wiss.betrieb zur Verfügung zu stellen. Die Ausübung der Grundfreiheiten aus Art. 5 III sei hier notwendig mit einer *Teilhabe an staatl. Leistungen* verbunden. Die Beteiligung am öffentl. Leistungsangebot werde zunehmend zur Voraussetzung der Freiheitsausübung. Darum verstärke die Wertentscheidung des Art. 5 III die Geltungskraft des Freiheitsrechts in der Richtung auf *Teilhabeberechtigungen.*

Die W. wird hier unter Beibehaltung eines liberalen Ausgangspunkts ansatzweise zu einem kulturstaatl.-*sozialen Grundrecht* weiterentwikkelt. Dabei hat das BVerfG hauptsächl. die *Hochschullehrer* im Auge. (Es versteht darunter diejenigen, die „aufgrund der Habilitation oder eines sonstigen Qualifikationsbeweises" mit der selbständigen Vertretung eines wiss. Fachs in Forsch. und Lehre betraut sind.) Es erstreckt das Recht aus Art. 5 III aber auch auf die *Studenten,* solange und soweit diese „an der Forsch. und wiss. Lehre teilnehmen", ferner – in bezug auf ihre „wiss. Tätigkeit" – auch auf die *wiss. Mitarbeiter,* nicht jedoch auf die nichtwiss. Bediensteten. Innerhalb jeder der ersteren drei Funktionsgruppen und im Verhältnis einzelner Angehöriger jeweils verschiedener Gruppen sowie der Gruppen als ganzer untereinander entstehen daraufhin grundrechtsrelevante Abgrenzungs- und Zuordnungsprobleme. Das ist einer der Einsatzpunkte der staatl. Pflegefunktion als Synthesefunktion: Es bedarf einer *„wissenschaftsgerechten"* inneren Hochschulverf. Das Gericht widmet sich diesem Fragenkreis auf dem Boden des – von den beschwerdeführenden Hochschullehrern vertretenen – individualrechtlich akzentuierten *„Umhegungs"*-Postulats. Es entnimmt aus Art. 5 III eine Pflicht des Staats, im Bereich des mit öffentl. Mitteln eingerichteten und unterhaltenen Wiss.betriebs dafür zu sorgen, daß die W. so weit unangetastet bleibe, wie das unter Berücksichtigung der Grundrechte der verschiedenen Beteiligten und der „legitimen" Aufgaben der Einrichtungen möglich sei. Daraus ergebe sich, daß im Bereich der Teilhabe am öffentl. Wiss.betrieb jedenfalls der Kernbereich wiss. Betätigung (oben 1) grds. der Selbstbestimmung des einzelnen Grundrechtsinhabers vorbehalten bleiben müsse. Dem einzelnen erwachse aus Art. 5 III ein Recht auf solche staatl. Maßnahmen auch organisator. Art, die zum Schutz seines grundrechtl.gesicherten Freiheitsraumes unerläßl. seien, weil sie ihm freie wiss. Betätigung überhaupt erst ermöglichten. Im übrigen bleibe dem G.geber ein breiter Raum zur Verwirklichung seiner hochschulpolit. Auffassungen.

3. Das BVerfG erkennt dem G.geber hinsichtl. *„allg. Verwaltungsangelegenheiten"* der Hochschule einen größeren Gestaltungsspielraum zu als hinsichtl. *„wissenschaftsrelevanter",* d. h. Forsch. und Lehre „unmittelbar berührender" Angelegenheiten (u. a. Forsch.- und Lehrangebotsplanung und -koordinierung, organisator., insbes. haushaltsmäßige Betreuung von Forsch.vorhaben und Lehrveranstaltungen, Errichtung und Einsatz wiss. Einrichtungen und Arbeitsgruppen, Festlegung und Durchführung von Studien- und Prüfungsordnungen, Personalangelegenheiten der Hochschullehrer und wiss. Mitarbeiter). Für letzteren Bereich fordert das Gericht „das irgend erreichbare Maß" individueller Forsch.- und Lehrfreiheit. Andererseits stellt es ein studentisches und dahinter ein extern-gesellschaftl. Interesse an Bildungs- und Ausbildungsleistungen der Hochschule in Rechnung und geht davon aus, daß Forsch.- und Ausbildungstätigkeit einander durchdringen sollten. Daraus resultiert als verf.rechtl. Richtpunkt: Organisationsnormen müßten den Hochschulangehörigen, insbes. den Hochschullehrern, einen möglichst breiten Raum für freie wiss. Betätigung sichern; andererseits müßten sie die Funktionsfähigkeit der Hochschule und ihrer Organe gewährleisten.

4. Von hier aus wendet sich das BVerfG dem in den neuen HochschulG.en dominierenden Modell der *„Gruppenuniversität"* zu, d. h. einem Modell, nach dem die Hochschulangehörigen in Funktionsgruppen gegliedert werden; den von den Gruppen gewählten Vertretern werden Stimmrechte in den kollegialen Beschlußorganen der Selbstverwaltung zugeteilt. Dieses Modell wird dem der *„Ordinarienuniversität"* gegenübergestellt; nach letzterem habe die W. als ein Recht „zur gesamten Hand aller Hochschullehrer" eine Art gesamthänderischer Verfügungsmacht über den Freiheitsstatus der übrigen Hochschulmitglieder begründen sollen. Das Gericht verwirft die entspr. verf.rechtl. Herleitungen und erklärt das Modell der „Gruppenuniversität" als solches für mit Art. 5 III vereinbar. Jedoch müsse der Staat, wenn er es wähle, der *„herausgehobenen Stellung"* der *Hochschullehrer* Rechnung tragen. Anhand von Differenzierungsgesichtspunkten wie *Qualifikation, Funktion, Verantwortung, Betroffenheit, Zugehörigkeitsdauer* gelangt das Urt. hinsichtl. „wiss. relevanter" Angelegenheiten zu folgenden Grundsätzen: Die Gruppe der Hochschullehrer müsse homogen, d. h. nach Unterscheidungsmerkmalen zusammengesetzt sein, die sie gegen andere Gruppen eindeutig abgrenzten. Bei Entscheidungen, welche unmittelbar die *Lehre* beträfen, müsse der Gruppe der Hochschullehrer der ihrer besonderen Stellung entspr. „maßgebende" Einfluß verbleiben; diesem Erfordernis werde genügt, wenn die Gruppe über die Hälfte der Stimmen verfüge. Bei Entscheidungen, welche unmittelbar Fragen der *Forsch.* oder die Berufung der Hochschullehrer beträfen, müsse dieser Gruppe ein weitergehender, „ausschlaggebender" Einfluß vorbehalten bleiben. Bei allen Entscheidungen über Fragen von Forsch. und Lehre sei eine undifferenzierte Beteiligung der Gruppe der nichtwiss. Bediensteten auszuschließen. – An diesen Festlegungen hat sich die G.gebung weithin orientiert (→Hochschule). Zu einzelnen Zweifelsfragen sind seither eine Reihe konkretisierender Entscheidungen ergangen.

II. W. und Verfassungstreue. Die Freiheit der Lehre entbindet nicht von der Treue zur Verf. (Art. 5 III S. 2 GG). Hinsichtl. der Schranken der W. gilt Entsprechendes wie hinsichtl. der Schranken der Freiheit der →Kunst. Die Treueklausel des S. 2 enthält nach h. L. keine zusätzl. Schranke. Sie hat eine „Warnungsfunktion" (KNEMEYER): Sie unterstreicht, daß der Schutz der W. entfällt, wo es sich nicht um wiss. Lehre, sondern um schlichte Meinungsäußerung (Art. 5 I S. 1 GG) handelt. Diese Abgrenzung erweist sich heute aus den oben (I A) berührten Gründen als schwierig. Sie gehört jedoch zu den Voraussetzungen des Fortbestands von W. – Ist der Tatbestand „Wiss." gegeben, dann treten auch dienstrechtl. Treuebindungen (s. a. Beamtenrecht) zurück.

R. SMEND, VVDStRL 4 (1928) 44–74; auch in: DERS., Staatsrechtl. Abh., 1968², 89–118 – A. KÖTTGEN, in: Die Grundrechte II, F. NEUMANN, H. C. NIPPERDEY, U. SCHEUNER (edd.), 1954, 291–329 (Lit.) – DERS., Das Grundrecht der dt. Universität, 1959 – W. THIEME, Dt. Hochschulrecht, 1956 – H. GERBER, Das Recht der wiss. Hochschulen in der jüngsten Rechtsentwicklung, 1965 (Lit.) – J. HABERMAS, Protestbewegung und Hochschulreform, 1970³ – F. L. KNEMEYER, Lehrfreiheit, 1969 – P. HAUCK, J. LÜTHJE, W. durch Mitbestimmung, 1970 – F. KÜBLER, Kommunikation u. Verantwortung, 1973 – K. HAILBRONNER, Die Freiheit der Forsch. u. Lehre als Funktionsgrundrecht, 1979 – T. BAUER, W. in Lehre und Studium, 1980 – A. BLANKENAGEL, AöR 105 (1980) 35–78 – D. LORENZ, JZ 36 (1981) 113–119 – Handbuch des Wiss.rechts, C. FLÄMIG u. a. (ed.), 1982 (Lit.) – J. PIETZCKER, Zeitschr. f. d. gesamte Handelsrecht u. Wirtschaftsrecht 146 (1982) 393–409 – H. ULLRICH, ebd. 410–444 – M. UECHTRITZ, „Kooperationsverträge" zwischen Hochschulen u. gesellschaftl. Verbänden, 1983 – H. J. FALLER, in: Festschrift für Erwin Stein, H. AVENARIUS u. a. (ed.), 1983, 25–49 (Lit.) – H. H. RUPP, Wissenschaftsrecht 17 (1984) 1–15 – A. WEBER, in: Festschrift für Hans Joachim Faller, W. ZEIDLER, T. MAUNZ, G. ROELLECKE (edd.), 1984, 287–304 (Lit.) – J. BLUM, D. KAUFMANN, Wissenschaftsrecht 18 (1985) 1–40.

Martin Stock

III. A. Wissenschaftsfreiheit und Lehrbindung der ev.-theol. Hochschullehrer. 1. Wissenschaftsfreiheit und konfessionell gebundenes Staatsamt. Die Theologie an der Universität hat an der allg. W. des Art. 5 III GG Anteil. Dies gilt unabhängig vom Streit um den Wissenschaftscharakter der Theol., der sich immer wieder an der Frage ihrer Bekenntnisbindung entzündet (→Bekenntnis; →Lehrfreiheit). Denn das →GG verknüpft die Freiheit von Forschung und Lehre nicht mit einem bestimmten Wissenschaftsbegriff. Deshalb kann der Anspruch auf W. so wenig wie die Zugehörigkeit zur Universität als solche von bestimmten wissenschaftstheoretischen Prämissen (etwa derjenigen der „Voraussetzungslosigkeit") abhängig gemacht werden. Vielmehr geht das GG von einem „offenen" Wissenschaftsbegriff aus, der sich auf elementare Bestimmungen wiss. Intersubjektivität und Öffentlichkeit beschränkt. Infolgedessen steht den ev.-theol. Hochschullehrern an staatl. Universitäten und Hochschulen die W. in demselben Maß und in denselben Grenzen zu wie den Vertretern anderer Disziplinen. Für die ev.-theol. Hochschullehrer an kirchl. →Hochschulen gilt zwar Art. 5 III GG nicht; dennoch steht auch ihnen W. zu, insofern die ev. Kirche aufgrund eigenen Verständnisses und eigenen Rechts die Freiheit der Theol. wünscht und gewährleistet. Zur grds. W. des theol. Hochschullehrers steht nicht im Widerspruch, daß es sich bei seinem Amt um ein konfessionell gebundenes Staatsamt handelt. Dieser sein Charakter ergibt sich aus dem Gegenstand der Theol. ebenso wie aus der Ausbildungsaufgabe der theol. Fakultäten. Deshalb schließt die verfassungs- und vertragsrechtl. Bestandsgarantie der theol. Fakultäten (→Vertragsstaatskirchenrecht) ihren konfessionellen Charakter und ihre konfessionelle Bindung ein. Diese näher zu bestimmen gehört in den Bereich des Selbstbestimmungsrechts der Kirchen. Im Rahmen dieses Selbstbestimmungsrechts (→Kirche und Staat) ist eine ökumenische Öffnung der theol. Fakultäten nicht ausgeschlossen.

2. Lehrfreiheit und Lehrbindung der Theologie (→Lehrfreiheit). Spezifische Probleme folgen aus der bereits angedeuteten Doppelstellung der ev.-theol. Fakultäten. Aus dem staatl. Kulturauftrag ergibt sich, daß Theol. ihren Ort an den staatl. Universitäten hat. In ihrer Verantwortung für kirchl. Lehre und für die Ausbildung künftiger Geistlicher ist die Theol. eine Funktion der Kirche. In dieser ihrer kirchl. Funktion sind die Momente der Bindung und der Freiheit miteinander verknüpft. Um ihrer kirchl. Aufgabe willen ist die Theol. an →Bekenntnis und Auftrag der Kirche gebunden; der Frage nach der Schriftgemäßheit ihrer Aussagen kann und darf sie sich nicht entziehen. Doch die Kirche selbst bedarf einer kritischen und deshalb freien theol. Forschung und Lehre. Diese Verknüpfung von Bindung und Freiheit bestimmt die kirchl. Stellung der theol. Fakultäten seit der Reformation. Bereits LUTHER beruft sich zur Legitimation seines Eintretens für die Erneuerung der kirchl. Lehre auf sein Universitätsamt. Mit der →Reformation wachsen den Fakultäten in verstärktem Maß unmittelbare kirchl. Funktionen zu: die Ausbildung und Prüfung der Kandidaten für das geistl. Amt, ggf. ihre Ordination, die Entscheidung von Lehrstreitigkeiten usf. Seit der

Reformation ist die theol. Fakultät *membrum ecclesiae*. Sie ist nicht etwa Objekt kirchl. Lehrverantwortung, sondern nimmt selbst an dieser Lehrverantwortung teil. Doch sie kann auf der anderen Seite diese Lehrverantwortung nicht exklusiv für sich in Anspruch nehmen, sondern teilt sie mit anderen kirchenleitenden Instanzen, in entsprechender Weise auch mit den Gemeinden, die nach reformatorischer Auffassung „Recht und Macht" haben, „alle Lehre zu urteilen" (LUTHER 1523). Die kirchl. Stellung der theol. Fakultäten und Hochschullehrer hängt insofern unmittelbar mit der für den →Protestantismus kennzeichnenden pluralen Struktur kirchl. Lehrverantwortung (→Pluralismus II) zusammen. In ihr drückt sich die Einsicht in die Fehlbarkeit aller menschlichen, damit auch aller kirchl. Instanzen aus. Deshalb verbietet sich in ev. Verständnis die Vorstellung, daß einer bestimmten kirchlichen Instanz die alleinige Letztverantwortung für die rechte Lehre zukäme. Im Prozeß kirchl. Lehrbildung haben deshalb konsensorientierte den Vorrang vor dezisiven Verfahren.

Daß in ev. Verständnis das Verhältnis von theol. Fakultät und →Kirchenleitung auf Kooperation und Koordination angelegt ist, hat sich auch in der Ausgestaltung des Rechts der theol. Fakultäten niedergeschlagen. Seit dem 18. Jh. bahnt sich allmähl. eine Verselbständigung der kirchenleitenden Befugnisse der ev. Kirchenbehörden an. Damit gewinnen sie eigenständige, doch durchweg nur konsultative Funktionen in Angelegenheiten der ev.-theol. Fakultäten. Zunächst für →Preußen (durch die Kabinettsordre FRIEDRICH WILHELMS IV. von 1855) wird der obersten Kirchenbehörde das Recht eingeräumt, vor der Besetzung von Professorenstellen ein Gutachten zu Bekenntnis und Lehre des zu Berufenden abzugeben. Daß der Staat sich in bes. Fall über diese konsultative Äußerung hinwegsetzen kann, wurde bei der Berufung ADOLF HARNACKS nach Berlin im Jahre 1888 offenkundig. Die so gefundene rechtl. Struktur wurde nach dem Ende des →landesherrl. Kirchenregiments durch die ev. Kirchenverträge der Weimarer Zeit und erneut nach 1949 für den Bereich der Bundesrepublik durchgängig verbindlich. Die Differenz zwischen dem konsultativen Votum der ev. Kirchenleitung und dem dezisiven Votum des kath. Bischofs (nihil obstat) ist charakteristisch für die unterschiedliche Rechtsstellung ev. und kath. theol. Fakultäten.

Mit demselben Grundsatz der Koordination und Kooperation zwischen Kirchenleitung und wiss. Theol. hängt es zusammen, daß die seit Beginn des 20. Jh. (preuß. Lehrbeanstandungsgesetz von 1910) in den ev. Kirchen eingeführten Lehrbeanstandungsordnungen nicht auf die theol. Hochschullehrer ausgedehnt wurden (→Lehrbeanstandungsverfahren). Die Absicht, Vertreter der wiss. Theol. an Lehrbeanstandungsverfahren zu beteiligen, genießt durchgängig den Vorrang vor der Absicht, sie solchen Verfahren zu unterwerfen. Kirchl. Maßnahmen gegenüber einem Lehrer der Theol. können sich ggf. also ausschließl. auf seine Rechte aus der Ordination sowie auf spezifisch kirchl. Mitwirkungsrechte, insbes. die Mitwirkung an Prüfungen und kirchl. Gremien beziehen. Seine Funktionen in Forschung und Lehre bleiben davon unberührt. Ein rechtlich geordnetes nachträgliches Beanstandungsverfahren gegenüber Hochschullehrern der ev. Theologie existiert nicht.

3. Folgerungen für die Rechtsstellung der theol. Hochschullehrer. Die Mitwirkung der Kirchenleitungen bei Berufungsverfahren durch konsultatives Votum, wie sie das neuere Vertragskirchenrecht in der Sache übereinstimmend enthält, kann also als ein adäquater Ausdruck des ev. Verständnisses von der gemeinsamen Verantwortung der Kirche im Ganzen, deshalb auch der gemeinsamen Verantwortung von Kirchenleitung und theol. Fakultät, für die kirchl. Lehre angesehen werden. Sie schließt die Möglichkeit ein, daß Kirchenleitungen und Fakultäten sich, unabhängig von der staatskirchenrechtl. Regelung, über anstehende Berufungen im Vorweg unmittelbar ins Benehmen setzen. Die in einer langen Entwicklung gefundene Lösung enthält gerade nicht ein glattes, aber, wie die Erfahrung zeigt, durchaus praktikables Verfahren. In ihm drückt sich die Einsicht aus, daß es in der ev. Kirche im Fall des Konflikts zwischen Lehrfreiheit und Lehrbindung gerade keine einfachen Lösungen geben kann. Würde man den Kirchenleitungen ein dezisives Votum nach dem Beispiel der kath.-theol. Fakultäten zuerkennen, so würde dies unweigerlich die kirchenrechtl. Rückwirkung nach sich ziehen, daß den Kirchenleitungen die alleinige Letztverantwortung für die rechte Lehre zuerkannt würde.

Eine Veränderung der Rechtsstellung ev.-theol. Hochschullehrer wird (u. a. von SOLTE, CAMPENHAUSEN und HECKEL) mit der Begründung vorgeschlagen, das geltende Recht bilde ein Relikt aus der Zeit des landesherrl. Kirchenregiments. Die geltende Regelung räume dem Staat eine eigene Entscheidungskompetenz in einer Frage der kirchl. Lehre ein und habe insofern den Schritt zum religionsneutralen Staat (→Neutralität II) noch nicht vollzogen. Dieser Schritt läge in der Einführung des dezisiven Votums, ggf. auch eines nachträgl. Beanstandungsrechts, auch für den Bereich der ev.-theol. Fakultäten. Doch dieser Vorschlag legt die Letztentscheidung über Fragen der theol. Eignung ausschließl. in die Hand der Kirchenleitungen; er relativiert damit die Verantwortung der theol. Fakultäten in Fragen der theol. Eignung wie der kirchl. Lehre. Seine Verwirklichung würde eben jene Verknüpfung von Lehrfreiheit und Lehrbindung in Gefahr bringen, die für ev. Theologie in Geschichte und Gegenwart charakteristisch ist.

A. STEIN, Probleme ev. Lehrbeanstandung, 1967 – E.-L. SOLTE, Theologie an der Universität, 1971 – DERS., in: TRE X1982, 788 ff. – G. SAUTER (Hg.), Theologie als Wissenschaft, 1971 – DERS. u. a., Wissenschaftstheor. Kritik der Theologie, 1973 – R. WETH, CHR. GESTRICH, E.-L. SOLTE, Theologie an staatl. Universitäten?, 1972 – W. PANNENBERG, Wissenschaftstheorie und Theologie, 1973 – W. HUBER, Kirche und Öffentlichkeit, 1973 – DERS., Ev. Theol. 40 (1980) 517 ff. – W. WEBER, in: HdbStKirchR, E. FRIESENHAHN, U. SCHEUNER (edd.), II1975, 569 ff. – D. LORENZ, Wissenschaftsfreiheit zwischen Kirche und Staat, 1976 – J. BAUR, Einsicht und Glaube, 1978 – J. MÜLLER-VOLBEHR, ZevKR 24 (1979) 1 ff. – K. SCHLAICH, Das Recht der Lehrfreiheit und Lehrbeanstandung in der Kirche, in: M. BRECHT, R. SCHWARZ (edd.), Bekenntnis und Einheit der Kirche, 1980, 491 ff. – A. v. CAMPENHAUSEN, Theol. Fakultät und Landeskirche, in: Festschrift W. Hofmann 1981, 164 ff. – DERS., in: Hdb. des Wissenschaftsrechts II1982, 1018 ff. – Theologie an der Universität (Essener Gespräche zum Thema Staat und Kirche 16), 1982 – M. HECKEL, Die theol. Fakultäten zwischen Trennungsprinzip und Freiheitsgarantie, in: Festschrift für Otto Bachof, 1984, 29 ff. – DERS., Die theol. Fakultäten im weltl. Verfassungsstaat, 1986 – Was gilt in der Kirche? Die Verantwortung für Verkündigung und verbindliche Lehre in der Evangelischen Kirche. Ein Votum des Theol. Ausschusses der Arnoldshainer Konferenz, 1985.

Wolfgang Huber

B. Wissenschaftsfreiheit und Lehrbindung der kath.-theol. Hochschullehrer. W. bezeichnet das Recht, insbes. des Hochschullehrers, frei von unangemessenen Schranken sich der Erforschung der Wahrheit zu widmen und die gewonnenen wiss. Ergebnisse in Wort und Schrift der Öffentlichkeit mitzuteilen. Die Lehrbindung der kath.-theol. Hochschullehrer wird in der kath. Theol. als integrierendes Moment der Bindung an den Glauben verstanden. Die geschichtl. Formen der Lehrbindung sind variabel, die Gesch. konfliktreich.

1. Wissenschaftstheoretische Voraussetzungen. Kath. Theol. geht davon aus, daß es voraussetzungslose Wissenschaft nicht gibt. Sie existiert nur in einer Pluralität von Wissenschaften, die jeweils ein Vorverständnis ihres Gegenstandsbereiches implizieren, mit unterschiedl. Methoden zu Aussagen kommen, die Wahrheitsgeltung beanspruchen, untereinander kohärent und von den Voraussetzungen her nachprüfbar sind. Wissenschaft setzt eine Kommunikationsgemeinschaft voraus, deren Regelsystem Wissenschaft grundsätzl. ermöglicht, faktisch fördern bzw. beeinträchtigen kann.

Gegenstand der Theol. ist Gott, ferner die Geschöpfe, insofern sie Gott als Ursprung und Ziel haben (vgl. THOMAS V. AQUIN, S. Th. I, 1,3). Theol. handelt damit von Grund und Sinn der Wirklichkeit, die die übrigen Wissenschaften voraussetzen. Erschlossen ist die Sache der Theol. durch die Offenbarung in Jesus Christus. Die Bindung an die Offenbarung, gegeben im Zeugnis der Kirche durch Wort und Schrift, gehört zum Wesen von Theol. Die primäre Kommunikationsgemeinschaft, welche Theol. voraussetzt, ist die →Kirche.

2. Neutestamentliche Grundlagen. Die nt. Schriften zeichnen auch in ihren späten Schichten keine Kompetenzabgrenzungen zwischen Episkopoi und Didaskaloi. Es finden sich aber Grundlagen der Differenzierung von Verkündigung und theol. Reflexion wie des Traditionsbegriffes, in dessen Rahmen das Verhältnis von bischöflichem →Lehramt und theol. Lehren gehört.

Das vollmächtige Lehren Jesu (Mt 5,21 – 48), unterschieden vom Lehren der Rabbinen, gründet in seiner Sohnesbeziehung zum Vater (Mt 11,27; Joh 5,24). Leiden, Kreuz und Erhöhung Jesu Christi als Vollendung dieser Beziehung (Röm 1,3 f; Phil 2,6 – 11; Joh 19,30), Gericht und Sühne für die Sünder werden offenbar in der Verkündigung der „vorherbestellten Zeugen" (Apg 10,41) und gewinnen im Glauben der Kirche Gestalt (Joh 16,7 – 11; Eph 4,11 – 13; 1 Kor 12,27). Die Kirche hat das „Wort" zu wahren und weiterzugeben. Dieser Dienst trägt unterschiedl. Formen: Das maßgebl. apostol. Zeugnis wird abgehoben vom Dienst der Evangelisten an Außenstehenden, von der Gemeindekatechese der Didaskaloi, der prophetischen Rede (vgl. 1 Kor 12,28; Eph 4,11), dem allg. Zeugnis der Gemeindemitglieder. Erst vermittels mannigfacher Gestalten wohnt das „Wort" „reichlich" in den Gemeinden (Kol 3,16). Paulus nimmt als Apostel die Kompetenz zur Beurteilung der Verkündigung und Lehre in Anspruch (Gal 1,8 – 10), fordert aber ebenso die Gemeinden zur Beurteilung auf (1 Kor 5,4 f. 12).

Die Past.-Briefe zeigen anfanghaft, wie in nachapostol. Zeit die Gemeindeleiter – in der Nachfolge der Apostel – Wahrer der Glaubenshinterlassenschaft werden.

Die frühkath. Entwicklung ist geleitet von der Überzeugung, daß die Offenbarung nur in göttl. Vollmacht bezeugt werden kann. Unter den Formen der Vollmacht (charismatische, prophetische) kommt der amtlichen eine allg. Kompetenz in der Kirche zu.

3. Zur Geschichte der Lehrbindung. Das 1. Jh. kennzeichnen faktische Durchdringung von Verkündigung und theol. Reflexion, generelle Personenidentität des →Bischofs und theol. Lehrers. Die Lehrbindung wird i. a. in Form synodaler Bestätigung bzw. Verurteilung theol. Lehrmeinungen geübt (→Konzil).

Aufgrund der ma. Ausbildung der Theol. zur institutionell gefestigten Wissenschaft wird eine Relationsbestimmung nötig. THOMAS V. A. unterscheidet „magisterium pastorum", Lehren in Form der Verkündigung, Leitung, Anordnung kraft Amtsvollmacht, und „magisterium doctorum", Forschen und Lehren kraft wiss. Kompetenz (vgl. Qu. disp. III, 4, 1).

Das Verhältnis wechselseitiger Verwiesenheit durchläuft eine Reihe von einseitigen Ausprägungen: Im 13. Jh. entsteht ein „Lehramt" der theol. Fakultäten mit Lehrzuchtverfahren; es drängt bischöfl.-synodale Verfahren zurück. Der Konziliarismus verschärft diese Struktur.

Gegen das Lehramt des →Papstes und der Fakultäten schreibt LUTHER der rechten Auslegung des Evangeliums, d. h. der Theol., die verbindl. Kompetenz zu (→Reformation). Die Verfahrensordnung des Konzils von Trient bietet mit Sitzungen der Theologen und entscheidenden Plenarversammlungen der Bischöfe ein ausgewogenes Bild beider magisteria.

Das 19. und 20. Jh. bis zu PIUS XII. kennzeichnet ein hypertropher Begriff des kirchl. Lehramtes: Ihm allein ist der Glaube anvertraut. Theol. hat zu zeigen, „wie das, was vom lebendigen Lehramt gelehrt wird, in der Hl. Schrift und in der göttl. Tradition ... enthalten ist" (vgl. DS 3886). Restaurativ wehrt diese Konzeption das z. T. übersteigerte Pathos der neuzeitl. W. ab. Das röm. Lehrzuchtverfahren entspricht in dieser Zeit nicht den Anforderungen einer neuzeitl. Prozeßordnung.

4. Zur heutigen Form der Lehrbindung. Die rechtl. Form der Lehrbindung wird geregelt durch →CIC, das kirchl. Hochschulgesetz „Sapientia christiana" nebst Verordnungen. Bei Hochschullehrern staatl. Univ. gelten die jeweiligen Konkordate und Zusatzprotokolle als vorgeordnete Normen (→Vertragsstaatskirchenrecht).

Nach CIC-Can 810, 812, 818 haben Bischöfe für die Ernennung von Dozenten zu sorgen, die sich „doctrinae integritate et vitae probibate" auszeichnen, und über die Wahrung der „principia doctrinae catholicae" zu wachen. Ohne Bekenntnis des Glaubens, die missio canonica (vgl. Can. 818) bzw. das „nihil obstat" des Ortsbischofs, der in Rom anfragen muß, darf niemand in eigenständiger Weise Theol. dozieren. Das „nihil obstat" darf konkordatsrechtl. nur verweigert werden bei Einwendungen gegen Lehre oder Lebensführung. Das badische Konkordat nennt ferner: Lehrbefähigung. Prinzipiell gilt: Theol. ist „in voller Gemeinschaft mit dem authentischen Lehramt der Kirche und v. a. des Papstes (Sap. christ. Art. 26 § 2) zu lehren". Das „nihil obstat" kann bei schwerwiegendem Anlaß aus genannten Gründen entzogen werden. Der Bischof ist dem Staat gegenüber die Begründung nach pflichtgemäßem Ermessen schuldig. Das →Lehrbeanstandungsverfahren der Dt. Bischofskonferenz (1972) sieht nach einem Gespräch ein gestuftes Verfahren vor einer Theologen- und einer Bischofskommission vor mit Appellationsmöglichkeit in Rom. Die Verfahrensordnung der röm. Kongregation für die Glaubenslehre (1971) kennt ein Ermittlungsverfahren, bei dem der Hochschullehrer nicht beteiligt ist. Es endet mit einem vom Papst approbierten Bescheid, ob die betreff. Lehrsätze der kirchl. Lehre widersprechen. Der Betroffene wird zur schriftl. Stellungnahme aufgefordert, ein Kolloquium mit einem Vertreter der Kongregation kann angeboten werden. Die Beurteilung erfolgt nicht öffentl. und wird mit der päpstl. Approbation abgeschlossen. Die röm. Verfahrensordnung ist auf nachhaltige Kritik von Theologen und Kanonisten gestoßen.

Äußerungen von JOHANNES PAUL II. zur Angewiesenheit der Kirche und des kirchl. Lehramtes auf eine eigenständige Theol. und theol. W. lassen hoffen, daß das bestehende Recht in einem freiheitl. Geist gehandhabt wird.

Die deutschen Konkordate und Kirchenverträge der Gegenwart, W. WEBER (ed.), II1962/71. – Neue Verfahrensordnung zur Prüfung von Lehrfragen. Lehrbeanstandungsverfahren bei der DBK, eingel. und komm. von H. Heinemann, H. HEINEMANN (ed.) = NKD 37, 1974. – HdbStKirchR, E. FRIESENHAHN u. U. SCHEUNER (ed.), 1974/1975. – Commissio Theologica Internationalis, Theses de Magisterii Ecclesiastici et Theologiae ad invicem relatione, dt. in: ThPh 52 (1977) 57–61. – Apostolische Konstitution Sapientia Christiana = Verlautb. d. Apost. Stuhles 9, Sekr. d. DBK (ed.), 1979. – Predigten und Ansprachen von Papst Johannes Paul II. bei seinem Pastoralbesuch in Deutschland = Verlautb. d. Apost. Stuhles 25, Sekr. d. DBK (ed.), 1980, 26–34, 168–174. – Die Theologie und das Lehramt = QD 91, W. KERN (ed.), 1982. – W. KASPER, Wissenschaftliche Bindung der Katholischen Theologie, in: Essener Gespräche zum Thema Staat und Kirche 16, H. MARRÉ u. J. STÜTING (edd.), 1982, 12–42 (Lit.). – Codex Iuris Canonici, Auctoritate Ioannis Pauli PP. II promulgatus, 1983. – Lehrfreiheit und Lehrbeanstandung, W. HÄRLE u. H. LEIPOLD (edd.), II1985.

Peter Hünermann

Wohnung, Unverletzlichkeit der W. Nach Art. 13 I GG ist die W. „unverletzlich". Grund dieses verf.-rechtl. Schutzes ist zunächst einmal die Bedeutung, die die W. in unseren Breiten für das Überleben des Menschen hat. Die besonderen Eingriffe, die Art. 13 II und III GG nur in bestimmten Ausnahmefällen zuläßt (und im übr. verbietet), zeigen aber, daß die W. auch im Hinblick auf ihre Eigenschaft als „Frei- und Heimstätte" geschützt wird. Art. 13 I GG steht also auch in nahem Zusammenhang zur Persönlichkeits- und v. a. auch zur Geheimsphäre des Menschen.

I. Schutzbereich des Grundrechts. Hier sind folgende Besonderheiten zu erwähnen.

1. Der Begriff der W. beschränkt sich nicht auf die Privat- oder Wohnräume i. e. S. Art. 13 I GG sichert vielmehr jedes umfriedete Besitztum, zB fahrbare Wohnräume (Wohnwagen, Hausboote), Nebenräume (Bäder, WC, Keller- und Speicherräume), auch wenn sie nicht ständig in Benutzung sind (Gästezimmer u. dgl.). Selbst Arbeitsräume und Geschäftsräume fallen in den Schutzbereich des Grundrechts, zumindest in dem Umfang, in dem sie nicht ohnehin ihrer Bestimmung gemäß jedermann zugänglich sind.

2. Auf Art. 13 I GG können sich nicht nur Deutsche, sondern auch Ausländer berufen. Art. 8 der Europ. Menschenrechtskonvention (→Menschenrechte III), der die W. ebenfalls schützt, läuft insoweit also weitgehend leer.

3. Art. 13 I GG ist ein reines Abwehrrecht gegen staatl. Eingriffe in die Unverletzlichkeit der W. Er gewährt kein Recht auf Zuweisung einer W. Ein solches kann sich im Falle der Obdachlosigkeit jedoch aus Art. 1 GG (→Menschenwürde) und aus dem verf.rechtl. →Sozialstaatsgebot ergeben. In der Bundesrep. Dtschld. hat außerdem ein zu Zeiten ausgedehnter sozialer Wohnungsbau für einen Fundus an billigem Wohnraum zu sorgen versucht. Das gesetzlich vorgesehene Wohngeld trägt dazu bei, daß ggf. Mieten gezahlt werden können, die sich der einzelne für sich allein nicht leisten könnte.

4. Art. 13 I GG äußert auch keine Drittwirkung gegen Eingriffe von Privatpersonen in die W. Insoweit helfen aber strafrechtl. und zivilrechtl. Bestimmungen (§ 123 StGB: Hausfriedensbruch, ferner die Vorschriften des Nachbarrechts und die über den Besitzschutz). Ein soziales Mietrecht, dessen Schutzwirkungen z. T. sogar als zu weitgehend kritisiert werden, sorgt dafür, daß der Mieter seine W. nur im Ausnahmefall an den Vermieter verliert; die Höhe des Mietzinses wird weitgehend nach lokalen Mietspiegeln berechnet, unterliegt also einer – wenn auch dezentralisierten – staatl. Preisregelung.

II. Einschränkungen des Grundrechts. Hier unterscheidet Art. 13 GG zwei Gruppen:

1. Durchsuchungen. Sie dürfen wegen ihres tiefen Eingriffs in die Persönlichkeitssphäre grds. nur mit einem richterl. Durchsuchungsbefehl vorgenommen werden (Art. 13 II GG). Durchsuchungen durch Verwaltungsorgane (zB Polizei, Staatsanwaltschaft, Finanz- und Zollbehörden) sind nur ausnahmsweise erlaubt, nämlich bei Gefahr im Verzuge, wenn also ein richterl. Befehl nicht mehr beschafft werden kann, ohne daß ein aus wichtigem Grunde bestehender Durchsuchungsgrund vereitelt würde.

2. Sonstige Eingriffe und Beschränkungen dürfen nach Art. 13 III GG nur in folgenden Fällen vorgenommen werden:

a) zur Abwehr einer gemeinen Gefahr oder einer Lebensgefahr für einzelne Personen (zB um einen Mord oder →Selbstmord zu verhindern);

b) auf Grund eines Gesetzes auch zur Verhütung dringender Gefahren, v. a. zur Behebung der Raumnot (zB die Zwangseinweisungen der Nachkriegszeit), zur Bekämpfung von Seuchengefahr (zB Zwangssterilisierung verseuchter Räume) oder zum Schutz gefährdeter Jugendlicher.

Die Anpassung der einfachen Gesetze, die dem W.inhaber die Duldung des Betretens und Besichtigens von W.en abverlangen, an die Voraussetzungen des Art. 13 III GG ist immer noch nicht abgeschlossen. Es gibt dazu eine ausgedehnte Verwaltungsrechtsprechung, die hier nicht im einzelnen dargestellt werden soll. Fest steht, daß das Betreten und Besichtigen von Räumen selbst noch keine Durchsuchung darstellt und daher nicht nach Abs. II, sondern nach Abs. III des Art. 13 GG zu behandeln ist (BVerfGE 32, 54, 68 ff.). Umstr. ist die rechtl. Behandlung des sog. Lauschangriffs.

U. STEINER, Das Grundrecht der Unverletzlichkeit der W., 1959 – M. GENTZ, Die Unverletzlichkeit der W., 1968 – U. BATTIS, Schutz der Gewerberäume durch Art. 13 GG, JuS 1973, 25 ff. – P. DAGTOGLOU, Das Grundrecht der Unverletzlichkeit der W. (Art. 13 GG), JuS 1975, 753 ff. – E. SCHWAN, Art. 13 GG und die gefahrenabwehrenden Eingriffe in die W.freiheit, DÖV 1975, 661 ff. – J. D. KÜHNE, Grundrechtl. W.schutz und Vollstreckungsdurchsuchungen, 1980 – G. RÖSSLER, Zwangsvollstreckung im Steuerrecht und Unverletzlichkeit der W., NJW 1981, 25 ff.

Roman Herzog

Wohnungspolitik. I. Grundlagen. A. Begriff und Zielsetzung. Wohnungen (W.) gehören zu den elementaren Bedarfsgütern. Sie sind Mittelpunkte des Zusammenlebens und damit Ausgangspunkte aller sozialen und wirtschaftlichen Beziehungen. Sie dienen außerdem wegen der langen Lebensdauer und ihrer relativ hohen Wertbeständigkeit als Kapitalanlagen. W.politik ist der Inbegriff aller staatl. Maßnahmen, die darauf abzielen, die W.versorgung der Bevölkerung zu beeinflussen. Ziel der W.politik ist die Versorgung der Bevölkerung mit angemessenem W.raum zu tragbaren Bedingungen. Diese allg. Zielsetzung bedarf der politischen Konkretisierung. Diese orientiert sich an bestehenden Durchschnittswerten für die Wohnungsversorgung, die sich mit den gesellschaftl. und ökonomischen Verhältnissen ändern.

B. Ansatzpunkte. Im *Modell* einer *W.marktwirtschaft* sorgt der Markt als einziger Koordinationsmechanismus für die Abstimmung der Produktionspläne untereinander und mit den Nachfrageplänen der privaten Haushalte. Die Haushalte leiten ihre W.wünsche aus den subjektiven individuellen W.bedürfnissen ab und treten im Rahmen ihrer Leistungsfähigkeit (Einkommen, Vermögen) als Nachfrager nach W.raum auf. Bei gegebenem W.angebot bildet sich ein Marktpreis (Miete, Kaufpreis, Herstellungskosten), welcher der herrschenden Konstellation von Angebot und Nachfrage entspricht. Kommt es aufgrund von Wandlungen in der Bedarfsstruktur und im Bedarfsvolumen oder wegen erhöhter finanzieller Nachfragekraft zu einem Nachfrageüberhang auf einzelnen W.teilmärkten oder auf dem W.markt insgesamt, dann signalisieren steigende Preise und Mieten die Mangelsituation und zugleich den Produzenten/Anbietern zusätzliche Gewinnchancen. Diese folgen dem Signal, erhöhen in den Mangelbereichen das Angebot und senken es analog bei nachlassender Nachfrage. Die „unsichtbare Hand des Marktes" gewährleistet auf diese Weise die Befriedigung der *nachfragewirksamen* individuellen W.bedürfnisse. Die W.versorgung in einer W.marktwirtschaft funktioniert um so besser, je schneller die W.nachfrage auf Veränderungen im W.bedarf reagiert und je enger der Zusammenhang zwischen W.nachfrage bzw. W.angebot einerseits und den W.preisen andererseits ist. In der *Realität* der W.wirtschaft gibt es eine Reihe von Faktoren, die verhindern, daß die dem Markt allein überlassene W.versorgung auch bedarfsgerecht ist. Diese Faktoren machen wohnungspolitisches Handeln erforderlich.

1. Förderung des Marktausgleichs. Bauzeiten und Lebensdauer der W. verzögern den Marktausgleich. Nachfrageüberschüsse werden wegen der langen Bauzeit (vom Investitionsentschluß bis zur Bezugsreife etwa 2 Jahre) nur langsam abgebaut. Angebotsüberschüsse bleiben wegen der hohen Lebensdauer der W. lange bestehen. Dies wiegt besonders schwer, weil der W.markt aus regionalen *Teilmärkten* besteht, die zudem noch untergliedert sind nach W.arten (Mietwohnung, Eigentumswohnung, Eigenheim), W.größen und W.qualität. Auf diesen Teilmärkten entstehen selbst dann Marktungleichgewichte, wenn rechnerisch für eine größere Region W.nachfrage und W.angebot ausgeglichen sind. Diese Tatsache verweist auf die Notwendigkeit regional differenzierter W.politik. Regionalisierte Bedarfs- und Nachfrageprognosen können dazu beitragen, die Risiken von Fehlinvestitionen und Unterversorgung zu verringern. Maßnahmen zur Verbesserung der W.qualität können gleichzeitig geeignet sein, den W.wert auf den verschiedenen Teilmärkten anzunähern und damit eine größere Durchlässigkeit zwischen den einzelnen Teilmärkten herzustellen. Zu diesen Maßnahmen gehört die Förderung von Instandsetzung und Modernisierung. Dazu gehören auch alle Maßnahmen, die die W.-Umwelt beeinflussen. Hier bestehen enge Berührungspunkte zwischen W.politik einerseits und →*Städtebaupolitik* (Stadtentwicklung, Stadt- und Dorferneuerung), *Infrastrukturpolitik* (Schulen, Kindergärten, Krankenhäuser, Nahverkehrssystem etc.) sowie *Umweltpolitik* (Lärmpolitik, Luftreinhaltepolitik, Abfallpolitik etc.) andererseits. Ferner können bessere Verkehrsverbindungen zuvor getrennte, lokale W.teilmärkte enger zusammenbinden, wodurch der Marktausgleich ebenfalls erleichtert wird.

2. Korrektur der Marktergebnisse. Selbst in einer störungsfreien W.marktwirtschaft werden nicht alle Haushalte mit angemessenem W.raum zu tragbaren Bedingungen versorgt, weil sie die Preise nicht zahlen können, die für W. verlangt werden, die ihrem Bedarf entsprechen würden. Nicht selten treten hoher Bedarf und niedrige finanzielle Belastungsfähigkeit gleichzeitig auf. Hier ist staatl. W.politik notwendig. Die Korrektur der marktwirtschaftl. W.versorgung kann generell an zwei Punkten ansetzen: Staatliche Maßnahmen können entweder die finanzielle Belastungsfähigkeit der Bedarfsträger erhöhen *(Individualsubventionen, Subjektförderung)* oder die finanzielle Belastung auf ein als tragbar angesehenes Maß senken *(Objektsubventionen)*. Bei der reinen Subjektförderung werden die W.preise (Mieten bzw. Kosten) als gegeben hingenommen. Die Höhe der Subvention hängt innerhalb bestimmter Höchstgrenzen von den W.bedürfnissen und dem Einkommen des W.inhabers (selbstnutzender Eigentümer bzw. Mieter) ab. Bei der reinen Objektförderung wird die Belastbarkeit des W.inhabers nicht verändert. Mit Hilfe der Subvention werden die laufenden Kosten des W.objekts gesenkt. Grundsätzlich ist die Objektsubvention primär ein Instrument zur Förderung des W.baus, während die Subjektförderung primär darauf abzielt, den vorhandenen W.bestand gerechter zu verteilen. Deshalb hängt es von den w.politischen Prioritäten ab, welche Subventionsmethode (bei gleich hohem Förderungsvolumen) vorzuziehen ist. In Zeiten akuter allgemeiner W.not verdient die Objektförderung den Vorzug. Dagegen ist die Subjektförderung besser geeignet, wenn es um die soziale Korrektur der Marktergebnisse geht. Bestimmte Bevölkerungsgruppen (zB Ausländer, Behinderte) haben es aus anderen als finanziellen Gründen schwer, angemessenen W.raum zu finden. Nicht selten treffen Vorbehalte von W.anbietern und eine geringe finanzielle Belastungsfähigkeit der W.nachfrager zusammen. Dann reichen Subventionen allein nicht aus. In solchen Fällen müssen staatl. Stellen unmittelbaren Einfluß auf die Belegung von W. erhalten.

II. Praktische W.politik in der Bundesrepublik.

A. Ausgangslage. Nachdem schon zu Beginn des Zweiten Weltkriegs der damalige W.bestand nicht zur Bedarfsdeckung ausgereicht hatte, wurde die Bedarfslücke durch die Kriegsfolgen noch erheblich ausgeweitet. Die Bautätigkeit wurde während der Kriegsjahre weitgehend eingestellt, dazu kamen Kriegszerstörungen und Beschädigungen der vorhandenen Bausubstanz, wobei vor allem die städtischen W.märkte betroffen wurden, wo sich der W.raum um etwa die Hälfte verringerte. Wegen des gleichzeitigen Zustroms von Vertriebenen und Flüchtlingen, des natürlichen Nettozugangs an Haushalten und der W.ansprüche der Besatzungsmächte errechnete sich im Jahre 1950 ein globales W.defizit (W.parteien abzüglich W.bestand) von 48,3 % des damaligen W.bestandes, wobei die W.not in den städtischen Ballungsgebieten diesen Durchschnittswert noch weit übertraf. Infolgedessen – und zumal angesichts des daniederliegenden Kapitalmarktes – war eine aktive staatliche W.politik zur Behebung der allgemeinen W.not unabdingbar.

B. W.baupolitik. Zur W.baupolitik gehören alle Maßnahmen zur Schaffung neuen W.raums (Mietwohnungen, Eigentumswohnungen, Eigenheime). Nach der Terminologie der W.gesetzgebung sowie nach Art und Umfang der öffentlichen Förderung unterscheidet man zwischen *freifinanziertem, steuerbegünstigtem* und *öffentlich gefördertem sozialen W.bau.* Der freifinanzierte W.bau wird durch staatl. Maßnahmen gefördert, die nicht ausdrücklich durch Gesetz dem steuerbegünstigten und/oder öffentlich geförderten sozialen W.bau vorbehalten sind.

Umfang und Struktur der Maßnahmen zur Förderung des freifinanzierten W.baus sind ständigen Wandlungen unterworfen. Die wichtigsten Förderungsmaßnahmen sind zur Zeit: Bausparförderung, erhöhte Abschreibungen bei der Einkommensteuer, steuerfreies Wohnen im selbstgenutzten W.eigentum. Der steuerbegünstigte W.bau erhält zusätzlich folgende Vergünstigungen: Grundsteuerbefreiung für zehn Jahre, Befreiung von der Grunderwerbssteuer, Bürgschaften für nachrangige Hypotheken. W. des steuerbegünstigten W.baus dürfen bestimmte W.flächen nicht überschreiten. Der öffentlich geförderte soziale W.bau umfaßt alle W., die nach Größe, Ausstattung, Miete oder Belastung für breite Schichten der Bevölkerung bestimmt oder geeignet sind (sozialer W.bau) und deren Bauherren *öffentliche Mittel (Objektsubventionen)* ausschließlich oder neben den oben erwähnten Vergünstigungen erhalten. Öffentl. Mittel im Sinne der W.baugesetze sind Mittel von Bund, Ländern und Gemeinden sowie Lastenausgleichsmittel, die speziell zur Förderung des sozialen W.baus bestimmt sind. Öffentlich geförderte W. dürfen nur von solchen Haushalten (als Mieter oder Eigentümer) bewohnt werden, deren Einkommen eine – nach Zahl der Haushaltsangehörigen gestaffelte – *Einkommensgrenze* nicht überschreitet. Da dieser Nachweis i. d. R. nur einmal – zum Zeitpunkt des Bezugs bzw. zum Baubeginn – erbracht werden muß, kommen auch Personen in den Genuß einer langfristigen Förderung, die später diese Bedingungen nicht mehr erfüllen. Erst in jüngerer Zeit wird bei der Vergabe öffentl. Mittel auch die Veränderung der Einkommenssituation der Berechtigten stärker berücksichtigt. Nach der Art der Förderung kann man unterscheiden zwischen Baudarlehen sowie Aufwendungszuschüssen bzw. -darlehen zur Verringerung der laufenden Belastung aus Zinsen, Tilgung und sonstigen Aufwendungen. Umfang und Struktur der öffentl. Förderung des sozialen W.baus haben sich im Laufe der Nachkriegszeit erheblich verändert. Mit der Beseitigung der allgemeinen W.not hat der soziale W.bau an Bedeutung verloren. Die Zahl der geförderten W. ist von durchschnittlich 335 000 in den 50er Jahren, 231 000 in den 60er Jahren und 147 000 in den 70er Jahren auf weniger als 100 000 zu Beginn der 80er Jahre gesunken. Damit ging eine Änderung der Förderungsstruktur einher. Während zunächst fast ausschließlich niedrig verzinste Baudarlehen gewährt wurden, nahm später der Anteil befristeter und degressiv gestaffelter Aufwendungshilfen zu. Seit Mitte der sechziger Jahre werden im sozialen W.bau zwei Förderungswege unterschieden. Der *erste Förderungsweg* ist identisch mit dem traditionellen sozialen W.bau. Hier werden die Mittel auf den W.bau für enger abgegrenzte Zielgruppen (einkommensschwächere kinderreiche Familien, alleinstehende Elternteile mit Kindern, ältere Menschen, Schwerbehinderte) konzentriert. Durch den Einsatz öffentlicher Darlehen wird eine langfristige „Sokkelverbilligung" der Miete bzw. Belastung erreicht, die durch degressive, befristete Förderung ergänzt wird. Im Rahmen des *zweiten Förderungsweges* werden steuerbegünstigte W. mit degressiven Aufwendungshilfen zusätzlich gefördert. Sie dürfen nur von Personen bewohnt werden, die eine öffentlich geförderte W. (im traditionellen Sinne) frei machen oder deren Einkommen die Grenze für den sozialen W.bau um nicht mehr als 40 % übersteigt. Damit werden vor allem Eigenheimbesitzer in der Phase der stärksten finanziellen Beanspruchung entlastet. Die Ausgestaltung der Förderungssysteme des sozialen W.baus nach Art und Höhe der Förderung regeln im einzelnen die Länder. Auch die Finanzierung der öffentlichen Förderung wurde zunehmend auf die Länder verlagert. Aus dem sozialen Mietw.bau hat sich der Bund inzwischen ganz zurückgezogen. Damit trägt er der Tatsache Rechnung, daß ein bundesweites W.defizit nicht mehr besteht. Der Bund beabsichtigt, seine Förderung auf die Eigentumsbildung zu beschränken. Diesem Ziel dient das neue WohnungseigentumsförderungsG, mit dem ab 1987 die steuerliche Förderung des Wohnungseigentums neu geordnet wird. Die W.baupolitik i. e. S. wird sich künftig vor allem auf regionale und soziale Sonderprobleme konzentrieren können.

C. Wohnungsbestandspolitik. Maßnahmen der W.bestandspolitik sind darauf gerichtet, *W.bedingungen* (W.raumverteilung, Kündigung, Mieten) und die *W.qualität* (Instandsetzung, Modernisierung) zu beeinflussen.

1. Mietenpolitik. Nach Kriegsende wurde die W.zwangswirtschaft aus der Zwischenkriegszeit weitgehend fortgesetzt. Der gesamte Bestand an *Altbauwohnungen* unterlag weiterhin den Bestimmungen des Mietpreisstopps aus dem Jahre 1936. Mit dem Gesetz über den Abbau der W.zwangswirtschaft und über ein soziales Miet- und Wohnrecht von 1960 wurde diese Mietbindung für Altbauten sukzessive aufgehoben und ist nunmehr außer in Berlin beseitigt. Unter den *Neubauwohnungen* (nach dem 20. Juni 1948 bezugsfertig erstellte W.) unterlagen die freifinanzierten W. lange Zeit keinerlei Bindungen. Für steuerbegünstigte W. galt zunächst die *Kostenmiete,* schon bald jedoch die sogenannte *freiverantwortlich gebildete Miete,* die sich lediglich an die Kostenmiete anzulehnen hatte. Unter dem I. WoBauG von 1950 wurden die Mieten im öffentlich geförderten sozialen W.bau an die behördlich fixierten *Richtsatzmieten* gebunden, wobei die Bewirtschaftungskosten mit starren Beträgen angesetzt wurden. Das II. WoBauG von 1956 brachte die sogenannte Kostenmiete, und in der II. Berechnungsverordnung wurde eine zeitliche Anpassung der Bewirtschaftungskostenpauschalen an die tatsächl. Kostenentwicklung vorgenommen. Die Mietbindung gilt bis zur Rückzahlung der öffentl. Mittel. Die Preis- und Belegungsbindungen zugunsten der

W.berechtigten bleiben jedoch bei gemeinnützigen W.unternehmen aufgrund des Wohnungsgemeinnützigkeitsrechts auch nach Rückzahlung der öffentlichen Mittel erhalten. Die günstige Kostenmiete veranlaßte viele Mieter, auch dann in der Sozialwohnung zu bleiben, wenn ihr Einkommen über die Einkommensgrenzen hinausgewachsen war *(Fehlbelegung)* oder die Zahl der Familienmitglieder gesunken war *(Unterbelegung)*. Dadurch wurde der Bedarf an Sozialwohnungen „künstlich" hochgehalten. Auf der anderen Seite sind infolge der steigenden Bau- und Bodenkosten sowie aufgrund der Konzentration der öffentlichen Förderung auf degressive und zeitlich befristete Aufwendungsbeihilfen die Kostenmieten für jüngere Baujahrgänge stark gestiegen. Insgesamt kam es deshalb zu großen Verzerrungen im Mietgefüge des sozialen W.bestandes. Die W.politik versucht, durch *Fehlförderungsabgaben* und *Nachsubventionierungen* diese *Mietverzerrungen* zu verringern. Unter dem Eindruck hoher Mietpreissteigerungen wurde Ende 1971 erstmals der gesamte W.bestand auch außerhalb des sozialen W.baues engen gesetzlichen Bindungen unterworfen. Im *Ersten* und *Zweiten Wohnraumkündigungsgesetz* wurde der Kündigungsschutz verstärkt und wurden Mieterhöhungen erschwert. Vom Mieter nicht akzeptierte Mieterhöhungen berechtigten fortan nicht mehr zur Kündigung. Auch bei „berechtigter" Kündigung (Eigenbedarf des Vermieters, erhebl. Vertragsverstöße des Mieters, erheblicher wirtschaftl. Nachteil für den Vermieter bei Fortbestand des Mietverhältnisses) konnte der Mieter bleiben, wenn er vor Gericht die soziale Härte der Kündigung nachweisen und eine geeignete Ersatzwohnung nicht beschafft werden konnte. Die Mieten durften nur einmal im Jahr und nur im Rahmen der „ortsüblichen *Vergleichsmiete"* erhöht werden. Seit 1983 sind einige dieser Restriktionen gelockert. Mieterhöhungen werden durch ein neues Verfahren zur Ermittlung der Vergleichsmiete sowie durch die Einführung von *Zeitmietverträgen* und *Staffelmietvereinbarungen* erleichtert.

2. Wohngeld. Seit 1960 wird Wohngeld gewährt, um die finanzielle Belastbarkeit von Mietern und Inhabern selbstgenutzten Eigentums zu erhöhen. Kriterien für Vergabe und Höhe des Wohngelds sind vor allem W.größe, Familiengröße, Familieneinkommen sowie die Höhe der laufenden Belastung aus Kapitaldienst und Bewirtschaftungskosten (bei W.eigentum) bzw. aus der laufenden Miete. Wohngeld wird höchstens bis zu einer bestimmten Einkommensgrenze gewährt. Da das Wohngeld im allgemeinen jährlich neu bewilligt wird, verändert sich die individuelle Höhe des Wohngeldes mit den genannten Kriterien. Mit steigendem Einkommen wachsen die Wohngeldempfänger aus der Förderung heraus. Gegenwärtig erhalten etwa 10 % der Mieterhaushalte und etwa 1 % der Haus- und W.eigentümer Wohngeld. Die Wohngeldbedingungen (Höhe, Bemessungskriterien) werden in unregelmäßigen Abständen vom Bund an die allgemeine W.markt- und Einkommensentwicklung angepaßt. Da das Wohngeld als Individualsubvention unmittelbar beim Adressaten ansetzt, ist die Vergabe nicht auf bestimmte W.kategorien (zB sozialer W.bau) beschränkt. Im Gegensatz zur öffentlichen Förderung des W.baus durch Objektsubventionen wird der gesamte W.bestand erfaßt.

3. Instandsetzung und Modernisierung. Die Erhaltung und Verbesserung der W.qualität ist im Zuge der Beseitigung der allgemeinen W.not zu einem neuen Schwerpunkt der W.bestandspolitik geworden. Wegen der erhöhten Abnutzung durch Überbelegung während der Phasen dringlichster W.not, wegen der durch Baustoffmangel bedingten Unterlassung von Instandsetzung und Modernisierung in Kriegs- und Nachkriegszeit sowie durch kriegsbedingte W.raumzerstörungen tat sich schon in den fünfziger Jahren eine qualitative Versorgungslücke auf. Währenddessen wuchs das durchschnittliche Qualitätsniveau infolge der Neubautätigkeit, und die Qualitätsansprüche stiegen mit den realen Einkommen. Staatliche Maßnahmen wurden um so dringlicher, als die private Durchführung von Instandsetzung und Modernisierung durch Mietbindungen und starre bzw. zu niedrige Bewirtschaftungskostenpauschalen erschwert wurde. Hinzu kam, daß infolge der Energiepreisverteuerungen im Laufe der 70er Jahre umfangreiche Investitionen zur Energieeinsparung erforderlich wurden. Die staatl. Förderung der Erneuerung von Altbauwohnungen setzte bereits in den fünfziger Jahren ein. In den siebziger Jahren hat der Staat zusätzl. Anstrengungen unternommen, um weitere Bestandsinvestitionen zu fördern. Dazu gehören insbesondere steuerliche Maßnahmen (Ausdehnung bestehender Abschreibungserleichterungen für Neubauwohnungen auf Bestandswohnungen) sowie die Einführung des *Bund-Länder-Modernisierungsprogramms* im Jahre 1974, das im Jahre 1978 um die *Energiesparförderung* erweitert wurde. Seit 1982 können auch Mieter ihre Bausparverträge prämien- und steuerunschädlich vor Ablauf der Festlegungsfrist für die Modernisierung ihrer W. einsetzen. Infolgedessen und begünstigt durch eine verstärkte Nachfrage nach älteren modernisierten W. hat die Modernisierungs- und Instandsetzungstätigkeit im W.bestand stark zugenommen. Der Anteil der Bestandsbauleistungen am gesamten Bauvolumen stieg von rund 20 % zu Beginn der 70er Jahre auf mehr als 30 % zu Beginn der 80er Jahre.

D. Perspektiven. Die W.politik befindet sich heute in einer Phase der *Neuorientierung*. Das globale W.defizit ist beseitigt. Es wird eine Abnahme der Wohnbevölkerung prognostiziert. Ein sozialer W.bau mit besonderen Aufgaben (Altenwohnungen, W. für kinderreiche Familien, Ersatzwohnungsbau in Sanierungsgebieten) wird zwar auch künftig notwendig sein. Die W.politik wird sich aber in Zukunft stärker auf die W.bestandspolitik sowie auf regionale W.probleme und soziale Problemgruppen konzentrieren. In der Bestandspolitik werden Mietentzerrungen durch Nachsubventionierung und Aufwandsausgleich zwischen W., deren Preisunterschied den Wohnwerten nicht entspricht, weiterhin erforderlich sein. Das Wohngeld sollte auch unter dem Aspekt der Mietentzerrung im Vergleich zur Objektförderung weiter an Bedeutung gewinnen. Einen neuen Stellenwert werden alle Faktoren erhalten, die das nachbarschaftliche Zusammenleben sowie das Verhältnis von Bewohnern und Vermietern betreffen (zB Mietermitwirkung an der W.verwaltung, soziale Betreuung und Sozialhilfe). Die soziale Bedeutung des W.bestandes der *gemeinnützigen W.unternehmen* wird zunehmen, weil hier die Belegungsbindungen anders als im privaten W.bau erhalten bleiben. Dabei wäre es wünschenswert, wenn die Mieten stärker an dem *Wohnwert* der Sozialwohnungen orientiert werden könnten. Angesichts der Tatsache, daß in zehn Jahren die Hälfte des gegenwärtigen Sozialwohnungsbestandes frei sein wird (ca. 2 Mio W.), könnte es sich als sinnvoll erweisen, daß die öffentl. Hand (zB im Rahmen der Stadterneuerung) zusätzl. Belegungsbindungen gewinnt, um einen zu raschen Rückgang des Bestandes an Sozialwohnungen zu verhindern.

J. Fischer-Dieskau, W.politik, in: Handwörterbuch des Städtebaus, Wohnungs- und Siedlungswesens, hg. von H. Wandersleb, Bd. III, 1959, 1746 ff, – Chr. Schuppener, Wohnungswirtschaftliche Subventionspolitik in der sozialen Marktwirtschaft, Diss. Münster 1972 – U. Blumenroth, 100 Jahre deutsche W.politik – Aufgaben und Maßnahmen, in: Deutsche Bau- und Bodenbank AG, 1923 – 1973, 50 Jahre im Dienste der Bau- und Wohnungswirtschaft, o. O., 211 ff. – H. K. Schneider/W. Deichmann, Der Weg zur sozialen Wohnungsmarktwirtschaft, St. Augustin 1984. GEWOS e. V. (Lit.) – Kommission 1983/84, Wohnungswirtschaft im Spannungsfeld der Anforderungen von Staat und Bewohnern, Hamburg 1984.

Eugen Paul

Z

Zensur →Presse, Pressefreiheit

Zivildienst →Krieg, Kriegsdienst, Kriegsdienstverweigerung

Zwangsarbeit →Berufsfreiheit

Zweikammersystem. I. Begriff. Unter Z. ist jedes Verf.system zu verstehen, in dem die dem →Parlament zustehenden Befugnisse nicht von einer einzigen Körperschaft, sondern von zwei Körperschaften (Kammern, Häusern) gemeinsam, d. h. insbes. in gegenseitiger Kontrolle ausgeübt werden. Beide Häuser bzw. Kammern zusammen bilden also das Parlament, wobei in demokratischen Staaten zumindest eine Kammer eine echte Volksvertretung sein muß. Allerdings gibt es auch einen neueren Sprachgebrauch, der die Begriffe Parlament und Volksvertretung gleichsetzt. Bei Zugrundelegung dieser Terminologie stünde die zweite Kammer jedenfalls dann außerhalb des Parlaments, wenn sie sich nicht ebenfalls auf ein Mandat des Volkes berufen kann. Übrigens ist auch die Bezeichnung als erste bzw. zweite Kammer durchwegs unsicher. In Verf.systemen originär demokratischer Art (Frankreich, Deutschld.) wird die Volksvertretung als oberstes Organ als erste Kammer bezeichnet; in Staaten dagegen, in denen sich die →Demokratie nicht durch Revolution, sondern durch Verf.wandel durchgesetzt hat, heißt die Volksvertretung regelmäßig zweite Kammer (bzw. Unterhaus).

II. Typen. Die Typen der zweiten Kammer und damit auch die Untergruppen des Z. ergeben sich aus den Zwecken, die jeweils mit der Errichtung der zweiten *Kammer* verfolgt werden. **A.** Der erste – und ursprüngl. wohl auch einzige – Typ der zweiten Kammer hat die Funktion, die Rechte einer bes. privilegierten Minderheit oder bes. wichtiger Institutionen zu wahren. Hierher gehört vor allem der Typ des *Oberhauses* (der Adelskammer) in der Konzeption von MONTESQUIEUS De l'Esprit des Lois, Buch XI, Kap. 6 (praktisch haben sich die Adelskammern allerdings erst aus der Stoßrichtung gegen den Monarchen lösen müssen, ehe sie die hier ins Auge gefaßte Ausrichtung mehr oder weniger rein verwirklichen konnten). Wichtigstes Beispiel für diese Zielsetzung der zweiten Kammer sind im modernen Verf.leben die sog. *Länderkammern,* durch die im →Bundesstaat die Rechte der Gliedstaaten gegenüber dem Zentralstaat gewahrt werden sollen. Das Funktionieren der Länderkammern i. S. dieser Zielsetzung hängt allerdings weitgehend von der Art ihrer Zusammensetzung ab. Hier kommen insgesamt drei Lösungen in Frage: a) Wahl der Ländervertreter durch die Landesvölker (sog. *Senatssystem* nach dem Senat der USA), b) Wahl durch die Landesparlamente (zB Österreich), c) Entsendung durch die Landesregierungen (sog. *Bundesratssystem* nach dem dt. →Bundesrat). Während beim Bundesratssystem die Interessen der Gliedstaaten durchwegs wirksam vertreten werden, hängt dies beim Senatssystem davon ab, ob die →Parteien, denen die Senatsmitglieder angehören, über eine starke Bundeszentrale verfügen oder nicht. Ist die Bundeszentrale schwach (USA!), so ist auch auf diese Weise das Ziel der Länderkammer erreichbar. Bei starker Bundeszentrale wäre die Länderkammer dazu nicht imstande.

B. Der zweite, in der gegenwärtigen verfassungspolitischen Debatte in immer neuer Form formulierte Gesichtspunkt für die Konstituierung einer zweiten Kammer neben der Volksvertretung ist der der *Kontrolle der Volksvertretung* durch ein zweites, mit ihr zuständigkeitsgleiches Organ. Das Z. trifft sich hier also thematisch mit der →Gewaltenteilung. Problematisch ist aber auch hier die Art der Zusammensetzung der zweiten Kammer. Einerseits steht es, gerade in der Bundesrepublik Dtschld. außer Zweifel, daß auch eine so konstituierte Kammer über eine demokratische Legitimation verfügen muß (Art. 20 I, II, 79 III GG). Andererseits muß die Zusammensetzung aber von der des Parlaments, in dem das Volk in Parteien gegliedert auftritt, so weit abweichen, daß eine bloße Akklamation zu den Standpunkten der Volksvertretung ausgeschlossen ist. Und schließl. muß die damit klar gestellte Frage, in welchen Gruppen das Volk in einer solchen Kammer auftreten soll, selbstverständl. anhand ernstzunehmender, der sozialen Wirklichkeit entsprechender Klassifizierungen beantwortet werden, da andernfalls der Prozeß demokratischer Staatswillensbildung nur von oberflächl. Rechentricks gesteuert würde. Insgesamt bieten sich hier folgende Lösungsmöglichkeiten:

1. Die Repräsentation berufsständischer Gruppen. Der am nachdrücklichsten von kath. Seite mit dem Schlagwort der berufsständischen Ordnung geforderte Typ der zweiten Kammer baut auf dem Gedanken auf, daß in den Berufsständen natürl. Ordnungen bestünden, die für die Bildung des Staatswillens um so eher herangezogen werden müßten, weil der Beruf über die Stellung des Menschen in der Gesellschaft ungleich mehr entscheide als die politische Auffassung, die in den Wahlen zur Volksvertretung allein zum Ausdruck komme. Nach diesen Forderungen würde das Volk in der zweiten Kammer in *Berufsstände* gegliedert auftreten. Die geistige Nähe zu den Lehren vom Ständestaat, aber auch zum Rätegedanken (→Rätesystem) liegt auf der Hand; die Praxis lehrt, daß Vertretungskörperschaften dieser Art regelmäßig für eine Steuerung von außen her sehr anfällig sind. Beispiele berufsständischen Aufbaus dt. Staatsorgane sind der vorläufige Reichswirtschaftsrat der Weimarer Zeit (→Weimarer Verfassung), der ganz, und der Senat nach der Bay. Verf. von 1946, der überwiegend von den Berufsverbänden beschickt ist (s. a. Pluralismus).

2. Die Repräsentation territorialer Gruppen. Eine weitere Möglichkeit, eine echte zweite Kammer zu konstituieren, besteht im Rückgriff auf die sog. *kommunalen Gebietskörperschaften* (Gemeinden, Kreise, Bezirke, Landschaftsverbände usw.; →Kommunalrecht). Die Mitglieder der Kammer müßten hier entweder von den Körperschaften einer bestimmten Ebene (Gemeinden?, Kreise?) oder nach einem Verteilungsschlüssel von den Körperschaften aller Ebenen entsandt werden. Allerdings setzt diese Lösung eine intakte →Selbstverwaltung der kommunalen Körperschaften voraus. Sobald den politischen Parteien die Gleichschaltung der Kommunen gelingt, wird die Existenz einer so aufgebauten Kammer zu einer verdeckten Form der mittelbaren Wahl parteigebundener Volksvertreter, womit das Funktionieren einer solchen Kammer entfällt. Übrigens gehört zu diesem Typ des Z. auch die sog. Bundesratslösung (s. o. A), je mehr die politische Eigenstaatlichkeit der Länder ausgehöhlt wird.

3. Die Repräsentation des Sachverstandes. Als letzter Typ zweiter Kammern bietet sich derjenige an, der die zweite Kammer als ein Gremium von bes. Weisheit und von bes. Sachverstand konstituiert. Während frühere Zeiten hier vorwiegend auf Alter und durchlaufene Ämterlaufbahn abstellten (Areopag, röm. Senat; vgl. auch jetzt noch Art. 36 Bay.Verf.), wird man hier bei fortschreitender „Verwissenschaftlichung" des Lebens immer mehr auf spezielle, fachl. Kenntnisse abstellen müssen. So würde diese Variante wohl zu einer Institutionalisierung der sog. *brain trusts* (Wissenschaftler-Stäbe der Regierungen) führen. Wegen des Sachverständigen-Charakters der Bundesratsmitglieder →Bundesrat.

C. Zwischen den soeben dargestellten Typen des Z. gibt es zahlreiche Mischtypen, die entweder darauf beruhen, daß die Mitglieder der zweiten Kammer nach mehreren Systemen berufen werden (zB Bay. Senat) oder daß mehrere Kammern nebeneinanderstehen (Mehrkammersystem), so zB in Jugoslawien, wo fünf, genaugenommen sogar sechs Kammern der Bundesversammlung mit wechselnder Kombination der Zuständigkeiten bestehen.

III. Die Zuständigkeiten der zweiten Kammer. Zumeist ist in den Staaten, die das Z. kennen, die zweite Kammer fast ausschließl. an der G.gebung und nur gelegentl. auch an anderen Funktionen der Volksvertretung (zB an der parlamentarischen Kontrolle oder, wie der US-Senat, an der Außenpolitik) beteiligt. Innerhalb des Legislativbereichs besitzt die zweite Kammer fast ausnahmslos das sog. Initiativrecht, d. h. das Recht, bei der ersten Kammer G.anträge einzubringen. Verschieden ist hingegen die Beteiligung am *G.beschluß.* Hier gibt es eine ganze Skala von Regelungen: zum echten Z. werden üblicherweise jene Fälle gerechnet, in denen die zweite Kammer entweder das volle Vetorecht gegenüber der ersten Kammer besitzt, so daß ohne ihre Zustimmung kein G. zustande kommen kann, oder in denen sie überhaupt dieselben Rechte wie die erste Kammer besitzt, also zB auch ein G.gebungsverfahren vor sich selbst einleiten kann; nach dem GG ist der →Bundesrat bei den sog. ZustimmungsG.en (→Bundesgesetzgebung) auf Grund seines Vetorechts echte zweite Kammer. Ob auch bei geringeren Rechten der zweiten Kammer, zB in der Bundesrep. Deutschld. bei den sog. EinspruchsG.en (→Bundesgesetzgebung), bei denen der Bundesrat vom Bundestag letztl. überstimmt werden kann, die Bezeichnung Z. angebracht ist, ist im wesentl. eine Frage der Terminologie. Einigermaßen fest steht aber, daß bei bloß beratenden Funktionen der „zweiten Kammer" (zB Reichswirtschaftsrat, Bay. Senat) kein Z. vorliegt.

C. Schmitt, Verfassungslehre, 1928, 293–303 – H. A. Schwarz-Liebermann von Wahlendorf, Die Struktur und Funktion der sog. Zweiten Kammer, 1958 – K. Loewenstein, Verfassungslehre, 1959, 181–186.

Roman Herzog

Zwei-Reiche-Lehre. 1. Problematik u. Begriff. In der Thematik der Z. überlagern sich zwei Probleme: Einmal geht es in der Z. um die *historische* Frage der Unterscheidung u. Zuordnung von Glaube u. Politik, wie sie Martin Luther vorgenommen hat (→Luthertum). Luthers Sicht ist aus der damaligen historischen Situation heraus zu verstehen: Politische, kirchenpolitische u. theol. Fragestellungen überlagern sich hier. Weil es dabei jedoch um die Folgerungen aus dem ev. Verständnis der Rechtfertigung des Sünders für das Leben des Christen in der Welt geht, treffen in der Unterscheidung der Zwei Reiche wesentliche theol. Themen zusammen: Es geht um die *Unterscheidung* von Glauben und Werken, von Gesetz u. Evangelium, von Welt u. Christenheit, von Person u. Amt, von christlicher Freiheit u. bürgerlicher, „politischer" Freiheit, ja letztlich um die Unterscheidung von Gottes Tun u. menschlichen Aufgaben. Die Fülle der theol. *Grundsatzfragen,* die mit der Z. zusammenhängen, macht diese zu einem verwirrenden u. schwierigen, komplexen Gebilde. J. Heckel sprach daher zutreffend von einem *„Irrgarten der Zwei-Reiche-Lehre".* Zusätzlich verwirrend wird die Diskussion, weil mithilfe der Z. zugleich zum anderen eine Standortbestimmung in der gegenwärtigen Erörterung des Verhältnisses von Glaube u. Politik bzw. Kirche u. Politik geschieht *(Politische Theologie,* →Politische Ethik in der Theologie). Die Berufung auf Luther u. die Z. bzw. die Kritik an beiden dient dabei einer Legitimation von heutigen theol. u. kirchlichen Positionen. Es ist kein Zufall, daß die Z. im →*Kirchenkampf* wiederentdeckt wurde. Die Arbeit von HARALD DIEM, „Luthers Lehre von den Zwei Reichen untersucht von seinem Verständnis der Bergpredigt aus. Ein Beitrag zum Problem: ‚Gesetz und Evangelium' ", 1938, benennt bereits im Untertitel die zentralen Themen: Bergpredigt u. Politik sowie Gesetz u. Evangelium. Seit KARL BARTHS Schriften „Rechtfertigung und Recht" (1938) u. „Christengemeinde und Bürgergemeinde" (1946) wird ferner erörtert, ob die Z. dem Anspruch der Herrschaft Christi entspricht (→Königsherrschaft Christi; Barmer Theologische Erklärung, v. a. das Verhältnis von 2. u. 5. These).

Schon die Frage, ob die Z. überhaupt eine Lehre ist, ist strittig. HERMANN DIEM sprach 1947 von LUTHERS Predigt *in* den zwei Reichen u. begründete so gerade die Predigt an die Machthaber, also die politische Predigt. Neuerdings wird mit Nachdruck betont, daß die Unterscheidung der zwei Reiche keine Doktrin, kein Dogma, sondern nur situationsbezogene Ratschläge enthalte. Der Zweck dieser Unterscheidung sei allein die *Beratung der Gewissen*. Diese Unterscheidung sei weder eine theol. Doktrin noch politische Theorie, enthalte also nicht einen Grundriß politischer Ethik noch sei sie gar eine Staatslehre der frühen Neuzeit (so H. J. GÄNSSLER). Die Frage, ob die Z. als solche Lehre, Theorie ist, verweist daher prinzipiell auf Probleme theol. Theoriebildung. Die Z. betrifft nämlich die Grundlagen der Theol. und ist eine Konsequenz der reformatorischen Sicht von Gott, Mensch und Welt. Sie ist jedoch kein Lehrsatz, weder in dem Sinne, daß sie ein Glaubensgegenstand wäre, noch in dem Sinne, daß sie als oberste Norm eingesetzt werden könnte, aus der einzelne Forderungen unmittelbar deduktiv abgeleitet werden könnten. Vielmehr gilt von ihr: „Sie ist die unerläßl. Ortsbestimmung, die der Christ immer wieder für seinen Stand und sein Tun in der Welt vorzunehmen hat" (H. BORNKAMM), „diejenige Anleitung, das Verhältnis des Christen zur Welt gesamttheol. zu bedenken" (G. EBELING). Als solche fundamentaltheol. Anleitung bedarf sie der Anwendung auf die jeweilige geschichtl. Situation. Sie ist damit auch mehr als der Grundgedanke reformatorischer politischer Ethik und Sozialethik, wiewohl sowohl M. LUTHER (Von weltl. Oberkeit, 1523) als auch CALVIN (Institutio 1559, IV, 20) sie gerade anhand der Stellung des Christen zu politischen Problemen entfaltet haben. Der damalige reformatorische Grundgedanke einer „Entpolitisierung" des Evangeliums wie der „Entklerikalisierung" der Welt ist heute von der kath. Kirche im →*II. Vaticanum* aufgenommen worden in der Anerkennung einer Autonomie der weltl. Lebensgebiete (Pastorale Konstitution über die Kirche in der Welt von heute, *„Gaudium et Spes"*).

Der Sprachgebrauch „regnum", „regimen", „Reich", „Regiment" ist schon bei LUTHER uneinheitl., so daß es sich verbietet, daraus zu weitreichende Folgerungen abzuleiten, etwa in strikter Trennung einer Regimenten- von einer Reichelehre.

2. Vorgeschichte. Die Z. mit der reformatorischen Unterscheidung (nicht Trennung) von Predigt des Evangeliums und gesellschaftl. Gestaltung nach dem Gesetze Gottes (→Ethik; →Naturrecht), von Glaube und Liebe, von Christperson und Weltperson will nicht Gott und Welt auseinanderreißen, sondern dazu anhalten, verschiedene Bezüge, Relationen, *coram*-Beziehungen (coram deo, vor Gott, und coram hominibus, vor der Welt) zu bedenken. Sie ist als derartige hermeneutische Anweisung keine absolute Neuschöpfung, sondern Aktualisierung theologischer Tradition, die bis in die at. Apokalyptik und die nt. Geschichtsanschauung zurückreicht (vgl. zur Vorgeschichte umfassend U. DUCHROW). Schon die *Apokalyptik* kennt die Unterscheidung zwischen der gegenwärtigen Weltzeit (dem alten Äon) und der künftigen Heilszeit (dem eschatologischen, neuen Äon). Die Z. ist als solche freilich nicht mit der jüdisch-christl. *Lehre von den zwei Äonen* gleichzusetzen, da nach dieser beide Äonen zeitl. aufeinanderfolgen und sich ablösen, die Z. jedoch eine bleibende Grundstruktur des Christseins behauptet.

AUGUSTIN hat diese Zwei-Äonen-Lehre unter veränderten geschichtl. Bedingungen aktualisiert in der Unterscheidung von *civitas dei* und *civitas terrena* („De civitate dei"), wobei bei ihm die civitas terrena weithin mit der civitas diaboli gleichgesetzt wird (unter dem Einfluß des Manichäismus) und aus der Unterscheidung der zwei civitates der Kampf in der Gesch. zwischen Gott und Teufel wird, wiewohl sich auch bei ihm überraschend positive Bestimmungen der Aufgabe der civitas terrena finden, die für pax und iustitia zu sorgen hat (vgl. DUCHROW). Bei AUGUSTIN findet sich jedoch ein Dualismus, eine Antithese von Gottesreich und Weltreich. AUGUSTINS civitates sind Personenverbände, während LUTHER geistl. und weltl. Regiment nicht nur personal, sondern auch funktional deutet (anderer Ansicht: J. HECKEL). AUGUSTIN wirkte auf das MA. nicht nur durch den Dualismus der beiden civitates, sondern auch durch einen Bezug dieser auf ein christl. Imperium und die Zuordnung der Kirche zum Gottesreich. Er hat überdies die civitas dei der Kirche angenähert. Das MA. kennt durchweg die Unterscheidung zweier „Gewalten" (potestates), „Schwerter" (gladii), „Reiche" (imperia) in wechselnden Zuordnungsverhältnissen, repräsentiert in der Dyarchie von Kaiser und Papst. Dabei geht es um Kompetenz- und Machtverteilung innerhalb der einen weltl.-geistl. Christenheit (→Corpus Christianum) zwischen imperium und sacerdotium, res publica und ecclesia.

3. Luthers Zwei-Reiche-Lehre. LUTHER hat gegen das MA. die Eigenständigkeit weltl. Lebens, weltl. Obrigkeit, weltl. Berufs betont, die Mündigkeit und Selbstverantwortlichkeit der Christen neu entdeckt und damit Obrigkeit, Staat, Wirtschaft von klerikaler Bevormundung befreit, ohne sie freilich dem Anspruch des *Gesetzes* (im Sinne des politischen Gebrauchs, des usus politicus legis) zu entziehen. Maßstab eines allgemeingültigen ethischen Urteils für ihn sind der (naturrechtl. begründete) Dekalog und die Billigkeit, Epieikeia im Sinne der goldenen Regel von Mt 7,12.

Systematisch entfaltet ist die Unterscheidung der zwei Reiche und zwei Regimente erstmals in der Schrift „Von weltlicher Obrigkeit, wie weit man ihr Gehorsam schuldig sei" (1523). Diese Schrift wurde veranlaßt durch ein Mandat Herzog GEORGS VON SACHSEN (datiert vom 7. November 1522), der in seinem Territorium den Verkauf und Besitz von LUTHERS Übersetzung des Neuen Testaments verbot. LUTHER stand damit vor der Frage, wieweit überhaupt obrigkeitliche Gewalt reicht und ob die Gehorsamspflicht gegenüber der Obrigkeit auch einen Eingriff in Gewissen und Glauben zuläßt. LUTHER antwortet in diesem Traktat damit, daß er im 1. Teil die Einsetzung der Obrigkeit aus Römer 13 (im Gegenüber zur Bergpredigt, der Forderung zum Gewaltverzicht in Mt 5,39) begründet, im 2. Teil die Autorität weltl. Obrigkeit auf leiblichen Gehorsam beschränkt – eine Auslieferung des NT an den Landesherrn ist Christen verboten – und im 3. Teil in Form eines Fürstenspiegels Richtlinien für die Amtsausübung des Fürsten gibt. Die Unterscheidung der zwei Reiche ist also veranlaßt durch einen Gewissenskonflikt. Der konkrete Gewissensratschlag an ev. Christen lautet nicht: leidender Gehorsam, sondern „leidender Ungehorsam" gegenüber einer ungerechten Forderung der Obrigkeit. Außer in der Obrigkeitsschrift hat LUTHER in den Schriften zum *Bauernkrieg* (1525), in der Schrift „Ob Kriegsleute auch in seligem Stande sein können" (1526) und in Auslegungen und Predigten über die Bergpredigt die Z. dargestellt.

Die Bedeutung der Z. innerhalb LUTHERS Theologie und Ethik ist strittig. Bereits die Frage der Entstehung der Z. und ob Fundamentalunterscheidungen in LUTHERS Frühschriften – wie innerlich und äußerlich, Glaube und Werke, Gerechter und Sünder – sowie der Gebrauch augustinischer Theologie im Sinne der Z. zu interpretieren sind (darauf stützt sich z. T. die Lutherinterpretation J. HECKELS), ist offen. Beim späteren LUTHER (ab 1523/25) zeigen sich sodann neben der Z. andere Interpretationsmodelle der Sozialordnung. In der Auslegung des 4. Gebotes in den Katechismen findet sich das politische Ordnungsprinzip des *Patriarchalismus:* Die väterliche Autorität vertreten neben den leiblichen Vätern auch die Herren und Meister im Haus, die geistlichen Väter (Prediger) und v. a. die weltliche Obrigkeit, der „Landesvater". Die obrigkeitliche Autorität ist ganz personal, nicht institutionell gedacht. Die *Drei-Stände-Lehre,* die LUTHER häufig heranzieht, ist nicht aus der augustinischen Z. abzuleiten, sondern von ihr unabhängiges aristotelisches Traditionsgut. Haus, Obrigkeit und Kirche, status oeconomicus, ecclesiasticus und politicus bilden die drei Stände, oder wie LUTHER auch in antirömischer Polemik sagen kann, die drei „Orden", „Hierarchien", durch welche Gott die Welt erhält. LUTHERS Ständelehre hängt eng mit seinem Verständnis des weltlichen *Berufes* zusammen: Der Ort, an welchen der Christ zum Dienst am Mitmenschen berufen ist, ist der Beruf im Alltag der Welt. Nicht der Mönch, der die Welt flieht, hat eine vocatio. Sondern die vocatio, der „Beruf" stellt den Christen in die *Welt,* dort soll er den Mitmenschen nützlich sein. Wie die Z. betont die Drei-Stände-Lehre, daß die Welt der Raum ist, in welchem der Christ zugunsten seiner Nächsten zu wirken hat. Allerdings sind Z. und Drei-Stände-Lehre nur Denkmodelle, die diesen Sachverhalt beschreiben, aber nicht auseinander ableitbare Axiome. Zudem ist LUTHERS Unterscheidung der zwei Reiche auch nicht in dem Sinne eine Theorie, daß aus ihr einzelne Folgerungen kasuistisch zu deduzieren wären. Die Ratschläge LUTHERS zu politischen und öffentlichen Fragen lassen sich nicht auf Grundsätze zurückführen und sind z. T. auch unter sich widersprüchlich. Diese Einzelthemen betreffen u. a.: LUTHERS Stellung zu →Frieden und Krieg, zum →Widerstandsrecht, Autorität der Obrigkeit, Gehorsamspflicht der Untertanen, →Toleranz und Ketzerei (→Häresie), →landesherrlichem Kirchenregiment, →Arbeit, →Eigentum, Kaufhandel, Wucher und Zins (s. a. Wirtschaftsethik). Die Äußerungen LUTHERS dazu sind also nicht als praktische Anwendung von Axiomen zu begreifen und können damit nicht schlechthin verbindlich sein. Die Z. ist vielmehr lediglich Formulierung einer theol. Grundsicht von Welt, nicht normative Theorie. Diese Grundsicht überträgt die Verantwortung für die Welt der *Vernunft.* Vernunft und Billigkeit als Maßstäbe sind auch Nichtchristen zugänglich. Der Christ begreift somit seine Indienstnahme für die Weltgestaltung nach Maßgabe vernünftiger Einsichten als Gebot der *Liebe* und als Anweisung Gottes zum Mitwirken bei der Weltgestaltung. Er ist zum *cooperator dei* bei der Weltgestaltung bestellt, nicht aber dazu, Mitwirker seines eigenen Heils zu sein. Das Handeln in der Welt hat keine soteriologische Bedeutung; das meint die Feststellung, die Z. sei Folge des sola gratia, sola fide im reformatorischen Verständnis der Rechtfertigung. Im weltlichen Regiment soll nicht Heil erlangt, sondern, nach dem Maß menschlicher Einsicht und Vernunft, das Wohl der Mitmenschen bewirkt werden.

Konsequenzen hat die Z. schließlich für das reformatorische Verständnis des *→Kirchenrechts.* Die Kirchengewalt kann sich nur auf die Autorität des Wortes stützen; sie soll „sine vi humana, sed verbo" (CA 28) geübt werden. Art. 28 der CA „Von der Bischofen Gewalt" ist der einzige Text in den luth. →Bekenntnissen, welcher die Z. verwendet. Er wendet sich gegen die Vermischung der „potestas ecclesiastica" mit der „potestas gladii" in der Institution der geistlichen Reichsfürsten und im kanonischen Recht. Die bischöfliche Gewalt „iuxta evangelium" besteht allein in der Verkündigung des Evangeliums und der Verwaltung der Sakramente. Die Intention der Z. im Reformationsjahrhundert bestand darin, daß sie einer Klerikalisierung von Welt und Politik polemisch widersprach (→Klerikalismus) und den Glauben von politischen Bindungen unabhängig zu machen trachtete. In diesem Sinne war sie gemeinreformatorisch. Auch CALVIN betont den wesentlichen Unterschied zwischen bürgerlicher oder äußerlicher und innerlicher Gerechtigkeit, zwischen politischer und christlicher →Freiheit, zwischen Christi geistlichem Reich und der bürgerlichen Ordnung (Inst. IV, 20, 1; III, 19, 15. 16).

4. Wirkungsgeschichte. Die reformatorische Z. setzt die damaligen politischen, gesellschaftl. und kirchl. Verhältnisse voraus (zB monarchische Obrigkeit, ständische Gesellschaftsgliederung, Todesstrafe, christl. Herrscher als Schutzherr der Kirche). Die Gesch. und Fortbildung der nachreformatorischen Z. ist noch nicht vollständig erforscht. Bereits der Einbau der Z. in das *landesherrliche Kirchenregiment* (→Kirchenverfassung) hat diese nicht unwesentl. verändert: Obrigkeit und Predigtamt wirken nunmehr zusammen in der Leitung der Kirche wie in der Ordnung der Gesellschaft (Hofprediger!). LUTHERS *Drei-Stände-Lehre,* die jedem Christen seinen Platz in einem der 3 Stände (politia, oeconomia, ecclesia) anwies, wurde zu einem Prinzip der Funktionsverteilung zwischen Obrigkeit, Predigtamt und Volk (oeconomia) im Kirchenrecht. Unter dem landesherrl. Kirchenregiment konnte die Kirche (als Gemeinde, Gemeinschaft der Christen) keine selbständigen politischen und gesellschaftl. Aufgaben wahrnehmen. Sie mußte sich auf eine restriktive Wahrnehmung seelsorgerl. und geistl. Aufgaben beschränken. Die Z. geriet in *Aufklärung* und *Pietismus* fast vollständig in Vergessenheit und wurde erst wieder aktuell, als infolge der *Trennung von Kirche und Staat* (seit dem 19. Jh.) die Frage nach der gesellschaftl. und politischen Stellung und Verantwortung der Kirche aufbrach. Die luth. Ethik des 19. Jh. (E. CH. LUTHARDT, Ethik Luthers in ihren Grundzügen, 2. Aufl. 1875) interpretierte die Z. idealistisch als Unterscheidung von Innerlichkeit des Christentums (Erlösung) und äußerem Leben in der Welt (Schöpfung), von christl. Gesinnung und weltl. Sachzwängen. F. NAUMANN („Briefe über Religion", 1903) beanspruchte sie für die neuzeitl. Lehre von der *„Eigengesetzlichkeit",* wonach Politik, Wirtschaft usw. sich prinzipiell christl. Beurteilung und ethischer Normierung entziehen und kausal-gesetzl. determiniert ablaufen. Diese neuzeitl. Auffassung von Eigengesetzlichkeit ist allerdings (gegen NAUMANN) keineswegs mit LUTHERS Gesetzesverständnis gleichzusetzen, welches die Erkennbarkeit der sittl. Forderung für jeden Menschen (und dessen Ansprechbarkeit daraufhin) vertrat. E. TROELTSCH erhob angesichts dieser Anwendung der Z. gegen das Luthertum seiner Zeit den Vorwurf der *„Doppelmoral"* nicht zu Unrecht. Überdies wurde die Z. während des 1. Weltkriegs und später in der NS-Zeit zur Rechtfertigung von Imperialismus, Krieg, Diktatur, Machtpolitik benutzt (zB W. WALTHER, Deutschlands Schwert durch Luther geweiht, 1914; A. DEUTELMOSER, Luther, Staat und Glaube, 1937). Eine theol. Erforschung der Z. LUTHERS beginnt erst eigentlich mit H. DIEMS Schrift 1938, der LUTHERS Äußerungen zur Z. auf dessen theol. Grundansatz zurückbezog und im Rahmen von LUTHERS Schriftauslegung interpretierte (insbes. Mt 5 – 7, Bergpredigt, und Röm 13).

5. Einwände. Die Z. ist in der Theol. des 20. Jh. nicht nur in ihrer Interpretation strittig, sondern mancherlei grundsätzl. Einwänden ausgesetzt. Die Argumentation mit dem *geschichtl. Mißbrauch* (u. a. K. BARTH, Eine Schweizer Stimme, 1945, ferner vielfach eine nichttheol. politische Publizistik) konstruiert eine Ahnenreihe LUTHER-BISMARCK-HITLER, sie verkennt jedoch, daß der Ahnherr moderner Realpolitik und neuzeitlichen Staatsverständnisses nicht LUTHER, sondern MACHIAVELLI ist. Des weiteren vermißt man an ihr die Anerkennung der *Herrschaft Christi* über alle Bereiche der Welt (→Königsherrschaft Christi), vor allem unter Berufung auf die Kosmokratorchristologie des Kolosser- und Epheserbriefes. Dieser Einwand übersieht freilich häufig, daß Christi Herrschaft in der Welt verborgen ist („regnum Christi tectum cruce", CA Apol. VII, 18) und daß recht verstandene Christusherrschaft daher die Z. notwendig macht. Die Z. wird andererseits auch deshalb kritisiert, weil sie in zeitbedingter Polemik gegen die röm. Kirche die Gesellschaft *entchristlicht* und den Zusammenhang von Christentum, Staat und Gesellschaft zerstört habe (W. PANNENBERG) (s. a. Säkularisierung). Ferner wird gegen eine Statik der Z. die eschatologische Botschaft vom Reich Gottes (H. D. WENDLAND, J. MOLTMANN) ins Feld geführt, allerdings häufig unter Verkennung dessen, daß das Reich Gottes kein innerweltl. Weltgestaltungsprogramm und kein absehbares Geschichtsziel, also keine Utopie ist. In der andauernden Spannung zwischen beiden Reichen hat zudem die Z. den eschatologischen Aspekt in sich selbst aufgenommen.

Alle diese Einwände berücksichtigen nicht den fundamental *anthropologischen* Charakter der Z., welche nicht ein Welterklärungsprinzip liefern will, sondern Hinweis auf die Spannung ist, in welcher der Christ in der Welt lebt, der Spannung von Schöpfung und Sünde, von Gerechtsein und Sündersein, von Gesetz und Evangelium, von Welterhaltung und Erlösung, von

Person (Gewissen) und Werk (gesellschaftl. Handeln).

6. Typologie der Interpretation. Neben einer grundsätzl. Ablehnung der Z. und deren unkritischer Tradierung (im Sinne eines problemlosen Dualismus von gläubiger Innerlichkeit und „eigengesetzlichem" Weltverhalten) finden sich in der heutigen Theol. eine Vielfalt von vergegenwärtigenden Interpretationsversuchen, welche eine Orientierung im „Irrgarten der Zweireichelehre" (J. HECKEL) außerordentlich erschweren. Die *funktionale* Deutung von P. ALTHAUS und die *personale* von J. HECKEL repräsentieren nur zwei nicht unbestrittene Grundauslegungen. PAUL ALTHAUS u. a. luth. Theologen (zB FRANZ LAU) gehen in einer *funktionalen Deutung* der Z. von den beiden Regimenten oder Regierweisen Gottes aus. Gott regiert in der Welt auf zweifache Weise: Er setzt um der Erhaltung des leiblichen, irdischen, zeitlichen Lebens willen das weltliche Regiment ein. Das geistliche Regiment soll den Menschen zum Glauben führen und die Erlösung in Christus verkünden und zusprechen. Das weltliche Regiment ist Gottes uneigentliches Regiment („mit der linken Hand"), im geistlichen Regiment geschieht das opus proprium dei („mit der rechten Hand"). Das Verhältnis von weltlichem und geistlichem Regiment, die beide Regimente Gottes sind, wird vornehmlich institutionell gedacht: Träger des weltlichen Regiments ist die staatliche Obrigkeit, des geistlichen Regiments das Predigtamt. Die Z. enthält damit ein Zuordnungsproblem und die Abgrenzungsfrage der Kompetenzen von →Kirche und Staat. Beide Regimente sind *„Ordnungen"* Gottes. Der Christ untersteht deswegen beiden Regimenten. Er ist „Bürger zweier Reiche" (so F. LAU, P. ALTHAUS). Zwischen persönlicher Einstellung („Person für sich") und Amtsauftrag („Person für andere") kann freilich ein Rollenkonflikt entstehen. Im politischen Bereich gilt nämlich nicht das Liebesgebot, die Bergpredigt. Die weltlichen Ordnungen (→Staat; →Wirtschaft) sind nicht zu christianisieren. Der Staat gerade in seiner Profanität ist Mittel der Welterhaltung Gottes, „ordinatio divina". Im weltlichen Reich ist zwischen Gott und Christ gleichsam die Ordnung zwischengeschaltet (so P. ALTHAUS). Das Weltreich ist nicht – wie in manchen Äußerungen AUGUSTINS – Teufelsreich, civitas diaboli.

Gegen diese institutionelle Deutung der Z. werden politische und theol. *Einwände* erhoben. Politisch wird den luth. Theologen Konservatismus und sozialer Quietismus, Ablehnung der Weltveränderung und Anpassung an die bestehende Ordnung vorgeworfen. Theol. wird die Erkenntnis von Ordnungen des weltlichen Regiments extra Christum revelatum, die sog. „Eigengesetzlichkeit" des Weltlichen als theol. unzulässig bewertet (K. BARTH; →Königsherrschaft Christi); ferner wird auch der Vorwurf der „Doppelmoral" erhoben (zuerst von E. TROELTSCH, dann mit dessen Argumenten von K. BARTH übernommen.).

Im Widerspruch zur funktionalen Deutung hat J. HECKEL, Lex charitatis, 1953, eine *personale Deutung* der Z. vorgelegt. Nicht die zwei Regimente, „Regierweisen" Gottes sind der Ansatz der Z., sondern eine scharfe Teilung in zwei Völker: Reich der Welt ist das Teufelsvolk; Reich Christi sind die wahrhaft Glaubenden. „Reich" ist durchgängig ein personhafter Begriff. HECKEL beruft sich auf augustinische Terminologie und auf einen Dualismus von Bösen und Christen, der sich bei LUTHER auch an einigen Stellen findet. Die zwei corpora haben verschiedene Häupter: Haupt, „rex" der ecclesia spiritualis der wahrhaft Glaubenden ist Christus; zum regnum mundi gehören die Unchristen; deren Herr, Haupt ist der „princeps huius mundi", der Teufel. HECKEL muß nun auf der Grundlage dieser personalen Reichslehre freilich die Regimentenlehre einbeziehen: Der Christ ist jedoch nur „Bürger eines Reiches", nämlich des Reiches Christi. LUTHER selbst sagt jedoch: „Christianus, ut Christianus est in prima tabula, solus extra regnum coelorum est civis huius mundi. Ergo habet utrumque politeuma, subjectus Christo per fidem, subjectus Caesari per corpus" (WA 39, II, 81, 16). Nur die lex charitatis verpflichtet ihn zur Loyalität gegenüber dem weltlichen Regiment und zur Anerkennung des weltlichen →Naturrechts.

Gegen diese Deutung der Z. spricht, daß der Teufel, die dämonische Macht nach LUTHER, beide Reiche gefährdet und bedroht. Der Dualismus der zwei Völker ist nicht genuin luth. Denn auch der Christ ist „simul iustus et peccator". Die Welt ist nicht schlechthin corpus diaboli, sondern Gottes gute Schöpfung, die freilich von der Sünde gefährdet ist. An HECKELS Begrifflichkeit, theol. Anthropologie und Kirchenrechtsverständnis (lex charitatis als Norm des geistlichen Rechts führt zu einem doppelten Rechtsbegriff) wurde Kritik geübt. Insgesamt hat die Alternative von funktionaler oder personaler Deutung der Z. in der deutschen Diskussion vor schiefe Alternativen und in Aporien geführt.

Die *skandinavische Lutherforschung* (G. HILLERDAL, G. TÖRNVALL, A. NYGREN, G. WINGREN) betont die Notwendigkeit einer Unterscheidung von Schöpfung und Erlösung, von (natürlichem) Gesetz und (offenbartem) Evangelium und ordnet das weltl. und das geistl. Regiment jeweils einer der beiden Wirkweisen Gottes zu *(Regimentenlehre).* Des weiteren gibt es eine *heilsgeschichtl.* Deutung (W. KÜNNETH), welche die Z. einordnet in Gottes Heilsplan und rechten Gebrauch weltl. Regiments nur durch Christen möglich sein läßt, also (überraschenderweise) wieder zur Forderung einer „christlichen" Gesellschaftsordnung gelangt. Eine *existential-anthropologische* und hermeneutische Interpretation (G. EBELING) wird hingegen die Z. nicht als Auslegung des göttl. Heilsplans, sondern als Auslegung der Situation des Menschen vor Gott begreifen, betont dabei den Unterschied von göttl. Heil und irdischem Wohl, von Evangelium und Weltverhalten (entsprechend dem Gesetz).

Die *Studienarbeit des LWB* hat von 1970 bis 76 unter der Fragestellung, ob die Z. Ideologie oder ev. Weisung sei, eine Untersuchung zur Theologie und Praxis lutherischer Kirchen im 20. Jh. vorgelegt (U. DUCHROW, Zwei Reiche und Regimente). Diese Studienarbeit analysiert politische und kirchenpolitische Berufungen auf die Z. und unterscheidet zwischen theol. legitimem und theol. illegitimem Gebrauch. Während zB die luth. Kirchen in der DDR, in Ungarn, in Norwegen unter der deutschen Besatzung theol. rechtmäßig die Z. anwenden, wurde im Kirchenkampf und in den ev. Kirchen der Bundesrep. Dtschld. (v. a. im Zusammenhang der Wiederbewaffnungsdiskussion) falscher Gebrauch von ihr gemacht, weil damit sozio-politische Aktivitäten der Kirche stillgelegt wurden. Diese Studienarbeit löste eine scharfe Kontroverse aus (vgl. dazu N. HASSELMANN, Gottes Wirken in seiner Welt, Bd. I – II, 1980), die sowohl die historischen Darstellungen wie die theol. Wertungen betraf. In der Tat sammelt sich in der Thematik der Z. die gesamte ungelöste Problematik der Beziehung zwischen Glaube und Politik und zwischen Kirche und Politik. Strittig sind folgende *Fragen:* Die Einstellung der Christen zur *Macht* und zum Staat und das Problem der →*Legitimität* staatlichen Handelns ist ungeklärt: Wann haben Christen der politischen Macht ihre Loyalität zu versagen? Was sind Kriterien dafür, wann ein prinzipieller Legitimationsentzug zulässig ist, und welche Mittel des Widerstandes sind im Falle des Legitimitätsverlustes anzuwenden (Gewalt)? Es ist dies auch die Thematik der „Theologie der Befreiung". Was ist Kennzeichen vom Christen pflichtgemäß zu erwartender Mitarbeit und Loyalität und wann wird Anpassung an die politische und gesellschaftliche Ordnung, an das „System" zur Billigung von Unrecht? Die Z. verbindet sich hier mit der Frage nach dem Verhältnis von →*Ideologie* und Glaube und nach der Interessenverflochtenheit von Christen und Kirchen. In welchem Sinne die Kirche als Institution Subjekt politischen Handelns sein kann, ist ebenfalls umstritten. Schließlich kann eine in Geschichtsdynamik der Veränderung auf das Reich Gottes hin umgedeutete Eschatologie mit der Z. in Konflikt kommen.

Ein innerhalb des ev. Kirchenbundes der *DDR* geführtes theol. Gespräch „zum *Verhältnis von Z. und Lehre von der →Königsherrschaft Christi*" hat 1980 unter dem Titel „Kirchengemeinschaft und politische Ethik" Stärken und Schwächen beider Lehren sorgfältig herausgearbeitet und verglichen. Beide Lehren wurzeln in verschiedenen Traditionen und sind *„Interpretationsmodelle"*, die auf wechselseitige Ergänzung angelegt sind. Mit der Darstellung der Vorzüge und Nachteile beider „Denkmodelle" ist ein wesentlicher Fortschritt über die Alternative von funktionaler oder personaler Deutung, aber auch über die sehr stark politisch und kirchenpolitisch motivierte Studienarbeit des LWB hinaus gelungen. Gerade das Lutherjubiläum 1983, das in vielen öffentlichen Äußerungen vom Für und Wider zur Z. geprägt war, verdeutlicht im übrigen, daß derzeit kein Konsens in der ev. Christenheit über das Verhältnis von kirchlichem Auftrag und politischem Handeln besteht. Die Funktion der Vernunft bei der politischen Urteilsbildung, die Frage der Parteilichkeit von Christen und Kirchen und damit des Bündnisses von Christen und Kirchen mit politischen Ideologien und des Engagements in politischen Konflikten und Kämpfen werden gegensätzlich gesehen. Ein Beitrag der Z. könnte hier darin bestehen, zur Reflexion und Nüchternheit anzuleiten, gerade in einer Zeit der Mißdeutung von Politik als Heilsveranstaltung.

7. Intention. Die Z. kann nur richtig verstanden werden, wenn man sie nicht als *Trennung* zwischen zwei Bereichen (Gottesreich-Weltreich) interpretiert, sondern als *Einübung in die Unterscheidung zweier Bezüge,* welchen der Mensch als solcher (nicht nur der glaubende Christ!) Verantwortung schuldet. Denn im →Gewissen kann jeder Mensch Gottes Anruf vernehmen, auch wenn erst das Wort des Evangeliums diesen Anruf eindeutig und befreiend zu Gehör bringt. Die Z. ist somit Reflexion des Faktums, daß der Glaubende sich vor Gott (coram deo) gestellt sieht und vor den Menschen (coram hominibus) die helfende Tat der Liebe zu erbringen hat, zielt also auf die Vermittlung von menschl. Wirklichkeitsverständnis und Gottes Wort im Leben des Christen. Die Z. ist insofern die Anleitung zu einer reformatorischen Interpretation der weltl. Existenz des Christen und wirkt gerade infolge der Vielzahl ihrer theol. Beziehungen so vielfältig (und verwirrend). Mit ihrer Hilfe wird das (dogmatische) Reden von Gott und Gottes Heil bezogen auf und unterschieden vom (ethischen) Handeln des Menschen. Die Komplexität der Z. ist sachlich bedingt. Das christl. Verständnis von Evangelium (als Gnadenwort) und Schriftzeugnis, Rechtfertigung, Glauben, Gewissen, Geschöpflichkeit des Menschen, Sünde, →Freiheit, Vernunft, Zuwendung zur und Distanz von der Welt stehen ebenso zur Diskussion wie die Unterscheidung zwischen Weltordnung und Heilsverheißung, Gesetz und Evangelium, äußerem Rechtsverhältnis zwischen den Menschen, veranschaulicht im (damals zeitbedingten) Symbol des „Schwerts", und der viva vox Evangelii, verkündigt in der Kirche, zwischen äußerer Dienstbarkeit in der Welt am Nächsten und innerer Freiheit des Gewissens. Unentbehrlich ist die Z. darum für jede Theol., die ausgeht von einer Spannung zwischen Wirklichkeit und Wort Gottes, von Gott und Welt als verschiedenen Bezugspunkten des Mensch- und Christseins; nicht erforderlich ist sie für eine Theol., wenn sie entweder der Erfahrung von Wirklichkeit keinerlei theol. Bedeutung beimißt oder aber auf ein Reden von Gott, Wort Gottes verzichtet. Die Z. impliziert somit sowohl Ideologiekritik an einem positivistischen Wirklichkeitsverständnis wie an einer Verabsolutierung innerweltlicher Forderungen. Die Fragestellung kann in der Formulierung zugespitzt werden: Gibt es einen usus politicus evangelii (G. EBELING), d. h. enthält das Evangelium direkte politische Anweisungen und Forderungen? Oder setzt das Evangelium den Glauben frei zur Achtung des usus politicus legis, zur rechten Wahrnehmung der an alle Menschen, nicht nur die Christen, auch im öffentlichen Bereich gerichteten ethischen Forderung? Die Z. nötigt damit theol. zur Unterscheidung von Gesetz und Evangelium, die nach LUTHER erst den Theologen ausmacht. Sie leitet zur *Ideologiekritik* an, indem sie aufgrund des Evangeliums irdische Ansprüche relativiert und einer unbefangenen Prüfung durch die kritische Vernunft unterwirft. Diese Grundunterscheidung der Z. hat sodann Folgen für das Verständnis des →Kirchenrechts, das Verhältnis von →Kirche und Staat, die ethische Beurteilung des →Staates, politische Ethik, politische Theol., politische Predigt, die Stellung des Christen zu gesellschaftl. Problemen; sie gibt ferner eine Theorie zur Begründung kirchl. Handelns (im Unterschied zB zu staatl. Handeln) (G. SAUTER). Jedoch sollte Variabilität und geschichtl. Wandelbarkeit der Konkretionen wie der Wagnischarakter, die Situationsbedingtheit und Zweideutigkeit jeder konkreten politischen und gesellschaftl. Stellungnahme nicht übersehen werden: diese Konkretionen können darum nicht zum schlechthinnigen Beurteilungsmaßstab der Z. gemacht werden. Vielmehr gibt die Z. eine Hilfe, aktuelle Probleme theoretisch zu formulieren und zu reflektieren, und ermöglicht es dadurch, heutige praktische Fragen der politischen Existenz des Christen auf theol. Grundüberlieferungen zurückzubeziehen.

F. LAU, Luthers Lehre von den beiden Reichen, 1952 – J. HECKEL, Lex charitatis, 1973² (1953) – DERS., Im Irrgarten der Zweireichelehre, ThExh NF 55, 1957 – G. HILLERDAL, Gehorsam gegen Gott und Menschen. Luthers Lehre von der Obrigkeit und die moderne ev. Staatslehre, 1955 – H. BORNKAMM, Luthers Lehre von den zwei Reichen im Zusammenhang seiner Theologie, 1960² (1955) – H. H. SCHREY (ed), Reich Gottes und Welt. Die Lehre Luthers von den zwei Reichen, 1969 – U. DUCHROW, Christenheit und Weltverantwortung. Traditionsgeschichte und systematische Struktur der Zweireichelehre, 1983² (1970) – DERS., (ed), Zwei Reiche und Regimente. Ideologie oder ev. Orientierung?, 1977 – G. EBELING, Leitsätze zur Zweireichelehre, in: ZThK 69 (1972) 331 – 349 (= Wort u. Glaube III 1975, 574 – 592) – G. WOLF (ed), Luther und die Obrigkeit, 1972 – G. SAUTER (ed), Zur Zwei-Reiche-Lehre Luthers, 1973 (enthält: HAR. DIEM: Luthers Lehre von den zwei Reichen, 1938; HERM. DIEM: Luthers Predigt von den zwei Reichen, 1947, sowie eine Bibliographie von J. HAUN) – U. DUCHROW/W. HUBER (ed), Die Vorstellung von zwei Reichen und Regimenten bis Luther, 1978² (1970) (Texte zur Kirchen- und Theologiegeschichte 17) – DIES., Umdeutungen der Zweireichelehre Luthers im 19. Jahrhundert, 1976 (Texte zur Kirchen- und Theologiegeschichte 21) – DIES., Die Ambivalenz der Zweireichelehre in lutherischen Kirchen des 20. Jahrhunderts, 1977² (1976) (Texte zur Kirchen- und Theologiegeschichte 22) – M. HONECKER, Sozialethik zwischen Tradition und Vernunft, 1977, 175 – 278 (Zweireichelehre und Sozialethik) – DERS., Thesen zur Aporie der Zweireichelehre, in: ZThK 78 (1981) 128 – 140 – DERS., Die Weltverantwortung des Glaubens, in: Luthers Sendung für Katholiken und Protestanten, K. LEHMANN (ed), 1982, 71 – 93 – G. JACOB, Weltwirklichkeit und Christusgemeinde. Wider eine falsche Zweireichelehre, 1977 – H. KUNST, Ev. Glaube und politische Verantwortung. Martin Luther als politischer Berater seiner Landesherrn und seine Teilnahme an den Fragen des öffentlichen Lebens, 1977 – N. HASSELMANN, Gottes Wirken in seiner Welt, 1980 (Zur Sache H. 19 u. 20) – J. ROGGE/H. ZEDDIES (ed), Kirchengemeinschaft und politische Ethik. Ergebnis eines theologischen Gespräches zum Verhältnis von Zwei-Reiche-Lehre und Lehre von der Königsherrschaft Christi, 1981 (Orig. Ausg. O-Berlin 1980) – G. SCHARFFENORTH, Den Glauben ins Leben ziehen ... Studien zu Luthers Theologie, 1982, 71 – 340 – H. J. GÄNSSLER, Evangelium und weltliches Schwert. Hintergrund, Entstehungsgeschichte und Anlaß von Luthers Scheidung zweier Reiche oder Regimente, 1983 (Lit.)

Martin Honecker

Zwei-Schwerter-Lehre →Kaisertum und Papsttum; →Kirche und Staat

ABKÜRZUNGSVERZEICHNIS

Nicht aufgenommen in das Verzeichnis sind Abkürzungen, die entweder im betreffenden Artikel selbst erklärt oder leicht ergänzbar und aus sich heraus verständlich sind (zB europ. für europäisch, polit. für politisch, wirtschaftl. für wirtschaftlich). Abkürzungen für **Institutionen** finden sich als Verweise im **Stichwortregister** (zB EWG →Europ. Wirtschaftsgemeinschaft).

A

AA	Auswärtiges Amt / Apostolicam Actuositatem
a.A.	anderer Ansicht
aaO	am angegebenen Ort
AAS	Acta Apostolicae Sedis
AB	Augsburger Bekenntnis
Abb.	Abbildung
Abdr.	Abdruck
AbfG	Abfallbeseitigungsgesetz
ABGB	Allgemeines Bürgerliches Gesetzbuch (Österreich)
Abg.	Abgeordnete(r)
Abgh.	Abgeordnetenhaus
Abh.	Abhandlung(en)
Abk.	Abkürzung / Abkommen
ABl.	Amtsblatt
abl.	ablehnend
Abs.	Absatz
Abt.	Abteilung(en)
AcP	Archiv für civilistische Praxis
Act	acta / actes
ADV	Automatisierte Datenverarbeitung
a.E.	am Ende
AE	Alternativentwurf
AELKZ	Allgemeine evangelisch-lutherische Kirchenzeitung
AevKR	Archiv für evangelisches Kirchenrecht
a.F.	alte Fassung
AFG	Arbeitsförderungsgesetz
AfP	Archiv für Presserecht
AG	Aktiengesellschaft / Amtsgericht
AGB	Allgemeine Geschäftsbedingungen
AGBG	Gesetz zur Regelung des Rechts der AGB
AJS	American Journal of Sociology
AkathKR (AfkKR)	Archiv für katholisches Kirchenrecht
AKG	Arbeiten zur Kirchengeschichte
AkGrFG	Gesetz über die Führung akademischer Grade (v. 7. 6. 1939)
AktG	Aktiengesetz
ALR	Allgemeines Landrecht für die preußischen Staaten
a.M.	anderer Meinung
AMA	Abhandlungen der Bayerischen Akademie der Wissenschaften
Am.Soc.Rev. (ASR)	American Sociological Review
Anl.	Anlage
Anm.	Anmerkung(en)
Ann.	Annalen
AöR	Archiv des öffentlichen Rechts
AO	Abgabenordnung (1977)
ao.	außerordentlich
Apol.	Apologie des Augsburger Bekenntnisses
ApolCA	Apologie des Augsburger Bekenntnisses
AP	Arbeitsrechtliche Praxis (Z.)
ap.	apostolisch
AR-Blattei	Arbeitsrechts-Blattei
ArbGG	Arbeitsgerichtsgesetz
Arch.	Archiv
ArchKR	Archiv für Kirchenrecht
ArchRefG	Archiv für Reformationsgeschichte
ArchVR	Archiv für Völkerrecht
arg.	argumentum
ARSP	Archiv für Rechts- und Sozialphilosophie
Art.	Artikel
AS	Amtliche Sammlung
ASm	Schmalkaldische Artikel
ASS	Acta Sanctae Sedis
AsylVfG	Asylverfahrensgesetz
AT	Allgemeiner Teil / Altes Testament
at.	alttestamentlich
AtG	Atomgesetz
AÜG	Arbeitnehmerüberlassungsgesetz
Aufl.	Auflage(n)
Ausf.	Ausführung(en)
AusfG	Ausführungsgesetz
Ausg.	Ausgabe(n)
ausgew.	ausgewählt(e)
AuslG	Ausländergesetz
Aussch.	Ausschuß
AVO	Ausführungsverordnung
AVAVG	Gesetz über Arbeitsvermittlung und Arbeitslosenversicherung
AVR	Archiv des Völkerrechts
AWG	Außenwirtschaftsgesetz
AWR	Association for the Study of the World Refugee Problem
AZP	Allgemeine Zeitschrift für Philosophie

B

B	Bund
Bad.-Württ. VBl.	Baden-Württembergisches Verwaltungsblatt

BAföG	Bundesausbildungsförderungsgesetz
BAG	Bundesarbeitsgericht / Bundesarbeitsgemeinschaft
BAnz	Bundesanzeiger
BAT	Bundes-Angestelltentarifvertrag
BayObLG	Bayerisches Oberstes Landesgericht
BayVBl.	Bayerische Verwaltungsblätter
BayVGH	Bayerischer Verwaltungsgerichtshof
BBankG	Bundesbankgesetz
BBauG	Bundesbaugesetz
BBesG	Bundesbesoldungsgesetz
BBG	Bundesbeamtengesetz
BBiG	Berufsbildungsgesetz
Bd., Bde.	Band, Bände
BDA	Bundesvereinigung Deutscher Arbeitgeberverbände
BDI	Bundesverband der Deutschen Industrie
BDSG	Bundesdatenschutzgesetz
bearb.	bearbeitet
begr.	begründet
Beil.	Beilage(n)
Beitr.	Beitrag, Beiträge
Bek.	Bekanntmachung
Ber.	Bericht
bes.	besonders, besondere
Beschl.	Beschluß, Beschlüsse
betr.	betreffend
BetrVG	Betriebsverfassungsgesetz
BewG	Bewertungsgesetz
BFH	Bundesfinanzhof
BGB	Bürgerliches Gesetzbuch
BGBl.	Bundesgesetzblatt
BGH	Bundesgerichtshof
BGHSt	Entscheidungen des Bundesgerichtshofes in Strafsachen
BGHZ	Entscheidungen des Bundesgerichtshofes in Zivilsachen
Bh.	Beiheft
BHO	Bundeshaushaltsordnung
BHTh	Beiträge zur historischen Theologie
BImSchG	Bundesimmissionsschutzgesetz
BIOST	Bundesinstitut für ostwissenschaftliche und internationale Studien
BK	Bekennende Kirche / Bonner Kommentar (GG) / Bundeskanzler
BKA	Bundeskriminalamt
BKartA	Bundeskartellamt
Bl.	Blatt, Blätter
BM	Bundesminister(ium)
BMBW	Bundesminister für Bildung und Wissenschaft
BMI	Bundesminister des Innern
BMinG	Bundesministergesetz
BMJ	Bundesminister der Justiz
BMJFG	Bundesminister für Jugend, Familie und Gesundheit
BMVg	Bundesminister der Verteidigung
BNatSchG	Bundesnaturschutzgesetz
BND	Bundesnachrichtendienst
BPersVG	Bundespersonalvertretungsgesetz
BR	Bundesrat
BRAO	Bundesrechtsanwaltsordnung
BRH	Bundesrechnungshof
BRRG	Beamtenrechtsrahmengesetz
BS	Bereinigte Sammlung des bayerischen Landesrechts
BSELK	s. BSLK
BSG	Bundessozialgericht
BSHG	Bundessozialhilfegesetz
BSLK	Die Bekenntnisschriften der evangelisch-lutherischen Kirche
BSP	Bruttosozialprodukt
BStBl.	Bundessteuerblatt
BT	Bundestag
BTE	Barmer Theologische Erklärung
Btx	Bildschirmtext
BUrlG	Bundesurlaubsgesetz
BVerfG	Bundesverfassungsgericht
BVerfGG	Bundesverfassungsgerichtsgesetz
BVerfSchG	Bundesverfassungsschutzgesetz
B-VG	(österreichisches) Bundesverfassungsgesetz
BVerw	Bundesverwaltung
BVerwG	Bundesverwaltungsgericht
BVwVfG	Verwaltungsverfahrensgesetz des Bundes
BY	Bayern
BW	Baden-Württemberg
BZBlG	Benzinbleigesetz
bzw.	beziehungsweise

C

c. (cc.)	canon, canones / capitulum
C.	Capitel
ca.	circa
CA	Confessio Augustana
CA Apol.	Apologie der Confessio Augustana
can.	canon
calv.	calvinistisch
Cap.	Kapitel (caput)
CChrL	Corpus Christianorum, Series Latina
cf.	confer
CIC	Codex Iuris Canonici (1917 und 1983)
Clem.	Clemens-Briefe
cod. Just.	Codex Justinianeus
cod. Theod.	Codex Theodosianus
Comm.	Commonitorium
conf.	confessio
Const.	Constitutio(nes)
Contra p. Don.	Contra partem Donati
CSEL	Corpus scriptorum ecclesiasticorum latinorum
ČSSR	Československá socialistická republika

D

D.	Digesten / Doctor theologiae (Titel)
DATEV	Datenverarbeitungsorganisation des steuerberatenden Berufs
d.Ä.	der Ältere
DB	Der Betrieb
DBA	Doppelbesteuerungsabkommen
DBK	Deutsche Bischofskonferenz
De Bapt.	De baptismo
Decr.	decretum
Dekl.	Deklaration
ders.	derselbe
DGB	Deutscher Gewerkschaftsbund
dgl.	dergleichen, desgleichen
DEK	Deutsche Evangelische Kirche
d.Gr.	der Große
d.h.	das heißt
d.i.	das ist
Diss.	Dissertation
d. J.	der Jüngere
DIN	Deutsches Institut für Normung
DJT	Deutscher Juristentag
DJZ	Deutsche Juristenzeitung
DM	Deutsche Mark
DLZ	Deutsche Literaturzeitung
DNK	Deutsches Nationalkomitee
Doc.	document
DÖV	Die öffentliche Verwaltung
Dr.	Doktor (Titel)
DRiG	Deutsches Richtergesetz
Drs.	Drucksache
DS	Denzinger/Schönmetzer, Enchiridion symbolorum
DSG	Datenschutzgesetz
dt.	deutsch
Dtschld.	Deutschland
dtv	Deutscher Taschenbuchverlag
DUZ	Deutsche Universitäts-Zeitung, Göttingen
DV	Die Verwaltung
DVBl.	Deutsches Verwaltungsblatt
DVO	Durchführungsverordnung
DVWG	Deutsche Verkehrswissenschaftliche Gesellschaft
DVwG	Deutsche Verwaltungsgeschichte
DVR	Datenverarbeitung im Recht
DZKR	Deutsche Zeitschrift für Kirchenrecht

E

E.	Entscheidung(en) / Entwurf
ebd.	ebenda
ed., edd.	edidit, ediderunt
Ed	Edition
ECU	European Currency Unit (Europäische Währungseinheit)
EDV	Elektronische Datenverarbeitung
EEG	Elektroenzephalogramm
EG	Einführungsgesetz / Europäische Gemeinschaften
EGBGB	Einführungsgesetz zum Bürgerlichen Gesetzbuch
ehem.	ehemalig
EheRG	Eherechts-Reformgesetz
eig.	eigentlich
Einl.	Einleitung
EK	Evangelische Kommentare
EKG	Evangelisches Kirchengesangbuch
EKHN	Evangelische Kirche in Hessen und Nassau
EKL	Evangelisches Kirchenlexikon
ELKZ	Evangelisch-lutherische Kirchenzeitung
em.	emeritus
EMRK	Europäische Menschenrechtskonvention
EMZ	Evangelische Missionszeitschrift
Enc.	Encyklopädie
Enz.	Enzyklika
Ep.	Epitome
epd	Evangelischer Pressedienst
Epist.	Epistola
ER	Ecumenial Review
ErbStG	Erbschaftsteuergesetz
erg.	ergänzt
Erl.	Erläuterung(en)
ESL	Evangelisches Soziallexikon
ESt	Einkommensteuer
ESVGH	Amtl. Sammlung der Entscheidungen des hessischen und baden-württembergischen Verwaltungsgerichtshofs
Eth. Nic	Nikomachische Ethik
EUG	Gesetz über das Erziehungs- und Unterrichtswesen (BY)
EuGH	Gerichtshof der Europäischen Gemeinschaften
EuGRZ	Europäische Grundrechte-Zeitschrift
EuR	Europarecht
ev.	evangelisch
e.V.	eingetragener Verein
Ev. Komm.	Evangelische Kommentare
Ev. Th.	Evangelische Theologie
EvStL	Evangelisches Staatslexikon
evtl.	eventuell
Expl.	Exemplar

F

f., ff.	folgende
FAG	Finanzausgleichsgesetz
FamRZ	Ehe und Familie im privaten und öffentlichen Recht, Zeitschrift für das gesamte Familienrecht
Fasz.	Faszikel
FC	Formula Concordiae
Fg., (Festg.)	Festgabe
FGG	Gesetz über die freiwillige Gerichtsbarkeit
FGO	Finanzgerichtsordnung
FlurbG	Flurbereinigungsgesetz
Forsch.	Forschung(en)
Forts.	Fortsetzung
Fr.	Frage
fr.	frei(en)

frz.	französisch
Fs. (Festschr.)	Festschrift
FStrG	Bundesfernstraßengesetz

G

G.	Gesetz
GA	Goltdammers Archiv für Strafrecht
GBl.	Gesetzblatt
gedr.	gedruckt
Ged.Schr.	Gedächtnisschrift
gegr.	gegründet
gem.	gemäß
GemO	Gemeindeordnung
Gesch.	Geschichte
GeschO	Geschäftsordnung
GewArchiv	Gewerbearchiv
GewO	Gewerbeordnung
GG	Grundgesetz
GGB	Geschichtliche Grundbegriffe. Historisches Lexikon zur politisch-sozialen Sprache in Deutschland
ggf.	gegebenenfalls
GGO	Gemeinsame Geschäftsordnung der Bundesministerien
GjS	Gesetz über die Verbreitung jugendgefährdender Schriften
GmbH	Gesellschaft mit beschränkter Haftung
GMBl.	Gemeinsames Ministerialblatt
Görresges.	Görresgesellschaft. Veröffentlichungen der Sektion für Rechts- und Sozialwissenschaft
GO	Geschäftsordnung / Grundordnung
grds.	grundsätzlich
Gr.Kat.	Großer Katechismus
GrStG	Grundsteuergesetz
Gs	Gesetzessammlung
GSG	Gerätesicherheitsgesetz
GV	Generalversammlung
GVBl.	Gesetz- und Verordnungsblatt
GVG	Gerichtsverfassungsgesetz
GW	Gesammelte Werke
GWB	Gesetz gegen Wettbewerbsbeschränkungen

H

H.	Heft
H.B.	Helvetisches Bekenntnis
Hbd.	Halbband
Hbs.	Halbsatz
Hdb.	Handbuch
HdbFW	Handbuch der Finanzwissenschaft
HdbKathKR	Handbuch des katholischen Kirchenrechts
HdbStKirchR	Handbuch des Staatskirchenrechts der Bundesrepublik Deutschland
HDStR	Handbuch des Deutschen Staatsrechts
HdSt	Handwörterbuch der Staatswissenschaften
HdSyTh	Handbuch der Systematischen Theologie
HdSW	Handwörterbuch der Sozialwissenschaften
Hdwb	Handwörterbuch
HdWW	Handwörterbuch der Wirtschaftswissenschaft
He	Hessen
Hg.	Herausgeber
HG	Hochschulgesetz
HGB	Handelsgesetzbuch
hg. v.	herausgegeben von
HGrG	Haushaltsgrundsätzegesetz
HHPl	Haushaltsplan
hist.	historisch
HistJB	Historisches Jahrbuch der Görresgesellschaft
HistWBPhil (s.a. HWPh)	Historisches Wörterbuch der Philosophie
HK	Herder Korrespondenz
hl.	heilig
h.L.	herrschende Lehre
h.M.	herrschende Meinung
hom.	homilia
HRG	Hochschulrahmengesetz
HthG	Handbuch theologischer Grundbegriffe
HThTL	Herders Theologisches Taschenlexikon
HWP (h)	Historisches Wörterbuch der Philosophie
HWWA	Hamburgisches Welt-Wirtschafts-Archiv
HZ	Historische Zeitschrift

I

i.A.	im Auftrag
i.a.	im allgemeinen
i.a.R.	in aller Regel
ICJ	International Court of Justice
ICLQ	The international and comparative law quarterly, London
i.d.F.	in der Fassung
i.d.R.	in der Regel
IDV	Institut für Datenverarbeitung
i.(e.)S.	im (engeren) Sinne
i.eig.S.	im eigentlichen Sinne
IG	Industriegewerkschaft
IH	L'information historique, Paris
i. J.	im Jahre
IK(a)Z	Internationale katholische Zeitschrift („Communio")
i.K.g.	in Kraft getreten
ILC	International Law Commission
insb.	insbesondere
insges.	insgesamt
Inst.	Calvin, Institutio
Instr.	Instruktionen
Int. Rev. of Soc. Hist.	International Review of Social History
IO	Internationale Organisation
IPO	Instrumentum Pacis Osnabrugense

IPW-Berichte	Institut für Internationale Politik und Wirtschaft, Berlin
i.R.	im Ruhestand
i.U.	im Unterschied
Ius eccl.	Ius ecclesiasticum
i.V. (m.)	in Verbindung (mit) / in Vertretung
i.w.S.	im weiteren Sinne

J

JA	Juristische Arbeitsblätter
JArbSchG	Gesetz zum Schutze der arbeitenden Jugend
Jb	Jahrbuch
JBl.	Juristische Blätter
Jg.	Jahrgang
JGG	Jugendgerichtsgesetz
Jh.	Jahrhundert
JIR	Jahrbuch für Internationales Recht
JLH	Jahrbuch für Liturgik und Hymnologie
JöR	Jahrbuch des öffentlichen Rechts
JÖSchG	Gesetz zum Schutze der Jugend in der Öffentlichkeit
JR	Juristische Rundschau
Jt.	Jahrtausend
jur.	juristisch
Jura	Jura (Zeitschrift)
JURIS	Juristisches Informationssystem
JuS	Juristische Schulung
JW	Juristische Wochenschrift
JWG	Jugendwohlfahrtsgesetz

K

K. (Konk.)	Konkordat
KAB	Katholische Arbeiterbewegung
KABl.	Kirchliches Amtsblatt
kan.	kanonisch / kanonistisch
Kap.	Kapitel
Kard.	Kardinal
Kat.	Katechismus
kath.	katholisch
KD	Kirchliche Dogmatik (v. Karl Barth)
KDA	Kirchlicher Dienst in der Arbeitswelt
KDO	Anordnung über den kirchlichen Datenschutz
KG	Kammergericht / Kommanditgesellschaft
KGaA	Kommanditgesellschaft auf Aktien
kgl.	königlich
KGO	Kirchengemeindeordnung
KGVBl.	Kirchliches Gesetz- und Verordnungsblatt
Ki	Kirche
KiG	Kirchengesetz
KiGemO	Kirchengemeindeordnung
KiStG	Kirchensteuergesetz
KJ	Kirchliches Jahrbuch
Kl.Kat.	Kleiner Katechismus
KO	Kirchenordnung / Konkursordnung
Komm.	Kommentar(e)
KNA	Katholische Nachrichten-Agentur
KRA	Kirchenrechtliche Abhandlungen
KSchG	Kündigungsschutzgesetz
KSL	Katholisches Soziallexikon
KStG	Körperschaftsteuergesetz
KuD	Kerygma und Dogma
KuW	Kirche und Welt
KV	Kirchenverfassung
KVerf.	Kirchenverfassung
KVerfG	Kirchenverfassungsgesetz
KW	Kurzwelle
KZSS	Kölner Zeitschrift für Soziologie und Sozialpsychologie

L

LAG	Landesarbeitsgericht / Lastenausgleichsgesetz
lat.	lateinisch
Lb.	Lehrbuch
LBauO	Landesbauordnung
LBl.	Loseblatt
Ld.	Land
ldw.	landwirtschaftlich
Leits.	Leitsatz, Leitsätze
Lekt.	Lektion
lfd.	laufend(e)
Lfg.	Lieferung(en)
LG	Landgericht
Lib.	liber
Lit.	Literatur
lit.	litera (Buchstabe)
LJB	Luther-Jahrbuch
LM	Landesminister
LMI	Landesminister des Innern
LNTS	League of Nations Treaty Series
LPlG	Landesplanungsgesetz
LSG	Landessozialgericht
LT	Landtag
ltd.	leitend
LThK	Lexikon für Theologie und Kirche
LuftVG	Luftverkehrsgesetz
luth.	lutherisch
LuthMH	Lutherische Monatshefte
LuthR	Lutherische Rundschau

M

MA.	Mittelalter
ma.	mittelalterlich
MAD	Militärischer Abschirmdienst
m.a.W.	mit anderen Worten
MBauO	Musterbauordnung
MdB	Mitglied des Bundestages
MDR	Monatsschrift für Deutsches Recht
MdR	Medienrecht (Zeitschrift)
ME	Musterentwurf
MGH	Monumenta Germaniae Historica

Mia.	Milliarde(n)
Mio.	Million(en)
Mitt.	Mitteilung(en)
m.Nachw.	mit Nachweisen
MÖStA	Mitteilungen des Österreichischen Staatsarchivs
MP	Motu Proprio
MRK	Menschenrechtskonvention
MRRG	Melderechtsrahmengesetz
MRVO	Militärregierungsverordnung
Ms.	Manuskript
ms.	maschinenschriftlich
MSchr.Krim.	Monatsschrift für Kriminologie und Strafrechsreform
MThST	Münchner Theologische Studien
mtl.	monatlich
MThZ	Münchner Theologische Zeitschrift
MuSchG	Mutterschutzgesetz
MVG	Mitarbeitervertretungsgesetz
MW	Mittelwelle
MWSt.	Mehrwertsteuer

N

n., nn.	Nummer(n)
Nachdr. (Ndr)	Nachdruck
NC	numerus clausus
n. Chr.	nach Christus
NDR	Norddeutscher Rundfunk
Nds.	Niedersachsen
NEK (Z)	Neue Evangelische Kirchenzeitung, Berlin
Neues Hdb-theolGb	Neues Handbuch theologischer Grundbegriffe
Neudr.	Neudruck
n.F.	neue Fassung
NF	neue Folge
NJW	Neue Juristische Wochenschrift
NKD	Nachkonziliare Dokumentation
Nr.	Nummer
NRW (NW)	Nordrhein-Westfalen
NStZ	Neue Zeitschrift für Strafrecht
NT	Neues Testament
nt.	neutestamentlich
NTD	Das Neue Testament Deutsch (Neues Göttinger Bibelwerk)
NVwZ	Neue Zeitschrift für Verwaltungsrecht
NWD	Nordwestdeutschland
NZfWR	Neue Zeitschrift für Wehrrecht
NZSTh	Neue Zeitschrift für systematische Theologie und Religionsphilosophie

O

o.	oben
O	Ordnung
o. ä.	oder ähnlich
ÖAKR	Österreichisches Archiv für Kirchenrecht
ObKiRat	Oberkirchenrat
öft.	öfter
ÖJZ	Österreichische Juristen-Zeitung
ök.	ökumenisch
ÖKL	Ökumene-Lexikon
Ö(k)R	Ökumenische Rundschau
ö.R.	öffentliches Recht
öS	österreichischer Schilling
ÖTV	Gewerkschaft Öffentliche Dienste, Transport und Verkehr
ÖZÖR	Österreichische Zeitschrift für öffentliches Recht
ÖZS	Österreichische Zeitschrift für Soziologie
Offb.	Offenbarung
OHG	Offene Handelsgesellschaft
o. J.	ohne Jahresangabe
OLG	Oberlandesgericht
o.O.	ohne Ortsangabe
op. cit.	opus citatum
OR	(Schweizer) Obligationenrecht
Org.	Organisation
Orig.	Original
orth.	orthodox
OVG	Oberverwaltungsgericht
OWiG	Gesetz über Ordnungswidrigkeiten

P

PAG	Polizeiaufgabengesetz (BY)
Past.-Briefe	Pastoralbriefe
PersVG	Personalvertretungsgesetz
PfarrG	Pfarrergesetz
Pfr.	Pfarrer
PG	Patrologia graeca (Migne)
PolG	Polizeigesetz
posth.	posthum
PRE	Realencyklopädie für protestantische Theologie und Kirche[3]
Prof.	Professor
Prot.	Protokoll(e)
prot.	protestantisch
PStG	Personenstandsgesetz
PTh	Pastoraltheologie, Göttingen
PThH	Praktisches theologisches Handbuch
PVG	Polizeiverwaltungsgesetz
PUF	Presses Universitaires de France, Paris
PVS	Politische Vierteljahresschrift

Q

q.	quaestio
QD	Quaestiones disputatae
qq.	quaestiones
Qu.	Quellen
Qu. dis.	Quaestiones disputatae

R

R	Recht
RAC	Reallexikon für Antike und Christentum

RabelsZ	Rabels Zeitschrift für ausländisches und internationales Privatrecht
RAG	Reichsarbeitsgericht
rd.	rund
RdNr.	Randnummer
Rdschau	Rundschau
Rdzi(ff).	Randziffer
ref.	reformiert
Ref.KiZtg. (RKZ)	Reformierte Kirchenzeitung
Reg.	Regierung / Register
Res.	Resolution (Vereinte Nationen)
rev.	revidiert
RG	Reichsgericht
RGG	Die Religion in Geschichte und Gegenwart
RGBl.	Reichsgesetzblatt
RGRK	Das Bürgerliche Gesetzbuch. Kommentar hg. v. Reichsgerichtsräten und Bundesrichtern
RGSt	Entscheidungen des Reichsgerichts in Strafsachen
RGZ	Entscheidungen des Reichsgerichts in Zivilsachen
RHM	Revue d'histoire moderne, Paris
RK	Reichskonkordat
RKEG	Gesetz über die religiöse Kindererziehung
RM	Reichsmark
Rn.	Randnummer
röm.	römisch
ROG	Raumordnungsgesetz
RP	Rheinland-Pfalz
Rs	Rechtsspruch
RS	Rechtssammlung
Rspr.	Rechtsprechung
RuStAG	Reichs- und Staatsangehörigkeitsgesetz
RV	Reichsverfassung
RVO	Reichsversicherungsordnung

S

s.	siehe
S.	Satz / Seite
s.a.	siehe auch
Sa	Saarland
SA	Sonderabdruck
SAB	Sitzungsberichte der Preußischen (ab 1948 der Deutschen) Akademie der Wissenschaften in Berlin
Sacr.	Sacramentum
Sap. christ.	Sapientia christiana
sc.	scilicet
SC	Sacra Congregatio
SchOG	Schulordnungsgesetz (Saarland)
Schr.	Schrift(en)
SchwBG	Schwerbehindertengesetz
Schweiz-JbIntR	Schweizerisches Jahrbuch für internationales Recht
sect.	section
Ser.	Serie
SGB	Sozialgesetzbuch
SGG	Sozialgerichtsgesetz
SgV	Sammlung gemeinverständlicher Vorträge und Schriften, Tübingen
SH	Schleswig-Holstein
SJ	Societas Jesu
SJZ	Schweizerische Juristenzeitung / Süddeutsche Juristenzeitung
SK	Systematischer Kommentar zum StGB
Slg.	Amtliche Sammlung von Entscheidungen
s.o.	siehe oben
sog.	sogenannt
sowj.(et.)	sowjetisch
Sp.	Spalte
sqq.	sequentes
ss.	sequentes
St.	Saint/Sankt
StA	Staatsanwalt(schaft)
StAngG	Staatsangehörigkeitsgesetz
StARegG	Gesetz zur Regelung von Fragen der Staatsangehörigkeit
StBerG	Steuerbereinigungsgesetz
StBFG	Städtebauförderungsgesetz
Std.	Stunde
St(d)Z	Stimmen der Zeit
Sten.Ber.	Stenographischer Bericht
StGB	Strafgesetzbuch
StGH	Staatsgerichtshof
StL	Staatslexikon, hg. v. H. Sacher
StLexGG	Staatslexikon der Görresgesellschaft
StPO	Strafprozeßordnung
StRAG	Strafrechtsänderungsgesetz
str.	streitig
st.Rspr.	ständige Rechtsprechung
StSenkG	Steuersenkungsgesetz (1986/88)
S.Th.	Summa theologica (Thomas v. Aquin)
StuW	Steuer und Wirtschaft
StVG	Straßenverkehrsgesetz
StVO	Straßenverkehrsordnung
StVZO	Straßenverkehrszulassungsordnung
StWG	Stabilitäts- und Wachstumsgesetz
s.u.	siehe unten
Suppl.	Supplementum
SV	Selbstverwaltung

T

T.	Teil
TA	Technische Anleitung
Tab.	Tabelle
TB	Taschenbuch
Th	These
Theol.	Theologie
theol.	theologisch
ThExh	Theologische Existenz heute
ThLZ	Theologische Literaturzeitung
ThP(h)	Theologie und Philosophie, Freiburg
ThPQ	Theologisch-Praktische Quartalschrift

ThQ — Theologische Quartalschrift
ThWBNT — Theologisches Wörterbuch zum Neuen Testament
TO — Tarifordnung
TOA — Tarifordnung für Angestellte
TOB — Tarifordnung für Lohnempfänger
Tract. — Tractatus
TRE — Theologische Realenzyklopädie
TRT(h) — Taschenlexikon Religion und Theologie
Tsd. — tausend
TÜV — Technischer Überwachungsverein
TVG — Tarifvertragsgesetz

U

u.a. — und andere; unter anderem
u.ä. — und ähnliche
UAG — Untersuchungsausschußgesetz
u.ä.m. — und ähnliche mehr
u.a.m. — und andere mehr
u.dgl. — und dergleichen
übers. — übersetzt
Übers. — Übersetzung
Unters. — Untersuchung(en)
unv. — unverändert
unveröff. — unveröffentlicht
u.ö. — und öfter
UPR — Umwelt- und Planungsrecht
UrhG — Urhebergesetz
Urt. — Urteil
US — United States
usf. — und so fort
usw. — und so weiter
u.U. — unter Umständen
u.z. — und zwar

V

V — Verlag/Vertrag
v.a. — vor allem
VA — Verwaltungsakt
Vat. — Vatikanum
v. Chr. — vor Christus
VDE — Verband deutscher Elektrotechniker
VDI — Verein Deutscher Ingenieure
verb. — verbessert
Verf. — Verfassung
VerfGH — Verfassungsgerichtshof
VerglO — Vergleichsordnung
Verh. — Verhandlung(en)
veröff. — veröffentlicht
VersG — Versammlungsgesetz
vervf. — vervielfältigt
Verw — Die Verwaltung
VerwR — Verwaltungsrecht
VerwA(rch) — Verwaltungsarchiv
Verz. — Verzeichnis
VF — Verkündigung und Forschung, München
Vg. — Verteidigung
VG — Verwaltungsgericht
VGH — Verwaltungsgerichtshof
vgl. — vergleiche
VO — Verordnung
VOBl. — Verordnungsblatt
Vol. — Volume
VolksZG — Volkszählungsgesetz
Vorb. — Vorbemerkung / (in) Vorbereitung
vr. — völkerrechtlich
VR — Völkerrecht / Volksrepublik
VRspr. — Verwaltungsrechtsprechung
vs — versus
VStG — Vermögensteuergesetz
VVDStRL — Veröffentlichungen der Vereinigung der Deutschen Staatsrechtslehrer
Vw. — Verwaltung
VwBl. — Verwaltungsblatt
VwGO — Verwaltungsgerichtsordnung
VwVfG — Verwaltungsverfahrensgesetz

W

WA — Martin Luther, Werke. Kritische Gesamtausgabe Weimar 1883 ff. (Weimarer Ausgabe)
WA Br — WA, Abt. Briefwechsel
WA Tr — WA, Abt. Tischreden
W(d)F — Wege der Forschung, Darmstadt
wdg. — wiedergegeben
WDR — Westdeutscher Rundfunk
WHG — Wasserhaushaltsgesetz
wiss. — wissenschaftlich(e)
WKL — Weltkirchenlexikon
WoBauG — Wohnungsbaugesetz
WP — Wahlperiode
WPflG — Wehrpflichtgesetz
WPKG — Wissenschaft und Praxis in Kirche und Gesellschaft, Göttingen
W(R)V — Weimarer (Reichs)verfassung
WuW — Wirtschaft und Wettbewerb
WZG — Warenzeichengesetz

Z

Z. — Zeitschrift
ZaöRV — Zeitschrift für ausländisches öffentliches Recht und Völkerrecht
zB — zum Beispiel
ZBR — Zeitschrift für Beamtenrecht
ZDG — Zivildienstgesetz
ZDv — Zentrale Dienstvorschrift
ZEE — Zeitschrift für evangelische Ethik
ZevKR — Zeitschrift für evangelisches Kirchenrecht
ZfA — Zeitschrift für Arbeitsrecht
ZfP — Zeitschrift für Politik
ZGB — Zivilgesetzbuch (Schweiz)
ZgesStW — Zeitschrift für die gesamte Staatswissenschaft
Ziff. — Ziffer
zit. — zitiert
ZKG — Zeitschrift für Kirchengeschichte
ZKR — Zeitschrift für Kirchenrecht, Berlin (1861 – 1889)

ZParl	Zeitschrift für Parlamentsfragen
ZPO	Zivilprozeßordnung
ZRG	Zeitschrift der Savigny-Stiftung für Rechtsgeschichte Germ. Abt. – Germanistische Abteilung Kan. Abt. – Kanonistische Abteilung Rom. Abt. – Romanistische Abteilung
ZRGG	Zeitschrift für Religions- und Geistesgeschichte
ZRP	Zeitschrift für Rechtspolitik
ZSR	Zeitschrift für Sozialreform
ZSchweizR	Zeitschrift für Schweizerisches Recht
ZSTh (ZsysTh)	Zeitschrift für Systematische Theologie
ZStW	Zeitschrift für die gesamte Staatswissenschaft
z.T.	zum Teil
ZThK	Zeitschrift für Theologie und Kirche
zust.	zuständig / zustimmend
ZVglRWiss	Zeitschrift für vergleichende Rechtswissenschaft
z.Z. (Zt.)	zur Zeit
ZZP	Zeitschrift für Zivilprozeß
*	geboren
†	gestorben

ABKÜRZUNGEN DER BIBLISCHEN BÜCHER

A. Altes Testament

Gen	Genesis
Ex	Exodus
Lev	Leviticus
Num	Numeri
Dtn	Deuteronomium
Jos	Josua
Ri	Richter
1Sam	1. Samuelbuch
2Sam	2. Samuelbuch
1Kön	1. Königsbuch
2Kön	2. Königsbuch
Jes	Jesaja
Dtjes	Deuterojesaja
Jer	Jeremia
Ez	Ezechiel
Hos	Hosea
Jo	Joel
Am	Amos
Ob	Obadja
Jon	Jona
Mi	Micha
Nah	Nahum
Hab	Habakuk
Zeph	Zephanja
Hag	Haggai
Sach	Sacharja
Mal	Maleachi
Ps(s)	Psalm(en)
Spr	Sprüche
Hi	Hiob
Hhld	Hoheslied
Ruth	
Klgl	Klagelieder
Pred	Prediger
Est	Esther
Dan	Daniel
Esr	Esra
Neh	Nehemia
1Chr	1. Buch der Chronik
2Chr	2. Buch der Chronik

B. Neues Testament

Mt	Matthäus
Mk	Markus
Lk	Lukas
Joh	Johannes
Apg	Apostelgeschichte
Röm	Römerbrief
1Kor	1. Korintherbrief
2Kor	2. Korintherbrief
Gal	Galaterbrief
Eph	Epheserbrief
Phil	Philipperbrief
Kol	Kolosserbrief
1Thess	1. Thessalonicherbrief
2Thess	2. Thessalonicherbrief
1Tim	1. Timotheusbrief
2Tim	2. Timotheusbrief
Tit	Titusbrief
Past	Pastoralbriefe
Phlm	Philemonbrief
Hebr	Hebräerbrief
Jak	Jakobusbrief
1Petr	1. Petrusbrief
2Petr	2. Petrusbrief
1Joh	1. Johannesbrief
2Joh	2. Johannesbrief
3Joh	3. Johannesbrief
Jud	Judasbrief
Apk	Johannesapokalypse

A. Außerkanonische Schriften

Makk	Makkabäerbuch
Weish	Weisheit Salomos

VERZEICHNIS DER MITARBEITER

Adorno, Theodor W. †, Dr., Professor, Frankfurt a. M. – Gesellschaft

Aland, Kurt, D., D. D., D. Litt., em. Professor, Münster. – Reformation I

Albus, Michael, Dr., Journalist, Heidesheim. – Katholikentag, Deutscher

Alt, Hans-Peter, Dr., Pfarrer und Gymnasialprofessor, München. – Todesstrafe II

Apelt, Willibalt †, Dr., Professor, Innenminister a. D., Geheimer Regierungsrat, München. – Weimarer Verfassung

Aymans, Winfried, Dr., Professor, München. – Kirchenverfassung II

Bachof, Otto, Dr. Dr. h. c., em. Professor, Tübingen. – Verwaltung

Badura, Peter, Dr., Professor, München. – Bundesverwaltung – Regierung – Verfassung

Bäumlin, Richard, Dr., Professor, Bern. – Demokratie I – Rechtsstaat

Baldus, Manfred, Dr., Vorsitzender Richter am Landgericht, Lehrbeauftragter an der Universität Köln. – Hochschulen, kirchliche

Ballerstedt, Kurt †, Dr., em. Professor, Bonn. – Wirtschaftsverfassung

Barbey, Günther, Dr., Professor, Richter am Bundesverwaltungsgericht, Berlin. – Bundespräsident – Bundesregierung

Baudissin, Wolf Graf von, Generalleutnant a. D., Professor, Hamburg. – Abrüstung

Becher, Paul, Dr., Diplom-Volkswirt, stellv. Generalsekretär, Abteilungsleiter im Zentralkomitee der deutschen Katholiken, Bonn. – Katholische Organisationen

Becker, Hellmut, Dr. h. c., Professor, Direktor em. des Max-Planck-Instituts für Bildungsforschung, Berlin. – Weiterbildung

Behrens, Gerold, Dr., Professor, Wuppertal. – Gruppe

Besier, Gerhard, Dr., Privatdozent, Rehburg-Loccum. – Selbstbestimmungsrecht II – Volk

Besson, Waldemar †, Dr., Professor, Konstanz. – Kulturpolitik I–II – Politik I

Bettermann, Karl August, Dr. Dr. h. c., em. Professor, Hamburg. – Rechtsprechung, rechtsprechende Gewalt

Blei, Hermann, Dr., Professor, Berlin. – Staatsschutzdelikte

Bleicker, Joachim, Wissenschaftlicher Mitarbeiter, Göttingen. – Genfer Konventionen – Neutralismus – Rotes Kreuz

Blümel, Willi, Dr., Professor, Speyer. – Planung III

Böhme, Wolfgang, Dr., Akademiedirektor, Karlsruhe. – Akademien, kirchliche I – Beichte

Böttcher, Hartmut, Dr., Kirchenverwaltungsdirektor, München. – Baulast – Landrecht, Allgemeines Preußisches – Patronat

Bolte, Karl Martin, Dr., Professor München. – Bevölkerung

Bosse, Wolfgang, Dr., Regierungsdirektor, Stuttgart. – Schule, Schulrecht

Bracher, Karl Dietrich, Dr. phil. Dr. hum. lett. h. c., Dr. jur. h. c., Professor, Bonn. – Faschismus – Imperialismus – Nationalismus

Brakelmann, Günter, Dr., Professor, Bochum. – Arbeit – Religiöser Sozialismus – Soziale Frage

Brandt, Karl, Dr. Dr. h. c., Professor, Freiburg i. Br. – Preis- und Wettbewerbstheorie

Brunotte, Heinz †, D., Präsident der Kirchenkanzlei i. R., Hannover. – Notrecht, kirchliches

Budzinski, Manfred, M. A., Dr. rer. pol., Ausländer-Referent, Stuttgart. – Ausländische Arbeitnehmer

Bürkle, Horst, Dr., Professor, München. – Junge Kirche – Mission, äußere – Rasse 3., theologisch

Campenhausen, Axel Freiherr von, Dr., Professor, Präsident der Klosterkammer, Hannover/Göttingen. – Franz.-ref. Kirche – Freie Träger – Konstantinisches Zeitalter – Laizismus – Union

Conzemius, Victor, Dr., Professor, Luzern. – Katholizismus III

Dagtoglou, Prodromos D., Dr., Professor, Athen/Regensburg/London. – Souveränität

Dahrendorf, Ralf, Dr. phil. Dr. h. c., Professor, Konstanz. – Sozialer Wandel

Daiber, Karl-Fritz, Dr., Professor, Pfarrer, Hannover. – Religionssoziologie

Danckwerts, Hans-Siegmund, Dr., Richter am Bundessozialgericht, Kassel. – Arbeiterbewegung

Daur, Martin, Dr., Oberkirchenrat, Stuttgart. – Wahlrecht II

Delbrück, Jost, Dr., Professor, Kiel. – Judenfeindschaft – Rasse 1.–2.

Dessloch, Hubertus, Dr., Ministerialrat, Bonn. – ABC Waffen I–IV – Warschauer Pakt (WP)

Diestel, Gudrun, Oberkirchenrätin, Hannover. – Frau II

Dietzfelbinger, Wolfgang, Dr., Prodekan, Nürnberg. – Vatikanisches Konzil II

Dörger, Hans Joachim, Dr., Professor, Gesamthochschule Kassel. – Massenmedien IV

Drath, Martin †, Dr., Professor, Bundesverfassungsrichter a. D., Karlsruhe. – Staat, Erster Teil

Dürig, Günter, Dr., Professor, Tübingen. – Deutsches Reich VI, VII

Duwendag, Dieter, Dr., Professor, Speyer. – Einkommens- und Beschäftigungstheorie

Eibach, Ulrich, Dr., Pfarrer, Bonn. – Familienplanung – Humangenetik I – Leben

Eiff, August Wilhelm von, Dr., Professor, Bonn. – Sterbehilfe I (Medizinisch)

Ellwanger, Dieter, Ministerialrat, Stuttgart. – Familienpolitik

Epping, Günter, Dr., Professor, Münster. – Bodenpolitik

Eßer, Hans Helmut, D. Dr., Professor, Münster. – Kirche I B – Staat, Zweiter Teil I B

Everling, Ulrich, Dr., Professor, Richter am Gerichtshof der Europäischen Gemeinschaften, Luxemburg/Bonn. – Europäische Gemeinschaften

Evers, Hans-Ulrich, Dr., Professor, Salzburg. – Rechtsanwendung – Staatslehre, allgemeine – Verfassungsschutz

Feldsieper, Manfred, Dr., Professor, Köln. – Außenwirtschaftspolitik

Felmy, Karl Christian, Dr., Professor, Erlangen. – Orthodoxe Kirchen

Fetscher, Iring, Dr., Professor, Frankfurt a. M. – Marxismus

Fiedler, Heinz, Dr., Bonn. – Ungebundene Staaten

Fischer, Hermann, Dr., Professor, Hamburg. – Atheismus – Materialismus

Flechtheim, Ossip K., Dr. Dr., em. Professor, Berlin. – Futurologie – Politische Programme

Forsthoff, Ernst †, Dr. Dr. h. c., Professor, Heidelberg. – Absolutismus – Deutsches Reich I – IV – Gewaltenteilung – Nationalstaat

Friauf, Karl Heinrich, Dr. LL. M. (Harvard), Professor, Köln. – Gewohnheitsrecht – Vereinigte Staaten

Friedeburg, Ludwig von, Dr., Professor, Hessischer Kultusminister a. D., Frankfurt a. M. – Masse – Sozialforschung, empirische

Frost, Herbert, Dr., Professor, Köln. – Kirchenverfassung I A–C

Gampl, Inge, Dr., Professor, Wien. – Josephinismus

Gaßmann, Günther, Dr. Dr., Professor, Direktor der Kommission für Glauben und Kirchenverfassung, Genf. – Ökumenische Bewegung

Geißer, Hans Friedrich, Dr., Professor, Zürich. – Protestantismus II

Glassl, Horst, Dr., Professor, München. – Ostgebiete, deutsche

Glismann, Hans H., Dr., Institut für Weltwirtschaft, Kiel. – Wachstumspolitik – Wachstumstheorie

Glotz, Peter, Dr., Bundesgeschäftsführer der SPD, Bonn. – Sozialismus

Goeters, J. F. Gerhard, Dr., Professor, Bonn. – Evangelische Kirche der Union

Grempel, Heinz, Oberkirchenrat, München. – Friedhofsrecht

Grimm, Dieter, Dr. LL. M., Professor, Bielefeld. – Solidaritätsprinzip

Grohs, Gerhard, Dr., Professor, Mainz. – Entwicklungsländer – Entwicklungspolitik

Gross, Hermann, Dr., em. Professor, München. – COMECON

Gründel, Johannes, Dr., Professor, München. – Elternrecht VI

Grundmann, Siegfried †, Dr., Professor, München. – Kirchenrecht I C – Militärseelsorge III – Säkularisation

Guhrt, Joachim, Pfarrer, Bad Bentheim. – Evangelisch-altreformierte Kirche – Reformierter Bund – Reformierter Weltbund

Gunneweg, Antonius H. J., Dr., Professor, Bonn. – Israel

Häckel, Erwin, Dr., Professor, Bonn. – Friedensforschung

Härle, Wilfried, Dr., Professor, Marburg. – Gewissen I

Hahn, Hugo J., Dr. LL. M. (Harvard), Professor, Würzburg. – Europäische Einigung – Internationale Organisationen – Nordatlantikpakt

Heckel, Martin, Dr., Professor, Tübingen. – Augsburger Religionsfriede – Cura religionis – Episkopalsystem – Ius circa sacra – Ius reformandi – Parität – Rechtstheologie Luthers – Reformation II – Territorialsystem

Hecker, Hans-Joachim, Archivoberrat, München. – Stadt II

Heilfurth, Gerhard, Dr. phil. habil., em. Professor, Marburg/Lahn, Honorarprofessor, Gießen, Akademieprofessor a. D. – Sitte und Brauch

Heinemann, Gustav W. †, D. Dr. Dr., Bundespräsident a. D., Essen. – Wiedervereinigung Deutschlands II

Heinemann, Heribert, Dr. iur. can., Professor, Bochum. – Schisma

Helmstädter, Ernst, Dr., Professor, Münster. – Volkswirtschaftliche Gesamtrechnung

Henke, Wilhelm, Dr., Professor, Erlangen-Nürnberg. – Koalition – Parlament, Parlamentarismus

Herlyn, Ulfert, Dr., Professor, Hannover. – Stadt I

Herzog, Roman, Dr., Professor, Vizepräsident des Bundesverfassungsgerichts, Karlsruhe/Speyer/Tübingen. – Angestellte – Anstaltsseelsorge 2 – Arbeiter – Ausländerpolitik – Berufsfreiheit – Besatzungsrecht – Bundesgesetzgebung – Eigentum I – Ermessen – Fiskus – Föderalismus – Freizügigkeit – Gesetzmäßigkeit der Verwaltung – Glaubens-, Bekenntnis- und Gewissensfreiheit II – Gleichheit II–IV – Grundgesetz – Inkompatibilität – Internationale Politik – Kirchenpolitik – Kompromiß – Krieg, Kriegsdienst, Kriegsdienstverweigerung II – Leben und körperliche Unversehrtheit – Macht I – Mehrheitsprinzip – Nationalsozialismus I–IV – Parlamentarisches Regierungssystem – Planung I, II – Pluralismus, pluralistische Gesellschaft I–IV – Präsidialdemokratie – Rechtliches Gehör – Selbstmord II A, C – Selbstverwaltung II – Senat – Staatenverbindung – Staatsoberhaupt – Städtebaupolitik – Subsidiaritätsprinzip – Todesstrafe I B – Vereinigungsfreiheit – Vermögenspolitik – Versammlungsfreiheit – Vertrag, öffentlich-rechtlicher – Wohnung, Unverletzlichkeit der – Zweikammersystem

Hesse, Konrad, Dr. Dr. h. c., Professor, Bundesverfassungsrichter, Freiburg i. Br./Karlsruhe. – Abgeordneter – Bundesrat – Bundesstaat – Kirche und Staat I–IV – Parteien, politische – Religionsgesellschaften

Heßler, Hans-Wolfgang, Chefredakteur, Frankfurt a. M. – Ökumenische Bewegung C

Heubach, Joachim, Dr., Professor, Landesbischof, Bückeburg. – Bestattung – Sonn- und Feiertage I

Heun, Werner, Dr., Hochschulassistent, Bonn. – Landesverfassungen – Rätesystem – Staatskirche – Volksdemokratie

Heuß, Ernst T. V., Dr., Professor, Erlangen-Nürnberg. – Liberalismus I

Hierold, Alfred E., Dr., Professor, Bamberg. – Bischofsamt II – Papst II

Hoffmann, Georg, D., em. Professor, Kiel. – Kirchenleitung I – Lehramt I – Lehrfreiheit, Lehrverpflichtung

Hoffmann, Gerhard, Dr. Dr. h. c., Professor, Marburg/Lahn. – Internationale Gerichtsbarkeit – Internationale Strafgerichtsbarkeit – Kriegsgefangene – Kriegsverbrechen

Hofmann, Werner, Dr., Oberkirchenrat, Leiter des Landeskirchenamtes, München. – Gemeinde (in der Kirche) II – Kirchenvermögen I–III – Religiöse Kindererziehung – Staatsleistungen

Holfelder, Wilhelm, Dr., Leitender Ministerialrat, Stuttgart. – Schule, Schulrecht

Hollerbach, Alexander, Dr., Professor, Freiburg i. Br. – Gemeinde (in der Kirche) III – Ius divinum II

Holzheu, Franz, Dr., Professor, TU-München. – Wirtschaftspolitik

Honecker, Martin, Dr., Professor, Bonn. – Eid I – Euthanasie – Königsherrschaft Christi II – Organtransplantation III – Revolution IV – Sozialethik – Sterbehilfe III – Toleranz I – Zwei-Reiche-Lehre

Howe, Günter †, Dr., Wissenschaftlicher Mitarbeiter der Evangelischen Studiengemeinschaft, Heidelberg. – ABC-Waffen V

Huber, Wolfgang, Dr., Professor, Heidelberg. – Krieg, Kriegsdienst, Kriegsdienstverweigerung I – Menschenrechte II – Wissenschaftsfreiheit III A

Hübner, Jürgen, Dr., Professor, Heidelberg. – Insemination, künstliche IV

Hueck, Götz, Dr., Professor, München. – Arbeitskampf – Arbeitsrecht I – Betriebsverfassungsrecht – Koalitionsfreiheit – Kollektivverträge – Tarifrecht

Hünermann, Peter, Dr., Professor, Tübingen. – Wissenschaftsfreiheit III B

Hummel, Reinhart, Dr., Pastor, Stuttgart. – Jugendreligionen

Jesse, Eckhard, Dr., Diplom-Politologe, Hochschulassistent, Trier. – Extremismus

Jörns, Klaus-Peter, Dr., Professor, Berlin. – Selbstmord I

Jürgensen, Harald, Dr., Professor, Hamburg. – Verkehrspolitik

Jung, Hans-Gernot, Dr., Bischof, Kassel. – Militärseelsorge I, IV

Kalinna, Hermann E. J., Oberkirchenrat, Bonn. – Demokratie II – Internationale Beziehungen der Kirchen – Kirche und Staat V–VI

Kasper, Walter, Dr., Professor, Tübingen. – Priestertum, allgemeines II

Kaufmann, Franz-Xaver, Dr., Professor, Bielefeld. – Katholizismus II

Kemper, Claus, Oberkirchenrat, Frankfurt a. M. – Konferenz Europäischer Kirchen (KEK)

Kimminich, Otto, Dr. M. A. (Econ.), Professor, Regensburg. – Minderheiten, Minderheitenschutz – Selbstbestimmungsrecht I

Kirchner, Hubert, Dr., Pfarrer, Berlin (DDR). – Deutsche Demokratische Republik VIII B–D

Klapper, Gottfried, D. D., Oberkirchenrat i. R., Hannover. – Flüchtlinge und Vertriebene

Klein, Hans H., Dr., Professor, Bundesverfassungsrichter, Göttingen/Karlsruhe. – Daseinsvorsorge, Leistungsverwaltung – Eingriffsverwaltung – Französische Revolution I

Klein, Harald, Dr., Richter am Verwaltungsgericht, Kassel. – Ehre, Ehrenschutz II – Persönlichkeitsrecht, allgemeines – Person II

Kloepfer, Michael, Dr., Professor, Richter am Oberverwaltungsgericht, Trier. – Finanzkontrolle – Finanzverfassung, Finanzausgleich – Staatshaushalt, Haushaltsverfassung – Technik – Umweltschutz

Knies, Wolfgang, Dr., Professor, Minister a. D., Saarbrücken. – Kunst, Freiheit der

Koch, Hans-Georg, Dr., Wissenschaftlicher Referent, Freiburg. i. Br. – Humangenetik II

Koch, Traugott, Dr., Professor, Hamburg. – Gleichheit I – Ideologie III

Krause, Gerhard †, Dr., Professor, Bonn. – Priestertum, allgemeines I

Krämer, Peter, Dr., Professor, Eichstätt. – Kirchenleitung II – Kirchenrecht II

Krems, Gerhard, Msgr., Akademiedirektor, Schwerte. – Akademien, kirchliche II

Kreß, Hartmut, Dr., Hochschulassistent, Wachtberg-Niederbachem. – Klerikalismus – Macht II

Krüger, Hanfried, D. Dr., Professor, Oberkirchenrat i. R., Frankfurt a. M. – Freikirchen I – Friedenskirchen

Krüger, Horst, Superintendent, Radevormwald. – Selbständige Evangelisch-Lutherische Kirche (SELK)

Krumwiede, Hans-Walter, Dr. Dr., Professor, Göttingen. – Heimat, Recht auf II

Küchenhoff, Erich, Dr., Professor, Münster. – Friedensbewegung

Kühn, Ulrich, Dr., Professor, Leipzig/Wien. – Amt (in der Kirche) I – Kirche I A

Külp, Bernhard, Dr., Professor, Freiburg i. Br. – Lohntheorie – Verteilungstheorie
Kuhn, Helmut, Dr., Professor, Göttingen. – Marktwirtschaft
Kuppe, Johannes L., Dr., Diplom-Politologe, Gesamtdeutsches Institut, Bonn. – Deutsche Demokratische Republik (DDR) I, III–VII

Lampert, Heinz, Dr., Professor, Augsburg. – Lohnpolitik – Sozialpolitik – Wirtschaftsordnung
Lang, Friedrich G., Dr., Oberkirchenrat, Hannover. – Studentengemeinde
Lange, Klaus, Dr. iur., Diplom-Volkswirt, Professor, Gießen. – Partizipation (Demokratisierung)
Langelüddeke, Albrecht †, Dr., Professor, Hamburg. – Homosexualität I
Lefringhausen, Klaus, Dr., Bonn. – Wirtschaftsethik
Lehmann, Jürgen, Dr., Rechtsanwalt, Kelkheim/Ts. – Freikirchen II – Sekten II
Lehmann, Karl, Dr. Dr., Professor, Bischof, Mainz. – Katholizismus I, IV
Leibholz, Gerhard †, Dr. Dr., em. Professor, Bundesverfassungsrichter a. D., Göttingen. – Nation – Repräsentation
Lell, Joachim, D., Professor, Bensheim. – Evangelischer Bund
Lenckner, Theodor, Dr., Professor, Tübingen. – Insemination, künstliche I–III – Kastration – Schwangerschaftsabbruch I–III – Sterilisation
Lerche, Peter, Dr., Professor, München. – Bundeswehr, Wehrverfassung – Informationsfreiheit – Presse, Pressefreiheit II
Lieber, Hans-Joachim, Dr., Professor, Köln. – Ideologie I–II
Liebing, Heinz, Dr., Professor, Marburg/Lahn. – Humanismus
Liedke, Gerhard, Dr., Pfarrer, Wilhelmsfeld. – ABC-Waffen V
Lienemann, Wolfgang, Dr., Professor, Marburg. – Ius divinum I
Liermann, Hans †, D. Dr., em. Professor, Erlangen. – Kirchenordnungen – Kirchenverfassung I A – Landesherrliches Kirchenregiment
Lieser-Triebnigg, Erika, Dr., Köln. – Berlin
Linck, Joachim, Dr., Leitender Ministerialrat, Ockenheim. – Organtransplantation II
Lingner, Olaf, Oberkirchenrat, Berlin. – Deutsche Demokratische Republik VIII A
Link, Christoph, Dr., Professor, Erlangen. – Gemeinschaftsschule – Kirchengliedschaft I B – Kirchensteuer – Kirchenvisitation – Kirchenzucht – Sammlungswesen, kirchliches – Volkskirche
Lipp, Wolfgang, Dr., Professor, Würzburg. – Institution
Lipps, Wolfgang, Dr., Justitiar, Mitglied der Geschäftsleitung eines US-Konzerns (New York), Direktor einer internationalen Wirtschaftsprüfungsgesellschaft (Zürich), Berlin. – Außensteuerrecht – Kartellrecht
Listl, Joseph, Dr., Professor, Augsburg/Bonn. – Kirche II – Kirchenrechtsquellen II – Staat, Zweiter Teil II
Löwer, Wolfgang, Dr., Professor, Berlin. – Staatsorganisation
Lohff, Wenzel, Dr. Dr., Professor, München. – Staat, Zweiter Teil I A
Lorenz, Dieter, Dr., Professor, Konstanz. – Datenschutz VII–VIII

Maier, Hans, Dr., Professor, Bayerischer Staatsminister a. D. für Unterricht und Kultus, München. – Politik II – Staatswissenschaft(en)
Maiwald, Joachim, Dr., Richter am Bundesverwaltungsgericht, Berlin. – Bundesgebiet – GATT
Malanczuk, Peter, Dr., Wissenschaftlicher Referent, Max-Planck-Institut für ausländisches öffentliches Recht und Völkerrecht, Heidelberg. – Großbritannien
Mangold, Werner, Dr., Professor, Erlangen. – Öffentliche Meinung
Mangoldt, Hans von, Dr., Professor, Tübingen. – Ausländerrecht
Maurer, Hartmut, Dr., Professor, Konstanz. – Gerichtsbarkeit, kirchliche I–II
May, Georg, Dr., Professor, Mainz. – Gerichtsbarkeit, kirchliche III
Mehlhausen, Joachim, Dr., Professor, Oberkirchenrat, Düsseldorf. – Bekenntnis I – Kirchengliedschaft I A – Pluralismus, pluralistische Gesellschaft V – Schwärmertum – Täufertum
Mehrle, Gerlinde, Richterin am Arbeitsgericht, Freiburg i. Br. – Frau I
Merkatz, Hans Joachim von †, Dr., Professor, Bundesminister a. D., Bonn-Bad Godesberg. – Konservativismus
Merten, Detlef, Dr. Dr., Professor, Speyer. – Gewaltverhältnis, besonderes – Gnadenakte – Heimat, Recht auf I – Massenmedien I–III – Polizei, Polizeirecht – Sozialhilfe I–VI
Meyer, Christian, Dr., Oberlandeskirchenrat, Hannover. – Finanzwesen, kirchliches – Stiftung
Meyer, Harding, Dr., Professor, Institut für Ökumenische Forschung, Strasbourg. – Kirchengemeinschaft – Lutherischer Weltbund – Luthertum
Meyer-Landrut, Andreas, Dr., Staatssekretär, Auswärtiges Amt, Bonn. – Konferenz für Sicherheit und Zusammenarbeit in Europa (KSZE)
Mildenberger, Michael, Oberkirchenrat, Hannover. – Islam
Möller, Hans, Dr., em. Professor, München. – Wirtschaftspolitik
Molsberger, Josef, Dr., Professor, Tübingen. – Mittelstandspolitik
Morsey, Rudolf, Dr., Professor, Speyer. – Deutsches Reich V
Mühlen, Karl-Heinz zur, Dr., Professor, Bonn. – Freiheit I F – Reformation III

Müller, Hubert, Dr. Dr., Professor, Bonn. – Konzil
Müller, Peter, Diplom-Politologe, Berlin. – Politische Programme
Müller-Schöll, Albrecht, Dr., Professor, Leiter der Diakonischen Akademie, Stuttgart. – Jugendhilfe
Müller-Schwefe, Hans-Rudolf, D., em. Professor, Hamburg. – Ehre, Ehrenschutz I
Müller-Volbehr, Jörg, Dr., Professor, Marburg. – Gotteslästerung
Münch, Ingo von, Dr., Professor, Hamburg. – Liberalismus II

Nethöfel, Wolfgang, Dr., Privatdozent, Kiel. – Naturrecht III
Neuendorff, Hartmut, Dr., Professor, Dortmund. – Soziologie
Neukamm, Karl Heinz, Pfarrer, Präsident des Diakonischen Werkes der EKD, Stuttgart. – Diakonie/Diakonisches Werk
Neukirchen, Johannes, Ministerialdirigent, Ständiger Vertreter des Ministers für Bundesangelegenheiten des Landes Rheinland-Pfalz, Bonn. – Berufliche Bildung – Bildungspolitik – Hochschule I – Kulturpolitik VI
Neumann, Johannes, Dr., Professor, Tübingen. – Amt (in der Kirche) II – Hierarchie – Lehrbeanstandungsverfahren II – Pfarramt II
Neuser, Wilhelm H., Dr., Professor, Münster. – Calvinismus
Nicolaisen, Carsten, Dr., Akademischer Oberrat, Weilheim. – Kirchenkampf (Nachtrag)
Niemeyer, Gisela, Dr., Bundesverfassungsrichterin, Karlsruhe. – Gleichberechtigung von Mann und Frau
Nipkow, Karl Ernst, Dr., Professor, Tübingen. – Pädagogik
Nörr, Knut Wolfgang, Dr., Professor, Tübingen. – Corpus Iuris Canonici
Nordemann, Wilhelm, Dr., Rechtsanwalt, Honorarprofessor an der Freien Universität Berlin. – Urheberrecht – Wettbewerbsrecht

Obermayer, Klaus, Dr., Professor, Erlangen. – Baurecht – Beichtgeheimnis – Gewerberecht – Rechtsverordnung – Schule und Kirche – Verwaltungsabkommen – Verwaltungsakt – Verwaltungsrecht – Verwaltungsvorschrift
Oehler, Dietrich, Dr., Professor, Köln. – Bekenntnis II – Postgeheimnis
Oellers-Frahm, Karin, Dr., Wissenschaftliche Referentin, Max-Planck-Institut für ausländisches öffentliches Recht und Völkerrecht, Heidelberg. – Frankreich
Oeyen, Christian, Dr., Professor, Bonn. – Altkatholische Kirche
Ossenbühl, Fritz, Dr., Professor, Bonn. – Enteignung – Staatshaftung

Papandreou, Damaskinos, Dr. Dr. h. c., Professor, Metropolit der Schweiz. – Kirche III
Paul, Eugen, Dr., Referent für innenpolitische Grundsatzfragen, Wiesbaden. – Wohnungspolitik
Pfeiffer, Günter, Diplom-Volkswirt, Köln. – Wirtschaftstheorie
Pichlmayr, Rudolf, Dr., Professor, Medizinische Hochschule, Hannover. – Organtransplantation I
Pieroth, Bodo, Dr., Professor, Bochum. – Religionsunterricht
Pietzner, Rainer, Dr., Richter am Bayerischen Verwaltungsgerichtshof, München. – Amtshilfe I – Bundestag – Geschäftsordnung – Ombudsman – Opposition – Petitionsrecht VIII A – Planung I – Untersuchungsausschüsse, parlamentarische
Pirson, Dietrich, Dr. Dr., Professor, München. – Beamtenrecht II – Ehe und Familie II – Elternrecht I–IV – Landeskirche, Landeskirchentum – Nichteheliches Kind – Öffentlichkeitsanspruch der Kirche – Simultaneum – Sonn- und Feiertage II – Theokratie – Vertragsstaatskirchenrecht
Planer-Friedrich, Götz, Dr., Pfarrer, Berlin (DDR). – Deutsche Demokratische Republik VIII A
Posser, Diether, Dr., Finanzminister des Landes Nordrhein-Westfalen, Düsseldorf. – Wiedervereinigung Deutschlands I, II
Prast, Franz, Dr., Bundesanstalt für Arbeit, Nürnberg. – Arbeitsmarktpolitik II
Pross, Helge †, Dr., Professor, Gießen. – Mittelstand – Unternehmer (Manager)

Quaritsch, Helmut, Dr., Professor, Speyer. – Institutionelle Garantie – Legalität, Legitimität

Raiser, Ludwig †, D. Dr. Dr. h. c., em. Professor, Tübingen. – Denkschriften der EKD
Randelzhofer, Albrecht, Dr., Professor, Berlin. – Kriegsverhütungsrecht – Vereinte Nationen (UN)
Rauschning, Dietrich, Dr., Professor, Göttingen. – Neutralität I
Rehbinder, Manfred, Dr., Professor, Zürich. – Rechtssoziologie
Reimer, Hans-Diether, Dr., Pfarrer, Referent in der Evangelischen Zentralstelle für Weltanschauungsfragen, Stuttgart. – Sekten I – Weltanschauungsgemeinschaften
Reimer, Ingrid, Religionsphilologin, Stuttgart. – Bruderschaften und Kommunitäten
Reinhardt, Rudolf †, Dr., em. Professor, Marburg/Lahn. – Genossenschaften, Genossenschaftsrecht
Richardi, Reinhard, Dr., Professor, Regensburg. – Mitbestimmung I–IV – Mutterschutz – Personalvertretung – Sozialversicherung
Ringeling, Hermann, Dr., Professor, Bern. – Homosexualität II
Rohde, Dieter, Dr., Diplom-Volkswirt, Oberkirchenrat, Hannover. – Evangelische Kirche in Deutschland VII (Statistik)
Roos, Lothar, Dr., Professor, Bonn. – Soziallehre, kath.

Rotberg, Konrad Freiherr von, Ministerialrat, Innenministerium Baden-Württemberg, Stuttgart. – Kommunalrecht

Roxin, Claus, Dr. Dr. LL. h. c. (Hanyang), Professor, München. – Eid II A–B – Schuld II – Selbstmord II B – Todesstrafe I A

Rudolphi, Hans-Joachim, Dr., Professor, Bonn. – Sterbehilfe II

Rühle, Hans, Dr., Ministerialdirektor, Bonn. – Sicherheitspolitik

Rust, Hendrik, Dr., Ministerialrat, Garching. – Orden und Ehrenzeichen – Staatsangehörigkeit

Sauter, Gerhard, Dr., Professor, Bonn. – Gerechtigkeit – Person I – Pragmatik/pragmatisch – Recht

Schäfer, Rolf, Dr., Professor, Oberkirchenrat, Oldenburg. – Ehe und Familie I – Elternrecht V

Schäferdiek, Knut, Dr., Professor, Bonn. – Bischofsamt I – Kaisertum und Papsttum – Kirchenstaat – Ökumenische Konzile – Papst I

Scharbau, Friedrich-Otto, Pastor, Präsident, Lutherisches Kirchenamt der VELKD, Hannover. – Vereinigte Evangelisch-Lutherische Kirche Deutschlands

Schefold, Dian, Dr. Professor, Bremen. – Verfassungsgerichtsbarkeit

Scheuermann, Audomar, Dr., Professor, München. – Eherecht III – Kirchenstrafen II – Orden, kirchliche I

Scheuner, Ulrich †, Dr., em. Professor, Bonn. – Auswärtige Gewalt – Europa – Hegemonie

Schick, Walter, Dr., Professor, Erlangen-Nürnberg. – Autonomie I – Eid II C – Gesetz, Gesetzgebung – Selbstverwaltung I

Schlaich, Klaus, Dr., Professor, Bonn. – Corpus Christianum – Denkschriften der EKD (Nachtrag) – Kirchenrecht I A–B, D–E – Kirchenrechtsquellen I – Kollegialismus – Neutralität II – Staatskirchenrecht – Synode – Westfälischer Frieden

Schlingensiepen, Ferdinand, D. Dr., Pfarrer, Düsseldorf. – Anstaltsseelsorge 1

Schlink, Bernhard, Dr., Professor, Bonn. – Amtshilfe II–III

Schloemann, Martin, Dr., Professor, Bochum. – Status confessionis

Schlosser, Hans, Dr., Professor, Augsburg. – Stadt II

Schloz, Rüdiger, Oberkirchenrat, Hannover. – Religionsfreiheit III

Schmid, Michael, Dr. Dr., Professor, M. A., Augsburg. – Sozialstruktur

Schmidhäuser, Eberhard, Dr., Professor, Hamburg. – Strafe II – Strafrecht, Strafrechtsreform

Schmitz, Heribert, Dr., Professor, München. – Codex Iuris Canonici

Schmölders, Günter, Dr. Dr. h. c., em. Professor, München. – Finanzpolitik – Geld- und Währungspolitik

Schmude, Jürgen, Dr., Bundesminister a. D., MdB, Bonn. – Widerstandsrecht

Schneemelcher, Wilhelm, D. Dr. h. c., em. Professor, Bonn. – Kultur – Liberalismus III – Pazifismus

Schneider, Astrid, Assessorin, Bonn. – Arbeitsrecht II

Schneider, Hans, Dr. iur. habil., em. Professor, Heidelberg. – Gewalt, öffentliche – Konstitutionalismus – Maßnahmegesetz – Preußen – Staatsverträge

Schneider, Hans K., Dr., Professor, Köln. – Wirtschaftstheorie

Schneider, Peter, Dr., Professor, Präsident der Universität Mainz. – Notstandsrecht – Revolution I–III

Schönwitz, Dietrich, Dr., Diplom-Kaufmann, Bundesbankdirektor, Hachenburg. – Lohnpolitik

Schöpsdau, Walter, Dr., Pfarrer, Bensheim. – Konfessionalismus

Scholder, Klaus †, Dr., Professor, Tübingen. – Aufklärung – Kirchenkampf

Schreiber, Manfred, Dr., Professor, Ministerialdirektor im Bundesministerium des Innern, München/Bonn. – Terrorismus

Schroeder, Friedrich-Christian, Dr., Professor, Regensburg. – Deutsche Demokratische Republik II – Sowjetunion – Völkermord

Schröer, Henning, Dr., Professor, Königswinter. – Kirchentag, Deutscher Evangelischer – Priestertum, allgemeines I – Sakramente

Schüler-Springorum, Horst, Dr., Professor, München. – Strafvollzug I

Schulze, Hans †, Dr., Professor, Erlangen. – Mitbestimmung V

Schumann, Ekkehard, Dr., Professor, Mitglied des Bayerischen Senats, Regensburg. – Betriebsjustiz – Bundesverfassungsgericht – Gerichtsverfassung – Justiz, Justizreform – Petitionsrecht I–VII, VIII B – Prozeß, Prozeßarten – Richter, Richteramt – Richterliches Prüfungsrecht – Schiedsgerichtsbarkeit

Schwaiger, Georg, Dr., Professor, München. – Vatikanisches Konzil I

Seidl-Hohenveldern, Ignaz, Dr. Dr. h. c., Professor, Wien. – Dekolonisierung

Sendler, Horst, Dr., Professor, Präsident des Bundesverwaltungsgerichts, Berlin. – Rechtsweggarantie – Richterstaat – Verwaltungsgerichtsbarkeit

Siedentopf, Heinrich, Dr. Dr. h. c., Professor, Speyer. – Verwaltungslehre

Skalweit, Stephan, Dr., Professor, Bonn. – Französische Revolution II

Smend, Rudolf †, D. Dr. Dr. h. c. mult., em. Professor, Göttingen. – Integration

Sofsky, Günter J., Dr., Professor, Ministerialdirigent a. D., Mainz. – Kulturpolitik I–V

Spangenberg, Klaus-Joachim, M. A., Professor, Evangelische Fachhochschule Rheinland-Westfalen-Lippe, Düsseldorf-Kaiserswerth. – Jugendschutz

Staedtke, Joachim †, Dr., Professor, Erlangen. – Staat, Zweiter Teil I B

Stammler, Eberhard, Pfarrer, Chefredakteur i. R., Stuttgart. – Presse, Pressefreiheit I

Stein, Albert, Dr. Dr., Professor, Geschäftsleitender Oberkirchenrat, Karlsruhe. – Häresie –

Lehrbeanstandungsverfahren I – Schuld I – Strafe I

Steiner, Udo, Dr., Professor, Regensburg. – Toleranz II

Steinmüller, Wilhelm, Dr. iur., Professor, Bremen. – Datenschutz I–VI – Informationstechnologien

Stern, Klaus, Dr., Professor, Köln. – Öffentliches Recht – Privatrecht – Sache, öffentliche – Sozialstaat

Stingl, Josef, Dr. h. c., Professor, Präsident der Bundesanstalt für Arbeit a. D., Nürnberg. – Arbeitsmarktpolitik II

Stock, Martin, Dr., Professor, Bielefeld. – Hochschule II – Wissenschaftsfreiheit I–II

Stolleis, Michael, Dr., Professor, Frankfurt a. M. – Gemeinwohl – Glocken

Streissler, Erich, Dr., Professor, Wien. – Konjunkturtheorie

Ströker, Elisabeth, Dr., Professor, Köln. – Wissenschaftsethik

Strohm, Theodor, Dr. Dr., Professor, Heidelberg. – Eigentum II

Teschner, Manfred, Dr., Professor, Darmstadt. – Bürokratie – Klasse

Thalheim, Karl C., Dr., em. Universitätsprofessor, Berlin. – Planwirtschaft

Thieme, Werner, Dr., Professor, Hamburg. – Beamtenrecht I – Beamtentum – Öffentlicher Dienst

Thimme, Hans, D. Dr., Praeses i. R., Bielefeld. – Werke, kirchliche

Tiesler, Eberhard †, Dr., Professor, Evangelische Fachhochschule Freiburg i. Br. – Sozialhilfe VII – Strafvollzug II

Tiling, Peter von, Dr., Oberlandeskirchenrat, Hannover. – Pfarramt I

Tödt, Heinz Eduard, Dr., em. Professor, Heidelberg. – Säkularisierung

Tomuschat, Christian, Dr., Professor, Bonn. – Kriegsrecht – Menschenrechte III – Vertragsrecht, internationales – Völkerbund – Völkerrecht

Trillhaas, Wolfgang, D. Dr. Dr. h. c. (Helsinki), Dr. h. c. (Wien), em. Professor, Göttingen. – Ethik

Tröger, Elisabeth, Dr., Rechtsanwältin, München. – Eherecht II – Kulturkampf

Tröger, Gerhard, Dr., Oberkirchenrat, München. – Bischofsamt III – Privatschule

Umbach, Dieter C., Dr., Richter am Landessozialgericht Rheinland-Pfalz, Mainz. – Finanzwirtschaft, öffentliche

Urban, Detlef, Diplom-Politologe, Redakteur, Berlin (West). – Christliche Friedenskonferenz – Jugendweihe

Varain, Heinz Josef, Dr., Professor, Gießen. – Verbände

Vogel, Klaus, Dr., Professor, München. – Abgaben, öffentliche – Gebietshoheit – Staatsgebiet – Steuer(n) – Steuerrecht

Voigt, Alfred, Dr., em. Professor, Erlangen. – Grundrechte I

Walf, Knut, Dr., Professor, Nijmegen. – Kirchengliedschaft II – Kirchenvermögen IV – Lehramt II

Wallmann, Johannes, Dr., Professor, Bochum. – Aufklärung – Pietismus

Walter, Norbert, Dr., Professor, Kiel. – Konjunkturpolitik

Weidenbach, Peter, Dr., Ministerialdirektor i. e. R., Stuttgart. – Strukturpolitik

Westerath, Heribert, Dr., Leitender Ministerialrat, Bonn/Dorsten. – Wahlrecht I

Weygandt, Gerhard, M. A., Ministerialrat, Landwirtschaftsministerium Stuttgart. – Landwirtschaftspolitik

Wilkens, Erwin, D., Vizepräsident a. D. der Kirchenkanzlei der EKD, Hannover. – Evangelische Kirche in Deutschland I–VI – Frieden – Koexistenz – Mischehe – Politik III – Schwangerschaftsabbruch IV

Winkler, Tilmann, Oberkirchenrat, Hannover. – Gewerkschaften II – Mitbestimmung VI – Stadt III

Wintzer, Friedrich, Dr., Professor, Bonn. – Gemeinde (in der Kirche) I

Wölfel, Eberhard, Dr., Professor, Kiel. – Naturrecht I–II – Sittengesetz

Wolf, Erik †, D. Dr. Dr. h. c., Professor, Oberrotweil. – Kirchenverfassung I D – Presbyterialverfassung

Wolf, Ernst †, D. Dr. Dr., Professor, Göttingen. – Freiheit I A–E – Königsherrschaft Christi I

Wolf, Ernst, Dr., em. Professor, Marburg. – Eherecht I

Wollschläger, Hermann, Militärdekan i. R., Bonn. – Militärseelsorge II

Wulfhorst, Traugott, Dr., Richter am Bundessozialgericht, Kassel. – Sozialpartner

Zippelius, Reinhold, Dr., Professor, Erlangen. – Freiheit II–III – Freiheitsbeschränkung, Freiheitsentziehung – Grundrechte II–VI – Meinungsfreiheit – Menschenwürde – Persönlichkeitsentfaltung – Rechtsphilosophie – Sozial- und Staatsphilosophie

REGISTER

Hinweise für die Benutzung:
In das Register sind alle Stichwörter sowie wichtige Namen und Begriffe aufgenommen.
Fett gedruckte Registerwörter bezeichnen die Artikel des Lexikons. Die erste fett gedruckte Zahl nach *solchen* Registerwörtern gibt an, auf welcher Spalte der Artikel im Textteil beginnt. Weitere fett gedruckte Zahlen bei fett gedruckten Registerwörtern bedeuten Hauptfundstellen, dünn gedruckte Zahlen Nebenfundstellen außerhalb des Stichwortartikels.
Ist das Registerwort nicht fett gedruckt, so ist im Textteil kein dem Registerwort entsprechender Artikel vorhanden. In diesem Fall verweisen fett gedruckte Spaltenzahlen auf Hauptfundstellen, die übrigen Zahlen auf Nebenfundstellen, in denen das Problem in anderen Artikeln behandelt wird. Schlagwörter erscheinen zum leichteren Auffinden im Register, sind aber im Text nicht als solche, sondern nur inhaltlich angesprochen.
In das Register sind auch gebräuchliche Abkürzungen (z. T.) ohne Zahlenangaben aufgenommen, zB NATO. Diese verweisen auf die ausgeschriebene Bezeichnung im Register (hier: Nordatlantikpakt), unter der dann die Spaltenhinweise zu finden sind.
Auf verwandte Registerworte wird durch den Zusatz „s. a." aufmerksam gemacht.

A

B

C

D

E

F

G

H

I

J

K

L

M

N

O

P

Q

R

S

T

U

V

W

X

Y

Z